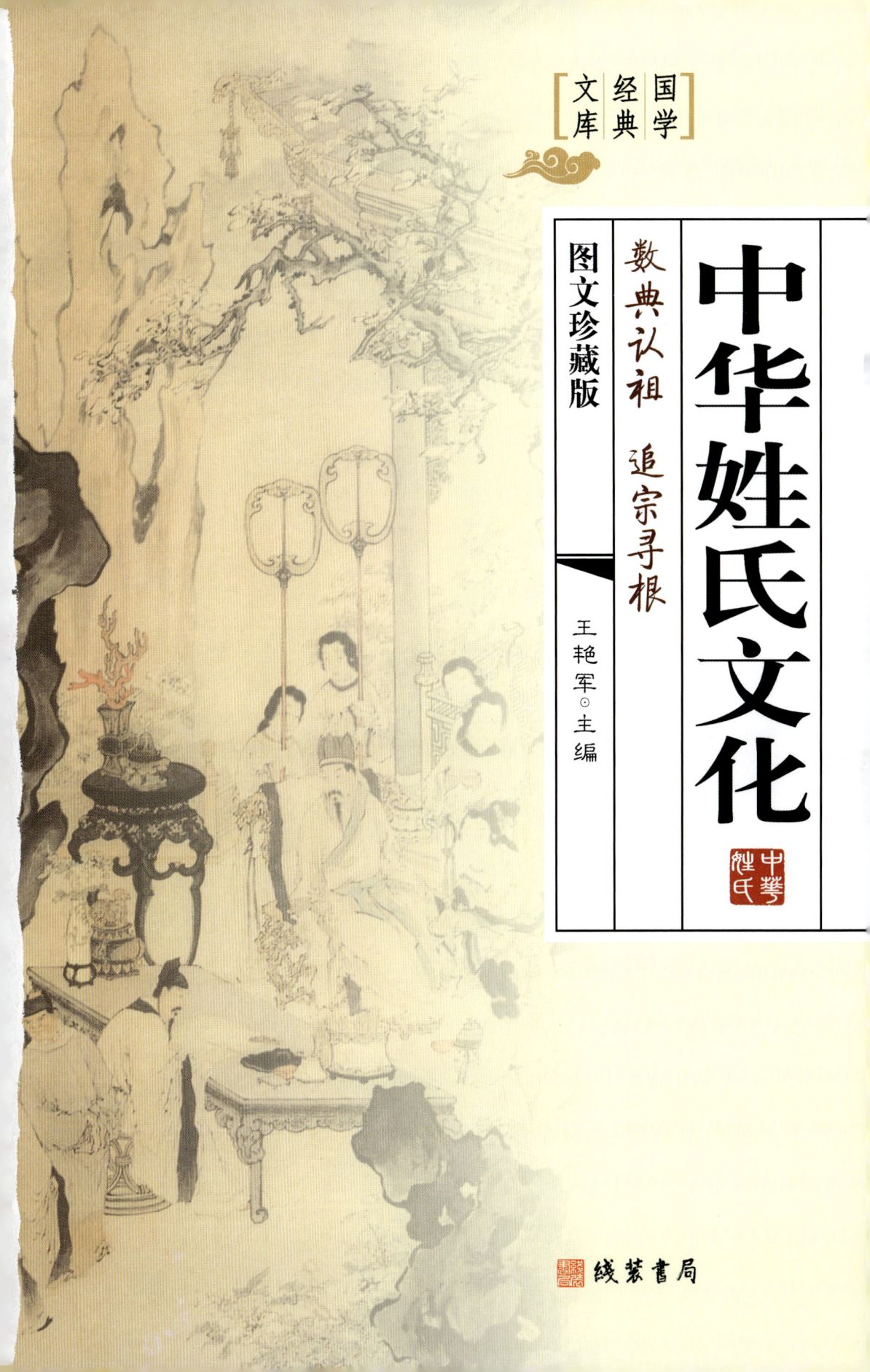

国学经典文库

图文珍藏版

数典认祖 追宗寻根

中华姓氏文化

王艳军◎主编

中华姓氏

线装书局

图书在版编目（CIP）数据

中华姓氏文化/王艳军主编.－－北京：线装书局，
2013.1 （2022.3）
ISBN 978-7-5120-0860-1

I.①中… Ⅱ.①王… Ⅲ.①姓氏－研究－中国
IV.①K810.2

中国版本图书馆CIP数据核字（2013）第004642号

中华姓氏文化

主　　编：王艳军
责任编辑：高晓彬
出版发行：线装书局
　　　　　地　址：北京市丰台区方庄日月天地大厦B座17层（100078）
　　　　　电　话：010-58077126（发行部）010-58076938（总编室）
　　　　　网　址：www.zgxzsj.com
经　　销：新华书店
印　　制：北京彩虹伟业印刷有限公司
开　　本：710×1040毫米　1/16
印　　张：112
字　　数：1360千字
版　　次：2022年3月第1版第2次印刷
印　　数：3001-9000套

线装书局官方微信

定　　价：598.00元（全四册）

赵姓名人——赵匡胤

赵姓是宋版《百家姓》第一个姓氏。原来，《百家姓》起源于宋初，赵姓自然成了《百家姓》的第一个姓氏，因为宋朝的开国君是宋太祖赵匡胤。

周姓名人——周瑜

周姓是一个历史悠久，姓源复杂的姓氏，在宋版《百家姓》中排第5位。历史可以上溯至远古黄帝时代，周姓源于姬姓，是黄帝的后裔。

陈姓名人——陈霸先

陈姓是按人口计算居全国第五大的姓。陈姓为宋版《百家姓》中第十大姓，全球华人十大姓之一。陈氏是舜帝的后裔，历史上名人辈出，人才荟萃。

曹姓名人——曹操

曹姓在宋版《百家姓》中排第26，人口众多，在韩国亦有分布。曹姓在中国的来源众多，其中出自姬姓的曹氏是最重要的来源，曹叔振铎亦被认为是曹姓始祖。

郭姓名人——郭子仪

郭姓是宋版《百家姓》中排行第144位的大姓。最主要的是来源于虢氏，出自姬姓。郭氏源远流长，本固枝荣，素以名门望族著称于世，英贤辈出，代有伟人。

姜姓名人——姜子牙

姜姓在宋版《百家姓》中居于第32位。姜姓源自炎帝神农氏，因炎帝生于姜水，故以姜为姓。姜姓名人，最早的是姜子牙，此后，历代不乏杰出人物。

马姓名人——马援

马姓在宋版《百家姓》中排行第52位。历史上所出名人较多，遍布各个领域。马姓名人辈出，汉族、回族、满族中都曾涌现出了知名人士，像东汉伏波将军马援。

孟姓名人——孟浩然

孟姓在宋版《百家姓》中排行第94位。孟姓发祥地有两个，即今河南北部和山东东南部。孟姓最著名的人物有儒家的亚圣孟子、唐代著名诗人孟浩然等。

朱姓名人——朱元璋

朱姓是宋版《百家姓》中排行第17位的大姓。塑造了五代后梁和大明帝国两个王朝，如中国传统思想文化杰出的代表朱熹，涌现出更多的朱姓文臣武将。

黄姓名人——黄庭坚

黄姓是宋版《百家姓》中第96大姓氏。黄姓人才辈出，历代都涌现出一些颇有建树的人物。如秦末的黄石公；三国时名将黄忠、黄盖；北宋著名的书法家黄庭坚等。

董姓名人——董仲舒

董姓在宋版《百家姓》中排行第127位。董姓主源出自高阳氏颛顼帝之后裔。董姓是一个多武夫将帅和画家的姓氏，名人辈出，在历史舞台上争相竞妍，各展风姿。

田姓名人——田单

田姓在宋版《百家姓》中排行第156位。田姓历史最久远的当属出自妫姓的一支。田完为田姓的得姓始祖。历史上，田姓可谓是名人荟萃，如战国名将田单等。

孙姓名人——孙权

孙姓在宋版《百家姓》中排行第3位。中国历史上的孙姓名人多不胜举，如春秋战国时军事家孙武、孙膑，三国时的孙权，以及近代伟大的革命先行者孙中山等。

高姓名人——高拱

高姓在宋版《百家姓》中排行第153位。高姓名人辈出，多出政治家、将军和文学艺术家。中国历史上，高氏称帝王者有14人，曾建立北齐、燕、荆南等政权。

郑姓名人——郑成功

郑姓在宋版《百家姓》中排第7位。郑姓源出姬姓，得姓始祖是郑国第一代君主郑桓公友。郑姓历史名人众多，如明代航海家郑和以及民族英雄郑成功等。

梁姓名人——梁启超

梁姓在宋版《百家姓》中排名第128位。梁氏出自嬴姓，起源于东夷少昊部，伯益之后。梁姓英才辈出，如近代资产阶级改良主义者、维新变法倡导者梁启超等。

贾姓名人——贾谊

贾姓在宋版《百家姓》中排行第137位。贾姓是黄帝的后裔，其形成的两个源头都是以国和邑为氏，均出自古代的"贾"地。贾姓名人辈出，如西汉政论家贾谊等。

何姓名人——何应钦

何姓在宋版《百家姓》中排行第21位。何姓名人辈出，如唐代有宰相何进滔，明代篆刻家何震，清代书法家何绍基，近现代作曲家何柳堂，国民党军事家何应钦等。

沈姓名人——沈括

沈姓在宋版《百家姓》中排行第14位。沈氏出自姬姓，是黄帝的后裔。历史上的沈姓人才济济，名人众多，如南朝文学家沈约，北宋科学家沈括等。

魏姓名人——魏徵

魏姓在宋版《百家姓》中排行第30位。魏姓历史上出现了众多名人，如战国时魏无忌，西汉名臣魏相，唐朝名臣魏徵，明代"名人"魏忠贤等。

唐姓名人——唐寅

唐姓在宋版《百家姓》中排名第64位。在日本、韩国、越南等国均有分布。历史上唐姓名人数不胜数，如魏国大夫唐雎，明代画家唐寅，清代名士唐景崧等。

张姓名人——张良

张姓在宋版《百家姓》中排行第24位。最早出自于轩辕黄帝的姬姓。张姓源自于黄帝之子少昊青阳氏之孙的挥公，张姓名人辈出，如西汉谋士张良等。

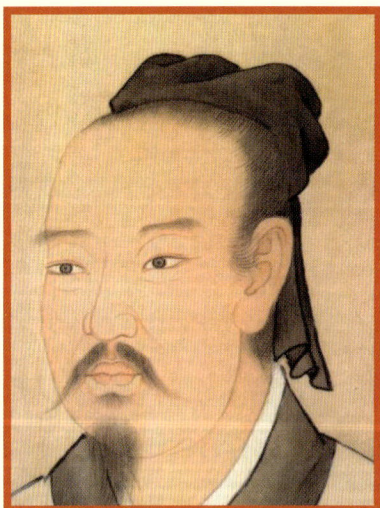

谢姓名人——谢安

谢姓在宋版《百家姓》中排行第34位。谢姓出自于姜姓。谢氏之祖先始于炎帝地六十三世申伯，谢姓杰出人才不绝于史。如东晋大臣谢安等。

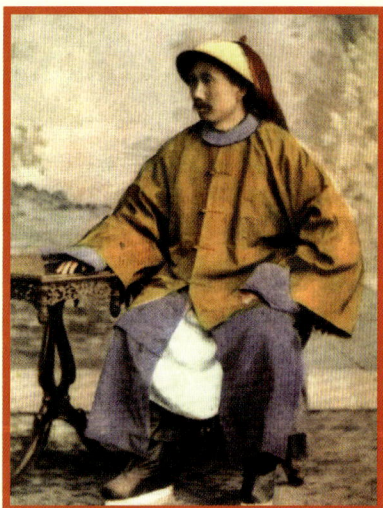

丁姓名人——丁汝昌

丁姓在宋版《百家姓》中排行第177位。又是我国诸家姓氏中笔画最少的一个姓氏，许多民族里都有丁姓。丁姓名人不绝于史，如晚清北洋海军提督丁汝昌等。

前　言

姓氏文化是中华民族传统文化中的瑰宝。它博大精深，源远流长，深入到我们生活中的各个领域，深入到每个人的心中，尤其是漂泊在异国他乡的炎黄子孙，都对"家"和"根"有着一种深深的渴望。正因为如此，中华姓氏文化颇受华夏儿女的青睐。"赵钱孙李，周吴郑王，冯陈褚卫、蒋沈韩杨……"这读来琅琅上口的《百家姓》读本，是传统的启蒙读物，也是中华姓氏的经典之作，可谓家喻户晓，妇孺皆知。

其实，人们常说的"百家姓"，实际上是中华姓氏的泛指和总称。冠以"百家"之名，表示数量众多，涵盖广博之义。中国幅员辽阔，民族众多，古代曾经使用和目前使用的姓氏究竟有多少，很难有准确的统计。流传至今的宋代《百家姓》读本，收录姓氏 440 个，清代《增广百家姓》增至 504 个。

自古以来，"家"就是华夏儿女一切社会关系的基础，是维系生存与发展的重要纽带，是人们进行社会交往的必要条件之一，涉及千家万户。中华民族的姓，起源于原始社会的母系氏族，而氏是姓的衍生，起源于父系氏族时期，是古代贵族系统的称号。如今的"姓"包含了"姓"与"氏"两方面的内容。对于已经成为过去的历史而言，我们今人能够看到，并触手可及的，除了那些猿人化石、甲骨文字、典籍文献之外，还有一个至今仍然繁衍不息、延续人类的活化石，那就是人人皆知的中华姓氏。

中华姓氏源于上古，延续至今。在历史发展的长河中，中华姓氏发展演变，延续传承，升华凝练，形成了一种内涵丰富、体例完备、超越历史时空、跨越地域界限、包容社会各个层面的文化体系，并以其人人皆知的普及性、世代传承的持续性、兼容并包的统一性、博大精深的系统性，纵贯了中华文明的进程，涵盖了中国社会的各个层面。

中华姓氏是传统文化中生命力最旺、凝聚力最强、感召力最大的人文情结，是认同中华传统文化的伟大基石。中华民族历来以炎黄子孙自居，把炎、黄二帝作为共同的人文始祖和精神偶像。无论是偏处一隅的少数民族，还是飘零异域的华裔侨胞，时时处处都流传着炎黄二帝的传说，人人都以炎黄子孙为荣。这种以血缘、姓氏为传承纽带，对共同祖先形象的塑造，对民族渊源的追述，构成了中华文化多元一体化和连续传承性的认同基石，它是增强中华民族凝聚力、向心力的桥梁纽带，也是当今海内外炎黄子孙寻根问祖的重要依据。

历史悠久、人口众多、有灿烂文化、对人类文明有卓越贡献的中华民族，是一个由五十六个人数不等的民族所构成的统一体；这个统一体又是由几千个姓氏细胞所组成。国人历来重视姓氏。和人初次相见,总是先问"尊姓";有事同人接触,总是称呼"某同志""某先生"。这个"某",就是对方的姓。"行不更名,坐不改姓",是做人的尊严。

凡此种种,都足以说明,姓氏不仅是社会历史发展的产物、人类文明的积淀,是我们认知历史、传承文明的文化瑰宝,也是我们现实生活中无处不在、事事皆用的重要工具和信息体系。因而普及姓氏知识,拓展姓氏研究领域,就成为我们认知历史、传承文明、建设和谐社会的重要内容。

本套丛书以千古奇书《百家姓》为蓝本,系统、详细地叙述了姓氏的起源和发展、中华姓氏大观、姓氏名联、名门家训以及孩儿起名等。姓氏作为个人家庭的符号标志,姓氏研究作为一种文化,自古以来就受到了国人的重视,经过几千年的发展,已演变成一种超于自然的情感。这种情感,是中华民族大家庭的维系力量。可以说,众多姓氏已组成了整个中华民族历史的缩影。而编撰本书的意图,便是通过大量古今典籍文献、家谱等资料,梳理姓氏的来龙去脉,尽量保存有关姓氏的历史和逸事传闻,融知识性与趣味性于一体,以助读者寻找姓氏的源流,了解自己的姓氏。

目　　录

第一章　姓氏的起源和发展 ·· (1)

　　第一节　解读中华百家姓　赐姓命氏溯渊源 ····················· (1)

　　第二节　展示百姓风采梦　演绎华夏文明史 ····················· (15)

　　第三节　海纳千流无涯岸　民族交融汇大川 ····················· (30)

　　第四节　自古风云多变幻　树大根深枝叶繁 ····················· (42)

　　第五节　姓分等级标郡望　族有堂号铭祖德 ····················· (52)

　　第六节　凝聚血亲的纽带　朝宗谒祖的圣殿 ····················· (66)

　　第七节　家族文化的表征　世系传承的编码 ····················· (91)

　　第八节　古老的文化体系　新兴的研究领域 ····················· (102)

第二章　中华姓氏大观 ··· (119)

　　赵 ··· (119)

　　钱 ··· (122)

　　孙 ··· (124)

　　李 ··· (127)

　　周 ··· (130)

　　吴 ··· (133)

　　郑 ··· (135)

　　王 ··· (138)

　　冯 ··· (142)

　　陈 ··· (145)

　　褚 ··· (147)

　　卫 ··· (148)

　　蒋 ··· (150)

　　沈 ··· (153)

　　韩 ··· (156)

　　杨 ··· (159)

　　朱 ··· (161)

　　秦 ··· (164)

　　尤 ··· (167)

　　许 ··· (169)

国学经典文库

中华姓氏文化

目　录

图文珍藏版

何 ………………………………………………………… （171）

吕 ………………………………………………………… （174）

施 ………………………………………………………… （177）

张 ………………………………………………………… （179）

孔 ………………………………………………………… （182）

曹 ………………………………………………………… （184）

严 ………………………………………………………… （187）

华 ………………………………………………………… （189）

金 ………………………………………………………… （192）

魏 ………………………………………………………… （194）

陶 ………………………………………………………… （197）

姜 ………………………………………………………… （199）

戚 ………………………………………………………… （202）

谢 ………………………………………………………… （203）

邹 ………………………………………………………… （206）

喻 ………………………………………………………… （209）

柏 ………………………………………………………… （211）

水 ………………………………………………………… （213）

窦 ………………………………………………………… （214）

章 ………………………………………………………… （216）

云 ………………………………………………………… （218）

苏 ………………………………………………………… （220）

潘 ………………………………………………………… （223）

葛 ………………………………………………………… （226）

奚 ………………………………………………………… （228）

范 ………………………………………………………… （229）

彭 ………………………………………………………… （232）

郎 ………………………………………………………… （235）

鲁 ………………………………………………………… （237）

韦 ………………………………………………………… （239）

昌 ………………………………………………………… （241）

马 ………………………………………………………… （243）

苗 ………………………………………………………… （245）

凤 ………………………………………………………… （247）

花 ………………………………………………………… （249）

方 ………………………………………………………… （251）

俞 ………………………………………………………… （253）

任 ………………………………………………………… （255）

袁……………………………………………………（258）
柳……………………………………………………（260）
鄢……………………………………………………（262）
鲍……………………………………………………（263）
史……………………………………………………（266）
唐……………………………………………………（268）
费……………………………………………………（271）
岑……………………………………………………（273）
薛……………………………………………………（275）
雷……………………………………………………（278）
贺……………………………………………………（281）
倪……………………………………………………（283）
汤……………………………………………………（285）
滕……………………………………………………（287）
殷……………………………………………………（289）
罗……………………………………………………（291）
毕……………………………………………………（293）
郝……………………………………………………（296）
邬……………………………………………………（298）
安……………………………………………………（299）
常……………………………………………………（301）
乐……………………………………………………（304）
于……………………………………………………（306）
曲……………………………………………………（309）
时……………………………………………………（311）
傅……………………………………………………（312）
皮……………………………………………………（315）
卞……………………………………………………（316）
齐……………………………………………………（318）
康……………………………………………………（320）
伍……………………………………………………（322）
余……………………………………………………（325）
元……………………………………………………（327）
卜……………………………………………………（329）
顾……………………………………………………（331）
孟……………………………………………………（334）
平……………………………………………………（336）
黄……………………………………………………（338）

国学经典文库

中华姓氏文化

目 录

图文珍藏版

和 …………………………………………………………（340）
穆 …………………………………………………………（342）
萧 …………………………………………………………（344）
尹 …………………………………………………………（346）
姚 …………………………………………………………（349）
邵 …………………………………………………………（352）
湛 …………………………………………………………（354）
汪 …………………………………………………………（355）
祁 …………………………………………………………（358）
毛 …………………………………………………………（360）
禹 …………………………………………………………（363）
狄 …………………………………………………………（364）
米 …………………………………………………………（365）
贝 …………………………………………………………（367）
明 …………………………………………………………（368）
臧 …………………………………………………………（370）
计 …………………………………………………………（372）
伏 …………………………………………………………（373）
成 …………………………………………………………（375）
戴 …………………………………………………………（377）
谈 …………………………………………………………（380）
宋 …………………………………………………………（381）
茅 …………………………………………………………（384）
庞 …………………………………………………………（385）
熊 …………………………………………………………（387）
纪 …………………………………………………………（390）
舒 …………………………………………………………（392）
屈 …………………………………………………………（394）
项 …………………………………………………………（395）
祝 …………………………………………………………（397）
董 …………………………………………………………（399）
梁 …………………………………………………………（402）
杜 …………………………………………………………（405）
阮 …………………………………………………………（408）
蓝 …………………………………………………………（411）
闵 …………………………………………………………（413）
席 …………………………………………………………（415）
季 …………………………………………………………（416）

国学经典文库

中华姓氏文化

目 录

图文珍藏版

麻······(419)
强······(420)
贾······(421)
路······(424)
娄······(426)
危······(427)
江······(428)
童······(430)
颜······(431)
郭······(434)
梅······(437)
盛······(439)
林······(440)
刁······(443)
钟······(445)
徐······(448)
邱······(450)
骆······(452)
高······(455)
夏······(458)
蔡······(460)
田······(463)
樊······(466)
胡······(468)
凌······(470)
霍······(471)
虞······(473)
万······(475)
支······(477)
柯······(478)
昝······(479)
管······(480)
卢······(482)
莫······(485)
经······(487)
房······(488)
裘······(489)
缪······(491)

国学经典文库

中华姓氏文化

目 录

图文珍藏版

5

干 ……………………………………………… （492）

解 ……………………………………………… （493）

应 ……………………………………………… （494）

宗 ……………………………………………… （496）

丁 ……………………………………………… （498）

宣 ……………………………………………… （500）

贲 ……………………………………………… （501）

邓 ……………………………………………… （502）

郁 ……………………………………………… （505）

单 ……………………………………………… （506）

杭 ……………………………………………… （507）

洪 ……………………………………………… （508）

包 ……………………………………………… （510）

诸 ……………………………………………… （512）

左 ……………………………………………… （513）

石 ……………………………………………… （515）

崔 ……………………………………………… （518）

吉 ……………………………………………… （520）

钮 ……………………………………………… （522）

龚 ……………………………………………… （524）

程 ……………………………………………… （527）

嵇 ……………………………………………… （530）

刑 ……………………………………………… （531）

滑 ……………………………………………… （533）

裴 ……………………………………………… （534）

陆 ……………………………………………… （536）

荣 ……………………………………………… （539）

翁 ……………………………………………… （540）

荀 ……………………………………………… （542）

羊 ……………………………………………… （543）

惠 ……………………………………………… （545）

甄 ……………………………………………… （546）

曲 ……………………………………………… （547）

加 ……………………………………………… （549）

封 ……………………………………………… （549）

芮 ……………………………………………… （551）

羿 ……………………………………………… （552）

储 ……………………………………………… （552）

国学经典文库

中华姓氏文化

目 录

图文珍藏版

靳……………………………………………………（554）

汲……………………………………………………（555）

邴……………………………………………………（556）

糜……………………………………………………（557）

松……………………………………………………（558）

井……………………………………………………（559）

段……………………………………………………（561）

富……………………………………………………（563）

巫……………………………………………………（564）

乌……………………………………………………（566）

焦……………………………………………………（567）

巴……………………………………………………（569）

弓……………………………………………………（570）

牧……………………………………………………（571）

隗……………………………………………………（572）

山……………………………………………………（574）

谷……………………………………………………（575）

车……………………………………………………（577）

侯……………………………………………………（579）

宓……………………………………………………（582）

蓬……………………………………………………（583）

全……………………………………………………（584）

郗……………………………………………………（585）

班……………………………………………………（586）

仰……………………………………………………（588）

秋……………………………………………………（589）

仲……………………………………………………（590）

伊……………………………………………………（592）

宫……………………………………………………（593）

宁……………………………………………………（594）

仇……………………………………………………（596）

栾……………………………………………………（597）

暴……………………………………………………（599）

甘……………………………………………………（600）

钭……………………………………………………（601）

厉……………………………………………………（602）

戎……………………………………………………（603）

祖……………………………………………………（605）

国学经典文库

中华姓氏文化

目　录

图文珍藏版

武···(606)

符···(609)

刘···(611)

景···(614)

束···(616)

龙···(617)

叶···(619)

詹···(622)

幸···(624)

司···(626)

韶···(627)

郜···(628)

黎···(629)

蓟···(631)

薄···(632)

印···(634)

宿···(635)

白···(637)

怀···(639)

蒲···(640)

邰···(642)

从···(643)

鄂···(644)

索···(646)

咸···(647)

籍···(648)

赖···(649)

卓···(651)

蔺···(654)

屠···(655)

蒙···(657)

池···(659)

乔···(660)

阴···(662)

胥···(664)

能···(664)

苍···(665)

辛···(667)

党……………………………………………………（669）

兰……………………………………………………（671）

翟……………………………………………………（673）

谭……………………………………………………（675）

申……………………………………………………（678）

冉……………………………………………………（680）

桑……………………………………………………（681）

牛……………………………………………………（683）

边……………………………………………………（686）

温……………………………………………………（688）

庄……………………………………………………（690）

楚……………………………………………………（692）

阎……………………………………………………（694）

涂……………………………………………………（697）

商……………………………………………………（699）

迟……………………………………………………（701）

官……………………………………………………（703）

向……………………………………………………（705）

易……………………………………………………（707）

廖……………………………………………………（709）

耿……………………………………………………（711）

匡……………………………………………………（713）

文……………………………………………………（715）

欧……………………………………………………（718）

聂……………………………………………………（720）

曾……………………………………………………（723）

岳……………………………………………………（725）

丛……………………………………………………（728）

隋……………………………………………………（729）

苟……………………………………………………（731）

奚……………………………………………………（733）

娄……………………………………………………（736）

闻……………………………………………………（738）

艾……………………………………………………（740）

房……………………………………………………（742）

濮……………………………………………………（744）

尚……………………………………………………（745）

柴……………………………………………………（747）

国学经典文库

中华姓氏文化

目 录

图文珍藏版

连 ……………………………………………………（750）

满 ……………………………………………………（752）

寇 ……………………………………………………（754）

师 ……………………………………………………（756）

巩 ……………………………………………………（757）

鞠 ……………………………………………………（759）

阚 ……………………………………………………（761）

那 ……………………………………………………（761）

简 ……………………………………………………（762）

饶 ……………………………………………………（764）

空 ……………………………………………………（765）

毋 ……………………………………………………（766）

沙 ……………………………………………………（767）

乜 ……………………………………………………（768）

养 ……………………………………………………（769）

须 ……………………………………………………（770）

丰 ……………………………………………………（771）

巢 ……………………………………………………（772）

蒯 ……………………………………………………（773）

相 ……………………………………………………（774）

查 ……………………………………………………（775）

后 ……………………………………………………（776）

荆 ……………………………………………………（777）

红 ……………………………………………………（778）

游 ……………………………………………………（779）

权 ……………………………………………………（780）

逯 ……………………………………………………（781）

盖 ……………………………………………………（782）

益 ……………………………………………………（783）

桓 ……………………………………………………（784）

公 ……………………………………………………（785）

竺 ……………………………………………………（786）

郁 ……………………………………………………（787）

欧阳 …………………………………………………（790）

司马 …………………………………………………（792）

诸葛 …………………………………………………（794）

上官 …………………………………………………（795）

夏侯 …………………………………………………（797）

东方 …………………………………………………（798）
长孙 …………………………………………………（800）
闻人 …………………………………………………（802）
赫连 …………………………………………………（803）
皇甫 …………………………………………………（803）
尉迟 …………………………………………………（805）
公羊 …………………………………………………（806）
澹台 …………………………………………………（807）
公冶 …………………………………………………（808）
宗政 …………………………………………………（808）
濮阳 …………………………………………………（809）
淳于 …………………………………………………（810）
单于 …………………………………………………（811）
太叔 …………………………………………………（812）
申屠 …………………………………………………（813）
公孙 …………………………………………………（814）
仲孙 …………………………………………………（815）
轩辕 …………………………………………………（816）
令狐 …………………………………………………（817）
钟离 …………………………………………………（818）
宇文 …………………………………………………（819）
慕容 …………………………………………………（820）
鲜于 …………………………………………………（822）
闾丘 …………………………………………………（823）
司徒 …………………………………………………（824）
司空 …………………………………………………（825）
亓官 …………………………………………………（825）
司寇 …………………………………………………（826）
仉 ……………………………………………………（827）
督 ……………………………………………………（827）
子车 …………………………………………………（828）
颛孙 …………………………………………………（829）
端木 …………………………………………………（829）
巫马 …………………………………………………（831）
公西 …………………………………………………（832）
漆雕 …………………………………………………（832）
乐正 …………………………………………………（833）
壤驷 …………………………………………………（834）

国学经典文库

中华姓氏文化

目 录

图文珍藏版

公良……………………………………………………（835）
拓跋……………………………………………………（835）
夹谷……………………………………………………（837）
宰父……………………………………………………（838）
谷梁……………………………………………………（839）
晋………………………………………………………（840）
闫………………………………………………………（841）
法………………………………………………………（842）
汝………………………………………………………（843）
鄢………………………………………………………（844）
涂………………………………………………………（845）
钦………………………………………………………（846）
段干……………………………………………………（847）
百里……………………………………………………（848）
东郭……………………………………………………（849）
南门……………………………………………………（850）
呼延……………………………………………………（851）
归………………………………………………………（852）
海………………………………………………………（852）
帅………………………………………………………（853）
缑………………………………………………………（855）
亢………………………………………………………（856）
况………………………………………………………（857）
有………………………………………………………（858）
琴………………………………………………………（859）
梁丘……………………………………………………（860）
左丘……………………………………………………（861）
东门……………………………………………………（861）
西门……………………………………………………（862）
牟………………………………………………………（863）
佘………………………………………………………（865）
伯………………………………………………………（866）
赏………………………………………………………（867）
墨………………………………………………………（868）
哈………………………………………………………（868）
谯………………………………………………………（869）
年………………………………………………………（871）
爱………………………………………………………（872）

国学经典文库

中华姓氏文化

目录

图文珍藏版

阳 …………………………………………………………… （873）

佟 …………………………………………………………… （874）

第五 ………………………………………………………… （875）

言 …………………………………………………………… （876）

福 …………………………………………………………… （877）

百 …………………………………………………………… （878）

家 …………………………………………………………… （879）

姓 …………………………………………………………… （881）

续 …………………………………………………………… （881）

第三章　姓氏名联 ………………………………………… （883）

王 …………………………………………………………… （883）

李 …………………………………………………………… （886）

张 …………………………………………………………… （890）

刘 …………………………………………………………… （895）

陈 …………………………………………………………… （899）

杨 …………………………………………………………… （904）

黄 …………………………………………………………… （908）

孙 …………………………………………………………… （912）

周 …………………………………………………………… （917）

吴 …………………………………………………………… （921）

徐 …………………………………………………………… （925）

赵 …………………………………………………………… （928）

朱 …………………………………………………………… （932）

马 …………………………………………………………… （937）

胡 …………………………………………………………… （942）

郭 …………………………………………………………… （944）

林 …………………………………………………………… （948）

何 …………………………………………………………… （952）

高 …………………………………………………………… （955）

梁 …………………………………………………………… （958）

郑 …………………………………………………………… （963）

罗 …………………………………………………………… （967）

宋 …………………………………………………………… （971）

谢 …………………………………………………………… （974）

唐 …………………………………………………………… （978）

韩 …………………………………………………………… （981）

曹 …………………………………………………………… （985）

许 …………………………………………………………… （989）

国学经典文库

中华姓氏文化

目录

图文珍藏版

邓……………………………………………………（992）

萧……………………………………………………（996）

冯……………………………………………………（1000）

曾程…………………………………………………（1004）

程……………………………………………………（1006）

蔡……………………………………………………（1009）

彭……………………………………………………（1012）

潘……………………………………………………（1016）

袁……………………………………………………（1019）

于……………………………………………………（1022）

董……………………………………………………（1026）

余……………………………………………………（1028）

苏……………………………………………………（1031）

叶……………………………………………………（1035）

吕……………………………………………………（1038）

魏……………………………………………………（1042）

蒋……………………………………………………（1045）

田……………………………………………………（1047）

杜……………………………………………………（1052）

丁……………………………………………………（1055）

沈……………………………………………………（1058）

姜……………………………………………………（1060）

范……………………………………………………（1063）

江……………………………………………………（1067）

傅……………………………………………………（1070）

钟……………………………………………………（1073）

卢……………………………………………………（1075）

汪……………………………………………………（1078）

戴……………………………………………………（1081）

崔……………………………………………………（1083）

任……………………………………………………（1086）

陆……………………………………………………（1088）

廖……………………………………………………（1092）

姚……………………………………………………（1094）

方……………………………………………………（1097）

金……………………………………………………（1100）

邱……………………………………………………（1103）

夏……………………………………………………（1106）

国学经典文库

中华姓氏文化

目录

图文珍藏版

谭 …………………………………………………………… (1108)
韦 …………………………………………………………… (1109)
贾 …………………………………………………………… (1112)
邹 …………………………………………………………… (1115)
石 …………………………………………………………… (1118)
熊 …………………………………………………………… (1120)
孟 …………………………………………………………… (1122)
秦 …………………………………………………………… (1125)
阎 …………………………………………………………… (1127)
薛 …………………………………………………………… (1129)
侯 …………………………………………………………… (1133)
雷 …………………………………………………………… (1135)
白 …………………………………………………………… (1138)
龙 …………………………………………………………… (1140)
段 …………………………………………………………… (1142)
郝 …………………………………………………………… (1145)
孔 …………………………………………………………… (1147)
邵 …………………………………………………………… (1150)
史 …………………………………………………………… (1153)
毛 …………………………………………………………… (1155)
常 …………………………………………………………… (1158)
万 …………………………………………………………… (1160)
顾 …………………………………………………………… (1162)
赖 …………………………………………………………… (1164)
武 …………………………………………………………… (1166)
康 …………………………………………………………… (1169)
贺 …………………………………………………………… (1171)
严 …………………………………………………………… (1173)
尹 …………………………………………………………… (1176)
钱 …………………………………………………………… (1178)
施 …………………………………………………………… (1181)
牛 …………………………………………………………… (1183)
洪 …………………………………………………………… (1185)
龚 …………………………………………………………… (1187)
第四章 名门家训 ………………………………………… (1190)
诚伯禽 …………………………………………… [周]周公(1190)
弟子职 …………………………………………… [周]管仲(1192)
临终诫子 ……………………………………… [春秋]孙叔敖(1196)

庭训 ……………………………………………… [春秋]孔丘(1197)

论劳逸 …………………………………………… [春秋]敬姜(1198)

遵命教子 ………………………………………… [春秋]史鳍(1201)

母训 ……………………………………………… [战国]孟轲母(1202)

训子语 …………………………………………… [战国]楚子发母(1203)

曾子杀彘 ………………………………………… [战国]韩非(1205)

将没诫弟子 ……………………………………… [秦]孔鲋(1206)

手敕太子 ………………………………………… [汉]刘邦(1207)

诫子书 …………………………………………… [汉]孔臧(1209)

遗训 ……………………………………………… [汉]司马谈(1210)

诫子歆书 ………………………………………… [汉]刘向(1212)

告兄子言 ………………………………………… [汉]疏广(1214)

临死诫诸子 ……………………………………… [汉]尹赏(1215)

诫子言 …………………………………………… [汉]樊宏(1216)

九诫 ……………………………………………… [汉]严光(1217)

诫兄子严、敦书 ………………………………… [汉]马援(1218)

遗令子实 ………………………………………… [汉]崔瑗(1220)

训子 ……………………………………………… [汉]陈寔(1221)

勉子 ……………………………………………… [汉]范滂母(1222)

诫兄子书 ………………………………………… [汉]张奂(1223)

诫子益恩书 ……………………………………… [汉]郑玄(1225)

女训 ……………………………………………… [汉]蔡邕(1228)

遗令书 …………………………………………… [汉]郦炎(1229)

诫子书 …………………………………………… [汉]司马徽(1231)

诫诸女及妇 ……………………………………… [汉]杜泰姬(1232)

诸儿令 …………………………………………… [三国]曹操(1233)

遗令 ……………………………………………… [三国]曹操(1234)

遗诏敕后主 ……………………………………… [三国]刘备(1236)

诫子 ……………………………………………… [三国]向朗(1237)

诫子书 …………………………………………… [三国]诸葛亮(1238)

诫外生书 ………………………………………… [三国]诸葛亮(1240)

诫子 ……………………………………………… [三国]曹丕(1241)

诫子言 …………………………………………… [三国]曹衮(1242)

诫弟伟 …………………………………………… [三国]刘廙(1244)

临终诫言 ………………………………………… [三国]韩暨(1245)

诫子书 …………………………………………… [三国]王修(1246)

家诫 ……………………………………………… [三国]王肃(1248)

诫子侄文 ………………………………………… [三国]王昶(1249)

诫子 ……………………………………………………… [三国]荀勖(1251)

诫子 ……………………………………………………… [三国]姚信(1252)

却子言 …………………………………………………… [三国]辛毗(1254)

诫子语 …………………………………………………… [三国]辛宪英(1255)

诫子书 …………………………………………………… [晋]羊祜(1256)

家诫 ……………………………………………………… [晋]嵇康(1258)

责子书 …………………………………………………… [晋]陶侃母(1261)

勖诸子 …………………………………………………… [晋]李暠(1263)

与子俨等疏 ……………………………………………… [晋]陶渊明(1264)

庭诰 ……………………………………………………… [南北朝]颜延之(1267)

诫江夏王义恭书 ………………………………………… [南北朝]刘义隆(1269)

遗令敕诸子 ……………………………………………… [南北朝]源贺(1271)

诫子书 …………………………………………………… [南北朝]王僧虔(1272)

为书诫子崧 ……………………………………………… [南北朝]徐勉(1274)

诫子孙 …………………………………………………… [南北朝]杨椿(1275)

诫子 ……………………………………………………… [南北朝]萧纲(1277)

枕中篇 …………………………………………………… [南北朝]魏收(1278)

幼训 ……………………………………………………… [南北朝]王褒(1283)

诫子 ……………………………………………………… [南北朝]萧嶷(1284)

临终诫二子 ……………………………………………… [南北朝]崔冏(1285)

颜氏家训 ………………………………………………… [南北朝]颜之推(1286)

教子言 …………………………………………………… [隋]房彦谦(1324)

母训 ……………………………………………………… [隋]许善心母(1325)

诫吴王恪书 ……………………………………………… [唐]李世民(1327)

诫皇属 …………………………………………………… [唐]李世民(1328)

帝范·纳谏篇 …………………………………………… [唐]李世民(1330)

帝范·崇俭篇 …………………………………………… [唐]李世民(1331)

遗训 ……………………………………………………… [唐]李勣(1333)

临终诫子 ………………………………………………… [唐]卢承庆(1334)

母训 ……………………………………………………… [唐]卢氏(1335)

诫诸王皇亲敕 …………………………………………… [唐]李旦(1337)

遗令诫子孙文 …………………………………………… [唐]姚崇(1338)

诫子结 …………………………………………………… [唐]元延祖(1341)

送外甥郑灌从军 ………………………………………… [唐]李白(1342)

守政帖 …………………………………………………… [唐]颜真卿(1343)

又示宗武 ………………………………………………… [唐]杜甫(1344)

宗武生日 ………………………………………………… [唐]杜甫(1346)

诫诸子 …………………………………………………… [唐]穆宁(1347)

符读书城南 …………………………………… ［唐］韩愈(1348)

狂言示诸侄 …………………………………… ［唐］白居易(1351)

诲侄等书 ……………………………………… ［唐］元稹(1353)

留海曹师等诗 ………………………………… ［唐］刘禹锡(1356)

贻诸弟子砥石命 ……………………………… ［唐］舒元舆(1357)

诲子弟言 ……………………………………… ［唐］朱仁轨(1361)

金缕衣 ………………………………………… ［唐］杜秋娘(1362)

柳氏家训 ……………………………………… ［唐］柳玭(1363)

诫子孙 ………………………………………… ［唐］柳玭(1367)

告诸子及弟侄 ………………………………… ［宋］范仲淹(1368)

诫子孙 ………………………………………… ［宋］贾昌朝(1371)

教子学父 …………………………………… ［宋］欧阳修母(1373)

家诫二则 ……………………………………… ［宋］欧阳修(1375)

名二子说 ……………………………………… ［宋］苏洵(1377)

教子吟 ………………………………………… ［宋］邵雍(1378)

赠外孙 ………………………………………… ［宋］王安石(1379)

训子孙文 ……………………………………… ［宋］司马光(1381)

训俭示康 ……………………………………… ［宋］司马光(1383)

与子由弟二则 ………………………………… ［宋］苏轼(1387)

家诫 …………………………………………… ［宋］黄庭坚(1388)

实柜秸 ………………………………………… ［宋］张耒(1391)

与子寅书 ……………………………………… ［宋］胡安国(1392)

石林家训 ……………………………………… ［宋］叶梦得(1394)

家训 …………………………………………… ［宋］江端友(1397)

家训笔录 ……………………………………… ［宋］赵鼎(1399)

童蒙训 ………………………………………… ［宋］吕本中(1400)

与长子受之 …………………………………… ［宋］朱熹(1407)

冬夜读书示子聿 ……………………………… ［宋］陆游(1408)

送子龙赴吉州掾 ……………………………… ［宋］陆游(1410)

示儿 …………………………………………… ［宋］陆游(1412)

教子语 ………………………………………… ［宋］家颐(1413)

袁氏世范 ……………………………………… ［宋］袁采(1415)

辨忘录 ………………………………………… ［宋］吕祖谦(1417)

三字经 ………………………………………… ［宋］王应麟(1419)

临终遗子书 …………………………………… ［金］韩玉(1428)

郑氏规范 ……………………………………… ［元］郑太和(1429)

示冕 …………………………………………… ［明］于谦(1430)

寄从子希哲 …………………………………… ［明］朱瞻基(1431)

国学经典文库

中华姓氏文化

目　录

图文珍藏版

诫子弟 ………………………………………… [明]陈献章(1433)

示师言 ………………………………………… [明]马中锡(1435)

训蒙歌 ………………………………………… [明]庞尚鹏(1437)

赣州书示四侄正思等 ………………………… [明]王守仁(1438)

家训 …………………………………………… [明]霍韬(1440)

与二弟正之 …………………………………… [明]唐顺之(1442)

示儿书 ………………………………………… [明]任环(1444)

示季子懋修书 ………………………………… [明]张居正(1446)

高氏家训 ……………………………………… [明]高攀龙(1449)

示奏儿 ………………………………………… [明]孙奇逢(1451)

训子 …………………………………………… [明]徐媛(1452)

寄训子弟 ……………………………………… [明]卢象升(1454)

温氏母训 ……………………………………… [明]温氏(1455)

示儿 …………………………………………… [清]张履祥(1463)

示子侄 ………………………………………… [清]王夫之(1465)

训子侄 ………………………………………… [清]傅山(1467)

朱子治家格言 ………………………………… [清]朱柏庐(1470)

与子侄 ………………………………………… [清]毛先舒(1475)

摘韩子读书诀课子弟 ………………………… [清]李光地(1476)

为学一首示子侄 ……………………………… [清]彭端淑(1478)

潍县署中寄舍弟墨 …………………………… [清]郑板桥(1480)

给四侄钟杰书 ………………………………… [清]陈宏谋(1483)

示启铨 ………………………………………… [清]尹会一(1485)

给弟香亭书 …………………………………… [清]袁枚(1486)

寄内子 ………………………………………… [清]纪昀(1488)

再示知让 ……………………………………… [清]蒋士铨(1490)

家书 …………………………………………… [清]章学诚(1491)

弟子规 ………………………………………… [清]李毓秀(1493)

赴戍登程口占示家人 ………………………… [清]林则徐(1501)

读书吟示儿耆 ………………………………… [清]魏源(1502)

谕纪鸿 ………………………………………… [清]曾国藩(1505)

与陶少云书 …………………………………… [清]左宗棠(1507)

谕儿书 ………………………………………… [清]吴汝纶(1508)

与次女绣孙 …………………………………… [清]俞樾(1509)

与子书 ………………………………………… [清]张之洞(1511)

与四子严璇书 ………………………………… [近现代]严复(1515)

遗嘱 …………………………………………… [近现代]孙中山(1517)

答案诮 ………………………………………… [近现代]鲁迅(1519)

国学经典文库

中华姓氏文化

目录

图文珍藏版

给儿子黄大能的座右铭 …………………………… [近现代]黄炎培(1520)

论家庭教育 …………………………………………… [近现代]陶行知(1521)

第五章　孩儿起名 …………………………………………………… (1523)

第一节　起名知识 ……………………………………………………… (1523)

第二节　起名原则 ……………………………………………………… (1544)

第三节　起名禁忌 ……………………………………………………… (1581)

第四节　一般起名方法 ………………………………………………… (1622)

第五节　特殊起名方法 ………………………………………………… (1672)

第六节　男孩起名方法 ………………………………………………… (1704)

第七节　女孩起名方法 ………………………………………………… (1711)

第八节　多胞胎起名方法 ……………………………………………… (1718)

第九节　起名参考 ……………………………………………………… (1724)

附录 …………………………………………………………………… (1755)

第一章　姓氏的起源和发展

第一节　解读中华百家姓　赐姓命氏溯渊源
——姓氏的起源、发展及姓氏制度的确立

"姓氏"是人类个体与生俱来的第一符号,也是具有血缘传承关系的家庭或宗族的群体标志,是人类社会维系血亲、区分族别的重要依据。

"姓氏"是"姓"与"氏"的合称,二者皆具有家号、族号、宗号之含义。但在先秦时代,"姓氏"是两个不同的概念。所谓"男子称氏""妇人称姓""姓别婚姻,氏别贵贱",是对姓、氏不同内涵、社会功能及其产生的历史渊源的高度概括。正如《国语·周语》所云:"姓者,生也,以此为祖,令人相生,虽下及百世,而此姓不改。族者,属也,其子孙共相连属,其旁支别属,则各自为氏。"也就是说,姓表示宗族的起源、出处,是原有的、大宗的族号;氏是后起的,是分支的、小宗的族号。先有姓,后有氏,姓大于氏,氏统于姓;姓是氏的源头,氏是姓的分支。然而,姓与氏的区别,不仅仅是源与流的简单关系,其本质上的区别在于:姓是血缘传承的标志,氏是社会地位和地域区分的符号。姓侧重于血缘关系,氏强调地域的概念。"因生赐姓,胙('zuò',此处为赏赐的意思)土命氏",高度概括了"姓"与"氏"的本质区别和文化内涵。"因生"是生育观念,是生命的产生、延续,血缘的传承;"胙土",是生存观念,是人们生存发展的社会环境,生活方式。生育和生存是人类必备的两大要素,"姓""氏"二字涵盖了人类社会存在、发展的全部意义,也是人类社会文明进化的真谛所在和发展轨迹。

中华姓氏是一种古老的文化形态,它萌芽于原始社会的图腾崇拜,植根于文明

初曙的氏族繁衍,发展于夏商周三代的分封制度,确立于大一统的秦汉帝国,演变于"胡汉互化"的民族交融,融汇于多元一体的文化体系。

因生赐姓创世纪　中华古姓多母系

中国是世界上最早使用姓氏的国家,母系氏族社会中华古姓的产生,迄今已约有一万年的历史。相比之下,大多数欧美国家的姓氏产生于中世纪时期。虽然古罗马的父系氏族社会已出现了一批较早的姓氏,但姓氏的使用并未形成固定的模式,直到9世纪初,才在意大利的各城堡中得到恢复。至于在亚洲地区,越南、朝鲜等国在10世纪左右才相继普及,相当于中国的晚唐、五代时期,而且多数是由中国传入。而日本直到19世纪明治维新时期,实行"壬申户籍法"才普遍推行姓氏制度。

姓氏的古老,象征着一个国家、一个民族历史文化的悠久。中华姓氏是中华文明的重要标志,是中华民族弥足珍贵的文化宝库。

关于中国古姓的起源,历代学者仁者见仁,智者见智,归纳起来主要有两种说法:

始祖创世　因生赐姓

始祖创世,因生赐姓,是有关中华姓氏起源的传统说法,常见于文献典籍的记载。其中影响最大、流传甚广的是伏羲、女娲兄妹相婚、传衍人种的历史故事。据文献记载和历史传说,宇宙初开之时,世上只有伏羲、女娲兄妹二人生活在昆仑山上,为繁衍后代,兄妹俩只得自相婚配,结为夫妻。但又自感羞愧,难以决断,于是通过占卜的方法来判定天意。兄妹俩先在两个山头各自烧起火堆,并对天祷告:"如上天有意让我兄妹二人成婚,就让两股青烟相合;如并无此意,就烟消云散。"刚说完,只见两股青烟合为一体,直冲云霄。兄妹二

伏羲

人仍狐疑不决,又约定,从各自山头滚下一扇磨盘,如石磨脐、眼相合,则可结为夫妻,否则各奔东西。说来也巧,自高山推下的两扇磨盘落到沟底后,竟然阴阳相覆,

脐、眼相合。于是伏羲、女娲便在上天认可下结为夫妻,传下后代,并根据子女的出生情况和散落居处,将其分为不同的族姓,并规定同一族姓的男女不得自相婚配。

这一历史传说,不仅在汉族文献中屡有记载,在苗、瑶、壮、彝、黎、侗、布依等少数民族中也广为流传,内容也大同小异。如瑶族《伏羲兄妹故事》中说,他们成婚后,妹妹生下一个冬瓜般的肉团,他们把肉团砍碎,到处抛撒,落在平地的成了汉人,落在森林、山坳等处的,便成了瑶山五族。

另一种与之相近的说法只有女娲,没有伏羲。说女娲补天后,深感寂寞,便用黄泥仿造自己的形象造了许多小人。后来嫌效率太低,便用草绳沾着泥浆,用力甩出,溅出的泥浆也化为小人。落在石头上的便姓石,落在树叶上的便姓叶,落在花朵上的便姓花,落在河里的便姓何(河),落在池塘里的便姓池……

基于对这一历史传说的认同心理,伏羲、女娲被后世尊为"创世人祖"和"人祖奶奶",在中华大地上至今仍留存着许多相关的纪念性遗址、遗迹。如甘肃西和县仇池山的"伏羲仙崖",天水市的"伏羲神庙",陕西临潼的"女娲宫",山西洪洞县的"女娲庙""女娲陵",吉县的"人祖山",河南淮阳的"太昊(伏羲)陵""伏羲庙",涉县的"女娲皇宫"……尤为珍贵的是山东嘉祥武梁祠中的汉代画像石和新疆吐鲁番古墓群出土文物中的一幅"伏羲、女娲执矩图",图中伏羲、女娲都是人首蛇身,面对面的手执圆规、矩尺,表示伏羲"正姓氏,别婚姻",没有规矩不成方圆的道理。尤为传神的是伏羲、女娲下身成两条蛇尾相互交缠在一起,中间有一小孩,十分形象地表现了伏羲、女娲传衍人类的主题。

虽说神话传说并不能等同于历史,但神话传说中往往包含着合理的历史成分,反映了历史阶段的社会特征。通过伏羲兄妹相婚、传衍后代的历史传说,我们不仅可以了解到在中华民族的初始时期,曾经历过血亲乱婚、向族外群婚进化的历史进程,也可以看到由母系氏族社会向父系氏族社会进化的轨迹,同时透析出中华古姓起源的历史信息。

图腾感生　演化为姓

"图腾感生,演化为姓"是近代颇为流行的一种观点,该观点认为中华古姓起源于原始的图腾崇拜。

·姓氏的起源和发展·

图文珍藏版

　　"图腾"一词,来源于印第安语,图腾崇拜是世界各民族普遍存在的原始宗教的信仰形式,中华民族也不例外。在原始社会中,由于生产力水平和文明程度十分低下,人类既不了解人类与大自然的关系,也不了解自身和氏族组织的起源,认为人类每个氏族、部落都与某种自然现象、动植物、非生物有着某种神秘的亲缘关系,如日月星辰、风云雷电、山川岩石、花草树木、熊罴虎豹、牛羊犬马、禽鸟龙蛇……只需该氏族的始祖母与之接触感应,即会衍生后代。所以图腾物象就成为本氏族的祖先,成为本氏族所共有的标志和徽号,即族徽。这种自然崇拜、生育崇拜、祖先崇拜的原始宗教信仰形式和偶像,即图腾名称,便成为最早的社会组织——氏族的名称,进而演化为该氏族共有的姓源。中国最早的一批古姓,即由氏族图腾演化而来。

　　各民族中图腾祖先形象有的是自然界中存在的动植物、非生物或自然现象,有的是虚幻的半人半神、半人半兽形象。在我国各民族神话传说与历史文献中,都有许多图腾崇拜、图腾感生的事例。在有关炎黄部族起源的历史文献中,都称炎帝神农氏,其母为安登,因感应神龙绕身而生炎帝于姜水,因而炎帝神农氏以姜为姓;黄帝轩辕之母附宝,因在大野中见雷电绕北斗七星,感而有孕,生黄帝于轩辕之丘,育于姬水之畔,故以姬为姓;夏祖女志梦流星落地,化为神珠薏苡,后而有孕,生下大禹,故夏人以薏苡为"图腾",以姒为姓(姒即苡字的演化);商祖简狄则是因吞食玄鸟之卵而生契,故以鸟为图腾,以子为姓(子即卵);周祖姜女原因践巨人之迹(熊迹)而生后稷,故周人以熊为图腾,以姬为姓(巨为熊迹之形,巨从女旁而为姬)……

　　在其他少数民族中,图腾崇拜与图腾感生的传说更是屡见不鲜,有的一直流传至今,成为一种独特的民族习俗。如东夷部族以鸟为图腾,以鸟为官名,以鸟为姓氏。南蛮人传说其始祖父是神犬盘瓠,突厥人说他们的始祖母是一匹母狼,古夜郎人相信他们的始祖出自一支三节大竹,党项人自称源自猕猴,达斡尔族传说其始祖母是一只美丽的狐狸,苗族认为枫木是自己的始祖,怒族传说其祖先是蜜蜂变的,鄂伦春人认母熊为其始祖母,壮族则认为自己是青蛙皇帝的后裔,傈僳族、白族、彝族则认为虎是他们的祖先……时至今日,在这些少数民族地区,仍保留着原始图腾的传说、习俗,可以找到以图腾为姓的事例。

20 世纪以来,我国不少学者运用近代科学的观点和方法,重新对传说的历史文献进行了系统研究,并结合考古的发现和社会实践调查,在姓氏与图腾关系的研究上有了重大突破和新的认识。如学术大师郭沫若在 20 世纪 20 年代写的《甲骨文字研究》中就指出:凤姓起源于凤鸟图腾:"卜辞风字均作凤……古有凤姓之国,春秋时有任宿、须句、颛臾皆凤生。古云,太昊之胤,案其实乃以凤为图腾之古民族也。"也即古代东夷部族是以鸟为图腾的典型代表。文化学家丁山认为:"中国古姓多为图腾之遗留。如秦嬴,是瑞兽之名,周姓姬,是鳄鱼的意义;季札之姓狸,夏姓姒,为妊娠的药草……"社会学家李玄伯也说:"姓即图腾的结果,在文字内现在尚能看见种种遗痕。凤——凤姓之图腾;羊——姜姓之图腾;扈鸟——扈姓之图腾;祝融八姓亦源于图腾:蛇(己)——己姓之图腾;龙——董姓之图腾;虫——妘姓之图腾;鼓——彭姓之图腾……"历史学家吕振羽也指出:"在中国今日的姓氏中,也保留着不少的原始图腾名称的遗迹,如马、牛、羊、猪、鸟、凤、梅、李、桃、花、叶、林、河、山、水、云、沙、石、毛、皮、龙、冯、蛇,等等。"

上述学者尽管意见不完全一致,但都认为:中华古姓源于图腾,是生殖崇拜、祖先崇拜、图腾崇拜的产物,也是社会历史发展到一定阶段的产物。当代学者王泉根先生还依据前人的研究成果将图腾感生划分为三大类别(参见《中国姓氏的文化解析》):

履迹 { 华胥履大人迹而生伏羲。
姜嫄履大人迹而生后稷。

吞物 { 禹母吞薏苡而生禹。
简狄吞燕卵而生契。

遇异 { 附宝感北斗而生黄帝。
女登感神龙而生炎帝。
女节感流星而生少昊。
女枢感虹光而生颛顼。
庆都感赤龙而生伊耆(尧)。

总之，由原始社会的图腾名称，演变为氏族组织的徽号、名称，标志着中华姓氏的萌芽和产生，是中华姓氏史上的第一次飞跃和升华。而标志着氏族血缘关系的中华古姓，就成为"区分族别，维系血亲"的重要依据，也是中华姓氏最原始的社会功能。

由图腾感生的中华古姓，大都起源于母系氏族社会。因当时生产力和科学水平十分低下，"人民少而禽兽众，人民不胜禽兽虫蛇"，群生聚处。一个氏族组织由一位老祖母及其衍生的女姓后代子孙组成，人类正处于野合杂交的血族群婚时代，人民知有其母而不知其父。血缘世系只能按母系来计算，所以中华古姓多从母姓，姓的本意强调生育概念。流传至今的中华古姓多带有"女"字偏旁。如通常所说的"上古八姓"姜、姬、妫、姒、嬴、姞、姚、妘和"十二古姓"姜、姬、姞、嬴、姚、妫、妘、娲、姺、嫘、敁、媸便是其例。另外，清初顾炎武从《春秋》三传中考订的22个古姓中，除凤、子、祁、华、曹、董、归、熊、漆、允10姓属上古图腾感生之外，其余12姓也都来自母系。其中凤姓为太昊伏羲氏所传，为中华第一古姓。

关于中华古姓来源于母系的说法，不仅在历史典籍中屡有记载，在我国最早的文学作品、第一部诗歌总集《诗经》中也有所反映。如《玄鸟》篇说："天命玄鸟，降而生商"；《长发》篇说："厥初生民，时维姜嫄"……这些诗篇都是商、周祭祀祖庙的乐章，都是赞颂他们的始祖母，而没有他们的始祖，这是地道的母系氏族社会的历史遗踪。

大约到了旧石器时代晚期，随着生产力的发展，人类的认识水平也有了很大提高，对直系血亲的无限制乱交产生了厌恶，并从实践中逐渐地感受到"男女同姓，其生不蕃"的生物学原理，认识到同一血统的人相互婚配，不利于后代。于是，首先要求对不同的血统加以区分。同时，由于种族的不断繁衍、居住地域的不断扩大、职业身份的不断变化，同一姓族之内依据血缘世系的亲疏、居住地域的远近，就形成了若干分支。对各个氏族及若干分支加以区分的特殊标志就是"姓"。从这一角度来看，姓成为从氏族的内婚制发展到族外婚制的一个重要标志。

在班固等人编撰的《白虎通义·姓名篇》中对此有一段精辟的论述："人所以有姓者何？所宗爱厚亲亲，远禽兽别婚姻也。故礼别类，同姓不得娶，皆为重人伦也。""姓别婚姻"成为中华古姓的主要社会功能,也是中华姓氏史上的一大发展和进步。

文明初曙分尊卑　男子称氏别贵贱

在先秦时期,标志部族、宗族的徽号,除姓之外,还有氏的称谓。氏是姓所衍生的产物,即姓的分支。《通鉴外纪》对此有非常明确的论述:"姓者,统其祖考之所自出,氏者,别其子孙之所自分。"也就是说,姓表示宗族的起源、出处,是原有的大宗的称号;氏是后起的、分支的、小宗的族号。而"氏"字的文字结构,在殷商甲骨文中解释为"木本"之意,即植物之根,故后世多用"寻根"二字表述某一姓氏认祖寻根、追源溯流的文化情结。

父权确立　尊者为氏

氏出现较姓晚,产生于父系氏族社会时期。在母系氏族社会末期,随着生产力的发展和人口的繁衍,氏族活动的范围不断扩展,氏族组织中不断分出一些小的群体,迁徙到新的地区。为了区分这些新生的、小的社会群体,并维系与原有的氏族组织的联系,于是便产生了"氏"这一社会组织名称。所以我国古代学者在解释"氏"字时,说氏的本义应该作"是",表示存在的意思,表明其某某分支生活、聚居于某一地区,把地域概念引入血缘群体的组织之内,用以表示分布于不同地区的、同一姓族组织的分支、衍派,这就是"氏"。《说文解字》中对"氏"的解释为:"氏,巴蜀山名,岸胁之旁著欲落堕者曰氏",段玉裁注曰:"小阜之旁(傍)著于山岸胁,而状欲落堕者曰氏;其字亦作坻。"《诗经·秦风·蒹葭》中"宛在水中坻"的"坻"字,即指由岸旁山崖主体崩裂,落堕的小丘,是分裂、析出的一片土地,生动形象地说明了"坻"(氏)的来历,也正是"氏"字的本义。

有的文献典籍中,把这种从氏族组织中分裂而出的新群体称作"族",也有的文献典籍"氏""族"相提并用。在有关夏、商、周三代历史的记载中,夏代多称氏,如"有扈氏""有莘氏""有穷氏""有仍氏""斟鄩氏";而商代则多称族,如"王族""子族""三族""五族";周代则氏、族并称,如周初在大量封国命氏的同时,又赐予有功大臣"殷民六族""殷民七族"……

综上所述,可以看出,"氏""族"都是从大的氏族组织中分离、产生的新的社会群体,是姓的分支、衍派;"氏""族"形成的基本原因和主要特征就是地域的区分,即"胙土命氏","氏"就成为占有土地、区分地域的重要标志,也是氏的原始的基本功能。这也正是周代"胙土命氏"的历史渊源。

"氏"的产生除"因土命氏"(胙土命氏)之外,另一重要来源是由于社会分工,不同阶层的人因所从事职业、技艺、身份不同,而形成不同的社会集团,获得了各种"氏"的称号。在母系社会末期、父系氏族社会初期,由于生产力的发展,社会财富的积累,社会组织结构的变化,形成了不同的社会阶层和社会集团。在社会分工日益明确,职业技艺日益专业的情况下,男子的优势也日趋明显,于是父系社会逐渐取代了母系社会,父系大家族的杰出人物,成为社会主流的支配力量和各行业、各部门的权力象征。其中既有执掌统治大权的首领阶层(氏族首领、部落酋长等),也有分管山林水泽、农牧渔猎、天文历法、军事刑法、礼仪教化、仓廪财物的各种机构和官员,还有从事"百工技艺"的专业人才。如"别婚姻,正姓氏"的太昊伏羲氏,"尝百草,艺五谷"的炎帝神农氏,"明人伦、定刑律"的黄帝轩辕氏,"掌历法、辨四时"的少昊金天氏等古代帝王(部落联盟酋长),以及专管山林水泽的"有虞氏",负责陶器制作的"有陶氏",司职"火正"的祝融氏、重黎氏,主管刑法的"大理氏"等百官。而百官的技艺往往由家族世袭,代代相承。因此,社会分工、职业世袭,就为"氏"的产生形成另一重要途径。由于社会分工不同,职位、技艺高低不同,"氏"也就成为表明社会地位、身世贵贱的重要标志,也是"氏明贵贱"的历史渊源及其基本功能。"氏"成为社会发展到一定阶段的重要产物和时代的标志。所以说"尊者为氏"。郑樵在其《通志·氏族略》序中对此有一段精辟的论述:"三代以前,姓氏分而为二,男子称氏,妇人称姓,氏所以别贵贱,贵者有氏,贱者有名无氏……姓所以别婚姻,故有同姓、异姓、庶姓之别;氏同姓不同者,婚姻可通,姓同氏不同者,婚姻不可通。"也就是说,先秦时期,氏不仅是部族、宗支的徽号,也是社会地位尊卑、贵贱的标志。最初,氏是同姓部落的名称,后来则逐渐演变为专指部落首领相沿世袭的尊号。传说中父系社会英雄人物的称号,均加"氏"以尊称,如炎帝神农氏、黄帝轩辕氏、太昊伏羲氏、少昊金天氏等,即是例证。

这种以"氏"别贵贱的风尚,在从父系氏族社会到先秦时期这一历史阶段,相当盛行，形成"同姓异氏，一姓多氏"的社会格局。如炎帝神农氏本来是姜姓部落的始祖，但其后裔却有烈山氏、祝融氏及齐、吕、申、许等氏族分支；黄帝轩辕氏为姬姓部落的始祖，但他的 25 个儿子，却分为 12 胞族(氏族)；太昊伏羲氏(伏羲氏)，少昊金天氏，本是东方凤姓部落的首领，是以鸟为图腾的部族(凤即凤鸟)，其后裔则繁衍为凤鸟氏、玄鸟氏、丹鸟氏、青鸟氏、鸠鸟氏、爽鸠氏、伯赵氏及"五雉""九扈"等 24 个"以鸟名官"的氏族。

这样随着父权制的确立和"氏"的形成，母系氏族逐渐被父系氏族所取代，所有的血缘关系，均由父系来确认。所以母系姓族之解体，父系氏族之兴起，成为姓氏发展演变过程中又一个重要的里程碑。

封邦建国　胙土命氏

"氏"的产生有多种途径，其中最主要的一个来源就是"胙土命氏"。"胙土命氏"也写作"祚土命氏"，是夏、商、周三代之时"封邦建国，赐姓命氏"的一种分封制度。它肇始于夏、商时期，盛行于西周初年。《左传·隐公八年》记述了一段鲁国卿士无骇去世后，众仲与鲁隐公为之谥号、命"氏"的对话，精辟地阐述了"胙土命氏"的内涵及"姓""氏"二者之间的关系和区别："古者天子建德，因生以赐姓，胙之土而命之氏，诸侯以字为谥，因以为族；官有世功，则有官族；邑亦如之。"意思是说，过去天子封邦建国，分封诸侯，根据其出生而赐姓，又分赏土地而命氏，诸侯以字为谥号，后人便作为族号；担任某种官职，累代世袭而又有功绩的，就以官职作为族号；有封邑的士、大夫即以邑为族号。这里的族号，就是"氏"。宋代史学家郑樵在其《通志·氏族略》中对姓氏的来历和种类曾做过系统的总结和科学的分类，将之分为 32 类，其中以各级地名为氏，以(祖父)姓名为氏，以官爵为氏，以职业技艺为氏，是"得氏"最多、影响最大的四大类别。

夏代的"胙土命氏"情况，因缺乏文献记载和考古发现，难以详知，但据《史记·夏本纪》和《世本·氏姓篇》载录，夏禹因治水安民有功，"皇天嘉之，祚以天下，赐姓曰姒，氏曰有夏。"四岳也由于辅助夏禹有功，皇天也"祚四岳国，命为侯伯，赐姓曰姜，氏曰有吕"。在夏代，以国为氏的部族有：夏后氏、有扈氏、有男氏、斟鄩氏、彤城氏、褒氏、费氏、杞氏、缯氏、辛氏、冥氏、斟戈氏及有南氏、有郓氏等十余个姓氏。此外,中华古姓中著名的祝融八姓:己、董、彭、秃、妘、曹、斟、芈也都"祚土命氏",建立了苏、顾、温、董、豕、韦、大彭等国。

商朝是典型的奴隶制王朝,国家机构已经形成,"祚土命氏"正式成为姓氏产生的重要途径。商朝帝王嫡子有继承王位的权利,某些庶子则有"祚土命氏"的分封权益。一些有功于王室的功勋大臣及臣服于商王朝的附庸部落,依据其社会地位,也被封赐相应的侯国、采邑。因而商代的姓氏较夏代大为增多,史称商代有"八百诸侯"。见于《史记·殷本纪》和《世本》等文献记载的姓氏有十余个。如殷氏、来氏、宋氏、稚氏、时氏、萧氏、黎氏、空相氏、北殷氏、目夷氏、崇氏、周氏、杞氏、耿氏、微氏、箕氏、阮氏等,皆是以国为氏,至今有相当一部分仍在沿用。在出土的殷墟卜辞中,有多处出现了"王族""子族""三族""五族"的词语。在《尚书·盘庚》中,将殷商贵族大姓总称为"百姓"。此处的"百姓"二字,是氏族社会时期,"禅让"制度流传下的大族旧姓,与万民相对,原意是指有一定社会地位,被王室"祚土命氏"的贵族阶层。之后,随着社会历史的发展和朝代的更迭,这些贵族阶层失去了原有的封邑和地位,沦为普通庶民,但却保留了原有的姓氏,成为当今姓氏的重要来源,也是后世历代庶民统称为"百姓"的原因。

西周初年的封邦建国、"祚土命氏",是中国历史上封国最多、"命氏"最广、对姓氏发展影响最大的政治措施。周武王灭商之后,首先对商王朝的部落、属国、附庸国进行了大规模的调整、撤换、改组,分封了一批周王室宗室子弟和开国功臣在商王旧地建藩立国,在成王继位和周公旦辅政期间,又继续"祚土命氏",立国封侯,建立了一套完整的列爵、封土、建国、命氏的封建宗法制度。

据史书所载,周朝共灭商朝属国99个,降服652个小国,从而为周初大分封提供了广阔的土地。这种大分封举措,对于商朝原始小邦林立的格局,含有统天下于一尊的意义,显然是社会发展的一大进步。而大分封的结果,必然导致大批"氏"的产生。周朝成为"氏"产生最多的时期,尤其春秋时期,激烈的诸侯兼并,为姓氏的发展演变提供了特定的条件,是中华姓氏史上最重要的发展时期。

周初的"祚土命氏"、封邦建国,与等级森严的宗法制度紧密相连。宗法制度是以血缘关系为基础、以宗族组织为核心,识别宗支派别、区分尊卑长幼、规定继承秩序、明确义务和权利的法规礼制。宗法制度由父系氏族社会的家长制演变而来，经夏、商两代的发展，到西周初年基本确立。其主要特点是以"嫡长子继承权"为核心，严格区分庶嫡，确立大宗、小宗。其政权形式则是"宗君合一，家国同构"。周天子被视为上天的嫡长子（天子），上天赐给他土地和臣民，拥有分封赏赐土地臣民的绝对权威。据史书记载，周初先后分封诸侯国71国，其中同姓（姬姓）诸侯40国，异姓诸侯31国。这些受封的诸侯尊奉周天子为"大宗"，为天下共主。各诸侯以封国为氏，形成新的氏族。各诸侯又在自己国土内分封采地、食邑给同姓或异姓的卿大夫，卿大夫尊奉国君为宗主，并在自己的采邑封地内再次分给同姓或异姓士人。卿士、大夫也以采邑、封地为氏，衍生出新的氏族。这样自上而下一层一层的分封，一姓所出的支系越来越多，越来越细，新的氏族也就越来越多。如周天子所封同姓诸侯都是姬姓，但因封国有鲁、郑、卫、晋、吴、虞、霍、虢、管、蔡、巴、随之别，40个同为姬姓的诸侯，即演变为40个新的氏号，而这些获得封国和氏号的诸侯，再次分封，又衍生出新的氏族。如鲁国公姬旦的几个儿子，又分为蒋、凡、邢、茅、胙、祭等若干小国，其公族、支裔衍生的姓氏达91个之多；再如，周宣王时，封其弟姬友于郑国，其后裔衍派达107个姓氏（参见何光岳《周源流史》）。

周代的"胙土命氏"，逐级分封，严格遵循了以嫡长子继承权为核心的封建宗法制原则，即"别子为祖，继别为宗"。具体来讲，就是王室、诸侯的嫡长子有权继承父亲王位君位；王室、国君的庶子，也称"别子"，无权继承王位、君位，但有被分封的权利，需分给一定的食邑、采地，自成系统，通过"胙土命氏"的方式，成为新的氏族，别子就成为这一新的氏族的开派之祖（得姓受氏之祖），即"别子为祖"。别子的嫡长子继承新家族的权位成为这一新的家族的大宗，就是"继别为宗"。这就是后世"祖""宗"二字的来历和内涵。

在这种宗法制度下，天子等级最高，可用其王朝的称号为氏：如周天子及其嫡派子孙即以周为氏；而诸侯国则以其封国为氏，如晋、鲁、齐、燕、郑、吴等；卿大夫以封邑为氏，如原氏、薛氏、杨氏等；效力于王室公族的职业技人等则以技为氏，如车氏、屠氏、陶氏等。由于"命氏"由上而下出自帝王、君侯所赐，能够"封土命氏"的，都是贵族诸侯，即使以职业技艺命氏的"百工"，也不是一般平民、贱奴，而是管理

中华姓氏文化

·姓氏的起源和发展·

图文珍藏版

平民奴隶的"工长"、管事。因为"氏"可以表明出身家世和社会地位,是贵族特有的标志和尊号,所以"氏"有强烈的"氏明贵贱"的社会功能。在封建宗法制度下,氏族成为周王朝最基本的政治组织形式,其存在、发展、演变、衰落的过程,极其生动地反映了当时社会政治、经济、军事、文化等各个方面的状况,氏族研究在某种意义上是认识和研究先秦史的重要依据。

这样,由"胙土命氏"的封建宗法制度,逐渐取代了氏族社会单纯的血缘氏族制度,氏族习俗则被提取、转化、升华为系统的理论化、法制化的文化形态和宗法制度。由远古父系氏族社会中的族长制,演变为夏、商、西周的封建宗法制,标志着姓氏文化的萌芽和形成。

先秦姓氏双轨制 秦汉合一成定制

先秦时期,姓氏相别,界定明确,功用不同,不得混用。故而先秦时期,"姓氏双轨",分别使用,同时并存。秦汉以后,姓氏合一,成为定制。姓氏相别的社会功能,演变为以地望相别、区分等级的门阀制度,融入了封建宗法、社会等级、家族功业等文化内涵,也融入了不同地域、不同民族的各种特色,形成了兼容并包、多元一体的中华姓氏的文化体系。两千多年来虽然经历了改朝换代的风云变幻,吸纳了多次的"胡汉互化",但姓氏合一的基本形式,世代相承,流传至今。

姓氏双轨 各有功用

"姓氏双轨"是指先秦时期,"姓"与"氏"这两个标示家族谱系的称号,并用共存而又有所区分的现象;"姓氏合一"则是秦汉以来,姓氏一体化的表述。由"姓氏双轨"到"姓氏合一",是中华姓氏史上一个重要的发展、演变过程,是中华姓氏制度形成和确立的重要标志。

如前所述,"姓"产生于母系氏族社会,"氏"产生于父系氏族社会。"因生赐姓,姓别婚姻""胙土命氏,氏明贵贱",表明"姓"是血缘传承的谱系,"氏"是地域区分的标志;"姓"的功平民,后弃农经商,"畜牛羊于猗氏之南(今山西临猗县),十年间其息不可计,贵似王公,驰名天下",成为中国历史上最早的商业巨子,遂以发家之地猗氏为"氏"。再如越国大夫范蠡,辅佐越王勾践,"十年生聚,十年教养",灭掉吴国后,即挂印而去,经商于四海,成为天下巨富,后定居于帝尧之子丹朱故地——陶邱(今山东平原县),自称陶朱公,以陶朱为"氏"。在"重农抑商""重本轻末"的宗法社会里,因经商致富而侧身氏族之列,说明了社会风气的一大变革,"氏明贵贱"的社会功能已失去了其现实意义。

其次,从同姓不得通婚的社会礼制和伦理观念来看,"姓别婚姻"一向被世人所推崇,并以法制和礼制的双重形式世代相延,若有违犯将受重责。但是到春秋末期,由于出于同一古姓的社会集团不断地繁衍、增殖,势力范围和地理分布不断扩大,同姓异氏的分支越来越多,血缘关系越来越远,同姓不婚的观念日益淡薄。加之在夫权社会里,男尊女卑的世俗观念十分盛行,买卖奴婢、陪嫁媵妾等社会风气也十分普遍,婚姻已成为具有功利性的社会交易。尤其是一些同姓异氏的诸侯、贵族,出于政治、外交等多种需求,往往置同姓不婚的祖训于不顾,通过联姻缔亲等手段,实现自身的利益。如出自姬姓的鲁昭公即娶了同样源自姬姓的吴国女子吴孟子为妻,受到孔子的评议;晋平公也因贪图美色娶了与自己同姓的四个美女为妾。由此可见,同姓不婚这一古老礼俗的约束力已越来越薄弱,"姓别婚姻"的社会功能,也日渐减弱。

秦汉一统　姓氏合一

秦灭六国后,一统天下,全面推行郡县制度,完全以行政区划代替了以血缘关系为网络的封建宗法制度。这种政治结构的社会制度,既葬送了封建宗法制度,也铲除了世卿世禄的世袭制度,使代表贵族阶层高贵出身和社会地位的"氏"黯然无光,成为只标记血缘谱系的符号,与"因生赐姓"、标志家族血缘关系的"姓"已无多大区别。"姓氏合一"已是社会历史发展的必然趋势。

"姓氏合一"的制度始于西汉初年,顾炎武在《日知录·氏族》中说:"姓氏之称自太史公始混而为一。《本纪》于秦始皇则曰'姓赵氏',于汉高祖则曰'姓刘氏'。"也就是说太史公司马迁忠实地记录了这一历史时期"姓氏合一"的姓氏制度及其演变的规律。秦朝末年,大规模农民起义爆发,封建宗法的姓氏制度受到严峻的挑战和毁灭性打击。秦末农民大起义的领袖,戍卒出身的陈胜揭竿而起振臂一呼,首先发出了"帝王将相宁有种乎"的质疑。一批平民百姓,甚至刑奴、屠夫涌入了农民起义军的行列,成为推翻秦朝统治、建立西汉王朝的主力和元勋。如汉高祖刘邦原为泗水县亭长，汉丞相萧何为沛县小吏，梁王彭越原为渔户，舞阳侯樊哙乃一杀狗屠夫，统军大将淮阴侯韩信则是流浪街头、曾乞食于漂母（洗衣妇）的市井小民，淮南王英布原为被黥刑、刺面的刑奴。这些推翻暴秦、创建汉朝的新贵，均出身寒微，没有显贵的家世，自然而然地摒弃了原先那种标志社会身份地位、以"氏明贵贱"的姓氏制度，对原有的贵族世家进行了毫不留情的扫除。据史书记载，西汉初年，为消灭各地豪强的势力，抑制六国旧族试图复国的苗头，下令将齐、楚、燕、

秦始皇

赵、韩、魏六国后裔和豪族名门十多万人，强行迁徙到关中诸陵，分给田宅，集中居住。如齐国公族田氏，因族大人多，迁徙时即按照其居住的宅第，分为八门、八氏：田广之孙田登为第一氏，田祭为第二氏，田癸为第三氏……田广之弟田英为第八氏。堂堂的一国王族，国破家亡之后，不仅其后裔沦为庶人、罪民，其姓氏也遭到践踏，由国姓公族改为以毫无意义的序号作为姓氏。这种"亡国坠氏"的惨剧在春秋战国之际已是屡见不鲜。到秦汉时，表明社会地位、区别身份贵贱的"胙土命氏"的封建宗法制度已荡然无存，"氏明贵贱"的社会功能也随之消失，"姓""氏"都成为仅仅表明个人及其家族血缘关系的符号，恢复了中华古姓产生之初的本义，"姓""氏"两大支脉又合二为一，融为一体。郑樵在其《通志·氏族略》中对这种"姓氏之失""浑而为一"的历史演变有一段十分形象的描述："秦灭六国，子孙皆为庶民，或以国为氏，或以姓为氏，或以氏为氏，姓氏之失，自此始。故楚之子孙，可以称楚，亦可称芈；周之子孙，周之南君，亦可称姬嘉。又如姚恢，改姓为妫，妫皓改姓为姚，兹姓与氏浑而为一者也。"并进而由此论断："三代（夏、商、周）之时姓分为二，男子称氏，妇人称姓。氏所以别贵贱……姓所以别婚姻……三代之后，姓氏合二而一，皆所以别婚姻，而以地望明贵贱。"

由先秦时的姓氏相别、"姓氏双轨"，到秦汉以来的"姓氏合一"、姓氏通用，是

姓氏发展史上一个重大的转折、演变。秦汉以后，姓氏不别，浑为一体，或言姓，或言氏，或兼称"姓""氏"。这种"姓氏合一"的结果，使原先用以明贵贱的"氏"完全融入原始的姓中，极大地丰富和扩展了姓的数量和内涵，形成当今姓氏的基本形态，姓氏体系基本定型，历朝历代虽有所发展、变化，但都基本上保持遵循了"姓氏合一"这一模式。自此以后，姓氏不再有别，自帝王以至平民百姓，人人都享有姓氏的权利，每一个宗族都有自己固定的姓氏，子子孙孙持续使用，留传至今。为区分先秦时期和秦汉以来姓氏发展的不同历史阶段和文化内涵，我们把先秦姓氏统称为"古姓"，把秦汉以来姓氏统称为"今姓"。

第二节　展示百姓风采梦　演绎华夏文明史
——姓氏的类别、特色及传承演变

　　纵观中华姓氏起源、发展、演变、形成的历史轨迹，可以看出，中华姓氏具有姓源广博、包罗万象，持续传承、纵贯古今，兼容并包、多元一体，分类科学、自成体系等鲜明特色，形成了完整系统的人文科学体系，是世界各国、各民族都不可比拟的文化瑰宝。

　　以日本为例，由于受中国传统文化影响较深，姓氏起源较早，但直到一百多年前，日本人还不是每个人都有姓氏，只有贵族、武士、神官才有姓氏。1868 年明治维新，八年后，颁布了《苗字必称令》(也译作《平民必称姓氏、名字义务令》，简称"壬申户籍法")，下令全国平民"必须人人有姓氏"，明确规定作为"国民的一种义务"强制推行，于是平民百姓才急急忙忙随便取一个姓氏来应付。许多人因不知如何选姓，便以神官手中的标志——铃木为姓，以求得恩荫吉利，因而铃木成为当今日本的第一大姓。再如法国和欧洲东部的犹太人，直到 19 世纪才有姓氏。在 18 世纪前，犹太人只有名，没有姓。《圣经》中记载的一千多名犹太人及祖先，如亚伯拉罕、雅各、大卫、所罗门等，均是有名无姓。18 世纪晚期，奥匈帝国哈布斯堡王朝，为强制同化犹太人，下令犹太人必须采用固定的姓氏，欧洲各国统治者纷纷仿效,用严刑峻法强制犹太人在短期内为自己确定姓氏,并由行政部门出面干预,胡编乱造,强行登记,于是在部分犹太人中出现了荒诞无稽的姓氏,如"阿凡克劳特"(瘦皮猴)、"奥赫森施瓦兹"(公牛尾巴)、"伊塞尔科普"(蠢驴脑袋)等充满侮辱性的姓氏。到20世纪30年代,德国纳粹政权再次强迫犹太人改名换姓,使原已混乱的犹太人姓氏更加混乱不堪。直到十多年后,以色列立国,犹太人才抹掉历史留给他们姓氏上的耻辱。

此外,英、美等西方国家,由于历史原因,其姓氏多起源于希腊、希伯来、条顿、拉丁等语系,而且带有浓厚的宗教色彩。

总之,由于社会、民族习惯、文化传统等多方面原因,不同国家、不同民族的姓氏,在姓氏文化上各有特色。相比之下,中华民族的姓氏文化,确实是源远流长,丰富多彩,特色鲜明,体系完备,值得我们每一位中华民族的子孙骄傲和自豪。

包罗万象姓源广　纵贯古今源流长

人之有姓,与生俱来。姓氏作为社会个体或家族群体的重要标志,在日常生活、社会往来、功名事业、典籍记载中,无处不在,可谓生而有姓,终生相随,死而传世,代代相承。

然而从古到今,中国人到底有多少姓氏,现存姓氏又有多少,由于历代人口姓氏的不断发展、演变,历来说法不一。据明代学者顾炎武《日知录》记载,上古三皇五帝时姓氏只有22个,加上五帝以外的其他姓,大约50个。汉代史游所著《急就篇》仅列130个姓,唐朝林宝所撰《元和姓纂》所收姓氏达1,232个,宋代郑樵《通志·氏族略》所录姓氏为2,255个,邵思

顾炎武

的《姓解》中收录姓氏2,568个,元代马端临的《文献通考》中载录姓氏3,736个,明代王圻的《续文献通考》著录姓氏已多达4,657个。明末清初凌迪知编撰的《古今万姓通谱》有"万家姓"之称,可见我国古代姓氏之多。中国台湾邓献鲸所编《中

国姓氏集》收录姓氏已有5,652个。在今人窦学田所编撰的《中华古今姓氏大辞典》中,收录古今姓氏已达12,000多个。而比较权威地说法则是中国科学院遗传研究所研究人员杜若甫、袁义达根据全国第四次人口普查资料及中国台湾1970年出版的《台湾地区人口之姓氏分布》一书,进行统计研究,编撰出版的《中华姓氏大辞典》中确定中华民族的姓氏多达11,969个,其中单字姓5,327个、双字姓4,329个、三个字以上姓氏2,313个。目前仍在通用的汉姓有3,000多个。

根据袁、杜二人随机抽样调查,在全国诸多姓氏中以李姓最多,占汉族人口的7.94%,总人数超过1亿以上。占汉族人口1%以上的姓氏有19个,依次是:李、王、张、刘、陈、杨、赵、黄、周、吴、徐、孙、胡、朱、高、林、何、郭、马。同时根据人口的多少排出了位居前列的100个大姓,排在19姓之后的81姓为:罗、梁、宋、郑、谢、韩、唐、冯、于、董、萧、程、曹、袁、邓、许、傅、沈、曾、彭、吕、苏、卢、蒋、蔡、贾、丁、魏、薛、叶、阎、余、潘、杜、戴、夏、钟、汪、田、任、姜、范、方、石、姚、谭、廖、邹、熊、金、陆、郝、孔、白、崔、康、毛、邱、秦、江、史、顾、侯、邵、孟、龙、万、段、雷、钱、汤、尹、黎、易、常、武、乔、贺、赖、龚、文。

祖国的宝岛台湾,虽然长期悬隔海外,但当地居民多为闽、粤二省移民后裔,在2200多万人口中,汉族占99%以上。其人口姓氏的排列依次为:陈、林、黄、张、李、王、吴、刘、蔡、杨、许、郑、谢、高、洪、丘、曾、廖、赖、徐、周、叶、苏、庄等,它们体现出与祖国大陆同源、同根的历史渊源和文化情结。

泱泱大国,亿万苍生,在这数以万计的古今姓氏中,有的相沿承袭,沿用至今;有的昙花一现,自生自灭;也有的遭逢变故,改姓冒姓;还有的姓随人意,应运而生。这些姓氏千奇百怪,五花八门,乍一看,似乎头绪繁多,庞杂无序。但若追根溯源,分门别类,即可发现如此众多的古今姓氏,姓源明晰,类别井然。经过历代专家学者的整理研究,姓氏学已成为专事研究人类姓氏起源、繁衍变迁、地理分布及其社会功能的专业学科。它可将繁杂众多的古今姓氏,条分缕析,归并为若干门类。

中国的姓氏分类学始于何时,难以考究。从现存文献典籍来看,最早的有关记述,是汉代应劭《风俗通·姓氏篇》和王符的《潜夫论·志氏姓》,收录了当时的数百个姓氏,并依据其得姓受氏的来源,分为九大类型:

中华姓氏文化

·姓氏的起源和发展·

图文珍藏版

1.氏于号。以祖先的族号为姓氏,如唐、虞、夏、殷。

2.氏于爵。以赏赐的爵位为姓氏,如王、公、侯、伯。

3.氏于居。以居住地方为姓氏,如城、郭、园、池。

4.氏于谥。以贵族的谥号为姓氏,如文、武、庄、穆。

5.氏于官。以担任的官衔为姓氏,如司马、司空、司徒。

6.氏于国。以分封的国名为姓氏,如齐、鲁、宋、卫。

7.氏于事。以特殊事件、典故为姓氏,如车、窦、白马、青牛。

8.氏于序。以兄弟亲属的排列顺序为姓氏,如伯、仲、叔、季。

9.氏于职。以职务的称号为姓氏,如三乌(大夫)、五鹿(大夫)。

上述分类,基本符合我国古代姓氏的来历,但显得较为简略。此后千余年来,有关姓氏的著述层出不穷,但对后世影响较大、分类较为明晰、较有权威的著述,是宋代郑樵的《通志·氏族略》。

《通志·氏族略》博采前人研究成果,集众家之说,将得姓受氏的类别,详列为32类:"以国为氏,以郡国为氏,以邑为氏,以乡为氏,以亭为氏,以地为氏,以姓为氏,以字为氏,以名为氏,以次为氏,以族为氏,以官为氏,以爵为氏,以凶德为氏,以吉德为氏,以技为氏,以事为氏,以谥为氏,以爵系为氏,以国系为氏,以族系为氏,以名氏为氏,以国爵为氏,以邑系为氏,以官名为氏,以邑谥为氏,以谥氏为氏,以爵谥为氏,代北复姓,关西复姓,诸方复姓,代北三字姓。"

以上应劭之分类过于粗略,多有疏漏,而郑樵之分类则太过烦琐,且有重复。后世姓氏学著述或删繁就简,或增补新的姓源,使得姓受氏之源流分类异彩纷呈,各有优劣。今汲取各家之长,将我国姓氏之起源形式归纳为以下类型:

1.以图腾为氏

上古时期,每个氏族都有自己的图腾,后来不少图腾演变为姓氏。如夏祖女志梦见流星落地,化为神珠薏苡,吞之而生禹,故以薏苡为图腾,姓"姒"氏,"姒"即由"苡"字演化而来。再如周之始祖母姜嫄因"履大人之迹"而生稷,所谓"大人之迹"是指巨大的足迹,实为熊的足迹,故周人以熊为图腾,以"姬"为姓。又如东夷部族以鸟为图腾,史称"鸟夷",有不少鸟类的图腾演化为姓氏,如鸟氏、凤氏、爽鸠氏等。

至于少数民族地区以图腾为姓氏的例子更多。拉祜族以虎为图腾,故有人姓虎氏。

2.以国为氏

以国为氏,大体有四种情况。一为以古封国为氏。如唐氏,尧帝初封于唐(其地在中山唐县),周代又封其后裔为唐侯(其地在鲁山县)以奉尧嗣,故其子孙为唐氏。又如商氏,舜帝命契为司徒,封于商,子孙以国为氏,是为商氏。周初大封诸侯,各诸侯国子孙以国为氏的情况更为普遍,如齐、鲁、卫、晋、管、蔡、霍、曹、陈、楚、郑、吴、韩、魏、许、吕等均是以国为氏。

以国为氏的第二种情况是古代边远地区少数民族小国归化后,以国为氏,如汉代西羌滇国,于汉武帝时降汉,后人称为滇氏。唐永徽初年,有吐火国遣使者来献大鸟,留居中国,称为吐火氏。

以国为氏的第三种情况是异国人来华定居,以其国名为氏。如东汉时安息国太子出家修行,游历中原,定居洛阳,遂称安氏。隋唐时,西域有个米国(今乌兹别克斯坦境内),其国人来华定居,大多称为米氏。印度古称天竺,有国人来华留居,自称为竺氏。

以国为氏的第四种情况是汉代以后,受封郡国的诸侯王,以郡国爵位为氏,如汉代景丹封采阳侯,赵谦祥封周阳侯,张敖封信都侯,其子孙均以所封郡国为氏。

3.以封邑为氏

自周代实施分封制度之后,各受封于天子的诸侯国可在自己的封地内对公族卿大夫及有功之士赏赐大小不等的封地,俗称"封邑",作为受封的食采之地,故封邑亦称"食邑""采邑"。后人因以为氏,如温、苏、杨、甘、樊、祭、尹、贾、栾、郦、鄌等。

与封邑性质类似,而所封采邑较小的"五等之封",通常封于乡。其子孙以乡为氏,如裴、陆、庞、阎之类。

4.以地为氏

以地为氏有三种类型:以所封之地为氏,以所居之地为氏,以所生之地为氏。如神农氏生于姜水,因而取姓为姜;虞舜因居于姚墟,因而取姓为姚;商代名相傅说因筑居于傅岩,故称傅氏;再如东郭、西郭、北郭、东门、西门等,均以生地或居地为氏。

另外,也有以当地名山大川为氏者。如鲜卑人居贺兰山之阳,后人称"贺兰氏";越王无疆次子居欧余山之阳,后人称为"欧阳氏"或"欧氏"。再如伏羲氏有一支后裔,迁徙到川东巴水上游,子孙留居此地,称为"巴氏"。

5.以族为氏

以族为氏者,可分两大类别:一是以宗族、公族(主要是卿大夫、王公、贵族)分支为氏。如楚有三族,昭、屈、景;齐有左、右公子,故分左、右两族。二是古代少数民族,以部落、部族为氏。如汉代鲜卑族有慕容部,后人称慕容氏;古匈奴有呼衍部,内附中原后,称为呼衍氏,也称呼延氏;古辽东有宇文部、完颜部,后人称宇文氏、完颜氏。

6.以官为氏

以官为氏者,多以其所任官职之职能、性质为氏。如春秋时,管理市场的官员称为"褚师",宋、卫、郑、鲁等国均有此设置,子孙世袭此职,称"褚氏"。帝尧时,皋陶担任执掌刑狱的大理职务(司法官),子孙世袭此职,称"理氏"。商纣王时,理征因直言进谏,获罪被诛,其子理利贞避难于伊侯之墟,"食木子得生"遂改"理"为"李"。周大夫辛有,二子在晋国任"董史"(监管晋国典籍的史官),后代以官为氏,称"董氏"。周代宫廷中专管藏冰的官员叫"凌人",后代称为"凌氏"。再如司马、司徒、司空、司寇、司工、司城、司土、司功等姓,皆系以官为氏。

7.以序为氏

以序为氏者,一是指以始祖排行顺序为姓。古代兄弟排行通常用伯、孟、仲、叔、季来表示长幼之序,因而形成了伯、孟、仲、叔、季等姓氏。如鲁桓公之子庆父在庶子中排行老大,他的子孙便称为孟孙氏,简称孟氏;仲孙氏、季孙氏等姓氏均属此类。

二是以表示事物的先后次第为姓氏。如汉初迁六国后裔及豪强大族于关中,齐国田氏分支较多,为便于区分,分别排列为第一氏、第二氏到第八氏,后世遂有第一氏、第二氏、第三氏等特殊姓氏。

三是以表示时间先后、顺序的序号为姓。如甲、乙、丙、丁、戊、己、庚、辛、壬、癸及子、丑、寅、卯、辰、巳、午、未、申、酉、戌、亥,原为天干、地支的专用名词,后演变为姓氏。传说混沌初开之际,天皇氏有十二人,为使十二兄弟"轮流相合,周而复始"共理天下,便商定以"十天干以定岁次","立十二地支,以定四时"。这种传说虽难以考证,但从文献记载及考古发现中可以确知,商代开国之君成汤号"天乙",成汤之孙号"太甲"。此外尚有"祖乙""外丙""仲丁""太戊""雍己""祖庚""帝辛""外壬"等商王名号,可见后世以十天干为姓氏的姓源由来已久。

同时,在《史记》《路史》《姓苑》《姓考》《姓解》等姓氏书中,也都载录了以子、丑、寅、卯等十二地支为姓源的姓氏。

8.以爵为氏

以爵为氏者,多为王侯公室等贵族后裔。如皇、王、公、侯、公孙、公士、庶长等姓氏,均以其始祖爵位封号为氏。但同姓未必是同源同宗,如王姓,有"姬姓"(周代王族)之王,如"太原王";有子姓之王,如"汲郡王氏"(商代比干后裔)之王;有"妫姓"(舜帝之后)之王;有"虏姓"(由少数民族汉化)之王;也有亡国后的王孙公子改为王姓者。由于姓源较多,故王氏人口众多,成为中国大姓。

在以爵为氏的同一姓氏中,又区分"族系",衍生出"以爵系为氏"的一种复姓类别。如"王氏"派生出"王孙氏""王叔氏";"公氏"则有"公子氏""公孙氏"的区别。

9.以名、号为氏

此类姓氏,大都来自古代帝王、名臣、名人。如伏氏为伏羲氏之后、有氏为有巢氏之后、轩辕氏为黄帝之后、禹氏为大禹之后、汤氏为商汤之后、员氏为楚名臣伍员之后、金氏为少昊金天氏之后、甲氏为商王太甲之后等。

与"以名、号为氏"相同的另一类别是"以字为氏"。如白氏为秦国大将白乙丙之后(白乙丙,姓蹇名丙,字白乙);宋国大司马公孙嘉,字孔父,其孙遂以祖父字为氏,称为孔氏。

10.以谥为氏

谥法起于周代,所谓"生有爵,死有谥,贵者之事也",多为帝王、名臣死后追封加赠的褒扬之词,后世子孙引以为荣,遂以谥为氏。如庄氏为庄王之后,康氏为康叔之后,武氏为宋武公之后,桓氏为齐桓公之后,文氏为周文王之支系等。

11.以技艺为氏

古代百工技艺多子承父业,世代相传,相沿既久,遂以为氏。如以陶冶为业者为陶氏,以屠宰为业者称屠氏,以卜巫为业者称巫氏。此外,如工氏、农氏、药氏皆为此类。

12.以德行为氏

以德行为氏可分为两类:一是以"吉德"即优良品德为氏,如赵大夫赵衰对人热诚温厚,有如冬天的太阳般可亲,故称为"冬日氏"。二是以"凶德"即劣行、罪恶为氏。此类姓氏多为历代统治者惩罚敌对势力或有罪之臣而强加于人的。如汉代淮南王英布起兵反汉,兵败被杀。因其早年曾受黥刑(脸上刺字)。其族人被贬为"黥氏"。杨玄感因起兵反隋,被隋炀帝贬为"枭氏"。

13.以事为氏

以事为氏者多含有纪念意义性质。如夏代少康帝的母亲为避寒浞的追杀,怀着身孕从后墙一洞穴中逃出,回娘家生下少康。少康中兴恢复帝位后,为纪念此事,便命小儿子改姓"窦"氏,"窦"即洞穴之意。再如汉武帝时,丞相田千秋因年老,每奉旨入朝议事,特诏乘小车出入宫中,以示尊老之意,时人称之为"车丞相",其子孙遂以"车"为氏。

14.以物为氏

古人常以祥瑞之物作为姓氏。如前秦符洪家,池生菖蒲,长五丈,其形五节如竹,当时的人称之为"蒲家",后人便为"蒲氏"。再如长柳氏、长梧氏、长桑氏等均因家园有此祥瑞之物而以为氏。

15.以任所为氏

以担任某地职守而为氏者,在春秋战国时较为盛行,是以封邑为氏的一种变相衍生。如楚国兰氏、权氏、沈氏、鄀氏,鲁国之匡氏等,均因其祖上曾分别担任兰县、权县、沈县、鄀县及匡县县尹而得姓。

16.赐姓、冒姓、改姓

此处的赐姓,是狭义的专指赐姓,不同于三代以前的"因生赐姓",而是秦汉以后封建大一统的专制国家形成后,最高统治者为褒赏笼络臣属的一种政治手段。赐姓多为历代帝王赏赐有功之臣为皇室姓氏,统称"国姓"。赐姓之制始于汉代。汉高祖刘邦为表彰娄敬、项伯的功绩,赐娄、项二人为刘姓。唐代赐予有功之臣和归附的番邦异族为"李姓"者多达16族。明太祖朱元璋也曾赐外甥李文忠、养子沐英、何文辉等为朱姓。南明隆武帝也赐郑成功为"朱姓",人称"国姓爷",以示荣宠。皇帝赐姓于臣属,并不都是褒奖、恩宠;对于政敌、叛臣,也赐凶险姓氏以示惩罚。如武则天称帝后,强令唐室皇后王氏改姓"蟒",将起兵反对她的李姓诸王赐姓虺(音毁)氏。

　　冒姓之现象多发生于魏晋、隋唐,由于"九品中正制"及其以郡望门第品评人物,选官任职,出身寒门者往往有冒姓、攀附之现象。

　　改姓多为避仇、避难或避讳时,改称他姓。如东汉时有个聂台,和人结下怨仇,为逃避仇人追杀,改为张姓,隐居雁门马邑(今山西朔州)。他的后人张辽,是三国时名将。

　　17.诸种复姓

　　中国复姓由来已久,尤其是在边远地区的少数民族中复姓更为普遍。

　　宋代郑樵在其所著《通志·氏族略》中,将复姓列为"代北复姓、关西复姓、诸方复姓、代北三字姓"四个门类,实际上复姓多至四字、五字以至七八字的也还不少,尤其是宋代以后,经辽、金、西夏、元、清几代,中华各民族之间接触、交融日益频繁,奠定了现代民族团结大家庭的基础。上述这些具有民族特色的姓氏,随着历史的进化和民族的融合,大部分已简化、汉化,只有一小部分仍保留着复姓的原貌。如清朝的"爱新觉罗氏"等,一直沿用到现在。

　　18.其他姓源

　　中国姓氏庞杂繁多,姓氏来源千奇百怪。

　　如古代有一种"吹律定姓"的特殊方式。《白虎通·姓名篇》说:"古者圣人吹律定姓,以记其族。"因古代母系氏族社会,人多知其母而不知其父,"有同祖而异姓,有同姓而异祖",或因避仇改姓等,相互错杂。为区分族别,故有"吹律定姓"之法,即依据古代韵律而定姓氏。如《汉书·京房传》记载:"房本姓李,推律自定为京姓"。

此外,有以古都名为氏者,如少昊建都芬桑,后人有芬桑氏;黄帝建都于有熊,后人有有熊氏;周故都在岐,子孙留居者,称为岐氏。也有以古朝代名为氏者,如夏、商、周、秦、汉等。还有以乡为氏、以亭为氏、以姓为氏,少数民族与汉族混姓,简化改姓等多种姓源,纷繁复杂,难以一一列述。

中国的姓氏来源及其类别,虽然千头万绪,五花八门,若从现代生活的角度和科学体系看,可归纳为四大特色:

第一,地域性。以人类出生、居住、生活的地方为姓氏来源。如以国为氏、以邑为氏等即属此类。

第二,纪念性。以先祖或部族的图腾、名讳、徽号、谥号为姓氏来源。如以字为氏、以名为氏、以族为氏、以谥为氏、以爵为氏等皆属此类。

第三,职业性。以先祖所从事的工作、官职、技艺等作为姓氏来源。如以官为氏、以技艺为氏、以事为氏、以职为氏等皆属此类。

第四,历史性。先祖或部族的图腾崇拜或与生活、生存发展紧密相关的古老的姓氏及少数民族的姓氏,大多属于此类。

随着人类社会的文明进步和人口的繁衍增长,姓氏日益增多,姓源也日益复杂,甚至发展到"姓随人便"的程度。如在革命战争年代,地下工作者改用化名;一些著名作家和艺术工作者取用艺名;独生子女成婚后,兼用夫妻双方姓氏为后代取名等。另外,涉外婚姻中兼用中外姓氏者也比比皆是。凡此种种必然导致中国姓氏日益丰富多彩。

中国姓氏虽然源远流长,但历代由于受到地域、交通、通信等多方面的限制,人们很难全面了解和调查各个姓氏的情况,也难以做出全国性的统计。因此虽然历代都有专人、专著整理这方面的资料,但大都停留在姓氏的多少及部分姓氏的起源方面。姓氏文化在文字学、历史学、民俗学、心理学、教育学、民族学以及政治、经济、宗教等学科中的历史作用和社会功能,尚有待于进一步发掘、整理和系统研究。

奇僻姓氏多绚丽　各有特色蕴情趣

中国姓氏历经数万年演绎、发展,内涵丰富,异彩纷呈。随着朝代的更替、民族的融合,不少姓氏已湮没在历史的长河中,一些新的姓氏则在时代的进程中产生。在从古到今的数万个姓氏中,有不少稀奇古怪的奇僻姓氏,若稍加收集,分门别类,则情趣盎然,回味无穷。现择其要者简述如下:

1.代表数字的姓氏有:

一、二、三、四、五、六、七、八、九、十、壹、贰、叁、肆、伍、陆、柒、捌、玖、拾、零、百、千、万等。

2.表示时令、节气、气象的姓氏有:

春、夏、秋、冬、阴、阳、日、月、年、岁、季、时、分、秒、风、云、雷、电、雨、雪、冰等。

3.表示方向、方位的姓氏有:

东、南、西、北、上、下、左、右、前、后、高、低、东方、西门、北宫、南郭等。

4.表示各个历史朝代的姓氏有:

夏、商、周、秦、汉、晋、魏、蜀、吴、梁、齐、陈、隋、唐、宋、元、明、金、清等。

5.表示中国各省、市、自治区地名简称的姓氏有:

京、津、沪、冀、鲁、豫、苏、皖、晋、桂、湘、鄂、闽、川、浙、甘、宁、陕、吉、辽、黑、台等。

6.表示中国各民族称谓的姓氏有:

汉、满、蒙、回、藏、苗、彝、侗、瑶、白、黎、土、羌、怒、壮等。

7.表示各行业的姓氏有:

工、农、商、学、兵、艺、师、陶、铁、医、干、战、药、屠等。

8.表示各种颜色的姓氏有:

赤、橙、黄、绿、青、蓝、紫、红、黑、白、灰、乌、丹、朱等。

9.表示天干地支的姓氏有:

甲、乙、丙、丁、戊、己、庚、辛、壬、癸、子、丑、寅、卯、辰、巳、午、未、申、酉、戌、亥等。

10.表示五行、五常的姓氏有:

金、木、水、火、土、仁、义、礼、智、信等。

11.表示五音、五金的姓氏有：

宫、商、角、徵、羽、金、银、铜、铁、铝等。

12.表示六畜、四兽的姓氏有：

牛、马、猪、羊、狗、鸡、龙、凤、鹤、麟等。

13.表示五岳、江河的姓氏有：

泰、华、恒、衡、嵩、江、河、湖、海等。

14.表示五谷、百果的姓氏有：

麻、黍、稷、麦、豆、桃、李、杏、梨、果等。

15.表示"岁寒三友"及花草四君子的姓氏有：

松、竹、梅、兰、菊等。

16.表示人伦、亲属的姓氏有：

祖、宗、父、子、公、孙、叔、伯、老、娘、姑、姐等。

17.表示人体部位的姓氏有：

头、骨、耳、目、口、舌、齿、胆、足、皮、毛等。

18.表示动物属类称谓的姓氏有：

熊、狼、虎、蛇、虫、鱼、鸡、鸭、鹅、牛、马、驴、猫、鹿等。

19.表示以官职为姓的有：

王、公、侯、伯、尉、司马、司徒、督、尹、卿、相等。

20.表示因罪受贬或地位卑微的姓氏有：

杀、死、丑、打、骂、不、黥、尰、蟒等。

除上述各种奇异古怪的姓氏外，有相当一部分姓氏文字生僻，笔画繁杂，难写，难读，甚至连字典上都难以查找。

此外，还有姓氏为多字姓(三字以上)的，如刹利耶加氏、唐兀鸟密氏、矢黎婆罗氏、胡右口引氏、自死独膊氏、秃鲁八歹氏、拙儿擦歹氏、乞失迷儿氏、主儿赤台乌祜氏、卜颜勒多伯台氏等，这主要是少数民族的姓氏。

也有的姓氏出自偶然，颇有奇趣。如有的给最后出生的儿子命氏为"尾生氏";周穆王因宠姬早卒,哀痛不已,改称其族为"痛氏";春秋时晋大夫赵衰待人热诚,如冬日之温暖,遂被称为"冬日氏";汉代有个人因不知自己的姓氏,干脆以姓为姓,称为"姓氏"……

由于中国姓氏形色繁杂,异彩纷呈,稀奇怪僻的姓氏很多,明代以来,就出现了专收此类姓氏的专著,如明代的《希姓录》《奇姓通》,清代的《希姓补》等。另外《清稗类钞》一书中,也集有清代稀有姓氏1,348个。

读音特殊罕见姓　音义相近细辨析

中国作为一个历史悠久、幅员辽阔、民族众多的泱泱大国,其姓氏文化的发展、演变,也必然留有历史的印迹和浓郁的地方特色及民族风俗,致使部分汉字,在作为姓氏的场合,形成特殊的读音。这种"姓氏异读"的产生,一是由于古音、今音的差别,二是方言、声调的不同,三是民族习俗的遗存。我们在称呼他人姓氏时,必须搞清正确的读音,否则会引起误会,甚至闹出笑话。

为方便广大读者区分识别,掌握使用,现列举如下:

表一　读音完全不同的姓氏

姓 氏	应 读		不 读	
秘	Bì	（音闭）	"秘书"的	mì
薄	Bó	（音博）	"厚薄"的	báo
种	Chóng	（音崇）	"种地"的	zhòng
褚	Chǔ	（音楚）	"褚丝"的	zhǔ
啜	Chuài	（音踹）	"啜茶"的	chuò
句	Gōu	（音钩）	"句子"的	jù
莞	Guān	（音官）	"莞尔"的	wǎn
炔	Guì	（音桂）	"乙炔"的	quē
藉	Jí	（音及）	"凭藉"的	jiè
圈	Juàn	（音倦）	"圈套"的	quān
角	Jué	（音决）	"角落"的	jiǎo
阚	Kàn	（音看）	"喊"	hǎn
陆	Lù	（音路）	"六"	liù

国学经典文库

中华姓氏文化

·姓氏的起源和发展·

图文珍藏版

缪	Miào	（音庙）	"绸缪"的	móu
佴	Nài	（音耐）	佴(èr)：古代一种割耳朵的酷刑	
兒	Ní	（音尼）	"儿童"的	ér
乜	Niè	（音聂）	"乜斜"的	miē
区	Ou	（音欧）	"区分"的	qū
朴	Piáo	（音瓢）	"朴素"的	pǔ
繁	Pó	（音婆）	"繁荣"的	fán
仇	Qiú	（音求）	"仇恨"的	chóu
单	Shàn	（音善）	"单独"的	dān
折	Shé	（音舌）	"挫折"的	zhé
盛	Shèng	（音胜）	"盛饭"的	Chéng
宿	Sù	（音素）	"星宿"的	Xiù
洗	Xiǎn	（音显）	"洗脸"的	Xǐ
解	Xiè	（音谢）	"解放"的	jiě
员	Yùn	（音运）	"成员"的	yuán
筰	zé	（音译）	"筰桥"的	zuó
曾	Zēng	（音增）	"曾经"的	céng
查	Zhā	（音渣）	"检查"的	chá
翟	Zhái	（音宅）	"墨翟"的	dí
祭	Zhài	（音寨）	"祭坛"的	jì

表二　声韵相同而声调不同的姓氏

姓　氏	应　读		不　读	
葛	Gě		"葛藤"的	gé
过	Guō		"过去"的	guò
哈	Hǎ		"笑哈哈"的	hā
华	Huà		"华丽"的	huá
纪	Jǐ		"纪律"的	jì
监	Jiàn		"监督"的	jiān
俱	Jū		"俱乐部"的	jù
那	Nā		"那里"的	nà

宁	Níng	"宁可"的	nìng
舍	Shè	"舍弃"的	shě
曲	Qū	"曲艺"的	qǔ
阙	Què	"阙如"的	quē
任	Rén	"任务"的	rèn
燕	Yān	"燕子"的	yàn
要	Yāo	"需要"的	yào
於	Yū	"於是"的	yú
应	Yīng	"应付"的	yìng
訾	Zī	"訾议"的	zǐ

表三　古今读音不同的姓氏

姓　氏	古　音	今　音
阿	ā	Ē
蛾	é	Yǐ　（同蚁）
费	Fèi	Bì
宓	Mì	Fú　（同伏）
那	Nā	Nuó
尉	Wèi	Yù
叶	Yè	Shè

表四　双音双姓的姓氏

姓　氏	古　音	今　音
贲	读 Bēn　（音奔）	读 Féi　（音肥）
盖	读 Gài　（音概）	读 Gě　（音葛）
隗	读 Kuí　（音奎）	读 Wěi　（音伟）
召	读 Shào　（音绍）	读 Zhào　（音兆，傣族姓）
覃	读 Tán　（音谈）	读 Qín　（音秦，壮族姓）
镡	读 Tán　（音谈）	读 Chán　（音蝉）
郇	读 Xún　（音荀）	读 Huán　（音环）
乐	读 Yuè　（音乐的乐）	读 Lè　（快乐的乐）

此外，还有几个复姓的读音很特殊：

"单于"应读 chányú（音禅于），"万俟"应读 mòqí（音墨其）。

"澹台"应读 tántái（音坛台），"尉迟"应读 yùchí（音遇迟），"长孙"应读 zhǎngsūn（音掌孙），"宰父"应读 zǎifǔ（音宰甫），"羊角"应读 yángjué（音羊决），"中行"应读 zhōngháng（音仲杭）。

鉴于上述各姓氏的特殊读音，因而我们在日常生活和社交场合中，须多加留意，不可自以为是，错读误认，以免失礼尴尬。

第三节　海纳千流无涯岸　民族交融汇大川
——姓氏的"胡汉互化"及民族特色

中国是一个统一的多民族国家，由 56 个兄弟民族组成。其中汉族人口最多，约占全国人口总数的 94%。其他 55 个少数民族的人口数量多少不等，相差很大。各兄弟民族在缔造统一的多民族国家的历史进程中，不断地发展经济上的联系和文化上的交流，不同的政治制度彼此影响，繁多的姓氏制度互相渗透。在我国 55 个少数民族中，姓氏制度完备的约有 40 个民族，有名无姓的有十几个。少数民族所占人口比例虽然不大，仅 6% 左右，但拥有的古今姓氏却十分繁多。在我国历史上先后出现的 12,000 多姓氏中，约有 2,000 个右来自少数民族，占中华姓氏的 1/6，是构成中华姓氏的重要组成部分，使中华姓氏蕴涵了浓厚的民族特色。民族交融，"胡汉互化"，是中华姓氏发展中不可或缺的重要环节，也是中华姓氏兼容并包，多元一体化的精髓所在。

夷夏交融促进化　多元一体大中华

"夷夏交融，胡汉互化"是中华姓氏发展、演变的历史轨迹，也是中华姓氏的一大特色。历史上每一次民族交融，都促进了中国社会历史发展的进程，也极大地丰富了中华姓氏的内涵。先秦时代中国人自称华夏族，这里的"中国"二字是狭义的地域概念，专指中原地区，中原周边的地区被称为"四夷"，即"东夷、北狄、南蛮、西戎"。中原华夏族与"夷、蛮、戎、狄"四族构成了以地域方位、民族特征划分的五大民族集团。但据文献记载,夷、蛮、戎、狄均为炎黄二帝后裔,同是炎黄子孙。"汉族"这个名称是汉朝以后才产生的叫法,它特指使用汉语,具有共同地域,共同文化传统、风俗习惯的民族,是中华民族中人口最多、分布最广的一支。今天的汉族实际上已在数千年历史的发展进程中融入了先秦五大民族集团的成分。汉族姓氏文化发展的过程,也是我国历史上各民族不断融合的历史。

夷夏姓氏交融的第一个重要阶段是殷周时期,特别是春秋战国的几百年内,凡接受了华夏文明的各族,大体上融合为"华夏族"。于是蛮、夷、戎、狄的许多姓氏,也逐步加入华夏姓氏,使华夏姓氏得到了第一次的扩充和发展。其中尤为重要的是南方的楚、苗姓氏和西北的戎、狄姓氏。

周朝立国之初,分封诸侯,周成王封苗人酋长的后裔熊绎于荆地(今湖北省南漳县西荆山一带)。熊绎属芈姓,自称为黄帝有熊氏后裔。其子孙不断扩张,立国号为楚。春秋时期楚国兼并了45个小国,国力日益强盛。到战国时,其疆域北接中原(黄河中游),东抵大海,南邻百越,西有巴蜀,为战国七雄之一。楚人自称"蛮夷之邦",以本土巫文化为基础,后接受中原文化,融合产生了独特的"楚文化"。楚国的公族有昭、屈、景三氏,庶族则有熊、鄂、罗、龚、督、申等。而巴郡蛮酋有罗、朴、督、鄂、度、夕、龚七姓,巴南则有盘、冉、元、巴、李、田六姓,自称出自盘瓠(盘古氏),为神犬盘瓠与评皇公主的后代。

西戎族则以姜姓为首,为传说中炎帝的后裔,与羌族有血缘关系,西部的秦国为嬴姓,也为华夏族与戎族交融的姓族。秦穆公时兼并了12个戎国,拓地千里,成为西戎霸主。

与此同时,地处华北的晋国也融合了北部的戎狄之邦,兼并20余国。散居于山东和苏北以及辽东等地的莱夷、风夷、黄夷、兰夷、白夷、赤夷、林方、人方、盂方等数十个夷族部落和方国,也逐步为齐、鲁等国所兼并,融入华夏族集团。

经过春秋战国时期社会的激烈动荡和诸侯兼并,西戎、北狄、东夷、南蛮的众多"夷狄大姓"多融入华夏姓氏。

夷夏姓氏交融的第二个重要阶段,是西晋末年到隋唐的"五胡十六国"及南北朝时期。"五胡"是指匈奴、鲜卑、羯、氐、羌五个北方的民族。

·姓氏的起源和发展·

图文珍藏版

匈奴亦称"胡人"。据《史记·匈奴列传》云："匈奴，其先祖夏后之苗裔也。"也即古代文献中所称之"鬼方""昆夷""猃狁""犬戎"，与华夏族有近亲关系。

汉代匈奴分裂为南、北两部，南下归附汉朝的称南匈奴，留居漠北的称为北匈奴。南匈奴逐渐南移，东汉末年进入今山西、陕西及辽宁、河套一带。入塞匈奴因汉初和亲政策，刘姓公主下嫁匈奴，胡人从母姓刘氏，此外尚有呼延、卜、兰、乔四支贵族姓氏。

秦穆公

羯族一向依附匈奴，为入塞匈奴中之羌粱部，散居于上党郡一带，与汉人杂处，改用汉姓。如建立后赵之石勒即是羯人。

氐族自称为盘古后裔，上古时代就与殷商有交往。魏晋南北朝时居于武都郡及甘、凉一带，后逐渐入关与汉人杂处，改用汉姓。

羌族又称西戎，西周时就有羌姓之戎与姬姓之戎，与华夏族有较近的血缘关系，散居于凉州（今宁夏、甘肃一带）各地，较早采用了汉姓，如后秦的姚苌即是。

东胡鲜卑族世居辽东、辽西及塞外，东汉桓帝时始建立国家。魏晋之际，其诸部中的宇文氏、慕容氏、拓跋氏相继兴起，并渐次迁入内地与汉人杂居。

在"五胡乱华"的135年中，五胡统治者先后在华北及巴蜀建立了16个割据政权，史称"五胡十六国"。

公元386年，鲜卑拓跋氏建立北魏政权，公元439年统一北方。传至北魏孝文帝拓跋宏时，因深受汉文化的影响，大力推行汉化政策。首先，将都城由鲜卑族聚居的平城（今山西大同）迁到汉文化发达的洛阳，同时废胡服，禁胡语，定汉语为国语，鼓励鲜卑人与汉族通婚。在短短30年中，近百万鲜卑人基本上实现了汉化。作为汉化的根本措施之一，就是实行"胡姓汉化"。太和二十年（公元496年），孝文帝颁布了《姓族令》，下令各部落的鲜卑复姓改为音、义相近的汉字单姓，并从鲜卑"十大国姓"开始推行。首先是皇族拓跋氏改为元姓，皇族近支及贵族九姓也相应汉化，如普卤氏改为周氏，达奚氏改为奚氏，贺兰氏改为贺氏，叱罗氏改为罗氏，柯拔氏改为柯氏，丘穆陵氏改为穆氏，步云孤氏改为陆氏，去斤氏改为艾氏，乙旃氏改为叔孙氏，拔拔氏改为长孙氏。据《魏书·官氏志》所载，鲜卑族144个姓氏除少数保留复姓外，基本上都改为汉姓，并绝大多数收入后世流传的《百家姓》中，经过这次大的民族交融，隋唐两代的许多重要政治、文化及军事人物都具有了鲜卑或其他兄弟民族的血统。

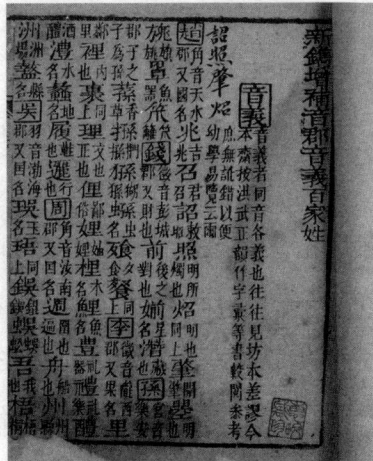

《百家姓》书影

唐代民族交融及"胡姓汉化"主要是西域诸国(今新疆及中亚地区)及南诏国(今云南一带)等地，主要有西域"昭武九姓""突厥十姓""铁勒九姓""回鹘九姓""高车十二姓"，以及"巴蛮七姓""南诏六姓"先后改用汉姓。

"昭武九姓"中的"昭武"二字是指秦汉之际河西祁连山一带的地名，又称昭武城，在今甘肃省高台县境内。当时有一个史称"月氏"(音"肉支")的古代民族以游牧为生，因不断受到匈奴的攻击，大部分人往西迁徙到新疆伊犁河流域，以至中亚阿姆河以北地区(今属乌兹别克斯坦)。在这片水草丰茂的土地上，先后建立了大大小小数十个城邦政权，为表示不忘故土，都用"昭武"为姓。所谓"九姓"是表示数量众多之意，并非专指九个姓氏。到唐朝初年，因突厥势力不断强大，深受突厥奴役的"昭武九姓"又一次大规模迁徙内附，成为唐王朝属国并按照"以国为氏"的取姓原则，先后建立了"康、安、曹、石、米、何、史、火寻、戊地"九个国家，即"昭武九姓"。他们先居河西走廊，进而继续内迁，直至完全同化为汉族的一部分。

至于"突厥十姓""铁勒九姓""高车十二姓"等部落，是长期生活在今新疆北部及蒙古、贝加尔湖、咸海一带的古代民族，早在汉代时就与内地发生密切交往，到隋唐时大多汉化。如"突厥十姓"中的第六姓鼠尼施氏，又称白山氏，即汉化为白氏，唐代大诗人白居易其高祖白健即为白山氏,曾在鲜卑族政权中任尚书、侍中、中书令,其兄弟白敏中在唐懿宗时也曾任中书令(宰相)之职。他并不讳言自己的胡人家世,曾作诗云:"十姓胡中第六胡,也曾金阙掌洪炉。少年从事夸门第,莫向樽前气色粗。"同一时期拜相的还有毕诚、曹确、罗邵等人,都是少数民族后裔,故时人称:"近日中书尽是蕃人。"

这些"胡姓汉化"的少数民族,在历史长河中,经过多年的民族交融,已经汉化,从血缘传承、生活习俗、姓氏称谓上很难看出民族特征。但也有一些少数民族在胡姓汉化、复姓或多字姓改为汉姓时,用字奇僻,至今仍然体现出民族特色。如江苏溧阳、安徽、河北等地,至今分布着一些傻姓家族,因其姓氏稀见,不仅日常生活中常被人读错、写错,就连当地公安部门在登记户籍时,有时也发生混淆,而且也难以区分其民族归属。原籍安徽、现住南京的一位傻德斌先生就为此深感烦忧,曾来信向笔者所在的山西省社会科学院家谱研究中心求证。经查,这支傻姓出自突厥的回鹘部,其先本高车人,唐时为回纥人,元时称畏吾儿(维吾尔),是"突厥十姓"之一。唐朝中叶,突厥芯加(毗伽)可汗任用暾欲谷为相,实行了一些改革措施,受到各部拥戴,与唐王朝关系也有所改善。公元745年,突厥发生内乱,回鹘首领骨力裴罗夺取汗位,暾欲谷子孙归附回鹘,世袭回鹘相位。因其祖上世居傻辇河(鄂尔浑河)畔,遂仿效汉族文化,以地为氏,称傻氏。历经唐末五代、宋辽金元,这支傻氏族人长盛不衰,成为久负盛名的名门大族,尤以江苏溧阳的傻列虎家族最为著名。其家族兄弟五人均进士及第,人称"傻氏五虎"。及至明代,不少傻姓族人改奉伊斯兰教。在当今傻姓族人有的属汉族,有的称回族,也有的是维吾尔族,但追根溯源,均为突厥后裔,堪称是民族交融、"胡姓汉化"的范例。

两宋以及辽、金、元、明、清各代,仍以"胡姓汉化"为基本特征,是姓氏交融的第三阶段。

首先是信奉伊斯兰教的回族在宋元之际逐步形成。回族信徒通称"穆斯林",除用阿拉伯文念诵《古兰经》外,日常都用汉语,使用汉字姓氏。回族常见的汉姓大体可分为三类:一是借用通常的汉字姓氏,如张、王、李、赵、刘、杨、周、曹等;二是以伊斯兰教的谱系为基础而改写的汉字单姓,如拜、撒、汾、定、虎、里、沐、敏、纳、萨、赛、妥、脱、喜、鲜、衣、玉等;三是取自阿拉伯语的伊斯兰人名,借用发音相近的汉字为姓氏,如白、丁、古、洪、兰、马、穆、麻、满、宛等,其中马、穆二姓,据说即是借用"穆罕默德"的汉译字而来。

也有一部分回族人士在与汉民族交往过程中深受熏陶,仰慕汉族名人,改为汉姓。如北宋年间,西北地区有一支归附宋朝的回鹘后裔,因仰慕包拯的为人,遂上书朝廷,改为包姓。

回姓汉化中还有另一种情况,尤为值得注意,即回族"双语制和双名制"的习俗。回族在按照本民族的风俗习惯和宗教信仰选取姓名或经名、教名同时,往往要另取一个汉族姓氏和名字,以便与汉族沟通或在各种社交场合使用。特别是在明代初年,由于对元朝的异民族统治的仇视心理和对蒙古人、色目人(包括回回)等元朝残余势力心存疑忌,明太祖朱元璋推行了一系列民族歧视的同化政策,明令禁止使用"胡姓""胡语"。据《明律·蒙古人色目人婚姻》条目中规定:"凡蒙古人、色目人可与中国人为婚姻,不许本类(本民族)自相嫁娶。违者,杖八十,男女入宫为奴。"并公然宣称:"嫁娶有禁者,恐其种类日滋也。"在此高压政策下,有色目人、蒙古人血统的后代子孙,特别是有一定功名、职位的大小官员,往往被迫采用"双语、双名"的方式,避免祸端。此种情况在民间留存的族谱、家乘中时有遗迹可寻。如笔者所见的《山东日照法氏》族谱即是其例。在法氏留存的老谱残本中,其始祖名法都喇,似为回族姓名,其法氏的一些生活习俗和祖训中也都有许多不同于汉民族的规定。但在后续的谱本中则记为法若真,并称其为三国时蜀国名臣法正后裔,但无传承世系可以为凭。然而从法若真和法都喇二人的祖籍所在、生平履历和职官、事迹来看应是一人。法氏族人对此大感不解,无法判定其始祖应是何族、何名。后经笔者多方查证,始搞清法都喇与法若真实是一人二名,前者是伊斯兰教名,后者是社交场合中的官名,山东日照法氏实际上是回族血统。为免受歧视和政治迫害,遂以汉族姓氏传世。为保持其宗教信仰和生活习俗,又以祖训、族规形式,将其载入族谱。

兼容并蓄满庭芳　炎黄子孙聚一堂

中国幅员辽阔,人口众多,是一个多民族融合的大家庭。除汉族之外,目前55

个少数兄弟民族中,姓氏制度较为完备的,即有名、有姓的民族约40个,如回族、壮族、满族、土家族、朝鲜族等;有名无姓的少数民族有十几个;还有一部分民族采用连名制形式,如彝族等。

我国少数民族的姓氏,一般出现时间较晚,随意性较大,形式繁多,内容丰富,为世界各国所少有,具有浓郁的地域特点和民族特色。

现将部分少数民族姓氏特色略述如下:

1.满族

满语称姓氏为"哈拉",是标志血缘关系的称号。据史书所载,早在北魏时期(也有的认为是隋唐之际)满族就有了自己的姓氏。据清代《皇朝通志》记载,满族的"哈拉"(姓)有679个。"哈拉"的名称最初都是以满语命名,是多音节的名称,如满族皇室姓爱新觉罗,贵族大姓有瓜尔佳、钮祜禄、舒穆禄、纳兰、董鄂、马佳等。其姓氏来源,一是以居地为氏,即以所居地名、山名、水名为氏。如居董鄂河者,即为董鄂氏。其余如修佳氏、富察氏等,均以住地为氏。二是以部落为氏,如爱新觉罗、瓜尔佳等。三是以动植物等图腾崇拜物为氏。如尼玛哈氏(鱼)、萨克达氏(野猪)、依喇氏(黍)等。四是沿袭辽、金、元时期的旧族大姓,其中金代旧姓27个,辽代旧姓1个,元代旧姓7个。五是以父祖之名第一音节汉字为姓。如舒穆禄氏有名万鲜丰者,其子孙以"万"为姓;喜塔拉氏有名文忠额者,其子孙以"文"为姓。故有满族人"一辈一个姓"之说。清朝灭亡后,满姓大多数改为汉族姓。其改姓方式,一是由复姓改为单姓,如佟佳氏改为佟氏,董鄂氏改为董氏;二是意译为汉姓,如阿古占,满文为雷之意,即改为雷姓;倭赫,意为石头,即改为石姓。

2.蒙古族

蒙古族十分重视自己的家世和族源,蒙古族姓氏文化源远流长,极富民族特色。据《多桑蒙古史》等史籍记载,早在两千多年前蒙古族人就生活在辽阔的蒙古草原,大部分蒙古人都能讲清自己的出身部族和家世渊源。

蒙古族姓氏最初出现于贵族阶层,用以显示自己的祖先的功业、部落血统的高贵和社会地位。嗣后因受汉族影响,有的改为单姓。从蒙古族现在通用姓氏中,可以看出蒙古族姓氏有以下几大特色:

一是以部族为姓。如博尔济吉特氏是成吉思汗的后裔,后演变为包氏;永谢部落演变为云氏;巴雅特部以巴为姓;乌梁海部以乌(吴)为姓,喀尔喀部以韩(河)为姓;土尔扈特部以陶为姓;哈勒努特部以郝为姓。

二是以父祖之名的首字为姓。如元代将领沙全,因其父名沙的,便以沙为姓;现代蒙古诗人巴布林贝赫,因其父为巴达玛宁布,便以巴为姓。现在仍有相当一部分蒙古人以这种方法取姓。

三是以汉字谐音取姓,如伯颜首字"伯"与"白"谐音,其后人便以白为姓。再如"敏罕"在蒙古文中意为"千",以汉字谐"钱"为姓;鸟古纳蒙意为"羊",便以汉字谐音"杨"为姓。

四是以母姓为氏。如蒙古族中刘姓,即源于汉代公主(刘氏)下嫁单于,而后代便有以刘为姓者。

五是受汉族影响,取用汉姓。如张、王、李、陈等,即是其例。这种现象在受汉化较深的文人、官吏中更为普遍。

3.回族

回族人马姓最多,此外还有沙、喇、哈等姓氏。回族姓源多来自古回族人姓氏之汉语音译,有浓厚的宗教色彩。如马姓,即因回族人多信奉伊斯兰教,明、清时的著述多将伊斯兰教创始人穆罕默德的"穆"译为"马",加之明太祖朱元璋赐波斯人马沙亦里为"马"姓,故回族中马姓最多。

回族往往用古伊斯兰教圣人或父辈名字中的某一音节作为姓氏。如以、白、来、金四姓,即来自古回人"易卜拉欣"四个字的音译;纳、速、喇、丁四姓,即是回人名字"纳速喇丁"的音译。

部分回族姓氏来自帝王赐姓,如沐氏、达氏、郑氏,均为明王朝赐姓。如下西洋之郑和,原名马三宝,故民间有"三宝太监下西洋"的种种传说。

由于回族取姓时,多采用谐音或相近的汉字,因此产生了一批奇僻姓氏,如忽、闪、拉、剌、哈、撒、麻、达、朵、虎、者、也等。上述这些姓氏,在发展过程中,有的已被同音的汉姓所代替。如速姓变为苏姓,合姓变为何姓,忽姓变为霍姓等。

4.藏族

藏族人姓氏起源较早,公元前一二世纪,西藏山南市一些部族已经形成并发展起来。藏族人最初姓氏即起源于氏族部落,此后渐有变化。有的以封地为姓,有的以家族房名为氏,但一般都是贵族才有姓氏。

最常见的藏族姓源有以下六种:

(1)神猴的后裔

藏族地区广泛流传着一则神话:有一神猴与岩魔女结为夫妻,生下6个小猴,进化为人类,成为藏族最早的6个氏族,其名称为色氏、木氏、董氏、东氏、惹氏、朱氏(柱氏),形成所谓"原人六姓"。这6个氏族又发展为18个氏族。

(2)天神的家族

相传藏族首领聂赤赞普是天神之子下降人间,制定了礼仪,区分了尊卑,由他传下了第一个王族。这个天神的家族称作"代"。发展为父系6族,即洛氏、聂氏、琼氏、努氏、色氏、保氏。到松赞干布时,又有秦氏、卓氏、如雍氏、纳南氏、才崩氏、觉如氏等其他家族出现,成为与王族结亲的姻亲氏族。

(3)"可怕"的家族

据传说,西藏古代有一位道法高深、威力很大的密宗法师叫琼保·较塞,他游历四方,遍谒圣地,为人降魔除邪,免祸消灾。恶魔对他十分害怕,一见他就发出"米拉、米拉"的哀号。"米拉"在藏语中词意是"可怕"。后人赞誉琼保·较塞的功德,称其家族为"米拉氏",即"可怕"的家族。

(4)"仇生"家族

13世纪时,西藏有位大学者贡呷坚赞,据说是天神后裔,因与仇敌罗刹交战,俘获其妇而生了孩子,取名"昆巴解"。"昆巴"是仇恨的意思,"解"是生的意思,即"仇生"或"仇妇生"之意。其家族便称昆氏,以炫耀其族系之高贵和祖先之威猛。

(5)以房为氏

藏族大多数家庭都有房名,世代相传,房名即成为姓氏。如韦氏、谷米氏、雪康氏、华秀氏,即为房名演变而成的姓氏。

(6)以封地庄园为氏

近代以来,西藏农奴主贵族的传统姓氏日渐衰微,而以封地庄园命名的姓氏日渐增多。如十三世达赖喇嘛出生于平民家庭,被确认为转世灵童,当了达赖喇嘛后,其父被封为公爵,赏赐许多庄园。其中郎敦—奚谷卡是他家原住的庄园。人们便以此庄园称呼这个新的显贵家庭。于是他家的人名前都冠以"郎敦"二字。

5.傣族

古傣族人原本无姓,只有一个"刀"姓,系明王朝赐给当时西双版纳傣族最高统治者的姓。因此,刀姓在新中国成立前一直仅在贵族阶层使用。新中国成立后,一些无姓傣人亦喜欢在名前冠以刀姓。近年因汉傣通婚,子女从汉人父母姓,于是出现了张、王、李、周等大量汉姓。

6.瑶族

据神话传说瑶族为神犬盘瓠与评皇公主的后代。据《汉书·南蛮西南夷传》所载,帝喾高辛氏时,犬戎犯边,其主帅吴将军骁勇善战,无人能敌。帝喾即出榜招贤,曰:"天下有能得吴将军头者,赏黄金千镒,邑万家,又妻以少女。"时帝畜有一犬,其毛五彩斑斓,名曰盘瓠,遂离宫出走,三日后衔吴将军头而回。于是帝之少女评皇公主即与盘瓠婚配,生有六男六女,自相婚配,繁衍为瑶族。帝喾各赐一姓,是为"盘瑶十二姓",即盘、沈、包、房、李、邓、周、赵、胡、唐、雷、冯。

7.景颇族

景颇族称"姓"为"波桑",含有类、种、姓的意义。景颇族历史上同种、同类之人,也即同姓之人,均有血缘关系,不得通婚。至今仍严格遵守这种"同姓不婚"的制度。在历史上,景颇族实行"普那路亚式"的族外婚制度,即甲族一群女子与乙族一群男子互为夫妻的族外群婚。现今景颇族实行的单向姑舅表婚姻,即是这一族外婚的遗迹。姓氏在景颇族中起着"姓别婚姻"的功能,因而景颇族姓氏与家族历史密切相关。

景颇族姓氏中有大姓与小姓之分。大姓共26个,均为氏族社会部族或家族标志。其中木日(彭、李)、恩昆(岳)、勒托(董、徐)、木然(尚、杨)、勒排(排)5大姓,是世袭山官的子孙,称为5大官姓。由26个大姓衍生出300多个小姓。景颇族称小姓为"亭郭明",即户名。由户名再发展为姓氏(小家族的名字)。大姓和小姓常常连用,小姓在前,大姓在后,由同一大姓分出的两个小姓可以通婚。

　　景颇族的姓氏，主要来源于七个方面：(1)来源于官位、职业；(2)来源于出生或居住的地名；(3)来源于动物名称；(4)来源于植物名称；(5)来源于生活用具和建筑材料；(6)来源于食物或事物名称；(7)来源于某种动物行为。

　　景颇族这种姓氏起源，与汉族姓氏起源十分类似，与图腾崇拜有关。而大姓、小姓之分及其社会功能，与汉族早期的"姓""氏"之分，和"姓别婚姻""氏别贵贱"有惊人相似之处，可以从中看出中华民族姓氏发展的基本规律。

　　8.土家族

　　土家族姓氏起源，也与汉族有许多共同之处。其主要来源一是以部落或部族名称为姓(冉姓即远古部落名称)。二是源于图腾崇拜。如李姓，因土家族以虎为图腾，土家族先民巴人称虎为"廪君"，"廪君之后能化为虎"，《风俗通》中说："虎本南郡中卢李氏公所化"，故土家族中"李姓"，为虎的图腾。此外，土家族姓氏来源中尚有源于祖先姓名、源于居住地等多种起源。

　　9.壮族

　　壮族是我国少数民族中人口最多的民族，据第四次全国人口普查统计，已有人口 15,489,630 人，约占全国总人口的 1.33%。

　　在壮语里，将姓称作"栏"，即房屋的意思。表明壮族"姓"的本义是指生活在同一间大房屋里同一血缘人群的共同称号。

　　壮族早期的先民没有姓氏，是古代"百越"的一个分支。秦末自立为"南越武王"的赵佗，虽然已有赵姓，但他是由河北真定迁入壮区的中原人士。另据多种姓氏辞典对"韦姓"的解释，有一支韦姓出自韩姓，是汉代功臣韩信被杀后，萧何暗中将其子孙送往南粤(今广西、广东一带)。韩信子孙为避祸，以韩字半边"韦"字为姓。这是秦汉时期中原人士迁居壮区的又一例证，说明壮族与汉族交往由来已久。最早见于文献记载的壮族姓氏是《新唐书》中的"南蛮"："西原蛮(壮族古代称谓)，居广容之南，邕桂之西。有宁氏者，相承为豪；又有黄氏，居黄橙洞……天宝初，黄氏疆(强)，与韦氏、周氏、侬氏相唇齿。"可见当时已有了黄氏、宁氏、周氏、吴氏、侬氏等大姓。习惯上把这些大姓聚族而居的区域，以"洞"命名，分别称作"黄洞""侬洞""吴洞"等，反映了这些姓氏与氏族部落组织的密切关系。

关于壮族姓氏的来源,有以下几种:

(1)集会赐姓。据壮族民间传说,其先民原来没有姓氏,各部落首领在一个叫江岩的地方集会,商定姓氏。因主持人势力强大,被推为首领,以"黄"(皇帝)为姓。其余养黄牛的,就以"莫"(黄牛)为姓;会猎鸟的以"陆"(鸟)为姓。大家都因有了姓而高兴。但当时为大家杀牛做饭之人,却因未得姓而发怒,以刀拍击砧板愤愤不平。主持人见状,灵机一动,就将"岑"(砧板)予他为姓。

(2)以居地为姓。壮族部分姓氏与居住的地理环境有密切关系。如农姓,汉语是指农耕种植,而壮语却是森林或树木浓密的意思,即指住在森林里的人;甘姓,汉语是甜的意思,壮语却是岩洞的意思;谭姓,汉语中是谈的意思,壮语却是指水塘,意指住在水边的人们。

(3)以职业技艺为姓。前述"莫",汉语中是"无""不"的意思,而壮语中却指黄牛,意为养牛人。蓝姓,汉语中指颜氏为满洲的"赫舍里氏",汉化为"高、康、卢"等姓;金代的"浦杳氏"为满洲的"富察氏",汉化为富、傅、李等姓;而金代的"完颜氏"因系王室之姓,到清代时仍称"完颜氏",汉化为王、汪等姓。

在辽、金、元、清四大族姓中,以清姓所含姓氏为最多。据《八旗通志·八旗满洲谱系》所载,满洲"哈拉"(姓氏)共达600多个,其中新满洲姓氏139个。满洲姓氏中最著名的有八大姓氏,即爱新觉罗、董(董佳氏)、关(瓜尔佳氏),马(马佳氏)、索(索绰多)、祈(齐佳氏)、富(富察氏)、郎(钮祜禄氏)等八大姓。

清代从康熙、雍正年间之后,逐步改用汉语,接受汉族文化,八旗子弟往往改用汉姓。但在相当长的一段时间里,上层贵族不愿放弃原有复音姓氏,并称之为"满洲老姓"。如清代皇族的"爱新觉罗氏"一直延续270多年,直到辛亥革命后,才改用汉姓;但所用姓氏,或借用家族谱中的字辈排行(如溥、毓、恒、启)或使用原

康熙

国学经典文库

中华姓氏文化

·姓氏的起源和发展·

图文珍藏版

41

名中的"首字小姓",类似古代的"以名为氏""以字为氏"的做法。

此外,延边的朝鲜族,南方的苗族,台湾的高山族及其他少数民族也在不同的历史时期先后使用了汉字姓,其中朝鲜族所用 407 个姓氏,早在 15 世纪时已经汉化。

以上各少数民族所用的汉化姓氏,绝大多数已收入流传至今的《百家姓》中,成为中华姓氏中不可分离的组成部分。由此可以看出,姓氏文化的发展历史,是中华民族大融合、大团结的历史,是中华民族传统文化中所共有的文化瑰宝。

第四节　自古风云多变幻　树大根深枝叶繁

——姓氏的迁徙流布及支派繁衍

迁徙流布,支派繁衍,是中华姓氏发展演变的重要途径,也是寻觅姓氏渊源和发展脉络的基本线索。中国幅员辽阔,民族众多,早在远古时期就有"炎黄集团""东夷集团""苗蛮集团"等不同的姓氏集团分布于中华大地。在数千年的历史长河中,由于生活环境的变化、自身发展的需求以及官方的强制措施、改朝换代的战乱影响和做官出仕、留守戍边、避仇谋生等种种原因,大的姓氏集团不断分化、繁衍,不同姓氏的家族不断流播迁徙。特别是一些权势显赫、人口众多的高门望族,根深叶茂,枝叶遍布,落地生根,分支衍派,既推动了社会经济文化交流,也促进了家族自身的发展。

江山易主寻常事　百姓流迁无已时

改朝换代,江山易姓,封建割据,军阀混战,是中国历史上屡见不鲜的社会现象。由此引发的战争浩劫,往往使广大民众流离失所,背井离乡;而新一代的统治者,为巩固统治地位,医治战争创伤,往往采取强制性的大规模移民。因而改朝换代,江山易主往往成为姓氏迁移的主要动因。如秦灭六国之后的"山东迁虏"、西晋末年的"永嘉之乱"、唐末的"安史之乱"和宋室南渡,都是造成大规模移民的社会根源。

山东迁虏　旧族失序

中国历史上的封建王朝,都是建立在"宗君合一,家国同构"的宗法制度之上,是家族统治的最高模式,因而改朝换代,就是不同姓氏的家族兴衰更替、流播迁徙的契机。如秦、汉大一统的社会变更,就造成了我国历史上第一次大规模的姓氏迁徙。

战国时期,七雄并立,割据争霸。秦孝公任用商鞅,变法图强,国力日益强盛。始皇时连年用兵,侵吞六国,俘获了大量的六国臣民。因而秦灭巴蜀之后,设立蜀郡,移民万户入蜀垦殖,其中相当一部分为山东(崤山、函谷关以东)六国被俘臣民,史称"山东迁虏"。及至秦始皇扫平六国,统一宇内,为充实关中一带的经济实力,削弱六国贵族的反叛势力,将六国旧族大姓、天下富豪12万户徙置咸阳,以便就近监控,同时将全国划分36郡(后增至40余郡),设官治理。从根本上废除了"胙土命氏",封邦建国的制度,使六国旧族失去了东山再起的基础。

在秦末大起义中,六国旧族乘势而起,以复国为号召,拥兵割据。汉高祖刘邦以一介布衣小吏,扫灭群雄,统一天下。鉴于六国旧族死灰复燃的先例,接受娄敬的建议,徙齐、楚旧族大姓田氏、昭氏、景氏、屈氏、怀氏五姓及韩、赵、魏、燕的强宗豪族于关中地区,其中齐国的田氏,被迁至关中、房陵一带,并按照迁徙的次序,被编为"第一、第二至第八氏"。直至今天仍有"第五"的姓氏,即是这次迁民的历史见证。景帝、武帝、昭帝、宣帝也多次迁徙六国之民开边戍守,移民总数达725,000余口,移民之地多为"戎狄蛮夷"杂处的定襄、云中、五原、朔方、代郡、北地、上郡、陇西及云阳、会稽诸郡,进一步削弱、分散了六国旧族的反叛势力,巩固了中央集权的封建统治。这也是后来大批"以国为氏""以邑为氏""以乡为氏"的家族,其得姓发祥祖地,往往与姓氏郡望不一致的原因之一。

如赵氏,其得姓渊源是因始祖造父被封赵城(今属山西),并以姓立国。但秦汉以后,赵姓郡望却是天水(今属甘肃)。再如田氏,原为齐国旧族,因始祖陈完受封于田而得姓,数世之后,取代姜姓统治齐国。秦汉之后田姓郡望却是京兆、雁门、平凉、北平。又如屈、景、昭三姓,本是楚国三大贵族,但后世屈姓郡望为临海(今属浙江)、河南(今属河南)、景姓郡望为平阳、晋阳(均属山西)、冯翊(今属陕西),昭姓郡望无从查考,失去大姓资格。这种发祥祖地与郡望不符的现象,在其他姓氏中也屡见不鲜,在"以地为氏"的姓氏中表现得尤为突出,明白无误地显示出姓氏迁徙是一个普遍规律。

衣冠南渡　入闽开漳

纵观历代姓氏迁徙的规律,可以发现姓氏迁徙有两大特征:

一是以河南、河北、山西、山东、陕西等中原地带向四周辐射,反映了姓氏起源多在中原地带。有关资料表明,仅河南起源的姓氏就占中华姓氏的 2/5,源于陕西的有 50 多姓,源于山西的有 100 多姓。

二是历代大规模的姓氏迁徙和总的趋势,是由北向南。究其原因,有地理环境和历史原因。(1)中原地区开发较南方早,经济文化较为发达,人口相对稠密;(2)遭逢战乱,北方地区少数民族不断南下中原,造成了北方士族大举迁徙。

士族南迁,历代均有,但规模较大、人数较多、持续时间较长、对后世影响较大的几次南迁,一在西晋末年,二在唐末五代,三在宋室南渡。

西晋末年的"永嘉之乱",导致了司马氏政权的分崩离析,匈奴、鲜卑、羌、氐、羯等少数民族入据中原,战乱不已,史称"五胡乱华"。北方的士族豪门纷纷渡江南迁,"中州士女避乱江左者十之六七"。这次战乱引发的大规模迁徙,也形成了中国姓氏发展史的独特现象,即"侨姓"的出现。北方士族南迁之后,为表示自己出身的高贵,在使用姓氏时,往往标以原有的郡望,以示侨居南方之意,如"琅玡王氏""陈郡谢氏""汝南袁氏""兰陵萧氏""河东温氏"等,并以此为荣,高居江东诸姓之上。

在"永嘉之乱"中渡江南迁的士族,有的远徙到福建岭南,史称"衣冠南渡,八姓入闽"。实际上此次入闽士族不止八姓,从现存族谱资料看,西晋时入闽的姓氏有林、黄、蔡、郑、吴、张、邱、詹、罗、杨、梁、翁、方、卓、温、钟、巫等 20 余姓。

由于福建地处岭南,三面环山,一面临海,社会环境相对稳定,因而成为士族南迁较为集中的地区。

唐高宗总章二年(公元 669 年),派玉铃卫左郎将陈政及其子陈元光率军入闽,开发漳州,部属随之入闽定居者达58姓(一说45姓)。其后子孙繁衍,开宗立派,落地生根。陈元光被尊为开漳圣王,陈氏成为闽、台一带最大姓氏,林、董、张、蔡也蔚然成为大族。

唐天宝十四年(公元665年),"安史之乱"爆发,历时八年之久。嗣后,藩镇割据,王室衰微,终于导致了大规模的黄巢起义。中原一带战乱不已,民不聊生,中原士族再度大举南迁,分别迁居于江浙、湖广、云南、闽粤等地。

如河南固始人王潮、王审知兄弟,率寿(州)、光(州)之民,渡江南下,转战于江浙、湖广地区。唐光启元年(公元885年)进入闽南,占领福建全境,公元907年唐朝灭亡,王审知被后梁太祖朱晃册封为闽王。其子王延钧于公元933年正式称帝,改国号为闽,成为割据一方的地方政权。其子孙后裔繁衍日盛,成为中华王姓中一大支派——"开闽王氏"。

随同王氏入闽的将士部属,尚有陈、李、张、吴、蔡、郑、杨、曾、周、郭、谢、苏、何、廖、沈、施、卢、孙、傅、马、薛等27姓,且以河南固始人居多。这些入闽将士,无一不以福建统治者自居。王氏政权亦因其开创之功和乡梓情谊,对固始人特别优待。其他姓氏在修撰族谱时,有的就把入闽的时间扯到唐末五代,将祖籍故地与固始强行联系。

西晋"永嘉之乱"后八百年左右,而有宋代的"靖康之难"。公元1126年金兵大举南下,攻陷汴梁,虏获徽、钦二帝皇室宗亲及朝廷重臣1,200余人。宋室被迫南迁,建都临安(今浙江杭州),史称南宋。中原人士再次大举南迁。其规模之大,人数之多,超过以前各次南迁。其迁徙之地以江浙为主,也有相当一部分进入闽粤地区。至今宁波一带名门大族,多自称为"汴京遗宗",而福建宁化石壁,先后迁徙的姓氏达100多个。南宋名臣诸将,其祖籍也多在北方,如抗金名将韩世忠系延安人氏,"精忠报国"的岳飞祖籍汤阴(属河南)。

神州何处无佳域　落地生根绽新枝

中华民族向来有"同财共居,数世同堂"的历史传统,往往一个高门大姓、强宗望族,田连阡陌,人丁愈千,尤其是位高权重的帝王之家、公侯将相,更是宗支庞大,子孙众多。

封藩建邦 枝开叶散

封藩建邦，广布宗支，是中国历代王朝维护政权、控制臣民、壮大家族、繁衍宗族常用的重要手段和施政方略。如西周初年，从武王灭商，周公辅政到成王继位，数十年间不断地分封诸侯，"胙土命氏"，使周王室的宗支衍派、姻亲贵戚，以及元勋重臣的子孙后裔遍布全国，形成了一个拱卫周王室的庞大网络，也是中国历史上姓氏繁衍最多、迁徙流布最广的历史时期。此后的刘汉帝国、李唐王朝，也无一不是借助封藩、就国，扩大宗族势力，维护家族统治。所以刘、李二姓的郡望达数十个之多。即使在朱明王朝，明太祖朱元璋的凤子龙孙，也都以封藩、出镇之名，遍布全国各省和军事重镇，甚至一省中就有多个藩王就封。这些就封的藩王子孙自然而然也就迁徙分布到全国各地。

强宗大族 析族迁徙

历代统治者，在封藩建邦，广布宗支维护自身统治地位的同时，对一些能左右地方政权，威胁到政权稳固的强宗大族，强制迁徙，以便管理。其中较为典型的事例，就是江州义门陈氏的析族迁徙。

据家谱资料载称，江州陈氏系南朝陈武帝陈霸先后裔。陈被隋文帝所灭后，其后裔隐居江西德安县太平乡常乐里永清村，以孝治家，聚族而居，历隋、唐、五代，到宋仁宗时，历时230多年，19代同炊共居，人口达3,700余口，田庄300多处，产业遍布16个州郡，100余县。

在标榜以孝治天下的封建社会中，江州陈氏曾受到历代统治者的褒奖，誉为"义门陈氏"。然而这样一个过于庞大的家族势力，也必然引起当局的猜忌。宋仁宗嘉祐七年（公元1062年），江南西路转运使谢景初奉旨临门，强行监护义门陈氏分析迁徙，依其字辈排行，分房支系，分析为大小291庄，分迁各府州县。其中江南110庄，两直隶州及闽、浙、湖广90庄，楚地90庄。经此次分居迁徙，义门陈氏子孙被分散到全国125个州县之中。元末明初，迁居于湖北沔阳的义门陈氏族人陈友谅起兵反元，建都江州，自称汉王，并与明太祖朱元璋进行激烈的帝位之争。陈友谅兵败之后，陈氏又被当局第二次强令迁徙。致使义门陈氏后裔遍布各地。中国近现代历史上的一些著名人物，如中共创始人陈独秀，民国四大家族的代表人物陈立夫、陈果夫,中华人民共和国开国元勋和著名将领陈云、陈毅、陈赓等,均是江州义门陈氏分析迁徙到各地支派的后裔。

留戍守边　定居异地

历代王朝或割据政权,为维护统治,保卫边防,往往调用大批军士、民众,留戍边防或移民屯垦。像秦代留戍长城、岭南,移民巴蜀;汉代留戍西域,监控匈奴;唐代入闽开漳,宣抚南诏;明代镇守云南,驻戍辽东,都有大批将士军卒长期驻守边地,有的举家随军,有的在当地娶妻生子,世代相传,留居异域。如明代沐英,奉旨南征,带兵入滇,世袭王爵,成为云南豪门大族。腾冲齐青李氏也是随沐英入滇,世居其地,成为大族。

尤为特殊的是,历代帝王修筑皇陵,常征调大批士卒民夫,作为"陵户",久而久之,家族繁衍,渐成乡邑。如汉高祖曾迁六国后裔及富豪之家于长陵,汉武帝徙郡国豪富及资产 200 万以上名门大族于茂陵,汉昭帝募兵、徙民于云陵。此外,唐代之乾陵、明代之孝陵、清之东陵,都招募迁徙不同数量的士卒、民众,戍守陵寝,这些被迁徙或招募的军士、百姓,往往世守其职,聚族而居,是中国姓氏迁徙史上的一大特色。

报本思源怀故地　明清移民八祖庭

中国历代移民和姓氏迁徙,大都发生于社会激烈动荡的历史时期,因而呈现出时间相对集中、数量相当巨大、流向较为明确、地域相对固定等明显特征。尤其是明清以来,由于版图扩大、幅员增加,以及战争频繁等多种原因,政府多次组织大规模官方移民,形成了八大著名的移民出发地和集散点,成为海内外炎黄子孙寻根问祖、报本溯源的朝宗圣地。

山西洪洞大槐树

"问我祖先来何处,山西洪洞大槐树。"这一广为传诵的民间俗语,极其生动形象地反映了山西洪洞大槐树在我国移民史上的重要地位和炎黄子孙对洪洞大槐树的眷恋之情。

据史、志、族谱等文献记载和众多的专家学者调查考证,洪洞大槐树移民,始于金初天辅年间(公元 1117~1123 年),延至清代乾隆时期(公元 1736~1795 年),历经金、元、明、清四个朝代，时间跨度达 600 余年。移民次数在 20 次以上，有确凿文献记载的即有 18 次。其中以明朝洪武年间移民次数最多（10 次），规模最大，移民量达 80 万以上。移民姓氏达 800 多个，涉及汉、满、蒙、回四大民族，几乎涵盖了北方常见的姓氏。

洪洞大槐树移民，多为官方组织的强制性移民。每次移民都发给川资、路引，并在安置地根据人口，发给土地、种子、耕牛、农具，免除 3~5 年的钱、粮、税收，是历代移民中最为成功的范例。

洪洞大槐树移民，多来自太原、平阳、泽、潞、辽、沁及汾州、代州等府州各县。移民流向主要是山东、河南、河北、北京、安徽、江苏、陕西、甘肃、宁夏、内蒙古等地，而后辗转迁徙，播向神州大地，移民分布达 18 个省（市）、500 多个县份。洪洞大槐树是中国历史上移民次数最多、规模最大、辐射地域最广、涉及姓氏最多、影响最为深远的移民点之一，也是炎黄子孙最为眷恋的寻根问祖的朝宗圣地。

苏州阊门

苏州阊门是苏北民众心目中的移民圣地。据史籍、方志和族谱记载，苏州阊门移民集中于元末明初，当时群雄并起，割据称王，张士诚据苏州与朱元璋争夺天下。及张士诚兵败被俘，朱元璋"驱逐苏民实淮阳二州"。苏州阊门遂成了移民的出发、集散之地。于是扬州、洪都、泰州、淮安、泗阳、高邮、宝应、盐城、阜宁、东海以至于连云港等地，都有了苏州阊门移民的后裔。如宝应县之刘氏、乔氏、王氏，兴化市之顾氏、张氏、朱氏、周氏、姚氏、杨氏，泰州县之葛氏、徐氏等，即是此次移民后裔。大名鼎鼎的《水浒传》作者施耐庵、"扬州八怪"之一的郑板桥等文人名士，其祖籍均来自苏州。

江西瓦屑坝

江西瓦屑坝也是明初移民集散地之一，是当今安徽安庆一带众多姓氏所公认的始迁祖籍。元朝末年，群雄并起，烽火连天，地处南北要冲的安庆府即成为群雄逐鹿的必争之地。徐寿辉、陈友谅、朱元璋你来我往，征伐攻杀，致使安庆一带战乱不已，屡次易帜，人口锐减，土地荒芜。相形之下，江西饶州之鄱阳、万年、乐平、景德镇则较少受战乱波及，人口稠密。明政府为鼓励人们向人口稀少的地区移民，制定了一系列奖励政策。饶州贫民纷纷北迁安庆所属各县,形成一股移民浪潮。

此次移民,虽然史无明文记载,但在方志族谱中却有大量资料足以证明。安庆市图书馆藏 36 种族谱中,迁自瓦屑坝和鄱阳县的姓氏即达 18 个,迁自饶州和江西的达 26 个,占安庆姓氏的 72% 以上。因此,安庆民众多把江西瓦屑坝视作自己的始迁祖地。由于历史的变迁,江西瓦屑坝的确切地址已难以确考。据移民史专家葛剑雄等调查考证,今江西鄱阳县之瓦燮岭即为当年瓦屑坝故地。

湖北麻城孝感乡

"湖广填四川"是流传于四川民间认祖寻根的俗语,意即四川民众来源于湖广。"湖广"一词为明代"湖广布政使司"(行省)的简称,大致相当于今湖南、湖北两省行政区域。但元末明初迁入四川的移民多来自湖广北部,即今湖北。

元末之际,湖广一带是反元义军徐寿辉、彭莹玉等红巾军活动的主要区域。元至正十七年(公元 1357 年)徐寿辉部将随州人明玉珍率部西征,相继攻占重庆、成都。至正二十年徐寿辉为陈友谅所杀,明玉珍遂据蜀称王,国号为夏。明玉珍所部多为湖北人士,徐寿辉被杀后,其旧部多入川投明氏政权。明氏政权在四川轻徭薄赋,保境安民,又吸引了大批湖北民众入川。

及至朱元璋攻灭陈友谅之后,纵兵烧杀,四川更成为湖北百姓避难的乐土。明洪武四年(公元 1371 年),明将汤和、傅友德率兵入蜀,攻灭明氏政权,并多次移民入川,大批湖北人相继入川,遍布四川各地。

明清之际,四川再次遭受战乱,人口锐减。于是又有大批移民陆续入川。其中大部分来自湖广,形成了"湖广填四川"的基本格局。由于湖北麻城孝感为移民入川的集散之地,故四川民众多把麻城孝感视作寻根问祖的朝宗圣地。

湖北麻城孝感究竟在于何处,相当于今天的哪一个县市、乡镇?这是历史学界、地理学界和谱牒学界多年来争论不休的一大疑点。因为早在元朝,孝感县、麻城县就同时存在,前者属德安府,后者属黄州府,从来没有统属关系。笔者接触到的一些川籍人士多次到孝感县(今为孝感市)寻根问祖,均不得要领。而今日麻城市又无孝感乡(镇)的建制。直到 1991 年,参与中国移民史研究的李懋军先生在深入四川、湖北等地进行实地考察,查阅地方文献时才发现,当年的移民集散地"麻城孝感乡"在今麻城市的邻县红安县城关镇一带。原来明初麻城县辖有四乡：太平、仙居、亭川、孝感。明成化八年(公元1471年)因户口减少,孝感乡被划入新设的黄安县,其地相当于今红安县城关镇一带。至此,这段历史疑案,经李懋军先生的实地考证,才有了结论,也为众多寻根问祖的川籍人士提供了可靠的线索。

山东枣林庄

山东枣林庄是中国移民史专家葛剑雄、曹树基先生近年来实地考察中新发现的明初移民集散地之一,在今山东兖州区城北七里之遥的安邱王府庄。据明代石碑记载,该村原名枣林庄,明鲁王裔孙安邱王分封于此,始称安邱王府庄。

该村位于兖州东部丘陵山区,地处兖州府城郊,正当济南各州县南下的交通要道。元末明初,未受战乱波及,人口较为稠密,具备了集中移民的基本要素。虽然在官方文献中未曾发现有关移民的记述,但在安徽濉溪县志中却发现了在明洪武年间和清初由山东迁民本县的记载,并标明占本县人口80%以上的"周、吴、郑、王、李、丁、梁七姓"均为山东移民。

广东南雄珠玑巷

广东南雄珠玑巷是宋元时期北方移民迁徙岭南的集散之地,是珠江三角洲众多姓氏念念不忘的发祥祖地。在众多的族谱资料和民间传说中,都大同小异地反映了南雄珠玑巷移民的历史事实。

据说,珠玑巷原为北宋京城开封府的一条巷名。当宋室南渡时,南迁臣民落足南雄之后,为表达对故都的怀念,将自己的聚居之地取名珠玑巷。这是效法东晋以来,偏安江南的历代王朝侨置郡县的传统做法。

当然,珠玑巷作为幅员有限的弹丸之地,不可能会有大量人口以供迁移,但其地处南下岭南的交通要塞,自然而然会成为岭南移民最为眷恋、印象最深的集散之地。据曾昭璇、鲁宪珊两位先生对家谱、方志等有关资料的统计和实地考察,列出珠玑巷移民家族多达797支。因而珠玑巷也就成为无数岭南人精神上的故乡,成为维系他们桑梓之情、宗族之谊的根之所在。

福建宁化石壁村

宁化石壁,原名玉屏,也名石碧,由22个自然村组成。它位于武夷山脉东麓、福建省西隅,北连江、浙,南接粤、桂,四周山环水绕,中间是开阔的平原盆地,物产富饶,环境幽雅,堪称世外桃源,是历代南迁士民避乱求生、繁衍栖息的理想之地。早在秦汉之际,就有中原士民避乱迁徙于此。此后,在西晋"永嘉之乱"、唐末五代、宋室南渡及明清之际,每当中原动荡,社会巨变之时,都有一批又一批的大量移民涌入石壁,繁衍栖息,并由此而分迁闽南、闽西、粤东、台湾,及湘、桂、川、黔等地。据史、志和族谱记载,在长达两千年的封建社会中,先后曾有106个姓氏在此生存栖息,并由此播向东南沿海,繁衍海外。

由于宁化石壁独特的地理位置,在社会历史激烈变动的唐末五代,各割据势力均鞭长莫及,成为较为安定的世外桃源,集聚了众多的北方移民。据史书统计,宁化在唐末人口仅1万余人,到南宋时已达11万之多,其中土著仅5,000余人。由于高山的阻隔和战乱频繁中断了与中原的联系,在封闭的世界里,他们以自己所拥有的传统文化、语言、习俗,与当地土著的民风习俗混合在一起,渐渐产生出一种新的、独特的既有中原古文化的遗风、又有区别和创新的文化,即"客家文化"。同时也形成了客家民系,并随着子孙后裔的播迁繁衍,撒向各地。而客家各姓氏族谱记载姓氏源流时,大多把从宁化石壁外迁的第一代祖先尊为家族始祖。因而福建宁化石壁被誉为客家文化的摇篮,客家民系的朝宗圣地。

河北小兴州

河北小兴州是明初洪武、永乐年间官方组织移民的又一集散地。洪武初年,大将徐达攻克元大都北京,元顺帝北遁,元朝灭亡。元朝残余势力虽然退居漠北,但仍有相当的军事实力,对明王朝北边构成很大的威胁。为此,洪武初年到洪武末年,在长城以外,东起辽东,中经山西北部,西至内蒙古西部,东西两千余里,南北数百里的广大地区,屯兵卫戍。同时,为恢复和发展北平地区因战乱遭受破坏的社会经济,多次从燕山以北广大地区(俗称山后)向北平附近移民。

及至永乐皇帝登基,为进一步巩固、发展北平地区社会经济,确保京城安全,先后抽调长城以北27个卫所的将士约15万人,在北京附近屯边戍守。同时,多次组织大规模的强制性移民,安置于良乡、顺义、平谷、大兴、宛平、通州、蓟县、宝坻、香河、遵化、卢龙、武清、丰润、清苑、容城、新城、安国、徐水、任丘、涞水、霸州、定兴等地区,移民总数达十万之多,涉及张、王、李、刘、梁、孙、崔、邓、杜、魏、邢、徐等十多个姓氏。

据《元史·地理志》所载:"兴州,……金初为兴化军,隶北京,后为兴州,元中统三年隶上都路,领县二:兴安、宜兴。"明初为防御漠北元朝势力南侵,在兴州建立了左、右、中、前、后五个卫所,屯兵戍守。使元代的兴安小县发展成为人口密集的军事重镇,但当地民众习惯上仍以"小兴州"称之。

由于小兴州是长城古北口外的第一重镇,位于辽东、内蒙古南下北京的交通要冲,因而也就成为历次移民的集散中心。由于年久日深,历次移民后裔,难以确知其祖上原籍所在,往往把先祖迁徙的集散之地视作先人故籍祖地。因而在河北、山东、东北一带现存的众多族谱家乘中,追溯其家世渊源时,多称其"先世自小兴州,徙至××地"。久而久之,小兴州成为河北、内蒙古、山东、东北等地众多姓氏寻根问祖的朝宗圣地。

上述八大移民祖地,北起关外的小兴州,南到广东的珠玑巷,东起山东枣林庄,西至湖北孝感乡,基本上概括了清代以前汉族活动的主要区域,反映了姓氏迁徙的大致脉络,是不同地域的家族姓氏寻根溯源的重要依据,也是海内外炎黄子孙朝宗谒祖的人文景点。

第五节　姓分等级标郡望　族有堂号铭祖德
——姓氏的郡望、堂号及其文化内涵

"郡望"和"堂号",是姓氏文化中的重要内涵,是表明姓氏的地域分布、文化特色的重要标志,是区分同一姓氏不同地域和识别亲疏的主要依据,也是寻根问祖、追源溯流的基本线索。在较为正规的族谱中,往往在姓氏前面冠以"郡望"(地望),在姓氏之后标明"堂号",使人一看便知该姓氏的起源发祥、支派族属的基本脉络。因而"郡望""堂号"是研究姓氏文化,查证家世渊源必备的基本常识。

历代豪门称郡望　庶民百姓也时尚

"郡望"一词,是"郡"与"望"的合称。郡是行政区划,"望"是名门望族,"郡

望"连用,即表示某一地域范围内的名门大族。"郡望"一词是血缘姓氏与地域分布紧密结合、交互作用的产物,是"胙土命氏""氏明贵贱"的文化传承,是秦汉以后区分姓氏等级、门第高低的重要标志。

姓分等级　族标郡望

姓氏有等级之分、地域之别,源于夏、商、周三代的封邦建国、"胙土命氏",以西周初年最为典型。在周初的大分封中,将诸侯各国分为同姓、异姓、庶姓三种,并根据其血缘亲疏、功勋大小授予"公、侯、伯、子、男"五等爵位。凡与周天子同为姬姓的诸侯各国,称为同姓之国,如鲁、晋、郑、卫、吴、燕、蔡、霍,是为本族同宗;凡与周王室世代通婚的,称异姓之国,如申、吕、齐、谢,是为姻亲贵戚;与周王室没有宗支、姻亲关系的则是庶姓之国,如秦、楚、巴、蜀。这三种封国,在封爵、土地、赏赐、礼仪上各有亲疏远近、高低贵贱之分。

秦汉以来,"氏明贵贱"的社会功能失去了社会基础,一度减弱。但区分姓氏贵贱的传统意识,仍然根深蒂固,到魏晋时期的门阀制度又达到了登峰造极的地步。

秦汉以后,随着家族的繁衍迁徙,姓氏原有的以血缘论亲疏的文化内涵逐渐淡化,而以家族"地望"明贵贱的内涵成了姓氏文化最为突出的特点。"地望",即姓氏古籍中常用的"郡望",指魏晋南北朝至隋唐时每郡显贵的家族,意思是世居某郡为当地仰望,并以此而别于其他的同姓族人。历代的姓氏书中,其中有一类是以论"地望"为主,如唐代柳芳的《氏族论》和南朝刘孝标的《世说新语》。历代《百家姓》读本,也往往在每个姓氏前面注明了"郡望"。

"郡"是由春秋战国到秦汉逐渐形成的地方行政区划。春秋时,秦、晋、楚等国在边地设县,含有"悬系"之意,后逐渐在内地推行。春秋末年以后,各国开始在边地设郡,委派官员进行管理,以区别于世袭分封的侯国、封邑,面积较县为大。战国时在郡下设县,逐渐形成县统于郡的两级行政区划制。秦统一中国后,分全国为36郡,后增加到40多郡,郡下设县。郡、县长官均由中央政府任免,成为专制主义中央集权政权组织的一个部分。汉至隋唐继承了秦代的郡县制,但是具体的郡县划分有所不同。隋唐时代,往往州、郡的名称能相互代用,但大多数时期称"州"不称"郡"。到了宋代，"郡"的行政区划已经作废。

但"郡望"作为专指某些地域内某一名门望族的习惯用语，却保留下来，并与门阀制度紧密相连，在封建社会相当长的历史阶段中沿用不衰。

所谓"门阀"一词，是门第、阀阅的合称。《史记·功臣表》说："人臣有功五品，明其等曰阀，积月曰阅"，也就是说"阀"表示功劳的大小、品级，阅表示资历和年限。为显示自己家族不同于普通人家，便在大门外竖立两根高大的门柱，供人观望，称之为"阀"。门前有"阀"表示家有功名，乃仕宦之家，故称"门阀"，亦称"门望"，这就是门阀的本义和来历。有时官方尚作明确规定，宣称某姓为望族大姓，甚至具体划分姓族等级，确定门阀序列，各姓权益地位不等，这就是门阀制度。

门阀制度始于西汉。在秦末农民大起义中，夺得政权的汉高祖刘邦及其谋士萧何均出身于平民小吏，开国功臣樊哙、灌夫多为市井屠户、无赖。即使后来立国称帝，身居将相高位，仍被人讥为"世无英雄，遂使竖子成名。"为弥补这一缺憾，显示门第血缘高贵，刘氏皇族引经据典，称其为帝尧之后，血统高贵，天生应称王做帝。刘姓宗室子弟均贵为王侯，刘姓被称为国姓，凡刘姓之人可免除一切徭役，享受"六百石"的中级官员待遇。同时对于帮助刘氏取得天下的项伯、娄敬等四人，赐以国姓，改为刘氏。萧何、韩信、曹参、樊哙也都从远古姓氏中找到了足以自豪的发祥渊源和得姓之祖，以光耀门庭。西汉末年，王莽篡位，建立新朝，亦制造舆论，说元城王氏出于帝舜，他也是天生注定要当皇帝的，并用法律手段公开宣称他们的王姓，是天下最高的望族大姓。

东汉时期，门第等级观念已十分盛行，门阀制度初步形成。如东汉永平年间樊、郭、阴、马四姓外戚相继专权，声势显赫，被称为"永平四姓"。一些官宦、名流的宗族亲属往往高官厚禄，数世不衰，弘农华阴杨氏四世四人官至三公；汝南汝阳袁氏四世五人位至三公；汝南平舆许氏三世三人官居三公等，皆成为当时令人称羡的高门望族。他们在社会上的势力和声望累代延续，各以门第自诩，互相标榜，组合成一种具有特殊身份、享有特殊权利的社会集团。魏晋南北朝时，这些世家大族被称为"大姓""高门""士族""著姓""冠族""右族"。高门望族的子孙即便迁徙外地，习惯上仍举原籍或始祖发祥地的郡名作为标志，后世称之为"郡望"。

由于某一姓氏的姓源或发祥、聚集、变迁之地非止一处,于是一姓常常不止一个"郡望",但通常以其中一个"郡望"为主,以区别主从及尊卑。如赵姓有天水、南阳、金城、下邳四望,以天水赵最为尊荣。李氏有陇西、赵郡等十余个"郡望",以陇西李最为显贵。而王姓由于姓源支脉繁多,分布广泛,"郡望"多达二十四望,其中以太原王、琅玡王最为著称。这样"郡望"成为区别宗支派系、亲疏、尊卑的一种重要标志,后世有关姓氏研究的著述,均把"郡望"列为主要内容,详加考辨。

在门阀制度盛行的魏晋南北朝时期,与高门望族相比,门第较低、家世不显的家族则被称为"寒门""庶族"。他们即使有一定的土地、财产,其成员也有入仕的机会,但总的说来,他们在政治生活中倍受压抑,其社会地位也无法与门阀士族相比。当时用以铨叙官吏的"九品中正制"正是这种门阀制度的集中表现。

所谓"九品中正制"是汉献帝延康元年(公元 220 年),新登基的魏王曹丕,为改革吏治、延揽人才,采纳吏部尚书陈群的建议而设立的新的官吏选拔制度。其主要内容是在各州、郡设置"中正官",负责考察州郡人士的门阀家世、才行品德,采纳乡里舆论,将人才分为上上、上中、上下、中上、中中、中下、下上、下中、下下九个等级进行推选,每 10 万人中选拔出一人,由吏部任用官吏。

"九品中正制"初行时,评定之权基本掌握在声望较高、有一定德才的中正官手中,尚能采择舆论,荐拔人才。但是,以家族为基础而盘踞于地方的门阀士族,很快就垄断了荐举权,其结果便是只论门阀家世,不论才行品德。出身于名门望族的"衣冠子弟",即使无才无德,总被列为上品优先入仕,得授清贵之职;而出身孤寒的庶族子弟,即使才德超群,也被列为下品,即使入仕,也只可就任士族所不屑的卑微之职,以致形成了"上品无寒门,下品无士族"的局面。

门阀士族不仅各自控制地方权力,同时还左右朝政。国家法令又明文规定士族有荫族、袭爵、免役等多种特权。士、庶之间有严格的区别,所谓"士庶之别,国之章也"。士族自视甚高,不与庶族通婚。如有士族与庶族通婚,或就任一般由庶族人所担任的官职,称为"婚宦失类",是十分耻辱的事,会因此而受到排挤和嘲讽。

西晋灭亡后,北方不少豪门大族跟随晋元帝司马睿逃到江南,虽侨居异地,仍然打出了"琅玡王氏""陈郡谢氏""汝南袁氏""扶风杜氏""河东温氏"等原来的郡望名号。史称"侨姓大族"。这些侨姓贵族自西晋以来,就是中原的高门显贵,晋室南渡后,也一直是东晋、南朝政权的支柱和基石,其中最著名的是"王、谢、袁、萧"四大贵姓。在同一姓氏中,也因"郡望"不同,而有高下之别。如王氏,最高贵的是琅玡王氏,有"王与马(司马氏)共天下"的称誉。其次是清河王氏,河间王氏。而居住在建康乌衣巷的"乌衣王氏"(琅玡王氏支派)尤为尊贵,被称为"万王之王"。东晋、南朝时,江东尚有朱、张、顾、陆四大望族,因居处古代吴越之地,被称为"四大吴姓"。但因政权掌握在侨姓手中,因而一直未取得与王、谢等高门大族的同等社会地位。"侨姓"与"吴姓"两大姓氏集团共同执掌南朝政权达200余年。

与东晋、南朝隔江对峙的北朝历代政权,对门阀制度更是推而广之,在北魏时达到了登峰造极的地步。魏、晋之际,鲜卑贵族崛起北方,建立后魏政权即史称北魏,实行了一系列汉化政策。魏献文帝拓跋弘时,仿效汉族制度,对本部族姓氏进行改革,七分国人,设置诸部大人,以兄、弟族属分而统之,赐姓命氏,称为鲜卑十姓。

到魏孝文帝更是大力推行汉化政策。北魏太和二十年(公元496年),朝廷颁布了"姓族令",将鲜卑二字姓、三字姓、多字姓改为汉族单姓,增加了不少新的姓氏,使用"姓""族"两个称谓,确定其等级高下、门阀序列,使"姓"与"族"这两个意义相关相近的概念,有了严密而具体的界定。

孝文帝

"姓"的标准有二:一是原鲜卑各部落首领,有三世官在给事以上及州刺史、镇大将及品登王公者;二是虽非部落首领,但系魏始祖拓跋诘汾以来的"从龙功臣",其"职官三世尚书以上,及品登王公而中间不降官绪者亦为姓"。其中鲜卑贵族中的穆(丘穆陵氏)、贺(贺赖氏)、刘(独孤氏)、楼(贺楼氏)、于(勿纽于氏)、稽(纥稽氏)、尉(尉迟氏)为"八大国姓"(含拓跋氏),最为尊贵,为第一等士族。并明令"司州、吏部,勿充猥官",即上述八姓不得委派闲杂官职,均应任用为清要贵官。

"族"的标准也有两条：

一是各部落首领的后裔，自魏始祖以来，虽然"官不及前列，而有三世为中散、监以上，外为太守、子都、品登子、男者"；二是非部落首领后裔，但自魏始祖以来，"三世有令以上，外为副将、子都、太守，品登侯以上者，亦为族。"均应充任重要官职，享有多种特权。

对于汉民族，以郡为单位，每郡选定做官人数较多、官位最高的姓氏，称为"郡姓"，即州、郡的望族大姓，即后世"郡望"一词的来历。其中最尊贵的有清河崔氏、范阳卢氏、荥阳郑氏、太原王氏、陇西李氏。

在上述鲜卑国姓与汉族郡姓中，又按家世门第区分等级，以别贵贱、尊卑。柳芳在其《氏族论》中对此有过明确论述：在南北朝时，"过江则为侨姓"，王、谢、袁、萧为大；东南则为"吴姓"，朱、张、顾、陆为大；山东（指函谷关、崤山以东的中原地区）则为"郡姓"，王、崔、卢、李、郑为大，关中亦为"郡姓"，韦、裴、柳、薛、杨、杜首之；代北则为"虏姓"，元、长孙、宇文、于、陆、源、窦首之。以上"侨姓、吴姓、郡姓、虏姓"合称"四姓"，"举秀才，州主簿、郡功曹，非四姓不选。"

即使在上述"四姓"中，也因门第阀阅而有等级高下之分：凡三世有位居三公者为"膏粱"，有令、仆（射）者为"华腴"，有尚书、领、护以上者为"甲姓"，有九卿若方伯者为"乙姓"，有散骑常侍，太中大夫者为"丙姓"，有吏部正副郎者为"丁姓"。

在这种社会风气的影响下，南北朝时，维护、推行门阀制度，载录门第、区别族系的谱牒之学因而十分盛行。在南朝刘孝标所注的《世说新语》中，引证的家谱、家传达数十种之多。这种别贵贱、分士庶的门阀制度，不仅在魏晋南北朝时十分流行，而且影响深远，成为维护封建社会等级制度的准则习俗。宋代郑樵在《通志·氏族略》中对此有一段十分精辟的论述："隋唐而上，官有簿状，家有谱系。官之选举必由簿状，家之婚姻必由谱系。历代并有图谱局，置郎中吏掌之，乃用博古通今之儒，知撰谱事"，以便使"贵有常尊，贱有等威"。

在门阀制度下，姓氏直接影响着一个人的社会地位、婚姻大事，以至前途命运，甚至连日常交往、场面座次亦有区别。西晋文学家左思在《咏史》诗中曾对这种不合理现象做了尖锐的批评，诗曰："郁郁涧底松，离离山上苗。以彼径寸茎，荫此百

·姓氏的起源和发展·

图文珍藏版

尺条。世胄蹑高位，英俊沈下僚。地势使之然，由来非一朝。金、张藉旧业，七叶珥汉貂。冯公岂不伟，白首不见招。"诗中"金、张"指西汉宣帝时的权贵金日磾和张安世，他们的后代凭着祖先的功业，七代为汉室高官。而奇伟多才的冯唐（即诗中之"冯公"）却因出身寒微，竟终生屈于人下，不能展露其才华。

隋唐时期实行开科取士，任官取士不完全讲究出身，门阀制度逐渐衰退，世家大族失去了政治特权，却产生了一批新的宗室亲贵和功臣元勋，成为社会政治中新的豪门大族。但是魏晋以来的一些拥有高贵"郡望"的世家旧族，虽已"世代衰微，全无冠盖"，但"犹恃其旧地，好自矜大"，不肯自掉身份，甚至把"郡望"看得比官位还重，认为："立身在世，姓望为先，若不知之，岂为人子。"民间也"慕其祖宗，竞结婚媾，不计官品，而上（尚）阀阅"。对这种只重"郡望"，不重功业，崇尚门阀，鄙视权要的遗风旧俗，李唐王朝的新兴权贵十分不满，于是在贞观十二年（公元638年），敕令吏部尚书高士廉等撰修新的《氏族志》，予以修正。《氏族志》修成后，共收录293姓，651家，仍沿用魏晋南北朝旧例，以山东博陵崔氏为第一，皇族陇西李氏为第二。唐太宗对此十分不满，斥责高士廉等人因循守旧，无视天下大局的现实，不重视李唐王朝封爵等级，让他进行修改，标准是"只取今日官爵高下作等级"。并解释说：我对于崔、卢、王、郑这些世家大族，没有什么个人恩怨仇嫌，但他们家世衰微，没有什么功名，仍然恃其往日的门第，在谈婚论嫁时以高门望族自居，谈婚论嫁时索取重金，不知道什么是尊贵二字。随从我平定天下的谋士功臣，功高位尊怎么能向这些旧家世族低声下气，高价求婚呢？并亲自干预，将皇室李姓定为第一，外戚王氏定第二，崔姓降为第三。这就是历史上所说的"贞观条陈氏族事件"。武则天执政时，修纂《姓氏录》，改武姓为第一。武则天死后，仍以李姓为第一。由此可见，在隋唐之际，重视姓氏等级、郡望门阀的风气十分盛行。

在唐代，陇西李氏、赵郡李氏、清河崔氏、博陵崔氏、范阳卢氏、荥阳郑氏和太原王氏，并称"五姓七族"，门第最为清高。子女婚嫁首重门第，即使身为宰相的李义府也因不属"五姓七族"中之望族，在为其子向山东崔氏求婚时，也遭到拒绝。清代学者王士禛《池北偶谈》云："唐人好标望族，如王则太原，郑则荥阳，李则陇西、赞皇，杜则京兆，梁则安定，张则河东、清河，崔则博陵之类，虽传志之文亦然。"这里说到一个重要问题,就是由于唐代士人好标郡望,以致官员修史亦不详细考辨人物之家乡籍贯,而姑且题署郡望了事。世风所及,竟成为所谓修史之"原则",造成了历史人物籍贯的极大混乱。唐代著名学者刘知几对此颇为不满,他曾参与纂修国史,在写李义琰传的时候,因为义琰家住魏州昌乐,已有三代之久,所以如实写道:"义琰,魏州昌乐人也。"结果监修官指责他违背了写史原则,要他照李氏郡望改为"陇西成纪人"(事见《史通·邑里》)。

到了唐代中叶安史之乱后,特别是唐末五代,由于战乱的影响和巨大的社会政治变化,"故唐公卿之族","衰亡且尽",许多"衣冠旧族"在战乱中流离失所,背井离乡,"爵命中绝","世系无考"。尤其是在黄巢大起义中,已出现了"满街踏尽公卿骨"的惨状,以郡望门第为荣的世俗观念受到了一定打击。

到宋代,虽然郡的行政区划已经取消,但由于长期形成的姓氏、郡望标明出身门第贵贱和社会地位的传统影响,以及区分姓氏地域分布的实际需要,以郡望标注姓氏的习俗,仍然流行。由宋代儒生编撰的《百家姓》一书,仍沿袭魏晋以来至隋唐时期所形成的姓氏郡望,表明其历史渊源和地理分布。只是按照当时各姓氏在社会中的等级地位,重新进行了排列。所以《百家姓》的前八姓是:"赵钱孙李,周吴郑王"。赵姓是国姓,当然位居榜首,钱为吴越王钱镠之姓,其余六姓为皇后外戚之姓。

宋代文人亦常以郡望自标,比如:刘放有两种著作分别题为《彭城集》和《中山诗话》,这里,彭城和中山均为刘氏郡望,并非其人籍贯,刘放之籍贯在临江新喻(今江西新余)。姚铉本是庐州人,却自题郡望曰"吴兴"。

明清时人也不乏标志郡望之例。如:明代郑真本是浙江鄞县人,其别集却题为《荥阳外史集》,荥阳者,郑氏郡望也。清代薛雪,苏州人,却自题郡望曰"河东"。流传至今的明、清族谱、家乘中,也大多标以姓氏的郡望或堂号。

寻根认祖　郡望为凭

讲究郡望门第的这种社会风气,从秦汉肇始,延续到明清时期,从王侯之家普及至平民百姓,两千多年来沿用不衰,除历代官方的倡导推崇和以家族为中心的文化形态这两大原因之外,更深层次的原因是中华民族的寻根情节。因为通过"郡望"的标示,既可以了解姓氏的分布情况,也可借此追溯姓氏的发祥渊源、宗支派别的来龙去脉。如陇西李氏,系皋陶后裔,因子孙世袭理官之职,以官为氏称理氏。商末纣王无道,理征直谏被杀,其妻契和氏携子利贞逃难于伊侯之墟,食木子得全,遂改为李氏。其十七世孙李昙生四子崇、辩、昭、玑。李崇后裔世居陇西,或为镇将,或为郡守,遂以陇西为郡望;李玑后裔则世居赵郡,遂成赵郡李氏。及至李唐王朝建立,追尊西凉武昭王李暠为其远祖,追谥为"兴圣皇帝",陇西李氏遂成天下第一望族,赵郡李氏也被列为"五姓七族"(博陵崔氏、清河崔氏、太原王氏、范阳卢氏、陇西李氏、赵郡李氏、荥阳郑氏)之一,十分华贵。陇西李氏各宗支衍派,如敦煌李氏、姑臧李氏、平凉李氏、武阳李氏均被视为天潢贵胄,宠荣无比,而柳成李氏、略阳李氏、鸡田李氏等则是由李唐王朝赐姓而来。因此陇西李氏和赵郡李氏被视为李氏正宗,是李氏的主流支派。标示"陇西李氏""赵郡李氏"不仅有光耀门庭之意,也蕴涵了区分源流、世系的历史渊源的用意。

再如王氏,也是中华大姓之一,姓源繁多,各有所自,郡望多达二十四望。只要一提"太原王氏",便知是周灵王太子晋后裔;汲郡王氏,则是殷商王子比干后裔;元城王氏,则为帝舜后裔;京兆王氏,则是毕公高后裔;营州王氏,则系出高丽;冯翊王氏,则为钳耳族支系……同一王氏,只要一标郡望,即可明了其历史渊源。

又如"河东柳氏",其先本鲁国公子展氏之后。裔孙展禽食邑柳下,遂为柳氏。春秋时,楚灭鲁国,迁柳氏于郢(楚都);战国时秦灭楚,迁柳氏于关中;汉时定居河东(今山西晋南),遂称河东柳氏。再如"弘农杨氏",本春秋时晋国公族羊舌氏之后,后遭灭族之祸,有裔孙逃居华山之阴,为华阴杨氏。西汉时华阴属弘农郡,故称"弘农杨氏"。又如会稽贺氏,其先是齐国公族,有大夫庆封,因齐国内乱被逐,远徙吴国,又迁山阴,以庆为氏。东汉时因汉安帝之父名刘庆,避讳改为贺氏。

为了标示、区分各姓氏、家族的等级门第,不仅魏晋以来的族谱、家乘和姓氏书中都标有所属郡望,隋唐时期开始出现了专讲姓氏郡望的谱书,即"郡望谱"。据台湾谱牒学家廖庆六先生所著《族谱文献学》(台北南天书局2003年5月第一版)所载,在敦煌发现的有关唐朝谱牒的八种手写残卷中,就有六种属于"郡望谱"。遗憾的是,这六种"郡望谱"中,只有《贞观氏族志》收藏于国内,其余五种分别收藏于伦敦大英博物馆和巴黎国民图书馆。在廖先生转录的《贞观氏族志》中,就列举了当时47个州、郡,191个姓氏的郡望所属;在《天下郡望氏族谱》的一片残卷中,有"定□其三百九十八姓"的记载。另一片残卷中,则是按唐代十道所辖州、郡,列举各姓氏郡望所在。由此可见,魏晋、隋唐以来,姓氏郡望在社会生活中占有极其重要的位置,无论是官方,还是私族都极其重视。

综上所述,可以看出,郡望不仅可表明某一姓氏的地理分布、社会地位及宗支衍派的迁徙、繁衍等多层次的文化内涵,是解读中华姓氏的锁钥,也是寻根问祖的重要凭藉。

及至现在,炎黄子孙仍然十分重视自己姓氏的来历和郡望所出,特别是寓居异国他乡的华裔侨胞,大都把自己的姓氏、郡望、家谱视为命根子,常常以同姓、同郡望来联宗认亲。几乎每一个家族都保留着传统的姓氏郡望,以示不忘对故土先人的眷恋之情。家族每遇红白之事或节庆之日,多在门前悬挂标有郡望的灯笼,以示世人。

尤其20世纪70年代以来随着全球寻根热的兴起,海外炎黄子孙纷纷归国,旅游观光,寻根问祖。姓氏郡望成为他们追寻家世渊源、谒祖朝宗的重要依据。

如散居国外的太原王氏,就是凭借"太原"这一郡望的重要线索,实现了多年寻根问祖的心愿。早在20世纪80年代初,旅居东南亚的太原王氏后裔,就开始了寻根问祖活动。先是缅甸太原王氏宗亲会致函太原市有关领导,查询有关太原王氏开宗立派的相关资料,接着泰国王氏宗亲总会派出一支由王锦源先生率领的"旅泰王氏观光团"来华寻根问祖。他们按照谱系,先是从祖上漂洋出海的广东揭阳、福建南靖等地入手,追源溯流,在福建龙溪县珩坑的王氏家庙里,见到了祖传的"三槐堂"金字灯笼。于是溯源而上,在南京"三槐堂"里又见到了"太原郡"的题铭。泰国王氏祖根是南京,还是太原?成了一时难解的谜团。于是他们致函国务院侨办,要求帮助查寻泰国王氏祖根,以便归国谒祖朝宗。

山西省侨办和太原市政府接到国务院侨办通知后,十分重视,于1986年10月成立了"太原王氏研究会",这是中国内地第一个王姓研究的民间学术团体。并在此基础上,1987年2月组成了"太原王氏考察组"南下考察,从"太原郡、三槐堂"的郡望、堂号入手,由太原而开封,由开封而南京,由南京而福州,由福州而泉州、漳州、晋江、南靖,找到了珩坑王氏的渊源所自,理清了由太原王氏——三槐王氏——太沧王氏——沙塘王氏——珩坑王氏——揭阳王氏——泰国王氏的传承脉络。

与此同时,在太原王氏的祖地——太原市风景名胜区晋祠,选择了王子乔后裔王琼的晋溪书院,辟建了子乔祠,作为太原王氏朝宗谒祖的殿堂。1993年6月6日,"太原王氏世界恳亲联谊会暨子乔祠落成典礼"在太原举行,来自泰国、缅甸、新加坡、马来西亚、菲律宾、印度尼西亚及中国香港、中国台湾等国家和地区的二十多个王氏宗亲社团出席了大会,实现了他们谒祖朝宗的夙愿。

1994年11月26日~28日,第二届世界王氏恳亲联谊大会由泰国王氏宗亲会主办,在泰国首都曼谷召开;1996年9月23日~25日,第三届世界王氏恳亲联谊会由新加坡太原王氏宗亲会举办,在狮城新加坡召开;1997年10月24日~26日,第四届世界王氏恳亲联谊大会由菲律宾太原王氏宗亲总会主办,在菲律宾首都马尼拉举行;1998年9月25日~27日,第五届世界王氏恳亲联谊大会由海外太原王氏联谊会后援会主办,再次在太原王氏祖地——山西省会太原举行。

此后,太原王氏恳亲联谊会由世界各国的王氏宗亲会轮流举办,成为世界性的王姓华裔侨胞的联谊活动。由"太原郡"三字引发的寻根活动就成为凝聚海内外炎黄子孙、增强中华民族凝聚力、向心力的桥梁和纽带,有力地推动了山西太原的对外经济、文化交流,成为改革开放中一道亮丽的风景,体现了姓氏郡望这一传统文化的生命力和现实意义。

姓氏堂号光门楣　嘉言懿行垂青史

"堂号"本意是厅堂、居室的名称。因古代同姓族人多聚族而居,往往数世同堂,或同一姓氏的支派、分房集中居住于某一处或相近数处庭堂、宅院之中,堂号就成为某一同姓族人的共同徽号。同姓族人为祭祀供奉共同的祖先,常在其宗祠、家庙的匾额上题写堂号,因而堂号也含有祠堂名号之义,是表明一个家族源流世系,区分族属、支派的标记,是家族文化中用以弘扬祖德、敦宗睦族的符号标志,是寻根意识与祖先崇拜的体现。

堂号不仅书写于宅院厅堂、宗祠祖庙、族谱封面,而且也题写于店铺、字号、书斋别墅、文集书画及日常生活用具(如车舆、灯笼、钱袋、家什)上面,用以区别姓氏族别,作为本族标记,具有深厚的文化内涵和实际意义。

堂号,有广义和狭义之分。广义的堂号与姓氏的地望相关,或以其姓氏的发祥祖地,或以其声名显赫的郡望所在,作为堂号,亦称"郡号"或总堂号。同一姓氏的发祥祖地和郡望不同,会有若干个郡号。如李姓郡(望)号有陇西、赵郡、顿丘、渤海、中山、江夏、范阳、汉中、代北、鸡田、柳城等30余个;王姓有太原、琅玡、京兆、元城、汲郡等38个;张姓有清河、范阳、太原、京兆、南阳、中山、安定、河内等40余个。

狭义的堂号,也称自立堂号,在同一姓氏之间,除广义的郡号之外,往往以先世之德望、功业、科第、文字或祥瑞典故自立堂号,其形式多样,五花八门,不胜枚举。若按每姓一个堂号来计算,全国至少有数千至一万个堂号,是姓氏文化中有待开发、整理、研究的资料宝库。现依据各姓氏堂号的来历、特色、分为几大类型:

1.以血缘关系命名堂号

中国姓氏文化,首先表现出来的社会心态就是对血缘关系的高度重视,不仅同一姓氏使用相同的(一个或若干个)堂号,而且同一血缘关系的不同姓氏,也会使用同一堂号。如著名的"六桂堂",是闽粤一带洪、江、汪、龚、翁、方六个姓氏共用的一个堂号。据文献记载,这六个南方家族,虽然姓氏不同,但却是一个先祖所出的同一家族,追本溯源都是翁姓的后裔。

2.以地域命名堂号

地域观念命名的堂号,最为普遍,往往和各姓氏的郡望相关,也就是以郡号或地名作为堂号。如前述之陇西李、赵郡李、中山刘、太原王、琅玡王、京兆王、清河张、安定张、河内张等皆是其例。再如诸葛氏,系出葛伯,望于琅玡,发祥地是山东诸城,后世遍布全国各地的诸葛氏,绝大多数都世代沿用"琅玡"的堂名。此外,海氏的"薛郡堂"、陈氏的"颍川堂"、徐氏的"东海堂"、欧阳氏的"渤海堂"以及呼延氏的"太原堂"、林氏的"西河堂"等,都是以地望为堂号。

3.以先世的嘉言懿行为堂号

中国人向来有慎终追远的美德,往往以先世祖宗的嘉言懿行深感自豪,往往以此命名堂号,千古流芳。如弘农杨氏"四知堂""清白堂"即是以东汉太尉杨震的美

·姓氏的起源和发展·

图文珍藏版

德作为堂号。据文献记载,杨震为东莱太守时,道经昌邑,县令王密深夜求见,以黄金十斤馈赠杨震。杨震严词拒绝说:作为故人知交,我对您是了解的,而您怎么对我的人品不了解呢?王密说:我深夜而来,无人知道这件事情。杨震回答说:此事天知、神知、你知、我知,怎能说是无人知晓?王密只好羞愧而退。杨氏后代子孙为尊崇和怀念这位拒腐蚀、不受贿的先祖杨震,便以"四知堂""清白堂"为堂号。

而范氏"麦舟堂"则是来自北宋名臣范仲淹济危扶困的典故。有一次范仲淹遣子纯仁,至姑苏运麦,舟至丹阳,遇石曼卿无资葬亲,纯仁即以麦舟相赠。纯仁回家后告知其父,深得范仲淹嘉许。故后世以此为典,以"麦舟堂"为堂号。

4.以祖上的功业勋绩为堂号

在中华民族五千年历史长河中,各个姓氏在不同历史时期,都涌现出一批功勋卓著、名垂青史的历史人物,后人往往以此作为堂号。如东汉名将马援,战功卓著,名闻遐迩,后因功封"伏波将军"。马氏后人中有一支便以"伏波堂"为堂号。楚大夫屈原曾任三闾大夫,屈氏遂以"三闾堂"为堂号。

再如唐代郭子仪,因平安史之乱,屡立战功,出将入相二十余年,是维系李唐王室的功勋大臣,被封为"汾阳王"。其后子孙繁衍,遍布各地,多以"汾阳堂"为堂号。至今海内外郭氏子孙,也多以"汾阳郭氏"为荣。

5.以传统伦理规范为堂号

在封建宗法社会,各个家族常以传统的伦理道德规范为堂号,以劝诫训勉后代子孙。如李氏"敦伦堂"、张氏"百忍堂"、朱氏"格言堂"、任氏"五知堂"、刘氏"重德堂"、郑氏"务本堂"、周氏"忠信堂"、蔡氏"克慎堂"、许氏"居廉堂"等,都体现了传统的伦理道德观念。在各氏自立堂号中十分普遍。

唐代郓州寿张人张公艺,九世同居,麟德年间唐高宗祭祀泰山,路过郓州,至其家,问何以能九世同居,安然相处。张公艺于纸上连写百余"忍"字,道出其中诀窍全在于百事忍让。故名之为"百忍堂"。

6.以祖上情操雅量、高风亮节为堂号

在封建社会中,有一批文人学士,才华横溢,品格清高,深为世人所推崇,其后代族人也引以为荣。

如宋代著名理学家周敦颐,品格高
雅,酷爱莲花出淤泥而不染的清高品格,
以所居之处为"爱莲堂",其后世遂以此
为堂号。晋代陶渊明因不肯为五斗米折
腰,遂辞官归里,赋《归去来辞》以明其
志。因陶渊明号五柳先生,其后人以"五
柳堂"为堂号。再如唐代大诗人李白,自
号"青莲居士",李氏族人中遂有"青莲
堂"堂号。

陶渊明

7.以祥瑞吉兆为堂号

古代人对祥符瑞兆十分重视,常认为是上天预示吉祥的征兆,往往以之为本族
堂号。如宋代王祜曾手植三槐于庭院,言其子孙必有位居三公者(古代百官朝会,
三公对槐树而立,故以三槐象征三公),其子王旦果然位列宰相,当政十余年,深为
朝廷器重。其后人便以"三槐堂"为堂号,成为中国王姓中名人辈出的名门望族,
与太原王氏,琅琊王氏并列为王氏三大支派。

8.以先世名人的厅堂别墅为堂号

为表示对同姓先世名人的仰慕之情,各姓后人以其厅堂、居处为堂号。唐代大
诗人白居易,晚年隐居洛阳香山,号香山居士,其后人便以"香山堂"为堂号。

再如唐代宰相裴度,以宦官当权,时事已不可为,乃自请罢相,在洛阳午桥创建
别墅,起造凉亭暑馆,植花木万株,绿荫如盖,名为"绿野堂"。裴氏一支遂有"绿野
堂"之堂号。

9.以家族中科举功名为堂号

在封建社会,一些名门望族人才辈出,科第连绵,为世人称羡,遂以之为堂号。
如唐代泉州人林披,有子九人,俱官居刺史(俗称州牧),门庭显赫,世人敬仰,这支
林氏遂以"九牧堂"为其堂号。再如宋代临湘人徐伟事母至孝,隐居教授于龙潭山
中,有子八人,后皆知名,时称"徐氏八龙",后人即以"八龙堂"为其堂号。

10.以垂戒训勉后人的格言礼教为堂号

此类堂号在各姓氏自立堂号中较为普遍。如"承志堂""务本堂""孝思堂""孝义堂""世耕堂""笃信堂""敦伦堂""克勤堂"等。

11.以良好祝愿为堂号

此类堂号也较为常见。如"安乐堂""安庆堂""绍先堂""垂裕堂""启后堂"等。

12.以封爵、谥号或旌表褒奖为堂号

此类堂号由历代朝廷或地方政府封赏、恩赐、旌表而来。如"忠武堂""忠敏堂""节孝堂""孝义堂"等。

总之,堂号作为家族的徽号和别称,不仅有明显的地域特征和血缘内涵,而且带有浓厚的封建宗法色彩和文化特征,既是对某一姓氏家族特色的高度概况,也是当时社会形态的反映,同样具有区分宗支族别、血缘亲疏的社会功能。它的产生、发展,多与修族谱、建宗祠、祭祀祖先、宗亲联谊活动同时进行。

第六节　凝聚血亲的纽带　朝宗谒祖的圣殿
——宗祠、族谱、族规、家训

姓氏是人类社会区分群体、族别的标志,族谱是载录宗族繁衍、世系传承的历史,宗祠则是凝聚血亲、朝宗谒祖的圣殿。如果说姓氏学是研究整个中国的姓氏,谱牒学则是研究一家一姓的历史,而宗祠祖庙则是体现某一姓氏文化内涵和宗法礼仪的殿堂。在中国古代宗法社会里,建宗祠、修族谱是族人的两件大事,都具有慎终追远、报本思源、敦宗睦族、凝聚血亲、光前裕后、规范伦理的教化功能。因此,探讨、考察宗祠、族谱的文化内涵及其发展、演变的历史,就成为姓氏研究的一个基本内容。

载录谱系的典籍　传承文明的纽带

族谱,也叫家谱、宗谱、家乘、世谱,是记载家族或宗族的家世渊源、传承世系、支派繁衍,及宗族事迹、名贤俊杰的典章文献。简而言之,家谱(族谱)就是血脉的谱系，是某一个姓氏的家史或族史。它和姓氏、郡望、堂号、宗祠等姓氏文化的其他内容一样，既是构成宗法制度的基本要素，又是考辨姓氏源流、敬宗收族的重要凭藉。

载录谱系　传承文明

族谱、家乘，作为载录家族（宗族）源流世系及其发展兴衰的史籍，由来已久。早在三千多年以前，中国出现第一个奴隶制王朝——夏朝时就已经出现。据《礼记·礼运篇》记载，自大禹家传天下之后，"各亲其亲，各子其子"，王位世袭，子孙相继，就有了专门记载帝王世系的谱牒。《史记·夏本纪》即据此记述了夏王朝的世系：自禹至桀共传14世，17个帝王，说明夏代已有了帝王谱系，即最早的家谱。

至于商代的家谱，则有考古发现的"甲骨家谱"可资证明。据有关学者研究释读，共有三件甲骨片可以确认是最古老的家谱：一件见之于容庚等编的《殷契卜辞》中，序号为209；一件收录于《库·方二氏藏甲卜辞》中，序号为1506；一件见于董作宾的《殷墟文字乙编》，编号为4856。其中第二件"库1506"所载是极为完整的、典型的商代家族世系，共记录了儿氏家族13个人名，其中父子关系11人、兄弟关系2人。据专家断定是商代第10世23任国王武丁时代所刻，距今约有3,200余年。

在现存的商代青铜器中，也有几件是专记商人家族世系的家谱。如现存于辽宁省博物馆的"六祖戈""六父戈""六兄戈"，记载了同一家族六到八代的谱系，谱学界将之称为"青铜家谱"。

"青铜家谱"在存世的周代青铜器中也有发现。如1976年在陕西扶风县庄白村出土的微氏家族的《墙盘》和《庋钟》，不但准确无误地列举了周初文王、武王、成王、康王、昭王、穆王六代王系，而且记述了微氏家族的七代世系，是我国现今发现的记录家族世系最多的青铜家谱。

由于周初建立了一套严格的封建宗法制度，为了"奠世系，辨昭穆"，确认血缘关系的亲疏远近，周王朝设立了掌管王族谱牒的"小史"。"奠世系"就是确定谱系、世系，"辨昭穆"就是按辈分大小、长幼次序，以及血缘远近而决定在宗祠、祖庙中的排列地位。对于诸侯、卿大夫的谱系，周王朝中设有史官记录管理，称为太史。

各诸侯国也设有专职记录、管理谱系的官员、机构,如鲁国称之为二史,楚国称之为"三闾"。屈原即曾任"三闾大夫",负责掌管楚国王族昭、屈、景三姓的谱系。一旦发生继承问题,便据此来决断,确定继承人选和次序,以确保封建宗法制度的实施。可见谱牒、世系在当时社会政治生活中所占的重要位置。

现存最早的文字家谱,是由后人辑录的《世本》15 篇。该书约成书于战国末期,记录了从三皇五帝到春秋战国时期历代帝王、诸侯卿大夫的姓氏渊源、世系源流、迁居本末、生前创制、死后名号等事迹,集各家各代的分散世系于一书,是我国谱牒学的开山之作。后世的谱学家、史学家追述古代历史和各姓渊源时,多以此为历史依据。太史公司马迁编撰《史记》时,即曾参阅、引证了《世本》的大量文献资料。

流传至今的另一部周代谱学著作是《大戴礼记·帝系篇》。该书系统地记载了黄帝以来至周代帝王的血缘谱系,从中可以看出,黄帝之后一脉相承的颛顼高阳氏、帝喾高辛氏、唐尧、虞舜、夏禹,都是黄帝子孙后裔。所谓"禅让"之说,实质上是父子、兄弟、叔侄之间权力的转让、交替,夏、商、周三代,仍是黄帝后裔之间权力、地位的更替。另外,相传在春秋时期荀子曾编有《春秋公子血脉谱》,此书今散佚不存,但从其"血脉谱"三字,可知是载录血缘传承的家乘谱牒。

秦、汉时期,家谱编纂有了进一步发展,秦代曾设有"宗正"官管理皇族事务和皇家谱牒,因时代较短,未见秦代家谱的记录。

汉承秦制,仍由"宗正"掌管皇亲贵族的谱系,同时设有诸王世谱,收录同姓诸侯王的世系谱籍,异姓王侯也有专门的"侯籍",载录其家族世系,如《汉书》《后汉书》的《帝王诸侯世谱》即是其例。与此同时,私人修纂的家谱也开始出现,较著名的有《扬雄家牒》《邓氏官谱》等。此外,还有一些碑刻实物,也载录了家族世系。如东汉《孙叔敖碑》,记述了春秋时楚相孙叔敖十余世孙和东汉渤海太守孙武以下的家族世系;《三老赵宽碑》,完整地记录了西汉名将赵充国到赵宽数百年间家世渊源。

魏晋南北朝时,由于门阀制度的盛行和"九品中正制"的实施,选拔官吏,婚姻嫁娶,都十分注重门第,都要以家谱为凭,无论是政府官方还是世家大族,都十分重视家谱的编纂。官方设有谱局，委任专人掌管谱牒的修纂，各级地方政府均设"谱库"收藏家谱，以备查验。风气所及，谱学大盛，形成了中国历史上第一次纂修家谱的高潮，也涌现了一批修谱名人和修谱世家。如东晋贾弼一门七代从事谱学，被称为"贾学"。而另一谱学世家王弘、王僧孺、王逡之则被称为"王学"。官私纂修的家谱也大量出现。据郑樵《通志·艺文志》所载，从魏晋到隋唐，官私所修谱书达155种，2,365卷，其中贾弼的《百家谱》共100册，712卷，包括18州116郡大族，被当作东晋和南朝各代选官任职的重要依据。南朝梁武帝时又命王僧孺、王逡之修订、编纂《百家谱集抄》《百家姓拾遗》。从此之后，谱学成为一种专门学问，被归为史学的一个门类。阮孝绪的《七录》将之列为第十一类，称为谱状，著录谱牒42种，1,000余卷，成为著录谱牒的首创。

由于当时谱牒著述，主要是载录帝王权贵和世家大族的谱系，因而一直到隋唐之际，虽然废除了"九品中正制"，改为科举取士，但谱牒的修纂大都由官方谱局派员编纂。如唐代贞观年间的《士族志》，高宗、武后时的《姓氏录》以及其后的《元和姓纂》《皇室永泰谱》《皇唐玉牒》，均由官方谱局修纂而成。唐代私家修谱之风也很盛行，较著名的有柳冲的《大唐姓氏录》、路敬亭的《衣冠谱》、韦述的《开元谱》、柳芳的《永泰谱》等。日本多贺秋五郎在其《中国家谱之研究》一书中，依据相关文献统计，魏晋隋唐时期，谱牒类著述总数达277部，重复者不计，但未标明其卷数。及至唐末黄巢起义，连年战乱，大批的豪门权贵、世家大族被扫荡殆尽，经五代十国长期战乱，旧的家族势力遭到毁灭性打击，"士族亡其家谱"，"失其世次"，谱学由是衰微。

入宋以后，随着程朱理学的流行，"敦宗睦族，尊祖敬宗"的伦理观念成为社会的主流，私家修谱之风日渐盛行，并形成一整套体例完备、格式规范、内涵丰富的谱学体系。其中影响最大，为后人所推崇的是欧阳修、苏东坡分别创立的"欧、苏体例"。欧、苏谱例都是"五世则迁"的小宗谱法，每图只谱五世，五世以后，格尽另起。欧式谱例是："谱图之法，断自可见之世，上自高祖，下到五世玄孙，而别自为世。"苏式谱例是："凡嫡子而后得为谱，为谱者皆存其高祖，而迁其高祖之父。"比起动辄追溯数十世、旁及各疏支的大宗谱法来，具有详近略远、亲疏各别的优点。

在形式上重在图表之创新,欧体是左右横列表格式,每图五格,格尽另起;苏谱是上下直行的吊线图,每图五世。

在内容上,欧、苏谱例,由谱序、谱例、世系图(世系表)、世系录、先世考等五项内容构成,记述原则是只书男与嫡妻,不书生女,不书继娶,不书妾,体现了浓厚的封建宗法观念。

元、明两代家谱体例沿着欧、苏谱例发展,记事范围进一步扩大,增加了谱论、像赞、族规、家训、恩荫录、五服图、字辈排行、人物传记、文约契据、艺文著述等多项内容,成为名副其实的家族历史。有些族谱开始记载女儿的名字,特别是女婿是有功名的名门望族,其名字载入岳父家族谱也可增光添彩。继室、侧室也可入谱,尤其部分小妾也因生有儿子,"母以子贵",特许入谱。入继子嗣和入赘女婿,也有的允许入谱,但要记、注分明,加以区别。如同姓入继,仍用红线联结世系,异姓人入继则用黑线。有的宗谱仍坚持不许"异姓乱宗",不予记载,或在宗谱之末附加一卷,专载螟蛉之子及其后裔。

元、明之际谱学的发展,不仅突破了欧、苏体例,而且出现了房谱(支谱)、族谱、统谱及异姓联谱等多种形形色色的谱牒。其中房谱为族谱之支谱,专记某房某支谱系。统谱(通谱)为统宗世谱,把分布于各地的同姓各宗支汇总、统贯于一谱,几乎是某一姓氏的历史渊源、迁徙分布及繁衍变迁的历史总汇。如明代张宪、张阳辉主修的《张氏统宗世谱》,从黄帝时赐姓记起,直到明嘉靖年间,时期跨度达数千年之久,包括了全国15个省份,1,470多个州、县,张姓117个支派。

明代中叶以来,这种同姓联修的统宗大谱日渐盛行。究其原因是程朱理学的盛行,"三纲五常"成为修谱的宗旨,并将正史体例列入族谱。族权的正式确立和族谱功能的强化,导致了对家族世系、宗支流派的延伸追述和横向联络,致使"会千万人于一家,统千百世于一人"的统宗大谱日渐流行。如上述《张氏统宗世谱》、河南洛阳的《汪氏统宗正脉》、安徽歙县的《新安黄氏会通谱》即是其例。

其中以孔子家谱的修纂最为典型。在宋代以前,孔谱只收录直系的长子、长孙的谱系。北宋时,山东曲阜孔氏始合修族谱,支、庶兼收。及至元武宗大德十一年(公元1307年),敕封孔子为"大成至圣文宣王",孔子身价倍增,全国孔姓之人都深感荣耀,孔谱一修再修,旁支近族,疏属远裔,逐渐收入到孔谱之中。据钱大昕《补元史艺文志》考证,在元史著录的 32 部谱牒中就有 8 部是孔子的家世谱系。明代以来,孔谱仍是续修不辍,并规定 60 年一大修,刊印谱籍,30 年一小修,仅做登记。到清代咸丰年间,入谱的孔姓人丁已达四万之多。《孔子世家谱》的最后一次大修是

孔子

1930~1937 年,历时 7 年方告完成,由孔子 77 代裔孙孔德成总主其事。谱本共分四集 108 卷,加卷首共 109 卷,分装成 154 册,9,900 多页。除传统的 20 支、60 户全部收入外,历代外迁各支也尽可能收入。分支族谱达 1,813 部,堪称是当时民间最长的谱书。

明代谱牒,在同姓联宗、合修通谱(统谱)的同时,还出现了一种异姓联宗、联谱的现象,即自认为是出于同一远祖、而后分成不同姓氏,具有血缘关系的若干家族联修合纂宗谱。这种异姓联谱是谱学史上的一大突破,不仅打破了地域界限,而且打破了姓氏界限,将起源于同一祖先的不同姓氏宗族编撰成一部大谱。如宋代福州人翁乾度生有六子,各得一姓,分别是:洪姓、江姓、汪姓、翁姓、龚姓、方姓,兄弟六人同列进士,皆为显贵。其后六姓异姓联谱,号为"六桂堂"。再如,张、廖、简三姓、董、杨二姓及柯、蔡二姓等,皆因先世出自同一始祖,故有异姓联宗、联谱之举。尤为特殊的是明代凌迪知撰修《古今万姓统谱》认为:五帝三王,无非出自黄帝之后,黄帝二十五子,而得姓者十四,十四姓又支分派别,衍生出千家万姓,若追根溯源,同为黄帝后裔,同是黄帝一人所分,因此应联天下万姓为一家,故此名之为"古今万姓统谱"。

谱学发展到清代以后,在数量和质量方面都达到了一个新的高度。据廖庆六先生的《族谱文献学》统计,在已知现存的族谱中,清朝谱本占 53.92%,民国谱占 40%,明谱占 4%,宋、元谱占 0.1%。而清谱在体例、内容与装帧方面更是严谨、充

实、美观,而且还出现了纪晓岚、章学诚、张澍、朱次琦四大谱学名家。但由于清代学者多崇尚考据之学,对族谱予以排斥和藐视,对谱学成就未予关注。在《四库全书》中,对谱牒学一类未予收录,实是一件憾事。

民国以来,虽然辛亥革命推翻了数千年的封建统治,但民众的修谱热情并未减退,族谱数量增加之速度,比历代更为惊人,目前存世的族谱中,40%为民国族谱。新中国建立后,修谱之风一段时期趋于沉寂,大量族谱遭到毁弃。但进入20世纪80年代,随着全球寻根热的兴起,修谱续谱之风悄然复苏,作为中国传统文化的一个重要组成部分,日益受到各方面的关注。

由于家谱具有维系血亲、载录家史、规范伦理等特殊的社会功能,各个宗族对于家谱的纂修极为重视,每隔三四十年都要重修、续修一次。

家谱的纂修是宗族的大事,不仅要有严密的组织机构,严格的工作程序,也要有一定的人力、财力为基础。

首先,要组建以族长为首的家谱编委会(俗称开设谱局),由主修(一般由族长担任)、倡修、编修、监修、协修、校阅等组成,编委会人数多少主要看宗族大小、门派多少而定。

其次,筹措修谱经费。一般由族田、祭田和其他族产的收入来支出,以及族中有钱人的捐助。此外每个入谱的男丁都须交纳一份谱银。

再次,将拟定的谱例,分发各个支房,要求族众主动提供相关资料,尤其是族众散居于众多州县的大族,各房支都要责成专人限期登录、收集相关资料。

最后,谱书修成后,要举行隆重的祭谱、拜谱仪式,族众齐集祠堂、祭告祖先。先将谱本一套存放祠堂,然后由族长按房、支发谱,每房(支)一套,并编列序号,登录在案。每年元旦、清明或春、秋两季祭祖时,要求藏谱之家携带谱本,入祠堂查验,谓之"会谱"。如保存不善或有遗失篡改,会受到严厉惩罚。

在门第等级观念盛行的宗法社会中,族谱是血缘传承世系的重要凭借,也即家族或家庭档案。一些原来贫贱之家的宗族在暴发后,往往要攀附名门,冒认祖先,以显示其高贵血统、祖宗的荫德。因此名门望族都强调秘藏族谱,严禁示人,以免同姓异宗攀附冒认。即使是庶民百姓,也将族谱视为家族的根本所在,是祖传的圣物,决不可轻易损毁丢失,因而加意保存和收藏,除非有朝宗祭祖、婚丧大事,决不轻易出示。故而有"黄金犹可借,家谱不可借"的古训,使家谱成为秘不示人的传家之宝。

国之瑰宝　有待开发

家庭是社会的基本细胞,宗族为血缘传承的载体。五千年的华夏文明,就是不同血缘姓氏的宗族在各个历史时期繁衍生息、播迁交融、兴衰更替的总汇。举凡改朝换代的军国大事、外交内政的种种措施,往往可在族谱、家乘中寻觅到蛛丝马迹。从某种意义上讲,族谱、家乘是剖析社会的微观窗口,是解读重大历史事件的佐证。

如《黑龙江瑷珲郭氏家传》(民国·郭德权纂),在追述其家世迁徙的历史时,就印证了中俄外交史上的一段重要史实。撰修者郭德权在家传简介中称:"瑷珲郭族,初为汾阳王郭子仪之后裔。其一支远年迁至山东省登州府蓬莱市。康熙初年,权之高祖由蓬莱渡海入东北,先卜居于吉林省宁古塔(今宁安市),因习造船,乃赴船厂水师营,任造船工程师。康熙二十四年(公元1685年),随清军沿松花江、黑龙江而上,战胜俄军,毁雅克萨城,乃定居于黑龙江省瑷珲县。""咸丰八年(公元1858年),中俄瑷珲条约在此签订"。

这部来自黑水之畔的郭氏家谱,不仅为我们提供了清初移民关外的实例,而且见证了清初康熙王朝国力强盛,抵御沙俄,大获全胜,拆毁沙俄非法所建雅克萨城,并在此基础上签订尼布楚划界条约的史实;到清末国势日衰,被迫割地求和,签订丧权辱国的"瑷珲条约"。将二百年来清王朝由盛到衰的历史浓缩到一部家谱之中,使我们能进一步领悟到家史与国史、族谱与正史相互印证的历史价值。

另一部由清代郭赓堂、郭中吉纂修的《津门郭氏族谱》亦以其家族历史补充了地方史志的不足。该谱谱序称:"津门(天津)郭氏本江南新城旧族,其始祖尚智公于明万历年间贸易至'小直沽',遂家焉。彼时津门尚未建城立县,犹以小直沽名之。郭氏居此,历三百数十年,传十二世,是为津门郭氏。"这就说明,在明代万历年间,天津尚未建城、立县,为考证津门(天津)的历史沿革提供了历史依据。

还有一部《黑水郭氏世德录》(郭浣兴辑,民国十五年铅印本),是一部硕果仅存的达斡尔族郭氏族谱。该谱在追述其先世渊源时,称说:"黑水郭氏,旧作郭博勒氏,本达呼尔(即达斡尔)之支族。系出大贺氏,契丹国族也,远祖早年徙居黑龙江郭博勒屯,因以著姓。共和(辛亥革命,民国成立)以后,弛冠姓之禁,族人仿古人复姓从简之例,以郭为氏,系黑水地望,所以别太原郭也。"

这段短短的文字记述,蕴涵了丰富的文化内涵,给我们以深刻的启迪:第一,印证了姓氏学中"以地为氏""以地著望"这一常用的分类方法;第二,印证了中华姓源中"夷夏交融,百川汇海"的论断,为郭氏姓源多元说提供了实证;第三,体现了中华民族大家庭多元化的文化特征,提供了民族学研究中"胡姓汉化"、多字姓改为单字姓的实例;第四,反映了"共和之初,弛冠姓之禁",倡导民族平等的历史背景。

一部薄薄72页的家谱,短短百余字的谱序,就有如此丰厚的文化内涵,族谱家乘的社会功能、史学价值、文化价值,于此可见一斑。

在其他姓氏的族谱、家乘中,这种很有价值的文献资料,也俯拾皆是。现举两部李氏族谱,更能说明问题。

其一是清代李广齐纂修的《泉州李氏家谱》,载录了一则中国航海史和中外文化交流上难得一见的珍贵史料。泉州李氏是唐代武阳懿公李大亮后裔,唐末随王审知入闽,先居汀漳,再迁泉州,子孙多以经商为主,向海外发展。至元、明之际,其十二世孙李驽(字景文)已成为专事航海贸易,较早接受西方文化的泉州巨商。

据《李氏族谱》所载,明洪武十七年(公元1384年),李驽"奉命发舶西洋,远航海外"。不料,这次远航,李驽竟然娶了一个色目女子为妻,并"习其俗,终身不革","子孙繁衍,犹不去其异教"。被族人视为"夷狄异端",开除"族籍",不得姓李。并将其原委写成《垂戒论》记入族谱。李驽被"除籍"后,只得改从母姓,为林氏,成为福建"清源林李宗支"的开派之祖,其后裔散居泉州、安南等地,多以海外贸易为生。

李驽此次"奉命发舶西洋"所奉之命出自何人,其性质是纯粹的商业贸易,还是外事考察,史无明文可考。但有一点十分清楚,就是此次"奉命发舶西洋"比著名的"郑和下西洋"的首次出航(公元1405年)早了21年,是中西交通史上值得大书特书的一件大事。该谱对李驽所娶色目女子的家世国籍未做明确交代,但从其

《垂诫论》中所描述的衣着饮食、丧葬礼俗中，可见端倪。该文称其俗："缠头披褐而跣足也，七戒三斋不饮酒，不菇荤，……斋，昼则不食，夜则食之，市则不食，自屠乃食之，搴则不食，刭则食之"；"不圭其身不为成人也"；其治丧"笙歌鼓舞，实之以汞，赠之以华。无丧无服，桐棺不掩，而厝之中野，不为主也，不为祀也。"一副伊斯兰教信徒的形象跃然纸上，是研究中西文化交流的一份珍贵资料！

其二是近年新发现的、海内唯一的、关于世界著名水利学家李冰家世的《李氏世谱》。该谱由李冰六十七世裔孙李待庆于清同治十一年（公元 1872 年）纂修。李冰是春秋时期秦国著名的水利学家，由他主持修筑的都江堰水利工程，两千多年来造福后代，创造了水利史上的奇迹，成为科技史上的瑰宝，被列为世界文化遗产，深受中外学者关注。但由于历史文献阙略，李冰的身世籍贯成为世界科技史、水利史和史学界的千古之谜，甚至有人认为李冰、李二郎父子仅是一个神话传说，并无真人真事。及至 1974 年，在整修都江堰水利工程时，发现了一千八百多年前东汉时期雕有李冰姓名的石像，才确定李冰确有其人，但其祖籍、身世仍是个谜。直到 1996 年在山西运城盐湖区郊斜村发现了《李氏世谱》，才断定李冰就是今山西运城盐湖区郊斜村人。

《李氏世谱》共分《李氏东分家谱》《李氏中分家谱》《李氏西分家谱》三册，分别由李氏东、西、中三支保存。这三册家谱的谱序中，都开宗明义地写道："余李氏始祖讳冰，又名李冰，号称陆海，谥封金山顺泽侯，二郎，其子也。按秦时冰为蜀郡太守，见四川成都府属灌县都江堰口水患甚钜，因使其子二郎，凿山导江，保全成都等县。蜀人德之，不惟家立冰像，且于都江堰口庙祭二郎为神，至今香烟弗替。"至宋末，其裔孙"五十二世维渊公""五十三世如岗公"，"父子俱以孝廉补平阳府教授，方告任归里，爰卜居是村，创立始祖家庙"，"彼时每岁春秋犹遣司官致祭"。这就清楚讲明了李冰的身世、籍贯以及修谱、建庙的历史始末。笔者曾前赴郊斜村实地考察，有幸目睹了《李氏世谱》、清康熙二十五年重修的"李氏家庙"及雍正年间敕封神主灵牌和御批抄件。两千多年的历史谜团，借助一部家谱、一座家庙，得以澄清。这部《李氏世谱》不仅填补了正史、方志的遗漏，而且是涉及世界水利史、科技史的重要文献。

正因为如此,族谱、家乘,被有识之士称为"平民史册",列为与正史、方志互为表里、相互补充印证的三大历史典籍。伟大的民主主义革命家孙中山先生说过:

孙中山

"寻根觅本,追源溯流,为人之天性,中外皆然。由宗族的团结扩充到国家民族的大团结,这是中国人才有的良好传统观念,应妥加保护。"毛泽东主席在 1957 年成都会议上的讲话,也曾说道:"收集家谱、族谱,加以研究,可以知道人类发展的规律,也可以为人文地理、聚落提供宝贵的资料。"新中国建立以来,由于"极左"思潮的影响,族谱、家乘的修纂、整理、研究,一度被视为"封、资、修"遭到摧残,但广大民众仍然甘冒风险,对族谱、家乘妥为保存。

到 20 世纪 80 年代,随着改革开放的深入发展和全球寻根热的兴起,弘扬优秀的传统文化,倡导中华民族固有的传统美德,受到各界人士的高度重视。族谱、家乘的社会价值和现实意义,日益显现出来。为此,1980 年国家档案局在大陆范围内调查统计各藏书单位的家谱收藏情况,获得家谱目录 4,000 余条。1984 年春,国家档案局二处、南开大学历史系、中国社会科学院历史研究所通力合作,决定联合编纂《中国家谱综合目录》。国家档案局、教育部、文化部等部委联合发布了《关于协助编好中国家谱综合目录的通知》,其中明确指出:"家谱是我国宝贵文化遗产中亟待发掘的一部分,蕴藏着大量人口学、社会学、民族学、民俗学、经济史、人物传记、宗族制度以及地方史的资料,它不仅对开展学术研究有重要价值,而且对当前某些工作也起着很大作用。"要求各省、市、自治区和相关部门协助做好家谱综合目录的调查统计编目上报工作。经过多年的努力,《中国家谱综合目录》终于问世。该目录收录中国家谱目录 14,719 条,是迄今为止收集家谱目录最多的一部大型文献资料。

我国已形成了以北京国家图书馆、上海图书馆、山西省社会科学院家谱资料研究中心为主的三大家谱收集、整理研究基地,并推出了一批研究成果,编纂了各自的家谱收藏目录。其中山西省社科院收藏家谱近 4,000 部,出版编纂了《中国家谱目录》(山西人民出版社 1992 年 4 月第一版)、《中华族谱集成》(巴蜀书社在 1996、1997 年陆续推出)等大型家谱专著。北京国家图书馆在 20 世纪 80 年代中期对馆藏家谱进行大规模整理,历时 3 年,完成了《北京图书馆馆藏家谱提要》的编写,著录各种家谱 2,228 种。上海图书馆是目前国内收藏家谱最多的部门,藏谱总量达 12,000 余部,约占全国已查明家谱总数的一半以上。2000 年 5 月整理出版了《上海图书馆馆藏家谱提要》。同年 11 月,上海图书馆受文化部的委托,负责牵头编撰《中国家谱总目》,邀约全国各省市大型图书馆和藏谱单位参与。

自 20 世纪 80 年代以来,谱牒学研究工作也逐步展开,1988 年 7 月 11 日,在山西省五台山举行了"首届中国家谱研讨会",并成立了谱牒研究史上第一个全国性学术团体:"中国谱牒学研究会",创办了学术专刊《谱牒学研究》。1991 年 8 月,又在山西太原和五台山召开了"第二届中国家谱研讨会"。此后,由于经费短缺等种种原因,"中国谱牒学研究会"未能开展正常活动,直到 1998 年 11 月中旬,在上海召开了"全国谱牒开发与利用学术研究会",国内外谱牒研究专家才第三次聚会。

在此期间,山西、福建、上海、河南、四川等地也先后成立了地方性谱牒学研究会,谱牒学研究进入新的发展时期。

凝聚血亲的基石　行使族权的殿堂

宗祠,也称祠堂、宗庙、家庙,是宗族祭祀祖先的地方,被视为血缘崇拜的圣殿。人类对祖先的崇拜由来已久,早在氏族社会已经盛行,在殷墟遗址中,就发现有为祭祀墓主而建造的享堂。殷商时期，同姓者有共同的"宗庙"，同宗者有共同的"祖庙"，同族者有共同的"祢庙"。到周代，由于宗法制度的确立，庙制逐步完备，据《礼记·王制》云："天子七庙""诸侯五庙"，"大夫三庙""士一庙"，"庶人祭于寝"。这里所说的"七庙、五庙、三庙、一庙"，是根据不同的社会地位，可在宗庙中分别设置和祭祀七代、五代、三代、一代以上祖先的亡灵。庶民不设宗庙，在寝堂中祭祀祖先。宗庙是宗族血脉所系，也是宗族盛衰的标志。兴旺的家族，四时祭享，香火不断；衰败的家族，则宗庙残颓，香火断绝。尤其是帝王的宗庙（也称太庙），不仅是宗族的象征，也是国家政权的象征，是国家举行大典、宣布重大决策、新君继位、策命大臣、召会诸侯的场所。历代帝王都将宗庙看作是王权统治的精神支柱，是国家权力的重要标志。"宗庙社稷"的存毁往往成为一个朝代、政权兴亡更替的代名词。所以《左传》上说："国之大事，在祀与戎。"意思是说，敬宗祭祖与整军经武，都是关乎国家兴亡的大事。每当改朝换代之际，新的统治者在营建宫室时，首先要营建宗庙。今北京天安门广场的劳动人民文化宫就是明、清皇室的太庙。

民间的祠堂，是西汉时才发展起来的。秦汉时，往往在帝王陵墓所在之地建立祠堂，以便祭祀，故也称为"享堂"，因所用建筑材料多为石块，也称"石室"。民间也有仿效。现存于山东长清区孝里铺孝堂山的郭氏墓祠，是已知国内保存最为完整、建筑年代最早的民间祠堂实物。孝堂山原名巫山，因山上有郭孝子墓和祠堂改称孝堂山。根据其祠内存有"泰山高令明永康元年（公元 167 年）十月二十一日故来观记之"。"平原隰阴邵善君以永建四年（公元 129 年）四月二十日来过此堂叩头谢神"的两副题铭，以及祠内的画像风格推断，其建筑年代约为公元 1 世纪前后。石祠坐北朝南，面阔 4.15 米，进深 2.15 米，高 2.64 米，石祠内部三个壁面及石梁两侧，刻满各种历史故事和反映当时现实生活的画面。据此，可以了解风行汉代的民间石祠的具体形象和构造。1961 年被国务院列为全国第一批文物保护单位。

与孝堂山郭氏石祠齐名的还有嘉祥武氏石祠。嘉祥武氏石祠位于山东省嘉祥县翟山山麓，建造于东汉，因祠内保存有价值极高的汉代石刻而驰名中外，被列为全国重点文物保护单位。

嘉祥县武氏石祠，由武梁祠、武荣祠、武班祠和汉代石刻组成。武梁，字绥宗，曾任州从事,卒于汉桓帝元嘉元年(公元151年)。武荣为武梁之侄。武班生卒年不详,与武梁当为同族。武梁祠最有价值的是先后发掘出来的43块汉代画像石刻,既有祠主人的主要经历和生活场景,也有古代的历史故事,而且每幅画像上都有隶书题字,共1,069字,是十分珍贵难得的历史资料,也是稀有的艺术珍品。

东汉以后,魏晋南北朝、隋、唐、五代至北宋,朝廷虽然容许民间修建祖庙,但等级规定很严,有资格修建祖庙的人物寥寥无几,祠堂的发展相对缓慢。至宋代,由于理学盛行,儒家"三纲五常"伦理道德观念得到加强,"孝为百行之首"。所以,朱熹在《家礼》中规定:"君子将营宫室,先立祠堂于正寝之东。"而且,"或有水盗,则先救祠堂,迁神主遗书,次及祭品,后及家财。"祠堂被视为高于一切,为家族命运之所系,具有神圣不可侵犯的地位。因此,名宦巨贾,豪门望族,增建祠堂,以显其本,以祭其祖,宗法、血缘观念由此强化。自《家礼》问世之后,臣民祭祖的建筑才被称作祠堂。

明清时代,宗族制度处于成熟发展阶段,祖先祭祀作为家族的重要活动,受到人们的高度重视,祠堂成为家族具有凝聚力的象征。祠堂的营建成为全体族人共同的意识,官方当局也予以足够的关注和重视。明洪武初年规定:官家祠堂按《家礼》旧制;庶民可祭祀祖父母、父母二代。洪武十七年(公元1384年)又采纳唐县知县胡秉中的建议,将庶民祭祀二代改为曾、祖、弥(父)三代。成化十一年(公元1475年)国子监祭酒周洪谟建议整顿祠堂之制:"令臣、庶祠堂之制悉本《家礼》,……令一品至九品各立一庙。"嘉靖十五年(公元1536年),明王朝重建九庙,朝廷议定庙制,礼部尚书夏言同时呈上《令臣民得祭始祖立家庙疏》:

"臣忝居礼官,躬逢圣人在天之位,又属当庙成,……乞诏天下臣民冬至日得祭祖,……乞诏天下臣工建立家庙。"(《桂州文集》十一卷)

嘉靖皇帝准照颁行,庶民之家建祠之风由此盛行。尤其是明代中后期到清代中叶,在文化发达的江南地区,祠堂的修建更是十分普遍。以江西为例,据乾隆二十九年(公元1764年)统计,全省78个州县中,各姓修建的总祠89处,由一姓一族修建的支祠达8,994个,几乎所有村镇都有祠堂,有的一个村庄即有数个之多。再比如安徽省,不仅祠堂众多,而且规模宏大,远近驰名,有的一直留存至今。如安徽黟县的南屏村,从村口到村中,就有叶氏、程氏、李氏等8个祠堂,南屏村也以"祠堂村"闻名遐迩。黟县西递村也以祠堂众多、规模宏伟久负盛名,如村中的"明经胡氏宗祠",据族谱记载,明经胡氏乃唐昭宗李晔后裔,因唐末避难,育于婺源胡氏,遂以胡为氏。宋元年间迁黟县西递,为西递始祖,在西递村中即建有"本始堂""追慕堂""敬爱堂""仁让堂""七贤祠""霭如公祠"等众多祠堂,均为江南祠堂的经典之作。因此,西递村于2000年被列入联合国人类文化遗产。再如安徽歙县的富堨村,是汪姓聚居的村庄,除全族共建的"大本堂"之外,又按照分支派别建起了"绥仁堂""仁安堂""敦本堂""余庆堂""嘉德堂""仁清堂""仁和堂"7个支祠。还有安徽绩溪的龙川胡氏宗祠、周氏宗祠、婺源江口的俞氏宗祠、浙江宁波的秦氏宗祠、江苏苏州的王家祠堂、无锡的吴太伯祠、江西流坑的董氏大宗祠、福建邵武的董氏宗祠……都是久负盛名的江南名祠。2004年12月,笔者应无锡祠堂文化研究会之邀前往无锡实地考察时,发现仅在无锡惠山公园不足0.5平方公里的范围内就留存有71个姓氏的118座祠堂的遗迹、实物,江南祠堂之盛于此可见一斑。

明清时期,在全国创建或重修的各类祠堂也为数众多,留存至今的也为数不少,如山西晋城皇城村的陈氏祠堂、山西代县的杨业祠、广东广州的陈氏祠堂、台湾台南的延平郡王(郑成功)祠,都是享誉海内的著名宗祠。

纵观明、清以来的各类祠堂,虽然类型各别、规模大小不同、地域分布不均,但其所展示的文化内涵,所具有的社会功能,主要有以下两个方面:

1.朝宗祭祖的圣殿

在古人看来,祠堂是宗族的荣耀,也是祖宗的功德,因此祠堂的第一要义和主要作用,就是朝宗谒祖、祭祀先人。祭祀的对象主要有得姓受氏之祖、开宗立派之祖、当地始迁之祖,以及有功业、德行的历代先人。

由于祠堂祭祀祖先的范围、内容不同,所以祠堂有总祠、支祠、分祠等不同类别和称谓。由同姓合族合祀者称为总祠或宗祠,祭祀祖先往往追溯到数十世、上百世之远。如:周姓以后稷为始祖,吴姓以太伯为祖,姜姓以姜尚为祖,王姓以王子乔为祖,陈姓以陈胡公为祖,林姓以比干为祖,李姓以皋陶为祖。浙江淳安的汪姓宗祠,则一直追溯到轩辕黄帝的世系。分支各祀者称为支祠、分祠,一般祭祀为本支派、本家族的开宗立派之祖或始迁之祖。祠堂的规模和建制,视家族人口的众寡、支派的大小和族田、族产的丰盈、实力而定。一般为数开、数进的宫殿式建筑,富裕家族的祠堂也是异常的富丽堂皇,有二三十区的房宅。

祠堂里一般塑有先祖塑像,或悬挂祖宗图像,安放祖先的神主牌位,书写祖宗名讳、生卒年月,原配、继配的姓氏。有的红底黄字,有的蓝底黑字,被认为是祖先的亡灵所在,因而也叫"灵位"。灵位的安放也有一定的规矩:正中神龛最为崇重,安放、供奉本族始祖;左龛为"崇德",供奉有功名出仕、德泽于民的先祖;右龛为"报功",供奉捐资赠产、大修祠堂、购置族田、创办义学等有功于本族的先祖。此外,其他的历代祖先则按"左昭、右穆"的顺序分别安放于偏殿、侧室。除受到出族之罚外,一般男子死后其神主牌位都进入祠堂。也有部分族人,因不敬祖宗,出家为僧,或娶娼妓为妻及操业卑贱因而不得参加考试者,均不得在宗祠立位。

在宗祠中举行最隆重的仪式是对祖宗的祭祀。大多数宗族每年举行春秋两祭。也有些宗族只举行春祭,也有的宗族实行四时祭祀,即每年春、夏、秋、冬各祭一次。具体时间无统一规定,多在民间传统节日,如清明、夏至、秋分、冬至、春节进行。遇有子孙科举,或晋升官爵、或受朝廷的恩荣赏赐,也可开祠堂特祭。在祭祀日的前夕,有关执事人员应清扫宗祠,布置祠内的享堂,并按照本族的祭规准备好各色祭品。祭品不应过奢,但也不得数量不足,或质量稍次。大祭前执事的子孙应先期练习祭仪,"务令骏奔娴熟,赞唱清明",不得在祭祀时弄出差错,并有明确分工:有主祭人、分祭人、司赞、司祝、司爵、司筵、纠仪等执事人员,分别负责主持、司仪、读祝祠、管祭品、祭器、纠察纪律等。在祠祭日,合族成年男子都应与祭。即便散居到数十里、数百里以外,每年或两三年也须与祭一次。族众于祭日的清晨务必风雨无阻,按时聚集,不得迟到。与祭者必须身着礼服,衣冠整肃,不得蓬头赤足,或身着短衣小帽。同时,不少宗族除禁止妇女入祠与祭外,还禁止孩童与祭。这是唯恐小孩不懂事,会吵闹、捣乱,破坏祭祀的肃穆气氛。祭祀开始后,族众应依照辈分列队,不得先后屦越。在按祭规行礼时,不得草草敷衍,也不得乱言、戏谑、喧哗。

祭祖的原则是"必丰、必洁、必诚、必敬"。其中最根本的是"敬",就是对冥冥之中的祖心存敬畏,虔诚信奉,"事死如事生"。祭祀祖先最主要的礼仪是"三牲、三献"与"尸祝"。"三牲"是指牛、羊、猪三种供品,也称"太牢",古代只有帝王、圣贤才能享用。二品以上官员可用猪羊各一只,五品以上用羊一只,五品以下人家,只用猪一只,猪羊供品,统称"少牢"。三献是"初献、亚献、终献"三道上供程序。"尸祝"是指替死者受祭,象征死者的人,称为"尸",对"尸"致祝辞和代神传话的人为"尸祝"。"尸"一般由臣下或晚辈充任,后世改为用神主、画像来代替。

祭祖的大致程序是:①主祭人向祖宗神位行礼;②族长离开享堂,迎接牺牲供品;③初献:在供桌上摆放筷子、匙勺、盏碟;④宣读祝辞;⑤焚烧明器纸帛;⑥奏乐;⑦族人拜祖;⑧二献:上羹饭、肉;⑨三献:上饼饵蔬菜、果品(在初献、二献、三献之间,都有上香、礼拜等仪式);⑩撤去供品;⑪族人会餐(古人称为享胙),分发供品(也称散胙)。

但在实际祭祖程序中,三牲、供品、祭器香烛都是事先陈设整齐,届时由主祭人带领族人跪拜、致辞,程序上大为简化。祭祖的经费开支,一般由族田、族产公共收益中支出,若有不足部分则由族人捐助或摊派。

2.族权宗法的象征

宗祠、祖庙是朝宗祭祖的圣殿,也是族权宗法的象征,凡是族中的重大事宜,均要在祠堂中议定,按族规宗法进行处理。因而宗祠也成为行使族权宗法的场所,具有宣扬教化伦理、凝聚约束族人的重要功能。在"宗君合一,家国同构"的封建社会,族权和宗法乃是政权和国法的延伸和补充,宗族组织就是维护国家机器、推行政策法令的基层组织和有效工具。在长达两千多年的封建宗法社会中,宗族作为社会特有的普遍性组织,对社会的政治、经济、文化的发展有着很大影响。尤其是明清以来,族权被官方正式承认,成为辅助国家政治、维护封建统治、推行各种制度的有效的组织机构。

首先,宗族内实行严格的族长制,族长集一切权力于一身,避免了族内因权力之争引起的混乱。祠堂的设置、各类族规的制定以及其他典章制度的实行,对族人的思想、言行严格控制,将其约束在封建伦理道德的说教下,使等级差异、贫富不公等许多矛盾相对得到掩盖,避免因其激化而引起的社会动荡。另外,宗族的势力始终与国家政权密切相连,宗族内部政治、经济的稳定发展,保证了国家政治的稳定延续,二者相依相辅。

祠堂的管理之权,一般由长门嫡派出任族长,主持管理,并选派族中子弟负责日常有关事务,按照族规家法严加管理。在平时,族众应维持宗祠庄严、清静的氛围。祠堂应锁闭大门,从耳门出入。在祠内不得堆放粮食、柴草、棺木及其他杂物,不得让人借宿,不得让工匠做工,特别是不得在祠内聚赌,或是将宗祠赁于他人。有些宗族特许族内的文人在祠内读书或会文。到明末清初,不少宗族还利用祠内的空房来兴办小学。不过,有的宗族认为宗祠"永宜清静",唯恐"异姓杂处,有亵先灵",因而一直禁止将宗祠作为办学的场所。对于祠内的财产,禁止族人私自借用。也有些宗族允许族人在婚、丧诸事时借用祠内器用什物,但在事毕后应立即送还。为维护宗祠,有些宗族雇佣专人来进行管理。一些宗族则由各房或各支来轮流"值年"。在宗祠的房屋有所损坏时,他们就应及时进行维修。

其次,在传统农业经济结构中,宗族促进了小农经济的稳定发展。小农经济的特点是以家庭为单位的一家一户的自给自足,既直接影响了先进技术和经验的推广,又不利于水利、道路公共设施的建设。另外,以家庭为单位的个体生产在与自然的抗争中,常显得力量不足。个体小农力所不及之处,正是宗族发挥功能的地方。宗族利用自己的群体形式,联合各独立的家庭在一定程度上缓解了个体小农因自我封闭在提高生产率与发展经济上造成的阻碍。特别是宋朝以后,范仲淹创办了义田、义庄,许多强宗大族纷纷仿效。义庄、义田的设置,既能赈济贫困的族人,又发挥了经济上自助救济的社会职能,从而使族人在维护极低生活水平的基础上,稳定了家庭和个体小农经济。

一些较大的宗族都有其公共族产,而这些公共族产的收入相当一部分用来维修宗祠、祭祀祖先。族产的来源主要有以下几个方面:其一是捐助和摊派。例如,开沙许氏规定,有家资五百贯的族人,每岁捐钱五百文;一千贯者,每岁捐钱一千文;一万贯者,每岁捐钱一万文。每有男婴出生,也须向宗族交纳五百文。其二是罚款。罚款是很多族规普遍采用的惩罚方式。对违反家法族规者几乎都处以罚款,罚款的条款各族不同,金额多少不等。其三是办事费。在很多宗族中,族人死后的神主进祠堂等都要交纳一定的钱款,作为宗族经费。如甬东湖下应氏规定,要将一个牌位放进祠堂,须付进主钱一千二百文。此外如续修家谱、举办慈善事业及涉及全族的大事,都要向族人摊派。其四是来自于遗产。不少宗族都规定,如死者要立继,应将部分遗产归公;无后的族人,其财产均收归祠有。其五是族田、房租等固定的收入。大多数宗族的族产是土地。这些土地主要用于维修和祭祀祖墓的,叫作墓田;主要用于学塾开支的,叫作学田;主要用于救济贫苦族人的,叫作义田。同时部分宗族在城镇里还有一些房产及店铺。一些大族,特别是南方大族,还有一种特殊产业,叫作义庄。义庄与义田的收入都用于救济贫苦的族众。对于族产,几乎所有宗族都奉行只许买进不许卖出这一单向流动的原则。子孙有"永远保守"族产的职责,典卖这些产业者,即会被视为不肖子孙。

一般情况下,族产由尊长们选择正直老成的族人来经理。另一些宗族的产业则由各房轮流掌管,叫作"值年"。为了防止经理者贪污舞弊,很多宗族备有专门的账册,要求经理者详细登录开支情况。到来年初,他们应将开支项目向族众公布,或由接替者仔细查核。如发现滥用或侵吞族产的行为,不仅当事者会受到赔偿、罚款、出族等惩罚,甚至该房也会受到永远取消值年资格之类的惩处。

维护宗法的典制　修身齐家的准则

中国传统社会是一个家天下的社会。在"宗君合一,家国同构"的封建宗法社会里,家庭和宗族是国家的基石,直接关系到政权统治的稳定和长治久安。宗族经过历代王朝的倡导和经营,形成了一套以"保甲为经,宗法为纬"的基层统治网络。皇权依赖于族权,国法得益于家法。家法、族规成为国法的延伸和补充。

一个以血缘传承为脉络的家族,把众多族人团聚在一起,形成一个同财共居的大家庭之后,族大、人多,关系复杂,就需要制定一些规范族人的相互关系,约束族众的思想行为和伦理道德。这些规矩、办法,开始是习惯上的约定俗成,即由族长口头规定几条,族人共同遵守,后来形成条文,写在纸上,就是成文的族规、家训、家诫。

族规、家训作为宗法制度的产物,在封建社会前期就已经出现。例如东汉马援的《诫兄子严、敦书》,就是讲子侄等晚辈如何读书做人的道理,就其内容而言,可以说是封建家训的雏形。而北齐时颜之推编撰的《颜氏家训》,则已经是比较完整意义上的家训了。在宋朝以后的封建社会后期,在程、朱理学的影响下,家训族规迅速发展起来。每个家族必有一部以至数部家训、族规,大部分被编集在各个家族的家谱之中,是家谱的重要组成部分,有的还被传抄、翻刻,在社会上广为流传。内容一般都有所谓重纲常、祭祖宗、孝父母、友兄弟、敬长上、亲师友、训子孙、睦邻里、肃闺阁、慎婚姻、严治家、尚勤俭、力本业、节财用、完国赋、息争讼等项目,是家庭、家族中父祖等长辈教育子孙如何做人和修身齐家的诫勉之辞,以及规范家族和族众思想行为的道德原则和注意事项。不同家族的家训族规有着不同的侧重点:有的侧重在思想修养方面,教育子孙按照封建道德的要求,做正人君子;有的侧重在礼节仪表方面,要求子孙对父祖、晚辈对长辈表现出顺从、谦逊、恭敬的态度;更多的则是侧重在行为准则方面,告诫子弟族众那些事应该做,那些事不能做,明清时期各地家谱中所收载的家训族规大都属于这一类。由于各地区的风俗习惯不尽相同,各家庭、各宗族的政治、经济、文化等背景也不相同,因而他们订立家法族规时的指导思想并不完全一致。不过,绝大多数家法族规都体现了下列三个基本原则:

第一,合乎礼教。当时社会上占统治地位的思想,是传统的儒家思想。在订立家法族规时,大多参考了宋代理学家朱熹撰写的《朱子家礼》,使这些规范体现了礼教的精神,其核心即三纲五常。尽管家法族规很少涉及国家,并没有积极宣扬"君为臣纲"思想,但是众多的家法族规确以"父为子纲""夫为妻纲"为基调,充分体现了父子、男女之间的不平等。例如,几乎所有的家法族规都将忤逆父母列为最严重的罪行,要予以笞责、鸣官直到处死等最严厉的惩罚。而大部分家法族规几乎都没有提及父母对子女包括继子的虐待也是罪恶,没有规定对这些凶狠的父母也应予以惩罚。

第二,注重教化。绝大多数家庭和宗族订立家法族规的主要目的之一,就是"明刑弼教""修身齐家",用大量的篇幅娓娓不倦地教诲子孙如何立身处世,并做出对于违反者应予处罚的规定,寓教于罚,旨在使失足的后裔迷途知返,并起到惩一儆百的作用。此外,大多数家法族规还十分注重奖劝,以多种方式奖励能提高家庭、宗族社会地位和声望,拯救家庭、宗族于危难之中的人物,为之树碑立传,载入家谱,从而树立正面典型,供全家、全族效仿,甚至作为子子孙孙学习的楷模。

第三，符合国法。我国很多族规、家训的制定者们都认识到，家法族规应参照国法、合乎国法。如宜荆朱氏指出："家法必遵国宪，方为大公"。使家法族规符合国法，不与国法相冲突，这是当时的家庭、宗族能够在社会中安全地生存和发展下去的前提之一。否则，后果是不言自明的。可见，国法也是家法族规的源头之一。同时，有些家法族规的订立者还将这些规范当作国法的补充。

族规、家训作为家族文化的重要内容，既有宣扬纲常名教、维护封建等级秩序的消极因素，但也总结了历代"修身、齐家"的历史经验和教训，蕴涵着中华民族的许多传统美德，对于今天加强家庭道德教育，规范青少年的社会行为，巩固安定团结的政治局面，促进精神文明建设与构建和谐社会，都有一定的现实意义和积极作用。

从历代族规家法的内容来看，主要包括以下四个方面：

第一，倡导尊老敬长、团结友爱、和睦相处、和衷共济的伦理道德。

在几乎所有的族规家训中，都把"孝悌"二字作为治家教子的基本格言。孝，是指儿女子孙对父母长辈的尊敬和奉养；悌，是兄弟间友爱团结。"孝悌"是人类进入文明社会以来的基本伦理，进入封建社会，尤其宋代朱、程理学盛行之后，更成为评判人格、品德的重要标准。孝、悌成为封建伦理的核心。有所谓"百善以孝为先，忠臣出于孝子之门"的说法。常州《陈氏家谱·家规》明确规定："小儿甫能言，则教以尊尊长长，稍就学，则教以孝悌忠信礼让廉节。"要求子女对父母长辈赡养要丰，侍奉要敬。根据礼教，卑幼者对尊长必须毕恭毕敬，不得与长辈平肩并坐，不得直呼长辈的名字，也不得呼其名号、表字，否则就是"以卑狎尊"。在卑幼与尊长有所纠纷时，幼辈必须处处忍让，不能顶撞尊长。要是卑幼与尊长发生了冲突，即便错在尊长，卑幼也往往会首先受到惩罚。如章溪郑氏规定，尊卑发生争论时，尊长"如恃尊凌卑，有所侵夺"，卑幼可告诉宗长，由宗长来处理。但"若卑犯其尊"，宗长就要"先责其犯上之罪"，而后再辨别这一争论的曲直。与此同时，很多家法族规还规定，尊长应自重自爱，切不可以尊凌卑。对于无理欺压卑幼的尊长，不少宗族还会予以惩罚。如峒岐谢氏规定，"若恃尊凌卑，恃长凌幼，甚或藉端起衅，谋害族中，此等尊长，实为族蠹"，"理宜公同议逐，使无贻害于后"。可见，虽然卑幼必须敬重尊长,但在家法族规面前卑幼和尊长仍是相对平等的。

为了便于区分族人的辈分,很多宗族都设定了本族的"字派",即同一辈的子孙,其名字的中间一字必须使用的是同一个字。不少宗族还将它们编成押韵的诗歌。如韶山毛氏的"字派",为"立显荣朝仕,文方运际祥。祖恩贻泽远,世代永承昌。孝友传家本,忠良振国光。起元敦圣学,风雅列明章"。在规定了"字派"的宗族中,族人在取名时不得犯字派,不得犯祖宗的名讳。遇上这种情况,宗族就会要求他们改名,否则,便会予以革谱等惩罚。

众多的家法族规都强调,族人应互相关心帮助。这叫"敦族谊""和宗族"。这是因为合族之人都是始迁祖一人的后裔,因而对一家一房来说,族中人有亲有疏,而对祖宗来说所有的族人都是他的后裔,他都是一视同仁的。因此,作为同一祖先的后人,就应该互相关心,不能"鸡犬之声相闻,老死不相往来"。族中人有婚丧嫁娶等大事,都应该积极参加,尽力帮助。

很多家法族规都规定,对于屡遭颠沛、迭遇凶荒的族人,以及父母早丧、家业凋零的孤儿,血缘关系较近的族人应助其衣食,动用宗祠的公积金来加以周恤。建有义庄的宗族通常也给孤儿寡母以及孤寡的老人分发较多的粮食、棉花及钱物。

若干宗族不仅为贫苦的族人救一时之急,还帮他们成家立业。如紫江朱氏对贫苦子弟,视其"才力",即看他们适合从事什么职业,来决定如何设法帮助,或是凑集本钱,让他们做点小买卖;或是划出些田地,让他们承租耕种。如果是聪颖的子弟,则出资帮助他们就学,"俾得发名成业"。徽州等地一些注重经商事贾的宗族,则会给族中贫苦的子弟提供进店学艺的费用,并在他们满师时再为他们提供一点经商的本钱。对于节妇的子弟,不少宗族给他们以更多的帮助。常州屠氏就特设恤孤家塾,免费让贫苦节妇之子入塾读书,并在他们出塾谋生时赠送"衣履之费"。还有些宗族设立了一些专门用于济贫的基金。例如,丹徒陈氏规定,资产素丰的族人在婚娶之时应"输赀于祠",作为宗族的积累。日后族中有贫不能娶者,宗族即以此款酌量资助,使他们得以成家。

第二,教育子弟"力农务本",克勤克俭,宽厚忍让,严于律己,读书上进,光宗耀祖。

历代家训族规大多有"劝勤俭"或"戒奢侈"的条目,阐述勤俭为本、勤俭持家的道理,提出骄奢可以败家亡身的警告,劝谕子孙族众克勤克俭、戒骄戒奢。会稽顾氏家训说:"勤俭二字,古人谓众宝之门,入之则成,出之则败。是以大贤君子,虽处卿相之位,而俭约如布衣。"昆山朱氏家训专列"论勤俭"一章,详细论述治家持身的勤俭之道,说:"勤与俭,治生之道也。不勤则寡入,不俭则枉费,寡入而妄费则财匮,财匮则苟取,愚者为寡廉鲜耻之事,黠者入行险侥幸之途,生平行止,于此而丧。"在这里,把治家和持身的勤俭与奢侈同人的品行修养联系起来,论述若一味追求生活上的奢侈享受,经济条件又不允许时,就必然会走到鼠窃狗偷的路上去,做出丧失廉耻的事,教育子孙本分地读书做人,加强品德修养,从提倡勤俭开始。这种见解是相当深刻的。所谓"黎明即起,洒扫庭除","一粥一饭当思来之不易,半丝半缕恒念物力维艰",就是昆山朱氏提出来的,后来成了人们常用的勤俭持家的格言。

人和人的相互关系上能否做到忍让宽厚,严己宽人,从根本上说,是表明了人们对于金钱、物质利益的态度。这是区别君子、小人的一块试金石。家训族规中有大量的内容是提倡这种乐于吃亏、莫占便宜、宁人负我、勿我负人的传统品德的。如宁都魏氏家训说:"我不识何等为君子,但看日间每事肯吃亏的便是;我不识何等为小人,但看日间每事好占便宜的便是。"明代杨继盛在狱中写的《训子语》,是一部很有社会影响的家训,其中他教育儿子们的"与人相处之道",就充分地体现了那种乐于吃亏、不贪便宜、宁人负我、勿我负人的传统品德:"与人相处之道,第一要谦下诚实。……宁让人,勿使人让我;宁容人,勿使人容我。宁吃人亏,勿使人吃我亏;宁受人气,勿使人受我气;人有恩于我,则终身不忘;人有怨于我,则即时丢过。"

忍让、宽厚、吃亏、不占便宜等道德观念,在阶级社会里是有阶级性的。封建家训族规提倡这些东西,即使在当时的历史条件下,真正做到的微乎其微。但作为一种处理人际关系的道德原则,确实值得提倡的优良品德。

教育子孙读书明理,处世做人,是历代族规家训中的一大特色。如任丘边氏家训说:"天下事利害常相伴,有全利而无少害者唯书。能令子孙饱读古人书,便是人间三岛。"再如《五华缪氏家训》说,子孙虽守本分,"若不读书晓理,块然如土偶木偶,则亦何用。"常州周氏家训也说:"子孙赋性虽愚,父兄即家贫力薄,经书不可不读。"封建家族认为有百利而无一害的书,自然是指语录时文、四书五经,他们并不主张凡书皆可读(例如许多家训族规在提倡认真读书的同时,严禁子弟读淫书、邪书),但他们确实比较深刻地认识到读书好坏对于一个家族兴衰的重大关系,所阐述的道理也比较深刻。

关于读书的目的和态度,多数封建家族势力固然都十分卖力地鼓吹"万般皆下品,唯有读书高","祖宗富贵自诗书中来","光大门户,断在读书",要求子孙族人努力读书,应举做官,光宗耀祖,扬名显亲。但也有一些颇有头脑的家长、父辈主张读书应先求义理,变化气质,探寻学问,学做好人,教导子孙族人正确处理读书和做人、读书和科举的关系,千万不要单纯追求功名利禄,忘记了书中的道理和做人的品格。如昆山朱氏家训,明确提出子孙读书的目的应是讲求义理,学做好人,反对单纯追求章句辞藻,更反对专为科举而读书。它说:"圣贤之书,不为后人中举人进士而设,是教千万世做好人。"又说:"读书先论其人,次论其法。所谓法者,不但记其章句;做好人之读书,未尝不解章句,而其重究竟只在义理。"那种义理、章句都不探求,只以读书来装点门面,文过藏拙,"胸中记得几句古书,出口说得几句雅话",别的都不知道,是子孙们尤要切忌的。《五华缪氏家训》也告诫子孙:"若读书不务学问,徒藉此为名者,……不若做一闲人。"

这种教子读书、求知识、学做人的家庭教育,不仅在当时有其积极的作用,即使在当今社会中,也是值得借鉴和继承的优良传统。

第三,讲究文明习俗,注重社会风尚,劝诫子弟不要沾染恶习,是历代家戒族规的又一特色。

封建家训族规主张整顿的不良社会风气、要求革除的恶习陋俗,主要有以下一些:

①反对迷信阴阳风水、讲求厚葬、大办佛事道场的殡葬陋俗。主张从速从俭葬亲,切莫因丧事弄得破产丧家。如前所述,在封建社会中,对父母祖先生养死葬,是孝的起码要求,也是子女晚辈应尽的社会义务,因此葬亲是家庭、家族中的一件大事。长期以来,社会上形成一种追求厚葬、大作佛事道场、追荐超度亡灵的陋俗,弄

得有的人破家葬亲,甚至以此为荣。那种迷信风水阴阳,认为祖坟葬于吉地,子孙必然大富大贵的风气亦十分流行。有的子孙为等到风水宝地,长期停枢不葬;有的为谋取他人的所谓吉地,设谋隐害,甚至伤天害理,诉讼连年。面对这些坏的社会风气,许多家训族规都主张进行整顿,革除这些陋俗。如西林岑氏家训规定,亲死要从速下葬,不准"用僧道,设斋醮",教育子孙不要相信超度亡灵、忏罪资福的无稽之谈。如果死者生前确有过恶,孝子贤孙就应当加倍修德行善来弥补,这是对死者最好的超度。如果族中有"或羁束于仕宦,或拘忌于阴阳,或贪求夫吉壤,至累年而不葬者","绅则不许入官,士人则不许赴举",并"严立禁约,毋染颓风"。

②主张男婚女嫁,注重人品,莫贪钱财。如昆山朱氏家训要求:"嫁女择佳婿,勿索重聘;娶媳求淑女,勿计厚奁。"长沙谢氏家训把计厚奁、索重聘的陋习的危害说得十分透彻:"近来俗尚侈靡,富者踵事增华,贫者亦强求饰美,每因婚嫁之受累,遂致家用之空虚,甚至门户萧条,亲戚相弃,悔之晚矣。"并劝谕族人:"与其奢侈而取困穷,曷若节省以重久远,且为儿女惜福!"

第四,严禁子弟沾染社会上的恶习,主要是禁止子弟嫖妓、赌博、酗酒、斗殴等。

嫖、赌、酗酒、斗殴等恶习,在任何时代,均为法律和道德所不容,但它们仍然像瘟疫一样在社会上传播,对人们尤其是年轻人起着腐蚀作用。封建的家训族规倡导正风澄俗,整顿社会不良风气,也包括打击和革除这些社会上的恶习。不少族规家法对于犯禁子弟,轻则训诫、责打,重则送官究治,革除族籍。

综上所述,我们不难看出,族规家训,作为家族文化的重要内容、家庭教育的基石,虽然产生于封建宗法社会,带有浓厚的封建意识和等级观念,特别是带有"三纲五常"等庸俗、陈腐的道德观念,是长期以来束缚人们思想的精神枷锁、维护封建统治的工具,含有大量的封建糟粕,但其中也包含了历代人生哲理和历史经验的总结,保存了中华民族的许多优良传统美德,对于强化家庭美德教育、规范伦理道德、促进社会主义精神文明建设,仍有一定的现实意义。

第七节　家族文化的表征　世系传承的编码

——姓氏楹联与字辈排行

姓氏楹联和字辈排行，载录姓氏渊源、传承世系、家族风范、名贤圣德、遗闻逸事等重要内容，是区分姓氏、族别、宗支衍派、亲疏、长幼的重要依据，具有凝聚血亲、寻根认祖的社会功能，是宗祠、族谱中不可或缺的重要内容。汉魏以来迄于清代，无论是小姓大族、高门寒第，都有其约定俗成的楹联、字辈。及至现代，仍有相当一部分姓氏、家族延续使用，在港、台地区和海外侨胞中更是十分普遍。

门榜堂联标家世　读联知姓辨族系

楹联俗称对联，表明家族姓氏的楹联则称为"家联""堂联"，题写、张贴于家居民宅门上的谓之"门榜"，悬挂、镌刻于宗祠、祖庙的匾额、门庭、廊柱之上的多称为"堂联""祠联"。

姓氏楹联起源悠久、流传广泛、内涵丰富、文辞精美，多为文人学士、名流巨匠所题铭，有很高的艺术价值和学术价值，历来深受文人雅士和研究工作者的重视和青睐。早在 20 世纪 30 年代，上海会文堂新纪书局出版的《联对作法》中，就将姓氏楹联列为专章，予以评介。1999 年 9 月河南中州古籍出版社出版的《中华姓氏对联鉴赏》(李文郑编著)，收录的姓氏楹联达 2,000 余副。近年来，在新修、续修的各姓氏族谱、家乘中，也多附有姓氏楹联文章。如河东裴氏在整理、编撰裴氏宗谱时，就曾专门编撰出版了一本数十万字的《绿野堂楹帖》(裴显生、裴国昌编审，香港明星国际出版公司印行)，辑录了两汉至现代的裴氏楹联。

姓氏楹联从其内容和用途上来看，大体可分为：通用楹联、专用的门榜堂联、杂咏题联三大类别。

通用楹联即各个姓氏可以通用的姓氏楹联。主要题刻于宗祠、祖庙或刊印于族谱、家乘中。其内容多为崇拜祖先、报本思源、敦宗睦族、光耀门庭、诚勉子孙的传统伦理。如：

祖功宗德源流远,子孙贻谋世泽长;

祖恩浩荡绵世泽,宗德无疆裕后人;

身范克端绳祖武,家规垂训贻孙谋;

黄子炎孙,孝友一堂,赫赫矣紫云百姓,宗功祖德,蒸尝万古,巍巍乎佳里宗祠。

这都是各姓氏家族可以使用的常规套语,是姓氏楹联中的通用模式。

专用的"堂联""家联""门榜"则是只能用于某一特定的姓氏,或某一特定的堂号,甚至是仅限于某一支派,不得张冠李戴,随意滥用。

比如:"三省传家",这是曾姓的专利。其典故出自孔门高足曾参的名言:"吾日三省吾身,为人谋而不忠乎?与朋友交而不信乎?传而不习乎?"稍有点国学、古文知识的人,一看便知这是曾子的后裔。若"门榜"书为"三余门第",则是董姓后人。典出三国时魏人董遇,因其常教子弟利用"三余"时间读书,即"冬者岁之余,夜者日之余,阴雨者时之余。"

再如"阙里一脉"是孔姓的专利。因孔子世居山东曲阜阙里,为名扬海内外的"至圣先师"、儒家鼻祖,天下孔姓后人多与曲阜孔氏通谱,以此来标榜出身高贵,是孔圣人族属和后裔。

又如"弘农世泽""清白传家"则是杨姓的门榜、堂匾。其典出自东汉太尉杨震。杨震世居陕西弘农,一生为官正直清白,故以"弘农世泽""清白传家"享誉后世。

此外,如张氏的"清河世泽",李氏的"凤鸣世第"、刘氏的"彭城世系"、牛氏的"五经传家"、卢氏的"范阳名族"、董氏的"江夏世家"、邓氏的"南阳世泽"、吴氏的"延陵世泽"、郑氏的"荥阳氏家"、郭氏的"汾阳世泽"、蔡氏的"儒林门第"、范氏的"文正家声"……都是某一姓氏的专用门榜和匾额。

由于门榜和匾额字数所限,因而内容较为贫乏,多是标明姓氏的郡望所在。相形之下,祠联、堂联就显得丰富典雅,内涵深厚、广博。

如朱姓家族常用堂联是:"鹅湖世德,鹿洞家声。"说的是南宋理学大师朱熹。上联的"鹅湖"是指今江西铅山,朱熹曾在此与陆九渊讲伦理学;下联的"鹿洞"是指今江西庐山的风景名胜区白鹿洞,是纪念朱熹振兴白鹿书院的事迹。

又如:冯氏有一副祠联是:"父号万石,子通四经。"上联说的是西汉时繁阳人冯杨,汉宣帝时官弘农太守,八个儿子都做到二千石年俸的大官,父子年俸在万石以上,故称"万石君";下联说的是西汉上党潞城人冯奉世,宣帝时出使大宛,击破莎车,因功封左将军,四个儿子各精通一门经学:冯野王通《诗经》、冯逡通《易经》、冯参通《尚书》、冯立通《春秋》,故称"子通四经"。

姓氏楹联中还有一种题材更为广泛,形式上也较为自由,不受宗祠堂号制约的"杂咏题铭"。举凡姓氏源流,英贤俊杰,逸闻掌故,皆可入联。但其内容相对集中,更加凝练,既可用作堂联、祠联,也可入选文集、杂录,多是咏史、怀人的即兴之作。

如赵氏有一副对联是:

乃祖曾以半部论语治天下,后人当以千秋俎豆祭堂前。

本联所题咏的主人翁是北宋年间宰相赵普,他先任赵匡胤的掌书记之职,策划了陈桥兵变,助赵匡胤夺取天下,在宋初任宰相,多有政绩。他年轻时读书不多,喜欢《论语》,他曾对赵太宗说:我生平所学,都不出《论语》一书,我过去以半部《论语》助太祖而得天下,现在我要用半部《论语》助陛下治理天下。

再如,孙氏有一副楹联是:

兵家之祖,循吏之宗。

上联说的是春秋时军事家孙武,字长聊,齐国人,以《孙子兵法》十三篇著称于世,被后世尊为"兵家之祖";下联说的是春秋时楚国令尹孙叔敖,执政期间,吏无奸贪,盗贼不起,被列为做官典范,《史记·循吏传》将他列为循吏第一,故称为"循吏之宗"。

从传世的姓氏楹联来看,通用祠联极少。大多是专用堂联、祠联和杂咏题铭。从其内容来看,大致可分为:咏人、铭史、载物、记事、弘扬传统、敷陈教化等类型。

弘扬家世　光耀门庭

如王姓,向有"中华第一姓"的称誉,人才辈出,代有英贤,以文治武功著称于世。有的王氏子孙便撰成一联,炫耀门庭:

辅国有先声,宋相元藩明督抚,

传家无别业，唐诗晋字汉文章。

这是湖南邵阳王氏一副祠联。上联的"宋相"是指北宋政治家、文学家王安石，为江西抚州临川人，庆历年间进士，宋神宗时拜相，极力提倡变法革新，实施了青苗法、保甲法、均输法、农田水利法等一系列新法，史称"王安石变法"，后封荆国公。王安石在文学上也颇有声誉，被称为"唐宋八大家之一"。"元藩"是指元代沈丘人王保保，为平章察罕帖木儿外甥、养子，元顺帝赐名扩廓贴木尔，历官太尉、中书平章政事（即宰相），封河南王，总督天下兵马，屡与明将徐达交战，被明太祖朱元璋称为"奇男子"，为元代著名人物。"明督"指明代哲学家、文学家王廷相，字子衡，仪封人，弘治年间进士，曾任四川巡抚，官至南京兵部尚书，与李梦阳、何景明等并称"前七子"，著有《雅述》《慎言》等。再如，李氏自唐尧时世任理官，以官为氏（理变为李），周代李耳（老子）开宗立派的渊源所自，以及唐代临淮王后裔，南迁闽粤，入居川中的迁徙历史：

自唐及周，理官柱史遗恩远，

由粤而蜀，祖德宗功沛泽长。

再如，安徽铜陵西王村王氏，则以一副长联概括了王氏自周灵王太子晋（王子侨）得姓受氏之后，历经两汉，三国、唐宋各代由太原王到元城王、三槐王、铜陵王的基本脉络，以及西村王氏支分派别、八股一祠、子孙昌盛、门第清白的家世渊源：

自东周受姓以来，功名及五侯三公，才学列七贤四杰，

文韬武略，代有英豪，祖德溯渊源，俎豆馨香，凛凛乎秋霜春露。

从西村卜居而后，支系分千流万派，睦宗合八股一祠，

瓜衍椒繁，世相继续，子孙庆昌炽，门庭清白，蒸蒸焉身显家齐。

又如，印尼郭氏华侨系周文王之弟虢叔后裔，为报本思源，认祖归宗，在雅加达郭氏大宗祠中便用了这样一副楹联：

姓氏自姬周西虢叔而彰，历秦汉魏晋隋唐宋元明清，以迄乎今朝，奕叶相承，迭有贤豪兴异代；祠宇据印尼雅加达之胜，由高曾祖考伯仲昆季子孙，更传于后世，一翕共祀还期俎豆享千秋。

光前裕后　垂范千秋

姓氏楹联,作为家族文化的一个组成部分,除缅怀先贤、追溯家世渊源之外,还具有光前裕后、垂范子孙的教化功能,相当一部分宗支家族中,都有劝勉、训诫子孙后裔的楹联,寄托了列祖列宗祈求人丁兴旺、事业有成的期望和祝愿。

如清代名臣左宗棠,在为湖南湘阴左氏家族题写的楹联中,就以其亲身阅历、谆谆告诫后代子孙:

纵读千卷奇书,无实行,不为识字;守六百年家法,有善策,还是耕田。

表述了其历经宦海沉浮、世态炎凉的心态,期望后世子孙耕读传家、身体力行的处世方略。

再如:贵州普定伍氏宗祠楹联,则以孝悌和睦、诗书相继为其祖宗遗训,诫勉子孙:

必孝友乃可传家,兄弟式好无他,即外侮何由而入;惟诗书方能格后,子孙见闻只此,虽中才不致为非。

又如,江西万载《张氏六支族谱》所录楹联,则劝勉子孙以"忠厚"为传家之本,以"勤俭"为发家之道:

忠厚近鲁愚,毕竟传家在是;

勤俭似艰苦,须知奋迹由斯。

又如,湖南宁乡市箭楼黄氏祠堂,有一副楹联,告诫子弟,须勤劳俭朴,居安思危:

念祖父勤劳,苦作室,苦作田,燕子贻孙,总廑绸缪于未雨;

维桑梓恭敬,如临深,如履薄,服畴食德,敢忘陟降在庭阶。

摭拾轶闻　载录掌故

宗祠楹联,家族题铭,多是某一姓氏的文化结晶,具有浓厚的家族特色。不少家族,往往将其族中的逸闻掌故、嘉言懿行或遗迹胜景撰成楹联,以记其事。如弘农杨氏,汉时有太尉杨震,未仕时就读于学堂,有鹳鸟衔三鳝鱼飞集讲堂,塾师取之进贺曰:蛇、鳝者,卿大夫之服象也。数三者,法三台也,先生(指杨震)自此升矣。后杨震任荆州刺史时,有故旧昌邑令王密,深夜带十斤黄金送他,被杨震严词拒绝,王密说:"我深夜而来,无人知晓。"杨震当即指斥他说:"天知、神知、我知、你知,怎

么说无人知道?"王密羞惭而退。后人便以他的这个典故,撰成一联:

　　三鳣呈祥,四知传家。

周敦颐

　　再如,宋代有学者周敦颐,性爱莲花,筑室于濂溪。曾作《爱莲说》,推崇莲花"出淤泥而不染,濯清涟而不妖"的品格。汉代有名将周亚夫,为太尉周勃之子,曾率军驻守细柳。汉文帝亲自前往视察,守门将士不得亚夫将令,不敢开塞迎驾,以治军严整著称。周氏后人便将这一文一武两位名人的典故,撰写成一联,引以为荣:

　　爱莲世泽,细柳家声。

　　又如苏氏,战国时有洛阳人苏秦,头悬梁,锥刺股,发愤苦读,终于学成纵横之术,身佩六国相印。又西汉时有苏武,持节出使匈奴,被扣留于北海苦寒之地,十九年持汉节牧羊。匈奴多次劝降,均严词拒绝,忠贞不屈。后人遂将苏秦、苏武二人典故撰成一联,激励后人:

　　引锥刺股,仗节全忠。

　　又如温氏,为太原望族,晋怀帝时有温羡兄弟六人,皆雄武才俊,深受朝野推重,号称"温氏六龙",以"六龙堂"为堂号。唐代温氏又有温彦博、温彦宏、温彦将

兄弟三人,均为一代名臣,人称"温氏三彦",以"三彦堂"为堂号。后人撰成一副楹联:

六龙家声远,三彦世泽长。

由于中华民族姓氏繁多,代有英贤,几乎每个家族都有引以为荣的人物、典故,此类姓氏楹联和宗祠题铭,真是数不胜数,难以一一列举,是中华姓氏文化和家族文化中尚待开发、整理的一大宝库。

区分班辈讲派语　长幼有序论行第

字辈排行,是同一姓氏家族中按世系班辈、兄弟排行取名的一种习俗,即表明家族成员在血缘传承的链条中所处的位置。字辈排行又称派语、行第,是表示辈分高低、长幼序列的专用文字。如明代崇祯皇帝朱由检与其兄朱由校、堂兄朱由榔、朱由崧等的姓名中共用一个"由"字,这个"由"字就是朱氏字辈之一,而"校、检、榔、崧"每一字都带有"木"字偏旁,表示这一辈取名按"金木水火土"五行轮回中的"木"字旁命名。

字辈谱的用字,一般是由开派之祖,即始迁祖定的,也有在修纂家谱时,合族议定,写进谱书,具有法定的权威性。后裔子孙,依照字辈取名,一辈一字,世次分明。即使迁居他乡异地,关山阻隔,年代久远,支派浩繁,只要按字辈谱取名,就可保证同宗血脉一气贯通,班辈不乱。正如明代《太原郡王氏宗谱》所说:"行第原为合族定名分而设,使子子孙孙,承承继继,不致有干犯之嫌。故凡世家巨族,莫不皆然,事为至巨而非泛立也。"

字辈作为中国姓名系统中的重要组成部分,每一姓都有自己的字辈谱,每一男性都有自己的字辈。它充当了宗族的世系链条和血缘纽带,强有力地维系了族姓集团、血亲集团的等级身份秩序,表明了血缘关系生生不息、循序渐进的传承。至今许多姓氏仍有自己的字辈谱,仍有一些家族、家庭按字辈取名,充分显示了这种传统文化的生命力和其重要的文化功能。

字辈、排行是以血缘关系为基础的宗法制度及其等级观念的产物。由于宗法制度的核心是嫡长子继承制,只有嫡长子才天生具有对君权、族权、父权的继承权利。因此,在宗法制度盛行的先秦时期,同父、同族兄弟之间的嫡庶、长幼的区别十

·姓氏的起源和发展·

图文珍藏版

分重要,兄弟排行重于辈分排行。先秦文献典籍中常见表示兄弟长幼顺序的用字:伯(孟)、仲、叔、季,而少见表示辈分的派语,往往只用"昭、穆"二字来区别其辈分及传承关系。伯、仲、叔、季的兄弟排行,相当于后世老大、老二、老三、老四的称呼,明确界定了其嫡长子与众庶子的身份、地位。如周太王古公亶父的三个儿子分别叫"太伯、仲雍、季历,"表明太伯为嫡长子,享有继承权利。因幼弟季历之子姬昌(即周文王)十分聪慧,富有才干,太王欲传位于姬昌,于是太伯、仲雍远窜荆蛮,断发文身,表示主动放弃权利,太王才传位于季历,再传而至姬昌。由此可见先秦时的兄弟排行十分重要,被看作是事关君位传承、宗族兴亡的头等大事。

辈分字的命名,萌芽于宗法制度解体的东汉末年,形成于魏晋南北朝时期,唐宋以来,日渐盛行,明清两代形成定制,其发展轨迹与姓氏制度的发展密切相关。

如东汉末年荆州牧刘表有两个儿子,分别叫刘琦、刘琮,二人名字都以"王"字为偏旁;蜀后主刘禅的七个儿子,分别叫刘璿、刘瑶、刘琮、刘瓒、刘谌、刘恂、刘璩,其中五人名字中含有"玉"字,说明名字中表示辈分的现象已经出现。

到魏晋南北朝时,辈分字的使用逐渐广泛,尤其王侯贵族中使用辈分字已蔚然成风。如东晋豪门桓彝,其三个儿子叫豁、秘、冲,相互间无统一的字辈标志。但到了第三代,即桓豁的六个儿子,分别取名:石虔、石秀、石民、石生、石绥、石康,"石"字成了他们的字辈标记。再如南朝宋武帝刘裕的七个儿子,分别叫义符、义隆、义真、义恭、义宣、义季,以"义"字为辈分字;梁武帝萧衍有八个儿子,分别名为:续、综、统、纲、绩、纶、绎、纪,都以"系"字旁表示辈分。

但是从魏晋到隋唐,在相当长的一段时间里,字辈并不被人们普遍接受,自身也未形成严谨的格式,前后字辈间无明显联系。如唐高祖李渊诸子多以"元"字为辈分标志,有元吉、元霸、元庆、元景、元昌、元亨、元礼、元嘉、元祥、元则、元懿等一大串,但也有建成、世民、云智、灵夔等例外。太宗诸子多从"心"字,如恪、愔、恽、慎等,但也有宽、治、泰、贞等例外。而且从"元"、从"心"都看不出前后世之间有什么内在或外在的联系。到中晚唐时,字辈的使用日渐规范。如平定安史之乱的功臣郭子仪,其子侄辈都从"日"字,如晤、旰、映、曜、晞、曙、暧、曙、昕,孙子辈都从"金":钊、铦、釴、钢、锋、锐、锜、铸等。

到宋代,由于程、朱理学的盛行,"君臣父子"的伦理观念深入人心,而私家族谱的大量修纂,促使辈分字制度日趋完善,不仅同一辈分字要求统一,而且上下世系(即辈分)之间也要求有一定的内在联系和外部表征。此时的辈分字不再是由父辈临时确定,而是已形成了整个家族的辈分字序列,列入了宗祠、族谱的规范之内。如赵宋皇族宋太祖赵匡胤的后代,其辈分字定为:德、惟、从、世、令、子、伯、师、希、与、孟、由、宜,每一辈占一个字。北宋名将杨业的八个儿子,分别叫延平、延定、延光、延辉、诞昭、延郎、延兴、延玉,均以延字排名。到南宋时,此风更盛,并吸收了"木火土金水,五德终始,五行相生"的理念。如南宋大儒朱熹,其父名松,五行占"木"字,朱熹本人从"火",儿子朱塾、朱埜、朱在皆从"土",孙子朱钜、朱钧、朱鉴等皆从"金",曾孙朱洽、朱济等皆从"水"。五代人占了五行相生的五个字,既能贯穿五代世系,又很容易区分五个辈分,实在是严谨、巧妙,颇具匠心。

元明两代,继承发展了这一姓氏文化特色。如明代皇室,自朱元璋以下,一概用五行字辈。明成祖朱棣一代从"木",仁宗朱高炽一代从"火",宣宗朱瞻基一代从"土",英宗朱祁镇、代宗朱祁钰一代从"金",宪宗朱见深一代从"水"。然后又是一个循环,到熹宗朱由校、思宗朱由检(崇祯)时则是第三个循环开始。

字辈谱在明代发展的另一特点是,民间也开始普遍采用字辈谱的命名方式。如元末明初,与朱元璋同时代的福建学者吴海,在为《吴氏世谱》所作"谱例"中,就明确规定:"子孙名次,从水木火土金,行为一世,五行相生,循环无穷。"由此可见,最晚从元代起,民间已普遍采用了这种"以名系世",预为子孙拟定字辈的做法。在传世的明、清族谱中,也往往可见到字辈的记载。如创修于乾隆二年的《韶山毛氏族谱》中,就载有中湘韶山毛氏"派系诗"一首:

立显荣朝士,文方运际祥。

祖恩贻泽远,世代永承昌。

孝友传家本,忠良振国光。

起元敦圣学,风雅列明章。

毛泽东、毛泽民、毛泽覃三兄弟即是"泽"字派的排行。

通常,我们从一代又一代家族成员姓名中的每一个辈分字里看不出有什么深

中华姓氏文化

·姓氏的起源和发展·

图文珍藏版

刻的含义,但纵观字辈谱就会发现,字辈谱的排行、用字不仅仅是子孙后代血缘网络图,而且有着丰富的思想性和鲜明的时代特征。其中以儒家宣扬的仁、义、忠、孝等观念,在长期的封建社会里受到特别推崇。于是,以此为内容的字辈谱甚多。如江西吉安县梁氏的字辈谱为"道显家必兴,仁昌礼义乘",把"道显"看作是"家兴"的必然条件,把"仁"看作是"至德",而将"礼"与"义"归结于"仁"之下。

"忠君""孝亲"是封建时代伦理学说的主体,这在字辈谱中也有反映。如南昌罗家集韩氏的字辈谱"廷岁约用,惟君仁见",强烈地表示只有国君才是效忠的对象。又如江西靖安熊氏的"孝友贤孙子",及江西九江县吴氏的"孝友祯祥集"二谱,充分表达了只有"孝"才能富贵安康的鲜明思想。

此外,作为儒家学说创始人的孔子、孟子,在中国传统社会中历来享有至高无上的地位,所以字辈谱中崇尚孔孟便占有一定的内容。如南昌市罗家集李氏的字辈谱"孔孟新传日,一宗道光真"就是明显的例子。

对祖先的顶礼膜拜,祈求祖先的保佑以使子孙后代繁荣昌盛,这种传统的社会心态在字辈谱中也有反映。如江西省高安、奉新、靖安、九江等地的罗氏字辈谱"亨元会来时,贤祠遂昭穆"。"昭穆"是宗庙里祖先的牌位排列次序,左昭右穆,代表祖先。这两句话的意思为交了好运一定不要忘了祖先,虔诚地祭祀祖先,就能交上好运,就能保佑兴旺发达。又如江西靖安钟氏的"子孙永昌,宗先富长,顺龙有庆,发荣万方",意思是说,子孙永远繁荣昌盛,是祖先恩泽绵延的结果。

另外,还有一些为当朝歌功颂德的字辈谱,如江西会昌县肖氏"大元宏运兴,开科登第显"。肖氏字辈谱作于元朝,谱中把元朝称为大元,感谢大元给肖氏带来幸福,带来家庭兴旺,带来及第荣耀。

在中国宗法制社会里,"光宗耀祖,扬名显亲"是儒士们的奋斗目标,是教育子女的行为准则。在他们看来,自己的生命是祖先给予的,自己取得的地位越高,就越是对祖先的忠孝。字辈谱中表现这一思想观念的很多,如江西会昌县麻川乡林氏的"传宗衍祥长,世代振家兴"、湖南乡宁县谢氏的"光昌兴宗德,富贵古流传"就是典型的例子。又如江西龙南廖氏"绍庭为国瑞,兴彩振家声",一个衣锦还乡、光宗耀祖的世家形象跃然纸上。诚实可靠、忠厚老实是中国人历来崇尚的美好品德,字辈谱中对这一民族性格极为推崇。如江西九江县阳氏与冯氏的字辈谱中都有"永正大光明"一句,告诫后代要永远光明磊落。

社会和平与稳定,是每一个时代人们安居乐业的基本条件,江西九江县高氏"万世愈昌宁,至道登朝贵"的字辈谱就表达了这种强烈的愿望。再如江西瑞昌市周氏的"洪宇庆升平",表达了庆贺太平社会的喜悦心情。

字辈谱一般是由家庭中有权势的或辈分高、有一定文化的人商量而定的,只有孔姓的字辈谱是由皇帝亲自赐给的。元代,孔氏的第五十四代衍圣公孔思晦开始使用字辈,并定第五十五代为"克",从第五十六代开始使用由元仁宗颁赐的字辈。即现在仍在使用的字辈谱:"兴毓传继广,昭宪庆繁祥,令德维垂佑,钦绍念显扬。"后来,孔门的三大弟子孟轲、颜回、曾参三姓后裔也使用这一字辈,这四姓字辈谱称为"通天谱",即全世界的这四姓都用这套字辈。1920年,孔氏续修宗谱时,第七十六代衍圣公孔令贻又续订了八十六代至一百零五代的字行:"建道敦安定,懋修肇益常,裕广焕景瑞,永锡世绪昌"。

按字排辈,在中国这个历史悠久、幅员辽阔、人口众多的多民族大家庭中,不仅在汉族家庭中普遍存在,在少数民族中亦时有所见,只是在表现形式和内容上有所不同。

生活在湘西的土家族人,称讲究字辈为"论字辈",同样是为了长幼有序、血脉分明、族系巩固。这些字不是随意取的,一般都有一定的来历。所用的字代代相传,每隔数代,轮回反复,这样就出现了年龄、辈分混乱的现象,如土家族俗语所说:四字轮,七字转,孙孙把做太公喊。

畲族内部为了统一辈分,辨别是否为本族或本姓人以及血缘的亲疏远近,各祠堂每若干年祭祖后便排行次。排字行时只有族长或参与排行之事的几位长辈才知内情,一般不向外宣布,因此畲族男女在生前都不知自己的行次,只有死后才由族里告诉家里人。排行时,先把本堂若干年内出生的人的年、月、日登记出来,按辈分和出生前后进行排行。排行中辈分的区别,蓝姓以大、小、百、千、万、念六个字为行次,周而复始;雷姓以大、小、百、千、万为行次;钟姓以大、小、百、万、念五个字为行次。在一些民族中也往往用以代替某一代祖先的名讳记入族谱家乘,如"大三郎、

·姓氏的起源和发展·

图文珍藏版

小三郎、念七郎"等。

西南地区的少数民族如贵州台江一带的苗族、大小凉山的彝族,排行是以父子联名的方式表达出来的。不同的是苗族为子名在先,父名在后,相互称呼时一般只呼本名;彝族是子名前一个或前两个音节与父名后一个或后两个音节相同,如以古侯氏为例,其祖、父、子三代的排行:阿土古候——古候吼兹——吼兹伦得。

在一些受汉族姓氏制度影响较深的少数民族中,其使用的字辈谱,无论在内容上、文字上几乎与汉族一样。如广西罗城仫佬族银姓的字辈就是如此:

文章亨道法,老大聚恩廷,

济佩如良玉,安敦应景星。

邦家恒盛当,有则兆咸宁,

运启昌隆会,立朝万代兴。

作为中国姓氏文化形式之一的字辈谱,像一条连绵不断的生命之链,将同姓、同宗族人紧密地贯通在一起,具有很强的凝聚力和向心力。

第八节 古老的文化体系 新兴的研究领域
——历代姓氏学概述及著录提要

姓氏学是专门研究姓氏起源、发展历史及其文化内涵和社会功能的传统学科,也是与历史学、社会学、人类学、民俗学、人口学、伦理学、谱牒学等多种学科相互交叉的综合学科。由于它关乎"存亡继绝"的大事,与每个人都息息相关,世世代代延续相传,一直受到社会各界的高度重视。历朝历代都有"奠世系,掌谱系"的专职机构,民间也十分注重"别婚姻,明继嗣"的宗法礼仪。对姓氏的研究由来已久,代有传人,形成了一个学人众多、著述颇丰的文化体系。

官有专职掌谱系 代有著述传后世

中华姓氏人人皆有,代代传承,五千年来发展、演变得博大精深。依据我国姓氏发展的历史脉络和姓氏学研究的情况,大致可分为秦时期、两汉时期、魏晋至隋唐时期、宋至明清，以及鸦片战争以后到民国五个阶段。

1.先秦时期

据文献记载，早在先秦时期，就设有专门执掌帝王、诸侯血缘世系、姓氏传承的史官。如周之史伯、鲁之众仲，晋之胥臣、郑之公孙挥、楚之观射父，均专司其事，"皆能探讨本源，自炎、黄而下，如指诸掌"。三闾大夫屈原也是专掌楚国王族昭、屈、景三姓的官员，故而在其不朽的文学名著《离骚》的开篇首句即云："帝高阳之苗裔兮，朕皇考曰伯庸"，追述自己的姓氏源流。秦时的《公子血脉谱》，也是载录相关姓氏的专门著述。

然而，由于秦始皇焚书坑儒，使一大批珍贵的文献资料付之一炬。我们现今所能见到的最早记载姓氏的著述，大概只有《帝系姓》和《世本》两种，记录了黄帝至春秋时期诸侯大夫的姓氏、世系及居邑。

《诗经》书影

此外在《尚书》《诗经》《春秋》《左传》《礼记》《国语》及《竹书纪年》等先秦典籍中，亦可寻觅到有关姓氏的蛛丝马迹。其中《左传》对姓氏的起源、类别及社会功能的论述，较为精辟、系统，有较高的学术价值。

2.两汉时期

秦汉以来，中国进入封建社会的发展时期。由于秦灭六国，使大批世家贵族失去了原有的社会地位,同时也产生了大批新的统治阶层。"因生赐姓,胙土命氏""姓别婚姻,氏别贵贱"的姓氏内涵和社会功能已失去原有的意义,姓氏通用,姓氏合一,已成为姓氏演变的一大特征。

在这一时期,有关姓氏的著述,主要是对先秦时期姓氏文化的总结、回顾,以及对当时姓氏发展演变的记录和论述。

如司马迁《史记》就引述了《帝系姓》和《世本》中黄帝以来至春秋战国时期,帝王、诸侯及卿大夫的姓氏、世系、居邑、名号等有关资料,并以"本纪""世家""世表"等体现,分门别类地记述了其姓氏源流、传承世系及支派繁衍的基本史实和发展脉络,是对先秦姓氏文化研究的高度概况和总结。

此外,为适应当时社会对姓氏文化的需求,史游以"三言诗"的形式,编写的姓氏《急就篇》,列举了当时流行的100多个姓氏,成为我国历史上第一部"姓名三字经"。

东汉以后,随着门阀制度的形成,为适应门阀世族特权阶层的需要,由班固等编撰的《白虎通义》,王符撰写的《潜夫论·志氏姓》,应劭编撰的《风俗通义·姓氏篇》等姓氏专著应运而生。宣扬了门阀世族的高贵血统,为豪强大族的联宗叙谱提供了历史依据,在姓氏文化研究中融入了浓厚的宗法色彩和等级观念。

3.魏晋至隋唐时期

魏晋时期,以"九品中正制"选官任职,将士人划分为九个等级,登记入簿,作为选用官吏的依据。各级政府设置谱官、谱局,负责姓氏、谱牒的登录、编撰、厘定、收存。

当时,由官方编撰的"百家谱"或"百官谱",既包括家族源流的传承世系,又包括人物传记,统称为"姓氏簿状",具有公开的官方性质,必须得到朝廷的批准,否则视为非法。如挚虞撰写的《族姓昭穆记》,是一部十卷本的姓氏巨著,成书后进呈朝廷,以"定品违法",不准使用。

为适应社会的需求,涌现出了一批专门从事姓氏谱牒研究的世家、大师。如被称为"贾王之学"的贾弼、王僧孺即是其代表人物。东晋时,贾弼广泛搜集当时的许多姓氏族谱,对18州116郡世家大族的门第等级,予以具体划分,编成《姓氏簿状》,共 712 卷,由朝廷批准颁发,是当时最重要的官方巨著,成为选择官吏的重要依据。此外,尚有南朝宋何承天的《姓苑》、齐王俭的《姓谱》、梁王僧孺的《百家谱》、徐勉的《百官谱》、北齐魏收的《魏书·官氏志》,都是这一时期的姓氏著作。

唐代,由于实行了科举制度,魏晋以来的"九品中正制"完全废弃,士家大族失去了以往的社会地位,一批新的权贵登上了政治舞台,因此,也产生了对姓氏门第重新诠释的社会需求。姓氏之学大盛,太宗李世民曾命高士廉、韦挺、岑文本、令狐德棻等四位大臣编撰《氏族志》,鉴别世系,刊正姓氏。贞观十二年(公元 638 年)书成,颁布天下。这就是著名的《大唐氏族志》,可惜现在已佚失了。据史料记载,《大唐氏族志》共 100 卷,收录 293 姓,1,651 家。其后官修的姓氏著作又有显庆四年(公元 659 年)成书的《高宗姓氏录》,收 235 姓,2,287 家;开元二年(公元 714 年)由柳冲修订的《大唐姓氏录》100 卷,收录姓氏有所增加。另外,还有贾至撰《百家类例》10 卷,韦述撰《开元谱》,柳芳撰《永泰新谱》20 卷,张九龄撰《姓源韵谱》以及林宝撰《元和姓纂》等。

4.宋代至清末

宋代,随着中央集权制的加强,以及隋、唐以来"九品中正制"的废除和科举制度的盛行,门阀世族制度完全衰落,官方已不再组织编修姓氏簿状。但传统的门第等级观念仍根深蒂固,私家修谱之风悄然兴起,姓氏谱牒之书仍大量刊行。主要有邵思的《姓解》、邓名世的《古今姓氏书辩证》、王应麟的《姓氏急就篇》、郑樵《通志·氏族略》、无名氏的《百家姓》《千姓篇》以及丁维皋所撰的《皇朝百姓谱》。其中《古今姓氏书辩证》和《通志·氏族略》,与唐代林宝的《元和姓纂》,堪称今古姓氏研究的三大名著。另外,在由北宋欧阳修、宋祁等人编撰的《新唐书》中的《宰相世系表》及《宗室世系表》里,也有关于姓氏来历和各家谱系的记载。

北宋人所编的《百家姓》应当看作是我国姓氏研究的重要成果。其中收录了我国古今 400 多个姓氏,并对各个姓氏的郡望分布做了考证,千百年来在我国民间广泛流传,成为有影响的启蒙读物。

明清之际是我国封建社会没落时期。从汉代开始的姓氏学、谱牒学的研究,经过宋元两代的兴衰变异,至明清似有回光返照之势。这时期较之辽、金、元出现了

中华姓氏文化

·姓氏的起源和发展·

图文珍藏版

更多的姓氏学、谱学著作,如明代有《续通志》《续通考》,清代有《清朝通志》《清朝文献通考》《八旗满洲氏族通谱》等。其中《八旗满洲氏族通谱》是一部比较全面、系统地论述北方诸民族姓氏的巨著。该书共80卷,雍正十三年(公元1735年)敕撰,乾隆九年(公元1743年)告成,历时近13年。书中对满族等北方各族的源流世系、世居地方,以及归附满洲(女真)年月做了详细记载。《清朝通志》原称《皇朝通志》共126卷,另有总目、凡例,系乾隆三十二年敕撰。本书《氏族略》为十卷,首载爱新觉罗氏,二至五卷为满洲八旗姓,六卷为蒙古八旗姓,七卷为附载满洲八旗姓,八卷为满洲八旗内高丽、汉人姓氏,九卷为汉姓,十卷为总论,记载赐氏、改氏、以部为氏、以地为氏、以姓为氏、同姓异氏等情况。以上二书是明清以来重要的官修姓氏书,对北方各族姓氏的研究颇有参考价值。私家修撰的姓氏著作有:陈湘的《姓林》、夏树芳的《奇姓通》、陈廷炜的《姓氏考略》、黄本骥的《姓氏解纷》、颜光敏的《姓氏考》、张澍的《姓氏寻源》等。

此外,在明清两代的文集笔记、类钞、杂录等著述中,也载录了不少有关姓氏的文献史料。如钱大昕的《十驾斋养心录》、顾炎武的《日知录》、赵翼的《陔余丛考》、徐珂的《清稗类钞》、章学诚的《文史通义》等,多是学者大家的治学心得,其中部分篇章从不同角度对历代姓氏进行了收集、整理、考辨,对近代姓氏学研究有很大的启迪。

5.鸦片战争以后

1840年鸦片战争后,中国逐渐变成了半殖民地半封建社会,但封建宗法思想作为社会的统治思想,还很顽固,因而姓氏研究的状况基本上未发生大的变化。但这一时期学术文化领域出现了"经世致用"、维新改良和辩证唯物主义等思想,对姓氏的研究产生了不可忽视的影响。例如维新派人物谭嗣同在就义前,撰作四卷本《浏阳谭氏谱》,对谱学、姓氏学的意义和研究方法,进行了不同以往的阐述。谭嗣同在其《浏阳谭氏谱》序列中指出"斯谱牒之学,史之根渊,何啻支流余裔",把姓氏谱牒与史学结合起来,认为历史"不能不赖乎谱"。

另一位维新派人物梁启超在《饮冰室合集》第18册中对姓氏的起源、发展以及历代命名的沿革进行了较为系统的解释。他认为"今世姓氏同物,古则不然,姓为

母系时代产物，氏为父系成立以后产物，姓久已亡，今所谓姓，皆以氏而冒称耳。"梁

梁启超

启超认为"氏盖部落之称"，郑樵的 32 种分类"不免琐碎"。他提出周代受氏之途有四：其一，天子以命诸侯，以国为氏；其二，侯国之支庶，以王父字为氏；其三，世其官者，以官为氏；其四，有采邑者，以邑为氏。此类氏始于周代，与封建宗法相辅。

20 世纪 30 年代左右，在我国的姓氏研究中值得一提的是潘光旦的《中国家谱略史》。此书简略地介绍自古以来我国谱学的发展状况，比较全面地记载了历代的谱学作品以及它们的编撰和修订情况，对从姓氏学角度研究问题有一定的参考价值。

此外，潘光旦先生还在《新月》杂志第 20 卷 11 期上《姓、婚姻、家庭的存废问题》一文中，对姓氏文化提出了自己的见解。他认为姓在中国至少有三千年的历史，姓分为氏，氏分为族，后来又统称为姓，此中变迁并不是凭空的，并不是少数人有权力强制命定的，实在是各时代里政治的、经济的，甚至于是自然环境与生物的种种因素推移鼓荡而成的。

自 20 世纪 50 年代以来，在极"左"思想的影响下，姓氏文化研究受到冷遇，谱牒学研究被视为禁区，在五六十年代只有极少数的论著。如 50 年代初，丁山在《新建设》第三卷第六期发表了《姓与氏》一文，依据恩格斯《家庭、私有制和国家起源》

的理论观点,对中国的姓氏进行了论述。陈梦家的《殷墟卜辞纵述》,也对姓氏问题进行了考证。对我国古代姓氏文化论述较多的著作,是杨宽的《古史新探》,对姓氏起源以及二者的区别提出了较为科学的解释。在他看来,"姓是出于同一远祖的血缘集团的名称";"氏是西周和春秋时贵族所特有的徽号"。

进入 20 世纪 80 年代后期,随着改革开放的深入,思想文化领域得到进一步解放,特别是随着海外侨胞和台湾同胞寻根热的兴起,姓氏谱牒文化研究勃然兴起。各种姓氏研究会应运而生,有关姓氏研究的著述相继问世。就目前所掌握的情况来看,大体可分为四种类型:

一是辞书性的著作。如袁义达、杜若甫的《中华姓氏大辞典》、窦学田的《中华古今姓氏大辞典》、汪宗虎、陈明远的《中国姓氏辞典》、石玉新、徐俊元、张占军的《华夏姓氏考》、巫声惠的《中华姓氏大典》等。

二是对某一姓氏的专门研究。已出版的有海南出版社、湖南出版社的《中华姓氏通书》,东方出版社的《中华姓氏通史》,现代出版社的《中华姓氏谱》,广西人民出版社的《华夏姓氏丛书》,新蕾出版社的《百家姓书系》,中国气象出版社的《寻根认祖》,山东出版社的《中华名门望族丛书》,陕西人民出版社的《百家姓书库》,上海文艺出版社的《吾祖·吾宗》。以上各丛书的特色是一姓一本,对各姓氏做了深入系统的研究,对进一步深化姓氏学研究有一定的推动作用。但其缺憾是各丛书多集中在一些史料文献较多的名门大姓,一套丛书少则几姓,多则二三十姓,涵盖面不广,难免有雷同之感;加之各丛书编撰者为相对固定的作者群体或地域群体,而每一群体的作者功力不等、水平不一,难免有良莠不齐的现象。

三是有关姓名学、姓氏学等各种专业著述。如张联芳主编的《中国人的姓名》、袁玉骐的《中国姓名学》、何晓明的《姓名与中国文化》、完颜绍元的《中国姓名文化》和《姓氏百问》、刘宗迪的《姓氏名号面面观》、潘英的《台湾人的祖籍与姓氏分布》、陈连庆的《中国古代少数民族姓氏研究》、魏德新的《中国回族姓氏溯源》、纳日碧力戈的《姓名说》、雁侠(赵艳霞)的《中国早期姓氏制度研究》、王泉根的《中国姓氏文化解析》,李吉的《姓氏总论》。

四是综合性、通俗性的姓氏丛书。如高剑峰编著的《中国一百大姓》、谢钧祥主编的《中原寻根》、徐寒主编的《中华百家姓秘典》、李文郑编著的《中华姓氏对联》等。

学海撷英多珍品 提要著录共赏析

我国历代姓氏学著述丰富多彩,博大精深,是中华传统文化宝库中有待开发整理研究的瑰宝,据有关专家学者统计,古今姓氏学著述多达 300 余部。现从历代姓氏学著述和近年来的研究成果中选取部分学术性较高、影响较大、常见常用的几种作一简要介绍。

《世本》

《世本》为我国第一部,也是世界第一部系统性的姓氏、谱牒学著作。《汉书·艺文志·六艺略》著录有《世本》十五篇,内容有帝系、传谱、氏姓等,记录了黄帝以来迄于战国时期帝王诸侯及卿大夫的世系、谥号等。可惜《世本》原书在宋代散佚,清代有八种辑本,其中以雷学琪、茆泮林两种辑本较佳。

关于《世本》的作者有两种说法:一说为战国时期史官所作,托名为左丘明所撰。西汉刘向说:"《世本》,古史官明于古事者之所记也。录黄帝以来帝王诸侯及卿大夫系、谥、名号、凡十五篇也。"刘向之说,汉魏学者大多认同。近代学者也多从此说。另一说成书于汉代初年。唐代刘知几在其《史通·正史篇》中称:"楚汉之际有好事者,录自古帝王公卿大夫之世系,终乎秦末,号曰《世本》。"因当时《世本》原书尚存,刘知几又为著名史学家,可能得见全书原貌。而该书中所记姓氏"终于秦末",其成书年代当在汉初。

《世本》一书的主要内容,顾名思义,"世"就是世系,"本"就是本源。《世本》二字的含义就是追溯世系的本源及其传承原委。它记录了自三皇五帝一直到春秋战国,迄于秦末的历代帝王诸侯、卿大夫的姓氏起源、世系传承、分支衍派、迁居本末、生前创制、死后名号,以及其他事迹,集各代、各家分散的世系于一书,使之流传后世,是姓氏谱牒学的开山之作,后世的姓氏学家、谱牒学家、历史学家及先秦史研究的众多学者,莫不以此书为必备的参考文献,也多由此书作为研究的切入点和解析渊源。因此《世本》既是我国先秦史的文献宝库,也是我国古代集王侯显贵家族世系、谱牒大成的总结性著作,是后代从事姓氏谱牒学研究所宗师、祖述的开山之作,在我国姓氏谱牒学史上具有承前启后的奠基作用和示范作用,标志中国的姓氏谱牒学研究已初现端倪。

《急就篇》

《急就篇》为西汉元帝时黄门令史游所撰。原本为三十二章,后两章《齐国》、《山阳》为后汉人所加,故新本为三十四章。汉代为我国姓氏体系基本确立的重要时期,姓氏学研究已初具规模。如《史记》一书就曾记有大量关于姓氏的资料。史游作为汉元帝时黄门令,为适应朝野姓氏文化的需求,撰写了该书。书中所列姓氏130姓,共2,016字,除开头六句开场白外,以下就是以"三言诗"的形式编排的汉代百家姓:

"宋延年,郑子方。卫益寿,史步昌。周千秋,赵孺卿。爱(袁)展世,高辟兵。邓万岁,秦眇房。郝利亲,冯汉疆。戴护君,景君明。董奉德,桓贤良。任逢时,侯仲郎。田广国,荣惠常。乌承禄,令狐横。……程忠信,吴仲皇。许终古,贾友仓。陈元始,韩魏唐。掖容调,柏杜阳。曹富贵,李尹桑。萧彭祖,屈宗谈……"

从上述引文,可看出该书的几大特点:

一是除少数几个双音复姓(如令狐)外,大多采用了单音姓、双音名的形式,反映了汉代民间开始流行的姓名形式;

二是在三字姓名中,第二三个字也往往是当时的姓氏,如方、常、魏、唐、杜、阳、尹、桑等,这样《急就篇》实际所收姓氏不仅130个,而是200多个姓氏;

三是《急就篇》中的姓氏大都收入了宋代编撰的《百家姓》,是我国第一部"姓名三字经",对宋代《百家姓》有很大影响。

《元和姓纂》

该书由唐代林宝撰。林宝为唐宪宗时济南人,官居朝议郎、太常傅士。该书因成于宪宗元和七年,故名《元和姓纂》。其内容先列皇族李氏,余者依唐韵206部,分别排列,每韵之内以大姓为首,记载姓氏来历及各家谱系,对唐人姓氏尤为详尽,共计收录姓氏1,232个。

书中论得姓受氏之初,多源于《世本》《风俗通》,并引证《世本族姓记》《三辅决录》《百家谱》《英贤传》《姓源韵谱》《姓苑》诸书,旁征博引,资料宏富。宋代郑樵所作《通志·氏族略》，多取材于该书，足见此书对后世姓氏学研究影响甚大。但林宝编写该书，历时仅 200 余天，其考辨、援引尚有谬误、缺漏之处。且当时矜尚门第之风盛行，取材多据各家谱牒陈述，附会攀援，均所不免，故宋洪迈《容斋随笔》称："元和姓纂，诞妄最多。"

《元和姓纂》原书在宋代已佚，今存本系清代孙星衍和洪莹从《永乐大典》中辑出，并以《古今姓氏书辩证》所引各条补其缺失，分为 18 卷。今人岑仲勉撰有《元和姓纂四校记》，对该书大有纠谬、补缺之功效。

《百家姓》

家喻户晓的《百家姓》，是北宋以来就在民间广为流传、并有深刻影响的启蒙读物，距今已有近千年的历史。

《百家姓》为何人所作、成书于何时，未有定论。学术界较为一致的看法是：该书在宋代以前就有底本，北宋初年由吴越地区的某位老儒生编辑加工而成。同时分析该书开篇首句"赵钱孙李"，是因为"赵"为宋朝国姓，"钱"则是吴越王钱镠的姓氏，"孙"为吴越王妃的姓氏，"李"则是取自南唐李氏的姓氏。

该书收录姓氏 440 个，编为四言韵文，但无文理可循，旧时作为启蒙读物。一千年来，《百家姓》翻印多次，版本众多，并有各种《续百家姓》《增广百家姓》等先后问世。明、清两代学者曾对《百家姓》进行讨论考证，其中以康熙初年山东琅玡人王相所著《百家姓考略》影响较大。《考略》对《百家姓》所列姓氏先注五音、郡望，而后考其姓源的所出，并列举各姓著名人物，有一定的学术价值。

现存最早的《百家姓》版本有元代至元刊本和泰定刊本。而现代较为通行的则是清代的《增广百家姓》，其中共收录姓氏 504 个，其中单姓 444 个，复姓 60 个，大体上包括了日常通用的姓氏，有较大实用价值。

《古今姓氏书辩证》

宋代邓名世撰，其子椿裒补成。本书共 40 卷。作者对《元和姓纂》一书采录、考辨尤为详博，同时又以《熙宁姓纂》《宋百官公卿家谱》二书互为参校，往往足以补史传之不足，对有关姓氏著作，取其长而辨其误，故名《古今姓氏辩证》。

该书从北宋政和年间即开始着手编撰，成书于南宋绍兴四年（公元 1134 年），

中华姓氏文化

·姓氏的起源和发展·

图文珍藏版

父子相继历时 20 余年,所以比其他姓氏著作较为详细、精确。原书久已散佚,今存本系乾隆年间从《永乐大典》中辑出,仍为四十卷,保留了原书的内容、风貌,是研究姓氏文化不可缺少的重要著作。

《通志·氏族略》

宋高宗

南宋著名史学家郑樵撰,宋高宗绍兴三十一年(公元 1161 年)成书。《通志》为通史性的志书,共 200 卷,其中《氏族略》为考辨、论述姓氏的专著,共收录姓氏 2,255 个。该书参阅《元和姓纂》,将姓氏以其起源分为 32 类,缀以总论,附以四声,并列举姓氏混淆实例 12 种,旁征博引,考释甚详。尤其是总论 13 篇,对姓氏做了系统的学术探讨,对中国姓氏源流、氏族分合及世系衍派均有较详尽论述,在中国姓氏学研究中有很高的学术价值,凡研讨姓氏文化者均以其为必读之书。流传甚广的《百家姓》一书中,所收 504 姓,其姓氏源流的分类,均可归入《氏族略》所列 32 类之中。该书在姓氏学中的地位和影响,于此可见一斑。

此外,郑樵还著有《氏族志》《氏族源》及《氏族韵》等相关的姓氏学专著,是我国姓氏学研究中承前启后的著名学者。

《古今万姓统谱》

本书简称《万姓统谱》,俗称《万家姓》,明代万历年间凌迪知撰,共计 140 卷,收录姓氏 3,700 多个。该书将古今姓氏分韵编排,以姓氏为目次,每姓下先注郡望和五音(阴平、阳平、上声、去声、入声),并考姓氏所出,而后依时代先后,分列各姓著名人物,从古代至万历年止,记述人物生平事迹,实则合谱牒、传记共成一书。因其收罗广博，既可为姓氏学专著，又可作为查阅历史人名的工具书，所以有较高的学术价值和实用价值。

《千家姓文》

俗称《千家姓》，是流传民间较为广泛的姓氏学通俗著作之一，清代崔冕撰。崔冕，字贡收，安徽巢县人，因鉴于民间流传之《百家姓》文义不详，搜罗不广，所以博采史书、谱传，收录单姓972个，复姓34个，共计1,006姓，撰成此书。该书依照汉代史游《急就篇》及宋代王应麟《姓氏急就篇》二书体例，以姓氏诸字编排成章，以便记诵，文辞也较为典雅。此书后由冒国柱加以注释，并于姓氏下注明某代有某人，但未注明出处。

《史姓韵编》

清代鲍廷博、汪辉祖等撰，共64卷。该书将二十四史中人物列传、附传中的人物，标姓汇录，依韵分编，并叙述其生平梗概以便翻检查阅，因而是阅读二十四史人物传记的辅助性工具书。该书客观上起到了"兼详世系"的作用，其性质与明代凌迪知所编《古今万姓统谱》相似，但搜罗内容不如《万姓统谱》广博。

《姓氏寻源》

清代张澍编撰。张澍，甘肃武威人，字时霖，号介侯，嘉庆进士，著有《姓氏寻源》《姓氏辨误》等"姓氏五书"300余卷，以《姓氏寻源》最为详博。《姓氏寻源》共45卷，收录姓氏近4,000个，依韵分编。该书在吸取历代姓氏书精华的基础上，广征博引，不仅搜集了经史、文集、州郡方志、族谱、家乘中的相关资料，而且对碑铭、墓志、金石题铭、稗官野史，甚至医药经典中有关姓氏的资料也收录采辑，详细考证。每一姓氏之下，都引证相关文献，详述其姓氏起源、发展脉络，及其在历史上有影响的代表人物。对生僻姓氏给予注音，对尚有争议的姓源，诸说并列，旁参旧闻，给予考证。张澍治学严谨，言必有据，引证的经史文集达数百种之多。读者不仅能从中知晓、辨识各姓之渊源、世系，支派迁徙，而且能领略中华姓氏学的博大精深，是姓氏研究工作者不可不读的经典之一。该书由张氏自刊于道光戊戌年间（公元1838年），1991年由岳麓书社点校印行。

《中华姓氏大辞典》

该书由中国科学院遗传研究所杜若甫、袁义达编著,教育科学出版社 1996 年 10 月初版,是当今姓氏辞典中最为广博、最为权威的编著之一。该书共收录古今姓氏 11,969 个,是根据 1982 年第四次全国人口普查数据,按两千分之一的比例,随机抽样调查了 297 个县市、57 万余人的姓氏资料,以及 123 个县(市)史志办公室提供的最新姓氏统计资料(约 5,700 万人),同时参阅了 320 余种古今姓氏书及文史资料,综合统计所得。其姓氏统计的全面性、准确性、系统性、科学性堪称中国姓氏研究史的创举。

该书从姓氏人口的地域分布,各大姓氏所占比例,不同时期姓氏出现频率等人类遗传学和人口学的全新角度切入,运用现代数理统计和分析比较的方法,对当代中国姓氏人口的分布、比例、播迁演变、发展交融等方面进行综合统计,比较分析,得出了当今 120 个大姓的人口比例,排列出 300 个姓氏次序,对姓氏人口的多学科研究有相当大的参考价值。

该书编纂体例新颖,内容丰富,各姓氏依汉语拼音音序排列,每一姓氏条目下分为:音(读音)、源(起源)、变(演变)、望(郡望)、布(分布)、人(始祖、名人)、它(其他)、综(综合)等八项内容,涵括了姓氏文化的主要项目。

因该书具有以上特色,因而深受姓氏研究人员和社会各阶层人士的欢迎和推崇,是从事姓氏研究必备的工具书之一。

《中华姓氏大典》

该书由巫声惠编著,河北人民出版社 2000 年 6 月出版,是一部传统的大型姓氏辞典。该书共收录古今姓氏 7,000 多个,以传统的部首笔画编排(书后附录有音序检索),先单姓,后复姓。条目释文包括"主要资料""补充资料""按语"三大部分。"主要资料"是撷取、汇录了唐宋以来的主要姓氏文献资料,或者全文引用,或者节录,使读者可以领略原文、原著的精要,自己咀嚼、体味。"补充资料"则汇集了先秦典籍、历代史志、文集杂录及近现代相关文献。一册在手,概览古今,融汇百家,使用者省时、省力,十分方便,也可弥补个人藏书的不足。但因篇幅所限,"资料"较为简略,有时因技术原因,偶有失误和漏字等现象,从事专题研究时,应查对原著原文。"按语"则是编著者的辨析和综述,往往有独到的见解,有助于读者加深理解。

该书的前言和按语均有相当的学术价值,其中的《中华姓氏总论》是作者多年的研究心得,由其可见作者的治学功力。《中华历代主要姓氏集团表》精要地勾勒出中华古今姓氏渊源、派别,传承谱系及相互关系,具有知识性、可读性诸多优点。

《中国姓氏文化解析》

王泉根著,团结出版社 2000 年 1 月第一版。全书共七章约 20 万字。该书是一部"深具创见,可读性强"的学术专著,它以中国历史发展的不同时代为背景,以中华传统文化的特色为注脚,解析了中国姓氏的发展规律和文化现象,该书认为:原始图腾崇拜是中华古姓起源的根本原因。"姓"的本义是源于同一女姓始祖的、具有共同血缘关系的族属所共有的符号标志。中国的姓氏制度确立于秦汉之际,由"姓氏相别"到"姓氏合一",是中华姓氏来源的基本途径。魏晋六朝的门阀造成了姓氏贵贱之别,而兼容并包的华夏文化和民族交融,则形成中华姓氏的民族特色。中华姓氏史是中华各民族共同创造,共同演进的历史,是我们透视社会,认知历史的微观窗口,是炎黄子孙认同中华文明,增强民族凝聚力、向心力的桥梁纽带。

该书的最大特色是注重学术性与通俗性的有机结合,每一个学术观点都以形象鲜活的历史事例来解析,对姓氏文化的研究和普及都有相当的促进作用,是姓氏文化研究中尚不多见的精品之作。

《中国早期姓氏制度研究》

雁侠(赵艳霞)著,天津古籍出版社 1996 年 8 月出版,全书 15 万字。作者认为,姓氏学作为一门独立的学科,还处于草创阶段。姓氏制度的研究在姓氏学中占有重要地位。先秦姓氏制度是中国姓氏制度的产生和早期阶段,是姓氏学研究中的重大课题。而历代姓氏学著述和研究的目的,在于"赞圣贤之后",多为门阀服务,因而对先秦姓氏制度的研究没有实质性的突破。因此,作者用了整整 4 年时间,系统地综合分析了大量的古籍文献和古文字中有关资料,运用现代科学理论、方法及考古成果,深入探讨了姓、氏的本质及中国姓氏制度的起源、早期发展演变及历史作用等姓氏学研究中的诸多难点问题,在某些方面提出了自己的独特见解。其中主要是对姓、氏的本质的研究,认为姓与氏两者既有共同特点和内在联系,也

中华姓氏文化

·姓氏的起源和发展·

图文珍藏版

有本质上的区别："姓主要是属于血缘性的,氏则更多属于政治性的。"同时对有关五帝时期姓氏制度的传说、商周姓氏制度的演变提出了新的见解,是研究先秦姓氏制度与姓氏起源的重要著述。

底蕴深厚遗产丰　开发拓展新领域

中华姓氏是历史发展的产物,必然会顺应历史潮流与时俱进。20 世纪 80 年代以来,随着传统文化的复兴和新学科的开拓,姓氏研究也呈现出多学科综合研究、不断开拓创新的势头。主要表现在以下几个方面:

1.人口统计学和人类遗传学研究

在 20 世纪 80 年代,有关姓氏的人口统计工作已经开始。1984 年中国文字改革委员会依据 1982 年的全国人口普查资料,进行分省区抽样调查,共抽查 174,900 人,得到姓氏 737 个。1986 年,中国科学院遗传研究所对这些普查资料进行抽样调查,随机取样的县市达 297 个,57 万余人,并参阅了 123 个县(市)史志办公室所提供的最新姓氏统计资料(约 5,700 万人),以及 300 多部古今文献,共搜集到中国古今汉字姓氏 11,969 个。这是我国历史上第一次大规模、有组织的姓氏人口学调查统计,也是当前最权威的人口姓氏统计。

嗣后,袁义达、张诚二位先生又于 2002 年推出了《中国姓氏:群体遗传和人口分布》(华东师范大学出版社)研究成果,本书共上、下两编,上编四章介绍姓氏的起源和群体遗传学的相关内容,下编七章叙述中国一百个大姓的历史、分布和图谱。这是中国第一部从人类遗传学角度进行姓氏研究的成功范例。

此外,由秦耀普主编的《山西人口姓氏大全》(山西经济出版社 1991 年 6 月第一版),由李玉文编著的《山西近现代人口统计与研究》(中国经济出版社 1992 年 2 月第一版)、由潘英编著的《台湾人的祖籍与姓氏分布》(台原出版社 1991 年版)也是有关姓氏人口统计学的相关著述。

2.民族源流与区域姓氏研究

这一方面的研究,以何光岳先生用力最勤,成果最丰,自成体系。何先生以数十年的精力,广征博引,搜罗梳理,不仅从经传史籍中搜集了大量的有关民族源流、姓氏谱系的宝贵资料,而且引证了岩画、岩文、陶文、帛文、甲骨文、金石文、简牍文及考古发现,对中华民族数千年的姓氏谱系、民族源流进行了系统的综合性研究,先后出版了《炎黄源流史》《南蛮源流史》《百越源流史》《楚源流史》《东夷源流史》《夏源流史》《商源流史》《周源流史》《秦赵源流史》《汉源流史》(均为江西教育出版社出版)等数百万字的中华民族源流史丛书,对构成中华民族的数千个姓氏谱系追源溯流,分类统属,以姓氏源流、民族谱系的形式,展示了中华传统文化多元一体、连续传承的两大特色,再现了五千年华夏文明。

该丛书最大的特色,是大量地引用论证了一向被传统史学、儒家经典贬斥鄙薄的纬书稗史、野老之言,使这些尘封遗弃多年的珍稀资料展现出其历史价值和科学内涵,运用"经、纬并重"的"两条腿走路"方法,填补了许多史学研究的空白,开创了姓氏谱系和民族源流史研究的新型体系。

此外,马世之先生的《中原古国历史与文化》,以历史为经,以地域为纬,以历史文献学、考古新发现为据,系统地论述了中原地区(主要是河南)、黄河中下游,淮河上游诸流域内古代方国、部族及相关姓氏的兴衰历史、发展脉络和历史文化遗迹,是区域姓氏学研究的代表,具有较高的学术价值。

3.姓氏寻根与旅游开发研究

这是20世纪90年代以来刚刚兴起的与姓氏研究密切相关的新兴领域。自20世纪80年代全球寻根热兴起之后,姓氏寻根成了各地发展旅游经济、开发人文历史资源的重要内容,举凡中华姓氏的发祥祖地、名人故居、宗祠陵墓,都成了炙手可热的开发项目。许多地方政府均将其视为提高本地区社会形象、振兴社会经济、促进中外文化交流的一项重要内容,投入大量的人力、物力予以开发,也收到了一些预期的效益。如河南太昊陵、陕西黄帝陵、湖南炎帝陵、临汾尧庙、洪洞大槐树等都成为海内外炎黄子孙寻根谒祖、旅游观光的胜地。至于山西灵石的王家大院、甘肃陇西的李氏龙宫、郑州荥阳的郑氏祖庭、无锡梅村的太伯祖庙等某一个姓氏的寻根祖地,更是多不胜数。各个姓氏的宗亲社团和姓氏寻根网站应运而生。姓氏寻根已成为弘扬中华传统文化、发展旅游经济、开发人文资源的一道靓丽风景。

为适应这种社会需求,姓氏类图书的出版形成一股热潮。据不完全统计,从1980到2005年,正式出版的姓氏类著述达200余种,约占历代姓氏学著述总数的60%以上,是历朝历代无法比拟的。尽管这些姓氏类图书良莠不齐,雷同重复的现象不少,但由于中国姓氏众多,人口庞大,此类图书仍然供不应求。我们期待更多的姓氏类精品图书问世,也期待着姓氏学研究向跨学科、多领域纵深发展,不断地开拓创新,为弘扬中华传统文化,促进社会主义文明建设,构建和谐社会做出新的贡献。

第二章　中华姓氏大观

赵

【赵姓图腾】

追溯图腾的历史渊源，赵是东夷民族的少昊族团的一支——伯赵氏的族称。赵姓图腾由两部分组成，高大的"奔走人"形和一个放在供案上的"肖"字形。根据相关研究结果发现，肖是玄鸟燕子(偃、嬴)的象形，而玄鸟是皋陶的图腾，皋陶同时是赵姓的始祖。因此，赵姓图腾有着很深的象征意义。

【赵姓起源】

1.源自嬴姓

传说皋陶之子伯益因助大禹治水有功而得姓嬴。伯益的第十三世孙造父，是驾驭马车的能手，因为驾车帮助周穆王及时回到镐京平定了叛乱，而被周穆王封到赵地。自此以后，造父的后代就以赵为姓氏。这是把封地当作自己姓氏的典型例子。

2.源自赐姓或改姓

赐姓：例如宋朝建立后，皇帝赐夏州党项首领拓跋氏以赵姓，从此该族不少后人便世代以赵为姓。

改姓：历史上匈奴、南蛮等少数民族都有改姓赵的部族。

【赵姓名人】

赵匡胤

中国北宋王朝就是由此人建立,庙号太祖,汉族,涿州(今河北省)人。家族世代从军,高祖赵朓,祖父赵敬,赵弘殷的次子。948年,赵匡胤投后汉枢密使郭威幕下,屡立战功。951年,郭威称帝,建立后周,赵匡胤任禁军军官,周世宗时官至殿前都点检。周世宗柴荣死后,恭帝即位。建隆元年(960年),他以"镇定二州"的名义,假称契丹联合北汉大举将入侵中原,遂领兵出征,并借机发动陈桥兵变,黄袍加身,代周称帝,建立宋朝,定都开封。

赵匡胤

赵孟頫

字子昂,号松雪,人们又称他松雪道人或水精宫道人、鸥波,中年曾作孟俯,汉族,吴兴(今浙江省湖州)人。元代著名画家,楷书四大家(欧阳询、颜真卿、柳公权、赵孟頫)之一。赵孟頫博学多才,能诗善文,懂经济、工书法、精绘艺、擅金石、通律吕、解鉴赏。此人以书法和绘画成就的造诣为最高,开创元代新画风,被称为"元人冠冕"。他的篆、隶、真、行、草书名闻天下,尤以楷、行书著称于世。

赵奢

嬴姓,赵氏,名奢。战国时期,曾有人概括出东方六国八大名将,赵奢位居其一,简曰马氏。赵国人,与赵王室同宗,当届贵族。他主要生活在赵武灵王(公元前324~前299年)到赵孝成王(公元前265~前245年)年间,享年六十余岁。

【郡望堂号】

郡望

天水郡：治所在今甘肃通渭西北，西汉时置郡。此支赵姓人的开基始祖为赵襄王太子、代王赵嘉。

颖川郡：治所在今河南禹州，秦时置郡。此支赵姓人的开基始祖为西汉京兆尹赵广汉。

堂号

半部堂：相传宋朝宰相赵普是靠半部《论语》来辅佐宋太祖治理国家的，因而得此堂号。

【宗族特征】

赵姓家族声名显赫、人才辈出，各领风骚几百年。战国时期的赵国是"战国七雄"之一；宋朝历时300多年，有18位赵姓皇帝。另外，赵姓还出了很多宰相能臣、枭雄武将，他们都广有建树。赵氏家族家乘谱牒详细明了，擅长用家规家训教诲后人。

【繁衍变迁】

赵姓发源于山西洪洞县。到战国七雄之一的赵国灭亡时，赵姓已分布于山西、河北、河南、山东等地。秦初，始皇派赵公辅任西戎地区的行政长官，居住在天水，很快就繁衍成当地一大望族。同时，赵王赵迁因流放到今湖北房县，子孙在今湖北繁衍；后赵佗建立南越国，又把赵姓推进到两广。赵氏南迁始于三国。由涿郡赵氏赵匡胤建立的北宋，使赵姓人口得到了空前的发展；由赵构建立的南宋，使得赵氏在江南地区得到了大举繁衍发展。同时，北方的赵姓也在东北三省得到了播迁。自宋代以后，赵姓遍布全国。

赵姓是当代中国人口排行第八位的姓氏，总人口约2600万，约占全国人口的2.06%，主要分布于黄河沿岸的省份和东北地区。

钱

【钱姓图腾】

据相关研究发现,大彭氏的族称史称为钱。大彭氏名列炎帝第五世祝融八姓之一,钱铿是其始祖。钱铿勇猛好武,四处征战,依靠武力使自己的氏族不断发展壮大,还获得了祭天权。钱氏图腾分为两部分:左边上半部分表示祭天,下半部分是一个变形的"戈";右边表现的是冶炼金属——这是因为祝融姓以火为图腾,所以这一点在图中皆有体现。

【钱姓起源】

1.源自彭姓

这一支是将其官职作为姓氏的例子。周代有掌管钱财的官职"钱府上士"(钱府,掌管钱财的官署;上士,官名,周代士有上士、中士、下士),钱财的管理和调度是其最主要的职责。《史记·楚世家》及宋人郑樵所著的《通志·氏族略》记载,颛顼的玄孙陆终的后裔彭孚,在西周任钱府上士,其后裔遂以他的官职为姓氏。因西周建都于镐京(今陕西省西安),彭孚在京为官,故钱姓形成于今陕西。

2.源自少数民族本有之姓

清朝满族人有钱姓,明、清时期,在西南少数民族的族人之中,如哈尼族中也有族人为钱姓。

3.源自赐姓

五代时钱镠曾以杭州为中心建立了吴越国,这个国家经历了86年,在这个时期,国内百姓安居乐业,社会安定繁荣,同时在这个时期,有不少吴越臣僚先后都被赐以国姓"钱",而改姓为钱。即便后来经过历史的发展,吴越国被灭,但是这些被赐姓的人,依旧延续着这个姓氏。

【钱姓名人】

钱起

字仲文,吴兴人,唐代大诗人,天宝年间考中进士,为"大历十才子"之一,与朗士元齐名,世称"钱朗"。作品主要有《钱考功集》。

钱镠

杭州临安人,唐朝时期曾为镇海节度使。896年击败董昌,据有今浙江及江苏西南部、福建东北部地区,于907年被后梁封为吴越王。他自称吴越国王,在他统治的时期,曾征发民工,兴修钱塘江及太湖水利工程,有利于当地农业经济的发展。吴越国共传五主84年,末代国君为钱镠之孙钱叔,于978年献所拒之地归北宋,被封为邓王。这是中国历史上唯一的钱氏政权。

钱大昕

江苏嘉定(今属上海)人,清代考据学家,在历史方面尤其擅长,以考证方法治史。著有《唐石经考异》《经典文字考异》《元史艺文志》《潜研堂文集》等。

钱大昕

【郡望堂号】

郡望

下邳郡:今江苏西北和安徽东北的广大地区,东汉置下邳国,南朝宋置郡。

吴兴郡:今浙江临安、余杭一线西北,兼有江苏宜兴市地,三国置郡。

堂号

吴越堂:钱镠是五代吴越国的开国君王,故有此堂号。

【宗族特征】

钱姓家族无豪富,政治命运平平,但文人才子辈出;彭、钱为一家,自古以来秉承"互不通婚,遇难相帮"的古训。

钱姓家族的字行辈分排列有序。如江苏常熟钱姓一支的字行为:"世宏泽远,书启康昆。"

【繁衍变迁】

钱姓发源于今陕西西安,之后逐渐向南方发展。秦朝有御史大夫钱产,其子孙居下邳(今江苏邳州)。西汉徐州人钱林,因王莽专政,弃官隐居长兴(今属浙江);钱逊,因避王莽乱,徙居乌程(今浙江湖州)。唐初,光州固始(今河南固始县境内)人陈政、陈元光父子入今福建开辟漳州,有钱姓将佐随往,在今福建安家落户。宋元时期,钱姓人发展到今广东、四川、安徽、湖南等省。明清时期,今上海、云南、湖北等省市均有钱姓人的聚居点。从清代开始,居住在今福建、广东及其他省市沿海地区的钱姓人陆续有迁至台湾、进而徙居海外者。

钱姓是当代中国人口排行第九十六位的姓氏,总人口近 220 万,约占全国人口的 0.18%,尤盛于江苏、浙江、安徽。

孙

【孙姓图腾】

孙是夋兹氏的一支的族称,这一支的特点是以玄鸟作为自己的图腾。孙姓图腾由跪着的老祖母夋兹氏和她生育的一大群玄鸟的后裔组成,该图腾至少表现了两层意义:一是表现出孙姓与玄鸟的密切关系,二是表现出希望子孙不断繁衍绵延不绝的朴素思想。

【孙姓起源】

1.源目姬姓

孙姓的一支是周文王姬昌的后代,因此说它源于姬姓。据史料记载,周文王第八子康叔为卫国(故城位于今河南省濮阳)国君,他的第九世孙叫孙乙,他的后裔便开始世世代代以孙为姓。

2.源自芈姓

孙叔敖是春秋时期楚国令尹,他被司马迁的《史记·循吏列传》列为第一人。他是历史上的一位名臣,不仅具有广泛的知名度,其政绩也确实被人们所称道。孙叔敖的后代成为孙姓人重要的组成部分。因为孙叔敖本姓芈(mǐ),字孙叔,后世子孙以这位名臣先祖为荣,故取其字为姓。

3.源自妫姓

周武王灭商之后,封商均的直系后裔妫满于陈国。春秋时,陈国公子完为避祸逃到齐国,其第五世孙书在齐国任职,因为伐莒有功,被齐景公并赐姓孙。这是赐姓的一个典型例子。

4.源自子姓

这一支孙姓出自殷商末期纣王叔父比干,属于为了避乱而改姓。比干被商纣王所害后,有子孙为了逃避迫害而改姓孙,意思是本来为王族的子孙。因为比干是商汤后裔、子姓族裔,所以说这一支孙姓源自子姓。

5.源自他族改姓

例如北魏孝文帝迁都洛阳后,大力提倡汉化,所以有一支鲜卑族将自己的复姓改为汉姓孙。

【孙姓名人】

孙武

字长卿,又被后人称为孙子、孙武子、兵圣、百世兵家之师、东方兵学的鼻祖。汉族,春秋时期齐国乐安(今山东省广饶县)人,公元前535年左右出生,具体的卒年月日不详。曾以《兵法》十三篇见吴王阖闾,受任为将。领兵打仗,战无不胜,与伍子胥率吴军破楚,五战五捷,率兵6万打败楚国20万大军,攻入楚国郢都。北威齐晋,南服越人,显名诸侯。《十三篇》是我国最早的兵法,乃孙武所写,此书被誉

中华姓氏文化

图文珍藏版

为"兵学圣典",置于《武经七书》之首。此书后来被译为英文、法文、德文、日文，乃国际间最著名的兵学典范之书。

孙思邈

汉族，唐朝京兆华原（现陕西省耀县）人，兼任医师与道士。他是中国乃至世界史上著名的医学家及药物学家，有药王之称，许多华人奉之为医神。著有名作《千金药方》《千金翼方》。

孙武

孙诒让

生于书香世家，曾幼名效洙，又名德涵，字仲颂（一作冲容），别号籀庼。清道光二十八年八月十九日（公元1848年9月16日）诞生于浙江省温州府瑞安县治西北二十五里集善乡演下村（今瑞安市陶山区潘岱乡砚下村），卒于光绪三十四年（1908年）。孙诒让是我国近代一代有为经师，其学术研究极为朴实，故又称朴学家，有"有清三百年朴学之殿"之称。

【郡望堂号】

郡望

汲郡：治所在今河南汲县西南，晋置郡，为孙氏世居之地。

乐安郡：东汉时改原千乘郡为乐安国，治所在今山东高青县高苑镇西北，南朝宋时置郡，为兵圣孙武一族的所在地。

堂号

平治堂：因孙叔敖把楚国治理得民富国强，故得此赐号。

富春堂：吴王赐给兵圣孙武的堂号。

【宗族特征】

孙氏家族族大人众，英才辈出；人口分布集中，大多在今东北、华北、华东一线；

字行辈分排列井然有序,脉络清晰。

【繁衍变迁】

孙姓发源于今河南濮阳和山东博兴等地。春秋末期,今河南境内的姬姓孙氏家族在卫国失宠,北迁晋国。战国时,今山东境内的妫姓孙氏家族蓬勃发展。秦汉以后,妫姓孙氏家族成了全国孙姓人的主力,由今山东向四周拓展至今山西太原、浙江南部和湖北等地。三国时孙吴政权的建立使孙氏家族的发展达到了顶峰。魏晋南北朝时,北方、中原和江南的孙氏家族都得到了迅速发展,名家大户层出不穷。唐宋时期,孙姓人遍布于大江南北。明末清初,有孙姓人迁入台湾,并开始徙居海外。

孙姓是当代中国人口排行第十二位的姓氏,总人口约 1800 多万,约占全国人口的 1.44%。

李

【李姓图腾】

图腾中的虎代表白虎少昊,而少昊正是李姓的始祖皋陶的祖先,所以李姓图腾有虎。木代表皋陶自身,玄鸟图腾是皋陶的代表,这里用"木"来代表。"子"则象征子孙。虎、木、子三部分组成了李姓图腾。

【李姓起源】

1.源自嬴姓

据记载,在尧的时代,因为皋陶曾担任掌管刑狱的大理官这一职务,他的儿子伯益被赐为嬴姓。也就从伯益开始,他家三代世袭大理官,其子孙就称"理氏",所以嬴姓算是赐姓,但是"理氏"则算是以官为氏了,后来经过种种原因,"理"衍化为"李"。

·中华姓氏大观·

图文珍藏版

2.源自赐姓或改姓

赐姓：例如三国时，诸葛亮平哀牢夷后，很多当地的少数民族被赐以赵、张、杨、李等姓。再例如，在唐代开国初期，很多非李姓开国元勋因功获赐李姓。

改姓：北魏时因为孝文帝入主中原后大力提倡汉化，鲜卑族中本来的复姓叱李氏，就改为汉族的单姓李。

【李姓名人】

老子

老子，姓李名耳，字伯阳，春秋时思想家。他的思想具有自身鲜明的特色，从而成为道家学派创始人，据说他最后骑黄牛出函谷关，出关之前留下《道德经》一书。

老子的神秘不仅仅是因为他的思想和《道德经》，还包括他的身世至今无法确切地考证，只能靠传说来推测。传说老子是春秋初期周平王时期的人，又说孔子(孔子是春秋末期人)曾向他问过礼，那么老子就活了200多岁，有人说他是因为修道养寿才活了那么大岁数的。后人纷纷效仿，求仙问道成为历朝历代许多皇帝和大臣的头等大事，道教由此兴盛。老子也由此被动地成为道教的祖先，被奉为教主，成为文学作品以及整个中国文化都很推崇的一位神仙——太上老君。

李白

李白，字太白，号青莲居士，唐代大诗人。他的诗豪迈奔放，具有鲜明的风格。他也因此被后人称为"诗仙"，寓意"不可多得的诗界奇才，他的诗不像是凡人写出来的，像是下凡的仙人写出来的"。年轻的时候，李白就显露了不同于常人的才华。25岁时他出外远游，在长安遇到当时任太子宾客的贺知章。贺知章流传于世的诗最著名的当数《咏柳》，其中有"不知细叶谁裁出，二月春风似剪刀"，可谓脍炙人口。可见贺知章也是一个才子。贺知章与李白一见如故。他特别欣赏李白的

李白

诗,据说这位才子读到李白的《蜀道难》和《乌栖曲》时,欣喜若狂,认为这样的诗可以泣鬼神惊天地,他兴奋地解下衣带上的金龟,叫人拿出去换酒,与李白共饮。贺知章对李白瑰丽的诗歌和飘逸脱俗的风采感到十分惊异,戏言:"你是不是太白金星下凡到了人间?"这也是李白又被称为"谪仙"(被贬谪下凡的神仙)的来历。

李商隐

李商隐,字义山,号玉溪生,樊南生,晚唐著名诗人。他擅长骈文写作,同时诗作文学价值也很高,其诗构思新奇,风格浓丽,尤其是一些爱情诗写得缠绵悱恻,为人传诵。他的很多诗具有朦胧的特质,让人看不懂却又能饶有兴致地去吟咏,在吟咏中获得非凡的享受。例如"身无彩凤双飞翼,心有灵犀一点通"等。李商隐和杜牧被合称为"小李杜",意思很明显:他们二人就是晚唐的李白和杜甫。同时,李商隐与温庭筠还被合称为"温李",因其诗文与同时期的段成式、温庭筠风格相近,且三人都在家族里排行第十六,故并称为"三十六体"。但是就像历史上很多有才华的人一样,李商隐虽然怀瑾握瑜,奈何处于牛李党争的夹缝之中,一生很不得志。

【郡望堂号】

郡望

陇西郡:今甘肃东部地区,战国时置郡。此支李姓人的开基始祖为秦司徒李昙长子李崇,是李氏中最显要的一支。

赵郡:治所在今河北赵县,汉时置郡。此支李姓人的开基始祖为秦太傅李玑次子李牧。

堂号

陇西堂:因李姓的名门望族出自陇西郡而得名。

【宗族特征】

历代李姓人的政治地位都十分显赫。在中国历史上,李姓人所建的政权是最多的,先后称帝称王者多达60余人,建立了大成、西凉、凉、吴、魏、唐、楚、西夏、大顺等政权,这在中华姓氏中是不多见的。

【繁衍变迁】

李姓发源于今河南鹿邑一带。西汉时，李族人有一支迁往今山东；自东汉起，有李氏族人陆续迁往西南，分布在今四川、云南一带，其中有的融入白、苗、壮、彝等民族中。

唐以前，李氏族人主要在北方发展。唐朝时，李氏族人赖为国姓，极为显贵，开始了大规模的南迁，进入今福建开辟了漳州。五代时有李氏族人迁往今福建莆田、晋江等地定居。明朝初年，有今福建境内的李氏族人迁徙至今日本等海外国家。从明末起，今福建、广东等地的李氏家族陆续有人移居台湾。

李姓是当代中国人口最多的姓氏，总人口约 9200 多万，约占全国人口的 7.38%。全世界的李姓人总数超过一亿，是当今世界最大的同姓人群。

周

【周姓图腾】

周人的始祖后稷，也就是弃，在他刚出生时，他的母亲以为不吉祥，把他丢弃在冰上。在这种情况下，他肯定会被冻死，幸好一只大鸟及时相救，才幸免一死。对此他的母亲感到非常奇怪，又把他抱了回来，弃才得以长大成人，并成为周人的始祖。图腾中有大鸟衔着"子"（男孩）的形象，因此，这个图腾也可以看作是对周姓始祖后稷刚诞生时就遇到传奇经历的描绘。

【周姓起源】

1.源自部落名

周姓是一个非常古老的姓氏，据记载，甚至在黄帝时代，就已经有了周姓以及周姓部落。周姓部落的后代，世世代代都以周为姓。

2.源自姬姓

武王姬发通过自己卓越的领导,消灭商朝,建立了周朝。周朝灭亡之后,周室族人开始迁徙,后定居河南。当地人称其为周家,于是他们就以国为氏,后代都开始姓周。

3.源自他姓或他族改姓

他姓改姓:例如唐先天年间,很多姓姬的人改姓周,为的是避唐玄宗李隆基的名讳,而之所以改姓周不改为其他姓,是因为周朝是姬姓建立的。同时,历史上很多时期,都有其他姓因为种种原因改姓周的。

他族改姓:例如北魏孝文帝迁都后,大力提倡汉化,不少鲜卑族人改姓周,如有一支周姓,其祖先其实是鲜卑族的贺鲁氏。

【周姓名人】

周勃

汉族,沛(今江苏省沛县)人,生于秦末汉初。此人乃军事家和政治家、西汉开国功臣,汉高祖曾封其为绛侯。

周瑜

字公瑾,汉族,庐江舒县(今安徽省庐江县西南)人。东汉末年,此人乃东吴名将,不仅相貌英俊赢得"周郎"之称,且精于军事及音律,江东向来有"曲有误,周郎顾"之语。公元208年,孙、刘联军在周瑜的指挥下,于赤壁以火攻击败曹操的军队,此战也为三分天下奠定了基础。公元

210年,周瑜英年早逝,年仅36岁。

周敦颐

字茂叔,号濂溪,汉族,史料记载为宋营道楼田堡(今湖南省道县)人,北宋著

周勃

名哲学家,在学术界被公认为理学派开山鼻祖。"两汉而下,儒学几至大坏。千有余载,至宋中叶,周敦颐出于舂陵,乃得圣贤不传之学,作《太极图说》《通书》,推明阴阳五行之理,明于天而性于人者,了若指掌。"《宋史·道学传》将周子创立理学学派提高至极高的地位。众人熟知的《爱莲说》出自他手,文中精言妙句惹人深思,透着高深的哲学思想。

【郡望堂号】

郡望

汝南郡:治所在今河南上蔡西南,汉时置郡。此支周姓人的开基始祖为周平王少子姬烈裔孙周跋扈邕。

陈留郡:治所在今河南开封市东南,汉时置郡。此支周姓人的开基始祖为晋代的周震。

堂号

爱莲堂:北宋著名哲学家周敦颐,一生清正廉洁,最爱莲花,设此堂号。

【宗族特征】

周姓家族以忠孝廉爱仁义为荣,其自立堂号多以此取名,如"清白""忠厚"等;其字行辈分也反映了这一家风,如浙江一支周姓人的字行为:"智仁圣义,中和道德,继体守义,传家以孝",另有一支周姓人的字行为:"孝友振家业,种德培祖恩,和睦致瑞祥,忠义永吉庆"。

【繁衍变迁】

周姓发源于今陕西渭河平原一带。秦汉时,周姓人主要以今河南、陕西为中心繁衍生息,后逐渐成为当地的名门望族,并有迁往今江苏、安徽、山东等地者。魏晋南北朝时,战乱频繁,周姓人大规模南迁至今湖北、江西、江苏等地。唐时,有周姓人迁入今福建、广东。宋元时期,周姓人最为显著的特点仍是南迁,周姓名人也多出于南方。明清是周姓发展比较兴盛的时期,今台湾、云南、四川、贵州等地也有了周姓人居住。从清康、乾年间起,今福建、广东境内的周姓人陆续有移居台湾、远播海外者。

周姓是当代中国人口排行第九位的姓氏,总人口约2500多万,约占全国人口的2.02%。

吴

【吴姓图腾】

类似于周是周族的族称,吴是吴族的族称。吴姓图腾很简单,直观地看去,是一只鸟,加上一个太阳。这种鸟叫作句芒玄鸟。句芒是伏羲氏族传人太昊的长子,专门测量春分点,是太昊的助手。

【吴姓起源】

1.源自姬姓

据史料记载,商朝时期,黄帝的第十二世孙周太王建立了周部落。文王姬昌就是周太王的三儿子。周太王生前觉得姬昌最适合接替自己的位置,于是太王的长子泰伯和次子仲雍自动让贤,一起南下楚国。当时楚国是一片蛮夷之地,泰伯和仲雍两兄弟不仅带来了自己的人,随之而来的还有中原的先进文化。由于做出了卓越贡献,泰伯被当地人推举为君长,号称句吴。泰伯死后,由其弟仲雍继位。商朝灭亡周朝建立,周武王封当时在位的仲雍的第三世孙周章为诸侯,将国号句吴改为吴,并追封泰伯为吴伯。后来吴国被越国所灭,吴国王室的子孙便都改姓吴,这是以国为姓的典型例子。

2.源自少数民族本有之姓

我国少数民族中存在不少吴姓,如苗族、朝鲜族、赫哲族、锡伯族、柯尔克孜族等都有姓吴的人。而在这些民族之中,苗族里姓吴的是最多的。

【吴姓名人】

吴起

生于战国初期,以政治改革家著称于世,也是卓越的军事家、统帅、军事改革家。卫国左氏(今山东省定陶,一说曹县东北)人。孙武与吴起被后世的人连称"孙吴",著有《吴子》,《吴子》与《孙子》又合称《孙吴兵法》,是中国古代军事典籍中的经典之作。

吴承恩

(1501~1582年),字汝忠,号射阳山人,生于明朝年间,汉族,淮安府山阳县(今江苏省淮安市楚州区)人。以四大名著之一《西游记》著称于世。

吴敬梓

字敏轩,亦有人称其为文木,号粒民,清代小说家,汉族,安徽省全椒人(吴敬梓手写《兰亭序》中曾经盖有印章"全椒吴敬梓号粒民印",今仍现存于世)。吴敬梓生于清圣祖康熙四十年,卒于高宗乾隆十九年,享年54岁(一生54年,在全椒23年,在赣榆10年,在南京21年)。幼即颖异,善记诵。稍长,补官学弟子员。尤精《文选》,赋援笔立成。不善经营家业,生性更是豪迈,几年内将旧产挥霍俱尽,时或至于绝粮。雍正十三年(1735年),巡抚赵国麟举以应"博学鸿词",不赴(参加了学院、抚院及督院三级地方考试,因病未赴廷试)。移家金陵,为文坛盟主。又集同志建先贤祠于雨花山麓,祀泰伯以下二百三十人。资不足,售所居屋以成之,家因益贫。晚年,自称为文木老人,曾居于扬州,极喜好落拓纵酒。后卒于客中,代表作《儒林外史》。

【郡望堂号】

郡望

濮阳郡:治所在今河南濮阳县西南,西晋末年置郡。此支吴姓人的开基始祖为东汉广平侯吴汉的裔孙吴遵。

长沙郡:治所在今湖南长沙市,秦时置郡。此支吴姓人的开基始祖为西汉长沙王吴芮(季扎之后)。

堂号

延陵堂:吴王寿梦的第四子季扎,以贤德著称,被后人奉为"至德第三人",因其封邑在延陵而有此堂号。

【宗族特征】

历代吴姓族人地位显赫,高官众多,且名人辈出;吴姓族人皇亲较多,从而使得本族获得了良好的发展环境,得以繁衍播迁到全国各地。吴姓各支字行辈分排列有序,如浙江嵊州市吴姓一支的字行为:"天地君亲师,子丑寅卯,辰巳午未,申酉戌亥。"

【繁衍变迁】

吴姓发源于南方,秦汉两代是得姓以后的第一个发展时期。吴亡国后,吴王夫差的后裔繁衍于今江苏、浙江、安徽、山东、河南、山西等地。秦末汉初,吴姓族人参加起义,多因功被封王,大大推动了吴姓家族的发展。南朝时,吴姓人发展至今湖北中部一带,并有迁居今四川成都者。宋元时,吴姓族人昌盛于东南地区。历明清至近现代,吴姓家族分布进一步扩大,并有迁徙至东南亚及其他国家者。

吴姓是当代中国人口排行第十位的姓氏,总人口约 2400 多万,约占全国人口的 1.93%。

郑

【郑姓图腾】

郑姓是炎帝祝融支以封建地为命名的族称,本为"酉"姓。郑姓图腾中间的部分就是"酉"。酉是仰韶时代表示"酉时"的观测仪器,这个仪器其实很简单,就是一个尖底的瓶子,被插到地上用来观测。它与后世的沙漏有些相像,甚至有说法认为它就是后世

出现的沙漏的原始状态。

【郑姓起源】

源自姬姓

据一些历史资料记载,在春秋战国时期,郑国为韩国所灭。郑国的遗族便开始散居各地。为了纪念自己的故国,于是纷纷改为郑姓,其子孙后代也世世代代以郑为姓。因为历史上第一个郑国,是由于周宣王将其弟友(姬姓)封于槿林(今陕西省华县东)而建立的,友即郑桓公。因此按照这种说法,郑姓源自姬姓。

【郑姓名人】

郑旦

春秋末年,出生在越国的一位美人,与西施同时齐名,同被越王勾践选献给吴国,用以迷惑吴王夫差。到了越国之后,被人教授以礼仪,习以歌舞。精通剑术,容貌堪比西施,与西施有"浣纱双姝"之称,可见其美貌确实非同寻常。

郑玄

东汉末年的经学大师,创立郑学。他遍注儒家经典,把自己的一生奉献给了整理古代文化遗产事业,使经学进入一个"小统一时代"。他对儒家经典的注释,长期被封建统治者作为官方教材,收入九经、十三经注疏中,在儒家文化乃至整个中国文化的流传过程中发挥了重要的作用。他最著名的作品是:《毛诗笺》《三礼注》。"博经堂"和"通德堂"都与东汉著名经学家郑玄有关。郑玄博览群经,几千人从远方来拜他为师。西汉时期的读书人大都各成一派,郑玄却独自力主博通。史称郑玄深受北海相孔融敬重,特意在其家乡高密市成立了一个"郑公乡",又将他家的门闾进行扩建,便于车马通行,称之为"通德门"。

郑成功

(1624~1662年),明清之际民族英雄。本名森,字明俨,号大木,福建南安人。弘光时,考取监生,隆武帝赐姓朱、号"国姓爷"。清兵入闽,起兵反清。后与张煌言联师北伐,让东南地区的人都感到很吃惊。康熙元年(1662年)率将士数万人,自厦门出发，于台湾地区禾寮港登陆，将荷兰殖民者打败，后来收复了台湾。他督师十万"气吞吴"的豪迈气概，坚决恢复大明王朝的气概，以及知其不可为而为之的坚韧，无不凝结为一种伟大的精神。郑成功死后被葬在今天南安市沿着福厦公路的水头镇附近的康店村复船山，为全国重点文物保护单位。于1699年迁葬于康店村的郑氏祖茔，随同迁葬的还有其子郑经的灵柩。当时康熙帝除下敕遗官兵护柩外，还赐挽联一对，曰："四镇多二心两岛屯师敢向东南争半壁；诸

郑成功

王无守土一隅抗志方知海外有孤忠。"尔后还派御林军护陵守墓。在同一历史时期，后人将他的灵墓迁葬于祖茔乐斋公内，还有其父郑芝龙、其母和其妻墓氏，迁墓后，后人又重新进行了安葬。

【郡望堂号】

郡望

荥阳郡：治所在今河南荥阳市东北，三国时置郡。

洛阳：我国古都之一。汉、魏故城遗址在今河南洛阳市白马寺东侧。

堂号

博经堂：东汉郑玄，博览群经，几千人从远方来拜他为师。当时的读书人大都专治一经，郑玄却独自力主博通，因有此堂号。

【宗族特征】

历代郑姓族人地位均比较显赫，且在经济、科技等领域也都名人辈出。郑姓家族以忠孝治家，以家风淳朴而著称。郑姓各支字行辈分排列有序，郑家清修的《郑氏家谱》中记载，通山(今属湖北)郑氏一支的字行为："令嗣承家远，宗由通德传，

永升泰运日,显达盛英贤。"

【繁衍变迁】

郑姓发源于陕西华县以及河南开封、周口、商丘交界一带。郑亡国后,子孙散居河南东部及山东、山西、安徽、河北等地,并有入四川者。两汉时期,因汉武帝令"强宗大族,不得聚居",有郑姓二十四世孙南迁至浙江会稽山阴。郑姓大举南迁始于西晋"永嘉之乱"之时。唐时,郑姓有人进入福建,使得郑姓在东南沿海的中心逐渐形成。郑姓移居台湾,始于明代郑成功;播迁至海外,始于清朝。

郑姓是当代中国人口排行第二十一位的姓氏,总人口约有 1100 多万,约占全国人口的 0.9%,在浙江、福建、台湾地区尤为昌盛。

王

【王姓图腾】

直观地看图,王姓的图腾完全可以看成是一个站立的酋长头戴一顶巨大的半月形的王冠。这顶王冠是用钺斧天文仪器做成的,看上去不仅威武,而且确实有王者之气。

但是关于这个图腾,还有另外的说法。有人认为王姓图腾由两部分组成:一个是天齐建木,一个是盖天图。天齐不是寿与天齐的"天齐",而是指天地之中,是天和地的正中央。从地理学角度看,将天齐作为原点,可观测到太阳一天的运行轨迹。太阳每天从东升到天顶(中高天),至西落地平线的运行轨迹形成一个周天历度,这就是所谓的"盖天图",也叫"浑天图"。这就是为什么东汉的张衡制作的观测天象的仪器叫作"浑天仪"。这种天文历法由王姓等氏族首创,为体现其文明程度,同时也体现自己家族的这项"专利",故在姓氏图腾中表现出来。

【王姓起源】

1.源自姬姓

这类王姓属于周文王的后裔,后衍化为三支王姓族派。一是周文王第十五子毕公高的后裔。二是东庸灵王的太子姬晋的后裔。姬晋因直言进谏,被废为庶民,迁居到琅琊(今山东省胶南一带)。虽然成了庶民,但是他的出身是没有办法改变的,所以很多人开始称他以及他的后代为"王家",后沿用成姓。三是魏国信陵君无忌的后裔。这也有点像太子姬晋的后代姓王的来历,魏国被灭后,信陵君的子孙也因为出身而被称为"王家",遂以王为姓。

2.源自子姓

这类王姓是成汤的后人比干的后裔。比干是成汤的后人、子姓苗裔王子,同时论辈分是纣王的叔父。殷商末年,比干王叔因劝谏纣王被杀,他的子孙便开始改姓,因为源出王族,于是改姓王,不仅保留了对自己出身的描述,而且避免了很多来源于纣王的不必要的灾祸。

3.源自田姓

公元前 368 年,田和取代姜姓人为齐国君主,史称"田氏代齐"。田姓齐国传八王,最后秦灭齐,子孙被废为庶民。其中一支因祖上曾为齐国王族,出于纪念和展现自己出身的目的,遂以王为姓;有一支在项羽反秦时被封为济北王,后人也出于同样的目的,以王为姓。

4.源自赐姓

如在王莽建立新朝之后,他赐姓战国燕王丹(也就是著名的燕太子丹)的玄孙喜,从此喜的后代就开始姓王。

5.源自改姓

很多少数民族在改成汉姓的时候,为了彰显自己的身份,所以选择王姓。例如鲜卑族可频氏、乌桓族、回纥阿布思族有改为王姓者。成吉思汗六子为逃避因夺位引来的迫害,来到中原,改姓继续生活,为显示王爷的身份改姓王。

【王姓名人】

王诩

可能很多人不是太熟悉。但是一说起"鬼谷子"这三个字,却没有几个人不知道。是的,鬼谷子就是王诩。关于王诩所处的时代和国家,没有确定的结论。一般通行两种说法:一种说法认为他是春秋时代卫国(今河南省鹤壁市淇县)人;另一种说法认为他是战国时代卫国(今江西省贵溪市)人。至于具体的生卒年月,更不可考,不过这并不是最重要的,关键是王诩为纵横家的鼻祖,主要著作有《鬼谷子》及《本经阴符七术》。

王羲之

字逸少,是东晋宰相兼大将王导的侄子。王羲之是我国历史上著名的大书法家之一,拥有极高的知名度,人们尊称他为"书圣"。他练书法的典故有"墨池",就是用池塘的水洗砚台,最后将池塘染黑,这个故事成为历代师者教育学生要勤奋的教材。而不管事实上是不是真的有过这样的历史,但是有一点是可以肯定的,那就是在中国书法史上,王羲之是一代宗师,而他最大的贡献就是结合了草书

王羲之

和楷书的特点,创造了行书。有"天下第一行书"之称的《兰亭序》,是王羲之的代表作品。

王安石

字介甫,号半山,北宋著名政治家、文学家和思想家,被后人誉为一代名臣。他在政治方面为人们所熟知的,主要是他进行了很多方面的变法,并且在变法过程中确实取得了一定的成效,虽然因为种种原因变法最终以失败告终,但是他在政治上的贡献在历史上是有目共睹的。王安石不仅在政治上有所建树,在文学上也有很

大成就,他与韩愈、柳宗元、苏轼、苏洵、苏辙、欧阳修和曾巩并称"唐宋八大家"。

【郡望堂号】

郡望

太原郡:治所在今山西太原西南,战国时置郡。此支王姓人的开基始祖为东汉司徒王允。

天水郡:治所在今甘肃通渭西北,西汉置郡。此支王姓人是殷商王子比干之后。

堂号

三槐堂:太原王氏的衍派之一,是当今的王氏家族中最大的一支,闻名天下,枝繁叶茂。

【宗族特征】

历史上王姓家族的文人墨客浩如烟海,著述甚丰,此外王姓家族亦多有将领和起义领袖。王姓各支论字排辈,次序分明。

【繁衍变迁】

王姓人早期主要在北方发展繁衍。周灵王后裔王元为了避秦乱,迁于琅玡(今山东胶南一带),后徙至今山东临沂。河内王氏家族,原为今山西太原人,世居今山西祁县,后辗转迁至河内温县(今闽南温县)。

王民家族迁往江南,始于西晋末年。唐僖宗时,原居于今河南境内的王姓人王潮、王审知入今福建,同时王氏家族中又有迁居今四川、安徽、江西等地者。北宋末,不少王氏族人迁徙至今浙江、江苏一带定居。宋末元初,居住在今福建的一支王氏族人迁往今广东,其后裔散居于今广东省和广西壮族自治区各地。明末起,王氏家族中陆续有人迁往台湾。王姓移居海外,始于明清之际,主要分布在欧美及东南亚一些国家和地区。

王姓是当代中国人口排行第二位的姓氏,总人口约 9000 万,约占全国人口的

7.17%,其分布在全国呈北多南少的局面。

冯

【冯姓图腾】

冯姓图腾中有两匹非常形象的马的图像,实际上,冯原本就是牧马民族的族称。冯姓图腾由一雌一雄两匹马组成。图腾左边的图案代表牧马人手里所拿的鞭子。雌雄二马繁衍出马群,象征着牧马民族子子孙孙兴盛繁荣的美好愿望。

【冯姓起源】

1.源自姬姓

据说是周文王姬昌的后代。据《元和姓纂》《后汉书》等所载,周文王第十五子毕公高的后裔毕万,西周时,在晋国任大夫,受封于魏(今山西省芮城北)。其后裔魏斯参与"三家分晋",魏国自此建成,与之同源于毕万的长卿一支被封于冯城(今河南省荥阳市西南),其后子孙以邑为氏,称冯氏。

2.源自归姓

据《世本·氏姓篇》所载,东夷中有一支归夷(族人以归为姓)居住在今河南商丘一带,在陕西大荔县,这些人的后代建立了冯夷国,历经夏商周三朝,后被周武王所灭,子孙以国为氏。归姓冯氏,至少已有3700多年的历史。春秋后期郑简公时的大夫冯简子,是归姓冯氏第一名人。据说他博学多才,能断大事,当时郑国的许多大事,郑简公都是先同他商议,再作决定。冯简子的子孙,以冯为氏。因郑国建都于今河南新郑,故此支冯氏出自新郑。

3.源自其他源头

冯姓的其他源头另外有西汉左将军冯奉世,西汉宜都侯冯参,东汉征西大将军冯异,西魏宁州刺史冯宁,唐监察御史冯师等人。

【冯姓名人】

冯延巳

又名延嗣,字正中,五代时期广陵(今江苏省扬州市)人。在南唐做过宰相。冯延巳的词多属闲情逸致辞,有非常浓烈的文人气息,他的这种写词之法对北宋初期的词人有比较大的影响。冯延巳著有词集《阳春集》。

冯梦龙

即便是在现代仍旧有一定影响力的明代文学家、戏曲家。冯梦龙字犹龙,又字子犹,号龙子犹、墨憨斋主人、顾曲散人、吴下词奴、姑苏词奴、前周柱史等。他的作品比较强调感情和行为,最有名的作品为《古今小说》(即《喻世明言》)、《警世通言》《醒世恒言》,合称"三言",与凌濛初的《初刻拍案惊奇》《二刻拍案惊奇》合称"三言两拍",是中国白话短篇小说的经典代表,在我国古代文学史上占有不可替代的地位。冯梦龙以其对小说、戏曲、民歌、笑话等通俗文学的创作、搜集、整理、编辑,为我国文学做出了独到的贡献,对文学的展起到了积极的推动作用。

冯子材

晚清抗法名将。字南干,号萃亭,汉族,广西钦州人。咸丰年间跟随向荣、张国梁镇压太平军,同治年间升职广西提督。后来中法战争开始,起用为广西关外军务帮办,冯子材率领军队大败法军于镇南关,攻克文渊、谅山,重创法军司令尼格里。随后冯子材被提拔为云南提督。甲午战争间奉命调职驻守镇江,官终贵州提督。治军 40 余年,家境依旧贫寒,生活依旧朴素。死后被谥勇毅。

冯子材

【郡望堂号】

郡望

中华姓氏文化

·中华姓氏大观·

图文珍藏版

始平郡:治所在今陕西兴平东南,晋时置郡。

杜陵郡:治所在今陕西西安市东南,此支冯姓人的开基始祖为冯唐之弟冯骞。

堂号

同舆堂:冯诞和后魏高祖同岁,幼年同学,常和高祖同舆而行,因而有此堂号。

【宗族特征】

冯姓族人迁移较早,先秦时就已开始迁移。在迁徙过程中,冯姓家族不断发展壮大,形成了诸多郡望。冯姓各支字行辈分排列有序,据民国手抄本《冯氏家乘》记载,大同(今属山西)冯氏一支的字行辈分为:"盛时天怒仕,绪云恩毕振。"

【繁衍变迁】

冯姓发祥于今河南荥阳。春秋战国时,韩国上党守冯亭,在秦国兵临上党之际,毅然与赵国联合抗秦,不幸战死。其后人分散于今山西潞城东北和河北境内,且多为各国将相,家族也逐渐兴旺。至三国以前,冯姓族人已分布于今山西潞县,山东淄博,陕西西安,四川射洪、中江、渠县和湖北公安等地,人口众多。另有广布于河南内黄、宝丰、焦作、南阳、安阳及唐河、湖阳等地者,湖阳冯氏更是当时著名的大族。三国两晋南北朝时,冯姓族人大举南迁,进入今江苏、安徽、江西、浙江等地,还形成了一些名门望族。唐宋时期,冯姓家族的发展步入巅峰,族人继续大规模南迁,散居于江南广大地区。元、明、清时,冯姓人进入今广东、福建、台湾等地,有的还远播海外。

冯姓是当代中国人口排行第三十一位的姓氏,总人口约有 700 万,约占全国人口的 0.56%。

陈

【陈姓图腾】

陈姓的图腾由"东"和"太阳升降的阶梯"组成。整个图腾的意义可被看成是天文观测中心的象征。古代的陈仓、陈留、陈等，都是天文观测中心。而陈这个图腾本身就是太昊氏炎帝氏及其后裔的天文中心的象征。

【陈姓起源】

1.源自姚姓

据史料记载：周武王灭商以后，虞舜（姚姓）的后人胡公满被封于陈，建立陈国，其子孙便开始姓陈，是以国为姓的典型。

2.源自田姓

掌管齐国的田氏本姓陈。齐国被秦灭掉之后，齐王子轸逃到楚国为相，便恢复了"陈"姓，其后裔也都姓陈，而且发展为陈姓中宗族最大的一支。

3.源自他姓或少数民族改姓

他姓改姓：例如隋初白永贵改姓陈，他的后代也就跟着姓陈。

少数民族改姓：例如北魏孝文帝改革，将鲜卑族中的侯莫陈氏改姓，取其中的陈字，与汉族的姓氏接轨，这一支的后裔也都姓陈。

【陈姓名人】

陈胜

字涉，楚国阳城县（今河南省登封东南）人。曾是秦朝末年反秦义军的首领之一，与吴广一同在大泽乡（今安徽省宿州西南）率众起义，成为反秦义军的先驱；不久后在陈郡称王，张楚政权随之建立。

陈平

西汉阳武(今河南省原阳)人。西汉王朝的开国功臣。在楚汉相争时,曾多次出计策助刘邦。汉文帝时,官拜右丞相之职,后迁左丞相。

陈琳

汉末文学家。字孔璋,广陵(今江苏省扬州)人,"建安七子"之一。初从袁绍,后被纳入曹操麾下,为司空军谋祭酒,管记室。陈琳诗、文、赋兼善。诗歌今存4首,代表作《饮马长城窟行》是最早的文人模仿汉乐府之作。散文以《为袁绍檄豫州文》影响最为深远,是一篇为袁绍声讨曹操的檄文。辞赋有《武军赋》《神武赋》等。原有集10卷,已佚。明代张溥辑有《陈记室集》。

陈平

【郡望堂号】

郡望

颖川郡:治所在今河南禹州市,秦时置郡。此支陈姓人的开基始祖为齐王建三子陈轸。

京兆郡:治所在今陕西西安市西北,三国时置郡。此支陈姓人是东汉名士陈寔的后裔陈忠之后。

堂号

三恪堂:恪是尊敬、客人的意思。周武王将黄帝之后封于蓟,帝尧之后封于祝,帝舜之后封于陈,称为三恪,以他们为周朝的客人而格外地尊敬。

【宗族特征】

陈姓家族尤其难能可贵的是能委曲求全,逆境求生,开拓进取于各种环境中,这也是陈家得以繁衍昌盛的重要原因之一。陈姓家族字行辈分严密,断则有续。如湖南岳阳剪刀池陈姓一支的字行为:"青云其捷步,恢振赐书荣,必重传家远,修齐赞治平。"

【繁衍变迁】

陈姓发源于今河南淮阳,至今淮阳还有"老陈户"之说。春秋时陈国内乱,陈氏族人中的几支分几次迁往今河南开封市陈留镇、原阳县阳阿乡和固始县。西晋末年,陈轸后裔先后迁往今江苏丹阳、浙江长兴,更有陈霸先在南朝时建立了陈国,定都建业(今南京)。唐初,陈元光父子入今福建开辟漳州。

陈氏族人入今广东,始于南宋。其间,越南李朝女皇李昭皇之夫陈煚即位为越南陈朝的首任君主。明初,陈氏族人始入日本;明末始入台湾。明清以后,陈氏族人陆续有迁居马来西亚、新加坡、菲律宾、泰国和美、英、法、澳等国者。

陈姓是当代中国人口排行第五位的姓氏,总人口约5800万,约占全国人口的4.63%。

褚

【褚姓起源】

1.以地名为氏。据《后汉书·郡国志》所载,洛阳(今属河南)有褚氏聚。《姓氏寻源》云:"古有褚地,居者以为氏。"

2.以官名为氏。《通志·氏族略·以官为氏》云:"本自殷(商)后人宋恭公的公子段食采于褚,其德可师,号曰褚师,因而命氏。"褚师为掌管市场的官员,又叫市令。春秋时期,宋国、卫国、郑国都设有褚师一职。世代为褚师者,以官名为氏,遂为褚氏。

【郡望分布】

河南郡:治所在今河南洛阳市东北,汉高祖时置郡。

【褚姓名人】

褚契

字武良,晋代任安东将军,后迁居曲阿(今江苏丹阳里庄西褚村),是今丹阳市褚姓人的始祖。

褚遂良

字登善,唐朝钱塘(今浙江杭州)人,一作阳翟(今河南禹州)人,因曾受封河南郡公,故世称"褚河南"。高宗时任尚书右仆射,因反对高宗立武则天为皇后而再三被贬,忧愤而死。工书法,与欧阳询、虞世南、薛稷并称唐初四大书法家。有文集及墨迹传世。

【繁衍变迁】

褚姓的发源地是今河南。褚姓的中国人在血统上很单纯,迄今为止,尚未发现褚姓被赐姓、被冒姓的记载。褚姓郡望是河南郡,汉高祖时置,在今河南洛阳市一带。宋朝时,褚姓人主要分布在今河北、湖北、安徽、江苏、浙江等地,明朝时则在今浙江、江苏、山西、河北境内比较集中。

如今,褚姓是中国人口排行第二百二十五位的姓氏,总人口约 36 万,约占全国人口的 0.029%,在江苏、浙江以及渤海湾沿岸比较集中。

卫

【卫姓图腾】

卫姓的图腾记述了豕韦氏保卫祖国的传说。"十"是"行"的古文,"韦"上面的

"屮"和下面的"屮"都代表脚步,中间的"囗"表示豕韦氏族人居住的村寨或城堡。几部分合起来,就描绘出了一幅士兵在村寨和城池四周行走巡逻的图景。豕韦氏属方夷(我国古时少数民族之一),相传它与卫、韩、韋(韦)、方、防、房都是由同一宗族繁衍而来的,都是方夷、方雷氏的后代。

【卫姓起源】

1.出自姬姓,来源于周文王的第九子康叔之后,以封国名为氏。据《辞源》《元和姓纂》等载,上古周文王(姬姓)的第九子康叔被封于卫(今河南淇县),接管旧殷都朝歌七族的遗民,建立了卫国。春秋战国时,卫国被秦国兼并。卫国公族子孙就以故国名为姓,世代相传姓卫。

2.出自姚姓,以国名为氏。据《郡国志》所载,古有卫国,舜之后裔,姚姓,亡国后,子孙以国为氏。

3.由郑姓改姓而来。据《史记·卫将军骠骑列传》等所载,汉时卫青,本姓郑,后改为卫姓。

4.少数民族姓氏。《后燕录》载,昌黎(今属河北)卫姓出自东汉时鲜卑人;《后汉书》载,长水(今陕西蓝田县西北)卫姓出自东汉时匈奴人;《九国志》载,五代时辽州刺史卫氏为吐谷浑人;今高山、土家、满等民族均有卫姓。

【郡望分布】

河东郡:今山西省黄河以东地区。秦时置郡,治所在今山西夏县西北,晋移治今山西永济市西南。

陈留郡:治所在今河南开封市东南。秦始皇时置陈留县,汉代改置陈留郡。

【卫姓名人】

卫恒

字巨山,河东安邑(今山西夏县)人,西晋书法家。出身书法世家,祖父卫觊、父亲卫瓘均是书法名家,受家庭熏陶,擅长草、章草、隶及散隶等书体。著有《四体

·中华姓氏大观·

图文珍藏版

书势》,论述草、章草、隶、散隶四种书体的演变,并保存了一些书法史料。

卫富益

祖籍华亭(今上海松江),宋末元初的著名学者。少有异质,识见高远,读书不务章句。有《四书考证》《性理集义》《易说》《耕读怡情录》等著作传世。

【繁衍变迁】

卫姓起源于今河南。秦时,卫姓人迁至今河北北部。汉晋时,卫姓人在今河南、山西、山东、河北、陕西、四川、江苏等地均有分布,并且逐渐在今河南形成以陈留(今河南开封市开封市陈留镇)为代表、在山西形成以河东郡(今陕西黄河以东的地区)为代表的卫氏望族。唐代以后,卫姓人广泛分布于今河南、山西、山东、河北、陕西、四川、江苏、浙江、上海、广东、安徽、东北等地区。至清代,卫姓人分布已经相当广泛。

如今,卫姓是中国人口排行第一百八十七位的姓氏,人口约55万,约占全国总人口的0.044%。

蒋

【蒋姓图腾】

据史料记载,掌管建木天竿刻度的氏族的族称就是蒋族,因此建木、爿、寸三部分组成了蒋氏图腾:建木设在水中的沙堆上;筑坛台需要把土加高夯实,而版筑垒壁的筑墙技术就是蒋氏族人发明的,坛台下的"爿",就是用于版筑的"版";"寸"就是拿"版"筑墙的手。

【蒋姓起源】

1.源自姬姓

据《左传》《唐书·宰相世系表》《元和姓纂》等所载,西周初期,周公姬旦的第三个儿子叫伯龄,被封在蒋,建立蒋国,最开始不过是周朝的一个小国。后来蒋国被楚国所灭,伯龄的后代子孙就以原国名命姓,称蒋姓。《元和姓纂》中记载:"周公第三子伯龄封蒋,子孙氏焉,国在汝南期思县。"期思县因期思公复遂而得名,即今河南淮滨县城东南 13 公里,北邻死河,系春秋时期,楚国将蒋国灭掉后所设此姓,属于汝南郡,魏、晋时改属弋阳郡。因此,蒋姓祖根在今河南省淮滨。

2.源自少数民族本有之姓

在我国,很多少数民族本身就有蒋姓。例如满、蒙古、回、拉祜、保安、布朗、苗、瑶、傣、土家、壮、羌及苦聪人中均有蒋姓分布。

【蒋姓名人】

蒋琬

东汉末年零陵郡人,蜀汉时期担任过尚书令,后升为大将军,录尚书事,随后又被封为安阳亭侯,就是他在诸葛亮逝世之后,接替诸葛亮为丞相的。

蒋献

因为在明洪武年间担任过锦衣卫指挥而史上留名。

蒋英

生于 1919 年,浙江海宁人,中国最杰出的女声乐教育家和享誉世界的女高音歌唱家,被誉为"欧洲古典艺术歌曲权威"。这位著名钢琴家和歌唱家,把最深刻的德国古典艺术歌曲唱得非常出色,音域宽广优美。她还是著名军事理论家蒋百里和蒋左梅夫妇的三女儿,武侠小说大师金庸的表姐,被誉为"中国航天之父"著名科学家钱学森的夫人。

【郡望堂号】

郡望

乐安郡:东汉时改原千乘郡为乐安国,治所在今河北青县高苑镇西北,南朝宋时置郡。

东莱郡:治所在今山东莱州,汉高祖置郡。后改为国,唐朝时曾改为莱州。

堂号

钟山堂:后汉时因剿匪而牺牲的秣陵尉蒋子文的庙宇在钟山上,因此得名。

【宗族特征】

蒋姓源于北而盛于南,是比较典型的南方姓氏。历史上蒋姓人才济济,若星汉灿烂,字行辈分断则有续。据《灰汤蒋氏支谱》载,宁邑(今属湖南宁乡)蒋姓一支的字行为:"际忠成源河海兆,永朝世立国泰民,安湘启祖传嗣广,英贤恒守应昌荣。"

【繁衍变迁】

蒋姓发源于今河南,蒋国为楚国所灭后,蒋姓人大部外迁。秦汉之际,有蒋姓人西迁入今陕西,东迁入今山东,其中在今山东博兴、寿光的蒋姓人繁衍最盛。蒋姓人南迁较早,始于汉代。东汉建武年间(25~56年),逡道侯蒋横遭谗害,其九子避难四方,光武帝醒悟后,九子皆随地封侯,其子孙多数散居于今江苏、江西、浙江、四川、湖北、湖南等地,并且成为当地的开基始祖。

汉代以后的蒋姓人,大都出自今江苏宜兴,始祖为函亭侯蒋澄,后来中国的蒋姓人家,绝大部分都是从宜兴繁衍而来。唐初,有蒋姓人入今福建,亦有今浙江天台的蒋姓人移居今浙江奉化。五代时,蒋显出任四明(今浙江宁波)监盐官,住在宁波城内的采莲桥,其后代文人蔚起,成为甬(宁波的简称)上望族。宋以后,今福建、广东的蒋姓人已盛。明清之季,有今福建、广东的蒋姓人移居海外。1949年,蒋介石败居台湾,蒋姓族人大批随往。

蒋姓是当代中国人口排行第四十五位的姓氏,总人口近540万,约占全国人口的0.43%。

沈

【沈姓图腾】

沈姓图腾乍一看似乎比较杂乱,实际上,它由水、渊、牛、方四部分构成,表现的是以牛为图腾的氏族把牛扔到深渊中祭天祈雨的情景。传说沈姓是祈雨的巫觋职司,所以会出现这样的图腾图案。图腾中的"方"表示四方,象征一年四季。如果到了雨季却总是不下雨,就说明遭遇了旱灾,所以沉牛"孝敬"河伯,希望早日降雨

【沈姓起源】

1.源自姬姓

以国名为姓,是黄帝(姬姓)的后裔。夏禹子孙最早的封国就在沈地。周初武王死后,年幼的成王成为国君,周公旦摄政。三监不服,与商纣王之子武庚勾结,联合东方夷族反叛,后被周公旦所灭。季载(文王第十子,成王的叔父)因平叛有功,被周公举荐为司空,后以沈国(今河南省平舆北)为封地当上了王君。春秋时,沈国被蔡国所灭,季载之后子逞逃奔楚国,其后代便以原国名"沈"为姓。

2.源自芈姓

据《通志·氏族略》等史料记载,春秋时,楚庄王芈旅(一作吕或侣)之子公子贞,被封在沈邑(今址失考),他的后人遂把封邑名当作自己的姓,称沈姓。

3.源自少昊金天氏之后

这类是以国名当成自己的姓氏。据《左传·昭年》《姓氏考略》所载,少昊金天氏裔孙台骀氏之后有人建立沈国(今址失考),春秋时,被晋国吞并,子孙遂以沈为氏。

4.源自姒姓

春秋时有姒姓后裔得到了子爵的封号,世称沈子,也常被后人称为沈氏。

5.源自地名

楚王族弟子戌曾任沈县县尹,其后人以地名为姓。

6.源自少数民族姓氏

很多少数民族本身就有沈姓,如朝鲜族、满族、土家族、回族等。

【沈姓名人】

沈约

南北朝梁朝文学家、史学家、声律学家。《二十四史》中《宋书》的作者就是沈约。他在声律方面所做出的贡献影响尤其巨大,首创"四声"之说(把每个字分为平、上、去、入),指出如何运用声调变化,从而使诗歌吟诵起来比较动听。而规范声律的另一个益处就是使诗歌讲求声律对仗,推动了诗歌走向格律化,这在我国古代文学史上具有里程碑式的意义。主要著述有《四声谱》等书。2009 年的国语注音符号,就是以《四声谱》演变而来的。可见沈约研究成果的影响之大。

沈括

北宋时期浙江钱塘(今杭州)人。沈括在当时的北宋是一位博学多才、成就显著的科学家,同时,也是我国历史上最卓越的科学家之一。他精通天文、数学、物理学、化学、地质学、气象学、地理学、农学和医学;同时,他还是卓越的工程师、出色的外交家和改革家。他知识渊博,涉猎广泛,晚年以平生见闻,在镇江梦溪园撰写

沈括

了笔记体巨著《梦溪笔谈》。这部如今广为人知的著作记载了沈括在天文、数学、矿业、医药、生物、物理等多方面的成就,为后世科学进一步发展奠定了坚实的基础。除此之外,沈括还著有《良方》《长兴集》等。

沈周

沈周,明代著名画家。他阅读广泛,在绘画方面擅画山水,作品中多江南山川、

园林景物,师法董源、巨然、黄公望。除此之外,对于花卉、鸟兽、人物沈周也比较擅长。他是明代吴门画派四家之一。沈周一生为人耿直,对通过科举出仕做官不感兴趣,长期从事绘画和诗文创作。明代中叶沈周在画坛之中声名日隆,与文徵明、唐寅(伯虎)、仇英合称"明四家"。除了绘画作品之外,沈周的主要著述有《石田集》《江南春词》《石田诗钞》《石田杂记》等。

【郡望堂号】

郡望

吴兴郡:治所在今浙江湖州市吴兴区,三国时置郡。

汝南郡:治所在今河南上蔡西南,汉高祖时置郡。

堂号

梦溪堂:因宋朝沈括的著作《梦溪笔谈》而得此堂号。

【宗族特征】

沈姓族人迁居移徙较早,秦汉时期便开始迁居南方,并在不断迁徙中留下了众多的堂号。沈姓是一个比较典型的南方姓氏,族中文人墨客也层出不穷,族人字行辈分排列有序。

【繁衍变迁】

沈姓起源于今河南。沈国被蔡国灭掉后,季载的后代子逞逃奔楚国,其孙沈尹戌后任楚国左司马,并世袭,食采于叶(今河南叶县)。东汉时有沈戎举家徙居会稽乌程吴兴(今浙江吴兴县),为沈姓人南迁之始。魏晋南北朝时,沈姓人大举南迁。至唐代,沈姓人已散居今江苏、浙江、江西、湖北、湖南、四川等地。

唐宋时,中原有沈姓人入今福建。明末,有沈斯庵徙居今台湾台南县善化镇,为沈姓人移居台湾之始。清乾隆、嘉庆年间,今福建漳州、泉州及广东的沈姓人,有多支迁往台湾,进而移居海外。

沈姓是当代中国人口排行第四十九位的姓氏,总人口约有470多万,约占全国

韩

【韩姓图腾】

韩姓图腾从直观上看,左边有太阳形状的纹路,这表明在上古时期他们是以太阳为代表的氏族。右边野猪下面有一个方形的符号,是代表城郭,城郭四周的符号代表脚印,跟古文字的"走"相类似,这里代表的是士兵行走巡逻,表明当时已经有了城池和军队。与现代意义上的"韩流"不同,古代的韩流是一个氏族,这个氏族还被称为韩荒。韩是该氏族的族称。韩姓图腾可以看作以野猪为图腾,因为韩荒氏的始祖是封豨氏,是最早驯化野猪的氏族。韩荒是封豨氏和句芒氏和亲的新族,是上古五帝之一颛顼的先祖。

【韩姓起源】

1.源自黄帝

据相关资料记载,黄帝娶了西陵氏的雷祖(嫘祖),生了青阳和昌意。昌意后来被贬谪到若水,生子韩流。这里的韩流有两个意思,一个是人名,一个是其所在氏族的名称。也就是说,韩流氏族是从昌意族中分化出来的,第一批韩姓就从这个氏族之中产生了。而且作为五帝之一的颛顼,可能很多人知晓,但是,更多的人可能不知道,他就是韩流的儿子。颛顼的董姓后裔参胡,一开始居住于一个叫韩的地方,其后裔就是董姓中的一支韩氏族。夏朝时,韩为侯国,西周初年被灭,子孙以国为氏。这一支韩姓统一被认为是黄帝的后裔。

2.源自姬姓

据相关史料记载,周成王分封其弟叔虞于唐邑。因唐邑临晋水,叔虞之子燮继位后,改称晋侯。晋穆侯之孙毕万受封于韩原,其后遂有以韩这个封邑的名字为氏,这是以邑为氏的典型例子。因为叔虞是姬姓,所以这一支韩姓源自姬姓。

3.源自战国时的韩国

战国七雄之中有韩国,三家分晋以后,于公元前403年由周威烈王承认为诸侯,建都阳翟(今河南省禹州)。公元前230年,韩国被秦国攻灭,和许多被秦国灭掉的国家的后人一样,韩国的后人为了纪念自己的故国,遂都改姓韩,这是以国为姓的典型例子。

4.源自少数民族改姓

北魏孝文帝极力主张汉化,在迁都以及一系列改革的过程中,鲜卑族有二字姓"大汗"氏,因"汗"与"韩"音相近,改单姓韩。

【韩姓名人】

韩信

历史上著名的大将、军事家。西汉初期官至大将军,封为楚王,后贬为淮阴侯。韩信智勇双全,治军严明,有了他的辅佐,刘邦平定天下少了很多障碍。在楚汉战争中,他屡建奇功,运筹帷幄于千里之外,有"韩信点兵,多多益善"之颂。与张良、萧何并称"兴汉三杰"。著有《兵法》三篇。

韩愈

字退之,唐河内河阳(今河南省孟县)人。中国一般受过一定教育的人,都知道韩愈这个人。他自认为郡望是在昌黎,久而久之,后人便有叫他韩昌黎的。他是唐代古文运动的倡导者。宋代著名文学家苏东坡称他"文起八代之衰",明人推他为唐宋八大家之首。他与柳宗元并称"韩柳",有"文章巨公"和"百代文宗"之名,著有《韩昌黎集》四十卷,《外集》十卷,《师说》成为家喻户晓的名篇。

韩信

中华姓氏文化

图文珍藏版

韩非

战国末期思想家,法家创始人韩国公族(今河南省禹州人),与李斯同为荀卿的学生。他纵观天下形势,集法家思想之大成,提出"缘道理以从事",实现"法、术、势"合一,以收"道法万全"之效。

【郡望堂号】

郡望

颍川郡:治所在今河南禹州市,秦王嬴政时置郡。

南阳郡:治所在今河南南阳市,战国秦昭王三十五年(公元前272年)置郡。

堂号

昌黎堂:因韩愈是河北昌黎人而得名。

【宗族特征】

韩姓家族名人辈出,众多贤才名士交相辉映,光照史册。韩姓家族传承有序,播迁明晰,字行辈分分明。如江苏春晖韩姓一支的字行为:"学以全为范,衷其慎是举,作求躬昉迪,遵集受敷宜。"

【繁衍变迁】

韩姓发源于山西和陕西一带。战国时期的韩国建立后,曾三迁都城:平阳(今山西临汾)、阳翟(今河南禹州)、新郑(今河南新郑),从而使韩姓得以迅速繁衍,也使得韩姓在河南打下坚实基础。秦灭韩,"尽其地为颍川郡","颍川"便成为韩氏的发展繁衍中心。秦汉时,韩氏播迁于江浙、四川、山东、甘肃、河北、北京等地。其中,韩襄王子孙韩王信于西汉初逃到匈奴,其子颓当、孙婴于汉文帝时归汉;西汉末年,颓当的玄孙韩骞,避王莽之乱,徙居南阳堵县。唐宪宗时,河南河阳人韩愈被贬为潮州刺史,是为韩氏入广东最早者。唐朝末年,河南固始韩氏随王潮、王审之入福建。清康熙年间,有韩姓渡海赴台或移居新加坡等东南亚国家及欧美。

韩姓是当代中国人口排行第二十六位的姓氏,总人口约有760万,约占全国人口的0.61%。

杨

【杨姓图腾】

远古三苗之一柯挪耶劳的族称是杨,祖先是神话传说中比较有名的蚩尤。"杨"在起初是太阳的意思,由"木"和"易"组成。

【杨姓起源】

1.源自姬姓

周康王时,封周武王姬发之孙,唐叔虞之次子,晋侯燮父之弟杼为杨侯,其后代便开始姓杨,属于以国为姓这一类。姬姓杨氏占所有杨氏的主流。

2.源自赐姓或改姓

赐姓:三国时期诸葛亮讨伐哀牢夷之后,出于政治目的赐部分人杨姓。

改姓:少数民族政权首领北魏孝文帝迁都并大力提倡汉化的时候,鲜卑族莫胡卢氏被他改为杨姓等。

【杨姓名人】

杨朱

字子居,先秦时期的哲学家,魏国(今河南省开封市)人。对于墨家的提倡尤为反对,更不认同墨子的"兼爱",主张"贵生""重己",重视个人生命的保存,反对他人对自己的侵夺,也反对自己对他人的侵夺。他的见解散见于《庄子》《孟子》《韩非子》《吕氏春秋》等书。

杨坚

隋朝开国皇帝。汉族,弘农郡华阴(今陕西省华阴市)人。汉太尉杨震第十四世孙。他在位期间成功地统一了百年严重分裂的中国,开创了先进的选官制度,发展了文化经济。中国成为盛世之国,不乏此人之功。文帝在位期间,隋朝开皇年间疆域辽阔,人口达到 700 余万,是人类历史上农耕文明的巅峰时期。在西方人的眼中,杨坚是最伟大的中国皇帝。西方人常尊其为"圣人可汗"。

杨坚

杨炯

初唐四杰之一。汉族。唐高宗显庆六年(公元 661 年),年仅 11 岁的杨炯被举为神童,上元三年(公元 676 年)应制举及第,授校书郎。曾为崇文馆学士,迁詹事、司直。武后垂拱元年(公元 685 年),降官为梓州司法参军。天授元年(公元 690 年),任教于洛阳宫中习艺馆。如意元年(公元 692 年)秋后,又降职为盈川县令,其吏治极为严酷,后丧于任所,后人因此称他为"杨盈川"。

【郡望堂号】

郡望

弘农郡:治所在弘农(今河南灵宝东北)。西汉时置郡,东汉至北周,曾一再改名恒农郡。

河内郡:治所在怀县(今河南武陟县西南),汉时置郡。此支杨姓人的开基始祖为韩襄王的将领杨苞。

堂号

关西堂:东汉时有关西(今陕西、甘肃一带)人杨震,博览明经,时人称他是"关西孔子",因而有此堂号。

【宗族特征】

杨氏家族可谓辉煌显赫千余年,竞相贵显各争先。从秦汉魏晋时期的四世三公和西晋三杨,到隋朝的皇族,从唐朝的 11 位杨姓宰相,到宋朝满门忠烈的杨家将,杨姓家族的风光不言而喻。

【繁衍变迁】

杨姓发源于今山西。杨国为晋所灭后,子孙向西播迁,先后进入今陕西、河南。春秋战国时,已有杨姓人迁到今湖北潜江一带,并继续向东南迁至今江西一带;与此同时,亦有杨姓人自今山西迁往今江苏、安徽。秦汉之际,已有杨姓人迁居今四川。魏晋南北朝时期,不少杨姓人向江南播迁。唐末,杨姓人有迁至朝鲜半岛者。宋代,杨姓人已分布于江南广大地区,并以今福建为其播迁的中心。元末之后,今广东、福建、浙江沿海的杨姓人开始了较大规模的海外移民,迁居地主要集中在东南亚各国。

杨姓是当代中国人口排行第六位的姓氏,总人口约 4000 万,约占全国人口的2.2%。

朱

【朱姓图腾】

朱姓是用蜘蛛作图腾的,因为根据远古的传说,伏羲句芒曾经受到蜘蛛结网的启发而发明了八卦和罗网。同时,历史上据说出现过一个朱国,而这个图腾是朱国的国徽。

【朱姓起源】

1.源自本姓

据史料记载,舜时有一个大臣名叫朱彪(一作朱虎),他的后人世世代代跟随这位祖先姓朱。如果这一资料确切的话,那么朱姓就和周姓一样,远古时代就存在了。

2.源自高阳氏

根据一些姓氏学观点,朱姓始成于西周,是古帝颛顼高阳氏之后。远古传说认为颛顼的玄孙陆终有六个儿子,第五子名安,被大禹赐姓曹。商朝灭亡周朝建立之后,安的后裔曹挟受封在邾,建立邾国。很类似于上文提到过的陈国和胡子国,到了战国中期,邾国为楚所灭,邾国贵族便自称邾氏,是典型的以国为氏。后来随着历史的发展衍化成了朱姓。

3.源自朱襄氏

按照某些史料的记载,佐以一些远古传说,朱襄氏是华夏氏族联盟时代,伏羲女娲政权的第70任帝。朱襄氏的后代有很多改姓的,其中有一支改姓朱。而按照《姓氏急救篇·颜师古注》中的记载,舜帝时有大臣名叫朱虎,跟上文提到的朱彪是同一个人。而根据专家考证的结果,这个朱虎就是朱襄氏的直系后裔。

4.源自他姓或他族改姓

他姓改姓:例如周朝分封制度下产生的宋国,它的开国君主微子启(商纣王的庶兄)有裔孙朱晖,原先他姓宋,是以国名为氏的类别。但是到了春秋时期,宋国灭亡,其后裔逃至砀这个地方,并且改宋姓为朱姓。

他族改姓:例如在南北朝时期,北魏孝文帝极力主张汉化,在迁都洛阳之后,有鲜卑族复姓浊浑氏、朱可浑氏改为汉字单姓朱姓。

【朱姓名人】

朱亥

原本一位屠夫,因其英勇善战被信陵君聘为食客,之后便在退秦、救赵、存魏的战役中立下了汗马功劳。他被誉为战国勇士,是当时的魏国人,同时也是朱姓最早出人头地的人物。据说他力大无穷,勇气过人,借助一把40斤重的铁锤,救赵国于情势危急之中。

朱熹

字元晦,又字仲晦,号晦庵、晦翁、考亭先生、云谷老人、沧洲病叟、逆翁。汉族人,生于南宋江南东路徽州府婺源县(今江西省婺源)。19岁进士及第,曾任荆湖南路安抚使,仕至宝文阁待制。为政期间,申敕令,惩奸吏,治绩显赫。南宋著名的理学家、思想家、哲学家、教育家、诗人、闽学派的著名人物。朱熹世称朱子,是孔子、孟子以来最杰出的大师,以弘扬儒学为主。

朱元璋

始创明王朝,原名重八,后取名兴宗。汉族,濠州(今安徽省凤阳县东)钟离太平乡人,25岁时参加郭子兴领导的红巾军以对抗蒙元暴政,龙凤七年(1361年)受封吴国公,十年自称吴王。元至正二十八年(1368年),在消灭各路农民起义军和扫平元的残余势力后,于南京称帝,国号大明,年号洪武,将全国统一的封建政

朱元璋

权集于一身。朱元璋统治时期被称为"洪武之治"。葬于明孝陵。

【郡望堂号】

郡望

沛郡:治所在今安徽濉溪县西北,汉高祖时改泗水郡置郡。此支朱姓人的开基始祖为西汉大司马朱诩。

河南郡:治所在今河南洛阳市东北,汉高祖时改秦三川郡置郡。此支朱姓人主要为北魏时期浊浑氏、朱可浑氏所改的朱氏后代。

堂号

白鹿堂:宋朝理学家朱熹曾在白鹿洞书院讲学,故有此堂号。

【宗族特征】

朱姓家族历史上有称帝者21人,称王者无数,政治地位十分显赫,家族兴旺,形成了众多的郡望和堂号,还将堂号写于生活中的各个地方。各支朱姓人字行辈分排列有序。如广州两岳朱姓人的字行为:"明儒业以训世传家,诚正修斋,徽国清芬贻泽远;仰祖谟之承先启后,名贤忠义,岳山光大肇基弘。"

【繁衍变迁】

朱姓发源于今河南淮阳、山东邹城和江苏境内。先秦时,朱姓人主要生活在(黄河中下游地区,包括今河南大部,山东西部和河北、山西的南部)中原地区。秦汉时,朱氏家族发展较快。两汉时,朱氏家族的各大望族纷纷形成。魏晋南北朝时,政治动荡,朱姓汉族人大举南迁,并与少数民族融合,使朱氏家族的势力进一步扩大。隋唐五代是朱氏家族发展的低潮期,但仍有族人播迁于今安徽、广东、湖南等地。宋元时,江南朱氏家族复兴。出现了新的发展高潮,并使今浙江、河南、河北、安徽的朱姓人得以繁衍。明朝,朱姓成为皇姓,宋氏家族的发展进入顶峰,在各地均出现名门望族。清朝时,朱姓广布全国。

朱姓是当代中国人口排行第十三位的姓氏,总人口约1500余万,约占全国人口的1.2%。

秦

【秦姓图腾】

秦族的族称为秦。这个族氏的图腾由"玄鸟殒卵""双手供奉"和"禾苗"三部分组成。它是"燕子殒卵"与嘉禾的复合图腾,秦人的祖先是有蟜女女华,她吞燕卵生伯益,伯益为秦人男性祖先。其女性祖先为有氏女女华。传说女华口吞燕卵生下了伯益,所以在秦姓的图腾上有"玄鸟殒卵"。整体上看,秦姓图腾表面上似乎比较抽象,实际经过以上的诠释之后,就变得直观了。

【秦姓起源】

1.源自嬴姓

出自周孝王给伯益后裔非子的封地秦国。源于嬴姓的秦,是颛顼帝的后裔,属于以国名为氏。

2.源自封地

为周文王后代鲁国侯伯禽裔孙的封地秦邑,这是以封邑为氏的典型例子。

3.源自舜七支

据相关资料和传说,"舜七支"中有一个人叫作秦不虚,后人延续下来姓秦,属于以先祖名字为氏的范畴。

4.源自巴尔虎旗蒙古穆奇德氏的后代

据史料记载,金朝抹捻氏以及清朝穆颜氏,后有改为秦氏者。另有各少数民族与汉族通婚,从而不断融合,成为秦姓后人的一个分支。这都属于汉化改姓为氏的范畴。

【秦姓名人】

秦非

姓秦,名非,字子之,春秋末年鲁国人。孔子弟子。唐代开元年间封"汧阳伯",宋封"华亭侯"。

秦琼

字叔宝,汉族,齐州历城(今山东省济南市)人。唐初著名大将,勇武威名震慑一时,是一个于万马军中取人首级如探囊取物的传奇式的人物。曾追随唐高祖李渊父子为大唐王朝的稳固南北征战,立下了汗马功劳。因其功居于凌烟阁二十四功臣之一。民间与尉迟恭为传统门神。

秦观

他的字一为少游,另一为太虚,号淮海居士,别号邗沟居士,"苏门四学士"之一。汉族,扬州高邮(今属江苏省)人。他是北宋时期著名的文学家、词人。

【郡望堂号】

郡望

天水郡:治所在今甘肃通渭西北,西汉元鼎三年(公元前114年)置郡。

太原郡:治所在今山西太原市西南,战国时置郡。

堂号

三贤堂："三"指多。因孔门七十二大贤中有秦祖、秦商、秦非、秦冉四位而得名。

秦观

【宗族特征】

秦姓人在中国历史上向外播迁较早，并且广布于今天的多个省份；在秦姓家族史上，出现大量名人，并分布于各个领域之中；各支秦姓人字行辈分排列有序。清光绪十四年（1888 年），秦振生修《秦氏家谱》，户县（今属陕西西安市鄠邑区）的秦姓一支的派语字行为："德富乐顺，树圣祥荣，振春承宗。"

【繁衍变迁】

在我国的秦姓人主要分为西北部、东南部两支。前一支为颛顼嬴姓的后代，发源于甘肃天水故秦地。秦亡后，其后裔多居于今陕西等地。后一支为黄帝姬姓的后代，发源于今河南范县及山东曲阜一带，向今陕西省境内及湖北省播迁，后成为秦姓人繁衍的主流。

先秦时，秦姓人主要分布于今河南、陕西、山东、湖北、河北等省。西汉初，秦姓人有一支自鲁地（今山东）徙居扶风茂陵（今陕西兴县东北）。这支秦姓人人丁兴旺，官宦众多，世号"万石秦氏"。两汉至南北朝时期，秦姓人还分布于今甘肃、四川、山西等省。宋、元、明时，秦姓人有迁至今广西壮族自治区及安徽、贵州、福建、北京、上海等省市者，并有人移居海外。

秦姓是当代中国人口排行第七十四位的姓氏，总人口约有 320 多万，约占全国人口的 0.26%，主要散布于河南省、广西壮族自治区等地。

尤

【尤姓起源】

1.出自沈姓。周武王的小儿子季载之后有沈氏(发源于河南平舆北),子孙为避仇,去沈字中的三点水旁,改姓为尤。

2.出自仇姓。尤、仇古音同,且都有怨的意思,故有仇姓人改姓为尤。

3.据《梁溪漫录》载,五代时有王审知者,在今福建建立闽国,称闽王,下诏避讳审字及与其同音的字。"沈"与"审"同音,属讳字,沈姓人遂奉诏去三点水旁,改姓为尤。

4.出自少数民族改姓或少数民族固有姓氏。清朝赫哲族尤可勒氏,汉姓简改为尤姓;西北回族人中,以伊斯兰教经名"尤素夫"为名的,选择汉姓时往往用首音字尤;满族人中有尤姓,世居辽阳(今属辽宁)等地;今高山、蒙古、佤、苗、羌等民族均有尤姓。

【尤姓名人】

尤袤

字延之,号遂初居士,无锡(今属江苏)人,南宋诗人。累官至礼部尚书兼侍读。与杨万里、范成大、陆游并称"南宋四大家"。辑有《梁溪遗稿》。

尤侗

字同人,号悔庵,晚号艮斋,江南长洲(今江苏苏州)人,明末清初文学家、戏曲家。曾参与修纂《明史》。诗词古文俱佳,被康熙称为"老名士"。有《艮斋杂记》、传奇《钧天乐》、杂剧《读离骚》等作品传世。

尤怡

吴县(今江苏苏州市吴中区)人,清代医学家、诗人。好为诗。晚年医术益精。著有《伤寒贯珠集》《金匮心典》《医学读书》《静香楼医案》等。

中华姓氏文化

图文珍藏版

【郡望堂号】

郡望

吴兴郡:今浙江临安、余杭、德清等地。三国吴置郡,治所在今浙江湖州市吴兴区。

汝南郡:今河南颍河、淮河之间,京广铁路西侧一线以东,安徽茨河、西淝河以西,淮河以北地区,汉高祖时置郡。

堂号

树德堂、志清堂、吴兴堂、归闲堂、鹤栖堂等。

【宗族特征】

尤姓得姓较晚,距今只有1100年的历史。据《明清进士题名碑录索引》所载,明清两代尤姓进士共14名,以今江苏和福建人居多。江苏6名,其中无锡2名,苏州4名。福建5名,其中晋江3名,罗源、长乐各1名。另今四川内江、北京大兴、浙江桐乡各1名。

【繁衍变迁】

尤姓发源于今河南境内。东汉时,尤姓人有迁至今陕西西安、江西鄱阳者。907年,王审知被后梁封为闽王,尤姓人始盛于世。北宋之前的尤姓名人寥若晨星,宋真宗之后,尤姓人开始光芒四射。南宋时,尤姓人大批涌入今浙江。宋末,尤姓人大举迁至今广东、江西、湖北、湖南等地,另一些尤姓人则举家北上,在北方繁衍兴旺。明初,今山西境内的尤姓人作为洪洞大槐树(今属山西)迁民之一,被分迁于今北京、江苏、安徽、湖南等地;同时,今福建等沿海地区的尤姓人有渡海赴台,扬帆东南亚者。

尤姓是当代中国人口排行第一百六十三位的姓氏,总人口约有80多万,约占全国人口的0.064%,在河南一带比较集中。

许

【许姓图腾】

从直观上看不难发现,许姓图腾由"言"和"午"两部分组成。"言"代表天的使者传达天的规律。天的规律具体地来讲,指的是用天干重仪观测太阳在中午日高天的日影晷迹的变化。"午"有两种意思,一种就是指玄鸟,同时也是指天干重仪。许姓氏族擅长观测这些现象,并从中寻找规律,最后的图腾由"天干重仪"和"天的规律"两部分组成。

【许姓起源】

1.源自姜姓

将国作为氏,所传为炎帝神农氏(姓姜)的后裔。据《元和姓纂》及《新唐书·宰相世系表》所载:上古"四岳"之后就包括许氏这一分支。"四岳"是由炎帝的姜姓后裔发展而来的四支胞族。他们和姬姓部落结成联盟,许姓与"于姓"成了平行发展的两个族姓。后来,以姬姓和姜姓部落为主的盟军打败了商纣王,建立了姬姓国——西周。周成王时,大规模地分封诸侯,其中商的旧地也分封了一些姬姓诸侯国和姜姓诸侯国。许国(故城在今河南省许昌)在被周分封的姜姓诸侯国之中,是很小的一个分支,炎帝后裔姜文叔是他们的开国之君。春秋时,许国成为楚国的附庸国。战国初期,许国被楚国消灭,子孙以国为氏,称许氏,这就是许姓正宗的由来。此支许氏,到现在为止已有3000多年的历史。

2.源自许由的后代

相传,许由是尧舜时期的高士贤人。尧本来已经决定让他来当国君,但他拒绝了;尧又请他担任九州长一职,他却逃到了箕山(今河南省登封境内)中,农耕为食。其后裔以祖名中的"许字为氏"。此支许氏,据说已经传承了4000多年。

3.源自少数民族本有之姓

我国很多少数民族中都有许姓,如满、黎、瑶、彝、土家、阿昌、回、蒙古、朝鲜等少数民族。

【许姓名人】

许行

战国时期楚国人。主张"贤者与民并耕而食,饔飧(自理炊事)而治",反映了古代社会中农民的一种朴素的理想。许行的主张具有一定的号召力,据说他有学生数十人。而我国古代很多典籍都提到过许行,可以说,他是最早出现于史籍的许姓著名人物。

许劭

三国魏大名士。以爱好品评人物而闻名,因为他评论人物的方式是每月更换一名,所以时称汝南"月旦评"。许劭真正广为人知是因为他曾评曹操为"治世之能臣,乱世之奸雄",这句话几乎成为曹操一生的定论,"一代奸雄"起码在民间成了曹操的代名词。

许浑

晚唐最具影响力的诗人之一,七五律尤佳,后人甚至认为他可以跟诗圣杜甫齐名,其诗皆近体,句法圆熟工稳,声调平仄自成一格,也就形成了所谓的"丁卯体"。诗多写"水",故有"许浑千首湿"之说,更有"许浑千首湿,杜甫一生愁"之语,代表了后人将他与杜甫放在一起比较的推崇之意。许浑的所有诗中,最著名的就是那句"山雨欲来风满楼"。

【郡望堂号】

郡望

汝南郡:治所在今河南上蔡西南,汉高祖时置郡。此支许姓人的开基始祖为秦末隐士许猗。

高阳郡:治所在今山东淄博市临淄区一带,南朝宋时置郡。

堂号

洗耳堂：传说当初尧帝请许由出任九州长时，许由认为尧说的话污染了他的耳朵，就跑到颍水边去洗耳朵。许氏因以"洗耳"为堂号。

【宗族特征】

以许猎为源头的汝南许姓家族，不但是众多许姓郡望的主干，而且也是许姓人历史上迁徙的主源，就其本支来说，冠冕累世，簪缨不绝，辉煌至极。许姓人秉承先人贤德高洁的品质，仁德克俭、惜阴勤勉，涌现出众多名人。许姓家族的字行规整鲜明，透出许姓族人独有的特征。许引之主修的《许氏家谱》内录有直隶（今河北）许姓一支的字行为："立崇文新金学，乃身宝儒以道德。"

【繁衍变迁】

许姓发源于今河南许昌东。许国被灭后，除部分迁居今湖北荆山及湖南芷江等地外，多数许姓人就地繁衍或北上迁至今河北高阳等地。秦汉以后，北方的许姓人主要分布于今河南、河北、安徽、陕西、山西等广大地区。许姓人南迁始于魏晋南北朝。唐初，有今河南的许姓人入今福建。唐代以后，许姓人大举南迁，繁衍于今江苏、浙江、湖北、福建、广东等地。宋末元初，许姓人又有一支徙居今广东。明代，今福建的许冲怀、许申移居台湾，进而又有许姓人移居海外。有迁至今湖南、福建、广东三省及广西壮族自治区的许姓汉族人，融入了侗、壮等少数民族。

许姓是当代中国人口排行第二十八位的姓氏，总人口约有 730 余万，约占全国人口的 0.58%。

何

【何姓图腾】

直观地看图像，何姓图腾由一个"人"和"可"组成。左边的"人"后来逐渐衍化为"亻"。而图腾中的"可"代表

黄河流经的地区,直观上也很像地图中黄河的图形。

【何姓起源】

1.源自音变

根据相关史料记载,战国时,韩国是周成王的弟弟唐叔虞的后裔建立的。后来韩国被秦国灭掉,王室子孙避难逃亡到江淮一带。当地人由于口音的缘故,"韩""何"音不分,读音的不分导致很长一段时期当地人经常将"韩"误写为"何",随着时间的推移,"何"字遂被这批王世子孙沿用。因为这一支何姓人为周文王之后,所以他们统一源自姬姓。

2.源自"昭武九姓"

据相关史料记载,在隋唐时期,西域阿姆河、锡尔河流域各氏族统称为"昭武九姓",在这九个姓中,有何姓存在。

3.源自冒姓、赐姓或改姓

冒姓:据不少史料记载,汉代有个人叫朱苗,冒姓何,称何苗,原因不明。

赐姓:元朝末期有个人叫何铭,他是吐蕃宣抚使锁南之子,他就是被朝廷赐姓为何的。

改姓:有不少少数民族在历史发展过程中改姓何,如阿里侃氏、赫舍里氏、栋鄂氏、辉和氏等。

【何姓名人】

何进

生于东汉,官任大将军,南阳宛(今河南省南阳)人,何皇后的异母兄,时黄巾起义拜进为大将军,率军卫镇京师,以功封慎侯及灵帝崩,皇子辩登基后,以主幼宫廷内外不安,进谋诛宦官不密,反为所害。

何晏

生于三国时期(190~249年),是著名玄学家,为魏晋玄学的主要创始人之一。字平叔,南阳宛人。汉代大将军何进之孙,曹操为司空时纳其母,并收养晏。晏少时聪慧过人,曹操宠若诸公子。后赐何晏与金乡公主成婚,赐爵为列侯。官拜散骑侍郎、侍中、吏部尚书,后为司马懿所杀。何晏主张儒道合同,引老以释儒。他在《道论》中说:"有之为有,恃'无'以生;事而为事,由无以成。""无"是他对《老子》和《论语》中"道"的理解。他认为天地万物都是"有所有",而"道"被定义为"无所有",是"不可体"的,所以无语、无名、无形、无声是"道之全"。何晏与王弼名次不分上下,其《论语集解》《景福殿赋》《道论》等仍存于今世。

何逊

生于南朝梁代,著名诗人,字仲言,东海郯(今山东省兰陵县长城镇)人,何承天曾孙,宋员外郎何翼孙,齐太尉中军参军何询之子。八岁能诗,弱冠州举秀才,官至尚书水部郎。诗与阴铿齐名,世号阴何。文与刘孝绰齐名,世称何刘。其诗尤其以写景著称,炼字之功甚高。为杜甫所推许,有集八卷,现在已经失传,明人辑有何水部集一卷。现在被人们称为"何记室"或"何水部"。

【郡望堂号】

郡望

庐江郡:治所在今安徽庐江,由秦代九江郡在楚汉之际分出。

东海郡:治所在今山东郯城北,秦时置郡。

堂号

水部堂:南朝何逊,官尚书水部郎,诗文很有名,著有《何水部集》,因而有此堂号。

【宗族特征】

何姓一族的历史发展演变具有复杂性、多样性的特征:何姓族人分布广泛、流徙频繁,历史上在政治、经济、文化等领域内,人才辈出,名人不断,为中华民族的发展做出了巨大贡献,同时也使得本族获得了巨大发展,以致根深蒂固、枝繁叶茂。各支何姓字行辈分排列有序。

【繁衍变迁】

何姓发源于江淮流域的今江苏和安徽两地,族人早期主要分布于江淮流域及江淮流域以北地区。在两汉至魏晋南北朝时,何姓人由江淮迁入今山东、河南、河北、山西、陕西、四川等地,从而形成以我国北方为主要繁衍地带的局面。这一时期,何姓家族逐渐繁衍壮大,且形成了庐江(今属安徽)、陈(今河南、安徽部分地区)、东海(约为今山东兖州、江苏邳州一线以东至海间地)三大郡望,在政治上与文化上涌现出大量高官与名人,为何姓族人以后的发展打下了坚实基础。何姓人在晋代开始南迁,成为"入闽八姓"之一。隋唐时,何姓人在我国南北地区均有巨大发展,尤其以南方各地的繁衍为盛。明清时期,何姓家族逐渐壮大,族人遍布于全国各地。

何姓是当代中国人口排行第十八位的姓氏,总人口约有 1300 多万,约占全国人口的 1.06%

吕

【吕姓图腾】

吕姓图腾相当美观,最吸引人眼球的,就是其中那只昂首挺胸的鸟。这种鸟就是不少史料提到过的凤鸟。两个"口"和凤鸟就构成了吕姓图腾。吕氏是炎氏族一支的族称,宫室型会堂即是由他们发明的,所以吕姓图腾中的两个"口"其实就是一座宫殿基址平面最简单的设计图;又因为炎帝氏族把太阳火鸟当作图腾,故吕姓图腾中常常出现凤鸟的形象。

【吕姓起源】

1.源自姜姓

这一类吕姓是姜姓的一个重要分支，以国作为姓氏。《元和姓纂》《世本》《说文》等载：炎帝因居姜水流域，所以被称为姜姓。后来姜姓发展出四支胞族，即"四岳"，吕部族就是其中一支。该部落的首领在夏时被封为吕侯，建姜姓诸侯国吕国（在今河南省南阳）。到了春秋时期，吕国被楚国所灭，其子孙以国为氏，称吕氏。古时，在今河南新蔡，又有一吕国，史称东吕，实为南阳吕国分出的一支。春秋时，东吕一国被宋国所灭，该国的后代便以国为氏，称吕氏。

2.源自姬姓

商末，周文王（姬姓）占领隗姓魏国之地，将魏国赐予自己的亲属当作封地。周武王时，又将山西芮城东北的魏城当成了魏国的封地。子孙于是开始以国为氏。春秋时，晋大夫魏锜食采于吕邑（今山西省霍县西南），他的后代子孙便以吕为氏。

3.源自少数民族改姓

《魏书·官氏志》《通志·氏族略》等资料载：北魏孝文帝迁都洛阳后，实行汉化政策，原鲜卑族之代北（约在今河北省蔚县以西，山西省外长城以南，原平、五台山东北一带）复姓叱吕氏、叱丘氏改为汉字单姓吕氏。五代后周时又改代北三字姓俟吕陵氏为汉字单姓吕氏。另外，满、黎、仫佬、土、蒙古、土家、朝鲜等这些少数民族中也常见吕氏族人。

【吕姓名人】

吕不韦

卫国濮阳（今河南省濮阳滑县）人，战国末年，最开始是著名的商人，后来成为政治家、思想家，后为秦国丞相。吕不韦是阳翟（今河南省禹州市）的大商人，故里在城南大吕街，他往来各地，以低价买进，高价卖出，所以积累起千金的家产。他以"奇货可居"闻名于世，在秦庄襄王登上王位的过程中发挥过重要作用，任秦国相邦，并组织门客编写了著名的《吕氏春秋》，即《吕览》其门客有 3000 人。杂家思想的代表人物之一。

吕布

五原九原（今内蒙古自治区包头西北）人，一说山西忻州人。相传是东汉末年名将，善弓马，力大无穷，时称"飞将"，号奋威将军，封温侯，割据徐州，此人可称得上是一代枭雄。

吕雉

单父(今山东省单县南)人，汉高祖皇后，人们常常称她吕后。曾辅佐刘邦平定天下，公元前 195 年刘邦死后代理朝政，掌权十六年，她是历史上第一位有记载的女执政者。

吕不韦

【郡望堂号】

郡望

河东郡：治所在今山西夏县西北，秦时置郡。此支吕姓人为春秋时晋国大夫吕锜之后。

淮南郡：治所在今安徽寿县，汉高祖时置郡。此支吕姓人的开基始祖为吕谦。

堂号

东莱堂：南宋时期的吕祖谦做过著作郎兼国史馆编修的官，著有《东莱博议》，其中阐发了他对春秋三传的独到见解。后人因以"东莱"为堂号。

【宗族特征】

吕姓作为中国一大姓氏，名人辈出，各行各业均有吕姓锋芒毕露者，三国人物吕蒙、吕布更是人们耳熟能详的杰出人物。吕姓家族的字行辈分亦尽显其家族特征，如清代吕国泰所纂《吕氏族谱》中载有山东吕姓一支的字行为："巩丰仕贤，树桂诒玖，怀国安邦。"

【繁衍变迁】

吕姓发源于河南南阳西、新蔡一带。南阳吕国灭亡后，部分遗民被迁至今湖北蕲春。新蔡吕国亡国后，遗民主要散居于今河南南部及安徽北部。两汉时期，吕氏分布于今河北、山西、内蒙古等地。东汉末年，西阳(今河南光山西南)人吕范移居今安徽寿县。三国时，有吕姓徙居今山西永济市。南北朝时，吕姓有进入今浙江、江苏等地者。北宋初年，吕姓人徙居福建、广东，清代康熙年间，这两地有吕姓人到了台湾，进而远徙海外。

吕姓是当代中国人口排行第四十三位的姓氏，总人口约 570 多万，约占全国人口的 0.46%，尤盛于山东和河南一带。

施

【施姓起源】

1.上古夏朝时，有个诸侯国叫施国(在今湖北恩施县)，国亡以后，其公族子孙就以国名为姓，世代相传姓施。

2.古代春秋时，鲁国有个大夫叫施父，他的后代便以施为姓，世代相传。

【施姓名人】

西施

春秋越国美女，越国苎萝(今浙江诸暨市南)人。本为浣纱女，适越王勾践为吴所败，欲献美女以乱其政，乃令范蠡献西施，吴王大悦，果迷惑忘政，后为越所灭。亦称为西子、先施。

施耐庵

名子安(一说名耳)，又名肇瑞，字彦端，号耐庵。江苏兴化人，祖籍泰州海陵县，住苏州阊门外施家巷，后迁居当时兴化县白驹场(今江苏省大丰区白驹镇)。中国古代著名作家，元末明初人，中国古典四大名著之一《水浒传》的作者。

施琅

字尊侯，号琢公，清晋江人，初为明代郑芝龙部将，降清后，平台湾，灭郑氏，封靖海侯,卒谥襄壮。

施世纶

施琅之子,康熙二十三年(1684年),年仅26岁的他出任江苏泰州知州。康熙廿八年(1689年),皇帝南游,得知施世纶治迹彰著,深得民望,就开了"金口",称他是"江南第一清官"。清代中叶,出现了一部公案侠义小说《施公案》,就是在说他。

施耐庵

【繁衍变迁】

施姓发祥于古时的鲁国,即今山东西南部一带。

施姓是典型的南方姓氏,其源于北,而盛于南。施姓虽然得姓不算很早,但其后世族人的南迁,特别是移入福建,却是较早的一支。

春秋末期,施姓开始散居在山东大地繁衍。

秦汉以前,施姓开始向邻近的河北、河南、安徽、江苏一带播衍。

汉时已有施姓入关中者。

魏晋南北朝时期,社会纷争,夷族入侵,社会激剧动荡,致使民不聊生,饿殍遍野,苦于生计,施姓族人开始大举南迁江南,并在今浙江湖州一带形成大的聚落。

施姓进入福建,大约是唐朝中期。

唐宋之际,居住在浙江湖州一带的施姓经长期繁衍,已经人丁兴旺,族大人众,并时有显贵者,从而形成了施姓历史上的一大郡望即吴兴郡。

元时蒙古骑兵南下,江浙闽一带百姓避乱四迁,施姓有入广东、云南、广西、湖南、湖北、江西、四川者。

明初洪武年间,施姓作为明朝洪洞大槐树迁民姓氏之一,被分迁于河南、山东、河北、天津、北京等地。

明清之际,上述迁至浔江的施姓,后来一部分人迁居入台,一部分人漂洋过海到了南洋。应该说,现在南洋各地的施姓华侨,与台湾的施姓同胞当属一个先祖的同族人。而此期的施姓仍昌盛繁衍于江浙闽一带,且人才辈出,成为此期施姓发展的主流,还有一支施姓由山东入迁辽宁。

如今,施姓在全国分布甚广,尤以江苏、浙江、福建等省为多,上述三省施姓约占全国汉族施姓人口的58%。

张

【张姓图腾】

据《元和姓纂》所载:"黄帝第五子青阳生挥,为弓正,观弧星,始制弓矢,主祀弧星,因姓张氏。"所以,不仅仅是"张"字的简化字本身,实际上张姓图腾就是由两部分组成的,那就是"弓"和"长"。

从图腾的意义角度看,有两种说法,一种是"弓"代表盖天图,也就是天穹;另一种是据说弓是张姓始祖张挥发明的,所以在图腾中表示出来。

按照第一种说法,从图腾上看就像是一个竖起来的天穹,而弓弦就是地平线。"长"象征着共工氏部落,根据远古的传说,其族人身形巨大,以插在头上的青鸟羽毛为族属标志。因为有种说法认为,张姓始祖就是共工氏,其族人擅长观测太阳运行的轨迹,因此整个图腾表现的就是共工氏的特点:身材高大,头插羽毛,同时用代表天穹和地平线的"弓"来象征太阳运行的轨迹规律尽握其手中。

按照第二种说法,张姓始祖是张挥,所以从图腾中也能看出来这一点。

【张姓起源】

1.源自黄帝之后

一些学者认为张姓一部分是源于黄帝之后挥。挥的后代有以张为姓氏的。因挥住在尹城国的青阳,亦即清阳,清阳在清河以南(今河北省清河县东)而得名。其后被称为河北张氏。

2.源自赐姓或他姓、他族改姓

据史料记载,世居云南的南蛮酋长龙佑那,于三国时被诸葛亮因为政治原因赐姓张,此后他的子孙便都开始姓张。同样是三国时代,当时魏国大将聂辽,后来改姓张,他就是无论在历史上还是民间都很有名的张辽。张辽属于他姓改姓的一类,不仅是他,历史上还有韩、姬等姓人士改姓张。他族改姓一般情况下指的是少数民族改姓,如历史上的乌桓、女真、羯、鲜卑、匈奴、契丹等少数民族的某些分支都有改姓张的。

【张姓名人】

张仪

鬼谷子张诩的门生,战国时期著名的政治家、外交家、纵横家、谋略家。历史上很多典籍都曾经提到过他。他曾经辅佐过秦惠王,做过丞相,以连横之策游说六国,使六国背叛"纵约"以事秦。

张良

字子房,秦末汉初著名的政治家、谋略家,是汉朝开国功臣之一,同时也是汉初三杰之一。本是韩国公子,秦灭韩,报仇未遂的张良隐姓埋名,隐于下邳,传说后来遇到黄石公,传《素书》,得谋略。后为刘邦出谋划策画定天下,帮助刘邦成为汉高祖皇帝。张良被誉为"第一谋士"。

张三丰

或作张三峰,一名君宝,号三丰,因其不修边幅,又称张邋遢。明朝辽东懿州

张良

(今黑山县境)人,著名道士,是一位无论是在历史上还是在民间都充满传奇色彩的人物。他的生卒年不详,也因此引起种种猜测和传说。张三丰所创太极拳术,闻名当时,其法传于后世,称内家拳,又称武当派。传说他精通辟谷之术,能够数月不

吃东西而不会被饿死。

【郡望堂号】

郡望

清河郡:治所在今河北清河东南,汉时置郡。此支张姓人的开基始祖为西汉留侯张良的后裔张歆。

范阳郡:治所在今河北涿州,三国时置郡。此支张姓人的开基始祖为东汉司空张皓之子张宇。

堂号

百忍堂:唐时,张公艺九世同居。高宗问他家族和睦相处的经验,他写了100个"忍"字。高宗感佩,奖绸缎100尺,因而有此堂号。

【宗族特征】

张姓得姓较早,源远流长,且枝繁叶茂,各郡望字行辈分排列有序。如清光绪年间张允选等所修的《张氏族谱》中,载有黄县(今属山东)一支张姓人的字行为:"基业可久,名望堂昭,衍庆为志,肇锡永超。"此外,张姓家族还有一个非常奇特的现象——道士多,如五斗米道的开创者张道陵、太平道的创立者张角等。

【繁衍变迁】

张姓起源于今河北、山西、河南等地。汉代以前,张姓人繁衍到黄河流域大部分地区,遍布今陕西、河南、山东、河北等地。同期有张姓人入蜀郡(今四川成都市、平武县、三台县、雅安市一带)为太守。汉代,张姓族人迁往今江苏苏州,以及东北、西北等地。汉末至西晋,张姓人南迁,吴郡(治所在今江苏苏州)的张姓人首先崛起,吴郡遂成我国张姓人在东南沿海地区的繁衍中心。唐宋时期,张姓人大举南迁,使得张姓人在宋代至元明清时期分布于大江南北各个区域,形成了一支庞大的族系。

张姓是当今中国人口排行第三位的姓氏,总人口约8500万,约占全国人口的

孔

【孔姓图腾】

孔姓图腾记述的是关于"玄鸟殒卵"的一个传说。它由两部分组成,左边是人形的"子"字,右边是一只展翅翱翔的玄鸟。传说孔姓的始祖帝喾协同妻子简狄和建疵在桑社游览,这时一只燕子飞过来,产下一卵后飞去。简狄吃下燕卵后,就生下了契(商朝的始祖),因此契以"子"为自己的姓氏。

孔是玄鸟族裔的族称,是源于子姓的分支。

【孔姓起源】

1.源自子姓

据相关资料记载,西周初年,殷纣王兄微子启(子姓)建立宋国(今河南省商丘一带)。微子启死后,他的弟弟衍继位。其后裔正考父是宋国上卿,其子名嘉,字孔父,史称孔父嘉。春秋时,孔父嘉的后代就以孔为氏。另据宋《广韵》记载,契为子姓始祖,其下历经14代,传到成汤,灭夏桀,建立商朝,将南亳(今河南省商丘附近)当作自己的首都。成汤亦称大乙、天乙,是一个圣明的君主,其子孙中有一支以商族的姓"子"与其字中的"乙"组合起来形成了一个姓氏,即孔氏。

2.源自春秋时期诸侯国

据古代不少姓氏学著作研究表明,春秋时期郑国(今河南省新郑)有出自姬姓的孔氏,卫国(今河南省滑县东)有出自古佶姓的孔氏,陈国(今河南省淮阳)有出自妫姓的孔氏。

3.源自少数民族姓氏

姓氏学研究结果显示,清朝时期,满族八旗沮屯氏、温都氏及土家、苗、蒙古、回等民族中均有孔姓。

【孔姓名人】

孔丘

字仲尼。排行老二,汉族人,春秋时期鲁国人。孔子是我国古代伟大的思想家和教育家,儒家学派创始人,同时还是世界上最著名的文化名人之一。孔子编撰了我国第一部编年体史书《春秋》。据有关记载,孔子出生于鲁国陬邑昌平乡(今山东省曲阜市东南的南辛镇鲁源村),逝世时享年73岁,葬于曲阜城北泗水之上,即今日孔林所在地。语录体散文集《论语》及先秦和秦汉保存下的《史记·孔子世家》中记下了孔子的许多言论。

孔融

字文举,东汉文学家,鲁国(今山东省曲阜)人,孔子的第二十世孙。其家学渊远,为建安七子之首。

孔尚任

字聘之,又字季重,号东塘,别号岸堂,自称云亭山人。山东曲阜人,孔子六十四代孙,清初诗人、戏曲作家。时人将他与《长生殿》作者洪升并论,称"南洪北孔"。他的《桃花扇》是清代传奇的代表作,为继《长生殿》后又一部古典戏曲杰作。

孔融

【郡望堂号】

郡望

鲁郡:今山东曲阜市、滕县、泗水县等地,晋时置郡。

河南郡:今河南黄河以南洛水下游,贾鲁河上游地区以及黄河以北的原阳县,汉高祖改秦三川郡而设。

堂号

阙里堂、至圣堂：都因孔子而得名。

【宗族特征】

孔姓家族绵延不绝，持续 2000 余年，是世界上屈指可数的辈分分明、有史可稽的著名宗族。孔姓家族比任何一个宗族都严密，极具家族与时代特色，其族人因历代封建统治者均倍加推崇儒家学说而得到特殊的恩赐，且历千年不衰。孔姓人特别注重研修家谱、家训，其家谱谱系井然，是我国历史上延续时间最长、包罗内容最丰富、谱系最完整的家谱。孔姓家族历经千年，繁衍日盛，人口众多，但其字行辈分始终排列有序，至今不乱。

【繁衍变迁】

孔姓发源于今河南商丘等地。孔父嘉的后代因为避祸逃到鲁国（今山东曲阜一带）并定居下来，这次东迁使鲁地成为孔姓人的繁衍之所。汉代起，由于官职变动、战乱等原因，孔姓族人开始向他处迁徙。三国两晋南北朝时，孔姓族人大规模南徙，进入今浙江、安徽等地。盛唐时期，孔姓族人繁衍繁盛，渐分居于今江苏、浙江、江西等地。宋、明时期，今山西、辽宁、江苏、云南、贵州、四川等省都有孔姓族人。清代以后，孔姓家族有不少人移居海外。

孔姓是当代中国人口排行第八十三位的姓氏，总人口约有 270 多万，约占全国人口的 0.22%，在山东最为昌盛。

曹

【曹姓图腾】

直观地看不难得出一个结论：曹姓图腾由两部分组成，两个左右并列的"东"字组成了上半部分，代表在灵台（瑶台或坛台）设立的春秋东西卯酉二建木，表示卯和酉平行,建木从中间穿过。下半部分即是灵台,可以称得上是"日出汤谷"的象征。

【曹姓起源】

1.源自官名

相关史料研究显示,曹官是"圜土"为牢,此官职主要是看押奴隶。陆终第五子安因辅助夏禹治水有功而任曹官,后以官名为氏。

2.源自邾姓

据《元和姓纂》《广韵》等资料所载,周朝初,曹安的后代接受了武王的封地,在邾国(今山东省曲阜东南)等地,楚国灭掉邾国之后,邾人以邾为姓,后有改姓曹者。

3.源自姬姓

《通志·氏族略》《元和姓纂》等载:周文王之子、周武王之弟振铎受封于曹地(今山东省菏泽一带),曹国后来在此地建立,建都陶丘(今山东省菏泽市定陶区西南),后被宋国所灭,其国人以曹为氏。

【曹姓名人】

曹刿

春秋时期鲁国的一位名将。鲁庄公的时候,齐国攻打鲁国。曹刿在这样的关键时刻求见鲁庄公,随庄公战于长勺,利用齐军"一鼓作气,再而衰,三而竭"的时机,叫庄公鸣鼓进攻,结果获得了长勺之战的大胜。而曹刿的名字也因脍炙人口的《曹刿论战》而被人们所知晓。

曹操

字孟德,安徽亳州人,三国时期著名政治家、军事家、诗人。建安元年,他统一了中国北部。其子曹丕称帝,追尊为武帝。曹操是知名度非常高的一位历史人物,被各种文学作品演绎,如《三国演义》等。

曹雪芹

清代小说家。名霑,字梦阮,号雪芹,又号芹溪、芹圃。曹雪芹性格放达,常以南北朝时期的阮籍自比。他爱好研究广泛：金石、诗书、绘画、园林、中医、织补、工艺、饮食等。他出身于一个"百年望族"的大官僚地主家庭，后来家境衰败，由阔绰的公子生活一下子跌到社会的底层，这样巨大的反差给了他非常大的触动，从而对这个社会产生了一般人难以有的深层的认识和体会。在人生的最后阶段，他以坚韧不拔的毅力，历经十年创作了《红楼梦》，并专心致志地做着修订工作，死后遗

曹操

留《红楼梦》前八十回书稿。《红楼梦》成为一部经典之作，为中华民族留下了一份宝贵的遗产。而曹雪芹也因此不仅是后人推崇备至的曹姓名人，更是中华民族的骄傲。曹雪芹另有《废艺斋集稿》行世。

【郡望堂号】

郡望

谯郡：治所在今安徽亳州，东汉末年从沛郡分出置郡。

彭城郡：治所在今江苏徐州市，西汉时设置，东汉时改为彭城国。

堂号

清靖堂：又称无为堂，西汉宰相曹参沿用其前任萧何的办法治理国家，使百姓得以休养生息。百姓因此歌颂他说："载以清靖，民以宁一。"故而有此堂号。

【宗族特征】

曹姓名人辈出，从王侯将相到文人墨客，不一而足。尤其是三国曹操和清代曹雪芹，更是在曹姓的发展史上留下了浓重的一笔。曹姓人的字行辈分除排列井然有序外，还体现着忠贞报国、勤俭治学的家规家训。如曹振甲所修《曹氏族谱》中就有扬州（今属江苏）曹姓一支的字行为："景国良栋，守世乙启，子木宏允，振汝

【繁衍变迁】

曹姓发源于今山东,山东曹姓人是后世曹姓人繁衍播迁的主要源头。秦汉时期,今山东、安徽、河南、江苏北部成为曹姓人的主要聚居点,今陕西、湖北、甘肃、浙江也有曹姓人散居。魏晋南北朝之际,曹姓人开始南迁,而北方曹魏政权的建立,使得曹姓人在北方也得到了较好的发展,这是后世曹姓人在黄淮流域分布最为集中的直接原因。隋唐时期,曹姓人在数量上又有大的发展,今福建省、广西壮族自治区等地始有曹姓人入居。宋元至明清时期,曹姓人已广布我国各地。清雍正年间,有今福建境内的曹姓人入居台湾,进而迁徙海外。如今,曹姓人以黄淮流域分布最为集中,尤以四川、河北、河南、湖北等省人口为多。

曹姓是当代中国人口排行第二十七位的姓氏,总人口约 730 余万,约占全国人口的 0.59%。

严

【严姓图腾】

传说弇兹氏、三青鸟氏、俨优氏这三个氏族,源于同一部族,而严就是其本部的族姓。严姓图腾描绘的就是这三个氏族在"悬崖"上观测北斗的场景。这里的悬崖,即指昆仑山的第三层铜居的台坝。上面的三个"口",就代表这三个氏族。悬崖下面,有个"彐",代表北斗星,表示确定了北天极。"彐"下面的"厶",代表坛台和天文仪器挺木牙交。左边有两只手,寓意双手捧着天文仪器观测北斗星的运行情况。而左边的"S"形符号,就是北斗星的运行轨迹。

【严姓起源】

1.出自庄姓。据《通志·氏族略》所载,东汉时,庄姓人为避明帝刘庄之讳,改姓严。到魏晋时期,姓严的人中,有一部分又恢复了原来的庄姓。这样,就出现了庄、严姓并存于世的情况。

2.出自芈姓。《元和姓纂》载:"严氏,芈姓,楚庄王支孙,以谥为姓。"

3.以邑名为氏。战国时,秦孝公之子君疾受封蜀郡严道县(今四川荣经),以邑名为氏,故称为严君疾,其子孙遂世代相传为严氏。

4.据《姓考》所载,古有严国(今址失考),国人以国名为氏。

5.少数民族姓氏。据《晋书》所载,后燕慕容盛时丁零族有以严为氏者。满、彝、土、锡伯、朝鲜等族均有严姓。

【严姓名人】

严遵

蜀郡成都(今四川成都)人,西汉哲学家。好老庄,精《大易》,遵从老子有生于无的思想,认为虚无是世界的本原,隐居不仕,以卜筮为生。著有《老子指归》。

严复

福州(今属福建)人,清代启蒙思想家、翻译家。曾任北洋海军学堂教授、京师大学校长等职。译有《天演论》《中国教育议》等,著有《侯官严氏丛刊》《严译名著丛刊》等。著作中不乏被译成别国文字,流传国外者。

【郡望堂号】

郡望

天水郡:治所在今甘肃通渭县西北。

冯翊郡:今陕西大荔县一带。汉武帝置左冯翊,三国魏时改置冯翊郡。

堂号

天水堂:据《千家姓》载,古代严氏家族居于天水郡,因而有此堂号。

严复

【宗族特征】

严姓为典型南方姓氏。严姓名人，文有文采，武有武略，其中文士多以清高和孝行见诸史册，如西汉有一心闭门读《老子》的严遵，东汉有隐士严光。

【繁衍变迁】

严姓人自得姓之始就分布广泛。东汉时，严姓人多居于今山东、湖北、安徽、浙江一带，今四川、云南、贵州一带亦有严姓人的足迹。魏晋时，北方的严姓人多居于今陕西、山西、河南、甘肃等地区。随着后世战乱，严姓人多南迁。唐代以后，南方的严姓人繁衍繁盛。明清，严姓人多居于今安徽、江苏、浙江、福建沿海一线，今云南、广东等地亦有为数较少的严姓居民。清康熙年间，严姓人始有从今福建、广东等地渡海入台者。

严姓是当代中国人口排行第九十四位的姓氏，总人口约有220万，约占全国人口的0.18%。

华

【华姓图腾】

华姓的图腾由"风"字和博山天齐扶木两部分组成，最早是燧人弇兹氏大山纪历的图腾铭识，后被华胥氏所继承，成为华姓的图腾。图腾的下部是一个"几"字形符号，是风的原始写法，代表天穹，是太阳升起降落的轨道。其两侧的齿状符号，叫作"山节"，表示太阳上升的高度。在图腾中央的天齐峰两侧的，与之类似的齿状的符名，代表博山。图腾最上部是扶木(东夷名为扶桑、中州名为建木、崆峒名为穷桑、西戎羌名为若木)，长在天齐峰顶上。观天象者观测日月星辰投影在扶木东西两侧的高度，然后刻下"∧、∧"形状的符号，作为纪时纪节气的准则。

【华姓起源】

1.出自子姓。据《名贤氏族言行类稿》《古今姓氏书辩证》《广韵》及《辞源》所载,子姓后裔、宋戴公之孙督,字华父,为宋国太宰。督杀死了当时的宋国国君宋殇公和大夫孔父,另立宋庄公为君,自任为相。其后督自立为华氏,后世沿用。另有观点认为,督父正考父食采于华(故城在今河南新郑北),其后以邑名为氏。

2.源于姒姓。据《姓氏考略》载:"夏仲康封观于西岳,曰华氏。"西岳即今陕西境内的华山。大禹之孙姒仲康即位时,曾去华山封禅(古代帝王祭天地的大典),在当地住过一段时间,生儿育女。这支姒姓子孙就以华山的华为姓,奉仲康为华姓始祖。

3.清满族八旗姓爱新觉罗氏之后有改华姓者;锡伯族华西哈尔氏,汉姓为华;今满、蒙古、回等民族皆有此姓。

【华姓名人】

华佗

字符化,谯县(今安徽亳州)人,东汉末名医。华佗擅长外科手术,是世界医学史上最早使用全身麻醉术的人,并创"五禽戏"以助养生。

华歆

平原高唐(今山东禹城西南)人,三国时魏国大臣,以才华横溢著称。曹操征讨孙权时为军师,后转为御史大夫。魏文帝即位后,被拜为相国,受封安乐乡侯。明帝时,任太尉,晋封博平侯。

华蘅芳

无锡(今属江苏)人,清末数学家。致力于翻译工作,译出算学、地质学等书17种,包括《代数术》《三角数理》《微积溯源》等,并著有《行素轩算稿》。

【郡望堂号】

郡望

平原郡：治所在今山东平原县南，汉代时置郡。

武陵郡：治所在今湖南溆浦县以南，汉代时置郡。

堂号

武陵堂、华岳堂、平原堂、敦厚堂等。

【宗族特征】

华姓家族人才济济，自得姓以来，世代显达，两晋以前北方支脉名人众多，南北朝以后南方支脉显贵。《中国历代人名大辞典》录有华姓名人 87 位，数量之多比起排名一百位以前的姓氏来也，丝毫不见逊色。

【繁衍变迁】

华姓起源于今河南、陕西境内。春秋时，华姓人已播迁于楚国（都城为今湖北江陵）、吴国（都城为今江苏苏州）、卫国（都城为今河南淇县）、齐国（都城为今山东淄博）。公元前 286 年，宋国被齐、楚、魏三国瓜分，华姓人渐有北徙今山东，南迁今安徽、江苏者。两汉时，华姓人遍布今山东、江苏、安徽。新莽之乱时，有北方的华姓人避居今湖南溆浦一带。三国两晋时期，华姓家族的发展达到高峰。永嘉之乱中，华姓人避乱南迁于今江苏、浙江、湖北、安徽等省。历南北朝至隋唐，华姓人在今江苏、上海等地繁衍昌盛，并有一支入迁今福建。宋元两代，华姓人遍及黄河、长江、珠江中下游。明清时期，华姓人广布于台湾以及西南、西北、东北各地。

华姓是当代中国人口排行第一百八十位的姓氏，总人口约有 67 万，约占全国人口的 0.053%，在江苏、吉林比较集中。

华蘅芳

金

【金姓图腾】

金天氏少昊本姓金。这一族的图腾比较抽象,它描绘的是天余四方重、番仪,同时,这也是金的本义。

【金姓起源】

1.源自少昊金天氏之后

一部分史学家认为,少昊是上古五帝之一,是黄帝的己姓子孙,死后被尊为西方大帝。按照古人的五行学说,西方属金,所以少昊又有金天氏的称号。其后裔有以金为姓者,开始世代姓金。

2.源自赐姓

汉武帝当政的时候,匈奴休屠王的儿子日磾归顺于汉室。由于休屠部曾铸铜人像(又称金人)以祭天,日磾遂被赐姓金,称金日磾。明永乐年间,成祖伐漠北,蒙古王子也先土干率妻子和手下来投奔他,被皇帝赐姓金氏。

3.源自改姓

唐末五代时,吴越国开国之王钱镠因“镠”与“刘”为同音字,为了避讳,便将吴越国中的刘氏改为金氏。宋时有金履祥,本为刘氏,后改为金。清代著名的文学评论家金圣叹,本姓张,后改姓金。

4.少数民族本有之姓

南北朝时羌族中有金姓;唐时新罗(今朝鲜半岛)国王姓金;清代爱新觉罗子孙中多有姓金者。

【金姓名人】

金日磾

西汉大臣。匈奴休屠王太子,归汉。其后世代代官宦,且多为侍中。金日磾为中国金姓历代名人中地位最显赫者。

金圣叹

明末清初人,著名的文学家、文学批评家。金圣叹的主要成就在于文学批评,对《水浒传》《西厢记》《左传》等书都有评点,有关他评点的名著至今仍被不断出版。

金岳霖

字龙荪,浙江诸暨人士,生于湖南长沙。中国哲学家、逻辑学家。从事哲学和逻辑学的教学、研究和组织领导工作,是最早把现代逻辑系统地介绍到中国来的逻辑学家之一。他将西方哲学与中国哲学结合起来进行研究,从而创立了独特的哲学体系,培养了一大批有较高素养的哲学和逻辑学的相关学者。现在,我国还设有金岳霖学术基余会。

金岳霖

【郡望堂号】

郡望

彭城郡:治所在今江苏徐州市,西汉改楚国为彭城郡。

京兆郡:治所在今陕西西安市西北,三国时置郡。

堂号

丽泽堂:宋朝金履祥擅长濂洛之学,曾在丽泽书院讲学,因而有此堂号。

【宗族特征】

金字意为坚忍不拔、真金不怕火炼,这也正是金姓人世代追求的高尚品质。金姓人多源自改姓及少数民族,历代多有名人见诸史册,尤以明、清二朝为最。金姓家族的字行排序严谨,字意韵长,清代金润祥所修《金氏家谱》内记载山东金姓的一支字行为:"尚祖承宗,安学绪业,宝家润华。"

【繁衍变迁】

金姓发源地较多,少昊自穷桑(今山东曲阜北)登帝,后徙今曲阜。新罗与高丽、百济并立,其国王姓金。金日磾家族居住在长安(今陕西西安),累世官宦。南北朝时,金姓人有迁至今甘肃境内者。唐朝,金姓为成都三姓、临汾四姓之一。宋至明,南方的金姓人分布在今浙江、江苏、江西、安徽、湖南、湖北、福建、广东等省,今北方的河南、河北、辽宁等省也都有金姓人的聚居点。从清朝嘉庆年间开始,今福建、广东境内的金姓人氏陆续有迁至台湾或徙居海外者。

金姓是当代中国人口排行第六十四位的姓氏,总人口近 380 万,约占全国人口的 0.3%。

魏

【魏姓图腾】

魏姓是炎帝支鬼姓的一支,共工氏与蚩尤氏是他们的祖先,这两个家族世代都是郎舅亲,图腾都是肥遗龙(一头双身龙)。魏姓图腾正是以始祖的图腾为蓝本,由一个女性、禾苗和双身龙三部分来构成。其中的女性形象主要是指炎帝的母亲任姒,双身龙就是鬼的象征,禾苗则象征着他们的农业文明。

【魏姓起源】

1.源自隗姓

夏商时期,西北部落的隗姓中的一支名曰鬼方,鬼方的一部分人居于魏地的部落,发展成了一个国家,名为魏国(位于今陕西省兴平西的马嵬坡)。商末,魏国被周文王灭掉，子孙以国为氏，开始姓魏。

2.源自姬姓

据《元和姓纂》《史记·魏世家》《通志·氏族略》等有关资料所载，周文王（姬姓）第十五子毕公高在毕地受封，其孙毕万在毕国被西戎攻灭后，投奔到晋国，做了大夫，因功被赐魏地为邑（今山西省芮城东北的魏城），其后子孙以邑为氏，称魏氏。公元前445年，毕万的后代魏斯建立魏国。公元前225年，魏被秦所灭后，魏国王族以国名为氏，形成魏姓最重要的一支。

3.源自芈姓

这一支魏姓为颛顼帝的后裔魏冉之后。

4.源自改姓

历史上改姓魏的人有不少，如南宋时期有个蒲江人叫魏了翁，他是庆元年间的进士，其实他本姓高，后来由于某种原因改姓魏。

5.源自少数民族改姓或少数民族本有之姓

改姓：有部分少数民族在历史发展过程中改姓魏，如鄂伦春族中的魏拉依尔氏便是如此，后来改汉姓为魏。

本有之姓：许多少数民族本身就存在这个姓氏，如土家、蒙古、朝鲜等民族均有魏姓者。

【魏姓名人】

魏武子

人们又称他为魏犫，此人是魏姓最早在历史上出人头地的人物。春秋时晋国大夫，他的两个儿子魏颗和魏绛，也都是大名鼎鼎的人物。其先祖为庶人，与周同姓，周武王曾经将毕地封给他，于是以毕为姓。到毕万时，事晋献公，伐霍、耿、魏等国有功，封于魏，遂又以魏为姓。

魏斯

历史上著名的魏文侯。历史上出现过不止一个魏国，这里的魏斯是战国初期魏国的建立者。其在位期间奖励耕战，兴修水利，进行改革，经过这一系列非常有益的措施,魏国日益强大,并成为战国七雄之一。

魏延

义阳(今河南省桐柏西)人。他是三国时蜀汉名将,也是在历史上和民间具有相当高知名度的魏姓人。魏延曾随刘备于蜀,在当时之所以名声大噪主要是因为他的勇猛,累迁为征西大将军,后被封为南郑侯。

魏延

【郡望堂号】

郡望

巨鹿郡:治所在今河北平乡县一带,秦时置郡。

任城郡:治所在今山东微山县一带,三国时置郡。

堂号

九合堂:春秋时晋有大夫魏绛,晋君因听取了他的建议,与附近的少数民族山戎等缔结了友好条约,从而九合诸侯,成为霸主。因而有此堂号。

【宗族特征】

魏姓族人在早期就已在南北方同时发展,在宋朝时就已广播于全国,成为我国一大姓氏。魏姓家族名人较多,且分布于经济、政治、文化、军事各个领域。魏姓家族家训严明,颇具时代与家族特色。魏姓家族的字行辈分排列有序。

【繁衍变迁】

魏姓发源于陕西、山西境内,早期主要在山西、陕西、河南、山东等中原地区发展繁衍,也有部分居于今湖北、湖南。西汉时,魏无忌的六世孙任巨鹿(今河北)太守,使巨鹿成为魏姓历史上最著名的郡望。与此同时,魏姓也有进入江浙、甘肃、宁夏者。三国两晋南北朝时，魏姓大举南迁至四川、江西、福建等地。唐时，部分魏姓族人进入福建，后又徙至广东等地。宋末，魏姓人已遍布江南广大地区。元、明、清时期，魏姓族人远播海外。

魏姓是当代中国人口排行第四十四位的姓氏，总人口近 570 万，约占全国人口的 0.45%。

陶

【陶姓图腾】

陶姓始祖是魁隗氏炎帝族祝融八姓之一——己姓昆吾的嫡传。传说其族人擅长烧制陶器，所以陶姓图腾主要由三部分组成：外面是"勹"形结构，是制作陶器的人的象形；"勹"里面的"个"字形结构，代表玄鸟（魁隗氏以玄鸟为图腾），寓意玄鸟族人发明了陶器；玄鸟下面有个"凵"形结构，代表烧陶的窑穴。"陶"字的初文"匋"，就是在此基础上发展而来的。

【陶姓起源】

1.唐尧之后。据《元和姓纂》和《姓苑》所载，尧担任部落首领之前，以制作陶器为业，子孙有以其职业技艺命氏者。另据《辞源》所载，尧帝初封于陶（故城在今山东定陶西南），后徙封于唐（故城在今河北唐县），子孙有以其封地"陶"为氏者，称陶氏。

2.虞舜之后。据《元和姓纂》所载，西周初年，舜之后裔虞思，官至陶正（即管理陶质器物制作的官职），其子虞阏承袭父职，其后子孙以官名为氏。

3.以职业为姓。据《风俗通义》所载，商朝七族中有陶姓，都以陶冶（陶工和铸工）为职业。

4.避讳而改。据《宋史本传》所载，宋有陶谷，原姓唐，为避后晋高祖石敬瑭之讳，改姓陶。

5.满族陶佳氏、托和罗氏、达斡尔族吐钦氏、古隆氏、锡伯族托库尔氏汉姓均为陶;今白、傣、京、苗、瑶、彝、布朗、蒙古、回等少数民族均有陶姓。

【陶姓名人】

陶潜

一名渊明,字元亮,东晋浔阳柴桑(今江西九江)人。安贫乐道,曾作《五柳先生传》以自比,世称靖节先生。诗名尤高,堪称古今隐逸诗人的宗师。

陶弘景

秣陵(今江苏南京)人,南朝梁道教思想家、画家、医学家、书法家。入梁不仕,武帝礼聘不出,但朝廷大事辄就询问,被时人称为"山中宰相"。善琴棋,工草书,精图画,隶书不类常式,骨体遒媚。有《图象集要》传世。

陶宗仪

号南村,黄岩(今属浙江台州)人,元末明初书学理论家、文学家。能诗工书,尤工小篆,著有书学理论书《书史会要》,另有《南村辍耕录》《南村诗集》。

陶弘景

【郡望堂号】

郡望

济阳郡:今河南兰考东、山东东明南,西晋时置郡。

丹阳郡:治所在今安徽宣城,西汉时置郡。

堂号

丹阳堂、爱菊堂、浔阳堂、五柳堂、寸阴堂等。

【宗族特征】

陶姓一支出自唐尧,一支出自虞舜,这份与生俱来的荣耀,着实令人羡慕。陶姓人南迁要早于其他姓氏:早在两汉时期,陶姓已有人渡长江繁衍发展。陶姓多品性高洁之人,如不为五斗米折腰的陶渊明、山中宰相陶弘景、率众起义的陶峙岳、不同流合污的陶铸,等等。

【繁衍变迁】

陶姓的发源地是今山东定陶。春秋战国时期,陶姓人逐渐南移到今河南兰考一带。西汉时,陶舍、陶青出仕长安(今陕西西安),其子孙遂繁衍于当地。两汉时期,陶姓人逐渐南迁于今江苏、安徽一带。魏晋南北朝时,今河南、山东境内的陶姓人开始南迁今江浙,而原居今苏北、皖北的陶姓人亦渡江入浙赣。南宋至明初,陶姓人被分迁于今江苏、安徽、河南、河北、山东、北京等地,而今湖北、湖南境内的陶姓人则有入居今四川,并播迁云贵高原者。清朝时,陶姓人有渡海赴台,乃至播迁海外者。

陶姓是当代中国人口排行第一百零二位的姓氏,总人口约200万,约占全国人口的0.16%,尤盛于安徽、江苏、湖北。

姜

【姜姓图腾】

姜姓图腾一眼看去,最具标志性的就是上部的角,类似于羊角。实际上也是如此,姜姓源自以羊为图腾的炎帝族,是一个古老的姓氏。姜姓图腾由两部分组成,上面是一只羊,表明源自炎帝族;下面是一个女性形象,表示姜姓是从女的姓,在母系社会就已确定。

【姜姓起源】

1.源自炎帝神农氏之后

据不少相关史料和文字学资料显示(如《说文解字》等),姜姓人是"三皇"之一的炎帝神农氏的后裔。炎帝神农氏生于姜水(今陕西省渭河支流的岐水,在今陕西省岐山之东,源出岐山),以居地命姓为姜。虞、夏之际,炎帝裔孙伯益因辅佐大禹治水有功,被封于吕(今河南省南阳市西),建立吕国,再次被赐以祖姓姜。春秋时代,神农氏的后裔姜太公(姜子牙)创立齐国(都城在今山东省淄博)。楚国后来将吕国吞并,吕国灭亡之后不久,齐在公元前221年被秦国所灭,两国子孙都有以姜为姓者。

2.源自改姓

据《通志·氏族略》所载,唐代上元时有桓姓者改为姜姓;据《宋书·吐谷浑传》所载,宋时有羌人改姜姓;清朝满族八旗姜佳氏亦改为姜姓。

3.源自少数民族本有之姓

今满、侗、瑶、彝、蒙古、土家、保安、白、朝鲜等少数民族均有此姓。

【姜姓名人】

姜尚

字子牙,一名望,尊称太公望,武王尊之为"师尚父",世称"姜太公"。姜太公是齐国的创建者,周文王图商、武王克殷的主谋、周朝的开国元勋之一,齐文化的奠基者,亦是中国古代颇具声望的一位军事家与政治家。历代典籍均尊崇其历史地位,儒、道、法、兵、纵横诸家都对他很尊敬,被尊为"百家宗师"。

姜夔

字尧章,别号白石道人,又号石帚。饶州鄱阳(今江西省鄱阳县)人。南宋词人。

姜尚

姜立纲

字廷宪,号东溪,瑞安梅头镇东溪村人。他是我国明朝一位书法家,曾以"善书"闻名海内,并远播日本,被誉为"一代书宗"。

【郡望堂号】

郡望

天水郡:治所在今甘肃通渭县西北,西汉置郡。

广汉郡:西汉时治所在今四川金堂县东乘乡,东汉移治今四川广汉市北。

堂号

稼穑堂:因神农教民稼穑而得名。

【宗族特征】

姜姓源于北方、盛于北方,是典型的北方姓氏,以孝行著闻。姜姓家族字行辈分严谨有序。据 1917 年姜正芳所修《姜氏家谱》所载,常州(今属江苏)姜姓一支的字行为:"中俊法仁,炳习志士,国良翰广,思茂。"

【繁衍变迁】

姜姓的发源地是今陕西渭河支流的岐水、河南南阳和山东淄博一带。汉初,有居住在今河南、山东的姜姓人徙关中,居天水,并有播迁于今江苏、四川等地者。两晋南北朝时,有姜姓人徙居江南。唐德宗时,有姜姓人入今福建。唐宋时期,姜姓人分布于今河北、河南、浙江、江西、安徽、山东及广东琼山等地。

明、清时期,今山西、陕西、贵州、湖南、福建、湖北等省也有姜氏的聚居点。女真族姜佳氏部族的姜氏后裔散居于今辽宁省丹东等地。清乾隆年间,有姜姓人渡海入台及播迁海外者。

姜姓是当代中国人口排行第五十位的姓氏,总人口约有 460 多万,约占全国人口的 0.37%,尤盛于山东、河南和东北地区。

戚

【戚姓起源】

1.出自姬姓。据《万姓统谱》《姓氏考略》及《古今姓氏书辩证》所载:春秋时卫武公姬和有个儿子叫惠孙,惠孙的七世孙孙林父在卫献公时任上卿,后因在国内失宠,先后出奔晋国和齐国,于卫殇公时归国,受封于戚邑(今河南省濮阳市戚城)。当时,戚邑是晋、郑、吴、楚各国交通的要冲,濒临黄河,有险可据,平原沃野,堪称乐土。孙林父的支庶子孙恋居戚城,遂以封邑名命姓。

2.出自子姓。春秋时宋国公族(子姓)之后有戚姓。

3.清朝满族人有戚姓者,世居沈阳(今属辽宁);景颇族泡戚氏,汉姓为戚;今满、蒙古、回、白、苗、土家等少数民族均有此姓。

【戚姓名人】

戚文秀

毗陵(今江苏常州)人,宋代画家,善画水。曾于太平寺画《清济灌河图》,一笔长五丈,自边际起,通贯于波浪之间,起落有致,令人叹为观止。

戚继光

字元敬,号南塘,晚号孟诸。明登州(今山东蓬莱)人,抗倭名将。他编建新军,加强训练,使所率之军纪律严明、骁勇善战、闻名当时,人称"戚家军"。著有《纪效新书》《练兵纪实》《莅戎要略》《武备新书》等。

【郡望堂号】

郡望

东海郡:治所在今山东郯城北一带,秦代设置,汉代沿用(秦汉之际曾称郯郡)。南朝齐时移治今江苏涟水。

堂号

享伦堂、三礼堂、景文堂等。

【宗族特征】

戚姓是一个具有 3000 年悠久历史的古老姓氏。戚姓家族可谓人才济济，尤以抗倭英雄戚继光最为有名。

【繁衍变迁】

戚姓发源于今河南濮阳，卫国灭亡后，戚姓子孙有避居今山东、江苏间地者。秦汉时有戚姓人落籍于今山东西南。魏晋南北朝时，今江苏、山东间地东海郡的戚姓人播迁至今安徽、浙江、江苏南部。隋唐两代，戚姓人已广布黄河中下游各地。唐末，戚姓人再次徙奔江南，散布于今江苏、浙江、湖北、湖南、四川、江西等地。两宋时，戚姓人的繁衍中心移至今浙江金华和江苏常州一带。元代以后，戚姓人散居于今华东、华南各地，并进入今云南省和广西壮族自治区。明初，今山西境内的戚姓人被分迁于今河南、河北、山东、陕西、湖北等地。明末，戚姓人有渡海赴台者。清时，有山东半岛的戚姓人入迁今东北三省。

如今，戚姓是中国人口排行第二百二十七位的姓氏，总人口约 36 万，约占全国人口的 0.029%。

戚继光

谢

【谢姓图腾】

直观地看，这个图腾最显眼也是最容易被认出来的是右边的弓箭，弓箭右侧的那一小部分是手，跟甲骨文和小篆里的"手"的写法非常相似。

实际上,谢姓就是以使用弓箭为图腾的。原因其实不难猜出来,根据古老的传说,弓箭为谢氏祖先所发明,而谢氏族人最初闻名于世的也是制造弓箭和射箭,所以其图腾为一个人拿着一张弓和一支箭准备发射。

【谢姓起源】

1.源自姜姓

据不少相关史料记载,著名的伯夷叔齐两兄弟,在商朝被周朝灭亡之后,不食周粟而死于首阳山。伯夷有裔孙申伯,被周宣王封于谢国,后来谢国灭亡,其后代便开始姓谢,这是以国为氏的典型例子。这一支谢姓在谢姓中居于最重要的地位。谢国的第一任君主申伯属于炎帝的后裔,而炎帝属于姜姓,因此说这一支谢姓源自姜姓。

2.源自任姓

据相关史料记载,黄帝有 25 个儿子,其中排行第七的为任姓,任姓建有 10 个小国,其中之一为谢国(在今河南省唐县南部,一说在今河南省南阳市),这个国家不但小,而且国力弱,被别国所灭是迟早之事。正如前文所讲的另一个谢国的遭遇,它最后被灭掉,子孙便四散到别的地方。为了表示对故国的纪念,这些人都开始姓谢。

3.源自改姓

历史上有一些少数民族改姓谢。例如据相关资料记载,唐代卫州人谢偃的祖父孝政其实是鲜卑族人,本姓直勒氏,后来才改姓谢,成为另一支谢氏的鼻祖。

4.少数民族本有姓氏

据相关调查研究发现,我国的不少少数民族中本身就存在谢氏,如满族、瑶族、侗族、壮族等。

【谢姓名人】

谢安

(320~385 年),字安石,号东山,东晋政治家、军事家,汉族,浙江绍兴人,祖籍

陈郡阳夏（今河南省太康）。东晋时期担任宰相，太傅。历任吴兴太守、侍中兼吏部尚书兼中护军、尚书仆射兼领吏部加后将军、扬州刺史兼中书监兼录尚书事、都督五州、幽州之燕国诸军事兼假节、太保兼都督十五州军事兼卫将军等职。他与弟弟谢石和侄子谢玄通力合作，将号称拥有百万之众的苻坚大败于淝水，创造了以少胜多的著名战例。他死后追封太傅兼庐陵郡公。后代的人们常常称他为谢太傅、谢安石、谢相、谢公。

谢安

谢灵运

（385~433年），汉族，浙江会稽人，原为陈郡谢氏士族。东晋名将谢玄之孙，小名"客"，人称谢客。皇帝后来将其家族世封为康乐公，称谢康公、谢康乐。谢灵运是著名山水诗人，主要创作活动在刘宋时代，他是中国文学史上山水诗派最重要的开创者之一。主要成就在于山水诗。由灵运始，中国文学史上的一大流派包含了山水派这一分支。

谢迁

浙江余姚人，明朝贤相，三朝元老。成化十一年曾经高中状元，授修撰职。明孝宗时，以少詹事入内阁，参预机务，随即加任太子太保、兵部尚书兼东阁大学士，辅政时天下皆称之为贤相。武宗嗣位之后，加少傅，他年老时，力主辞归。谢迁卒谥文正，写有《归田稿》。

【郡望堂号】

郡望

陈留郡：治所在今河南开封东南，西汉置郡。

陈郡：治所在今河南淮阳，秦时置郡，西汉时改为淮南国，东汉章和二年（公元88年）改为陈国。

堂号

东山堂:东晋股肱之臣谢安未出仕前隐居于东山(今浙江上虞区西南),故有此堂号。

【宗族特征】

自汉魏到两晋南北朝,谢姓名家辈出,多若星辰,成为仅次于著名世族琅玡王氏的豪门望族,与王氏一道被称为"侨姓望家",如此风光,殊为罕见。谢姓家族家乘谱牒的谱序写作者多为名人,如苏轼、朱熹、黄庭坚等;族人字行辈分排列有序,如闽州(今福建福州)谢氏一支的字行为:"慎言省行,绪祖绍业,志承家泽,敏昭可宪。"

【繁衍变迁】

谢姓发源于今河南。谢国灭亡后,谢姓人部分迁到淮河中上游一带,部分迁到今湖北武当山东南的荆山。秦国灭楚之后,谢姓人南迁至潇水流域和今重庆涪陵。汉魏时期,会稽山阴(今浙江绍兴)有谢姓人兴起。两晋南北朝时,有谢姓人南迁至今江西,北上今陕西,西进今四川成都、彭水和云南永昌。唐僖宗时,谢姓一支迁至今江西宁都。宋时,有会稽山阴谢夷吾之后迁居今福建。至元、明、清时,谢姓人在南方的发展势头超过北方。明末谢姓人入台、迁至菲律宾等地。清同治年间,有今广东境内的谢姓人迁至美国旧金山。

谢姓是当代中国人口排行第二十四位的姓氏,总人口近 900 万,约占全国人口的 0.72%。

邹

【邹姓图腾】

相传邹姓是蚩尤氏的后裔。据相关史料记载,蚩尤氏原本属弁兹氏洛鸟支苗裔,黄帝打败三苗九黎联盟后,有蚩尤氏的一支

留在今山东西部地区,更名为邹屠氏。到帝颛顼和帝喾时,邹屠氏已遍布今山东、河南、河北一带,并分化出邹姓和屠姓。邹姓图腾直观地看就能得出结论:由三部分组成,即洛鸟、持若木(扶桑木)、蜡民,它记述了洛鸟氏蚩尤之民守护若木的传说。

【邹姓起源】

1.源自蚩尤之后

据相关资料记载,蚩尤的子民被迁于邹屠,其后子孙以邹屠为氏,后又分出邹姓、屠姓。

2.源自越王勾践之后

据相关历史古籍记载,闽越王无诸及越东海王摇,皆为越王勾践之后,姓驺。据有关学者考证,驺亦作邹。

3.源自子姓

相传邹姓在历史上是微子启之后。据《史记·殷本纪》《元和姓纂》所载:公元前11世纪,殷纣王庶兄微子启(子姓)被周平公封于宋国(今河南省商丘一带)。传至宋愍公时,其孙考父,食采于邹邑(今山东省邹城市东南),他的后代子孙都将封邑当作氏。

4.源自曹姓

据《说文解字》等可靠资料记载,颛顼帝后裔挟(曹姓)建立邾娄国(今山东省邹城市)。战国时,邾娄国被鲁穆公改为邹国,后世子孙以国为氏。按姓氏学起源的形式分类,这属于以国名为氏的范畴。

5.源自姚姓

舜(姚姓)之后有被封于邹国(今山东省邹平)者,子孙以国为氏。

6.源自少数民族本有之姓

今满、回、土家、苗等民族均有此姓。

【邹姓名人】

邹衍

亦作驺衍,生于战国时期,他是齐国最为著名的思想家、阴阳家。他学究天人,雄于辩口,号"谈天衍"。他开创了五行始终说。邹衍的著作很多,皆已散佚。《史记·卷七十四》说邹衍著有"十余万言"。《汉书·艺文志第十》阴阳家著录《邹子》49 篇,《邹子终始》56 篇,也都亡佚。

邹忌

邹氏家族在战国时期有名的人物,以鼓琴游说齐威王,被任为宰相。他曾劝说齐威王纳谏,使齐国实力加强。后世有关于他的名篇《邹忌讽齐王纳谏》传世。

邹亮

明代学者,工诗文,为景泰十才子之一。喜藏书,著有《鸣珂》《漱芳》等书。

邹忌

【郡望堂号】

郡望

范阳郡:今北京昌平、房山及河北涿州一带,三国时置郡。

太原郡:治所在今山西太原市西南,战国时置郡。

堂号

碣石堂:战国时期的邹衍,深通阴阳、盛衰、兴亡之道。燕昭王招贤,专门建造了碣石宫来招待邹衍。因而有此堂号。

【宗族特征】

邹姓是一个比较典型的南方姓氏。历朝历代人才辈出,到了近现代,爱国书生成为邹姓名人主体,如邹容、邹韬奋等。邹姓家族字行辈分排列有序。据清宣统二年(1910 年)邹世浩所修《邹氏家谱》所载,九江(今属江西)邹姓一支的字行为:"涵悟鹤寿,师信德茂,丰靖锦朗。"

【繁衍变迁】

邹姓发源于今山东境内。秦汉时有一支迁至范阳(今河北保定一带),并在西汉以后逐渐迁至今河南邹坊,成为邹姓家族中较强的一支。汉代有邹廷任襄阳(今河北襄阳市)令,其后裔有迁雍州(今陕西中、北部,青海东北部,甘肃大部和宁夏回族自治区一带)者。东晋十六国时,邹姓人渡江南迁,定居于今江苏、浙江、安徽、江西等地。唐初,有邹姓人入今福建。北宋时已有邹姓人居于广东。南宋时,有泰宁(今属福建)人邹应龙任初权参知政事,其子孙散居今福建、广东,以及广西乐平。现台湾邹姓人及桥居新加坡等国的邹氏华侨,主要是从广东、福建迁去的。

邹姓是当代中国人口排行第七十位的姓氏,总人口约有 360 多万,约占全国人口的 0.29%,尤盛于江西、湖南、湖北。

喻

【喻姓起源】

1.源于俞姓:远古黄帝时代,有个医官叫俞柑,他就是喻姓的祖先。俞柑的后代相传姓俞,约三千多年到南宋时,俞姓的后代有个叫俞樗的,聪明好学,举为进士,精通世故,无所不知,皇帝就将喻姓赐给他,他的子孙就相传姓喻。

2.喻姓源于谕姓和俞姓,为春秋时郑国贵族的后代。《通志略·氏族略第五》载:"今喻氏多作谕氏。"谕姓改为喻姓始于西汉,始祖为苍梧太守猛,以谕定与喻字形相近,读音也往往混淆难分,喻字又比谕字少四笔(指繁体),遂改为喻姓。谕猛的后代,在汉代并未全部改为喻姓,直到东晋,还有谕归,做过曲气阜令,他也是谕猛的后代。到谕归改为喻归之后,世上再也没有谕姓了。

3.俞姓改为喻姓,据《宋史·儒林传》和《姓苑》载,是在南宋建炎(1127~1130)年间。俞姓起源很早,始祖可以上溯到五千多年以前。黄帝时期有医官俞村,其后人皆姓俞,南宋建炎进士俞樗,博学多才,又有识解人之目,皇帝因而赐为喻,谓其晓喻一切。

4.此外,喻姓还有一支出自芈姓,姓俞豆氏,《通志·氏族略》载:俞豆氏"芈姓,楚公子食采于南阳豆亭,因氏焉"。俞豆氏已与喻姓合并为一,称喻氏。

【喻姓名人】

喻凫

字坦之,号均羽,唐文宗开成五年(840年)进士,乌程令,曾与唐代名诗人李商隐、方干、无可等唱和,有诗集一卷传世。

喻皓

北宋初建筑家,浙东人,特别擅长建塔。他在负责建造开封开宝寺塔时,考虑到开封地处平原,多西北风,就在建塔时使塔身略向西北倾斜,以抵抗主要风力。在建造杭州梵天寺塔时,他又科学地解释了木塔的稳定问题。他所著的《木经》三卷是我国古代重要的建筑专著,现已佚。

喻樗

字子才,号湍石。南宋时,为人性直好议论,赵鼎与语奇之,荐授秘书省正字。以下主和议出知舒州怀宁县,通判衡州致仕。秦桧死,起为大宗正丞,转工部员外郎,知蕲州;孝宗即位,用为提举浙东常平,以治绩著称。喻樗善识鉴,尝言沈晦、张九成进士当第一,后果然。有《中庸大学论语解》《玉泉语录》。

喻侃

字伯经,婺州义乌香山(今义乌东河乡)人,义乌著名文人喻良弼之侄。进士出身,为官清廉勤政,然仕途坎坷。致仕后,闭门著书立说,著述颇丰。喻侃出身于书香门第,家学泽厚绵长。自喻良倚、喻良能兄弟同科登宋绍兴二十七年(1157年)进上第后的六十年间,一门六进士,成为南宋时期喻氏家族引以为自豪的荣耀。

喻昌

字嘉言,清朝新建人。读书研究医术,于清朝初年成为名医。治疗多奇中。在研究《伤寒论》方面有许多新发现,著成《尚论篇》,又著有《医门法律》,根据治病的实例写成《寓意草》,这三部书合称《喻代医书三种》,为中医著作中最重要的著作之一。时年80岁,预知死期,坐论而逝。

【繁衍变迁】

喻氏远祖起源于春秋时期,据说最早出自郑国贵族的后裔。

东汉时期,苍梧太守谕孟改"谕"为"喻"姓。

到了东晋时期,喻孟的后裔谕归,也改姓"喻"姓,从此,史书很少再出现谕氏的事迹记载,到了晋朝时期,大多改成了"喻"姓。

据史籍《姓苑》记载,南宋建炎进士俞樗,就是俞柎的十六世孙。博学多才,又有识解人之目,皇帝因而赐为喻,谓其晓喻一切。喻姓主要分布在江西、湖南、江苏、浙江。

现在喻氏的一支分布在江西、湖南、湖北、四川、重庆、河南、陕西、云南、贵州、广西、广东、安徽等地。

喻氏在发展过程中,逐渐形成了河东、江夏、南昌三大郡望,在当地发展成为望族。因此,喻氏主要世称河东望、江夏望、南昌望。

柏

【柏姓起源】

1.以封国命姓。它的来源可经追溯到三代以前。早在周朝的时候就有柏国,也叫柏子国,故址在今河南西平柏亭一带。相传柏国的开国君王是黄帝的臣子柏高。春秋时,柏国被楚国所灭,柏国国君的后代就用原来的国名柏作为自己的姓氏。《通志·氏族略》载:"柏国在今蔡州西平县,为楚所灭,子孙以国为氏。"

2.以人名命氏。始祖为柏翳,起源于尧为部族首领之时,系出嬴姓。《史记·秦本经》载:"大费拜受佐舜,调训鸟兽,鸟兽多驯服,是为柏翳,舜赐嬴姓。"自此之后,柏翳便有了两个姓属,即柏姓和嬴姓,他的后代子孙也形成了两支,其中一支,是为柏姓。

3.以木名命姓。相传远古时代有柏皇氏,是东方部族的首领,名叫芝,因为以柏木为图腾,所以称为伯芝。据说,伯芝曾担任伏羲的助手,勤劳于天下而不居功,造福于民众而无所求,所以深得百姓拥护,被尊为皇伯。他住在皇伯山(在今河南陈留县)上,他的子孙就姓伯。伯姓,古时也作柏姓。

【柏姓名人】

柏常

黄帝时有地官(司徒),帝颛顼有师傅柏亮父,帝喾有师傅柏昭。帝尧时,柏皋封在柏(今在河南舞阳县东南),号柏成子。柏,神话传说中的蜀王。《汉书·扬雄·蜀王本纪》:"蜀王之先名蚕丛,后代名曰柏,后者名凫,此三代各数百岁,皆神化不死。"

柏良器

唐朝时人,他的父亲被安禄山杀死,他立志报仇,少年从军,打了六十多场战,当上将官时,才二十四岁。以后更立大功,做了大官,封神策大将军。

柏丛桂

明朝宝应人。洪武时,他上书朝廷建议筑淮堤,建槐楼四十里,以防备水患。后来,明太祖皇帝采纳了柏丛桂的建议。在淮扬一带征用民工5.6万人,给他率领修建河堤、槐楼四十里这个宏伟的工程,大功告成后,乡人称为"柏家堰"。世代造福于民,流芳千古。

【繁衍变迁】

柏姓曾是华夏民族在远古时期的贵族姓氏,因为柏姓人天资聪颖,所以曾有多人当过上古皇帝的老师。这些上古先哲的后代曾在河南西平县西部建立过一个柏国,在2500多年前的春秋战国时期,这个弱小的柏国被楚国灭掉了。如今,在柏国故地,仍矗立着一座建于北宋时期的宝岩寺塔,这座保存完好的千年古塔与塔下民间盛传的柏皇氏的传说相映成趣。据说北京、台湾、安徽、江苏有的柏姓人喜欢"寻根问祖",勉励自己及家人不愧对祖宗,做有出息的人。分布在各地的柏氏,大体上都有分支始祖及迁徙原因。

水

【水姓起源】

1.远古大禹治水,他的氏族中很多人当了水工(治水的工程人员)。大禹带领水工到会稽山(在浙江绍兴市东南)治水后,留下一个水工(大禹的庶孙)居住在会稽,便以水为姓,他和子孙就世代相传姓水。

2.来源于复姓水丘氏。据《姓范》记载:张澍云"当指水为姓,如河氏、淮氏、湖氏之类;浙江郭县多水姓,或水丘氏所改"。

3.据《百家姓》注:水姓"系出姒姓,明鄞县有水苏民,其先氏以禹王庶孙留居会稽,以水为氏,科第甚蕃"。

【水姓名人】

水乡漠

字禹陈,明朝浙江郭县人。万历进士,授宁国知县。后调丹阳当官,为政清廉,责任心强。当地多灾害,他为生产救灾,操劳成疾,吐血而死,人们十分痛惜。

水佳胤

字启明,乡漠子,天启进士,任礼部郎。精通典故,熟谙兵法,升任建宁兵备参议。奉令平定白莲教之乱,活捉了教主王森。又奉令平定粤寇,以锐不可当之势,肃清了六十余股贼寇。后以左迁归隐句章卒。后人为了纪念他的功德,在蓟州建造了水督庙。

水苏民

明代知名清官,曾任邵武知县,廉明清正,为政有方。

【繁衍变迁】

古时,水姓望族居住在吴兴望(今浙江省临安至江苏省宜兴一带)、临安望。

窦

【窦姓图腾】

夏商周及其以前的时代，"贝"是通用的货币。窦姓的图腾与贝有着密切的关系，其上部是"穴"，其中"宀"象征"日中天齐"，"八"象征"市场""集市"；中间的"齿"，即交易时接受贝币者的"头"，表示用"目"观币。

【窦姓起源】

1.出自姒姓，为夏帝少康之后，以事为氏。据《风俗演义》及《新唐书·宰相世系表》所载，夏帝太康（姒姓）失国被杀，其妃后缗怀孕临近产期，就从藏身的窦（洞穴）中逃出，奔向有仍（今山东济宁市），生下遗腹子少康。后少康中兴，为夏王，其二子名叫杼、龙，留居有仍。为了纪念这个历史事件，少康赐其子姓窦。

2.出自古代氏族。氏族中有窦氏，分布在今陕西、甘肃、四川一带。据《魏志》载，有氏王窦茂。

3.据《通志·氏族略》载，鲜卑族没鹿回氏、纥豆陵氏，魏孝文帝时改为窦氏。

4.战国时魏国有窦公，其后代简改为窦氏。

【窦姓名人】

窦漪

即西汉窦太后，观津（今河北衡水东）人，西汉文帝皇后。她信奉黄老之学，是中国古代封建统治集团中黄老学派的最后一个代表人物。在其影响下，景帝刘启以黄老治国，黄老思想成为治世的主流思想。在她逝世前，汉武帝也不敢重用儒生。

窦婴

字王孙,窦太后侄,西汉大臣。吴、楚七国之乱时,窦婴被景帝任为大将军,守荥阳(今属河南),监齐、赵兵,乱平后受封魏其侯。武帝初,任丞相,推崇儒术,反对道表法里的黄老学说,为窦太后贬斥。后因罪被杀。

【郡望堂号】

郡望

扶风郡:汉武帝置右扶风,为三辅之一,治所在今陕西咸阳市。三国曹魏时改右扶风为扶风郡,治所在槐里(今陕西兴平东南)。

河南郡:治所在今河南洛阳市一带,汉时置郡,即秦三川郡地。

堂号

世和堂、承恩堂等。

【宗族特征】

窦姓人才蔚盛,世代簪缨相继,甲第连绵,在两汉以及隋唐两代可谓名闻遐迩,声震天下。窦姓人多皇亲国戚。

【繁衍变迁】

窦姓起源于今山东济宁一带,历商周两代逐渐向外播迁。先秦时期,窦姓人已有落籍今山西、河南者。秦汉之际,窦姓人在今山东观城、河北观津一带及陕西咸阳落籍。汉末时有窦辅为避仇逃于今湖南永州,后又徙居今江苏南京。三国两晋南北朝时,窦姓人遍及今黄河中下游诸省,并有迁居今辽宁北部和北京者。唐末五代时,窦姓人南迁于今安徽、江苏、浙江、湖北、湖南等地。明初,今山西境内的窦姓人被分迁于今山东、江苏、浙江、河北、河南、天津等地。

如今,窦姓是中国人口排行第二百一十九位的姓氏,总人口约38万,约占全国人口的0.031%。

章

【章姓起源】

1.出自姜姓。《古今姓氏书辩证》《通志·氏族略》《元和姓纂》等载,商朝时有鄣国(今山东章丘),西周初姜子牙受封建立齐国,收鄣国为附庸国,后将鄣、齐两国分封给庶子。春秋时鄣国为齐国所灭,鄣国后人以国为氏,又因国家已亡,就去掉表示疆邑的"阝",成为今天的章氏。

2.出自任姓。《元和姓纂》《左传》载,黄帝25子,得姓12,其一为任,而谢、章、薛、舒、吕、终、泉、毕、过、祝十姓,都是出自最初的任姓。

3.出自改姓。汉代章弇原为仇氏者,因避仇而始改为章姓;元朝人章卿孙原姓刘,因由章姓人抚养长大,也以章为姓;清朝满族八旗姓章佳氏后改为章姓;明、清时云南北胜州副同知姓章,系蒙古人,后改姓章;土家族中原有人以姜加孔或姜加阿寅勒为姓,后改单姓章。

【章姓名人】

章邯

秦朝将领,镇压陈胜、项梁起义军战功赫赫。后在巨鹿(今属河北)为项羽所败,投降项羽,被封为雍王,建都废丘(今陕西兴平东南)。公元前205年,被韩信击败后自杀。

章衡

北宋大臣。仁宗年间高中状元,历经仁宗、神宗、哲宗三朝,久任地方官而频繁转换,敢于指摘时弊。曾任赴辽使臣,文韬武略令辽人惊叹。

章炳麟

号太炎,浙江余杭人,近代民主革命家、思想家和学者。曾参加维新运动、二次革命和护法运动。在哲学、文学、历史学和语言学等领域均有较高造诣。著有《章氏丛书》等。

章炳麟

【郡望堂号】

郡望

武都郡：治所在今陕西省汉中东，春秋时置郡，是章氏的第一个郡望。

京兆郡：今陕西省中部、甘肃省东南部及青海省、宁夏回族自治区各一部。

堂号

复生堂：传说宋代章王容，追思怀念亡母，其挚情感动万物，连枯竹亦复苏，遂有此堂号。

【宗族特征】

章姓家族人才济济，《中国历代人名大辞典》收录章姓名人135例，在人口排行一百位以后的姓氏中，独占鳌头。章姓家族多孝子，唐代章全益、章成缅，宋代章王容，元代章卿孙，明代章衡民，清代章藻功、章谦存等亦为名载史册之大孝子。

【繁衍变迁】

章姓发源于今山东。郭国为齐国所灭后，章姓人散居齐地（今山东北部和河北东南部）。秦汉之际，章姓人已北入今蒙古，西入今陕西，南及今江苏、江西。隋唐之际，有章姓人落籍梓州（治所在今四川三台县），今江苏、浙江、江西、安徽等地也有了章姓人家。五代十国时，有章姓人落籍今福建。明初，今山西境内的章姓人被分迁于今湖南、湖北、陕西、河北、北京等地。明、清之际，章姓人分布更广，并有沿海的章姓人迁居台湾，以及东南亚和欧美等地。

章姓是当代中国人口排行第一百一十四位的姓氏，总人口近150万，约占全国人口的0.12%。

云

【云姓起源】

1.出自妘姓,是黄帝的子孙颛顼的后代。颛顼后裔有祝融,是云姓的始祖。祝融在帝喾时为火正,就是管理用火的官员,被后世尊为火神。祝融之后受封于邹罗地,号为妘子,其后遂为妘氏。妘氏之后分别支庶,省去女旁而为云姓(古雲姓与云姓不同,雲姓出自缙云氏之后,今合而为云)。

2.以封国为姓。传说,帝喾时的火官祝融之后封于邹国(今河北安陆市,一说在湖北郧阳区),春秋时为楚国所灭。子孙以国为氏,后简去邑旁成为云氏。

3.少数民族改姓。代北复姓宥连氏、悉云氏改为云氏;北魏时鲜卑族是云氏、牒云氏均改姓云,子孙亦称云氏。

【云姓名人】

云景龙

字良遇,宋朝时许州(今河南省许昌)人。乾道中知慈州,莅政严明,幽枉必达,兴学劝农,谨身节用,强梗肃然,而又不为权势所屈。人心顺服,社会安定。后去官,祖饯者为之流泪。

云海

宋末元初人,世居陕西省巩昌府(从龙公墓碑上是平昌府)陇昌县王琅琊郡(陇西县,今属甘肃省)宋末进士,任陕西路总管(相当于专区长官),抚绥有方,兵民悦服。宋亡,不仕。为云氏徙粤(今广东省)、琼(今海南省)一世祖。

云肇基

字从龙,号维山,云海之子。宋末进士,于元朝至元十五年(1278年)为当朝征台,授予宣武将军(正三品),湖广邕州安抚使,至元十七年,(1280年)奉旨任琼州安抚使,入琼抚黎。从龙公与母苟氏来琼,后代子孙称为(粤、琼)云氏二世祖。

云于熙

字时纯,清代文昌(今海南省文昌市)人。少质鲁,苦学。不喜举业,面海筑一房屋,称"观澜斋",在斋中读书吟诗,经常有人到那里向他请教。他"读书必求实践,检束身心常恐不及,设功过格逐教自警,又以'戒欺求慊、存心养性'。八字书绅为铭,家赤贫,岳父赠以奁田,他焚券却之"。所著有《心性图》。

云志达

号石田,琼山(今海南省海口市琼山区)人,由拨贡充教习,中乾隆壬午(1762年)副榜,任广宁教谕,调钦州学正,升潮洲府教授。"居官持正不阿,土有屈抑者为伸理,其或不轨于正亦加痛惩,不少假借",人以此畏而爱之。

云崇维

字道枢,号定岸。清代水北都一图人。虽家庭穷苦能泰然处之。俗多淫祀,岁时迎福耗财,他和诸弟把神象焚掉,破除迷信,此后邪气渐息。他乐于办公益事,也替乡里排解纠纷,当道要荐举他为"孝廉方正",他不肯接受。著有《除邪篇》《仪礼杂著》等书,82岁去世。

【繁衍变迁】

云姓在大陆与台湾均未列入前一百大姓。云姓起源于妘姓,后来又去"女"为"云"姓。春秋时有诸侯国郧国,后来被楚国所灭,后代子孙以国名为姓,共分出四个姓,"云""郧""芸"和"员"。另一支云姓起源于南北朝民族大融合时期,当时,有鲜卑族代北牒云氏族,随北魏孝文帝南迁,定居洛阳,后代改姓"云"姓。有关云姓的来源,跟人类所赖以结束野蛮生活的火,有着极为密切的关系。

据《路史》载:"颛顼后妘姓之分有云氏。"至于《姓氏考略》上所指的那位云姓始祖缙云氏,据考证则是比祝融更早的黄帝时人,也是以官为氏。缙云,是黄帝时的一种官名,黄帝以云名官,分别管理一年四季之事,其中夏官的官名就叫作缙云氏。当时掌管夏令事宜的缙云氏,究竟是什么人尚未知其详,但是他的后代却纷纷以缙云两个字为自己家族的姓氏,传到后来,再省略为一个云字,使得中国在五千年来,一直都有这个姓氏。云姓后来迁往琅琊郡,并逐步发展成为当地望族。

据《姓氏考略》记载："缙云氏之后，望出琅琊（今山东省东南部谙城、临沂、胶南一带）、河南（今河南省洛阳市一带）。"

苏

【苏姓图腾】

苏姓也属于祝融八姓之一，是炎帝族彤鱼氏的族称。它的图腾直观地看就能知道，是由四部分组成，分别是禾、苗、鱼和火。根据相关研究资料显示，之所以图腾会如此，是因为炎帝半农半渔，所以苏姓图腾上有禾、苗、鱼；又因炎帝的图腾以火和太阳为主，所以苏又从火，意思是强调苏姓与炎帝的嫡传关系。

【苏姓起源】

1. 源自高阳氏

以古帝王颛顼高阳氏为起源，是昆吾之后。据《元和姓纂》和《苏洵族谱》等所载，颛顼帝裔孙吴回为帝喾火正（古代掌火之官），生陆终，陆终的长子樊，居于昆吾（今山西省运城东北的安邑镇），渐渐成为强大的昆吾部落。夏朝中期，帝喾封昆吾的后裔于有苏（今河南省辉县西的苏岭），历史上称之为有苏氏。商朝末年，苏国被灭，族人以苏为氏，四散。周武王时，有来自苏岭的苏忿生为司寇，受封于苏，都城温（故城在今河南省温县东南），建立苏国，子孙遂以国为氏。

2. 源自少数民族改姓

例如据相关史料记载，辽东乌桓在汉武帝时依附汉朝，他们分迁至上谷、渔阳、右北平、辽西、辽东等郡地，在这个过程中，有人改姓苏。

再例如北魏孝文帝迁都之后，大力加强汉化改革，改鲜卑族代北复姓跋略氏为单姓苏。

此外，在我国历史上，很多少数民族中的姓带有苏字，都有改姓苏的。例如清苏佳氏、苏都哩氏、苏尔佳氏、彝族阿苏氏等的汉姓都为苏。

【苏姓名人】

苏秦

字季子，生于东周洛阳轩里地区（今洛阳东郊太平庄一带），战国时期的韩国人，是与张仪齐名的纵横家。可谓"一怒而天下惧，安居而天下熄"。他出身农家，素有大志，曾随鬼谷子学习纵横捭阖之术多年。

苏武

（公元前 140～前 60 年），字子卿，汉族，杜陵（今陕西省西安东南）人。中国西汉非常著名的大臣。武帝时为郎。天汉元年（公元前 100 年）奉命以中郎将持节出使匈奴，却被扣留。匈奴贵族多次威逼利诱，欲使其投降；后将他迁到北海（今贝加尔湖）边牧羊，扬言要公羊生子方可释放他回国。苏武历尽艰辛，留居匈奴十九年持节不屈。至始元六年（公元前 81 年），方重获自由，回到了汉朝。苏武死后，汉宣帝将其作为麒麟阁十一功臣之一，对其节操进行表扬。

苏秦

苏轼

字子瞻，又字和仲，号"东坡居士"，此人就是我们通常所讲的"苏东坡"。汉族，眉州（今四川省眉山，北宋时为眉山城）人，史上曾居栾城。北宋著名文学家、书画家、词人、诗人、美食家，唐宋八大家之一，豪放派词人代表。其诗、词、赋、散文，均成就极高，且善书法和绘画，是中国文学艺术史上罕见的全才，也是中国数千年历史上被公认为文学艺术造诣最杰出的大家之一。其散文与欧阳修并称欧苏；诗与黄庭坚齐名；词与辛弃疾并称苏辛；书法名列"苏、黄、米、蔡"北宋四大书法家之一；湖州画派乃其所开。

【郡望堂号】

郡望

武功郡:治所在今陕西眉县东,战国秦孝公时置郡。

扶风郡:汉武帝太初元年(公元前104年)置右扶风,为三辅之一,三国魏时改为扶风郡,治所在槐里(今陕西兴平东南)。

堂号

芦山堂:北宋的时候,苏芦山发明了世界上第一台天文钟——水运气象台,比欧洲人发明的时钟早了600年,被誉为"时钟祖师"。故有此堂号。

【宗族特征】

苏姓可谓一个光耀史册的古老姓氏,早在春秋时代,苏姓人便声名显赫。此后苏姓家族更是人才济济,尤其是宋代的"三苏",父子三人皆名垂千古,光照史册。

【繁衍变迁】

苏姓发源于河南辉县和温县等地,后西周被犬戎所灭,苏姓为官者随周天子迁至洛阳,春秋时有苏姓定居于两湖一带。汉武帝时,伐匈奴有功的苏建被封为平陵(治所在今陕西省咸阳市西北)侯。汉末有苏姓由河内迁至四川眉山,此后又有大举迁居江南各地者。唐初,有苏姓人入福建。北宋熙宁五年(1072年),章惇平定梅山蛮(早期迁至湖南新化、安化一带的苏姓被称为梅山蛮),杀戮过甚,苏姓之幸免者,南逃至两广、云南和越南、老挝、泰国。芦山堂的苏姓因仕宦在南宋时散居江南各地,并有一支由福建入广东。苏姓入台、出海外始于宋、明时。清时,苏姓人已广布全国。

苏姓是当代中国人口排行第四十一位的姓氏,总人口约有580余万,约占全国人口的0.46%。

潘

【潘姓图腾】

潘姓是燧人氏后代的一个分支。其图腾由两部分组成:左边为"风",右边为"番"。风是中国第一姓,最先是由燧人氏创立的。图腾中的"风"为变形字,上半部的"几"字形结构,比较抽象地代表天穹盖天,里面的横线代表祭天的灵台。因燧人氏总分为红、黑两个虫部,所以在"几"的下面置一"虫"字,表明潘姓为燧人氏的分支。燧人氏的虫部主要是龙、蛇,而龙生于水中,所以潘字从水,表示水龙。"番"最初本作"辛",它的本意其实是燧人氏发明的辨别方向正位的天文仪器。"番"建在水泽、汤谷中,取字面之意即为潘。

【潘姓起源】

1.源自芈姓

根据相关资料记载,颛顼后裔陆终的第六子名季连,被赐姓芈。周成王时,季连的后裔熊绎受封在荆山,建立了一个国家,称为荆国。公元前740年,荆国国君熊通自封为武王,他的儿子于公元前689年将国号改成楚,称楚文王。后有楚国公族子弟、芈姓后裔潘崇助楚穆王登上皇位,受封为太师,其后代子孙以祖名当作姓。

2.源自姬姓

相关资料显示,周文王姬昌的第十五个儿子叫作毕公高,他的儿子有叫作伯季的,被封在潘邑(今陕西省西安、咸阳一带)这个地方,作为自己的采邑,其子孙便开始姓潘,这是以邑名为姓的典型例子。

3.源自姚姓

根据相关资料来看,据说舜生于姚墟(今山东省鄄城县一带),所以有不少资料说舜姓姚。到了商朝时期,舜的后裔建立潘子国(今址失考)。商末,周文王灭掉潘子国,其子孙便开始姓潘,这是以国名为姓的典型例子。

4.源自少数民族改姓、赐姓或本有之姓

改姓:北魏孝文帝迁都洛阳之后,极力主张汉化改革,改鲜卑破多罗氏为单姓潘。

赐姓:历史上有被皇帝赐姓潘的事件。例如清康熙末年,台湾岸里大社(今台湾地区台中市神岗)酋长阿穆被清朝的正牌军收编,被赐姓为潘。

本有之姓:我国少数民族之中有不少本身就有潘这个姓氏,如今蒙古、土家、彝、瑶等民族均有潘姓。

【潘姓名人】

潘崇

春秋时期助楚穆王继位有功,被穆王封为太师。在相关史料之中,潘崇是出现得比较早的潘姓名人。

潘岳

字安仁,荥阳中牟(今属河南省)人,他是西晋著名的文学家、名臣。以"美姿容"著称,"貌若潘安"里的"潘安"指的就是潘岳。在文学方面,长于诗赋,文辞华靡。善缀辞令,长于铺陈,造句工整,太康文学讲求形式美的特点在他的诗中多有体现,所以在当时与陆机受到同样的推崇。其《悼亡诗》为世传诵,明人辑有《潘黄门集》。

潘天寿

浙江省宁海人,当代中国著名画家、美术教育家,写意花鸟和山水画是他最擅长的。从专业美术角度来看,潘天寿的画布局善于"险、破险",笔墨有金石味,朴厚劲挺、气势雄阔,熔诗、书、画、印于一炉,画作堪称自成一派,无一不是精品。在人物画方面,他也有一定的造诣。主要著作有《中国绘画史》《治印谈丛》等。

【郡望堂号】

郡望

荥阳郡：治所在今河南荥阳东北，三国时置郡，为汉献帝时尚书左丞潘勖之族所在。

广宗郡：治所在今河北威县东，东汉置县，北魏为郡。此支潘姓人的开基始祖为晋代广宗太守潘才。

堂号

黄门堂：西晋潘岳曾任黄门侍郎一职，故得名。

【宗族特征】

汉代以后，潘姓的知名人士不绝于史书，仅收入《中国名人大辞典》者就有200多人，潘安更是成为风姿秀逸俊朗的代名词。潘姓家族字行辈分排列有序，如江苏溧阳潘姓一支的字行为："忠武贲威，峻卿辅乾，程皓策楚。"

【繁衍变迁】

潘姓发源于湖北、陕西等地，早期主要在今湖北省境内发展，春秋战国后，有向山东、山西、湖南迁徙者。汉时，有潘姓北迁至荥阳中牟（今属河南省）。东汉灵帝有潘乾因仕宦而迁江苏溧阳。三国以前，潘姓又有播迁于山东、湖南、浙江等地者。晋时，有潘才因任广宗太守而落籍广宗（今河北省威县），亦有潘姓人播迁至广东。唐初，有河南固始人潘节进入福建。宋时有潘姓迁居广东、云南。元、明、清时，潘姓已分布于全国各地。

潘姓是当代中国人口排行第三十六位的姓氏，总人口约有620多万，约占全国人口的0.5%。

潘天寿

葛

【葛姓起源】

1.黄帝后裔。据《通志·氏族略》和《孟子·滕文公》所载,夏时,有黄帝的支庶子孙受封于葛(今河南长葛),建立伯爵葛国,世称葛伯,后世子孙以国为氏。

2.以部落名作为氏。据《风俗通义》所载,远古时有部落名葛天氏(今河南长葛一带),子孙后称葛姓。

3.洪姓改葛而来。据《姓氏考略》所载,汉时葛庐(一作蒲庐),乃洪曩祖之子,因起兵辅佐汉光武帝有大功,受封下邳僮县侯。庐让封于弟文,向南渡江,安家于句容(今江苏句容市),成为吴中(今江苏苏州市吴中区)葛姓人的始祖。

4.源于少数民族改姓或少数民族固有姓氏。据《魏书·官氏志》所载,北魏贺葛氏入中原后,改为单姓葛;清满族八旗姓墨勒哲埒氏、格济勒氏等后均有改姓葛者;赫哲族葛依克勒氏汉姓为葛;鄂伦春族葛瓦依尔氏汉姓为葛;裕固族格勒克氏汉姓为葛;今蒙古、土家等民族均有此姓。

【葛姓名人】

葛洪

丹阳句容(今江苏句容市)人,东晋道教理论家、医学家、炼丹术家。自号抱朴子,好神仙导养之法,后卒于罗浮山(中国十大道教名山之一,位于今广东省惠州博罗县西北部)。其对化学、医学的发展有一定贡献,著有《抱朴子》等传世。

葛从周

濮州鄄城(今山东菏泽市鄄城县)人,五代十国名将。其心性豁达,智勇兼备,先从黄巢,后从朱温,战功显赫,累任兖州节度使、潞州节度使、太子太师、检校太师等高职,并封陈留郡王。

葛云飞

字鹏起,清山阴(今浙江绍兴)人,道
光武进士。为人刚毅勇敢,廉洁正直。制
宝刀两把,分刻"昭勇""成忠"以自励。
道光二十一年(1841年),英军侵犯定海,
他以主将身份英勇抗击,以身殉国。

葛洪

【郡望堂号】

郡望

顿丘郡:治所在今河南清丰西南,汉
置顿丘县,晋以此为顿丘郡治所。

颍川郡:治所在今河南省禹州市,秦灭韩后,以所得韩地置郡。

堂号

清柳堂、梁国堂、余庆堂、崇德堂等。

【宗族特征】

葛姓得姓很早,比后来成为我国诸家姓氏主流的周文王姬姓后代之得姓,最少
要早六七百年。我国有南方和北方两支不同宗的葛姓,江南葛姓是东汉初年由洪
姓改姓而来,北方葛姓则传自葛伯之后,因此可以说南北两支葛姓人没有血缘上的
关系。

【繁衍变迁】

葛姓起源于今河南。在得姓以后的很长时间里,葛姓人始终在中原地区发展
繁衍。西周初期有葛姓人迁入今四川。秦朝时,有葛姓人徙居今安徽。两汉时,葛
姓人兴盛于今河南禹州市和山西两地。汉时,葛庐渡江向南,安家于句容,其后代
繁衍昌盛,发展成为吴中大族。魏晋南北朝时,今河南境内的葛姓人有迁江南者;
东晋葛洪为炼丹,携子侄到今广东广州。到了隋唐时,今山东、山西、安徽、江苏、浙

江、江西、湖南、湖北、福建、广东等省均有葛姓人。两宋时,葛姓人在今江苏、浙江一带繁衍最盛。明初,葛姓人被分迁于今河南、陕西、江苏、山东、河北、天津、北京等地。自清代开始,今福建、广东的葛姓人有渡海赴台、播迁海外者。

葛姓是当代中国人口排行第一百二十六位的姓氏,总人口近140万,约占全国人口的0.11%。

奚

【奚姓起源】

1.起源于夏代,是黄帝的后裔,出自任姓。奚姓的始祖是禺阳,禺阳为黄帝二十五子之一,受封于任地(山东济宁),故为任姓。禺阳裔孙名仲,食采于夏王朝管辖区的奚地(河北承德一带),史称奚仲,他的后代就用"奚"作为自己的姓氏。

2.出自中国古代北方少数民族。《路史》载,鲜卑族拓跋氏之后有奚氏。

【奚姓名人】

奚仲

夏禹之臣。初黄帝作车,少吴加牛,奚仲加马,乃命奚仲为车正。造不同式样的车,安装不同的标志,以别尊卑等级。

奚陟

字殷卿,其先自谯亳西徙,故为京兆人。少笃志,通群书。唐朝代宗大历末,擢进士,文辞清丽科,授弘文馆校书郎。

奚超

徽墨的创始人,徽墨始创于唐末。易水(今河北省易州)奚氏制墨世家之后奚超,因避战乱携全家南逃至歙州,见这里松林茂密、溪水清澈,便定居下来,重操制墨旧业。他造出的墨"丰肌腻理,光泽如漆"。南唐时后主李煜得奚氏墨,视为珍宝,遂令其子奚廷珪为"墨务官",并赐国姓李作为奖赏,奚氏一家从此更姓李。歙州李墨遂名扬天下,世有"黄金易得,李墨难获"之誉,全国制墨中心也南移到歙州。此后,制墨高手纷纷涌现,如耿氏、张遇、潘谷、吴滋、戴彦衡等,徽州墨业进入第一个鼎盛期。

【繁衍变迁】

奚姓在大陆与台湾均未列入前 100 大姓,但它却是中国历史上记载的第一个姓。早在大禹治水时期,由于有个叫奚仲的人发明了车子,极大地协助了大禹治理水患,故有"大禹治水,奚仲造车"之说,这是中国历史上最早的姓氏记录。

古时,奚姓在谯国郡发展成望族,世称谯国望。

奚氏总人口数量并不多,却在全国各地均有分布。

范

【范姓图腾】

范姓图腾直观地看,与现代汉字非常接近的是上部的"艹"和左侧的"氵",这两部分都在图腾中鲜明地表现出来。根据相关研究显示,范姓的祖先刘累为夏帝孔甲,当过驯龙的专职人员。中华龙的原型有两个:一为生活在今内蒙古、东北境内大草原上的蟒蛇;一为长江水中的扬子鳄。范姓起源于北方,自然以蟒蛇为龙。所以其图腾由四部分组成:草(一说扶桑木)、水、蛇和一个"十"字。"十"代表天地四方。也就是说,蛇生活在有水有草、视野开阔的地方,这也从侧面反映了范姓族人的生活环境。

【范姓起源】

1.源自祁姓

据研究,这一支范姓为帝尧(姓伊祁,或曰姓祁)裔孙刘累之后,以封邑名为氏。据《古今姓氏书辩证》和《元和姓纂》所载,帝尧裔孙刘累事夏王孔甲,被赐姓

中华姓氏大观

图文珍藏版

御龙,其后代豕韦氏商末时建国于唐(今河北省唐县)。周成王时唐国遭遇了灭国之灾,唐国国君被迁往杜邑(今陕西省西安东南),时称杜伯。后杜伯无罪被杀,其子奔晋为士师,其玄孙士会因功被封于范(今河南省范县),子孙遂以封邑名当作了自己的姓。

2.源自芈姓

根据相关研究显示,楚穆王(楚国国姓为芈)时的大夫范山、楚灵王时的大夫范无宇,后代都有以范为姓者。

3.源自改姓

据史料记载,晋时,林邑(古国名,亦称占城,故地在今越南中南部)的王范文改汉姓范。他后来当上了林邑王,使这支范姓迅速壮大。金时女真人孛鲁术氏汉姓有三,其一为范。清朝满族的范佳氏、博都里氏后来的族人都改姓范。

4.源自少数民族本有之姓

今彝、阿昌、土家、蒙古、回等少数民族中均有范姓。

【范姓名人】

范蠡

字少伯,生卒年不详,春秋楚国宛(今河南省南阳)人。春秋末著名的政治家、军事家和实业家,后人尊称"商圣"。他虽然幼时家境贫穷,但博学多才,与楚宛令文种相交甚深。因不满当时楚国政治黑暗、非贵族不得入仕而一起投奔越国,辅佐越国勾践。帮助勾践兴越国,灭吴国,一雪会稽之耻,功成名就之后急流勇退,化姓为鸱夷子皮,变官服为一袭白衣,与西施西出姑苏,泛一叶扁舟于五湖之中,遨游于72峰之间。其间三次经商成巨富,三散家财,自号陶朱公,据传此人就是我国儒商最早的老祖宗。世人誉之:"忠以为国,智以保身,商以致富,成名天下"。

范增

今安徽巢湖人。秦末楚王著名重臣,政治家、谋略家。是秦朝(公元前221~前206年)末期农民战争中霸王项羽的主要谋士。封历阳侯,项羽尊称他为"亚父"。汉元年(前206年)随项羽攻入关中,劝项羽消灭刘邦势力,未被采纳。后在鸿门宴上多次示意项羽杀刘邦,又使项庄舞剑,意欲借机行刺,终未获成功。汉三年,刘邦被困荥阳(今河南省荥阳东北),后来陈平设计,离间楚君臣关系,被项羽猜忌,范增辞官归里,死于回家的路上。苏轼曾经著《范增论》。

范仲淹

字希文,汉族,苏州吴县(今属江苏省苏州)人。祖籍邠州(今陕西省彬县),后迁居吴县(今江苏省苏州)。唐宰相履冰之后。北宋著名的政治家、思想家、军事家和文学家,他为政清廉,体恤民情,刚直不阿,力主改革,屡遭奸佞诬谤,数度被贬。皇佐四年(1052年)五月二十日病逝于徐州,

范仲淹

终年64岁。谥文正,封楚国公、魏国公。有《范文正公集》传世,通行有《四部丛刊》影明本,附《年谱》及《言行拾遗事录》等。

【郡望堂号】

郡望

南阳郡:今河南省熊耳山以南叶县、内乡县间和湖北省大洪山以北广水市、陨县间地。战国秦昭王时置郡。

高平郡:治所在今宁夏回族自治区固原市。北魏时置郡,北周改为平高郡。

堂号

后乐堂、芝本堂、永思堂、敦本堂等。

【宗族特征】

范姓是一个辉煌的巨族著姓,并且范姓家族有一个非常显著的特点,就是对于自己宗族的发展源流十分清楚;范姓人的始祖,在得姓之初已显赫万分,是曾经左右早期政治的世家之一。范姓家族字行辈分排列有序,分支清晰,如由范仲淹编定的中原地区范姓人的字行为:"仲纯正直公,良士宗文伯,叔子希昌彦,友善可弥安。"

【繁衍变迁】

范姓发源于今河南范县。春秋末,原籍今河南南阳的范蠡因仕宦而定居于今湖北。晋国六卿争位时,六卿之一的范氏为智氏所灭,此后有范姓人徙居南阳、顺阳(今河南内乡县)。三家分晋后,范姓人居于今河南、河北、山西。秦汉之际,范姓人已徙至今安徽、四川、浙江、江西等地。西汉中叶,有范明友受封平陵(今山东省历城)侯。东汉末年,有范姓人迁居钱塘(今浙江杭州)和今山西大同。西晋,有范姓人迁至丹阳(今安徽当涂县丹阳镇)等地,后又有移居今甘肃敦煌、派生出怀州(治所在今河南沁阳)范姓者。唐时,有河内县(今河南沁阳)人范坤举家迁至今浙江杭州、江苏南京和福建,成为范姓人入今福建的始祖。宋时,有今福建境内的范姓人移居今广东。明洪武年间,有范姓人入今辽宁沈阳。清时,范姓人有在今北京繁衍昌盛者。

范姓是当代中国人口排行第五十一位的姓氏,总人口近 460 万,约占全国人口的 0.37%,尤盛于河南。

彭

【彭姓图腾】

彭氏因敲鼓时会发出"嘭嘭"的声音而得姓,所以其图腾主要由三部分组成:上面是一面鼓;鼓的两侧各有三个代表鼓声的点和一只拿着鼓槌的手;鼓的下面跪着一个女人,相传为彭氏的女性祖先、伏羲氏的后裔豨氏女安登,安登的后代中也有彭姓。

【彭姓起源】

1.源自籛姓

据《通志·氏族略》和《姓氏寻源》所载,颛顼帝有玄孙陆终,陆终第三子姓籛名铿,受封于彭地(今江苏省徐州),大彭国相传是彭祖所建立的,他的子孙将国姓当成姓,世人称之为彭氏。

2.源自妘姓

据相关资料记载,妘,是祝融后代的姓。上古时代帝喾高辛氏火正祝融的后代中,有一分支称为彭姓,为帝喾时的火官祝融之后的八姓之一。

3.源自改姓

据《姓氏考略》所载,胡、西羌、南蛮先后有改姓彭的人;清朝时满、蒙古、回、苗、白、瑶、土家、苦聪、彝、拉祜等民族之中的族人也有以彭为姓的。

【彭姓名人】

彭孙贻

字仲谋,浙江省海盐人,此人是清代著名的诗画家,以贤孝著称,善诗,工墨兰。与同邑吴仲木都曾受到贤士的推崇,人们称他们"武原二仲"。

彭启丰

字翰文,号芝庭,长洲(今江苏省苏州)人,清代书画家。雍正五年(1727年)状元,授翰林院修撰,充南书房行走。从雍正七年起,历任河南、云南、江西及顺天等乡试考官。累迁至右中允,官至兵部尚书。

彭玉麟

字雪琴,湖南省衡阳渣江人,曾经当过湘军首领,曾国藩的得力大臣,佐曾国藩创建湘军水师,后主其事,购买洋炮,制

彭玉麟

造大船。剿灭太平天国居功至伟,官至兵部尚书,受命赴广东办理防务。后以疾病开缺回籍。光绪十六年,在衡阳江东岸家中去世,清廷追赐太子太保衔,赐谥"刚直",并为他建了专祠。彭玉麟在作战的空闲时间里,常常以绘画作诗为乐,且以画

梅最为拿手。他的诗后结集印刷,被命名为《彭刚直诗集》。

【郡望堂号】

郡望

陇西郡:治所在今甘肃临洮南,战国秦昭襄王时置郡。

淮阳郡:治所在今河南淮阳,汉时置郡。

堂号

可祖堂、长寿堂:古人认为彭铿"其道可祖",尊称其为"彭祖",因而有"可祖"的堂号;传说彭铿活了800岁,故而又有了"长寿"的称号。

【宗族特征】

彭姓家族多文人骚客,广智勇之将;彭姓族谱经多次修订,字行辈分繁杂有序。据1919年彭有康总修的《彭氏七修族谱》载,衡山(今湖南衡阳市境内)彭姓保公房的辈分字行为:"祖宗培基厚,兰树在庭芳,立德通经学,诗书绪以长。"本房辈分字行为:"光承选缔泽,代有仕名扬,忠孝维国政,相传继永昌。"

【繁衍变迁】

彭姓发源于今江苏徐州境内。商末,大彭国灭亡,其子孙有迁至今河南、湖北一带者。秦末有彭姓人远迁陇西(今属甘肃)。汉时有长平(今河南西华)侯彭宣,举家迁居今河南淮阳。魏晋时,彭姓人大举南迁,今山东、陕西、甘肃、江西、四川、福建等省均有彭姓人繁衍。北朝北齐时,有彭姓人徙居今河北河间、甘肃泾川北。唐玄宗时,彭姓人盛于今江西省境内,并有自今江西辗转迁徙于今福建、湖南西部者。宋神宗时,彭延年被任命为潮州(今广东潮州、揭阳一带)刺史,定居于今广东揭阳之浦口村,成为广东彭姓人始祖。自清代开始,今福建、广东境内的彭姓人有部分移居台湾,乃至东南亚及欧美。

彭姓是当代中国人口排行第三十五位的姓氏,总人口约640万,约占全国人口的0.51%。

郎

【郎姓起源】

1.出自姬姓,为春秋时鲁国大夫、鲁懿公姬戏的孙子费伯之后,以邑名为氏。据《通志·氏族略》《元和姓纂》《辞源》等载,春秋初年,鲁懿公的孙子、鲁国大夫费伯私自占据了郎城(今山东省鱼台县东北),其子孙有以邑名为氏者。

2.源自少数民族改姓或少数民族固有姓氏。据《姓氏考略》所载,汉时南匈奴有郎姓;金时女真人女奚烈氏,汉姓为郎;柯尔克孜族博勒特尔氏,汉姓为郎;清满族人有郎姓,后又有八旗姓钮祜禄氏、郎佳氏等改为郎姓;裕固族乌郎氏,后改为郎姓;今布依、阿昌、纳西、回、满、蒙古等民族均有此姓。

【郎姓名人】

郎茂

字蔚之,隋朝恒山新市(今河北新乐)人。官至户部侍郎。工政理,为世人所称誉。著有《诸州图经集》(今佚)、《诸州郡图》等。

郎余令

唐朝定州新乐(今河北新乐)人。进士及第。授霍王元轨府参军,后改著作郎。擅作画,工山水,绘帝王古贤,别有风采,时称精妙。郎余令画凤与薛稷画鹤、贺知章草书,并称"秘书省三绝"。

郎士元

字君胄,唐朝中山(今河北定州)人。著名诗人,与钱起齐名,世称"钱郎"。《中兴间气集》称其诗风"闲雅","近于康乐"。尤擅长五律,有《郎士元集》两卷、《唐诗二十六家》传世。

【郡望堂号】

郡望

中山郡：治所在今河北定州，汉代置郡。

魏郡：治所在今河北临漳西南，辖境跨今河北、山东、河南三省之界，汉时置郡。

堂号

诒谷堂、世善堂等。

【宗族特征】

郎姓是一个非常典型的南方姓氏，源于北而盛于南。郎姓人济济多才，既有政治家、军事家，又有诗人、书画家，还有星占家。

【繁衍变迁】

郎姓发源于山东省西南部。后鲁国亡于楚，郎姓族人迫于七雄纷乱纷纷外迁。秦汉之际，今河北定州、临漳和山东昌乐三地成为郎姓人新的繁衍中心，并发展为三大郡望，其族大人众的盛况下历隋唐而不衰。魏晋南北朝时，郎姓人散居于今黄河中下游各省及安徽、江苏、浙江等南方省份。唐末至五代，社会动荡，郎姓人有人今四川、重庆、湖北、湖南等地者，宋末元初，郎姓人避乱至今云南、贵州、福建、广东诸省及广西壮族自治区。明中叶以后，郎姓人有落籍今辽宁者，明末有入今北京等地者。清代至今，郎姓人遍布全国。

如今，郎姓是中国人口排行第二百三十一位的姓氏，总人口约 34 万，约占全国人口的 0.027%。

鲁

【鲁姓图腾】

鲁姓是炎帝彤鱼氏的苗裔。炎帝以火和太阳为图腾,实行大山天齐纪历。鲁姓图腾是以此为基础,添加了本族的象征——鱼而组成的:上面是一条大大的鱼;下面是个太阳;太阳上、下各有一横,分别代表地平线和水平线;水平线两端,各有一个太极印,代表太阳东升西落的轨迹;地平线上正中央为天齐建木,用来观测太阳运行状况。

【鲁姓起源】

1.出自姬姓,为周武王的弟弟周公姬旦之后,以国名为氏。《通志·氏族略》《姓氏考略》《元和姓纂》等载,周武王封其弟周公姬旦之子伯禽于鲁国(都城在今山东曲阜市)。鲁国共传了30多代,在战国时被楚国的考烈王灭掉,末代国君顷公被迫迁居下邑(指国都以外的所属城邑),其后代子孙遂以国名为氏,称为鲁氏。

2.源自少数民族改姓或少数民族固有姓氏。《通鉴》载,东晋时乌桓人有鲁姓;金时女真人孛术鲁氏汉姓为鲁;清朝平番县(今甘肃永登县)土司巩卜失加(元蒙古人后裔),明朝时被赐姓鲁;清满族八旗姓秦楚鲁氏、博都里氏有改鲁姓者;佤族姓木依库氏,子孙中有鲁姓;清满族人,世居今辽宁沈阳者有鲁姓;今彝、白、苗、土家、布依、朝鲜等民族均有鲁姓。

【鲁姓名人】

鲁仲连

齐国人,战国末期学者。不任官职,好持高节,坚持儒家道德观点,反对尊秦为帝,以义不帝秦而被传颂千古。

鲁肃

字子敬,临淮东城(今安徽定远)人,三国东吴名将。家富于财而好施。为人方严,虽在军陆,犹手不释卷。善谈论,又能做文,思度弘远,有过人之明。

鲁肃

【郡望堂号】

郡望

扶风郡:治所在今陕西兴平东南,三国时置郡。

新蔡郡:治所在今河南新蔡,因蔡国自蔡迁此而得名,西晋惠帝时从汝阴郡分出置郡。

堂号

三异堂:东汉宰相鲁恭以德化为治,天下出现三异:"虫不入境,野鸟化为家禽,童子有仁心。"因而有此堂号。

【宗族特征】

历史上,鲁姓人济济多才,多为文人雅士,纵有武将,亦为儒将。鲁姓人源出今山东曲阜,望出今陕西宝鸡市扶风县扶风,现今鲁姓人以山东为最多。

【繁衍变迁】

鲁姓发源于今山东。鲁国灭亡后,其子孙被迫迁居今安徽砀山。秦汉之际,鲁姓人分别开始迁居关中(今陕西渭河流域一带)。东汉中期以后,鲁姓人分别向今河南新蔡一带,以及安徽、江苏的北部迁徙。东汉末年,鲁肃举家先迁曲阿(今江苏丹阳),后居今江苏南京,其子孙散居江南各处。唐初,鲁姓人在今山东、山西、河北、河南、陕西都得以发展。宋、元之际,鲁姓人为避兵祸南入今闽粤,西迁今湖广。清中叶以前,有今山东境内的鲁姓人到今东北谋生,亦有临海的鲁姓人赴台,进而播迁海外。

鲁姓是当代中国人口排行第一百一十五位的姓氏，总人口近 150 万，约占全国人口的 0.12%。

【韦姓起源】

1.出自彭姓，为颛顼高阳氏大彭氏之后裔，以国名为氏。《元和姓纂》《新唐书·宰相世系表》等载，夏朝少康当政时，封颛顼高阳氏大彭氏的别孙元哲于豕韦国（在今河南滑县东南）。豕韦国又称韦国，其国君在商代称韦伯。豕韦在夏末灭于商，子孙四散，以国为氏，称豕韦氏或韦氏。彭姓韦氏的历史至少有 3200 年。

2.出自韩姓，为汉初韩信的后裔，为避难简改为韦氏。西汉初年，功臣韩信为吕后所杀，韩信一族险遭灭门之灾，萧何暗中派人将韩信的儿子送往南粤（今广东省、广西壮族自治区一带）躲避。韩信的儿子为了避难，以"韩"字的半边"韦"作为姓氏，此后世代相传下来。

3.据《汉书·西域传》所载，汉代西北少数民族中疏勒国（今新疆维吾尔自治区喀什市）有韦姓。

4.出自赐姓。据《唐书·桓彦范传》所载，桓彦范因功受赐韦姓，其后人以韦姓自居。

5.清朝时广西庆远府（今广西壮族自治区河池市）、贵州贵阳府定番州（今贵州黔南布依族苗族自治州惠水县）、湖北施南府（今湖北恩施土家族苗族自治州）和今海南东方市的少数民族中有韦姓；仫佬、苗、瑶、水等许多少数民族均有韦姓。

【韦姓名人】

韦睿

京兆杜陵（今陕西西安东南）人，南朝齐末为上庸太守，梁时历任豫州刺史、雍州刺史、护军将军等职。因多次率军大败北魏军，而被魏人称为"韦虎"。

韦应物

唐时京兆万年(今陕西西安)人,著名田园诗人。官至滁州、江州、苏州刺史,后人集其著作成《韦苏州集》。

韦庄

字端己,长安杜陵(今陕西省西安东南)人。唐至五代时诗人、词人,官至吏部侍郎兼平章事。著有《浣花集》,所作《秦妇吟》长诗,尤著称于世。

韦应物

【郡望堂号】

郡望

京兆郡:治所在今陕西西安西北。秦朝设置内史官,汉以原秦内史地置京兆尹、左冯翊、右扶风为三辅。三国魏时改京兆尹为京兆郡。

堂号

扶阳堂:西汉时的大儒韦贤,本始初年官居丞相,受封扶阳侯,于是其后代以"扶阳"为堂号。

【宗族特征】

韦姓家族以勇武果敢、讲究节义著称,曾经涌现出众多的军政名人。韦姓是典型的北方姓氏,北方人口多于南方。韦姓家族自有其排列有序的字行,如现代人韦靖所纂修的《韦氏家谱》中载,广东中山韦姓一支的字行为:"永乾祐宁嘉,延国安靖始。"

【繁衍变迁】

韦姓发源于今河南。豕韦灭国后,一部分国人向北迁移,至今东北地区变成室韦族。一部分向西北迁移,散居于陕甘地区。至汉代,韦姓人已分布于今河南、山东、陕西、山西、河北等地。三国两晋南北朝时,韦姓人除部分躲避战乱南迁外,大部于北方繁衍生息。隋唐时期,韦姓人的繁衍以"京兆郡"(今陕西一带)为盛,同时,有南迁于今江苏、四川、安徽等地者。经五代十国至宋、元、明、清,韦姓人又有南迁者,但数量较之北方仍为少数。

韦姓是当代中国人口排行第六十八位的姓氏,总人口约有 370 万,约占全国人口的 0.3%,主要集中于广西壮族自治区一带。

2.双字名最好首字笔画多而末字笔画少,单字名最好用笔画少的字。

3.起名示例:韦梓浚、韦革荣、韦汉臣、韦舒心、韦祖寿、韦苏真、韦杰俊、韦春新、韦婷馨、韦姗姗、韦东辰、韦晨、韦丽云、韦娟、韦路、韦永杰、韦美江。

昌

【昌姓起源】

1.系出有熊氏,是黄帝的嫡系胤胄,始祖昌意。黄帝娶妻嫘祖,生子名昌意。黄帝七十七年令昌意降居四川若水,娶蜀山氏女昌仆为妻,生子颛顼。后昌意携全家北迁至中原,建昌意城(今河南乐西北),其子颛顼后为部落首领,建都帝丘(今河南濮阳),为高阳氏。高阳氏支子以祖父昌意之字命姓,遂成昌姓。见《风俗通》。

2.源于任姓。相传黄帝有二十五个儿子,为四母所生,分化成十二个胞族,分别姓姬、姞、酉、祁、己、滕、箴、荀、任、僖、缳、依。昌氏是任氏的后代,子孙沿袭至今。

3.出自黄帝臣子姓。黄帝有臣名昌寓,其后世子孙以昌为姓。

【昌姓名人】

昌意

昌氏得姓始祖,为黄帝二十五子中的其中一位,为嫘祖所生,其后代以昌为姓。

昌仆

又名昌妣,上古时人,颛顼之母。《史记·五帝纪》载:"昌意娶蜀山氏女曰昌仆,生高阳。"

昌容

相传为殷商王女,修道于常山,扶危济贫、食蓬蔂根二百余年,颜如二十许。能致紫草鬻与染工,得钱以与贫病者。

昌豨

三国魏徐州太守。"曹操五攻昌霸不下,四越巢湖不成……"。

昌永

字禹功,宋状元,南宋泾县人。

昌海

明代高僧,山西省太原许氏子,隐崛围山,刺血书五大部,经一百一十三卷,永乐诏选赴京,纂修《大藏经》。

昌义之

南朝梁历阳乌江人。仕齐为冯翊戍主。

昌元庆

讳少九郎。嘉定(1208年)戊辰五月初六生,身长有武略。

昌友谅

明代迁沔始祖(湖北省仙桃昌姓始迁祖)。

昌应会

明代莆田人、嘉靖年间官汉川知县。县多水患,应会轻徭缓赋,斩尽盗贼,因得罪权贵被调往外地,百姓立生祠来纪念他。

【繁衍变迁】

昌姓多居于河南,并且在汝南郡、东海郡发展,逐渐形成望族,世称汝南望(汉高帝置郡,在今天河南省中部偏南和安徽省淮河以北地区)、东海望(秦时置郡,治所在郯,今山东郯城北)。

马

【马姓图腾】

据相关资料记载,佐以一些传说,马姓的祖先因为善于养马牧马,所以以马为图腾。马姓图腾直观地看上去,有点像马也有点像龙,即为龙马。

【马姓起源】

1.源自姓氏简化

据相关史料记载,历史上著名的善于用兵的大将赵奢,是赵国宗室子。他因在军事上的巨大成就而被当时的赵惠文王封在马服(今河北省邯郸西北),称为马服君。赵奢的子孙便以"马服"为氏,后来经过历史的发展、年代的变迁,后代把"服"字省略,开始姓马。因为这一支马姓族人的先祖是皋陶(嬴姓),所以统一出自嬴姓。

2.源自改姓

例如根据有人名记载的历史资料,在汉代有一个人叫作马宫,他其实本姓马矢,马姓是省略而成。再例如在元代时期,史料中有记载的一个蒙古人叫作月乃和,因其祖曾为凤翔兵马判官,所以他以官为姓,改姓马,取名马祖常,后人便因袭此姓。

3.源自少数民族本有之姓

马姓为回族常见姓之一。主要是在古代,阿拉伯人、波斯人名的音译,同时,"马"姓还是皇帝赐姓。

满族中有不少马姓。在我国东北地区聚集着许多马姓的满族人,努尔哈赤建立金国后,在八旗子弟中就有许多姓马的。

【马姓名人】

马融

字季长,右扶风茂陵(今陕西省兴平东北)人。据传为东汉名将马援的从孙,东汉儒家学者,著名经学家、哲学家,其人古文经学知识甚为渊博。他曾创办学校广收弟子,门人常有千人之多,卢植、郑玄都曾受教于他,是马氏家族史上第一位很有学问的人。他对古代经典文学研究非常之深,学生有千余人,他讲课时坐在高堂,有女子奏乐,很有气派。他一生精力多放在编注群经,兼注《老子》《淮南子》。

马良

字季常,生于襄阳宜城(今湖北省宜城南)。三国时期,曾为蜀汉官员,马谡的哥哥。他是东汉文士,不仅学问好,而且才气高,文章动人。

马超

字孟起,马腾之子,扶风茂陵(今陕西省兴平东北)人。三国名将,家中是凉州豪强大户。建安十六年(公元211年)曹操西征关陇,超据潼关拒守,操用了一道离间计,使超与韩遂彼此生了疑心,一举击败之。超率羌胡退出关中,转战陇上,杀凉州刺史韦康,并其众,自称征西将军,督凉州军事。不久,原刺史故吏杨阜起兵,杀其妻子,超遂奔汉中依张鲁,不得志。建安十九年,马超投奔了刘备,助备击破刘璋于成都。诸葛亮称赞此人文武全才,且作战勇猛。公元221年,官至骠骑将军,为凉州牧,封蒙乡侯。公元222年,马超病逝,终年47岁。

【郡望堂号】

郡望

正平郡:治所在今山西新绛,北魏时置郡。

广陵郡:治所在今江苏扬州西北,秦时置郡。

堂号

绛纱堂:东汉校书郎马融,才高博洽,为世之通儒,有弟子千余人。他在教室里设绛纱帐,前授弟子,后设女乐。弟子都专心听讲,没有人顾盼女乐。因而有此堂号。

【宗族特征】

马姓在少数民族中为大姓,在汉族中也属人口排行前列之姓。马姓族人多生活于西北地区,历史上所出名人较多,遍布经济、政治、文化领域。马姓家族各支字行辈分排列有序,如河北青县马姓一支的字行为:"有志名克立,维汝受国荣,之文允宝镇,世锡庆元宏。"

【繁衍变迁】

马姓发源于今河北邯郸一带。战国末,马姓人有迁居今陕西咸阳者,并最终使今陕西兴平东北成为马姓人发展繁衍的中心。两汉至南北朝,马姓人分布于今河南、河北、山东、湖北、四川、甘肃、江苏、浙江等地,并大举西迁到今西北地区,后又东迁到黄淮地区。唐末,有原籍今河南的马姓人入今福建。五代十国时,许州鄢陵(今河南许昌市鄢陵县)人马殷从军作战,建立楚国,地括今湖南省全境、广西壮族自治区大部及广东、贵州部分地区,使马姓人得以分布于这些地区。宋以后今福建、广东一带的马姓人逐渐增多。清代,马姓人有移居台湾地区、远徙东南亚及欧美者。

马姓是当代中国人口排行第十四位的姓氏,总人口近 1500 万,约占全国人口的 1.18%,主要分布于黄河沿岸的省份和东北地区。

苗

【苗姓起源】

1.据《姓氏五书注》所载,上古有名医苗父。有说法认为,苗父即为苗姓人的始祖。

2.出自芈姓,为伯棼之后,以地名为氏。据《风俗通义》《左传》及《通志·氏族略·以邑为氏》等所载,春秋时期,楚国公族大夫伯棼(芈姓)因罪被杀,其儿子贲皇逃亡到晋国,受到晋国君主的礼遇,食采于苗地(在今河南济源市西南)。贲皇的后代以地名为姓,遂成苗氏。

3.其他来源。回族中有苗姓人,出自明朝太祖皇帝朱元璋赐姓。《赛典赤家谱》记载:"咸阳王(赛典赤)奉旨征平西夏,以得胜之兵戍守宁夏、渭南等处,所有兵将保属哈密征调。以名为氏。明太祖定鼎金陵,赐为十姓:闪、者、白、苗……"苗姓回族人主要分布在今海南沿海及青海等地;百济(朝鲜古国)大姓中有苗姓;清满族人有苗姓,世居今辽宁沈阳;拉祜族黑苦聪人阿沙普氏,汉姓为苗;今彝、畲、蒙古、维吾尔、东乡等民族均有此姓。

【苗姓名人】

苗海潮

下邳(今江苏邳州)人,隋末农民起义军领袖。613年聚众起义,不久并入杜伏威部,抗击隋军于江淮一带,后降唐。

苗发

唐代潞州壶关(今山西长治市壶关县)人。擅长写诗,与卢纶、吉中孚、司空曙、钱起等九人齐名,合称"大历十大才子",常与当时名士酬答,但诗篇传世颇少。

苗训

河中(今山西永济)人,宋初大臣。善天文占候术,曾于营中预言赵匡胤陈桥兵变。宋初,累官至检校工部尚书。

【郡望堂号】

郡望

上党郡:秦时所置,治所在今山西长治北,西汉移治今山西长子西。

济阴郡:治所在今山东定陶西北,汉为定陶国,后置郡。

东阳郡:治所在今浙江金华,三国吴所置,南朝陈改称金华。

堂号

惠化堂:典出唐朝苗晋卿。苗晋卿官吏部侍郎,他一向待人宽容,但有部下因此犯了大错,他受牵连被贬为安康(今陕西东南部)太守。后来,他又转守魏郡(治所在今河北临漳西南)。无论到哪,他都依然以德代罚,使得政化大行。唐肃宗听说后,将其召回,拜为左相。后来,他在平定安禄山叛乱中立功,被封为韩国公。他一生所到之处,都是以惠政化民,深受民众爱戴。所以后人以"惠化"为堂号。

【宗族特征】

苗姓是比较典型的北方姓氏,源于北,亦盛于北。苗姓名人众多,尤其是唐宋以后,苗姓名人更是不绝于史书。

【繁衍变迁】

苗姓发源于今河南济源。春秋末三家分晋后,苗姓人在今山西、河北等地落籍。战国后期,大批苗姓人北徙今山西长治、东迁今山东定陶一带。东汉时,有东阿侯苗光及其子孙落籍于今山东东阿。魏晋南北朝时,苗姓人为避兵祸南下,辗转于今浙江金华等地。唐中后期,有原籍今陕西的苗姓人为避战乱迁居今甘肃省、宁夏回族自治区一带。两宋之际,苗姓人散布之地更广,今安徽、江苏、浙江、湖南、江西等地都有苗姓人定居。明初,今山西境内的苗姓人作为洪洞大槐树迁民之一,被分迁于今河南、河北、山东、甘肃、江苏、陕西等地。明中叶以后,苗姓人已分布于全国大多数地方,并有渡海赴台者。清中叶以后,伴随"闯关东"的风潮,有今河北、山东、河南一带的苗姓人人迁今东三省。

苗姓是当代中国人口排行第一百四十六位的姓氏,共有89万多人,约占全国人口的0.071%。

凤

【凤姓起源】

1.出自高辛氏,为黄帝的曾孙帝喾之后,以官名为氏。据《左传》记载:"高辛氏时,凤鸟氏为历正。凤盍以官为氏。望出平阳、郃阳。"远古黄帝的曾孙帝喾高辛氏时。以凤鸟氏为历正(官名),就是专管历法天文、以指导人们按照季节时令耕田种地和收获的官。他的子孙便以凤为姓,世代相传,称为凤氏。另一说,凤氏即为风氏。

2.出自姬姓,为唐代南诏国的王族阁罗凤氏之后,由酆姓氏改为凤氏。据《通志·氏族略》上记载,凤姓远祖始于周代,周文王的第十七子,受封于酆地(今湖南省永兴县北),封为侯爵,称为酆侯。其子孙后代就世代以国号"酆"为姓。因此,酆姓出自周朝王室之姓,酆姓起源于姬姓。至唐朝时,南诏国的王族阁罗凤氏的后人以凤为姓,称为凤氏。

3.出自回族中有凤姓。据《中国回族大辞典》载:"凤姓,回族姓氏之一。主要分布在贵州一带。"

4.刘姓后裔,避世改姓,民间盛传凤不入朝。凤村的凤氏原姓刘,是后汉高祖刘知远的后裔,后汉灭亡,刘知远的后裔逃到了江南,北宋初到了泾县南乡茂林地区的阳山,听到凤鸟的鸣声,认为是祥瑞之兆,就改刘姓为凤姓定居了下来。北宋朝曾经派人来调查了解,见刘姓改凤姓,又都是安分守己的良民,便没有再追究。但是御批"凤姓不得入朝",以防东山再起。

【凤姓名人】

凤纲

汉朝时渔阳人。传说他常采百草花以水渍封泥之,自正月开始,到九月末止采制,埋100天,煎9次火。刚死者以药纳口中,可救活。他常服此药,至数百岁不老,后"成仙",去向不明。

凤翕如

字邻凡,明朝时吴县人,以贡生入官。崇祯末任汉阳通判,摄县事。张献忠来攻,太守弃印而逃。他动员官兵和全城居民,奋力死守。贼不能克,退去。崇祯年间卫城卫民有功,升衡州知府。卒于官。

【繁衍变迁】

凤姓当今人数不多,却是一个古老的姓氏。凤凰来仪,是我国上古一种极为祥瑞的象征,司历之官的名称就是"凤鸟氏",表示四时都能风调雨顺、国泰民安的意思。由于上古有这个官,在当时以官为姓的普遍风气下。我国就出现了"凤"这个姓氏,四千多年来凤姓子孙繁衍全国各地。根据《姓氏考略》上记载,凤姓的始祖是高辛氏(高辛氏即帝喾,距今四千五百年以前的人)时的凤鸟氏,当时任历正。唐朝时,南诏国的王族阁罗凤氏的后人以凤为姓。而根据《左传》记载,凤姓皆以官为姓氏,望族出于平阳(今山西省临汾市西南)、邰阳(今陕西省武功县西南)。

花

【花姓起源】

1.源自姬姓。花姓的起源,典籍记载不详,传说较多。据《通志·氏族略》《中国姓氏起源》所载,周文王姬昌的后裔中有何姓,后由何姓分出花姓。至于改姓缘由,已不可考。有说法称是因为读音相近,因此改姓。

2.出自华姓。据《姓氏考略》载,古无花字,通作"华",后专用花为花草之花。华姓人亦有改为花姓者。春秋时,宋戴公之子正考父食采于华(故址在今河南商丘南)。考父之子督,字华父,为宋太宰。华父杀其君宋殇公以及大夫孔父嘉,自立华为氏。华氏之后分出花氏。

3.据《姓氏考略》所载,金代范用吉改姓花。

4.源于少数民族改姓或少数民族固有姓氏。金时女真人孛术鲁氏汉姓为花;清满族八旗姓博都哩氏后改为花姓;蒙古族伯颜氏汉姓为花;今满、蒙古、锡伯等民族均有此姓。

【花姓名人】

花云

凤阳府怀远(今安徽蚌埠市怀远县)人,明初将领。貌伟而黑,骁勇绝伦。追随朱元璋,将兵略地,屡建奇功。后守卫太平抗击陈友谅,城陷被擒,不屈死。朱元璋称吴王后,追封花云为东丘郡侯。

花润生

邵武(今属福建)人,明代官吏。永乐二年(1404年)进士,中第二甲九十一名,任古田知县,有政声,擢提学佥事。工诗文,著有《介轩集》。

【郡望堂号】

郡望

东平郡:今山东省泰安市东平县一带,汉置东平国,南朝宋时为郡。

开封府:今河南省开封市。战国时属于魏国,汉时置县,五代后梁时升府为国都。

堂号

含英堂、东平堂、紫云堂、珠树堂等。

【宗族特征】

花姓既源起繁杂,又语焉不详,至北朝始有花字,古花姓得姓距今只有1000多年。花姓名人多骁勇之将,因而一些古典传奇演义中多杜撰花姓将领,如花木兰、《水浒传》中的小李广花荣等。

【繁衍变迁】

花姓发祥于今河南商丘南。唐末五代时,北方动荡,花姓人南迁至今四川、安徽、江苏、浙江、江西等地。宋元之际,除遍及北方大部外,花姓人在江南的分布也日趋扩大,今福建、广东、湖南、湖北均有花姓人入居。明初,今山西境内的花姓人作为洪洞大槐树迁民之一.被分迁于今山东、河北、河南、安徽、江苏等地,后又播迁至今云南、贵州、辽宁各省及广西壮族自治区,并有沿海的花姓人入台。清康、乾年间以后,今山东等地的花姓人伴随"闯关东"的风潮入迁今东北三省及内蒙古自治区东北。

如今,花姓是中国人口排行第二百八十五位的姓氏,总人口约有18万,约占全国人口的0.014%,在辽宁省一带比较集中。

方

【方姓图腾】

直观地看图腾,很难把它与"方"这个字联系在一起,实际上这里的"方"是指方位。相关研究显示,方姓是燧人氏风姓延续发展下来的一个分支,燧人氏是最早立"番"来辨方正位的氏族,故方姓以"方"字为图腾。"方"的本义是指示东西南北,上部的"、"代表竖立风向仪的木杆,"勹"代表守护风向仪的人。

【方姓起源】

1.源自神农炎帝

据《风俗通义》《世本》所载,上古神农炎帝的第十一世孙即八代帝榆罔的大儿子起名叫雷,因在黄帝伐蚩尤时立功,被封于方山(今河南省禹州市),称方雷氏,其子孙分为雷姓和方姓。

2.源自姬姓

据不少相关资料记载,西周后期宣王时,有一位大夫姬方叔,在征伐淮夷、猃狁特别是平息南方荆蛮的叛乱中居功至伟,为周室的中兴立下了大功,被周宣王封于洛(今河南省洛阳),其子孙以其字为氏。后世不少方姓家谱都采用了"周大夫方叔之后"的说法。这一支方姓是以祖先的字为姓氏的典型。

3.源自翁姓的分支

这一支方姓为翁姓的一个分支,据《元和姓纂》所载,宋初有泉州(今属福建省)人翁乾度(姬姓后裔),生有六子,皆进士,分姓洪、江、翁、方、龚、汪六姓。

4.源自少数民族本有之姓

今满、蒙、傣、回、土家、朝鲜、高山等民族均有此姓。

【方姓名人】

方腊

北宋末农民起义领袖,宣和年间(1120年)他利用明教发动起义,建立政权称帝,号"圣公"。义军先后攻占东南大片地区,获得广大农民的热烈拥护。后战败英勇就义。"方腊起义"是影响中国历史的一百个重大事件之一。

方斫

浙江仙居人。宋代理学家,教育家。被誉为"卓然屹立于众醉独醒之中","东南学者表正之师"。宋乾道时期,方斫投资成立了东南道学正渊——桐江书院。历代从书院中走出来的进士就有十多位,举人、贡生、秀才更是不胜枚举。

方孝孺

宁海人,明思想家、文学家。为帝师,推行新政。人称"正学先生"。"靖难之役"时,为正义拒为篡位的朱棣草诏,刚直不屈,视死如归,被诛杀10族,死难者达800多人,是历史上绝无仅有的大惨案。著有《猴城集》《逊志斋集》。

方孝孺

【郡望堂号】

郡望

河南郡:治所在今河南洛阳市东北,汉高祖二年(公元前205年)改秦三川郡置郡。

新安郡:西晋时置郡,治所在今浙江淳安县西,后移治安徽歙县一带。

堂号

正学堂:明朝大儒方孝孺,惠帝时入京做侍讲学士,其书斋名为"正学堂",故人称"正学先生"。因而有此堂号。

【宗族特征】

方姓历史悠久,名人精英层出不穷,其中颇多刚烈之士,爱憎分明,舍身取义,宁折不弯;亦多文人学士,书香门第,满腹经纶,诗书传家蔚然成风。方姓家族字行辈分排列有序,如1915年方建忠纂修的《方氏家谱》中载,江苏通州(今江苏南通)方家村方姓一支的字行为:"应克先人志,荣光兆泰和。"

【繁衍变迁】

方姓发源于今河南。西汉末年,有方姓人迁移到今安徽,并繁衍播迁于今江西九江、福建莆田等地。隋唐以前,今山东、山西及其他的北方地区,都有方姓居民。唐初,有方姓自今河南入今福建,落籍漳州(今属福建)。宋元之际,有方姓人为避乱迁至琼州(今海南)定居。明初,方姓作为明朝洪洞大槐树(今属山西)迁民姓氏之一,被分迁至今河南、河北、山东、安徽、陕西等地。清初,有今福建、广东境内的方姓人入台,乃至远播海外。

方姓是当代中国人口排行第六十三位的姓氏,总人口410多万,约占全国人口的0.33%。

俞

【俞姓起源】

1.出自黄帝的臣属跗。据《通志·氏族略》和《史记》等所载,黄帝时有名医跗,医术高超,精于脉经,因古"俞"字与"腧"字相通,而腧为"脉之所注",俞又同痊愈之愈同音,故称俞跗。其后人为光大先人医术,即以物事为氏,称为俞氏。

2.出自春秋时郑国、楚国的公族俞氏。据《路史》所载,春秋时郑国公族、楚国公族中皆有此姓。

3.源自少数民族改姓或少数民族固有姓氏。清朝时,今辽宁沈阳、辽阳等地的满族人中有俞姓者;清满族八旗姓尼玛哈之后有改姓俞者;今彝、土家、回、朝鲜等民族均有俞姓者。

【俞姓名人】

俞琰

吴郡(今江苏苏州)人。宋末元初著名思想家、文学家。以辞赋闻名,撰有《周易集说》《易图纂要》等。

俞樾

德清(今属浙江)人,清代著名学者。道光年间进士,历任翰林院编修、河南学政。罢职后一意治经,主讲杭州诂精经舍 31 年。著述甚丰,有《群经平议》《诸子平议》《古书疑义举例》《春在堂随笔》《茶香室丛钞》《宾萌集》《春在堂诗编》等。为一代宗师,声名远及日本。

俞宗礼

字人仪,号凡在,清代画家。12 岁便被称为"颍州秀才第一"。工山水及写真,尤擅自描道释人物,笔墨精细,有"龙眼复生"之誉。

【郡望堂号】

郡望

河东郡:在今山西夏县西北,秦时置郡。

江陵郡:治所在今湖北江陵及四川东部一带,南朝齐改江陵县置郡。

堂号

流水堂、江陵堂、高山堂、春在堂、正气堂等。

【宗族特征】

俞姓为典型的南方姓氏。俞姓人南迁较早,入今广东省和广西壮族自治区的时间之早,更为他姓人所不能比。俞姓人多才华横溢之学者,对中国传统文学的发展颇有贡献,就连明代大将俞大猷也有著述《正气堂集》《剑经》传世。

【繁衍变迁】

俞姓得姓于黄帝时代,后又有春秋时郑国、楚国公族加入俞姓,然而隋唐以前见诸史册的俞姓人却寥寥无几。隋唐以前,俞姓已有族人在今湖北繁衍,并有越过长江发展者。此间,或延至隋唐之际,俞姓人在久居的今山西、河南、河北以及湖北等地发展得十分繁盛。唐代武则天时,荆州江陵(今湖北潜江县一带)人俞文俊因得罪了武则天,被流放到当时尚属荒僻之地的岭南。俞姓人也就由此进入了今广东省和广西壮族自治区一带。进入宋代以后,俞姓家族突然光芒四射,入载《中国历代人名大辞典》的俞姓人仅宋代就有 44 人,其中 41 人为今浙江、安徽、福建、江苏、江西人。明初,俞姓人作为洪洞大槐树(今属山西)迁民之一,被分迁于今陕西、甘肃、河北、天津等地。明清之际,俞姓人仍以今华东之地为众,但散居之地逐渐增多。

俞姓是当代中国人口排行第一百一十九位的姓氏,总人口约有 140 万,约占全国人口自 0.11%。

任

【任姓图腾】

任(原本写作"凭")姓相传是从遥远的远古时期,由伏羲氏风姓氏族的一支发展演化而来的,其图腾直观地看似乎很混乱,实际上由三部分——天竿、天穹和戴胜鸟组成的。

【任姓起源】

1.源自姬姓

这一支任姓为黄帝(姬姓)后裔。《唐书·宰相世系表》《左传正义》载,任氏是

·中华姓氏大观·

图文珍藏版

5000年前黄帝赐封的12个基本姓氏之一，是一个十分古老的姓氏。黄帝少子禺（禺）阳被封在任国（今山东省济宁市），其后裔以国为氏。

2.源自远古妊姓

根据姓氏学专家研究，这与女性妊娠有关，可认为是母系氏族社会产生的古姓之一。人之所以得生，在于母亲妊娠，因生得姓。从母从女，为妊姓，后传为任姓。

3.源自风姓

据《通志·氏族略》所载，任，为风姓之国，实太昊氏之后，故都任城（在今山东省济宁）。任国在战国时灭亡，其后代子孙遂以国名为姓，称为任氏。

4.源自改姓

如元代王倍之子宜，为避难改姓任，其后代亦称任姓。

5.源自少数民族本有之姓

今瑶、回、满、蒙古、土家、羌、水等民族均有此姓。

【任姓名人】

任不齐

字子选，相传是孔子七十七贤弟子之一，春秋战国时楚国（今湖北省）人，"楚聘上卿不就"。生于周灵王二十七年三月，殁于周元王八年九月。唐朝皇帝追封其为任城伯，宋朝天子又加封其为当阳侯。

任安

字少卿，曾任益州刺史、北军使者护军等职。司马迁因李陵之祸被处以宫刑，出狱后任中书令，表面上是皇帝近臣，实则近于宦官，为士大夫所轻贱。任安此时曾写信给他，希望他能"推贤进士"。司马迁由于自己的遭遇和处境，感到很为难，所以一直未能复信。后任安因为犯了罪遭遇牢狱之灾，被判死刑，司马迁才给他写了回信《报任安书》。关于此信的写作年代，一说是在汉武帝征和二年（前91年），另一说是在汉武帝太始四年（前93年）。

任峻

字伯达，河南中牟（今属河南省）人。东汉末天下大乱，他劝中牟令杨原代理河南尹,被任为主簿。不久归附曹操,任骑都尉,娶操从妹(堂妹)为妻。操每出征,常留守,操持后勤供应。曾任典农中郎将,主持许下屯田,获得成功,从而使军粮供应及时满足了军队的需要。魏文帝时谥成侯。

【郡望堂号】

郡望

乐安郡:治所在今山东惠民县南,南朝宋时置郡。东安县:治所在今浙江富春县。南朝宋元徽四年(476年)改东迁县为东安县。

堂号

水蕹堂:东汉人任棠有奇节,不肯做官,隐居教授。太守廖参去访问他,他只拔了一颗蕹,将一杯清水放在桌上,自己抱着小孙子坐在门下。太守明白了他的意思:一杯水是要自己为官一清如水;拔大蕹是告诉自己要拔除土豪;抱着幼孙当户,是要自己留心照抚孤儿。因而有此堂号。

【宗族特征】

任姓是一个源远流长的古姓,其字行辈分排列有序,如1929年任守正所修的《任氏族谱》中载,如皋(今属江苏)任姓一支的字行为:"允远士大中,万正吉顺太。"

【繁衍变迁】

任姓发源于今山东。先秦时期,任姓人已播迁于今湖北、山西、陕西等地。秦代,已有任姓人徙于今广东。至汉时,任姓人已散居于今山东、山西、河南、陕西、四川、江苏、广东等地。魏晋南北朝之际,任姓人大举南迁至今江苏、安徽、浙江、湖北等地,并有入今福建者。南宋末期任姓人逃难至我国南方各地。明初,任姓人作为洪洞大槐树(今属山西)迁民之一,被分别迁于今山东、河南、河北、江苏、陕西等地。自清代开始,今福建、广东境内的任姓人有徙居海外者。

任姓是当代中国人口排行第五十九位的姓氏,总人口约有420余万,约占全国

袁

【袁姓图腾】

相关研究表明,在远古时期有一个袁姓氏族,该氏族以观测太阳周天运行而著称。袁姓图腾由三部分组成,上面的"土"代表天穹盖天图。因为浑天圆图楷书写作"口",所以"口"代表浑天圆图;又因为一个浑天圆图是由两个盖天图合成的,所以口下又有两个"天俞"(个),代表另一个盖天图。

【袁姓起源】

1.源自妫姓

为虞舜之后。上古五帝之一的舜,由于他老家在姚墟(今山东省菏泽东北),所以自称为姚姓,后来又在妫汭河(今山西省永济南)居住,所以后代中又出现了妫姓。以妫为姓的虞舜后裔中有被周武王灭商后封为陈侯(建都于宛丘,即今河南省淮阳)的陈胡满,其第 11 世孙有个叫陈诸的,字伯爰。陈诸有孙名涛涂,以祖父的字命氏,称爰氏,春秋时任陈国上卿。由于当时"爰"字和"袁、辕、榬、溒、援"等字音同,其子孙就分别以这六个字为姓。正如《袁枢年谱》中所载,"一姓有六字五族之异"。

2.源自改姓

明崇祯年间,东明(今属山东省)人袁葵曾经当过洪洞县令,在他任职的时候,恰有一次碰到灾荒之年,出于仁慈之心,他收养了数百个弃儿。灾荒过后,百姓领回孩子进行收养。后来这些孩子都随袁葵姓袁。

3.源自少数民族本有之姓

满、蒙古、回、土家、彝、瑶、白、朝鲜族等少数民族均有此姓。

【袁姓名人】

袁盎

字丝,汉朝楚人,个性刚直,但是很有才干。汉文帝时,袁盎名震朝廷,因为向皇帝进谏的时候有好几次都是直言不讳,根本不顾及皇帝的脸面,所以被调任陇西都尉,后迁徙做吴相,吴王待袁盎非常优厚。袁盎在汉武帝"七国之乱"时,曾奏请斩晁错以平众怒,结果七国之乱平定后,他就被封为太常,显贵异常。袁盎是《史记》与《汉书》两大史书都有详尽记载的历史人物,是公认的第一位扬名史籍的袁姓杰出人物。

袁盎

袁江

字文涛,清代著名画家。他是江苏江都(今扬州)人,绘画长于山水楼阁,据说精湛绚丽,能粗能细。初学仇十洲,中年继而临摹古人画,最终在前人传统画技的基础上走出了自己的一条新路。后期多画古代宫苑图。《东园胜概图》为其代表作,还有《汉宫秋月图》等。

袁枚

字子才,号简斋,别号随园老人,钱塘(今浙江省杭州)人,清朝文学家。乾隆四年(1739年)进士,曾任溧水、江浦、江宁等地知县。辞官后定居江宁。袁枚以其不同一般人的豁达性格,形成了不一般的文学风格。其诗文不拘形式,自成一格,著有《小仓山房集》《随园诗话》《随园随笔》等书,被誉为"江右三大家"之一。其中《随园诗话》流传最广,也因此让更多的人知道了袁枚这个人。

【郡望堂号】

郡望

陈郡:治所在今河南淮阳,秦时置郡,为涛涂裔孙直系地望。

汝南郡:治所在今河南上蔡西南,汉时置郡,为陈郡袁氏分支。此支袁姓人的开基始祖为袁安。

堂号

守正堂:东汉楚郡太守袁安,为人严谨。后来外戚窦氏擅权,袁安守正不屈,因而得此堂号。

【宗族特征】

袁姓家族在汉晋南北朝时期,代有才人出,风光贵显千余年,为世人所敬仰。袁姓家族字行辈分严谨有序,如江苏丹徒袁姓人一支的字行辈分排语为:"恭宽信敏惠,仁义乃贤师,忠孝承家学,道德培福基。"

【繁衍变迁】

袁氏发源于今河南,早期的发展中心为陈郡(今河南东部、南部及安徽一带)、汝南(今属河南)。秦汉以后袁姓人向外播迁,陆续徙居彭城(今江苏徐州)、河东(治所在今山西永济西南)、东陵东光(今属河北)等地;并分散于江、淮间;且有徙居京兆(今陕西西安)、华阴(今属陕西)者。南宋以前,袁氏人已有徙居今福建者。其后,有袁志君赴今广东任布政使,成为袁姓人在今广东的开基始祖。清代,今福建、广东的袁姓人陆续有移居中国台湾地区,徙居新加坡、印尼者。

袁姓是当代中国人口排行第三十七位的姓氏,总人口近 620 万,约占全国人口的 0.49%。

柳

【柳姓图腾】

柳姓是共工氏相柳氏氏族的一支。其图腾由四部分组成:上面的"木",代表建木(天竿);"木"下面的"卯"代表春门;"卯"下面是肥遗龙;周围的九条小蛇(小龙),代表柳氏的九个胞族。

【柳姓起源】

1.出自姬姓,为春秋时鲁国展禽(谥号惠)之后,以邑名为氏。据《广韵》所载,春秋时鲁国有展禽(姬姓后裔),食采于柳下(今河南濮阳县城东柳下屯镇,一说在今山东新泰柳里),其子孙后代遂以邑名为氏,称为柳氏。又据《元和姓纂》记载,周公裔孙鲁孝公(姬姓)的儿子名展,展的孙子无骇,以王父(即祖父)字为姓,称为展氏,下传至展禽时,食采于柳下,子孙以柳为姓,世称柳氏。

2.出自芈姓,为楚怀王的孙子心之后,以都城名为氏。楚怀王(芈姓)之孙心在秦末大起义时被各路义军共推为首领,号义帝,建都于柳(故地在今河南西华西),其子孙有以都城名柳为氏者。

3.出自改姓或少数民族固有姓氏。明末著名说书人柳敬亭本姓曹,又有柳如是,本姓杨;满、蒙、彝、苗、水等民族均有柳姓。

【柳姓名人】

柳宗元

字子厚,唐朝河东(今山西永济)人,唐宋八大家之一,中唐时期著名的文学家和哲学家,与韩愈齐名,并称"韩柳"。诗文皆工,尤擅长散文,文风峭拔矫健,寓意深刻。传世著作有《柳河东集》,也称《唐柳先生集》。

柳公权

字诚悬,唐朝京兆华原(今陕西耀州区)人,著名书法家。擅长楷书,结体劲紧,法度谨严,与颜真卿并称"颜筋柳骨"。所书碑刻传世者有《送梨帖跋》《玄秘塔碑》《金刚经》《神策军碑》。

【郡望堂号】

郡望

河东郡:治所在今山西黄河以东的夏县一带,秦时置郡。

·中华姓氏大观·

图文珍藏版

堂号

河东堂：唐代大文学家柳宗元为河东（今山西永济）人，一生著述颇丰，柳姓族人以"河东"为堂号纪念他。

柳公权

【宗族特征】

柳姓名人唐代以后居多，且多出南方，如唐代书法家柳公权、文学家柳宗元；宋代词人柳永；元代文学家柳贯；明代艺人柳敬亭；清代画家柳土育。

【繁衍变迁】

柳姓发源于今河南北部。鲁国灭亡后，柳姓人有入居楚国（约在今湖北西部、南部，河南南部，安徽北部，江西北部，山东南部，四川东端和江苏、浙江一带）者。秦灭六国后，又有入居今山西省境内者，并渐入河东（今山西省境内黄河以东地区）的名门望族。唐代以前，柳姓人已入居今四川、广西、福建等地，唐代以后，柳姓家族称盛于南方，且分布极广。唐高宗总章年间（668—670年），有今河南的柳姓人入今福建。明代，柳姓人作为洪洞大槐树（今属山西）迁民之一，被分迁于今山东、河北、河南等地，清代居于今福建、广东的柳姓人有入台及迁徙新加坡等地者。

柳姓是当代中国人口排行第一百三十三位的姓氏，总人口约有114万，约占全国人口的0.091%。

鄪

【鄪姓起源】

鄪姓出自姬姓，始祖为周文王姬昌。起源于西周初年，是以封国命姓的姓氏。

周武王克商以后,封自己的弟弟,即周文王的第十七子于酆邑,建立侯国(今湖南永兴县北),世称酆侯。周成王时,酆侯被废黜,其后人遂散居各地,约以原封国名为姓。遂成酆氏。

【酆姓名人】

酆舒

春秋时人,曾经在潞国当过首领,而被记入史书。

酆庆

字文庆,明代鄞县(今浙江省鄞州区)人,正统年间进士,官给事中。景泰年间,代宗废太子朱见深,另立自己的儿子朱见济为太子。他直言谏阻,言辞恳切。

酆伸之

宋代进士,为严州望门子弟。

酆寅初

元末明初人,字复初。博学多才,不愿为元朝做官而隐居,洪武年间任国子司业,后弃官务农,活至105岁。

【繁衍变迁】

酆姓发源于湖南,是典型的汉族姓氏,而今人口总数在大陆和台湾地区均未进入前300大姓。古时酆邑的农作物和桑叶都盛产,是一个好地方。酆氏子孙世代繁衍于京兆北部一带。

鲍

【鲍姓起源】

1.出自姒姓,为春秋时夏禹裔孙敬叔之后,以邑(国)名为氏。据《姓苑》《通志·氏族略》《元和姓纂》等载,春秋时,夏禹裔孙敬叔(即杞公子,姒姓)仕齐,食采于鲍邑(原为夏朝的诸侯国,故城在今山东历城东),其子叔牙以邑(国)名鲍为氏。

2.出自庖牺氏。庖牺氏即伏羲氏,其后有鲍姓。

3.源自少数民族改姓或少数民族固有姓氏。据《魏书·官氏志》所载,南北朝民族大融合时期,北魏代北地区(约在今河北蔚县以西,山西外长城以南,原平、五台山东北一带)的少数民族俟力伐氏(一说为俟力氏)随北魏孝文帝南下,定居洛阳(今属河南),遂改姓鲍;同时代北的少数民族鲍俎氏也有改姓鲍者;清满族八旗姓保佳氏、瓜尔佳氏等均有改姓鲍者;景颇族金别氏,汉姓为鲍;佤族羊布拉氏(亦称尤斯拜氏),汉姓为鲍;今满、蒙古、回族等民族均有鲍姓。

【鲍姓名人】

鲍叔牙

春秋时齐国大夫,以知人著称。少年时和管仲友善,后鲍叔牙事齐桓公,管仲事公子纠,公子纠在与齐桓公争位中失败而死,管仲被囚。鲍叔牙向齐桓公举荐管仲为相。后齐国经管仲改革,日渐富强,成为春秋首霸。

鲍叔牙

鲍姑

名潜光,上党(今山西长治)人,鲍靓之女,葛洪之妻,晋代女针灸家。鲍姑医术精湛,尤长于灸法,以擅治赘瘤与赘疣闻名,是我国历史上第一位女针灸家。

鲍照

字明远,东海郯(今山东郯城县)人,南朝宋文学家、诗人。出身寒微,一生怀才不遇,羁留他乡,受尽坎坷。所作乐府诗多写边塞战争和征夫戍卒的生活。七言乐府对后世影响尤大。代表作为《拟行路难》。

【郡望堂号】

郡望

上党郡:古郡名,战国时韩、赵、魏三国皆有此置,后秦国有其地,置上党郡,西汉移治长子(今山西长子西),东汉移壶关(今山西长治北)。隋唐上党郡即潞州,治上党(今山西长治)。上党郡历代辖境虽有变更,但均在晋东南。

泰山郡:治所在今山东泰安东南,西汉置郡。

堂号

清懿堂:为颂扬鲍氏历代烈女贞妇而建,是全国唯一一座女祠堂。"清懿"乃取"清白贞烈、德行美好"之意。

【宗族特征】

鲍姓是个人才济济、名家辈出的姓氏。管鲍之交乃千古交友之典范,鲍叔牙对于管仲的那一份隆情高谊,激励着鲍姓后人以此为楷模。

【繁衍变迁】

鲍姓发源于今山东。战国初田氏代齐后,鲍姓子孙有逃往今河北、河南、山东、江苏者。秦汉之际,鲍姓人已分布于黄河中下游地区,并进入今安徽。魏晋南北朝时,有鲍姓人逐渐迁入今浙江、湖北。唐末至五代,鲍姓人在今江西、湖南、四川等地定居。两宋,鲍姓家族昌盛于今山东、安徽、江苏、浙江等省。元时,鲍姓人向今广东、福建和广西壮族自治区等地徙居。明初,今山西境内的鲍姓人被分迁于今安徽、江苏、河北、河南等省。明中叶以后,鲍姓人入台湾,此后分布愈广。

鲍姓是当代中国人口排行第一百七十九位的姓氏,总人口约有 67 万,约占全国人口的 0.54%,在东部沿海地区和青海省分布比较集中。

史

【史姓图腾】

史姓图腾与"史"字有些神似,据研究它是根据其职司得来的。这个图案是一个守护天干丫璋并记录观测结果的柱下史官,因此得姓。史姓图腾由"丫璋"、(璇玑盘)和"手"三部分组成。丫璋相当于现代的圆规,用来测量天圆地方的天文仪器。手表示用笔来记录天文观测最后所得到的结果。

【史姓起源】

1.源自仓颉

仓颉是黄帝时创造文字的"史皇"。仓颉之后,衍生了仓氏、史氏、侯氏、侯冈氏、夷门氏、仓颉氏。仓颉为史官,人称史皇氏,其后有一支以官为氏,称史氏。

2.源自周太史佚之后

历代其他姓氏的史官,亦多以官为氏。鉴于历史最早的史姓人物,当属西周初年的太史史佚。西周初年有太史史佚,为人严正,与太公、周公、召公并称为四圣。由于周朝任太史这个官职他做了一辈子,所以他的子孙便以官名为氏。春秋时期,列国史官多以官作为自己的姓氏。

3.源自少数民族改姓

例如相关史料和研究结果显示,突厥族阿史那氏有改为史姓者;再如北魏阿史那部,有归附唐朝者,改姓史氏。

【史姓名人】

史籀

周宣王时期太史、史上传为最著名的书法家,周初著名史官史佚后裔。据传籀文（即大篆）为其所创，他别创新体，以趋简便。大篆又有籀文、籀篆、籀书、史书之称。因其为史籀所作，故世称"籀文"。史籀曾提出"和实生物，同则不继"这种朴素的唯物主义思想，现在仍具有一定的研究价值。

史浩

南宋朝宰相，他是为岳飞平反昭雪的人，在我国历史上占有特殊地位。

史可法

字宪之，号道邻，河南省祥符（今开封）人，顺天大兴（今北京市）籍，明末抗清义士。史上著名的军事将领。崇祯元年（1628年）进士。因其与农民军对抗中显示了超众的实力，所以在崇祯十年升都察院右佥都御史，巡抚安庆、庐州（今安徽省合肥）、太平、池州四府。清军南下，其坚守扬州，被清军俘获，后来卒于狱中。著有《史忠正公集》现仍存于世。

史可法

【郡望堂号】

郡望

建康郡：治所在今甘肃高台西南，十六国前凉置郡。

宣城郡：治所在今安徽宣城，晋太康二年（281年）置郡。

堂号

忠烈堂：为纪念明末抗清义士史可法而设。

【宗族特征】

以铜为镜，可以正衣冠；以史为镜，可以知兴替——史姓族人多以此铭为鉴，建功立业，千古流芳。史姓人的字行辈分排列有序，如明代孙士壁所编的史姓字行为："缵述多俊奇，丕泽承嘉顺，京昌众深衍，后代存兴贤。"

【繁衍变迁】

史姓发源于今陕西一带。东周时,各诸侯国均有史官,以官名为史氏者众多。先秦时,史姓族人的足迹已遍布黄河南北和长江流域。西汉时,今广西壮族自治区和广东省已有史姓人。东汉时,有史姓人入居今四川。汉至魏晋南北朝时,史姓历史上六大郡望形成。后有史姓人迁至今甘肃、江苏、山东等地。隋唐时,西域史国人和突厥阿史那氏入中原,改姓史,壮大了史姓家族。宋元,史姓人大举南迁。明代,史姓人作为洪洞大槐树(今属山西)迁民之一,分迁于今河南、山东、陕西、安徽、湖北各地。清代以后,史姓人有迁往海外、侨居新加坡等国者。

史姓是当代中国人口排行第八十五位的姓氏,总人口约有250多万,约占全国人口的0.21%。

唐

【唐姓图腾】

唐姓图腾看起来比较对称。根据相关研究结果显示,"唐"字相传是由尧氏族的天文仪器的名称——"重""童""章"三字简化而来,所以唐姓图腾由璇玑晷天仪器、丫璋与天文台三部分组成。璇玑晷天仪器,也叫璇玑盘,是一种用来辨别方位的天文仪器;丫璋,也就是我们今天所说的圆规。

【唐姓起源】

1.源自以国为氏

祁姓相传为其起源姓氏,其乃黄帝轩辕氏之后。相传帝尧是黄帝轩辕氏的玄孙,姓祁,名放郧,尧是他的谥号。他最初被封于陶(故城在今山东省定陶区西南),后来迁于唐(今河北省唐县),所以被称为陶唐氏。当了皇帝之后,他开始以

"唐"为国号,所以又被称为唐尧。周初,其后裔刘累有后裔被封至唐,建立唐国,称唐公。国人有以唐为氏者。后来,周成王又将唐国迁至杜国(故地在今陕西省西安市东南),人们叫唐杜氏,子孙也有以唐为氏者。

还有一种说法认为,舜当了国君之后,封尧的儿子丹朱在今山西翼城西的唐地这个地区,建立侯爵唐国。子孙世袭侯爵。西周时,唐侯作乱被成王所灭,唐国被改封给成王之弟唐叔虞,原来帝尧的后裔则被迁往杜国,称唐杜氏。国人为了表示对于故国的怀念,有以国名唐为氏者。后来唐杜国为周宣王所灭,国民以国名为氏,有杜氏和唐氏两种。

2.源自姬姓

唐叔虞(姬姓)的子孙,也有以国为氏的,此为姬姓唐氏。另唐叔虞的后裔燮父被封于新的唐地(今湖北省随州西北唐县镇),使唐侯的封号得以继承下去。公元前505年后,唐国被楚昭王所灭,子孙以唐为氏。

3.源自少数民族本有姓氏或者更改姓氏

唐姓也是少数民族中本来就有的姓氏或者根据少数民族的姓氏进行的更改。据《后汉书·南蛮传》所载,汉代时南蛮白狼王为唐姓;据《三国志·郭淮传》所载,陇西(今属甘肃省)羌族中有唐姓者;据《元史·唐仁祖传》所载,元代西域畏兀人唐仁祖,其子孙大多用唐姓。另外,满族塔塔喇氏、唐古氏、唐尼氏、唐佳氏、土族拉什唐氏及瑶、苗、蒙古族等少数民族中唐姓者颇多。

【唐姓名人】

唐雎

战国时代魏国著名策士。唐雎为人有胆有识,忠于自己的使命,对待强权不畏惧,敢于斗争并敢于为国献身。唐雎曾经在魏国灭亡后出使秦国,冒死与秦王抗争,粉碎秦王吞并安陵(魏国属国)的阴谋。著名史书《战国策》对唐雎的这一事迹有详细的记载。

唐慎微

字审元,北宋时期著名医学家,蜀州晋原(今四川省崇州)人。他把前人研究过的一千多种药物和二百多家单方综合起来,并且结合自己的实际经验,通过实践,对前人的研究成果进行了详细的考证,写成《经史证类备急本草》,这部书受到后世医药学家的重视。

唐寅

汉族,字伯虎,一字子畏,号六如居士、桃花庵主、鲁国唐生、逃禅仙吏等,吴县(今江苏省苏州)人。在民间,唐伯虎是他流传最广的一个名字。据传于明宪宗成化六年庚寅年寅月寅日寅时生,故名唐寅。他玩世不恭而又才气横溢,他的诗文充满了灵性,与祝允明、文徵明、徐祯卿并称"江南四才子"。他的画更是一绝。与沈周、文徵明、仇英并称"吴门四家"。

唐寅

【郡望堂号】

郡望

晋昌郡:治所在今陕西石泉县,晋时郡置。此支唐姓人的开基始祖为十六国前凉凌江将军唐郓。

北海郡:治所在今山东昌乐东南,汉时分齐郡置郡。

堂号

移风堂:汉时唐费汛为萧县令,爱民如子,先教后罚,移风易俗,在官九年,地方为之一变,全县三年都没有讼狱之争。

【宗族特征】

唐姓家族名人辈出,从其排列有序的字行,即可一窥其根由。如浙江唐姓一支的字行为:"福禄永隆昌,和良瑞世美,才智端宁聪。"又江苏一支的字行为:"本立元孝,起宗节义。"

【繁衍变迁】

唐姓发源于陕西、山西、河南、湖北等地。秦汉时,唐姓已播迁至山东、江苏、江西、四川、广东、安徽等地。魏晋南北朝时,唐姓人更广泛地分布于南方各地,并且在湖南省境成为著名的大姓,而浙江、甘肃等地也有了规模较大的唐姓聚居点。隋唐时期,有河南固始唐姓人移居福建漳州,成为著名的"客家人"中唐姓人的祖先。宋、元时,兴起于北方的唐姓已大量居于南方。明、清时期,又有唐姓人移居台湾,乃至远徙海外。

唐姓是当代中国人口排行第二十五位的姓氏,总人口约有 780 余万,约占全国人口的 0.62%。

费

【费姓图腾】

费姓的图腾分内外两个部分,外面是一个形似窗户的框,代表祭坛神庙;里面是一个人形,代表费姓的始祖若木,寓意在神庙中供奉若木。若木的头部被塑造成了玄鸟燕子的头形,而他的下部是一座建在高台上的用于观测天象的房屋,即天文台,古称灵台。

【费姓起源】

1.费支姓源出:

①出自嬴姓。远古帝王颛顼的裔孙大费(即伯益)。因助大禹治水有功,被赐姓嬴。他的二儿子若木及其后代,均以祖名费为氏。

②出自姒姓。据《元和姓纂》《轩辕黄帝传》载,夏禹(姒姓)的后裔费昌、费仲之后,多以祖名为氏,称费氏。

③春秋时鲁国有大夫费序父,以费(今山东鱼台西南)为食邑,其后世子孙遂

以封地名为氏,称为费氏。

④出自姬姓。据《元和姓纂》载,春秋时,鲁懿公(姬姓)的孙子、大夫无极食邑于费县(今属山东)西北,人称费无极,其子孙以封邑名费为氏,称费氏。

⑤源自少数民族改姓或少数民族固有姓氏。北魏时鲜卑族费连氏改费姓;清代满族中有一些姓富、姓费者,在历史的演变中逐渐使用汉字费为姓。当代少数民族彝、布依、土家族等,也都有人以费为姓。

2.费支姓,出自姬姓。据《梁相费汎碑》载,春秋时鲁桓公(姬姓)之子季友,因安定社稷有功,在鲁僖公时被封在一个叫费邑(故城在今山东宁阳县东北)的地方,子孙以邑为氏。

【费姓名人】

费信

明代航海家、翻译家。他通晓阿拉伯语,追随郑和四次下西洋,担任翻译。注意观察,着力搜集资料,写成《星槎胜览》,记录了45个国家和地区的风貌。另与马欢合著有《瀛涯胜览》。现南沙群岛中的费信岛,就是为纪念他而命名的。

费丹旭

字子苕,号晓楼,乌程(今浙江湖州)人,清代画家。擅仕女、人物,尤精肖像。多作群像,精于布置,人物形象逼真,生动传神,笔墨松秀,格调淡雅。画作有《东轩吟诗图》《姚燮纤绮图像》《果园感旧图》等传世。著有《依旧草堂遗稿》等。

【郡望堂号】

郡望

江夏郡:今湖北云梦一带,汉时置郡。

琅玡郡:今山东半岛东南部的诸城、临沂、胶南一带,秦时置郡,此为费氏郡望。

堂号

衍庆堂、念本堂、源述堂、职思堂、尚志堂等。

【宗族特征】

费姓的始祖为若木,是由于该支费姓人得姓历史久远,但因目前的费姓人多由江夏郡一支派衍而出,故多数的费氏族谱,是尊费无极为始祖的。现今,费只有"fèi"音,而在古时还有"bì"音。读音不同,得姓的来源亦不相同,这在其他姓氏中并不多见。

【繁衍变迁】

费姓主要发源于今山东境内。春秋时,费姓人的足迹扩展至今湖北境内。两汉时,费姓人已有徙居今云南、贵州、四川、江苏、浙江者。两晋南北朝时,北魏费连氏、费莫氏改为费姓,今河南、山西、河北等地都有了新的费姓族人。唐末五代时,费姓人有人迁今安徽、江苏、浙江等地者,并有一支入今福建。宋末,费姓人继续南迁至今广西壮族自治区和广东省一带。明初,洪洞大槐树(今属山西)籍的费姓人被分迁于今山东、江苏、天津、河北、河南等地。明清之际,费姓人有落籍今北京者。清中叶以后,费姓人有渡海赴台者。

如今,费姓是中国人口排行第一百九十九位的姓氏,总人口约 47 万,约占全国人口的 0.038%。

岑

【岑姓起源】

1.出自姬姓,为周代周武王堂弟姬渠之后,以国名为氏。周朝时,周武王的堂弟姬渠受封于岑(今陕西韩城一带)建立岑国,其后代以国为姓,迄今已有 3000 年的历史了。《吕氏春秋》中载:"周文王封其异母弟耀之子渠为岑子,其地也,今梁国岑亭是也。"《通志·氏族略》也有相似的记载:"周武王封文王异母弟耀之子渠为岑子……"这两段考据文字,内容基本一致,不同之处仅仅在于前者称岑子是周文王所封,而后者则称是周武王所封。

2.少数民族固有姓氏。据《姓氏考略》载:"望出南阳,又,两越娌人多岑姓。"另外,今壮、布依等少数民族均有此姓。

【岑姓名人】

岑之敬

字思礼,南阳棘阳(今河南新野县境内)人,南朝学者。梁时历任南沙令、晋安王记室参军,入陈后累迁为征南府咨议参军。博涉文史,雅有词笔,性谦谨,以笃行著称。

岑参

唐朝著名诗人,荆州江陵(今属湖北)人,官拜刺史。工诗歌,长于七言歌行。现存诗作360首。对边塞风光,军旅生活以及少数民族的文化风俗多有描绘,风格与高适相近,二人并称为"岑高"。

岑毓英

字彦卿,号匡国,广西西林人。清朝著名抗法将领。清光绪中法越南之役,大败法军于临洮。后官至云贵总督、太子太傅,十分显赫,卒谥襄勤。

岑参

【郡望堂号】

郡望

南阳郡:战国时秦国置郡,治所在今河南南阳市,辖境相当于今河南熊耳山以南叶县、内乡县间和湖北大洪山以北广水市、郧阳区间地。

堂号

南阳堂、绳武堂、章庆堂等。

【宗族特征】

目前的岑姓是一个典型南方姓氏:唐代及以前,岑姓家族昌盛于今河南新野,人才辈出,出将入相,堪称天下闻名的名门望族;五代以后,岑姓人渐次南移,岑姓于是逐渐转变成了南方名姓。

【繁衍变迁】

岑姓发源于今陕西韩城。先秦之际,有一支岑姓族人迁居南阳郡(约为今河南熊耳山以南,叶县、内乡县之间和湖北大洪山以北,广水市、郧阳区之间的大部分地区)。东汉起,南阳郡的岑姓家族十分显赫。魏晋南北朝至隋唐间,有岑姓人逐渐播迁至今山西、山东、河北、安徽、江苏、浙江、湖北、湖南等地。隋代之前,已有岑姓人落籍荆州(约为今湖南、湖北两省及河南省、贵州省、广东省、广西壮族自治区的部分地区)。五代十国至宋元间,岑姓人有迁至今四川、重庆、广东、云南、江西各省市及广西壮族自治区者。明初,洪洞大槐树(今属山西)籍的岑姓人被分迁于今湖南、陕西、甘肃、河北、北京及宁夏回族自治区等地。明中叶以后,今福建、海南等地均有岑姓人入籍。清代,有沿海的岑姓人渡海入台或播迁至东南亚等地。

如今,岑姓是中国人口排行第二百三十五位的姓氏,总人口约 33 万,约占全国人口的 0.027%,在今广东省和广西壮族自治区比较集中。

薛

【薛姓图腾】

薛是任姒炎帝族一支——擅长用宋耜进行耕种的"莒"族的族称。薛字古时的写法,就是庄稼芽苗的象形。

【薛姓起源】

1.源自任姓

为黄帝之子禺阳的第十二世孙奚仲之后,以国名为氏。任地(约在今山东省济宁)成了黄帝之子禺阳的封地,于是得任姓。禺阳第十二世孙奚仲为夏朝车正,被封于薛国(今山东省薛城),其后世子孙以国为氏。

2.源自妫姓

为虞舜(妫姓)后裔孟尝君田文之后,以封邑名为氏。据《吴录》所载,孟尝君田文是著名的"战国四公子"之一,齐缗王曾封其父齐相田婴于薛(今山东省薛城),田婴死后,田文袭封,仍以薛为食邑。至秦灭六国,其子孙失封,分散各地。西汉初,田文之孙田国、田陵到竹邑(今安徽省宿邵匕)居住,后来以其原封邑名命氏,此即为薛氏。

3.源自改姓或少数民族本有之姓

改姓:例如据相关史料所载,北魏孝文帝迁都洛阳后,极力主张汉化,于是将鲜卑族复姓叱干氏改单姓薛;再例如根据史书记载,唐朝时期有个人叫作薛怀义,其实他本姓冯。

本有之姓:很多少数民族之中本身就有薛姓,如满、蒙古、土家、朝鲜族均有此姓。

【薛姓名人】

薛稷

蒲州汾阴(今山西省万荣)人,唐朝大臣、书画家。曾当过太子太保、礼部尚书。善画人物、鸟兽,画鹤尤为生动,时称一绝。他的书法与欧阳询、虞世南、褚遂良并称"唐初四大家"。

薛雪

字生白,吴县(今江苏省苏州)人,清代医学家,其医术与同郡叶天士不相上下,各有心得,技术并驾齐驱。他的主要著作有《医经原旨》6卷等。《湿热论》是他对湿热病探索研究的力作,具有真知灼见,全书不逾万言,但对于湿热病"感之轻重浅深,治之表里先后,条分缕析,深切详明"。他的《湿热论》与叶桂的《温热论》,可以说是阐发湿热、温热病的姊妹篇。

薛仁贵

唐朝名将,著名军事家,政治家。他不仅在历史上非常有名,随唐太宗李世民创造了"良策息干戈""三箭定天山""神勇收辽东""仁政高丽国""爱民象州城""脱帽退万敌"等诸方面在军事、政治上的赫赫功勋。同时也因为他的

薛仁贵

这些功绩,被后世说书人和小说家不断地用作品演绎,从而成为民间非常有知名度的传奇人物之一。

【郡望堂号】

郡望

河东郡:治所在今山西夏县西北,秦初置郡。此支薛姓人的开基始祖为三国魏时光禄大夫薛齐。

新蔡郡:治所在今河南新蔡县,晋时置郡。

堂号

忠谏堂:汉朝时,薛广德为御史大夫,敢于直谏,因而有此堂号。

【宗族特征】

薛姓家族有许多故事在民间广为流传,如薛仁贵征东,薛丁山征西,薛刚反唐,乃至薛家媳妇樊梨花移山倒海的神通等等,这使薛姓成了一个妇孺皆知的姓氏。薛姓人的字行辈分排列有序,如辽宁凌海市薛姓人一支的字行为:"继致顺积美,大中其允从。"

【繁衍变迁】

薛姓发源于今山东薛城,后迁至今江苏邳州。战国时薛姓人已播迁至今湖北、湖南、江苏、河南、河北等省。三国时,有薛姓人徙居今甘肃。南朝时,有薛姓人徙居今福建晋安。北宋初年,歙县(今属安徽)人薛彦博迁居今湖南宜章县,成为今湖南、广东薛姓人的始祖。明初,薛姓人作为洪洞大槐树(今属山西)迁民之一,被分迁于今江苏、河南、陕西、山东、北京等地。明、清两代,薛姓人有渡海赴台,乃至远播海外者。

薛姓是当代中国人口排行第七十六位的姓氏,总人口近 310 万,约占全国人口的 0.25%。

雷

【雷姓图腾】

直观地看,雷姓图腾最容易被理解的就是上半部分的天幕和幕下的雨点。其实由燧人氏风姓的一支雷泽氏族发展而来的一个分支称为雷,有着悠久的历史,已有 15000 多年的历史。其图腾由两部分组成:上面的天幕和雨点代表"天一生水"的宇宙观;雨点下面的田是雷鼓的象征,周围环绕的则是电光的图案。

【雷姓起源】

1.源自方雷氏的后代

方雷氏相传是炎帝神农氏的第九世孙。据《元和姓纂》《通志·氏族略》等资料所载,方雷氏因战功被黄帝封于方山(在今河南省中北部的嵩山一带),建立了一个诸侯国。其子孙以国名为氏,为复姓方雷氏。后来经过历史的演变,又分为两支,一支为方氏,一支为雷氏。

2.源自雷公之后

这里的雷公是指黄帝的臣属。据黄帝时有大臣雷公,这个人不是管理天气的,而是一个医生,他精通医术,曾与黄帝讨论医学理论。《素问·著至教书论》也有"黄帝坐明堂,召雷公问之"的记载。雷公的后代便逐渐开始姓雷,在姓氏起源的形式上属于以祖先的名当作姓氏的范畴。

3.源自商朝雷开

这里的雷开是指商朝时期的一个人,据说他是殷纣王的宠臣。随着历史的不断发展,雷开的后代便逐渐以雷为氏。

4.源自少数民族改姓或本有之姓

改姓:据《姓氏考略》中记载,东汉末以及魏晋南北朝时期,有"湄山蛮"和"南安羌"改姓为雷;女真人阿典氏、满族阿克占氏、景颇族春雷氏、基诺族布柯氏,都改汉姓为雷。

本有之姓:今壮、苗、彝、瑶、水、阿昌、畲、羌、土家、蒙古、回等民族都本来就有雷姓的族人。

【雷姓名人】

雷敩

南朝宋时人,我国著名的药物学家,药物炮制是其最擅长的技能,以著《雷公炮炙论》三卷著称。其中有的制药法,至今仍被沿用。著有《论合药分剂料理法则》等。

雷渊

山西省浑源人,金代翰林院编修、监察御史。为人刚直不阿,弹劾不避权贵,曾在蔡州杖杀贪官污吏五百人,因此当时百姓中称其为"雷半千"。

雷润德

建安(今福建省建瓯)人,元代学者,与其子雷机、雷洪、雷杭俱精于易理,他们对《周易》进行了独到的注解,世人称为"雷门易"。

【郡望堂号】

郡望

冯翊郡:治所在今陕西大荔,三国魏时改左冯翊置郡。此支雷姓人的开基始祖为西晋雷焕。

豫章郡:治所在今江西南昌,汉时置郡。

堂号

谦让堂:东汉雷义和同郡陈重是好友。刺史举雷义茂才,雷义欲让给陈重,刺史不允,雷义遂装疯披发而去。因而有此堂号。

【宗族特征】

雷姓源于北,而盛于南,是典型的南方姓氏。历史上,雷姓人济济多才,近现代更是如此,既有科学家、学者,又有军政界的高级官员和英模人物。雷姓人的字行辈分排列有序,如清光绪二十八年(1903年)雷崇民所纂的《雷氏族谱》载,永清(今属河北)雷姓人一支的字行为:"安靖敬谨,翊运能来有,渊源永振强。"

【繁衍变迁】

雷姓最初主要集中于中原(约为以今河南为主的黄河中下游地区)繁衍地,东汉、三国时,有雷姓人迁居于古时的楚汉地区(今江西、湖北、安徽、四川等地)。晋时,有今江西的雷姓人迁往冯翊(今陕西大荔)。唐宋以后,今广东、陕西、四川、江西、湖南、山西、内蒙古自治区和广西壮族自治区均有雷姓人。其中江南、岭南(约为今广东省、广西壮族自治区及湖南、江西两省的部分地区)的雷姓人,有部分融入苗、瑶、彝、侗、畲、壮、黎、布依等族中。明初,雷姓作为明朝洪洞大槐树(今属山西)迁民之一,被分迁于今陕西、甘肃、湖南、山东、河南、河北等地。至清代中叶,有部分雷姓人移居海外。

雷姓是当代中国人口排行第七十八位的姓氏,总人口约有300:余万,约占全国人口的0.24%。

贺

【贺姓图腾】

直观地看,贺姓图腾最显眼的,同时也是最容易被认出来的,就是位于图腾中部的耒,也就是犁。总体上,贺姓图腾表现了以耒、贝置于灵台祭祖拜天的情景。

【贺姓起源】

1.源自姜姓

据《古今姓氏书辩证》《姓氏考略》等书上记录,身为春秋五霸之一的齐桓公(齐国国姓姜)之孙名庆克,其子庆封以父亲的名当作姓氏。庆封在齐景公时独揽朝纲,引起齐国大族田、鲍、高、栾等氏族的攻杀,逃难至吴国,吴王将他封在朱方(在今江苏省苏州一带)。从此姜姓庆氏在吴地发展起来。进入东汉安帝(107—125年在位)时,为避安帝父亲孝德皇帝(庙号庆宗)之讳,庆封的后裔庆纯改姓贺。姜姓贺氏的历史仅1900多年。

2.源自少数民族改姓或本有之姓

改姓:例如据以《魏书》为代表的史籍所载,北魏孝文帝迁都洛阳之后,极力主张汉化改革,将鲜卑族复姓贺兰氏、贺赖氏、贺敦氏等改为单姓贺;再例如历史上的苗族吉学氏,汉姓为贺、杨;历史上的土族贺尔加氏、贺尔基氏、苏贺氏,裕固族呼郎嘎特氏,辽宁沈阳锡伯族贺在尔氏等汉姓均为贺。

本有之姓:今布依、撒拉、傈僳、满、蒙古、俄罗斯、东乡、回等民族均有贺姓。

【贺姓名人】

贺知章

字季真,越州永兴人(今浙江省萧山区),唐代著名诗人。证圣元年进士,历任国子四门博士、太常博士、礼部侍郎、加集贤院学士、太子宾客兼秘书监。天宝三年因不满奸相李林甫专权而返乡为道士，隐居镜湖。一生风流倜傥，豪放不羁，好饮酒，与李白、张旭等关系密切，时称"醉中八仙"。能诗，又工书法，草隶是他最擅长的书法形式。其诗今存 20 首，其《回乡偶书》这首诗传诵颇广；而诗句"不知细叶谁裁出，二月春风似剪刀"则更是脍炙人口（出自《咏柳》）。他高寿 85 岁，在古代的社会之中，算得上是长寿之人，也因此成为贺氏名人中的寿星。

贺知章

贺岳

海盐人（今属浙江省），明代著名医学家，主要医学著作有《明医会要》《医经大旨》《药性准绳》等，对后世医学有一定影响。

贺懋

临清人（今属山东省），清代时期曾任贵州道监察御史，为人宽舒公明，清慎仁爱，民称为"贺青天"。

【郡望堂号】

郡望

会稽郡：治所在今江苏苏州市，秦始皇二十五年（公元前 222 年）于原吴、越地置郡。此支贺姓人的开基始祖为东汉庆纯。

河南郡：治所在今河南洛阳市东北，汉高祖二年（公元前 205 年）改秦三川郡置郡。此支贺姓人的开基始祖为北魏时改为贺姓的贺兰氏、贺赖氏的后裔。

堂号

四明堂：唐朝时光禄大夫贺知章，诗书俱佳，自号"四明狂客"，因而有此堂号。

【宗族特征】

贺姓得姓于东汉的安帝年间,是一个比较年轻的姓氏,只有1800多年的历史。贺姓人的字行辈分排列有序,如浙江嘉兴贺姓人一支的字行为:"启泰铉愚王召晟尚,开庆锡宸玉绍德。"

【繁衍变迁】

贺姓发源于会稽(今江苏苏州)一带,从得姓之初就是当地一大望族,在汉魏六朝时期,与同郡的虞、魏、孔三大家族并称为"会稽四姓"。魏晋南北朝时,因北方兵连祸结,各民族不断大举南迁,南方的贺姓家族分布更广。其后出自鲜卑族的贺姓家族,与从江南北上的贺姓家族不断地融合发展,逐渐在北方形成河南(治所在今河南洛阳东北)、广平(治所在今河北鸡泽县东)两大郡望。唐时,贺姓人大批北上。唐宋之际,贺姓人已分布于我国东部广大地区,在北方以今河南、河北、山西、山东、陕西分布最为集中。明初,贺姓人作为洪洞大槐树(今属山西)迁民之一,被分迁于今江苏、河南、山东、湖北、河北等地。明清以后,贺姓人遍及全国各地,并有远播海外者。贺姓是当代中国人口排行第九十三位的姓氏,总人口约有220多万,约占全国人口的0.18%。

倪

【倪姓起源】

1.出自姬姓,为黄帝(姬姓)后裔邾武公次子肥之后,以国名为氏。据《通志·氏族略》《姓氏考略》及《辞源》所载,春秋时期,邾武公次子肥受封于郳(故城在今山东滕州),建立郳国(邾国的附庸),其子孙以国名为姓,称为郳氏。战国时郳国被楚国所灭,郳氏亡周后为避仇,改郳为儿(兒),后又以原姓郳去"阝"旁加"亻"旁成倪姓。汉初有御史倪宽,即为公子肥的后裔。

2.为春秋时郳国后人郳黎来之后,为避仇改为倪氏,后世沿用。

3.源自少数民族改姓或少数民族固有姓氏。据《魏书·官氏志》载,北魏代北(约在今河北蔚县以西、山西外长城以南,原平、五台山东北一带)复姓贺郳氏改郳姓,后又改为倪氏;清满族八旗人中有倪姓,世居宁古塔(约为图们江以北、乌苏里江以东一带)。今满、蒙古、土家等民族均有倪姓。

【倪姓名人】

倪瓒

字无镇,号云林,无锡(今属江苏)人,元朝著名画家,与黄公望、王蒙、吴镇并称为"元末四大家"。擅画山水,多为水墨之作。画风以天真幽淡为宗。对后世的水墨山水画有很大影响。家有清闷阁,藏书法名画甚多。著有《清闷阁集》。

倪文俊

号蛮子,沔阳(今湖北沔阳)人,元朝末期南方红巾军著名将领。随从徐寿辉起义,任元帅,曾屡克元军。1356年迎徐寿辉于汉阳,重建天完政权,自任丞相。后谋杀徐寿辉未果,遂奔黄州,被其部将陈友谅所杀。

倪灿

钱塘(今浙江杭州)人,清朝著名书法家、诗人。他才学淹雅,博学鸿词,书法诗格,秀绝一时。参与修纂《明史》。所撰《艺术志序》,穷流溯源,人称杰作。著有《雁园集》。

【郡望堂号】

郡望

千乘郡:今山东北部博兴县、高青县、滨县等地,治所在今山东高青县高苑镇北,西汉置郡。

堂号

教化堂、千乘堂、经锄堂等。

【宗族特征】

倪姓是由郳、儿姓人为避仇改姓而来。但具体始于何时,现无从考证。宋代以后,倪姓之杰出人物始多见于史册,仅在宋朝,就出现了倪思、倪闪、倪文一、倪涛、倪祖常、睨朴、倪天隐等名垂青史的人物。

【繁衍变迁】

倪姓发源于今山东滕州。郳国被楚国所灭后,倪姓人大多北移至千乘(今山东博兴)。战国时,有倪姓人落籍于今河南。两汉,有倪姓人入今安徽北部。汉魏之际,倪姓播迁于江南。隋唐之际,今河北、河南、山西等地均有倪姓人定居。唐末,为避战祸,倪姓人大批迁往江南。两宋时,倪姓人已分布于今江苏、安徽、江西、福建等地。宋末,倪姓人渐分衍于今湖北、湖南、广东及广西壮族自治区等地。明初,倪姓人作为洪洞大槐树(今属山西)迁民之一,被分迁于今山东、河南、江苏、安徽、河北等地。清代,有倪姓人从今福建渡海赴台,并有今山东的倪姓人"闯关东"至今东北三省。

倪姓是当代中国人口排行第一百一十六位的姓氏,总人口约有140余万,约占全国人口的0.11%。

汤

【汤姓图腾】

汤姓图腾直观地看很容易便知可以分成三部分,实际也是如此,该图腾由水、水蜥蝎(中华鼍龙)和太阳组成。古人认为太阳从汤谷(即温源谷,又名畅谷)升起,傍晚降落到西方的虞(禺)谷,然后经过一夜再回到汤谷。汤姓图腾,将水蜥蝎作为扶桑木和大海的代表进行了描绘,最后得出了推动太阳升起这样一幅场景。

【汤姓起源】

1.源自子姓

据传为黄帝后裔商汤之后,是以祖先的字作为自己姓的典型例子。据《通志·氏族略》等相关姓氏学和历史学资料记载,住在黄河下游的商部落首领契,因助大禹治水有功,被帝舜封于商(今河南省商丘南),赐姓子。契的第十四世孙履,字汤,又称成汤,尊称帝乙,即位后爱护民众,施行仁政,势力迅速扩大,最终推翻夏朝,建立了商朝。在成汤的后代子孙中,有的以他的字"汤"作为姓氏。

2.源自子姓

同样是源自子姓,但是与上面一点不同的是,这一支是因为避祸而改为汤氏。据权威史学著作《史记·殷本纪》载,公元前11世纪周公平定武庚叛乱后,把商朝旧都周围的地区分封给商纣王的庶兄微子启(子姓),建立宋国,建都商丘(今属河南省)。公元前286年,宋国被齐、魏、楚联合攻灭,末代君主偃的弟弟昌的儿子隆,在秦始皇焚书坑儒时,因畏祸改子姓为汤姓。

3.源自改姓

春秋时宋国有荡姓,后简改为汤氏;宋朝时有汤悦,本姓殷,因避宋太祖赵匡胤之父赵弘殷之名讳,改姓汤。

4.源自少数民族本有之姓

满、侗、蒙、土等族均有汤姓。

【繁衍变迁】

汤姓发源于今河南省境内。商代,汤姓人已遍布今河南、山西、河北及周边地区。秦汉时期,汤姓人在今河北一带繁衍最旺,也有南迁于交趾(今越南河内西北)者。魏晋南北朝时,汤姓人大举南迁。唐末五代时,中原的汤姓人再度南迁至湖南、江苏、浙江等地,使汤姓成为南方姓氏。宋以后,汤姓人称盛于今江苏、江西、安徽、浙江、湖南等省。明洪武、永乐年间,汤姓人作为洪洞大槐树(今属山西)移民之一,分迁于今河北、河南、山东、江苏、陕西、湖北等地。清康熙年间,今广东的汤姓人有人居台湾、徙迁东南亚一带者。

汤姓是当代中国人口排行第一百零一位的姓氏,总人口约有 200 万,约占全国人口的 0.16%

滕

【滕姓起源】

1.出自姬姓,为黄帝(姬姓)后裔十二姓氏之一。根据《万姓统谱》中的记载,黄帝的二十五子分别得到十二个姓,其中就有滕姓。《国语》中也记载了黄帝之子十二姓中排在第五位的即是滕姓。

2.出自姬姓,为周文王姬昌的第十四子错叔绣之后,以国名为氏。据《万姓统谱》《广韵》等所载,西周初年,周文王第十四子错叔绣被周武王封于滕地(今山东滕县西南)建立了滕国。战国初期,滕国被越国所灭,后又恢复起来,但不久又灭于宋国,原滕国王族遂以国名滕为氏(在此支滕姓家族中,有一支为避免仇人加害,改为腾姓)。

3.出自赐姓或少数民族固有姓氏。明洪武年间,蒙古人瓒住获赐姓滕。今土家、苗、蒙古等民族均有此姓。

【滕姓名人】

滕文公

名宏,战国时期滕国贤君,世称元公,与孟子是同时代人。他在做世子时就非常关注治国之道,认真寻求强国富民之策。奉命出使楚国时,得知孟子在宋国,回国途经宋国时,曾两次向孟子请教治国的道理。

滕昌佑

五代十国时画家,擅长画花鸟、蝴蝶、知了、小虫等,又爱画鹅鸭,尤以画鹅最为著名。继承唐代尚华丽之风,画鹅都配以牡丹或芙蓉等花卉。

滕宗谅

字子京,宋朝著名大臣,与范仲淹同年进士,历官殿中丞,湖州、泾州知州。庆历年间由范仲淹推荐任天章阁待制,后因故被贬守岳州,其间重修了岳阳楼。范仲淹的《岳阳楼记》中提到的滕子京就是他。滕子京修岳阳楼、范仲淹作《岳阳楼记》、苏舜钦书石、邵竦以篆书题额,世称"天下四绝"。

【郡望堂号】

郡望

北海郡:西汉分齐郡置郡,治所在今山东昌乐东南,东汉移治今山东寿光东南,隋朝改称高阳郡。

南阳郡:治所在今河南南阳,战同时秦国置郡。

堂号

南阳堂、北海堂、方正堂、廉靖堂等。

【宗族特征】

滕姓得姓距今已有 3000 年的历史。滕姓人济济多才,多文人雅士和书画家,少攻城略地之猛将。

【繁衍变迁】

滕姓发源于今山东滕县。滕国为齐国所灭后,其子孙散居今山东、河南各地。东汉时,滕姓人在北海郡(治所在今山东昌乐、寿光一带)繁衍昌盛。两晋时,繁衍于南阳郡(约为今河南熊耳山以南,叶县、内乡县之间和湖北大洪山以北,广水市、郧阳区之间的大部分地区)、开封县(今属河南开封市)的滕姓家族昌盛浩大。南北朝至隋,北方动荡,滕姓人南迁至今安徽、江苏、浙江、湖北、湖南、江西、广西壮族自治区等地。唐以后,今浙江金华的滕家一枝独秀,英才辈出;另有今江西临川的滕姓人入居今福建,至宋时又播迁至今广东。宋靖康之耻后,北方的滕姓人有迁居今浙江临安、湖南永州、江苏苏州等地者。宋末元初,今四川、云南均有滕姓人落籍。明初,洪洞大槐树(今属山西)籍的滕姓人被分迁于今山东、河南、江苏等地。清代,有今河北、河南、山东的滕姓人"闯关东"入今东三省,并有沿海的滕姓人迁居台湾及东南亚等地。

滕姓是当代中国人口排行第一百六十七位的姓氏,总人口约有 78 万,约占全国人口的 0.062%,在湖南、山东两省和广西壮族自治区比较集中。

殷

【殷姓起源】

1.出自子姓,为帝喾之子契(子姓)之后,以国名为氏。据《风俗通义》《元和姓纂》《通志·氏族略》等所载,契的后代汤建立了商朝,下传至盘庚时,国都自奄(故城在今山东省曲阜)迁到殷(故城在今河南省安阳西北),故商朝也称殷商。后周武王灭商,封商纣王庶兄微子启于宋,其子孙不得封者,以故国名殷为氏。

2.以水名为氏。据《通志·氏族略》和《姓氏急就篇》所载,今河南禹州古有殷水颍川,居者以水名殷为氏。

3.源自少数民族改姓或少数民族固有姓氏。清代满洲八旗姓音佳氏,后改为单姓殷;今彝、回等民族均有此姓。

【殷姓名人】

殷仲容

陈郡长平(今河南西华县东北)人,唐朝著名书画家。官至工部郎中、申州刺史。善画人物,擅长用墨,浅深浓淡处,如兼五彩,为水墨画之先驱。书法兼篆隶。

殷树柏

浙江省嘉兴人,清代画家。擅长花卉,法宗陈淳、恽寿平,下笔恬静,清丽有韵味,尤善小幅,晚年喜写蔬果,书宗柳公权,用笔挺拔。传世作品有《冷竹寒泉图》《鸡鸣图》《三秋图》。

【郡望堂号】

郡望

汝南郡：今河南中部偏南和安徽淮河以北地区，汉高祖时置郡。

陈郡：西汉淮阳国，东汉陈国，献帝时改陈郡，均治陈县（今河南淮阳县）。

堂号

卧治堂、勤俭堂、畜艾堂、栖老堂等。

【宗族特征】

殷姓是个历史悠久的姓氏，也是拥有人口较多的姓氏之一。殷姓人南迁要比其他姓氏早得多，为他姓所不可比拟。两汉魏晋南北朝到隋唐，今河南境内的殷姓家族一直为殷姓家族的主流，为他支所不能撼动。今山东省境内的衣姓，是由殷姓转音而派生出来的。

【繁衍变迁】

殷姓发祥于今河南安阳。西周至秦时，殷姓人主要繁衍于河南境内。秦汉时，今浙江、山东、山西、陕西等地均有殷姓人居住。三国时，已有殷姓人南迁至今江苏、四川。两晋南北朝时，有殷姓人南迁至今江苏镇江、安徽休宁、江西南昌等地。宋元之际，殷姓人为避兵祸大举迁移，今广东、福建、山西、陕西、甘肃等地均成为殷姓难民的避难所。明初，殷姓人作为洪洞大槐树（今属山西）迁民之一，在今河南、河北、山东等地落籍。清代，有今山东、河北的殷姓人"闯关东"谋生，入居今东三省，更有殷姓人渡海赴台、远徙东南亚。

殷姓是当代中国人口排行第一百一十一位的姓氏，总人口约有 170 万，约占全国人口的 0.14%。

罗

【罗姓图腾】

直观地看上去,罗姓图腾下半部分的鸟很形象,最容易被分辨出来。实际上罗姓图腾正是由两部分组成。除了下半部分的鸟,还有一张罗网——即上半部分覆盖住鸟的地方。传说罗姓的始祖是伏羲氏的臣子句芒,伏羲氏发明了渔网,句芒受到启发,发明了捕捉鸟兽用的网,也就是"罗",这也是为什么后世会有"罗网"这个词语。句芒的族人承袭编织罗网的手艺,并逐渐开始姓罗,这属于以技艺为氏的例子。他们的图腾也是以罗网为主体,下面的鸟只是罗网的"猎物"。

【罗姓起源】

1.源自坛姓

据不少相关史料记载,祝融为帝喾时的火官,上古神话传说也有类似的说法,不过一般认为的这种火官,实际上是主管民事的官。祝融名字叫作黎,他的后裔分为芈、彭、己、董、秃、坛、曹、斟八姓,也就是历史上著名的"祝融八姓"。在这八个姓中,有坛姓子孙匡正在周朝时,被封在罗水畔的宜城(今湖北省宜城市),建立罗国。后来类似于黄国等其他封国的遭遇,罗国被楚国所灭,后裔便开始姓罗,这是以国为姓的典型例子。在历史上,这一支罗姓人,被称为罗氏正宗。

2.源自改姓

据历史资料记载,有不少少数民族后来改姓罗。例如春秋战国时期,赖氏族为了逃避楚灵王的迫害,不少人以改姓避祸,其中有一支改姓罗。再例如魏晋南北朝时期,魏孝文帝迁都后极力主张汉化,就像前文中多次提到的,鲜卑族中有很多都改姓汉姓,其中该族复姓破多罗氏、叱罗氏皆集体改单姓罗。又例如唐朝时期,西域有一部分突厥人进入中原,这部分人的后裔以"斛瑟罗"为氏,后简略为罗姓。

类似于突厥人进入中原改姓的经历，历史上的天竺人、曹国人等，进入中原后有不少人也以罗为姓。还有清代满洲八旗姓萨各达氏、罗佳氏、鄂穆绰氏、爱新觉罗氏等氏族，后来有的全部氏族都改姓罗，有的则部分改姓罗。

3.源自赐姓

在我国历史上，隋唐时期和明朝时期，都有被皇帝赐姓罗的人。

4.源自少数民族本有之姓

在我国少数民族中，有不少民族中原本就有罗这个姓氏。例如苗族、彝族、土家族和布依族等，都是如此。

【罗姓名人】

罗企生

晋代政治家，豫章南昌人。此人不仅多才多艺，还当过武陵太守，为官刚正为人忠直，"企生尽忠"在当时被传为一段佳话。与其弟罗遵生被世人称"忠孝一门"，这两兄弟是最早为罗氏赢得巨大声誉的人。

罗从彦

字仲素，人称豫章先生，南沙剑州剑浦人。宋代理学家，此人是闽学四贤之一。生于宋神宗熙宁五年，卒于宋高宗绍兴五年，享年64岁。

罗贯中

众人熟知的元末明初杰出小说家，今山西太原人。相传他一生做过"十七史"演义，现存有《三国志通俗演义》《隋唐志传》《残唐五代史演义》《三遂平妖传》等，他所著述的《三国演义》（简称）为"中国古代四大名著"之一。

罗贯中

【郡望堂号】

郡望

豫章郡:治所在今江西南昌,汉时置郡。

长沙郡:治所在今湖南省长沙市。秦时置郡。

堂号

尊尧堂、豫章堂:宋朝时,大儒程颐、程颢的再传弟子罗从彦,遵从老师的教诲,隐居传朱熹的理学,著有《尊尧录》,人称"豫章先生",因有此二堂号。

【宗族特征】

历代罗姓人均具有鲜明开放的性格,善于探索求知。罗姓是多民族融合发展的姓氏,具有鲜明的民族特色,也是一些少数民族中的大姓。罗姓族人热衷于研修家谱,从而使罗姓家谱严谨、完整,各支罗姓人的字行辈分排列有序。

【繁衍变迁】

罗姓起源于今湖北宜城市。春秋战国时期,罗国为楚国所灭,罗姓人便逐渐由原聚集地向南迁移,周末时迁至今湖南长沙。三国两晋南北朝时,罗姓族人大举南迁,至今江西、广东、福建等省,成为南方一大姓氏。唐宋时,罗姓发展进入鼎盛期。元明清时,罗姓人迫于战乱又一次迁徙,并通过各民族间的融合得以进一步发展壮大,且成为一些少数民族的重要姓氏。

罗姓是当代中国人口排行第二十二位的姓氏,总人口约有 1000 多万,约占全国人口的 0.81%。

毕

【毕姓起源】

1.出自姬姓,以国名为氏。据《通志·氏族略》《新唐书·宰相世系表》载,周文王姬昌的第十五子高受封于毕(又称毕陌、毕原或咸阳原,在周朝初年,深受王室的重视,因为周文王、周武王和周公逝世以后,都葬在此地。故址在今陕西西安、咸阳两市之北)建立毕国,故称为毕公高。毕公高的后裔毕万事晋,受封于魏(今山西芮城县),其后代改姓为魏,并且成为战国时代的著名家族。而仍居于毕国的毕公高后裔,以国名为姓,称为毕氏,并且历代相传。

2.出自任姓。据《世本》所载,毕姓"系自任姓所改"。

3.源自少数民族改姓氏或少数民族固有姓氏。据《魏书·官氏志》所载:北魏孝文帝时改代北鲜卑族出连氏为单姓毕。匈奴屠各族亦有毕姓;达斡尔族毕力夹氏,汉姓为毕、杨;赫哲族毕拉氏,汉姓为毕;今彝、满、蒙古、土家等民族均有此姓。

【毕姓名人】

毕昇

宋代杭州(今属浙江)人,发明了活字印刷术,推动了整个人类社会的文明进程。

毕士安

代州云中(今山西大同)人,北宋学者。乾德四年(966年)进士,真宗时任工部侍郎,枢密直学士。美风采、善谈吐,年耆目眊,仍读书不辍,又精于词翰,书法欧、虞。

毕沅

镇洋(今江苏太仓)人,清代学者。乾隆二十五年(1760年)中状元,授修撰,

毕昇

官至湖广总督。经史小学金石地理,无所不通。好著书,续司马光书,撰修成《续资治通鉴》。

【郡望堂号】

郡望

河内郡：治所在今河南省黄河以北的武陟县一带，汉代时置郡。

河南郡：治所在今河南省洛阳市一带，汉时置郡。

堂号

经训堂：清代毕沅在母亲张藻的培育下，中状元当官。张藻病故后，乾隆皇帝特赐御书"经训克家"四字褒扬。毕沅就将室名称作"经训堂"。因而有此堂号。

【宗族特征】

毕姓是比较典型的北方姓氏。据《明清进士题名碑录索引》所载，明清两代，仅今山东一地进士及第的毕姓人就有 20 名之多。

【繁衍变迁】

毕姓发源于今陕西西安、咸阳。春秋战国时，毕姓人已入居今山西、山东，尤盛于今河南、山西境内黄河以北之地。西汉时，毕姓人已北徙至今河北省、南达于今广西壮族自治区、东迁抵今山东省东平。北魏出连氏改毕姓后，入迁洛阳（今属河南），使毕姓人的河南郡（治所在今河南洛阳）望盛极一时，并荫及河内郡（今山西、河北、河南的黄河以北地区）。唐末，有毕姓人南及今湖北、湖南一带。北宋，有毕姓人迁居今江西、浙江、安徽等地者。明初，今山西境内的毕姓人作为明朝洪洞大槐树（今属山西）迁民之一，被分迁于今陕西、山东、河南、河北、北京、天津等地。清乾隆年间以后。有今河南、山东境内的毕姓人入迁今东北三省，并有沿海的毕姓人赴台或迁至东南亚、欧美。

毕姓是当代中国人口排行第一百三十八位的姓氏，总人口约有 99 万，约占全国人口的 0.079%。

郝

【郝姓图腾】

相关研究结果显示,郝姓是炎帝火乌氏后代子孙的一个分支,他们原来居住在炎帝的京邑。炎帝的主图腾为火和太阳。所以郝姓图腾由三部分组成:三足火乌(也就是太阳鸟)、火和邑。

【郝姓起源】

1.源自子姓

为商朝天子帝乙(子姓)之子子期之后,以封地名为氏。据相关研究典籍记载,殷商第27代天子帝乙即位时,将他的儿子子期封于郝乡(今山西省太原),其后子孙称郝氏,这是以地名为氏的典型例子。

2.源自复姓郝骨氏

《唐书》中的部分内容显示,炎帝神农氏有称郝骨氏者,为太昊(伏羲氏)之臣,其后有郝氏。

3.源自少数民族本有之姓

如东汉时乌恒人有郝姓;元时都噜别族汉姓为郝;唐时南蛮有郝姓;今土家、满、蒙古、回、锡伯等民族均有郝姓。

【郝姓名人】

郝昭

字伯道,太原人,身长九尺,猿臂善射,深有谋略。为杂号将军,镇守河西。曹真举荐郝昭守陈仓,迁镇西将军。诸葛亮大军逼近陈仓,先使魏延攻打,但连日无功致魏延说此城难打,诸葛亮大怒欲斩。郝昭的同乡靳详请缨游说郝昭投降,但郝昭厉绝归降。诸葛亮强攻,激烈的攻城之后,郝昭以3000拒守诸葛亮30万,相持20余日,诸葛亮对此束手无策。当诸葛亮斩魏的援军王双后,因粮尽而乘机退兵。曹睿下诏嘉许郝昭的善守,封予他一个爵关内侯的官职。

郝懿行

今山东栖霞人,清代著名经学家、训诂学家、嘉庆年间进士。他曾官至户部主事,长于名物训诂考据之学,于《尔雅》用力最久,撰《尔雅义疏》《山海经义疏》,援引各书,考释名物,订正讹谬。另有《易说》《书说》《郑氏礼记笺》《春秋说略》《竹书纪年校正》等书。

郝澄

句容(今属江苏省)人,宋代画家。他所做的道释、人马,笔墨清劲,善于设色。一生努力进取,其年龄越大,名气也越大。

【郡望堂号】

郡望

太原郡:治所在今山西省太原西南,战国时置郡。

京兆郡:治所在今陕西省西安市至华县一带,汉时置郡。

堂号

晒书堂:晋朝时,每年七月七日富豪之家就把衣服拿到太阳下晒,以防发霉或虫蛀。南蛮参军郝隆却摸着肚皮晒太阳,说自己在晒肚子里的书。因而有此堂号,寓意学问精深、满腹经纶。

【宗族特征】

郝姓是一个比较典型的北方姓氏,源于北,亦盛于北;作为一个得姓3000余年的姓氏,历经长时间的风风雨雨,几度的战火兵灾,却仍立足北方,诚为罕见。郝姓多文人雅士,仕宦者亦多文官。郝姓家族的堂号含义隽永,意味深长,字行辈分排列有序。

【繁衍变迁】

郝姓发源于今山西太原。秦汉之际,郝姓人逐渐扩展至今山西全境及陕西、河南、河北等地。两晋南北朝时,今河北境内的郝姓人有避战乱而迁入今山东者,今河南的郝姓人有迁入今安徽者。隋唐时,有郝姓人迁徙至今湖北、四川。明初洪武年间(1368—1398年),郝姓人作为明朝洪洞大槐树(今属山西)迁民之一,被分迁于今河北、北京、山东、天津等地。明清之际,郝姓人在南方各地的分布渐广,有进入今湖南、福建等省者;同时也有聚居今东北辽宁省。清朝时,今山西北部有郝姓人迁入内蒙古自治区和甘肃省,而居于今福建的郝姓人则有渡海赴台或播迁至新加坡等地者。

郝姓是当代中国人口排行第八十二位的姓氏,总人口约有270多万,约占全国人口的0.22%。

邬

【邬姓起源】

1.来源于封地。春秋时期,陆终第四子求言,受封于邬(在今河南偃师县),其子孙以受封地名为姓。

2.晋大夫邬臧之后,食邑于邬(今山西介休市),其子孙以邑名为姓。

【邬姓名人】

邬彤

唐代书法家,人称“寒林栖鸦”,少人能及。擅写草书,曾与书法家怀素论草书,怀素自叹不如。

邬大昕

字东启,宋朝河源人。任广州金判时,发现东洲与黄木湾之间交通不便,立即计划施工,将鹿步湖岸凿开,使两地十余里的水路畅通,便利来往行人交通运输。后当地居民在鹿步湖畔建大昕庙以示纪念。

邬克诚

宋代学者。字信叔,乐安人。宋宁宗时,以布衣至阙,上《易说》六卷。筑小圃以文史自娱。一时金石之作,多出其手。

【繁衍变迁】

邬氏是一个典型的汉族姓氏,历史悠久。根据史籍《姓氏考略》记载,邬氏后来主要繁衍于南昌、抚州和崇仁三个地方。南昌就是现在江西的省会南昌,抚州和崇仁也都在江西省的境内,可见春秋时期发源于山西的邬氏,到了汉朝时就已经播迁到了长江以南的江西各地,并在此繁衍生息。

安

【安姓起源】

1.出自姬姓,为黄帝(姬姓)之孙安的后代,以国名为氏。据《唐书·宰相世系表》所载,黄帝有子昌意,昌意次子名安,住在遥远的西方,曾自立"安息国",长时间跟中原没有联系。其子孙以国为姓,称为安氏,一直到汉朝时,才重归中原。

2.唐代"昭武九姓"(见何姓)之一,以其原"安国"国名为氏。

3.出自改姓或赐姓。据《魏书·官氏志》所载,北魏时有鲜卑安迟氏改为安姓者;唐时安禄山由康姓改为安姓;唐时有回鹘人、奚人改为安姓;明、清彝族沙骂氏、村密氏、吉巴氏及其他少数民族中的安佳氏、阿尔丹氏、德力根氏、安帐氏等改为安姓。明朝时有蒙古人孟格、达色等被赐姓安。

【安姓名人】

安民

宋代长安(今陕西西安一带)人,著名石匠。技艺精湛,当时著名的碑刻皆出自其手,且品格高尚,不畏权贵。曾刻《元祐党籍碑》,刻毕方知为奸臣蔡京所书,耻落"安民刻石"之款,拒收百两酬金,为时人称颂。

安维峻

清秦安(今属甘肃)人,著名谏官。耿直刚毅。曾于中日甲午战争前夕连续上疏65道,支持主战派。其中于1894年所上的《请诛李鸿章疏》词锋直指李鸿章和慈禧太后,震惊朝野。

【郡望堂号】

郡望

凉州:治所在今甘肃省张家川回族自治县,汉武帝时的十三刺史部之一,东汉时置州。

武陵郡:辖境包括今湖北省西南部、湖南省西部及贵州省、广西壮族自治区各一部,治所在今湖南省溆浦县以南,汉时置郡。

堂号

济世堂、中和堂、天全堂等。

【宗族特征】

安姓起源于汉代西域国家人中原定居者,后又加入鲜卑、胡人等少数民族血统,是一个从出现伊始就象征民族团结的姓氏。安姓名人多出于唐代以后,如唐代有中书令安重晦、宋代有石匠安民、元代有四川提督参赞安慎、明代有宁国府通判安孝宗、清代有安致远等。

【繁衍变迁】

安姓人自入居中原后,分居于今河南洛阳、甘肃民勤和武威、湖南溆浦和常德等地,其中尤以今甘肃、湖南二省境内的安姓人发展最为迅速。三国两晋南北朝时,安姓人南迁至今湖南等地。北魏时有鲜卑族安迟氏改姓安,居于今河南洛阳。

宋元时期,安姓族人多南徙于今安徽、江苏、浙江等地。明初,安姓人作为洪洞大槐树(今属山西)迁民之一,被分迁于今山东、河南、安徽、浙江等地。清代有今福建、广东沿海之地的安姓人或渡海入台,或徙于新加坡等地。

安姓是当代中国人口排行第一百一十位的姓氏,总人口约有 170 万,约占全国人口的 0.14%

常

【常姓图腾】

主月亮观测、制定十二月太阴历的常羲氏的族称为常姓。常姓图腾由"⺌"、灵台和挺木牙交(巾)三部分组成。灵台是常羲氏用于观测月相的方形立体的台子,相当于现在的天文台。

【常姓起源】

1.源自姬姓

据《元和姓纂》《通志·氏族略》等载,周武王灭商后,周文王幼子、周武王之弟姬封受封于康邑(今河南省禹州市),世称康叔封。后康叔又受封于原商都周围的地区和殷民七族,建立了卫国。周初,卫康叔的一个儿子食邑于常(今山东省滕州市东南),这个人的后代中以国名卫为氏者很多,也有以邑名常为氏者。

2.源自姬姓

虽然同是源自姬姓,同时也是以封邑名为氏,但这一支常姓为春秋时的吴王之后。据《姓氏考略》等相关姓氏学研究资料记载,春秋时吴王(姬姓)封其支庶于常(今江苏省常州一带),其后以封邑名为氏。

3.源自黄帝时期大臣

这一支常姓为黄帝的大臣常仪和大司空常先之后。不少姓氏学著作,如《姓氏考略》《姓氏寻源》载:"黄帝大臣常仪和大司空常先,常姓当此出。"

4.源自恒姓

为避讳改姓而来。据《通志·氏族略》载,古代"恒""常"同义,北宋真宗名赵恒,为了避皇帝的名讳之故,因此改姓常。

5.源自少数民族本有之姓

例如裕固族常曼氏、土族常鲜氏等,汉姓为常;再例如水、蒙古、满、回等民族均有常姓。

【常姓名人】

常惠

西汉时期太原人,武帝时曾经跟着苏武出使匈奴,后来被拘留10余年始放还,后代替苏武为典属国,通晓西域情事,昭帝拜为光禄大夫,封长罗侯,官至右将军。常惠之后又有数人封侯,太原常氏由此显赫。班固所做的《汉书》也曾特别为他列传。他为汉朝与西域的文化交流做出了很大贡献。

常建

长安(今陕西省西安)人,唐代时期的一名大臣和诗人,开元时期高中进士。

常遇春

字伯仁,安徽怀远人,汉族,明代名将。臂长善射,勇力绝人。元末从刘聚起事,至正十五年(1355年)投朱元璋,历官总管府先锋、都督、统军大元帅、中翼大元帅。攻宁国,中流矢,裹创再战。升行省都督马步水军大元帅。二十三年大败陈友谅于康郎山,转战三日,纵火焚汉舟,湖水皆赤。次年进平章政事,率军包围武昌,逼降陈理。从攻张士诚,以奇兵出其后。论功封鄂国公。吴元年(1367年)与

常遇春

徐达兴师北伐,为副将,兼太子少保。相继占领了山东、河南、河北诸郡县。洪武元

年(1368年)攻克元大都(今北京),转攻太原。二年与李文忠率师北征,攻克开平。师还病卒,追封开平王,谥忠武。此人非常英勇善战,他自言能将十万军横行天下,军中有"常十万"之称。人们称他为"天下奇男子",他几乎没有打过败仗。

【郡望堂号】

郡望

太原郡:治所在今山西太原市西南,战国时置郡。

平原郡:治所在今山东平原县南,西汉置郡。

堂号

知人堂:唐朝常何,贞观时为中郎将,不识字,请门客马周代笔写了奏章。太宗看后大悦,封马周为监察御史,并表扬常何知人,赐予绸缎三百匹。因而有此堂号。

【宗族特征】

常姓名人多将帅公卿。中国古代神话"嫦娥奔月"系出常姓:传说,黄帝时有天文学家常仪,善于观测星相和占卜月亮的晦、朔、弦,后嫁与帝喾为妃。古代"仪""娥"同声通用,嫦娥即为常仪的化身。

【繁衍变迁】

常姓发源于今山东、江苏。战国时,今河南、河北南部及南方吴(今江苏、安徽一带)、楚(约在湖北西部和南部、河南南部、安徽北部、江西北部、山东南部、四川东部和汀苏、浙江一带)等国均有常姓人。西汉,居于今山西的常姓人十分显赫。汉末三国之际,今居于四川崇州市的常姓人多显达者。曹魏时,今河南温县及甘肃的常姓人成为望族。隋唐时,常姓名人多出于今陕西西安和临潼东北,并时有徙居今福建者。宋代,有常姓人自今江苏、浙江、江西、湖北等地向今福建、广东一带迁徙,而后入今云南、贵州等地。清代,常姓人有入台,乃至定居新加坡等地者。

常姓是当代中国人口排行第八十七位的姓氏,总人口约有240多万,约占全国人口的0.19%。

乐

（注：在乐氏这个姓氏群体中，有一个十分有趣的现象，即：汉族中乐氏的正确读音皆做 yuè，不可读做 lè；而蒙古族乐 lè 氏的正确读音皆做 lè，无人读作 yuè。因此，人们谐称为"乐 yuè 乐 lè 一起走，同字异音分汉蒙"。）

【乐姓起源】

1.乐姓起源于春秋时期，是宋国王族的后裔，发源于河南商丘。周宣王时，宋国的一个国君叫宋戴公。本为子姓，其儿子名衎，字乐父。衎生子倾父泽，倾父泽又生子夷父须，夷父须以其祖父衎之字乐父命姓，成为乐姓。夷父须就是这一支乐姓的始祖。

2.源于子姓，出自春秋时期宋戴公四世孙乐莒之后，属于以先祖名字为氏。

3.源于姬姓，出自春秋时期晋国大夫乐王鲋之后，属于以先祖名字为氏。

4.源于地名，出自汉朝初期夜郎国乐王邑，属于以居邑名称为氏。

5.源于官位。出自南宋抗金名将岳飞之族人，属于避难改姓为氏。

6.源于蒙古族。属于汉化改姓为氏。

【乐姓名人】

乐毅

战国时赵国灵寿人（今河北省灵寿县西北）人，战国中期燕国著名军事将领。公元前 284 年，他统帅燕国等五国联军攻打齐国，连下七十余城，创造了中国古代战争史上以弱胜强的著名战例。他的作战指导方略和政治思想对当时和后世都有着重要影响。

乐进

字文谦，三国时魏国曹操猛将。擅打仗，最早投奔曹操，为帐前史。后跟随曹操讨吕布，攻张绣，战袁绍，多有战功。与张辽共破孙权。

乐恢

字伯奇,东汉京兆长陵人,喜好经学,为一时名儒。初仕郡,署户曹史,坐事抵罪,后复为功曹。永平中,辟司空牟融府,又辟司空第五伦府,皆不就,后征拜议郎。和帝时官至尚书仆射,针对外戚窦宪专权而上书进谏,因不被采纳,托病回乡里,后被迫服毒而死。

乐毅

乐广

字彦辅,晋代淯阳人。历官侍中,累迁河南尹、尚书右仆射,后任尚书令。有政声,名望很高,说话得体,能宽恕人,每离职常被人思念。一个女儿嫁给了卫玠,当时有人称之为"妇翁(岳丈)冰清,女婿玉润"。

【繁衍变迁】

乐姓是在我国早期历史上神气万分的姓氏,出现在大约三千年以前的春秋时代。乐氏源于春秋时的宋国,跟后世以宋为姓的人,算起来是血脉相同的一家人。当时的宋国,是由殷商纣王的长兄微子启所建,这个地方,原来是封给武庚的,可是武庚在周成王时叛变,后来被讨平,周成王就把包括河南省邱县以东至江苏省铜山区以西的一大片地方,封给了微子,并封他为地位最高的宋公,以奉商汤之祀。后来,宋戴公的后代,又以王父字为氏,于是就出现了"乐"这个姓氏。宋国于公元前286年被齐、魏、楚三国所灭。推算起来,中国的乐姓最少也已经有了2200年以上的历史。据《姓氏急就篇》和《唐书·宰相世系表》记载,乐姓起源于子姓。周宣王时,宋国的国君宋戴公生公子衍,字乐父,他的第四世孙子叫乐莒,是宋国的大司寇。他的子孙就以其名字中的"乐"字为姓。又据《姓纂》载:"安徽子之后,戴公生子衍,字乐父,子孙以王字为氏。"

于

【于姓图腾】

"于"即"矩",跟现代语法中"于"一般充当介词不同,这个词原本是名词,具体是指一种测量日月星辰在天穹——"弓"上的运行轨迹的天文仪器。因此古文中的"于"为"于""弓"二字的合文。于姓图腾由夸父手握于、弓组成。夸父在夏商时代,有一个独特的名字"于夷",在周代被叫作"大于伯"。"夸父逐日"从侧面反映出夸父用"于"晷天(古人测量一年中中午日影长短变化的活动叫"晷天")的现实情况。

【于姓起源】

1.源自姬姓

据《新唐书·宰相世系表》《广韵》载,周武王姬发攻破商朝的国都之后,大举分封诸侯,其第二个儿子被封在邘国(故城在今河南省沁阳西北邘邰镇),称邘叔。后来,邘叔的子孙就以国名为氏,有的姓邘;有的则去邑旁姓于,这一宗支发展成了河南于氏,史称于姓正宗。

2.源自子姓

商朝时,盂器皿是当时生活中最为常用的一种物品,河南睢县一带生活着一支擅长制造盂器皿的部落,称盂部落,也称于方。至商朝后期,商朝消灭了于方,商王武丁(子姓)之子被封为于侯,于国自此成立。后于国迁移至今河南沁阳北部一带。周初国灭,子孙以国为氏。

3.源自古复姓淳于氏

据《古今姓氏书辩证》等所载,唐贞观年间,国家曾定下皇族七姓,而淳于氏就是其中之一。至唐宪宗李纯时,为避讳("纯""淳"同音),复姓淳于氏改为单姓于氏。

4. 源自北魏时的万忸于氏

据《路史》所载,鲜卑族的万忸于氏原为山东于姓人,当鲜卑族进行更改的时候,他们也随着进行了更改,北魏孝文帝汉化改革时,又恢复于姓。

5. 源自赐姓或改姓

赐姓:明时赐蒙古人巴延达哩姓于名忠。

改姓:清八旗尼玛哈氏改于姓;达翰尔、鄂伦春、土、回、高丽等少数民族中也有不少人改成了于姓。

【于姓名人】

于公

汉代东海郯(今山东省郯城北)人,曾官廷尉,为县狱吏。于公之所以能够在历史上非常出名是因为他执法公允,凡有犯法的人,他绝不姑息,并且明察秋毫。他所洗雪的"东海孝妇"一案,以善于决狱而成为千古美谈。

于禁

字文则,曹操时期外姓第一将。早期随鲍信起兵征讨黄巾军,后来又一起归附曹操,被任为军司马。从此跟随曹操四处征战,屡建功勋。曹操征张绣失利,大军溃散,唯独于禁临危不乱,且战且退。路遇青州兵四处抢劫,被于禁追杀后怀恨在心,在曹操面前诬告于禁要谋反,于禁先扎下营寨才去见曹操,曹操问他怎么不先来解释,于禁则回答说替自己分辩事小,退敌事大,曹操对于禁坚毅沉稳的作风大加赞赏,封他为益寿亭侯。后来在败吕布、破袁绍等大小战役中,于禁等五良将都轮流任先锋和后拒,成为曹军将领中的骨干精英。在著名的历史小说《三国演义》中,对于禁的描写也不少。

于谦

字廷益,浙江省钱塘(今杭州)人,明朝大臣,成祖年间进士。曾历任监察御史、巡抚、兵部右侍郎。在任河南、山西巡抚期间,于谦做到了平反冤案,赈济灾荒,因此颇得民心。英宗时,宦官王振专权,朝廷腐败。蒙古瓦剌贵族也先率军来犯,明军出兵阻击,全军覆没,英宗被俘,举国上下为之震动。一些朝臣主张南逃避敌,于谦力排众议,誓死保卫京师,并拥成王为帝,也就是景帝。后瓦剌军破紫荆关直逼京师,于谦亲自督战,击毙也先,大败瓦剌军。后官加少保,总督军务。但是,英宗后来被释放,为了夺回帝位,于景泰八年发动"夺门之变"。于谦因此受到牵连被捕下狱,以"意欲谋逆"罪被叛处死刑,史称"行路嗟叹,天下冤之"。在宪宗成化时,于谦被复官并赐祭,葬于西湖三台山麓。有《于忠肃集》行世。

于谦

【郡望堂号】

郡望

河南郡:治所在今河南洛阳一带,汉时置郡。此支于姓人为于氏始祖邘叔的直系后裔。

东海郡:治所在今山东郯城北,秦时置郡。此支于姓人的开基始祖为春秋战国时的于泰及北魏时改姓于的鲜卑族万忸于氏人。

堂号

忠肃堂:咀朝忠臣于谦的谥号为"忠肃",故而有此堂号。

【宗族特征】

于姓是一个比较典型的北方姓氏,族人多志士能臣,字行辈分排列有序,如据清光绪二十六年(1900年)于炳坤所修的《于氏族谱》所载,江都(今属江苏)于姓人一支的字行为:"谦恭孝友,仲福正常。"

【繁衍变迁】

于姓发源于河南沁阳西北部一带。秦汉时期,于姓人开始北迁山西、河北,东迁安徽、山东，西迁陕西、甘肃。魏晋南北朝时，于姓人大举南迁于湖北、四川、湖南等地。隋唐时期，于姓相继在北方形成了几处大的望族。北宋末年，有于姓人迁往黑龙江。南宋后期，于姓开始由浙江进入福建，再由福建进入广东。明初，山西于姓作为洪洞大槐树（今属山西洪洞县）迁民姓氏之一，被分迁于山东、河南、河北、陕西、江苏等地。清代，有河南、河北、山东于姓人闯关东谋生并定居。自此，于姓遍布全国。

于姓是当代中国人口排行第三十八位的姓氏，总人口约有 600 余万，约占全国人口的 0.49%。

曲

【曲姓起源】

1.出自姬姓，以地名为氏。据《风俗通义》所载，上古周朝时期，周武王之子叔虞的第八代孙子、春秋晋国的晋穆侯（姬姓）封其少子成师于曲沃（在今山西闻喜县东北），成师的支孙以封地名为氏，为曲沃氏，后来又改为单姓曲。

2.夏王桀有大臣曲逆，其子孙中也有曲姓。

【曲姓名人】

曲环

唐代安邑（今山西夏县）人，官至司空，封晋昌郡王。精兵法，精骑射。天宝年间（742—756 年）授果毅别将。安禄山反，参与平叛，后守邓州（今属河南）平河北（今山东、河北及河南的部分地区），威名大震。后镇陈（今河南周口市淮河县）、许（治所在今河南许昌市）等州，宽赋税，简条教，不到三年，辖地即五谷丰登。

曲端

北宋人，好读书，善做文章，集文韬武略于一身，官宣州观察使，惩罚贪官污吏、奸诈小人，使百姓安居乐业。后来被奸臣陷害，死于狱中。

中华姓氏文化

图文珍藏版

曲廉

明朝官吏,治理水患,奖励耕种,政绩优良。

【郡望堂号】

郡望

平阳郡:今山西省霍州以南的汾河流域及其以西地区,治所在今山西省临汾市西南,三国魏时置郡。

雁门郡:今山西省河曲、五寨、宁武等县以北,恒山以西,内蒙古自治区黄旗海以南的地区,治所在今山西省右玉南,战国时赵国置郡。

堂号

平阳堂、曲沃堂等。

【宗族特征】

曲姓是比较典型的北方姓氏。如今的曲姓名人多活跃于体育界,如世界长跑冠军曲云霞,足球金球奖得主曲圣卿等等。

【繁衍变迁】

曲姓发源于今山西曲沃一带,族人在得姓之后的很长一段时间里基本繁衍于此。春秋战国之际,三国分晋后,曲姓人有因仕宦或其他原因进入今河北、河南境内者。而留居于祖居地的,也由于种种原因,在秦前后或北徙今山西临汾一带,或南迁至今山西、河南间的陕县一带,进而进入今陕西。两汉之际,曲姓人除在今山西临汾、河南陕县一带迅速繁衍以外,还有一支北迁雁门郡(今山西河曲、五寨、宁武等县以北,恒山以西,内蒙古自治区黄旗海、岱海以南地区),并在该地逐渐形成大的聚落。魏晋南北朝时,曲姓人在今山西临汾、代县,河南陕县一带族大势众,人口兴旺,形成了曲姓平阳郡(今山西临汾)望、雁门郡望、陕郡(今河南陕县)郡望。隋唐两代,曲姓人已有定居于今山东、安徽、江苏、江西等地者。唐末,曲承裕由于仕宦的原因进入安南(今越南),其子孙留居当地。两宋,曲姓人迁入南方者渐多。

明初,今山西境内的曲姓人作为洪洞大槐树(今属山西)迁民之一,被分迁于今陕西、甘肃、河北、河南、山东、北京等地。此后至清中叶,曲姓人渐散居于今内蒙古自治区和湖北、广西、广东、云南等省。清康乾年间以后,今山东、河北等地的曲姓人为谋生进入今东北三省。新中国成立后,伴随着开发北大荒、军垦、农垦的运动,有更多曲姓人落籍东北。

曲姓是当代中国人口排行第一百四十八位的姓氏,共有 88 万多人,约占全国人口的 0.071%。

时

【时姓起源】

1.来源于宋姓,上古武王灭商建立周朝后,追念先圣先王的功德,周武王封商王子微子启于商丘,建立了宋国,宋国公族子孙便以国名为姓,相传姓宋。传到古代春秋时,宋国有个大夫名来,受封为时邑的首领,他的子孙便以封地为姓,相传姓时。所以说,时姓出自商子姓。

2.春秋时,楚国有个大夫叫申叔时,他的子孙取父名中的时字为姓,相传姓时。

【时姓名人】

时少章

字天彝,号所性。宋朝金华人。拜吕祖谦为师。博读经史,对子史尤精,谈经论史,多出新意。乡贡入大学,年逾五十,登宝祐进士。历任教授山长、史馆检阅、保宁节度掌书记等职。著有《易诗书论孟大义》《所性集》等书。

时大彬

明末宜兴人。制作陶壶名家,所制壶具朴雅坚致的特色。初仿供春,喜作大壶。后游娄东,闻陈眉公等论茶,改作小壶。前后诸家,并不能及。其壶以柄上拇痕为标志,畅销各地。

【繁衍变迁】

时姓发源于今河南南部，而该地春秋时属楚，楚国一度十分强大。而时姓作为楚国公族，由于仕宦等原因，随着时间的推移在楚有零星散居。

战国时代，在齐(今山东北部)、越(今浙江一带)等国已有时姓人落籍。

魏晋南北朝之际，在巨鹿郡繁衍的时姓发展迅速，并昌盛为时姓巨鹿郡望。同时由河南南部徙居今河南开封的时姓也繁衍得颇为兴盛。另外经陕西徙居于今甘肃临洮一带的时姓也呈族大人众，枝繁叶茂之势。以后全国各地的时姓也多由此三地分衍而出，由于中国人有树高千丈、叶落归根之古训，多数时姓搬迁以邻近之地为主，举家远徙他乡者少，所以从此际至隋唐，邻近此三地的周边省份。如江苏、安徽、湖北、陕西、山西等地都有时姓人迁入。

北宋时，由于建都开封，故时姓陈留郡望依旧兴盛。南宋时，江浙一带之时姓名人渐多，由北方迁居江南之地者也渐渐多起来，如时光、时建亨父子由河北大名徙居今江苏镇江。

明初，山西时姓作为明朝洪洞大槐树迁民姓氏之一，被分迁于山东、河南、河北、北京、天津、江苏、安徽等地。

清康乾年间以后，有河南、河北、山东之时姓闯关东谋生，并定居于东北三省。如今，时姓在全国分布较广，尤以河南、山东为多，二省时姓约占全国汉族时姓人口的66%。

傅

【傅姓图腾】

傅姓图腾左边是"亻"，这看起来似乎比较抽象，结构主要是由两部分组成：左边上面是"扶桑树"，下面是一个"人"形，象征扶桑氏族；右边是"甫"和"寸"。"甫"的上部是天齐表木(观测天

象的表木),中部的"址"代表"博山"。古代的扶桑氏采用了大山进行纪历,用山峰充当日月升起降落的坐标,东西方的两座山叫作"博山"。"甫"下部的"田"代表天地四方。"甫"下面的"寸",实际上就是古文字中所代表的右手,这里指手工进行契刻太阳、月亮在表木东西两侧的运行高度之意。

【傅姓起源】

1.源自妫姓

舜的部落居于妫水(今山西省永济蒲州镇南)旁,族人以水名为氏,称妫氏。据《姓源》所载,舜有后裔将傅(今山西省平陆东)作为封地,建立傅国。进入夏朝后,尧的后裔又占据此处为封地。而古傅国则被迁至傅阳(今山东省枣庄南),其后以国为氏。此支傅姓,至今已传承了4000多年。

2.源自狸姓

丹水流域(今河南省淅水地区)是帝尧(祁姓)之子丹朱最早的封地。舜继位后,封丹朱为房邑侯,古称房侯(古城在今湖北省房县,还有的封地分布在今天河南省遂平县西南房故城),改姓狸。进入夏朝后,夏王封丹朱后裔狸大由于傅(即古傅国之地,今山西省平陆东),子孙遂以邑为氏,称傅氏。至商朝后期,傅姓中出现了一位赫赫有名的人物傅说。据《史记·殷本纪》《通志·氏族略》所载,武丁在位时,国家渐渐陷入了衰落。武丁找到说,任其为相。说帮助武丁修政行德,使天下得到统一的行政管理。从此以后,傅姓在山西南部和河南北部地区繁衍开来,最终发展为当代中国百家大姓之一。这一支傅氏的历史至少达3500年之久。

3.源自改姓

据《赖氏族谱》所载,楚灵王曾经伤害过赖氏族人,为了避难,赖氏族人改罗、傅二氏,故有赖、罗、傅联宗之说;清代满族人傅恒本姓富察氏,傅开本姓郎佳氏;在一些少数民族中,如朝鲜、蒙古、回、土等少数民族中都有改为傅姓的氏族分支。

【傅姓名人】

傅玄

字休奕,北地泥阳(今陕西省耀州区)人。西晋时期哲学家、文学家。傅玄有着非常高深的学问,精通单律,在作诗方面擅长乐府诗。在哲学问题上,他也有着自己独到的见解。他把自然和人类历史都看作一种纯粹的自然过程,批判了有神论的世界观和当时非常流行的玄学空谈。行世的集子有《傅子》等,在晋文学史上占有重要地位。可算是傅姓族人有史以来最有学问的名人。

傅寅

字同叔,唐朝大学问家。年轻时跟随唐仲友求学,对天文、地理、井田、学校、郊庙、律历、军制等类研究精深,可谓无所不通,号曰群书百考。《禹贡说断》是他的代表作,有独到见解。

傅友德

明朝开国名将。今安徽省宿县人。少年时就比较勇猛,元末参加农民起义,当兵后骁勇善战,骑马射箭尤其精湛,先后跟随过刘福通部李喜喜、明玉珍和陈友谅,均无所成就。元至正二十一年(1361年),朱元璋攻江州(今江西省九江),傅友德率众降。朱元璋爱惜他的将才,于是功封颍国公。傅友德从此大展宏图,为朱元璋平定天下统一全国,尤其是明对西南地区的统一,立下了汗马功劳。

【郡望堂号】

郡望

北地郡:治所在今甘肃庆阳市宁县西北。

清河郡:治所在今河北清河县东南,汉高祖时置郡。

堂号

兴商堂:因傅说辅佐商高宗武丁振兴了商朝而得名。

【宗族特征】

傅姓历史上权臣政客颇多,福泽百姓,为后人所敬仰。傅姓人的字行辈分排列有序,如山东高密一支的字行为:"日叙丙余,希深联贻,馨名因溥,垂法迪之。"

【繁衍变迁】

博姓发源于今山西平陆、山东枣庄等地。汉晋之际,傅姓人迁往今陕西、甘肃东部、宁夏回族自治区等地,尔后东迁,移居今河北。汉代,傅姓人已有迁居今贵州者。三国时傅姓人已有入今四川者。两晋时,傅姓人在今河北清河迅速发展。魏晋南北朝之际,傅姓人大举南迁至会稽(今浙江绍兴)、上虞(今属浙江)。唐末,御史傅实避难入今福建。靖康之变,有今河北清河的傅姓人南迁至今福建泉州。到南宋末年,今河北清河的傅姓人又有一支迁入今福建上杭县蛟萍乡,后又迁至今广东兴宁。宋以后,傅姓人遍及全国大部分地区。

傅姓是当代中国人口排行第五十三位的姓氏,总人口约有 450 万,约占全国人口的 0.36%

皮

【皮姓起源】

1.源出姬姓,出自樊姓,周天子卿士樊仲皮之后,以祖字为氏。据《风俗通义》及《元和姓纂》所载,鲁献公次子仲山浦辅佐周宣王中兴,受封于樊邑,其后有樊氏。春秋时,周卿士樊仲皮的后代,以父名为姓,相传姓皮。

2.出自春秋时郑国大夫子皮之后,以祖名为氏。据《姓谱》记载:"出郑大夫子皮。"

【皮姓名人】

皮豹子

后魏渔阳人。少有武略,太武帝时历官征西将军封淮阳公。累破宋师,积功升内都大官。豹子沈勇笃实,一时推为名将。卒溢襄。

皮日休

字袭美,唐朝时襄阳人。曾隐居鹿门山,自号鹿门子,又号醉士、酒民。咸通八年(867年)进士任太常博士。性情高傲,善于诗文。撰《鹿门隐书》60篇,多讥刺时政。与陆龟蒙友好唱和,时称皮陆。乾符中黄巢起义军入长安,授日休翰林学士,后以讥刺被杀。著有《皮子文薮》《松陵唱和诗集》等书。

皮锡瑞

字鹿门,一字麓云。举人出身。他景仰西汉《尚书》今文学大师伏生,署所居名。"师伏堂",学者因称师伏先生。他主讲经当实事求是,不当党同炉真,对各家持论公允,为晚清经学大家之一。著有《师伏堂丛书》《师伏堂笔记》《师伏堂日记》等。

【繁衍变迁】

皮姓是一个发源于我国北方的古老姓氏,始祖可追溯到两千八百年前辅佐周宣王中兴的名臣仲山甫。最初皮氏所居的皮氏邑,虽在山西境内,但最早发源地实际上还可以推溯到河南的济源。到了汉、晋、南北朝之时,皮姓已崭露头角,出了不少历史上知名的杰出人物,譬如,后汉有著名的谏议大夫皮究,以及官任上计掾、撰《秦嘉集》的皮仲固;三国时期有受刘备和曹操同声赞扬的皮容;南北朝时北魏的名将皮豹子,北齐时以善于骑射见称的皮景和,以及曾著《春秋意》十五卷的学者皮元等。皮姓望居下邳、天水,并逐渐扩散到全国各地。目前皮姓人口未进入全国前三百位。

卞

【卞姓起源】

1.相传黄帝有儿子叫龙苗,龙苗生吾融,吾融的儿子被封在卞国(在今山东泗水县东的卞桥镇),史称卞明。其后代子孙以国名为姓,遂成卞氏。按《吕氏春秋》载,在商朝之际,汤与伊尹计谋功伐夏桀时,有个叫卞隋的名士,因拒行汤王之计而投水自尽。可见卞氏起源很早。

2.西周时,周武王姬发封自己的弟弟叔振铎于曹(今山东省曹县),世称曹叔振铎,其后以曹为氏,遂成曹姓。后来叔振铎的支庶子孙中有个勇士名庄,在鲁国做官,又被封于卞邑(在今山东省兖州,泗水一带)。爵位为子,故时称卞庄子,其后人遂以卞为姓,形成了卞姓的一支。

【卞姓名人】

卞大亨

宋代学者,字嘉甫,泰州人。由乡举入太学,升上命。精医卜之书,著《松隐集》等。

卞敦

晋代尚书,字仲仁,弱冠仕州郡,后从讨王敦,拜尚书,以功封益阳侯。谥敬。

卞立言

清代棋师,名交恒,江都人。祖孙三代均以奕名。有《奕萃》传世。

卞仲子

元代画家,其子卞珏,颇善画,绰有父风。

卞粹

晋代中书令,字玄仁,冤句人。刚直不阿。后拜右丞相,封成阳子。齐王司冏辅政,为侍中、中书令,晋爵为公。

卞敏

清代女画家,秦淮人。为画家卞赛之妹,善鼓琴,精于兰竹。

【繁衍变迁】

卞姓发源于山东,后分布全国各地。秦汉之际,部分卞姓族人远徙于山东北部和江苏南部。汉朝时期,卞姓人士在定陶一带置济阴郡,故后世卞氏以济阴为郡望堂号。魏、晋、南北朝时期,中原动荡,卞氏族人随着中国历史上第一次民众大迁徙,除遍及黄河中下游诸省外,还大批迁往江苏、浙江及安徽、湖北、湖南、江西等地。唐末五代时期,已有卞氏落籍四川。宋元两代,卞氏向福建、广东等地迁徙。如今,卞氏族人在全国分布较广,尤以江苏、四川、黑龙江、河南、山东等省为多。

齐

【齐姓起源】

1.出自姜姓,为炎帝后裔姜太公之后,以国名为氏。据《通志·氏族略》和《元和姓纂》所载,炎帝之裔太公望姜子牙被封于营丘(故城在今山东淄博)建立齐国,子孙以国为氏。

2.为春秋时卫国大夫齐子之后,以祖字为氏。据《通志·氏族略》和《姓氏考略》所载,春秋时卫国有大夫齐子(其名不可考,齐子为其字),其子孙以祖父之字命姓,成为齐姓一支。

3.出自改姓,据《元和姓纂》所载,唐代宣城郡司马齐光,原姓是,其后代改姓齐;清八旗姓喜塔喇氏、齐佳氏等均有改为齐姓者。

4.少数民族固有姓氏。据《晋书》载:武都(今甘肃文县、成县、武都区一带)氐人有齐姓;清云南丽江府(治今云南丽江市)的纳西族也有齐姓;今满、赫哲、蒙古等民族均有齐姓。

【齐姓名人】

齐天觉

字莘夫,青阳(今属安徽)人,宋代学者。家贫,好读书,倦则依几而卧,相传三十年未曾睡觉。经史子集,无不精通。

齐彦槐

字梦树,号梅麓,婺源(今属江西)人,清代学者。嘉庆进士,曾任江苏金匮知县,有治绩,以知府后补。以诗文书法知名于世,精鉴赏。著有《梅麓联存》等。

齐白石

湖南湘潭人，著名画家。早年为木工，后学画，终成一代大师。擅作花鸟虫鱼，亦画山水人物；篆刻初学浙派，后多取法汉代凿印。新中国成立后被授予"人民艺术家"称号，曾任中国美术家协会主席。

齐白石

【郡望堂号】

郡望

汝南郡：今河南中部偏南和安徽淮河以北地区，治所在今河南上蔡县西南，汉高祖时置郡。

高阳郡：治所在今河北高阳县东一带，汉桓帝时置郡。

堂号

简礼堂：周初，姜太公被封于齐国。五个月后，姜太公来朝廷陈述政绩。周公问他："你的国家如此快就治理好了？"姜太公答道："我简其君臣，礼其从俗。"后齐姓人遂以"简礼"为堂号。

【宗族特征】

齐姓是典型的北方姓氏，源于北，亦盛于北。齐姓家族在唐代尤为风光，出现了齐姓历史上的两位宰相：齐映、齐抗。

【繁衍变迁】

齐姓起源于今山东。春秋后期，齐姓人开始向今河南、河北等地播迁。秦汉之际，齐姓人遍布北方。魏晋南北朝至唐初，为避战乱，齐姓人向南迁徙，播迁于今四川、湖北、安徽、江苏、浙江等地。宋元之际，南、北方的齐姓人都很繁盛。明初，今山西境内的齐姓人作为洪洞大槐树（今属山西）迁民之一，被分迁于今河北、河南、北京、天津等地。明清之际，有齐姓人渡海赴台，乃至播迁海外。清乾隆以后，今河北、河南、山东的齐姓人"闯关东"者甚众。

　　齐胜是当代中国人口排行第一百二十三位的姓氏,总人口约有 140 万,约占全国人口的 0.11%。

康

【康姓图腾】

　　据相关资料记载,共工氏康回就是康姓的始祖。共工氏因主管天表而称为康回。"回"是灵台方坛。康姓图腾由三部分组成:上部为丫璋(丫),相当于今天的圆规,是测量天圆地方的天文仪器;中间是玑盘(令),即璇玑盘,是一种用于辨别方位的天文仪器;下部是天竿,其两侧的四点是圭度,也就是我们通常所说的八卦历度。

【康姓起源】

1.源自姬姓

　　姓氏学研究显示,这一支康姓为康叔后裔,是以祖上谥号为氏的典型例子。据相关资料记载,周武王少弟康叔(姬姓)谥号"康",后人有以其谥号为氏者,是为河南康姓。

2.源自唐代西域康居国

　　据相关史料记载,在汉代,西域康居国派遣王子来到中原,汉代在西域设置都护,那位王子到达后就在河西(河西走廊与湟水流域一带)落脚待诏,后定居于其间,其后人以国为氏,是为甘肃康姓。

3.源自古代突厥族的后裔

　　据《隋书》载,突厥为 6 世纪在今新疆境内的游牧民族,西魏时建立政权,定居河西,后来在今天我国的西北一带,家族得到了发展壮大,拥有今新疆维吾尔自治区以及中亚的部分地区,族中有康姓。

4.源自匡姓

据相关史料记载,宋朝开国皇帝赵匡胤登基后,为避自己的名讳,令"匡"氏改为音近的"康"氏。

5.源自少数民族本有之姓

姓氏学相关研究结果显示,金时女真人那喇氏、清时满洲赫舍里氏、达斡尔族华力提氏,汉姓为康;今瑶、蒙古、土、羌等民族均有康姓。

【康姓名人】

康泰

三国时东吴人,曾和朱应出使扶南等国,传闻途中经历一百多个国家,据说他是中国早期远行海外的旅行家之一,著有《吴时外国传》。

康福

五代蔚州(今山西省灵丘)人,仕后唐、晋二朝,皆有政绩,所辖之地岁稔仓盈、牛马遍野。后晋时官至宰相,赐输忠守正翊亮功臣,加开府仪同三司。

康海

字德涵,号对山、浒西山人、游东渔夫。陕西省武功人。明代著名的文学家。弘治十五年(1502 年)状元,任翰林院修撰、经筵讲官等。正德五年(1510 年),刘瑾被诛,康海受牵连而被免职。归乡里后,以山水声伎自娱。他是"前七子"之一,所做杂剧、散曲、诗文集多种。他创作的作品主要有杂剧《中山狼》、散曲集《游东乐府》、诗文集《对山集》等。

【郡望堂号】

郡望

东平郡:治所在今山东东平县东,汉时改大河郡为东平国,南朝宋时改为郡。

会稽郡:今江苏、浙江大部及安徽长江以南地区的一部,治所在今江苏苏州市,秦始皇时置郡。

堂号

会稽堂:唐朝康志睦被封为会稽公,康姓人遂以此为堂号。

【宗族特征】

康姓名人在三国时崭露头角,唐代以后,更有众多有影响的康姓人入载史籍。康姓人的字行辈分排序片然,字意隽永。据民国抄本《康氏族谱》所载,如皋(今属江苏)康姓人一支的字行为:"本贞茂荣,安雍近智,吉贤端秀。"

【繁衍变迁】

康姓发源于今河南东部、甘肃河西走廊等地。秦时,有康姓人徙居今陕西、山东。魏晋南北朝时,今甘肃境内的康姓人徙居今陕西蓝田西灞河西岸,后渐向东南迁移。唐代,有灵武(今属宁夏回族自治区)人康植之孙康日知被封会稽(今浙江绍兴)王,其子志睦因功封会稽公,后世子孙繁衍昌盛。宋末元初,有康姓人向南方徙迁。明代,康姓人作为洪洞大槐树(今属山西)移民之一,分徙于今河北、河南、山东、安徽、江苏、湖北等地。自清代开始,今福建,广东的康姓人陆续有迁至台湾、进而播迁海外者。

康姓是当代中国人口排行第九十二位的姓氏,总人口约有 220 多万,约占全国人口的 0.18%。

伍

【伍姓起源】

1.出自黄帝大臣伍胥。伍胥是传说中的古代术士。据《玄女兵法》记载,他曾做过黄帝的谋臣,与邓伯温一起制定克敌攻城之策,帮助黄帝打败了蚩尤。其后有以祖名中的"伍"字为氏者。

2.出自芈姓。春秋时,楚庄王(姓芈)有个宠臣叫芈伍参,是春秋时期楚国望族伍姓家族(居于今湖南常德)的始祖。公元前597年,晋楚争霸。楚庄王出兵讨伐郑国,晋国派荀林父率军救援郑国。楚国令尹孙叔敖见晋军势大,主张撤军,楚庄王也同意了。这时伍参对庄王说:"晋军内部不团结,号令不统一,元帅荀林父没有威望,楚军进攻,晋军必败。"孙叔敖生气地说:"楚军连年作战,已疲惫不堪。若打了败仗,即使杀了你做肉羹,也赎不了你的罪。"伍参笑着回答:"如果打胜了,那就证明你无谋;万一打了败仗,我的肉将由晋人来吃,哪里还轮得上你啊!"接着他仔细分析了楚军的有利条件和晋军的弱点,终于说服了楚庄王。楚军出战,果然获胜,楚庄王便封伍参为大夫。伍参遂以名为氏,称伍氏,后代沿袭。

3.少数民族姓氏。如回族中的伍姓人,主要分布在今江苏、浙江和湖南等地;壮、彝、土家、苗、满、蒙古、羌、布依等民族也均有伍姓。

【伍姓名人】

伍乔

唐末宋初庐江(今属安徽)人。五代十国南唐保大年间某科状元,尤善《周易》。南唐元宗李璟曾命人将其所作《画八卦赋》及《霁后望钟山诗》刻于石上,"以为永式"。伍乔善诗文,诗多七律且多送别、寄游、题赠之作。著有《伍乔集》。

伍钝

明朝鄞(今浙江宁波市鄞州区)人,字文璉,才识出众,长于言辞论辩。人们都劝他出仕,但他的母亲不希望他离开左右,故他绝口不提仕进,一心侍奉母亲。他的母亲去世后,他结庐守墓三年,人称"伍孝子"。

伍廷芳

字文爵,号秩庸,新会(今属广东)人。创《中外新报》,为中国有日报之始。留英学习法律,为清修律大臣,拟订了民刑律草案,开中国法律新纪元。历任民国司法总长、代国务总理、外交总长等职。因陈炯明叛变,忧愤而卒。

【郡望堂号】

郡望

安定郡:治所在今宁夏回族自治区固原市,汉武帝时置郡。

武陵郡:治所在今湖南省溆浦县南,汉高祖时置郡。

堂号

孝友堂:孝是指对父母孝,友是指对兄弟友爱。春秋时,楚平王听信谗言杀了伍子胥的父亲(时为太傅)和哥哥(时为大夫)。伍子胥逃到吴国,助吴王灭了楚国,掘开楚平王的坟墓,鞭尸三百,报了父兄之仇。因而有此堂号。

伍廷芳

【繁衍变迁】

伍姓发源于今湖南常德。秦汉之际,今安徽、湖北、陕西等地已有伍姓人的足迹。魏晋南北朝时,伍姓人已分布于今河南、四川、两湖一带。唐安史之乱后,伍姓人有迁往今福建、江苏、浙江的。宋代,有伍姓人迁至今广东梅州、河源,后又派分出镇平(今广东蕉岭县)、兴宁(今属广东)支派。元末,有伍姓人迁居今广东松口。明初,今山西境内的伍姓人作为洪洞大槐树籍(今属山西)迁民之一,被分迁于今陕西、甘肃、河北等地。清代有今福建、广东境内的伍姓人渡海赴台、进而播迁新加坡等东南亚国家。

伍姓是当代中国人口排行第一百二十八位的姓氏,总人口约130多万,约占全国人口的0.11%,尤盛于湖南、广东、四川。

余

【余姓图腾】

根据一些传说,余姓是以掌管天俞而得到族称的。直观地看余姓图腾,很容易就能得出这个结论:该图腾的组成部分为三个,坛台、天俞和一只鸟。下面的是坛台,中间的是天俞,天俞顶端立着的那只鸟叫作相风鸠鸟。天俞其实就是天余,又称为天齐。

【余姓起源】

1.源自春秋时秦国

这一支余姓据说是由余之后,以祖名为氏。据《风俗通义》所载,春秋时期,秦国有个大臣叫由余,晋人是他的祖先,避乱于西戎。由余本来在西戎为官,后奉命出使秦国(当时的都城在今陕西省宝鸡凤翔县),秦穆公是一个非常贤德大度的君主,由余见之认为遇到了仁主,于是决定留在秦国为臣,为穆公谋划征伐西戎,这在客观上促进了秦国成为一方霸主。其后代子孙以其名为氏,有的为由氏,有的为余氏,故由、余两姓同出一宗。

2.源自姒姓

根据相关资料显示,传说夏禹的小儿子罕,获封姓为余,他的后代便开始世世代代姓余。因为夏禹是姒姓,因此这一支余姓源自姒姓。

3.源自赤狄族

这一支余姓为隗氏五姓之后。这五个姓分别为:潞、洛、泉、满和余。

4.源自少数民族改姓或本有之姓

改姓:历史上有不少少数民族改姓余的。例如据《余氏总谱》载,云南镇雄县余姓,实际上是由复姓改的,这个复姓就是铁木,为元太祖成吉思汗(铁木真)的后代。

本有之姓：我国很多少数民族之中本来就有余这个姓，如苗、彝、布依、满、土家、白、保安、羌等民族均有此姓。

【余姓名人】

余靖

曲江（今属广东省）人，官至工部尚书。此人性格耿直，在宋仁宗天圣年间，与欧阳修、王素、蔡襄并称"四谏"。范仲淹被贬时，朝野百官不敢吭声，唯有他出来为范仲淹主持公道，结果一同被贬。后任右正言，他很多次向皇帝提出要严明赏罚纪律，节开支，反对多给西夏岁币。他又曾三次出使辽国，因用契丹语作诗被劾。不久又被起用，加集贤院学士，官至工部尚书，著有《五溪集》。后来，广州设有一座"八贤堂"就是为了纪念此人，余靖即为"八贤"之一。

余集

钱塘（今浙江省杭州）人，清代著名的诗人和画家。乾隆进士，授翰林院编修。余集的诗写得最好的是山水诗，他的画画得最好的是仕女图，同时花鸟虫鱼也很擅长，画出来的无一不活灵活现。有《秋室集》行世。

余光中

当代著名诗人和评论家。主要诗作有《白玉苦瓜》《等你，在雨中》《敲打乐》等，其中最著名的是《乡愁》；诗集有《灵河》《石室之死》《余光中诗选》等；诗论集有《诗人之境》《诗的创作与鉴赏》等。余光中一生从事诗歌、散文、评论、翻译，他把自己叫作"四度空间"。至今驰骋文坛已逾半个世纪，涉猎广泛，有人特意给他起了一个有趣的称号"艺术上的多妻主义者"。

【郡望堂号】

郡望

新安郡：治所在今浙江淳安西，晋时置郡。

下邳郡：治所在今江苏睢宁西北，东汉置下邳国，南朝宋置郡。

堂号

清严堂：宋代余元一，是朱熹最欣赏的门人，最讲仁义礼智信五伦，号"清严"。因而有此堂号。

【宗族特征】

历史上，余姓基本上是一个较典型的南方姓氏。《闽南旧志》载："两宋以上，余姓无显者，自斯而降……其族繁衍，盖已盛矣。"余姓字行辈分排列有序，据1929年余自清修《余氏族谱》载，安徽六合余姓一支的字行为："隆庆康贤，培宽振泰，信寿品宁。"

【繁衍变迁】

余姓发源于今陕西省宝鸡市一带。秦汉以后，有余姓人迁入今河南、安徽。魏晋南北朝时，余姓人进入今湖北、湖南。唐初，有余姓人落籍今福建，并有于唐末迁居莆田（今属福建）者。唐僖宗光启年间，有余姓人转入今广东武溪、湖南长沙、浙江杭州、江西等地者。至宋代，余姓人遍布全国。明初，作为洪洞大槐树（今属山西）迁民之一，余姓人被分迁于今陕西、甘肃、河南、山东、江苏、浙江、河北、安徽等地。清代，有余姓人自今福建迁至台湾、进而移居海外。

余姓是当代中国人口排行第四十位的姓氏，总人口约有580多万，约占全国人口的0.47%。主要分布在长江流域地区。

元

【元姓起源】

1.上古商朝时，有位大史叫元铣，他的子孙便以元为姓。

2.改自拓跋姓，春秋时，后魏本姓拓跋，至孝文帝更为元氏。

3.改自玄姓，北宋时，因为赵匡胤的父亲叫玄朗，就下令天下凡姓玄的都改成元姓，不能与他父亲同姓。

4.据《魏书官氏志》记载："后魏纥骨氏、是云氏均改为元氏。"

元好问

【元姓名人】

元稹

字微之，唐河南（今河南省洛阳市）人。穆宗时拜相。其诗平易近人，与白居易齐名，世称"元白"。著有《元氏长庆集》。

元好问

字裕之，号遗山，金秀容（今山西省忻县）人。系出元魏，七岁能诗，兴定三年进士，官至尚书省左司员外郎，金亡不仕。古文继承韩柳，结构严密；诗主风骨，反对浮艳。其论诗绝句三十首在文学批评史上颇有地位。金庸小说中的"问世间，情是何物"正是出自他的词《摸鱼儿》。

【繁衍变迁】

我国的元氏可归划为两大主流：一支为汉族的周文王后，一支为后来被汉族所同化的鲜卑族拓跋氏之后，他们最初都是在黄河流域的河南和河北一带活动。根据《风俗通》上说，元氏起源于春秋时期，元本来是一地名，是魏武侯的公子元的邑，他的后代称为元氏。这支元氏出现于距今两千年以前春秋的魏国，为周文王第十五子毕公高的后代毕万所建。当时的元氏邑，据考证就是今河北省的元氏县，该地即是这支元氏的最初发源之地。还有一支元氏是少数民族的后裔，根据《魏书·高祖纪》的记载，这支元氏是鲜卑族的后代，在汉末的魏晋之后，我国南北分立，拓跋氏雄峙北方，建立了北魏王朝，传到孝文帝时，崇尚汉族文化，于公元496年下诏改姓元氏，并且迁都到洛阳。

卜

【卜姓起源】

1.据《通志·氏族略》载："（卜氏）周礼卜人氏也。鲁有卜楚丘，晋有卜偃，楚有卜徒父，皆以卜命之，其后遂以为氏。如仲尼弟子卜高徒是也。"卜姓系以职官、职业为姓，属于以技为氏一类，皆出于古代从事占卜职业者。

2.中国古代匈奴部族有须卜氏，为代北复姓，后改为卜姓。

【卜姓名人】

卜式

汉河南人，以牧羊致富。武帝时上书，愿捐一半家财以助边防军需，又助济贫民，受赐为御史大夫，后因不善，贬为太子太傅。

卜静

字玄风，吴郡（今江苏省苏州）人，三国吴官吏。因博览群书而闻名江东，与同郡陆逊，名士顾邵、张敦齐名，官至剡令。

卜惠

江苏省宜兴人，明代名医。精于医术，曾任太医院御医。

卜世臣

字大荒，一作大臣，号蓝水、大荒逋客，浙江省秀水人，明代学者、传奇小说家。磊落不谐俗，日闭门著书。有《乐府指南》《山水合谱》等，另有传奇《冬青记》《乞麾记》《双串记》《四劫记》等

卜大同

浙江省秀水人，明代官吏，嘉靖进士。初授刑部主事，累迁湖广布政使参议，镇压苗民反抗。官至福建按察副使，时倭寇浸扰沿海，大同设策防御之。著有《备倭图记》等。

卜舜年

字孟硕,江南吴江人,明末清初画家。工画,为董其昌等名家赞誉。明亡后佯狂而卒。临殁之岁,人有乞其画者,不署名,但题曰:"泥无身"。著有《云芝集》等。

【繁衍变迁】

卜姓源起繁杂,先秦时,卜姓人已分布于鲁(今山东省西南)、秦(今陕西省)、晋(今山西省)、楚(今湖北省)地。

西汉已有卜姓人入迁今两湖之地。

魏晋南北朝时期,卜姓在今山西离石、湖南溆浦、河南洛阳形成大的郡望,并且已有卜姓定居今江苏、浙江等江南之地。

隋唐之际,卜姓除继续繁衍于上述之地外,已有卜姓人定居于中国的大西北,如唐代学者卜天寿为西州高昌(今新疆区吐鲁番)人。

两宋之际,今四川、江西、安徽等地均有卜姓人定居。

宋末元初,有福建宁化石壁村之卜姓徙居广东。

明初,山西卜姓作为洪洞大槐树迁民姓氏之一,被分迁于今陕西、河南、宁夏、北京、天津等地。

清代以后,山西等地之卜姓因谋生之故,迁于内蒙古,对于山西人来讲,称为走西口。此际,南方卜姓已经在今华南、西南等地散居开来。

如今,卜姓在全国分布较广,尤以安徽、广西、广东、内蒙古多此姓,上述四省区之卜姓约占全国汉族卜姓人口的 67%。

顾

【顾姓图腾】

直观地看,顾姓图腾最显眼的是上半部分类似于美丽的凤凰的鸟的图形,实际上,下半部分代表门户,鸟与门户结合的图腾组合起来构成了顾姓。

【顾姓起源】

1.源自己姓

据相关历史资料以及古代姓氏学研究著作等载,颛顼帝的玄孙陆终生六子,长子名樊,获赐己姓,被封在昆吾国(今河南省许昌东),其后代便以昆吾为氏。夏朝时,昆吾氏有子孙被封于顾国(今河南省范县东南),世称顾伯。夏末被商汤攻打所灭,散居各地的顾伯子孙便以国名当作姓,称为顾氏。

2.源自姒姓

这一支顾姓为越王勾践的后裔顾余侯之后,以祖上封号为氏。《名贤氏族言行类稿》等古代典籍记载,夏帝少康的庶子无余(姒姓)受封在会稽(今浙江省绍兴),建立越国,主持禹的祭祀。公元前494年,越国被吴国打败。越王勾践卧薪尝胆,奋发图强,终于在公元前473年灭吴,成为霸主。公元前306年,越国被楚国所灭。经秦至汉,勾践的第七世孙摇因助刘邦灭项羽有功,受封为东海王,后来他封自己的儿子为顾余侯,子孙留居会稽,其支庶子孙以其封号的第一字为氏,称为顾氏。

3.源自少数民族本有之姓

满族姓伊尔根觉罗氏自礼部尚书顾从第八代开始,子孙以顾为氏;裕固族顾令氏、锡伯族郭尔佳氏(亦作顾尔佳氏),汉姓为顾;今蒙古、壮、回等民族均有顾姓成员。

【顾姓名人】

顾恺之

字长康，小字虎头，汉族，晋陵无锡（今江苏省无锡）人。东晋时期著名的画家。顾恺之博学多才，不仅工诗赋，书法也非常好，绘画更是高人一等。精于人像、佛像、禽兽、山水等，时人称之为三绝：画绝、文绝和痴绝。谢安深重之，以为苍生以来未之有。顾恺之与曹不兴、陆探微、张僧繇合称"六朝四大家"。顾恺之作画，意在传神，其"迁想妙得""以形写神"等论点，以及提出的"六法"，对我国传统绘画的发展起到了重大的推动作用。同时为传统的绘画技法奠定了基础。

顾恺之

顾野王

字希冯，原名体伦，吴郡吴县（今江苏省苏州）人。南朝梁、陈间官员、文字训诂学家、史学家。历梁武帝大同四年太学博士、陈国子博士、黄门侍郎、光禄大夫，博通经史，擅长丹青，著《玉篇》。

顾炎武

原名继坤，改名绛，字忠清；南都败后，改炎武，字宁人，号亭林，自署蒋山佣，学者们常称他亭林先生。汉族，南直隶苏州府昆山（今属江苏省）人。明末清初著名的思想家、史学家、语言学家。与黄宗羲、王夫之并称为明末清初三大儒。明末诸生，青年时发愤为经世致用之学，并参加昆山抗清义军，败，幸而得脱。康熙间被举鸿博，坚拒不就。后漫游南北，屡谒明陵，卒于曲沃。其学以博学于文，行己有耻为主，合学与行、治学与经世为一。他的作品特别多，其中花费了他一生心血的就是《日知录》，另有《音学五书》《亭林诗文集》等。

【郡望堂号】

郡望

会稽郡：治所在今江苏苏州市，秦时置郡。

武陵郡：治所在今湖南溆浦县南，汉高祖时置郡。

堂号

三绝堂：唐朝顾恺之，才绝、画绝、痴绝（专心画画，好像呆子），时人称他有三绝。因而有此堂号。

顾炎武

【宗族特征】

顾姓是一个典型的南方姓氏，族人发展繁衍的中心一直在江浙一带。所以顾姓家族的历史名人大多出自南方，尤其是江苏。顾姓名人多学者、文学家，但大多与政治有瓜葛，并非纯粹的学问家。顾姓人的字行辈分排列有序，如江苏顾姓一支的字行为："明世泽万里，安国启贤良。"

【繁衍变迁】

顾姓分两支，一为北顾（指发祥于今河南范县的顾伯后裔），一为南顾（指发祥于今浙江省绍兴的顾余侯后裔），北顾发展不及南顾。南顾得姓后不久就成为会稽一带的大姓，后有族人西迁武陵（今湖南常德）。唐以后，顾姓人不断地向南北各地播迁。明初，顾姓人作为洪洞大槐树（今属山西）迁民之一，被分迁于今河北、河南、山东、安徽、江苏等地。明代中叶时，顾姓人不仅分布于今安徽、湖北、湖南、福建、广东、四川等地，且在北方的今山东、山西、陕西、河北和内蒙古自治区等地也有分布。明末至清中叶，有今磊建、广东的顾姓人渡海赴台，进而播迁海外。

顾姓是当代中国人口排行第八十九位的姓氏，总人口约有230多万，约占全国人口的0.19%，尤盛于江苏、浙江。

孟

【孟姓图腾】

玄鸟族一支的族称可称之为孟，他们将玄鸟殒卵的传说作为自己的图腾。图腾的上部是玄鸟殒卵生子的意思，下部则表示接纳的意思。

【孟姓起源】

1.源自姬姓

这一支孟姓为鲁桓公（鲁国都城在今山东省曲阜）的庶子庆父（姬姓）的后代。庆父与其嫂——鲁庄公的夫人哀姜有了私情。因哀姜没有生下孩子，他便与哀姜秘密商量，欲立哀姜妹妹叔姜所生之子启为鲁庄公的继承人。但庄公死后，其弟季友按庄公的意愿立公子般为君，庆父便杀死公子般，立启为君，即鲁闵公，后又派人杀死闵公，欲自立。因此，鲁国人非常恨他，都说："庆父不死，鲁难未已。"庆父非常害怕，逃到莒国。但莒国接受了季友的贿赂，欲把庆父送回鲁国。庆父绝望之下，便在归国途中自杀了。因庆父在庶子中排行老大，为避讳弑君之罪，庆父的子孙便把自己的姓氏改成了孟孙氏（古代兄弟排行，庶长子称"孟"），后来又简化为孟氏。

春秋时卫国有一个叫作孟絷的人，为卫襄公（姬姓）之子，卫灵公之兄，其子孙以王父（即祖父）的字为氏。

2.源自少数民族本有之姓

例如金朝时女真族抹然氏，清朝时满族墨尔哲勒氏、墨尔迪勒氏、盟佳氏、穆颜氏、墨克勒氏等汉姓为孟。

【孟姓名人】

孟轲

（前 372—前 289 年），即孟子，字子舆（待考，一说字子车或子居）。战国时期鲁国人，鲁国庆父后裔。中国古代著名思想家、教育家，战国时期儒家代表人物。著有《孟子》一书。孔子的思想得到了孟子的继承和发扬，孟子于是成了仅次于孔子的一代儒家宗师，有"亚圣"之称，与孔子合称为"孔孟"。

孟浩然

本名不详，字浩然，世称"孟襄阳"，唐代著名诗人，襄州襄阳（今湖北省襄阳）人。与另一位无论是在唐代还是在今都很出名的山水田园诗人王维合称为"王孟"。孟浩然以写田园山水诗为主。因他未曾入仕，又称之为孟山人。

孟浩然

孟郊

唐代诗人。他的诗歌有 500 多首留存于世，以短篇的五言古诗最多，代表作有《游子吟》。有"诗囚"之称，又与贾岛齐名，人称"郊寒岛瘦"。元和九年，在阌乡（今河南省灵宝）病逝。张籍私谥为贞曜先生，他的诗歌现在仍广为人们所传诵。

【郡望堂号】

郡望

洛阳郡：治所在今河南洛阳白马寺，东汉、三国魏、西晋、五代唐先后定都于此。
江夏郡：治所在今湖北云梦，汉高祖时置郡。

堂号

三迁堂：得名于孟子的母亲注意家庭教育，三迁其家，择邻而处，终使孟子成为圣人的典故。

【宗族特征】

孟姓取排行第一而来,孟字又有勤勉、大之意,孟姓名人也多具有远大的理想和勤奋的精神。孟姓人主要以北方为聚居地,以山东为最。孟姓名人古已有之,孟子即为其中表率。孟姓的字行辈分参照孔姓而来,即:"希言公彦承,宏闻贞尚衍,兴毓传继广,昭宪庆繁祥,协维垂佑,钦绍念显扬,建道敦安定,懋修肇益常,裕文焕景瑞,永锡世绪昌。"

【繁衍变迁】

孟姓发源于今山东、河南,族人早期播迁于今山西、河北、陕西等地。东汉时,原居于今陕西境内的孟光迁至吴(今江苏苏州),另有名士孟尝赴今浙江。魏晋南北朝之际,孟姓人大规模南迁,今山东境内的孟姓人多迁往吴越(今江苏、浙江一带);今河南境内的孟姓人多迁往楚汉(今湖北、江西北部一带)。五代时,邢台(今属河北)人孟知祥建后蜀政权,定都于今四川成都。宋元时期,孟姓人第二次大举南迁,以长江中下游地区分布较为集中。明代有孟姓人由洪洞大槐树(今属山西)移居今河南、河北、东北、天津等地。清代有孟姓人渡海入台、远播海外者。

孟姓是当代中国人口排行第七十三位的姓氏,总人口约 330 多万,约占全国人口的 0.27%,尤盛于山东、河南、河北。

平

【平姓起源】

1.来源于封地,战国时期韩国君韩哀侯,将少子喏封于平邑(今山西临汾市一带),他的子孙就以封地为姓,相传姓平。

2.齐国相晏平仲的后代,以其父名为姓,相传姓平。

【平姓名人】

平当

字子思,汉朝时平陵人。以明经为博士。对于夏禹治水的情况很有研究,因此成帝封他为骑都尉,负责开河筑堤,防治水患。哀帝即位以后,升他为丞相,赐爵关内侯。到了第二年,又要给他升官加薪,他因为生病,拒绝了。他说:"我的官位已经够高了,薪俸已经够了,给子孙留的财产太多,会使他们过奢侈生活!"

平安

明朝著名将领,勇敢而善于领兵打仗,立有军功。但后来又打了败仗,被俘,敌方没杀他,但后来平安还是自杀了。

平步青

字景荪,别号栋山樵、霞偶、常庸等,清山阴人。清同治元年进士,历任翰林院庶吉士授编修、侍读、江西粮道并署布政使等职。

同治十一年,平步青弃官归里,遂专心致志,博览群书,手抄无间,研治学术。平步青长于目录之学,其所纂《南雷大全集叙录》《楼山堂全书叙》《考定南雷》,记述至为详尽。平步青校书八十八种,如《陶庵梦忆》《两般秋雨轩随笔》等。一生著述宏富,晚年自订所著为《香雪崦丛书》,有《读经拾渖》《读史拾渖》等二十余种,但不轻易示人,流传不多,今所见《霞外攟屑》即为其中之一。

【繁衍变迁】

春秋时期,齐国有名相晏婴,字平仲,他当时辅佐齐景公,把齐国治理得非常好,他人虽然很矮小,但是足智多谋,他的子孙后代以这样一位祖先为荣,就以他字中的"平"为姓。因此,这支平姓起源于晏姓。到了战国时期,韩国国君韩哀侯有一个儿子叫喏,他受封于平邑(今山西省临汾),他的子孙后代就以封地名平为姓。这支平姓起源于韩国的公族之姓,姬姓。平姓后来在河内郡发展成望族,世称河内望。路史云:"韩哀侯少子喏,食采平邑,因以为氏。"《姓氏考略》载:"齐相晏平仲之后,以字为氏。"平姓望居河南省沁阳一带。

黄

【黄姓图腾】

黄帝的族称即为黄,轩辕氏。黄姓图腾是龟的正视图。在古代封建观念中,风水上有"南朱雀,北玄武"之说。玄武指的就是龟。

【黄姓起源】

1.源自黄国

据史料记载,黄姓人曾经建立黄国,后来被楚国灭掉,子孙们就以国为氏,世代姓黄。而之所以说黄姓源自嬴姓,是因为在帝舜时代,东夷部落的首领叫伯益,因帮助大禹治水有功,被帝舜赐姓嬴氏。而伯益的后代有很多支脉,其中有一支被称为黄氏,也就是后来建立黄国的那一支。当然,根据不同的说法,历史上黄国的建立者不同时期有不同的人。虽然这些还没有确切的定论,但是有一点是可以肯定的,那就是黄国后来都被灭掉了,子孙们都以国为氏,世世代代姓黄。

2.源自他姓或他族改姓

他姓改姓:自上古时代起,王、陆、巫、吴、金、范、丁姓人皆有改为黄姓者。元代有娶阿拉伯穆斯林女子改信伊斯兰教者,其后裔融于回族并姓黄。

他族改姓:例如在元朝的时候,少数蒲姓回族人为避"反色目"的诛杀,改姓黄。

【黄姓名人】

黄巢

唐末农民起义军中的一位将领。由于他的人格魅力和过人胆识,最终取代王仙芝而成为这场大起义的总领袖。由他领导的这场大起义摧毁了腐朽的李唐王朝,打破了唐末军阀割据混战的黑暗社会的僵死局面。为社会由分裂向统一过渡奠定了基础,对历史继续向前发展起到了推动作用。

黄庭坚

字鲁直,又称山谷道人,晚号涪翁,曾自称豫章黄先生,汉族,洪州分宁(今江西省修水)人。北宋诗人、词人、书法家,为盛极一时的江西诗派开山之祖。英宗治平四年(1067年)进士。曾担任叶县尉、北京国子监教授、校书郎、著作佐郎、秘书丞、涪州别驾、黔州安置诸官职。

黄庭坚

黄道婆

人称黄婆或黄母,宋末元初知名棉纺织家。曾随崖州黎族学习纺织技术,学成后返乡从事纺织工作,促成棉纺织业的进步。由于传授先进的纺织技术以及推广先进的纺织工具,而受到百姓的敬仰。元明以后,由于她的技术改进松江细布闻名于四方。清朝时期,被人尊称为布业的始祖。纺织业者后来立祠祭之,以纪念其功。

【郡望堂号】

郡望

会稽郡:治所在今江苏省苏州市.秦时置郡。此支黄姓人为东汉黄昌之后。

巴东郡:治所在今重庆市奉节县东,东汉置郡。此支黄姓人为三国蜀将黄权之后。

堂号

宽和堂:汉代的官吏都很严肃,唯独河南太守黄霸为政宽和,因而得此堂号。

【宗族特征】

黄姓人以富有开拓精神著称,族人多孝子。历代黄姓人均十分重视家谱的编修,各支黄姓族人的字行辈分排列有序,如湖南靖州渠阳黄姓一支的派语字行为:

"俊秀仁公定,真良均同透,万元再通光,昌传汉保进。"

【繁衍变迁】

黄姓发源于今河南潢川县西部。黄国为楚国所灭后,黄姓族人部分逃至今河南中部,更多的则迁入楚国腹地,定居于黄冈、黄石(今属湖北)等地。西晋末年,黄姓人大举南迁,成为后来入今福建的"八大姓氏"之一。唐宋时,黄姓人在今福建、江西、广东等地繁衍最为茂盛。北宋末年,居于今河南固始的黄建联为避兵祸南徙杭州(今属浙江),其后人成为杭州的望族。宋元之际,黄姓人称盛于今福建、广东,至明末清初,黄姓人开始移居台湾,后又播迁海外。

黄姓是当代中国人口排行第七位的姓氏,总人口约 3100 万,约占全国人口的 2.48%。

和

【和姓起源】

1.以官职为姓,是祝融氏重黎的后代。唐尧时,重黎原后人羲和为掌管天地四时的官。其后人以祖上职官为荣,即以首任此官的祖先羲和的名字命姓,遂成和氏。

2.起源于卞氏,源自春秋时期的楚国。当时有人名卞和,是一个有名的玉工,他曾以在荆山得璞玉闻名,后来,卞的支庶子孙有的以祖先的名字命姓,成为和姓的一支。

3.由他姓改为和姓,起源于后魏。素和氏,本为代北复姓,鲜卑族檀石槐的支裔,以其本为白部,故号素和氏。

【和姓名人】

和洽

字阳士。三国时魏官吏，为官清贫廉洁有操守，最后以售田宅自给，封西陵乡侯。

和峤

字长舆，晋朝西平人。少年时就有盛名。晋武帝时为黄门侍郎，迁中书令。

和岘

字晦仁，北宋浚义（今河南省开封市）人。后唐长兴四年（公元933年），出生于官宦世家。他自幼博览群书，喜音乐，好依声填词，是宋初著名词人，16岁登朝为著作郎。曾任太常博士、东京转运史、主客郎中、大常丞。他的词作被收录在《全宋词》中的有《开宝元年南郊鼓吹歌曲》三首。其主题是歌颂开国皇帝宋太祖"道高尧舜垂衣治，日月并文明"的功德和"九土乐生平"的盛世。

和凝

字成绩，郓州须昌（今山东省东平）人。少好学，年十九，登进士第。初仕后唐，继为后晋宰相。凝生平为文章，长于短歌艳曲，有"曲子相公"之称。有集百卷。其长短名句《红叶稿》，又名《香奁集》。

【繁衍变迁】

和姓起源古老。传说远古时期，帝尧时有掌管天文立法的官吏和仲，和叔。在农业社会里，四季气候是很重要的，因此"和"是一种很重要的官职，地位很高，家族也很昌盛，他们的后代遂以其官职中的和为姓。因此和姓是以官名为姓。又有一支和姓的来源是这样的，春秋楚国人卞和发现了和氏璧，于是卞和的后人都以此为荣，于是都以和为姓。另据魏书官氏志记载，在南北朝时期，北魏鲜卑族的贵族素和氏随北魏孝文帝南下，定居洛阳，也改姓汉姓"和"。和姓后来在代郡发展成望族，世称代郡望。

穆

【穆姓起源】

1.出自子姓,以谥号命姓。据《元和姓纂》载,春秋时,宋国(都城在今河南商丘)国君宋宣公死前没有传位给儿子与夷,而是传位给弟弟和(子姓)。和执政九年,死前也没有传位给自己的儿子,而是传位给了宣公的儿子与夷,即宋殇公。和为君主时贤良和气,传位时又能遵循道义,因而赢得了"穆"的谥号,史称宋穆公。后来,穆公的支庶子孙就以祖上的谥号命姓,称穆姓。

2.北方鲜卑族复姓所改。据《魏书·官氏志》载,南北朝时,北魏"代北八族"之首丘穆陵氏,在北魏孝文帝迁都洛阳,定居中原以后,改为汉字单姓穆氏。

3.出自姜姓,为炎帝(姜姓)之后。《姓氏考略》注引《路史》云:"穆,炎帝之后。"

4.西北回族所改。回族中的穆姓,主要来自经名首音,如经名"穆萨""穆罕默德"等。元代的回族世家穆古必立其后裔大多以穆为姓。此外,清代的回族人呢牙咱木,任职于内务府,后也改姓穆氏。

5.赐姓或其他民族改姓。明时赐蒙古人阿尔特穆尔姓穆名义。宋时有犹太人定居今河南开封一带,改汉姓穆;满族乌雅氏、穆尔察氏、穆佳氏改姓穆;彝、纳西、蒙古、保安、东乡、回、高山等少数民族均有此姓。

【穆姓名人】

穆修

宋朝人,大中祥符年间(1008—1016年),赐进士出身,累官颖州文学参军。个性刚介,为了学术上的问题,常与朋友争论得面红耳赤。当时的学者都从事研究声律,只有他热心于古文,并因研究成绩卓著,很得当时的大文学家欧阳修赞赏。著有《穆参军文集》。

穆清

字楚帆,清代画家,善画花鸟草虫,师法恽寿平而别具风格。

【郡望堂号】

郡望

汝南郡:今河南中部偏南和安徽淮河以北地区,汉高祖时置郡。

河南郡:治所在今河南洛阳市一带,汉高祖时置郡。

堂号

明经堂、河南堂等。

【宗族特征】

穆姓是一个来源较为复杂的姓氏,以家规严、子孙贤著称。唐肃宗时期,"杨、穆、许、李"被视为四大家族,其中穆家的光辉,是由侍御史穆宁开辟,其四子光大的。据说,穆宁严撰家令,训谕诸子,使四子都德性高尚,居官均有美声。穆宁和同时代的韩休都以家教严格出名,因此产生了形容那些有家教的人家的成语——"韩穆二门"。

【繁衍变迁】

穆姓发源于今河南。春秋战国时,穆姓人已播迁于今山东、河南、湖北等省。秦汉之交,有穆姓人活动于今江苏徐州,其后裔向今山东、江苏、安徽、河南等地播迁。魏晋南北朝时,穆姓人南迁至今江南各省和湖南、四川一带,由丘穆陵氏改姓而来的穆姓人则在今陕西、甘肃、青海、山西、河南兴盛起来。隋唐时,有一支穆姓人由洛阳县(今属河南洛阳市)徙居河内县(今河南沁阳市)。北宋时期,河内穆衍因仕宦迁河中(今山西永济西蒲州镇)。元朝时,有今湖南、四川一带的穆姓人为躲避战乱而迁居今贵州。清朝时,满族人改穆姓者甚多,并为当朝显贵。今居住在北京的穆姓人多为满族后裔,而世居今辽宁沈阳的满族人改穆姓者,有向今黑龙江、吉林等地迁徙者。

如今,穆姓是中国人口排行第二百零六位的姓氏,总人口约 45 万,约占全国人口的 0.036%,主要集中于黑龙江、河北、贵州。

萧

【萧姓图腾】

据相关研究结果表明,该图腾代表以"萧"命名的氏族族称,主要是由于该族始祖发明了观日灵台。

【萧姓起源】

1.源自嬴姓

据《通志·氏族略·以国为氏》所载,颛顼的后裔伯益,在舜时曾负责掌火,开荒种地,驱逐野兽,许多农田得以开辟;又随禹治水,救万民于水火,功勋卓著,被赐姓嬴。在他的后代子孙中,有孟亏被分封至萧地(今安徽省萧县西北),萧国也是其子孙所建立,故以国为氏。

2.源自子姓

据《古今姓氏书辩证》等史料所载,殷商的子姓后裔、周代宋国微子启之孙乐大心建立了子爵萧国;在历史上被称为萧叔大心。公元前 495 年,萧国为楚国所灭,子孙以国为氏。

3.源自少数民族赐姓或改姓

赐姓:汉朝时巴哩、伊苏济勒、舒噜三族被赐姓萧。

改姓:北宋时,北部辽国契丹族里的拔里、乙室已氏族,回鹘族的述律氏族,奚族石抹等氏族均改为萧姓,辽国第一大姓由此得来。

4.源自他姓改姓

相传宋朝时期,有一将军叫作钟达,遭遇奸臣所害,抄斩九族,其七子中有三人死里逃生,为了生存下去,不得已改姓萧或叶。另金、元时,我国北方流播着太一教,因创教人姓萧,一些非萧姓教徒以萧姓作为自己的姓氏。

【萧姓名人】

萧何

沛县(今属江苏省)人,汉朝著名政治家,秦末随刘邦起义。他知人善任,在楚汉相争中,为刘邦战胜项羽,顺利建立汉朝起到举足轻重的作用,后因功被封为酂侯。"萧何月下追韩信"和"成也萧何败也萧何"成为脍炙人口的历史典故。

萧统

南兰陵(今江苏省常州)人,南朝梁代著名的文学家,梁武帝之子。他天生聪颖,

萧何

少时遍读儒家经典,非常擅长辞赋,他整理编辑的 30 卷《文选》,为我国现存最早的文章总集,对后世文学创作产生了巨大的影响。

萧颖士

唐朝开元年间进士,曾仕秘书正字、扬州功曹参军等,史书上记载他高才博学,他的主要研究方向是古文,这跟他的个人爱好不无相关。

【郡望堂号】

郡望

兰陵郡:北兰陵在今山东省枣庄市一带,西晋置郡;南兰陵在今江苏省武进区一带,东晋初年置郡,为东晋时萧姓南迁后主要聚居地。

广陵郡:治所在今江苏省扬州市西北。

堂号

定汉堂:萧何是西汉的开国功臣,汉朝一切律例典制均由他制定。因而有此堂号。

【宗族特征】

萧姓族人在历史上地位比较显赫,曾出皇帝 11 人,皇亲众多。萧姓人注重文化修养,文人墨客能诗善画者甚众,如唐宋时萧姓家族的 10 位宰相,均为大作家。

【繁衍变迁】

萧姓发源于安徽。三国魏晋时,萧姓族人播迁于今南方诸省。南北朝时,萧姓人建立了齐、梁两朝,显贵于天下。宋时契丹萧氏的加入,使得萧姓成为一个更为显赫庞大的家族。在此期间萧姓人也有迁入今福建、广东者。至此,萧姓人已广布于今山东、河南、河北、安徽、北京、福建、广东等地。元明清时期,萧姓人徙居于今四川、湖南、江西、湖北等省。自清康熙末年起,萧姓族人多次入迁台湾,进而远播海外。

萧姓是当代中国人口排行第三十位的姓氏,总人口近 730 万,约占全国人口的 0.58%,尤盛于长江中上游地区。

尹

【尹姓图腾】

由于尹是以官职命名的姓氏,所以其图腾由官员和辛刀(代表刑具)组成,表示手持刑具、掌握着生杀大权的官员,这样才能称为"尹"。

【尹姓起源】

1.源自少昊的后代

据相关传说,以及以《通志》为代表的古籍记载,黄帝与方雷氏所生之子少昊,名挚,初号青阳氏,已姓。他是古代以鸟为图腾的东夷族的首领,后继承了黄帝的帝位,以五行之首统领天下,按照金木水火土的排序,世称其有金德,所以他又号金天氏。相传他曾以鸟名为官名,设有工正和农正,管理手工业和农业。他的儿子殷为工正,主管工事,被封于尹城(故城在今山西省隰县东北),子孙以邑为氏。另外,少昊的后代名叫寿,曾经当过尧的老师,担任师尹之职,其后代子孙便以官为氏。

2.源自姬姓

西周初所分封的姬姓诸侯国中,有子爵尹国(古城在今河南省宜阳县西北、新安县东北),其子孙开始姓尹,是以国为氏的典型例子。此支尹氏,已传承了3000多年。

3.源自兮姓

据《风俗通义》所载,商周时期,在历史上已经出现了师尹一职,位于太师、太傅、太保三公之首,地位相当于宰相。周宣王时,有兮吉莆担任师尹,子孙遂以官为氏。

4.源自姒姓

夏朝时,夏人吞并了嬴姓沈国(今陕西省临猗县西),建立了姒姓沈国。商朝时,姒姓沈国南迁于今河南固始。西周初,沈国被蒋国所灭,国君沈子逞逃难至楚地沈鹿(今湖北省钟祥东的大洪山之麓),成为楚令尹,其后便开始姓尹,是以官为氏的范畴。

5.源自少数民族本有之姓

明清时白族、傣族,今满、蒙、苗、壮等民族中均有尹姓。

【尹姓名人】

尹文

今河南方城人,是战国很有影响的哲学家,也即尹文子。善于辩论。他的文章在汉书中被列为名篇。他的学说与黄老刑名之说很相近,主张尚法,在认识论上主张人在认识事物时要破除成见。

尹珍

东汉任荆州(今两湖、两广、河南、贵州一带)刺史。曾从汝南经学家许慎学经书图纬,学成后返乡教授,乡人始有学焉。

尹继善

是清朝有名的政治家之一,满洲镶黄旗人,雍正进士,历任江苏巡抚、云贵、川陕、江南等地的总督,得到了高宗、世宗的重用。最高官职为军机大臣。

尹继善

【郡望堂号】

郡望

天水郡:治所在今甘肃通渭西北,西汉元鼎三年(公元前114年)置郡,为晋时尹纬一族之所在。

河间郡:今河北献县、武强县和泊头市交河镇等地。此支尹姓人的开基始祖为东汉尹敏的后裔。

堂号

和靖堂:出自宋代尹火享所获得的赐号"和靖居士"。

文和堂:因明代尹直明敏博学而得名。

此外还有肆好堂、一经堂、明经堂等。

【宗族特征】

尹姓虽历千年播迁繁衍,仍为一北方姓氏。尹姓名人佳话流传,不胜枚举。如战国时秦人尹喜,在函谷关得老子《道德经》,实为千古美谈;元代尹莘,性至孝,被列为古代孝子之典范。

【繁衍变迁】

尹姓发源于今河南、山西等地。西汉时,尹姓人已遍布今陕西、山西、河北、山东等地。两汉之际,尹姓在今贵州与龙、傅、董并称四大姓。东汉时,有尹姓人兴起于今浙江、广西、四川等地。魏晋南北朝时,居于今甘肃境内的尹姓人繁衍旺盛。隋唐时,尹姓人的发展处于平稳期。此后,尹姓人播迁至今江苏、云南、辽宁等地。宋元时,大批尹姓人徙至南方地区。明初,尹姓人由洪洞大槐树(今属山西)徙于今河南、河北、江苏、天津等地。清代,尹姓人有渡海入台、进而远播海外者。

尹姓是当代中国人口排行第九十五位的姓氏,总人口约有 220 万,约占全国人口的 0.18%。

姚

【姚姓图腾】

姚姓图腾第一眼看去似乎比较杂乱,实际上它与桃花有关。相传帝舜出生在姚墟这个地方,就是炎帝夸父支的桃都。这里盛产桃树,夸父曾以桃木为权杖,在桃林逐日。舜帝部落,将桃树看作神树,并以其为原始图腾。

【姚姓起源】

1.源自帝舜的后代

据《新唐书·宰相世系表》《元和姓纂》等所载,帝舜的后代中有因生在姚墟(一说在今河南省范县南,另说在今山东省菏泽市东北),便以地为氏称姚氏者。另有说法称,尧禅位与舜后,将两个女儿嫁给他。舜一家住在妫河边,他的子孙便以妫为姓。武王灭商后,找到舜的后裔妫满,将大女儿嫁给他,并封他于陈(今河南省淮阳一带)。后裔传至妫恢时,因避王莽乱居于吴郡(今江苏省苏州一带)。传五世后,改为姚姓。

2.源自子姓

据《路史》记载,春秋时有子姓姚国,为商族的后代,子孙以国为氏,称为姚氏。

3.源自改姓、赐姓或少数民族本有之姓

改姓:据《晋书》载,西晋时有羌族首领姚戈仲,本是汉时西羌烧当氏的后人,自称是帝舜的后代而改姓姚。

赐姓:明朝时赐蒙古人饶五十姓姚名智。

少数民族姓氏:德昂族拉耐氏族,汉姓为姚;今苗、水、羌、拉祜、满、彝、蒙古、土家、壮、白等少数民族中也有姚姓的族人。

【姚姓名人】

姚贾

出身"世监门子",战国时期魏国人。其父是看管城门的监门卒,在当时社会上根本没有一点地位可言。他的经历更是让人非议,乃至于韩非后来称其为"梁之大盗,赵之逐臣"。后来又被赵国逐出境。可是他竟然得到秦始皇的礼遇和赏识。当他奉命出使四国之时,始皇竟然"资车百乘,金千斤,衣以其衣冠,舞以其剑"。这种待遇,有秦一代并不多见。出使三年,成绩卓然,始皇大加赏识,拜为上卿,封千户。

姚苌

后秦太祖武昭皇帝,字景茂,南安赤亭(今甘肃省陇西西)人,羌族。十六国时期后秦政权的开国君主,公元384—393年在位。他是羌族首领姚仲的第二十四子,姚襄之弟。

姚崇

本名元崇,字元之,避唐玄宗"开元"年号讳,改名姚崇。祖籍江苏吴兴,因先辈世代在陕州为官,遂定居陕州硖石(今属陕县硖石乡)。父姚懿,曾任硖石县令。姚崇出身官僚家庭,年轻时喜好逸乐,年长以后才刻苦读书,大器晚成。姚崇历任武则天、唐睿宗、唐玄宗三朝宰相,有"救时宰相"之称。在中国历史上,此人是非常有名的宰相,特别是在玄宗朝早期为相,对"开元之治"贡献尤多,在历史上具有非常重要的地位。

【郡望堂号】

郡望

吴兴郡:今浙江临安、余杭、德清一线西北,兼有江苏宜兴等地,三国时置郡。

南安郡:今甘肃陇西东部以及定西、武山等地,东汉时置郡。

堂号

圣仁堂:舜帝是至仁圣明的帝王。因而有此堂号。

姚崇

【宗族特征】

姚姓家族,人才辈出,既有著名的史学家、文学家、经学家、科学家、诗人、画家,又有杰出的政治家、军事家,对中国历史做出了积极的贡献。姚姓源于北而盛于南,是比较典型的南方姓氏。姚姓人的字行辈分排列有序。1927年姚联奎所修的《姚氏宗谱》载,桐城(今属安徽)姚姓一支的字行为:"若孙,文士孔兴,枝鸿叶茂,永佐大成。"

【繁衍变迁】

姚姓发源于今江苏苏州一带。东汉以前,有姚姓人徙居今河南、山西、广西、四川、浙江等地。西晋永嘉年间,有姚姓人迁至今陕西千阳。唐初,有姚姓人迁入今福建,与此同时,既有姚姓人前往今辽宁,也有今陕西、甘肃、河南的姚姓人入迁今云南、四川。两宋时,姚姓人已分布于今河北、河南、山西、山东、四川、江西、江苏、浙江、福建、广东、辽宁等地。明初,姚姓人作势洪洞大槐树(今属山西)迁民之一,被分迁于今山东、河南、河北、东北等地。清初,有姚姓人赴台,进而播迁海外。

姚姓是当代中国人口排行第六十二位的姓氏,总人口约有410多万,约占全国人口的0.33%,尤盛于四川、江苏、浙江。

邵

【邵姓图腾】

魁隗氏观察甾危天象的情景可以在邵姓图腾中显露出来。图腾下部的"甾"代表博山灵台(古时观测天象的地方),中间的"酉"代表仰韶文化尖底罐,"酉"上部是甾,为古代一种盛酒浆的陶器,图腾上的图案两侧是一双手,是双手把持的意思。

【邵姓起源】

1.源自姬姓

这一支邵姓为周文王之后。据《万姓统谱》等史料所载,周初大臣、周文王姬昌的第五子寅食邑于召(今陕西省东岐山西南),在历史上被称为召公或召伯。武王灭商后,召公奭被封于燕国(辖地相当于今北京地区),他派儿子去管理燕国,自己留在镐京任太保,为周初三公之一,也是文、武、成、康四朝元老,曾同周公旦一起平定武庚之乱,为"成康之治"的形成做出了重要的贡献。他的子孙世袭召公,一直是周朝的执政大臣之一。周室东迁后,召公的采邑也随之东移。后来,燕国被秦国所灭,姬奭的子孙以原封地"召"为姓,称召氏,后加邑旁得到邵姓。这里的"邑"指的就是现代汉字的"阝"。

2.源自少数民族改姓或本有之姓

改姓:如清满族八旗乌雅氏有改邵姓者。

本有之姓:明清时云南定边土把氏有邵姓;今瑶、彝、蒙古等民族均有此姓。

【邵姓名人】

邵雍

字尧夫,谥康节。在历史上被称为百源先生,范阳(今河北省涿州)人,北宋著名哲学家。一生不仕,工诗,多为闲适之作。精研周易,创立象数之学。著有《皇极经世》《伊川击壤集》等。他是当时最为杰出的邵姓学者。

邵光祖

字弘道,生卒年不详,元朝著名学者。为人博学好古,喜好儒学,对于文字学尤其有精湛的研究,非圣贤之书不读,穷六书之旨,吴中学者称其为"五经师"。

邵宝

江苏省无锡人,生活于明代时期,曾为朝中大臣。成化进士,累官至南礼部尚书,学者称其为二泉先生,有《容青堂集》。

邵雍

【郡望堂号】

郡望

博陵郡:今河北安平、深州市、饶阳、安国等地。

汝南郡:今河南颍河、淮河之间,京广铁路西侧一线以东,安徽西淝河以西、淮河以北地区。汉时置郡。

堂号

安乐堂:宋时邵雍,好《易》理,把自己的居所命名为"安乐窝",自号"安乐先生"。因而有此堂号。

【宗族特征】

历史上的邵姓名人多出在宋代以后,以学者为主,对中国文化的贡献甚巨。邵、召同宗,但召姓改为邵姓的原因、时间,尚无确凿的资料,还待有识之士去考察。邵姓人的字行辈分排列有序,如河北营城邵姓一支的字行为:"本自圣裔,为名贤孙,敦崇士习,永守纲常。"

【繁衍变迁】

邵姓发源于今陕西和北京地区。燕国灭亡后,其王族子孙主要散居在今河北南部、河南、安徽西部。两汉时期,邵姓人成为安阳、汝南、南阳(今皆属河南)等地的望族。西晋末年,邵姓人开始南迁,辗转到达今福建、广东等地。宋代,今浙江、安徽、江苏、福建多有邵姓人居住,今山西、湖北、湖南亦有邵姓人。南宋末年,邵姓人已广布江南各地和今河南西部山区。明初,邵姓人被分迁于今河南、安徽、江苏、浙江、山东等地。自清代起,邵姓人有迁至台湾,进而播迁海外者。

邵姓是当代中国人口排行第八十四位的姓氏,总人口近 270 万,约占全国人口的 0.22%。

湛

【湛姓起源】

1.出自姒姓,起源于夏代早期。上古夏朝时,有个斟灌氏国,是大禹的氏族中的一支建立的诸侯国。其他在今山东省寿光市东北四十里斟灌店。太康失国后,东夷族人寒浞又代羿称王,派遣浇率兵攻灭斟灌氏国。原斟灌氏族人为避害,便约定把原国姓斟灌二字合并,各取一半,合成一个湛字,即去斗去蕹为姓,遂成湛姓。子孙沿袭,传延至今,已有四千余年。《百家姓》注:湛"系出姒姓,夏同姓诸侯斟灌氏,其后子孙去斗去蕹,合二字为湛氏"。

2.以地名命姓。相传,春秋时居住在湛(今河南宝丰一带)的人,以地名为姓,称为湛氏。后代沿袭至今。湛,水名,源出河南宝丰县东南,东经叶县,至襄城县境,入于北汝河。

【湛姓名人】

湛然

唐代佛教天台宗高僧,常州晋陵荆溪(今属江苏省宜兴)人。

湛贲

宋长史茂之十二世孙。本家毗陵,后为宜春人。贞元中登第,尝以江阴县主簿权知无锡县事,后为毗陵守。

湛温

五代时光州人,仕闽。王延翰时为御史大夫、国子祭酒。王审知延禀与延翰有隙,遣使来探虚实。延翰命温往饯,且鸩之。温惧争斗,道经高安山西岭,饮鸩自毙。国人哀之,名其岭为祭酒岭。

湛若水

明代哲学家。字元明,号甘泉,广东增城甘泉都,学者称甘泉先生。

【繁衍变迁】

上古时期,有古国斟灌氏族,是大禹氏族的一支,建立斟灌氏古国(今山东省寿兴县东北),后来斟灌氏受到敌人攻击,国人逃亡,相约取斟和灌的各一半为自己族人的姓氏,这就是湛姓的由来。大禹是姒姓氏族,因此,湛姓起源于姒姓,是大禹的后代。这支姓氏已经流传四千多年,是源远流长的一支姓氏。另有一说,古代有一个地方叫湛(今河南省宝丰一带),居住在那里的人以湛为姓。湛姓后来南迁,在豫章郡发展成望族,世称豫章望。

汪

【汪姓图腾】

汪芒氏氏族的名称简化后被人们称为汪。汪芒氏是防风氏与句芒氏合婚而诞生的氏族。汪姓图腾相对来说还是比较直观的,由四部分组成。图腾的左侧是水,中间为灵台(古人

观测天象的地方),灵台上面是鸟,图腾的右侧是猪,代表防风氏。

【汪姓起源】

1.源自漆姓

帝舜时,在今浙江武康地区,有个叫防风氏的部落生活在这里,姓董,守封、禺二山。夏朝时,其国君被禹所杀,族人大部分被迫向北转移,与句芒氏合婚,改名汪芒氏(汪罔氏),改姓漆。周朝时,他们又向北转移融入长狄之中。春秋时,他们在今山东北部的博兴建立了长翟国。在此前后,也有一部分人重新迁回了祖居地武康。《鲁语》载:"客曰:'防风氏何守也?'仲尼曰:'汪芒氏之君也,守封、禺之山者也,为漆姓,在夏、商为汪芒氏,于周为长狄。'"又注解道:"汪芒,长狄之国名也。"长狄,亦即长翟,是古代狄族的一支,与汉族无深密的渊源,不过随着与汉族的联系越来越密切,逐渐与汉族融合了。汪芒氏的后代多改为汪姓。

2.源自姬姓

这一支汪姓为周公姬旦之子伯禽之后。据《姓氏考略》《汪姓缘起考》等载,春秋时,伯禽后裔鲁成公的庶子汪,食采于平阳(今山东省新泰市西北),其子汪诵以父之字为氏。此支汪姓,传录已超过2600年。

3.源自分化的翁氏

据史料记载,五代时泉州(今属福建省)有翁乾度,生有六子,分姓洪、江、翁、方、龚、汪六姓,六子处休分姓汪。这兄弟六人同为进士,地位非常显贵,时有"六桂联芳"之誉。

4.源自少数民族改姓或本有之姓

改姓:如金时女真、元时翁观都有改汪姓者。

本有之姓:今满、回、蒙古、土家、锡伯、东乡等民族均有此姓。

【汪姓名人】

汪伦:又名凤林。唐开元间当过泾县县令,卸任后住在泾县桃花潭畔。天宝元年(742年)至宝应元年(762年),著名诗人李白曾多次来安徽当涂、宣城、泾县、秋浦、南陵等地,并游历泾县桃花潭。汪伦以美酒待客。临别时,李白作《赠汪伦》诗,其中名句"桃花潭水深千尺,不及汪伦送我情"千古传诵。

汪昂

汪昂,字讱庵,初名恒,安徽休宁县城西门人。曾中秀才,因家庭贫寒,遂弃举子业,立志学医。他苦攻古代医著,结合临床实践,经过30年的探索研究,编著《素问灵枢类纂约注》《医方集解》《本草备要》《汤头歌诀》等,成为清代著名医学家。

汪士慎

汪士慎,字近人,号巢林、溪东外史等,汉族,安徽休宁人,寓居扬州。清代著名画家,书法家,"扬州八怪"之一。工分隶,他画梅的技巧相当娴熟,神腴气清,墨淡趣足。暮年一目失明,仍能为人作书画,自刻一印云:"尚留一目看梅花。"后来,双目都失明了,但仍挥写,署款"心观"二字。有《巢林集》。

【郡望堂号】

郡望
平阳郡:今山西霍州以南的汾河流域及其以西地区,三国时置郡。
新安郡:今浙江淳安以西,安徽新安江流域、祁门等地,晋时置郡。
堂号
越国堂:唐代汪华受封越国公,因而有此堂号。
忠勤堂:明代汪广泽受封为忠勤伯,因而有此堂号。

【宗族特征】

汪姓源于北而盛于南,是典型的南方姓氏。见于史籍的汪姓名人,主要出自隋代以后,以清代为最多,多为人和善。助人为乐。汪姓人的字行辈分排列有序,如江苏丹阳汪姓一支的字行为:"文士仲生云,人广孟锦位,洪和汉廷承,会声进允舜,元福廷。"

【繁衍变迁】

汪姓发源于今浙江武康、山东博兴、山西等地。其中武康一支的播迁情况大致是,先至今江苏,后至今江西和安徽。而另两支则成了汪姓人在北方的繁衍主力。东汉时。有汪姓人入居新安(今浙江衢州市一带)。南朝时,有汪姓一支从新安迁到今安徽歙县。隋初,有一支迁至今河北河间。唐初,有汪姓人入今福建。唐以后,今江西、贵州、福建和两广的汪姓人多迁自今安徽。两宋时。汪姓成为全国著姓之一,尤其称盛于今安徽、江西。明初,汪姓人被分迁于今两湖、河南、山东、天津、东北等地。自清康熙年间起,今福建、广东境内的汪姓人陆续有移民台湾、远播海外者。

汪姓是当代中国人口排行第五十六位的姓氏,总人口约有 430 万,约占全国人口的 0.34%,尤盛于安徽、湖北一带。

祁

【祁姓起源】

1.为春秋时的晋国公族之后。据《元和姓纂》和《辞源》所载,春秋时晋献侯四世孙奚为晋大夫,采食于祁邑(故城在今山西祁县东南古县镇),遂以邑为氏。

2.出自姬姓,为黄帝之后。据《广韵》所载,黄帝二十五子,得姓者十四人为十二姓,中有祁姓。

3.出自陶唐氏,是尧的后代。据《姓氏考略》所载,帝尧之后有祁姓。

4.据《路史》所载,少昊之后有祁姓。

5.同时司马祁父之后,以名为氏(一说祁父乃管理兵甲之事的官职,后世以官名命姓)。

6.源自少数民族改姓或少数民族固有姓氏。清满族人有祁姓者,世居沈阳(今属辽宁);又,清满族八旗姓奇德哩氏后改为单姓祁;清时西宁(今属青海)土司、碾伯(今青海乐都)土司为祁姓。乃蒙古人;土族祁嘎氏,汉姓为祁;今土家、彝、满、保安、东乡、回等民族均有此姓。

【郡望堂号】

郡望

太原郡:今山西五台山和管涔山以南、霍山以北地区,战国时置郡,治所在今山西太原市西南。

扶风郡:今陕西麟游县、乾县以西,秦岭以北地区,三国魏时置郡,治所在今陕西兴平市东南。

堂号

三不堂:典出春秋时的祁奚。祁奚,字黄羊,官至晋国"中军尉"。他年老退休后,晋君问谁能接替他的位置,他推荐了自己的杀父仇人解狐。解狐死后,他又介绍了自己的儿子祁午。后来,大夫羊舌死后,他推荐自己的亲信赤可接任。这三位均为晋国做出了杰出贡献。所以史书称赞祁奚:"举其仇不为谄,举其子不为比,举其偏不为党。"

【祁姓名人】

祁宰

字彦辅,今安徽江淮人,宋、金间名医。北宋末,以医术补官。金兵攻破汴京后,破浮,进而入太医院。累迁中奉大夫、太医使。后因上疏反对金攻打宋,被杀。

祁韵士

寿阳(今属山西)人,清代官吏、地理学家。乾隆进士,累官至户部郎中。后受牵连入狱,被流放伊犁(今新疆维吾尔自治区境内)。他熟悉满文,热心研究西北山川疆域和各部族历史,著有《蒙古回部王公表传》《伊犁总统事略》等。

祁焕:吴县(今江苏苏州市吴中区)人,清朝著名画家。善画兰竹,晚年自成一家,颇有古穆之趣。喜好收藏古彝鼎,蓄古砚尤多。著作有《二十八砚斋集》。

【繁衍变迁】

祁姓发源于今山西祁县。春秋末年三家分晋后,祁姓人在今山西、河北、河南等省散居开来。西汉时,已有祁姓人定居今陕西。魏晋南北朝至隋唐,祁姓人曾长期繁衍于今山西太原和陕西。隋唐时,祁姓人在北方分布得更广,今山东、甘肃都有祁姓人入居。宋以后,南方的祁姓人逐渐兴起,今安徽、江苏、浙江、江西等地都有祁姓人定居。明初,今山西境内的祁姓人作为洪洞大槐树(今属山西)迁民之一,被分迁于今河南、河北、山东、安徽、江苏、陕西等地。清中叶以后,始有沿海的祁姓人迁渡台湾,远赴东南亚。

祁姓是当代中国人口排行第一百五十一位的姓氏,总人口约有 86 万,约占全国人口的 0.069%。

毛

【毛姓图腾】

三苗羽民氏族的族称为毛,这个氏族以鸟羽为图腾。相关研究显示,古时毛与苗同音。图腾中类似于植物叶子的部分,表示鸟的羽毛。

【毛姓起源】

1.源自姬姓

据《姓源》等资料记载,辅以相关民间传说显示,周文王姬昌的第八子叔郑被封于毛(今陕西省岐山、扶风一带),建立毛国,其后遂以国名为氏。清道光年间,在今陕西岐山出土的西周晚期的青铜器、毛伯敦、毛公鼎等均是毛国的遗物。其中,毛公鼎为现存铭文最长的青铜器,铭文共 497 字,记述了周宣王告诫和褒奖其臣下毛公厝之间发生的一些有趣的事情,说明西周晚期毛国还存在。毛公的后代在周朝世袭卿士,后人称之为毛氏。

2.源自姬姓

据《通志·氏族略》载,周武王姬发灭商后,其第九子伯聃(一作明)被封在毛邑(今河南省宜阳东北一带),世称毛伯聃。毛伯聃为周成王的六卿之一,任司空,掌管建筑工程,他的后代子孙以封邑名"毛"为氏。按照姓氏学起源形式分类,属于以封邑为氏的范畴。

3.源自少数民族本有之姓

三国时期,在东吴的皖南少数民族中有一个叫作山越族的,其中有毛姓;东晋末十六国前秦时的渭北氐人有毛姓;东晋末西南夷南中(南中是汉晋时期西南夷地区这样一个特殊的地区,大体以今云南为中心并含贵州大部及川南部分地区)有毛姓,且为当地大族;金时女真人有毛姓;北宋西夏的党项族有毛姓;今瑶、高山、满、蒙古、土家、回、白等民族中均有此姓。

【毛姓名人】

毛遂

战国时期薛国(今山东省枣庄市)人。年轻时周游天下,后来成了赵公子平原君赵胜的门客,居平原君处三年未得崭露锋芒。赵孝成王九年(前257年),他自荐出使楚国,促成楚、赵合纵,声威大振,并获得了"三寸之舌,强于百万之师"的美誉,而"毛遂自荐"也成为千古佳话。

毛亨

生卒年不详,是"毛诗"的开创者。一说西汉鲁(今山东省曲阜)人;一说河间(今河北省河间、献县)人。据称其诗学传自子夏,作《毛诗古训传》,传授侄儿毛苌。时人谓毛亨为大毛公,毛苌为小毛公。古时有四家为《诗经》作注,齐、鲁、韩三家诗后来失传,现仅存《韩诗外传》六卷,只有毛亨、毛苌叔侄作注的"毛诗"经历了岁月的洗礼流传下来,后郑玄作笺,孔颖达作疏,完成了《毛诗正义》一书。

毛晋

字子晋,号潜在。原名凤苞,字子久。常熟(今属江苏省)人。我国明代末年著名的藏书家、出版家。生于1599年正月五日(1月31日),卒于1659年七月二十七日(9月13日)。少为诸生。30岁左右开始经营校勘刻书事业,建汲古阁、目耕楼,并以高价购求宋代、元代刻本,藏书8.4万余册。他苦心校勘,雇刻工、印工

中华姓氏文化

图文珍藏版

等多人,先后刻书600多种,著名的有《十三经注疏》《十七史》《文选李注》《汉魏六朝百三名家集》《津逮秘书》等。有些宋刻本如《说文解字》等,由于此人的翻刻技术的应用得以流传下来。重刻的唐、宋人诗词,多经精校。所刻各书的版心下端均具"汲古阁"或"绿君亭"名。毛晋刻书为历代私家刻书最多者,且好抄录罕见秘籍,缮写精良,后人称为"毛钞",更是当世流传的珍本。他所著《隐湖题跋》《毛诗陆疏广要》流传至今。

【郡望堂号】

郡望

西河郡:治所在今内蒙古自治区鄂尔多斯市东胜区境内,汉时置郡。

北地郡:治所在今甘肃省庆阳市宁县西北,战国时秦国置郡。

堂号

舌师堂:战国时,秦国攻赵,赵国平原君向楚国求援。在谈判的关键时刻,平原君的食客毛遂按剑震慑楚王,复晓以利害,终于说服楚王签订了出兵援赵的条约。平原君称赞毛遂"三寸之舌,强于百万之师",因而有此堂号。

【宗族特征】

历史上,毛氏家族多出文学之士,且拥有庞大的画家群。对文艺的贡献极为突出。毛姓人的字行辈分排列有序,据毛泽钧等修的《韶山毛氏族谱》载,湖南湘潭韶山冲毛姓人的字行为:"立显荣朝士,文方运陆祥,祖恩贻泽远,世代永承昌。"

【繁衍变迁】

毛姓发源于今河南宜阳和陕西岐山、扶风一带。春秋时期,有毛姓人入今湖北。汉代以前,今山西离石、河南荥阳的毛姓人发展起来,并向全国播迁,其中以今山西、河南、甘肃等省,宁夏回族自治区、内蒙古自治区最盛,今安徽、四川也有毛姓人定居。唐末,毛姓人大举南迁至今江西等地。五代以后,毛姓人开始称盛于南方。元朝,有毛姓人迁居云南澜沧卫(今云南永胜县)。明初,毛姓人作为洪洞大槐树(今属山西)迁民之一,被分迁于今湖北、湖南、河南、山东、江苏、北京等地。清朝雍正年间起,毛姓人陆续有迁居台湾,进而播迁海外者。

毛姓是当代中国人口排行第八十六位的姓氏,总人口近 250 万,约占全国人口的 0.2%。

禹

【禹姓起源】

1.出自姬姓,以人名为姓氏。传说禹为我国古代部落联盟领袖,亦称大禹、夏禹、戎禹。他原为夏后氏部落首领,曾奉命治理洪水。据后人记载,他领导人民疏通河道,兴修沟渠,发展农业。在持续三十年的治水过程中,他三过家门而不入。后因治水有功,被舜选为继承人。舜死后,他继位担任部落联盟领袖。禹的后代子孙就以祖上的名字命氏,称禹氏。

2.出自妘姓,以国名为姓。春秋时,有妘姓诸侯国鄅国,子爵,为楚国的附庸,世称鄅子。其后代子孙以国名为姓,成为鄅姓。后来去邑为禹,表示亡国,离开了都城,称禹氏。

【禹姓名人】

禹显

金朝人。以战功授义胜军节度使,兼沁州招抚副使。率领二百士兵驻守襄垣。元师集步骑数千前来攻城,四次不能拔,后因内变,城破被俘,不屈而死。

禹祥

明代仁寿县知县,处己接物,惟工不欺,居官清约如寒士。

禹之鼎

清代画家。康熙中任鸿胪序班。他以善画供奉内廷,尤工写照,秀媚古雅,为当代第一。许多名人小像都出于他的手笔。

【繁衍变迁】

禹姓出自姒姓,夏禹之子夏启建立夏朝后,夏朝王族里有些人有以禹为姓的。另有一种说法,据《广韵》记载,春秋时,有诸侯国禹国,子爵爵位,后来为楚国攻灭,禹国公族后代子孙就以禹为姓。禹姓在陇西郡发展成望族,世称陇西望。

狄

【狄姓起源】

1.以族命名的姓氏,源于周代。周代的时候狄族活动于齐、鲁、晋、卫之间。后世的子孙于是以族名为自己的姓氏,称为狄氏。

2.以国为氏的姓氏。出自参卢氏,为炎帝的后裔。他们的始祖叫作孝伯,又叫做考伯,发源于山东省境内。孝伯是炎帝姜氏的后裔,因为在参卢居住,所以又叫作参卢氏。周成王封他于狄城(今天的山东省高青县南),他在那里建立了狄国。这个国家灭亡以后,国人便以国为氏,姓狄。

3.出自高车氏。据《北史》记载,中国的西北部有回鹘族,其中有一支叫高车氏的,后来分化出来改叫狄姓。

4.唐昭宗赐姓。根据《五代史》的记载,唐昭宗的时候,曾经捕获契丹族的首领杨隐,后来他归降了唐王朝,王朝于是赐他姓名为狄怀忠,他的后裔于是因袭姓狄。

【狄姓名人】

狄牙

春秋时期雍人,又叫易牙。齐桓公的幸臣。以善烹调得宠于齐桓公。传说因桓公病,"曾烹其子以进桓公"。汉王充《论衡自纪》:"狄牙和膳,肴无澹味。"历史记载对狄牙有争议。管仲死,与竖刁、开方专权。桓公死,狄牙等立公子无亏,齐遂大乱。

狄仁杰

字怀英,唐朝时期太原人。高宗的时候为大理丞,后又做过豫州刺史、洛州司马。他不仅确立了自己在唐王朝的地位,还发现并提拔了一批杰出的政界人才。死后被追赠为梁国公。

狄青

字汉臣,宋朝汾州西河人。擅长骑马射箭。宝元初年,为廷州指使,他很勇猛,而且善于谋略,范仲淹等人对他很看重。因为他表现突出,被擢升为枢密副使。一生之中打过二十五战,其中以皇祐四年上元夜袭击昆仑关一战最为著名。嘉祐二年逝世。享年49岁。

狄仁杰

【繁衍变迁】

狄姓起源于我国北方地区,主要分布在山东、辽宁、吉林和黑龙江等省。

商朝时,狄族活动于今甘肃、陕西、宁夏、内蒙古一带。

周朝的祖先在古公坛父为首领时,在陕西豳地(今旬邑县)发展农耕,经常受到周围戎族、狄族侵扰,于是沿渭水而下迁居周原(今陕西省岐山县),后发展成周国。

狄姓后来向外迁徙,在甘肃天水郡发展成望族,世称天水望。

米

【米姓起源】

1.隋唐时,西域有一个米国(在现在的乌兹别克共和国萨马尔汗的西南),是农牧业国家。当时常有米国人来中原定居,他们以国名为姓氏,后来就形成米氏。

2.源自芈姓,宋米芾自称是先秦时楚国后裔,本姓芈,后改为同音字米。

【米姓名人】

米芾

北宋书画家,初名黻,字元章,号襄阳漫士、海岳外史。吴(今江苏省苏州)人,定居润洲(今江苏省镇江)。徽宗时召为书画学博士,官至礼部员外郎,人称米南宫。举止癫狂,人称米颠,行草得王献之笔意,用笔俊迈,与蔡襄、苏轼、黄庭坚并称"宋四大家"。

米友仁

米芾子,人称小米,南宋书画家,一名尹仁,小名寅哥、鳌儿,字元晖。宣和间应

米芾

选入掌书学,高宗时官至兵部侍郎、敷文阁直学士。其画继承米芾传统,用泼笔法画烟峦云树,别具风格,运笔草草,自称"墨戏"。存世书画有《潇湘奇观》《云山得意》等。

米万钟

明书画家,字友石,祖籍顺天。生平酷爱奇石,积蓄奇石甚多,人称友石先生。任江西按察使,为魏忠贤所恶,因而削籍,后官至太常少卿。

【繁衍变迁】

据北宋画家米芾自己考证,米姓最早起源于春秋时的楚国。但是,史书上已经没有类似的记载。又据唐书所载,"米"氏为"昭武九姓"之一。隋唐时期,祁连山北邵武城(今甘肃省临泽县)有个康国,后为匈奴击败,迁至中亚(今乌兹别克斯坦的布哈拉一带),建立了安、曹、何、康、石、米、史、火寻、戊地等九个小国。其中米国在今天的乌兹别克撒马尔罕西南一带。唐高宗永徽年间,"昭武九姓"先后归附内地,其中有"米"氏。国人遂在中原定居繁衍,以"米"为姓。米姓后来在陇西郡发

展成望族，世称陇西望。

贝

【贝姓来源】

1.以国命名。出自姬姓，是文王庶子姬奭之后。召开康移封于蓟，其支庶子孙食采于河北巨鹿浿水，建立了郥国，为燕国附庸，其子孙遂以国名为郥姓，后去邑为贝氏。这一支贝姓，望出河北清河（今河北清河）。

2.以地名命姓。因世居贝丘的人，以地名命姓，遂为贝姓，成为贝姓的一支。贝丘在今山东博兴县东南。

【贝姓名人】

贝义渊

南朝梁书法家，吴兴人。书有《梁始兴忠武王萧詹碑》，现存江苏南京，碑文残损过半，留存的字，带有行草笔意，颇为雄浑。

贝俊

唐代画家，工花鸟，犹工鹰鹘。

贝钦世

宋代江阴知县，上虞人有惠政。县有运河久湮，贝钦世欲浚治之，大姓争捐金为助，不逾月而成。

贝泰

明代太学士，字宗鲁，金华人。少以文行闻，永乐举人。累官国子祭酒，前后在太学四十余年。六馆之士，翕然从化。后致仕卒。

贝琼

明朝文学家，字廷居，浙江省崇德人。博览群史，工诗能文。明初召修《元史》，官国子监助教。有《清江文集》。

贝青乔

清代诗人,字子木,江苏省苏州人。鸦片战争时,曾为奕经幕僚,于浙东抗击英国侵军,目睹清政府腐败,写了许多爱国诗篇,影响较大,有《半行阉诗存》。

贝寿同

江苏苏州人。早年人上海南洋公学,后留学德国,毕业于夏洛顿工科大学建筑科,为我国第一位到西文学习建筑者。主持法院与监狱筑甚多。晚年在南京开设咖啡馆。约在抗战胜利前后逝世。为我国最早的建筑师,世界建筑大师贝聿铭是其侄孙。

【繁衍变迁】

贝姓远祖起源于西周时期,上古时周文王的一个儿子被封在今天的河北省巨鹿浿水,建立了郥国,公族子孙就时代以国名为郥姓,后来他们去掉"邑"字偏旁,改姓"贝"。因此,"贝"姓也出自周朝王室之姓,姬姓。后来,有一支贝姓从河北迁移到今山东博兴等地方,由于贝姓人逐渐增多,该地被称为贝丘。另一些居住在贝丘的人,也有就此改姓"贝"的。贝姓后来在清河郡发展成望族,世称清河望。

明

【明姓起源】

1.出自谯明氏。燧人氏为部落首领的时候,他的部下有一个叫明由的,因为才能而很受燧人氏看重,是谯明氏的后裔,为"四佐"之一。明由的后代便以祖上的名字作为姓氏,所以得到明姓。

2.出自姬姓,是春秋时期虞国公族的后代。秦国丞相百里奚的儿子名叫视,字孟明,是一个将军,取得过很多战争的胜利,打败了晋国的军队,为秦国的西部称霸打下了基础。孟明死后,他的后代就用他的名字"孟明"作为姓氏,后来改姓明,成为明氏的一支。

3.出自北魏时的鲜卑族。北魏时候有一支鲜卑族姓斗眷氏,孝文帝迁都洛阳的时候改姓明。

4.由旻氏改明姓。元末的红巾军领袖本来叫旻玉珍,后来因为信奉明教而改姓明。他的子孙后代于是也改姓明。

【明姓名人】

明克让

字弘道,隋朝人。少好儒雅,博涉书史,三礼礼论,他都有钻研。天文历法、占卜他都深有研究,各得其妙。先在梁朝做官,后又在周朝做官,累迁司调大夫。文帝受禅后,被拜为率更令,晋爵为侯。对当朝的实事,他经常发表有见地的议论。著作有《孝经义疏》《古今地带记》《续名僧记》等。

明山宾

梁代东宫学士,字右若,13 岁的时候已经博通经传,累官至东宫学士,兼国子监祭酒,存世有《吉礼仪注》等二百余卷。

明亮

后魏阳平太守,字文德,平原人。性情文静厚道,知识丰富,很有才能。被授以勇武将军,除阳平太守。清白爱民,颇有惠政。

明安图

清代数学家,蒙古族人,字静庵。曾任钦天监监正。当时有西方人来华,介绍了圆周率等三个公式而却无法证明。安图经过三十年的刻苦钻研,终于获得了证明,并且发明了另外六个公式。

明安图

【繁衍变迁】

明姓的望族居住在吴兴、平原(今山东省平原县)一带。江西、湖北、广东、四川均有分布,甘肃张掖也有分布,另在江苏盐城也有明姓人分布。

臧

【臧姓起源】

1.出自姬姓,以封地名为姓氏。据《姓苑》《通志·氏族略》所载,春秋时,鲁孝公姬称的儿子驱,被封到臧邑(今山东栖霞东北),人称臧驱,即臧僖伯,他的后代子孙就用他的封邑名"臧"作为自己的姓氏。

2.以祖先的字作为姓氏。据黄节厚《百家姓探秘》记载,鲁惠公的儿子名欣,字子臧,他的后代以他的字"臧"作为自己的姓氏。

3.少数民族姓氏。辽宁沈阳锡伯族札斯胡里氏,汉姓为臧。

【臧姓名人】

臧荣绪

齐莒县东莞(今属山东)人,南朝史学家,所著《晋书》110卷,是唐初流行的诸家《晋书》中较完善的一部,此外还著有《嫡论》《拜五经序论》《续同记》等。

臧懋循

吴兴(今属浙江)人,明代官吏。万历进士,官终南京国子监博士。辑有《古诗所》《唐诗所》《元曲选》,著有《负苞堂集》。

臧克家

山东诸城人,当代诗人。曾任《文

臧克家

讯》月刊主编,新中国成立后历任中国作协书记处书记、顾问,《诗刊》主编,中国写作学会会长,中国文联第三、四届委员,中国作协第一至三届理事等职。出版诗集《烙印》《罪恶的黑手》,著有评论集《学诗断想》、回忆录《诗与生活》等。

【郡望堂号】

郡望

东莞郡:治所在今山东莒县。汉代属城阳郡,晋代改称东莞郡。

东海郡:治所在今山东郯城北,秦代置郡,秦汉之际称郯郡。南朝齐移治今江苏涟水。

天水郡:西汉置郡,治所在今甘肃通渭西北;东汉改置汉阳郡,移治今甘肃甘谷东南;三国魏复为天水郡;西晋移治今甘肃天水。

堂号

东海堂、三辅堂、拜经堂、负苞堂等。

【宗族特征】

臧姓家族人才济济,名垂青史者众多,可谓江山代有人才出。臧驱之后有臧姓,亦有臧孙氏、臧文氏、臧会氏,后统统简为臧姓。

【繁衍变迁】

臧姓发源于今山东。鲁国灭亡后,臧姓人散居于齐鲁大地,并逐渐在今山东莒县、郯城和江苏涟水间地形成大的聚落。秦汉之际,臧姓人渐播迁于今河北、河南、山西、陕西、甘肃等北方诸省,并成为今河南禹州、甘肃天水一带的望族。东汉时,东海郡的臧姓人逐渐散居今江苏各地。两晋南北朝时,繁衍于今山东莒县的臧姓人大批南下,散居今江苏、浙江、安徽等地。唐末五代时,今湖北、湖南、四川、江西等地均有臧姓人入迁。宋元时,居于今江苏、浙江、江西等地的臧姓人渐迁入今福建、广东和广西壮族自治区。明初,洪洞大槐树(今属山西)籍的臧姓人分迁于今河南、河北、山东、北京、天津、江苏等地。清康乾年间起,有今河北、河南、山东的臧姓人"闯关东"入迁今东北三省,亦有沿海的臧姓人渡海赴台、远徙海外。

如今,臧姓是中国人口排行第二百四十一位的姓氏,总人口约 31 万,约占全国人口的 0.025%,在今河北、山东、江苏人数较多。

计

【计姓起源】

1.源自姒姓,是禹的后代,以封国为姓。夏商时有计国(在今山东胶县西南),是夏禹后人的封国,计国被周人灭后,禹的后人就以封国名命姓,遂成计氏。

2.出自少昊金天氏,形成于西周初年,系以地名命姓。周武王封少昊之后于莒,建都于计斤(在今山东胶县西南),即《左传》中所说的"介根"。莒国王族的后裔,以祖上建都地名命姓,成为计姓的又一支。

3.为他姓所改。《通志·氏族略》载:"辛氏改为计氏。"

【计姓名人】

计然

春秋时越国学者,一名计研。其先为晋国亡公子,本姓辛,后改姓计。他不事王侯,潜心于学,博学善计算,为范蠡师,著有《文子》(早于《淮南子》)。

计衡

宋代朝奉大夫,字致平,绍兴进士。历监察御史,出守池州,转朝奉大夫。居官多善政。游太学时,上书言天下大计,高宗嘉之。及卒,家无余资,时称清白吏。

计有功

宋代右丞议郎,字敏夫,安仁人。知简州时,有政绩,提举两浙西路常平茶盐公事。因功为张浚从勇,尝居浚幕府。绍兴中谴诣行在奏封,献所著《晋鉴》。又有《唐诗记事》传世。

计礼

明代刑部郎中,字汝和,浮梁人。天顺进士。以画菊,落笔皆用草书法。时云:"林良翎毛夏昶竹,岳正葡萄计礼菊。"

计楠

清代画家。官函吉安训导,耽著迷,精绘事,尤喜画红梅,时称计红梅。有《一隅草堂稿》。

【繁衍变迁】

计氏是一个多民族、多源流的姓氏群体,其人口总数在中国的大陆和台湾地区均未被列入前300大姓。古时,计婚望族居齐郡(今山东临淄)、京兆(今陕西长安东)。如今,计氏族人分布全国各地,尤以江西、安徽、河南、湖北、江苏等地多此姓。

伏

【伏姓起源】

1.出自风姓,世上古太昊年间伏羲氏的后裔。伏羲氏苗裔,有的用"伏"作为自己的姓氏,遂成伏姓。

2.赐为伏姓。北周时,有个人名叫侯植,武艺绝伦,跟随魏孝武帝西迁,甚得宠幸,赐姓为侯伏氏。后来侯伏氏从孝文帝大破沙苑,又受赐姓为贺屯氏,因而侯植的后人形成侯伏氏和贺屯氏两支。孝文帝建都洛阳后,两支皆改为伏姓,贺屯氏改为贺姓。

【伏姓名人】

伏恭

字叔齐,朗邪东武人(今山东诸城人),东汉明帝宰相。东汉光武帝建武年间,任剧县令、常山太守等职,为官公正廉洁,并以施惠政、办学校闻名。

伏滔

子玄度,东晋官员、学者。平昌安丘(现安丘西南)人。少有才学,远近闻名。任参军,封闻嘉县侯,任永世县令。后任参军,并领华容县令,任著作郎,专掌国史,并任本州大王。后迁官游击将军,仍兼著作郎,死于任。

伏恒

南朝齐、梁官僚,子玄耀,平昌安丘人。幼传父业,能言玄理,知名于世。任齐太学士博士,东阳郡丞,卫军记室参军等。任中书侍郎,任永阳内史、新安太守,在郡清廉,恪尽职守,郡民为其立祠歌功。

【繁衍变迁】

《元和姓纂》记载,伏氏望出太原、高阳、平昌。远古时有位伟大的部落首领,叫伏羲,传说八卦就是他所创。还有传说他和女娲繁殖了子孙。伏羲生活的年代,稍晚于炎帝和黄帝。伏姓的始祖,就是伏羲。伏羲又称做宓羲,宓和伏,在上古是同一字,有的古书说伏羲的后代,有姓宓的。先人中最出名的是:伏生,秦朝人,秦始皇建立秦朝后,为了天下人都听他的。不想别的主意,就将读书人活埋了,将书都烧了,就是焚书坑儒的故事。伏生就偷偷将一部上古典籍《尚书》藏在墙壁里。汉朝建立后,又重用知识分子,伏生取出墙内的书,除损坏的部分,还剩二十多篇。那时有学问的人剩下没几个了,汉文帝就赶快派了人来向伏生求学,学习尚书,并传抄这部经典。伏姓迁徙地涉及大江南北,后裔或支族的分布也很广泛。同时,从其后裔的分布状况中,亦可反转过来省视其悠久的传说史,从而进一步佐证伏羲氏是确有其人的。此外,从伏姓(宓姓)的形成情况看,故里天水在进入阶级社会后,长期处在戎族居地,经济、文化不如黄河中下游,导致伏姓宗教未在天水地区形成,出现伏姓由东向西播迁的走向。这是与历史发展的大趋势相符合的。

成

【成姓起源】

1.出自姬姓。据《通志·氏族略》《辞源》载,西周初年,周文王姬昌的第五子叔武被其兄周武王封于郕(今山东省宁阳北),建立郕国。其后人以国为氏,后去邑旁为成姓。同时,周武王将另一个叫季戴的王族,分封在另一个也称为郕邑(今河南范县濮城一带)的地方。季戴也在郕邑建立了郕国,其后代也以国名郕为姓,后改郕为成,形成了成姓的另一支。

2.出自芈姓。据《千家姓查源》载,春秋时,楚国(国姓芈)君主若敖之孙令尹子玉,号成得臣。后裔以其号中的成字为氏,称成氏。

3.春秋时周有成邑(故城在今河南境内),鲁国亦有成邑(故城在今山东宁阳东北),曾有大夫食采于上述两地,子孙有以成为姓者。

4.商周时期,宋微子之后有成姓;此外,苦成子的后代中亦有成姓。

5.少数民族姓氏。据《北凉录》载,汉武帝时,古匈奴部落屠格族有成姓;据《宋书·夷蛮传》所载,宋时"南蛮"有成姓;明广通县(今属云南禄丰县)回蹬关巡检司土巡检名成青可;清时"岭夷"中有成姓;今蒙古、满、朝鲜等民族均有此姓。

【成姓名人】

成连

春秋时著名琴师,俞伯牙之师。从精神情志方面对伯牙进行点拨,使伯牙成为天下妙手。

成公绥

字子安,滑县(今属河南)人,西晋时官吏、文学家。少有俊才,博涉经传,雅善音律,辞赋甚丽。张华叹为绝伦,荐之太常,征博士,累迁中书郎。曾参订《晋律》,所作《天地赋》《啸赋》皆为传世之作。明人辑有《成公子安集》。

成蓉镜

宝应(今属江苏)人,清代学者。除经学之外,旁及象纬、舆地、声韵、训诂,于金石审定尤为精确。著有《周易释文例》《尚书历谱》《禹贡班义述》《春秋日南至谱》《切韵表》《我师录》等。

【郡望堂号】

郡望

东郡:治所在今河南濮阳西南,秦时设置。

弘农郡:今河南内乡以西,陕西柞水以东及华山以南地区,治所在今河南灵宝东北,汉武帝时置郡。

上谷郡:辖境相当于今河北省西北部,治所在今河北省怀来县东南。公元前222年,秦灭赵后置郡。

堂号

永敬堂:出自春秋时成回。成回是孔子高足子路的弟子,他处世接物永远保持着恭敬的态度。子路问起,他说:"人为善者少,为谗者多。行年七十常恐行节之亏,是以恭敬待大命。"子路由此称他为君子。

【繁衍变迁】

成姓主要发源于今山东、湖北、河南等地,支脉众多。春秋战国时,今河南洛阳、陕西、山西、山东、江苏、湖北等地都有成姓人繁衍。魏晋南北朝时,在今河北怀来、河南濮阳一带形成了成姓人的大的聚居点,且已有进入今甘肃、南下至今江苏南京等地者。隋唐至五代十国时,成姓人播迁至今江西、浙江、四川、湖南及广东。明初,洪洞大槐树(今属山西)籍的成姓人被分迁于今山东、河南、河北等地。清中叶以后,成姓人遍布长城内外。

成姓是当代中国人口排行第一百七十一位的姓氏,共有72万多人,约占全国人口的0.058%,在湖南、山西、江苏比较集中。

戴

【戴姓图腾】

戴姓图腾可以分成两部分：外面是一个巨大的"戈"，取其"兵器"的意思，象征兵主战神蚩尤；里面是蚩尤的图腾像，两侧的两只手表示要去上供，其上的"田"是蚩尤头上的金属面具"傩"——因为蚩尤是三苗的祖先，三根山雉羽毛画在头上表示的就是这个意思。

【戴姓起源】

1.源自子姓

这一支戴姓为商汤之后，是以谥号为氏的典型例子。据《元和姓纂》《古今姓氏书辩证》等不少相关资料记载，周朝初年，周公旦在平定"管蔡之乱"后，封商朝末代君主帝纣之庶兄微子启于商朝的旧都(今河南省商丘南)建立宋国。宋国第十一位君主死后被谥为戴公，这位君主的一个叫作撝的庶子以王父谥号为氏，称戴撝。后世便把这个戴姓延续了下来，而戴撝也就被人们看作戴姓得姓始祖。因为宋国的第一任君主微子启是子姓，因此说这一支戴姓源自子姓。

2.源自姬姓

这一支戴姓属于以国名为氏的范畴。据《通志·氏族略》《左传》等相关史料记载，春秋时有一个小国叫作戴国(一说在今河南省民权县东，一说在今河南省兰考县)，这个诸侯国属于姬姓。后来这个国家被消灭，其族人遂以国名"戴"为氏。

3.源自改姓

例如，根据一些史料记载，商朝被周武王灭掉之后，有不少殷遗商族以国为氏(因商都在殷，又叫殷国)，后来随着历史的发展，其后有改姓戴者。再如，满族达尔充阿氏、戴佳氏，鄂温克族涂克冬氏等，都有改姓戴的。

4.源自少数民族本有之姓

我国很多少数民族本身就有姓戴的,如蒙古、回、瑶、土家等民族均有此姓。

【戴姓名人】

戴逵

东晋学者、画家、雕塑家,谯郡铚县(今安徽省宿县)人。他最著名的思想是反对佛教的因果报应说,著有《释疑论》。但是这并不代表他全盘否定佛教,因此在艺术方面,他的作品很多与佛家有缘。他曾为会稽山灵宝寺作木雕无量佛及服侍菩萨,又为瓦棺寺塑《五世佛》,和顾恺之的壁画《维摩诘像》、狮子国(斯里兰卡)送来的玉佛,其画技被当时人们称为画界"三绝"。他所画人物、山水也自成一派。

戴嵩

唐朝画家,田家、山原之景是他最擅长画的,尤其是画在山间或水间的水牛,是他最负有盛名的画作,与韩干画马齐名,因此后世称之为"韩马戴牛"。

戴震

安徽省休宁人,清代著名思想家,学者。他博闻强记,对天文、数学、历史、地理都有研究,因此也是一位著名的科学家。他精通古音,立韵类正转旁转之例,创古音九类二十五部之说及阴平、阳平、入声对转的理论,在经学、语言学方面取得了突出成就,为一代考据大师。后人编有《戴氏遗书》。戴震对当今学术界具有一定的影响力。

戴震

【郡望堂号】

郡望

谯郡:治所在今安徽亳州,东汉建安末分沛郡置郡。

广陵郡:今江苏、安徽交界的洪泽湖和南京市六合区以东,泗阳县、宝应县、灌南县以南,串场河以西,长江以北地区。东汉置郡,治所在今江苏扬州市。

堂号

独步堂:因后汉戴良有高才,自诩独步天下、无人能比而得名。

【宗族特征】

戴姓家族人才辈出,大学问家、诗人、文学家、画家、科学家等,不一而足,对中国历史最大的贡献在文化方面。戴姓人的字行辈分排列有序,如1915年戴宜庚等修的《戴氏族谱》中载,如皋(今属江苏)戴姓一支的字行为:"自寿伯序,伍诒振春,世修克昌,书瑞梓祥。"

【繁衍变迁】

戴姓发源于今河南东部。先秦时期,有戴姓人迁居今安徽亳州。西汉时,有戴姓人为避战乱由今安徽境内迁至今江苏扬州,另有由今河南东部迁山东半岛者。三国两晋南北朝时,有戴姓人自今江苏扬州徙居今江苏南京等地者,且有徙居今安徽、湖北的。唐初,有戴姓人入今福建。盛唐时期,戴姓人在今陕西、山西、湖南、江西等地得以发展。宋元之际,今江苏、浙江、安徽、江西等省的戴姓人有南迁今福建、广东者。明初,戴姓人作为洪洞大槐树(今属山西)迁民之一,迁于今陕西、安徽、山东、河北、江苏以及东北等地。清时,今福建境内的戴姓人有迁往台湾、进而移居海外者。

戴姓是当代中国人口排行第五十七位的姓氏,总人口约430万,约占全国人口的0.34%,尤盛于湖北、安徽、江苏一带。

谈

【谈姓起源】

上古周武王建立周朝后,追念先圣先王的功德,封殷帝乙长子微子启于宋,传国三十六代至谈君,被楚国灭亡,子孙以国为姓,相传姓谈。

【谈姓名人】

谈恺

字守教,明朝无锡人。官至都御史,降仇赣贼李文彪和海寇徐壁溪,平壁溪贼寇、峒寇,擒剿大罗山贼。

谈迁

字孺木。清朝海宁人,明季诸生,入清隐居不出,好审古今治乱,尤熟于历代典故。有《国榷》《枣林集》《北游录》《西游录》《枣林杂俎》《枣林外索》《海昌外志》等书。

【繁衍变迁】

谈氏最早起源于今河南商丘地区的宋国。宋国灭亡后,谈氏族人大多留居祖居地。秦汉时期,部分谈氏族人北迁到今河北省境内,在该地繁衍成大族,形成广平郡望。另有一部分谈氏族人两迁至今晋、陕、豫三省邻界处之河南灵宝落籍,繁衍成大族,形成弘农郡望。随后的漫长岁月里,谈氏族以上述三郡为中心,除散布在北方大多数省份以外,还逐步分散到安徽、江苏、浙江等南方地区。如今,谈氏族人在全国分布,尤以江苏省最多,约占全国谈氏总人口的45%以上。

宋

【宋姓图腾】

建木晷天是古人测量一年中中午日影长短变化的仪器。这种仪器据说是宋氏的祖先发明的，因此族人都开始姓宋。这是以祖先发明图腾命名族称的典型。宋姓图腾从表面上看像是一体的，但事实上它由两部分组成。从现代的简化字就可以看出来，是由"宀"和"木"组成的。其中"宀"中的"冖"代表"天穹"，"、"代表的是"天齐"，也就是天的肚脐。下面的"木"代表传说中的神木——建木，据说这种木头有着神圣的功能，它能连接天地，往来神人两界。

【宋姓起源】

1.源自子姓

据相关史料记载，肇建于商朝末年的宋国，曾经在周武王灭商之后被消灭，后又被周王以分封的形式建立。到战国时期，宋国为齐国所灭，子孙于是开始姓宋，这是以国为氏的典型例子。因为宋国的第一个君主，是商王武丁的一个儿子建立的(通过被商王分封的方式)，而武丁是子姓，因此这一支宋姓源自子姓。

2.源自他族改姓或赐姓

他族改姓：例如据相关史料记载，五代时期湖南一带的少数民族有改为宋姓的。再例如，在清朝时期贵阳府的少数民族土司中有宋姓，这些宋姓土司一般都是从元朝时期改姓宋的。又例如，还是在清代，满族嵩佳氏改姓宋，高丽人(今朝鲜族)也有改姓宋的。

赐姓：例如在历史上，明朝时期有名字记载的一个叫作伯奇特兆尔的蒙古人，被皇帝赐姓宋。

【宋姓名人】

宋玉

传说此人生于战国时楚国鄢之地,辞赋家、文学家。一说是屈原的弟子,曾为楚顷襄王大夫。史书上关于他的作品有《九辩》《风赋》《高唐赋》《登徒子好色赋》等。因《九辩》首句为"悲哉秋之为气也",根据他的风格,人们就常以宋玉为悲秋悯志的代表人物。传说宋玉才高貌美,遂亦为美男子的代称。

宋璟

字广平,今河北省邢台市南和县阎里乡宋台地区人。其祖于北魏、北齐皆为名宦。璟少年博学多才,文学水平很高。弱冠中进士,官历上党尉、凤阁舍人、御史台中丞、吏部侍郎、吏部尚书、刑部尚书官职。唐开元十七年(公元 729 年)拜尚书右丞相。授府仪同三司,晋爵广平郡开国

宋璟

公,经武、中宗、睿宗、殇帝、玄宗五帝,在任 52 年。一生为振兴大唐励精图治,终于与姚崇手,把一个充满内忧外患的唐朝,改变为政治、经济、文化、军事处于世界领先地位的泱泱大国,人们称其为"开元盛世"。

宋江

宋江是中国古典小说《水浒传》中的一位男主角。梁山一百单八将中,他排在第一位,人称"孝义黑三郎""及时雨""呼保义"。据说此人原来是郓城县押司,后加入梁山,在托塔天王晁盖阵亡后成为梁山的首领,他决定接受朝廷的招安,并在被招安后率领梁山兄弟们先后攻打辽国以及田虎、王庆和方腊率领的起义军,回朝后不久被奸臣高俅等人用毒酒害死。历史上确有宋江这个人,他是北宋宣和年间农民起义军的首领之一,后来主张投降宋朝。

【郡望堂号】

郡望

京兆郡：今陕西秦岭以北,西安市以东,渭河以南及其周边地区。三国魏时置郡,治所在今陕西省西安市西北,为后汉侍中宋弘一族之所在。

西河郡：治所在平定(今内蒙古自治区东胜区)。

堂号

玉德堂：宋朝时,宋祁在礼部考试中名列第一,后官至兵部尚书,著《玉楼春词》,因有"红杏枝头春意闹"的名句,而被人们称为"红杏尚书"。同时,他也以贤德著称。所以后人就以"玉德"为堂号。

【宗族特征】

宋姓家族历代名家辈出,其字行辈分严谨明了,如广东鹤山宋氏一支的字行为："肇从扬,有道以善悦缘纲,本懿美成芳；远明辉,振彩常,英华昭世德,礼义集祯祥。"

【繁衍变迁】

宋姓发源于今河南商丘。秦汉之前,宋姓人已散居今江苏、河北、湖北、陕西关中(今陕西西安)等地。汉初,有关东(今河南、山东等地)宋姓人迁入关中(今陕西渭河流域一带)。不久,京兆(今陕西西安)宋姓人陆续有西迁入今甘肃敦煌、东迁入今河南、南迁入今湖北安陆者。同时,定居今山西的宋姓人有迁往今河北鸡泽、河南灵宝者。唐安史之乱后,有宋姓人入今福建。宋朝时,有宋哲自今陕西兴平迁入今河北广平,其后代有宋军兄弟七人迁往今北京、山东、江苏、江西等地。宋代以后,宋姓人开始遍及大江南北。

宋姓是当代中国人口排行第二十三位的姓氏,总人口约900余方,约占全国人口的0.72%。

茅

【茅姓起源】

上古周期时,周公第三子茅叔封于茅,并建立了茅国(在今山东省金乡县西北)。到古代春秋以后,茅国被邹国灭亡,茅国公族子孙就以国名为姓,世代相传姓茅。

【茅姓名人】

茅坤

字顺甫,号鹿门,明朝归安人。好谈兵,自负有文武才能。选唐宋八大家文钞行于世。著有《白华楼藏稿》《玉芝山房稿》等。

茅维

明浙江省归安人,字孝若、茅坤子。工诗,亦善作杂剧,与臧懋循、吴稼登、吴梦旸称四子。不得志于科举,以经世自负,尝诣阙上书,希得召见。陈当世大事,不报。有《嘉靖大政记》《论衡》《表衡》《策衡》《十赉堂集》。

茅元仪

明湖州府归安人,字止生,号石民、茅坤孙。好谈兵,天启初,为孙承宗幕僚。崇祯初,上《武备志》,为翰林待诏。后任副总兵,守觉华岛,旋以兵变论戍漳浦。边事急,再请募死士勤王,权臣不许,悲愤纵酒卒。有《暇老斋笔记》《野航史话》《石民集》等,所辑《武备志》网罗历代军事著作,附大量插图,尤具资料价值。

茅大芳

明代将官,忠心朝廷而被杀,当时人们都称赞他忠义。

茅鸿儒

又名兆儒,清浙江钱塘人,字子鸿。工诗词,喜远游,画山水花鸟有文人气。有《东篱草堂诗钞》。

茅星来

字岂宿,号钝叟,清朝归安人。工文辞,才气勃发而有义据,后专攻经史及程朱书,年七十以诸生终。著有《近思录集注》《钝望文钞》。

【繁衍变迁】

茅姓的发源地在今天的山东省金乡县西南,后来逐渐分布到全国各地。

庞

【庞姓起源】

1.出自姬姓,为毕公高之后。据《通志·氏族略》及《千家姓查源》等所载,周文王之子毕公高(姬姓)之后有一支被封于庞(今陕西兴平市一带),后世子孙以邑为氏。

2.出自高阳氏,为黄帝之孙颛顼的后代。据《百家姓注》所载,庞降为颛顼八子之一,其后世子孙以祖名"庞"为姓。

3.相传襄阳(今湖北襄樊)有富盛,好为高屋,乡党引为荣,称之为庞高屋,后遂以庞为姓。

4.源自少数民族改姓或少数民族固有姓氏。据《汉书·王莽传》所载,西汉羌人中有庞恬;清满族人中有庞姓,世居盖州(今属辽宁);清满族八旗姓庞佳氏后改为庞姓;今满、土家、瑶、蒙古等民族均有此姓。

【庞姓名人】

庞统

字士元,襄阳(今湖北襄樊)人,东汉末刘备谋士,初与诸葛亮齐名,号"凤雏"。从刘备入蜀,谋策居多,为刘备军师中郎将,后在进军雒县途中,中流矢而死,年仅三十六岁。

·中华姓氏大观·

图文珍藏版

庞勋

唐末桂林戍卒起义首领。唐末为防止南诏东侵,从徐州藩镇招募士卒八百人,戍守桂林,约定三年轮换。六年后,当权者仍然食言,戍卒遂发动暴动北归,并推庞勋为首领。北归途中,饥民纷纷响应,队伍迅速发展到 20 万人,沉重打击了唐王朝的统治。后战死。

庞统

庞安时

蕲州蕲水(今湖北浠水)人,北宋医学家。少从父学医,年未二十即通黄帝、扁鹊医书,为人治病,十愈八九。著有《难经辨》《伤寒总病论》《本草补遗》等。

【郡望堂号】

郡望

始平郡:治所在今陕西兴平东南,晋时改扶风郡置。

南安郡:治所在今甘肃陇西。

堂号

遗安堂:汉末三国时有庞德公隐居不仕。荆州刺史刘表问他:"先生不肯受官禄,将何以遗子孙乎?"庞德公回答说:"人皆遗之以危,吾独遗之以安。"因而有此堂号。

【宗族特征】

庞姓是中国早期的五大姓氏(秦、楚、纪、周、庞)之一,距今已有四五千年的历史。庞姓人善用家规家训勉励后人。宋代庞善政说:"守孝悌以重人伦,训子弟以端士习。效工商以定志向,明礼仪以笃宗族。劝农桑以免饿寒……"明朝庞尚鹏说:"轻浮则矫之以严重,偏激则矫之以宽宏,暴戾则矫之以和厚,迂迟则矫之以敏迅……"都是极佳的例证。

【繁衍变迁】

庞姓发源于今陕西。魏晋以前,庞姓人主要分布于今河南、河北、山西、陕西、山东、湖北、重庆、辽宁等地。三国时,庞姓人已播迁于今四川、甘肃。两晋南北朝时,庞姓人发展迅速,南安(今甘肃陇西)、南阳(今属河南)、始平(今陕西兴平东南)和谯郡(今安徽亳州)四大郡望形成。隋唐之际,今陕西榆林、泾阳、山西太原、代县、太谷、山东菏泽、江苏徐州、安徽寿县、浙江泉州均有庞姓人定居。宋元之际,庞姓人在南方各地分布更广,并有人今广西壮族自治区北流市者。明初,今山西境内的庞姓人作为洪洞大槐树(今属山西)迁民之一,被分迁于今河南、江苏、湖北、山东、河北等地。清乾隆年间以后,有今山东境内的庞姓人"闯关东"到今东北,亦有今华东、华南的庞姓人渡海赴台、远播海外。

庞姓是当代中国人口排行第一百一十七位的姓氏,总人口约有 140 万,约占全国人口的 0.11%。

熊

【熊姓图腾】

相关研究显示,轩辕黄帝是少典的儿子,姓姬,因建都于有熊,又称有熊氏。其部族的疆域在今河南北部的熊耳山、嵩山一带。熊即有熊氏的族称。熊姓以双手供奉着一头熊为图腾。熊姓图腾在百家姓图腾中属于非常直观的一类,即使没有相关姓氏研究经验的人,也能很容易猜测出这是哪个姓氏的图腾。

【熊姓起源】

1. 源自黄帝后裔

据《元和姓纂》等相关姓氏研究典籍所载,黄帝第七世孙季连为芈姓。商朝末年,他的一个出生在楚国(今湖北省一带)的叫鬻熊的后裔做了周文王的老师。鬻熊的曾孙熊绎便以王父(即祖父)字为氏。

2. 源自黄帝有熊氏之后

据《元和姓纂》所载,相传黄帝建都于有熊(今河南省新郑),故又称有熊氏,称熊氏是以地名为氏的典型例子。

【熊姓名人】

熊安生

字植之,生于长乐阜城(今河北省阜城东),北朝经学家,北学中,他是最重要的代表人物之一。通五经,精"三礼",北齐时任国子博士。后入北周,武帝宣政元年(578 年),宫露门学博士。不久即去世。他沿袭东汉儒家经说,撰有《周礼》《礼记》《孝经》诸义疏,皆佚。清·马国翰《玉函山房辑佚书》辑有《礼记熊氏义疏》四卷。

熊文灿

永宁卫(今四川省叙永)人,明代大臣,累官至兵部尚书。

熊伯龙

字次侯,号塞斋,别号钟陵,清初人,祖籍是汉阳(今属湖北省)。他是坚定的无神论者。历国子监祭酒、内阁学士,熟悉西方天文算学,通佛学、魏晋玄学和宋明理学。曾编著《无何集》,将王充《论衡》中驳斥谶纬神学的言论分类进行整理,从儒学立场对传统宗教迷信进行了批判。他认为"天不故意造作","灾异非天谴告",人的生死是大自然的规律,鬼神之说是虚妄之谈。

【郡望堂号】

郡望

江陵郡：今湖北江陵及四川东部一带，南朝齐时置郡。

南昌县：今江西南昌，汉代豫章郡治。

堂号

射石堂：古时有一位善于射箭的人叫熊渠。有一次他夜间走路，老远就看到前面有一只老虎趴在那里。他引弓便射，老虎却一动不动。他走近一瞧，"老虎"竟是一块大石头，箭头入石数寸，用手拔也拔不出，因而有此堂号。

【宗族特征】

熊姓人对长江流域的开发做出了重要贡献：早在春秋战国时，熊姓先人就建立了楚国，率先开发了南方；而后熊姓人又长期繁衍于此，对造就两湖鱼米之乡居功至伟。熊姓人的字行辈分排列有序，如河南光山熊姓一支的字行为："继述承先绪，敦崇念本基，永怀钟有志，世泽定延之。"

【繁衍变迁】

熊姓发源于今湖北、河南等省。秦汉之际，有少数熊姓人散居于今河北、山东等地。魏晋南北朝时，熊姓人已迁入江南广大地区。唐宋年间，有熊姓人陆续迁至今江苏、浙江。南宋末年，有熊姓人自今江苏、浙江迁至今福建、广东。明初，熊姓人作为洪洞大槐树（今属山西）迁民之一，被分迁于今河南、山东、河北、北京、天津、江苏、安徽、陕西等地。明以后，熊姓人陆续向贵州、云南、四川、海南及广西壮族自治区迁徙，并有融入苗、水、布依、土家、阿昌族等少数民族者。清代，熊姓人已散居全国，亦有熊姓人自今福建、广东渡海赴台，或迁居海外如新加坡等国。

熊姓是当代中国人口排行第七十二位的姓氏，总人口约有360余万，约占全国人口的0.29%。

纪

【纪姓起源】

1. 出自姜姓。据《元和姓纂》《通志·氏族略·以国为氏》所载,西周初年,周武王得天下之后,追念先圣先王的功德,曾经广封诸侯。炎帝(姜姓)的一个后代被封于纪(今山东寿光市东南),建立了纪国。春秋时期,纪国为齐国所灭,纪国王族子孙以国名为姓,世代相传姓纪。

2. 上古有纪族,伏羲氏的大臣纪侗,即其族人。舜未为帝时,有师名纪后,也是古纪族后人。

【纪姓名人】

纪信

赵城(今山西洪洞)人,西汉时刘邦麾下将领。楚汉相争时,刘邦被项羽围困于荥阳(今属河南)危在旦夕。纪信乔装诈称刘邦出降,以掩护刘邦突围。项羽发现中计后,将其烧死。谥号忠。

纪君祥

一作纪天祥。大都(今北京)人,元代杂剧家。其作品有《赵氏孤儿》《错勘赃》及《松阴记》等。

纪昀

字晓岚,一字春帆,晚号石云,直隶献县(今属河北)人,清代目录学家、文学家。乾隆进士,官至礼部尚书、协办大学士,加太子太保。他贯通儒籍,旁及百家,曾主持编纂《四库全书》,并撰《四库全书总目提要》及《四库全书》简明目录,著有《纪义达公集》《阅微草堂笔记》。

【郡望堂号】

郡望

纪昀

天水郡：治所在今甘肃通渭西北，古称秦州。汉武帝元鼎三年（公元前114年）置郡。《水经注》载："上邦北城中有湖水，有白龙出是湖，风雨随之。故汉武帝元鼎三年改为天水郡。"《秦州志》记载："城前有湖，冬夏无增减，天水取名由此湖也。"

高阳郡：治所在今河北高阳东，东汉桓帝置郡。

堂号

高阳堂："高阳"原是黄帝孙子颛顼的名字，汉朝时设有两个高阳县，一属幽州涿郡（今河北涿州一带），一属徐州琅玡郡（今山东诸城、临沂、胶南一带）。晋武帝泰始元年（265年）立高阳郡国，辖地在今河北省高阳县一带。

【宗族特征】

纪姓家族人才济济，武有纪信，忠毅神勇，文有纪晓岚，名满天下，此外更有美术家、诗人、医学家、戏曲作家等等。纪姓人的字行辈分排列有序。如河南封丘一带纪姓人的字行为："恩泽深先代，庄敬令文崇。"

【繁衍变迁】

纪姓发源于今山东寿光一带。公元前690年，纪国灭亡后，纪姓子孙散居于今山东各地。战国至秦初，纪姓人向周边缓慢播迁，至今河北、江苏、安徽、山西、陕西等地。汉末至三国，有纪姓人自今河北远徙今辽宁；自今山东南部、江淮北部越过长江天堑南下；自今陕西、河南入今山西、甘肃。两晋南北朝至隋唐，今甘肃天水、河北盏县、山西临汾、辽宁辽阳一带的纪姓人繁衍迅速。北宋灭亡后，北方的纪姓人逃避到江南；元灭南宋时，纪姓人有逃到今广东省和广西壮族自治区一带者。明初，今山西境内的纪姓人作为洪洞大槐树（今属山西）迁民之一，被分迁于今河北、河南、山东、北京、天津、东北等地。明中叶以后,纪姓人有迁居台湾者。清康、乾年间以后,纪姓人遍布全国。

纪姓是当代中国人口排行第一百三十六位的姓氏,总人口约有 110 万,约占全国人口的 0.088%。

舒

【舒姓起源】

1. 出自偃姓,为皋陶之后。据《姓氏考略》《世本》等所载,周武王封皋陶之后(偃姓)于舒(今安徽庐江西),建立舒国。公元前 552 年,舒国被灭,子孙以国名为氏,称舒氏。

2. 出自任姓,为黄帝之后。据《潜夫论》及《左传正义》等所载,谢、章、薛、舒、吕、祝、佟、泉、毕、过十国乃任姓(黄帝之后)后裔小国,春秋时舒国子孙以国为氏,称为舒氏。

3. 源自少数民族改姓或少数民族固有姓氏。据《中国姓氏大全》所载,清满族八旗姓舒穆禄氏、舒觉罗氏、舒佳氏、他塔喇氏等后均改为舒姓;今满、土家、赫哲、蒙古等民族均有此姓。

【舒姓名人】

舒元舆

东阳(今属浙江)人,唐代大臣。出身寒微,元和年间举进士。曾任监察御史,敢于弹劾奸恶。太和中迁刑部侍郎,同中书门下平章事(位同宰相)。后谋除专权的宦臣,事败被杀。其文橛豪健,为时所推许。

舒雅

旌德(今属安徽)人,宋代画家。南唐时举进士,归宋为将作监,真宗时充秘阁校理。善属文,工绘事,有《山海经图》。

舒庆春

字舍予，笔名老舍，满族，北京人，现代小说家、戏剧家、杰出的语言大师。新中国成立后，曾任中国文联副主席、中国作协副主席、北京文联主席等职。主要作品有小说《骆驼祥子》《四世同堂》，话剧《龙须沟》《茶馆》等。

舒庆春

【郡望堂号】

郡望

庐江郡：今安徽长江以北，庐江西南一带。秦代属九江郡，在楚汉之际分出置郡。

巨鹿郡：今河北平乡县至晋州市一带，秦始皇时置郡。

堂号

阆风堂：宋朝时，舒岳祥任承直郎。宋朝灭亡后，他避居不仕，读书于阆风台，著有《阆风集》200余卷。因而有此堂号。

【宗族特征】

舒姓源于南，后盛于北，最后又盛于南，此种情况诚为罕见。舒姓人家规家训诚挚恳切，能很好地激励后人。如现代著名作家舒庆春（即老舍）在给妻子的信中这样写道："唯儿女聪明不齐，不可勉强，致有损身心。我想，他们能粗识几个字，会点加减法，知道一点历史，便已够了。只要身强体壮，将来能学一份手艺即可谋生，不必非入大学不可……我愿自己的儿女能以血汗挣饭吃，一个诚实的车夫或工人一定强于一个贪官污吏。教他们多游戏，不要紧逼他们读书习字；书呆子无机会腾达，有机会做官，则必贪污误国……"

【繁衍变迁】

舒姓发源于今安徽庐江。舒国灭亡后，舒姓人以庐江为中心繁衍，并向今湖南、湖北一带播迁。秦汉之际,有舒姓人迁居长安(今陕西西安),并逐渐繁衍壮大。两晋南北朝时,社会动荡,舒姓人大举南迁,使得舒姓成为南方大姓之一。唐末动乱,促使舒姓进一步南迁。宋元时期,舒姓人已播迁于今浙江、安徽、江西、福建、云南、贵州、四川、广东等省和广西壮族自治区。明初,今山西境内的舒姓人作为洪洞大槐树(今属山西)迁民之一,在今湖北、江苏、安徽、河南、山东等地落籍。至清中叶,舒姓人有渡海赴台、远播海外者。

舒姓是当代中国人口排行第一百六十四位的姓氏,总人口约有 80 万,约占全国人口的 0.064%。

屈

【屈姓起源】

1. 夏代时有屈骜,曾经被夏王启讨伐。他是屈氏的祖先。

2. 以封地命姓,出于芈姓,其始祖是春秋时楚国莫敖。春秋时,楚武王的儿子瑕,官至莫敖,位于令尹之下,楚武王封瑕于屈地(今湖北秭归),把屈作为瑕的食采之邑,故史称屈瑕,或莫敖瑕。屈瑕的后代以封地命姓,遂称屈氏。战国时,屈氏、景氏、昭氏成为楚国公族中有势力的大宗。

3. 北魏孝文帝时,有代北复姓屈男氏、屈突氏改为屈姓。其后子孙亦称屈氏。

【屈姓名人】

屈原

名平,战国时楚国人。他是中国文学史上第一位大诗人,创作了《离骚》《天问》等二十多篇不朽的诗篇。其"路漫漫其修远兮,吾将上下而求索"等诗句流传千古。他因遭奸臣诬害,政治抱负得不到施展,眼看楚国将陷于秦国铁蹄之下,于5月5日投汨罗江而死。后来,人们定这一天为端午节,作为纪念他的传统节日。

屈突通

曾任隋朝左骑卫大将军,归唐后为李世民部将。消灭薛仁杲后,诸将争抢珠宝,他独无所取。平定王世充,论其功第一,深为唐太宗敬重。

屈突盖

为屈突通之弟,曾任长安令。他正直严厉,不畏权贵,不徇私情,权贵恶徒为之忌惮敛迹。时有"宁食三斗艾,不见屈突盖;宁食三斗葱,不逢屈突通"之誉。

屈大均

明末清初文学家。他以继承屈原精

屈原

神为己任,其诗感伤时事,揭露清军暴行。著有《翁山诗文集》等书。清初,他的著作被列为禁书。他与陈恭尹、梁佩兰合称为岭南三大家。

【繁衍变迁】

屈姓在大陆与台湾均未进入前一百大姓。远祖始于春秋时期,楚国国君楚武王之子瑕,受封于屈(今湖北秭归县),子孙后代遂以封地名"屈"为姓。因此,屈姓是楚国的公族,屈姓起源于芈姓。另据魏书官氏志记载,在南北朝民族大融合之际,北魏鲜卑族的贵族屈突氏随北魏孝文帝南下,定居洛阳,也改姓汉姓"屈"。屈姓后来在临海郡发展成望族,世称临海望。

项

【项姓起源】

1. 出自芈姓,为楚国王族后裔。春秋时期,楚国公子燕(芈姓)因功被封于项城(今河南项城),建立了项国。后项国灭亡,子孙遂以国名"项"命姓,称项姓。楚霸王项羽就是项国贵族之后。

2. 出自姬姓。据《广韵》记载,周代有项国(其地在今河南项城一带),是周的同姓(姬姓)诸侯国。公元前 643 年,项国被灭。《左传》谓项国被鲁僖公所灭,《公羊传》《谷梁传》则言项国被齐桓公所灭。其地后为楚国占据,项国国君的子孙便以国名为姓,称项氏。

【项姓名人】

项羽

名籍,字羽,秦末农民起义领袖,楚贵族出身,力能扛鼎,才气过人。从叔父项梁起义,项梁败死后领其军。破釜沉舟,于巨鹿(今属河北)击败秦军主力,坑杀秦降卒 20 余万。入关中(今陕西渭河流域一带)后,自立为西楚霸王,继与刘邦争天下,战无不利。公元前 202 年,被刘邦困于垓下,后突围至乌江,自刎而死。

项羽

项昕

元代医学家。勤奋好学,喜辞章,工绘画。因母亲为庸医误投药而死,十分悲痛,乃立志学医,以医名世。

项元淇

明代文学家、书法家。工诗、古文辞。小楷严整,尤善草书。

【郡望堂号】

郡望

辽西郡:战国时期燕国初设辽西郡,秦、汉两朝沿袭,其时辖地在今河北乐亭东部、辽宁大凌河西部地区。

堂号

圣师堂:得名自春秋时神童项橐的故事。相传他七岁时与孔子辩难,使孔子窘困,被后世称为"圣人之师"。

【繁衍变迁】

项姓发源于今河南省项城市。战国至秦末,项姓家族是煊赫的望族,族人项燕、项羽声震九州,名满列国。项羽失败后,不少项姓人因怕受株连而四处逃散:东南至今浙江、江苏、福建,南至今湖北、湖南、云南、江西和广西壮族自治区等地,北至今河北、甘肃、河南、山东、辽宁、内蒙古等地,并有不少项姓人改作他姓。唐宋之际,见诸史册的项姓人基本都是今浙江、江西、湖北等地的南方人士。明初,今山西境内的项姓人作为洪洞大槐树(今属山西)迁民,被分迁于今河北、河南、山东、东北等地。明清之际,项姓人的分布范围不断扩大,并有渡海赴台,或迁居东南亚和欧美各地者。

如今,项姓是中国人口排行第一百九十二位的姓氏,总人口约有53万,约占全国人口的0.042%。

祝

【祝姓起源】

1. 出自姬姓,为黄帝(姬姓)之裔。据《元和姓纂》《新唐书·宰相世系表》载,西周初年,黄帝之后被周武王封于祝(故城即今山东省长清东北的祝阿故城),建立了祝国,子孙以国名为氏。

2. 出自己姓,为祝融之后。

3. 以官职名为姓。据《姓谱》《路史》所载,古有司祝之官,其子孙以官名为氏。又远古时,巫师有很高的社会地位,被称为巫史或祝史。祝史的后代,往往世袭官职,并世代姓祝。

4. 源自少数民族改姓。据载,北魏叱卢(吐缶)氏之后有祝姓;清朝满洲八旗姓爱新觉罗氏、喜塔喇氏等之后均有改姓祝者;傈僳族的麻打息氏族汉姓为祝。

【祝姓名人】

祝英台

小字九娘,东晋会稽上虞(今浙江上虞)人。女扮男装,与会稽梁山伯同游学三年。后梁山伯知其为女儿身,欲娶为妻,而英台已许配他人,遂郁悒而终。次年,英台出嫁过山伯墓,其临墓恸哭,墓地忽裂,遂与山伯同穴。宰相谢安上奏朝廷,封之为义妇冢。

祝允明

长洲(今江苏省苏州)人,明朝文学家、书画家。因生枝指(即六指),故自号枝山。举人出身,曾任广东兴宁知县、应天通判。他博览群籍,为文多奇气;尤工书法,小楷、狂草无一不精。与唐伯虎、徐真卿、文徵明并称吴中四才子。著有《前闻记》《九朝野记》《苏材小纂》《祝氏集略》30 卷、《怀星堂集》30卷等。

祝允明

【部望堂号】

郡望

河南郡:今河南黄河南部洛水、伊水下游,双洎河、贾鲁河上游地区及黄河以北的原阳县一带,治所在今河南洛阳市一带,汉时置郡。

太原郡:今山西五台山和管涔山南部、霍山北部一带地区,治所在今山西太原西南,战国时置郡。

堂号

怀星堂、太原堂、河南堂等。

【宗族特征】

祝姓得姓时间较早,族中人才济济。祝姓人入载《中国历代人名大辞典》者达66位之多,其中官职最高的是唐代宰相祝钦明,名声最大的是明代书画家祝允明,大家耳熟能详的是东晋的祝英台。

【繁衍变迁】

祝姓发源于今山东长清。周时,祝姓人渐入今陕西、河南等省。春秋时,今河北南部至河南北部间地已有祝姓人。西汉时,有祝姓人徙居江南。东汉时,祝姓已成为北方名门名姓之一,并有族人落籍于今湖南。魏晋南北朝时,大量祝姓人迁徙至今安徽、江苏、浙江、江西等地。唐中期以后,有祝姓人进入今湖北、四川。两宋时,北方的祝姓人趋于沉寂,而南方祝姓人却昌盛起来,已有落籍于今福建、广东者。明初,今山西境内的祝姓人作为明朝洪洞大槐树(今属山西)迁民之一,被分迁于今山东、陕西、湖北、湖南等地。明中叶以后,有沿海的祝姓人赴台。清初,有祝姓人入迁今四川。

祝姓是当代中国人口排行第一百三十五位的姓氏,共有111万余人,约占全国人口的0.089%,在江西、安徽、浙江、四川尤为兴盛。

董

【董姓图腾】

在史料记载的相关内容中,设立在城邑之中的天文仪器被作为董姓图腾。虽然图腾看上去似乎比较复杂,实际上由两部分组成,中间的"重"(中)代表天文仪器,外面的"丫"是四游表。在这幅图腾中,"重"是主表,故而居中,而四游表置于四角。

【董姓起源】

1. 源自己姓

据《元和姓纂》《古今姓氏书辩证》等所载，黄帝的嫡孙至亲姓子孙叔安，被封于扬（又作蓼，在今河南省唐河县），称为扬叔安。扬叔安的后代董父，曾经为帝舜驯养龙，被舜赐姓为董，封之于融川（今山东省定陶区），其后代便以董为姓。

2. 源自官名

在西汉史游所著的《姓氏急就篇》及宋人邓名世所撰的《古今姓氏书辩证》记载，周朝有大夫名叫辛有，他的两个儿子在晋国与籍氏一起主管晋的典籍，即"董督晋史"，其子孙世袭此官职，并将此当作姓氏，称为董氏。这一时期晋国的都城在绛（今山西省翼城东南），故此支董氏出自今山西翼城。

3. 源自颛顼后代

据《董氏世谱》所载，帝颛顼的后代陆终的儿子参胡，姓董，有子孙世代沿袭姓董。

4. 源自少数民族本有之姓

朝鲜族等少数民族中也有董姓。

【董姓名人】

董狐

春秋时期晋国的太史，也被称为史狐。董狐作为一个史官，做到了君王无论功过都秉笔直书，他这样的事迹，实开我国史学直笔传统的先河。因此，董狐被当时的孔子誉为"良史"，他同时也是最早出现于历史典籍中的董姓名人。

董仲舒

西汉著名的哲学家、今文经学大师。汉武帝举贤良文学之士，他对以"天人三策"，提出"罢黜百家，独尊儒术"的建议。他的这个建议为汉武帝所采纳，从而对中国历史的发展产生了不可估量的影响。而正是董仲舒的这个建议，开此后两千余年封建社会以儒学为正统的先声。

董庭兰：盛唐时著名的琴师。"莫愁前路无知己，天下谁人不识君"，这是高适的《别董大》里面的诗句，这句脍炙人口的诗说的就是董庭兰。不光是高适，很多当时的诗人都曾口头或者作诗盛赞过他。

【郡望堂号】

郡望

陇西郡：治所在今甘肃临洮南，战国时置郡。

济阴郡：治所在今山东定陶西北，汉时置郡。

堂号

良史堂：春秋时，晋国的史官董狐，编写史书求实存真，不畏权势。孔子称其为"良史"，因而有此堂号。

董仲舒

【宗族特征】

董姓是一个多出武夫将帅和画家的姓氏，族中忠臣良将辈出，在历史舞台上争相竞妍，各展风姿。董姓人的字行辈分层次分明，特征显著，如董贻玖所修的《董氏族谱》中载有湖南一支董姓人的字行为："名初怡世业，继序振家声，祖泽由来远，诗书裕后昆。"

【繁衍变迁】

董姓发源于今山东定陶北部、山西西南部。秦汉时，董姓人在今山西、甘肃、河北、河南较为集中，在今陕西、山东、广东、四川、浙江、湖北、福建、河南等地也有散居。魏晋南北朝时，今安徽、江西、江苏、湖北及长江中下游地区均有董姓人迁徙而来者。隋唐是董姓家族发展史上的一个高潮期，今福建、广东也渐有董姓人迁入。

·中华姓氏大观·

图文珍藏版

明清之际,台湾和东南亚、欧美一些地区和国家均有董姓人。

董姓是当代中国人口排行第三十九位的姓氏,总人口约有 590 余万,约占全国人口的 0.48%。

梁

【梁姓图腾】

直观地看,梁姓图腾的中间部分很明显是一座山峰。据专家考证,图腾里的这座山峰,应该名叫"梁山",直接跟梁姓本身挂钩。这座梁山位于泰山,是古时进行封禅活动的地方。总体来说,梁姓图腾是对大山樗木纪历的描绘。

【梁姓起源】

1. 源自嬴姓

据相关史料记载,在周王朝时期,有一个叫作非子的人,因为周孝王养马有功,被封于秦。其子秦仲,因助周平王讨伐西戎有功,他的小儿子秦康因此获封于夏阳梁山(今陕西省韩城市南),建立梁国。到了春秋时期,秦国灭掉了梁国,和很多在这个时期被灭掉的小国王室的子孙一样,梁国王室后裔于是以国为姓,都开始姓梁。这支梁姓被公认为现代梁氏主流。因为非子的祖先是上古时期的伯益,伯益因为帮助大禹治水有功,遂被赐嬴姓,所以,这支梁姓可以被看成源自嬴姓。

2. 源自姬姓

据相关史料记载,周平王之子唐被封于当时的南梁(今河南省临汝西),这个南梁不属于封国,而是封邑。南梁后来被楚国所灭,后裔于是开始姓梁,属于以邑名为氏这一类。因为周平王是姬姓,所以这一支梁姓可以被看成源自姬姓。

3. 源自他族改姓

正如本书前文多次提到的一样,在南北朝时期,魏孝文帝迁都后大力主张汉化,鲜卑族中的拔列兰氏,随孝文帝移都洛阳之后,把自己的复姓改为单姓梁。

【梁姓名人】

梁令瓒

唐朝时代的画家、天文仪器制造家。蜀(今四川省)人。官率府兵曹参军。开元九年(公元721年),玄宗命僧一行改造新历(大衍历),而无黄道游仪测候;令瓒因创制游仪木样。一行称其所造能契合自然,对于历法的发展很有帮助。后又与一行创制浑天铜仪。亦工篆书,擅画人物。他的作品现存于世的有《五星及二十宿神形图》一卷,北宋李公麟称其画风似吴道子。

梁楷

南宋人,生卒年史料上没有记载,祖籍山东,南渡后流寓钱塘(今杭州)。他是名满中日的大书法家,曾于南宋宁宗担任画院待诏。他是一个行为很古怪的画家,善画山水、佛道、鬼神,师法贾师古,而且青出于蓝。他喜好饮酒,酒后的行为不拘礼法、人称"梁风(疯)子"。梁楷现存的作品包含了《六祖伐竹图》《李白行吟图》《泼墨仙人图》等,《泼墨仙人图》是笔法最好的一幅。

梁启超

中国近代史上著名的人物,他不仅是政治活动家,而且是启蒙思想家、资产阶级宣传家、教育家、史学家和文学家。他是戊戌变法(百日维新)领袖之一。曾倡导文体改良的"诗界革命"和"小说界革命"。他所有的著作合编为《饮冰室合集》。

【郡望堂号】

郡望

安定郡:今甘肃景泰、靖远、会宁、平凉、泾川、镇原及宁夏回族自治区中宁、中卫、同心、固原等地,西汉置郡。

下邳郡:今江苏西北部地区和安徽东北部地区,南朝宋时置郡,治所在今江苏省睢宁西北一带。

堂号

仪国堂：南宋右丞相梁克家，风度修整，原则性强，即使涉及近亲、权（大官）、幸（宠官），也能按原则办事，使忠良赖以保全。因他曾被封为仪国公，故有此堂号。

【宗族特征】

梁姓发源于北方，后成为一个典型的南方姓氏。梁姓人多忠贞爱国、尊学重教之士，历代名人以文人墨客居多。梁姓人的字行辈分排序分明有致，反映出其鲜明的家族特征。如清宣统年间（1909—1911年），由梁道生所修撰的《梁氏族谱》中载陕西梁姓一支的字行为："世贵端本，元孝承嗣，道安靖贤。"

【繁衍变迁】

梁姓发源于今陕西一带。晋以前，梁姓人多集中于北方，尤以西北为主。秦汉时，梁姓人散居于今山西、陕西耀州区、富平一带。汉平帝时，梁姓人集中于今甘肃东部、宁夏回族自治区大部及陕西关中（今陕西渭河流域一带）西部。魏晋南北朝时，梁姓人为避战祸而南迁于今浙江杭州、广东河浦之间，并有梁遐开基福州（今属福建），被视为梁姓人在今广东、福建的始祖。此时，梁姓人遍布今四川、安徽、江西、湖北、浙江、广东、福建。隋唐时，梁姓人在南方又有了大的发展。宋元时，梁姓人为避兵灾再次大举南迁。明清时，梁姓人已遍布全国，且以广东、福建、浙江为主居地。

梁姓是当代中国人口排行第二十位的姓氏，总人口约有1100多万，约占全国人口的0.93%。

杜

【杜姓图腾】

杜姓是炎帝第七世后土句龙以土为图腾得姓。句龙是共工之子,以平治水土有功而被后世称为后土。"杜"地的得名,主要是因为这个地方大量生长灌木杜树,古称"甘棠"或"赤棠",今称"野刺梨",其木理坚韧,能够用来制作弓干。远古时期炎帝后裔支族中的后土部落曾居于该地,其图腾崇拜就是这种杜树,遂将居地称"杜"。在唐国迁于杜地时,国君为尧帝后裔祁晖,是周王朝属下的一个很小的附属国,更国名为杜国,在公侯伯子男五等爵中,属于子爵。

【杜姓起源】

1. 源自上古杜康之后

"杜康"并不仅仅是人们熟知的酒的名称,因为据《世本》载,杜康是上古黄帝时期的人。他与酒有着非常紧密的联系,因为他善于酿酒。这一支杜姓属于杜康的后人。

2. 源自祁姓

这一支杜姓是以国名为氏的典型例子。《通志·氏族略》载,杜氏又被后来的人们称为唐杜氏,祁姓,帝尧之后。相传尧(姓伊祁或祁)因受封于陶(今山东省定陶区西南)、唐(今河北省唐县)而被叫作陶唐氏。其后裔刘累因为夏王孔甲养龙有功,被赐姓为御龙。周朝初年,刘累的后代建立唐国(今河北省唐县)。后来,周成王将唐国迁到杜国(今陕西省西安东南),称唐杜氏,国君按照公侯伯子男五等爵的分法,称为杜伯。后来,周宣王杀杜伯,杜国宣告灭亡,有子孙以国名为氏,开始姓杜。

3. 源自少数民族改姓或本有之姓

改姓:在我国历史中,少数民族中有一部分改姓杜。例如北魏时魏孝文帝迁都之后,力主汉化,鲜卑代北独孤浑氏在此时改姓杜。再例如金时女真人徒单氏,满族都善氏、图克坦氏,鄂伦春族杜宁肯氏,裕固族杜曼氏,达斡尔族德贡氏、达力德尔氏等,都改为汉姓杜。

本有之姓:在我国少数民族之中,很多少数民族本身就有杜这个姓氏。例如满、蒙古、土家、京、回、壮、藏、朝鲜等民族均有此姓。

【杜姓名人】

杜预

字元凯,京兆杜陵(今陕西省西安东南)人,西晋时期著名的政治家、军事家和学者,灭吴统一战争的统帅之一。历官三国魏尚书郎、河南尹、度支尚书、镇南大将军、当阳县侯,官至司隶校尉。当国家稳定之后,他开始钻研学问,在很多方面都颇有造诣,被誉为"杜武库"。著有《春秋左氏经传集解》及《春秋释例》等。

杜甫

杜甫

汉族,原籍湖北襄阳,生于河南巩县(今巩义市)。其字子美,自号少陵野老,人称杜少陵,盛唐大诗人,世称"诗圣",这个称号几乎家喻户晓。在我国古代文学史上,杜甫是著名的现实主义诗人,世称杜工部、杜拾遗,代表作是"三吏"(《新安吏》《石壕吏》《潼关吏》)和"三别"(《新婚别》《垂老别》《无家别》)。杜甫的爷爷也是一个比较著名的诗人,他就是初唐诗人杜审言。唐肃宗时,杜甫官左拾遗。后入蜀,友人严武推荐他做剑南节度府参谋,加检校工部员外郎。故后世又称他杜拾遗、杜工部。他忧国忧民,人格高尚,一生写诗1500多首。由于在文学上的杰出成就,被后世尊称为"诗圣"。

杜牧

字牧之,号樊川居士,汉族,京兆万年(今陕西省西安)人,唐代诗人。因为他写的诗比较有自己的特色,所以人称"小杜",并且与当时同样比较有自己风格的著名诗人李商隐并称"小李杜"。因晚年居长安南樊川别墅,故后世称"杜樊川",他的《樊川文集》对后世有着比较大的影响,在我国古代文学史上占有比较重要的地位。

【郡望堂号】

郡望

京兆郡:今陕西秦岭以北、西安市以东、渭河以南及其周边地区,三国魏时置郡。

濮阳郡:今河南濮阳市一带,西晋末年置郡。

堂号

少陵堂、诗圣堂:唐代大诗人杜甫自号"少陵野老",而世有"诗圣"之誉,因而有此堂号。

【宗族特征】

杜姓历史悠久,名人辈出。杜姓人在漫长岁月中形成了自己独特的文化信仰和风俗习惯:敬奉土木;牢记破锅(明初山西洪洞大槐树移民时,有一杜姓人家,弟兄几人临别时,打破一口铁锅,一人保留了一块,约定以后认祖归宗用。所以杜姓人每逢亲人临别时都要嘱咐:"世代牢记住,咱是破锅杜。");昭穆有序,如河南省社旗县杜姓一支议定从"破锅"十二世始,以弘字起的字行为:"弘寿士全凤,光明道德兴,庆祥应安培,书客振家声。"族内禁止通婚。

【繁衍变迁】

杜姓发源于今陕西西安。春秋战国时,已有杜姓人徙居楚(约在今湖北西部、南部,河南南部,安徽北部,江西北部,山东南部,四川东部和江苏、浙江一带)、鲁(今山东曲阜一带)等国。秦汉之际,杜姓人主要繁衍于今陕西。魏晋南北朝时,中原动荡,狼烟四起,杜姓人为避战乱大举南迁至今湖北襄樊,四川绵竹、成都及浙江杭州,并繁衍成为当地大族。唐末,有杜姓人迁居今浙江绍兴。明初,杜姓人作为洪洞大槐树(今属山西)迁民之一,被分迁于今河南、河北、山东、江苏、安徽等地。明清之际,杜姓人已遍布全国各地,且远播东南亚、欧美等地。

杜姓是当代中国人口排行第四十七位的姓氏,总人口近 520 万,约占全国人口的 0.41%,尤盛于河北和河南一带。

阮

【阮姓图腾】

阮姓以观测天穹为图腾。右边是一个"阝",为观测者的居邑。左边是"死",即一上一下两个盖天图:上面的"兀"为太阳日行周天轨迹(盖天图)的简化;下面的"兀"为太阳(月亮)夜行周天轨迹(盖天图)的简化。二者相合,就是浑天图。

【阮姓起源】

1. 出自偃姓,为皋陶氏之后,以国名为氏。据《通志·氏族略》《姓谱》《名贤氏族言行类稿》《千家姓查源》等载,皋陶生于今山东曲阜,偃姓。殷商时,他有后裔被封于阮,建立阮国(故城在今甘肃省泾川东南)。商末,阮国为周文王所灭,子孙以国名为氏。后来,阮姓族人为避仇杀,分散到了各地。此支阮姓,至今已传承了3000多年。

2. 出自石姓改姓。据《南史》《姓氏考略》及《路史》所载,春秋时卫大夫石碏之后有在东晋时改姓阮者。另南朝会稽余姚(今浙江余姚)人石令嬴因得梁武帝萧衍宠爱,被拜为修容,赐姓阮,其家族或有以阮为氏者。

3. 少数民族姓氏。今高山、京、彝、回、壮、傣、蒙古、朝鲜、锡伯、苗等少数民族均有此姓。

【阮姓名人】

阮瑀

字元瑜,陈留尉氏(今河南尉氏县)人,东汉文学家,"建安七子"之一。为曹操司空军谋祭酒,管记事,能诗,善作书檄,作品由后人辑为《阮元瑜集》。

阮籍

阮籍

字嗣宗,陈留尉氏(今河南尉氏县)人,三国时魏国文学家、名士,"竹林七贤"之一。他博览群书,尤好老庄,作有八十余首"咏怀诗",颇为有名。

阮孝绪

字士宗,南朝梁陈留尉氏(今河南尉氏县)人。他撰写了《七录》,仿照《七略》分类法,将当时所见图书6288种,44520卷,分为经典、纪传、子兵、文集、术技、佛法、仙道七录,现已佚。唯其自序现尚存于《广弘明集》中,有55部序目,可考查其分类情况。

【郡望堂号】

郡望

太原郡:治所在今山西太原,战国时秦国置郡。

陈留郡:今河南开封一带,汉武帝元狩元年(公元前122年)置郡。

堂号

竹林堂:三国魏文学家、思想家阮籍与其侄阮咸并称"大小阮",同为"竹林七贤"之一。阮姓族人因此以"竹林"为堂号。

【繁衍变迁】

阮姓发源于今甘肃泾川。历周代至秦,阮姓人渐向今陕西、河南、山东、山西、河北等地播迁。两晋永嘉之乱时,阮姓人南迁至今江苏南京、浙江绍兴和广西壮族自治区合浦县。南北朝时,阮姓人逐渐在今安徽、江西、湖北、湖南等地落籍,并有入越南者。隋一统后,有南朝阮姓人回迁北方。唐朝时,阮姓人始入今福建。五代时,有阮姓人入居今四川、广东。北宋时,有居于福州(今属福建)的一支阮姓北徙苏州(今属江苏),居于今河南固始的阮思聪徙居今江苏南京。明初,作为洪洞大槐树(今属山西)迁民之一,今山西境内的阮姓人被分迁于今山东、河南、江苏、安徽、湖北等地。明中叶以后,阮姓人有渡海赴台者。清康、乾年间以后,有今山东境内的阮姓人"闯关东"到今东北三省。

阮姓是当代中国人口排行第一百六十二位的姓氏,总人口约有81万,约占全国人口的0.065%。

蓝

【蓝姓起源】

1. 出自芈姓。据《百家姓考略》所载，春秋后期，楚国有大夫亹(芈姓)，因任蓝县(今湖北荆门市东)尹，又称蓝尹亹。蓝尹亹的后代子孙以蓝为姓。

2. 出自嬴姓。据《姓氏考略》《竹书纪年》所载，梁惠王三年(公元前367年)，嬴姓后裔秦子向受命为蓝(即蓝田，今陕西蓝田县)君，他的后代遂以封邑地名为姓，称蓝姓。

3. 出自赐姓。《蓝氏族谱》载："昌奇公为炎帝神农氏十一世孙帝榆罔之子，临诞时有熊国君贡秀蓝一株，帝甚喜，因赐姓曰蓝，赐名曰昌奇。"

4. 少数民族姓氏。今壮、畲、回、满、瑶等民族均有此姓。

【蓝姓名人】

蓝瑛

明末画家。擅山水，早年风格秀润，后漫游各地，风格变为雄奇苍老。兼工人物、花鸟、兰竹，骨力峭劲，各具意态。世人称他为"浙派殿军"。

蓝廷珍

漳浦(今属福建)人，清代将领。康熙年间率军入台，后奉命留台署理提督职务，其间对台湾的治理和开发提出、推行了一些很有远见的建议和措施，对台湾的发展产生了深远的影响。

【郡望堂号】

郡望

中山郡：今河北省北部地区，汉高祖时置郡。

东莞郡：今山东省沂水县、莒县一带，晋武帝时置郡。

堂号

种玉堂:相传蓝氏得姓始祖被封于蓝田(今属陕西),以产美玉出名,故有"蓝田种玉"之称,因而有此堂号。

【宗族特征】

蓝姓源于北而盛于南,是一典型的南方姓氏。蓝姓家族在唐宋之前一度较为沉寂,唐代以后,蓝姓名人竞现史册,表现活跃,其中既有文臣武将,又有诗人画家、才子佳人。新中国成立后由于汉字简化缘故,一些蓝姓入简写为兰姓,但蓝姓与兰姓有着本质上的区别,兰姓出自姬姓,是春秋时郑国公族之后。

【繁衍变迁】

蓝姓发源于今陕西蓝田。蓝姓人在秦汉时主要繁衍于今河北定州、山东莒县和河南平舆——此三地为蓝姓郡望。汉魏之后,蓝姓人逐渐播迁于黄河中下游,并有南徙于今安徽、湖北、江苏、浙江者。隋唐间,蓝姓人大举南迁,并有迁居今福建者。唐末五代间,有蓝姓人入居今广东。宋元两代,蓝姓人在今福建、广东繁衍兴旺,并在宋末元初的动乱中大批迁居今湖南、四川和广西壮族自治区等地。明初,洪洞大槐树(今属山西)籍的蓝姓人被分迁于今陕西、甘肃、河南、天津、北京、江苏等地。明中叶以后,今广东、福建的沿海地带有蓝姓人渡海赴台,今广西壮族自治区境内有蓝姓人播迁至今云南、贵州及越南等东南亚国家。清代开始,有蓝姓人入居今东北三省。

蓝姓是当代中国人口排行第一百二十一位的姓氏,总人口约有140万,约占全国人口的0.11%,主要集中于福建、广东两省和广西壮族自治区。

闵

【闵姓起源】

1. 出自姬姓,以谥号为氏。据《通志·氏族略》《姓氏考略》《姓源》及《路史》所载,上古周朝时,鲁国国君鲁庄公的儿子姬启继位不到两年便被庆父所弑,因年纪尚轻,谥号鲁闵公(古代闵与悯、愍字义相同,都有怜惜之意)。鲁闵公的后世子孙以其谥号"闵"为氏,称为闵氏,世代相传。

2. 为鲁国公族闵子马之后。据《中国人名大辞典》《辞源》及《路史》所载,闵姓系鲁国公族、大夫闵子马之后。

3. 少数民族姓氏。清高丽人中有闵姓,世居沈阳(今属辽宁);今满、彝、回、黎、东乡、朝鲜等少数民族中均有此姓。

【闵姓名人】

闵子骞

又称闵损,春秋时鲁国大夫,孔子弟子中的七十二贤人之一。顺事父母,友爱兄弟,以德行与颜渊齐名,被列为中国历史上二十四孝之一。

闵鸿

广陵(今江苏扬州)人,三国吴末学者。曾仕吴为尚书,见陆云而奇之,荐为贤良。与纪瞻、顾荣、贺循、薛兼号为"五俊"。著作今存赋四篇。

闵贞

字正斋,清朝广济(今江西南昌)人,画家。擅长写意人物,风格潇洒活泼。旁通绘画山水花鸟,尤精于篆刻,朱鸳、翁方纲皆器重之。

【郡望堂号】

郡望

太原郡：今山西省五台山和管涔山以南、霍山以北的地区，治所在今山西省太原市西南，战国时置郡。

陇西郡：今甘肃东乡族自治县以东，武山县以西，礼县以北等地，治所在今甘肃临洮县南，战国时置郡。

堂号

孝悌堂：出自春秋时鲁国闵损的典故。闵损少时失母，冬月继母采芦花为其作絮，为其亲生二子以棉作絮。父知，欲将妻逐出。闵损劝阻曰："母在一子寒，母去三子单。"继母感悟，遂对闵损照顾有加，胜过亲生子。

【宗族特征】

闵姓家族人才济济，春秋得姓以后，便风光无限，到如今依旧如此。

【繁衍变迁】

闵姓发源于今山东济宁曲阜市（鲁国国都）。战国时，鲁国被楚国攻灭，闵姓子孙逐渐在今山东散居开来。秦汉之际，闵姓人逐渐分布于今陕西、河北、河南、山西等省。东汉中叶以后，有闵姓人自今陕西一带西迁今甘肃，并在陇西郡（约在今甘肃南部和东南部）繁衍昌盛。东汉时，闵业因功受封为关内侯，其子孙遂落籍于今陕西西安。三国两晋南北朝时，北方的闵姓人有避乱进入今安徽、江苏、江西、浙江、湖北等南方省份者。唐宋之际，闵姓人渐在长江中下游地区播迁开来。宋末元初，闵姓人有避乱进入今广东者。明初，作为洪洞大槐树（今属山西）迁民之一，今山西境内的阌姓人被分迁于今甘肃、山东、河南、北京、天津、陕西和宁夏回族自治区等地。明末，有沿海地带的闵姓人渡海赴台、播迁东南亚及欧美各地。清代至今，今东北三省、内蒙古自治区、云贵高原等地均有闵姓人入迁。

如今，闵姓是中国人口排行第一百九十三位的姓氏，总人口约 52 万，约占全国人口的 0.042%，在湖北和山西比较兴旺。

席

【席姓起源】

1. 席师的后代。根据《万姓宗谱》的记载,尧为部落首领的时候,遇到一个自称为席师的老翁,击壤(古代一种投掷的游戏)而歌。尧听了以后很佩服,于是拜他为师。席师就是席氏的始祖。

2. 从籍姓改过来。春秋的时候,晋国有大夫籍谈,因为他负责管理晋国的典籍,所以便以籍作为自己的姓氏。他的第十三代后人,是秦末项羽的后代,叫作籍镶,项羽名籍,籍镶为了避项羽的讳,于是将籍改为席,他的后人也跟着改成了席。后来项羽战败自杀,籍氏不用改姓避讳了,于是有一部分恢复了族姓,有一部分却沿袭了席姓,形成了席姓的一支。

【席姓名人】

席豫

字建侯,唐朝时期襄阳人,后来迁徙到河南。科举中了进士,做了功员外郎,后来做了郑州刺史。天宝年间担任礼部尚书的职位,后来被封为襄阳县子。席豫清心寡欲,做官的时候不为贵权改变自己的原则,性格谨慎善良。皇帝在元阁吟诗,大臣们都来附和,皇帝因为席豫的诗对得最为工整,所以把他称为诗人冕冠。在他逝世以后,给他的谥号为文。

席上珍

云南省姚安人,崇祯中,举于乡。磊落尚节义,闻孙可望、李定国等入云南,与姚州知州何思、大姚举人金世鼎据姚安城据守。可望遣张虎攻陷之,世鼎自杀,上珍、思被执至昆明。可望呵之,上珍厉声曰:"我大明忠臣,肯为若屈耶!"可望怒,命引出斩之,大骂不绝,遂磔于市。思亦不屈死。

席佩兰

名蕊珠,字月襟、韵芬、道华、浣云。因善画兰,自号佩兰。清代诗人孙原湘妻。早岁工诗,为著名诗人袁枚女弟子中诗才最杰出者。诗清新秀隽,富于想象。袁枚称其诗"字字出于性灵,不拾古人牙慧,而能天机清妙,音节琮琤"。著有《长真阁诗稿》《傍杏楼调琴草》等。

【繁衍变迁】

四千多年以前,现在的河南睢县地方就已经有了姓席的人,到了大约两千年前的楚汉之争时,原来为晋国之地的山西省一带,又出现了另一支新兴的席氏,那就是籍氏的改姓为席。

南北朝之时,席氏在今湖北省的襄阳盛极一时,可知早期的席氏,应该是活跃于我国北方的一个姓氏。

明代末年,一向活跃于中原地区的席氏,已经在南方各地出现了踪迹,后来传播到全国各地。

季

【季姓起源】

1. 出自姬姓,为春秋时鲁桓公之子季友(姬姓)的后裔。据《通志·氏族略》及《古今姓氏书辩证》载,春秋时,鲁恒公之子季友平定了庆父之乱,在鲁国鲁僖公时为相执政。其孙行父执政时,举贤任能,分财济贫,受到国人爱戴,谥号季文子。行父以王父(即祖父)字为氏,后遂有季孙氏,复简为季氏。

2. 系出芈姓,为颛顼后裔。据《元和姓纂》载,颛顼帝裔孙有陆终,生有六子,其中有季连(芈姓),排行为"季"。其后代子孙有的以单姓"季"作为姓氏,有的以复姓"季连"作为姓氏。

3. 出自兄弟排行。据《吕氏春秋》等所载,古代兄弟排行顺序为"伯、仲、叔、季",春秋时吴国公子札排行第四,人称季札,其后世子孙以其排行顺序为氏。

4. 春秋时齐国公族有季姓。

5. 战国时魏国公族有季姓。

6. 少数民族姓氏。唐时西赵(即"西赵蛮",古族名)渠帅有季姓;今满、土家、东乡等民族均有此姓。

【季姓名人】

季厚礼

无为(今属安徽)人,明代孝子,以孝行著称于世。其子立,孙廷春,亦效之,人谓其"一门纯孝"。

季士诉

常熟(今属江苏)人,清代书画家、词人。词宗南宋,书学董其昌,宕逸多姿,绝去尘俗。水墨写生笔趣奇纵。著有《问红词》。

季羡林

季羡林

山东临清人,当代学者,著名教授、文学翻译家、印度学和佛学专家。通梵文和吐火罗文,可称一代宗师。著有《季羡林文集》。

【郡望堂号】

郡望

渤海郡:治所在今河北省沧县,后移治今河北省南皮东北,汉时置郡。

鲁国:今山东省曲阜市、泗水县一带地区,西汉初年将秦朝原有的薛郡改为鲁国。

堂号

三思堂:春秋时季文子,聪明又好学,遇到问题不耻下问,遇事再三考虑才去做,因而有此堂号。

【宗族特征】

季姓源起庞杂,是典型的南方姓氏,春秋时的季札,秦汉之交的季布、季心兄弟均为南方人,唐宋之后出自南方的季姓名人更是不胜枚举。季布重信义,言出必践,当时楚国有谚语说:"得黄金百斤,不如得季布一诺。"前人的事迹激励着季姓后人以此为目标,言必行,行必果。

【繁衍变迁】

季姓的来源十分繁杂,其具体的发源地已不可考。西汉时,今湖北、江苏等地已有季姓人居住。东汉至魏晋南北朝,季姓家族昌盛于今河北、山东、安徽一带。隋唐以前,社会动荡,有季姓人自北方迁往江南。唐代,居于今安徽寿春的季姓家族长盛不衰。两宋时,今江苏、浙江成为季姓人的主居地,而北方的季姓人则处于分散、小规模聚居的状态。宋元之交的战乱,迫使部分季姓人迁衍于今广东、福建、江西、湖北等地。明初,洪洞大槐树(今属山西)籍的季姓人分迁于今河北、河南、山东、湖南、湖北等地。历明清两代,委姓人遍布全国,其中尤以今江苏、浙江一带的季姓人繁衍最盛。

季姓是当代中国人口排行第一百四十二位的姓氏,共有 96 万多人,约占全国人口的 0.077%。

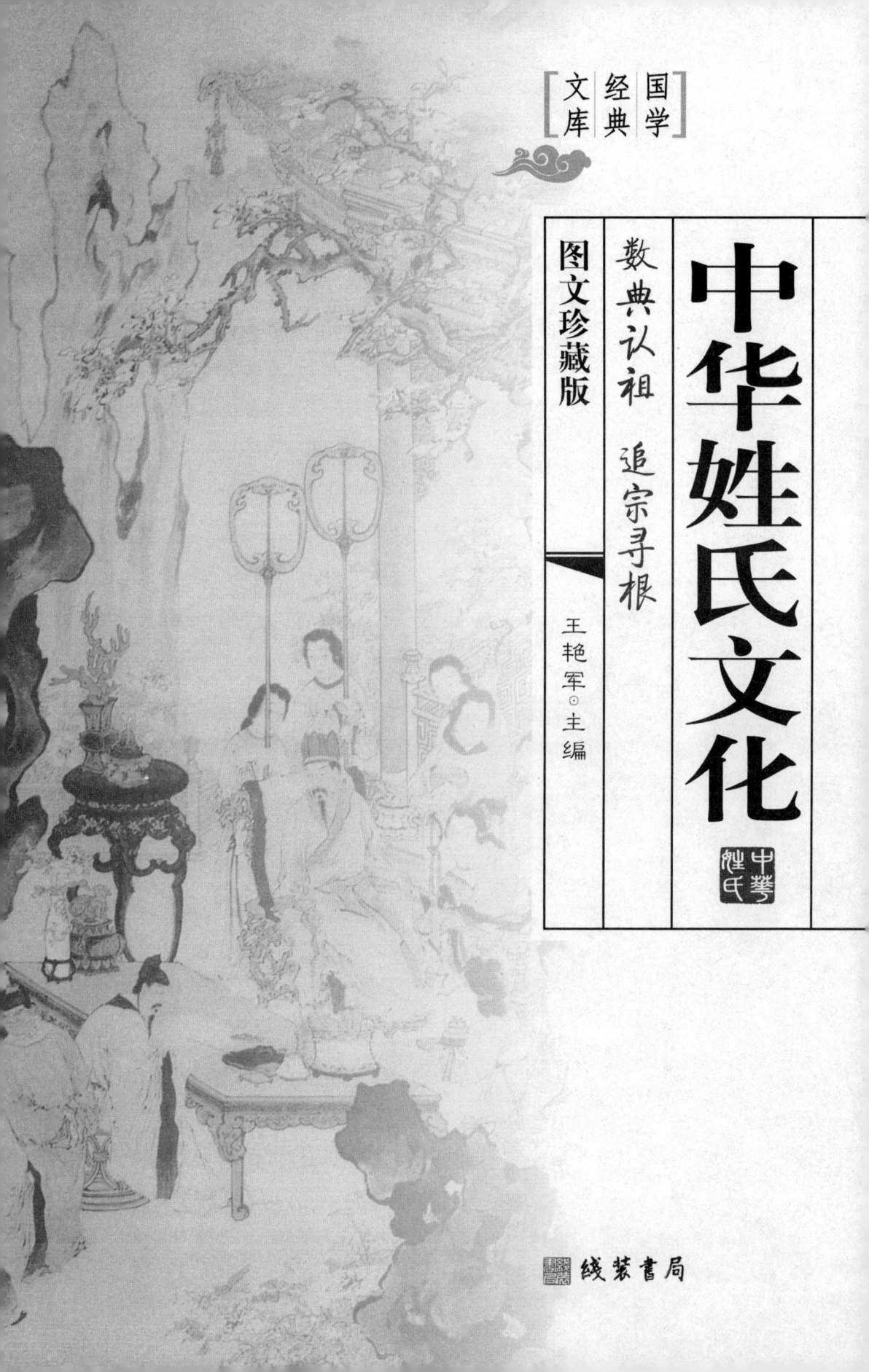

国学
经典
文库

图文珍藏版

数典认祖　追宗寻根

中华姓氏文化

王艳军⊙主编

线装书局

麻

【麻姓起源】

1. 春秋时齐国有个大夫叫麻婴。他的后代子孙以他名字中的麻字命姓,称麻姓。

2. 周代时,楚国有熊姓大夫食采于麻(今湖北麻城),其后代子孙以封邑命姓,称麻姓。

【麻姓名人】

麻秋

后赵太原胡人,仕石虎,官征东将军,筑城驻军,人称麻城,性暴戾残忍。百姓如有孩子啼哭,母恐吓曰"麻胡来了",啼声立止。

麻居礼

唐代画家。善画佛像,声迹甚高。蜀州圣寿寺八难观音画壁一堵,即其手笔。

麻九畴

金代文人、医家,字知几,号征君,初名文纯。有神童之称,通晓经典,为文精密奇健。他勤奋好学,博通五经,尤精于《春秋》,正大初年,特赐进士,官至应奉翰林文字。为了研究《易经》,他熟读邵尧夫的《皇极书》。后来研究医学时,他又习读张子和的著作。他所作之文章精密奇健,诗同工致豪壮。著有《知几文集》。

麻云汉:号若仙,明福建邵武人,画有萧疏之致,一时称名笔。

【繁衍变迁】

麻姓是现行常见姓氏。分布颇广,今北京、河北尚义、山东鱼台、昌乐、平邑、平度、龙口、内蒙古乌海、山西太原、广东高要、广西田林、云南陇川、泸水、河口、浙江缙云等地均有分布。汉族、蒙古族、苗族、回族、壮族、土族、土家族、傈僳族、锡伯族均有此姓。

强

【强氏起源】

1. 出自姜姓,是上古炎帝的后代。春秋时,齐国公族中有个叫公孙强的,他的后人以祖上的名字为姓,称强姓。郑国大夫强钽即公孙强裔孙,其后自此皆姓强。

2. 是黄帝的后代。黄帝的玄孙叫禺疆,他的后代以"疆"为姓,冈古代"疆"与"强"相通,所以后来改为强姓。

3. 是少数民族的一支。如十六国时,前秦苻坚的后代姓强;三国时蜀国有强端,其子孙奔居略阳(今甘肃省秦安县),亦姓强。

【强姓名人】

强钽

春秋时郑国大夫。当时郑国大夫祭伸专政,厉公派雍纠去杀他,后来事情败露,强钽与公子阏的同党祭仲杀死了雍纠。厉公即位后,追查原来的事,强钽被判刖刑(把脚砍掉)。君子说强钽不能卫其足。

强至

钱塘(今浙江省杭州)人,北宋学者。是当时受到宰相韩琦见重的学者,他为文简异而不徇俗,曾做到祠部郎的高官。到了他的第二代,强家的荣耀达于巅峰,五个儿子相继登第,并且都做到显官,老大强献明当到工部架阁,老二强浚明高拜尚书郎。老三强渊明做到翰林学士,老四强伟明和老五强陟明,则历次外任都有治绩,真可以说是一门荣华富贵,光彩异常。

强伸

金朝人,膂力过人。天兴初任中京元帅府签事,刚到任三日,就有敌兵来围,东西北三面皆树起了大炮。强伸用衣帛做成旗帜立在城上,率士兵赤身而战,领壮士五千人往来救应,所至必捷。监守三个月后,因粮尽兵散,城不能守,转战至偃师,力尽被俘,不屈而死。

强行健

清朝人,幼时家贫,好学不倦,后又行医,藉所得以养亲。后又工诗书,尤精篆刻。著有《印论》《印管》《医案》《伤寒直指》等书。

【繁衍变迁】

强氏有两个主要的来源,一支出自春秋时代的郑国大夫强鉏,一支则出自南北朝时表现出色的氏族。前者的主要繁衍地区是安徽省境内(古之丹阳),后者则活跃于陕西省境内,算起来都是源自我国北方一个姓氏。唐朝末年天下大乱,再度造成了我国民族的大迁徙,一向活跃于北方的强氏,也在此时播迁到南方各地,宋明之际、江、浙一带的强氏纷纷崭露头角,其中又以宋代浙江钱塘的强家,最为强盛。

贾

【贾姓图腾】

贾姓图腾从直观上看,左边的"鸟"最显眼。实际上,贾姓图腾是由"西""鸟""贝""基"四部分组成的。相传贾姓因炎帝以物易物的集市而得姓,因此图腾中有着象征金钱的"贝"。图腾左侧的鸟,代表的其实是太阳,这样就跟炎帝发生了联系;"鸟"旁边是"西",二者合在一起就代表了炎帝发源于西华;右侧上部是"贝",下部是"基","贝"陈列在"基"上,表示还没有人来取,引申为等待交易。

【贾姓起源】

1. 源自姬姓

这一支贾姓为贾伯之后。据相关史料记载,西周时,周成王的弟弟唐叔虞,被封于唐(今山西省翼城)。此后时间不长,唐叔虞的少子公明又被成王之子康王封于贾(今山西省襄汾西南),建立了贾国,位列"公侯伯子男"五等爵里的伯,号为贾伯。春秋时贾国被晋国所灭,贾伯公明的后裔以国名为氏,称贾氏。因为唐叔虞是姬姓,因此这一支贾姓自然而然地成为姬姓的后代。

2. 源自狐偃之后

这一支是以邑名为氏的典型例子。据《姓氏考略》和《通志·氏族略》等有关资料所载,春秋时,晋文公重耳灭贾国后,因为狐偃之子狐射曾为晋文公复国立下了大功,所以其子晋襄公把贾地赏给了他。射字季他,故又称贾季、贾他。襄公去世后,晋国在立襄公的哪个弟弟为君上发生了争斗。贾季为避祸便逃亡翟国,其子孙便以贾为氏,称贾氏。

3. 源自少数民族改姓或本有之姓

改姓:裕固族贾鲁各氏、满族嘉佳氏改姓贾。

本有姓氏:满、彝、苗、土家等这些少数民族之中均有此姓。

【贾姓名人】

贾谊

洛阳(今河南洛阳东)人,西汉政论家、文学家,曾任太中大夫、太傅。主张削弱诸侯同势力,巩固中央集权,重农抑商。其所著政论《陈政事疏》《过秦论》等为当今研究秦汉历史的重要资料。

贾诩

武威(今属甘肃)人,三国时魏国谋臣,善计谋,被当时的名士阎忠称为有"良、平(指张良、陈平)之奇"。

贾思勰

益都(今属山东)人,北魏农学家,曾任北魏高阳郡(治所在今山东淄博市临淄西北)太守。他通过搜集资料、观察试验写成的《齐民要术》一书,是一部百科全书式的综合性农书,不仅是我国现存最早最完整的农书,也是世界农学史上最早的专著。

【郡望堂号】

郡望

武威郡：治所在今甘肃民勤东北，汉元狩二年（公元前 121 年）以原匈奴休屠王地置郡。

长乐郡：治所在今河北冀州，北魏时置郡。

堂号

至言堂：汉时贾山博览群书，向朝廷上奏谈治乱之道，借秦的灭亡做比喻，名为"至言"，因而有此堂号。

贾思勰

【宗族特征】

贾姓名人在历史上不断涌现，且分布于政治、经济、文化、科技等各个领域。贾姓族人精于审时度势，繁衍播迁、居住地迁移早在先秦时期就已开始。贾姓家族宗谱续修严谨，十分讲究，字行辈分排列有序，如贾其恒等修《贾氏宗谱》中记载镇江（今属江苏）贾姓一支的字行为："沛泽如春，聿修祖德，积善为宝，克振家声。"

【繁衍变迁】

贾姓发源于今山西襄汾县西南，先秦时期开始进入今河南、山东等省。秦汉时期，贾姓家族的势力不断发展壮大。三国两晋南北朝时，贾姓人大举南迁，辗转分布于今江苏、浙江各地。唐末，为避战祸，贾姓族人几次南迁，进入今福建、广东、湖北等省，与南方各姓融合发展，进入发展的鼎盛阶段。元明清时，贾姓人在国内不断发展、播迁，并有部分移居于海外，最终成了我国乃至世界范围内较大的族系。

贾姓是当代中国人口排行第六十九位的姓氏，总人口近 370 万，约占全国人口的 0.29%。

路

【路姓起源】

1. 出自姬姓,为黄帝后裔。据《唐太原令路公碑》《新唐书·宰相世系表》所载,黄帝(姬姓)曾孙帝喾之孙曰玄元,因功封于路中(今地失考),其后历虞、夏称侯,建立路国,子孙以国为氏。

2. 出自姜姓,为炎帝后裔。据《元和姓纂》所载,黄帝封炎帝(姜姓)庶子于潞地(今山西长治一带),其后以封地为氏,后去三点水旁为路氏。

3. 为陆终后裔。据《困学纪闻》与《姓考》所载,黄帝裔孙陆终,第四子名求言(一名邹子),受封于路(今地失考),子孙以路为姓。

4. 以县名为氏。据《姓氏急就篇注》所载,路,原作潞,初为水名,后为县名(故城在今北京市通州区东四公里),居者有以县名为氏者。

5. 源自少数民族改姓或少数民族固有姓氏。据《魏书·官氏志》所载,北魏没路真氏后改为路姓;今满、侗、景颇等民族亦有此姓。

【路姓名人】

路温舒

巨鹿东里(今河北平乡西南)人,西汉文士。少年牧羊,稍长成为狱中小吏,学律令,转为县狱吏。后习《春秋》,学识渐博,举孝廉。为山邑丞,后升廷尉奏曹掾。宣帝即位后,他上书反对酷刑,主张尚德缓刑,官至临淮太守,治有异绩,卒于官。其文《尚德缓刑书》较著名。

路敬淳

唐朝临清(今属山东)人,少有志学,足不履门。居亲丧,倚庐不出者三年。后举为进士,迁崇贤馆学士。著有《姓略》《衣冠系录》等书。唐初姓谱学名家,唯敬淳一人,后有撰次者皆本之路氏。

路皋

并州(今山西太原)人,宋代画家。善画骆驼,醉后数笔,颇具生意,时称"河东三绝"之一,兼长画鬼神。

【郡望堂号】

郡望

阳平郡:治所在今河北大名东。

陈留郡:治所在今河南开封东南。

堂号

五金堂、阳平堂等。

【宗族特征】

路姓是一个古老的姓氏,源起庞杂,名人辈出,且多为文士。魏晋南北朝至隋唐,路姓形成了九大郡望,这在当今人口排行一百位以后的姓氏中独占鳌头。

【繁衍变迁】

路姓源起十分庞杂。两汉时期,路姓人已广布今河北、北京、河南、山西等地,且已有落籍于今四川者。魏晋南北朝时,路姓人繁衍兴盛,尤其在今河南省境内更是风光显赫。此外,路姓人在今河北大名、宁夏固原、陕西西安一带也形成大的聚落,并延续到隋唐。与此同时,因社会剧烈动荡,众多的路姓人南下,并且在今浙江金华一带形成路姓东阳郡望。隋唐时,路姓人以阳平(今河北大名)等路姓郡望为中心扩展至今山东境内,并有入今湖南者。明初,今山西境内的路姓人作为洪洞大槐树(今属山西)迁民之一,被分迁于今河南、河北、山东、天津等地。此后至清,路姓人已散居全国各地。

路姓是当代中国人口排行第一百五十二位的姓氏,共有 85 万多人,约占全国人口的 0.068%。

娄

【娄姓起源】

1. 出自姒姓,是大禹的后代。大禹的儿子启建立夏朝,传至第五王为少康。周武王灭商后,追封先代贤王的后裔,把少康的后裔东楼公封于杞(今河南杞县),遂为杞国。春秋时,杞国在周围大国的压力下被迫东迁,后来定居于淳于(今山东安丘市东北)。杞君有一支子孙封在娄邑(今山东诸城市西南),遂以地名为姓,称娄姓。

2. 北魏时有代北人疋娄氏、伊娄氏、盖娄氏、乙那娄氏均改姓娄,亦称娄氏。

3. 邾娄国的子孙,有以娄为氏的,是娄氏的又一支。

【娄姓名人】

娄坚

明代诗人。经明行修,工诗善书,时人合唐时升、程嘉燧、李流芳及娄坚诗刻,谓之曰《嘉定四先生集》。

娄忱

明代学者,传父学,十载不下楼,从游者甚众,学舍不能容,其弟子有架木为巢而读书者。

娄僧

宋代承天寺僧人,中指有七节。时仁宗赵祯刚出世,啼哭不止,知娄僧有奇术,遂召入宫。僧按幼主头顶,曰:"莫叫,莫叫,何以当初莫笑。"哭声乃止。

娄仲英:元代画家,善山水,《山居图》颇为有名。

【繁衍变迁】

娄氏是一个多民族、多源流的古老姓氏群体,在当今中国大陆的姓氏排行榜上名列百家姓第 229 位,在台湾地区则名列第 275 位,人口约 43 万余,占全国人口总数的 0.027%左右,多以谯国、洛阳、东阳为郡望。如今,在河南、贵州、陕西、河北、浙江、山东、江苏、黑龙江、江西、湖北、安徽、云南、吉林、辽宁、香港、台湾等地均有娄氏族人分布。

危

【危姓起源】

1. 危氏源出于三苗族。相传上古时帝尧因儿子丹朱行为不检,故而把帝位禅让给舜。当时居住在河南南部至湖南洞庭湖、江西鄱阳湖一带的三苗部族比较强大,他们也反对禅让。丹朱就联合三苗起兵,与舜争夺天下。舜派大禹领兵镇压,禹在丹水一带打败了三苗,三苗君主被杀,丹朱不知所终。叛乱被平息后,舜帝将三苗族人迁徙到西北的三危山(甘肃敦煌东)一带居住。三苗后裔遂以危为姓。称危氏。

2. 明初文学家危素之祖本姓黄,他改姓危后,其后人亦称危氏,成为危姓的一支。

【危姓名人】

危昭德

字予恭,昭武人。宝祐元年(1253 年)进士。历官侍御史,擢工部侍郎。在经筵累以经义进讲,颇多规正。昭德著有《春山文集》,《宋史本传》已佚亡。今存《巽斋》四百六十一卷,《阅库总目》存骈文四十九首。

危積

宋朝临州人,字逢吉,淳熙年间进士。他因为出色而被洪迈、杨万里所赏识,被荐为秘书郎。后因触怒当朝宰相,被贬出知潮漳二郡,俱有名绩。

危仔昌

后梁南城人。乾符年间江淮盗贼横行,危害乡里。危仔昌聚集丁众,立壁垒保护乡里,大破寇盗,保护了当地居民的生命财产安全。朝廷因此召他做官,他历任虔州防御使、信州刺史。后来他投奔吴越,子孙都在吴越当了官。

危素

字太朴,一字云林,明朝金谿(1955年改谿为溪,即为金溪县)人。他少通五经,在吴澄、范梈门下游学。元朝至正年间被授为经筵检讨,编修宋辽金三史,纂后妃等传。明初为翰林侍讲学士,与宋濂同修元史,并兼弘文馆学士,有《危学士集》。

危应宗

明代光泽人。国变荒乱,家族中幼孤无依者,应宗皆收养之,曰:"与其独饱,无宁同饥。今幸我存,若令若属失所乎?"

【繁衍变迁】

危姓,现行较罕见姓氏。今辽宁清原,山西太原、大同,陕西韩城,湖北老河口,湖南芷江,江西南康、崇仁、峡江,福建清流、建宁等地均有分布。汉族、仡佬族、布依族有此姓。

江

【江姓图腾】

共工氏的本姓是江姓,江姓图腾是以水、工(也就是矩或者勾股)、日、蛇复合而成。

【江姓起源】

1. 源自嬴姓

相关研究结果显示,属于大禹的贤臣、颛顼帝玄孙伯益的后代。

2. 源自姬姓

根据相关史料记载和研究结果表明,西周初年,昭王庶子孙受封于翁山(今浙江省定海县东,一说在今广东省翁源县东),后以邑名"翁"为氏。宋初,有福建泉州人翁乾度生有六个儿子,分姓洪、江、翁、方、龚、汪六姓。其中第二个儿子处恭,分姓江,他的子孙也姓江。因为昭王是姬姓,因此这一支江姓源自姬姓。

【江姓名人】

江参

宋朝人,擅长山水画,存世作品有《千里江山图》等。

江永

清代著名的经学家、音韵学家、天文学家和数学家,皖派经学创始人。

江声

清朝江苏元和人,清朝学者。在训诂方面有比较高的造诣,著有《尚书集注音疏》。

【郡望堂号】

郡望

济阳郡:今河南兰考东境、山东东明南境,治所在今山东济阳,晋惠帝时置郡,此支江姓人的开基始祖为东汉江德。

淮阳郡:治所在今河南淮阳,汉高祖时置国。惠帝后,时为郡,时为国。

堂号

忠廉堂:宋时上高(在今江西省西北部)尉江灏,因勤王有功升建浦丞。复因统义兵捕盗有功,历任柳州、象州两州知府,为官忠而廉,因而有此堂号。

【宗族特征】

江姓源于北而盛于南,是一个典型的南方姓氏。江姓人的字行辈分排列有序,如山东济阳江姓始祖至四十世的字行为:"洪图绍世泽,丕显振家声,承祖训锡嘉,名勖尔作奇,英学道希贤,圣经邦公布泰,文明昌国祚,上达乃光荣。"

【繁衍变迁】

江姓发源于今河南正阳。公元前 623 年,江国被楚国所灭后,国人有的北上至今河南淮阳、杞县、兰考,有的逃到今山东临淄一带、安徽石棣县东北及郧阳。西汉时,有江姓人迁往今山东济水之南。永嘉之乱时,有江姓人自今陕西关中(陕西渭河流域一带)移居今甘肃。唐时,江姓人已遍布北方。唐初,有江姓人自今河南入今福建。安史之乱后,江姓人大举南迁至今浙江杭州及广东、福建、台湾等地。明初,江姓人作为明朝洪洞大槐树(今属山西)迁民之一,被分迁于今江苏、浙江、山东、河南、湖南等地。明清之际,有江姓人渡海赴台、进而移居海外。

江姓是当代中国人口排行第五十二位的姓氏,总人口约有 450 多万,约占全国人口的 0.36%。

童

【童姓起源】

1. 源自上古,是黄帝的后代。黄帝之孙叫颛顼,颛顼有个儿子叫老童。老童天生一副好嗓子,说话唱歌时,嗓音就像钟磬一样洪亮清越,又有音乐的韵味。他的后世子孙就以祖上名字中的“童”字命姓,称童姓。

2. 出自胥姓,始自风姓,是赫胥氏的后代。春秋时期,晋国有大夫胥童,他与周朝的权臣栾书、中行偃积怨很深。后来栾书、中行偃受宠于厉公,胥童遂被杀害,他的后人为避仇杀,以祖父名字为姓,改“胥”为“童”,称童姓。

【童姓名人】

童仲玉

汉时山东省诸城人,行善做好事,被称为大好人。他是当地的豪富,平时乐善好施,某年灾荒,百姓无以为生,他拿出全部家产长期赈恤灾民,结果九族乡里,赖他而得以活命者达数百人之多。

童宗说

唐代名士，以眉宇秀整、尚友拔俗而著称，著有《柳文音注》。被当时学者称为"南城先生"。

童伯羽

宋代学者，好读书，师从朱熹，不乐仕进，埋头写作，著有《五经训解》《情理发微》。

童朝仪

明代人，文武双全，又能作诗和书画，被朝廷任命为将军，当时人都称赞他。

童叶庚

清代知县。咸丰年间任德清知县，光绪年间归隐吴门。博学嗜古，手抄群籍，多为海内孤本。著有《益智图》等。

童钰

清代诗画家。少时放弃学业，专工诗、古文。与同郡刘文蔚等并称"越中七子"。善山水、兰竹、木石，写梅尤其著名，著有《二树山人集》。

【繁衍变迁】

童姓的先人，早期都是活跃于渤海，即今山东省北部地方，然后逐渐向南播迁。到了宋、元之际，终于成为南方各地的一个著名姓氏，望族居雁门郡（今山西省代县西北）。童姓现今在中国并不是一个大姓，人数也不是很多。在大陆未列入前100大姓，在台湾排名第97位。

颜

【颜姓图腾】

颜姓的图腾由两部分组成，左侧是"彦"，代表红包的危屋华盖（古时观测天象的地方），右侧是观测者。"彦"上面的"立"是危屋华盖和表木，用来测量天气、地气交接的时间，即"天地交午"；

下面的"彡"是彤的简写,即红色。

【颜姓起源】

1. 出自曹姓,为陆终之后。据《陈留风俗传》《元和姓纂》《通志·氏族略》等载,黄帝之孙颛顼,颛顼之玄孙陆终,陆终生有六子,第五子曰安,曹姓(祝融八姓之一)。安裔孙挟,周武王时受封于邾(故城在今山东邹城市东南),建立邾国。邾挟之后有夷父,字颜,又称邾颜公。邾国被楚国灭掉后,颜公的支庶子孙有人以颜公的字为姓,称颜姓。

2. 出自姬姓,源于春秋鲁国公族,为周公旦之子伯禽之后。据《通志·氏族略》载,周公姬旦的长子鲁侯伯禽被封于鲁(今山东曲阜一带)。伯禽的子孙中有人被封在颜邑(今山东境内,详址失考),遂以封邑为姓,称颜姓。

3. 源自少数民族改姓或少数民族固有姓氏。金时女真人完颜氏后改单姓颜;清满族人有颜姓,世居大凌河;今高山、毛南、白等民族均有此姓。

【颜姓名人】

颜师古

京兆万年(今陕西西安)人,唐代学者、训诂学家,官至中书舍人,著有《五经定本》等。

颜真卿

字清臣,唐代大书法家。因忤逆杨国忠被贬为平原(今属山东)太守,故世称颜平原。后因在安史之乱中有功,受封鲁郡开国公,故又世称颜鲁公。颜真卿善正、草书,其书作笔力沉着雄浑,为世所宝,称为"颜体"。著作为后人编为《颜鲁公文集》)。

颜师古

【郡望堂号】

郡望

鲁郡:治所在今山东省曲阜,晋时置郡。

琅玡郡:今山东省诸城、临沂、胶南一带,秦始皇时置郡,治所在今黄岛区琅玡台西北。

堂号

夏圣堂:孔子的弟子颜回,是孔门七十二贤人中的最贤者,后世儒家尊他为"复圣"(孔子至圣,孟子亚圣,颜子复圣),因而有此堂号。

【宗族特征】

颜姓名人多文人墨客,尤以书法成就最高,在中国的书法艺术史上留下了灿烂辉煌的一页。颜姓人善用家规家训训诫后人,如颜之推在所著的《颜氏家训》中讲道:"兄弟下睦,而子侄不爱;于侄不爱,则群从疏薄;群从疏薄,则童仆为仇敌矣。如此,则行路皆跣其面而蹈其心,谁救之哉……"谆谆教诲,令人肃然。

【繁衍变迁】

颜姓发源于今山东。先秦时已有颜姓入居今河南。东汉时,有颜姓人徙居今湖北。隋代以前,一支颜姓人入迁关中(今陕西渭河流域一带),并于唐代发达昌盛起来,逐渐播迁至今江苏南京、江西永新、福建泉州等地。唐代,始有颜姓人入今四川。北宋末期,有今山东、河南等地的颜姓人播迁于江南。南宋末期,有颜姓人迁入今湖北、湖南、广东以及广西壮族自治区。明初,颜姓人被分迁于今河南、河北、山东、陕西、湖北等地。清初,有颜姓人入居今四川、播迁至今云南、贵州。清康、乾年间,有今山东境内的颜姓人"闯关东"入今东北三省,亦有颜姓人渡海赴台乃至播迁海外。

颜姓是当代中国人口排行第一百一十二位的姓氏,总人口近170万,约占全国人口的0.13%。

国学经典文库

中华姓氏文化

·中华姓氏大观·

图文珍藏版

郭

【郭姓图腾】

郭姓图腾给人的直观印象就是一座城郭——四方城楼的整体形状。根据上古传说，佐以《尚书》记载，历史上第一座城郭是鲧建造的。鲧也就是大禹的父亲。据此推论郭姓族人一开始可能是崇拜鲧的。

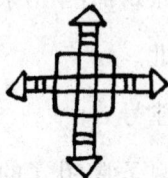

【郭姓起源】

1. 源自音变

据不少史料记载，周武王封文王之弟号仲于东虢(今河南省荥阳市一带)。到了周平王时期，后来郑武公灭掉了东虢，这一举动引起了诸侯的不满。周平王见状，不得不将周文王的另一个弟弟号叔的裔孙序封于阳曲(今山西省太原市北)作为补救。虢序号曰"虢公"，因虢和郭音同，年深日久，被称"郭公"，其后代遂有郭氏。因为这一支郭姓的祖先是周文王的弟弟，因此统一出自姬姓。

2. 源自居住地

据一部分史料记载，因为"郭"字有外城的意思，所以历史上有很多人因为居住在城外，而被称为郭氏。其后代子孙也就开始姓郭。

3. 源自冒姓、他姓或他族改姓

冒姓：例如《五代史》记载，在后梁有一个叫作郭纳的人，他就是因为某种原因而冒姓，本姓成。

他姓改姓：例如历史上比较著名的后周太祖郭威，他本不姓郭，而是姓常，因为父亲去世，母改嫁郭氏，遂改姓郭。

他族改姓：例如据历史上有名字记载的人中，后晋时期有郭金海，他其实是突厥人，后来改为汉姓郭。除此之外，历史上还有不少少数民族改姓郭，如果尔齐氏、郭罗罗、郭包勒、郭尔佳等。

【郭姓名人】

郭威

邢州尧山(今河北省邢台市隆尧县西)人,现人们称其为周太祖。郭威长于平民之家,在五代初期那段战乱频仍的年代,原来是普通士卒,后屡经锻炼,终于成为三军将领,最后又当上了皇帝,是一位历史上公认的清廉勤政的好皇帝。此人生于官僚地主家庭,其父郭简曾任刺史,在战乱中被杀,不久,母亲也相继去世。郭威由姨母韩氏养育成人。18岁时,应募做军卒,仗着一身勇力,加上学了一些兵法,便步步高升。郭威即位称帝时,年近五十岁,三十年的军旅生活,给他以丰富的社会知识,常以前代的兴衰作为治理国家的借鉴。郭威针对前朝弊政,进行了一些改革,刑罚的程度得到减轻,苛税部分被废止,部分官田散给佃户,州府南郊不再用老百姓来进奉,这些措施在一定程度上减轻了对人民的压迫剥削。郭威在五代确为勤政爱国的皇帝。他卒于954年,时年51岁。

郭嘉

字奉孝,汉族人,生于颍川阳翟(今河南省禹州)。东汉末年曹操帐下谋士,官至军师祭酒,洧阳亭侯。死在曹操征伐乌丸途中,死时年仅38岁。谥曰贞侯。另元代有同名官员。

郭子仪

中唐名将,汉族人,生于华州郑县(今陕西省华县),祖籍山西汾阳。郭子仪以武举高第入仕从军,累迁至九原太守、朔方节度右兵马使。天宝十四年(公元755年),安史之乱爆发后,任朔方节度使,率军收复洛阳、长安两京,功居平乱之首,晋为中书令,封汾阳郡王。代宗时期,曾率

郭子仪

兵平定仆固怀恩所领导的叛乱,力争请回纥酋长与自己联合起来攻打吐蕃,朝廷赖以为安。郭子仪戎马一生,屡建奇功,大唐因有他而获得安宁达20多年,史称"权

倾天下而朝不忌,功盖一代而主不疑",在举国上下,享有崇高的威望和声誉。此人一直活到85岁,曾被皇帝赐谥忠武,配飨代宗庙廷。

【郡望堂号】

郡望

太原郡:治所在今山西太原西南,战国时置郡,为汉代郭全之族所在。

汾阳县:治所在今山西静乐西,西汉时置。此支郭姓人的开基始祖为唐朝名将郭子仪。

堂号

尊贤堂:战国时燕昭王招贤,郭隗建议,如果昭王能将自己当贤人尊重,更贤明的人将不请自来。于是昭王给他建筑宫室,并尊敬他如老师,后乐毅、邹衍、剧辛等有才能的人果然纷纷归燕,燕国由此强大。郭姓因而有此堂号。

【宗族特征】

郭姓家族枝繁叶茂,尊荣显赫。3000多年来,形成了崇文尚武、务实进取、勤劳智慧、尊长爱幼、报本思源等具有明显家族文化特色的美德。郭姓人的字行辈分排列有序,如湖北安陆市一郭姓人的字行为:"永世文应尚,显万中正诒,泽定远永治,先型敦崇原,本子名世守,封显万德全,隆首高取大,士品皇堂正,发惟显名扬,志有文章书,万载庆德贤,儒子益光。"

【繁衍变迁】

郭姓发源于今河南、山西、陕西等地。春秋战国时,郭氏已播迁于今山东、河北。汉化及其以后的较长时期内,郭姓人一直以今山西太原为发展繁衍的中心。此外,在汉代亦有居于今内蒙古自治区和甘肃、四川、安徽者。魏晋南北朝时,为避战祸,郭姓人大举南迁,散居今浙江、江苏。隋唐时,郭姓是今山西、山东的第一大姓,同时亦有郭姓人因战乱而迁居今浙江、江苏、湖北、福建等地。五代至宋元时,郭姓人遍布大江南北。明末清初,今福建境内的郭姓人有迁居台湾,远徙欧美及东南亚者。

郭姓是当代中国人口排行第十六位的姓氏,总人口约有 1400 多万,约占全国人口的 1.13%。

梅

【梅姓起源】

1. 出自子姓,为汤王后裔。据《通志·氏族略》和《新唐书·宰相世系表》等所载,殷商时,汤王子履之子太丁的弟弟受封于梅(今河南新郑西北),建立伯爵梅国。子孙以国为氏。至商纣王时,梅国国君梅伯为纣王所醢(即被剁成肉酱),国灭。周武王灭商后,封梅伯的玄孙于黄梅(今属湖北),建立梅国,子孙以国为氏。春秋时,梅国东迁至梅城(今安徽亳州东南)。吴越交战时,梅人又南迁至梅里(故地在今江苏无锡),成为吴国的一个组成部分。

2. 源自少数民族固有姓氏或改姓。据《魏书》所载,汉时南方的一些少数民族中有梅姓;据《旧唐书》所载,北狄奚酋长有梅姓;清满族八旗姓梅佳氏后改为梅姓。

【梅姓名人】

梅鼎祚

宣城(今属安徽)人,明代著名曲作家。以古学自任,诗文博雅,著述颇丰,有《才鬼记》《青泥莲花记》《历代文纪》《古乐苑》《苑雅》等。

梅庚

清代画家、诗人。善画山水、花卉,风格旷逸有雅韵。工诗,著有《天逸阁集》。

梅兰芳

江苏泰州人,现代京剧表演艺术家。工青衣,兼演刀马旦,开创了梅派艺术。与尚小云、程砚秋、荀慧生并称"四大名旦"。新中国成立后,任北京京剧院院长。代表戏有《贵妃醉酒》《霸王别姬》等。亦工书法,善画花卉,出笔秀逸。著有《梅兰

梅兰芳

【郡望堂号】

郡望

汝南郡：今河南中部偏南和安徽淮河以北地区。汉高祖时置郡，治所在今河南上蔡西南。

堂号

宛陵堂：宋朝时宣城（古名宛陵）人梅尧臣，世称宛陵先生，任尚书都官员外郎。工诗，与欧阳修为诗友，著有《宛陵集》。因而有此堂号。

【宗族特征】

梅姓家族源远流长，从梅伯到如今，至少也有 3000 年的历史。宋、明之际，在历史上扬名的梅姓人士很多，尤其是文坛上的梅姓名人，更是大放光芒，备受后世推崇。从地域上看，梅姓名人以安徽宣城最为集中。《中国历代人名大辞典》中收录了梅姓人 47 名，其中 20 名为安徽宣城人，占到了总数的 42.5%。

【繁衍变迁】

梅姓发源于今河南新郑、湖北黄梅等地，后大批迁衍于今安徽、江苏等地，并有迁至今河南汝南者。秦汉之际，大多数梅姓人移居中原。魏晋南北朝时，梅姓人在汝南郡（今河南上蔡县至淮河以北地区）繁衍得尤为昌盛。隋唐以前，梅姓人已分布于今湖南、湖北、江苏、江西、安徽、浙江等江南的广大地区。隋末，有梅姓人为避战祸迁入今四川等地。唐朝中后期，有梅姓人入居今广东。宋元之际，梅姓人在今安徽宣城等江南各地繁衍昌盛，并有定居今甘肃者。明初，梅姓人作为洪洞大槐树（今属山西）迁民之一，被分迁于今河南、山东、河北、江苏等地。明末清初，张献忠屠川,大批梅姓人由今四川避居今云南。清以后,梅姓人有渡海赴台、侨居海外者。

梅姓是当代中国人口排行第一百五十七位的姓氏,总人口约有 83 万,约占全国人口的 0.066%,主要分布于江苏、浙江、湖北、河南、云南和安徽一带。

盛

【盛姓起源】

1. 上古周穆王时有盛国,其公族子孙以国名为姓,世代相传姓盛。
2. 改自爽姓,北海太守盛苞,其先姓爽避元帝讳改姓盛。

【盛姓名人】

盛吉

字君达,东汉会稽郡人。官廷尉,每至冬节,囚犯当断,妻夜秉烛,吉持册笔。夫妻相向垂泣而决断。视事二十年,天下称有恩无怨。

盛度

字公量,宋朝余杭人。奉使陕西,因览疆域,参质汉书故地,绘为西域图以献,真宗称其博学。盛度一生好学,居家外出,手不释卷,善于作文,曾奉诏编续《通典》《文苑英华》。著有《愚谷》《银台》《中书》《枢中诸集》等书。以疾致仕,卒谥文肃。

盛懋

字子昭,元代后期著名画家,嘉兴武塘(今浙江省嘉兴)人,此地人杰地灵,振妙一时,当时吴镇的墨竹、岳彦高的草书、章文茂的文笔以及盛懋的山水,被人们誉为“武塘四绝”。传世作品有《秋林高士图》《秋江待渡图》《松阴高士图》《松石图》等。

【繁衍变迁】

历史上,盛姓先后在汝南(治今河南上蔡)、梁国(治今河南省商丘市南)等地形成望族,出现了许多名重一时的人物。

盛姓族人在全国各地均有居住,如北京,河北之景县、尚义,山东之平邑、东平,湖北之监利,安徽之泾县,江西之崇仁,四川之合江,云南之陇川等地。

盛姓是当今较为常见的姓氏,分布很广,尤以湖南、浙江两省多此姓,两省盛姓约占全国盛姓人口的37%。

林

【林姓图腾】

林姓图腾上半部分很接近于现代简化字的"林"。实际上林姓图腾可以看作上下两个部分的组合。上面的部分其实不是"林"而是两个"木",指的是建木,又叫扶桑、扶木;下面的部分直观地看上去像是一个台子,指的是天齐坛台。

【林姓起源】

1. 源自子姓

这一林姓的分支,祖先是著名的历史人物比干。据传说和一些书籍记载,比干被纣王挖心之后,他的夫人妫氏逃到今河南卫辉、淇县一带的长林,生下一个儿子,名坚。商被周灭掉之后,周武王赐姓给比干的这个儿子,是为林姓,将他封在博陵这个地方。因为比干是子姓,所以这一支林姓源自子姓。总体上看,林姓的发源地是今天的河南省卫辉以北地区,那里不仅存在比干庙,而且有很多的林姓子孙去寻根和祭拜,成为一处姓氏圣地。

2. 源自祖先的字

这一支林姓人都源自姬姓,因为据历史资料记载,在东周时期,周平王姬宜臼的庶子名开,字林,他的子孙便都以他的字为姓,世代开始姓林。

3. 源自他族改姓

例如据史料记载,魏孝文帝在迁都之后极力主张汉化,很多原先复姓的少数民族被改为汉姓,其中有复姓丘林的一部分人,都去掉丘字,改单姓林。

【林姓名人】

林则徐:汉族,福建侯官人(今福建省福州),字元抚,又字少穆、石麟,晚年曾被称为俟村老人、俟村退叟、七十二峰退叟、瓶泉居士、栎社散人等;是清朝后期政治家、思想家和诗人,是中华民族抵御外辱过程中伟大的民族英雄,其最著名的举措就是虎门销烟。其官至一品,曾任江苏巡抚、两广总督、湖广总督、陕甘总督和云贵总督,两次受命为钦差大臣。林则徐对鸦片深恶痛绝,禁止其流入国内,同时也抵抗西方的侵略、坚持维护中国主权和民族利益,深受全世界中国人的敬仰。

林语堂:生于福建龙溪(现福建省漳州市平和县坂仔镇),原名和乐,后改玉堂,又改语堂,笔名毛驴、宰予、岂青等。他是我国当代著名学者、文学家、语言学家。早年留学国外,回国后在北京大学等著名大学任教,1966 年定居台湾地区,一生著作很多。

林徽因:我国建筑学家和作家,为中国首位女性建筑学家,同时也被胡适誉为中国一代才女。20 世纪 30 年代初,同其夫梁思成用现代科学方法研究中国古代建筑,成为这个学术领域的开拓者,后来在这方面获得了巨大的学术成就,为中国古代建筑研究奠定了坚实的科学基础。她的文学著作包括散文、诗歌、小说、剧本、译文和书信等,其中代表作为《你是人间四月天》,小说《九十九度中》等。1955 年 4 月 1 日清晨与世长辞,年仅 51 岁。在林徽因的感情世界里有三位男士,一个是她的丈夫梁思成,一个是闻名天下的诗人徐志摩,另一个是学界泰斗、为其立志终身不娶的金岳霖。

【郡望堂号】

郡望

南安郡:治所在今陕西省渭水东岸。

西河郡:治所在今内蒙古自治区鄂尔多斯市东胜区境内。

晋安郡:治所在今福建省福州市。

堂号

九龙堂、十德堂:比干的子孙林皋,战国时在赵国为相,权倾一时,德高望重。他生有九子,各有才德,时人称"九龙",其家族也被称为"九龙门",故有"九龙堂"。而林皋父子十人同以德才见称,故又有"十德堂"。

【宗族特征】

林姓家族在得姓伊始便带上了鲜明的忠臣之家或忠臣之后的特色。林姓家族经历代先贤的倡导和身体力行,使忠孝传家、重视教育、尊敬祖宗、敦亲和睦等美德成为传统家风。林姓各支的字行辈分排列有序,如山东德州林姓一支的字行派语为:"若宗孟荣,厚泽祖恩。"

【繁衍变迁】

林姓发源于今河南境内。自林坚得周武王赐姓,食邑博陵(今河北安平)后,其子孙世袭其爵。春秋时期,林姓人散居于今陕西、河南、山东等地。战国时期,有林姓人迁至西河(今河南安阳一带)。汉朝时,林姓人成为今山东济南地区的名门望族。东汉末至三国时期,原居于中原(黄河中下游地区,包括今河南大部、山东西部和河北、山西的南部)的林姓人因遭政治迫害而大批南迁入今江苏、浙江一带。西晋末年,中原林姓人开始进入今福建。唐宋时,有林姓人迁入今海南。明时,有林姓人散居于今河南、甘肃等地。明清之际,今福建、广东沿海地区的林姓人开始移居台湾、远播港澳与海外。

林姓是当代中国人口排行第十七位的姓氏,总人口约有1300多万,约占全国人口的1.07%,尤盛于福建、台湾地区。

刁

【刁姓起源】

1. 出自姬姓,以国名为氏。周文王时,有姬姓国雕国,其围人中多有雕氏,后简称刁。

2. 以技为氏。据《汉书》所载,"考工雕人之后"也以雕为氏,后简改为刁氏。

3. 以人名为氏。据《风俗通义》载,齐(齐国在今山东省北部)大夫童刁之后有刁姓。战国时有刁勃。汉有刁间,齐人,以富闻。子孙居渤海(今河北、辽宁境内的渤海湾沿岸一带)。

4. 音秋时齐国大夫竖刁之后。《通志·氏族略》《韵会》载:"刁氏出渤海齐大夫竖刁之后。"竖刁为齐桓公宠臣,曾与管仲一起辅佐齐桓公建立霸业。管仲去世后,竖刁专权。他的后代子孙便以祖上名字为氏,称刁氏。

5. 为貂姓所改。据《风俗通义》所载,春秋时齐国有貂勃,后姓貂氏。而古代雕、貂二姓,后来皆改为刁姓。另据《日知录》《复古篇》载,古代刁、雕、貂三字声同宗异,后统为刁姓。

6. 源自少数民族改姓或少数民族固有姓氏。明时云南刀氏有改姓刁者;清时云南建水州慢车乡(今云南建水县西南)土舍、镇沅(今云南普洱市镇沅彝族哈尼族拉祜族自清县)土府,四川建昌道红卜苴(今四川攀枝花市盐边县红格镇)土百户等均有刁姓;今土、满、蒙古等民族均有此姓。

【刁姓名人】

刁韪

东汉彭城(今江苏徐州)人。桓帝时为侍御史,与陈蕃相重,被陷以朋党禁锢。后复拜议郎,迁尚书,出为鲁、东海二郡相。性格耿直,有胆略,所在称神。

刁光胤

长安(今陕西西安)人,唐代画家,天复中避乱入蜀。性情高洁,交游不杂,善画湖石、花卉、猫兔、鸟雀,工花水。孔嵩、黄筌皆师其笔,世有"孔类升堂,黄得入室"之赞。

刁通

山阳(今江苏淮安)人,元代将领。弱冠授从征冯翊校尉。世祖至元中,从丞相伯颜作战,武艺绝伦,功居多。后归阿术元帅麾下,管领都下军,克樊城,定镇江、淮南一带。升征东招讨使,佩金符,移镇扬州,世袭其职。

【郡望堂号】

郡望

弘农郡:今河南黄河以南,宜阳以西的洛、伊、浙川等流域和陕西洛水、社川河上游、丹江流域。汉武帝时置郡,治所在今河南灵宝东北。

渤海郡:治所在今河北沧州,汉代置郡。

堂号

藏春堂:宋朝时候有刁约,做学问、做文章都很刻苦。初任馆阁校理、后进使馆、复为扬州知府。辞官后,在润州(治所在今江苏镇江)安家,号为"藏春堂"。苏东坡送他的诗中有"春在先生杖履中",意思是连你的拐杖、鞋子都藏着春天的温暖。因而有此堂号。

【繁衍变迁】

刁姓发源于今山东、河北等地。至三国魏晋时,刁姓人在渤海郡(今河北、辽宁境内的渤海湾沿岸一带)和弘农郡(今河南西部的三门峡市一带)繁衍得十分兴旺。五胡十六国时,中原动荡,刁协自今河北避难南渡,为东晋尚书令,后被奸臣所杀,但其子孙显贵于当朝,并有回归北方者。隋唐两代,刁姓人仍主要在北方繁衍,但今浙江、安徽、湖北等南方诸省均有刁姓人入居。唐昭宗天复年间,有刁光胤自今陕西西安入今四川。唐末五代时,原居于今河南上蔡的刁彦能落籍今江苏南京,其有子徙居今江苏镇江,同时另有刁姓人入今湖南、江西。宋元两代,今福建、云南、贵州、广东各省及广西壮族自治区均有刁姓人入迁。明初、洪洞大板树（今属山西）籍的刁姓人被分迁至今河北、甘肃、天津等省市和东北地区。

如今，刁姓是中国人口排行第二百四十五位的姓氏，总人口约30万，约占全国人口的0.024%。

钟

【钟姓图腾】

民间传说，炎帝第五世祝融氏居住在钟山，钟姓因钟山而得姓。据相关研究显示，钟山是太昊之子重（句芒）的天齐山灵台，上面设置有"重仪"。直观地看就不难得出结论：钟姓图腾由两部分组成，左边为"俞表"，是古人确定方向的仪器；右边为"重仪"，由"辛""目""车""土"等组成。"辛"代表风向标，"目"代表人的眼睛，"车"为璇玑盘，用来辨别方位，"土"为竖立璇玑盘的地方。

【钟姓起源】

1. 源自子姓

《名贤氏族言行类稿》《新唐书·宰相世系表》等载，春秋时宋桓公子御说曾孙伯宗仕晋，生州犁，入楚，食采于钟离（今安徽省凤阳县），后人多以居地为氏，单称钟氏。

2. 源自嬴姓

周朝时，伯益（亦称大费，古嬴姓家族的祖先）的后人被封于钟离国。春秋时钟离国被楚吞并，国人称钟离氏，其中有一部分改钟离为钟。

3. 源自官名

据《周礼·春官》记载，古代有官名钟师，掌击钟奏乐。钟姓最早的一支是周朝乐官钟师的后代。

4. 源自少数民族改姓或本有之姓

改姓：满族钟吉氏、裕固族钟鄂勒氏改单姓钟。

本有之姓：今高山，拉祜、蒙古、回、畲、苗、彝等民族均有此姓。

【钟姓名人】

钟子期

春秋时期楚国人。精音律。相传伯牙鼓琴，他能分辨是志在高山还是志在流水，因而被伯牙引为知音。他死后，伯牙在他的墓前弹了一次琴后就不复鼓琴。

钟繇

字元常，是三国时期魏国的一位很有名的大臣、大书法家。东汉末举孝廉，累迁廷尉正、黄门侍郎。曹操执政，任侍中、司隶校尉。曹丕代汉，任廷尉，封崇高乡侯。明帝即位，迁太傅，人称"钟太傅"。工书法，宗曹熹、蔡邕、刘德升，博取众长，自成一家，尤精于隶、楷。书若飞鸿戏海，舞鹤游天。后人评其隶行入神，八分入妙，和大书法家胡昭并称"胡肥钟瘦"，与晋王羲之并称"钟王"。他临死的时候对自己的儿子说："吾精思学，学其用笔，每见万类，皆画像之，其专挚如此。"

钟繇

钟嵘

字仲伟，颍川长社（今河南省许昌）人。是中国南朝时期有名的文学批评家。曾任参军、记室一类的小官。梁武帝天监十二年（513 年）以后，仿汉代"九品论人，七略裁士"著作先例，写成诗歌评论专著《诗品》。以五言诗为主，全书将两汉至梁作家 122 人分为上、中、下三品进行评论，故名为《诗品》。《隋书·经籍志》又称之为《诗评》。在《诗品》中，钟嵘提倡风力，反对玄言；主张音韵顺其自然，反对人为的声病说；主张"直寻"，反对用典，比较系统的诗歌品评的标准就是他首先研究后提出来的。

【郡望堂号】

郡望

颍川郡:治所在今河南禹州,秦时置郡。

竟陵郡:治所在今湖北潜江西北,秦时置郡。

堂号

四德堂:春秋时楚国钟仪,被晋景公赞叹为有四德:不忘本之仁,不忘旧之信,无私之忠,尊君之敬。因而有此堂号。

【宗族特征】

从东汉至盛唐,颍川长社(今河南长葛东)钟姓家族始终为名门望族,地位显赫,人丁兴旺,成就斐然。政治上,钟繇、钟毓、钟雅、钟绍京等,都是当时的辅政大臣;军事上,钟会、钟诞、钟蹈等,都是能征惯战、镇守一方或运筹帷幄、出奇制胜的将领;文学上,钟繇、钟会、钟蹈、钟嵘、钟屿等,都有大量著作或专集传世;书法艺术上,钟繇、钟琰、钟绍京等,都有高深的造诣。

【繁衍变迁】

钟姓发源于今安徽。先秦时期,钟姓人主要居住在今湖北,湖南一带。汉晋之际,钟姓人以今河南为繁衍中心。晋时,有钟姓人自今河南移居今江苏南京、福建、浙江、湖北及江西赣州等地。南朝末年,有钟姓人移居岭南(五岭以南,即今广东省、广西壮族自治区与越南北部一带)、植根于其间的少数民族之中。唐代,钟姓人分布于今山西、四川、广东,安徽等地。五代至宋元,北方战乱,钟姓族人大部聚居于今福建、广东。明初,钟吐人作为洪洞大槐树(今属山西)迁民之一,被分迁于今安徽、河南、河北、江苏、陕西等地。清代以后,有今广东、福建境内的钟姓人赴台、远播东南亚等地。

钟姓是当代中国人口排行第五十四位的姓氏,总人口约有 440 余万,约占全国人口的 0.35%。

徐

【徐姓图腾】

虽然直观地看上去很复杂,但事实上,徐姓图腾只是由"余"和"太阳鸟"两部分组成。

【徐姓起源】

1. 源自嬴姓

出自嬴姓,为伯益之子若木之后。据史料记载,伯益助大禹治水有功,舜封其子若木于徐国。后来徐国被吴国所灭,徐国的后代便开始世世代代姓徐,这是以国为姓的典型例子。因为伯益是嬴姓,所以这一支徐姓源自嬴姓。

2. 源自"殷民六族"

据史料记载,在"殷民六族"中,有一族为徐姓。殷民六族指的是商代遗民,也就是商朝灭亡之后遗留的老百姓。这六族分别是条氏、萧氏、索氏、长勺氏、尾勺氏和徐氏。

3. 源自他姓改姓

例如在五代时,李升改姓徐,名知诰,他的后代便都以徐为姓。

【徐姓名人】

徐晃

字公明,河东杨(今山西省洪洞东南)人。三国时期此人乃曹魏名将。本为杨奉帐下骑都尉,曹操击败杨奉后,此人转投曹操,在曹操手下多立功勋,参与官渡、赤壁、关中征伐、汉中征伐等几次重大战役。樊城之战中,徐晃充当曹仁的援军击败关羽,因于此役中治军严整而被曹操称赞"有周亚夫之风"。曹丕称帝后,徐晃官封右将军,于公元 227 年病逝,谥曰壮侯。

徐干

字伟长,北海郡(今山东省昌乐附近)人。汉魏年间的文学家,建安七子之一。少年勤学,潜心典籍。汉灵帝末,世族子弟拉帮结派,以追逐浮名为荣,徐干闭门自守,穷处陋巷,不屑入俗世之流。建安初,曹操召授司空军师祭酒掾属,又转五官将文学。数年后,因病辞官,曹操尤为可惜,遂旌命表彰。后又授以上艾长,也因病不就。建安二十二年(公元217年)二月,瘟疫流行,徐干亦染疾而亡。徐干作品,《隋书·经籍志》著录有集5卷,已佚。明代杨德周辑、清代陈朝辅增《徐伟长集》6卷,此文曾经于《汇刻建安七子集》一书中收录。《中论》2卷,《四部丛刊》有影印明嘉靖乙丑青州刊本。

徐达

字天德,汉族,濠州钟离(今安徽省凤阳东北)人。明朝初期乃一军事统帅,初朱元璋为郭子兴部将,往归之。从南略定远,取和州。渡江拔攻城取拔寨,皆为军锋之冠,后为大将,统兵征战。吴元年,任左相国之职,官拜大将军。洪武初再官中书右丞相,封魏国公,谥号中山王。

【郡望堂号】

郡望

东海郡:治所在今山东郯城县北,秦时置郡。

琅玡郡:治所在今山东黄岛区境内,秦时置郡。

堂号

圣交堂、麦饭堂:宋朝名士徐大受与朱熹一见如故,贫穷的徐大受用葱花汤和麦饭来招待朱熹,二人却很高兴,在历史上传为佳话。因而有此堂号。

东海堂:徐偃王的势力范围曾扩展到鲁南、苏北、闽东及皖全部,而鲁南与苏北属东海郡,因而有此堂号。

【繁衍变迁】

徐姓发源于今江苏徐州、安徽泗县,后扩至今安徽凤阳。春秋末期,徐国为吴国所灭,有徐姓人避居今河南、山东。秦汉之际,今江苏、安徽、江西、浙江一带已有徐姓人生活。东汉以前,有徐姓人迁至今甘肃。徐姓人于魏晋之际开始大举南迁,到隋唐时,在南方得以进一步地繁衍发展。宋末时,有徐姓人入今福建长汀。元时,有徐姓人自今江西、福建迁居今广东。明清时,徐姓人已广布大江南北。

徐姓是当代中国人口排行第十一位的姓氏,总人口约有 1900 万,约占全国人口的 1.51%,尤盛于江苏、浙江、安徽一带。

邱

【邱姓图腾】

邱姓源于魁隗氏。魁隗,姓姜,名魁隗,又名柱,号魁隗氏。据研究,魁隗氏是中国氏族联盟时代炎帝魁隗氏政权的首任帝。邱姓图腾看似直观,实际比较抽象,它是大山纪历的标志。

【邱姓起源】

1. 源自姜姓

相关研究显示,这一支邱姓是姜太公的后裔。西周初年,太师吕尚(姜姓,吕氏,名望)因辅佐武王灭商有功,被封于齐,建齐国,都营丘(今山东省淄博市东北旧临淄),号称齐太公,俗称姜太公。其子孙中后有以地为氏的,史上称其为邱氏。东汉《风俗演义》载:"齐太公望封营丘,支孙以地为氏。"史称邱姓正宗。

2. 源自姒姓

夏帝少康时,封其小儿子曲烈于鄫(今河南省柘城县北),至周灵王时,为莒国所灭,其子孙去掉"鄫"字右边的"阝",为曾氏,其后分支中就有以丘为氏。此为曾、丘联宗之说。

3. 源自妫姓

据相关资料记载,春秋时,陈国(开国君主是胡公满)有宛丘,邾国(传为颛顼后裔挟所建,曹姓)有弱丘,居者皆以"丘"(邱)为氏。

【邱姓名人】

邱处机

他的道号又名长春子,字通密,是我国金朝末年的全真道道士。在历史上,邱处机为金朝和蒙古帝国统治者敬重,他曾经远赴西域劝说成吉思汗减少杀戮而受到天下人的赞誉。在金庸的武侠小说《射雕英雄传》和《神雕侠侣》中,邱处机被描述为一位豪迈奔放、武艺高强的道士,这也使他更为大众所知。元太祖二十二年(1227年),邱处机最后逝世于天长观中,终年80岁。元世祖时,曾被追封"长春演道主教真人"。

邱葵

字吉甫,宋末元初同安县小嶝人。理学家,有志朱子之学。宋亡,不应科举,杜门钻研学问。因居海岛中,自号钓矶翁。元延祐四年(1317年),御史马祖常携款邀请他做官,他作诗明志拒绝。著作有《钓矶诗集》《周礼补亡》等。

邱良功

字玉韫,号琢斋,福建同安人,由于此人骁勇善战,而且智谋过人,一路升到浙江提督。嘉庆十四年八月,邱良功追击海盗蔡牵,身先士卒,奋勇急攻。蔡牵弹尽援绝,只好裂舟自沉。良功因此役赐封三等男爵。嘉庆二十二年,良功入觐,回任时,不幸在途中去世,朝廷赐祭葬,后来又追赠建威将军,他的墓在如今的太武山麓的小径村附近。

【郡望堂号】

郡望

河南郡:治所在今河南洛阳东北,汉高祖时置郡。此支丘姓的开基始祖为丘穆。

吴兴郡:今浙江临安、余杭、德清一线西北,兼有江苏宜兴等地。三国时吴置郡,治所在今浙江湖州南,此支丘姓的开基始祖为丘俊。

堂号

文庄堂:明朝人邱浚,官礼部尚书,文渊阁大学士。著有《大学衍义补》一书,内容包括政治、经济、文化、教育、司法、军事等方面,博采前人议论,并加按语抒发自己的意见。他死后谥文庄,因而有此堂号。

【宗族特征】

邱、丘二姓本同宗,邱姓主源于丘姓,历史上邱(丘)姓名人多见长于文艺诗歌方面。邱(丘)姓人的堂号多取之有典;邱(丘)姓人的字行辈分亦斟字酌义,颇有意味,如清代邱吉成所纂的《邱氏族谱》记载,商丘(今属河南)邱姓人一支的字行为:"元裕新德,圣传书宝,常荷国恩。"

【繁衍变迁】

邱姓发源于今山东,族人早期主要播迁于今河南境内。秦汉时,今陕西、浙江等省和内蒙古自治区均有邱姓人。魏晋南北朝时,原居于今河南固始的邱姓人为避战乱,南下迁居今福建。东晋时,有邱姓人迁居今四川,后又有迁居今河南、转今福建宁化等地者,遂使邱姓人广播于今福建、广东省境内。宋代,今福建有较多邱姓人居住。明代,今贵州、云南等地有邱姓人的聚居点,今陕西、山东、河北、河南、北京、天津等地有洪洞大槐树(今属山西)邱姓移民入居。清初,今福建、广东境内的邱姓人有渡海赴台者。

邱姓是当代中国人口排行第六十五位的姓氏,总人口近380万,约占全国人口的0.3%,尤盛于四川、福建、台湾和华南地区。

骆

【骆姓起源】

1. 出自姜姓,以人名为氏。据《姓谱》和《元和姓纂》所载,周武王建立周朝后,封开国功臣姜太公于齐(今山东北部和河北东南部一带),建立了齐国。姜太公的后代中有公子骆,其子孙以其名为氏,世代相传为骆氏。

2. 出自嬴姓,以国名为氏。据《史记》所载,殷纣王时大臣、嬴姓后裔恶来之玄孙曰大骆,大骆的长子成,建立大骆国(一说在今陕西兴平,一说在今甘肃礼县)。大骆国于周厉王时被西戎所灭,其子孙以骆为氏。

3. 春秋时郑国大夫王孙骆之后。

4. 据《史记·东越列传》所载,越东海王摇,姓驺,驺一作骆。或称夏禹裔孙少康之后有骆姓。

5. 源自少数民族改姓或少数民族固有姓氏。据《魏书·官氏志》所载,北魏代北人他骆拔氏,后改为骆姓;唐时吐谷浑人有骆姓;唐时骆元光祖先为安息人,过继为骆奉先养子,改骆姓;金时女真人散答氏、独鼎氏,后改汉姓骆;清满族八旗姓萨克达氏后改为骆姓;今满、布依、土家等民族均有此姓。

【骆姓名人】

骆宾王

婺州义乌(今属浙江)人,唐代文学家,"初唐四杰"之一。高宗时官至侍御史,因故下狱,获释后出任临海丞。徐敬业起兵反对武则天时,骆宾王为其撰写檄文,文采竟连武则天都大加赞赏。徐敬业失败后,骆宾王不知所终。骆宾王的诗作以长篇歌行最善,内容多写个人哀怨,精练缜密。其作品辑有《骆临海全集》。

骆绮兰

句容(今属江苏)人,清代女画家、诗人。为袁枚女弟子,工诗,作画亦有天趣,著有《听秋轩诗稿》。

【郡望堂号】

郡望

内黄郡:在今河南内黄县,汉代置郡。

会稽郡:治所在吴(今江苏苏州市),秦代置郡,东汉移治山阴(今浙江绍兴市)。

堂号

才子堂、河南堂、瓯香堂等。

【宗族特征】

骆姓来源庞杂,时至今日,许多骆姓人家难准确辨析自己出自何支。骆姓人名存青史,始于东汉陈留相骆俊,而骆姓家族最知名人物当为唐代的骆宾王。明清两代骆姓进士及第者共37人,以南方人居多,北方仅两名,其中骆成骧为唯一一名状元,也是清代四川唯一一名状元。

【繁衍变迁】

骆姓发源于今山东。魏晋以前,今陕西、浙江已有骆姓人定居。魏晋南北朝时,北方的骆姓人为避战祸而大批南下,与原居于今浙江绍

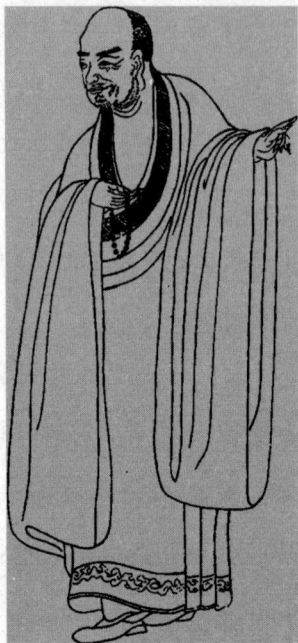

骆宾王

兴的骆姓人相融合,逐渐形成了会稽郡(今浙江绍兴)望。此后至隋唐,骆姓人在今河南洛阳、内黄等地繁衍迅速,并逐渐北移,在今河北、山西等地播迁繁衍。宋元两代,今江苏、浙江一带的骆姓人播迁到今福建、广东,待成为两地的大族后,又逐渐播迁至今云南、贵州等地。明初,有洪洞大槐树(今届山西)骆姓人被分迁于今浙江、河南、河北、山东、北京等地。明中叶以后,福建、广东等沿海之骆姓有渡海定居台湾者。

骆姓是当代中国人口排行第一百三十位的姓氏,总人口约 118 万,约占全国人口的 0.095%,尤盛于北京、广东、贵州等地。

高

【高姓图腾】

高姓图腾是高族的族称。高姓的始祖最先发明了用于观测天象的危屋华盖"天余"——也就是"天脐"——所以其图腾由"天余"和坛台组成。图腾上部的"高"好似天余的"个"形尖顶,取像天穹;下部的"冋"是立体着的坛台,好像高出平地的塬、坝、丘、墟。观测日月星辰必须登高,所以坛台有三重或者九重,直观地看上去,是一个上小下大的梯形。

【高姓起源】

1. 源自姜姓

当今高氏子孙多数为渤海高氏后裔。因为据史料记载,姜太公的第八世孙姜傒因拥立齐桓公有功,被赐予祖父公子高的名为姓。高傒第六世孙高止在齐国遭到一些贵族的排挤,离开齐国来到燕国。经过几代的努力,高止第十世孙高洪成为东汉渤海郡守。渤海高氏世世代代绵延不息。

2. 源自先辈的字

据史料记载,春秋时齐惠公之子公子祁——也就是历史上著名的齐桓公的孙子,字子高,其后裔便开始世世代代姓高,这是以字为氏的典型例子。

3. 源自复姓的简化

这里的复姓不是没有规律,实际上都是以高字开头的。例如高阳氏、高车氏、高堂氏、高陵氏等,这些复姓的后代很多都开始简化姓高。

4. 源自他族改姓

例如,据史料记载,十六国时,后燕皇帝慕容云为了实现政治目的,自称为高阳氏后裔,其实就是想用这样的方式含蓄地表明,他是黄帝的直系后裔,遂改姓高。

在我国的历史上，还有不少其他的少数民族，诸如鲜卑、高丽、女真、满族等，都有不少改姓高的。

【高姓名人】

高长恭

又名高孝瓘，因其勇武善战，勇挫敌军于阵前，是武艺高强的将领、北齐大将，是东魏大权臣北齐奠基人白手起家大英雄风流大丞相高欢之孙。此人乃北齐世宗文襄帝的第四子，封兰陵王。据《北齐书》讲，他"貌柔心壮，音容兼美"。应是有英雄气概之美男，是中国古代四大俊男（嵇康、周瑜、高长恭、杨华）之一。

高适

我国唐代著名的边塞诗人，系河北景县人，世称"高常侍"。作品收录于《高常侍集》。高适与岑参并称"高岑"，其诗作笔力雄健，气势奔放，盛唐时期所特有的奋发进取、蓬勃向上的时代精神尽现于世人。

高适

高鹗

清代文学家，字兰墅，一字云士。因为对《红楼梦》偏爱有加，别号"红楼外史"。也正因为高鹗对《红楼梦》的酷爱，他才续写了《红楼梦》。高鹗是汉军镶黄旗内务府人，祖籍铁岭（今属辽宁省），先世清初即寓居北京。

【郡望堂号】

郡望

渤海郡：治所在今河北沧州，西汉时置郡。此支高姓人的开基始祖为东汉高洪。

渔阳郡：治所在今北京密云西南，战国时置郡。

堂号

厚余堂:孔子弟子高柴,任费城宰(县长)。孔子评价他:"柴也愚。"朱熹注:"愚是知不足而后知有余。"《辞海》中说:"愚,纯朴也。"由是,高姓后代以"厚余"为堂号。

【宗族特征】

中国历史上,高姓称帝王者有 14 人,曾建立北齐、燕、荆南等政权。各地高姓家族的字行辈分在形式上多种多样,家规家训却大同小异,一般都以强调忠孝纲常的伦理观为重点。

【繁衍变迁】

高姓发源于今山东。战国到秦汉,高姓人已迁入今河北、辽宁。秦汉三国时期,高姓人渐活动于海河流域,黄河上、下游,淮河流域,长江上、下游地区。两晋南北朝时,战乱频繁,高姓人大举南迁。隋唐时,有高姓人迁入今福建。五代时期,有原居于今河南三门峡的高季兴在今湖北荆州市建南平国,有原居于今山西太原的高彦俦在控制今四川的后蜀政权为官。此期,江南江北都有高姓人活动。两宋时,高姓人向江南迁徙,定居于海宁(今属浙江)、临安(今浙江杭州)、温州(今属浙江)、山阴(今浙江绍兴)、晋陵(今江苏武进)等地。元明清时期,高姓人多集聚于东南地区,尤以江苏、浙江地区最为集中。

高姓是当代中国人口排行第十九位的姓氏,总人口约有 1200 余万,约占全国人口的 0.98%,尤盛于渤海湾沿岸、江苏省和东北地区。

夏

【夏姓图腾】

远古的历史大多靠传说来传播，夏族也不例外——根据远古的传说，夏族是魁隗氏炎帝族夸父氏的一支。炎帝以火和太阳为主图腾，夸父氏以狙猴（持有斧钺的猴）为主图腾。直观地看夏姓图腾，很明显由两部分组成：太阳和狙猴，因此可以说它承袭了炎帝及夸父氏的图腾要素。

【夏姓起源】

1. 源自姒姓

远古时代，禹在治水的过程中，指导百姓兴修沟渠，发展农业，还领兵平定了三苗之乱，使人民得以安居乐业。为了表彰他的丰功伟绩，舜赐姒姓于他，封他于夏（今河南省登封市东），他接受了国君之位。禹死后，其子启继位，建立了夏朝。夏桀当政的时候，因其暴虐无道，夏朝最终被商汤推翻，夏王族便以国名为氏。

2. 源自姒姓

周武王灭商之后，周朝正式建立，初年分封诸侯，夏禹的后裔东楼公受封于杞（今河南省杞县），为杞侯。这个分封政权传到杞简公时，杞国被楚国所灭，根据相关史料记载，在这个时候，简公之弟佗出奔鲁国。鲁悼公因佗为夏禹的后裔，便封他为夏侯。佗的后代以夏为姓，称夏氏。因为夏禹是姒姓，所以这一支夏姓源自姒姓。

3. 源自妫姓

这一支夏姓属于以王父（即祖父）的字为氏的典型例子。据相关史料记载，西周初年，帝舜之后妫满受封，在周王朝的分封之下建立陈国，建都宛丘（今河南省淮阳），以奉帝舜之宗祀，历史上称这个人为胡公满、陈胡公。春秋时，陈国传至第十六位君主陈宣公杵臼时,有庶子名子西,字子夏。子夏之孙征舒以王父之字当作自己的氏,称为夏征舒,其后遂有夏氏。因为胡公满(妫满)是妫姓,因此说这一支夏姓源自妫姓。

4. 源自改姓、赐姓或少数民族本有之姓

改姓:高山族哈也湾氏改姓夏。

赐姓:明时蒙古人齐噜台被赐名夏贵。

本有之姓:土家、蒙古、回、满等民族也有夏姓。

【夏姓名人】

夏无且

在荆轲谋刺秦王之时的侍医,由于"以药囊捉荆轲",而名登《史记》的"刺客传"。

夏恭

东汉光武帝时备受人敬仰的学者。依据史籍记载,夏恭是当时最负盛名的易学教授,曾经教授生徒100余人,可谓桃李满天下。

夏圭

钱塘(今浙江省杭州)人,南宋杰出画家。早年工人物画,后以山水画著称,并与马远同称"马夏"。画风洒脱,糅合李唐、范宽与米芾的画法,用秃笔带水作大斧劈皴,构图多作半边或一角之景,时称"夏半边"。

【郡望堂号】

郡望

会稽郡:治所在今江苏苏州市,秦始皇时置郡。

谯郡:治所在今安徽亳州,东汉时置郡。

堂号

平水堂:夏禹治水13年,三过家门而不入,终于治平水患,并得以继承帝位,因而有此堂号。

【宗族特征】

夏姓发源于中原,经改朝换代,战乱迁徙,逐渐变为南方姓氏。夏启建立了中国历史上第一个奴隶制国家,开创了更朝换代之历史新局面。夏姓家族多出文学艺术及学术人才,名人典故千古流传。夏姓人的字行辈分多寄寓着族人企盼国兴家宁、政清人和的美好愿望。

【繁衍变迁】

夏姓发源于今河南,早期繁衍于中原一带,并逐渐向西、北扩展,进入今山东等地。秦汉时,今江西、江苏、浙江等南方地区有夏姓人迁入。魏晋南北朝之际,夏姓人大举南迁,这一时期以今浙江境内的夏姓家族最为昌盛。唐代是夏姓家族蓬勃发展的时期。宋代以后,荣载史册的夏姓名人比比皆是。明初,有洪洞大槐树(今属山西)夏姓人被分迁于今浙江、江苏、安徽、河南等地。清末有今福建、广东等地的夏姓人渡海入台,后辗转新加坡等地。

夏姓是当代中国人口排行第六十六位的姓氏,总人口约370万,约占全国人口的0.3%,尤盛于长江三角洲地区。

蔡

【蔡姓图腾】

稂据古老的传说,蔡其实是炎帝部落一个分支的族称。这个氏族分支的特点就是,以长尾鸟丹凤(山雉)为图腾。据说丹凤是一种非常好斗的鸟,嗜杀成性,不斗死不罢休。因此蔡姓图腾由两只鸟组成:左边是象征着炎帝图腾的太阳鸟,表示蔡姓是炎帝后裔;右边是丹凤,代表蔡氏族本身。

【蔡姓起源】

1. 源自姑姓

这一类蔡姓为黄帝支裔。据《国语·晋语四》等记载,黄帝有25子,得姓者14人,为12姓,其中就有姑姓。蔡姓是姑姓的支系,在姑姓部落中担任祭祀的职责,地位很高,逐渐发展成国。到了商朝时期,蔡国位于今河南中牟县北,后来,它又迁至河南北部长垣县东北的古祭城(蔡、祭古时通用)。周灭商之后,蔡国也随之灭亡,于是这个国家的子孙以国为姓。

2. 源自姬姓

这一类蔡姓为周文王后裔,是以国为氏的典型例子。据《姓氏考略》《华亭蔡氏新谱序》等载,周灭商后,封文王第五子叔度于蔡,让他与管叔、霍叔一起监管殷商遗民,称为"三监"。武王死后,周成王年纪太小,周公旦(武王的弟弟,又称周公)因此临朝摄政。管叔、蔡叔度、霍叔等都很嫉妒周公,便联合武庚起来造反,周公讨伐武庚,事后处死管叔,并将蔡叔度放逐。后成王改封蔡叔度的儿子胡于蔡,称蔡仲。蔡国传23代,于公元前447年被楚国攻灭,子孙以国为氏,称为蔡氏。

3. 源自少数民族改姓

例如根据相关史料记载,原来的女真族乌林答氏、满族蔡佳氏后来改汉姓为蔡姓。

【蔡姓名人】

蔡伦

桂阳(今湖南省郴州)人,东汉时期宦官,改进了造纸术,他总结西汉以来用麻质纤维造纸的经验,发明了用树皮、麻头、敝布、渔网这些最容易见到的东西进行造纸的技术,时称蔡侯纸。他被后世看作我国造纸术的发明人。

蔡邕

陈留圉(今河南省杞县南)人,东汉时期著名文学家、书法家。他精通经史、音律、天文,善散文辞赋,是一个名副其实的博学多才的人。在书法方面,蔡邕也有相当大的造诣，对于隶书非常有研究，曾创"飞白"书。除此之外，蔡邕还在绘画方面有着不小的成就，是东汉四大画家之一。

蔡元培

浙江省绍兴人。他早年参加民主革命运动，积极倡导科教育人，实行先进办学方针，提倡民主、科学，当过北京大学的校长，革新北大，开"学术"与"自由"之风，对中国教育事业的发展起到了很大的推动作用，现在仍被人们尊为教育界的典范。

蔡伦

【郡望堂号】

郡望

济阳郡：今河南兰考东境、山东东明南境。晋惠帝时置郡，治所在今山东济阳。

汝南郡：治所在今河南上蔡西南。

堂号

九峰堂：宋朝蔡仲默，少年时跟朱熹学习理学，才 30 岁就放弃科举，专攻理学。隐居在九峰，人称"九峰先生"。因而有此堂号。

【宗族特征】

蔡姓在东汉末年已发展成中原大姓，支脉繁多，人口分布广泛，多显赫之家族。蔡姓宗族的楹联与堂号甚多，颇具文采，且蕴含着丰富的文史知识，以启迪后人奋进为主旨。蔡姓族人的字行辈分排列有序，如广东罗定蔡姓一支的字行为："世伯日克，七念万丈，昌能亮性，彦诚国于，卿士善奕。"

【繁衍变迁】

蔡姓发源于今河南。先秦时期，有蔡姓人迁居今湖北、陕西、河南、山西、山东等地。秦汉时,蔡姓人以今河南、山东为中心,在中原地区发展。魏晋南北朝时,战乱频仍,蔡姓人大举南迁至今江苏、浙江各地。至唐宋时期,蔡姓步入发展的鼎盛期,逐渐成为中原一大姓氏。唐初,蔡姓就已有入迁今福建、广西等地者,并在日后成为今台湾、广东蔡姓人的重要来源。宋时,北方的蔡姓人再次大规模南迁至今江苏、浙江、安徽、福建、广东等地。至明清时,蔡姓人已有远播海外者。

蔡姓是当代中国人口排行第三十四位的姓氏,总人口近650万,约占全国人口的0.52%,尤盛于东南沿海各省。

田

【田姓图腾】

田姓图腾非常直观,一眼望去便知与"田"有关。实际上,根据相关研究显示,田姓由"田正"(古时官职,主管田地禾苗,炎帝、神农以及三苗时代都设有此职)得姓,所以其图腾为一块种有禾苗的田地。而图腾的整体框架,实际就是一个"田"字。

【田姓起源】

1. 源自妫满之后

据《史记·田完世家》《新唐书·宰相世系表》《古今姓氏书辩证》等资料所载,周朝初年,帝舜之后妫满受封于陈(今河南省淮阳一带),其后裔有妫完,为避祸而去陈赴齐(都城在临淄——今山东省淄博),又换成了田姓。

2. 源自改姓

例如,魏国征西将军钟会,字士季,钟繇次子。他助司马炎灭蜀后,打压邓艾,又准备与姜维策划谋反,但事情败露,被士兵乱箭射死,年仅40岁。留在钟繇故里的钟姓怕受到牵连,从繁体"锺"字中抽出"田"字来作为自己的姓。所以,钟繇死后葬于颍川长社的故里,如今仍叫田庄。

再如，据《明史》记载，明朝早期，有辅佐惠帝的大臣黄子澄，因上削藩之策而激怒诸侯，被杀。其子黄子经为避祸改名为田终，迁居今湖北咸宁一带，后世子孙也以田为姓。

3. 源自官名

据相关资料记载，田官为朝廷管理和提供谷物、龟甲，其官世代承袭，故因官成氏。

4. 源自少数民族姓氏

如并州田姓据说是从匈奴人的分支演化而来的；西夏人有姓田者；金时女真人阿不哈氏，汉姓为田；清时贵州思南府土司姓田，为白族；今苗、瑶、彝、土家、回、蒙古、藏、满、朝鲜等少数民族中也能见到这一姓氏。

【田姓名人】

田单

临淄（今属山东省淄博）人，战国名将。乐毅伐齐，齐国岌岌可危，只存二城，田单用火牛阵大败乐毅而复国。

田因齐

战国时齐国开明国君，史称威王。他任用邹忌为相，田忌为将，孙膑为军师，招纳学者，百家争鸣，使齐国盛极一时。

田单

田忌

战国时期齐国人，因以"下对上、上对中、中对下"的完美战术赛过齐王，因而被人赞不绝口，名亦留青史。

【郡望堂号】

郡望

北平郡：治所在今河北满城北，西汉置郡。

雁门郡：今山西省河曲、五寨、宁武等县以北，恒山以西，内蒙古自治区黄旗海以南地区，清所在今山西省右玉南，战国时赵国置郡。此支田姓人的开基始祖为唐太尉田承嗣。

堂号

贫骄堂：战国时田子方做魏文侯的老师，一次子方在路上遇到太子，太子急忙下车拜见，子方不还礼。太子问："富贵的人和贫贱的人，谁可以骄傲呢？"子方答道："只有贫贱的才能骄傲！诸侯骄傲，就要失其国；大夫骄傲就要失其家；贫贱的人如果自己的行为不合当官的心，说话当官的也不听，便会弃国而去，像丢掉破鞋子一样毫不吝惜。富贵的人怎么能和他们一样呢？"因而有此堂号。

【宗族特征】

田姓名人众多：在二十四史中，单独列传的田姓名人就有127人；《古今图书集成·氏族典》收有先秦至明朝的田姓名人272人；《中国名人大辞典》收录了先秦至清朝的田姓名人184人。田姓人的字行辈分排列有序，如湖南湘潭田姓一支的字行为："光裕成宗德，诗书启俊贤，文章华上国，科甲世常传。"

【繁衍变迁】

田姓发源于临淄（今山东淄博），先秦时已分布于今山西、河南、北京、湖北等地。汉初，有田姓人迁至今陕西咸阳、河北满城等地。汉代起，今四川、湖北、湖南、贵州交界一带已有不少田姓人定居。三国两晋南北朝时，田姓人已分布于长江中下游地区，亦有迁今山西太原、宁夏回族自治区固原市、天津等地者。宋代以前，田姓人主要在中国的北部和中部播迁，并开始有迁今福建、广东者。清中叶起，今福建、广东的田姓人有渡海赴台、移居海外者。

田姓是当代中国人口排行第四十六位的姓氏，总人口近520万，约占全国人口的0.41%。

樊

【樊姓起源】

1. 出自姬姓,形成于西周,是周文王姬昌的后代,始祖为仲山甫,史称姬姓樊氏。据《通志·氏族略·以邑为氏》所载,周文王的儿子虞仲有孙名仲山甫,他同召伯虎、申伯、南仲、尹吉甫等大臣一起,辅佐周宣王南征北战,使周人统治的疆域扩大,史称"宣王中兴"。由于仲山甫功勋卓著,宣王封他为樊(今河南济源市西南)侯,他的子孙即以樊为氏。

2. 出自子姓,起源于商代,是成汤王子履的后代,史称子姓樊氏。据《左传》所载,成汤王的后裔子孙,在商中期以后,形成了陶、施、樊、繁、锜、几和终葵七大族,其中有樊姓,子孙一直沿袭下来。商朝灭亡之后,周武王把商朝的遗民七族,划归齐国管辖,故战国前后,樊姓多在齐、鲁一带繁衍生息。孔子的弟子樊迟,便是商人七族中樊姓的后人。

3. 为西南少数民族姓氏。东汉时,巴郡(今重庆、四川的部分地区)、南郡(今湖北荆州市一带)的少数民族本有五姓——巴氏、樊氏、莘氏、相氏、郑氏,皆出于武落钟离山(今湖北长阳西北)。

【樊姓名人】

樊哙

沛县(今属江苏)人,西汉初将领。楚汉之争时,项羽的谋士范增打算在鸿门宴上谋杀刘邦,樊哙持盾闯入,直斥项羽,使刘邦得以脱身。刘邦登基后,樊哙以军功封舞阳侯。

樊圻

字会公,江宁(今江苏南京)人,清代著名画家,擅画山水、花卉、人物,为"金陵八家"之一。

【郡望堂号】

郡望

上党郡：今山西沁水以东地区。

南阳郡：今河南省南阳一带。战国时秦国初置。

堂号

忠烈堂：因西汉名将樊哙辅佐刘邦忠心不二而得名。

此外，还有南阳堂、文魁堂、上党堂、听命堂等。

【宗族特征】

樊姓家族人才济济，文有开创"樊侯学""樊氏学"的著名学者，以及政绩卓著的文臣；武有能征善战、智勇兼备的封疆大吏。樊姓人南迁较晚，自宋代起，始有江南樊姓人见诸史册。

【繁衍变迁】

樊姓发源于今河南济源，时间上则可以追溯到商汤时代。上古汤王建立了商朝，其后代十分兴盛，后来渐渐分离成了七大族，其中就有一族为樊姓。后来商朝被周朝所灭，这七大族被周成王的叔叔康叔迁到今山东、山西一带，因此樊姓的名门望族大多出于此地。先秦时期，樊姓人主要生活于今河南、陕西一带。秦汉以后，今西部、西北部和中原地区（黄河中下游地区，包括今河南大部，山东西部和河北、山西的南部）的樊姓家族发展较快。隋朝初期，上党（今山西东南部）、南阳（今属河南）的樊姓人发展为与地望族。唐、宋两朝，樊姓人向东、南两个方向播迁，进入今浙江、江苏、江西、安徽一带。明清时，樊姓人的足迹已遍及全国。

樊姓是当代中国人口排行第一百零七位的姓氏，总人口约有170多万，约占全国人口的0.14%。

胡

【胡姓图腾】

胡姓图腾比较直观,不像某些图腾比较抽象。胡姓是盘古氏(伏羲氏)以葫芦为图腾的族称。而且胡姓图腾是最接近现代"胡"字的,胡由古和月组成,图腾中的葫芦很像现代汉字的古字,旁边的月亮很像现代汉字的月字。实际上"古"是在坛潭(坛四周有水环绕)之上立竿(扶桑木)"十",即后来的天干第一位"甲",象征观测太阳。这种方法被共工氏、句芒(重)氏等继承。

【胡姓起源】

1. 源自妫姓

据史料记载,帝舜的后人胡公满受封于陈国,到了春秋末期,陈国被楚国所灭,除了部分子孙改姓陈之外,还有一部分子孙改姓胡。因为胡公满本姓妫,名满,胡公乃是他在西周所得的谥号,所以他的部分子孙改姓胡,这可以看作以谥号当作自己姓氏的典型例子。

2. 源自姬、归姓

春秋时期建立的诸侯国不仅多,而且有不少重名的,如当时就出现了两个胡子国。一个是姬姓建立的,一个是归姓建立的。春秋末期,和陈国的命运一样,这两个胡子国先后被楚国所灭,两国的国民及其后代便都开始改姓胡,这是以国名为姓氏的典型例子(区别于以国为氏,因为必须是该国王族的子孙改姓该国名字,才能算是以国为氏)。

3. 源自他姓或他族改姓

他姓改姓:例如据史料记载,汉代太御黄广,后来改姓胡,称为胡广,后代也因此随姓。

他族改姓:例如后周的时候,敕勒族的子孙都改成了胡姓。

【胡姓名人】

胡安国

湖湘学派的创始人之一。此人也是南宋时期的著名经学家,字康侯,号青山,人称武夷先生,后世称胡文定公。原籍福建崇安。早年拜程颢、程颐弟子杨时为师,研究性命之学。入太学时,又从程颐之友朱长文、靳裁,得程学真传。其治学理念上承二程,下接谢良佐、杨时、游酢,在理学发展史上居于承上启下的地位。胡安国对于心、理、性等理学范畴颇有研究,虽无规范的理论体系,但其思想却对后学产生了重要影响,其以心为本、心与理一的理论著称于世。

胡宗宪

汉族,字汝贞,号梅林,徽州绩溪(今属安徽省)人。和戚继光一样,胡宗宪是明朝抗倭名将。万历十七年(1589年),御赐归葬故里天马山,谥号襄懋。

胡光墉

字雪岩,幼名顺官,徽州绩溪县人,著名徽商。初经营胡庆馀堂中药店。后入浙江巡抚幕,为清军筹运饷械,1866年协助左宗棠经营福州船政局,后左宗棠调任陕甘总督,胡随其主持上海采运局局务,为左大借外债,筹供军饷和订购军火,又依仗湘军权势,在各省设立阜康银号20余处,并经营中药、丝、茶业务,操纵江浙商业,资金最高曾达二千万两以上,人称"为官须看《曾国藩》,为商必读《胡雪岩》"。中法战争后,因资金周转困难,官僚不断压榨,胡雪岩最终破产,客死杭州。

【郡望堂号】

郡望

安定郡:治高平(今宁夏回族自治区固原市),汉代设置。

新蔡郡:今河南省新蔡县一带,晋惠帝置郡。

堂号

澹安堂、安定堂、庐陵堂、绩溪堂、淮阳堂、敬爱堂等。

【宗族特征】

胡姓族人在历史上播迁较早,曾在各地出现大量名人。胡姓族人编写家谱较早。且在历史发展中形成了众多的堂号。各支胡姓宗族字行辈分排列有序,据《麦田胡氏族谱》记载,江西泰和胡氏一支的辈分派语为:"鉴彦通文,德重政大,仲福正昌,志玉庆炳,宗秀才贤,洪华荣受,增兴上国,必上醇禧,端垂永久,企汉文云。"

【繁衍变迁】

胡姓的发源地主要有两处:今河南淮阳和安徽阜阳。从先秦至两汉时期,胡姓族人历经迁移,向西进入今陕西、甘肃两省,向北进入今山西,向东进入今山东,向南迁入今湖北、江西,使胡姓得以在各地发展繁衍。两晋南北朝时,今河南淮阳的胡姓人大举南迁至今福建等地。唐宋年间,胡姓人迁于安徽、福建、江西等省。五代南唐时,有今湖南醴陵胡姓人迁入今江西吉安,使今江西成为胡姓人繁衍的中心。至元明清时,今河南淮阳一带的部分胡姓人为躲避战乱人迁今福建、广东等地,并远播海外。

胡姓是当今中国人口排行第十五位的姓氏,总人口约 1400 多万,约占全国人口的 1.14%,尤盛于长江流域一带。

凌

【凌姓起源】

凌姓出自姬姓,是周文王姬昌的后裔。文王的第九个儿子康叔被封在卫,建立了卫国。康叔的儿子有的在周朝做官,官职为凌人,是周礼天官之属,为掌冰室之官,是一个负责保存贮藏冰块的官职。他的后人就以他的官职作为姓氏,于是产生了凌氏。

【凌姓名人】

凌统

字公绩,三国时期吴国余杭人。15 岁的时候就拜为别部司马,征伐江夏的时候,他作为前锋。曾经与周瑜等在乌林将曹操打败,升迁为校尉。凌统虽然在军营中做了大官。但是他严格要求自己,对待下属也很礼貌,不贪财,重义气,有国士之风。后从征合肥,魏将张辽突然赶到,凌统护卫孙权冲出重围,将士死伤很多,凌统也受了重伤,不久死去。孙权很伤心。

凌云

明代御医,字汉章,归安人。曾经遇到一位老道人,传授给他针灸术,治疗疾病很灵验,被聘为御医。

凌瑚

清朝时期的画家,字仲华,号香泉,如皋人。擅长于画士女和花卉禽虫。浙江人称梁同书行楷、钱维乔山水、凌瑚的写生为"三绝"。

【繁衍变迁】

凌氏是一个多民族、多源流的古老姓氏群体,在当今中国大陆的姓氏排行榜上名列百家姓第 174 位,在台湾地区则名列第 123 位,人口约 87 万,占全国人口总数的 0.054%左右,多以渤海(今河北沧州东关)、河间(今河北河间)为郡望。

霍

【霍姓起源】

出自姬姓,是周文王的后代。周文王第八子,周武王的弟弟叔处,是武王的同母兄弟。武王临朝执政后,封叔处于霍(今山西霍县西南),建立了霍国,人称霍叔。周武王灭商后,既想让商代的贵族得到安居,但又提防他们叛乱,就将商代的一部分贵族迁居到山东、山西一带，并封自己的亲族到那里。以便监督，霍叔就负有这种责任。当时霍叔、管叔、蔡叔共同负责监督之责，被称为"三监"。到周成王时，霍叔随同管叔和蔡叔勾结武庚叛乱，失败后被废为庶人，由他的儿子继任霍君。霍国于公元前661年被晋献公灭掉。霍君的后人遂以原国名为姓，称霍姓。

【霍姓名人】

霍去病

山西省平阳（今临汾）人，西汉大将，18岁时就以善于骑射而为人知晓，20多岁就开始带兵打仗，由于战功显赫，被汉武帝刘彻封为骠骑大将军。惜英年早逝，在为他举行葬礼时，满朝文武和平民百姓从长安城内一直排到墓地为他送行，场面之宏大，历史少有。

霍光

山西省平阳（今临汾）人，霍去病的弟弟，是一位封侯拜相的文官（大司马），他曾辅佐汉代的三朝皇帝处理国家大事，二十几年未曾有过差错。可以说，霍家兄弟是汉朝社稷的两位大功臣。

霍希贤

沣州人，元延祐五年（1318年）左榜状元。据《湖南通志》记载："延祐五年戊午霍希贤榜"的霍希贤曾误为郝希贤，而

霍光

载于旧志之中，"旧志误姓郝"。《元史》纪第二十六卷仁宗之三中记载："三月戊辰，御试进士，赐忽都达儿、霍希贤以下五十人及第、出身有差。"泰定年间，霍希贤曾任职知威州官。

霍韬

字渭先，始号兀崖，后改号渭崖。明正德进士，读书西樵山，经史精治，嘉庆年间官至尚书。力主清娼籍，散僧尼，毁淫词，兴社学。为人刚正不阿，见义勇为，坚

贞不屈。死后被封为太子太保(从二品),谥号文敏,并由皇帝御赐墓葬。

【繁衍变迁】

霍姓源于山西。霍姓人氏由其发源地向外迁徙的历史始于秦汉之际,他们最初向河南、河北、山东等地迁徙。到了一千多年前的宋朝时期,就有霍姓人氏迁徙到广东、海南、江苏和福建等地。广东佛山市石湾区澜石镇石头村,就建有明清时期的霍氏祠堂。明末清初,居住在广东、福建沿海一带的霍姓族人,经澎湖列岛,开始向台湾迁移,形成了台湾今天的霍姓族氏。

虞

【虞姓起源】

1. 来自舜帝。远古舜帝有一个称号叫有虞氏,所以舜帝又被称为虞舜。虞舜就是虞氏的始祖。大禹治水有功,于是舜帝将帝位禅让给大禹,大禹于是就把舜帝的儿子封在虞这个地方,并且建立了虞国,他的子孙于是就将虞作为自己的姓,称为虞姓。

2. 以国为姓。周朝时,武王执政以后封仲雍的庶孙于虞,建立了虞国。春秋时期被晋国消灭,虞国的人民于是以国为姓,是为虞姓。

【虞姓名人】

虞经

东汉史官,武平人。为郡县吏,曾经说:"我的子孙为什么不做九卿呢?"于是他给他的孙子取字为"升卿"。

虞翻

三国时候吴国的学士,从小爱读书,有才气,但多次被请去做官都拒绝。又爱直言议论政事,因此还坐过牢。年老时讲学,听讲的人数以百计。

虞集

元代学者,崇仁人,仁宗时期为集贤修撰。著有《经世大典》《通元学古录》等。

虞翻

【繁衍变迁】

虞姓在春秋时已分布于今晋南与豫东一带。战国时,已有虞姓播迁于山东。秦汉之际,虞姓之主源繁衍于济阳郡(治所在今河南兰考东北)、陈留郡(治所在今河南开封),除此以外,在今陕西西安、河南洛阳、河南鹿邑、山东巨野、山东淄博一带也有了虞姓人家。

东汉之际,虞姓以陈留郡最为著名;三国以后,虞姓以会稽郡最为著名;东晋时,以济阳郡最为著名。

两晋间之八王之乱、五胡乱华,加之司马睿迁都今江苏南京,使得虞姓南迁者甚多,虞姓除南迁于今安徽、江苏、浙江外,还有南迁于今湖南长沙者。

南北朝至隋唐间,虞姓在会稽郡的发展势头很猛,其不但名人辈出,而且族大人众、子广孙多。

唐末五代时,虞姓以会稽为中心,逐渐散居于今江西、湖北,并有入居四川者。

宋元间,有虞姓入居福建者。

明初时,山西虞姓作为洪洞大槐树迁民姓氏之一,被分迁于河北、河南、山东、陕西、东北等地。明中叶以后,沿海虞姓有入居台湾者。

如今,虞姓在全国分布较广,尤以浙江为多。

万

【万姓图腾】

蝎子是万姓的图腾。实际上从古文字学角度看,"万"的本义就是蝎子。由于蝎子具有惊人的繁殖能力和令人极为恐怖的毒性,这在上古时期的人类看来,是非常令人向往的能力——一方面毒性可以保全自己,另一方面可以不断地繁衍和壮大自己的氏族,因此上古时的一些氏族将其看成圣物崇拜,并以"万"为族名或人名。

【万姓起源】

1. 源自姬姓

据《通志·氏族略》载,周朝有大夫(姬姓),芮国(今陕西省大荔县朝邑城南)是他的封地。春秋时芮国有国君名为芮伯万,因宠姬数量太多,被母亲芮姜赶出国,住在魏城(今山西省芮城县),他的后代子孙以祖字"万"为氏。

2. 源自姬姓

相关资料(如《元和姓纂》)显示,春秋时,晋国有大夫毕万,乃周文王姬昌之子毕公高之后,因辅佐晋献公有功,受封于魏(今山西省芮城北),因此在历史上这个人又被称为魏万,其子孙以祖字"万"为氏,属于以祖先的字为姓氏的范畴。

3. 源自改姓

例如据相关史料(如《魏书》)记载,南北朝时北魏有鲜卑族复姓叶万氏,孝文帝迁都之后极力主张汉化,叶万氏遂改为汉字单姓万氏。

4. 源自居住地

相关研究显示,古时候,有个叫弈叶的人,在阴山北面的万纽于山上居住。他的后代以居住地为氏,取山名的第一个字"万"当作自己的姓。

5. 源自周武王典故

根据相关史料记载,周武王有"以万人而服天下"的典故,周武王灭商之后,遂有人以万为氏。

【万姓名人】

万脩

东汉时期名将。光武帝时历任信都令、偏将军等职,因功封槐里侯,为云台二十八将之一。

万宝常

隋代音乐家,擅长诸多乐器,对琵琶尤其精通,曾奉诏造诸乐器,以自制的水尺为律尺,以调乐音,撰有《乐谱》。

万斯大

清朝经学家。他一生精于经学,尤其对《春秋》《三礼》研究精深。

【郡望堂号】

郡望

扶风郡:今陕西麟游县、乾县以西,秦岭以北地区,汉武帝时置右扶风,三国魏时改为扶风郡,治所在今陕西兴平市东南。

河南部:今河南黄河以南洛水、伊水下游,双洎河、贾鲁河上游地区及黄河以北的原旧县。汉高祖时置郡,治所在今河南洛阳市东北。

堂号

隰西堂:明末万寿祺,万历举人,明亡后誓不降清,穿着儒士的衣服,戴着和尚帽,往来吴、楚之间,世称"万道人"。他的书房叫"隰西堂",著有《隰西堂集》。因有此堂号。

【宗族特征】

万姓名人横贯政、经、文、艺等各个领域,且以唐代以后居多。万姓人的字行辈分尽显家族特征,取义深刻。如万寿春所修《万氏族谱》中,载泰兴(今属江苏)万姓一支的字行为:"承先世泽,敦孝永昌。"

【繁衍变迁】

万姓发源于今山西、陕西。汉代以前,有万姓人入迁山东者。两汉时,今陕西扶风一带的万姓家族枝繁叶茂。魏晋南北朝时,万姓人有迁居南方者。唐时,今浙江、安徽的万姓家族较盛。宋元时期,连年战乱,万姓人举族南迁至今江西、湖北、湖南、天津等地。明初,万姓人作为洪洞大槐树(今属山西)迁民氏之一,于今河北、河南、山东、安徽、陕西、北京等地落籍。明清时期,今四川、江苏、广东各省和广西壮族自治区亦有了万姓人的足迹。

万姓是当代中国人口排行第八十八位的姓氏,总人口近240万,约占全国人口的0.19%。

支

【支姓起源】

1. 尧舜时有个叫支父的人,他的后代世子孙便以支为姓。

2. 周朝的后代有姓支的氏族。《路史》载:"周后有支姓。"

3. 古代王公、诸侯的支子中,有的就用"支"字做姓氏。古代正室妻子的长子称为嫡子,又叫宗子,是承袭祖业的,正室妻子其余的儿子都是支子。他们在分支时,有的就用"支"字作为自己的姓氏。

4. 秦汉之际,西域有月支国,其部族游牧于敦煌、祁连之间。公元前177年至公元前176年,遭到匈奴的攻击,大部分西迁到今新疆西部伊犁河流域,称为大月支;少数没有西迁的人进入祁连山与羌人杂居,称为小月支。他们的后代有的就用部族名中的"支"字作为自己的姓氏。

【支姓名人】

支谦

字恭明,三国时期高僧,月支国优婆塞人,体形细长黑瘦。汉末来中国,他的祖父法度在东汉灵帝时,率国人数百移居中国,支谦同来,至洛阳,受业于支谶的门人支亮。他懂得多种西域文,精通梵语,博览经籍,翻译了数十种佛经重要典籍。因其博学超众,曾被吴主孙权拜为博士。

支雄

东晋十六国时后赵朝廷中的官员,任大司空,是月支国人后代。

支遁

他本姓关,陈留(今河南省开封)人,25岁出家,东晋佛教学者。与谢安、王羲之等交游,好谈玄理,是般若学六大家之一,宣扬"色即是空"。

【繁衍变迁】

支姓的来源比较复杂,而且模糊。在古代,支姓的望族大多聚居在琅琊,今山东临沂就有不少姓支的人家。现在,支姓主要居住在河北省衡水、保定、石家庄和张家口,有支家庄、支麻申、支家村等村庄。

柯

【柯姓起源】

1. 出自姬姓,始成于春秋。吴国有个叫柯卢(卢)的人,是吴王的儿子。他的后代就用他名字中的"柯"字作为自己的姓氏,遂成柯姓。

2. 出自姜姓,是炎帝神农氏的后裔。为姜子牙的嫡系子孙,源出齐国。

3. 北魏柯拔氏改姓柯,其后世子孙称柯氏。

4. 古代羌族、鲜卑族中都有柯姓,其后代子孙亦称柯氏。

【柯姓名人】

柯九思

元朝人。勤读书,能诗文,善书画。尤精画枯木、墨竹,又善于鉴别古代钟鼎器物。元朝宫廷所藏书法名画,多由其鉴定。

柯维骐

明朝历史学家,专心研究宋代历史。合《宋史》《辽史》《金史》为一书,以宋朝为正统,附以辽、金,积20年之力撰成《宋史新编》。对元人所修宋史的错误和疏漏,多有补正。

【繁衍变迁】

柯氏是一个多民族、多源流的古老姓氏群体,在当今中国大陆的姓氏排行榜上名列百家姓第165位,在台湾地区则名列第46位,人口约98万,占全国人口总数的0.062%左右,多以济阳、洛阳、钱塘、齐郡、辽东、北平为郡望。

源自3000年前吴国公族的柯氏,初期繁衍于故国所在地的江浙一带,随后逐渐向四面八方发展,其中向南播迁的最多,所以成为南方各地,特别是福建省境内的一个名门望族。

如今,在中国全国各地、朝鲜半岛、日本、澳大利亚以及东南亚、美洲、欧洲等地均有柯氏族人分布。

昝

【昝姓起源】

1. 出自咎姓,昝姓是由咎姓变化来的。咎这个字,上古时是多义字,后来被专用来指灾祸。这样,人们认为姓咎不吉利,于是在咎字的口中加一横,便成了昝姓。昝姓起源就是咎姓的起源。咎姓起源很早,商代时有个在朝廷做大司空的官叫咎单,他的家族很昌盛的时代姓咎,后改为昝姓。

2. 为他姓改姓昝。如后魏叱卢氏、昝卢氏均改为昝氏。

【昝姓名人】

昝单

商汤辅佐之臣,官司空。汤灭夏,建立商朝,伊尹作《咸有一德》,言君臣都有一德不要失,咎单作《明居》,陈述居民之法,天下始定。

咎殷

唐妇产科医学家,蜀地成都(今四川成都)人。咎氏精医理,擅长产科,通晓药物学。唐大中年间,他将前人有关经、带、胎、产及产后诸症的经验效方及自己的临症验方。撰成《产宝》三卷。原书 52 篇,371 方。经后人补益,现传本作《经效宝产》,3 卷,41 篇,374 方。书中论述病候不多,主要介绍具体病证治疗;所列方药大多简便实用,是中国现存最早的产科专著。此外咎氏对摄生、食疗也颇有研究。他的食治医方多具取材容易、价廉效验之特点,著有《道养方》《食医心监》各三卷,今亦存。

咎茹颖

清书画家。字仲遂,一字省雪,号白村,安徽怀宁人。清康熙三十五年(1696)第二名举人,康熙五十一年(1712)登进士第,参加编纂《子史精华》,脱稿后即授内阁中书舍人。自康熙末至乾隆初,朝廷诏敕,多出其手。他工诗善画,所绘松竹菊石,皆磅礴有致,人争珍藏。在家乡,和兄蔚林的诗、文、字、画双双出名,被誉为"八绝"。

【繁衍变迁】

咎氏早期主要在河南、山西等地居住,以太原郡(今属山西)为郡望。此后因中原战乱,逐步向山东、河北、天津及江南迁徙。明初咎姓作为洪洞县移民,被分迁到今安徽、江苏、浙江地等,并在彭城(今江苏徐州)一带形成望族。

管

【管姓起源】

1. 出自姬姓,为周文王之后,以国名为氏。据《通志·氏族略》《中国姓氏起源》《广韵》等载,周武王灭商以后,周文王姬昌之子、周武王姬发的三弟叔鲜(史称管叔鲜)被封在管(今河南省郑州市),建立了管国,与蔡叔度一起管理商朝遗民。武王死后,年幼的周成王即位。由于成王年纪太小,就由周公旦主持朝政。管叔和蔡叔认为周公旦的统治不利于周王朝,于是联合武庚起兵发动了叛乱,但很快就被周公旦平息。管叔被杀,他的后代就用他以前的封地名"管"为氏,称管氏。

2. 出自姬姓,为周穆王之后,以邑名为氏。据《通志·氏族略》《风俗通义》等载,周穆王时,将其庶子分封于管邑(今地失考),至管仲始显达于齐国,其后世子孙以邑名为氏。

3. 出自少数民族改姓。锡伯族瓜尔佳氏,汉姓为管。

【管姓名人】

管仲

名夷吾,春秋时期齐国人,和鲍叔牙是好朋友。后来经过鲍叔牙的推荐出任齐相,执政 40 余年,实行改革,使齐国不断富强,帮助齐桓公成为五霸之首。著有《管子》86 篇。

管宁

北海郡朱虚(今山东安丘)人,三国时魏国学者。为避黄巾军之乱,赴辽东讲习《诗》《书》30 年,后归故里。魏文帝征他方太中大夫,明帝又召他为光禄勋,皆固辞不就。

管仲

管道升

字仲姬,华亭(今上海青浦)人,元代著名女画家,被封为魏国夫人,也称管夫人。擅画梅兰竹,兼通山水;在书法上也很有成就,擅书行楷。

【郡望堂号】

郡望

平原郡：今山东西北部的平原县一带，西汉初置郡。

晋阳县：今山西太原市一带，汉代置郡。

堂号

匡世堂：孔子称赞齐桓公的宰相管仲"一匡天下"，意思是救了整个天下。因而有此堂号。

【宗族特征】

管姓名人多文人学者，如讲习《诗》《书》的管宁、词人管鉴、女画家管道升、散文学家管同、作家管谟业等，而勇武之人鲜见。管姓名人事迹中颇多交友典范，如管宁与华歆割席分坐，表示道不同不相与谋；又如管仲与鲍叔牙之交被人们传颂千古。

【繁衍变迁】

管姓发源于今河南郑州。管叔鲜被诛后，其子孙流散到今山东、安徽、江苏北部和河南东部一带。春秋至两汉，管姓人主要繁衍于今山东、河南。魏晋南北朝时，有管姓人避乱至今陕西、甘肃、湖南、江苏等地。唐宋之际，管姓人在江南繁衍日盛。宋时，有管姓人自今浙江龙泉徙居今江西临川。明初，管姓人作为明朝洪洞大槐树(今属山西)迁民之一，被分迁于今河南、河北、山东、陕西、天津、江苏、安徽等地。同时，有分山东境内的管姓人"闯关东"入今东北三省，亦有管姓人渡海赴台、侨居海外者。

管姓是当代中国人口排行第一百四十三位的姓氏，共有 95 万多人，约占全国人口的 0.076%。

卢

【卢姓图腾】

神农氏鬼姓鸟支第八代参卢(榆罔)的直系嫡传裔支的族称便为卢。该族与白虎族通婚，擅长制作陶器。所以，卢姓图腾是由鸟(代表神农氏鬼姓鸟支)、皿(代表陶器)、虎(代表白虎族)三部分构成的。

【卢姓起源】

1. 源自姜姓

这一类卢姓为炎帝神农氏后裔齐太公姜尚之后,是以邑名为姓的典型例子。据相关史料记载,相传姜尚(子牙)是炎帝的后裔,在西周时期,姜子牙因辅佐周武王兴周灭商有功,被周公(周武王之弟)封于齐(今山东省淄博一带),得太公称号,后人随之称姜子牙为姜太公。到了春秋时期,齐太公的后裔高傒食采于卢(今山东省长清区),子孙遂以邑名为姓。

2. 源自改姓

据《通志·氏族略》书中所载,春秋时,齐桓公之后有卢蒲氏,后改姓卢;又据《魏书·氏族志》所载,北魏孝文帝将鲜卑复姓吐伏卢氏、伏卢氏、卢浦氏、莫卢氏改成了卢姓;后周初,有范阳(约在今河北省保定、北京一带)雷氏改为卢氏;唐时,有三原(今属陕西省)闾氏讹为卢氏。

3. 源自赐姓

根据相关史料记载,隋炀帝时,河间有个叫作章仇太翼的人,其中"章仇"是一个复姓。由于他善天文,所以获赐姓卢氏。

4. 源自国名简化

据相关资料记载,春秋时期有个小国叫作庐子国,这个小国里的人就有姓"庐"的,后来随着历史的发展,简化成了"卢"。

【卢姓名人】

卢芳

新莽末年,为了达到为自己起兵正名的目的,自称为武帝曾孙刘文伯,联合三水地区羌、胡贵族起兵,后被匈奴单于立为帝。公元 40 年,卢芳投降东汉,被封为代王。在历史上,卢芳是卢姓人之中唯一一个称过帝的人。

卢植

今河北省涿州人,既是东汉时期的官吏,同时也是一个学者。据史书记载,他博通古今之学,个人品质上刚毅有大节。卢植常怀济世志,当时正值董卓专权用事,议谋废立,众皆唯唯,只有卢植敢于直言抗争。

卢照邻

唐朝著名诗人。与王勃、杨炯和骆宾王一起被誉为"初唐四杰",所作诗多忧苦愤激之词,其中流传最广也是他最具代表性的作品就是《长安古意》。

【郡望堂号】

郡望

范阳郡:治所在今河北涿州,三国魏时改涿郡置郡。

河南郡:治所在今河南洛阳东北,汉高祖时改秦三川郡置郡。

卢照邻

堂号

专经堂:东汉卢植,少年时和郑玄一同拜马融为师。马融在讲坛上设绛纱帐,帐后设女乐,自己在帐前讲书。卢植只专心听讲,几年未看女乐一眼,因而有此堂号。

【宗族特征】

历史上,范阳卢姓可谓卢姓家族中最为著名的一支,其家族历代显赫,势力历经汉魏南北朝隋唐千余年而不衰,诚为罕见。范阳卢姓与博陵崔姓、赵郡李姓、荥阳郑姓、太原王姓并称海内五大望族,又与崔姓、王姓、谢姓并称为"四海大姓"之一,其社会声望甚至高于皇族,并在魏晋南北朝时发展为累世公卿的大族。

【繁衍变迁】

卢姓发源于今山东长清西南,春秋时在齐国(今山东北部和河北东南部)繁衍，自"田氏伐齐"后，卢姓人便散居于今河北、陕西等地。秦末，有卢绾随汉高祖起兵反秦，因功受封燕王（在涿郡，治所在今河北涿州），其后人称范阳卢姓。同时，有卢姓人迁至今宁夏回族自治区固原市与甘肃平凉市间地。西晋末年，卢姓人大举南迁至今江苏、浙江一带，并有一支北上今辽宁。唐代，卢姓人在北方称盛于黄河流域，尤盛于今河南境内，南方则主要繁衍于今江西、江苏、四川、福建、广东一带。元明清之际，卢姓人已遍及全国。

卢姓是当代中国人口排行第五十五位的姓氏，总人口近 440 万，约占全国人口的 0.35%，尤盛于广东省和广西壮族自治区。

莫

【莫姓起源】

1. 出自高阳氏，是颛顼之后。据《三郡记》《姓氏考略》等载，上古帝颛顼造"鄚阳城"（今河北任丘市、平乡县），其支庶子孙有定居鄚阳城者，后人去邑为莫，以地名为姓。

2. 出自芈姓，以官名为氏。据《广韵》载，春秋时，楚国（政治中心在今湖北）有莫敖（官名）之职，有任此职之芈姓（祝融八姓之一，出自颛顼）人的后世子孙以官职命氏，称莫氏。（此外亦有由任此职的屈姓人之后改姓而来的，而屈姓出自芈姓，故此支亦出自颛顼。）

3. 据《通志·氏族略》载，莫姓系幕姓省文而来。

4. 源自少数民族改姓或少数民族固有姓氏。据《魏书·官氏志》载，南北朝时期，北魏少数民族邢莫氏、莫那娄氏改姓莫；北方满族那莫氏，有改单姓莫者。北魏时蠕蠕族有莫姓；唐五代后建立西夏王朝的党项人中有姓莫者；今瑶、毛南、仫佬、苗、水、高山、侗、壮等少数民族均有此姓。

【莫姓名人】

莫藏

字用行,号素轩,海盐(今属浙江)人,明代学者、书画家。其博涉经史,能诗,工书画。著有《素轩稿》《五音字书辨讹》等。

莫友芝

字子偲,清朝诗人。对于六经名物制度颇有研究,工诗,善书法,为晚清"宋诗派"作家,与郑珍齐名。著有《黔诗纪略》《声韵考略》等。

【郡望堂号】

郡望

巨鹿郡:今河北平乡县、任县以北至晋州市一带的地区,秦始皇时置郡。

江陵郡:今湖北江陵县及四川东部一带,南齐时置郡。

堂号

巨鹿堂、敦本堂、德荫堂、威远堂、思济堂、河间堂、安定堂等。

【宗族特征】

莫姓历史久远,来源庞杂,难以准确考证。宋代是莫姓家族极为辉煌的一段时期,尤其是今浙江吴兴的莫家,更是人才辈出,世代显达知名。其崭露头角,始于苏东坡曾以《西河跳珠汗》一诗相赠的名士莫君陈。由于其"御家严整如官府",所以家族中出现了许多优秀子弟。

【繁衍变迁】

莫姓发源于今河北和湖北等地。两汉以前,莫姓人缓慢地向周边播迁。魏晋南北朝时,今湖北境内的莫姓人愈加昌盛。隋唐时期,在今河南、河北、山西、甘肃、山东、湖北、湖南、江苏、浙江、广东等地均有莫姓人定居。黄巢起义后,有北方的莫姓人避居今四川。五代十国至两宋,有莫姓人入迁今福建。宋末元初,今浙江、江苏等地的莫姓人为避兵祸,涌入今广东省和广西壮族自治区。明初,今山西境内的莫姓人作为洪洞大槐树(今属山西)迁民之一,被分迁于今河北、河南、湖北等地。清初,有今湖南、湖北的莫姓人入居今四川、重庆。清中叶之后,沿海地带的莫姓人有渡海赴台、扬帆南洋者。

莫姓是当代中国人口排行第一百零五位的姓氏,总人口约有 190 余万,约占全国人口的 0.15%,尤盛于贵州、广东和广西壮族自治区。

经

【经姓起源】

1. 来自春秋时的魏国。据有关史料记载,春秋魏国的时候有个叫经侯的。后来的经氏就是他的后代。

2. 出自东汉。是光武帝刘氏的族父,他的字为经孙,他的后人于是便以经孙作为他们的复姓,后来随着历史的演变简化为经姓。

3. 出自经姓。春秋时期郑武公的小儿子共叔段被封于京,简称京叔段,他的后裔便以被封的邑名作为自己的姓氏,于是有了京氏。到了汉代的时候,有一个音乐家叫作京房,元帝的时候被捉,投入监狱,后在监狱中死去。他的后代为了避免仇杀,于是将京姓改为经姓。

【经姓名人】

经承辅

字兰谷,明朝江都人。明朝文士,个性温文儒雅,品格高尚,孝行很好。少年时父丧,为孝敬母亲,一辈子不做官。隐居于平山之麓,与世隔绝,以田园自居,栽梅种竹,耕读教育孩子,并抚养弟弟长大成人,年七十无疾而终。

经文岱

清朝将领,清末咸丰年间带兵打仗而载入史册。

经元善

号莲珊,清朝时期人。家中很富裕,性情善良,喜欢施舍别人。光绪八、九年的时候,直隶发生水灾。他从上海来到天津从事救济活动,募款达几百万。中日甲午战争以后在上海首先创办了女学堂。

【繁衍变迁】

经氏是一个多民族、多源流的古老姓氏群体,在今中国大陆的姓氏排行榜上未被列入百家姓前 500 位,在台湾地区则名列第 475 位,以荥阳、平阳、辽东为郡望。

如今,浙江、安徽、江苏、吉林、四川、河北、河南、云南、台湾、上海、北京等地均有经氏族人分布。

房

【房姓起源】

1. 起源于姬姓,出自陶唐氏,是尧的后代,以国名为氏。尧的儿子开始被封于丹水,史称丹朱。为了能有一个带领大家克服天灾的继任者,尧没有把帝位交给丹朱继承,而是禅让给了立有大功的舜。这是禅让制的肇初,也是"公天下"的开始。舜继位以后,改封丹朱于房(今河南省遂平县),为房邑侯。其子陵,袭封后以封地为姓,史称房陵,后代遂为房姓。其裔孙雅为清河太守(今河北省清河县东),房氏家族开始定居于此,并成为一个望族,后又因唐朝开国宰相房玄龄也曾任清河郡守,故此清河郡成为房姓人最重要的郡望。并有"天下房氏,无出清河"之说。

2. 出自少数民族改姓而来。南北朝时,北魏鲜卑族有屋引氏,入中原后改为房氏。

【房姓名人】

房坚

后魏司空参议,字千秋。少有才名,太和中累迁齐州大中正,帝令诸州中正各举所知。官终司空参议。

房玄龄

名乔,字玄龄。齐州临淄(今山东省淄博东北)人。唐代初年名相,后世以他和杜如晦为良相的典范,合称"房杜"。著有《晋书》。

房琯

字次律,父融,河南缑氏(今河南省偃师缑氏镇)人。唐玄宗、肃宗两朝宰相。官至正议大夫、同凤阁鸾台平章事。与诗人孟浩然、王维、储光羲、李颀、綦毋潜、高适、陶翰、贾至等相善。与杜甫为"布衣"之交,清熊宝泰《杜甫》诗云:"千秋诗史有谁知? 房杜交深患难余。"房琯仕途升沉,关系到杜甫的命运,所谓一荣俱荣,一损俱损。于此可见房琯之于杜甫至关重要。

房玄龄

房融

唐代大臣、翻译家,洛阳人。尝与天竺沙门般剌、密谛等人共译《首楞严经》,此经始流传东土。

房茂长

唐代画家,清河人。善画人物,有《商山四皓图》。

【繁衍变迁】

房氏是一个多民族、多源流的古老姓氏群体,在当今中国大陆的姓氏排行榜上被列入百家姓第 183 位,在台湾地区则名列第 158 位,人口约 74 万,占全国人口总数的 0.046% 左右,多以清河(今山东菏泽汲堂河一带)、济南(今山东省济南市)、房州(今湖北省房县)为郡望。

裘

【裘姓起源】

1. 由仇氏改过来。根据史籍的记载,有一支裘姓本来是仇姓,后来为了避免仇杀而改成了裘姓。

2. 来源于邑名。春秋时期的卫国有个大夫被分封在裘邑,他的后人于是用裘作为自己的姓氏。

3. 来源于官职名。相传周朝有官名为裘官,职责是负责制作皮质。他的后代于是以这个官名作为姓氏。

4. 来自求姓。有一支求姓改姓为裘。

【裘姓名人】

裘万顷

字元量,宋朝时期新建人。著名诗人、进士。对待父母很孝顺,学问也很大。做过江西抚干。

裘琏

浙江省慈溪人,清朝时期康熙进士,著名的戏曲家。现存他创作的杂剧《昆明池》《集翠裘》《鉴湖隐》《旗亭馆》,均取材于唐代故事,合称"四韵事"。

裘安邦

清朝徐州总兵。字古愚,号梅林,会稽人。嘉庆年间进士,官至徐州镇总兵。喜好文学,能作诗。他很关心老百姓的生活,爱民如子。他去世以后,襄阳的老百姓很怀念他,为他建立了石碑庙宇纪念他,每年都举行仪式祭奠他,看到他的石碑,没有一个不流泪的,因此人们也把这块石碑叫作"堕泪碑"。

裘曰修

清代尚书,新建人。乾隆年间进士,历官礼、刑、工三部尚书,多有政绩,在政治上很有作为,他最大的政绩是治水。

【繁衍变迁】

裘姓的望族大多出自渤海。渤海郡治所在今天的河北省、辽宁省渤海湾沿岸一带。

裘姓族人在全国许多地方均有居住,如北京,上海之松江,河北之景县,辽宁之清原,山西之太原、大同、运城,江西之崇仁,福建之清流等地。

裘姓是当今较常见的姓氏,分布广泛,尤以浙江、江苏多此姓,两省裘姓约占全国汉族裘姓人口的 61%。

缪

【缪姓起源】

缪姓源出于嬴姓。春秋时,秦国有秦穆公(秦缪公),是春秋五霸之一。秦穆公原名任好,在位三十九年,死后谥号为"缪",因为古代"缪""穆"二字同音,所以秦缪公又常常写作秦穆公。他的支庶子孙就以他的谥号为姓,称缪姓。

【缪姓名人】

缪朝宗

宋朝丞相文天祥的助手,为国为民勤力办事,文章也做得好,文天祥让他专写政策和军令。

缪希雍

明代医药学者,精通医术。著有《本草经疏》《本草诸方》等书。

缪谟

清代诗画家。诗文清丽,善画山水,尤长乐府,有《雪庄乐府》等著作传世。

【繁衍变迁】

缪氏在当今中国大陆的姓氏排行榜上被列入百家姓第 221 位,在台湾地区则被列入第 183 位,人口约 47 万,占全国人口总数的 0.029%左右。

在古代,缪氏望族大多出自兰陵郡(今山东省枣庄及藤县东南)。如今,在中国的江苏、四川、广东、福建、江西、浙江、陕西、贵州、甘肃、河北、安徽、北京、上海、香港、澳门、台湾以及马来西亚的沙巴州等地均有缪氏族人分布。

干

【干姓起源】

1. 以国为姓。古代有干国（在江苏扬州一带），春秋时被吴国所灭，国人便以国名为姓，遂成干氏。

2. 春秋时，宋国有一大夫干犨，他的后代子孙以他的名字中"干"字为姓，亦称干氏，成为干姓的一支。

3. 周武王之子邘叔之后，本作邘，后去邑作干，成为干姓。

4. 以邑为姓。《姓氏考略》记载："吴有干隧之地，故多干姓，殆以邑为氏。"干隧，战国时地名，越王擒吴王夫差之所，在今江苏苏州西北。

5. 北魏时，厘若干氏改为干氏。

【干姓名人】

干宝

晋代人。少时勤奋好学，博览群书。所撰《搜神记》为魏、晋志怪小说的代表作。

干吉

三国时代人。相传从一仙翁那儿学得道家经典，能治疗百病，祈神求雨。

干桂

明代顺天人，正德年间中进士。官至督御史，政治严明，所官之处，豪强不敢妄为，威风收敛。

【繁衍变迁】

干氏是一个多民族、多源流的古老姓氏群体，在当今中国大陆的姓氏排行榜上被列入百家姓第 270 位，在台湾地区则被列入第 327 位，人口约 27 万，占全国人口总数的 0.016% 左右。

干姓望族居颍川(今河南长葛、许昌一带)、荥阳(今河南荥阳市)。如今,在中国的辽宁、黑龙江、浙江、湖北、四川、广东、山东、安徽、湖南、河南、陕西、贵州、河北、北京、上海、台湾以及智利等地均有干氏族人分布。

解

【解姓起源】

1. 以采食之地为姓。周武王的儿子唐叔虞有儿子良,良生活采食于解,所以称为良解。他的子孙后代于是以良的采食之地作为姓氏,成为解氏。

2. 来源于古代地名。春秋时期周王朝的京畿分为大解和小解,居住在这两个地方的人后来便以解为姓。

【解姓名人】

解琬

唐代元成人。景龙年间官御史大夫。兼朔方行军大总管,守边二十余年。务农习战,为长治久安之计。

解处中

五代时期南唐画家,江南人。擅长于画竹,尤其喜欢画雪中的竹子。经常冒着风雪到野外写生。人们对他所画的竹子评价甚高。

解潜

宋代人,镇抚使,在绍兴做官时大力发展农业,招募人来耕种荒田,收成很好,绍兴的屯田就是从这个时候开始的。后来因为疾病而死。

解缙

明代翰林学士。洪武进士,担任中书庶吉士,曾经上书万言,针砭时政,皇帝很欣赏他的才能,升迁为御史。永乐初年任翰林学士,主编《永乐大典》,这是世界上最完备的一部百科全书,另有著作《文毅集》。

【繁衍变迁】

解地位居河东,即山西西南部,为古晋国辖地,因此,春秋时有很多解姓人氏如解扬、解猎等,均在晋国担任大夫之职。

两汉以前,解姓有迁居距解地不远的平阳郡者,亦有越过太原北徙于雁门郡落籍者。

解缙

两汉之际,解姓由于种种原因在今地处黄河中下游的陕西、河南、河北、山东等地散居开来。

三国两晋时期,繁衍于济南郡的解姓竞现于史。晋永嘉之乱后,灾难迭起,北方解姓同其他中原士族一样避乱南迁,今安徽、江苏、湖北等地均有解姓人入迁。

隋唐之际,解姓主流仍在北方各省繁衍。此后北方解姓因仕宦、避难、谋生等原因。渐播迁于江西、湖南、浙江、四川等南方省份。

宋末元初,解姓开始在福建、广东等东南沿海落籍。

明初,山西解姓作为洪洞大槐树迁民,被分迁于山东、河南、河北、北京、天津等地。明中叶以后,解姓有播迁台湾地区的。

清康乾年间以后,有河北、山东之解姓闯关东进入东北三省。

如今,解姓在全国分布较广,尤以河北、辽宁、河南等省为多。

应

【应姓起源】

1. 出自姬姓,周武王姬发之后。武王克商后,封其第四子于应(今河南鲁山县），为应侯，建立应国。应侯的子孙以封国为姓，遂为应氏。

2. 历史上西域人的姓氏中，也有应氏。

【应姓名人】

应场

字德琏，三国时魏文学家，汝南人，应珣之子。曹操征之为丞相掾，后为五官中郎将文学。曹丕称其才学足以著书，为"建安七子"之一。著有《应德琏集》。

应用

后周书法家，江南人。善写细字，微如毛发，尝于一钱上写《心经》；又于一粒芝麻上写"国泰民安"四字。

应本仁

元代学者，字本立。以世为宋臣，义不仕元。隐居城南，博学好施。尝规建义庄，又即其中为义塾，世称"应家馆"。

应奎

字方塘，又字天启，浙江永康芝英人。明弘治十三年（1500年）举人，十四年进士。授南直隶和州学正，任内，办学制定条例，以身作则，学风改观，人才辈出。八年后，提升湖广武昌教授，后起用江西广信教授。又曾主管广西，广东乡试，遵守考场规矩，中试之士甚多。大学士费宏，曾赠送"两广文衡"匾额褒扬。

【繁衍变迁】

滍阳应氏。滍阳，应国故城，在今河南省平顶山市。有西周应国贵族墓，发掘出大量文物。

南顿应氏。汉代有南顿应氏。南顿，在今河南省项城市北50里。

大田里应氏。东晋时，应詹随晋元帝渡江而南，占籍于婺永。应詹有两个儿子，应诞留居江西宜黄。应玄随父至婺，留居永康大田里，即今浙江省永康市芝英镇一带。尔后，迁居江南各地。

仙居应氏。浙江省台州市仙居县下各镇东部（原下各乡）、双庙乡及田市镇有大量应姓,特别是原下各乡中心镇区基本上是应姓的,他们都是明朝刑部尚书应大猷(字静庵)及其兄弟的后代。另外浙江省的永康市及浦江县也是应姓的聚居地。

关东应氏。祖籍山东省蓬莱市鸭湾。清朝初年,一迁至辽宁瓦房店市长兴岛;二迁至辽宁省普兰店区城子坦镇应家村;三迁至吉林省东丰县黄河镇丰源村。

峡阳应氏。唐僖宗光启元年(885年),峡阳应氏始祖应世哲从河南光州固始县随王审知入闽,定居福建省南平市峡阳镇,是为峡阳应氏开基之始。岁月沧桑,峡阳应氏繁衍相传,迄今已至三十二代,子孙人口众多,其中历代又有流迁往外,遍布国内各省、市和台湾、香港,及美国、日本、新加坡、加拿大、马来西亚等国。

宗

【宗姓起源】

1. 四岳之后,以职官命氏。四岳,尧时官名,司掌四时、方岳。四岳的后代,在周朝时,有人为宗伯官,掌握邦国祭祀典礼之职,也称太宗、上宗,相当于后来的礼部尚书。太宗伯,辅佐天子管宗室之事,为六卿之首。周代有世袭宗伯者,其子孙以祖上官职命姓,称为宗氏。

2. 出自子姓,以祖字为姓。春秋时,宋襄公母弟敖在鲁国做官,其孙宗伯被三郤所害,宗伯之子州犁逃到了楚国,他的小儿子连,迁居于南阳,便以祖父之字为姓,也称宗氏。

3. 春秋时有偃姓宗国(在今安徽舒城东南),宗子的后代也称宗氏。

【宗姓名人】

宗炳

字少文,南朝宋南阳郡涅阳(今南阳)人,少聪颖。东晋末至南朝宋时,屡征其为官,均不就。长于琴书,尤喜书画,精于言理。曾游名山大川,遂画所游山水名胜,为南朝宋时杰出的书画家。著有《明佛论》和《画山水序》。

宗泽

字汝霖,宗泽是北宋、南宋之交在抗金斗争中涌现出来的杰出政治家、军事家,我国历史上著名的民族英雄。靖康元年任河北义兵都督总管,用岳飞为将,屡败金军,临终时。还三呼"渡河"。

【繁衍变迁】

宗姓源出多头,先秦时期宗姓已在今河南南阳、安徽庐江、四川渠县、河南淮阳、淇县以及山东淄博一带落籍。

宗泽

汉朝时,河南南阳宗氏是当时名门望族,不但人丁兴旺,而且名家辈出。东汉以后,宗姓在陕西西安落籍,并以此为跳板繁衍播迁到今甘肃陇西、兰州一带。

三国时,河南南阳宗预因入仕而进入四川,蜀亡后,又徙居洛阳。

两晋时,已有宗姓落籍到了山西介休。河南南阳宗氏历魏晋南北朝而不衰。

隋唐间,南阳宗姓徙于蒲州河东(今山西永济)。

唐末五代时,宗泽八世祖由南阳迁于浙江义乌,此际宗姓已广布于黄河中下游诸省,并有在今北京、天津一带定居者。

宋代以后,宗姓之发展重心渐移到了今江苏、江西、浙江、安徽等地,后来的夷族入侵则导致了他们逃亡于今福建、广东、广西等省区。

明初,山西宗姓作为洪洞大槐树迁民姓氏之一,被分迁于今河南、湖南、湖北、山东、河北等地。

清一代,宗姓在全国分布愈广,并有山东等地之宗姓入居东北三省。

如今,宗姓在全国分布较广,尤以浙江、江苏、山东、安徽、江西、河北等地多此姓。

中华姓氏文化

·中华姓氏大观·

图文珍藏版

丁

【丁姓图腾】

丁姓人为炎帝之后,在第五世祝融氏中,是非常重要的一个分支。祝融氏世代为掌火之官,掌管金属冶炼,而丁在我国远古时代本身指的就是金属楔子,所以丁姓图腾由金属楔子和祝融氏的图腾火龙两部分组成。下面的火龙表示祝融氏以火龙为图腾,以此来代表丁姓人是祝融的后代。

【丁姓起源】

1. 源自姜姓

据《元和姓纂》《万姓统谱》《通志·氏族略》等相关资料记载,姜太公有个叫作八汲的儿子,死后谥号为齐丁公,其子孙便都开始姓丁,这是以谥号为氏的典型例子。

2. 源自丁侯

据《姓氏考略》等相关资料记载,丁侯原本就是殷商诸侯,因不从周武王代殷纣而被周所灭,这一宗族的子孙世界各地都有居住,以丁为氏。

3. 源自子姓

周武王灭商之后,周朝封商朝遗民微子启于宋国(今河南省东部和山东、江苏、安徽省间地),其后有宋丁公,其子孙渐渐都开始姓丁。因为微子启为子姓,因此这一支丁姓源自子姓。

4. 源自改姓、赐姓或少数民族本有之姓

改姓:《三国志·江表传》云:"孙权因孙匡烧损茅芒,以乏军用,别其族为丁氏。"又据《枫窗小牍》载,宋代人于庆欲依附于权贵丁谓,遂改姓丁;明代西域(今新疆维吾尔自治区大部)人名中以"丁"为末字者,有改姓丁者。

赐姓：明朝时，皇帝赐予蒙古人丹珠尔姓丁。

本有之姓：今彝、瑶、鄂伦春、东乡、回、蒙古等民族中的族人都有丁姓。

【丁姓名人】

丁恭

山阳东缗(今山东省金乡县东)人，汉代学者，是一位名副其实的饱学之士，在当时被尊称为大儒，曾任谏议大夫、博士。后升为侍中祭酒、骑都尉，死在所任居所。

丁度

祥符(今河南省开封)人，北宋文字训诂学家，官至端明殿学士。曾与李淑等刊修《韵略》，又刊修《广韵》成《集韵》，对后世的训诂学起到了一定的推动作用，即便是在当代学术界，也占据着相当重要的地位。

丁耀亢

山东省诸城人，明清时期(生于明万历年间，卒于清康熙年间)文学家。著有小说《续金瓶梅》等，在中国古代小说史上占据着一定的地位。

【郡望堂号】

郡望

济阳郡：今河南兰考东境、山东省东明南境，战国时为魏邑，西汉置县。晋惠帝时，分陈留郡一部设置济阳郡。

堂号

驯鹿堂：东汉时有丁茂，从小家里就很穷，父亲最终饿死。他孝侍母亲，母亲死后，他背土筑坟，又在坟旁栽了松柏。有白鹿来到墓旁帮他守护坟墓。后丁姓人便以"驯鹿"为堂号。

【宗族特征】

丁姓人有严格的家规、家训，其中"望子成龙、家宁人和"的训条是丁姓家族人才辈出的原因之一。丁姓人的字行辈分排列有序,如丁远福所纂《丁氏族谱》中载,江苏丁姓一支的字行为:"昌忠正邦佐,广吉仁义良。"

【繁衍变迁】

丁姓发源于今山东、河南等地。秦汉时,丁姓人主要聚居在今山东、江苏、河南。同时,今河北、陕西、广西、湖北、广东等省也有少量丁姓人落籍。三国两晋南北朝是丁姓人大量播迁的时期。三国时孙匡改姓丁,为丁姓家族加添了新的支脉。此支丁姓人主要繁衍于今江苏南部及浙江大部分地区。这一时期,丁姓人仍以今山东、河南为中心繁衍生息,并有部分迁入今江西、安徽。唐代,济阳丁姓人有入居今福建者,并于唐末迁居今广东及福建泉州等地。清代,居于今福建、广东的丁姓人有移居台湾者,后义徙居泰国、新加坡、美国等地。

丁姓是当代中周人口排行第四十八位的姓氏,总人口约有 470 多万,约占全国人口的 0.38%。

宣

【宣姓起源】

1. 源于姬姓,周宣王的子孙中有以先祖谥号为姓氏者,称宣氏。

2. 源于子姓,出自春秋时期宋国国君子力,属于以帝王赐号为氏。

3. 源于姬姓,出自起源于春秋时期鲁桓公的五世孙叔孙侨如,属于以谥号为氏。

4. 出自鲜卑族,鲜姓是从鲜卑族演进而来,而"鲜""宣"同族。

【宣姓名人】

宣秉

东汉云阳人,字巨公,少修高节。王莽篡位,征之不至。光武帝时历官御史中丞、大。性俭约,帝叹曰:"楚国二龚(龚舍、龚胜),不如云阳宣巨公。"

宣明

宋代长汀人,字南仲。浩然有归志,筑屋隐居于成南五里岩洞,郡守谢稠题曰"宣岩"。

宣缯

宋代庆元府人。嘉定年间(1208~1224年)拜参知政事,官至观文殿大学士,以才知名,卒谥忠靖。

宣温

字彦学,明朝会稽人。勤奋好学,精通经史,洪武中被诏,上询以治国之道,授之为四川参政。

【繁衍变迁】

宣氏早期主要在河南、陕西、山东等地居住,汉朝以后在东郡治(河南濮阳)、始平郡(陕西兴平)形成望族。随着战乱和迁徙等原因,逐步在东南沿海地区播迁,在浙江(宁波、嘉兴、诸暨)、安徽(天长)、江苏(江阴)等地均有分布。

贲

【贲姓起源】

1. 出自春秋鲁国县贲父,以祖字为姓。据《名贤氏族言行类稿》及《元的姓纂》载,贲姓起源于春秋鲁国,鲁国有一个贵族叫县贲父,他的后代取贲字作为姓,世代相传,遂成贲氏。

2. 出自春秋晋国苗贲父,以祖字为姓。相传,贲姓出自苗氏,春秋时晋国大夫苗贲父之后,以贲字为氏,成为贲姓的另一支。

3. 出自春秋时秦国,有贵族姓贲。据《风俗通》载,源于秦国的王族,秦非子之后有叫贲父的,其子孙就取贲字为姓,世代相传,遂成贲氏。

【贲姓名人】

贲赫

汉朝时的将军。汉高祖刘邦打天下建立汉朝后,将有功劳的开国大臣封为诸侯王,但有些诸侯王受封后,自己养了些军队,又造刘邦的反。贲赫因事得罪了英布,担心受到诛杀,就逃到长安,将英布的反叛阴谋和盘托出,英布得知消息,迅即公开反叛,并杀了贲赫全族。于是,汉高祖就以贲赫为将军,率兵讨伐叛军。贲赫就帮刘邦平息这些叛乱,被封为期思侯。

贲嵩

汉代汝南郡人,以操守清高、纯洁之士而知名,为时人所敬重。

贲生

汉代淮南人。秉性纯厚谦和,汉景帝时曾从学于常山太傅韩婴。

贲亨

元代人。初承袭行军千户,从元军渡江攻打湖北有功,至元年间(1335～1340年)为山东诸翼军总管。江南平定后,因功升为宣武将军,任处州路管军万户。

【繁衍变迁】

贲氏是一个多民族、多源流的古老姓氏群体,来源众多。秦汉时期逐渐在安徽宣城地区形成望族。如今,在中国的辽宁、吉林、河北、江苏、广西、陕西、福建、山东、湖北、浙江、安徽、广东、黑龙江、北京、上海、台湾以及加拿大、新加坡等地均有贲氏族人分布。

邓

【邓姓图腾】

相传炎帝第九世以猴为图腾,因此邓姓图腾中很明显有两个看似猴子的形象,同时,邓姓是夸父族人其中的一支。邓姓图腾由两部分组成,

中间是"登",即建鼓(一种鼓,鼓身长而圆,两面蒙皮,音量洪大);两边是站立着的猴面人身的图像,代表夸父,上面的脚印更是以"夸父逐日"的传说作为暗示。

【邓姓起源】

1. 源自古国

出自黄帝时代的古邓国(今山东省菏泽的邓墟),距今已有 5000 多年。据说,当时的国君邓伯温,地位在黄帝之下,仅是他的一位大臣而已。

2. 源自姒姓

夏的始祖大禹为姒姓,据相关史料记载,夏王仲康有子孙被封在邓国(今河南省孟州西的古邓城),后来,被商王武丁所灭,子孙们便以国为氏。此支邓氏,已经有了 4000 多年的历史。

3. 源自子姓或曼姓

商族的始祖契为子姓。据《元和姓纂》所载,商王武丁灭邓国后,将曼城(今河南省邓州)作为他的叔父曼季的封地,是为曼侯,称曼氏;后又改封至邓国旧地(今河南省孟州西的古邓城),为邓侯。公元前 678 年,楚国吞并邓国。邓侯子孙为纪念故国而改姓邓,史称邓姓正宗。

4. 源自李氏

据《安化邓氏谱序》所载,五代十国时期南唐后主李煜的第八子李从镒,受封为邓王。975 年,南唐被北宋消灭后,李从镒之子天和出逃,以父亲封号为氏,子孙遂称邓氏。

5. 源自少数民族改姓

两晋时有羌人改姓邓,清广西庆远府土司邓氏始于明朝,瑶族勒当氏汉姓为邓,另外满、壮、蒙古、哈尼、苗、土家等少数民族中,也有这种姓氏的族人。

【邓姓名人】

邓芝

字伯苗,义阳新野(今河南省新野)人,三国时期蜀汉重要朝臣,历史上的一位

·中华姓氏大观·

图文珍藏版

名将。邓芝做了20多年将军,对下属非常关心,勤加抚恤,而且赏罚分明,是历史上著名的清明廉洁的军事将领。公元251年病逝,官至车骑将军、假节。

邓艾

字士载,义阳棘阳(今河南省新野)人,三国时期魏国杰出的军事家、将领。先后领导了不少战役,并且取得了不小的战功。公元263年与钟会分别率军攻打蜀汉,最后率先进入成都的就是邓艾,从而使蜀汉真正走向灭亡。

邓世昌

广东省番禺人,清末海军名将、爱国将领。他保家卫国,就算牺牲生命也在所不惜。在1894年的黄海战役中,率致远舰奋勇作战,最后弹药用完了,而且致远舰也被敌舰击中。在这样千钧一发之际,邓世昌下令致远舰加速猛撞吉野号,未果,因中鱼雷,全舰官兵壮烈殉国。

邓世昌

【郡望堂号】

郡望

南阳郡:治所在今河南省南阳市,战国秦时置郡。此支邓姓人的开基始祖为西汉邓况。

安定郡:治所在今宁夏回族自治区固原市,西汉时置郡。此支邓姓人的开基始祖为汉末武威太守邓晋生。

堂号

谦恕堂、平寿堂:东汉时,郎中邓训为人谦虚宽仁,能礼遇下属,恕人之过,士大夫都归附于他,因而有"谦恕堂"的堂号。邓训以恩惠和信义对待羌人,所以少数民族很感激他,都来通好,朝廷因此封邓训为平寿侯。故有"平寿堂"的堂号。

【宗族特征】

邓姓家族历史地位显赫,名家辈出,族人中卓有成就者不可胜数。邓姓家族枝繁叶茂,郡望众多,在众多郡望之中,又以南阳郡望为尊,甚至有"天下邓姓出南阳"之论。邓姓人的字行辈分排列有序。据民国残本《邓氏族谱》记载,泰兴(今属江苏)邓姓一支的字行为:"云岳承德,树耀培宏。"

【繁衍变迁】

邓姓发祥于今河南邓州,后向今湖北、湖南一带迁徙。汉至两晋时,邓姓人以今河南为中心,或东迁今山东高密,再北上今山西临汾;或南迁今四川、广东等地。西晋末年,邓姓人在北方于今山东、山西、陕西、甘肃等地落籍,在南方则已迁居今江苏、湖南、四川、安徽等地。唐宋时,有邓姓人迁居今福建、广东及江西宜春。明时,有今江西境内的邓姓人徙居今湖北、四川和广西壮族自治区全州县等地。到清代时,邓姓人已遍布全国。

邓姓是当代中国人口排行第二十九位的姓氏,总人口约有730余万,约占全国人口的0.58%。

郁

【郁姓来源】

1. 相传大禹的老师叫郁华,郁华为郁姓的始祖,其后代子孙称郁氏,遂成郁姓。

2. 古代有郁国,春秋时成为吴国大夫的封邑,其后代子孙亦称郁氏。

3. 历史上西域有郁立国,国人或有以郁为姓者。

4. 历史上有郁夷县、郁秩县、郁致县,有以地名郁为姓者。

5. 春秋时鲁相郁贡的后代皆姓郁。

6. 郁姓与尉姓相通。

【郁姓名人】

郁采

明正德年间进士,授刑部主事,后迁任裕州同知。时遇战乱灾荒,盗贼四起攻打裕州,他率领州民抵抗,连战数日后城陷,巷战而死。

郁贞

女,字兰隐,浙江平湖人,载瑛姊。性纯孝,能画,写墨兰颇有致。工诗,著《吟香阁诗钞》。

郁文名

字雷门,江苏吴江人。善画花鸟,山水亦工。家贫甚,不肯以画市。遇友所善,欣然挥洒。

【繁衍变迁】

郁氏是现行较罕见的姓氏,分布颇广,今北京,天津武清,河北南宫、威县、清河、尚义、景县,山东昌乐、平邑,内蒙古乌海,江西崇仁,广东吴川,云南陇川、泸水,江苏无锡等地均有分布。汉族、壮族皆有此姓。

单

【单姓起源】

1. 上古周朝时,周成王封少子臻于单邑(在今河南省孟津县境),他的子孙便以封地为姓,川传姓单。

2. 据《魏书官氏志》记载,可单氏、阿单氏、渴单氏,后并改为单氏。

【单姓名人】

单超

后汉河南省人。桓帝初为中常侍,帮助桓帝铲除异己,稳固江山,立了大功,被封为新丰侯。常侍预谋获封者有五,世谓之五侯。自是权归宦官,朝政日乱。后拜车骑将军。

单雄信

唐代济阴郡人，为李密将，能马上用枪，军中号"飞将"。

单父

宋代人，字仲儒。种牡丹，能变易千种，人呼为"花师"。

单仲升

元代广东省增城人，奉母至孝。母卒，蔬时水饮，不事家业，庐墓三年，人称孝子。

【繁衍变迁】

单氏发源于秦时的单县，今山东省西南部。随着历代封建王朝的更迭和变迁，单氏逐渐向南方扩展。在古代，单姓的望族大多出自河南。

杭

【杭姓起源】

1. 汉代东乡侯、长沙太守杭徐，本姓抗，因古代"杭""抗"二字通用，他的后代子孙便以杭为姓，称杭姓。

2. 出自姒姓，是大禹的后代。大禹治水后，留下来不少舢板，大禹便让自己的侄子管理，封为余航国（今浙江余杭），其后人便国名命姓，称作航姓。后来又去舟加木，遂成杭姓。

【杭姓名人】

杭徐

东汉丹阳人，字伯徐。初任宣城长，政绩卓著，境内无盗贼。后升为中郎将，攻破泰山守敌，封东乡侯。官至长沙太守。

杭淮

明朝著名中丞。廉明平恕,以志节著称,与其兄杭济并负诗名,著有《双溪集》。

杭雄

明朝著名都督同知。镇守宁夏,为正德、嘉靖年间西北名将。

【繁衍变迁】

在古代,杭氏的望族大多出自丹阳。如今,杭氏在丹阳群居村落为全州杭甲,延陵杭甲、柳茹,开发区华甸,陵口下栅口、司徒东王和云阳镇等。

洪

【洪姓起源】

1. 出自翁姓。周昭王姬瑕的庶子食采于翁山(今浙江定海),子孙后代便以翁为氏,世代沿袭。下传至宋朝翁乾度,生有六个儿子,史称"六桂联堂",一人一姓,分姓洪、江、翁、方、龚、汪六姓。其中长子处厚,分姓洪,子孙繁衍至今。

2. 为共工之后。据《元和姓纂》《尚书》等载,共工之后本姓共,后因避仇改洪姓。

3. 据《路史》所载,帝鸿(即轩辕氏)之后有洪姓。

4. 据《通志·氏族略》载,西周时有共国(故城在今河南辉县),子孙以国为氏,后有加三点水旁而成洪氏者。

5. 周时有扬侯国,因建都洪洞(今属山西),又称洪洞国,子孙有以国名中的洪字为氏者。

6. 据《百家姓考略》所载,豫章(治所在今江西南昌)、常州(今属江苏)弘姓人为避唐高宗之子李弘讳而改为洪姓;据《姓源韵谱》所载,五代刘弘昌、刘弘果为避宋太祖之父赵弘殷的名讳而改为洪姓。

7. 少数民族姓氏。清满族八旗姓爱新觉罗氏、洪佳氏、宏义氏等后全部或部分改姓洪;裕固族克孜勒氏,汉姓为洪;今满、朝鲜、蒙古、壮、土家等民族均有此姓。

洪皓

鄱阳(今属江西)人,宋代大臣、词人。曾以礼部尚书之职出使金国,被扣15年,终不曾屈服,有宋之苏武之美誉。其学识渊博,著有《帝王通要》《松漠纪闻》《鄱阳集》等。

洪迈

南宋大臣、史学家。累迁中书舍人兼侍读、翰林学士、龙图阁学士、端明殿学士。著有《野处类藁》《容斋随笔》《夷坚志》等。

洪秀全

清朝人,太平天国运动领袖。曾创立"拜上帝会",自称"天帝"次子。著有《原道救世歌》《原道醒世训》等。1851年,在今广西壮族自治区桂平市发动起义,建号太平天国,自称天王。起义军一度占领长江中下游地区,但在洪秀全于太平天国十四年(1864年)病逝后不久失败。

洪迈

【郡望堂号】

郡望

敦煌郡:今甘肃河西走廊西端,汉武帝时置郡。

宣城郡:治所在今安徽宣城,晋时置郡。

堂号

双忠堂:宋代洪皓、洪迈父子,先后出使金国,遭到了扣留,但都恪尽忠诚,人称"父子双忠",因而有此堂号。

【宗族特征】

洪姓源起庞杂,时至今日已混沌难辨。从宋代开始,入载史册的洪姓名人日盛,既有外交家、史学家、文学家、科学家、学者,又有农民起义军领袖等等。

【繁衍变迁】

洪姓发祥于今河南、江西、山西等地。三国时,洪姓人已有徙居今安徽者。唐代及以前,洪姓人不仅称盛于今安徽、江西,而且有一支兴旺于今甘肃。唐高宗时,有洪姓人落籍于今福建。北宋初,今江西乐平有洪姓人入迁今福建宁化,后又有迁今广东者。明初,今山西境内的洪姓人作为洪洞大槐树(今属山西)迁民之一,被分迁于今河南、河北、陕西、湖北、江苏等地。清代,东南至台湾,西北至今新疆维吾尔自治区皆有洪姓人居住。

洪姓是当代中国人口排行第九十九位的姓氏,总人口约有 200 余万,约占全国人口的 0.16%,尤盛于广东、福建、浙江、台湾。

包

【包姓起源】

1. 出自风姓,为上古传说中的部落酋长太昊(伏羲)的后代。太昊创制八卦,教民捕鱼、畜牧,以充庖厨,故又名庖牺或庖羲。据《路史》载:"包羲氏后有包氏。"

2. 出自申姓,为春秋时楚国大夫申包胥之后。申包胥,楚国君蚡冒的后裔,故又称王孙包胥,他曾赴秦国求兵援楚。申包胥的后代以其名字中的包字为姓,为包氏。

3. 据《后汉书》载,丹阳包氏,本为鲍氏,为避王莽之乱,改鲍为包,成为包姓的一支。

包咸

字子良，后汉会稽曲阿人。少为诸生，师事博士右师细君，学习《鲁诗》《论语》。光武即位，举为孝廉，封郎中，迁大鸿胪。明帝即位，以咸有师傅恩，特加赐俸禄，咸皆散于诸生之贫者。

包融

润州人(一云湖州人)。开元初，与贺知章、张旭、张若虚皆有名，号"吴中四士"。张九龄引为怀州司马，迁集贤直学士、大理司直。子何、佶，世称二包，各有集，融诗今存八首。

包拯

字希仁，北宋庐州合肥人，天圣五年(1027年)进士。仁宗时任监察御史，主张"练兵选将，务实边备"，以御契。后任天章阁侍制、龙图阁直学士，官至枢密副使。知开封府时，执法严峻，不畏权势。他在朝之时，贵戚官宦都不敢为非作歹，连童稚妇女也知道他是"包青天"。

包拯

包世臣

字慎伯，号倦翁，清朝泾县人嘉庆十三年(1808年)举人。曾任江西新喻县知县，对农政、漕运、盐政、货币、兵法、鸦片等问题都有论述，主张积极抗英。他还善于书法，肆力北魏，兼习二王，对咸丰、同治年间的书法很有影响。著有《艺舟双楫》《管情三义》《浊泉编》《齐民四术》等。

【繁衍变迁】

包氏在当今中国大陆的姓氏排行榜上被列入百家姓第181位，在台湾地区则被列入第146位，人口约80万，占全国人口总数的0.05%左右，多以丹阳(今安徽省宣城地区)、上党(今山西省境内沁水以东地区)为郡望。

诸

【诸姓起源】

1. 来源于越王的后裔。西汉初期,有人名为无诸,他是战国时期越王勾践的后代。秦朝末期,他率领着部将帮助刘邦取得了战争的胜利,汉朝建立以后,他被封为闽越王。他的后代以他的名字作为姓氏,形成诸姓。

2. 来源于诸葛氏。五代的时候,后周有诸葛十朋,赵匡胤发动陈桥兵变建立宋朝后,诸葛十朋改姓单姓诸,隐居在会稽山中,他的后代于是改姓诸。

3. 来源于食邑。春秋时期鲁国有一个诸邑,鲁国大夫就在这里生活,他的人民采食于此,他的后代便以诸为姓。

【诸姓名人】

诸御己

春秋时楚国之耕者。庄王筑屋台,垒土千重,大臣因谏而死者七十二人。御己弃耕入谏,楚王遂解层台而罢民役。楚人歌之曰:"薪乎莱乎?无诸御己,讫无人乎!莱乎薪乎?无诸御己,讫无人乎!"此处将复姓诸御氏并入单姓诸氏。

诸稽郢

据《史记》作柘稽,春秋时越国五大夫之一,善言辞。周敬王二十六年,吴王夫差为报先王阖闾檇李兵败之仇,倾兵伐越。勾践率师迎战于夫椒,大败,困守会稽山上,大夫文种献乞和之策。勾践遂派诸稽郢去吴营谈判求和,行成于吴而返。

诸燮

字子相,明代余姚人,嘉靖年间进士。历官兵部主事、邵武同知,俱有惠政。曾守山海关,忠贞为国。精理学,一洗陈言。

诸福坤

清光绪年间人，字元简，号杏庐，周庄镇杏村人。其父诸文渊，擅长书画。精通医药。诸福坤早年博览勤学，曾考入京师国子监，为增贡生。后归田园居，以利乡济闾之事为己任。并将"荒江老屋"取名为"杏庐"，绝迹城市，专心著作。"人瘦不食肉，医穷只著书"，诸福坤博学善文，为众推崇，所造就后生以文行名者尤多。

【繁衍变迁】

起初，诸氏在春秋中、后期的齐鲁大地上繁衍发展，因此有很多诸氏族人以琅琊为郡望。而春秋末期至战国时期，诸氏出现在长江中游流域南部，并不断向东南沿海地区发展，因此后世也有许多诸氏族人分别以吴兴、会稽、余姚、闽中为郡望。

至唐末五代时期，中原战乱频仍，许多各氏族人纷纷南迁以避祸乱，因此，后来诸氏族人在南方的分布要比在北方的多。

如今，在江苏、浙江、安徽、广东、河北、山东、江西、北京、上海、香港、台湾等地均有诸氏族人分布。

左

【左姓起源】

1. 据《姓考》《吕览》载，古有左国，国人以国名为氏，黄帝臣左彻即其后。（一说生彻为左姓之始）

2. 以官名为氏。据《姓氏》所载，左史，原为周代史官。周穆王时有左史戎父、左史老。春秋时各诸侯国亦大都置有左史官，如楚国有左史倚相。其后皆有左氏。

3. 出自姜姓，为春秋时齐国公族之后。据《广韵》所载，春秋时齐国公族有左、右公子之分，后左公子的后代便以左字为姓，形成左氏。

4. 春秋时宋国、卫国公族皆有左姓。

5. 北宋时犹太人留居中国境内（主要在今河南开封）者的后裔中有左姓。

6. 源自少数民族改姓或少数民族固有姓氏。清满族八旗姓哈斯虎氏，后改为左姓;裕固族绰罗斯氏,汉姓为左。明、清云南永昌府腾越亭(今云南保山市腾冲市)、蒙化府(治所在今云南巍山彝族回族自治县)等土司有左姓,系彝族。

【左姓名人】

左思

字太冲,临淄(今山东淄博市)人,西晋文学家。所作诗文借古抒情,多愤世不平之作。其名作《三都赋》,十年构思方写成,士人竞相传抄,一时竟使得"洛阳纸贵"。作品辑有《左太冲集》。

左宗棠

湘阴(今属湖南)人,清朝大臣,因镇压太平军、捻军和陕甘回民起义而有功于清廷。1876 年击败俄、英支持的阿古柏侵略军,因功升职为军机大臣(位同宰相),后调任两江总督。奏稿、文牍等辑有《左文襄公全集》。

左宗棠

【郡望堂号】

郡望

济阳郡:今河南兰考县东、山东东明县南一带,西晋惠帝时置郡。

堂号

高义堂:春秋时,左伯桃和羊角哀一起到楚国去谋事,途遇大雪,天寒食绝。伯桃把自己的衣服、粮食都给了羊角哀,让他一人到楚国去,自己则钻到一棵大树的树洞里冻饿而死。羊角哀在楚国得官后,回到那棵树下,劈开树干,厚葬了左伯桃。后人感念左伯桃的高义厚德,因以"高义"为堂号。

【宗族特征】

由于左姓得姓时间长,源起头绪纷杂,古左国所在地今已无从考证。左姓之名人尊贵显赫者甚众,与其姓氏不悖——我国古代以左为尊,是故中华姓氏中有左姓,而无右姓。

【繁衍变迁】

左姓的发源地已不可考。先秦时期,左姓人已活动于今陕西西安、山东西南、山西及河北北部。西汉时,左姓人已定居于今安徽南部。东汉时,今四川、江苏等地已有左姓人定居。魏晋时,左姓人在今山东、河南间地迅速繁衍。南北朝至隋唐,左姓人逐渐播迁于江东(长江下游自今安徽芜湖市、江苏南京市以下的南岸地区)各地。宋元以后,左姓人在江南的分布更广,今湖北、湖南、广东三省和广西壮族自治区均有左姓人入迁。明初,今山西境内的左姓人作为洪洞大槐树(今属山西)迁民之一,被分迁于今陕西、甘肃、河北、河南及东北三省等地。此后,今云南、贵州、台湾均有左姓人入居。

左姓是当代中国人口排行第一百四十一位的姓氏,共有 97 万余人,约占全国人口的 0.078%,在河北、山东、江苏尤为昌盛。

石

【石姓图腾】

石姓图腾比"石"字本身要复杂得多。相关研究显示,石姓是句芒氏的后裔,世代以演奏石磬为业。实际上,从图腾画中不难看出,其图腾由鸟、厂、口三部分组成。

【石姓起源】

1. 源自姬姓

相传这个姓是石碏的后裔。据《元和姓纂》《春秋公子谱》等载,春秋时卫康叔姬封的第七世孙石碏,是卫国(都城在今河南省濮阳市五星乡高城村)的贤臣。卫桓公二年(前 733 年),桓公之弟州吁骄奢,被桓公撤去将军之职,出奔国外。十几年后,州吁领着党徒回国刺死桓公,自立为君,拜同谋的石碏之子厚为大夫。后石碏设计杀死了州吁和石厚,迎立桓公之弟公子晋为国君。《春秋》称赞石碏说:"石碏纯臣也,恶州吁而厚与焉,大义灭亲,其是之谓乎?"厚的儿子骀仲,以祖父的字命氏,称石氏。

2. 源自子姓和姬姓

据相关史料记载,春秋时宋国(都城在今河南省商丘)有公子段(子姓),字子石;郑国公子丰(姬姓)有子名公孙段,字石癸。二者的后世子孙皆以祖字为氏,称石氏。这一支石姓是以祖先的字为姓氏的典型例子。

3. 源自隋唐时期的"昭武九姓"之一

隋唐时,西域石国(今乌兹别克斯坦塔什干一带)有人迁居中原,改为石姓。"昭武九姓"分别为康、安、曹、石、何、米、史、火寻和戊地。

4. 源自改姓

历史上有人喜欢更改自己的姓氏,如娄姓改为石姓。《北齐书》中记载北齐一位贤明的皇后——神武明皇后娄氏于太宁二年(562 年)春天忽然发现自己的衣服飘了起来,娄皇后(当时已经是太后了)感到这件事非常蹊跷,就去问巫婆,并听从了巫婆的建议,将自己的姓改为石姓。历史上还有冉姓改为石姓的。据史料记载,冉闵是魏郡内黄(今河南省内黄县西北)人,原为后赵太祖石虎的养孙,改姓石。晋穆帝永和五年(349 年),废石遵,立石鉴,第二年废杀石鉴,自立为帝,又改姓冉。再如张姓改为石姓,据《后赵录》记载,曾有一张姓人改名叫石会。

5. 源自少数民族改姓或本有之姓

改姓:北魏时鲜卑族乌石兰氏,金时女真人斡勒氏、石盏氏等改为石姓。

本有之姓:今侗、水、阿昌、满、拉祜、回、土家、东乡、黎、羌、蒙古等民族亦有此姓。

【石姓名人】

石延年

商丘(今属河南)人,宋代著名文学家。官至太子中允,能诗,其诗风劲健,为欧阳修所推崇;善书,笔画遒劲,颜筋柳骨,且其字愈大愈奇。著有《石曼卿诗集》。

石玉昆

清代子弟书演员,擅长《龙图公案》。演唱时自弹三弦自唱,其唱调被称为"石韵""石派书"。

石达开

贵县(今广西壮族自治区贵港市)人,太平天国的翼王。有勇有谋,屡败清军。亦能诗文,工书,风格酷似颜真卿。天京事变后,因不被信任负气出走,转战数省。1863年5月兵败大渡河,自投清军以全三军,6月于今四川成都被杀。

石达开

【郡望堂号】

郡望

武威郡:治所在今甘肃民勤东北,汉时置郡。

渤海郡:治所在今河北沧州一带,汉时置郡。

堂号

徂徕堂:宋朝石玠,徂徕(今属山东泰安市)人,官国子直讲(国子监的教授)。他写文章批评时政,毫无顾忌,升太子中允,作《庆历圣德诗》,人称"徂徕先生",因而有此堂号。

【宗族特征】

石姓来源既有汉族,又有少数民族,其字行辈分排列有序,如河北乐亭石姓人一支的字行为:"宣慈庆德,书品忠正,敦贻万惠。"

【繁衍变迁】

石姓发源于今河南北部一带,最初主要向今山东播迁。秦汉以前,石姓人在黄河中下游地区繁衍,并有徙居江南者。汉代时,石姓人已播迁至今山东北部、河北南部及河南的黄河以北地区。魏晋南北朝时,石姓人昌盛于今河北、山东、甘肃、山西、河南。唐初,有石姓人散居今福建、广东各地。唐元和年间,有今山东境内的石姓人徙居今江苏扬州。明初,石姓人作为洪洞大槐树(今属山西)迁民之一,在今山东、河北、河南、北京、天津、陕西、甘肃等地落籍。此时,有许多今福建境内的石姓人渡海赴台、远播海外。

石姓是当代中国人口排行第七十一位的姓氏。总人口约有 360 多万,约占全国人口的 0.29%。

崔

【崔姓图腾】

根据相关研究结果,崔姓是淮夷以鸟为图腾的部族的一个分支。该族擅长大山纪历,即以山峰作为参照物,观测日月出没的方位,然后确定季节。所以其图腾由两部分组成:上面是一座山,下面是"隹",即一种短尾巴鸟。因此,崔姓图腾还是比较直观的。

【崔姓起源】

1. 源自姜姓

据《元和姓纂》等载,崔姓源于西周时期的齐国,有近 3000 年的历史。齐国是西周初周武王分封的重要诸侯国之一,该国把临淄(今山东省淄博市)作为都城,开国君主是吕尚。吕尚本姓姜,因为他的先祖被封于吕(今河南省南阳市),故从其封姓,称为吕尚。吕尚的儿子丁公汲是齐国的第二代国君。他的嫡子季子本来应该继承君位,但却让位给弟弟叔乙(即乙公得),而自己则住到崔邑(今山东省章丘市西北),后来以邑为氏,称为崔氏。因姜太公吕尚为炎帝神农氏之后,故崔姓亦可称源自炎帝神农氏。

2. 源自少数民族本有之姓

清代满族人姓氏中有崔姓；今彝、回、蒙古、土等民族均有崔姓。

【崔姓名人】

崔琰

字季珪，出生于清河东武城（今山东省武城东北）。东汉末年曹操部下。崔琰相貌俊美，很有威望，曹操对他也很敬畏。建安二十一年（216年），崔琰在给杨训的书信中写道，"时乎时乎，会当有变时"（时运啊时运，总会有变化的日子），本来是安慰杨训、捎带对那些吹毛求疵之人发一点牢骚而已，却有人向曹操煽风点火说他是"傲世怨谤"。一贯生性多疑的曹操认为此句充满了反叛思想，有大逆不道之嫌，因而将崔琰下狱，不久崔琰即被曹操杀害。

崔颢

唐朝著名诗人。唐开元年间进士，官至太仆寺丞，天宝中为司勋员外郎。崔颢最为人们津津乐道的是他那首《黄鹤楼》，据说李白为之搁笔，曾有"眼前有景道不得，崔颢题诗在上头"的赞口义。《全唐诗》存其诗42首。

崔护

字殷功，博陵，（今河北省安平县）人。唐朝时期著名的诗人。贞元十二年（796年）登第（进士及第），大和三年（829年）为京兆尹，同年为御史大夫、岭南节度使，终岭南节度使。其诗风精练婉丽，语极清新。《全唐诗》存诗六首，皆是佳作，尤以《题都城南庄》流传最广，脍炙人口。该诗中的"人面桃花，物是人非"句，看似简单的人生经历却蕴涵了极为深刻的人生哲理，从而让诗人拥有了不朽的诗名，而"人面不知何处去，桃花依旧笑春风"则为后人吟唱至今。

【郡望堂号】

郡望

清河郡：地辖今河北清河及枣强、南宫的一部分，山东临清、夏津、武城及高唐、平原各一部分,汉高祖时置郡。

博陵郡:今河北安平、饶阳、安国等地。

堂号

噱李堂:"噱李"是指使李白不能够开口吟诗。传说唐朝崔颢题在黄鹤楼上的一首诗,道尽一时盛景乡情,让李白见了叹道:"眼前好景道不得,崔颢题诗在上头!"因而有此堂号。

【宗族特征】

崔姓是典型的北方姓氏,家族名人多以政治或文化艺术方面的成就和才华称著于史册,且以唐代为盛。崔姓人的字行辈分排列有序,且立意高远。如清代锦西(今辽宁葫芦岛市)崔姓人一支的字行为:"封文显德,克永康祥。"

【繁衍变迁】

崔姓发源于今山东。秦汉时,崔姓人播迁于今陕西、河北、河南等地。东汉末,战乱不休,有崔毖举族避居朝鲜,后发展为朝鲜大户。魏晋南北朝时,崔姓族大人众,西晋时位居北方士族之首。唐代,崔姓一族的地位十分显赫,官居相位者多达27人。这个时期,今山东、河北、河南、陕西、山西、甘肃遍布崔姓人。宋元时,有崔姓人南迁于今江苏、安徽、浙江、江西等地。明清之际,有大批崔姓族人迁往辽东(辽河以东地区,今辽宁东部和南部)一带,多与朝鲜族杂居。清末,崔姓人又有人居东南亚各国者。

崔姓是当代中国人口排行第五十八位的姓氏,总人口约有420多万,约占全国人口的0.34%。

吉

【吉姓起源】

1. 远古黄帝有个裔孙叫伯儵,受封于南燕(在今河南延津县境),赐姓姞。后来他的子孙省去女旁,世代相传姓吉。

2. 上古周宣王有个贤臣叫尹吉甫,他的后代以王父字为姓,世代相传姓吉。

【吉姓名人】

吉茂

字叔畅,东汉、三国魏时冯翊池阳(今陕西泾阳)人。好书不耻,建安初年(196年)隐处武功南山,被州里举为茂才,后任临汾令,拜议郎,为官清静,不欺吏民,景初中(238年)卒。

吉士瞻

字梁容,冯翊莲勺(今陕西)人。南朝梁武帝时(502～549年)为太子卫率,迁任南阳、武昌太守,以功历巴东相、建平太守,后为梁、秦二州刺史,为官清廉,家无余积。其谥号曰"胡"。

吉子

隋开皇十三年时(593年)冯翊(今陕西)人,为汉代同州刺史吉瞻的后代,才高学博。

吉皎:唐代冯翊郡大荔县(今陕西大荔)人,才子。晚年以御尉卿之职致仕后居洛阳香山,与白居易、胡杲、郑据、刘真、卢真、张浑、狄兼谟(一说李元爽)、卢贞(一说禅僧如满)等人一同宴游,名列"九老会",被后人称为"香山九老"。唐武宗会昌五年(845年),九老同在洛阳香山履道坊作"九老诗",绘"九老图"。

吉祥

宋代平阳(今山西临汾一带)人,工画人物、佛像、星辰,笔墨轻清,布景多在山水中,后人罕及,山水亦佳。

吉坦然

明末江宁(今南京)人,曾仿西洋钟原理制作"通天塔"自鸣钟,形如西域浮屠,置架上自以银块填之,塔之下层,中藏铜轮,互相带动,外不得见,中层前开一门,有时盘如圆桶,颇具中国风味。此系最早的南京钟,故被奉为南京钟的鼻祖。

吉廷镒

字裕民,号楚堂,丹阳吉氏十七世。邑增广生,刻有《棣晴书屋文稿》《楚堂诗草》《裕民先生续刻文稿》行世。

【繁衍变迁】

中华吉(姞)姓源流悠悠,至今已有五千余年的历史。

汉唐时期,中原吉氏族人的聚居地主要分布于陕、豫、晋、鄂等地,并从中涌现出冯翊、洛阳等吉氏郡望。其间,在经历了魏晋南北朝的长期战乱后,随着中原吉氏族人的迁徙,冀、苏、鲁、皖、甘等地已有吉氏族人定居落籍,浙、赣、川、湘等地也已成为吉氏族人的活动领域。

五代宋元时期,中原吉氏族人同其他中原士族一样,常因战乱或其他原因从原聚居地南渡,多次迁徙到江南各地定居,粤、桂、闽等地又成为吉氏族人的新迁居地。

元末明初,山西吉氏作为洪洞大槐树迁民姓氏之一,分迁于陕、冀、鲁、豫、皖、苏等地;而苏、皖吉氏族人中则有随军而迁云、贵者。

到了明代中叶,吉氏族人开始迁入台、琼等地。

到了清代,一些满族旗人改而姓吉,中华吉氏族群中又增添了新成员。

清康雍乾以后,冀、鲁、豫等地的吉氏汉族人中有因闯关东而定居于东北者。清咸丰年间太平天国时期,江南吉氏族人中则有因避战乱而迁居江北者。

如今,中华吉氏族群在时空上"多元并行"分布的特征更为显著,除了汉族和满族的吉氏外,在黎族、土家族、蒙古族、彝族、回族、藏族、哈萨克族、朝鲜族、傣族等民族中。都有以"吉"为姓的。

钮

【钮姓起源】

1. 春秋战国时期祖居吴兴(现为浙江省湖州市)花林的先祖宣义公(家中排行

二十六）之女为吴王夫差第八宫后，宣义公时任吴王从卫骑都尉，当时以椒房之戚拜赐印绶指印"纽"而赐姓，故本姓"纽"，后才演变成"钮"，这就是钮氏姓的由来。

2. 满清十大贵族姓氏之一钮祜禄，后改汉姓为郎、钮氏。

【钮姓名人】

钮克让

元代宣尉副使，元代宣尉副使、介休人。始历岳州、武昌二郡推官，用法平恕，守龙阳郡，多善政，终官宣慰使。

钮纬

明代藏书家，祖上吴兴客居会稽，其祖父钮清是成化十四年进士，父亲钮廷信是邑中的廪食诸生。钮纬于嘉靖十三年考中举人，二十年中进士，嘉靖二十二年任祁门知县，二十九年升江西佥事。因在仕途上很不得意，寻以原官降直隶常熟县丞，后历山东佥事，以忧归。解甲归里后修建了藏书楼，名曰"世学楼"，对后人影响深远。

钮衍

字公裕，明朝常熟人。授德安知府，郡内有人装妖作怪，危害人民，诈骗财物。钮衍经过调查核实后，依法论罪，严重者处斩。为民除害，称赞。

钮福畴

字西农，乌程人。清代诗人。工词翰，历任知县，所至有循声，有《亦有秋斋诗钞》。

钮锈

字玉樵，清朝吴江人。原为贡生，由于博学多闻，勤政爱民，关心百姓，多办实事。写有杂记多种，反映新人新事，写得生动感人，颇有唐人小说遗风。还有《临野堂集》留传于世，影响深远。

【繁衍变迁】

从距今大约一千七百年前的晋朝开始，我国便有了以钮为姓的古人。钮姓最早起源于江南。在漫长的繁衍过程中,钮姓迁民后裔分布于江苏、浙江、山东、山西、河南、湖北、河北、甘肃等地。经过历史上多次的繁衍迁徙,钮姓分布在了全国各地。除满族钮姓外,钮姓是一个祖先,钮姓是不分家的。

龚

【龚姓图腾】

龚是共工氏的族称,其图腾可以分成两部分来理解,中间为龙,两边靠下的部分是一双手,表示恭敬、礼拜之意。龚姓就是以双手恭敬地礼拜龙为图腾。尧舜时,共工氏竭力反对尧让位于舜,因此被流放到今北京密云水库北岸燕乐村南,并在该地建造了龚城。隋筑燕乐郡时将龚城套在燕乐城中。

今燕乐城北墙、东墙、南墙尚存有遗址。龚姓自此时始。西周"共和"时的共伯也就是人们所说的共工氏裔。

【龚姓起源】

1. 源自共工氏

这一支龚姓为黄帝之臣共工氏(炎帝的后代)之后。据以《元和姓纂》为代表的姓氏学著作记载,共工氏的儿子句龙在黄帝时担任"土正"这一官职,顾名思义,这一官职主要是掌管有关土地的事务。其后裔有以共为氏的,称共氏者;后因避祸,又在共字上加上祖先的字"龙",称龚氏。

2. 源自商朝诸侯国

据《通志》等相关著作载,商朝时期有一个诸侯国,名字叫作共国(一说在今河南省辉县市,一说在今甘肃省泾川县北),后来被周文王姬昌所灭,子孙以国名为氏,后来在历史的发展中,逐渐演变为龚姓。

3. 源自姬姓

据《尚友录》等相关史料记载,春秋时晋献公之子申生谥号"恭君",其子孙以其谥号为氏,又古时"恭"即"共",故亦称共氏,后演变为龚姓。因为晋献公是姬姓,因此这一支龚姓源自姬姓。

另外,据《元和姓纂》《史记·郑世家》等载,春秋时郑武公之子共叔段的后裔有以共为氏者,后演变为龚姓。因为郑武公也是姬姓,因此这一支龚姓同样是源自姬姓。

4. 源自避讳

据相关史料记载,五代十国时的后晋皇帝石敬瑭,名字中有一个"敬"字。因此当时的敬氏为避其名讳,改"敬"为同义的"恭",之后随着历史的发展,演变为龚姓。

5. 源自少数民族改姓或本有之姓

改姓:例如黎平三龙乡(今属贵州省东南苗族侗族自治州)的少数民族中有吴姓改龚姓者;再例如土族龚塔氏汉姓为龚。

本有之姓:我国很多少数民族中本来就有这个姓氏,如瑶、彝、白等族均有龚姓。

【郡望堂号】

郡望

武陵郡:治所在今湖南溆浦南,西汉时置郡。

六桂郡:得名自"六姓联芳"。隋代治所在今福建福州市,唐代移治今福建泉州市。

堂号

中隐堂、六桂堂、耕读堂、渤海堂等。

【宗族特征】

龚姓源头众多,血统不一,是一个典型的南方姓氏。龚姓名贤众多,流传有许多箴言佳话,实为后世之楷模。龚姓人的字行辈分排列有致,后世可从中窥其先祖风范之一斑。如龚维忠昕著的《龚氏族谱》中载有上海南汇区龚姓一支的字行为："云台丕显文,炳志仁大可。"

【龚姓名人】

龚遂

西汉时任渤海太守,敢于谏诤。渤海临郡饥荒时,曾开仓借粮。后世把他和黄霸作为封建"循吏"代表,称为"龚黄"。他是见于史籍记载龚姓中的首位名人。

龚宽

洛阳(今属河南省)人,西汉画家,描绘人物惟妙惟肖,而牛马和飞鸟等是其最为擅长画的。

龚原

字深之,号武陵,遂昌(今属浙江)人。著名北宋学者。曾助王安石变法,颇为尽力。著有《周易新讲义》。

龚贤

字半千,号半亩,昆山(今属江苏)人,清朝著名画家,"金陵八家"之一。工山水、兼善诗文、书法,其画苍润浓郁,行草奔放雄奇。

龚自珍

清代著名的思想家、文学家。博览群书,通晓经学、文字学、历史、地理等、为今文经学派的重要代表人物,官至礼部主事。其诗、文有较高成就。著作辑有《龚自珍全集》。

【繁衍变迁】

龚姓发源于今河南、甘肃、福建等地，早期主要在北方繁衍。汉时，龚姓兴起于今江苏、山东。晋南北朝时，龚姓人的足迹扩展至今江西、四川、湖南等省。唐宋时期，龚姓人在南方的繁衍旺于北方，今江苏、福建、浙江、广东遍布龚姓人的足迹。明代龚姓人有移居今上海、广西等地者，而洪洞大槐树（今属山西）的龚姓人则被分迁于今北京、天津、陕西、河北、河南等地。清代乾隆年间开始，有沿海的龚姓人移居台湾、定居邻近国度。

龚自珍

龚姓是当代中国人口排行第一百位的姓氏，总人口约有200万，约占全国人口的0.16%，尤盛于长江流域。

程

【程姓图腾】

相关研究结果认为，炎帝第五世祝融八姓之一为程姓。从直观上看，其图腾由三部分组成：左侧为禾苗，因为炎帝神农氏擅长种植谷物，故以此表示程姓人的始祖为炎帝；中间为"呈"，代表"皇"，即三皇之一的炎帝；右侧是天表，因为天表被炎帝掌管着，至高无上的权力握在他手中，程姓便最终继承了这种世职。

【程姓起源】

1. 源自风姓

据《通志·氏族略》《广韵》等所载,相传上古时代,高阳氏封颛顼(风姓)之后,火正之官由重黎担任,他主要是掌管民事方面的工作,而且子孙可以世袭。当时,另外还有伏羲氏之后形成的东夷族的风姓程部落,辅佐重黎。他们在夏朝之前已经建立了程国,故地在今河南洛阳东,商朝时徙至今陕西咸阳东。周灭商,程成为周的臣属,子孙有以国为姓者,称程氏。后周武王时,程人后代程伯符向其献"三异之端",即"泰山之车","井中之玉"和"双穗之禾"。于是,武王将河北广平(今河北省鸡泽)作为程姓家族的封地,后周成王又将程(今河南省洛阳东)地改成他们的封地,此后程国得以建立,子孙有以国为氏者。周宣王时,程伯符的后裔程伯休父曾经在朝廷中当过大司马,立有军功,被封于程邑(今陕西省咸阳市东),其后子孙有以地为氏者,历史上称这些族人均为程氏。

2. 源自姬姓

据说是周文王的小儿子荀侯的后代子孙。据《左传·杜预注》载,春秋时,荀侯的后裔荀骓曾经当过晋国的大夫,食采于程邑(今山西省新绛县东北),其后以邑为氏。因为周文王是姬姓,所以这一支程姓源自姬姓。

【程姓名人】

程婴

春秋时晋国义士,因为《赵氏孤儿》而家喻户晓,千百年来为世人称颂。相传他是晋卿赵盾及其子赵朔的友人。晋景公三年,大夫屠岸贾杀赵,灭其族,公孙杵臼与程婴商议决定,由程婴抱赵氏真正的孤儿秘密在山中抚养,同时由程婴故意告发,令诸将杀死杵臼及冒充孩儿,后景公听了韩厥的建议,立赵氏这个孤儿为接班人,把屠岸贾杀了,这时候程婴则自杀以报杵臼。

程邈

秦代下杜(今陕西省西安南)人,曾任狱吏、御史等职,为了改变篆体字写起来相当不方便的现实,他潜心研究发明了隶书。他曾用十年的时间,致力于篆书向隶书转化这项工作,将大小篆蜕变而成隶书300字,使中国的文字自此得以定型,文化得以真正地由文字这一载体方便地传布和发展,历史贡献相当大。

程昱

程婴

三国时魏国名臣。其实他的本名叫做程立,因为梦见自己在泰山捧日,于是更名程昱。曾于东阿率领民众抗击黄巾。后来跟随曹操于兖州,封寿张令。曹操征徐州时,程昱与荀彧留守后方,阻吕布、陈宫大军,保住三城,功勋不可谓不卓著,因此受封为东平相,屯于范县。程昱是当时著名的谋士,经常为曹操出谋献策。他德高望重,去世时,曹丕亦为之流涕,追赠车骑将军,谥曰肃侯。

【郡望堂号】

郡望

广平郡:治所在今河北鸡泽东南,汉时置郡。

河南郡:治所在今河南洛阳东北,汉高祖时置郡。

堂号

伊川堂、明道堂:宋时程颐,与弟程颢并称为"二程",人称"伊川先生",故有"伊川堂"之名。由于他们能继承孔孟的传统,故有"明道堂"之称。

【宗族特征】

程姓人多忠义之士。他们舍小利、取大义,舍小家、为大家,杀身成仁、舍生取义,名垂千古。程姓人的字行辈分严谨有序,如湖北江夏程姓一支的字行为:"敦仁广义,远绍显谟,培基振绪,愈奋伟烈,德泽绵延,时久弥芳,和蔼充盈,毓秀钟炎。"

【繁衍变迁】

程姓发源于今河南、河北、陕西、山西等地,春秋时主要繁衍于今山西境内。秦汉时,程姓人已有迁入今四川和浙江湖州、江西南昌者。魏晋之际,北方战乱频仍,程姓人大举南迁至今安徽、江苏、湖南、江西省境。唐宋时期,程姓人已散居全国大部分地区。元末,程姓人南迁于今福建、广东等省。明清之时,程姓人遍布全国。

程姓是当代中国人口排行第三十三位的姓氏,总人口约 660 多万,约占全国人口的 0.53%。

嵇

【嵇姓起源】

1. 稽姓所改。夏朝君主少康即位,将王子季抒封于会稽,称会稽氏,遂以稽为姓。到古代汉朝初年,会稽氏的后裔迁到礁郡的嵇山,便又改为嵇姓。此后,会稽氏的后裔就以"嵇"作为姓氏了。

2. 出自北方少数民族所改。据《魏书·官氏志》上记载,南北朝时,北魏鲜卑族有复姓统稽氏、纥奚氏,迁徙定居中原后,改为汉姓嵇,遂成嵇氏。

【嵇姓名人】

季抒

相传为夏代少康帝子,封于会稽,西汉初年迁至谯郡嵇山,改姓"嵇"。

嵇康

字叔夜,三国时魏国谯郡人。博学多才,风度翩翩,如孤松独立。官拜中散大夫,与阮籍、山涛等常同游于竹林,世称"竹林七贤"。

嵇绍

字延祖,晋代谯郡铚县人,嵇康子。官至侍中。有人言绍"昂昂然如野鹤之在鸡群"，使其"为吏部尚书，可使天下无复遗才"。

嵇颖

字公实，宋代应天府宋城人。天圣年间进士，时王曾、张知白相继任南京留守，见颖谨厚笃学，乃谓子弟曰："若曹(你们)师表也。"官至翰林学士。

嵇康

【繁衍变迁】

嵇氏是一个多源流的古老姓氏群体，但人口总数在中国大陆及台湾地区均未被列入百家姓的前 300 位。古时，嵇氏多以河南、谯国、代郡、南安为郡望。如今，在江苏、黑龙江、山东、江西、浙江、广东、辽宁、安徽、河北、上海、北京、香港、澳门、台湾等地均有嵇氏族人分布。

刑

【邢姓起源】

1. 出自姬姓，是制礼作乐的周公姬旦的后裔，以国名为氏。据《元和姓纂》和《左传》等所载，周成王封周公旦第四子靖渊于邢国(今河北邢台)。后邢国灭亡，其子孙遂以国名为氏，称邢氏。

2. 出自春秋时的晋国。据《姓考》记述："晋大夫韩宣子之族食采于邢，后以为氏，望出河间。"晋国是姬姓诸侯国，晋国公族系源于姬姓。

3. 出自韩姓。韩姓源于周文王姬昌的后裔唐叔虞，其子孙有食采于邢(一说在今河南温县东平皋故城，一说在今山西河津)而以地为氏者。

4. 源自少数民族改姓或少数民族固有姓氏。据《通鉴》所载，北魏时氐人有改邢姓者;据《清史》所载,清满族八旗姓性佳氏后改邢姓;黎族姓拉海氏,汉姓为邢。今满、蒙古等民族均有此姓。

【邢姓名人】

邢劭

河间鄚(今河北任丘)人,北齐官吏、文学家。十岁能属文,少年聪慧,才思敏捷,后官至国子祭酒、太常卿兼中书监。其文章典丽,富于收藏。作品辑有《邢特进集》。其兄邢臧官至濮阳太守,亦清慎奉法,有令名。

邢侗

字子愿,临邑(今属山东)人,明代书画家,万历进士,官至陕西行省太仆卿。擅画、能诗文,尤以书法著名,其字为海内所珍,与董其昌、朱万钟、张瑞图齐名。著有《来禽馆集》。

邢抱扑

应州(今山西应县)人,辽国大臣。历任政事舍人、翰林学士、户部尚书、翰林学士承旨等职,后拜参知政事,按察诸道守令。屡决滞狱,以平民冤。官终南院枢密使。其弟邢抱质,亦同朝任高官。

【郡望堂号】

郡望

河间郡:治所在今河北河间市西南。

堂号

河间堂、守雅堂、三礼堂等。

【宗族特征】

邢姓是典型的北方姓氏,源于北,而盛于北。邢姓主源两支,尽管得姓时间、始祖不同,但追本溯源,却同是周文王的姬姓子孙。邢姓家族人才济济,仅入载《中国历代人名大辞典》者就达72人,且多德行高尚之人。如三国魏人邢颙,字子昂,时称"德行堂堂邢子昂""真雅士"。

【繁衍变迁】

邢姓发源于今河北邢台。公元前 635 年,邢国被卫国所灭,子孙散布于今山西、河北、山东一带。魏晋南北朝时,社会动荡,有邢姓人避居江南。隋唐之际,北方的邢姓人以河间郡望为中心,播迁繁衍于邻近区域,而南方的邢姓人则在今安徽、江苏、浙江等地繁衍。北宋,有邢姓人徙居今河南各地。靖康之变后,邢姓人避居今江苏、浙江一带。元时,北方的邢姓人发展平稳,南方邢姓人则因避乱散居江南各地。明初,今山西境内的邢姓人作为洪洞大槐树(今属山西)迁民之一,落籍于今河北、河南、山东、陕西、北京、天津、东北等地。明中叶以后,邢姓人有渡海赴台谋生者。

邢姓是当代中国人口排行第一百一十八位的姓氏,总人口约有 140 万,约占全国人口的 0.11%。

滑

【滑姓起源】

出自姬姓。古代有个叫滑国的国家,是周朝的同姓国,建都于滑(今河南睢县西北),又迁都于费(今河南偃师西南),后来被晋国所灭。其后代子孙以国名命姓,称为滑姓。

【滑姓名人】

滑涣

唐宪宗朝的权臣,他内结宦官,干预国事,后来遭李吉甫诛杀,抄出家财数千万,一下子使默默无闻的滑氏自此为世人所知。

滑寿

元朝末年的医学家,他不仅精通《素问》《难经》,而且融通张仲景、刘守真、李明之三家学说,所以给人治病有"奇验",他还著有《读伤寒论抄》等医书多种。"所至人争延,以得诊视决生死为无憾"。他更以"无问贫富皆往治,报不报弗较也"的崇高医德,受到时人的赞誉。

【繁衍变迁】

滑姓发源于古代周朝时的滑国,所在地在今河南省睢县西北、滑县一带。到了春秋时代,滑国被秦、晋等大国所灭,后世子孙迁都费,即现在的河南省偃师县西南的缑氏城一带,滑国的后世子孙即"以国为氏",称为滑氏,后繁衍到各地。

裴

【裴姓图腾】

相传裴族是最早发明六合历的氏族。六合历是古代的历法,它根据季节变化,将全年的12个月划分成六组,称作"六合",使人们能够准确地掌握季节交替变化的规律,适时安排生产和生活。裴姓的图腾由两部分组成:上部是一个"非",指将观测到的太阳在表木东西两侧的升降高度划分为六等份;下面是个穿着长长的衣服的人,在此寓意表木和人等高。

【裴姓起源】

1. 出自嬴姓,为伯益(嬴姓)之后。据《名贤氏族言行类稿》载,伯益的后裔中有飞廉,其裔孙被封于𨛬(今山西闻喜县东),遂以𨛬为氏。下至六世孙𨛬陵,在周僖王时被封为解邑(山西省临猗县西南)君。𨛬陵就去掉邑字,改加衣字为裴,称裴氏,表示已经离开了𨛬地。

2. 源于周朝秦国,以邑名为氏。秦国先公非子被周孝王封于秦,史称秦非子。秦非子的后代中有人被封为裴乡(今山西闻喜县的裴城)侯,称裴君,其后世子孙便以封邑名为氏,称裴氏。

3. 源于春秋时晋国,以地名为氏。据《通志·氏族略》载,晋平公将颛顼的一个裔孙封为裴中(今陕西岐山县北)的首领。这位贵族被称为裴君,他的后代遂以地名为氏,称裴氏。

【裴姓名人】

裴秀

晋代地图学家。他总结前人经验,提出"制图六体",在世界地图史上占有重要地位。著有《禹贡地图》18篇。

裴楷

字叔则,西晋河东郡闻喜(今山西闻喜)人。仪容俊爽,如行玉山上,光彩照人,时称"玉人"。他博览群书,尤精《老子》《易经》,官至中书令。

裴度

字中立,唐宪宗时高居相位,力主削除藩镇。元和十二年(817年),督师破蔡州,使唐代藩镇叛乱的局面暂告结束。有"名震四夷""天下莫不思其风烈"的盛誉。

裴度

【郡望堂号】

郡望

河东郡:治所在今山西黄河以东的夏县一带,秦时置郡。

京兆郡:治所在今陕西西安一带。

堂号

督国堂、绿野堂:唐宪宗时,淮西节度使不听朝廷的命令,朝廷派了许多军队去平叛,都大败。大臣提议罢兵,裴度力请征讨。朝廷拜他为门下侍郎同平章事(副宰相),督兵平叛。他整肃军事,任用良将,生擒吴元济,因功受封督国公。因而有"督国堂"之名。裴度家有绿野堂庭院,因而又有"绿野堂"之称。

【宗族特征】

裴氏家族所以能够经久不衰,明末清初思想家顾炎武总结了三条原因,即联姻、世袭与自强不息。裴氏家族历史上共出过驸马、皇后、太子妃、王妃、公主、荫袭95人。由联姻、世袭所结成的封建裙带关系,为裴姓人显露头角提供了优越的条件,然而起决定作用,还是裴姓家族重视教育。自强不息,顽强拼搏的优良传统。"重教守训,崇文尚武,德业并举,廉洁自律"是裴氏家风的主要特征。裴姓家族曾有家规,子孙考不中秀才者,不准进入宗祠大门,谨遵"玉不琢,不成器;人不教,不知义"的训诲。

【繁衍变迁】

裴姓发源于今山西、陕西等地,早期主要在今山西省境内繁衍。西晋末期的永嘉之乱,使得河东裴姓人从今山西、河南等地,迁至今江西及江苏扬州、徐州、安徽淮北等地。十六国时期,河东裴姓人星散于北国各地,各有作为。宋、元、明、清时期,裴姓大家族由隋唐时期活动的中心地区,即今山西、陕西和河南等省,开始向全国各地,特别是南方各地播迁,从而遍布全国,并有漂洋过海,到达世界各地者。

裴姓是当代中国人口排行第一百五十六位的姓氏,共有83万多人,约占全国人口的0.067%。

陆

【陆姓图腾】

陆姓图腾最显眼的是两侧形似"非"的图像,表面看似复杂的陆姓图腾由两部分组成。高屋华盖(古时一种观测日月天象的建筑)处在图腾

的中间位置,两侧的"非"代表日月升降的阶梯或运行轨迹。

【陆姓起源】

1. 源自妫姓

据相关史料记载,战国时,帝舜的妫姓后裔、齐宣王田辟疆之子通受封于陆乡(今属山东省),以封邑名为氏,称陆氏,子孙沿用。

2. 源自颛顼

据《广韵》所载,颛顼曾孙吴回在帝尧时原本是火正之官,其子陆终被封于陆乡(今山东省平原县),后代子孙有以陆为氏者。

3. 源自春秋诸侯国

不少相关资料显示,春秋时有陆浑国(故城在今河南省嵩县东北),被晋国灭亡后,国人以国名为氏,称为陆氏。

4. 源自少数民族改姓或本有之姓

改姓:如据《魏书·官氏志》所载,北魏孝文帝迁都洛阳后,改鲜卑步陆孤氏为陆姓;再如相传成吉思汗之孙阿里不哥,排行第六,怕受到别人的陷害排挤,以排行为姓,故姓陆。

本有之姓:今彝、高山、京、土家、满、蒙古等族都有陆姓族人。

【陆姓名人】

陆贾

西汉著名政治家、辞赋家,汉高祖定天下以后,他常作为说客出使诸侯。力主提倡儒学,"行仁义,法先胜",并辅以黄老的"无为而治"的思想,作为地主阶级的统治工具,对汉初政治曾产生较大影响。

陆游

山阴人,生于南宋时期,著名诗人。曾在朝廷任官,在政治上坚决抗金,主张充实军备。晚年退居家乡,始终坚持收复中原的理想。一生中创作了很多诗歌,现存的有9000多首,风格浑雄豪放,内容极为丰富,抒发政治抱负,反映人民生活疾苦,批判当时统治集团的屈辱求和，更是透露出一种恢复国家统一的理想。《关山月》《书愤》《农家叹》《示儿》均为传世名作。

陆九渊

字子静，号象山。汉族，抚州金溪（今属江西）人。南宋著名哲学家、教育家。与当时著名的理学家朱熹齐名，史称"朱陆"。陆九渊是中国"心学"的创始人，在近代中国理学的发展史上占有重要地位，被后人称为"陆子"。

陆游

【郡望堂号】

郡望

吴郡：治所在今江苏省苏州市，三国时置郡。此支陆姓人为陆通的直系后裔，开山始祖为西汉时的陆烈。

平原郡：治所在今山东省平原县南，西汉置郡。

堂号

忠烈堂：南宋国祚将倾之际，左丞相陆秀夫誓死不降元，拥立益王继位，转战于海上。但终因大势已去，他无力回天，海战失败。元兵杀来时，陆秀夫从容拔剑将妻子、儿子驱逐下海而死，然后自己背起幼主投海自尽。其忠烈气概，感天动地，因而有此堂号。

【宗族特征】

陆姓家族代有人才出，各领风骚数百年，如品茶权威陆羽，被奉为"茶神"，是陆姓敬业精专之表率。陆姓人的家规家训凝练着"走正路、正己身"的高尚情操，字行亦寓意隽永，如清代陆乃普所修的《陆氏宗谱》中载有吴江（今属江苏）陆姓一支的老派字行为："传家惟孝友，华国本诗书。"新续字行为："鼎亨延世祚，恒业守丕基。"

【繁衍变迁】

陆姓发源于今山东,早期以此为中心向四周传播。西汉时,有陆姓人迁居今江苏苏州、江西南昌等地,后逐渐遍布今河南、湖南等省。魏晋南北朝时,鲜卑步陆孤氏改姓陆,陆逊担担孙吴政权家族的大都督,使南北方的陆姓家族阵容都得到了更大规模的发展。盛唐时期,陆姓家族的势力呈巩固加强之态,在此期间,有陆姓人入今福建。宋元至明清时期,陆姓人已广布于南北方各地,进而延伸至中国台湾、新加坡等地。

陆姓是当代中国人口排行第六十位的姓氏,总人口近 420 万,约占全国人口的 0.33%。

荣

【荣姓起源】

1. 远古黄帝时代,有个音乐家叫荣援,为黄帝铸造了十二个铜钟。荣援就是荣姓的始祖。

2. 上古周成王有个卿士受封于荣邑(在今河南巩义市一带),称为荣伯,他的子孙便以邑为姓,相传姓荣。

【繁衍变迁】

荣姓是一个在济宁汶上繁衍了两千七百年的古老家族。荣氏肇基汶水,源发昙山。荣氏长支"以先人之庙堂在此,先人之庐墓在此""思存宗祧而供祭扫",辗转厌次村、汶水堤口美化大庄、周村,至清初居城东演马,一直未离开汶上。清朝康熙皇帝下圣旨"钦赐奉祀生四员。蠲免一切差役",负责祭祀荣子祠堂和荣子墓。今荣子祠堂在演马村,荣子墓在昙山厌次岭(距演马村北五公里)。

如今,荣姓是当今较常见的姓氏,分布很广,尤以吉林省多此姓,约占全国荣姓人口的 33%。

【陆姓名人】

荣成伯

即荣驾鹅,又名栾。春秋鲁国大夫,婴齐之子。据《左传》载,鲁襄工自楚国返。闻季武子袭击卞(鲁庄子食邑),欲不入,荣成伯赋《式微》,襄公乃归。又,季孙氏嫉恨昭公。昭公死,理应葬在鲁群公墓所在地阚(今山东汶上县西南),季孙欲隔绝昭公墓,不使与先君同。成伯曰:"生不能事,死又离之,以自旌也。纵子忍之,后必或耻之。"季孙又欲为恶谥。成伯曰:"生弗能事,死又恶之,以自信也。将焉用之?"季孙乃止。

荣启期

春秋时隐士。传说曾行于郕之野,鹿裘带索,鼓琴而歌,语以德为人,又为男子。又行年九十,为三乐。

荣毗

字子谌,遂代无终人。刚硬有局量,官至侍御史,立朝侃然正色。百僚惮之。

荣广

字王孙,汉代鲁国人。从瑕丘江公受《谷梁春秋》及《诗》,尽能传其所学。

翁

【翁姓起源】

1. 来源于周朝时期的姬姓,属于西周昭王的后代。相传周昭王的小儿子生下来的时候双手紧握,别人都掰不开,周昭王去掰,却是应手而开。只见他的小儿子的左手掌的纹路像是篆书的"公"字,右手的掌纹像一个篆书的"羽"字。周昭王于是就给他的小儿子起名叫作"翁"。翁的子孙后代也以翁作为自己的姓氏。

2. 根据史料记载,周昭王的庶子食采于翁山(在今天的浙江省定海县东。也有说是广东省翁源县的)。他的子孙后来就以邑名为姓,世代相袭,形成了翁姓。

3. 上古夏朝初建时期,启为夏王,当时有一位贵族叫翁难乙,相传他就是翁姓最古老的祖先。

【翁姓名人】

翁承赞

字文尧,唐代福清县人,干宁年间(894~898年)进士。五代后梁时官至左散骑常侍、御史大夫。曾咏梅花诗:"忆德当年随计吏,马蹄终日为君忙。"

翁德广

宋代人,淳熙年间任溪县知县。朱熹曾奏荐之,称其"不务赫赫可喜之名,而有肯肯爱民之实"。

翁肃

字彦恭,宋代崇安人,官至朝散大夫。与翁彦约、翁彦深、翁彦国三兄弟及翁延庆、翁蒙之同姓同乡同朝,皆居高官,时称六桂同芳。

翁方纲

字正三,清代大兴县人,进士出身,官至内阁学士。精金石考据之学,亦擅长辞章、书法。曾任鸿胪寺卿,预千叟宴。

【繁衍变迁】

翁姓的望族居住在钱塘(今天的浙江杭县)。目前,我国北方的翁姓虽不多见,但在南方,特别是闽、粤、台湾一带却是名门大姓。

荀

【荀姓起源】

1. 起源于远古时期,是轩辕氏部落首领黄帝的后代。相传,黄帝有二十五子,分姓十二姓,荀就是十二姓之一。

2. 黄帝时,有个大臣叫荀始,是个手巧心灵的艺师,他专门负责制作大小官员的官帽。其后代子孙以祖父名字命氏,称荀氏。

3. 出自姬姓。周文王姬昌的第十七个儿子被封于郇(今山西省临猗县),建立郇国,为伯爵,史称郇伯。其后代子孙遂以国名"郇"为氏,后去邑旁加草头为荀姓。

4. 出自春秋时晋国公族,为隰叔之后。荀本为姬姓诸侯国,被晋国所灭后,成为荀邑(在今山西省晋平县西)。隰叔被封于荀,为荀侯,其后裔以封地为姓,称荀氏。

【荀姓名人】

荀况

战国时思想家,当时人们尊称他为荀卿,著有《荀子》三十二篇,历史上十分著名的思想家韩非、李斯都是他的学生。他提出了"性恶"论和"制天命而用之"的人定胜天的思想,反对迷信,是儒家学说的继续者和发展者。

荀淑

字季和,东汉颍川郡颍阴人。桓帝时为朗陵侯相,莅事明理,有"神君"之称。有八子(俭、绲、靖、焘、汪、爽、肃、敷),并

荀况

有才名,时谓"八龙"。

荀粲

字奉倩,三国时魏国颍阴人。独好道。曹洪女有美色,粲聘之,专房欢宴历年。后妇得热病,粲取冷熨其身,不愈而亡。粲痛悼不能已,岁余亦卒,时年二十九。

荀崧

字景猷,晋代颍阴人。志操清纯,雅好文学。官襄城太守,被社会所围。其女荀灌,率勇士数十人突围,乞师求援,平南将军石览至,遂解围。

荀雍

南朝宋国人,与谢惠连、何长瑜、羊璇之等四人跟谢灵运以赏会,作山泽之游,时人谓之"四友"。

【繁衍变迁】

荀氏是一个多源流的姓氏群体,人口总数在中国大陆及台湾地区均未被列入百家姓前500位。古时,多以河内、河南为郡望。如今,在山西、江西、河南、江苏、四川、安徽、贵州、山东、北京、上海、重庆、天津、台湾等地均有荀氏族人分布。

羊

【羊姓起源】

1. 周官羊人之后,以官为氏。周代有官职为羊人,其子孙以官职为姓,遂为羊氏。

2. 出自祁氏,原为羊舌氏,为春秋时晋国大夫祁盈之后。始封于羊舌(今山西洪洞、沁县一带),其后遂为羊舌氏。后去舌为羊氏。

3. 出自姬姓。春秋时,晋靖侯的儿子公子伯侨有孙子名突,晋献公时封为羊舌大夫,子孙称羊舌氏。春秋后期,羊舌氏被其他晋卿攻灭,有子孙逃在国外,改姓羊,称羊氏。

4. 历史上南方零陵族也有羊姓，为羊姓的一支。

5. 为姞氏所改。

【羊姓名人】

羊角哀

战国时人，与左伯桃为友，闻楚王招贤，同赴楚，道中遇雨雪，粮少衣薄，势难俱生。伯桃留衣食于哀，自入空树中死。哀至楚为上卿，乃启树礼葬伯桃。此处把复姓羊角并入羊氏。

羊续

东汉泰山平阳人。历庐江、南阳郡太守，常敝衣薄，车马羸败，以清介自持。

羊陟

字嗣祖，东汉梁父人。少清直，历官冀州刺史、尚书令、河南尹。与郭林宗、巴肃等同称"八顾"。

羊祜

字叔子，晋代南城人。都督荆州军事长达十年，开屯田，楚军备，轻裘缓，身不披甲，绥怀远近，以收江汉及吴人之心。

羊昙

晋代泰山人。谢安之舅，安死，昙辍乐整年，行路不经安所居西州路。一日，醉过州门，从者告知，昙悲吟曹植诗"生存华屋处，零落归山丘"，恸哭而去。

羊璇之

南朝宋国泰山人，与荀雍、何长瑜、谢惠连为谢灵运四友，常以赏会，共为山泽之游，名噪一时。

【繁衍变迁】

羊氏一族主源起于山西，远徙山东。春秋之末，由于晋六卿残害，羊氏族人被迫四处流徙。秦末天下乱起，羊氏族人为避动荡，其中一支远徙于泰山，此地遂成为羊氏的第一郡望。

泰山羊氏族人自东晋伊始，便不断举家南迁，宋元以后，仍居故里之户族已日渐稀少，但迄未中绝。如今，羊氏族人的足迹遍布江苏、浙江、湖南、湖北、安徽、江西、云南、四川等地。

惠

【惠姓起源】

1. 源于黄帝的后代。远古时，黄帝之孙叫颛顼，颛顼之孙叫吴回，吴回有个儿子叫陆终，陆终的第二子叫惠连，其子孙便以祖上的名字"惠"命姓，称惠姓。

2. 出自姬姓。周朝时，有个君主叫姬阆，称号惠王，其后代子孙以祖上的谥号为姓，称为惠姓。

【惠姓名人】

惠施

战国时宋国人，与庄周为友，是名家代表之一。主张"合同异"说，认为一切差别、对立是相对的。庄子称"惠施多方，其书五车"，著有《惠子》一篇。

惠直

字子温，宋代当涂人，崇宁年间进士，历任德化主簿、歙州推官、太常博士。最初名叫直方，后去"方"留"直"，改姓名为惠直，意在保留正直之名。

惠希孟

字秋崖，元代江阴人。天资聪慧，博涉群书，著有《易象钩玄》《杂礼纂要》《家范》等书。其兄惠希颜、弟惠希点无子嗣，希孟奉兄抚弟，相爱无间。

惠士奇

字仲儒，清代江苏苏州人。家有红豆斋，人称红豆先生，官至侍读学士，继承其父惠周惕之学，专攻经史，著有《易说》《礼说》《春秋说》等书。次子惠栋承继家学，对诸经多所探究，著作颇丰，有《易汉学》《古文尚书考》《九经古义》《松崖文抄》等。

【繁衍变迁】

惠姓是上古时期陆终的第二子惠连的后代。在过去几千年间,惠氏的活动地区主要是长江以南的江、浙一带,长久以来在历史上成名的惠氏名人,也几乎全是江、浙人氏。惠姓望族居扶风郡(今陕西省扶风县一带)。

甄

【甄姓起源】

1. 以官名为姓,来自舜帝。上古的时候,舜帝品德高尚,处处以身作则。他听说东夷部落的烧陶技术落后,于是就到东夷部落去烧陶。在舜的指点之下,东夷部落很快掌握了烧陶的主要技术,而且成了著名的陶器产地。由于经济的发展,东夷部落的所在地很快发展成为一个城邑,这就是甄城。舜的子孙有的留在甄城做甄官,掌管制陶业。后来甄官的后代便以这一官名为姓,称为甄姓。

2. 以封地为姓。上古部落首领皋陶的儿子仲甄在夏朝做官,后来被分封到甄。他的子孙于是根据祖先的封地和字,将自己的姓氏定做甄。

【甄姓名人】

甄宇

字长文,东汉北海郡安丘人。清静少欲,习严氏《春秋》。建武年间征拜博士,官终太子少傅。

甄后

三国时中山郡无极人,汉太保甄邯后裔,本袁绍次子熙之妻,姿貌绝伦。破绍,曹丕纳为妇。丕称帝,失宠赐死,追谥文照皇后。相传每晓妆,有一绿蛇盘成髻形于后,后仿为之,号灵蛇髻。

甄济

自孟成,唐代定州无极人。少孤好学,以文雅称,居青岩山十余年,远近服其仁,环山樵夫不敢伐木。官至侍御史。

甄彬

梁代中山人。有操行,乡里称善。曾以苎麻抵押于人,赎苎麻时,从中得金五两,如数奉还。梁武帝布衣时闻之,即位后官以益州录事参军兼郫县令。

【繁衍变迁】

甄姓源自无极(今石家庄市东侧)。西汉时期,甄氏先民已在无极形成封建社会的门第阀阅——甄氏家族。随着历史的发展,无极甄氏家族有若干支脉向四方繁衍移徙。

曲

【曲姓起源】

1. 以官职名命姓。曲,是酿酒的主要原料。西周时,有官职名为"曲人",即负责酿制酒类的官员,其后代子孙,以祖上职官为姓,称曲姓。

2. 东汉时有鞠谭,其子鞠闷为避难改姓曲,其后遂以"曲"为姓,称曲姓。

3. 为春秋时鲁国贵族的后代,命姓原因不详。

【曲姓名人】

曲环

唐代安邑人,官至司空,封晋昌郡王。善兵法,善骑射。天宝年间授果毅别将。安禄山反,守邓州,平河北,败吐蕃,威名大震。后任陈许节度使,宽赋税,简条教,三年乃五谷丰登。

曲端

北宋人,文韬武略集于一身,惩罚了贪官污吏、奸诈小人,老百姓心里高兴,安居乐业。官宣州观察使,好读书,善做文章,长于兵略。后来被奸臣陷害,死在大牢里,人们都感到万分痛惜。

曲廉

明朝县官,治理水患,奖励耕种,政绩优良。

【繁衍变迁】

曲姓发源于今山西曲沃一带,在得姓之后的很长一段时间里,基本繁衍生息于此。

两汉之际,曲姓除在今山西临汾、河南陕县一带繁衍迅速以外,还有一支北迁雁门郡,并在该地逐渐形成大的聚落。

魏晋南北朝时期,曲姓在今山西临汾、河南陕县一带族大势众,人口兴旺昌盛,形成曲姓平阳郡望、雁门郡望、陕郡郡望。

隋唐两代,曲姓上述郡望仍在,尤以陕州安邑(今山西省夏县)人曲环为其杰出代表。其客居陇右(今青海东郡)的子孙有落籍此地者。唐末,曲承裕由于仕宦的原因进入安南,子孙留居当地。

两宋时,特别是赵宋王朝偏安江东后,曲姓徙入南方者渐渐多起来。

明初,山西曲姓作为洪洞大槐树迁民姓氏之一,被分迁于今陕西、甘肃、河北、山东、北京等地。

此后至清中叶,曲姓逐渐散居于内蒙古、湖北、广西、广东、云南等广大地区。

清康熙年间以后,山东、河北等地的曲姓因为谋生的原因进入东北三省,子孙遂留居当地。

如今,曲姓在全国分布较广,尤以辽宁、黑龙江等省份多此姓,两省之曲姓约占全国汉族曲姓人口的55%。

加

【加姓起源】

1. 源于各民族变姓,属于汉化改姓为氏。加姓起源于汉朝西域少数民族,在汉朝建立通往西域的"丝绸之路"过程中,西域人名译为汉字,从而有了加氏。

2. 源于嘉氏,属于避讳改姓为加氏。

【加姓名人】

加进

汉朝有名的蕃人。

加特奴

西域人。汉朝时期车师后部王。

加传

明朝官吏。于明嘉靖年间中举,曾任曲周知县,一生未请托于人。

【繁衍变迁】

加姓在陕西、山西、河南陕县、湖北随州有分布。湖北加氏多源自随州市安居镇加庙乡,原本姓嘉,据上辈讲,祖上实为避难而改此姓。加氏历史不长,至今族谱尚能连续。

封

【封姓起源】

1. 出自姜姓,是炎帝的后裔。炎帝裔孙名钜,曾为黄帝之师。夏朝时,封钜的后代于封父(今河南封丘封父亭),为诸侯国,后人曾经称他为封父,实际上是以地名为人名。周代,封父之国灭亡,其国人分两姓,一为封姓,一为封父姓。

2. 北魏时,有代北复姓是贲氏改姓封,其后世子孙亦称封氏。

【封姓名人】

封孚

字处道,南燕渤海郡蓚县人。后燕宝(396~397年在位)时任吏部尚书,后入南燕,参与内外机密要事,职位很高,但谦虚待人,广听意见,甚有大臣之体(大臣的风度)。慕容超即位后,朝政日益衰败,封孚骂他是"桀纣之主",面不改色。

封延伯

字仲琏,南齐东海郡人,颇有学问与操行,有高士(超世俗的人)风度。官至梁郡太守。

封隆之

字祖裔,北魏渤海郡人。曾经历五个皇帝,四次任侍中,两次为吏部尚书,一次官仆射,四任冀州刺史,都保持好的名声,人称"博大长者"。

封德彝

名伦,渤海郡人。最初在遂朝任内史舍人,被重臣杨素所器重,常跟他议论天下事。一日,杨素摸着他的床说:"封郎终居此坐。"便把从女(兄弟的女儿)嫁给了他。唐太宗时官至尚书右仆射。

【繁衍变迁】

封姓出自姜姓,远古时候,炎帝有儿子叫作神农氏,神农氏有个儿子叫作"钜",做过黄帝的老师。后来夏朝时候,为了表示对钜的尊重,将他的后代分封到封父(今河南省封丘县西封父亭),建立了封国,封国王族的后代就以国名为姓氏,称为封氏。封氏家族在河南省内乡县和西峡县分布甚广,始祖封肇祖籍山东曲阜,于明洪武初年来内乡任"教谕"(与知县同级),卸任后在内乡县封营(又叫拐弯路)定居。到明朝后期,历八代已经有三百余户。明末,张献忠和李自成从陕西入豫,首先进入内乡(当时西峡隶属内乡),抢劫杀戮,封氏人伤亡惨重,据说直到清康熙年间统计,只有十九家。

芮

【芮姓起源】

芮姓出自姬姓,以国名作为姓氏,是周卿士芮伯之后。周武王时,封有芮国(今陕西大荔县朝邑城南),芮伯在周成王时任司徒,子孙世袭周朝卿士。周厉王时芮良夫见周厉王和荣夷公千方百计搜刮民财,曾加以劝阻,还写了《桑柔》一诗来讽谏。芮国在春秋时被秦穆公攻灭,芮伯的子孙便以封地为姓,称芮氏。

【芮姓名人】

芮及言

宋代上高县知县,字子及。莅政精勤,尝书所坐屏后曰:"少饮酒,饱餐饭,勤出厅,公事办。"官三载,始终如一。

芮麟

明代知府,字志文,宣城人。由国子生累官台州知府,明于政体。吏民信服。清廉宽简,有古循吏之风。谪戍边,遗之金,无所受。以慈惠称。后起为严州知府。

【繁衍变迁】

芮姓历史悠久,分布广泛。有史记记载芮姓出自姬姓,芮姓起源于山西,最初是以国名为姓,后来因战败,芮姓子孙就以封地为姓。历史上芮姓的主要聚居地在陕西的咸阳和山东的平原县。今天,从南到北,芮姓随处可见。

羿

【羿姓起源】

出自有穷氏,以人名为氏。相传,夏朝著名的弓箭手后羿是夏代东夷族有穷氏部落的首领。他当了部落首领后,不断积蓄力量,一度推翻夏代统治,夺得太康的王位。但因他喜欢狩猎,不理民事,在位不久即被家臣杀死。他的后代就用他的名字"羿"作为自己的姓氏,称羿氏。

【羿姓名人】

后羿

相传为唐尧时人,善射。时十日并出,草木枯焦,羿射落九日。后得西王母长生不老之药,其妻嫦娥窃吞之,奔月为月神。

羿忠

明代湘阴人,洪武初年为遂宁知县,有异政。

【繁衍变迁】

羿姓在大陆和台湾都没有列入百家姓前一百位。羿姓主要分布在辽宁、湖北、北京、山西、安徽、台湾等地。

储

【储姓起源】

1. 源自上古有储国,国人以地名为氏。

2. 源出以祖(王父)名字为氏。据《风俗通义》载,春秋时期,齐国有大夫字储子,曾与孟子相交。储子的后代很昌盛,其子孙以祖字"储"为氏,可证储氏家族最早的渊源是在齐、鲁一带,是今天储姓的来源。

【储姓名人】

储光羲

祖籍山东,迁居江苏丹阳。出身官宦之家,勤学聪慧。开元十四年(726年)中进士,授翰林,历任县尉、监察御史等。安史之乱起,叛军陷洛阳,他不得已受伪官,因之而被系狱,约于宝应二年(763年)平乱后遇赦,被降职流放客死岭南。他以山水田园诗著称于时,诗风质朴、古雅,富有民歌风韵。后人常将其与王维、孟浩然、韦应物、柳宗元并称。著作有《九经外义疏》20卷等,皆失传,诗文集70卷仅存诗集5卷,《全唐诗》辑为4卷。

储珊

字朝珍,南直隶颖州(治今安徽省阜阳)人,明弘治十二年(1499年)进士,十七年(1504年)任新乡县(河南省)知县。正德六年(1511年)八月知州储珊,主修《颍州志》脱稿,共6卷。

储欣

字同人,清朝宜兴人。自幼好学,精通经史。早年无意仕途,以制艺为业。直到60岁,始领康熙乡荐,一试礼部不遇,遂闭门著书。著有《春秋指掌》30卷、《在陆草堂集》6卷、选编《唐宋十家文全集录》5l卷。

储秘书

宜兴人,清代学者。乾隆皇帝时的进士,在河南郑州任知府。他博览经史,性淡泊,为官顺应天意民心,老百姓感到很自在。他自己也有时间著书立说。

【繁衍变迁】

储姓起源于周朝。唐朝时,有储姓者居住在毗陵(今常州市)。元朝末年,储氏家族从宜兴迁往泰州,后繁衍至各地。

靳

【靳姓起源】

第一个渊源：源于芈姓，出自战国时期楚国大夫尚的封地，属于以封邑名称为氏。在靳尚逝世后，其后裔子孙以先祖封邑名称作为姓氏，称靳氏，世代相传至今。

第二个渊源：源于匈奴族，属于汉化改姓为氏。五胡十六国时期，南匈奴民族中有改汉字单姓靳氏者。匈奴民族的靳氏代表人物靳淮原为前赵国汉隐帝刘粲的部将，为其太子刘元公的后裔，取汉姓为靳氏，后曾自立为王。靳淮的后裔子孙中，后融入汉族。世代称靳氏至今。

第三个渊源：源于满族，属于汉化改姓为氏。

【靳姓名人】

靳歙

初为刘邦的侍从官，刘邦自立为汉王后，因战功赐靳歙为建武侯，官骑都尉；随刘邦定三秦，败赵将贲郝于朝歌，破项籍于陈，封信武侯；攻韩王信于平城。有功，升为车骑将军。高后五年（前183年）死，谥号肃侯。

靳贵

明朝文士，在朝任"武英殿大学士"。他为人正直，学问广博，对朝政的议论总是出于公心，上朝时他讲起道理来有条有理，令人佩服。下朝后回府读书，心地清静，沉默少言，自己除读书写文之外，又用心教育子女，深受朝中官员的敬重。

靳义

字原礼，明代淇县人。由大学生入仕，累官监察御史。永乐初年（1403年）巡行畿辅，惩办贪官，纠正冤案，每日只吃素食，无取于民，皇太子赐给他鱼米，以表彰他的廉洁。官至湖广按察副使。

靳学颜

字子愚,济宁(今山东省济宁)人。明嘉靖十四年进士,授南阳推官,入为太仆卿,巡抚山西,改吏部右侍郎。时首相高拱专政,以病归。著作颇多,后仅存十之二三。有《雨城集》二十卷行于世。

靳辅

清朝官员,官职是"河道总督",他熟知水利,对古代水利工程潜心钻研,吸取前人经验,指导民众治水修渠,深受百姓爱戴。后来写出一部《治河书》,是中国治水历史的总结,是水利史上的重大贡献。

【繁衍变迁】

靳氏是我国北方古老姓氏,也是一个多民族的姓氏群体。望族居于河西郡。即在如今的山西临汾。在当今的姓氏排行榜上位列第 150 位,人口约 108.3 万,占全国人口总数的 0.068%左右。

汲

【汲姓起源】

1. 出自姬姓,为黄帝之后,文王姬昌的后裔,以地名为姓。春秋时,周文王之后康叔被封于卫,其后代有卫昌公,太子居于汲(今河南省卫辉市),称太子汲,其后代支庶子孙遂姓汲氏。

2. 源于春秋,以封地为姓,为齐宣公的后代。春秋时期,齐宣公的子孙中有受封于汲(今河南省卫辉市)的,他的后世子孙便以封地名为姓,称汲氏。

【汲姓名人】

汲黯

汉武帝时大臣,滑县人。据《史记》介绍说,他是以性倨少礼、好游侠、尚节而著称的名士,为官以清静治民。景帝时为太子洗马(官名),在朝廷上以严整见称。

中华姓氏文化

图文珍藏版

武帝时,为谒者,往视河内为灾,以便发仓粟赈民,出为东海太守,因清静治民而使该郡大治,故名声响亮,而得皇帝器重,将其召回朝廷,拜为主爵都尉,被称为社稷臣。不过,他却"本性难移",又由于一再的犯颜直谏,而得罪了皇帝。

汲固

北魏梁城人,后魏孝文帝时兖州汲黯从事。兖州刺史李式因事入狱,时式子宪刚满月,式谓众曰:"今无程婴、许臼此类人也?"固曰:"古今岂殊?"遂藏宪。搜捕时,汲以婢子代之,自抱宪逃往他乡,获赦后方归。兖州刺史为表彰其节义,任其为主簿。时因勇救刺史李式始满月的婴儿,为世人所称道。

【繁衍变迁】

汲氏至今已有两千五百多年的历史。望族居于清河郡,就是现在的河北省清河县东。

邴

【邴姓起源】

1. 始于春秋,以封地名为姓,是晋大夫邴豫的后代。邴是春秋时的一个城邑,故城址在今河南成武县东。晋国大夫邴豫的封地就在邴,他的后代遂用祖先的封地"邴"作为自己的姓氏。后来也有的省文去掉邑字旁,以"丙"为姓。称丙氏。

2. 出自春秋时期,以封地为姓,是齐大夫邴鸜的后代。邴,又名祊,是春秋时祭祀泰山的一个城邑,在今山东费县东,齐大夫邴鸜的封地就在那里。他的子孙后代,就以邴为姓。称邴氏。

3. 汉代都御李陵之后。南北朝时,魏帝在邴殿接见李陵之后,赐姓丙氏,因而姓丙。

【邴姓名人】

邴辅

赵国栎阳人。自幼喜欢读书,长大以后多才多艺,尤其长于工艺制作。那时正处于战乱年代,许多宫殿房屋、古代建筑都被毁于战乱之中。战后,邴辅招募了一批有经验的工匠,仿照旧式样为赵国恢复建成豪华的宫殿房屋,一时名扬天下,成为当时著名的建筑学家。

邴吉

字少卿,西汉鲁国北海人。曾官廷尉监,光武省右监,昭帝时曾任大将军长史。宣帝即位,代魏相为丞相。

邴汉

琅琊人,西汉末年以清行而见称的名士。曾官至京兆尹及太中大夫。王莽秉政之时,他不屑与"汉贼"同流合污,而乞骸骨归经秀里,保全了自己的声誉。

【繁衍变迁】

邴姓望族居平阳(今山西临汾西南)、鲁郡(今山东滋县西 25 里)。

糜

【糜姓起源】

1. 出自封疆,以地名为氏。春秋战国时,楚国有大夫受封于南郡糜亭,其后代子孙以封地名为氏,称糜氏。

2. 出自以祖名为氏。春秋时楚国有工尹(官名),名糜,他的后人以祖名为氏,为糜氏。

3. 源自以职业所从事的对象谷物名称命名为氏。据《百家姓考略》称:"糜,夏同姓诸侯有糜氏之后。"夏代有同姓诸侯,专门种植豆黍之类的农作物,在当时是很先进的生产活动。因为每年都有可靠的收成,因此,种糜的族人富裕而昌盛,后人以其职业为氏,世代姓糜,称糜氏。

【糜姓名人】

糜信

三国吴国人，经学家，官乐平太守。著有《春秋谷梁传注》十二卷、《春秋说要》十卷、《春秋汉议》等。

糜竺

字子仲，东海朐人。糜竺世代经商，因此家童宾客近万人，资产以亿计。后来徐州牧陶谦聘用他为别驾从事。等到陶谦去世之后，糜竺奉陶谦的遗命，迎接刘备继任徐州牧。糜竺的妹妹嫁与刘备，就是那个长坂坡将阿斗托付给赵云后。投井自尽的糜夫人。

糜芳

字子方，东海朐人县（今江苏省连云港市）人，糜竺之弟。在刘备入川时，为刘备所重用，曾任南郡太守，与关羽共守荆州。

【繁衍变迁】

在古代，糜姓的望族大多出自东海（汉置东海郡，辖境相当于今山东原兖州府东南，至今江苏邳州市以东至海，及山东滋阳以东至海一带）。

松

【松姓起源】

松姓起源于秦代，以事件标志为姓。秦始皇率朝中大小官员到泰山上去祭天，中途遇雨，避于大松树下，后被秦始皇封为"五大夫松"。当时随秦始皇在松树下避雨的人，就以松为姓，称松氏，世代相传，遂成松姓。可见于《元和姓纂》。

【松姓名人】

松赟

隋代北海县人。性刚烈,重名义,为石门府队正。死于杨厚之难,城中皆流涕,锐意倍增。

松冕

明代的廉明长芦盐官。

松寿

清代闽浙总督。

【繁衍变迁】

松氏是一个多民族、多源流的古老姓氏群体,但在今中国大陆的姓氏排行榜上未被列入百家姓前 600 位,在台湾地区则被列入第 268 位。

古时,松氏多以东莞、泰山、建塘为郡望。如今,山东、云南、四川、贵州、北京、上海、台湾等地均有松氏族人分布。

井

【井姓起源】

1. 出自姜姓,是炎帝的后代,取吉利的意思作为姓氏。井是《周易》六十四卦之一,有取之不尽的意思。周朝有大夫叫井利,就是用"井"作为姓氏。

2. 始于春秋,是以封地名作为姓氏的。春秋时,虞国有个大夫被封到井邑(今地不详),称为井伯。他的后代就用封邑名"井"作为自己的姓氏。

3. 井姓与百里姓同宗。周代时,姜子牙建立了齐国,而姜子牙的后代中,又有人到虞国当了大官,被虞国国君封为井邑的首领,又封为伯爵,被人们称为井伯,井伯的子孙,有的姓井。井伯又有个后代,叫井奚,后来到秦国去做了大官,被秦穆公封为百里邑的首领,被人改称为百里奚。百里奚的后代,也以封地为姓,世代姓百里。所以井姓和百里姓的老祖宗是一个。

【井姓名人】

井丹

字大春,东汉郿地人。年轻时学习于太学,通五经,善谈论,京师人都议论说:"五经纷纶井大春。"

井田

字九畴,明代邢台人。永乐年间(1403~1424年)任户部刑三科给事中,为大理评事,非常识大体,以贤德著称。

【繁衍变迁】

井氏最早发祥之地应在今平陆一带。后来,井氏一支播迁于今陕西兴平一带,又有一支播迁于今河南南阳一带,至秦汉时期,在上述二地发展成望族。

历三国、两晋、南北朝,井氏子孙以上述两地为中心,广播于北方之山西、河北、山东、甘肃诸省,并有南入湖北、安徽、湖南、江苏、浙江之地者。

唐末五代十国时期,井氏南迁者始渐多起来,加之此后的南宋偏安江南,战乱不断,井氏子孙播迁的范围更广,今江西、福建、广东、四川、重庆等地均有了井氏人家。

明朝初期,山西井氏作为洪洞大槐树迁民姓氏之一,被分迁于河南、山东、河北、陕西、江苏等地。历有明一代,井氏在全国分布愈广,台湾等南部省份亦有井氏入居。

清朝康乾年间及其后,山东、河南、河北、北京、天津等地之贫民伴随闯关东之风潮进入东北三省,其中就有井氏。如今,井氏族人在全国分布较广,尤以辽宁、陕西两省为多。

段

【段姓图腾】

段姓图腾在百家姓图腾中算是比较动感的一类。图腾的右侧是一只拿着刃器砍山崖石壁的手的象形图案,左侧是开裂的山崖,这两部分组成的图案表示山崖已被刃器砍开,合起来称作段。

【段姓起源】

1. 源自姬姓

据以《元和姓纂》等为代表的姓氏学著作和史学著作记载,春秋时郑武公姬掘突少子共叔段,今河南荥阳就是当初他的封地,后因谋反受到讨伐,逃至今河南省辉县的后裔,以王父(即祖父)字为氏,历史上人称之为段氏。

2. 源自段干木的后代

据《史记·老子列传》载,老子之裔孙宗,春秋时为鲁国大夫,按照当时大夫都能得到一块自己的采邑的制度,他先食采于段(今山东省济南历城西的段店),后封于干(今山东省冠县北的干集),其子孙遂以二封地名合为段干氏。至魏文侯时,段干木之子段隐如改单姓为段,后世沿用。从类别上看,属于以地名为氏的范畴。

3. 源自少数民族本有之姓

今云南德宏傣族景颇族自治州芒市的德昂族道普雷氏,满、蒙古、土、苗等少数民族中均有段姓。

【段姓名人】

段干木

战国时魏国人,他学业成就不浅,曾求学于孔子的著名弟子之一子夏,同时,与田子方、李克、翟璜和在历史上非常著名的大将吴起俱为魏国才士。他潜学守道,不事诸侯,这样的学识和品格受到魏文侯敬重,据传文侯每次乘车过段干木家门,定站立伏下车前横木,以示尊敬。

段思平

五代时南方大理第一世王,他出自白蛮,是其中的一个大姓,原通海节度使,世为南昭贵族,就是他在后来建立了大理国。

段玉裁

字若膺,号懋堂,晚年又号砚北居士,长塘湖居士,侨吴老人。江苏省金坛人。他是清代著名文学训诂家、经学家。有《经韵楼集》十二卷、《诗经小学》《古文尚书撰异》《周礼汉读考》《仪礼汉读考》《汲古阁说文订》《说文解字注》及《经韵楼集》等书,在后世学术领域中,占有举足轻重的作用。

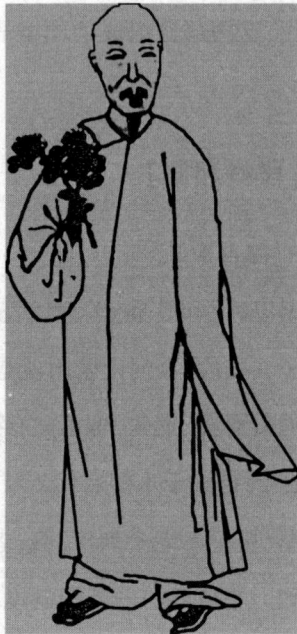

段玉裁

【郡望堂号】

郡望

京兆郡:治所在今陕西西安西北,三国魏时置郡。

武威郡:治所在今甘肃民勤东北,汉时在原匈奴休屠王地置郡。此支段姓人的开基始祖为西汉段贞。

堂号

君轼堂:战国时期魏国的段干木不肯做官,魏文侯亲自登门拜访,段干木跳墙躲了起来。但文侯依然很尊敬他,每次从他家前经过时,都要扶着车前的轼木(横木)肃立,说:"段干木是贤人,我能不尊敬他吗?"因而有此堂号。

【宗族特征】

段谐音断,而当机立断亦不失为段姓人的优良作风。段姓族人多英武之士,而历史长河中,留下过段姓帝王的浪涛,更为家族荣耀史的锦上添花之笔。段姓人字行有序,辈分明晰,如段静朗所修的《段氏宗谱》,载有安徽段姓一支的字行为:"承宗祖绪,光宜庆昌。"

【繁衍变迁】

段姓主要发源于今河南、山东、辽宁等地。秦汉时期,段姓人主要向今陕西、甘肃移民,并在这两地迅速繁衍。魏晋南北朝之际,段姓人迁往各地,并有鲜卑族段姓人与汉族人杂居,日渐融合。后晋时。段思平建立了大理王朝,使段姓人在今云南发展迅速。唐代。段姓人仍以北方人口居多,主居于今陕西西安及河南。宋元时,北方的段姓人大举南下。明初,有洪洞大槐树(今属山西)籍的段姓人迁于今山东、河南、河北、甘肃、陕西、湖北等地。清代,段姓人繁衍平稳,分布广泛。

段姓是当代中国人口排行第八十一位的姓氏,总人口约 270 多万,约占全国人口的 0.22%。

富

【富姓起源】

1. 出自姬姓,黄帝、炎帝之后各一支,以人名为氏。据《通志·氏族略》载,春秋时期,周襄王时有姬姓大夫名富辰,是周天子的亲戚,在朝中身居高位,很有权势,直言敢谏,不避贵胄,为人称道。他的后代有的以其名字为姓,称富氏。

2. 出自姜姓,春秋时鲁国有公族大夫富父终甥,为炎帝之后,其后人以富父为姓,后又简化为单姓富。望族居济阴郡(今山东省定陶一带)。

3. 出自满族中的富姓宗族。在今日辽东地区满族中的富氏与傅氏,为同一原始满族姓氏中富察氏的后裔。

【富姓名人】

富玖

五代画家，工画佛道，有《弥勒内院图》《白衣观音》《文殊地藏》《慈恩法师》等像传于世。

富嘉谟

唐代雍州武功人，举进士。长安中累官晋阳尉，文章典雅厚实，预修《三教珠英》。中兴初，历左台监察御史，与吴少微友善。属词并以经典为本，文体一变，号为"富吴体"。张说称其文如孤峰绝岸，壁立万仞，浓云郁兴，震雷俱发，诚可畏也。若施于廊庙，则骇矣。集十卷，今存诗一首。

富元衡

字公权，宋代进士，书法家。初任随县主簿，绍兴年间（1131～1162年）官至工部郎中。做官守节清慎，始终不渝。

富恕

元代著名诗人，画家。字子徵，吴江人，自号林屋山人。元季世乱，弃农业照灵观道士。好学，工诗，善画。尝绘《仙山访隐图》一卷，遂昌郑元祐为之记。

【繁衍变迁】

富氏最早发祥于今山东中西部地区。早期主要在山东、河南一带居住繁衍。

汉、唐时期，富氏族人在齐郡形成郡姓望族。

宋朝以后，因战乱、仕宦等原因，逐步扩散到浙江、江苏等江南广大地区以及陕西、辽宁等地。

巫

【巫姓起源】

1. 源于上古，是以技能作为姓氏的。古人相信万物有灵，而且可以通过精神感召使神灵降临,于是便出现了专以舞蹈来召唤神灵的职业——巫(巫字古文像人挥两袖而舞)。巫人以祝祷、占卜为职业,其后代有的便以这种技艺的名称"巫"作为自己的姓氏。

2. 相传,黄帝时有医生巫彭,此为巫姓之始。

3. 商代大臣有巫咸,又作巫戊,相传他发明鼓,是用筮占卜的创始者,又是一个著名的占星家。他的后代子孙,子孙都以巫为姓,称巫氏。

【巫姓名人】

巫妨

是上古时代一位身兼医、巫两道的著名人物,写下《小儿颅脑经》,可据以卜天寿,也可用以判病疾。他传之子孙,再由他的世代子孙相互传授,为我国最早的一部幼儿科医学专著。

巫凯

明代句容人。刚毅果断,智勇双全,镇守边镇三十多年,边务修饬,威惠并行。

巫子秀

明孝宗弘治年间广东省兴宁县的名士,以英勇绝人而著称。据说,他家居罗岗,跟贼穴很接近,而却独立保卫自己的家乡。有一次,他设下奇略擒到贼首,还亲自把强盗头子给杀了,把首级献给官府,然后请来官兵几乎把强盗剿尽。这么一来,那批强盗当然恨之入骨,有一天夜里竟把巫子秀一家统统杀光了,使得兴宁的老百姓迄今一谈起这件事就会扼腕痛惜不已。

巫子肖

明神宗万历年间的新喻知县,广东省龙川县人。知新喻县时,以孝友谦介而被百姓誉为"青天"。巫氏的名气,也因而在南方各地响亮异常。

【繁衍变迁】

从上古开始的巫氏家族,几千年来,主要在平阳繁衍。巫姓族人的源地平阳,是今山东邹县。巫姓世居于此,代代相袭。以后播迁到全国的巫氏后人,皆以山东为祖地。从山东到江苏渡过辽阔的长江,巫氏先人是很早便到南方的闽、粤一带开基的,因此福建和广东两省的巫氏,也是源系于山东邹县。到清朝时,又有巫姓人氏从广东渡海迁台,在台湾开基立业,繁衍滋长。台湾的巫姓,位于马姓之后,汪姓之前,为台湾的第七十三个大姓。

乌

【乌姓起源】

1. 出自金天氏,是以官职命姓。相传少昊做东夷部族首领时,以鸟名任命职官,有乌鸟一职。族徽为大乌,其族中有鸟乌氏,负责掌管高山丘陵,其后人便去鸟字姓乌,称乌氏。金天氏少昊,即黄帝曾孙帝喾之子,名挚,故乌姓亦为黄帝后裔。

2. 出自西戎。古代陇西有乌氏国(在今宁夏六盘山东),是西戎的一支。后来被秦国攻灭。国人以乌为姓,称乌氏。

3. 为乌石兰氏所改。《通志·氏族略》载:"温石兰之为石,乌石兰亦为石,又为乌。"

【乌姓名人】

乌获

战国时秦国的勇士。据说他能举起千钧之重物,当时的秦武王也是个大力士,因而甚是宠用乌获。

乌枝鸣

春秋齐国大夫,戍守宋国。宋国华氏作乱,昭公二十年(前613年),华登奔吴,于次年发吴兵救华氏。枝鸣主张诱敌,与敌短兵相接,以勇取胜。齐君从之,乃胜。

乌重胤

字保君,唐代张掖人。出身行伍,善抚士,待官属有礼,当时名士石洪、温造皆罗致幕下。

乌承玼

字德润，张掖人（今甘肃省境内）。唐玄宗开元年间，与族兄乌承恩皆为平卢先锋，因战功卓著，号称"辕门二龙"。

乌本良

著名的"春风先生"，浙江钱塘人。自幼好学，穷经博史，精于诗词书法，因家贫，在钱塘教授生徒，培育英才无数。

乌斯道

浙江钱塘人，也是一位名士。他的文章很精彩，诗更是寄兴高远，而潇洒出尘，一洗元朝诗繁缛之弊，尤精书法。他为官亦有惠政。

乌竹芳

字筠林，山东博平人。清嘉庆九年（1804 年）举人，历任福建寿宁、诏安、安溪等县知县，勤于政事，不辞劳瘁，审理狱案，公平决断，民众久冤得伸，备受赞扬。

【繁衍变迁】

乌姓望族居颍川（今河南省禹州市一带）、汝南（今河南省汝南东南六十里一带）、鄱阳（今江西省鄱阳县一带）。

焦

【焦姓起源】

1. 出自姜姓，为上古神农氏的后裔，以国名为姓氏。据《通志·氏族略》《广韵》《史记》等载，西周初周武王立国之后，封神农氏裔孙（姜姓）于焦（今河南陕县焦城），建立了焦国。焦国在春秋时被晋国所灭，其后人以国名为氏，称焦氏。（一说焦国为周朝王室同姓，即姬姓诸侯国，焦氏出自姬姓。）

2. 出自姜姓，以地名为氏。春秋时许灵公姜宁迁焦（今地失考），其后以地名为氏。

3. 源自少数民族改姓或少数民族固有姓氏。据《通鉴》载，南安（今甘肃陇西东部及定西、武山等地）焦姓出自氐人；据《华阳国志》载，"南中夷"（古代少数民族，约生活在今四川省大渡河以南和云南、贵州两省）四姓有焦，别为一派；西夏人中有焦姓；清满族八旗姓党佳氏，后改为焦；今满、土家、蒙古、布依等民族均有此姓。

【焦姓名人】

焦遂

唐代名士。说话口吃，清醒时话不成句，醉酒时却对答如流。与贺知章、李适之、李白、汝阳王李进、崔宗之、苏晋、张旭并称"饮中八仙"。

焦循

扬州（今属江苏）人，清朝经学家、数学家、戏曲理论家。嘉庆举人。出身治《易》世家，以数学原理及音韵训诂整理《易经》。著有《雕菰楼易学三书》《孟于正义》《论语道释》《加减乘除释》等书。

【郡望堂号】

郡望

中山郡：今河北省北部地区，汉高祖时置郡。

广平邯：治所在今河北省鸡泽东南，汉景帝时置郡。

堂号

三诏堂：东汉时，有焦光隐居于今江苏省镇江市的名山焦山，平生饥不苟食，寒不苟衣。汉灵帝三度下诏请他去做官，都被他拒绝了。焦光后裔就以"三诏堂"作为堂号。

【繁衍变迁】

焦姓发源于今河南陕县。焦国灭亡后，子孙散居于今山西、陕西、河北、山东等地。两汉时，焦姓人除继续繁衍于北方，还有在今安徽、浙江等地定居者。魏晋南北朝时,有焦姓人南迁,但更多的焦姓人则经今陕西避战乱于今甘肃省和宁夏回族自治区一带。唐代,焦姓人繁衍昌盛。宋靖康之变后,焦姓人避居江东(长江下游自今安徽芜湖、江苏南京以下的南岸地区),繁衍于今安徽、江西、江苏、浙江一带。明初,洪洞大槐树(今属山西)籍的焦姓人迁至今江苏、河南、山东等地。明清之际,焦姓人大量出现于江南各地。

焦姓是当代中国人口排行第一百三十二位的姓氏,总人口约有 115 万,约占全国人口的 0.092%。

巴

【巴姓起源】

1. 以水为姓。相传,上古时伏羲氏有个后裔叫后照,定居于巴水,即今四川东部一带。他的子孙就以巴水为姓,称巴氏。

2. 以国为姓。周代有巴子国,开始被封的国君是子爵。巴子国辖境相当于现在四川的旺巷。周慎王五年(前 316 年),并于秦。巴子国国君的后代,就用原来的国名"巴"作为自己的姓氏,称巴氏。《世本》云:"巴子国,子孙以国为氏。"

【巴姓名人】

巴蔓子

战国时期巴国人,官至将军。周朝末年,国内大乱,蔓子向楚国求救,答应若楚出兵剿乱,则许给楚国三座城池,楚国出兵援助了巴国。内乱平定后,楚王派使者前去接收三城,蔓子说:"藉楚之灵,克济祸乱,诚许三城,可持吾头往谢,城不可得也。"于是自刎。当使者提着巴蔓子的头回报楚王时,楚王敬佩他为人臣子的忠义气节,就以上卿之礼厚葬其头,巴国则重葬了他的尸身。

巴肃

东汉名士。字恭祖,渤海人。据记载,他与窦武、陈蕃共谋杀宦官,整饬朝政,事泄后遭到朝廷通缉。他到县令处投案自首,县令欲弃官与他一块逃跑,他坚持不肯。后被杀害。

巴泰

清朝汉军镶蓝旗人。以善战著称,因功封一等子爵。官至中和殿大学士。

巴慰祖

清代书画家。官候补中书。通文艺,精古今文字。

巴珲岱

清代康熙年间任正黄旗洲都统,死后谥号属恭。

【繁衍变迁】

巴氏已有两千年以上的历史,最早居住的武落钟离山,一般都认为在今湖北长阳县境内。廪君时代以后,巴族的势力迅速增强,活动的区域相当广泛。在最北面,巴族到达了陕西南部汉中、安康一带,今天的大巴山就名源于巴人,在东边,巴族似乎一度控制过汉水中上游地区;在南面,巴族仍保留了清江上游的老根据地;到了商代后期,活动在汉水流域的巴人已经和中原地区的商人发生联系,并且一度成为臣服于商王朝的"子爵国"。但是在公元前 12 世纪。由于殷商统治者的暴虐,巴人转而向西迁徙。

弓

【弓姓起源】

1. 出自姬姓。以王父字为氏。据《万姓统谱》所载,春秋时鲁国有公孙婴齐,曾随鲁成公伐宋、郑二国立功。婴齐字叔弓,其子孙以王父(祖)之字"弓"为氏。

2. 以官职名称为姓。相传黄帝有个儿子叫挥,因制造弧弓(即弓箭)被封于张,其后遂为弓氏和张氏。后来主管制造弓弩的官叫弓正。其子孙后代也以弓为姓,称弓氏或以"弓正"为氏。

【弓姓名人】

弓翊

三国时人,官博陵太守。后裔繁衍甚多,其中有很多人步入仕途。

弓蚝

十六国时前秦虎贲中郎将。积功至侍中,封上党郡公,人称"万人敌"。

弓元

明代人。进士第,官至御史,廉政清洁,有操守,政绩显著。

【繁衍变迁】

弓氏是一个多民族、多源流的古老姓氏群体,但在今中国大陆及台湾地区的姓氏排行榜上均未被列入百家姓前 600 位。古时,弓氏多以太原、濮阳为郡望。如今,在河北、河南、陕西、江西、山东、江苏、辽宁、山西、黑龙江、广东、内蒙古、北京、天津、台湾等地均有弓氏族人分布。

牧

【牧姓起源】

1. 源于春秋,以封地为姓。春秋时期,有卫国的大夫康叔被封于牧(今天的河北汲县北部),他的子孙后代就以封地地名作为姓氏,称为牧氏。

2. 源于上古,以名为氏。相传上古黄帝在做了天子以后,经常为了没有能干的贤臣来辅助他巩固王位。治理国家而发愁。有一天,他做了一个梦,梦见有一场大风把地上的污垢刮得干干净净。接着又梦到有一个人拿着只有千钧之力的人才能拉得动的强弩,驱赶着千万头牛羊。黄帝梦醒后觉得很奇怪,他想了很久才恍然大悟:"风象征着号令,是执政者;垢字去掉土就是后,这就是说,有人姓风名后,就能职掌国政。千钧之弩是象征有力者;驱赶牛羊千万头,是说他能够牧(治理)民行善。这就是说有人姓力名牧,可以辅助治理天下。"于是黄帝立即下令寻访,不久以后果然在海边找到了风后,在大泽中找到了力牧。黄帝用他们两个作为他的相,天下果然得到大治。力牧因为帮助黄帝治理天下,立了大功,他的后代于是以他的名字为姓,称为牧氏。

3. 以职业为姓。春秋时期,卫国君主的后代中有以牧业为生的,遂以牧为姓。

【牧姓名人】

牧仲

又名牧中,春秋时期鲁国有名的贤人。与同样是名贤的乐正求关系很好,他们都是孟献子的好朋友。

牧皮

春秋时期鲁国人,事孔子,以狂妄著称。

牧相

明代广西参议,余姚人。与理学大家王阳明同时是王华门下的得意学生。他尤受王华的器重。弘治年间,牧相进士及第,被授为南京兵科给事中,直言,敢于犯上。以疏请罢礼部尚书崔志瑞等而享有盛名。到了正德初年,他又因清查御马监,向皇帝力陈昌滥之弊以及中官李棠矫诏旨营私利之罪。而受杖罢归。

【繁衍变迁】

牧氏是一个多民族、多源流的古老姓氏群体,人口比较稀少,主要发祥于今河南、山东一带,后来在弘农郡(今河南灵宝)发展成郡姓望族。

隗

【隗姓起源】

1. 出自夏朝帝王后代。汤灭夏桀后,建立商朝,封夏朝王族的后代到隗做首领。并让他们建立了大隗国,其国君称大隗。大隗国一直延续到春秋时期,是楚国的同姓国。公元前634年,被楚所灭。其后子孙以原国名为姓,称隗姓。

2. 据《左传》记载,春秋时,狄人讨伐廧咎如时,俘获了他的两个女儿淑隗和季隗。她们的后代以隗为氏,称隗氏。

3. 周代中原北部的游牧民族赤狄人姓隗。

【隗姓名人】

隗林

又作隗状,秦朝丞相,是秦始皇统一中国后的第一任丞相。

隗嚣

隗嚣东汉西州名将。王莽末期,据陇西起兵,初附刘玄,任御史大夫;旋归刘秀,封西州上将军。

隗禧

三国时魏国郎中。他少年时勤奋好学,以砍柴为业,每日担负经书去砍柴,在闲暇时间阅读。遂成为饱学之士,后被拜为郎中。他既明经,又通星象,为当时学林所仰,撰有《诸经解》数十万言。

隗炤

晋代术士。他精通周易,临终时他对妻子说:"五年之后的春天,有一个姓龚的人会来。他欠我钱。"到了五年后的春天,果然有一个姓龚的人到来,占卜后说:"我不欠你钱,你的丈夫自己有钱,他知道你会渐渐贫困,所以把钱藏起来以便日后供你使用。一共有五百斤金子,放在青色的缸里,在屋子的东面,离墙壁一丈,地下九尺处。"隗炤的妻子依言挖掘,果然得到了金子。

【繁衍变迁】

隗姓的望族大多出自西河。古隗国,在今湖北省秭归一带。后来随着人口越来越多,隗姓逐渐遍布到全国各地,河北、河南、山东、陕西、东北三省、台湾、香港、湖南、湖北、江浙一带,都有隗氏的子孙后代。

山

【山姓起源】

1. 出自上古烈(一作列)山氏之后。相传,炎帝为上古时姜姓部族的首领,是少典娶有蟜氏女而生。原居姜水流域,后向东发展到中原地区。炎帝出生于烈山,故号烈山氏。他的后代有的就用山作为姓氏。

2. 周代有山务之官,掌握山林,后代以官为氏。周代掌管山林开发管理的官员叫山师,又称山虞。有人世袭山师,子孙便姓山,称为山氏。

3. 古代有复姓吐难氏,北魏时改为山氏。

【山姓名人】

山涛

字巨源,晋代吏部尚书,为"竹林七贤"之一。早孤,家贫。虽居高官荣贵,却贞慎俭约,俸禄薪水,散于邻里,时人谓为"璞玉浑金"。

山简

字季伦,著名文学家山涛之子。简因镇守襄阳时饮酒优游而闻名于古今。当时有儿歌一首:"山公出何许,往至高阳池。日夕倒载归,酩酊无所知。时时能骑马,倒著白接离。举鞭问葛强,何如并州儿?"年六十卒。著名诗人杜审言、李白、孟浩然、王维都有诗提及山简优游酒醉习家池之事。

山康

山涛

唐代高僧,十五岁学佛,遍游四方。相传,他云游睦州时,人们曾看见佛从他口中出来,后赐号广道大师。

【繁衍变迁】

起初,山氏族人主要分布在河南省洛阳市、武陵县一带。自宋朝中叶起,有部分山氏族人从河南迁居山东朝城(今山东省莘县董杜庄镇山堂),并在当地逐渐繁衍成望族。明朝初期,部分山氏族人迁入今青海省境内,分布在湟中县、贵德县、西宁市、平安县、格尔木市、兴海县、共和县、海北州等地,其中湟中县分布最广、人口最多,青海其他地区的山姓人大多是从湟中县分散出去的,也有分散到新疆的。

谷

【谷姓起源】

1. 出自嬴姓,为伯益之后,与赵姓、秦姓同源。据《通志·氏族略》和《谷郎碑》所载,黄帝的后裔伯益被帝舜赐姓为嬴。其后代有叫非子(号秦嬴,为秦国之始封之祖)的,被周孝王封于秦谷(一说在今甘肃天水西南,一说在今陕西泾阳西北),子孙有一支以居地的环境"谷"为氏,称谷氏。后来,其子孙又建立了秦国和谷国(今湖北谷城县),秦为公爵,谷是伯爵。春秋时,谷伯的后代开始以谷为氏。

2. 以国名为姓。战国时期齐国的公子尾孙被封于夹谷(今山东莱芜),他的后代于是以国名为氏,称为谷氏。

3. 出自改姓。据《鼠璞》所载,古代有郤姓,后去掉邑旁改为谷姓。

4. 源自少数民族改姓或少数民族固有姓氏。据《魏书·官氏志》所载,北魏时,代北(约在今河北蔚县以西,山西外长城以南,原平、五台山东北一带)复姓有谷会氏,为鲜卑族,进入中原后改为单姓谷;据《唐书》所载,唐代有谷那律,复姓谷那,本来是东夷人,后来他的后代都改姓单姓谷;今彝、土家、满、蒙古、回、锡伯、朝鲜等民族均有此姓。

【谷姓名人】

谷永

字子云,长安(今陕西西安)人,西汉大臣。少时为长安小吏,博学经书,工于笔札。元帝时被举为太常丞,后历任光禄大夫、凉州刺史、太中大夫等职,官至大司农。今存义20余篇,多为奏议、对策。

谷那律

临漳(今属河北)人,唐朝大臣、经学家。历任国子博士、谏议大夫、弘文馆学士等职。他博览群书,尤谙经学,是当时学问渊深的学者和经学家。

谷子敬

南京(今属江苏)人,元末明初学者。明《易经》,通医道,口才极好。尤工乐府,著有杂剧《吕洞宾三度城南柳》。

【郡望堂号】

郡望

上谷郡:辖境相当于今河北西北部,治所在今河北怀来县东南,战国时置郡。

堂号

恩威堂:汉朝时,太中大夫谷郎率军平叛,他恩威并用,很快平息了叛乱。自己也被拜为九真(今越南河内一带)太守。因而有此堂号。

经库堂:唐代谷那律,精于经书,褚遂良称其为"九经库",世人亦称其为"明经库",其后人遂以"经库"为堂号。

【宗族特征】

谷姓得姓较早,距今已有3000多年的历史;谷与米、麦等姓,字面意思均为粮食名,但其源起与粮食无关,而与地名有关。谷姓人的堂号多得自脍炙人口的典故。

【繁衍变迁】

谷姓发源于今陕西、甘肃以及湖北省境内,早期主要繁衍于关中(今陕西渭河流域一带)。汉初,大批谷姓人进入今陕西西安。两汉之际,谷姓人播迁至今山西、河北、河南、湖南、江苏、浙江等省。魏晋南北朝时,谷姓人主要在北方播迁,尤其集中于今河北怀来县一带。唐太宗时,"东夷"谷那族改为单姓谷,居于今河南南乐县,并逐渐播迁至今河北、山东,壮大了谷姓家族。宋末,谷姓人在今南方诸省散居开来。明初,今山西境内的谷姓人被分迁至今陕西、甘肃、河北、河南、山东等地。明中叶以后,今江苏境内的谷姓人较为兴盛。清康、乾年间后,有谷姓人伴随"闯关东"的风潮入迁今东三省。

谷姓是当代中国人口排行第一百六十八位的姓氏,共有 75 万多人,约占全国人口的 0.06%,往河南、河北一带比较集中。

车

【车姓起源】

1. 为车区之后。据《世本》载,远古有个为黄帝看星象的大臣名叫车区,他的子孙以其名中的"车"为姓,即车姓。

2. 出自妫姓,由田姓改姓而来。据《元和姓纂》《汉书》载,汉昭帝时,帝舜(妫姓)后裔、当朝丞相田千秋(冯翊长陵——今陕西咸阳东北人)年事已高,行动不便,被昭帝特准坐着小车出入宫殿,从而赢得了"车丞相"这一响亮的雅号。久而久之,田氏后人竟有改姓车的了。

3. 为复姓子车所改。春秋时,秦穆公有个出名的大夫叫子车奄息。(在孔子整理的《诗经》中就有"谁从穆公,子车奄息"的诗句。)后来"子车"这个复姓的后代中,有以车为氏者。

4. 出自赐姓。据《圣君初政纪》所载,明时邳州(今属江苏)指挥使车言,本姓信,洪武时有军功,获赐姓车。

5. 出自少数民族改姓或少数民族本有姓氏。据《魏书·官氏志》所载,北魏时鲜卑人车裩氏、车非氏改为车姓;据《魏书》所载,西域(今玉门关以西的新疆维吾尔自治区及中亚等地区)车氏,本车师国(古代西域诸国之一,国都交河,遗址在今新疆维吾尔自治区吐鲁番西北)人,以国名为氏;鄂伦春族特禾格氏汉姓为车;今朝鲜、满、蒙古、回、白等民族均有此姓。

【车姓名人】

车胤

南平(今湖北公安县)人,东晋大臣,成语"囊萤照读"的主人公。以博学显于朝廷,累迁丹阳尹、吏部尚书,后因得罪了专权的司马元显而被逼自杀。

车若水

宋代学者。工古文与诗,无意仕途。著作有《世运录》《道统录》《玉峰冗稿》《脚气集》等传世。

车鼎晋

清朝著名学者、诗人,《全唐诗》的首编者。进士出身,工书法,笔力超绝。著有《四书辨体》《审音考异》《天竹山房诗集》等。

【郡望堂号】

郡望

鲁国:治所在今山东曲阜,西汉改薛郡置国。

南平郡:治所在今湖南安乡北,晋改南郡治郡。

堂号

萤照堂、玉峰堂、淮南堂、还读堂、高露堂等。

【宗族特征】

车姓人重视对子女的教育,成语"囊萤照读"的主人公车胤,堪称发奋读书的楷模,是历代车姓人教育子女的最佳教材。

【繁衍变迁】

车姓发源于今陕西咸阳,并逐渐在今陕西西安一带发展起来。两汉时,车姓子孙散居于今山西、河南、河北、山东、甘肃、安徽、湖南等地。魏晋南北朝时,车姓家族成为今山东曲阜、陕西西安、安徽寿县、湖南安乡等地的大族,并有徙居今江苏者。隋唐至五代,车姓人逐渐播迁于今浙江、江西、湖北、四川等地。宋末元初,车姓子孙足迹遍布于今福建、广东。明初,洪洞大槐树(今属山西)籍的车姓人迁至今湖北、湖南、江苏、山东、河北等地。清朝时,车姓人有迁居台湾岛、扬帆东南亚者,并有自今山东"闯关东"迁入今东三省,自今山西"走西口"迁入今内蒙古自治区,自今陕西迁入今甘肃,自今河南迁入今陕西,自今湖北、湖南、广东迁入今四川者。

如今,车姓是中国人口排行第一百九十一位的姓氏,总人口约54万,约占全国人口的0.043%,在山东、四川、甘肃最有影响。

侯

【侯姓图腾】

侯姓图腾左半部分是一只猴子。史上传说黄帝将榆罔、夸父打败后,以猴为图腾的炎帝魁隗氏从帝位降至侯伯,因而以"猴"的谐音字"侯"为族称。侯姓承袭祖先,便开始将猴作为图腾。

【侯姓起源】

1. 源自姒姓

相关姓氏学研究资料表明,大禹(姒姓)的后裔被封于侯国(今陕西省泾阳境内），子孙有以国名为氏者。

2. 源自姬姓

据相关史料记载，春秋时，晋昭侯姬伯封其叔姬成师于曲沃（今山西省闻喜东北），造成晋国形同分裂的局面。最终，姬成师之孙、曲沃武公先后杀死晋哀侯姬先及其子姬小于、其弟姬缗，成为晋国新的君主。姬先、姬缗的子孙则迁居他国，以祖先的爵位为姓，开始姓侯。

3. 源自赐姓

春秋时期，郑庄公的弟弟共叔段领兵进行谋反，庄公将其打败，自封地——今河南荥阳，逃至今河南辉县。共叔段死后，郑庄公赐其子孙共仲以侯姓。

4. 源自改姓

北魏有代北（约在今河北省蔚县以西，山西省外长城以南，原平、五台山东北一带）鲜卑族复姓侯奴氏、古引氏等改姓侯；有侯植，先获赐姓侯伏，继而姓贺屯，最后改姓侯；有侯莫陈氏随魏孝文帝南迁洛阳（今属河南省），改为单姓侯氏。

【侯姓名人】

侯白

隋代著名幽默家，在我国历史上占有特殊地位。

侯瑾

原本是东汉年间敦煌人，著名文学家。小时候家里非常穷，为别人充当仆役，但他非常好学，在夜间还点燃柴火在读书。朝廷屡次招他去做事，但他每次都以生病推辞。后徙居山中，专心论著。曾作《矫世论》，讽刺当时的丑恶现象。又写了《皇德论》记叙当朝史事。河西人敬称他为"侯君"。

侯芝

江苏上元人，清代著名文学家，侯学诗之女。她才华横溢，堪称扫眉才子，她的许多词流传于世，其中以《再生缘》最为著名。

【郡望堂号】

郡望

上谷郡:今河北保定、宣化一带,战国时置郡。

丹徒县:今江苏丹徒区,秦代置郡。此支侯姓人的开山始祖为东汉大司徒侯霸的后代。

堂号

却币堂、救赵堂:战国时,秦国攻打赵国,赵国危在旦夕,向魏国求救,魏王却畏惧秦国,不肯发兵。魏国信陵君深知唇亡齿寒之理,但苦于没有兵符,无法调动军队。这时,71岁的隐士、魏国都城的看门人侯嬴,为信陵君出谋划策,并推荐勇士朱亥相助信陵君,终于使信陵君成功地窃符救赵。侯嬴却推却了信陵君的重金谢礼,自刎以谢信陵君。因而有此二堂号。

【宗族特征】

侯姓家族名人辈出,有安邦治国之能臣,如侯峒曾等;亦有流芳百世之才子佳人,如侯方域、侯芝等。侯姓字行有序,寓意深长,如清代侯捷生所撰的《侯氏家谱》中载有今安徽侯姓一支的字行为:"承训继先泽,齐家宜正伦。"

【繁衍变迁】

侯姓发源于今陕西、山西、河南等地,秦汉之际已遍布今山西、河北、河南、山东等省和宁夏回族自治区,尤以在今河北境内繁衍最盛。汉末,有侯恕为北地(今宁夏回族自治区及甘肃庆阳市一带)太守,举家迁居今陕西。魏晋南北朝时,侯姓家族成为今河南的望族。西晋末年,战乱频繁,侯姓人大举南迁,遍布长江中下游地区。唐时,侯姓人开始移居今福建、广东等地。宋以后,侯姓人已遍及全国。

侯姓是当代中国人口排行第七十七位的姓氏,总人口约有300余万,约占全国人口的0.24%。

宓

【宓姓起源】

宓姓出自上古的伏羲氏,与伏姓的源流是一样的。在古代,宓字和伏字通用,伏姓也叫宓姓。伏羲,古代的时候作宓羲,又作庖羲,他的后代有宓和包两个姓。所以说伏姓和宓姓实际上是一个姓。汉代人伏生,也叫作宓生。

【密姓名人】

宓妃

上古时期伏羲的女儿。溺死于洛水,相传为洛水之神。

宓不齐

春秋时期鲁国单父侯,也称为宓子贱,有些古书也称伏子贱、伏不齐,是孔子的学生。曾经担任过单父宰,当时他鸣琴而不下堂治,但是一样把单父治理得很好。孔子很喜欢听音乐,觉得音乐能调和人心,使国君和百姓和睦共处。而宓不齐正是个弹琴的好手,据说他当官时,弹琴来感化人们,使天下太平。所以孔子非常喜欢这个学生,称他为君子,说:"宓不齐雄才大略,能够辅佐霸主。"后来宓不齐被朝廷追封为单平侯。

【繁衍变迁】

宓氏一个多源流的古老姓氏群体,但在今中国大陆及台湾地区的姓氏排行榜上均未被列入百家姓前400位。多以太原、平昌、高阳为郡望。

宓氏人口十分稀少,早期主要在河南、山东一带活动,后在高阳、平昌、太原三郡形成望族。如今,在山东、浙江、河南、河北、山西、江苏、湖北、安徽、甘肃、陕西、湖南、四川、云南、广东、辽宁、北京、上海、台湾等地均有宓氏族人分布。

蓬

【蓬姓起源】

1. 以植物名为姓。西汉的时候有人叫作蓬球的,太始年间他上山伐木,突然闻到一种很香的味道。他于是顺着这个味道寻找,找到一个奇怪的地方,那里有一片金碧辉煌的建筑,进去一看,里面有四个绝代佳人正在大厅内弹琴奏乐。蓬球心里很害怕,连忙退了出来,回头一看,又什么都不见了。他立即回家,发现日子已经过去很久了。时间已经进到了建平年间,他已经不知不觉在山上度过了九十个年头。回到家里,以前的房屋都变成了废墟,杂草丛生。于是他指草为姓,称为蓬氏,他的子孙沿袭,也称为蓬姓。

2. 来源于封地名。西周的时候,君主的支系子孙有的被封在蓬州,他的子孙以封地为姓,成为蓬氏。

【蓬姓名人】

蓬萌

字子庆。后汉时期北海人,在当地担任亭长的职位。因为家里贫困,于是到长安做生意,到了长安以后,听说王莽为了专权,将自己的儿子都杀掉了,于是他对眼前的社会失去了信心。他对亲友说:"三纲已经不存在了,我再不离去也要受到灾难了。"于是他将亭长的衣服帽子挂在城门,就带着家人渡海而去了。一直到光武中兴的时候。人们才知道他编庐隐居在崂山,他在那里认真修炼,感化了那里的人。朝廷知道他的去向后,多次召他做官,他都没有答应。

【繁衍变迁】

蓬氏是一个多民族、多源流的古老姓氏群体,人口稀少。在古代,蓬氏的望族大多出自北海郡(今山东烟台蓬莱)。如今,在中国的山东、云南、广西、海南、香

全

【全姓起源】

1. 源于西周,以官职为姓。据《鲒琦亭集·全氏世谱》载,全姓出自泉姓,西周时有泉府之官,按周礼属于地官,掌管货币交流和集市贸易。古称钱币为泉,全府官的后人以职官为姓,遂为泉姓。因泉与全同音,故有的改泉为全,称全氏。

2. 出自地名。古有全地(今地不详),住在那里的人有的以地名为姓。称全氏。

3. 清代爱新觉罗氏郑亲王之后有改姓全者。

【全姓名人】

全柔

三国时吴国钱塘人,东汉灵帝时举孝廉。董卓之乱时,他弃官归乡。后孙权人吴。他起兵投奔孙权,被任为丹阳都尉,后为桂阳太守。

全谦孙

字贞忠,元代鄞人。他与其弟全晋孙一起在陈埙门下学习,喜好研究杨简之学。全谦孙之父全汝梅、兄全鼎孙、弟颐孙及全鼎孙之子全耆,三代人都置义田赡宗人,时人皆谓之"义田六老"。

全整

明代学者,字修斋,鄞人,喜好研究杨简之学,不愿入仕。永乐初年,明成祖征召他编修《永乐大典》,他不愿就职。他称他的书房为"三石草堂",著有《三石山房文》。

全大城

明代孝子,金溪人,字希孔。他的父亲重病数月,他衣不解带,日夜服侍。后来他的祖母患病目盲,大城日夜以舌舐眼,得以复明。

全祖望

清代学者,字绍衣,鄞人,雍正举人,乾隆年间举鸿博。他为人有风节,治学严谨,涉猎广泛,著有《校水经注》《句余土音》《鲒埼亭集》等。

全良范

明沂洲人,字心矩。万历中乡试第一,登进士第。累进河南按察副使,兼管河道。时汴口水患数年,莅任三月,遂着治绩。建平成店四十里,以忧旋里,值教匪之变,捐资守城。沂人咸德之,尊为"中恪先生"。

【繁衍变迁】

全氏先人在汉朝时落籍于浙江钱塘,是当地的望族,后繁衍到东吴时,已经遍布了吴地。望族居京兆郡(今陕西省长安东)。

郗

【郗姓起源】

出自姬姓,是黄帝的后裔。黄帝之子玄嚣,其后代有叫苏忿生的,周武王时官至司寇,负责诉讼事宜,有清正之声。苏忿生支庶子受封于郗邑(今河南沁阳市),其后人遂以封邑命姓,称为郗姓。

【郗姓名人】

郗超

字景兴,一字嘉宾,高平金乡(今山东省)人,东晋大臣。郗超的祖父是东晋名臣郗鉴,父亲是郗愔,郗超是郗愔的长子。自幼"卓荦不羁,有旷世之度,交游士林,每存胜拔,善谈论,义理精微"。

郗虑

三国时高平人，曾任光禄勋、御史大夫，因受学于郑玄，故学识过人。

【繁衍变迁】

周朝时郗邑的位置，就是今河南省的沁阳市。郗姓的最早发祥地即沁阳。望族居于高平郡，今山东金乡县西北。

班

【班姓起源】

1. 班姓出自芈姓，是春秋时期若敖的后代。若敖的儿子名叫斗伯比，斗伯比的儿子名叫令尹子文。相传令尹子文是吃虎乳长大的，因为虎的身上有斑纹，他的后代于是就用"斑"作为他们的姓氏。因为"班"和"斑"通用，后来就改成"班"了。

2. 据《风俗通》记载，班姓为楚令尹阙班的后代。

【班姓名人】

班彪

字叔皮，后汉扶风安陵人。性格慎重，好古。二十余岁的时候，因为避难跟从隗嚣，写了《王命论》想感化他，但是隗嚣始终不为所动。班彪于是转而躲避到河西，为窦融出谋划策，帮助汉王朝的兴起。汉光武帝初的时候举茂才，拜许令，后来因为疾病而辞去了官职。他因为才华很高，于是专心研究史籍。他将前史遗事，旁贯异文，后来作传数十篇，用来补充史记太初以后的缺节。后来又担任了望都长。卒于官，终年五十一岁。

班固

字孟坚，为后汉班彪的儿子。他的父亲班彪写《汉书》，没有完成就死去了，班固于是回到家里，继续他父亲的事业，被人告发他在私自修改国史，被捕入狱。他的弟弟班超为他上书辩白，他才得以获释。明帝任命他为兰台令史，后来被迁为郎,典校秘书,终于写成了《汉书》。从永平到章帝建初中,前后经历二十余年,只有八表及天文志没有写完。建初四年章帝让儒生博士讨论《五经》的异同,班固应诏写成《白虎通德论》。和帝永元元年窦宪出征匈奴,以固为中护军。四年,帝与宦官合谋杀死了宪。班超也被洛阳令捕入狱,永元四年死于监狱之中。终年六十岁。

班超

字仲升。班彪的儿子,班固的弟弟。班彪死后,家境贫困,班超为了养活母亲只好为官府抄书。曾投笔叹息道:"大丈夫无他志略。当校傅介子、张骞立功异域以取侯封。安能久侍笔墨乎?"明帝永平十六年,他率领着三十六人出使西域,使得西域五十余城获得安宁。班超在西域呆了三十一年,被任命为西域都护,封为定远侯,实现了他的愿望。年老后,回到洛阳,拜为射声校尉。同年病逝,终年七十岁。

班昭

又名姬,字惠班,扶风安陵(今陕西省咸阳东北)人,我国第一位女历史学家。其父班彪,很有学问;长兄班固,是著名的历史学家、文学家;次兄班超,乃立功西域的一代名将。家庭的熏陶,父兄的影响,加上自身的聪颖努力,使班昭成为一个博学广识的学者。她的突出贡献,是整理并续成重要的史学巨著《汉书》。她去世时,当朝的皇太后亲自素服举哀,为她行国葬之礼。

【繁衍变迁】

班氏望族出自扶风郡。汉武帝太初元年置右扶风,与京兆、左冯翊合称"三辅",三国的时候改名为扶风郡,在今天陕西省内西安市长安区以西的地区。

仰

【仰姓起源】

1. 出自上古虞舜为帝时的大臣仰延之后。仰延精通音乐,当时瑟为八弦,他改造为二十五弦,为一大发明。仰延的后人,以祖上的字为姓,遂成仰姓。

2. 出自嬴姓,为秦惠帝之子公子印之后。印,古为仰字的右半部。其支庶子孙以祖字为姓,加一人旁,遂成仰姓。

【仰姓名人】

仰延

上古舜帝时的大臣,精通音乐,将当时八弦瑟,改造增为二十五弦。这是一大发明。

仰忻

宋代孝子,字天觊,永嘉人。力学笃行,年五十余岁丧母,自己背了土筑坟,并且在墓旁建屋守墓,墓旁生白竹,竹上栖有乌鸦,有"慈乌白竹"之瑞。

仰瞻

明朝著名刑官,于永乐年间任大理丞,以执法严明,而得后世景仰。

仰仁谦

宋代廉吏。有楹联说他:"抚宇劳心,百姓改观新政令;廉静寡欲,四方共仰大风声。"

【繁衍变迁】

仰氏家族由来已久,但在今中国大陆和台湾地区的姓氏排行榜上都没有被列入百家姓前 600 百位。据《万姓统谱》上记载,早在 2000 年前的汉朝之时,就已经有一位叫作仰祗的杰出先人,以官拜御史而使仰氏为人所知;另《姓氏考略》上指出，从唐代末年开始，浙江的钱塘和吴兴一带，已经有了姓仰的宗族，并且成为仰姓的望族。望族居汝南郡(今河南省汝南县东)。

秋

【秋姓起源】

1. 起源于上古，相传为黄帝后裔少昊的后代。少昊为帝喾之子，黄帝裔玄孙。少昊后裔至春秋时，有鲁国大夫仲孙湫，其裔孙有个叫胡的，世称湫胡，在陈国当卿士，其支庶子孙以祖父之字去水为秋姓，称为秋氏。

2. 以职官为姓，源于西周。西周时置司寇，当时称为秋官，后代便以官名为姓，称秋氏。

【秋姓名人】

秋胡

春秋时鲁国人。他娶妻五日后就去陈国做官，五年后才回来。到家之前，见到路旁有一个妇人在采桑，秋胡上前赠予金饰，妇人不顾而去。到家后，秋胡将金子奉给母亲。等他妻子到时，才发现就是采桑的那个妇人。其妻忍无可忍，数以不孝不义之罪，东走投河而死。

秋瑾

清末女革命家、诗人。通经史，工诗词，善骑射击剑。1904 年，离夫别子，东渡日本留学。次年，参加同盟会，任评议

秋瑾

员、浙江分会主盟人。提倡男女平等，宣传妇女解放，鼓吹民主革命。后回绍兴在

大通学堂女学任教,与徐锡麟组织光复军,准备起事。但事泄,徐锡麟在安庆发难,失败。清政府兵围大学堂,她率少数师生武装抵抗,失败被捕,英勇就义,年仅32岁。其《鹧鸪天·夜夜龙泉壁上鸣》为"祖国沉沦感不禁,闲来海外觅知音。金瓯已缺总须补,为国牺牲敢惜身!嗟险阻,叹飘零,关山万里作雄行。休言女子非英物,夜夜龙泉壁上鸣"。

【繁衍变迁】

秋氏是一个多民族、多源流的古老姓氏群体,在中国的大陆和台湾地区均未被列入百家姓前300位,人口总数稀少。秋氏主流发源于今山东中西部地区,后迁播扩散到河南、陕西、甘肃等地,并在天水郡(今甘肃天水)形成郡姓望族。

仲

【仲姓起源】

1. 出自上古高辛氏,为黄帝的后裔。黄帝有曾孙,号高辛氏,有"八才子",号称"八元",与颛顼之子"八恺"齐名。高辛氏的"八元"中,有仲堪、仲熊两兄弟的后代子孙,以祖上的名字的"仲"字为姓,遂成仲氏。

2. 出自任姓,是商朝开国君王汤的佐相仲虺的后代。仲虺,本奚仲之后,辅佐汤治理天下。立有殊勋。仲虺之后以祖字命姓,遂为仲姓。周朝樊侯仲山甫即其后。

3. 出自姬姓,春秋时鲁国公子庆公,字公仲,因乱鲁而遭谴责。庆公死后,其子孙有由于避仇者。以其字为姓,称仲氏。

4. 出自子姓,以祖字为姓。春秋时宋国君主宋庄公之后。宋庄公的儿子字子仲,子仲的子孙以"仲"为姓,成为仲氏的一支。

【仲姓名人】

仲由

春秋时鲁国人,字子路。孔子的得意弟子,仕卫为邑宰。

仲长统

东汉哲学家,字公理,高平人。好学,敢直言,官至尚书郎。他提出"人事为本,天道为末"的论点,否认"天命"。著有《昌言》一书传世。

仲并

宋代进士,官至光禄丞。工诗文。有《浮山集》。

仲仁

北宋画家、高僧,会稽人。住衡州华光山,号华光长老。善画梅,用水墨浑写,创为墨梅,亦画山水平远小景,有《华光梅谱》。

仲大年

宋代良吏,淳熙中知内江,敷教宽平,人感德之。

仲由

【繁衍变迁】

仲氏是一个多源流的古老姓氏群体,在当今中国大陆及台湾地区的姓氏排行榜上均未被列入百家姓前第 200 位。早期的仲氏族人多在今山东、河南一带生息繁衍。据家谱文献《仲氏族谱》记载:"汉更始元年,赤眉琅笽樊崇等乱山东,祖逃于济宁延就亭,遂家焉,更名横坊村即今仲浅。"仲氏族人在仲浅村落脚,后来常有外出另居的,此后仲氏族人逐渐分布于许多省份,北至黑龙江讷河也有仲氏。仲氏一族的望族主要出中山(今河南登封市西南)、乐安(今山东广饶县)二郡。

伊

【伊姓起源】

1. 源于上古。相传,古帝唐尧生于伊祁山,他出生时,寄养于伊侯长孺家,他的后代便以伊为姓,称伊氏。

2. 伊尹之后。商朝大臣伊尹,曾居在伊川,他的后世子孙,以其居住地名"伊"为姓。伊尹后来佐商汤灭夏,商初辅佐四代五王,是上古有名的贤相。历史上的伊川,在今河南的伊河一带。伊尹之后,有莘氏之女采桑伊川,以地为姓。

3. 为历史上伊娄氏所改。《魏书·官氏志》有记载云:"后魏鲜卑族有可汗拓拔邻,以其六弟为伊娄氏,后分为二姓,一姓伊,一姓娄。"伊姓望族居陈留(今河南开封陈留镇)。

【伊姓名人】

伊尹

商朝大臣、始祖。辅佐商汤,佐商灭夏,综理国事,连保汤、外丙、中壬三朝,佐四代五王,是上古有名的贤相。

伊陟

商汤太戊名相,伊尹之子。太戊从其言而修其德。

伊恒

明代尚宝少卿,昊县人。为人谦恭,时称为长者。

伊尹

伊秉绶

清代书法家、乾隆进士,字组似,号默卿,福建宁华人。官至扬州知府。何绍基写诗称颂其书法说："丈人八分出二篆,使墨如漆楮如筒。行草也无唐后法,悬崖溜雨如荒藓。"有《留春草堂诗集》。

【繁衍变迁】

伊姓起源于河南伊水流域,早期在中原地区活动,汉唐时在今山东、山西均有伊氏踪迹,以陈留郡(今河南开封)为郡望。宋代以来,在今山东、河北、天津、北京、江苏、福建、广东、云南及东北地区均有伊氏分布。如今伊姓虽然人口不多,但分布极广,尤以河北为多。目前伊姓人口没有进入全国前三百位。

宫

【宫姓起源】

1. 以职官为姓,形成于西周。周王朝时有专司宫廷修缮、清洁事宜的官,名为"宫人"。其后人遂以宫为姓,称宫姓。

2. 出自姬姓,以封地名为姓。春秋时,鲁国有孟倚子,其儿子韬,封于南宫(今河北省南宫市),其后世子孙遂以封地名"南宫"为姓。后又分化为南、宫二姓。

3. 亦出自姬姓,以国名为姓。春秋时,虞国有大夫叫宫之奇,是周初所封同姓国嬺国国君的族人。

【宫姓名人】

宫钦

元朝人,至大初为东阿令,以威严著称,清正廉洁。当时年遇饥荒,他带头以自己的薪俸济饥,得到富裕人家的响应,互助互济,全县无人饿死。当地有一群无恶不作的坏人,屡教不改,宫钦下令,限期归正,逾期不改者,在这些恶人的院墙上,涂以黑色,以示其辱,后皆化为善良。他调离东阿县后,当地人民立碑纪念他,流芳千古。

宫国苞

清代诗画家。擅写兰竹，工诗，与丹徒张石帆称"江上两诗人"。

宫畹兰

清代女画家。能诗，工画墨梅，雪叶风枝，俨然有偃蹇瑶台之思。

宁

【宁姓起源】

1. 出自嬴姓，以谥号为氏。据《元和姓纂》《姓氏急就篇》记载："宁氏与秦同姓，秦襄公曾孙谥宁公，支庶因以为姓。"

2. 出自姬姓，以邑名为氏。据《元和姓纂》记载，上古周时，卫国卫武公的儿子姬季亹被封于宁邑（今河南省修武县），其子孙便以封地名为氏，称宁氏。

3. 清满族有宁佳氏、宁古塔氏，后改单姓为宁氏。

【宁姓名人】

宁戚

春秋时卫国人，齐国大夫。他怀才不遇，隐于商贾，宿齐东门外。一日正在喂牛时恰逢齐桓公外出，遂叩牛角而歌。桓公闻而异之，将他引见给管仲。管仲根据他的特长，任命他为大田（农官），后拜为大夫。

宁完我

辽阳（今属辽宁）人，清初大臣。天命间归降后金，后隶汉军正红旗。被皇太极授为参将。后抚明朝百姓，主张仿明制，访六部、言官，又献灭明之策，皆被采纳。顺治时起为大学士、《明史》总裁官等职。

【郡望堂号】

郡望

济南郡：辖今山东济南、章丘、济阳、邹平等地，汉代置郡，治所在今山东章丘西。

堂号

难及堂：典出春秋时的宁俞，也就是大名鼎鼎的卫武子。他是卫文公时的大夫，贤明忠勤。卫文公有道之时，他从不上朝。当卫成公无道时，他不避艰险，经常上朝谏议。孔子称赞他："邦有道则智，邦无道则愚，其智可及也，其愚不可及也！"后人因此以"难及"为堂号。

【宗族特征】

宁姓人济济多才，早在先秦时期，便有宁姓名人竞现史册。"宁"字古有两种写法，一作宁，乃秦宁公之支庶；一作甯，乃卫武公之后。后即简化，便再无分彼此。

【繁衍变迁】

宁姓发源于今河南，两汉时已播迁至今河北、陕西、山东等省，并有进入今安徽、四川者。魏晋南北朝时，宁姓人有避乱南迁至今湖北、湖南、江苏、浙江、江西、广西等省者。宋代后，宁姓人逐渐播迁至今广东、福建。明初，洪洞大槐树(今属山西)籍的宁姓人在今江苏、安徽、浙江、河南、山东、河北、北京等地落籍。明中叶以后，有今河北、京津的宁姓人赴山海关以北繁衍，并有今四川省和广西壮族自治区的宁姓人入迁今三南、贵州。清康、乾年间及其以后，今山东、河北、河南有宁姓人随"闯关东"的风潮进入今辽宁、吉林，今福建、广东沿海有宁姓人迁居台湾，今山西有宁姓人迁入今内蒙古自治区，今陕西有宁姓人入今甘肃。

宁姓是当代中国人口排行第一百七十三位的姓氏，总人口约有 71 万，约占全国人口的 0.057%，在河南、辽宁、湖南、河北相对集中。

仇

【仇姓起源】

1. 出自九吾氏。夏代时,九吾氏为诸侯,商代立国号九,商末,纣王杀九侯。其族人避居各地,不少人加人字为仇姓。

2. 为春秋时宋国大夫仇牧之后。仇牧为在蒙泽(在今河南商丘东北)被杀的宋缗公报仇而讨伐宋万。宋万在自家宅门外与仇牧展开一场恶斗,仇牧被宋万摔死。仇牧的后代便以他的名字仇为姓,称仇氏。

3. 出自侯姓。后魏时有中山人侯洛齐,本为侯姓,后为仇氏养子,故改仇姓。太武帝时,他以平凉州功高,拜为内都大官,其后渐成望族,成为中原仇姓一支。

【仇姓名人】

仇台

东汉人,笃于仁信。人多归附,居于东海之滨,以"百家济海"之故,建国号百济,遂为百济国王,一度为东邑强国。

仇览

东汉名士,兄弟三人皆有文史才。

仇博

宋代人,字彦文,新安人。他聪颖博学,13岁时作的《至乐堂记》得到当时文坛领袖苏轼的称赞,叹曰"后生可畏"。

仇远

元代儒学教授,字仁近,钱塘人。工诗文,有《金渊集》等,与白斑齐名。

仇英

明代画家,字实父,号十洲,太仓人。以卖画为生,知名一时,为"明四家"之一。

仇时济

明代宿州吏目,长治人。五世同居,欢染无间。尝与弟时茂作《仇家范》,以为世守。

仇养蒙

明代孝子,富平人。万历间岁歉,以粟奉亲,与妻糟糠。年八十,犹指亲墓洒泣如孺子。

【繁衍变迁】

仇氏是一个多民族、多源流的古老姓氏群体,在当今中国大陆及台湾地区的姓氏排行榜上均未被列入百家姓前第200位。古时,仇氏多以南阳、平阳、天水、陇西、辽东为郡望。如今,在安徽、江苏、山东、河北、湖南、浙江、山西、江西、陕西、云南、广东、重庆、北京、香港、台湾等地均有仇氏族人分布。

栾

【栾姓起源】

1. 出自姬姓,是黄帝的后裔,是用封邑作为姓氏的。西周的时候,周文王的儿子唐叔虞被封在晋,建立晋国,他的后代有靖侯。晋靖侯的孙子名宾,被封于栾邑(今天的河北栾城一带),世称栾宾。他的后代于是以封邑地为姓氏,世代为晋国卿士,逐渐成为栾姓望族。

2. 春秋的时候,晋国大夫栾书的后代。

3. 出自姜姓,为炎帝的后代,是用人的名字作为姓氏的。西周的时候,姜子牙被封于齐,建立齐国。春秋时,齐惠公的儿子名坚,字子栾,他的子孙用他的名字的"栾"作为姓氏,成为栾氏的一支。

【栾姓名人】

栾布

西汉梁人。少年的时候受雇于酒家,后来被抢去做了奴隶,之后成为梁王大夫。汉高祖杀彭越,下令不许收尸,栾布冒着被杀的危险哭着把彭越这个好朋友葬了,被官吏判处死刑。栾布说:"彭越是我的好朋友,他因为一点小事就遭到杀害,这里的大臣们害怕自己和彭越一样因为小事就遭杀。我也一样,倒不如趁早杀了我吧。"汉高祖听了以后,觉得他讲得没错,又因为佩服他的勇气与义气,免了他的罪,封他为都尉。文帝时候,栾布做了燕相,封在鄃侯。中元五年逝世,燕、齐都为他立社,号栾公社。

栾巴

字叔元。性格直爽,学问精深。顺帝的时候做黄门令,先后迁任桂阳、豫章太守和沛相。注重教育,政事明察。因为上书营造顺帝宪陵,被定罪入狱,不准回家二十年。陵帝的时候任议郎,后来因为上书为陈蕃和窦武辩冤下狱后自杀。

【繁衍变迁】

栾氏是一个多源流的古老姓氏群体。秦汉时期,已分布于胶东半岛、鲁西南、河南商丘、河北临漳、山西离石等地,并逐渐在今河北临漳、山西离石一带形成大的聚落;东汉以后,栾姓在上述两地繁衍发展成为望族,此两地在古时候分别隶属魏郡与西河郡,故后世栾姓有以魏郡与西河为其郡望堂号的。

三国两晋南北朝时期,栾姓同其他中原士族一样,避乱四方,加之魏郡地处兵家必争之地,几度焚于战火,是故栾姓广播于黄河中下游各省,并有南迁于安徽、江苏、浙江、江西、湖北等南方省份者。

唐末五代、南宋偏安、金元铁蹄践踏江南,这些历史变故客观上也促进了北方百姓开发南方、播迁南方的壮举,在这些动荡中,栾姓加速了南迁的步伐,扩大了分布的区域。明初,山西栾姓作为洪洞大槐树迁民姓氏之一,被分迁于山东、河南、河北、陕西、北京、天津等地。

清入关后,栾姓闯关东谋生,其后裔遍及东北三省和内蒙古之东北区。

如今,栾姓在全国分布较广,尤以黑龙江等省为多。

暴

【暴姓起源】

出自姬姓。东周时,有王族大夫辛被封在暴邑(今河南省郑州北),建立了暴国,因为他的爵位是公爵,所以称暴辛公。春秋时暴国并入郑国,其国民以原国名为姓,称暴姓。

【暴姓名人】

暴胜之

西汉御史大夫。能干而心胸广阔,治理地方很有办法,抵制盗贼有方,精明强干而能解决问题,威震州郡。荐人从不疑人,并加以信任,颇有知人之誉,人们都誉他像伯乐识别千里马一样,识别人才。

暴显

北齐时候的大将军,马上功夫极好,骑马射箭百发百中,又勇敢善战,立下许多战功,被朝廷任为骠骑大将军。后来又封为定阳王。

暴昭

明朝初年名臣,潞州(今山西省长治)人,洪武年间由国子生授大理与司务,曾任刑部右侍郎、左都御史、刑部尚书,"耿介有峻节,以清俭知名"。建文初年充任北平采访使,得知燕王朱棣欲起兵谋反的消息,密报建文帝,请预先做好准备。燕王反,他掌管平燕布政司,驻守真定。筹谋燕之计,后终被篡位成功的燕王诛杀。

【繁衍变迁】

暴姓源自暴邑,在今河南省郑州市北,一说今河南省武县一带。在古代,暴姓的望族大多出自河东。现在辽宁省宽甸、河北省沧州、邯郸、邢台、秦皇岛;河南省濮阳、陕西省咸阳、山西省长治、山东省莱芜等地均有暴姓后人。

中华姓氏文化

·中华姓氏大观·

图文珍藏版

甘

【甘姓起源】

1. 夏朝时,有诸侯国甘国(在今河南省洛阳市西南),其君主家族在亡国后散居各地,以原封国名为姓,成为甘姓的一支。

2. 商朝时,高宗武丁曾就学于甘盘,后武丁为商王,遂用甘盘为相。甘盘的后代子孙以祖上的名字为姓,遂成甘姓。

3. 出自姬姓。周武王时,封同族人于畿内为诸侯王,其中有封于甘地者,称甘伯。后有甘伯恒公,其后代亦为甘姓。

4. 出自春秋时甘昭公子之后。

【甘姓名人】

甘罗

战国时期著名小神童,楚国下蔡(今安徽省凤台)人。出身于当时秦国的名门,是秦武王左相甘茂的孙子,年12岁事秦相吕不韦从政,做事胸有成竹,善于言辩,为秦国使于赵国,赵王不但躬亲郊迎,而且在甘罗的伶牙俐齿之下,心甘情愿地割五城以事秦。结果,未费一兵一卒而得五城。甘罗回到秦国之后,就被高拜为上卿,为后世留下了这么一段充满着传奇意味的故事。

甘罗

甘公

名德,本是鲁国人,战国时为齐国史官,掌管天文,善说星宿。张耳败走,欲奔楚归项羽。甘公说:"汉王入关,五星聚东井,楚虽强,后必归汉。"故张耳与甘公同归汉朝。甘公著《天文星占》8卷、《长柳占梦》20卷,均已佚。

甘延寿

字君况,后汉时北地郁郅人。少善骑射,入羽林郎,又为期门,以才力获宠,升辽东太守。元帝时,出任西域都护骑都尉。匈奴郅支单于杀汉使者,延寿与副校尉陈汤进军康居,斩郅支单于,被封为义成侯。卒谥壮。

甘宁

字兴霸,三国时临江人。先依刘表,后归吴。陈计于孙权,先取黄祖,尽获其士众。又从周瑜破曹操,攻曹仁,拜西陵太守。曹操出濡须,宁为前都督,衔枚出破敌,敌惊退。时称江表虎臣,官至折冲将军。

甘泳

字泳之,宋朝崇仁人,读书不拘绳尺,尤精于诗。他作了一首长诗,有1400字,随事起义,随义联句,在古时是绝无仅有的。他的诗风也很奇特,与众不同。著有《东溪集》。

【繁衍变迁】

甘姓,现行较常见。分布很广,今北京、河北景县、山东平邑和龙口、内蒙古乌海、山西太原、江西金溪和崇仁、湖南汨罗、广东新兴、广西田林、云南陇川和河口、四川合江和峨边等地均有分布。汉族、壮族、傣族、彝族、土族、侗族、土家族、布依族等多个民族有此姓。

古时候,甘姓望族居住在渤海郡(今河北省、辽宁省的渤海湾沿岸一带)、丹阳郡(今安徽省宣城地区)。

钭

【钭姓起源】

出自姜姓,为炎帝之后。战国时,田氏代齐之后,原来齐国的国君康公被放逐到海上,生活十分艰苦,居洞穴,食野菜,以酒器铼作釜锅,用以烹煮食物。因此,其支庶子孙后来便以酒器铼为姓,称为铼氏。

【铼姓名人】

铼滔

宋代处州刺史。

【繁衍变迁】

铼姓为极罕见姓氏,汉唐时以辽西郡为郡望,说明在当时河北有铼姓族人。如今在浙江余姚、开化及台湾等地有零散分布。

厉

【厉姓起源】

1. 源于西周,以谥号为姓。周宣王姬静执政时,齐国君主姜无忌去世,谥号为"厉",史称齐厉公。齐厉公的支庶子孙以谥号为姓,遂成厉氏。

2. 以封国名为姓氏。周朝时,有个诸侯国厉国(在湖北省随县西北厉山),春秋时,改名为随国。原厉国君主的后代支子以原国名为姓,成为厉姓的一支。

3. 孙姓改为厉姓。三国时,吴国皇帝孙皓,追改宗室孙秀(因为孙皓所恶而奔魏)姓厉。孙秀的后代中留在江东的一支成为厉姓。

4. 李姓改为厉姓。唐玄宗李隆基即位前,唐宗室新兴王李晋与太平公主合谋叛乱,事败被诛。李隆基执政后,追改李晋族人为厉姓,不准其恢复李氏。

【厉姓名人】

厉仲芳

宋朝将官,他文武双全,在朝廷的武学考试中得第一名。他发明制造了一种叫

"九牛弩"的战车,上面有射箭的机关,非常适合实战,后来被人利用大败金兵。

厉鹗

字太鸿,又曾字雄飞,号樊榭,又自号花隐。浙江省钱塘(今杭州)人,原籍慈溪。幼孤贫,至寄居沙门。性颖悟,初学为诗,便惊长老。稍长,于书无所不窥。康熙庚子举于乡,需次县令将入都,道天津,留滞查氏水西庄数月,竟不谒选而归。乾隆初,举博学鸿词报罢,闻扬州马氏藏书最富,因客之,尽探其秘牒,往来大江南北,主盟坛坫者凡数十年。尝病《辽史》太简。阅四百余年无有为之增益者,乃仿裴世期注《三国志》列,而不就书作注,位摘史文为纲,历引郡书于下,间作案语以断之,成《辽史拾遗》十卷。于辽一代二百年事凡有可考见者,粲然具备。盖亦正史外所不可少之书。又仿计敏夫《唐诗纪事》例,成《宋诗纪事》一百卷。并号赅博。才清逸,有《樊榭山房集》二十卷。余有《秋林琴雅》六卷,《南宋院思录》八卷,《东城杂记》二卷,《增修云林寺志》八卷,《湖船录》一卷,均梓行。

厉志

字骇谷,号白华山人,又名白华居士,晚年改名厉允怀,笔名景阳氏,诸生,诗、书、画三才齐备。工诗,善书画,行草,学明人。山水兰竹,有李檀园逸趣,中岁患目眵,而书画益进。捉管疾扫,全以神行,故无不妙。尝于西湖昭庆寺,指画巨松。厉骇谷先生,实则籍居现岱山县秀山乡北浦厉家村。著有《白华山人诗抄》。

【繁姓变迁】

古代厉国所在地,就在今湖北省随县北面厉山之下的厉乡。厉氏的发源之地,正是在厉乡。望族居南阳郡(今河南省南阳市)。

戎

【戎姓起源】

1. 以封国为姓氏。周朝时有戎国,为齐国附庸,出自姜姓。戎国灭亡之后,其公族后裔以国名为姓,遂为戎氏。

2. 以职官为氏。周朝时有掌管军械的官员名戎右,其后代子孙亦称戎氏,成为戎姓一支。

3. 出自少数民族。商朝以后有戎族,其中有允姓山戎,居于燕北,其后裔有不少人以族名为姓,形成戎姓的又一支。

4. 上古周朝时,宋微子之后,其子孙以戎为姓。

【戎姓名人】

戎赐

辅助汉高祖刘邦开创天下时的功臣,定三秦、破项籍,都有他的功劳。刘邦统一天下后,升任其为都尉,又封柳丘侯。

戎昱

唐朝荆南人,至德年间以文学登进士,卫伯玉辟为从事。当时,京兆寅李鸾欲将女许配给他为妻,但要他改姓李。古时视改姓如亡命,所以他坚决拒绝这样做。德宗初年历任辰、楚二州刺史。

戎益

宋朝信德人,绍兴年间任平江知府。岁值灾荒饥谨,他劝率上户,得米一万七千余斤,民赖以全活。

戎宪

明朝句容人。他年幼丧母,事父甚孝。父卒,叔无子,他迎养叔叔如同侍奉父亲一样。人们问他为何如此孝敬,他说:"叔与父同气,不孝敬叔,如同不孝敬我父也。"

戎洵

明朝的清官,百姓将戎洵当作青天大老爷,烧香火供奉他。他为官清正廉明,不怕权贵,执法严正,办案负责,为百姓平冤屈,惩治了胡作非为的豪强。

【繁衍变迁】

古时候,戎氏望族居住在江陵郡(今湖北省江陵县及川东一带)、扶风郡(今陕西省西安市长安区西）。

祖

【祖姓起源】

1. 出自子姓,为商代王族之后裔。商朝的开国君王叫"汤",所以后世提到商朝的时候也多称商汤。汤的六代孙有祖甲、祖乙、祖丙、祖丁……都曾是商朝的君王。他们的后代中有人以他们的名字为姓氏,姓祖。祖乙是上述几位商王中最有作为的帝王,他任用巫贤为相,励精图治,使商朝复兴,所以今天的祖姓人都奉祖乙为始祖。

2. 源于商代的两位宰相。商朝开国君主商汤时有左相仲虺,仲虺的后代中有人名叫祖己、祖尹,他们都是黄帝的后代。祖己和祖伊的子孙中,也有取祖字为姓的,称为祖氏。

3. 在满、彝、东乡等少数民族中也都有以祖为姓的人。

【祖姓名人】

祖逖

字士稚,晋朝范阳道县人。著名北伐大将,勤奋好学,留有闻鸡起舞的佳话。当时晋室大乱,巡率部曲百余家渡江,中流击楫而誓言:"祖逖不能清中原而复济者,有如大江!"元帝时,为豫州刺史,自请统兵北伐,征为奋威将军,连战连胜,最后攻破石勒,收复黄河以南全部晋土。在豫州刺史任内,勤政爱民,死时,豫州人民痛哭流涕,如丧父母。

祖冲之

字文远,南朝宋范阳蓟人,为南北朝时期著名的科学家。在数学、天文和机械制造方面都有很大成就。在前人研究的基础上,他第一个把圆周率计算到小数点后第六位 3.1415926 到 3.1415927 之间,这在当时世界上是最精密的。他还提出密率值的计算，比欧洲早了一千多年。数学著作有《缀术》和《九章术义注》，均失传。他根据数理，研究天文历法，制订出一部比较准确的《大明历》。他还制造了千里船、水碓磨和指南车。

祖冲之

祖咏

洛阳(今属河南)人，后迁居汝水以北，开元十二年进士。曾因张说推荐，任过短时期的驾部员外郎。诗多状景咏物，宣扬隐逸生活。其诗讲求对仗，亦带有诗中有画之色彩，其与王维友善，盖"物以类聚，人以群分"或"近朱者赤，近墨者黑"故也。代表作有《终南望馀雪》《望蓟门》《七夕》《汝坟秋同仙州王长史翰闻百舌鸟》《陆浑水亭》《家园夜坐寄郭微》《送丘为下第》《古意二首》等，其中以《终南望馀雪》和《望蓟门》两首诗为最著名。《望蓟门》诗描写沙场塞色，写得波澜壮阔，令人震动，其中"万里寒光生积雪，三边曙色动危旌"为有名的佳句。

【繁衍变迁】

祖氏是我国一个古老的姓氏，最初是发祥于涿郡。古代的涿郡，在今河北省涿县一带，这个地方便是祖氏的老家所在。

武

【武姓图腾】

姓氏学相关研究结果显示，武是以社会分工命名的族称。武由戈与止组成，戈代表武力，脚印代表奔走征战，合起来就是征伐之意。虽然直观地看武姓图腾比较复杂，但是实际上它只

是由两部分组成:外面是"戈",代表武力,里面是一个非常形象的大脚印,以此来代表四处奔走征战。武姓图腾与一般姓氏图腾相比较,是非常具有动态色彩的。

【武姓起源】

1. 源自子姓

以祖字或以谥号为氏。据《武班碑》载,商王武丁(子姓)的后裔中,有以祖字武为氏者。另据《风俗通义》载,春秋时宋国君主子司空,死后谥号为"武",史称宋武公,其子孙有以其谥号为氏者。

2. 源自姬姓

据一些相关史料(如《新唐书》等)载,周平王的小儿子姬武手掌上有一"武"字形纹路,故被赐为武氏,子孙亦以武为氏。另周顷王之孙姬满的后裔被封于武疆(今河南省郑州市一带),其子孙有姓武的,属于以封邑为氏的范畴。

3. 源自夏朝分封国

这一支武姓是以国名为氏的典型例子。据《世本》《万姓统谱》等载,夏朝贤臣武罗被封于武罗国(今河北省武邑县一带)。后其国亡,子孙以国名中的"武"字为氏。

4. 源自封地

例如战国时,秦将白起因功被封为武安君,其子孙遂以封爵"武安"中的"武"字为姓;再例如汉朝有武强王梁,封地在今河北武强县,其后代因封地名为"武强",简姓武。

5. 源自冒姓或赐姓

冒姓:《唐书》载:"唐贺兰敏武士之嗣,冒姓武。"

赐姓:武则天时期,曾有傅、左、李诸姓人被武则天赐予武姓。

6. 源自少数民族改姓或本有之姓

改姓:根据相关研究,历史上满族中的武聂氏、武佳氏、武库登吉氏,鄂温克族吴立西氏,汉姓为武。

本有之姓:例如今彝、蒙古等民族都有武姓。

【武姓名人】

武则天

中国历史上第一位同时也是仅有的一位女皇帝,籍贯并州文水(今山西省文水东),生于利州(今四川省广元市)。唐高宗李治的皇后,唐中宗李显、唐睿宗李旦之母。高宗去世后,武则天相继废掉自己的两个亲生儿子中宗和睿宗,公元690年建周代唐,在位21年。创造了"曌"这个字,意为"日月当空",并改国号为"周",史称"武周"。执政期间,颇多政绩,如善用人才,开创殿试,重视农业,加强边防等。但其任用酷吏,时有冤案。公元705年去世让位于子唐中宗,中宗遂复唐。她留下的用早期的契丹文字刻的乾陵"无字碑",不仅吸引千百年来人们的纷纷猜测,而且为失传的女真文字留下了一份非常有价值的文字史料,也是武则天的"无字碑"的一大贡献。

武元直

金代北京人,明昌间名士。善画山水,能诗文,正可谓"能诗善画"。作品有《莲峰小隐图》《渔樵闲话图》《东坡游赤壁图》等。

武汉臣

元代戏曲家,所做杂剧甚多,今知有10种。

【郡望堂号】

郡望

太原郡:今山西五台山和管涔山以南、霍山以北的地区,战国时置郡。

沛郡:今安徽淮河以北、西淝河以东,河南夏邑县、永城市及江苏沛县、丰县等地,汉时置郡。

堂号

鬻薪堂:宋朝武行德,相貌奇伟,以鬻薪(卖柴)为生。后被镇守弁门的晋祖留在帐下当了侯虞。在作战时,他被契丹俘虏,却杀了敌官,占据河阳,不久归汉为河阳尹,入宋后,官太子太傅。因而有此堂号。

【宗族特征】

武姓人世代以北方为主居地,自古多英杰,尤以唐朝时众多的武姓官宦最具代表性,而一代女皇武则天更不愧为巾帼英雄中的翘楚。武姓字行辈分严谨,意味深长,如浙江武姓一支字行为:"善德庆美,诚信斯国。"

【繁衍变迁】

武姓发源于今河南、河北等地。秦汉时期,武姓人迅速向今山东、江苏等省迁徙。魏晋南北朝时,北方战乱,武姓人大举南下,并有入今山西者。唐代为武姓人历史上最显赫荣达的时期,其繁衍之地遍布天下,武则天的祖居地太原(今属山西)一带更是形成了武姓人的大郡望。宋、元、明、清时,由于战乱、明代洪洞大槐树(今属山西)移民等原因,武姓人不断迁徙,但仍是典型的北方姓氏。清代,有武姓人渡海入台、迁徙新加坡等地。

武性是当代中国人口排行第九十一位的姓氏,总人口约有 220 多万,约占全国人口的 0.18%。

符

【符姓起源】

1. 源于姬姓,春秋时期鲁倾公的孙子公雅在秦国任符玺令的官职,其后人便以官名为姓,相传姓符。

2. 源于官位,出自秦汉时期官吏符节令。

3. 源于南匈奴,出自十六国时期汉国大司徒刘雄,其字符英,其后人便以先祖的字为姓。

4. 源于官位,出自南北朝时期北魏符玺郎中臣拔拔臻。

5. 源于官位,出自元朝时期官吏符牌使。

【符姓名人】

符存审

后晋宛丘(今河南省淮阳县东南)人,曾经被赐姓为李,光彩无比。而实际上,他也是一位富有机略的名将,在当时的兵荒马乱之中,从庄宗破梁军,赶走辽兵,大败刘鄩,前后大小一百余战,从未有过败绩,与当时的另一大将周德威齐名。以百战百胜的辉煌功绩,此后符存审不但高官厚禄,荣华富贵了一辈子,而且,也为后世子孙打开了平步青云的大门,使得符氏的声誉,越来越响亮。

符令谦

南唐时候的将官,智勇双全,不但骑马射箭,冲锋陷阵威风凛凛,而且治理地方也有政绩。一生拼搏战场,能谋善战,又很体恤士卒,深得士卒爱戴,是宋朝大功臣。后当赵州刺史,死后赵州人无不痛哭,人称"良刺史"。

符彦卿

字冠侯,宋朝宛丘人,出身武将世家。他13岁能骑射,25岁当了吉州刺史,讨王都于定州,大破辽兵于嘉山,击退围阳城的辽兵,封魏王。

符曾:清朝诗人。他气性清高脱俗,有才气,做的诗不同寻常,深受赞赏。

【繁衍变迁】

符氏是一个多民族、多源流的姓氏群体。早在秦汉时期,符姓主源繁衍于今山东黄岛区,人口众多,为当地之望族,古时候此地为琅邪郡,后世各地之符姓多由此郡分衍而出,故后世符姓有以琅邪为其郡望堂号的。东汉时期,符姓已向周边各省播迁。

魏晋南北朝时期,符姓逐渐遍及黄河中下游各省,并有南徙于江苏、安徽、浙江、湖北、四川、湖南等南方省份者。

隋唐之际,符姓之主源依旧繁衍于北方,唐末五代时,陈州宛邱(今河南淮阳)、赵州昭庆(今河北赵县)成为天下符姓关注之焦点,可谓人丁兴旺,世代显达,当然,此一时期的动荡不安,也加剧了北方符姓南迁的脚步,江西成为符姓这一时期的主迁地。

两宋时期,原先繁衍于北方,以北方为中心聚集区的符姓其重心向南部省份转移。

宋元时期,江西等地的符姓开始进入福建,而后分衍至广东、海南、广西等地。金人入侵,符氏南迁吴中。

明太祖时,符氏迁徙全国各地,如江苏、浙江、广东、海南、湖南等地。历明清两代,符姓逐渐播迁到东北、西南、西北各地以及台湾地区。

如今,符姓在全国分布较广,尤以广东、海南两省多此姓,且这两省之符姓约占全国汉族符姓人口的40%以上。

刘

【刘姓图腾】

刘姓是燧人氏魁隗氏炎帝神农氏族的系的鹓鹠族的族称。鹓鹠族属于燧人氏、魁隗氏、炎帝神农氏族一支,主要职责是测定春分点。"留"由"卯"和"田"组成,后来演变为刘。留的本义是掌管测定春分点的氏族。所以其图腾的主体是一位长者手持刻刀契刻春天和秋天天气到达地球的运行规律。刘俗称"卯金刀",这里的刀在古代是指契刻太阳周天运行历度的标记。

【刘姓起源】

1. 源自祁姓

这是以国名为氏的例子。这一支刘姓出自上古尧帝的后裔祁氏,他被封于刘国(今河北唐县)。后代便以刘为姓。

2. 源自士氏

帝尧后裔刘累的后代有一个叫作士会的人,他后来在晋国做官,一直升迁到正卿这个职位,被封于随邑,为随氏之祖,又封于范邑,立范氏,为范氏始祖。士会有一个儿子叫作士囍,侍秦,复刘氏,汉朝开国皇帝刘邦就是他的后代。

3. 源自姬姓

历史上比较著名的姬季子,是周定王姬瑜的弟弟,周顷王姬壬臣的儿子,因为后来被周定王赐封于刘邑(今河南省偃师),他建立起姬姓。刘国姬季子逝世后被赐谥为"康",因此史书又称其为刘康公。他的后裔便开始姓刘,这是以封地为氏的例子。

4. 源自汉代官职

源自汉代皇室的一种官职——秋祭,也称为貙膢(貙刘),后代便开始以刘为氏,这属于以官为氏的例子。

5. 源自赐姓、改姓或冒姓

赐姓:例如赐姓项伯为刘氏,其后裔沿用此姓。再例如娄敬向刘邦献策有功,刘邦赐他姓刘,其后裔沿用此姓等。

改姓:例如北汉皇帝刘继恩,薛是其本来的姓氏,因是刘承钧的养子,改姓刘。再例如明朝嘉靖年间的大将军龚显,为了报恩,改姓刘。

冒姓:例如在王莽篡位建立新朝的时候,卢芳诈称汉武帝曾孙刘文伯,自立为帝,占据平凉等地。再例如西晋时丘沈,诈称自己是汉室后裔,冒姓刘,叫刘尼,这一招还真有效果,他被拥立为帝。

6. 源于少数民族改姓

历史上不少时期,都会有一部分少数民族改为刘姓。

【刘姓名人】

刘邦

字季,西汉王朝的建立者,汉高祖。因为他是沛县(今属江苏)人,因此人亦称沛公。(公元前202年)正月甲午,刘邦于氾水之阳即皇帝位,定都长安,国号为汉,历史上称之为西汉。

刘徽

三国时代魏国数学家。汉菑乡侯后裔,山东淄博淄川人。三国魏景元四年(公元263年)注《九章算术》(九卷),后撰《重差》,作为《九章算术注》的第十卷。唐初以后,《重差》更名为《海岛算经》。此外,《鲁史欹器图》《九章重差图》也是刘徽所著,后至唐代失传。

刘基

字伯温,谥曰文成,汉族,温州文成县南田人(旧属青田县)。初时,人均称之为刘青田,明洪武三年封诚意伯,人又称之刘诚意。武宗正德九年被迫赠太师,谥文成,后人又称他刘文成、文成公。元末明初军事家、政治家及诗人,通经史、晓天文、精兵法。因曾辅佐朱元璋完成帝业并开创明朝,为保持国家的安定付出辛劳,因而驰名天下,被后人比作诸葛武侯。朱元璋多次称刘基为:"吾之子房也。"在文学史上,刘基与宋濂、高启并称"明初诗文三大家"。

刘邦

刘基

【郡望堂号】

郡望

弘农郡:治所在今河南灵宝市东北的函谷关城,西汉置郡。此支刘姓人的开基始祖为汉时刘贾。

河间郡:治所在今河北河间市西南。此支刘姓人的开基始祖为东汉章帝之子河间王刘开。

堂号

彭城堂:刘氏使用最普遍的堂号,因为彭城刘氏源出西汉皇族,时间较早。人口、支脉较多,影响较大,因此被刘氏看作是堂号正宗。

【宗族特征】

刘姓家族地位显赫,历史上称王称帝者多达66人,统治时间长达650多年。刘姓家族有其排列有序的字行辈分,如据刘祥澍所修的《刘氏族谱》载,清代今江苏刘姓一支的辈分字行为:"祥瑞肇英贤,明良继仁孝。"

【繁衍变迁】

刘姓发源于今河南、陕西(当属河南刘姓的分支)等地。战国时,今陕西境内的刘姓人播迁至今江苏等地。刘邦建立汉王朝后,刘姓成为当时的全国第一大姓氏。汉末,中原(黄河中下游地区,包括今河南大部,山东西部和河北、山西的南部)的刘姓人为避战祸向四方迁徙。魏晋南北朝时,战乱频繁,刘姓人大举南迁。刘裕代晋称帝,被封为王侯的刘姓人遍布江南,并有许多少数民族汉姓为刘。唐至五代,有刘姓人入居今福建。宋元至明清时期,刘姓族人已遍布全国。

刘姓是当代中国人口排行第四位的姓氏,总人口约6700万,约占全国人口的5.34%。

景

【景姓起源】

1. 出自春秋时期的楚国公族,是由楚大夫景差而来的姓氏。相传,景差是楚国贵族,入仕后官至大夫,子孙为了加以纪念,便以他的名字为姓,成为最早的一批景姓人。

2. 出自战国时期的齐国,也与公族有关。周敬王时,齐国国君杵臼去世,谥号为景，世称齐景公。他的支庶子孙以他的谥号为姓，也姓景。

3. 出自改姓、冒姓。

4. 少数民族中的景姓。满族、朝鲜族、阿昌族、傣族等少数民族中都有人姓景。

【景姓名人】

景阳

战国时楚将。齐、魏、韩三国攻燕，燕使太子求救于楚，楚王命景阳为将救燕。景阳不赴燕而迁攻魏之丘，取之以与宋，三国恐惧，乃罢兵，燕国得解围。景阳这种战略，被载于《战国策》。

景丹

栎阳（今陕西省临潼）人，名列汉光武中兴时云台"二十八将"的大功臣。能文能武，学问好，也很有谋略，曾为交武帝击破王郎等，又与吴汉等人大败五校于栎阳，战功彪炳，还被封为栎阳侯。据说，在封侯的时候，光武帝曾对他说了一句："富贵未归故乡。如衣锦夜行，故以封卿耳。"可见光武帝对他的器重。

景焕

北宋人，曾官壁州的白石县县令。早年专事书画，与翰林欧阳炯学士曾是忘形之交。一天他们一道骑马游玩来到应天寺，在右侧壁面上画上一天王与左侧天王像相对。渤海在一旁，观看画作之逸势，写成一篇歌行以记此事。后来擅草书的僧人梦龟又来到此寺，人们请他在廊壁上题字。书画歌行，一日而就。全城人都闻讯前来观看。寺中拥挤不堪。一时路道阻塞。成都的人称此为"应天三绝"。著有《野人寒语》《牧竖闲谈》等。

【繁衍变迁】

景姓在大陆和台湾都没有列入百家姓前一百位。汉室鼎盛时期，景氏宗人从楚地外徙，流居关中，落户陕地（河南省陕县）。

至晋朝，族氏支分，足迹印于陕西、福建、江苏、湖北等地。景姓现行较常见，分布很广,今北京、河北尚义和景县、山东平度和昌乐及平邑、内蒙古乌海、山西太原、湖北老河口、广西田林、云声泸水和陇川、四川合江等地均有分布。

束

【束姓起源】

出自妫姓,由疎氏所改,而疎氏自田氏出。据《晋书·束皙传》载,古代战国时,齐国田氏疏族改姓疎(古"疏"字的异体字)。汉代时候有个叫疎广的人,宣帝时任太子太傅。东海兰陵(今山东省枣庄东南)人。到了疎广曾孙孟达时,自东海为了避王莽之难,迁居沙鹿山(在今河北省大名县境内)。遂去疋改为束氏,称束姓,世代相传。从《晋书·束皙传》记载考证,束姓是西汉高士汉疎广是后裔。望族居南阳郡(今河南省南阳市)。故束氏后人奉疎广为束姓的得姓始祖。

【束姓名人】

束庄

宋朝大臣。任万州知州时,境内多发生火灾,他组织民众筑水渠、断火道,预防了火灾。

束清

江苏丹徒人,明朝清官。性廉介,明洪武初年任万载知县,清廉而俭约,遇到有人交不起租赋,他甚至变卖自己的衣物代人交,深受百姓爱戴。"民右逋租自鬻衣带以代偿。其爱民如此"。

束蘅

清词人,字君佩,一作佩君。武进(今江苏省常州市)人,乌程沈宋圻之妻。长于填词,著有《栖芬馆词》行于世。

束允泰

江苏丹阳人,清末举人,浙江名宦。为官清廉,且精诗文书法,写得一手好字,是晚清有名的书法家,至今浙江桐庐、钱塘、杭州一带有很多人家收藏他的书法作品,只字片纸,珍若珙璧。

【繁衍变迁】

束姓源自齐国,望出南阳(今河南省熊耳山以南叶县内乡之间和湖北省大洪山以北应山、郧阳区之间的大部分地区)。

如今,束姓人在全国皆有分布,尤以江苏、安徽等省较多。

龙

【龙姓图腾】

龙是龙姓的图腾,也就是人们所说的鼍龙,俗名扬子鳄,成年鳄的头上生有一对乳黄色的角。龙是物候历法的标志,在地叫作青龙、苍龙或者大龙,在天即为青龙星座。蛇是小龙,与大龙是两种完全不同的动物。而目前在各类艺术作品中常见的"龙"的形象,也不是自然中存在的生物。图腾中龙头上的"中"是表示通天尺木的意思。

【龙姓起源】

1. 源自龙行

相传是黄帝之臣龙行的后代。据《姓氏录源》《竹书纪年》载,黄帝臣有龙行,居有熊(今河南省新郑),龙姓便成了他的后代子孙的姓氏。

2. 源自舜时纳言龙之后

据相关史料记载,龙即纳言(一种专司出纳帝命的官职),舜时这个职位已经出现,后经历史演变,任此职者的子孙以官名为氏。

3. 源自御龙氏之后

以《姓氏考略》为代表的姓氏学研究著作显示,一部分龙姓出自御龙氏,望出天水(今属甘肃省)。

4. 源自董姓

相传龙姓是豢龙氏的后人。据《通志·氏族略》《名贤氏族言行类稿》等为代表的姓氏学著作载,董父(董国国君,董国在今山西省闻喜县东北)精于饲龙,以畜养龙而被舜赐姓"豢龙氏",其后代存以龙为氏者。

5. 源自春秋时期采邑

根据相关史料记载,春秋时楚国境内有大夫拥有自己的采邑,该采邑名为龙(今山东省泰安西南龙乡),该大夫的子孙有以龙为氏者。

【龙姓名人】

龙镯

生活在宋朝时期,乾德年间州太守,有惠政,深得民心,当地百姓绘《来鹤图》颂其德。

龙燮

望江(今属安徽省)人,清代著名戏曲家,作品主要有《琼华梦》《芙蓉城》等。

龙文彬

清江西永新人,同治年间考中进士,《周易绎说》《永怀堂诗文钞》《明会要》等都是他的著作。

【郡望堂号】

郡望

武陵郡:治所在今湖南溆浦南,汉高祖时置郡。

武阳郡:治所在今河北大名东北,隋代置郡。

堂号

世师堂、八德堂、敦厚堂:东汉名将马援曾写信给自己的侄子,劝他以龙述(东汉人,字伯高)的两句话,即"敦厚周慎,口无择言;谨约节俭,廉公有威"来要求自己。马援称这是龙述的"八德"。皇帝知道后,提拔龙述为太守,说他"堪为世人师"。因而有此堂号。

【宗族特征】

在龙姓的发展史中,更多地体现着民族团结的历史大趋势。龙姓人的字行辈分井然有序,如民国抄本《龙氏家谱》中载有江苏龙姓一支的字行为:"兆升元吉,宗业克昌,富大希廷,厚诚守方。"

【繁衍变迁】

龙姓发源于今甘肃、河南、山西、湖北、湖南、山东,在得姓之初就迅速散居四周。汉代,今甘肃和湖北、湖南及山西、河北、河南、山东间地已是龙姓人繁衍的三大中心。这个时期,有龙姓人迁入今四川,后又南迁至今贵州。魏晋南北朝时,中原(黄河中下游地区,包括今河南大部,山东西部和河北、山西的南部)的龙姓人为避战乱而南迁。宋元时期,龙姓人再次大举南迁,使得南方的龙姓人口大大超过北方。明清时期,各支龙姓人互相融合。

龙姓是当代中国人口排行第八十位的姓氏,总人口近 280 万,约占全国人口的 0.22%。

叶

【叶姓图腾】

看叶姓图腾,第一感觉就是它非常直观和形象。它在百家姓图腾之中应该属于非常简单的一类。从叶姓图腾的形态,便可以推出叶姓族人属于司农之官或农耕之族。根据相关研究结果可以看出,叶姓是古代聂耳族,也就是儋耳族、鲰族的后代,是一个相对比较年轻的姓氏。

【叶姓起源】

1. 源自颛顼后裔叶公后人

这一支叶姓属于以封邑为氏的典型例子。据《风俗通义》《通志·氏族略·以邑为氏》等载，颛顼后人沈诸梁，字子高，是春秋时楚国左司马沈尹戌之子，楚惠王时期被任命为楚国北边要邑叶邑（今河南省叶县南旧城）的行政长官。人们称此人为叶公，他的后代就多以此邑为氏。

2. 源自叶调国

这里的叶调为古国名，根据相关研究结果可知，故地在今印度尼西亚爪哇岛或者苏门答腊岛，东汉永建六年，这个国家曾经派遣使节来到中国，与中国建立友好关系。叶调国来中国的移民里，有很多人以叶为姓。

3. 源自复姓改姓

中国有很多古姓是复姓，在这些复姓中有"叶阳氏""叶大夫氏"，后来随着历史的发展改为叶氏。

4. 源自他族本有之姓

据《姓氏考略》所载，在我国古代，有很多的南方少数民族比如日南郡（今越南境内）蛮中就有很多以叶为姓者；满族纳喇氏、叶赫勒氏、德昂族亥氏，汉姓均为叶；今台湾地区土著、彝、蒙古、土家、锡伯、保安、回、苗等民族中叶姓的族人也非常多。

【叶姓名人】

叶适

温州永嘉（今属浙江省）人，宋代唯物主义哲学家，同时也是一个有一定独到见解的思想家，历史上著名的永嘉学派的集大成者。官至礼部侍郎，著有《习学记言》《水心先生文集》等，对后世学术研究具有一定的价值。

叶仁遇

宋代的一位著名画家，他的画风比较偏重于风景和市井生活方面，江南市肆风俗、田家景物在他的画中多有体现。

叶圣陶

原名叶绍钧,字秉臣,汉族人,江苏苏州人。著名作家、教育家、编辑家、文学出版家和社会活动家。在现代中文教育这门学科中,叶圣陶对于加快教育的现代化进程有着重要影响。对于中文教育,他还引入了一个全新的观念,"应当教给学生学习的方法,而不是长期详细地灌输书本知识"。也就是"教是为了不教"这个著名概念,它已经成为广大中小学语文教师经常运用的教学思想。这一观点冲破了习惯于强烈依赖记忆和灌输的传统语文教学观念。此外,叶圣陶使批判思维的概念在教育业界深入人心,让人们认识到个人价值判断的重要性。学习技能应当成为构筑学生的基础这一观点也是叶圣陶提出来的,同时也将成为学生终生学习的起点。

叶圣陶

【郡望堂号】

郡望

南阳郡:今河南熊耳山以南叶县、内乡县间和湖北大洪山以北广水市、郧阳区间地。战国时置郡,清所在今河南南阳市。

下邳郡:治所在今江苏睢宁西北,南朝宋时置郡。

堂号

崇信堂:宋朝时有翰林学士叶梦得,在朝廷南渡的时候,任江东安抚使,领兵分据江津,使金兵不得渡江。官至崇信军节度使,因而有此堂号。

【宗族特征】

叶姓人以能继承祖先美德为荣,族人中不乏宰相、画家、文学家之类的名流。

叶姓人的字行辈分排序井然,字韵深远,如叶成忠所修《叶氏宗谱》,载有今浙江叶姓一支的字行为:"茂盛宗世万,嗣继启志成。"

【繁衍变迁】

叶姓发源于今河南。叶公去世后,其后裔辗转迁居于河间(今属河北)、雍州(今陕西中部、北部,青海东北部,甘肃大部和宁夏回族自治区一带)、下邳(今江苏邳州市),西晋末年,叶姓后裔部分向南迁徙,部分重返中原(黄河中下游地区,包括今河南大部,山东西部和河北、山西的南部)。唐宋时期是叶姓人迁徙最频繁的时期,其间有从今河南叶县迁居今河南固始县、光山县者。宋末,有叶姓人迁往今浙江、福建,叶姓自此成为江南的著名姓氏。明清之际,有沿海一带的叶姓人渡海赴台。清末,沿海和今香港、澳门、台湾陆续有叶姓人迁居东南亚等地。

叶姓是当代中国人口排行第四十二位的姓氏,总人口约有 580 万,约占全国人口的 0.46%,尤盛于浙江、福建、广东沿海地区。

詹

【詹姓图腾】

詹姓是严允氏的分支,以在危崖上观测天象著称的危族的苗裔。詹姓的图腾由厂、八、言三部分组成,上面的"厂"表示在危险的山崖上方设置灵台观测天象;"八"表示"分判"观测得到的天文数据;"言"表示颁布历法,称作"授时"。

【詹姓起源】

1. 出自姬姓。据《姓苑》所载,周宣王姬静的庶子受封于詹(故地在今河南武陟东南詹店),称詹侯,建立詹国,其子孙以国为氏。

2. 据《路史》所载,黄帝的后裔中,有被舜帝赐姓詹(同瞻,备受尊敬之意)者,子孙沿用。

3. 以官名为氏。据《百家姓溯源》所载，古代负责詹（占）卜的官职叫詹尹官，任此职者的后人有以其官职为氏者，称詹氏。

4. 据《姓氏考略》所载，春秋时晋国有詹嘉、郑国有詹伯，均出自詹墟（在今江西乐安），以邑名为氏。

5. 少数民族姓氏。今蒙古、土家、高山、水等民族均有此姓。

【詹姓名人】

詹渊

建宁崇安（今福建武夷山市）人，宋代官吏。进士出身，授临江户曹掾。决狱清明，民有冤屈，皆找其审决，时有："宁为户曹非，不愿他官直" 之语。累迁监车辖院。

詹师文

建宁崇安人，南宋词人。进士出身，任婺源尉时，捕盗有功，因调江西宪司检法官，治狱无冤。后归家，以辞赋名于当时。著有《幔亭遗稿》《通典编要》。

詹天佑

字眷诚，广州人，近代铁路工程学家，我国近代科学与工程技术史上的先驱，杰出的爱国知识分子。1905 年设计建造京张铁路，跨越无数技术难关，闯过无数工程禁区，震惊全球，获赐工科进士。他是我国自行设计修建铁路之第一人，为发展我国早期铁路建设事业呕心沥血，奋斗终生。著有《铁路名词表》《京绥铁路工程纪略》等。

詹天佑

【郡望堂号】

郡望

渤海郡：治所在今河北沧州一带，汉代置郡。

河间郡：治所在今河北河间市西南。

堂号

河间堂、奎光堂、洁身堂等。

【繁衍变迁】

詹姓主要发源于今河南武陟。春秋时期，詹姓人已分布于今山西和河南郑州西北、新郑等地。此后至两汉，詹姓人大多繁衍于今河北沧州、献县一带，并有落籍于今湖北、湖南者。晋代永嘉之乱，詹姓人大举南迁至今华东、华南、中南之地，并发展成南方著名姓氏之一。唐末五代时期，詹姓子孙再次大举南迁，南方的詹姓家族进一步壮大。明初，洪洞大槐树（今属山西）籍的詹姓人在今山东、河北、陕西、江苏、湖北等地落籍。明清时，有今福建、广东等沿海省份的詹姓人渡海赴台，远徙东南亚。

詹姓是当代中国人口排行第一百四十七位的姓氏，总人口约有 89 万，约占全国人口的 0.071%。

幸

【幸姓起源】

据《通志·氏族略》记载，望出南昌、雁门。《通志》张澍云："其先得姓于君，因以为姓。"如宠氏、赏氏。也就是说，幸姓起源于"宠""赏"。臣民们以受到国君的宠幸为荣，故而为此姓。但它的起源年代已无从考证。

【幸姓名人】

幸灵

晋术士，豫章建昌（今江西宜丰北）人。少有惊人的言行，善卜筮，为人治病，驱鬼解难，深得乡里敬重。

幸南容

唐学者。江西高安人。德宗贞元年穆寂榜登进士第，与柳宗元同年。官至国子监祭酒。对文学、史学、哲学都有研究，柳宗元有《送幸南容归使联句诗序》云："比词联韵，奇藻递发，烂若编贝，粲如贯珠，琅琅清响，交动左右。"

幸轼

唐学者，高安人，幸南容孙。博学强记，有祖风。通文史，博地理，善哲辩。唐僖宗中和年间官拜太子校书郎。

【繁衍变迁】

幸姓起源于上古帝王信任亲近的大臣，即幸臣，现在一般认为起源于江西南昌。

春秋时，因迁徙、仕宦等原因，已散布于江西高安、山西雁门等地。

唐朝总章年间，世居江西高安幕山的幸茂宏迁居四川，后又迁返高安，成为江南幸姓始祖。

五代时，有幸南容封于渤海郡（今吉林敦化），成为幸姓迁东北之始。

宋末，有幸登巇先迁江西遂川、上犹，后定居于赣州南康。

明初，幸登巇之曾孙郎酃于1369年迁居福建宁化石壁村。洪武二十三年（1390）其曾孙钦凤、宗远、智崇、宗明四兄弟入广东梅州兴宁一带，后传往广东各地及江西赣州于都、四川、湖北，以及东南亚和台湾等地。

司

【司姓起源】

1. 神农为上古部落首领时,其下有专事占卜的大臣名司怪,其后代子孙以司为姓,称司氏。

2. 春秋时,郑国有大夫名司成,其子孙以祖字为姓,为司氏一支。

3. 春秋时。晋国有大夫叔虎,被封于郤,建立郤国,下有卿士司臣,其后亦姓司氏。

4. 春秋时有程国,伯爵,时称程伯,至程伯休父时,为周王室司马官,受赐为官族,其支庶子孙遂为司姓。

5. 春秋时卫国卫灵公子郢,其子孙世为国司寇,后裔以官为姓,姓司寇氏,后改为单姓司。

【司姓名人】

司居敬

元朝时恩县(今山东平原县等地)人,生活简朴,为人耿直,至元末为邹县尹。他勤政爱民。常到各地查询民情。当地县民当时最大的困难,是要把田赋运到胶州交纳,路途遥远,往返困难。他曾三次上书,要求改运滕县,终于得到允许。后来又了解到许多人想读书,但没有学校,于是他建造学宫,广设学田,把自己的藏书也捐给学宫。他离职后,县民为他刻石。歌颂他的功德。

司允德

字执中,元朝时东阿人。自幼失父,伺候母亲以孝见称。他勤奋读书,由太学生累官翰林国史院修撰。母卒筑庐墓侧守孝,有鸣鹤百余只,翔舞上空,久而始去。后立瑞鹤亭于墓侧,以资纪念。

司良辅

代州人,元代儒学正。笃学敦行,高隐不仕,家居教授程朱之学,为一方敬仰的学者。

司九经

字圣典,宁夏人。清朝将军,官至宣化总兵。一辈子骑马打仗,征川、滇、塞北及西藏,为朝廷平定边疆,过着艰苦的军旅生活,受人赞扬。

【繁衍变迁】

在春秋时代,顿丘是属于卫国的一个邑,到了战国时代又改为隶属于魏国,位置大约在今河南省浚县的西方,这是司姓子孙的发祥地。

现在司姓族人主要分布在山东滕州、安徽含山、江苏、湖南、河北、辽宁等地。

韶

【韶姓起源】

1. 以地名命姓。古代时有地名叫韶州,其地在今广东曲江、东昌、仁化、乳源、翁源、英德六县。在韶州居住的人遂以地为姓,称韶姓。

2. 出自有虞氏。上古舜为部落首领时,他的乐官作了一首名叫《韶》的曲子,优美动听。《论语》中记载,孔子曾在齐国听了《韶》乐,"三月不知肉味"。舜臣乐官的后代子孙以其祖上所作曲名为姓,称韶姓。

【韶姓名人】

韶护

陕西省岐山人,明朝官员,在洪武年间做朝廷的官。那时明朝刚取得天下,好些事情都有待人们从头做起。韶护为官非常用心尽力,做事力求办好办快,当时人们都赞扬他,朝廷于是升了他的官职。后以勤恪敏达、事无凝滞而由户部主事改任星山典史,继又擢升为按察金事。

·中华姓氏大观·

图文珍藏版

【繁衍变迁】

韶氏是古老而又典型的汉族姓氏,人口总数在中国的大陆和台湾地区均未被列入百家姓前300位。古时候,韶氏以太原为郡望,说明历史上的山西太原地区曾经是韶氏族人聚集地,韶氏一族与大多数姓氏居民一样,当时繁衍于中原地区,后来因战乱等原因逐渐分播至大江南北。如今,在山西(清徐县)、陕西(西安市)、青海(西宁市城东区)、河南(开封市、巩义市)、内蒙古(赤峰市)、辽宁(沈阳市、阜新市)、河北省(怀安县)、北京、香港、台湾(台北县)等地均有韶氏族人分布。

郜

【郜姓起源】

出自姬姓。以国名为姓。周文王的第十五个儿子受封于郜(今山东成武县东南),建立郜国。春秋时郜国被宋国吞没,郜君的后世子孙就以原来的国名为姓,称郜氏。郜姓又写作告。

【郜姓名人】

郜珍

晋代曾在任高昌长。是见于史册的第一个郜姓名人。

郜知章

元代诗坛上有所谓的"王郜"之说。"王郜"是指王祠能和郜知章。事实上,郜知章不仅是一位诗人,还是一位精研儒学的学者。他的一家世代以儒传家,在今江西的乐平一带很有名声。

郜琏

字方壶。自号绿天主人,清代旅游家。好鼓琴,悦耳动听;又好游山水,他游遍了全国,曾三次登上泰山。著有许多游记,其中以《芭蕉》一书最为著名,传至日本,成了国宝。

郜坦

清代学者,淮安人。研究《春秋》,遵从左氏,又博采杜预以至宋、元各家学说,著《春秋左传集注》。

【繁衍变迁】

郜姓出自姬姓。上古时候,周武王打败了纣王,建立周朝,于是分封各路诸侯。他将周文王的第十一子,自己的弟弟,封在郜这个地方。后来,郜国公族的后代就以封地名为姓氏,称郜氏,成为今天郜姓的最早起源。到了春秋时候,郜国后来被齐国灭掉,它的国人于是保留了郜姓,流落到各地。

黎

【黎姓图腾】

据史料记载,黎是九黎氏姓。由黑牛头、耒、禾、黍四部分组成了黎姓图腾。黎姓的始祖九黎民族以黍禾为图腾,是牛耕、耒耜、黍稷的发明者,所以黎姓图腾中有耒、禾、黍,表明其为九黎民族的子孙后代。

【黎姓起源】

1. 源自祝融氏黎之后

根据相关传说,在约5000年前的黄帝时代,黄帝族为华夏部落联盟之主,统治着中原地区。当时,我国东南方活跃着一支东夷、华夏、南蛮混合的九黎部落。后来,黄帝打败了九黎部落,黄帝后裔祝融氏黎统治了九黎。其后裔有以祖字为氏,称黎氏者。

2. 源自帝尧的后代

据《元和姓纂》等载,商末为周文王所灭的黎国,被周武王封给帝尧的后裔,仍称黎国。春秋时黎国迁都于黎侯城(今山西省黎城县东北),后来被晋国(在今山西省西南部)消灭,子孙以国名作为自己的氏。

3. 源自诸侯国

这一支黎姓是以国名为氏的典型例子。据《元和姓纂》等载,商时有两个名为黎国的诸侯国,一在今山西长治县西南,商末被周文王所灭;一在今山东郓城县西。其子孙开始姓黎,以纪念自己的故国。

4. 源自改姓

据以《魏书》为代表的相关史料记载,南北朝时北魏有代北(约在今河北省蔚县以西,山西省外长城以南,原平、五台山东北一带)鲜卑族复姓素黎氏,随魏孝文帝迁都之后极力主张汉化,改为汉字单姓黎。

【黎姓名人】

黎嶷

南北朝时任北魏将军,因战功显赫而被赐爵容城县男,属于公侯伯子男五等爵之一,加鹰扬将军。

黎干

唐代戎州(今四川省宜宾)人,曾任谏议大夫,京兆尹,据传擅长星象和谶纬之术。

黎民怀

从化(今属广东省)人,明代著名诗画家,擅长诗、书、画,在当时被称为"三绝"。

【郡望堂号】

郡望

九真郡:今越南清化、河静两省及义安省东部地区。公元前3世纪末,南越赵佗置郡,公元前111年归入汉。

宋城郡：今河南商丘市南，宋时置郡。

堂号

京兆堂、九真堂、宋城堂、载酒堂、新安堂等。

【宗族特征】

黎姓为典型的南方姓氏；黎姓名人多典故佳话，且广为流传。如宋代黎子云兄弟以竹载酒（带着酒）见苏轼，轼为其大门题匾曰"载酒堂"。黎姓人的字行辈分排序严谨，字浓意悠。如清代黎宣生所纂《黎氏家谱》中。载有东莞（今属广东）黎姓一支的字行为："世笃忠贞，声和韵远，家传孝友。泽浚源长。"

【繁衍变迁】

黎姓发源于今山西、山东等地，早在战国时就有入居今陕西、河北、江苏、江西、广东各省，广西壮族自治区及越南北部者。汉时，有黎姓人迁居今湖南。魏晋南北朝，黎姓人大批南迁。唐至五代，有祖居于今陕西西安的黎干之子黎度赴今江西宁都任职，黎度之孙黎祚在后晋时于今河南洛阳任职，黎姓人遂在此三地发展成望族。宋时，黎姓家族空前繁茂，有族人徙居今福建者。宋末元初，有黎姓人迁居今广东。明初，有洪洞大槐树（今属山西洪洞县）的黎姓人迁居今湖北、湖南、河南等省。清乾隆年间，有今广东、福建籍的黎姓人入居台湾，远徙海外。

黎姓是当代中国人口排行第一百零三位的姓氏，总人口近 200 万，约占全国人口的 0.16%。

蓟

【蓟姓起源】

蓟姓出自轩辕氏，是黄帝的后裔。周武王立国后，封黄帝之后于蓟地（今北京市西南角），建立蓟国，后为燕国所灭。原蓟国君主族人便以国名为姓，遂成蓟姓。

【蓟姓名人】

蓟子训

汉代建安年间的名士。汉代时候许多人相信佛家的道理,也有许多人相信道家的宣扬,当然儒家思想更丰富了。而蓟子训则是善于宣扬自己有神技异术的一位名士,当时京城里许多人对他的道术深信不疑。而且蓟子训又善于待客,家里一办筵席有几十桌,客人几百,可以享受酒脯佳肴的款待,都是社会名流官场要人,人们都以到他家做客为荣耀,又越发宣扬他的神异本领,故蓟子训的大名在京师以及北方各地已是无人不知,无人不晓。

【繁衍变迁】

周武王姬昌击败纣王,灭了商朝,建立周朝,因而分封各路诸侯。武王景仰上古时候的氏族首领黄帝,把黄帝的后代分封在蓟(今北京市西南一带)这个地方做诸侯,建立了蓟国。蓟国王族的后代就以封地名作为姓氏,世代相传,称为蓟氏。

薄

【薄姓起源】

1. 以国为姓。上古时有薄国(在山东曹县东南,又称亳),相传是炎帝后裔的封国,薄国的后代子孙以国名为姓,称薄姓。

2. 春秋时期,宋国有大夫被封于薄城(今河南商丘北一带),他的后代子孙就以封邑名命姓,称薄姓。

3. 为其他姓氏所改。如商代诸侯有薄姑氏,后简化为单姓薄。代北地区有复姓薄奚氏,后改为汉字单姓薄氏。

4. 历史上羌族的姓氏中也有薄姓。

【薄姓名人】

薄姬

即薄太后，名薄姬，汉高祖刘邦的嫔妃，刘邦的第四子刘恒之母。刘恒即皇位后，尊其母为太后娘娘。娘娘怀文帝后，却遭恶妇吕后的极端仇视，汉高祖刘邦也听信吕后谗言，将薄姬诬贬于荒野，娘娘逃到河曲黄河孤岛上避难，此岛故名娘娘滩。相传娘娘来到此岛后，到附近另一黄河岛上生了汉文帝刘恒，此岛故名太子滩。经过两千余年的沧桑岁月变化，娘娘英名至今留存在黄河滩上。

薄珏

明代兵器制作专家。崇祯年间，流寇欲劫掳安庆，巡抚张国维调薄珏入城制造铜炮，防御流寇，又制造了千里望远镜，以观察流寇的远近，后又制作水车、水镜、地雷、地弩、火铳等兵器，当流寇进犯安庆府时，城内兵民固守，发挥了各种武器的作用，大败流寇。著有《浑天仪图说》《格物测地论》等。

薄绍之

南朝宋人，丹阳（今安徽省当涂东）人，字敬叔。官至给事中。善书，风格秀异。尤工行、草，行草偶傥，时与越羊欣并称为"羊薄"。梁代学者袁昂作《古今书评》，称"薄绍之书，字势蹉跎，如舞女低腰，仙人啸树，乃至挥豪振纸，有疾闪飞动之势"（《太平御览》卷七四八）。梁武帝萧衍《古今书人优劣评》称"薄绍之书如龙游在霄，缱绻可爱"。庾肩吾《书品》列其书为下之上品，张怀瓘《书断》卷中列其隶书、行书、草书入妙品。古人有赞："师法小王，风格秀异，若干将出匣，光芒射人，魏武临戎，纵横制敌。"

【繁衍变迁】

薄氏源出多头，先秦时其已在今河南商丘与淇县（卫之国都）一带分布。

古代学者考证，薄与亳同，俱为地名。亳位于距商丘百余里的亳州，先秦时，薄即包括此相邻的两地，这样来说，亳亦可视为薄氏之发祥地。亳于东汉时为谯郡之治所，所以，谯郡成为薄氏之第一大郡望。

战国中后期,宋国与卫国俱被灭国,薄氏子孙因避难等原因有一支徙居今江浙间地。汉初高祖刘邦之妃薄姬即为今江苏苏州人,其父于秦时与故魏王宗女魏媪私通而生下薄姬,薄姬后被文帝尊为皇太后,其弟薄昭也因迎立文帝有功而封为轵侯,其子薄戎奴、孙薄梁均世袭,这可以说是薄氏发展史上的第一个高潮。

汉、魏时期,一支薄氏徙居于今山西北中部一带,后与北魏薄奚氏改来的薄氏相融合,逐渐昌盛为该郡之大族。此地古属雁门郡,是故后世薄氏有以雁门为其郡望堂号的。

南北朝至隋、唐时期,薄氏除繁盛于谯郡与雁门郡外,还播迁到了北方之山东、河北、河南、陕西以及南方之安徽、江苏、浙江、江西等省份。

宋元时期,薄氏在西北之甘肃、宁夏、内蒙古以及南方之四川、重庆、湖北、湖南等地均有分布。

明朝初期,山西薄氏作为洪洞大槐树迁民姓氏之一,被分迁于江苏、浙江、安徽、河南、山东等地。明朝中叶以后,薄氏于西南之云南、贵州、广西以及华南之广东等地均有所见。清康乾年间及其以后,渐有山东等地之薄氏伴随闯关东之风潮入迁于东北三省者。清咸丰六年以后,亦有山西北中部之薄氏走西口,迁于今河套地区谋生。

二十世纪中期,跟随国民党去台湾的薄氏人口,也已在台湾落户成家。

如今,薄氏在全国分布较广,尤以山东等地为多。

印

【印姓起源】

印姓出自姬姓。周武王封同姓族人于郑,建立郑国,为公爵。至郑穆公有儿子睮,字子印,其子孙在郑国为卿大夫,以祖字为姓,为印氏。郑大夫印段,字子石,即子印之孙,其后人世代沿袭为印姓。

【印姓名人】

印宝

明朝地方官,做事果断干练。地方上许多事情难以公断,而印宝去了以后,办事有原则,又精通世故,一一办妥,故以干练勤事著称。

印光任

乾隆年间,印光任正任广东肇庆府同知,上峰考察他精明能干,即荐他担任了首任澳门同知。在任期内,他采取了一系列措施,有效地加强了对澳门葡萄牙人的管理。随后,又与继任的澳门同知张汝霖合作,写成第一部有关澳门的专著《澳门纪略》。这是一本地方志体例的著作,详记了澳门的形势险要,岛屿水道、社会风情,特别是与葡萄牙及其他欧洲国家交流的始末。书一刊刻,不胫而走,在当时很有影响,不久便被乾隆帝选入钦定《四库全书》。

【繁衍变迁】

印段的大名,在《左传》中曾数次出现。郑位于今河南省中部黄河以南的大片地区,战国时被韩所灭。出自郑国公族的印姓,则在今陕西的冯翊一带继续繁衍生息。并向各地播迁。

宿

【宿姓起源】

1. 出自风姓,是上古伏羲氏的后代。周武王灭商建立周朝后,追封前代圣王的后人,其中远古伏羲氏的后人被封于宿(今山东省东平县东),并建立宿国。其公族后代遂以国名为姓,称宿姓。

2. 后魏时,有叫刘子义的,因对后魏有功,被赐为宿氏。

3. 北魏时,有宿六斤氏改姓宿。

【宿姓名人】

宿伯

孔子"七十二贤"之一。

宿瘤女

战国时齐国东郭采桑之女。齐闵王出游至东郭,百姓尽往观之,唯宿女采桑如故,王召问之,遂立为后。

宿仓舒

汉尉氏(今属河南省)人,出身贫寒,因饥荒,自卖给颍川王氏,后累官上党太守。在寻找父母途中,忽遇母亲,于是随母回到老家。母亲去世,他也悲恸而死。

宿石

后魏吏部尚书。自幼聪明能干,为人忠义。他13岁时就在朝中做官,受到大小官员的赞扬。后来被王室看中,将他选为驸马,娶了上谷公主,升做吏部尚书,并被封为太原王。

宿进

明夹江(今属四川省)人,正德年间官至刑部员外郎。他为人忠耿,疾恶如仇。当时刘瑾专权,他曾三次弹劾,没有结果,后来刘瑾图谋不轨,张永参奏,才把刘瑾处死。这时,宿进除了弹劾依附刘瑾的大臣王敞等人外,并建议对因反对刘瑾而死的人要从优抚恤,揭发刘瑾罪行的人要给予奖励,因此得罪了武帝,被廷杖革职。据载,宿进的后代因为宿的读音与"粟"字相同,改为粟姓。

【繁衍变迁】

宿氏是一个多民族、多源流的古老姓氏群体。但在中国大陆及台湾地区的姓氏排行榜上均未被列入百家姓前500位。东平郡是最早的宿氏家族的发祥地,并在东平形成宿氏望族。到了汉朝时期,宿氏族人又在河南开辟新天地,并逐渐扩散到山西及江南和东北地区。

白

【白姓图腾】

白姓是以皇鸟当成自己姓氏图腾的,相关研究显示,它是风姓的一支。白姓图腾由两部分组成:上部是"鸟";下部是"白",代表日出汤谷。

【白姓起源】

1. 源自芈姓

据《元和姓纂》等相关古代典籍记载,颛顼的芈姓后裔中有白公胜,被封于白邑(今河南省息县包信镇东南),其子孙以封邑名为氏,称白氏。

2. 源自姬姓

我国的史料载,春秋时有秦国(辖今陕西省西部)大夫白乙丙(姬姓后裔),其后人以其名讳为氏,称之为白氏。

3. 源自炎帝大臣白阜

据古代不少相关姓氏学著作记载,炎帝有大臣名白阜,精通水脉,为疏通水道做出了贡献。其子孙以祖名中的"白"为氏,称白氏。

4. 源自地名

据《姓氏考略》载,唐置白州(今广西壮族自治区博白县一带),居其地者以地名为氏,称白氏。

5. 源自赐姓

例如元朝时期西域纥城人察罕,明时蒙古人北斗努、阿都拉、伯嘉律等人被赐姓白。

【白姓名人】

白起

芈姓,白氏,名起,楚白公胜之后。春秋时期楚君僭称王,大夫、县令僭称公,故又称公孙起。白起号称"人屠",战国四将之一(其他三人分别是王翦、廉颇、李牧),是中国历史上自孙武、吴起之后又一个杰出的军事家、统帅。

白居易

字乐天,晚年又号香山居士。河南新郑(今郑州新郑)人,唐代现实主义诗人,中国文学史上负有盛名且影响深远的诗人和文学家。他的诗歌题材广泛,形式多样,语言平易通俗,有"诗魔"和"诗王"之称。官至翰林学士、左赞善大夫。有《白氏长庆集》传世,代表诗作有《长恨歌》《卖炭翁》《琵琶行》等。白居易故居纪念馆坐落于洛阳市郊,白园(白居易墓)位于洛阳城南琵琶峰一带。

白居易

白朴

原名恒,字仁甫,后改名朴,字太素,号兰谷。祖籍隩州(今山西省河曲附近),后徙居真定(今河北省正定县),晚年寓居金陵(今江苏省南京市),终身未仕。他是元代著名的文学家、杂剧家,为元曲四大家之一。

【郡望堂号】

郡望

太原郡:今山西五台山和管涔山以南、霍山以北地区,战国秦庄襄王时置郡。

南阳郡:今河南熊耳山以南叶县、内乡县间和湖北大洪山以北广水市、陨县间地,战国秦昭王时置郡。

堂号

治生堂:源自战国时白圭。他曾经说:"人弃我取,人取我予,吾治生犹伊、吕之治国,孙吴之用兵。"因此天下所有论治生者,皆推白圭做祖师。故有此堂号。

【宗族特征】

"白"有纯洁之义,象征品德高沽,白姓族人莫不以此严于律己。以家规家训克己昌明,白姓家族也因此得以世代流芳。白姓是典型的北方姓氏,其名人多文坛俊秀,字行辈分亦文采飞扬。如河北沧州白姓一支的字行为:"玉寿克显,云亭松平,品宏茂令。"

【繁衍变迁】

白姓发源于今陕西、河南。秦时,白仲被秦始皇封于今山西太原,其子孙遂世居其间。魏晋南北朝之际,留居于今山西太原的白仲之后成为当地望族,而迁至今陕西韩城和渭南、湖北襄樊、河南洛阳者也都繁衍旺盛。隋唐时,白姓家族更趋繁茂庞大,尤其是在今河南各地最盛。宋元时,白姓族人广有为避战祸而迁往南方者,但仍以北方为主要居住地。明初,洪洞大槐树(今属山西)籍的白姓人分迁于今山东、河北、河南、陕西、北京、天津等地。自清初起,居于今福建、广东的白姓人陆续有入居台湾,远播海外者。

白姓是当代中国人口排行第七十九位的姓氏,总人口近280万,约占全国人口的0.22%。

怀

【怀姓起源】

1. 周代宋国始祖微子启的后代。

2. 无怀氏的后代。相传,上古中原地区有个部落叫无怀氏。那里民风淳朴,人民安居乐业,"鸡犬之声相闻,老死不相往来",是古代理想中的社会。据说,怀姓就是无怀氏的后人。

3. 春秋时,郑国大夫受封于怀邑(今河南武陟县西南地区)。他的后代子孙,以祖上受封地名为姓,亦称怀氏。一说,怀姓出自姬姓,是周文王姬昌的后代。西周初,周武王封文王子叔虞于怀(今河南武陟县),后又改封于晋。叔虞的子孙,有的就以原封邑怀为姓,命姓为怀。

4. 据《汉书·高帝纪》载,怀姓为楚国大族之一。刘邦建立汉朝后,曾下令把楚国昭、屈、景、怀、田五姓公族迁于关中。

【怀姓名人】

怀应聘

秀水(今浙江省嘉兴)人,清朝时的文士。好文学,文章诗词都做得好,写了一部好书叫《冰斋文集》,刊发流传后人而知名。

【繁衍变迁】

古时,怀姓望族居住在河南郡(今河南省孟津、偃师、巩义、荥阳、原阳、中牟、郑州、新郑、新密、临汝、汝阳、伊川、洛阳等县市)。

蒲

【蒲姓起源】

1. 来源于封邑名。相传夏朝时舜帝的子孙被封在蒲坂(今山西省永济西蒲州一带),于是他的子孙就把封邑名"蒲"作为自己的姓氏。

2. 来源于一种称为蒲草的植物。东晋时期征北大将军、冀州刺史苻洪的家中有一个水池,里面长了茂盛的蒲草。很多人看到以后都感到奇异,于是人们就把他家称为蒲家,得到蒲姓。

3. 出自少数民族,扈氏的后代,同样来源于蒲草。据《十六国春秋·前秦录》载,古时西羌族的扈氏酋长的家中有一个池子,其中生长的蒲草长约五尺,节子像竹节一样,为时人所异,人们于是把酋长一家称为蒲家,后来他们家也以蒲为姓。

又据《路史》的记载，蒲姓出自姒姓。是有扈氏的后代，世袭为西羌的酋长。

4. 出自中东人后裔。宋、元时期，西域阿拉伯人东来经商居住后，即有以蒲作为汉姓的。

【蒲姓名人】

蒲元

三国时期蜀国人，刘备的大臣，是一个铸造刀的能人。相传那时的西南民族很善于铸造刀，蒲元就是其中的一位佼佼者，他为诸葛亮铸造 3000 把刀，他说汉水不能使刀很锋利，于是派人去蜀江取水。水取来以后，他告诉取水人说这水要是不纯就不能用，取水人说是纯水，蒲元用刀划了一下水就断定其中有八升不是蜀水，取水人马上承认了。后来重新取回蜀水，打造的刀子果真锋利无比。

蒲国宝

宋朝状元。对宋朝很忠诚，进入元朝以后不再做官。对经史很有研究。

蒲尧元

宋朝时期的泰和知县，福州人。绍兴进士，为官清廉，他的俸禄要得很低，经常数月不吃肉。

蒲宗瑞

明代有名的县令，字信之，永州人。做官的时候爱民如子，留下了很好的口碑，因为疾病退居乡里。回去的路上，碰到强盗，将他的行李抢去，才发现只有一个竹笼的东西，由此可知他做官的清廉。当时他被称为清白令。

蒲松龄

字留山，又字剑臣，号柳泉居士，世称聊斋先生。清朝文学家，山东省淄川县

蒲松龄

(现淄博市淄川区洪山镇)蒲家庄人。年少时就以文章闻名,但是后来屡试不中,71岁的时候才考上贡生。一生穷困潦倒,教书度日。他一生创作了很多文学作品,有诗、词、赋、戏曲、小说等,每种都有杰出的代表作。其中《聊斋志异》最为有名,这部小说集采用了浪漫主义的手法,通过讲述奇异的鬼怪故事,揭露了封建礼教和科举制度的腐朽、封建统治的黑暗,深刻反映了封建社会末期的现实生活,被看作是古代文言小说的最高峰。

【繁衍变迁】

蒲姓的来源比较广,望族居于河东(今山西省夏县北部)。

如今,蒲姓在全国分布,主要分布地在山东、江苏、浙江、广东、四川、重庆、台湾、香港、上海等地,尤以四川、台湾、上海、浙江、福建、香港、江苏最为集中。

邰

【邰姓起源】

1. 源于姜姓,是周族始祖弃的后代。周部族的始祖叫后稷,姬姓,名弃,为姜嫄所生。姜嫄姓有邰氏,为炎帝之后,嫁给帝喾。相传,有邰姑娘姜嫄未出嫁前,生活在有邰氏部落(在今陕西武功境内)里。有一天,她与同伴到野外去玩。看到田野上有一个巨大的脚印,姜嫄出于好奇心,将自己的脚踩上去比大小,谁知这一踩就心有所动。回去以后就怀孕了,生了一个男孩。这个孩子生下来就没有父亲,她怕人笑话,就把他丢弃在小巷里。令人惊异的是,动物们见了这个小孩,都倍加爱护,绕道而行。姜嫄又把他丢弃到结冰的河上,成群的飞鸟都来围在这小孩的周围,用羽毛为他保暖。姜嫄见这小孩大难不死,意识到他将来一定会有出息,于是就改变主意把他抱回家抚养。因为开始就把他遗弃,所以就给他取个名字叫弃。弃从小就喜欢种植各种植物,长大以后成了种庄稼的能手。后来帝尧任命他为农官后稷。在他的管理下,天下农业连年丰收。帝尧很高兴,就封他为有邰氏的国君,邰就是弃的后人。按照传说惯例,人们把弃视为灶稷神(即庄稼神)。弃的后代,就用国名"邰"作为自己的姓氏。

2. 据《周书》载,南北朝时,北魏鲜卑族有大利稽氏,入中原后改为邰氏,又据《通志·氏族略》载:"大利稽(三字姓)之为邰。"

【邰姓名人】

邰茂质

明代著名孝子,慈利人。其母怕雷,每逢雷雨,茂质便以身护母。其母去世后,每遇雷雨,便赴母墓护之,雷止才归家。茂质闻雷护母,后为"二十四孝"之一。

邰中泰公

宋江淮节度使,兵败溧水长山,受重伤,为高淳栗山书院居丞相子所救,复原后,与文天祥联合抗元,未成。

邰仁五公

中泰公后,朱元璋大将。克衢州、九江,封皇陵守备、陇中节度使等职。

【繁衍变迁】

邰姓始于尧舜时期,邰氏的始祖就是上古时期有大功于民族进化的贤人后稷。他是帝尧的农官,因治理农业有功,尧就封他为邰国的国君,从此便有了邰姓。根据《说文》上说,后稷为尧的大司农,以功受封于邰这个地方,子孙就以邰为姓氏。当时邰地的位置,根据考证,就在现在的陕西省武功县的境内。我国的邰氏家族,就发源于这个地方。到了唐朝以后,邰氏主要繁衍于山东半岛北部叫平卢的地方。

从

【从姓起源】

1. 出自姬姓,以国名为氏。东周平王小儿子名叫精英,被封在枞国,在今安徽省桐城东南,为侯爵称枞侯。枞侯的后代就以国名枞为姓,汉代以后,去木旁为从氏,才有从姓。

2. 出自汉代将军从公的后代,以祖字为氏。据《元和姓纂》的记载,汉代时,有大将军枞公,其后代以其名字为姓,姓从。

【从姓名人】

从谂

唐代高僧,居赵州观音院。精心玄悟,乾宁中示寂,谥真际禅师,世号赵州古佛。

从贞

明代繁昌人,官至安陆卫指挥同知。居官清俭,萧然若寒士,管领漕运,尤爱惜士卒,童孺俱颂其美。

从龙

明代知县,字云峰,安陆人。成化中以举人知麻哈州,当时民俗皆被发左衽,经从龙治理五年,遂成衣冠人物之俗。

从任

明代大学生,字子重,江南人。负奇气,嗜异书,有绝技。

【繁衍变迁】

从氏是一个多民族、多源流的古老姓氏群体,但在今中国大陆及台湾地区的姓氏排行榜上未被列入百家姓前300位。古时,从氏望族居于东莞郡(今山东省莒县一带)。如今,在河北、陕西、安徽、河南、江苏、浙江、福建、北京、天津、上海、香港、台湾等地均有从氏族人分布。

鄂

【鄂姓起源】

1. 以国名为姓。黄帝的姞姓子孙封在鄂国(今河南南阳市北),夏商时为诸侯国。商末,鄂侯在朝中为大臣,与西伯姬昌、九侯并列为三公。商纣看中了九侯的女儿,娶为妃子。但九侯的女儿性情端庄,不愿陪伴纣王做那些荒淫无耻的勾当,纣王一怒之下,杀死了九侯父女,还把九侯做成肉酱。鄂侯见九侯死得冤枉,便同纣王据理力争,结果也被杀死。后来鄂侯的子孙后代以国名为姓。称为鄂氏。

2. 出自姬姓。春秋时期,晋袁侯光曾封于鄂(今山西省乡宁县),其支庶子孙有的以其原封地为姓,称为鄂姓。

3. 亦出自姬姓。春秋时期晋国大夫顷父之子嘉父叛晋,奔至鄂,称鄂侯。其后遂以鄂为姓。称为鄂氏。

4. 出自岳姓,是南宋民族英雄岳飞的后代。岳飞,被封为岳鄂王,他遇害以后,其子岳霆、岳震逃难江南,不敢以岳为姓,子孙散居各地,在黄梅的一支便以岳飞封号为姓,称为鄂氏。

5. 巴郡蛮族七姓中有鄂氏。

【鄂姓名人】

鄂千秋

汉朝开国功臣,刘邦立国后嘉奖功臣,鄂千秋不思高官厚禄,首举萧何有万世之功,当封第一,刘邦听其言,又封鄂千秋为安平侯。

鄂恒

字松亭,伊尔根觉罗氏。清代官陕西知府,著有《求是山房集》。

鄂尔泰

满洲镶蓝旗人。康熙举人,授侍卫。雍正时任云南、贵州、广西三省总督,平定诸苗,前后数十战。世宗尝说自信不如信鄂尔泰之专,鄂授保和殿大学士、军机大臣。

鄂克逊

富察氏,清满洲镶黄旗人。父鄂通武,事世祖,有战功,授拜他喇布勒哈番。鄂克逊袭职,雍正七年(1729 年)卒,享年 88 岁,谥武襄。

【繁衍变迁】

古代的鄂州在今湖北省武昌市,是全国鄂姓人家的发祥地。望族居于武昌郡(今湖北省鄂州市)。

索

【索姓起源】

1. 出自子姓,商殷七公族之一,汤王后代。据《元和姓纂》载,商朝的王公贵族有七支,形成七姓公族。商朝灭亡后,周朝建立。周武王把周公旦的长子伯禽封在鲁(今山东境内),建立鲁国,并且把殷商七族中的六族迁徙到鲁国,这六姓分别为徐姓、条姓、萧姓、索姓、长勺姓和尾勺姓。周武王灭纣索氏出了不少力,后来定居在鲁国成为名门望族。

2. 出自他族。南北朝及唐时胡人入居中原,有改姓索者;清朝满族有改姓索者;今满、藏等民族均有索姓。

【索姓名人】

索卢恢

东汉人,西汉末年东平一带农民起义军首领,是无盐大捷的组织者、指挥者之一。

索靖

西晋书法家。字幼安,敦煌龙勒(今甘肃敦煌)人。曾任尚书郎、雁门和酒泉太守、左卫将军。博通经史,勤于学问,著《索子》《草书势》。擅隶书、行书,对章草用功尤深,无墨迹传世,今流传有《月仪帖》《出师颂》《七月廿六日帖》等刻帖,以《月仪帖》最有名。

索元礼

唐酷吏。胡人,籍贯不详。武则天临朝,拟废除异己,他承旨上书告密,擢为游击将军。在洛州设置机构,审理"谋反者",施行各种酷刑,还令受刑人广泛牵涉无辜,使被陷害而致死者多达数千人,受武则天之赏赐。后来俊臣、周兴等纷纷仿效,制造极为严重恐怖气氛。后武则天为平除民愤,又将他逮捕治罪。

【繁衍变迁】

索姓最早的活动地在今山东、河南,两晋南北朝时期,在武威郡(今属甘肃)敦煌形成索姓名门望族。宋代以后,在河北、内蒙古、东北以及湖北、湖南等地均有分布。

咸

【咸姓起源】

1. 出自高辛氏。帝喾为部落首领时,其下有臣子咸丘黑,是咸姓始祖。

2. 出自巫者。商代有贤臣名咸,因为以卜祝巫事为职业,故称咸巫,其后代以祖先名字为姓,称咸氏。

3. 出自姬姓。春秋时,晋献公的王妃骊姬发难,欲立奚齐为嗣,驱逐公子重耳和夷吾,导致晋国内乱。后废晋国公族,称为咸氏。

【咸姓名人】

咸丘蒙

(生卒年不详)战国时期的学者,师从亚圣孟子。

咸宣

西汉臣。初为河东佐史,办事干练,武帝征为厩丞,迁御史及御史中在职近二十年,屡治大狱,常枉杀无辜,号称"敢决疑"。后为左内史,事必亲躬,用法苛重。继为右扶风,因追捕属吏射中上林苑门,坐罪自杀。

咸廙业

唐朝名臣。唐玄宗开元时,于上阳宫食象亭,以张说、徐坚、贺知章、赵冬曦、冯朝隐、康子元、侯行果、韦述、敬会真、赵玄默、毋煚、吕向、咸廙业、李子钊、东方颢、陆去泰、余钦、孙季良为十八学士,命董萼画像,并记录所有十八学士的姓名、表字、爵位、籍贯等。

咸惟一

明学者,山东莱阳人。他勤奋学习,精通五经。元朝末年,隐居不仕。洪武初以明经荐授本县训导。因战乱多年,导致大部分人失学,他大力宣传提倡读书,讲解伦理。剖析经义,使读书求学的社会风气得到较快的恢复和发展。

咸成

清臣。号澜峰,满州人。道光末年任厦门海防厅同知。时禾山文灶社黄姓多人参加小刀会起义,事平后,省府欲剿社,他竭力反对,只惩办参与者而已。咸丰初,疫病流行,设点请医诊治,焦心竭虑,致病卒任所。文灶社黄姓感德,集绅商,建迎祥宫,左建咸公祠,塑像祀之,额曰“德溥幽明”。

【繁衍变迁】

咸姓是我国最古老的姓氏之一,早期活动于山东、河南一带,汉代以后在汝南郡形成名门望族。后因战乱、仕宦等原因,逐步迁徙到江苏、山西等地。

籍

【籍姓起源】

1. 籍姓出自伯氏,为春秋时期晋国大夫荀林父之后。荀林父之孙名伯黡,负责管理晋国的典籍文献。其后代以职官为姓,形成典姓和籍(古代籍与藉相通,故藉姓即籍姓)姓两支。

2. 以地为姓。卫地有籍圃,上邽有籍水,以地为氏。

【籍姓名人】

籍淡

春秋晋国大夫。

籍馨芳

明朝著名孝子。他父亲去世后,他悲痛万分,便住在墓边,守孝三年。

【繁衍变迁】

籍氏家族的老家在山西,后来播迁到现在河南省的商丘市至江苏省铜山区以西的一带地方,繁衍滋长,最后在河北省的永平县(古为广平郡)成了当时的名门望族。

赖

【赖姓图腾】

相关研究结果显示,赖是神农氏姓。直观地看,赖姓图腾由俞表、贝、刀三部分组成。

【赖姓起源】

1. 源自姬姓

这一支赖姓为周文王的后代,同时也是以国名为氏的典型例子。据《通志·氏族略》《文献通考》等载,周文王之子叔颖被封于赖国(今河南息县包信镇)。春秋时,赖国为楚灵王所灭,其后为了纪念故国和自身的贵族出身,因此以国名为氏。周文王是姬姓,因而说这一支赖姓源自姬姓。

2. 源自姜姓

相传是炎帝神农氏的子孙后代,以国名为氏。据《中国史稿》《炎黄源流史》等载,炎帝后裔有四支,属于古羌族的四个氏族部落,烈山氏为其中之一。古时烈与厉通,又音赖,故烈山氏、厉山氏、赖山氏皆同。烈山氏最初居住在今山西汾水流域,后有一支东迁,于商代在今河南鹿邑县东的赖乡建赖国,依附于商朝。周武王伐商时,赖人辗转南迁。约春秋时,赖国后裔以国名为氏,称赖氏。

3. 源自少数民族本有之姓

例如历史上的阿昌族赖姓源于阿昌语"喇来",因其尾音与汉语"赖"字谐音,故以赖为姓。

【赖姓名人】

赖棐

江西省雩都(今于都县)人,唐乾元年间进士,被任命为崇文馆校书郎,未赴,退居乡里,人称其所居之地为"秘书里"。

赖镜

明代画家,诗、书、画俱精,时称"三绝"。

赖文光

广西人,太平天国将领,封遵王。

【郡望堂号】

郡望

颍川郡:今河南省登封市、宝丰县以东、尉氏县、漯河市郾城区以西,密县以南,叶县、舞阳县以北的地区。秦王政十七年(公元前262年)置郡。此支赖姓的开基始祖为叔颖。

南康郡:今江西省南康区、赣县、兴国县、宁都县以南的地区。晋太康三年(282年)置郡。

堂号

赖文光

秘书堂:唐代赖棐,自幼聪明,7岁能文,20岁通九经百家之言。乾元中进士,拜崇文馆校书郎,他不愿担此职,遂退居乡里。人称其家为"秘书里",因而有此堂号。

【宗族特征】

赖姓是一个发源于北方,而在历史演进中成为以今广东为主居地的典型的南方姓氏。赖姓人才辈出,尤以宋、明两代万安(今属江西)所出赖姓名人最多,故有:"一县两代人才多,江西万安赖氏兴"的佳话流传于世。赖姓人的字行周密严谨,寓意深远。如民国时抄本《赖氏家谱》中载有今福建赖姓一支的字行为:"寿福承祖泽,光宗寄昆贤。"

【繁衍变迁】

赖姓发源于今河南省境内。秦汉时,居于颍川的赖姓人发展迅速,且已有迁居今湖南零陵等我国南方地区,以及越南河内市西北者。魏晋南北朝时,今江西、福建、湖南、浙江、江苏、广东等省均有赖姓人的足迹。隋唐时,赖姓人繁衍愈盛。宋元时,赖姓人又有大量南迁者,使得赖姓更加称盛于南方各地。此外,宋代另有一支赖姓人在今河南武陟繁盛起来。明初,赖姓人有迁居今四川、云南者。清代起,赖姓人入台、移居海外者不绝。

赖姓是当代中国人口排行第九十位的姓氏,总人口约有230万,约占全国人口的0.18%。

卓

【卓姓起源】

1. 出自芈姓,是春秋时期楚国(主辖湖南、湖北,都城为湖北江陵)王族的后裔。楚威王芈商有个儿子名叫公子卓,其后代以祖字为氏,称为卓氏。如据《战国

《策》记载,芈姓后裔、楚大夫卓滑之后,以其名为氏,称为卓氏。

2. 据《史记·货殖列传》所载,蜀郡(今四川成都及温江一带)卓氏,原本赵(今山西北部、中部,河北西部、南部)人,秦时迁入蜀之临邛(今四川邛崃),以冶铁致富,后世相传为卓氏。

3. 今高山族、黎族均有此姓。

【卓姓名人】

卓文君

汉代才女,是富翁卓王孙的女儿。丈夫去世不久后与才子司马相如相爱私奔。相如家徒四壁,文君当垆卖酒,贫贱不移,传为千古佳话。

卓敬

明洪武进士,性情耿直,遇事敢言,深得明太祖器重。靖难之役中遇害,时人叹曰:"国家养士三十年,唯得一卓敬。"

卓人月

明代著名的文学理论家、诗人、戏剧家,著有《古今词统》16卷,被誉为词苑功臣。

卓文君

【郡望堂号】

郡望

南阳郡:治所在今河南省南阳市,战国时秦国置郡。

西河郡:今山西、陕西两省之间的黄河沿岸一带及内蒙古自治区鄂尔多斯市东部。西汉置郡,治所在今内蒙古自治区鄂尔多斯市东胜区境内。

堂号

褒德堂：东汉卓茂为人宽厚、仁爱、恭敬，且学识渊博。最初在丞相府当吏（小官），负责宫里的给事，后任密县（今河南新密市）县令，关心百姓像疼爱自己的儿子，遇到好人好事就立即举出来做大家的榜样。没用几年，把社会风气治理得很好。汉光武帝即位后，卓茂被任为太傅，受封褒德侯，因而有此堂号。

忠孝堂：南宋户部尚书卓得庆，在宋末元初时与二子规、权并死于国难。名士黄仲元铭其墓，称为忠孝父子墓，卓姓后世子孙以此为荣，遂以"忠孝"为堂号。

【宗族特征】

卓姓得姓历史悠久，距今至少已有 2300 多年的历史；其源于南而盛于南，是一个典型的南方姓氏。卓姓家族人才济济，历代皆不乏名人见诸史册。

【繁衍变迁】

卓姓发源于今湖北。秦破赵后，有卓姓人迁于今四川邛崃。秦汉时，卓姓人亦有北迁于今河南南阳与山西离石者，并于嗣后发展为南阳（约为今河南熊耳山以南，叶县、内乡县之间和湖北大洪山以北，广水市、郧阳区之间的大部分地区）、西河（约为今内蒙古自治区鄂尔多斯市东部及山西西部地区）两郡的望族。三国时，卓姓人已繁衍于今江苏省境内，后逐渐播迁至今安徽、浙江、湖北等地。约在东晋时，卓姓已南迁至今广东。隋唐两代，卓姓人广布于今陕西、河北、山东诸省。唐末五代时，卓姓人再次大举南迁，遍布今江西、福建、湖南等地。宋朝时，卓姓已成为一个典型的南方姓氏。元朝时，有今广东境内的卓姓人迁至今广西壮族自治区藤县。明初，洪洞大槐树（今属山西）籍的卓姓人分迁至今山东、河北、陕西、江苏等地。明末张献忠屠川后，有今湖北、湖南境内的卓姓人迁入今四川、重庆。历明清两代，卓姓人播迁至今云南、贵州、台湾、甘肃、宁夏回族自治区及东北三省，并有远播越南等东南亚国家者。

如今，卓姓是中国人口排行第二百二十四位的姓氏，总人口约 36 万，约占全国人口的 0.029%，在浙江、福建、广东、台湾比较集中。

蔺

【蔺姓起源】

出自姬姓，以地名命姓。春秋时，晋献公的少子成师被封于韩（现在陕西省韩城县），他建立了韩国，因为他的爵位是子爵，所以又称韩子。他的后代子孙遂以韩为姓，称韩姓。传到韩厥（即韩献子）时，他的玄孙叫韩康，在赵国为官，得到蔺（今山西柳林县北，一说在陕西渭南县西北）作为封邑，他的后代子孙遂以封邑名为姓，称蔺姓。

【蔺姓名人】

蔺相如

战国时赵国名相。初以完璧归赵驰名，后以将相和、廉颇负荆请罪著称于世。他即是韩康的后裔。

蔺亮

隋代名将。文帝甚爱其骁勇。他曾屯兵于浦口山上，所以当时的人把山上的岩石叫作蔺将军岩。

蔺从善

明代学士。洪武时中举人，永乐时授翰林院编修。

蔺芳

明代工部主事。事母至孝。永乐时为志安知府，治绩卓著，先后迁工部主事、工部右侍郎。

蔺相如

【繁衍变迁】

蔺氏是一个典型的单源汉姓,在当今中国大陆及台湾地区的姓氏排行榜上均未被列入百家姓前第200位。蔺氏家族发源于中山、华阳两大郡望,基本上皆在华北发展,后来以这两个地方为中心,蔺氏族人逐步向全国各地扩迁和繁衍,例如在今河南省的洛阳市所辖的偃师市山化乡蔺窑村一带,就有聚居有1500口之多蔺氏族人。

屠

【屠姓起源】

1. 出自九黎族。是蚩尤的后代。相传,上古时代,黄帝与炎帝两个部族联合起来,在涿鹿与九黎族大战。擒杀了九黎族的首领蚩尤,遂将其部族人收入自己的部落。其中一部分人愿意归顺的,就迁到邹、屠两地定居,均以居住地名为姓形成邹、屠二姓。邹、屠二地均在今山东境内。

2. 出自子姓,是商朝王族的后裔。商朝建立之后,分封同姓诸侯,其中一支封于絃国。絃国灭亡后,其族人遂以国名命姓,为絃姓,后来又去邑为屠,称屠氏。

3. 以职业技术命姓。古人有屠宰为业者。其后便姓屠,称屠氏。

【屠姓名人】

屠绅

清小说家,字贤书,号笏岩,江苏江阴人。乾隆时进士,官至广州通判,与洪亮吉、黄景仁等为诗友。其小说文字古奥,内容荒诞,著有笔记小说说《六合内外琐言》及长篇神魔小说《蟫史》。

屠隆

字纬真,一字长卿。明朝戏剧作家、文学家,浙江省鄞州区人。历官吏部主事,有异才。常招名士饮酒赋诗,游历大山名川,而政务不误,著作颇丰。著有《昙花记》《修文记》《彩毫记》等。

屠本畯

字田叔,号幽叟,浙江省鄞县(今宁波鄞州区)人。生卒年不详,主要活动于明万历年间。海洋动物学、植物学家,著有《闽中海错疏》《海味索引》《闽中荔枝谱》《野菜笺》《离骚草木疏补》等书。

屠迁

晋代,安定人,字清介。自幼好学聪慧,日诵百言,过目不忘,稍长博籍经典、礼乐。为河徽间通判,为官清廉,风节凝峻,狱讼破剖决如流,民无有叫冤者,百姓深敬之,公务余闲时以吟诵自得其乐。

屠性

字彦德,绍兴余姚(今属浙江)人,元代学者。明《春秋》学,诗文严整有法度。顺帝至正间以乡荐为嘉定儒学经师,著有《彦德集》。

屠琛

浙江鄞县(今宁波鄞州区)人,明代学者。博学敏求,为文不务雕琢,重视品德修养,为人谨慎,然性刚直,处事议论,侃侃不阿,官终漳平教谕。

屠径

浙江鄞县(今鄞州区)人,明代官吏。正德进士,试中书,进吏部员外郎。有俊才,善诗赋、书翰,名著一时。

屠粹忠

浙江定海人,清代大臣。顺治进士,官至兵部尚书。有《三才藻异》。

屠远

江苏武进人,清代画家。博学能诗,尤工画山水兰竹。

屠兆鹏

浙江嵊州市人,清代学者。精六书之学,评校段注《说文解字》,于引伸、假借、会意等,颇有前人未发者。专写竹,笔意苍劲,有金石气,吴昌硕称其为"奇穷了道人"。

【繁衍变迁】

屠姓人口较多,分布较广,尤以浙江、江苏、安徽等省多此姓,上述三省之屠姓约占全国汉族屠姓人口的 82%。

蒙

【蒙姓起源】

1. 出自高阳氏,为颛顼之后,以地名为姓。据《路氏疏传记》《姓氏考略》《元和姓纂》及《姓源》所载,夏朝建立以后,颛顼的后代被封在蒙双(一说为双蒙,故城在今河南商丘东北 11 公里,即庄周所居之地),其后遂以封地名作为姓氏,成为蒙姓和双姓。

2. 以山名、官名为氏。据《风俗通义》《通志·氏族略》所载,周朝时期,有官职名为东蒙主,职责是管理、主持祭祀蒙山(在今山东中部)。任此职者的后代世世代代居庄在蒙山,遂以山名、官名为氏,称蒙氏。

3. 据《路史》所载,有楚国大夫食采于蒙(故城在今湖北荆门市西之蒙山),其后以邑名为氏。

4. 出自改姓。有一支蒙氏改自东蒙氏;唐时南诏(唐朝时代的国家,国境包括今云南全境、贵州、四川、西藏自治区以及越南、缅甸的部分地区)国皇室,采用父子连名制起名。其中一些名字中含"蒙"字的人进入中国后,以蒙为氏,定居于安定(今甘肃定西一带);元朝时有复姓蒙古氏,后来其子孙逐渐改为单姓"蒙"。

5. 少数民族姓氏。清朝时贵州都匀府(今贵州都匀市)土司,蒙姓,始于明朝;明、清时西南水平(今云南大理白族自治州西部一带)打牛坪巡检司土巡检蒙氏,系彝族;今壮、毛南、蒙古、满、水、布依、彝、瑶等民族均有此姓。

【蒙姓名人】

蒙骜

战国时秦国将领,初事秦昭王,官至上卿。后为将,于秦庄襄王时,先后率军攻韩、越、魏,略取 60 余城。

蒙恬

秦朝将领。初任狱官,公元前 221 年为将,攻齐,大破之,任内史。秦统一六国后,率兵北击匈奴,收复河南(今内蒙古自治区河套南,鄂尔多斯市一带)地,并修筑长城,居外十余年,威震匈奴。始皇死后,赵高立秦二世,矫诏逼令蒙恬自杀。相传其曾用兔毛改良毛笔,称"苍毫"。

【郡望堂号】

郡望

安定郡:今甘肃省平凉地区的一部分和宁夏回族自治区西部,汉武帝时期设置。

堂号

献典堂:春秋时期,吴国伐楚,楚国大败几乎灭亡。后楚昭王复国,决心重新治理国家,壮大楚国的势力。但楚国以前的一切典章制度都没有了,幸得楚国大夫蒙谷又为楚昭王制定了一整套新的典章制度,才使楚国的治理有了新的标准。因而有此堂号。

【宗族特征】

蒙姓得姓历史悠久,距今已有 5000 年的历史;其源于北而盛于南,现为一典型的南方姓氏,族人主要聚集在西南地区。

【繁衍变迁】

蒙姓发源于今河南商丘,族人春秋时已散居于今山东、河南、湖北等地。战国时,有今山东境内的蒙姓人迁至今陕西。秦汉之际,蒙姓人主要繁衍于今宁夏回族自治区固原市一带,魏晋南北朝时,蒙姓人遍及北方。唐时,有今云南大理的蒙姓人入迁中原(黄河中下游地区,包括今河南大部,山东西部和河北、山西的南部)及今四川。唐末五代十国时,有蒙姓人南迁至今安徽、江苏、浙江、湖南。元朝时,许多蒙古人改姓蒙,分布于今内蒙古自治区和北京、河北等地。元末,蒙姓人为避乱而迁至今福建、广东、云南、贵州等省和广西壮族自治区。前初,洪洞大槐树(今属山西)籍的蒙姓人迁至今河北、河南、山东、江苏、北京等地。明中叶以后,有今浙江、福建、广东的蒙姓人播迁至台湾岛。清代起,有今河北、山东、河南的蒙姓"闯关东"进入今东北三省。历民国而今,蒙姓人有播迁于越南等东南亚国家者。

如今,蒙姓是中国人口排行第二百位的姓氏,总人口约 47 万,约占全国人口的 0.038%。

池

【池姓起源】

1. 出自嬴姓,始成于战国时候的秦国。战国时,秦国有个王族名叫公子池,他是秦国的大司马。他的家族繁盛,其后代就以他的名字为姓,遂成池姓。

2. 以居住地为姓。《风俗通》载:"氏于地者,城、郭、园、池是也。"古代城墙称作城或垣,城外护城河称之为池。有世居于护城河畔的人,便以池为姓。

【池姓名人】

池裕得

号明洲。明朝同安人,嘉靖年间进士。作为遂昌县令,为官清廉,办事公正,通达事理,能够以理服人。他所到一处,调查民情,一旦发现问题,能及时辟径解除民间疾苦,因此深受人民群众的爱戴。累迁太常寺少卿。

池生春

字剑之,清朝楚雄人。道光年间进士,官至国子监司业。他为人慷慨大方,言行举止悉合礼仪,以不欺人为本。善于书法,著有《入秦日记》《直庐记》《诗文剩稿》等。

·中华姓氏大观·

图文珍藏版

【繁衍变迁】

池姓望出西平郡(今青海省西宁市)、陈留郡(今河南省开封地区),是一个大分散、小聚居、人口不多、分布极广泛的族姓。池姓氏族主要分布在闽、浙、粤、赣、皖、鲁、冀、滇、陕、豫,及湖北、台湾等省以及朝鲜、东南亚、美国等国家和地区,今为福州大姓。

乔

【乔姓图腾】

"乔"字是"娇"字的一部分,而根据相关姓氏学研究,乔是有娇氏的简称,在这个看上去比较复杂的图腾中,我们直观上很难分辨出它各个部分都分别代表着什么,可以说,这个图腾还是比较抽象的。其实这个图腾由灵台高屋、耒(古代的一种翻土农具,形如木叉,上有曲柄,下面是犁头,用以松土,是犁的前身)、蛇三部分组成。研究发现,历史上的有娇氏以蛇为图腾,拥有祭天的权力,后与少典氏通婚,最终分化出炎、黄二族。

【乔姓起源】

1. 源自姬姓

这一支乔姓是桥姓所改,同时根据姓氏学研究,这一支乔姓还属于以山名为姓的类型。据相关姓氏学著作(如《元和姓纂》《万姓统谱》等)记载,黄帝驾崩后葬于桥山(今陕西省黄陵县城北),子孙中有留在桥山守陵看山者,以山名为氏,称桥氏。经历历史的演变,桥氏改为乔氏,那时正是南北朝的北魏时期。据桑君编纂的《新百家姓》记载,东汉太尉桥玄的第六世孙桥勤在北魏任平原内史,后随不堪忍受高欢专权的魏孝武帝一起投奔到宇文泰建立的西魏,奉宇文泰之命改"桥"姓为

"乔"姓,取"乔"的高远之意,此后世代相传。因为黄帝是姬姓,因此这一支乔姓源自姬姓。

2. 源自匈奴乔姓

据《通志·氏族略》记载,汉代匈奴的贵族有四个大姓——兰、乔、呼衍、须仆,其中的乔氏,在历史的不断发展中,后与汉族人的乔氏混为一体。

3. 源自少数民族改姓或者本有之姓

改姓:例如魏晋南北朝时期,有姓乔的鲜卑人出现,其后代一直沿用着这个姓;再例如傈僳族刮饶时氏、达斡尔族瓦楞氏,汉姓为乔。

本有之姓:今满、蒙古、土等民族均有乔姓。

【乔姓名人】

乔行简

字寿明,浙江东阳人。南宋大臣。曾任参知政事,兼同知枢密院事、进知枢密院事、右丞相、左丞相,晚年至平章军国重事,并被封为鲁国公。作品主要有《周礼总说》《孔山文集》。

乔吉

元代散曲家、戏曲作家,太原人,后居杭州。乔吉散曲风格清丽,明清人多把他同张可久并称为元散曲两人家。

乔林

字翰园,号西墅,晚号墨庄,是清代乾隆年间我国著名篆刻家,也是东皋印派的大家之一。他的篆刻风格,对当时江浙印坛及后世均有相当大的影响。善制竹根印是他最为特别的技能,加上他的篆刻书体工整,笔法老练,章法严谨,线条虚实相间,朱白对比得当,一时受到很多人的称赞。

【郡望堂号】

郡望

梁郡:今河南商丘、虞城、民权等地。汉高祖五年(公元前202年)设梁国,三国魏文帝黄初元年(220年)改为郡,治所在今河南商丘市睢阳区。

堂号

文惠堂:宋朝乔行简,曾任淮西转运官,参知政事,多次向朝廷上疏论时政,后被拜为右丞相,受封鲁国公。他死后谥为"文惠",因而有此堂号。

【宗族特征】

乔姓名人辈出,官员、文人、画家、诗人,各显其能。乔姓人的字行辈分排列有序,含意隽永。如清代乔远谋所修的《乔氏家谱》。载有今江苏乔姓一支的字行为:"庆远荣华泽,康定宗祖贤。"

【繁衍变迁】

乔姓最早出现于匈奴等少数民族之中,汉族的乔姓人则源于南北朝时的桥勤。以今陕西为发源地。东汉时,乔姓人已分居于今安徽潜山、河南商丘等地,南北朝时又有散居于今山东者。隋唐时,乔姓人主要繁衍于今陕西、山西、河南、安徽等省。五代时,乔姓人口剧增。宋元时,北方的乔姓人有避兵祸而南下今浙江、江苏等南方地区者。明初,洪洞大槐树(今属山西)的乔姓人播迁至今山东、河北、陕西、河南、江苏等地。清代,在居于沿海地带的乔姓人渡海入台、迁徙海外,乔姓家族进入历史上最为鼎盛的时期。

乔姓是当代中国人口排行第一百零八位的姓氏,总人口约有170多万,约占全国人口的0.14%。

阴

【阴姓起源】

1. 出自姬姓。周文王姬昌第三子管叔鲜的后代有管夷吾,即管仲,为齐担公辅政名相,其七世孙为修,自齐国奔往楚国,封为阴大夫,世称阴修,其子孙遂为阴姓。见《元和姓纂》。

2. 出自陶唐氏，其后受封于阴，建立阴国（今地不详），他的子孙以国名为姓。

【阴姓名人】

阴寿

隋朝人，果敢有武略，以监军率部征尉迟回，三军纲纪严明，为不败之师，被封为赵国公。

阴铿

南朝陈文学家，字子坚，武威姑臧（今甘肃省武威）人。铿幼年好学，能诵诗赋，长大后博涉史传，尤善五言诗，为当时所重。

阴丽华

阴丽华美丽贤惠，当时未即位的光武帝有一言："仕宦当作执金吾，娶妻当得阴丽华"，后采果然如愿。

阴幼遇

字时夫，一作时遇，奉新县罗市镇阴村人，八岁考中九经童科。后历经三十年，完成了《韵府群玉》的编纂工作。全书共二十卷，上涉群经，下包诸子。

阴秉衡

明朝大学问家，博闻强记，有见解，隐居不仕，一生著述，孜孜不倦。著有《慎经录》《婚姻节要》等都很受人好评。人们将他和孟子相比，称他为"阴孟子"。

【繁衍变迁】

阴氏是一个多民族、多源流的古老姓氏群体，但在今中国大陆及台湾地区的姓氏排行榜上均未被列入百家姓前 400 位。古时，阴氏的望族大多出自南阳。河南是阴氏族人的一个主要繁衍中心，阴氏家族在南阳是一个大家族。在南北朝时期，阴氏族人曾在甘肃武威地区显赫一时，其后世子孙陆续向全国各地迁播。

胥

【胥姓起源】

春秋时期,晋国大夫胥臣,他的后代以父字为姓,世代相传姓胥。

【胥姓名人】

胥鼎

金朝人,本来是个读书人,有大智大勇,从政做官后,运筹帷幄,办事有效,成为朝廷栋梁,被封为吴国公。

胥作霖

南宋年间江西省宜黄人,为地方治安做出过较大贡献,但他拒绝了朝廷的封赏,其高风亮节受到了人们的称赞。

胥必彰

明朝文官,官职是监察御史,专门负责对朝廷命官的监察。他忠于职守,权贵犯错,也直言不讳。因为他自己严正清明,所以那些对他不满的人也只好认输。而大多的人赞扬他,称他为"真御史"。

【繁衍变迁】

胥氏发源于山西,经过了漫长时间的播迁和繁衍,到了宋、明之际,便已满布天下。望族居吴兴郡(今浙江省吴兴县)。

能

【能姓起源】

能姓出自春秋时期的楚国王族熊姓。周成王的时候,有一个大臣叫熊绎,因为有功,以子男爵受封,这就是楚国的开始。熊绎的儿子名叫熊挚,本来应该被立为楚国的君主,但是由于他有残疾,不能立为王,于是就把他封在夔(今天的湖北省秭归县东),为附庸国,称为夔子。鲁僖公二十六年,楚国以夔国不祭祀祖先为理由,灭掉了夔国。这一国的人本来姓熊姓,为了避免被株连,于是去掉四点,改为能姓。

【能姓名人】

能元皓

唐朝柳城人,是安禄山大将的部下,是一名武将。虽然识字不多,但是勇猛善战,善用兵。

能自宣

宋代名人,医术高超,当时人称他为"国手"。

能监

明代良臣,博学多闻,官始兴县令,有政绩。

能图

清朝满洲正红旗人。顺治帝的时候任内院笔贴式,翻译辽、金、元三史书。累官左副都御使,加太子少保。名声与史书都流芳千古。

【繁衍变迁】

能姓是典型的单源姓氏,历史悠久。能姓发源于今湖北省秭归县东地区,后逐渐播衍至全国各地,并在太原郡(今山西省太原)形成望族。

苍

【苍姓起源】

1. 起源于远古。黄帝的后代,黄帝有二十五个儿子,其中有一个叫作苍林,苍林的后代就跟随他的祖先以苍为姓。

2. 黄帝的孙子高阳氏,有八个聪明的儿子,他们帮助尧处理国家大事,政绩很好,世称"八恺",其中大儿子名叫苍舒。苍舒的后代以他的字为姓,形成苍姓的又一支。

3. 苍与仓通。传说创造文字的仓颉,古代的书中也写作苍颉。

【苍姓名人】

苍颉

是古代神话人物,相传为黄帝史官,文字发明家,观鸟兽之迹,体类象形而制字,以代结绳之政,后世奉为神。古籍亦有将苍颉作"仓颉"的,《汉书·艺文志》及东汉延熹五年的苍颉庙碑,均明书"苍颉"。壁画中苍颉形象为六目(传说为四目)老翁,浓眉深目,躬身谦和,使人感到智慧无穷。

苍颉

苍舒

又做仓舒,上古高阳氏八才子之一。

治世能臣,帮助尧处理国家大事。政绩很好。

苍葛

周朝时期阳樊人,襄王以阳樊温原攒茅之田与晋,阳樊不服,晋师围之。苍葛大呼道:"德以柔中国,刑以威四夷。宜吾不敢服也,此谁非王之亲姻,其俘之也,乃出其民。"

苍英

汉代人,曾官江夏太守,后其子孙遂为江夏人。

仓振

元朝人,他因为"谕降徭",帖然向化,而著称。曾帮助瑶族百姓学习文化,并在驿道两旁种植松树、榕树,以便行者,为后人称颂。

【繁衍变迁】

古时候,苍氏望族居于武陵(今天的湖南省境内)。今山东省的临沭县、河南省的开封市、广东省的广州市、江苏省宿迁市、香港、台湾地区的花莲县等地,均有苍氏族人分布。

辛

【辛姓起源】

1. 出自姒姓。据《元和姓纂》《广韵》等载,夏王启(姒姓)庶子被封于莘(今陕西合阳县东南),建立莘国,其后世子孙以地名为氏,称莘氏。后由于莘与辛音近,遂改为辛氏。

2. 出自高辛氏。据《路史》所载,相传黄帝之后有高辛氏,其后有去高字改为辛姓者。

3. 为上古居住在今山东曹县一带的有辛氏的后裔。

4. 出自赐姓。北周时曾有项氏获赐姓辛,其后皆显于唐代。

5. 少数民族姓氏。清满族人有辛姓,世居锦州;清朝时甘肃碾伯(今青海乐都区)县土司之孙姓辛,名庄奴;今土、藏、土家、蒙古等民族均有辛姓。

【辛姓名人】

辛文子

即文子,春秋战国时的散文家,著有《文子》。唐玄宗于天宝元年(742年)诏封义子为通玄真人,尊《文子》一书为《通玄真经》。道教更将《文子》奉为"四子"真经之一。

辛弃疾

字幼安,号稼轩,历城(今山东济南)人,南宋著名词人。官至枢密都承旨,仕途不如意,壮志难酬。他一生坚决主张抗金,现存的600多首词作中,多有抒发光复祖国山河的壮烈感情之作。与苏轼并称"苏辛",词风继承其豪放风格,但更放纵自如,冲破了音律的限制。著有《稼轩长短句》。

辛弃疾

【郡望堂号】

郡望

陇西郡:治所在今甘肃临洮县南,战国时秦昭襄王置郡。

雁门郡:治所在今山西右玉县南,战国时赵国置郡。

堂号

双贞堂:晋朝辛勉和辛恭靖,皆有贞国之操(为国家保持气节)。辛勉,博学,官侍中,宁死不叛晋。辛恭靖,从小有度量,有才干,后为河南太守时被入侵的羌姚俘虏,因其"宁做国家之鬼,不做羌贼之臣"而被羌姚关进监狱。三年后,他越狱回到晋国,被拜为咨议参军。因而有此堂号。

【宗族特征】

辛姓人的陇西郡望秦汉之际就已初具规模,一直绵延至五代十国时,历久不衰,且族人中高官不断。辛姓家族人才济济,从周朝开始即有辛姓名人入载史册。

【繁衍变迁】

辛姓发源于今陕西合阳,春秋战国时已播迁于今河南、山东。两汉之际,辛姓人已遍币北方,并在今甘肃临洮形成大的聚落。魏晋南北朝时,辛姓家族成为陇西(今甘肃省东乡族自治区以东,武山县以西,礼县以北的地区)、雁门郡(今山西省河曲、五寨、宁武等县以北,恒山以西,内蒙古自治区黄旗海以南)的望族,在今甘肃兰州和河南形成大的聚落,并有辛普明自今河南迁往今浙江绍兴。五代十国至两宋,辛姓人的陇西郡望仍在,但发展不及今陕西、山西、河南、河北、山东等地迅速。南宋时,辛姓人在南方分布得更广,并已有入今福建者。元代,有辛姓人迁居今新疆维吾尔自治区。明初,有洪洞大槐树(今属山西)籍的辛姓人迁至今陕西、甘肃、河南、山东和宁夏回族自治区等地。清康、乾年间以后,今河南、河北、山东境内的辛姓人"闯关东"入今东北者甚众。

辛姓是当代中国人口排行第一百四十五位的姓氏,总人口约有 90 余万,约占全国人口的 0.072%。

党

【党姓起源】

1. 出自姒姓,是夏禹的后裔。

2. 出自姬姓,以地名为氏。据《万姓通谱》载,春秋时期,有晋国公族大夫(姬姓)受封于上党(今山西境内)邑,其子孙以邑名中的党为氏。(另有说法称周文王姬昌支庶之后有党姓。)

3. 出自任姓,以地名为氏。黄帝的小儿子禹阳(任姓)的后裔春秋时任鲁国大夫,受封于党(今地失考),其后以党为氏。

4. 党项羌族姓氏。据《广韵》载,党姓人本为我国西北党项族羌姓,后改为党姓。

5. 鲜卑族拓跋部有党姓。

6. 回族姓氏,源自我国西夏党项族。1038 年,党项族人元昊建立了历时 190 年之久的西夏国后,一些党项族人逐步融于回族当中,并沿用党姓。回族党姓人主要分布在今河南、山东等地。

7. 据《广韵》载,匈奴赫连部族有党姓;今满、蒙古、彝等民族皆有党姓。

【党姓名人】

党怀英

字世杰,号竹溪,冯翊(今陕西大荔县)人。金代著名文学家、书法家。他能诗文,也精于书法,官至翰林学旨承旨,曾担任《辽史》刊修官。传世碑刻有《谷山寺记》等。

党成

字宪公,绛州(今山西绛县)人。清学者,与范镐鼎同时阐发辛全之学说。其学说以明理去私为本。

党湛

字子澄,华州(今陕西华县)人。清学者。与同乡白奂彩共同治学,研究宋、明以来诸名儒论学语,参以自悟。曾赴盩厔与李颙讨论学术。认为人生须做天地间第一等事,为天地间第一等人,故自号"两一"。

【郡望堂号】

郡望

冯翊郡:今陕西韩城、黄龙以南,白水、蒲城以东和渭河以北地区,治所在今陕西大荔,三国魏时改在冯翊置郡。

堂号

忠武堂:宋朝党进,身形魁梧,忠心老实,因为征伐太原(今属山西)而有功劳,被任命为忠武军节度使,因而有此堂号。

【宗族特征】

党姓起源复杂,源于北而盛于北,是一个典型的北方姓氏。党姓在隋唐以前鲜见于史册,隋唐之后才开始昌盛起来。古代党读"zhǎng",故党姓中有一支以音"zhǎng"为姓,成为掌姓。后掌姓中又分出以音"zhǎng"为姓的仇姓。

【繁衍变迁】

党姓得姓始自春秋,至先秦时已广布今山西太原、山东曲阜、河南洛阳等地。秦汉时,今陕西、河北等地均有党姓人入居。汉魏时,羌族中有姓党者迁入关中(今陕西渭河流域一带),并壮大为冯翊郡(今陕西韩城、黄龙以南,白水、蒲城以东,渭河以北)的望族。历两晋南北朝,这种局面有增无减,今山西、河南等地均有羌族党姓人入居。隋唐间是党姓发展的高潮时期。唐末五代时,国家动荡,有今陕西境内的党姓人被迫迁居今四川、湖南、湖北、江苏等南方省份,以及今山东泰安。南宋以后,今江西、福建等省也有了党姓人。明初,洪洞大槐树(今属山西)籍的党姓人被分迁于今陕西、甘肃、河北、河南、山东等地。明中叶以后,党姓人有入今广东、台湾及东南亚者。清代,今河北、山东、河南境内的党姓人有"闯关东"入今东三省者,今山西、陕西的党姓人有"走西口"入今内蒙古自治区者。

如今,党姓是中国人口排行第一百九十六位的姓氏,总人口约有 49 万,约占全国人口的 0.039%。

兰

【兰姓起源】

1. 出自姬姓,乃周文王之后。据《通志·氏族略》《古今姓氏书辩证·二十五寒》等载,周文王裔孙、周厉王之子姬友(郑桓公)的后裔郑穆公名兰,其支庶子孙以王父(即祖父)名为氏,称兰氏。

2. 出自芈姓。颛顼后裔陆终第六子季连得芈姓。其后裔熊通之子都于郢(今湖北江陵)建立了楚国。楚国有大夫(芈姓)食采于兰(今山东枣庄东),其后以邑为氏,称兰氏。

3. 源自少数民族改姓或少数民族固有姓氏。据《后汉书》所载,三国时,南匈奴贵族四大姓(即呼延、须卜、乔、兰)中有兰姓;据《魏书·官氏志》所载,南北朝时,代北(约在今河北蔚县以西,山西外长城以南,原平、五台山东北一带)鲜卑族乌落兰氏,在孝文帝汉化改革时,改单姓兰;元代蒙古族姓喀喇氏,祖名阿尔斯兰,子孙遂以兰为姓;裕固族兰恰克氏,汉姓为兰;今彝、土家、满、回、壮、俄罗斯、瑶、蒙古等民族均有此姓。

【兰姓名人】

兰茂

字廷秀,号止庵、和光道人,嵩明(今属云南)人,明代学者、医药学家。博览群书,通晓经史百家,精于医药。曾以方略帮助兵部尚书王骥攻麓川,后淡于仕途,退隐民间著书。著作有《韵略易通》《滇南本草》《兰隐君集》《医门摩要》等。其中《滇南本草》为现存较早且较完备的地方本草。

兰以权

字世衡,湖广襄阳(今属湖北襄樊)人,明初官吏。洪武初以才学选授中书省照磨(官名。"照刷磨勘"的简称。掌管磨勘和审计工作。),后受太祖朱元璋之命前往广西左、右江地区,安抚少数民族,因功升为礼部员外郎,累官至应天府尹。博学能诗,为人端谨。

【郡望堂号】

郡望

中山郡:治所在今河北定州,汉代时置郡。

汝南郡:治所在今河南上蔡西南,汉代时置郡。

堂号

中山堂、平水堂、东莞堂等。

【宗族特征】

兰姓源于北而盛于南,是典型的南方姓氏。当代不少地方,习惯上把兰姓与蓝姓混为一谈,即把兰字作为蓝字的简化字使用。事实上,蓝姓与兰姓在历史上完全是两个姓氏,蓝姓出自嬴姓,另有自己的血统源流。

【繁衍变迁】

兰姓发源于今河南新郑(春秋时为郑国国都)。公元前 375 年郑国为韩国所灭,兰姓子孙大多西迁至今河南淮阳、商丘间地。此后至秦汉,兰姓人基本上在中原一带繁衍。魏晋南北朝时,已有兰姓人徙居江南。唐代及以前,兰姓人曾长期称盛于今河北定州、山东莒县、河南平舆一带。唐时,今重庆、江苏等地有兰姓入居。宋元之际,兰姓人播迁于今江苏,安徽、浙江、江西、湖南、湖北、福建等地。明初,今山西境内的兰姓人作为洪洞大槐树(今属山西)迁民之一,被分迁于今江苏、安徽、浙江、河南、湖北等地。清初,有今湖北、湖南的兰姓人入迁今四川。明、清两代,有沿海的兰姓人渡海赴台、迁居东南亚各国。

兰姓是当代中国人口排行第一百五十四位的姓氏,总人口约有 84 万,约占全国人口的 0.067%。

翟

【翟姓起源】

1. 出自隗姓,以族名为氏。据《国语注》载,隗本是周朝时中原北部地区的游牧民族"赤狄"的姓。春秋时,赤狄人活动于晋、卫、齐、鲁、宋、邢之间,并开始同这些国家通婚。公元前 6 世纪末,晋国大举进攻赤狄诸部落,赤狄人多成为晋国臣民。因"翟"与赤狄的族名"狄"同音,赤狄后裔遂有以翟为氏者。

2. 为黄帝后裔,以国名为氏。据《元和姓纂》《通志·氏族略》载,上古时候,北方有翟国(故地初在今甘肃临洮一带,后迁至陕西洛川东南,又西迁至今山西汾阳地),是远古时黄帝的后裔建立的。翟国国祚传至春秋时,为晋国所灭。此后,晋分为韩、赵、魏三国,到战国末期,这三国又灭于秦。在长期战乱中,翟国人都以原国名为氏,逃奔迁居各地。由于各地方言不同,"翟"形成了两种读音,居于北方者读

"dí",迁居南方者读"zhái"。

3. 出自姬姓,以国名为氏。周成王姬诵的次子受封于翟(故地在今河南省洛阳东)建国,其后以国名为氏,称翟氏。

4. 出自改姓。据《知足集斋集》载,今安徽泾县之翟姓,原姓张,后改姓翟。

5. 白族以海螺为图腾的氏族,有记音为翟姓者;今瑶、满、蒙古、回等民族均有此姓。

【翟姓名人】

翟汝文

丹阳(今属江苏)人,宋代官吏、书画家。进士出身,历任秘书郎、参知政事。风度翘楚,好古博雅,精于篆、籀,善画道释人物及山水。

翟王宣

洛阳(今属河南)人,明代大臣。天顺进士,任山西巡抚兼督雁门诸关时,使流亡者陆续回归,未走者生计有着,得百姓称道。官至南京刑部尚书。

翟云升

东莱(今山东莱州)人,清代学者。道光进士。性嗜古,工诗,尤精隶书。著有《隶篇》《五经岁遍斋诗稿》《说文辨异》等。

【郡望堂号】

郡望

汝南郡:今河南中部偏南和安徽淮河以北地区,汉高祖时置郡。

南阳郡:今河南南阳市一带,战国时秦国置郡。

堂号

传诗堂、宠畏堂:汉朝时翟辅,一家四世皆传授《诗经》,因而有"传诗堂"之名。翟辅征拜教郎,迁侍中,策试第一,官拜尚书。他见汉安帝宠信外戚,便极力上谏,外戚宠臣对他又恨又怕,因而有"宠畏堂"之名。

【宗族特征】

翟姓初读作"dí",后又转为"zhái",其实二者同出一源,为一姓。翟公与门可罗雀之典故令人慨叹。汉文帝时翟公任廷尉,宾客盈门;及罢官,客人稀少,大门前面冷清得可以张网捕雀;后复为廷尉,宾客又欲往,只见翟公在大门上写道:"一生一死,乃知交情;一贫一富,乃知交态;一贵一贱,交情乃见。"

【繁衍变迁】

翟姓发源于今甘肃、山西、陕西等地,先秦时族人已广布于今河南、山东等地,秦时有散居江南者。两汉之际,翟姓人已人今四川、江苏。魏晋南北朝时,定居于汝南、南阳(今皆属河南)的翟姓家族颇为兴盛,今湖北黄梅亦有翟姓人兴起。隋唐之际,翟姓人仍盛于北方。五代十国至两宋,有翟姓人入居今北京,今安徽、江苏等地的翟姓家族也初具规模,并有族人入今广东。宋末元初,今安徽、江西、江苏、浙江一带的翟姓人为避兵祸而辗转于南方诸省,入迁今湖北、湖南、广东三省和广西壮族自治区等地。明初,洪洞大槐树(今属山西)籍的翟姓人迁至今河南、河北、山东、陕西、安徽等地。清乾隆年间,有今河北、山东、河南境内的翟姓人有"闯关东"迁居今东三省者,亦有沿海地带的翟姓人渡海赴台、扬帆南洋。

翟姓是当代中国人口排行第一百二十位的姓氏,总人口约有 140 万,约占全国人口的 0.11%。

谭

【谭姓图腾】

根据相关研究,谭是炎帝第五世祝融氏分支之一的族称。谭的本字为覃,所以覃由"西""早"两部分组成。谭姓图腾给人第一感觉似乎比较杂乱,实际上直观地看,非常类似于"覃"。

【谭姓起源】

1. 源自姒姓

这一支是以国名为氏的典型例子。大禹治水成功后,舜赐姒姓于禹。周初大封诸侯时,姒姓的一支被封于谭国(今山东省章丘市西)。谭国国势一直不盛,不久就沦为齐国的附庸。周庄王四年(前693年),谭国被齐国吞并,谭国国君之子逃亡到莒国(今山东省莒县),留在故国的子孙遂以国名为氏。

2. 源自古代西南少数民族

据《万姓统谱》载,巴南(今云南、贵州省一带)六姓有谭氏,自称为盘瓠的后代。

3. 源自改姓或少数民族本有之姓

改姓:有谈氏为避讳而改为谭氏。

本有之姓:景颇族勒羊氏,汉姓为谭;壮、瑶、哈尼、满、鄂伦春等少数民族均有谭姓。

【谭姓名人】

谭纶

明代抗倭名将,江西宜黄人,嘉靖进士,初任台州(今浙江省临海)知府,练兵抗倭。嘉靖四十二年(1563年)巡抚福建,率戚继光、俞大猷等平定境内倭寇。隆庆元年(1567年)总督蓟辽,与戚继光训练部队,加强北方防务。谭纶官至兵部尚书,太子太保,主持兵事30余年,与戚继光齐名,史称"谭戚"。

谭元春

明代文学家,湖广竟陵(今湖北省天门)人,与钟惺同为"竟陵派"创始者。论文强调性灵,提倡幽深孤峭的风格。著有《谭有夏合集》。

谭嗣同

字复生,号壮飞,湖南浏阳人,改良派政治家、思想家。戊戌变法失败后,慷慨赴死。变法虽败,但其不屈不挠以生命唤醒国民的精神永存。

【郡望堂号】

郡望

济阳郡：今河南兰考东境、山东东明南境，西晋惠帝时分陈留置郡，治所在今河南洛阳市。

齐郡：今山东淄博市和益都、广饶、临朐等县地，西汉时改临淄郡置郡，治所在今山东淄博市。

谭嗣同

堂号

善断堂：唐宪宗时，卢龙（今河北省北部、东北部和内蒙古自治区赤峰市、辽宁省朝阳市一带）牙将谭忠出使魏博（今河北省南部、山东省北部），恰好赶上朝廷派大军越过魏博去讨伐成德（今河北中部一带）节度使王承宗。魏博节度使田季安意欲兴兵阻截，谭忠劝他说："不可！如果兴兵，就是对抗朝廷，你的罪名就大了。"于是田季安按兵不动。谭忠又说服卢龙节度使刘济出兵帮朝廷讨伐王承宗。最终田、刘都受到朝廷表彰，大家都佩服谭忠善断利害，因而有此堂号。

【宗族特征】

谭姓是一个典型的南方姓氏。其先祖帝禹，仁德贤明，谭姓人以其为荣，不忘大禹治水的精神，承前启后，人物辈出。特别是近现代史上，更是涌现出了大批追求进步、为国抛头颅洒热血的谭姓志士仁人。

【繁衍变迁】

谭姓发源于今山东。汉代以前，谭姓人在今山东、河南分布最多。汉代时，谭姓人入今山西等地，分布渐广。魏晋南北朝是谭姓历史上一个重要的变化时期，谭姓人大举南迁，形成了谭姓人口南方多于北方，尤以今湖南及其周边地区最为集中的格局。唐代是谭姓历史上最繁盛的时期。宋元时期，战乱频繁，居于北方的谭姓人继续南迁。清代时,谭姓人在国内的播迁基本完成,业已遍布全国,并有今福建、广东境内的谭姓人迁至新加坡等东南亚国家。

谭姓是当代中国人口排行第六十七位的姓氏,总人口约有 370 万,约占全国人口的 0.3%,在湖南、广东、四川、重庆最为兴旺。

申

【申姓起源】

1. 以国名为氏。据《姓氏考略》《元和姓纂》《史记》等载,商末孤竹国(今河北卢龙一带)君之子伯夷、叔齐的后人在周宣王时,有一部分被封于谢(今河南南阳),建立申国。春秋初,申国为楚国所灭,后人以国名为氏,是为申氏。

2. 周宣王分封时,未前往封地的伯夷、叔齐的后人移居今陕西,称为西申,后称为申戎。西周末年,申戎曾联合犬戎攻周,后被秦所灭,后人以申为氏。

3. 炎帝后人吕受封于申地(今上海市一带),建立申国,为伯爵,称申伯吕。申国后被楚国所灭,后人以国为氏。

4. 源自少数民族改姓或少数民族固有姓氏。明朝时云南永昌军民府(今云南保山)土同知申保,改汉字单姓为申氏;清满族八旗姓申佳氏后改单姓申;彝族阿牛氏,汉姓为申;今满、蒙古、土家、朝鲜等民族均有此姓。

【申姓名人】

申包胥

春秋时楚国大夫。与伍子胥友善,后伍子胥为报父兄之仇助吴灭楚,申包胥入秦国求援,依庭墙哭,七月水米未进,秦哀公深受感动,乃出师救楚。

申泰

今安徽庐州人,明初官吏。廉洁奉公,锄奸祛弊,有"清同剑水"之誉。任延半知事时,上以搜赃之名考之,仅得米三升,钞一贯,为天下清廉第一。

申蕙

今江苏长洲人，清代女词人。书法孙过庭。诗苍老，不做闺秀阁中语，工词。与归淑芬齐名，所著《缝云阁集》与归之《云和阁诗》并称《二云阁诗草》。

【郡望堂号】

郡望

魏郡：今河北魏县、河南浚县、山东冠县间地，汉高祖时初置。

琅玡郡：治所在今山东黄岛区境内，秦时置郡。

堂号

琅玡堂、法家堂、赐闲堂、忠裕堂等。

【宗族特征】

申姓得姓历史悠久，大约可以追溯到 2800 年前。申姓家族自古以来就是中国一个老资格的名门著姓，自春秋战国时起即名人辈出，为他姓难以比拟。历史上，申姓家族人才济济，仅列入《中国历代人名大辞典》的名人就有 74 位。

【繁衍变迁】

申姓发源于今河南南阳一带，春秋战国时已遍布山东、山西、陕西、湖北、河北、江苏等地。西汉时，已有申姓人入居祖国南端——广西。东汉末，有申仪入四川。魏晋南北朝时，申姓历史上的三大郡望——魏郡、琅玡郡、丹阳郡开始形成，极大地推动了其在河北、山东、安徽等涵盖其郡望的省份的发展。隋唐之际，有湖北申姓迁居湖南邵阳，并有由丹阳徙居江西信州者。五代到两宋，申姓族人已遍布江苏、湖北、湖南、浙江、江西、四川等南方省份。明初，有申姓人迁居福建、广东、云南、贵州、广西等地，而山西洪洞大槐树籍申姓被分迁于今河南、河北、山东、北京、天津等地。清初，沿海申姓有播迁至台湾、东南亚及欧美等地者。亦有河南、山东一带的申姓迁入东北。

申姓是当代中国人口排行第一百二十五位的姓氏，总人口近 140 万，约占全国人口的 0.11%。

冉

【冉姓起源】

1. 出自高辛氏。据《元和姓纂》载,帝喾(高辛氏)为炎帝部落首领,其下有八个部落,其中有冉姓。

2. 出自姬姓。据《姓氏考略》《姓氏寻源》等载,周文王姬昌第十子季载受封于冉(故地先在今陕西西安附近,周武王灭商后,冉国东移至今河南修武西聃村,故又称聃国)。春秋时其国灭于郑,子孙以国名为氏,称冉氏。(或说聃去耳为冉。)

3. 出自楚国叔山氏。春秋时期,楚国有大夫叔山冉,其后代形成两支,一支仍以祖姓为叔山氏,一支以祖字冉为姓,成为冉姓一支。

4. 汉朝陆贾所著的《冉氏源流考》中载:"冉子乃少吴之裔,周文王之后。曹叔振铎数传至冉离,始定居菏泽之阳。"

5. 少数民族姓氏。汉时西夷冉,居于今四川汶川县一带,族人以族名为姓;今湖北、四川、湖南交界地域的土家族人中有此姓。

【冉姓名人】

冉通

万县(今重庆市万州区)人,明代官吏。洪武三十年(1397年)二甲第三名进士,官兵科都给事中。面折廷诤,颇有直声。好学问,读书不辍。

冉觐祖

中牟(今属河南)人,清代学者。康熙二年(1663年)乡试第一,康熙三十年(1691年)三甲第十三名进士,授检讨。著有《四书五经详说》《阳明疑案》《正蒙补训》等。

【郡望堂号】

郡望

武陵郡:治所在今湖南溆浦县南,汉高祖祖时置郡。

魏郡:治所在今河北临漳县西南,汉高祖祖时置郡。

堂号

南面堂:孔子弟子冉雍,气量宽宏,沉默重厚,孔子夸他有人君风度,"可使南面",因而有此堂号。

迎圣堂:孔子弟子冉求,性谦逊,多才多艺,知兵,曾任鲁国左统帅,大败齐师,并将流亡在外 14 年的孔子迎回鲁国,因而有此堂号。

【宗族特征】

据《明清进士题名碑录》所载,明清两代冉姓进士共计十四名,其中今四川、重庆两地有六名,今河北三名,今贵州两名,今河南三名(均为中牟县人)。这一分布规律恰恰反映出了当今冉姓人口分布的特征。

【繁衍变迁】

冉姓源于今陕西、河南等地。秦汉时,冉姓人播迁至今河北、山西、山东等地,并有今山东境内的冉姓人播迁至今湖南溆浦一带,后昌盛为大族。魏晋南北朝时,繁衍于今河北临漳的冉姓家族昌盛为当地望族。唐宋之际,有冉姓人入居今重庆,并于唐末五代时播迁至今贵州。宋末元初,冉姓已遍布今安徽、江苏、江西、湖北、湖南等长江中下游省份。明初,洪洞大槐树(今属山西)籍的冉姓人被分迁于今湖南、湖北、陕西、河南、山东、河北、安徽等地。清康、乾年间以后,有今河北、河南、山东的冉姓人"闯关东"进入今东北。

冉姓是当代中国人口排行第一百七十八位的姓氏,共有 67 万多人,约占全国人口的 0.054%。

桑

【桑姓起源】

1. 出自穷桑氏(金天氏),是少昊的后代。据《姓谱》《万姓统谱》所载,少昊又称为金天氏,因为居住在穷桑(今山东曲阜北),并且在穷桑登上了帝位,所以又号穷桑氏。他的子孙中有一部分以他的居地名(或曰以他的号)为氏,称为穷桑氏,后来简化为桑氏。

2. 出自嬴姓,以祖字为氏。据《姓苑》所载,春秋时期秦国公族(嬴姓)中有公孙枝,字子桑,在秦穆公时期担任秦国的大夫。他的后世子孙以其字中的桑为氏,称为桑氏。

3. 据《姓氏考略》所载,神农氏娶了桑氏作为自己的妻子,他们的后代于是有以桑为氏者,称作桑氏。

4. 据《姓考》所载,古有桑国(今地失考),秦昭襄王时,桑君作乱,伏诛,子孙以国为氏。

5. 今彝、满、蒙古等民族均有此姓。

【桑姓名人】

桑钦

字君长,洛阳(今属河南)人,汉代著名地理学家。他穷尽一生踏勘考察,撰写中国第一部较完整的记述有关河流水道的专著《水经》。后名满天下的郦道元之《水经注》,就是以其为纲,详加增补,使其内容更为丰富而成的。

桑弘羊

洛阳(今属河南)人,西汉名臣、政治家。商人之子,武帝时任治粟都尉,领大司农。推行盐、铁、酒类收归官营,并设立平准、均输机构,控制全国商品,平抑物价,使商贾不得获取大利,充实了国家的经济收入,获赐爵左庶长。昭帝年幼即位,桑弘羊受武帝遗诏与霍光共同辅政,任御史大夫。后受燕王刘旦、上官桀等谋反事牵连,被杀。

【郡望堂号】

郡望

黎阳郡:今河南中部。西汉初期置黎阳县,北魏时改为黎阳郡。

河南郡:治所在今河南洛阳东北,汉高祖时置郡。

堂号

枢密堂、淮翼堂:明朝时,桑世杰被封为秦淮翼元帅,连克镇江(今属江苏)以东诸州县,判行枢密院事,因而有此二堂号。

【宗族特征】

桑姓起源历史悠久而又繁杂,族人不仅济济多才,且以自己的姓氏为荣。五代时后晋桑维翰举进士,因主考官厌恶其姓氏而未被录取,有人劝他改姓,他不从,有人劝他改行,他亦不肯,并铸一铁砚,发誓说,如铁砚磨穿尚不能及第始改行。后铁砚未磨穿而中进士。

【繁衍变迁】

桑姓发源于今山东曲阜一带,先秦时族人已遍布今山东、陕西等地。秦汉之际,桑姓人主要繁衍于今河南洛阳市与浚县,并昌盛为两地望族,进而逐渐扩展至今北方诸省。唐末五代,桑姓人加速南迁,今湖北、湖南、四川、安徽、江苏、浙江等地均有桑姓人入居。宋元之后,有桑姓人入今江西、福建、广东等地。明初,洪洞大槐树(今属山西)籍的桑姓人被分迁于今山东、河南、河北、江苏、浙江等地。明中叶至清,桑姓人播迁至今京、津地区。清时,今山东等地的桑姓人有随"闯关东"的风潮入今东北三省者,今山西、陕西的桑姓人"走西口"入今内蒙古自治区、宁夏回族自治区。

如今,桑姓是中国人口排行第二百五十九位的姓氏,总人口约 26 万,约占全国人口的 0.021%,在河南、湖北分布比较集中。

牛

【牛姓图腾】

牛姓以"牛首人身"的牛为图腾。相传伏羲氏最先饲养牛,并将牛作为祭品,其氏族应该是最早以牛为图腾的氏族。牛耕是由炎帝神农氏发明的,故传说炎帝、蚩尤是"牛首人身",即以牛作为面具,现在称之为"傩面"。

【牛姓起源】

1. 出自子姓,是商朝开国帝王汤的后裔。据《通志·氏族略》《元和姓纂》、《唐书·宰相世系表》等载,周朝建立后,周武王封商朝末代帝王纣王的庶兄微子(子姓)于宋地(今河南商丘),建立宋国。微子之后有牛父,任宋国司寇(掌管刑狱的官职)。宋武公时,游牧民族长逖人进犯,牛父战死,其子孙便以王父(即祖父)字为氏。称牛氏。

2. 出自改姓。据《隋书》《路史》载,三国时魏国名将牛金,被司马懿毒杀,其家人避难逃亡,因祖先名宜僚,改姓寮。其后有寮氏,在北魏朝廷做官(侍中),被赐恢复祖姓牛。

3. 形成于民间。农家与牛为伴,终日不离,遂有以牛为姓者。

4. 少数民族姓氏。明清时云南丽江府石鼓、中江(今皆属云南)等地纳西族有牛姓;清满旗人姓,世居沈阳(今属辽宁),归镶黄旗包衣管领;今满、藏、土家、蒙古、东乡、回、朝鲜、彝等民族均有此姓。

【牛姓名人】

牛弘

安定鹑觚(今甘肃灵台)人,隋朝大臣。性宽厚,好学博闻,隋文帝时任礼部尚书,致力于贯彻各级地方官吏皆由中央任免的政策。擅长文学,精通律令,有《牛奇章集》传世。

牛憎孺

字思黯,安定鹑觚(今甘肃灵台)人,唐末牛李党争中牛党的代表人物,在穆宗、文宗时二度为相,又屡次遭贬。著有传奇集《玄怪录》。

牛富

霍邱(今属安徽)人,南宋抗元名将。曾守襄阳五年,后移驻樊城,率军死守,拒不投降,城破后,身受重伤,以头触柱赴火而死。

【郡望堂号】

郡望

陇西郡：今甘肃东乡族自治县以东、武山县以西、礼县以北等地。战国时秦国置郡,治所在今甘肃临洮南。

堂号

太史堂：唐朝诗人牛凤及为国修史,撰有《唐书》110卷,其后人称其为太史公,因而有此堂号。

【宗族特征】

年姓名人多以勤劳务实、脚踏实地为立身之本。牛姓源于北而盛于北,据《明清进士题名碑录索引》所载,明清两代牛姓进士及第者共有65名,其中南方人仅有两名,如此悬殊的差距足以表明牛姓是典型的北方姓氏。

【繁衍变迁】

牛姓发源于今河南商丘,先秦时已有族人入今河北、陕西。两汉时,牛姓家族在陇西已初具规模。魂晋南北朝时,有中原(黄河中下游地区,包括今河南大部,山东西部和河北、山西的南部)的牛姓人南迁,但人数不多,而陇西的牛姓家族则昌盛为当地的望族。唐末至五代,兵荒马乱,今陕西、甘肃的牛姓人有迁至今四川。山西者,而中原的牛姓人则播迁于今江苏、断江、安徽等地。明初,洪洞大槐树(今属山西)籍的牛姓人被分迁至今河南、安徽、山东、河北、东北三省等地。清代,有今山西的牛姓人"走西口"到今内蒙古自治区,今河南的牛姓人"闯关东"到今东北,并有牛姓人渡海赴台、远徙海外。

牛姓是当代中国人口排行第九十八位的姓氏,总人口约有200余万,约占全国人口的0.16%。

边

【边姓起源】

1. 出自子姓,以祖字为氏。据《陈留风俗传》《通志·氏族略》及《元和姓纂》所载,春秋时,子姓宋国(在今河南商丘一带)国君宋平公子成有子御戎,字子边,其子孙以王父(即祖父)字为氏。(另有说法称边姓人系宋公子城之后。城一名御戎,字子边,其后以其字为氏)。

2. 以国名为氏。据《国名纪》《元和姓纂》及《康熙字典》所载,上古商代时有诸侯国边国(今地不详)。国君为伯爵,世称边伯。边国公族的子孙,后来以国名为氏。至周王朝时,有大夫亦名边伯。

3. 源自少数民族改姓或少数民族固有姓氏。清满族八旗姓边佳氏、博尔济氏、沙拉氏之后均有改为边姓者;今满、朝鲜等少数民族亦有此姓。

【边姓名人】

边鲁

字至愚,号鲁生,宣城(今属安徽)人,元代书画家。官南台宣使。工古文奇字,善墨戏花鸟,名重江湖间。著有《书史会要》《画史会要》《春草斋集》《梧溪集》等。

边贡

历城(今属山东济南)人,明代文学家,文坛著名的"前七子"之一,诗作以清新婉转、平淡和粹、形象飘逸见长,对明代文坛产生过较大影响。

边寿民

字颐公,号苇间居士,山阳(今江苏淮安)人,清代著名画家,以善画芦雁名闻海内。又工诗词、精书法,和郑板桥友善。画作有《碧梧双峙图》《寒江秋思图》《寒芦落雁图》《沙洲雁影图》《潇汀南雁图》等传世。

【郡望堂号】

郡望

陈留郡：治所在今河南开封地区，汉代置郡。

陇西郡：战国时秦国置郡，治所在今甘肃临洮南。三国魏时移治今甘肃陇西南。

金城郡：今甘肃兰州以西、青海青海湖以东地区，汉时置郡。

堂号

腹笥堂：东汉尚书令边韶，字孝先，以文学知名，教了数百学生。有一次，边韶在白天睡着了，学生私自嘲笑他说："边孝先，腹便便，懒读书，但欲眠。"边韶答："边为姓，孝为字，腹便便，五经笥。思经事，寐与周公同梦，静与孔子同志，师而可嘲，出何典籍？"因而有此堂号。

此外，还有陈留堂、健修堂、陇西堂、金城堂等。

【宗族特征】

边姓家族人才济济，其名人多文学家、书画家。

【紧衍变迁】

边姓起源于今河南商丘。宋国亡后下历秦汉，边姓人散居于今河北、山东、安徽、江苏、陕西等地。东汉时，边姓人成为陈留郡的望族。三国时，已有边姓人落籍于今甘肃。魏晋南北朝，边姓人在金城郡繁衍昌盛，并有移居陇西郡者。此间直至隋朝，边姓人衍散居今湖北、江苏、浙江、江西等省。隋唐时，边姓人仍主要繁衍于北方，今山两、北京、天津均有边姓人的踪迹。唐末五代，边姓人活动的重心开始移向江南。南宋至无，今湖南、四川、福建、广东等省均有边姓人入迁，而北方亦有今山西、陕西、甘肃境内的边姓人入居今内蒙古自治区。明初，洪洞大槐树（今属山西）籍的边姓人分迁于今河南、河北、山东、江苏、北京、天津等地。清代，边姓人逐渐散居于今西南、东北和台湾等地。

中华姓氏文化

图文珍藏版

如今,边姓是中国人口排行第二百三十四位的姓氏,总人口约 34 万,约占全国人口的 0.027%。

温

【温姓起源】

1. 出自姬姓,以地名为氏。据《广韵》载,周武王姬发之子唐叔虞的后代被封于河内温(今河南温县),其子孙以封地名命氏,称温氏。

2. 出自郤姓,以邑名为氏。据《广韵》《万姓统谱》等载,公元前 650 年,温国(在今河南温县)被北狄人攻灭。后来晋国攻灭狄人,温成为晋国大夫郤至的封邑。不久,晋厉公灭掉了郤氏。郤至的子孙中有逃到国外者,以封邑为氏,称温氏。

3. 出自高阳氏。据《唐温侯碑》载,颛顼高阳氏的后裔被封于温邑(今地失考),其后以封邑名为氏。

4. 回族姓氏。明永乐十五年(1417 年),苏禄国(今菲律宾苏禄岛)东王巴都葛叭哈喇率三百余人来燕京(今北京)访问,因病逝世于今山东德州的北营村,其次子温塔喇和三子安都鲁及王妃守墓并定居中国,逐渐融入回族之中。温塔喇取名字首音为姓(安都鲁亦同),是为回族温姓,其后裔主要分布在今山东、河北。

5. 其他来源。据《通志》所载,北魏叱温氏、温盆氏、温孤氏均改单姓温;据《唐书》载,唐代康居国(今新疆维吾尔自治区北境至俄罗斯一部)国王姓温,后入中国,自成温姓;唐时彭城长史刘易从之子刘升改姓温;金时女真人温迪罕氏、清满族八旗姓温特赫氏、锡伯族温都尔氏,汉姓为温;今高山、布依、土家、黎、壮、瑶等少数民族均有此姓。

【温姓名人】

温庭筠

太原祁县(今属山西)人,唐代词人、诗人。诗与李商隐齐名,时称温李。作赋八叉手而成，时称温八叉。精通音律，诗词风格浓艳，辞藻华丽，多写闺情，乃花间派鼻祖。作品由后人辑有《温庭筠诗集》及《金荃集》。

温日观

僧人，法名子温，松江(今上海市松江区)人，宋末元初画家。善草书，喜画葡萄，所画葡萄须梗枝叶皆草书法，时人以温葡萄称之。传世作品《葡萄图》流入日本。

温庭筠

【郡望堂号】

郡望

平原郡：治所在今山东北部的平原县一带，西汉时置郡。

太原郡：治所在今山西太原市西南，战国时秦国置郡。

堂号

三公堂：唐朝时，温大雅(温彦宏)为礼部尚书，受封为黎国公。其二弟大临(温彦博)为中书令，受封为虞国公。三弟大有(温彦将)为中书侍郎，受封为清河郡公。时称"一门三公"，因而有此堂号。

【宗族特征】

温姓历代被载入史册的名人不胜枚举，尤其是在唐代时，温姓家族更是名家辈出，群犀璀璨。

【繁衍变迁】

温姓发源于今河南。西周初，有一支温姓人迁到今甘肃祁连山，并融入古康居国中；另有部分留居于今新疆维吾尔自治区南疆，建立了温宿国(今新疆维吾尔自治区温宿县)。西汉初,有温姓人迁居今山西太原祁县,逐渐成为当地望族,后又扩散到今河北清河、枣强及山东各地。晋永嘉之乱时,温姓人南迁至今江西等地。唐末时,温姓人有入居今福建者,宋时又有入今广东者。明初,洪洞大槐树(今属山西)籍的温姓人被分迁于今河南、河北、山东、江苏等地。清末,温姓人已广布全国,并有渡海赴台、远播海外者。

温姓是当代中国人口排行第一百零四位的姓氏,总人口约有 190 余万,约占全国人口的 0.16%。

庄

【庄姓起源】

1. 出自芈姓,是春秋时期楚国(主辖湖北、湖南,都城在今湖北江陵县北)王族之后,以谥号为氏。据《姓氏急就篇》《名贤氏族言行类稿》所载,楚国君王芈旅(一作吕、侣)去世后,谥号为“庄”,即历史上的楚庄王。楚庄王的支庶子孙,以他的谥号为氏,成为庄氏。

2. 出自子姓,以祖字为氏。据《姓氏考略》《资治通鉴音注》所载,春秋时宋国(子姓,在今河南商丘一带)国君宋戴公字武庄(子姓),其后人以其字为姓,成为庄姓一支。

3. 今回、满、高山等民族均有此姓。

【庄姓名人】

庄周

即庄子,宋国蒙(一说今安徽蒙城,一说今河南商丘)人,战国时期的大思想家。做过漆园吏。著书十余万言,主张清静无为。在思辨方法上,把相对主义绝对化,转向神秘的诡辩主义。著有《庄子》,唐代改称《南华真经》。

庄昶

字孔旸,号定山。江浦(今江苏南京浦口区)人,明代学者。进士出身,曾任翰林检讨,后谪桂阳州判官,后沦落30年,以讲学为务。常刻意为诗,而喜用道学语言。著有《庄定山集》。

庄存与

武进(今属江苏)人,清代学者、经学家、教育家、常州学派的开创者。乾隆十年(1745年)榜眼,官至礼部左侍郎。不斤斤计较于文字训诂,提倡今文经学,又兼治古文经学。著有《毛诗说》《周官记》《周官说》《味经斋遗书》等。

庄子

【郡望堂号】

郡望

天水郡:治所在今甘肃通渭县西北,西汉置郡。

会稽郡:治所在在今江苏苏州市,秦初置郡。

堂号

锦绣堂:唐末,光州固始(今河南信阳市固始县)人庄森随王审知入今福建,择居于今永春县桃源里蓬莱山。下传至第九世有庄夏,居官有德政,南宋宁宗皇帝赐其建第于泉州府(今福建泉州市)城,并将其故乡的鬼笑山御笔赐名为“锦绣山”,因而有此堂号。

【宗族特征】

庄姓人在中国文明发展史上多有贡献。庄姓人的祖先在先秦时代建立过楚国、宋国,是当时比较强盛的诸侯国。此外,历代庄姓名人众多,业绩也甚佳。庄姓派生出了严姓,自古庄严是一家。

【繁衍变迁】

庄姓发源于今湖北、河南等地。先秦时,庄姓人在今山东、湖北、浙江、河南与安徽间地都有入居,并已向今四川、云贵传播。秦汉之际,庄姓人依旧以今湖北、河南为其繁衍中心,同时亦有入居今江苏者。东汉明帝时,因明帝名刘庄,庄姓人为避讳改为严姓,至魏晋以后才有复本姓者。十六国时,庄姓人迁居今甘肃天水、浙江绍兴以及山东和江苏间地,并发展为当地望族。唐末,庄姓人有人今福建者,宋末元初,有迁居今广东者。明初,洪洞大槐树(今属山西)籍的庄姓人被分迁于今甘肃、湖北、湖南、河南、北京等地。明、清两代,有庄姓人渡海赴台,或人迁新加坡等东南亚国家。

庄姓是当代中国人口排行第一百一十三位的姓氏,总人口约有160多万,约占全国人口的0.13%,在江苏、福建、广东、台湾最为昌盛。

楚

【楚姓起源】

1. 出自芈姓,以国名为氏。据《姓苑》《通志·氏族略》《风俗通》所载,颛顼帝高阳氏之裔鬻熊(芈姓)的曾孙熊绎被周成王封于丹阳(有说法称在今湖北秭归,尚有争议),国号荆。下传至文王熊赀时,将国都迁至郢城(故城即今湖北省江陵县北的纪南城),始改国号楚,后世子孙有以国名为氏者,称楚氏。

2. 出自姬姓,以祖名为氏。据《通志·氏族略》《万姓统谱》所载,周平王姬宜臼庶子林开之裔,鲁大夫林楚(姬姓)之后,以祖名为氏,称楚氏。

3. 上古时有贤者楚老,当为楚姓之始。

4. 为春秋时楚隆之后。据《名贤氏族言行类稿》所载,楚姓人为春秋时赵孟(即赵襄子)的家臣楚隆之后。

5. 少数民族姓氏。傈僳族害饶时氏,汉姓为楚;今土家族亦有此姓。

【楚姓名人】

楚衍

延津(今属河南)人,宋朝天文学家。得《九章》《缉古》《缀术》诸算经之妙,明相法及《聿斯经》,善阴阳、星历之数。仁宗天圣元年(1023 年)造新历,授灵台郎,制《崇天历》。升任司天监丞,后又造《司晨星漏历》。官终管勾司天监。

楚智

明朝著名将领。明朝洪武时期先后从冯胜、蓝玉出塞征战有功。官至都指挥。燕王朱棣起兵后,楚智与李景隆率兵拒敌,因他素有骁勇之名,敌人见了他的旗帜就后退。后因战马摔倒而战死。

楚烟

菏泽(今属山东)人,明末著名官吏。明天启五年(1625 年)进士,授龙溪知县,迁户部主事,后致仕归家。明崇祯末期,清兵破城,楚烟力拒被杀。著有《紫芝堂集》。

【郡望堂号】

郡望

江陵县:秦代设置,治所在今湖北江陵,南朝齐改置郡,辖境相当于今湖北江陵及四川东部一带。

新平郡:辖境相当于今陕西彬县、长武县、永寿县、甘肃泾川县、灵台县等地。东汉设置,清所在今陕西彬县。

堂号

秉德堂、江陵堂、刚介堂、紫芝堂、听雪堂等。

【宗族特征】

楚与熊、荆、米等姓氏可以说是同一棵大树上的不同枝叶。春秋战国时,楚氏先人一度表现抢眼,而亡于秦后,却突然间销声匿迹,直至宋朝以前一直都比较沉寂。楚姓人家适用的楹联有："春秋并列五伯,战国跃居七雄","司晨星漏传万世,姑苏台图焕千秋","宋朝炳炳转运使,元代彪彪大将军"等。

【繁衍变迁】

在熊绎之后的楚姓得姓之前,其他源流的楚姓人已播迁于今山东曲阜及山西、河南等地。历汉魏而降,楚姓大族繁衍于江陵县与新平郡。南北朝至隋唐间,楚姓人渐播迁于今湖南、四川、重庆、江西、安徽、河北等地。南宋至元,楚姓人有因战乱南迁于今云南、广东两省及广西壮族自治区者。明初,洪洞大槐树(今属山西)籍的楚姓人被分辽于今河南、山东、河北、安徽、北京、天津等地。明中叶以后,今甘肃省、宁夏回族自治区等地也有了楚姓人家,并有今西南地区的楚姓人入越南、缅甸等东南亚国家者,有沿海地带的楚姓人过海入台或徙居国外。明末,有今湖北、湖南的楚姓人入居今四川、重庆。清代,有今山东、河北的楚姓人入今东北。

如今,楚姓是中国人口排行第二百五十二位的姓氏,总人口约有28万,约占全国人口的0.023%。

阎

【阎姓图腾】

阎姓图腾比较复杂也比较漂亮。从直观上看就能够发现,下半部分包含龙和凤的形态。凤在左龙在右。而上半部分则是一个"门",类似于繁体字的门。整个图腾的意思可以看作"龙""凤"守护"门"内之供奉,表示阎氏是祭祀或守宗庙之族。

【阎姓起源】

1. 源自姬姓

这一支阎姓为后稷之后。据《姓氏起源》所载,黄帝有姬姓裔孙后稷,被周人尊为始祖。其第十二世孙古公亶父（又称太王）有三个儿子：泰伯、仲雍和季历，季历之孙即周武王姬发。周武王时，封泰伯的曾孙仲奕于阎乡（今山西省夏县），仲奕之后，该家族的人将封地"阎"作为氏。

2. 源自姬姓

这一支阎姓为周昭王之后。据《通志·氏族略》所载，因周昭王姬瑕的幼子手心的掌纹像个"阎"字，康王（昭王之父）便封他于阎城（今陕西省北部一带），其子孙便开始姓阎，这是以封地名为姓的典型例子。

3. 源自姬姓

这一支阎姓为唐叔虞之后。据相关资料显示，周武王之子唐叔虞被封于唐（今山西省翼城），但是他的儿子燮改掉了国号，是为晋。到了春秋时期，晋成公的儿子懿被封于阎（一说在今山西省夏县西部一带，一说在今山西省运城），根据相关史料，阎后来被晋所灭，懿的后代曾在河洛（即黄河与洛水一带）居住，故曾以原封地名作为姓氏。

4. 源自少数民族改姓或本有之姓

改姓：在我国历史上，不少少数民族都有改姓阎的记载。例如满族中的布雅穆齐氏后来改姓阎；再例如达斡尔族中的亚尔兹氏后来也改姓阎。

本有之姓：我国很多少数民族中本来就有阎这个姓氏，如今蒙古、回等民族都有此姓。

【阎姓名人】

阎象

历史上三国时期袁术的主簿。在史书上有一个关于阎象的故事，当手执玉玺的袁术要称帝时，阎象曾向国君进行劝谏，引用了周文王虽拥有三分之二的天下还向殷称臣的旧典，可惜国君没有听他的。

阎立德

雍州万年（今陕西省西安）人，隋唐时期著名的画家、工程家，与其父阎毗一样都非常擅长工艺和绘画，在隋唐时期有一定知名度。

阎立本

阎立德之弟,他在绘画方面的成就远远超过了他的兄长阎立德,成为唐代最著名的画家。他和阎立德一样,从小深受父亲的影响,继承家学,着力于绘画,并师法张僧繇、郑法士,而能变古象今,在人物画方面最为擅长,尤精写真。在书法方面,阎立本也获得了一定的成就,如今存世的作品有《历代帝王》《步辇》《职贡》等图,为我国古代绘画艺术的发展做出了卓越的贡献。

【郡望堂号】

郡望

天水郡:治所在今甘肃通渭西北,西汉时置郡。此支阎姓人为周康王之后。

河南郡:治所在今河南洛阳东北,汉高祖时置郡。此支阎姓人为唐叔虞之后。

堂号

右相堂:唐朝时,阎立本善丹青,拜右丞相;姜恪因战功封左丞相。时人有"左相宣威沙漠,右相驰誉丹青"之赞誉。因而有此堂号。

【宗族特征】

阎姓是典型的北方姓氏,其早期历史并不可考。尽管各支所出不同,但因得姓原因都或多或少地与封地有关,使得连阎姓人自己编修的家谱也不能明确区分自己所出何支,故各支阎姓人之间无严格的界限。此外,由于阎被俗用成"闫",故产生了阎、闫二姓。阎姓家乘牒谱分支多而精细,尤其可贵的是有典籍佐证。记述其起源最详细的古籍是《新唐书·宰相世系表》,洋洋洒洒数千字来记之,殊为罕见。

【繁衍变迁】

阎姓发源于今河南、陕西、山西等省,春秋战国时已有族人落籍于今湖北。秦汉时,何阎姓人迁入今甘肃、湖南、山东、河北等地。西汉末年,有今河南境内的阎姓人徙居今四川。规晋南北朝时,阎姓人已有迁居今广西壮族自治区、贵州省、北京市、内蒙古自治区及东北一带者。历隋唐两代,阎姓人在江南分布得更广,盛唐时,阎姓人发展为太原(今属山西)一大望族。宋元时,散居江南的阎姓人为躲避战乱进一步向今华中,华南、西南播迁。明时,洪洞大槐树(今属山西)籍的阎姓人与太原阎姓人一起,被分迁于今山东、河南、陕西、北京、天津等地。至此,阎姓人已广布全国,并有徙居海外者。

阎姓是当代中国人口排行第七十五位的姓氏,总人口约有310多万,约占全国人口的0.25%。

涂

【涂姓起源】

1. 出自涂山氏。据《姓氏族谱笺释》及《风俗通义》所载,夏朝初期,中原地区已经有了涂山氏,亦称涂山国,史书中也称其为畲山氏、堡山氏或盦山氏。大禹建立了夏朝,其子启后来继承帝位。帝启的母亲就是涂山国的人。史称涂山氏之女,也称闵妃。涂山氏的地盘在今河南嵩山地区。大约在夏朝中期,涂山国为莘人所灭,子孙有以国名中的涂字为氏者。此支涂氏的历史至少已有4000多年。

2. 出自水名。东汉以前,有居于涂水(唐时改涂作滁,今名滁河,流经今安徽滁州、江苏南京)流域者,以水名命姓,称为涂姓。

3. 出自少数民族改姓或少数民族固有姓氏。鄂温克族涂克冬氏,汉姓为涂;锡伯族图克色里氏,汉姓为涂;今土家、侗、壮、苗、布依、纳西、哈尼、傈僳、锡伯等民族均有涂姓。

【涂姓名人】

涂溍生

抚州宜黄(今属江西)人,宋代经学家。精通《易》学。著有《四书断疑》《易义矜式》。

涂几

字守约，又字孟规，宜黄（今属江西）人，元末明初学者。胸怀旷达，有高古之志。师从李存，研求陆九渊理学。洪武初曾拟上书皇上策论时事，因病未果。工辞赋。著有《东游集》《涂子类稿》。

涂岫

南昌（今属江西）人，清代画家。善画人物，所绘皆神采毕露，生气拂拂现于纸上。亦工设色画卉，以菊花最善，有"涂菊"之称。

【郡望堂号】

郡望

豫章郡：辖境大致同今江西省，汉时置郡。

南昌县：汉时所设，五代南唐时为南昌府治，即今江西南昌。

堂号

五桂堂：北宋涂济生五子（大任，大琳，大经，大明，大节）俱登进士。时称"五桂"，因而有此堂号。

【宗族特征】

涂姓得姓历史悠久，且在很早以前就扎根于今江西，时至如今，今江西境内的涂姓家族依旧很繁盛。可以说，涂姓人对这块红土地的开发居功至伟。据《姓氏急就篇》所载，涂姓系由涂姓分衍而出，二者同源。

【繁衍变迁】

涂姓发源于今河南嵩山、安徽滁州等地，先秦时期主要繁衍于东南地区和滁河流域。春秋时，有新吴侯涂钦自晋国（今山西、河北南部及陕西东南部、河南西北部）迁至今江西南昌。魏晋南北朝至隋唐，涂姓人曾长期兴盛于今江西南昌。五代十国时，诸侯国林立，大规模迁徙受到限制，涂姓人的流动性不强。北宋灭南唐后，原居于南唐境内今江西南昌一带的涂姓人逐渐散布于邻近的今广东、湖北、福建、浙江、安徽、江苏各省；同时，北方各省也渐有涂姓人散居。南宋末年，兵火所至，今江西境内的涂姓人几遭灭顶之灾,向邻近各地亡命者甚多。当社会稳定后,亦有不少涂姓人迁回故籍。明清以后,涂姓人分布更广,北至今辽宁、吉林,南达今广东省和广西壮族自治区,西及今云南、贵州,东抵今福建、台湾,均有涂姓人居家生活的身影。

涂姓是当代中国人口排行第一百五十三位的姓氏,总人口约有85万,约占全国人口的0.068%,在湖北、江西、广东三省分布比较集中。

商

【商姓起源】

1. 出自子姓,是商王族的后裔,以国名为氏。据《遗山先生文集》《通志·氏族略》所载,上古时,帝喾的妃子简狄误食燕子蛋而生子名契。契被帝舜任命为司徒,教化民众,后因辅佐大禹治水有功,被赐为"子"姓,封在商邑(今陕西商洛市商州区)。契的十四世孙汤灭了夏朝,建立了商朝。商朝的王孙贵族有以国名为氏,称商氏者。商朝为周朝所灭后,商姓方从贵族之姓转为庶姓。

2. 出自姬姓,为战国时的卫国人公孙鞅之后,以封邑名为氏。据《元和姓纂》载,战国时,卫国人公孙鞅在秦国任职,主持变法改革,因功被封为商(一说上,故城在今陕西商洛市商州区东)君,故又称商鞅。其后以封地名为氏,称商氏。

3. 据《姓氏考略》载,黄帝之昆孙(玄孙之孙)受封于商(故城在今陕西商洛市商州区),以地名为氏。

4. 据《姓氏考略》载,商纣王时的贤臣商容之后以祖父名为氏。

5. 出自少数民族改姓或少数民族固有姓氏。金时女真人乌古论氏,汉姓为商;清满族八旗商佳氏、乌库里氏等后均改为商姓;彝族沙玛氏,汉姓为商;满族人有商姓,世居沈阳(今属辽宁);今蒙古、土家等民族均有此姓。

【商姓名人】

商高

周代数学家,他创作了中国第一本数学著作《周髀算经》,是勾股定理最早的发现者。

商辂

字弘载,号素庵,明朝人。正统年间(1436~1450年)乡、会、殿试皆第一,景泰年间(1450~1456年)官至兵部尚书,成化初年(1465年)进谨身殿大学士。他"平粹简重,宽厚有容,至临大事、决大议,毅然莫能夺"。著有《商文毅公文》。

【郡望堂号】

郡望

汝南郡:今河南中部偏南和安徽淮河以北地区,治所在今河南上蔡县西南,汉时置郡。

堂号

追远堂、半野堂等。

【宗族特征】

商姓源起繁杂,且历史悠久,可追溯至上古的帝喾高辛氏时期。商姓家族人才济济,尤多书画名家。

【繁衍变迁】

商姓发源于今陕西,族人至战国时已广布今河南商丘、陕西商县、山东曲阜等地。两汉之际,商姓人播迁于今河南平舆,濮阳及陕西西安一带。魏晋南北朝时,今甘肃、山西、河北、安徽、江苏、湖北等地均有商姓人入居。隋唐之际,商姓人的发展以北方为主,南方次之。北宋时,有商姓人入居今浙江。南宋偏安江南后,今江西、四川、湖南均有商姓人入迁。宋末元初,商姓人播迁于今福建、广东等地。明初,洪洞大槐树(今属山西)籍的商姓人被分迁至今河南、河北、山东、陕西、甘肃等地。清代,今山东、河南、河北的商姓人有"闯关东"入今东北者,并于嗣后扩展至今内蒙古东北。与此同时,亦有今华东、华南沿海的商姓人渡海赴台。

如今,商姓是中国人口排行第二百四十位的姓氏,总人口约 32 万,约占全国人口的 0.025%。

迟

【迟姓起源】

1. 出自人名。据《姓氏考略》《姓源》所载,殷商时贤人迟任之后,有以祖父名为氏者,是为太原迟氏,至今已繁衍了 3000 多年。

2. 出自樊姓。据《姓谱》所载,孔子有弟子樊须。春秋时山东人,字子迟,故亦作樊迟,其后有以祖字迟为氏者。此支迟氏,已经繁衍了 2500 多年。

3. 源自少数民族改姓或少数民族固有姓氏。据《魏书·官氏志》所载,北魏时改尉迟氏为迟姓,另有鲜卑安迟氏入中原后改为单姓安与迟;清满族八旗姓迟佳氏后改为迟姓;今满、蒙古等民族均有此姓,成为东北迟姓的重要组成部分。

【迟姓名人】

迟昭平

女,平原(今属山东)人,汉朝农民起义领袖。汉地皇二年(21 年)。平原郡(今山东两北部平原县)一带地区发生霜灾、蝗灾,造成严重的饥荒。迟昭平率众起义,转战于今山东平原、乐陵、元棣一带,后遭残酷镇压而失败。

迟凤翔

字德征,号胸冈,临朐(今属山东)人,明朝著名大臣。明嘉靖二十三年(1544年)进士。初授户部主事,后任户部、兵部侍郎等职,"以廉能著称"。修武备,兴学校,重人才,常以计略平定边患,屡受封赏。晚年引退,廉静自处,嗜经书,勤著述,70 岁时犹讲艺不辍。著有《四书说》《易经说》《胸冈集》等。为当时的"临朐四杰"之一。

赵维坤

字简堂,清汉军正白旗人,著名官吏。清康熙年间,任山东聊城知县,每月三、八日召诸生课文,问政事得失,又每年三、七月巡视农田。重治盗贼,杜绝胥吏盘剥,颇有善政。

【郡望堂号】

郡望

太原郡:辖今山西省五台山和管涔山南部一带、霍山北部一带地区,战国时期秦国置郡,治所在今山西省太原市西南。

堂号

维新堂:南朝时有迟昭,官至淮东太守,锐意维新,颇有善政,其族人因以为"维新堂"。

【宗族特征】

迟姓得姓历史悠久,距今已有 3000 多年的历史,是当今典型的北方姓氏。迟姓史载名人甚少,而迟姓往宋人编著的《百家姓》中无载,也从侧面表明了迟姓家族在唐宋以前声势不彰,当今迟姓名人多活动于文体界。

【繁衍变迁】

迟姓发源于今山西、山东等地,历商周渐播他乡,但至两汉之交,仍主要昌盛于今山东。北魏时,有尉迟氏更为迟姓,多盘桓于今山西太原及其附近,后昌盛为其间大族。隋唐时,今山西太原的迟姓人渐扩至今陕西、河北、河南、山东等地。唐末五代十国后,迟姓人渐南迁于今安徽、江苏、浙江、湖北诸省。宋元时,迟姓人更广泛地播迁于今华南、中南地区。明初,洪洞大槐树(今属山西)籍的迟姓人被分迁于今山东、河南、江苏、安徽、湖北等地。明中叶以后,有迟姓人入辽东(辽河以东地区,即今辽宁东部和南部)。明末张献忠屠川后,有今湖北、湖南的迟姓人迁入今四川、重庆。清代,有今山东等地的迟姓人随"闯关东"的风潮入迁今东三省。历民国至今,有沿海地带的迟姓人入居台湾等地。

如今,迟姓是中国人口排行第二百三十八位的姓氏,总人口约33万,约占全国人口的0.026%。其在全国的分布主要集中于山东、黑龙江、辽宁、内蒙古自治区,此四省区的迟人口约占全国迟姓总人口的75%。其中,山东为迟姓第一大省,其境内居住着全国迟姓人口的19%。

官

【官姓起源】

1. 据《姓源》所载,周大夫刘定公夏为官师(官吏之长),其后以官为氏。

2. 据《姓苑》《左传》所载,周代有世功的官员,其封邑可以长久保留,久而久之遂成官族,乃有官姓。

3. 由关姓改姓而来。据1976年台东所修的《官氏族谱》所载,解良(今山西运城)人关膺,于黄巢起义时避居今福建宁化县石壁镇,改姓官。

4. 出自少数民族改姓或少数民族固有姓氏。新疆锡伯族官加(关佳)氏汉姓为官;今满、仫佬、彝等民族均有此姓。

【官姓名人】

官谦

明代长汀(今属福建)人,永乐年间任汝州知州,以恭谨慈爱著称。当时,州内百姓有许多流亡在外,他到任后,安抚百姓,借贷粮种,减免劳役,又拿出自己的俸禄修葺庙学,使人民安居乐业。任职期满离去后,吏民都很想念他。

官寅

顺昌(今属福建)人,明代学者。嘉靖年间教授嘉兴(今属浙江),后学深受其益。代理平湖县(今浙江平湖市)事,清介不染。著有《枝言缶声集》。

官献瑶

安溪(今属福建)人,清代学者。乾隆四年(1739年)进士,历任三礼馆纂修、编修,司经局洗马等官。笃好经学,乃蔡世远、方苞之高足,著有《读易偶记》《尚书偶记》《春秋传习录》《石溪文集》。

【郡望堂号】

郡望

东阳郡:治所在今浙江金华。三国吴宝鼎元年(266年)分会稽郡西部置东阳郡,因郡"在金华山之阳,水之东"而得名。

堂号

东阳堂、金华堂等。

【宗族特征】

官姓确切的得姓时间已不可考;由于官姓家族在历史上发展不盛,导致了官姓于宋人编著的《百家姓》中无载。如今,官娃是一个典型的南方姓氏,族人主要分布于长江中下游一带,对我国东南沿海地区的开发做出了杰出的贡献。官姓人在移居海外之后,仍牵挂故土,改革开放后,不断有官姓人回乡报效祖国。

【繁衍变迁】

官姓得姓于北方,具体位置不详,族人早期的繁衍情况也无从考证。据《姓苑》所载,官姓郡望为东阳,表明古时官姓人曾长期繁盛于今浙江金华一带。宋时,今山东平度一带聚集着官姓大族。宋元之际,北方的今河南、山西、山东、陕西与南方的今四川、浙江、江苏、安徽、福建、湖北、湖南、广东等省均已有官姓人广布。明初,洪洞大槐树(今属山西)籍的官姓人被分迁于今山东、河北、河南、陕西、北京等地。明中叶以后,今山西、陕西、河南的官姓人渐有入今甘肃省、宁夏回族自治区、内蒙古自治区背。而今广东、四川、湖南等地的官姓人则渐有徙居今云南省和广西壮族自治区者。明末清初"湖广填川"之时,有今湖北、湖南的官姓人入居今四川、重庆。清代,有今山东境内的官姓人随"闯关东"的风潮入迁今东北。

如今,官姓是中国人口排行第二百五十五位的姓氏,总人口约28万,约占全国人口的 0.022%，在广东、福建一带分布比较集中。

向

【向姓起源】

1. 出自姜姓，为炎帝神农氏之后，以祖名为氏。据《史记》载，神农氏之后，姜姓之裔有诸侯名向，其后代子孙以向为氏，遂成向氏。

2. 出自祁姓，为帝尧的后裔，以国名为姓。据《通志·氏族略》载，周朝时有向国（今山东莒县南部），后来国灭，向国国君的后代以原国名为姓，成为向姓的一支。

3. 出自子姓，为汤王的后代，以祖字为氏。据《通志·氏族略》载，春秋时，宋国（都城在今河南商丘一带）国君宋桓公（子姓）有子名肸，字向父，其后以祖字为氏，称向氏。

4. 少数民族姓氏。据《后汉书·南蛮西南夷列传》载，巴郡（今重庆、四川部分地区）、南郡（今湖北荆州市一带）的少数民族五姓中有向姓，出于武落钟离山（今湖北省长阳土家族自治县）；清满族人有向姓；清时湖广施南（今湖北恩施土家族苗族自治州，春秋时属巴国）之土司为向姓；今满、侗、彝、土家、苗、蒙古、布依等民族均有向姓。

【向姓名人】

向秀

河内怀县（今河南武陟县）人，西晋玄学名士。"竹林七贤"之一。司马昭时授黄门侍郎、散骑常侍。性好老庄之学，开郭象玄言之风。有《庄子隐解》，已佚。

向子諲

字伯恭，号芗林居，清江（今江西樟树市）人，宋代词人。先以恩荫补官，高宗时官至徽猷阁待制、卢部侍郎。因不满投降派秦桧而辞职。著有《酒边词》《芗林集》《芗林家规》。

· 中华姓氏大观 ·

图文珍藏版

向腾蛟

慈溪(今属浙江)人,清代将领、画家。顺治十八年(1661年)武进士、官副将。善画水墨葡萄,为世人所珍。

【郡望堂号】

郡望

河南郡:秦朝时名为三川郡,汉高祖二年(公元前205年)改为河南郡,治所在今河南洛阳东北,辖今河南孟津、偃师、巩义、荥阳、原阳、中牟、郑州、新郑、新密、临汝、汝阳、伊川、洛阳等县市、

河东郡:秦时置郡,治所在今山西夏西北。

堂号

中和堂:东汉向长,隐居不仕,精通《老子》和《易经》。自己穷得吃不饱,穿不暖,别人送给他的东西,他留够自己用的,别的仍退还给人家。他常常说:"富不如贫,贵不如贱。"在儿娶女嫁之后,他出游五岳名山,不知所终。闲向长性尚中和,故有此堂号。

【宗族特征】

向姓是典型的南方姓氏,源于北,而盛于南。

【繁衍变迁】

向姓发源于今河南商丘、山东莒县等地,先秦时已有族人播迁至今湖南及陕西关中(陕西渭河流域一带)。至两汉时,向姓人有迁至今山西及河南洛阳、山东金乡者。至魏晋时,向姓家族在北方发展得尤为昌盛,成为河南鄢等地的望族。三国时,有今湖北境内的向姓人入今四川、南北朝至隋,社会动荡,向姓人有避居江东(长江中下游自今安徽荒湖、江苏南京以下的南岸地区)者,也有自今湖北迁今湖南者。安史之乱中,河南郡的向姓家族遭到沉重打击。黄巢起义爆发后,向姓人大举南下,避居今四川、湖北、湖南、江苏、浙江等地。宋靖康之乱后,有向姓人迁居今

江两樟树。明初,洪洞大槐树(今属山西)籍的向姓人被分迁于今河北、北京等地。明清之际,有沿海地带的向姓人渡海赴台、远播海外。

向姓是当代中国人口排行第一百二十四位的姓氏,总人口约有140万,约占全国人口的0.11%。

易

【易姓图腾】

据相关姓氏学研究,易是因蜴得姓,其中这里的蜴,在远古时期更多的是指龙,而我国民间朴素的观念也是认为蜴与龙是亲家。因此易姓图腾是太阳和蜴(龙),隐含吉祥之意。

【易姓起源】

1. 源自有易氏

就像不少姓氏是把大山的名字当作自己的姓氏一样,这一支易姓是将河名当成了姓氏。今河北西北还有一条河名为易水,为大清河上游的支流,分北易河、中易河、南易河三支。它们均出自古冀州(今河北省易县)之地,汇合后入南拒马河,东南注入大清河。相传,黄帝时期,曾经有一游牧部落活动于易水流域,以河名为族名而称有易氏,有易氏的后裔以易为氏。此支易氏,早就发展了3000多年。

2. 源自姜姓

这一支易姓为姜太公之后。据《姓氏考略》等相关姓氏学资料记载,姜尚助武王伐纣有功,被封于齐,此后被称为姜太公。其子孙有一支以雍为氏。齐桓公时,有大夫雍巫,字易牙,精于烹调,备受桓公宠爱。子孙以祖字为氏,称易氏。姜姓易氏的历史至少已有2600多年了。

3. 源自姬姓

周文王第十五子毕公高有后裔名毕万,被封在魏,建立魏国。其后裔有食采于易水畔者,子孙以水名为氏。另外,战国时期,燕国有易邑(在今河北省雄县西北,处于易水与大清河交汇处的西南岸),居于此地的姬姓燕人很多,其中就有以邑名为氏者。

4. 源自少数民族本有之姓

我国很多少数民族中本来就存在这个姓,如彝、苗、土家、纳西等少数民族均有易姓。

【易姓名人】

易充

分宜人,宋代学者,聪慧超群,年仅十六七岁时即通《易》《书》《诗》,号"三经处士",著有《中州文集》。

易祓

长沙(今属湖南省)人,宋代淳熙年间进士第一,后官至南宋礼部尚书,著述甚丰。

易贞言

清代湘乡人,康熙年间诸生,著有《周易讲义》等。

【郡望堂号】

郡望

济阳郡:今河南兰考东境、山东东明南境,晋惠帝时置郡,治所在今山东济阳。

太原郡:今山西五台山和管涔山以南、霍山以北地区。战同时秦国置郡,治所在今山西太原。

堂号

植栗堂、纯孝堂:宋时,易延庆为奉礼郎,出任临淮县令。后因父丧守墓而辞官,服满又任大理丞,复又因母丧回家葬母。其母生前爱吃栗子,他就在守墓时于圣亲墓旁种了两棵栗子树。后来这两棵树竟然长在一起,成了连理,墓前又生出两棵灵芝。人们都说这是他的孝行感动了上天,故称其为"纯孝先生"。因而有此二堂号。

【宗族特征】

易姓发源于北方,后称盛于南方,属典型的南方姓氏。易姓人的家规家训严明,子孙多恪守祖训,光耀千载。易姓名人中流传最久远的当数易延庆孝感动天的故事,后人据此以"植栗""纯孝"之堂号,"纯孝先生望重"之楹联训示子孙。

廖

【廖姓图腾】

廖是皋陶氏一支的族称,这一族是以燕子为图腾的,它是风姓的一个分支。廖姓图腾看上去似乎是一个整体,实际上它由两部分组成,上面是羽毛,代表鸟的羽冠;下面是一只燕子,正在展翅翱翔。

【廖姓起源】

1. 源自己姓

据《左传》等相关史料记载,帝颛顼有己姓后裔叔安,夏朝时被封于飂(廖)国,故称飂(廖)叔安。西周初,飂(廖)国被周吞并,其后代以国名为氏,称廖氏。

2. 源自姬姓

据相关研究资料载,周文王姬昌有子伯廖,受封于廖邑(即古廖国旧址),其后裔以邑名为氏,开始姓廖。

3. 源自皋陶

据相关古籍记载,尧、舜的贤臣皋陶的后裔夏朝时受封于蓼,后于春秋时分为英、立等小国。楚穆王四年(前622年)灭英、立二国,二国子孙有廖(蓼)氏。

4. 源自改姓

姓氏学专项研究显示,这里说的改姓主要是缪、颜二姓改为廖氏。例如相关资料显示,商纣王执政时,残酷无道,缪、颜二姓人有隐居于黄河西北者,改姓为廖。

5. 源自赐姓或少数民族本有之姓

赐姓:清乾隆二十三年(1758年)赐高山族七姓,其一为廖。

本有之姓:仫佬、瑶、水、苗等民族均有廖姓。

【廖姓名人】

廖扶:襄阳(今属湖北省)人,东汉学者,习诗画。满腹经纶,精通天文、谶纬风角推考之术,在当时的学术界享有盛誉。

廖化:襄阳(今湖北省襄樊)人,三国蜀汉右车骑将军,封中乡侯,为人忠烈,以勇敢果断著称。

廖刚:号高峰,顺昌(今属福建省)人,北宋崇宁进士,甚为君主倚重,官至工部尚书。知无不言,反对奸臣当政,当时蔡京秦桧专权,亦为之畏惧。他不但是宋朝一位杰出的文学家、政治家、思想家,还是一位军事家,著有《高峰文集》。其有四子,皆为将帅,父子五人年俸皆2000石谷以上,号称"万石廖氏"。

【郡望堂号】

郡望

汝南郡:今河南颍河、淮河之间,京广铁路西侧一线以东,安徽茨河、西淝河以两,淮河以北地区,汉时置郡。

巨鹿郡:治所在今河北平乡西南,秦时置郡。

堂号

果烈堂:三国时蜀将廖化,曾为关羽主簿,做事果敢刚烈,因而有此堂号。

紫桂堂:宋代朝清郎兼英州知府事廖君玉曾在桂山建书房,名为"紫桂堂",因而有些堂号。

【宗族特征】

廖姓源于北方,但逐渐演变为南方姓氏,家族名人横贯政、经、文、史等领域,在近现代史上表现尤其出色。廖姓人的字行辈分排列规整,读之令人肃然。如江苏廖姓一支的字行为:"清善正坚,明良式发,和平希廷,兴家昌国。"

【繁衍变迁】

廖姓发源于今河南,秦汉之际始有族人迁往今河北等周边地区。魏晋南北朝时,北方的廖姓人大举南迁至今湖北、四川、浙江、福建等地,并有入今甘肃省。唐朝时,廖姓人更广泛地散居于今福建各地,并有迁居今江西者。宋代,廖姓已是今福建一带的大姓,至宋末时有入今广东者。明代,洪洞大槐树(今属山西)籍的廖姓人被分迁于今河北、河南、江苏、北京等地。清代,有今福建、广东境内的廖姓人迁入台湾,并有进而移居泰国、新加坡等地。

廖姓是当代中国人口排行第六十一位的姓氏,总人口近 420 万,约占全国人口的 0.33%。

耿

【耿姓起源】

1. 以地名为氏。据《姓氏考略》《史记·殷本纪》《辞源》等载,商朝第 14 代君王祖乙将国都从相(今河南内黄县)迁到邢(在今河南温县东),任用巫贤治国,并亲自坐镇指挥,平复了东夷叛乱,巩固了商朝统治,使段商得以复兴。后第 20 代君主盘庚又迁都到亳(今河南商丘附近),没有随行南迁的商朝公族仍然留在邢,就以邢为氏,后为了与读"xíng"的其他邢氏相区别,便改邢为耿。

2. 以国名为氏。据《通志·氏族略·以国为氏》载,商代末年有耿国(一名耿乡城,在今陕西省韩城市龙门镇南),周朝建立后耿国灭亡,子孙逃往楚国,被任为大夫,以国名为氏。后周室封姬姓人于耿为诸侯。姬姓耿国于春秋时为晋国所灭,其公族亦多以国名为氏,成为耿氏的一支。

3. 源自少数民族改姓或少数民族同有姓氏。羌族耿家志(房名),后改姓耿;

清满族人有耿姓,世居沈阳(今属辽宁);裕同族各尔格兹氏汉姓为耿;今满、蒙古、土家、锡伯等民族均有此姓。

【耿姓名人】

耿寿昌

两汉理财能臣、历算名家。宣帝时任大司农中丞,设置"常平仓",用以进行谷物储备,以便平抑谷价。后封关内侯,删补《九章算术》,又冶铜铸成"浑象"(与今天球仪类似)。著有《月行帛国》等,今佚。

耿湋

字洪源,河东(今山西永济)人,唐朝涛人,"大历十才子"之一,宝应进士,官至大理司法。工诗,长于五律,多为送别赠答、登临题咏、抒发个人感慨之作,也有反映现实,寄意悲愤之篇。诗风清淡质朴,不喜雕饰。有《耿湋诗集》。

耿介

字介石,号逸庵,登封(今属河南)人,清代学者。官至侍讲学士,曾兴复并主讲嵩阳书院。学宗朱熹,著有《孝经易知》《敬恕堂存稿》等。

【郡望堂号】

郡望

高阳郡:治所在今山东淄博市临淄区一带,南朝守时置郡。

河东郡:今山西黄河以东的夏县一带地区,秦时置郡。

堂号

美阳堂、怀远堂:东汉耿秉,博通书记,晓《司马兵法》。明帝时被拜为驸马都尉,征北匈奴,破车师。章帝时在边疆巡视七年,使南匈奴人怀其恩信。后北匈奴内乱,他又被拜为征西将军,领兵大破之,因功被封为美阳公。他死时,南匈奴举国痛哭,很多人甚至把头叩破,所以又叫怀远堂。

【宗族特征】

耿姓是典型的北方姓氏,耿姓家族可谓人才济济,仅入载《中国历代人名大辞

【繁衍变迁】

耿姓发源于今河南温县,历商、周至秦,族人渐散居于今河南、河北、山西、陕西等地。汉代,耿姓家族昌盛于今陕西、河北。魏晋南北朝至隋唐,耿姓家族成为河东、高阳郡等地的望族,并有族人徙居今江苏、安徽。宋元之际,耿姓人在江南分布更广,但尚未发展壮大明初,洪洞大槐树(今属山西)籍的耿姓人分迁于今河南、河北、山东、北京、天津等地。清代,今河北、山东、河南等地有耿姓人随"闯关东"的风潮入迁今东北三省。

耿姓是当代中国人口排行第一百三十九位的姓氏,总人口约 99 万,约占全国人口的 0.079%。

匡

【匡姓起源】

1. 据《风俗通义》《通志·氏族略》载,春秋时,鲁国大夫施孝权的家臣句须任匡邑(一说即卫匡邑,在今河南长垣西南司家坡,一说鲁匡邑不同于卫匡邑,故城在今山东鱼台南)的地方长官,其子孙以邑名为氏。北宋初年,匡姓人为避宋太祖赵匡胤之名讳,改匡姓为主姓。后政和年间朝廷认为民姓中有主姓,大为不妥,遂令主姓改为康姓。北宋以后,有康姓人恢复了祖姓匡。

2. 据《尚友录》载,春秋周定王时有匡裕兄弟七人,为古匡侯之后。(有说法称匡国即鲁国匡邑。)

3. 春秋时卫国匡邑(故城在今河南长垣西南司家坡),居住在那里的人有以邑为氏者。

4. 据《姓源》载,春秋时有楚国大夫食采于匡(一说故城在今河南睢县西,一说在今河南扶沟),其后以邑名为氏。

5 同代郑国有匡邑(今河南扶沟西南),当地人多以邑名命氏,称匡氏。

6. 今满、蒙古等民族均有匡姓。

【匡姓名人】

匡衡

西汉经学家,成语"凿壁偷光"的主人公。元帝时被封为乐安侯。他善于讲《诗》,时人有"匡说《诗》,解人颐"的谚语流传。

匡愈

字希贤,明代名医。精于医术,曾随三保太监郑和三次出使外国,以名医家闻于当时。

匡源

字木如,号鹤泉,胶州(今属山东)人,清代大臣、学者。道光进士,曾任翰林

匡衡

院编修等职。1862 年任随称赞襄政务大臣,咸丰帝病危时为顾命八大臣之一。著有《珠云仙馆诗人钞》《名山卧游录》《奏议存稿》等。

【郡望堂号】

郡望

晋阳县:今山西太原市一带,春秋时置郡,为晋国都城;后为赵国晋阳邑,汉代置县。

堂号

凿壁堂、乐安堂:西汉匡衡,年幼时家贫好学,因无钱买灯油,乃凿壁成孔,引邻居家的灯光读书,终于成了大学问家,累官至太子少傅。元帝时被拜为丞相,受封为乐安侯。因而有此二堂号。

【宗族特征】

西汉匡衡凿壁借光的故事与映雪、囊萤、悬梁、刺骨等千古佳话一起,作为勤奋的例证被讲述到现在,这种精神是所有中华儿女都该学习的。亦有于"匡"字右边加耳旁作为姓氏者。当今匡姓是一个比较典型的北方姓氏。

【繁衍变迁】

匡姓发源于今山东、河南等地,先秦之际族人已广布今山东全境以及河南大部。汉魏三国及以后,匡姓人逐渐播迁至今河北、陕西等黄河中下游省地。匡姓人南迁甚早,南北朝时已有落籍今江西者。唐末五代十国至宋元间,匡姓人散布于今湖南、湖北、浙江、四川、福建、广东各省和广西壮族自治区等南方地区。明初,洪洞大槐树(今属山西)籍的匡姓人被分迁于今河南、河北、北京、天津、陕西、甘肃等地。明末张献忠屠川后,有今湖北、湖南境内的匡姓人入填今四川、重庆。清康、乾年间及以后,今山东等地有匡姓人随"闯关东"的风潮播迁于今东北三省。

如今,匡姓是中国人口排行第二百四十八位的姓氏,总人口约有 30 万,约占全国人口的 0.024%。

文

【文姓图腾】

文姓因人文得姓,三部分组成了图腾,暗含有天人合一的信息。文姓图腾直观地看比较抽象,总体来说图腾的上部为臂,代表天穹天齐(天的肚脐,也就是"中央");中间可以看作"U"的图像表示日升日落汤谷;下部可以看作"X"形的图像代表天地交午。三部分都与天象有关,而由此相关研究认为,"天文"这个词语就是由此而来的。

【文姓起源】

1. 源自姬姓

据《风俗通义》等载,商末,周人姬昌被商纣王封为西伯,后姬昌之子周武王灭商建周,姬昌被迫谥为周文王。其子孙中有以其谥号"文"为氏者。按照姓氏起源形式的分类,属于以祖先的谥号为姓氏的范畴。

2. 源自姬姓

据《姓氏考略》等相关姓氏学研究著作记载,卫国将军孙文子之后有文氏。因为这里的卫国是指周分封诸侯国,国君属于姬姓,因此这一支文姓源自姬姓。

3. 源自姜姓

这一支文姓为炎帝后裔姜文叔之后。西周初,炎帝裔孙姜文叔被周武王封于许(今河南省许昌市),建立许国,其子孙有以其字为氏者,后来被人称为文氏。

4. 源自妫姓

这一支文姓是以谥号命氏的典型例子。战国时,齐威王之孙田文(即孟尝君)于齐国贵族田甲叛乱时逃到魏国,任相国,谥号文子,其后有以"文"为氏者。因为齐威王是妫姓,因此说这一支文姓源自妫姓。

5. 源自避讳

据相关史料记载,五代后晋时,敬姓人为避晋高祖石敬瑭之名讳,除了上一节提到的有改为恭姓(后演变为龚姓)的之外,还有的改为文姓。

6. 出自少数民族改姓或本有之姓

改姓:满族喜塔喇氏、文扎氏、蒙古族鄂依罗特氏、锡伯族温都尔氏、汉姓皆为文。

本有之姓:今土家、黎、壮、布依等民族均有文姓。

【文姓名人】

文丑

生于东汉末年,是河北历史上最为有名的将领。曾与赵云大战不分胜负,20

合败徐晃。建安四年，袁绍以颜良、文丑为将率，简精卒十万，准备攻延津。五年，袁绍渡河兵至延津，使文丑与刘备挑战，曹操以辎重就道饵敌，文丑兵乱，遂被操击破而死。

文徵明

明代书画家，长洲（今江苏省苏州）人，诗文书画皆工，尤精于画。他与沈周、唐寅（伯虎）、仇英合称"明四家"，传有"江南四大才子之一"的美名，名重于时，同时也是有这个原因。他的子弟甚多，人称"吴门派"。

文天祥

字履善，后来又把字改成了宋瑞，号文山，吉州庐陵（今江西省吉安县）人。南宋大臣、民族英雄、文学家。他生逢南宋末年，始终不渝地坚持抗元斗争，抗元失败后在五坡岭（今广东省海丰县北）被俘，至元十九年十二月初九（1283 年 1 月 9 日）被害。他所做的《指南录》可谓为诗史，狱中所作《正气歌》，尤为世所传颂。

文天祥

著有《文山先生全集》。他的"人生自古谁无死，留取丹心照汗青（《过零丁洋》)"这一豪迈诗句至今为人们所钦敬。

【郡望堂号】

郡望

雁门郡：今山西省河曲、五寨、宁武等县以北、恒山以西、内蒙古自治区黄旗海、岱海以南的地区。战国赵武灵王置郡。

堂号

信国堂、正气堂：南宋末年，文天祥任左丞相，受封信国侯。元军南下之际，他率军转战各地，但终因寡不敌众，兵败被俘。此后遭囚三年不屈，作《正气歌》，英勇就义。因而有此二堂号。

【宗族特征】

文姓是个典型的南方姓氏,其族中名人辈出,从春秋时辅佐勾践成就霸业的文种,到南宋书《过零丁祥》以表气节的文天祥,从明代大画家文徵明,到清代《儿女英雄传》的作者文康,无不激励着后人奋发向上,永攀高峰。文姓人的字行辈分排序井然,意味深长。如山东莱阳文始一支的字分为:"硕贵时恩,起丰玉同,洪献志瑞,林甫春荣。"

【繁衍变迁】

文姓发源于今陕西、河南等地,春秋战国时已有族人播迁于今湖北江陵等地。西汉时,有今安徽境内的文姓人入今四川。汉至三国,今河南、山东、山西为文姓人繁衍的望地。魏晋南北朝时,文姓人大举南迁,奠定了文姓南方旺于北方的基础。唐宋时,文姓人在今山西、河南、四川、江西、江苏等地活动,尤以今江西、四川最盛。明初,洪洞大槐树(今属山西)籍的文姓人分迁于今山西周边各省及安徽等地,文姓人的发展步入鼎盛期。清代以后,文姓人广布全国。

文姓是当代中国人口排行第一百零九位的姓氏,总人口大约170万,约占全国人口的0.14%。

欧

【欧姓起源】

1. 出自姒姓,与欧阳姓同宗,以封地名、侯爵名为氏。据《路史》《唐书·宰相世系表》及《姓氏考略》载,夏朝帝王少康(姒姓)的儿子无余,被封于会稽(今浙江绍兴),建立了越国。春秋时,越国被吴国所灭,后为越工勾践光复;至勾践六世孙无疆为越王时,复为楚国所灭。无疆的次子蹄被封于乌程(今浙江湖州)欧余山的南部,因古时以山南为阳,所以被称为欧阳亭侯。无疆的支庶子孙,以封地山名和封爵名为姓氏,形成了欧、欧阳、欧侯三个姓氏。其后亦有欧阳、欧侯省姓为欧者。(一说越王无疆之裔东越王摇,镇守东鸥,称东鸥王,其后有欧姓。)

2. 出自欧冶氏,与区氏同出于一源,以祖先名字为氏。春秋时有匠人欧冶子,因为居住在欧余山,且善于冶炼锻造兵器而得名,其后代以其名字为氏,形成了欧氏。(后有简改欧为区者。)

3. 少数民族姓氏。苗族吉学氏汉姓为欧、贺;今水、白、满、蒙古、土家、高山、侗、壮等民族均有此姓。

【欧姓名人】

欧宝

东汉著名孝子。性格开朗,为人豪爽,性至孝,父亲去世后在墓旁庐中守孝乡邻打虎,虎跑进他庐中,他用衣服盖住虎,虎得以逃脱。后来,虎送来鹿帮他祭化,时人皆以为其孝能恪(感化)猛兽。

欧庆

寝阳(今湖北襄阳市襄州区)人,北宋官吏。以通《三礼》出身,授湘潭主簿。历陈州司法参军、彭州军事推官、知永春县。为人忠信,居官廉平。

欧大任

顺德(今属广东)人,明代诗人。由岁贡生官至南京工部郎中。工诗,为"广东五才子"之一。著有《虞部集》《百粤先贤志》。

【郡望堂号】

郡望

平阳邢:治所在今山西临汾一带,三国魏时置郡。

堂号

八剑堂:春秋时,欧冶子善于铸剑,越王请他铸了五把剑(湛卢、巨阙、胜邪、鱼肠、纯钩),后义与徒弟于将为赵王铸造了三把剑(龙渊、太阿、工布)。这八剑都是吹毛利器,各有不凡的经历。因而有此堂号。

【宗族特征】

欧姓源于南也盛于南,是典型的南方姓氏。欧姓与欧阳姓同宗,当今欧姓人口多于欧阳复姓人口。在区、欧、欧阳三姓当中,欧和欧阳很早就出现了,区氏是在汉朝才出现的,因此区氏族人谦称"小区",称欧氏为"大欧"。

【繁衍变迁】

欧姓发源于今浙江、江苏省境,族人在得姓后长期繁衍于此。西汉时,有欧姓人北上中原,其中入今山西临汾者后繁衍成当地望族。东汉,江东(长江下游自今安徽芜湖、江苏南京以下的南岸地区)仍是欧姓人繁衍的大本营。魏晋南北朝之际,繁衍于平阳郡的欧姓冢族兴旺发达。隋末,军阀纷争,欧姓人的平阳郡望遭受了沉重的打击。唐初,有欧姓人随陈政、陈元光父子入今福建漳州。唐末五代时,欧姓人播迁于今四川、湖北、湖南等南方省份。宋元之际,欧姓人有播迁于今广东省和广西壮族自治区者。明中叶以后,有今福建、广东的欧姓人,赴台谋生,或播迁东南亚及欧美各国。

欧姓是当代中国人口排行第一百三十四位的姓氏,共有 113 万余人,约占全国人口的 0.09%。

聂

【聂姓起源】

1. 出自姜姓。据《姓氏急就篇注》所载,西周时齐国丁公姜伋的支庶子孙被封于聂城(一说在今山东茌平县西,一说在今河南清丰县北),建立聂国,为齐国附庸,其后世子孙以国名为氏。

2. 出自姬姓。据《元和姓纂》所载,春秋时卫国有姬姓大夫(一说为楚国大夫)食采于聂(今河南濮阳),其子孙以地为氏。(据袁义达与杜若甫的《中国姓氏大辞典》所载,卫国大夫的采邑地为今山东聊城而非聂;楚国有摄叔,而无聂叔。袁、杜二人认为古籍有误。)

3. 古有地名聂北,其地春秋时属邢国(今山东茌平西),后邢国灭亡,其地入齐,居者以地名为氏。

4. 宋朝时犹太人入中国,在元、明时采用汉姓,其中有聂姓。

5. 清满族人有聂姓,世居辽阳(今属辽宁);今满、土家等民族均有此姓。

【聂姓名人】

聂大年

临川(今属江西)人,明代学者、书法家。博通经史,工诗,善古文,亦能书,得欧阳询法。著有《东轩集》。

聂士成

合肥(今属安徽)人,清末将领。镇压太平军和捻军,积功升至提督。后曾赴台抗法,赴朝御日,辽阳大高岭一战,毙日将富刚三造。战后创立武毅军。八国联军侵华时,据守天津,力战阵亡。

聂耳

云南玉溪人,现代作曲家,中共早期党员。1935年在日本游泳时溺水身亡,年仅23岁。由他作曲的《义勇军进行曲》被定为中华人民共和国国歌。

聂士成

【郡望堂号】

郡望

河东郡:治所在今山西夏县西北,秦时置郡。

新安郡:治所在今浙江淳安县西,晋改新都郡置。

清河郡:治所在今河北清河县地。汉高祖四年(公元前203年)置郡,因境内有清河流经而得名。

堂号

悯农堂:唐代进士聂夷中,很同情农民,诗作多抒发悯农情怀,其中名句:"二月卖新丝,五月春新谷。医得眼前疮,挖却心头肉"最为脍炙人口。因而有此堂号。

【宗族特征】

聂姓家族人才济济,优异无比,家谱中满载节义之士,且多有名臣良吏和饱学鸿儒,留给子孙以无尽的光荣。当代聂姓名人多将领,共和国共有四位聂姓将帅,即大名鼎鼎的重庆江津人聂荣臻元帅,湖北礼山人聂凤智中将,安徽阜南人聂鹤亭中将,以及河北晋州人聂济峰少将。

【繁衍变迁】

聂姓发源于今河南、山东一带。东汉之前,聂姓人基本上集中于北方繁衍。魏晋南北朝时,聂姓家族在今山西夏县一带发展迅速,成了河东郡的望族。并有为躲避战乱而播迁至今江苏、浙江、安徽、江西一带者,逐渐发展为新安郡的望族。隋唐之际,聂姓人以上述两大郡望为中心,向周边播迁。两宋之际,聂姓人多居于南方,在今福建、湖北、湖南等地均有分布。南宋末期,北方的聂姓人发展平稳,南方的聂姓人则避乱播迁。明初,洪洞大槐树(今属山西)籍的聂姓人分迁于今河南、河北、山东、江苏、安徽等地。明中叶以后,沿海地带的聂姓人有迁入台湾者。明末张献忠屠川后,"湖广填四川"时,有今湖北、湖南的聂姓人入今四川。清以后,聂姓人分布更广。

聂姓是当代中国人口排行第一百二十二位的姓氏,总人口约有140万,约占全国人口的0.11%。

曾

【曾姓图腾】

曾姓图腾虽然看上去比较复杂,但外形与现代汉语中的"曾"字却非常接近。牙璋、刻度和灵台三部分组成了曾姓图腾。顶端的两点即是牙璋,也叫丫璋,相当于今天的圆规,是一种用来规天矩地的天文仪器;中间是个"冈"形结构,表示所测量的八个点,即今天我们通常所讲的刻度,与牙璋所立的中心点一起,被称作"八方九宫"。底部是设置在水中的灵台(也叫瑶台或坛台,是古时观测天象的地方),其实是在暗示着太阳从汤谷中升起。

【曾姓起源】

1. 源自姒姓

据传为夏禹的子孙,以国名为氏。大禹治水成功之后,帝舜便将姒姓赐给大禹。据《世本》《元和姓纂》及《姓氏考略》所载,相传夏禹的第五世孙少康中兴了夏室后,将鄫(今山东省兰陵县西北)作为自己最小的儿子曲烈的封地,建立鄫国。鄫国历经夏、商、周三代,相袭了近 2000 年,一直到春秋时代,于公元前 567 年被莒国所灭。这时候,鄫国的太子巫小跑到自己国家的邻国鲁国做了官,其后代用原国名"鄫"为氏,后去邑旁而为曾氏,取其远离故城之意。

2. 源自少数民族本有之姓

我国很多少数民族中本身就存在沈姓,如土家、彝、苗、黎等少数民族均有此姓。

【曾姓名人】

曾点

字子皙,亦称曾皙,生于春秋时期,他是鲁国武城人。曾参之父,孔门弟子七十二贤之一。与颜回之父颜无繇、孟子之父孟孙激等并祀于曲阜孔庙后部的崇圣祠。《论语》载他和子路、冉有、公西华侍坐孔子,谈个人志趣时,他"铿"然一声,停止鼓瑟,说暮春时节,穿上轻松的春装,和五六位关系交好的成年人,带上六七个少年,去沂河里沐浴游玩,在舞雩台上临风而立,然后唱歌而归。孔子听后深表赞同,喟然叹曰:你和我想的一样! 鲁国大夫季武子死,曾点吊唁"倚其门而歌",被称为鲁之狂士。唐开元二十七年(公元 739 年)追封"宿伯"。宋大中祥符二年(1009 年)加封"莱芜侯"。到了明嘉靖九年(1530 年)又改换为"先贤曾氏"。

曾子

也就是曾参,春秋末期鲁国南武城(今山东省平邑县)人,他是孔子比较著名的弟子之一,以孝著称。相传《大学》是他所著,被后世儒家称为"宗圣"。

曾巩

字子固(1019~1083 年),北宋文学家,他出生在南丰(今属江西省),世称南丰先生。嘉祐进士,尝奉诏编校史官书籍,官至中书舍人,还因此得到了王安石的赞扬。散文平易舒缓,长于叙事说理,对于章法结构更是极为讲究,为"唐宋八大家"之一,有些文章对当时在位者的总是循序旧例表示不满,主张在"合乎先王之意"的前提下对"法制度数"进行一些

曾巩

改易更革。著有《元丰类稿》。他的作品《隆平集》在历史上也享有盛名。

【郡望堂号】

郡望

鲁郡:治所在今山东省曲阜东古城,西汉初年改薛郡置鲁县,晋时改置鲁郡。

庐陵郡:治所在今汀两吉安市西南。东汉兴平元年(194 年)置郡。

堂号

三省堂:得名于"吾日三省吾身"的典故。孔子弟子曾参(曾子)非常注意修身,每天从三方面检查自己,即为人做事有没有尽到心,和朋友交往有没有守信,老师教的东西有没有复习好。因而有此堂号。

【宗族特征】

曾姓族人很早就遍布于全国各地,他们以仁孝礼义而著称于世,字行辈分排列工整、严密,有明显的时代特色与宗族特色。因曾姓著名人物曾参为孔子门人,世称宗圣,其后子孙亦为圣裔,故曾氏家族的字行辈分亦参照孔氏族人"命字行辈"。即"希言公彦承,宏闻贞尚衍,兴毓传继广,昭宪庆繁祥,令德维垂佑,钦绍念显扬,建道敦安定,懋修肇益常,裕文焕景瑞,永锡世绪昌"。

【繁衍变迁】

曾姓发源于今山东兰陵县西北一带,族人先秦时期已遍布今山东、河北等地。至汉末以前,曾姓人已进入今河北、湖南、陕西、江西、广东等省。魏晋南北朝时,北方战乱频仍,曾姓人大量迁居今江苏、浙江、四川、江西、湖北等地,从而在唐朝之前就遍布全国,逐渐成为名姓之一。唐末,曾姓人有入迁今福建者。此后至宋末,曾姓人又几度迁移。元、明、清时,曾姓人分布更广,并有远播台湾与海外者。

曾姓是当代中国人口排行第三十二位的姓氏,总人口近 680 万,约占全国人口的 0.54%。

岳

【岳姓图腾】

相传岳是炎帝裔四岳的姓,其图腾由两部分组成,上部为羊角建木,下部为大山。炎帝魁隗氏又叫大隗氏,以大山天齐纪历为本族历法,四岳

·中华姓氏大观·

图文珍藏版

掌管四方山岳以正历法,东岳主管春,西岳主管秋,南岳主管夏,北岳主管冬。四岳因任四时正,统领四方的氏族,故又称"四相"。因此岳姓图腾的"山"由五部分组成,中间的山峰为天齐,两侧为"四相",左边两个山峰为夏至、东春分峰,右边为西秋分峰、冬至峰,合为五行山峰。羊角建木树立在中央天齐峰上,楷书写作"丘"(本作"羊",表示岳姓为炎帝羌姓的后裔,作丘时表示建木博山,演变为山峦重叠)。

【岳姓起源】

1. 为帝颛顼后裔伯益的后代。据《姓氏考略》《元和姓纂》等载,伯益的四个儿子掌管四方诸侯,称"四岳"。四岳之后有岳氏。

2. 以官为氏。上古时,有一种专管祭祀三山五岳的官职,名为"四岳"。任此官职的人,有以官名中的"岳"为氏者。

3. 出自少数民族改姓或少数民族固有姓氏。元时畏兀儿(即维吾尔)人有岳姓;清满族人有岳姓,世居沈阳(今属辽宁);景颇族恩昆氏、木孔氏、恩孔氏等汉姓均为岳姓;今满、蒙古、土家、高山、朝鲜等民族均有岳姓。

【岳姓名人】

岳飞

字鹏举,汤阴(今属河南)人,南宋名将。行伍出身,因作战勇猛,战功显赫,擢都统制。绍兴四年(1134年),大破金与伪齐兵,收复襄阳(今湖北襄樊)等六郡。五年,镇压杨幺起义。十年,率师北伐,连败金兀术,获郾城(今河南浑河市一带)大捷。进军朱仙镇(今河南开封西南),后因高宗和秦桧力主和议,被迫班师。十一年,因"莫须有"的罪名被杀害。孝宗时被追谥武穆,宁宗时被追封为鄂王。

岳正

通县(今属北京通州区)人,明代书画家、学者。历任编修、修撰,后以原官人内阁参与机务。不久被诬陷入狱。宪宗初复出仕。工书画,尤善画葡萄。著有《深衣注疏》《类博杂言》《类博稿》。

【郡望堂号】

郡望

山阳郡：一为汉时置郡，治所在今山东金乡西北；一为晋时置郡，即今江苏淮安。

邺郡：今河北、河南、山东间地。唐改相州置郡，治所在今河南安阳。

堂号

山阳堂：秦汉以后，岳姓族人主要以山阳（今山东金乡西北）地区为繁衍中心，因此子孙沿用"山阳"为堂号。

【宗族特征】

岳姓多忠义之士。岳母刺字"精忠报国"，岳飞以一腔热血忠实履行，为后世之楷模，岳姓子孙以此为范。明清两代岳姓进士及第者共40名，除满蒙之八旗4名外，今山西、陕西、河南、山东、河北共20名。可见岳姓在北方分布很广。

岳飞

【繁衍变迁】

岳姓人自得姓至秦汉以前，主要以山阳郡为繁衍中心。魏晋南北朝时，岳姓家族昌盛为山阳郡的望族，并播迁于今河南、江苏、安徽诸省，在河南安阳形成了邺郡郡望。两宋时，岳姓人开始进入今江苏、浙江、湖北、湖南、江西、四川。宋末，元兵南侵，岳姓人散居南方各地。明初，洪洞大槐树（今属山西）籍的岳姓人分迁于今山东、河南、河北、江苏、陕西等地。明中叶以后，有沿海的岳姓人赴台湾，或迁居东南亚。明末张献忠屠川，有今四川的岳姓人避居今云南、贵州。后"湖广填川"时，又有今湖南、湖北的岳姓人定居今四川。清以后，有今河南、山东、河北的岳姓人

"闯关东"入今东三省。

岳姓是当代中国人口排行第一百二十七位的姓氏,总人口约有135万,约占全国人口的0.11%。

丛

【丛姓起源】

1. 出自金姓,以地名为氏。据《池北偶谈》所载,西汉时车骑将军金日磾的后代迁居丛家岘(今属山东文登市),遂以居地名丛为氏。

2. 少数民族姓氏。今满、蒙古等民族均有此姓。

【丛姓名人】

丛兰

文登(今属山东)人,明代弘治三年(1490年)三甲第三十八名进士。博学嗜书,官户科给事,清谨伉直,屡有论建。受奸臣刘谨之害,几乎丧命,后升任南京工部尚书。

丛义蔚

明文登(今属山东)人,先在南京锦衣卫任职,后在明隆庆二年(1568年)进士及第,中第三甲第一百四十七名。

丛叔谟

文登(今属山东)人,明代书法家、学者。知识渊博,善书法,诗文尤佳,流传甚广。今万石山、槎山千真洞诸石刻,俱出其手。

【郡望堂号】

郡望

许昌县:治所在今河南许昌市西南,三国魏时设置。

堂号

许昌堂、文登堂等。

【宗族特征】

丛姓人源起于今山东文登，历经数千年风风雨雨，如今大部仍在文登周边地区繁衍。此种现象诚为罕见，为他姓所不可比拟。

【繁衍变迁】

丛姓人在得姓之后的很长一段时间里，基本上是以今山东文登为其繁衍中心。山东文登处胶东半岛一隅，三面环海，不便于进行大规模迁衍，但丛姓人仍有少量迁而得势者，如南北朝时，丛姓人就曾发展兴盛为许昌的望族。然而许昌乃兵家必争之地，自魏晋南北朝至元，几度遭大战洗礼，丛姓人也因而有随众避乱于南方各地者，播迁方向应是先今华东，而后中南，再西南。而这期间，世居文登的丛姓人因其所处的地理位置，多在山东半岛各地小规模迁衍，或在今华北各地零星迁徙。元末明初，丛姓人有两大支分别迁往今河北、辽宁，而洪洞大槐树（今属山西）籍的丛姓人则在明初被分迁于今陕西、甘肃、河北、河南、湖南等地。晚清民国年间，山东半岛渡海"闯关东"谋生者甚众，而文登紧邻今山东威海等港口，出海便利，于是丛姓人也有随众渡渤海，在葫芦岛登陆，移居关尔（今辽宁、吉林、黑龙江）者。

如今，丛姓是中国人口排行第二百三十三位的姓氏，总人口约 34 万，约占全国人口的 0.027%，在今山东、辽宁、黑龙江等地比较集中。

隋

【隋姓起源】

1. 出自祁姓，为春秋时晋国大夫士会之后，以邑名为氏。据《古今姓氏书辩证》《元和姓纂》及《隋书》等所载，春秋时晋国有大夫祁士会，字季。士会先后辅佐晋文公、襄公、成公、景公,并于景公七年(公元前593年),率师攻灭赤狄,因功晋升为中军元帅,兼任太傅,执掌国政,修订法规。士会食邑于随(今山西介休),其子孙以邑名为氏,是为随氏。下传至隋代时,隋文帝改随姓为隋姓。

2. 据《后汉书》所载,汉时有隋昱,绥远五原(今内蒙古自治区包头市西北)人,于王莽执政末年起兵,后归顺汉光武帝刘秀,为最早见诸史册的隋姓人,其后世代相传姓隋。

3. 据《通雅》所载,明宣德年间,王骥征麓川(故治在今云南腾冲),土司乞姓,王骥赐以怕、刀、剁为三酋之姓,后改剁为隋;今满、蒙古等少数民族中均有此姓。

【隋姓名人】

隋宝

登州栖霞(今山东烟台栖霞市)人,元代将领。金末隶军伍,仕至管军都总领。蒙古窝阔台汗下山东,授莱阳令,历莱阳节度判官,终高密令。

隋世昌

莱阳(今属山东烟台市)人,隋宝之子,元代将领。涉猎书史,善骑射,使浑铁枪,重四十余斤。蒙哥汗三年(1252年),选充队长。守海州,攻涟水,有功。元世祖至元初年(1264年),授莱阳县诸军奥鲁长官。从破樊城、沙洋。官至沂郯上副万户,卒后谥忠勇。

隋赟

即墨(今属山东)人,明初官吏。洪武初任英山县主簿,平陈友谅余党反抗。后历任知县、袁州通判,累官至广东按察使。

【郡望堂号】

郡望

清河郡:汉代置郡,治所在今河北清河东南。辖境相当于今河北清河、枣强、南宫各一部分,山东临清、夏津、武城及高唐、平原各一部分。

堂号

清河堂

【宗族特征】

隋姓是一个比较典型的北方姓氏。当今隋姓名人多为体坛明星,如铅球运动员隋新梅,原辽宁足球队员、辽宁大连人隋明云、隋波以及八一足球队员隋东亮等。

【繁衍变迁】

隋姓发源于今山西介休,原为随姓,曾是今河南洛阳、河北清河一带的望族,于隋朝时改随为隋。隋唐两代,隋姓人在今河北清河族大人众。唐末,藩镇割据,阉宦专权,瘟疫肆虐,战乱不断,清河的隋姓人有徙居今江苏、浙江、安徽等地者,但更多的则迁至远离中原、战火难至的山东半岛,并繁衍昌盛。金元间,隋宝因仕宦之故由今山东栖霞迁居莱阳,其后便世代留居该地。明初,洪洞大槐树(今属山西)籍的隋姓人,隋姓被分迁于今河南、湖北、陕西等地。明代以后,隋姓人在全国的分布进一步扩大。清康、乾年间以后,今山东的隋姓人随"闯关东"的风潮入居今东北三省且留居在"闯关东"渡海必经之地旅顺岛者众多。清中叶以后,山东半岛的隋姓人有扬帆台湾岛者。

如今,隋姓是中国人口排行第二百零三位的姓氏,总人口约 46 万,约占全国人口的 0.037%,主要集中于山东境内。

苟

【苟姓起源】

1. 出自姬姓。《国语》云:"本自黄帝之子。汉有苟参。古厚切。"传说黄帝(姬姓)有后人居于河内(今山西、河北、河南的黄河以北地区),因其地多生长枸杞,因以之为氏,称为苟氏。

2. 出自芈姓,以封邑名为氏。楚国有芈姓大夫食采于苟邑(今地失考),其后人以邑名苟为氏,称为苟氏。

3. 出自姬姓,为晋国公族苟氏所改。春秋时,晋国有姬姓后裔、公族大夫苟氏,为避难改姓称为苟氏。

4. 出自敬姓,后晋时为避帝讳而改。后晋时,敬姓人为了避后晋高祖石敬瑭的名讳,将敬姓分为苟姓和文姓。

5. 出自勾姓,南宋时为避帝讳所改。据《路史》载,南宋时,为避宋高宗赵构之讳,勾姓人改为句姓,后又有改为苟姓者,形成了另一支苟姓。

6. 源自少数民族改姓或少数民族固有姓氏。据《魏书·官氏志》所载,北魏时有代北(约在今河北蔚县以西,山西外长城以南,原平、五台山东北一带)鲜卑族若干氏,入中原后改为苟姓;羌族哭吾已氏(房名),汉姓为苟;今畲、回等民族均有苟姓。

【苟姓名人】

苟孤

北朝北魏将领。明元帝即位后,他因拥立之功,被拜为车骑将军。后为镇军大将军、并州刺史,封博陵公。忠诚正直,身死之日,家无余财。

苟与龄

字寿隆,滁州(今属安徽)人。宋朝孝子。志尚高,事其亲,生养死葬,以敬孝闻。母丧,筑庐于墓侧。有芝十九茎生于墓亭,郡县皆上奏其事,得降诏旌表其门。

苟宗道

字正甫,清苑(今属河北)人,元朝大臣。弱冠时师从郝经,往为书佐,及归,已成儒学名家,官至国子祭酒。诗文、书法皆具晋、唐风致。

【郡望堂号】

郡望

河南郡:治所在今河南洛阳东北,汉代时改三川郡置。

河内郡:今河南武陟西南,汉代时置郡。

堂号

祝华堂等。

【繁衍变迁】

苟姓源出多头,先秦时已广布于今山西、湖北、河南、河北等地。西汉时苟姓人已繁衍于河内郡,东汉时已广布于今天黄河中下游诸省。西晋苟晞位高权重,极大地壮大了苟姓河内郡望。此外,苟姓人还曾长期昌盛于今山西离石、河南洛阳一带。魏晋南北朝时,苟姓人入迁今山东、安徽、江苏、浙江、湖北等省。另北魏时,鲜卑族改姓而来的苟姓人大多徙居今河南洛阳,与当地苟姓人融合,昌盛为当地望族。唐末五代,苟姓人有避战祸入今四川、湖南、江西者。宋元两代,今华中、华南、西南地区出现了更多的苟姓人家。明初,洪洞大槐树(今属山西)籍苟姓人被分迁于今河南、河北、陕西、山东、甘肃、北京、天津等地。明末张献忠屠川后,有今湖北、湖南的苟姓人播迁于今重庆、四川。清康、乾年间以后,有今山东的苟姓人入迁今东三省。

如今,苟姓是中国人口排行第二百三十七位的姓氏,总人口约 33 万,约占全国人口的 0.026%。

奚

【奚姓起源】

1. 出自任姓,黄帝后裔。《古今姓氏书辩证》有载:"奚姓出自任姓,夏车正奚仲之后,以王父字为氏。"传说黄帝共有 25 个儿子,得姓者 14 人,共 12 姓,禺阳便是其中的一个。禺阳受封于任地(故址在今山东省济宁),遂以邑名为氏,称任姓。《姓源》《姓氏考略》和《古今姓氏书辩证》中记载:夏朝时,禺阳的第十二世孙任仲食采于夏王朝管辖区的奚地(今河北承德一带),便以奚为字,称奚仲。后来,他出任车正官(掌管车辆制作与使用的官职),被分封至薛(今山东枣庄市薛城区奚村),后来又迁徙到邳(今山东微山西北)。其子孙有以祖字奚为氏者。

2. 源自少数民族改姓或少数民族固有姓氏。根据《路史》的记载,奚姓乃是拓跋氏的后代,为北魏皇族之姓。而《魏书·官氏志》中记载:北魏皇族之姓有两个来源,一是由达奚氏改姓而来,一是由乌丸部薄奚氏改姓而来。今天,白族等民族中也有人姓奚。

【奚姓名人】

奚冈

清钱塘(今浙江杭州市)人。善于诗画,其山水花石画超凡脱俗、意蕴娟秀。曾经游学于日本,名噪一时。反对科举考试,清乾隆时举孝廉方正,推辞不就。著有《冬花庵烬余稿》。

奚寅

阳湖(今江苏常州市)人。清乾隆时考中进士,历任湖南衡山、湖北利川知县。能诗,且文武双全,据说能以一抵十。著有《滇南纪程诗》《别楚唱酬诗》。

奚缉营

江苏宝山(今属上海市宝山区)人,清代著名孝子。据记载"其母病,割臂以疗"。又创义学,平价售米用于济贫。其事迹为时人称颂,宝山令曾题匾对其行为大加称赞。

【郡望堂号】

郡望

谯郡:今安徽、河南两省的灵璧、蒙城、太和、鹿邑、永城等地。治所在今安徽省亳州,东汉时置郡。

北海郡:今山东省的潍坊、安丘、昌乐、寿光、昌邑等地。治所在今山东省昌乐东南,汉时分齐郡置。

堂号

北海堂、圣门堂等。

【宗族特征】

奚姓是中国历史上有文字记载的第一个姓。史料中有"大禹治水,奚仲造车"的记载,说的是 4000 多年以前,夏朝一个叫奚仲的车正官发明了一种车子,给大禹治水帮了很大的忙。这是中国历史上最早的姓氏记载。据说,古代时只有贵族才能坐车,因此掌管车辆的车正官一职也只有王族可以担任。由此可知,奚姓人的远祖有着不俗的家世。在我国,奚姓人口并不是很多,并且目前的奚姓人并不全是黄帝之后。在历史上鲜卑族拓跋氏的后代达奚氏、薄奚氏有改姓奚者,其他少数民族亦有姓奚者。从这点上看,奚姓是民族大团结的产物。

【繁衍变迁】

奚姓源自夏朝,其中今山东昌乐、安徽亳州一带的奚姓家族颇为兴盛,后来逐渐迁徙到今黄河中下游各省市。东汉末年三国时期,今江苏、湖南等地已出现了迁徙定居的奚姓人。到了两晋南北朝时,居于北方的奚姓人加快了南迁的步伐,今安徽、湖北、浙江等地均出现了迁徙而来的奚姓人。北魏时期,拓跋族奚姓随国都迁移而迁居到今河南洛阳、禹州等地者,逐渐与汉族人彼此融合。唐时,奚陟之祖由今安徽亳州迁徙至京兆(今陕西西安市)。五代时,今河北易水的奚超家族迁移到今安徽歙州,又迁往今江西。宋元两代时,今四川、福建、广东等南方省份逐渐出现定居的奚姓人。明朝初年,今山西的奚姓人,被分迁至今浙江、江苏、湖北、湖南等省。清朝中叶以后,台湾以及今东北等地也出现了定居的奚姓人。之后,随着长江三角洲的发展和大上海的兴起,今江苏、浙江等地的奚姓人大量涌入其间,使上海成为奚姓人的又一发展中心。

如今,奚姓是中国人口排行第二百八十一位的姓氏,总人口约有 19 万,约占全国人口的 0.015%。

娄

【娄姓起源】

1. 出自姒姓。《新唐书·宰相世系表》《通志·氏族略》中记载:"夏少康(姒姓)裔孙东楼公封于杞,后为楚所灭,改食邑于娄,遂以邑为氏。"杞,即今河南杞县;娄,在今山东诸城市西南。

2.《姓氏考略》中记载:"离娄之后有娄姓。"离娄,黄帝时期圣人,传说视觉敏锐,能看见百步之外的事物。

3. 出自曹姓。根据《风俗通义》的记载:"邾娄国子孙有以国为氏者。"邾娄国,在今天山东邹城市东南。国君曹姓。

4. 源自少数民族改姓或少数民族固有姓氏。《魏书·官氏志》中记载:"北魏改代北匹娄氏、伊娄氏、乙那娄氏为娄姓。"《元和姓纂》中记载:"唐时吐谷浑人有此姓。"现今满、畲、土家等少数民族均有此姓。

【娄姓名人】

娄师德

郑州原武(今河南原阳)人,唐朝宰相。进士出身,高宗上元初年,担任监察御史,仪凤三年(678年)从军,大败吐蕃,官至同凤阁鸾台平章事,掌管朝政。他镇抚边疆前后长达30年之久,立下了汗马功劳。

娄寅亮

温州永嘉(今属浙江)人。宋徽宗时中进士,高宗绍兴元年(1131年)上疏进言宗社大计,遂擢为监察御史,后被奸臣秦桧所陷害,罢官。

娄坚

苏州府嘉定(今上海市嘉定区)人,明学者,嘉定四先生之一,擅长书法,诗风清新,著有《学古绪言》等。

【郡望分布】

谯郡：今安徽、河南两省的灵璧、蒙城、太和、鹿邑、永城等地。治所在今安徽省亳州，东汉时置郡。

东阳郡：治所在今浙江省金华，三国吴时置郡。

【宗族特征】

娄姓得姓至今已有 2000 年的历史，后代繁盛，人口众多，并且英才辈出。唐朝时，娄师德以大度雅涵闻名，出将入相近 30 年之久，受封谯县子——而正是在这一时期，娄姓家族的发展步入全盛。娄姓后代中又有因为各种原因改姓的分支，分别改为夏侯、抱、把、郁厘、丐、雍匠、鲍、刘等姓氏。

【繁衍变迁】

娄姓发源于今山东境内。周朝末年，有娄姓人迁居今陕西关中（渭河流域一带）。西汉时，有娄姓人迁徙于今河南南阳市、杞县等地，并定居于今安徽亳州等地。三国两晋南北朝时，为躲避战乱，娄姓人渡江到了今江苏、浙江一带，并以今浙江金华一带为主要聚集地。北魏时，由代北（约在今河北蔚县以西，山西外长城以南，原平、五台山东北一带）人改姓而来的娄姓的显赫家族，除一部分留居代郡平城（今山西大同）外，大多随迁都而定居于今河南洛阳。五代时，谯郡、东阳郡以及北方的娄姓人大批迁往今江西。宋元两代，娄姓人进一步向南方迁徙，今湖北、湖南、四川、福建、广东等省均出现娄姓人。元末后，今广东、四川、湖南等地的娄姓人又有部分迁往今云南、贵州等省和广西壮族自治区。明初，今山西洪洞大槐树籍的娄姓人被分迁至今河北、河南、甘肃、陕西等地。清朝康、乾之后，今河北、山东、河南等地的娄姓人随"闯关东"之风大批迁往今东北三省。新中国成立前夕，国民党将领、今河南杞县高阳人娄伯芳兵败退居台湾，其子孙遂分散于台北等地。现在，娄姓人在全国均有分布，尤以贵州、江西、黑龙江、河南等省人口最多。

闻

【闻姓起源】

1. 出自姬姓。春秋末年,鲁国(国姓为姬,都城在今山东曲阜)有个大夫叫少正卯。他博学多识,曾聚众讲学,同孔子唱对台戏,孔子的不少弟子都来听他讲课。他在当时颇有声誉,远近闻名,所以被誉为"闻人"(知名的人)。其子孙遂以"闻人"为氏。后来,又有一部分人改为单姓闻氏。此支闻氏,至今已传承了2400多年。

2. 出自"文"姓,是南宋杰出的民族英雄和爱国诗人文天祥的后裔,为避难所改。

3. 出自少数民族改姓或少数民族固有姓氏。清朝时,有满洲人改姓闻;今满、彝、朝鲜、回、土家等少数民族中都有闻姓。

【闻姓名人】

闻璋

明代名儒,治学严谨,倡导仁孝道德。其子闻元奎、闻元璧,都因家教好而以言行合礼、友爱孝敬出名。其孙闻泽、闻渊更是德才兼备,皆举为进士而官居高位:一为兵部主事,一为吏部尚书。一家三代都非等闲之辈。

闻启祥

明末杭州(今属浙江)名士。自幼聪慧过人,以好读书、有文才而声名远播,但居家不仕。后来三番五次被人举荐为官,他都辞谢不赴,发誓终身为平民。

闻一多

原名闻家骅,生于今湖北浠水,现代诗人、学者、民主战士,文学社团"新月社"最早的参与者之一。先后执教青岛大学、清华大学等名校。皖南事变后,他积极投身到反对独裁、争取民主、反对内战的斗争当中。1946年7月15日在昆明遇刺身亡,时年 47 岁。著有诗集《红烛》《死水》,后全部著作由朱自清等人编成《闻一多全集》传世。

闻一多

【郡望堂号】

郡望

吴兴郡:治所在今浙江省湖州市吴兴区,三国时置郡。

堂号

超卓堂:得名于明朝大臣闻良辅。闻良辅洪武年间任监察御史,后升为大理少卿,出使暹罗(泰国的旧称),权操虎节(古时出行官员用以表示身份的符节),官至广东按察使。因其才能和品行都出类拔萃,故有此堂号。

【宗族特征】

一直以来,闻姓家族都是人才辈出,宋代有画家闻秀才,名士闻见昌、闻舜举;明代有学者闻璋、吏部尚书闻渊、广东按察使闻良辅;清代有金石收藏家闻玢;近代有著名学者、民主战士闻一多等,不胜枚举。闻姓人的字行辈分排列有序,如湖北宜宾一支闻姓人的字行为:"承天合道安社稷,正大光明定乾坤,英才辈出多圣贤,光风霁月永祯祥。"

【繁衍变迁】

闻姓发源于今山东。闻人氏完全改为闻氏,大约是在汉朝与宋朝之间。闻姓人早期活动于今山东,三国至唐之间以吴兴郡为郡望,在今江浙一带形成名门望族。宋朝时,闻姓人口稀少,主要集中于今江西境内。明朝时,闻姓人口约有 3.9 万人,今浙江成为闻姓人分布最多的地区,其境内居住着全国约四成的闻姓人口。另外,今江苏、湖北、福建、江西、四川各省和广西壮族自治区也有闻姓人居住。历明清两代,闻姓人口大幅度增加。

如今,闻姓是中国人口排行第二百八十六位的姓氏,总人口约 17 万,约占全国人口的 0.014%。他们主要集中分布于黑龙江、辽宁、天津、云南、安徽、湖北、江苏、浙江等地。其中,浙江仍然是闻姓人口第一大省,其境内分布着约全国闻姓总人口的 20%。

艾

【艾姓起源】

1. 以祖字为氏,始祖为汝艾。据《通志·氏族略》所载,夏王少康时有大臣汝艾(一作女艾),其后人以祖字为氏,称艾氏。

2. 以地名为氏。春秋时齐国大夫孔,因家住艾陵(今山东泰安东南),人称孔艾,其后便以居住地"艾"为氏。《通志·氏族略》即称艾氏为"春秋大夫孔艾之后"。

3. 以国名为氏。据《舆地指掌图》载,商时有艾侯国,后为周武王所灭,国民以国名为氏,称艾氏。

4. 源自少数民族改姓或少数民族固有姓氏。北魏孝文帝时艾斤氏改为艾姓;回族艾姓,大多出自回名的首音节,如清代回族人艾布巴克,其后裔便以艾为姓;定居中国的犹太后裔中有艾姓;今天的彝、苗、蒙古、土家等少数民族都有艾姓。

【艾姓名人】

艾晟

宋朝名臣,祖籍真州(今江苏仪征),历任通仕郎行杭州仁和县尉管句学事、秘书省校书郎,兼修六典文字,后升为考功员外郎。其所校正、增补的《经史证类大观本草》(简称《大观本草》),被视为本草范本流传于世。

艾自修

邓州(今河南邓州市),明代学者。艾自修幼年时便与其兄艾自新同窗苦读,互为勉励。其兄精研理学,著有《希圣录》。艾自修天资聪颖,中举后为官,清正廉明。后奉命讲学,被朝廷旌表为"当代贤儒",封为诏进四品大夫。著有《理学纂要》。

【郡望堂号】

郡望

陇西郡:治所在今甘肃临洮南,战国秦昭襄王二十七年(公元前280年)置郡,因在陇山之西而得名。

汝南郡:治所在今河南上蔡西南,汉代置郡。

天水郡:西汉置郡,治所在今甘肃通渭西北;东汉改置汉阳郡,移治今甘肃甘谷东南;三国魏时复为天水郡;西晋时治所在今甘肃天水;北魏辖境为今天水、秦安、甘谷等地。

河南郡:汉改三川郡置,治所在今河南洛阳东北,辖境相当于今河南黄河以南的洛水、伊水下游、双洎河、贾鲁河上游及黄河以北的原阳等地区。

堂号

爱民堂:南宋艾若纳,为吴兴令时爱民如子,曾在桌旁立下一幅座右铭:"爱民如恤血,挞吏胜看经。棒折胥吏手,何劳诵《大乘》?"爱民堂由此得名。

【繁衍变迁】

艾姓的历史可追溯到先秦,族人最初分布在今山东泰安东南和江西修水一带。秦汉以后,有艾氏族人迁徙到今甘肃临洮、天水、河南平舆、河南洛阳等地,并迅速繁衍为当地的望族。北魏时,在汉化改革的推动下,由艾斤氏改姓而来的艾氏族人迁徙到北魏新都洛阳(今属河南),与当地艾姓人融合在一起,使河南郡的艾姓家族更加枝繁叶茂,显赫一时。到了隋唐时期,艾氏家族已繁衍到今北方诸省。唐末五代之际,艾姓族人为躲避战乱向南迁徙,定居在今安徽、江苏、江西、浙江、湖北、湖南等南方省份,并有远徙到今福建者。宋元时,艾姓族群在今南部省份繁衍开来,今四川、云南、广东等省和广西壮族自治区均有艾姓人入迁。明初,艾姓族群作为洪洞大槐树(今属山西)迁民最大的族群之一,被分迁到今陕西、河北、河南、湖北等省。嗣后又有今浙江、福建、广东沿海的艾姓人迁徙到台湾。清朝时,今山东等地的艾姓贫民随"闯关东"的风潮前往今东北三省谋生,主要集中在黑龙江流域。民国时,艾姓人在全国分布愈广。

如今,艾姓是中国人口排行第二百一十五位的姓氏,总人口约40万,约占全国人口的0.032%。

房

【房姓起源】

1. 出自陶唐氏,为尧帝之后。尧又称陶唐氏,其子朱开始被封于丹水(今河南淅川县),故称丹朱。丹朱不具备治国的能力,因此尧将帝位禅让给功绩显赫的舜。舜继位后,改封丹朱到房(今河南遂平县西南房故城,一说在今湖北房县),建立房国。丹朱的儿子陵,以其父的封地名为氏,自称房陵,其后遂为房氏。此支房姓,至今已有4300多年的历史了。

2. 以国为氏。历夏商至周朝时,房国成为子爵国。公元前529年,楚灵王灭房国,将其国民迁至今湖北荆山西北的房县。房国遗民有以故国名为氏者。

3. 出自少数民族改姓。南北朝时,北魏少数民族鲜卑族高车部屋引氏迁徙中原后改为房姓。

【房姓名人】

房彦谦

隋末名臣,房玄龄之父。为官清正廉明,夙夜勤勉。隋文帝称其为"天下第一能吏"。

房玄龄

唐朝名相。18岁时举进士,后与杜如晦、长孙无忌、尉迟敬德、侯君集五人辅佐李世民登上帝位,被封为中书令。后为相15年,勤勉廉正。后世将他和杜如晦合称为"房谋杜断",视作良相的典范。

房宽

明朝名将。洪武年间,以济宁左卫指挥从徐达练兵北平,移定大宁,被封为思恩侯。后因见"前代功臣俱各无牒",遂将《房姓族谱》编修成书。

房玄龄

【郡望堂号】

郡望

清河郡:位于今河北清河至山东临清一带。汉高祖四年(公元前203年)置郡。

济南郡:位于今山东济南、章丘、济阳、邹平等地,汉代置郡,治所在今山东章丘西。

河南郡:治所在今河南洛阳一带。汉高祖二年(公元前205年)置郡。

堂号

中书堂:唐代房玄龄,18岁即高中进士,后跟随李世民举兵,担任谋士十余年。李世民登基后,房玄龄被拜为中书令,为相15年,因而有此堂号。

【宗族特征】

房姓的演变流向十分清晰,殊为难得。房姓家族在当代中国姓氏人口排行中的位置并不高,但房姓族人中出了一位大名鼎鼎的大唐开国宰相,名列"中国十大贤相"之一的房玄龄,故房姓家族历来名望显赫。

【繁衍变迁】

房姓起源于今河南遂平县、湖北房县等地。西周昭王时,丹朱之裔房钟食采于灵寿,遂落籍于今河北灵寿。先秦时期,房姓主要活动于今河南、河北。西汉成帝末年,有房姓后代因任清河(今河北清河县东)太守,举族定居于其间,并在此繁衍成望族,故后世有"天下房氏,望出清河"之说。4世纪末,清河房氏有很多人为躲避战乱迁徙到今山东半岛。唐初,因名相房玄龄的出现,清河房氏再次发展壮大(房玄龄曾任清河郡守)。唐末五代时,房姓有南迁今四川、江西等地者。宋元两代,房姓在南部省份分布愈广,有房姓人陆续迁入今福建、广东。明初,房姓作为洪洞大槐树(今属山西)迁民姓氏之一,被分迁于今河南、河北、陕西、甘肃、北京等地。至清代时,房姓分布之地愈广,并有华南沿海之房姓渡海赴台,远赴海外。

如今,房姓是中国人口排行第一百八十三位的姓氏,总人口约60万,约占全国人口的0.048%。尤盛于山东、山西、陕西、江苏等省。

濮

【寻宗探源】

1. 出自虞氏,为舜帝的后裔。舜帝(妫姓)又名有虞氏,因此又被称为虞舜。他为炎黄部落首领时,将部分子孙散封于濮地(今地失考),其后代遂以地名为氏,称濮氏,世代相传。

2. 出自高阳氏,为颛顼帝玄孙陆终的后裔。

3. 出自姬姓,为卫国康叔的后裔,以邑名为姓。春秋时,有卫国大夫(卫康叔姬封之后)被封于濮邑(今河南濮阳市东濮城),其后代子孙遂以封地名为姓,称濮姓。

4. 以国名为姓。据《路史》载,周朝时有百濮国(今湖北石首市东南),其国人以国名为姓,称濮姓。

【濮姓名人】

濮鉴

字明之,元朝人。曾担任富阳(今属浙江)税务官。大德年间因水灾淹没农田,致使百姓陷入饥荒之中。濮鉴捐出千余石粮食赈灾,救活了很多人。后升任提举。

濮英

明朝大将,善于用兵,战功卓著。

【郡望堂号】

郡望

鲁郡:西汉初年改原秦朝薛郡为鲁国,晋代更名为鲁郡。治所在今山东曲阜。

濮阳郡:晋代时从济阴郡中分出一部分置郡,治所在今河南濮阳西南。

堂号

活众堂:元大德年间,因水灾年荒,百姓食不果腹。富阳(今属浙江杭州市)的一个税务官濮鉴捐出千余石粮食赈灾,救活了很多乡民,活众堂由此得名。

【繁衍变迁】

源自百濮国的濮姓人主要居住在今湖北石首市,后迁到今河南的濮河两岸定居,成为当地的一大望族。今四川境内的濮姓人则自南北朝时开始声名鹊起,成为著名的"巴中七姓"之一。

尚

【尚姓起源】

1. 出自姜姓,是姜子牙的后代。姜子牙,名尚,人称姜太公,因辅佐周武王灭商有功,受封建立齐国,成为齐国的开国君主。其后代取其名字中的"尚"字为姓,称尚姓。

2. 以官职名为姓。秦始皇一统天下之后,新增了六个管理服饰、膳食、冠冕、起居、沐浴、书籍的宫廷官职。这六个官职皆有"尚"字,取管理、负责和司掌之意,分别为尚衣、尚食、尚冠、尚席、尚沐、尚书。后来,有"六尚"之官的后代以祖先的官职名为姓,称为尚姓。

3. 出自少数民族改姓。唐朝时,有鲜卑族人宇文可孤任尚书右仆射,以官职名为姓,称尚可孤,此后世代相传。

【尚姓名人】

尚野

保定(今属河北)人,元朝官吏、学者。官至集贤侍讲学士兼国子祭酒,一生为官廉洁,有惠政。博学多才,为文用词典雅,从学者甚众。

尚达

同州(今陕西大荔)人,明代大臣。明孝宗初年任岳阳县令,有治绩,为时人称道。

尚小云

河北南宫人,京剧四大名旦之一。原名德泉,字绮霞,因师从青衣名家孙怡云,便改艺名为"小云"。他擅演女中豪侠,是同辈旦角中的佼佼者。新中国成立后,历任陕西省京剧院院长、中国戏剧家协会理事等职,1976年病逝于陕西西安,享年76岁。尚派名剧有《梁红玉》《汉明妃》《双阳公主》《墨黛》《昭君出塞》等。

【郡望堂号】

郡望

京兆郡:治所在今陕西西安市至华县一带。

汲郡:治所在今河南汲县一带,西晋泰始二年(266年)置郡。

清河郡:位于今河北清河至山东临清一带,西汉时置郡。

上党郡:战国时韩、赵、魏三国皆有此置,后秦国有其地,置上党郡,治所在今山西长治市北,西汉时移治今山西长子县。

堂号

廉介堂:元代大臣尚野,为文辞意典雅,曾任国史馆编修,后出任汝州判官。为人洁身自好,为官廉洁奉公,然性格行为狷介不羁,与众不同。廉介堂由此得名。

【宗族特征】

尚姓是北方姓氏,其家族自唐代以后开始壮大兴盛。明清两朝,尚姓人进士及第者多达三十七名,其中南方人仅六名,而北方人中又以今河南一带的人士居多。历史上,尚姓家族在各行各业均有不少杰出之人涌现,如唐代尚书右仆射尚可孤、宋代诗人尚长道、元代戏曲家尚仲贤、明末清初名将尚可喜、京剧四大名旦之一的尚小云等等。

【繁衍变迁】

尚姓起源于周代的齐国(今山东北部和河北东南部)。公元前386年,"田氏代齐"之后,尚姓人仍在齐国居住,世代繁衍,但后来的发展情况历史上少有记载。到了唐代,鲜卑族宇文氏改为尚姓,尚姓家族因而壮大了不少。据《元和姓纂》和《姓氏考略》记载,尚姓家族曾发展为今陕西西安市、山西长治市、河北临清市、河南汲县等地的望族。南宋以后,尚姓家族逐渐迁居至南方各地。元末明初,社会动荡,战乱不断,致使人口锐减。朱元璋登基后,便下令从受战乱影响不大、人口繁衍较快的今山西一带向各地移民,而尚姓人作为洪洞大槐树(今属山西)的迁民之一,被分迁到今河北、山东、河南、江苏等地。明清之际,尚姓人在南方各地逐渐发展起来,并有迁居台湾和远播海外者。

尚姓是当代中国人口排行第一百三十七位的姓氏,共有102万余人,约占全国人口的0.082%。

柴

【柴姓起源】

1. 出自姜姓。春秋时,齐文公姜赤的第十三代嫡孙叫作高柴,是孔夫子的弟子,高柴的孙子取祖父名字中的"柴"字为氏,称柴氏。又,有齐大夫食采于柴邑(故地在今山东新汶西),子孙以邑名为氏,称柴氏。

2. 源自少数民族改姓或少数民族固有姓氏。明朝时,一些蒙古人被赐姓"柴",如娄托罗改名为柴秉诚,铁柱改为柴克恭,恭门苏尔噶改名柴志诚,拜特穆尔改名柴志敬,遵维布哈改名柴永谦,克穆特穆尔改名柴永正等,后渐渐发展成固定的姓氏柴姓。清朝时满族人亦有姓柴者,世居沈阳(今属辽宁),而满族八旗的赛密勒氏后来也改姓为柴。

【柴姓名人】

柴武

西汉开国大将,曾辅佐刘邦,战功卓著,受封棘浦候。后又因迎击 14 万匈奴骑兵有功,被汉文帝加封为高唐侯。

柴荣

邢州龙冈(今河北邢台西南)人,后周皇帝。在位期间,整肃吏治,均定田赋,整顿军事,加强中央集权,是五代时期颇具雄才大略的英明帝王。

柴绍

晋州临汾(今山西临汾)人,唐代开国大将。为唐高祖李渊的乘龙快婿,平阳公主的驸马。曾随高祖南征北战,战功卓著,被封为霍国公,后又加封为谯国公。

柴荣

柴望

字仲山,号秋唐,又号归田,江山(今属浙江)人,宋代学者,与柴随亨、柴元亨、柴元彪合称为"柴氏四隐"。宋嘉熙年间(1237～1240 年)为太学上舍生,有《丙丁龟鉴》十卷传世。

柴绍炳

字虎臣,号省轩,清代学者。著有《省轩文钞》《青风堂诗》《柴氏古韵通》《白石轩杂稿》《考古类编》等。

【郡望堂号】

郡望

平阳郡:治所在今山西临汾西南,三国魏时置郡。

巨鹿郡:治所在今山西平乡一带,秦始皇时置郡。

堂号

临汾堂、霍国堂、谯国堂:唐朝开国大将柴绍,是晋州临汾(今山西临汾)人,唐高祖李渊的女婿,曾随高祖南征北战,立下汗马功劳。高祖登基后,柴绍受封为霍国公;太宗继位后,又被改封为谯国公。这三个堂号即由此而来。

周德堂:得名于五代时后周皇帝柴荣,世称周世宗,他是五代十国时期最英明的君主,在位期间励精图治,致力于富国强兵,为北宋王朝结束五代十国的分裂局面奠定了基础。

供侯堂:柴姓始祖高柴,是春秋末年卫国人,孔子的弟子。他尊师重道,历任费宰、武城宰、成邑宰和卫国士师、鲁国司徒府司徒等官职。唐开元二十七年(739年),他被追封为"共伯",宋大中祥符二年(1009年)又被加封为"供城侯",此堂号即由此而来。

此外,还有高唐堂、齐郡堂、棘蒲堂等。

【宗族特征】

柴姓家族人才济济,既有文臣武将,也有诗人画家。西汉开国大将柴武、五代时后周皇帝柴荣、宋代著名学者柴望等,都是柴姓后人引以为荣的杰出人物。

【繁衍变迁】

柴姓发源于今山东省境内,于周朝得姓,后经历了三个阶段的大的迁徙。第一个阶段为秦朝之前,柴姓人早期主要在发源地附近繁衍,后迁徙至今河南杞县、扶沟县、商水县一带。第二个阶段是秦朝至唐宋期间，这一时期柴姓人开始由今河南播迁到全国各地。这期间，柴姓家族的迁徙主要有三个方向：一支迁往今福建、浙江、江苏，一支迁往今陕西、山西，还有一支迁到了今河北和山东。此后，留居于今河南商水县、杞县、汝阳县一带的柴姓家族，先后在平阳、汝南（今河南上蔡县至安徽淮河以北地区）两地形成郡望，成为当地的大姓。第三个阶段是元明以后，此时的柴姓人开始向全国各地和东南亚地区迁徙：今山西洪洞县的柴姓人迁往今河南、河北、山东以及东北三省和宁夏回族自治区；今福建、浙江的柴姓人迁徙到了今广东、云南、江西、广西壮族自治区及东南亚地区。如今，柴姓人已遍布全国各个地区以及东南亚、欧美等地。

柴姓是当代中国人口排行第一百六十九位的姓氏，共有 72 万多人，约占全国人口的 0.058%。

连

【连姓起源】

1. 出自高阳氏，是颛顼帝的后代。颛顼（又称高阳氏）的玄孙陆终的第三个儿子叫作惠连，惠连的后代中有以先祖的名字"连"为自己的姓氏者，称为连氏。另有一说认为，陆终的六儿子季连之后中，也有以先祖的名字连为氏者。

2. 出自姜姓，以祖名为姓。春秋时，齐国（在今山东省北部）君主齐襄公有个大夫名连称（姜姓），他的后代以祖先的名字作为姓氏，称为连氏。此支连姓，至今已传承了 2700 多年。

3. 出自芈姓，以官名为姓。春秋时，楚国（国姓为芈，主辖今湖北、湖南，政治中心在湖北）设有官职连敖、连尹。依照《左传》的注疏，它们都是猎射官的一种。后来，担任这两种官职的人，就有以官名为氏，称连敖氏或连尹氏者，也有以其中的连字为氏而单姓连者。此支连姓，至今已传承了 2600 多年。

4. 出自少数民族改姓。如南北朝时期，北魏孝文帝改是连氏为连氏；此外，鲜卑族郝连氏、高车族大连氏,后均改为连氏;今满、蒙古等民族中均有连姓。

【连姓名人】

连南夫

字鹏举,应山(今湖北广水)人,宋代官吏。曾任中书舍人、徽猷阁待制,擢显谟阁学士,知建康府,加兵部尚书衔,兼太平洲广德军制置使,后知信州、泉州,进宝文阁学士,知广州,迁广东经略安抚使。绍兴九年(1139年),因得罪秦桧,被谪知泉州,后隐居在龙溪县十一都秀山(今福建龙海市榜山镇翠林村西),绍兴十三年(1143年)病逝,葬于秀山。人们将南夫隐居处称为“连厝”,葬地称为“连山”“尚书尖”“尚书峰”,连南夫后裔称为“连山氏”。

连横

祖籍漳州(今属福建),台南(今属台湾)人,著名历史学家。博学多才,著有《台湾通史》《台湾语典》《台湾诗乘》《大陆诗草》等。1933年,连横移居上海,后因病逝世。

连瀛洲

新加坡最大的银行大华银行的创始人。10岁时父母双亡,辍学在香港的小杂货店当学徒,1919年移居新加坡。1927年,连瀛洲开始独立创业,成立了自己的船务杂货店。1928年与友人创立华兴公司,经营进出口贸易兼船务代理,供应粮食给来往船只。1949年连瀛洲与马来西亚华商联合创立华联银行,进入金融业。2001年华联银行与大华银行合并,跻身新加坡第一大银行。

【郡望堂号】

郡望

冯翊郡:辖境相当于今陕西韩城、黄龙以南,白水、蒲城以东和渭河以北地区。东汉置郡,治所在临晋(今陕西大荔)。

上党郡:辖境相当于今山西和顺、榆社以南,沁水流域以东地区,秦代置郡。最初治所在壶关(今山西长治北),西汉时移治长子(今山西长子西)。

堂号

清冻堂:宋时有连庶、连痒两兄弟。连庶很聪明,为人廉洁,故得名"连底清";而连痒则心如明镜,做事严谨,一板一眼,如冰一样清正耿介,故得名"连底冻"。人们从他们的雅号中各取一字,遂有"清冻堂"之名。

【宗族特征】

连姓历史悠久,其家族世代显赫,族中人才辈出,且多为有志之士。宋代时,连姓家族曾先后有 15 名进士,其中不乏祖孙、叔侄、兄弟皆为进士的士子世家。这些士子到各地任职为官,使连姓家族成为当时显赫的名门望族。

【繁衍变迁】

连姓发源于今山东、湖北等地。先秦时期,连姓人主要繁衍于今山东境内,此后逐渐向外外播迁,汉末三国时已分布于山东、河南、陕西等地,并在今陕西大荔、山西襄垣等地昌盛为大族。东晋时,中原人士随晋王室渡江南迁,上党有数万连姓人南迁于安徽芜湖地区,后又散居到江南各地。唐末五代时,已有陕西冯翊以及河南等地的连姓人迁入福建。到宋代,连姓已发展成为福建大姓。另有一支连姓由福建返迁到湖北应山。明初,山西连姓作为洪洞大槐树迁民姓氏之一,被分迁于甘肃、陕西、河北、天津等地。明末张献思屠川后,有两湖之连姓入居今四川、重庆。自清代以后,连姓已散居全国各地,而其大族仍居江南地区。

如今,连姓是中国人口排行第一百九十位的姓氏,总人口约 54 万,约占全国人口的 0.043%,主要集中分布在河南、福建、广东以及台湾。

满

【满姓起源】

1. 出自妫姓,是舜帝的后代。西周初,周武王消灭商王朝后,舜(妫姓)的后裔胡公满被赐封于陈地（故址在今河南淮阳），建立了陈国。到了春秋时，陈国被楚国所灭，陈国的国民便有以胡公满的名字"满"为氏者，称作满氏。

2. 回族中有满姓，取自经名"满苏尔"（又译作"曼苏尔"，意为"胜利者"。艾布·贾法尔是阿巴斯王朝第二任哈里发，他曾将巴格达立为新城——和平城，并制定和确立了行政、财政、邮政等制度。阿巴斯王朝在他的领导下成为伊斯兰历史上著名的王朝，故人们以"满苏尔"称呼他，并以此作为自己的姓氏）的首音。

3. 出自改姓，由瞒姓谐音改为满姓。

【满姓名人】

满宠

三国时曹操手下大将，英勇善战，战功卓著。曹丕代汉即帝位后，他又于江陵大败东吴，被封为昌邑侯。其一生为官清廉，受到人们的交口称赞。其子满伟、孙满长亦为名士。

满朝荐

字震东，麻阳（今湖南怀化市麻阳苗族自治县）人。明朝万历年间进士，一生几起几落。任咸宁令期间，其手下梁永纵无恶不作，因而被其严惩。梁永纵反咬一口，向朝廷诬告满朝荐掠夺税物，致使满朝荐蒙冤被捕，直到七年以后方得以昭雪。光宗时出任尚宝卿，后因上书言辞激烈，触犯了当政者，被削职为民，遣送回原籍。崇祯帝时重被任用为太仆卿，未及上任就逝世了。

【郡望堂号】

郡望

山阳郡：一为西汉武帝时置郡，治所在今山东金乡县西北；一为东晋年间置郡，治所在今江苏淮安市。

河东郡：位于今山西黄河以西的夏县一带，秦时置郡。

汝南郡：治所在今河南上蔡县西南，汉朝时置郡。

堂号

昌邑堂、清廉堂：三国时期魏国有大将满宠，跟随曹操南征北战，立下赫赫战功。魏文帝时，因打败吴国，被封为昌邑侯。其为官清廉，家无余财，备受百姓爱戴。因而有此二堂号。

【繁衍变迁】

满姓发源于今河南淮阳一带。陈国灭亡后，满姓子孙逐渐向四周播迁，但发展比较缓慢，至宋代时，满姓族人约有一万人，主要集中于今山东、江苏、江西等地。历元、明两代，满姓人逐渐迁居今湖南、河北、湖北省境内。之后，他们又渐渐播迁至全国各地。

如今，满姓是中国人口排行第三百位的姓氏，总人口约有 14 万，约占全国人口的 0.011%。其在全国的分布主要集中于湖南、四川、云南、陕西、广西、山东、安徽等地。其中，湖南是满姓第一大省，其境内集中了全国约 13% 的满姓人口。

寇

【寇姓起源】

1. 以官名为姓，为上古昆吾人之后。周朝时，昆吾人的后裔苏忿生任司寇，其后代以其官名作为自己的姓氏，称寇姓。

2. 出自姬姓。西周初年，卫康叔姬封为周朝司寇，其后代有以其官名为氏者，形成寇氏；春秋时，卫灵公姬元之子郢的子孙为卫国司寇，其后代以其官名为姓，相传姓寇。

3. 源自少数民族改姓或少数民族固有姓氏。南北朝时北魏鲜卑族中有古口引氏，后取与本姓发音相近的"寇"字为姓；辽东（辽河以东地区，今辽宁东部和南部）乌桓族有寇姓。

【寇姓名人】

寇恂

字子翼,上谷昌平(今北京昌平东南)人,东汉将领,"云台二十八将"之一。出身豪强大族,王莽末年任上谷郡功曹,辅佐太守治理郡事。后追随汉光武帝刘秀,为之镇守后方,筹备军需,力保刘秀无后顾之忧,立有大功。后随刘秀征战,经过旧任之地时,当地士绅上奏刘秀说:"愿从陛下复借寇君一年。"此后"借寇"便成为地方挽留官吏之典故。

寇准

寇准

字平仲,华州下邽(今陕西渭南市临渭区下吉镇)人,北宋政治家。太平兴国四年(979年)进士,官至参知政事。景德元年(1004年),契丹南攻,他力排众议,反对迁都,并敦促宋真宗前往澶州(今河南濮阳)督战,极大地鼓舞了宋军的士气,为宋朝能够在此役中取得胜利,并与契丹订立"澶渊之盟"做出了至关重要的贡献。此后不久,寇准遭王钦若排挤,罢相回家。天禧三年(1019年)复相,受封莱国公。次年复被丁谓等排挤,被贬至雷州(今广东海康),死于贬所。仁宗时被追赠为中书令,谥号忠愍。著有《寇忠愍公诗集》。

【郡望分布】

冯翊郡:治所在今陕西大荔县,三国时置郡。

河南郡:治所在今河南洛阳市一带,汉高祖时置郡。

上谷郡:治所在今河北怀来县东南,战国时置郡。

上党郡:今山西沁水县以东地区,秦代置郡。

【繁衍变迁】

寇姓人虽然来源复杂,但长久以来一直盛于上谷昌平(今北京昌平东南),同时也是冯翊郡(治所在今陕西大荔县)的望族。寇姓人分布甚广,自宋代以来,今陕西、河南、山西、黑龙江等地均有寇姓人居住。

如今,寇姓是中国人口排行第二百七十二位的姓氏,总人口约21万,约占全国人口的0.017%。

师

【师姓起源】

1. 以官名为氏。夏商时有管理乐技的职官名为师,如上古师延、商代师涓等。周朝也有师尹官职。任此职者的后代以祖先官职为荣,故以"师"为氏,称为师氏。

2. 以技为氏。两周及春秋战国时代,擅长乐技的人均被尊称为师,如晋国师旷,鲁国师乙,郑国师悝、师触、师蠲、师成等。这些著名乐师们的后代取祖上的技艺职业为氏,遂成师氏。

3.出自周代人名,是师君的后代。周朝时有师君,其后以其名字中的"师"字为姓,形成师姓。

【师姓名人】

师宜官

南阳(今属河南)人,东汉书法家。擅写八分字,大则一字径丈,小则方寸千言。

师范

灵石(今属山西)人,宋代良吏。曾任江南知州,有惠政,备受江南百姓拥戴,得绘像祭祠。

【郡望堂号】

郡望

太原郡:治所在今山西太原市西南,战国时置郡。

琅玡郡:秦始皇时置郡,位于今山东东南部的诸城、临沂、胶南一带。

平原郡:西汉初置郡,治所在今山东西北部的平原县一带。

堂号

授琴堂:授琴即教弹琴的意思。春秋时,鲁国有乐师名师襄,善弹琴,孔子曾拜其为师学弹琴,因而有此堂号。

【宗族特征】

师姓历史悠久,得姓距今已有数千年。师姓家族中多有善音律者,人才可谓层出不穷。《元和姓纂》载:"晋有师旷,鲁有师乙,郑有师悝、师觸、师成等。又师服,晋大夫,"此外,还有春秋时鲁国乐师、曾教授孔子习琴的师襄,郑国大夫师叔,西汉大司空师丹,宋代翰林学士师顽,清代甘肃提督师懿德等名人,可谓不胜枚举。

【繁衍变迁】

师姓望铁居住在太原郡、琅玡郡、平原郡一带。宋朝时,师姓人几乎全部集中于今四川、湖北、河南三地,其中居于今四川的师姓人的数量更是达到了师姓人总人口的一半以上。明朝时,今四川仍然是师姓人的主居地之一,但师姓人分布最多的地区已经转移到了今山西,陈此以外,今陕西、河北、山东、河南等地也是师姓人繁衍的主要区域。

如今,师姓是中国人口排行第二百五十四位的姓氏,总人口约有 28 万,约占全国人口的 0.022%,主要分布于陕西、山西、河南、河北地区。

巩

【巩姓起源】

1. 出自姬姓,以封邑名为姓。周朝时,周敬王姬匄将巩邑(今河南巩义)赐封给同族的一个卿士简公,人称巩简公。巩简公一度执掌朝政,他鉴于周王室贵族多次发生内讧的教训,不再任用王族子弟,而是破格提拔了很多来自各地诸侯处的人才为官,此举遭到贵族的不满。后王子朝起兵作乱,杀死了巩简公。巩简公的后代为了纪念他,取他的封地名为姓,称作巩姓。

2. 古代羌族的姓氏中有巩姓,如巩廉玉。

3. 出自祖名,为春秋时晋国大夫巩朔之后。

【巩姓名人】

巩荣

宋代大臣,官至大理寺卿,为人刚正不阿,廉洁奉公,备受百姓爱戴。博学多才,著有《厚斋集》。

巩信

宋代大臣。为人沉静,智勇双全。曾任荆湖都统,后升为江西招讨使,为文天祥部下。元兵南下后,巩信亲率兵马与之交战,身受重伤后,便投崖自尽。

巩珍

应天(今江苏南京)人,明代航海家。曾跟随郑和下西洋,3 年间访问了 20 多个国家,其集各地的所见所闻撰写的《西洋番国志》,是研究中国航海史及中国与亚非关系史的重要文献。

【郡望堂号】

郡望

山阳郡:其详地有两处。其一为汉时置郡,治所在今山东金乡县一带;其二为东晋时置郡,治所在今江苏省淮安市。

堂号

厚斋堂:宋代大理寺卿巩荣,历任严州知州、秘阁司谏郎等职,为官廉洁奉公,为人刚正不阿,颇得民心。他所到之处,无不受到人们的尊崇。巩荣学识渊博,著有《厚斋集》,因而有此堂号。

【繁衍变迁】

巩姓人最初主要集中于今河南境内,后逐渐向外播迁。至宋朝时,今山东、安徽、浙江、河南是巩姓人的主居地，尤以今山东境内的巩姓人最为繁盛。明朝时，巩姓人最集中的地区是今山东、山西、陕西，今安徽、河北、浙江境内也有较多的巩姓人入居，而巩姓人分布最多的地区仍然是今山东。

如今，巩姓是中国人口排行第二百二十三位的姓氏，总人口约有 37 万，约占全国人口的 0.029%。

鞠

【鞠姓起源】

1. 出自姬姓，为黄帝(姬姓)的后代。周朝的始祖名为弃，是黄帝的后裔。其有一孙名为陶，因生下来时手掌的纹线形似古文"鞠"字，故又名鞠陶。鞠陶后来成为周人的首领，其子孙便以其名字"鞠"为氏，称鞠氏。

2. 出自姬姓。春秋时，鲁国(都城在今山东曲阜)伯琴之后有鞠氏。

3. 出自芈姓。楚国(国姓芈，政治中心在今湖北省境内)公族之后有鞠氏。

【鞠姓名人】

鞠咏

开封(今属河南)人，宋代大臣。自幼勤勉好学，为人耿直，敢怒敢言。任三司盐铁判官期间，曾奏请出太仓米 10 万石以赈河北路(今霸州市以南的河北全境以及河南、山东黄河以北的地区)、京师(今河南开封)旱灾灾民。

鞠嗣复

宋朝名官，政绩突出，造福一方百姓。后方腊起义军将他俘获，因他为官清正，予以释放，朝廷得知后，升他为州官。

鞠履厚

字坤皋，号樵霞，又号一草主人，清代篆刻家。奉贤(今属上海)人。其为人简古纯粹，行诣醇谨，旨趣风雅。长于六书，兼工篆刻，临摹前人作品工整秀丽，颇见功力。有《印文考略》《坤皋铁笔》传世。

【郡望堂号】

郡望

汝南郡:治所在今河南上蔡县一带,汉代置郡。

堂号

清河堂:五代时,鞠常为后汉乾祐进士。宋朝时,被提拔为著作郎,后又任清河县令,因而有此堂号。

【宗族特征】

鞠姓人崇尚礼仪,最具代表性的人物莫过于孔子的学生鞠语。据《晏子春秋》记载,鞠语"明礼乐,审于服丧,其母死,葬埋甚厚,服丧三年,哭泣甚疾"。

【繁衍变迁】

鞠姓发源于今陕西、山东、湖北等地。西周灭亡后,陕西籍的鞠姓人有迁徙到今河南、河北等地区者。南北朝至隋唐时期,鞠姓人在今山东高密形成了大的聚落,同时亦有为避战乱而迁徙到今安徽、江苏、浙江、湖北、湖南等南部省份者。宋元之际。鞠姓人在今南部省份的分布渐广,今福建、广东、四川等省都有鞠姓人入迁。明代初期,明王朝为维护其封建统治,解决"中原之急务",于洪武三年(1370年)制定了移民屯田的夏兴之策,实行迁民戍边。作为洪洞大槐树(今属山西)迁民之一,今山西境内的鞠姓人做分迁到今山东、河北、河南、北京、天津及东北三省等地。明朝中期,今西北地区也有了鞠姓人入居。清康、乾年间,今山东、河北等地的鞠姓人随着"闯关东"的风潮入迁今东北三省,后又繁衍到今内蒙古自治区的东北部。道光年间之后,因上海崛起于长江三角洲,今江苏、浙江等地的鞠姓人涌入上海。民国时期一直到今天,鞠姓人在全国的分布愈加广泛。

如今,鞠姓是中国人口排行第二百七十六位的姓氏,总人口约有 20 万,约占全国人口的 0.016%,主要集中在安徽省。

阚

【阚姓起源】

春秋时期,齐国有个大夫名止,受封于阚地(在今山东汶上县境),人们就称他为阚止。他的后代就以封地为姓,世代相传姓阚。

【阚姓名人】

阚泽

字德润,三国时吴国山阴人。少时家贫,帮人抄书为业,每抄完一篇,朗读一遍,追师论讲,究览群籍。后来不但成为学者,而且精通历法数学,并举孝廉,进拜太子太傅。每次朝廷大议,经典所疑,都请教于他。以儒学勤劳,封为都乡侯。

阚骃

字玄阴,后魏时敦煌人。自小聪敏好学,博通经传,三史群言,经目则诵,在学界就已出名,时人谓之"宿读",后来在朝中做尚书官。他整理校订了前代学者的著作三千多卷,注王朗《易传》,又撰《十三州志》行于世。

【繁衍变迁】

阚是春秋时代鲁国的一个地名,故地就在今天山东省汶上县西南的南旺湖中。这个地方,正是阚氏家族的发源地,他们的祖先"以地为氏"而姓了阚,后流落到各地。

那

【那姓起源】

那姓源于春秋时期,以地名为姓。春秋时,楚武王灭掉权国(今湖北当阳东南),改置为县。公元前676年,权县尹斗缗率领权人举行暴动,被楚武王镇压下去。楚武王把权人迁往那处(湖北荆门市东南那口城),有些人后来就以地名"那"为姓,称那氏。

【那姓名人】

那鉴

明朝时云南土官。嘉靖中他杀其侄知府那宪,夺其印,密约交趾蛮族叛乱。后被朝廷招安,不久又再次叛乱,兵败后自杀。

那彦成

字韶九,号绎堂,清朝满州人。他是乾隆年间进士,历任乾隆、嘉庆、道光三朝,官至直隶总督,加太子太保衔,剿办陕、楚及滑县匪乱尤有功。他工诗能书,遇事有执持,卒谥文毅。

【繁衍变迁】

那姓望族居丹阳(今安徽宣城)、京兆(今陕西长安东)、天水(今甘肃通渭县西南)。

简

【简姓起源】

1. 出自姬姓,是周文王姬昌的后代,以谥号为姓。春秋时,晋国有大夫狐鞫居,他的祖先是唐叔虞(周武王之子,武王为文王之子)的支裔,因曾经居住在犬戎部落,所以姓狐。狐鞫居的族人狐射姑与太傅阳处父不和,鞫居为他刺杀阳处父,结果被赵盾处死。狐鞫居的封邑在续,死后谥为续简子,世称续简伯,他的子孙后代便以其谥号为姓,称简姓。

2. 出自耿姓,为三国时蜀国简雍之后。简雍本姓耿,幽州人读"耿"与"简"同音,遂变为简姓。

3. 出自检姓。汉代时有句章尉检其明,因避讳而改姓简。

【简姓名人】

简雍

字宪和,三国时蜀国人。他自少年时就与刘备交好,后来刘备围攻成都,他入城劝刘璋归顺,于是被刘备拜为昭德将军。

简正理

宋代御史。居官廉介,以儒术饬吏治,时誉翕然。

简而廉

明代孝子。通五经,举孝行,以明经任临利训导,著有《孝经解》。

简文会

南汉尚书右丞。南汉是五代十国时的政权,君主叫刘䶮。简文会自幼聪颖,勤奋读书,精通经史,善于作诗。刘䶮初开进士科,简文会参考中了第一名,成为中国历史上第一个状元。

简芳

字德馨,明代上高人。弘治年间进士,历官南京刑部主事、兵部郎中。性情耿直,执法严明而公正,名重一时。

【繁衍变迁】

简氏以河北的范阳和涿郡为繁衍中心。早在五代之前,简氏土人就开始逐渐向南播迁。他们有的直接徙入广东,有的由赣入闽,再分支至广东,后来在广东繁衍成一个大家族。台湾简姓族人,很多是从福建省南靖迁居的。

饶

【饶姓起源】

1. 出自姜姓。战国时期,赵国悼襄王封长安君于饶(今河北饶阳一带),长安君的后代子孙以祖上封邑为姓,称为饶姓。

2. 亦出自姜姓。战国时期,齐国有大夫封于饶(今山东青州市境内),其子孙遂以封邑为姓,称为饶姓。

【饶姓名人】

饶节

宋代高僧。挂锡灵隐,晚年主持襄阳之天宁寺,有《倚松老人集》。陆游称其为"诗僧第一"。

饶鲁

宋代大学者,就是著名的"双峰先生",江西余干人。品端学粹,潜心圣学,以致知力行为本,四方聘讲者相踵相接。曾建"朋来馆"以居学者,春风化雨,遍及天下。

【繁衍变迁】

饶氏是一个古老的多民族、多源流姓氏群体,如今基本上属于汉族姓氏。饶氏得姓的历史至少已有2200年以上,是一个十分古老的家族。发祥于河北省饶阳的饶氏家族,后来在江西省的饶州繁盛起来,以致使人误以为饶氏就是在饶州土生土长的。

饶氏家族以江西为繁衍中心,是早在唐朝时期就已经开始的。这个时期,饶氏家族也已经南迁到了闽、粤一带。近年来在闽、粤一带极为旺盛的饶氏家族,当初也是从江西迁徙过去的,他们从江西到福建又到广东,并且在福建的邵武和沙县繁衍成为当地的名门著姓。

空

【空姓起源】

1. 为空桑氏所改而来。空桑，是一个古代地名，地址在今天的河南开封陈留镇南部。商朝的时候有大臣伊尹生于空桑，他的儿子于是就叫作空桑，后来他的子孙后代都以空桑作为姓氏，随着历史的演变，改为空姓。

2. 为空桐氏所改。相传商代的时候，商代始祖的后代分封空桐，成为空桐国，后代以国为姓。也有一种说法说是因为居住在空同山而得空同姓的，后来省为空姓。

3. 为空相氏所改。传说为周代宋国始祖微子启的后代，原来叫作空相氏，后来省为空姓。

4. 出自右空侯氏，以国为姓。后来省文为空姓。

【空姓名人】

空同氏

赵襄子之夫人。

【繁衍变迁】

空姓在中国大陆和台湾地区均未被列入百家姓前 300 位。古时，空氏望族居住在宫邱郡(在今山东省淄博市北部，也有说在今山东省昌乐县东南)、顿邱(今河南省境内)。

毋

【毋姓起源】

1. 源于上古。尧为部落首领时,其下有臣名毋句,他制造了乐器磬。人们通常认为毋句为毋姓始祖。

2. 出自田姓,是春秋时期齐国王族的后裔。

3. 由毋盐、毋车、毋将、毋楼、毋终、毋知等复姓省文转化而成。

【毋姓名人】

毋稚

晋代巴郡江州人,学冠四科(德行、言语、政事、文学),历官涪陵、汉平令、夜郎太守。

毋煚

唐朝的才子。撰《古今书录》四十八卷,为开元今象亭十八学士之一。

毋昭裔

龙门人,后蜀时候的才子。他的学问极为广博,精通四书五经,写有《尔雅音略》一部著作,是与五经之中《诗经》有关的著作。毋昭裔还喜欢藏书,好学不倦。

毋制机

宋代蜀人,分教黄州,兼领雪堂、河南两座书院,学者称他"平山先生"。

毋思义

明初蓬州人,洪武年间举人,工诗,能文。历任襄阳、凤阳教授,周府长史,为一时名宦。

【繁衍变迁】

毋氏是一个多民族、多源流的古老姓氏群体,历史悠久,人数不多,在今中国大陆及台湾地区的姓氏排行榜上均未被列入百家姓前 500 位。古时,毋氏多以平昌、河东为郡望。如今,在山东、河南、四川、河北、云南、辽宁、江苏、黑龙江等地均有毋氏族人分布。

沙

【沙姓起源】

1. 出自子姓,是汤王的后裔。商朝末年,殷纣王庶兄开(一名启)被封于微,世称微子。武王克商后,封微子于商丘,建立宋国。微子的后裔有沙姓。

2. 出自神农氏,为炎帝之后。炎帝为部落首领时,其下有臣夙沙氏。

3. 出自沙随氏。古代诸侯公爵,凡失国或没爵后,即称为公沙氏或沙随氏。其后省为沙氏。

4. 历史上的百洛国(在今朝鲜)有沙氏。

【沙姓名人】

沙世坚

北宋勇将,有文武韬略,河北涉县人,曾任东莞太守。

沙玉

明代涉县知县,劝民备耕抢收,涉民丰衣足食。尝于禾稼熟时,督民昼夜收获,未毕,飞蛾大至,临邑禾食尽,涉民得保全。

沙良佐

明代新城知县,廉慎爱民,笃于学校,未几,人足衣食,庭无讼者,百姓戴之。

沙书玉

清朝医学家,江苏省丹徒(今镇江)县人。他精通内、外、喉科,声振大江南北,著有《医原纪略》和《疡科补直》等医学著作。

沙神芝

清朝大书法家,以狂草最有名,豪迈雄放,神逸无拘,在书画界备受称赞。

【繁衍变迁】

沙姓在中国大陆和台湾地区均未被列入百家姓前 100 位。古时,沙姓望族居东莞郡(今山东省沂水一带)、汝南郡(今河南省汝南县东南 60 里),安徽霍邱等地也有分布。如今,沙姓族人已播衍至全国各地。

乜

【乜姓起源】

1. 以地为氏。春秋时卫国大夫食采于乜城,以地为姓。

2. 出自蒙古族后代。明代蒙古族瓦剌部首领叫也先,他于明正统十五年时攻打明朝,失败后与朱明王朝和好,他的后人有的进入中原,定居于山东境内。明时有人曾把"也先"误写作"乜先",也先的子孙与汉人融合,改姓为乜姓。

【乜姓名人】

乜仁义

明代名士。

【繁衍变迁】

乜姓发源地是晋昌、赵郡,也就是今天山西石泉、甘肃等西北地区。山东也有乜姓,是明代瓦剌首领也先的后代改姓为乜的。乜姓至今已十分稀少,如今青海省尚有以乜姓命名的村庄——贵德县河阴镇城东村委会所辖的乜纳自然村,村中多为乜姓,以及城西村委会所辖拉萨村有许多乜姓,还散居于罗汉堂乡尼那村、河西乡上刘屯村等地。

养

【养姓起源】

1. 出自姬姓，是古公亶父（周太王）的后代。太王之子秦伯入吴，其后建立吴国。春秋时期，吴国公子掩余、烛庸叛吴逃到楚国，楚王把他们封在养（今河南沈丘县东南）。这两个公子的后代遂在养邑定居，以封地名"养"为姓，称养姓。

2. 源于春秋，是神射手养由基的后代。周代有养国，后来被楚国灭掉，春秋时为楚大夫神射手养由基的封邑，他的后代子孙有养氏和养由氏。养由基能在百步之外射穿做标记的柳叶，并曾一箭射穿七层铠甲。晋楚鄢陵之战中，楚共王左眼被晋将魏锜射中，共王叫来养由基，给他两支利箭，命他复仇，养由基一箭射死魏锜，拿着剩下的一支箭向共王复命。因此，时人称他为"养一箭"。

【养姓名人】

养由基

春秋时楚国名将，是我国古代著名的神射手。

养奋

东汉郁林人，字叔高，博通古籍，为一时名儒，以布衣举方正（方正是指汉代不需考试而是被选举的功名，要选品行端方、行为正直、学问又好的人）。

【繁衍变迁】

养姓在大陆和台湾均未被列入百家姓前 300 位，是一个历史悠久、人口稀少的古老姓氏。古时，养姓望族居于山阳郡，即现在的山东省金乡县西北一带。

须

【须姓起源】

1. 出自风姓。春秋时期有风姓国叫须句国(在今山东东平县西北),是太昊伏羲氏的后代,国人称为须句氏,后来改称须氏。

2. 出自芈姓。商代有个小国叫密须国(今甘肃灵台县西),其国君的后世子孙以国名中的"须"字为姓,称须氏。

3. 以地名为姓。春秋时期,卫国有古邑名叫须(今河南滑县东南),后人以邑名为姓,称须氏。

【须姓名人】

须无

朝大臣。汉高祖刘邦立国初期,须无功于荥阳,因而受封为陆量侯,绍(历代承袭)封达四代。

须贾

战国时魏国中大夫。秦相范雎微行敝衣见须贾,须贾以一绨袍赠之。

须之彦

武进人(今四川乐山),明朝大臣。举为进士,后当礼部仪制郎的官,当明神宗死后,须之彦力争使郑贵妃成为皇后,朝廷后来又让他担任更高的官职。

须用纶

明朝万历年间进士,崇祯年间授青州知府。为人廉洁公正,风节凛然。当时府中兵饷告急,剪裁各署杂费充作军饷,不用民间钱财,百姓都感激他的德政。

【繁衍变迁】

古时,须氏郡望在琅邪郡(今山东省东南部诸城、临沂、胶南一带)、渤海郡(今河北省皮县北）。

丰

【丰姓起源】

1. 以人名为姓，出自春秋郑国，源于姬姓，为春秋时郑国公族后裔。郑穆之子丰，在郑僖公时任大夫。他的孙子丰施、丰卷以他的名字命姓，遂成丰氏。

2. 以人名为姓，源自上古。高辛氏时有丰侯且，周代鲁国有丰丘，他们的后代子孙都称丰氏。

【丰姓名人】

丰干

唐代高僧。居天台山国清寺，昼则舂米供僧，夜则高屋吟咏，或骑虎巡廊唱道。人或借问，止对随时而已，更无他语。

丰稷

字相之，宋文学家，明州鄞县（今属浙江省）人。仁宗嘉祐四年（1059年）进士，为亳州蒙城县主簿。历真州六合县主簿、襄州毁城县令，以廉明称。

丰庆

明朝人，举为进士后当官。为政清廉节俭，受到好评。

丰坊

明代书法家、吏部主事，鄞人，字存礼，后更名道生。博学工文，家有万卷楼，藏书万卷。有《易辨》等著作。

【繁衍变迁】

丰氏望居松阳县（今浙江省松阳县一带）。是当今较为少见的姓氏，人数不多，分布很广，今天津之武清、静海，河北之青县、黄骅、尚义、景县，山东之平邑、平度、龙口、昌乐、鱼台，内蒙古之乌海，广西之田林，云南之陇川、河口，四川之合川，安徽，上海，湖北省浠水县等地均有此姓。

巢

【巢姓起源】

1. 出自上古有巢氏。上古时，中原地区林木茂密，野兽很多，经常侵扰人类。后来有人发明了在树上构造木屋，从此人们在睡觉时就不必担心野兽的侵袭了。于是大家把这个人视做圣人，推戴他为部族首领，号称"有巢氏"，他的后代就是巢姓。

2. 以地名为姓。夏桀被商汤打败以后，逃到南巢（今安徽巢县西南），后来死在那里。他的子孙有留居在南巢的，便以地名命氏，称为巢氏。

【巢姓名人】

巢父

尧帝时的隐士。山居不营世利，在树上筑巢而居，时人号曰巢父。上古时禽兽多而人民少，于是人民就在树上筑巢居住以避野兽。传说尧帝以天下让给巢父，巢父不肯受，又让给许由，许由亦不肯受。

巢堪

东汉江西南城人，章帝时官拜司空。以"……时曹褒清著成汉礼，堪言一世大典，非褒所能定"而名留史籍。

巢谷

宋代进士。他中进士后，弃其家学，改而学习古兵法。游秦、凤、泾原间，会赦乃。后苏辙、苏轼贬谪岭海，巢谷徒步前往拜访，见辙。又欲往海南访轼，行至新州病死。

巢元方

隋唐年间西华人,太医博士,业绩卓著,编纂整理了中医病因学巨著《诸病源候论》。

【繁衍变迁】

巢姓是以国为氏,源自巢国(今安徽巢县一带),其望族居于彭城郡(今江苏省徐州、铜山一带)。

蒯

【蒯姓起源】

1. 商代时有蒯国(在今河南洛阳市西的蒯乡)。国人后来以国名为姓,称为蒯姓。

2. 出自姬姓,以邑名为氏。春秋时,蒯地成为晋国大夫得的封邑,世称蒯得。他的子孙即以邑名"蒯"为姓,而称蒯氏。

3. 出自春秋时期的卫国,是卫灵公之子卫庄公的后代。卫庄公名叫蒯聩,他当太子的时候,曾经想刺杀灵公的夫人南子,失败后出奔晋国,后回卫国,被良夫、孔悝立为卫君。后为晋军所破,被杀。蒯聩的后代子孙以祖上的名字命姓,称蒯姓。

【蒯姓名人】

蒯通

汉代人。当刘邦和项羽争夺天下时,他活跃于政界,为人出谋划策,以口才好和计谋高闻名天下。

蒯祥

明代营缮,官至工部侍郎,食俸一品。自永乐至天顺,举凡内殿陵寝,都是他营缮的。他能用两支手各握一支笔画龙,合在一起像一条龙一样。皇帝每每称他为

"蒯鲁班"。

蒯光典

清朝人,知识极为广博,文章也极好,对古代文献加以整理注说考证,深受学界好评。所做的事业,光大了华夏文化,功在千古。

【繁衍变迁】

蒯姓在目前中国大陆和台湾地区均未被列入百家姓前300位。古时,蒯姓望族居住在襄阳郡(今湖北省襄阳一带);如今,蒯姓族人已分布全国。

相

【相姓起源】

1. 出自姒姓,是夏朝王族的后代。夏朝有帝相,其后裔支庶子孙,有的以祖上的名字为姓,称相氏。

2. 出自子姓,是商朝王族的后代。商王河亶甲原居于相,后又迁都,留居相地者便以地为姓,称相氏。

【相姓名人】

相威

元朝国王速浑察的儿子。喜请士大夫,听读经史,论古今治乱,以及直臣尽忠,良将制胜等事,以故临大事决大议。博学多闻,言必中节。因伐宋有功,授征西都元帅,拜江淮行省左丞相。

相礼

明代诗画家,能诗善羿,当世无敌。

相世芳

明朝人,正德年间进士,历官刑部郎中。为人沉着,刚毅正直,知识渊博,以文章著称。嘉靖年间,因直言谏议,被流放延安 13 年始诏还,终身无怨言。

【繁衍变迁】

古时,相氏郡望在西河郡(今山西、陕西两省之间黄河沿岸一带)、巴郡(今四川省重庆市一带)。

查

【查姓起源】

1. 出自姜氏,为炎帝的后裔,起源于春秋时期的齐国公族。齐国的君主齐顷公的儿子被封于楂,他的后代于是就以他的封邑作为自己的姓氏,成为楂姓。后来将木字边去掉了,于是成为查姓。

2. 出自芈姓。春秋的时候,有楚国的公族大夫被封在查邑,他的后代便以查作为姓氏。

【查姓名人】

查伊璜

明清之交人。在《聊斋志异》与《觚胜雪莲》中记载有关于查伊璜的故事,大致是他与吴六奇将军的神交。

查士标

清代著名的书画家。安徽休宁人,长期居住在扬州。擅长画山水,与孙逸、汪云端、僧弘仁等书画家一起被称为“海阳四家”。他的书法超妙入神,《艺舟双楫》将他的行书列入佳品之上。

查慎行

清代诗人,名嗣琏,字夏重,浙江海宁人。诗学宋人,多抒发行旅之情,善用白描手法,有《敬业堂集》。

查升

清代书法家,字仲苇,号声山,浙江省海宁人。康熙进士,曾在朝廷任职,著有《淡远堂集》等。

【繁衍变迁】

查氏望出齐郡。在漫长的繁衍过程中,查姓形成了许多郡望,主要有海陵郡、齐郡、济阳郡等。几经繁衍迁徙,查氏几乎分布全国各地,如辽宁的清源、山西的太原、陕西的韩城、湖南、安徽的泾县、河南的罗山、江西的金溪、福建的清流、广东的澄海、贵州的从江、四川的合江等。

后

【后姓起源】

1. 出自太昊氏。上古东邑部族首领太昊的孙子後照的后代。

2. 出自共工氏之后。以官名为氏,炎帝后代共工氏有子名叫句龙,在黄帝时担任后土(古代掌管有关山川土地事务及农业生产的官职),死后被封为"灶神",夏、商、周三代之后,一直为人们祭祀着,其后代就以官名的一字为姓,称为后氏。

3. 出自姬姓。以封邑名为氏。西周时鲁孝公的儿子公子巩的封邑郈,谥号郈惠伯。他的后代以邑名为氏,称为郈姓;后来省去右边的邑旁为后氏,称后姓。

【后姓名人】

后稷

中国古代周族的始祖。传说是邰氏之女所生,初生时曾被遗弃,故名弃。在尧、舜时代(公元前21世纪以前)为农官,封地于邰,号后稷,别姓姬氏。据说他善于种植多种粮食作物,教民耕种。后来周族奉他为始祖,并认为他是最早种稷和麦的人。

后羿

又称"夷羿",相传是夏王朝东夷族有穷氏的首领,善于射箭。

【繁衍变迁】

百家姓中,後、后是两种姓,有不同的起源,而现在後姓的人,往往简写成后姓。在我国早期历史上的后姓名人,几乎全是山东人。和不少的姓氏一样,后姓虽未发展成一个繁盛家族,但经过历代的播迁和繁衍,其子孙早已遍布天下。

荆

【荆姓起源】

1. 出自芈姓,以国名为氏。西周初年,楚国先君熊绎被封在荆山一带(今湖北省西部),国号为荆,直到春秋初才改为楚国。楚文王以前的荆君有庶出子孙以国号为姓,称荆氏。

2. 出自芈姓之后,为楚姓所改,以国名为氏。芈姓之后原有楚姓,一支居于秦国,因避秦庄襄王嬴楚之讳,以原国名荆为姓,改为荆姓。

3. 出自庆姓改姓荆者。

【荆姓名人】

荆轲

战国时期的著名刺客。战国末期卫国人,汉族,喜好读书击剑,为人慷慨侠义。受燕太子丹之托入刺秦王,失败被杀。

荆浩

五代后梁画家,沁水(今属山西省)人。他擅画山水,常常携带笔墨摹写山中古松,画云中山顶时,能画出四面峻厚的气势。著有《笔法记》,对中国山水画的发展有重要影响。

荆嗣

宋代名将,累立战功。历官天武军校、田重进部将,太宗时攻太原及幽州,他皆率先陷阵,拜都指挥使。真宗时,为邠庆、环庆副部署,嗣起行伍,一生经一百五十余战,未尝败绩。

【繁衍变迁】

荆氏是一个多源流的古老姓氏,在当今中国大陆及台湾地区的姓氏排行榜上均未被列入前200位。古时,荆姓望族居于广陵郡(今江苏省江都区东部)。如今,在黑龙江、河南、山东、吉林、山西、陕西、辽宁、江苏、上海、北京、香港等地均有荆氏族人分布。

荆轲

红

【红姓起源】

1. 出自熊姓。春秋时期楚国公族有熊渠,其长子熊挚,字红,封为鄂王,其支庶子孙以祖上之字为姓者,遂成红氏。

2. 出自刘姓,为汉高祖刘邦之后。

【红姓名人】

红军友

明末农民起义初期首领之一。崇祯五年(1632年)转战陕甘边区,声势甚大。后遭谋害。

红娘子

明末农民起义军女将,江湖艺人出身。李岩在河南杞县散粮济贫时,她率众起义,攻破县城,与李岩成婚。后与李岩及其义军同投李自成。

【繁衍变迁】

后来,红氏郡望在河内郡(今河南省黄河以北,京汉铁路以西地区)、河南郡(今河南省洛阳市)。

游

【游姓起源】

出自姬姓。以祖上之字命姓。周历王姬胡的儿子姬友,被其兄周宣王姬静封于郑,建立郑国。春秋时期郑国国君郑穆公有个儿子叫偃,字子游,他的孙子游皈以祖父之字命姓,其后皆以"游"命姓,称游姓。

【游姓名人】

游恭

五代时期的吴国人,学问广博,文章很好。

游复

宋朝学者,他学识极富,言行儒雅,附近人都将孩子送到他门下学习。

游酢

北宋学者、哲学家,建州(今福建省建瓯市)建阳人。他拜理学家程颐为师,刻苦读书,学问渊博,是"程门四大弟子"之一。元封年间中进士,再为太学博士。他与杨时初次拜见程颐时,程颐闭目而坐,二人站在门外而不离去。等发觉时,门外已雪深三尺,此即"程门立雪"成语典故的由来。游酢的主要成就在学术方面,被后世学者尊称为"若山先生",他所著的《易说》《中庸义》《论语孟子杂解》等书,尤受学者的推崇。

游明根

字志远,南北朝时北魏广平任人。博学经史,孝文帝时官仪部尚书、大鸿胪卿,封新泰侯。做官五十余年,以仁和处世,以礼让接物。

游日章

明代廉州知府。嘉靖进士,在临川任了五年知县,清正廉洁,爱民如子,后任廉州知府。著有《骈语雕龙》。

【繁衍变迁】

游姓源于春秋时代的郑国(今河南省中部黄河以南的地带),郡望在广平郡(今河北省南部永年区一带)、冯翊郡(今陕西省大荔县一带)。

权

【权姓起源】

1. 出自子姓,以国为氏,本颛顼高阳氏之后。汤建商朝之后,第二十三帝为商武帝武丁。武丁的后人有被封于权者,建立了权国(今湖北省当阳东南)。春秋时期楚国武王破权国,权国迁至那处(近湖北荆门),不久又为巴国所灭。权国的贵族子孙以国名为姓,乃成权氏。

2. 出自芈姓。楚武王灭权国后,改权国为县,令大臣若敖之孙斗缗为权县尹。后来斗缗率领权国遗民谋反,兵败被杀。斗缗的后人亦称权氏。

【权姓名人】

权会

北朝齐臣。字正理,河间鄚(河北任丘)人。家贫好学,精通诸经。仕齐,初为四门博士。德高学博,拜师求学者甚众。注《易经》,行于世。

权景宣

北周将领。字晖远,天水(今属甘肃)人。少聪颖,晓兵略,为宇文泰所赏识,历任多种要职,久驻荆、湖地区,东御东魏,南略梁邑,所向多捷。

权德舆

唐代文学家。字载之,天水略阳(今甘肃秦安)人,后徙润州丹徒(今江苏镇江)。德宗时,召为太常博士,改左补阙,迁起居舍人、知制诰,进中书舍人。宪宗时,拜礼部尚书、同中书门下平章事,后徙刑部尚书,复以检校吏部尚书出为山南西道节度使。卒谥文,后人称为权文公。

【繁衍变迁】

权姓在当今中国大陆和台湾地区均未被列入百家姓前 300 位。战国末期,部分权姓族人迁移至陇西,在现在的甘肃天水一带定居,然后以天水为中心繁衍,逐渐分布于全国各地。

逯

【逯姓起源】

1. 出自嬴姓,以地名为姓。古代秦国有公族大夫封于逯邑(今陕西省境内),其后遂以封邑取姓为逯氏。

2. 出自芈姓。周代楚国王族同族的逯姓后代,都以逯为姓,成为逯姓一支。

【逯姓名人】

逯中立

明朝文士,为人正直,敢作敢为,有胆有识。他举为进士后入仕,官给事中,虽然因为打抱不平被朝廷贬官,但人们都称赞他胆识过人。

【繁衍变迁】

逯姓源自春秋战国时期的逯邑(今甘肃和陕西一带),望族居于广平郡(今河北省鸡泽县东)。

盖

【盖姓起源】

1. 出自姜姓,以邑名为氏。春秋时期,齐国有公族大夫王欢受封于盖邑(今山东省沂水县西北),又作晖邑。他的后代子孙以封邑名为氏,称为盖姓。

2. 出自少数民族中有盖姓。据《魏书》记载,卢水胡人中有盖姓。

3. 出自盖楼氏复姓所改。据《魏书》记载,又有盖楼氏复姓改为单姓盖氏。

【盖姓名人】

盖延

东汉虎牙将军。身长八尺,弯弓三百斤。彭宠为太守时,任营尉。后与吴汉归光武,拜偏将军,从平河北。光武即位,封盖延为虎牙将军。

盖宽饶

渔阳人,汉代文官。他极为刚正,看到朝廷中有不正之风,就不管得罪什么人,都要在上朝时向皇上说个明白,于是朝中人人小心,风气也清廉一时,皇亲国戚也都小心翼翼。

【繁衍变迁】

古代的盖邑,在今山东省沂水县境内,盖氏家族就发祥于此。望族居于安阳郡(今河南省泌阳县西)。

益

【益姓起源】

1. 出自地名。汉朝的时候,四川广汉属于益州管辖,在这个地方居住的人后来以州名为姓,成为益姓的一支。

2. 出自县名。古代有县名为益都,此县的居民有的就以县名的头一个字作为姓氏,称为益氏,成为益姓的一支。

3. 来源于嬴姓。上古颛顼高阳氏的后裔中有叫伯益的,被推举为嬴姓各族的首领,并且赐姓为嬴。他的子孙中有用祖上的名字作为姓的,也形成了益姓的一支。

【益姓名人】

益畅

南宋峨嵋人,幼年时好学,绍兴年间考中进士。

益智

元朝名将,有勇有谋,胸怀大略,朝廷任他为怀远大将军。他管理军队和民政都有周到谋划,有预见。部下人起先不明白他的用意,而随着事情发展,便知道了益智的远谋,无不佩服。

【繁衍变迁】

益氏是一个多民族、多源流的古老姓氏,但人口总数在中国的大陆和台湾均未被列入百家姓前300位。古时,益氏望族居冯翊、益都、成阳诸郡。如今,益氏族人主要分布在山东、江苏、浙江、西藏、青海、甘肃等地。

【桓姓起源】

1. 源于上古。黄帝有大臣桓常,被认为是桓姓的始祖。

2. 出自姜姓。齐国国君齐襄公之弟公子小白,在襄公被杀后,自莒国入齐,成为齐国君主,后为春秋五霸之一,死后谥号为"桓",即齐桓公。其支庶子孙仍为桓姓。

3. 出自子姓。宋国有君太名卿,死后谥号为"桓",史称宋桓公。其后代有向魋,改名桓魋,其后亦称桓氏。

4. 为少数民族乌丸氏、桓侯氏复姓和阿鹿桓三字姓所改。

【桓姓名人】

桓荣

古代桓氏素有"荣由稽左,志在尽忠"之谓,说的是汉代有桓荣,世居谯国尤元(安徽省怀远西)人,官少傅,赐车乘号,谓诸生曰:"今日所蒙,稽左之力也。"

桓容

字春卿,东汉时沛郡龙亢人。小的时候在长安学习,后来担任欧阳尚书,教授徒弟数百余人。光武帝的时候被拜为议郎,授太子经,累官太子少傅,后迁太常。明帝即位,因为他是皇帝的老师,所以被拜为五更,被封为关内侯,他的门徒很多都做了公卿。

桓谭

东汉学者,他写的文章很好,特别喜欢古文,写书写了二十九篇,取名叫《新论》。

【繁衍变迁】

桓姓是一个古老的多民族、多源流姓氏群体,在当今中国大陆及台湾地区均未被列入百家姓前100位。在桓氏家族之中,有来自山东的姜太公之后,也有发祥于河南的商汤之后,更有少部分鲜卑族之后。古时,桓姓望族居谯郡(今安徽省亳州);如今,桓姓族人已分布全国各地。

公

【公姓起源】

1. 出自姬姓。周公旦之子伯禽建立鲁国,其后代有鲁昭公,他把王位传给弟弟姬宋,是为鲁定公。定公把鲁昭公的两个儿子衍和为,都封公爵,世称公衍、公为。公衍、公为的后代子孙便以祖上爵位为姓,遂成公姓。

2. 由复姓省文、简字转变而成。这些变为"公"姓的复姓很多。如出自姬姓的带有"公"字的复姓,后来都改为公姓单姓的就有52个。原来带有公字的复姓,已基本不复存在。

【公姓名人】

公鼐

明文学家,字孝与,号周庭。蒙阴(今属山东省)人。万历进士,天启初官礼部右侍郎。魏忠贤乱政,引疾归。论诗主张一代有一代之声情,反对复古模拟。其纪行诗与晚年山居诸诗善于写景,多流露了抑郁之感,所著有《问次斋集》。他与公逸仁、公跻奎、公一扬、公家臣,史称"五世进士"。

公勉人

号西埠,明朝时蒙阴人。弘治进士,任大仆卿,因与刘谨不和而未能得到重用,刘谨死后,才得到重用,升为大同巡抚。他选将练兵,提高将士素质,忠于职守,戒备森严,在边关工作十年,不出意外事故,并著有《山东集》。

公家臣

号东塘,明朝时蒙阴人。隆庆年间举进士,授编修,以论夺情事忤张居正意,被

【繁衍变迁】

公姓发源地在山东,即古代鲁地。而且,随着许多复姓简化为公姓,遂使公姓很早就遍布各地。早在秦汉之前,公姓就遍布韩、赵、齐、陈等地,但主要聚居地仍在今山东、河北、河南一带。汉唐时期,公姓在山东蒙阴形成郡姓望族。如今,公姓族人仍以山东平度、蒙阴为主要聚居地。目前公姓人口没有进入全国前300位。

竺

【竺姓起源】

1. 与竹姓同源,以国名为氏。夏、商、周三朝皆有孤竹国,春秋时,其国君之子伯夷、叔齐的后人以国名为氏,称为竹氏。汉朝时,枞阳(今属安徽)人竹晏将姓氏改为"竺",后人沿用至今。

2. 出自他族,源于古印度。古时印度亦称天竺国,其僧人来到中国传教,遂取"竺"为姓。后中国僧人师于天竺僧侣,随师父姓氏,称竺姓。通常认为汉宣帝时的竺次为此支竺姓人的始祖。

【竺姓名人】

竺大年

宋代文士,潜心钻研儒家经典《礼记》,著有《礼记订议》。

竺绍康

嵊县(今属浙江嵊州市)人,反封建斗士。1902年成立洪门会平洋党(又称平阳党),后与王金发、裘文高等从事反清革命,奉秋瑾与徐锡麟策划皖浙起义时,被任命为光复军分统。皖浙起义失败后,徐、秋遇难,竺绍康被通缉,辗转奔走于上海,不久加入同盟会,继续从事革命活动。1910年12月病逝于上海。

竺可桢

字藕舫,浙江上虞人,当代著名的地理学家、气象学家和教育家。他是中国近代地理学和气象学的奠基人,并且始终以科学的视角关注着中国的人口、资源、环境问题,是"可持续发展"的先觉先行者。

【郡望堂号】

郡望

东海郡:治所在今山东郯城北,秦朝时置郡。

堂号

枞阳堂:汉代竺晏,本姓竹,后改姓竺,为竺姓始祖。因其受封枞阳侯,故有此堂号。

化乡堂:宋代的竺大年是沈焕的关门弟子,为人严肃庄重,长于说《礼》,感化了众多乡邻,因而有此堂号。

【繁衍变迁】

竺姓与竹姓同源,发源于今河北卢龙县南。

竺可桢

郁

【郁姓起源】

1. 大禹的老师名郁华,为郁姓始祖,其后代以郁为姓。

2. 古代有郁国(今江苏与浙江之间的地带),春秋时有吴国大夫采邑于其地,他的后裔遂以邑名为姓,称郁姓。

3. 春秋时期，鲁国有相名郁黄，其后代以祖名为姓，称郁姓。

4. 汉代右扶风有郁夷县，其地即今陕西宝鸡市陇县一带，其间的居民有以郁为姓者。

5. 汉代胶东有郁秩县，其地即今山东平度，其间的居民有以郁为姓者。

6. 汉代北地郡有郁郅县，其地即今甘肃庆阳一带，其间居民有以郁为姓者。

7. 汉代西域有郁立国，位于今新疆维吾尔自治区昌吉回族自治州奇台县西北，国民有以郁为姓者。

8. 太原（今属山西）鬱姓的一支因其姓氏笔画繁多而改为郁姓。

9. 与蔚姓通。《姓氏考略》中记载："郁氏出自太原，与蔚姓通。"

【郁姓名人】

郁文名

清画家，以人品著称，擅画山水花鸟。

郁松年

字万枝，号泰丰，清朝人。对古籍颇有研究，曾购书十万卷，精选宋元珍本，刊为《宜稼堂丛书》。此外还保存了很多古籍珍本，如宋朝大数学家秦九韶、杨辉的算书，以及两种不同版本的《续后汉书》。

郁达夫

名文，著名文学家、散文家、诗人，"五四"新文化运动的奠基人之一。1896 年生于今浙江省杭州市富阳区，1913 年秋，跟随兄长郁曼陀东渡日本求学，并与郭沫若、成仿吾组建了"创造社"。回国后在鲁迅的支持下主编《大众文艺》，后参与发起并加入中国左翼作家联盟。郁达夫一生著作颇丰，著有小说《沉沦》《春风沉醉的晚上》《金秋桂花迟》等。1945 年 9

郁达夫

月在印尼苏门答腊岛失踪,时年49岁。

【郡望堂号】

郡望

太原郡:治所在今山西太原市西南,战国时秦国置郡。

鲁国:今山东曲阜市、泗水县一带,西汉改秦薛郡置国。

胶东郡:治所在今山东平度市东南,汉时置郡。

黎阳郡:治所在今河南中部的浚县一带,北魏时分汲郡置郡。

堂号

黎阳堂、胶东堂、太原堂等。

【宗族特征】

郁姓是一个典型的多民族、多源流的姓氏。其起源比较繁杂,时至今日,大多数郁姓人已难准确分辨出出自何支。历史上郁姓家族人口虽不多,但族中人才济济,多卿相官吏和文人才子。

【繁衍变迁】

郁姓发源于今山东、陕西、甘肃、浙江等地,先秦时主要在北方地区繁衍播迁。春秋末年,黎阳(今河南浚县东北)人郁贡,为鲁国宰相。汉时,郁贡有裔孙郁启,仕汉为员外郎,留居金陵(今南京)白下桥。其后裔有迁往今浙江、河南凤阳等地者。南唐时,有郁姓族人入居今浙江省富阳区,并迅速发展为富阳的一个大姓。曾经的富阳城,有"郁半街""郁半城"之称。但在太平天国以后,富阳郁姓逐渐衰落。唐宋以后,郁姓的繁衍重心转向了南方。他们分布于今安徽淮南、江苏苏州、上海、浙江杭州、嘉兴等地。宋元后,他们渐趋播迁于今福建、江西、湖北、湖南、四川等省。明初,今山西洪洞大槐树籍郁姓人被分迁于今江苏、浙江、河南、陕西、甘肃等地。明中叶,今广东、广西、海南岛均有了郁氏人家,并有沿海之郁氏渡海赴台。

如今,郁姓是中国人口排行第二百二十位的姓氏,总人口约38万,约占全国人口的 0.031%，尤以江苏、上海、浙江等省市为多。

欧阳

【欧阳姓图腾】

欧阳姓是古时东夷阳鸟夷的一支，其图腾由两部分组成。右侧是"欧"（古代的一种鸟，即洛鸟，生活在长江流域，以追逐太阳著称。它们喜欢停落在沼泽地或者多水的稻田，在上面走来走去，故有"鸟田耕耘"的说法）落在田地之中，左边是太阳，组合起来表示追逐太阳的鸟正落向田地里之意。

【欧阳姓起源】

出自姒姓，与欧姓同宗。据《路史》《唐书·宰相世系表》及《姓氏考略》载，夏朝帝王少康（姒姓）的儿子无余，被封于会稽（今浙江绍兴），以奉守大禹的宗祀。无余的后人后来建立了越国。春秋时，越国被吴国所灭。后越王勾践复国，并灭掉了吴国，成为一代霸主。勾践的六世孙无疆为越王的时候，越国为楚国所灭。无疆的次子蹄占据了乌程（今浙江湖州）欧余山之阳（山的南面），自称为"欧阳侯"，他的子孙后代就有了欧阳氏、欧氏。

【欧阳姓名人】

欧阳生

名容，字和伯，西汉千乘（一说今山东广饶，一说今山东高青）人，曾从伏生学今文《尚书》，为博士。他的后代也多出学者，其曾孙孙高、高孙地余均为博士，世代以研究《尚书》为特长，因此《尚书》世有欧阳氏学。

欧阳建

字坚石，南皮（今属河北）人，西晋哲学家。历任尚书郎、冯翊（今陕西大荔县）

太守,甚得时誉,后来被赵王司马伦所害。著有《言尽意论》。

欧阳修

字永叔,自号醉翁、六一居士,北宋政治家、文学家,"唐宋八大家"之一。天圣八年(1030年)中进士甲科,官至参知政事。因议新法与王安石不和,辞官隐居。博学多才,以文章闻名于世。纂有《毛诗译本》《新五代史》《集古录》等,与宋祁台修《新唐书》。作品由后人辑为《欧阳文忠集》。

欧阳修

【郡望堂号】

郡望

渤海郡:治所在今河北沧州,西汉时置郡。

堂号

画荻堂:宋朝的欧阳修,三岁丧父,家里很穷,上不起学堂,但是母亲非常希望他能成为对国家有用的人才,于是决定自己教他。买不起纸张,母亲就以沙地作纸,以荻当笔,教他识字。经过刻苦的学习,欧阳修终于成为著名的文学家和对朝廷有用的人。后人遂以"画荻"为堂号。

【繁衍变迁】

欧阳姓发源于今浙江湖州,秦汉时族人大举北移至渤海郡和千乘郡(今山东博兴、高青等地)等地。魏晋之际,今河南、山西、陕西等北方省份已有欧阳氏入居,渤海郡的欧阳氏家族势力庞大。晋室南迁及南北朝的军阀纷争,迫使欧阳氏避居今江苏、湖南等江南之地,或回归祖居地今浙江。隋唐之际,今江西、湖北、安徽、四川等地均有欧阳氏入居。唐初,有欧阳氏播迁至今福建。唐末五代时,繁衍于今湖南长沙的欧阳氏渐扩展至今湖南全境,并有徙居今广西壮族自治区桂林市和广东省连州市者。明初,洪洞大槐树(今属山西)籍的欧阳氏分迁于今山东、河南、河北等地。明中叶以后,有今广东、福建等地的欧阳氏渡海赴台。清初,有今湖北、湖南以及广东北部的欧阳氏伴随"湖广填川"的风潮入居今四川。清中叶以后,有欧阳氏远赴东南亚及欧美各地。

欧阳是当代中国人口排行第一百四十九位的姓氏,总人口约有 88 万,约占全国人口的 0.07%。

司马

【司马姓起源】

1. 以官职名为姓。帝少昊时始设司马一职,掌管军政和军赋,周朝时称为夏官大司马。周宣王时,帝少昊的后裔程伯休父任司马,因打败了分布于今淮河中下游的徐戎(又称徐方、徐夷),立下大功,而得赐司马为姓。程伯休父的子孙以此为荣,遂有以司马为姓者。

2. 晋元帝司马睿,本姓生,改姓司马,其后亦以司马为姓。

3. 南朝宋时有许穆之、郝惔之改姓司马,他们的后世子孙也以司马为姓。

【司马姓名人】

司马迁

字子长,阳夏(今陕西韩城)人,西汉著名史学家、文学家。因替投降匈奴的李陵辩解而入狱,受腐刑。但他忍辱负重,在狱中完成了我国历史上最早的纪传体通史《史记》。这部书被鲁迅誉为"史家之绝唱,无韵之离骚"。

司马相如

字长卿,成都(今属四川)人,西汉著名辞赋家。因作《子虚赋》《上林赋》而受到汉武帝的赏识,他与卓文君的浪漫爱情故事更是流传千古。

司马光

字君实,号迂叟,世称涑水先生,夏县（今属山西）人,北宋著名政治家、文学家、史学家。他编撰了《通志》,后被宋神宗赐书名《资治通鉴》。他竭力反对王安石变法,于宋哲宗继位后主掌朝政,尽废新法,史称"元祐更化"。

【郡望堂号】

郡望

河内郡:治所在今河南境内黄河北岸的武陟县一带,汉时置郡。

堂号

太史堂:汉朝司马谈、司马迁父子先后出任太史公之职。司马迁继承其父司马谈的遗志,写成《史记》,对后世史学和文学的发展具有深远的影响。因而有此堂号。

河内堂:以望立堂。

【繁衍变迁】

约在周惠王、周襄王时,司马氏遇难"离周适晋",此后分散在卫国、赵国一带。卫、赵两国都在今山西境内,司马氏在这里活动了很长时间。

秦汉以后,今陕西,四川、湖北、江苏等地均有司马氏居住,而司马氏繁衍的中心则在今河南,今河南温县更是诞生了日后建立了晋王朝的司马懿家族。随着晋朝的建立,司马氏遍布大江南北。唐代以前,东南沿海、江淮地区、中原地区均有司马氏散居。宋代以后,今山西夏县崛起了司马光家族,今陕西、河北、湖南、江苏、浙江等地亦有司马氏居住。

如今,司马氏已遍市全国,尤以北京、天津、河北、山西、湖北、江西、福建、贵州等地人最多。

诸葛

【诸葛姓起源】

1. 为葛姓所改。相传，黄帝后裔葛伯的封国灭亡后，原居于琅玡郡诸县（今山东诸城西南）的葛氏有一支迁徙至阳都（今山东沂南），因当地已有葛姓，遂称后迁来的葛氏为诸葛氏。

2. 为詹葛姓所改。春秋时齐国有熊氏之后有复姓詹葛，因读音讹为诸葛氏，后遂改为诸葛氏。

3. 秦末陈胜吴广起义军中有大将葛婴，屡立战功，却因陈胜听信谗言而被杀害。西汉文帝时，葛婴的孙子被封为诸县侯，其后代遂以诸葛为氏，称诸葛氏。

【诸葛姓名人】

诸葛亮

三国时蜀国政治家、军事家。东汉末年，隐居今河南南阳卧龙岗，但留心世事。刘备三顾茅庐，以咨当世之事，诸葛亮向刘备提出了占据荆（今湖南、湖北）、益（今四川）两州，联合孙权、对抗曹操，统一全国的建议（即"隆中对"），从此成为刘备的主要谋士，帮助刘备取得赤壁之战的胜利，占领荆、益两州，建立了蜀汉政权。刘备称帝，他任丞相。刘备死后，他

诸葛亮

受遗诏辅佐后主刘禅，建兴元年（223年），以丞相受封武乡侯，兼领益州牧。此后经略蜀汉数年，东和孙权，南平孟获，而后出师北伐，与魏相攻战又数年，后病死于五丈原（今陕西岐山县西南）军中，葬定军山，终年54岁。

诸葛瑾

字子瑜,诸葛亮之兄。初为孙权长史,转中司马。孙权派遣诸葛瑾使蜀通好刘备,与诸葛亮俱公会相见。后刘备伐吴,有人称诸葛瑾密遣亲人通蜀。孙权说:"子瑜之不负孤,犹孤之不负子瑜也。"孙权称帝后,拜诸葛瑾为大将军、左都护,领豫州牧。

诸葛恢

字道明,晋代琅玡阳都(今山东沂南)人。曾任安东将军司马睿(即后来的晋元帝)属下的从事中郎,后官至尚书右仆射。

【郡望堂号】

郡望

琅玡郡:今山东诸城市、临沂市、黄岛区一带,秦始皇时置郡。

堂号

卧龙堂、三顾堂:东汉末年,诸葛亮隐居于今河南南阳市的卧龙岗,人称"卧龙先生",后得刘备三顾之礼,出为刘备谋臣,名垂青史。

【繁衍变迁】

诸葛氏早期居住于今山东一带。汉唐时,发展成为今山东的名门望族,以琅玡郡诸葛氏最为著名。南北朝时,诸葛氏已散播于东南沿海地区。如今在浙江上虞、金华、兰溪等地有诸葛氏居住。

上官

【上官姓起源】

出自芈姓,以邑名为氏。春秋时,楚庄王芈旅(一作吕、侣)将上官邑(今河南滑县东南一带)赐封给其幼子兰,兰的后代子孙遂以祖先的封地名为氏,形成上官氏。

【上官姓名人】

上官仪

字游韶,唐代诗人。擅做五言诗,在技巧上独树一帜,人称"上官体",追随者甚多。举进士为官,后因反对武则天而冤死狱中。

上官凝

字成叔,邵武(今属福建)人,宋朝学者。举进士而为官,廉洁奉公,善决疑案,有惠政。其子上官均,孙上官恢皆为进士。

上官惠

清代画家,长汀(今属福建)人。善画山水、楼台,笔墨苍劲老道,脱尽烟火气。绘有潮州府志插图。

【郡望堂号】

郡望

天水郡:今甘肃天水、陇西以东的地区,西汉时置郡。

堂号

孝友堂:宋代有上官怡,其母身患疟疾,其从早到晚在床前伺候,一个多月不曾合眼。母亲死后,其极尽哀毁。后其兄相继去世,他奉养寡嫂,抚育孤儿,敬爱兼笃。乡邻们都赞叹他"既孝于亲,又友于兄弟",因而有此堂号。

【宗族特征】

上官家族历史上人才辈出,多忠义廉洁之士,如唐代诗人上官仪、才女上官婉儿,宋代龙图阁待制上官均,明代画家上官伯达,清代画家、诗人上官周等。

【繁衍变迁】

上官姓发源于今河南滑县东南。秦灭六国后,原楚国的公族大姓被迁往关中(今陕西渭河流域一带),而上官氏则被迁往陇西上圭(今甘肃天水),后发展为其间的望族。唐制时,上官氏迁入今河南,并逐渐成为陕州(今河南三门峡市一带)的望族。唐末战乱四起,巾原上官氏开始大举南迁于今福建邵武。历宋、元、明、清至今,上官姓族人逐渐播迁于全国各省市。

夏侯

【夏侯姓起源】

出自姒姓,为大禹(姒姓)的后代,得姓始祖为夏侯佗。周朝时,夏禹的后裔东楼公受封为杞(今河南杞县)侯。公元前445年,楚国灭亡杞国,杞简公之弟佗逃往鲁国。鲁悼公因其为夏禹的后代,周初祖先又为侯爵,于是称其为夏侯,其后代子孙便以"夏侯"为姓。

【夏侯姓名人】

夏侯婴

西汉沛县(今属江苏)人,是汉高祖刘邦少时的朋友,跟随刘邦起义,战功卓著,被封为汝阴侯。

夏侯渊

三国时魏国大将。跟随曹操南征北战,战功卓著,死于疆场。其子夏侯霸在魏时官至右将军、征蜀护军,后因司马懿政变而投奔蜀国,被封为车骑将军。

夏侯渊

夏侯始昌:汉朝鸿儒,官至太傅,深受汉武帝器重。

夏侯胜

字长公,西汉文士,今文尚书学"大夏侯学"的开创者。夏侯始昌的学生,少随其学今文《尚书》。官至太傅。受诏撰《尚书说》《论语说》。后以《尚书》授予其子夏侯建,使《尚书》复有"小夏侯之学"。

夏侯审

唐朝御史,大历十才子之一。

夏侯嘉正

江陵(今属湖北)人,宋朝学者,辞赋家。著有《洞庭赋》。

【郡望堂号】

郡望

谯郡:治所在今安徽亳州,东汉置郡。

鲁郡:治所在今山东曲阜。西汉初,改秦朝原有的薛郡为鲁国,晋朝时又改为鲁郡。

堂号

汝阴堂:西汉时夏侯婴,与汉高祖刘邦是少时的朋友。刘邦起兵时,夏侯婴即被任为太仆。后更随刘邦入蜀,定三秦,破楚,战功卓著,受封汝阴侯,因而有此堂号。

【繁衍变迁】

夏侯姓人早期活动在河南、山东,汉唐时在山东有较大发展,以鲁郡为郡望;向南在今苏、豫、皖交界处发展,以谯郡为郡望。宋代以后逐渐衰落。如今在北京、上海、山西、江西、湖北、台湾等地偶有所见。

东方

【东方姓起源】

1. 为上古伏羲氏的后代。传说远古时期,伏羲创制八卦。他的裔孙羲仲出于震位(震位在八卦中主东方),其后世代执掌东方青阳令,遂以东方为氏。另有一说认为,伏羲又叫神农氏,他的族人以务农为业,每天太阳从东方升起时,就是他们开始耕作的重要时刻,于是伏羲的后代中就渐渐有了以东方为氏者,称东方氏。

2. 出自张姓,为汉代著名文学家、政治家东方朔(公元前154～前93年)之后。据说,东方朔原姓张,字曼倩,平原厌次(今山东惠民东北)人。其父名为张夷,于他出生之前去世了,母亲田氏在生下他三天后也与世长辞。东方朔由其兄嫂抚养成人。因为他出生时,东方天刚刚亮,故取名为东方朔。东方朔官拜太中大夫,他生性诙谐滑稽,言词敏捷,谈吐幽默,常在汉武帝前谈笑取乐,被相声界尊为"祖师爷"。同时,他也能洞察事理,直言劝谏。他的后代为纪念他,就以"东方"为氏。

【东方姓名人】

东方虬

唐代史官,著名诗人。武则天时曾任左史、礼部员外郎等职。擅诗。陈子昂曾赞其《孤桐篇》曰:"骨气端翔,音韵顿挫,不图正始之音,复睹于兹。"(《寄东方左史修竹篇书》)可惜今已失传,只有四首诗传世。《全唐诗》收录其《咏春雪》等诗四首,《全唐文》收录其《尺蠖赋》等文三篇。

东方显

温州(今属浙江)人,唐朝著名学者,唐开元年间十八学士之一。

【郡望堂号】

郡望

济南郡:今山东济南市、章丘区、济阳县、邹平县等地,西汉时置郡,治所在今山东章丘区西。

平原郡:平原是春秋战国时齐国的领土,秦始皇将其划分在齐郡之下。汉高祖从齐郡分置平原郡,治所在今山东平原县南。晋朝改为平原国。宋、后魏、后周复名为平原郡。隋初废平原郡,置德州,隋炀帝又复名为平原郡。唐朝再置德州,其后或为平原郡。其管辖地区即今山东省德州市陵城区。

堂号

四何堂:汉朝时期的东方朔,个性幽默风趣,善辞赋。有一年适逢社日(祭祀灶神的日子),汉武帝赏赐祭肉给众大臣。在众臣到来之前,东方朔抢先割了一块拿回家去了。汉武帝知道后,命他自责,他辩解说:"受赐不待诏,何无礼也;拔剑自割,何壮也;割之不多,何廉也;归遗细君,又何仁也。"意思是受了陛下的恩赐,却不等皇帝圣旨便自取,我多么不讲礼貌呀;自己拔剑割肉,我多么英武呀;虽然割了,但没有多割,我多么清廉呀;割肉回家给妻子吃,我多么仁爱呀。接连四个"何"将汉武帝逗得哈哈大笑,说:"令卿自责,乃更自誉。"(我命你责备自己,你倒自夸起来了)随即又赏赐给他一块肉。因而有此堂号。

【宗族特征】

东方家族在历史上一直享有很高的声望,族中可谓人才济济,如汉朝时名噪一时的东方朔,唐朝史官东方虬,唐朝文学家、开元十八学士之一的东方显等。

【繁衍变迁】

东方姓发源于今甘肃天水(伏羲故里)以及山东惠民一带,后渐渐向外播迁。汉唐之际,东方姓在平原郡、济南郡形成郡望。宋代以后,东方氏已足迹难觅。如今在北京,山西、山东、台湾等地有少量东方姓人分布。

长孙

【长孙姓起源】

1. 出自拓跋氏。北魏道武皇帝拓跋珪登基后,赐其祖父的长兄之子嵩为长孙氏。

2. 出自北魏之前的长孙氏。据《汉书·艺文志》载,西汉时期已有长孙氏。但源流已无从考证。

【长孙姓名人】

长孙顺

西汉鸿儒，今山东淄博人。曾师从王吉，受《韩诗》之学，后官拜博士。

长孙无忌

字辅机，洛阳（今属河南）人，唐朝名相。父亲为隋朝名将；妹妹为唐太宗的皇后。历任唐朝吏部尚书、尚书右仆射、司空，受封赵国公，与房玄龄等同为宰相。撰有《唐律疏议》，不仅对后世宋、明、清等朝律法具有深远的影响，而且直接影响了东亚和东南亚多国的律法。

长孙无忌

【郡望堂号】

郡望

济阳郡：今河南兰考东境、山东东明南境，晋惠帝时置郡，治所在今山东济阳。

堂号

霹雳堂：隋朝长孙晟，河南洛阳人。自幼习武，年18岁即为司卫上士。突厥南侵入中原时，其面圣献破敌之谋，口陈形势，手画山川，定其虚实，对敌军了如指掌，遂被拜为车骑将军兼受降使者，长孙晟善骑射，突厥人称他的马声与弓声为"霹雳闪电"，故长孙姓后嗣取"霹雳堂"为本族堂号。

此外，还有遗爱堂、凌烟堂等。

【繁衍变迁】

长孙氏早期聚集在今西北地区繁衍生息。北魏鲜卑族南下前，长孙氏的主要定居点为今山西大同，南下后则以今河南洛阳为主要的聚居地。此后长孙氏向东迁徙，在济阳郡发展壮大，成为今山东与河南交界处的豫东地区的望族。

闻人

【闻人姓起源】

起源于春秋时期少正氏。少正卯，鲁之闻人，是闻人氏的得姓始祖。他是一位学者，连孔子的学生都去听他讲学，名声远播，遂得"闻人"的雅号。少正卯的后代引以为荣，就以闻人为姓，世代相传。也有一说鲁国大夫左丘明是古之闻人，其后人以闻人为姓的。

【闻人姓名人】

闻人宏

字君度，浙江省嘉兴人。二十岁入太学读书，大观年间进士，历官通州司法、天台兵曹、宣城知县、常州通判。有才名，善政，人高其德谊。著有《中兴要览》《周官通解》《经史旁阐》等。

闻人滋

南宋藏书家，字茂德。官德兴丞，至进贤令。与陆游曾同在勒局为书籍、文书删定官。精于小学，人称"老儒"。喜留宾客，然而饭菜不过蔬、豆而已。家多蓄书，贮于"南湖草堂"中，并乐于借人。施晋锡曾为作有《南湖草堂记》。

闻人耆年

南宋针灸学家，檇李（今浙江嘉兴西南）人。行医四五十年，认为"惠而不费者，莫如针灸之术"，又谓"针不易传，凡仓卒救人者，惟艾灼为第一"，因将所集之方，于1226年撰成《备急灸法》，书中载有常见二十二种急证灸法。

闻人徽音

清才女，余姚（今属浙江省）人。生性颖异，能琴善弈，博通书史，工于吟咏。著有《樊谢诗选》《醉鹤楼诗》并行于世。

【繁衍变迁】

闻人姓主要分布在浙江,以宁波、余姚最多,约有上千人。

赫连

【赫连姓起源】

十六国时,南匈奴铁弗部勃勃称大夏天王,自称赫赫连天,以赫连为姓。

【赫连姓名人】

赫连韬

唐代才子,福建省漳浦人,有不羁之才。与莆田的陈黯、王肱、萧枢、林贤,福州的陈蒉、陈发、詹雄齐名,合称为"闽中八贤"。

赫连勃勃

十六国时期夏的创建者。南匈奴后裔,刘渊的同族。在位约十九年。

【繁衍变迁】

赫连复姓望族居盛乐郡(今山西省祁县东部一带地区)、渤海郡(今河北省、辽宁省渤海湾沿岸一带地区)。

皇甫

【皇甫姓起源】

1. 出自西周。西周太师(高级武官)皇甫的后代以"皇甫"为姓,称皇甫氏。

2. 出自子姓,是春秋时宋国公族的后代。西周后期宋戴公有个儿子叫公子充石,字皇父,宋武公时任司徒。当时有长狄鄋瞒部落进攻宋国,皇父领军反击,打退了长狄任,但皇父和两个儿子也不幸战死沙场。后来皇父的孙子南雍雄以祖父的字为姓氏,称为皇父氏。其六世孙皇父孟子,生子皇父遇。秦国灭宋时,皇父遇逃至鲁国。西汉中期,皇父遇嫡系子孙皇父鸾,自鲁迁居陕西茂盛陵,把姓氏中的"父"字改为"甫"字(古代二字同音通用),遂成皇甫氏。

【皇甫姓名人】

皇甫嵩

东汉太尉,少好诗书,习弓马。灵帝时任北地太守,领冀州牧,拜太尉,封槐里侯,时号名将。

皇甫谧

魏晋间医学家,安定朝那(今甘肃省平凉西北)人。早年学儒,中年因患风痹疾,便开始钻研医学,写下《甲乙经》。该书阐述经络理论,明确穴位名称和位置,总结了晋以前的针灸学成就。

皇甫谧

皇甫湜

唐代文学家,字持正,新安人。元和中擢进士第,为陆浑尉,仕至工部郎中。裴度辟为判官。集三卷,今存诗三首。

皇甫涍

明代诗人。好学工诗,与兄冲及弟汸、濂,皆有才名,时称"皇甫四杰"。官至浙江按察金事。其后同里人张凤翼、燕翼、献翼并负才名,吴人因有"前有四杰,后有三张"之语。

【繁衍变迁】

古时,皇甫氏望族居在京兆郡(今陕西省西安市至华县一带地区)、安定郡(今甘肃省原州区一带）。

尉迟

【尉迟姓起源】

以部落名命姓。前秦时期苻坚攻灭鲜卑拓跋部族，建立代国。后来拓跋邦复国，改国号为魏，史称北魏。与此同时，鲜卑族中又崛起一支尉迟部落，号尉迟部，如同中华之诸侯国。后来尉迟部随孝文帝进入中原，被命以族名尉迟为姓，称尉迟氏。

【尉迟姓名人】

尉迟迥

字薄居。北周孝闵帝时，因平蜀有功，封蜀公，驻益州。他素有尉迟迥庙碑大志，好施爱士，政绩卓著，为时人铭碑所颂。

尉迟纲

字婆罗，蜀国公尉迟迥之从兄。是宇文泰一手培植出来的将领，骁勇而有膂力，善骑射。卒于北周武帝天和四年（569年），享年五十三岁，谥周太保吴武公。

尉迟恭

唐初大将，字敬德，今山西省朔县人。隋朝末年，从军高阳，以武勇著称。曾随刘武周起事，后降唐，从太宗击败王世充、窦建德、刘黑闼等，武德初秦王李世民引为右府参军，屡立大功，是李世民亲信之一。玄武门之变，助李世民夺取帝位。

尉迟乙僧

于阗（今新疆维吾尔自治区和田县）人，唐代画家。与其父尉迟跋质那（画家）

尉迟恭

国学经典文库

中华姓氏文化

·中华姓氏大观·

图文珍藏版

皆以善画闻名,有大小尉迟之称。

【繁衍变迁】

尉迟姓在当今中国大陆和台湾地区均未被列入百家姓前 100 位。古时候,尉迟复姓望族居太原(战国时秦国置郡,相当于今山西省太原市)。

公羊

【公羊姓起源】

公羊复姓出自姬姓。春秋时,鲁国有位才学出众的人物,叫作公孙羊孺,他的后代子孙便取祖上名字中公羊二字为姓,称公羊氏。

【公羊姓名人】

公羊高

战国时候的著名学者,齐国人。承继发扬孔子的儒学,为卜子夏高徒,他讲学有《春秋传》一书,也叫《春秋公羊传》或《公羊春秋》,专门阐释《春秋》。最初只有口头流传,到汉初,他的玄孙公羊寿,邀集了研究公羊高的学者,辑录成《春秋公羊传》。

公羊寿

公羊高之玄孙。他与胡母生(子都)一起将《春秋公羊传》"著于竹帛"。《公羊传》的主要精神是宣扬儒家思想中拨乱反正、大义灭亲,对乱臣贼子要无情镇压的一面,为强化中央专制集权和"大一统"服务。《公羊传》尤为今文经学派所推崇,是今文经学的重要典籍,历代今文经学家都常用它作为议论政治的工具。它也是研究战国、秦、汉间儒家思想的重要资料。

【繁衍变迁】

公羊姓在当前中国大陆和台湾地区均未被列入百家姓前 100 位。依照《尚友录》的记载,古时候,公羊氏家族的繁衍中心是顿丘,即今河北省清丰县西南一带。

澹台

【澹台姓起源】

出自孔子弟子灭明的后代,以地名为氏。孔子有一个弟子,字子羽,名灭明,南游长江流域,居于澹台湖(在今江苏省苏州);另一说是居于澹台山(今山东省嘉祥县南),遂以湖(山)名命姓名,因取名澹台灭明。其后代子孙遂以澹台命姓,称澹台氏。

【澹台姓名人】

澹台灭明

春秋末年鲁国武城(今山东省平邑县南)人。姓澹台,名灭明,字子羽,孔子七十二弟子之一。其相貌丑陋,但为人公正,非公事不见卿大夫,受到孔子的推崇。后来游学于江淮,弟子多达三百人,名扬各诸侯国。

澹台敬伯

东汉名士,又名澹台恭,会稽人。向薛汉为师学习《韩诗》,为薛汉最知名的弟子之一。薛汉的弟子中,以澹台敬伯与杜抚、韩伯高等最为知名。

【繁衍变迁】

澹台氏是一个典型的古老汉族姓氏,如今已不多见。古时,澹台姓望出太原郡(战国时秦庄襄王置郡,治所是晋阳,今在山西省太原市西南)。如今,在山西、河南、河北、山东、内蒙古、江苏、安徽、湖北、上海、北京、香港、台湾、澳门等地均有零星澹台氏族人分布。

公冶

【公冶姓起源】

公冶复姓出自姬姓,起源于春秋时期鲁国,为季孙氏后裔。季氏族子有季冶,为季氏属下大夫,其后代子孙以祖父之字命姓,乃成复姓公冶姓。

【公冶姓名人】

公冶长

字子长,春秋末期齐国人,孔子弟子。据《论语》的二十篇中,有一篇名为"公冶长"者,首载孔子论公冶长之为人。据说公冶长不但以贤而著称,而且能通鸟语,多才多艺。后代人认为是吉祥,就画作年画。

【繁衍变迁】

公冶这个复姓迄今大约有 2500 年以上的历史。和许多复姓一样,公冶姓氏也向单姓转变,逐渐被公氏所代替,如今公冶姓已不多见。古时,公冶氏望出鲁郡,主要分布在今山东省曲阜、泗水一带地区。

宗政

【宗政姓起源】

出自刘姓,以职官名命姓,是汉高祖刘邦的后代。刘邦的后代有楚元王刘交,他的孙子叫刘德,官至宗正,为九卿之一,即主持皇家宫室事务的官员。刘德的支庶子孙有的以祖上官职名命姓,称宗正氏,后来加文而为宗政氏。宗政姓族人,今大多已并入宗姓。

【宗政姓名人】

宗政辨

唐代人,宫殿中少监。

【繁衍变迁】

宗政姓望出京兆郡(今陕西省西安以东至华县一带)、彭城郡(今江苏省徐州市)。

濮阳

【濮阳姓起源】

以地名命姓。上古时炎黄部落首领颛顼帝高阳氏曾建都濮阳(今河南濮阳市)。颛顼帝的后代有郑国姬姓居于此地,居住在这里的人以地名为姓,称作濮阳氏。

【濮阳姓名人】

濮阳兴

三国时吴国的文官。字子元,少有士名,孙权时使蜀,做过会稽太守。吴国君主孙权的第六个儿子,名叫孙休。濮阳兴和孙休是好友,后来孙休继位,称景帝,就任用濮阳兴做丞相,封外黄侯。永安中休卒,万彧劝兴迎立程侯皓,加侍郎,领青州,俄为彧所谮,徙广州,道追杀之,夷三族。

濮阳成

明朝武将,沉毅有远志,累立战功,朝廷封他世袭金山卫百户,为武德将军。

濮阳瑾

明朝文士,因科举成绩优良而被任为地方官。在山东宁阳县任县丞,政尚宽平,赈饥有功,远近赖以全活。

濮阳来

明嘉靖年间出任南昌府通判,以操履清白而见称。

【繁衍变迁】

古时,濮阳氏望族居博陵郡(今河南的濮阳市)、平陵郡(今山西文水县东一带)。

淳于

【淳于姓起源】

出自姜姓,以国名命姓,是炎帝的后代。周武王灭商后,把原夏朝斟灌国姜姓封在州邑(今山东安丘市),建立州国,因位居公爵,世称州公。春秋时期有州公实,亡国于杞,州国公族定居于淳于城(今安丘市东北,原为州国都城),后来复国,名淳于国,仍为公爵,成为春秋时期的小国之一。亡国后,其族人以原国名命姓,称淳于氏。

【淳于姓名人】

淳于髡

战国时齐国文士。博学多闻,知识丰富,口才好,善于答辩,说话幽默滑稽。当时诸侯并侵,百官荒乱,淳于髡游说于各诸侯国之间,说之以隐,并见听从,以为诸侯主客。

淳于意

山东人,汉代名医,仕齐为太仓长,世称为太仓公或仓公。少喜医术,后为人治病,决生死多验。文帝时,因故获罪,当处肉刑,其女缇萦上书,愿以身入宫为婢,代父赎罪,文帝悲其孝心,因废肉刑。

淳于缇萦

汉代名医淳于意之女,她的父亲医道很好,因被豪商诬告,判下肉刑的重罪。缇萦主动随父亲进京,上书朝廷,并自愿献身为奴,抵赎父亲的刑罚。汉文帝被她的孝心所感动,终于下令赦免其父,并废除了肉刑的法令。

【繁衍变迁】

古时,淳于氏望族居齐郡(今山东省临淄县一带),后来因徙迁,有的于河内郡为望族(今河南省西部黄河以北一带)。

单于

【单于姓起源】

出自匈奴王族姓氏,以最高首领冠称为氏。历史上匈奴族的最高首领称为"撑犁孤涂单于"(字意为"天子广大",意为称颂首领的权力是神授的,他们应拥有天子的广大辽阔的尊敬及势力),简称为单于。他们的后代中有以"单于"为姓氏的,称单于氏。

【单于姓名人】

单于去卑

匈奴族。著名汉朝将领、青州郡蓬莱太守,受封列侯。

单于熊儿

今甘肃泾川人。唐德宗李适建中年间,单于熊儿为彰义军节度使,后扶持吴少诚的弟弟吴少阳,乘吴少诚重病篡夺了吴少诚的爵位,还杀害了吴少诚的儿子。之后拥兵割据泾、原、渭、武四州,即今甘肃泾州、固原等县地,与唐王朝对立。

【繁衍变迁】

单于氏这一姓氏出现于后周时期,得姓至今有1000多年的历史。古时,单于姓望族居千乘郡(今山东省高苑县北一带)。如今,单于氏已不多见,然而并没有绝迹,主要分布在山东(历城、益都)、湖北等地。

太叔

【太叔姓起源】

1. 出自姬姓,是卫国开国始祖康叔的后代。春秋时,卫国国君卫文公姬毁的第三个儿子叫姬仪。在古代,兄弟以伯仲叔季为次序来排名,姬仪因为排行老三,所以人称叔仪,又因为他是王族之后,所以世称太叔仪。他的后代子孙以祖上的名字命姓,称太叔复姓。

2. 亦出自姬姓。春秋时,郑庄公名叫寤生,他的弟弟叫段,被封在京,世称京城太叔。其后代子孙遂以祖先封号命姓,称太叔复姓。郑国是传自周厉王之子友。

因此,太叔氏不管是源自卫国还是郑国,都是周文王的后裔。太叔氏后人奉姬仪(太叔仪)为太叔姓的得姓始祖。

【太叔姓名人】

太叔仪

古代春秋时期,卫国有一位周朝的王族后代叫姬仪,姬仪排行第三,也就是卫文公姬毁的第三个儿子。古时候,兄弟辈排行次序,老大称伯,老二称仲,老三称叔,老四称季。姬仪为老三,就称作叔仪。而姬姓源自周朝王族(周文王叫姬昌,周武王叫姬发),于是外人称呼叔仪时为表示尊敬,就称他太叔仪。太叔仪的子孙,以先辈的身份为荣耀,世代姓太叔。

太叔段

春秋郑国人。郑武公少子,庄公弟。母爱而欲立为太子,武公不许。在古代,太叔这样的尊称是被普遍采用的,称呼王公贵族中排行三的子弟,而也可能被子孙延用演变成姓氏。见于古书记载的春秋时郑国有一位京城太叔,他也是周朝姬姓王族的后代,名叫段,受封于京城。他的后代就取京城太叔中的"太叔"两字为姓。

【繁衍变迁】

太叔氏的得姓历史,至少在 2200 年以上。古时,太叔氏望出东平郡(在今天山东省东平、泰安一带)。

申屠

【申屠姓起源】

1. 为上古舜帝的后代。初为胜屠氏,后因古代"胜"与"申"两字同音,故俗称申屠氏。

2. 出自姜姓,为炎帝裔孙四岳的后代。夏朝时,四岳之后被封于申,为侯爵,世称申侯。

3. 古代有申徒氏误传为申屠氏。

【申屠姓名人】

申屠嘉

汉代都尉。文帝时拜丞相,封固安侯。为人廉直,不受私人拜托。幸臣邓通戏殿上,嘉欲杀之,为文帝赦免。景帝时,晁错用事,嘉欲借晁错穿凿宗庙垣事杀错未成,愤恨吐血而死。

申屠刚

后汉人。性情方直,常慕史鳅、汲黯之为人。平帝时,举贤良方正,因对策时忤上意罢归。光武帝时征拜侍御史,后任尚书令。帝欲出游,刚以陇蜀未平,不宜宴安逸豫,劝谏不听,以头抵舆轮,使车不得行。后数次以谏忤旨,贬为平阴令,终官太中大夫。

申屠致远

元朝人。世祖南征时,被经略使乞实力台荐为经略司知事。军中机务,多所谋划。累官淮西江北道肃政廉访司事,所至有风裁。他清修苦节,耻事权贵,聚书万卷,名"墨庄"。著有《忍斋行稿》《杜诗纂例》《集古印章》等。

申屠蟠

东汉学者。郡召为主簿不行,遂隐居精学,博贯五经,兼明图纬。

【繁衍变迁】

古时,申屠氏郡望在京兆郡(今陕西秦岭以北、西安市以东、渭河以南至华县一带)、西河郡(今陕西、山西两省之间黄河沿岸一带地区)。

公孙

【公孙姓起源】

1. 出自春秋时各国诸侯的后裔,以爵号为氏。春秋时,各国诸侯不论爵位大小,多喜欢称公。按照周朝制度,国君一般由嫡长子继位,即位前称为太子,其他的儿子便称为公子,公子的儿子则称公孙。他们的后代便有不少人便以公孙为姓,因此,公孙并非一族一姓的后人。

2. 出自姬姓,黄帝轩辕的后裔有公孙氏。

【公孙姓名人】

公孙轩辕

黄帝姓公孙(一说为姬姓),名轩辕,号轩辕氏、有熊氏和归藏氏,被尊奉为"中华始祖"。

公孙侨

字子产,又字子美,春秋时期郑国的政治家和思想家。他具有人本主义的思想,强调人事,但也不否认鬼神。提出"天道远,人道迩,非所及也"。在他看来,人道先于天道,天道可以存而不论,人道则不能不察,被清朝的王源推许为"春秋第一人"。

公孙鞅

卫国国君的后裔,姬姓公孙氏,故称为卫鞅,又称公孙鞅,后封于商,后人称之商鞅。在秦国执政十九年,秦国大治,史称商鞅变法。战国时期政治家,著名法家代表人物。

【繁衍变迁】

公孙一姓源远流长。《广韵》上记载:"封公之后,自皆称公孙。"可知"公孙"两字,用来泛指王公贵族的后代。有些王公贵族的后代以"公孙"的称呼为荣,便相延世代成为姓。

古时候,公孙姓望族居扶风郡(今陕西省西安市长安区以西)、高阳郡(今河北省高阳东)。

公孙鞅

仲孙

【仲孙姓起源】

1. 出自姬姓。春秋时鲁桓公姬允次子名叫庆父,因排行老二,故世称共仲。他的子孙遂以仲孙为姓,称仲孙氏。庆父乱鲁之后,弑父君主,畏罪出逃,改姓为孟孙氏,但留居于鲁国的他的支庶子孙仍为仲孙氏,世代沿袭为仲孙姓。

2. 出自姜姓,春秋时期,齐国有仲孙氏。

【仲孙姓名人】

仲孙湫

春秋时齐国人,事桓公为大夫。当时鲁国发生灾荒,齐桓公派仲孙湫以"慰问"的名义去侦察情况,回来之后,齐桓公问他:"现在是否可以攻打鲁国?"仲孙湫说:"不可以,因为鲁国有难,不可攻打他,只可更加爱护和帮助他!"齐桓公听后很佩服仲孙湫的远见。

仲孙蔑

即孟献子,春秋时鲁国人。他为人勤俭,体察民情。尝曰:"畜马乘,不察于鸡豚。伐冰之家,不畜牛羊。百乘之家,不畜聚敛之臣。"主张俭用和发展生产,时称贤大夫。

【繁衍变迁】

仲孙氏复姓是一个古老的汉族姓氏,较为罕见,史海中很难觅其踪迹。仲孙姓族人早期在山东居住,汉代以后在河北、山东一带形成望族,以高阳郡(今山东临淄一带)为郡望。如今仲孙姓人口没有进入全国前300位。

轩辕

【轩辕姓起源】

轩辕复姓为黄帝嫡孙,出自有熊氏,亦称为帝鸿氏。黄帝曾居于轩辕之丘,故而得姓轩辕,黄帝的后代子孙遂称轩辕氏。一说黄帝做轩冕之服,教民做衣服,故谓轩辕。

【轩辕姓名人】

轩辕氏

即黄帝。传说黄帝姓公孙,后因生于姬水改姓姬。国内有熊,故亦称有熊氏。与蚩尤战于涿鹿之野,斩杀蚩尤;又败炎帝于阪泉,诸侯尊为天子,以代神农氏。因有土德之瑞,土为黄色,故号黄帝。

轩辕弥明

唐代诗人。善诗,言其诗作掷地有声。

【繁衍变迁】

古时,轩辕复姓望族居上党(今山西长治)、郃阳(今陕西省合阳县)。

令狐

【令狐姓起源】

源于姬姓,出自春秋时期,晋国君主给周文王后裔的封地,属于以封邑名称为氏。上古时,周文王有个儿子叫毕以高,毕公高有个孙子叫毕万。春秋时期,毕万在晋国当上大夫,他有一个曾孙叫魏颗。魏颗建有军功,活捉了秦国大将杜回,被晋国君主封于令狐(今山西临猗)。魏颗的后代以祖上封地为姓,称令狐氏。

【令狐姓名人】

令狐邵

字孔叔,太原人,三国时期魏国弘农太守。

令狐楚

唐朝大臣、诗人,字壳士,宜州华原人。他举进士后入仕,担任过中书侍郎、尚书、仆射等官职,政绩卓著。他还常与名诗人白居易、刘禹锡唱和,李商隐也出自他的门下,但他本人所做的好诗并不多。他的儿子令狐绹也举为进士后入仕,后官至丞相。

令狐绹

字子直,令狐楚之子。举进士,擢累左补阙、右司郎中,出为湖州刺史。大中初,召为考功郎中、知制诰,入翰林为学士,进中书舍人,再迁兵部侍郎,后拜同中书门下平章事(宰相)。懿宗嗣位,出为河中节度使,徙宣武、淮南。僖宗时,终凤翔节度使,封赵国公。

令狐德棻

唐朝时的著名学者,又名令狐熙子,宜州华原人。学问广博,博涉文史,早岁知名。高祖武德初为起居舍人,迁秘书丞。时经籍散缺,他向唐高宗奏请,用国库的钱收集天下的古书。他收集大量宝贵的古典书籍后,又组织人整理抄录,太宗贞观中请修梁、陈、周、齐、隋五史,自领周史,在中国文化史上做了一件承前启后的大事。高宗朝官弘文馆学士、太常卿,累迁国子祭酒。暮年著述尤勤,国家凡有修撰,无不参与。卒谥宪。有集传世。

【繁衍变迁】

令狐姓是一个古老的汉族姓氏,成长、发迹于山西。西汉末年建威将军令狐迈,因起兵讨伐王莽而被杀害,其子伯友、文公、称皆避居敦煌。由其子令狐称传至令狐整共 17 代居住甘肃敦煌。后周时,郴州刺史令狐整又从敦煌迁至陕西宜州华源(今陕西耀州区)。令狐承简(整的八世孙)从华源迁到山西太原。颉祖 49 代孙令狐滴于公元 876 年领兵入播(今川南、黔北一带),又从太原迁至四川阆中,颉祖 63 代孙令狐元(滴的 15 世孙)从四川阆中迁居贵州桐梓。随着仕途、战乱以及洪洞大槐树移民等原因,如今,令狐氏后裔分布于山西、陕西、河南、甘肃、四川、贵州、青海、新疆等地。

钟离

【钟离姓起源】

1. 出自嬴姓。周代时,伯益的后人有封国钟离国(在今安徽临淮关一带),春秋时钟离国被楚国所灭,国人遂以原国名命姓,称钟离氏。

2. 以地名命姓。春秋时宋国公族后代伯宗在晋国做官,为三郤所害,他的儿子伯州逃到了楚国的钟离(今安徽凤阳东北)定居,他的后代子孙遂以居住地命姓,称钟离氏。

【钟离姓名人】

钟离春

战国时人,我国历史上有名的丑女,样子难看,志向远大,学识渊博。当时执政的齐宣王政治腐败,国事昏暗,性情暴躁,喜欢吹捧。钟离春为了拯救国家,冒着杀头的危险,当面一条条地陈述了齐宣王的劣迹,并指出若再不悬崖勒马,就会城破国亡。齐宣王听后大为感动,封她为王后。

钟离权

号和谷子,一号真阳子,唐朝人,生而奇异,长相俊美,有一部大胡子,身长八尺余。传说他遇老人授仙诀,又遇华阳真人、上仙王玄甫,传道入崆峒山,后成为八仙之一。民间称其为汉钟离。

【繁衍变迁】

古时,钟离复姓望族居会稽(今江苏省南部及浙江省西部一带)、颍川(今河南省许昌一带地区)。

宇文

【宇文姓起源】

起源于辽东,为南单于之后。魏晋时,北方鲜卑族有宇文氏部落,自称是炎帝神农氏的后裔。从祖先葛乌菟起世袭为鲜卑东部大人(十二部落首领)。后来有普回袭任大人,他在打猎时拾到一颗玉玺,上刻"皇帝玺"三字,自以为是天授神权,于是号称宇文氏(当地人呼天为"宇",呼君为"文",意即"天子")。东晋时,宇文氏进据中原,号称宇文国,以宇文为姓,称宇文氏。

【宇文姓名人】

宇文肱

北朝北魏将领,武川(今属内蒙古)人。鲜卑族,宇文泰父。魏明帝时,破六韩拔陵起义,肱聚兵攻杀破六韩拔陵部将卫可孤。迁居中山。后率众归鲜于修礼军,被魏军击败,战死。北周追尊为德皇帝。

宇文测

北朝西魏将领,字澄镜,宇文泰族子。测性沉密,少笃学。起家奉朝请、殿中侍御史、安东将军。尚宣武帝女阳平公主,拜驸马都尉。从孝武帝西入关,进爵为公。西魏文帝大统四年,拜侍中。六年,坐事免。不久,除骠骑大将军、大都督、行汾州事。八年,加金紫光禄大夫,转行绥州事。十年,征拜太子少保。十二年十月,卒于位。

宇文招

北朝北周宗室、文人,字豆卢突,代郡武川(今属内蒙古)人,鲜卑族,宇文泰子。幼聪颖,博涉群书,好属文,学庾信体,词多轻艳。

【繁衍变迁】

宇文氏的得姓,大约在一千五百年以前,发祥地点应该是现在内蒙古的武川一带。宇文复姓在历史上称帝者共六人,创立北周王朝,立国二十五年。宇文复姓望族居太原(今山西省太原)、赵郡(今河北省赵县)。

慕容

【慕容姓起源】

1. 出自汉代,以寺庙名称命姓,称慕容氏。

2. 慕容氏是鲜卑族主要部落之一。三国时，鲜卑族首领莫护跋率领族人迁居辽西，曾随同司马懿征讨割据辽东的公孙渊，立下战功，被封为率义王。莫护跋在荆城以北(今河北省昌黎县境内)建立国家。据说当时北方的汉人流行戴步摇冠(一种带有悬垂装饰物的帽子)，莫护跋见了也很喜欢，也做了一顶，整天戴在头上。鲜卑人见了他这种打扮，都称他为"步摇"，因当地语言"步摇"同"慕容"读音相近，所以传到后来就成了"慕容"。莫护跋的后人便干脆以此作为部落的名称。

【慕容姓名人】

慕容皝

字元真，小字万年，昌黎棘城(今辽宁省义县西北)人，是鲜卑族领袖慕容廆的第三子。十六国时期前燕王，军事统帅。337年10月，慕容皝称燕王，前燕帝国建立。慕容皝汉化较深，崇尚儒学，喜好文籍，设东庠(学校)，以大臣子弟为学生。

慕容垂

又名慕容霸，前燕王慕容皝的第五子。十六国后燕创建者，公元384至396年在位。字道明，鲜卑族，昌黎棘城(辽宁义县)人。原为前秦大将，苻坚惨败于淝水之战后。慕容垂即图恢复燕国，于384年称燕王，两年后称帝，定都于中山。

慕容延钊

五代、宋初名将。字化龙，太原人，后汉初从军。后周世宗柴荣即位后，为殿前散指挥使都校。

【繁衍变迁】

历史上的鲜卑族在今内蒙古自治区西拉木伦河与洮儿河之间，慕容氏的发源地和老家便在这里。慕容氏郡望在敦煌郡(今甘肃省河西走廊以西一带地区)、雁门郡(今山西省代县一带地区)。

鲜于

【鲜于姓起源】

出自子姓。商纣王有个叔叔被封在箕（在山西太谷县东），称为箕子。纣王即位不久，箕子见他开始使用象牙筷子，就叹息道："用了象牙筷，就要用玉杯来配，然后就会追求其他的珍奇物品，这就是奢华享乐的开端呀！国君一讲究享乐，国家怎么能搞得好呢！"后来纣王果然越来越荒淫残暴。箕子多次进谏，纣王听得不耐烦，干脆把他关起来了。周武王灭商以后，放出箕子，并向他请教如何才能得到商民的拥护，箕子认为应当施行仁政，用安抚的手段来争取民心。武王要封箕子为官，但是箕子不愿做周的臣子，就出走到辽东，建立了朝鲜国。箕子的子孙中有个叫仲的，有封地在于，他将国名"鲜"字和封邑名"于"字合成"鲜于"二字为姓，称鲜于氏。

【鲜于姓名人】

鲜于辅

东汉人，为刘虞从事。公孙瓒破刘虞，鲜于辅率州兵，迎请刘虞之子刘和。与袁绍将麴义共同击破公孙瓒。后率众归曹操，拜度辽将军，封都亭侯。

鲜于侁

字子骏，鲜于赤之子，宋代阆中人。于仁宗时进士及第，历任通判绵州、利州转运使判官，京东西两路转运使，知扬州，拜左谏议大夫、集贤殿修撰，知陈州。

鲜于天

宋代科学家，幼时能日诵千言，表现出非凡的才能。他精通天文、历数、地理、方技。其学问渊博，为当时名儒争相求教的大学问家。

鲜于枢

字伯机，官至太常寺典簿。以书名世，行草书尤精。其书法笔墨淋漓酣畅，书体遒劲凝重,赵孟頫极推重之。代表作有《真书千文》《老子道德经卷上》《苏轼海棠诗卷》《韩愈进学解》等。

鲜于文宗

东汉孝子。渔阳人,年七岁丧父。父以种芋时亡,至明年芋时,对芋呜咽,如此终身。姊文英适荀氏,七日而夫亡,执节不嫁。及母卒,昼夜哭泣,遂丧明。

【繁衍变迁】

古时,鲜于氏望族居渔阳郡(今北京市以东、天津市以北、长城以南、遵化市以西的一大片地方)。

闫丘

【闫丘姓起源】

1. 以地名命姓。在邾国(在今山东省邹县境内)有一个地方叫闫丘,居住在那里的人以地名为姓。称为闫丘氏。

2. 以人名命姓。春秋时期齐国有大夫闫丘婴,他的后代子孙以祖上名字命姓,称闫丘氏。

【闫丘姓名人】

闫丘观

宋代名将,浙江省丽水人。靖康初,率部到婺州,及还,遇高宗渡江,领兵勤王,官至武翼大夫。

闫丘昕

字逢辰,宋代吏部侍郎,浙江省丽水人。举进士入仕,为义乌令,政绩卓著,历监察御史。

闫丘宾用

宋代孝廉，隐居吴市，靠耕种赡养双亲。为人正廉不污，好学能诗，好吟咏。

闾丘方远

唐末五代著名道士。字大方，舒州宿松（今属安徽省）人。年十六，通经史，学《易》于庐山陈元晤。二十九岁，问大丹于香林左元泽，复诣仙都山隐真岩事刘处静，学修真出世之术。他是弘扬道教南岳天台派的重要人物，特别是他辑录的《太平经钞》，作为一部较完好的《太平经》节钞本，在《太平经》已经严重散失之后，还能大体上显其原貌。

【繁衍变迁】

闾丘得姓已有两三千年的历史，在当前中国大陆和台湾地区均未被列入百家姓前200位。古代邾国的位置在今山东省邹县的东南，望族居顿丘郡（今河北省清丰县西南）。闾丘这个复姓如今已不大常见。

司徒

【司徒姓起源】

1. 出自姬姓，是舜帝的后代。尧帝为炎黄部落首领时，舜为尧的司徒官，执掌和管理土地事务，故又名土司。舜的后代子孙有的以其职官命姓，称司徒氏。

2. 春秋时，卫国大夫夏丁氏夏戊的儿子期任司徒，其后也称司徒氏。

【司徒姓名人】

司徒诩

五代时南汉人。历永年间任项城县令，有政绩，汉初升为礼部侍郎。周世宗即位后，留意雅乐，议欲考其正音，而诩为足疾病所苦，居多告假，遂命以本官至仕。

【繁衍变迁】

古时，司徒氏望族居赵郡（今河北省赵县一带）。

司空

【司空姓起源】

1. 出自姒姓,是大禹的后代。尧为部落首领时,禹官至司空,其后代子孙有的以职官命姓,称司空氏。

2. 出自陶唐氏,是尧的后代。春秋时期,只有晋国设置有司空官,其他各诸侯国均未设此官。尧的后代隰叔及其孙仕痈,都曾在晋国任过司空,其后代子孙遂以祖上职官命姓,称司空氏。

【司空姓名人】

司空图

唐朝河中(山西省永济)人,咸通年间进士,累官礼部郎中,因避战乱隐居中条山王官峪。朱温篡唐后,召司空图为礼部尚书,他坚拒不就。唐哀帝被朱温弑后,司空图绝食而死。著有《诗品》二十四卷,以四言韵语咏述诗的二十四种境界,对后世诗评有很大影响。

【繁衍变迁】

司空氏得姓有四千多年,望族居顿丘郡(今河北省清丰县西南一带)。

亓官

【亓官姓起源】

亓官复姓,以官职得姓。古代亓和笄是同一个字。古时有专门掌管笄礼的官,那时少年满十五岁要行成年礼,在头发上插笄(簪子),王族和贵族把这种仪礼看得很隆重。春秋时,各个诸侯国都有笄官这个官职,因此亓官氏的始祖不止一人。亓官复姓,后来演化成单姓亓。

【亓官姓名人】

亓官氏

女,宋国人,孔子的妻子。

【繁衍变迁】

亓官复姓人口总数在中国的大陆和台湾地区均未被列入百家姓前 200 位。据史籍《郡望百家姓》记载,亓官氏望出陇西郡(今甘肃临洮)、天水郡(今甘肃天水)。如今,这个姓氏多出自山东地区。

司寇

【司寇姓起源】

1. 出自己姓。颛顼帝的后裔古苏国国君苏忿生,曾任周武王司寇,颇有政名。他的子孙后代遂以祖上官职名命姓,称司寇氏。

2. 春秋时卫国卫灵公的儿子公子郢生公孙兰,在卫国任司寇,公孙兰的儿子司寇亥称司寇氏,其后子孙皆以司寇为姓,乃成司寇氏。

【司寇姓名人】

司寇惠子

春秋时鲁国有名的大夫。

【繁衍变迁】

司寇氏至今已有两千五百年的历史,最初在北方的河南、河北等地繁衍,郡望在平昌郡(今河南省中部地区)。

仇

【仇姓起源】

仇姓起源于党姓,原本为春秋时鲁国大夫党氏之后。古代党姓的党,音掌,故党姓中有一支以音为姓,成为掌姓。后掌姓中又分出以音为姓的仇姓。

【仇姓名人】

仇氏

孟子的母亲,以择邻教子出名。

【繁衍变迁】

古时,仇姓望居鲁郡(今山东省曲阜、泗水一带)、琅邪郡(今山东省东南部诸城、临沂、胶南一带)、敦煌郡(今甘肃省河西走廊西端)。

督

【督姓起源】

1. 周代宋国华父督之后。

2. 战国时,燕有督亢(今河北涿州市东,跨固安、新城等县,燕太子丹派荆轲刺秦王,曾将匕首卷于督亢地图中),居者以地名为姓。

3. 古代部族板楯蛮(为巴人的一支,分布在今四川东部)有罗、朴、督、鄂、度、夕、龚七姓,督姓当源于此。

国学经典文库

中华姓氏文化

·中华姓氏大观·

图文珍藏版

【督姓名人】

督瓒

汉代的五原太守。

【繁衍变迁】

督姓为罕见姓氏,古时以巴郡(今四川省)为郡望。如今,在河北三河、江西吉水、江苏武进、四川安县等地有少量分布。目前,督姓人口没有进入全国前300位。

子车

【子车姓起源】

为春秋时秦国公族子车氏之后。当时,秦穆公有个出名的大夫叫子车奄息。子车奄息的后代子孙就以子车为姓,称子车氏。但后来,秦穆公死后,将他喜欢的子车奄息、子车仲行和子车钳虎这三个贤臣杀了殉葬,子车奄息、子车仲行的后代子孙就多改姓单姓车了。

【子车姓名人】

子车奄息

春秋时秦国子车氏三良之一。其余二良为:子车仲行、子车针虎。

【繁衍变迁】

子车姓为罕见姓氏,根据学者判断,可能是其后世子孙逐渐改为车姓或其他姓氏的缘故。古时,子车姓望居天水(今甘肃省天水市)。

颛孙

【颛孙姓起源】

颛孙复姓形成于春秋时代,是陈国公子颛孙的后代。据《尚友录》载:"陈公子颛孙仕晋,子孙氏焉。"意思是说,陈国公子颛孙到晋国去做了官,他的子孙以他的业绩为荣,就把他的名字颛孙作为自己的姓氏。这就是颛孙的起源。

【颛孙姓名人】

颛孙师

字子张,春秋时陈国人,后来到鲁国去拜孔子为师。那时孔子有三千个弟子,他是很年轻的一个,比孔子小了48岁。古书上说,他谈吐举止宽容文雅,待人接物友善从容,仪表很出众。

【繁衍变迁】

颛孙姓早期在河南中东部活动,汉代以后在山东西南部与江苏西北部繁衍,在山阳郡(今安徽省宣城一带)形成郡姓望族。唐代以后的史籍中已很少见到颛孙氏踪迹。如今山东、安徽、四川、北京、辽宁等地还有少量分布。目前,颛孙姓人口没有进入全国前300位。

端木

【端木姓起源】

1. 源于姬姓,出自黄帝之后,属于以先祖名字为氏。

2. 出自回族中有端木姓。端木氏为回族复姓之一,端木原为中国古老的姓氏，后也融入了回民族之中。

【端木姓名人】

端木赐

字子贡，孔子的得意门生。河南浚县人，善于言辞，精通经商之道，孔子称他为瑚琏(古代宗庙中盛生黍的祭器，常用来比喻有立朝执政才能的人)。

端木叔

子贡之孙。继承祖业，好善乐施，将万金家资散给宗族国人。以至"病无药石之储，死无瘗埋之资"。魏国名士段干生誉之为"达人也"。

端木赐

端木庠

字文序，才学高深，为世大儒，文学成就与孔融齐名，魏文帝屡诏不就。

端木宏

当涂人，天顺元年进士，初官监察御史，德威兼济，清正廉洁。历迁陕西按察副使、山东按察使、浙江左布政使，后为湘王府长史，政绩卓著。

端木国瑚

青田人。嘉庆年间举人，以文学见称，官内阁中书。治经通文，尤精于《易》，著有《周易指》《太鹤山人诗文集》。其子百禄，幼承家学，治《易》工诗，尤嗜金石文字，著《石门山房诗钞》。

端木埰

江宁人，同治年间以优贡官知县，后升至侍读。工书善文，著有《名文勖行录》《赋源》《楚辞启蒙》《诗文集》《碧瀡词笔记》。

【繁衍变迁】

端木是中国第三大复姓,已有 2500 年以上的历史,寻根在河南浚县。端木氏祖上多单传,人口繁衍较慢,至今仍为小姓。据估计,总人口不超过 50 万。由于历史上的不断播迁,支脉遍及全国。古时,端木姓望族出鲁郡(今山东曲阜、泗县一带),其后聚居集中者形成长江南北两大族。江北族主要分布在河南省东部、北部和山东省中部、西部,如开封、商丘、浚县、南乐、郓城、鄄城、聊城、济宁、曲阜等地;江南族主要分布在江苏、安徽及浙江等地。

巫马

【巫马姓起源】

源于周代,以职官名命姓。周代的官僚体制中,有一种专门掌管养马并为马治病的官员,称为巫马,也就是马医官。巫马的后代子孙,有的就用祖上的官职名称命姓,称巫马氏。

【巫马姓名人】

巫马施

字子旗,孔子的得意门生,比孔子小三十岁。据载,他曾执掌单父(春秋时鲁国的一个邑),由于勤勤恳恳地工作,将该地治理得井井有条。曾在鲁国为丞相,有治绩。

【繁衍变迁】

巫马姓在大陆和台湾均未被列入百家姓前 300 位,是一个比较罕见的姓氏。自从孔子门生之一的巫马施之后,就很少在史书中见到巫马姓的名人出现,可能是其后人逐渐改姓单姓巫的缘故。古时,巫马氏望族居单父(今山东省单县)、鲁郡

公西

【公西姓起源】

公西复姓出自姬姓，为季孙氏的支系之一，与鲁国国君同族，是三大贵族之一。

【公西姓名人】

公西赤

春秋末年鲁国人。姓公西，名赤，字子华，亦称公西华。在孔子弟子中，以长于祭祀之礼、宾客之礼著称，且善于交际，曾"乘肥马，衣轻裘"，到齐国活动。

公西舆如

字子上，春秋末期鲁国人。孔子弟子，唐赠"重邱伯"，宋封"临朐侯"。

【繁衍变迁】

公西姓族人主要分布在今河南省浚县一带。望出顿丘郡（今河南省清丰、濮阳、内黄、南乐、范县等地）。

漆雕

【漆雕姓起源】

1. 漆雕是周代吴国公族中分化出来的一支部落，部落人以部落名命姓，称漆雕氏。

2. 春秋时鲁国孔子弟子中有个叫漆雕开的。孔子劝他去当官，实现孔子治国平天下的理想。但漆雕很谦虚，说自己的才能还不足以治理天下。

【漆雕姓名人】

漆雕开

字子若,又称子开,春秋末年鲁国人,一说蔡国人,孔子弟子。他为人谦和而有自尊,博览群书。他为论有理,深受好评。他比孔子小十一岁,孔子对他几乎像兄弟一样。

漆雕哆

字子敛,春秋末年鲁国人,孔子弟子。唐开元二十七年(739年)被追封"武城伯",宋大中祥符二年(1009年)被追封"濮阳侯",明嘉靖九年(1530年)被追封"先贤"。

漆雕徒父

字子文,春秋末年鲁国人,孔子弟子。唐开元二十七年(739年)追封"须句伯",宋大中祥符二年(1009年)被追封"高菀侯",明嘉靖九年(1530年)被追封"先贤"。

【繁衍变迁】

古时,漆雕姓望居蔡郡(相当于现在河南省汝南县)、鲁郡(相当于今山东省曲阜)。

乐正

【乐正姓起源】

源于周代,以职官命姓。周朝时有乐正官,司掌音乐声律,其后代子孙遂以祖上的职官命姓。称乐正氏。

【乐正姓名人】

乐正子春

春秋时鲁国人,为曾子弟子。曾下堂伤足,数月不出,独有忧色。人问之,曰:"君子顷步勿敢忘孝,今予忘孝之道,是以有忧色者也。"

【繁衍变迁】

乐正氏复姓是一个典型的古老汉族姓氏,得姓至今已有 2600 年以上的历史,望族出天水郡(今甘肃省天水、陇西以东地区),当前人口总数在中国的大陆和台湾省均未被列入百家姓前 300 位。

壤驷

【壤驷姓起源】

春秋时期秦国有贵族壤驷赤。他为了学习礼制,学习用智慧和文化去治理国家,就到鲁国去求学,成为孔子的门人。他的后人遂以壤驷为姓,称壤驷氏。壤驷复姓后来有的改为单姓壤氏。

【壤驷姓名人】

壤驷赤

字子徒,春秋末期秦国上邦(今甘肃省天水市秦州区)人。孔子弟子,为七十二贤人之一。身通六艺,以诗礼化被西垂。与颜、曾、闵、冉诸贤同为孔子入室弟子,陇上"儒学三贤"之一。

【繁衍变迁】

壤驷是一个源流单纯的古老复姓,望出上邦郡(今甘肃省天水市西南一带),现在较为罕见,在今陕西省西安市至华县一带有零星分布。

公良

【公良姓起源】

周朝时,陈国有个公子名叫良,人们称他为公子良。公子良的子孙就以"公良"二字作为自己的姓氏,称公良氏。公子良就是公良复姓的始祖。

【公良姓名人】

公良孺

孔子弟子,春秋时代的陈国人,他不仅是孔子的得意门生,还曾在孔子周游列国时救过孔子的性命。孔子在离开陈国时路过浦国,去会见一个姓公孙的人,因为孔子说出了自己的政见,得罪了许多权贵,被一些人围攻,后被浦人扣留。在情况非常危急时,公良孺号召他的族人来帮助孔子。公良孺驾着五乘私车跟过来说:"划吾从夫子遇难于国,今又遇难于此,吾与夫子又再罹难,宁我斗死!"于是拔剑而出,与众人一道,准备同浦人大战,浦人害怕,就放了孔子,一个个都被吓跑了。

【繁衍变迁】

古时,公良氏郡望在陈留郡(今河南省开封市东南),现今主要分布在河南省东至民权、宁陵,西至开封、尉氏,北至延津、长垣,南至杞县、睢县一带地区。

拓跋

【拓跋姓起源】

1. 拓跋复姓为黄帝后裔。相传黄帝娶妻嫘祖,生子昌意。昌意娶蜀山之女昌仆,生高阳氏颛顼。昌意的小儿子悃被封在北土(即今中国北部地区),黄帝以土德之瑞称王。鲜卑族谓"土"为"拓",谓"后"为"跋",故以"拓跋"为姓,意即黄帝的后代。北魏孝文帝改革时,率王族改为元姓,其王族之外的拓跋氏遂成为庶姓,仍为拓跋氏,不与皇室同族。

2. 西汉时,有李姓者改为拓跋氏。

【拓跋姓名人】

拓跋珪

北魏道武帝,北魏王朝的建立者,公元386至409年在位,鲜卑族拓跋部人。先世曾建立代国,为苻坚所灭。淝水战后,他乘机复国,初称代,不久改称魏。皇始二年(397年)攻破后燕都城中山(今河北省定县),拥有黄河以北地区,成南北朝对峙之势。次年建都平城(今山西省大同)。他使鲜卑人分地定居,从事耕种;任用汉族地主官僚,加速鲜卑社会发展。晚年政事苛暴,为次子拓跋绍杀死。

拓跋珪

拓跋嗣

北魏明元帝,在位十五年,礼爱儒生。好学史传,采集经史,隆基固本,内和外辑,可以称得上是北魏开国以来的一位仁厚的守成之主。对内巩固王朝统治,对外趁刘裕病死时进攻宋国,费了不少气力,取得了河南一些地方,在付出相当的代价后,算得上是取得了南北朝战争的第一次胜利。由于长途攻战劳顿,拓跋嗣回到平成就病死了,终年32岁,可以说他是北魏重要的但又是过渡性的皇帝。

拓跋丕

后魏乐平王,因功拜东骑大将军。鲜卑宗室中,德高望重的元老贵族,长孝文帝四辈,为四朝老臣。

【繁衍变迁】

古时,拓跋姓望居颍川郡(今河南省禹州一带地区)、雁门郡(今山西省代县一带地区)。

夹谷

【夹谷姓起源】

出自女真族,以部落名命姓。宋朝时,北方的女真族人,建立了金国,其中就有许多姓夹谷的人。

【夹谷姓名人】

夹谷衡

本名阿里不,山东西路三土猛安益打把谋克人也。金代大定进士,补东平府教授。调范阳簿,选充国史院编修官,改应奉翰林文字,颇受世宗赏识。承安时拜平章政事。

夹谷谢奴

金太祖帐前的猛将,曾在大禹镇大败宋兵,官至昭议节度使。他的学问也很好,通女真、契丹及汉语言文字。太祖时,任左翼护卫。

夹谷守中

金朝的著名忠臣,于夏兵攻巩州时,壮烈献身。

夹谷清臣

本名阿不沙,胡里改路桓笃人,姿状雄伟,善骑射,官至金朝的宰相。曾任山东横海军节度使,兼博州防御使;任陕西路统军使,兼京兆府事等。大定二十六年(1186年)改西京留守。著有《西京留守夹谷清神索》《磻溪集》等。

夹谷吾里补

金代孛特本族节度。累立战功,封为芮国公,终年 105 岁。

【繁衍变迁】

夹谷氏得姓至今只有八百多年的历史,是姓氏中历史最短的,郡望在抚城(今张家口市以北)。

宰父

【宰父姓起源】

以官职名命姓,源于周代。在《周礼》中,有官名叫宰夫,属于天官,负责掌管王朝的法令,公卿官吏的职位升降及平时的考核都由宰夫来管。由于古代"夫""父"二字音相近,后来"宰夫"就转为"宰父"。宰父官的后代,有的就以祖上的官职名命姓,称宰父氏。

据河上公注:"父,始也。""宰父"指周朝太宰官之始。

【宰父姓名人】

宰父黑

孔子弟子。姓宰父,名黑,字子索,春秋末年鲁国人。唐开元年间追封"乘丘伯",宋朝再追封为"祁乡侯"。

【繁衍变迁】

宰父姓在当前中国大陆和台湾均未被列入百家姓前 300 位,系罕见姓氏之一。因该姓氏祖先为孔子弟子,故先人多聚居在山东曲阜、泗水一带,郡望鲁郡。其中,部分宰父姓族人闯关东时辗转迁徙至东北定居至今,目前在山东、山西、北京、黑龙江有零散分布。

谷梁

【谷梁姓起源】

1. 古代将谷子称为梁，所以善于种植梁的氏族首领就用谷梁命姓，他的后代子孙遂以谷梁为姓，称为谷梁氏。

2. 以地名命姓。古代有个叫古博陵的郡，在郡中有个城市叫榖梁，居住在那里的人遂以地名命姓，称榖梁氏。因为在古代"榖"与"谷"同音通用，故又称谷梁氏。

【谷梁姓名人】

谷梁赤

战国时期鲁国人，子夏弟子，为《春秋谷梁传》作者。其说最初只有口说流传，至西汉时才写成《春秋谷梁传》。《春秋谷梁传》亦称《谷梁春秋》或《谷梁传》，为今文经学派著作，起于鲁隐公元年（公元前 722 年），终于鲁哀公十四年（公元前 481 年），体裁与《公羊传》相近，以问答形式解经，侧重传《春秋》之"义理"，持论比《公羊传》平正，是研究古代儒家思想的重要资料。

谷梁淑

字元始，春秋时期鲁国人，传《春秋》十五卷，居鲁国，为一时名流。

【繁衍变迁】

古时，谷梁姓望居下邳郡（今江苏省西北部地区）、西河郡（今陕西、山西两省之间黄河沿岸一带地区）。

晋

【晋姓起源】

晋姓出自姬姓，是周武王的后代。周朝建立以后，武王的儿子叔虞被周成王封到唐（今山西翼城西部），称为唐叔虞。叔虞的儿子燮父又由唐迁到晋水（今山西太原附近），建立晋国，称为晋侯。他的后代，有的就用附近的水名"晋"作为姓氏。晋国传了二十代后，由韩、赵、魏三家瓜分。原晋国王公之族废为庶人，其子孙遂有以原国名命姓氏者，成为晋姓又一支。

【晋姓名人】

晋鹭

宋朝的州官。他到房州做州官时，遇上兵乱，百姓闹饥荒，他令军队垦荒种田，至秋大熟丰收后，仓廪富足，遂将粮食分给百姓，免其徭役。他还修建学校，让平民百姓的小孩也有书读；而且还召集铁、木匠，为百姓改良和修理农具。

晋爵

明朝文官，又能带兵。文武双全，性格刚正，后来讨厌官场，就回乡去了。

【繁衍变迁】

晋姓得姓于今山西沁水，沁水古属平阳郡（今山西临汾），故后世晋姓有以平阳为其郡望堂号的。历战国而秦，晋姓家族在古虢国（后为虢郡，今河南灵宝）发展出另一个繁衍中心，后世遍布天下的晋姓人家，最初便都是由此二郡辗转播迁而去的。

东汉以前，晋姓已分布于黄河中下游的大部分省份。历三国两晋南北朝，晋姓由于仕宦、谋生、避仇、避难等原因，逐渐分布于山东、河北等地，并且入居南部江苏、安徽、湖北、浙江等省。唐末五代时，晋姓南迁者渐渐多起来，其中有一支晋姓族人落籍四川。两宋时，夷族入侵北方，晋姓同其他中原百姓一样避乱四迁，进入今湖南、江西、福建、广东等大部南方省份。明初，山西晋姓作为洪洞大槐树迁民姓氏之一，被分迁于河北、河南、陕西、江苏、北京、天津等地。如今，晋姓在全国分布较广，尤以河南为多。

闫

【闫姓起源】

闫姓为阎姓的别支。《姓谱》分闫、阎二姓。《五音集韵》载，闫"同阎义，俗用"。因闫、阎二姓同出一源，都是黄帝族的后代。

由于阎姓被"俗用"成闫，就产生了阎、闫二姓，所以在《百家姓》里，两姓并存。闫姓最早的起源，可参见阎姓的起源。

【闫姓名人】

闫亨

晋代辽西郡郡长，因屡次规劝苟晞，被诛杀。

【繁衍变迁】

闫氏最早是在山西、湖北等地发展。到了东汉时期，闫氏族人开始进入四川、陕西、甘肃等地区。魏晋南北朝时期，北方战乱不息，闫氏族人大举南迁，经过唐宋时期的繁衍迁徙，闫氏族人落籍于江南许多地方，其中江苏、浙江等地区较为集中。清朝以后，闫氏族人开始进入福建、广东和台湾等地。如今。闫氏族人分布更广。

法

【法姓起源】

1. 起源于战国时期。战国时,齐国成为田姓之国,以代姜姓,田姓本出妫姓,是禹王之后。齐国君主襄王名法章,秦国灭齐后,子孙为避免仇杀,不敢姓田,乃以其祖法章之名为姓,遂形成法姓。

2. 清代蒙古族人中的伍尧姓一族,来到中原,改为法氏。乾隆时,有个大文学家法式善,就是伍尧姓改姓法之一支的后代。

【法姓名人】

法真

字高卿,东汉扶风郿一带的人,南郡太守法雄的儿子。好学并且不固定局限在那一家,精通中原和异域的图书典籍,是关西的大儒者。从远方来求学的弟子如陈留、范冉等,有数百人。

法若真

清朝前期的书画家,字汉儒,号黄石,又号黄山,山东省胶州人,善画山水。举为进士,后当了官,颇有政声。法若真虽非徽派画家,但他是康熙年间山水自成一格的画家。他所做的《树梢飞泉图轴》,静中有动,仿佛有声;山石用硬笔勾皴,多次皴染,充分表现出嶙峋的石质和雨后的苍润。

【繁衍变迁】

古时,法姓主要分布在陕西省西安市长安区之西,望族居扶风(今陕西省咸阳东)。

汝

【汝姓起源】

1. 以封地为姓。东周初,周平王姬宜臼的少子受封于汝州(今河南省汝州市),其后人以封地为姓,遂成汝氏。

2. 以人名为姓。殷商时期,有贤人汝鸠、汝方,他们俩又是高官,后来他们的子孙,就以祖上的名字命姓,成为汝姓一支。

3. 以水名为姓。古代有汝水,在河南南部,居者有的以水名命姓,亦称汝氏。

【汝姓名人】

汝郁

后汉和帝时为鲁相。字幼异,陈国人。年五岁,母病不能饮食,汝郁常抱持啼泣,亦不肯饮食。母怜之,强为餐饭,欺言已愈。郁察母颜色不平,辄复不食。宗亲共奇异之,因字幼异。为相时,以"德惠化人",许多流浪无归的农民都到他管治的地方去定居,而为时人所称道。

汝为

宋朝人,曾冒死当使者到金国去。后来又被奸臣秦桧所逼,逃到四川去隐居了。

【繁衍变迁】

古时,汝姓望居天水郡(今甘肃省天水、陇西以东地区)、渤海郡(今河北省、辽宁省的渤海海湾沿岸一带)。

鄢

【鄢姓起源】

鄢姓出自妘姓,本火神祝融之后,周朝受封于鄢(今河南鄢陵县西北),建立鄢国。春秋时鄢国亡于郑国,鄢国国君的支庶子孙,就以原国名鄢命姓,遂成鄢姓。

【鄢姓名人】

鄢高

明朝正德年间,做了县官。他为人正直,对地方上的有权人和有势人,都不买账,他们要盘剥百姓,鄢高宁可得罪他们,也不让百姓吃亏。由于他得罪了许多人,就被贬职去做小官了,可老百姓都赞扬他,说他的好处,说了几代人。

鄢桂枝

明四川大足人,嘉靖中举人。授翼城知县,多惠政,邑以大治。擢剑州知州,禁民私卖田与丽江民。

鄢鼎臣

明江西丰城人,字玉铉。天启中举人。崇祯中署宜黄县学教谕,日率诸生攻读。岁饥,力请知县发赈。有兵事,捐资犒义勇,以加强守备。

鄢懋卿

明江西丰城人,字景卿。嘉靖二十年进士。由行人擢御史,累进左副都御史。附严嵩,得为总理两浙、两淮、长芦、河东四盐运司盐政。尽握天下利柄,所至市权纳贿,滥征苛敛。性奢侈,至以文锦被厕床,白金饰溺器。官至刑部右侍郎。嵩败,落职戍边。

鄢正畿

字德都,明末福建永福人。明朝灭亡后,他面向北方恸哭,几乎气绝;从此遁迹深山,也不应科举考试,常写诗作文表明心迹,自号亦必道人。后赋绝命篇,与御史林逢经俱投溪水自尽而死。

【繁衍变迁】

古时,鄢姓望居范阳郡(今河北省涿州市及北京市昌平区、房山区一带)、太原郡(今山西省太原市西南)。

涂

【涂姓起源】

1. 系出涂山氏,起源于夏朝。后省文去山字为涂姓。至春秋时晋国,有新吴侯涂钦,渡江南,主豫州,其后繁衍。故涂钦成为中国东南部涂姓之祖。

2. 起源于东汉以前,以水名为姓。古有涂水,即今滁河,在安徽东部,发源于滁县,流经江苏久合县入长江。古洪州人居涂水(一说在江西)岸边者,以水名命姓,遂有涂姓。

【涂姓名人】

涂大经

宋臣,抚州宜黄(今属江西)人。性格慷慨大方,羡慕古人高风亮节,高宗绍兴年间进士。因请朝廷恢复元祐年间之政,被列为邪党,罢去官职。

涂溍生

宋经学家,抚州宜黄人。三试礼部不第,授山长。精通《易》学,有《四书断疑》《易义矜式》。

涂瑞

明臣,字邦祥,广东番禺人。自幼颖悟不凡,仪表丰伟,在地方学校很有名声,性格豪爽,尤善书法,成化十三年(1477),得中乡试第一名(解元)。十年后,又夺得进士第三名(探花),授翰林编修。弘治三年(1490),以修《明宪宗实录》成,升修撰,充京筵之长官,称"翰林三妙",即才学、书法、仪表。

涂一榛

明臣、史学家,字廷荐,福建漳州人。万历进士,授金坛县令。后升南京吏部郎,考察官吏,凡贪官污吏则一笔勾罢。累官至通政司通政使,以清正廉明闻于时。著《尚友斋论古》,专取古代历史人物自春秋范蠡至宋末文天祥,共六十八人,各录本传,下附评语。

【繁衍变迁】

两千多年来,涂姓从发源地的淮河中、下游一带,迁徙发展到全国各地。

目前涂姓主要分布在安徽、河南、湖北、湖南、江西、浙江、福建、广东、广西、四川、重庆、贵州、云南、山西、河北、辽宁、吉林、黑龙江、内蒙古、宁夏、新疆、西藏、台湾等省市、自治区,其中,尤以江西省(原豫章郡)最为集中。江西邻近几省的涂姓大多是在宋、明、清三朝分迁过去的。

钦

【钦姓起源】

1. 出自北方少数民族姓氏,以钦差御使尊称为氏。在《魏书》上提及一人叫钦志赏,时称其为渔阳乌桓大人,渔阳是地名,乌桓是部落名。据《姓氏考略》载,钦志赏是古时生活在那里的乌桓部落的酋长。这支部落的前身很可能就是在秦末东胡族的一支,他们被匈奴族击败,迁至乌桓山(在今内蒙古自治区阿鲁科尔沁旗北,即大兴安岭南端),即改名为乌桓族。钦姓源自有御使者来到这里,而御使又称之为钦命。这些御使的后代就出现了"钦"氏。

2. 出自以地名为氏。隋朝时,曾将安州改为钦州,主要管理钦江而建,这里的居民就以地名为姓,称为钦氏。

【钦姓名人】

钦德载

吴县(在今江苏省苏州)人,宋末元初名人,为都督计议官。宋亡后,不降元,隐居碧岩山中,自号寿岩老人。

【繁衍变迁】

钦姓在当前中国大陆和台湾均未被列入百家姓前300位。是一个非常罕见的姓,人数不多,居处分散。据推算,钦姓的得姓历史至少在1500年以上,早期散居于现在河北、山西两省的边境地带,后在江南的江浙一带落叶生根。古时,钦姓望居河间郡(今河北省中部河间市一带)、吴郡(今江苏省苏州)。如今,辽宁、山东、山西、河南、陕西、湖北等地均有此姓。

段干

【段干姓起源】

段干氏的渊源有两种主流说法:

第一种:段干氏与中国古代伟大的思想家老子颇有渊源。"段干"本来是战国时期魏国的一个邑名。根据史籍《史记·老子传》记载,老子的孙子叫李宗,是魏国的大将军,先后受封于段、干两个地方,故而得复姓,称为段干氏。根据《风俗通》上的记载,段干氏是段干木的后代。

第二种:段氏起源于姬姓,姬姓的始祖是黄帝。黄帝的第三十一世嫡孙郑武公(姓姬,名掘突),是春秋时期郑国的第二代君主。郑武公的妻子武姜生长子庄公时难产,生二儿子叔段时却很顺利,因此她喜欢叔段而不喜欢庄公,庄公派兵讨伐。叔段大败,逃到一个叫共这个地方,所以叔段又叫共叔段,共叔段的后代为了纪念他,把姬姓改为段氏。传到第五世,为段干木,由此产生了段干复姓。

【段干姓名人】

段干越人

战国时期秦国贤士。

【繁衍变迁】

段干复姓望族居西河郡。汉时置郡,相当于现在陕西、山西两省之间黄河沿岸一带地区。治所在今山西省汾阳市。

百里

【百里姓起源】

1. 出自姬姓,以封地为姓。周朝时,有姬姓虞国人,入秦后,授予百里做采邑,其后代子孙就以封地名为姓,称百里氏。

2. 以人名为姓,是春秋时秦国大夫百里奚的后代。

【百里姓名人】

百里奚

春秋时秦国大夫。少时家境甚贫,颠沛流离,后出游诸国,到齐国,不被任用;又至周,仍不被任用;后被虞公任用为大夫,晋灭虞后被虏,作为陪嫁之臣被送往秦国,因秦穆公以媵臣待之,出走至宛,为楚人所执。后秦穆公闻其贤,用五张黑牡羊皮将其赎回,授以国政,称为"五羖大夫"。任秦大夫七年后,

百里奚

与蹇叔等共同辅佐穆公建立了霸业。相传他死后，秦国"童子不歌谣，舂者不相杵"，以示对他尊重和哀悼。

百里嵩

汉代徐州刺史。字景山，封丘人。相传，当时天旱，百里嵩行仗所过之处，便有雨水降下，号"刺史雨"。

【繁衍变迁】

古时，百里姓望居新蔡郡（今河南省新蔡县一带地区）、京兆郡（今陕西省西安市以东至华县一带地区）。

东郭

【东郭姓起源】

春秋时期的齐国，有一支公族住在城四方。那时的城墙叫廓，"廓"和"郭"在古代通义，于是这支公族的后代就以居住的方位，分别姓东郭、南郭、西郭、北郭。齐国公族是炎帝的后代，炎帝族人崇拜牛图腾和凤图腾，是农耕民族的信仰。而到了东郭复姓产生的时候，这些炎帝的传人大都擅长于耕作，所以居住在城廓边，因为耕地都在城外的原野上。东郭氏望出济南郡（在今山东临淄一带）。

【东郭姓名人】

东郭牙

春秋时齐国谏臣，是齐桓公时期的五杰之一，由齐国名相管仲所推举。他为人正直，脾气犟，看到不对的事，不管君王高兴不高兴，就直言相劝，从来都是冒着杀头的风险。由于他敢说，为国家、为百姓带来许多好处。

东郭顺子

战国时魏国贤士。修道守真，清而容物，是田方子的老师。

东郭延年

东汉时道术家,通晓"房中术"。

【繁衍变迁】

东郭复姓人口总数在中国的大陆和台湾地区均未列入百家姓前100位,不过,在宋版《百家姓》中排序为第468位,在复姓中排序为第50位。

南门

【南门姓起源】

1. 起源于夏朝末期,以职官为姓。时有管理关闭和开启南城门或南宫门事务的官吏,其后遂以祖上职业为姓成南门氏。

2. 以居住地命姓。居于城之南门者,以南门为氏。

3. 古代天文官的后代。《史记》中,有讲天文的篇章,叫《天官书》,里面说有两颗大的星星叫南门星,它们是离地球最近的恒星。南门这个复姓,可能就起源于古天官的后代。

【南门姓名人】

南门蝡

商汤的七位佐臣之一。

【繁衍变迁】

南门姓发源于河内郡(今河南省境内黄河以北的武陟西南),望族居汝南郡(今河南省汝南县东南)。

呼延

【呼延姓起源】

1. 源出于匈奴。古代匈奴族呼衍部落以部落名为姓,称呼衍氏,为古代匈奴族四大姓之一。东晋时,呼衍部落进入中原后,改为呼延氏。

2. 为鲜卑族姓氏之一。

3. 晋代时有稽明楚被赐姓呼延。

【呼延姓名人】

呼延谟

南北朝时,前赵名臣。他大公无私,深受百姓颂扬。他在当太守时,曾亲自为一名妇女平冤,影响很大,国人传为佳话。

呼延赞

宋代骁雄军使。他浑身满刺"赤心杀贼"四字,为国打仗,不计生死,敌皆畏之。

呼延通

韩世忠部下猛将,据称是开国元勋呼延赞之后。绍兴四年大仪镇之战,韩世忠亲自出战诱敌,遇险,多亏呼延通援救,此役宋军获胜,呼延通也得到了"落阶官"奖赏,成为正任刺史。一年后,伪齐南侵,被呼延通率军击败,升团练使。之后的淮阳之役,又奋战立功,生擒金将叶赫贝勒,再升防御使。

【繁衍变迁】

呼延复姓人口总数在中国的大陆和台湾地区均未被列入百家姓前300位。古时,呼延复姓望族居安定(今甘肃省平凉部分地区及宁夏西部)、新蔡(今河南省新蔡县一带)。如今,呼延复姓的族人多居住在山西,其中有一支迁到陕西后就改姓单字"呼"氏了。

归

【归姓起源】

1. 出自姬姓,为黄帝后裔,以国名为氏。相传黄帝在即天子位之前,曾为归藏国(今湖北省秭归县),即天子位后,留下一子继任为君,其后子世守此国,他们就以"归藏"国名为姓,后逐渐又简去"藏"字,成了"归"单姓,称为归氏。

2. 出自春秋时胡子国有归姓。据《左传》载,归姓来源于春秋时代的胡子国(今安徽省阜阳市),其国姓就是归氏,虽然后来胡子国被楚国所灭,一些国人为了纪念胡子国,仍以国姓为姓氏,称为归氏。

【归姓名人】

归蔼

字文彦,后唐吴郡人。曾祖登,祖融,父仁泽,位皆至列曹尚书、观察使。蔼登进士第,及升朝,遍历三署。

归有光

字熙甫,明代昆山(今属江苏省)人,人称震川先生。嘉靖进士,官南京太仆寺丞。长于散文,反对王世贞等"文必秦汉"的复古主张,与王慎中、唐顺之、茅坤等被称为"唐宋派"。其文朴素简洁,甚受当时人推重,有《震川先生集》。

【繁衍变迁】

归姓望出京兆郡(今陕西省秦岭以北、西安市以东、渭河以南的地方)。

海

【海姓起源】

1. 出自姬姓,为黄帝后裔,以神话传说封神之职为氏。相传黄帝之子禺阳被封为东海之神,其孙禺强又被封为北海之神,他们的后代以海神为荣,将"海"作为姓氏,称为海氏。

2. 出自春秋时卫国大臣春,指海为氏。据《万姓统谱》载:"卫灵公臣海春之后,盖指海为氏焉。"春秋时代,卫国君主卫灵公有大臣名春,他居住在海边,指海给自己起名,称作海春,他的后人因之而为海姓,称海氏。

3. 出自回族中有海姓。

【海姓名人】

海顺

唐朝时期的高僧,他的道行非常纯洁,著有《三不为篇》。

海瑞

明代右都御史,字汝贤,号刚峰,广东(海南省)琼山人,回族。他抑制豪权,清丈土地,平均徭税,施行"一条鞭法",颇有政绩。著作有《备忘录》《元祐党人碑考》等。

海源善

明洪武年间任安化知县,勤于政事。用熟皮制作一根鞭子,遇到犯法的人,吓唬一下,使人知道惭愧而已,受到百姓敬爱。

【繁衍变迁】

海姓在当前中国大陆和台湾地区均未被列入百家姓前100位。海姓得姓的历史至少在2500年以上,是中国的众多古老姓氏之一,望族出于薛郡(今山东省西南部及江苏省北部地区)。如今,中国南方的闽、粤一带,也有不少海氏的族人,分布极广。

帅

【帅姓起源】

帅姓和师姓同是一个起源。古代乐师负责掌管宫廷音乐。春秋时期,有一位乐师的后代姓师，名叫觊，他在晋国担任尚书的官职，但因晋国君主景公的名字中，有一个"师"字，即司马师。为了避开君主名字中的师字，师尚书就将自己的姓省去一横，改为"帅"，后遂有帅姓。

【帅姓名人】

帅宝

北宋臣。字仲珍，濠州（今安徽凤阳）人。成淳中，授盐官丞，以清廉著称。擢昌化令，劝农课士，听讼咸得其情，卒于官。

帅我

清学者。字备皆，号简斋，江西奉新人。弱冠淹通群籍，工书画，尤明医理。康熙五十年举人，官内阁中书。擅诗文，循江西旧法。著有《墨澜亭集》，不分卷，凡文一百四十篇。另有《简斋诗文稿》。

帅仍祖

清文学家。字宗道，号介亭山人，江西奉新人。帅我长子，康熙间诸生。幼聪慧，十岁能诗，以才华自负。又精岐黄术。性孤介，艰于一第，乃弃举业，键户读书。工诗文，著有《嗜退山房诗稿》二卷、《文稿》三卷。

帅念祖

清画家。字宗德，号兰皋，江西奉新人，帅我子。雍正元年进士，改庶吉士，授编修，历官礼科给事中、陕西布政使。以事谪戍军台，殁于塞外。工指画花卉，兼写山水。尤以时文鸣一时，务以幽渺之思，摆脱陈因。亦工诗，清刻不俗，与从子家相时有大小帅之称。著有《树人堂诗》七卷。

帅家相

清诗人。字伯子，号卓山，江西奉新人。乾隆二年进士，历官江西浔州知府。工诗，善学少陵，气格沉雄，有幽燕气，与从父念祖时有大小帅之称。曾燠尝选其诗与陈允衡、王猷定、曾畹、蒋士铨、汪轫、杨垕、何在田诗合刻，名《国朝江右八家诗选》。著有《三十六乘书楼诗集》十六卷。

【繁衍变迁】

帅姓出自西晋,当时晋国定都洛阳,后迁长安,因此山西洛阳、长安一带即为帅姓发源之地,也是早期繁衍发展之地。南北朝至唐宋期间,逐渐向周边地区及江南一带扩展,在河南、河北、山东等地形成郡姓望族,以南阳郡、范阳郡、平原郡为郡望。如今主要分布于湖南、湖北、四川、江西等地。

缑

【缑姓起源】

1. 起源于西周,以封邑命氏。西周时,有卿士大夫因功受封于缑邑。他的子孙就用原来封邑的名称"缑"作为自己的姓。

2. 后魏时,有代北复姓渴侯氏,入中原后,在孝文帝改革时改为单姓缑,成为缑姓又一支。

【缑姓名人】

缑谦

明代宪宗成化年间缑氏名人。文武双全,做过辽东总兵官,又因功擢升南京右通政,颇有政声。

缑仙姑

唐代湖南省长沙人。修道后就住在衡山,八十多岁了,容颜却像年轻人。她在魏夫人仙坛修行,十多年了,一直孑然无侣。仙坛附近有很多老虎,游山的人必须成群结队,拿着兵器才敢进山,而仙姑在那里隐居,却毫无恐惧。

【繁衍变迁】

古时,缑氏望族出于中山郡(今河南省登封市)。

亢

【亢姓起源】

【亢姓起源】

1. 以封地为姓。山东济宁县南,有个古代的军事要地叫亢父,《国策齐策》说,春秋时有个贵族受封于此,他的后代子孙便以封地名为姓,形成了亢姓。

2. 源于伉姓。后去人旁为亢姓,出自姬姓,卫国大夫三伉之后。

3. 出自子姓,宋国微子之后。

4. 为佐姓所改。

【亢姓名人】

亢仓子

本名庚桑楚,又名亢桑子、庚桑子,号洞灵真人,陈国人。著名春秋战国时期诸子百家之一。隐居于毗陵孟峰修道,后登仙而去。唐玄宗李隆基天宝元年(公元742年)下诏称其著作的《亢仓子》为《洞灵真经》,敕封他为"洞灵真人"。他不仅倡导清静无为的思想观念,而且也提出了举贤任能、施行教化、重农耕、举义兵等一系列政治主张。

亢青

河南宜阳张深人,元末明初状元,官至刺史。他曾与亢恒(县尹)一道赴东北,教"土人"种植五谷,造福一方,万民感念。至今,东北地区的人民还称其为"五谷圣人"。

亢霖

河南宜阳张深人。著名明朝官吏。明英宗朱祁镇天顺年间(1457年)举人,乙酉科,官当涂(在今安徽)知县。

亢良玉

山西临汾人。著名明朝孝子。明朝正德年间,他因孝敬老人被载入史册:"临汾人,为府学生,事父母至孝,诏旌表其门。"

亢西选

小名西程子。河南宜阳张深村人,清朝末年著名的拳师、大侠。其武功高超、轻功尤其精绝,越墙跨沟如飞一般,人称"飞毛腿"。

亢嗣鼎

时称亢百万。平阳府(今山西临汾)人,著名清朝富商。

【繁衍变迁】

古时,亢姓郡望在武威郡(今甘肃民勤东北)。如今,山东、山西、陕西、河南、湖北、安徽、甘肃等地,都有亢姓族人零星分布。

况

【况姓起源】

1. 源自周代,舜的后代有封于况者,以况为姓,后改为况。

2. 起源三国时蜀国,时有名人况长宁,为蜀中况氏之祖。

3. 出自黄姓,起源于明代初年。明代有名人况钟,为苏州知府,酒杯靖安人。本为黄姓,改为况姓,永乐年间任过礼部郎中。其后姓况无改。

【况姓名人】

况长宁

三国时期的蜀汉名臣,封骠骑将军,蜀汉著名文士,为蜀尽忠。

况鼎

居新建西山太平乡,以忠孝上闻,官拜水南伯。唐宣宗幸其宅,赐"太平堂"匾,又赠门表曰:"天下诗书府,山阴将相家。"

况宸豪

祖籍在江浙行省松江府华亭县小官镇,元朝时在鲸海(今日本海)镇守海疆。为鲸海水兵指挥使。在开拓海疆中屡建奇功,威名远播诸岛,后因功晋爵为明威将军(正四品)。

况祥麟

字皆知,号葵杠,嘉庆庚申(1800年)恩科举人,诰封奉政大夫,晋封中宪大夫。是个文学家,也是文字学、音韵学家,著有《红葵斋诗草附词》《葵杠笔记》《六书管见》。况祥麟为人和善,善启迪后进,对晚辈的学识品行影响很大。

【繁衍变迁】

况氏是一个古老的汉族姓氏,历史悠久,人口总数稀少,在当前中国大陆及台湾地区均未被列入百家姓前300位。古时,况氏望族出九江郡、汝南郡、庐江郡、高安郡等。历时2000多年,子孙分居江右、曲江、庐江等地,后有迁高安、上高等,至今遍布全国各地,甚至海外。

有

【有姓起源】

1. 有姓起源于远古时代的有巢氏。相传,在人类社会的幼年时期,人们群居于森林、山洞之中,时常遭到猛兽的侵袭。后来,有一个聪明的人,教人们构木为巢,居住在树上,这样,才避免了猛兽的袭击。人们为了纪念他的功劳,称他为有巢氏。有巢氏的后裔,后省去了巢字以"有"为姓,遂成有姓。

2. 明代大功臣有日兴,洪武年间因赐姓,在有字上加宝字头为"宥"姓,这样,有日兴就改称为宥日兴了。那时天下的有姓人都跟着沾光,统统加上宝盖,变成了有姓的又一支。

【有姓名人】

有子

春秋末期鲁国人,名有若,字子有,是孔子的得意门生,为七十二贤人之一,小孔子四十三岁。因为他长相很像孔子,又喜欢钻研上古的制度礼仪,后世尊称有若为有子。有子主要的思想体系是跟着孔子,他是孔子的得意弟子,"四贤十二哲"当中他是属于"十二哲"之一,他的学生当中称子的很少,唯有有若称为有子。

【繁衍变迁】

有氏在我国历史上成名甚早,然而近600年来已极少见到,据统计,目前全国有姓族人只有3000多人。古时,有姓望居东海郡(今山东省郯城一带)。如今,有姓族人零星分布在全国各地。

琴

【琴姓起源】

1. 源于周代,以职业为姓。周代制琴或弹琴者,以职业为姓。

2. 出自春秋时期,以人名为姓。春秋时,卫国有人名琴牢,字子开,其后以祖上名字命姓,形成琴姓。

【琴姓名人】

琴牢

又名琴张,春秋末期卫国人,字子开,一字子张,为孔子最早的门徒。性情温和,容易相处,是孔子弟子中寿命最长的。在以礼节著称的鲁国,讲究长幼尊卑,他却能对自己的儿子不板脸,不故作威严,甚至就像朋友之间一样倾心交谈,实可算得上有史以来思想开放的先祖。他的后代即以他的名为姓,成为琴氏,奉琴牢为琴姓的始祖。

琴高

战国时赵国人,能鼓琴,曾为宋康王的舍人。继承涓子、彭祖之术,相传游历冀州、涿郡之间二百余年。后入涿水取龙子,与弟子们相约,某日返回,后来果然按时乘鲤鱼而出,一月后又入水中。

琴彭

明代的好官,永乐年间在地方上当州官,他实行的政策对老百姓、对国家都有好处,人们因此赞扬他。

【繁衍变迁】

古时,琴姓望居南郡(今湖北省中部偏南荆州市)、天水郡(今甘肃省通渭西北)。

梁丘

【梁丘姓起源】

以封地名命姓,起源于春秋时齐国。春秋时,齐国有大夫因有功被封在梁丘(在今山东省成武县东北梁丘山南边),他的后代子孙遂以封地名命姓,称梁丘氏。

【梁丘姓名人】

梁丘贺

西汉大臣,今文易学"梁丘学"的开创者。字长翁,琅琊郡诸(今山东省诸城)人。从京房受《易》,很能领会这本深奥的书,深得老师夸奖。又与施雠、孟喜同学《易》于田何的再传弟子田王孙。后来朝廷让京房先生推荐一名学生到朝廷做官,京房就推荐了梁丘贺。官大中大夫、给事中,至少府。宣帝时,立为博士。著作已佚,清马国翰《玉函山房辑佚书》辑有《籀以梁丘氏章句》一卷。

梁丘临

西汉琅琊郡诸(今山东省诸城)人,梁丘贺之子。受《易》于其父,为黄门郎,甘露中曾奉使问诸儒于石渠。易学精熟,专行京房法。官至少府,其学传于五鹿充宗及邪王骏,为汉梁丘《易》学的重要传人。

【繁衍变迁】

梁丘复姓源流单一，人口数量稀少，在当前大陆和台湾均未被列入百家姓前300位。梁丘起源是以邑为氏，梁丘城位于山东梁丘山的山南，虽经长久日晒雨露，石城仍高大完好。这座山城便是梁丘家族的发祥之地。古时，梁丘姓望族居冯翊郡（今陕西省夏县）。如今，复姓梁丘名人少见，可能是后来改单姓的原因。

左丘

【左丘姓起源】

春秋时齐国有个地方名叫左丘（在今山东省临淄一带）。当时居住在左丘的人中有一个人，字明，他以地名取姓名为左丘明，他的后代子孙遂以"左丘"为姓，称左丘氏。

【左丘姓名人】

左丘明

春秋时鲁国人，史学家。相传他双目失明，人称为"盲左"，曾任鲁太史，大约与孔子是同时代的人。他为"春秋"作传，成《左氏春秋传》，简称《左传》。

【繁衍变迁】

左丘得姓至今已有2400年左右，历史悠久，人口数量稀少，在当前中国大陆及台湾地区均未被列入百家姓前300位。左丘氏的老家应是山东临淄，并逐渐成为当地名门望族之一。如今，左丘氏族人零星分布在各地，已是一个比较罕见的姓氏。

东门

【东门姓起源】

出自姬姓，以居住地命姓。春秋时，鲁庄公有个儿子叫公子遂，字襄仲，在鲁国任大夫。他家在鲁国都城曲阜的东门旁边,人称东门襄仲。当时鲁文公有个宠姬叫敬嬴,同襄仲的关系很好,襄仲就劝鲁文公立敬嬴所生的儿子倭为太子,但受到大夫叔仲的反对。襄仲后来出使齐国,他私下要求齐侯支持倭继承鲁国君位。齐侯正想拉拢鲁国,便答应了。鲁文公死后,襄仲在齐国的支持下杀死了文公正夫人所生的公子,立倭为鲁宣公,由襄仲执掌国政。当时鲁国有季孙氏、孟孙氏、叔孙氏三个家族,称为"三桓"。三桓一直在扩张自己的势力,威胁到鲁君的地位。襄仲竭力维护鲁君,多次企图铲除三桓,却没有成功,因此同三桓成了死对头。襄仲死后,他的儿子公孙归父继任大夫。公元前591年,鲁宣公去世,季孙氏乘机谴责襄仲过去立宣公是"杀嫡立庶",驱逐了公孙归父。公孙归父逃往齐国,后来以东门作为姓氏,其后子孙遂以东门命姓,称东门氏。

【东门姓名人】

东门京

西汉时人,经学家。善相马,与东汉时的将军马援分别向皇帝进献过"名马式一铜马法",用以铸造铜马,这一铜马模型相当于近代马匹外形学的良马标准型。汉武帝诏令立铜马于鲁班门外,改鲁班门名为金马门。

东门云

汉代经学家,学《公羊春秋》经,官至荆州刺史、文东平太傅,有惠政。曾将《公羊春秋》授给琅琊王,徒众尤盛。

【繁衍变迁】

东门姓源流单纯,历史悠久,得姓距今已有2500多年。古时,东门氏郡望在济阳郡(今属山东省),后族人四处分散,如今已不多见。

西门

【西门姓起源】

1. 春秋时,郑国有个大夫居住在郑国都城的西门,他的后代子孙就以"西门"

命姓,称西门氏。

2. 战国时,有魏国邺(今河北邻漳县西南邺镇)令西门豹,他的后代子孙有以其名命姓者,称西门氏。后来有的改西门复姓为单姓西氏。

【西门姓名人】

西门豹

战国时人,魏国君主魏文侯任西门豹为地方官。他去做官的地方常有水灾,那里的巫婆就说因为河伯发怒,所以发生水灾,叫百姓每年把少女投到河里,让河伯娶了亲,就免灾了。西门豹了解情况后很生气,把巫婆丢到河里去。又叫百姓开水渠排水和灌溉,为那地方造福千百年,老百姓都很感激他。

西门君惠

汉代道士,王莽时人,喜爱天文谶记,曾对卫将军王涉说:"刘氏当复兴。"后来,果然由刘秀建立了东汉。

西门季玄

唐朝时的忠臣,历任神策中尉、右迁神策军佐、右中护军、右监门将军、军容使等。他对朝廷中花言巧语瞒骗皇上的人特别痛恨,人们赞扬他忠心正直。

【繁衍变迁】

古时,西门氏望族居梁郡(今河南商丘市南一带)、魏郡(今河北省魏县、河南省浚县、山东省冠县之间地区)。

牟

【牟姓起源】

牟姓起源于夏朝,是火神祝融之后,因封于牟(今山东莱芜市东),以子爵位建立牟国。后国灭,其族人遂以国名为姓,乃成牟姓。

【牟姓名人】

牟融

北海安丘人，东汉大臣。明帝时举茂才，任丰地县令三年，县无狱讼。章帝即位后，升太尉(位同宰相)，参录尚书事。

牟谷

宋代画家。任画院祗侯，曾随使赴交阯(今越南)，为安南王黎桓及臣佐画像，亦曾为宋太宗画像，后升任翰林待诏。

牟仲甫

随州(今湖北省随县)人，宋代画家。善画猿獐猴鹿，画鸡亦有意趣。

牟大昌

台州黄岩人，宋末抗元英雄。响应文天祥的檄文，与侄牟天与起兵勤王。台州黄土岭一战，力战阵亡。

牟完

浙江省黄岩人，明代官吏。洪武九年廷试得首选，授吏部主事，擢燕王府纪善，并曾教授明仁宗。有《四礼家仪》。

【繁衍变迁】

牟姓发祥于山东，以此为中心，缓慢地向周边省份迁衍。

隋唐时期，在今河北巨鹿、山西临汾、河南荥阳一带，牟姓为当地名门望族，人口繁衍兴盛，社会地位尊贵。

南宋偏安江南后，有北方之牟姓徙居江南，亦有川地之牟姓因仕宦或其他原因迁入当时的国都临安(今浙江省杭州)附近。

明初，山西牟姓作为明朝洪洞大槐树迁民姓氏之一，被分迁于山东、河南、江苏、安徽等地。清康乾年间以后，有冀、鲁、豫地之农民闯关东到东北三省。

如今，牟姓在全国分布较广，尤以四川、辽宁等省多此姓，约占全国汉族牟姓人口的72%。牟姓是当今中国姓氏排行第149位的姓氏，人口较多，约占全国汉族人口的0.07%。

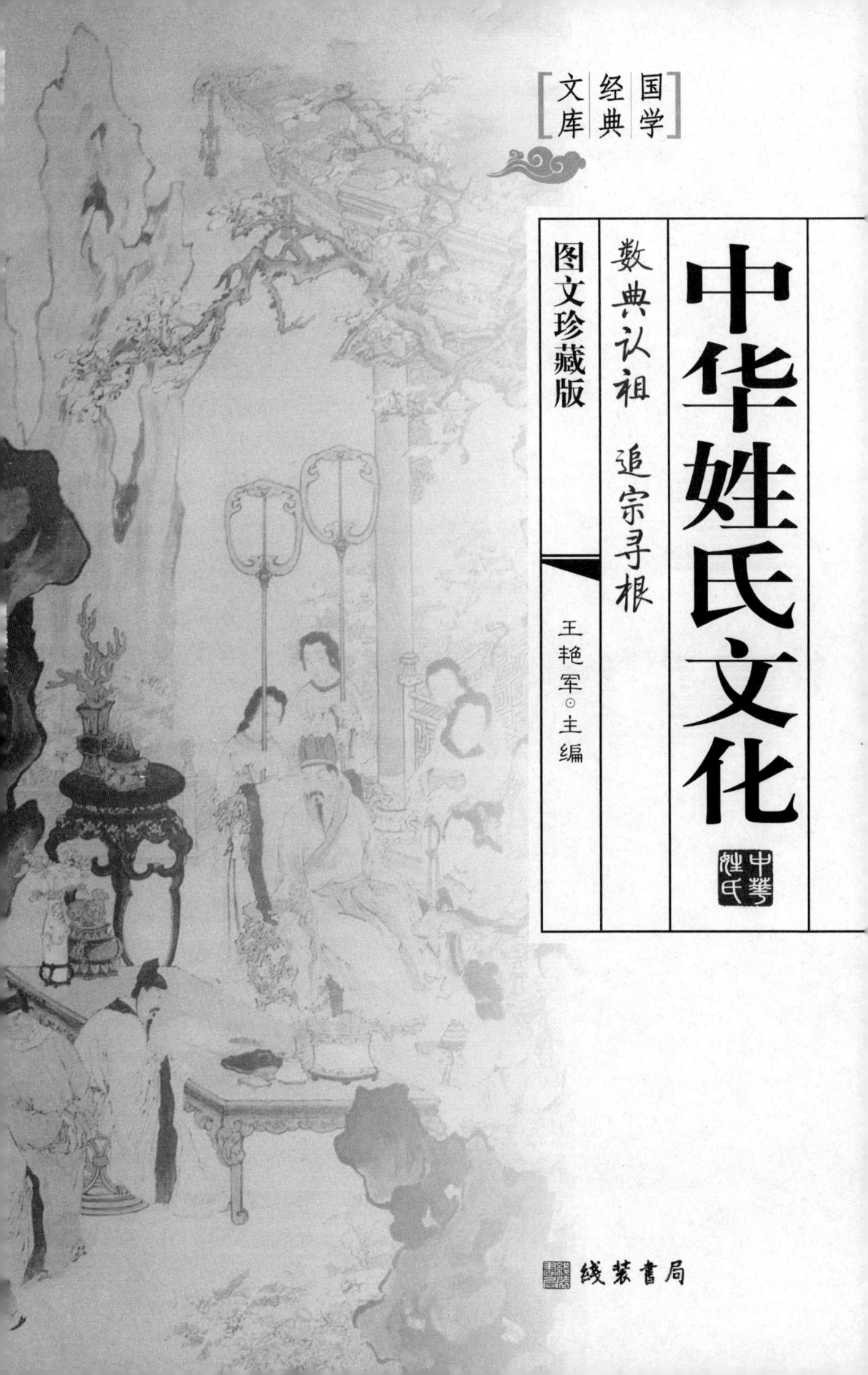

国学经典文库

图文珍藏版

数典认祖 追宗寻根

中华姓氏文化

王艳军◎主编

线装书局

佘

【佘姓起源】

1. 出自余氏音变后转化而来。据《姓氏寻源》载："古有余无佘,余转韵为遮切,音蛇。"在汉代以前无佘氏,因此在周、春秋、战国时代都无"佘"氏的记载。后来"佘"字是从"余"字音变后转化而来的。那么"佘"氏也应是一些余氏的后人改变而来的,遂形成佘氏。

2. 出自以地名为氏。汉后有佘山(今上海市青浦区东南),居住在佘山周围的居民,其中就有以山名为姓氏者,称为佘氏。

【佘姓名人】

佘熙璋

清朝著名书画家,祖籍江苏省扬州人,居直隶宛平县。能作诗、作文章,而以书法和绘画特别出色,擅长画竹,他的图章也刻得很好。

佘国观

祖籍江苏省扬州人,居直隶宛平县,佘熙璋之子。字容若,号竺西,又号石癫、石颠。父熙璋善画,为麓台高弟。佘石癫能世其学,善篆刻,尤工兰竹兼铁笔,印作曾被选入于《飞鸿堂印谱》。

【繁衍变迁】

佘氏主流是从余氏转改而来的,据《姓苑》上记载,起源于南昌,早期曾繁衍于新安(今安徽歙县)。唐宋年间,佘氏进入福建的莆田、仙游、泉州等八闽大地,江西、江苏、湖南、广东也留下他们迁徙足迹。如今,安徽、四川、广东、湖北、江苏、湖南、辽宁、河北、云南、广西、福建、江西、北京、上海、香港、台湾等地均有佘氏族人分布。

国学经典文库

中华姓氏文化

·中华姓氏大观·

图文珍藏版

伯

【伯姓起源】

1. 出自嬴姓,源于夏朝初年,始祖是伯益。

2. 出自姜姓,是炎帝的后裔,始祖是伯夷。

3. 出自荀姓,源于春秋,始祖是荀林父。荀林父字伯,世称荀伯。其孙荀阁以其祖父功高,遂用其祖字为姓,称伯阁,后代子孙乃成伯姓。

4. 出自伯字开头复姓简改。在我国早期历史上,有许多以伯开头的双字复姓,如伯成氏、伯皇氏、伯常氏等,其后人逐渐将姓简化成了单姓伯氏。

5. 出自柏氏讹改。远古时有柏氏,后讹传为伯氏。

6. 出自他族。今蒙古、满、回等民族均有伯姓。

【伯姓名人】

伯嚭

字子余。楚大夫伯州的犁之孙,出亡奔吴,以功任吴国太宰。善于逢迎,深得吴王夫差宠信。吴破越后,他接受贿赂,许越媾稽,并进谗言杀害伍子胥。吴亡后,降越为臣。后被越王勾践所杀。

伯达

西周成王进人,或以为宣王时人。伯达与伯适、仲突、仲忽、叔夜、叔夏、季随、季骝称周之八士。

伯宗

春秋时期的晋国大夫,贤而好直言。

伯嚭

晋景公六年以"鞭之长,不及马腹"谏止晋攻楚。其含义为"虽然晋国强大,也无力战胜楚国"。现代汉语的成语"鞭长莫及"由此而来。

【繁衍变迁】

伯姓起源很多,"伯"在古代是老大的意思,因此古代兄弟老大名字中常有伯字,如伯益、伯夷等,他们的后代中许多就以伯字作为姓氏,春秋时齐、晋、郑、宋、鲁等国公族名士的后裔中均出现了伯氏,因此春秋战国时伯姓的分布已相当广泛,但主要活动地是在河南、山东等中原地区。汉代以后在山西扩展,形成河东郡郡望(今山西省黄河以东一带地区)。元代蒙古族以伯为名者,杂居中原后也以伯为氏。明清以来,伯氏已极为少见。目前伯姓人口没有进入全国前300位。

赏

【赏姓起源】

1. 起源于春秋时吴国,因受赏而获姓,为吴中八族之一。

2.《万姓统谱》载,历史上西夏国有赏姓,成为赏姓又一支。

【赏姓名人】

赏庆

南朝时吴中(今江苏苏州)人,曾在江东做幕僚。

赏林

吴中(今江苏苏州)人,三国时期孙吴政权的句章(今浙江宁波)长吏。

【繁衍变迁】

古时,赏姓望居吴郡(今江苏省苏州市至浙江省杭州市一带),曾是著名的吴中八族之一,在长江以南的江浙地区分布较广。

墨

【墨姓起源】

1. 夏朝以前,夏禹有老师名墨如,有人认为,墨如就是墨姓的始祖。

2. 商朝有附庸国孤竹国,其地在今河北卢龙县南。孤竹国国君名墨胎,是伯夷、叔齐之父。墨胎的后代子孙有的以祖上的名字为姓,遂成复姓墨胎,后省文去"胎"字,成为墨姓。

【墨姓名人】

墨子

名翟,鲁国人。我国战国时期著名的思想家、教育家、科学家、军事家、社会活动家,墨家学派的创始人。创立墨家学说,当时对思想界影响很大,与儒家并称"显学"。有《墨子》一书传世。

墨麟

明朝初年的有名人物,在朝廷当兵部侍郎,原籍陕西省高陵,来自墨姓的名门望族。历官北平府的通判、按察司副使等。

【繁衍变迁】

古时,墨姓望族居梁郡(今河南省商丘市南至安徽省砀山一带)。

哈

【哈姓起源】

哈姓的来源待考,现如今唯一的猜测就是哈氏起源于少数民族。在蒙古族、回族中,哈氏并不少见,因此可能哈氏是在汉族氏与他们族人通婚时引入汉族的。明时,海西有女真四部之一,他们多生活在辽宁省开原南哈达河边,因此子孙们就以河名为姓氏,多为"哈"氏。

【哈姓名人】

哈散

元代回族人,北宋神宗年间进入中国的布哈拉王后裔赛典赤赡思丁的次子。官至平安路同知、中奉大夫、广东道宣慰使都元帅、左丞相。

哈麻

字士廉,元代康里人。父秃鲁,母为宁宗乳母,秃鲁以故封冀国公,加太尉,阶金紫光禄大夫。

哈八石

元代的回回官员兼诗人,在保留回回名的同时,又取了汉族姓名"丁文苑"。

哈八失

元代泰定二年以将仕郎,回回国子监助教转任校书郎、按校书郎阶正八品。

哈攀龙

清朝肃宁县城人,回族,生于武术之家。自幼勤学苦练,武艺超群,膂力过人。乾隆二年(1737年),考中武状元,封乾清门一等侍卫,赐军机处行走。不久调任福建兴化城副将,后晋升为总兵。

【繁衍变迁】

哈氏是一个多民族、多源流的姓氏群体,人口总数在当前中国大陆及台湾地区均未列入百家姓前300位。古时,哈姓望居长葛县(今河南省许昌市长葛市)。

谯

【谯姓起源】

1. 出自姬姓,是西周文王的后代。文王第十三子振铎封于曹,建立曹国(今山东定陶区西北)。振铎的支庶子孙,世为曹国大夫,其中一支因食采于谯(今安徽亳州市),遂以食采之邑命姓,乃成谯姓。

2. 西周时,周召公姬奭之子盛,受封于谯,为侯爵,世称谯侯,其后形成盛、谯二姓。

【谯姓名人】

谯周

三国时期蜀国名士。字允南,巴西西充(今四川省阆中市西南)人,精研六经。谯周幼年失父,家贫笃学,做了博学多才的蜀中名儒泰宓的弟子,22岁入仕,先后任益州牧、中散大夫、光禄大夫、太子仆、骑都尉、散骑常侍。他一生著述多达百篇,尤其史学著作,历"两晋",迄于"唐宋",皆为史家所瞻目。主要作品有《谯子法训》《论语注》《五经然否论》《古考史》《巴蜀异物志》等。

谯定

宋代学者,字天授,涪陵人。人称谯夫子,自号涪陵居士。少喜学佛,后学《易》于郭曩氏,并从程颐闻道于洛,是程颐川籍门人中最杰出的易学家。清康初,召为崇政殿说书。著有《易传》。

谯矜

清代孝疹,沅江人,诸生。七世同居,终事无哗。一夕火起,兄弟先入主祠,抱主避火,火亦随息。尝作《家训十二条》,子孙世守之。

【繁衍变迁】

谯姓的出现,最早可以上推到3000年前。谯姓发源于蜀中,兴于两汉,以后传到外省。古时,谯姓望居巴郡(今属四川省阆中市)、谯郡(今安徽省亳州)。如今,谯姓是陕西省西乡县的旺族之一,其中洋河、马家湾两地号称"谯半河"。还有四川南充、阆中两地,谯姓人丁兴旺。从全国范围来说,除陕西、四川之外,安徽、浙江、云南、贵州、新疆和甘肃等都有谯姓的足迹。

年

【年姓起源】

1. 出自姜姓,是西周齐国太公姜尚的后代。

2. 出自严姓。因年字与严字读音相近,古时常混读,故有严姓一支讹为年姓。后世以讹传讹,未予更正,遂形成年姓一支。

【年姓名人】

年希尧

清朝初年的文官,出身于汉军镶黄旗。凭着与雍正皇帝的亲密关系而官运亨通,但在仕途上并无大的建树。与其平庸的政绩相比较,年希尧在科学和艺术上的贡献却不同凡响。他被朝廷派到江西景德镇去监督烧瓷器,因为宫廷用的瓷器都由那里烧成。他在景德镇陶瓷业的恢复和创新中,发挥了承前启后的作用。由他编纂的《纲鉴甲子图》被送往欧洲出版,引起西方汉学家的注意。他是最早接受并宣传西方对数字计算方式的中国数学家之一,并热心推动西算与中学的结合。他还精于绘画,将西方的透视技法改编为《视学》在中国出版。

年羹尧

清汉军镶黄旗人,字亮工,康熙进士。康熙四十八年(1709年)任四川巡抚,办事明。五十七年晋四川总督,以理四川防务,支援定西将军噶尔弼进藏。六十年为川陕总督。世宗即位,以藩邸旧人获宠,接管抚远大将军允禵军务,寻平定青海罗卜藏丹津叛乱,规划善后十三条。事定,封一等公。骄纵揽权,屡干涉朝中及地方

年羹尧

事务,军中及川陕用人自专,称为"年选"。奴视同僚,督抚跪道迎送。雍正三年(1725年)遭世宗猜忌,调杭州将军,降闲散章京,旋以九十二大罪勒令自缢。

【繁衍变迁】

年姓望居怀远郡(今宁夏回族自治区银川市东郊掌政乡洼路村一带)。

爱

【爱姓起源】

1. 源于唐代,出自赐姓,西域回鹘(又称回纥)国相爱邪勿后代。

2. 新莽时有农民起义领袖爱曾,似乎唐前已有爱姓。

3. 出自他族。古代其他民族以爱为名者,汉化后也有的以爱为氏;今满、蒙古等民族均有爱氏。

【爱姓名人】

爱申

金将领,一名忙哥。初为虢县镇防军,累功迁军中总领。犯罪当死,留军中效力,受命救秦州城,逐李文秀出秦州,以功迁德顺节度使、行元帅府事。正大四年,元军围城,坚守一百二十个昼夜,城破自杀。

爱鲁

元将领,唐兀人,昔里氏。初袭职大名路达鲁花赤。至元五年,从云南王征金齿诸部,立有战功。后数年间,累迁广西、云南,历任宣抚使、招讨使、副都元帅、参知政事。二十四年改行尚书右丞,从镇南王征交趾,大小十八战,直逼王城,功最多。翌年,感瘴疠而卒,赠平章政事。

爱薛

元学者。拂林(今小亚细亚一带)人,基督教聂斯脱里派教徒,通西域诸国语及星历、医药。年约二十岁,代父应召为定宗贵由近侍。中统四年掌西域星历、医药二司。至元二十年从丞相孛罗出使伊利汗国,回朝后累迁翰林学士承旨,兼修国史。大德元年授平章政事。卒后追封拂林王。

【繁衍变迁】

爱姓共有三处起源,早期主要活动在北方及西北地区,内迁后在西河郡(今山西汾阳)形成望族。宋代以后,爱姓族人在河南、河北、山西、陕西等地有少量分布。目前,爱姓人口没有进入全国前 300 位。

阳

【阳姓起源】

1. 源于东周,以国名为姓。周代有附庸方国阳国(在今山东青州市东南),其地与齐国接壤。东周惠王时,阳国被齐国灭掉,齐人迁入其都,原阳国君主的子孙就以原国名命姓,遂成阳姓。

2. 出自姬姓,以封邑得姓。东周时,周景王姬贵封其少子于阳樊(今河南济源市),后为避周乱奔燕,遂以原封邑命姓,成为阳姓一支。

3. 出自代北三字姓。

【阳姓名人】

阳货

名虎,字货,是春秋时鲁国人。鲁国大夫季平子的家臣,季氏曾几代掌握鲁国朝政,而这时阳货又掌握着季氏的家政。季平子死后,专权管理鲁国的政事。后来他与公山弗扰共谋杀害季桓子,失败后逃往晋国。

阳尼

字景文,北魏无终人。少好学,博通群籍,征拜秘书著作郎。尼一生著书数千卷,所造《字释》数十篇,未就而卒。尼从子鸣鹄、季智,前后为幽州司马。尼从子荆,有吏能,任范阳太守。尼从子延兴,任函州敇史。

阳介

阳尼之子,字天佐。奉朝请冀州默曹参军,早卒。

阳孝本

宋代大学者,学问深而博,品德高贵,隐居在山中读书讲学,朝廷再三叫他做官都不去。当时的学问人都敬重他,苏东坡也佩服他。后来还是被朝廷请去给太子讲学。

【繁衍变迁】

古时,阳姓郡望在阳都县(今山东省沂南县砖埠乡之东的黄疃村一带)。

佟

【佟姓起源】

1. 源于夏代,为太史终古的后代。汤王伐夏桀,原夏朝太史终古为贤德,世人器重,汤王遂召其入商朝,终古归商后,其子孙去丝为冬姓,且又加人旁为佟姓。

2. 历史上满族的姓氏,是以地名命姓的。满族先世居满州佟佳,以地名为氏,称佟佳氏。

3. 历史上女真族的姓氏。

【佟姓名人】

佟养性

明末开原人。原居开原佟佳,后自开原徙抚顺,归附后金,隶汉军正蓝旗。努尔哈赤以宗女赐为妻,授三等副将。后金天命六年(1621年),从军克沈阳、拔辽阳,叙功晋二等总兵官。天聪五年(1631年)授昂邦章京,总理汉人官民事务。监铸红衣炮四十具,为后金火炮之始。六年,皇太极于城北演武场阅兵,其率所部试炮,披甲列阵,军容严整,治军有方,深得赞许。同年病卒。顺治初,追谥勤惠。

【繁衍变迁】

夏代的太史终古为佟氏的始祖,但起源悠久的佟姓在明清以前的表现非常沉寂,其准确的播迁情况令当今许多学者穷究不得,故一般认为佟是女真族的姓氏。女真的佟佳氏世居东北的木虫江,郡望为辽东(今辽宁辽阳)。西晋十六国时,佟姓已入居今辽宁南部与河北北部地带。历岁月流逝,佟姓渐有移民关内者。明初,山西省佟姓作为洪洞大槐树迁民姓氏之一,被分迁于天津、北京、山东、陕西等地。历有清一代至今,佟姓由于各式各样的原因而逐渐散居天下。如今,佟姓在全国分布较广,尤以辽宁等省为多。

第五

【第五姓起源】

出自田姓。汉高祖刘邦建立汉朝后,为了消灭各地豪强的残余势力,曾经把战国时的齐、楚、燕、韩、赵、魏六国国王的后裔和豪族名门共十万多人都迁徙到关中房陵(今湖北房县)一带定居。在迁徙原齐国田姓贵族时,因族大人众,故改变了原来的姓氏,以次第相区别,分列为第一氏到第八氏。首迁者往第一门,为第一氏;田广之孙田登迁往第二门,为第二氏;田广之孙田癸为第三氏,依此类推,田广的田英最后迁徙,住在第八门,为第八氏。第五氏是其中的一支。

【第五姓名人】

第五种

字兴先,东汉高密侯相、兖州刺史。因弹劾中常侍单超及其侄子单匡,屡受陷害。当时人说:"清高正直,以第五种为第一。"

第五上

东汉刺史,为官冠名州郡,永寿中以奉使称职,拜高密侯相,惩治贪恶,刚直不宥。

第五琦

唐代扶风郡公。能言强国富民术,不益赋而用以饶。乾元时升任同中书门下平章事。后为刺史,有惠政。

【繁衍变迁】

古时,第五姓望居陇西郡(今甘肃省东乡以东及陇西一带地区)。如今,第五氏族人主要聚居在陕西省咸阳和旬邑一带。另外,在全国各地也散居着第五氏族人,其中包括港台地区。

言

【言姓起源】

1. 起源于周代。《考古图》有周朝文物"言肇鼎",当为言姓之始。

2. 起源于春秋,以人名为姓。春秋时,吴国有言偃。言偃字子游,是孔子的弟子,后仕鲁为武城宰。言偃的后代子孙,以祖上名字为姓,遂成言姓。

【言姓名人】

言偃

字子游,后人所以称他为"言子",是出于对他的尊敬。言偃出生于吴地,成年后到鲁国就学于孔子,从言偃比孔子年轻四十五岁来看,他当是孔子晚年的学生。孔子有弟子三千,贤人七十二,言偃即为七十二贤人之一。

言茅

明朝人,成化年间举为进士,后当了地方官,官职为户平知府。他学问广博,又多才多艺,留心身旁的大小事物,又关心百姓疾苦,自己也重名节,清廉无私,所以政绩好,受人赞扬。

言友恂

清朝末年人,任的官职称"教谕",是位有学问、办事认真的人。

【繁衍变迁】

言氏家族,发祥于江南地区,历史悠久,望居汝南郡(今河南省中部偏南和安徽省淮河以北地区)、吴郡(今江苏省长江以南一带)。

福

【福姓起源】

1. 起源于春秋时齐国,为姜姓之后。齐国有公族大夫福子丹,其后遂以祖字为姓氏,乃成福姓。

2. 起源于唐代百济国,其地在今韩国境内。百济国为东汉扶余王尉仇台之后,以百家济海之意取名百济,建立百济国。百济国有福富顺氏,唐时百济归朝,福富顺氏改为福氏。

3. 为张姓所改。明代有个大臣叫张福时,文武双全。廉明正直,皇帝夸奖他"清不过福时"。因皇帝亲切地叫他福时,他的子孙引以为荣,就改姓为福,成为福姓一支。

4. 为满、蒙族人所改。元以前的福姓,已与后之福姓融合,现难于分析。

【福姓名人】

福裕

元初嵩山少林寺高僧,是元代中兴少林寺最有名的方丈。福裕圆寂后,元朝皇帝追封其为"晋国公",他是少林寺历史上唯一一位被封为国公的僧人。由于福裕为中兴少林寺立下的大功可以和开山祖师相比,故少林寺僧人为其建有裕公塔,并在其塔前立"开山祖师"碑,以示纪念。

福寿

元朝人,官至江南台御史大夫,对朝廷非常忠诚。他文武双全,打仗时奋勇当先,死后皇帝也很悲哀,追加他封号为"忠肃"。

【繁衍变迁】

福姓由于起源不同,迁徙分布也不尽相同。早期福氏主要分居于山东。唐代,百济为福氏郡望,主要分居于朝鲜半岛以及东北地区。明清时,满族福姓也主要以东北地区为主要聚居地。清代开始,逐渐由东北向华北与中原地区扩展。如今,北京、辽宁等地有福姓分布。目前福姓人口没有进入全国前 300 位。

百

【百姓起源】

1. 出自上古,为轩辕氏部落首领黄帝的后裔。黄帝的后人有个叫百倏的,他的后代子孙以"百"为姓,遂成百姓。

2. 战国时期有百丰,是著名道家列御寇的弟子。他的后代子孙以百为姓,称百氏,又作伯氏。

3. 出自古代高丽族。古代高丽族八姓之一姓百,为百姓的一支。

【百姓名人】

百政

西汉农民起义首领,南阳(治今河南南阳)人。武帝末年,战争频繁,赋役繁重,人民穷困,被迫纷起反抗,他与梅免在南阳各地领导农民起义,攻城邑,杀长吏,互相呼应,官府不能制。数岁后,武帝命绣衣御史以虎符发兵进击,起义终被镇压,但起义军散卒仍多继续坚持斗争。

百家奴

元将领，蒙古人。父唆都任郢、复（今湖北钟祥、沔阳）二州招讨使，他承袭父职，立有战功。

百龄

清臣，字子颐，号菊溪汉军正黄旗人。乾隆三十七年（1772年）进士，授编修，所著有《除邪纪略》《守意龛集》。

【繁衍变迁】

百姓早期主要活动于今河南、山东一带，汉唐之际在河南形成郡姓望族，以南阳郡为郡望。如今在河南、北京、台湾等地有少量分布。目前百姓人口没有进入全国前三百位。

家

【家姓起源】

1. 西周孝王的儿子叫家父。周幽王即位后，家父在朝中任大夫官，曾作《节南山》诗，讽刺幽王沉湎酒色，不理朝事。因家父忠诚正直，他的子孙以他为荣，就取家字为姓，世代相传，遂成家姓。

2. 源自春秋时鲁国公族。春秋时，鲁庄公有个子孙叫家驹，他的子孙，也取祖上名字中的"家"字为姓。世代姓家，成为家姓的一支。

3. 出自复姓家仆氏。周代晋国有大夫家仆徒，此为家仆复姓之始。后省文姓家，亦称家氏。

【家姓名人】

家父

西周诗人,周幽王时贵族。作有《节南山》一诗,反映了西周末年统治思想的动摇,是《小雅》中一首较好的贵族讽刺诗。

家定国

宋文学家,字退翁,眉山(今属四川)人。皇祐间进士及第。长于诗文,曾与苏轼、苏辙唱和,体格清懿。著有古律诗三十卷、杂文十卷,今已佚。

家勤国

宋学者,与苏轼、苏辙为同门好友。愤怨王安石久废《春秋》学,著《春秋新义》。熙宁、元丰间朝臣纷更;元祐时,司马光当政废除新法,勤国忧郁不安,作《室喻》,苏轼、苏辙读之敬叹。

家坤翁

宋臣,号颐山,眉山(今属四川)人。淳祐二年,知诸暨县。历司农丞,除枢密院编修,官兼度支郎中。景定三年,以户部郎中,出知抚州。坤翁博雅有家学,尝纂《景定临川志》三十五卷,《永乐大典》卷一九四一九存其残卷。

家之巽

元诗人,字志行,眉州(今四川眉山)人,寓吴兴(今浙江湖州)。南宋景定间举进士,为建康制置司干官。宋末,为临安府通判。入元,尝作德政碑媚杨琏真伽,为士论不齿。尝和《三贤堂诗》,推尊苏轼,有"辞章小技应闲事,节义千年真大贤"之句。又为演福寺作观音殿碑,大骂贾似道,并为周密所讥刺。

【繁衍变迁】

家姓早期主要生活在中原一带,后逐渐向周边地区迁移,汉唐之际在陕西、甘肃等地形成郡姓望族,以京兆郡(今陕西西安至华县一带)、南安郡(今甘肃陇西东部及定西、武山等地)为郡望。宋代以后在四川眉山等地形成主要聚居区。如今在江苏、上海、山西等地有少量分布。

姓

【姓氏起源】

1. 源于周代,为孙姓的后裔。周朝蔡国蔡仲公时孙姓的后人,以他名字的中的"姓"字为姓,遂成姓姓。

2. 源于春秋战国时期,由于无而自定姓姓的姓氏。春秋战国时期,有的人因社会地位低下,或因犯罪被除姓名,逐出家族,形成无姓氏的人,便自定为姓。

【繁衍变迁】

姓氏早期主要生活在河南上蔡一带,汉唐之际向东发展,在山东形成郡姓望族,以临淄郡为郡望。如今在浙江上虞、山西大同、河北蔚县等地有少量分布。目前姓氏人口没有进入全国前 300 位。

续

【续姓起源】

1. 以人名命姓。上古时,炎黄部落首领虞舜有七个朋友,其中有人名续牙,其后裔以续命姓,遂成续姓。

2. 以封地名为姓。春秋时晋国大夫孤鞫居,因功受封,食采于续邑,为伯爵,世称续简伯。其子孙以祖上的封地命姓,成为续姓的一支。

【续姓名人】

续咸

十六国后赵文人,字孝宗,上党(治今山西潞城东北)人。好学,西晋时尝师事杜预,专《春秋》、郑氏《易》,教授常数十人,博览群言,高才善文论,又通刑律。晋怀帝永中,历廷尉评、东安太守。尝为刘琨从事中郎,后事石勒,勒以为理曹参军。卒于石虎时,年九十七。

续昌

清臣,字燕甫,满族人。光绪五年任奉锦山海关道(今辽宁营口境内)道员。在任期间整顿军队,将镇海营旗兵改编为海防练军营;创立资善堂,赈济饥民;设立义塾,教育贫民子弟。离任时,地方商民立思碑。

【繁衍变迁】

续氏是我国古老的姓氏之一,早期居住在中原一带,汉唐之际在河南、山西形成郡姓望族,以河东郡、雁门郡为郡望。如今在山东、辽宁、山西、黑龙江、甘肃、陕西、湖北、湖南等地均有续氏分布。

第三章 姓氏名联

王

三槐世泽

两晋家声

上联指王氏的"三槐堂"，其典出自北宋王祐。王祐，祖籍莘县（宋时属大名府，今属山东），以文学见长。五代时，先后在后晋、后汉及后周做官，"皆以文武忠孝而显名"。北宋建国后，宋太祖赵匡胤拜其为监察御史，颇得赏识，官职不断升迁，以尚书兵部侍郎知制诰，遂举家迁到京城，落户汴京（今河南开封）。开宝年间，有人密告魏州节度使符彦卿谋反。魏州即大名，宋太祖派王祐权知大名府（代理知府），许王祐"便宜"行事。王祐至大名后，明察暗访，查无实据。于是，王祐直言禀报，并以自己全家百口人的性命担保。还直谏太祖，要吸取后晋、后汉皇帝因猜忌而滥杀无辜的教训。太祖听后很不以为然，将王祐改派他处任地方官。王祐赴任前，在其宅院内手植3株槐树，说："我子孙必有为三公者。"三公，是古代朝廷中三种最高官衔的合称。

后来，果不出其所料，王祐的儿子王旦在宋真宗时做了宰相。文学家苏轼和王旦的孙子王巩是朋友，应王巩的请求为他写了篇《三槐堂铭并叙》。后来，王祐的裔孙因之而称为"三槐王氏"，成为整个王氏大家族中很重要的一个分支。

下联指两晋时期的权臣王敦、王导及其家族。王敦，字处仲，琅琊临沂（今山东临沂北）人，士族出身，著名军事家。为王导的从兄，与王导共同扶植司马氏的江东政权，进位镇东大将军，为都督江、扬、荆、湘、交、广六州诸军事，封汉安侯。

王导字茂弘，东晋开国大臣，著名政治家。王导在少年时代就很有识量，陈留高士张公曾对王导的从兄王敦说："此儿容貌、志气不凡,是将相的才器。"司马睿在建康称帝,王导任丞相,其家族的弟子都居显要之职,时称"王与马,共天下"。元帝向来缺少才能和声望,在晋室中又不是嫡系,他能够取得帝位,主要得力于王导的支持。元帝因此把王导比做自己的"萧何",极为倚重。王导总揽元帝、明帝、成帝三朝国政,领导南迁士族,联合江南士族,稳定了东晋初期的统治。

阳明学术

逸少风流

上联指明代哲学家、教育家王守仁。王守仁字伯安,号阳明子,世称阳明先生,浙江余姚人。弘治年间进士,授兵部主事。以病告归,结庐于会稽山龙瑞宫旁的阳明洞。病愈复职后,因反对宦官刘瑾,于正德初年被廷杖四十,贬贵州龙场(修文县治)驿丞。刘瑾被诛后,任庐陵县知事,后擢右佥都御史,至南京兵部尚书,封新建伯。后因功高遭忌,辞官回乡讲学,在绍兴、余姚一带创建书院,广收门徒,遍及各地。王守仁是我国宋明时期主观唯心主义的集大成者。他发展了陆九渊的学说,在明代中期以后,形成了"阳明学派"。他的哲学思想还远播海外,特别在日本学术界有很大影响。著有《传习录》《大学问》《阳明先生文录》等,后人辑有《王文成公全书》。

下联指东晋书法家王羲之。王羲之字逸少,号澹斋,官至右军将军、会稽内史,世称"王右军"。小时候从卫夫人学书,得见汉魏以来诸名家书法,草书学张芝,正书学钟繇(卫夫人的老师),兼善隶、草、正、行各体,博采众长,备精诸体,摆脱了汉魏笔风,自成一家。创造出"天质自然,丰神盖代"的行书,笔势开放隽明,结构严谨。楷书以《黄庭经》《乐毅论》为最,行书以《兰亭序》为最,草书以《快雪时晴帖》等为最。其书法成为历代书体正宗。其字被誉为"飘若浮云,矫若惊龙""铁书银钩,冠绝古今",被后世尊称为"书圣"。

秋水落霞惊四座

桐花栖凤服群贤

上联指唐初文学家王勃。王勃字子安,绛州龙门(今山西河津)人。王勃才华早露,未成年时就被司刑太常伯刘祥道赞为神童,向朝廷表荐,对策高第,授朝散郎。后出游巴蜀。咸亨年间补虢州参军,因擅杀官奴当诛,幸而遇赦被除名。其父受牵连被贬为交趾(今越南北部)令。上元年间,王勃南下探亲,渡海溺水,惊悸而死,年仅27岁。王勃与卢照邻、骆宾王、杨炯合称为"初唐四杰"。

"秋水落霞",指的是王勃写《滕王阁序》的故事。据《唐摭言》载,上元二年(675)秋,王勃前往交趾看望父亲,路过南昌,正赶上都督阎伯屿新修滕王阁成,重阳日在滕王阁大宴宾客。王勃前往拜见,阎都督早闻他的名气,便请他也参加宴会。席间众人作文助兴。当王勃开首写道"豫章故郡,洪都新府",都督闻说:"不过是老生常谈。"又闻"星分翼轸,地接衡庐",阎都督沉吟不语。等听到"落霞与孤鹜齐飞,秋水共长天一色"时,都督不得不叹服道:"此真天才,当垂不朽!"王勃于南昌阎都督宴上赋《滕王阁序》的这段佳话,被认为是中国文学史上最为动人的故事之一。

下联指清初杰出诗人王士禛。王士禛,字子真、贻上,号阮亭,又号渔洋山人。新城(今山东桓台)人,常自称济南人。22岁考中进士,文名逐渐显著。23岁游历济南,邀请在济南的文坛名士,集会于大明湖水面亭上,即景赋秋柳诗四首,此诗传开,大江南北一时和作者甚多,当时被称为"秋柳诗社",从此闻名天下。后官至刑部尚书,颇有政声。

"桐花栖凤"典出王士禛《蝶恋花》词:"忆共锦衾无半缝,郎似桐花,妾似桐花凤。往事迢迢徒入梦,银筝断续连珠弄。"此词一出,倾倒一时,人称他为"王桐花"。

系出周遭,万派同源传佛国

亲联中泰,四邻合德耀南天

泰国曼谷王氏宗祠联。

辅国有先声,宋相元藩明督抚

传家无别业,唐诗晋字汉文章

湖南邵阳蒋河桥王氏宗祠联。上联指北宋王安石、元代王保保、明代王廷相;下联说唐代诗人王勃、王维、王之涣、王昌龄等,东晋书法家王羲之、王献之父子,东汉王充。

幕府敞芙蓉,地望留一家燕翼

锦篇垂芍药,天章启百代龙文(方兆麟)

安徽怀宁月山镇王氏宗祠联。上联说南朝齐人王俭,下联说唐代京兆人王徽。

自东周受姓以来,功名及五侯三公,才最列七贤四杰,文韬武略,代有英豪,祖德溯渊源,俎豆馨香,凛凛乎秋霜春露

从西村卜居而后,支系分千流万派,睦宗合八股一祠,瓜衍椒繁,世相继续,子孙庆昌炽,门庭清白,蒸蒸焉身显家齐

安徽铜陵西王村王氏宗祠联。上联说汉成帝封其五个舅舅王谭、王商、王立、王根、王逢时,北宋王旦,三国魏时王戎,唐初王勃;下联说西王村王氏的繁衍。

李

卫公勋业

元礼门墙

上联说的是唐初著名将领、军事家李靖。李靖字药师,京兆府三原(今属陕西)人。从小就有"文武才略",又颇有进取之心,曾对父亲说:"大丈夫若遇主逢时,必当立功立事,以取富贵。"舅父韩擒虎是隋朝名将,每与他谈论兵事,无不拍手称绝,曾对他说:"可与论孙、吴之术者,惟斯人矣。"

大业末年,李靖任马邑(治今山西朔州)郡丞。此时,反隋暴政的农民起义风起云涌。隋朝太原留守李渊也暗中招兵买马,伺机而动。李靖觉察了他的这一动机,将往江都告发此事。但到了京城长安时,关中大乱,道路阻塞。不久,李渊于太

原起兵，并迅速攻占了长安，俘获了李靖。在临刑将要被斩时，李靖大声疾呼："公起义兵，本为天下除暴乱，不欲就大事，而以私怨斩壮士乎！"李渊欣赏他的言谈举动，李世民爱慕他的才识胆气，因而获释，不久，被李世民召入幕府。李渊建唐称帝，李世民被封为秦王。李靖随秦王东进，平定在洛阳称帝的王世充，从此开始崭露头角。三年后，李靖因军功被擢任为行军总管，"三军之任，一以委靖"，实际上已成为三军统帅。唐太宗时，李靖由刑部尚书、兵部尚书，至右仆射，成为宰辅，封卫国公。他总结一生的实践经验，著有《李卫公兵法》《六军镜》《阴符机》等军事著作，但大都失传。

下联说的是东汉名士、大臣李膺。李膺字元礼，颍川襄城（今属河南）人。出身于官僚地主家庭，为人正直，个性孤傲，不随意与人交往，唯独与同郡名士荀淑、陈寔为师友。由于他学问高，在社会上名气很大，一般人都以能与他交往为荣。黄河流到今山西河津西北和陕西韩城东北时，两岸峭壁对峙，形同阙门，水流湍急，传说逆流而上的鱼，就能变化成龙，故有"鲤鱼跳龙门"之说。当时的士人，便把登李膺的家门比为"登龙门"。一般士人一旦为李膺接待，就身价十倍。

李膺饱读诗书，满腹经纶。任乌桓校尉时，身先士卒，不避矢石，每破鲜卑。后来，李膺被起用为司隶校尉，执法不避强暴。李膺坚定不移地打击横行霸道的宦官势力，虽招来了宦官深刻的忌恨，但赢得了众多士人和太学生的敬仰和拥护。太学生称道："天下楷模李元礼。"李膺实际上成为当时太学生运动的核心人物。然而，李膺在士人和太学生中影响愈大，宦官就愈要置他于死地。延熹九年（166），宦官集团指使人诬告李膺等人笼络太学生，交结门徒，互相联系，结成朋党，毁谤朝政，败坏风俗。在宦官煽动下，桓帝大为震怒，下令布告天下，逮捕党人，除李膺被捕外，还牵连了二百余人。这就是东汉著名的"党锢之祸"。

门墙，指师长之门。《论语·子张》说："夫子之墙数仞，不得其门而入，不见宗庙之美，百官之富。"

西陇望族

北海名流

上联指李氏郡望。

下联说的是唐代书法家李邕。李邕字泰和，广陵江都（今江苏扬州）人。曾任左拾遗、户部员外郎、北海太守等，人称李北海。因遭李林甫所忌，被含冤杖杀。

李邕擅长行书，师法王羲之，后自创一体。以行书写碑文，书风豪挺，结体茂密，笔画雄劲。《叶有道先生碑》《麓山寺碑》《云麾将军李秀碑》为其代表作。他的字从"二王"入手，入乎其内而出乎其外。南唐李后主说："李邕得右将军（王羲之）之气而失于体格。"恰道出李邕善学之处。《宣和书谱》说："邕精于翰墨，行草之名尤著。初学右将军行法，既得其妙，乃复摆脱旧习，笔力一新。"魏晋以来，碑铭刻石，都用正书撰写，入唐以后，李邕大胆使用行书，名重一时。

李邕反对机械地摹仿，提倡创新，曾说："似我者俗，学我者死。"对后世产生了较大影响。

　经传道德

　名重谪仙

上联指春秋时思想家、道家创始人老子。老子，姓李名耳，字伯阳，又称老聃，楚国苦县厉乡曲仁里（今河南鹿邑东太清宫镇）人。传说他一生下来时，就长有白色的眉毛及胡子，所以被称为老子。老子著有《道德经》，是道家学派的始祖。

道教中，老子是一个很重要的神仙，被称为太上老君，尊为道祖。东汉时期，成都人王阜撰《老子圣母碑》，把老子和道合而为一，视老子为化生天地的神灵，成为道教创世说的雏形。汉桓帝更是亲自祭祀老子，把老子视为仙道之祖。

下联指唐代诗人李白。据孟棨《本事诗·高逸第三》记载，李白初到京城长安，结识了任太子宾客的老诗人贺知章。当时的贺知章已年逾古稀，李白的《蜀道难》却激起了心如古井的贺知章的感情狂澜，"读未竟，称叹者数四"，认为此诗只有神仙才写得出来，因而称李白为"谪仙人"。

　家藏邺架

　诏赴玉楼

上联说的是唐代大臣李泌。李泌字长源,长安(今陕西西安)人。德宗时历任中书侍郎,同中书门下平章事(宰相),封邺县侯。工书法,书体放逸。家中藏书极多,号称"邺架"。唐代韩愈《送诸葛觉往随州读书》诗有句:"邺侯家多书,插架三万轴。"宋代王应麟《困学纪闻·考史》记载:"李泌父承休,聚书二万余卷,戒子孙不许出门,有求读者,别院供馔。邺侯家多书,有自来矣。"说的是李泌的父亲李承休已经藏书两万余卷,告诫子孙,不许这些书拿出家门,如果有人来读书,宁愿管他饭吃,也不能借出去。后以"邺侯书"为藏书多的典故,以"邺架"比喻藏书之府。

下联说的是唐代诗人李贺。李贺字长吉,生于福昌(今河南宜阳)昌谷,唐朝宗室郑王李亮后裔,但家道早已没落。青少年时,才华出众,名动京师。父亲名晋肃,因避父讳(晋、进同音),终生不得登第。一生愁苦抑郁,体弱多病,只做过三年奉礼郎,年仅27岁就去世了,后人称其为"诗鬼"。

晚唐诗人李商隐的《李贺小传》记载有这样一个传说:李贺在大白天见到一个穿着红色衣服的人,骑着一条红色的龙,手持板书,笑着对他说:"天帝新建了一座白玉楼,马上要召你上天作《记》。天上的差事很快乐,不辛苦。"李贺听了,一个人在那里哭,不大一会儿就死了。后来就以"玉楼受召""玉楼赴召"作为文人早死的婉辞。

犹龙紫气当前现

旋马清风奕世存

台湾屏东内埔乡李氏宗祠联。上联指老子,下联指北宋大臣李沆。

原本陇西神仙祖

派系唐朝帝王孙

台湾台北淡水镇忠寮里竹围子李氏祖厝联。

自唐及周,理官柱史遗恩远

由粤而蜀,祖德宗功沛泽长

四川成都东大街太平巷李氏宗祠联。

系出陇西,将相公侯光国史
宗开淮右,忠良孝友笃家风
安徽嘉山曹府山李氏宗祠联。

欲从学海问津,且把汉书终日读
莫谓凡夫难度,尚留道德五千言
安徽芜湖方村镇李氏宗祠联。

脉接盛唐,喜玉叶金枝,派衍绥江绵瓜瓞
源开有宋,幸龙章凤诰,多传岭表世簪缨
广东广宁古水镇李氏宗祠联。

张

图传百忍
鉴著千秋

上联指唐代张公艺。《旧唐书·孝友传》记载:郓州寿张县古贤村(今河南台前桥北张村)人张公艺,以"忍、孝"治家,九世同居,和睦相处。隋朝末年,曾救过李世民,李世民乘单骑到占据任城(今山东济宁)的徐圆朗军中刺探军情,不幸被围攻。李世民杀开一条血路逃走,来到寿张县张家庄时,因身负重伤,人困马乏,不幸马失前蹄,从独木桥上跌入水中。正带领几个青年在河岸边习武的张公艺,急忙叫人救起,扶到家中,为他治病养伤。李世民痊愈后,不便说明自己的身份就起程了,但他一直没忘张公艺的救命之恩,贞观年间,特赐亲书"义和广堂"金匾,派使臣前去旌表。

麟德年间,唐高宗偕同皇后武则天,带领文武百官到泰山封禅,归来路经寿张县访贤，当时张公艺已 88 岁高龄。当高宗问张公艺治家的方法时，张公艺索来纸笔，写了一百多个"忍"字，并详细说明了具体内容：父子不忍失慈孝，兄弟不忍外人欺，妯娌不忍闹分居，婆媳不忍失孝心……高宗听后备受感动，当即封张公艺为醉乡侯，并亲书"百忍义门"四个大字，又敕修百忍义门。

下联指唐代诗人、政治家张九龄。张九龄，一名博物，字子寿，韶州曲江（今广东韶关）人。唐代有名的贤相，颇受唐玄宗的赞赏。直到他被罢免后，玄宗还常常思念，遇到宰相荐士，总爱问："风度得如九龄否？"其时，唐朝虽处在全盛时期，但已隐伏着种种社会危机。张九龄针对社会弊端，提出以"王道"替代"霸道"的治政之道，强调保民育人，反对穷兵黩武；主张省刑罚，薄征徭，扶持农桑；坚持革新吏治，选贤任能，以德才兼备之士为地方官吏。他被后世誉为"开元之世清贞任宰相"的三杰之一。

唐玄宗寿诞时，百官多献珍异，张九龄独上"事鉴"十章，号称《千秋金鉴录》。对安禄山、李林甫等奸佞的所作所为，张九龄痛斥其非，并竭力挫败其阴谋。后来，受到李林甫排挤，被罢去宰相。不久，又因他荐举的监察御史周子谅弹劾牛仙客，触怒玄宗，以他"举非其人"，贬为荆州长史。张九龄死后，爆发了"安史之乱"，唐朝迅速从全盛走向没落。唐玄宗奔蜀，这才想到了张九龄的话："禄山狼子野心，有逆相，宜即事诛之，以绝后患。"（《新唐书·张九龄传》）玄宗痛悔不已，派使臣到曲江祭拜，并厚恤其家属。

紫光烛剑

黄石授书

上联指西晋大臣、文学家张华。张华字茂先，范阳方城（今河北固安）人，是汉高祖重要谋臣张良的后裔。少孤贫，曾以牧羊为生。晋武帝时，因力主伐吴有功，历任要职。惠帝时，因拒绝参加赵王司马伦的篡权阴谋，被司马伦及其同伙孙秀杀害。张华博学多闻，曾编撰《博物志》，分类记载异境奇物、古代琐闻杂事及神仙方术等，保存了不少古代神话资料。

"紫光烛剑"的典故，出自《晋书·张华传》："初，吴（东吴）之未灭也，斗牛之间常有紫气，道术者皆以吴方强盛，未可图也，惟华以为不然。及吴平之后，紫气愈明。"张华为搞清楚这个事情，还专门去请教善于观察和解释天象的豫章人雷焕。雷焕说："宝剑之气冲到天上去了。"又说剑在丰城县。于是，张华任雷焕为丰城令。雷焕到县后，果然掘得龙泉、太阿二剑。

下联指汉初大臣张良。张良，字子房，"汉初三杰"（张良、萧何、韩信）之一。刘邦曾赞道："运筹于帷幄之中，决胜于千里之外，子房功也。"

据《史记·留侯世家》记载，张良逃匿于下邳时，一天闲步桥头，遇到一个穿着粗布短袍的老翁。老翁故意把鞋脱落桥下，让张良给他捡回。张良捡回后，老翁又命令张良替他穿好。张良跪地照做。老人说："孺子可教矣！五日后再来！"

五日后，张良如约而来，老人已端坐桥上，怒曰："与老人约，为何误时？五日后再来！"五日后，张良又晚老人一步，老人又约五日。这次，张良半夜即守在桥上。老人见到他后，送他一本书，并说用此书可兴邦立国，并自言自己为谷城山下的黄石公。

天亮后，张良展书，原来是《太公兵法》。从此，张良日夜研习兵书，俯仰天下大事，终于成为一个深明韬略、文武兼备，足智多谋的"智囊"。

汉室金貂第

唐时玉燕家

上联说西汉大臣张安世。张安世字子儒，杜陵（今陕西西安东南）人，汉初大臣张汤之子。以父荫任为郎。汉武帝曾在巡视途中丢失了三箱书，问身边的人书中内容，谁都说不清，唯有张安世全都记得，便抄录了下来。后来又买到了那些书，经过校对，竟然分毫不差。"上奇其材，擢为尚书令，迁光禄大夫"。汉昭帝即位，拜右将军，以辅佐有功，封富平侯。昭帝死后，他与大将军霍光谋立宣帝有功，拜为大司马。

"金貂"，是皇帝左右侍臣的冠饰。从汉代开始，侍中、中常侍之冠，于武冠上加黄金珰，附蝉为文，貂尾为饰，常借称侍从贵臣。张安世自其父亲开始，到其子孙，尤其宣帝、元帝以后，"为侍中、中常侍、诸曹散骑、列校尉者凡十余人。功臣之世，唯有金氏（日磾）、张氏，亲近宠贵，比于外戚"。后世以"金张门第"称世代为官家族。

下联说唐代文学家、大臣张说。张说字道济，一字说之。原籍范阳（今河北涿州），世居河东（今山西永济），后迁居洛阳。武则天策贤良方正，张说年仅弱冠（20岁），对策第一，授太子校书，累官至凤阁舍人。后因忤旨流配钦州，中宗时被召还。睿宗朝同中书门下平章事（宰相）。玄宗开元初，因不附太平公主，罢知政事。再拜中书令，封燕国公。出为相州、岳州等地刺史，又召还为兵部尚书、同中书门下三品，迁中书令，至尚书左丞相。与苏颋（封许国公）齐名，都以文章出名，掌朝廷制诰著作，人称"燕许大手笔"。

"玉燕"，指玉燕投怀的传说。五代王仁裕的《开元天宝遗事·梦玉燕投怀》说："张说母梦有一玉燕自东南飞来，投入怀中，而有孕生说，果为宰相，其至贵之祥也。"后常作为贺人生子的祝颂语。

南轩负公辅之望

西铭为理学之宗

上联说的是南宋学者张栻。张栻字敬夫，号南轩，世称南轩先生。汉州绵竹（今属四川）人，后迁于衡阳（今属湖南）。南宋中兴名相张浚之子，著名理学家和教育家，湖湘学派集大成者。与朱熹、吕祖谦齐名，时称"东南三贤"。著有《南轩集》《南轩易说》《孟子说》《论语解》等。

张栻年轻时跟从胡宏（五峰）学习，胡以儒家论仁之旨教育他，于是更加奋发自励，以古代的圣贤自期，作《希颜录》以表达志向。曾创建善化（今长沙）城南书院，主持岳麓书院，并先后在宁乡道山、衡山南轩、湘潭碧泉等书院聚徒讲学，声名极一时之盛。政治上誓不与秦桧为全，烽主抗金。

"公辅"，古代的三公、四辅都是天子的重要辅佐，借指宰相一类的大臣。

下联说的是北宋哲学家张载。张载字子厚，凤翔郿县（今陕西眉县）横渠镇人，世称横渠先生。理学创始人之一（理学支脉"关学"创始人）。"少喜谈兵"，后在范仲淹鼓励下攻读《中庸》。经过十多年的攻读，终于悟出了儒、佛、道互补、互相联系的道理,逐渐建立起自己的学说体系。

张载先后在今河北、陕西、甘肃等地做地方官。辞官回到横渠后,整日讲学读书,"俯而读,仰而思。有得则识之,或半夜坐起,取烛以书"。在这期间,他写下了大量著作,对自己一生的学术成就进行了总结。为了训诫学者,他作《砭愚》《订顽》训辞(即《东铭》《西铭》),书于大门两侧。

功成百雉留怀远
泽溥三农乐凤翔(张溶川)
安徽定远池河镇张氏宗祠联。

鲲岛累迁昭祀典
清河长出尚高风
台湾嘉义溪口乡张氏宗祠联。

报国精忠,赫赫英灵光俎豆
传家至孝,绵绵世德衍蒸尝
浙江天台张氏宗祠(祀南宋民族英雄张世杰)联。

光天化日,汰奢从约,忻逢谱牒重修整
清风明月,因陋就简,庆幸祖祠换新装
福建宁化石碧村张氏家庙联。

为创业守成人,都须处处关心吾辈,可禀斯言,方可期荣宗耀祖
理读书耕稼事,总要时时立志尔曹,能遵此意,便堪称肖子贤孙
广东丰顺建桥围张氏宗祠荣封第堂联。

得姓由轩辕,大而一人,铭垂二篇,扶汉三杰,功高四相,敕封五虎,博物六志,

貂冠七叶,犹是清河族派

宗功昭世德,位列八仙,鼎甲九成,平兴十策,书字百忍,金鉴千秋,青钱万选,道陵亿尊,依然文献宗支

江西上犹张氏宗祠联。联内提到的名人有挥公、张良、张飞、张九龄、张道陵(张天师)、张公艺等。

刘

术通象纬

药采天台

上联指明朝开国功臣,明初政治家、军事家和文学家刘基。刘基字伯温,晚年号犁眉公,浙江青田人。元至顺年间进士,开始步入仕途。至正年间,接受朱元璋的邀请,成为参赞军务的谋士,为明王朝的建立和发展立下汗马功劳。他为人刚直,胆识过人,民间有"上有诸葛孔明,下有刘基伯温"的称誉。

刘基的运筹帷幄、神机妙算,不仅使同僚下属钦佩不已,也博得了朱元璋的信任与尊敬。朱元璋将他比做汉代谋臣张良,尊称他为"老先生"而不呼其名,经常和他一起商量军政大事,有时遇有重大决策,仅召他一人进密室相议。母亲去世后,刘基要告假回乡奔丧,朱元璋舍不得他离开,婉言挽留而不准假。后来勉强准了,但不时写信到他老家青田请教军政大计,刘基详细分析答复,总使朱元璋非常满意。尽管如此,朱元璋还是提前召他回来。见人主如此诚意待己,刘基也以朱元璋为不世之遇的伯乐,悉心辅佐,为朱氏大明王朝的建立做出了不可磨灭的贡献。刘基博通经史,尤其精象纬(象数谶纬)之术。著作有《郁离子》等。

下联指东汉剡县人刘晨的传说。据南朝宋刘义庆《幽明录》载,汉明帝永平年间,剡县(今浙江嵊州西南)人刘晨、阮肇共入天台山取榖皮(楮树的皮,其纤维可织布,也可做纸浆),迷路不得返家。后遇两位仙女,邀请他们到家中,吃胡麻饭,睡前行夫妇之礼。半年后,两人回家,子孙已到七世。

阮嵇作友

丰沛发祥

上联说的是魏晋时"竹林七贤"之一的刘伶。刘伶字伯伦,沛国(今安徽宿州)人。曾任建威参军。晋武帝泰始初年,对朝廷策问,刘伶强调无为而治,因此被罢免。刘伶平生嗜酒,曾作《酒德颂》,宣扬老庄思想和纵酒放诞的情趣,对传统的"礼法"表示蔑视。与阮籍、嵇康相支吾。

下联说的是西汉高祖刘邦。刘邦,字季(一说小名刘季),沛郡丰邑(今江苏丰县)人。秦朝时候,曾做过泗水亭长(管理方圆十里的地方官)。后定国号为"汉",定都洛阳,后迁都长安(今陕西西安)。史称"西汉"。

雕龙名著

殿虎英风

上联指南朝梁文学理论家、批评家刘勰。刘勰字彦和,祖籍在今山东莒县东莞镇。刘勰早年家境贫寒,笃志好学,终生未娶,曾寄居江苏镇江,在钟山的南定林寺里,研读佛教及儒家经典。曾任县令、步兵校尉、宫中通事舍人等,颇有清名。32岁时开始写《文心雕龙》,历时五年,终于完成了我国历史上最早的文学评论巨著。刘勰虽任多个官职,但其名不以官显,却以文彰,一部《文心雕龙》奠定了他在中国文学史和文学批评史上不可或缺的重要地位。

下联指北宋学者刘安世。刘安世,字器之,号读易老人,学者称元城先生,魏(今河北大名西北)人。刘安世为官正色刚毅,弹劾无所顾忌,号称"殿上虎"。刚正之气洋溢于笔墨间,读之令人感慨,宋人王铚评论他的奏疏说,凡事都有根据,严而宽恕,简而不苟,口气平和,"皇皇乎仁义之说也"。费衮也称赞其《过阙谢表》用事精当,下字工巧,而"气节凛凛如严霜烈日不可犯"。其诗存世不多,大都如其文,议论精警,栩栩有生气。著有《元城集》《尽言集》等,另有马永卿所编《元城先生语录》。

三章早沛秦川雨

五夜长名书室灯

上联指汉高祖刘邦。《史记·高祖本纪》载,刘邦当年率先至灞上,"秦王子婴素车白马,系颈以组,封皇帝玺符节,降轵道旁"。有人建议杀了秦王。刘邦说:"怀王遣我入关,就是因为我能宽容;并且人家已经降服,再杀了他,不祥。"西入咸阳后,刘邦听从樊哙、张良之谏,不入住宫殿,封其重宝财物府库,还军灞上。召诸县父老豪杰说:"父老苦秦苛法久矣,诽谤者族,偶语者弃市。吾与诸侯约,先入关者王之,吾当王关中。与父老约,法三章耳:杀人者死,伤人及盗抵罪……凡吾所以来,为父老除害,非有所侵暴,无恐!"并宣布以往的秦法一律废除,各地一般吏员照常工作。于是,他很快就得到了饱受苦难的当地人民的拥护,"秦人大喜",纷纷送来牛羊酒食犒劳军士。刘邦又辞谢不受,秦人更喜,唯恐他不为王。

下联指西汉经学家、目录学家、文学家刘向。刘向,又名更生,字子政,沛县(今属江苏)人。宣帝时任谏大夫,元帝时任宗正。因反对宦官弘恭、石显先后两次下狱,被免为庶人。成帝即位后,任光禄大夫,改名为"向",官至中垒校尉。曾奉命领校秘书,所撰《别录》,为我国目录学之祖。

据晋代王嘉的《拾遗记·后汉》载,刘向在汉成帝时受命在皇家图书馆和档案馆天禄阁校刊"五经"和各种秘籍。一天夜里,他正在暗中默诵经书,忽有一个黄衣老人,手持青藜手杖,叩门进来,吹燃藜杖,为他点燃火烛照明,又取出《五行洪范》之文、天文舆图之牒授予他。刘向问老人姓名,老人说:"吾乃太乙之精,天帝悯卯金(劉,刘的繁体字)之子,特派我来传道给你。"相传正是因为有此神授,刘向才终于成为一代经学大师。

一门五都督

三科两状元

江苏姜堰旧城刘氏宗祠联。桥头镇孙家庄刘家,明、清五百年间武功显赫:刘福春为明苏州卫指挥使,永乐时迁居姜堰;刘应祚为顺治时武进士;刘卜师为康熙时武进士;刘梦鳌为乾隆时武举人;刘梦金为乾隆时武传胪,曾任参将、台湾总镇;刘维馨为乾隆时武进士,曾任参将、协镇。乾隆时,有刘荣庆、刘国庆兄弟两状元。

一等人忠臣孝子

二件事耕田读书

台湾屏东万峦乡五沟水刘氏宗祠联。

万卷珠玑朝汉室

一天星斗照彭城

广东南雄梅岭山珠玑巷刘氏宗祠联。

敷政南阳,太守蒲鞭示辱

校书无禄,老人蔡杖炊光

福建漳浦霞美镇刘坂村刘氏宗祠"思敬堂"联。上联指刘宽,下联指刘向。

禄阁校书,蔡焰照十行之简

玄都种树,桃花赋千植之诗

四川云阳刘氏宗祠联。上联指西汉刘向,下联指唐代文学家刘禹锡。

敦本本自踪,须向祖宗绵旧德

步云云有路,好从诗礼问前程(刘定逌)

广西武鸣葛阳镇刘氏宗祠联。

流环章贡,秀峙崆峒,幸山川别开生面

世衍俊宗,家诒顾及,大门第赖有传人

江西赣州虔城藕塘里刘家祠堂联。

系出临明,溯天禄石渠,代有人文光祖德

族隆桃水,看朱霞白鹤,于今伟望缵家声

河北阜城刘氏宗祠联。

陈

元龙豪气

华岳希夷

上联说的是东汉末下邳人陈登。陈登字元龙，下邳（今江苏邳州）人。性格桀
骜不驯，学识渊博，智谋过人。25岁时举孝廉，任东阳（今江苏金湖西）县长。虽然
年轻，但他能够体察民情，抚弱育孤，深得百姓敬重。后来，徐州牧陶谦举荐他为典
农校尉，主管一州农业生产。他亲自考察徐州的土壤状况，开发水利，发展农田灌
溉，使汉末迭遭破坏的徐州农业得到一定程度的恢复，百姓们安居乐业，"秔稻丰
积"。

兴平初年，陶谦病死，刘备继任徐州牧。建安初，吕布赶走刘备，袭夺徐州，自
称徐州牧。陈登在名义上改属吕布，但对吕布的为人深恶痛绝。不久，陈登及其父
陈圭设法解除了吕布与淮南袁术之间的联姻，削弱了吕布的力量。随后，陈登出使
许都，向曹操面陈破吕布之计，深得曹操嘉许，被任命为广陵（今江苏扬州北）太
守。明赏罚，重威治，使广陵松弛的吏治为之一振。同时，陈登很注意安抚民众，发
展生产，不到一年，便使广陵呈现出欣欣向荣的气象。百姓深服陈登，对他既敬畏
又拥戴。

曹操进剿吕布时，陈登事先获知消息，由广陵出发，亲率精兵为曹操先驱，围吕
布于下邳。吕布亡后，陈登因特殊功勋进封伏波将军，仍为广陵太守，后任东郡（今
河南濮阳南）太守。刘备曾这样评价陈登："像元龙这样文武兼备、胆识超群的俊
杰，只能在古代寻求。当今芸芸众生，恐怕很难有人及其项背了。"

.下联说的是五代末、宋初著名道教学者陈抟。陈抟字图南，自号扶摇子，赐号
"希夷先生"，亳州真源（今安徽亳州）人。他继承汉代以来的象数学传统，并把黄
老的清静无为思想、道教修炼方术和儒家修养、佛教禅观汇归一流，对宋代理学有
较大影响。后人称其为"陈抟老祖""睡仙"等。

陈抟少年时,好读经史百家之书,过目成诵,又有诗名。五代后唐长兴年间,举进士不第,遂不求仕进,从后晋至后周,娱情山水。曾入武当山隐居,服气辟谷,仅每日饮酒数杯。后晋天福年间曾入蜀,在邛州天师观学睡功"锁鼻术"。魏泰说他"或一睡三年"。后移居华山云台观,又止于少华石室。"每寝处,多百余日不起"。

名高七彦

才擅六奇

上联指东汉末名士、文学家、檄赋家陈琳。陈琳字孔璋,徐州广陵射阳(今江苏淮安一带)人。陈琳原为何进的主簿。何进要尽诛宦官,便召集四方猛将,使他们引兵向京城,以恐吓庇护宦官的太后。陈琳认为,此计有百害而无利,向何进劝谏,然而何进不肯纳其言,最终取祸。于是,陈琳避难于冀州,袁绍使其掌典文章之事。建安年间,袁绍伐许都,向曹操宣战,使陈琳作檄以告天下,声讨曹操之罪,说曹操为人没有德行,不堪依附,劝刘备归于袁绍。相传曹操当时正苦于头风,病发在床,因卧读陈琳檄文,竟惊出一身冷汗,愤然而起,头风顿愈。

袁氏败亡后,陈琳被擒见曹操。曹操责他作檄文时辱其父祖,陈琳表示谢罪,众人请曹操杀了他,然而曹操爱怜其才,赦之不咎,命为从事。后来,陈琳又与王粲等文士于铜雀台上献赋,颂曹操之德。对于陈琳的作品,作为"建安文学"代表人物的曹操,有时竟不能为之增减一字。有《陈记室集》。

下联指西汉王朝的开国功臣陈平。陈平,阳武(今河南原阳东南)人。汉高祖刘邦的重要谋士。刘邦困守荥阳时,陈平建议捐金数万斤,离间项羽群臣,使项羽的重要谋士范增忧愤病死。后又对逮捕韩信、解匈奴之围等多次提出重要建议,都被采纳。因功先后受封为户牖侯和曲逆侯。"六奇",指陈平先后为刘邦六出奇计。

门悬徐子榻

家有太丘书

上联指东汉大臣、名士陈蕃。陈蕃字仲举,汝南郡平舆(今属河南)人。其祖父曾任河东太守。到了陈蕃这一代,家道已经中落。陈蕃15岁时,曾经独处一个庭院习读诗书。一天,父亲的一位老朋友薛勤来看他,看到院里杂草丛生、秽物满地,就对陈蕃说:"孺子何不洒扫以待宾客?"陈蕃回答:"大丈夫处世,当扫除天下,安事一室乎!"这回答让薛勤暗自吃惊,知道此人虽年少却胸怀大志。感悟之余,劝道:"一屋不扫,何以扫天下?"以激励他从小事、从身边事做起。

陈蕃生性耿直,不喜欢应酬,更不招待宾客,然而,只有对他的学者朋友徐稚例外。陈蕃任豫章太守时,曾请徐稚出来做事。徐稚每次过来,两人相谈甚欢,忘了时间。为此,陈蕃特意给徐稚准备了一张卧榻,让他留下过夜。等徐一走,就把卧榻悬挂起来。

下联指东汉名士颍川人陈寔。陈寔字仲弓,颍川许(今河南长葛)人。年轻时曾任督邮、亭长、功曹、闻喜长,再迁太丘长。灵帝初年,大将军窦武辟为掾属,后因"党锢之祸"自请入狱,为的是免得别人受连累。遇赦后,退隐故里。因他平心率物,乡人有争讼,往往求他来评判。岁荒时,有盗贼来他家,伏在梁上,陈寔发现后,呼子孙过来说:"不善之人,未必本恶,习与性成,梁上君子是也。"盗贼投地服罪,他反而予以财物,盗贼感激涕零而去,发誓洗心革面,以报陈公之德。"梁上君子"的典故即出于此。

陈寔84岁去世时,"海内赴吊者三万余人,制缞麻者以百数",并刻石立碑,谥"文范先生(文为德表,范为士则)"。后在许昌建太丘祠专祀。

张楚开新纪

文佳第一人

上联指秦末农民起义领袖陈胜。陈胜字涉,阳城(今河南登封)人,早年为人佣耕,很有志气。曾对一起耕田的伙伴们说:"苟富贵,勿相忘。"遭到伙伴们的嘲笑,陈胜叹息道:"燕雀安知鸿鹄之志哉!"

秦二世即位初,朝廷大举征兵去戍守渔阳(今北京密云西南),陈胜也在征发之列。当行至蕲县大泽乡(今安徽宿州)时,遇到连天大雨,道路被洪水阻断,无法通行。但按照当时的法律规定,不按时到达指定地点者,要一律处斩。在生死存亡的危急关头,陈胜毅然决定谋划起义。是夜,陈胜悄悄与吴广商议,得到吴广的支持。

陈胜率领起义队伍打下陈县后，召集当地三老(秦朝在基层设置的负责教化的官)和豪杰共商大计。这些人也都亲历了秦朝暴政，特别是看到了陈胜的起义军短短一个月就连克数县，对陈胜也十分敬重，纷纷建议陈胜称王。陈胜思虑再三，遂以陈县为都城，国号为"张楚"(即张大楚国之意)，建立了中国历史上第一个农民革命政权。

下联指唐代农民起义女首领陈硕真，号"文佳皇帝"。陈硕真，唐代睦州雉山梓桐(今浙江淳安梓桐镇)人，早年丧夫，是唐朝永徽四年(653)起义军的女首领。

陈硕真的家乡物产十分丰富，因此统治者对其格外"关注"，搜刮无度，索取百端，百姓负担十分沉重，小规模的反抗时有发生。正直美丽的陈硕真作为当时一个民间秘密宗教的女教主，不忍见乡亲们长期受官府的压榨和迫害，明知敌众我寡，胜算难料，还是毅然率众起义。

陈硕真曾两次落入官府手中。第一次是在起义的准备阶段，因为她到处传教，地方官有所察觉，下令逮捕陈硕真。为了避免打草惊蛇，她顾全大局，没有反抗。地方官抓到陈硕真后开始审讯她，得不到口供，又拿不出证据，加上她的教徒们多方设法营救，十多天后被迫将她释放。陈硕真出狱后，大力宣传教义。民间信仰她的人越来越多，她的事迹越传越神，以至起兵后人们传说她有神力，敢挡其大军者必被鬼神报复，遭灭门之祸。

第二次则是在强大的官军围攻下，因叛徒出卖不幸被俘。当局早就对这位33岁美艳绝伦的反叛女首领恨之入骨，将她视为万恶不赦的女妖。陈硕真落入敌手后受尽凌虐，尝遍了种种酷刑，终被折磨致死。

陈硕真领导的这次起义，人数不过数万，地域只涉及浙皖交界处的几个州，为时不足两个月就被朝廷镇压，官方史料的记载也相当简略。在风声鹤唳、强敌如林的情况下，陈硕真敢于自称"文佳皇帝"，建立政权，表现出大无畏的革命英雄主义精神。这不仅在中国历史上领导起义的女英雄中是独一无二的，而且比中国历史上唯一的女皇帝武则天称帝的时间也要早了几十年。

奎府聚五星,地符人瑞
漳州开二阁,名冠皇唐
台北陈氏大宗祠联。

义聚三千余人,世间第一
居同五百多载,天下无双
江州义门陈氏宗祠联。

文德高风世泽长,名标七子
武功佐汉源流远,计出六奇
安徽长丰陶家楼陈氏宗祠联。

箕裘全子,袍笏文孙,颍川郡凤毛世胄
南国旌旄,东宫衣钵,李唐时虎拜龙庭
台湾台北全台陈氏宗祠联。

坐丹山或松或柏,万叶千枝不外本根所出
观剑水是泾是渭,上流下递总由原绪而分
福建南平樟湖坂(原名漳湖坂)陈氏宗祠联。

阀阅焕牂牁,争夸奶水长流,弓冶箕裘绵百世
祠堂邻宝秀,更喜瑞湖在望,波光山色满一门(陈鹤亭)
云南石屏郑营村(原名普胜村)陈氏宗祠联。

数十世避乱侨居,凤粤发祥,美者蕃肯构肯堂,黎阁家声光自晋
三百年创业垂统,莺迁衍庆,喜此日美轮美奂,棠江庙貌著维新
福建福安甘棠堡陈氏宗祠联。

杨

才称敏捷

世济经纶

上联指汉末文学家杨修。杨修字德祖,弘农华阴(今陕西华阴东)人。东汉建安年间举为孝廉,任郎中,后为汉相曹操主簿。被曹操杀害,年仅 44 岁。杨氏家世为东汉名门,杨修因为家学渊源而人又聪慧,所以当时就颇有声名。

南朝宋刘义庆《世说新语·捷悟》载有杨修的几个故事:曹操要建造相国府的大门,刚刚架好门楣,曹操过来观看,什么也没说,只派人在门上写了一个"活"字就离开了。杨修看到后,便下令拆了重建,完工以后,他才解释说:"门中一个'活'字,就是宽阔的'阔'字,丞相是嫌门太宽大了。"曹操见到改造后的园门,表面非常高兴,还称赞杨修,心里却嫉恨他的才华。

有人送给曹操一些奶酪,他吃了一点后,在盖子上写了个"合"字让众人看,大家都不解其意。传到杨修面前时,杨修打开就吃了一口,然后说:"曹公是让大家一人一口,这还有什么值得怀疑的呢?"

罗贯中在《三国演义》中评论道:"杨修为人恃才放旷,数犯曹操之忌。"但据《三国志》和《后汉书》的记载,曹操杀杨修,主要还是政治上的原因。

下联指明代大臣杨士奇。杨士奇名寓,字士奇,号东里,江西泰和人。与杨荣、杨溥、并称"三杨"。因其居地所处,时人称杨士奇为"西杨"。曾监撰《明太宗实录》《明仁宗实录》《明宣宗实录》。著有《周易直指》《三朝圣谕录》《东里集》等。

四家称秀

三喜同时

上联指南宋杰出诗人杨万里。杨万里字廷秀,号诚斋,吉州吉水(今江西吉水)人。绍兴年间进士,历任赣州司户、永州零陵县丞。淳熙年间,出知漳州、常州。召还为吏部员外郎,升郎中。曾上书论时政十事,劝谏孝宗暂且放置不急之务,精心准备御敌之策，坚决反对一些人提出的放弃两淮、退保长江的误国建议，主张选用人才，积极备战。后任枢密院检详官兼太子侍读，迁秘书少监。高宗崩，万里因力争张浚当配享庙祀事，指斥洪迈"指鹿为马"，惹恼了孝宗，出知筠州（今江西高安）。光宗即位，召为秘书监，又出为江东转运副使。朝廷欲在江南诸郡行铁钱，杨万里以为不便民，拒不奉诏，忤宰相之意，改知赣州。他见自己的抱负无法施展，遂不赴任，乞归，从此不再出仕，朝命几次召他赴京，均辞而不就。开禧初年，因痛恨韩侂胄弄权误国，忧愤而死。

杨万里的诗与陆游、范成大、尤袤齐名，称"中兴四大家"。其诗风格纯朴，语言口语化，构思新巧，号为"诚斋体"。

下联指唐代文学家杨敬之。杨敬之字茂孝，虢州弘农（今河南灵宝）人。唐宪宗元和初年登进士第，累迁屯田、户部二郎中。受李宗闵党牵连，贬连州刺史。唐文宗时，崇尚儒术，任杨敬之为国子祭酒，又兼太常少卿。就在这一天，两个儿子杨戎、杨戴同时登科，当时被称为"杨家三喜"。

摘星见志

立雪表恭

上联指北宋文学家、"西昆体"诗歌主要作家杨亿。杨亿字大年，建州浦城（今属福建浦城）人。淳化年间赐进士，曾任翰林学士兼史馆修撰，官至工部侍郎。性情耿介，崇尚气节。支持丞相寇凖抵抗辽兵入侵。又反对宋真宗大兴土木，求仙祀神的迷信活动。

杨亿博览强记，尤其长于典章制度。曾参与修《太宗实录》，主修《册府元龟》。他在史馆修书时，曾与钱惟演、刘筠等人唱和。他将唱和诗编为《西昆酬唱集》。集内诗歌重雕琢用典，铺陈辞藻，讲究声律，被称为"西昆体"，在宋初诗坛上影响颇大。

"摘星"，见杨亿《登楼》诗："危楼高百尺，手可摘星辰。不敢高声语，恐惊天上人。"一说，此诗为唐代李白的《夜宿山寺》。

下联指北宋学者杨时。杨时字中立，学者称龟山先生，南剑将乐（今属福建）

人。熙宁年间进士,被授予汀州司户参军,他以病为由没有赴任,专心研究理学,著《列子解》。

29岁那年,杨时前往河南颍昌,拜程颢为师。学成回归时,程颢目送他远去,曾感慨地说:"吾道南矣!"元祐年间,杨时又投于程颢的弟弟程颐门下,到洛阳伊川书院学习。那时,杨时已40多岁,而且他对理学已有相当造诣。但是,他仍然谦虚谨慎,不骄不躁,勤奋好学。他与游酢"程门立雪"的故事成为尊师重道的佳话。《宋史·杨时传》记载:"一日见颐,颐偶瞑坐,时与游酢侍立不去。颐既觉,则门外雪深一尺矣。"

四知清操惭贪吏
千古文坛重草玄

上联指东汉杨震。杨震字伯起,东汉弘农华阴(今陕西潼关)人。他拜桓郁为师,深入钻研《欧阳尚书》。在桓郁的教授下,他通晓经传,对各种学问无不深钻细研。

从20岁起,杨震在家乡办学30多年。大将军邓骘十分敬重杨震的学识、贤名和品行,亲自派人征召他到自己幕府任职。这时,杨震年已五旬,到邓骘幕府不久,又被推举为"茂才",出任地方官。汉安帝时,由涿郡太守入朝任九卿之一的太仆,转太常,直至太尉,掌管朝廷军事大权。

杨震为官清廉,不谋私利,始终以"清白吏"为座右铭,严格要求自己,"不受私谒"。杨震在由荆州刺史调任东莱太守赴任途中,路经昌邑(今山东巨野县东南)时,昌邑县令王密是他在任荆州刺史时提拔起来的官员,听说杨震途经本地,为了报答杨震的恩情,特备黄金十斤,于白天谒见后,又乘更深夜静无人之机,将黄金送给杨震。杨震不但不接受,还批评了他。杨震"暮夜却金"的事影响很大,后人因此称杨震为"四知先生"。

下联指西汉学者、文学家扬雄。扬雄,一作"杨雄",字子云,西汉蜀郡成都人。少年时好学,博览多识,极擅辞赋,因口吃不善言谈而好深思。家贫,但不慕富贵。40岁后到京城长安,被推荐为待诏。后经蜀人杨庄的引荐,被喜爱辞赋的成帝召入宫廷,侍从祭祀游猎,任给事黄门郎。一直以很低微的官职,历成、哀、平"三世不徙官"。王莽称帝后,扬雄校书于天禄阁。后受他人牵累,坠阁自杀,未死。后召为大夫。

扬雄一生悉心著述,除辞赋外,又仿《论语》作《法言》,仿《周易》作《太玄》,表述他对社会、政治、哲学等方面的思想,在思想史上有一定价值。另有语言学著作《方言》等。在辞赋方面,他最服膺司马相如,"每作赋,常拟之以为式"(《汉书·扬雄传》)。后世有"扬马"之称。

扬雄曾在成都闭门著书,写作《太玄》,"草玄堂"因而得名。扬雄在《解嘲》里,高自标榜,说自己闭门草《玄》,阐明圣贤之道,无意于富贵功名。

三相贤名齐凤阙
千金诗价重钟山(周师廉)
浙江诸暨金堂村杨氏宗祠联。上联指明代杨士奇、杨荣、杨溥三位宰相;下联指明代诸暨人杨廉夫,太祖朱元璋曾称赞他的《钟山》诗"值千金"。

祖德恢弘,恪守鳣堂旧则
孙枝繁衍,别开鸠水名门(奚鹤琴)
安徽芜湖杨家渡杨氏宗祠联。

关西孔夫子,英雄人物宗风范
北宋杨家将,文武衣冠祖庙光
江西上犹杨氏宗祠联。

忍人让人莫去害人,行一片公道增福增寿
修己克己安分守己,存半点天理积子积孙
广东兴宁大坪镇布路村杨氏宗祠联。

黄

教化第一

孝友无双

上联指西汉黄霸。黄霸,字次公,淮阳阳夏(今河南太康)人。少年时学律令。武帝末年选为侍郎谒者,历河南太守丞。当时官吏十分严酷,唯独黄霸以宽和知名。宣帝时为廷尉王、扬州刺史、颍川太守。后官至御史大夫、丞相,封建成侯。

黄霸为政外宽内明,力劝耕桑,推行教化,为当时第一,得到了官吏和百姓的交口称赞。后世将他与龚遂作为"循吏"的代表,并称为"龚黄"。

下联指东汉孝子黄香。黄香字文强,江夏安陆(今属湖北)人。9岁时,母亲去世,他思念母亲面容憔悴,一直在守丧,乡里人都称赞他特别孝顺。京城人称赞他是"天下无双,江夏黄童"。初为官,被授予郎中。和帝时官至尚书令,勤于政务,并举荐了不少人才;延平初年,官魏郡太守。当时遭水灾,他拿出俸禄及所得赏赐来赈济灾民。

相传黄香在母亲去世后,对父亲格外孝敬,夏天将床枕扇凉,冬天用身体把被褥温暖后,才让父亲安睡。旧传元代郭守正辑成《二十四孝》一书,作为行孝的楷模,黄香名列其中。

飘飘意气

汪汪澄波

上联指北宋书法家、书学理论家黄伯思。黄伯思字长睿,别字霄宾,号云林子,邵武(今属福建)人。黄伯思身体瘦弱,"风韵洒落,飘飘有凌云意"。自幼警敏,日诵书千余言。常听祖父讲经史,并且都能记住。曾经在梦中见孔雀集于庭院,醒来后写了一篇赋,辞藻华丽。后入太学,成绩总是很优异。元符年间进士及第,任磁州司法参军、通州司户、河南府户曹参军,后为《九域图志》编修官,累迁秘书郎。

黄伯思好古文奇字,当时公卿家里所收藏的商、周、秦、汉彝器款识,他都能辨正是非,道其本末,遂以古文出名。又善书法,篆、隶、正、行、草、章草、飞白皆至妙绝,人们能得到他的一封信,都会珍藏起来。

下联指东汉黄宪。黄宪字叔度,慎阳(今河南正阳)人。世代贫贱,父亲为牛医,而宪以学行见重于时。14岁时,颍川名士荀淑在路上遇到他,和他谈起话来,"移日不能去,以之为师表,称之为颜子"。同郡的戴良才高倨傲,但见了黄宪,茫然若有失,自愧不及。名士陈蕃曾说:"时月之间不见黄生,则鄙吝之萌复存于心。"陈蕃后来做到三公,临朝还叹道:"叔度若在,吾不敢先佩印绶矣。"郭太守称他"汪汪若干顷波,澄之不清,淆之不浊,不可量也"。初举孝廉,又辟公府(古代官署名,三公即太尉、司徒、司空的官署,属中央一级的机构),但他刚到京师就返回了家,竟然不去上任,天下号称"征君"(即征士,指不接受朝廷征聘的隐士)。

宋代奎章学士

中华开国元勋

广东饶平黄氏老大宗祠联。

上联指五代时黄峭。黄峭字峭山,又名岳,字仁静,号青岗,后裔尊称为峭公或峭山公,生于唐代末年,自幼沉宏而有智略。唐末昭宗时期,宦官擅权,四镇骚动,洪水蝗灾相继发生,处处闹灾荒,而百姓却未能得到赈济,以致游民沦为"寇盗",天下大乱。20岁的黄峭山,毅然拿出自己的财物,赈济灾民,且以儒生胆识,招募丁壮组成义旅,平定动乱。陇西郡王李克用,高举平乱辅唐旗帜,见黄峭有干济之才,举荐为千夫长。王行瑜、李茂贞、韩建三藩镇侵犯京都长安时,朝廷告急。李克用请兵讨伐,峭公内佐机谋,外参戎政,攻克邠州,杀掉王行瑜。乾宁年间,李茂贞叛军迫近长安,昭宗出走华州。李克用发兵入援,峭公勤王有功,授工部侍郎。

朱温灭唐后,峭公归隐山林。耳闻目睹唐末五代臣杀君、子弑父,政局动荡,军阀混战,凶荒之年人相食,山河破碎,民不聊生的惨状,遂无意仕途,韬光养晦,并告诫诸子不要昧时而躁进。他回乡创办和平书院,敦聘鸿儒名师,培养人才。后周时去世。北宋初,追赐工部、刑部尚书,太子少保。其后人播迁,他被认为是今广东饶平黄氏始祖。

下联指资产阶级民主革命家黄兴。黄兴原名轸，字廑午，号杞园，又号克强，后改名兴，湖南善化（今长沙）人。1902年赴日留学，并参与创办《湖南游学译编》杂志，组织"湖南编译社"，介绍西方科学文化。归国后，在长沙任教于明德、修业等学堂，暗中进行反清革命活动，于1903年邀陈天华、宋教仁、张继、刘揆一、章行严等20余人筹备秘密成立革命团体华兴会，后被选为会长。他提出在湖南首先发难，争取各省响应的方略，并

黄兴

决定从联络军、学两界和会党人手，准备在慈禧太后70岁生辰时起义。不料事情泄漏，黄兴等人被迫流亡日本。1905年8月同盟会成立，被选为庶务（相当于协理），成为同盟会中仅次于孙中山的重要领袖。

回国后，多次参与或指挥南方的起义。1911年10月10日武昌起义爆发，黄兴于28日赶到武汉，被任命为革命军战时总司令。

名流惊世诗书士

技艺超人纺织娘

上联指北宋文学家、书法家黄庭坚。黄庭坚，字鲁直，自号山谷道人，晚号涪翁，洪州分宁（今江西修水）人。英宗治平年间进士，历官叶县尉、北京国子监教授、秘书丞、涪州别驾等。

黄庭坚擅文章、能诗词，尤工书法。早年受知于苏轼，与张耒、晁补之、秦观并称"苏门四学士"。诗与苏轼并称"苏黄"，有《豫章黄先生文集》。词与秦观齐名，词风流宕豪迈，较接近苏轼，为"江西诗派"之祖。书法精妙，与苏轼、米芾、蔡襄并称"宋四家"。

下联指元代女纺织家黄道婆。黄道婆又称黄婆，生于南宋末年，松江府乌泥泾镇（今上海徐汇区东湾村）人。出身于贫苦农民家庭，十二三岁就被卖给人家当童

国学经典文库

中华姓氏文化

·姓氏名联·

图文珍藏版

910

养媳。后逃出家门，躲在一条停泊在黄浦江边的海船上，随船到了海南岛的崖州。淳朴热情的黎族同胞十分同情黄道婆的不幸遭遇，接受了她，并把他们的纺织技术毫无保留地传授给她。当时黎族人民生产的黎单、黎饰、鞍塔闻名内外，棉纺织技术比较先进。黄道婆聪明勤奋，虚心向黎族同胞学习纺织技术，并且融合黎汉两族人民的纺织技术的长处，逐渐成为一个出色的纺织能手，在当地大受欢迎，和黎族人民结下了深厚的情谊。

在黎族地区生活了近 30 年后，黄道婆于元朝元贞年间返回故乡。回来后，她毫无保留地把自己精湛的织造技术传授给故乡人民。一边教家乡妇女学会黎族的棉纺织技术，一边又着手改革出一套赶、弹、纺、织的工具。当时乌泥泾出产的被、褥、带、蜕等棉织物，上有折枝、团凤、棋局、字样等各种美丽的图案，鲜艳如画。这些纺织品远销各地，很受欢迎，淞江一带就成为全国的棉织业中心，历几百年而不衰。

祖籍当年垂瑶岭
后人千载仰高山
河南鲁山赵村乡牛领石黄氏联。

水源深，江夏颍川光俎豆
土德旺，石公山谷荐馨香
四川三台黄氏宗祠联。

发迹江西，不愧武成世业
播迁湖北，丕振山谷家风
湖北秭归乐平里黄氏宗祠联。

览汪洋千顷波光，有令后人怀叔度
瞻孝友一门德化，无双天下颂文强（黄问崖）

安徽枞阳黄家山黄氏宗祠联。

黄子炎孙,孝友一堂,赫赫矣紫云百姓

宗功祖德,蒸尝万古,巍巍乎佳里宗祠(黄朝琴)

台湾台南黄氏家庙"崇荣堂"联。

湘水绍家声,肯构肯堂,位叶乾坤钟地脉

颍川传世泽,善继善述,序分昭穆振人文

广东深圳龙田黄氏祖公堂联。

世泽浚源长,孝友无双,千秋俎豆昭前列

家声遗韵远,文章第一,百代衣冠推后贤

湖北江夏黄氏大宗祠"江夏堂"联。

思当年寨寨王臣节烈,永成千古事

幸此日绵绵葛藟本根,同庇一家春(黄刚发等)

广东南海学正黄氏"永享堂"联。

念祖父勤劳,若作室、若稽田,燕子诒孙,总廑绸缪于风雨

维桑梓恭敬,如临深、如履薄,服畴食德,感忘陟降在庭阶

湖南宁乡箭楼黄氏祠堂联。

孙

名高吴国
威振齐邦

上联指春秋末著名军事家孙武。孙武,字长卿,后人尊称为孙子、孙武子。齐国人。当时的齐国,内部矛盾重重,危机四伏。孙武对这种内部斗争极其反感,不愿纠缠其中,萌发了远奔他乡、另谋出路,施展自己才能的念头。大约18岁的时候,他毅然离开齐国,长途跋涉,投奔吴国。

孙武来到吴国后,隐居在吴都郊外,一边灌园耕种,一边写作兵法,终于写成了13篇兵法。

　　经伍子胥推荐,孙武带着他刚写就的兵法进见吴王。吴王想给孙武出个难题,便要求用宫女来演练。

　　吴王下令将宫中美女 180 名召到宫后的练兵场,交给孙武。孙武把宫女分为左右两队,指定吴王最为宠爱的两位美姬任队长,带领宫女进行操练,同时指派自己的驾车人和陪乘担任军吏,负责执行军法。孙武站在指挥台上,认真宣讲操练要领。宫女们口中应答,内心却感到新奇、好玩,她们不听号令,捧腹大笑,队形大乱。孙武便下令军吏,斩杀两位队长。吴王派人前来求情,孙武毫不留情地说:"臣既然受命为将,将在军中,君命有所不受。"孙武执意杀掉了两位队长,任命两队的排头充当队长,继续练兵。当孙武再次击鼓发令时,众宫女前后左右,进退回旋,全都合乎规矩,阵形十分齐整。孙武派人请阖闾检阅,阖闾因为失去爱姬,心中不快,便托词不来,孙武便亲见阖闾,他说:"令行禁止,赏罚分明,这是兵家的常法,为将治军的通则。对士卒一定要威严,只有这样,他们才会听从号令,打仗才能克敌制胜。"听了孙武的一番解释,吴王怒气消散,拜孙武为将军。

　　后来,孙武率领 3 万精兵,大败楚军,直至攻入楚国的国都郢,楚昭王带着妹妹仓皇出逃。孙武以 3 万军队攻击楚国的 20 万大军,获得全胜,创造了以少胜多的光辉战例。

　　孙武 13 篇 5000 字的《孙子兵法》,体现了孙武完整的军事思想体系,对后世产生了巨大影响。人们不但运用其军事理论来指导战争,还运用于社会的各个领域,尤其在企业经营管理中,也多有运用。

　　下联指战国时军事家孙膑。孙膑是孙武的后代,战国中期齐国人。少时孤苦,年长后从师鬼谷子学习《孙子兵法》,显示了惊人的军事才能。师弟庞涓为人奸猾,善弄小权术,很是嫉妒孙膑的才能。

　　几年后,孙膑、庞涓两人的兵法、韬略大有长进。这时,传来了魏惠王招贤纳士的消息。本是魏国人的庞涓回到魏国,得到魏惠王的宠信,被封为将军。但他始终有个心病,觉得孙膑是他的一个威胁。于是他设下一计,差人邀请孙膑到魏国的都城大梁(今河南开封),并以私通齐国的罪名对孙膑施以膑足、黥脸之刑。

　　孙膑的伤口渐渐愈合,但他再也站不起来了,而且还有人时时刻刻监视着他。

他终于明白了,这是庞涓在陷害自己。为了逃命,他只得装疯卖傻。后来,孙膑藏身于齐国使臣的车子里,秘密地回到了齐国,受到齐国大将田忌的器重。

公元前354年,魏将庞涓发兵8万,以突袭的办法将赵国的都城邯郸包围。赵国向齐国求救。孙膑提出,趁魏国国内兵力空虚之机,直取魏都大梁,迫使魏军回救。这一战略思想,将避免齐军长途奔袭的疲劳,而使魏军陷于奔波被动之中,为田忌采纳。庞涓得到消息,顾不得休整部队,忙率大军驰援大梁,行至桂陵,陷入齐军包围,庞涓也被活捉。这就是历史上有名的"围魏救赵"之战。但孙膑并没有杀庞涓,只是训导他一番,就将他放了。

十多年后,即公元前342年,庞涓又带领10万大军、1000辆兵车,分3路进攻韩国。韩国急向齐国求救。齐威王仍以田忌为主将,孙膑为军师,前去救援。孙膑向田忌建议,诱敌深入,再围而歼之。庞涓果然中计,至马陵道的地方,被齐国伏兵乱箭射死。马陵大捷后,孙膑名声大振。

孙膑有著作《孙膑兵法》,久已失传,1972年在银雀山出土,有11000余字。

读书雪夜

作赋天台

上联指晋代孙康。孙康是京兆(今河南洛阳)人,官至御史大夫。幼年时酷爱学习,常常感到时间不够用。他想夜以继日攻读,无奈家中贫穷,没钱买灯油,只好白天多看书,晚上睡在床上默诵。

一天夜里,他一觉醒来,发现从窗外透进几丝白光。开门一看,原来下了一场大雪,整个大地披上了一层银装。他站在院中欣赏银装素裹的雪后美景,忽然心中一动:映着雪光,可否读书呢?他急忙跑回屋里,拿出书来对着雪地的反光一看,果然能看清书上的字迹!从此,孙康不再为没有灯油而发愁。整个冬天,他夜以继日地读书,不怕寒冷,也不感到疲倦,常常一直读到鸡叫。

功夫不负有心人,孙康砥砺求进终于成为一位很有名望的学者。

下联指东晋孙绰。孙绰字兴公,太原中都人,后迁居会稽(今浙江绍兴),是东晋士族中很有影响的名士。孙绰早年放旷山水,曾著有《遂初赋》自述其志,与高阳许洵为"一时名流"。高僧支遁曾试问孙绰："君何如许?"问他和许洵相比怎么样。孙绰答道："高情远致,弟子早已服膺;然一咏一吟,许将北面矣。"自称"情致"不及许洵,但文才要比他高。

孙绰博学并善书,是参加王羲之兰亭修禊的诗人和书法家之一。所作《游天台山赋》,词旨清新,在晋赋中较为有名。序中把天台山与蓬莱仙山相比,虽流露出求仙的思想,但对景物细致的描绘,值得称道。如"赤城霞起而建标,瀑布飞流以界道""双阙云竦以夹路,琼台中天而悬居。朱阙玲珑于林间,玉堂阴映于高隅"等句,文辞工整秀丽,颇有情韵。

鼓琴长啸

讲学却征

上联指魏晋时隐士孙登。孙登,字公和,汲郡共(今河南辉县)人。他父母早逝,终身不娶,在苏门山上的土窟里居住,号称苏门居士。饥餐野果,渴饮山泉,赤足而行,夏天编草为裳,冬天则"被发自覆"。好读《易》,常抚一弦琴,终日不说一句话。因为他性无喜怒,有人故意把他投入水中,看他是否会生气,不料他从水中出来后大笑而去。有时,他也到民间走走,所经之家,给他备衣食的,他全不推辞,但走的时候,却一无所取。

这样一位奇人,引起了文帝的注意,文帝派阮籍前去探视。阮籍曾经几次寻找过孙登。第一次,他在苏门山见到孙登,问其身世和所求,孙登默然不应。第二次,孙登仍是一言不发,阮籍就试着谈论太古无为之道和五帝三王之义,孙登似听非听,不为所动。阮籍无法,遂屏息凝神,发出一声长啸,啸声激越高昂,数百步之外仍清晰可闻。孙登一听,说:"请先生再啸一次。"阮籍见他终于开了口,大喜过望,于是气沉丹田,发出第二次长啸。啸音未散,孙登已起身遁去。阮籍只好惆怅而返。当他行至山腰时,忽闻山顶传来孙登鸾凤和鸣般的啸声。因为他长年隐居山林,经常倾听、模仿鸟叫声,故而能辨百鸟音,能学百鸟鸣,经过长期苦练,终于学成了微妙的口技。其啸声或如百鸟齐鸣,或如暴风骤雨,或如雷霆霹雳,所以当时有人称赞说:"自远龙蛇迹,能为鸳凤音。"后来,就以"孙登啸"用为游逸山林、长啸放情的典故。

下联指明清之际学者孙奇逢。孙奇逢字启泰，号锺元，直隶容城（今属河北）人，后迁居河南卫辉府辉县。万历时举人，后历 4 次会试皆落第，但他以儒学砥砺身行，潜心研究传统学术思想。因不满明末政治腐败，与东林党人来往密切，猛烈抨击权宦魏忠贤之流。明代灭亡后，清廷屡次征召，但他隐居起来，誓不仕清。明清两代，他 11 次拒绝朝廷征聘，人称"孙征君"。晚年讲学于辉县夏峰村，世称夏峰先生。与黄宗羲、李颙并称三大儒。

正色持衡，良史传名于晋室

奇才搜藻，金声播誉于天台

上联指东晋太原中都人孙盛，世称良史。下联指东晋文学家孙绰，曾作《游天台赋》，给朋友范荣期看，说："先生请往地上扔一下，会有金石声。"

十三篇用兵如神，有文经必有武备

千金方活人无算，能治国亦能齐家

安徽芜湖白马山孙氏宗祠联。上联指孙武；下联指唐代医学家孙思邈，著有《千金药方》。

法效鬼谷，赋著天台，乃武乃文，垂芳徽于不朽

源溯赣江，派分湘水，在兹在彼，将怵惕以同深

湖南单家井孙氏宗祠联。上联指孙膑、孙绰，下联指本支孙氏的来源和迁徙。

本富春以溯源、邦之彦、国之佐、学之贤，称名自昔，愿子孙共励箕裘远绍

由青山而分派、秀者士、朴者农、显者宦，聚族于斯，在祖宗成欣享祀无疆

江西万载田心孙氏宗祠联。

周

功高细柳

泽溥爱莲

上联说的是西汉大将、军事家周亚夫。周亚夫,沛(今江苏沛县)人,汉初名将周勃的次子。在出击匈奴、平定吴楚叛乱等重要事件中,都立有大功。景帝时,官至骠骑将军、太尉、丞相。

文帝时,匈奴大举侵扰边塞。文帝命刘礼为将军,驻军霸上;徐厉为将军,驻军棘门;周亚夫为将军,驻军细柳(今陕西长安)。为了鼓舞士气,文帝亲自前去慰劳军队,到了霸上和棘门的军营,都是直接驰入,将领们下马迎送。到了细柳的军

周亚夫

营,军中将士都披着铠甲,执着兵器,张开弓弩,军风严整。皇帝的先行官来到营门,不得进入。文帝来到,仍然不得入。守卫营门的军官对皇帝的侍卫人员说:"将军约,军中不得驱驰。"于是,文帝就让车骑缓缓前行。后文帝赞叹道:"嗟乎! 此真将军矣! 曩者霸上、棘门军,若儿戏耳,其将固可袭而虏也。至于亚夫,可得而犯邪?"

下联说的是宋代理学家、哲学家周敦颐。周敦颐原名敦实,字茂叔,号濂溪,道州营道县(今湖南道县)人,人称濂溪先生。周敦颐是我国理学的开山祖,他的理学思想在中国哲学史上起了承前启后的作用。但生前并不为人们所推崇,学术地位也不高。人们只知道他"政事精绝",宦业"过人",尤有"山林之志",胸怀洒脱,有仙风道气。只有南安通判程太中知道他的理学造诣很深,并将两个儿子——程颢、程颐送到他的门下,后来,二程均为著名理学家。

周敦颐酷爱雅丽端庄、清幽玉洁的莲花,曾于知南康军时,在府署东侧挖池种

莲,名为"爱莲池",池宽十余丈,中间有一石台,台上有六角亭,两侧有"之"字桥。盛夏,他常常漫步池畔,欣赏着缕缕清香、随风摇曳的莲花,口诵《爱莲说》。

奋身除害
决策破曹

上联指西晋周处。周处字子隐,东吴吴郡阳羡(今江苏宜兴)人。历任雍州新平(今陕西彬县)太守、梁州广汉(今四川射洪)太守,颇有政绩。

周处年轻时,为人蛮横强悍,任侠使气,被视为当地一大祸害。义兴的河中有条蛟龙,山上有只白额虎,一起侵扰百姓。义兴的百姓称他们是三大祸害,而"三害"中周处最为厉害。有人劝说周处去杀死猛虎和蛟龙,实际上是希望三个祸害相互拼杀。周处杀死了老虎,又下河斩杀蛟龙。周处杀死蛟龙,从水中出来后,听说乡里人都以为自己已死,而对此庆贺,才知道大家已把自己当作一大祸害,因此,有了悔过之心。后终于成为一代名臣。

下联指三国吴将领、军事家周瑜。周瑜字公瑾,庐江舒县(今安徽庐江西南)人。美姿容,精音律,多谋善断,人称"周郎"。

周瑜自幼与孙策交好,孙策初崛起时,周瑜随之扫荡江东,并送钱粮物资助孙策成就大事,与孙策一起南征北战,为江东基业立下汗马功劳,深受孙策信任。孙策遇刺身亡后,周瑜与张昭一起共同辅佐孙权,执掌军政大事。曹操消灭袁绍后,威逼孙权送儿子为人质,周瑜志向高远,劝阻孙权。赤壁大战时,独排众议,力主抗曹,指挥全军在赤壁、乌林大败曹军,成为中国历史上经典的以少胜多的战役。其后又成功地攻克了荆州战略要地南郡,曹仁败走。赤壁之战后,周瑜向孙权建议出兵攻取蜀地,消灭张鲁,吞并刘璋,与曹操二分天下。周瑜在江陵进行军事准备时死于巴陵,时年 36 岁。

历史上的周瑜,胸襟广阔,气度宽宏。老将程普因周瑜年轻地位却比自己高,对他不服,多次当面侮辱他,周瑜都不跟他计较,程普最后被周瑜的才华和品德所折服,感动地说:"与周公瑾交,若饮醇醪,不觉自醉。"终于和他成为好友。

白练江帆浔阳景

桃溪芳草玉楼春

上联指元代文学家、音韵学家周德清。周德清字日湛，号挺斋，高安(今江西高安)人。工乐府，善音律，著有音韵学名著《中原音韵》。《中原音韵》以当时北方实际语音为标准，所定之韵接近今天的北京音，因而此书是研究近代以北方音为主的普通话语音的珍贵资料。

周德清文学素养极高，有人评论道："德清之词，不惟江南，实天下之独步也。"他有《塞鸿秋·浔阳即景》："长江万里白如练，淮山数点青如淀。江帆几片疾如箭，山泉千尺飞如电。晚霞都变露，新月初学扇，塞鸿一字来如线。"上联即从此词而来。

下联指北宋词人周邦彦。周邦彦字美成，号清真居士，钱塘(今浙江杭州)人。早年"疏隽少检(个性比较懒散)，不为州里推重，而博涉百家之书"。元丰初年，"游太学，有俊声"。神宗时擢为试太学正，出为庐州(今安徽合肥)教授。绍圣年间还朝，任国子主簿。徽宗时，提举大晟府(管理音乐的机构)。

周邦彦被公认为是"负一代词名"的词人，在宋代影响很大，被尊为婉约派的集大成者和格律派的创始人，开南宋姜夔、吴文英格律词派先河。

周邦彦有《玉楼春》词："桃溪不作从容住，秋藕绝来无续处。当时相候赤阑桥，今日独寻黄叶路。烟中列岫青无数，雁背夕阳红欲暮。人如风后入江云，情似雨余粘地絮。"以一个仙凡恋爱的故事(东汉刘、阮遇仙事典)起头，写词人与情人分别之后，旧地重游而引起的怅惘之情。整首词通篇对偶，凝重而流丽，情深而意长。

旌赐素丝，谏议名高琐闼

风高细柳，将军声继蓝田

上联前句指东汉名臣周举。周举字宣光，汝南汝阳(今河南商水)人。周举虽然貌不惊人，但博学多闻，为儒者所宗，所以京城里流传着这样一句话："《五经》从(纵)横周宣光。"顺帝时，历官并州刺史、谏议大夫、侍中、河内太守，为官清直，劲奏贪官,举荐清臣。朝廷要任他为大鸿胪时,却因病死去,朝中下诏书曰:"赐钱十万,用以旌表素丝(比喻正直廉洁的官吏高节)。"

后句指西汉大臣周昌。周昌,沛县(今属江苏)人。秦时官泗水卒吏,秦末农民战争中归附刘邦,入关破秦有功,官中尉,后任御史大夫,封汾阴侯。刚直敢言,刘邦曾想废太子,他上谏阻止,后任赵王如意相。"琐闼",指朝廷。

下联前句指西汉周亚夫,后句指三国吴周鲂。周鲂字子鱼,三国时吴国阳羡人。黄武年间官鄱阳太守,平定彭绮叛乱,又用密计打败魏国曹休的军队。据《三国志·吴书·周鲂传》载,他曾以七事诈降魏国,指出吴国可破,魏大司马曹休起初表示怀疑,周鲂割发置地,曹休果然中计,吴军因此大胜。他们班师回朝后,孙权大宴诸将,见他的头发没有了,说:"君下发载义,成孤大事,君之功名,当书之竹帛。"于是,加裨将军,赐爵关内侯。"蓝田",地名,今属陕西,以产玉著称。

系由丰水
脉接岐山
广西壮族自治区博白县龙潭镇周氏祖堂联。

溪水长流,万派千支归一本
榜山高挂,云龙凤虎兆鳌头(刘凤诰)
江西萍乡上栗区周代宗祠联。联中"云龙""凤虎"均为当地山名。

武赠王公裔,裔固始分支淡水
功颂傅保终,终卓渊源移芦山
台湾台北周氏大宗祠联。全联典指本支周代的迁徙。上联"固始",为今河南固始县;"淡水",地名,指台湾台北淡水镇。下联"芦山",一在今山东省,一在今四川省。

顾曲有闲情,不碍破曹真事业

饮醇原雅量,偏嫌生亮并英雄

指三国吴周瑜。

兴周八百年历代国祚,最长允称西伯

赐姓亿万载千秋理学,创作首重敦颐

南洋周氏家祠联。

吴

延陵世泽

梅里家声

上联指春秋时吴国公子季札。吴王寿梦有四个儿子:诸樊、余祭、余眛、季札。其中季札最贤,所以寿梦生前想立他为继承人,季札辞让,于是立长子诸樊。诸樊除丧后,又让位于季札,季札仍然坚决辞谢。"吴人固立季札,季札弃其室而耕",隐居了起来。吴王便封他于延陵(今江苏常州),称"延陵季子",后成为吴氏望族。

下联指泰伯让位而避于吴,居住于现在的无锡梅里。

清操绝俗

画圣留名

上联指东晋著名廉吏吴隐之。吴隐之字处默,濮阳鄄城(今属山东)人。据《晋书·吴隐之传》记载,吴隐之"美姿容,善谈论,博涉文史,以儒雅标名"。年轻时就有清操,虽然家中生活贫困,但即使每天喝粥,也不受外来之财。对母亲非常孝敬,母亲去世时,他悲痛万分,每天以泪洗面,行人无不为之动容。当时太常韩康伯是他的邻居,康伯之母"每闻隐之哭声,辍餐投箸,为之悲泣",并常对康伯说:"你若是当了官,应当推荐像他那样的人。"后来康伯成了吏部尚书,便推荐吴隐之为辅国功曹。吴隐之任尚书郎时,女儿出嫁,大臣谢石派人前来帮忙,但他连一个宾客也不请,嫁妆一件未置,让丫鬟到大街去卖自家的看门狗换钱筹备嫁妆。后调任晋陵太守，妻子仍负柴做饭。升任左卫将军后，生活依然清简，甚至"冬月无被"，"勤苦同于贫庶"。

吴隐之在广州多年，离任返乡时，小船上仍是初来时的简单行装。唯有妻子买的一斤沉香不是原来的物件，他认为来路不明，立即夺过来丢到水里。到家时，只有茅屋六间，篱笆围院。宋武帝刘裕赐给他牛车，另为他盖一座宅院，吴隐之坚决辞掉了。后升任度支尚书、太常，仍洁身自好，清俭不改，生活如平民。每得俸禄，留够口粮，其余的都散发给别人。家人以纺线度日，妻子不沾一份俸禄。他于寒冬读书，常身披棉被御寒。

下联指唐代画家吴道子。吴道子，河南阳翟（今河南禹州）人。少年时就成了孤儿，相传曾向张旭、贺知章学书法，未成，又改习绘画。

开元年间，玄宗知其名，召入宫中，让其教内宫子弟学画，封内教博士；后又教玄宗的哥哥宁王学画，唐宣宗时被推崇为"画圣"，道教中人更呼之为"吴道真君""吴真人"。北宋苏轼在《书吴道子画后》一文中说："诗至于杜子美（杜甫），文至于韩退之（韩愈），书至于颜鲁公（颜真卿），画至于吴道子，而古今之变，天下能事毕矣！"

鹰扬虎视

剑气玉光

上联指三国时文学家、曹魏大臣吴质。吴质字季重，定陶（今属山东）人。当年，曹操为了发展力量，到处招贤纳士，吴质应召而至。因其才学通博，受到曹氏父子的赏识，成为曹丕的挚友、曹植的文友。曹丕被立为太子后，吴质出任朝歌（今河南淇县）长，又迁元城（今河北大名东）令。曹丕为巩固其太子地位，常与吴质商量对策。一次，曹操率军出征，曹丕、曹植前往送行。曹植出口成章，盛赞曹操的功德，而曹丕则相形见绌。吴质对曹丕耳语说："与魏王辞别时，你什么都不要说，只管哭泣就行了。"曹丕听了吴质的话，果然哭得非常伤心。曹操及其左右很受感动，都认为曹植华而不实，不如曹丕诚实孝顺。加之曹丕平时善于掩饰自己，言行检点，而曹植则恃才傲物，恃宠娇纵，引起许多人的反感，曹操最终打消了改立曹植为太子的念头。

公元220年,曹丕做了皇帝,马上派人把吴质接到洛阳,任命他为中郎将,又封他侯爵。明帝曹叡继位后,吴质被征调入朝,担任侍中,成为辅弼大臣。他向明帝陈述安危大计,指出司空大臣陈群是平庸之辈,非国相之才;称赞骠骑将军司马懿,忠贞机智,是国家栋梁。明帝采纳了他的意见,这对曹魏后期政局的变化产生了重大影响。

吴质同当时著名文人"建安七子"交往密切,其诗文风格表现了"建安文学"的风骨。曹操赞其"鹰扬其体,虎视凤观"。

下联指明代大臣吴伯宗。吴伯宗名祐,以字行,金溪(今属江西)人。洪武四年(1371)廷试第一,也是明代第一个状元。当时,主考官是开国大臣宋濂、鲍恂等人,从参加会试的举人中选取120人。接着,太祖朱元璋亲自出题,在奉天殿举行殿试,吴伯宗被擢为第一。朱元璋大喜,赐他冠带袍笏,授礼部员外郎,参与修撰《大明日历》。

吴伯宗为人温厚,然而内刚,不苟于阿谀逢迎,所以为官屡受挫折。当时人称"玉光剑气,殆不可掩"。

楼危明月芭蕉翠
水涨白帆杨柳青

上联指南宋词人吴文英。吴文英字君特,号梦窗,晚年又号觉翁,四明(今浙江宁波)人。一生未第,游幕终身,于苏州、杭州、越州三地居留最久,"晚年困踬以死"。有《梦窗词集》四卷。

在中国词史上,吴文英是一个有争论的人。他的词一向被人称为晦涩、堆垛,但也有人对他推崇至极。吴文英曾有词《唐多令》:"何处合成愁?离人心上秋。纵芭蕉不雨也飕飕。都道晚凉天气好,有明月,怕登楼。

年事梦中休,花空烟水流。有燕辞归。客尚淹流。垂柳不萦裙带住,漫长是,系行舟。"确为好词。

下联指明代文学家吴承恩。吴承恩字汝忠,号射阳山人,山阳(今江苏淮安)

人。创作的《西游记》被誉为中国古典"四大名著"之一,并成为世界文坛瑰宝。

吴承恩小时候勤奋好学,一目十行,过目成诵。他精于绘画,擅长书法,爱好填词度曲,对围棋也很精通,还喜欢收藏名人的书画法帖。少年时代他就因为文才出众而在故乡出了名,受到人们的赏识,认为他科举及第,"如拾一芥"。

吴承恩特别喜欢搜奇猎怪,爱看神仙鬼怪、狐妖猴精之类的书籍。30 岁后,他搜求的奇闻已"贮满胸中"了,并且有了创作的打算。50 岁左右,他写了《西游记》的前十几回,后来因故中断了多年,直到晚年,他才得以最后完成《西游记》的创作。

八闽孝子裔
三让帝王家
台湾台南全台吴氏大宗祠联。上联指台湾吴氏源自福建,下联指吴氏来源于泰伯让国。

百年丕振延陵绪
三让犹存泰伯心
江西上犹吴氏宗祠联。

休逸住延陵,支分西土
富饶迁石里,派衍东山
安徽歙县胡埠口吴氏宗祠联。

志异征诛,三让两家天下
功同开辟,一抔万古江南
江苏无锡吴氏宗祠联。

至德启云礽,三让两家天下
太宗绵雪堰,千秋一脉江南

江苏武进雪堰桥吴氏宗祠联。

渤海延陵分两郡，系本同源，上溯三让传家，实二千余年来共称鼻祖

闽派琼支聚一堂，欢联异域，最喜四方观礼，在数万几里外大振家风

吴氏宗祠联。

徐

人中骐骥

天上麒麟

上联指南朝梁政治家、一代宗臣徐勉。徐勉字修仁，东海郯（今山东郯城）人。徐勉"幼孤贫，早励清节"。6岁时，家乡淫雨不止，家人祈求雨停，他当即写了篇文章祈雨停，受到乡里父老的称赞。后来，他更加笃志好学，祭酒王俭常称"勉有宰辅之量"。

天监初年，任给事黄门侍郎、尚书吏部郎，参掌大选，又迁侍中。此时，梁朝建立才一年多，王师北伐，徐勉掌管着军中文书，日夜操劳，经常数十天不回家。他每次回来，都要引起家里群狗的狂吠，畜生们把主人当成了陌生人，徐勉既好笑，又无奈，感叹地说："吾忧国忘家，乃至于此。若吾亡后，亦是传中一事。"意思是，我死了以后，如果有人写我的传记，群犬惊吠倒是件值得一记的逸事。

徐勉虽然身居高位，但不治产业，家无蓄积，还拿出俸禄分给亲族中的穷困户。门人故旧劝他为子孙留些东西，他说："人遗子孙以财，我遗之以清白。子孙才也，则自致辎耕（辎和辁都是古代的车子，此处指家产）；如其不才，终为他有。"

"骐骥"，良马，比喻才能出众的人。《南史·徐勉传》说："此所谓人中骐骥，必能致千里。"

下联指南朝梁、陈间诗人、骈文家徐陵。徐陵字孝穆，东海郯人。相传，母亲臧氏曾在梦中见五色云化而为凤，停于左肩上，不久生下了徐陵。当时有高僧宝志上人，世称其有道，徐陵少年时，宝志手摩其头顶说："天上石麒麟也。"

南州高士

中山首功

上联指东汉名士徐稚。徐稚字孺子，豫章南昌（今属江西）人。少年时学今文经学，熟读《严氏春秋》《京氏易经》《欧阳尚书》等经典著作，兼通天文、历算。家境贫穷，自幼勤耕，兼事磨镜，自食其力。学问渊博，见识深远，向他求学的人数以千计。官府多次征召，他都不去，时称"南州（江南）高士"。陈蕃为豫章太守，不接待宾客，但对徐稚敬重有加，特为他设一榻，他一走就悬挂起来。后以"悬榻"比喻礼待贤士。

下联指明代开国军事统帅徐达。徐达字天德，濠州钟离（今安徽凤阳东北）

明太祖

人。元末至正年间，参加农民起义军郭子兴部，隶属朱元璋，参加了攻取滁州（今属安徽）、和州（今安徽和县）等地的战役，智勇兼备，战功卓著，位于诸将之上。继而从朱元璋渡长江，克采石、太平（今当涂），及溧阳、溧水（今均属江苏），直至集庆（今南京）。又奉命以大将军领兵取镇江，号令明肃，授淮兴翼统军元帅。

明洪武元年（1368）三月，进军河南，取汴梁（今河南开封），平河南。又移师北上,进破通州(今北京通州),迫元顺帝北走。八月初,克大都(今北京),推翻元朝。乘胜西进,克太原,占山西,又挥师入陕西,因功授中书右丞相参军国事,封魏国公。后镇守北平,练军马,修城池,总领北方军事。

徐达一生刚毅武勇,持重有谋,转战南北,功高不矜,被朱元璋誉为"万里长城"。去世后,被追封为中山王。

枝斜梅态文长画

墙外杏花德可诗

上联指明代书画家徐渭。徐渭初字文清,改字文长,号天池山人、青藤居士,又署天池渔隐、青藤老人等别号,山阴(今浙江绍兴)人。青年时充满积极用世的进取精神,"自负才略,好奇计,谈兵多中",孜孜于治国平天下的理想追求之中,并一度被兵部右侍郎兼佥都御史胡宗宪看中,于嘉靖年间招为浙闽总督幕僚军师。胡宗宪后来被弹劾为严嵩同党,被逮自杀,徐渭深受刺激,一度精神失常,竟然蓄意九次自杀,其方式也令人毛骨悚然。又怀疑其继室张氏不贞,居然杀死张氏,因此下狱七年。后经好友张元忭营救出狱,已经 53 岁,至此真正抛开仕途,四处游历,著书立说,写诗作画。

他的写意花卉,用笔狂放,笔墨淋漓,不拘形似,自成一家,独创水墨写意画新风,与陈道复并称"青藤、白阳",对后世的影响很大。其杂剧《四声猿》在戏曲史上也占有一席之地。徐渭的书法和明代早期书坛沉闷的气氛对比,显得格外突出,最擅长气势磅礴的狂草。他自己认为"书法第一,诗第二,文第三,画第四"。

徐渭平素生活狂放,不媚权势。当官的来求书画,连一个字也难以得到。当他经济匮乏时,若有上门求画者投以金帛,顷刻即能得之。若赶在他囊中暂不缺钱,你给得再多,也难得一画。实在是一位性情中人。

下联指元代文学家徐德可,名再思。能诗、词和小令。贾仲明有小令《吊徐德可》:"甘饴良好咂甜时,自号甜斋名再思。交游高上文章士,习经书、看鉴史。青出蓝、擅长文辞。名下无虚士,高门出贵子,根基牢发旺宗枝。"说他喜好甜食,所以号为"甜斋",常与能文章的高人交游,多读经书、历史。他儿子善长也有文采,可见其家世兴旺。

苦读书，纵无官还知礼义

勤耕田，虽不富也免饥寒（徐春山）

安徽南陵东山村徐氏宗祠联。

俎豆千秋，恩来北阙休忘祖

蒸尝万载，酒献年山永敬宗

安徽宁国南坞村徐氏宗祠联。

亭育托燕畿，佳气常浮白云观

宗支分卫水，清波远溯绕虎桥

河南卫辉徐世昌家祠联。

教子有遗经，诗书易春秋礼记

传家无别业，解会状榜眼探花

江苏昆山徐氏祠堂联。

千秋将相，厚德仁怀，精诚充宇宙

百代王侯，雄才博学，正气贯长虹

安徽歙县韶坑村徐氏宗祠联。

顺港喜潆洄，湖东海支衍繁昌，百代英风欣济起

鹚鹰看罗列，正九思人才荟萃，千秋俎豆报馨香

安徽庐江鹚鹰嘴徐氏宗祠联。

大木荫千丛，根植能深，叶生自茂，仰蓬勃于山林，须求追本

鄱阳波万顷，源来既远，流去尤长，望汪洋之海岛，快汇朝宗

安徽潜山赵冲徐氏宗祠联。

赵

日联冬夏

雪梦罗浮

上联说春秋时晋国之卿赵衰、赵盾父子。赵衰即赵成子，字子金，也称成季、孟子余。赵衰早年有贤士的名声，与少年时期的公子重耳相友善。重耳因骊姬之乱出奔，流亡在外 19 年，赵衰一直相随，路上携带食物，与重耳走散时，他宁肯自己饿着，也要留下食物给重耳吃。在归国谋位的大业上，更是费尽心机，帮重耳出谋划策，甚至"胁迫"重耳成就大事。

赵衰跟随晋文公流亡多年，颇受倚重，但他从不争权夺利，不计较个人得失。赵衰最受人称道的品德是能让。《国语·晋语四》记载，晋文公问他谁可以担任元帅。他举荐了别人；让他担任卿，他推荐栾枝、先轸和胥臣。后来上军师狐毛去世，晋文公让他继任，他推荐了先且居。晋文公称赞他的让贤为"不失德义"，每次都让给社稷之臣，利于晋国，并不仅仅是为了表现自己的风格。

赵盾是赵衰与叔隗的儿子。"骊姬之乱"时，赵衰、狐偃保护重耳奔狄，狄伐廧咎如，获叔隗、季隗。公子重耳娶季隗，生伯鯈、叔刘；赵衰娶叔隗，生赵盾。

赵衰去世后，赵盾执掌国政.在内政方面采取了一系列革新措施，表现出卓越的政治才能和胆识。他"制事典，正法罪"，补充和完善原有的法律条文，使赏罚量刑有明确的客观标准可循；"辟狱刑，董逋逃"，昭雪沉冤积案，监督缉拿逃犯，稳定社会秩序；他还"续常职，出滞淹"，选贤任能，赋职任事，罢免那些庸才和政绩平平的官吏。

《左传·文公七年》载："酆舒问于贾季曰：'赵衰、赵盾孰贤？'对曰：'赵衰，冬日之日也。赵盾，夏日之日也。'"杜预注："冬日可爱，夏日可畏。"可爱与可畏之间点出赵衰、赵盾父子辅君、为政的不同，但都得到后人的敬仰。

下联说隋朝赵师雄。唐代文学家柳宗元《龙城录·赵师雄醉憩梅花下》记载了这样一件奇事：隋开皇年间，赵师雄到罗浮去。这一天，天气寒冷，傍晚时分，赵师雄喝酒喝得迷迷糊糊，半醉半醒之间，在松树林边一家酒店旁落脚休息。只见一个美貌女子淡妆素服，出现在师雄的面前。此时正值冬日，地上还有残雪没有融化，此情此景，让赵师雄欣喜不已，他上去和这位女子讲话，一阵阵芳香扑面而来。于是相约至酒家，买酒共饮，不一会，又有一个绿衣童子进来，谈笑歌舞，非常尽兴。不久，师雄就睡着了。等到被寒风冻醒时，天已经大亮。赵师雄起来四望，发现自

·姓氏名联·

图文珍藏版

己正躺在大梅花树下,树上有翠绿羽毛的小鸟在鸣叫,女子已经不知去向。后人于是就用"罗浮"比喻梅花,用"梅下开樽"写人快活逍遥、舒适自在的生活。

风高琴鹤

图绘麒麟

上联说北宋赵抃。赵抃字阅道,北宋衢州西安(今浙江衢州)人。宋仁宗嘉祐年间进士,曾任江原县令。为政相当清简,不喜欢繁文缛节。他入蜀就任益州转运使时,没有前呼后应的随从,单人独骑,仅携一琴一鹤赴任。到职后,经常微服查访民间疾苦,严惩坑害百姓的衙役,处决罪行累累的不法僧道和地痞流氓。又曾教育和释放因受蒙骗、被裹胁而参加"妖祀"的群众。放监那天,百姓欢声雷动,呼他为"赵青天"。

下联说西汉著名将领赵充国。赵充国字翁孙,原为陇西上邦(今甘肃天水)人,后移居湟中(今青海西宁地区)。赵充国为人沉勇有大略,少年时仰慕将帅而爱学兵法,并且留心边防事务。最初以"良家子"身份参军当骑兵,后因善于骑射调入羽林军(皇宫卫队)。

天汉年间,汉武帝下令征讨匈奴。赵充国以代理司马的身份,跟随贰师将军李广利出师酒泉,攻打匈奴右贤王,因功拜为中郎(皇帝的侍卫官),后升为车骑将军长史(军队幕僚的长官)。昭帝、宣帝时,又多次奉命领兵征讨匈奴,历任中郎将、水衡都尉(负责上林苑,兼管皇家财物及铸钱),封营平侯。

晚年时,赵充国又承担了平定羌族叛军的任务。这时赵充国已73岁,当宣帝派御史大夫丙吉去询问他应派谁担任统帅时,赵充国主动请缨,回答说:"亡逾于老臣者矣。"(《汉书·赵充国辛庆忌传》)意思是说没有谁能超过我。

赵充国死后,汉宣帝将霍光、赵充国等十一位功臣的肖像陈列于未央宫中的麒麟阁。

投书饮泣

留履遗恩

上联说魏晋时名士赵至。赵至字景真,后改名浚,字允元,代郡(今山西代县)人,寓居洛阳。赵至的先世为代郡望族,后因战乱,家道破落,靠父亲耕田为生。母亲很重视赵至的教育,很早就把他送入私塾。一天,他正在私塾中读书,忽然听到父亲在附近田里耕作时大声叱牛的声音,赵至就哭了起来。老师问他原因,他回答说:"我听到父亲耕作叱牛的声音,想到自己年纪尚幼,不能奉养双亲,令父亲如此辛苦地劳作,供我上学读书,我心中既惭愧又感伤,所以忍不住哭了。"老师听了这番话,深感赵至为至孝之人,于是,更加下功夫教育他。

下联说明代循吏赵豫。赵豫字定素,安肃(今河北徐水)人。松江知府。赵豫清正廉洁,与民休息,其政绩多次受到朝廷嘉奖,朝廷有意征召他,老百姓"五千余人到状乞留","在职十五年,清静如一日"。最后离任时,老人、孩子都攀着他的车辕,留下他的一只鞋以识遗爱。

箕骑天上

丝绣平原

上联说南宋政治家、词人赵鼎。赵鼎字元镇,自号得全居士。解州闻喜(今属山西)人:北宋徽宗崇宁时进士。曾任河南洛阳令、开封士曹等职。南渡后,累官至尚书左仆射同中书门下平章事,兼枢密使。他荐举岳飞、韩世忠等爱国将领,有效地组织了军事力量以抵御金兵。因为反对和议,遭到秦桧等人的打击、陷害。绍兴年间出知绍兴府。不久,贬潮州,又移吉阳(今广东崖县)军。卒前,自题铭旌"身骑箕尾归天上,气作山河壮本朝",忠义凛然,为人所钦仰。

下联说战国时赵胜。赵胜号平原君,战国时期赵惠文王之弟,是赵惠文王及孝成王的相国,与齐国孟尝君、楚国春申君、魏国信陵君合称"战国四君子"。他礼贤下士,家中常有食客数千人。赵孝成王时,秦军围赵都邯郸(今属河北),他遣食客毛遂游说楚王合纵,散家产以资助坚守,并从自己的食客中选出"敢死之士三千人"抵御秦军。后求得魏、楚救援,终于击败秦兵。

唐代诗人李贺《浩歌》诗有句:"不须浪饮丁都护,世上英雄本无主。买丝绣作平原君,有酒唯浇赵州土。"诗题"浩歌",本于《楚辞》,是大声唱歌的意思。这里,表达了诗人对平原君的敬慕和怀念。

但愿民安若堵
何妨署冷如冰（赵申乔）
赵氏宗祠联。

江上飞云来北固
湖连沧海欲东游（赵之谦）
赵氏宗祠联。

八百年聚族于斯，宋室同传宗室表
二千石分符到此，明州来拜润州祠（赵佑宸）
江苏镇江赵氏宗祠联。

祠溯南迁，踵世爵八传，有农部高文、太常恩敕
门开东向，俯平原三面，见榜山叠翠、剑海回澜（赵藩）
云南剑川赵氏宗祠联。

朱

负荆勤读
折槛旌忠

上联指西汉朱买臣。朱买臣字翁子，吴（今江苏苏州）人。生活贫困，喜欢读书，不治产业，以砍柴卖柴维持生计。每日砍柴，把书放在树下而读，负薪回家时，就将书置于担头边走边读。旧时的儿童启蒙读物《三字经》有"如负薪"一句，说的就是他。他有时高声歌唱，妻子担着柴跟随着，多次阻止他在途中唱歌，但朱买臣声音唱得更大。妻子认为这是羞耻的事情，请求离他而去。朱买臣笑着说："我50

岁一定富贵,现在已经 40 多岁了。你辛苦的日子很久了,等我富贵之后再报答你。"妻子愤怒地说:"像你这种人,终究要饿死在沟壑中,怎能富贵?"朱买臣挽留不了,只好任由她离去。

几年后,同县人严助向汉武帝推荐了朱买臣。召见之后,被授予会稽太守。会稽的官员听说太守将到,征召百姓修整道路,朱买臣看见他的前妻和丈夫也在修路,就停下车,叫后面的车子载上他们到太守府,安置在园中,供给食物。不料一个月后,前妻竟然因羞愧上吊而死。朱买臣给她丈夫银两,让他安葬。

下联指西汉朱云。朱云字游,平陵(今陕西咸阳秦都区平陵乡)人。西汉成帝时,大臣张禹因为做过成帝的老师,又任过丞相,备受宠幸。张禹恃宠而骄,处处为自己牟取私利。

其时任槐里令的朱云刚正不阿,敢说敢为,便上书求见,当着满朝公卿大臣痛陈朝政积弊:"当今朝中许多大臣,对上不能辅佐陛下,对下不能为百姓造福。请陛下赐给我一把尚方宝剑,斩杀一个大奸臣,以警诫其他的官员。"成帝问道:"谁是奸臣?"朱云指着"特进"道:"就是安昌侯张禹!"汉成帝大怒道:"你个小小官吏,竟敢诽谤大臣,还辱骂我的老师,罪当处死,不能赦免!"御史遵旨上前,要捉拿朱云,朱云两手紧紧攀住殿前的门槛,奋力挣扎,竟把门槛折断了。朱云大呼道:"我有幸能与龙逢、比干为伍,一起去游地府,也心满意足,死而无憾了。孰不知汉家天下将会怎么样呢?"龙逢是夏朝忠臣,因直谏被夏桀杀害;比干是商朝诤臣,因直谏被商纣王剜心剖腹。朱云自比这两位忠臣,警示殷鉴不远,令汉成帝为之一震。

这时,左将军辛庆忌挺身而出,愿以自己的性命担保朱云的忠诚。汉成帝为两位诤臣所感动,于是赦免了朱云。

事后,宫廷总管带人要来修补被朱云折断的门槛,汉成帝语重心长地说:"不要换新的了,我要保留这门槛,用它来表彰直言敢谏的臣子!"后人便以"攀槛""折槛""槛折"等指直谏或形容进谏激烈;以"朱云节""朱云折槛"称颂臣子敢言直谏,具有非凡的胆识。

治推北海

歌遍南阳

上联指西汉大臣朱邑。朱邑字仲卿,庐江舒(今安徽庐江)人。年轻时任桐乡(今桐城)啬夫,掌管一乡的诉讼和赋税等事务,秉公办事、不贪钱财,以仁义之心广施于民,深受吏民的爱戴和尊敬。

宣帝时任北海(今山东昌乐东南)太守,积极发展生产,力劝农桑,雷厉风行地改变当地落后的风俗,贯彻朝廷轻徭薄赋、与民休息的政策,使北海郡迅速改变贫穷落后的面貌,以治绩的优异而列于各郡之首。数年后,朱邑以"治行第一"选拔入京任大司农,掌管全国租税钱谷盐铁和财政收支,可谓朝廷重臣。他虽然身居高位,但生活节俭,自己的俸禄都拿给族人和乡亲们使用,家中没有剩余的钱财。

下联指东汉朱晖。朱晖字文季,南阳宛(今河南南阳)人。起初,光武帝刘秀与朱晖的父亲朱岑都在长安学习,有旧交。光武帝即位后,找朱岑,朱岑已死,于是召朱晖做郎。朱晖性情矜持严谨,进退必守礼节。儒生们都称赞他品德很高。

永平初年,显宗的舅父新阳侯阴就仰慕朱晖的贤能,亲自去问候,朱晖却避而不见。阴就又派家丞送礼,朱晖则闭门不受。阴就叹息道:"真是有志之士呀,不要夺其气节。"后来朱晖做了郡吏,太守阮况曾经想买朱晖家的婢女,朱晖不答应,等到阮况死了,朱晖便送厚礼到他家。有人讥讽他,朱晖说:"从前阮府君有求于我,我不敢闻命,的确是怕以财货污辱了他。现在襄礼,表明我并非有谀官之意。"

后来,朱晖由卫土令升为临淮太守,官至尚书令。他做官刚直,被上司所忌,多次被弹劾。但属吏对朱晖十分敬爱,作歌道:"强直自遂,南阳朱季。吏畏其威,人怀其惠。"建初年间,南阳大饥荒,朱晖分散家产,分给家乡故旧中的贫弱之人。

"北海"与"南阳"的对仗,很是工巧。

鸾台表直
鹿洞垂规

上联指唐代政治家、历史学家朱敬则。朱敬则字少连,亳州永城(今属河南)人。"倜傥重节义,早以辞学知名"。唐高宗咸亨年间,任右补阙(职责为讽谏、举荐人才)。武后称制时,广开密告之门,罗织诬陷,诛杀大臣。检校左庶子魏元忠因恒国公张易之的陷害被判处死刑,朝内的大臣都因惧怕张的权势而不敢挺身谏阻,唯有朱敬则向武后劝阻说:"元忠对朝廷忠心耿耿,对他所加的罪名没有事实,如果杀了他,会使天下的人失望。"武后从谏,魏元忠终于被赦免。

长安年间,朱敬则累迁正谏大夫兼修国史,不久,同凤阁鸾台平章事(宰相),处理国家事务,常以用人为先决条件。朱敬则为官清廉,后遭贬回到家乡,行囊中"无淮南一物,唯有所乘马一匹,诸子徒步从而归"。

下联指南宋思想家、理学家朱熹。朱熹字元晦,号晦庵,别号紫阳,祖籍徽州婺源(今属江西)。朱熹是宋代理学的集大成者,继承了北宋程颢、程颐的理学,完成了客观唯心主义的体系。学识渊博,对经学、史学、文学、乐律乃至自然科学都有研究。

朱熹在知南康军时,于庐山唐代李渤隐居的旧址,建白鹿洞书院讲学,并制定一整套学规。白鹿洞书院后来成为我国著名的四大书院之一,而其"学规"则成为各书院的楷模,对后世产生了巨大影响。

朱熹还曾在武夷山修建武夷精舍,广召门徒,传播理学。为了帮助人们学习儒家经典,他又于儒家经典中精心节选出"四书"(《大学》《中庸》《论语》《孟子》),并刻印发行。这是教育史上的一件大事。"四书"影响深远,后来成为封建教育的教科书,使得儒家文化进一步成为全面控制中国封建社会的思想。

玉海千寻,遍探五经之秘

书楼万卷,博搜二酉之奇

上联指南朝梁朱异。朱异字彦和,吴郡钱塘(今浙江杭州)人。少年时游手好闲,不务正业,常聚众博戏,颇为乡里所患。成年后折节从师,好学上进,遍习《五经》,尤精《礼》《易》。同时,广涉文史百家。20岁时到都城建康(今南京),尚书令沈约当面试之,称道其才,勉励他清廉自律。次年,朝廷破格任其为扬州议曹从事史(按规定25岁才有此资格)。不久朝廷诏求异能之士,五经博士明山宾上表推荐,称他"年时尚少,德备老成","器宇弘深,神表峰峻"。梁武帝召他解说《孝经》和《周易》,听后非常高兴,赞叹道:"朱异实异!"

"玉海",比喻人弘深的气度。《南史·朱异传》载:"(异)器宇弘深,神表峰峻。金山万丈,缘陟未登,玉海千寻,窥映不测。"

下联指宋初人朱昂。朱昂字举之,先世为京兆(今陕西西安)人,唐末,徙家南阳。五代时,父亲葆光携家南渡,寓潭州(今湖南长沙)。当时有个叫朱遵度的人,好读书,人称"朱万卷",而称朱昂为"小万卷"。后周世宗时,韩令坤统兵至扬州,朱昂谒见,陈述了治乱的方略,韩令坤十分欣赏他的才华,命他权知扬州扬子县。

宋时,朱昂为衡州录事参军,后拜太子洗马、知蓬州,徙广安军,以工部侍郎致仕。真宗派使者到他府上"赐器币"(礼器和玉帛),并下诏给全俸禄,命当地官员"岁时存问"。旧制,致仕官元只准在殿门外致谢,他却特许被请到大殿上,并安排座位。

朱昂一生喜欢读书,前后所得俸禄和赏赐,以三分之一购书,闲居以讽诵为乐,自称退叟。

"二酉",指大酉、小酉二山。在今湖南沅陵西北,二山皆有洞穴。相传小酉山洞中有书千卷,秦人曾隐学于此。后用来称丰富的藏书。

沛国源流远

紫阳世泽长

广东南雄梅岭山珠玑巷朱氏宗祠联。

千古正学开河洛

万世斯文接鲁邹

朱熹祠联。

姿文仪武,古今名家振寰宇

治世安发,吾族帝王垂青史

湖北应城朱氏宗祠紫阳堂联。

道统阐薪传，洙泗真源今未坠

儒型垂梓社，沧州精舍此重开（林则徐）

福州朱文公祠联。

迁居曾忆旧池台，趁春风一场，苏城梦到

盐业行兼诸种作，看烟波半岸，海国生涯

浙江余姚四明朱氏宗祠联。

迁移自吴歙婺而来，氏族清嘉，斯地奠安称梓里

裔嗣逾宋元明以后，诗书启佑，几人腾藁咏梧冈（朱琦）

安徽泾县塘头街朱氏宗祠联。

马

夫人卖饼

贤后含饴

上联指唐初大臣马周。马周字宾王，博州茌平（今属山东）人。少年时孤贫，勤读博学，后来到长安，为中郎将常何门客。贞观年间，太宗李世民要求在朝官吏每人写一篇关于时政得失的文章。常何武将出身，不会舞文弄墨，只得由马周代写。当常何把马周这篇有"二十余条陈"的文章呈给了唐太宗时，太宗大吃一惊。当得知是常何门客马周所写后，就派人将他请来。没想到马周架子还挺大，一连请了四次，才把他请到皇宫。太宗和马周谈起了当时的政治局势以及为政之道，马周侃侃而谈，让李世民大为惊叹，立刻让马周任职门下省。不到一年，马周又被提拔为监察御史。唐太宗曾经对左右的人说："我一天见不到马周就想他。"可见马周在李世民心中的地位。

马周年轻的时候，曾听善相术的袁天纲说："京城里有个卖饼的女人，以后当有大富贵。"马周到长安后，真的娶了她，后来果然成了夫人。

下联指东汉明帝皇后马皇后。马皇后是汉明帝刘庄的皇后、伏波将军马援的三女儿。

马援当年随光武帝刘秀征战,立下大功,封新息侯。他为人正直清廉,不会讨好皇亲国戚,得罪了刘秀的女婿梁松和窦固等权臣。马援病亡后,这些人乘机诬告他掳掠民间珍宝。刘秀大怒,追缴马援的新息侯印绶,也不许他人葬高档墓地。夫人为亡夫申辩,刘秀这才允许把他葬回祖坟。可是马家的地位却大不如从前了。马家的两个儿子马客卿、马惠敏也都先后早夭。马夫人又悲伤过度,于是家事便让三女儿来主持。三女儿当时才10岁,却精明能干,处理事务井井有条。

马家失势后,原本与马家定亲的人也纷纷给以白眼,马氏的堂兄马严不忿,果断地取消了马家三姐妹与这些人的婚姻。当时,三姐妹的年龄都在选妃标准里,太子刘庄及诸王皇子都没有正妃,马严便希望堂妹们能成为诸王姬妾。于是,13岁的马氏被选中,入了太子宫。马氏品行高尚,性情温和,立刻获得了太子刘庄的专宠。

光武帝刘秀逝世,太子刘庄即位,即汉明帝,20岁的马氏被封为贵人,在后宫地位仅次于皇后。马氏的外甥女贾贵人为明帝生下皇子刘炟,因马贵人无子,明帝就把刘炟交给她抚养。马贵人尽心抚育,对养子宽爱慈和,刘炟虽非她亲生,但犹如亲子。马贵人虽然得宠,但她毕竟没有生儿育女,立后之路困难重重,而且当时后宫还有一位阴贵人,是明帝的表妹、太后的侄女。

永平年间,皇太后阴丽华下旨,说马贵人德冠后宫,宜立为后。于是,马贵人成为正宫皇后,养子刘炟也成为皇太子。

明帝逝世,太子刘炟即位,是为汉章帝,养母马皇后被尊为皇太后。

云台列像

铜柱标功

上联指东汉大臣马武。马武字子张,南阳湖阳(今河南唐河)人,"云台二十八将"之一。年轻时入绿林军,为新市兵将领,后归刘秀,刘秀十分欣赏他,引置左右。东汉建立后,任捕虏将军,封杨虚侯。

马武生性爱酒,旷达而敢言。据《后汉书·马武传》记载,他常常在宫殿上以醉态当面说同僚,论其短长,无所避忌。皇帝还故意纵容他,用来取乐。

下联指东汉著名军事家马援。马援字文渊,扶风茂陵(今陕西兴平)人。其先祖是战国时赵国名将赵奢。赵奢功勋卓著,被赵惠文王赐号为马服君,自此,赵奢的后人便以马为姓。汉武帝时,马家从邯郸移居茂陵。马援12岁时,父亲去世。他"少有大志,诸兄奇之"。

王莽末年,四方兵起。经王莽的堂弟王林推荐,马援被任为新城(今陕西安康)大尹。王莽失败后,马援曾投靠占据天水、自称西州大将军的隗嚣,受到器重,任绥德将军。建武年间,隗嚣让马援带信到洛阳去见光武帝刘秀,刘秀在宣德殿接见了他,很欣赏他的胆识,认为他与众不同。后协助光武帝灭隗嚣,堆米为山丘沟壑,指画形势,因功任太中大夫、陇西郡守。交趾贵族征侧、征贰姐妹反叛,光武帝任命马援为伏波将军前去平定,"立铜柱为汉极南界",因功封新息侯。马援的部队从交趾返回时,还没到京师,好多老朋友都去迎接他,慰问他。他诚恳地说:"方今匈奴、乌桓尚扰北边,欲自请击之。男儿要当死于边野,以马革裹尸还葬耳,何能卧床上在儿女子手中邪?"

龙虎出谷

鸾凤冲霄

上联指唐代名将马燧。马燧字洵美,汝州郏城(今河南郏县)人。身材魁梧,少年时即有大志"以功济天下",发奋苦读兵书战策,沉勇多谋略。后屡立战功,进同中书门下平章事(宰相),封北平郡王,图形绘于凌烟阁。

文学家韩愈为他写碑铭,有句:"北平王像巨谷中的龙虎,变化不可测,真是魁杰啊!"

下联典指唐初大臣马周。为了表彰马周的巨大贡献,太宗亲自为他题辞:"鸾凤冲霄,必资羽翼。股肱之寄,诚在忠良。"对马周所做的一切给予了非常高的评价。

"龙虎"和"鸾凤"的对仗,既工且巧。

白眉继烈

青海重光

上联指三国时蜀汉大臣马良。马良字季常，宜城（今属湖北）人。兄弟五人，俱有才名。因为他们兄弟的字中都有"常"字，马良眉中有白毛，家乡人称"马氏五常，白眉最良"。

刘备领荆州，召马良为从事。及入蜀，马良留荆州，任左将军掾。曾出使东吴，孙权也很敬重他。刘备称帝，任马良为侍中。《三国志·马良传》说："马良贞实，称为令士（才学美盛之士）。"

下联指东汉陇西（今属甘肃）人马腾。马腾字寿成，是西汉伏波将军马援的后人，其父马肃与羌女通婚，所以，马腾有二分之一的羌族血统。

马腾一向忠于汉室，李傕、郭汜等人掌权时，马腾与韩遂进攻长安失败后，接受招安，被任命为征西将军。后拜前将军，封槐里侯。在槐里十余年间，他"北备胡寇，东备白骑，待贤进士，衿救民命"，使三辅一带在战乱中免受了一段时间的战争骚扰，得到了十年的安定。三辅一带的人民对马腾相当爱戴。

曹操控制朝廷时，汉献帝写下了衣带诏，约刘备、马腾等人起兵讨伐曹操。事件失败后，马腾回到西凉，拥兵自重。不久，曹操以提升马腾官职为由，召他入京（今河南许昌）。虽知凶多吉少，马腾还是决定入京。

曹操派行军参谋黄奎前去接待马腾，诱他入城面见皇帝，然后趁机令人擒捕马腾。不料黄奎也痛恨曹操，也知道马腾曾经应衣带诏密谋杀曹。两人密谋请曹操巡察兵营，乘机杀之。谁知计划泄露，二人被擒。马腾全家被曹操转移到邺城，软禁了起来，后全家百余口人全部遇害。

青海东与北皆界陇西，故称。

金樽宜醉酒

绛帐自生春

对联说的是东汉著名经学家马融。马融字季长，右扶风茂陵（今陕西兴平东北)人，东汉名将马援的从孙。汉安帝时，任校书郎，诣东观(朝廷藏书处)典校秘书。因得罪当权的外戚邓氏，滞于东观，十年不得升迁。直到邓太后死，才召拜郎中。汉桓帝时，外任南郡太守，因忤逆大将军梁冀，遭诬陷，被免官。得赦后，任议郎，重回东观著述。后因病辞官，居家教授。他生性旷达，不太注重儒者节操，常坐高堂上，施绛纱帐，前授生徒，后列女乐，开魏、晋清谈家破弃礼教的风气。其弟子达千人之多，升堂入室者有 50 余人，其中郑玄、卢植是佼佼者。

马融博通今、古文经籍，世称"通儒"，尤其长于古文经学。他长期在东观校书著述，为他综合各家之学，遍注古文经典，提供了十分有利的条件。马融之学，在儒家经学的发展史上，开始了综合各家、遍注群经这种带有开创性的工作，他的经注成就，使古文经学开始达到成熟的境界，预示着汉代经学发展将步入新的时期。

具王佐才，筑岩钓渭
步隐沦躅，授业著书
上联指马周，下联指南宋栾平人马端临。

乌威圣德，万古流芳英烈将
玉面神光，千秋垂泽崇仁军
台湾漳化秀水乡陕西村乌面将军马信(原为郑成功部将)庙联。

设绛帐以授生徒，白眉继烈
铸铜标而载功绩，青海重光
上联指马融、马良，下联指马援及其后人马腾。
铜柱今犹未倒，愿吾宗后裔继承，再镇边疆传祖迹
绛帏长可宏开，喜尔辈生徒环立，重披古典讲儒经(马季常)
安徽肥西程店马氏宗祠联。上联说马援，下联说马融。

胡

寿齐九老

名列四真

上联指唐代诗人胡杲。胡杲,安定(今属甘肃)人,号龙游术士,会昌年间官怀州司马。据《唐才子传》载,诗人白居易于会昌初年退居洛阳香山,"与胡杲、吉皎、郑据、刘真、卢贞、张浑、如满、李元爽燕集,皆高年不仕,日相招致。时人慕之,绘《九老图》"。当时,朝政腐败,这几位文人墨客,包括禅僧如满,因对时政不满,不容于世俗,又志趣相投,便结为九老会,因此得名"香山九老"。

下联指北宋初学者、教育家胡瑗。当时人称富弼为"真宰相"、包拯为"真御史"、欧阳修为"真学士"、胡瑗为"真先生"。胡瑗字翼之,泰州海陵(今江苏泰州)人。因世代住陕西路安定堡,学者称安定先生。庆历至嘉祐年间,历任太子中允、光禄寺丞、天章阁侍讲,官至太常博士。在苏州、湖州间讲学 20 余年,与孙复、石介提倡"以仁义礼乐为学",并称"宋初三先生",是宋代理学酝酿时期的重要人物。

春秋心典

理学宗功

上联指南宋经学家胡安国。胡安国字康侯,号青山,学者称武夷先生,建宁崇安(今属福建)人。早年拜程颢、程颐的弟子杨时为师,入太学后,又从程颐之友朱长文、靳裁,得程学真传。绍圣年间进士,廷试第三,历官太学博士、给事中、中书舍人兼侍讲、宝文阁直学士,卒谥文定。长于《春秋》学,是孙复的再传弟子,撰有《春秋传》30 卷,被高宗称赞"深得圣人之旨"。因北宋王安石曾提出废《春秋》,他说:"这是古代圣人的传心要典,怎么能让皇帝不得读、学士不得读呢?"可见对《春秋》的推崇。

下联指南宋理学家胡寅。胡寅字明仲,学者称致堂先生,胡安国之子。徽宗宣和年间进士。钦宗靖康初年,任秘书省校书郎,迁司门员外郎。南宋高宗建炎年间,为驾部员外郎、起居郎,曾上书高宗,建议组织义军,北上迎徽、钦二帝回朝。绍兴时迁中书舍人。出知永州、邵州、严州,除礼部侍郎兼侍讲,徽猷阁学士。致仕后居衡山。

镇守金华称大海

撰书禹贡号东蕉

上联指明初将领、明朝开国功臣胡大海。胡大海字通甫,泗州虹(今安徽泗县)人。祖籍波斯,其祖先随蒙古军来华。据《明史》记载,胡大海"长身、铁面,智力过人。太祖初起,大海走谒滁阳,命为前锋。从渡江,与诸将略地,以功授右翼统军元帅,宿卫帐下"。渡江后,攻取皖南、浙江等地,任江南行省参正政事。镇守金华(今属浙江)。虽目不识书,而能折节下士,曾举荐刘基、宋濂、叶琛、章溢于朱元璋。他军纪严明,曾说:"吾武人不知书,唯知三事,不杀人,不掠妇女,不焚毁庐舍。"胡大海待人诚恳,对降将也是如此,不料竟被降将蒋英暗算。胡大海遇害后,朱元璋亲自写文章祭悼,特赠光禄大夫,封越国公。

下联指清代经学家、地理学家胡渭。胡渭初名渭生,字朏明,一字东樵,浙江德清人。12岁时父亲去世,母亲带着他跑到山里以躲避战乱,虽颠沛流离,仍然读书不辍。15岁时,为县学高等,但屡赴行省试失败,后乃入太学。曾经在宰相冯溥家任塾师,正遇到开博学鸿词科,冯溥想让他参加应试,但他坚决不肯。考官们以为其中一定有宰相之子的老师,都不敢先提出自己举荐的人选,但当发现没有胡渭的名字时,则又大惊。从此,他不再应科举,而专心研究学问。

康熙皇帝南巡时,他撰《平成颂》并《禹贡锥指》献于行宫,受到嘉奖,赐御书诗扇,并御书"耆年笃学"。

地据蛟潭胜

家传麟史风

福建永定下洋镇中川村胡氏宗祠联。上联典指该祠的地理位置,下联典指南宋胡安国著《春秋传》事,孔子作《春秋》,至"西狩获麟"止,所以《春秋》被称为"麟経"。

文武世家源流远
帝裔宗枝翼叶长
广东南雄梅岭山珠玑巷胡氏宗祠联。

遗爱在人,莲幕留图纪南啸
藏书贻后,槐阴亲手植东园(胡位咸)
安徽绩溪胡氏宗祠联。

姜水源长,伯祖启航,陈留始发
东山地沃,安石兴苗,宝树成荫
江西上犹胡氏宗祠"安定堂"联。

宗风自衡麓以外,若五峰、若双湖,类能为道学功臣,昭兹来许
世变当海水群飞,或割地、或纳币,问谁斥和戎宰相,绍我先人
湖南华夏桥胡氏宗祠联。上联"道学功臣",指明代学者胡居仁;下联指南宋胡寅。

郭

北宫史表
东国人伦
上联战国时燕国谋臣郭隗,是郭姓第一位在历史上大放光芒的杰出人物。公元前314年,齐宣王攻破燕国,燕王哙被杀。赵武灵王闻燕国内乱,将燕王哙的庶子职从韩国送回燕国。职被燕人拥立为王,即燕昭王。
燕昭王为报齐国灭燕之仇,并复兴燕国,拜访郭隗,求计问策。郭隗先为他讲

了个"千金买骨"的故事：从前有一位国君，愿意用千金买一匹千里马。可是3年过去了，千里马也没有买到。国君手下一位不大出名的人，自告奋勇请求去买千里马，国君同意了。此人用了3个月的时间，打听到某处人家有一匹良马。可是，等他赶到这家时，马已经死了。于是，他就用500金买了马的骨头，回去献给国君。国君看了，很不高兴。买马骨的人却说："我这样做，是为了让天下人知道，大王您是真心实意地想出高价钱买马，死马尚且如此对待，何况活马呢！您就等着千里马送上门来吧。"果然，不到一年时间，就有人送来了3匹千里马。

郭隗又说："大王想要成就一番事业，请先从礼待我开始吧。您对我像贤人般尊重，比我贤的人就会找您而来。"燕昭王认为很有道理，于是，给郭隗建了宫室"黄金台"，堂号为"尊贤堂"，并把他当作老师来尊重。昭王此举天下震动，乐毅、邹衍、剧辛等有才之士来归附，燕国因此强大起来。

下联指东汉学者郭泰。郭泰（泰或作太）字林宗，太原介休（今山西介休）人。家世贫贱，又早年丧父，与母亲相依为命，但少年时博学，善于谈论。刚到京城洛阳时，没有人认识他，陈留人苻融看出他是人才，就把他介绍给河南尹李膺，说他是"海之明珠，未耀其光。鸟之凤凰，羽仪未翔"。李膺称其"高雅密博"，当时无人可比。自此与李膺等名流交游，名重洛阳，被太学生推为领袖。第一次党锢之祸时，被士子誉为"八顾（德行高尚的八个人）"之一，说他能以德行导人。官府多次征召，他都不愿意做官。自洛阳归乡里时，士大夫纷纷至黄河岸边送行，有车数千辆。后闭门教授，弟子达上千人。

郭泰看人极准，到茅容家吃饭，见茅容杀鸡先给老母亲吃，再分半只放在门口凉亭给路人食用，郭泰便以其为友，推荐于太学，使茅容终于成为大德。他见到当时的名士、颇有才华的济阴人黄允，劝说他无数次，规范他加强品行上的修为，否则必招来大辱。黄允不以为意，司徒、太傅袁隗想把侄女许配给黄允为妻。黄允听后十分得意，想到做宰相的东床佳婿，前程该是如何繁华，于是决定休妻。妻子夏侯氏深知黄允的为人，只好同意，但向黄允提出一个请求：临行之前，想和亲友们聚一聚，以表离别之情。黄允同意了，大集宾客300余人。宴饮中，夏侯氏突然抓着黄允的袖子不放，数说他十五件见不得人的事，然后离开了黄家。黄允从此声名狼藉,作袁家女婿一事也成为泡影。

当时的大德范滂对郭泰评价极高,说:"隐不违亲,贞不绝俗,天子不得臣,诸侯不得友,吾不知其它。"

道学千古
纲佐一人

上联指北宋学者郭忠孝。郭忠孝字立之,河南(今河南洛阳)人,以父荫补右班殿直。神宗元丰间进士,徽宗宣和间,为河东路提举。钦宗靖康初年,"入对,以和议为非是,力陈追击之策"(《宋史·郭忠孝传》),被任为军器少监,改永兴路提点刑狱。高宗建炎初年,金人侵犯永兴,因兵力悬殊,有人劝他以监司出巡,可以避祸,他不答应,与经略唐重分城拒守,城被攻陷而殉难。

郭忠孝曾跟从程颐学《易经》和《中庸》。他曾命名书房为"兼山",学者称他为"兼山先生",著有《兼山易解》。

下联指唐代著名的军事家郭子仪。郭子仪,华州郑县(今陕西华县)人,祖籍山西汾阳。他不仅武艺高强、阵法娴熟,而且公正无私,不畏权贵。相传他20岁时,在河东(今山西)服役,曾因违犯军纪,按法律要处斩。在押赴刑场的途中,被著名诗人李白发现。李白见他相貌非凡,凛然不惧,甚感奇异,认定他将来一定会大有造化,成为国家栋梁之材,于是便以自己的官职担保,救下了他。郭子仪果然不负所望,参加武举考试后,获高等补左卫长史(皇帝禁军幕府中的幕僚长)之职。因屡立战功,多次被提升晋职。

"安史之乱"时,郭子仪任朔方节度使,在河北打败史思明。肃宗即位后,他为关内河东副元帅。联合回纥兵收复洛阳、长安两京,功居平乱之首,晋为中书令(宰相),封汾阳郡王。代宗时,叛将仆固怀恩勾引吐蕃、回纥进犯关中地区,郭子仪正确地采取了结盟回纥,打击吐蕃的策略,保卫了国家的安宁。郭子仪戎马一生,屡建奇功,84岁才告别沙场。他"权倾天下而朝不忌,功盖一代而主不疑",享有崇高的威望和声誉。唐肃宗曾称赞他说:"国家再造,卿之力也。"

"纲佐",指官员中的主管和辅佐。郭子仪以一身系天下安危达20年,故有此称。

潇湘水云留雅韵

关山春雪展新图

上联指南宋古琴演奏家、浙派创始人郭沔。郭沔字楚望,永嘉(今浙江温州)人。郭沔终生未仕,过着清贫的布衣生涯。由于宋太宗的提倡,琴在宋代文人士大夫中间十分盛行。

郭沔中年时候,在临安一个爱好琴艺的官僚张岩(朝廷主战派人物韩侂胄的僚属)家里当清客。韩侂胄被杀害后,张岩被贬黜,郭沔感到政局动荡对自身的压力。南宋末年,元兵侵浙,郭沔移居湖南衡山附近,望九嶷为潇湘之云所蔽,更有满眼风雨,国家将亡的感慨。所作《潇湘水云》《泛沧浪》等琴曲,以描写自然景色之美而抒发其对亡宋的眷恋之情,曲折地反映了他的爱国思想。

郭沔十分重视艺术的承传关系,曾收集、整理了不少古代留存的琴谱和民间流传的琴曲,使其传习下来。在乐曲创作方面,他既能继承传统,又能创出新意,这使他的作品具有承前启后的特征。在琴学的教习方面,他也不遗余力,曾直接或间接培养了刘志方、杨瓒、徐天民、毛敏仲等知名琴人,影响深远。

下联指北宋画家郭意。郭意,字淳夫,河阳县(今河南孟州)人。工山水,早年风格工巧,晚年转为雄壮,与李成并称"李郭",为山水画主要流派之一。

汾阳家声远

鄂渚世泽长

湖北汉口沿长江一带的郭氏宗祠联。

功封虢叔家声远

威重汾阳世泽长

四川大英隆盛镇檀木湾村郭氏宗祠联。

见虏单骑,远祖忠贞昭日月

旌闾双阙,先人孝德动乾坤(戴大宾)

福建莆田郭氏宗祠联。

祖汾阳、派富阳、族螺阳,三阳开泰;

原晋水、分法水、聚奇水、万水朝宗(郭伯廷)

福建惠安百崎回族乡郭氏宗祠联

祖汾阳、派富阳、族螺阳、旅台阳,一阳光照天下

原晋水、分法水、开奇水、聚淡水,万水潆洄吾宗

台湾郭氏宗祠联。

前朝名吏,以素知兵系中州安危,岂止六壬浅术

今代德门,唯阴行善使累叶繁盛,更多三甲寿征(吴汝纶)

河北深州郭氏家祠联。

林

九龙世泽

十德家声

指战国时赵国林皋。林皋是林氏始祖林坚的三十五世孙,任赵国宰相,权倾一时,德高望重。定居于赵国境内的九门(今河北藁城西北),娶妻胡氏,生有九子:林文、林成、林宣、林化、林德、林修、林明、林勉和林韶(一说为林仁、林年、林升、林昶、林文、林曜、林岳、林佐、林卫)。受家风影响,兄弟九人各有才能,德才兼备,都任大夫,赵国人称之为"九龙"。林皋也被誉为"九龙之父",其门第被赞颂为"十德之门"。"十德",以玉的十种特质,比喻君子的十种美德:仁、智、义、礼、乐、忠、信、天、地、德。为后来林氏堂号"十德堂"之始。

因赵国君王器量狭小,对林家声望十分嫉妒,叫人"择其木皋繁者伐之"。林皋知道面临杀身之祸,赶紧率全家老少逃往白云山避难。赵王听到这个消息后十分后悔,感叹说:"贤哉! 林皋父子也!"

林皋和他的九个儿子所传后裔,成为林姓的一个名门望族,堂号为"九龙堂"。

金门羽客

和靖高风

上联指北宋末道士林灵素。林灵素名灵噩(一作"灵蘁"),字岁昌(一说字通叟),温州永嘉(今属浙江)人。家世寒微,少年时依佛门为童子。据《历世真仙体道通鉴·林灵素传》记载,他当过苏轼的书僮,苏轼曾问其志向,他笑着答道:"生前封侯,死后立庙,这并不算贵。我的志向是做神仙。"

政和七年,林灵素受命于上清宝篆宫宣讲青华帝君夜降宣和殿之事,与会道士多达2000余人。徽宗诏令天下大建神霄玉清万寿宫,并于殿上设长生大帝君等神霄系神像。林灵素领修道书,校对丹经灵篇,删修注解;每逢初七,则讲说三洞道经与玉清神霄王降生记。由此京师士民信道者日众。不久,徽宗自称"教主道君皇帝",林灵素升为温州应道军节度。在京期间,先后被封赐、加号为"金门羽客""通真达灵元妙先生""太中大夫""凝神殿侍宸""蕊珠殿侍宸""冲和殿侍宸"等。徽宗常以"聪明神仙"呼之,亲笔赐"玉真教主神霄凝神殿侍宸"。甚至又依其进言,将天下佛刹改为宫观。后来因触怒徽宗被斥归故里。

下联指北宋诗人、隐士林逋。林逋字君复,钱塘(今浙江杭州)人。以布衣终身。"真宗闻其名,赐粟帛,诏长吏岁时劳问"。林逋虽表示感激,但从来不以此骄人。人多劝其出仕,都被他婉言谢绝。终身不娶,无子,唯喜植梅养鹤,人称"梅妻鹤子"。常驾小舟,遍游西湖诸寺庙,与高僧诗友相往还。每逢客至,童子纵鹤放飞,林逋见鹤必棹舟归来。

当时,杭州郡守薛映爱其诗敬其人,常至孤山与之唱和,"每造其庐,清谈终日而去"。晚年时,他在房屋旁为自己建了墓,临终作诗:"湖上青山对结庐,坟前修竹亦萧疏。茂陵他日求遗稿,犹喜曾无《封禅书》。"卒后,仁宗为之嗟悼,赐谥和靖先生。

草舍百篇集正气

虎门一炬振国威

上联指清代学者林时跃。林时跃字遐举,号荔堂,浙江鄞县人(今浙江宁波鄞州区)。喜言名节,朝廷授大理评事,他不去赴任。曾与朋友组织诗社"鹤山七子社"。晚年与徐霜等撰《正气集》,自著有《朋鹤草堂集》《明史大事记》等。

下联指清代大臣、政治家林则徐。林则徐字元抚,又字少穆,晚年号埃村老人,福建侯官(今福建福州)人。嘉庆年间进士,曾与龚自珍、魏源等人提倡经世之学。道光年间任湖广总督,严禁鸦片,卓有成效。又上奏道光帝,力主禁烟,受命为钦差大臣,节制广东水师,赴粤查禁鸦片。与两广总督邓廷桢合力严缉走私烟贩,严处受贿官吏。迫令英、美烟贩交出鸦片,在虎门当众付之一炬,全部销毁。

大志禁烟,御夷留恨
血书求救,为夫解围

上联指林则徐。

下联指林则徐的次女林普晴,字敬纫、俊兰,嫁沈葆桢为妻。沈葆桢,字幼丹,侯官人,林则徐的外甥。舅舅林则徐对沈葆桢的少年时代,乃至一生都产生了巨大的影响。沈葆桢11岁时,和小他1岁的表妹林普晴订婚,20岁中举后完婚。林普晴自幼受到很好的家庭教育,曾和沈葆桢同在诗人林昌彝(林则徐的族兄)处读书,是个贤淑端庄,知书达理,颇有见识的女子。婚后,用心辅佐丈夫读书、理事,夫妻俩相敬如宾。

沈葆桢于道光年间进士及第,任翰林院庶吉士,后在京官考核中,以一等的身

林则徐

份擢升都察院,咸丰时,历任江南道监察御史、贵州道监察御史。咸丰六年(1856),沈葆桢任广信知府。太平军攻城,当时,沈葆桢正陪同工部右侍郎廉兆伦外出征办军粮、军饷。广信城里的400守军,听说弋阳已失守,纷纷遁逃。城里只剩下知县、参将、千总和知府夫人林普晴,形势十分危急。在危急关头,林普晴显示了将门名

臣之女的风范,她刺破手指写血书,派人向林则徐以前的部下、驻扎在浙江玉山的提督饶廷选求援。第二天,沈葆桢赶回了广信,不久援兵也赶到,七战七捷,击退太平军。林普晴从此名闻远近。

西河世泽鼎盛
九牧流芳无疆
广东南雄梅岭山珠玑巷林氏宗祠联。

根盘江南莆田县
叶茂山东不夜城
山东文登林氏宗祠联。上联说本支林氏由福建莆田迁徙而来。下联"不夜城",指文登,据《齐地纪》载,古时候,有太阳夜里出现,在东莱可见到。所以菜子立此城,以'不夜'为名。

唐宋元明,五百进士三顶甲
高曾祖考,十二宰相九封侯
江西东乡林氏宗祠联。

捷报新传,百载冤仇今尽雪
将军虽去,千寻大树永凌云(胡乔木)
福建福清海口镇岑兜村黄螺山林氏宗祠联。

敦谊明伦,即此是敬宗尊祖
本修德立,如斯乃孝子贤孙
台湾南投竹山镇林氏"敦本堂"联。

松木公,椒木叔,木木成林皆公叔

崇山宗,岐山支,山山叠出亦宗支(林召棠)

广东中山大涌镇安堂村林氏宗祠联。

家之兴在礼义,朔望参谒者礼义之本

族之大在孝敬,春秋祭祀者孝敬之源

福建漳浦浯江镇海云村林氏家庙联。

崇以忠,崇以信,忠信承先,本本源源绵世泽

德言孝,德言慈,孝慈裕后,支支派派衍长林

福建南靖新村镇林氏祖庙"崇德堂"联。

何

堂开三桂

学贯六经

上联指北宋何述。苍南《庐江郡何氏宗谱》记载:"北宋建州浦城(今福建浦城)人何述,神宗元丰二年(1079)进士,官徽猷阁待制,出知永兴军。其子何去非,神宗元丰五年(1082)进士。曾孙何修辅也中进士。"时称闽北"三桂"。家中建有"三桂堂"。旧时以"折桂"比喻科举及第。

这个记述与史实稍有出入。史载,何去非,字正通,北宋军事理论家。曾多次考进士不第。神宗元丰年间,经文学家曾巩推荐,廷试对策论用兵之要,因成绩优等,任右班殿直、武学教授。迁左侍禁,参与校订《武经七书》,升任武学博士。又善于做文,其文雄劲卓立。哲宗时,文学家苏轼读了他的军事理论著作《备论》,惊叹道:"此班马(班固、司马迁)之才!"还著有《司马法讲义》《三略讲义》等。

下联指东汉经学家何休。

清名第一

治行无双

上联指三国魏玄学家何晏。何晏字平叔,南阳宛县(今河南南阳)人。汉末大将军何进的孙子。曹操纳何晏的母亲为妾,何晏被收养,深得曹操宠爱。少年时就以才秀知名,好老庄之言。长相俊美,"美姿仪而绝白","行步顾影"。据晋代裴启《语林》载,魏文帝见他如此白皙,怀疑他搽了粉。就在夏天让他吃"热汤饼,既啖,大汗出,随以朱衣自拭,色转皎然(白净)"。人称"傅粉何郎"。娶魏金乡公主,服饰拟于太子。因生得貌美,被魏文帝曹丕所嫉憎,称其为"假子",不授他官职。明帝认为他浮华,也一直贬抑他。直到正始年间,曹爽执政,曹爽很欣赏何晏,因而累官侍中、吏部尚书,主持选举,授爵列侯。因仗势专政,后来为司马懿所杀。

下联指东汉水利学家何敞。何敞字文高,扶风平陵(今陕西咸阳西北)人。何敞性情耿直公正,"趣舍不合时务",朝廷征召他时,常称疾不应。元和年间,太尉宋由请他在府中做事,"待以殊礼"。因为何敞"论议高,常引大体,多所匡正",连司徒袁安也深为敬重他。

和帝时,任侍御史、尚书,数次上书,斥责专政的外戚窦宪等贪暴专横,力言为政以节省浮费、赈恤穷孤为要。出为济南王太傅,以宽和著称。

人物东西晋

声名大小山

上联指东晋大臣何充。何充字次道,庐江灊(今安徽霍山)人,"风韵淹雅,文义见称"。东晋初年,为大将军王敦的主簿。王敦之兄王含当时为庐江郡守,贪污狼藉。王敦曾经对人们说:"家兄在郡名声非常好,庐江人士都在称赞他。"何充正色道:"我就是庐江人,所听到的却大相径庭。"当场让王敦哑口无言。

何充后历任中书侍郎、东阳太守,深为明帝和宰相王导所器重,由王导举荐为吏部尚书,进中书令参录尚书事(宰相)。何充喜欢饮酒,颇为名士刘惔(字真长,沛国相人,娶明帝女庐陵公主,官至丹阳尹)所责。刘惔常说:"见次道饮,令人欲倾家酿。"意思是,何充路上想饮酒了,就让人家把家里所存的酒都拿出来,喝个痛快。

下联指南朝庐江灊人何求、何点、何胤三兄弟。他们学问广博，不愿做官，先后归隐于会稽若邪山云栖寺。何求死后，人称何点为"大山"，何胤为"小山"。

世擅文明，雅重庐山之韵
家传将略，克收石岭之功

上联指南朝梁人何思澄。何思澄字元静，东海郯县（今山东郯城西北）人。少年时勤学，工于文辞。由南康王侍郎起家。天监年间被举为学士，后自廷尉正迁治书侍御史，至武陵王录事参军。何思澄与宗人何逊及子何朗俱有文名，时称"东海三何"。

下联指北宋太原人何继筠。何继筠字化龙，后周大将何福进之子。宋太祖时，任建武节度、棣州防御使，沉勇而有智略。前后守边 20 年，与士卒同甘共苦。

开宝年间，太祖赵匡胤亲征北汉的晋阳（今山西太原），契丹派兵援助北汉。太祖紧急召见何继筠，当面告诉他作战计划，并且拨给他数千精锐士兵，命他于石岭关（今山西阳曲）抵御契丹援军，对何继筠说："明天中午，我等待你的捷报传来！"何继筠率军与契丹兵展开激战，大获全胜，生擒其武州刺史王彦符，斩首千余，并缴获马匹、兵器、盔甲无数。何继筠即派其子何承睿报告胜利的消息。

千秋共识庐江郡
六皖先开宰相家

安徽枞阳青山何氏宗祠联。上联指何氏郡望，下联指明代宰相何如宠。

修善积德，名存万载
自始受姓，功盖千秋

江西上犹何氏宗祠联。

庐山树千枝，看看还是一本
江河水万脉，想想终归同源

江西上犹何氏宗祠联。

肇迹源庐江以来,源远流长,都是渊源一脉
宗祠在狮岛之上,敦宗睦族,还看继述千秋
何氏宗祠联。

缔造果然难,历十五年掌握筹持,差幸科岁偕来,免傍他人门户
守成也不易,愿千百世灵钟毓秀,喜见英才蔚起,共扶一族纲常
福建长汀何氏宗祠"学海堂"联。

高

三年泣血

八战铭功

上联指春秋时卫国人高柴。高柴字子羔,又称子皋、子高、季高,比孔子小30岁。高柴身高不满五尺,在孔子门下受业,孔子认为他憨直忠厚。子路在季氏那里任职,举荐高柴去做费邑宰。孔子怕他不能胜任,说:"这是害了人家的儿子啊!"鲁哀公十五年,卫国政变,高柴急忙逃离卫国,并劝子路不要回宫里去,子路拒绝他的劝阻,结果回宫后遇害。

高柴以尊老孝亲著称,为双亲执丧礼时,泣血(哀痛至极,哭泣无声,如血出)三年。拜孔子为师后,从未违反过礼节。任卫国狱吏时,不徇私舞弊,按法规办事,为官清廉,执法公平,有仁爱之心,受到孔子的称赞和民众的赞扬。

下联说唐代将领高崇文。高崇文性情朴重寡言。贞元年间,跟随韩全义镇守长武城,治军有很好的名声,官至金吾将军。吐蕃兵进犯宁州时,他率兵抵御,大获全胜,因功封渤海郡王,入朝为御史大夫。

剑南西川节度使刘辟反叛时,经宰相杜黄裳推荐,高崇文以左神策行营节度,率兵前往讨伐,在鹿头山八战八胜,活捉刘辟。以平蜀之功,进检校司空、西川节度

图文珍藏版

高崇文读书不多,厌烦案牍工作,便请求捍卫边疆。官至于同中书门下平章事(宰相)、邠宁节度使。

女中尧舜
学本程朱

上联指宋英宗高皇后。高皇后,乳名滔滔,亳州蒙城(今安徽蒙城)人,出身于官宦世家,其小姨为仁宗皇后(曹太后)。她4岁时被接入宫,由小姨抚养,由仁宗和曹皇后做主定亲,后被英宗册封为皇后。生宋神宗。神宗病逝后,9岁的哲宗继位,她以太皇太后的身份"权同听政",实际执掌朝政9年。

由于高太后廉洁自奉,处事公正,"临政九年,朝廷清明,华夏绥定","文思院奉上之物,无问巨细,终身不取其一",因此被称为"女中尧舜"。

下联指明代文学家、政治家高攀龙。高攀龙字存之,又字云从、景逸。无锡(今属江苏)人。万历年间进士,授行人。上书指责万历皇帝,被贬谪为揭阳县典史,又逢亲丧家居,三年不被起用。在此期间,他与顾宪成在家乡东林书院讲学,抨击阉党、议论朝政,影响较大,时人称为"东林党"。

天启初年,高攀龙被召入朝任光禄寺丞,又升少卿。后任大理少卿、刑部右侍郎、左都御史,与左副都御史杨涟等上书弹劾太监魏忠贤,揭发魏忠贤的党羽崔呈秀贪污受贿事状,反被革职返乡。后崔呈秀派锦衣卫缇骑前往逮捕,他投池水自尽。

技工翦马
兆应射雕

上联指南北朝时东魏权臣、北齐的实际创建者高欢。高欢祖籍渤海蓨(今河北景县南),字贺六浑。先后参加破六韩拔陵、杜洛周、葛荣等起义军,后随葛荣投奔尔朱荣,任晋州刺史。尔朱荣死后,他依靠鲜卑武力,联络山东士族,掌东魏兵权,称大丞相。后逼孝武帝西奔长安,另立孝静帝,执掌朝政达16年。死后,其子高洋代东魏建立北齐后,追尊他为高祖神武帝。

高欢在尔朱荣部中时,一次,尔朱荣让他去羁一匹恶马(把马腿交叉绑起来),他不用羁绊就完成了,那马竟也不踢不咬,他说:"对付恶人也应该这样!"从此得到尔朱荣的信任。

下联指唐末大将、诗人高骈。高骈字千里,先世为渤海人,迁居幽州(今北京)。懿宗时,先后在荆南(今湖北江陵)、镇海(今江苏镇江)、淮南(今江苏扬州北)等地任要职。

高骈初任朱叔明的司马时,一天,有两只大雕从天上飞过,他说:"我如果能富贵,就应该射中。"果然一箭射落二雕,当时号称"落雕御史"。

豹变隐雾

鸿渐表仪

上联指东汉隐士高凤。高凤字文通,南阳叶(今河南叶县)人。少年时为书生,家里以农商为业。他专心读书,昼夜不息。一次,妻子要下田,让他看护场上晒的麦子。他却手执竹竿,口诵经书,连雨水把麦子冲走了还不知道。

直到老年,高凤仍"执志不倦,名声著闻",成为名儒。太守接连召请他出来做官,他却说自己本是巫人(算卦先生),不适合做官;甚至说自己曾经和守寡的嫂子为田地而打官司,道德并不高尚。后来,高凤把财产都给予侄子,自己则隐身渔钓。

"豹变隐雾",出自汉代刘向《列女传·陶答子妻》,是说南山的黑豹子因为雾雨而多日不下山觅食,是为了保护自己的皮毛。后用来比喻洁身自好,隐居不仕。

下联指东汉高彪。高彪字义方,吴郡无锡(今属江苏)人。家庭贫寒,他为诸生到太学读书,后举孝廉,试经第一,任郎中,在东观校书,多次上奏赋、颂、奇文,因事讽谏,汉灵帝感觉他是个奇异之人,下诏在东观张挂他的画像,以劝学者。

"鸿渐表仪",出自《易·渐》,说鸿鸟飞到高处,而能不以位自累,其羽毛可用为物之仪表。意思是处于高位而能自持,则可作为表率。后以"鸿渐之仪"为对人风采、才能的赞词。

供侯世德

渤海家声

广东梅州高氏宗祠"供侯堂"联。

一门五举子

三步两道台(赵鹤清)

云南姚安光禄镇土官衙门高氏故里联。

渤海家声远

洪溪世泽长

安徽旌德高甲村高氏宗祠联。上联说高氏郡望;下联嵌"洪溪",为祠西水名。

渤海家声远

龙门世泽长

福建长乐龙门村高氏宗祠联。

从安海、溯渤海,海阔渊源远

由凤山、迁平山,山秀人文多

福建安溪大坪乡高氏宗祠联。全联指本支高氏族人的迁徙历史。

梁

三清居士

七序名言

上联指清代大臣梁诗正。梁诗正字养仲,号芝林,浙江钱塘人。青年时擅长文学,曾偕同杭世骏等六人结"月课诗社",有《质韦集》行世。雍正时以探花进士及第,授编修。乾隆年间历官礼部、吏部侍郎,户部、工部尚书,官至东阁大学士(宰相)、翰林院掌院学士。曾奉命选《唐宋诗醇》,任续文献通考馆总裁,草定《续文献通考》体例。常随乾隆皇帝出巡,凡重要文稿,多由他起草。

梁诗正又善书法,初学柳公权,继参赵孟頫、文徵明,晚师颜真卿、李邕。其子梁同书家为著名书家。

梁诗正因职位清高而掌握枢要,他的同乡、《四库全书》总裁王际华称他为"三清(玉清、太清、上清)居士"。

下联指东汉文学家梁竦。梁竦字叔敬,安定郡乌氏(今宁夏固原)人。名臣梁统之子。他自幼学习刻苦,理解能力强,所以在少年时代就闻名乡里。他对儒家的经典名著《周易》有深入的研究,并且开始招徒讲学。正当他准备施展抱负的时候,祸从天降,汉明帝永平年间,因兄长遭人诽谤,全家被发配到交州九真郡(今越南清化、义静一带)。途经湘江时,梁竦有感于伍子胥(春秋楚、吴大臣)、屈原(战国时期楚国思想家、文学家)的遭遇,联想到自己的处境,挥笔写下《悼骚赋》,借以抒发自己怀才不遇、报国无门的思想和苦闷心境。

后来,梁竦一家遇赦回到故乡。他发奋读书,研究历代名家经典,并理论联系实际,将自己的思想感情、人间世态民情糅合在一起,创作出一部新著——《七序》。新作的问世,立即在社会上产生了巨大的影响。著名史学家、文学家班固为《七序》作序,并给以极高评价:"孔子著《春秋》而乱臣贼子惧,梁竦作《七序》而窃位素餐者惭。"

梁竦后半生对政治不感兴趣,潜心于学术研究,朝廷多次召他为官,都被他一一拒绝。

石门教授

吴市高风

上联指明初学者、诗人梁寅。梁寅字孟敬,新喻(今江西新余)人。祖辈务农,家贫,靠自学博通百家,但屡试不第。后任集庆路(今江苏南京)儒学训导,仅两年即辞归回家。元末战乱时,隐居教书。明太祖朱元璋征天下名儒修述《礼》《乐》,他被征任,时年60多岁。在礼局中,讨论精审,诸儒都十分佩服他。书成后,要授官职时,他以年老有病为由推辞,回乡在石门山结庐,学者称他为梁五经、石门先生。

下联指东汉诗人梁鸿。梁鸿字伯鸾,扶风平陵(今陕西咸阳西北)人。家贫而博学,父亲死后,只能卷席而葬。东汉初,曾入太学受业,博通群籍。学毕,在上林苑牧猪,为当地人所敬重。后回平陵,娶孟氏女子。孟氏面貌丑陋而有贤德,梁鸿为她取名孟光,字德曜。夫妻一起入霸陵山中隐居,以耕织为业。

汉章帝时,梁鸿因事出函谷关,经过京城洛阳,见宫室华丽,作《五噫歌》以讽刺时政,为朝中忌恨,章帝下诏搜捕。他于是改名易姓,与妻子隐居齐、鲁之间。后又往吴(今江苏苏州),寄住皋伯通家,居于廊下,为人当佣工舂米。梁鸿深得妻孟光敬仰,每天回家吃饭,孟光都举案(盛饭食的托盘)齐眉,奉上饭食,表示敬爱。东家看到了,认为妻子对丈夫如此敬重,可见并非一般佣工,便礼遇之。梁鸿便在当地闭门著书。

安定世泽

魁首家声

上联指梁氏郡望。

下联指宋初梁颢。梁颢字太素,郓州须城(今山东东平)人。早年丧父,被叔父收养。他自幼喜好读书,可是因家境贫寒,买不起书。梁颢只好借别人的书,连夜抄出来,然后再仔细钻研。他不但对借来的书籍倍加爱护,而且向来是按时归还,很守信用。

梁颢第一次到京城应试,未能得中,他上书朝廷,对完善科举制度提出建议。雍熙二年(985),他再次参加进士考试,终于在殿试所取 179 名进士中夺得第一,状元及第,年仅 23 岁。

梁颢中状元后,被任命为大名府观察推官,两年后召为右拾遗、直史馆。累官至殿中丞、右司谏。真宗初年,下诏书让大臣们言事(提意见)。当时梁颢出使陕西,在途中献《听政箴》。回京后,任度支判官。不久,与杨砺同知贡举,与钱若水重修《太祖实录》。咸平年间,契丹侵扰边境,他随真宗亲征,至大名时,上疏论用兵赏罚不明之弊,并献骑兵奔袭之术,得到朝野交口称赞。景德初年,权知开封府,得暴病身亡。

桴鼓助夫,争传红玉

坠楼殉主,不愧绿珠

上联指南宋著名抗金女英雄梁红玉。梁红玉,史书中不见其名,只称梁氏。红玉是其战死后,各类野史和话本中所取的名字。最早见于明代张四维的传奇《双烈记》:"奴家梁氏,小字红玉。父亡母在,占籍教坊,东京人也。"其实,梁红玉原籍池州(今安徽贵池),祖父和父亲都是武将出身,她自幼随侍父兄,练就了一身好武艺。

宋徽宗宣和年间,方腊起义爆发。梁红玉的祖父和父亲都因在平定方腊之乱中贻误战机,获罪被杀。梁家由此中落,梁红玉也沦落为京口营妓(即由各州县官府管理的官妓)。

后与韩世忠相识,结为眷属。此后,梁多次随夫出征。

建炎年间,韩世忠在京口和金兵的金兀术在黄天荡对峙。当时,金兀术拥兵10万,战舰无数,而韩世忠只有8000疲兵。韩世忠听取梁红玉的计策,由韩率领小队宋兵诱金兵深入苇荡,再命大队宋兵埋伏,以梁红玉的鼓声为命,以灯为引,用火箭石矢焚烧敌船。金兵果然中计,梁红玉站在擂鼓台,韩世忠率船队迎战,战鼓响起,金兵被韩世忠引入黄天荡。梁红玉三通鼓响,埋伏的宋军万箭齐发,顿时火光冲天,金兵纷纷落水,弃船逃命,死伤无数。梁红玉以灯为引,指挥宋军把金兵打得落花流水,从此名震天下。

后来,梁红玉独领一军,与韩世忠转战各地,多次击败金军。绍兴年间,随夫出镇楚州,"披荆棘以立军府,与士卒同力役,亲织箔以为屋"。与金军、伪齐镇淮军战于山阳等地。后因遭遇金军围攻,力尽伤重落马而死。金人也感其忠勇,将其遗体示众后送回,朝廷闻讯,大加吊唁。韩世忠病逝后,夫妇被合葬于苏州灵岩山下。

下联指西晋梁绿珠。绿珠,传说原姓梁,生在白州(今广西博白)境内的双角山下,绝艳的姿容世所罕见。大臣石崇任交趾采访使时,以珍珠十斛得到了绿珠。绿珠善吹笛,又善舞《明君》曲。妖媚动人,善解人意,尤其得到石崇的宠爱。

石崇在朝廷里投靠的是贾谧,贾谧被杀后,石崇也被免官。当时,赵王司马伦专权,石崇的外甥欧阳建与司马伦有仇。依附于赵王伦的孙秀暗慕绿珠,过去因石崇有权有势,他只能兴叹而已。现在石崇被免职,他便明目张胆地派人向石崇索取绿珠。石崇勃然大怒:"绿珠是我所爱,他根本别想!"使者当场就威胁说:"君侯博古通今,还请三思!"使者回报后,孙秀大怒,劝赵王伦诛石崇。于是,赵王伦真的派兵到金谷园围攻石崇。石崇对绿珠叹息说:"我现在因为你而获罪了。"绿珠流着泪说:"愿效死于君前!"于是坠楼而死。

灞陵亮节

安定名宗

广东鹤山官洲梁公祠联。

少白宏篇红线女

卓如杰作墨经书

上联指明代戏曲作家梁辰鱼,作有昆曲《红线女》等,下联指梁启超,曾撰有《墨经校译》等著作。

建阙修宫,周翰献五凤楼赋

为官作宰,清慎勤三字符方

上联指宋代翰林学士梁周翰,下联指明代良吏梁孟敏。

溯千年血统,似续相承,废专制行共和,改革先从家庭起

入廿纪盘涡,竞争益烈,以保种为爱国,救时还赖子孙贤(梁启超)

广东新会梁氏宗祠联。

郑

艺工三绝

文成一家

上联指唐代著名文学家、书画家郑虔。郑虔字若齐(又字弱齐、若斋),荥阳(今属河南)人。他是盛唐一位精通天文、地理、博物、兵法、医药等,近乎百科全书式的一代通儒,诗圣杜甫称赞他"荥阳冠众儒""文传天下口"。开元初年,在太子的东宫任主簿(类似于秘书),因其出众的才学,受到宰相苏颋的欣赏,结为忘年之交。后任左监门录事参军、协律郎,掌"调和律吕,监试乐人典课",为宫廷文艺总管。公务之余,集缀当朝异闻,初成草稿 80 余卷,不幸被人诬告为"私撰国史",他仓皇中焚了书稿,仍然因罪被贬 10 年。

李隆基

天宝年间,玄宗李隆基爱其才华,召还京师。他作山水画一幅,并题诗献上,玄宗大加赞赏,御署"郑虔三绝",并于最高学府国子监特置广文馆,诏授首任博士,人称"名士""高士",时号郑广文。后迁著作郎,掌撰朝廷碑志、祝文、祭文等。"安史之乱"爆发,文武百官被掳去洛阳,安禄山授他伪水部郎中,他托病未就,并秘密写信给肃宗,以表忠心。"安史之乱"平息后,却以三等罪贬为台州司户参军。

下联指南宋文学家、文艺批评家郑厚。郑厚字景韦,莆田(今属福建)人,世称溪东先生,又称湘乡先生。史学家、文学家郑樵的从兄。靖康初年,北方强敌金兵屡屡侵犯,国家处于空前的危难之中,郑厚兄弟一起联名向朝廷上书,陈述兄弟俩的抗金志向和报国才能。并自信一旦得到朝廷起用,就能使国家转危为安。但由于种种原因,他们的愿望一直没有实现。

郑厚于南宋高宗绍兴年间,中福州乡试第一名,继而得礼部奏赋第一名,被主考官评为"索之古人中,当无一二"。进士及第后,历任泉州观察推官、广南东路茶盐司干办等。因忤逆权相秦桧,被罢免。直到秦桧死后,才起用为昭信军节度判官,后至潭州湘乡知县。

　　贤传欧母
　　巧乞采娘

上联指北宋文学家欧阳修的母亲郑氏。欧阳修4岁丧父,随叔父在今湖北随州长大。家境贫寒,甚至到了"无一瓦之覆、一垄之植,以庇而为生"的地步。因为买不起纸笔,母亲郑氏看到屋前的池塘边长着荻草,就用荻草秆儿在地上画,教他认字、写字。这便是为后人传为佳话的"画荻教子"。欧阳修自幼酷爱读书,常从城南李家借书抄读。他天资聪颖,又刻苦勤奋,往往书不待抄完,已能成诵。少年时的习作,包括诗赋文章,文笔老练,有如成人,其叔由此看到了家族振兴的希望,曾对欧阳修的母亲说:"嫂无以家贫子幼为念,此奇儿也!不唯起家以大吾门,他日必名重当世。"

母亲病逝后,欧阳修将母亲的遗体运送故乡安葬。他写《先妣事略》一文,叙述母亲含辛茹苦的一生,悼念之情倾注文中。

当时的清江知县李观祭欧阳修母亲的祭文是:"昔孟轲亚圣,母之教也。今有子如轲,虽死何憾。尚飨!"全文虽只有20字,但比类确切,颂扬得体,千言万语尽在其中。

下联指郑侃之女采娘。据唐代冯翊子子休的《桂苑丛谈·史遗》记载，郑侃的女儿采娘，七月初七乞巧日祭织女，梦中见织女授其神针，从此，她刺绣的技艺果然特别出色。后以"金针度人"比喻把秘法、诀窍传给别人。

尚书世禄
通德名门

上联指东汉大臣郑均。郑均，字仲虞，任城（今山东济宁）人。年轻时好黄老之学。其兄为县吏，常常接受别人的礼物，他劝说道："物品随时都可以得到，但为吏贪赃，要毁坏终身呀！"后养寡嫂孤儿，恩礼备至。章帝时，公车特征为尚书。数进忠言，后称病归，章帝赐尚书禄以终身，号"白衣尚书"。

下联指东汉经学家郑玄。郑玄字康成，北海高密（今山东高密）人。家世显赫，但到郑玄出生时，郑氏家族已经败落了。郑玄自少年时就一心向学，确立了学习经学的志向，终日沉浸于书卷中，孜孜以求。他不尚虚荣，天性务实。十几岁的时候，他曾随母亲到外祖父家做客，当时客人很多，在座的十多位客人都衣着华美，一个个夸夸其谈，显得很有地位和派头。唯独郑玄默默地坐在一旁，其母见状，感到面上无光，便暗地里督促他出头露面，显露点才华，表现点阔绰和神气。郑玄却不以为然地说，这些庸俗的场面，"非我所志，不在所愿也"。

成年后，郑玄从师经学博士第五元先，学了《京氏易》《公羊春秋》《三统历》《九章算术》等。又从东郡张恭祖学习了《周官》《礼记》《左氏春秋》《韩诗》《古文尚书》等。又通过友人卢植的关系，西入关中，拜当时全国最著名的经学大师马融为师，以求进一步深造。这一年，郑玄33岁。郑玄在马融门下学习了7年，因父母老迈需要归养，就向马融告辞回山东故里。马融此时已经感到郑玄是个了不起的人才，甚至会超过自己，他深有感慨地对弟子们说："郑生今去，吾道东矣！"意思是说，由他承传的儒家学术思想，一定会由于郑玄的传播而在关东发扬光大。

后来，郑玄遍注群经，集经学之大成，创立"郑玄学派"，一生著述达百余万言，对后世影响深远。学者孔融对他十分敬重，为他在高密特地设立一个乡，叫郑公乡；并广开门衢，称"通德门"。

通德门联阀阅

尚书履响蓬莱

上联指郑玄。

下联指西汉大臣郑崇。郑崇字子游，高密人。成帝时为郡文学史，至丞相大车属。哀帝时，为尚书仆射。

哀帝准备封祖母傅太后的从弟傅商，郑崇极力谏阻遭到傅太后的极度厌恶。一些权贵趁机诽谤郑崇，说他与宗族勾结，欲有他为。哀帝责备郑崇说："你家门庭若市，凭什么禁止主上？"郑崇对道："臣门如市，臣心如水。请您明察！"

下联指郑崇初被哀帝宠信时事。那时，郑崇经常穿着皮底鞋进见，哀帝常说："我能听出来郑尚书的履声。""蓬莱"，这里指皇宫。

荥阳绵世泽

秋浦振家声

安徽东至莺山牌楼下村郑氏宗祠联。

孝义振家声，江南第一

凤麟辉睿藻，朝右无双

江南郑氏宗祠联。

翼子贻孙，济济居同九世

规曾矩祖，绵绵义尚一门（黄天仑）

浙江浦江郑氏义门中庭联。

鲁岱凤高，千古鹿山同景仰

潜溪派衍，一环麟水足渊源

山东郑氏宗祠联。

派衍广文之裔,文子文孙,克绍薪传于此日

家垂经学之遗,学诗学礼,无忘庭训于当年

浙江台州郑氏宗祠联。

计汉祚东徙,垂二千年,外资闾寄、内托鼎司,磊落聚多英,文苑子孙皆国器

溯颍水西来,经十余郡,三户庸氓、七品小官,善良熏厥里,德门家法仰人师

安徽桐城水圩村郑氏宗祠联。

罗

江左之秀

湖海散人

上联指东晋末阳人罗含,字君章,号富和。幼年失去父母,依叔母朱氏成人。年轻时博学能文,不慕荣利。荆州刺史曾三次召他为官,他都没有答应。

后来,杨羡任荆州将军,仰慕其才学,引荐他为主簿。再三推辞不了时,罗含这才就任。咸和年间,荆州刺史庾亮又举荐罗含为江夏从事,江夏太守谢尚赞扬罗含为"湘中之琳琅"。不久,升任为荆州主簿。征西大将军桓温到荆州后,极重其才,誉之为"江左之秀"。任他为征西参军,后转任荆州副驾。为避喧闹,他在城西小洲上建茅屋数椽,伐木为床,编苇作席,布衣蔬食,安然自得。

下联指元末明初小说家罗贯中。罗名本,号湖海散人,太原(今山西太原西南)人。撰有长篇小说《三国志通俗演义》《隋唐志》《残唐五代史演义》等,还有杂剧剧本《风云会》等。

据说罗贯中写《三国演义》时,有一股拼命劲儿,其痴迷的程度,令人叫绝,现在还流传着他专注为文、难以自拔的逸闻趣事。

某日,罗贯中又一股脑儿钻进文字阵的时候,家里忽然来了一个乞丐。乞丐哀求施舍点米粮。这时,罗贯中正好写到《群英会蒋干中计》一回,周瑜带着蒋干至

帐后察看营粮。在听了乞丐的哀求后，罗贯中喃喃回道："营内粮草堆如山积，即可取之！"乞丐见主人如此慷慨，便肆无忌惮地搬起米粮。此时，一个在窗边窥探的小偷见状，索性尾随进屋，两人合力将米粮搜刮个精光。

"老天，怎么缸底朝天？粮食到哪儿去啦？"他娘子回家后，急得哭出泪来！这时，走笔至《出陇上诸葛妆神》一回的罗贯中，听娘子呼天抢地，便顺口应道："吾料陇上麦熟，何不食之？"其实，当时田里的麦子，还是幼苗。娘子知道他写书成了"痴呆"，便只好叹了口气，向邻居借米做饭。

好不容易盼到了麦熟时节。不料还未及下肚，罗家的麦田便引来成群的野猪狂食。他娘子对付不了，央求罗贯中想想法子。这会儿正写到《关云长放水淹七军》的他，居然学起关公的语气叫道："欲操胜算，放水淹之！则罾口川之兵，皆为鱼鳖矣。"娘子听了，连忙引水尽淹麦田……结果呢，猪是赶跑了，麦子也全淹了。

"怎么办？这东倒西歪的麦子……"娘子望着罗贯中。此时，《陆逊营烧七百里》正好收笔，只见罗贯中站起身来，五步并作三步冲往麦田，准备点火："速速火攻，速速火攻！以火取之啊！"就在千钧一发之际，他瞥见娘子惊惶的眼神，竟如身受电击……这把火，最后转了个弯，给抛到了河里。

围观的众人见他悬崖勒马，相互称庆。更有人说，罗才子总算醒了，从世间的另一头回来了！满怀歉意的罗贯中，顾不得众人的眼光，一个箭步在他娘子面前跪下，跟爱妻认错："呜……孙夫人，千错万错，都是玄德我的错！念在夫妻一场，你便饶了我吧！"众人听后，绝倒。

龟山受学

鸟梦征奇

上联说北宋理学家罗从彦。罗从彦字仲素，学者称豫章先生，剑州剑浦（今福建沙县）人。早年师从吴仪，以穷经为学。崇宁初年，曾与宋代理学奠基人程颢、程颐的首传弟子杨时讲《易》，杨时大喜，说："惟从彦可与之言道，吾弟子千余人无及得从彦者。"致和时，在龟山师从杨时，学成后筑室山中，倡道东南，跟他求学者很多。其中，有名望的如朱松（理学泰斗朱熹之父）、李桐（后成为朱熹的老师）。程、罗、李、朱后来成为闻名后世的四大名儒。建炎年间，罗从彦曾任博罗县主簿，任职期满后，入罗浮山隐居，穷天地万物之理及古今事变之归，前往求学者更多。明初洪武年间，与文天祥、朱熹、诸葛亮、颜真卿等同祀于孔庙。

下联说东晋罗含。相传，罗含曾于梦中吞下五色鸟，从此文思大进。

诗耽郑女

曲感赵王

上联说唐末诗人罗隐。罗隐字昭谏，新城（今浙江富阳）人。本名横，因为十次考进士不中而改名。大中年间至京师，应进士试，历七年不中。咸通时，自编其文为《谗书》，更为统治者所憎恶，所以罗衮赠诗说："谗书虽胜一名休。"后来又断断续续考了几年，总共考了十多次，自称"十二三年就试期"，最终还是铩羽而归，史称"十上不第"。黄巢起义后，为避乱隐居于九华山，光启年间，55岁时归乡依吴越王钱镠，历任钱塘令、司勋郎中、给事中等职。

在咸通、乾符年间，罗隐与罗邺、罗虬合称"三罗"。所作散文小品，笔锋犀利；诗有讽刺现实之作，多用口语。著有《甲乙集》《谗书》等。"耽"，指非常喜爱。据说，当时宰相郑畋的女儿十分爱读罗隐的诗。

下联说战国时赵国邯郸女子罗敷。罗敷是赵王家令王仁的妻子，曾出城在陌上采桑，赵王登台看见了她，很喜欢，要强娶她，并且已经准备了酒席。罗敷善弹筝，不从赵王，于是，作《陌上桑》诗自我表白。赵王听了她的曲子和诗歌，只得作罢。

清推忠节

明著文庄

上联指清末湘军将领罗泽南。罗泽南字仲岳，号罗山，湖南湘乡人。其家赤贫，祖父常常典当衣服换米。罗泽南学习十分刻苦，夜暗无灯，就到月下读书，疲倦了就露宿到天亮。19岁时，就能够授徒自给。咸丰初年，由附生举孝廉方正。因抗击太平军，积功由训导相继加按察使、布政使衔。罗泽南工诗及古文，曾与曾国

·姓氏名联·

图文珍藏版

藩标榜程朱理学,著有《西铭讲义》《姚江学辨》。死后谥忠节。

下联指明代学者、舆图学家罗洪先。罗洪先字达夫,号念庵,江西吉水人。嘉靖年间状元,曾官翰林院修撰、春坊左赞善,因上疏得罪世宗,被削官为民。从此,甘于淡泊,潜心治学,曾精研舆地,用十几年时间撰《广舆图》。著作有《念庵集》。死后谥文庄。

罗洪先在担任修撰历史工作和给皇帝讲授经书的讲官时,有机会"考图观史","尝遍观天下图籍,虽极详尽,其疏密失准,远近错误,百篇而一,莫之能易也"。罗洪先认为元代朱思本的《舆地图》"长广七尺,不便卷舒",便按计里划方的网格法加以分幅转绘,并把收集到的地理资料补入新图,取名为《广舆图》。图中共有山、河、路、界、府、州、县、驿等24种地图符号。首先在舆图中标示出地图符号的图例,这在世界上也是创举,表明中国测绘制图工作者开始形成"制图综合"的概念。明嘉靖三十四年(1555),第一次刊印《广舆图》。直至清初《皇舆全览图》问世以前,国内出版的一些地图集,多受《广舆图》的影响。

百代孝慈,毋忘先泽
千年支派,不坠家声
安徽宿松罗氏宗祠联。

派衍连城,敢云声价千金重
系开郏国,还念恩流一脉长
台湾苗栗铜锣乡罗氏宗祠"豫章堂"联。

慈孝友恭,启迪后人昭世德
诗书礼乐,缵承先绪振家声
广东深圳龙岗罗瑞合村罗氏宗祠联。

鸟迹微奇,藻思发琳琅之笔(罗含)

钱江互瑞,倡言成吴越之功(罗隐)

安徽芜湖罗祠村罗氏宗祠联。

瀛海衍宗枝,系出豫章,一脉渊源承故郡

香港崇昭穆,祠成元朗,八方祀事启新基

香港特别行政区元朗罗氏宗祠堂联。

寝庙卜迁,兹瞰鼓桑澜回,派启湖田流愈远

墓门欣在,迤望金峦霞起,采联平地焕重光

湖南湘潭罗氏支祠联。

几番辛苦、数载经营,看此时竹茂瑶阶,笋翠流丹,瑞气接砖桥烟雨

万世馨香、百年统绪,待而辈花探杏苑,拖青纤紫,衣冠增宗族光辉

安徽庐江砖桥乡罗氏宗祠联

宋

广平守法

皇嗣延师

上联指唐代大臣宋璟。宋璟,河北邢台人。经武宗、中宗、睿宗、殇帝、玄宗五帝,在任52年。一生为振兴大唐励精图治,终于与姚崇同心协力,把一个充满内忧外患的国家,改变为政治、经济、文化、军事处于世界领先地位的大唐帝国,史称"开元盛世"。

宋璟品行高尚,爱民恤物。朝野赞誉宋璟为"有脚阳春"(王仁裕《开元天宝遗事》)。意思是他走到哪里,哪里就似春风煦物,备感温暖。史称"唐世贤相,前称房(玄龄)杜(如晦),后称姚宋",其政绩卓著,为唐代"四大名相"之一。

下联指明初文学家宋濂。宋濂字景濂,号潜溪,别号玄真子、玄真道士、玄真遁

叟。浙江浦江人。家境贫寒,但自幼好学,一生刻苦学习,"自少至老,未尝一日去书卷,于学无所不通"。元朝末年,元顺帝曾召他为翰林院编修,他以奉养父母为由,辞不应召,修道著书。

明洪武初年,宋濂就任江南儒学提举,与刘基、章溢、叶琛同受朱元璋礼聘,尊为"五经"师,为太子(朱标)讲经,并主持修《元史》,官至翰林学士承旨、知制诰。后因牵涉胡惟庸案,被贬谪茂州,中途病死。

父子同馆

兄弟联科

上联指北宋赵州平棘(今河北赵县)人宋皋、宋绶父子。曾同直集贤院。宋绶,字公垂,自幼聪明机警,为外祖父杨徽之所器重,尽得其家藏书籍。其母也颇知书,经常亲自训教。博通经史百家,文章出众。15岁时召试中书,宋真宗爱其文才,迁调大理评事,让他在秘阁读书。曾四次入翰林,参与编修《真宗实录》及国史,又历官参知政事(副相)、河南知府、兵部尚书、知枢密院事(宰相)。先后就削弱朋党势力、对付西夏进犯等事上书,多被仁宗采纳。

宋绶年少时读书不辍,家藏书万余卷,亲自校定,博览经史百家,其笔札尤其精妙。他去世后,皇帝多取其书、字藏于宫中。

下联指北宋开封雍丘(今河南杞县)人宋庠、宋祁兄弟,天圣年间同科中进士(宋庠为状元),又并有文名,时称"二宋"。

宋庠字公序,文学家,历任三司户部判官、知制诰、翰林学士。能明辨是非,敢直言诤谏。后两任参知政事、两任宰相。宋祁诗词语言工丽,其《玉楼春》词中有"红杏枝头春意闹"的句子,世称"红杏尚书"。

节高拒马

理悟谈鸡

上联指晋代隐士、学者宋纤。宋纤字令艾,敦煌人。少有远操,性情沉静,不与世人交往,隐居于酒泉南山。"明究经纬,弟子受业三千余人"。州郡请他做官,拒不答应，只与阴颐、齐好相友善。太守杨宣曾将他的画像悬挂于阁上，出入都要看一眼，仰慕至此。酒泉太守马岌，是人们公认的高尚之士，穿着整齐的服装，鸣锣敲鼓去拜访宋纤。宋纤躲在高楼重阁中，拒而不见。马岌只好失望而返。

自立为前凉国君的张祚，派使者备礼征宋纤为太子友，宋纤喟然叹道："我的品德赶不上庄子，才干比不上战国时魏文侯师段干木，怎么好意思让帝王的旨意在我这里滞留啊！"无奈何随使者到姑臧。张祚遣其太子太和以挚友之礼去见他，宋纤却称疾不见，所赠送的礼品也一概不受。

下联指晋代沛国人宋处宗。据《幽明录》载，兖州刺史宋处宗买得一只长鸣鸡，非常喜爱，精心喂养，用笼子挂在窗前观赏。有一天，这只鸡忽然开口说出人话，与宋处宗谈禅，而且妙趣横生。于是，宋处宗整天与它相谈，言辞才学大有长进。后来，人们就用"鸡谈"来称玄学清谈，而"鸡窗"就成了读书人书室的代称。

辞工九辩
制列八条

上联指战国时楚辞赋家宋玉。宋玉又名子渊，战国时楚国鄢（今湖北宜城）人。相传他是屈原的学生，曾在楚国顷襄王朝中做官。好辞赋，为屈原之后的著名辞赋家，与唐勒、景差齐名。《汉书·艺文志》录有赋16篇，今多亡佚。流传作品有《九辩》《风赋》《高唐赋》《登徒子好色赋》等。其中《九辩》最为著名，叙述了政治上不得志的悲伤，流露出抑郁不满的情绪。

宋玉是屈原诗歌艺术的直接继承者。在他的作品中，物象的描绘趋于细腻工致，抒情与写景结合得自然贴切，在楚辞与汉赋之间，起着承前启后的作用。后人多以"屈宋"并称，可见他在文学史上的地位。

下联指南北朝时北魏广平人宋世良。宋世良字元友，北魏西河介休（今山西介休）人。历仕北魏、东魏、北齐，官至东郡太守。

宋世良在清河太守任上时，郡东南有曲堤，是盗贼聚集的地方，他施行八条制度，使盗贼闻风逃跑。当时，有民谣说："曲堤虽险贼何益，但有宋公自屏迹。"任职期满离开那里时，人们倾城而出，攀住他的车辕，大哭挽留。

百世敬承槐里谏

千秋藏有锦袍诗

上联指微子启曾向纣王进谏。下联指明代宋濂,他告老还乡时,太祖朱元璋在饯行宴上赋诗:"白下开樽话别离,知君此后迹应稀。"宋接吟道:"臣身愿做衡阳雁,一度秋风一度归。"朱元璋大喜,赐他锦缎,说:"这是给你做百岁衣的。"

赋梅花、夺锦袍,诗人韵美

教书生、隔纱幔,才女名香

上联指唐代宋璟。下联指前秦太常韦逞母宋氏,苻坚为她建讲堂,招生员百余人,隔绛纱幔授业,称宋氏为宣文君。

祖德绵长,二妙十贤徽在昔

宗功久远,人龙士凤续于今

宋氏宗祠联。

武略著从龙,棣萼勋名,万里侯封谁与比

文章堪起凤,梅花格调,一朝相业迥非常

安徽无为蜀山镇宋氏宗祠联。上联指明初凤阳人宋晟,下联指唐代宋璟。

谢

乌衣望族

凤羽名流

上联指位于今江苏南京的乌衣巷。乌衣巷在南京文德桥南岸,是三国东吴时的禁军驻地。由于当时禁军身黑色军服,所以这里俗称乌衣巷。东晋时,王导、谢安两大家族,都居住在乌衣巷,人称其子弟为"乌衣郎"。入唐代后,乌衣巷逐渐沦为废墟。

下联指南朝宋诗人谢灵运的孙子谢超宗,陈郡夏阳人。刘宋时,曾任新安王国常侍。新安王的母亲死后,他写了谏文,当时皇帝见了,大加赞赏,对谢庄(谢安弟弟谢万的玄孙)说:"超宗非常出众,身有凤毛,简直是又一个谢灵运!"泰始初年,任建安王司徒参军、尚书殿中郎。萧道成任领军时,数次与谢超宗讨论文章,非常喜爱其才干。萧道成代宋建齐后,任他为黄门郎。有司奏请撰立郊庙歌,让司徒褚渊、侍中谢绌等10人并作,只有谢超宗的被录用。后因恃才纵酒,失去礼仪,出为南郡王中军司马。

"乌衣"和"凤羽"的对仗,十分工巧。

程门道学
江左风流

上联指北宋著名理学家谢良佐。谢良佐字显道,上蔡(今属河南)人,后人称谢上蔡或上蔡先生。从师北宋理学家的代表人物——程颢、程颐兄弟,与游酢、杨时、吕大临同为程门高徒,称为"程门四子"。

谢良佐少年聪颖,博闻强记。在扶沟初次见到程颢时,程颢就对他人说,此人经过拓展,大有希望成才。一次谈话中,程颢所举史书,良佐背诵如流,不遗一字。程颢赞叹道:有才能呀!记忆力这么强!然后又警告说:"切勿玩物丧志。"谢良佐听到这句话,感到惭愧,面色赤红。程颢说:"这就是羞恶之心。"

谢良佐勤于修身,时时反省自己,处处克制自己,孜孜以求,强力不倦。他每天记日记,对所做之事经常反思。日常言行皆用礼仪约束,如果违背了礼仪,就自己制裁自己。他认为:修身的最大障碍在于"矜",刚愎自用、自欺欺人的心态,骄傲自大的气势,都是由"矜"引起的。与程颢相别一年后相见,程问他一年来有何进益,良佐说:"惟去得一'矜'字。"此事成为千古佳话。

下联指东晋大臣,政治家、军事家谢安。谢安字安石,号东山,祖籍陈郡阳夏(今河南太康)。历任吴兴太守、扬州刺史兼录尚书事等职,死后追封太傅兼庐陵郡公。世称谢太傅、谢安石、谢相、谢公。

陈郡谢氏家族是永嘉之乱中随元帝东迁渡江的著名世家大族。谢氏渡江后，寓居在山清水秀的会稽(今浙江绍兴)。谢安年轻时，无意仕途，每天除了跟支道林、王羲之、许询、孙绰、李充等名士一起谈文论诗，畅谈玄理之外，还经常与他们一道游赏山水，借以自娱。王羲之著名的代表作《兰亭序》就是于永和九年(353)三月三日与这班朋友雅会兰亭时所作，谢安也吟诗作文，以尽雅兴。

在著名的淝水之战的捷报送到京城时，谢安正在府中与客人下棋。他拿过捷报一阅，便随手放在一边，继续下棋，好像什么事也没有发生一般。见他如此不紧不慢，客人早就忍不住了，急切地问："前方战事怎么样啊?"他依旧从容安详，轻松地说："孩子们已打败了敌人。"这便是他的心胸涵养。然而，当下完棋送客人走后，谢安再也抑制不住自己兴奋的心情，返回内室的时候，竟忘了迈门槛，把拖鞋底部的木齿都撞断了。

谢安风流洒脱，在当时被称为"风流宰相"。

淝水震北寇

宣城惊南文

河南南阳谢营村谢氏宗祠联。

上联指东晋著名军事家谢玄。谢玄字幼度，陈郡阳夏(今河南太康)人，宰相谢安的侄子。自幼聪慧过人，与表兄谢朗一起，深受谢安器重。一次，谢安问："子弟亦何豫人事，而正欲使其佳?"诸人莫有言者，只有谢玄回答："譬如芝兰玉树，欲使其生于庭阶耳。"谢安听了，很是高兴。

谢玄21岁时为大司马桓温的部将，后官至都督徐、兖、青、司、冀、幽、并七州诸军事。太元年间，为抵御前秦袭扰，经谢安荐为建武将军、兖州刺史，领广陵相，监江北诸军事。他招募北来民众中的骁勇之士，组建训练一支精锐部队，号为"北府兵"。后在盱眙(今江苏盱眙东北)、淮阴(今属江苏)和君川(盱眙北)等地击败前秦军的进攻，晋为冠军将军，加领徐州刺史。在淝水之战中，任前锋都督，先遣部将刘牢之率部夜袭洛涧(即洛河，今安徽淮南市东)，首战告捷;继而抓住战机，计使秦军后撤致乱，乘势猛攻，取得以少胜多的巨大战果。后率兵为前锋，乘胜进取中原,先后收复了今河南、山东、陕西南部等地区。

下联指南朝齐诗人谢朓。谢朓字玄晖,陈郡阳夏(今河南太康)人。与谢灵运同族,经历有些类似,时与谢灵运对举,称"小谢"。

谢朓家世既贵,少又好学,为南齐藩王所重。初任太尉豫章王萧嶷行参军,后在随王萧子隆、竟陵王萧子良幕下任功曹、文学等职,曾参与西邸的文学活动,颇得赏识,为"竟陵八友"之一。后曾出任宣城太守,故称谢宣城。东昏侯永元初年,始安王萧遥光谋夺帝位,谢朓不预其谋,反遭诬陷,下狱而死。

谢朓诗歌创作的主要成就是发展了山水诗。现存诗 200 多首,其中山水诗的成就很高。

龙烟缥缈乌衣室

凤烛辉煌宝树堂

安徽怀宁受泉村谢氏祠堂联。

曹子有才称八斗

仓师无字不千斤(江绶珊)

广东肇庆茅坡谢氏宗祠联。联首嵌房名"曹仓"。

明代工官居首府

元朝鼎甲及第家

福建永春坑仔口镇魁斗村谢氏祠堂联。

近傍碧溪潭,光照临风玉树

远怀乌衣巷,派分当日金陵

安徽青阳谢家村谢氏宗祠联。

黄蕉丹荔岭西多,祀祖敬宗,应念我同姓

文德武功江左盛,承先启后,毋忝尔所生(谢康)

广西壮族自治区柳城东泉圩谢氏宗祠联。

胥宇兆鹿眠,纪当年斩棘,丕基肇启创垂志事

斯堂恢鸿绪,诒奕世告虔,入庙永昭尊敬仪容

福建永春坑仔口镇魁斗村谢氏祖厝联。

唐

东园高节

吏部清风

上联指汉代唐秉。唐秉字宣明,号东园公,秦末汉初之际隐士,为"商山四皓"之一。这四位饱学之士,德高望重,先后为避秦世之乱而隐居商山,结茅山林,汉高祖刘邦曾多次请他们为官,都不愿出山。后来,刘邦宠幸戚夫人,打算另立太子,吕后急忙找来张良商量,张良便请出商山四皓出面。商山四皓被太子刘盈请去,成为太子上宾。刘邦见太子有四位大贤辅佐,消除了改立赵王如意为太子的念头。刘盈后来继位,即汉惠帝。

下联指南北朝时北海平寿人唐瑾。唐瑾字附磷,多谋略,西魏时,历官吏部郎中、吏部尚书。当时,魏室播迁,朝中典章制度,他多参与草创。后进位骠骑大将军,开府仪同三司。于谨奉宇文泰命率军南伐南朝梁时,以他为元帅府长史,攻破江陵,俘获梁元帝萧绎。班师时,他仅带回了两车书。北周建立,官至司宗中大夫,晋爵为公。

仙霞立祀

云墅留名

上联指南宋兰溪人唐元间。唐元间字子焕,为文思院官。与侄子唐良嗣率兵守半溪,在黄盆滩战胜元军,又进兵镇守严州,与元军相持两年,因粮食断绝,战死

在龙游白云寺前。后来,百姓修建了唐将军庙来祭祀他。

下联指北宋零陵人唐容。唐容博闻强记,胸有大志,与同乡同学唐麟、东韶并称为"城南三杰"。中进士后,任丰城宰,政绩一时称最。升任邕州知州时,逢交趾兵入侵,他率兵讨平。后来,隐居在建昌麻姑山,自号云壑老人。

桐圭锡庆

禾册基祥

指周成王与其弟叔虞玩耍中封虞叔于唐的故事。据《吕氏春秋》载,叔虞与成王少年时在一起玩耍,成王拿着一片削成圭状的桐叶,交给叔虞,说:"我用这个封你。"叔虞将此事告诉给了周公,周公问成王:"天子封叔虞了吗?"成王答:"我是说着玩的。"周公严肃地说:"天子无戏言呀。"当时,正好唐被周所灭,于是便将叔虞封于唐。

江南风流才子

西蜀思想名家

上联指明代画家唐寅。唐寅字子畏、伯虎,号六如居士、桃花庵主、逃禅仙吏、鲁国唐生、南京解元等,自称"江南第一风流才子"。吴县(今江苏苏州)人。出身于商贩家庭,自幼天资聪敏,少年时读书发愤,熟读"四书""五经",并博览史籍。16岁秀才考试得第一名,轰动了整个苏州城,29岁到南京参加乡试,又中第一名解元。

后赴京会试,因舞弊案受牵连入狱。此次"会试泄题案"一事,一般的说法是:唐寅和他同路赶考的江阴巨富之子徐经,暗中贿赂了主考官的家僮,事先得到试题。这年京城会试的主考官是程敏政和李东阳。两人都是饱学之士,试题出得十分冷僻,很多应试者答不上来。但有两张试卷,不仅答题贴切,而且文辞优雅,程敏政看了,当时就高兴地脱口而出:"这两张卷子定是唐寅和徐经的。"这句话被在场的人听到,并传了出去。唐寅和徐经到京城后,曾多次拜访过程敏政,特别是在他被钦定为主考官之后,唐寅还请他为自己的一本诗集作序。这已在别人心中产生怀疑。这次又听程敏政在考场这样说，就给平时忌恨他的人抓到了把柄。孝宗皇帝看了奏折，信以为真，十分恼怒，立即下旨不准程敏政阅卷，凡由程敏政阅过的卷子均由李东阳复阅，将程敏政、唐寅和徐经押入大理寺狱，派专人审理。徐经入狱后经不起严刑拷打，招认他用一块金子买通程敏政的亲随，窃取试题，又泄露给唐寅。后来，刑部、吏部会审，徐经却又推翻了自己供词，说那是屈打成招。皇帝无法，只得下旨平反。

出狱后，唐寅投到宁王朱宸濠幕下，但发现朱有谋反之意，即装疯卖傻而脱身返回苏州。从此绝意仕途，游历名山大川，潜心书画，以卖画为生，形迹放纵，性情狂放不羁。他在一首诗中写道："不炼金丹不坐禅，不为商贾不耕田。闲来写幅丹青卖，不使人间造孽钱。"

下联指清初思想家和政论家唐甄。唐甄初名大陶，字铸万，号圃亭，四川达州人。出身于官僚地主家庭。清初顺治年间举人，曾在山西长子担任过 10 个月的知县，因与上司意见不合被革职。又曾经商，后赔本流寓江南，靠讲学卖文维持生活。著作主要有《潜书》《圃亭集》《春秋述传》等。

唐甄对封建君主专制制度进行大胆的揭露和批判。他认为皇帝也是人，没有什么神秘的，并指出：皇帝是一切罪恶的根源。他认为"自秦以来，凡帝王者皆贼也"，"杀一人而取其匹布斗粟，尤谓之贼，杀天下之人，而尽有其布粟之富，而反不谓之贼乎？"批判皇帝为了夺取皇位常常无故杀人，残害百姓。

唐甄对为官者也进行了猛烈的抨击，他认为天下难治，并不是像为官者所称为"民难治"那样，"难治者，非民也，官也"，指出大多数官吏"为盗臣，为民贼"，对他们鱼肉百姓的做法表现出了极大的愤慨。

为此，唐甄提出了爱民、保民、富民的具体政策，主张打击贪官污吏，强调"刑先于贵"；呼吁政府帮助农民种植农桑，发展生产，提高人民生活。针对当时贫富悬殊的社会现象，唐甄提出贫富要相对平均的主张。他指出："天地之道故平，平则万物各得其所。"否则，必然引起社会动乱。

总统勋名记人心

指清末台湾巡府唐景崧。

文采风流,照耀两江标第一

圣贤经济,静修十载美无双(唐雨梅)

安徽枞阳唐家湾唐氏宗祠联。

韩

名高三杰

文冠八家

上联指汉初军事家韩信。韩信,淮阴(今属江苏)人。陈胜、吴广起义后,开始投项梁,继而随项羽,后从刘邦。汉高祖元年(前206),经丞相萧何力荐,任大将,协助刘邦制定了还定三秦以夺天下的方略。

韩信初投刘邦时,曾违反军纪,按规定应当斩首。临刑时,他看见汉将夏侯婴,就问道:"难道汉王不想得到天下吗,为什么要斩杀壮士?"夏侯婴以韩信言谈不凡、相貌威武而下令释放他,并将韩信推荐给刘邦,但未被重用。后来,韩信多次与萧何谈论,为萧何所赏识。刘邦至南郑途中,韩信思量自己难以受到刘邦的重用,中途离去,被萧何发现后追回,这就是被小说和戏剧传为美谈的"萧何月下追韩信"。萧何向刘邦推荐韩信,称他是汉王争夺天下不能缺少的大将之才,应重用韩信。刘邦采纳萧何建议,选择吉日,并斋戒设坛,正式拜韩信为大将。从此,刘邦文依萧何,武靠韩信,举兵东向,争夺天下。

楚汉战争期间,韩信率兵数万,开辟北方战场。破魏之战,针对魏军部署,佯作正面渡河之势,暗从侧后偷渡,攻其不备,俘获魏王豹。井陉之战,背水为阵,使将士死地求生,人自为战,大破赵军。潍水之战,借助河水,分割楚军,将齐、楚联军各个击灭。后被封为齐王,参与指挥垓下(今安徽灵璧南)决战,击灭楚军,与萧何、张良并称"汉初三杰"。

韩信熟谙兵法，战功卓著，为汉王朝的创建做出了重要贡献。其用兵之道，为后世兵家所推崇。刘邦虽用韩信而心存疑忌，所以在项羽败亡后，即夺其兵权，徙为楚王，继又黜为淮阴侯。吕后知刘邦疑忌韩信，便与萧何定计，诱韩信至长乐宫，以谋反罪名杀之。韩信著有兵书三篇，但已失传。

下联指唐代文学家、哲学家韩愈。韩愈字退之，河内河阳（今河南孟州）人。早年成孤儿，由兄嫂抚养，刻苦自学。贞元年间进士，官监察御史，因故贬为山阳令，后任国子博士、刑部侍郎等，参与平定淮西的战役。因谏阻宪宗迎佛骨，被贬为潮州刺史。

在往潮州路上，赋诗言志："一封朝奏九重天，夕贬潮阳路八千。欲为圣明除弊事，敢将衰朽惜残年。"（《左迁至蓝关示侄孙湘》）依然把皇帝大张旗鼓地迎奉佛骨之"盛事"称为"弊事"。可谓立场坚定，斗志顽强。

韩愈后来官至吏部侍郎。政治上反对藩镇割据，思想上尊儒排佛，文学上极力反对六朝以来的骈偶文风，提倡散体，与柳宗元同为古文运动的倡导者；其散文在继承先秦、两汉古文的基础上，加以创新和发展，气势雄健，被后世列为"唐宋八大家"之首。

南阳望族

北斗高名

上联指韩氏郡望。

下联指唐代文学家、思想家韩愈。他博通经史百家，为文笔力雄健，气势磅礴，为后世古文家所崇。《新唐书·韩愈传赞》载："既愈没，其言大行，学者仰之如泰山北斗云。"

勇推擒虎

兵罢骑驴

上联指隋代大将韩擒虎。韩擒虎原名擒豹，字子通，河南东垣（今河南新安东）人，隋朝名将。"少慷慨，以胆略见称，容貌魁岸，有雄杰之表"（《隋书·韩擒虎列传》)。又好读书，知经史百家，为西魏丞相宇文泰所赏识，尝令他与诸子在宫中交游。北周时，韩擒虎因军功任都督、新安太守，至仪同三司。隋文帝统一中国后，知韩擒虎具有文武才能，且声名卓著，再加上尚书左仆射高颎的推荐，遂以韩擒虎为庐州（今安徽合肥一带）总管，镇江北要地庐江（今合肥），为灭陈做准备。开皇年间为先锋，渡江攻入建康，俘获陈后主，因功进位为上柱国。

下联指南宋名将韩世忠。韩世忠字良臣，绥德（今属陕西）人。英勇善战，胸怀韬略，在抵抗金兵南侵中屡立战功。为官正派，不肯依附丞相秦桧，为岳飞遭陷害而鸣不平。是南宋朝一位颇有影响的人物。

建炎年间，金兵渡江，他率八千人乘海船到镇江，扼守长江，断金兵后路，转战至黄天荡。绍兴年间，大破金和伪齐联军，被称为"中兴武功第一役"。后任京东淮东路宣抚处置使，极力谋划恢复。

由于韩世忠反对议和，多次上疏弹劾奸相误国，为投降派所不容。岳飞蒙冤，举朝文武多不敢言，而他却敢于当面质问秦桧。当秦桧以"莫须有"三字回答时，他气愤地说："'莫须有'三字何以服天下！"有人替他担心，劝他不要与秦桧作对，他回答说："畏祸苟同，他日有何面目见先帝于地下！"后来，他被召至京，授枢密使，终于被解除了兵权。他自请解职，从此杜门谢客，居家读书，绝日不言兵。他经常骑着毛驴，携小童一二，带着酒壶，闷游于西湖之上。

他一生清廉，仗义疏财，历年所得赏赐都分给了部下，田产都分给了他封邑的百姓。他持军威严，能与士卒同甘苦。解职后居家十余年，淡然自若。

堂开昼锦

诗著香奁

上联指北宋名将、政治家韩琦。韩琦字稚圭，自号赣叟，相州安阳（今属河南）人。景祐初年，迁开封府推官。后历任度支判官、太常博士、右司谏。

韩琦在担任谏官的三年时间内，敢于犯颜直谏，诤言谠议，"凡事有不便，未尝不言，每以明得失、正纪纲、亲忠直、远邪佞为急，前后七十余疏"，尤其以宝元初年所上《丞弼之任未得其人奏》最为知名。当时灾异频繁发生，流民大批出现，而当朝宰相王随、陈尧佐,参知政事韩亿、石中立却束手无策。韩琦连疏四人庸碌无能,痛陈宋朝八十年太平基业,绝不能"坐付庸臣恣其毁坏"。结果,四人同日罢职,名闻京华。他还严厉抨击当时贿赂风行的社会风气和赏罚不明的官场腐败作风,建议仁宗先从朝廷内部"减省浮费""无名者一切罢之"。

宝元年间,出任陕西安抚使,与范仲淹共同防御西夏,当时人称"韩范",边地谣谚说:"军中有一韩,西贼闻之心胆寒。"后历任定州、并州知州,在并州时,收回契丹冒占的土地,立石为界。嘉祐年间入朝,任枢密使、宰相,经英宗至神宗,执政三朝,后出知相州、大名。王安石变法,他多次上疏反对,与司马光等人同为保守派首脑。后封魏国公。家中建有昼锦堂,欧阳修为之写了著名的《昼锦堂记》。

下联指唐末诗人韩偓。韩偓字致尧,小名冬郎,号玉山樵人。京兆万年人。10岁即席赋诗。龙纪初年登进士第,一度出佐河中节度使幕府,回朝后拜左拾遗,迁左谏议大夫,翰林学士、中书舍人。曾随昭宗逃奔凤翔,官兵部侍郎、翰林承旨。后因忤触权臣朱温,贬为濮州司马,于是弃官南下,唐王朝曾两次诏命还朝复职,他都不应。

韩偓早年诗作多写艳情,辞藻华丽,被称为"香奁体"。晚年所作,多写唐末政治变乱及自己的遭遇,风格慷慨悲凉。

原道有宏文,南海波平能逐鳄

成仙也好义,蓝关雪拥度离尘

安徽芜湖新义街韩氏宗祠联。上联指韩愈,下联指其侄孙韩湘(即八仙之一的韩湘子)。

北斗旧家声,美当头皓月一轮,光兹堂构

南阳新世第,仗对面青山万岁,壮我门楣

安徽潜山西山村韩氏宗祠联。

文章起八代之衰,谏佛骨、驯鳄鱼,养士治民,昌黎德教千秋在

相业定两朝之策，铭彝鼎、被弦歌，丰功伟绩，魏王声名万古传

广东平远韩氏"南阳堂"联。上联指韩愈，下联指韩琦。

曹

人称绣虎

自庆接鸾

上联指三国时魏国诗人曹植。曹植字子建，沛国谯县（今安徽亳州）人，是曹操之妻卞氏所生第三子。曹植自幼颖慧，10余岁时，便能诵读诗、文、辞赋数十万言，下笔成章，深得曹操的宠爱。曹操曾经认为曹植在诸子中"最可定大事"，几次想要立他为太子。但曹植行为放任，屡犯法禁，引起曹操的震怒。其兄长曹丕则颇能矫情自饰，终于在立储斗争中渐占上风，并被立为太子。

曹操病逝后，曹丕继魏王位，不久又称帝（魏文帝）。曹植的生活从此发生了根本性的改变，从一个过着优游宴乐生活的贵公子，变成处处受限制和打击的对象。曹丕病逝，曹叡继位（魏明帝），对他仍严加防范和限制，处境并没有根本好转。曹植在文、明二世的十二年中，曾被迁封过多次，最后封陈王，积郁而死，谥思，故后人称"陈王"或"陈思王"。

曹植诗歌多为五言，善用比兴手法，语言精练，辞采华丽，对五言诗的发展有一定影响。也擅长辞赋、散文。南朝宋诗人谢灵运曾说："天下文章只有一石，曹子建一个人占了八斗。"当时人称"绣虎"，绣，指其词华隽美；虎，指其才气雄杰。

曹丕

下联指唐代诗人曹邺。曹邺字邺之，桂州阳朔人。大中年间进士，历官祠部郎中、洋州（今陕西洋县）刺史等。与晚唐著名诗人刘驾、聂夷中、于濆、邵谒、苏拯齐名，而以曹邺才思最佳。

他的诗多抒发政治上不得志的感慨，少数是讽刺时政之作，也有一些山水佳篇。语言通俗，多用民间口语。他写下了不少千古名诗，如《官仓鼠》："官仓老鼠大如斗，见人开仓亦不走。健儿无粮百姓饥，谁遣朝朝入君口。"对官吏盘剥百姓的讽刺入木三分。

"接鸾"出自曹邺《登第诗》："自拟孤飞鸟，得接鸾凤翅。"

大家传诫
令女守贞

上联指东汉班昭。班昭一名姬，字惠班，扶风安陵（今陕西咸阳）人。史学家、文学家班彪的女儿，班固、班超的妹妹。十四岁嫁给同郡曹世叔（名寿）为妻，所以人们称她为"曹大家（音姑）"。家学渊源，尤擅文采。《后汉书·列女传》有她的传记。

班昭的文采，在协助哥哥班固修的《汉书》中有所体现。班昭的学问十分精深，常被召入皇宫，教授皇后及诸贵人诵读经史，宫中尊之为师。当时的大学者马融，为了请求班昭的指导，还跪在东观藏书阁外，聆听班昭的讲解。

班昭著有《女诫》，是教导班家女性做人道理的私书。由于班昭行止庄正，文采飞扬，《女诫》被争相传抄而风行当时。班昭另作赋、颂、铭、诔、哀辞、书、论等各种文体，原有集三卷，大都失传。清代女作家赵傅称赞她"东观续史，赋颂并娴"。

下联指三国时魏国曹文叔的妻子令女，为谯郡夏侯文宁的女儿。曹文叔是曹操侄孙曹爽的叔伯弟弟，深受魏明帝的器重。后因罪被杀，并夷三族。

晋代皇甫谧《列女传》载：曹文叔死得早，令女守节。令女认为自己年轻又没有儿子，娘家肯定会让她改嫁，于是削断头发以表示决心。后来，家里果然要她改嫁，令女听说后，就用刀割掉自己的两个耳朵。日常生活中，常常依靠曹爽救济。曹爽被处死后，令女的叔父上奏，表示和曹氏断绝婚姻关系，强迫接令女回来。

当时夏侯文宁担任梁王的相国,可怜女儿年轻,曹氏又没有后人,希望她能改变自己的决定,便暗地里让人劝说她。令女叹息并哭着说:"我也是这么考虑的,听你们的好了。"家人信以为真,对她的提防松懈了。令女偷偷回到内室,用刀割掉鼻子,蒙着被子躺在床上。她母亲喊她,没有回应,揭开被子一看,鲜血流满了床席。全家震惊,跑去探视,都感到鼻子发酸要掉泪。有人对她说:"人活一辈子,就像灰尘落在小草上,为何这么糟践自己呢!况且你丈夫家被杀光了,你为谁守节呢?"令女说:"听说仁义的人不因为繁盛和衰败改变气节,不因为生存和灭亡改变志向,曹氏从前繁盛的时候,我打算和他们共存亡,何况如今灭亡,我怎么能忍心抛弃他们呢!禽兽的行为,我怎么能做?"司马懿听说后,很是赞赏,让她收养一个儿子抚养,作为曹氏的后代。

文承七步

武继三登

上联指三国时魏国诗人曹植。南朝宋刘义庆《世说新语·文学》记载:文帝曹丕妒忌曹植才华,曾令他七步之内作一首诗,做不成要施以重刑。曹植应声成诗:"煮豆持作羹,漉菽以为汁。萁在釜下燃,豆在釜中泣。本自同根生,相煎何太急!"后来,人们以"七步"形容才思敏捷。

下联指北宋初大将曹彬。曹彬字国华,真定灵寿(今属河北)人。后周时,以后宫近戚为晋州兵马都监,官至引进使。北宋建立后,以败契丹、北汉之功,任枢密承旨,灭后蜀任都监。开宝年间任统帅,灭南唐,后任枢密使,加同平章事(宰相),封鲁国公。太平兴国年间,辅佐太祖决策灭北汉,雍熙年间又率军攻辽,为当时第一良将。

曹彬有七个儿子,其中三个都有将才。长子曹璨,字韬光,官至富州刺史,因抵抗契丹有功,官河阳节度使,升同平章事(宰相)。三子曹玮,字玉臣,19岁时由父亲推荐为渭州同知,真宗时官至彰武军节度使,率兵四十年,未曾失利。七子曹琮,字宝章,历官卫州团练使、都指挥使。北宋大臣陶弼《观曹彬庙》诗有句:"教子三登上将台。"

平阳世泽

相国家声

全联指汉初大臣曹参。曹参字敬伯,沛(今江苏沛县)人。早年随汉高祖刘邦起兵,史载曹参"身被七十创,攻城掠地,功最多,宜第一",封平阳侯。惠帝时,丞相萧何于临终前向汉惠帝刘盈举荐他继任丞相。

曹参在位期间,整天痛饮美酒,大块吃肉,清静无为,继续执行萧何留下的政策,不予改变。惠帝很奇怪,问他为什么如此,曹参答道:"皇上跟先帝相比,谁更圣明?"惠帝说:"我怎么敢跟先帝比?"曹参又问:"我跟萧何比,谁较贤能?"惠帝说:"君似不及也。"曹参接着说:"陛下言之是也。高皇帝与萧何定天下,法令既明具,陛下垂拱而治,我们则忠于职守,不就行了吗?"时人歌颂道:"萧何为法,覯若划一;曹参代之,守而勿失。载其清净,民以宁一。"史称"萧规曹随"。

名麟俊彦

绣虎文宗

上联指三国时魏国大将曹休。曹休字文烈,是曹操的族子。汉末天下动乱,宗族四散逃离乡里,年仅10多岁的曹休,父亲去世,他与一门客承担丧葬事宜。然后和老母一起,渡江至吴。曹操举兵,曹休改变姓名转至荆州,又从小道回到家乡。曹操初见他,就对左右说:"这是我家的千里驹啊!"被曹操待若亲生子,曹休经常跟随曹操征伐,曾统领虎豹骑做警卫工作。刘备派将军吴兰屯于边界,曹休随曹洪进兵征讨,名为参军,实为主帅,在他的建议下,大败蜀军。

魏文帝时期,曹休升任领军将军,后又任镇南将军,接替夏侯惇驻守魏国东侧,与吴国多次交战,曾于洞浦大破吴将吕范,因功累迁征东将军、征东大将军、大司马,一直负责扬州军务。

陈寿在《三国志·魏书》中如此评价:"(曹)休以亲旧肺腑,贵重于时,左右勋业,咸有效劳。"

下联指三国时魏国文学家曹植,人称"绣虎"。

圣代三升论秀

家风八斗量才（曹京）

安徽望江曹大村曹氏宗祠联。全联指三国时魏国诗人曹植。

野田黄雀行千里

芹圃红楼梦百回

上联指三国时魏国文学家曹植，代表作有《野田黄雀行》等；下联指清代著名小说家曹雪芹，著有《红楼梦》。

啰咀建鸿图，肇启御题四字美

嘉坡振大业，宏开帝书两句扬

新加坡何氏宗祠联。

汉拜相，宋封王，三千年皇猷黼黻

居江左，卜京右，亿万世国器珪璋

河北丰润曹氏宗祠联。

许

万卷毕览

五经无双

上联指隋朝史学家许善心。许善心字务本，新城（今浙江富阳新登）人。许善心博学多闻，家中藏书万卷，无不遍览，曾接替父亲续修《梁史》。

大业年间，炀帝杨广游幸江都（今扬州），许善心随从，授通议大夫。后来，右屯卫将军宇文化及唆使司马德戡发动兵变，杀炀帝，立秦孝王之子杨浩为帝，自为大丞相。百官都到朝堂拜贺，只有许善心不去。宇文化及命武士执捕至朝，不久又释放了他。许善心又不拜谢,挥袖而出。宇文化及目送之,恨恨地说:"此人亦太负气!"于是将他杀害。

下联指东汉经学家、文字学家许慎。许慎字叔重,汝南召陵(属今河南郾城)人。师事贾逵,曾任太尉南阁祭酒等职。性情淳笃,博学经籍,精通文字训诂。学者马融非常推崇并敬重他。历经 21 年,著成《说文解字》15 卷,收字 9353 个,重文(即异体字)1163 个,按 540 个部首排列,是我国第一部解说文字原始形体结构及考究字源的文字学专著,集古文经学训诂之大成,为后代研究文字及编辑字书最重要的根据。推究六经之义,分部类从,至为精密。唐代以后,科举考试规定要考《说文解字》。另著有《五经异义》《淮南鸿烈解诂》等书,已佚。时人对他有"五经无双许叔重"之誉。

评推月旦

绪衍箕山

上联指东汉名士许劭与从兄许靖,汝南平舆(今属河南)人,是当时著名的鉴赏家和评论家。喜欢评论人物,每月更换品题,常常于每个月的初一,发表对当时人物的品评,被称为"月旦评",又称"汝南月旦评"。凡被评论者,无论是谁,一经品题,身价即增百倍。曹操不出名的时候,曾带上厚礼,请求许氏兄弟评论一下自己。许劭看不起他的为人,不肯说,曹操反复追问,许劭不得已,说道:"君清平之奸贼,乱世之英雄。"曹操大喜而去。

下联指上古高士许由。许由是尧舜时代的贤人。帝尧在位的时候,他率领许姓部落活动在今颍水流域的河南登封、许昌、禹州、汝州、长葛、鄢陵一带,这一带后来便成了许国的封地,他从而也成为许姓的始祖。

相传,帝尧曾多次向他请教,后来想把君位传给他,遭到了他的拒绝,逃到登封的箕山隐居起来。帝尧派人找到了他,想请他出任九州长官,他跑到颍水边洗耳,表示不愿意听这种话。许由以自己淡泊名利的崇高节操,赢得了后世的尊敬,从而被奉为隐士的鼻祖。

化日光天新气象

清风朗月旧襟怀

对联说的是东晋文学家许询的故事。许询字玄度,高阳(今河北蠡县)人。有才藻,善属文,能清言,当时士人无不钦慕仰爱之。

中宗、肃宗先后征召他为官,他辞不就任。后隐于永兴西山。凭树构堂,萧然自致,至今此地名为萧山。后来,许询干脆抛弃家产,舍永兴、山阴两处住宅为佛寺。家财珍宝,也都捐献出来。孝宗(晋穆帝)下诏:"山阴旧宅,为祇园寺。永兴新宅,为崇化寺。"

许询"好游山水,而体便登陟","好泉石,清风朗月,举酒永杯","好神游,乐隐遁之事"。他与王羲之、谢安、刘惔、孙绰、王脩、王坦之、司马昱(晋简文帝)、支遁等名士相交游,游宴、吟咏,曾参与兰亭雅会。许询能言善辩,长于说理,是当时清谈家的领袖之一,隐居深山,而"每致四方诸侯之遗"。简文帝未登位前,有一天,许询去拜访,"尔夜风恬月朗,乃共作曲室中语。襟怀之咏,偏是许之所长。辞寄清婉,有逾平日。简文虽契素,此遇尤相咨嗟。不觉造膝,共叉手语,达于将旦"。简文帝对许询佩服得五体投地。

许询和刘惔交情也很好。刘惔任丹阳尹时,许询去看望,刘惔招待得十分周到,床、帐都是崭新的,饮食还十分丰盛。刘询在都城住了一个月,刘惔天天去看望,还时时想念他:"清风朗月,辄思玄度。"

闽海救平,翊黄宣威昭圣德

漳州建制,弘扬教化应民心

福建诏安南诏镇许氏家庙联。

三十年前遗爱犹存,行道兴歌思葳蕤

千百岁后明禋弗替,秋风洒泪荐馨香(叶向高)

福建福清许姓宗祠联。

入颍阳、守睢阳、令旌阳,赫赫神仙之府

汉太傅、唐右傅、明少傅,堂堂宰相之家

安徽绩溪家朋村许氏宗祠联。上联指许由、唐代睢阳太守许远、许逊,下联指许靖、唐代大臣许敬宗、明代许存仁。

萃子姓于一堂,缅先人祖有德宗有功,为烈为光,春露秋霜明祀典

衍云初播诸代,愿吾辈孙也贤儿也肖,能文能武,鸳班鹭序集南洋

南洋许氏宗祠联。

邓

云台列首

谏院知名

上联指东汉初大将邓禹。邓禹字仲华,南阳新野(今河南新野)人,为东汉中兴名将,被列为"云台二十八将"之首。

王莽新朝末年,各地的农民起义风起云涌,豪强纷纷拥兵自立。公元 23 年,刘玄称帝,年号为更始。乡里豪杰多推举邓禹起事,邓禹不肯。更始帝拜刘秀为破虏大将军,封武信侯,命刘秀平定河北,镇抚州郡。邓禹闻讯,即杖策北渡,追至邺(今河北临漳西南),终于和刘秀相见。刘秀大喜,遂留邓禹同宿,做彻夜长谈。邓禹进言说:"更始帝虽以关西(指函谷关或潼关以西地区)为都,但山东(秦汉时代称崤山或华山以东地区)未安,赤眉、青犊起义军,都有数万人。更始帝手下诸将,都是庸人,只想着财币,并没有忠良明智、深谋远虑和尊主安民的人。于今之计,不如延揽英雄,取悦民心,立高祖(刘邦)之业,救万民之命。"(《后汉书·邓禹传》)。刘秀听了,大为振奋,对邓禹深为敬重,令左右呼邓禹为邓将军,每遇大事,必定与他商讨。邓禹知人善任,举贤荐能,深得刘秀赏识。刘秀即皇帝位,拜邓禹为大司徒。

汉明帝时,为了追念开国功臣功绩,将二十八名功臣图画于洛阳南宫云台,称"云台二十八将",邓禹居首位。

下联指北宋大臣邓润甫。邓润甫字温伯，别字圣求，建昌（今江西永修西北）人，是思想家、教育家李觏的学生。仁宗时进士，曾任上饶尉、武昌令。神宗熙宁中，任集贤校理，改知谏院、知制诰，升御史中丞，迁翰林学士。哲宗立，进翰林学士承旨，修撰《神宗实录》，为吏部尚书。后至兵部尚书、拜尚书左丞。

平叔常能下士

伯道胡为无儿

上联指东汉邓训。邓训字平叔，邓禹的

邓禹

第六子。少年时就有大志，但不好文学，邓禹常因此批评他。显宗即位，初任郎中，能"乐施下士，士大夫多归之"。

永平年间，朝廷要在理沱、石臼河通漕运。由于地势险要，"太原吏人苦役，连年无成，转运所经三百八十九隘，前后没溺死者不可胜算"。后来，邓训以谒者身份，监领其事。他经过仔细考察，知道此工程难以完成，便写了奏折。肃宗听从了他的建议，"更用驴辇，岁省费亿万计，全活徒士数千人"。后历任乌桓校尉、张掖太守，以德服人。

邓训病死于任上，"吏人羌胡爱惜，旦夕临者日数千人"。当地风俗，父母死后，以悲泣为耻，而是骑马歌呼。这时，"莫不吼号，或以刀自割，又刺杀其犬、马、牛、羊"，甚至家家为他立祠纪念，每有疾病，辄请祷求福。

下联指晋代襄陵人邓攸。邓攸字伯道，平阳襄陵（今山西襄汾东北）人。历任太子洗马、东海王司马越参军等。

永嘉末年的战乱中，邓攸用牛马驮着妻儿逃亡。遇上贼人，掠走了牛马，他们只好徒步行走。他担着自己的儿子及弟弟的儿子绥。他觉得不能保全两个孩子，便对妻子说："我弟弟早亡，只有这一个儿子，天理不可以绝后，只好自弃我儿了。

如果有幸能够存活,我今后应当有子了。"妻子哭泣着答应了他,于是,他放弃了自己的孩子。他又担心儿子早晨被遗弃,傍晚就会赶上来,就把儿子系于树上离开了。

邓攸弃子之后,妻子不再怀孕。过江后,纳了一个妾,非常宠爱,问其家在哪里,说是北人遭乱逃难而至,问起父母的姓名,才知道是邓攸的外甥女。邓攸听后,非常悔恨,于是不再纳妾,至死也没有后嗣。当时人们认为他很有义节,为他而哀叹:"天道无知,使邓伯道无儿。"

禁烟功勋卓著

抗日史册留芳

上联指清代邓廷桢。邓廷桢字维周,又字嶰筠,晚号妙吉祥室老人、刚木老人,江苏江宁(今南京)人。嘉庆年间进士,选庶吉士,授编修,多次主持乡试、会试,历任浙江宁波、陕西延安、榆林、西安各地知府,湖北按察使,江西布政使,陕西按察使等。

道光时,由安徽巡抚升任两广总督。主张严禁鸦片,积极协助林则徐查禁鸦片走私,收缴鸦片,添置木排铁链,整顿海防,成为林则徐在广东推动禁烟的亲密合作者。他们在短期内缉拿了内地鸦片烟贩,查抄了窑口,打击和驱逐了武装鸦片趸船,在虎门亲自监督缴收了2万余箱、袋,共200多万斤重的鸦片,在虎门海滩销毁,向全世界宣布中国禁烟的正义性。在虎门海防的建设中,邓廷桢经常陪同林则徐往各海口视察、研究,提出建设性意见。

下联指清末海军爱国将领、民族英雄邓世昌。邓世昌原名永昌,字正卿,生于广东番禺(今广州海珠区),祖籍广东东莞。李鸿章筹建北洋海军,因邓世昌"熟悉管驾事宜,为水师中不易得之才"而将其调至北洋水师,先后任"镇南"炮船、"致远"舰的管带。

1894年9月,在中日甲午黄海海战中,邓世昌指挥"致远"舰奋勇作战,后在日舰围攻下,"致远"多处受创,全舰燃起大火,船身倾斜。邓世昌鼓励全舰官兵道:"吾辈从军卫国,早置生死于度外,今日之事,有死而已!""倭舰专恃吉野,苟沉此舰,足以夺其气而成事",毅然驾舰全速撞向日本主力舰"吉野"号右舷,决意与敌同归于尽。日舰官兵见状,大惊失色,集中炮火向"致远"射击,不幸一发炮弹击中"致远"舰的鱼雷发射管,管内鱼雷发生爆炸,导致"致远"舰沉没。邓世昌坠落海中后,其随从以救生圈相救,被他拒绝,并说:"我立志杀敌报国,今死于海,义也,何求生为!"他所养的爱犬"太阳"也游到他身旁,口衔其臂搭救,邓世昌誓与军舰共存亡,毅然按犬首入水,自己也同沉没于波涛之中,与全舰官兵250余人一同壮烈殉国。

千秋共仰云台像
四树长留古柏名
怀州邓氏祠堂联。

祖籍灌阳千家峒
孙邑富水七都乡
广西富川柳家乡平寨村邓氏家厝通用联。这里的邓家是于明初洪武年间从全州灌阳迁来。

溯赐姓于殷商,邓国之衣冠如昨
纪封侯于东汉,云台之军令尤新
香港邓氏宗亲会对联。

屏翰仰闽侯,绍南阳之世胄,今朝派衍支蕃,不督衣冠隆祀典
山河开万里,承高密之家风,此日苹馨藻洁,聊将俎豆报宗功
香港屏山邓氏宗祠联。上联"闽侯"指建祠人,宋末元初福建方伯,邓氏五世祖邓冯逊;下联"万里"指屏山立村人邓万里;"高密"指今山东高密是邓姓早期为官迁徙并形成郡望之地。

我族自殷商赐姓以来，国建西周、侯封东汉，后裔承荫，须念宗功祖德

此地是昭穆凭依之所，门环绿水、户拥青峰，先灵降鉴，好看山色湖光（邓宾谷）

湖北鄂州庙岭邓氏宗祠联。上联说邓氏来源，下联写宗祠所处地理形胜。

萧

三瑞御史

八叶相公

上联指北宋大臣萧定基。萧定基，江西人，景祐年间任殿中侍御史。仁宗曾题殿柱道："彭齐之文章，杨佖之清操，定基之政事，为江西三瑞。"

萧瑀

下联指唐初大臣萧瑀及其后人。萧瑀字时文，祖籍南兰陵，南朝梁宗室后裔，隋炀帝皇后萧后的弟弟。隋朝时，任内史侍郎、河池郡守。后降唐，武德初年任内史令，深受高祖信赖。太宗时，官尚书左仆射（宰相），封宋国公。性情耿直，是非分明，太宗李世民《赠萧瑀》诗有名句："疾风知劲草，板荡识诚臣。"

此后，他家中八代任宰相：侄孙萧嵩，玄宗时宰相；萧嵩的儿子萧华，肃宗时宰相；萧嵩的孙子萧复，德宗时宰相；萧华的孙子萧俛，穆宗时宰相；萧仿，懿宗时宰相；萧复的孙子萧寊，懿宗时宰相；曾孙萧遘，僖宗时宰相；萧仿的孙子萧顷，后梁宰相。

凤箫引侣

虎穴卫亲

上联指传说中春秋时的人物萧史。据汉代刘向《列仙传·萧史》记载，萧史善吹箫，能做凤凰的鸣声。秦穆公的女儿弄玉长得非常漂亮，而且也很喜欢音乐，是个吹箫高手。秦穆公就把弄玉嫁给萧史为妻，并为他们建了座凤楼。两人结婚后，非常恩爱，经常一起吹箫，秦国的山林、溪边、蓝天、夜空，几乎时时可以听到他们的合奏。后来，箫声引凤凰飞来，萧史、弄玉夫妇乘风而去。

下联指清代萧启。萧启携母亲躲避战乱，在某地山中误入虎穴。萧启用身体挡住母亲，哀求老虎："你吃了我吧，请不要伤害我老母亲！"那老虎竟转身离去了。

收图兴汉

辅政匡君

上联指汉初大臣、政治家，"汉初三杰"之一萧何。萧何，沛（今属江苏沛县）人。早年任秦沛县狱史，秦末辅佐刘邦起义。攻克咸阳后，诸将皆争夺金银财宝，他却接收了秦丞相、御史府所藏的律令、图书，掌握了全国的山川险要、郡县户口，对日后制定政策和取得楚汉战争的胜利，起到重要作用。

项羽称王后，萧何劝说刘邦接受其分封，立足汉中。刘邦为汉王，以萧何为丞相，萧何极力推荐韩信为大将军，后果还定三秦。楚汉战争时，他留守关中，侍太子，为法令约束，使关中成为汉军的巩固后方，不断地输送士卒粮饷支援前方作战，对刘邦战胜项羽，建立汉朝政权，起了重要作用。后封为鄷侯。

下联指西汉大臣萧望之。萧望之字长倩，东海兰陵（今山东苍山兰陵镇）人，徙杜陵（今陕西西安东南）。萧望之是西汉宣帝、元帝倚重的大臣，又是著名的经学家。

萧望之出身于一个世代务农的家庭,到萧望之时,始勤于学问。他博览群书,学识渊博,主治《齐诗》,兼学诸经,是汉代《鲁论语》的知名传人,为当时京师诸儒所称道。

当时,大将军霍光把持朝政,萧望之看不惯霍光以势凌人的做法,不愿趋附。

霍光死后,其儿子霍禹又任大司马,霍氏家族继续掌握朝廷大权。这时,京城长安下了一场冰雹,萧望之乘机上疏宣帝,借春秋鲁昭公时季氏专权,鲁国降雹,之后昭公被逐的事件,暗示现在"阴阳不合",是因为"一姓擅势之所致也"。这正合宣帝的心意,萧望之因此很快得到宣帝的重用,升任谏大夫、丞相司直等职。

五凤年间,匈奴发生大乱,许多人建议乘乱举兵灭掉匈奴,宣帝派人征求萧望之的意见。萧望之援引春秋时晋国士匄率师侵齐,听说齐侯卒便引师而还的旧事,认为应以仁义抚四夷,建议派使者吊问,"辅其微弱""救其灾患"(《汉书·萧望之传》)。宣帝采纳了他的建议,还派兵帮助呼韩邪单于重新统一了匈奴。并在朝廷对单于的礼仪问题上提出了十分中肯的意见,为结束汉匈之间长达百余年的冲突做出了巨大的贡献。

宣帝病重时,萧望之被拜为前将军光禄勋,领尚书事,受遗诏辅政。元帝即位后,萧望之"以师傅见尊重",朝中大事,多所匡正。元帝赐其为关内侯,只每月朔(初一)望(十五日)上朝,还要任他为丞相,但不久萧望之却被弄权的宦官弘恭、石显等迫害,饮鸩自杀。

聚书三万卷

为政十二州

上联指南朝梁学家萧统。萧统,字德施,南兰陵(今江苏常州西北)人,梁武帝之子,天监初年被立为皇太子,未及即位就去世了,谥昭明,世称昭明太子。

萧统少时即有才气,且深通礼仪,性情纯孝仁厚。16岁时,母亲病重,他从东宫搬到母亲住处,朝夕侍疾,衣不解带。母亲去世后,他悲痛欲绝,饮食俱废。父亲几次下旨劝逼,才勉强进食,但仍只肯吃水果、素食。他本来身材健壮,等守丧出服后，已变得羸弱不堪，人们看了，无不感动落泪。普通年间，由于战争爆发，京城粮价大涨，萧统命令东宫人员减衣缩食，每逢雨雪天寒，就派人把省下来的衣食拿去救济百姓。他在主管军服事务时，每年都要多做三千件衣服，冬天分发给贫民。正因为他具有这些高尚的品质，所以赢得了当世和后世人普遍的爱戴和尊敬。

萧统少年时遍读儒家经典，对文学颇有研究，招集文人学士，广集古今书籍3万卷，编集成《文选》30卷，世称《昭明文选》。《文选》是中国古代第一部文学作品选集，对后世有重大影响。旧时读书人有"《文选》烂，秀才半"的说法。"事出于沉思，义归乎翰藻"的选文准则，为后世所推崇。

下联指南朝宋大臣、书法家萧思话。萧思话，南兰陵（今江苏常州西北）人。其父萧源，官琅琊太守。

据《宋史》载，萧思话10多岁时，并不好读书，"以博诞游邀为事，好骑屋栋，打细腰鼓"，欺负乡邻，人们都以之为患。后来，他改变了自己的志趣行为，努力向上，数年中，便有了好名声。"好书史，善弹琴，能骑射"。武帝一见，"便以国器许之"。18岁时出任琅琊王大司马行参军，转相国参军。后拜羽林监，领石头（今南京）戍卫，袭爵封阳县侯，转宣威将军，彭城、沛二郡太守。元嘉中为青州刺史，孝武帝时征为尚书左仆射。拜郢州刺史，先后历十二州，爱才好士。卒后追封征西将军、开府仪同三司，谥穆侯。

高帝以廉治国

名臣惟俭传家

上联指南朝齐建立者萧道成，卒谥高帝。下联指汉初大臣萧何。他晚年不置垣屋，尝曰："后世贤师，师吾俭。"

制律功高能固汉

选文心瘁继传经

上联指西汉大臣萧何，下联指南朝梁文学家萧统。

昴宿腾辉,应延酇侯祥瑞

忠心报赤,特呼宗老芳名

上联指西汉大臣萧何。下联指南朝梁江夏太守萧琛,字彦瑜,多次在大郡任职,不事产业。

钓游怀旧迹,将老屋托为支祠,堂堂皇皇,历卅八年始臻美备,恰好魂招南岳、神寝西安,灵爽共归来,故土莫辞千里路

品学得优名,与仲氏香分贡柱,绳绳继继,至十七世愈觉繁昌,总因风不常凋、霜难殒叶,本根最深厚,浓荫永庇六房人(萧杏南)

湖北英山红花嘴萧氏宗祠联。

冯

父号万石

子通四经

上联指西汉大臣冯扬。冯扬,繁阳人,宣帝时任弘农太守,他的八个儿子都做到太守一级的官(年俸两千石),人称"万石君"。

下联指西汉名将冯奉世。冯奉世字子明,上党潞(今山西潞城东北)人,后移居杜陵(今陕西西安东南)。冯奉世除长子冯谭(平西羌时为校尉)早逝外,其余四个儿子,各通一经。次子野王字君卿,受业博士,通《诗》,官至大鸿胪,嗣父爵为关内侯。野王弟冯逡字子产,通《易》,官至陇西太守。冯逡弟冯立字圣卿,通《春秋》,官至东海太守。冯立弟冯参字叔平,通《尚书》,官至安定太守。

焚券市义

倚树让功

上联指战国时齐国游士冯谖。冯谖家庭贫穷,为贵族孟尝君的门下食客。冯谖以"无能""无好"被孟尝君收留。孟尝君做齐国相国时,冯谖曾帮他到封邑薛地

收债息，把不能偿还的债券烧掉，为孟尝君买来"义"，受到当地百姓的拥护。当孟尝君被免去相国职务，回到自己的封地薛城闲居时，他还没进城，老远就看见人们扶老携幼，夹道欢迎自己。他不由得掉下泪来，对冯骥说："先生给我买的'义'，今天我算是亲身感受到了。"冯骥乘机说："狡猾的兔子有三个洞，才能保证它的安全。现在您只有薛城一个安身地方，我再给您找两个安身之处吧。"

秦昭襄王一向佩服孟尝君，很早就想要拜他为相国，后来散布谣言，中伤孟尝君，为的就是把他逼到自己这里来。冯骥利用这一点来游说秦昭襄王，秦王很是高兴，立刻派遣使者带了黄金千斤、彩车百辆的厚礼，前往聘请孟尝君。冯骥又抢先赶到齐国都城临淄，求见齐王，告诉他秦国要礼聘孟尝君的事。齐王连忙派人把孟尝君接来，重新拜他为相国，又另外给他一千户的俸禄。

下联指东汉初将军冯异。冯异字公孙，颍川父城（今河南宝丰东）人。东汉中兴名将，"云台二十八将"之一。

冯异素好读书，精通《左氏春秋》《孙子兵法》。早年为王莽效力，后跟随刘秀平定河北。在河北饶阳无蒌亭，天气寒冷，北风凛冽，大家饥渴劳顿。冯异及时给刘秀送来了热腾腾的豆粥。第二天一早，刘秀对将领们说："昨得公孙豆粥，饥寒俱解"（《后汉书·冯异传》）。破王朗后，因功封应侯。

冯异为人谦恭，从不居功自傲，诸将论功时，他常常退避大树下，被称为"大树将军"。

一绝惊秋鹤

三言载梦龙

上联指清代画家冯洽，号秋鹤，浙江桐乡人。其为人性情淡泊，不愿为官，喜爱画松石和写意花卉。他对于自己的画十分珍重，不轻易给人。冯金伯曾得到他赠送的《乔松野鹤图》，人们都十分诧异，以为是少有的事。冯洽晚年喜欢吃糖，人们求他作画，如果送些糖，他就很高兴动笔。

徐珂《清稗类钞·狷介》记载：冯秋鹤家居时，得到父亲的家信，一定正立恭读，就像是当面亲承教诲。父亲罢归后，他又加倍侍奉，能得其欢心。父亲死后，他奉养祖母曾太夫人、母亲庄夫人,爱敬备至。有人劝他出来做官,他以亲人年老需要照顾为由谢绝,"杜门自守,不交当道"。知府伊某想见他一面,始终不得。当伊某迁官赴滇时,冯秋鹤读了他的留别诗,便送他到船上。伊某大喜道:"吾乃今日得见澹台灭明(孔子的弟子)也!"

下联指明代文学家、戏曲家冯梦龙。冯梦龙字犹龙,又字公鱼、子犹,别号龙子犹、墨憨斋主人、吴下词奴、姑苏词奴、前周柱史等,长洲(今江苏苏州)人。出身名门世家,冯氏兄弟三人被称为"吴下三冯"。

冯梦龙的童年和青年时代,把主要精力放在诵读经史以应科举上。然而,他的科举道路却十分坎坷。直到崇祯年间,57 岁时才补为贡生,破例授丹徒训导,后任福建寿宁知县,几年以后又回到家乡。清兵南下时,他以七十高龄,奔走反清,除了积极进行宣传,刊行《中兴伟略》诸书之外,还直接参与了抗清斗争。

冯梦龙辑有话本集《喻世明言》《警世通言》《醒世恒言》,世称"三言"。

"鹤"与"龙"的动物之对,很是工巧。

威震边关,名传中外

义起金田,功耀古今

上联指清末将领冯子材。冯子材字南干,号萃亭(一作翠亭),钦州(今广西钦县)人,行伍出身,历任广西、贵州提督。1885 年中法战争时,已年近 70 岁的冯子材,受命帮办广西关外军务,被前线各路将领公推主持战事,力撑危局。在镇南关(今友谊关),他选择地形险要的关前隘一带为战场,浚深壕、修高墙、筑坚垒,配备较强的策应之师,形成较完整的多层次山地防御阵地。为打乱法军作战部署,他领兵出关夜袭越南文渊,诱使法军不待援兵到齐提前发起进攻。当法军攻入关内,指挥诸军死守两翼制高点,并以预备队抄袭敌侧后;危急之时,"短衣草履,佩刀督队",自己持矛大呼,领兵跃入敌阵肉搏,酣战半日,歼法军 1000 多人,取得镇南关大捷。

镇南关大捷是清军在抵抗外敌入侵的战争中获得的一次全面胜利,它使清军在陆上战场的局面转败为胜,转守为攻。当法军被击败的消息传到巴黎,茹费理内阁被迫辞职。

下联指太平天国杰出领导人之一冯云山。冯云山，广东花都区人，是洪秀全的表亲和同学，两人关系极为密切。他自幼诵读经史，博览群书，因屡试不第，在村塾中教书。1843 年，当洪秀全劝人拜上帝时，冯云山是最早信从者之一。为了表示"拜上帝不敬邪神"，他和洪秀全一样，把村塾里供奉的孔子牌位拆毁，惊散了学童，激起了很大的社会反响，因此也失去了塾师的职业。

冯云山是农民革命的卓越宣传者和组织者，他那种坚忍不拔的可贵精神，后来在《天情道理书》中被称赞为"历山河之险阻，尝风雨之艰难，去国离乡，抛妻弃子，数年之间，仆仆风尘，几经劳瘁"，为革命大业的奠基工作做出了巨大贡献。

抚蛮单骑平寇
挡熊若质表忠

上联指北宋河阳人冯伸己，官桂州知州，曾单骑安抚安化蛮人；下联指西汉冯奉世的女儿冯媛，元帝时入宫为婕妤，曾跟随元帝游园，有熊破栏冲出来，她勇敢地上前阻挡。

道德可师，教育骊山之下
端凝若植，禁中瑞锦之呼

上联指东汉冯豹，西汉冯奉世的玄孙，曾在骊山下教授《诗》《书》《春秋》；下联指唐代东阳人冯定，文宗曾见他在宫廷端正如树，便赐他瑞锦。

叙穆叙昭，祖有德、宗有功，具见诒谋远大
伦常伦纪，孙可贤、子可孝，即能继述绵长
安徽绩溪下冯村冯氏宗祠叙伦堂联。

得氏自周朝，历来鹊起人文，大汉间继封侯爵
丕基开唐代，启后鸠安寝庙，皇清降永奠馨香

安徽绩溪新川冯氏宗祠联。上联指冯氏来源和东汉冯异,下联指唐代冯子华。

曾

南丰撰史

西府养亲

上联指北宋文学家曾巩。曾巩字子固,南丰(今属江西)人,世称南丰先生。嘉祐年间进士,历任太平州司法参军,迁馆阁校勘、集贤校理。熙宁中,先后在齐、襄、洪、福、明、亳等州任知州,颇有政声。元丰年间,徙知沧州,经过京师,受到神宗召见,他提倡"节约为理财之要",颇得神宗赏识。神宗以其精于史学,委任史馆修撰,编纂五朝史纲(未成),官至中书舍人。理宗时追谥"文定"。

儿童时代的曾巩,与兄长曾晔一道,勤学苦读,表现出良好的学习天赋,而且记忆力超群,"读书数万言,脱口辄诵"。

曾巩善于写文章,其散文平易舒缓,长于叙事说理,讲究章法结构,为王安石所推许,名列"唐宋八大家"之一。

下联典指北宋大臣曾公亮。曾公亮字明仲,号乐正,泉州晋江(今属福建)人,刑部郎中曾会次子。天圣年间进士,历官会稽知县、郑州知州、开封知府,仁宗时任宰相,以熟悉法令典故著称。晚年向神宗推荐王安石,共同辅政。为相15年,历仁宗、英宗、神宗三朝,号称老成持重。晚年被儿子曾孝宽(官端明殿学士)接到西府孝养,世人都以为荣耀。

曾公亮少年时就很有抱负,且气度不凡。为人"方厚庄重,沈深周密"。他关心国计民生,为官清廉,是个有作为的官吏。在会稽知县任上,他治理镜湖,立斗门,泄水入曹娥江,使湖边民田免受水涝之苦。庆历中,仁宗下诏求言,曾公亮上疏条陈六事,都是针对当时积弊所发的改革建议。

曾公亮不但善于政事,而且十分重视边防和军事建设。因此,宋仁宗命他修撰《武经总要》。《武经总要》总结、整理了前人有关研制火药、火器的经验,全书共40卷,分前后两集,是中国古代一部军事科学的百科全书。他历时四年(1040~1044)

主编的《武经总要》，成为他一生中最重要的建树。

酒肉养志

童冠咏歌

上联指春秋末鲁国南武城人曾参。曾参字子舆，孔子的弟子，提出"吾日三省吾身"（每天多次自我反省）的修养方法，认为"忠恕"是孔子"一以贯之"的思想。以孝著称，奉养父亲的时候，必有酒肉；将撤下的时候，必请示父亲允许，孟子称他为"养志"。后被尊为"宗圣"。

曾参

下联指曾参的父亲曾点。曾点字子皙，孔子的弟子，曾这样表明自己的志向："暮春三月，穿着春装，和冠者（成年人）五六人、童子（小孩）六七人，去沂水中洗洗澡，在舞雩台上吹吹风，一路唱歌，一路走回来。"（《论语·先进》）雩，古代求雨的一种祭祀活动。舞雩台，是鲁国求雨的坛，在今曲阜东。古代求雨祭天，设坛命女巫为舞，故称舞雩。

宗传内无双学士

圣教中第一名贤

台湾屏东曾氏宗祠"宗圣堂"联。

圣绍尼山，道德文章齐日月

徽传鲁国，春秋俎豆永乾坤

曾氏宗祠"追远堂"联。

祖德何如东鲁，传经光百代

家风曷似南丰，修史裕千秋

广东始兴太平镇东湖坪村曾氏宗祠联。

资水如练、凤岭如屏，四面尽环淑气
孝子在周、忠臣在汉，千秋无愧宗风（曾国藩）

湖南洞口高沙镇曾氏支祠联。

春风沂水，上下同流，江汉秋阳，后先合撰
地凤天麟，孙曾济美，芝山霞屿，堂构长新（丘菽园）

福建漳州曾氏宗祠联。

述格致、诚正、修齐、治平之传，万世成承厥训
超德行、言语、政事、文学而外，一人独得其宗

山东嘉祥曾氏宗祠联。

蒲田分派，琼岛移居，百余年庙貌重新，惟长念水源木本
闽矫登科，陵阳作宰，廿数世凤徽共仰，愿不忘祖德宗功（曾对颜）

海南海口迈德村曾氏宗祠联。

程

存孤全义

倾盖论交

上联指春秋时晋国人程婴，与晋卿赵盾的儿子赵朔是好朋友。景公时，灵公宠臣、司寇屠岸贾提出要惩罚杀灵公的赵家，他假传景公命令，率人杀了赵朔、赵同、赵括及其家属。赵朔的妻子庄姬（景公的姐姐）正怀孕，逃往宫中躲避，生下儿子赵武。程婴与赵朔家臣公孙杵臼商议，要保护赵武并把他抚养成人。公孙杵臼及其初生的儿子被屠岸贾杀死，程婴则担当起了抚养赵氏孤儿的责任。

下联说春秋时晋国人程本,博学而善辩论,聚徒讲学又著书,在诸侯中有很大的名声。曾经在路上和孔子相遇,倾盖(停下车子,两车盖倾斜相交)交谈一整天,非常投契。

祥云瑞日

玉色金声

全联指北宋哲学家、教育家,洛阳人程颢、程颐。程颢,字伯淳,学者称明道先生,嘉祐年间进士,神宗时为太子中允、监察御史里行。他与弟弟程颐随周敦颐学习,同为北宋理学的奠基者。在洛阳讲学十余年,弟子对其有"如坐春风"的比喻。资性过人,又具修养,门人与他交往几十年,从未见他恼怒过。著有《定性书》《识仁篇》等。程颐,字正叔,学者称伊川先生,曾任秘书省校书郎,官至崇政殿说书,每进宫中讲学,神色都非常庄严。兄弟二人都反对王安石的新政。二人的著作收入《二程全书》。二程的学说后来为朱熹所继承和发展,世称"程朱学派"。

程颢中进士后,曾任陕西户县主簿,此处有玉石佛像,相传佛首将要放光,聚集了远近很多人。程颢对僧人说:"我有公事,不能前往观看,你把佛首取来给我看。"从此不再有此传言,只是天上偶见祥云瑞日。

下联"玉色金声"出自《尚书大传》:"在内者皆玉色,在外者皆金声。"玉色,即合于"仁"的表情。金声,有德者的声音。《孟子·万章下》:"伯夷,圣之清者也;伊尹,圣之任者也;柳下惠,圣之和者也;孔子,圣之时者也。孔子之谓集大成。集大成也者,金声而玉振之也。金声也者,始条理也;玉振之也者,终条理也。始条理者,智之事也;终条理者,圣之事也。"这里是说二程也应该是圣人。

首创隶书苦十载

善酿美酒传千秋

上联指秦代程邈。程邈字元岑,下杜(今陕西西安南)人,一说下珪人。曾当过县狱吏,负责文书一类的差事。因为性情耿直,得罪了秦始皇,被关进云阳狱中。

当时,正值秦始皇推行"书同文"的政策,以小篆为全国统一文字。其时政务多端,文书日繁,用小篆写公文不容易速写,影响工作效率。程邈以前身为狱吏,深知小篆难以适应公务,他想若能创造出一种容易辨认又书写快速的新书体,不是更好吗？于是,他把流传民间的各种书体搜集在一起,潜心研究,加以改进,把大、小篆的圆转改变为方折,同时删繁就简,去粗取精,经过加工整理,十年后,终于创造出书写便利、又易于辨认的 3000 个新字体来。

秦始皇看了程邈整理的文字,非常高兴,不仅免了程邈的罪,还让他出来做官,提升为御史。由于程邈的官职很小,属于"隶",所以人们就把他编纂整理的文字叫隶书。同时,"隶人"也指"胥吏",即掌管文书的小官吏,所以在古代,隶书也被叫作"佐书"。这种隶书的特点是扁阔取势,结构简单,笔画平直,有了波磔,与小篆相比,书写方便,易于辨认。后来,为了和汉朝的隶书区别开来,就称之为"秦隶"。

下联指秦代程林。程林祖籍乌氏,以善酿美酒闻名于世,秦始皇特以姓名县,将乌氏县命名为乌程县(今浙江湖州)。史上以姓名县者,仅此一人。据《郡国志》说:"古乌程氏居此,能酿酒,故以名县。"

安定家声远

河南道脉长

程氏宗祠"安定堂"联。

一相宣王千世祖

二贤夫子万年师

安徽岳西木冲村程氏宗祠联。

百代文章两夫子

千秋宗脉一河南

安徽黄山感梓里村程氏宗祠联。

人更更更更更更更更众

谊重重重重重重重重深

浙江平阳宋埠镇新界村(原叫新街村)程氏祠堂联。

爱物为心,一命于人亦有济

得民以道,千秋斯统不虚传(林则徐)

江苏南京程颢祠联。

自休父得姓以来,与伊川、明道并振家声,一样门楣匹纯正

从新安迁居到此,于阳羡、宜兴大开祠宇,千秋福祚逮云礽(俞樾)

江苏宜兴程氏祠堂联。

蔡

孝隆东阁

经重石渠

上联指东汉初蔡顺。蔡顺字君仲,汝南人。少年时丧父,对母亲极孝。时遇王莽之乱,年岁饥荒,粮食极为缺乏。蔡顺不得已拾桑葚充饥,却用不同的筐分装。一队赤眉军经过这里,很奇怪地问他,他说:"黑的甜的留给母亲,青的自己吃。"赤眉军称赞他孝顺,赠牛脚一条,白米二斗,让他带回家供养母亲,他却婉言谢绝了。

一天,他出外打柴,家里突然来了客人,母亲等不着他,便咬了一下手指,他马上心头一颤,赶紧回了家。母亲去世后还未安葬时,邻里失火,将要烧到他家的时候,他伏在棺上大哭。说来奇怪,那火果然绕过他家,烧到别人家去了。母亲生前怕雷声,此后每次遇到雷震,他都绕着母亲的坟哭着说:"顺儿在这里!"后来举孝廉,他为了守护母亲坟墓而不去做官。蔡顺的事迹,旧时被列入二十四孝。

下联说西汉经学家蔡千秋。蔡千秋字少君,沛(今江苏沛县)人。曾跟从鲁人荣广学习《穀梁春秋传》。宣帝时为郎,奉命和治《公羊春秋》学的人辩论。蔡千秋

因善《穀梁》学,擢为谏大夫、给事中。宣帝又命蔡千秋等"鲁学"学者培养弟子,以与"齐学"抗衡。待人才齐备后,于甘露年间,宣帝驾临未央宫的石渠阁,诏"齐学"与"鲁学"讲五经异同。两派辩论激烈,宣帝亲临裁决,结果《穀梁》学被立为官学,取得胜利。

桥留松荫

纸造桂阳

上联说北宋大臣、书法家蔡襄。蔡襄字君谟,兴化仙游(今属福建)人。天圣年间进士,历官知谏院、知制诰、以龙图阁直学士知开封府、福州知州、泉州知州、杭州知府,官至端明殿学士。在泉州任上时,主持建造洛阳桥,以利通航,又在桥头种松树七百棵,当时人们就刻碑来纪念他。

蔡襄工书法,学唐代虞世南、颜真卿,并取法晋人,正楷端庄沉着,行书温淳婉媚,草书参用飞白法,为"宋四家"(其他三家分别指苏轼、黄庭坚和米芾)之一。

下联说东汉造纸术发明家蔡伦。蔡伦字敬仲,桂阳(今湖南郴州)人。和帝时,蔡伦在洛阳总结了西汉以来造纸的经验,改进造纸工艺,发明了用树皮、麻头、破布、旧渔网为原料造纸的方法。元兴初年,奏报朝廷后在民间推广,所造的纸称为"蔡侯纸"。

造纸术是我国古代科学技术的"四大发明"(指南针、造纸术、印刷术、火药)之一,是中华民族对世界文明做出的一项十分宝贵的贡献,大大促进了世界科学文化的传播和交流,深刻地影响着世界历史的进程。

西山先生,三世幼学

中郎爱女,六岁知音

上联指南宋学者蔡元定。蔡元定字季通,曾登西山绝顶忍饥读书,学者称他为"西山先生",建宁府建阳县(今属福建建阳市)人。南宋著名理学家、律吕学家、堪舆学家,朱熹理学的主要创建者之一,被誉为"朱门领袖""闽学干城"。

蔡元定幼承庭训,一生不涉仕途,不干利禄,潜心著书立说。长期从朱熹游,常常对榻讲论经义,每至夜半时分。四方来求学者,朱熹先让他们和蔡元定辩论。作为朱熹的高足和挚友,蔡元定自始至终参与了朱熹的理学创建,做出了巨大的理论贡献。朱熹曾将蔡元定与著名学者张栻相提并论,给予高度评价。蔡元定逝世后,朱熹三撰诔文,深致其哀。

蔡元定及其父、子三代父子俱以勤学闻世。

下联指东汉末著名女诗人、音乐家蔡琰。蔡琰原字昭姬,晋时避司马昭讳,改字文姬,陈留圉人,东汉末年文学家、中郎将蔡邕的女儿。史书说她"博学而有才辩,又妙于音律"。

蔡文姬16岁时嫁给卫仲道,卫家当时是河东世族,卫仲道更是出色的大学子,夫妇两人非常恩爱。可惜好景不长,不到一年,卫仲道便因咯血而死。蔡文姬不曾生育,卫家的人又认为她克死了丈夫,于是,才高气傲的蔡文姬不顾父亲的反对,毅然回到娘家。后来,父亲死于狱中,文姬被匈奴掠去,时年23岁,被左贤王纳为王妃,居南匈奴十二年,育有二子。

建安年间,曹操感念好友蔡邕之交情,得知文姬流落南匈奴,立即派周近做使者,携带黄金千两,白璧一双,把她赎了回来。这年她35岁,在曹操的安排下,嫁给田校尉董祀。蔡文姬饱经离乱忧伤,时常神思恍惚;而董祀正值鼎盛年华,生得一表人才,通书史,谙音律,自视甚高,对于蔡文姬自然有些不足之感,然而迫于丞相的授意,只好接纳了她。婚后第二年,董祀犯罪当死,蔡文姬蓬首跣足来到曹操的丞相府求情。曹操念及蔡文姬悲惨的身世,宽宥了董祀。

从此,董祀感念妻子的恩德,对蔡文姬重新认识。后来夫妻俩看透了世事,溯洛水而上,居住在风景秀丽、林木繁茂的山麓。若干年以后,曹操狩猎经过这里,还曾经前去探视。蔡文姬和董祀生有一儿一女,女儿嫁给司马懿的儿子司马师为妻。

琴声字体中郎业

荔谱茶笺学士风

上联指东汉文学家、书法家蔡邕,蔡邕字伯喈,董卓时,官至左中郎将。通经学、音律、天文,善散文辞赋。又工隶书,创"飞白"法,也善画。下联指北宋书法家蔡襄,著有《茶录》《荔枝谱》等。

自九峰别派龙峰,衍百代弘扬祖德

由仙里卜居犀里,至三世以嗣乡贤

福建莆田蔡氏宗祠"建阳堂"联。

相宝琼林,历宋、历元、历明、历清,祖德千年不朽

敷功帝关,为卿、为伯、为臬、为宪,孙谋百世长光

台湾金门岛双乳山下青山坪琼林村蔡氏家庙联。

彭

武原二仲

新昌三奇

上联指清初诗人、画家彭孙贻。彭孙贻字仲谋,一字羿仁,号茗斋,浙江海盐武原镇人。崇祯末年参加乡试,受到陈子龙、吴国华、范淑泰赏识,被定为第一。陈子龙说:"恨彭生不得出吾门。吾虽不及欧阳(修),此子实不愧子瞻(苏轼)也。"继而以明经首拔于两浙。明亡后,痛父亲身殉国难,终身不仕,闭门著述,终身布衣。

彭孙贻性情耿介、孝友,读书过目成诵。"貌魁伟,好诙谐,豪于饮",有"长鲸"之称。曾与同邑吴蕃昌(字仲木)创"瞻社",为当时名流所推崇,时称"武原二仲"。彭孙贻卒后,私谥孝介。

下联指北宋学者、音乐家彭渊材。彭渊材,江西宜丰人。曾出入京师贵人之门十余年。一日,跨驴南还,带回一个很大的布口袋。有人问他,他"喜见须眉"地说:"吾富可敌国矣。"不少人都来看热闹,以为里面一定是金银珠宝。命人打开一看,原来是李廷珪制的墨一丸、文与可画的竹一枝、欧阳修的《五代史》草稿一部。

彭渊材通晓音乐,曾向朝廷献乐书。当时,洪觉范以诗出奇,郑元佐以命出奇,彭渊材以音乐出奇,被称为"新昌三奇"。

采女乘辇问道

小姑得仙嫁郎

上联指帝尧时彭祖善养生术而长寿。彭祖的重生与弃物,服食、吐纳、守静、导引、房中术等养生理论,对道家、道教及中国传统文化,产生了深远的影响。

先秦古籍中,对彭祖善养生而长寿的事迹多有记载。传说他活了 800 多岁,商王曾命采女面受修道之要,以教商王,商王行彭祖之道也活了 300 岁。辇(píng),古代一种有帷幔的车,多供妇女乘坐。

下联"小姑",指安徽宿松东南长江中的小孤山,南与江西彭泽县一江之隔,西南与庐山隔江相望,是万里长江的绝胜,被称为"江上第一奇景"。

相传大禹治水,至此刻石记功;秦始皇东巡,刻"中流砥柱"于石上。小孤山以其独立无依而得名。山体奇特秀美,山形似古代妇女头上的发髻,后人戏称为"小姑"。

小孤山南岸与彭浪矶相对峙,江流湍激如沸,海潮至此不得上,故有"海门第一关"之称,为横锁长江的"楚塞吴关"。小姑是民间传说中一位纯情美丽的少女。她与彭郎相爱,但终于难成眷属,于是投江殉情,死后化作秀姿超然的小孤山。彭郎因悲于小姑之死,遂化成石矶,立于江边,即"彭浪矶",又名"彭郎矶"。山顶的梳妆亭,相传为小姑梳妆处。

悬竹志春晖之瑞

画梅留刚直之型

上联指清代大臣、书画家彭启丰。彭启丰字翰文,号芝庭,自号香山老人,长洲(今江苏苏州)人。为官四十年,以谨慎著称。在浙江学政任上时,彭启丰曾就科举制度问题提出四项改革方案。礼部对彭启丰的建议很欣赏,上启推行,乾隆皇帝诏准。这是清代科举制度的一场重大改革。经过这次改革,科举制度中的院试、岁贡、乡试等初、中级考试更趋完善。

为了奉养母亲,彭启丰曾请求辞官,在家中开辟园亭,种植花竹,乾隆皇帝亲赐匾额"慈竹春晖"。

下联指清末湘军将领彭玉麟。彭玉麟字雪琴,湖南衡阳人。咸丰年间,随曾国藩创办湘军水师,购买洋炮,建造大船。曾在湘潭、岳州等地与太平军作战,率水师封锁长江,围攻九江、天京(今南京)。光绪年间官兵部尚书,因病辞去,奉命赴广东办防务,死后谥刚直。

彭玉麟擅长写诗,又是楹联高手,下笔立就。尤其善于画梅花。其红梅、墨梅等,堪为一绝。"无补时艰深愧我,一腔心事托梅花"这方闲章,是彭玉麟经常盖在梅花画上的。

此章还有一段故事。原来,彭玉麟幼年时,曾与梅姑青梅竹马,有白头之约。但后来梅姑早逝,彭玉麟痛彻心扉,终身不娶,画梅四十年以表寸心。梅姑本是彭玉麟外祖母的养女,按辈分来算,应该是彭玉麟的长辈(姨姨),较彭玉麟年长几岁。父母将其许配他人,于是,梅姑殉情以明志。另一种说法是:彭玉麟随父亲辞官回乡,两人离别多年,相思极苦,梅姑因此抑郁吐血而死。

后来,彭玉麟隐居期间,只做两件事情:其一是在湖口的水师昭忠祠旁边建立一厅,栽遍梅花,共有60棵,号称"梅花坞"。这梅花坞在石钟山中,现在已是著名旅游景点。其二是作诗作画,主题都是梅花,其梅花诗总计有100首之多,至于梅花画,更是冠绝一时,数量达到万幅以上,与郑板桥的墨竹齐名。

疏陈十策

名列三奇

上联指北宋饶州鄱阳人彭汝砺,字器资,治平初年状元,官监察御史里行,首次上书,便陈述"正己、任人、守令、理财、养民、赈救、兴事、变法、青苗、盐事"等十件事,指陈利害,多是当时朝中大臣所不便说的。后历官中书舍人、吏部侍郎、吏部尚书,因被人弹劾,降为江州知府。他为官处世,言行必合于大义;与人结交,则尽诚尽敬,当时人称他有"古人风"。下联指北宋彭渊材。

十策家声远

三奇世泽长

安徽宿松陈田村彭氏宗祠联。上联指清代彭孙贻，下联指彭渊材。

政治精明，卓尔循良龟鉴

学识正大，粹然性理鸿儒

上联指宋代宜春人彭俞，字济川，自号连山子，著有《君子传》《循吏龟鉴》等。下联指南宋清江人彭龟年，字子寿，曾与朱熹、张栻交游，学业益进，他学识正大，议论直切，严于辨析善恶是非。著有《止堂集》。

盛德大功，四世国家元老

孤忠峻节，百年天地一人（庞尚鹏）

福建莆田的黄石镇港利村彭氏宗祠联。全联指明代彭韶，天顺元年进士，为政简静明法，决疑狱，督粮储；仗义执言，弹劾权奸，曾两度被陷下狱。著有《名臣录》等。

肇派自吴西，宋元明清，雁塔鹰扬开甲第

解缨迁楚北，祖孙父子，鹿鸣琼晏荫箕裘

湖北省麻城市彭家寨彭氏宗祠联。

汉司空德业、宋御史勋猷，溯从前忠孝传家，渊源有自

六百年宗坊、廿余代族姓，欣此日馨香根本，典型维新（彭笏臣）

湖南桂阳青兰乡彭氏宗祠联。

李纲罢相，累及外家，忆先世辟地西江，六七族椒衍瓜绵，若汪若黄，祸我翻成福我

至正肇修，迄兹民国，仰前徽发迹南宋，十二次梨灾枣火，即彭即蔡，宗同不必姓同（蔡飞陆）

江西奉新彭氏宗祠联。

潘

友文佛子

世长天才

上联指南宋金华(今属浙江)人潘友文。潘友文字文叔,一心仰慕善人,并力行善事,嘉定年间官提举福建常平茶盐公事。理学家、教育家陆九渊曾称赞他慈祥而诚恳,有恻隐之心。思想家、文学家陈亮曾经称赞他"临民而有父母之心,固其家法当如此"。人称"潘佛子"。

下联指西晋武陵汉寿(今属湖南)人潘京。潘京字世长,20岁时就被任为郡主簿,太守赵廞很器重他。曾问:"贵郡为什么叫武陵?"潘京答:"鄙郡本名义陵,在辰阳县界,与夷人相接,经常被他们侵犯。东汉初光武时向东移,得以保全,大家商量着要改名。《传》曰止戈为武,《诗》称高平曰陵,于是就叫武陵。"

潘京举秀才后,来到京都洛阳。当时任尚书令的乐广和他是同乡,能言善辩,两人畅谈几天,乐广深叹其才,说:"您天才过人,只是读书不够。如果多读些书,必成为一代宗师。"潘京从此勤学不倦,有名当世。

功推武惠

绩著司空

上联指宋初名将潘美。潘美字仲询,大名(今河北大名东北)人。在后周时,为周世宗柴荣的供奉官,后迁西上标门副使。拥立赵匡胤称帝建立宋朝,颇受重用,因功累迁防御使。

潘美南征北战,在北宋统一战争中,起了重要的作用。雍熙年间,宋兵三路北伐辽朝,潘美为云(今山西大同)、应(今山西应县)、朔(今山西朔州)等州行营都部署,杨业为副,率西路军出雁门,连克寰(今山西朔州东)、朔及云、应等州。契丹军主力反击时,因曹彬所领东路军大败于岐沟关,潘美等也受诏撤军,并掩护云、应、朔等州之民内徙。在撤军过程中,潘美与监军王侁等不纳杨业建策,并强令其出战，置之必败之地，又违约不予接应，致使杨业全军覆没，被俘身亡。为此被杨业妻佘太君所诉朝廷，潘美被削秩三等，降为检校太保。后又复旧官。淳化中，加同平章事。死后谥武惠，追封郑王。

下联指明代水利专家潘季驯。潘季驯字时良，号印川，浙江乌程（今湖州）人。嘉靖年间进士，历任九江推官、御史，巡按广东，推行均平里甲法，斥抑豪强。由大理寺左少卿进右佥都御史，总理河道，开始治黄生涯。

潘美

潘季驯四次治河，习知地形险易，成绩显著。他主张综合治理黄河下游。认为黄河、运河相通，治理了黄河也就保护了运河，黄河、淮河相汇，治淮也就是治黄，既不能离开治黄谈保运，也不能抛开治淮谈治黄。他指出，黄河下游屡屡改道的主要原因，在于水漫沙壅，因此治理上应筑堤束水，借水刷沙。由于黄河挟带大量泥沙，有"急则沙随水流，缓则水漫沙停"的特点，因此要使水流湍急，必须束水归漕。黄河和淮河，经他治理后，保持了多年的稳定。

司空，为西周官名，主管土地，兼管土木等建筑工程。潘季驯官工部尚书，相当于古代的司空。

诗称邠老

赋重安仁

上联指北宋"江西派"诗人潘大临。潘大临字邠老，黄州（今属湖北）人。因家贫而未仕，在樊口以卖"潘生酒"为生。苏轼谪居黄州时，经常过江到樊口潘大临酒店里饮潘生酒，食武昌鱼。苏轼、苏辙兄弟都有诗、文记其事。

潘大临与弟弟潘大观都以诗出名。苏轼、张耒谪黄州时，多有交往，为他们所推重。潘大临原有《柯山集》，已佚，尚存20多首诗和那句脍炙人口的"满城风雨近重阳"。当时人们对他的诗歌评价很高,黄庭坚称他"早得诗律于东坡,盖天下奇才也"后来陆游也说他"诗妙绝世"。

下联指西晋文学家潘岳。潘岳字安仁,荥阳中牟(今属河南)人。司马炎建晋后,潘岳被召授司空掾。因作《藉田赋》,招致忌恨,滞官不迁达十年之久。后任尚书度支郎、太傅府主簿、长安令等。元康年间回到洛阳,历任著作郎、给事黄门侍郎等职。在这期间,他经常参与依附贾谧的文人集团"二十四友"之游,是其中的重要人物。永康初年,赵王司马伦擅政,中书令孙秀诬潘岳、石崇、欧阳建等阴谋参与淮南王、齐王之乱,被杀,并夷三族。

潘岳长于诗赋,辞藻华丽,与陆机齐名,史称"潘陆"。南朝梁钟嵘《诗品》将潘岳的作品列为上品,并有"潘才如江"的赞语。

栽花满县
画墨成仙

上联指西晋文学家潘岳。他在河阳令任上时,勤于政事,在县中满栽桃李,一时成为美谈。

下联指北宋制墨名家潘谷。潘谷,歙县(今属安徽)人,一生制墨,很有名声,有人不拿钱求墨,他亦慷慨相赠。他所制的"松凡""狻猊"等,被誉为"墨中神品"。据《歙县志》载:"宋时徽州每年进贡佳墨千斤。"潘谷所制佳墨,被列为贡品送到宫中。

德传花县
馨衍荥阳

广东梅县潘氏宗祠联。

祖德高深开大业
网形雄耸育英才

广东梅县南口镇桥乡村潘氏宗祠联。

典籍淹通，赋成华岳

丰姿秀美，果满香车

上联指宋代学者潘翼，字雄飞，青田人。贯通诸子百家，工古文，邑人登科者多出其门。王十朋自少从游，每叹不能竟其学。下联指西晋文学家潘岳。

南峙秀文峰，雾合烟云资豹变

西流环武水，涛兼雷雨助蛟腾

安徽黟县古筑村潘氏宗祠联：

三将军，三广文，三人同胞为教谕

九进士，九乡贤，九代相继作功臣

贵州安顺北街大磨边潘氏宗坊联。

袁

书藏万卷

笔扫千军

上联指北宋袁抗。袁抗字立之，洪州南昌（今属江西）人。真宗大中祥符初年进士，历任阳朔县主簿、国子博士、知南安军、提点广南东路刑狱等。其人性喜藏书，家藏逾万卷，论藏书之富江西士大夫很少有人能比上他。

下联指东晋文学家袁宏。袁宏字彦伯，小字虎，陈郡阳夏（今河南太康）人。初入仕途，谢尚引为参军，累迁至大司马桓温府记室。其文笔典雅，才思敏捷，深受桓温器重。桓温北伐，袁宏奉命作露布，倚马疾书，顷刻间即成七纸。入为吏部郎，授东阳太守。

扬风惠政

卧雪清操

上联指东晋文学家袁宏。少有逸才,文章艳美。曾任谢安的参军,谢安赠他一把扇子,说:"聊以赠行。"袁宏应声答道:"辄当奉扬仁风。"

下联指东汉大臣袁安。袁安字邵公,汝南汝阳(今河南商水西南)人,少承家学。举孝廉,历任阴平长、任城令,对属下管理极严,吏人无不"畏而爱之"。明帝时,任楚郡太守、河南尹,政声严明,断狱公平,在职十年,名重朝廷。后历任太仆、司空、司徒。和帝时,窦太后临朝,外戚窦宪兄弟专权操纵朝政,民怨沸腾。袁安不畏权贵,守正不移,多次直言上书,弹劾窦氏种种不法行为,为窦太后忌恨。但袁安节行素高,窦太后无法加害于他。在是否出击北匈奴的辩论中,袁安与司空任隗力主怀柔,反对劳师远涉、微功万里,免冠上朝力争达十余次。其后代多任高官,汝南袁氏成为东汉有名的世家大族。

袁安曾客居洛阳,恰值大雪,洛阳令巡行至他门前,见关着门没有行迹,就命人扫雪入内,见他僵卧在屋里,就问他怎么回事,他答道:"大雪天,人们都在挨饿,不好去麻烦别人。"洛阳令由此认定他是贤人。

忠臣孝子

四世三公

上联指南朝宋大臣袁粲。袁粲字景倩,陈郡阳夏(今河南太康)人。据《宋书·袁粲传》记载:"少好学,有清才……夙(早)以操立志行见知。"

顺帝时,官中书监,镇守石头城。当时萧道成(后来的齐高帝)权势日重,他密谋起兵灭萧道成,因褚渊泄密,袁粲及其子均被杀。当时,其子以身卫父。袁粲说:"我不失为忠臣,汝不失为孝子。"父子同时遇害。

下联指东汉袁安和他的儿子袁敞、孙子袁汤、曾孙袁逢,当时被称为"四世三公"。

登龙望重

倚马才高

上联指南朝梁大臣、书画家袁昂。袁昂字千里,陈郡阳夏(今河南太康)人,宋大臣袁颠之子。本名为千里,齐永明中,武帝说:"昂昂千里之驹,今改卿名为昂,即以千里为字。"

宋泰始初年,父亲举兵奉晋安王子勋称帝,事败被杀。袁昂当时只有五岁,乳母将其隐匿于山中,后来遇赦才出来。因为父亲死于非命,所以他终身不听音乐。仕齐为吴兴太守。梁武帝即位后,用他为吏部尚书,并说:"齐明帝用卿为黑头(指年轻时)尚书,朕用卿为白头(指年老时)尚书,良已多愧。"他答道:"臣生四十七年于兹矣,四十以前,臣之自有;七年以后,陛下所养。七岁尚书,未为晚达。"武帝说:"士固不妄有名。"寻迁尚书令,位至司空。

下联指东晋袁宏,于军中作书,倚马立就。

疏陈五弊
曲列三绝

上联指明代聊城人袁恺,崇祯时,由推官入为给事中,上疏陈时弊五事。下联指西晋吴郡太守袁松,博学能文,擅长音乐,其歌《行路难》,听者无不落泪,与羊昙之唱乐、桓伊之挽歌,并称"三绝"。

抚射衔道义
接武在文章(康有为)

明代军事家袁崇焕祠联。

才捷当庭赋铜鼓
节高卧雪对梅花

上联指清代诗人袁枚,下联指东汉袁安。

明德自有达人后
忠臣心求孝子门

上海袁公祖德祠联。

叱逆怀忠,谁出其右

负图卫主,重义予生

上联指南朝宋太子左卫率袁淑,元凶刘劭将为逆时,胁迫他参与,他不从,叱责道:"这样做,为天地所不容!"从容被害。下联指袁淑的侄子袁粲,父子均被杀。当时人们唱道:"可怜石头城,宁为袁粲死,莫作褚渊生。"

水东追祖源,姓字尝开传帝后

埭南立门户,农桑自可乐田园(袁家云)

安徽芜湖埭南街袁氏宗祠联。上联"水东",指袁氏世代居住的泾县水(青弋江)东翟村;"帝后",指袁氏来源于舜帝的后人陈胡公的后裔。

于

咸隆节钺

德卜高门

上联指三国时曹魏将领于禁。于禁字文则,泰山钜平(今山东泰安)人。早年随鲍信起兵讨伐黄巾军,后来又一起归附曹操,任军司马。跟随曹操四处征战,屡建功勋。

曹操征讨张绣失利,大军溃散,唯独于禁临危不乱,且战且退。曹军辖下青州兵四处抢劫,被于禁追杀。有人告发于禁叛变。于禁先扎下营寨才去见曹操,曹操问他怎么不先来解释,于禁认为分辩事小,退敌事大。曹操对他坚毅沉稳的作风大加赞赏,封他为益寿亭侯。后来在灭吕布、破袁绍等大小战役中,于禁等五良将都轮流任先锋和后拒,成为曹军将领中的骨干精英。

《三国志·于禁传》记载有曹操对他的评价:"淯水之难,吾其急也,将军在乱能整,讨暴坚垒,有不可动之节,虽古名将,何以加之!"

下联指西汉大臣于定国。于定国字曼倩,东海郯县(今山东郯城西南)人。宣帝时任廷尉,为人谦恭,能决疑平法,办理案件小心谨慎,以公平宽恕著称于当世。朝野称颂说:"张释之为廷尉,天下无冤民;于定国为廷尉,百姓自以为不冤。"宣帝时,官至丞相,封西平侯。

于定国的父亲于公,为县衙掌管狱讼的官吏,判断狱讼公平允当,被判的人,莫不心服口服,毫无怨言。于公家的闾门坏了,父老共同为他修理,于公说:"门闾可做高大些,使之能容驷马高盖车进入。我治理狱讼多阴德,未曾冤枉于人,将来子孙必有昌盛显贵者。"

青史标广德

红叶作良媒

上联指唐代于琮。于琮字礼用,宣宗时进士。历官左拾遗、尚书右仆射,娶广德公主。黄巢攻入京师长安,于琮被杀,公主自缢而死。

下联指唐代于祐。据刘斧《青琐·流红记》等记载,唐僖宗时,于祐在京城御沟中拾得一片红叶,上面写有一首诗:"流水何太急,深宫尽日闲。殷勤谢红叶,好去到人间。"于祐看了,也题一叶,放到御沟的上流,被宫中韩夫人拾到。

后来,于祐到权贵韩泳家做塾师。这年,僖宗外放宫女三千人,韩泳便将韩夫人嫁给于祐。成礼之后,韩夫人偶然开衣箱,见到那片红叶,感到很奇怪,问明原委,叹道:"事岂偶然!"

韩泳听说这件事后,为他们举行了宴会,以表示庆祝,高兴地说:"二位要感谢媒人呀!"韩氏作诗道:"一联佳句随流水,十载幽思满素怀。今日却成鸾凤侣,方知红叶是良媒。"

慎行大学士

曼倩西平侯

上联指明代政治家、文学家、学者于慎行。于慎行字可远,又字无垢,东阿(今属山东)人。隆庆初年进士,选为庶吉士。散馆后,授翰林院编修官。万历初升为修撰,参编《穆宗实录》,破例以史官充日讲官,年仅20余岁。

于慎行为人忠厚平恕、襟怀坦白。不管对皇上、对首辅还是对同僚,都心胸坦荡,真诚相待。有一次,于慎行等人讲课完毕,神宗让人拿出许多历代字画,叫他们赋诗题字。于慎行当众承认自己写不好字,只好自己作诗,请人代题。神宗很是赞赏,当即写了"责难陈善"四个大字赐给他,被传为盛事。

万历初年,内阁首辅张居正当国,进行了一系列改革,解决了明朝中期许多严重的社会问题。但张居正个人作风独断专行,钳制百官,引起朝中官员普遍不满。张居正父亲病故后,他不想辞职守丧,授意门生提出"夺情"。神宗予以批准,满朝哗然。于慎行与其他大臣一起疏谏,以纲常大义、父子伦理劝神宗收回成命。张居正很不高兴,对于慎行说:"你是我最赏识的学生之一,我平时待你不薄,没想到你这样对我!"于慎行语重心长地说:"正因为您对我不错,我才不得不这样啊!"不久,于慎行由侍讲学士升礼部右侍郎、左侍郎等,又升为礼部尚书。

晚年,以礼部尚书加太子少保兼东阁大学士,入参机务,担任宰相。

下联指于廷国,字曼倩,封西平侯。

忠肃芳名昭日月
伯循大笔撼乾坤(庄温英)

上联指明代名臣、民族英雄于谦。于谦字廷益,浙江钱塘(今杭州)人。据说他7岁的时候,有个和尚惊奇于他的相貌,说:"这是将来救世的宰相呀。"他15岁考中秀才,16岁起就读于吴山三茅观,写下有名的《石灰吟》,成为他一生的写照。

正统年间,宦官王振专权,肆无忌惮地倚权纳贿。百官大臣争相献金求媚。每逢朝会期间,进见王振者,必须献纳白银百两,若能献白银千两,可得到酒食款待。于谦每次进京奏事,从不带任何礼品。有人劝他说:"您不肯送金银财宝,难道不能带点土产去吗?"于谦潇洒一笑,甩了甩他的两只袖子,说:"只有清风。"还特意写诗《入京》以明志:"手帕蘑菇与线香,本资民用反为殃。清风两袖朝天去,免得闾阎话短长!"

明英宗时,蒙古瓦剌军来犯,明军土木堡一役全军覆没,英宗被俘,瓦剌军乘胜进攻京师(今北京)。危急关头,于谦力排众议,反对迁都,力主抗战,誓死保卫京师,并拥立郕王为帝(即明景帝)。于谦升任兵部尚书,率军击败瓦剌军,取得京师保卫战的胜利。战后,他首创团营军制,加强边戍,委任名将镇守,多次击败瓦剌军的进攻,迫使其首领也先释放英宗回朝。英宗获释后,发动"夺门之变",夺回帝位。于谦遭诬陷被捕下狱,被判处死刑,史称"行路嗟叹,天下冤之"。成化年间,沉冤昭雪,赠太傅,谥肃愍,又改谥忠肃。遗有《于忠肃集》。

下联指国民党元老于右任。于右任名伯循,字诱人,陕西三原人。曾用名刘学裕、原春雨,号髯翁,晚年又号太平老人。早年加入光复会和同盟会。1907年起先后创办《神州日报》《民立报》,积极宣传民主革命。历任南京临时政府交通部次长,国民联军驻陕总司令,审计院、监察院院长。1912年后,相继担任南京政府交通部长,国民政府审计院长、监察院长,前后共任监察院院长34年。后随国民党退居台湾。

于右任精书法,早在20世纪20年代,便有"北于南郑"之称("南郑"指郑孝胥)。尤其擅长草书,首创"标准草书",被誉为"当代草圣"。

瀛洲望重

廷尉门高

上联指唐大臣于志宁,下联指西汉东海人于公。

德及子孙,崇门容驷马

功高家国,泰代出贤臣

上联指于公,下联指于谦。

砥柱中流,独揽朱明残祚

庙容永奂,长赢史笔芳名(魏源)

于谦祠联。

董

千秋良史

百代儒臣

上联指春秋时晋国史官董狐,也称史狐,周人辛有的后裔,世袭太史。据《左传》记载,晋灵公夷皋聚敛民财,残害臣民,举国上下为之不安。作为正卿的执政大臣赵盾,多次苦心劝谏,灵公非但不改,反而肆意残害。他先派人刺杀赵盾,没有成功,又在宴会上埋伏甲兵袭杀,仍未成功,赵盾被逼出逃。当逃到晋国边境时,听说灵公已被其族弟赵穿带兵杀死,便返回晋都,继续执政。当时,任太史的董狐认为:赵盾身为正卿,"亡不出境,返不诛国乱",罪责难逃,便直书"赵盾弑其君"。后来,孔子称赞说:"董狐,古之良史也,书法不隐。"董狐秉笔直书的事迹,实开我国史学直笔传统的先河。

下联指西汉思想家、哲学家、今文经学大师董仲舒。广川(今河北枣强东北)人。景帝时任博士,讲授《公羊春秋》。汉武帝元光初年,董仲舒在著名的《举贤良对策》(即《天人三策》)中,提出其哲学体系的基本要点,并建议"罢黜百家,独尊儒术",为汉武帝所采纳,为儒学取得正统地位做出了巨大贡献。

天人三策

兄弟五奇

上联指西汉思想家董仲舒。

下联指三国魏乐平侯、司徒董昭及其弟董访等。董昭字公仁,济阴定陶(今属山东)人。原仕袁绍,多有功劳,因受谗言而离去,成为将军张杨的谋士。汉献帝因为李傕、郭汜之乱而流落到河东后,董昭随张杨迎接汉献帝,被拜为议郎。董昭建议曹操将汉献帝迁往许昌,从此成为曹操的谋士,深受曹操信赖。后来,在董昭的倡议下,曹操加九锡,成为魏公、魏王。曹丕、曹叡执政期间,董昭也多有谋划,官至司徒,封乐平侯,死后谥定侯。陈寿在《三国志》中评论道:"董昭才策谋略,世之奇士。"

董昭及其弟董访等，当时被称为"五奇"。

读书行路

种杏成林

上联指明代书画家、书画理论家、书画鉴赏家董其昌。董其昌字玄宰，号思白、香光居士，华亭(今上海松江)人。虽出身贫寒之家，但在仕途上春风得意，青云直上。万历年间，34岁的董其昌举进士，当过编修、讲官，官至南京礼部尚书，太子太保。

其书法从颜真卿入手，又先后学虞世南、王羲之、李邕，自称在率易中得秀色，分行布白，疏宕秀逸，很有特色，对明末清初书坛影响极大。擅长山水画，注重师法传统技法，追求平淡天真的格调，讲究笔致墨韵，以清润明秀为特色，拙中带秀，清隽雅逸。主张作画必须"读万卷书，行万里路"，对后来画论产生了积极影响。著有《容台集》《容台别集》《画禅室随笔》《画旨》等。

下联指东汉末医学家董奉。董奉字君异，福建长乐人。少时治医学，成年后到处云游，行医施赈，特别是在浙江、江西、广东、广西和今越南等处往来。他遍访名山大川，采集野生植物制成丹药给人治病。因医术高明，与南阳张仲景、谯郡华佗齐名，并称"建安三神医"。当时的交州刺史吴士燮病危，请董奉诊治，他以三丸药纳入病人口中，以水灌之，并使人捧摇其头，以此而愈。

董氏医德高尚，在庐山行医时，为人治病不收钱，只要求治愈的病人在其住宅周围种植杏树，以示报答。数年间得10余万株，蔚然成林。董氏每于杏熟时于树下作一草仓，有想得其杏者，可用谷物来换，他则以所得粮食赈济穷人。后世即以"杏林春暖""誉满杏林"称誉医德高尚的医学家。

宗祧远承粤海

祠堂永著龙城

广西壮族自治区柳州董氏宗祠联。

搏击咸称卧虎

文章屡世占鳌

上联指东汉洛阳令董宣，搏击豪强，莫不震慄，京师号为"卧虎"。下联指明代宁都人董嶙和董越。董越为成化进士，官南京工部尚书，有《圭峰文集》。

先德衍家声，千秋良史

祖功垂世泽，一代儒宗

安徽泾县董家村董氏宗祠联。

三策仰前徽，道阐纯儒学业渊源须念祖

千秋留直笔，书传良史风规整肃永贻孙

董氏宗祠联。

怀蛟入梦、卧虎锄强，溯显赫簪缨，今日相联一气

腰龟称荣、盘龙受宠，缅辉煌勋业，蒸尝允答千秋

董氏宗祠联。

余

名高四谏

道就单车

上联指北宋大臣余靖。余靖本名希古，字安道，号武溪。韶州曲江（今广东韶关）人。出身于显宦之家，小时候随舅父师从进士黄正读书，聪慧异常，过目不忘。后师从林和靖先生，学业大进。天圣年间进士，以赣县尉起家，官至朝散大夫。

仁宗景祐年间，范仲淹被贬，谏官御史都不敢说话，余靖上书反对，也被贬逐，从此知名，与欧阳修、王素、蔡襄并称"四谏"。庆历中，擢升为谏院右正言，负责向

皇帝进谏奏事。他曾多次谏言"轻徭薄赋",整顿户政,除贪残之吏,抚疲困之民,节省开支,反对多给西夏岁币,而向皇帝抗声力争,以至于唾液飞溅至皇帝的"龙颜"上仍意犹未尽。他的建议,大多为仁宗所接受。

下联指南宋余克济。余克济字叔济,安溪(今属福建)人。庆元年间进士,由侯官尉升任广东梅州知州。当时境内有盗,有人劝他慢行缓去,他说:"乘他们还没有集结,正可以及时灭掉。"于是单车上路,不料,盗竟畏而退去。

灵鼋负阁

钓鱼列屯

上联指南宋大臣余端礼。余端礼字处恭,衢州龙游(今属浙江)人。高宗绍兴年间进士,知湖州乌程县。后迁大理少卿、太常少卿,召拜吏部尚书,擢同知枢密院事。

相传余端礼幼年时,曾遇大水,与乡邻同处一阁,阁将沉时,有物如鼋来负此阁,众人得救。

下联指南宋末名臣余玠。余玠字义夫,蕲州(今湖北蕲春南)人,寒士出身,曾参加淮东制置使赵葵幕府抗击蒙古军,嘉熙年间知招信军,于汴城、河阴战败蒙古军,升淮东提点刑狱兼知淮安军,继而升淮东制置副使。淳祐初年,被理宗召见,建议不可轻视武将,愿以收复全蜀为己任。于是,被授予四川安抚处置使知重庆府,后又兼四川总领兼夔路转运使。

自蒙古军攻入四川,蜀地残破,宋朝将吏各专号令,犹如一盘散沙。余玠到任后,大改弊政,整顿吏治,修学养士,延纳贤才,设置屯田。同时,加强战备,用冉琎、冉璞之计,修筑钓鱼城(今四川合川东),又陆续修筑大获(今四川苍溪南)、青居(今四川南充南)、云顶(今四川金堂南)、神臂(今四川合江西北)、天生(今重庆万州西)等十余城。余玠又作《经理四蜀图》上报朝廷,自许十年之内手掣蜀地还宋。一年内,余玠与蒙古军大小三十六战,战果显著。后又率军北攻兴元(今陕西汉中),击退进扰成都、嘉定(今四川乐山)的蒙古军。然而,云顶山统制姚世安勾结权相谢方叔等,造谣中伤余玠。宝祐初年,余玠被招回朝,突然死去,或说饮毒而亡。

学尊孟子

清并林逋

上联指北宋学者余允文。余允文字隐之,建安(今福建建瓯)人。余允文读书精研正学,见司马光等对孟子有毁词,便作《尊孟辨》及《尊孟续辨》《尊孟辨别录》以回应。其中,《尊孟辨》辨司马光《疑孟》者十一条,辨李觏《常语》者十七条,辨郑厚叔《艺圃折衷》者十条。《续辨》则辨王充《论衡·刺孟》者十条,辨苏轼《论语说》者八条。后来,朱熹有《读余氏〈尊孟辨〉说》。

下联指北宋大臣余靖。

尊孟家声远

秦卿世泽长

余氏"尊孟堂"联。

蓉裳图文号双绝

武良进士居第一

上联指清代著名诗画家余集,字秋室,号蓉裳,工诗、书、画,画《杨妃出浴图》,上有翁方纲题字,时称"双绝"。下联指明代兵部尚书余煌,字武贞,会稽人,天启中为进士第一。

谏草流香,当记曲江遗泽

长茅发迹,敢忘宋代传声

江西武宁石渡乡余氏宗祠联。上联指北宋曲江人余靖,以直谏闻名;下联"长茅"为地名,处于修水、武宁两地间。

苏

三苏望族

五凤功臣

上联指北宋文学家苏洵、苏轼、苏辙父子。父子三人同被列入"唐宋八大家"。

下联指西汉大臣苏武。苏武字子卿,杜陵(今陕西西安西南)人。公元前100年,匈奴新单于即位,汉武帝为了表示友好,派遣苏武率领一百多人,带了许多财物,出使匈奴。不料,就在苏武完成了出使任务准备返回时,匈奴上层发生内乱,苏武一行受到牵连,被扣留下来,并被威逼背叛汉朝,臣服单于。

起初,单于派人向苏武游说,许以丰厚的俸禄和高官,被苏武严词拒绝。匈奴见劝说没有用,就决定动用酷刑相威胁。当时正值严冬,天上下着鹅毛大雪。单于命人把苏武关入一个露天的大地窖,断绝食品和水,以为这样可以改变苏武的信念。苏武在地窖里受尽了折磨,渴了,吃一把雪,饿了,就嚼身上穿的羊皮袄。几天后,单于见濒临死亡的苏武仍然没有屈服的表示,只好把他放出来。

接着,单于决定把苏武流放到西伯利亚的贝加尔湖一带牧羊。临行前,单于召见苏武说:"既然你不投降,那我就让你去放羊,什么时候公羊生了羊羔,我就让你回到中原去。"

直到19年后,新单于执行与汉朝和好的政策,汉朝使者到了匈奴,终于得知苏武依然健在,于是扬言说,汉朝的天子在上林苑中射到一只大雁,雁的脚上系着帛书,帛书中清楚地写着苏武在北方的沼泽之中。单于只好把苏武等九人送还。

苏武死后,汉宣帝(年号五凤)命画他的画像于麒麟阁,以表彰他的节操。

五教传诵

片言息争

上联指隋朝大臣苏威。苏威字无畏,出身于京兆武功(今陕西武功西北)大族。苏威很有才能,历任要职,与高颎参掌朝政,齐心协力辅佐隋文帝。政刑大小,均参与筹划。文帝修订隋代典制，律令格式多为苏威所定。

当年，苏威的父亲苏绰制定"六条诏书"，要求全体官员必须背诵，不会背的不能当官，从而树立了北周的政治规模，为其后的隋唐所取法。苏威是个孝子，曾对隋文帝说只要读一本《孝经》，就足以立身治国。平定了南方的陈后，苏威受命持节巡抚江南，编

苏武牧羊

写了《五教》，将儒家的纲常伦理"父义、母慈、兄友、弟恭、子孝"具体化，要求原陈国百姓"无长幼悉使诵五教"（《北史·苏绰附苏威传》），并且责成地方官员每年检查。

下联指南北朝时北齐人苏琼。苏琼字珍之，武强（今属河北）人。幼年时曾跟随父亲拜见东荆州刺史曹芝。曹芝开玩笑地问他："你想不想当官？"苏琼回答说："设立官职，选人以充任，并不是由人去找官做。"曹芝感到十分惊异，便让他做自己将军府的参军。

后来，苏琼被任命为南清河太守。零县百姓魏双成丢了一头牛，怀疑是同村人魏子宾偷的，便把他送到郡上，苏琼经过仔细查问，确定魏子宾不是偷牛贼，当即把他放了。苏琼暗中查访，另外抓到了偷牛的人。此后，南清河郡的百姓放牧牲畜时，大都散放在野外，说："只管放心地交给苏府君。"

有个邻郡的富豪，带着财物到南清河郡存放以躲避盗贼，仍被盗贼追得很紧，他便说："我的财物已经交给苏公保管了。"盗贼竟悻悻离去。

当时，郡内官吏腐化，贪污送礼之风盛行。苏琼生性清廉谨慎，上任伊始，即向全郡告示，不接受任何名目的馈赠。南清河郡人赵颖，曾做过乐陵郡太守，80岁告老归家。五月初，他摘了两个新产的瓜送给苏琼。苏琼无奈，把瓜留下，却放到大堂的梁上，不切开吃。人们听说苏琼收下了瓜，都争先恐后地给他送瓜果来。来到门上，才知赵颖送的两只瓜还放在那儿没有动，大家只好回去。属下府丞送他鲜

鱼，苏琼接受后悬挂在门边。府丞再送，苏琼仍将鱼挂起来，以示谢绝之意。其后，再也无人送礼给他，整个郡内贿赂之风大大收敛。

引锥刺股

仗节全忠

上联指战国时著名纵横家苏秦。苏秦字季子，东周洛阳（今属河南）人。出身贫寒，素有大志，曾随鬼谷子学习纵横捭阖之术多年。

年轻的苏秦很想有所作为，曾求见周天子，却没有引荐之路，于是，变卖家产，东奔西跑了好几年，但终于也没做成官。后来钱用光了，衣服也穿破了，只好回家。看到他那副狼狈相，父母狠狠地骂了他一顿；妻子坐在织机旁织帛，连看也不看他一眼；他求嫂子给他做饭吃，嫂子也不搭理，转身走开。

苏秦

苏秦受了很大刺激，决心争一口气。从此，他发愤刻苦读书，读书到半夜又累又困时，就用锥子扎自己的大腿。传说他晚上念书的时候，还把头发用带子系起来拴到房梁上，一打瞌睡，头向下栽，揪得头皮疼，就清醒过来。这就是后来人们常说的"头悬梁，锥刺股"的故事。

几年下来，苏秦的知识比以前丰富了，于是他重新出游。先到秦国，不被接纳。后又到燕国，深受燕昭王信任。苏秦联络赵、韩、魏、齐、楚联合攻打秦国，六国达成盟约，苏秦为纵约长，并任六国相。

下联指西汉大臣苏武。被匈奴扣留 19 年，却不改志，对汉的忠贞感人至深。

若兰织锦

小妹工诗

上联指十六国时前秦女诗人苏蕙。苏蕙字若兰,始平(今陕西兴平)人,陈留县令苏道质的三女儿。从小天资聪慧,3岁学字,5岁学诗,7岁学画,9岁学绣,12岁学织锦。后与窦滔结为夫妻。

窦滔在苻坚当政后,入仕前秦,政绩显著,屡建战功,升任秦州刺史。后被陷害,徙放流沙(今新疆白龙滩沙漠一带)。苏蕙思念丈夫,织锦为《回文璇玑图诗》,寄赠窦滔。

《文选·别赋》李善注引《织锦回文诗序》说,窦滔与苏蕙告别时,表示"誓不更娶",可是窦滔到流沙后却另寻新妇。苏蕙得知,由相思转为郁愤,吟成如诉如怨凄哀婉痛的情诗,织成回文诗寄予窦滔,终于使夫妻重新合好。

下联指文学故事人物苏小妹。传说她是苏轼的妹妹,从小习读诗文,精通经典,是个有才识的女子。后来嫁给"苏门四学士"之一的秦观为妻,民间有"苏小妹三难新郎"的传说。

汉室忠臣第
宋朝学士家
广东南雄梅岭山珠玑巷苏氏宗祠联。

一门父子三词客
千古文章四大家
四川眉山三苏祠联。

北客几人谪南粤
东坡到处有西湖
广东惠州西湖苏公(苏轼)祠联。

武著千秋源苦竹
功传万代念芦山

台湾新竹竹东镇苏氏宗祠"武功堂"联

倚靠君山,双龙应侍

聚回沙水,百凤和鸣

广东南雄梅岭山珠玑巷苏氏宗祠联。

叶

书成海录

赋就云官

上联指宋代崇安人叶廷珪。叶廷珪字嗣宗,号翠岩,瓯宁(今福建建瓯)人。徽宗政和年间进士,官德兴知县、太常寺丞,迁兵部郎中。后因与秦桧不和,以左朝议大夫任泉州知州,后移漳州。

叶廷珪喜爱读书,曾到处借阅异书,选择那些能用的内容抄录下来,命名为《海录碎事》。

下联指北宋叶清臣。叶清臣字道卿,长洲(今江苏苏州)人。幼年敏异,好学而善作文,天圣年间入试时,作《云瑞纪官赋》,名列第二。

宝元初年,任两浙转运副使时,"疏盘龙汇、沪渎港入于海,民赖其利"。知永兴军时,疏浚三白渠,溉田六千余顷。

宋仁宗曾到天章阁,向大臣们问当世急务。叶臣清写了奏章,极论时政缺失,多指责权贵之语。擢翰林学士,权三司使。后为侍读学士,知河阳。

水心司业

法善追魂

上联指南宋哲学家、文学家叶适。叶适字正则,学者称水心先生,永嘉(今浙江温州)人,永嘉学派的代表。淳熙年间进士,仕孝宗、光宗、宁宗三朝,历官太学正、司业、博士、宝文阁待制、吏部侍郎。晚年闭门著述,自成一家,在哲学、史学、文学及政论等方面都有贡献。著作有《水心文集》等。

叶适力主抗金，反对和议。南宋大臣韩侂胄伐金失败，叶适以宝谟阁待制主持建康府兼沿江制置使，因军政措置得宜，屡挫敌军锋锐。金兵退去后，他被进用为宝文阁待制，兼江淮制置使，曾上"堡坞之议"，实行屯田，均有利于巩固边防。后因依附韩侂胄被弹劾夺职。卒谥忠定。

下联指唐代道士叶法善。叶法善字道元，原籍南阳叶邑，迁居处州松阳县（今属浙江）。四代修道，都靠阴功密行之术救物济人。

相传叶法善母亲刘氏，白天做梦，见流星入口而怀孕，15个月后生下他。7岁时，溺于江中，3年后才回来。父母问他怎么回事，他说："有青童引我，饮其云浆，所以就逗留了一会儿。"成年时，"身长九尺"，性格醇和，不吃荤腥辛辣之物。常独处幽室，或游林泽，或访云泉。

当初，唐高宗把叶法善征召到京城，拜他做上卿，他不干，请求引度做道士，出入禁宫。中宗要去中岳嵩山祭天时，随从大多数都病了。经过他喷水念咒治疗，得以治愈。二京之中接受道家符箓图诀的，共有弟子一千多人。他所得到的金银丝帛，全都用来修宫观，或救济孤寡穷人，不吝惜钱财。唐睿宗时，拜鸿胪卿，封越国公。

叶法善曾求书法家李邕为他祖父作碑文，文章写成后，又求李邕书写，李邕不答应。相传一天夜里，李邕在梦中又见叶法善前来求书，便高高兴兴地为他写好，人称"追魂碑"。

石榴应兆

累叶传芳

上联指宋代叶祖洽。叶祖洽字敦礼，邵武（今属福建）人。神宗熙宁年间状元，哲宗元祐初年任集贤殿校理，提点淮南西路刑狱，后知海州。绍圣中，入为左司郎中、起居郎、中书舍人、给事中。徽宗崇宁初年，以曾布推荐，由济州知州入朝为吏部侍郎。晚年知洪州，改亳州，加徽猷阁直学士。

当年，郡庠（学府）一棵石榴树未到时令，先结二实，人们都说吉祥。后叶祖洽与同郡上官果然均分别中第一、第二名进士，应了"郡庠石榴，先结双实"之言。他参加进士考试时，正赶上宋神宗任用王安石为相，开始实行变法。殿试中，他有意迎合神宗，在策文中写道："祖宗多因循苟简之政，陛下即位，革而新之。"于是，支持变法、担任殿试考官的吕惠卿在录取时将其列为高等，反对变法的另一考官刘邠在复试中又将其列为下等。待反对变法的李大临、苏轼编排名次时，将上官均列为第一，而将叶祖洽列为第二。后来，神宗亲自将叶祖洽拔为第一。

下联指北宋诗人叶涛。叶涛字致远，龙泉（今属浙江）人。自幼颖敏好学，博览群书，通今博古。

熙宁年间，叶涛中进士。神宗召廷试，赞叹其才思过人，于御屏上书"文章叶涛"，授国子直讲。宰相王安石十分器重他，曾写《赠致远直讲》诗，其中有"冠盖传累叶"之句。王安石弟王安国招叶涛为女婿。叶涛潜心辅佐神宗治国理政，大力支持王安石变法，改革政务，颇得臣民赞颂。王安石贬官闲居金陵时，叶涛前去从他学文辞。

冠裳累叶第
科甲榴花香

为叶氏宗祠"南阳堂"联。上联指北宋叶涛，下联指北宋叶祖洽。

石林派衍家声远
武水澜回气象新

安徽黟县南屏村叶氏宗祠联。

婺邑肇家声，芹香桂馥
潜川绵世泽，水远山高（叶剑波）

安徽庐江玉皇庙叶氏宗祠联。

乐叙先人之业绩，山水齐颂

群伦后代庆兴隆,天地和鸣

安徽祁门箬坑乡马山村(旧称石门村)叶氏宗祠联。

支派启五房,丕显丕象共仰,光前裕后

大宗开四世,教宗教孝同祈,辅国兴家(江绶珊)

广东肇庆叶氏宗祠联。

受姓始南阳,溯瓜瓞之绵长,继往开来,屈指二千余载

宦游违北皖,望松楸而怅惘,封丘表墓,关怀四十三年(叶法)

安徽安庆叶氏宗祠联。

吕

立朝正色

夹袋储才

上联指北宋吕公著。吕公著字晦叔,寿州(今属安徽)人,宰相吕夷简的次子。幼年时好学,常废寝忘食,遇事深思熟虑,行动果断。父亲吕夷简颇为惊喜,认为儿子将来必定会成为国家的栋梁之材。吕公著因为父亲的功劳补官奉礼郎(管理君臣牌位,侍奉皇上祭祀之礼),考中进士后,任颍州(今安徽阜阳)通判,和郡守欧阳修成为好朋友,经常在一起商讨学问。后来,欧阳修出使契丹,契丹的国王问贵国的著名学者是谁,欧阳修首先推举吕公著。

后历任天章阁待制(专门收藏真宗御制文书)兼侍读。神宗熙宁中,累官御史中丞,因反对王安石变法,屡任外职。哲宗元祐初年,高太皇太后临朝,拜尚书右仆射兼中书侍郎(宰相),与司马光同心辅政。司马光病危时,以国事相托付,独掌国政三年,官至司空、同平章军国事,立朝以"正色"(刚正严肃)著称。死后追封申国公,谥正献。

下联指北宋大臣吕蒙正。吕蒙正字圣功,河南洛阳(今属河南)人。相传他很

小的时候，父亲吕龟图和母亲不和，一次发生口角后，竟把他们母子赶出家门。母亲带着他到龙门山一座寺院借宿。寺院的僧人看他面相，认为日后必将成为贵人，便在山间凿一间窑洞，让他们母子居住。在这里，他们一住就是 9 年。吕蒙正一边侍奉母亲，一边刻苦攻读，终于在宋太宗太平兴国年间考中状元。

吕蒙正中状元后，授将作监丞，通判升州。端拱初年，拜宰相。吕蒙正为人质厚宽简，素有重望，以正道自持，遇事敢言。每论时政，有不允者，必不强力推行。与开国元老赵普同在相位，关系极为融洽。淳化中，谏官宋沆上疏，忤怒太宗，吕蒙正受牵连，被贬为吏部尚书。后真相大白，以本官入相。

吕蒙正为官清廉，曾有人献古镜，说能照二百里，吕蒙正笑着拒绝道："我的脸不过盆子大，安用照二百里！"人皆叹服。

吕蒙正不喜记人过。初参知政事入朝堂，有朝士于帘内指着他说："这个小子也参政？"他佯装没有听到。有同事发怒，令问那人的官位、姓名，吕蒙正马上制止。罢朝后，同事还感到不平，吕蒙正说："一知道他的姓名，一辈子就不会忘记了，还不如不知道为好。不问他的名姓又会有什么损失呢？"当时，大家都佩服他的雅量。

吕蒙正衣服袋中有名册，分列人才，次第荐用。他所举荐的吕夷简、富弼，后来都成了名相。

岳阳仙客

渭水耆英

上联指唐代吕洞宾。吕洞宾名岩，号纯阳子，河中府永乐镇（今山西芮城）人。吕洞宾出身于世代官宦之家，自幼熟读经史，相传在唐宝历初年中了进士，当过地方官吏。后吕洞宾因厌倦乱世，和妻子一起来到中条山上的九峰山修行。他和妻子各居一洞，相对可望，遂改名为吕洞宾："吕"指他们夫妇两口，"洞"是居住的山洞，"宾"即告诉人们自己是山洞里的宾客。吕洞宾在弃官出走之前，广施恩惠，将万贯家产散发给贫民。传说他在修炼过程中，巧遇仙人钟离权，拜之为师。修仙成功之后，下山云游四方，为百姓解除疾病，从不要任何报酬。吕洞宾一生乐善好施，扶危济困，深得百姓敬仰。

一说吕洞宾是京兆人,会昌年间两举进士不第,浪游江湖,遇钟离权得到丹诀,曾修道于终南山,有剑术,后游历各地,自称回道人。道教全真道尊他为北五祖之一。唐宋以来,他与铁拐李、汉钟离、蓝采和、张果老、何仙姑、韩湘子、曹国舅并称为"八仙"。

下联指西周初年大臣吕尚。姜姓,吕氏,名望,字子牙,号飞熊,出生于今山东日照。年轻的时候干过宰牛卖肉的屠夫,也开过酒店。但他志向远大,刻苦学习天文地理、军事谋略,研究治国安邦之道,期望能有一天为国家施展才华。后来,一度到商都朝歌求发展,但看到商纣王荒淫无道,遂回到故乡一带隐居。

姜子牙在天台山隐居了约40年,约80多岁时到了西北的终南山。在那里,他经常到渭河去钓鱼,可他的鱼钩是直的,所以几年下来,他一条鱼也没有钓到。人们都嘲笑他,他却无动于衷。神奇的是,后来他果然钓到一条鱼,鱼肚子里竟然有一本兵书。更为巧合的是,当天晚上,周文王姬昌做了一个梦,梦见一位高人。第二天,他就遇到了姜子牙。文王当时正为了推翻商王朝而搜罗人才,所以对他说:我的先祖太公早就寄希望于您了。因此,又称姜子牙为太公望,民间一般称姜太公。

太公有兵书《六韬》。

字林千古典

韵集一家言

上联指西晋文字学家吕忱。吕忱字伯雍,《韵集》作者吕静之兄。编撰《字林》,是一部仿许慎《说文解字》的字书,用隶书书写,于《说文》未收字多有补益。该书上承《说文》,下启南北朝梁陈间顾野王所著《玉篇》,唐代以前与《说文解字》并重。

下联指吕忱的弟弟吕静,曾仿照《声类》写过一本《韵集》,宫、商、角、徵、羽各为一篇。

济世交中散

擅书登瀛洲（李文郑）

上联指三国时魏国吕安。吕安字仲悌，东平人。有济世思想。与名士嵇康（曾任中散大夫）关系很好，每一想念，哪怕相距千里，也要赶去。

吕安的异母哥哥吕巽（字长悌，司马昭的长史）看上弟媳美色，用酒把吕安的妻子徐氏灌醉后，奸淫得逞。徐氏羞愧难当，自缢而亡。事后，吕巽反诬吕安打骂母亲，司马昭将吕安下狱。嵇康为吕安辩诬，并与吕巽绝交，还写了《与吕长悌绝交书》。当时，钟会与嵇康有矛盾，他利用这个机会诬陷嵇康。不久，吕安和嵇康被司马昭杀害。

下联指唐代书法家吕向。吕向字子回，泾州人。擅长草书、隶书，能一笔连环写出一百个字，状如萦发，世称"连绵书"。玄宗时被召入翰林，随侍太子。常与诸王往来酬答，作文献诗，并屡次以善道规谏皇帝。后任工部侍郎，卒后追封华阴太守。

派衍蓝田郡
家藏博议书
安徽阜南三国吕蒙故里吕氏宗祠联。

渭水家声远
洪川世泽长
安徽旌德洪川吕氏宗祠联。

吕氏厥攸居，前五指、后九龙、下有漪流，明知气钟灵在此
宗祠爰得所，左文峰、右笔架、中横玉屿，深思祖笃爱夫斯
安徽歙县蜈蚣岭村吕氏宗祠联。

魏

公忠体国

机警能文

上联指春秋时晋国大夫魏绛。魏绛即魏庄子，封于魏（今山西芮城）。魏绛事晋悼公，是晋国八卿之一。

晋悼公元年，魏绛为司马，执掌军法。晋悼公大会诸侯时，想借此夸耀他的地位和实力，而悼公的弟弟杨干却扰乱随从仪卫军队的行列。魏绛为忠于晋国，冒死将杨干的车夫斩首，以示惩戒。此举引起了震动，魏绛名声远扬。但悼公非常恼怒，认为魏绛是在污辱自己，破坏自己的声望，所以一定要杀魏绛。魏绛执法时已考虑到后果的严重性，但为了整肃军纪，将自身利害置之度外。执法完毕，上书陈述行刑的理由，说明军纪松弛，自己身为司马，应负责任。在诸侯会盟这样的重要场合，如不执行军法，后果将不堪设想。对杨干的奴仆行刑，确实是迫不得已。自己未能尽职尽责，愿以一死谢过。呈书以后，魏绛即要自杀，为人阻挡。晋悼公此时大受感动，匆忙间赤足出外，向魏绛道歉。后又专门设宴与魏绛欢叙，并擢升其为新军将佐，予以重任。

魏绛最大的历史功绩，是他提出并实施的和戎政策。魏绛从国家大局出发，冲破民族偏见的束缚，积极主张和戎，开创了我国历史上汉族争取团结少数民族的先例。

下联指北齐史学家、文学家魏收。魏收字伯起，小字佛助，巨鹿下曲阳（今河北平乡）人。聪明有才气，15岁就会写文章。初以父亲之功，任北魏太学博士。与温子升、邢子才并称"北地三才"。历仕北魏、东魏、北齐三朝。

北魏末年，26岁的魏收就担负了皇家"修国史"的工作。北齐天保中，他任中书令兼著作郎，正式受命撰《魏史》。魏收与房延祐、辛元植、刁柔、裴昂之、高孝干等"博总斟酌"，只用了三年多的时间，就撰成《魏书》130篇，成就"勒成一代大典"的盛事。

书屏志画

图像表功

上联指唐初政治家魏徵。魏徵字玄成，巨鹿曲城（今河北晋州）人，后迁居相州内黄（今属河南）。

贞观年间，魏徵历任尚书左丞、秘书监，并参与朝政。一次，长孙皇后听说一位姓郑的官员有一位年仅十六七岁的女儿，才貌出众。便请求太宗将其纳入宫中，备为嫔妃。太宗便下了诏书，将征这一女子为妃子。魏徵听说这位女子已经许配陆家，便立即入宫进谏："陛下为人父母，抚爱百姓，当忧其所忧，乐其所乐。居住在宫室台榭之中，要想到百姓都有屋宇之安；吃着山珍海味，要想到百姓无饥寒之患；嫔妃满院，要想到百姓有室家之欢。现在郑氏之女，早已许配陆家，陛下未加详查，便要将她纳入宫中，如果传闻出去，难道是为民父母的道理吗？"太宗听后大惊，决定收回成命。

魏徵后任侍中（宰相），封郑国公。多次劝太宗"以隋亡为鉴，说水能载舟，亦能覆舟"，必须"居安思危，戒奢以俭"；曾写《十渐不克终疏》，从十个方面批评太宗没有保持贞观初年的优良传统。太宗把它写在屏风上，以便随时提醒自己。

下联指西汉大臣魏相。魏相字弱翁，济阴定陶（今山东定陶东）人。举贤良，为茂陵令，升河南太守，能抑制豪强势力。宣帝时，历官大司农、御史大夫等职。霍光死后，官至丞相，封高平侯，图像被绘于麒麟阁。

魏相治郡有方，深得民心。在任茂陵令时，御史大夫桑弘羊的亲戚坑骗乡里，鱼肉百姓。魏相不畏权贵，将其收捕治罪，并杀于街市示众。从此，茂陵大治。在河南太守任上，他整顿吏治，考核实效，禁止奸邪，当地豪强无不畏服。因政绩突出，后被征为谏议大夫。魏相匡扶正义，扼制外戚势力，为西汉的强盛做出了贡献。

魏相熟谙兵法，有雄韬大略，为确立西汉在西域的统治地位立下了功劳。元康年间，匈奴不断派兵扰乱边关，由于魏相的建议，皇帝未动用武力而使匈奴归服。

国学经典文库

中华姓氏文化

·姓氏名联·

图文珍藏版

虎观谈经

上联指南宋思想家、词人魏了翁。魏了翁字华父,号鹤山,邛州蒲江(今属四川)人。庆元年间进士,开禧初年除秘书省正字,迁校书郎,知嘉定府,以养亲归里,筑室白鹤山下,授徒讲学。嘉定初年,知汉州,后历知眉州、泸州、潼川府。理宗初被弹劾,谪居靖州,湖湘江浙读书人多跟从他学习。绍定年间复职,官至福建安抚使。

下联指东汉今文经学家魏应。魏应字君伯,任城(今山东济宁)人。少年时好学,习鲁诗。举明经,永平初年为博士,后历任侍中、大鸿胪、光禄大夫、五官中郎将、骑都尉等。

东汉章帝建初年间,汉章帝在洛阳白虎观主持大规模经学讨论会。魏应就今文经学与群儒进行"论难"策问。在这次会议上,正式肯定了今文经学。

"鹤山"与"虎观"之对,十分工巧。

兼听则明,以古作鉴

通经致用,拜夷为师

上联指唐初政治家魏徵,下联指清代思想家、史学家魏源。魏源字默深,湖南邵阳人。道光时进士。研究经术颇深,和龚自珍同属"通经致用"的今文学派。主张"师夷长技以制夷",自建船厂、炮舰,练军习武,以加强海防,抵御外国侵略。

疏列御屏,契洽天子

治称政谱,德薄黎民

上联指唐代政治家魏徵,下联指南宋思想家魏了翁。

虎观谈经,妙析异同之旨

鹤山授业,共推理学之宗

上联指东汉任城人魏应,下联指南宋学者魏了翁。

九曲朝宗,千秋俎豆馨香远

一湖临庙,万顷波涛眉宇清(魏乾成)

湖北公安淤泥湖边魏氏宗祠联。

窃符救赵,战国雄风,莫恋遥遥华胄

问难谈经,传家儒学,当思穆穆文宗

安徽长丰四里墩魏氏宗祠联。

蒋

九侯世泽

三径家声

全联指汉代名士蒋诩。蒋诩字元卿,杜陵(今陕西西安南)人。西汉末年任兖州刺史,以廉直著名。王莽摄政时,他称病归杜陵,隐居故里,终身不出。据《三辅决录》记载,蒋诩归乡后,荆棘塞门,庭中辟三径,闭门谢客,唯与高逸之士求仲、羊仲来往。后世即以"三径"称隐者的家园。当时有谚语说:"楚国二龚,不如杜陵蒋翁。""二龚",指的是汉代的两位著名高逸之士龚舍和龚胜。

蒋诩因为不肯为王莽效力,被王莽杀害。光武帝中兴后,将蒋诩的九个儿子都封为侯,以示对蒋诩节操的赞赏。

为社稷器

具文武才

上联指三国时政治家蒋琬。蒋琬字公琰,零陵湘乡(今属湖南)人。少年时与表弟刘敏都很知名。蒋琬是以书佐身份随同刘备到四川的,先任广都长。一次,刘备访察,突然来到广都,看到蒋琬大小事都不用心打理,偶尔还醉酒。刘备很生气,准备治他的罪。诸葛亮请求宽恕蒋琬,他对刘备说:"蒋琬是社稷之器(国家栋梁),非百里之才(管理方圆百里这样地方的人才)也。他处理政务以安民为出发点,不是以政绩好看为主要目的,希望主公再考察他。"刘备听了,没有治他的罪,只是免去了蒋琬的官职。

建兴元年,丞相诸葛亮有了自己的府第,聘蒋琬为东曹掾。举荐人才时,蒋琬一再谦让,后转任参军(军事参谋)。诸葛亮去汉中,让蒋琬与长史张裔一起留在府中处理政事。不久,蒋琬代张裔为长史,加授抚军将军。诸葛亮多次外出指挥作战,蒋琬负责后勤粮草供给以及兵源。诸葛亮经常说:"蒋公琰忠诚可靠,一定会和我一起共同辅佐王业。"后来,诸葛亮给后主上表时曾说:"如果我有个三长两短,以后的事情可以依靠蒋琬。"诸葛亮卒后,蒋琬代任丞相。

下联指三国时魏国谋士、重臣蒋济。蒋济字子通,楚国平阿人,有文武之才。历仕曹操、曹丕、曹叡、曹芳,官至太尉,为魏国提出过不少有价值的建议。

铜符鼎峙

玉笋联班

全联指西汉蒋满。蒋满,杜陵(今陕西西安南)人。宣帝时任上党令,其子蒋万为北地都尉。父子同时应诏被宣帝接见,宣帝说:"父子宜同日剖符。"即下诏以蒋满为淮南王相,以蒋万为弘农太守。铜符,即铜虎符,汉代发兵时所用的铜制虎形兵符。后也借指官印。

玉笋,比喻英才济济。《新唐书·李宗闵传》:"俄复为中书舍人,典贡举,所取多知名士,若唐冲、薛庠、袁都等,世谓之玉笋。"这里是指蒋满、蒋万父子都是英才。蒋万之子,就是前面说到的名士蒋诩。

邦显碧岩三绝画

廷锡集成万卷书

上联指明代画家蒋时行。蒋时行字邦显,曾筑憩神楼于碧岩,三年不下,所绘《真武像》与《上庵图像》《瀑布龙口圣像》,合称"三绝"。

下联指清代大臣、学者、诗人、画家蒋廷锡。蒋廷锡字扬孙,一字西君,号南沙、西谷、青桐居士,江苏常熟人。康熙年间进士,雍正年间曾任礼部侍郎、户部尚书、文华殿大学士、太子太傅等职，是清朝前期重要的宫廷画家之一。

雍正初年，钦命蒋廷锡主持重新编校《古今图书集成》万卷。他重编的《古今图书集成·医部》共收医书 520 卷，采集历代名医著作，为中医学类书之冠。

维新浑祖烈

有谷裕孙良（蒋祥墀）

湖北天门蒋氏宗祠联。

祖德绵长肇东汉

宗功久远靖西陲

安徽砀山蒋祠村蒋家祠堂联。

蜀中曾继卧龙相

湘上今传伏虎名

四川绵阳蒋琬祠联。

廷材建乐安，万古诗书铭美

宗功耀大地，千秋俎豆增光

福建华安仙都镇蒋氏宗祠联。

绍禄游泰和以开严庄，名扬吴郡

仲南还湘乡而归曲靖，德盛楚邦

湖南沙溪蒋氏宗祠联。

田

号车丞相

封安平君

上联指西汉大臣田千秋。田千秋,冯翊长陵(今陕西咸阳东北)人,战国时田齐后裔。初为高寝郎,"巫蛊之祸"中,戾太子为江充谮陷,他上书为死去的太子申冤,武帝感悟,越九级破格提拔为大鸿胪,故史有"千秋九迁"的佳话。不久,拜为丞相,封富民侯。

田千秋任相期间,劝武帝施恩惠,缓刑法,又受遗诏与霍光等共同辅助昭帝。为相十余年,笃厚有智,谨慎自守,声望超过前后数任。年老时,皇帝特许他乘小车出入宫殿中,号为"车丞相",子孙因此以车为姓氏,并尊他为车氏得姓始祖。

下联指战国时齐国大将田单。田单,临淄(今山东淄博东北)人。出身于和国君比较疏远的宗族,原来在临淄当市掾(管理市场的官吏)。

齐襄王时,燕国大将乐毅破齐,连克70余城,继而集中兵力围攻仅存的莒(今山东莒县)和即墨,齐国危在旦夕。当时,齐湣王被杀,其子法章在莒被立为齐王,号召齐民抗燕。乐毅攻城一年不克,命燕军撤至两城外九里处设营筑垒,欲攻心取胜,形成相峙局面。

田单利用两军相峙的时机,集结7000余士卒,加以整顿、扩充,并增修城堡,加强防务。他和军民同甘共苦,亲自巡视城防。又编妻妾、族人入行伍,尽散饮食给士卒,深得军民信任。在稳定内部的同时,田单又派人到燕国行反间计,诈称乐毅名为攻齐,实际上想在齐国称王,如果燕国另派主将,即墨指日可下。新继位的燕惠王怨恨乐毅久攻不克,果然中计,派骑劫取代乐毅。骑劫改变了乐毅的作战方针,对齐国降兵滥施杀戮,还派人挖掘齐人的坟墓,并焚烧尸体。于是,即墨城中军民同仇敌忾,士气十分高涨。

田单利用这个时机,给1000多头牛披上五色彩衣,角上缚着兵刃,牛尾上束着浸透油脂的芦苇,于晚上点燃芦苇,令事先挑选的5000名壮士,全副武装跟在火牛后面,直冲燕军。燕军大败,骑劫也被杀死。就这样,齐国一举收复了70余城,史称"田单复国"。齐襄王回国后,任田单为相国,封安平君。

民歌父母

上联指唐代田仁会。田仁会,雍州长安人。永徽年间,田仁会任平州刺史,天大旱,他自己站到太阳下曝晒以祈雨,果然祈来了雨,使粮食获得丰收。当地百姓唱道:"父母育我兮田使君,挺精诚兮上天闻,中田致雨兮山出云,仓廪实兮礼义申,愿君常在兮不患贫。"田仁会后迁胜州都督、右卫将军等。

下联指北宋田况。田况字元均,祖籍京兆,迁居信都(今河北冀州)。少年时即卓荦有大志,后举进士,又举贤良方正,补江陵推官,为太常丞。夏竦经略陕西时,任他为判官。仁宗时官至观文殿学士,提举景灵宫。

田况曾进言治边十四事,有《奏议》30卷,众人称其"神君"。

孟尝好士
安平善谋

上联指战国时齐国宗室大臣孟尝君田文,"战国四公子"之一。其父田婴,是齐威王的小儿子、齐宣王庶母所生的弟弟。

田文为田婴的小妾所生,因为出生于五月五日,古人认为不吉,田婴便让田文的母亲不要养活他。可田文的母亲不忍,还是把他养大了。当田婴见到这个孩子时,愤怒地对他母亲说:"我让你把这个孩子扔了,你竟敢把他养活了,这是为什么?"母亲还没有回答,田文立即叩头大拜,问道:"您不让养育五月生的孩子,是为什么呢?"田婴答:"五月出生的孩子,长大了跟门户一样高,会害父母的。"田文又问:"人的命运是由上天授予的,还是由门户授予的呢?"父亲沉默不语。田文接着说:"如果是上天授予,您何必忧虑呢? 如果是门户授予,您只要加高门户就可以了,谁还能长到那么高呢!"田婴无言以对。

过了一段时候,田文问父亲:"儿子的儿子叫什么?"田婴答:"叫孙子。"田文又问:"孙子的孙子呢?"田婴道:"叫玄孙。"田文又问:"玄孙的孙子呢?"田婴说:"我不知道了。"田文说:"您执掌大权,到如今已经历三代君王了,可是齐国的领土没有增多,您家里却积贮了万金的财富,门下也看不到一位贤能之士。我听说,将军的门庭必出将军,宰相的门庭必有宰相。现在您的姬妾糟蹋绫罗绸缎,而贤士却穿不上粗布短衣；您的男仆女奴有剩余的饭食肉羹，而贤士却连糠菜也吃不饱。现在您还要更多地积蓄家财，想留给那些连称呼都叫不上来的人，却忘记国家在诸侯中一天天失势。我感到很奇怪。"从此以后，田婴改变了对田文的态度，十分器重他，让他主持家政，接待宾客，田文的名声随之传播到各诸侯国。田婴去世后，田文在薛邑继承了田婴的爵位，是为孟尝君，拥有食客几千人。

下联说战国时齐国大将田单。

歌挽蒿里

荫茂荆庭

上联指秦末起义首领田横。田横原为战国末齐国贵族，陈胜起义后，随从兄田儋在狄（今山东高青东南）反秦，田儋自立为齐王。其后，田儋在与秦军交战中败亡。田横兄田荣立田儋子田市为齐王，自任相，以田横为将军，尽占齐地。项羽称西楚霸王后，大封诸侯。田荣未封王，对项羽心怀不满，遂联络其他势力反楚，自立为齐王。田荣兵败身亡后，田横收集余部，得数万人，继续抗击项羽。因刘邦

田横

攻彭城（今江苏徐州），项羽撤军回援，田横复收齐城邑，立田荣子田广为齐王，自任相国，独揽国政。三年后，刘邦派郦食其前来游说，齐国君臣为其所动。不料汉将韩信率兵攻齐，田广、田横以为被郦食其出卖，将他杀死。齐王死后，田横自立为齐王，被汉将灌婴战败，投奔彭越。

刘邦建立西汉，封彭越为梁王。田横不肯称臣于汉，率徒众500余人逃亡海上，避居岛中（今青岛即墨田横岛）。刘邦深知田横兄弟治齐多年，齐地贤者多归附他，便诏令赦田横之罪而行招抚。田横被迫偕门客二人赴洛阳，于途中自杀。留居海岛者听到田横死讯，也全部自杀。刘邦感慨于田横能得士，以王者之礼葬田

横。人们为他作挽歌《薤露》《蒿里》。

下联指南北朝(一说隋朝)时田真兄弟。南朝吴钧《续齐谐记》中有这么一个故事:京兆尹田真与兄弟田庆、田广三人分家,别的财产都分置妥当后,发现院子里还有一株枝叶扶疏、花团锦簇的紫荆树不好处理。当晚,兄弟三人商量将这株紫荆树截为三段,每人分一段。第二天清早,兄弟三人前去砍树时,惊奇地发现这株紫荆树枝叶已全部枯萎,花朵也全部凋落。田真见状,不禁对两个兄弟感叹道:"树本来是一棵,因要劈开而枯死;人却要分家,是人不如木也。"兄弟三人受到感动,又把家合起来,并和睦相处。那株紫荆树也随之又恢复了生机,且生长得更茂盛了。

　　一绝光华夏

　　三过警国君

　　上联指唐代画家田抱玉,玄宗时为相国寺绘画,时称一绝。下联指春秋时晋国大夫田差,晋平公造了豪华的车子,令群臣观看,田差三过而不顾,平公大怒,田抱玉说:"臣闻桀以奢亡,纣以淫败,是以不敢顾也。"平公曰:"善!"命左右去其车。

　　火牛阵法明前代

　　司马兵功裕后人

　　四川射洪太和镇田氏宗祠联。上联指田单,下联指田穰苴。

　　遥睇五百英雄岛

　　犹是三千食客家

　　安徽枞阳田家圩田氏宗祠联。上联指田横,下联指田文。

　　一代箕裘,且漫说爵授安平、车称丞相

　　百年俎豆,只勿忘孟尝好士、荆树荫庭

　　安徽无为二坝田氏宗祠联。上联指战国时田单、西汉田千秋,下联指战国时田文、汉代田真兄弟。

杜

书成通典

名列瀛洲

上联指唐代大臣、史学家杜佑。杜佑字君卿，京兆万年（今陕西西安附近）人。杜佑历事唐玄宗至宪宗六朝，目睹"安史之乱"后唐朝国势的巨变，对当时政治、经济、军事状况比较了解，对朝政弊端也有所认识。作为一个关心唐朝命运的政治家，他以"富国安人之术为己任"，针对时弊，提出节省开支、裁减官员的主张，又精于吏道，颇受朝野倚重。他以数十年的功力，博览古今典籍和历代名贤论议，考溯各种典章制度的源流，以"往昔是非"，"为来今龟镜"，撰成200卷的巨著《通典》，内容翔实，源流分明，详而不繁，简而有要，为典章制度专史的先河。此外还撰有《理道要诀》，为《通典》的要义，被朱熹称为"非古是今"之书。

下联指唐初大臣杜如晦。杜如晦字克明，京兆杜陵（今陕西西安东南）人。秦王李世民平定京城时，任他为秦王府兵曹参军。当时的太子李建成恐怕秦王府内英才云集，日后对自己不利，就以朝廷名义把许多李世民的手下调去外地任职。房玄龄对李世民说："府僚去者虽多，不足惜也。杜如晦聪明识达，王佐之才。大王您如果想经营天下，非此人不可！"李世民大惊，忙把已经调离的杜如晦追回来。在平定薛仁杲、刘武周、王世充、窦建德的战争过程中，杜如晦作为李世民的高参，对军旅戎事剖断如流，深为时人敬服。李建成对杜如晦非常忌恨，他对齐王李元吉说："秦王府中值得危惧的人，只有杜如晦与房玄龄。"

后来，杜如晦参与玄武门之变，协助李世民夺得政权。功劳与房玄龄相等，不久就被太宗拜为兵部尚书，进封蔡国公。贞观初年，他与房玄龄共掌朝政，制定典章，品选官吏。贞观初年，太宗选出24位功臣画像于凌烟阁，杜如晦居首位。

民歌慈母

世号诗王

上联指东汉杜诗。杜诗字君公，河内汲县（今河南卫辉）人。历任皋令、沛郡都尉、汝南都尉等，"所在称治"。建武年间，升任南阳郡太守。在南阳郡任职7年，"政治清平，以诛暴立威，善于计略，省爱民役"，"政化大行"。

在南阳期间，他还做了两件在科学技术史上有重要意义的事：一是制作水排（水力鼓风机），以水力传动机械，使皮制的鼓风囊连续开合，将空气送入冶铁炉，铸造农具，用力少而见效多，此技术较欧洲要早1100多年；二是兴修水利，修治陂池，发展农业生产，使郡内富庶起来。南阳人称赞说："前有召父（召信臣），后有杜母。"

杜诗为官清廉，病死后，竟然"贫困无田宅，丧无所归"。最后由朝廷赐赙才得以丧葬。

下联"诗王"是对唐代大诗人杜甫的颂称。杜甫字子美，自号少陵野老，出生于河南巩县（今河南巩义市）。是我国唐代伟大的现实主义诗人和世界文化名人，与李白并称"李杜"。

杜甫的远祖为晋代功名显赫的杜预，祖父为初唐诗人杜审言。杜甫生活在唐朝由盛转衰的历史时期，自幼好学，知识渊博，又有政治抱负。靠献赋得官，历任左拾遗、华州司功参军、检校工部员外郎。其诗多涉社会动荡、政治黑暗、人民疾苦，揭露当时的社会矛盾，显示出唐代由盛转向衰微的历史过程，被誉为"诗史"。杜甫忧国忧民，人格高尚，诗艺精湛，被后世尊为"诗圣"。杜甫一生写诗1400多首，其中很多是传颂千古的名篇，如"三吏""三别"等。风格以沉郁为主。

　　金陵度曲
　　玉简遗珍

上联指唐代歌女杜秋娘。杜秋娘姓杜名秋，原是润州（今江苏镇江）人，一说为金陵（今江苏南京）人。虽出身微贱，却美慧无双，而且能歌善舞，甚至还会写诗填词作曲，作为歌妓，曾风靡江南一带。她15岁时，被镇海节度使李锜以重金买入府中，充任歌舞姬。杜秋娘自写自谱了一曲《金缕衣》："劝君莫惜金缕衣，劝君惜取少年时。花开堪折直须折，莫待无花空折枝。"后为李锜收为侍妾。

唐宪宗继位后,为扭转藩镇割据的形势,采取强制手段,试图削减节度使的权力。李锜不满,举兵反叛朝廷,但很快被平息,李锜被杀。杜秋娘作为罪臣家眷被送入后宫为奴,仍充当歌舞姬。宪宗看了她表演的《金缕衣》,深受感染,不久,封杜秋娘为秋妃。从此,杜秋娘在宪宗身边,既是爱妃,又是机要秘书,深受宠爱。宰相李吉甫曾劝唐宪宗可再选天下美女充实后宫,说:"天下已平,陛下宜为乐。"而宪宗则自得地说:"我有一秋妃足矣!李元膺有《十忆诗》,历述佳人的行、坐、饮、歌、书、博、颦、笑、眠、妆等美态,今在秋妃身上一一可见,我还求什么?"

唐穆宗即位,杜秋娘被委为穆宗之子李凑的傅母。李凑被废去漳王之位后,杜秋娘被赐归故乡。诗人杜牧应牛僧儒征辟,赴扬州。经过金陵时,听说了杜秋娘流落的事情,作《杜秋娘》诗。诗序指出,"杜秋,金陵女也"。又说:"予过金陵,感其穷且老,为之赋诗。"诗序简单叙述了杜秋娘的身世。

下联指仙女杜兰香。据唐代杜光庭集《墉城仙录》载,杜兰香是一位渔父于湘江岸边捡来的女孩儿,当时只有一两岁。10余岁时就长得貌如天姿。一天,忽然有青衣童子从空中下来,到渔父家,带那女子升天而去。女子对渔父说:"我本是仙女,因过错被谪人间,今天要走了。"后来又降于洞庭包山张硕家。据说,她在张硕家留玉简、唾盂等,并传授张硕道术,张硕也随之成仙而去。

耽思经籍

图像凌烟

上联指晋杜预,博学多通,耽思经籍,为《春秋左氏经传集解》,又作《盟会图》《春秋长历》,成一家之言;下联指杜如晦。

草堂留后世

诗圣著千秋(朱德)

成都杜甫草堂联。

锦水春风公占却

草堂人日我归来(何绍基)

成都杜甫草堂联。

卜筑草堂,误传严武宅

驰名武库,癖好左氏书

上联指杜甫,下联指杜预。

丁

飞凫驯伏

化鹤归来

上联指东汉孝子丁密。丁密字靖公,东汉岑溪(今属广西)人。性情清介,哪怕是毫厘馈赠,他也不接受。更以孝闻名,父母亡故后,他在坟边筑屋守孝三年。相传有双凫(野鸭)飞临屋旁水池,见人而驯服。人们以为,这是他的孝行所感应。旧时被列为"二十四孝"之一。

下联指传说中人物丁令威。据说丁令威是辽阳鹤野(今亮甲附近)人,原是一位州官,为政廉洁,爱民如子。为官之余,他的最大乐趣就是养鹤。

丁令威任职时期,适逢大旱,人民四处逃荒,十室九空。地里野菜被挖尽,树皮被扒光,许多人家不得不弃子于街巷、田野。丁令威目睹此悲惨情景,彻夜不眠,曾多次上书朝廷,请求开仓济民,但到头来音讯杳无。丁令威只好私自下令,打开官仓赈济灾民。不料此事传入京城,皇上大怒,当即派钦差大臣到辽阳视察,丁令威大祸临头。

当把丁令威绑赴法场时,监斩官问他还有什么要求。丁令威仰天长叹一声,说:"我生平最喜欢鹤,亲自养了两只,三年前飞走一只,现在家里还有一只,在我临死之前,我要再亲手喂它一口食。"监斩官答应了他的这个要求,差人把那只白鹤牵到法场。白鹤见了主人两眼垂泪,不住地对空长鸣。接着一只白鹤凌空而下。丁令威一看,正是三年前飞走的那只。就在监斩官命令刀斧手开斩的一刹那,两只白鹤展开双翅交叉在一起,丁令威不知不觉地稳坐在了上面。霎时,法场上狂风四起,飞沙走石,天昏地暗,还没等刽子手举刀,丁令威已乘着两只鹤腾空而去。

老百姓为了纪念这位开仓济民的清官,在丁令威的家中立了一个两丈有余的华表。多年以后,有一只雪白的仙鹤飞到辽阳,落在华表柱上,久久凝望着这座饱经沧桑的古城。有一位少年看见了,觉得蹊跷,拿起弓,搭上箭,就要射那鹤。这时,白鹤飞起,一边低空盘旋,一边作人语吟诵道:"有鸟有鸟丁令威,离家千年今始归,城郭如故人民非,何不学仙冢累累。"然后,冲天而去。

留仙女塔
入名宦祠

上联指晋代丁秀英。丁秀英是丁真君的女儿。相传,她曾在瑞州的崇玄观炼丹,后成仙而去。家人埋葬了她的衣冠,又为她建了一座塔,称"仙女塔"。

下联指南宋丁允元。丁允元字叔中,常州(今属江苏)人。淳熙年间任太常寺少卿,性格豪爽,办事认真,受到人们的推崇。后因谏阻朝廷大兴土木,加征"盐铁"等税收名目,被贬官潮州知军州事。

丁允元到潮州后,察访民情,解民之困。为方便百姓往返韩江两岸,丁允元倡议大家筹建湘桥,他率先慷慨捐款,修建了西段的五座桥墩。同时,又发动本地知名人士捐资相助,使九座桥墩顺利建成。潮州百姓为了铭谢丁允元关心人民的功德,就把湘子桥西段称为"丁公桥"。

丁允元死后,潮州百姓为了怀念他的功绩,便向皇帝奏明他的事迹。皇帝很感动,便下诏表彰丁允元在朝廷忠正直谏、在潮州仁德爱民的功德,命崇祀"名宦祠",享受春秋二祭。

梦松应兆
刻木事亲

上联指三国时吴人丁固。丁固字子贱,本名密,山阴(今浙江绍兴)人。父亲丁览,字孝连,8岁而孤,家贫而清身立行,将家财让给从弟,为人称赞。与大臣虞翻友善,仕郡功曹,守始平长。为人精微洁净,门无杂宾,孙权很看重他。

裴松之注《吴书》:丁固任尚书时,梦中见松树生在肚子上,醒来后对人说:"松字可解为'十八公',十八年后我要做到三公吗?"后来,果然实现了梦中的预兆。后以"梦松"为祝人登三公之位的典故。

下联指东汉丁兰。丁兰,相传为东汉河内(今河南沁阳)人,幼年父母双亡。他经常思念父母的养育之恩,于是用木头刻成双亲的雕像,事之如生,凡事均和木像商议,每日三餐,都敬过双亲后自己方才食用。出门前一定禀告,回家后一定面见,从不懈怠。时间长了,他妻子对木像便不太恭敬,用针刺木像的手指,木像的手指居然有血流出来。丁兰回家见木像眼中垂泪,问知实情,遂将妻子休弃。

汉时将,宋时主,飞珠定四海

活为臣,死为神,威名震三江

湖北嘉鱼陆溪口丁公祠联,祀三国时吴国大将丁奉。

官纪太常,五马清风余凤水

绩崇名宦,千秋禋祀荐仙田(黄锦公)

广东潮州磷溪镇仙田乡丁氏大宗祠联,祀入潮始祖丁允元。

济阳继世代,繁衍杭川新福地

谈经留训古,传家诗礼绍趋庭

福建上杭新生巷丁氏祖厝联。

千岁鹤归来,觉世高吟垂不朽

三公松发育,薰天伟绩荫无疆

江西丹阳司徒镇余巷丁氏宗祠联。

太丘星聚,一德以传,此日堂阶随顾问

义地风高,寸心如接,他时杖履应寻求(丁懋德)

安徽怀宁丁家祠堂联。

六百年肇造丕基振铎与鸣琴,克壮鸿图依望族

廿一代相承后泽参军而作牧,更期燕翼绍封公

福建上杭新生巷丁氏祖厝联。

沈

三善名世

四韵家声

上联指宋代兵部尚书沈度。沈度字公雅,行善政,时人称其有"三善":地无荒土,世无游民,狱无积案。

下联指南朝诗人、史学家、声律学家沈约。沈约字休文,吴兴武康(今浙江德清)人。先后在宋、齐、梁三朝做官,旧史一般称他是梁朝人。

青年时期的沈约,已经"博通群籍",写得一手好文章,并且对史学产生了浓厚的兴趣。后来被济阳蔡兴宗、安西晋安王、齐文惠太子、竟陵王等人赏识和提拔,历任尚书左丞、冠军将军、征虏将军等显要职位。

沈约后帮助梁武帝(高祖)萧衍谋划和夺取齐朝政权,建立梁朝,曾连夜为武帝草就即位诏书。沈约被梁武帝萧衍任命为吏部尚书、尚书仆射等高官。沈约母亲去世时,梁武帝亲自上门吊丧慰勉。

沈约从二十几岁起,用了整整20年时间,终于写成一部《晋史》120卷。又曾提出诗歌的"四声八病"说,被认为是文学史上的重要创见。

石灯留待

云巢成编

上联指唐末五代诗人沈彬。沈彬字子文,洪州高安(今属江西)人。南唐时曾

任授秘书郎，后以吏部侍郎致仕。

沈彬早年曾到郊外种了一棵树，对他儿子说："我当藏骨于此。"他死后，家人伐树掘地丈余，得一石椁，制作精丽，光洁可鉴。还有一块铜碑，上面写着："石灯犹未点，留待沈彬来。"家人于是将他下葬。

下联指北宋书法家沈辽。沈辽字叡达，沈括的从弟。熙宁中，以太常奉礼郎监杭州军资库。徙池州，筑室齐山上，名曰"云巢"。

沈辽为文雄奇峭丽，长于歌诗，尤其擅长书法。宗法王献之、沈传师，妙于楷隶诸书，兼备古今体。宋人楼钥评其书"妙于楷隶，诸书备古今体，寸墨尺纸，落笔则为人争取"。著有《云巢集》。

存中仗义争一统

确士潜心选四诗

上联指北宋科学家、政治家沈括。沈括字存中，钱塘（今浙江杭州）人。博学善文，于天文、方志、律历、音乐、医药、卜算，无所不通。晚年回顾平生见闻，在镇江梦溪园撰写《梦溪笔谈》。

沈括曾于熙宁年间出使辽国，驳斥辽国的争地要求，对维护宋王朝版图的完整统一做出了贡献。上联即指此事。

下联指清代诗人沈德潜。沈德潜字确士，号归愚，江苏长洲（今江苏苏州）人。沈德潜热衷功名，却屡试不中，直至67岁时才中了进士，从此跻身官宦，备享乾隆荣宠，官至内阁学士兼礼部侍郎。这期间，他的诗受到乾隆帝的赏识，常出入禁苑，与乾隆唱和并论及历代诗歌的源流升降。沈德潜这种受到皇帝"隆遇"的特殊地位，使他的诗论和作品，风靡一时，影响甚大。选有《古诗源》《唐诗别裁》《明诗别裁》《清诗别裁》等。

武奠霞漳开十邑

德垂梅圃祝华封

福建诏安南诏镇沈氏祖庙（祀开漳功臣、武德侯沈世纪）联。

图书数卷船枢密

勋业三朝仰历阳(曹京)

安徽望江沈家老屋沈氏宗祠联。上联指北宋沈括,下联指北宋历阳人沈立。

开垦利民,田熟万家思沈括

尊生济世,书成一部仰金鳌(沈味廉)

安徽芜湖沈湾沈氏宗祠联。上联指北宋沈括帮其胞兄沈披规划开发圩田事,下联指清代无锡人沈金鳌。

诗家俎豆不祧,我亦熟休文四声、佺期五字

胜国衣冠如昨,人当美青原仪节、石田孝忠(钱梦鲸)

山西太原沈氏宗祠联。上联指沈约、沈佺期,下联指清代画家沈永年、明代画家沈周。

姜

平江保障

白石清歌

上联指南宋人姜浩。姜浩字浩然,汴京(今河南开封)人,南渡后安家于四明(今属浙江宁波)。北宋宣和年间,以恩荫补承信郎。建炎年间,监平江郡税务,有清操。金兵攻平江,他率军民极力抵御,一郡百姓都十分感激。后历任监福州盐税务、明州市舶务等,官至马步军副总管,卒赠金紫大夫。

下联指南宋词人、音乐家姜夔。姜夔字尧章,因与白石洞天为邻,号白石道人,饶州鄱阳(今江西波阳)人。童年失去父母,在汉阳的姐姐家度过了青少年时期。成年后屡试不第,奔走四方,过着幕僚清客的生活。一生布衣,靠卖字和朋友接济为生,往来于鄂、赣、皖、苏、浙间,与诗人词客交游。

姜夔有忧国忧民之心，对当时的政治不满，支持辛弃疾抗击金国的事业。南宋孝宗淳熙年间，他路过曾被金兵两次破坏的扬州，所见断井颓垣，感触万端，写出著名的《扬州慢》曲谱和歌词。经过被金兵蹂躏过的合肥，写《凄凉犯》词，反映"边城一片离索"的荒凉景象。这些作品不仅是艺术创作，更是真实的史料。

姜夔多才多艺，精通音律，能自度曲，其词格律严密，音节优美，多为写景咏物及记述客游之作，作品素以空灵含蓄著称。词集《白石道人歌曲》中，自度曲注有旁谱，琴曲《古怨》中并注明指法，为词与乐谱的合集。

孝征跃鲤

迹涸牧羊

上联指东汉姜诗。姜诗，广汉（今属四川）人，侍奉母亲，十分孝顺。他妻子庞氏也非常孝顺。

姜诗的母亲喜欢饮江水，但水源离家六七里，庞氏常提着桶去汲江水给姜母喝。有一次遇上大风，不能及时回家，姜诗责备庞氏怠慢，将她赶走。庞氏只好暂住在邻居家，每天不分日夜纺织，用纺织得来的钱到市场买珍馐，煮好后，叫邻家女人送给姜母吃。久而久之，姜母感到奇怪，便问邻家女人是谁让送来的，邻家女人将事情和盘托出。姜母感到惭愧，急忙叫回庞氏。

姜母爱吃鱼鲙，又不愿独自食用，姜诗夫妇常尽力做好鱼鲙，叫邻家女人来，和母亲共享。相传，有一天，屋舍旁边忽然涌出泉水，味道和江水一样，并且每天都会跳出两条鲤鱼，夫妇二人便用它们来供养母亲用膳。

一次，赤眉军到达姜诗乡里，经过姜诗家时说："惊动大孝子，必定触怒鬼神。"不愿骚扰他家。当年正值饥荒，他们还送米肉给姜家。

下联指十六国时前秦姜宇。姜宇字子居，天水冀人，少年时成了孤儿，因贫穷为河北陈不识家牧羊。15岁时，已长得魁伟潇洒，"身长七尺九寸，聪惠美风仪"。每天夜里专心读书，将瞌睡时，就把头发悬于屋梁上，直到天亮。

陈不识认为这个孩子不简单，就要把女儿嫁给他，他的妻子不愿意。陈不识便置酒席请姜宇，让女儿在暗处察看，事后问女儿："姜宇不是一般人，我想把你嫁给他,你母亲却说他是家里的一个牧人。你以为如何?"女儿回答说:"我看姜宇之姿才,哪里会长期为人牧羊呀!"于是,陈不识便叫女儿和他成了亲。

苻坚为帝时,姜宇官至京兆尹、御史中丞。

八旬丞相兴大业
七岁翰林显奇才
上联指周代姜姓部族首领姜尚,下联指明代书画家姜立纲。

壮志未能吞司马
大业无惭继卧龙
四川剑阁姜维墓联。

出郊祀禖,帝妃履武
永巷待罪,周后称贤
上联指姜嫄于郊外踏着巨人的足迹有娠而生后稷;下联指周宣王姜氏脱簪珥待罪于永港,感宣勤理朝政。

冠世文章,健美登瀛学士
超群智勇,荣拜征西将军
上联指宋文学家姜文达,为"十八学士"之一;下联指三国蜀将姜维。

天序有伦,自昔一衾常棣乐
水源在渭,于今远派竹林春
台湾新竹北埔乡姜氏家庙联。

范

长啸却虏

杖策入关

上联指北宋范镇。范镇字景仁,成都华阳(今四川成都)人。仁宗宝元初年进士,初任新安主簿等,后擢起居舍人、知谏院,改集贤殿修撰,纠察在京刑狱,同修起居注,知制诰。曾请立太子,面陈恳切,以至泣下,前后上章十九次,待命百余日,竟须发为之白。英宗立,迁翰林学士,又出知陈州。神宗即位,召复翰林学士兼侍读。论新法因与王安石不合,熙宁中以户部侍郎致仕。哲宗即位后,起为端明殿学士,固辞不受,封蜀郡公。范镇晚年出使辽国,辽人称他为"长啸公"。

下联指清初大臣范文程。范文程字宪斗,号辉岳,辽东沈阳卫(今沈阳市)人。努尔哈赤取沈阳、辽阳,攻西平,入广宁,范文程都从征。据有关文献记载,范文程蒙努尔哈赤善遇,"参与帷幄"。

天聪年间,皇太极统军攻北京,范文程因战功显著,被授予游击世职。后任内秘书院大学士,其世职也进为二等甲喇章京,益受宠信,"每议大政,必资筹画",宣谕各国的敕书,皆出其手。曾拜谒清太祖,策定清军入关之计。

范文程去世时,康熙皇帝亲撰祭文,谥文肃。其后,康熙帝又亲书"元辅高风"四字,为其祠横额。

心存忠恕

胸具甲兵

上联指北宋大臣范纯仁。范纯仁字尧夫,吴县(今江苏苏州)人,范仲淹次子。以父恩补太常寺太祝,皇祐初年进士及第,先后在地方和朝中任职,哲宗时,官至尚书右仆射(宰相)兼中书侍郎。

范纯仁为人正派,政治上与司马光同属保守派。熙宁年间,曾上书皇上,公然指责王安石,因此遭贬逐。但司马光复相后坚持要废除"青苗法",范纯仁却不以为然,他对司马光说:"王安石制定的法令有其可取的一面,不必因人废言。"希望司马光能虚心"以延众论",有可取之处的主张,尽量采纳,可惜司马光并不理睬。司马光尽废新法,不能不说他带有个人情绪。苏轼、范纯仁等人叹息道:"奈何又一位拗相公!"

范纯仁一生受他父亲范仲淹的影响很大,曾总结自己说:"吾生平所学,得之忠恕二字,一生用之不尽。"范纯仁告诫子弟,德行成就的关键就在于以"责人之心责己,恕己之心恕人"。

下联指北宋名臣、文学家、政治家范仲淹。范仲淹字希文,江苏苏州人。少年时家贫而好学,当秀才时就常以天下为己任,有敢言之名。范仲淹出生第二年,父亲病逝,母亲谢氏贫困无依,改嫁山东长山一户朱姓人家,范仲淹也改名朱说。

范仲淹幼时读书十分刻苦,朱家是当地富户,但他为了励志,便去附近长白山的醴泉寺寄宿读书,晨夕讽诵。范仲淹生活极其艰苦,每天只煮一锅稠粥,凉了以后划成四块,早晚各取两块,拌一撮腌菜,调半盂醋汁,吃完继续读书。如此苦学三年。

真宗大中祥符中,范仲淹来到当时著名的四大书院之一的睢阳(今河南商丘)应天府书院读书。这里既有名师可以请教,又有同学互相切磋,还有大量的书籍可供阅览,况且学院免费就学。范仲淹十分珍惜崭新的学习环境,昼夜不息地攻读。范仲淹的一个同学、南京留守(南京的最高长官)的儿子看他终年吃粥,便送些美食给他。他竟一口不尝,听任佳肴发霉。直到人家怪罪起来,他才长揖致谢说:"我已安于过喝粥的生活,一旦享受美餐,日后怕吃不得苦。"

信奉道教的宋真宗曾到老子故里(今河南鹿邑)朝拜太清宫。浩浩荡荡的车马路过南京(今河南商丘),整个城市轰动了,人们争先恐后去看皇帝,唯独范仲淹闭门不出,仍然埋头读书。有同学 跑来叫他:"快去看,这是千载难逢的机会,千万不要错过!"但范仲淹只随口说了句"将来再见也不晚",便头也不抬地继续读书。果然,第二年他就考中进士,见到了皇帝。

做官后,他把母亲接来赡养,并正式恢复了范姓,改名仲淹。

宋仁宗时,范仲淹官至参知政事(副宰相)。针对当时朝政的弊病,上《十事疏》，主张建立严密的仕官制度，注意农桑，整顿武备，推行法制，减轻徭役。宋仁宗采纳他的建议，陆续推行，史称"庆历新政"。但不久因保守派的反对而未能实行，并因而被贬至陕西四路宣抚使。他领导的庆历革新运动，成为后来王安石"熙丰变法"的前奏。

范仲淹曾以龙图阁直学士与韩琦任陕西经略副使，防御西夏的进犯。西夏人互相告诫说："小范老子胸中自有数万甲兵。"

沼吴归隐

述汉成书

上联指春秋末政治家、军事家和经济学家范蠡。范蠡字少伯，楚国宛（今河南南阳）人。他出身贫寒，但聪敏睿智，胸藏韬略，年轻时就学富五车，满腹经纶，文韬武略，无所不精。但在当时贵胄专权、政治紊乱的楚国，范蠡却不为世人所识。

周景王时，吴国和越国发生了槜李（今浙江嘉兴）之战，吴王阖闾阵亡，因此两国结怨，连年战乱不休。阖闾之子夫差为报父仇，与越国在夫椒（今江苏太湖中洞庭山）决战，越王勾践大败，逃入会稽山。范蠡于勾践穷途末路之际投奔越国，献"卑辞厚礼，乞吴存越"之策。吴越议和后，他向勾践陈述"越必兴、吴必败"的断言，建议勾践屈身侍奉吴王，慢慢等待时机。被拜为上大夫后，他陪同勾践夫妇在吴国为奴三年。

归国后，他与大夫文种拟定兴越灭吴九术。勾践卧薪尝胆，"十年生聚，十年教训"，苦身勠力，终于灭了吴国，成就越王霸业。范蠡被尊为上将军。

范蠡以为大名之下，难以久居，遂乘舟泛海而去。他辗转来到齐国，变姓名为鸱夷子皮，带领儿子和门徒在海边结庐而居。勠力垦荒耕作，兼营副业并经商，不几年，就积累了数千万家产，并仗义疏财，施善乡里。范蠡的贤明能干被齐人赏识，齐王把他请进国都临淄，拜为相。他喟然感叹："居官致于卿相，治家能致千金；对于一个白手起家的布衣来讲，已经到了极点。久受尊名，恐怕不是吉祥的征兆。"于是，仅仅三年后，他又再次急流勇退，向齐王归还了相印，散尽家财给知交和老乡，定居于陶（今山东定陶西北），经商积资巨万，称"陶朱公"。"沼吴"，指废吴国宫室为污池,即灭吴。

下联指南朝宋史学家范晔。范晔字蔚宗,祖籍顺阳(今河南淅川),其家自西晋"永嘉之乱"后移居山阴。范晔出身于士族家庭。从小好学,加之天资聪慧,尚未成年,便以博涉经史,善写文章而负盛名。历官尚书吏部郎、宣城太守、左卫将军、太子詹事等。

在宣城任上,他开始从事后汉史的编纂工作,写出了历史名作《后汉书》。

尘甑养晦

揽辔澄清

上联指东汉学者范丹(一作范冉),字史云,经学家、文学家马融的弟子,通五经,尤其精于《易》和《尚书》。生活极为贫困,居住简陋,经常断粮,当时人称"甑中生尘范史云,釜中生钱范莱芜。"下联指东汉汝南征羌人范滂,字孟博,举孝廉,以清诏使到冀州,登车揽辔,慨然有澄清天下之志。

鸿门碎斗

岳阳题文

上联指秦末项羽谋士范增,鸿门宴后,拔剑击碎刘邦所赠玉斗,说:"竖子不足与谋!"下联指范仲淹,曾写《岳阳楼记》一文,"先天下之忧而忧,后天下之乐而乐"千古传诵。

责君碎斗显忠爱

后乐先忧法圣贤

上联指秦末范增,下联指北宋范仲淹。

党祸株连,子宁割爱

邓公应梦,母为留名

上联指东汉范滂,下联指北宋范祖禹。

建庙卜蓝岗,水聚天心钟秀气

传家贻墨帐,门罗将相振宗风

福建永定蓝岗范氏宗祠联。

兵甲富于胸中,一代功名高宋室

忧乐关乎天下,千秋俎豆重苏台

江苏苏州范仲淹祠联。

江

生花梦笔

刻烛成诗

上联指南朝梁文学家江淹。江淹字文通,济阳考城(今河南民权)人。6岁能诗,13岁丧父,家境贫寒,曾采薪养母。20岁左右教宋始安王刘子真读"五经",并一度在新安王刘子鸾幕下任职,开始了他的仕宦生涯,历南朝宋、齐、梁三代。

江淹在仕途上早期并不甚得志,而正是这坎坷的经历,造就了一位文学大家。起伏跌宕中的江淹把自己无限的感慨诉诸笔端,他的许多代表作品都写于被贬期间。他突出的文学成就表现在辞赋方面,他是南朝辞赋大家,与鲍照并称。江淹的《恨赋》《别赋》与鲍照的《芜城赋》《舞鹤赋》,一直被认为是南朝辞赋的绝唱。

中年以后,江淹官运亨通,大受重用,但却形成了他创作上的低潮。富贵安逸的环境,使他才思减退,到齐武帝永明后期,他很少有传世之作,故有"江郎才尽"之说。据《南史·江淹传》载,江淹一日睡在冶亭,梦中见一老人,自称叫郭璞,他对江淹说:"我有支笔放在你那里多年,现在可以归还了。"江淹从怀中掏出一支五色笔交给郭璞。从此作品再无佳句,时人都有江淹"才尽"之说。

下联指南朝梁诗人江洪。江洪,济阳考城(今河南民权)人。梁天监末年曾任建阳令。以善辞藻游历四方,与广陵高爽、会稽虞骞同为诗友。

　　永明年间,南齐武帝萧赜的二儿子竟陵王萧子良移居鸡笼山西邸,以皇室贵胄的身份,以及司徒的权势,大肆招徕人才。众多有教养、有知识的士族子弟和出家僧侣纷纷进入王府,在萧子良的引领下,他们从事了一系列极具影响力的文化活动,史称"开西邸"。竟陵王常于夜间邀集才人学士饮酒赋诗,刻烛限时,约定四韵者刻一寸,以此类推。此后,"刻烛为诗"成为典故,形容诗才敏捷。他们还击钵立韵催诗,即敲击茶碗,要求钵声一止,诗即吟成。这些活动,江洪都曾参与其中。

　　江洪的诗赋在当时很为人们所欣赏,与著名诗人吴均齐名,二人来往甚密。吴均曾有诗赠江洪,赞诵江洪的高贵品德和他们之间的深厚情谊。

徒戎著论
止水鉴忠

　　上联指西晋江统。江统字应元,陈留圉(今河南通许南)人。生于世宦之家,性情冷静沉着,志向远大。元康年间,他作《徙戎论》上奏,建议将氐、羌等族迁离关中,并以并州的匈奴部落为隐患,为皇帝出谋划策,但未被采用。

　　江统改任太子洗马以后,很受太子信任。后太子被废,迁许昌,江统送他到伊水泣别,因此受株连下狱洛阳,不久获释。太子死后,他写文章悼念,文辞悲切,催人泪下。

　　下联指南宋大臣江万里。江万里字子远,号古心,都昌(今属江西)人。宝庆中登进士第,相继在池州、吉州、隆兴任地方官,从政之余,特别热心教育。曾在吉州州治庐陵县城东创建白鹭洲书院,在隆兴建宗濂精舍,收藏图书,收授门徒,并亲自讲学。

　　开庆初年,贾似道入相,江万里同时入朝任国子监祭酒兼侍读。后升吏部尚书,又进端明殿学士,同签书枢密院院事兼太子宾客。他秉性耿直,临事每每直言。贾似道很讨厌他说话不够慎重,他也因言论而被解职。

　　度宗咸淳初年,江万里任同知枢密院事,兼参知政事(副相),又与贾似道同朝。贾似道专擅朝政,位极人臣,极力推行卖国主张,使疆土日削,国势日危。江万里无可奈何,便奏请归田,未被准许。贾似道曾以辞职要挟度宗,度宗涕泣,要拜留,江万里当即劝道:"自古无此君臣礼,陛下不可拜!"江万里与贾似道每每相忤,不得已四次上书求退。

后来,江万里见大势已去,补天无力,以疾退居饶州芝山,凿池芝山后圃,名其亭为"止水",借物明志,表示将于此以身许国。德祐初年,饶州被元军攻破,江万里从容坐守以为民望,及元军将至其家时,他拉着门人陈书器的手与之诀别,流着泪说:"大势不可支,虽不在位,当与国家共存亡。"说完,偕儿子江镐及左右相继从容投水死,一时尸积如叠。

郑子出游,徒劳解佩

梅妃失宠,安用明珠

上联指神话中的仙女江妃。据西汉刘向《列仙传·江妃二女》,江妃二女游于长江、汉水一带,遇到郑交甫,"见而悦之",就解下玉佩送给了他。郑交甫走出不远,发现玉佩已经没有了,回头再看,仙女也不见了。

下联指唐玄宗的妃子江妃。江妃名采苹,莆田(今福建莆田)人。其父江仲逊,世代为医。江采苹聪明过人,9岁时就能诵读《诗经》中《周南》《召南》等诗篇,并对父亲说:"我虽然是女子,但以此作为自己的志向。"江仲逊便以《诗经·召南》里《采苹》一诗的题目为女儿取名,表示对女儿的期望。

唐玄宗开元中,太监高力士出使福建、广东一带,见到风神楚楚的江采苹,就收她入宫服侍唐玄宗,大受宠幸。江采苹癖爱梅花,所居之处遍植梅树,每当梅花盛开时,流连赏花,唐玄宗戏称她为"梅妃"。梅妃不仅以美貌受宠,更以表演《惊鸿舞》得到乐舞行家唐玄宗的专宠。唐玄宗曾当着诸王的面,称赞梅妃"吹白玉笛,作《惊鸿舞》,一座光辉"。

杨贵妃入宫后,梅妃失宠。一次,玄宗派人给她送去一串珍珠。梅妃见到珍珠,触景生情,无限伤感,即写了一首诗,与珍珠一同退还给玄宗。诗云:"柳叶双眉久不描,残妆和泪污红绡。长门自是无梳洗,何必珍珠慰寂寥。"人称此诗为《一斛珠》。

俎豆奉千秋,谏议当年称孝子

笔花开五色,文通有后继书香

上联指东汉临淄人江革,遭遇战乱,背着母亲避难,人称"江巨孝",后官至谏议大夫;下联指南朝梁江淹。

兄宰相、弟尚书,双璧文章天下少

父成仁、子取义,一门忠孝世间稀

上联指南宋都昌人江万里、江万顷兄弟,下联指江万里及其子江镐、江万顷及其子江鉴。

梁贵胄、唐遗忠,易姓前徽崇一本

歙侨居、泾奠宅,敦宗后嗣叙三支(朱琦)

安徽泾县江氏宗祠联。

傅

二邑称圣

三德兼优

上联指南朝齐人傅琰。傅琰字季珪,灵州(今宁夏灵武)人。任武康令时,有卖针的婆婆和卖糖的婆婆为争团丝来诉讼。傅琰将团丝挂在柱子上,用鞭子抽打,见有铁屑,即定卖糖者之罪。当时,人称他为"傅圣"。

泰始年间,由吴兴郡丞迁山阴令。山阴是东部的大县,人们认为很难做好这里的官。傅琰的父亲傅僧祐当年在此任山阴令,曾有好名声,傅琰尤其明察,又有能干之名。有两个农夫争鸡,傅琰分别问他们"平时都拿什么喂鸡",一人说"粟",一人却说"豆"。他命人解剖鸡,见嗉子里是粟,便治了那个说"豆"的农夫的罪。县内都称他"神明",从此,没有人敢再偷盗了。

下联指北宋大臣傅尧俞。傅尧俞字钦之,须城(今山东东平)人,徙居孟州济源(今属河南)。傅尧俞为人厚道,寡言少语,与人交往,胸无城府。《宋史·傅尧俞传》说:"尧俞厚重言寡,遇人不设城府,人自不忍欺。"司马光曾对邵雍说:"清廉、正直、勇敢三种品德,一个人很难兼备。我却在傅钦的身上见到了。"邵雍也说:"傅钦之清廉而不炫耀,正直而不激烈,勇敢而又温和,因此更难能可贵。"

兰台留雅

版筑肖形

上联指东汉傅毅。傅毅字武仲,扶风茂陵(今陕西兴平东北)人。汉章帝建初中,傅毅被任命为兰台令史,拜郎中,和班固、贾逵一起校勘禁中书籍。他模仿周颂清庙篇的笔法,完成10篇《显宗颂》,赞扬汉明帝的功德,从而文名大噪,以文雅显于朝廷。车骑将军马防擅权时,请傅毅为军司马,并以师友礼待他。马防因奢侈败家后,傅毅也被免官归乡。

下联指傅说。他辅佐殷商高宗武丁安邦治国,形成了历史上有名的"武丁中兴"的辉煌盛世。他创造的"版筑"(俗称打墙)营造技术,是我国建筑科学史上的巨大进步。高宗武丁尊他为"圣人"。

尊儒尚学

崇俭抑奢

上联指西晋大臣、政治家、思想家、文学家傅玄。傅玄字休奕,北地泥阳(今陕西耀州区东南)人。曾任弘农太守,精心政务,忠于职守,曾数次上书,陈说治国之策,指摘弊端。

晋武帝即位,进傅玄"爵为子,加驸马都尉"。傅玄以敏锐的眼光,针对当时社会依靠世族,封官许愿,任人唯亲唯势,机构庞杂的情况,提出要以才录官,考察官员政绩,减少机构,使官不废职于朝,国无旷官之累。又针对农业衰败,富豪子弟游手好闲,不学无术的情况,提出"尊儒尚学,贵农商贱"。武帝甚悦,拜为侍中,成为近臣。后官至太仆、司隶校尉,封鹑觚子。傅玄学识渊博,精通音律,于诗擅长乐府。有《傅子》等集。

下联指西晋大臣、文学家傅咸。傅咸字长虞,傅玄之子。西晋初,曾任冀州刺史,后为太子洗马、尚书右丞、御史中丞等。他疾恶如仇,直言敢谏。兼任司隶校尉时,狠狠打击横行京都一带的门阀士族。曾上疏主张裁并官府,发展农桑,并指斥当时统治集团奢华靡费之风,力主俭朴,说"奢侈之费,甚于天灾"(《晋书·傅咸传》)。

版筑垣亭古
有德世泽长(傅以渐)
傅氏宗祠"版筑堂"联。

岩野经纶光国史
云台事业耀家声
傅氏宗祠"版筑堂"联。

版筑家声传万古
云台事业耀千秋
傅氏宗祠"版筑堂"联。上联指傅说,下联指东汉傅俊。

浩浩阴功,千年笃祐状元后
煌煌诰命,三代同称宰相家
山东聊城傅家坟(清代状元傅以渐祖茔)牌坊联。

业绍罗峰,虎节名家传自昔
支分台水,龙图门第重于今
福建尤溪台溪乡富山傅氏宗祠联。

积累溯前徽,博学能文,早树兰台品望

绳承期后裔,敦诗说礼,无惭玉尺风流

傅氏宗祠联。

溯祖宗渊源,商朝相、汉朝将、宋代侍郎,自昔家声丕振

追孙支蕃衍,始迁闽、继迁粤、分居江右,如今世泽流芳

傅氏宗祠"版筑堂""清河堂"联。

钟

千秋士表

一代人师

上联指晋代大臣钟雅。钟雅字彦胄,颍川长社人。少年时为孤儿,好学而有才志。西晋时为振威将军、尚书左丞。随东晋南迁,成帝时官御史中丞。敢于制裁违法犯罪者,以至百僚都惧怕他,忠心侍卫天子,以身殉职,追赠光禄勋。

下联指东汉学者钟皓。钟皓字秀明,颍川长社人。钟皓年轻时就以品行纯厚闻名远近,朝中多次征召他做官,但因两个哥哥均未仕,他都拒绝了,避隐密山,以诗律教授门徒千余人。

当时,钟皓与陈寔、荀淑、韩韵并称为"颍川四长",为士大夫所归慕。名士李膺曾感叹道:"钟先生的极高品德,值得拜为老师。"

飞鸿舞鹤

流水高山

上联指三国魏大臣、书法家钟繇。钟繇字元常,颍川长社人。父亲早亡,由叔父钟瑜抚养成人。钟繇工书法,宗曹熹、蔡邕、刘德升,博采众长,自成一家,兼擅各体,尤其精于隶书、楷书,书若飞鸿戏海,舞鹤游天,点画之间,多有异趣,形成了由隶入楷的新貌。后人评其隶行入神,八分入妙,和大书法家胡昭并称"胡肥钟瘦",与东晋王羲之并称为"钟王"。

下联指春秋时楚人钟子期。传说先秦的琴师俞伯牙一次在荒山野地弹琴,樵夫钟子期竟然都能领会。伯牙弹琴时想着泰山,钟子期则说:"善哉乎鼓琴,巍巍乎若泰山!"伯牙弹琴时想着流水,钟子期则说:"善哉乎鼓琴,洋洋乎若流水!"两人遂为知音。钟子期去世后,伯牙摔破了琴,拉断了弦,不再弹琴。后用"高山流水"比喻知音。

联苑称圣手

艺坛号全才

上联指清末楹联家钟云舫。钟云舫名祖棻,清代秀才,四川江津(今重庆)人。他自称硬汉,号铮铮居士,曾在县城设馆授学 20 余年,讲授数学、物理、化学和英语、法语,尤其对西学十分重视。他对经史百家、西方科技深下功夫,曾著 6000 多字的《东西洋赋》,是当时少有的介绍世界地理、文化和科学的著述,有"四川的《海国图志》"之称。同时提出教育救国的主张,开四川文治风气之先。钟云舫尤以长于撰楹联著称,有"联圣""长联圣手"之称。

下联指清代女文化名人钟若玉。钟若玉字文贞,号元圃,长洲(今江苏苏州)人。昆山诸生周官之妻。能诗、工书、善画。画摹崔白,字学钟、王,诗宗韩、柳。笔力苍劲,绝无纤弱柔媚之态。被评论为"闺阁中不易得之全才"。

颍川家风远

汀州世泽长

广东饶平黄冈镇钟氏宗祠联。

颍水千年秀

川流万载长

广东南雄梅岭山珠玑巷钟氏宗祠联。

流水高山怀古调

秋霜春霭触孺思(钟近光)

江西萍乡城关钟氏宗祠联。

荷筐承麻,仗祖宗在天之福

恩明谊美,卜子孙奕世其昌

江西龙南关西围屋钟姓宗祠联。

颖地发祥,山水知音,系本镇平兴事业

川源瑞气,鹤鸿书法,支分台岛振家声

台湾钟氏"颖川堂"堂联。

章贡水环流,祠建古城濛洄,秀抱鸡心岭

崆峒峰耸翠,堂开卫湖则列,云垂马祖崖

江西赣州卫府里钟氏宗祠联。

卢

德为世表

学乃儒宗

上联指隋朝大臣、书法家卢昌衡。卢昌衡字子均,小字龙子,范阳涿郡(今河北涿州)人。沉静有才识,博涉经史,工行、草书,先后在魏、齐、周、隋四朝做官,"性宽厚,有能名"。开皇初年任尚书礼部侍郎,文帝曾召集群臣自报功绩,人们都竞相争功,只有卢昌衡一言不发。后出任徐州总管,以才能知名。吏部尚书苏威对他考察后说:"德为世表(世人的表率),行为士则(士人的榜样)。"炀帝大业初年,征为太子左庶子,在去洛阳的路上去世。

下联典指东汉大臣、学者卢植。卢植字子干,涿郡(今河北涿州)人。曾与郑玄一起从学者马融读书,通古今之学,为当时大儒。马融是明德皇后的亲戚,家中富裕,平素骄贵,讲课时,有美女在堂前轻歌曼舞。卢植始终专心听讲,数年如一日,从不斜视偷看。灵帝时,历任博士,九江、庐江太守,后任尚书。

当时董卓专权,"众皆唯唯",只有卢植与他抗争。董卓极为恼怒,要杀他,议郎彭伯谏道:"卢尚书威望极高,如果杀了他,会引起人心震动。"于是被罢职,隐居于上谷。蜀汉昭烈帝刘备和有着白马将军之称的公孙瓒,都出自卢植门下。曹操曾称他"名著海内,学为儒宗(儒家宗师),士之楷模,国之桢干也"。

列初唐四杰

为大历十才

上联指唐初诗人卢照邻。卢照邻字升之,自号幽忧子,幽州范阳(治今河北涿州)人。与王勃、杨炯、骆宾王齐名,并称为"初唐四杰"。"卢照邻人间才杰,览清规而辍九攻",从杨炯的这一评语中,可以看出卢照邻在"初唐四杰"中的地位。

下联指唐代诗人卢纶。卢纶字允言,河中蒲州(今山西永济)人。"大历十才子"之一,诗名颇著。其诗多为送别赠答、奉陪游宴之作,而边塞诗极有生气,也不乏盛唐之音。存诗三百余首。

茶曲馨香传后世

蒲江清远度人间

上联指唐代诗人卢仝。卢仝自号玉川子,范阳人。年轻时隐居嵩山少室山,家境贫困,仅破屋数间,但他刻苦读书,家中图书满架。朝廷曾两度要起用他为谏议大夫,而他不愿做官,曾作《月食诗》讽刺当时宦官专权,受到文学家韩愈称赞。"甘露之变"时,因留宿宰相王涯家,与王同时遇害。

卢仝好茶成癖,诗风浪漫,其《走笔谢孟谏议寄新茶》诗中的七碗茶诗之吟,最为脍炙人口:"一碗喉吻润,二碗破孤闷。三碗搜枯肠,唯有文字五千卷。四碗发轻汗,平生不平事,尽向毛孔散。五碗肌骨清。六碗通仙灵。七碗吃不得也,唯觉两腋习习清风生。"茶的功效,以及他对茶饮的审美愉悦,在诗中表现得淋漓尽致。卢仝的《七碗茶歌》在日本广为传颂,并演变为"喉吻润、破孤闷、搜枯肠、发轻汗、肌骨清、通仙灵、清风生"的日本茶道。日本人对卢仝推崇备至,常常将他和"茶圣"陆羽相提并论。卢仝著有《茶谱》,世人尊他为"茶仙"。

下联指南宋词人卢祖皋。卢祖皋字申之,又字次夔,号蒲江,永嘉(今浙江温州)人。著《蒲江词》。其作品格调清远,细致淡雅。文句工巧,近于姜夔,但不及姜词刚劲;华美婉约,学晏几道,而不似晏词沉郁。

范阳世泽
司马家声

广东陆丰碣石卢氏宗祠联。

姜水源流远
范阳世泽长

广东南雄珠玑巷卢氏大宗祠联。上联指卢氏来源,下联指卢氏郡望。

文章出众称八米
诗品过人列十才

上联指隋代卢思道,文宣帝死,新帝令朝士各作挽歌,别人只得一两首,他一人独得八首,时称"八米卢郎";下联指唐代卢纶。

卢王威灵,日朝日夕
庙前溪水,长涨长流

江西萍乡芦溪区麻田村卢氏泰公祠卢王庙联。

锦标状元,吟咏独别
白衣卿相,风度自闲

上联指唐代状元卢肇,字子发,宜春人,及第后返乡,郡牧迎接,观竞渡,他写诗道:"向道是龙人不信,果然夺得锦标归。"下联指唐代开元间魏州刺史卢晖。

汪

龙骧世泽

童子春风

上联指东汉人汪文和。汪文和字国辅，汉献帝建安年间，因破黄巾起义有功，被封为龙骧将军。后随孙策渡江南下，屡立战功，被任为会稽令，封淮安侯。后率领族人迁居新安（今安徽歙县），子孙后代成为当地望族。

下联指北宋诗人汪洙。汪洙字德温，鄞县（今浙江宁波）人。汪洙9岁时能赋诗，人称"神童"。一天，汪洙牧鹅来到学宫，见学宫殿宇破败倾圮，触发心中感慨，在学宫壁上题写了一首诗："门徒夜夜观星象，夫子朝朝雨打头。多少公卿从此出，谁人肯把俸钱修。"不久，明州知府来这里发现了题诗，感到新奇，当即把汪洙传来。知府见眼前竟是一个穿着破旧短衫的小孩，就问他："你要做神童吗？衣衫为何这么短？"汪洙应声答诗一首："神童衫子短，袖大惹春风。未去朝天子，先来谒相公。"知府一听，认为他小小年纪，竟有如此口气，日后将不可限量。

汪洙诗才横溢，先后写了不少五言绝句，都是一些便于孩童记诵的短诗。当时有人将汪洙所赋的30多首诗汇编成集，题为《汪神童诗》。《神童诗》文辞通俗易懂，与《三字经》同被誉为"古今奇书"，成为训蒙儿童的主要教材，流传极广，影响深远。

执戈卫国

酿酒延宾

上联指春秋时鲁国人汪踦。汪踦儿童时即随鲁哀公参加抗击齐国的战斗，不幸牺牲。有人认为应降等级而葬（据当时之礼，19岁以下未成年死，要比照成年人降等级安葬），孔子说："能执干戈来保卫国家，怎么能降等级而葬呢？"于是，鲁国破格以成年之礼安葬了他。后以"汪踦卫国"作为儿童救国的典型事例。

下联指唐代汪伦。汪伦又名凤林，黟县（今属安徽）人。曾任泾县县令，卸任后由于留恋桃花潭,特将其家由黟县迁往泾县。

天宝年间,汪伦听说大诗人李白旅居南陵叔父李阳冰家,便写信邀请李白到家中做客。信上说:"先生不是喜欢旅游吗?此处有十里桃花。先生不是喜欢饮酒吗?此处有万家酒店。"李白素好饮酒,又闻有如此美景,便欣然应邀而至。汪伦盛情款待,搬出用桃花潭水酿成的美酒与李白同饮,并笑着告诉李白:"所说桃花,是十里外潭水的名字,并没有十里桃花。所说万家者,是开酒店的主人姓万,并没有万家酒店。"

李白听后大笑不止,并不以为被愚弄,反而被汪伦的盛情所感动,适逢春风桃李花开日,群山无处不飞红,加之潭水深碧,清澈晶莹,翠峦倒映,确为动人美景。汪伦留李白连住数日,每日以美酒相待,分别时,又送名马、官锦。并在古岸阁上设宴为李白饯行。李白深深感激汪伦的盛意,作《赠汪伦》诗以赠:"李白乘舟将欲行,忽闻岸上踏歌声。桃花潭水深千尺,不及汪伦送我情。"

君子操笃

儒士宗传

上联指南宋大臣汪澈。汪澈字明远,自新安徙居饶州。高宗时,至殿中侍御史、参知政事。当时因"和戎"而戒备松弛,汪澈上书数千言,陈述"养民、养兵、自治、预备"。孝宗即位后,矢志收复失地,令汪澈督军荆、襄,策应北伐之师。因汪澈指挥不力,失去了唐、邓两州,谏议大夫王大宝上疏弹劾汪澈"坐视孤军堕敌计",请孝宗将他罢黜。汪澈由此被贬谪台州。

汪澈为官,能知人荐士,曾说:"我来自民间,能拿来报国的,只有无私、不欺。"

下联指北宋末、南宋初文学家汪藻。汪藻字彦章,德兴(今属江西)人。汪藻博览群书,学问渊博,至老仍手不释卷,北宋徽宗时,与胡伸俱有文名,被称为"江左二宝"。汪藻擅长写四六文,南渡初诏令、制诰均由他撰写。行文洞达激发,多为时人传诵,被比作陆贽。孙觌为他的文集作序时,推重他为大手笔,称"闳丽精深,杰然视天下"。

航海居先导

医方集大成

上联指元代民间航海家汪大渊。汪大渊字焕章，南昌（今属江西）人。自幼喜欢游历。至顺初年，年仅20岁的汪大渊首次从泉州搭乘商船出海远航，历经海南岛、马六甲、爪哇、苏门答腊、缅甸、印度、波斯、阿拉伯、埃及，横渡地中海到摩洛哥，再回到埃及，出红海到索马里、莫桑比克，横渡印度洋回到斯里兰卡、苏门答腊、爪哇，经澳洲到加里曼丹、菲律宾返回泉州，前后历时5年。

至元年间，汪大渊再次从泉州出航，历经南洋群岛、阿拉伯海、波斯湾、红海、地中海、莫桑比克海峡及澳洲各地，两年后返回泉州。

汪大渊第二次出海回来后，应泉州地方官之请，开始整理手记，写出《岛夷志略》，对研究元代中西交通和海道诸国历史、地理有重要参考价值，引起世界重视。后来，西方许多学者研究该书，并将其译成多种文字流传，公认其是对世界历史、地理的伟大贡献。西方学者称他为"东方的马可·波罗"。

下联指清代医学家汪昂。汪昂初名恒，字讱庵，安徽休宁人。曾中秀才，因家庭贫寒，放弃科举，立志学医。他苦攻古代医著，结合临床实践，经过30年的探索研究，编著成《素问灵枢类纂约注》《医方集解》《本草备要》《汤头歌诀》，集当时医方之大成，对普及医学颇有贡献。

支分越国

家住蝾山

江苏如皋石庄镇汪氏门联。如皋旧有"雉水蝾山"之称。

唐封越国三千户

宋赐江南第一家

安徽宿松汪家冲汪氏宗祠联。

清代三友流芳远

吴门四汪享誉高

上联指清代天文历算家汪莱,与焦循、李锐合称"三友";下联指清代诗人、书法家汪士宏,与两兄一弟合称"吴门四汪"。

系出鲁成,百世本支终不易
脉传越国,千秋霜露总如斯

上联指汪姓始祖汪满,下联指汪华。

戴

九灵隐士
五女疏裳

上联指元末诗人戴良。戴良字叔能,自号九灵山人,浦江(今属浙江)人。初为月泉书院山长,曾任淮南江北等处行中书省儒学提举。朱元璋定金华时,邀请他讲论经史和治国之道,任为学正。后弃官,避吴中。听说张士诚用元末至正年号,便前往投靠。后见张士诚不能成大事,又挈家泛海至胶州,拟投元将扩廓,因道路阻隔,侨居昌乐。

元代灭亡后,戴良誓不改节。明初洪武年间南还,改姓埋名隐居于四明山,和遗老耆儒宴集赋诗。诗文多为悲凉感慨、怀念故元之作,寓磊落抑塞之音。后来,明太祖召他至京师,要给他官做,他托病固辞,因忤逆太祖入狱。待罪之日,作书告别亲旧,仍以忠孝大节为语。不久,卒于狱中。一说为自裁而逝。

下联指汉代隐士戴良。戴良字叔鸾,汝南慎阳(今河南正阳)人。戴良少年时,行为放纵,不拘小节。他母亲喜欢听驴叫,戴良便常常学来让母亲乐。母亲去世,其兄伯鸾住草庐喝稀粥,非礼不行;而戴良却吃肉饮酒,哀痛了才哭几声。但二人都表现出因居丧哀戚而憔悴的面容。有人问戴良:"你在居丧,讲究礼吗?"戴良答:"当然。礼是用来控制感情放荡的,感情如果不放荡,还讲什么礼呀!吃了美味而感觉不到其味,这才导致面容憔悴。如果美味不存于口中,吃肉饮酒有什么不可以的？"

戴良有高才，而多惊骇流俗之论。同郡谢季孝曾问他："你自以为天下人谁可为比？"他说："我若仲尼长东鲁，大禹出西羌，独步天下，谁与为偶！"意思是只有孔子、大禹能和他相提并论。

戴良有五个女儿，都十分贤惠。只要有人求婚，他马上就答应，但只以疏裳、布被、竹笥、木屐做嫁妆。

破琴示节

学礼删文

上联指东晋学者、画家、雕塑艺术家戴逵。戴逵字安道，谯郡铚县（今安徽宿州）人，后迁居会稽剡县（今浙江嵊州西南）。曾反对佛教因果报应之说，著《释疑论》，与名僧慧远等人反复辩论。

戴逵擅画人物、山水、走兽，也作有宗教画，并雕铸佛像。相传曾为会稽山阴灵宝寺作木雕无量寿佛及胁侍菩萨，隐于幕后，听取观众意见，反复修改，三年始成。其为瓦棺寺所塑的《五世佛》，与顾恺之的壁画《维摩诘像》、狮子国（斯里兰卡）送来的玉佛，在当时并称"三绝"。

戴逵性情高洁，《晋书·隐逸传》载有戴逵"碎琴不为王门伶"的故事。说的是武陵王司马晞听说戴逵擅鼓琴，便派人请他到王府演奏。戴逵素来厌恶司马晞的为人，不愿前往。司马晞就派了戴逵的一个朋友再次请他，并附上厚礼，戴逵深感受侮，取出心爱的琴，当着朋友的面摔得粉碎，并大声说道："戴安道不为王门伶人！"朋友当下面带惭色，带着礼品灰溜溜地走了。

下联指西汉今文礼学"大戴学"的开创者戴德、"小戴学"的开创者戴圣叔侄。梁人，同向西汉经学家后苍学《礼》。戴德曾选集古代各种有关礼仪等的论述，编成《大戴礼记》85篇。戴圣选集古代各种有关礼仪的论述，编成《小戴礼记》。

学士家声大

探花世泽长

全联指明代兴化府(今福建莆田)神童戴大宾。

解经不穷,荣向金门累席
过目成诵,欢从玉殿传胪
上联指东汉经学家戴凭,下联指明代编修戴大宾。

堂构起萍乡,念先人注礼删经,家学宏垂曲则
山川恢庙貌,愿后裔秋霜春露,德馨永荐烝尝(戴衢亭)
江西萍乡凤凰街戴氏宗祠联。

敦伦敦厚敦尚,万古纲维,溯阀阅名家,原为敦礼之祖
叙穆叙昭叙次,一堂右左,合衣冠世族,皆以叙份为宗
安徽绩溪戴川戴氏"敦叙堂"联。

崔

一门孝友
三礼义宗

上联指唐代大臣崔邠。崔邠字处仁,武城(今属山东)人。进士出身,历官吏部侍郎、太常卿,以耿直知名。一家三代同灶,和睦相处,宣宗曾说他家"一门孝友,可为士族的典范",还亲自写了"德星堂"三个大字。

元和年间,崔邠任太常卿,这是管理皇帝太庙礼乐的官。按照从前的规矩,太常卿初治事的时候,要校阅四部的乐班,任凭京城里的人来看。崔邠接了事,从家里出来,脱去官帽,亲自引导母亲坐上轿车去看。当时,朝官看见了他们,都避开道路。京城里的人也觉得非常荣耀。这就是"崔邠导舆"的故事。

下联指南朝梁学者崔灵恩。崔灵恩,清河东武城(今属山东)人。少年时读遍"五经",尤其精通"三礼"(《周礼》《仪礼》《礼记》)和"三传"(《左传》《公羊传》

曾仕北魏太常博士，入梁，官步兵校尉兼国子博士，聚徒讲学时，听者常有数百人，后出任桂州刺史。著有《周礼集注》《三礼义宗》《左氏经传义及条例》等，共130余卷。

世推三虎

人美五龙

上联指唐代中书舍人崔琳及其弟子詹事崔珪、光禄卿崔瑶三弟兄。崔琳，武城（今属山东）人。开元中为中书舍人，累迁太子少保。崔珪开元中官至太子詹事，崔瑶官至光禄卿，当时被称为"三虎"。因为他们的官阶都在三品以上，俱列棨戟，又号称"三戟崔家"。棨戟，有缯衣或油漆的木戟。古代官吏所用的仪仗，出行时作为前导，后也列于门庭。

下联指唐代崔玄暐及其弟崔昪、子崔琚、孙崔涣、曾孙崔郢五人，人称"五龙"。崔玄暐，博陵安平（今属河北）人。明经科进士，长安初年为天官侍郎，历任凤阁侍郎、中书令。为官公正廉洁，深得武则天赏识，官至同凤阁鸾台平章事（宰相）。神龙初年，崔玄暐与张柬之、桓彦范、敬晖等大臣一起，乘武则天患病之机，掌控了羽林军，杀死了武后的宠臣张易之、张昌宗兄弟，逼迫武则天退位，迎立中宗李显复位，恢复唐国号。这就是著名的"神龙政变"。后任中书令，封博陵郡公。一生以清白著称。

崔昪，历官司刑少卿、尚书右丞。

崔琚，历宫中书舍人、礼部侍郎。颇有文名。

崔涣，长于议论，历官亳州司功参军、司门员外郎、巴西太守。安史之乱中，玄宗逃往四川，他在路上迎接以示忠心。又由宰相房琯推荐，任黄门侍郎、同中书门下平章事（宰相）。肃宗时，官江淮宣谕选补使，选拔人才依据真才实学，不照顾亲友。代宗时，官御史大夫，因批评宰相元载而被贬为道州刺史。

崔郢，历官商州防御史、殿中侍御史、监察御史。

覆瓯待相

却璧鸣廉

上联指唐代大臣崔琳。受唐玄宗器重,玄宗将要任命宰相时,写好名字,用金瓯盖住。正好太子进来,玄宗问太子:"你认为谁能担任宰相呢?"太子回答:"难道不是崔琳、卢从愿吗?"

下联指南北朝时北魏大臣、书法家崔挺。崔挺字双根,博陵安平(今河北安平)人。以工书受敕于长安书文明太后父燕宣王碑。孝文帝时任光州刺史,风化大行,封泰昌子。

崔挺为官廉洁,有人送他玉璧,被他拒绝,他说:"过去没有杨震之金,今日岂能有崔挺之璧?"

八行称于众口

三相出诸一门

上联指宋代密州文学崔贡,乡里尊之为"八行先生";下联指唐代大臣崔铉,一门三相。

床堆象笏兴宁里

名卜金瓯宰相家

河南巩县白沙村崔氏祠堂联。明初洪武四年(1371),崔氏始祖崔思义,自山西潞安州长子县兴宁村迁居河南巩县白沙村。

千百载祖德宗功,培根固本,忆先世文臣学士、武将王侯,岂第名覆金瓯,独高唐代

三万里川源河岳,毓秀钟灵,愿后人黼黻簪缨、垂绅缙笏,依旧门排棨戟,大振潜阳(崔阳延、崔显达)

安徽岳西沙岭崔氏专祠联。

任

三朝贤任

四体精华

上联指南朝梁大臣、学者、文学家任昉。任昉字彦升,小字阿堆,乐安博昌(今山东寿光)人。任昉16岁时,就在宋朝任丹阳主簿。后为竟陵王记室,迁中书侍郎。萧衍称帝,任昉为记室,拜黄门侍郎,吏部郎中。萧衍的受禅文诰,多出自任昉之手。梁武帝后,历任义兴、新安太守。

任昉好交结朋友,举荐有才干的人,得到他推举的人,多数都升了官。所以,"衣冠贵游,莫不争与交好,坐上宾客,恒有数十"。当时人很羡慕他,称他为"任君",如东汉的三君(三个受人敬仰的人:窦武、刘淑、陈蕃)。

任昉不治产业,甚至"居无室宅","多乞贷,亦随复散之亲故"。但极其喜欢书,"坟籍无所不见,家虽贫,聚书至万余卷,率多异本"。他去世后,高祖派学士贺纵、沈约勘定书目,官府所没有的,就到任昉家取。

下联指清代著名学者任大椿。任大椿字幼植,又字子田,江苏兴化人。乾隆年间进士,任礼部主事,兼《四库全书》修纂官,官至陕西道监察御史。

任大椿的学术,有着深厚的家学渊源,他祖父任陈晋,就是一位经学家。任大椿秉承家学,致力于经学研究,早在青年时期就以他的突出成就为时贤所折服。20岁左右时,就深为前辈所器重。他对于经学的研究,主要精擅典章制度之学,重要著作有《弁服释例》、《深衣释例》和《释缯》。

任大椿一生主要是关起门来读书,从来不肯拜谒趋附权贵。《兴化县志》说他"天性淳朴,奉养父母能尽心尽力;不是正道来的钱,他一点也不苟取"。正因为如此,死时竟无钱下葬,他弟弟把他的藏书卖了,才得以治装归榇。

西川智士

南海名臣

上联指西汉末阆中(今属四川)人任文公。任文公自幼跟从父亲任文孙学习天文历算之术,能测风雨水患及世道变迁,且"所言皆应"。

西汉哀帝时,任文公任益州从事。有一年大旱,他对刺史说:"五月一日当有大雨,时间已很紧迫,当通告吏民,速做准备。"刺史以为妄言,置之不理。任文公自备大船,知道情况的百姓,也自做准备。到了这天,酷热异常,文公急命登船,并使人告知刺史,刺史一笑置之。当日正午,黑云骤起,暴雨倾盆而下,江水猛涨数丈,庐舍冲毁,水淹人畜无数。

平帝时,任文公称病归乡。王莽当政,他预知天下要大乱,携全家隐居于子公山,避免了战乱之苦。他见武担山有石折断,叹道:"西川智士死了,我来担当吧!"

下联指秦朝人任嚣。秦始皇统一六国之后,开始平定岭南地区百越之地。秦始皇任命任嚣为主将,并和赵佗一起,率领大军,经过四年努力,终于完成平定岭南的大业。秦始皇在岭南设立了南海郡、桂阳郡、象郡,任嚣被任为南海郡尉。

秦朝末年,陈胜、吴广领导农民大起义,反抗秦始皇的残暴统治,各地豪杰互相争夺,中原陷入战乱。拥兵数十万的赵佗与北方的冒顿并称"北强、南劲"。赵佗按照任嚣关于"秦为无道,天下苦之……番禺负山险阻,南北东西数千里……可以立国"的临终嘱咐,封关、绝道,筑起了三道防线,聚兵自卫。

诗传德母
梦应才人(李文郑)

上联指商末太任。太任是周室三母之一,季历(王季)之妻,姬昌(周文王)之母。性情端庄,德行高尚。据说她怀孕时,眼不看黑色,耳不闻淫声,口不言傲慢的话,君子说她善于胎教。《诗经·大雅·思齐》歌颂了太任的庄重娴静。

下联指南朝梁文学家任昉。相传他母亲当年梦五色彩旗,四角悬铃,有一铃坠入怀中而怀孕,占卜者说:"一定会生个才子。"

父子俱标劲节
兄弟继知益州

上联指北宋眉山人任孜、任伯雨父子；下联指北宋济阴人任中正、任中师兄弟。

四库全书大椿力

一盅清水任棠情

上联指清代任大椿，下联指东汉学者任棠。

数典重先封，问周宗继灭以还，谁为庶姓

降灵符列宿，自汉室中兴而后，代有传人（刘清弼）

任氏祠堂联。

陆

剑南万卷

洛下双龙

上联指南宋诗人陆游。陆游字务观，号放翁，越州山阴（今浙江绍兴）人。陆游一生著述丰富，有《剑南诗稿》《渭南文集》《放翁词》《老学庵笔记》等数十种，存诗9300多首，是我国现有存诗作最多的诗人。陆游具有多方面的文学才能，诗的成就最大。自言"六十年间万首诗"，其中许多诗篇抒写了抗金杀敌的豪情和对敌人、卖国贼的愤恨，风格雄奇奔放，沉郁悲壮，洋溢着强烈的爱国主义激情，在思想上、艺术上取得了卓越成就，在生前就有"小李白"之称，不仅成为南宋一代诗坛领袖，而且在中国文学史上享有崇高地位。

下联指西晋文学家陆机、陆云兄弟。陆机字士衡，吴郡吴县华亭（今上海松江）人。陆云字士龙，陆机的胞弟。晋武帝太康年间，陆机和陆云来到京城洛阳拜访时任太常的著名学者张华，在张华家遇名士荀隐（字鸣鹤）。张华要求他俩交谈"勿作常语"。陆云自我介绍道："云间陆士龙。"荀隐回答："日下荀鸣鹤。"一时成为文坛佳话，被认为是最早的人名巧对。"云间"也从此成为松江的别名。张华颇为看重他们，使得二陆名气大振。时有"二陆入洛，三张减价"之说（"三张"指张载、张协和张亢）。太康年间与兄陆机离家入洛。

唐推内相

清著循声

上联指唐代大臣陆贽。陆贽字敬舆,苏州嘉兴(今属浙江)人。代宗大历年间进士,授华州郑县尉,迁渭南县主簿,德宗时召为翰林学士。当时藩镇跋扈,朝政紊乱,叛军陷长安,军阀朱泚称帝,陆贽随德宗避乱奉天,转为考功郎中。李怀光叛乱,又扈从德宗逃往梁州,转谏议大夫。长安收复后,任中书舍人。自任翰林学士后,即参赞机要,负责起草文诏,甚得朝廷倚重,号称"内相"。时当危难之际,朝政千头万绪,大量诏书均由陆贽起草,他疾笔如飞,凡所论列,无不曲尽情理。贞元中出任宰相。

陆贽执政期间,公忠体国,励精图治,具有远见卓识。在当时社会矛盾深化,唐王朝面临崩溃的形势下,他指陈时弊,筹划大计,为朝廷出了许多善策。他建议德宗了解下情,广开言路,纳言改过,轻徭薄赋,任贤黜恶,储粮备边,消弭战争。特别是在藩镇叛乱的情势下,他规劝德宗下诏罪己,为德宗起草了诚挚动人的诏书并颁行天下,前线将士为之感动,有的甚至痛哭,叛乱者上表谢罪。由于他善于预见,措施得宜,力挽危局,唐王朝摇摇欲坠的局面得以暂时安定。

陆贽是唐代贤相,他的学养才能和品德风范,深得当时和后代称赞。权德舆将他比为汉代的贾谊,苏轼认为他是"王佐""帝师"之才。有《陆宣公集》。

下联指清代学者陆陇其。陆陇其字稼书,浙江平湖人,学者多称之为平湖先生。自幼苦读不辍,博文强志,被同辈视为"书痴"。康熙年间进士,历任灵寿(今属河北)、嘉定(今属上海)知县,监察御史。在嘉定,赴任时就"节俭先之",衣着由其夫人自纺自织;日常蔬菜,自己种植于衙内空地。为政"严法度,勤政事,善催科,广教化,正风俗,神听断,绝苞苴,兴士行",不到一年而大治,"流风善政,历久弥馨",被誉"为醇儒,为循吏,为直臣"。左都御史魏象枢闻其政声,赠之以诗,有"吏道虽云杂,天下岂无人"的句子,并荐举他补福建按察使,但未能成功。江宁巡抚慕天颜妒其能,诬以对某件盗杀案处理不当,将其革职,百姓罢市三天。离任之日,与夫人同驾一舟,行装唯图书数捆,织机一张而已。数万百姓执香携酒,聚集道旁,大呼"还我父母"。当地文人纷纷赋诗作文相赠,俞鹤湖有诗云:"有官贫过无官日,去任荣于到任时。"

烟波一叟

桑苎半旗

上联指唐代农学家、诗人陆龟蒙。陆龟蒙字鲁望,别号天随子、江湖散人、甫里先生,长洲(今江苏苏州)人。出身于官僚世家,早年热衷于科举考试,很早就精通《诗》《书》《仪礼》《春秋》等儒家经典,特别是对《春秋》极有研究,但科举考试却以落榜告终。曾任湖州、苏州刺史幕僚,后隐居松江甫里。

陆龟蒙曾经亲自经营农业,留心农事,对当地农具种类、结构和耕作技术有较多了解。《耒耜经》就是在访问老农和实际观察的基础上写成的,是唐代末期记述江南地区农具的专著。

陆龟蒙有钓鱼、饮茶的嗜好,对各种渔具和茶具都有深入的了解。他根据自己多年垂钓江湖的经验,做了《渔具十五首并序》及《和添渔具五篇》,对捕鱼之具和捕鱼之术做了全面的叙述。并写《茶书》一篇,是继《茶经》《茶诀》之后又一本茶叶专著。可惜《茶诀》和《茶书》均已失传。

陆龟蒙与诗人皮日休为友,世称"皮陆"。著有《笠泽丛书》4卷,与皮日休的唱和集《松陵集》10卷,宋代叶茵合二书所载及遗篇为《甫里集》共20卷。

下联指唐代学者陆羽。陆羽字鸿渐,号竟陵子、桑苎翁、东冈子,复州竟陵(今湖北天门)人。据《新唐书》和《唐才子传》记载,陆羽因其相貌丑陋,3岁时被遗弃,为竟陵龙盖寺住持僧智积禅师拾得,由积公禅师收养。陆羽在黄卷青灯、钟声梵音中学文识字,习诵佛经,还学会煮茶等事务。虽处佛门净土,日闻梵音,但陆羽并不愿皈依佛法,削发为僧。

陆羽9岁时,有一次,智积禅师要他抄经念佛,他却问:"释氏弟子,生无兄弟,死无后嗣。儒家说不孝有三,无后为大。出家人能称有孝吗?"并公然称:"羽将授孔圣之文。"住持闻言,颇为恼怒,就用繁重的"贱务"惩罚他,想迫他悔悟。陆羽被派去"扫寺地,结僧厕,践泥污墙,负瓦施屋,牧牛一百二十蹄"。陆羽并不因此气馁屈服,求知欲望反而更加强烈。他无纸学字,以竹划牛背为书,偶得张衡《南都赋》,虽并不识其字,却危坐展卷,念念有词。

陆羽一生嗜茶,精于茶道,以著世界第一部茶叶专著——《茶经》闻名于世,对中国茶业和世界茶业发展做出了卓越贡献,被誉为"茶仙",尊为"茶圣",祀为"茶神"。

诗书开越
忠孝传家
广东从化太平镇钱岗村陆氏宗祠"广裕祠"联。
上联指西汉陆贾说南越王归汉,下联指南宋大臣陆秀夫。

天随家声远
苏州世泽长
安徽天长陆氏宗祠"天随堂"联。

云间二龙跃
剑南万卷诗
上联指西晋文学家陆机、陆云兄弟,下联指南宋诗人陆游。

赠梅明友爱
怀橘表孝心
上联指陆凯与范晔友善,陆凯给范晔有《赠梅》诗;下联指三国时陆绩。

同居十世儒门第
六相三贤理学家
江西金溪延福乡青田里陆氏宗祠联。

母子乔迁,六百余年同歌乐土

兄弟联争,寻常科第克继书香

广东鹤山雅瑶镇隔朗村陆氏宗祠联。

廖

三州世泽

万石家声

廖氏宗祠"汝南堂"联。

上联指廖氏先祖廖彦光官清河太守,其六世孙有三兄弟被封为郡公:长廖延邦,任武威郡太守,封武威郡公;次廖延龄,任清河郡太守,封清河郡公;三廖延春,任太原郡太守,封太原郡公。这便是隋唐以后"廖氏三郡"的由来。

下联指宋代大臣廖刚。廖刚字用中,号高峰,南剑州顺昌(今属福建)人。宣和年间,官至监察御史。当时右仆射蔡京当权,以恢复新法为名,大肆征收赋税,滥加劳役,剥削百姓。廖刚反对这种做法,"不畏强权,论奏无所避",表现出刚正不阿的可贵品质。

南宋建炎中,高宗置行宫于临安(今杭州)时,廖刚上书建议利用驻军和鼓励农民垦荒种田,以发展江南经济。并要求亲自率兵到建康部署防务,"以杜金人窥伺之意",时高宗对他的建议很重视,下令在全国推行。这在一定程度上减轻了东南老百姓的负担,并安置了一部分因战争而流离失所的劳力,发展了生产。

绍兴年间,廖刚调任御史中丞,经常上书陈说时弊,由于他不畏权势,知无不言,使"骄横者肃然"。因不愿与当权宰相秦桧同流合污。因此被贬职,后获准辞职回原籍。

廖刚有四子,皆为将帅,父子五人年俸都二千石以上,号称"万石廖氏"。

著归田集

称谪仙人

上联指北宋廖正古。廖正古字明远,将乐(今属福建)人。治平年间进士,任西安知县,颇有惠政,曾多次提出王安石的"青苗法"于民不便。后辞官回乡,著《归田集》。

下联指北宋廖执象。廖执象字逊父,顺昌(今属福建)人。7岁能写诗。相传道士陈抟见到他时,说:"你是谪仙人(才学优异,如谪降人世的神仙)啊,但是不能久留尘世。"他不到20岁就上京城,向朝廷进献诗文,太宗看到后也称好,后参加省试时得急病而死。

绿荔名族
紫桂书堂

上联指北宋廖有衡。廖有衡字致平,宜宾(今属四川)人。熙宁年间进士,官至朝议大夫。府中有两棵荔枝,果实为绿色,味道甜美,他的好友黄庭坚称他家为"绿荔廖氏"。后来,人们便用这个称呼来区别他和其他廖氏家族。

下联指北宋廖君玉。廖君玉字国华,荆州(今属湖北)人。元祐年间,以朝请郎知英州。他平生好学,在桂山建书堂,名为"紫桂堂",政务闲暇时,就在堂中读书、吟诗。

力行仁义事
奉献忠孝心

福建南平樟湖镇溪口村廖氏宗祠联。

二水绕金盆,源长流远
三峰朝祖庙,人杰地灵

福建宁化廖氏宗祠联。

崇连祠堂,诏邑山连鲲岛峙

远寻地脉,官陂水合虎溪流

福建诏安官陂镇廖氏宗祠崇远堂联。虎溪,指位于台湾云林的虎尾溪。

甘肃武威,承前启后源流远

闽杭觉坊,继往开来子孙昌

福建上杭蓝溪镇觉坊村廖氏大宗祠联。

竹杖青奇,万里河山归杖下

青囊元妙,一天星斗隐郎中

江西兴国三僚村廖氏杨公祠联。

学术仿西欧,开弟子新知识

文章宗北郭,振先生旧家风

福建上杭古田镇廖氏宗祠联。

源远流长,自唐代为御史、中丞祖德宗功,当思发扬光大

溪清水秀,由博州迁豫章、南墅瓜繁椒衍,毋忘好友新朋

江西上犹仔阳乡源溪村廖氏宗祠联。

姚

书法魏晋

史撰梁陈

上联指明代画家姚绶。姚绶字公绶,号榖庵、上清仙吏、天田老农、兰台逸叟、紫霞碧月翁,浙江嘉善人。天顺年间进士,官监察御史,成化初年任江西永宁知府,后辞职归乡,筑室号丹丘,人称"丹丘先生"。

姚绶擅长画山水,初学水墨,后临唐、元人作品,宗吴镇、赵孟頫、王蒙数家,墨

气皴染，苍厚淹润，韵醇澹和，俱妙得神髓。小景好作沙坳水曲，孤钓独吟，其阔幅则重林远汀，着四五渔船而已，亦潇洒可爱。也写竹、石。其得意的山水之作，往往先售于人，再以高价购归。工行、草书，取法魏晋的钟繇、王羲之，得苏轼笔意，劲婉俱妙。又能诗，有《榖庵集》。

下联指唐初史学家姚思廉。姚思廉字简之，吴兴武康（今浙江德清）人，后迁关中万年。父亲姚察，在南朝陈任吏部尚书，入隋著梁、陈二史，未完成而去世。姚思廉从小跟从父亲学汉史，得家学，"寡嗜欲，惟一于学"。在隋为代王杨侑侍读。唐李渊称帝后，为李世民秦王府文学馆学士。"玄武门之变"后，任太子洗马。贞观年间，任著作郎，为"十八学士"之一，官至散骑常侍。受命与魏徵同修梁、陈二史，他根据家传文稿，兼采其他书籍，撰成《梁书》50 卷、《陈书》30 卷。又著有《文思博要》。

爵封梁国

文重桐城

上联指唐代名臣姚崇。姚崇本名元崇，改名元之，为避开元年号，又改名崇，陕州硖石（治所在今河南三门峡东南）人。历任武则天、睿宗、玄宗三朝宰相。睿宗时，因奏请太平公主出居东都以削弱其权力，被贬职；开元初年又任宰相，封梁国公，曾奏请禁止宦官、贵戚干预朝政，禁绝营建佛寺道观，奖励群臣劝谏等十事，并纠正当时不敢捕杀蝗虫的陋习，推行焚埋法，减轻了灾情。曾多次任地方官，政绩卓著。

下联指清代散文家姚鼐。姚鼐字姬传，一字梦谷，室名惜抱轩，又称惜抱先生，安徽桐城人。幼年时嗜学，跟从伯父姚范学习经文，又从刘大櫆学习古文，表现出非凡的天资。乾隆年间进士，官刑部郎中、记名御史。参与纂修《四库全书》，书成

武则天

后,他乞养归里,从此不入仕途。大学士于敏中、梁国治先后动以高官厚禄,均被他辞却。

姚鼐致力于教育,先后主讲扬州梅花书院、安庆敬敷书院、歙县紫阳书院、南京钟山书院等,长达 40 年,弟子遍及南方各省。桐城派古文之传,自方苞以文章称海内,传至姚鼐,则集其大成。因此有"桐城家法,至此乃立,流风作韵,南极湘桂,北被燕赵"之说。历城周书昌说:"天下文章,其在桐城乎!"治学以经为主,兼及子史、诗文,工古文,与方苞等为"桐城派"代表。对清代经学、文学影响很大。有《古文辞类纂》《惜抱轩全集》等。

姚鼐与创始人方苞、刘大櫆并称为"桐城三祖"。

父子成双史
兄弟号二姚

上联指隋代史学家姚察。姚察字伯审,南朝吴兴武康(今浙江德清)人,先后在梁、陈、隋三朝做官,至散骑常侍。曾参与修史工作,在陈朝时,开始撰梁、陈二史,未成。隋文帝开皇年间,又奉诏继续其事。史载,姚察精通古代典籍,尤其擅长人物志,至于姓氏的来源及分支的衍派,官职的演变,时代的兴衰等他都能说个一清二楚,无所遗失。然而,姚察终于未能完成梁、陈二史,临终之前,他叮嘱儿子思廉一定要"续成其志"。

下联指宋代都指挥使姚麟。姚麟字君瑞,五原(今内蒙古自治区包头西北)人。节度建雄、定武军,用兵沉毅,多有奇策。有功不自夸,治军严明,部下都喜欢为之效力。与其兄姚兕均立大功,声盖一时,号称"二姚"。

姚麟有个嗜好,就是喜欢收集同代人苏轼的简札。凡有友人赠给他,他就以羊肉酬报。所以黄庭坚有"王右军为换鹅书,今苏东坡换羊书也"之说。

建德长绵世泽
虾湖丕振家声(姚文然)

安徽池州姚氏宗祠联。上联典出该支姚氏由建德县迁来,下联典出该祠为虾湖(因产大白虾而得名)旧址。

派衍桐城,传家诗礼

功封梁国,立命春秋(常江)

福建姚姓大祠堂联。

方

一山衍派

六桂联芳

上联指传说中的方氏来源。炎帝神农氏的八世孙帝榆罔的长子方雷氏,因协助黄帝伐蚩尤有功,被封于方山(今河南嵩山一带),为方氏始祖。

下联指唐代方廷范。方廷范,固始(今属河南)人。唐昭宗大顺年间进士,曾先后担任长溪、古田、长乐县令,赠金紫光禄大夫。由固始县迁居今福建莆田,为莆田方氏始祖,生仁逸、仁岳、仁瑞、仁逊、仁载、仁远六子,都相继考中进士。时称"六桂联芳",并称方廷范为"六桂之父"。该支方氏的不少外迁支派,便以"六桂堂"为堂号。

巨山名翰

正学孤忠

上联指南宋诗人、词人方岳。方岳字巨山,号秋崖,祁门(今属安徽)人。绍定年间进士,历任淮东安抚司干官、南康军、饶州、袁州、抚州等地长官。性格倔强,自称"生无媚骨,与世少谐",或触犯同僚,或忤逆达官,如权要史嵩之、丁大全、贾似道等人,事有未合,即拍案而起,不顾念后果,因而仕途屡受挫折,数遭罢黜,坎坷终身。

方岳能诗文,有《秋崖集》。他议政论事的文章,流畅平易,且颇有见地。其诗多反映他罢职乡居时的心情和感慨,充满牢骚,以疏朗淡远见长。词属辛派,善用长调抒写国仇家恨，词风慷慨悲壮。方岳又是南宋后期的骈文名家，所作表、奏、启、策，用典精切，文章纡徐畅达，为当时人所称道。

下联指明初大臣、著名学者、文学家、散文家、思想家方孝孺。方孝孺字希直，一字希古，号逊志，曾以"逊志"名其书斋，蜀献王替他改为"正学"，因此世称"正学先生"，浙江宁海人。师从"开国文臣之首"的宋濂，深受器重。

洪武中，经东阁大学士吴沉等举荐，方孝孺应征至京，在奉天门奉旨作《灵芝》《甘露》二诗，很合太祖朱元璋之意。赐宴时，朱元璋有意使人欹斜几具，试其为人，方孝孺见了，先将几具摆正而后坐。朱元璋喜其举止端庄，学问渊博，便有期待他日后辅佐自己子孙之意，于是厚礼遣他回乡。此后十年，方孝孺居家读书写作。朱允炆（建文帝）继位，召方孝孺入京，任翰林侍讲学士，又值文渊阁，尊以师礼。建文帝读书有疑，即召他来讲解。凡国家大事，常命方孝孺就坐前批答。

建文初年，燕王朱棣发动争夺皇位的战争。惠帝廷议讨伐，诏檄也都出于方孝孺之手。方孝孺是建文帝最亲近的大臣，他也视建文帝为知遇之君，忠心不二。南京陷落后，方孝孺闭门不出，每天为建文帝穿丧服啼哭，明成祖派人强迫他来朝见自己，方孝孺穿着丧服当庭大哭。

明成祖要起草即位诏书，大家一致推荐方孝孺。方孝孺当众号啕，声彻殿廷，明成祖也颇为感动，走下殿来对他说："先生不要这样，其实我只是效法周公辅弼成王来了。"方孝孺反问："成王在哪里呢？"明成祖答："已经自焚了。"方孝孺又问："那为什么不立成王的儿子为帝呢？"成祖道："国家需要年纪稍长的君主。"方孝孺说："那为什么不立成王的弟弟？"成祖道："这是我们的家事！"并让人把笔递给方孝孺，说："诏书天下，非先生不可！"方孝孺执笔，疾书"建文四年，燕贼篡位"八字，然后把笔重重摔到地上，边哭边骂："死就死，诏书我是不可的。"朱棣发怒说："你难道一点都不顾及你的九族吗？"孝孺愤然作答："就是灭我十族又如何！"骂声更为严厉。

朱棣气急败坏，恨其嘴硬，叫人将他的嘴角割开，撕至耳根。方孝孺血泪纵横，仍喷血痛骂，朱棣厉声道："我不会让你那么快死，我要灭你十族！"最终，朱棣在九族之上又加一族，连他的学生、朋友也因此而受牵连。这就是亘古未有的"灭十族"，总计 873 人全部凌迟处死，入狱及充军流放者达数千人。

四子超乎三家上

十族愿与一人荣

上联指明末清初学者、思想家、哲学家、科学家方以智。方以智字密之，号曼公，又号鹿起、浮山愚者等，安徽桐城凤仪里（今属安徽枞阳）人，出身世家。曾与陈贞慧、吴应箕、侯方域等主盟复社，裁量人物，讽议朝局，人称"四公子"，以文章声望名震天下。

下联指明代方孝孺。

富文标榜

元老壮犹

上联指宋代莆田人方渐，积书数千卷，标榜为"富文"，子孙相传为"富文方氏"；下联指西周方叔，《诗经·小雅·采芑》有句："方叔元老，克其壮犹（宏大的功绩）。"

桃水生香绵世泽

凤山毓秀振宗风

浙江象山溪上村方氏宗祠联。"桃水"指当地桃花溪；"凤山"指飞凤山，上有方孝孺祖墓。

教子成名，凝香留稿

览诗择婿，怀蓼知音

上联指清代方用济的母亲，著《凝香诗钞》；下联指清代方芷斋，字怀蓼，父亲为她选择女婿时，拿人家的诗给她看，她凭此为自己选婿。

好山势岂无一点灵，看虎尾盘云、龟文篆月，形形色色，依然祖庙丹青，登眺问

将来,大地精英何日吐

贤子孙还待几时出,缅江南书种、周季元勋,炳炳烺烺,都是吾家衣钵,流风今未艾,前人事业总期承(方翼庭)

安徽望江五甲岭方氏宗祠联。虎、龟指当地山名。江南书种,指清代方苞。周季元勋,指周宣王时大臣方叔。

金

仁山理学

翁叔勋名

上联指元代学者金履祥。金履祥字吉夫,号次农,自号桐阳叔子,学者称仁山先生,兰溪(今属浙江)人。幼而聪睿,凡读过的书,即能记诵。长大后,更加勤奋好学,凡天文、地形、礼乐、田乘、兵谋、阴阳、律历之书,无不深入探究。20岁以后,专事研究理学。起初受学于王柏,后学于何基,造诣日深。

时值南宋末年,政治动荡,他虽无意仕进,但未忘忧国。元兵围攻襄樊时,他向朝廷献退兵之策,但未被采纳。德祐初年,朝廷曾召他出仕,他坚辞不受。不久,应严州知州之聘,主讲严陵钓台书院。宋亡后,筑室隐居于金华仁山下,讲学著书,晚年又曾在丽泽书院讲学。

下联指西汉大臣金日磾。金日磾字翁叔,西汉时匈奴休屠王的太子。汉武帝元狩中,骠骑将军霍去病两次出兵攻击匈奴,大获全胜。河西的匈奴休屠、昆邪二王及部属4万余人降汉,休屠王被杀,年仅14岁的金日磾及其家人沦为官奴,被安置在黄门署养马。后得到武帝信任,成为亲近侍臣。

武帝征和年间,由于江充诬陷太子事件败露(即"巫蛊之祸"),武帝诛灭了江充。金日磾察觉到江充的好友马何罗阴谋反叛,便在暗中监视。一天,武帝出行到林光宫,金日磾因小病卧床休息,马何罗窜入宫中向武帝行刺,早有警惕的金日磾迅速上前抱住马何罗,大喊:"马何罗反了!"侍卫们一拥而上,马何罗被擒。武帝病重时,托霍光与金日磾、桑弘羊等人辅佐太子刘弗陵,并遗诏封金日磾为秺侯。

金日磾在维护国家统一和社会安定等方面，建立了不朽的功绩，是我国历史上一位有远见卓识的少数民族政治家。他的子孙后代因忠孝显名，七世不衰，历时130多年，为巩固西汉政权，维护民族团结，做出了重要贡献。

醉乡作记
庐墓生光

上联指宋代金极。金极字克中，乐平（今属江西）人。绍圣年间进士，官分宜宰，曾上书请求斩"六贼"之首的奸相蔡京。后自号"市隐"，筑庐名"醉乡"，并作《醉乡记》。

下联指南宋金景文。金景文字庚佐，兰溪（今属浙江）人。少年时心存大志，努力学习，但不求闻达，颇有诸葛亮遗风。金景文孝敬长辈，妻子包氏也深受他影响。祖父久患"噎"病，咽喉梗塞，食物难以下咽。经金景文夫妻俩长期照料，祖父得以颐养天年。后来，父亲得了肌肉坏死症，金景文精心服侍。凡父亲服的药，他都亲自先尝一口，试一下汤药的冷热和苦辛，并表示愿意以身代父，给父亲精神上以莫大安慰。父亲心情舒畅，病居然好了。

父母亡故后，金景文在墓旁筑庐守孝。传说夜里常有五色天光照耀墓庐，刮风、下冰雹也不入墓庐。天旱时乡民祭龙求雨，常请求金景文主持祭祀。每次有求必验，乡民认为这是金景文的孝心所致，把求来的雨称为"孝雨"。乾道年间，婺州知州李椿表彰了金景文。咸淳年间，被祀于三贤祠。

寿门多国宝
若采有才名

上联指清代书画家、诗人金农。金农字寿门、司农、吉金，号冬心，又号稽留山民、曲江外史、昔耶居士等。浙江仁和（今杭州）人。"扬州八怪"之一。他博学多才，嗜奇好古，收金石文字千卷，精于鉴别。善诗文，喜为诗歌、铭赞、杂文，出语不同流俗。精隶书，楷书自创一格，在隶、楷之间，号称"漆书"。他首创的漆书，是一种特殊的用笔用墨方法。其墨浓厚似漆，写出的字凸出于纸面；所用的毛笔，像扁平的刷子,蘸上浓墨,行笔只折不转,如刷子刷漆一样。这种方法写出的字表面看起来粗俗简单,无章法可言,其实是大处着眼,气势磅礴。最能反映金农书法艺术境界的是行草。他将楷书的笔法、隶书的笔势、篆书的笔意融进草,自成一体,别具一格。50岁开始学画,造意新奇,涉笔即古,脱尽画家旧习。善画竹、梅、鞍马、佛像、人物、山水,尤精墨梅。所作梅花,枝多花繁,生机勃发,古雅拙朴。晚年寓居扬州,以卖书画为生。

下联指明末清初文学家、文学批评家金圣叹。金圣叹原姓张,名采,字若采,明亡后改名人瑞,字圣叹。吴县(今江苏苏州)人。为人狂放不羁,能文善诗,不愿做官,以读书著述为乐。顺治末年,清世祖亡,哀诏至吴,大臣设幕哭临,当时有诸生百余人哭于文庙,上揭帖请求驱逐酷吏县令任维初。他参与其事,因此以倡乱罪被处斩,妻子、家产被籍没。

金圣叹博览群籍,好谈《易》,又好讲佛,常以佛法精又诠释儒、道,论文常附会禅理。评点古书甚多,称《庄子》《离骚》《史记》《杜诗》《水浒》《西厢》为"六才子书",准备逐一批注,但仅完成后两种,《杜诗解》未成而罹难。

金圣叹文笔幽默,言语幽默,就连临终时也不忘幽默。在身陷囹圄,将被斩首时,他叫来狱卒说"有要事相告"。狱卒以为他要透露传世宝物的秘密或是什么惊天动地的大事,忙拿来笔墨伺候。但没想到,金圣叹指着狱卒给的饭菜说:"花生米与豆干同嚼,大有火腿之滋味。得此一技传矣,死而无憾也!"

汉室忠勋素著

义门孝友流芳

上联指西汉大臣金日磾;下联指宋代邵阳人金彦,力学善属文,好施与,淳孝友,郡人号"义门金氏"。

玉册载勋,武毅功名为烈

银章受卷,文靖温裕有容

上联指明初巢人金朝兴,任都督金事,沉勇有智略,卒谥武毅;下联指明代新淦人金幼孜,名善,永乐初累迁侍讲,卒谥文靖。

德业文章,百善之端惟孝

风霜雨露,四时之感在心(郑三俊)

安徽至县金家村金氏宗祠联。

支分雷水、宅卜松山,三十年谱牒重新,切毋忘祖德宗功,缔造一番基础

姓锡彭城、声传江夏,六七面规章依旧,须辨别左昭右穆,发明万代渊源(金绍宪)

安徽望江松树山东祠岭村金氏宗祠联。

邱

文雅希范

像立昭陵

上联指南朝梁文学家丘迟。丘迟字希范,吴兴乌程(今浙江湖州)人。初仕齐为本州从事。入梁,拜散骑侍郎,迁中书侍郎,待昭文德殿。武帝曾作《连珠》,诏群臣参与,丘迟的文章最美。天监中,出任永嘉太守,因不称职被弹劾罢官。

川王萧宏北伐时,任丘迟为咨议参军,领记室。陈伯之率魏军相拒,丘迟写信给他,陈伯之于是率部而降。丘迟也因功授司空从事中郎。《与陈伯之书》是当时最优秀的骈文之一,信中向陈伯之晓以民族大义和个人安危,动以南国乡土之情,说理透彻,述情委婉,其中"暮春三月,江南草长,杂花生树,群莺乱飞"等句,至今为人传诵。

下联指唐初将军丘行恭。丘行恭,河南府洛阳县(今河南洛阳市)人。隋炀帝大业末年,在长安西部一带起兵。后跟从李世民屡立战功。贞观中,又从侯君集平高昌,官至右武卫大将军及冀、陕二州刺史。在东征洛阳,剿灭王世充的战斗中,与李世民突入敌阵。李世民的坐骑"飒露紫"中箭,丘行恭下马拔箭,并将自己的马

让给李世民,手执长刀,步行杀敌,最后突围而去。

李世民为了表彰丘行恭拼死护驾的战功,特命将拔箭的情形刻在石屏上。石雕原在唐太宗昭陵前,以示旌表。

吴兴才望
大学仪型

上联指南朝宋、齐间文学家丘灵鞠。丘灵鞠,吴兴(今浙江湖州)人。宋孝武帝殷贵妃亡故,丘灵鞠以员外郎献挽歌诗三首,有句"云横广阶暗,霜深高殿寒"。孝武帝读了,大为赞赏,任命他为新安王北中郎参军,又任乌程令,但不得志。泰始初年,因东贼党锢受到牵连。褚渊到吴兴任职,对人说:"此郡才士,唯有丘灵鞠及沈勃。"

入齐后,太祖令他参掌诏策,转中书郎,后迁尚书左丞。齐世祖即位,转其为通直常侍,领东观祭酒。他满足地说:"人家做官总愿升迁,但使我终身为祭酒,也不遗憾。"

下联指明代理学名臣、学者、著名文学家、教育家丘濬。丘濬字仲深,号深庵、玉峰,别号海山老人,琼山(今属海南)人。正统年间,举广东乡试第一。景泰中进士及第,选为庶吉士。在馆中,更有机会读了未见之书,声名日著。散馆后授翰林编修,潜心研读经典,见闻益广,并究心于本朝典章制度,以经国济世为己任。丘濬任编修九年秩满,升侍讲,参与修《英宗实录》,充纂修官。丘濬秉史笔,为名臣于谦澄清不实之词。有人说少保于谦之死,是因为"其不轨"。丘濬说:"乙巳之变,如果没有于公,天下不知到什么地步了!有武臣挟私怨,诬其不轨,怎么能可信呢?"功过皆从实记录。

弘治年间,丘濬官至少保兼太子太保、户部尚书、武英殿大学士。同海瑞被誉为"海南双璧"。

丘濬曾在海南办琼山县学(琼山书院),藏书甚雷,名为"石室",以饷士人。

山甫报国赐二字

上仪廉政列三清

上联指南宋丘岳。丘岳字山甫，泉州（今属福建）人。有文武之才，理宗时任真州太守，元人入侵真州，他誓死报国，以少胜多，屡克元兵。端平年间，理宗御笔亲书"忠实"二字赐之，封东海侯。他逝世后，同僚所送挽联有："山甫忠实，宗乡伟人。"后来，丘氏族人除"河南衍派"字匾外，还有一幅"忠实传芳"。

下联指清初将领丘上仪。丘上仪字维正，武进（今江苏常州）人。明末崇祯时武进士，历任江西都司、海盐参将，有惠政。

读书千载业
孝悌一堂春
广东蕉岭客家围丘氏宗祠联。

君子德操昭万世
史师宏论耀千秋（丘程光，新加坡书画协会会长）
丘氏宗祠联。上联指姜尚，下联指左丘明《春秋左氏传》作者。

德著汉南，名扬渭水
馨蕃竹岭，落处西山
广东饶平饶洋镇水东村丘氏"德馨楼"嵌名联。

政迈沈刘，复见东南并美
御颂忠实，克兼文武双全
上联指南朝梁乌程人丘仲孚，字公信，曾任山阴令，治称"天下第一"；下联指丘岳。

西枕庐峰，东朝玉笔，山水本多情，耕读渔樵俱适意
南腾天马，北渡仙桥，林泉皆胜境，同藏出处尽随心

广东蕉龄淡定村丘氏宗祠"培远堂"(丘逢甲故居)联。

夏

名联四皓

望并三宗

上联指秦末汉初著名隐士夏黄公。夏黄公字少通,鄞县(今浙江宁波)人,因隐居夏里修道而得名。秦末天下大乱,他与隐士绮里季吴实、东园公唐秉、甪里先生周术为躲避战乱而先后隐居商山,结茅山林。这四位饱学之士,当时都已80多岁,眉皓发白,被并称为"商山四皓"

下联指东汉高士夏馥。夏馥字子治,陈留圉(今河南杞县南)人。少年时为书生,言行直率。同县的高氏、蔡氏,都是富家大户,人们纷纷畏而事之,只有夏馥不和他们往来,因此遭到豪姓的忌恨。

夏馥不愿与官员打交道,但名声却为专权的宦官所惧怕,与范滂、张俭等人同被诬陷。不得已剪去胡须,改变相貌,逃奔他乡,隐匿姓名,为人佣工。后来,他弟弟夏静带着车马,载着缣帛,追他到涅阳(今河南镇平)市上。遇到夏馥也不认识,听他说话,才敢上前"拜之"。而夏馥却避而不理,夏静追他到旅馆。夜里,夏馥悄悄招呼夏静:"我因为守道疾恶,被人陷害。为苟全性命而逃奔,你怎么还到处找我,这是以祸相追呀。"第二天一早,又到别处去了。

真宰相器

有大臣风

上联指北宋大臣夏竦。夏竦字子乔,江州德安(今属江西)人。初以父荫为润州丹阳县主簿,后举贤良方正,通判台州。被召直集贤院,编修国史,迁右正言。仁宗初,迁知制诰,为枢密副使、参知政事。明道时罢知襄州,历任地方官多年。庆历年间为宰相,封英国公。夏竦为官刚正,曾开仓救济百姓,颇得百姓信任。史称有真宰相之器。

下联指明代大臣夏原吉。夏原吉字维喆,祖籍江西德兴,居于湖广湘阴(今属湖南)。洪武年间以乡荐入太学,以"端谨"为明太祖朱元璋所重,用为户部主事。

夏原吉以理财见长。在户部尚书任上,裁冗食、平赋役、严盐法,又清仓场、广屯种,以给边利民,且方便商贾。当时兵革初定,为封赏功臣、分封诸蕃、建北京宫殿、增设武卫百司等,钱粮转输以亿计,他均能妥善吩咐。并有雅量,同事有善策,即马上采纳。历任永乐、洪熙、宣德三朝户部尚书,主持财政27年,从没出过差错。与吏部尚书蹇义,内阁大学士杨士奇、杨荣同心辅政,史称其为官能持大体,有古良臣风。

崇文陈五事

正夫贵三惜

上联指明代夏崇文。夏崇文字廷章,湘阴(今属湖南)人,大臣夏原吉的孙子。"素有大志,慨然自负"。成化年间进士,任吏部主事。皇上下诏,令大臣们陈述时政利弊得失,他上书直陈五事,大多为时论所避讳。后官至南京太仆寺少卿。

下联指明代学者夏寅。夏寅字正夫,松江华亭(今属上海)人。正统年间进士,曾任南京吏部主事进郎中,督江西学政,进浙江右参政。

夏寅一生力学,曾对人说:"君子有三可惜:此身不学,一可惜;此日闲过,二可惜;此身一败(败坏人格),三可惜。"被传为名言。

五经开国文臣首

七世同居孝友家

安徽庐江夏家墩夏氏宗祠联。上联指东汉九江人夏勤,字伯宗,传樊氏《公羊春秋》学,安帝时官至司徒,以才干见称。

节义清廉美节度

文章台阁爱英风

上联指宋代节度使夏执中,下联指宋代名士夏英公。

野叟曝言留名远

江山佳胜惠世长

上联指清代小说家夏敬渠,有《野叟曝言》;下联指南宋画家夏圭,为"南宋四家"之一,存世作品有《江山佳胜》。

谭

七龄登第

三策摅奇

上联指宋代神童谭昭宝,相传7岁时应童子试而登第。

下联指北宋末大臣谭世勣。谭世勣字彦成,潭州长沙(今属湖南)人。"三岁能文,九岁登第,有神童之称"。元符时进士,教授郴州,又中词学兼茂科,除秘书省正字。

金兵南下时,谭世勣上言:"守边为上策;今边不得守,守河则京畿自固,中策也;巡幸江、淮,会东南兵以捍敌,下策也。"可谓眼光独到。张邦昌窃国时,令他与李熙靖同直学士院,他称疾卧病不起,后以忧卒。

土茅锡券

边塞宣猷

上联指明代滁州(今属安徽)人谭渊。他有膂力,能拉动两石弓且百发百中。洪武年间袭父亲谭胜的职务,任燕山卫副千户。后跟从燕王朱棣(成祖)起兵,夺九门,破雄县,骁勇善战,立有战功。夹河之战中,因所骑战马跌倒而被杀,谥壮节。

下联指北宋末谭世勣。

十载父子双进士

一时兄弟两将军

上联指北宋长沙(今属湖南)人谭申,为政和年间进士,10年后,其子谭世勣为元符间进士。

下联指元代谭资荣、谭资用兄弟。谭氏兄弟,德兴府怀来(今属河北)人。谭资荣字茂卿,敦厚寡言,颇知读书,曾任金朝的交城县令。归附元朝后,任元帅左都监兼交城县令。后从征,因功赐金虎符,升行元帅府事。弟资用攻汴梁有功,被资荣推举代行其职,自己则退而耕田读书。

竹径支分班玉笋
江湾族聚跃金麟

广东英德英城镇江湾村谭氏宗祠联。

勋名炳炳,荣列戊戌六君子
伟绩昭昭,号称关陇一文人

谭嗣同

上联指清末谭嗣同;下联指清代武威人谭咏昭,字仲回,曾任洮州训导,为同治、道光时"关陇第一文人"。

祖宗来自江西,慕三闾风景、五指烟霞,钦仰大夫先屈子
嗣孙守成湖北,绵千秋俎豆、万古馨香,堪美公爵迈邢侯

湖北秭归乐平里谭氏宗祠联。

韦

一经教于
五世扬名

上联指西汉大臣韦贤。韦贤字长孺,祖籍彭城,至高祖父韦孟时迁居邹县(今属山东)。韦贤生性淳朴,对于名利看得很淡,一心一意专注于读书,因此学识非常

渊博,兼通《礼》《尚书》等经典,并以教授《诗经》著名。时人称他为"邹鲁大儒"。

西汉时期,经学派别林立,学术气氛浓厚。《易经》有高氏学、京氏学之分,《尚书》则有欧阳氏学与大小夏侯氏学之别。鲁地申公以治《诗》见长,传至瑕丘(今兖州)江公,徒众最盛。韦贤拜江公为师,继承申公、江公的研究成果,又有新的阐释,把对《诗经》的研究又向前推进一步,形成自己的特色,史称韦氏学。

下联指西汉初学者、诗人韦孟。韦孟彭城(今江苏徐州)人。汉高帝时,为楚元王师傅,后又为其子楚夷王刘郢及孙刘戊的师傅。刘戊荒淫无道,于汉景帝时被削王,与吴王刘濞通谋作乱,次年事败自杀。韦孟在刘戊乱前,曾作诗讽谏,然后辞官迁家至邹(今山东邹县)。

至韦贤前后五世,称"邹鲁大儒"。民间谚语说:"遗子黄金满籯,不如教子一经。"

历事四帝

勇麾三星

上联指唐代贤相韦处厚。韦处厚本名淳,字德载,京兆万年(今陕西西安)人。举进士第,又擢才识兼茂科,授集贤校书郎。由宰相裴垍引直史馆,改咸阳尉。累官至中书侍郎,同中书门下平章事(宰相),封灵昌郡公。历事宪宗、穆宗、敬宗、文宗四帝,以献替(劝善改过,提出兴革的建议)为己任,世人推为贤相。

下联指清代三元里人民抗英斗争首领韦绍光。韦绍光又名进可,广东北郊三元里人,祖籍香山(今广东中山)。道光二十一年四月初九日(1841年5月29日)晨,盘踞广州城北四方炮台的英军,窜到三元里一带抢劫骚扰,激起了村民的义愤。韦绍光和村民们奋起抗击,当场打死几名侵略军,其余的狼狈逃窜。事后,为防止侵略军前来报复,他迅速将老弱疏散并组织起来,聚集于三元古庙(北帝庙)。联络103乡民众,共商战计,并决定以庙中的七星旗为令旗,"旗进人进,旗退人退,打死无怨"。大家各执刀枪棍棒和斧头等物,以迎击再次来犯的敌军。

韦绍光在附近村庄进行自卫抗敌宣传,得到广大村民的热烈响应。第二天,三元里周围民众在牛栏岗集合,围歼进扑的英军,给侵略者以狠狠的打击,毙敌200

余人,生俘20余名。韦绍光在作战中表现得积极勇敢,成为三元里抗英斗争的英雄人物。

蚌珠有两

凤阁联双

上联指东汉韦端。韦端,京兆万年人,官太仆,与孔融友善。曾派儿子韦康(字元将)、韦诞(字仲将)看望孔融。孔融十分喜爱,给韦端写信说:"想不到双珠出于老蚌。元将学识渊博,坚毅有大度,是经世之器;仲将文思敏捷,笃厚诚实,是保家之主。"

下联指唐代大臣韦承庆。韦承庆字延休,郑州阳武(今河南原阳)人。生性谨慎,事继母笃孝。进士及第,累迁凤阁舍人,在朝屡进谠言(直言)。转天官侍郎,曾三次主持选举,人称平允。武后长安年间,任凤阁侍郎同平章事(即宰相)。中宗神龙初年,因依附张易之受到牵连,贬为高要(今属广东)尉,不久即召回。以秘书员外少监召,兼修国史,封扶阳县子。

其异母弟韦嗣立,字延构,自小敬爱兄长,遇到母亲打承庆时,他就解开衣服请求替兄挨打。中进士后,也曾官凤阁侍郎。

少翁教子一经典

宪道编书十万言(庄温英)

上联指汉代学者韦玄成;下联指后赵太子傅韦馊,字宪道,好儒学。

推贤相历朝四帝

逐英军威震三元(庄温英)

上联指唐代贤相韦处厚;下联指清代三元里抗英首领韦绍光。

好男儿岂为降将

真宰相莫若郇公

上联指北周韦孝宽，下联指唐代韦安石。

红袖书笺，五云散彩

缬袍覆体，一枕留芳

上联指唐代韦陟，下联指唐代韦绶。

累绩石渠，图史抱藏山之秘

蜚声翰苑，蜀袍邀覆锦之荣

上联指唐代万年人韦述，下联指唐代韦绶。

贾

三虎拔萃

五鹿怀惭

上联指东汉名士贾彪。贾彪字伟节，颍川定陵（今河南舞阳北）人。青年时游京师，志节慷慨，与同郡名士荀爽齐名。与郭泰同为太学生首领，结交李膺、陈蕃等人，评论朝政，褒贬人物。

贾彪兄弟三人，并有高名，而贾彪最优，当时人说："贾氏三虎，伟节最怒（气势强盛）。"

下联指西汉洛阳人贾捐之。贾捐之字君房，政论家贾谊的曾孙。元帝初即位时，他上疏评论朝政得失，极有见地，召为待诏金马门，后数次被召见，建议多被采纳。

当时，长安令杨兴曾说："君房下笔，言语妙天下，如果让他任尚书令，会比五鹿充宗强多了。"五鹿充宗，姓五鹿，名充宗，字君孟，研究梁丘《易》，西汉元帝时官少府，曾奉诏与各《易》家辩论。

洛阳推隽

上联指唐代文学家贾至。贾至字幼邻,洛阳(今属河南)人。天宝初年以校书郎为单父尉,后任中书舍人。安史之乱起,随玄宗奔四川。乾元初年,出为汝州刺史,后贬岳州司马。曾与李白相遇,有诗相酬唱。代宗宝应初年,复为中书舍人,官至散骑常侍。

贾至以文著称于当时,很受中唐古文作家独孤及、梁肃等人的推崇。其父贾曾和他都曾为朝廷掌执文笔。玄宗受命册文为贾曾所撰,而传位册文则是贾至手笔。玄宗曾赞叹"两朝盛典出卿家父子手,可谓继美"(《新唐书·贾至传》)。

下联指东汉贾彪。

篇陈训诂
策上治安

上联指东汉经学家、天文学家贾逵。贾逵字景伯,扶风平陵(今陕西咸阳西北)人。曾任侍中及左中郎将等职。

永平年间,献上所撰《春秋左氏传解诂》30 篇、《国语解诂》21 篇,深受明帝重视;又与史学家班固同撰东汉史。章帝时,屡次奏称《古文尚书》与《尔雅》相应,在北宫白虎观、南宫云台讲授《古文尚书》《左氏传》,提高了古文经学的地位。

贾逵还精通天文学,首先提出历法计算中应按黄道来计量日、月的运动,并发现月球的运动是不等速的现象。

下联指西汉政论家、文学家贾谊。时称贾生,洛阳(今属河南)人。20 余岁被文帝召为博士,不久升太中大夫。因好议论国家大事,遭群臣忌恨,受大臣周勃、灌婴等人排挤,被贬为长沙王太傅,后为梁怀王太傅。梁怀王坠马而死,贾谊深感歉疚,33 岁时忧伤而死。

贾谊著作主要有散文和辞赋两类。散文如《过秦论》《论积贮疏》《陈政事疏》等都很有名,为西汉鸿文。

贾谊从长沙回长安后,曾上《治安策》(即《陈政事疏》)。《治安策》的可贵之处,在于居安思危。毛泽东曾称之为西汉一代最好的政论文(《毛泽东书信选

善射博笑

封发表贞

上联指春秋贾大夫。贾大夫,名南屏,原为贾国上大夫。晋国灭贾以后,仍封他为大夫。他拒绝接受,驾着马车千里迢迢到了如皋。据《左传》记载,贾大夫相貌丑陋,妻子十分漂亮,但三年不言不笑。至如皋后,他射获野鸡。其妻见了,这才又说又笑。

下联指唐代贾直言,因罪流配岭南,与妻子诀别时,妻子用头绳把头发束起来,并用帛封严,对他说:"一定要您的手来解开它。"以表示对丈夫的忠贞。

洛阳太傅裔

松溪宰相家

福建松溪屯桥乡王里溪(又名松溪、篁里溪)村贾氏宗祠联。全联指南宋宰相贾似道。贾似道在王里溪度过了他的童年时光,10多岁时才去县城兰田叶的外公那里读书。

千载皆赞过秦论

百代咸吟长江诗

上联指西汉大臣、政论家贾谊;下联指唐代诗人贾岛,有《长江集》。

上策治安,美洛阳才识

诗饶风韵,美贾岛推敲

上联指西汉大臣、政论家贾谊,下联指唐代诗人贾岛。

功名贯天,百代仰蒸尝之盛

肝脑涂地,兆姓赖保育之恩

贾氏宗祠联。

邹

梁园昭雪

黍谷回春

上联指西汉文学家邹阳。邹阳,齐人。文帝时,为吴王刘濞门客,以文辩闻名于世。吴王阴谋叛乱,邹阳上书谏止,吴王不听,他因此与枚乘、严忌等离吴去梁,为景帝少弟梁孝王门客。

邹阳"为人有智略,慷慨不苟合",后因羊胜等人谗言而下狱,险些被处死。他在狱中作《狱中上梁王书》,上书梁孝王,表白自己的心迹。梁孝王见书大悦,立即下令释放,并尊他为上客。邹阳所作散文,有战国游士纵横善辩的风格。

下联指战国末哲学家、阴阳家代表人物邹衍。邹衍,齐国人,曾在稷下(齐国都临淄稷门附近,齐桓公、威王、宣王在此扩置学宫,招揽文学游说之士数千人讲学议论,是当时各学派荟萃的中心)游学,号"谈天衍"。先后到魏、燕、赵等国,受到诸侯礼遇。

相传他善于吹律,燕国有个地方美丽而寒冷,不生五谷,他吹律嘘气,那地方才开始生长庄稼,号为"暖律回春"。

谏言愿学集

檄文革命军

上联指明代学者、教育家邹元标。邹元标字尔瞻,号南皋,江西吉水人。万历时进士,初出为官,因得罪权臣张居正,被谪戍贵州都匀卫。后任吏科给事中,以敢言著称,上陈五事:培君德,亲臣工,肃宪纪,崇儒术,饬抚臣,倡导恢复全国书院。后以疏陈时政,劝神宗"无欲",又被贬为南京吏部员外郎、南京兵部主事。

邹元标罢官家居时,建仁文书院,聚徒讲学,又曾讲学白鹿洞书院及岳麓书院,与赵南星、顾宪成号称"三君"。天启初年,升刑部右侍郎,转左部御史。还与冯从吾在京师宣武门内建首善书院,退朝公余,讲学其中。后为太监魏忠贤所忌,将首善书院与东林书院同时毁掉。著有《愿学集》《宗儒语略》。

下联指近代民主革命家邹容。邹容原名绍陶,又名桂文,字蔚丹(威丹),留学日本时改名为邹容。四川巴县(今重庆巴南区)人。讨厌经学的陈腐,鄙弃八股功名,喜读《天演论》《时务报》等新学书刊。光绪时,他随兄应巴县童子试,因题旨都是"四书""五经",罢考而去,遭父亲答责而志不改。后入重庆经学院读书,仍关心国家大事,立志救国救民,常侃侃议论政事,以致被除名。

1902 年邹容赴日本留学,投身民主革命,成为与秋瑾齐名的著名革命演说家。1903 年,他以"革命军中马前卒"写成《革命军》一书,旗帜鲜明、通俗易懂地回答了中国民主革命的基本问题,特别是提出了"中华共和国"二十五政纲,系统地阐发了孙中山"建立民国"的设想。《革命军》被誉为"中国近代的《人权宣言》"。孙中山赞誉它"为排满最激烈之言论""能大动人心,他日必收好果"的作品。

上疏直言,真大臣风度

遗书曲谕,洵良友箴规

上联指明代邹智。邹智字妆愚,号立斋,又号秋困(同"渊")子,合州(今重庆合川)人。天资英发,才气逼人,12 岁时就能写文章。因为家贫,焚木叶以读书。成化中乡试第一,22 岁成进士后,改庶吉士。当年有"星变",他借机上疏抨击万安、刘吉、尹直三位大学士,兼劾中贵。奸党对他恨之入骨,便罗织罪名将他下锦衣狱,判死刑,后经大臣彭韶力争,免死,贬广东石城千户所,卒于官,年仅 26 岁。以刚正直言名动天下。

下联指西汉丞相公孙弘的好友邹长倩。公孙弘被举荐为贤良方正(贤良方正,汉文帝下诏推举能直言极谏者,后成为科举名目),邹长倩家里贫穷,无物可作贺礼,他就把自己的衣服、鞋帽送给公孙弘,并赠送一束青草、一把素丝及一只扑满(存钱罐),并致书说:"刍束则谨,心纵则骄;丝积微至著,善虽小而为大;扑满土器,有入无出,则有倾覆之败,可不戒乎?"意思是,青草一束,是取《诗经》里"鲜草一束,那人美如玉"的意义,即希望公孙弘能保持纯洁美好的品德。至于白丝,五条丝是一聂，一倍的聂是一升，一倍的升是一式，一倍的式是一纪，一倍的纪是一缫（音综，同"稯"，古代计量器，满手为 1 把，缫为 40 把），一倍的缫是一襚。用意是积德立功，都是如此，要从少渐渐增多，即希望公孙弘要踏踏实实为民办事，不要投机取巧，干那些迅速向上爬的行径。至于扑满，是用土做成的容器，拿来积聚钱的玩意儿，它只有投入小钱的孔而没有取出钱的孔，聚满了钱后就打破它。它只进不出，只积聚不发散，所以只好打破它。做官的人中如果有聚财而不能散财的人，将会如同扑满那样的破败结局，能不警戒吗？后人称之"三事誉"。

五经邹氏
万石家风
上联指宋代邹致，授五子各一经；下联指明代邹世安，六世同炊，论者比之为万石家风。

嵩北家声旧
范阳世宅昌
山东邹氏宗祠联。

一篇漫咏梁园雪
六律能回黍谷春
上联指西汉文学家邹阳，下联指战国时邹衍。

道气禀江山之灵秀
诗章夺月露之光华
上联指明代吉水人邹元标，下联指宋代新兴人邹定

石

诗歌圣德

传载纯臣

上联指北宋初学者、文学家石介。石介字守道，兖州奉符（今山东泰安）人。曾隐居徂徕山，世称徂徕先生。和孙复、胡瑗在泰山书院开馆收徒，提倡师道，号称"宋初三先生"。

庆历年间，范仲淹提出"明黜陟、抑侥幸、精贡举、择官长、均公田、厚农桑、修武备、减徭役、重命令"等十项整顿政事的法令，这就是"庆历新政"。石介得知此事欣喜若狂，写《庆历圣德诗》，赞革新派，贬保守派，指称反对革新的夏竦等人为"大奸"。

石介的行为使夏竦等人衔恨在心，他命家中佣人模仿石介笔迹，伪造了一封石介给富弼的信，内容是革新派计划废掉仁宗另立新君。革新派相继罢职，变法遂告失败。石介也在"朋党"之列，成了众矢之的，外放到濮州任通判，未至任所便病死家中。

下联指春秋时卫国大夫石碏。卫庄公有个嬖妾所生儿子州吁，有宠而好武，得以带兵，石碏谏阻，庄公不听。石碏的儿子石厚与州吁交游，石碏劝诫他，但不听。

卫桓公时，州吁杀桓公而自立为君，但不得百姓的拥戴，石厚向其父请教安定君位之法。石碏假意建议石厚跟从州吁到陈国，通过陈桓公以朝觐周天子。石碏把他们骗到陈国后，便与陈桓公合谋杀了州吁，接着又除掉了叛乱的儿子。《左传》说："卫国石碏大义灭亲，可称为纯臣（一心为君主服务的臣子）。"

蓉城仙主

金谷名园

上联指北宋文学家、书法家石延年。石延年字曼卿，一字安仁，先世幽州（治所在今北京）人，生于宋城（今河南商丘）。石延年性情豪放，饮酒过人，剧饮而不醉，人称"芙蓉酒仙"。传说宋仁宗爱其才，劝他戒酒，孰料他戒酒后，酒渴成病，英年早逝。

欧阳修《六一诗话》说："曼卿死后，老朋友中有人见到他，恍惚如在梦中。他对人说：'我现在是鬼仙，主持芙蓉城。'"

下联指西晋文学家石崇。石崇字季伦，小名齐奴，渤海郡南皮（今属河北）人，生于青州（今属山东）。元康初年，出任南中郎将、荆州刺史，靠劫掠远路客商而至财产无数。曾与贵戚王恺等人斗富，竞相侈靡，在京城洛阳西北建金谷园别墅，穷奢极侈。

石崇的别墅富丽堂皇，彼此相连。后房的几百个姬妾，都穿着刺绣精美无双的锦缎，身上装饰着璀璨夺目的珍珠美玉宝石。凡天下美妙的丝竹音乐都进了他的耳朵，凡水陆珍禽异兽都进了他的厨房。据《耕桑偶记》载，外国进贡火浣布，晋武帝制成衣衫，穿着去了石崇那里，石崇故意穿着平常的衣服，却让奴婢50人都穿火浣衫迎接武帝。

饶雄辩以折冲，堪承使命
谏义方而善教，足为典型

上联指北宋大臣石扬休。石扬休字昌言，其祖先为江都人，后徙居京兆。仁宗景祐年间进士，历任同州观察推官、中牟知县、宿州知州，后以刑部员外郎知制诰、同判太常寺，迁工部郎中。

石扬休曾出使契丹，内弟苏洵写了《送石昌言使北引》一文赠他，其中有句："乃为天子出使万里外强悍不屈之虏庭，建大旆，从骑数百，送车千乘，出都门，意气慨然。""大丈夫生不为将，得为使，折冲口舌之间，足矣。"遗憾的是他因路上受寒，得了风痹病，不得已申请告假回乡。

下联指春秋时卫国大夫石碏。石碏曾向卫庄公进谏说："臣闻爱子，教之以义方，弗纳于邪。骄奢淫佚，所自邪也。……君义，臣行，父慈，子孝，兄爱，弟敬，所谓六顺也。去顺效逆，所以速祸也。君人者，将祸是务去，而速之，无乃不可乎？"但庄公不听。

祖延明道,孙友晦庵,奕世文光凌北斗

兄劾蔡京,弟弹秦桧,塞天浩气镇中州(王阳明)

浙江新昌石氏大宗祠(庆云祠)联。

昔日三禀九秀,以罕为贵,翰林钦赐常夸耀

今朝万紫千红,见多不奇,玉树开花未闻香

广东兴宁石氏宗祠"万石流衍"堂联。

莫谓锦堂真富贵,男畏耕女畏织,怠惰终需落下品

勿云茅屋无公卿,士劳心农劳力,殷勤必定出人才

广东兴宁黄陂镇石氏恭创围堂联。

万石君开百代宗风,有孝子、有忠臣,祠宇接宫墙,缅当时者旧衣冠,为百年名宦乡贤,增光竹帛

六顺堂称一帮望族,多乙科、多甲榜,家声扬谱牒,数近日诗书门第,只一姓部曹侍御,出色松滋(周永济)

安徽宿松石氏宗祠联。六顺堂,为其祠堂名。松滋,宿松县原名。

熊

义蔬三礼

史擅九朝

上联指北齐经学家、北学代表人物之一熊安生。熊安生字植之,长乐阜城(今河北阜城)人。熊安生少年时好学,读书不倦。从陈达学《三传》,从房虬学《周礼》,从李宝鼎学《礼》。博通五经,尤其精于"三礼"。以"三礼"教授弟子,远近来跟他学习的有千余人。

北齐河清年间，熊安生任国子博士。天统时，北周和北齐关系友好，兵部尹公正出使北齐，与北齐大臣谈论《周礼》，没有人能对。熊安生奉命至宾馆，与尹公正辩析《周礼》疑义数十条，"咸究其根本"，使本来"有口辩"的尹公正大为叹服。

到北周后，于宣政初年任露门学博士、下大夫。著有《周礼》《礼记》《孝经》诸义疏。

下联指南宋史学家熊克。熊克字子夏，建阳（今属福建）人，唐代御史大夫熊博的后人。幼时即聪明异常，既长，好学，善写文章，郡博士胡宪很器重他，说："熊克少年博学，他日当以文章显。"

熊克曾以文章献给大臣曾觌，曾觌看了，又呈给孝宗。孝宗见之大喜，任他为校书郎，迁直学士院。熊克曾力陈"以和为守，以守为攻"，后出知台州。

熊克博闻强记，熟悉历代典故，一生除著述外无他嗜好。著有《九朝通略》《中兴小历》《诸子精华》等。其父熊蕃著有《宣和北苑贡茶录》，熊克予以增补。

西山廉士
东阁直臣

上联指南宋人熊孝则。熊孝则以孝行闻名，孝宗曾召他进京，赐给金帛，但他不接受，只要了《通鉴》《性理》《孝经》等书籍，孝宗又赐他"西山廉士"四字。

下联指清代大臣、学者熊赐履。熊赐履字敬修，一字青岳，号素九，别号愚斋，孝感（今属湖北）人。顺治年间进士，熊赐履授庶吉士，散馆授翰林院检讨。康熙年间，补弘文院侍读，其间完成了自己第一部重要的理学著作《闲道录》，进呈了在清初政治史上具有重要影响的《万言疏》。该疏对清朝时政、特别是四大辅臣推行的种种政策提出尖锐批评，明确提出：治乱本原之地，"在乎朝廷而已"。建议少年皇帝加强儒学修养，以程朱理学为清廷"敷政出治之本"。正是这道奏疏，使康熙皇帝对熊赐履刮目相看。不久，授秘书院侍读学士。康熙帝清除鳌拜集团后，熊赐履的政治地位迅速上升，擢国史院学士，另设翰林院，熊赐履为掌院学士。后历官经筵讲官、纂修实录总裁、东阁大学士（宰相）兼吏部尚书等职，康熙帝又以熊赐履"素有才能，居官清慎"，升武英殿大学士。又四次任会试考官。

熊赐履致力于研究程朱理学，主张"非六经、《论语》《孟子》之书不读"，著有《经义斋集》等。清初理学名臣，当以熊赐履为巨擘，时人称他"以王佐之才，为圣天子辅，启心沃心，兴起鸿业，天下莫不想望其风采"。

唐旌孝子

宋仰名臣

上联指唐代熊衮，父丧不能葬，昼夜号泣，忽空中下钱如雨，计有数万，乃得下葬；下联指南宋熊禾，学于朱熹门下，宋亡不仕。

发粟赈饥，治羡江东之最

勤王斩将，忠钦麾下之城

上联指宋代熊彦昭，下联指宋代熊飞。

狮岭播椒馨，节生孝、孝生忠，岂独簪缨夸世胄

鹅湖炊稻熟，子承父、父承祖，但凭耕读作人家（严问樵）

江两铅山鹅湖熊氏宗祠联。

孟

龙山逸兴

鹿门隐居

上联指东晋文学家孟嘉。孟嘉字万年，江夏（今湖北武汉新洲）人。曾被荆州刺史桓温聘为参军，深受器重。有一年重阳，桓温在龙山大宴幕僚，饮酒作诗。正当大家酒酣耳热，诗兴勃发之际，忽然起了一阵风，把孟嘉的帽子吹落在地上，孟嘉本人却毫无察觉，离席去了厕所。桓温看到了，示意左右不要告诉他，又让孙盛写文章嘲笑他。孟嘉从厕所回来一看，即席作答，挥毫立就，文辞优美，四座皆惊，当天的宴会也极欢而散。自此，"孟嘉落帽"的佳话流传千载。

下联指唐代诗人孟浩然。孟浩然字浩然，襄州襄阳(今湖北襄樊)人，世称孟襄阳，因他未曾入仕，又称为孟山人。孟浩然早年在鹿门山隐居，40岁时到长安，考进士不中，曾在太学赋诗，名动公卿，一座倾服，为之搁笔。

孟浩然后漫游吴越，穷极山水之胜。开元年间，韩朝宗为襄州刺史，约孟浩然一同到长安，要将他举荐到朝中。但他不慕荣名，到了约定的日子，竟因饮酒失约。后来，名臣张九龄为荆州长史，招他到幕府为从事。不久，仍返故居。诗人王昌龄游襄阳时，拜访孟浩然，两人相见十分愉快。当时，孟浩然背上长了毒疮，将要病愈，但因好友前来，不免纵情宴饮，并吃了鲜鱼，后病发而逝。

孟浩然

亚圣之裔
采卿之宗

上联指战国时思想家、教育家、儒家代表人物孟子。孟子名轲，字子舆，邹(今山东邹县)人。受业于孔子之孙孔伋(子思)的门人，游历齐、宋、滕、魏等国。因主张不被采用，晚年与弟子著书立说。《史记》载："孟轲所如不合，退与万章之徒序《诗》《书》，述仲尼之意，作《孟子》七篇。"成为儒家经典之一。其文章说理畅达，气势充沛并长于论辩。

南宋时，朱熹将《孟子》与《论语》《大学》《中庸》合在一起称"四书"。孟子把孔子"仁"的观念发展为"仁政"学说，其理论对后世儒家影响很大，被认为是孔子学说的继承者，世称"亚圣"，与孔子并称为"孔孟"。

下联指西汉学者孟卿。孟卿，东海兰陵(今山东苍山兰陵镇)人。善为《礼》、《春秋》，时人以卿呼之。世所传《后氏礼》《疏氏春秋》，都出自孟卿。孟卿因《礼经》繁多、《春秋》芜杂，使其子孟喜从田王孙学《易》。孟喜后束成为西汉今文《易》学"孟氏学"的开创者。

孝诚生笋

廉德还珠

上联指三国时孟宗。孟宗字恭武,江夏(今湖北武汉新洲)人,孟嘉的曾祖父。父亲早亡,孟宗以孝著名。母亲年老病重,医生嘱咐用鲜竹笋做汤。适值严冬,没有鲜笋,他无计可施,独自一人跑到竹林里,扶竹哭泣。时间不长,忽然听到地裂声,只见地上长出数茎嫩笋。孟宗大喜,采回做汤,母亲喝了后果然病愈。

下联指东汉孟尝。孟尝字伯周,会稽上虞(今属浙江)人。曾任合浦太守。合浦不产粮食,而海里出珍珠。前任太守极为贪婪,逼百姓滥采,海蚌殆尽。珍珠产殖渐渐移到交趾境内。孟尝到任后,革除弊端,使珍珠重返合浦,百姓们得以重操旧业,商贾流通,人们称他为"神明"。当朝中征他回京时,吏民极力挽留,使他不得脱身,不得不夜里出走。

五友家声远

七篇世泽长

上联指春秋鲁国大夫孟献子(仲孙蔑),人称贤大夫,有五友相助;下联指战国思想家、教育家孟子。

苦吟东野集

亲撰长春符

上联指唐代诗人孟郊,字东野,有《孟东野诗集》。下联指五代十国时后蜀皇帝孟昶。据宋人张唐英《蜀梼杌》载:"蜀末归宋之前一年,岁除日,昶令学士幸寅逊题桃符板于寝门,以其词非工,自命笔云:'新年纳余庆,嘉节号长春。'"后世一般认为这是迄今史书中所见最早的春联。

雄辩七篇尼父志

清诗五字杜陵心

上联指战国时思想家孟轲;下联指唐代诗人孟浩然,有《孟浩然集》。

邹峄雄风,塞两间正气
兄弟美质,获双珠令名

上联指战国时孟子;下联指南朝宋会稽太守孟头,与其兄孟昶俱美风姿,时人称"双珠"。

秦

少游文学
叔宝武功

上联指北宋文学家秦观。秦观字少游、太虚,号邗沟居士,学者称淮海先生,扬州高邮(今属江苏)人。与黄庭坚、晁补之、张耒并称为"苏门四学士",颇得苏轼赏识。张炎《词源》说:"秦少游词体制淡雅,气骨不衰,清丽中不断意脉,咀嚼无滓,久而知味。"《四库全书总目》甚至评说他的词在苏轼、黄庭坚之上。著有《淮海集》《淮海词》(又名《淮海居士长短句》)、《劝善录》《逆旅集》等。

下联指唐代开国将领秦琼。秦琼字叔宝,齐州历城(今山东济南)人。以勇猛彪悍著称,后成为凌烟阁二十四功臣之一。

秦琼最初是隋朝来护儿的部将,因其志向高远和勇猛强悍,深得上司器重。秦母去世后,来护儿曾派人专程到秦琼家吊唁,全军上下大为惊异。隋末,跟从张须陀镇压李密等起义军,后归附李密,任帐内骠骑,李密失败后,曾跟从王世充,被任命为龙骧大将军。后因不屑王世充的狡诈,同程咬金等人一起投唐,随李世民击败宋金刚、王世充、窦建德等,每战必先,常于万军之中取敌将首级。为唐王朝的创建立下了汗马功劳,李渊曾派使者赐予金瓶以示褒赏。之后,又因战功,多次受到奖赏,先后拜为秦王左右统军,加授上柱国。后又晋封为翼国功,深得秦国李世民的信任。武德年间,参与玄武门之变,唐太宗继位后被封为左武卫大将军。历代相传的门神,其一即为秦叔宝。

巾帼一人骁将略

锦袍帛带仰官仪

全联指明末军事家、巾帼英雄秦良玉。秦良玉字贞素,四川忠州(今重庆忠县)人,出身于一个岁贡生的家庭。大胆多智,善于骑射,兼通文辞,仪度娴雅。自幼跟从父亲秦葵习文练武,万历年间,嫁石柱宣抚使马千乘为妻,建立起一支远近闻名的"白杆兵"。

后马千乘冤死云阳狱中,因其子年幼,秦良玉代袭其职。天启初年,她派兄弟秦邦屏、秦民屏远赴辽东抗击后金,自己率领 3000 白杆兵镇守山海关。明熹宗诏加其二品服、赐"忠义可嘉"匾额。

崇祯时,奉诏勤王,参与收复永平等战役,崇祯帝优诏褒美,赐四诗旌表其功,并诰封一品夫人,授都督同知、镇东将军。在保卫大凌河筑城战斗中,再建"首功"。

后自京师回川,专防川东,曾在夔州(奉节)打败张献忠,使之退走湖广。四川沦陷后,秦良玉退回石柱。清军入关南下,遍地干戈,秦良玉不屈,坚持抗清,被南明隆武帝加封为太子太保、忠贞侯。其后,永历帝亦加封其太子太傅、四川招讨使,仍以镇东将军督兵靖川。

女休行僧传乐府

男子装屡立战功

上联指秦氏女休,燕王的妻子,为宗族报仇而杀仇人,被捕入狱,后逢大赦得释还。三国时魏左延年据此写有乐府发曲歌辞《秦女休行》。下联指明代四川忠州人秦良玉。

祖位尚书,功高麟阁

孙成进士,应衍龙舒

安徽舒城五板桥秦氏宗祠联。上联指该族秦风,明代建文年间进士,官至兵部尚书;下联指秦风的孙子秦民悦,字宗化,明代天顺初进士,历官广平知府、南京吏部尚书。

创立天元法,芳名长留世

发明切脉术,妙手俱回春

上联指南宋数学家秦九韶,创立天元法,著有《数书九章》;下联指战国时名医秦越人,即扁鹊,创造切脉医术。

词章隽爽,多棣萼才名之美

忠谠清贞,高后先直节之风

上联指唐崇贤馆学士秦景通,与弟玮俱有文名,号大秦君、小秦君;下联指明代进士秦纮、秦鳌,两人正直敢言,不畏权贵。

天水流长,好向上头寻出处

石葛绵远,共从根本做工夫

湖南塈圹秦氏宗祠联。上联指秦氏郡望为天水;下联指战国时医学家扁鹊(本姓秦,因医术高明,人们用传说中上古轩辕时代的名医扁鹊的名字来称呼他)。

阎

一身被害

千古流芳

全联指西晋阎亨。晋国大将军苟晞驻蒙城(今河南商丘),骄侈淫逸,凶暴残忍,百姓不堪忍受。前辽西郡(今河北卢龙)郡长阎亨,屡次规劝苟晞,苟晞不但不听,反把阎亨杀害。后人十分感佩阎亨的气节。

清平裁士

礼让化民

上联指明代大臣阎仲宇。阎仲宇字参甫,陇州(今陕西陇县)人。成化年间进士,弘治初年以按察副使备兵临清,任职期满将要离开时,军民数千人号泣挽留。后历官太子太保、兵部尚书。为官清廉公正,善于识别人才。

下联说三国时蜀汉阎宪。据《益部耆旧传》《华阳国志·汉中士女》载,阎宪官绵竹令,多以德政感化百姓。有个叫杜成的男子,走夜路拾到别人丢失的二十匹锦,天亮后送到县衙,阎宪说:"夜行得锦,是上天赏赐给你的。"那人说:"县里有您这样的贤令,怎么敢有负教化? 我要是拾到东西不上交,会感到惭愧的。""遗锦"后成为称颂官员德政的典故。

右相丹青盛誉
山人诗作清名

上联指唐代画家、工程学家阎立本。阎立本雍州万年(今陕西西安临潼)人,出身贵族。父亲阎毗北周时为驸马,擅长工艺,多巧思,工篆、隶书,对绘画、建筑都很擅长,隋文帝和隋炀帝均爱其才艺。入隋后官至朝散大夫、将作少监。哥哥阎立德也擅长工艺、建筑、绘画及建筑工程。父子三人并以工艺、绘画驰名隋、唐间。阎立本继承家学,显庆年间官将作大臣,后历任工部尚书、右相、中书令。

阎立本具有多方面的才能。他工书法,尤其善画道释、人物、山水、鞍马,特别以道释人物画著称。所画太宗像及《秦府十八学士》《凌烟阁功臣二十四人图》等,称誉当时;所作《步辇图》,描绘了太宗接见吐蕃赞普松赞干布派来迎接文成公主的使臣禄东赞的情景,反映了汉藏两族友好亲密的关系。

阎立本在艺术上继承和发展了南北朝的优秀传统,他的作品所显示的刚劲的铁线描,较之前朝具有丰富的表现力,古雅的设色沉着而有变化,人物的精神状态刻画细致,都超过了南北朝和隋朝的水平,因而被誉为"丹青神化"而为"天下取则",在绘画史上具有重要地位。

下联指清初诗人阎尔梅。阎尔梅字用卿,号古古、白耷山人(因生而耳长大,白过于面)、蹈东和尚,江苏沛县人。明末崇祯年间举人,明末清军南下,他到南方参加弘光政权,曾做过史可法的幕僚,极力劝说史可法进军山东、河北等地。明亡后,他继续坚持抗清活动，平毁先人坟墓，散尽万贯家财，用以结交豪杰之士，立志复明。后因参与抗清活动两次被清军抓获，在狱中坚强不屈，寻机逃脱后流亡各地，十多年间，游历了楚、秦、晋、蜀等九省，晚年才回家乡。

阎尔梅在明季时曾参加复社，是其中的重要人物，在当时颇有盛名，与张溥、陈子龙齐名。人们把他同"二张"（张溥、张采）相比，而他的诗文则与同乡的万寿祺风格相近，当时人称"阎万"。

他的古诗学习李白，诗才若海；律绝二体则格律严谨，声调雄浑。由于他历经乱世，遭际坎坷，因此他的诗多感怀时世，充满了深厚的民族感情，格调苍凉刚健，有《白耷山人集》。

抚士得死力

谏役慰民心

上联指北周阎庆，善抚士卒，每战，得其死力；下联指晋代阎曾，隐居凉州。州牧筑钓台，百姓不堪重负，阎曾夜里叩门苦进谏，终于罢免了老百姓的劳役。

识沧海遗珠，洵称哲士

还夜途拾锦，不负神君

上联指唐代阎立本；下联指三国蜀阎宪。

七十日带发效忠，表太祖十六朝人物

三千人同心赴义，存大明一百里江山（阎应元）

江苏江阴阎典史祠联。

薛

三凤媲美

五隽齐名

上联指唐初薛元敬。薛元敬,汾阴(今山西万荣西南)人。少年时与叔父薛收及族兄薛德音齐名,当时号称"河东三凤"。武德年间官天策府记室参军,秦王李世民为皇太子时,任他为舍人。

下联指西晋学者薛兼。薛兼字令长,沛郡竹邑(今安徽宿县北)人。三国吴太子少傅薛综之孙,晋散骑常侍薛莹之子。清廉朴素,器宇轩昂,少年时与同郡纪瞻、广陵闵鸿、吴郡顾荣、会稽贺循齐名,号称"五隽"。初到洛阳,司空张华见而奇之,说:"皆南金(南方杰出的人才)也。"

三箭定天下

一笺传古今

上联指唐初名将、著名军事家薛仁贵。薛仁贵名礼,字仁贵,绛州龙门(今山西河津)人。父亲早丧。自幼家贫,但习文练武,刻苦努力,善于骑射,又天生膂力过人。由于生于乱世,长大务农,娶妻柳氏,到30岁的时候,仍然穷困不得志,希望以迁移祖坟,带来好运。妻子对他说:"有本事的人,要善于抓住时机。现在当今皇帝御驾亲征辽东,正是需要猛将的时候,你有这一身的本事,何不从军立个功名?等你富贵还乡,再改葬父母也不晚。"他听了,觉得有道理,就告别妻子,应征入伍,开始了他驰骋沙场40年的传奇经历。

太宗时,他屡立战功,升为右领军中郎将。后又率军大败九姓突厥于天山,军中有"将军三箭定天下"的赞歌。曾参与进攻高丽的辽东之战,李世民对他说:"朕旧将并老,不堪受阃外之寄,每欲抽擢骁雄,莫如卿者。朕不喜得辽东,喜得卿也。"意思是说,我的将领们都老了,现在遇到战事已经不堪忍受这种重负,我想挑选年轻能干的将军,没有比得过你的了,这次征伐,就算得到辽东也不是我高兴的,最高兴的是能得到你这样的一个人才。后提升他为右领军中郎将,继任右威卫大将军兼安东都护,封平阳郡公。

下联指唐代女诗人薛涛。薛涛字洪度,长安人。父亲薛郧入蜀为官,去世后,妻女流寓蜀中。薛涛姿容美艳,性情敏慧,8岁能诗,洞晓音律,善歌舞,工诗词,多才多艺,声名倾动一时。

德宗贞元中，韦皋任剑南西川节度使，召薛涛赋诗侑酒，遂入乐籍。后来，袁滋、高崇文、武元衡、李夷简、段文昌、杜元颖、郭钊、李德裕等相继镇蜀，她都以歌伎而兼清客的身份出入幕府。韦皋曾拟奏请朝廷授以秘书省校书郎的官衔，限于旧例，未能实现，但人们往往称之为"女校书"。

薛涛和当时著名诗人元稹、白居易、张籍、王建、刘禹锡、杜牧等人都有唱酬交往。晚年好做女道士装束，喜欢清幽的生活。王建《寄蜀中薛涛校书》诗称道："万里桥边女校书，枇杷花里闭门居。扫眉才子知多少，管领春风总不如。"居成都浣花溪畔，自制桃红色小彩笺写诗。后人仿制，称为"薛涛笺"。今其地有薛涛井，相传是薛涛制笺汲水处。所作诗词情调感伤，明人辑有《薛涛诗》。

翔河东之凤
尊关西之师

上联指唐初大臣薛收。薛收字伯褒，蒲州汾阴（今山西万荣西南）人。薛收的生父薛道衡，为隋内史侍郎。他自幼过继给本家薛孺。薛孺工文史，生性正直，仕于隋，为官清廉。薛收从小受到家庭的熏陶和教育，孝敬父母，刻苦治学，12岁已能写文章。与两个侄子薛德音、薛元敬并称"河东三凤"。

隋末，李渊从太原起兵后，薛收聚集人马入首阳山，投奔李渊，受到其部属房玄龄的赏识，被推荐给李渊次子秦王李世民。李世民召见薛收，询问时政，薛收陈说天下大势，很合李世民的心意，于是被任为秦王府主簿。当时，李世民经常南征北伐，有关军事、民政的檄文布告，大多出自薛收的手笔。

李世民入洛阳时，看到隋朝的宫室非常奢华，不禁感叹，薛收又乘机援引前朝奢败俭兴的事例谏劝李世民，很为李世民所赞赏，回师长安后，李世民拜封薛收为天策府记室参军。不久，薛收又跟从李世民平刘黑闼，以功封汾阴县男。

武德年间，薛收病重，李世民遣使问候，不绝于道，还命人用轿把他抬来，亲自为薛收披衣，叙谈往事。薛收病逝后，李世民痛哭一场，又给他的族兄子薛元敬去信表示慰抚，遣使吊祭，赠帛300匹。后来，李世民为十八学士图像时，曾感叹薛收早死，不得列于其间，即位后，又对房玄龄说："薛收若在，朕当以中书令处之。"贞观中,追赠他为定州刺史。唐高宗即位后,又追赠他为太常卿,陪葬昭陵。

下联指隋代诗人薛道衡。薛道衡字玄卿,薛收的父亲。少年时就成了孤儿,但好学不倦,北齐武平年间即有诗名。先后在北齐、北周做官。入隋,曾任番州刺史,改任司隶大夫,后为隋炀帝所冤杀。

薛道衡和卢思道齐名,在隋代诗人中艺术成就最高。其诗词虽未摆脱六朝余风,但一些作品却刚健清新,少数边塞诗较为雄健,如《从军行》。其代表作《昔昔盐》描写思妇的孤独寂寞,其中"暗牖悬蛛网,空梁落燕泥"一联,最为脍炙人口。

魏宫人神针妙技
蜀秘书锦笺乐诗
上联指三国魏薛灵芸,下联指唐代薛涛。

理学名臣,敬轩重望
龙门良将,仁贵英风
上联指明代学者薛瑄,下联指唐代名将薛仁贵。

论道有灵异,文武双全成名早
生白具奇才,诗书并美信誉高
上联指明代散曲家薛论道;下联指清代医学家、诗书画家薛雪,字生白,有《医经原旨》等著述。

生意此时多,正光转绿萍、气催黄鸟
诗怀何处寄,是人归雁后、思发花前
全联指隋代诗人薛道衡。

吾先人由西蜀来兹,启十七世门楣,只耕读相传,敢远引皇族奚仲
予小子自古杭罢郡,承五百年堂构,欲本支勿替,常勉为善士居州

安徽全椒复兴镇薛氏宗祠联。

侯

窃符救赵

奏制封侯（李文郑）

上联说战国时魏国隐士侯嬴。侯嬴家贫，70 岁时任大梁夷门守门小吏，信陵君慕名拜访，亲自执辔驾车，迎为上客。后来，秦军围攻赵国邯郸（今河北邯郸），赵国向魏国求救。魏王命将军晋鄙率兵救赵，但晋鄙于中途屯兵，不敢前进。侯嬴为信陵君献计，设法通过魏王宠妃如姬窃得兵符，又推荐勇士朱亥击杀晋鄙，夺取兵权，击退秦军，救了赵国。

下联指东汉初大臣侯霸。侯霸字君房，河南密县（今河南新密）人。新莽时，官淮平大尹（太守），在任诛杀豪强，抑制权贵，为民众敬服。更始政权征他为官时，淮平百姓扶老携幼挽留他，甚至当路而卧，都恳求说："愿乞侯君再留一年。"

刘秀建东汉后，侯霸被任为尚书令（宰相），深得光武帝的信赖和器重。因为他熟知旧制，便选择前代法令制度中可行者，逐条奏上，多得以实施。后官大司徒，封关内侯。他去世时，刘秀深深感到惋惜，亲自去他家吊唁。

蜕龙节度

松鹤仙郎

上联说唐代人侯弘实。侯弘实，蒲坂（今山西永济）人。小时候家里很贫穷，长期为军外子弟。

相传有一天，他在屋檐下睡觉。母亲看到一条彩虹在河中喝水，一会儿却钻进了弘实的嘴里。等弘实睡醒，母亲问他做了什么梦。他回答说："刚才梦见到河里喝水，饱饱地喝了一顿才回来。"母亲听了暗喜，知道他将来一定有出息。

几个月后，有个四川的和尚到弘实家门前要吃的，临走时对侯母说："你当会有后福，全靠儿子的力量。"侯母把弘实叫出来，让和尚给他相面，和尚看了看弘实说：

"这个孩子是条蚬龙,但要离开家乡,才能有显耀的机会。"又说:"这个孩子性情残忍毒辣,一定会有人命的祸患。倘若信仰佛门,就会有好结果。"

后来,侯弘实果然在军队里做了将领。同光年间,跟从兴圣太子收复四川。蜀平之后,侯弘实做了眉州刺史,节度夔州。他官位很高,敬奉佛教十分虔诚,然而在军队管理上,持法稍显严厉。

下联指唐代侯道华。侯道华,芮城(今属山西)人。青年时在永乐道净院打杂,好读子、史,手不释卷。人们问他看这书有什么用,他回答道:"天下没有愚昧的仙人呢!"人们听了都大笑。

一天,他从集市上酒醉归来,把院前的松枝都一一砍去,说:"不要妨碍我升仙!"七天后,松树上出现云鹤笙歌,他飞到松树顶上坐下,挥手辞别大家,成仙而去。

桐叶题诗,缘谐名士

桃花薄命,血溅香君

上联指三国时蜀汉尚书侯继图。唐代诗人李颀的《古今诗话》、宋人的《玉溪论事》都记载有这样一个故事:侯继图本来是个儒生,有一年秋天,他到成都的大慈寺游览,偶然靠在大慈寺的栏杆上。有一片大桐叶飘然而坠,上面居然有一诗:"拭翠敛双蛾,为郁心中事,搦管下庭除,书就相思字。此字不书石,此字不书纸,书向秋叶上,愿逐秋风起。天下有心人,尽解相思死。天下负心人,不识相思意,有心与负心,不知落何地。"于是他将桐叶藏了起来。五六年后,侯继图娶任氏女儿为妻。婚后有一天,他与夫人笑谈此事,才知诗为妻子所写。侯继图拿妻子写的字和叶子上的字一对比,竟完全一样。

下联指明末清初文学家侯方域。侯方域字朝宗,号雪苑,河南商丘人。明末参加"复社",与桐城人方以智、如皋人冒襄、宜兴人陈贞慧齐名,称"四公子"。

侯方域曾与秦淮名妓李香君相爱,巡抚田仰仗势要李香君接待,香君坚决拒绝,至死不从,血溅扇面。当时,任右金都御史的杨文骢借血迹画成桃花。清代戏曲作家孔尚任根据这段故事,写成传奇剧本《桃花扇》。

方域雅号公子

侯景自称帝王

上联指明末清初才子侯方域,下联指南朝梁大将侯景。

以姬易侯垂思远

由周及清世泽长

山西翼城西阎镇十字河村侯氏家庙联。

功臣着美凌烟阁

学士流芳含象亭

上联指唐代吏部尚书侯君集,从太宗征伐有功,像列凌烟阁;下联指唐代学士侯行果。

红杏坊里慎斋起

勤慎堂中诗礼传

广东梅州城西侯姓宗祠"勤慎堂"联。

雷

字精易理

忠播睢阳

上联指元代学者雷德润。雷德润,建安(今福建建瓯)人。他和三个儿子雷机、雷栱、雷杭俱以精于研究《周易》而知名,著有《周易注解》,当时人称"雷门易"。

下联指唐代将领雷万春。安史之乱时,雷万春任张巡部将,从张巡守雍丘(今河南杞县)。安禄山的部将令狐潮围攻雍丘时,他站在城头与令狐潮对话,被对方埋伏的弓弩手射中,面部中六箭,仍岿然不动,敌人大惊。后随张巡守睢阳(今河南商丘睢阳区),坚守不屈,屡退敌兵。城陷后,与张巡一同遇害。

情逾胶漆

光烛斗牛

上联指东汉雷义。雷义字仲公,豫章鄱阳(今属江西)人。曾助人免于死罪,后来,人家以金二斤酬谢他,他坚决不受。人家又趁他不在家时,默默将金放置在他家承尘(天花板)上。后修葺房屋时,他才发现,其时那人已死,无法复还,他便将金交给了县里。

顺帝时,举茂才,雷义要让给好友陈重,但刺史不允许,他便披散头发装疯,远走他乡。当时人说:"胶漆可算是坚固了,但不如雷义与陈重的友情。"蒙学中也有谣谚说:"刎颈交,相如与廉颇;总角好,孙策与周瑜。胶漆相投,陈重与雷义。"

下联典指西晋雷焕。雷焕字孔章,豫章鄱阳(今属江西)人。通天文星象,善星历卜占,是个博物之士。武帝时,斗、牛二星宿间常有紫气,大臣张华问他是怎么回事,他说:"宝剑之精,上彻于天耳。"张华又问他宝剑在哪里,他说在豫章丰城。于是,他被任为丰城令。到任后,他在监狱的地基下挖掘出一青石函,里面果然有龙泉、太阿二宝剑。他送一剑与张华,自留一剑。

后来,雷焕将剑传给儿子雷华。雷华一次渡河时,宝剑忽然从腰间跃出堕入水中。他急忙使人下水去取,但却寻不见,只见两条长数丈的龙盘旋而出,光彩耀目。

乐器掷池惊天地

风雪采松胜桐琴

上联指唐代宫廷乐师雷海青。雷海青,清源(今福建莆田)人。精通琵琶,从小在戏班里长大,活泼可爱,聪明乖巧,日日同艺人们一起,读书写字,弹琴唱戏。到18岁时,既能扮演不同角色,又会弹奏各种乐器,特别是善于吹奏一种名叫"筚篥"的笛管(这种奇特的乐器,莆仙戏一直沿用至今)。

安禄山攻入长安后,命梨园弟子奏曲作乐。雷海青称病不去,被安禄山派人强押到场。众乐人思念玄宗,唏嘘泣下。雷海青忍耐不住,举起琵琶,奋力往地上一摔,以示抗拒,然后面向西方放声大哭。安禄山暴跳如雷,下令将雷海青在试马殿前肢解示众。

安史之乱后,唐肃宗封赏死难大臣,其中就有雷海青。后来,莆田的乡亲们将他奉为戏曲之神,建瑞云祖庙以祭祀。

下联指唐代著名的古琴制作家雷威。雷威,蜀人,是唐代制琴名手四川雷氏中的佼佼者。雷家世代造琴,其中以雷威最为著名。传说他的技艺经神人指点,又传说他在大风雪天,独往峨眉山酣饮,披蓑戴笠入松林中,听其声悠扬者,伐以为琴,妙过于桐。据苏轼《杂书琴事》所载,雷公琴的特点是"其声出于两池间。其背微隆,若薤叶然。声欲出而溢,徘徊不去,乃有余韵,其精妙如此"。至今,故宫博物院仍藏有唐代雷公琴"九霄环佩""大圣遗音"。

钟山招隐

雍丘著名

上联指南朝雷次宗,筑室于钟山西岩,命为"招隐馆";下联指唐代雷万春。

一门父子皆英烈

半千贪官尽服诛

上联指南宋勇士雷三益,景炎初年,同丙、戊、庚三子应文天祥之召,父子同时牺牲;下联指金代雷渊,兴定末任监察御史,弹劾不避权贵,至蔡州杖杀贪官污吏500人,当时号称"雷半千"。

冯翊灵钟歌松竹,而文夸肇建

新庭瑞露培亭壮,以德大诒谋

福建霞浦溪南镇白露坑村雷氏宗祠联。

胶漆坚牢,何如友谊切实

斗牛光彩,遥知剑气冲霄

上联指东汉雷义,下联指西晋雷焕。

白

珍珠赠嫁

紫石刊书

上联指宋代贫士白厚。白厚有才学,娶富家刘纯材之女为妻,送黑色耳饰十件为聘礼,刘纯材则以珍珠一升、紫鸭千只回赠,并使家童满路撒烛花。

下联指唐代诗人白居易的女儿白金銮。白金銮自幼聪敏,10岁时书写南朝齐文学家孔稚圭的《北山移文》,白居易为她买来终南山的紫石刊刻。

栖真笔洞

结社香山

上联指南宋道士白玉蟾。白玉蟾字如晦,号海琼子,原籍闽清,安家于琼州(今海南),后隐于武夷山笔洞,诏封紫清真人。博览群书,善书,工画。有《海琼集》等。

下联指唐代诗人白居易。白居易字乐天,祖籍太原是杜甫之后,唐代又一位杰出的现实主义诗人,也是唐代诗人中作品最多的一个。他曾将自己的诗分为四类:讽喻、闲适、感伤、杂律。他本人最得意,价值也最高的,是他的讽喻诗。

白居易晚年在洛阳与香山僧如满等结香火社,自称香山居士。初与元稹酬咏,号称"元白";又与刘禹锡齐名,号称"刘白"。同诗仙李白、诗圣杜甫、诗豪刘禹锡、诗鬼李贺等,白居易被称为"诗魔"。著有《白氏长庆集》等。

精治生术

封武安君

上联指先秦时商业经营思想家、理财家白圭。白圭名丹,战国时东周(今河南洛阳)人。善于经商,人称"治生(谋生计)之祖"。梁(魏)惠王时在魏国做官,后来到齐国、秦国兴货殖之业。《汉书》中说他是经营贸易发展生产的理论鼻祖。

白圭善于观察市场行情和年成丰歉的变化,奉行"人弃我取,人取我与"的经营方法,丰收年景时,买进粮食,出售丝、漆。蚕茧结成时,买进绢帛棉絮,出售粮食。用观察天象的经验,预测下年的雨水多少及丰歉情况。为掌握市场的行情及变化规律,他经常深入市场,了解情况,对城乡谷价了如指掌。

白圭虽为富商,但生活俭朴,摒弃嗜欲,节省穿戴,与他的仆从们同甘共苦。

下联指战国时著名的军事家、秦国名将白起。白起也称公孙起,号称"人屠",战国四将之一(其他三人分别是李牧、廉颇、王翦),郿县(今陕西眉县东北)人。

秦昭襄王时,任用白起为将。白起素以深通韬略著称,先以左庶长,领兵攻打韩的新城(在今河南伊川西)。又升左更,出兵攻韩、魏,用避实击虚、各个击破的战法全歼韩魏联军于伊阙(今河南洛阳龙门),斩获首级24万,俘大将公孙喜,攻陷五座城池。因功晋升为国尉,又渡黄河攻取韩国安邑以东到乾河的土地。再升大良造,领兵攻陷魏国,占据大小城池61座,又与客卿司马错联合攻下垣城。后率兵攻赵,占取光狼城(今山西高平西)。攻楚,拔鄢、邓等五座城池,继而攻陷楚国的都城郢(今湖北江陵西北),楚王逃离都城,避难于陈国,秦国以郢都为南郡。白起因功受封为武安君。

长平(今山西高平)一战,白起率领秦军先后斩杀和俘获赵军45万人,赵国上下为之震惊。从此赵国元气大伤,一蹶不振。

白起的作战特点有三个:一是不以攻城夺地为唯一目标,而是以歼敌有生力量作为主要目的;二是为达歼灭战目的,强调追击战,对敌人穷追猛打;三是重视野战筑垒工事作为进攻的辅助手段,这个作战指导思想,在当时属于前所未有。

两州刺史千秋业
万首歌行八斗才
洛阳白居易墓联。

但是人家有遗爱

曾将诗句结风流

江西九江白公祠(祀唐代诗人白居易)联。

诗歌杰作香山士

辞赋传奇滤水风

上联指白居易;下联指白居易的弟弟白行简,有辞赋《滤水罗
赋》。

南阳受姓以还,百代簪缨垂燕翼

皖水发祥而后,九天雨露满龙山

安徽安庆白家湾白氏宗祠联。

龙

伯高敦厚

经德文章

上联指东汉名士龙述。龙述字伯高,京兆(今陕西西安)人。初任山都县令,大将军马援劝他侄子学习龙述"敦厚周慎,口无择言,谨约节俭,廉公有威"的品德,称这是龙述的"八德"。

光武帝知道龙述的事迹后,说他"堪为世人师",于建武年间任他为武陵太守。从此他便在武陵安了家,成为武陵龙氏始祖。

下联指清代学者龙启瑞。龙启瑞字辑五,号翰臣,广西临桂(今桂林)人。道光时状元,授翰林院修撰。后出任广东乡试同考官、副考官,升侍讲,又提督湖北学政。其间著《经籍举要》,认为学政之职有"三要":一为防弊,二为厉实学,三为正人心风俗。

龙启瑞在学识上讲究有扎实基础、真才实学,尤其在音韵训诂方面多有建树,有较深的造诣。著有《古韵通说》《尔雅经注集证》《经德堂集》《小学高注补正》

等。其后人遂以"经德"为堂名。

图来传鹤

梦应成龙

上联指北宋初龙镯。龙镯字琢成,乾德年间官邠州太守,多有惠政,百姓们视他如父母。一天,一群白鹤飞来,从早到晚不离开。州人绘《来鹤图》称颂其德政。龙镯的后人遂以"来鹤"为堂名。

下联指唐代人龙起。相传他曾在梦中乘龙腾空,望见身后有骆驼。登第后才知道,排在他后面的人正巧叫驼起。

日射风平第

星交龙宇长

上联指北宋诗人龙太初。《苕溪渔隐丛话》中引王直方《诗话》载:大臣郭功甫正和王安石在一起,有一人持名片来拜见,上面写着"诗人龙太初"。郭功甫勃然大怒,叱责道:"相公(指王安石)前敢自称诗人!"王安石说:"且请来相见。"

坐下后,郭功甫问他:"你能作诗,为我写一篇如何?"龙太初很爽快地答应了,郭功甫便请王安石出个诗题。当时,府中有一老兵以沙擦铜器,王安石说:"可作沙诗。"顷刻工夫,龙太初诵道:"茫茫黄出塞,漠漠白铺汀。鸟去风平篆,潮回日射星。"郭功甫看了,很是佩服,龙太初由此名闻东南。

下联指宋代人龙澄。相传他在瀼水游玩,在水中发现一个石盒,得到玉印五枚,印上文字如星霞。龙澄将盆拿起,发现旁边还有个形貌怪异的人。只听那人说:"我是九天使者,这石盒、玉印是上帝的宝物,请放回原处。"龙澄大惊,照他的话做了,再看,石盒已经不见了。

在昔曾绵科甲第

中兴复振博师家

江西永新在中村龙氏宗祠"忠勤堂"联。

虞舜大臣,子孙繁衍

雷阳望族,瓜瓞绵延

安徽望江城龙氏宗祠联。上联指龙氏来源,下联指本支龙氏。

日射凤平,映诗人之警句

星交龙字,征异兆于科名

上联指北宋龙太初,下联指宋代龙澄。

风篆日星,功父搁吟哦之笔

敦厚周慎,伏波示愿效之书

上联指北宋龙太初,下联指汉代龙伯高。

祠宇维新,桂树永荣龙氏族

山川挹秀,卿云常护状元门

安徽桐城龙氏宗祠联。状元,指清代桐城人龙汝言。

段

文称二妙

国立一王(李文郑)

上联指金代文学家段克己、段成己兄弟,绛州稷山(今属山西)人。俱有文名,金代文学家赵秉文以“二妙”相誉,曾大书“双飞”二字命名他们兄弟所住的地方。后人编他们的合集时,称《二妙集》。《四库总目提要》称:“大抵骨力坚劲,意致苍凉,值故都倾覆之余,怅怀今昔,流露于不自知”,为金词中“清劲能树骨”者。

下联说十六国时凉州地方政权首领、北凉的建立者段业。段业,京兆人。博览史传,擅长文辞。原来是后凉天王吕光部将杜进的僚属,从征西域,后任建康(今甘肃酒泉)太守。后凉龙飞年间,沮渠男成及其堂弟沮渠蒙逊推段业为大都督、龙骧大将军、凉州牧、建康公,改元神玺,后称凉王,改元天玺。

段业本来只是一个儒家长者,因缘际会被推上王位,其实本人并没有权谋,无法约束下属,只信任卜卦、巫术。而一直以来,段业对于沮渠蒙逊的勇略就颇为忌惮,蒙逊也有除掉段业之意。不久,段业诬男成谋反,杀了他,蒙逊以此为借口攻击段业,段业兵败被杀,蒙逊继立为北凉君主。

平羌锡士
梦凤呈祥

上联说东汉大臣段颎。段颎字纪明,武威姑臧(今甘肃武威)人。少年时就习弓马,尚游侠。桓帝初,举孝廉,为陵阳令,迁辽东属国都尉,拜议郎。

羌族长期生活在今青海、甘肃一带,后逐渐东移。居于陇山之西的称西羌,其东为东羌。东汉安帝永初初年起,羌人大规模起兵反汉,持续数十年。东汉政府摇摆于安抚与攻战之间。桓帝时,起用积极主张攻战的段颎,统兵攻羌。桓帝永寿中,拜中郎将,因功封列侯,后任护羌校尉,官至太尉。

下联说北宋大臣段少连。段少连字希逸,开封人。相传他出生前,母亲在梦中见凤凰集于庭院。长大后,"美姿表,倜傥有识度"。历官知县、知州,才干超群,多有政绩,事无大小,决断如流,不向权势屈服,范仲淹曾推荐他"才堪将帅"。后官工部郎中、龙图阁直学士、御史台推直官,迁太常博士。

忠留丹笏
学博酉阳

上联指唐代名将段秀实。段秀实字成公,陇州汧阳(今陕西千阳)人。大历时,任四镇、北庭行军、泾原郑颍节度使,总揽西北军政四年,吐蕃不敢犯境,百姓安居乐业。

德宗建中初年,段秀实自泾原节度使被召入京,任司农卿。他告诫自己的家属,路经岐州时,朱泚如果送财物,千万不要收下。后过岐州,岐州尹朱泚硬要送

300匹大绫,段秀实的女婿因无法拒绝便收下了。段秀实知道后,将这些绫堆放在司农寺办公大厅的房梁上。

不久,朱泚反叛朝廷,占据长安,强迫素有威望的段秀实出来做官。在议事时,段秀实大骂朱泚为"狂贼",用象牙笏猛击其额头,被杀害。朝野赞叹:"自古殁身以卫社稷者,无有如秀实之贤。"

段秀实死后,司农寺的官吏把他拒受绫的事告诉朱泚,朱泚将大厅房梁上的绫取下一看,原先包装的标记都在,300匹大绫原封未动。

下联指唐代文学家段成式。段成式字柯古,临淄(今属山东)人。咸通初年,出为江州刺史。免官后寓居襄阳,与温飞卿、余知古、韦蟾、周繇等时相唱和。

段成式博闻强志,能诗善文,在文坛上与李商隐、温庭筠齐名。因三人均排行第十六,故时人号其诗为"三十六体"。一生著述甚多,其中《酉阳杂俎》为唐人笔记中著名作品,被后世誉为"小说之翘楚"。清人辑有《段成式集》。

好溪呼于百姓
开谕胜过三军
上联指唐代段成式;下联指唐代大臣段文昌,文学家段成式的父亲。

九经陶铸资群彦
一字源流奠万哗(赵朴初)
江苏金坛段玉裁纪念馆联。

独存一夫,坚守学道
尚有二人,拥为君王
上联指战国时魏国人段干木;下联指段姓称帝者有二人,即十六国时段随、段业。

郝

丰文尚节

引义传经

上联指元初政治家、思想家、书法家郝经。郝经字伯常,陵川(今山西晋城)人。为人崇尚气节,为学务求有用。

宪宗时,皇弟忽必烈在藩府中召见郝经,对他所陈述的治国方略极其赏识,纳他为臣属。郝经跟从忽必烈攻鄂州,得到宪宗去世的消息后,力劝忽必烈北还争帝位。忽必烈即位后,授予郝经翰林侍读学士之职,并派遣他为使臣,与南宋谈判。原来,忽必烈为藩王的时候,曾经与南宋的宰相贾似道有过"君子协议",贾似道曾经承诺与蒙古议和称臣,并缴纳岁币之事。不料,贾似道当初与忽必烈的"君子协议"是背着皇帝答应的。郝经刚到真州(今江苏仪征),就被贾似道拘禁,长达16年。但他始终不屈身辱命,至元年间才被释还。

郝经饱览群书,著述丰富,文章丰蔚豪放,撰有《续后汉书》《易春秋外传》《太极演》《通鉴书法》等,又著有《陵川集》。诗多奇崛之作。书法高古,取众人所长以为己有,笔画俊逸遒劲,无倾侧颇媚之态,恰似其为人,为一时名笔。

下联指唐代大臣郝处俊。郝处俊,安州安陆(今属湖北)人。贞观年间进士,累迁吏部侍郎,跟随大将李勣征讨高丽有功,入拜东台侍郎。上元初年,迁中书令(宰相)。

郝处俊为人正直,操履无玷。他在朝中每发言议论,必引经据典,主张法令应刚柔相济,凡所规讽,深得大体,得到高宗赞许。后兼太子中庶子,拜侍中,罢为太子少保。

高宗自咸亨年间患疟疾,一度病危,上元初年又有恶化,一度萌生服食丹药之念,虽经郝处俊劝阻,但因病痛难忍,不久便广招方士炼黄白之物。之后,高宗要逊位,令武后(武则天)摄政,与宰相商议。郝处俊极力谏阻:"《礼经》中说:'天子理阳道,后理阴德'。帝与后,就好像日与月、阳与阴,各有所主。陛下欲违反此道,臣恐怕上则谪见于天，下则取怪于人。当年的魏文帝，身崩后尚不许皇后临朝，如今陛下怎么能传位于天后呢？况且天下是高祖、太宗二圣的天下，并非陛下的天下。陛下正应该谨守宗庙，传给子孙，不能因为偏爱皇后就把大好江山送给外姓。"中书侍郎李义琰也进言说："处俊所引经旨，足可以作为凭据，请圣上不要怀疑，这才是天下老百姓的福分。"郝处俊因此受到武后的忌恨。

猛将旗手

红袄顺天

上联指郝姓第一猛将郝摇旗。郝摇旗原名永忠，作战骁悍，好举旗冲锋，因此得绰号"郝摇旗"。原为明末流寇，起初曾被高迎祥提拔，因好酒贪杯，曾贻误大事。后在李自成农民起义军中当旗手，但也不得李自成重用。

闯王李自成牺牲后，他与李锦等人联合南明抗清，在湖南、广西等地大败清军。后因受军中歧视，退回湖北，攻巫山时，与清军战于天池寨，不敌被俘。后被清廷杀害。

下联指金朝末年红袄起义军首领郝定。郝定又名郝仪、郝八，兖州泗水（今属山东）人。金末大安年间，益都（今山东青州）人杨安儿、潍州（今山东潍坊）人李全、泰安人刘二祖等，分别领导农民在山东发动起义。起义军均身穿红袄为标志，故称"红袄军"。

郝定原率领一支红袄军活动在泗水及其周边地区。杨安儿、刘二祖失败后，其部分余部投奔了郝定，其队伍日益壮大，发展到6万余人。红袄军的日益壮大，引起了金朝统治者的极大恐慌，金宣宗派枢密副使仆散安贞从各地调兵前来镇压，郝定在泗水被捕。不久，在南京（今河南开封）被杀。

储书晒腹

饮水投钱

上联指东晋郝隆。郝隆字仕治，任荆州刺史桓温的南蛮参军，善于应对。一年的七月初七，人们都忙着晒衣物，他却仰卧在庭院里。有人问他在做什么，他答道：

"晒一下我肚子里的书。"

下联指汉代人郝廉。郝廉性廉洁，到他姐姐家吃饭后，默默地将钱放在席子下。出门远行时，饮路旁井水，投钱于井中，以表示清廉。

人曝笼内物
我晒腹中书
指东晋人郝隆。

尔雅疏义流芳远
春秋说略世泽长
全联指清代郝懿行，字恂九，号兰皋，嘉庆进士，谦退廉介，潜心著述，长于名物训诂之学，著有《尔雅疏义》《春秋说略》《山海经笺疏》等。

奇韵豪文，才推元代
危言高论，名重汉时
上联指元代郝经，下联指东汉名士郝洁。

孔

五经撰疏
两部鼓吹
上联指唐初经学家孔颖达。孔颖达字冲远，冀州衡水人。隋朝大业初年，任河内郡博士。至唐初，历官国子博士、国子司业、国子祭酒等。奉唐太宗命主编《五经正义》，融合南北经学家的见解，形成唐代义疏派，唐代用其书作为科举取士的标准，贞观年间，图像绘于凌烟阁。

下联指南朝齐文学家孔稚珪。孔稚珪，字德璋。会稽山阴（今浙江绍兴）人。少涉学有美誉，高帝召为记室参军。累迁太子詹事。孔稚珪风韵清疏，好文咏，不乐世务。常凭几独酌，门庭之内草莱不剪，中有青蛙的鸣叫。孔稚珪曾对客人说："我以此当两部鼓吹。"

东山振铎

北海倾樽

上联指春秋时思想家、教育家、儒家学说创始人孔子。《孟子·尽心上》说："孔子登上东山，就觉得鲁国变小了。"《论语·八佾》："上天将把孔子作为木铎（人民的导师）。""木铎"，木舌铃。"振铎"，指摇铃来警醒群众，引申为从事教育工作。

下联指东汉文学家孔融。孔融字文举，鲁国鲁县（今山东曲阜）人，孔子二十世孙。献帝初平初年，任北海相，因颇有政声，时人称为"孔北海"。又历任少府、大中大夫等。后被曹操杀害。

孔融恃才负气，喜欢宾客，曾说："座上客常满，樽中酒不空，我没有什么忧虑。"

千秋绝唱桃花扇

万古奇文论语篇

上联指清代诗人、戏曲作家孔尚任。孔尚任字聘之，又字季重，号东塘，别号岸堂，自称云亭山人。山东曲阜人，孔子第六十四代孙。历任国子监博士、户部主事、广东司员外郎。52岁时孔尚任写成传奇剧本《桃花扇》。一时洛阳纸贵，不仅在北京频繁演出，"岁无虚日"，而且流传到偏远的地方，连"万山中，阻绝人境"的楚地也有演出。时人将他与《长生殿》的作者洪昇并论，称"南洪北孔"。不久，被免职，"命薄忍遭文字憎，缄口金人受诽谤"，从他所写诗句看，很可能是因创作《桃花扇》而得祸。

下联指孔子，现存《论语》一书，记有孔子的谈话以及孔子与门人的问答，是研究孔子学说的主要资料。

安富尊荣公府第

文章礼乐圣人家

山东曲阜孔府门联。

泗水香泉暖百代

尼山秀色震千秋

辽宁辽中孔氏家谱联。

弱翁钓珊瑚之树

冲远列凌烟之班

上联指唐代冀州人孔巢父,字弱翁,早年与李白、裴政等六人隐居于徂徕山,酣歌纵酒,人称"竹溪六逸",好学而善辩多智,文采似珊瑚树明润;下联指唐初经学家孔颖达。

墨兰飞舞秀而劲

思孟述贤博且精

上联指清代画家孔毓圻;下联指战国初哲学家孔伋,即子思,孔子之孙。孟子曾受业于他的门人,发展儒家学说,形成了"思孟学派"。

莲潭水明,直同泗水

半屏山秀,俨如尼山

台湾高雄孔庙联。

泗水溯渊源,两字惟传诗礼

尼山留苗裔,千秋永享蒸尝

孔氏祠堂联。

曲阜旧家风,诗礼相传,留得麟经昭万世

洞庭新庙貌,馨香以祝,绵延凤德永千秋

幸问一龙，诗礼真传，自周鲁以来，理学名儒照青史

复敦三物，子孙纯嘏，迁秋浦而后，瓜绵椒衍遍红尘

安徽东至孔家村孔氏宗祠联。上联指孔子当年向老子问礼事，孔子曾向弟子说："我今日见老子，其犹龙（高深奇妙，如龙那样变化不可测）邪！"下联指本支孔氏的迁徙。三物，指六德（知、仁、圣、义、忠、和），六行（孝、友、睦、姻、任、恤）和六艺（礼、乐、射、御、书、数）。秋浦，河名。

邵

卫商十载

博学五经

上联指南宋抗金英雄邵兴。邵兴，后改名邵隆。北宋靖康二年（1127），北宋灭亡后，两河（即河东、河北，今山西与河北南部、河南西部及北部一带）人民拒绝降金。邵兴遂聚众起义。

建炎初年，金军大举攻掠中原。解州义军在邵兴率领下，于神稷山屡败金军后，金将完颜活女抓住邵兴的弟弟，押解到自安邑（今山西运城东北）阵前，迫使邵兴投降。邵兴不顾，饮恨死战，大破金军。后听说李彦仙夺取了陕州（今河南三门峡西），便率众归附，共守陕州。陕州失陷后，又南下商州，保卫达十年。宋金议和后，他出境袭金，被秦桧毒死。

下联指元末学者邵光祖。邵光祖字弘道，河南（今河南洛阳）人。跟随父亲宦游吴中，遂在那里安了家。博学好古，好儒学，治学尤为精研，非圣贤之书不读，穷六书之旨。吴中学者称其为"五经师"。

张士诚据吴称王时，请他任湖州学正。他没有去上任，以布衣终老。著有《切韵指掌图检例》《邵布衣诗》等。

东陵衍派

皇极传经

上联指秦汉之际邵平。秦始皇之父母庄襄王和赵姬,安葬在今陕西临潼韩峪秦东陵。为了监护这座陵墓,秦始皇专门封邵平为东陵侯,在此管理。汉初,高祖刘邦未再起用,致使他沦为布衣,只好以种瓜卖瓜为生。其瓜有五色,人称"东陵瓜"。

下联指北宋哲学家邵雍。邵雍字尧夫,谥号康节,他生于范阳(今河北涿州),后随父亲移居共城(今河南辉县),晚年隐居于洛阳(今属河南)。邵雍在少年时就胸怀大志,发愤刻苦读书,于书无所不读。凭着自己的聪颖才智,融会贯通,妙悟自得,终于成为一代易学大师,形成了自己一套完整独特的宇宙观,对于天地运行、阴阳消长的规律了如指掌。

邵雍著有《皇极经世》《观物内外篇》《伊川击壤集》《渔樵问答》等著作。后人尊称他为"邵子"。

伯春驰诵

召父留芳

上联指东汉大臣召驯。召驯字伯春,九江寿春(今安徽寿县)人。召驯少年时学韩诗,博通书传,以志行闻名,乡里人称他"德行恂恂(小心谨慎的样子)召伯春"。曾多年在地方做官,建初初年,迁骑都尉,侍讲肃宗。章和中为光禄勋,曾入宫教授诸王经书,章帝对他恩宠有加。

下联指西汉大臣召信臣。召信臣字翁卿,九江寿春(今安徽寿县)人,召驯的曾祖父。元帝时任南阳太守。

任职期间,他巡视郡中各处水泉,组织开挖渠道,兴建了几十处水门堤堰,灌溉面积逐年增加,最后多达3万顷,百姓因之富足,户户有存粮。在召信臣主持兴建的南阳水利工程中,最有名的是六门堰和钳卢陂。六门堰又叫穰西石堰,在今河南邓州城西。它壅遏湍水,形成水库。设六处水门引水,水由水门分出后,沿途形成29个陂塘,形成"长藤结瓜"式灌溉系统,可以灌溉穰县(今邓州)、新野、涅阳(今邓州市东北)三县 5000 多顷农田,使得南阳水利得以长盛不衰,呈现一片兴旺景象。

召信臣还大力提倡勤俭办理婚丧嫁娶,明禁铺张。对游手好闲、不务劳作的府县官员和富家子弟,则严加约束。南阳郡社会风气极好,人人勤于农耕。以前流亡在外的百姓纷纷回乡,户口倍增,而盗贼绝迹,讼案也几乎没有。郡中百姓对召信臣非常爱戴,称召信臣为"召父"。

甘棠遗爱
秬鬯酬功

上联指周代召伯(召公),辅佐武王灭商,巡视南方时,曾在甘棠树下休息并处理公务;下联指周宣王时召虎,召伯的裔孙,因功受赐秬鬯(酒名)。

陕州取义
皇极传经

上联指南宋邵云,下联指北宋邵雍。

丹阳龙图学士
芜湖桑枣园丁

上联指宋代丹阳人邵必,曾官龙图阁学士。下联指清代书画家邵士燮,字友园,号范村、桑枣园丁,芜湖人。

疏特立身,一饭心常悬北阙
功臣讲学,半弓地已辟东林

明代尚书邵文庄公祠联。

史

直躬如矢

忠谏伏蒲

上联指春秋时卫国大夫史鳝。史鳝字子鱼，弥留之际时，他告诉儿子说："我既不能使贤人蘧伯玉被提拔，也不能使小人弥子瑕被辞退。生时不能辅佐国君，死了则不能成礼节，把我的尸体放在北堂就足够了。"

史鳝死后，卫灵公来吊丧，他儿子把这些话告诉给了灵公。灵公说："夫子活着的时候推荐贤人，弹劾不肖之人，死了还要以尸体来进谏，可以称得上是'忠'了。"

于是，灵公召见蘧伯玉，封他为卿，又辞退了弥子瑕。孔子听说了这件事，赞叹道："史鳝是个正直的人啊！政治清明时像箭一样直，政治黑暗时也像箭一样直。"

下联指西汉大臣史丹。史丹，鲁国（今山东曲阜）人。史丹于成帝时为左将军，封武阳顷侯。

汉元帝晚年因重病缠身，曾有废立太子的打算。史丹凭借元帝的特殊信任，得以陪伴在侧。他在与元帝单独相处之时，跪在青蒲上涕泣而奏：皇太子之立长达十余年，"名号系于百姓，天下莫不归心"。如果要换太子，"公卿以下必以死争，不奉诏。臣愿先赐死以示群臣！"元帝有感于史丹的涕泣极谏，也考虑到改立太子的诏旨一旦公布，极可能出现朝廷公卿共同抗旨的紧张局面，于是元帝不得不明确表态：不会有改立太子之举。一场政治危机得以消弭。

茅庐炼药

梅岭招魂

上联指东汉方士史通平。史通平从会稽迁居青神（今属四川），筑茅庐炼丹，据说可成龙虎之形，后来白日升天成仙。

下联指明末大臣、政治家，军事家史可法。史可法字宪之，又字道邻，河南祥符（今开封）人。李自成攻占北京，弘光政权建立后，史可法出任礼部尚书兼东阁大学士,时称"史阁部"。后被马士英等人排挤,督师淮扬,竭力协调江北四镇将领,以抵御清兵。

顺治二年(1645),清豫亲王多铎兵围扬州,史可法传檄诸镇发兵援救,但仅少数兵至。此时,多尔衮劝他投降,史可法致《复多尔衮书》,表示拒绝。副将史德威追随史可法多年,史可法收他为义子,托以后事。清军以红衣大炮攻城,扬州城破,史可法欲自刎,被众将拦住。众人拥下城楼,史可法大呼道:"我史督师也!"多铎又劝降,史可法表示:"城亡与亡,我意已决,即碎尸万段,甘之如饴,但扬城百万生灵不可杀戮!"后壮烈就义。多铎因为攻城的清军遭到很大伤亡,下令屠杀扬州百姓。大屠杀延续了10天,死亡80万人,史称"扬州十日"。史可法死后,其遗体不知下落,隔年,史德威将其衣冠葬于扬州城外梅花岭。

南波传世诗书画

岵冈动人竹石兰

上联指清代书画家史翁。史翁字南波。时称其诗、书、画为"三绝",同时,又擅长左手书写。

下联指清代文学家、书画家史震林。史震林字岵冈,江苏金坛人。乾隆时进士,官淮安教谕。能诗、工书、善画,不落前人窠臼。著有《西青散记》《华阳散稿》等。

气吐风云,勤千秋之略

光依日月,荣二字之褒

上联指隋代名将史万岁,下联指南宋大臣史浩。

定乱安邦,常怀庙廊大志

出将入相,允称社稷名臣

上联指五代后周名将史弘肇,曾说:"安朝廷,定祸乱,直须长枪大剑,毛锥子安足用哉!"下联指元代大臣史天泽,为将相五十年,上不疑,下无怨,堪称典范之臣。

伏蒲之忠，谏元帝而留太子

知矢之直，进君子而退小人

上联指西汉大臣史丹，下联指春秋时史鳝。

祖孙父子、兄弟叔侄，四世翰苑蝉联，犹有舅甥翁婿

子午卯酉、辰戌丑未，八榜科名鼎盛，又逢己亥寅申

江苏溧阳史氏宗祠联。上联指史鹤龄从康熙年间入翰林后，其子史夔，其孙史贻直，侄孙史贻谟，曾孙史弈簪，女婿于小谢，外甥于敏中、任兰枝、管干珍相继为翰林，世称海内无第二家。下联指史鹤龄为丁酉年举人、丁未年进士，史夔为辛酉年举人、壬戌年进士，史夔弟史普为己卯年举人、庚辰年进士，史随为戊子年举人、己丑年进士，史贻直为己卯年举人、庚辰年进士，史贻谟为甲子年举人、乙丑年进士，其弟史贻简为癸卯年举人、甲辰年进士，史弈簪为己酉年举人、戊辰年进士。

毛

捧檄而往

脱颖而出

上联指东汉毛义。毛义字少节，庐江（今属安徽）人。自幼丧父，家境贫寒，母子相依为命，以孝行称著乡里。年少时便为他人放牧，箪食瓢饮，奉养其母。母亲生了病，他伺候汤药，甚至割股作药引疗疾。当时，南阳太守张奉慕名到他家拜访，正好朝廷委任毛义做安阳县令的文书送到。毛义欢天喜地至城东临仙桥迎接檄文，捧着文书向母亲报喜，母亲见了十分高兴。而张奉看了毛义这得意的样子，心里瞧不起他，后悔不该来，便马上告辞而去。

后来，毛义因母亲去世，辞官还乡守孝。朝廷派人专车前来看望，谁知毛义却跪拜于临仙桥上，将原封安阳县令的檄文双手捧还。安葬母亲后，毛义隐居山野。后举贤良，被推荐做官，朝廷多次征召他都坚决不出。张奉得知后，十分佩服毛义

的孝贤,感叹道:"贤者深不可测啊!当年毛义喜形于色,捧檄向母亲报喜,是为了使母亲高兴,他屈尊就任也是为了孝亲啊!"

汉章帝得知后,下诏书褒奖毛义,称赞他的贤孝,并赐谷千斛。

下联指毛遂。毛遂,战国时赵国人。为赵国公子平原君赵胜的门客,在平原君处三年未得展露才华。

公元前260年,赵王中了秦的反间之计,使得赵国40万大军被困长平,最后全部被秦将白起坑杀,精锐丧失殆尽。次年,秦军围攻赵国都城邯郸,赵王急召平原君商议退敌救国之策。平原君建议以"合纵"之策,求楚国出兵救援。

平原君回到府中,急招门客,言明使楚合纵之事,并要选拔20人随同前往。毛遂挺身自荐。平原君说:"贤士在世上,好像是锥子在袋子里,它的尖马上就会露出来。你在我门下三年,我从未听说过你的才干。"毛遂说:"我今天就请求您把我放在袋子里。如果早一些的话,已经脱颖而出,不仅仅是尖而已。"

平原君和楚王谈判半日不决,毛遂按剑而起,直陈利害,说服楚王同意赵、楚合作,对付秦国。平原君回到赵国,感叹道:"我一向自以为能够识得天下贤士豪杰,不会看错怠慢一人。可毛先生居门下三年,竟未能识得其才。他在楚国朝堂之上,唇枪舌剑,豪气冲天,不独促成约纵,且不失赵之尊严,大长赵之威风。毛先生以三寸之舌,而强于百万之师。我再不敢以能相天下之士自居了。"遂待毛遂为上客。

廉洁世望

风雅诗宗

上联指清代大臣、学者毛谟。毛谟字吟树,归安(今属浙江)人。嘉庆年间进士,官至内阁学士兼礼部侍郎。以清介自持,所到之处以廉洁闻名。他住在京城时,曾靠授徒自给。

下联指西汉学者毛亨、毛苌。毛亨,西汉鲁(今山东曲阜)人,一说为河间(今河北献县东南)人。据称其诗学传自孔子的弟子子夏,作《毛诗故训传》,传授给毛苌。毛苌,西汉赵(今河北邯郸)人,曾任河间献王博士。

时人称毛亨为"大毛公",毛苌为"小毛公"。古时有四家为《诗经》作注,齐、鲁、韩三家诗除《韩诗外传》六卷外，俱已失传，只有毛亨、毛苌作注的"毛诗"得以完整流传下来。

子晋典籍八万册

鸿宾文字第一筹

上联指明末学者、藏书家、出版家、文学家毛晋。毛晋初名凤苞，字子晋，一字子久，号潜在、隐湖，江苏常熟人。毛晋博学多识，入清后无意仕途，立志于藏书，为搜集善本秘籍遗书，不惜高价购买，当时，江南书商云集七星桥毛家门前，有"三百六十行生意，不如鬻书于毛氏"的谚语。他遍搜古籍达84000余册，多宋元善本，建有书楼名汲古阁，以藏精版；另建目耕楼，以藏通用本及抄校本。对宋、元珍贵版本，雇用高手，以上等纸、墨抄写，字体工整。如同原作，遂以"毛钞"书著名。又延聘名士，校勘图书。一生刊刻书籍极多，范围广泛，有"毛氏之书走天下"之说，在中国出版史上有一定地位。

下联指清代大臣毛鸿宾。毛鸿宾字翊云，号菊隐，山东历城（今济南）人。道光年间进士，后被授翰林院编修。历任监察御史、给事中等。毛鸿宾敢言直谏，不畏权贵。胡林翼所谓"言系天下安危，二百年来第一等文字"。

注经世业

捧檄家声

湖南湘潭韶山冲毛氏宗祠联。上联指毛苌，下联指毛义。

官奴骂贼

侍史工诗

上联指清代毛谟，下联指西汉毛苌。

诗学有渊源，美一家授受

易经明消长，验四季变迁

常

节齐苏武

名擅儒林

上联指西汉大臣、外交家常惠。常惠，太原（今属山西）人。武帝时随苏武出使匈奴，被扣十余年而始终不屈。获释回国后，被汉昭帝拜为光禄大夫，封长罗侯，后代替苏武为典属国。宣帝本始年间，任校尉，持节护乌孙兵打击匈奴。通晓西域情事，甘露年间，官至右将军。

下联指南北朝时北魏著名学者常爽。常爽字仕明，河内温（今河南温县）人。少小聪敏，博通经史，研读遍及五经、百家。太武帝西征时，他任宣威将军。曾在家乡温水旁置学馆，授徒达七百余人，执教严厉有方，当时人称"儒林先生"。著有《六经略注》。

华阳国志德名远

开平武王恩威长

上联指东晋史学家常璩。常璩字道将，江原（今四川崇州）人。巴氏族人李雄在四川建立政权（十六国之一的成汉）后，注意网罗旧家大族，任命常璩为散骑常侍。东晋大将桓温伐蜀，军至成都，成汉灭亡。桓温在四川停留期间，招募贤才，十分器重常璩，称他为"蜀之良也"，授以参军之职。入晋后，常璩居东晋都城建康。

东晋朝廷重中原故族，而轻视蜀人。当时常璩已老，又受歧视，便怀愤修改旧作，写成《华阳国志》，旨在赞誉巴蜀文化悠远，人才济济，以反抗建康士流对蜀人的轻蔑。因资料翔实可靠，叙述得法，文辞典雅，而成为名闻中外、影响深远的史学巨著，是研究我国西南地区山川、历史、人物、民俗的重要史料，也是现存最早的以"志"为名的地方志。《华阳国志》的内容和体例都较完备，被后来的史学家广为引鉴。

下联指元末红巾军杰出将领、明初开国名将常遇春。常遇春字伯仁,号燕衡,怀远(今属安徽)人。常遇春貌奇体伟,豹头环眼,燕颌虎须,勇力过人,猿臂善射,沉毅果敢。23 岁时,适值元末大乱,各地农民纷纷起义。他聚众于绿林草泽中,后归顺朱元璋,为前锋渡江取采石。朱元璋攻灭张士诚,北上灭元,都用他做副将军,与大将军徐达共同领兵。他自谓能以十万众横行天下,军中号称"常十万"。朱元璋曾夸赞他说:"当百万众,摧锋陷阵,莫如副将军。"

三年化治
一郡清风

上联指常应物;下联指北周永阳郡公常善,累有战功,历任刺史,颇有政绩。

御封濮阳县子
雅号儒林先生

上联指后魏车骑将军、秘书监常景,下联指后魏宣威将军常爽。

安民不为妻损节
开平独佐主兴邦

上联指北宋临邛人常安民,熙宁年间进士,曾任成都教授。妻子孙氏,是宰相蔡确妻子的妹妹,但他与蔡确从不来往。下联指明初名将常遇春。

开国将军,平定天下
创兴学校,领袖闽中

上联指明初名将常遇春;下联指唐代宗、德宗两朝宰相常衮,建中初为福建观察使,设乡校倡导闽人读书。

万

功高槐里

孝著成乡

上联指东汉名将万脩。万脩字君游，扶风茂陵（今陕西兴平东）人。更始年间，曾任信都令，与太守任光、都尉李忠共同守城，迎光武帝，拜偏将军，封造义侯。后跟从光武帝平河北，破邯郸后，以功更封槐里侯。在南阳战争中，病死军中。为"云台二十八将"之一。

下联指唐代孝子万敬儒。万敬儒，庐州（今安徽合肥）人。其族三世同居，母亲去世后，他便住在母亲坟旁，刺指血抄写佛经超度之母，竟断了两个指头，血流如注。这件事感动了乡里，州府将他的事迹报告朝廷，宣宗旌表他家所住的地方为"成孝乡"。

忠实二字

经史一家

上联指南宋万文胜。万文胜，宁国（今属安徽）人。为人偶傥而有大志，官至福州观察使，总领殿前诸军。宋理宗曾以飞白体书写"忠实"二字赏赐他。

下联指清初万泰一家。万泰字履安，浙江鄞县（今宁波鄞州区）人。明末举人，入清后穿道士服，隐居不仕，与史学家黄宗羲为友，令儿子跟从黄宗羲学习。长子万斯年，设教桃源书院，培养了一批人才；五子万斯选，批驳诸儒著作，著有《白云集》；六子万斯大，为经学家，研习诸经，尤其长于《春秋》、"三礼"，著有《学春秋随笔》《学礼质疑》等；七子万斯备，工书法，精篆刻，著有《深省堂集》；八子万斯同，为史学家，康熙年间被荐博学鸿词，坚决辞去，后到北京，以平民身份参与修撰《明史》，不要官衔，不受俸禄，前后19年，成《明史稿》，还著有《历代史表》等。

辞官留光彩

拒贿播美名

对联指清初著名学者、史学家万斯同。万斯同字季野，"生而异敏"。万斯同小时候是个顽皮的孩子，屡遭宾客的批评。万斯同恼怒之下，掀翻了宾客们的桌子，被父亲关到了书屋里。万斯同从生气、厌恶读书，到闭门思过，并从《茶经》中受到启发，开始用心读书。经过长期的勤学苦读，终于成为一位博通诸史的著名学者，尤其熟悉明代掌故。他同父亲一样，讲求志节，坚决不仕清。"性不乐荣利，见人惟以读书励名节相切磋"。他有《寄五兄公择》诗，其中有句："食饮不求精，冠裳不求好。但求免饥寒，骨肉常相保。微愿竟难遂，分飞各远道。"

康熙年间，荐博学鸿词，不就。后应邀以布衣参修《明史》500卷，又为尚书徐乾学纂《读礼通考》200余卷。另有《石园诗文集》等，学者称石园先生。

下联典指万斯同在史馆参与修《明史》时，虽然与诸达官贵人交往，但对于修史的观点、态度，却丝毫不肯屈从人意。明代有某运饷官于押饷途中遇盗，死于山谷中。其孙此时得知清廷正修《明史》，便怀藏百金来贿赂万斯同，请求万为其祖父立传，并欲附于《忠义传》之后。万斯同不为所动，并当场将他斥逐出去。

功高槐里

节镇巴丘

上联指东汉名将万脩，因功封槐里侯；下联指三国时万彧，以丞相出镇巴丘。

七篇流光远

四义播惠长

上联指万章；下联指明代当涂人万宣，字邦达，以举人任陈州知州，立四义社学。

继往开来，阐闲门道脉

安邦戡乱，振云台武功

上联指战国时万章，下联指东汉万脩。

孟门秉训以来,文教振兴,岂仅名传列国

槐里受封而后,武功赫濯,允宜像绘云台

安徽黟县际联镇万氏宗祠联。上联指万章,下联指万修。

顾

东林讲学

虞部修文

上联指明代名士顾宪成。顾宪成字叔时,号泾阳,世称东林先生。无锡(属今江苏)人。万历年间中进士,官户部主事,因触怒执政大臣,贬桂阳州判官,后升至吏部文选司郎中,又因忤逆神宗被革职还乡,与弟弟顾允成和高攀龙等人在东林书院讲学。和赵南星、邹元标号称"三君",议论朝政人物,得到部分士大夫的支持,后被权臣魏忠贤指为"东林党"。

无锡惠山听松坊有顾端文公祠,祠内原悬有顾宪成当年为东林书院题写的一副名联:"风声,雨声,读书声,声声入耳;家事,国事,天下事,事事关心。"

下联指唐代文学家顾云。顾云字垂象,池州(今安徽贵池)人。有文名,与杜荀鹤、殷文圭友善。咸通年间进士,任淮南节度使高骈的从事,后退居霅川,闭门著书。大顺年间,参与修《宣懿僖三朝实录》,书成,加官虞部员外郎。另著有《凤策联华编》《昭亭杂笔》。

礼崇文伟

声蔚豫章

上联指东汉顾综。顾综字文伟,吴(今江苏苏州)人。官至尚书令。明帝曾行三代(指夏、商、周)之礼,引顾综为三老(古代为代表尊养老人,设三老五更各一人,都是年老、经验丰富的退休官员,皇帝把他们当作父兄奉养)。

下联指三国时顾邵。顾邵字孝则,吴郡吴人,名相顾雍的长子。顾邵博览书传，与舅父陆绩齐名，孙权把哥哥孙策的女儿嫁给了他。顾邵 27 岁时官豫章太守，下车祭祀先贤徐孺子之墓，并优待其后人。在任五年，社会风气为之一新。

名兼三绝

学擅五经

上联指东晋画家顾恺之。顾恺之字长康，小字虎头，晋陵无锡（今江苏无锡）人。曾任桓温及殷仲堪的参军，义熙初年官通直散骑常侍。博学而多才多艺，工诗赋、书法，尤其精于绘画，有"才绝、画绝、痴绝"之称。师法卫贤，多作人物肖像及神仙、佛像、禽兽、山水等，在建康瓦棺寺绘《维摩诘像》壁画，光彩夺目，轰动一时。

顾恺之精通画论，著有《论画》《魏晋胜流画赞》《画云台山记》等。他提出的"迁想妙得""以形写神"等精到见解，对中国绘画的发展有深远影响。

下联指南朝梁、陈之际文字训诂学家、史学家顾野王。顾野王字希冯，吴郡吴（今江苏苏州）人。出身于吴地名门望族，聪明颖异，7 岁开始读"五经"，9 岁时曾写成《日赋》，文采可观，领军朱异见了大为惊奇。

顾野王工诗文，善书法、丹青，擅长人物，尤其工草虫。宣城王陈项为扬州刺史，建官舍，请他绘《古贤像》于壁，又请琅琊王褒题赞，时人称为"二绝"。宋徽宗赵佶曾得其《草虫图》，称为精工之作，著录于《宣和画谱》。任梁太学博士时，搜罗考证汉魏齐梁以来古今年内文字形体、训诂的异同，编撰成"一家之制"的《玉篇》30 卷。此书是继东汉许慎《说文解字》后又一部重要字典，也是我国现存最早的楷书字典。

姿推三绝

扇藉一挥

上联指东晋顾恺之；下联指晋顾荣，以白羽扇指挥军队。

长庚有三绝

玉华列四家

上联指东晋画家顾恺之；下联指明代文学家顾璘，字玉华，苏州人，少年时与同里陈沂、王韦号为"金陵三俊"，后加宝应朱应登，被称"四大家"。

思远长寿两轮甲

宾阳算学第一家

上联指南朝梁钟离人顾思远，卒年 120 岁；下联指清代康熙举人顾陈垿，字玉停，号宾阳，精算学、乐律和医学，康熙时以算学应试列第一，称"算状元"。

人品高华，史分金箭

天姿秀异，家号麒麟

上联指晋代尚书仆射顾众，下联指晋代尚书令顾和。

赖

会昌诸赖

天国二王（李文郑）

上联指清代诗人赖方勃、赖方度兄弟及方勃之子赖鲲升（字沧峤）。三人皆会昌（今属江西）人，都工诗。方勃偕弟方度于县城西辟霞绮园，与邑人沈开进、胡应相、曾鉴、欧有骏读书其中，一时多有题咏。其后，鲲升、凤升兄弟又在园中读书，曾仿元代顾瑛《玉山草堂集》体例，辑投赠之作为《友声集》7 卷（其中序记、书、传、赋 2 卷，诗 5 卷）。后被收入《四库全书》。

下联指 19 世纪中叶太平天国的两位著名赖姓将领赖文鸿、赖文光。

赖文鸿，广西人，原籍广东嘉应州（今梅县）。参加太平军后封隆天福，隶属韦志俊部。咸丰九年（1859），因韦志俊在安徽池州（今贵池）降清，他被派往攻芜湖，参与讨伐，得杨辅清帮助夺回池州。又同刘官芳等攻占南陵，参加再破江南大营之役。同治初年封匡王。后留守浙江湖州，城陷时英勇牺牲（一说战死于安徽广德或宁国）。

赖文光，广西人，咸丰元年（1851）参加金田起义，次年在洪秀全身边任文职。1856 年秋，太平天国发生天京内讧，大批将士死难，元气大伤。在这紧要时刻，赖文光改文从武，参加二破清军江南大营、东征苏常之役，随陈玉成转战皖、鄂，攻入湖北，封遵王。后奉陈玉成之命与陈得才进兵陕西，扩充实力。不久，随陈得才回师援救天京。天京失陷后，扶王陈得才在安徽霍山兵败自杀，赖文光与捻军领袖、梁王张宗禹合作，把太平军和捻军合编，并被推为捻军新首领，与张宗禹、任化邦等坚持对清斗争。1868 年 1 月 5 日，所部骑兵千余人在扬州瓦窑铺溃败，伤重被俘。

洪秀全

赖文光被俘后，拒绝敌人的劝降，在监牢里奋笔疾书，叙述了太平军和捻军的光辉业绩，表达了自己对太平天国事业的赤胆忠心，最后斩钉截铁地说："唯一死以报国家，以全臣节。"当年 1 月 10 日，在扬州城外老虎山从容就义。

秘书归里

御史敢言

上联指唐代名士赖棐。赖棐字忱甫，雩都（今江西于都）人。7 岁能写文章，15 岁通晓九经及诸子百家。乾元年间中进士后，授官崇文馆校书郎，不去就任，退居田里，人称他住的地方为"秘书里"。

下联指明代大臣赖瑛。赖瑛字世杰，广昌（今属江西）人。永乐年间进士，曾任御史，刚直坦正，遇事敢言。又能体恤民意，深受百姓拥戴。后官至参政。

致信致诚，秘书世德

爱亲爱族,好古家声

福建赖氏宗祠"秘书堂"联。

怀恩我祖,克勤克俭以光门第

德愿儿孙,则是则效丕振家声

台湾台中北屯区军功寮赖氏宗祠"五美堂"联。

念先人立身教家,不外纲常大节

嘱后裔继志述事,毋忘忠孝初心

台湾台中赖氏家庙"锡美堂"联。

平伐外夷功昭日月,脉自松阳根蒂固

捍卫家国社稷安宁,源延颍水世泽长(赖汉良)

福建赖氏宗祠联。

先人原重和宗,从明水结庐,望云每忆湖山宅

小子何能耀祖?自丹墀旋里,登堂犹带御炉香(赖华钟)

福建永安大湖镇曲尺街赖氏家庙联。

武

平章卓识

补阙高风

上联指唐代诗人、大臣武元衡。武元衡字伯苍,河南缑氏(今河南偃师东南)人,祖籍并州文水(今属山西),武则天的曾侄孙。德宗建中年间进士,德宗对他很器重,任为御史中丞,并对群臣说:"武元衡是真宰相器。"宪宗元和年间,历官户部侍郎、门下侍郎同中书门下平章事(宰相),封临淮郡公。当时,因四川不大稳定,

他被任为剑南西川节度使。为政廉明，生活节俭，尽力抚慰少数民族，政绩卓著。后入朝为中书知政事，极力主张平定武元济叛乱。最终因力主削藩，遭藩镇忌恨，被淄青藩帅李师道遣刺客暗杀。

下联指唐代大臣、武元衡的堂弟武儒衡。武儒衡性格耿直，敢直言。为了整肃朝纲，他论事不避权贵，这是他的可贵之处。但因为他"疾恶太分明"，为权贵忌恨，以至终生未被重用。户部侍郎、判度支皇甫镈，靠媚事皇帝、厚结宦官爬上宰相高位。元和十三年（818）八月，当任命皇甫镈的制书一公布，"朝野骇愕，至于市井负贩亦嗤之"。朝臣纷纷上言反对，但都先后被贬官。朝官多沉默，在此情况下，武儒衡直言上疏，论述皇甫镈等人的罪恶。"皇甫镈自诉于上"，为自己开脱，并诬陷武儒衡。幸亏宪宗信重武儒衡，皇甫镈"报怨"的谋图又被宪宗识破，才没再敢向武儒衡下毒手。

武儒衡又官补阙（对皇帝规谏并举荐人员的官），将大用时，终因为刚直而有气节，疾恶太分明而不得重用。

嵩山高隐

练湖著名

上联指唐代武攸绪。武攸绪，并州文水（今属山西）人，武则天的侄子，武则天从父武士让之孙。《新唐书》说他"少变姓名，卖卜长安"，处世恬淡寡欲，不求仕进。

武则天称帝，改唐为周，武攸绪被封为安平王，并历任殿中监、扬州大都督府长史、鸿胪少卿、千牛卫将军等职。武承嗣、武三思、武懿宗等掌权以后，为巩固武氏权势，残酷打击和屠杀李唐宗室和不附己的大臣，更加深了李唐宗室和拥唐大臣对诸武的仇恨。武攸绪于万岁通天初年，放弃一切官爵，去嵩山过起隐居生活，时年41岁。

他在嵩山20余年，优游于岩壑间，研读《易经》、庄周之书，"以琴书药饵为务"，"冬居茅椒，夏居石室，一如山林之士。太后所赐及王公所遗野服器玩，攸绪皆置之不用，尘埃凝积。买田使奴耕种，与民无异"。

下联指宋代诗人武允蹈。武允蹈字德由,自号练湖居士,高安(今属江西)人。刻意苦苦吟诗,每有诗句写出来,往往脍炙人口,著有《练湖集》。

嵩隐家风远

太原世泽长

武氏宗祠"太原堂"联。

六宫粉黛无颜色

万国衣冠拜冕旒

山西文水武则天庙联。上联为白居易《长恨歌》句,下联为王维《和贾舍人早朝大明宫之作》句。

苦吟精著练湖集

诚心饱领嵩岭霞

上联指宋代武允蹈,下联指唐代武攸绪。

孝子办义学,御赐武训

巾帼操帝业,著名女皇

上联指清代名人武训,终身集资办教育,清廷授以"义学正";下联指中国第一位女皇帝武则天。

政启开元,治宏贞观

芳流剑阁,光被利州(郭沫若)

四川广元皇泽寺联。原为纪念李冰父子的川主庙,因武则天生于广元,改现名,成为武则天专祠。利州,今广元。

康

少卿六畏

孝女三贤

上联指五代后唐大臣康澄。明宗李嗣源时任大理少卿,曾上疏言时事,指出为国家者有不足惧者五,深可畏者六:三辰失行不足惧,天象变见不足惧,小人讹言不足惧,山崩川竭不足惧,水旱虫蝗不足惧;贤士藏匿深可畏,四民迁业深可畏,上下相徇深可畏,廉耻道消深可畏,毁誉乱真深可畏,直言不闻深可畏。人们认为他的话都能切中时弊。

下联指明代康氏女子。父亲年老无子,她劝父亲纳妾,终于得了男孩;母亲有了病,她亲自尝粪便的味道以辨病源;丈夫去世,她誓不再嫁。时人说她有"三不可及"。

明经登第

驰射受封

上联指唐代康希诜。康希诜14岁时以明经登第,历官海、濮、饶、房、台、晓六州刺史,所到都有惠政。书法家颜真卿曾撰写碑文记载他的事迹。

下联指唐代将领康志睦。康志睦又名康志,字得众,灵州(今宁夏回族自治区灵武县)人。长得雄姿魁伟,善于骑马射箭,几次升迁为大将军。后因讨伐张韶有功,升平卢节度使。李同捷谋反时,掳掠了上千座车乘。康志睦领兵,击败了李同捷,夺取了他占领的薄台城(今山东博兴),夺回了他掳掠的武器和车乘。因功加检校尚书左仆射,封会稽郡公。

长安第一手

德函列头名

上联指唐代宫廷音乐家康昆仑。康昆仑,西域康国(今中亚撒弥罕附近)人。

主要活动于唐德宗至宪宗时期。善弹《羽调录要》和《道调凉州》等琵琶曲。德宗贞元时，有"长安第一手"之称。

下联指明代文学家、音乐家康海。康海字德函，号对山，又号浒面山人、沜东渔父，西安武功(今陕西武功)人。弘治年间状元，历任翰林院修撰、经筵讲官。后被归为刘瑾余党予以卸职。

康海归家后，"以文为身累，遂倦于修辞"。他与朋友、同乡王九思遭遇相似，志趣相投，于是经常在其家乡沜东及王九思的家乡鄠县(今鄠邑区)一带，携带歌姬舞女畅饮，创作乐曲歌辞，自比为乐舞谐戏的艺人，以寄托其忧郁苦闷的心情。他与王九思一道对戏曲音乐进行了大胆改革，形成了秦腔四大流派中影响较大的一派——"康王腔"，"慷慨悲壮、喉啭音声，有阳刚之美、有阴柔之情"。

康海精通音律，善弹琵琶，被称为"琵琶圣手"。一次，康海在扬州焦山弹奏琵琶后，倾倒观者，后人遂将焦山易名"康山"，以示纪念。

华山懋绩

东海名流

上联指南朝梁康绚，仕齐为华山太守，有政绩；下联指唐代康子元，曾与张说一起商讨玄宗去泰山封禅的仪式。

莲蕊峰头传名远

景贤书院播惠长

上联指清代画家康涛，字石舟，钱塘(今浙江杭州)人。工山水花卉，善书。号天笃山人，又号莲蕊峰头不朽人。下联指元代康里国王族后代康里脱脱，世祖时入宿卫，大德中大破叛王海都，自同知枢密院事累拜中书右丞相。仁宗时，改江西行省左丞相，后家居，延师训子，乡人皆向学，御赐额曰"景贤书院"。

驰誉明经，少小荣登科第

有声乐府，文辞待诏金门

上联指唐代康希诜,下联指南宋康伯可。

贺

四明狂客
一代儒宗

上联指唐代大臣、诗人、书法家贺知章。贺知章字季真,自号四明狂客,越州永兴(今浙江杭州萧山区)人,早年迁居山阴(今浙江绍兴)。少年时就以诗文知名。唐武后证圣初年进士,初授国子四门博士,后迁太常博士。开元年间官礼部侍郎兼集贤院学士,改太子宾客、银青光禄大夫兼正授秘书监,因而人称"贺监"。后还乡为道士。

贺知章生性旷达豪放,善谈笑,好饮酒,又风流潇洒,为时人所倾慕。当看到李白的诗文时,即赞李白为"谪仙人也",后成为忘年之交,并把李白引荐给唐玄宗。贺晚年放荡不羁,自称"四明狂客",又因其诗豪放旷达,人称"诗狂"。常与李白、李适之、王琎、崔宗之、苏晋、张旭、焦遂饮酒赋诗,时称"醉八仙"。又与包融、张旭、张若虚等结为"吴中四士"。

下联指西晋大臣贺循。贺循字彦先,会稽山阴(今浙江绍兴)人。善属文,博览群籍,尤其精《礼》《传》。琅琊王司马睿(晋元帝)镇守建康时,他任太常、左光禄大夫等职,为支持司马睿的江南士族领袖。朝中有什么问题常去咨询他,他往往能根据经礼答对,被称为当世儒宗。

贺循在会稽内史任上时,考察地形,发动民众,开凿西起西陵(今杭州萧山区西兴),经萧山、钱清、柯桥到郡城的一条人工运河。后又组织民众修治与此相连接的其他河道,形成了纵横交织的水网,使原来各河道能互相流通,调节水位,保证了农田灌溉的需要。此举不仅改善了会稽郡的水环境,提高了鉴湖的水利功能,给人以灌溉、舟楫、养殖、渔业之利,且对整个浙东具有交通、军事之便,可谓功在一代,泽被千秋。

孝行绝伦湘邑

词坛名重鉴湖

上联指南宋孝子贺德英。贺德英,湘乡焙塘(今湖南娄底杉山镇田湾村)人。7 岁能写文章。南宋理宗淳熙年间,其父与人构讼被湘乡县衙关押,12 岁的他,赶到县衙请求面试,以赎父亲之罪。县丞赵某以《诗经》《春秋》《论语》《孟子》命题,令其作论、策、诗、赋各一章,他提笔就写,诗题名《圣小儿》:"英秀钟河岳,生来号圣儿。虽然年尚小,不待学而知。博古通今识,超群迈世姿。"赵某非常惊奇,当即设宴款待。时值傍晚,天微雪,又令他作诗,他当即赋道:"谁剪银河水,飞花出汉霄。月明人竞往,踏破水晶街。"

县里推荐贺德英到潭州,潭州知州邓炯又举荐他入京参加神童试。宋理宗赵昀面试他于紫宸殿。三场考试,他均名列第一。朝官携他向皇帝谢恩,时理宗正在观赏《猿猴献果》图,令他作诗,他随即吟诵。诗中"易描通臂状,难写断肠声"等句,深受理宗赞赏,即赐金花锦绣并对联一副:"京阙人家惊地动,湖南童子破天荒。"

下联指北宋词人贺铸。贺铸字方回,号庆湖遗老,卫州(今河南卫辉)人。宋太祖贺皇后族孙,所娶也是宗室之女。自称远祖本居山阴,是唐代诗人贺知章的后裔,以知章居庆湖(即镜湖),故自号庆湖遗老。贺铸长身耸目,面色铁青,人称"贺鬼头"。年少读书,博学强记。任侠喜武,喜谈当世事。17 岁时离家赴汴京,曾任右班殿直。后曾任泗州、太平州通判,再迁奉议郎。大观年间以承议郎致仕,晚年退居苏州。家藏书万余卷,手自校雠,以此终老。

贺铸擅以旧谱填新词而改易调名,称为"寓声",其词善于锤炼字句,又常运用古乐府和唐人诗句入词,内容多刻画闺情离思,也有嗟叹功名不就、纵酒狂放之作。此外,又能诗文。有词集《东山词》、诗集《庆湖遗老集》等。

文明尚书称孝子

若弼武侯拜将军

上联指五代后晋贺革,字文明,少通"三礼",性至孝,为时人称道。下联指隋代右武侯大将军贺若弼,字辅伯,因灭陈有功,封宋国公,后拜右武侯大将军。

五俊高才,儒宗望重

四明狂客,学士名香

上联指晋代大臣贺循,下联指唐代诗人贺知章。

太行左转,山川清淑之气钟焉,其族世所谓甲乙

明德代兴,祖宗诗礼之传远矣,乃今大发为文章(吴汝纶)

河北武强贺氏家祠联。上联点出该族、该祠所处的地理位置,下联概括该族世代相传的"明德"(完美的德性)和"诗礼"族风。

严

会稽贤守

藕荡渔人

上联指西汉辞赋家严助。严助,由拳(今浙江嘉兴)人庄忌(辞赋家)之子,一说为会稽吴(今江苏苏州)人,忌之族子,为避汉明帝刘庄名讳而改姓严。汉武帝建元初年,以贤良对策擢中大夫,善于辩论,常与东方朔、司马相如、吾丘寿王等大臣商辩朝政、撰写文稿,深得武帝信任。严助两度带兵闽越,出使南越,因功拜为会稽太守,有贤德,被称赞为"会稽贤守"。后又入朝,为武帝文学近臣。因与淮南王刘安交好,刘安谋反,他受到牵连被杀。

严助极富文采,是著名辞赋家,著有《相儿经》《严助赋》等。

下联指清初文学家、书画家严绳孙。严绳孙字荪友、荪友,号秋水、勾吴严四,晚年号藕荡渔人,无锡(今属江苏)人。与朱彝尊、姜宸英并称"江南三布衣"。顺治年间,参加由江南名士太仓吴伟业主盟的慎交社,结识了一批东南名流。与同乡顾贞观、秦松龄等10人结云门社,时称"云门十子"。康熙时,结识满族词人、大学士明珠之子纳兰性德,成为莫逆之交。举博学鸿词,历官检讨、中允,参与修《明

史》。又历任起居注官、山西乡试正考官、右中允兼翰林院编修、承德郎等职,后辞官回乡隐居。这期间,曾应无锡知县徐永言之聘,与秦松龄合纂《无锡县志》。

严绳孙诗闻名于世。对诗的创作,他强调"诗发乎情",追求言有尽而意无穷的境界,在同辈中有"婉约深秀,独标神韵"的佳誉,诗作多吟咏山水田园。也善作词,不加雕琢,以自然为宗。所作《金缕曲》,人称是"一韵累百"的名作。著有《秋水集》。

翻译天演

卜筮成都(李文郑)

上联指近代资产阶级启蒙思想家、翻译家和教育家严复。严复原名宗光,字又陵,后改名复,字幾道,福建侯官人。福州船政学堂第一届毕业生,又留学英国海军学校,光绪年间任北洋水师学堂总教习、总办。中日甲午战争后,翻译《天演论》,以"物竞天择、适者生存"的生物进化理论,阐发其救亡图存的观点,提倡鼓民力、开民智、新民德、自强自立,对当时思想界影响很大。戊戌变法后,翻译《原富》《法意》等,传播西方政治经济思想,首次提出"信、达、雅"的翻译标准。

下联指西汉隐士、道家学者、思想家严君平。名遵(据说原名庄君平,东汉班固著《汉书》,因避汉明帝刘庄讳,改写为严君平),蜀郡成都(今属四川)人。汉成帝时,隐居成都市井中,以卜筮为业,宣扬忠孝信义和老子《道德经》,以惠众人。他每天看相,只收够100个铜钱能维持生活,就收起摊子,回家闭门读书。由于他不慕仕宦,节操清奇,当时声名远播,史称"蜀人爱敬"。

严君平精通老庄之学,终身不仕,年九十余,以其业终。著书十万余言,为当时著名文学家扬雄所敬重。著有《老子注》和《道德真经指归》(又作《老子指归》)13卷,使老子的道家学说更加系统条理化。

春暖烟波人下钓

夜深花月客垂帘

指东汉初隐士严光。严光本姓庄,后人避汉明帝刘庄讳改其姓,一名遵,字子陵,余姚(今属浙江)人。少年时就有高名,曾与刘秀一起游学。

东汉建武初年,刘秀即位为光武帝,严光隐姓埋名,避走他乡。刘秀思贤念旧,令人绘形貌寻访。齐地报称有一男子披着羊裘在泽中垂钓,刘秀怀疑是严光,即遣使备车,三聘才来到京都洛阳。当时,故人侯霸任司徒,派人来问候他。严光说:"怀仁辅仪天下悦,阿谀顺旨要领绝。"刘秀至馆所看望他,他躺着不起来。刘秀抚摸着他的肚子说:"咄咄子陵,为何不肯相助?"他良久不应,张目熟视,答道:"士故有志,何至相迫乎?"刘秀上车叹息而去。

后来,刘秀又请他入宫论道旧故,夜深两人共卧。相传,严光把脚压在刘秀腹上,次日,太史官奏:"客星犯御座甚急。"刘秀帝笑着说:"这是我与故人子陵共卧罢了。"授他谏议大夫,不从,归隐富春山(今浙江桐庐境内)耕读垂钓。

大汉千古
先生一人
浙江桐庐严子陵祠联。

几道长留天演论
介溪永驻钤山堂
上联指严复,字几道,曾译《天演论》;下联指明代大臣严嵩,号介溪,有《钤山堂集》。

千秋大雅扶轮手
一片寒泉荐菊心
福建邵武严羽祠联。

天禄谈经,独晰公羊之旨
富春垂钓,人钦肥遁之风
上联指西汉严彭祖,下联指东汉严光。

系在楚庄，开自西汉，赐姓以来，分秋水波流，世端祀典

派由颛顼，衍溯桐庐，肇基而后，挹春山气脉，代起人文

江西上犹严氏宗祠联。

尹

中兴良辅

东海名臣

上联指西周宣王时大臣、著名政治家、军事家和文学家尹吉甫。他本属兮氏，名甲，字伯吉甫，尹是官名。当时北方少数民族猃狁迁居焦获，侵犯今陕西泾阳西北地区，到泾水北岸时，尹吉甫率军反攻到太原，奉命在成周（今河南洛阳东）负责征收南淮夷等族的贡赋，并在朔方筑城垒。他佐助宣王中兴，成就文武大业。《东周列国志》载：宣王晚年病重弥留之际，召见老臣尹吉甫和召虎于榻前，说："我赖诸卿之力，在位46年，南征北伐，四海安宁，不料一病不起！太子宫湟，年虽已长，性颇暗昧，卿等协力辅佐。"宣王之子幽王即位，尹吉甫是佐命之臣。

尹吉甫还是《诗经》的主要采集者，被尊称为"中华诗祖"。

下联指西汉廉吏尹翁归。尹翁归，字子兄（kuàng），河东平阳（今山西临汾）人。是西汉时代一位干练而又廉洁的官吏。

尹翁归幼年丧父，依靠着叔父生活。成年后他当了一名小狱吏，但通晓文法，又练得一手好剑术。当时大将军霍光掌握朝政，诸霍住在平阳，他们的奴客仗势妄为，经常携带兵器在街上捣乱，官吏们对他们无可奈何。后来尹翁归当了市吏，法治严明，吓得这些不法之徒都老老实实，不敢再惹是生非。尹翁归为官清廉公正，谁送礼也不收，市井无赖之徒都很怕他。

尹翁归拜东海太守出守东海前，想到廷尉于定国是东海人，便去与于定国辞行，顺便了解东海民风。正巧于定国有两个老乡的孩子，想托尹翁归带回去给安排个差事。于安国让两个孩子坐在后堂等，可是交谈了一整天，他也没有敢提起此

事。送走尹翁归后，他对两个孩子说："尹翁归是当今贤吏，为人刚正，廉洁奉公，不便以私相托。而且你们两个人也不能任事，我就更不好启齿相求了。"尹翁归到任后，执法严谨，使东海大治。

和靖处士
南阳郎中

上联指宋代哲学家尹焞。尹焞字彦明，一字德充，洛阳（今属河南）人。少年时拜哲学家、教育家程颐为师，精通理学，终身不应科举。靖康初年被召至京师，但不愿留下，恳辞还山，被钦宗赐号"和靖处士"。

绍兴初年，又被召为崇政殿说书兼侍讲，有民族气节，曾上书反对与金人议和。因此得罪了奸臣秦桧，后辞官回家，潜心著作。著有《论语解门人问答》《和靖集》。

下联指东汉大臣、经学家尹敏。尹敏字初季，南阳堵阳（今河南方城东）人。曾为长陵令，后拜郎中，迁谏议大夫。明帝永平中，以事免官。尹敏初治《今文尚书》，不信谶纬；后学《古文尚书》，又精古文，兼习《毛诗》《穀梁传》《左传》。兼善《毛诗》《穀梁》《左氏春秋》。

和靖成集
关令受经

上联指宋代哲学家尹焞。

下联指战国时秦函谷关令尹喜。尹喜字公度。相传老子西游，尹喜见有紫气东来，知道有真人要来。老子来到函谷关，被尹喜留下。

老子在函谷关住下后，见尹喜心慈人善，气质纯清，于是融静修、服药、画符之效为一体，取其精华而为尹喜著书，名为《道德经》。《道德经》写成后，老子对尹喜道："老夫授汝《道德经》，分上下两篇，上篇为《道经》，言宇宙根本，含天地变化之机，蕴神鬼应验之秘；下篇为《德经》，言处世之方，含人事进退之术，蕴长生久视之道。研习不止，苦修不懈，终有所成！"言罢，飘然而去。

相传老子去后，尹喜辞去关令之职，终日在楼观之上修习，渐渐领悟其中妙蕴后来终于修成大道，成为"文始先生无上真人"，著有《关尹子》。

北学游中国

南天破大荒

贵州尹珍祠联。

龙图阁士春秋赋

河内先生唐说篇

上联指北宋文学家尹洙，下联指北宋学者尹源。

文武兼优，万邦为宪

恩威并济，六师总权

上联指周宣王贤臣尹吉甫，下联指明代兵部尚书尹直。

晋阳家臣，鄙茧丝以从政

函谷关吏，识紫气而呈祥

上联指春秋时晋国名臣尹铎，下联指战国时秦国尹喜。

钱

还乡衣锦

聚宦添花

上联指五代吴越王钱镠。钱镠字具美，小字婆留，杭州临安人。少年时曾贩私盐，后投军，成为当地军阀董昌的部将。唐末光启年间，董昌任越州（今浙江绍兴）观察使，自杭州移镇浙东。景福中，钱镠升任镇海军节度使，驻杭州，后灭董昌，得越州，占据苏南和两浙一带，形成割据势力。天复年间，唐朝廷封他为越王。后梁时，又封他为吴越王。

今杭州临安镇,曾被称为"衣锦城"。钱镠归宴故老,"山林皆覆以锦",以示他衣锦还乡。

下联指北宋诗人钱惟演。钱惟演字希圣,钱塘(今浙江杭州)人。吴越王钱俶第十四子。随父亲归宋后,累迁左神武将军。真宗咸平中,召试学士院,直秘阁,预修《册府元龟》,擢知制诰、给事中。大中祥符年间,任翰林学士,后为枢密副使。仁宗即位,被任为枢密使,明道年间,以泰宁军节度使判河南府。因为他家世代官宦,时称"德星群聚,花添一锦"。

江上峰青,才藻何如太白

州中蟹紫,啸歌不让次山

上联前句指唐代诗人钱起。钱起字仲文,吴兴(今浙江湖州)人。天宝年间赐进士第一人,曾任考功郎中、翰林学士,与韩翃、李端、卢纶等号称"大历十才子"。又与郎士元齐名,人为之语曰:"前有沈宋,后有钱郎。"钱起当时诗名很盛,其诗多为赠别应酬、流连光景、粉饰太平之作,与社会现实相距较远,然具有较高的艺术水平,风格清空闲雅、流丽纤秀,尤长于写景,音律和谐,时有佳句,为大历诗风的杰出代表。有《钱考功集》。其《省试湘灵鼓瑟》一诗有名句"曲终人不见,江上数峰青",后句指北宋书画家钱易。钱易字希白,嗣吴越王钱倧之子。钱易有李白之才。

下联前句指北宋钱昆。钱昆字裕之,为钱易之兄。归宋后,举太宗淳化年间进士,为宝应县主簿,累迁三司度支判官。仁宗时,历知卢、濠、泉、亳、梓、寿、许诸州,官至右谏议大夫,以秘书监致仕。有《谏议诗文集》。钱昆特别喜欢吃螃蟹,曾请求任外职,希望能到"有蟹无通判"处。

后句指明代钱薇。钱薇字懋薇(一作懋垣),号海若,海盐(今属浙江)人。嘉靖年间进士,由行人擢礼科给事中。曾因星变(星象的异常变化,古人认为将有凶灾)上书指责皇帝的过错,为世宗所衔恨。又上疏谏阻皇帝南巡,被斥为民。归而讲学,足迹不及公府。隆庆初年,赠太常寺少卿。

才多隽永诗名重

学有渊源道脉长

上联指唐代诗人钱起；下联指彭祖，姓钱名铿，长于导引健身之道。

述古堂中藏万卷

绛云楼里备千家

上联指清代藏书家钱曾，藏书室名"述古堂"；下联指明末清

初诗人钱谦益，家有绛云楼，藏书宏富。

崔恭人浣青留草

陈贤母夜绩授经

上联指清代刑部侍郎钱诚之女钱孟钿，善诗，著有《浣青诗

草》；下联指清代钱陈群之母陈氏，夜里边纺织，边教授其子。

名标鼎甲，门闾代代

秀毓钱塘，兄弟怡怡

上联前句指明代翰林修撰钱福，弘治中试礼部廷对皆第一；后句指明代礼部尚

书兼东阁大学士钱升，万历殿试第一。下联前句指明人礼部侍郎钱谦益；后句指宋

代秘书监钱昆及其弟翰林学士钱易均为进士。

陌上花开，铁券王孙君独秀

梁间燕语，乌衣子弟我重来

江苏无锡钱氏宗祠联。上联"铁券"，典指五代时吴越王钱镠，唐昭宗任他为

镇海节度使，赐给铁券(即铁契，古代皇帝颁赐给功臣授以世代享受某种特权的凭

证。汉代表用丹砂书写誓词，从中剖开，朝廷和受赐者各保存一半；唐以后则嵌金，

刻有免死等特权的文字)，到明代，他的后人还保存着。明代陶宗仪在《辍耕

录·钱武肃铁券》中说："我乡钱叔琛，是钱武肃王的后裔，曾拿出家中所藏的铁

券，开状像瓦，高一尺多，宽二尺左右，券词用黄金镶嵌。"下联"乌衣子弟"，指豪门

望族的后代。

施

学宗洙泗

经讲石渠

上联指春秋时施之常。施之常字子恒,鲁国人,鲁惠公第八世孙,孔子的弟子,孔门七十二贤之一,赠乘氏伯。洙泗,洙水和泗水。古时二水自今山东泗水县北合流而下,至曲阜北又分为二水,洙水在北,泗水在南,春秋时属鲁国地。孔子在洙泗之间聚徒讲学,后以"洙泗"代称孔子及儒家。

下联指西汉经学家、今文《易》学"施氏学"的开创者施雠。施雠字长卿,沛(今江苏沛县东)人。宣帝时官博士。甘露年间,参与石渠阁议,讨论五经异同,宣帝亲临现场,裁定评判。他曾向张禹、鲁伯授《易》,并再传彭宣、毛莫如等,于是《易》有"施氏之学"。平帝时,又有戴宾、刘昆授弟子施氏《易》理,达500余人。施雠著有《章句》二篇,经晋"永嘉之乱"散失。

隐成水浒

凤具仙风

上联指元末明初小说家施耐庵。施耐庵原名耳,更名子安,又名肇瑞,字彦端,号耐庵,祖籍泰州海陵县,住姑苏(今江苏苏州),后迁居兴化(今江苏兴化)。他是孔子弟子施之常的后裔。曾在钱塘为官三年,因不满官场黑暗,不愿逢迎权贵,弃官回乡,闭门著述,著《水浒传》等。

张士诚起义抗元时,施耐庵参加了他的军事活动。张士诚占据苏州以后,施耐庵又在他幕下参与谋划,与他的部将卞元亨相交甚密。

下联指唐代诗人、道士施肩吾。施肩吾字希圣,号东斋,自号栖真子,睦州分水(今浙江富阳)人。历宪宗、穆宗、敬宗、文宗诸朝,趣尚烟霞,慕神仙之学,诗人张籍称他为"烟霞客"。穆宗元和年间中进士,然而他淡于名利,不待授官即东归。

临行时,张籍等著名文士为之赋诗饯行,一时传为佳话。

长庆中,隐居在洪州西山(今江西南昌),潜心修道。他在《与徐凝书》中说:"仆虽幸忝成名,自知命薄,遂栖心玄门,养性林壑。赖先圣扶持,虽年迫迟暮,幸免龙钟,其所得如此而已。"

　　疏花瘦蝶,笔端生趣
　　博学鸿词,宋琬齐名

上联指清代画家施心松。施心松字靖陶,号抱香头陀,元和(今江苏苏州)人。少年时就沉浸于词翰,工于诗词,擅长鉴赏。善写生,尤其长于小品,作疏花瘦蝶,有笔外之趣。

下联指清代文学家施闰章。施闰章字尚白,一字屺云,号愚山,又号蠖斋,晚号矩斋。宣城(今属安徽)人。顺治时进士,授刑部主事。后任江西布政司参议,分守湖西道,颇有政绩。康熙中召试鸿博,授翰林院侍讲,参与纂修《明史》,后转侍读。

施闰章文章醇雅,尤其工于诗。主张"诗有本""言有物",反对"入议论",推尊唐人,反对宋诗。清代文学家王士禛将他与宋琬合称"南施北宋",认为施闰章的诗"温柔敦厚,一唱三叹,有风人之旨"(《池北偶谈》)。

　　临江推望族
　　濮水重清门

台湾台南施氏大宗祠"临濮堂"联。

　　名著岂止水浒传
　　雄才非惟揽云集

上联指元末明初小说家施耐庵,著有《水浒传》;下联指清代文学家施清,康熙间召试鸿博。笃学嗜古,诗文朴厚,时称雄才,著有《揽云集》《十三经同解》等。

精通棋艺号国手

善画生竹称绝图

上联指清代著名棋手施定庵，16 岁时成为第一手。乾隆时为围棋国手，著有《奕理指归》等；下联指五代时后周画家施璘，善画生竹，为当时绝技。

讲易石渠，素闻博雅

修持天宝，凤具仙凤

上联指西汉施雠，下联指唐代施肩吾。

树立本根，根深方知道山叶茂

德涌渊源，源远乃见浔海流长

福建云霄陈岱镇施氏家庙"树德堂"联。

牛

庐州却贼

校尉平羌

上联指南宋抗金名将牛皋。牛皋字伯元，汝州鲁山（今属河南）人。出身射士，精练武功。南宋初年，聚众抗金，绍兴年间加入岳家军，跟从岳飞攻克随州，驰援庐州，击退金军。随岳飞进军中原，直抵黄河南岸，屡立战功，深受岳飞的器重和人民的爱戴，被提为岳家军副统帅。后官至承宣使。

牛皋始终反对宋金议和，一生戎马生涯，出生入死，战功卓著。岳飞遇难后，秦桧为斩草除根，密令都统制田师中在仁和（今杭州）以宴请各路大将为名，以毒酒害死牛皋。牛皋死前悲愤地说："恨南北通和，不能以马革裹尸！"被葬于杭州西湖栖露岭北的剑门关畔。故乡人民为了纪念这位民族英雄，在鲁山城东关建造了牛皋祠堂，院内有牛皋的洗马井（现尚存）。其后裔在熊背乡石碑沟建造了牛皋的衣冠冢，以示纪念。

下联指东汉名将牛邯。牛邯字儒卿,陇西狄道(今甘肃临洮)人。勇力才气俱全,雄于边陲。初为隗嚣部将,光武帝时任护羌校尉,曾与中郎将来歙平定陇右。后擢为大中大夫。

应贞女诗文应梦

奇章公邂逅奇缘

上联指唐代才女牛应贞。牛应贞是牛肃的长女,弘农人杨广源之妻。少年聪颖,13岁时,能诵佛经200余卷、儒经子史数百卷,曾在梦中诵《左传》,一字不漏。往往熟睡中与人谈论,甚至数夜不停。

下联指唐代大臣、文学家牛僧孺。牛僧孺字思黯,安定鹑觚(今甘肃灵台)人。"牛李党争"牛派首领,两度任宰相,封奇章郡公。相传他曾夜里迷路,入薄太后庙,邂逅戚夫人、杨太真、潘妃、绿珠等,相互吟诗。天明时辞去,回头一看,原来是一座荒庙。

枢府转环,奠唐瓯于中叶

铨曹秉鉴,调隋鼎之初硎

上联指唐代大臣牛僧孺,官居相位,文宗时与李宗闵结党,权震天下,时称"牛李"。

下联指隋朝大臣牛弘。牛弘字里仁,安定鹑觚(今甘肃灵台)人。好学博闻,寡欲清高。隋初授散骑常侍、秘书监。鉴于前朝纷乱,南北分离,图籍大量流失,牛弘上书建议搜访图籍,开献书之路。于是,文帝下诏,凡献书一卷,奖缣一匹。不到两年,图书渐丰。又设专人抄录副本,原本或归本人,或由国家珍藏。牛弘也因此进爵奇章郡公。后任礼部尚书,请求修明堂,定礼乐制度。又奉敕修撰《五礼》100卷,从此儒家文化复兴。又任吏部尚书,掌选举用人,倡先德行而后人才,众人都很佩服。史称"大雅君子"。

御史休祥预报

天官选举惟明

上联指唐代牛僧孺,下联指隋代牛弘。

十八祖平阳世泽

五百年西亳名门

河南偃师牛氏家庙堂联。

颍水一支分派久

涎河两岸卜居多

安徽林泉县定庙牛氏宗祠联。牛氏自元代初年迁来,已成当地大姓,民谚说:
"砖集刘,黄岭侯,赶不过涎河沿的一群牛。"

好学博文,史称大雅君子

清操正气,人号廉洁自将

上联指隋朝牛弘,下联指宋代扬州人牛大年。

洪

三陪凤阁

四达銮坡

上联指南宋大臣、金石学家洪适。洪适初名造,字景伯,一字景温,晚年自称盘
洲老人,鄱阳(今江西波阳)人。绍兴年间,与弟洪遵、洪迈先后同中博学鸿词科,
有"三洪"之称。历官通判、知州、户部郎中,孝宗时升司农少卿、中书舍人、翰林学
士,官至同中书门下平章事(宰相)兼枢密使。封魏国公。

洪适以文著称于时,工书法,好收藏金石拓本,致力于金石学研究,并以此为根
据证明历史所传的讹误,考核较精,又取古今石刻,法其字为之韵,辨其文为之释,
以辨隶书,著《隶释》《隶续》《隶韵》《淳熙隶释》《隶纂》,先依碑释文,著录全文,后

附跋尾,具载论证,开金石学最善之体例,对后代有重大影响。与欧阳修、赵明诚并称宋代金石学三大家。

下联指南宋学者洪兴祖。洪兴祖字庆善,镇江(今属江苏)人。绍兴年间受召到翰林院参加考试,高宗将他拔为第一,官秘书省正字。出典州郡,兴学校,垦荒土,政绩斐然。銮坡,指翰林院。洪兴祖好古博学,终身不离书本。著有《老庄本旨》《周易通义》《楚辞补注及考异》等。

瑞成连理

图写慈恩

上联指宋代鄱阳人洪皓。洪皓字光弼,饶州鄱阳(今江西波阳)人。徽宗政和年间登进士第,历台州宁海主簿、秀州录事参军。建炎年间,宋高宗准备将都城由杭州迁往建康(今江苏南京),以避金兵锋芒。洪皓不顾职位卑微,上书谏阻。他的意见虽未被采纳,但却因此为高宗所赏识。高宗特意召见他,擢升他为徽猷阁待制,假礼部尚书,并派遣他出使金国,不料被扣留15年,他拒绝金人所授的官职,还秘密派人向南宋汇报金朝虚实,到绍兴年间才被释放回南宋。因威武不屈,时人称为"宋之苏武"。

洪皓回南宋后,除徽猷阁直学士、提举万寿观兼权直学士院,封魏国忠宣公,高宗还于杭州西湖边葛岭赐建国公府。不久,因忤逆权相秦桧,被贬英州、袁州、南雄州等地。

洪皓中进士后任海宁主簿时,蠲免赋税,抚恤贫民,县中的荷、桃、竹都成连理,他便命名自己的住房为"三瑞堂"。

下联指清代经学家、文学家洪亮吉。洪亮吉原名礼吉,字君直,一字稚存,号北江,江苏阳湖(今常州)人。乾隆年间中进士(探花),授翰林院编修,充国史馆编纂官。后督贵州学政。嘉庆初年回京供职,以越职言事批评朝政获罪,充军伊犁。五年后赦还,改号更生居士,从此家居撰述。

洪亮吉幼年丧父,靠教书奉养母亲,母亲去世时,他又不在家。后来,他绘《机声灯影图》来怀念母亲。

宋代忠臣世系

剑州少府名宗

福建沙县夏茂镇洪氏宗祠"敦煌堂"联。

宗山拱秀隆基业

星斗长明映画堂

台湾南投草屯镇洪氏家庙"敦煌堂"联。

派别衍敦煌,宗支百世

地灵钟衮绣,庙貌千秋(清·龚显曾)

福建泉州草埔尾洪氏大宗祠联。

由嘉应居石坑,尊祖敬宗,长念馨香俎豆

迁花峰住官禄,光前裕后,宏开礼乐冠裳

广东花县(今广州花都区)官禄镇土布村洪氏宗祠联。

龚

荆楚仙范

渤海清风

上联指南朝宋汉寿人龚祈。龚祈字孟道,武陵汉寿(今属湖南)人。从祖父玄之、父亲黎民,都不应朝廷征召。龚祈风姿高雅,举止潇洒,文学家刘义庆曾说他"恬和平简,贞洁纯素,潜居研志,耽情坟籍(典籍)"。中书郎范述见了他说:"这是荆楚的仙人呢!"

下联指西汉循吏龚遂。龚遂字少卿,山阳郡南平阳县(今山东邹城平阳)人。宣帝年间渤海(今河北仓县东)郡及其附近地区发生灾荒,农民起义蜂起,朝廷多次派兵镇压而不能平息。汉宣帝任命龚遂为渤海太守。

龚遂赴任至郡境,灾民竟发兵相迎,致使他不得入境。于是,他发布文告,并命令解除镇压农民起义官吏的职务,规劝起义者归田。有带刀剑者,使卖剑买牛,卖刀买犊。布告发出后,官民对峙局面迅速缓和。龚遂不带兵卒,单车独行赴任。他开仓廪,济贫民,选良吏,施教化,劝农桑。农民起义队伍看到龚遂的安抚教令,纷纷解散归田,人民得以安居乐业。数年之间渤海郡呈现出一派升平殷富景象,诉讼案件大为减少。因政绩显著,龚遂拜水衡都尉,管理上林禁苑,皇帝愈加器重。后世将他与黄霸作为封建"循吏"的代表,并称"龚黄"。

耆德并三老

山水列八家

上联指北宋大臣龚宗元。龚宗元字会之,宋天圣年间进士,授仁和县主簿。后任建安尉,擢大理寺评事,又任句容知县。御史杨纮履职极严,所到之处,不法官吏被弹劾者很多。过句容时,他不入巡察,并说:"龚君能治民,吾往徒为扰耳。"致仕后,建中隐堂,常与员外程适和陈之奇作诗酒之会,被吴中人称为"三老"。

下联指清初画家龚贤。龚贤一名岂贤,字半千,号野遗、半亩、柴丈人等,江苏昆山人。早年曾参加复社活动,明末战乱时外出漂泊流离,入清后,隐居不出,居南京清凉山,卖画课徒,生活清苦。又性情孤僻,与人落落寡合。

龚贤是位既注重传统笔法又注重师法造化的山水画家。其创作与同时期活跃于金陵地区的画家樊圻、高岑、邹喆、吴宏、叶欣、胡慥、谢荪等并称"金陵八家"。他的艺术成就在金陵八家中最高,影响也最大。著有《画诀》《香草堂集》。

大汉遗民,甘心绝粒

横波侍史,雅擅画兰

上联指西汉大臣、经学家龚胜。龚胜字君宾,彭城(今江苏徐州)人。先后举孝廉、茂才,为重泉令。哀帝时,征为谏议大夫,多次上书论议朝政。后出为渤海太守,复征为光禄大夫。王莽篡汉建新朝,派人征他做官,门人向他报告时,他斥责门人为"棺敛丧事",说:"旦暮入地,谊岂以一身事二姓!"遂绝食 14 天而亡。

下联指清初诗人龚鼎孳。龚鼎孳字孝升,号芝麓,祖籍江西临川,后迁合肥(今属安徽)。明末崇祯年间进士,官兵科给事中,前后弹劾周延儒、陈演、王应熊、陈新甲、吕大器等权臣。清康熙年间,官至礼部尚书。为人旷达,博学多闻,诗文与吴伟业、钱谦益齐名,并称"江左三大家",著有《定山堂集》。

龚鼎孳的侍妾顾横波,名媚,字眉生,号横波,通文史,尤其擅长画兰花,独出心裁,不落前人窠臼,当时人推她为"南曲第一"。

抚循异迹

行谊纯修

上联指西汉代龚遂,下联指南宋代学者龚郯。龚郯师承朱熹,不务口耳,一意躬行。

安车不征,孝廉不就

易剑买犊,卖刀买牛

上联指汉代龚胜。龚胜,彭城人,三举孝廉而不就。下联指汉代龚遂。

五马数循良,偃武修文,练就甲兵还绿野

一龙看变化,出风入雨,普将膏泽润苍生(龚鹤亭)

安徽怀宁西广村龚氏宗祠联。

国学经典文库

中华姓氏文化

·姓氏名联·

图文珍藏版

第四章　名门家训

诫伯禽

[周] 周公

周公,姓姬名旦(约前 1100),亦称叔旦,周文王姬昌第四子。因封地在周(今陕西岐山北),故称周公或周公旦。他是西周初期杰出的政治家、军事家和思想家。《诫伯禽》是周公对其子伯禽上任鲁国前所说的一番话:第一,不要怠慢亲戚,不要使大臣埋怨没被任用,不要对故旧求全责备;第二,即使才能过人,也不要与有专长的人争强斗胜;第三,要居安思危、办事谨慎。周公从待人处世各方面告诉伯禽,要高标准律己,低姿态对人。

教育子女如何待人接物是自古以来许多父母都在讨论的话题。不论是寻常

周公

百姓还是帝王将相,都希望子女能够博学多才、审时度势、德行广大。《诫伯禽》是我国家训里最早的诫子文章。周公认为即将上任的伯禽要自处、自律、自谦,自卑,严于律己,宽以待人,居安思危,不求全责备。训诫之严格,教导之全面,都充分体现了周公对儿子的用心良苦,期待伯禽能成为一个有德行有操守的人。同样也寄托了父母的殷切期望和浓浓爱意。

文章采用比较和比喻的手法,讲述了深刻的道理;通过排比的运用,使语言更有气势。这段诫文完全没有刻板的说教,只是在向儿子讲述一个做人的道理,容易让人接受。

【原文】

君子不施其亲,不使大臣怨乎不以。故旧①无大故②则不弃也,无求备于一人。

君子力如牛,不与牛争力;走③如马,不与马争走;智如士,不与士争智。

德行广大而守以恭者,荣;土地博裕而守以险④者,安;禄位尊盛而守以卑者,贵;人众兵强而守以畏者,胜;聪明睿智而守以愚者,益;博文多记而守以浅者,广。去矣,其毋⑤以鲁国骄士矣!

【注释】

①故旧:老臣故人。②故:过失,错误。③走:跑。④险:"俭"的假借字。节俭,不浪费。⑤毋:不要,不可以

【译文】

有德行的人不能慢待他的亲族,不能让大臣抱怨自己没有被委以重任。老臣故人没有发生大的过失,就不要抛弃他。不要对某一个人要求太过完备。

有德行的人即使力气大得和牛一样,也不会同牛比较力的大小;即使跑得像马一样快,也不会同马比较速度的快慢;即使智慧和士一样,也不会同士比较智力的高低。

德行广大且以谦恭的姿态处世的人,就会获得荣耀;土地广博富饶,而以节俭的方式生活的人,就会永得平安;官高位尊而以普通人的身份严格要求自己的人,就会显得更为尊贵;兵多力强而以畏惧的心态坚守的人,就必然会取得胜利;聪慧明智而以一般人的智慧处世的人,将得到更多的好处;博闻强记知识丰富却认为自己知识浅薄的人,见识将更加广博。上任去吧,不能因为鲁国的条件优越而对士骄傲啊!

弟子职

［周］管仲

说明

　　管仲（？～前645），春秋齐国颍上（颍水之滨）人，名夷吾，字仲。相齐桓公，使桓公成为春秋五霸之首。《弟子职》记述了弟子事师、受业、馈馈、洒扫、执烛坐作、进退之礼，类近今之"学生守则"，是齐国的稷下学宫制定的第一个学生守则。全文共计八章，第一章总的说学业与德行，可视为总则。其余七章，分别从早做执事、受业应客、侍食、就餐、洒扫、执烛、服侍先生寝息与复习功课等诸项规则来告诉弟子应遵守的具体规则。比较全面地论述弟子的学习、生活规则和纪律，详细规定了在各种场合下弟子对先生的举止行为和语言的规范要求，并要求弟子"周而复始"。可见寓教于日常行为之中的重要性。

　　《弟子职》是我国古代的一部内容最全面，篇章最完整，记述最明晰，年代也最久远的校规学则。这是一份非常真实、非常完整、非常宝贵的研究中国历史特别是中国教育史的文献。清代洪亮吉认为"乃古塾师相传以教弟子者"，清代庄述祖也认为是"古者家塾教弟子之法"。

　　我国在很早以前就有了对儿童的专门教育，而且是在大量的实践的基础上总结出来的。现代西方对儿童的教育观，有一部分是要尊重儿童的天性，让其自由成长。可是时间越长我们就越来越发现这种教育存在的弊端，于是想到先前先生教育弟子那些智慧的方法或许更能指导当今社会对儿童的教育，毕竟那是经过几千年检验过的东西。它不但具有珍贵的史料价值，而且其中诸如注重童蒙，提倡质疑讨论，主张寓教于日常行为之中，使习与性成之类的教育观点与教学方法，至今仍有借鉴意义。

【原文】

　　先生施教，弟子是则。温恭自虚，所受是极。见善从之，闻义则服。温柔孝悌，毋骄恃力。志毋虚邪，行必正直。游居有常，必就有德。颜色整齐，中心必式。夙兴夜寐，衣带必饰。朝益暮习，小心翼翼。一此不解，是谓学则。

少者之事，夜寐蚤作。既拚①盥漱，执事有恪。摄衣共盥。先生乃作。沃盥②彻盥。汜拚正席，先生乃坐。出入恭敬，如见宾客。危坐乡师，颜色无怍。

受业之纪，必由长始，一周则然，其馀则否。始诵必作，其次则已。凡言与行，思中以为纪，古之将兴者，必由此始。后至就席，狭坐则起。若有宾客，弟子骏作。对客无让，应且遂行。趋进受命，所求虽不在，必以反命，反坐复业。若有所疑。捧手问之。师出皆起。

至于食时，先生将食，弟子馔③馈。摄衽盥漱，跪坐而馈。置酱错食，陈膳毋悖。凡置彼食，鸟兽鱼鳖，必先菜羹。羹胾④中别，胾在酱前，其设要方。饭是为卒，左酒右酱。告具而退，捧手而立。三饭二斗，左执虚豆，右执挟匕。周还而贰，唯嗛之视⑤。同嗛以齿，周则有始，柄尺不跪，是谓贰纪。先生已食，弟子乃彻，趋走进漱，拚前敛祭。

先生有命，弟子乃食，以齿相要，坐必尽席。饭必捧擎⑥，羹不以手。亦有据膝，毋有隐肘。既食乃饱，循咡覆手⑦。振衽扫席，已食者作。抠衣而降，旋而乡席，各彻其馈，如于宾客。既彻并器，乃还而立。

凡拚之道，实水于盘，攘臂袂及肘，堂上则播洒，室中握手。执箕膺揲⑧，厥中有帚。入户而立，其仪不忒。执帚下箕，倚于户侧。凡拚之纪，必由奥始，俯仰磬折，拚毋有彻。拚前而退，聚于户内，坐板排之，以叶适己，实帚于箕。先生若作，乃兴而辞。坐执而立，遂出弃之。既拚反立，是协是稽。

暮食复礼，昏将举火，执烛隅坐。错总之法，横于坐所。栉之远近，乃承厥火，居句如矩，蒸间容蒸，然者处下，捧椀⑨以为绪。右手执烛，左手正栉，有堕代烛，交坐毋倍尊者。乃取厥栉，遂出是去。

先生将息，弟子皆起，敬奉枕席，问所何趾，俶衽则请，有常则否。先生既息，各就其友，相切相磋，各长其仪。周则复始，是谓弟子之纪。

【注释】

①拚：扫除。②沃盥：浇水洗手。③馔：安排食物。④胾：大块肉。⑤唯嗛之

视:就是只要见到有人吃完,就为之添益。嗛,不满,指吃完了。⑥擘:执、持。⑦循咡覆手:古人饭后用手抹嘴以去不洁,表示餐毕。⑧执箕膺揲:拿畚箕时应以箕舌向着自己。膺,胸口。揲,箕舌。⑨椀:盘子。

【译文】

先生给予的教诲,弟子应该遵照实行。保持温和谦恭,虚心谨慎的态度,接受的教益就能达到最大的限度。见到好的就跟着去做,听到正确的就去实行。要温和体贴,孝顺父母敬爱兄长,不要自恃勇力就骄横。志向不可虚伪邪恶,品行必须正直。外出在家都应遵守常规,一定要接近有德行的人。外表要端庄整洁,内心必须合乎一定的规范。早起晚睡,穿戴必须整洁;早晨温习晚上复习,都要小心翼翼。坚持遵守这些而不懈怠,这些就叫做学习规则。

年轻学子的本分,是要晚睡早起。起床清扫席前之后洗手漱口,做事要恭敬谨慎。轻提衣襟,备好洗漱用具,恭敬地把这些进献到先生面前,先生便起来洗漱。服侍先生洗漱,收拾洗漱用具,然后再洒扫屋室摆正讲席,先生便开始坐到讲席。弟子在先生面前出入都要态度恭敬,就像见到宾客一样。听先生讲解要面向老师端正地坐着,容颜不可随意改变。

弟子从师学习的次序,一定要从年长的同学开始,第一遍就是这样进行,其后就不必如此。第一次诵读必须站起身来,以后就不必如此。一切言语、行为,都要以中和之道为准则,自古以来成就大事的人,都是从这一点开始的。后到的同学入座,旁坐先来的同学就应及时起身相让。如果有宾客到来,弟子要迅速站起身来迎客。对客人不可失去礼仪,一边应话一边跟着走。快速地走向先生面前请示,即使客人所找的人不在,也必须返回告诉客人,然后再回到原位继续学习。如果学习中遇到疑难的问题,要拱手向先生提出来。先生下课离开课堂,学生都要起立。

快到吃饭的时候,先生将要吃饭,弟子应当先把饭菜送上。挽袖漱洗之后,跪坐着把饭菜进奉给师长。摆放酱菜,陈列膳食,饭桌上不可杂乱无章,没有次序。一般的上菜程序是在上鸟兽鱼鳖这些肉食之前,一定要先上蔬菜羹汤。羹汤与肉食要相间摆放。肉放在酱的前方,食具摆放要成方正之形。饭在最后上,左、右放漱口用的酒、浆。饭菜上全即可退下,拱手站立一旁。一般是三碗饭和两斗酒,弟子左手拿着空碗,右手拿着箸匙,巡行席间,将酒饭轮流添上,注意着杯碗将空的师长要及时给他们添上。如果是多人同时空了杯碗,就按年龄大小分别先后添加,周而复始,用长勺添饭就不要跪着送上,这就叫作添饭的规章。先生吃饭完毕,弟子便要撤下食具,还要赶忙给先生送上漱器之后,再清扫席前,收拾祭品祭具。

先生吩咐之后,弟子便可以开始吃饭。按年龄大小次序坐好,座席一定要尽量靠前,饭须用手捧捏,羹汤就不能用手食拣。可以使两手凭靠膝头,不可使两肘依伏桌面。等到吃饱,用手擦拭清洁嘴边。轻抖衣襟,移开坐垫,吃完起身,提衣离席。不久又要回到席前,各自撤下剩余食物,好像给宾客撤席一样。撤席后收拾好食具,还要回去垂手站立。

关于洒扫的做法就是,把清水装进盘里,把衣袖从手臂挽到肘部,堂屋宽广可以扬手洒水,内室窄小就要掬手近泼。手拿畚箕应当让箕舌对着自己,畚箕里要放进扫帚。进门时要站立一会儿,礼节方面不要有任何差错。拿起扫帚就同时放下畚箕,并把它靠在门侧。按照洒扫的规矩,必须从西南角扫起。洒扫时,俯仰躬身进退,不要触动其他东西。由前往后,边扫边退,最后把垃圾聚集到门边。蹲下来用木板把垃圾排进畚箕,注意要让箕舌对着自己,之后要把扫帚放进畚箕。先生若在此时出来做事,就要起来上前告知制止。然后再蹲下去拿起箕帚站起来,之后再出门倒掉垃圾。洒扫完毕后仍然回来站立,然后再与同伴们一起研习学业,这才是按照规则行事。

晚饭时仍要进行早餐时的礼节,黄昏时候点燃火炬,弟子要手持火炬坐在屋室的一角。放置未燃火炬的方法,就是把它们横放在弟子座前。根据火炬燃烧剩余部分的长短,不断加以接续;点火时两个火炬之间要成直角同时两炬之间应留有空隙,以便于火焰燃烧;燃烧后的灰烬落在下面,要用盘子来贮存火炬落下的灰烬。右手握持火炬,左手修整火炬的灰烬,有谁疲倦了,就由另外的人接替举着火炬,交换着坐,弟子执烛,不能背对老师。最后收拾火炬余烬,到外边把它倒掉。

先生准备休息的时候,弟子都要起立服侍;恭敬地捧上枕席,问先生就寝在何处;初次铺床布置卧席,一定要询问清楚,若已有了常例就没有必要再问。先生已经休息,弟子各自邀请自己的朋友互相切磋商讨,各自增益自己良好的品行。以上所说的要周而复始地坚持下去,这就是所谓的弟子规矩。

临终诫子

[春秋]孙叔敖

说明

孙叔敖(约前630~前593),芈氏,名敖,字孙叔,春秋时期楚国期思(今河南固始)人,楚国名臣,为人清廉正直,世称良相。《临终戒子》是孙叔敖凭借自己的阅历、才识告诫儿子的话:不能要楚王封给你的膏腴之地,要请求赐封贫瘠的寝丘之地。后来有很多人的封地都被楚王收去,唯有孙叔敖子孙的封爵长久保持。

俗话说"知子莫如父",孙叔敖告诫子孙,在大王分封的时候,应要求环境险恶的地方,只要勤奋努力,不畏险阻,艰苦创业,一样可以兴旺不衰,拥有安定祥和的生活。孙叔敖的遗言既是为孩子考虑,也是为子孙后代着想。他的长远眼光使得自己的子孙在战乱中能够保全。同时,作为一代忠臣,他体恤民情,悉心国事。为国为民,不希望因为自己的功绩为子孙谋福利,要子孙通过辛苦创业赢得富裕的生活。可见,为官者能否守住节操拥有大义是一种考验,是一种品行,更是一种境界。一位父亲能够在临终时不忘警示子女,可见其心境之明净和高远。

孙叔敖的智慧在于懂得不把世俗心目中的利益看作利益。懂得把别人所厌恶的东西当作自己所喜爱的东西,通过自己的努力达到目的。这就是有道之人不同于世俗的原因吧,希望后世之人有所学习,有所鉴戒。

【原文】

王数封我矣,吾不受①也。我死,王则封汝,必无受利地。楚越之间有寝丘者,此其地不利而名恶②,可长有者惟③此也。

【注释】

①受：接受别人给的东西。②名恶：名字不好，不古利。③惟：只有。

【译文】

楚王多次要赐给我土地，我都没有接受。我死后，楚王就会赐给你土地，你一定不要接受肥沃富饶的土地。楚国和越国之间有一个叫作寝丘的地方，这里土地贫瘠，而且地名不吉利，但是能够长久拥有的封地也就只有这块了。

庭训

[春秋]孔丘

说明

《庭训》记述的是孔子站在庭院里训诫儿子的一番话。孔子在家庭教育中要求儿子孔鲤要多读《诗经》《礼仪》等古典书籍，从中学习古代文化，熟悉古代礼仪、社会典章制度和伦理道德规范，这样才能够懂得在生活中如何言谈举止，从而在学业和道德等方面有所建树，干出一番事业来。古人称父教为庭训，即源于此。

孔子

【原文】

（鲤趋①而过庭，曰：）学《诗》②乎？（对曰："未也。"曰：）不学《诗》，无以言。（鲤退而学《诗》。他日，又独立。鲤趋而过庭。曰：学）《礼》③乎？（对曰："未也。"）不学《礼》，无以立。（鲤退而学《礼》。）

（子谓伯鱼曰：）女为《周南》《召南》矣乎？人而不为《周南》《召南》，其犹正墙面而立④也与。

【注释】

①趋：小步快走，表示恭敬的样子。②诗：即《诗经》。我国最早的诗歌总集一共收西周初至春秋中叶的民歌和朝庙乐章三百零五篇。孔子时代贵族交往时往往吟诵《诗经》里的句子来表达自己的意思。③礼：即《仪礼》。儒家经典之一。春秋、战国时代一部分礼制的汇编。④墙面而立：即面墙而立，目无所见。比喻不学无术。

【译文】

（孔鲤低着头恭敬地快步走过庭院时，孔子叫住他，问道：）你学《诗》了吗？（孔鲤回答说："没有。"孔子对孔鲤说：）不学《诗》，就没法与人谈话。（孔鲤退下去开始学《诗》。又有一天，孔子又独自站在庭院思考问题。孔鲤低着头恭敬地快步走过庭院，孔子叫住他，问道：）你学《礼》了吗？（孔鲤回答说："没有。"孔子对他说：）不学《礼》，就不能安身立命。（孔鲤退下去而后开始学《礼》。）

（孔子对伯鱼说：）你学《周南》《召南》了吗？作为一个人却不去学《周南》《召南》，这正像对着墙站立，什么都看不见。

论劳逸

[春秋]敬姜

说明

《论劳逸》出自《国语》中的《鲁语下》。这是《国语》上有名的家训。叙述的是鲁大夫公父文伯的母亲敬姜对儿子的一番教训。敬姜也因这篇论劳逸的家训而成了有名的贤母。一天，公父文伯下朝回家，看到母亲正在织布，就说，"我在朝廷担任高官，我的母亲却还织布，让人看见了会说我的。"敬姜听后反而训斥了儿子一顿，认为这是儿子不懂治国的道理，于是讲了这番话。她从君王说到平民，从祭拜谈到做衣服，历数各个等级和地位的人无论大小高低都要做一定的事情。她意识到儿子思想上的偏差，就及时教导，希望儿子即使高官厚禄，在忠于职守，做好本职工作的同时，也一定要谨记勤俭节约，不要贪图安逸享受。因为她认为过度安逸会触发人们内心的贪欲，贪欲最终会葬送儿子的前程乃至生命。敬姜所坚持的可谓是"忧患意识"，居安而思危；同时也反映出另一种意识就是节俭。

【原文】

昔圣王之处民也，择瘠土而处之，劳其民而用之，故长王天下。夫民劳则思，思则善心生；逸则淫，淫则忘善，忘善则恶心生。沃土之民不材，逸也；瘠土之民莫不向义，劳也。是故天子大采①朝日，与三公、九卿祖识地德。日中考政，与百官之政事，师尹、维旅、牧、相宣序民事；少采夕月，与太史、司载纠虔天刑；日入监九卿，使洁奉禘、郊之粢盛，而后即安。诸侯朝修天子之业命，昼考其国职，夕省其典刑②，夜儆百工，使无慆淫，而后即安。卿大夫朝考其职。昼讲其庶政，夕序其业。夜庀③其家事，而后即安。士朝受业，昼而讲贯④，夕而习复，夜而计过，无憾而后即安。自庶人以下，明而动，晦而休，无日以怠。王后亲织玄紞⑤，公侯之夫人，加之以纮、綖⑥，卿之内子为大带，命妇成祭服，列士之妻加之以朝服，自庶士以下，皆衣其夫。社而赋事，烝⑦而献功，男女效绩，愆则有辟，古之制也。君子劳心，小人劳力，先王之训也。自上以下，谁敢淫心舍力？今我，寡也，尔又在下位，朝夕处事，犹恐忘先人之业。况有怠惰，其何以避辟？吾冀而朝夕修我，曰："必无废先人。"尔今曰："胡不自安？"以是承君之官，余惧穆伯之绝祀也。

【注释】

①大采：五彩礼服。②典刑：常法。③庀：治理，料理。④贯：习。⑤玄紞：古代礼冠上系塞耳玉的丝带。⑥纮、綖：纮，冠冕上的系带。綖，冠冕上长方形的版。⑦烝：冬祭日。

【译文】

过去圣贤的君王治理百姓，选择贫瘠的土地让他们居住，让百姓劳作，发挥他们的才能,因此这些君王就能够长久地统治天下。老百姓劳作就会去思考,经常思考就会形成美好的品行。反之,闲散安逸就会过度放纵,过度放纵就会忘掉美好的品行,邪恶的思想也就随之产生了。居住在肥沃土地的人们多数没有才能,就是因为过度享乐;居住在贫瘠地方的人都趋向正义,就是辛勤劳作。所以天子在清早要穿着五彩礼服去祭拜日神,并与三公九卿一起体认大地孕育万物的恩德。中午考察政治以及百官的政事,各主管部门的师尹、维旅、牧、相都要宣布政教民事。到了傍晚,天子则要穿着三彩礼服去祭拜月神,并和掌管天文的太史、司载恭敬地观察上天垂示的法度。日落之后,要监督九卿把大祭和祭天的祭品收拾洁净,然后才去休息。诸侯早上执行天子颁布的命令和应办事务,白天完成自己封国的职务,反复检查有关典章和法规,夜里要告诫百官,让他们不怠惰放荡,然后才去休息。卿和大夫早晨要考察他的职责,白天要处理各项政事,傍晚来梳理一天所做的事务,夜里料理他的家事,然后才去休息。士人早上就受任务,白天讲习,傍晚复习,夜里反思自己有无过错,直到觉得自己没有什么不满意的地方,然后才去休息。自平民以下,天亮就起来劳作,直到夜里才能休息,没有一天懈怠的。王后也要亲自编织冠上系赛耳玉的黑丝绳,公侯的夫人还要加做系于颌下的帽带以及覆盖帽子的装饰品,卿的妻子要做礼服上的腰带,大夫的妻子要缝制祭服,各种士人的妻子要加做朝服,平民以下的妻子,都要给自己的丈夫做衣服。春祭向神明祷告农事开始,冬祭禀告农事的成功,男女都要效力,有了过失就要施加责罚,这是古代传下来的制度。君王操心,小人出力,这是先王的遗训啊。从上到下,哪个敢放纵心思却不去劳作呢?现在,我是个寡妇,你又处于大夫的职位,就要早晚勤做事,还恐怕担心丢掉先人的事业。倘若要是怠惰,怎么能够逃避得了责罚呢?我希望你早晚都要提醒自己说:"一定不要废弃先人的功业。"现在你反而说:"为什么不自己享受安逸?"以这样的想法担任国君的官职,我惧怕你父亲穆伯将要无人祭祀了。

遵命教子

[春秋]史鳛

说明

史鳛,字子鱼,春秋时卫国大夫。卫灵公执政时,有德行者不被任用,却任用不贤之人。史鳝感到十分忧虑,便多次进谏灵公,"任贤而退不肖"。可是灵公不听。后积郁成疾。《遵命教子》是史鳛在生病将死之时,对儿子说的话。他死后,卫灵公前去凭吊,见丧事置于北堂,感到十分奇怪,就问史鳛的儿子是怎么回事。史鳛之子便把父亲临死的话告诉了卫灵公。史鳛的"死且不懈,又以尸谏"的做法使卫灵公终于纳谏,任用蘧伯玉为卿,罢退弥子瑕。然后将史鳛尸体迁移到正堂办理丧事,直到完成祭奠的礼仪才回去。卫国也因此得以治理。史鳛以尸进谏的行动,表现了他对国家忠心耿耿,直言敢谏,至死不衰的精神。这一非同寻常举动,对他的儿子有很大的教育意义。

【原文】

我即死,治丧于北堂①。吾不能进蘧伯玉而退弥子瑕,是不能正君②也。生不能正君者,死不当成礼。置尸北堂,于我足矣。

【注释】

①北堂:古代妇人居住的寝室,非正室。②正君:匡正国君,即纠正国君的错误行为。

【译文】

如果我死了,就在北堂上办理丧事。生前我不能够让国君任用蘧伯玉,罢退弥子瑕,这是我没有尽到帮助国君改正错误的责任。我活着的时候不能匡正国君,死了以后就不应该按照礼仪来办理丧事。把我的尸体停放在北堂上,这对于我已经是足够了。

母训

［战国］孟轲母

说明

孟子(前 372~前 289)，名轲，字子舆，邹国(今山东省邹城市)人。孟子与孔子的思想被称为"孔孟之道"。孔子是至圣，孟子是亚圣。中国古代著名思想家，教育家，政治家，政论家和散文家。孟子的母亲仉氏在我国封建社会中以教子有方而被推崇为贤母的典范。《母训》是孟子母亲由于担心孟子对待学习不认真而荒废学业所说的一段话。她以实例"断机杼"的寓意来教育孟子学习不应该间断，否则就会像织布一样即使快要织好如果被剪断也不能成布，所以学习也要持之以恒、坚持不懈。只有通过勤奋努力的学习，参悟人生的道理，才能养成良好的修养和品德，从而成为一个有思想有学问的人。孟子听了母亲的教诲，改正错误，坚持苦读，终于成为一代天下名儒。

"昔孟母，择邻处，子不学，断机杼"是《三字经》里的名句，广为人知。孟母三迁以后，虽然为儿子的成长创造了良好的环境，但孟母并没有因此而放松对他的教育。她认为，如果主观上不勤奋努力，即使再优越的环境，还是成不了才的。所以她对孟子的学习教育一刻也不放松，时时刻刻的督促他勤奋学习。她生动的用织布来比喻学习，用断织来比喻废学，很有说服力。孟子对学习漫不经心，孟母采取"断织"的措施，使孟子受到极大的刺激，从而改变"废学"积习。这样做，十分符合教育的激励原则。孟子以后的伟大成就，是和母亲的教导分不开的。

【原文】

(孟子之少也，既学而归。孟母方织，问学所至，孟子自若。孟母以刀断其织，孟子惧而问其故。母曰:)子之废学若吾断斯织也。夫君子学以立名，问则广知。

今而废之，是不免于厮役①而无以离于祸患也。（孟子惧，旦夕勤学不息，祖师子思②，遂成天下之名儒。）

【注释】

①厮役：旧称干杂事劳役的奴隶。后泛指受人驱使的奴仆。②子思：战国初哲学家。孟子受业于他的门下，并将其学说加以发挥，形成了思孟学派。

【译文】

（孟子小时候，从外求学回来。孟子的母亲正在织布，便问孟子学习进展到了什么程度了，孟子显出一副漫不经心、不以为然的样子。孟子的母亲就用刀割断了正在纺织的布，孟子十分害怕，就赶快问母亲这样做的原因。母亲说：）你荒废学业就如同我剪断这些织布一样。有德行的人总是凭借勤奋学习来树立名声，通过虚心求教来获得渊博的知识。如果你现在荒废了学业，就不可避免地要成为一个只会干粗活而供人使唤的人，而且也就无法脱离灾难了。（孟子十分害怕，从早到晚不停地勤奋学习不休息，把子思当作老师，终于成了天下有名的学问家。）

训子语

[战国] 楚子发母

说明

子发，名舍，是楚国的令尹。战国时期，楚国子发同秦兵作战，因粮食吃完，派人回国运粮，并让使者顺便问候他母亲，当他母亲得知士兵无粮可食而子发却顿顿食肉，十分生气；知道士兵艰难得只能"并分菽粒而食之"，而作为将军的儿子却"朝夕刍豢黍粱"时，深为不安。等儿子得胜归来时。本可出门相迎的她却"闭门而不内"，并且通过讲述越王勾践讨伐楚国时候发生两个实例，狠狠地教训了儿子一顿，直到儿子认错后，才让他进家门。

子发母亲的爱子之心,表现在对他事业的爱护和严格教育上。她深知能否与士兵同甘苦,是带兵将领能否克敌制胜的一个重要因素。因此,她特意抓住子发搞特殊化这一情况趁机教训他,指出他的胜利纯属偶然,并不懂得真正的用兵之道。从而使儿子清醒地认识到自己的问题,并改正错误。

越王勾践

楚子发母是一位深明大义、教子有方的母亲。这位母亲以她的言行告诉我们:父母对于子女的教养不能仅仅局限于关心孩子的饮食起居和冷暖安康,更不是一味地顺从溺爱,这样未免就太肤浅了。父母对子女的疼爱要立其身、正其行,从塑造人格、人品上着眼,培养他的德行和操守,这样才能保证子女走正道,干正事。而从子发身为楚将,统领军队的身份来说能得出的教训就是:"得人心者成人事,失人心者损人事",为将应能与士兵同甘共苦才可克敌。文章譬喻得当,简短意赅,释理深刻。

【原文】

子不闻越王勾践之伐吴耶?客有献醇酒一器者,王使注江之上流,使士卒饮其下流。味不及加美。而士卒战自五也。异日有献一囊糗糒①者,王又以赐军士,分而食之,甘不逾嗌②,而战自十也。今子为将,士卒并分菽粒而食之,子独朝夕刍豢③黍粱,何也?《诗》不云乎?"好乐无荒,良士休休!"言不失和也。夫使人入于死地,而自康乐于其上,虽有以得胜,非其术也。子非吾子也,无入吾门。

【注释】

①糗糒:干粮。②嗌:咽喉。③刍豢:牛羊曰刍,犬豕曰豢,泛指家畜。此处指所吃之肉。

【译文】

你没有听说过越王勾践讨伐吴国的事情吗?有个人献给勾践一坛味美醇香的

酒,越王勾践派人把酒倒入江水的上游,让士兵一同饮下游的水。虽然江水的味道并没有增加多少酒的醇美,但是士兵们的战斗力因此增加了五倍。又有一天,有个人献给他一袋干粮,越王勾践又下令把它赐给军士们分着吃,其实只不过一点点食物,虽然食物的甘甜不过咽喉,但是士兵们的战斗力因此增加了十倍。现在你身为将领,士兵们一起分着吃豆粒来充饥,唯独你却每天早晚吃着肉和细粮,这是为什么?《诗经》上不是说了吗:"喜欢作乐但不过分,贤人才能安逸闲静。"说的就是做事不要失掉分寸。你指挥士兵们进入生死相争的战场上,自己却高高在上享受安乐生活,即使你能够取胜,并不是你有什么正确的用兵之道。你不是我的儿子,不要进我的家门。

曾子杀彘

[战国] 韩非

说明

　　韩非,战国末期韩国人(今河南省新郑)。韩王室诸公子之一,战国法家思想的集大成者。《曾子杀彘》讲的是曾子把妻子对儿子说的一句戏言付诸实践,并说明原因。从妻子"顾反为女杀彘",到曾子的"遂烹彘也";从妻子的一句"特与婴儿戏耳",而曾子却用一大段来讲述"婴儿非与戏也""母欺子而不信其母,非所以成教也"。文中深刻地指出了儿童教育的严肃性。做父母的教育子女,要言行一致,不能随便承诺,更不能以欺骗的方法来平息一时的要求。如果不能够满足就要实话实说,解释开导,要是已经应允,就要说到做到。教育孩子做到言必信,行必果,这样才能获得孩子的信任,孩子将来也就会成为一个有诚信的人。同时父母是孩子的榜样,要时时刻刻以身作则,随时随地把身教与言教结合起来,这样才有利于子女的健康成长。

【原文】

　　曾子之妻之市,其子随之而泣。其母曰:"女还,顾反为女杀彘①。"妻适市来②。

曾子欲捕彘杀之。妻止之曰："特③与婴儿戏耳。"曾子曰："婴儿非与戏也。婴儿非有知也，待父母而学者也，听父母之教。今子欺之，是教子欺也。母欺子而不信其母，非所以成教也。"遂烹彘也。

【注释】

①彘：猪。②适市来：从集市上归来。③特：但，此处为"只不过"的意思。

【译文】

曾子的妻子到集市上去，她的儿子跟着她在后面边走边哭。他的母亲说："你先回家，等我回来给你杀猪吃。"妻子从集市上归来，曾子就要去抓只猪准备杀了它。妻子阻止他说："只不过是同小孩子开个玩笑罢了。"曾子说："对小孩子不能随便开玩笑的。小孩子还不懂得什么道理，只是照着父母的言行来学习的，听从父母的教导。现在你欺骗了他，就是教小孩子欺骗人。当母亲的欺骗孩子，孩子也就不再相信他的母亲了，这不是教育好孩子的方法。"于是就把猪杀了煮给孩子吃。

将没诫弟子

[秦]孔鲋

说明

孔鲋，（约前264～前208），字甲，秦末儒生，孔子后裔，居于魏国。陈胜领导农民起义，他也从军反秦，为博士，后在与秦将章邯的战斗中战死。《将没诫弟子》是孔鲋临终前告诫诸弟子的一席话。他先以鲁国是仁义之国，而且即使乱世之中还是"讲诵不衰"告诫弟子，接着以秦汉名儒叔孙通之事，劝告弟子要有"处浊世而清其身，学儒术而知权变"的本领，这样以有道之人为宗师，将来才能学有所成。

孔鲋，身为人师，时刻不忘自己的责任，即使临终也不忘教导弟子如何处世，真不隗"仁师"；身为鲁国人，以自己国家是仁义之邦而自豪。这篇诫文主要就是不放心弟子们身处乱世如何处世,希望他们既要做到在乱世不与世俗污秽同流合污,又要懂得权术如何变通,不能做愚顽腐儒。告诉他们要以叔孙通为榜样,向他学习,将来做出一番丰功伟绩。文章虽然只有简短的几句话,却包含了孔鲋对国家浓厚的感情和对弟子无限的期望,情真意切,感人至深。

【原文】

鲁,天下有仁义之国也,战国之世,讲颂①不衰,且先君之庙在焉。吾谓叔孙通处浊世而清其身,学儒术而知权变,是今师也。宗于有道,必有令图②,归必事焉。

【注释】

①讲颂:谓讲习学业,诵读诗书。②令图:善谋,远大的谋略。

【译文】

鲁国,是天下存有仁义的国家。战国的时候,讲习学业诵读诗书的风气就十分兴盛,而且我们先祖的宗庙在那里。我认为叔孙通身处于在污浊的乱世都能使自身清白不被污染,学习儒家之术还能通晓权变之术,他就是当今的宗师啊。奉有道之人为宗师,一定会有远大的谋略,学成归来也一定会干出一番大事业来。

手敕太子

[汉]刘邦

说明

汉高祖刘邦(前256~前195),字季,汉朝开国皇帝,汉民族和汉文化伟大的开拓者之一,是我国历史上杰出的政治家、军事家。陈胜起义时,他起兵响应,前206年,率军攻入咸阳,推翻秦朝统治。后与项羽展开长达五年的战争。前202年,战胜项羽,建立汉朝。在位12年,加强中央集权,实行重本抑末政策,发展农业生产,打击商贾,使当时社会的经济有了长足的发展。

《手敕太子》是汉高祖刘邦病危时写给长子刘盈的一封敕书。敕书确定太子刘盈为皇位继承人。刘邦小时候，正值秦始皇焚书的时代，没能读书，也没有认识到读书的重要性，即位以后才懂得了读书的意义。在敕书上，刘邦用自己的亲身经历告诫儿子要好好读书，努力学习。同时还以尧舜为例，生动地向儿子说明了要"任人唯贤"的道理。

这封敕书篇幅虽不长，但却包含了刘邦以一个父亲和帝王的身份，临终向儿子和帝位继承人的谆谆告诫：要多读书、要任用贤人、要治理好天下。敕书一反通常的命令式而用刘邦自己的人生经历和从政的切身体会要儿子理解和省悟做一个帝王身上所负的重任。在谆谆教诲之中对儿子殷殷期许；同时对于身后之事做出郑重安排，一个好父亲、明君主的形象跃然纸上。此敕书言简意深，情浓意重，语言朴实无华，在历代帝王敕书中别具特色。

【原文】

吾遭乱世，当秦禁学。自喜，谓读书无益。自践祚①以来，时方省书，乃使人知作者之意。追昔所行，多不是。

尧舜不以天子与子而与他人，此非不惜天下，但子不中立耳。人有好牛马尚惜，况天下耶？吾以尔是元子，早有志意。群臣咸称汝友四皓②。吾所不能致，而为汝来，为可任大事也。今定汝为嗣③。

【注释】

①践祚：帝王即位。践，履。古代庙、寝堂前两阶，主阶在东，称祚阶。祚阶上为主位，因此称即位行事为"践祚"。②四皓：秦末东园公、角里先生、绮里季、夏黄公隐于商山（今陕西商县东南），年皆八十多，时称"商山四皓"。③嗣：继承，接续。

【译文】

我幼时遭逢动乱的时代，正赶上秦始皇焚书坑儒禁止求学的时候。自己心理还十分高兴，认为读书没有什么好处。自从我登基以来，这时才知道了读书的重要，于是让别人讲解书籍，了解著书人的用意。回想从前的所作所为，实在是有很多做得不对的地方。

古代帝王尧舜不把天子的地位传给自己的儿子却让给别人,这并不是不珍惜天下,只是因为他们的儿子不适合继位担此大任。人们有了品种良好的牛马还知道爱惜,更何况天下呢? 我因为你是嫡长子,早就有确立你为继承人的意图。很多大臣都称赞你的朋友商山四皓。我曾经邀请他们没有成功,而他们却能为你而来,由此看来,你可以胜任国家大事啊。现在就确定你为皇帝继承人吧。

诫子书

[汉]孔臧

说明

孔臧,(约前201~前123),为汉蓼侯孔藂之子,孔子第十一代孙。《诫子书》是孔臧听说儿子孔琳非常勤奋刻苦的研习经书传记,在高兴之余,亲自写给儿子的鼓励赞扬信。虽然诫书很短,但却浓缩了非常深刻的意涵。首先阐明为学必须勤奋和恒持的道理。孔臧指出要想获得成功,只有持之不懈、循序渐进;要想在一定的时期内学到更多的知识,只有勤奋不已、刻苦努力。成功之道也即积渐之道,一点一滴的积累,终能汇聚成知识的海洋。诫书的主要价值在于指出学习要与实践相结合,提倡为学之道要与为人之道相统一,为人处世也要勤勉自励、始终如一才好。勤恒是学习的一种精神态度,是知识积累必要的主观保证,应该值得提倡和弘扬。第二层是另外一个主题,即"学"与"行"的关系,"徒学知之未可多,履而行之乃足佳",含有"纸上得来终觉浅,绝知此事要躬行"的意思,指出学习的目的还是为了实践。任何知识都是从实践中总结出来的,因此实践本身也是一种知识,脱离实践而学习,必然不能触及更广泛的知识外延和领悟深层次的知识内涵。没有深度,一知半解的肤浅知识必然没有真正的广度;没有广度,不能融会贯通的知识必然没有真正的深度,两者之间是辩证统一的。实践的作用就是拓展知识的广度和挖掘知识的深度,脱离实践的学习不可能学得多、学得深。

诚书采用赋的笔法,用水滴石穿和蠹虫钻木做比喻来勉励儿子为学日积月累,锲而不舍,并且应亲身参加实践。道理深刻,笔法新颖,譬喻得当,发人深省。

【原文】

顷来闻汝与诸友生讲肄①《书》《传》,孜孜昼夜,衎衎②不怠,善矣!人之进退,惟问其志取,必以渐勤则得多。山霤③至柔,石为之穿;蝎虫至弱,木为之弊。夫霤非石之凿,蝎非木之钻,然而能以微脆之形,陷坚刚之体,岂非积渐之致乎?训曰:"徒学知之,未如多履而行之。"乃足佳。

【注释】

①讲肄:讲解研习。肄,陈列。②衎衎:即"侃侃"。指欢乐的样子。③霤:屋檐上滴下来的水,此指山崖上滴下的水。

【译文】

最近听说你与各位同学在讲习《尚书》《左传》,孜孜不怠,侃侃而谈,日夜努力,这实在是太好了。人的进步和退步关键是看他的志趣取向,如果循序渐进,勤奋不止,那么就会收获很多。山涧水滴是极其柔和的,但可以穿透坚石;蝎虫是极其柔软的,但可以破坏巨木。山涧水滴本不是坚石的凿子,蝎虫也不是巨木的钻子,却能凭借微小柔弱的身体,攻破坚硬刚强的东西,难道不是日积月累慢慢达到的吗?古训曾经说过:"单单通过学习书本而使知识增长,不如多把它们应用到实践中去而身体力行。"这样就更好了。

遗训

[汉]司马谈

说明

司马谈(?~前110),西汉夏阳(今陕西韩城)人,著名的文学家、思想家。官至太史令。他的《论六家之要旨》推行汉初黄老之说，总结当时流行的阴阳、儒、墨、名、法、道各派学说。根据《国语》《世本》《战国策》《楚汉春秋》等史书，撰写史籍，死后，由其子延续写而成，即著名的史书《史记》。汉武帝元封元年(前110)，东巡至泰山，并在山上隆重地举行祭祀天地的"封禅"大典。司马谈当时因病留在洛阳，未能从行，深感遗憾，抑郁愤恨而死。他所要论著历史的理想和计划，便留给儿子司马迁去实现。司马迁在《报任少卿书》中，写道自己即使蒙受世间最大的耻辱，还隐忍苟活于世的原因，就是他要完成父亲司马谈临终托付给他的续写《史记》的重任。

文末"余为太史而弗论载，废天下之史文，余甚惧焉，汝其念哉？"可见司马谈对自己乃至家族的事业多么的敬业，他认为"孝始于事亲，中于事君，终于立身"。不仅如此，自己未竟的毕生事业还嘱咐儿子来完成，希望他恢复司马家的本职工作——这正是司马谈的遗言。我国历史上能有《史记》这部伟大的著作，实在应该感谢司马谈的教子遗训。这篇遗训，从历史发展的视角，从国家、家庭、人格等方面说明了著述《史记》的夙愿，要司马迁去完成自己未完成的事业。

【原文】

余先周室之太史也。自上世尝显功名于虞夏，典天官事①。后世中衰，绝于子乎？汝复为太史，则续吾祖矣。今天子接千岁之统，封泰山，而余不得从行，是命也？命也夫！余死，汝必为太史；为太史，无忘吾所欲论著矣。

且夫孝始于事亲，中于事君，终于立身。扬名于后世，以显父母，此孝之大者。夫天下称颂周公，言其能论歌文、武之德，宣周、邵之风，达太王、王季之思虑。爰②及公刘，以尊后稷也。幽、厉之后，王道缺，礼乐衰，孔子修旧起废，论《诗》《书》，作《春秋》，则学者至今则之③。自获麟以来四百有余岁，而诸侯相兼，史记放绝。今汉兴，海内一统，明主贤君忠臣死义之士，余为太史而弗论载，废天下之史文，余甚惧焉，汝其念哉？

【注释】

①典天官事：记载百官的事。②爰：于是。③则之：遵从它，以之为准则。

【译文】

我的先祖是周王室的太史。远在虞、夏两朝的时候就已经显扬功名,掌管记录百官的事情。后世衰落,难道将从我这里中断作为史官这一祖业吗?你如果再做太史,那么就接续我们祖先的事业了。现在天子继承千年一统的大业,在泰山举行封禅典礼,然而我却因病不能够随行,这是命啊!是命啊!我死之后,你一定会做太史官的,做了太史官,你一定不要忘记我想要撰写的史书啊。

再说孝道起始于侍奉双亲,进而侍奉君王,最终在于立身扬名。扬名后世,为父母双亲增添光彩,这是最大的孝道啊。天下人都称赞颂扬周公,是说他的言论能够评说传播文王、武王的功德,宣扬周公、邵公的风尚,表达古公亶父、季历的思想,于是直到公刘的功业,以尊崇始祖后稷。幽王、厉王以后,王道废缺,礼乐衰颓,孔子修复旧礼以振兴被废弃破坏的礼乐,评述《诗》《书》,撰写《春秋》,致使学习的人到现在还以它们作为准则。从孔子记叙哀公十四年猎获麒麟的时候停笔,到现在已经有四百多年了。这其间诸侯相互兼并,记录历史的书籍丢失殆尽。如今汉朝兴盛,国家统一,有明主贤君,忠臣、死义之士都聚集在当世,我作为史官都未能予以评论载录,荒废了天下的修史传统,对此我非常惶恐,你要时刻想着这件事啊。

诫子歆书

[汉]刘向

说明

刘向(约前77~前6),原名更生,字子政,沛县(今属江苏)人。西汉经学家、目录学家、文学家。曾任谏议大夫、宗正等。刘向的散文主要是奏疏和校雠古书的"叙录",较有名的有《谏营昌陵疏》和《战国策叙录》,叙事简约,理论畅达、舒缓平易是其主要特色。其子刘歆也是西汉末年古文经学派的开创者、目录学家、天文学家。刘歆任黄门侍郎时,刘向担心他年少得志,受福骄奢,因而写了这篇《诫子歆书》以为警示。信中，刘向援引了史实及格言，在不长的篇幅里，告诫儿子要正确对待福祸，因为其中存在着辩证关系。有了福运，不可骄横奢侈，否则，便会大祸临头；有了祸事，也不要恐惧，只要思过改正，福运就会来临。将祸福倚伏的道理说得极为透彻，读来令人受益匪浅。文中列举的齐顷公逞霸和轻视欺负弱小国家的事实，说明了这个道理。

刘歆年少得志，取得官职，身为父亲却并非洋洋得意，而是教他要谨慎恭敬，战战栗栗，这真是一颗拳拳爱子之心啊！俗话说，"父母之爱子，则为之计深远"。刘向对儿子的殷殷告诫，更显父亲的智慧与远见，难能可贵。"祸兮福之所倚，福兮祸之所伏"。福与祸，就在门闾之间。人人欲趋吉避凶，但若身处顺境，不知谨慎惜福；得到恶果又不能警醒，甚至还怨天尤人，那人生则将越走越黑暗。

刘向诫子，警诫的不仅是刘歆，熟读过程中，也警惕我们自己，祸福相倚。因此，祸来不必恐惧，自我劝勉，改过向善。反而会是福的开端；福来了也不必喜悦过头，若不能警惕，时时检点，福也有可能转成祸。但知这祸福相倚的道理，以圣贤教诫来劝勉自我，福也就长伴左右，那一生想要幸福美满，自然也是唾手可得了。

【原文】

告歆无忽，若未有异德，蒙恩甚厚，将何以报？董生有云："吊者在门，贺者在闾。"言有忧则恐惧敬事，敬事则必有善功而福至也。又曰："贺者在门，吊者在闾。"言受福则骄奢，骄奢则祸至，故吊随而来。齐顷公之始，藉霸者之余威，轻侮诸侯，亏跂蹇之容①，故被鞍之祸，遁服而亡，所谓贺者在门，吊者在闾也。兵败师破，人皆吊之，恐惧自新，百姓爱之，诸侯皆归其所夺邑，所谓吊者在门，贺者在闾也。今若年少，得黄门侍郎，要显处也。新拜②，皆谢贵人。叩头。谨战战栗栗，乃可必免。

【注释】

①亏跂蹇之容：亏，欠缺，此处为意动用法，"认为……欠缺"，也就是嘲笑的意思。跂，多一脚趾。蹇，跛足。②新拜：旧时用一定的礼节授予官职。

【译文】

　　告诫歆不要忘记，假如你没有不寻常的的德行，所承受的恩惠十分厚重，那么将来凭借什么来回报呢？董仲舒曾经说过这样的话："吊丧的人在家门口，贺喜的人在里巷头。"这是说有忧患意识便会畏惧惶恐而谨慎地做事，畏惧惶恐而谨慎地做事就必定有大的功劳，从而福运就会降临。又说："贺喜的人在家门口，吊丧的人在里巷头。"这是说享受福运就会骄横奢靡，骄横奢靡就会有大灾祸降临，因此吊丧的就会跟着到来。齐顷公开始即位的时候，凭借齐桓公称霸的余威，轻蔑欺侮各诸侯小国，嘲笑晋国使者跛足，因此遭到了大败于鞍的灾难，最后换掉衣服逃亡了。这就是所说的贺喜的人在家门口，而吊丧的人在里巷头啊。兵败师破，人们都来凭吊。他在惶恐畏惧中努力改过自新，又重新赢得了百姓的拥戴，各诸侯国也都把先前掠夺的城池归还给他，这就是所说的吊丧的人在家门口，而贺喜的人在里巷头啊。现在你还这样年轻，就得到了黄门侍郎的高官，这是显要的位置啊。新官上任，全都要感谢贵人的帮助提携。向贵人叩头。时刻谨记要恐惧谨慎从事，才能避免灾祸。

告兄子言

[汉] 疏广

说明

　　疏广，字仲翁，汉时东海兰陵人。少好学，宣帝时为太傅。疏广的侄子疏受，当时亦以贤明被选为太子家令，后升为太子少傅。二人在任职期间并称之为朝廷中的"二疏"。《告兄子言》是疏广告诫侄子疏受的一番仕宦为人之道：知足常乐，适可而止，功成身退。叔侄两人正是在这种处世哲学指导下，一起辞官隐退荣归故里的。

　　历史经验告诉人们要知足常乐，适可而止，方能得一生平安。做人要在功成名就之时审时度势而急流勇退。疏广正是奉着这样的处世哲学才有了"以寿命终"。可见，人不论什么时候都不要贪欲无度，否则将后患无穷。本文只是以"吾闻"，却告诉了人们一个深刻的道理，同样值得现在为官的人深思。

【原文】

吾闻：知足不辱，知止不殆①，功遂身退，天之道也。今仕宦至二千石，官成名立，如此不去，怯②有后悔，岂如父子相随出关，以寿命终，不亦善乎？

【注释】

①殆：危，危险②怯：胆小，没勇气。这里指"恐怕"的意思

【译文】

我听说：懂得知足、不贪心就不会受到羞辱，知道适可而止就不会遭受危险，做人在功成名就之时及时隐退，这是天意常规。现在我们的官俸已经达到二千石，官居高位，名声树立，到这时还不想离去，恐怕将来会后悔，倒不如咱们叔侄二人一起隐退荣归故里，颐养天年终老此生，这样不也是很美好的事情吗？

临死诫诸子

[汉]尹赏

说明

尹赏，字子心，巨鹿杨氏（今河北宁晋）人，西汉成帝时朗有名的酷吏。历任长安令、江夏太守。曾经因为残酷镇压"盗贼"而株连人数众多而被免官，后又被推举为郑县令而卒。为官期间，廉清公正，并且特别富有才能、善于治理。《临死诫诸子》是他临终时诫子的一段话。他希望子孙将来做官要像他一样刚硬，如果软弱无能，不能胜任，甚至比贪官污吏更为可耻。其四子皆官至太守，并都以威严、刚硬、治理有方闻名。

身为国家官员,需要正直廉洁、刚正不阿,同时也要有强硬的手段,能够使立法制度推行下去,达到治理的目的。正所谓"在其位谋其政"。史书记载他"虽酷,称其位矣"。这段诫子语虽然有一定的历史局限性,但在当时也是他为官一生的经验总结。封建时代,株连也是有他的历史背景的,可以理解。总比一些官吏只拿俸禄不为民做事强。那个时代只有人治,没有法治,所以做官的人的品质至关重要。

【原文】

丈夫为吏,正坐①残贼免,追思其功效,则复进用矣。一坐软弱不胜任免,终身废弃无有赦②时,其羞辱甚于贪污坐赃。慎毋然。

【注释】

①坐:特指治罪的原因。即"因……治罪"。②赦:免罪;减罪

【译文】

大丈夫身为官吏,纵使因为"残贼"罪而被罢免,当朝廷追想起他过去的功绩时,就会重新得到任用。而另有一些人因为软弱不能胜任职责而被免官,以至终身废弃不会再被赦免复官的时候,那羞愧和耻辱比贪污纳赃的罪过更为严重。希望你们谨慎记住不要这样。

诫子言

[汉]樊宏

说明

樊宏(?~51),东汉初期南阳湖阳(今河南唐河)人,汉光武帝的舅舅,以仁义厚道著称,为人谦恭和顺,谨慎戒惧,不苟且谋取功名利禄。东汉建立后,被封为寿张侯,公元51年去世,谥号为"寿张恭侯"。其子儵,字长鱼,谨约有父风。《诫子言》是他经常训诫其子所说的一段话。人不可能长久充溢富贵的,因为历来有"物

极必反"之说,并表述自己也不是不羡慕荣华富贵,但是鉴于天理,知道即使现在是多么的显耀富贵,根据前代的例子将来也还是会有不好的事情来临,因为"天道恶满而好谦"。还是应该把明哲保身,奉为乐事。

樊宏的这段诫子语同时也是在教育儿子,做人要谦恭谨慎,简约节欲,不要太过张扬骄满,否则就会有厄运到来;还告诫儿子,在"富贵盈满"和"保身全己"面前,要选择后者。作者的观点虽然印上了时代的烙印,但却蕴含着朴素的唯物主义辩证原理。

【原文】

富贵盈溢①,未有能终者。吾非不喜荣势也,天道恶满而好谦,前世贵戚皆明诫②也。保身全己,岂不乐哉!

【注释】

①盈溢:充溢;洋溢。②明诫:明白告诫;明训。

【译文】

凡大富大贵财禄盈满的人家,没有几个能够善终的。我不是不喜欢荣华权势,但天理憎恶骄满,而喜欢谦恭,前代的那些贵戚的下场都是明显的警戒的例子。如果我保全身家性命,难道不是一件乐事吗?

九诫

[汉] 严光

说明

严光,本姓庄,后人避汉明帝刘庄讳改其姓,一名遵,字子陵,余姚人。少有高名,与刘秀同游学。刘秀称帝,改换姓名隐居起来,武帝派人寻访,诏受谏议大夫,不受,隐于富春山。原题为《十诫》,因缺一诫,故改为《九诫》。文中列举嗜欲、货利、嫉妒、谗慝、谤毁、残酷、陷害、博戏和嗜酒等九种恶习，并告诉人们恶习养成的危害。

人不能有太多的贪欲，吃饱有益健康，过多就会有损身体；追逐财富和利益没错，但不能无节制，否则会惹祸上身。人要有善念，不能嫉妒、馋慝、谤毁、残酷、陷害别人，这样对自己也是不利的。人不能有不良的嗜好，如博戏和嗜酒，否则早晚都要贫困潦倒、倾家荡产。《九诫》中严光十分深刻的枚举了各种恶习的危害，语出惊心，使人听了有所诫鉴。言语简短，却包罗万象；内容浅显，却道理深刻；同时运用了排比的手法，读来清晰入耳且发人深省。

【原文】

嗜欲者，溃腹之患也；货利①者，丧身之仇也；嫉妒者，亡躯之害也；谗慝②者，断胫之兵也；谤毁者，雷霆之报也；残酷者，绝世之殃也；陷害者，灭嗣之场也；博戏③者，殚家之渐也；嗜酒者，穷馁之始也。

【注释】

①货利：贪财好利。②谗慝：恶言恶意。③博戏：赌博。

【译文】

过多贪图口福的欲望，是腐坏肠肚的祸患；过于贪财好利，是丧失生命的仇敌；心存嫉妒是失去性命的大害；恶言恶意是砍断脖子的兵器；诽谤诋毁他人会遭到雷击报应；残害酷虐是自绝后人的祸殃；陷害他人会落入断子绝孙的下场；赌博会逐渐使你倾家荡产、一无所剩；没有节制的喝酒是穷困潦倒的开始。

诫兄子严、敦书

[汉]马援

说明

马援(前14~公元49)，字文渊，东汉扶风茂陵(今陕西兴平)人，开国功臣之一,因功累官至伏波将军,封新息侯。建武十八年,马援任伏波将军,得知其次兄马余的两个儿子马严和马敦平时喜好讥评时政、结交侠客,很令他担忧,为此马援写了这封情真意切的信以示告诫。《诫兄子严、敦书》中告诫子侄做人要敦厚诚实,办事要周到谨慎,严于律己,宽以待人,千万不要成为轻佻放荡的浮薄子弟。文中反复以"汝曹"称子侄,使子侄们在阅读时倍感亲切。不远千里致书教谕,也能收到耳提面命的效果。同时苦口婆心,现身说法,用自己的生活经验和晚辈沟通,而不是空讲大道理。只说自己如何,但是态度明确,感情浓烈,语重心长,自然可以感染晚辈。文中"刻鹄不成尚类鹜""画虎不成反类狗"的比喻,更是发人深省。

　　文章中大量而恰当地使用句末语气词,起到了表达意义以简驭繁,只着一字而含义丰富;表达感情以无胜有,不着情语而情尤真、意尤切的突出效果。用"也"表达自己的肯定和期望,态度坚决;用"矣""耳"表达自己的爱憎倾向,情深意长;用"者也",则表达出对评说对象有所保留或不以为然。这些合在一起,不仅读来语气抑扬,更能使人由此领会充盈在文字背后的教诲、期望、关怀和爱护。

　　马援的《诫兄子严、敦书》与诸葛亮的《诫子书》齐名,为后世广为传扬称颂。

【原文】

　　吾欲汝曹①闻人过失,如闻父母之名,耳可得闻,口不可得言也。好论议人长短,妄是非正法,此吾所大恶也,宁死不愿闻子孙有此行也。汝曹知吾恶之甚矣,所以复言者,施衿结褵②,申父母之诫,欲使汝曹不忘之耳。龙伯高敦厚周慎,口无择言,谦约节俭,廉公有威,吾爱之重之,愿汝曹效之。杜季良豪侠好义,忧人之忧,乐人之乐,清浊无所失,父丧致客,数郡毕至,吾爱之重之,不愿汝曹效也。效伯高不得,犹为谨敕③之士,所谓刻鹄不成尚类鹜④者也;效季良不得,陷为天下轻薄子,所谓画虎不成反类狗者也。讫今季良尚未可知,郡将下车辄切齿,州郡以为言,吾常为寒心,是以不愿子孙效也。

【注释】

　　①汝曹:你等,尔辈。②施衿结褵:衿,带子。褵,佩巾。古代女子出嫁时的仪

国学经典文库

中华姓氏文化

·名门家训·

图文珍藏版

式。③谨敕:谨慎自饬。指能约束自己的言行。④刻鹄不成尚类鹜:此句比喻虽仿效不及,尚不失其大概。鹄,天鹅。鹜,野鸭子。

【译文】

我希望你们听到了别人的过失,就像听见自己父母的名字一样,耳朵可以听见,但嘴里却不要议论。喜欢议论别人的长短,胡乱评论歪曲真相,这是我最深恶痛绝的,宁可去死也不愿听到自己子孙中有这样的行为。你们知道我是最厌恶这种行径的,之所以我再次重复这一点,就像女儿出嫁前父母一再陈述自己的告诫一样,目的就是希望你们牢牢记住罢了。龙伯高这个人为人敦厚老实,办事严谨慎重,说的话合乎礼法,没有不恰当的,待人谦逊并且生活节俭,廉洁奉公并且很有威望,我爱戴他敬重他,希望你们向他学习。杜季良这个人性格豪爽仗义勇为,把别人的忧愁当作自己的忧愁,把别人的快乐当作自己的快乐,无论好人坏人都结交,各种朋友都有,他父亲去世时,好多郡的人都来吊丧。我也爱戴他敬重他,但不希望你们向他学习。学习龙伯高如果不像,还可以成为一个能够约束自己言行的人,正如人们所说的雕刻天鹅即使不像倒还像只野鸭子一样。而一旦学杜季良而学不像,就会沦为天下的轻佻浮薄之人,正如人们所说的画虎不成反倒像只狗一样。到现在杜季良还不知晓,州郡官员到任总是咬牙切齿地指责他,州郡的人们都在议论这件事。我常常为此寒心,这就是我不希望我的子孙们学习他的原因了。

遗令子实

[汉]崔瑗

说明

崔瑗(77~142),字子玉,东汉安平(今河北省安平县)人,书法家。尤善草书,师法杜度,时称"崔杜"。早孤,锐志好学。年四十余,始为郡吏,后因事触法被关东郡发于狱中。不久获释,后先后被度辽将军邓遵和车骑将军阎显征召,后举秀才。汉安初迁济北相。《遗令子实》是崔瑗临终时对儿子说的一段话。

自古以来，人们都会借办丧葬事来显示富贵，崔瑗临终却告诫子女不要在为自己办丧事时铺张浪费。同时他也不希望因为丧祭之事，惊动乡邻，收受他们的东西。言语简短，但意义深远。"夫人禀天地之气以生，及其终也，归精于天，还骨于地，何地不可藏形骸？"说明了崔瑗不拘于当时的繁文缛节，希望人与自然合一的高远境界，同时也表现了他向往经世致用的人生抱负。

【原文】

夫人禀天地之气以生，及其终也，归精于天，还骨于地，何地不可藏形骸？勿归乡里，其赙①赠之物、羊豕之奠，一不得受。

【注释】

①赙：送财物助人办丧事。此用作动词。

【译文】

人是依靠天地的气息来存活的，等到死了，精气回归上天，尸骨还给大地，哪个地方不能埋葬这堆形骸呢？不要把它运回故乡，至于别人赐赠的物品、羊猪之类的祭品，一律都不能接收。

训子

[汉] 陈寔

说明

陈寔（104~187），即陈太丘，字仲弓，东汉官员、学者。颍川许（今河南许昌）人。少为县吏都亭刺佐，后为督邮，复为郡西门亭长，四为郡功曹，五辟豫州，六辟三府，再辟大将军。一天夜里，有一小偷溜到陈寔家里，躲藏在屋梁上面，想趁机偷窃。陈寔知道屋梁上面有人，并未喊人捉拿他，而是把子孙们叫到面前训示：每个人都要努力上进,不要走上邪路,做"梁上君子";做坏事的人并不是生来就坏,只是平常不学好,慢慢养成了坏习惯;本来也可以是正人君子的却变成了小人,不要学梁上君子的行为。小偷听到这段训子语十分惭愧,下地叩头请罪。陈寔不但没有责备他,还勉励他改恶向善,并赠给他丝绢布匹。后人常以"陈寔遗盗"比喻义行善举,"梁上君子"也成了小偷的代名词、雅号。

陈寔名为训子实为训贼,训子为训贼提供一个委婉的旁敲侧击的方式,而训贼又为训子找到一个极好的实例,既止了盗,又训了子,同时教育了贼,起到了一石三鸟的作用,这样比直接叫人抓住或者报官,更有效果。这样一种奇特的训子方法,在当时达到了"此地无声胜有声"的境界。

【原文】

夫人不可不自勉。不善之人未必本恶,习以性成,遂至于此。梁上君子①者是矣。

【注释】

①梁上君子:藏于梁上的那个人,后以"梁上君子"作为盗贼的代称。

【译文】

人不能不自己勉励自己。不善良的人不一定本性就邪恶,只是做坏事的时间长了就形成了一种坏习惯,于是便落到了这样的地步。在房梁上的先生就是这样的人。

勉子

[汉]范滂母

范滂(137~169),字孟博,汝南征羌(今河南漯河市召陵区)人,东汉官员。少厉清节,举孝廉。曾任清诏使、光禄勋主事。按察郡县不法官吏,举劾权豪。后汝南太守宗资请署功曹,严整疾恶。桓帝延熹九年,以党事下狱,释归时士大夫往迎者车数千辆。东汉建宁二年,灵帝初再兴党锢之狱,下诏逮捕范滂,范滂为了不连累正直县令郭揖而就死,临刑前辞别老母,不忍割舍。滂母于是说了这番话,范滂下跪受教,从容赴死。范滂母的一句"与李、杜齐名,死亦何恨",凸显了中国古代妇女的深明大义,教导儿子在正义和性命面前,宁可舍性命,也要"留得清白"。所谓"鱼和熊掌不可兼得",不能因为保全性命,屈服在邪恶面前。此大义,史家赞曰:"至于子伏其死而母欢其义。壮矣哉!"

在当代,虽然我们没有古时志士仁人的大度和无畏,但是,在人生的苦旅中,始终要坚守一些气节,坚持一些原则。正义的精神,对于我们这些平常人来说,也是不可缺少的。而且,要有勇气为自己和周边的人去承担。

【原文】

汝今得与李、杜①齐名,死亦何恨!既有令名,复求寿考②,可兼得乎?

【注释】

①李、杜:李膺、杜密均列于东汉"八俊"中②寿考:年高,长寿

【译文】

你今天能与李膺、杜密一样,(在世间能够留下好名声),死了又有什么遗憾的呢!已经有了好的名声,还要追求长寿,两者能够兼得吗?

诫兄子书

[汉]张奂

说明

张奂(104~181),字然明,敦煌渊泉人(今甘肃瓜州县东)人,东汉大将。举贤良方正,对策第一,官至大司农转太常,后遭受党锢之祸。生前十分关心其侄张祉、

张时,也很存意乡人对他们二人的评论,这与东汉注重乡党评议的风气有关,乡人的评论关乎仕途的发展。张奂希望代替其亡兄将侄子教育成才,使侄子能够出仕为官、报效朝廷。因此当他知道张祉行为不端,遭到乡里批评时,特地写了这封《诫兄子书》进行规劝告诫。信的开篇写道:"汝曹薄祐,早失贤父,财单艺尽,今适喘息",以情入题。侄儿早年丧父,家庭困窘,这是对侄儿不幸命运的关注,包含着张奂深深的爱怜之情,同时,又表明张奂作为叔叔,在侄儿丧父之后理所应当承担起对他们的教育义务,张奂给写这封信提出一个合情合理的理由,让人看后不觉唐突反觉温馨。继而表明自己对别人给两个侄子的不同评论的悲喜态度,同时以圣人孔子为例,教育侄子要对人谦恭。最后告诉侄子犯错误是年轻人不可避免的,只要能改正就是可贵的,又表明了自己对不改过者的鄙夷。这样既态度明确又留给子女一定余地,寄希望于改正,的确是高超的教育艺术。

"年少多失,改之为贵",张奂说得真好。青年人难免有这样或那样的缺点和错误,这并不可怕,只要改了就行。就怕总是犯同样的错误,还不吸取教训,固执蛮横,不认同自己的错误。人只有学会不断反省检查自己,克服缺点改正错误,多做自我批评,虚心听取不同意见,才能不断完善、不断提高、不断进步。相反,凭借家业、名誉、父母地位、金钱等骄傲自大,目中无人,知错不改,则必然失败,为人不齿。

【原文】

汝曹薄祐①,早失贤父,财单艺尽,今适喘息。闻仲祉轻傲耆老②,侮狎同年,极口恣意。当崇长幼,以礼自持。闻敦煌有人来,同声相道,皆称叔时宽仁,闻之喜而且悲:喜叔时得美称,悲汝得恶论。经言孔子于乡党,恂恂③如也。恂恂者,恭谦之貌也。经难知,且自以汝贤父为师,汝父宁轻乡里耶?年少失,改之为贵,蘧伯玉年五十,见四十九年非,但能改之,不能不思吾言。不自克责,反云张甲谤我,李乙怨我,我无是过,尔亦已矣。

【注释】

①薄祐:缺乏神灵保佑,少福。②耆老:老年人。③恂恂:温顺恭谨貌。

你们兄弟少福，缺少神灵保佑，很小便失去你们的父亲，家财缺乏，又无谋生技艺，如今情况刚刚有所好转。我就听说仲祉轻薄傲视前辈老人，侮辱取笑同辈人，随心所欲，信口开河。无论长幼，都应该尊重，用礼节约束自己。听说有人从敦煌来，异口同声，一致称赞叔时宽厚友爱，我听过后是又高兴又悲伤：高兴的是叔时得到了美好的声誉，悲伤的是你得到了不好的议论。经书上说孔子在乡邻之中"恂恂如也"。"恂恂"就是恭逊谦和的样子。经书难以知晓，但我认为你应该以你父亲为模范，你父亲难道轻慢过乡亲父老吗？青年人缺点错误很多，改掉了就是可贵的，从前蘧伯玉五十岁时感到过去四十九年都有过失，但是他能够改正就没有什么，你不能不思考我所说的话。现在你不能克制和责备自己，反而说张某诽谤我，李某怨恨我，我本来没有过错，这样，你也就不可救药了。

诫子益恩书

[汉] 郑玄

说明

郑玄，字康成，北海高密人，东汉经学大师。《诫子益恩书》中作者以自己广征博引、虚心求教、鄙弃利禄、潜心学问的品行来教导儿子要努力实行君子之道，节衣俭食，扬名当世，做个博学多才，德行高尚的人。作者通过对自己人生历程的阐述和人生经验的总结，对后代的道德、学业、生活等方面提出了期望与要求。其中不乏为学的宝贵经验、为人的高德懿行和为父的深情厚望，堪称后世为学、为人、教子的良好借鉴。文中还体现了作者勤奋严谨的治学精神和淡泊高远的人生态度，十分值得后人学习。

本文通篇对儿子没有一句命令、强制的口吻，语言平淡却言辞诚恳，字里行间饱含着深沉的父子之情，充满着父亲对儿子的热切期望。文字平实无华，但情深意切,这是一篇"以情动人"的好家训。

【原文】

吾家旧贫,不为父母昆弟所容。去厮役①之吏,游学周秦之都,往来幽、并、兖、豫之域,获觐②乎在位通人、处逸大儒,得意者咸从捧手,有所受焉。遂博稽六艺,粗览传记,时睹秘书纬术之奥,年过四十,乃归供养。假③田播殖,以娱朝夕。遇阉尹擅执,坐党禁锢,十有四年,而蒙赦令,举贤良方正有道,辟大将军三司府。公车再召,比牒④并名,早为宰相。惟彼数公,懿德大雅,克堪王臣,故宜式序⑤。吾自忖度,无任于此,但念述先圣之元意,思整百家之不齐,亦庶几以竭吾才,故闻命罔从。而黄巾为害,萍浮南北,复归邦乡。入此岁来,已七十矣。宿素衰落,仍有失误,案之礼典,便合传家。今我告尔以老,归尔以事,将闲居以安性,覃思以终业。自非拜国君之命,问族亲之忧,展敬坟墓,观省野物,胡尝扶杖出门乎!家事大小,汝一承之。咨尔茕茕一夫,曾无同生相依。其勖求君子之道,研钻勿替,"敬慎威仪,以近有德"。显誉成于僚友,德行立于己志。若致声称,亦有荣于所生,可不深念邪!可不深愈邪!吾虽无绂冕⑥之绪,颇有让爵之高。自乐以论赞之功,庶不遗后人之羞。末所愤愤者,徒以亡亲坟垄未成,所好群书率皆腐敝,不得于礼堂写定,传与其人。日西方暮,其可图乎!家今差多于昔,勤力务时,无恤饥寒。菲饮食,薄衣服,节夫二者,尚令吾寡恨。若忽忘不识,亦已焉哉!

【注释】

①厮役:干粗活的奴隶。后用以泛指被人驱使的低贱小吏。此处指郑玄在年轻时所任的征收赋税的乡官。②觐:朝见。③假:借,租赁。④比牒:连牒。⑤式序:指被任用而班列于朝堂之上,成为地位显赫的官僚。⑥绂冕:比喻高官显位。

【译文】

我家过去十分贫困,我又只爱学习,不喜欢做官,因此不被父母与弟弟们所容。于是我干脆抛弃任人驱使的贱役,而到周秦两朝的都城一带周游求学,来往于幽、并、兖、豫等地,有幸拜见身居高位而又德才通达之人,以及隐居山林、学识渊博的学者。每当我遇到了觉得很合我意的人，就恭敬地请教，学到了不少知识。于是我开始广博研习六经并粗略浏览传记。有时也看一些皇家藏书和奥妙的谶纬之书。年纪过了四十，才回家供给奉养父母。租来田地耕种养殖，就这样自食其力地快乐度过每天。时逢宦官专权，指责我交结朋党而遭到禁锢之祸，达十四年之久。承蒙皇帝下令赦免，并被推举为贤良方正，做了大将军三司府的部下。那些与我连牒齐名而被公车召入朝廷的人，大都早就做了宰相。他们这些人，有美德有操守，确实能够承担大臣的重任，因此应当被任用并且班列于朝堂之上。我自己揣度，是个不宜做官的人。但是想着阐发先代圣贤的原本意愿，思量着整理补充诸子百家不完善的地方，这也许能够竭尽我的才力吧，所以我未能听从朝廷命令去做官。遭逢黄巾起义的战祸，如同浮萍一般漂泊南北，战乱后我才回到家乡。进入这般年纪，我已经是七十岁的人了，一向心力不济，还往往有所失误。依照礼节的规定，该是把家事传给子孙的时候了。现在我要告诉你的是，我老了，把家事托付给你，我将要悠闲自得地生活来颐养性情，缜密地思考来完成学业。除非接受国君的任命，或吊问族里亲人的丧事，或恭敬地祭扫坟墓，或观赏野外的景色，又哪里用得着挂着拐杖走出家门呢！家里大小事情，都将由你承担。可叹的是你孤单一人，没有兄弟相互依靠。期望你努力寻求君子之道，深入钻研不要放弃，就像《诗经·大雅·民劳》篇所说的"恭敬谨慎庄严你的仪容，逐渐成为一个道德高尚的人"。显扬名声要依靠志同道合的朋友，树立德行在于自己的志向。一旦得到了名声和称赞，也会给父母祖宗带来荣耀，你能不深思吗？你能不深思吗？我虽然没有高官显职的功绩，却很有推位让爵的高尚品行。把著书立说当作自己的快乐，只希望不要把羞辱遗留给后代。最后使我深感遗憾的，只是亲人的坟墓还没有修成，所喜欢的书籍大都腐朽破烂了，不能再到讲堂去抄写改定，并传给好学的人。日落西山迟暮之年，还有什么可图的呢？今天的家业已好于从前，望你勤勉力求务实，及时努力，不要为饥寒忧虑。食物和衣服要节省，注意这两个方面，便会让我少些遗憾。假若你忽视忘记了，那我还有什么可说的呢？

女训

[汉] 蔡邕

说明

蔡邕(133~192),字伯喈,陈留圉(今河南杞县)人。东汉文学家、书法家。博学多才,通晓经史、天文、音律,擅长辞赋。灵帝时召拜郎中,校书于东观,迁议郎。曾因弹劾宦官流放朔方。献帝时董卓强迫他出仕为侍御史,官左中郎将。董卓被诛后,为王允所捕,死于狱中。献帝时曾拜左中郎将,故后人也称他"蔡中郎"。蔡邕著诗、赋、碑、诔、铭等共104篇。这是从蔡邕《女训》三章里选录的第一章。它把修面与修心参照对比,通过修面这个日常生活中的具体细节,形象生动地阐述人应该时刻修心,使心灵能够"洁""和""鲜""顺""理""正""整"等,诠释了修心的重要性。

古人认为,心是思维器官,与大脑的功能相一致。作者把修面、修发、修髭、修鬟等整合到修心的目的,就是为了很好的告诫女儿,面容的娇柔美丽固然很重要,但当修饰面容整理发髻的时候,千万不要忘记了品德和学识的修养对女人来说更为重要。爱美是人的一种天性,但需要很好的引导。做父母的要时刻注意家庭美育教育,陶冶孩子的情操,让孩子懂得心灵美才是真正的美,也只有心灵美才能够永恒永久,而所谓的花容月貌和华丽服饰都只是外在的一种表现。对孩子要时刻强调人应该净化心灵、注重美德。同时也是告诉世人每个人都要有一颗纯洁善良的心灵和正直诚信的人格,这样才能立信于人。

【原文】

心犹首面也,是以甚致饰焉。面一旦不修饰,则尘垢秽之;心一朝不修善,则邪恶入之。咸知饰其面,不修其心。夫面之不饰,愚者谓之丑;心之不修,贤者谓之恶。愚者谓之丑犹可,贤者谓之恶,将何容焉?故览照拭面,则思其心之洁也,傅脂①则思其心之和也,加粉则思其心之鲜也,泽发则思其心之顺也,用栉②则思其心之理也,立髻则思其心之正也,摄鬓③则思其心之整也。

【注释】

①傅脂:傅,通"敷",擦。傅脂,擦胭脂。②栉:梳子。③鬓:面颊两旁近耳的头发。

【译文】

人的心就像头和脸一样,需要认真修饰。脸面一天不修饰,就会被尘埃和污垢弄脏;心一天不想着修善,那么邪恶的念头就会随之而来。人们都知道修饰自己的面容,却不知道修养自己的心灵。脸面不修饰,连愚人都说他丑;心灵不修炼,就是贤人也会说他恶。愚人说他丑,还情有可原;贤人说他恶,他哪里还有容身之地呢?所以,当你洗脸照镜子的时候,就要想想自己的心是否纯洁;当你擦胭脂时,就要想想自己的心是否平和;当你搽粉时就要想想自己的心是否鲜洁干净;当你洗头发时,就要考虑自己的心是否和顺;当你用梳子梳头发时,就要考虑自己的心是否有条理;当你结发髻时,就要考虑自己的心是否与髻一样端正;当你整理鬓发时,就要考虑自己的心是否与鬓发一样整齐。

遗令书

[汉] 郦炎

说明

郦炎(150~177),字文胜,范阳(今北京)人,东汉诗人。逻辑缜密,思辨敏捷,善于说理,其推断事理多为世人佩服。诗文、音乐都能显示出他才华横溢。17岁而作《郦篇》,27岁而作《七平》,都抒发胸怀大志而遭时不遇的感慨,传达出他遭受压抑的不平心境。曾为郡吏,汉灵帝年间,州郡官府多次征召他入仕,皆因朝政腐败而拒绝。后患疯病。他奉母至孝,因母死而犯病,以致他的正在产儿的妻子被惊死。为妻家诉讼入狱,死于狱中。《遗令书》是郦炎临刑前写给自己未满20天的儿子止戈的遗书。希望止戈能言会行之时,诵读自己留给他的遗书,实践自己的训诫。在平常生活中一定要调整好自己的禀性,处理好刚柔、强弱、隐仕、愚智的关系;要博学著书立说,继承父亲未竟的事业;在人际关系上要做到忠、孝、信、礼等。

汉灵帝

　　虽然这里只是节录的一段文章,但短短文章中充满了对幼子的无限期待和愿望,浓浓爱子之情渗透全文。文中从性格性情的培养,到为人处世的原则;从督促勉励学习到长大后的期望等等无不周全,方方面面都替儿子想到了。言语恳切生动,言辞真实动人,发人深省。

【原文】

　　咨嗟止戈,汝能言,则讃①之顾言;汝能行,则履我之所训。刚焉柔焉,弱焉强焉,学焉愚焉,仕焉隐焉,惧汝身之柔,可不厉汝以刚?惧汝之愚,可不勖②汝以学?惧汝以隐,可不救汝以仕乎?消息汝躬,调和汝体,思乃考言,念乃考训,必博学以著书,以续受父母之业。……苟吾诚,汝克③从,祭为甘;苟示诚,汝克违,粱奠为苦。汝无逸于丘,无湎于酒,无安于忍,事君莫若忠,事新莫若孝,朋友莫如信,修身莫如礼,汝哉其勉之。

【注释】

　　①讃:颂扬,这里用作诵读。②勖:勉励。④克:能,能够

【译文】

哎！止戈，等你能够说话的时候，你就要去诵读我的这篇遗书；等你会走路的时候，你就要去实践我的训诫。世上之人有刚强的也有柔软的，有弱小的也有强大的，有聪明的也有愚笨的，有归隐的也有做官的。我担心你太柔弱，怎能不用刚强来磨砺你呢？我担心你太愚昧，怎能不勉励你去学习呢？我害怕你归隐田园，怎能不教导你进取做官呢？磨炼你的身体，调和你的身心，思考着你父亲的话语，琢磨你父亲的训诫，一定要博学著书，来继续传递你父母没有完成的事业。……如果我的这些诚言，你能遵从，你的祭品我会觉得甜美；假如我告诉你的诚意，你违背了，你的祭品我会觉得苦涩。你耕田时可不敢懒惰，不要沉湎醉酒之中，不要忍辱求安。侍奉君王没有比忠诚更重要了，事奉亲人没有比孝顺更重要了，交朋友没有比守信用更重要的了，修养身心没有比知礼仪更重要的了，你要好好在这方面努力

诫子书

[汉] 司马徽

说明

司马徽（？~208），字德操，号水镜，颍川阳翟（今河南禹州）人。他是东汉末年一有名隐士，名士庞德公送号"水镜先生"，后人称他为"好好先生"。其才华始终未得施展，一生湮没不彰。但他善于知人，曾经推荐诸葛亮、庞统于刘备。后为曹操所得，不久病死。《诫子书》是他勉励儿子的一段话，要儿子不能"薄而志不壮，贫而行不高"。身处困境仍然保持远志贤德，更能显示人格的崇高和魅力，而且逆境往往更能激发人的志气和勇气。因而，我们民族更应注重逆境对人格塑造的积极意义。

本文留给人们的意义十分深远，在此我们看到了人应该德行广大，胸怀大志，即使生来贫困也不能因为家庭出身而失去志气，所谓"穷且益坚，不坠青云之志"；

同时其他人也不能以一个人现时的贫穷殊荣来评论和断定他,所谓"王侯将相,宁有种乎"。文章言简意赅,却充盈浩然之气,实为家训的精当之作。

【原文】

闻汝充役,室如悬磬①,何以自辨？论德则吾薄,说居则吾贫,勿以薄而志不壮,贫而行不高也！

【注释】

①室如悬磬:屋里就像挂着石磬一样。形容家无所有,极其贫穷。磬,乐器,中空。

【译文】

听说你为国从役,但家里极其贫穷,你应怎样看待这些呢？谈到德行,我们就很浅薄;说到家庭,我们就很贫穷。然而不能因为我们德行 浅薄而志气不雄壮,因为家庭贫穷而德行不高尚啊！

诫诸女及妇

[汉]杜泰姬

说明

杜泰姬,东汉南郑(今陕西汉中)人,犍为太守赵宣妻。本文是杜泰姬传授给诸子及一般妇人的教子经验,即在不同时期应用不同的态度和方法来教育孩子,她主要分了三个时期即怀孕时、幼儿期和孩子成长的关键时期。具体是从怀孕时期就开始注重自己的言行和身心,希望自己顺正的身心能够传递给妊娠期的孩子,这是教育孩子的开始;继而谈到孩子降生后,也就是幼儿期,要给予孩子尽可能多的抚爱,让孩子感到家庭的温暖,从小就有爱心和善心;最后谈到孩子成长的关键时期,要威严、礼义并重,还要进行礼貌、勤奋、孝顺、忠信等社会道德教育。这是按照孩子成长的特点而进行的分阶段有重点的教育方式,有很强的科学性和教育性。

教育孩子自古有之,可是注重胎儿教育在古代家训中还是第一篇。文章通俗易懂,但道理深刻深远。

【原文】

吾之妊身①,在乎顺正。及其生也,思存于抚爱。其长之也,威仪以先后之。礼貌以左右之,恭敬以监临之,勤恪②以劝之,孝顺以内之,忠信以发之,是以皆成,而无不善。汝曹庶子勿忘吾法也。

【注释】

①妊身:同"妊娠"。即怀孕。②恪:谨慎而恭敬。

【译文】

我怀孕的时候,十分注意保持自己身心顺畅和品行端正。等到孩子降生下来时,主要心思是去尽力照顾爱护他。等到孩子慢慢地大了点,就开始对他严格要求,继以礼仪教育他,经常教诲他要讲礼貌,时刻注意他要对人尊敬,常常劝勉他要认真刻苦学习,平时在家对父母要孝敬,平常对人说话办事要忠诚守信,这样他们将来就会立志成人,不会做坏事了。你们教育孩子千万不要忘记我这种方法啊!

诸儿令

[三国]曹操

说明

曹操(155~220),字孟德,小字阿瞒,一名吉利,汉族,沛国谯(今安徽亳州)人。中国东汉末年著名的军事家、政治家和诗人,三国时代魏国的奠基人和主要缔造者,后为魏王。其子曹丕称帝后,追尊他为魏武帝。有《曹操集》。当时,寿春面对孙权,汉中面对刘备,长安是西汉故都,都是重镇。《诸儿令》是曹操打算各派儿子驻守治理前说的一段话。旨意固然是在告诫儿辈,实际上也是在告诫臣僚,告诫民众,自己"不但不私臣吏,儿子亦不欲有所私。"说明自己任人唯贤,不存私心。

《诸儿令》很好地反映出曹操对儿子们敢于委以重任,在实践中培养和锻炼的教育思想,不溺爱孩子也不存偏心,希望儿子在实践中成人,将来成就一番伟业。那时曹操的用人原则确实是十分严明的,那就是"内举不避亲,外举不避仇","任人唯贤",而绝不是"任人唯亲"。

【原文】

今寿春、汉中、长安,先欲使一儿各往督令之。欲择慈孝不违吾令,亦未知用谁也。儿虽小日寸见爱,而长大能善,必用之,吾非有二言也。不但不私①臣吏,儿子亦不欲有所私。

【注释】

①私:偏爱。

【译文】

当今寿春、汉中、长安这三个重镇,先打算各派一个儿子去驻守治理。想选派仁慈、孝顺不违背我命令的,也不知道用谁好。儿子们虽然小时候都被我疼爱,但长大后德才俱好的,我一定重用他。我说话算数,不但不对我的部下有偏私,就是对儿子们也不想有偏私。

遗令

[三国]曹操

说明

《遗令》是曹操在临终前留下的遗嘱。文中,他肯定自己在有生之年的"以法持军"是正确的,要儿孙们效仿,至于那些"小愤怒大过失"就不要学习了;要求官吏不要刻意安排自己的丧葬之事,要以国事为重,尽忠守职;对于如何料理他的后事,都做了具体安排,要求丧事从简,不要铺张浪费。

曹操,作为"魏王","东汉"的丞相,完全可以命人为自己举办隆重的葬礼,但他却告诫后人,要力求节俭治丧;叮嘱后人,不必循照古人葬礼制度,只需"敛以时服""无藏禁欲珍宝";他还命人将自己"葬于邺之西冈上"。种种言语和行为表明曹操的简约简朴,移风易俗,坚持革新至死不移的决心。文章内容简要但全面,层次清晰,旨意明了,精神可贵。

【原文】

吾夜半觉小不佳,至明日饮粥汗出,服当归汤。

吾在军中持法是也,至于小愤怒,大过失,不当效也。天下尚未安定,未得遵古也。吾有头病,自先著帻[1]。吾死之后,持大服如存时,勿遗。百官当临殿中者,十五举音,葬毕便除服;其将兵屯戍[2]者,皆不得离屯部;有司各率乃职。敛[3]以时服,葬于邺之西冈上,与西门豹祠相近,无藏金玉珍宝。

【注释】

①帻:头巾。②屯戍:驻扎防守。③敛:同"殓",把死人装进棺材。

【译文】

我在半夜里感觉到有些不舒服,到第二天天亮喝了粥就出了汗,又喝了当归汤。

我在军中实行依法办事是对的,至于我的小愤怒,大过失,你们不应当效仿。天下还没有安定下来,不能遵守古代的制度。我有头风症,很早就戴上了头巾。我死了以后,穿的礼服就像活着的时候穿的一样,切勿忘记。文武百官应当来殿中哭丧凭吊的,只要哭十五声就行了,丧葬过后,就立刻脱掉丧服;那些各地率领军队驻扎防守的人,都不要离开驻地;官吏们都要担当起自己的职责。入殓时穿当时穿的衣服,把我埋葬在邺城西面的小山上,和西门豹的祠堂靠近,不要陪葬金银、玉器、珠宝等。

遗诏敕后主

[三国] 刘备

说明

刘备(161~223),字玄德,涿郡涿县(今河北涿州)人,据说是汉中山靖王刘胜的后代,三国时期蜀汉开国皇帝,政治家,221年~223年在位。谥号昭烈帝,庙号烈祖,史家又称他为先主。刘禅是他的长子,小名阿斗,三国时期蜀汉的第二位皇帝。《遗诏敕后主》是刘备死前告诫刘禅的遗诏,勉励儿子要努力读书,做个贤德之人。因为古人教子,常以德为根基,因为唯有贤德之人,才能服人。言辞至诚恳切,令人莫不动容。有言"人之将死,其言也善"。而这临终的谆谆诲勉,也表达了刘备对儿子的爱护之心。刘备劝刘禅最重要的一句话,便是"勿以恶小而为之,勿以善小而不为"。也就是说要去恶从善,哪怕微不足道的一点小善,都不要轻视而不做;哪怕一点点的细小恶行,都不应放任去做。所谓"不积跬步,无以至千里;不积小流,无以成江河",说的就是凡事都是由少积多;"千里之堤,溃于蚁穴",也是从反面说的这个道理,所以防微杜渐才是最重要的。俗话说,"积善之家,必有余庆;积不善之家,必有余殃"。所以只有谨小慎微,才不至于酿成大祸。更何况,积小善能成大善,德行操守也将在行善中提升。以此足见刘备教子眼光深远、有智慧。深沉的爱子之心,令人感动。

【原文】

朕初疾,但下痢耳。后转杂他病,殆不自济。人五十不称夭,年已六十有余,何所复恨,不复自伤。但以卿①兄弟为念。射君到,说丞相叹卿智量甚大,增修过于所望。审能如此,吾复何忧? 勉之,勉之! 勿以恶小而为之,勿以善小而不为。惟贤惟德,能服于人。汝父德薄,勿效之。可读《汉书》《礼记》,闲暇历观诸子及《六韬》《商君书》,益人意智。闻丞相为写《申》《韩》《管子》《六韬》,一通已毕,未送道亡,可自更求闻达。

【注释】

①卿:古代君对臣,长辈对晚辈的称谓。

【译文】

我刚开始得的病,只不过是痢疾罢了。后来又加上其他更重的病,病已经很重不能自救了。人们说五十岁死的人就不叫短命,我已经有六十多了,又有什么可遗憾的呢?不想自己再为此伤悲了。只是很挂念你们兄弟几人。射援来的时候,他说丞相诸葛亮赞叹你的智慧与气量,有很大的修行,远远比我们所想象的要好得多。你知道这样要求自己,我又有什么可忧虑的呢?努力吧,努力吧!不要因为坏事很小而去做它,也不要因为好事很小而不去做它。只有具有贤明和德行的人,才能使人们敬服。你父亲的德行不深厚,你可不要像我这样。可以读一下《汉书》《礼记》,空闲的时候浏览诸子百家的著作和《六韬》《商君书》,可增长人的意境和智慧。听说丞相已为你抄写《申子》《韩非子》《管子》《六韬》,并且已经抄好了一遍,但还没有给你却在路途中丢失了,你可自己重新去求教于有学问的人。

诚子

[三国]向朗

说明

向朗,字巨达,三国时期蜀襄阳宜城人。《诚子》主要讲述了"和"的道理。"和"是中国古代极力推崇的一种思想,也是一种中庸思想。在文中作者首先述说了"和"适用任何地方以及它所起到的作用:天地和谐,君臣协调,九族和睦,便会出现国家安宁、政治清明、家庭团结的局面;紧接着谈到自己"不随禄利以堕"的原因和现实,告诉儿子"贫非人患,惟和为贵"。以自身为例子来教育儿子,真实性强,具有说服力,更使人容易接受。文章虽短,但读后能让人浮想联翩,眼前出现祥和的场面,温馨无限。

"以和为贵""和气生财""家和万事兴"等等,无疑说的都是"和"的重要作用。这也是向朗向往的一种境界。不管在什么时候和场合,只要人和就能解决很多意想不到的问题,从而给人以舒畅豁达的心情和奋发努力的力量。

【原文】

天地和则万物生;君臣和则国家平;九族①和则动得所求,静得所安。是以圣人守和,以存以亡也。吾,楚国之小子耳,而早丧所天,为二兄所诱养②,使其性行不随禄利以堕。今但贫耳,贫非人患,惟和为贵,汝其勉之!

【注释】

①九族:血缘相近的亲族,宗族。②诱养;抚养和教育。

【译文】

天地和谐万物就会生长;君臣协调国家就会太平;宗族和睦那么行动可以得到所求,平静可以得到安怡。所以圣人信守和谐的思想,因为和则存,不和则亡。我原本是楚国的一个平民百姓,并且很小就失去父亲,依靠两位兄长来抚养和教育,使得我的品行不曾因为追求利禄而堕落。现在仅仅是贫穷罢了,贫穷并不是人生的祸患,只有和睦才是最宝贵的,你要好好地努力才是。

诫子书

[三国] 诸葛亮

说明

诸葛亮(181~234),字孔明,号卧龙(也作伏龙),琅琊阳都(今山东临沂市沂南县)人。蜀汉丞相,在世时被封为武乡侯,谥曰忠武侯。后来的东晋政权为了推崇诸葛亮的军事才能,特追封他为武兴王。三国时期杰出的政治家、战略家、发明家、军事家。代表作有《前出师表》《后出师表》《诫子书》等。《诫子书》是诸葛亮临终前写给儿子诸葛瞻的一封家书,它从人的志向、学习入题,讲的是学习成才的大道理。文章指出,有道德修养的人,以静思反省修炼自己品行,用俭朴节约培养自己美德。不看清名利,就不能有明确志向;不安心宁神,便无法实现理想。要学得真知,就必须使身心安静下来,刻苦努力,不断积累。不下苦功学习就不能强闻博识;没有远大志向就不能学业有成。纵欲放荡、消极怠慢,就不能专心致志;冒险草率、急躁不安,就不能陶冶情操。不能在时间的长河里,使年华虚度、意志消磨,要立志努力成为对社会有意义的人。

《诫子书》对于人们立身、治学皆有启迪,已经成为后世历代学子修身立志的名篇。其"淡泊明志,宁静致远""静以修身,俭以养德"等理念,已成为中华民族传统文化的精髓,至今仍有着积极的教育意义,特别是对个人修养的提高,行为习惯的养成等,具有重要意义。同时,文中最后对人生短暂、壮志难酬的浩然长叹也足以警醒世人珍惜生命的分分秒秒,建功立业,以免老大无成,噬脐莫及。《诫子书》可谓是一篇充满智慧之语的家训,是古代家训中的名篇。

【原文】

夫君子之行,静以修身,俭以养德。非淡泊无以明志,非宁静无以致远。夫学须静也,才须学也。非学无以广才,非志无以成学。淫慢则不能励精[1],险躁则不能治性[2]。年与时驰,意与日去,遂成枯落,多不接世[3]。悲守穷庐。将复何及?

【注释】

①励精:振奋精神。②治性:治理品性。③接世:即济世,指对社会有所作为对社会有益。

【译文】

品德高尚、德才兼备的人,是依靠内心安静集中精力来修养身心的,是依靠俭朴的作风来培养品德的。不恬淡寡欲就不能表明自己的志向,不安宁清静就不会有远大的理想。学习必须专心致志，才干必须通过学习才能增长。不努力学习就不能有广博的才干，不明确志向就不能在学习中获得成就。纵欲放荡、消极怠慢就不能振奋精神，冒险草率、急躁不安就不能陶冶品性。年华随时间流逝，意志随岁月消磨，于是就会像枝枯叶落一样（指无所作为的人），大多对社会没有任何用处。到那时守着贫穷的小屋，悲伤后悔叹息，又怎么来得及呢？

诫外生书

[三国] 诸葛亮

说明

《诫外生书》是诸葛亮教诲其外甥的名篇。短短几行字，就十分完整的告诫了外甥应该怎样走出平庸，建立丰功伟业。首句"夫志当存高远。慕先贤、绝情欲、弃疑滞"，是全篇的精髓。志存高远才能心中有境界；慕先贤才可树立自己的志向；绝情欲、弃疑滞，方可摒弃低俗的欲望和战胜自己，这样才能为实现理想抱负真正有所行动。"忍屈伸、去细碎、广咨问、除嫌吝"，是在实践抱负的过程中运用的手段和方法。人只有能屈能伸，才可以成就大业！而成大事者，治学不应沉迷于琐碎、拘泥，要取其精华、摒其糟粕，方可学以致用。不耻下问、礼贤勤思也是学习中重要的手段和必要的途径。"若志不强毅，意不慷慨，徒碌碌滞于俗，默默束于情，永窜伏于凡庸，不免于下流矣"，这句话更是对后辈的鞭策和激励，是长辈对后人的殷殷期望，更是诸葛亮平生志向的体现以及身体力行的经验总结。

【原文】

夫志当存高远。慕先贤，绝情欲，弃疑滞①。使庶几②之志，揭然③有所存，恻然有所感。忍屈伸，去细碎，广咨问，除嫌吝。虽有淹留，何损于美趣，何患于不济。若志不强毅，意不慷慨，徒碌碌滞于俗，默默束于情，永窜伏于凡庸，不免于下流矣。

【注释】

①疑滞:怀疑滞留。②庶几:指好学而可以成才的人。③揭然:高举,这里指明确。

【译文】

一个人应当有高尚远大的志向。仰慕前代贤人,戒绝情欲,抛弃阻碍前进的疑虑。使先贤的志向,在自己身上有明确的体现,在自己内心深深地引起震撼。要能忍受挫折和失败,摒弃琐碎的杂念,虚心广泛地请教,不要吝啬猜疑。这样即使因受到挫折而滞留,也不会损伤自己的美好志趣,又何必担心不能够成功。如果心志不刚强坚毅,意气不慷慨激昂,只是辛苦繁忙地流于世俗,意志消沉地困于情欲,那势必永远沦入凡夫俗子之列,甚至免不了成为低人一等的庸俗之辈。

诫子

[三国]曹丕

说明

曹丕,字子桓,沛国谯人。曹操的次子。他是三国时期著名的政治家、文学家。由于文学方面的成就而与其父曹操、其弟曹植并称为"三曹"。《诫子》是曹丕训子的一段话。谈的是父母要正确对待孩子的过失和错误,不能为其掩盖,要让孩子认识到错误,并且承担错误所带来的后果,这样有益于孩子的身心发展。做官也是同样的道理。文章采用了由此及彼的方法,从指出父母不应因疼爱子女而袒护他们的过错到做官的道理,说明因爱而过分的隐藏子女或别人的过错,最终将会适得其反。

天下的父母都十分疼爱自己的孩子,但不能溺爱孩子,要让孩子从小懂得好坏,有正义感和责任心,勇于承担,经历住时间磨难的检验;对待孩子的问题不能模棱两可,要从小培养他们分辨对错的能力,以利于孩子今后的成长;同时更不能袒护孩子的过错,俗话说"瞒得了一时,瞒不了一世""要想人不知,除非己莫为",即使父母绞尽脑汁帮孩子隐藏住了所犯下的错误,可是孩子的路还很长,知错不改,顺其自然,不为自己犯下的错误承担责任,将来不仅会被别人知道,还会贻害孩子一生。

【原文】

父母于子,虽肝肠腐烂,为其掩避,不欲使乡党①士友②闻其罪过,然行之不改,久矣人自知之。用此任官,不亦难乎?

【注释】

①乡党:周朝制度以五百家为党,一万二千五百家为乡,后因以"乡党"泛指乡里。②士友,这里指朋友。

【译文】

父母对于子女,即使费尽心思,也要为他们遮掩隐避,为了不使乡里、朋友知道他们的过错,但是一直这样下去孩子还是不知悔改,时间长了人们自然也会知道的。如果以这样的方法来任用官吏,不也是很难的吗?

诫子言

[三国]曹衮

说明

曹衮(? ~235),曹操之子,为中山恭王。少好学,年十余岁能属文。汉建安二十一年封平乡侯。身为曹氏皇族,他深知子孙从小享乐惯了,没有经受过困苦磨难,为了防止他们滋生骄奢的习惯,故以《诫子言》训诫警醒他们:对待大臣、宾客及老者应当有礼貌;重点表述如果兄弟有过错,须按其严重程度,采取不同方式方法教诲,以杜后患,但要掌握分寸。"事兄以敬,恤弟以慈"一句告诉其子兄弟之间应该如何相处。尤其是"守宠罹祸"和"贫贱全身"的对比,让人感觉到父亲的拳拳爱子之心。

尊老爱幼、兄友弟恭是中华传统的美德,我们应当继承这样的传统并且把它发扬光大。现今大多数人家都是独生子女,似乎并没有兄弟姐妹相处的摩擦,也谈不到如何相处的问题,也就不明白什么是兄友弟恭,但是随着年龄的增长,生活中会有很多大大小小的朋友,如果以这样的心态和方式去相处的话,也会有一种和谐现象的出现,就会少了很多的矛盾和摩擦。

曹衮

【原文】

汝幼少未闻义,方早为人君,但知乐而不知苦,不知苦,必将以骄奢为失也。接大臣务以礼,虽非大臣,老者,犹宜答拜。事兄以敬,恤弟以慈。兄弟有不良之行,当造膝①谏之;谏之不从,流涕喻之;喻之不改,乃白其母;若犹不改,当以奏闻,并辞国土。与其守宠罹祸②,不若贫贱全身也。此亦谓大罪恶耳。其微过细故当掩之。

【注释】

①造膝:走到跟前。造,来到。②罹祸:遭到灾祸。

【译文】

你年小时候没有接受义礼的教育,就早早当了亲王,只知道快乐,却不知道困苦,不知困苦,一定会因为骄横奢侈之类而犯下过失。接待大臣一定要以礼相待,即使不是大臣,是年老的人,也要以适宜的礼节回拜。侍奉兄长要尊敬,关心弟弟要慈爱。兄弟如果有不好的行为,应当走到跟前,私下规劝他;规劝还不改正,应该痛哭流涕,给他解释让他明白利害;解释明白还是不改,就要告诉你们的母亲;如果还不知悔改,应当禀奏给我让我听,我就剥夺他的领地。与其宠溺他而使他遭受灾祸,还不如让他贫贱而保全性命呢。这也是对于那些重大错误而言的。至于那些细枝末节的过错,应当为他遮掩起来。

诫弟伟

[三国]刘廙

说明

刘廙,字恭嗣,三国时期魏国南阳安众人。《诫弟伟》是刘廙告诫弟弟刘伟交友要慎重,要交圣明贤德之人,耳濡目染,对自己的成长和进步都有所帮助,自己也会成为一个有修养有品行的人。否则,对自己、对社会都是无益的。同时告诫他不要和魏讽这个沽名钓誉的人交往了。

文中提出的"交友之美在于得贤"的交友原则是值得肯定的。俗话"近朱者赤,近墨者黑",说的就是朋友之间的相互影响不容忽视。告诫我们要慎重交友,有选择地交往,要结交对自己有帮助的朋友。只有思想砥砺、学问切磋、互相帮助、共同促进的人才是真正的朋友;反之,结交那些不求上进、结党营私、品行不端的人只能是害人害己。文章采用了对比的方法说明交友的重要性,对比之中,让人有所取舍,懂得结交德行高尚的人的益处。

【原文】

夫交友之美,在于得贤,不可不详。而世之交者,不审择人,务①合党众,违先圣人交友之义,此非厚己②辅仁之谓也。吾观魏讽,不修德行,而专以鸠合为务,华而不实,此直搅世沽名③者也。卿其慎之,勿复与通。

【注释】

①务：致力，从事。②厚己：使自己有所得益。③沽名：用某种手段猎取名誉。

【译文】

大凡结交朋友的好处，就在于能得到才德兼备的人的帮助，因此交友时不能不持仔细慎重的态度。可是世上有一些人结交朋友，不去慎重的选择对象，而是一味地力图结党成群，这就违背了前代圣人交朋友的本义，这可不是那种交结良友能使自己受益帮助我成就仁德的情况啊。我看魏讽这个人，不修养道德品行，却一味地致力于聚集党羽，华而不实，他简直是个扰乱社会、沽名钓誉的家伙，你一定要谨慎，不要再和他交往了。

临终诫言

[三国]韩暨

说明

韩暨（159～238），字公至，三国时期南阳堵阳（今河南方城东）人，官至司徒南乡亭侯，谥曰恭侯。韩暨一生奉行节俭反对奢华。《临终诫言》是韩暨临终时交代自己后事的遗言。他希望儿子谨记：在自己死后不要奢华浪费，只需"殓以时服，葬以土葬，穿毕便葬，送以瓦"即可。

历史上有很多古人提倡节葬，反对厚葬。但在一千七百多年以前，能像韩暨这样正确认识并且能够身体力行的做到这一点却是不多的。一句"慎勿有增益"，就说明了他坚定的决心和意愿。他使礼仪得以推崇，为废除过度的祭祀做了表率。不像有些文人只是夸夸其谈，他说到做到了。为官在任期间，他做了很多有益于百姓的事情，譬如提倡水排，利用水力转动鼓风机械，较当时马排的功用提高了三倍，也真正做到了他说的"生当益于民，死犹不害于民"。

【原文】

夫俗奢者,示之以俭。俭则节之以礼①。历见前代送终过制,失之甚矣。若尔曹敬听②吾言,殓以时服,葬以土葬,穿毕便葬,送以瓦器③,慎勿有增益。

【注释】

①礼:泛指封建社会贵族等级制的社会规范和道德规范。②敬听:恭敬的听取。③瓦器:一种用陶土烧成的日用器物,因其造价低廉,在当时为普通百姓所使用。

【译文】

那些习惯于讲究奢侈浪费的人,要用节俭来劝诫他们,奉守节俭的人就要用礼节来定这个分寸。总是看到前代的人们,丧葬送终太过奢侈超过制度,这实在是太不应该了。希望你们恭敬地遵从我的遗言,我死后,在入殓时穿上平常的衣服,安葬时埋在土里,穿戴完毕就立即下葬,只需用一些瓦器为我陪葬就行了,千万不能够有所增加。

诫子书

[三国]王修

说明

王修,字叔治,本名为王脩,三国时期北海郡营陵(今山东昌乐)人。先后侍奉孔融、袁谭、曹操。历任郡太守、大司农、郎中令、奉常等职。善知人,笃行义,常常抑强扶弱。《诫子书》中,王修告诫孩子要珍惜人生有限光阴,在努力读书增长知识才干的同时也要以高人善人为楷模,认真学习如何做人谨慎做事,做到举止有度,言出由思。

王修的这篇家训有两点值得我们肯定和借鉴:一是要珍惜光阴。因为时间难得,失了就不可复得,正如人的年纪大了不能再变年轻一样。所以中国有"一寸光阴一寸金,寸金难买寸光阴"的古训。二是不但要读书,而且要向善,要会做人,像其中"欲令见举动之宜,效高人远节","言思乃出,行说乃动"等等,正是如何做人的道理,且二者不可偏废。无论时代如何发展,教育培养孩子德才兼备、求真向善都是我们家长、学校、老师追求的终极目标。"父欲令子善,唯不能杀身,其余无惜也",作者这般殷殷爱子之情,溢于言表,感人至深。

【原文】

人之居世,忽去便过,日月可爱①也。故禹不爱尺璧而爱寸阴,时过不可还,若年大不可少也,欲汝早之,未必读书,并学作人。欲令见举动之宜,观高人远节,志在善人左右,不可不慎,善否之要在此际也,行止与人务在饶②之,言思乃出。行详乃动,皆动情实道理,违斯败矣。父欲令子善,唯不能杀身,其余无惜也。

【注释】

①日月可爱:指时间宝贵。②饶:宽恕,宽容。

【译文】

人生在世,转眼便过去了,时间是非常宝贵的,所以大禹不爱直径一尺的玉璧而爱很短的时光,时光一过去就不会再回来,就如同人年纪大了不可能再回到年轻一样。希望你早早地明白这一点,不一定局限于读书,还要学会如何做人。想让你知道自己的一举一动都要适度,观察学习那些高尚人的远大志向,立志做一个有道德的人,努力达到他们的水平,一定要慎重,善与不善的关键就在这点的差别,行为举止对别人一定要宽容,说话要经过思考才出口,行事要经过周密考察才实施,说话办事都要从实际出发,合情合理,违背了这些就必然会失败。父亲想让儿子学好向善,除了不能牺牲生命,其余都在所不惜。

家诫

[三国]王肃

说明

王肃,字子雍,东海郡郯人。三国魏儒家学者,著名经学家。曾遍注群经,对今、古文经意加以综合;以其深厚的文化底蕴,借鉴《礼记》《左传》《国语》等名著,编撰《孔子家语》等书以宣扬道德价值。主要官衔为中领军,加散骑常侍。由于他的卓著功勋和特殊地位,死后被追赠为卫将军,谥称景侯。《家诫》谈的是如何对待饮酒。首先说酒可以"行礼、养性命、为欢乐",肯定饮酒有一定的益处,但饮酒过量就会生祸端,不管是主人还是客人都应该谨慎。

文章具体地谈了如何防止过度饮酒:作为主人,宴请客人行酒时应当适可而止;作为客人,如果别人勉强你喝酒,也要找出种种理由来推辞掉。所谓"过与不及,适当就好",真正发挥酒的有益之处,不能没有节制地劝酒喝酒,告诫人们有时候祸变的发生,就是由酒而起,必须小心谨慎。

【原文】

夫酒所以行礼、养性命、为欢乐也,过则为患,不可不慎。凡为主人,饮客①,使有酒色而已,无使至醉。若为人所强,必退席长跪称父诫以辞之。若为人所属②,下坐行酒,随其多少,犯令行罚,示有酒而已,无使多也。祸变之兴常于此作,所宜深慎。

【注释】

①饮客:请客饮酒。②属:嘱咐,要求。③犯令行罚:触犯酒令,要加以罚酒

【译文】

酒是用来行使礼节,颐养性命,助人欢乐的饮品,过量就会变成祸患,不能不小

心谨慎。凡是作为主人,请客饮酒,只要使客人脸上略有酒色就可以了,不要让客人喝到大醉。作为客人,如果主人强行让你再饮一些,你就要退席长跪,说家父训诫不准多饮来推辞掉。如果被人邀请一起去饮酒,你可以坐在下坐,随着别人后面多少喝一点,违犯酒令加以罚酒的时候,你举杯示意自己有酒就可以了,不要让自己喝多了。祸患变故往往就发生在过量饮酒上,这是应该深刻警惕的。

诫子侄文

[三国] 王昶

说明

　　王昶(？~259),字文舒,太原郡晋阳县(今山西太原)人。少时知名,初为曹丕的义学侍从。魏明帝继位,出任扬烈将军、徐州刺史、封关内侯、武观亭侯。伐吴之后升任征南大将军,晋封京陵侯。讨伐毋丘俭之乱之后升任骠骑将军,又因平定诸葛诞有功而升任司空。王昶著有《治论》《兵书》等数十篇论著。死后谥号穆侯。王昶给自己的儿子和侄儿命名,都取谦让务实的意思,《诫子侄文》也都是作者以谦让务实为宗旨来训诫子侄的。第一则要求子侄淡泊宁静,不要浮华结党。还让他们以儒道互补为处世原则,不要追名逐利,贪得无厌。第二则告诫子侄如何对待别人的诋毁,有则改之无则加勉,不要冤冤相报,而应该以修养自身以止住诽谤和诋毁。

　　王昶在治家方面糅合了儒家和道家的思想,讲究修身养性,外儒内道。这种生存哲学其实在中国源远流长的,也是中国人安身立命,调整身心平衡的重要法宝。可以揭示传统中国人心理结构最为重要的部分。王昶的《诫子侄文》就是这种思想的集中反映。义中他要求子侄"立身行已,遵儒者之教,履道家之言,故以玄默冲虚为名,欲使汝曹顾名思义",不要矜善自伐好争,让他们听到名字,体会做人的道理,学会谦虚谨慎,务实礼让。同时反复叮咛对于别人的诋毁要"当退而求之于身""默而自修己",不去睚眦必报。这样更能体现自己的修养和德操。

【原文】

人若不笃于至行,而背本逐末,以陷浮华焉,以成朋党焉;浮华则有虚伪之累,朋党则有彼此之患。此二者之诫,昭然著明,而循覆车滋众,逐末弥甚,皆由惑当时之誉,昧目前之利故也。

览往事之成败,察将来之吉凶,未有干名要利①,欲而不厌,而能保身持家,永全福禄者也,欲使汝曹立身行己,遵儒者之教,履道家之言,故以玄默冲虚为名,欲使汝曹顾名思义,不敢违越也。

人或毁己,当退而求之于身。若己有可毁之行,则彼言当矣;若己无可毁之行,则彼言妄矣。当则无怨于彼,妄则无害于身,又何反报焉?且闻人毁己而忿者,恶丑声之加入也,人报者滋甚,不如默而自修己也。谚曰:"救寒莫如重裘,止谤莫如自修。"斯言信矣。若与是非之士,凶险之人,近犹不可,况与对校乎?其害深矣。

【注释】

①干名要利:追名逐利。

【译文】

人如果不敦厚地奉行孝敬仁义,而去舍本逐末,就会或者陷入浮华,或者结成朋党;浮华就会有虚伪的牵累,结成朋党就会有分派争斗的忧患。这两点应引以为戒,是显而易见、不言自明的了。然而仍然不以前车倾覆为鉴,聚众滋事,越来越追逐细枝末节,都是由于被当时的名誉所迷惑,被眼前的利益所蒙骗的缘故。

历观往事的成败,考察未来的吉凶,从来没有追名逐利、贪得无厌的人能够保住性命、维持家业、永保福禄的。我希望你们立身处事,遵从儒家的教导,履行道家的言论,因此用玄默冲虚给你们命名,想让你们看到名字就能想到它的含义,不去违背越过这些道理。

有人诋毁自己,应当退一步去思考自身的对错。如果自己有可以让人诋毁的行为,那么对方的言论就是对的;如果自己没有可以让人诋毁的行为,那么对方的言论就是错的。如果对方对的就不要怨恨他;对方错了,对我自身就没有危害,又为什么反过来去报复呢？况且听到别人诋毁自己，自己就发怒的人，并且用恶言恶语去侮辱对方，那么对方又会更加报复自己，还不如以沉默对待而后去修养自身。谚语说："要预防寒冷不如添加厚重的裘衣，要止住诽谤不如修养自身。"这句话是可信的。如果遇到搬弄是非或凶恶危险的人，连接近他们还都不应该，何况与他们对质辩驳呢？这样的危害是很深的。

诫子

[三国] 荀勖

说明

荀勖(？～289)，字公曾，晋颍川颍阴(今河南许昌市)人，荀爽曾孙。初仕魏，后为大将军司马昭记室，与裴秀、羊祜共掌机密。司马炎代魏后，封济北郡公，拜中书监、加侍中、领著作。累迁光禄大夫、仪同三司，守尚书令。出于职责的需要，他以为人缜密作为处世的准则。《诫子》是荀勖在别人劝他应有所私营的情况下，对其子说的一段话，告诫其子应奉公杜私，不能"树私而背公"。"人臣不密则失身"，这是他从宦海生涯中得出的教训。尽管荀勖这段家训是对儿子们传授仕途显达的诀窍，但其中尽职尽责、一心为公的思想，还是具有教益的。他在告诫儿子应该如何处世的同时，也提出了对子的殷殷期望，即"汝等亦当宦达人间"。虽然诫子之言只有一句，但字字珠玑，其中所表达的感情很强烈。

【原文】

人臣不密则失身，树私则背①公，是大戒也。汝等亦当宦达②人间，宜识吾此意。

【注释】

①背：背离，损害。②宦达：官位显达，仕途事通。

【译文】

身为臣子,不保守机密就失去了做人的操守,专门营私就会损害公家的利益,这是重要的鉴戒啊。你们也应在世间官位显达,仕途亨通,要领悟到我的这个意思。

诫子

[三国]姚信

说明

姚信,字德佑,一字元直,三国时期吴郡吴兴(今浙江湖州一带)人。宝鼎初为太常。著有《士纬》十卷,《姚氏新书》二卷,《姚氏集》二卷。《诫子》是姚信训子的一段话。"古人行善者,非名之务,非人之为。心自甘心,以为己度。险易不亏,始终如一。进合神契,退同人道",提纲挈领地表明自己的态度,指出自我修养到一定层次的人,行善是纯粹的道德自觉,在任何时候都会不渝地坚持自己的操守;并不是一时的兴起,也不是沽名钓誉,因此无论是独处或者与人交往,都是始终如一坚持自己的道德操守,尤其强调坚持道德的原则性和自律性。进而作者从正反两个方面论述了自己的观点,强烈地褒扬那些操守如一的人的同时也深切地痛斥了那些心怀诡异、表里不一的卑琐之辈。最后告诉儿子及世人,"苟善,则匹夫之子可至王公。苟不善,则王公之子反为凡庶",劝诫人们要勉励自己,争取做一个不受任何因素影响、时刻为善为美的人。文中对于那些"内哲外同"之人的描绘,可谓是深刻到位、鲜明丰满。在告诫子孙不要仿效这样的人的同时给了一个清晰的界限,以防他们混淆不清,犯下错误。

【原文】

古人行善者,非名之务,非人之为。心自甘心,以为己度。险易不亏,始终如一。进合神契①，退同人道。故神明佑之，众人尊之，而声名自显，荣禄自至，其势然也。又有内折外同，吐实怀诈，见贤则暂自新，退居则纵所欲，闻誉则惊自饰，见尤②则弃善端。凡失名位，恒多怨而害善。怨一人则众人疾之，害一善则众人怨之。虽欲陷人而进己，不可得也，只所以自毁耳。顾真伪不可掩，褒贬不可妄。舍伪从实，遗己察人，可以通矣。舍己就人，去否适泰，可以弘矣。贵贱无常，唯人所速。苟善，则匹夫之子可至王公。苟不善，则王公之子反为凡庶。可不勉哉？

【注释】

①合神契：与神灵相合。②尤：责怪；归咎。

【译文】

古代施行善事的人，并非为了谋求好的名声，也并非是为了做给别人看。而是发自内心的意愿，认为这是自己做人的本分。无论是顺境，还是逆境，都不会减损自己的德行，而是自始至终都是一样的。向前合乎神意，退后符合人道。因此神明保佑他，人们尊敬他，而他的名声自然会显扬，荣誉俸禄也自然会来到，这是情势必然会如此的啊。还有那些内藏心机而外表假装赞同，谈吐听似老实而心里却怀着诡诈，见到贤人时就暂时改过自新，辞官居家就放纵自己为所欲为，听到别人的赞誉就十分惊喜而且更加自我矫饰，受到别人的责备就立即抛弃行善的心，索性为恶。一旦失去好名声与地位，大多是怨恨社会并且陷害好人。怨恨一个人就会被众人所指责，伤害一个好人就会被众人所怨恨。这时，即使他想要陷害别人而使自己晋升，却又不能够得到，只不过是败坏自己罢了。可见真与假无法掩盖，褒与贬也是不能任意扭曲的。舍弃虚饰做作而依从真实，抛弃主观臆断而多观察别人的长处，就可以通达，无所蒙蔽。舍弃本身专断私心，而多为他人着想，远离困厄凶邪，通往安泰吉祥，就可以恢弘广大了。人的地位高低贵贱没有固定不变的，都是由人们自身招致的。如果行善，那么平民的子孙也可能达到王公的地位。如果不行善，那么即使王公的子孙反可以沦为平民。能不努力行善吗？

却子言

［三国］辛毗

说明

辛毗,字佐治,三国魏颍川阳翟(今河南禹县)人。文帝时为侍中,赐爵关内侯,后赐广平亭侯。明帝时进封颖乡侯,食邑三百户,后为卫尉。公元234年,诸葛亮屯兵渭南,司马懿上表魏明帝。魏明帝任辛毗为大将军军师,加使持节号。诸葛亮病逝后,辛毗返回,仍任卫尉。不久,逝世,谥号肃侯。明帝在位期间,中书监刘放、中书令孙资受宠,掌握朝中要政,其他大臣纷纷走其门路,辛毗却不与这二人来往,他的儿子辛敞劝他不要意气用事,做事要合于时俗。辛毗听后,义正词严地拒绝了儿子的劝告,还训斥了儿子一顿。他认为高官可以不做,但不能不顾及自己的身份名节,做人不能为了谋求功名利禄而降低自己的人格。

自古以来,许多仁人志士都十分注重自己的名节和操守,同时为了升迁富贵而成为猥琐之辈的也不在少数。作者辛毗面对混杂的政事,即使被罢免官职,也不愿意同世俗合流,可见其气节是多么的可贵。面对儿子的劝说,"焉有大丈夫欲为公而毁其高节者也",回答义正词严、坦坦荡荡。不仅正面回答了儿子的劝告,也表述了自己"宁为玉碎,不为瓦全"的高风亮节,还给儿子起到了很好的表率作用,同时给儿子上了一堂生动而有意义的教育课。

【原文】

吾之立身,自有本末。就与刘、孙不平①,不过令吾不作三公②而已,何危害之有? 焉有大丈夫欲为公而毁其高节③者也。

【注释】

①平:和。②三公:三国时指太尉、司徒、司空,在此指高官。

【译文】

我在人世间生存,当然要主次分明。至于与刘放、孙资不和,只不过是不让我做三公这个高官罢了,有什么危险害怕的呢? 大丈夫怎么能为了去做高官而毁坏自己高尚的节操呢。

诫子语

[三国] 辛宪英

说明

辛宪英,豫州颍川阳翟人。辛毗之女,羊耽之妻,三国魏人。自幼聪慧,有才识。就在她出生的那一年,董卓焚烧洛阳,挟天子迁都长安;到她去世前六年蜀灭,再两年后魏覆,而吴则在她身后苟延残喘至 280 年也终于亡了,可以说,辛宪英的一生见证了整个动荡的三国时代。其子羊琇,是当时魏将钟会的部下。当羊琇要随放纵专权、心有异志的钟会出兵攻蜀时,辛宪英语重心长地对儿子说了这番话。她告诫儿子在家时要孝顺父母,在外担任国家职责时要对国家尽忠,随时想着自己所担负的责任。特别是在军旅生活中,要以仁恕之心待人,只要心存仁恕,未来的路就很宽敞。后来,钟会在灭蜀后发动谋反活动被人所杀,羊绣由于记着母亲的教诲,才使性命得以保全。

文中"入则致孝于亲,出则致节于国",告诫自己的孩子要向先前的圣人君子一样在家则孝,出仕则忠;"在职思其所司,在义思其所立",希望孩子在外要有所担当,勇于承担责任,有问题随时解决,成为一个真正有操守有胆识的人。辛宪英以古时君子的美好行为来诫子,具有说服力,更容易让人信服,更具有教育意义。

【原文】

行矣,诫之! 古之君子,入则致孝于亲,出则致节于国,在职思其所司,在义思其所立，不遗父母忧患①而已。军旅之间，可以济者，其惟仁恕②乎！汝其慎之。

【注释】

①忧患：忧虑与祸患。②仁恕：仁爱和宽容。

【译文】

你要走了，我要告诫你：古时候有品行的人，在家就要到父母身边尽孝，出仕就要为国家尽忠。在位的时候要时刻想着自己应该担负的职责，在遇到事时想着所采用的方法，为的是不留给父母忧虑和祸患罢了。在军队中，可以济世避免祸难的，也只有仁爱和宽容吧！你可要谨慎小心啊！

诫子书

〔晋〕羊祜

说明

羊祜（221～278），字叔子，泰山南城（今山东费县西南）人。西晋开国元勋。博学能文，清廉正直。曾拒绝曹爽和司马昭的多次征辟，后为朝廷公车征拜。司马昭建五等爵制时以功封为钜平子，与荀勖共掌机密。晋代魏后司马炎有吞吴之心，乃命羊祜坐镇襄阳，都督荆州诸军事。在镇十年，做好灭吴的准备，多次请求出兵伐吴，未能实现。咸宁四年（278）十一月，在洛阳病故。临终前，举荐杜预自代。在《诫子书》中，表示了羊祜对儿辈才能平庸的深深忧虑，并且仔细分析了家里三代中一代不如一代原因，最后得出了"恭为德首，慎为行基"的结论。

大凡通悉情理的人，其思想和言行都是朴实的，《诫子书》中的每句话都很实在。作者从自己说起，虽然自幼读书、而今身处官位，也比不上父亲；分析儿子没有"谞度弘伟""奇异独达"的才能，所以平时为人做事更应恭敬谨慎。因为只有首先做到谦恭，才能虚心地待人接物，从实践中学习，正确认识到自己的不足；同时谨慎也是成就事业的一个前提，古往今来，身败名裂者大都言行不谨慎，率意妄为。当然谨慎并不是保守，也不是不思进取，事业的开拓和进展过程中总有一些未知因素，在谨慎基础上，与一定的冒险也是不矛盾的。只有做到谦恭和谨慎，才能自律以笃实、忠信，得以处理好人际关系。恭敬谨慎是为人处世的基础，而后再加强其他方面的修养，尤其强调要以忠信作为人生标准，在平时的为人处世中要处处体现它。同时涵养要深，不可传播无根据的言谈，脑子想清楚之后再行动，这也是他自己为人处世所奉行的道德修养和行为准则，是切身体会的经验之谈。

【原文】

吾少受先君①之教。能言之年，便召以典文。年九岁，便诲以诗书。然尚犹无乡人之称，无清异之名②。今之职位，谬恩之回耳，非吾力所能致也。吾不如先君远矣，汝等复不如吾。谘度弘伟③，恐汝兄弟未能致也；奇异独达④，察汝等将无分也。恭为德首，慎为行基。愿汝等言则忠信，行则笃敬。无口许人以财，无传不经之谈，无听毁誉之语。闻人之过，耳可得受，口不得宣，思而后动。若言行无信，身受大谤，自入刑论，岂复惜汝，耻及祖考⑤。思乃父言，聆乃父教，各讽诵之。

【注释】

①先君：自称去世的父亲。②清异：清高特异。③谘度弘伟：指见解高深，志向远大。谘度，咨询商议。④奇异独达：指才能非凡，智慧通达。⑤祖考：祖父和父亲。

【译文】

我小的时候就受到了父亲的教导。到了能够写字的年龄，他就教我学那些可以作为典范的文史古籍。九岁时，就教我学习《诗经》《尚书》，然而还是没有得到家乡人的称赞，也没有什么特殊的才干。现在我所得到的官职地位，可以说是皇上误将恩惠赏赐给我罢了，并不是我的能力所能达到的。我比不上我的父亲，你们又不比不上我。见解高深，志向远大，恐怕你们兄弟没有这个能力；才能非凡，智慧通达,看来你们也没有这样的天分。恭敬是道德的首位,谨慎是做事的根基。希望你们说话就要言语忠诚守信用,做事就要行为笃厚有敬意。说话时不要随便许诺给别人财物,不要传播没有任何依据的谣言,不要听信诋毁别人浮夸自己的言语。听说了别人的过错,耳朵可以听到,嘴就不要再去宣扬,凡事思考之后再去行动。假如说话办事没有信用,将来一定会受到很多指责唾骂,甚至落得以刑罚论处。我难道只是在为你们痛惜吗?我还担心会给父祖们带来耻辱。好好想想你们父亲所说的话,听从你们父亲的教诲,每个人都要认真背诵它。

家诫

〔晋〕嵇康

说明

  嵇康(224~263),字叔夜,谯国铚县(今安徽宿州境内)人。嵇康在正始末年与阮籍等竹林名士共倡玄学新风,主张"越名教而任自然""审贵贱而通物情"(《释私论》),成为竹林七贤的精神领袖之一。在整个魏晋文艺界和思想界,嵇康都是一位极有魅力的人物,他的人格和文化影响是巨大而深远的。长期以来他的"越名任心"、指斥名教及其与自然为亲的玄学思想旨趣一直深入人心。然而思想深处却蕴涵着深厚的儒家底蕴,尤其在对孩子的教育和前途命运方面,其儒家思想更是表

嵇康

露无遗。儒家的伦理道德及修齐治平、建功立业等观念正是其教子的要旨所在。《家诫》是嵇康在临刑前在狱中写给儿子的,是一个自知将死的父亲写给命运未卜的儿子的遗书。他深谙世间的炎凉冷暖,不与时俗同流合污,在《家诫》中屡屡将

君子与俗人相对,希望儿子立下高远的志向,按照君子的行为去立身处世,很好地诠释了"立身当清远"的道理,教子如何修身养性,大到与君子交往,小到与邻人相处,乃至饮酒的礼节,都一一谈及。如:人的行动应有准则,想好了再去行动;不要用小恩小惠的意气,忘记了自己应该帮助的穷乏之人;不要爱慕虚荣、贪得无厌,拘泥于小仁小义之中,应该着眼于大处的谦逊宽容;不能随便打探别人的隐私;不要轻易地接受他人的馈赠。《家诫》的背后,除了一个父亲对儿子的殷殷相劝和深深期许,隐藏的更多的是一个正直且充满义愤的人对这个世道的强烈抗议和更加彻底的不妥协。

当今,望子成龙已经成为众多家长的育儿目标,但家长们往往不善于用生活中的小事来启发、诱导孩子,嵇康的《家诫》给我们提供了很好的参考价值。

【原文】

人无志,非人也,但君子用心,有所准行,自当量其善者,必拟议而后动。若志之所之,则口与心誓,守死无二,耻躬不逮,期于必济。若心疲体懈,或牵于外物,或累于内欲,不堪近患,不忍小情,则议于去就[①]。议于去就,则二心交争。二心交争,则向所以见役之情胜矣。或有中道而废,或有不成一匮而败之,以之守则不固,以之攻则怯弱,与之誓则多违,与之谋则善泄,临乐则肆情。处逸则极意,故虽荣华熠耀,无结秀之勋,终年之勤,无一旦之功,斯君子所以叹息也。

不须行小小束修[②]之意气,若见穷乏而有可以赈济者,便见义而作。若人从我,欲有所求,先自思省,若有所损废,多于今日,所济之义少,则当权其轻重而拒之,虽复守辱不已,犹当绝之。然大率人之告求,皆彼无我有,故来求我,此为与之多也。

夫言语君子之机,机动物应,则是非之行著矣,故不可不慎。若于意不善了,而本意欲言,则当惧有不了之失,且权忍之,后视向不言此事,无他不可,则向言或有不可,然则能不言,全得其可矣。

外荣华则少欲,自非至急,终无求欲,上美也。不须作小小卑恭,当大谦裕;不须作小小廉耻,当全大让。若临朝让官,临义让生,若孔文举求代兄死,此忠臣烈士之节。凡人自有公私，慎勿强知人知。彼知我知之，则有忌于我。今知而不言，则便是不知矣，若见窃语私议，便舍起，勿使忌人也。或时逼迫强于我共说，若其言邪险，则当正色以道义正之？何者？君子不容伪薄之言故也。

匹帛之馈，车服之赠，当深绝之。何者？常人皆薄义而重利，今以自竭者，必有为而作，鬻货缴欢③，施而求报，其俗人之所甘愿，而君子之所大恶也。

【注释】

①去就：文中指干与不干。②束修：十条干肉，古代上下亲友之间互相赠送的一种礼物。③鬻货缴欢：卖财物以行贿，以讨别人欢心。

【译文】

人活着如果没有心志，那就不能成为真正的人，然而君子用心志的时候，是有一定的行为准则的，肯定会衡量它的好的一方面，一定要事先想好策略之后才去行动。假如你要做的事情就是你心中最愿意做的事情，那么就心口如一，坚定不移，宁死也不放弃，以偶尔懈怠为耻，一定要实现自己的愿望。假如感觉身心疲惫倦怠，或被外物所牵制，或被内心的欲望所牵累，忍受不了眼前的患难和心里小小的不痛快，就要考虑是干还是不干了。一旦内心挣扎考虑这些，就会有两种想法在心头矛盾。内心产生矛盾相互挣扎，那么原来被强迫役使的情绪就会占了上风。由此，有的半途而废，有的功亏一篑，持有这样的心态用来守卫就会不牢固，用来进攻就会显得很怯懦，用来发誓大多就会违背誓言，用来谋划大多就会泄露消息，遇到快乐的事情就会放纵自己情欲，处于安逸的境地就会恣意妄为、无所顾忌，因此即使花朵开得耀眼夺目，但终究没有结果实，一年辛辛苦苦，也不会有一天功成名就，这就是君子叹息的原因啊。

不要做那些互送礼品的小事，来显示自己的志向，假如遇到贫穷困乏而你能够帮助的人，你应当见义而为。假如有人跟随我，想从我那里得到好处，首先自己应该思考反省一番，如果给予了他的害处比现在大，救济的意义不大，就应该权衡轻重来拒绝他，即使受到多次侮辱，也应该拒绝他。但是，大多数人向别人求助，都是他没有我有，所以才来求我，这种情况下还是给予的占多数。

语言是君子心理活动的外在表现形式，心理变化那么言语也随之变化，这样的事情对错的情况就看得清楚了，所以讲话之时不能不慎重。如果对某事不是特别了解，而自己想说，就应该考虑到随便说话所带来的过失，暂且忍受不说，之后再看看此前如果不说这事，也没有其他不可以的，所以知道当时说这件事也许不太恰当，所以，如果能够不说，是最好的。

把荣华看成是身外之物，就会减少内在欲望，如果不是非常急迫的事情，就应追求最终达到无欲的境界，这是最为美好的事。不要作小的谦恭卑微，应该做大的谦逊容让。比如遇到朝廷招募让出官位，面临大义宁愿牺牲生命，像孔融那样恳求代替兄长赴死，这是忠臣烈士的节操啊！每个人都有公事和隐私，千万不要勉强自己打探别人知道的事情。因为他知道我知道了他所知的东西，就会对我有所忌讳。现在我知道了却不说出来，这也就等于是不知道了。假如看见别人窃窃私语，小声议论，就应当起身离开，不要使别人有所顾忌。有时会遇上别人逼迫你和他一起谈论的情况，如果他所说的是奸邪险恶的事情，就应当严肃地用道义来匡正他。为什么呢？因为君子容不得虚伪浅薄的语言。

别人馈赠的匹帛车服等东西，应当坚决拒绝。为什么呢？通常人都看轻义气却重视利益，现在他耗费自己财物主动赠送别人东西，肯定是有所企图的，送货物来求得别人的欢心，施与一定是为了要求回报，这是世俗人都乐意做的，却是君子所憎恶的。

责子书

[晋]陶侃母

说明

陶侃，字士行，本为鄱阳人，后徙庐江浔阳（今江西九江西）。东晋时期名将，大司马。他精勤吏职，不喜饮酒、赌博，为人称道。他是我国晋代著名诗人陶渊明的曾祖父。他自幼家贫,母亲湛氏替人扎鞋底、绑扫帚供他读书,资助他交结朋友。后在县上做监鱼梁职。大概是执行公务时扣压罚没了一些鱼,用酿酒糟子腌着。因为薪水低,想到老母以粗茶淡饭为食,心中十分不忍,便拿了一瓦罐鱼,派人送至家中,改善伙食。没想到母亲问明鱼的来路后,将鱼封好退还,还写了一封信责备他,不应以官谋私。陶侃幡然醒悟,再也不做这类似的事了。这便是历史上流传颇广的陶侃母"封鲊返书"的故事。可见陶侃从贫贱而成为一代名士,与母亲的教诲是分不开的。

一位贤淑明达的母亲,无异于一个特殊的纪检监察员,她对自己的孩子有着天生的爱,她们的话和她们的思想情操,对子女的影响特别大,可以说是有着神奇的力量。如果有更多从政为官者的母亲,能及时发觉为官子女心头的贪婪灰垢和欲念之苗,及早将其拂拭和拔除,或可少却许多蹲大狱掉脑袋的孽子!这位普通寒门农妇的担忧,在一千六百年后的今天,同样演绎出一幕幕令为父母者懊悔不迭、肝肠寸断的悲剧来。"勿以恶小而为之",正是这个故事告诉我们的道理。

【原文】

尔为吏,以官物①遗我,非惟不能益吾,乃以增吾忧矣。

【注释】

①官物:公家的东西。

【译文】

你身为官吏,却利用官职之便,拿公家的东西给我,不但不能对我有好处,还给我增添了忧愁。

勖诸子

[晋]李暠

说明

李暠（351～417），字玄盛，小字长生，陇西成纪（今甘肃静宁）人，是其父李昶的遗腹子，十六国时期西凉国的建立者。自称是西汉将领李广之后，李氏先祖自汉代移居狄道，世为西州大姓，唐朝李氏亦称李暠为其先祖。死后谥武昭王。由其子李歆继位。《勖诸子》是他针对当时情势动荡，众子"弱年受任"写的一篇诫文。李暠众子幼年就开始都跟随他打江山，建立功业，没有得到及时的教育，因而他"常惧弗克，以贻咎悔"，劝诫他们平时要自我勉励，并告诉他们可以看"诸葛亮训励"和"应璩奏谏"，没有必要拘泥于年代久远的古籍文章，因为"周、孔之教尽在中"，况且这些文章质朴自然，言简意赅，通俗易懂，符合当下的语言习惯和思维构想，从中就可以了解古今之事，用以治理国家、安身立命，告诉他们若有今人可师，不必求远。

《勖诸子》不仅透漏了李暠当时对儿子矛盾的心理，还表达了他对儿子寄予的厚望，希望他们不要因为"弱年受任"，就不努力学习。相反，教导他们不要怠惰，勤于苦修，才能拥有一番宏图伟业。

【原文】

吾负荷艰难，宁济之勋未建，虽外总良能，凭股肱①之力，而戎务孔殷②，坐而待旦。以维城之固，宜兼亲贤，故使汝等未及师保之训，皆弱年受任。常惧弗克，以贻咎悔③。古今之事不可以不知，苟近而可师，何必远也。览诸葛亮训励，应璩奏谏，寻其终始，周、孔之教尽在中矣。为国足以致安，立身足以成名，质略易通，寓目则了，虽言发往人，道师于此。且经史道德如采菽中原，勤之者则功多，汝等可不勉哉！

【注释】

①股肱：比喻左右辅助得力的臣子。②孔殷：众多，繁多。③咎悔：悔过，追悔自责。

【译文】

我肩上担负的担子十分艰难，安定境内、拯济百姓的功业还没建立，即使在外有贤能之人，凭借着左膀右臂的辅佐，但军务非常繁忙，还是每天办公直到天亮。为的是维持城邦的稳固，同时任用贤者与亲人，因而使你们没有得到老师的教导，都在年幼时就担负重担。我时常恐惧你们不能担当，而造成过错和悔恨。古往今来的事情不能不了解，如果有近的可以学习，那又何必向远的学习。我看诸葛亮的《诫子书》，应璩的奏谏，通观全文，周公、孔子的教导都在其中。用于治理国家足以使国家安定，用于安身立命足以使自己成名。他们的文章朴质简略，容易看懂，一目了然，即使语言取之于古人，但对今人仍具有教导作用，况且经史道德上的学问，犹如人到平地里采摘豆子一样，勤劳的人功绩就多，你们能不自我勉励吗？

与子俨等疏

[晋]陶渊明

说明

陶渊明(约365—427)，一名潜，字元亮，号五柳先生，谥号靖节先生，浔阳柴桑(今江西省九江市)人。东晋末期南朝宋初期诗人、文学家、辞赋家、散文家。曾做过几年小官，后辞官回家。从此隐居，田园生活是陶渊明诗的主要题材，相关作品有《饮酒》《归园田居》《桃花源记》《五柳先生传》《归去来兮辞》《桃花源诗》等。《与子俨等疏》是陶渊明写给他的五个儿子——俨、俟、份、佚和佟的家信。在他五十岁那年大病，自感不久于人世。于是，他把五个儿子叫到床边，颤抖地写下了这篇语重心长的文章。纵观全篇，他从回顾自己的人生志趣和人生态度开始，说明自己清白自守的一生，同时阐述家庭存在的两个重要问题时常困扰着牵动着他的情怀：贫穷和儿子不和。在贫困的生活上，他表达了对儿子的无限愧疚之情。在儿子的情感上，他谆谆告诫儿子们虽不是同母所生，但仍是同父兄弟，要和睦相处、和谐友爱，以先贤为范，慎重治家。

陶渊明在沿袭前人"与子书"的训诫劝勉传统的同时，也展现了个人独特的风格色彩。首先，陶渊明主要是"言其志"，以叙说个人情怀意趣为主体，其次才是训诫劝勉儿子。再者，书中所言之"志"，不仅传达出一个父亲对儿子的无比关爱，还向儿子诉说衷肠、吐露心声，并且解释立场，期盼谅解，突破了前人与子书"君父至尊"的传统格局。尤其是其间归耕田园累及儿子"幼而饥寒"，从小难免"劈水之劳"的愧疚不安；还有浮现于整篇书信中，对自己所选择的人生道路，似乎怀着一份不确定感，一份疑惑，一份歉意。这是一封私信，属于比较隐蔽幽微的情怀，是陶渊明其他的文章中所没有的，在中国文学史上也是罕见的。

【原文】

告俨、俟、份、佚、佟：天地赋命①，生必有死。自古圣贤，谁独能免。子夏有言曰："死生有命，富贵在天。"四友之人，亲受音旨。发斯谈者，岂非穷达不可妄求，寿夭永无外请故耶？

吾年过五十，少而穷苦，每以家弊，东西游走。性刚才拙，与物多忤②。自量为己，必贻俗患。黾勉③辞世，使汝等幼而饥寒。余尝感孺仲贤妻之言，败絮自拥，何惭儿子，此既一事矣。

但恨邻靡二仲，室无莱妇，抱兹苦心，良独内愧。少学琴书，偶爱闲静，开卷有得，便欣然忘食。见树木交荫，时鸟变声，亦复欢然有喜。常言：五六月中，北窗下卧，遇凉风暂至，自谓羲皇上人。意浅识罕，谓斯言可保；日月遂往，机巧好疏④。缅求⑤在昔，眇然如何。疾患以来，渐就衰损。亲旧不遗，每以药石见救，自恐大分将有限也。

汝辈稚小家贫，每役柴米之劳，何时可免？念之在心，若何可言。然汝等虽不同生,当思四海皆兄弟之义。鲍叔、管仲,分财无猜;归生、伍举,班荆道旧。遂能以败为成,因丧立功。他人尚尔,况同父之人哉。颖川韩元长,汉末名士。身外卿佐,八十而终。兄弟同居,至于没齿。济北氾稚春,晋时操行人也。七世同财,家人无怨色。《诗》曰:"高山仰止,景行行止⑥。"虽不能尔,至心尚之。汝其慎哉! 吾复何言。

【注释】

①赋命:给予人以生命。②忤:违反、抵触。③黾勉:勉强。④好疏:甚少。⑤缅求:远求。⑥高山仰止,景行行止:仰望着高山,效法着大德。表示对德高望重者的敬仰。景行,大路。

【译文】

告诫陶俨、陶侯、陶份、陶佚、陶佟诸儿:

天地给予人以生命,有生就一定有死。从古到今圣贤的人们,有谁能够幸免呢? 子夏说:"生死有命,富贵在天。"孔子四友,亲自受到这种言论的教诲。发表这种评论的,难道不是说困窘与通达不能够非分要求,长寿还是夭折永远不能额外寻找吗?

我现在的年龄已经过了五十,年少时家庭困窘,十分贫苦,经常由于家庭困乏,而东走西游。性情刚直而才学愚拙,与世间之事多有抵触。自己考虑,将来一定会留后患。所以勉力弃官隐居,使你们从小就受饥寒所迫。我曾经感叹于后汉王霸那贤惠的妻子的话,自己裹着破棉絮,有什么愧对子女的地方,这是一样的事情。

我只是遗憾自己没有像二仲那样逃名隐遁的邻居,没有像老莱子妻子那样劝我忘名忘利的妻室,独自抱有归隐的苦心,实在心里觉得惭愧。我年少时就学习抚琴读书,喜欢悠闲清静,读书有所收获,就高兴得忘记吃饭。看见树木交错,郁郁葱葱,不同季节的鸟声交替鸣响,也欢呼高兴。常言道:在五六月的时候,在北窗底下睡着,遇到凉风刚刚袭来,自己便认为自己就是伏羲氏以前的人。我孤陋寡闻,以为这句话可以保持自励;岁月一如既往的流逝,我的机智巧妙心思却一直很少。过去追求的远大抱负，现在茫然不知如何。自从生病以来，身体逐渐趋向衰弱，亲朋故旧，没有嫌弃我，每次用药物来救治我，我自己感觉自己的生命将不久于人世了。

你们从小就在贫寒之家过活，每日被驱使做砍柴挑水的劳动，什么时候才可以免除啊？我挂念在心，有什么可说的。然而你们兄弟即使不是同母所生，但应当想着四海之内都是兄弟的情谊。管仲和鲍叔一起做买卖，分钱时管仲总要多占一点儿，但鲍叔也不猜忌他，因为知道他家里穷；归生和伍举都是春秋楚国人，交情很好，后来伍举因罪逃到晋国做官，路中与归生相遇，二人重叙旧好。后来就是因为在鲍叔的帮助下，管仲由失败转为成功；伍举在归生的帮助下回国立了大功。于是他们都反败为胜，因失立功。两旁外人都能如此，何况你们是同父兄弟呢？

颍川的韩元长，是汉朝末时的名士，身居卿相，八十岁而死。他与兄弟同居一室，直至终身。济北的氾稚春，是晋代有操行的人，他家七世用共同的财物，家人都没有怨色。《诗经》上说："抬头仰望高山，沿着大道走去。"即使不能像以上这些名士那样，也应诚心诚意地崇尚他们。你们如能慎重行事，我还有什么可说的呢？

庭诰

[南北朝] 颜延之

说明

颜延之（384~456），字延年，琅琊临沂（今山东临沂）人，官至金紫光禄大夫。颜延之是一个刚正不阿、敢于直言的人。南朝刘宋少帝景平二年（424），他因触怒权贵，受到排挤，出任始安（今桂林）太守。任职期间，他提倡垦荒，减免赋税，贷粮贷种，为桂林的社会发展做出了积极的贡献。义章冠盖当世，与谢灵运齐名。《庭诰》是作者闲居无事时作的训诫文章，它立意高远，征引自如，滔滔雄辩，下笔多有警句，具有富瞻的内涵和深刻的哲理。全文较长，这是从中节录的一段，主要说喜怒反映一个人的气度智识；应该抑忍以及人性易受感染，应慎其所处，与善人交。

文中作者从人的本性着笔，述写"喜过则不重，怒过则不成；能以恬淡为体，宽愉为器者,美矣"的境界。然后举"芝兰之室"和"鲍鱼之肆"的例子来分别说人处在不同的环境的结果,就是我们俗话说的"近朱者赤近墨者黑"的道理。最后作者高度赞扬了那些如"金真玉粹"的人,并告诫人们如果没有像朱丹和坚石的品性,就要谨慎地选择自己所处的环境和结交的朋友,不要被坏人浸染,与之同流合污,要做个高尚纯粹的人。文章意义深刻,给人以很深的启迪,希望人们在做人做事的时候严于律己,恪守职责。

【原文】

喜怒者有性所不能无,常起于偏量[①],而止于弘识,然喜过则不重,怒过则不成,能以恬淡为体,宽愉为器者,美矣!大喜荡心,微仰则定;甚怒烦性,小忍即歇。故动无愆容,举无失度,则物将自悬,人将自止。习之所变亦大矣,岂惟蒸性染身,乃将移智易虑[②]?故曰:与善人居,如入芝兰之室,久而不闻其芬,与之化矣;与不善人居,如入鲍鱼之肆[③],久而不闻其臭,与之变矣,是以古人慎所与处。唯夫金真玉粹者,乃能处而不污尔。故曰:丹可灭而不能使无赤。石可毁而不能使无坚,苟无丹之性,必慎浸染之由。

【注释】

①偏量:气量不足。②移智易虑:改变心智思虑。③鲍鱼之肆:出售鲍鱼的商店。鲍鱼,盐渍鱼。

【译文】

喜和怒是人本性固有的两个方面,它们的产生由于气量不足,却终止于卓识。然而高兴过度就有失自重,愤怒过分就有失威严。能够秉着恬静淡泊、宽心愉悦的态度处世,就太美妙了!过分的喜悦涤荡心境,只要稍稍抑制一下就会安定;过多的怒气烦恼心性,只要稍稍忍耐一下就能停息。这样,行动没有过错,举止没有失度,那么,事物依旧在那里,而人会恢复平静。人的心性改变也太大了,哪里只是邪性染身就能改变人的心智思虑。所以说:与好人相交往,就像进入香草兰花的屋宇,时间长便闻不到它们芬芳的香气,已经与香气同化了;与坏人相交往,就像到了出售腌鱼的集市，时间长就闻不到臭味儿了，也是与臭味同化了。所以，古人很慎重选择与什么样的人相处。只有那些意志坚强如金石粹玉一般品行的人，才能与任何人相处都不被污染。所以说丹砂可以被毁灭，但不能使它没有红色；石头可以被粉碎，但不能使它不够坚硬。假如一个人没有丹砂岩石一样的坚硬品行，就一定要谨慎防止被感染变坏。

诫江夏王义恭书

[南北朝] 刘义隆

说明

刘义隆（407~453），即宋文帝，小字车儿，宋武帝刘裕第三子，424 年即位，在位30 年，年号"元嘉"。在位期间，加强集权，整顿吏治，取得过暂时的稳定。在对北魏的战争中，连连失利，国势日趋衰微。后被太子刘劭所杀。谥号"文皇帝"，庙号"太祖"。南北朝时期宋朝的第三位皇帝。《诫江夏王义恭书》是宋文帝给弟弟江夏王义恭的一封训诫信。刘义恭为宋武帝刘裕第五子，俊秀聪颖，深受宠爱。被封为江夏王，出为都督八州诸军事、荆州刺史。宋文帝念其性情骄奢，恐难胜任，深为忧虑，与书谆谆告诫。这是其中节录的四段，分别告诫弟弟义恭：第一、要意识到自己肩上重任，告诫弟弟要克己尽职，勤奋努力，使君子、小人都为我所用。第二、接待宾客宜速，不宜时间太长，以免误了诸事。第三、做好保密的事情，忠诚之人来告密，要替他保密，同时也要防止作恶小人进谗言用来设计陷害他人。第四、生活中要节制奉用供养，禁止赌博渔猎，嬉戏游玩服食器用要适度。

文章从生活到做事，从待客到纳妾到如何对待大臣，集国事家务于一体，用词澹朴晓畅，不假修饰，说理透彻，情感恳切，既不失帝王尊严，更多的是兄长式的教诲，饱含手足亲情，读后令人难忘。

【原文】

汝以弱冠便亲方任。天下艰难，家国事重。虽曰守成，实亦未易。隆替①安危,在吾曹耳。岂可不感寻王业,大惧负荷。今既分张,言集未日,无由复得动相规诲。宜深自砥砺,思而后行,开布诚心,厝^②怀平当。亲礼国士,友接佳流,识别贤愚,鉴察邪正,然后能尽君子之心,收小人之力。

接待宾侣,勿使留滞。判急务讫,然后可入问讯,既睹颜色,审起居,便应即出,不须久停,以废庶事也。

凡事皆应慎密,亦宜豫敕^③左右,人有至诚,所陈不可漏泄,以负忠信之款也。古人言:"君不密则失臣,臣不密则失身。"或相谮构^④,勿轻信受。每有此事,当善察之。

声乐嬉游,不宜令过:樗蒱渔猎,一切勿为;供用奉身,皆有节度;奇服异器,不宜兴长。汝嫔侍左右,已有数人,既始至终。未可忽忽,复有所纳。

【注释】

①隆替:兴隆与衰亡。替,被取代。②厝:本义为磨刀石,引申为"使……平和"。③豫敕:预先告诫。④谮构:进谗言以设计陷害他人。

【译文】

你刚成年就担任要职。天下的事情是很艰苦困难的,国家的事情是最重要的。即使只是守住祖业,实际上也不是很容易的。兴隆或衰亡、安全或危险,完全在于我们兄弟们啊!哪能不有所感触而寻思帝王大业,有所警觉而意识到责任重大呢?现在你我天各一方,见面遥遥无期,再也不可能动辄就去规劝教诲你。你应该自己严格磨砺自己,凡事思考之后再行动。对人敞开赤诚之心,让自己的胸怀平和。礼贤下士,友好地接纳能人,识别愚人与贤人,区别邪恶与正直,然后能使君子为你尽心智,使小人为你出体力。

接待宾客,不能让人久等。把紧急的事务办完,就应去接待来客,见过面,问候他们的生活后,就应该立刻离开,不要久留,以免废弃了其他的众多事务。

什么事情都要谨慎保密,也应该事先告诫身边的人,如果有人很诚恳地来报告事件,他所陈述的事坚决不要泄漏出去,以免辜负了忠诚信义之人的一番心意。所以古人说过："国君做不好保密的事情就会失去大臣，大臣做不好保密的事情就会失去自身。"有的是相互进谗言互相攻击，这就不要轻易相信接受。每当有这类事，就要善于考察辨别真伪。

声色之乐，嬉戏游玩，不要让它过度；赌博渔猎，全都不要去做；供给自己的使用花费要有所节制；奇装异服，珍宝玩器，不应该过于有兴趣。你的嫔妃侍从已有好几个人了，从现在起，不能再轻易接纳。

遗令敕诸子

［南北朝］源贺

说明

源贺（406~479），本名破羌，西平乐都（今属青海）人，河西王秃发傉檀子。太武时，国灭来奔，赐爵西平侯，加龙骧将军，赐姓源氏。进平西将军，迁征西将军，进号西平公，拜散骑常侍，赐名贺。文成即位，转征北将军，加给事中。以定策功晋爵西平王，出为征南将军、冀州刺史，改封陇西王。献文时，徵拜太尉，出屯漠南。孝文初致仕。太和三年卒，年七十三，谥曰宣。《遗令敕诸子》是源贺临终时写给诸子的训诫文。他深知傲慢、荒淫、奢侈、嫉妒等，是人生的通病。当他得知儿子被封官晋爵时告诫儿子在做官为人方面一定要避免它，并提出了预防措施：在言、行、思想、服饰各方面都要严于律己，抑恶扬善。

义章虽然短小精悍，但表达内容极其丰富。开篇说明自己写这篇训诫文的原因，告诉儿子做官不要"傲吝""荒怠""奢越""嫉妒"，要彻底摒除这些心理疾病，并在日常生活中要求儿子要"疑思问，言思审，行思恭，服思度"，这样才能于己于国大有裨益，同时要相信自己的眼见耳闻，不要随便倾听小人的谗言，对人恭恭敬敬，对己恪守职责，对君诚实勤勉，做一个有道德有操守的人。可见爱子之切，深情流露。最后一句是对自己身后之事的嘱咐，希望自己死后俭葬，不要奢侈。这也是对他诫子诸语的佐证。

【原文】

吾顷①以老患辞事,不悟天慈降恩,爵逮②于汝。汝其毋傲咨。毋荒怠,毋奢越,毋嫉妒。疑思问。言思审,行思恭,服思度。遏恶扬善,并贤远佞,目观必真,耳属必正。诚勤以事君,清约以行己。吾终之后,所葬时服单椟③,足申孝心,刍灵明器,一无用也。

【注释】

①顷:刚刚,近来。②逮:及,延及。③单椟:一只形体较小的棺材。

【译文】

我近来因为年纪大了并且身患疾病所以把官职辞掉了,没有想到皇帝仁慈降恩,给你加官晋爵。你可不要傲慢吝啬,不要荒淫怠惰,不要奢侈越礼,不要嫉妒别人。有疑虑要想着询问别人,说话要周密谨慎,行动要恭恭敬敬,穿着要符合规范礼度。要遏制邪恶事情的发生,宣扬好人好事;要亲近贤德的人,疏远奸佞的人,眼睛所见到的应该是真实的,耳朵所听到的应该是正确的。要以诚实勤勉的态度来侍奉君王,以清廉简约的行动准则来要求自己。我死了以后,下葬时穿平时的衣服,装入单棺,不用外椁,只要表达你们的孝心就足够了,刍灵、明器之类的随葬品,一件也不要使用。

诫子书

[南北朝] 王僧虔

说明

王僧虔,字简穆,王羲之四世族孙,琅琊临沂人,南朝齐书法家。他所著《诫子书》原本篇幅很长,本文是从中摘录的一节,主要告诫其子不要凭借祖上余荫庇护就无所事事、荒废时间,而应该趁着年轻发奋读书,以期显达。

《诫子书》比较系统地说明了读书的作用和王氏的治学传统，极好地反映了当时知识至上的南朝学风。文中从余荫庇佑说起，告诉儿子无论祖先积下多少荫庇，都有尽失的时候，只有通过自己的勤奋努力才能永久通达显贵。

【原文】

舍中亦有少负令誉，弱冠越超清级者，于是王家门中，优者则龙凤，劣者犹虎豹。失荫①之后，岂龙虎之议？况吾不能为汝荫，政②应各自努力耳。或有身经三公，蔑尔无闻；布衣寒素，卿相出体。或父子贵贱殊，兄弟声名异，何也？体尽读数百卷书耳。吾今悔无所及，欲以前车诫尔后乘也，汝年入立境③。方应从官，兼有室累，牵役情性，何处复得下帷如王朗时邪。

【注释】

①失荫：失去祖上的余荫庇护。②政：通"正"。③年入立境：进入而立之年。

【译文】

我们家族中也有年少时就负有美好声誉，刚刚成年就得到显贵官位的人，所以在(我们)王氏家族中，优秀的弟子犹如龙凤，低劣的弟子可称作虎豹。可是，失去祖先积下的余荫庇护之后，哪里谈得上是龙虎啊？何况我也不能为你们积下余荫，正是你们自己应该各自努力啊。有的人虽然出生于富贵之家，但却默默无闻；有的人虽然出身寒门，但却让卿相为之屈膝。也有父和子的贵贱不相同，兄和弟的名声不一样，这是为什么呢？这是由于他们本身是否读几百卷书所致罢了。我现在后悔一事无成，想用我的这个前车之鉴来劝诫你，让你好好读书啊。你已经到了而立之年，正在当官应付公事，还有家室拖累，使你的心情都被牵扯了，何时才能像王朗一样放下窗帷安心读书呢？

为书诫子崧

[南北朝] 徐勉

说明

徐勉,字修仁,东海郯人,南朝梁政治家。他一生奉行古语"以清白遗子孙,不亦厚乎"和"遗子黄金满籝,不如一经"。同时这两句话也是他诫子的座右铭,他希望通过自己的高尚操守和光辉形象来勉励儿子:要想尊官厚禄,就要凭借自己勤劳的双手和聪明才智。

古往今来,多数父母留给子女的往往是多多益善的物质财富,这种父母看似爱子,实则害之。过多的物质财富容易使子女滋长依赖懒惰的心理,从而丧失独立创业的勇气和能力。徐勉清醒地意识到这一点,留给子孙优良的道德品质和严谨的家风,子孙得到了的精神财富远比物质财富更能影响其一生。所以留给子孙财富,不如教育他们为人清正,教会他们生存的技能,即"授之以鱼,不如授之以渔"。言传身教,可以说徐勉是古代父母中训子的典范。

【原文】

吾家世清廉,故常居贫素,至于产业之事,所未尝言,非直①不经营而已。薄躬遭逢,遂至今日,尊官厚禄,可谓备之,每念叨窃②若斯,岂由才致? 仰藉③先代风范以及福庆,故臻④此耳。古人所谓"以清白遗子孙,不亦厚乎?"又云:"遗子黄金满籝,不如一经。"详求此言,信非徒语。吾虽不敏,实有本志,庶得尊奉斯义,不敢坠失。

【注释】

①直:只。②窃:窃取,得到。③仰藉:依靠。④臻:至,达到。

【译文】

我家世代都很清白廉洁,因此常常过着贫穷素朴的生活。至于家中产业的事情,不但从来没有经营过,也从未提起过。自身卑微的际遇,直到今天,尊贵的官职与丰厚的俸禄,可以说都具备了,每每想到叨光得到这些,哪里是由于自己的才能呢？那是凭靠先辈的风范榜样和福运吉庆的降临,才有今天。古人所说的"把清白留给子孙,不也是丰厚的礼物吗",又说:"留给子孙满箱黄金,不如教会子孙一本经书"。认真地考虑这些话,确实不是虚妄的话语。我虽然不聪敏,但实有这样的志向,幸而能遵从奉行古人的这些教诲,从来不敢有所失误。

诫子孙

[南北朝] 杨椿

说明

杨椿(455~531),本字仲考,后魏孝文帝赐改字延寿,弘农华阴(今属陕西)人,北魏政治人物。足智多谋,官至太保。永安二年(529)八月致仕归乡。后为人所害,卒于北魏节闵帝普泰元年(531)。这是摘录他的《诫子孙》中的三节诫文,主要是通过作者讲述家史,尤其是他这一辈的兄弟之间互敬互爱,和睦相处,来对子孙们的一些不肖言行,进行劝诫。要他们注重兄弟间的和谐礼让,不要学流俗的谀上欺下。文中最后还陈说了自己在力尚可朝见天子时孜孜求退,告诫儿孙要懂得满足。

杨椿一生谨言慎行,遵纲守纪,作风严谨,如履薄冰,从不论人之过,对人无贵无贱,皆以礼相待。这既是生存环境险恶使然,也是保全家族的需要。到杨椿子孙这代出现了一些"学时俗人",言谈举止中有很多为人立身处世的弊病,他十分担忧,子孙的不贤给家族带来祸患。所以述写此文,文中他以直白恳切的口吻给子孙讲述了自己的亲身经历,说明谦恭谨慎的重要性,终身须谦,行事须慎,这是杨椿的反复叮咛,也是他最不放心的事情,他希望家族子孙能够遵循先辈的教导,获取善始善终的人生。保持家族的延续。文末还用自己的实际行动告诉子孙做人做事要懂得满足,不能贪得无厌,要知道急流勇退的要义。

【原文】

吾兄弟若在家，必同盘而食，若有近行不至，必待其还，亦有过中不食，忍饥相待。吾兄弟八人，今存者有三。是故不忍别食也。又愿毕吾兄弟，世不异居异财，汝等眼见，非为虚假。如闻汝等兄弟，时有别斋独食者，此又不如吾等一世也。吾今日不为贫贱，然居住宅舍，不作壮丽饰者，正虑汝等后世不贤，不能保守之，方为势家所夺。

闻汝等学时俗人，乃有坐而待客者，有驱驰势门者，有轻论人恶者，及见贵胜则敬重之，见贫贱则慢易之：此人行之大失，立身之大病也。

汝家仕皇魏以来，高祖以下，乃有七郡太守，三十二州刺史，内外显职，时流少比。汝等若能存礼节，不为奢淫骄慢，假不胜人，足免尤诮①，足成名家。吾今年始七十五，自惟气力，尚堪朝觐②天子，所以孜孜求退者，正欲使汝等知天下满足之义，为一门法耳，非是苟求千载之名也。汝等能记吾言，百年之后，终无恨矣。

【注释】

①尤诮：犯错误，被讥笑。②朝觐：朝见。

【译文】

我们兄弟如果都在家，一定会一起同桌吃饭，如果有人去了比较近的地方还没回来，一定等着他回来才吃，也有时过了中午还没吃，忍着饥饿等待他归来一起吃。我们兄弟原来是八个人，现在只剩下三个人，所以不忍心单独另吃。还希望我们所有兄弟，世代不分住房舍，不聚藏私财，你们都亲眼见过，并不是虚假的事。听到你们兄弟常有各房单独吃饭的，这就不如我们兄弟一辈人了。我现在不算是贫贱了，但居住的房屋，不装饰得壮丽华美，正是考虑到你们的不肖，不能保守住产业，将来会被有权势的人家夺去。

听说你们学现在那些世俗的人，竟然有坐着接待客人的人，有奔走于权贵之门的人，有轻易谈论别人缺点的人，以至看到那些尊贵势强的人就敬仰看重他，看到贫穷卑贱的人就傲慢轻视他：这是作人行为的大过错，立身处世的大害处。

你们家在大魏当官以来,自高祖以后,就有七郡太守,三十二州刺史,居家在外的职位都十分显赫,当时的人无法相比。你们如果能够保持礼节,不做奢侈荒淫骄傲怠慢的坏事,即使权势超不过别人,也足以避免犯错受别人讥笑,足以成为有名望的人家。我今年已经七十五岁了,自认为在气力上,还能够朝见天子,之所以一再坚持隐退,正是打算让你们懂得满足的要义,这是立身处世的一大门法,不是苛求垂留千年的名声。如果你们能记住我的话,我死了之后,也就没有遗憾了。

诫子

[南北朝] 萧纲

说明

萧纲(503~551),字世缵,即南朝梁简文帝,梁武帝第三子,兰陵(今江苏武进)人。由于长兄萧统早死,他在中大通三年(531)被立为太子。太清三年(549),侯景之乱,梁武帝被囚饿死,萧纲即位,大宝二年(551)为侯景所害。梁简文帝十分重视对儿子的学习教育,认为只有学习才是人一生中"可久可大"的事情。

文中从儿子尚幼说起,最需要做的事情就是学习,并引用圣人孔子的话来佐证自己观点的正确,同时表明自己不赞成一些人对学习"面墙而立""沐猴而冠"的态度。希望儿子做事严谨慎重,对学习抱有兴趣,通过扎扎实实的勤奋努力,将来成就一番事业。不要做一个"金玉其表败絮其中""华而不实"的人。

【原文】

汝年时尚幼,所缺者学。可久可大,其唯学欤。所以孔丘言:"吾尝终日不食,终夜不寝,以思,无益,不如学也。"若使面墙而立,沐猴而冠①,吾所不取。立身之道与文章异,立身先须谨重,文章亦勿放荡。

【注释】

①沐猴而冠:沐猴,猕猴。冠,戴帽子。猴子穿衣戴帽,究竟不是真人。比喻虚

有其表,形同傀儡。常用来讽刺投靠恶势力窃据权位的人。

【译文】

你现在年纪还小,所缺少的东西是学习。可以长久存在的,可博大无边的,难道这不是只有学习吗?所以孔子说:"我曾经整天不吃饭整夜不睡觉,思考问题,(但并)没有收益,还不如去学习。"假如对学习采取"面墙而立""沐猴而冠"的态度,这是我不能赞成的。立身处世的道理与写文章是不相同的,立身处世首先必须要严谨慎重,写文章也不要放荡。

枕中篇

[南北朝] 魏收

说明

魏收(507~572),字伯起,小字佛助,钜鹿下曲阳(今河北晋州市)人,北齐文学家、史学家。北魏骠骑大将军魏子建之子。仕魏除太学博士,历官散骑侍郎等,编修国史。入北齐,除中书令,兼著作郎,官至尚书右仆射,位特进。与温子升、邢邵并称"北地三才子"。《枕中篇》是魏收为诫子侄写的一篇家训。文章首先从管子的"任重""畏途""远期"落墨,再以此为内在意脉,旁征博引,归纳演绎,说明怎样才能成为君子,然后便能"以重任,行畏途,至远期"。由于魏收早年生活比较放荡,晚年已经意识到自己的今是昨非,故此告诫其子要谨身立行,忠贞信念,立身扬名。"勋名共山河同久,志业与金石比坚",惟其如此,"宜谛其言,宜端其行"。世间万物最易引人误入歧途,因此要把握自己,"益不欲多,利不欲大。惟居德者畏其甚,体真者惧其大"。文章实际上是对自己生活的总结之后得出的教训,已经掺有一些虚无主义的味道。

《枕中篇》中魏收提出的教子为人的独特见解,显示了他作为史学家的严谨缜密,汇通今古、博大精深的才学,而且无不逼透着哲理的灵光。诫文辞华美流畅,排比铺除，属对工整；遣词造句，变化多端；承接转折，丝丝入扣，具有较高的文学价值。

【原文】

收以子侄少年，申以戒厉，著《枕中篇》。其词曰：

吾曾览管子之书，其言曰："任之重者莫如身，途之畏者莫如口，期之远者莫如年。以重任，行畏途，至远期，惟君子为能及矣。"追而味之，喟然长息。若夫岳立为重，有潜戴而不倾；山藏称固，亦趋负而弗停；吕梁独浚，能行歌而匪惕；焦原作险，或跻踵而不惊；九陔方集，故渺然而迅举；五纪当定，想睿①乎而上征。

苟任重也有度，则任之而愈固；乘危也有术，盖乘之而靡恤。彼其远而能通，果应之而可必，岂神理之独尔？亦人事如其一！

呜呼！处天壤之间，劳生死之地，攻之以嗜欲，牵之以名利，粱肉不期而共臻，珠玉无足而俱致，于是乎骄奢乃作，危亡旋至。然则上知大贤，惟几惟哲，或出或处，不常其节，其舒也济世成务，其卷也声销迹灭。玉帛子女，椒兰律吕②，谄谀无所先；称肉度骨，膏唇桃舌，怨恶莫之前。勋名共山河同久，志业与金石比坚。斯盖厚栋不挠，游刃君然③。

逮于厥德不常，丧其金璞，驰骛人世，鼓动流俗。挟汤日而谓寒，包溪壑而未足。源不清而流浊，表不端而影曲。嗟乎，胶膝谓坚，寒暑甚促，反利而成害，化荣而就辱，欣戚更来，得丧仍续，至有身御魑魅，魂沉狴狱④，讵非足力不强，迷在当局，孰可谓车戒前倾。

人师先觉，闻诸君子；雅道之士，游遨经术；厌饫⑤文史，笔有奇锋，谈有胜理，孝悌之至，神明通矣。审道而行，量路而止，自我及物，先人后己。情无系于荣悴，心靡滞于愠喜，不养望于丘壑，不待价于城市。言行相顾，慎终犹始，有一于斯，郁为羽仪。

恪居展事，知无不为。或左或右，则髦士攸宜；无悔无吝，故高而不危。异乎勇进忘退，苟得患失，射千金之产，邀万钟之秩，投烈风之门，趋炎火之室，载蹶而坠其贻宴，或蹲乃丧其贞吉。可不畏欤！可不戒欤！

门有倚祸,事不可不密;墙有伏寇,言不可或失。宜谛其言,宜端其行。言之不善,行之不正,鬼执强梁,人囚径廷,幽夺其魄,明夭其命。不服非法,不行非道。公鼎为己信,私玉非身宝。过缁为绀,逾蓝作青;持绳视直,置水观平。时然后取,未若无欲;知止知足;庶免于辱。是以为必察其几,举必慎于微。知几虑微,斯亡则稀;既察且慎,福禄攸归,昔蘧瑗识四十九非,颜子几三月不违。跬步无已,至于千里;覆一篑进,及于万仞。故云行远自迩,登高自卑。

可大可久,与世推移,月满如规,后夜则亏,槿荣于枝,望暮而萎。夫奚益而非损,孰有损而不害?益不欲多,利不欲大。惟居德者畏其甚,体真者惧其大,道遵则群谤集,任重而众怨会,其达也则尼父栖遑[6],其忠也而周公狼狈。无曰人之我狭,在我不可而覆;无曰人之我厚,在我不可而咎;如山之大,无不有也;如谷之虚,无不受也。能刚能柔,重可负也;能信能顺,险可走也;能知能愚,期可久也。周庙之人,三缄其口;漏卮在前,欹器留后;俾诸来裔,传之坐右。

【注释】

①夐:遥远的样子。②椒兰律吕:指奸佞与声色。③游刃恚然:指游刃有余。④狴(bì)狱:监狱。⑤厌饫:精通、饱学。⑥栖遑:牺惶,心惊胆战。

【译文】

魏收有感于子侄们年纪小,想陈述自己对他们的训诫与勉励,写下了《枕中篇》这篇文章。全文如下:

我曾经阅读管仲的书,其中有言语说:"责任重大没有比自身保重的事情更大,道路艰险可怕没有比自己说出的言语更可怕,期望传得很久远但没有比岁月更长远。担负重大的责任,走艰险可怕的道路,又让它传得很久远,只有君子才能够达到。"追想此话并仔细品味它,不禁让我喟然叹息。山岳虽然沉重,却有鳌鱼能背负着而不倾倒;山的土石虽然堪称坚固,愚公也担过而不停止;大禹疏导吕梁洪水,还可以歌唱着而不惧怕;焦原山如此陡峭艰险,有的人却能走在上面不胆怯;九重青天方就,就有想飞上天的;时律刚定,就有想追根溯源的。

假使担任重大责任而有一定法度，那么担任它就更加稳固；如果走在危险境地上而有计策，就能在险境中行走却没有祸患。如果你能有远大的目标又有途径能够到达，而且果真应验了。这哪里是单单出于天意啊？也是由于人坚持不懈的努力！

啊！人处在天地之间，劳作在赖以生存的土地上，嗜欲在心里滋长，名利在身外牵扯，福禄不需要苦苦追求就能够到来，钱财不够用时就会自然而然补充供给，这样就产生了骄满奢侈的习性，那么危险败亡的时刻紧跟着也就来了。但是大智大贤的人，见微知著，深谙哲理，不管是做官还是独处，都能随时推移，不凝滞于一定的节度，他舒展开来就去治理天下，成就一番伟业，他卷藏起来就销声匿迹，声明不闻。财物美色，奸佞淫声，献媚阿谀不占先；挑肥拣瘦，搬弄是非，怨恨憎恶不近前。功劳名声可以与山川河流一样长久，志向事业可以与金玉璞石一样坚固，这就像厚厚的栋木不会弯曲，高超的屠夫游刃有余一样。

后来像这样的德行没有保持多久，丧失了金玉一样的品德，在人世间趋炎附势，追求名利，随波逐流。怀抱着滚烫的太阳却还称自己寒冷，囊括了溪谷还不满足。因为水的源头不清澈而导致水流污浊，因为人的仪表不端正所以影子弯曲。哎！胶和膝可以称得上坚固，但是随着严寒暑热的飞快交替，不成利反倒成害，荣耀转化为耻辱，喜悦离去而悲戚随来，得去而失来，以至有身子被扔给山神水怪，冤魂沉入监牢的人，并非是能力不够，关键是当局者迷惑的缘故，哪里是以前车之倾为戒呢？

那些可以为人师者和先知先觉者，耳朵里听到的是君子的话语；高雅有道之士，遨游在经典学术的大海里，精通文史，下笔有奇锋，谈话有胜理，孝顺友爱到极致，已经与神明相通了。仔细审察，测度路途，之后决定行止，从我而推及他物，先考虑别人后想自己。感情不被荣盛衰败牵绊，心思不被怒怨欢喜滞留，不退居山林来沽名钓誉，不奇货自居等待售高价于城市。言行一致，善始善终。有其中的一点，就可以作为表率。

恭敬谨慎地处世做事，掌管的事没有不做的。能够左右逢源，这样的俊杰之士，就能顺性自得；可以无悔无恨，因此处于高处而没有危险。完全不同于那些只知道勇猛向前而不知道退却，一有所得就担忧失去，追求千金的产业，谋取万钟的官禄，投靠有功名的人家，趋附有势力的人家，一旦受到挫折便失去了使子孙安乐吉祥的环境，有的卑躬屈膝而丧失了坚贞的德操，这难道不可怕吗！这难道不值得引以为戒吗！

家里有灾祸，事情不能不保密；墙外有暗敌，说话要谨慎。应该小心谨慎自己的言语，应该端正严肃自己的行为。不好的言语，不端正的行为，会得到鬼和人的共同处分，鬼抓住凶暴的，人拘捕憨直的，暗里摄去魂魄，明里让你夭折。不做非法的事情，不走不光明的道路。为公众谋福利使你得到信任，为自己聚私财不会有利自己。过分的黑就变成天青色，过度的蓝就变成青色；用绳来看它是否直，用水来看它是否平。时机到了以后再去获取，不如没有私欲；懂得适可而止，知足常乐，就能够免于受辱。所以做事时必须在细微处洞察，行动时必须在微小处谨慎，连细枝末节都要考虑到，这样失败的时候就少了；既洞察又慎重，福禄自然到来。过去蘧瑗五十岁时，知道自己四十九年错了，颜回也能够任何时候都不违背仁义。一步一步地不停止往下走，终会到达千里之途；一筐一筐地搬运下去，最终会堆成万仞之山。因此说走向远大目标是从近处开始的，向高处攀登是从低处开始的。

追求远大目标，考虑能否长久，都将随着时世的变化而变化。满月如圆盘，过后就会变残缺；木槿花早晨盛开，一到晚上就枯萎了。哪里有满了以后而不亏损，亏损后没有毁坏呢？不要过多的好处，不求过大的利益。只有那些拥有德行之人害怕得到的过多，体味真理之人担心过分膨胀。如果你的道德很高尚，就会诽谤云集；如果你承担的任务很重大，就会怨怒丛生。你若要仕途通达，即使你有孔子一样的学识，你也会流离惊恐；你若要忠诚守一，即使你有周公一样的德行，你也会遭逢狼狈。无论别人是否对我攻击，我不能伺机报复；无论别人是否对我宽厚，我不能怪罪。要像山那样广阔，做到无所不有；要像谷那样谦虚，做到无所不受。能刚强能柔韧，可以负担重任；能忠信能顺从，险境可以通过；能聪明能糊涂，可以期望传得久远。周庙里的金人，封口三重，就是为了警惕言多招致祸患啊。把漏酒器放在面前，要经常学着它的虚怀若谷；把易倾器放在背后，应时刻提防自己自满招败。把这些赠给后代，你们要把它当作座右铭。

幼训

[南北朝]王褒

说明

　　王褒(？~577),字子渊,北周琅琊临沂(今山东临沂)人。他是我国历史上著名的辞赋家,写有《甘泉》《洞箫》等赋十六篇,与扬雄并称"渊云"。《幼训》以古人重寸阴而轻尺璧为依据,教导其子应该珍惜光阴努力学习修行,并且持之以恒地坚持下去。勉励儿子只要始终如一,深居简出地学习,也会像孔子门生一样博学,像贾谊做文章一样达到一定的深度。俗语"一寸光阴一寸金,寸金难买寸光阴",说的就是"大禹不吝尺璧,而重光阴"的原因。作者不仅引经据典"靡不有初,鲜克有终",批评了那些有始无终、半途而废、消磨时光的人,而且身体力行,以自己"吾始乎幼学,及于知命,既崇周孔之教,兼循老释之谈,江左以来,斯业不坠"的实际行动告诫儿子学习和修行绝非一朝一夕之事,而是"活到老,学到老",勤奋做事、诚实做人、始终如一的坚持。这是训子的初衷,也是作者的美好愿望。

【原文】

　　陶士行曰:"昔大禹不吝尺璧,而重寸阴。"文士何不诵书,武士何不马射①？若乃玄冬修夜②,朱明永日③,肃其居处,崇其墙仞,门无糅杂,坐缺号呶④。以之求学则仲尼之门人也,以之为文则贾生之升堂地。古者盘盂有铭,几杖有诫,进退修焉,俯仰观焉,文王之诗曰:"靡不有初。鲜克有终。"立身行道,终始若一,"造次必于是",君子之言欤。吾始乎幼学,及于知命,既崇周孔之教,兼循老释之谈,江左以来,斯业不坠,汝能修之,吾之志也。

【注释】

　　①马射:骑马射箭。②玄冬修夜:玄冬,冬季。修夜,长夜。③朱明永日:朱明,

夏季。永日，长昼。④号呶：喧闹声。

【译文】

陶侃说："从前大禹不吝惜尺璧却珍惜寸阴。"文人为什么不努力读书，武夫为何不勤奋骑马射箭呢？在冬季的长夜，夏季的长昼，使住处肃静，使院墙加高，让门庭没有嘈杂，让座位没有喧闹。用这种方式来求学，就能算得上孔子的门徒了；用这种方式写文章，就能追得上贾谊的精深水平了。古时人们在圆盘方盂上刻有铭文，在案几手杖上刻有诫言，无论是进是退都要修行，是俯是仰都可观览，以此来警策自己。文王作诗说："不是没有好的开始，而是很少有善终。"立身修行，始终如一，"没有片刻懈怠"，是君子告诫的话啊。我从幼年就开始学习，到现在已经五十岁了，我既崇尚周公孔子的学说，也同样遵循老庄佛家的言谈。自到江东任官以来，这种努力一直没有停止。你如能像我一样修行学业，那就是我的最大愿望了。

诫子

[南北朝]萧嶷

说明

萧嶷（444—492），字宣俨，南齐高帝萧道成第二子，齐武帝萧赜之弟。生母高昭皇后刘智容。为人宽仁弘雅，有大成之量，萧道成特别钟爱他。《诫子》是萧嶷对其子萧子廉、萧子恪的临终遗言。我们从中节选了一段。文中列举了自汉朝以来，诸侯子弟因为骄傲放纵，以至于遭到杀身灭族，削夺封地的下场，告诫诸子要谦逊和睦，清静纯朴，以立于不败之地。

"成由谦逊败由骄"，这是人们常用来警诫自己与他人要谦虚严谨、慎言慎行的一句至理名言，萧嶷的《诫子》就是着重讲述了这个道理。他告诫儿子"共相勉励，笃睦为先"，不要"相凌侮"。从人先天的才能、地位、命运三方面说起，好坏都是自然的道理，是命运所致。要想杜绝忧患只有"勤学行，守基业，修闺庭，尚闲素"。文章清新脱俗,言简意赅,意念深远,值得人们品味。

【原文】

凡富贵少不骄奢,以约①失者鲜矣。汉世以来,侯王子弟以骄恣之故,大者灭身丧族,小者削夺邑地,可不诫哉? 吾之后当共相勉励,笃睦为先。才有优劣,位有通塞,运有富贫,此自然之理,无以相凌侮。勤学行,守基业,修闺庭②,尚闲素,如此足无忧患。

【注释】

①约:约束,检束。②闺庭:原指家庭。这里指妇女的品德。

【译文】

大凡富贵人家的子弟很少有不骄横奢侈的,能够约束自己的很少。汉朝以来,各诸侯王的后代由于骄傲放纵的缘故,重的杀身灭族,轻的削夺封地,难道不能够引以为戒吗! 我的后代应当一起互相勉励,以敦厚和睦为先。才能有优秀有低劣,地位有通达有阻塞,命运有富贵有贫贱,这是很自然的道理,不要以此互相欺凌侮辱。勤奋学习,固守基业,家里注重闺门的修养,崇尚清静纯朴,这样就完全没有忧患了。

临终诫二子

[南北朝] 崔昂

说明

崔昂,字法峻,崔逞玄孙,清河东武城人。幼好学,泛览经傅,多伎艺,尤工相术。仕魏为司空参军。齐天保初,为尚药典御。历高阳太守、太子家令。武平中,为散骑常侍、假仪同三司。终鸿胪卿。崔昂一生廉谨,恭俭自修,所得俸秩,必分亲故。临终告诫两个儿子要以恭敬俭朴为人处世,不要傲慢奢侈,因为恭敬俭朴是载运幸福的车子，骄傲奢侈是引起祸端的机栝，也就是恭俭可以得福，傲侈可以莅祸。遗言中还不忘告诫儿子自己的丧事要从简节约，要求只需"棺足以周尸，瘗不泄露而已"，这是安葬中的最低水平了，对于一位封建官吏来说，是十分难能可贵的。他要求薄葬是为了向儿子们做出表率，进行勤俭教育。他勤俭是一贯的，临终还要为儿子做出表率，这些都对儿子产生了很好的影响。

诫文言语简洁，却内涵深远，是作者身体力行的表现，也是后人学习的典范。

【原文】

夫恭俭福之舆，傲侈祸之机。乘福舆者浸以康休，蹈祸机者忽而倾覆，汝其戒欤！吾没后，殓以时服，祭无牢饩①，棺足以周尸，瘗②不泄露而已。

【注释】

①牢饩：祭祀用的牲畜。②瘗：埋葬。

【译文】

恭敬和节俭是载运幸福的车子，骄傲和奢侈是引起祸患的机栝。乘坐装载幸福车子的人能够得到安康，踩着引祸之机的人立刻覆灭，你们可要引以为戒啊！我死后，入殓时穿平时的服装，祭祀不要有牲畜，棺木能够装下尸体，埋葬不露出棺木就可以了。

颜氏家训

[南北朝] 颜之推

说明

颜之推（531—590），字介，琅琊临沂（今山东临沂）人。生活年代在南北朝至隋朝期间。初仕梁元帝，在江陵为散骑侍郎。江陵为西魏军所破，被俘，后为回江南，投奔北齐，但南方陈朝代替了梁朝，南归之愿未遂，即留居北齐，官至黄门侍郎。

577年齐亡入周，为御史上士。隋代周后，又仕于随，隋开皇中，太子招为学士。家训一书，在随灭以后完成。不久，以疾卒。依他自叙，"予一生而三化，备荼苦而蓼辛"，叹息"三为亡国之人"。《颜氏家训》，在封建家庭教育发展史上有重要的影响。文中多阐述立身治家的方法，其内容涉及许多领域，强调教育体系应与儒学为核心，尤其注重对孩子的早期教育，并对儒学、文学、佛学、历史、文字、民俗、社会、伦理等方面提出了自己独到的见解。

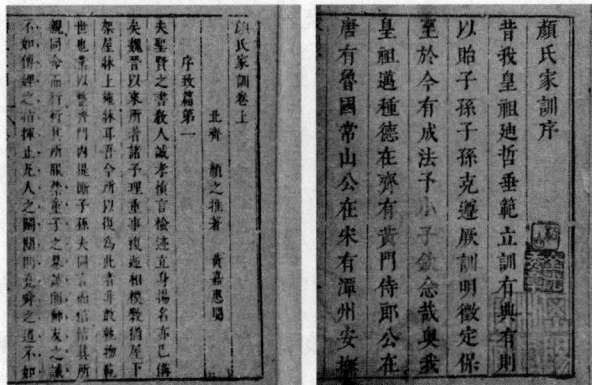

《颜氏家训》书影

颜之推是南北朝时期我国著名的思想家、教育家、诗人、文学家，他是当时最博通、最有思想的学者，经历南北两朝，深知南北政治、俗尚的弊病，洞悉南学北学的短长，他的理论和实践对于后人颇有影响，《颜氏家训》是他对自己一生有关立身、处世、为学经验的总结。内容丰富，体制宏大，共有七卷，分为二十类。它被后人誉为家教典范，影响很大。

教子篇

自幼施教

文中作者由圣明的君王说起，王室在孩子还没有出生就开始对他就进行潜移默化的影响，出生后尚在幼儿期便以智仁礼义教化孩子。王室如此，老百姓也应在力所能及的条件下对孩子进行训导。其中提及父母不光要有慈爱，还要有威严，不能溺爱，对孩子要从小教育，使他们养成良好的生活习惯，使之成为自然的天性，只有这样长大了才会成为一个有道德修养的人。教育孩子就如同培育树苗一样,自幼就要加以扶持和引导,使他们从小就向着正确的方面发展。不能因为孩子小,做错事情就熟视无睹、充耳不闻、置之不理,更不能"宜诫翻奖,应呵反笑",应该及时纠正孩子的不良行为和思想,让他们懂得好坏对错,从小养成好的习惯。反之,如果因为孩子小,认为他们听不懂,理解不了,一味地听之任之,等到孩子长大,一些思想和习惯已经在孩子的日常生活中扎根,再想改恐怕就很难,或者孩子根本就接受不了,这就比儿时更难教育了。身为家长,要为孩子的将来负责任。未出生就要进行胎教,不懂事的时候要适当劝诱;等到懂事的时候则要用家长的威严和慈爱,使孩子在生活和道德作风上形成一个好习惯。

【原文】

古者,圣王有胎教之法:怀子三月,出居别宫,目不邪视,耳不妄听,音声滋味,以礼节之。书之玉版,藏诸金匮。生子咳嚏①,师保固明智仁礼义,导习之矣。凡庶纵不能尔②,当抚婴稚,识人颜色,知人喜怒,便加教悔,使为则为,使止则止。比及数岁,可省笞罚。父母威严而有慈,则子女畏慎而生孝矣。吾见世间,无教而有爱,每不能然;饮食运为,恣③其所欲,宜诫翻奖,应呵反笑,至有识知,谓法当尔。骄慢已习,方复制之,捶挞至死而无威,忿怒日隆④而增怨,逮于成长,终为败德。孔子云:"少成若天性,习惯如自然"是也。俗谚曰:"教妇初来,教儿婴孩。"诚哉斯言!

【注释】

①咳嚏:二三岁婴儿的笑声。②尔:像圣人那样进行胎教。③恣:放任,放纵。④隆:盛。

【译文】

古时候,圣明的君王有胎教的做法:王后怀孕三个月的时候,便离开王宫,单独居住在其他好的房子里去了,眼睛不看邪恶的东西,耳朵不听杂乱的声音。听音乐吃美味都要按照礼义加以节制。这套胎教法还要把它刻写在玉版上,保存在金柜里。从胎儿出生还在幼儿时,就为他请懂得智仁礼义的老师,进行教习诱导。普通老百姓家虽然没条件这样做，但也应让孩子在天真年幼，懂得看大人的脸色，知道大人喜怒的时候，就严加教导，让他做就要做，让他停就要停。等到他长了几岁，就用不着鞭打惩罚了。只有父母亲既威严又慈爱，那么子女就会敬畏谨慎从而产生孝顺之心。我见到世上那种对孩子不讲教育只有慈爱的，常常不以为然。孩子的饮食行为方面，放纵他们的欲望，该训诫的地方反而夸奖，该制止斥责的时候反而一笑了之，等到孩子懂事以后，就会认为那些都是礼法所允许的。等他骄傲怠慢已成为习惯时，才去加以制止，这时纵使把他鞭打至死也不能树立父母的威严，反会使他的怨愤情绪日益增加而对父母怨恨，直到长大成人，最终成为一个品德败坏的人。孔子说："从小养成的习惯就像天生的一样，习惯成自然。"就是针对幼年教育而言的。民间谚语说："教媳妇要在她刚进门时，教孩子要在年幼时。"此话对极了。

教子从严

文中以王增辩母亲严格教子和某一学士父亲掩饰孩子错误为例，告诉读者，父母对孩子的错误行为持有的不同态度会带来不同的结果。及时训诫孩子，使孩子得到改正，对他将来会有很大的帮助；反之对孩子的一点小优点就加以放大，对他的缺点却加以掩盖，就会滋生孩子的不良情绪和行为，最终没有好的结果。颜氏在此声明了他"教子当严"的主张，强调对子女必须严加训诫，包括体罚在内。教育孩子就如同给病人治病，汤药虽苦，针灸虽疼，但能治好重病，这是不得已而为之而又不得不为之的做法。如果只是畏惧它所带来的苦痛而拒绝使用，那么病就会日益严重，以至于病入膏肓。教育孩子也是同样的道理，不能因为担心指出孩子的错误行为会带给孩子不好的情绪就放任自流，该训导的时候一定要训导；也不能因为心疼孩子的皮肉之苦，就不责罚，"棍棒底下出孝子"，虽不可全用，但也不可不用。从小不严厉及时的教育孩子，等孩子长大成人走到社会上，一些不良的习惯和行为就会受到严教，这时可就悔之晚矣。可怜天下父母心，没有哪个父母不爱自己的孩子，对孩子严格并不是父母不爱自己孩子的表现，相反，这正是对孩子爱的表现。这样的爱是为了孩子的前途打算，是着眼于长远的。试看那些被溺爱与放纵惯了的孩子，几个能有好结果呢？

【原文】

凡人不能教子女者,亦非欲陷其罪恶;但重①于呵怒,伤其颜色,不忍楚挞惨其肌肤耳。当以疾病为谕②,安得不用汤药针艾救之哉?又宜思勤督训者,可愿苛虐于骨肉乎?诚不得已也。王大司马母魏夫人,性甚严正。王在湓城时,为三千人将,年逾四十,少不如意,犹捶挞之,故能成其勋业。梁元帝时,有一学士,聪敏有才,为父所宠,失于教义:一言之是,偏③于行路,终年誉之;一行之非,掩藏文饰④,冀其自改,年登婚宦,暴慢日滋,竟以言语不择,为周逖抽肠衅鼓。

【注释】

①重:难。②谕:比喻。③偏:同"遍"。④文饰:掩饰。

【译文】

凡是没有教育好子女的人,也并不是有意使子女陷于罪恶的境地,只是他们不愿意对孩子呵斥愤怒而使孩子神色沮丧,不忍心鞭打孩子而使他皮肉受苦。这应该用治病来打比方,对病人哪能不用汤药和针艾来治疗呢?还该想一想那些经常监督训斥管教自己孩子的人,他们何曾想苛刻虐待自己的骨肉呢?实在是不得已啊!梁朝大司马王僧辩的母亲魏夫人,性情非常严厉端正。王僧辩在湓城时,是三千军士的将领,年纪已经超过四十岁了,他的行为稍微令母亲不满意,还鞭打他,所以能使他成就丰功伟业。梁元帝时,有一学士,聪慧机敏而有才华,他的父亲十分宠爱他,但教导的方法不得当:他说对一句话,他的父亲就会到处宣扬,终年赞赏他;他做错一件事,他的父亲就会替他遮蔽掩藏,希望他自己改正。到了结婚、做官的年龄,凶暴傲慢的情绪日益增长,最后因为随便乱说话,触怒了残暴之徒周逖而被杀死,肠子都被拉出来,血也被用去祭祀战鼓,不得善终。

严慈兼施

母亲对孩子既要有慈爱,也要保有尊严;父亲对孩子既要威严,也要充满慈爱。既不能过于亲昵随便,没有限度,从而失去做父母的尊严;也不能过于严肃疏远近乎冷漠,以至于失去对孩子最基本的生活关照。威严和慈爱需要做父母的根据实际情况适度的把握,要严格而不出格,慈爱而不溺爱。让孩子既要体会到父母对孩子的关心和爱护,也要让孩子懂得一定的道理。父母要对孩子在生活上仔细关心,而在孩子错误的习惯和行为面前要严肃对待。严慈兼施,善得其中,这是正确处理家长同孩子关系的基础。

【原文】

父子之严,不可以狎①;骨肉之爱,不可以简②。简则慈教不接,狎则怠慢生焉。由命士以上,父子异宫,此不狎之道也。抑搔痒痛,悬衾箧枕③,此不简之教也。

【注释】

①狎:亲密,轻侮。②简:淡漠疏远。③悬衾箧枕:把被子挂起采,把枕头放进箱子里。

【译文】

父母应该在孩子面前保持尊严,不能够和他过于亲昵随便;但父母与孩子之间的骨肉之爱,也不能够过于淡漠疏远。过于淡漠就会使慈爱和教导不能相通;过于随便就会导致孩子对父母的不恭敬。所以古代自士大夫以上的人,父母与孩子各居一室,这就是不过于亲昵的办法。孩子替父母按摩,消除痛痒,(是孩子孝顺父母的一面);父母给孩子收拾床铺、整理被枕,(是父母关心孩子的一面);这就是不过于淡漠疏远的办法。

宠子无成

溺爱孩子,这是天下父母的通病。即使身为帝后,也不免如此。春秋时姜氏宠爱共叔段而使其自取灭亡的故事,在后世还在继续重演;北朝齐武成帝宠爱幼子,使他骄横傲慢,贪得无厌,长大之后竟在宫廷举兵,结果被处死。这些都十分值得人们思考。从王侯到平民百姓的,从古至今,教子都是一个大问题。对待孩子的爱是慈爱而不是溺爱,看到自己的孩子好多父母都没有了界限,任凭爱子提出一个又一个难题,"要星星不给摘月亮",不管有多大的困难都要实现,殊不知在这平时的一点一滴中,就养成了孩子骄奢蛮横的性格。生活中不知礼仪,不懂法度,没有善恶道德标准,一味地以自我为中心,将来走向社会一事无成是小,危害社会、葬送性命是大啊。所以,现代的父母要以史为鉴,掌握好教育孩子的尺度,即使生活在当代也要懂得一些起码的礼仪道德,不至于让历史在自己的孩子身上重演。

【原文】

齐武成帝予琅琊王,太子母弟也,生而聪慧,帝及后并笃爱①之。衣服饮食,与东宫相准。帝每面称之曰:"此黠儿②也,当有所成。"及太子即位,王居别宫,礼数优僭③,不与诸王等;太后犹谓不足,常以为言,年十许岁,骄恣无节,器服玩好,必拟乘舆;常朝南殿,见典御进新冰,钩盾献早李,还索不得,遂大怒,訽④曰:"至尊已有,我何意无?"不知分齐,率皆如此。识者多有叔段、州吁之讥。后嫌宰相,遂矫诏斩之,又惧有救,乃勒麾下军士防守殿门,既无反心,受劳而罢。后竟坐此幽薨⑤。

【注释】

①笃爱:厚爱,偏爱。②黠儿:聪明的孩子。③优僭:超越本分。④訽:怒骂。⑤幽薨:指王侯被囚禁而死。

【译文】

北朝时,齐朝武成帝的儿子,琅琊王慕容俨,和皇太子是同胞兄弟。天性就聪明慧敏,皇帝和皇后都十分偏爱他。他穿的衣服,吃的饮食,都与太子一样。皇帝经常当面夸奖他说:"这是个聪明的孩子,将来肯定有所成就。"等到太子即位当皇帝后,慕容俨居住在别宫,在礼仪方面特别优待,不和其他各王子相同。太后还说对琅琊王不够好,时常以这个为话题。慕容俨十岁左右,愈发骄横不懂礼节,所用的器物和服饰,所赏玩的物品,一定要与皇帝相同。有时在南殿朝拜,看见司膳官给皇帝进刚出窖的冰块,或看到司园官给皇帝献最早成熟的李子,便要拿过来自己享用;索要不成,于是就大为恼火,在殿中怒骂:"皇帝已经有的东西,我为何没有?"经常是如此不守本分,不知满足。有识之士讥讽说他是共叔段、州吁一类的人物。后来,他嫌弃宰相不顺他的心意,于是假借皇帝诏令去杀他,恐怕有人来救,就命令部下守住皇宫大门。他本来没有造反的心思,看见皇帝亲自出阵,就接受抚慰息兵了。后来他还是因为这件事被秘密地处死。

爱不偏宠

"共叔之死""赵王之戮""刘表之倾宗覆族""袁绍之地裂兵亡"四个活生生的例子足以证明作者的观点:爱不偏宠。对孩子,无论是聪明还是迟钝,无论是俊朗还是沉闷,都是天生使然,父母都应平等对待,不可偏宠。被偏爱孩子的往往都唯我独尊,只想到自己的需要和感受,虽然在父母身边能够得到更多的东西,但将来走向社会也以此种心态和行为处事,就必然面临祸患,须知"有偏宠者,虽欲以厚之,更所以祸之"。同时偏宠孩子是造成家庭不和的祸根,本来同是父母骨肉,亲如手足,却因为不同的待遇而心生分歧,小则骨肉相煎,大则亡家亡国。所以说,一视同仁的原则对旧时多子女的家庭来说尤其重要。当然,这并不是说对今天的独生子就不适用了。对独生子也切不得偏宠,不能把一切心思都放在孩子身上,忽视了自我修养和其他关系。同样,在学校教育中也应该坚持一视同仁的原则,这样有利于孩子身心的健康成长。

兄弟篇

亲密伴侣

作者从两个方面来说手足情深:首先通过述说人类之情是怎样组成的,然后点题告诉我们手足之情是人伦中最重要的情谊。其次,说到谈及"兄弟者,分形连气之人也",幼年时是人生最亲密的伴侣,他们一起依偎在父母的身边,同桌吃饭,同床睡觉,一起读书,一块嬉戏;长大后一同远游,"不能不相爱也"。文末分析兄弟情义淡漠的原因,即"及其壮也,各妻其妻,各子其子"时,掺杂了妯娌之间的关系。并且赞扬了不为各种因素所移,始终在乎手足之情的人。在这里,作者告诫人们不能因为成年后娶妻生子,有了自己的生活,就淡漠了手足之情,在此作者举了一个很生动的例子佐证,即"今使疏薄之人,而节量亲厚之恩,犹方底之于圆盖,必不合矣"。在漫漫人生旅途中，最难得的是无论处于什么条件下，都要爱惜这份珍贵的骨肉之情。

【原文】

夫有人民①而后有夫妇，有夫妇而后有父子，有父子而后有兄弟：一家之亲，由三而已矣。自兹②以往，至于九族，皆本于三亲焉，故于人伦为重者也，不可不笃。兄弟者，分形连气之人也，方其幼也，父母左提右携，前襟后裾，食则同案，衣则传服③，学则连业，游则共方，虽有悖乱之人，不能不相爱也。及其壮也，各妻其妻，各子其子，虽有笃厚之人，不能不少衰也。娣姒④之比兄弟，则疏薄矣；今使疏薄之人，而节量亲厚之恩，犹方底之于圆盖，必不合矣。惟友悌深至，不为旁人之所移者，免⑤矣！

【注释】

①人民：此指人类。②兹：即夫妇、父子、兄弟三亲。③传服：大孩子不能穿的衣服，留给小孩子穿。④娣姒：妯娌。兄弟之妻互称，兄妻为姒，弟妻为娣。⑤免：通"勉"，努力。

【译文】

有了人类然后有夫妻，有了夫妻然后有父子，有了父子然后有兄弟，一个家庭里的亲人，就是这三类。由此类推，直推到九族，都是源于这三种亲属关系，所以这三种关系在人伦中是最为重要的，不能不认真对待。兄弟，是形体虽分而气质相连的人。当他们小的时候，父母左手牵右手携，拉前襟扯后裙，吃饭就在同一张桌上，穿衣就递续着穿，学习就用同一册书，游玩就到同一地方，即使是惑乱不明事理的人，也不能不相互爱护尊敬。等他们长大了，各自娶妻成家，各自抚养子女，即使是诚实忠厚的人，兄弟感情也不可能不减弱。至于妯娌与兄弟相比，感情就要更疏远淡薄了。如今用让这种疏远淡薄的人来掌握兄弟之间的亲切深厚之情，这就像是在方底器物上盖圆盖一样，必然是合不拢了。只有那些情感深厚且不因为娶妻而有所转移的兄弟，才是应该赞扬的。

相互谅解

人与人相处就避免不了矛盾,兄弟之间也一样,难免会有误解摩擦,那么应当如何正确处理呢?当然应该从骨肉深情出发,相互沟通,及时解释,并且不管对错都要相互理解和体谅,做到一定的包容和忍让,不要把责怪和误会积聚在心中,明争暗斗。如果这样只能会使矛盾和误会加深,影响兄弟之间的感情,甚至会成为陌路之人。平常人相处都是以和为贵,更何况兄弟这"分形连气之人"呢。况且父母也希望看到自己的孩子都和睦相处,这样他们的晚年才能过得舒畅安心。兄弟之间团结友爱也是孝顺父母的一个方面。文中塞洞补隙的妙喻,耐人寻味,发人深省。

【原文】

二亲既殁①,兄弟相顾,当如形之与影,声之与响。爱先人之遗体,惜己身之分气,非兄弟何念哉?兄弟之际,异于他人,望深则易怨,他亲则易弭②。譬犹居室,一穴则塞之,一隙则涂之,则无颓毁之虑;如雀鼠之不恤,风雨之不防,壁陷楹③沦,无可救矣。

【注释】

①殁:逝世。②弭:消除怨恨。③楹:厅堂前部的柱子。

【译文】

父母双亲已经去世,留下兄弟相对,应该既像形体和影子,又像声音和回声一样倍加亲密。爱护先人的遗体,顾惜自身的福气,除了兄弟还挂念谁呢?兄弟之间,不同于别人,要求过高不能满足就容易产生埋怨,但如果相距很近多加解释,就容易消除隔阂。比如房屋,有一个小洞就将它堵住,有一点裂缝就将它糊好,那么就不用担心房子倒塌;但如果不忧虑屋上的雀巢,墙边的鼠洞,不提防风雨对墙壁对房柱的侵蚀,到时候墙崩柱摧,房子也就彻底毁了,无法挽救一了。

彬彬有礼

兄弟应该以爱相处，以礼相待。弟弟像事父一样尊敬兄长，兄长像爱子一样爱护弟弟。只有长期这样，才能和睦相处。文中讲述了沛国一个弟弟如何对待自己的兄长的故事。故事中的弟弟，近乎"愚"的严守礼节与兄长对话，令人捧腹，十分有趣，但是也是值得人们深思的。人不能只用镜子反面照的道理说明了，一个人不能总是埋怨别人的过错，在与人发生纠纷和矛盾时要先审察自己的不足。就像兄弟之间相处一样，如果互敬互爱，即"侍兄如侍父，爱弟如爱子"，这样就不会有矛盾了。当然这是理想的状态，在我们当今社会已经没有了那么多的繁文缛节，虽然我们不用像故事中弟弟那样只有穿戴好了才能回答哥哥的问话，但对哥哥最起码的尊重还是要有的。广而言之，现在对待朋友也是一样的。

【原文】

人之事兄，不可①同于事父，何怨爱弟不及爱子乎？是反照②而不明也。沛国刘琎，尝与兄瓛连栋③隔壁，瓛呼之数声不应，良久方答。瓛怪问之，乃曰："向来未着衣帽故也。"以此事兄，可以免矣。

【注释】

①不可：不肯，不愿意。②反照：用镜子的背面照。③连栋：同居一室，隔墙而住。

【译文】

人们侍奉兄长，不愿意像侍奉父亲那样恭敬有礼，那为何埋怨兄长爱弟的程度达不到爱自己儿子那样呢？这就像用镜子的背面照自己看不清楚自己的形象一样。南齐沛郡刘琎，曾经和兄刘瓛同居一屋，隔壁而处。刘瓛喊他，叫了几声他都没有答应，过了很久才回话，刘瓛感到很奇怪，就问他为什么，刘琎于是解释说："刚才是我还没有穿好衣戴好帽。"以这种恭敬的态度来待兄长，是应该加以赞扬的。

后娶篇

慎于续娶

这里介绍了三个关于续娶的小故事。一个是贤人尹吉甫误信后妻的挑拨,将孝子赶出家门,最终酿成骨肉离散的悲剧。另两个是曾参和王骏都自认为自己的德行和贤明程度比及不如,知道自己儿子的孝顺程度差之远矣,怕重蹈覆辙,便不再娶的故事。古往今来后娶的情况非常普遍,由此带来的家庭问题也非常突出。像尹吉甫后妻这样虐待前妻孩子,挑拨父子感情的例子数不胜数;像曾参和王骏害怕娶后妻不能善待自己骨肉的人也大有人在。可是继母贤惠,继子孝顺,家庭和睦的例子也不在少数。我们不能一朝遭蛇咬,十年怕井绳,就把所有的后妻继母都一棍子打死,一味地坚持不再续娶;最重要的是在续娶的问题上保持慎重,免得落得个骨肉离散,家庭不幸。其实生活中只要父亲仁慈,子女孝顺,后妻贤惠,就能组成一个和睦的家庭,享受天伦之乐。

【原文】

吉甫,贤父也,伯奇,孝子也,以贤父御①孝子,合得终于天性②。而后妻间之,伯奇遂放。曾参妇死,谓其子曰:"吾不及吉甫,汝不及伯奇。"王骏丧妻,亦谓人曰:"我不及曾参,子不如华、元。"并终身不娶,此等足以为诫。其后,假继③惨虐孤遗,离间骨肉,伤心断肠者,何可胜数。慎之哉! 慎之哉!

【注释】

①御:带领。②天性:这里指父慈子孝的天伦之乐。③假继:假母、继母。

【译文】

尹吉甫,是一个贤良的父亲;伯奇也是孝顺的儿子。以贤良的父亲对待孝顺的儿子,应该是一直保有父慈子孝的天伦之乐。但是由于吉甫的后妻挑拨离间,使儿子伯奇被驱逐出门。曾参的妻子死后,对他的儿子说:"我的德行比不上吉甫,你们的孝顺也比不上伯奇。"王骏的妻子死后,他也对人说:"我的德行比不上曾参,儿子也比不上曾华、曾元孝敬。"曾参和王骏都终身没有再娶。这些事例都足以为后娶之诫。他们之后,继母残忍虐待前妻留下的孩子,离间前妻之子与父亲的骨肉之情,弄得人们伤心断肠的人多得数也数不清!对此要小心啊!对此要小心啊!

平等待子

在一般地续娶家庭中,大多数的情况是:后夫多宠爱前夫之子,后妻多虐待前妻之子,最终导致父母被其他子女怨恨,同父异母的兄弟成为仇人。作者在这里详细地分析其中的原因:凡续娶家庭,孩子大多分为两种情况,即后父和后母。虽然对任何一方来说,都是继子,都不是自己亲生的,但是态度却大相径庭。因为不仅是"妇人怀嫉妒之情,丈夫有沈惑之僻,事势使之然也",还在于他们所考虑的东西不一样,后父认为继子不会和自己的孩子争家业,因此也就不会心生戒意,天长日久就萌生了爱意;而后母对继子却不同,因为"前妻之子,每居己生之上,宦学婚嫁,莫不为防焉"。最后导致"异姓宠则父母被怨,继亲虐则兄弟为仇",所以十分的悲哀。

因此,不论是古代还是今天都希望续娶的家庭,善待双方的孩子,并且平等对待,这样才能避免很多误会和伤害。

【原文】

凡庸①之性,后夫多宠前夫之孤,后妻必虐前妻之子;非惟妇人怀嫉妒之情,丈夫有沈惑②之僻,亦事势使之然也。前夫之孤,不敢与我子争家,提携鞠养③,积习生爱,故宠之。前妻之子,每居己生之上,宦学婚嫁,莫不为防焉,故虐之。异姓宠则父母被怨,继亲虐则兄弟为仇,家有此者,皆门户之祸也。思鲁等从舅④殷外臣,博达之士也。有子基、谌,皆已成立。而再娶王氏,基每拜见后母,感慕呜咽,不能自持,家人莫忍仰视。王亦悽怆,不知所容,旬月求退,便以礼遣,此亦悔事也。

【注释】

①凡庸:平常。②沈惑:沉溺所好,为情所惑。③鞠养:哺养。④从舅:母亲族

的兄弟。

【译文】

在平常人的天性中,后夫大多宠爱前夫的孩子,后妻一定要虐待前妻的孩子;
这并不只是妇人心胸狭窄,喜欢妒忌,丈夫沉溺所爱,为情所惑,宠爱与虐待,都是
形势使然。后夫认为前夫的儿子不敢与我的儿子争家业,于是对他没有戒心,照料
抚养,天长日久自然萌发爱心,所以宠爱他。后妻认为前妻的孩子事事都处在自己
孩子之上,无论做官、学业以及娶妻出嫁,没有不需要防范的,怕他们比自己的孩子
强,所以要虐待他们。宠爱异姓的孩子,父母亲就要遭到其他子女的怨恨,继母虐
待前妻的孩子,就会使兄弟不和,相互仇视。家庭里出现这样的事情,都是家里的
祸患。我儿子颜思鲁的舅舅殷外臣,是一位博学通达之人。有两个儿子,一个叫殷
基,一个叫殷谌,都已成家立业。妻子死后,他又娶王氏。殷基每次拜见后母,都想
到自己的生母,呜咽抽泣,不能控制,家里人谁都不忍心看下去。王氏也十分悲戚,
无地自容,不到一个月便要求离去,殷外臣便合礼节地将她送回娘家。这也是件令
人遗憾的事。

尊敬继母

通过《后汉书》记载的关于汝南薛包的故事:首先讲述他诚心孝敬侍奉父亲和
继母,即使被逐出家门,依然不忘恪守孝道,最终感动父母,允许他回了家;之后讲
述父母亡后,薛包服丧六年甚是悲痛,同父异母的弟弟要求分家,他大到田产房屋,
小到器物用人都挑最不好的,把好的都给了弟弟。即使这样,弟弟几次破产,他还
接济弟弟。这样一则小故事,不难看出作者的良苦用心。后娶带来的矛盾是一个
千古难题,作为教育家的颜氏虽然没有给出一个完美的解决方案,但是他还是提出
了一条解决的途径,那就是想借助榜样的力量,为儿孙树立一个道德楷模,即文中
的主人公薛包。薛包为了维护家庭和谐,不惜忍辱负重,品行感人至深,使得皇帝
都对他优待有加。作者树立榜样的主观愿望是好的,但是一般人很难做到像薛包
那样,另外,即使做到了,单靠一个人忍辱负重也解决不了后娶带来的全部家庭问

题。尽管如此,这样的方法在封建社会还是可以敦化人的。

前妻之子怎样与继母相处呢?这是个很难回答的问题。但最宝贵和基本的一条就是真诚仁厚。无论继母对自己怎样,只要心诚情笃,宽以待人,最终还是会赢得继母的爱的。同样,无论继母之子对自己怎样,只要胸襟宽广,疏于财务,重视亲情,最终是会赢得别人乃至社会尊敬的。

【原文】

《后汉书》曰:"安帝时,汝南薛包孟尝,好学笃行,丧母,以至孝闻。及父娶后妻而憎包,分①出之。包日夜号泣,不能去,至被殴杖。不得已,庐②于舍外,旦入而洒扫。父怒,又逐之,乃庐于里③门。昏晨不废④。积岁余,父母惭而还之。后行六年服,丧过乎哀。既而弟子求分财异居,包不能止,乃中分其财;奴婢引⑤其老者,曰:'与我共事久,若不能使也。'田庐取其荒顿者,曰:'吾少时所理,意所恋也。'器物取其朽败者,曰:'我素有服食,身口所安也。'弟子数破其产,还复赈给。

建光中,公车特征,至拜侍中。包性恬虚,称疾不起,以死自乞。有诏赐告归也。"

【注释】

①分:脱离关系。②庐:名词动用,筑庐,建房。③里:村民的宅院。古时二十五户为一里。④废:不废定省之礼。⑤引:挑。

【译文】

《后汉书》中记载了这样一件事:汝南郡薛包,字孟尝,天生好学并且为人忠厚,母亲死后,待父最孝而闻名乡里。可到父亲娶后妻以后却憎恨他,要与他脱离关系,并将他逐出家门。薛包日夜哭泣,不愿意离开。直至遭受父亲的棍棒殴打,逼不得已,在父母院外盖一小屋,每天天亮就进父母宅院洒水扫地。父亲很是恼火,又将他逐出小屋。他又在里门外盖了间屋子住下,每天黄昏和早晨都不废定省之礼。等到一年以后,父母感到十分惭愧,让他回到家里。父母亲死后,薛包服丧六年,服丧期间十分哀痛。不久,弟弟要求分家中财物单独居住,薛包无法制止,于是将家中财产分给他一半。奴婢中他挑年老的，说："他们与我一起做事时间久了，怕你们不便使用。"田地和房屋中他挑取荒废的，说："这是我年轻时所置办的，我很在意，舍不得它们。"器物中取那些腐朽的和坏的，说："我平时所使用和食用的，对我的身体和胃口都很适合。"弟弟多次破产，他还救济他。建光中，朝廷单独征召他，官拜侍中。薛包性情恬淡虚静，称病，不赴征召，以死自请。皇帝嘉奖他，特地下诏，让他带着官爵和俸禄在家养老。

治家篇

家风醇正

家庭中父子、夫妻、兄弟，都长幼之别，大小之分的。文中从正反两个方面强调了长者的模范和表率的重要作用。同时告诉人们所谓的"天下之凶民"，凭借训诫和教导是不起作用的，需并用武力来震慑。

社会风教是自上而下、从先到后的，所以在家庭中长者、尊者的表率作用是不容低估的。长辈对晚辈要胸怀友爱，善待他们，晚辈学习长辈才能尊敬守礼。但是，仅仅有表率作用还是不够的，还要将家庭的诱导与法制的威慑结合起来，才能有益教化，有益社会。家庭是整个社会组成的细胞单位，家风在一定程度上也是社会精神文明的体现。所以要想使整个社会的文明提升，就必须重视醇正家风。法制的震慑也是醇化家风的重要手段。在这里，作者告诉了我们一个成功治家的基本方略，那就是坚持以德治家和以法治家相结合。他把治家比作治国，指出其中原理是相通的，必须遵循宽严结合的原则是值得人们借鉴的。

【原文】

夫风化①者，自上而行于下者也，自先而施于后者也，是以父不慈则子不孝，兄不友则弟不恭，夫不义则妇不顺矣。父慈而子逆②，兄友而弟傲，夫义而妇陵③，则天下之凶民，乃刑戮之所摄，非训导之所移也。

【注释】

①风化：风俗教化。②逆：不孝顺。③陵：凶暴。

【译文】

　　家庭的风俗教化，是从上向下推行的，从先辈施行到后辈的，所以，父亲不慈爱儿子就会不孝顺，兄长不友爱弟弟就会不恭敬，丈夫不仁义妻子就会不和顺。至于父亲慈爱而儿子不孝顺，兄长友爱而弟弟傲慢，丈夫仁义而妻子凶暴，那就是天生的凶恶之人，应用刑罚和杀戮去震慑他们，使他们畏惧，并不是单纯的训诲教导所能改变的。

勤劳为本

　　劳动是人类生存的基础，是人类生存的根本。治家更应以勤劳为本，只有这样，才能保持家业，才能更好地兴盛家业。在本文中，作者通过列述了家庭的房屋器具、衣服食物等都是靠人们辛勤劳动得来的，就是要告诉我们一个道理：劳动创造一切。如果人活着，只是好吃懒做，坐吃山空，而不是凭借自己的双手去创造财富，即使金山银山也早晚会败光的。所以人们不能光想着如何恣意享受，也要付出汗水，辛勤劳动，用双手去创造我们需用的东西。文中自耕自养自给自足的小农生活固然不足取，但它却让人从汗水中品尝到人生的真谛，无论生长在怎样的环境，用什么方式生存，勤劳也应是教子的首要前提。

【原文】

　　生民之本，要当稼穑①而食，桑麻以衣。蔬果之畜，园场之所产；鸡豚之善，坲圈②之所生。爰及栋宇器械，樵苏脂烛③，莫非种植之物也。至能守其业者，闭门而为生之具以足，但家无盐井耳。今北土风俗，率能躬俭节用，以赡衣食。江南奢侈，多不逮焉。

【注释】

　　①稼穑：耕种和收获。②坲圈：鸡窝和猪圈。③樵苏脂烛：樵，砍柴。苏，割草。脂烛，以羊牛之脂作蜡烛。

教养孩子最根本的事情，是要亲自播种、亲自收获庄稼而吃饭，亲自种桑麻、学织布而穿衣。所贮藏的蔬菜瓜果，是菜园和果林之所出产；所食用的鸡和猪，是鸡窝和猪圈之所蓄养。还有居住的房屋、室内的器物工具、烧火的柴草、照明的蜡烛，没有一样不是依靠种植的东西来制造的。那种最能操持家业的，就是关上门足不出户，而谋生的条件都已完全具备，只是家里没有口盐井罢了。如今北方人的风俗，一律都能亲自劳作，省俭节用，使自己衣食丰富。江南一带大都奢侈，多数比不上北方。

不买卖婚姻

婚姻嫁娶，应该"素对"。婚姻是纯真高洁的，容不得一点铜臭味儿。嫁女娶媳，不应把权势、地位和金钱作为考虑的首要条件，更不能把他看作是婚嫁的决定因素。应该比量的是双方的人品、性格是否合适。但是有些人却无视婚姻的根本目的，把权势和钱财这些身外之物作为衡量婚嫁的唯一条件，不看人品，不论性格。甚至还有一些人把婚姻当作招财之路、买誉之门，基于此，他们攀比家世、计较财富，甚至作为父母的断送有情人的性命。由此导致了一出出的丑剧和悲剧，实在是可笑可悲啊！

虽然买卖婚姻是封建社会的产物，但在我们现代化的今天，也有一些愚昧的父母把金钱和财富看得很重，要彩礼，给聘礼，实际上是变相的买卖婚姻。希望随着现代文明的发展，这种事情彻底消除，让儿女们在婚姻爱情面前摒弃这些，至少不把这些作为婚嫁的条件。让高尚的靖侯颜含比比出现。

【原文】

婚姻素对①，靖侯成规。近世嫁娶，遂有卖女纳财，买妇输绢，比量父祖②，计较锱铢③，责多还少，市井无异。或猥婿在门，或傲妇擅室，贪荣求利，反招羞耻，可不慎欤？

【注释】

①素对：清白的配偶。②比量父祖：注重祖辈和父辈是否有势。③锱铢：是古时重量单位。后来比喻轻微细小。

【译文】

儿女婚姻要以清白相配，晋时靖侯颜含早已做出了榜样。但是近些年来人们嫁娶却不是这样。就有嫁女之家接受男方财礼出卖女儿的；娶媳之家给女方送礼送钱，买进儿媳妇的。他们注重权衡祖辈和父辈的权势，斤斤计较，索要得多，而陪嫁却很少，简直跟市场上做交易没有区别。以至于有的门庭里弄来个卑琐女婿，有的屋里娶个傲慢蛮横的儿媳，操纵家中之事。贪图荣耀，索求财物，结果反而招致羞耻，能不谨慎吗！

风操篇

言语纯朴

一则小故事引出人应该如何运用语言。文明之人反被取笑侮辱，只是对事情意见不同却遭人格讥讽，实不应该。对此，我们不得不深刻反省。言语是人精神修养的标志。文明用语不仅表现一个人的修养素质，也是一个社会是否进步的重要体现。生活和工作中不要出语粗鄙，使人难堪；更不要对其短处任意讥讽。即使对人持有不同意见，也要就事论事、措辞婉转、出语纯朴；更不能夹枪带棒、指桑骂槐。就是开玩笑也有高下之分，那些粗劣玩笑，除了表明恶作剧者没有修养之外，在客观上还污染了语言。对此应当避免。

【原文】

昔刘文绕不忍骂奴为畜产，今世愚人遂以相戏，或有指名为豚犊①者："有识傍观，犹欲掩耳，况当之者乎？"近在议曹，共平章②百官秩禄，有一显贵，当世名臣，意嫌所议过厚。齐朝有一两士族文学之人，谓此贵曰："今日天下大同，须为百代典式③,岂得尚作关中的旧意乎？明公定是陶朱公大儿耳！"彼此欢笑,不以为嫌。

【注释】

①指名为豚犊者:以猪牛来指那些姓为朱、刘的人。②平章:商讨。③典式:典范、楷模。

【译文】

从前,汉代刘宽不忍心辱骂奴仆为畜生,现在有些愚笨之人却以刘宽的行为开玩笑,有的指着姓朱姓刘的人说,"有识之人在一旁看到别人被骂畜生都想掩着耳朵不听,你们这些姓猪牛的人怎么活下来啊?"近来在官署时,官员们在一起商量百官的俸禄,有一地位显贵的人,是当时的名臣,感觉商量的俸禄太多,这时,由北入隋的一个文士对他说:"现在天下统一,应该作为后代的典范,哪能还用以前的态度考虑问题呢?明公感觉俸禄太重,那你一定是范蠡那个吝啬的大儿子。"说完,他们彼此欢笑,也不觉得说话太粗不友好。

恭敬待客

文中讲述了对待客人不同态度和不同结果的三个小故事:首先讲昔日周公洗发时只要有人前来拜见,便握着湿发出来迎接,深受人们敬仰和爱戴;其次讲述晋文公因为私怨以洗发为借口拒绝接见头须,招来责怪和埋怨;最后讲述了梁代黄门侍郎裴之礼要求奴仆礼貌待客。目的是告诉人们礼貌待客的重要性,劝诫人们要礼貌待客。对客的态度,也体现着一个人的品德和修养,"门无停宾",这是古老的中国文明的表现方式之一,也是一个社会民风民俗高尚的表现形式之。文明礼貌待客历来受他人的敬仰和爱戴。就像周公一样。虽然我们现在没有那么多的繁文冗节,但最起码的礼貌还是要有的。那些像晋文公对待客人漫不经心,会见客人全凭自己当时的情绪来决定,甚至还以各种理由推脱见客都是不好的。当然更不能以客人身份的高低来决定接客的态度和表情,那样更是缺乏教养,不为人所齿。以诚待客,以礼待客。尊重别人,别人才能尊重你。

【原文】

昔者,周公一沐三握发,一饭三吐餐,以接白屋之士①,一日所见者七十余人。晋文公以沐辞竖头须,致有图反之诮。门不停宾,古所贵也。失教之家,阍寺②无礼,或以主君寝食嗔怒,拒客未通,江南深以为耻。黄门侍郎裴之礼,号善为士大夫,有如此辈,对宾杖之。其门生童仆,接于他人,折旋③俯仰,辞色应对,莫不肃敬,与主无别也。

【注释】

①白屋之士:即贫微之人。白屋,茅草盖的房子,多为贫贱之人所居。②阍寺:守门人。③折旋:弯腰而退。

【译文】

从前,周公求贤若渴,洗一次发要多次握发出门,吃一顿饭要多次吐出口中之食,为的是及时接待前来拜访的贫贱之士,他一天要接待的有七十余人。晋文公因私怨而以沐浴为借口,推辞不见奴仆头须,结果招来心思颠倒的责怪。不让宾客滞留在门前,这是古人所重视的礼节。没有教养的人家,守门人没有礼节,有的因为主人睡觉或吃饭而责怪怒斥客人,拒绝客人进入大门,不给通报,江南人认为这是最可耻的。梁代黄门侍郎裴之礼,是性情和善的士大夫,但如果有这类奴仆,就会当着客人痛打他。他的门生僮仆,接待他人时,点头奉迎,弯腰而退,说话和表情没有不严肃恭敬的,与对待主人没有区别。

慕贤篇

结交贤能

文中作者根据古人的说法,结合自己的亲身体验,告诉子孙:圣贤之人实属难得,应该持有慕贤之心、敬贤之情,更重要的是要与圣贤之人相处,接受他们的熏陶,学习他们的优点,这样就能潜移默化的使我们拥有高尚的情操和正确的人生方向。这就是环境在教育中的重要作用,作者在此提醒家长要特别注意客观环境对子女的影响。中国有句古话"近朱者赤,近墨者黑",就是告诉我们交友必须慎重的道理,告诫子孙要选择良师益友。

在我们现实生活中,大圣大贤,旷世难逢,千古难遇,但是身边却有很多比我们自己贤能的人,或者在某一方面确实比我们强的人,所以我们不能只是想着学习圣贤之人,也要向那些在某一方面比我们强的德行之人相处学习,就像入芝兰之室,久而同其芬芳。现在有很多人不屑与平庸的但比自己稍强的人相处,时刻想着膜拜大圣大贤之人。殊不知,大圣大贤之人千古难遇,更不晓得"三人行必有我师"。

【原文】

古人云:"千载一圣,犹旦暮也;五百年一贤,犹比膊也。"言圣贤之难得,疏阔①如此。倘遭不世明达君子,安可不攀附景仰之乎? 吾生于乱世,长于戎马,流离播越②,闻见已多;所值名贤,未尝不心醉魂迷向慕之也。人在年少,神情未定,所与款狎③,熏渍陶染,言笑举动,无也于学,潜移暗化,自然似之;何况操履④艺能,较明易习者也? 是以与善人居,如入芝兰之室,久而自芳也;与恶人居,如入鲍鱼之肆,久而自臭也,墨子悲于染丝,是之谓矣。君子必慎交游焉,孔子曰:"无友不如己者。"颜、闵之徒,何可世⑤得! 但优于我,足贵之。

【注释】

①疏阔:远离,隔开。②播越:离散。③款狎:密切亲近。④操履:操行。⑤世:古代以三十年为一世。

【译文】

古人说:"一千年出一位圣人,好像从早到晚一样短;五百年出一位贤人,还像肩并肩一样近。"这些都是说圣贤之人出现的如此稀少难得,间隔的时间太长了。假如遇到世间少见的贤明通达之人,怎能不对他依附敬仰呢? 我出生在动乱的时候,成长在兵戈戎马之间,迁徙流亡,见闻很多;对所遇见的名流贤士,未曾不心醉神迷般地仰慕他。人在青少年的时候,精神修养和性格习惯都还未定型,对于亲密相处的人,受到熏陶渍染,人家的谈笑举止,即使无心去学,也潜移默化,自然就会相似,更何况操行技能之类更为明显易学的东西呢？因此,与善人相处,如同进入养育芝兰的花房,时间一久自然就会充满香味;与恶人相处,如同进入卖腌鱼的店铺中,时间一久自然就臭味难闻。墨子叹息白布被染,随色而变,就是这个意思。所以,正直的人在交友方面必须要谨慎,孔子说:"不要和不如自己的人做朋友。"像颜回和闵损这样的贤人哪能在每一世中都有呢？只要别人有胜过我的地方,就足以值得敬重！

敬慕近贤

文中讲了鲁国不重视孔子的才能和虞君听不进宫之奇的纳言来佐证自己的观点,那就是:世俗人"贵耳贱目,重遥轻近"。对自己身边的贤良不加敬重,甚至持鄙夷态度,更愿意崇拜远处稍微有德行的人。这是因为世人都对自己身边的人比较了解,这是"墙里开花墙外香",身处其中不闻其味,认为没有什么了不起的,甚至猜忌排斥,其实是心存妒忌;而对于身居他乡的人却敬慕传颂,是因为自己不了解,同时对自己也没有影响。所以就出现了鲁国人对孔子的不屑,可是孔子却是我们后人景仰的教育家、思想家、政治家,对中国历史有着不可磨灭的贡献。所以不要以世俗的眼光看人。凡有此弊病的,小者损身,大者亡国。

【原文】

世人多蔽①,贵耳贱目,重遥轻近。少长②周旋,如有贤哲,每相狎侮,不加礼敬;他乡异县,微藉风声③,延颈企踵④,甚于饥渴。较其长短,核其精粗,或彼不能如此矣。所以鲁人谓孔子为东家丘;昔虞国宫之奇,少长于君,君狎之,不纳其谏,以至亡国。不可不留心也。

【注释】

①蔽:遮盖,此比喻目光短浅。②少长:从年少到长大。③微藉风声:稍有一点贤哲的传闻。④企踵:跷起脚跟,极言其仰慕之情。

世上的人大多目光短浅,重视听到的而蔑视看到的;尊重远处的而轻视身边的。从小到大在和身边人交往应酬中,如果遇到才德优异的,往往要看不起他,怠慢他,缺少礼貌尊敬;而对身居他乡的稍有一点贤良传闻的人,就会伸长脖子踮起脚跟,格外的仰慕,如饥似渴的想见一面。其实如果把两个人的德性和才能进行比较核实,很可能外地的还不如身边的。所以鲁国人对孔子不尊敬,直呼他为"东家丘";从前春秋时虞国大夫宫之奇从小生长在虞君身边,比国王稍微年长一点,国王怠慢他,听不进他的劝谏,最后落了个亡国的结局。对这类事情不能不留心啊。

勉学篇

学以立业

自古研习书籍学习知识是立业之本,明王圣帝如此,平民百姓更应该这样。如同农民种田,工匠造器,武士骑射,文士讲经,都需要刻苦努力的学习,才能干好本职工作。可是就有一些人凭借家势混得一官半职便不思进取了,真要考验他的真才实学时,却无言以对,羞愧难堪。作者在文中反复强调学习的重要性,不管各行各业,都要在自己的本行业继续学习钻研,才能有所收获和发展,才能被人尊重。相反,如果不是凭借自己的本事,即使有个一官半职,还不知进取,也会遭人笑活的。

作者在这里反复晓谕,真挚地告诉世人:凡有志于成功的人,都要好好读书,努力学习,才能在本行业中有所建树。

【原文】

自古明王圣帝,犹须勤学,况凡庶乎!此事遍于经史,吾亦不能郑重①,聊举近世切要,以启寤②汝耳。士大夫子弟,数岁以上莫不被教,多者可至《礼》《传》,少者不失《诗》《论》。及至冠婚③,体性稍定;因此天机④,倍须训诱。有志尚者,遂能磨砺,以就素业;无履立者,自兹堕慢,便为凡人。人生在世,会当有业:农民则计量耕稼,商贾则讨论货贿,工巧则致精器用,伎艺则沉思法术,武夫则惯习弓马,文士则讲议经书。多见士大夫耻涉农商,羞务工伎;射则不能穿札,笔则才记姓名;饱食醉酒,忽忽无事,以此销日,以此终年。或因家世余绪,得一阶半级,便自为足,全忘修学。及有吉凶大事,议论得失,蒙然张口,如坐云雾;公私晏集,谈古赋诗,塞默低头,欠伸⑤而已。有识旁观,代其入地。何惜数年勤学,长受一生愧辱哉!

【注释】

①郑重:此指频繁,重复。②启寤:开通,觉悟,明白。③冠婚:成年,结婚。④天机:天赋和悟性。⑤欠伸:困倦时打呵欠、伸懒腰。

【译文】

自古以来,明哲圣贤的帝王还需要勤奋学习,何况是普通百姓呢!这类事例在经籍史书中处处可见,我就不用一一列举了。只举近世一些重要的例子来启发你们。士大夫的子弟,几岁之后,没有不接受教育的,学得多的能学到《礼经》《春秋三传》,少的也没有漏掉《诗经》和《论语》。等到长大成人,结婚成家时性情稍稍稳定,凭着天赋和悟性应该加倍教训诱导。有志向的人,便能刻苦磨砺,以成就本业;没有操守和建树的人,自幼懒惰怠慢,成了凡俗之人。人生在世,应该有谋生的事业:农民要商议耕稼;商人要讨论货物;工匠要精造器物;懂技艺的人要考虑新招术;武士们要练习射箭和骑马;文士们要讲解和研讨经书。然而我常见很多士大夫,耻于务农经商,羞于从事工技;射箭也不能穿透铠甲,写字只能写自己的姓名;饱食醉酒,恍惚空虚,无所事事,以此打发日子,以此来终尽天年。有的人凭家世余荫,弄到一官半职,就自己感到满足,完全忘记继续学习。遇有凶吉之类的大事,需要他议论得失时,开口无语,不知所措,如坐云雾之中;在公私宴饮谈古赋诗时,如口被塞住一样,低头无语,只会打个呵欠、伸个懒腰罢了。有见识的人在旁看到,羞得恨不能替他钻到地缝中。为什么不花几年时间来勤奋学习,以致使一生都在惭愧和羞辱中度过呢!

国学经典文库

图文珍藏版

数典认祖 追宗寻根

中华姓氏文化

王艳军◎主编

线装书局

读书自立

人生在世,任谁都不可能依靠终生,只有靠自己。因为无论多少财富,都有用尽的时候;即使再有本事的父母也不能陪伴我们走完终身,庇佑我们一生。这就需要我们有一定的本领来作为自己谋生的资本。俗话说:"积财千万,不如薄技在身。"是很有道理的,也是人们通过千百年的认识和实践总结出来的真理。即使是再不起眼的技艺也是有用的。而获得一技之长,就需要我们刻苦努力学习来实现。

面对黄金和神指,聪明人不要成堆的黄金,只要那点铁成金的神指,知识就是神指,读书就能增长知识,它能给人创造不尽的财富。只有通过读书才能看万种人,识人间事;也只有通过读书,才能提高我们自身的本领,为我们创造富裕的物质生活。况且人生在世,也不仅仅局限物质财物,还有很多精神财物需要我们去领略,这些也只有通过读书才能实现。所以我们要从小读书,读好书,开阔眼界,增长本领,成为一个于国于家都有用的人。

【原文】

夫明《六经》之指,涉百家之书,纵不能增益德行,敦厉①风俗,犹为一艺,得以自资②。父兄不可常依,乡国不可常保,一旦流离,无人庇荫,当自救诸身耳。谚曰:"积财千万,不如薄技在身。"技之易习而可贵者,无过读书也。世人不问愚智,皆欲识人之多,多事之广,而不肯读书,是犹求饱而懒营饭,欲暖而惰裁衣也。夫读书之人,自羲、农已来,宇宙之下,凡识几人,凡见几事,生民③之成败好恶,固不足论,天地所不能藏,鬼神所不能隐也。

【注释】

①厉:淳厚严肃。②自资:自我谋身。③生民:人民。

【译文】

明晓《六经》的要理,广泛涉猎百家的书籍,即使不能提高自己的道德品行,纯正社会风俗,也能学到一技之长,作为自己谋生的资本。人不可能永远依靠父亲和兄长,国家和故乡也不可能永远不遭逢动乱,一旦流离失所,没有人能够庇护,应该靠自己拯救自己。俗话说:"积蓄财物千万,也不如自身有一微小的技能。"技能中最容易学习而且可以使人富贵的,莫过于读书了。世上之人不管愚笨的还是聪明的,都想多认识人,多见识事,但却不肯读书,就像是想吃饱饭却又懒得做饭菜,想暖和却又懒得裁制衣服。读书的人,从远古伏羲氏神农氏以来,天地宇宙之下,共认识了多少人,见识了多少事,人们的成功失败、喜好和厌恶,当然不值得说,就连天地之情、鬼神之理也没有能隐藏得住的。

穷人苦学

作者在文章中除了简单列举了历史上常被人称颂的几个经典苦学的小故事之外,又详细讲述了三个故事,即刘绮折获照明读书、朱詹抱犬取暖不忘苦学和臧逢世手抄《汉书》的故事,个个触目惊心,发人深省。宝剑锋自磨砺出,梅花香自苦寒来。家境贫穷,并不能难住有志求学的人。何况生活在衣食无忧时代的人们呢。现在的孩子从小就生活在蜜罐中,过着衣来伸手饭来张口的生活,从来没有体会过生活的艰辛,所以也不知道珍惜大好的光阴勤学苦读。

家产可以继承,爵位可以授予,官位可以买卖,财富可以接受,这些都可以不劳而获,只有知识不可以免费得到。同时,财富和地位这些身外之物都能够在你生命没有走完时就消失殆尽,只有知识会伴随你一生,或者还可以转化成人间宝贵的精神财富万古流芳,你的名字也可以永垂史册。这就是为什么帝王将相还要求自己的孩子辛苦读书的道理;这也是解释自古以来那么多的文人墨客推崇学问的原因;同时也是很多贫苦人家孩子走出困境的唯一出路。希望大家能从这些苦学者身上学到一些东西,珍惜光阴,努力读书。

【原文】

古人勤学,有握锥投斧,照雪聚萤,锄则带经,牧则编简,亦为勤笃。梁世彭城刘绮,交州刺史勃之孙,早孤家贫,灯烛难办,常买荻①尺寸折之,然明夜读。孝元初出会稽,精选寮寀②,绮以才华,为国常侍兼记室,殊蒙礼遇,终于金紫光禄。义阳朱詹,世居江陵,后出扬都,好学,家贫无资,累日不爨③,乃时吞纸以实腹。寒无毡被,抱犬而卧。犬亦饥虚,起行盗食,呼之不至,哀声动邻,犹不废业,卒成学士,官至镇南录事参军,为孝元所礼。此乃不可为之事,亦是勤学之一人。东莞臧逢世,年二十余,欲读班固《汉书》,苦假借不久,乃就姊夫刘缓乞丐客刺④书翰纸末,手写一本,军府服其志尚,卒以《汉书》闻。

【注释】

①荻:草名,与芦苇同科,杆可燃烧。②寮寀:官舍。引申为官的代称。③爨:生火。④客刺:客人投递的名片。

【译文】

古时候勤奋学习的人,有的握锥刺股,有的投斧试学,有的映雪读书,有的聚萤照书,有的锄地还要带着经书,有的放牧还在编制书简,这些都是勤奋踏实的典范。南朝梁代彭城人刘绮,是交州刺史刘勃的孙子,早年成了孤儿,家里贫困,买不起灯盏和蜡烛,经常买些荻草,一点一点地把他折断,燃烧起来用作照明,夜晚起来读书。梁元帝刚任会稽刺史时,精选官吏,刘琦凭借才华出众,被召作国常侍兼记室,特别蒙受礼遇,最后官位达到金紫光禄大夫。义阳人朱詹,世代居住在江陵,后来迁徙到了扬都,十分喜欢学习,家庭贫穷,没有钱粮,连续几天都揭不开锅,就时常吞下纸团用来填饱肚子。天气寒冷的时候没有被褥,就抱着狗睡觉来暖身。狗也饿得实在不行,起来跑走偷东西吃,朱詹连声呼叫,它都不回来,哀切的声音惊动了邻居,但他还是不废弃学业,最后终于成为有学问的人,官位达到镇南录事参军,受到梁元帝的礼遇。这是常人不可能做的事,也是勤学的例证之一。东莞人臧逢世,年纪在二十多岁时,想读班固的《汉书》,但苦于借别人书的时间太短,便到姐夫刘缓家乞讨客人投递的名片和书札的纸末,亲自抄写了一本,军幕中的人都佩服他的志向,他最终以精通《汉书》而闻名。

文章篇

量才而用

文中讲了一个士大夫,缺乏才情却强做文章的人,引来众人嘲弄,妻子苦劝,还不思悔改。故事虽然有趣甚至有些诙谐,但是折射出来的道理却是十分深刻。人的天赋秉性不同,分工也就不一样。做文章需要灵感和才情,是在生活和读书中激发出来的灵感,这些都是天生的禀赋,有人天生具备,再通过勤奋和努力,可以创造出杰出的文学作品;有人虽缺乏艺术天分,但却擅长其他工作,没有必要强颜附会,去做一些自己根本就做不好的事情,如果执意如此,也只能是自取其辱。虽然有些事情可以通过努力实现,但写文章不同。生活中不可能每个人都成为伟大的文学家。因此,每个人都要量才而用,有自知之明,不可追风,荒废光阴,要认清自己,找准自己的点,尽最大努力实现。

【原文】

学问有利钝,文章有巧拙。钝学累功①,不妨精熟;拙文研思,终归蚩鄙。但成学士,自足为人。必乏天才,勿强操笔②。吾见世人,至无才思,自谓清华,流布丑拙,亦以众矣,江南号为詅痴符③。近在并州,有一士族,好为可笑诗赋,诮擎④邢、魏诸公,众共嘲弄,虚相赞说,便击牛酾酒⑤,招延声誉。其妻,明鉴妇人也,泣而谏之。此人叹曰:"才华不为妻子所容,何况行路。"至死不觉。自见之谓明,此诚难也。

【注释】

①累功:多花工夫。②操笔:拿笔写文章。③詅痴符:称文拙而好刻书行进的人。④诮擎:戏言嘲弄。⑤酾酒:滤酒;斟酒。

【译文】

做学问有聪明和迟钝之分,写文章有灵巧和笨拙之别。做学问迟钝的人,只要肯刻苦用功，就可以达到精通熟悉；但写文章笨拙的人，即使钻研深究，最终也难免粗野鄙陋。做学问只要能成为一个有学之士，也足以立世为人了。但写文章如果天生缺乏才华，就不要勉强动笔了。我看见世上有些人，极为缺乏灵感，却自称文章清新华美，将其丑陋和拙劣的文章四处传扬。这样的东西也太多了，江南称这些人为诤痴符。近来在并州，有一士大夫，喜欢写一些可笑的诗赋，还与邢邵、魏收诸公戏言谈笑，大家也一起跟着嘲弄他，假意夸奖他的诗赋，那人便杀牛斟酒，宴请宾客，以此用来博取声名和赞誉。他的妻子，是个明白事理的人，哭着规劝他不要再写了。这人感叹说："才华连妻子都不能认同，更何况不相干的人呢？"到死他都没有醒悟过来。人贵有自知之明，这真不容易啊。

文须精思

做文章不是一件轻而易举的事情，不是随便就能写出惊世骇俗的文章。同时，更不能自以为是，要在生活中熏陶，在书籍中积累，同时也要有虚心接受别人意见并改正的态度。文章是对书籍品评的升华，是对生活轨迹的沉淀。但它不是随便拿文字简单堆砌出来表现意思就可以了，它要求精巧的构思和细致的推敲，需要流畅的行文和敦厚的底蕴，更需要对事物透彻清晰的领悟。这些都需要丰富的生活经验和知识积累，不然，为什么自古以来作家迭出，而惊世骇俗之作却寥寥无几呢？

【原文】

学为文章，先谋亲友，得其评裁①，知可施行，然后出手；慎勿师心自任②，取笑旁人也。自古执笔为文者，何可胜言；然至于宏丽精华，不过数十篇耳。但使不失体裁，辞意可观，便称才士；要须动俗盖世，亦俟③河之清乎！

【注释】

①评裁：品评裁定。②师心自任：以己意为师，自以为是。③俟：等待。

【译文】

学做文章，应先向亲戚朋友征求意见，得到他们的评判，知道可以在世间传播，然后才将文章拿出去；千万不要由着性子自以为是，被别人取笑。自古以来，执笔写文章的人，多得数不清，但真能做到内容广博深厚、文辞精妙华美的作品，不过数十篇罢了。一个人的文章只要结构和剪裁得当，文辞和意思可以观看，就可以称为才子了；但要当真写出惊世骇俗、压倒当世的宏大篇章，那又谈何容易！

注重人格

文品即人品，自古皆然。有才情，有学识，写得一手好文章，固然令人称赞。但是光有这些而没有高尚的操守和独立的人格，其诗品和文品也会受到影响，甚至还会招来骂名。文人之患就在于随波逐流，没有自己独立的人格。虽然文章被界定在封建社会时代，我们现代人认为这只是古代中国朝廷的更替，历史的发展，没有忠奸之说。即便如此，文人也应该有着自己一份纯粹的德行，不能随波逐流，认人为父，甚至对"故主"言语相向。有时即使是由于一些逼不得已的苦衷，需要委曲求全的，做人和做文章时都要"当务从容消息之"。文中陈孔章的例子值得我们深思。

现代社会，在我们频繁更换工作的时候，不要因为不在原先的单位了就无所顾忌，嘲讽甚至谩骂先前的领导和同事。如果这样即使你有再大的才华也不会被别人赏识的。踏实做人，踏实做事，踏实作文。

【原文】

不屈二姓①，夷、齐之节也；何事非君，伊箕之义也。自春秋已来，家有奔亡，国有吞灭，君臣固无常分②矣，然而君子之交绝无恶声，一旦屈膝而事人，岂以存亡而改虑？陈孔章居袁裁书，则呼操为豺狼；在魏制檄，则目绍为虺蜴③。在时君所命，不得自专④，然亦文人之巨患也，当务从容⑤消息之。

【注释】

①二姓：两朝君王。②常分：永久的名分。③虺蜴：即毒蛇。④自专：坚持自己的态度。⑤从容：斡旋，此作避免。

【译文】

不屈身于另一个朝代,这是伯夷和叔齐的节操;对任何君王都可侍奉,这是伊尹和箕子所持的道义。自从春秋以来,家有奔窜流亡,国有被吞并消灭,君王和臣子之间当然也没有永恒的名分了。但是,君子之间绝交都不会相互辱骂,一旦屈膝侍奉新主,怎么能因故主的存亡而改变自己的立场呢?陈琳在袁绍手下时,写文章就把曹操称为豺狼;到曹操麾下时,起草檄文就把袁绍称为毒蛇。当然这是当朝君王的命令,不能坚持自己的立场。但这也是文人的大害,应当尽量避免和克服。

文风质朴

文中作者把文章比作人们驾驭千里马的句子很生动。文章贵在质朴无华。华而不实,只会将文学引向绝境,齐梁时代的文风正是如此。所以作者渴望卓有天才的文学家们,摒弃时弊,改革文体,开创一种质朴淳厚的文风。做文章如同做人,一个人穿着再奢华的服饰,打扮得再合乎潮流,大脑中没有真才实学,也是会被人鄙弃的。华丽的辞藻,堆砌的典故,文章虽然看起来华美,但是这些都是形式上的,没有内容上的提高与升华是空洞无味的。现在的一些文艺作品也是一样,盲目追逐潮流,失去了作品的内涵,没有了制作的目的,一味地追求利润和效益,这是时代的悲哀。

【原文】

凡为文章,犹人乘骐骥,虽有逸气,当以衔勒①制之,勿使流乱轨躅②,放意填坑岸也。文章当以理致为心肾,气调为筋骨,事义为皮肤,华丽为冠冕。今世相承。趣本弃末,率多浮艳,辞与理竞,辞胜而理伏,事与才争,事繁而才损。放逸者流宕而忘归,穿凿者补缀③而不足。时俗如此,安能独违?但务去泰去甚④耳。必有盛才重誉,改革体裁者,实吾所希。

【注释】

①衔勒:衔,马嚼子。勒,马络头。都是套在马头上的东西。②轨躅:即轨迹。

③补缀:补茸联缀。④去泰去甚:去掉过盛的东西。

【译文】

凡是做文章,就好比人骑千里马,即使有豪逸超凡之气,也应当用衔勒来控制,不要让它乱了奔走的轨迹,纵意而行,以致要使身体填塞沟壑之中。文章应当以义理意志为生命,以气韵格调为筋骨,用典合宜为皮肤,华丽辞藻为冠冕。如今,世代相承的是趋本弃末,大多浮靡艳丽。文辞和义理相比较,文辞优美而义理被掩盖;用典与才思相争,典故烦琐而才气减损。肆意飘逸的,虽然行文放荡轻快,却忘记了文章的主旨;穿凿附会的,虽然补茸联缀却文采不足。现在的时尚都是这样,我又怎能独自背离呢?只不过力争去掉那些过分的东西。能够有一位才华横溢,声望极高的人出来改革文章体裁,那实在是我所期望的。

名实篇

不贪名利

名誉与实际,就像形体与镜中影像一样,只有形体长得优美,镜中之像才会漂亮;同样一个人只有本质高尚,其名声才会好听。名声是别人对其思想和行为的一个评判。要想赢得好的名声,先得修身正性。如果一个人没有做到就不会有好的名声;或者暂时迷惑了众人的眼睛,有个好名声,早晚也会被人拆穿的;所以只有本质纯粹,淡泊名利,没有时间和地点的束缚,由内而外的一种高尚操守才是上士之人。"上士忘名,中士立名,下士窃名。"在这三面镜子中,希望人们期望上士,做好中士,不做下士。文中譬喻深刻,发人深省。

【原文】

名之与实,犹形之于影也。德艺周厚①,则名必善焉;容色姝丽,则影必美焉。今不修身而求令名②于世者,犹貌甚恶而责妍影③于镜也。上士忘名,中士立名,下士窃名。忘名者,体道合德,享鬼神之福祐,非所以求名也;立名者,修身慎行,惧荣观之不显,非所以让名也;窃名者,厚貌深奸,干浮华之虚称,非所以得名也。

①周厚：完善而笃厚。②令名：美名。③妍影：美好的图像。

【译文】

名誉与实际的关系，好比形体与影像的关系一样。道德笃厚、才能完备的人，他的名声自然就是好的；容貌秀丽的人，她的影像肯定是优美的。如今不修善身心却企图在世间得到好名声的人，就像相貌十分丑陋却幻想在镜中照出美好的影像一样。道德高尚的人，忘却名利；道德一般的人，追求名声；道德低下的人，窃取名誉。忘名的人，内心体悟了道，行为符合了德，受到鬼神的赐福和保佑，他们并不是靠追求而得到名声的；求名的人，修养身心，谨慎行事，担心自己的荣耀得不到显扬，是不会对名誉谦让的；窃名的人，貌似敦厚，内心奸诈，谋求浮华的虚名，他们是不能获得真正的名声的。

表里如一

"伯石让卿，王莽辞政"，虽然在当时做得很巧妙隐秘，但是经过时间的检验和历史的沉淀，他们的虚心假意还是会被人看穿的。那些显赫贵族也是如此，"以一伪而丧百诚者"是多么的愚蠢啊！荣誉既是人们对一个人的奖励，同时又是对他的鞭策。它是客观的，是人们对一个人内心真诚和外在美行的一种赞赏，不是作秀就能取得的。只要有敦实的心意和诚挚的感情，即使事情没有做好，人们也会有所包容的。

做人要名实相符，表里如一。这是立名之本。为人处世要讲究诚信，不能为了博得好的名誉，伪装自己，那样也许会有一时的赞誉，但经受不了时间的检验，那些虚伪狡诈、欺世盗名之辈，最终将都会被人们揭穿的，因为人们的眼睛是雪亮的。只有内心真诚，做事坦荡，才能赢得好的名声。同时也不能虚有其表，暗地做一些苟且勾当，"巧伪不如拙诚"，此语可作为终身训诫。现在有很多人为了穿上"善良、爱心"的外衣，戴上"真诚、纯粹"的花冠，到处"演戏"。殊不知，这样美名不但不会流传下来，随着时间的推移，还会被人们揭下那层面具，遭到人们的唾弃。

【原文】

吾见世人,清名登而金贝①入,信誉显而然诺亏,不知后之矛戟,毁前之干橹也。宓子贱云:"诚于此者形于彼。"人之虚实真伪在乎心,无不见乎迹,但察之未熟耳。一为察之所鉴②,巧伪不如拙诚,承③之以羞大矣。伯石让卿,王莽辞政,当于尔时,自以巧密;后人书之,留传万代,可为骨寒毛竖也。近有大贵,孝悌著声,前后居丧,哀毁逾制,亦足以高于人矣。而尝于苦块④之中,以巴豆涂脸,遂使成疮,表哭泣之过。左右童竖,不能掩之,益使外人谓其居处饮食,皆为不信。以一伪而丧百诚者,乃贪名不已之故也。

【注释】

①金贝:即金钱。②鉴:明确。③承:蒙受。④苦块:寝苦枕块的简称。苦,草垫。古人为父母守孝时,以草垫为席,以土块为枕。后代指居丧。

【译文】

我见到世上的人,清廉的名声传扬后就在暗地里聚拢钱财;拥有忠信的声誉后就不重视承诺了。殊不知后来的劣迹,在败坏以前美好的名声。春秋时宓子贱说:"在这件事上做得真诚,就会给另件事情树立榜样。"人的虚伪和真诚虽然在心里,但是没有不在行动中表现出来的,只不过是人们观察得不够仔细清楚罢了。一旦人们仔细观察,那么巧妙的伪装还不如拙劣的真诚,虚伪会给人招来更大的羞辱。春秋时伯石谦让卿相、西汉时王莽推辞执政,在当时自以为巧妙又隐秘,可是被后人记载下来,流传万世,鄙夷之声,会吓得他们毛骨悚然。近来有显赫的贵族,以孝顺著称,先后为父母亲服孝居丧,悲哀毁伤过度,也足以显得比世人高尚。可是他曾经在为父母守孝期间,用巴豆涂脸,有意使脸上成疮,以显出自己哭泣得多么厉害。但他这种作为却不能蒙过左右的童仆,说出真相,这样一来,连他的居住饮食之苦也使外人都不相信。他由于一种事情伪装而丧失了百种的真诚,这就是贪图名誉没有止境的结果啊。

涉务篇

忠于职守

"夫君子之处世,贵能有益于物耳",一句就挈领全文。人在一世,不能日日逍遥自在,天天"高谈虚论,左琴右书",碌碌无为,无所事事,那是枉来一世。人生在世,应该有所作为,对社会有所贡献。不需要一个人精通世上所有的东西,只需要"在其位谋其职"。干好本职工作,忠于职守,尽心尽力,那么人生就没有惭愧的事情。

我们就是社会的主人,也是自己命运的主宰。为社会做贡献,为家庭谋幸福,是我们的主旨。无论身处什么位置,只要能忠于职守,刻苦努力,充分发挥自己的才能,实现社会价值,无愧于人生。

【原文】

夫君子之处世,贵能有益于物①耳,不徒高谈虚论,左琴右书,以费人君禄位也。国之用材,大较不过六事:一则朝廷之臣,取其鉴达治体、经纶②博雅;二则文史之臣,取其著述宪章,不忘前古;三则军旅之臣,取其断决有谋,强干习事;四则藩屏③之臣,取其明练风俗,清白爱民;五则使命之臣,取其识变从宜,不辱君命;六则兴造之臣,取其程功节费,开略有术。此则皆勤学守行者所能辨也。人性有长短,岂责具美于六涂④哉?但当皆晓指趣⑤,能守一职,便无愧耳。

【注释】

①物:指超出于自身之外的存在,此指社会。②经纶:理出丝绪曰经,编丝成绳曰纶。此引申为筹划策略。③藩屏:原意藩篱屏蔽,后喻提藩国,此指地方官员。④六涂:即上述六种事。涂,同途。⑤指趣:同"旨趣",即宗旨。

【译文】

君子们的处世,贵在能够对社会有益,不能只作高谈虚论,左手抚琴,右手拿书,这样浪费皇帝赐给他的俸禄和官位。国家所用人才,大体不外六种:一是朝廷之臣,取他们通晓治国之道,出谋划策;二是文史之臣,取他们撰写典章制度,不忘先古;三是军旅之臣,取他们果敢富有谋略,办事干练,通晓军事;四是地方官员,取他们熟悉民风民俗,清廉质朴,爱护百姓;五是使命之臣,取他们随机应变,因事制宜,不辱使命;六是建筑之臣,取他们核算工程,节约费用,部署有方。这些都是勤奋学习,忠于职守的人所能明白的。人的才能有长有短,怎么能够强求一个人在各个方面都做得相当完美呢。只要对这些能够通晓大意,并能做好其中的一个方面,就没有惭愧的了。

关心时事

"说得多,做得少",这是纸上谈兵,又有什么用呢!如果一个人在书本上谈经说事,头头是道,但现实中,却又一无所成,这样的人对社会能有什么作用呢?这就是梁武帝宁可任用一些有实际才能的所谓小人,也不愿任用那些自命清高的士大夫的原因。

"两耳不闻窗外事,一心只读圣贤书",这是一种迂腐的教条,随着社会现代文明的发展,应该让它淹没在历史的车轮中了,一个在社会中生活的人既要刻苦努力读书,更要关系时事政治,让自己学有所用,力求使自己与国家的命运、社会的发展联系在一起。这样也能使自己的才华有用武之地。"死读书,读死书"的时代已经不复返了。人要进步,跟上社会的脚步,于国于家于己都是有益的。

【原文】

吾见世中文学之士,品藻①古今,若指诸掌,及有试用,多无所堪。居承平之世,不知有丧乱之祸;处庙堂之下,不知有战陈之急;保俸禄之资,不知有耕稼之苦;肆吏民之上,不知有劳役之勤,故难可以应世经务也。晋朝南渡,优借②士族,故江南冠带,有才干者,擢为令仆以下,尚书郎中书舍人以上,典掌机要。其余文义之士,多迂诞浮华,不涉世务;纤微过失,又惜行捶楚③,所以处于清高,盖护其短也。至于台阁令史,主书监帅,诸王签省,并晓习吏用,济办④时须,纵有小人之态,皆可鞭杖肃督,故多见委使,盖用其长也。人每不自量,举世怨梁武帝父子爱小人而疏士大夫,此亦眼不能见其睫耳。

【注释】

①品藻:评价。②优借:从优假借,即优待。③捶楚:鞭挞。④济办:拯济和办理。此指承担。

【译文】

我看见世上的文学之士,评古论今,好像自己指掌一般熟悉,等到现实中适用,多数都不能胜任。处在太平时代,不知道有战乱灾祸;身在朝廷之中,不知有战争的威胁;享受俸禄供给,不知道耕种和收获的辛苦;肆意驱使小吏和百姓,不知道劳役之繁重,因此他们很难应付时世和处理政务了。晋朝南渡之后,对士族优待宽容,所以江南的官吏和士大夫,有才干的都提拔到了尚书令、仆射之下,尚书郎、中书舍人之上,掌管朝廷机密要事。其他那些以文学为业的士人,大都迂腐荒诞,浮躁浅薄,不会处理社会事务;有了点小过错,又不忍心对他们施行杖责,因此把他们放在清高但无实权的位置,来遮盖他们的短处。而那些尚书台的令史,文书的监领,王侯的签帅和省事们,都通晓熟悉为官之道,承担时务。即使他们流露出小人的情态,还可以鞭挞监督,因此大多被委任使用,这也正是用他们的长处。人们往往都不自我反省,士大夫都抱怨梁武帝萧衍父子喜爱小人而疏远士大夫,这就像眼睛不能看到自己睫毛一样,没有自知之明。

止足篇

欲不可纵

人的欲望是没有止境的。如果放纵欲念,那么欲念就会像雪球一样,越滚越大,没有限度。人如果贪奢无度,必定是自取败亡。先祖劝诫子侄的话很有道理。少欲知足,是安身立命的基础。欲壑难填,则是葬送自己的刽子手。

古人告诉子孙,"贪如火,不遏则燎原;欲如水,不遏则滔天。"西方哲人也曾忠告世人，"贪婪可以撕裂信仰的肌肉，麻痹感知的悟性。它怀疑未来的前景，而只看中眼前的实惠"。一个人存在合理的欲望是正常的，但不要利欲熏心，贪得无厌，这样就难免丧失理智，利令智昏，腐化堕落，以致葬送自己的前程乃至性命。无数教训告诫我们，贪图金钱、权力、美色，只能滑进腐败之门、踏上不归之路。

【原文】

《礼》云："欲不可纵，志不可满。"宇宙可臻①其极，情性不知其穷，惟在少欲知足，为立涯限尔。先祖靖侯诫子侄曰："汝家书生门户，世无富贵；自今仕宦不可过二千石，婚姻勿贪势家。"吾终身服膺②，以为名言也。

【注释】

①臻：达到。②服膺：牢记在心，时时遵奉。

【译文】

《礼记》说："欲望不可以放纵，志气不可以盈满。"宇宙之大还可达到边际，人的情性却不知道穷尽，只有少欲知足，才能给人立个界限。先祖靖侯劝诫子侄的时候说："你们家是书生门户，世世代代没有出现大富大贵；从今以后做官不能超过二千石，婚嫁之事也不要贪图有权势的人家。"我终身都牢记在心，时时遵奉，把它作为人生格言。

教子言

[隋]房彦谦

说明

房彦谦(544~613)，字孝冲，清河(今属河北)人。房彦谦一生先后经历了东魏、北齐、北周和隋四个王朝的更替换代。从十六国到房彦谦时，二百多年间，历城房氏家族几乎一直都为官从政。虽然他出生于名家士族，但他自幼父亡，15 岁过继给叔父。在家中，凡有时鲜果蔬父辈不吃，他绝不先尝，其孝行名扬乡里。他也十分好学上进，7岁时就读过万言书，长大后，还擅长书法艺术。为官正直清廉，两袖清风。可以说，中国传统文化给了他以深厚的影响，因此，能够培养出房玄龄这样一代名相。房彦谦本来家资殷实，但他将家资和官俸大多周恤亲友，以至于史书称其为"家无余财"。《教子言》是房彦谦对儿子房玄龄所说的一段话。

"人皆因禄富，我独以官贫。所遗子孙，在于清白耳"，简简单单一句话，其感情表达却是如此强烈。"人皆""我独"一对词将他的特立独行和清高品行表现得淋漓尽致。别人虽然富贵，但他并不因此而自卑，相反，他以为"独贫"正是自己难得品格的最佳表征——清廉。在一个"人皆因禄富"的污浊环境中还能拥有无私的美名，是多么的可贵啊！自孔颜已降，中国的知识分子都努力追求着"一箪食，一瓢饮，在陋巷，不改其乐"的清高境界，然而两千多年来能做到的却是寥寥无几，而这位以贫蔑富的县令做到了。留给子孙金山银山，不如高尚清白的节操，其实这才是无价之宝。

【原文】

人皆因禄富，我独以官贫。所遗①子孙，在于清白耳。

【注释】

①遗：留，余。

【译文】

别人都因俸禄而富有，我单因做官而贫穷，我留给子孙后代的只有清白啊！

母训

[隋] 许善心母

说明

许善心（558~618），字务本，隋朝高阳北新城（今河北徐水区）人。累官至朝散大夫,摄左亲卫武贲郎将,授通议大夫。后被字文化所害,死后赠高阳县公,谥文节。其母范氏,少孤,博学而有高节。许善心年少时,一次去当地首富孔鱼家,孔鱼要其子孔绍新和善心对饮谈论。因而善心很晚才归家,还微带着醉意,母亲十分不满,对儿子说了这番意味深长的话。许善心跪拜受教,从此闭门读书,四年之中,涉猎万卷,终成大器。简单的几句训子之语,不仅道出了训子的原因,也表达了一位母亲的殷切期望。说者诚恳,听者信服。正是因为有了一位深明大义的母亲,才有了后来博学多才的许善心。

"彼宜逸乐,汝宜勤苦,何地殊而相效也",对现在仍有很深刻的教育意义。人不能选择自己的家庭出身,但可以通过后天刻苦努力改变自己的生活境遇。虽然在日常生活中会有这样那样的困难和遭遇,但是人只要有真才实学,总会拨云见日的。

【原文】

汝是寡妇之子,为俗所轻,自非高才异行①,不可以求仕进。孔绍新是当朝允子,易获声誉。彼②宜逸乐,汝宜勤苦,何地殊而相效也。

【注释】

①异行:优异的品行。②彼:他,对方。

【译文】

你是寡妇的儿子,为世俗所轻视,你如果没有高超的才能和优异的品行,是不能够做官进取的。孔绍新是当朝首富孔允之子,很容易获得声誉,他可以安逸玩乐,你应该勤奋刻苦,你的地位与他不同,为何却要仿效他呢?

诫吴王恪书

[唐]李世民

说明

李世民(599~649),即唐太宗,是唐朝第二位皇帝,他名字的是"济世安民"的意思。汉族,陇西成纪人,祖籍赵郡隆庆(今邢台市隆尧县),政治家、军事家、书法家、诗人。即位为帝后,积极听取群臣的意见,努力学习文治天下,虚心纳谏。同时在国内厉行节约,推行休养生息政策,使社会出现了国泰民安的局面,开创了历史上的"贞观之治",将中国传统农业社会推向鼎盛时期,为后来的开元盛世奠定了重要的基础。其子李恪的母亲是隋朝的公主。《诫吴王恪书》是李世民对儿子吴王恪的一番教诲。"以义制事,以礼制心",教导儿子要做尊君重道,做一个道德修养方面的楷模。同时坚守领地,摒除各种不良习惯,努力刻苦,天天向上。这些既表现出了一个封建君主对臣子的严格要求,又表露出了一位父亲对儿子关怀备至的深情。

这段话似是劝告,又像是在警告。虽然当时太宗皇帝的心理,外人不得而知,但是鉴于当时的情势和李恪有隋朝宗室这一层特殊的身份,不难看出他对于自己的亲生儿子是有一定的怜爱之心。告诫儿子,"勉思桥梓之道,善侔闲平之德""外为君臣之忠,内有父子之孝"等等把一个父亲的拳拳爱子之心表现得淋漓尽致;但是对于日益骄傲奢侈的李恪,又有一些警告,希望他听到诫训,戒骄戒躁,日益勤勉,以免灾祸。

【原文】

吾以君临兆庶,表正万邦。汝地居茂亲,寄惟藩屏。勉思桥梓①之道,善侔闲平②之德,以义制事,以礼制心。三风十愆③,不可不慎。如此,则克固磐石,永保维城④。外为君臣之忠,内有父子之孝。宜自励志,以勖日新。汝方违膝下,凄恋何已,欲遗汝珍玩,恐益骄奢。故诚此一言,以为庭训。

【注释】

①桥梓:亦作"乔梓",指父子。②闲平:指道德、法度。③三风十愆:指各种恶习。④维城:连城以卫国。

【译文】

我凭借君王的地位治理全国百姓,给各地人民树立好的表率。你身为皇帝的亲属,我希望你要捍卫领地。努力思索君臣父子的道理,好好谋求道德修养的规范。用正义来判断事物,以礼义来统治民心。各种恶习,不能不小心避免。只有这样,才能像磐石一样坚固,永远保卫着国家。在外能尽大臣对君主的忠诚,在家能尽儿子对父亲的孝道。你应该自我勉励,锻炼意志,努力向上。你就要离开我了,悲痛眷恋之情怎么能够消除呢,我本打算送你一些珍玩,又恐怕你日后更加骄傲奢侈,因此给你留下一席诚言,作为父亲的训诲。

诫皇属

[唐]李世民

说明

唐太宗李世民,是唐朝第二位皇帝,汉族,陇西成纪人,政治家、军事家、书法家。他的《诫皇属》是告诫自己的皇亲国戚们要在生活上克制约束自己,不能恣意享乐。同时处理政务时,要冷静思考,正确判断,不可任凭自己的喜怒来裁断事物。

"逆吾者是吾师,顺吾者是吾贼",是这句先贤之言鞭策太宗一生,虽然高高在上,却从不独断专行,在此又用此句话来诫皇子亲属们,可见他的良苦用心。

太宗尝谓皇属曰："朕即位十三年矣，外绝游观之乐，内却声色之娱。汝等生于富贵，长自深宫。夫帝子亲王，先须克己。每著一衣，则悯蚕妇；每餐一食，则念耕夫。至于听断之间。勿先恣其喜怒。朕每亲临庶政①，岂敢惮于焦劳②。汝等勿鄙人短，勿恃己长，乃可永久富贵，以保贞吉，先贤有言：'逆吾者是吾师，顺吾者是吾贼。'不可不察也。"

【注释】

①庶政：各种政务。②焦劳：焦虑烦劳。

【译文】

唐太宗曾经对自己的亲属们说："我在位当皇帝十三年了，外出从未享受过游览观光的乐趣，在宫内不敢沉溺于歌舞女色的欢娱。你们这些人出生在富贵之家，长在深宫大院之内。作为皇亲国戚，首先必须严格要求自己。每穿一件衣服，就要体恤养蚕妇人的辛苦；每吃一顿饭，就要想到种田农夫的艰苦。至于在听到别人言语时，一定要冷静思考、正确判断，不能够凭着自己的喜怒感情用事。我常常亲自处理各种繁杂政务，怎么敢因过于辛劳而推辞呢！你们不能鄙视别人的短处，也不要倚仗自己的长处就妄自尊大，只有这样才能永久享有富贵，确保一生吉祥顺利。先前圣明的人说过：'敢于触犯我的人是我的老师，一味逢迎我的人是我的贼子。'你们不能够不仔细体会啊！"

唐太宗

范帝·纳谏篇

[唐]李世民

说明

"以铜为镜,可以正衣冠;以史为镜,可以知兴替;以人为镜,可以知得失",这是唐太宗在著名谏臣魏徵死后对大臣说的话。作为一个封建帝王,能够一生保持虚心纳谏的美德,实属难能可贵。不仅自己坚持纳谏,也教育儿子李治要虚心听取谏言,重视纳谏,做一个贤君明主。《帝范·纳谏篇》通过贤君和昏君面对谏言不同态度的对比,阐释出纳谏的重要性。希望儿子将来做皇帝一定要给臣下进谏的机会。同时对于进谏者,不论地位高低,辩辞文采如何,只要是他的言论合乎道义,有益之处,就应该采纳。只有及时纳谏,才能"忠者沥其心,智者尽其策",从而使"臣无隔情于上,君能遍照于下"的美好风气存一世。不要像历代昏君那样,坚决不准别人劝说进谏,对于劝谏者轻者以威武吓唬他们,重则诛杀全家,想方设法掩饰自己的过错,这样做的结果只能是导致"身亡国灭"。

文章对比手法的运用,更能突出纳谏的重要,说者言之凿凿,听者触目惊心;同时文中大量地枚举了历代皇帝勇于纳谏的实例,使观点更加突出真实,很有教育意义。推而广之,作为普通人也是一样的,要听得进去别人的不同意见及建议,做到权衡利弊,争取做一个德行兼备的人。

【原文】

夫王者高居深视,方聪阻明,恐有过而不闻,惧有阙而莫补。所以设轶①树木,思献替之谋;倾耳虚心,伫忠正之说。言之而是,虽在信隶刍荛②,犹不可弃;言之而非,虽在王侯卿相,未必可容。其谈可观,不责其辨;其理可用,不责其文。至若折槛坏疏,标之以作诚;引裾却坐,显之以自非。故忠者沥其心,智者尽其策。臣无隔情于上,君能遍照于下。昏主则不然。说者拒之以威,劝者穷之以罪。大臣惜禄而莫谏,小臣畏诛而不言。恣暴虐之心,极荒淫之志,其为壅塞③,无由自知,以为德超三皇,才过五帝。至于身亡国灭,岂不悲矣! 此拒谏之恶也。

【注释】

①鞀:鼗鼓。②刍荛:割草打柴的人。③壅塞:阻塞。

【译文】

　　帝王身处九重之宫,与世隔绝,不能看到天下所有的东西,不能听到天下所有的声音。唯恐自己有过失而听不到,害怕自己有缺点而不能及时补救。所以设置鼗鼓,树立诽谤木,希望臣子献计献策,自己虚心倾听,虚心接受正确的意见。所说的话是对的,即使说话的人是仆人奴隶、割草打柴的,也不能够嫌弃;所说的话不对,即使说话的是王侯卿相,也未必采纳。如果他所说的话合乎大义,那么他的言辞巧拙是无关紧要的;如果他的道理可以采用,那么他的文采好坏是不用在乎的。至于像朱云为进谏而折断殿槛,汉成帝特意保留原槛,以表彰朱云直谏;师经进谏投瑟撞坏了窗子,魏文侯留着坏窗户以供鉴戒;辛毗谏魏文帝,不惜扯着他的前襟,袁盎谏汉文帝,不让慎夫人与皇后同坐,这是为了使主人能看到自己的过错。因此,忠臣可以尽其忠心,智者可以尽献其策。臣子对皇上没有隐瞒之情,君主的光辉才能够普照人民。昏君就不是这样,对于进谏的人他用威胁来拒绝他们,对于劝说的人他用降罪来处罚他们。大臣为了保全俸禄而不进谏,小臣害怕诛杀而不敢进言。君主恣肆他的暴虐之心,穷尽他的荒淫之志,而他又受蒙蔽,无法知道自己的罪过,还认为自己的德行和才能超越三皇五帝。结果身死国亡,怎不可悲! 这就是拒绝进谏的恶果。

帝范·崇俭篇

[唐]李世民

说明

唐太宗后期大兴土木,修建宫殿,加以连年对外用兵,百姓叫苦连连,国库开始虚耗。但是,在他晚年看到了这一点,所以他特别提出崇尚俭约,作为帝范的重要内容,还在《后序》中提出"无以吾为前鉴"。"是知祸福无门,唯人所召。欲悔非于既往,唯慎过于将来",都是他的经验之谈。崇尚节俭,力戒奢侈。效仿"尧舜约己而福延",杜绝"桀纣肆情而祸结"。

古往今来,崇俭抑奢都是中华民族优秀传统文化的重要内容。节俭,以之治国则国治,以之齐家则家齐。节俭不仅对个人身心健康有益,而且对促进经济社会健康发展具有重要作用,甚至关系到国家兴亡,正所谓"俭节则昌,淫佚则亡"。即使是物质极大丰富,总是奢靡浪费也总有用尽的时候。所以说崇尚俭朴在当代史极具现实意义的。

【原文】

夫圣代之君,存乎节俭。富贵广大,守之以约;睿智聪明,守之以愚。不以身尊而骄人,不以德厚而矜物。茅茨不剪,采椽不斫①,舟车不饰,衣服无文,土阶不崇,大羹乏和;非憎荣而恶味,乃处薄而行俭。故风淳俗朴,比屋②可封,此节俭之德也。

斯二者荣辱之端,奢俭由人,安危在己。五关近闭,则令德远盈;千欲内攻,则凶源外发。是以丹桂抱蠹③,终摧耀日之芳;朱火含烟,遂郁凌云之焰。故知骄出于志,不节则志倾;欲生于身,不遏则身丧。故桀纣肆情而祸结,尧舜约己而福延,可不务乎?

【注释】

①斫:大锄;引申为用刀、斧等砍。②比屋:借指老百姓。③蠹:指蛀蚀器物的虫子。

【译文】

清明朝代的君主,必然保持节俭的美德。富有广博,安于俭约而不奢侈;智慧聪明,安于愚拙而不骄躁。不以身份尊贵而骄横,不以恩德广厚而居功。茅草盖的屋顶不做修剪,柞栎做的椽子不加雕饰。舟车没有装饰,衣服没有花纹,土筑的台阶不高,肉汁不加调料。他们并不是憎恶荣华,讨厌美味,而是要倡导淡薄,奉行节俭。君王都这样,所以风俗醇厚、民俗素朴,百姓都有德行,这就是节俭的功德。

崇俭和骄奢,是荣与辱的开端。奢侈和节俭也是由人自己决定的,安全和危险也取决于自己。耳目口鼻身的欲望收敛,那么美德就会充盈;千种嗜欲在体内发泄,那么凶事就会发生。丹桂内的蛀虫虽小,最终也会摧毁荣芳;朱火内的烟尘虽微,也一定会阻止光焰。由此可知,骄奢由人的意志决定,不节制就会使志气消沉;情欲是由自身生发的,不遏制就会丧失生命。所以桀纣放纵自己的情欲,最终酿成大祸;尧舜约束自己的意志而后福泽绵延,能不努力崇尚节俭吗?

遗训

[唐]李勣

说明

李勣(594~669),原名徐世勣,字懋功(亦作茂公),曹州离狐(今山东菏泽东明县东南)人。唐高祖李渊赐其姓李,后避唐太宗李世民讳改名为李勣。唐初名将,曾与李靖并称。后被封为英国公,为凌烟阁二十四功臣之一。李勣一生历事唐高祖、唐太宗、唐高宗三朝,出将入相,深得朝廷信任和重任,被朝廷倚之为长城。戎马一生的李勣,不仅忠诚侍君,而且治家严谨。《遗训》是李勣在临死前对家人说的一段话。有了房玄龄、杜如晦、高季辅等后人败家的前车之鉴,希望自己死后,子孙能够慎言慎行,严格约束自己,不与坏人结交,传承遗训,光耀门楣。几句诀别之语,说的都是那样严厉透彻,真可谓一个严父忠臣!

明末清初著名思想家王夫之有一段很精彩的评论:"于李密,忠也;于单雄信,义也;于兵士,恤也;于唐朝,始终如一,灭之高丽,功至高也。"纵观李勣一生,的确如此。在唐代,无论是生前还是死后,李勣都享有崇高荣誉。

【原文】

我即死,欲有言,恐悲哭不得尽,故一诀耳!我见房玄龄、杜如晦、高季辅皆辛苦立门户，亦望治后，悉为不肖子败之。我子孙今以付汝，汝①可慎察，有不厉言行、交非类者，急榜杀②以闻，毋令后人笑吾，犹吾笑房、杜也。

【注释】

①汝：指李弼、李勣的弟弟。②榜杀：鞭笞致死。

【原文】

我将要死了，有话想说，害怕悲伤哭泣不能够说完，因此和你们来诀别。我看见房玄龄、杜如晦、高季辅他们都辛辛苦苦建立门户，也希望传承后人，但都被不肖之子给败坏光了。现在我把子孙托付给你，你可要谨慎地审察他们，如有不严格要求自己的言行、结交坏人的，立刻鞭笞致死，再报告皇上，不要让后人嘲笑我，就像嘲笑房玄龄、杜如晦一样。

临终诫子

[唐] 卢承庆

说明

卢承庆，字子馀，号幽忧子，幽州范阳（今河北涿郡）人。唐太宗时任考功员外郎、民部侍郎。高宗时官至宰相。以博学而有才干著称当时。卢承庆临终前告诫儿子自己死后要节俭办丧事。不能因为自己地位显达，就奢侈厚葬搞特殊化。坟墓不要修得太高太大，也不要贵重的陪葬品。碑文墓志只需记出官号、年代，不许再有夸大和文饰。文中作者把生和死比作自然界的早晚，真是巧妙至极。以此告诉子孙，这是自然规律，任谁也左右不了的。而后唯恐子孙不能照办，把自己的身后之事，详细到供奉、棺椁、墓志等，实在是用实际行动抨击了封建社会历来的厚葬。虽然文中也提及一些封建习俗，但在当时已经是很大的进步了。

【原文】

死生至理，亦犹朝之有暮。吾终，殓以常服；晦朔①常馔②，不用牲牢；坟高可以,不须广大;事办即葬,不须卜择;墓中器物,瓷漆而已;有棺无椁③,务在简要;碑志但记官号、年代,不须广事文饰。

【注释】

①晦朔:晦,阴历月终。朔,阴历月初。②馔:食物。③椁:棺材外边的套棺。

【译文】

生死是人生的常理,也就好像有清晨就有黄昏一样。我死后,用平常的服饰给我装殓;月底月末给我供奉平常的食物即可,不要宰杀牲畜来祭奠;坟墓高到能够辨认就可以了,不要修得又高又大;丧礼办完后立即下葬,不用占卜吉日;墓中陪葬品,只要瓷器漆器就行了;棺材不要另配外椁,一切务必简单节俭;碑文墓志只需写明我的官名、年代,不要另加许多夸饰的言辞。

母训

[唐]卢氏

说明

崔玄暐,唐代博陵人。长安初(701)为天官侍郎,历任凤阁侍郎、中书令,封博陵郡王。崔玄暐为狄仁杰所提拔。卢氏是崔玄暐的母亲。武则天龙朔年间,崔玄暐将赴任库部员外郎,临行前,母亲教育儿子一段话,告诫儿子为官一定要清廉,不能侵吞国家财物,贪图百姓的钱物。即使生活贫穷困乏,也不能损公肥私,损人利己。如果这样,就是对父母的大不孝。

儿子孝敬父母,天经地义;父母接受儿女的财物,理所应当。当然,身为父母也不能对儿女所给的财物不闻不问,除了接受外,还要勉励儿子"修身洁己",时刻监督,这样才是真正的爱子。"君子爱财,取之有道",何况身为百姓的父母官。"汝今坐食禄俸,荣幸已多,若其不能忠清,何以戴天履地?"处在封建社会的妇女能够这样劝诫儿子当官要清正廉洁,克己奉公,不为私财,实在是令现在很多人都汗颜。

【原文】

吾见姨兄屯田郎中辛玄驭云:"儿子从宦者,有人来云贫乏不能存,此是好消息。若闻资袋充足,衣马轻肥,此恶消息。"吾常重此言,以为确论。比见亲表①中仕宦者,多将钱物上其父母,父母但知喜悦,竟不问此物从何而来。必是禄俸余资,诚亦善事。如其非理所得,此与盗贼何别?纵无大咎,独不内愧于心?孟母不受鱼鲊之馈,盖为此也。汝今坐食禄俸,荣幸已多,若其不能忠清,何以戴天履地②?孔子云:"虽日杀三牲之养,犹为不孝。"又曰:"父母惟其疾之忧。"特宜修身洁己,勿累吾此意也。

【注释】

①亲表:指内外亲属。②戴天履地:顶天立地。还指生于天地之间

【译文】

我听说姨兄屯田郎中辛玄驭说:"儿子是做官的人,有人来说他很贫穷困乏得不能维持生活,这是好消息。如果听说他钱财满袋,生活充实富足,穿轻裘,乘肥马,这是坏消息。"我平时十分重视这一言论,认为这是很正确的看法。经常看见内外亲属中做官的人,大多将钱财物品上交父母,他的父母只知道欢喜,竟然都不问这些财物从何处来的。真的就是俸禄剩余的资财,这确实也是好事。如果不是合理得到的,这又与强盗窃贼有什么分别?即使没有大的过错,难道就真的不心中有愧?孟母不接受一块鱼鲊的赠送,就是为的这个原因。你今天在朝廷坐吃俸禄,已经非常幸运,如果做官不能够忠诚清廉,还有什么脸面活在人世间?孔子说:"即使每天杀猪宰羊来供养父母,还是不孝顺的。"孔子又说:"父母只为儿女的弊病担忧。"因此,平时应该提高修养,保持自身廉洁,千万不要辜负了我的意愿。

国学经典文库

中华姓氏文化

·名门家训·

图文珍藏版

诫诸王皇亲敕

［唐］李旦

说明

李旦(662~716),名旦,又名旭轮,即唐睿宗。唐高宗第八子,武则天幼子,唐中宗为其兄长。他一生两度登基,两让天下,共在位 8 年。公元 712 年禅位于子李隆基(唐玄宗),称太上皇,居五年,崩,享年 55 岁,葬于桥陵,谥号玄真大圣大兴皇帝。李旦在第二次登上皇帝的宝座后,对政治的理解不同于以往。他认识到整个皇室成员的所作所为对国家统治的影响颇大。对当时的诸王担任官职不恪尽职守,处理事务陷于偏私,荒废政务,恣情放纵,都大为恼火,于是写下《诫诸王皇亲敕》,告诫他们要痛改前非,勤力王政。

敕书结构严谨,逻辑严密,文字洗练,紧紧围绕一个“戒”字为文。它通篇几乎是摆事实,讲述诸王皇亲掌政的不易以及掌政后的作为,在叙事中又表现了作者对诸王皇亲的深切希望,同时点出了皇亲国戚更应遵守彝训,执行令典,并向皇亲国戚讲明了法不饶人的道理。文章叙议结合,融情于理,且义正词严,情理并重。告诫诸王要立即改正错误,勤于政绩,不要执迷不悟,过度沉沦,否则唐室创建的事业是无法继承下去的。这封敕书具有强大的说服力和感召力,为历代帝王敕书中的名作。

【原文】

朕闻司牧兆人,有国彝训①;敦叙②九族,前王令典。念此宗枝,久遭沈黩③。近从班命,庶展才能。或授外藩,或居内职。留念访察,属想风谣。罕立嘉声,或闻蠹政。当官不存于职务,处事多陷于偏私。禽荒酒德者盖多,乐善敬贤者全少。将性之昏昧,违此义方④。岂朕之不明,成尔薄德。当从诫慎,勉遂悛改。如迷而不复,自速愆尤。已实为之,悔之无及。即宜递相告示,以副朕怀。

【注释】

①彝训:旧谓尊长对后辈训诲的话。②敦叙:按照次第顺序而分别亲疏。③沈
黩:沉沦摒弃。黩,摒弃。④义方:旧指行事应该遵守的规矩制度。

【译文】

我听说统治管理大众百姓,建国时已留下严格的训诲;按九族次序分别亲疏,
前代君王也有美好的典范。悲叹我们的李唐宗室,长久地遭受沉沦摒弃。现在听
到赐给官职的命令,希望能大展各自的才能。有的授予藩国的王权,有的担任朝内
的官职。你们都应该注意访问勘察,留心听取民谣所表达的心情。但是你们很少
立有好的名声,而且有的政绩还十分败坏。担任官职却不恪尽职守,处理事务又大
多存在褊狭之心。纵情于田猎、沉溺于酗酒的很多,乐于奉行善事,尊敬贤达的很
少。大抵是品性的昏昧,违背了行事应该遵守的规矩制度。这难道是我糊涂,养成
了你们的无德行为吗? 现在你们应当谨慎的听我劝诫,努力地改正错误。如果执
迷不悟,自然会重重惩罚你们的过失。已经做过的错事,后悔也来不及,你们应该
立刻相互转告,以符合我的本意。

遗令诫子孙文

[唐]姚崇

说明

姚崇(650~721),本名元崇,字元之,避唐玄宗"开元"年号讳,改名姚崇。因先
辈世代在陕州为官,遂定居陕州硖石(今属陕县硖石乡)。年轻时喜好逸乐。年长
以后,才刻苦读书,大器晚成。历任武则天、唐睿宗、唐玄宗三朝宰相,有"救时宰
相"之称,是中国历史上的著名宰相。在《遗令诫子孙文》中。姚崇首先指出人应
当懂得知足,表明了他的富贵观就是人不能过度贪慕富贵荣禄。回顾自己一生,他

深感无憾。继而他指出自己将要离开人世，而子孙后代应当自食其力，和睦相处，万不可"自玷"而"辱先"。文中用了大量的事实来论述俭葬的好处，他列举了孔子等古代圣贤通达之人俭葬的做法，并且用人死魂离的道理阐明人死后如同粪土一般，一切都不复存在了，没有必要花费积累的衣食钱财去追求厚葬，指责那些讲求厚葬的人都是极不明智的。反复要求儿子记住，自己死后俭葬。

姚崇在这封诫子遗书中所表现出的达观平静看待生死富贵，十分的洒脱，从中也可以窥见一代贤相的人品德操。其中所列举的前贤，正是他所尊崇的行事楷模，同时也是让子孙效法的榜样。遗书广引先贤事例，比长篇大论讲说道理更容易让人理解接受。文字朴实无华，通达平顺，语重心长，更容易让子孙了解作者的生死观和良苦用心，字里行间显现着朴素的唯物主义思想光辉。

【原文】

古人云：富贵者，人之怨也。贵则神忌其满，人恶其上。富则鬼瞰①其室，虏利其财。自开辟以来，书籍所载，德薄任重，而能寿考无咎者，未之有也。故范蠡、疏广之辈，知止足之分，前史多之。况吾才不逮古人，而久窃②荣宠。位逾高而益惧，恩弥厚而增忧。往在中书，遘③疾虚备。虽终匪懈，而诸务多缺。荐贤自代，屡有诚祈。人欲天从，竟蒙哀允。优游园沼，放浪形骸，人生一代，斯亦足矣。田巴云："百年之期，未有能至。"王逸少云："俯仰④之间，已为陈迹。"诚哉此言！比见诸达官身亡以后，子孙既失覆荫，多至贫寒。斗尺之间，参商是竞，岂惟自玷，乃更辱先。无论曲直，俱受嗤毁。庄田水碾⑤，既众有之，递相推倚，或至荒废。陆贾、石苞，皆古之贤达也，所以预为定分，将以绝其后争。吾静思之，深所叹服。昔孔子至圣，母墓毁而不修；梁鸿至贤，父亡席卷而葬。昔杨震、赵咨、卢植、张奂，皆当代英达，通识今古，咸有遗言，属兮薄葬。或濯衣时服，或单帛幅巾。知真魂去身，贵于速朽。子孙皆遵成命，迄今以为美谈。凡厚葬之家，例非明哲。或溺于流俗，不察幽明。咸以奢厚为忠孝，以俭薄为悭惜，至令亡者致戮尸暴骸之酷，存者陷不忠不孝之诮。可为痛哉！可为痛哉！死者无知，自同粪土，何烦厚葬，使伤素业。若也有知，神不在柩，复何用违君父之令，破衣食之资。吾身亡后，可殓以常服，四时之衣，各一副而已。吾性甚不爱冠衣，必不得将入棺墓，紫衣玉带，足便于身，念尔等勿复违之。且神道恶奢，冥途尚质。若违吾处分，使吾受戮于地下，于汝心安乎？念而思之。

【注释】

①瞰：窥看，窥视。②窃：私自。常用作表示个人意见的谦词。③遘：遇；遭遇。④俯仰：瞬息间，表示时间很短。⑤水碾：水力发动的碾米石碾。这些代指封建家族的资产。

【译文】

古人说：富贵，是人们招致怨恨的缘由。显贵了，就连神灵也忌讳他骄满，众人也就憎恶他居高临下；富裕了，就连鬼怪也窥视他屋内的宝物，盗贼也贪图他的钱财。自盘古开天辟地以来，书籍中所记载的，德才很少又能担任重要职务，而且能够高寿还没有灾祸的人，是从来没有的。因此范蠡、疏广这一类人，知道满足，适可而止，前代历史对他们都是赞赏的。何况我的才能不及古人，而长时间得到朝廷的宠任，官位越高就更加恐惧，恩惠越厚就更加增添忧虑。我过去在中书省，因为患病只能虚充一员。即使坚持不懈地努力，但许多事务仍然没能完成。于是举荐贤人替代自己的官位，多次诚恳地请求朝廷。上天顺从了我的心愿，竟然蒙恩答应了我的乞求。现在能够悠闲地游赏在田园池沼，放纵自己不受拘束。人生一世，这已经是很满足了。田巴说："享寿百年的期限，恐怕没有人能够达到。"王逸少说："瞬息之间，一切都成为陈迹。"确实是这样的啊！近来经常见到那些达官贵人身死以后，子孙失掉了庇佑，就大多落到了贫困窘迫的境地。有的为了争夺一点小利益，使得兄弟之间伤了和气。这不仅玷污了自己的名声，也使祖先遭受耻辱。无论是对错，都受到众人的嘲笑诋毁。庄田水碾等家产，即使大家所共有，但只是一代代的延续倚靠下去，有的家族也不免荒废衰落下去。陆贾、石苞，都是古代的圣贤通达之人，所以事先留下分家遗嘱，以此避免后代的纷争。我常常静下心来思考，对他们的做法深深地感到佩服。古来要数孔子为最大的圣人了，母亲的坟墓被毁坏也不修整；梁鸿是最贤达的人，父亲死了只用席子卷了尸体埋葬。从前汉代的杨震、赵咨、卢植、张奂，都是当时英伟显达、通晓古今的人物，都留下遗言，叮嘱薄葬。有的让把平常穿的衣服洗净当作葬服，有的只让盖一层帛项一幅巾。他们知道真魂已经离开身体，最好让它迅速地腐朽。他们的子孙都遵奉遗嘱，到现在还被人们传为美谈。反之，大凡那些厚葬的人家，大都是不明智的。有的为流俗所熏陶，不明白道理，认为奢侈厚葬就是忠孝，而节俭薄葬却是吝啬，以至于使死去的人受到戮尸体、暴骸骨的酷刑，活着的人落个不忠不孝的骂名。这太让人痛心了！太让人痛心了！死去的人什么也不知道，形体自然就像粪土一般，何必烦劳厚葬，使长期积攒的财产损耗。假定死去的人也有知觉，他的精神也不在棺材里，又何必去违背君王和父亲的遗令，破费衣食的费用而去厚葬呢？我死了以后，入殓时给我穿上平时的衣服，四季的服装各准备一套就行了。我生性很不喜欢穿官服，一定不要把许多官服放入棺墓中，穿上我上朝时的紫衣玉带，足以使我身体便捷。希望你们不要违背我的意愿。况且神灵是厌恶奢侈的，冥间是崇尚简朴的。如果违背了我的嘱托，使我在地下受到惩罚，你们能心安吗？希望你们好好想想这些。

诫子结

[唐]元延祖

说明

元延祖，河南洛阳人。元亨子，唐代文学家元结父。元延祖生活在太平盛世，40岁始作舂陵丞，但是他淡泊名利，不求官禄，不久即弃官躬耕。而当得知安禄山反叛，国家有难时，毅然决然地勉励儿子要重视名节，为国效力。年76卒。

盛世时，不求名利，愿退隐山林；乱世时，鼓励儿子出仕，效忠国家。这是一个多么复杂的思想，然而就是在这复杂思想的背后，表现出一个封建社会的忠臣爱国之士的高尚情操。描绘的正是这种"先天下之忧而忧，后天下之乐而乐"的至高无上境界。

元结后来成为关心民生疾苦、忧国忧民的现实主义大诗人，他父亲的功劳是不

【原文】

而曹①逢世多故,不得自安山林,勉树名节,无近②羞辱。

【注释】

①而曹:你。②近:动词。接近。

【译文】

你遭逢国家多难之秋,不能自己隐居山林,安稳度日;要勉励自己,树立名节,为国家效力,不要到被羞辱者的行列中。

送外甥郑灌从军

[唐]李白

说明

李白(701～762),字太白,号青莲居士,又号"谪仙人"。唐代著名诗人,有"诗仙""诗侠"之称。他的诗歌雄奇飘逸,想象丰富,绚烂瑰丽,对后世影响极大。有《李太白集》传世。天宝初,外甥要去从军杀敌,李白在长安时作的一首送行诗。这里是节选的第一段。诗文以博戏喻战场争杀,勉励外甥从军杀敌就像博戏一样豪爽痛快,提着敌人的首级,衣锦还乡,以及对外甥从征参军的义举给予热情洋溢的褒扬,并激励他勇猛杀敌,为国立功。

李白

《送外甥郑灌从军》中诗句简单明快,不拗口,脱口而出,同时也表达出了磅礴气势,短短几句就鲜明地勾勒出一幅英勇杀敌的画面,让外甥在诗中就看到了胜利。同时勉励他要英勇奋战,报答天子的恩情,对外甥的行为寄予厚望和赞扬。

【原文】

六博^①争雄好彩来,金盘一掷万人开。丈夫赌命^②报天子,当斩胡头衣锦回。

【注释】

①六博:指博戏。②赌命:指以生命作赌注。

【译文】

外甥,你和刘毅一样喜欢豪赌,在群雄中博戏争个好彩头来,金盘一扔,把万人通吃。大丈夫就应该为天子赌命报恩,应当用刀斩断敌人首领的首级,风风光光地回来。

守政帖

[唐] 颜真卿

说明

颜真卿(709~785),字清臣,京兆万年(今陕西西安)人,祖籍唐琅琊临沂(今山东临沂)。唐代中期杰出书法家。他创立的"颜体"楷书与赵孟頫、柳公权、欧阳询并称"楷书四大家";与柳公权并称"颜筋柳骨"。著有《颜鲁公集》。《守政帖》是颜真卿在被贬赴任临行前告诫子孙写的帖,虽然简单数语,但充分体现了他的刚正不阿,不畏强权的性格。同时也要子孙们明了自己不向邪恶低头的坚定意志,告诫子孙身为人臣要恪守自己的职责,身处逆境仍要以国事为重。全帖语言精练,内容集中,语语中的,掷地有声。不足五十言,却鲜明地展示了他的人生抱负,表现了他那"明若日月而坚若金石"的高尚人格。

如何为官从政，这是一个永久的话题。作为封建士大夫的颜真卿能够念念不忘、反复强调自己的为官职责，并身体力行，恪尽职守，这是非常难能可贵的。所谓"在其位，谋其职"，这也是为官者应该遵循的原则。

【原文】

政可守，不可不守。

吾去岁中言事得罪，又不能逆道苟时，为千古罪人也。虽贬居远方，终身不耻。汝曹当须会①吾之志，不可不守也。

【注释】

①会：领会。

【译文】

从政一定要恪守职责，不能够不遵守。

我去年因为直言而得罪当权者，又不能违背道义，苟合时俗，成为千古罪人。即使被贬到偏远的地方，但我终身不以为耻。你们应当领会我的意志，不能不恪守自己的职责啊。

又示宗武

[唐]杜甫

说明

杜甫（712~770），字子美，自号少陵野老、杜少陵、杜工部等，盛唐大诗人，世称"诗圣"，所写的诗歌被称为"诗史"。《又示宗武》是杜甫在次子宗武十五岁那年正月初一写的一首诫子诗。诗中教导儿子宗武要熟读经书，学吟诗赋，勤写文章，及早立志，努力成才；不要不学无术，莫做纨绔子弟。要像孔子弟子曾参、子夏、子游那样学问通达，广博多识。

《又示宗武》中描述了诗人杜甫对儿子的观察入微,对于孩子的一举一动,了如指掌。他看到宗武能够努力读书,还在学习作诗,十分高兴。兴奋之余,叮嘱孩子学习要专心,不要玩物丧志,生活要有规律,更重要的,应当勤学儒家经典著作,要以曾参那样的先贤为楷模,持之以恒。诗文体现了一个伟大诗人的拳拳爱子之心,包含着杜甫对孩子的无限期望。

【原文】

觅句新知律,摊书解满床。试吟青玉案①,莫羡紫罗囊。假日从时饮,明年共我长。应须饱经术,已似爱文章。十五男儿志,三千子弟行。曾参与游夏,达者得升堂。

【注释】

①青玉案:此处指古诗。

【译文】

你最近已经懂得按律写诗,也知道摊开书本坐在桌前看书了。

你应该吟诵像张衡《四愁诗》那样的古诗,而不要羡慕谢玄玩香囊一类的嬉戏。

只有休假的时候你才能偶尔饮饮酒,你也逐渐长大了,明年你就长得和我一样高了。

你还应该勤奋学习经术,似乎也已经酷爱读写文章了。

十五岁,正是男儿志于学的时候,在孔子三千弟子年轻的学生中,只有像曾参、子夏、子游这样学问通达的人才能够登堂入室,算得上孔子的得意门生。

宗武生日

[唐] 杜甫

说明

《宗武生日》是杜甫为勉励他的幼子宗武写的一首诗。此诗一开篇即景生情，在幼子宗武生日的酒筵上，不禁回忆起宗武当年出生之日。这是因为当年他身陷长安并未在场，所以不能准确记起时间。然而他虽没有亲眼看见儿子的出生，但是拳拳爱子之心已经挥洒洋溢在纸上。由此联想到伴随年龄的长大诗艺也在成长，到都邑后"已伴老夫名"。儿子的进步让父亲非常欣慰，他希望儿子能够发扬和继承写诗的家风，熟读《文选》，继承父志；不要像老莱子那样，只为娱乐父母。最后描述当儿子侍庭于酒筵之上时，自己已经垂垂老矣，无法安坐，但充满欣慰与期冀的他还是要徐饮一杯美酒，品味为人之父的喜悦，从而可见父子之间深厚的感情。

【原文】

小子何时见？高秋此日生。

自从都邑语，已伴老夫名。

诗是吾家事，人传世上情。

熟精文选理，休觅彩衣轻①。

凋瘵②延初秩，欹斜坐不成。

流霞分片片，涓涓就徐倾。

【注释】

①彩衣轻：指老莱子，他七十岁穿着彩衣在父母面前玩，以娱乐父母。②凋瘵，指衰败困乏之象。

【译文】

孩子，你究竟生于何时？我只记得你是秋高气爽的秋天生的。

自从我写过关于你的诗,伴着我的名字你也被人知道。

诗是我们杜家代代相传的精神助力,而人们都认为我们的诗只是在描写寻常的父子情。

希望你熟读精通《文选》,以继家风;不要像老莱子那样老了还以彩衣娱乐双亲。

病重中的我为你的生日摆设酒席,自己年老病衰坐不起来,只能侧着身子斜躺着。

流霞般的美酒慢慢地倒入,我只能一滴一滴地喝完这杯祝贺之酒。

诫诸子

〔唐〕穆宁

说明

穆宁(716~794),怀州河内(今河南沁阳)人。宁刚正,气节自任。安禄山反叛时,他誓死抵抗,后以秘书监致仕卒。宁尝撰写家令训诸子,先是韩休家训子侄至严,贞元间言家法者皆称韩穆二门。穆宁的家令已经失传,但是在这吉光片羽中还是可见一斑的。那就是身为人子,必须对双亲孝顺。《诫诸子》本是谈及如何"事亲",但却表明自己的人生意志"吾志直道而已",而后巧妙地用"养志为大"来联系起来,告诫诸子只要遵奉正道就是孝顺父母,比给父母丰厚富足的家用和礼品还要好。

为子须孝,这是自古以来有德行的人都提倡和尊崇的,即使是普通百姓也应孝顺自己的双亲,无可厚非的。然而怎样才算是做到了孝道,穆宁在这里表明了自己的态度,阐述了对诸子关于孝道的训诫。治家之理,推广到入仕。在家对父母孝,于国则对君忠。就是在今天我们仍然需要这忠贞报国的节操。

【原文】

吾闻君子之事亲,养志①为大,吾志直道而已。苟枉而道,三牲五鼎②非吾养也。

【注释】

①养志:承顺父母的心意。②五鼎:古祭礼,大夫用五鼎盛祭品。后以五鼎来形容贵族官僚生活的奢侈。

【译文】

我听说有德行的人侍奉他们的父母,顺合他们的心意是最重要的,我的愿望就是要你们遵奉正直之道罢了。如果你们背离正直之道,那么就是供给我再丰厚的祭品,也不能让我满意。

符读书城南

[唐]韩愈

说明

韩愈(768~824),字退之,唐河内河阳(今河南孟州市)人。早孤贫,由兄嫂抚养,贞元进士,任国子博士、刑部侍郎等职,因谏迎佛骨贬潮州,后官至吏部侍郎,谥文。唐代古文运动的倡导者,宋代苏轼称他"文起八代之衰",明人推他为唐宋八大家之首,与柳宗元并称"韩柳",有"文章巨公"和"百代文宗"之名。自谓郡望昌黎,世称韩昌黎。其诗力求新奇而流于险怪,著有《韩昌黎集》等。《符读书城南》是韩愈劝说儿子韩符要努力读书的一篇诗诫。韩愈把知书识礼推到十分重要的位置上,告诫儿子人与人之间的区别主要取决于腹中是否有学问,而学问只有通过勤奋读书才能得来。

文中开篇便营造了两组意象:一是两家之子出生时贤愚无分别,到"三十骨骼成,乃一龙一猪。飞黄腾踏去,不能顾蟾蜍。一为马前卒,鞭背生虫蛆。一为公与相,潭潭府中居"。二是即使出身不同,也有"君子与小人,不系父母且。不见公与相,起身自犁锄。不见三公后,寒饥出无驴"。读书与不读书,即有这样的差别。对于年幼的儿子,这些都足以激起他读书的决心。作为父亲,其教子的目的便达到了。同时他循循善诱的苦心以及望子成龙的期望,表现出作为一位平凡父亲对子的深厚感情,也表达了人间的一种俗世人情。文章由孩子出生开始,娓娓道来,深刻地分析了孩子怎样由相同到差异的原因,因而告诫其子要珍惜当下的美好光阴,刻苦读书。诗歌实际、生动而有教育意义,愿我们谨记前人的告诫并努力去创造自己美好的人生。

【原文】

木之就规矩,在梓匠轮舆①。人之能为人,由腹有诗书。

诗书勤乃有,不勤腹空虚。欲知学之力,贤愚同一初。

由其不能学,所入遂异闾②。两家各生子,提孩巧相如。

少长聚嬉戏,不殊同队鱼。年至十二三,头角稍相疏。

二十渐乖张③,清沟映污渠。三十骨骼成,乃一龙一猪。

飞黄腾踏去,不能顾蟾蜍。一为马前卒,鞭背生虫蛆。

一为公与相,潭潭④府中居。问之何因尔,学与不学欤。

金璧虽重宝,费用难贮储。学问藏之身,身在即有余。

君子与小人,不系父母且。不见公与相,起身自犁锄。

不见三公后,寒饥出无驴。文章岂不贵,经训乃菑畬⑤。

潢潦⑥无根源,朝满夕已除。人不通今古,马牛而襟裾。

行身陷不义,况望多名誉。时秋积雨霁,新凉郊墟。

灯火稍可亲,简编可卷舒。岂不旦夕念,为尔惜居诸。

恩义有相夺,作诗劝踌躇。

【注释】

①轮舆:指轮人与舆人,轮人制车轮,舆人制木箱。②异闾:不同的地位。闾,本指住处,乡里,古代以二十五家为一闾。③乖张:分离、差别。④潭潭:宽深、广

大。⑤菑畬：耕了一年的地曰菑，二年的曰畬。此处为辛勤读书写作。⑥潢潦：积水。

【译文】

木材通过规矩最终成为什么样的器具，取决于木工和轮舆匠人的手艺；

人最终能否成为一个有用的人，取决于他究竟有多少学问。

学问只有靠勤奋才能得来，不勤奋腹中就会空洞虚无。

人之初生，学力都是一样的，没有贤和愚的分别；

由于有的不能勤学，所以就会处于不同的门径和地位。

两户人家各生一子，在襁褓中的时候一样的聪明；

稍微长大一些时，在一起游玩就像一队游鱼一样没有分别；

年龄到十二三岁时，各人表现出来的就稍稍有所不同；

二十岁时逐渐差别增大，就像清沟与污渠一样对照起来是十分的明显；

三十岁时风格气度已经定型，他们的差别就像一个是龙一个是猪——原因在于勤学与否；

优异的飞黄腾达，不可能再去关心那个像癞蛤蟆一样的同伴；

这样，一个成了马前的走卒，被鞭子抽打的脊背生蛆；

一个成了王公宰相，雍容大度地坐在官府之中。

问到他们为何有这样大的不同？就是学习与不学习的缘故啊！

黄金璧玉虽然是贵重的宝物，但是它们很快就会被消费掉了而难以贮存储藏起来；

学问学到自己的身上，只要你人还活着，就能享

用不尽。

君子与小人的区别，不在于父母带给他们什么不同。

难道没见过很多王公宰相，都是出身于耕田种地的贫微人家吗？难道没看到达官显贵的后代，饥寒交迫的，出门时连驴子也没得骑？

文章哪能够说它不贵重呢？经书古训你要勤奋苦读啊！

积水池如果没有源头，那么早晨满了晚上就会干涸；

人如果不懂得古今之事，就像牛马穿了人的衣服一样；

如此行事，自身将会陷入不仁不义的处境，哪里还会奢望有多而好的名誉？

现在正是秋天，淫雨刚刚过去，郊外天气渐渐变凉爽了；

你要渐渐学会在夜晚的灯光下，摊开诗书加紧读书。

怎么能够不早晚挂念你啊，希望你要珍惜大好时光。

我对你尽的恩义有所不够，工作这首诗来勉励你。

狂言示诸侄

［唐］白居易

说明

白居易（772~846），字乐天，晚年号香山居士，河南新郑（今郑州新郑）人。他是中国文学史上负有盛名且影响深远的诗人和文学家。他的诗歌题材广泛，形式多样，语言平易通俗，有"诗魔"和"诗王"之称；在文学上主张"文章合为时而著，歌诗合为事而作"，是新乐府运动的倡导者。官至翰林学士、左赞善大夫。有《白氏长庆集》传世，代表诗作有《长恨歌》《卖炭翁》《琵琶行》等。白居易的思想以元和十年贬江州司马为界，分为前后两期，前期"志在兼济"，后期则是"独善其身"。《狂青示诸侄》作于晚年，其"独善"的主

白居易

旨也渗透到教子生活中。这是一首饱含处世哲理的诗，通过阐述自己生活和精神等各个方面，表达了自己"知足常乐"的心境，同时教育后辈也要懂得知足常乐，不

要纵情嗜欲，否则会害了自己。文中开门见山提出了"知足"的问题，说自己愧有文化、愧居官位；自"人老多病苦"以下，从对待自己的身体、精神、家事和衣食住行等各方面来具体说明自己很知足；接着说世上懂得知足的人太少，劝导侄子们听他的话，懂得"知足常乐"。

语言通俗易懂，民歌风味很浓，读来十分有趣。身教言教，讲人要知足的道理，亲切感人，没有一点说教气息，容易被人接受和理解。

【原文】

世欺不识字，我忝①攻文笔。世欺不得官，我忝居班秩。

人老多病苦，我今幸无疾。人老多忧累，我今婚嫁毕。

心安不转移，身泰无牵率。所以十年来，形神闲且逸。

况当垂老年，所要无多物。一裘暖过冬，一饭饱终日。

勿言宅舍小，不过寝一室。何用鞍马多，不能骑两匹。

如我优幸身，人中十有七。如我知足心，人中百无一。

傍观②愚亦见，当己贤多失。不敢论他人，狂言示诸侄。

【注释】

①忝：羞愧于，自谦词。②傍观：旁观。

【译文】

世俗都欺侮不识字的人，我却在从事文字工作；世俗都欺侮没有官位的人，我却做了一个有官位品级的人。

别人年纪大了多了一些病苦，我现在有幸没有任何疾患；别人年纪大了多了一些忧累，我的儿女婚嫁现在已经处理完毕。

我的身体和心情都平平安安没有牵挂。近十年来，我的容貌和精神都较安闲而超逸。

更何况我早已经进入到老年，所需要的物品并不太多。一件皮衣暖身就可以过冬，只要每餐进食少许也就腹饱了。

不嫌弃住房狭小，只不过有一间可供睡觉就行了。哪里用得上那么多的马，一个人又不能同时骑两匹马。

像我这样良好幸运的身体状况，十个人当中有七个；像我这样知足的心理状态，一百个人当中也没有一个。

如果作为旁观者，即使是愚蠢的人也会看明白这一点；如果轮到自己，即使是贤能的人，也难免会有过失。我不敢随便议论他人，只是把这些狂妄之言告诉你们诸位侄儿们。

诲侄等书

[唐]元稹

说明

元稹(779~831)，字微之，别字威明，唐洛阳(今河南洛阳)人。父元宽，母郑氏。为北魏宗室鲜卑族拓跋部后裔，是什翼犍之十四世孙。早年家贫，举明经科，曾任监察御史。因得罪官宦及守旧官僚，遭到贬斥。后官至同中书门下平章事。元稹为人刚直不阿，情感真挚，和白居易是一对挚友，共同提倡"新乐府"。世人常把他和白居易并称"元白"。长诗《连昌宫词》较著名，还有《元氏长庆集》留世。《诲侄等书》主要是以身教来施行教育的。内容有三方面：第一、告诉子孙，祖上遗子孙清贫，目的是避免他们怠惰，砥砺他们自己刻苦努力，开创事业；第二、述说兄长以身作则，任劳任怨，勤俭持家，友爱兄弟，教育诸侄要像兄长那样，同时为有这样的兄长而感到欣慰。第三、讲述自己少时如何勤奋学习，入仕后怎样忠于职守，希望他们趁着年轻好好读书，以期将来荣耀通达。

诚书洋洋洒洒，从祖上说到子侄，从自己儿时谈到现在，无不渗透着作者对子侄们的厚望和期待。通过现身说法，训诲诸位子侄，希望他们能够像他们的父亲那样奉养家庭，任劳任怨；像自己一样刻苦钻研，忠于报国，趁着现在的美好时光，苦读诗书，"以求荣达"，实现人生的抱负。通篇渗溢着孝悌爱亲、当仁不让的伦理精神。

【译文】

告仑等：吾谪窜方始，见汝未期。粗以所怀，贻诲于汝。汝等心志未立，冠岁行登。古人讥十九童心，能不自惧。吾不能远谕他人，汝独不见吾兄之奉家法乎？吾家世俭贫，先人遗训，常恐置产怠子孙，故家无樵苏①之地，尔所详也。吾窃见吾兄自二十年来，以下士之禄，持窘绝之家，其间半是乞丐羁游②，以相给足。然而吾生三十二年矣，知衣食之所自。始东都为御史时。吾常自思。尚不省受吾兄正色之训，而况于鞭笞诘责乎？呜呼，吾所以幸而为兄者，则汝等又幸而为父矣。有父如此，尚不足为汝师乎？吾尚有血诚③，将告于汝。吾幼乏岐嶷④，十岁知方⑤，严毅之训不闻，师友之资尽废。忆得初读书时，感慈旨一言之叹，遂志于学。是时尚在凤翔，每借书于齐仓曹家。徒步执卷，就陆姊夫师授，栖栖勤勤，其始也若此。至年十五，得明经及第。因捧先人旧书于西窗下钻仰沉吟，仅于不窥圆井矣。如是者十年，然后粗沾一命，粗成一名。及今思之。上不能及乌鸟之报复，下未能减亲戚之饥寒。抱衅终身，偷活今日。故李密云："生愿为人兄，得奉养之日长。"吾每念此言，无不雨涕。汝等又见吾自为御史来，郊职无避祸之心，临事有致命之志，尚知之乎？吾此意虽吾兄弟未忍及此。盖以往岁忝职谏官，不忍小见，妄干朝廷，谪弃河南。泣血⑥西归，生死无告。不幸余命不殒，重戴冠缨。常誓效死君前，扬名后代，殁有以谢先人于地下耳。呜呼，及其时而不思，既思之而不及，尚何言哉？今汝等父母天地，兄弟成行，不于此时佩服《诗》《书》，以求荣达，其为人耶？其曰人耶？千万努力，无弃斯须。积付仑、郑等。

【注释】

①樵苏：打柴割草，以充燃料。②羁：作客在外。③血诚：出自内心深处的诚意。④岐嶷：形容幼年聪慧。⑤知方：懂得道理和礼法。⑥泣血：哀伤之极。

【译文】

告诉元仑等侄儿们：我的贬谪流离生活刚刚开始，不知何时才能见到你们。在此，把我的一些粗略想法，留给你们作为训诲。你们心中大的志向还没有树立，可是加冠的年龄就要到了。古人讥讽说十九岁还怀着童心，怎么能不自己感到惧怕？我不能告诫他人，而你们真的看不见我的兄长是怎样奉行家法的吗？我们家世俭乏贫困，祖辈留下训诲，常常怕多置产业会使子孙怠惰，因此家里没有庄园地产，这是你们知道的。我看见我兄长这二十余年，用下等官职的俸禄，来维持极度窘困的家庭。这期间多半又是为了求食而出游在外，以此来辅助供养的需求。可是我活了三十二年了，才知道衣食是从哪里来的。当初在东都任监察御史的时候，我时常自己思索，还都没有受到我兄长严厉的训斥，更何况鞭打诘责。呜呼，所以我已有这样的兄长而幸运，你们也应该为有这样的父亲而幸运啊。拥有这样的父亲，难道还不能够作为你们的表率吗？我还有肺腑之言，要告诉你们。我幼年并不聪慧，十岁才懂得道理。父亲严厉的训诲听不到，老师朋友的资助都荒废了。记得刚读书时，有感于母亲的一句勉励的话，于是立志学习。当时还在凤翔郡，常常向齐仓曹家借书。拿着书卷，步行到陆姐夫那里学习，勤奋刻苦，开始学习的情形也就是这样的。到了十五岁那年，考中了明经科，因而得以捧着前人的旧书在西窗下钻研吟诵，学业有所进步，也只是不再像井底之蛙那样只看到井口那点天了。就这样过了十年，最后好歹谋得了一个职位，也多少有点名气。到现在想起来，对上不能像乌鸦反哺那样报答父母的恩情，对下不能减轻亲戚的饥寒。遗憾终身，苟且活到今天。因此李密说："生在世上愿意做兄长，因为这样侍奉父母的时间更长一些。"我每次想起这句话，都泪如雨下。你们见到我自从做监察御史以来，忠于职守，没有躲避灾祸的居心，面临事情有捐躯的志气，你们知道这些吗？我的这种意向即使是我的弟兄也不忍心让我这样做。大概因为去年担任谏官的职务，对于政事忍不住提出自己的一点看法，被冠以妄加指责朝廷的罪名，结果被贬谪到河南。哀伤至极，生死没有依靠。幸而我这命不该死，重新戴上了官帽。我常常发誓要在君主面前效忠至死，要给后代留下好名声，这样死了也能向地下的祖先谢罪了。唉，在那个时候却没有去想，等想到了却又来不及做了，还说什么呢？现在你们父母双全，兄弟成群，不在这时刻苦研习《诗经》《书经》，以此求得荣耀显达，还怎能做人呢？还怎能配称做人呢？千万要努力，片刻也不要放松自己。元稹写给元仑、元郑等

·名门家训·

图文珍藏版

侄儿。

留海曹师等诗

[唐]刘禹锡

说明

刘禹锡,字梦得,彭城人,祖籍洛阳。唐代文学家、中晚期著名诗人,有"诗豪"之称。他与柳宗元并称"刘柳",与白居易并称"刘白"。他的《留海曹师等诗》是写给儿子们的诫诗。中心思想是要他们抓住根本努力学习。

人是不能以其"姿状"来论"丑好"的,而要看他学与不学,有没有道德修养和文化知识。对于学习,就像做其他任何事情一样,都必须抓住主要矛盾,抓住了主要矛盾,就抓住了中心、重点和关键。所以作者说"学非探其花,要自拨其根。"所谓"拨其根",就是抓住主要矛盾,而后去解决它。进而带动、促进其他诸矛盾的解决。因此诗人结论道"根本既深实,柯枝自滋繁。"许多学习成功者的实践经验也证明。只要抓住关键,讲究方法,善于学习,就能养成良好的品德,学到渊博的知识,成为一个德才兼备、识见高远的人,从而光耀门楣,为国家民族做出贡献。同样,在做人上,根本就在于孝顺、友爱、诚实。只要把根本扎深扎牢,他的枝叶自然也就茂盛了。诗歌通俗易懂,但喻理深刻,无不显示着作者的哲学思想。

【原文】

万物有丑好,各一姿状分。惟人即不尔,学与不学论。

学非探其花,要自拨其根。孝友①与诚实,而不忘尔言。

根本既深实,柯枝②自滋繁。念尔无忽此,期以庆吾门。

【注释】

①孝友:孝顺父母,敬爱兄长。②柯枝:枝干和叶子,谓整棵树。

【译文】

事物的好坏优劣,可以从它的外貌和形态上看出来。只有人却不是这样的,(品德的好与不好)要从他的学与不学来评判。

学习不是学那些华而不实的表面东西,是要抓住根本。孝顺父母,敬爱兄弟,以诚处事,以实待人,你们不要忘了这些言论。

根本已经深厚扎实了,枝干和叶子也会生长茂盛。你们不要忽视了为父的训诫,期望你们来使我家门庭光耀。

贻诸弟子砥石命

[唐]舒元舆

说明

舒元舆(791~835),字升远,浙江婺州东阳(今浙江金华)人。唐元和八年进士。初仕即以干练知名,以擅文敢谏著称。元舆负才,锐意进取。太和五年上疏自荐,获文宗李昂嘉许。为左司郎中,充知杂事侍御史,后升御史中丞,以本官兼刑、兵两部侍郎,同平章事。当时宦官仇士良专权,丞相李训、舒元舆和凤翔节度使郑注等,密谋内外协势,铲除宦官势力,后因所伏兵甲暴露,事败,遭腰斩,史称"甘露之变"。大中八年昭雪。著有《舒元舆集》。《贻诸弟子砥石命》是舒元舆写给诸子的一篇诫文,中心议题就是磨砺。文章从自己偶得宝剑说起,虽然锋利,但是如果不经常磨砺,也会变得锈迹斑斑,黯淡无光,成为死铁。进而说到人,更是一样,况且人在质地上并没有宝剑的刚坚,还有自身诸多弱点,若不磨砺,则生前死后都会成为废物。通过这件事告诉诸弟子要昼夜淬砺,反复磨炼。在生活中做到"上不贻庭帏忧,次不贻手足病,下不贻心意丑"这三不贻。文章内容丰富,层层递进,说理透彻。其中的借物喻人,以事喻理,层层剖析,尤为深刻。

"宝剑锋从磨砺出,梅花香自苦寒来。"如果一个人总是懒散怠惰,没有刻苦努力的精神，那么，他将一事无成，更别说什么实现理想和抱负了。不管在学业上还是在事业上，都要有股日夜不怠的劲头，才能在其领域上有所成就。幼年更是如此，正处大好时光，应该拿出坚持不懈的努力精神，日夜砥砺，磨炼自己，长大后成为有益于社会和国家的人，对于自身，也能够实现自我价值。

【原文】

昔岁吾行吴江上，得亭长所贻剑，心知其不莽鲁，匣藏爱重，未曾亵视。今年秋在秦，无何开发，见惨翳①积蚀，仅成死铁。意惭身将利器，而使其不光明之若此，常缄求淬磨②之心于胸中。数月后，因过岐山下，得片如石绿水色，长不满尺，阔厚半之。试以手磨，理甚腻，文甚密。吾意其异石，遂携入城，问于切磋工。工以为可为砥，吾遂取剑发之。初数日，浮埃薄落，未见快意，意工者相诒③，复就问之。工曰："此石至细，故不能速利坚铁，但积渐发之，未一月，当见真貌。"归如其言，果睹变化。苍惨剥落，若青蛇退鳞。光劲一水，泳涵星斗。持之切金钱三十枚，皆无声而断，愈始得之利数十百倍。吾因叹以为金刚首五材，及为工人铸为器，复得首出利物。以钢质铓利，苟暂不砥砺，尚与铁无以异，况质柔芒钝，而又不能砥砺，当化为粪土耳，又安得与死铁伦齿耶？以此益知人之生于代，苟不病盲聋喑哑，则五常之性全，性全则豺狼燕雀亦云异矣。而或公然忘弃砥名砺行之道，反用狂言放情为事，蒙蒙外埃，积成垢恶，日不觉悟，以至于戕正性，贼天理。生前为造化剩物，殁后与灰土俱委，此岂不为辜负日月之光景耶？吾常睹汝辈趋向，尔诚全得天性者，况夙夜承顺严训，皆解甘心服食古圣人道，知其必非彫缺④道义，自埋于偷薄之伦者。然吾自干名在京城，兔魄⑤已十九晦矣。知尔辈惧旨甘不继，困于薪粟，日丐于他人之门。吾闻此，益悲此身使尔辈承顺供养至此，亦益忧尔辈为穷窭而斯须忘其节，为苟得眩惑而容易徇于人，为投刺牵役而造次惰其业。日夜忆念，心力全耗，且欲书此为诚，又虑尔辈年未甚长成，不深谕解。今会鄂骑归去，遂置石于书函中。乃笔用砥之功，以寓往意。欲尔辈定持刚质，昼夜淬砺，使尘埃不得间发而入，为吾守固穷之节，慎临财之苟，积习肆之业，上不贻庭帏⑥忧，次不贻手足病，下不贻心意丑。欲三者不贻，只在尔砥之而已，不关他人。若砥之不已，则向之所谓切金涵星之用，又甚琐屑，安足以谕之。然吾因欲尔辈常置砥于左右，造次颠沛，必于是思之，亦古人韦弦铭座之意也。因书为砥石命，以勖尔辈。兼则刻辞于其侧曰：

剑之锷，砥之而光；人之名，砥之而扬。砥乎砥乎，为吾之师乎。仲兮季兮，无坠吾命兮。

【注释】

①翳：遮蔽，障蔽。②淬磨：磨炼。③诒：欺骗。④彫缺：凋残，损害。⑤兔魄：月亮的别称。⑥庭帏：父母双亲居住的地方。代指父母。

【译文】

前几年我经过吴江的时候，得到亭长所赠给的一把利剑。我知道它不是轻易能够得到的，所以藏在木匣中，十分珍爱，不曾随便拿出来观看。今年秋天我在秦地，无事可做，打开匣子，发现利剑锈蚀斑斑，已成废铁。心里十分惭愧自己拥有这把利剑，使它黯淡到如此地步，于是一直默默地藏着想要把他磨亮的心愿。几个月以后，顺着岐山脚下经过，捡到一片颜色如同绿水般的石头，长不到一尺，厚半尺。试着用手磨磨，纹理相当的细密。我觉着这是一块不同寻常的石头，于是把它带进城里，向磨刀工求教。磨刀工认为它可以作为磨石，我于是取出剑来磨它。最初几天，剑表面上的锈斑剥落了，但还是看不见它锋利的样子，心想磨工大概是哄骗我吧，又去求教磨工。磨工说："这石头极其细密，所以不能很快使坚硬的铁锋利，只要逐渐地天天去磨，不到一个月，就应当见到剑的真面貌。"回到家里照着磨工说的去做，果然看到了剑的变化。惨重的青绿色铁锈剥落，就好像青蛇退去鳞片。强烈光泽如同一泓清水，星斗都能映现其中。拿着它去切割三十枚金钱，全部截断却没有一点声音，比起当初得到它的时候更加锐利数十上百倍。我因此而感叹，认为金刚是金、木、水、火、土五材中的第一位，等到被工人铸成利剑，又成了最锐利的器物。凭着钢的质地锋芒，如果短时不去磨砺，尚且与铁没两样，更何况那些质地柔弱、边角钝滞，而又不能磨砺的东西呢？他们只能化为粪土罢了，又怎能够与铁器相比呢？因此知道人生在世，如果没有瞎聋喑哑的疾病，那么仁、义、礼、智、信这五种习性就都全了。习性全了就和豺狼燕雀也就不同了。然而有的人公然忘记了砥砺名声与行为的道理，反而以狂妄的言语、恣意的性情为事，蒙被尘埃，积累下肮脏的恶习，时间长了仍不醒悟，以至于最后损害了正性，伤害了天理。生前是大自然造化的多余东西，死后又与灰土一样被人抛弃，这难道不是辜负了日月时光吗？我常常观察你们的发展志向，你们真的是保全了天性的人，何况又日夜承受顺应着严厉的训诲，都能情愿地咀嚼实践古代圣贤的道理，知道你们一定不是损害道义，自己堕落到苟且轻薄一类中的人。然而我自从在京城求取名位，月亮已经是十九次圆缺了。知道你们因美味甘甜的食物不能接继而惧怕，因缺少柴米而困顿，天天在他人门口乞讨。我听到这些，更加悲伤是因为我而让你们为尽孝顺供养的责任才落到这种地步，也更加担忧你们因为贫穷简陋而暂时忘却了做人的气节，为了苟且得到一些东西而屈辱于人，为要寻求引见忙于奔走，而轻易怠惰了你们的学业。我日思夜想，心力交瘁，并且打算写下这些作为训诫，但又考虑到你们年纪尚小，还未长大成人，不能深刻地得到其中的开导劝解。今天正好遇上鄂骑回去，于是把石头放在书匣中，并写下这磨石的功用，以寄托我先前的心意。愿你们一定保持刚毅的本质，日夜淬火磨砺，使尘埃不能够趁着空隙进入，为我坚守贫贱而不移的气节，谨慎对待钱财而不随便拿取，勤奋积累自己未完成的学业，上不给父母带来忧患，中不给兄弟带来灾祸，下不给自己心灵带来耻辱。想要三者都做到不难，就在于你们磨砺自己罢了，与他人无关。假如不停地磨砺，那么刚才所说的切金币耀星斗的用途，又显得十分微小了，又怎能用来形容你们呢？然而我之所以想让你们常把磨石放在左右，就是每当贫困的时候，一定要对着它好好想想，这也就如同古人佩带韦弦用来当自己的座右铭一样。我因此写成这篇砥石命，用来勉励你们。同时在磨石的侧面刻下铭文：

剑的锋刃啊，磨了可以发光；人的名声啊，休养了才能显扬。磨石啊磨石，是我的老师！我的兄弟啊，不要遗忘我的告诫！

诲子弟言

[唐]朱仁轨

说明

朱仁轨,字德容,唐代人,是朱敬则的哥哥。终生未仕,隐居养亲,死后人私谥孝友先生。《诲子弟言》是他对子孙的训示,主要是提倡谦虚礼让。朱仁轨以"让"教育子弟,通俗易懂,喻理深刻,言简意赅,可视为座右铭。让,可避免和减少人与人间的矛盾和冲突;让,可以使人在谦和中体谅对方,互相包容。在让的同时,你也会收获更多远远超过"让"的东西。所以谦让容忍对人生大有裨益。

谦让是中华民族的传统美德

谦让是中华民族的传统美德,在利害冲突的时候做出适当的退让,可以减少损失,争取别人的谅解和支持,还可能争取以退为进的时机和力量;谦让不是无原则的屈服退让,而是有能力者做出的有风度的礼让。让,是一种精神;让,是一种境界。所以,做人要懂得谦让,要能够容忍别人一时的过错,我们自己不但不会失去什么,还会在实际行动中体会它的真谛,同时赢得他人的尊重。

【原文】

终身让路^①,不枉^②百步;终身让畔^③,不失一段。

【注释】

①让:谦让,辞让。②枉:冤枉。③畔:田地的边界。

【译文】

一辈子给别人让路,总共加起来也不会多走一百步冤枉路;一辈子给别人让田界,总计算起来自己也不会损失一块地。

金缕衣

[唐]杜秋娘

说明

杜秋娘,润州(今江苏镇江)人。出身微贱,聪明灵秀,美慧无双,且能歌善舞,还会写诗填词作曲,是江南一带有名的歌姬。15岁时,镇海节度使李锜以重金将她买入府中为歌舞伎,后把她纳为妾。李锜反叛,杜秋娘作为罪臣家属入宫为奴。后有宠于景陵帝。唐穆宗即位后,命其为皇子傅母。《金缕衣》是杜秋娘教育皇子时所作。它教育皇子不要只求享受奢华的生活,而应当趁着青春年少所拥有的美好时光,好好学习,不要等到将来空后悔。

诗歌从字面看,是对青春和爱情的大胆歌唱,是热情奔放的坦诚流露。然而字面背后,仍然是"爱惜时光"的主旨。诗中反复咏叹强调爱惜时光,莫要错过青春年华,可以用"莫负好时光"一言以蔽之。这原是一种人所共有的思想感情。可是,它使读者感受强烈,能在人心中长久萦绕,有一种不可思议的魅力。它每个诗句似乎都在重复那单一的意思"莫负好时光",而每句又都寓有微妙变化,重复而不单调,同环而有缓急,形成优美的旋律,摇曳多姿,耐人寻味。

【原文】

劝君莫惜金缕衣①,劝君惜取少年时。

花开堪②折直须③折,莫待无花空折枝。

【注释】

①金缕衣:以金线制成的华丽衣裳。②堪:可。③直须:不必犹豫。

【译文】

我劝你不要顾惜华贵的金缕衣,我劝你一定要珍惜青春少年的时光。

花开得正艳的时候就要抓紧去折,不要等到花谢的时候只折了个空枝。

柳氏家训

[唐]柳玭

说明

柳玭,唐末人,天平节度使仲郢子,以明经补秘书正字。由书判拔萃累转左补阙,擢刑部员外郎,出为岭南节度副使。黄巢陷交广逃还,再迁御史中丞。文德元年以吏部侍郎拜御史大夫,贬泸州刺史卒。光化初诏复官爵。祖父、父亲都以理学严谨闻名,有"言家法者,世称柳氏"之美誉。《柳氏家训》是唐代最有名的家训,也是最好的家训,对后世影响颇大。

《柳氏家训》中,作者首先告诫子孙不要倚仗门第高而骄傲恣意,劝贵族后裔"修己不得不恳,为学不得不坚"。否则,"以己无能而望他人用,以己无善而望他人爱"是不可能的。其次复述了他自幼年起所受到的那些训导,要后人谨遵先人遗训。紧接着痛心地叙述了他所目睹的子孙不肖的状况,告诉他们要向先祖学习,做个有德行操守的人。而后尤其指出了败家的五大过失:其一,只求自身安乐舒适,不甘心恬淡寡欲。假如对自己有利,不考虑别人的指责。其二,不懂得儒家的学术思想,不欣赏古人的道德义理,对经书盲然无知却没有羞耻之心,本身懂得少,还嫉妒别人的学识高深。其三,厌恶胜过自己的人,喜欢花言巧语讨好自己的人。听说别人的好事便心生嫉妒,听说别人的坏事便大肆宣扬。其四,喜欢懒散游玩,过分贪杯嗜酒。其五,急于做官,巴结权贵。他认为这五种大错无法医治。最终贻害自己,辱没祖先,败坏家族。最后归纳了"中人以下"和"上智"两种人对待人生的态度,告诫子孙要明于取舍。

整篇文章情辞诚恳,妙语连珠,其中很多格言警句,令人触目惊心。尤其是败家五过更令人心惊神悚,它是对普遍的人性痼疾的诊断,是对潜伏于每一个人心理底层的阴暗意识的曝光,具有极强的概括性和典型意义。

【原文】

夫门第高者,可畏不可恃。可畏者。立身行己,一事有坠①先训,则罪大于他人。虽生可以苟取名位,死何以见祖先于地下,不可恃者,门高则自骄,族盛则人之所嫉。实艺懿行,人未必信;纤瑕微累,千手争指矣。所以承世胄②者,修己不得不恳,为学不得不坚。夫人生世,以己无能而望他人用,以己无善而望他人爱。无状则曰:"我不遇时,时不急贤。"亦系农夫卤莽种之,而怨天泽之不润,是欲弗馁,其可得乎?予幼闻先训,讲论家法。立身以孝悌为基,以恭默为本,以畏怯为务,以勤俭为法,以交结为末事,以弃义为凶人;肥家以忍顺;保友以简敬。百行备,疑身之未周;三缄密③,虑言之或失。广记如不及,求名如偟来④。去奢与骄,庶几减过。莅官则洁己省事,而后可以言守法,守法而后言养人。直不近祸,廉不沽名。廪禄虽微,不可易黎甿之膏血;榎楚⑤虽用,不可恣褊狭之胸襟。忧与福不偕,洁与富不并。比见家门子孙,其先正直当官,耿介特立,不畏强御。及其衰也,惟好犯上,更无他能。如其先逊顺处己,和柔保身,以远悔尤。及其衰也,但有暗劣,莫知所宗。此际几微,非贤不达。夫坏名菑己。辱先丧家,其失尤大者五,宜深志之。其一;自求安逸;靡甘淡泊。苟利于己,不恤人言。其二,不知儒术,不悦古道。懵前经而不耻,论当世而解颐。身既寡知,恶人有学。其三,胜己者厌之,佞己者悦之。惟乐戏谭,莫思古道。闻人之善嫉之,闻人之恶扬之。浸渍颇僻,销刓德义,簪裾徒在,斯养何殊。其四,崇好漫游,耽嗜⑥曲蘖。以衔杯为高致,以勤事为俗流。习之易荒,觉已难悔。其五,急于名宦,昵近权要。一资半级,虽或得之,众怒君猜,鲜有存者。兹五不逮,甚于痤疽。痤疽则砭石可疗,五失则巫医莫及。前贤炯诫,方册具存。近代覆车,闻见相接!中夫人以下,修辞力学者,则躁进患失,思展其用;审命知退者,则业荒文芜,一不足采。惟上智则研其虑,博其闻,坚其习,精其业。用之则行,舍之则藏。苟异于斯,岂为君子。

【注释】

①坠:失去;背离。②世胄:贵族后裔。③三缄:缄,封。比喻说话谨慎。④傥来:偶然而来,不意而得。⑤榎楚:古代木制的刑具,用于笞打。⑥耽嗜:过分的贪溺。

【译文】

凡是那些出身门第高的人,对于自己的高门第,只可以畏惧而不可以依靠。可畏惧的是,立身行事,如果有一件事情做得背离了祖先的遗训,那么罪过就会比别人更大。即使在世时暂且能够取得名誉地位,但是死后以什么面目去见地下的祖先呢?不可依靠的是,门第高就会骄傲自满,家族旺盛就会招人嫉妒。即使有真实的才能、美好的德行,人们也不一定会相信;就是有一点纤小的瑕疵和一点细小的过错,众人都会争着在背后指责。所以继承家业的贵族后裔,修养自身不能不勤恳,读书治学不能不意志坚定。人生在世,自己没有能力却指望别人任用,自己没有善心却希望别人爱戴,没有成绩就说:"我没有遇到好的机遇,这个时代不急迫需求贤人。"也就像农夫粗率地种植土地,却埋怨天时的不滋润,即使是想不饿肚子,这怎么能行呢?我从小就听说了祖先的遗训,讲论家族的法规。做人将侍奉父母顺从兄长作为基础,将态度谦恭少言寡语作为根本,将严谨审慎作为必须,将辛勤节俭作为法则,把交结私党看作末事,把背信弃义看为凶残;用忍耐与和顺来使家庭富足;用简朴和尊敬来维持友情。多种美德具备,还要想想自己有什么不周到的地方;三缄其口,还要考虑说话是否有过失的地方。广记博闻,还是好像差得很远;

美好的名声似乎是偶然而得。除却悭吝与骄满,也许可以减轻过错。为官就要洁身自好,这样才谈得上遵守法纪;遵守法纪之后才能谈得上使人民休养生息。正直却不招惹祸患,廉洁却不猎取名誉。官府发给的俸禄虽然很少,但也不能够夺取民众的血汗;刑具虽然能用,但不能够放纵狭隘的心胸,随意使用。忧患和福运不会一起来到,廉洁与富贵不可能同时存在。我经常见到家族中的一些子孙,他们的先辈做官正直,操守坚定,不同流合污,不畏惧强权。到了子孙辈就衰退了,只是喜好犯上作乱,更没有其他本事。如果他们的先辈以谦逊恭顺处事,以和谐温柔为人,明哲保身,远离过失。到了子孙辈就衰退了,只有愚昧低劣的毛病,根本不知道要学习仿效。这里的区别极其细微,如果不是贤人就不能够通晓。损害名声,遗祸自身,辱没先人,败坏家族,这里的过失尤其重大的有五点,你们应当深深地记着。其一,只懂得追求自身的安适享乐,不甘心清贫寡欲。假如有利于自己,就不考虑别人的指责。其二,不懂得儒家的学术内涵,不欣赏古人的道德礼仪,对于先前的经书茫然无知却不以为耻,谈论时政幼稚使人大笑不已。自身知道的很少还嫉妒别人有学识。其三,厌恶超过自己的人,喜欢花言巧语的人。只喜欢嘲弄调笑,不懂得思索古人的道义。听说别人的好事就心生嫉妒,听说别人的坏事就大肆传扬。浸透在邪门歪道中,败坏了道德礼义。白白地穿着华丽衣冠,却与地位低微的人没什么两样。其四,爱好懒散游玩,过于贪杯嗜酒。把举杯饮酒当作清高风雅,将勤恳做事视为凡夫俗事。时间久了成为习惯就容易荒废学业,等到觉醒了已经十分悔恨。其五,急于成名和做官,巴结权贵。一官半职,即使有的时候得到了,民众愤怒,君主猜疑,很少有保持下去的。这五种大错,比生了毒疮更厉害。毒疮用砭石就能够治疗好了,而这五种过失就是巫术医师也没有办法。前代贤人的明诫,典籍上都有记载。近代失败的教训,听见和看到的接连不断!中等智慧以下、修饰文词致力学习的人,轻率求进,想着施展个人的才能;那些承认自己命运而往后退的,就荒芜了文章学业,一概都不值得效法。只有拥有上乘智慧的人,才认真谋划,见识广博,坚定学业,精诚事业。任用他的时候就大济天下,不用他的时候就超然高隐。如果这样做不到,又怎能成为君子!

诫子孙

[唐]柳玭

说明

柳玭在《诫子孙》中探讨了家业兴衰的缘由:成于忠孝勤俭而衰于顽率奢傲。文中十分严肃地指出人即使出生在豪门贵族,如果不刻苦努力,勤俭持家,一样不能保住家业;不能仗着家大业大就胡作非为,好吃懒做,如果这样即使再大的家业也有败光的时候。虽然作者在这里谈的是成难衰易的古老命题,再一次诠释了"成由勤俭败由奢"的道理,但文中"夫行道之人,德行文学为根株,正直刚毅为柯叶。有根无叶,或可俟时;有叶无根,膏雨所不能活也。"寓教于喻,使人悚然警醒。文末把"孝慈友悌,忠信笃行"比作我们日常食用的酱醋,更是生动无比,一句反问把那些奢傲之人说得哑口无言,这是警拔有力。

生活在优越时代的孩子,也需要有勤俭方面的教育。勤俭不仅是一种物质上的节约,更是一种执着和追求构筑的精神支柱。把勤俭的品质内化为自己成熟的价值取向,并认定它必会受益终身,这是人生的成功积累和生命的可贵成熟。所谓贫贱不移、富贵不淫、不卑不亢、不骄不躁,皆由此而孕,由此而生。有了这种品质,一个人无论贫寒还是富有,面对逆境还是顺境,都会保持清醒的头脑,把握正确的人生航线。从这个意义上来说,勤俭永远不会过时。

【原文】

夫名门右族,莫不由祖考忠孝勤俭以成立之,莫不由子孙顽率奢傲以覆坠之。成立之难如升天。覆坠之易如燎毛①。余家本以学识礼法称于士林,比见诸家于吉凶礼制有疑者,多取正焉。丧乱以来,门祚②衰落,基构之重,属于后生。夫行道之人,德行文学为根株,正直刚毅为柯叶。有根无叶,或可俟时③;有叶无根,膏雨所不能活也。至于孝慈友悌,忠信笃行,乃食之醯酱④,可一日无哉?

【注释】

①燎毛:比喻事情极易失败。②门祚:犹家世。③俟时:等待时节。④醯:醋。

【译文】

大凡那些名门望族,没有一个不是因为父祖的忠诚孝廉、勤劳节俭而成家立业的,也没有一个不是因为子孙的顽劣草率、奢淫傲慢而覆没坠毁的。成家立业的艰难就像升上天空一样,覆没坠毁的容易就像燃烧毛发一样。我家一向以学习研究礼义法度而在士林中受到赞誉;常常见到各家在吉凶礼制方面有迷惑不解的地方,大都向我家来求正。黄巢起义以来,家世走向衰败没落,振兴家业的重任,全靠后生了。那些行道义的人,以品德、学问为树根,以正直、刚毅为枝叶。有树根而没有枝叶,大概还能够等待季节的到来;有枝叶而没有树根,即使有及时雨还是不能够成活的。至于孝顺父母、关爱子女、爱护弟弟、尊敬兄长,行为忠诚笃厚讲信用,就像吃的醋和酱一样,能够一天没有吗?

告诸子及弟侄

[宋]范仲淹

说明

范仲淹(989—1052),字希文,汉族,吴县(今属江苏苏州)人。北宋著名的政治家、思想家、军事家和文学家。他为政清廉,体恤民情,刚直不阿,力主改革,屡遭奸佞诬谤,数度被贬。1052年五月病逝于徐州,十二月葬于河南洛阳东南万安山,谥文正,封楚国公、魏国公。工诗词散文,有《范文正公集》传世。《告诸子及弟侄》中,作者从侍养母亲说起,并谈到宗族,目的是告诫子弟:第一、在京师要温习文字,清心洁行,"慎于高议",不可胡乱结交朋友,警戒子弟要耐得住贫穷,在利益面前要三思后行;第二、要勤奋学习,奉公守法,不可写信让人举荐或提拔,同时与人相

处时要谦虚礼让;第三、要时刻注意身体健康,想着为国效力;办事要公平公正,与同官和睦相处;有事商量,做官不要谋求私利。最终目的就是要诸子侄努力,谨言慎行,不辱没祖宗。

文章以夫子自道,文字虽然不多,但面面俱到。一个长辈对晚辈的关怀与指点,尽在言表,言之谆谆,且严且慈。从教子就可以看出作者的高

范仲淹

尚德操。这封家书大不类于其他文章,文中没有高远凛然的气象,没有高瞻远瞩的志向,更没有舍家报国的口号。但是,重视德行的作风,高洁淡泊的人品,让人称道。从范仲淹的治家经验来看,第一要紧,就是家风,而范仲淹的言传身教,就是维系和光大家风的最重要一环。

【原文】

吾贫时。与汝母养吾亲。汝母躬执爨①而吾亲甘旨,未尝充也。今得厚禄,欲以养亲,亲不在矣。汝母已早世,吾所最恨者,忍令若曹享富贵之乐也。

吴中宗族②甚众,于吾固有亲疏,然以吾祖宗视之,则均是子孙,固无亲疏也,敬祖宗之意无亲疏,则饥寒者吾安得不恤也。自祖宗来积德百余年,而始发于吾,得至大官,若享富贵而不恤宗族,异日何以见祖宗于地下,今何颜以入家庙乎?

京师交游,慎于高议,不同当言责之地。且温习文字,清心洁行,以自树立平生之称。当见大节,不必窃论曲直,取小名招大悔矣。

京师少往还,凡见利处,便须思患。老夫屡经风波,惟能忍穷,固得免祸。

大参到任,必受知也。惟勤学奉公,勿忧前路。慎勿作书求人荐拔,但自充实为妙。

将就大对,诚吾道之风采,宜谦下兢畏,以副士望。

青春何苦多病,岂不以摄生③为意耶?门才起立,宗族未受赐,有文学称,亦未为国家用,岂年循常人之情,轻其身泪其志哉!

贤弟请宽心将息,虽清贫,但身安为重。家间苦淡,士之常也,省去冗口可矣。

请多著工夫看道书,见寿而康者,问其所以,则有所得矣。

汝守官处小心不得欺事,与同官和睦多礼,有事只与同官议,莫与公人商量,莫纵乡亲来部下兴贩,自家且一向清心做官,莫营私利。汝看老叔自来如何,还曾营私否?自家好,家门各人好事,以光祖宗。

【注释】

①爨:烧火煮饭。②吴中宗族:范仲淹的同族子弟。③摄生:保养身体。

【译文】

我贫穷时,和你们的母亲奉养我老母亲,你们的母亲亲自烧火做饭,而我的老母亲吃着美味的食品,可那时生活并不富裕。现在我有了丰厚的俸禄,想用它奉养亲人,可亲人已经不在了。你们的母亲也去世早,这是我最遗憾的,怎忍心让你们享受富贵之乐。

吴中宗族子弟很多,与我当然有亲近和疏远的区别,但是如果用祖宗的眼光来看待,则都是子孙,当然没有亲近和疏远的区别了。遵从祖宗的意思,不区分亲近和疏远,那么饥寒交迫的人我怎能不救济他呢?自从祖宗以来累积德行百余年,从我开始,得到大官,如果只有我享受富贵而不周济宗族,它日有何面目在地下和祖宗见面,今日又有何颜面进入家庙呢?

在京师结交朋友,要谨慎高谈阔论,说话要看清地方。而且要温习文字,使自己的心里清静,使自己的行为洁净,来树立自己的平日形象。应当看重大节,不要偷偷在私底下谈论是非曲直,博取小的名声而招致大的悔恨。

在京师和人少往来,凡是见到有利益的地方,就要想到以后的害处。我屡次经历风波,因为我能够忍耐贫穷,才得以避免祸患。

刚刚参政,一定会受人知遇之恩,只需勤奋学习、廉洁奉公,不要忧虑前途,千万小心不要写信求人举荐提拔,只要自己充实就好。

将就大任,确可显示我辈的风采,应该谦虚谨慎,以副士人所望。

年纪轻轻就多病,为什么不注意保养身体呢?门第刚刚树起,宗族还未受到封赐,空有文学之才的称号,也没有为国家尽力,怎么能够像平常人一样,轻视自己的身体而使抱负不得实现!

贤弟请放宽心情调养休息,即使家庭清贫,但身体健康是重要的。家庭生活凄苦清淡,这是士人常有的,省去多余的吃饭人口就行了。请多花些时间看看道家的书籍和向健康长寿的人请教,询问养生之道,就会有所收获。

你们做官要处处小心,不可轻慢世事,与同僚和睦相处礼节周到,有事只与同僚商量,不要和差役商量,不要纵容同乡之人到你管辖的地方经商营利,而且自己要清心寡欲当官,不要营取私利。你们看我做得怎样,有过营取私利吗?自己家好,家门各自都做好事,以此来光耀祖宗。

诫子孙

[宋]贾昌朝

说明

贾昌朝(998~1065),字子明,真定获鹿(今河北获鹿)人。北宋文学家,书法家,真宗时赐同进士出身,仁宗庆历时同中书门下平章事兼枢密使,后封魏国公。谥文公。善文,工书,著作有《群经音辨》《通纪》《时令》《奏议》《文集》百二十二卷。因自己为官多年,十分熟悉官场习气,十分不满官场上的污秽现象,恐怕子孙"厕其间",因此在文中列举了大量的做官为人耻的现象。由一句"今诲汝等,居家孝,事君忠,与人谦和,临下慈爱"挈领全文,由一则虚惊一场的小故事引出为官不能滥杀戮,这样"伤和气、损阴德",从而告诫子孙办案要慎重,对于百姓不可随意刑戮。其后列举官场的滥刑谬戮和苛刻剥削、揭人短处和隐私等的丑陋现象,以及凭好恶喜怒的心情来为人处事的不良风气,提出要子孙奉公守法,少言慎行,对人对事不能仅凭私人的爱恶,更不可挥霍无度最后导致贪污犯罪,给自己招来终身的耻辱。

文章叙议结合、描述逼真、说理透彻。全面而又深刻地揭示官场的丑恶现象,就是为了告诫子孙要远离这些,不与之为伍,做一个孝顺忠诚谦卑友爱的人,真可谓用心良苦啊!

【原文】

今诲汝等,居家孝,事君忠,与人谦和,临下慈爱。众中语涉朝政得失,人事短长,慎勿容易开口。仕宦之法,清廉为最,听讼务在详审,用法必求宽恕。追呼决迅,不可不慎。吾少时见里巷中有一子弟,被官司呼召证人詈①语,其家父母妻子见吏持牒②至门,涕泗不食,至暮放还乃已。是知当官莅事,凡小小追讯,犹使人恐惧若此;况刑戮所加,一有滥谬,伤和气、损阴德莫甚焉。传曰:上失其道,民散久矣,如得其情,则哀矜而勿喜。此圣人深训,当书绅③而志之。

吾见近世以苛剥为才,以守法奉公为不才;以激讦④为能,以寡辞慎重为不能。遂使后生辈当官治事,必尚苛暴。开口发言,必高诋訾⑤。市怨贾祸,莫大于此。用是得进者有之矣,能善终其身,庆及其后者,未之闻也。

复有喜怒爱恶,专任己意。爱之者变黑为白,又欲置之于青云;恶之者以是为非,又欲挤之于沟壑。遂使小人奔走结附,避毁就誉。或为朋援,或为鹰犬,苟得禄利,略无愧耻。吁,可骇哉!吾愿汝等不厕其间。

又见好奢侈者,服玩必华,饮食必珍,非有高资厚禄,则必巧为计划,规取货利,勉称其所欲,一旦以贪污获罪,取终身之耻,其可救哉!

【注释】

①詈:骂。责骂。②牒:公文,凭证。③绅:古代士大夫束腰的大带子。④讦:攻击别人短处或揭发别人隐私。⑤诋訾:毁谤非议。

【译文】

今日教诲你们,在家奉养父母要孝顺,侍奉君主要忠诚,与人相处要谦虚和气,对待晚辈要慈祥爱护。众人之中有言语涉及朝政得失,人事长短,要谨慎并且不要随便开口。做官之法,清白廉洁是最重要的,办案时一定要详细审问,用法必求宽容体谅,追呼传讯,不能不谨慎。我小的时候看见里巷中有一子弟,被官府叫去证明人骂人之语,他家的父母妻子和孩子见官吏手持公文到了门口,吓得涕泪俱下,不肯吃饭,到了晚上那人被放回来,一家人才不惧怕了。由此知道当官办事,就是小小的传讯,还使人恐惧到这种地步;更何况受刑罚或被处死,一旦有滥用或错误,没有比这更损伤和气、有损阴德的了。传说:在上位的人离开了正道,百姓早就离心离德了。你如果能弄清他们的情况,就应当怜悯他们,而不要自鸣得意。这是圣人的深刻教训,应当书写在束腰带上并且牢记它。

我发现近来人们以苛刻剥削为本事,以奉公守法为没本事;以揭人短处和隐私为能干,以寡言谨慎为无能。于是使一些青年人当官理事,一定推崇苛刻暴虐。开口说话,一定要高声诋毁别人;没有比这更激怒别人,招致祸患的了。虽然暂时还能升官发财,但是能够善始善终,福传后代的,从来还未听说过。

还有的人喜怒好恶,专凭自己的意念。对所喜爱的人把黑的弄成白的,还想把他捧在青云之上;对他所厌恶的人则拿对的说成是错的,还想把他排挤到沟壑之中去。于是使一些小人奔走结党,回避诋毁追求名誉。有的结为朋党,有的成为鹰犬,如果能得到利禄,一点羞耻之心都没有。吁,令人惊骇啊!我期望你们不要混到他们里面去。

又有一些喜欢奢侈的人,服饰玩好,一定要追求华丽;吃的喝的一定要讲求珍贵。没有富有的资财和丰厚的俸禄,就一定会想方设法取得货物和财力,勉力来满足自己的欲望。一旦因贪污犯罪,招致终身的耻辱,这还能有救吗?

教子学父

[宋]欧阳修母

说明

欧阳修母郑氏,出身贫寒,读书不多,但却吃苦耐劳、知书达理。欧阳修父亲欧阳观死后,她一人担负起养育三个孩子的重任。由于家贫无资财,买不起纸笔,他便拿池塘边的荻草当作笔,以铺沙当作纸,开始教欧阳修认字。欧阳修在母亲的教导下,一丝不苟、反复苦练,终于不负母望,成了一代文坛领袖。其母画荻教子的故事成为历史上的佳话。

欧阳修母语重心长地以丈夫生前的言行来教育儿子,希望他像自己的父亲一样为官清廉正直,乐善好施,慈悲仁孝。虽是转述之语,但发自肺腑,撼人心悸。由于母亲的教育,父亲精神的影响,形成了欧阳修为人刚直敢言的性格,他尽管屡遭贬谪,但不改初衷,为人正直,为官清廉,为世称道。

由此可知,父母的言传身教,对孩子一生的影响是巨大的。因此,为人父母一定要给孩子树立一个好的榜样,以身作则,做一个有爱心和德行的人。

【原文】

汝父为吏,廉而好施与,喜宾客。其俸禄虽薄,常不使有馀,曰:"毋以是为我累。"故其亡也,无一瓦之覆,一垅之植,以庇而为生。吾何恃而能自守耶?吾于汝父,知其一二,以有待于汝也。……汝父为吏,尝夜烛治官书①,屡废而叹。吾问之,则曰:"此死狱也,我求其生不得尔!"吾曰:"生可求乎?"曰:"求其生而不得,则死者与我皆无恨也;矧②求而有得耶!以其有得,则知不求而死者有恨也。夫常求其生,犹失之死;而世常求其死也。"回顾乳者,抱汝而立于旁,因指而叹曰:"术者谓我岁行在戌将死。使其言然,吾不及见儿之立也,后当以我语告之。"其平居教他子弟,常用此语,吾耳熟焉,故能详也。其施于外事,吾不能知;其居于家,无所矜饰,而所为如此。是真发于中者耶!呜呼!其心厚于仁者耶!此吾知汝父之必将有后也,汝其勉之。夫养不必丰,要于孝;利虽不得博于物,要其心之厚于仁。吾不能教汝,此汝父之志也。

【注释】

①官书:公文案卷。②矧:何况。

【译文】

你的父亲做官,廉洁并且喜欢帮助人,还好宾客。他的俸禄十分微薄,常常没有积余,但是他说:"不要因为积财累及我廉洁的名声。"因此他死的时候,没有留下一间房屋,一块田地,用来庇佑我们,维持生活。我靠什么来保守节操呢?我对你的父亲了解一二,所以,对你有所期待。……你父亲做官时,经常夜里点着蜡烛批阅公文案卷,屡次停下来感叹。我问他,他说:"这是个死刑案件,我想给他寻求一条生路都不可能。"我说:"生路可以求取吗?"他又说:"想寻求一条生路给他都不能够,那么死者和我就都没有什么可怨恨的了;更何况有时还能使罪犯有一条生路啊。为能使死者得到生路,就知道轻率处死一个人,死者是有怨恨的。常常为死囚求生路,还有因失误被处死的;然而世间有的人常常想方设法把人处死!"他回过头看见奶妈抱着你站在旁边,于是指着你叹息说:"算命先生说我岁星行经戌年就要死去,假使他的言语真的灵验,我是看不到儿子长大成人了。以后应当把我的话告诉他。"他平时生活上教育其他晚辈,也常用这些话。我耳朵听多了,因此熟悉的能够详尽地说出来。他在外面做的事情,我不能够知道;他平时在家时,没有一点虚伪掩饰的地方,所作所为确实就像这样。他的这些话都是真正发自内心的!嗳!他有一颗宽厚仁爱的心啊!这就是我知道你的父亲一定会有好的后代的原因,你要勤勉。奉养长辈不一定就要衣食丰厚,重要的是孝顺;对人有利的事即使不能够遍及到每个人,也要去做,重要的是有一颗宽厚仁爱的心。我不能教给你什么,这些都是你父亲当年的意愿。

家诫二则

[宋]欧阳修

说明

欧阳修(1007~1073),字永叔,号醉翁,又号六一居士,北宋时期政治家、文学家、史学家和诗人,当时文坛盟主,唐宋八大家之一。《家诫二则》是选录欧阳修训诫文章中的两则。一则是教诲其子要苦学,勤奋的磨炼自己,最终成为有德行、有操守、有学识的人才。第二则是给侄子通理的回信,要他在多事之秋,勇于向前,忠于名节,不要躲避。

这两则诫文,虽然所针对的对象不同,一个是写给儿子的,一个是写给侄子的;内容也不同,一个是要儿子好好努力学习成为一个君子,一个是要侄子恪守奉公,保住名节,不避战事。但同时都表达了一个中心思想,就是希望子侄做道德高尚的人;在面临具体的事情时要勇于面对,打磨自己,成为一个对国家和社会有用的人。言语得当,喻理深刻,使人警醒。

欧阳修

【原文】

"玉不琢,不成器;人不学,不知道。"然玉之为物有不变之常,虽不琢以为器,而犹不害为玉也;人之性因物则迁,不学则舍君子而为小人,可不念哉?

偶此多事[1],如有差使,尽心向前,不得避事。至于临难死节,亦是汝荣事,但存心尽公,神明自佑,汝慎不可思避事也。

【注释】

[1]偶:遇。

【译文】

"如果玉不琢磨,就不能制成为器物;如果人不学习,也就不会懂得道理。"然而,玉作为一种物质,有它永恒不变的常性,即使不把它琢磨成器物,它也不失为玉,不会受到损伤;人的习性是会受到外界事物的影响而发生改变的,因此不学习就成不了品德高尚的君子,从而变成品行恶劣的小人,难道这不值得认真思考吗?

现在,遇到这个多事之秋,如果有差事要你去做,你要尽心尽力、勇往直前,不要躲避。如果面临危难为气节而死,也是你的光荣。只要你一心为公,神灵自然会

保佑你的,你千万要谨慎,不要考虑躲避做事啊。

名二子说

[宋]苏洵

说明

苏洵(1009~1066),字明允,号老泉,宋眉州眉山(今属四川眉山)人。北宋文学家,与其子苏轼、苏辙合称"三苏",均被列入"唐宋八大家"。长于散文,尤擅政论,议论明畅,笔势雄健,有《嘉祐集》传世。《名二子说》是苏洵对苏轼、苏辙的训诫之文。父亲苏洵为子取名,深有讲究。大儿子名"轼"。他说,车轮、车辐、车盖和车轸,都是车子的重要组成部分。而轼,只是车前用作搭手的横木,没有它,虽然卖相会难看一点,但毕竟不要紧。苏东坡从小生性旷达,其父告诫他要像"轼"那样放低身段,注意"外饰",而不要自以为是,锋芒毕露。小儿子性格平和,他为其取名"辙",他认为,天下的车莫不循辙而行,虽然论功劳,车辙是没份的,但如果车翻马毙,也怪不到辙的头上,可以免除祸患。诫文很巧妙地借名字作发挥,对两个儿子进行了为人处世方面的教诲。说来也正印证了他们的名字。苏轼旷达不羁、锋芒外露,苏辙冲和淡泊、含蓄深沉,兄弟二人各自的性格,与父亲的《名二子说》也是紧相契合。虽是苏洵为自己的两个儿子取名字时所作,观苏轼、苏辙二人生平,苏轼"一肚皮不合时宜",于党争中不知自保,落得一生坎坷;苏辙才华能力逊于兄,而仕宦生涯远比苏轼顺利。种种情形,竟与苏洵当初所料者全同,所以说:知子莫若父母也。

明智的父母,总希望子女首先要学会生存,然后再寻求发展。给儿子起名的用意,表明了他对两个儿子人生态度行为模式的期望。苏轼后来也写过一首诗:"人皆养子望聪明,我被聪明误一生。惟愿孩儿愚且鲁,无灾无难到公卿。"实际上也是这个道理。

【原文】

轮辐盖轸皆有职乎车,而轼独若无所为者,虽然,去轼吾未见其为完车也。轼乎,吾怯汝之不外饰①也。

天下之车莫不由辙,而言车之功者,辙不与焉,虽然。车仆马毙,而患亦不及辙,是辙者,善处乎祸福之间也。辙乎,吾知免矣。

【注释】

①饰:遮掩、装饰。

【译文】

车轮、车辐、车盖、车轸,在车上都有各自的用途,而唯独车轼好像是没有什么用处。即使如此,没有车轼,我觉得它就不是一辆完整的车了。苏轼啊,我担心的是你过分显露自己,不知道掩饰。

天下的车没有不是从车辙上轧过的,但是讲到车的功绩,却从来没有辙的份儿,即使如此,遇到车翻马死的灾难,损失也不会波及辙。所以,这个辙啊,善于在祸福之间找到自己的位置。苏辙啊,我知道你虽然没有福分,但是却可以免除灾祸了。

教子吟

[宋]邵雍

说明

邵雍,字尧夫,自号安乐先生、伊川翁,后人称百源先生,谥号康节。著有《观物篇》《先天图》《伊川击壤集》《皇极经世》等。《教子吟》主要是作者告诫子女,要彻底完善自己、了悟自己,是十分困难的;而困难不是来自智力的高低和知识的多少,更多的是在于自己实际付出的行动。只有在实际努力中,才能达到预期效果;光靠天资是远远不够的。

　　"知""行"是一个人成长、成才的两个主要手段,古人特别强调"知易行难""知行合一",这首诗也是基于此点而发的。天资聪颖固然重要,然而更重要的还是在于人的努力。如果一个人只是有天分,而没有后天的努力,就如同王安石《伤仲永》中的主人公一样,最终沦落为一个平庸的人。像他那样天生聪明,如此有才智,后天不教育,尚且成为平人;而那些天生资质平庸的人,后天还不接受教育,那不是就还不如普通人么。所以人的知识才能决不可单纯依靠天资,必须注重后天的教育和学习。这里强调的就是后天教育和学习对成才的重要性。

【原文】

　　为人能了自家身①,千万人中有一人。虽用知如未知说,在乎行②与不行分。该通③始谓才中秀,杰出方名席上珍。善恶一何相去远,也由资性也由勤。

【注释】

　　①了身:佛家用语,指了悟、超凡出世。②行:行动,实践,③该通:指详备通脱、博学多识。

【译文】

　　做人能够彻底完备地了悟自己,千千万万的人中也许只有一个人。
　　人的了悟虽然和知与不知的关系很大,但是关键还是在于是否实践。
　　详备通脱,博学多识才能称为优秀的人才,才能出众的才是席上的稀世珍品。
　　善良和邪恶为什么相差甚远,既是由于资质天性也是由于是否勤劳。

赠外孙

[宋]王安石

说明

　　王安石(1021~1086),字介甫,号半山,临川(今江西省抚州市)人。北宋杰出的政治家、思想家、文学家、改革家,唐宋八大家之一。官至宰相,主张改革变法,实行新政,但是由于保守派的反对阻挠,新政很快失败。后退居江宁(今江苏南京),封荆国公,卒谥文。其诗歌多针砭时弊,反映现实矛盾,同情大众疾苦;散文雄伟峭拔,为"唐宋八大家"之一。有《王临川集》《临川集拾遗》等存世。诗作《元日》《梅花》等最为著名。

《赠外孙》是王安石看到活泼可爱的小外孙时,阐释自己的教育观点:幼时任其自由发展,稍微长大一些就要督促他用功读书,成为学富五车的人。文中把"凤凰雏"比作自己的小外孙,紧接着赞叹说他"眉目分明画不如",充分抒发了作者对外孙的喜爱和赞美之情。随后揭示了培育后代,使之健康成长的方法,即幼时让他随性发展,给孩子充分快乐的童年;稍微长大些就要劝诫他博览群书,增长才干。这是符合儿童的心理和发展规律的。

【原文】

南山新长凤凰雏①,眉目分明画不如。年小从②他爱梨栗,长成须读五车③书。

【注释】

①雏:指幼小的凤凰。在这里指作者的小外孙。②从:放纵,放任,③五车:形容书之多,语出《庄子天下》

"惠施多方,其书五车"。

【译文】

小外孙就像南山上新生的小凤凰一样,眉目清秀得比画上的还好看。

年纪小的时候就顺着他的脾气吧,比如喜欢梨子和栗什么的,但是年纪大些的时候就必须让他读很多书了。

训子孙文

[宋]司马光

说明

司马光（1019~1086），初字公实，更字君实，号迂夫，晚号迂叟，陕州夏县（今属山西）人。是北宋政治家、文学家、史学家，历仕仁宗、英宗、神宗、哲宗四朝，卒赠太师、温国公，谥文正。他主持编纂了中国历史上第一部编年体通史《资治通鉴》。司马光为人温良谦恭、刚正不阿，其人格堪称儒学教化下的典范，历来受人景仰。有《司马文正公集》《稽骨录》等。《训子孙文》是司马光写在家世兴隆的时候，文中他从多种角度阐释"崇俭"的积极意义和奢侈的严重危害。在这里我们摘录了其中的精华部分，叙说两个方面内容：一是无论是君子还是小人，都是俭养德，侈招恶。二是批判那些为子孙不断地聚敛资财而薄施礼义的父母，不但不会福及子孙，还会贻害他们，同时指出为子孙聚财是一种愚行；最后告诉世人那些圣贤的人不会给子孙留下太多的资财，只是留给他们廉洁和俭朴的优良品德。

文章观点鲜明，有理有据，论述得当，实在是一篇不错的议论文。在这里他告诉世人一个道理：积累钱财留给子孙，以为可以使子孙世代富有，其结果事与愿违，徒然养成子孙骄奢淫逸的恶习，甚或危及自身。司马光认为，与其将钱财留于子孙，还不如"以义方训其子，以礼法齐其家"，只有如此才能常保子孙衣食无忧。因此，在他的言传身教下，后辈都能够继承他的家风，以清廉自守。文章引经据典，洋洋洒洒，这些对子孙教育的见解和做法，时至今日仍有一定的借鉴和启迪意义。

【原文】

有德者皆由俭来也，俭则寡欲，君子寡欲则不役于物，可以直道而行；小人寡欲而能谨身节用，远罪丰家。故曰：俭，德之共。侈则多欲，君子多欲则贪慕富贵，枉道速祸；小人多欲则多求妄用，败家丧身，是以居官必贿，居乡必盗。故曰：侈，恶之大也。为人父祖者,莫不思利其后世,然果能利之者鲜矣。何以言之?今之为后世谋者,不过广营生计以遗之,田畴连阡陌,邸肆跨坊曲,粟麦盈囷仓,金帛充箧笥①,慊慊然求之犹未足,施施然自以为子子孙孙累世用之莫能尽也。然不知以义方训其子,以礼法齐其家,自于十数年中,勤身苦体以聚之,而子孙以岁时之间,奢靡游荡以散之,反笑其祖考之愚,不知自娱,又怨其吝啬无恩于我而厉之也。

夫生生之资,固人所不能无,然勿求多余,多余希不为累矣。使其子孙果贤耶,岂疏粝布褐②不能自营,死于道路乎?其不贤也,虽积金满堂室,又奚益哉?故多藏以遗子孙者,吾见其愚之甚。然则圣贤不预子孙之匮乏耶?何为其然也,昔者圣贤遗子孙以廉以俭。

【注释】

①箧笥:藏物的竹器。

②疏粝布褐:疏粝,粗糙的饭食。布褐,粗布短衣。

【译文】

有德行的人都是从俭朴中培养出来的。俭朴,欲望就会减少,君子少欲就不会被外物所役使,就能够正道直行;小人少欲就能使自身谨慎,节省费用,远离罪祸,使家庭富裕。因此说:俭和德同时并存。奢侈就会有过多的欲望,君子多欲就会贪图富贵,不走正道,招致祸患;小人多欲就会胡乱浪费,使家庭败坏,使自身丧命,所以这样做官必然贪赃受贿,在乡间必然盗窃他人财物。因此说:奢侈是最大的罪恶。

作为长辈,没有不想着为后代谋求福利的,然而真正能够给后代带来福利的实在太少了。凭什么这样说呢?现在给后代谋求福利的人,只不过是广泛地经营生计来遗留给后代,他们已经有田地,阡陌相连,有住宅商店,横跨街坊,有满仓的粟麦,有满筐的金银布匹,然而心里还是感到很不满足,还是一味地谋求,沾沾自喜地认为这些财物子子孙孙千百世也都用不完了。但是他们不知道用仁义道德的品行去训诫子孙,用礼仪正法度去治理家庭。这样自身用十几年勤劳辛苦聚积来的财富,可子孙却会在很短的时间内由于奢侈淫靡、游乐放荡而把它们用光,还反过来嘲笑他们祖先的愚蠢,说他们不知道自己享乐,埋怨祖先过于吝啬,对他们太严厉。

人所赖以生存的生活资料固然不能够缺少,但是不要追求过多,过多就会成为牵累。假如他的子孙真的贤能,难道连粗粮粗布都不能自己营求却由于饥寒而死于道路吗?假如他的子孙不贤能,即使是积累了满屋黄金,又有什么益处呢?因此储藏过多财物留给子孙的人,我觉得他太愚蠢了。那么,难道圣人就不管子孙的贫穷困乏了吗?我要说的是:过去那些圣贤的人留给子孙的是廉洁、俭朴的优良品德。

训俭示康

[宋]司马光

说明

《训俭示康》是司马光专门教育儿子要奉行勤俭节约,不能奢靡无度而写的一篇家训。作者由自己秉承清白的家训入题,然后援引了孔子关于俭朴的几段话,说到了当今过度奢靡的风俗,进而枚举了历史上很多以节俭朴素而传为佳话的事例和因生活奢侈而导致家业败落的例子,目的就是教育儿子不但要以身作则,节俭朴素,还要教育子孙,把这种俭朴的家风传承发扬下去。

一个人对待物质生活的态度,直接关系到他事业的成功与失败。司马光以他深邃的政治眼光,敏感地洞察到了这个真理。文中,紧紧围绕着"成由俭,败由奢"这个古训,结合自己的生活经历和切身体验,旁征博引许多典型事例,对儿子进行了耐心细致、深入浅出的教诲。司马光认为俭朴是一种美德,并大力提倡,反对奢侈腐化,这种思想在当时封建官僚阶级造成的奢靡的流俗中,无疑是具有巨大进步意义的。在今天看来,司马光的见解和主张,也是很有现实的积极意义的。

【原文】

吾本寒家,世以清白相承。吾性不喜华靡。自为乳儿,长者加以金银华美之服，辄羞赧①弃去之。二十忝科名，闻喜宴独不戴花，同年曰："君赐不可违也。"乃簪一花。平生衣取蔽寒，食取充腹，亦不服垢敝以矫俗干名，但顺吾性而已。众人皆以奢靡为荣，吾心独以俭素为美。人皆嗤吾固陋②，吾不以为病，应之曰："孔子称：'与不逊也，宁固。'又曰：'以约失者鲜矣。'又曰：'志士于道而耻恶衣恶食者，未足与议也。'古人以俭为美德，今人乃以俭相诟病。嘻，异哉！"近岁风俗尤侈靡，走卒类士服，农夫蹑丝履。吾记天圣中先公为群牧判官，客至未尝不置酒，或三行五行多不过七行，酒沽于市，果止于梨、栗、枣、柿之类，肴止于脯、醢、菜羹。器用瓷漆：当时士大夫家皆然，人不相非也。会数而礼勤，物薄而情厚。近日士大夫家，酒非内法③，果肴非远方珍异，食非多品，器皿非满案，不敢会宾友，常数日营聚，然后敢发书。苟或不然。人争非之，以为鄙吝，故不随俗靡者盖鲜也。嗟乎！风俗颓弊如是，居位者虽不能禁，忍助之乎！又闻昔李文靖公为相，治居于封丘门内，厅事前从容旋马。或言其太隘，公笑曰："居第当传子孙，此为宰相厅事诚隘，为太祝、奉礼厅事已宽矣。"参政鲁公为谏官，真宗遣使急召之，得于酒家。既入，问其所来，以实对。上曰："卿为清望官，奈何饭于酒肆？"对曰："臣家贫，客至无器皿肴果，故就酒家觞之。"上以其无隐，益重之。张文节为相，自奉养如为河阳掌书记时，所亲或规之曰："公今受俸不少，而自奉若此，公虽自奉若此，公虽自信清约，外人颇有公孙布被之讥，公宜少从众。"公叹曰："吾今日之俸，虽举家锦衣玉食，何患不能。顾人之常情，由俭入奢易，由奢入俭难。吾今日俸岂能常有？身岂能常存？一旦异于今日，家人习奢已久，不能顿俭，必致失所。岂若吾居位、去位、身在、身亡，常如一日乎？"呜呼！大贤之深谋远虑，岂庸人所及哉。御孙曰："俭，德之共也；侈，恶之大也。"共，同也。言有德者，皆由俭来也。夫俭则寡欲，君子寡欲，则不役于物，可以直道而行；小人寡欲。则能谨身节用，远罪丰家。故曰："俭，德之共也。"侈则多欲。君子多欲，则贪慕富贵，枉道速祸；小人多欲，则多求妄用，丧身败家。是以居官必贿，居乡必盗。故曰："侈，恶之大也。"昔正考父饘粥④以糊口，孟僖子知其后必有达人。李文子相三君，妾不衣帛，马不食粟，君子以为忠。管仲镂簋⑤朱弦，山节藻棁，孔子鄙其小器。公叔文子享卫灵公，史鰌知其及祸；及戌果认富有得罪出亡。何曾日食万钱，至孙认骄溢倾家；石崇以奢靡夸人，卒以此死东市。近世寇莱公豪侈冠一时,然以功业大,人莫之非,子孙习其家风,今多穷困。其余以俭立名,以侈自败者多矣,不可遍数,聊举数人以训汝。汝非徒身当服行,当以训汝子孙,使知前辈风俗云。

【注释】

①羞赧:羞愧得脸红。形容十分羞愧。②固陋:见识浅薄,见闻不广。③内法:按宫廷规定的方法酿造的酒。④饘粥:稠粥。⑤镂簋:刻有花纹的簋。镂,刻。簋,盛食物的器具。

【译文】

我出生在贫寒的人家,世代以清白的家风承传。我本性就不喜欢豪华奢靡。小的时候,大人如给我穿有金银装饰的华美衣服,我总是感觉羞愧而不穿。二十岁时我考中了进士,在皇帝恩赐的琼林宴上,只有我不愿意戴花。同科考中的人说:"皇上的御赐是不可以违抗的。"我才勉强戴了一枝。平时,我穿衣服只要能够遮挡寒冷,饮食只要能够充实肚子就行了。当然,也不会故意穿肮脏破落的衣服来显示自己与众不同,沽名钓誉,只是顺合我的性情罢了。现在,许多人都以奢侈浪费作为光荣,而我的心中却单单认为节俭朴素才算是美的。许多人都笑话我寒酸,可我却不认为这是缺点。回答他们说"孔子讲过:'与其骄奢不逊,宁愿寒酸'。又说:'一个人因为俭朴节约而有过失的事是很少的。'还说:'读书人有志于追求真理,但又以穿旧衣吃粗粮为耻辱的人,是不值得和他谈学问的。'古人以俭朴作为美德,现在的人却都以俭朴为耻辱和弊病,嘻!这真是怪事啊!近年来,社会风俗更加奢侈,差役们穿着和读书人一样的服装,农夫们也穿起丝类做的鞋子。我记得仁宗天圣中期先父做群牧判官时,家中来了客人不是不置备酒菜,但劝酒只三次五次,最多不超过七次,酒是从街上买来的,下酒的果品不过是梨、栗、枣、柿之类;菜不过是干肉、肉酱、菜羹;盛酒菜的器皿用具也只是瓷器漆器。当时的士大夫家都是这样做的,没有人认为不好。当时,亲友间经常聚会,礼仪很多,花费很少,情意却很深厚。可是,现在的士大夫家,如果没有按皇宫中的办法酿造的酒,没有从远方买来的奇珍异果，没有复杂多样的食品，没有满桌的华贵器皿用具，是不敢招待宾客的。常常要经过很多日子的置办储备，才敢发请帖。如果有不这样做的，人们争着议论他的不是，认为他庸俗，所以，能够不跟着这种风气跑而坚持走正道的人，实在是很少。啊！风俗颓废败坏到这种程度，当官的即使禁止不了它，又怎么忍心去助长它呢？又听说从前文靖公李沆做宰相，在封丘门内修造住宅，厅堂前面只有够马儿旋转的地方。有人说这个地方太狭窄了，李公就笑着说："住宅是要传给子孙的，这里作为宰相办事的厅堂确实狭窄，但是将来用作当太祝、奉礼的厅堂，却已经很宽敞了。"参知政事鲁宗道公当谏官时，宋真宗派人紧急召见他，结果在酒店里找到他。到了宫内，真宗问他从何处来，鲁公就把实情告诉了皇上。皇上问："爱卿是清高而有名望的官，为什么在酒店中饮酒呢？"鲁公回答说："臣家中贫寒，客人来了没有器皿装菜肴果品，因此就到酒店中饮酒招待。"真宗因为鲁公没有隐瞒真相，更加重用他。文节公张知白当了宰相后，生活水平仍然保持在河阳当节度判官时那样。亲戚中有的人劝他说："您现在所受朝廷俸禄不少了，然而给自己定的生活标准却这样低，您即使自己这样清廉节俭，自信这样做是清廉俭约，可是外面的人笑话您说像公孙弘盖布被子一样虚假，您应该稍微附和一下众人！"文公叹息道："我今天的俸禄收入，即使全家锦衣玉食，何尝不能做到！然而想想人们的常情总都是由俭入奢容易，由奢入俭困难。我今天这样多的俸禄，怎么可能经常拥有，我自身怎么可能永远生存在世上。如果有一天，我的地位和收入和现在不一样了，家人却早已习惯奢侈生活，就不可能立刻做到节俭，一定会招致流离失所。因此，还不如无论我在位不在位，活着或者死亡，都坚持同一生活标准呢。"唉！这些贤人是多么的深谋远虑呀，他们的见识哪里是庸人们能够比得上的。御孙说："俭，德之共也；侈，恶之大也。"共，就是相通。是说有优秀道德品质的人，都是由节俭而来的。俭朴，欲望就会减少，君子少欲就不会被外物所役使，就能够正道直行；小人少欲就能使自身谨慎，节省费用，远离罪祸，使家庭富裕。因此说：节俭和德行同时并存。奢侈就会有过多的欲望，君子多欲就会贪图富贵，不走正道，招致祸患；小人多欲就会胡乱浪费，使家庭败坏，使自身丧命，这样做官必然贪赃受贿，在乡间必然盗窃他人财物。因此说：奢侈是最大的罪恶。从前，春秋时的正考父用稠粥来维持生活，鲁国大夫孟僖子说他的后代中一定会有贤达的人。鲁国大夫季文子曾经辅佐三个国君,然而他的妻妾没有一件绢帛料子的高贵衣服,家中的马匹不以粮食为饲料,所以国君认为他是忠诚的人。管仲当齐桓公的宰相,自恃功高,使用刻花纹的食器,冠冕上系红色的纽带,山门柱头有斗拱,梁上的短柱上也系上五彩丝绳,孔子很鄙视他,说他见识不高。卫国大夫公孙文子宴请卫灵公,大夫史鳅认为公叔文子将要遭到灾祸;戌果这个人也是以富裕得罪君主而亡命的。晋朝太尉何曾每天饮食要花一万钱,到了子孙这一代就因为骄奢过度而倾家毁业;晋朝的太仆石崇以奢侈豪华向人夸耀,终于因此而被杀于东市。近年莱国公寇准豪华奢侈在当时堪称第一,只是由于他功业很大,人们不敢指责他,他的子孙习染了这种家风,到现在大多贫穷困乏。其他的以俭朴立业而闻名,以奢侈而招致败落的事例很多,不可能统统列举,姑且举出几人来训诫你们。你不但自身应当履行俭朴,而且还应当教训你的子孙,使他们懂得我家先辈们俭朴的家风。

与子由弟二则

[宋]苏轼

说明

苏轼,字子瞻,又字和仲,号"东坡居士",北宋著名文学家、书画家、词人、诗人。他是中国文学艺术史上罕见的全才,也是中国数千年历史上被公认文学艺术造诣最杰出的大家之一。

《与子由弟二则》是苏轼给弟弟苏辙的两则书信。第一则提醒子由做人就像作诗一样,在大节上要突出,同时小疵也不能够掉以轻心。第二则是苏轼将自己长期形成的那种"廓然无一物"的旷达胸襟传授给弟弟,告诉弟弟年岁已老,"当以时自娱"。苏轼一生与物无竞、随缘自适、宠辱不惊,他也始终奉行着这样的人生哲学。虽然其中也不乏无可奈何的酸楚,但是能够渺然无物的态度实在也是令人佩服。文中有对弟弟的褒赞,也有对弟弟规劝和警策,还有对弟弟和自己今后生活的向往和释然,表达了兄弟间深厚的情义;同时字里行间中也渗透了作者对现实生活的无奈和不满,实际上也是同病相怜、慰人慰己之语。

【原文】

吾弟大节过人,而小事或不经意,正如作诗,高处可追配古人,而失处或受嗤于拙目①。薄俗正好②检点人,小疵,不可不留意也。

吾兄弟俱老矣,当以时自娱,此外万端皆不足介怀。所谓自娱者,亦非世俗之乐,但胸中廓然③无一物,即天壤之内,山川草木虫鱼之类,皆吾作乐事也。

【注释】

①受嗤于拙目:被没有鉴赏眼光的人嘲笑。②好:喜欢。③廓然:形容空旷寂静的样子。

【译文】

弟弟你大节无人能及,然而在一些小事上有的就不留意,就像作诗一样,高的可以配比古人,可是失误的地方就会被没有鉴赏眼光的人嘲笑。轻薄的习俗就喜欢对别人吹毛求疵,小的毛病,不能够不多加小心。

我们兄弟都老了,应当趁着光阴自寻乐趣,除此之外,什么事情都无须介意。所说的自寻乐趣,也不是世俗的欢乐,而是胸怀中空旷寂静,就是在天地之间,山川草木虫鱼之类的事物,都是我所做的欢乐的事情。

家诫

[宋]黄庭坚

说明

黄庭坚(1045—1105),字鲁直,自号山谷道人,晚号涪翁,又称豫章黄先生,洪州分宁(今江西修水)人。英宗治平四年进士。历官叶县尉、北京国子监教授、校书郎、著作佐郎、秘书丞、涪州别驾、黔州安置等。著名诗人,诗风气象森严、奇折险拗,为盛极一时的江西诗派开山之祖;又能词;书法纵横奇倔,以侧险取势,是宋四大家之一。有《山谷集》及墨迹多种。

《家诫》讲述的不是自己事情的亲身经历,而是自己亲眼见到的具体事例,向后人说明家族兴衰的根源在于家庭内部日益繁衍众大,家庭内部人际关系不断改变,人们的私心日益加剧,因此造成日后的迅速衰败。文章在内容上,不是空洞的讲述大道理,也不是生搬硬套的挪用先人的例子,而是拿自己亲眼见到的实际例子教子,这样使得文章更加真实而生动,使道理更加深刻而意味深长。在形式上,采用了与当事人对话的形式,似乎告诉子孙,这些就是眼前的事情,还历历在目,更加具有教育意义。

【原文】

庭坚自总角①读书及有知识迄今,四十年时态,历览谛见润屋封君巨姓,豪右衣冠世族,金珠满堂;不数年间,复过之,特见废田不耕,空困不给;又数年,复见之,有缧绁②于公庭者,有荷担而倦于行路者。问之曰:"君家曩时③蕃衍盛大,何贫贱如是之速耶?"有应于予曰:"嗟乎! 吾高祖起自忧勤,嗷类④数口,叔兄慈惠。弟侄恭顺。为人子者告其母曰:'无以为争,无以小事为仇。'使我兄叔之和也。为人夫者告其妻曰:'无以猜忌为心,无以有无为怀。'使我弟侄之和也。于是共庖而食,共堂而燕⑤,共库而泉,共廪而粟。寒而衣,其布同也;出而游,其车同也。下奉以义,上谦以仁,众母如一母,众儿如一儿,无尔我之辨,无多寡之嫌,无私贪之欲,无横费之财。仓箱共目而敛之,金帛共力而收之。故官私皆治,富贵两崇。逮其子孙蕃息,妯娌众多,内言多忌,人我意殊,礼义消衰,诗书罕闻,人面狼心,星分瓜剖,处私室则包羞自食,遇识者则强曰同宗,父无争子而陷于不义,夫无贤妇而陷于不仁,所志者小而失者大,至于危坐孤立,遗害不相维持,此所以速于苦也。"庭坚闻而泣曰:"家之不齐,遂至如是之甚,可志此以为吾族之鉴。"

【注释】

①总角:古代男女未成年前束发为两结,形状如角,故称总角。②缧绁:绑犯人

的绳索，引申为牢狱。③曩时：从前。④噍类：活人。⑤燕：通"宴"。

【译文】

我从儿时读书到如今有知识以来，已经过去四十年了，这期间亲眼见到那些豪门贵族、高官厚禄之家，金玉满屋。不到几年再次经过这里，只见田地荒芜无人耕种，空空的仓库没法供应粮食。再过几年又看到，有进了监狱的人，有肩挑着担子在路上疲惫行走的人。我问他们说："你们家鼎盛时非常繁荣，为什么这么快就变得贫贱了呢？"有的回答我说："哎呀！我家高祖由于忧劳辛勤发家，生活在一起才几个人，叔父长兄慈祥仁爱，弟弟侄儿恭敬和顺。做儿子的告诉母亲说：'不要因为事情争执，不要因为小事而结为仇敌。'这样使得我的叔辈兄长们和睦相处。做丈夫的告诉妻子说：'不要存有猜忌的心思，不要把有无放在心上。'这样使得弟弟侄儿能和睦相处。这样在家里共同在一锅里吃饭，共同在一屋里宴乐，钱财放在同一仓库，粮食放在同一个仓廪。天气寒冷穿的衣服是同样的布料，外出游玩坐的马车也是同样的。晚辈以礼义奉行孝道，长辈以谦和施予仁爱，大家就像一个母亲所生养的，大家就像一人的子女那样对待，不分你我，不嫌多少，没有私欲贪欲，没有浪费的钱财。仓库衣箱大家都一起监督而收藏，钱物大家共同劳动而储存在一起。因此公私皆治，富贵两增。等到我们家子孙繁衍，妯娌众多时，家里说话忌讳愈来愈多，分起你我，礼义也消失衰败了，也很少听到读书声了，个个人面兽心，大家庭四分五裂，都躲在各自家里开小灶，见到有智识的就硬说是本家同宗，父亲因没有劝诫自己的儿子，丈夫因没有规劝自己的妻子，而都陷入了无法讲究仁义的困境，应有的志向没有，而且失误贻害越来越多，以至于各自孤立，灾难来到时不能相互维持，这就是我们迅速地变成目前这种困苦境地的原因。"我听了这些话，流着泪说："因为没有整治好家政，于是最终到这种可怕的地步！可以记下他们的教训用来作为我们家族的借鉴。"

实柜秸

[宋] 张耒

说明

　　张耒(1054—1114),字文潜,北宋文学家,擅长诗词,为苏门四学士之一,世称"宛丘先生"。由主簿、县尉,官至起居舍人,故后世又称"张右史"。新旧党争中,他受到蔡京等的迫害,一再被贬黜;晚年居陈州,因有"柯山"之号。早年文章受苏辙赏识,因得从学于苏轼,与黄庭坚、秦观、晁补之同为"苏门四学士"。其诗平易明畅、流利自然。有《张右史文集》。全宋词,全宋诗中有他的多篇作品。《实柜秸》是作者有感于邻人卖饼生涯而作的劝学诗,诗前序云:"北邻卖饼儿,每五更未旦,即绕街呼卖,虽大寒烈风不废,而时刻不少差也,有所警示。"文中描绘了一个寒冷冬天,卖饼者不畏寒冷和艰苦,努力经营的画面。

　　我从内心深处感叹该诗写得好,诗歌将一幅清晰凄美的画面展现在我们面前。诗的结尾两句"业无高卑志当坚,男儿有求安得闲",使诗歌主题得到了升华。多么有声色的一句话! 由描述邻人艰辛卖饼,进而笔锋一转,他不是纯粹地同情怜悯卖饼者,而是赞叹卖饼的人有志气。好男儿不畏艰难,勇于吃苦,辛勤劳作的精神可嘉。处境艰难的人虽然是生活所迫,但关键是看对生活的态度。诗中的卖饼者,他不怨天尤人,不消极悲观,不自暴自弃,而是自尊自重,自强自立,这种精神应该被世人所尊重。于日常小事升华出了深刻地意义。此诗没有表现出"万般皆下品,唯有读书高"的清高,倒有点后世所谓的"职业无贵贱""行行出状元"的高度。

【原文】

　　城头月落霜如雪,楼头五更声欲绝。捧盘出户歌一声,市楼东西人未作。北风吹衣射我饼,不忧①衣单忧饼冷。业无高卑志当坚,男儿有求安得闲?

【注释】

①忧：担心，忧虑。

【译文】

那是一个寒冷的冬天早晨，天上一轮西垂的明月，月光如水泻在城头，地上覆盖的寒霜如同一层薄薄的白雪。正是五更天，楼头静悄悄的，没有任何的声音。

这时一个孤单的卖饼人的身影走出门来，捧着饼盘，迎着刺骨的寒风，发出一声凄凉颤抖的吆喝声。大街上没有一个行人起来劳作，喧闹的城市十分冷清。

寒冷的北风无情地吹开卖饼的人那单薄的衣服，但他并不担心衣裳单薄，而是担心天寒地冻了他那卖不出去的饼，然而光顾者却寥寥无几。

从事的行业没有高尚和卑微的区别，只要意志坚强，堂堂男儿有自己的追求，哪能够只是享受悠闲呢？

与子寅书

[宋]胡安国

说明

胡安国（1074~1138），字康侯，号青山，学者称武夷先生，后世称胡义定公，宋建宁崇安（今福建武夷山市）人。北宋末年进士，为太学博士，旋提举湖南学事。后迁居衡阳南岳，主要从事学术研究，创办碧泉、文定书院讲学，在南岳完成了理学史上的重要著作《春秋传》。南宋时期的著名经学家和湖湘学派的创始人之一，其治学理念上承二程，下接谢良佐、杨时、游酢，在理学发展史上居于承上启下的地位。谥号文定。胡寅是其长子，礼部侍郎，也是以节操学问著称的名人，著《读史管见》数十万言，学者称致堂先生。

《与子寅书》讲的是为政做人的道理，字里行间中无不体现出作者对胡寅的教悔和期许。这里是节录的几段。主要内容谈道：一、强调为政要以风俗教化，道德礼义为先。二、强调化民成俗，使人向善。三、为政强调风俗教化，实质是从根本上加强治理。四、强调居官要清廉谨慎，处事要精心果断，个人修养要注意饮食男女等生活问题。在家书中，胡安国告诫儿子如何处世、做人、为政。在作者看来，立志为先是取得成功的根本，而为人忠实诚信才能立足于世；行为要端庄，临事要敏捷果断；为政依法办事，严格遵纪守法。最后指出治心修身，要从点点滴滴做起，像古之圣贤一样一切都不可忽视。文章语气严厉，态度严肃，表现出一位深明大义的严父，对儿子的挚爱深情。同时言简、意赅、切要，使人深受启发。

【原文】

公使库待宾，并以五盏为率，自足展尽情意。

禁奸吏必止其邪心，不徒革面。为政必以风化德礼为先，风化必至诚为本。民讼①毁简，每日可着一时工夫，详与理会，因训道之使趋于善，且以讽动左右，不无益也。

立志以明道，希文自期待；立心以忠信，不欺为主本；行己以端庄，清慎见操执；临事以明敏，果断辨是非；又谨三尺，考求立法之意而操纵之：斯可为政，不在人后矣，汝勉之哉！治心修身，以饮食男女为切要，从古圣贤，自这里做工夫，其可忽乎？

君实见趣本不甚高，为他广读书史，苦学笃信，清俭之事而谨守之。人十己百，至老不倦，故得志而行，亦做七分已上人。若李文靖澹然②无欲，王沂公俨然不动，资禀既如此，又济之以学，故是八九分地位也。后人皆不能及，并可师法。

汝在郡，当一日勤如一日，深求所以牧民共理之理，勉思其未至，不可忽也。若不事事，别有觊望③，声绩一塌了，更整顿不得，宜深自警省，思远大之业。

【注释】

①讼：诉讼案。②澹然：恬淡的样子。③觊望：希图，企望。

【译文】

由于公事请客，饮酒以五杯作为限度，这就足以表示情深意浓了。

禁止奸吏徇私枉法，一定要去掉他的邪心，不仅仅是表面上改正。处理政务一定要以风俗教化、道德礼仪作为首要，而风俗教化又一定要以至诚作为根本。日常的诉讼案件少，每天可抽出一些时间来接近百姓，加以教育，经过训诫告诉他们道理使他们学好，而且还可以为身边人做出表率，使他们仿效，这样做很有好处。

立志以圣贤之道，期待使自己能够成为范希文一样的人；居心笃厚守信用，以诚实不欺骗为根本；行为端正庄重，操守清廉谨慎；面对事情聪明机敏，果敢决断的辨别出对错；再三谨慎，探索研求立法的原意而后再去执行。这样你的政绩就不会落在人后了，你要自我勉励。修养身心，要注意饮食男女这些关键的日常生活问题，自古以来，圣贤都是从这里做工夫，不能够忽视。

司马君实的见识志趣本不很高，因为他广泛阅读经史典籍，刻苦学习，诚信不欺，立身处事清廉俭朴，而且严格坚持到底。别人用十分力气，他用百分力气，到老都不倦怠。因此能志行于世，十分能做到七分以上。像李文靖公处世恬淡无欲无求，王沂公庄重严肃不为外物所动，天资禀赋已经很好，还加上好学，所以十分能做到八九分。后人都赶不上他们，可以效法他们。

你在郡做官，应当一天比一天勤奋，深入探求治民之道，努力想想什么还没有办到，不能够忽视。如果有事不办，而有别的企图，官声业绩一塌下来，那就无法挽回。你应该自己深刻警惕反省，想着更远大的事业。

石林家训

[宋]叶梦得

说明

叶梦得（1077~1148），字少蕴，吴县（今江苏苏州）人。绍圣四年登进士第，历任翰林学士、户部尚书、江东安抚大使等官职。晚年隐居湖州弁山玲珑山石林，故号石林居士，所著诗文多以石林为名，如《石林燕语》《石林词》《石林诗话》等。绍兴八十年卒，年七十二。死后追赠检校少保。在北宋末年到南宋前半期的词风变异过程中,他是起到先导和枢纽作用的重要词人。作为南渡词人中年辈较长的一位,叶梦得开拓了南宋前半期以"气"入词的词坛新路。

叶梦得在《家训》中,先从《易经》和庄子、孟子的话说起,道出语言的重要性。告诉儿子,说话不能不谨慎。而后给儿子分析,说话者的四类弊病和听话者的两种情况。他相信自己的儿子不会习于诞妄,乐于多知,溺于爱恶,轧于利害,但是担忧他们轻信、轻传那些不负责任、故意中伤的话,要他们注意结交朋友要有所选择,避免这两种过失。义中对于说话者和听话者的情形总结的十分到位和有深度,如"轧于利害者,造端设谋,倾之唯恐不力,中之唯恐不深",是他的亲身感受,这也是饱经忧患,洞悉人情的阅历之言,在人们的生活中经常可以碰到。作者用一生的总结和教训,对儿子谆谆告诫,字里行间显露出身为父亲的舐犊之心;同时也对儿子寄予了莫大的期望,希望儿子谨言慎行,免除祸患。

【原文】

《易》曰:"乱之所由生也,言语以为阶。君不密则失臣,臣不密则失身。"庄子曰:"两喜多溢美之言,两怒多溢恶之言。"大抵人言多不能尽实,非喜即怒。喜而溢美,有失谨厚;怒而兴恶,则为人之害多矣。孟子曰:"言人之不善,当知后患何?"夫己轻以恶加人,则人亦必轻以恶加我,以是自相加也。吾见人言,类不过有四:习于诞妄者,每信口纵谈,不问其人之利害,于意所欲言。乐于多知者,并缘形似,因以增饰,虽过其实,自不能觉。溺于爱恶者,所爱虽恶,强为掩覆①;所恶虽善,巧为之破毁。轧②于利害者,造端设谋,倾之惟恐不力,中之惟恐不深。而人之听言,其类不过二途:纯质者不辨是非,一皆信之;疏快者不计利害,一皆传之。此言所以不可不慎也。今汝曹前四弊,我知其或可免,若后二失,吾不能无忧。盖汝曹涉世未深,未尝经患难,于人情变诈,非能尽察,则安知不有因循陷溺者乎!故将欲慎言,必须省事,择交每务简静,无求于事,令则自然不入是非毁誉之境,所以游者,皆善人端士,彼亦自爱以防患,则是非毁誉之言亦不到汝耳。汝不得已而友纯质者,每致其思则而无轻信;友疏快者,每谨其诚而无轻薄,则庶乎其免矣。

【注释】

①掩覆:掩饰。②轧:排挤,倾轧。

【译文】

《易经》上说:"乱所产生的根源,语言是阶梯。国君说话不缜密,就会失去臣子;臣子说话不缜密,就会失去性命。"庄子说:"两人高兴时大多说的是赞美的言语,两人愤怒时大多说的是憎恶的言语。"一般来说,人们所说的话多数都不能完全按照实情,不是喜悦之言,即是愤怒之语。喜悦时就说过分赞美的言语,有失严谨和厚实;愤怒时就说憎恶的言语,这就对人有很多危害。孟子说:"专爱说人短处的,要想到将来的后果怎么样?"自己轻易地把恶语加在别人身上,那么别人也就会轻易把恶语加在我的身上,因此就会互相攻击。我见到人们的话语,不过有四类:习惯于说荒诞虚妄话语的人,每每信口开河,不问他人的利害,而是凭着自己的臆想随意而言。喜欢表现自己知识丰富的人,依据外形相似,不惜添油加醋加以夸饰,即使已经言过其实,可是自己也没能发觉。沉溺于个人好恶的人,对于自己喜爱的人即使有缺点,也硬要为他遮掩覆盖;对于自己厌恶的人即使有优点,也虚伪地对他破坏诋毁。想排挤有利害关系的人,制造事端,设计阴谋,排挤唯恐不够,中伤唯恐不深。人们听话的方式也不过有两种:单纯天真的人不分辨对错,一律都相信;嘴快的人不计较利害,一听到就全部传播。这就是说话不能够不谨慎的原因。现在你们对于前面的四种弊病,我知道或许可以免除,而对后两种过失,我不能不忧虑。你们进入社会不久,没有经历过忧患磨难,对于人情欺诈,不能详尽体察。再说怎能知道没有因循而陷入溺爱的人呢?因此想使语言谨慎,就一定要省察事物,选择朋友一定要简约沉静,不多事,就自然不会进入是非毁誉的境地,如果与你交往的人,都是善人贤人,他们也会自爱来防止祸患,那么是非毁誉的言语也就传不到你们的耳边。你们不得已而交结了单纯天真的人为朋友,每听到他们的话就不要轻信;与嘴快之人交朋友,每每要谨慎考虑他的话语而不会轻薄待人,那么就有望免祸了。

家训

[宋]江端友

说明

江端友,字子我,号七里先生,陈留(今河南开封东南陈留城)人,江休复之孙。生卒年均不详,约宋哲宗元符中前后在世。北宋江西派诗人。靖康初,为承务郎,赐进士出身,诸王宫教授。因上书辩宣仁诬谤遭黜,渡江后寓居桐庐。绍兴二年,主管江州崇道观,卒于温州。著有《七里先生自然斋集》七卷,《文献通考》传于世。

江端友的这篇《家训》主要谈及的是物力艰难,来之不易。谈到自己无功坐食,应该知道满足,不要过分奢求。因为"门外穷人无数,有尽力辛勤而不得一饱者,有终日饥而不能得食者"。另外,人生短促,要学道做人,不能只是一味地贪图口腹,那样就白做了一世人。其次谈及了结交朋友必须谨慎,选择"端雅之士",不要"杂交",不要做一些被人所轻视的事情。同时还告诉儿孙,那些嬉笑没有节制的人,易流于自轻自贱,在生活中经常可见到这样的人,故作者要子孙引以为戒。文章语言平易朴实,通俗易懂,所述皆是为人处世之要。作者由五谷美味说起,说出人的物质欲望与为学之间的关系,认为人不能只是每天去满足口腹之欲,那样就"虚作一世人也";应该"食已无事,经史文典慢读一二篇,皆有益于人,胜别用心也",应该追求精神层面的境界。

【原文】

凡饮食知所从来,五谷则人牛稼穑①之艰难,天地风雨之顺成,变生作熟,皆不容易。肉味则杀生断命,其苦难言,思之令人自不欲食,况过择好恶,又生嗔恚②乎?一饱之后,八珍草莱③,同为臭腐,随家丰俭,得以充饥,便自足矣。门外穷人无数,有尽力辛勤而不得一饱者,有终日饥而不能得食者,吾无功坐食,安可更有所择。若能如此,不惟少欲易足,亦进学之一助也。吾尝谓欲学道当以攻苦食淡为先,人生直得上寿,亦无几何,况逡巡④之间,便乃隔世,不以此时学道,复性反本,而区区惟事口腹,豢养此身,可谓虚作一世人也。食已无事,经史文典慢读一二篇,皆有益于人,胜别用心也。

与人交游,宜择端雅之士,若杂交终必有悔,且久而与之俱化,终身欲为善士,不可得矣。谈议勿深及他人是非,相与意了,知其为是为非而已。棋弈雅戏⑤,犹曰无妨,毋及妇人,嬉笑无节,败人志意,此最不可也。既不自重,必为有识所轻,人而为人,所轻无不自取之也,汝等志之。

【注释】

①稼穑:播种和收获。②嗔恚:恼怒,愤怒。③草莱:杂生的丛草。④逡巡:顷刻,须臾。⑤雅戏:高雅的游戏。

【译文】

人在饮食时要知道食物的由来,五谷食物是农人经过播种收获的艰难过程,并且在天地风调雨顺的时候才长成的,然后把生的做成熟的,这些都是不容易的。肉食美味则是杀害牲畜断绝性命得来的,那苦难是难以表述的,想起来都让人不忍心食用,又怎么能挑三拣四,产生厌嫌之情呢?人在吃饱以后,不管是八珍美味,还是杂生丛草,都视为臭腐之物。因而,不管家庭多丰厚,也需节俭,只要能够填饱肚子,就满足了。要知道门外有无数的穷人,有用尽力气辛苦勤劳还不能够得到一顿饱饭的人,有整天饥饿而不能够得到食物的人,我没有功劳却坐享食物,怎么能够还有什么选择呢!如果能这样,不仅少欲而且容易满足,也可算是对进学的一大帮助。我曾经说想要学道就应当以吃苦淡食为先,人生可得长寿的,也没多少,大部分人很快也就离开人世,因而不在这个时候学道、恢复本性,返归其本,却只知满足口腹的欲望,养肥这个躯体,可以说是白做了一世人。吃完饭没有事,经史文典随意读上一二篇,都是对人有好处的,这胜过把心思用在别处。

和人结交朋友,应该选择庄重文雅的人,假如交友混杂最终一定会后悔,况且长时间和这些人在一起,受他们影响,终生想做贤人,都是不可能的。谈论他人,不要说到人家的是非,心里明白,知道人家谁是谁非就可以了。下棋是高雅的游戏,可以说玩玩无妨,不要和女人嬉笑而没有节制,败坏自己的意志,这是最不可以做的。既然自己不自重,一定会被有识之士所轻视。人,作为人,所有被人轻视的没有不是自己招致的,你们要记住这点啊!

家训笔录

[宋]赵鼎

说明

赵鼎(1085~1147),字元镇,自号得全居士,南宋政治家、词人。《家训笔录》是赵鼎临时从家训中择录的,共录三十项。现摘录其中的第一、第二十八、第二十九三项。主要劝诫子孙做官要以廉政勤勉为本,持家要以公平、节俭为务两项内容。虽是摘录,但文章结构完整,表述意思完备,道理论述透彻。作者从最浅显的道理说起,诫的都是能够做到但是容易犯错的方面,颇有一种"有则改之无则加勉"的味道。

【原文】

凡在士宦,以廉勤为本。人之才性,各有短长,固难勉强。惟廉勤二字,人人可至,廉勤所以处己,和顺所以接物,与人和则可以安身,可以远害矣。

同族义居,惟是主家者①持心公平,无一毫欺隐,乃可率下,不可以久远不慎,致坏家法。

古今遗法子弟,固有成书,其详不可概举。惟是节俭一事,最为美行。司马温公《训俭文》,人写一本,以为永远之法。

【注释】

①主家者:当家人,主持家务者。

【译文】

凡是做官的人，都要以廉洁勤勉为根本。人的才能禀赋，各有所长，各有所短，难以统一要求。只有"廉""勤"二字，人人都可以做到。廉洁勤勉是用来自己处世的，和善柔顺是用来待人接物的，与人和善，就能够安身立命，能够远离祸患。

同一宗族的孝义之家世代同居，只有当家人公平办事，没有任何欺骗隐瞒，这样就可以领导下属，不能够时间长了就不慎重，以至于败坏家法。

从古至今遗留给子弟的法则，已有现成的书籍，其中的详细内容不能够一下子概括列举。只有节俭这件事，是最重要的美善品行。司马光的《训俭文》，应当每人抄写一份，把它作为长远的家法。

童蒙训

[宋]吕中本

说明

吕本中(1084~1145)，原名大中，字居仁，世称东莱先生，北宋寿州(今安徽寿县)人。著名诗人、词人、道学家。曾任中书舍人兼直学士院，为秦桧所嫉妒，罢官，谥文清。早年过着诗酒风流的生活，效法陈师道黄庭坚，诗风轻松流美，二十岁左右戏作《江西诗社宗派图》，后人多视其为"江西派"；后期推崇李白苏轼，时有悲慨时事之作，诗风更为浑厚。吕本中诗数量较大，约一千二百七十首。钱钟书认为"他的诗始终没有摆脱黄庭坚和陈师道的影响，却还清醒轻松，不像一般江西派的坚涩"；钱基博认为"其为诗骨力坚卓，亦得法庭坚，妥帖自然过之，而才力高健不如，所以格较浑而语为弩"，以上确为中肯之评。

吕本中编撰《童蒙训》，主要是以他的曾祖父吕公著、祖父吕希哲、父亲吕好问为主线，凡涉及能颂扬其祖辈长处的有关人物的点滴事件及言论都加以汇集。其中的宗旨是为了光宗耀祖，使祖宗的德业能流芳千古，并以此教育子弟，勉励后人。

通篇文章都是以讲故事的形式，让后人在故事中体会出深刻的道理，其中有劝后人不要存贪欲，不要妄语的；也有诫后人为官不能徇私枉法，不能徇私舞弊的；还有教训后人要慎言慎行，对待长者要尊敬，对待他人要宽容的等等。从头到尾没有说教的口吻，像是长辈在给晚辈讲故事，娓娓道来。可是其中每个小故事所反应道理之深刻，意义之深远，是无所能及的。书中自立身处世、修养德行，到读书作文、治国安民，涉及面广，事例典型，多为至理名训，感人至深。

【原文】

荥阳公尝言：世人喜言"无好人"三字者，可谓自贼者也。包孝肃公尹京时，民有自言："有以白金百两寄①我者死矣，予其子，其子不肯受，愿召其子与之。"尹召其子，其子辞曰："亡父未尝以白金委人也。"两人相让久之。公因言："观此事而言无好人者，亦可以少愧矣。"人皆可以为尧舜，盖观于此而知之。

刘公待制器之尝为本中言，少时就洛中师事司马公，从之者二年，临别，问公所以为学之道，公曰："本于至诚。"器之因效颜子之问孔子曰："请问其目。"公曰："从不妄语始。"器之自此专守此言，不敢失坠。

近世故家，惟晁氏能以道训诫子弟，皆有法度，群居相处，呼外姓尊长，必曰某姓第几叔若兄。诸姑尊姑之夫，必曰某姓姑夫，某姓尊姑夫，未尝敢呼字也。其言父党交游，必曰某姓几丈，亦示尝敢呼字也。当时故家旧族，皆不能若是。

李君行先生自虔州入京，至泗州，其子弟请先往。君行问其故，曰："科场近，欲先至京师，贯开封户籍取应。"君行不许，曰："汝虔州人，而贯开封户籍，欲求事君而先欺君，可乎？宁缓数年，不可行也。"

正献公幼时未尝博戏，人或问其故，公曰："取之伤廉，与之伤义。"正献公为枢密副使，年六十余矣，尝问太仆寺丞吴公传正安诗，己之所宜修，传正曰："毋敝精神于蹇浅②。"荥阳公以为传正之对，不中正献之病。正献清净不作为，患于太简也。本中后思得正献问传正时，年六十余矣，位为执政，当时，人士皆师尊之；传正，公所奖进，年才三十余，而公见之犹相与讲究，望其切磋，后来所无也。荥阳公独论其问答当否，而不言下问为正献公之难。盖前辈风俗纯一，习与性成，不以是为难

国学经典文库

中华姓氏文化

·名门家训·

图文珍藏版

能也。

荥阳公与诸父自少官守处,未尝干③人举荐,以为后生之诚。仲父舜从,守官会稽,人或讥其不求知者,仲父对词甚好,云:"勤于职事,其他不敢不慎,乃所以求知也。"

韩魏公留守北京,尝久使一使臣,求去参选,公不遣,如是数年,使臣怨公不遣,则白公:"某参选方是做官,久留公门,止是奴仆耳。"公笑屏人谓曰:"汝亦尝记某年月日,私窃官银数十两,置怀袖中否?独吾知之,他人不知也。吾所以不遣汝者,正恐汝当官不自慎,必败官尔。"使臣愧谢。公之宽宏大度服人如此。

唐充之广仁每称前辈说:"后生不能忍诟,不足以为人;闻人密论,不能容受而轻泄之者,不足以为人。"

明道先生尝语杨丈中立云:"革作县处,凡坐起等处,并贴'视民如伤'四字,要时观省。"又言:"某常愧此四字。"

荥阳公尝言:"朝廷奖用言者,固是美意,然听言之际,亦不可不审。若事事听从,不加考核,则是信谗用潜④,非纳善言也。"如欧阳叔弼最为静默,自正献当国,常患不来,而刘器之乃攻叔弼。以为奔竞权门。器之号当世贤者,犹差误如此,况他人乎?以此知听言之道,不可不审也。

崇宁初,荥阳公谪居符离。赵公仲长讳演,公之长婿也,时时自汝阴来省公。公之外弟杨公讳瑰宝,亦以上书谪监任符离酒税。杨公事公如亲兄,赵公事公如严父。两人日夕在公侧,公疾病,赵公执药床下,屏气问疾,未尝不移时也,公命之去然后去。杨公慷慨独立于当世,未尝少屈;赵公谨厚笃实,动法古人,两人皆一时之英也。

范文正公爱养士类,无所不至,然有乱法败众者,亦未尝假借。尝帅陕西日,有士子怒一厅妓,以磁瓦伤其面,涅之以墨,妓诉之官,公即追士子致之法,杖之曰:"尔既坏人一生,却当坏尔一生也。"人无不服公处事之当。

绍圣、崇宁间,诸公迁贬相继,然往往自处不甚介意,龚彦和夬贬化州,徒步径往,以扇乞钱,不以为难也。张才叔庭坚贬象州,所居屋才一间,上漏下湿,屋中间以箔隔之,家人处箔内,才叔蹑屐端坐于箔外,日看佛书,了无厌色;凡此诸公,皆平昔绝无富贵念，故遇事自然如此；如使世念不忘，富贵之心尚在，遇事艰难，纵欲坚忍，亦必有不怿之容，勉强之色矣。邹志完侍郎尝称才叔云："是天地间和气熏蒸所成，欲往相近，先觉知气袭人也。"

《国语》："公父文伯之母，告季康子：君子能劳，后世有继。"……《左传》亦言："民生在勤，勤则不匮。"以此知勤劳者立身为善之本，不勤不劳，万事不举。今夫细民能勤劳者，必无冻馁之患，虽不亲人，人亦任之；常懒惰者，必有饥寒之忧，虽欲亲人，人不用也。公父文伯之母，与《左传》所记，皆故家遗俗相传之语，其必自圣人出也。然则后生处身居业，其可不以勤劳为先者，而懒惰自弃其身哉！

太宗、真宗朝，睢阳有戚先生者，名同文，字同文，有至行，乡人皆化之。睢阳初建学，同文实主之，范文正与嵇内翰颖之父，皆尝师事焉，戚纶其后也。所居门前有大井，每至上元夜，即坐井旁，恐游人坠井，守之至夜深，则掩井而后归寝。尝有人盗其所衣衫者，同文适见之，谕⑤盗弟将去，"然自此慎勿复然，坏汝行止，悔无及也。"盗惭谢而去，同文竟以衫与之。南康学中，至今有戚先生祠堂。范文正公初从戚先生学，志趣特异。初在学中，未知己实范氏子，人或告之，归问其母，信然。曰："吾既范氏子，难受朱氏资给。"因力辞之。贫甚，日籴粟米一升，煮熟放冷，以刀画四段，为一日食。有道人怜之，授以烧金法，并以金一两遗之，又留金一两，谓之曰："候吾子来予之。"明年道人之子来取金，文正取道人所授金法，并金二两，皆封完未尝动也，并以遗之，其励行如此。后登科，封赠朱氏父，然后归姓。

【注释】

①寄：托付。②蹇浅：屈曲的样子，此指诗文创作中追求晦涩曲折的形式。③干：求。④谮：诋毁别人的话。⑤谕：告谕，劝说。

【译文】

荥阳公曾经说：世上总是喜欢说"没好人"这三个字的人，可以说是自己残害自己。包孝肃公管理京地时，一位百姓自己说："有个曾经把白金一百两托付给我的人死了，现在我把白金交给他的儿子，他的儿子不肯接受，希望把他的儿子招来并把白金给他。"包公下令招来那人的儿子，但那人的儿子却推辞说："先父从不曾将白金委托给人。"两个人互相推让了很久。荥阳公就说："看到了这件事，还说世上没有好人的人，也可以稍微感到惭愧了。"人人都能够成为尧舜这样的圣人，看到这件事就可以知道。

刘公待制曾经对我说：他少年时期到洛中随司马公读书学习，跟随他两年之后，快要分别时，他请教司马公做学问的道理、方法，司马公说："根本在于至诚。"刘公待制于是效仿颜渊问孔子的话说："请问具体的纲目。"司马公说："从不随便乱讲话开始。"刘公待制从此以后一心恪守这句话，不敢有所偏颇。

近世大家，只有晁氏能够按照一定的行为准则教诲子弟，都很有法度。子弟在一起居住相处，称呼外姓长辈及年龄比自己大的人，一定称某姓第几叔或某姓第几兄。姑夫及尊姑夫，一定称某姓姑夫，某姓尊姑夫，从来不直呼其名。称呼父亲的亲戚朋友，一定称某姓几丈，也不曾直呼其名。当时豪门大族的子弟，都不能像这样做。

李君行先生从虔州前往京城，到了泗州，他的子弟请求先走一步。君行问其中的缘故，子弟们说："科举考试在即，想先赶到京城，借开封户籍去应举。"君行不允许，说："你们是虔州人，却用开封户籍来应考，想侍奉君主，却先欺骗君主，行吗？宁愿你们再等几年，也不能够这样做。"

正献公年轻时不曾玩过各种赌博游戏，有人问其中的缘故，他说："（赢的时候）拿别人的钱财，就有伤廉洁；（输的时候）把钱财给别人，就有伤道义。"正献公任枢密院副使时，年龄已六十多岁了，曾经向太仆寺丞吴安请教在作诗方面自己所应该注意的地方，吴安说："不要在晦涩曲折的形式上耗费精力。"荥阳公认为吴安的回答，并不是正献公作诗的毛病。正献公清静无为，问题在于太简单。我后来想：正献公向吴安请教时，年龄已六十多了，位于朝中执政大臣，当时的人都像老师一样尊奉他；吴安是正献公所称许荐引的，年龄才三十多，然而正献公见到他还共同探究问题，希望与他切磋，这是后来的人所难以做到的。荥阳公只评论吴安的回答妥当与否，而不说向比自己地位低的人请教是正献公的难处。正因为前辈人品德高尚，风气纯朴，长期的习惯已经形成品性，不认为这是难以做到的事。

荥阳公及诸位叔父自从任官以来,不曾求人举荐,并以此来劝诫晚辈。仲父舜从在会稽为官,有人讥笑他不求出名,仲父回答的话语很好,他说:"忙于公家的事,干别人的事不能不慎重,这才是真正的求名声。"

韩魏公留在北京任职时,曾经长期使用一个使臣,使臣要求去参加官吏选拔,韩魏公不让他去,就这样有几年,使臣埋怨韩魏公不派他去,就对公说:"让我前去选拔官吏才是做官,长期留在府上,只是奴仆罢了。"韩魏公笑了笑,屏退其他人,对使臣说:"你还记得某年某月某日,你私下偷了公家银子几十两,放在你的衣袖中?这件事只有我一人知道,别人都不知道。我不让你去的原因正是担心你做官不慎重,一定败坏了官的名声。"使臣十分惭愧,并当面谢罪。韩魏公的宽宏大量令人佩服到如此地步。

唐广仁总是称道前辈的话说:"年轻人不能够忍受耻辱与痛苦,不足以做人;听了别人的重要的话,不能够保密而去轻易泄露的,不足以做人。"

明道先生曾经对杨中立大人说:"他作县官时,凡是坐卧起居等地方都贴有'视民如伤'四个字,要自己时时观看。"又说:"自己常常对这四个字感到羞愧。"

荥阳公曾经说:"朝廷奖励从善如流的人,固然是件好事,但是采纳别人意见的时候,也不能够不审慎。如果事事听从,不加以考察核实,那么就可能听信谗言恶语,并不是采纳正确的言论。"譬如欧阳叔弼最为恬淡无语,自从正献公主持朝政以来,常常担心他不积极参与政事,而刘器之就攻击欧阳叔弼,认为他是依附权贵。刘器之号称当世贤哲之人,还能出现这样的错误,更何况其他人呢?由此知道,采纳别人的意见,不能不审慎。

崇宁初年,荥阳公遭贬官后居住在符离。赵仲长讳演,是荥阳公的长婿,常常从汝阴来看望公。荥阳公的外弟杨瑰宝,也因上书朝廷遭贬官监任符离酒税。杨公侍奉荥阳公就像对待自己的亲兄长一样,赵公侍奉荥阳公就像对待自己的父亲一样。两人早晚侍奉在荥阳公左右,荥阳公患病,赵公拿着药站在床边,轻声问候病情,不曾离开一会儿,公让他离开他才离开。杨公愤世嫉俗,独立当世,从来不屈从于世俗;赵公谨慎忠厚朴实,常常效法古人,他们两个人都是当时的英雄。

范文正公喜欢供养儒生,无微不至,但是如有违法祸众的人,也不曾包庇宽恕。

在陕西做官时,有一个儒生被一个歌姬惹怒,儒生用破瓷片划伤了歌妓的脸,并涂上黑墨。歌妓控诉到官府,范文正公立即命令逮住儒生并绳之以法,痛打他,并说:"你既毁了别人一生,也当毁了你的一生。"人们没有不佩服范文正公的处事公平妥当。

绍圣、崇宁年间,诸公相继遭受贬官,但常常自得其乐,不十分介意。龚彦和央被贬到化州,竟徒步前往,手拿扇子,沿路乞讨也不以此为难事。张才叔被贬官象州,居住的房屋只有一间,而且屋顶漏雨,地面潮湿。屋子的中间用竹帘子隔开,一家人住在里边,才叔脚踩木屐端坐在帘子外面,每天翻阅佛经,全然没有一点厌烦的神色。以上诸公,都是因为往昔全无贪求富贵之心,所以遇事自然这样不惊;假使世俗之念还未泯灭,贪求富贵之心尚还存在,遇到艰难困苦的事情,纵使想坚强隐忍,也一定有不高兴的神情或强装的样子。侍郎邹志完曾称赞才叔说:"这是天地间的和气熏陶培育而成的,如前去接近他,就会先感觉到和气袭人。"

《国语》上说:"公父文伯的母亲告诉季康子说:君子能勤劳,才能传之后世。"……《左传》也说"百姓生活全靠勤劳,勤劳才能用度不匮乏。"由此可以知道,勤劳的人以行善作为安身立命的根本,不勤劳,所有的事情都不会办成因此,那些勤劳的百姓,一定没有挨饿受冻的担心,即使不亲近别人,别人也会任用他。通常懒惰的人,一定有挨饿受冻的忧愁,即使想亲近他人,人家也不会任用他的。公父文伯母亲的话和《左传》所记载的,都是豪门大家世世相传的话 语,这一定是从圣人那里得来的。这样看来晚辈成家立业,怎能不以勤劳为先,而懒惰懈怠自毁一生呢?

太宗、真宗时,睢阳有位戚先生,名同文,字同文,有很高尚的品行,乡人都受到他的感化。睢阳当初建立学校,实际是戚先生主持讲学,范文正公与稽颖的父亲都曾拜他为师,戚纶是戚先生的后代。戚先生居住的房屋门前有一口大井,每到元宵之夜,先生就坐在井边,唯恐游人掉入井里,一直守到深夜,才盖上井盖之后回去休息。曾经有人偷盗他的衣服,先生正好看见了,他告诉小偷,只管拿去,"但从此后要谨慎,再不要偷了,这样败坏了你的品行,追悔莫及。"小偷感到惭愧,谢罪后离去,先生竟然把衣衫给了小偷。南康学校中,至今还有戚先生的祠堂。范文正公当初跟随先生学习,志向非凡。最初入学,不知自己实际上是范氏的后代,有人告诉了他,回家问了他的母亲,才相信这是真的。说:"我既然是范氏的后代,就不能接受朱氏的资助。"于是坚持推辞掉。范家十分贫困,每天买粟米一升,煮熟放凉了,用刀划为四块,作为一天的定量。有位道人可怜他,教给他烧金的方法,并赠给他金子一两,又留下一两金子对他说:"等我儿子来了后你把金子给他。"第二年,道人的儿子前来取金子,文正公拿出道人传授的烧金法和那二两金子,都原封未曾动过,一并交给道人的儿子,文正公就是这样勉励自己。后来科举得中,于是封给姓朱的养父官衔,然后复归范姓。

与长子受之

[宋]朱熹

说明

朱熹,字元晦,一字仲晦,号晦庵,又称紫阳,南宋著名的思想家、哲学家、教育家,闽学派的代表人物,世称朱子。

《与长子受之》是朱熹写给他在外求学的儿子的一封家书。朱熹的儿子在外读书,虽不在身边,但他仍不忘教诲之责。本文只选取了作者对长子在择友和从善两方面的诫文。第一、在交友上,要选择益友,而要舍弃损友,避免走进"疏益友、亲损友"的小人圈,沾染恶习。第二、在勤学上,主张"惟善是取""凡事业贤于己者,厚而敬之"。这两点的确是处理人际关系、加强自身修养的重要方面。

朱熹

【原文】

交游之间,尤当审择,虽是同学,亦不可无亲疏之辨,此皆当请于先生,听其所教。大凡敦厚忠信、能文无过者,益友也;其谄谀轻薄、傲慢亵狎、导人为恶者,损友也。推此求之,亦自可见得五七分,更问以审之,百无所失矣。

见人嘉善行,则敬慕而录纪之,见人好文字胜己者,则借来熟看或传录①之而咨问之,思与之齐而后已。

【注释】

①传录:即转录。

【译文】

结交朋友,尤其应当审慎选择,即使是同师受业,也不能没有远近之分,这些都应当请教先生,听从他的教导。大凡那些忠厚诚实的人,善于属文没有过错的人,都是对自己有益处的朋友;那些善于谄媚阿谀的,对人轻佻傲慢的,还有那些亵渎狎侮他人,引导别人做恶事的,都是对自己有害的朋友。由此探求,自己也可以知道十分之五或之七,再经过对话问询,就可以审查出来,百无一失。

看见人们夸奖好的行为,就要尊敬仰慕地记录下来;看见有胜过自己的好的文章,就要借过来细看或者转录下来,咨询请教作者,想着以后和他一样。

冬夜读书示子聿

[宋]陆游

说明

陆游,字务观,号放翁,越州山阴人。著名爱国诗人,著有《剑南诗稿》《渭南文集》等数十个文集存世,自言“六十年间万首诗”,今尚存九千三百余首,是我国现有存诗最多的诗人;亦工词。《冬夜读书示子聿》是一首哲理诗,写于宁宗庆元五年(1199)。因为陆游一生勤学不辍,写诗颇多,深谙读书写作的况味,这是他将自己的切身经验如实地告诉小儿子聿:做学问就要不遗余力,既要勤奋苦读,又要参加实践。

诗的前两句,作者告诉子聿,古人做学问总是竭尽全力的。他从古人做学问入手,侃侃而谈,娓娓道来,使人倍感亲切清新,如沐春风。其中"无遗力"三个字,形容古人做学问勤奋用功、孜孜不倦的程度,既生动又形象。第二句阐述了做学问应当持之以恒的道理,同时也强调"少壮工夫"的重要性。他语重心长地告诫儿子,趁着年少精力旺盛,抓住美好时光奋力拼搏,莫让青春年华付诸东流。此乃言切切,情深深。诗的后两句,作者在书本与实践的关系上,强调了实践的重要性,这符合唯物主义认识论的观点。作者的这种见解,不仅在封建社会对人们做学问、求知识是很宝贵的经验之谈,就是对今天的人们也是很有启迪作用的,是非常有价值的见解。

【原文】

古人学问无遗力,少壮工夫老始成。

纸上得来终觉浅①,绝知②此事要躬行③。

【注释】

①浅:肤浅,浅薄。②绝知:彻底弄清。③躬行:亲身实践。

【译文】

古人做学问是不遗余力的。终身为之奋斗,往往是年轻时开始努力,到了老年才取得成功。

从书本上得到的知识终归是浅薄的,不能在其中理解知识的真谛;要真正理解书中的深刻道理,必须亲身去躬行实践。

送子龙赴吉州掾

［宋］陆游

说明

《送子龙赴吉州掾》是陆游写给次子陆子龙的一首送行诗。南宋宁宗嘉泰三年（1202）春，陆游次子陆子龙赴吉州（今江西吉安县）司理参军职，掌讼狱等事，陆游写诗送行。诗的前十二句写离别之悲，以及儿子赴吉州途中所经历的险恶，嘱咐儿子路上小心，注意饮食。淋漓尽致地展现了一位父亲的拳拳爱子之心。接着十句分别从五个方面对儿子进行教育：一、判断讼狱，要明察详审，不滥施酷刑。二、不能因官卑谒见长官而羞耻，辜负自己职责。三、做官要清廉，不贪污，不受贿。四、公私分明，就不怕有人肆意谗毁。五、积聚俸禄嫁女，选择品学兼优的人教子。不遗余力地告诫儿子应该如何待人处事，点点滴滴，都渗透了一位老人的经验之谈。以下六句写自甘恬淡，不畏清贫，解除儿子的后顾之忧。而后教育子龙虚心向周必大、杨万里、陈希周、杜敬叔等正直廉洁的有识之士学习，并在仁义上躬行实践。结尾四句希望儿子常写信寄家，和开头呼应，整个诗篇充满了一个正直慈祥的老人对儿子的关心和爱护，展示了一个父亲要儿子在人生道路上前进的深挚愿望。诗歌教勉结合，文辞朴实平淡，但情感真挚强烈，很有动人力量。文如其人，陆游对儿子的教诲正是他自己耿介刚直人格的投影，是诗人"国重家轻、忠孝不能两全"赤心报国思想的真实写照。

【原文】

我老汝远行，知汝非得已。驾言当送汝，挥涕不能止。人谁乐离别？坐贫至于此。汝行犯胥涛①次茅过彭蠡。波横吞舟鱼，林啸独脚鬼。野饭何店炊？孤掉何岸舣②？判习比唐时，犹幸免笞棰。庭参亦何辱，负职乃可耻。汝为吉州吏，但饮吉州水；一钱亦分明，谁能肆谗毁？聚俸嫁阿惜，择士教元礼。我食自可营，勿用念甘旨。衣穿听露肘，履破从见指。出门虽被嘲，归舍却睡美。益公名位重，凛若乔岳峙；汝以通家故，或许望燕几。得见已足荣，切勿有所启。又若杨诚斋，清介世莫化。一闻俗人言，三日归洗耳。但汝问起居，余事勿挂齿。希周有世好，敬叔乃乡里。岂惟能文辞，实以坚操履。相以勉讲学，事业在积累。仁义本何常，蹈之则君之。汝去三年归，我倘未即死。江中有鲤鱼，频寄书一纸。

【注释】

①胥涛：亦泛指汹涌的波涛。②舣：靠岸。

【译文】

我年岁已老，你离家远行，我知道你是没有办法的。将驾车送别你，我老泪纵横，不能控制。人谁愿意离别啊？因为贫困才这样。你这次远行要经过钱塘江，冒江涛风险，依次再过鄱阳湖。波浪中游弋着可以吞舟的大鱼，林中呼啸着一只脚的鬼魂。荒郊野外要到什么店去寄宿吃饭呢？孤舟又在何处靠岸呢？判习虽然位卑，还有幸可以避免受鞭打之辱。公堂谒见长官，有什么羞辱；玩忽职守，才是可耻的行为。你身为吉州的官吏，只饮吉州水；一文钱也要公私分明，谁还能够肆意诋毁你呢？积攒下你的俸禄钱嫁你的长女阿惜，选择好老师教你长子元礼。我的吃饭问题可以自己解决，不必挂心。穿衣听其露肘，鞋破任它露指。出门虽被人笑话，但是回家睡觉还是甜美的。益国公周必大位高名重，像高山般巍然矗立，你凭着世交旧好，或许能够拜见他，见到就足够荣幸了，切忌不可有所企求。又如杨诚斋杨万里，清廉耿直没人能比，听了世俗人之的话语，就要洗耳三天，你只可问候起居安宁，别的事情切勿开口。陈希周是世交好友，杜敬叔是同乡，他们不但能诗善文，而且品行操守高尚，跟随他们，勉励自己，讲求学问，要知事业在于积累。仁义本来就没有常道，能实践就是君子。你一去三年才回来，如果我还没有死，你要时常托付江中的鲤鱼捎书信回家。

示儿

[宋]陆游

说明

宋宁宗嘉定三年(1210),85岁高龄的陆游走到了生命的尽头。在临终前,诗人唯一放心不下的,就是祖国尚未统一。他反复叮咛儿子,有朝一日北伐成功,一定要及时告诉他。《示儿》是陆游临终前写给六个儿子看的诗,实际上是他的遗嘱。这份沉甸甸的临终嘱托,为陆游毕生充满激情的爱国吟唱,画下了一个最动人的句号。

首句"死去元知万事空",是说人死后万事万物都可无牵无挂了。但接着第二句意思一转,"但悲不见九州同",唯独一件事却放不下,那就是沦丧的国土尚未收复,没有亲眼看见祖国的统一。诗的第三句"王师北定中原日",表明诗人虽然沉痛,但并未绝望。他坚信总有一天宋朝的军队必定能平定中原,收复失地。有了这一句,诗的情调便由悲痛转化为激昂。结句"家祭无忘告乃翁",情绪又一转,无奈自己活着的时候已看不到祖国统一的那一天,只好把希望寄托于后代子孙。《示儿》是陆游的绝笔诗。在他弥留之际,还是念念不忘被女真贵族霸占着的中原领土和人民,热切地盼望着祖国的重新统一,因此他特地写这首诗作为遗嘱,谆谆告诫自己的儿子。从这里我们可以领会到诗人的爱国感情是何等的执着、热烈、真挚!难怪自南宋以来,凡是读过这首诗的人都无不为之感动,特别是当外敌入侵或祖国分裂的情况下更引起了无数人的共鸣。全诗有悲的成分,但基调是激昂的。诗的语言浑然天成,没有丝毫雕琢,皆是真情的自然流露,但比刻意雕琢的诗更美,更感人。

【原文】

死去元知万事空,但悲不见九州同。王师北定中原日,家祭无忘告乃翁①。

【注释】

①乃翁：你们的父亲。

【译文】

我本来就知道人死了以后就什么都不复存了，只是悲伤没有亲眼看到祖国统一大业的完成。

朝廷军队向北挺进收复中原的那一天，在家祭先人时一定不要忘记把这喜讯告诉你们的父亲。

教子语

[宋]家颐

说明

家颐，字养正，宋眉山（今属四川）人。著有《子家子》。《教子语》是作者从教子的重要性、要求、任务、内容、方式等不同的侧面，阐述了对孩子如何教诲。文中开篇挈领就把教育孩子提升到了人生最重要的位置上，首先就提出"读书""教子"是人生两件大事，即看出作者对其重要性认识程度之高和重视程度之深；而且紧跟着提出了普遍遵循的原则，"不溺小慈""教子有五"等。在教育方法上，通过培育名花异草的比喻，说明要重视对子女实施良好的理性教育。在内容上，他主张"积学""积善"结合，注重社会公德和遵纪守法的教育。在做人上，主张"为当代人做贡献"，"为后人做楷模"，倡导做一个品德高尚，有所作为的人。更重要的是，作者综合"性情、志向、才能、士气、过失"五个方面的教子重点于一体，提出"德智并重，优劣互补"，力主把子女培养成为德才兼备的有用人才。文中还告诉父母要以身作则，重视对孩子的人格培养，特别重视对德育的培养，反复地强调了读书的重要性。

文章简单明快，看似几句教子之语，实则是对教育孩子一般规律的深刻探讨。

意义深远,耐人寻味。在今天看来,这些观点仍有积极的教育意义。名为《教子语》,实为座右铭!

【原文】

人生至乐无如读书,至要无如教子。

父子之间不可溺于小慈,自小律之以威,绳之以礼,则长无不肖之悔。

教子有五:导其性,广其志,养其才,鼓其气,攻其病,废一不可。

养子如养芝兰,既积学以培植之,又积善以滋润之。

人家子惟可使觑①其德,不可使觑利。

富者之教子,须是重道;贫者之教子,须是守节。

子弟之贤不肖,系诸人,其贫富贵贱系之天,世人不忧其在人者,而忧其在天者,岂非误耶?

士之所行,不溷②流俗,一以抗节于时,一以诒训于后。

士人家切勤教子弟,勿令诗书味短。

孟子以惰其四支为一,不孝而为人子孙,游惰③而不知学,安得不愧。

【注释】

①觑:见。②溷:通"圂"猪圈。引申为受污染。③游惰:游荡懒惰。

【译文】

人生最大的快乐,莫如读书;最重要的事情,莫过于教育子女。

父子之间不能总是沉浸在溺爱、仁慈之中。对孩子,从小就要用威严的规则来约束他,用礼义的准则来要求他,长大以后就不会因为他不贤而后悔。

教导孩子有五个方面:要引导他的性情,扩展他的志向,培养他的才能,鼓舞他的士气,纠正他的过失,这五个方面一项都不能够偏废。

养育孩子如同培养名贵的花卉,既要用多种学问来培养他,又要靠多种善行去栽培他。

对于家中子弟,只能使他随时看到美好的道德,不能让他过多看到世俗的功利而受到诱惑。

对于富贵人家的子弟，必须要求他重视道义；对于贫穷人家的子弟，教育他应该恪守节操。

子弟的贤能与否，在于所受的教育；而贫富与贵贱是天生的。现在人们不去担心那些由人决定的事情，却操心那些天生的事情，这难道不是错误的吗？

读书人所作所为，不要混同于一般世俗，一定要坚持高尚的气节，一定要为后世留下为人处世的榜样。

读书人家要切记认真教育孩子，不要让他们失去书香。

孟子把四肢懒惰作为不孝顺父母的一个方面。为人子孙而不孝顺，游荡懒惰，而不知道学习，怎能不心怀愧疚呢？

袁氏世范

[宋]袁采

说明

袁采(？~1195)，字君载，南宋信安(今浙江常山县)人。宋孝宗隆兴元年进士，官至监登闻鼓院，以廉政刚直见称。淳熙五年，任乐清县令，在任期间为官刚正，并重建县学。曾三入雁荡山实地考察，纠正了雁山图的误差，撰写《雁荡山记》一篇，记叙了当时的雁荡名僧、建寺及新辟景观的史料，为雁荡山开发贡献甚巨。《袁氏世范》共三卷，分《睦亲》《处己》《治家》三卷，内容详尽。《睦亲》六十则，论及父子、兄弟、夫妇、妯娌、子侄等各种家庭成员关系的处理，讲家庭和睦相处的道理和方法。《处己》55则，纵论立身、处世、言行、交游等，具体讲个人修养及为人处世之道。《治家》72则，基本上是持家兴业的经验之谈。文中的论理并不像其他古代修身齐家的书那样古板正统，相反，袁采思想开明，甚至敢于反传统，从实用和近人情的角度来看待立身处世的原则。这里只举一文加以评析。

本篇选文主要是针对父母容易溺爱幼子，使子女慢慢滋长坏的习惯，等到恶习形成，子女长大，父母又容易吹毛求疵，薄其所爱的现象。劝告天下父母不要妄自爱憎，应该从早严格要求，不要溺爱幼子；子女长大，虽有过失，也要以爱心来感化，不要过于苛责。我们要从小给孩子一个权衡利弊的砝码，给孩子一个为人处世的工具，给孩子一个接人待物的方法，让孩子在是非明确的观念里生活，没有修饰和夸张。同时让他感到父母在爱他的同时也在他的身上寄予了某种期望，这样才有利于孩子的成长。虽然是则小故事，但喻理深刻，发人深省。

【原文】

人之有子，多于婴孺①之时，爱忘其丑，恣其所求，恣其所为。无故叫号，不知禁止，而以罪保姆；陵轹②同辈，不知诫约，而以咎他人。或言其不然，则曰："小未可责。"日渐月渍，养成其恶，此父母曲爱之过也。及其年齿渐长，爱心渐疏，微有疵失，遂成憎怒，摭③其小疵，以为大恶，如遇亲故，妆饰巧辞，历历陈数，断然以大不孝之名加之，而其子实无他罪，此父母妄憎之过也。爱憎之私，多先于母氏，其父若不知此理，则徇其母氏之说，牢不可解，为父者须详察此：子幼必待以严，子壮无薄其爱。

【注释】

①婴孺：婴儿幼儿。②陵轹：欺压。③摭：拾取。

【译文】

人们有了孩子之后，大多由于孩子处于婴幼时期，过分疼爱而忘记了孩子的缺点，放纵他们的各种要求，也放纵他们的各种行为。子女没有缘故叫喊胡闹，不知道加以禁止，却去责怪看护孩子的人；子女欺负了其他同辈伙伴，不去训诫约束，却要怪罪其他人。如有人说不应该这样放任孩子，他便说："孩子小，没有必要责备他。"日积月累，养成了孩子的恶习，这是父母不正确的疼爱造成的过错。等到孩子年龄渐渐长大，父母的疼爱之心也渐渐淡化，子女稍微有过失，父母就会感到憎恨恼怒，揪住孩子的小毛病，认为是很大的过错，如果遇到亲朋故友，就会刻意修饰，巧辩言辞，件件陈述，数落孩子的不是，还武断地把大不孝的名声加在孩子的身上，但是孩子着实没有其他的罪过，这是父母错误憎恨的过错。溺爱妄憎，大多先来自于母亲,做父亲的如果不懂得这个道理,就会按照孩子母亲的说法去对待子女,这是万万使不得的。做父亲的一定要详细地观察到这一点:孩子幼小的时候,一定要严格要求他们;等孩子长大了的时候,也不要减少对他们的疼爱。

辨忘录

[宋]吕祖谦

说明

吕祖谦(1137~1181),字伯恭,婺州(浙江金华)人。南宋时期著名哲学家、史学家。出身官宦世家,家世显赫,家学深厚。祖吕好问,南宋初年"以恩封东莱郡侯"始定居婺州金华。时人多称其伯祖吕本中为"东莱先生",吕祖谦则称为"小东莱先生"。后来一般均称吕祖谦为"东莱先生"。官至直秘阁著作郎、国史院编修。首倡经世致用,开浙东派先声。著作有《书说》《吕代家塾诗记》《东莱集》等。这里选的是《辨忘录》中的三段节录,主要讲为人处世之道。一、不能私拆别人的信件和信物;二、借人东西要爱护并且及时归还;三、与人同坐或同食要注意自己的德行,把好的条件让与他人。这些方面看似日常生活中的小事,却足以反映一个人的道德修养。

好的修养和德行都是在日常生活中的一点一滴中积累起来的,孩子更是如此。平时要教育孩子把小事做好,告诉他们"不以善小而不为,不以恶小而为之","不积跬步无以至千里,不积小流无以至江河"的真正道理。日积月累,养成好的习惯和德行,长大后才能有所作为,这也是"一屋不扫,何以扫天下"的道理。所以家长不要认为孩子小的坏习惯就放任自流,那样对孩子是百害无一利。

【原文】

发人私书、拆人信物,深为不德,甚至遂至结为仇怨。余得人所附书物,虽至亲卑幼者,未尝辄留,必为附至。及人托于某处问讯干求①,若事非顺理,而己之力不及者,则可至诚面却之;若已诺之矣,则必达所欲言,至于听与不听,则在其人。凡与宾客对坐,及往人家,见人得亲戚书,切不可往观及注目偷视。若屈膝并坐,目力可及,敛身而退,候其收书,方复进以续前话。若其人置书几上,亦不可取观,须俟②其人云:"足下可观。"方可一看,若书中说事无大小,以至戏谑之语,皆不可于他处复说。

凡借人书册器用,苟得已者,则不须借,若不得已,则须爱护过于己物。看用才毕,即便归还,切不可以借为名,意在没纳③,及不加爱惜,至有损坏。大率豪气者于己物多不顾惜,借人物,岂可亦如此。此非用豪气之所,乃无德之一端也。

凡与人同坐,夏则己择凉处,冬季己择暖处,及与人共食,多取先取,皆无德之一端也。

【注释】

①干求:求取。②俟:等待。③没纳:没收,据为己有。

【译文】

打开别人的私信,拆看别人的信物,是极为不道德的,严重时就会结成仇怨。我为别人所捎的书信或者信物,即使是至亲晚辈的信件,也未曾拖延过,一定要给他捎到。至于别人托我从某处打听消息或有所求,假使所求之事没有道理,且自己的力量也不能够做到,就可以诚恳地当面拒绝他;假如自己已经承诺了,就一定要传达别人所要说的话,至于对方听还是不听,就在于他了。凡是与宾客对坐,以及在人家里,看见别人得到亲戚的书信,千万不要前去观看,也不能目不转睛地偷看。假如是屈膝并排坐着,视力可以达到,自己要敛身而退后,等待他把书信收拾过后,才能再坐回原处来延续前面的谈话!假如那人把书信放在桌子上,也不能够取过来观看,必须等到那人说:"你可以观看。"才可以看一看。假如书信中所谈论的没有礼貌,甚至有开玩笑的话语,都不能够在别的地方再说出去。

凡是要借别人的书籍器物来用的,如果不是迫不得已,就不要去借;假使没办法借来使用,就一定要爱护他甚至超过自己的物品。阅读、使用刚一完毕,立即归还回去,一定不能够以借用为名,想着占为己有,以及不加以爱惜,甚至有损坏。大抵有豪杰气概的人对于自己的东西大多不爱惜,借别人的物品难道也能够这样吗?这里不是用豪杰之气的地方,而是没有德行的一种体现。

凡是与别人坐在一起,夏天就自己选择凉爽的地方,冬天就自己选择温暖的地方,以及与别人一起吃饭,多取先取,都是没有德行的一种体现。

三字经

[宋]王应麟

说明

王应麟(1223~1296),字伯厚,号深宁居士,元府鄞县(今浙江鄞州区)。进士出身。历事南宋理宗、度宗、恭帝三朝,位至吏部尚书。王应麟博学多才,对经史子集、天文地理都有研究,是南宋末年的政治人物和经史学者。南宋灭亡以后,他隐居乡里,闭门谢客,著书立说。

《三字经》以教育孩子自幼勤奋好学为主,涉及文史哲经、典章制度、天文地理、文物典故、风俗人情、礼仪道德、古人勤勉故事、优秀诗歌等等。短短的千把字,简直就是一本微缩的百科全书,读起来合辙押韵,朗朗上口,容易理解。文中既有对知识方面的启蒙,也有对方法论上的启蒙。宋代以后700多年,它一直是较为流行的启蒙课本,明清以来续有增补。虽然其中充满着浓重的封建色彩,但是其中的历史文化知识和一些强调读书为要的理念还是很有现实意义的。我们必须用合乎新时代思想的价值观念,吸其精华,去其糟粕,古为今用,让它为提高整个民族的思想文化素质做出贡献。

【原文】

人之初,性①本善。性相近,习相远。苟不教,性乃迁②。教之道,贵以专

【注释】

①性:人的本性。②迁:变化。

【译文】

人生下来的时候,本性都是很善良的,彼此的性情都很相近,但是由于后天的环境和学习不一样,导致了彼此之间相差很远。

如果不加以教诲,本性就会发生改变,而教育的方法,贵在专心一致。

【原文】

昔①孟母,择邻处。子不学,断机杼②。

窦季和,有义方③。教八子,名俱扬。

【注释】

①昔:从前:②杼:织布机上的梭子③义:正义

【译文】

过去孟子的母亲,安家居住时慎选邻居,孟子不上学,孟子母亲就割断织机的布来教育他。

窦季和,家教严格有方,他教育的八个儿子,都声名远扬。

【原文】

养不教,父之过①。教不严,师之惰。

子不学,非所宜②。幼不学,老何为。

【注释】

①过,过错。②宜,应该,适当。

【译文】

抚养而不教育的,这是父亲的过错;教育不严格,这是老师的失职。

孩子不好好学习,是很不应该的,如果小时候不好好学习,老了又能干什么呢?

【原文】

玉不琢①,不成器,人不学,不知义。

为人子,方少时,亲师友,习礼仪。

香九龄,能温席,孝于亲,所当执②。

融四岁,能让梨,弟于长,宜先知。

【注释】

①琢:雕刻,打磨。②执:遵守,保持

【译文】

玉不打磨雕刻,不会成为精美的器物,人若是不学习,就不懂得事理。

作为儿女,正是年少时,要亲近老师和朋友,学习礼貌礼节,

东汉人黄香,在九岁时就替父母暖被,孝顺父母,是子女应当做的。

孔融四岁的时候就知道把大的梨子让给哥哥,这是弟弟尊敬和友爱兄长的道理,从小就应该知道。

【原文】

首①孝弟②,次见闻,知其数,识某文。一而十,十而百,百而千,千而万。

【注释】

①首:首先。②:弟同"悌",尊敬师长。

【译文】

一个人首先要学的是孝敬父母和友爱兄弟的道理,接下来是增长见闻,并且要知道基本的算术和高深的数学,认识文字,阅读文章。

一到十是基本的数字,然后十个十是一百,十个一百是一千,十个一千就是一万。

【原文】

三才①者,天地人。三光者,日月星。

三纲者②,君臣义。父子亲,夫妇顺。

【注释】

①才:亦作"材"。②三纲:封建社会中三种主要的道德关系。

【译文】

三才,指的是天、地、人。三光,指的是太阳、月亮、星星。

古人提出的三纲,规范君臣礼义,要求父子相亲,夫妻和睦。

【原文】

曰①春夏,曰秋冬,此四时,运②不穷。

曰南北,曰东西,此四方,应乎③中。

【注释】

①曰:句首语气词。②运:运动。③乎:于。

【译文】

春、夏、秋、冬,叫作四季,这四时季节不断变化,春去夏来,秋去冬来,如此循环往复,永不停止。

东、南、西、北,叫作"四方",是指各个方向的位置。这四个方位,必须有个中央位置对应,才能把各个方位定出来。

【原文】

稻粱菽,麦黍稷,此六谷,人所食。

马牛羊,鸡犬豕①,此六畜,人所饲。

【注释】

①豕:猪。

【译文】

稻子、谷子、豆类、小麦、黍子和高粱,合称六谷,是人生存的食粮。

马、牛、羊、鸡、狗、猪,合称六畜,是人们所饲养的。

【原文】

曰喜怒,日哀惧,爱恶欲。七情具①。

曰仁义,礼智信,此五常,不容紊②。

【注释】

①具:具备。②紊:紊乱

【译文】

高兴叫作喜,生气叫作怒,悲伤叫作哀害怕叫作惧,心里喜欢叫爱,讨厌叫恶,内心很贪恋叫欲,合起来叫七情。这是人生下来就有的七种感情。

如果所有的人都能以仁、义、礼、智、信这五种不变的法则作为处世做人的标准,社会就会永葆祥和,所以每个人都应遵守,不可怠慢疏忽。

【原文】

有《连山》,有《归藏》,有《周易》,三《易》详。

有典谟,有训诰,有誓命,《书》之奥①。

有《国风》,有《雅》《颂》,号四诗,当讽诵。

【注释】

①奥:深奥

【译文】

《连山》《归藏》《周易》，是我国古代的三部书，这三部书合称"三易"。"三易"是用"卦"的形式来说明宇宙间万事万物循环变化的道理的书籍。

《书经》的内容分六个部分：一典，是立国的基本原则；二谟，即治国计划；三训，即大臣的态度；四诰，即国君的通告；五誓，起兵文告；六命，国君的命令。

《国风》《大雅》《小雅》《颂》，合称为四诗，它是一种内容丰富、感情深切的诗歌，值得我们去朗诵。

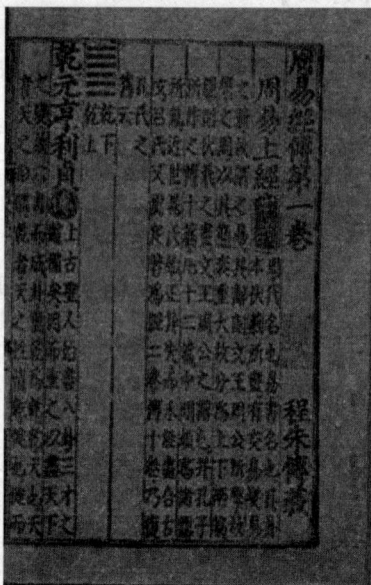

《周易》书影

【原文】

夏有禹，商有汤，周文武，称三王。

夏传子。家天下。四百载，迁夏社[1]。

汤伐夏，国号商，六百载，至纣亡。

周武王。始诛纣，八百载，最长久。

【注释】

[1]社：社稷，国家。

【译文】

夏朝的开国君主是禹，商朝的开国君主是汤，周朝的开国君主是文王和武王，所以并称为"三王"。

夏王朝的大禹把帝位传给自己的儿子，天下从此成为一个家族所有，经过四百多年，夏王朝的政权发生了改变。

商汤讨伐夏朝，改国号为商，经过六百多年，到纣王灭亡。

周武王继位后,讨伐诛杀纣王,开始了周朝八百多年的统治,成为中国历史上统治时间最长的一个朝代。

【原文】

嬴秦氏,始兼并。传二世,楚汉争。

高祖兴,汉业建。至孝平,王莽篡。

光武兴,为东汉,四百年,终于献。

蜀魏吴,争汉鼎①,号三国,迄两晋。

【注释】

①鼎:传国的实物,象征着皇斋。

【译文】

战国末年,秦国的势力日渐强大,把其他诸侯国都灭掉了,建立了统一的秦朝。秦传到二世胡亥,天下又开始大乱,最后,形成了楚汉相争的局面。汉高祖打败了项羽,建立汉朝。汉朝的帝位传了两百多年,到了孝平帝时,就被王莽篡夺了。汉光武帝刘秀复兴,建国号东汉。东汉延续四百年,到汉献帝的时候灭亡。东汉末年,魏国、蜀国、吴国争夺天下,形成三国相争的局面。后来魏灭了蜀国和吴国,但被司马懿篡夺了帝位,建立了晋朝,晋又分为东晋和西晋两个时期。

【原文】

宋齐继,梁陈承,为南朝,都金陵。

北元魏,分东西,宇文周,与高齐。

迨①至隋,一土宇②,不再传,失统绪③。

【注释】

①迨:等到。②一土宇:南北结合,一统天下。③统绪:世系。

【译文】

晋朝王室南迁以后,不久就衰亡了,继之而起的是南北朝时期。南朝包括宋齐梁陈,国都建在金陵。

北朝则指的是元魏。元魏后来也分裂成东魏和西魏,西魏被宇文觉篡了位,建立了北周;东魏被高洋篡了位,建立了北齐。

杨坚重新统一了中国,建立了隋朝,历史上称为隋文帝。他的儿子隋炀帝杨广即位后,荒淫无道,隋朝很快就灭亡了。

【原文】

唐高祖,起义师,除隋乱,创①国基。

二十传,三百载,梁灭之,国乃改。

梁唐晋,及汉周,称五代,皆有由②。

【注释】

①创:开创,开始。②由:原因,缘由。

【译文】

唐高祖李渊起兵反隋,最后隋朝灭亡。他战胜了各路的反隋义军,取得了天下,建立起唐朝。

唐朝的统治近三百年,总共传了二十位皇帝。到唐哀帝被朱全忠篡位,建立了梁朝,唐朝从此灭亡。为和南北朝时期的梁相区别,历史上称为后梁。

后梁、后唐、后晋、后汉和后周五个朝代的更替时期,历史上称作五代,这五个朝代的更替都有着一定的原因。

【原文】

莹八岁,能咏诗;泌七岁,能赋棋。

彼颖悟①,人称奇,尔幼学,当效之。

蔡文姬,能辨琴。谢道韫,能咏吟。

彼女子,且聪敏,尔男子,当自警。

唐刘晏,方七岁,举神童,作正字。

彼虽幼,身已仕②,尔幼学,勉而致。

【注释】

①颖悟:聪明,富有智慧。②仕:做官

【译文】

北齐有个叫祖莹的人,八岁就能吟诗,后来当了秘书监著作郎。唐朝有个叫李泌的人,七岁时就能以下棋为题而做出诗赋。

他们两个人的聪明和才智,在当时很受人们的赞赏和称奇,现在我们正是求学的开始,应该效法他们,努力用功读书。

东汉末年的蔡文姬能分辨琴声好坏,晋朝的才女谢道韫则能出口成诗。

像这样的两个女孩子,一个懂音乐,一个会作诗,天资如此聪慧;身为一个男子汉,更要时时警惕,充实自己才对。

唐玄宗时,有一个名叫刘晏的小孩儿,才七岁,就被推举为神童,并且做了负责订正文字的官。

他虽然年纪小,却已经做官了,担当国家给他的重任,我们应该像他一样在幼小时就发奋学习,努力直至成功。

【原文】

扬名声,显父母,光于前,裕于后①。

人遗子,金满赢②;我教子,惟一经。

勤有功,戏无益。戒之哉! 宜勉力。

【注释】

①裕于后:给后代留下丰富的遗产。②赢:箱笼一类的器具。

【译文】

如果你为社会做出了应有的贡献,人民就会赞扬你,而且父母也可以得到你的荣耀,为祖先都增添了光彩,也给后代留下了好的榜样。

别人遗留给子孙后代的是满箱的金银钱财;而我却不同,只有一部三字经,用来教导子孙好好读书,长大后做个有所作为的人。

反复讲了许多道理,只是告诉孩子们,凡是勤奋上进的人,都会有好的收获,而只顾贪玩,浪费了大好时光是一定要后悔的。要警戒!要自我勉励!

临终遗子书

[金]韩玉

说明

韩玉,字温甫,金渔阳(今北京密云区西南)。其先相人,曾祖锡仕金,以济南尹致仕。明昌五年经义、辞赋两科进士,入翰林为应奉。泰和中,建言开通州潞水漕渠,船运至都。升两阶,授同知陕西东路转运使事。败夏人于北原,当路者忌其功,诬陷他与夏人有谋,朝廷疑,被囚,死于郡学。临终书诗壁间,其子不疑以父亲死于非罪,誓不禄仕。《临终遗子书》是韩玉写给儿子的遗书。他告诉儿子世道混乱,时事艰难,到处都充满着危机和陷阱,显然他希望儿子从他的死亡中总结经验教训,免遭不测。

作者忠心报国,屡建战功,没有死在拼杀的战场上,而是遭人嫉妒死在监牢里,因此信中充满了悲愤不平之气。他要告诉儿子的很多,由于当时情势,仅寥寥数笔,择拣关乎生死的重要之事简单说。从中我们看出作者被冤而死的凛然正气和对儿子的一片舐犊深情。全文浩然正气,词真意切,感人至深,读者恻然。

【原文】

此去冥路①,吾心浩然②,刚直之气,必不下沉,儿可无虑。世乱时艰,努力自护,幽③明虽异,宁不见尔?

【注释】

①冥路:犹言死期。②浩然:正大豪迈貌。③幽:阴间。

【译文】

我要死了,但我的心里坦荡光明,刚强正直的气节,一定不会沉落,儿子可以不必忧虑。世道混乱,时事艰难,你要努力自己保护自己。阴间和阳间即使不同,你的行为我难道看不见吗?

郑氏规范

[元]郑太和

说明

郑太和,元浦(今属浙江)人。浦江孝义门郑氏历经宋、元、明三代十五世,同居共食达350年,最多的时候,有3000人。被朱元璋赐以"江南第一家"美称并在此后屡受旌表的郑氏家族,因其孝义治家的大家庭模式和传世家训《郑氏规范》,奠定了它在中国传统家训教化史上的重要地位。《郑氏规范》中治家、教子、修身、处世的家规族训,以及极具特色的教化实践,对中国古代家族制度的巩固发展,对中国封建社会后期的稳定和儒家伦理、文化的世俗化,都产生了深远的影响。本书总共有168则。自冠婚丧祭至衣服饮食,治家内容无所不包。这里只选其一,谈家长应注重身教,公允无私,还要把握好"明"与"不明"的尺度。虽是节选,但却完整的评述了身为一家之长的"应为"和"应不为"之事。既不可对家事了解得很清楚,又不可不对家事有了解。有时须装糊涂,宽容为怀;有时又要明察秋毫,防微杜渐。其中的剖析蕴含着朴素的辩证唯物主义哲理,是当时思想的极大进步。

【原文】

为家长者,当以至诚待下,一言不可妄发,一行不可妄为,庶合古人以身教之之意。临事之际,毋察察①而明,毋昧昧②而昏,更须以量容人,常视一家如一人可也。

【注释】

①察察:分析,明辨。②昧昧:愚昧,昏乱。

【译文】

身为一家之长的人,应当以真诚的心对待家人晚辈,绝不能随意胡乱说话,也不可任凭性情胡作非为,凡事都应该合乎身教的传统礼节。主持家事的时候,只要掌握住大方向就行了,对于细枝末节则不必太过详察。但是在办理具体的事务时,就必须条理清晰,次序分明,不可轻忽混乱。更要时常保有一颗宽容的心,把每一位家中的人看成同一个人,一视同仁,平等相待。

示冕

[明]于谦

说明

于谦,字廷益,号节庵,官至少保,世称于少保,明代名臣,民族英雄,浙江钱塘人。永乐十九年进士。正统十四年召为兵部左侍郎,土木之变之时力守京师。天顺元年以"谋逆"罪被冤杀。有《于忠肃集》。《示冕》是于谦在奉命巡视边疆时写给在杭州家中13岁的儿子于冕的。大意就是勉励于冕努力读书,珍惜时光,勤奋上进。

于谦对子女的教育方法很特殊,诗的开头并没有直接就给儿子压力,只是暗示希望他怎样去做。而接下来作者笔锋一转,在颈联写自己未能经常回家,与家人团圆的原因,以及对亲人的无限思念,也显露出了作者对家人的愧疚之情。同时本联也更加冲淡了对儿子的说教意味。尾联是勉励和告诫于冕要努力上进,不要辜负青春年少的大好时光,也寄托了对子女的殷切期望,与额联呼应。诗歌浅显易懂,亲切感人。自始至终都没有要求儿子去做什么,却达到了教育儿子的目的。

【原文】

阿冕今年已十三,耳边垂发绿鬖鬖①。

好亲灯火研经史,勤向庭②闱奉旨甘。

衔命③年年巡塞北,思亲夜夜梦江南。

题诗寄汝非无意,莫负青春取自惭。

【注释】

①鬖鬖:头发下垂的样子。②庭闱:旧指父母住的地方,这里指代父母。③衔命:奉命。

【译文】

我的阿冕今年已经十三岁了,耳边也应垂下了乌黑的头发。

我知道你每天在灯下发奋读书,研习经史,而且还孝敬长辈,经常给我们奉献美味的食品。

虽然我奉命年年在外工作,但是却天天思念着你们。

写这首诗寄给你,并不是没有用意的,我是想鼓励你继续努力学习,不要虚度青春,将来自取惭愧。

寄从子希哲

[明]朱瞻基

说明

朱瞻基(1398~1435),即明宣宗,明仁宗朱高炽长子,永乐九年立为皇太孙,数度随成祖征讨。洪熙元年即位,年号宣德,成为明朝第五位皇帝。宣德元年平定汉王朱高煦叛乱,和其父一样,比较能倾听臣下的意见,听从阁臣杨士奇、杨荣等建议,停止对交阯用兵,与明仁宗并称"仁宣之治"。明宣宗在历史上是一位比较开明的皇帝,在位期间任贤纳谏、发展生产、与民休养生息,政治较为清明,经济比较安定,在历史上有"明有宣宗,犹周有成康、汉有文景"之论。宣德十年正月初三日,逝于乾清宫,享年 38 岁。谥"宪天崇道英明神圣钦义昭武宽仁纯孝章皇帝"。后葬于明十三陵之景陵。朱瞻基在治家方面十分严谨,对子侄处事、做人、交友都严格要求指导。《寄从子希哲》是他写给皇子希哲的。文中开篇写道"屡得汝平安书,甚慰",表现朱瞻基得知皇子平安十分高兴和欣慰,但笔锋一转,说到"吾朝夕思汝,又朝夕忧汝。思,非为别离,惟欲汝做个好人;忧,亦非为汝劳苦,惟恐汝做些不好事",一句话点明写信主旨。从一般意义上的父亲担心儿子上升了一个高度。进而谈到交友,要儿子交"忠厚又德"之人,不能总是"泛交,与说闲话,为无益之事"。信中简单说就是要儿子做三件事:行好事、做好人、交好友。希望儿子将来成为一个有德行有操守有作为之人。

"益者三友,损者三友",是一位父亲对儿子的谆谆告诫,情长意深,至今仍有借鉴意义。

【原文】

屡①得汝平安书,甚慰。自汝之去,吾朝夕思汝,又朝夕忧汝。思,非为别离,惟欲汝做个好人;忧,亦非为汝劳苦,惟恐汝做些不好事。汝今在泾野门下,须服行其言,观法其行,乃真为弟子,否则虽见好人,不行好事,反不如凡夫也。待文王而兴,已非豪杰之士;文王所不能兴汝道,他比得凡夫否?益者三友,损者三友②。学,四方人才所聚,若所交俱英才,乃忠厚有德者,其益不可胜言。若只泛交,与说闲话,为无益之事,其损亦不可胜言。谨、默二字,可铭诸心。

【注释】

①屡:接连着,不止一次。②益者三友,损者三友:有益的朋友有三种,有害的朋友有三种。具体解释为结交正直的朋友,诚信的朋友,知识广博的朋友,是有益的。结交谄媚逢迎的人,结交表面奉承而背后诽谤人的人,结交善于花言巧语的

人,是有害的。

【译文】

我接连收到你的平安信,很是欣慰。自从你离开,我早晚思念你,又早晚担忧你。思念,不是因为离别,只是希望你做个好人;忧虑,也不是因为你的劳顿困苦,只恐怕你做些不好的事情。如今你在泾野先生门下学习,必须听从先生教诲,观察效法先生的举止,如此才像是真正的弟子。否则,虽然能够亲近德行高尚的人,却不能真正的做好事,反而还不如一般的凡夫俗子了。凡夫要等文王出世,才能有所作为;自己不能成为豪杰,文王出世也不能让你大行其道,那还比得上凡夫吗?与正直、诚信、博学的人交往,能使人受益,与谄媚逢迎的人、阳奉阴违的人及花言巧语的人交朋友,则害处不小。你学习的地方,正是四方人才聚集之处,倘若所交结的都是天下英才,而且是忠厚有德行的朋友,必定是受益无穷,不可胜数。若只是泛泛之交,一起聊天闲谈,做没有益处的事情,那么它的害处说也说不完。谨、默二字要时时铭记在心。

诚子弟

[明]陈献章

说明

陈献章(1428—1500),字公甫,号石斋,别号碧玉老人、玉台居士、江门渔父、南海樵夫、黄云老人等,广东省江门市新会区人,因曾在白沙村居住,人称白沙先生。明代思想家、教育家、书法家、诗人,广东唯一一位从祀孔庙的明代硕儒,主张学贵知疑、独立思考,提倡较为自由开放的学风,逐渐形成一个有自己特点的学派,史称江门学派。陈献章在思想学说的创立,打破了程朱理学原有的理论格局,使明代的学术开始了新的阶段。正统十二年两赴礼部不第,从吴与弼讲理学,半年而归,居白沙里,筑阳春台,读书静坐,数年不出户,入京至国子监,祭酒邢让惊为真儒复出,成化十九年授翰林检讨,乞终养归,著作后被汇编为《白沙子全集》。

《诫子弟》主要讲的是成家难、倾家易的道理,在文中是告诫子弟立家的窍门,很有独到之处。作者开篇告诫子弟,"人家成立则难,倾覆则易",所以要想在世上真正立足,就必须要有真本领。进而说明真正才能的取得,虽然和父兄的教诲密切关联,但关键还是在于自己主观的努力。而后讲了一个以弹琴为业又将其技能传给儿子最终贫困的故事,目的就是告诉子弟既要有自己的专门技能还要经世致用,不能学那些大而不当,不切实际的本领,否则将一败涂地。最后说人处于逆境中,应当面对现实,积极向上,重新找好自己的位置,不能一有不幸就推诿于命运。作者表面强调的是创业和守业的关系,实质上是重在人才的培养和事业的开拓。告诉人们,一个人在社会上选择职业时要有独到的视角,不能选择那些根本没有发展前途的技能来学习,否则将无所用处。虽然由于时代的局限,对于一些像"弹丝"类的行业有些轻贱,但是其中蕴含的道理却是很深刻的,值得人们思考。

【原文】

人家成立则难,倾覆则易,孟子曰:"君子创业垂统,为可继也。若夫成功,则天也。"人家子弟才不才,父兄教之可固必耶,虽然有不可委之命,在人宜自尽。里中有以弹丝①为业者。琴瑟,雅乐也。彼以之教人而获利既可鄙矣,传及其子,托琴而衣食由是琴,益微而家益困,辗转岁月,几不能生。里人贱之,耻与为伍,逐亡士夫之名。此岂尝为元恶大憝②而丧其家乎?才不足也。既无高爵厚业以取重于时,其所挟者率时所不售者也,而又自贱焉,奈之何?其能立也,大抵能立于一世,必有取重于一世之术,彼之所取者在我,咸无之及。不能立,诿③曰:"命也。"果不在我乎?人家子弟不才者多,才者少。此昔人所以叹成立之难也。汝曹勉之!

【注释】

①里中:指乡里。②憝:奸恶。③诿:推卸。

【译文】

人,成家立业是很艰难的,可是倾覆起来却很容易。孟子说:"有道德的君子创立功业,传给子孙,为的是基业能够一代一代的流传下去。至于能否成功,也还得依靠天命。"子弟有没有才能,父亲和兄长的教育固然是很必要的,作为父兄虽然有不可推卸的责任,但是对于本人来说,还应该尽心尽力,努力向上。乡里有一位以弹丝作为职业的人。琴和瑟属于高雅的乐器。他利用雅乐教人来获得利益,是卑鄙的。等传到他的儿子,依赖琴而解决衣食问题,获得的利益更加微少,生活也越发困乏,艰难度日,几乎不能生存下去。邻居们看不起他,不愿与他交往,逐没有渐失去了士大夫的名誉。这难道是因为罪大恶极而丧失了家业吗?只是因为才能不够。既然没有高贵的爵位和丰厚的家业为世人所重视,他所依靠的又是当时时代所不需要的东西,同时还自己轻贱自己,有什么法子呢?人若能在社会上立足,大概还能够立足于一世的,就一定具有得到一世重视的本事。能否满足社会需要,选择的权利在于自己,再没有别的牵扯。不能保持家业,推脱说:"这是命。"难道果真就不怪自己?人们的子弟没有才能的人多,真正有才能的人少。这就是从前的人之所以感叹成家立业艰难的原因。你们要努力啊!

示师言

[明]马中锡

说明

马中锡(1446~1512),字天禄,号东田,祖籍大都,先世为避战乱于明初徙于故城(今属河北)县。明代官员、文学家。成化十一年进士,官至右都御史。以兵事为朝廷论罪,下狱死。能诗文,生平有文名,李梦阳、康海、王九思曾师从于他。著有《东田集》。《示师言》是作者针对当时社会上的纨绔子弟"安于豢养,不知稼穑之艰难;习于骄恣,不遵礼义之轨度",警戒其子的文章。文中作者从分析三公九卿之子"鲜有不败家辱亲"入题,具体分析了原因。然后讲到他们放纵恣意的种种表现。最后反复告诫儿子要保持节行,注意修养。文章针砭时弊,指出当时社会上的纨绔子弟豪奢放纵,不守法纪,不仅自己犯法,还遗祸家人。进而谆谆告诫儿子要恪守德行和操守,要韬光养晦,收敛锋芒;做人要朴素,结交善友,不能狂妄自大,恣意傲慢。最后反复告诫其子:"听之戒之!毋怠毋忽!"可见作者对如此种种行为的深恶痛绝。可以说,这样的训诫永远不会过时,当代的我们也应时时警诫自己不要犯类似的错误。义章短小精悍,通俗易懂,也给后世留下了宝贵的训诫之言。

【原文】

近时公卿之子,鲜有不败家辱亲者,盖由安于豢养,不知稼穑①之艰难;习于骄恣,不遵礼义之轨度故尔。至登科第,作美官,亦有愈肆放纵,卒至丧其名节,陨其家声,遗笑于世,反不如白身人、贫家子犹有一节一行可观也。此时法禁严峻,入京应试时,须谨慎韬晦,不令人知为某人之子甚善。凡衣服之华丽,饮食之丰腴,交游之轻佻,言语之夸诞,皆足以贾祸招尤②。要当深警而痛绝之,以纾③吾忧,不为吾累可也。听之戒之!毋怠毋忽!

【注释】

①稼穑:指农务。稼,播种;穑,收获。②贾祸招尤:意为招来灾难。贾,招致。尤,怨恨。③纾:解除。

【译文】

近来,那些高官家的孩子,很少有不败坏家业辱没亲人的。大都是因为生活太安逸了,不懂得耕种收获的艰难;长期养成了骄满恣意的态度,不遵守礼法道义的规范法度的原因。到应考被录取,做了位高禄厚的官职,也有越加肆意放纵,最终丧失了名誉和节操,败坏了家世的名声,给世人留下了笑柄,反而还比不上平民百姓的身上尚且能够看到一些节操和品行。现在的刑法和禁令严厉,人到京城参加考试,必须严谨慎重,收敛锋芒隐藏不漏,不让人知道是某人之子很好。凡是服饰华丽,饮食丰富,交往轻浮,言词夸大虚妄,不合实际的,都能够招来祸患灾难。你们一定要深深警觉并且要彻底杜绝这些,以此来解除我的顾虑,不让我因此而累。听到这些,也要戒备这些。不要怠慢,不要忽视。

训蒙歌

[明]庞尚鹏

说明

庞尚鹏,字少南,号惺庵,明南海(今属广东)人。明代大臣,以善理财知名。嘉靖三十二年进士,后升监察御史。有《百可亭摘稿》。《训蒙歌》是作者根据儿童特点编写的诗歌,向儿子说明了做人应该遵守的准则和道理。他在这首诗歌里告诉儿子:什么是要做的,什么是不能做的,界限清晰。并且重点强调,做人关键在于要"心地好",希望明了。他对子孙教育从小抓起的做法,是十分正确的,而且内容也是十分健康的。

文中采取儿歌的形式和比喻的手法,而且三字一句,简单灵活,通俗生动,短小流畅,朗朗上口,是孩子们能够容易理解并且记住的,可以达到较好的教育效果。

【原文】

幼儿曹①,听教诲,勤读书,要孝悌,学谦恭,循礼义,节饮食,戒游戏。毋诳②言,毋贪利,毋任情,毋斗气,毋责人,但自治。能下人,是有志,能容人,是大器。凡做人,在心地,心地好,是良士,心地恶,是凶类,譬树果,心是蒂③,蒂若坏,果必坠。吾教汝,全在是,汝谛听④,勿轻弃。

【注释】

①曹:辈,们。②诳:欺骗。③蒂:花或瓜果也根茎相连接的部分。④谛听:认真听取。

【译文】

年幼的孩子们,认真听取我的教诲:要勤奋读书,要孝顺友爱,要谦虚恭敬,要遵循礼义,要节约饮食,要戒除游戏。不要口出诳言,不要贪图利益,不要随性而为,不要意气用事,不要责求别人,只要自强自立。能够谦居别人之下,是有志气的表现;能够包容忍让别人,是大有作为的表现。凡是做人,关键是看他的心地。如果心地好,就是善良的好人;如果心地恶,就是凶残的坏人。比如树木的果子,它的心就是蒂,如果蒂坏了,果实就一定会坠落。我教诲你们的道理全在这里。你们要认真听取并且牢牢记在心里:不要轻视,不要摒弃。

赣州书示四侄正思等

[明]王守仁

说明

王守仁(1472—1529),字伯安,号阳明子,世称阳明先生,故又称王阳明,余姚(今属浙江)人。中国明代最著名的思想家、哲学家、文学家和军事家。陆王心学之集大成者,非但精通儒家、佛家、道家,而且能够统军征战,是中国历史上罕见的全能大儒。封"先儒",奉祀孔庙东庑第58位。创"心学"对抗程朱理学,提出"致良知""知行合一"的学说,著作由门人辑成《王文成公全书》,其中哲学上最重要的是《传习录》和《大学问》。

王守仁

《赣州书示四侄正思等》是王守仁巡抚南赣时给侄儿们写的一封家书。文章主旨是教育侄儿们要先立志。即"以仁礼存心,以孝弟为本,以圣贤自期。务在光前裕后",而不要只是追求功名富贵,向市井之人炫耀。而后他毫不避讳的谈及自己的幼年"无行",要他们引以为戒。此时的他虽然已任高官,但是教育子弟也没有用居高临下、横加指责的语言,而是循循善诱,有诲人不倦之风,称自己"迨至中年,未有所成",这种谦虚坦率的态度和大度为人的襟怀对后辈更有激励和表率的作用;接着他又指出"习俗移人,如油渍面",为的是引起后辈注意。他要求侄儿们读他的《立志说》,其中他强调"学莫先于立志,志之不立,犹不种其根,而徒事培拥灌溉,劳苦无成"。至于立什么志,早在文章开篇便有说明。最后谈到当下的情势,有无奈,也有欣慰,再述自己的毕生志向。通篇全文层次清楚,有的放矢,语言平易朴质,感情真挚深沉,道理深刻明确。谆谆教导,闻者如沐春风,让人容易接受。

【原文】

近闻尔曹学业有进,有司考校,获居前列,吾闻之喜而不寐;此是家门好消息。继吾书香者,在尔辈矣,勉之,勉之! 吾非徒望尔辈但取青紫①,荣身肥家,如世俗所尚,以夸市井小儿。尔辈须以仁礼存心,以孝弟为本,以圣贤自期。务在光前裕后②,斯可矣。吾惟幼而失学无行,无师友之助,迨今中年,未有所成,尔辈当鉴③别吾既往,及时勉力,毋又自贻他日之悔,如吾今日也。习俗移人,如油渍面,虽贤者不免;况尔曹初学小子,能无溺乎? 然惟痛惩深创,乃为善变,昔人云:"脱去凡近,以游高明。"此言良足以警,小子识之。吾尝有《立志说》,与尔十叔,尔辈可从抄录一通,置之几间,时一省览,亦足以发;方虽传于庸医,药可疗夫真病,尔曹勿谓尔伯父只寻常人尔,其言未必足法;又勿谓其言虽似有理,亦只是一场迂阔之谈,非我辈急务;苟如是,吾未知之何矣。读书讲学,此最吾所宿好④,今虽干戈扰攘中,四方有来学者,吾亦未尝拒之,所恨牢落尘网,未能脱身而归。今幸盗贼稍平,以塞责求退,归卧林间,携尔曹朝夕切磋砥砺,吾何乐如之! 偶便,先示尔等,尔等勉焉,毋虚⑤吾望。正德丁丑四月三十日

【注释】

①青紫:汉制,丞相、太尉均金印紫色飘带,此指高官。②光前裕后:增光前代,造福后代。③鉴:以……为借鉴。④宿好:素来就有的爱好。⑤虚:辜负。

【译文】

近来听说你们的学业有所进步,学官考试,名列前茅,我听说之后高兴得睡不着觉;这是我家的好消息。能够继承读书家风的,就在你们这辈了。努力! 努力!

我并不是只期望你们取得高官显位,使自身荣耀,家庭富裕,像世俗所推崇的那样,在小市民面前夸耀。你们应该心中存有仁礼,以孝顺父母、友爱兄弟为本,以圣贤之人为榜样,一定要为前人增光,为后人造福,这样才行。我由于幼年失去学习的机会,没有善行;没有老师朋友的帮助,到了中年,还没有什么成就。你们应当以我的过去为鉴戒,及时努力,不能等到将来再后悔,就像我现在一样。习俗影响人,就像用油浸泡面粉一样,即使是贤能的人也避免不了;更何况你们这些刚刚学习的小孩子,能够不沉溺其中吗?然而只有以过去的惨败为教训,才能变好。从前有人说:"脱离凡庸浅近的人,和高尚贤明的人交往。"这些话足可以作为警戒,你们要记住。我曾经写过一篇《立志说》给你们的十叔,你们可以抄录一份,放在桌子上,经常拿来看看,也足够从中受到启发;治病的处方即使传给了庸医,但是药还可以治疗真病的。你们不要认为你们的伯父只不过是平常的人,他说的话不足以效法;又不要以为他说的话即使好像很有道理,也只是一种不切实际的空谈,不是我们急需的东西。如果你们这样认为,那我就不知道应该怎么办了。读书教学,这是我一生最喜欢做的事情。如今虽然处在战乱时期,从各处来向我学习的人,我也从来没有拒绝过他们。所遗憾的是:奔走于人世之间,如同处于网中一样,不能脱身而回。如今庆幸的是盗贼逐渐平定一些,只想以尽责求退,隐居起来,带着你们早晚研讨学问,努力读书,我觉着就没有比这更快乐的事情了。因偶尔有时间,先写信告诉你们,你们要努力!不要让我的期望落空。正德十二年四月三十日。

家训

[明]霍韬

说明

霍韬(1487~1540),字渭先,始号兀涯,后更号渭涯,明代南海(今广东南海区石头乡)人。南正德九年进士,历任礼部尚书、吏部左右侍郎、南京礼部尚书。嘉靖十九年卒于官,赠太子太保,谥文敏。有《诗经解》《象山学辨》《程朱训释》《渭涯集》《西汉笔评》《渭涯家训》等。霍韬从小就十分重视实践劳动，他读书时成绩优异。学业期满，反故里，一边继续读书，准备科举考试；一边帮助父辈记账。不仅参与管理，还记载其经营活动情况。

霍韬的家训是明代家训中最具有特色的，它超出了一般家训只是口头训诫子弟读书、做人的范畴，而是将劳动教育作为家庭教育的重要内容和形式。霍韬认为孩子从小就要让他参加一些种植收获的农业劳动，从中可以体验到农夫稼穑的艰难和辛苦，必然就会知道一粥一饭的来之不易，养成节俭、勤劳、敦厚的品行；反之，总是坐享其成，不劳而食，享有奢华，损人利己，家庭必然会走向衰落贫穷。在文中我们可以看到，霍韬要求子侄平时半工半读，既要学习，也要适时地去参加农业劳动。一天之内，一年之内，都有相对固定的劳动时间。如果其中有子弟偷懒耍滑，就要给以必要的体罚，"初犯责二十，再犯责三十，三犯斥出，不许入社学"，剥夺学习机会。字里行间透漏出作者对农业劳动的高度重视，同时对要求子侄劳动的决心。霍韬家训冲破了宋明理学家教人"半日静坐、半日读书"的樊篱，着重强调了生产劳动教育，这在当时乃至今日都是十分难能可贵的。

【原文】

凡子侄，多忌农作，不知幼事农业，则不知粟入艰难，必生侈心。幼事农业，则习恒敦实，不生邪心。幼事农业，力涉勤苦，能兴起善心，以免于罪戾①，故子侄不可不力农作。

凡富家，久则衰倾②，由无功而食人之食。夫无功食人之食，是谓厉民自养，凡厉民自养，则有天殃。故久享富佚③，则致衰倾，甚则为奴仆，为牛马，故子侄不可不力农作。

汉取士，设孝弟力田科，敦实务本也。凡为官者，如皆有自农家，有不恤民艰者或寡矣。子侄入社学，遇农时俱暂力农，一日或寅卯力农，未申读书；或寅卯读书，未申力农。或春夏力农，秋冬读书，勿袖手坐食，以致穷困。

凡社学师，须考社学生务农力本，居家孝弟，以纪行实。乡间骄贵子弟，耻力田勿强。本家子侄兄弟，入社学耻力用，耻本分生理，初犯责④二十，再犯责三十，三犯斥出,不许入社学。

【注释】

①罪戾:罪过。②衰倾:衰败、倾覆。③佚:安佚、享乐。④责:惩罚、责罚。

【译文】

如今子侄辈大多不喜欢参加农业劳动。不从小参加农业劳动,就不能够懂得粮食的来之不易,一定避免不了奢侈。从小参加农业劳动,就可以养成敦厚老实的性格,避免轻浮;从小参加农业劳动,体验过辛勤和劳苦,就能产生同情心,避免暴虐,因此凡子侄辈不可不参加农业劳动。

有钱人家时间久了就会破落衰败,其原因在于无功受禄。无功受禄就是损民自肥,损民自肥必遭天谴。为了避免久享富贵而导致破落衰败,甚至沦为奴仆、当牛做马,因此子侄辈就不能不重视农业劳动。

汉代选拔官吏,设孝悌力田科,目的在于提倡敦实务本。凡是做官的,如果都是农民出身,那么不知农民疾苦的人就会很少。子侄们入乡校学习,遇农忙时都要参加劳动,一天之内半工半读。一年之内,半年读书,半年劳动,切不可袖手旁观,坐享其成,成为寄生虫。

凡乡校教师,一定要注意考查学生务农力本、居家孝悌,把他们平时的表现记录下来。乡里的骄贵子弟如果耻于耕作,也不必勉强;但是本家子弟凡是进了社学却耻于耕作、忘了本分,初犯要责打二十,再犯要责打三十,三犯就要逐出校门,不许再进入社学。

与二弟正之

[明]唐顺之

说明

唐顺之(1507~1560),字应德,又字义修,号荆川,人称荆川先生,武进(今属江苏常州)人。明代儒学大师、军事家、散文家。唐嘉靖八年会试第一,官翰林编修,后调兵部主事。当时倭寇屡犯沿海,唐顺之以兵部郎中督师浙江,曾亲率兵船于崇明破倭寇于海上。升右佥都御史,巡抚凤阳,至通州(今南通)去世。崇祯时追谥襄文。唐顺之学识渊博,文武全才,提倡唐宋散文,与王慎中、茅坤、归有光等被称为"唐宋派"。唐顺之的文学主张早年曾受前七子影响,标榜秦汉,赞同"文必秦汉,诗必盛唐";中年以后,受王慎中影响,察觉七子诗文流弊,抄袭、模拟古人,故作诘屈之语。于是抛弃旧见,公开对七子拟古主义表示不满,提出师法唐宋而要"文从字顺"的主张。

唐顺之早年也是狂傲的气节之士,年龄稍长,他开始痛切地自我反省,修养心性,变化气质。在给二弟的信中"忍节嗜欲,痛割俗情,振起十数年懒散气习,将精神归并一路,使读书务为心得"也正是自己的切身经验。文中主要说了两方面的观点:一、告诉弟弟,人只有平日清心寡欲,才能静心读书,才能有所得。二、做人要时刻检查自己的行为,切不可只看到别人的过错,意识不到自己的过错。文章论理都是通过对比的方法,清晰地讲述自己的观点,让人容易接受。同时文中内涵不仅含有儒家"君子有三戒"韵味,同时也有早期哲学的观点。值得那些心浮气躁的人深刻思考。

【原文】

行者居者,行迹各别。然理无二致①也,日用工夫无二致也。汝兄在山中若不能谢遗世缘,彻澄此心,或止游玩山水,笑傲度日,是以有限日力作却无力靡费②,即与在家何异?汝在家若能忍节嗜欲,痛割俗情,振③起十数年懒散气习,将精神归并一路,使读书务为心得,则与在山中何异?艰哉!艰哉!各自努力。

居常④只见人过,不见己过,此学者切骨病痛,亦学者公共病痛。此后读书做人,须苦切点检⑤自家病痛。盖所恶人许多病痛,若真知反己,则色色有之也。

【注释】

①致:意态,情况。②靡费:耗费过度,浪费。同"糜"。③振:拂拭,抖擞。

④居常:平时;经常。⑤点检:一个一个地查检。

【译文】

出门远行的人和足不出户的人,虽然形迹各有不同,但是读书做人的道理却没有什么两样,平常各种事情对自身的磨炼也没有什么区别。我在山中,倘若不能够与世俗隔绝,彻底使自己内心清静下来,而只顾游山玩水,嬉笑虚度过时光,这样用自己有限的时间和体力做没有意义的浪费,与在家里闲着有什么区别呢?而你在家里如果能够节制各种不良嗜好和欲望,忍痛割舍各种世俗人情,摆脱掉已经养成的十几年的懒惰散漫的习气,将精神集中在一起,使自己读书务必要做到心领神会,那么和在山中有什么区别呢?难啊!难啊!人必须都要依靠自己努力!

平时只看到别人的过错,看不见自己的缺点,这是读书人最严重的毛病,也是读书人的通病。今后你读书做人,必须要深刻检查自己的毛病。大多厌恶别人许多毛病的人,如果能真正反省一下自己,那么他就会发现自己同样有这些毛病。

示儿书

[明]任环

说明

任环(1518~1558),字应乾,号复庵,明代山西长治人。自幼好学,苦读诗书,勤于习武。嘉靖二十三年进士。历知抗倭民族英雄任环广平、沙河、滑县三县。迁苏州府同知。以御倭功擢按察使金事,整饬苏淞二府兵备道。仕至山东右参政。因长期领兵作战,抵御倭寇,多处受伤,背上疽痛发作,他的儿子尔孝派人去信,恳请他回苏州衙署养伤,他不答应,愤而疾书,掷地有声。《示儿书》中讲述了自己对苦乐、聚散、生死的看法。它没有像其他家书那样就事论事;也没有像其他的父亲那样高高在上去训诫自己的儿子;更没有过多的谈及家长里短、儿女情长。而是通篇把自己摆进去,采用谈心的方式表明了自己对苦乐、聚散、生死的看法。他认为:

苦中有乐,人适时的尝些苦滋味也是很有好处的;只要好好读书,孝顺父母,不给父母带来忧虑,就好比常常聚会,不必一堂亲人;天下无事,同享太平之乐,做个好人,不幸发生变故,就咬紧牙关,死得其所,尽到自己责任,也是应该的。同时他还认为大敌当前,理应血战沙场,马革裹尸,不能风云气少,儿女情多。任环的事迹很感人,这封家书也很感人。

作者讲述的都是他自己的人生观和价值观。他向儿子述说这些正是为了帮助儿子建立正确的人生观和价值观。

【原文】

儿辈莫愁,人生自有定数①,恶滋味尝些也有受用,苦海中未必不是极乐国②也。读书孝亲,无遗父母之忧,便是常常聚首矣,何必一堂亲人?我儿千言万语,絮絮叨叨,只是教我回衙,何风云气少,儿女情多?倭贼流毒,多少百姓不得安家,尔老子领兵,不能诛讨。啮毡裹革③,此其时也。安能作楚囚对尔等相泣闹闼④间耶?

此后事不知如何,幸而承平⑤,父子享太平之乐,期做好人,不幸而有意外之变,只有臣死忠,妻死节,子死孝,咬紧牙关,大家成就一个"是"而已。汝母前可以此言告之,不必话多。

【注释】

①定数:一定的气数;定命。②极乐国:指极乐世界。③啮毡裹革:啮毡,喻陷身异国或谪居他乡的困苦的节操。裹革,谓战死沙场。④闹闼:原指宫中小门,后引申指宫廷或内室。⑤承平:太平;持久太平。

【译文】

儿子们不要为我发愁,人生的祸福都是有一定的气数的。偶尔品尝一些艰辛的滋味也是有好处的。苦海之中,不一定就不是极乐世界。勤奋读书,孝顺父母,不给父母留有忧愁,就等于是经常在一起聚会了。没有必要一家人随时聚于一堂。我儿说千道万,絮絮叨叨,无非就是让我回到苏州官署。一个男子汉,怎么能这样风云气少,儿女情多啊!倭寇造成的危害,使得多少百姓不能够安居乐业。你父亲领兵,却不能够诛杀干净,正需艰苦奋战,马革裹尸而还的时候。怎么能够像楚囚一样和你们在家里面哭泣呢?

今后的形势不知道会是怎样。如果侥幸天下太平,那么你我父子就可享太平之乐,以期望做个好人;如果遇到不幸而发生意外的变故,只有做臣子的为忠诚而死,做妻子的为名节而死,做儿子的为孝顺而死,咬紧了牙关,大家都为一个"真理"罢了。可以把这些话告诉你们的母亲,别的话不必多说了。

示季子懋修书

[明]张居正

说明

张居正(1525~1582),字叔大,少名张白圭,又称张江陵,号太岳,谥号"文忠",湖广江陵(今属湖北)人。中国历史上优秀的内阁首辅之一,明代伟大的政治家。明太祖封先祖张关保到归州,为归州千户所千户。张居正曾祖庶出,无法承世袭官职,迁到江陵。他"少颖敏绝伦",十二岁考取秀才,十六岁中举,嘉靖二十六年时二十三岁中进士,由编修官至侍讲学士令翰林事。隆庆元年任吏部左侍郎兼东阁大学士。隆庆时与高拱并为宰辅,为吏部尚书、建极殿大学士。万历初年,代高拱为首辅,连续十年,实行了一系列改革措施,并收到一定成效。他的古文简洁有力度,锋芒凌厉。著有《张江陵集》。懋修是其第四子。

《示季子懋修书》是张居正写给他的最小儿子懋修的一封书信。家书中,张居正从懋修儿时颖异说起,认为他长大后会一鸣惊人。然而自从科举癸酉科举中第后就连着两次失利。继而,作者针对儿子这么多年的表现,追根溯源,认为他失败的原因在于:"志骛于高远,而力疲于兼涉",于是他以自己走过来的经验教训告诉儿子,不要好高骛远,贪多务得,用力不专,要脚踏实地,量力而行,鼓励儿子努力改正自己学习上的缺点。义中有对儿子聪颖好学的褒扬,也有对儿子不思悔改的批评,还有对儿子执迷不悟的无奈等等。总之,字里行间都有着对儿子的迫切的希望和诚挚的期待。后来儿子听从了父亲的教诲,果然中了头名状元。

【原文】

汝幼而颖异,初学作文。便知门路。居尝以汝为千里驹,即相知诸公见者,亦皆动色相贺,曰:"公之诸郎,此最先鸣者也。"乃自癸酉科举之后,忽染一种狂气,不量力而慕古,好矜己而自足,顿失邯郸之步,遂至匍匐而归。丙子之春,吾本不欲汝求试,乃汝诸兄,咸来劝我,谓不宜挫汝锐气,不得已黾勉从之①,竟至颠蹶。艺本不佳,于人何尤?然吾窃自幸曰:"天其或者欲厚积而钜发之也。"又意汝必惩再败之耻,而颡首②以矩矱也。岂知一年之中,愈作愈退,愈激愈颓,以汝为质不敏耶?固未有少而了了,长乃懵懵者。以汝行不力耶?固闻汝终日闭门,手不释卷,乃其所造尔尔。是必志骛于高远,而力疲于兼涉,所谓之楚而北行也,欲图进取,岂不难哉!

夫欲求古匠之芳躅③,又合当世之轨辙,惟有绝世之才者能之。明兴以来,亦不多见。吾昔童稚登科,冒窃盛名,妄谓屈、宋、班、马,了不异人。区区一第,唾手可得。乃弃其本业,而驰骛古典。比及三年。新功未完,旧业已芜。今追忆当时所为,适足以发笑而自点耳。甲辰下第,然后揣己量力,复寻前辙,昼作夜思,殚精毕力,幸而艺成,然亦仅得一第止耳。犹未得掉鞅④文场,夺标艺院也。今汝之才,未能胜余,乃不府寻吾之所得,而蹈吾之所失,岂不谬哉!

吾家以诗发迹,平生苦志励行,所以贻则于后人者,自谓不敢后于古之世家名德,固望汝等继志绳武,益加光大,与伊巫之俦,并垂史册耳。岂欲但窃第一,以大吾宗哉!吾诚爱汝之深,望汝之切,不意汝妄自菲薄,而甘为辕下驹⑤也。今汝既欲我置汝不问,吾自是亦不敢厚责于汝矣。但汝宜加深思,毋甘自弃,假令才质骛下,分不可强。乃才可为而不为,谁之咎与?己则乖谬,而徒诿之命耶!惑之甚矣。且如写字一节。吾呶呶谆谆者几年矣,而潦草差讹,略不少变,斯亦命为之耶?区区小艺,岂磨次岁月乃能工耶?吾言止此矣,汝其思之。

【注释】

①黾勉:努力、勉力。②颡首:低头。③芳躅:指前贤的踪迹。④掉鞅:本谓驾

战车入敌营挑战时,下车整理马脖子上的皮带,以示御术高超,从容有余。后泛指从容驾驭或掌握战斗的主动权。⑤辕下驹:指车辕下不惯驾车之幼马。亦比喻少见世面器局不大之人。

【译文】

你小的时候聪颖优异,刚刚学写文章,就知道写文章的门路。我曾经认为你是千里马,即使是和我熟识的朋友看到你,也都喜形于色地向我祝贺,说:"您的几个儿子当中,他应该是最先取得成功的。"然而自从癸酉年你科举中第,忽然染上了一种狂傲的习气,不自量力地想着效仿古人,喜好骄矜自满,就好比邯郸学步的那个年轻人,把自己原有的都忘了,最终只得爬着回家。丙子年春天,我本不打算让你去应试,是你的本领几个兄长都来劝我,说不应该挫伤你的锐气,我只好勉强答应,结果你遭受挫败。你学艺本来不精,我埋怨你又有什么用呢?可是我暗自庆幸地说:"老天大概是要让你厚积薄发吧。"又以为你会记住再次失败的耻辱,能够低下头来遵守规矩。哪里想到一年里,你越写越退步;越激励你,你越颓废。是你的才质不聪敏吗?大概还没有小时候聪慧,长大变懵懂的人吧。是你的行为不够努力吗?我听说你终日闭门读书,书本不离手,可才学造诣却平常。肯定是你好高骛远,想广泛涉猎而使得自己疲倦。这就是南辕北辙啊!还想进步,这不是很困难的吗?

想追寻前人的足迹,又合乎当世的准则,这只有才华卓著的人才能够做到。然而从明朝建立以来,这种人也都不多见。我早年年少登科,得到了人们附会的好名声,胡乱品评屈原、宋玉、班固、司马迁这些人,认为自己才质异于常人。科举及第,也是很轻松的事情。于是放弃原本的学业,仿效古人。到了三年,学习古典的业绩没有取得成功,原本的学业就已经荒废了。现在回想起当年的行为,恰好是引人耻笑而自取污辱啊!甲辰年我科举落第,于是揣度自己的能力,继续从前放弃的学业,不分昼夜地学习思考,竭尽全力,侥幸学业有所成就,然而也只是科举中第一罢了。还没有能力在文学界从容驾驭,夺得头筹。现在你的才能,恐怕不会超过我,可是仍然不肯放低姿态,还在沿袭我的路径,而要重蹈我的覆辙,这不是很荒谬吗?

我们家靠读书发家，我一生艰苦读书，勉力而行。要遗留给你们后人的，自己认为不敢落后于古代世家的高尚道德。本来希望你们能够继承我的志愿，将这种精神发扬光大，以便能同伊尹、巫咸这些人一起写入史册。哪里只是想以科举及第来光大我们宗族！我爱你那样深沉，对你的期望那样殷切，没想到你妄自菲薄，甘愿做车辕下不惯驾车的小幼马！现在你既然希望我对你不闻不问，我自然也不会对你严厉指责。但是你应该好好地思考，不要自暴自弃。假如你是才质驽钝，那是无法勉强的。可是你有能力却不去作为，这又能怪谁呢？自己性情怪僻，却只归咎到命运，这真是糊涂得很厉害呀！譬如说写字这件事，我教导你几年了，可你还是这样潦草，没有一点改变，难道这也是命运造成的吗？写字是小事情，但是任随时间流逝自己不努力就能做好吗？我的话就到这儿，你好好想想吧！

高氏家训

[明]高攀龙

说明

高攀龙（1562~1626），初字云从，更字存之，别号景逸，无锡（今属江苏）人。明代文学家、政治家。万历十七年进士，授行人。因疏论辅臣王锡爵，谪官为广东揭阳县典史。后卸职归故里，与顾宪成修复东林书院，讲学其中，世称"高顾"，为东林学派的代表人物。天启元年，入朝为光禄寺少卿，后因弹劾宦官魏忠贤，削籍为民。天启六年因锦衣卫追捕东林党人，从容赴水而死。崇祯初年昭雪。高攀龙同顾宪成、顾允成、安希范、刘元珍、钱一本、薛敷教、叶茂才合称为"东林八君子"。有《高子遗书》。

作者始终认为"只思量作得一个人"，是第一重要的。做人要做好人，要做个忠孝节义之人。主要节选了作者在《高氏家训》中谈及的关于人的言语和结交朋友的重要性。高攀龙的这篇家训，不是望子成龙的训诫，更是望子成人的期待。他把做人当作人生中第一重要的事情。他说的做人，是做个好人。告诉子孙，从长远观点来看，"做好人，眼前觉得不便宜，总算来是大便宜"，希望子孙能够记住。其次指出做人说话要谨慎小心，结交朋友要有所选择。言语不谨慎，就要丧家亡身；交友不选择，结交上坏朋友，自己也会受到影响。他引用了"要做好人，须寻好友"的格言，把交好友作为做好人的第一重要条件。文中不但强调子孙要做好人，而且告诉怎样做，不空洞，不说教，他的这些训诫是很有借鉴意义的。

【原文】

吾人立身天地间，只思量作得一个人，是第一义，余事都没要紧。

做好人，眼前觉得不便宜，总算来是大便宜。千古以来，成败昭然①，如何迷人尚不觉悟，真是可哀！吾为子孙发此真切诚恳之语，不可草草看过。

……

言语最要谨慎，交游最要审择。多说一句不如不说一句，多识一人不如少识一人。若是贤友。愈多愈好，只恐人才难得。知人实难耳。语云："要做好人，须寻好友，引醨若酸，哪得甜酒？"又云："人生丧家亡身，言语占了八分。"皆格言也。

【注释】

①昭然：明明白白，显而易见。

【译文】

人生在世上，只想着怎样做一个人，这是第一重要的事情，其他的事情都不要紧。

做一个好人，从眼前的利益看，得不到什么好处；但是从长远的观点看，却是得了个大便宜。自古以来，成功失败都非常明显，为何有人还是执迷不悟？真是可悲！我为子孙说这些真切诚恳的话语，不能草草看过，随便对待。

……

说话一定要谨慎，与人交往最要仔细选择。多说一句话，不如少说一句话；多认识一个人，不如少认识一个人。当然如果是有才能、德行好的朋友，那就是越多越好。只是恐怕人才难得，要了解一个人很困难。俗话说："要做好人，必须结交好的朋友。酵母如果酸了,怎么能够酿出甜酒来?"又说:"丧家亡身的人,八成是言语引起的。"这都是至理名言啊!

示奏儿

[明]孙奇逢

说明

孙奇逢(1584—1675),字启泰,号钟元,直隶荣城(今属河北)人。明末清初理学大家。与李颙、黄宗羲齐名,合称明末清初三大儒。孙奇逢一生著述颇丰,他的学术著作主要有:《理学宗传》《圣学录》《北学编》《洛学编》《四书近指》《读易大旨》五卷、《书经近指》。

《示奏儿》是作者针对其子年纪尚幼、涉世不深这一情况写的一篇诫文。文中孙老先生告诫诸子,做个好男儿,只要心中无愧,就可以坦然地面对任何风波和患难。人生在世,不可能不遇到风波患难,当风波患难来临时,不要一味地愁闷,更不要躲避,要用足够的胆量、坚硬的骨头和智慧的头脑来面对,这样才有战胜的可能。

文中"生于忧患,死于安乐"说得很有道理。为人父母,要为孩子的未来着想,孩子只有真正经历过磨难和困苦,从中体会为人处世的道理,才能顶天立地;否则,只能是一事无成。

【原文】

风波之来,固自不幸,然要先论有愧无愧。如果无愧,何难坦衷①当之。此等世界,骨脆胆薄,一日立脚不得。尔等从未涉世,做好男子须经磨炼。生于忧患,死于安乐,千古不易之理也。孟浪②不可一味。愁闷何济于事?患难有患难之道,"自得"二字,正在此时理会③。

【注释】

①坦衷:心里平静。②孟浪:鲁莽、轻率。③理会:理解、领会。

【译文】

风波的来临,本来就是很不幸,然而首先要看看自己有愧无愧。如果心里没有愧疚,心里平静地面对,就没有什么困难的。在这样的世界,骨头脆弱,胆子太小,一天都不能够立脚。你们从来没有接触社会,经历世事,做个好男儿必须要经过磨炼。生于忧患,死于安乐,这是千古不变的真理。你们不能一味地轻率鲁莽,愁恼苦闷都是于事无补的。患难有患难的道理,"自得"二字,正好在这个时候理解。

训子

[明]徐媛

说明

徐媛,字小淑,少工书,善古文,亦工诗翰。范允临之妻,明代苏州人。范允临,字长倩,南直隶苏州府吴县(今属江苏苏州)人。万历进士,官至福建参议,工书画,时与董其昌齐名。伉俪情笃,倡和成集《络纬吟》。徐媛,虽是封建社会女流,但很有才气。对孩子的教育也是十分的重视。她对孩子的教育,从小开始,乃至成人,都毫不松劲,她认为男孩应"气质刚强,振翅奋飞,屹立天地之间",而女孩则应"勤劳针织,善经家务"。但她的大儿子却让她颇为失望和焦虑,他已经成年,却性情懦弱,一无所成,不禁甚为着急。于是专门作书训子,希望他能发奋成才,免得"亲者怜而恶者快"。

徐媛的《训子》中主要讲了两个问题:第一,勉励儿子立志,不要自暴自弃。因为微弱的火光,也可以继光照万物的太阳,给人以温暖与光明;挥扇的微风,也可以在没有风吹拂大地时继续解除人们的闷热,"物小而益大",而人更应该是这样。这样的譬喻入情入理,让人有一种奋发向上的力量,很有说服力,极具教育意义。第二,谈及学习和做事。既要专心致志,又要开拓胸襟。探索极深,思考极远,才能有所成就。事业的成败,虽然不能完全取决于人们的主观意志,但是作为主导力量的人也要尽心尽力,努力而为,问题才有解决的可能,这样才能无愧于自己的父母亲人。这样的见解既能激发人的勇气,醒悟人的心志,又是十分实事求是的。爱子之心,望子成才,一片苦心,跃然纸上。读来,深有教诲。

【原文】

儿年几弱冠,懦怯无为,于世情毫不谙练①,深为尔忧之。男子昂藏六尺于二仪间,不奋发雄飞而挺两翼,日淹岁月,逸居无教,与鸟兽何异?将来奈何为人?慎勿令亲者怜而恶者快,兢兢业业,无怠夙夜。临事须外明于理而内决于心。钻燧之火,可以续朝阳;挥翮②之风,可以断屏翳。物固有下而益大,人岂无全用哉?习业当凝神仃思,戢足纳心。骛精于千仞之巅,游心于八极之表。浚发于巧心,摅藻如春华。应事以精,不畏不成形;造物以神,不患不为器。能尽我道而听天命,庶不愧于父母妻矣。循此则终身不堕沦落,尚勉之励之。以我言为箴,勿愤愤于衷,毋蒙蒙于志。

【注释】

①谙练:熟悉,熟练。②翮:鸟的翅膀。这里指羽毛扇。

【译文】

你现在快成年了,然而胆小怯懦,无所作为,对于世事一点儿也不懂。我为你深深感到忧虑。一个堂堂六尺男子汉,屹立于天地之间,不像善飞的鸟儿那样张起翅膀奋发雄飞,而让大好时光白白流逝,贪图安逸生活,不受教诲,这与鸟兽有什么两样呢?将来长大了,又怎么做人呢?千万不要使亲人为你感到伤感可怜,使厌恶你的人为你不成才而感到痛快。希望你兢兢业业,每天从早到晚都不懈怠。处理事情,要明白事物道理,并从内心做出决断。用钻木取火的方法取得的火,虽然很微弱,但是可以在太阳落下去之后继续放出光明;挥动羽毛扇扇出的风,是很微小的,但是在炎热的天气里可以为人们解除闷热。某些东西虽然小,但是用处大。作为万物之灵的人,难道不应当对社会有用吗?学习要聚精会神,要足不出户,心无二用。境界要高,精神好像在千仞的高山之巅;胸怀要广,思想好像要驰骋在八极之外。开放自己的思路,使他变得灵巧。写文章要辞藻富丽,犹如春天的花一样。

处理事务要专心致志,不要担心他会不会成为你想要的样子,创造物体要全神贯注,不要忧虑它能否成为自己所要做的器物。成功不成功有自己所不能控制的客观条件,但只要尽了自己的主观力量就无愧于父母妻子了。遵照上面所讲的做,就终生不会堕落。希望你时刻勉励自己,把我的话作为自己的箴言。千万不要心中糊涂不清,志向朦胧不明。

寄训子弟

[明]卢象升

说明

卢象升(1600~1638),字建斗,号九台,又字斗瞻、介瞻,常州宜兴人。天启进士。明末著名将领、民族英雄。娴于将略,善治军,授户部主事,擢员外郎。力抗清兵,因受朝臣杨嗣昌掣肘,炮尽矢穷,奋战而死,死后追赠兵部尚书。南明福王时追谥"忠烈",清朝追谥"忠肃"。著作有《卢忠肃集》《卢象升疏牍》。卢象升,是明末名将。《寄训子弟》写于军务异常繁忙之时,他谆谆告诫子弟,要时刻想着父兄正在艰难地抗击外来侵略者,不要只是顾及个人的事情。要戒除虚浮,防止狂妄。不能够"殖货矜愚"以致招来怨恨,也不能沉溺于"酣歌恒舞"而沦为罪人。居家要至诚质朴,在外要谦卑自守,待人要尊重和气。

文章虽然简短,只是寥寥数语,但把自己的处境和心愿说得清清楚楚;把对子孙的希望和担忧讲得明明白白。虽然自己军务繁忙,可还是不忘对家中子弟的教诲,可见作者不仅对国家危在旦夕忧心忡忡;对自己的小家也是担忧不已啊。文中明确地告诉子弟要以父兄为榜样,不能只顾安逸享乐,还要有远大的志向,树立美好的名声。谆谆教诲之语,拳拳爱子之心,跃然纸上,让人感动之余,深有教诲。

【原文】

古人仕学兼资①,吾独驰驱军旅。君恩既重,臣谊安辞?委七尺于行②间,违二亲之定省。扫荡廓清③未效,艰危困苦备尝,此于忠孝何居也?愿吾子弟思其父兄,勿事交游,勿图温饱,勿干戈而俎豆,勿弧矢而鼎彝[④]。名须立而戒浮,志欲高而无妄。殖货矜愚,乃怨尤之咎府;酣歌恒舞,斯造物之谬民。庭以内悃幅无华,门以外卑谦自牧。非惟可久,抑且省愆[⑤]。凡吾子弟,其佩老生之常谈;惟我一生,自听彼苍之祸福。

【注释】

①仕学兼资:仕宦兼及为学。资,用。②行:行伍。③廓清:肃清。④鼎彝:古时祭器,上刻表彰有功人物之文字。⑤省愆:减少过失。愆,差错,过失。

【译文】

古人做官兼及治学,不断充实自己,我却只在军旅之中奔走忙碌。皇恩既是如此地深重,做臣子的我在道义上怎可推辞不效力呢?置身于行伍之中,没有做到为人子侍双亲的责任;扫荡肃清乱贼外患的任务也没有成功,却已尝尽艰危困苦的滋味,对于忠孝两事,哪一件做到了呢?希望我家子弟想想他们的父兄为他们做的榜样,不要专事结交游玩,不要只图安逸温饱;不要粗鲁莽动,而要事事循礼而行;不要过度崇奉武事,也需崇尚文事。必须树立好的名声,但也要名实相符,戒除虚浮;要树立远大的志向,但切不可不切实际。追求财利,为人骄傲愚昧,这是导致怨恨的根源;沉迷饮酒作乐,这是上天要毁灭这个人的前兆。家门内务,必须诚朴治家;出到门庭之外,一定要谦卑自守。做到这样,不但可以传家久远,还能够减少过失。凡是我家子弟,都要谨记这番老生常谈;若是能够做到这些,那么自己的一生的祸福,就可安心地听从老天的安排了。

温氏母训

[明]温氏

说明

温璜(1585~1645),原名以介,字于石,号宝忠,南浔人。璜三岁时,父去世,母亲陆氏边织边教弱子。璜长成有学行,至邻村私塾教书,以补家母生活。直至52岁始考中举人,同年母故。按理这年应去京会试,时堂兄温体仁秉政,璜放弃应试,下帷苦读,为孝廉达7年,温体仁失势退归故里后,璜再去京应考,得中崇祯十六年进士,以二甲及第分发州府推官,掌理一府司法。《温氏母训》一义,是温璜先生根据母亲平时的点滴言语编订而成的,记录的是母亲的训诫之语。内容包括祖业的守成、家道的维系、女德的训言、子女的教育等等。

温母的家训,虽然谈的是日用的常言,稍显繁琐杂乱,但它是温母一生阅历的总结,句句在理。内容丰富,道理深刻,耐人寻味,发人深省。

【原文】

穷秀才谴责下人,至鞭扑而极矣。暂行知警,常用则顽。教儿子亦然。

贫人不肯祭祀,不通庆吊,斯贫而不可返者矣。祭祀绝,是与祖宗不相往来;庆吊绝,是与亲友不相往来,名曰独夫,天人不佑。

凡无子而寡者,断宜依向嫡侄为是。老病终无他诿。

凡寡妇,虽亲子侄兄弟,只可公堂议事,不得孤召密嘱。寡居有婢仆者,夜作明灯往来。少寡不必劝守,不必强之改,自有直捷相去,只看晏眠早起,恶逸好劳,忙忙地无一刻丢空者。此必守志人。身勤则念专。贫也不知愁,富也不知乐,便是铁石手段,若有半晌偷闲,老守终无结果。吾有相法要诀。曰:寡妇勤,一字经。

凡人同堂同室同窗多年者,情谊深长,其中不无败类之人。是非自有公论,在我当存厚道。

世人眼赤赤,只见黄铜白铁,受了斗米串钱,便声声叫大恩德。至如一乡一族,有大宰官,当风抵浪的;有博学雄才,开人胆智的;有高年老辈,道貌诚心。后生小子,步其孝弟长厚,终身受用不穷的,这等大济益处,人却埋没不提,才是阴德。

周旋亲友,只看自家力量随缘答应,穷亲空眷,放他便宜一两处,才得消谗免谤。

中年丧偶,一不幸也,丧偶事小,正为续弦费处。前边儿女,先将古来许多晚娘恶件,填在胸坎;这边父母婢妇唆教自立马头出来;两边闲杂人,占望风气,弄去搬来;外边一干人,听得一句两句,只肯信歹,不肯信好。真是清官判断不开,不幸之苦,全在于此。然则如之何,只要做家主的。一者用心周到,二者立身端正。

贫为未能发迹,先求自立。只看几人在座,偶失物件,必指贫者为盗薮;几人在座,群然作弄,必持贫者为话柄。人若不能自立,这些光景,受也要你受,不受也要你受。

寡妇勿轻受人惠。儿子愚,我欲报而报不成;儿子贤,人望报而报不足。

我生平不受人惠,两手拮据,柴米不缺,其余有也挨过,无也挨过。

做家的,将祖宗紧要做不到事,补一两件;做官的,将地方紧要做不到事,干一两件,才是男子结果。高爵多金,不算是结果。

儿子是天生的,不是打成的。古云"棒头出孝子"。不知是铜,打就铜器;是铁,打就铁器。若把驴头,打作马面,有是理否?

世间轻财好施之子,每到骨肉,反多悭吝^①。其说有二:他人蒙惠,一丝一粒,连声叫感,至亲视为固然之事,一不堪也。他人至再至三,便难启口;至亲引为久常之例,二不堪也。他到此处,正如哑子吃黄连,说苦不得。或兄弟而父母高堂,或叔侄而翁姑尚在,一团情分,利斧难断,稍有念头防其干涉。杜其借贷,将必牢拴门户,很作声气,把天生一副恻怛^②心肠,盖藏殆尽,方可坐视不救。如此,便比路人仇敌,更进一层,岂可如此?汝深记我言。

问介,侃母高在何处?介曰:"剪发饷人,人所难到。"母曰:"非也。吾观陶侃运甓习劳,乃知其母平日教有本也。"

世人多被"心肠好"三字坏了。假如你念头要做好儿子,须外面实有一般孝顺行径;你念头要做好秀才,须外面实有一般勤苦行径。心肠是无影无形的,有何凭据?凡说心肠好者,都是规避样子。人有父母妻子,如身有耳目口鼻,都是生而具的,何可不一经理?只为俗物,将精神意趣,全副交与家缘。这便唤作家人,不唤读书人。

做人家,切弗贪富,只如俗语"从容"二字甚好。富无穷极,且如千万人家浪用,尽有窘迫时节。假若八口之家,能勤能俭,得十口赀粮;六口之家,能勤能俭,得八口赀粮,便有二分余剩,何等宽舒,何等康泰!

汝与朋友相与，只取其长，弗计其短。如遇刚梗人，须耐他戾气；遇骏逸人，须耐他罔气；遇朴厚人，须耐他滞气：遇佻佻人，须耐他浮气。不徒取益无方，亦是全交之法。

闭门课子，非独前程远大，不见匪人，是最得力。

父子主仆，最忌小处烦碎，烦碎相对，面目可憎。

懒记账籍，亦是一病。奴仆因缘为奸，子孙猜疑成隙者，繇③于此。

家庭礼教，贵简而安，不欲烦而勉。富贵一层，繁琐一层；繁琐一分，疏阔一分。

曾祖母告诫汝祖汝父云："人虽穷饥，切不可轻弃祖基。祖基一失，便是落叶不得归根之苦。吾宁日日减餐一顿，以守尺寸之土也。出厨尝以手扪锅盖，不使儿女辈减灶更然。今各房基地，皆有变卖转移，独吾家无恙。岂容易得到今日？念之念之。"

汝大父④赤贫，曾借朱姓者二十金，卖米以糊口。逾年朱姓者病且笃，朱为两槐公纪纲，不敢以私债使闻主人，旁人私幸以为可负也。时大父正客姑熟，偶得朱信，星夜趋归⑤。不抵家，竟持前欠本利，至朱姓处。朱已不能言，大父徐徐出所持银，告之曰："前欠一一具奉，乞看过收命。"朱姓蹶起颂言曰："世上有如君忠信人哉！吾口眼闭矣，愿君世世生贤子孙。"言已，气绝。大父遂哭别而归。家人询知其还欠或駴之，大父曰："吾故呆。所以不到家者，恐为汝辈所惑也。如此盛德，汝曹可不书绅。"

问世间何者最乐？母曰："不放债、不欠债的人家；不大丰、不大歉的年时；不奢华、不盗贼的地方，此最难得。免饥寒的贫士，学孝弟的秀才。通文义的商贾，知稼穑的公子，旧面目的宰官。此尤难得也。"

凡寡妇不禁子弟出入房阁。无故得谤；妇人盛饰容仪，无故得谤；妇人屡出烧香看戏，无故得谤；严刻仆隶，菲薄乡党，无故得谤。

凡人家处前后嫡庶妻妾之间者，不论是非曲直只有塞耳闭口为高。用气性者，自讨苦吃。

凡与为田产钱财交涉者，定要随时讨个决绝；拖延生事。

妇人不谙中馈，不入厨堂，不可以治家。使妇人得以结伴联社，呈身露面，不可以齐家。受谤之事,有必要辩者,有必不可辩者。如系田产钱财的,迟则难解,此必要辩者也;如系闺阃⑥的,静则自销,此必不可辩者也;如系口舌是非的,久当自明,此不必辩者也。

凡人气盛时。切莫说道,我性子定要这样的,我今日定要这样的,蓦直做去,毕竟有磕撞。

人当大怒大忿之后,睡了一夜,还要思量。

【注释】

①恚啬:吝啬。②恻怛:指悲悯恳切。③繇:同"由"。④大父:即祖父。⑤趦归:赶,快走。⑥闺阃:指妇女居住的内室。

【译文】

穷秀才处罚下人,到了用鞭子打的时候,就已经是到了尽头了。然而偶尔一用,下人还知道警醒,常常用就不当回事了。教育儿子也是这样。

穷人不肯祭祀,不肯参与亲友婚庆吊唁的活动,这样的人是穷到头而不可能富的了。祭祀断绝,是和祖宗不相往来;婚庆吊唁断绝,是和亲友不相往来。这样的人就称之为"独夫",上天是不会保佑他的。

没有后代的寡妇,应当依靠嫡系的亲侄子生活为好。即使是老了病了,也终究不依靠其他人。

身为寡妇,即使是和亲兄弟亲侄子,也只能在厅堂谈事,不得单独秘密会见。家里有佣人,晚上往来要点明灯。年轻的寡妇,不必劝她守寡,不必强迫她改嫁。了解她的志向有直接的观察法,只要看到她睡得晚起得早,不懒惰,喜欢劳动,忙忙碌碌,没有一时闲着,这必定是守志不改嫁的人。身子勤,意念就专,贫了也不知愁,富了也不知乐,这便是铁心守寡了。若是有半点偷闲,要想守寡到老就难了。我的相法要诀,那就是:寡妇勤,一字经。

同堂同屋同窗多年的人,情谊很深长,其中少不了一些败类。是非自然会有公论,在我而言则应当存心厚道。

世人眼赤赤，只看得见黄铜白铁，受了人半斗米一串钱，就声声喊大恩德。至于一乡一族当中，有当大官当风顶浪的；有学识宏博、雄才大略，足以开启人的胆略智慧的；有年事已高的长辈，仙风道骨、诚心恳切的。晚辈后生，学习他的孝顺友爱、老成厚道，终身都受用无穷。这样的大利大益之处，却埋没而不被提起，殊不知这样的人，才是阴德深厚的人。

亲戚朋友之间的应酬周旋，能依照自身的力量，随缘应对就好。贫穷的亲属，就让他得上一两点的便宜，才能避免无端的诽谤和谗言。

中年丧偶是一件很不幸的事，然而丧偶的事小，若是再婚那才费心呢。前边子女先将古往今来众多后母的恶事放在心间；这边父母在佣人的挑唆下，又自立门户出来；两边的闲杂之人，观察动向，是非言语弄去搬来；外边无关的人，听了一句两句，不肯信好，只肯信坏。真是连清官都判断不开，不幸的苦处全都在这里。那么究竟如何是好呢？只要一家之主能够善于用心，考虑问题详尽周到，并且处世立身行为端正，这样就好。

贫穷的人没有发迹，要先求自立。常见几个人在座，偶尔丢失了物品，必定指责是穷人偷的。几个人在座，群起捉弄人，必定拿穷人当作话柄。人若不能自立，这些光景，受也要你受，不受也要你受。

寡妇不要轻易接受别人的恩惠，儿子愚钝，我想报答却报答不成；儿子贤孝，人盼望你报答却怎么也报答不完。

我生平不受别人的恩惠，虽然两手拮据，但柴米油盐都不缺。其余的就是有也忍着过，没也忍着过。

当家的，把祖宗要做而没完成的事情，补一两件。当官的，把地方重要而没做到的事情，干一两件，这才是男子的作为。高官厚禄，不算是有作为。

儿子是天生的，不是打成的。古人说，棒头出孝子。人们不知道这其实是说：是铜，就打造成铜器；是铁，就打造成铁器。若是想把驴头打成马面，有这个理吗？

世间看淡钱财、喜好施舍的人，每每遇到至亲的骨肉，反而多吝啬，不欢喜给予，这其中的原因有二。他人蒙受恩惠，即使是一丝一粒，都会连声道谢。而至亲的人则看成是理所当然的事情，这是不能忍受的原因之一。他人两次三次，就很难再张口了,而亲属家人,上门求助成了习惯,这是不能忍受的原因之二。碰到这样的亲属,施舍的人正如同哑巴吃黄连,有苦说不出。或是亲兄弟,而父母都在堂上,或是小叔侄子,而公婆都还健在,这一团情分,就连利斧都难以割断的。如果要提防亲属干涉家务事,杜绝亲属借钱的念头,施舍的人就必须牢牢拴上门户,狠心说出绝情的话,把天生的一副悲悯恳切的心肠,都潜藏殆尽,然后才能坐视不管。这就比路人、仇敌还不如,怎能如此呢?你一定要牢记我的话啊。

有人问温介,晋朝陶侃先生的母亲高明在什么地方?温介说:"剪掉自己的头发,以卖钱来备饭招待客人,这是一般人很难做到的。"温母说:"不是这样的,我看陶侃习惯于搬运瓷瓮,这才知道他的母亲平日教子有方。"

世人多被"心肠好"三个字害了。假如你有个念头想要做个好儿子,就必须在外面实实在在有一番孝顺的行为;你有个念头想做个好秀才,就必须在外面着实有一番勤苦求学的表现。心肠是无影无形的,有什么凭据啊?凡是说"心肠好"的,都是设法逃避自己的义务。人有父母妻子儿女,就好像身体有眼耳鼻舌,都是生来就具备的,怎么能不一一照顾呢?只为了世俗之物,把人的精神与意志,全都交给了生计与家产,这就叫作顾家的人,不叫做读书人。

居家度日,千万不要贪图富贵,俗语"从容"二字,就说得好。富贵是没有边界的,即使是家财万贯,但用度很浪费,那也必然会有窘迫的时候。如果八口的人家,勤劳节俭,能存上够十口人用的钱粮;六口的人家,勤劳节俭,能存上够八口人使用的钱粮,于是就有了二分的剩余。这是何等的宽裕,何等的康泰啊!

你和朋友结交,只取他的长处,不要计较他的短处。如遇到刚正直爽的人,要耐受得住他暴戾猛烈的习气;遇到出众不俗的人,要耐受得住他失意惆怅的心情;遇到质朴厚道的人,要耐受得住他呆滞沉闷的性气;遇到豁达大度的人,要耐受得住他轻率浮华的习气。这不是只求取益处而不顾章法,也是保全交情的方法。

闭门教子,不只是为了孩子前程远大,避免遇到品性不端良的人,更是最得力的地方。

父子之间、主仆之间,最忌讳在小地方斤斤计较,计较过多相互刻薄,真是面目可憎啊。

懒于记账也是一种毛病，佣人借此来钻空子，子孙因此而相互猜疑，产生嫌隙，这都是由此引发来的。

家庭中的礼数，贵在简单并且安闲，不求繁琐而费力。富贵一层，就繁琐一层；繁琐一层，就疏远一层。

曾祖母曾经告诫你的祖父说：人即使贫穷饥寒，也不能轻易地抛弃祖宗的根基与产业。祖业一旦失去，就会有落叶不得归根的痛苦。我们宁肯少吃一顿饭，来守这尺寸的土地。她曾经用手握着锅盖，不让晚辈分家和另起炉灶。而今各家的祖业都有变卖或转让的，唯独我们家安然无恙。到今天这样，哪里是件容易的事情啊！切记切记。

你的祖父起初十分贫穷，他曾经向朱姓的人借了二十金的钱，用以买米糊口。过了一年，朱姓人生了病而且很严重，他是两槐公的佣人，所以不敢把这笔私债让他的主人知道，旁人私下都侥幸地以为，这笔钱可以不用还了。当时祖父正客居在姑熟那里，偶然间得知了朱家的消息，就连夜赶了回来。他没有先回自己的家，而是直接拿着欠下的成本与利息，到朱家去了。朱姓的人此时已经无法开口说话，祖父缓缓地取出银两，对他说："先前我欠下的全都一一奉上，请您过目收下。"想不到朱姓人奋力撑起身来，说道："想不到这世上，还有像您这样忠信的人！我的双眼就要闭上了，愿你代代都出孝子贤孙。"说完后就断了气。祖父于是流着泪向他告别，才回到了自己的家。家人在追问之下，才知道他已经把所欠的钱都送还了。有人说他实在是太愚笨了。祖父说："我是愚笨，我之所以不先回到家里，就恐怕被你们这些人所迷惑。这样的盛德，你们怎能不铭记在心呢？"

问世间什么是最快乐的？温母说："不放债、不欠债的人家；不大丰、不大欠的年时；不奢华、没盗贼的地方。这是最难得的。没有饥饿寒冷的穷人，孝顺友爱兄弟的秀才，通晓文辞义理的商人，知道播种收获艰难的公子，不摆官架子的官员，这是尤其是难得的。"

大凡寡妇不禁止男性子弟出入房间，会无故受到诽谤。妇人过度修饰打扮，会无故受到诽谤。妇人屡屡出门烧香看戏，会无故地受到诽谤；严厉苛刻对待佣人，看不起乡里的人，会无故地受到诽谤。

大凡家里有前妻后妻的,不论有什么是非对错,一律都以堵上耳朵、闭上嘴巴为高,如果意气用事,就会自讨苦吃。

凡是和人有田产钱财交涉的,一定要在当下就做个了结。若是拖延下去,会无端生事。

妇人不熟悉炊事,不进厨房,就不能够治家。妇人在外广泛交游、联社集会,就不能够齐家。受诽谤这件事,有需要辩解的,有不需要辩解的。如果是关系到田产钱财的,越拖越难以解决,这是有必要辩解的。如果是有关男女之事的,静而不理会它,就会自然消除,这是不需辩解的。如果是和口舌是非有关的,时间长了自然会明白,这是不必辩解的。

凡是人气盛的时候,千万不要说:我性格就是这样,我今天一定要这样。如此直接莽撞地做下去,终究会有碰壁的时候。

人在大忿大怒之后,睡过一夜,还要好好地反省考虑。

示儿

[清]张履祥

说明

张履祥(1611~1674),字考夫,号念芝,又号杨园。浙江桐乡人,世居清风乡炉镇杨园村(今属桐乡市龙翔街道杨园村),故学者称杨园先生。九岁丧父,但自勉自爱,刻苦攻读,很有学问。明末清初著名理学家,清初朱子学的倡导者,同时对农学有较深入的研究,著有《经正录》《愿学记》《问目》《备忘录》《初学备忘》,《训子语》等。后人辑为《杨园先生全集》五十四卷。《清史稿》有传。《示儿》主要是张履祥对其子关于做人要忠信笃敬的训诫。只有这样,才能读书明理,不断长进;如果欺诈傲慢,则害人害己。文中告诫儿子要在家庭敬信父兄,在学堂敬信师友。一生以忠信笃敬为做人根本,在言谈举止上要时刻注意。

教子必须抓住根本。作者认为做人的根本就是忠信笃敬这四个字;与他相对立的就是欺诈傲慢，作者通过对比的手法，反复强调了忠信笃敬的重要性。至于欺诈傲慢，是根本无法掩饰的，欺诈可以从语言上看出来，傲慢可以从行为上看出来，文章通过关联的手法向人们讲述了"害己必至害人，害人适以害己"的道理。最后一句"戒之戒之"，更是突出了作者对此现象的重视程度。文章简短，极具哲理性。值得人们仔细品味。

【原文】

忠信笃敬①，是一生做人根本。若弟子在家庭，不敬信②父兄，在学堂，不敬信师友，欺诈傲慢，习以成性，望其读书明义理，向后长进难矣。

欺诈与否，于语言见之；傲慢与否，于动止见之，不可掩也。自以为得，则害己；诱人出此，则害人。害己必至害人，害人适以害己。人家生此子弟，是大不幸。戒之戒之。

【注释】

①笃敬：真诚，纯一。②敬信：尊重崇信。

【译文】

忠诚守信用，笃实有礼貌，是一个人一生做人的根本。倘若子弟在家里，不尊敬信任父亲和兄长；在学校，不敬重崇信老师和朋友，反而欺诈傲慢，慢慢养成习惯，成为本性。再去期望他努力读书，深明义理，日后有长进，就是很困难的事情了。

是否欺诈，在言语中就能够发现；是否傲慢，在行为举止上就能够看出来，是掩饰不住的。自以为是，则害了自己；引诱别人这样，则害了别人。害己的结果必然导致害人，害人又恰恰是害了自己。一个家庭有了这种子弟，是大不幸。希望你对此加以戒备，加以戒备！

示子侄

[清]王夫之

说明

王夫之(1619~1692),字而农,号姜斋,别号一壶道人,衡阳(今属湖南)人。晚年居衡阳之石船山,世称"船山先生"。明末清初杰出的思想家、哲学家,当时与方以智,顾炎武,黄宗羲同称为明末四大学者。出身于没落的官僚地主家庭,崇祯十五年中举。学问渊博,对天文、历法、数学、地理学等均有研究,尤精于经学、史学、文学。他也注重以文字药世,传播思想。有《周易外传》《周易内传》《尚书引义》《张子正蒙注》等著作达70种324卷,后人汇编为《船山遗书》。

王夫之

王夫之多年的经验告诉自己,人想要有一番作为,就不能被当下的庸俗习气所束缚。因此写《示子侄》一文告诫子侄,"立志之始,在脱习气",要懂得超越习气,这样才能真正立身。作者的教导方法十分特别,不是疾言厉色,更不取当时流行的严厉体罚,总是身体力行,和风细雨的诱导。文章极富文采,通篇都是四言,而且合辙押韵,跳跃性很强。此外,还运用了象征的手法,如"光芒烛天,芳菲匝地。深潭映碧,春山凝翠"。借景物来象征一种美好的思想境界,富有诗情画意。

【原文】

立志之始,在脱习气。习气薰人,人醪①而醉。
其始无端,其终无谓。袖中挥拳,针尖竟利。

狂在须臾,九牛莫制。岂有丈夫,忍以身试!

波可怜悯,我实惭愧。前有千古,后有百世。

广延九州,旁及四裔②。何所羁络③,何所拘执?

焉有骐驹,随行逐队!无尽之财,岂吾之积。

目前之人,皆吾之治。特不屑耳,岂为吾累。

潇洒安康,天君无系。亭亭鼎鼎,风光月霁。

以之读书,得古人意。以之立身,踞豪杰地。

以之事亲,所养惟志。以之交友,所合惟义。

帷其超越,是以和易。光芒烛天,芳菲匝地。

深潭映碧,春山凝翠。寿考维祺④,念之不昧。

【注释】

①醪:浓酒。②裔:边缘的地方。③羁络:束缚。④祺:吉祥,安详。

【译文】

立志向的开始,就在于摆脱旧的习俗。

旧的习惯是会像酒一样熏人,能使人沉醉。

刚一开始就无缘无故的受到影响,最终觉得毫无意义。

有人在袖中挥拳暗斗,在针尖上追逐利益。

那时刻的疯狂程度,连九头牛都无法制服。

哪里有男子好大丈夫,肯去做这种事情。

这样的人固然可怜,我也为他们的行为感到惭愧。

前有千年,后有百代。

广度伸延全中国,还旁及四面边远的地方。

有什么束缚?有什么限制?

只要是真正的骐驹一般的人,是不可能在大众之下随波逐流的!

无穷无尽的财富,并不是因为我的追求而聚集的。

眼前这些追逐名利之徒，都是我们的镜子。

对于他们的所作所为，我们只能不屑一顾，又怎能受他们的影响呢？

清高潇洒，平安健康，思想没有束缚。

高远旺盛，光明磊落。

像这样品读诗书，就会领略古人的意图；

像这样立身行事，就会成为英雄豪杰；

像这样侍奉双亲，就能培养远大志向；

像这样结交朋友，就能以义相交。

因为能够超越，所以待人就谦和平易。

光芒照天，花草满地。

深深的水潭里映出碧绿色，春天山上凝结着一片翠绿。

长寿多福，念之不忘。

训子侄

［清］傅山

说明

傅山（1606～1684），初名鼎臣，字青竹，改字青主，又有真山、浊翁、石人等别名，山西太原人。明清之际思想家。明诸生。品行方正，重气节，曾经为挽救明朝而奔走呼号。明亡为道士，隐居不仕。康熙中举鸿博，屡辞不得免，至京，称老病，不仕而归。顾炎武极服其志节。于学无所不通，经史之外，兼通先秦诸子，又长于书画医学。著有《霜红龛集》等。傅山学问精深，品格高尚，一生光明磊落但也充满苦难。他生逢改朝换代之际，虽心系明朝却回天乏术。《训子侄》不免有对世事的忧愁和无奈。文中作者先讲述自己平生的学习经历，而后述说自己的毕生愿望，告诫子侄记忆力强的时间就那么短暂几年，希望子侄以己为戒，趁着精力充沛，活力旺盛的青春年少时光，勤苦读书，专心致志，学有所成。完成自己未竟的事业。

最后对子侄提出了读书范围的要求，让他们读正史。文章言辞恳切，没有生硬的说教，有对子侄的批评，也有对他们的肯定，同时重点以己为例，说出了自己的悔恨和夙愿，让后辈在激励中前进，字里行间透漏出一位长者对后辈的期望。

【原文】

眉、仁素日读书，吾每嫌其驽钝①，无超越兼人②之敏。间观人有子弟读书者，复驽钝于尔眉、仁，吾乃复少恕尔。两儿以中上之资，尚可与言读书者。此时正是精神健旺之会，当不得专心致志三四年。记吾当二十上下时，读《文选》、京都诸赋，先辨字，再点读三四，上口则略能成诵矣。戊辰会试卷出，先兄子由先生为我点定五十三篇。吾与西席马生较记性，日能多少。马生亦自负高资，穷日之力，四五篇耳。吾栉沐③毕诵起，至早饭成唤食，则五十三篇上口不爽④一字。马生惊异叹服如神。自后凡书无论古今，皆不经吾一目。然如此能记，时亦不过六七年耳。出三十则减五六，四十则减去八九，随看随忘，如隔世事矣。自恨以彼资性，不曾闭门十年读经史，致令著述之志不能畅快。值今变乱，购书无复力量，间遇之，涉猎之耳。兼以忧抑仓皇，蒿目世变，强颜俯首，为蠹鱼终此天年。火藏焰腾，又恨呫哗⑤大坏人筋骨。弯强跃马，呜呼已矣！或劝我著述，著述须一副坚贞雄迈心力，始克纵横。我庾开府萧瑟极矣，虽曰虞卿以穷愁著书，然虞卿之愁可以著书解者，我之愁，郭瑀之愁也，著述无时亦无地。或有遗编残句，后之人误以刘因辈贤我，我目几时瞑也。

尔辈努力自爱其资，读书尚友，以待笔性老成，见识坚定之时，成吾著述之志不难也。除经书外，《史记》《汉书》《战国策》《左传》《国语》《管子》，骚、赋，皆须细读。其余任其性之所喜者，略之而已。廿一史，吾已尝言之矣。金、辽、元三史列之载记，不得作正史读也。

【注释】

①驽钝：愚笨，迟钝。②兼人：胜过别人，一人顶两人。③栉沐：梳洗。④爽：失。⑤呫哗：亦作"呫毕"。犹佔毕。后泛称诵读。

【译文】

　　傅眉、傅仁平时读书，我常常嫌弃他们愚笨，没有超越平常人的智慧。但是，偶尔看到别人家有子弟读书的，还比傅眉、傅仁你们两个更愚笨，我才稍稍地宽恕你们了。你们两个孩子凭着中上等的资质，还可以跟你们谈读书。现在正是你们处于精神健壮旺盛的时候，一定要专心致志读三四年书。记得我在二十岁左右的时候，读《昭明文选》《二京赋》《两都赋》等赋体文章时，先辨认字形，再点断句子，第三、第四遍开口诵读，这样就大概能够背诵了。戊辰年会试的卷子公布了，我的兄长子由先生为我从中选出五十三篇。我与家塾教师马生比赛记性，比一天能背下多少篇。马生以自己的天资高而自负，可是用尽一整天的气力，只背过四五篇而已。我早上梳洗完毕开始背诵，到早饭做好被叫去吃饭时，五十三篇文章就已经朗朗上口，没有错一个字。马生十分惊奇诧异，感叹佩服我如神人。从那以后所有的书，不论古今，都经不起我一目十行。然而像这样记忆力好的时间，也不过只有六七年罢了。过了三十岁就差了十分之五六，出了四十岁就差了十分之八九，读书随看随忘，就好像是隔了一个时代的事情。我悔恨自己以那时的天资灵性，没有闭门十年专心苦读经史典籍，致使现在我著书立说的志向不能顺畅实现。如今又正值世道变乱，买书又没有财力，偶然遇到想看的书，也只能浏览一下罢了。加上心情抑郁散乱，举目眺望见到的都是社会的巨变，处世有时强颜欢笑，有时低头俯首，只能像书中的蠹鱼一样度过我的余生。我心中的怒火就像烈焰在翻腾，又恨读书极大地毁坏人的身体。当年弯弓跃马的壮年时光，呜呼，已经没有了。有人劝我著述，但是著述需要一副坚强正直雄伟豪迈的心力，才能才思纵横。我现在如同庾信一样，凄凉至极。虽然说虞卿因穷困忧愁而著书，可是虞卿的忧愁是可以靠著书化解的；我的愁是郭瑀那样的愁。况且著述没有适宜的时间也没有安定的地方。如果我著述，可能就有断篇残句被后来的人错误地把我看成是刘因那一类人。那我就死也不能瞑目了。

　　你们要努力爱惜自己的天资，努力读书，与书籍为友。等到文笔老到成熟了，见解认识坚定了的时候，完成我未完成的著述之志就不成问题了。除了经书之外，

国学经典文库

中华姓氏文化

·名门家训·

图文珍藏版

《史记》《汉书》《战国策》《左传》《国语》《管子》、骚赋都必须仔细品读。其余的书籍就任凭你的性情喜好,大概的阅读一下就可以了。二十一史我已经说过了。至于金、辽、元三史是应该列于载记的,不能当作正统朝代的历史去读。

朱子治家格言

[清]朱柏庐

说明

朱柏庐(1617~1688),名用纯,字致一,柏庐为其自号,昆山玉山(今属江苏)人。生平精神宁谧,严于律己,对当时愿和他交往的官吏、豪绅,以礼自持。著名理学家、教育家。居乡教授学生,潜心治学,以程、朱理学为本,提倡知行并进,躬行实践。他深感当时的教育方法,使学生难以学到真实的学问,故写了《辍讲语》,反躬自责,语颇痛切。曾用精楷手写数十本教材用于教学,如《大学中庸讲义》等。

所著《治家格言》世称《朱子家训》。《朱子治家格言》是以"修身""齐家"为宗旨,讲究道德修养、行为规范的准则。是劝人勤俭持家安分守己的一篇家训。它是作者综一生之学养,秉承圣哲祖先的教诲,给家族子孙的一片训诫文。五百余字总结了古代治家之道。格言大多以激励为主的语句,言简意赅,可以作为人们的行为规范。内容涉及洒扫应对,择偶交友,求学立志,家业道业,修身齐家,治国平天下等社会人生的诸多方面。书中包含着许多治家、治世的质朴哲理和有益启示。篇幅短小,字字珠玑,虽义理宏深,但读来浅易,更切实用。这些格言警句虽然多少浸染了一些封建色彩,但其中的理念并不过时。历史悠久的中华美德,在今天看来仍有积极意义。

【原文】

黎明即起,洒扫庭除①,要内外整洁;

即昏便息,关锁门户,必亲自检点。

一粥一饭，当思来处不易；

半丝半缕，恒念物力维艰。

宜未雨而绸缪[②]，毋临渴而掘井。

自奉必须俭约，宴客切勿留连。

器具质而洁，瓦缶胜金玉；

饮食约而精，园蔬逾珍馐[③]。

勿营华屋，勿谋良田。

三姑六婆，实淫盗之媒；

婢美妾娇，非闺房之福。

奴仆勿用俊美，妻妾切忌艳妆。

祖宗虽远，祭祀不可不诚；

子孙虽愚，经书不可不读。

居身务期俭朴，教子要有义方。

莫贪意外之财，勿饮过量之酒。

与肩挑贸易，毋占便宜；

见穷苦亲邻，须多温恤。

刻薄成家，理无久享；

伦常乖舛，立见消亡。

兄弟叔侄，须分多润寡；

长幼内外，宜法肃辞严。

听妇言，乖骨肉，岂是丈夫；

重资财，薄父母，不成人子。

嫁女择佳婿，毋索重聘；

娶媳求淑女，勿计厚奁[④]。

见富贵而生谄容者，最可耻；

遇贫穷而作骄态者，贱莫甚。

居家戒争讼，讼则终凶；

处世戒多言，言多必失。

勿恃势力而凌逼孤寡，

毋贪口腹而恣杀牲禽。

乖僻自是，悔悟必多；

颓惰自甘，家道难成。

狎昵恶少，久必受其累；

屈志老成，急则可相依。

轻听发言，安知非人之谮诉？当忍耐三思；

因事相争，安知非我之不是？须平心暗想。

施惠无念，受恩莫忘。

凡事当留余地，得意不宜再往。

人有喜庆，不可生妒忌心；

人有祸患，不可生喜幸心。

善欲人见，不是真善；

恶恐人知，便是大恶。

见色而起淫心，报在妻女；

匿怨而用暗箭，祸延子孙。

家门和顺，虽饔飧⑤不继，亦有余欢；

国课早完，即囊橐⑥无余，自得至乐。

读书志在圣贤，为官心存君国。

守分安命，顺时听天；

为人若此，庶乎近焉。

【注释】

①庭除：指院子内外。庭。院子；除，台阶。②绸缪：紧密缠缚。下雨之前先将门窗关好，喻事先做好准备工作。③珍馐：珍奇贵重的食品。④奁：嫁妆。⑤饔飧不断：吃了早饭没有晚饭，形容极端贫穷。饔，早饭。飧，晚饭。⑥囊橐无余：口袋

里一点钱财也没有，一贫如洗。囊、橐均为口袋。

【译文】

每天早晨黎明就要起床，先用水来洒湿厅堂内外的地面然后扫地，使厅堂内外整洁；到了黄昏就要休息，要亲自查看一下需要关闭和锁上的门窗。

对于一碗粥或一顿饭，我们都应当想着来之不易；对于做成衣服的半根丝或半条线，我们也要经常想着这些物资的生产是十分艰难的。

凡事要先做准备，就像没下雨的时候，要先把房屋门窗修理好一样；不要等事情来了再想着怎么去干，就像到了口渴了的时候，才想起来挖井，那样就什么也晚了。

自己日常生活必须节俭；聚会在一起吃饭千万不要舍不得离去。

餐具质朴而干净，即使是用泥土做的瓦器，也胜过金玉器皿；饮食简单而精美，即使是园里种的蔬菜，也胜过山珍海味。

不要营造华丽的房屋，不要图买良好的田地。

社会上不正派的女人，都是奸淫和盗窃的媒介；美丽的婢女和娇艳的姬妾，不是家庭的幸福。

家僮、奴仆，不可雇用英俊美貌的，妻、妾切不可有艳丽的妆饰。

祖宗虽然离我们年代久远了，祭祀却仍要虔诚；子孙即使愚笨，教育也是不容怠慢的。

做人务必节俭朴实，以做人的正道来教育子孙。

不要贪图不属于你的财物，不要喝过量的酒。

和做小生意的商贩们交易，不要占他们的便宜；看到贫穷困苦的亲戚或邻居，要关心同情他们，并且要对他们给予帮助。

依靠剥削而发家的，决绝没有长久享受的道理；行事违背伦理常道的人，很快就会消亡。

兄弟叔侄之间要互相帮助，富有的要资助贫穷的；一个家庭要有严正的规矩，长辈对晚辈应言辞庄重。

听信妇人挑拨,而伤了骨肉之情,那里配做一个大丈夫?看重钱财,而薄待父母,不是为人子女的道理。

嫁女儿,要为她选择贤良的夫婿,不要索取贵重的聘礼;娶媳妇,需求取贤淑的女子,不要贪图丰厚的嫁妆。

看到富贵的人,就做出巴结讨好的样子,是最可耻的;遇着贫穷的人,就做出骄傲的姿态,是最卑贱不过的。

居家过日子,禁止争斗诉讼;一旦争斗诉讼,无论胜败,结果都不吉祥。处世不可多说话,说多了肯定有失误。

不可倚仗势力来欺凌压迫孤儿寡妇;不要贪口腹之欲而任意宰杀牛羊鸡鸭等动物。

性格古怪,自以为是的人,必会因常常做错事而懊悔;颓废懒惰,沉溺不悟,是很难成家立业的。

亲近不良的少年,时间长了,必然会受他牵累;恭敬自谦,虚心与那些阅历多而善于处世的人交往,遇到急难时,就可以得到他的指导或帮助。

他人来说长道短,不要轻信,要再三思考,因为怎么能够知道他不是来中伤别人的呢?因事相争,要平心静气,反省自己,因为怎么能够知道不是我的过错呢?

对人施了恩惠,不要记在心里;受了他人的恩惠,一定不要忘记。

无论做什么事,都应该留有余地;得意之后就要知足,不应该再前进一步。

他人有了喜庆的事情,不可有妒忌之心;他人有了祸患,不可有幸灾乐祸之心。

做了好事,而想他人看见,就不是真正的好人;做了坏事,而怕他人知道,就是大的恶人。

看到美貌的女性而起邪心的,将来的报应会在自己的妻子儿女身上;怀怨在心而暗中伤害别人的,将会替自己的子孙留下祸根。

家里和气平顺,即使缺衣少食,也觉得快乐;尽快缴完赋税,即使口袋所剩无余,也自得其乐。

读书,目的在学圣贤人的行为,不只为了科举及第;做官,要有忠君爱国的思想,不能总是考虑自己和家人的享受。

我们守住本分，努力工作生活，上天自有安排；如果能够这样做人，那就差不多和圣贤做人的道理相合了。

与子侄

［清］毛先舒

说明

毛先舒（1620~1688），原名骙，字驰黄，后改名先舒，字稚黄，浙江钱塘（今浙江杭州）人。诗歌首调浏亮，音律规整，有建安七子余风，以古学振兴西泠，排列"西泠十子"首位，对音韵训诂学有较深研究。与萧山毛奇龄、遂安毛际可并称"浙中三毛，文中三豪"。著述宏富，有《声韵丛说》《南曲入声客问》《南唐拾遗记》《常礼杂记》《丧礼杂说》《南曲正韵》等传于世。

《与子侄》是毛先舒写给子侄的一片诫文。文中以自己的亲身经历告诫子侄："少壮不努力，老大徒伤悲"的道理，希望他们珍惜少年大好时光，在年富力强之际，聚精会神，发奋读书，有所作为；不要虚度光阴，等到"年力向衰，途长日暮"再觉悟，那就为时已晚了。作者没有说教式的训诫，而是通过自己的亲身经历和切身感触，告诉子侄"日月易逝"的道理。文章短小精悍、言简意赅、言辞诚恳。

【原文】

年富力强，却涣散精神，肆应①于外，多事无益妨有益，将岁月虚过，才情浪掷②，及至晓得收拾精神，近里着己时，而年力向衰，途长日暮，已不堪发愤有为矣。回而思之，真可痛哭，汝等虽在年少，日月易逝，斯言常当猛省③。

【注释】

①肆应：指各方面响应。引申指善于应付各种事情。②浪掷：虚掷，指浪费。③猛省：深刻反省。

【译文】

（我）年轻精力旺盛的时候，却精神散漫不振作，随意在外应付各种事情。做了很多没有意义的事情，将年华虚度，才情浪费。等到懂得了要集中精神，将分散的精力收聚回来，想自己去做一番事业时，却又年纪和精力不济，就像路途还很遥远而太阳就快要落下山去了，已经不能够发奋努力而有所作为了。回想起来，真应该痛哭一场啊！你们虽然还处在年少时光，但应该知道岁月很容易逝去，我这些话你们应该经常深刻反省。

摘韩子读书诀课子弟

[清]李光地

说明

李光地（1642～1718），字晋卿，号厚庵，别号榕村，泉州安溪湖头人。开漳先锋，辅胜将军李伯瑶之后。清康熙九年中进士，进翰林，累官至文渊阁大学士兼史部尚书。他为官期间，清廉勤奋，政绩显著，贡献巨大，康熙帝曾三次授予御匾，表彰其功。曾经为康熙皇帝校编《御纂朱子大全》《性理精义》等书。著作多收入《榕村全书》。

《摘韩子读书诀课子弟》是教给弟子如何读书的一片诫文。文章首先由韩愈《进学解》中的语句，引出了自己的读书见地，即"凡书，目过口过，不如手过"。同时教给子弟读书方法：要求子弟读书时，要找出基本观点、线索，将要点摘要写出来，更要循着作者的思路，开动自己的脑筋，探索其精微之所在，并针对有关问题进行比较、分析，从而使读书者自身随时处于一种积极、主动的状态。同时他还指出读书如能"考穷同异，剖断是非，而自纪所疑"，那就会"浚心愈深，着心愈牢"，告诉他们通过主动方法产生出来的成果，远远比那些照本宣科、追名逐利的滥制粗作更有价值。最后告诉子弟要向"近代前辈"学习，学习他们良好的学风；不可效仿学习"今日学者",只为追名逐利。文章引经据典,针砭时弊,正反举例,给子弟上了一堂很好的读书教育课。作者的这种治学观点,在现代也是具有一定的意义的。

【原文】

"口不绝吟于六艺之文,手不停披①于百家之篇;纪事者必提其要,纂言者必钩其玄②;贪多务得,细大不捐;焚膏油以继晷,恒兀兀③以穷年。"此文公自言读书事也,其要诀却在"纪事""纂言"两句。凡书,目过口过,总不如手过,盖手动则心必随之,虽览诵二十遍,不如钞撮一次之功多也。况必提其要,则阅事不容不详;必钩其玄,则思理不容不精。若此中更能考究同异,剖断是非,而自纪所疑,附以辩论,则浚心愈深,着心愈牢矣。近代前辈当为诸生④时,皆有经书、讲旨及《纲鉴》《性理》等钞略,尚是古人适意,盖自为温习之功,非欲垂世也。今日学者亦不复讲,其作为书、说、史、论等刊布流行者,乃是求名射利⑤之故,不与为已相关,故亦卒无所得。盖有书成而了不省记者,此又可戒而不可效。

【注释】

①披:翻阅。②钩其玄:探索其中的精微。③兀兀:勤勉不止的样子。④诸生:指入府、州、县学的生员。⑤求名射利:即追名逐利。

【译文】

"口中不断地吟诵《诗》《礼》《易》《乐》《春秋》中的篇章,两手不停地翻着诸子百家的书籍;对记事之文一定提取它的重要事件,对言论之编一定探索它深奥的旨意;不知满足地多方面学习,力求有所收获,大的小的都不舍弃;点上灯烛夜以继日,从来都是这样刻苦用功,一年到头不休息。"在这里,韩文公(韩愈)说的是自己读书的事情,而其中的要点和诀窍却在"纪事""纂言"这两句里面。大凡读书,看过或诵读过,都不如读书动手记更有其效。这是因为,动手之时的同时一定会动脑筋。即使你看过或读诵过二十遍,其收效都不如详尽认真地摘抄一次大。更何况你要提取其中的要点,那你就不得不详细地阅览事件;你要探索书中的精微,那你就不能不深入的思考义理。倘你在此过程中还能做到考察研究它的相同或差异之处,解剖分析有关的是非问题,同时把自己有疑惑之处记下来,顺便加以辨析论证。那么,你越深入思考钻研,你就越记得牢固。近代的学术前辈还在做生员时,他们都写过经书的要点讲解和《纲鉴》《性理》等书中的略抄,他们这种做法还有古代圣贤流传下来治学意蕴。因为,他们是为了方便自己温习功课,而并非想以此留传后世。今天的学者再不讲究这种学风了,他们编写书籍、讲解经籍的说文、史著、论文等,并大量印刷发行、流传于世,只不过是追名逐利的缘故,这些书与他们的思想修养、学术追求毫无关系,因此,从这类书中最终是一无所获的。正是这个原因,有的人写成了书,却什么东西也不懂,什么知识也没记住,像这样的人和这类做法应该引以为戒,而且千万不可效仿。

为学一首示子侄

[清]彭端淑

说明

彭端淑,字乐斋,丹棱(今属四川)人,清雍正进士,历任史部郎中、顺天乡试同考官、广东肇罗道等职。后来辞官家居,在四川锦江书院讲学。著名学者,有《白鹤堂文集》。《为学》是一篇勉励子侄勤学上进的文章。开篇用两个设问句,点明了行文的宗旨,阐述了求学、做学问的道理,说明了求学的结果不在于天赋条件,而是决定于本人求学的恒心和毅力,以及为到达目的所做的不懈努力。随后文中通过四川两个和尚朝拜南海的故事,深入浅出地分析难与易、聪敏与平庸之间可以相互转化的辩证关系,揭示了主观努力的重要性,以勉励子侄刻苦学习,力求上进。文章首、尾两段用精心提炼的精辟的句子表达作者的主张;中间用对比的手法和生动的对话写贫僧富僧的故事以证明作者的主张。文中介绍的"贫者"和尚那种不屈不挠,不达目的不罢休的精神更是给人留下了深刻的印象,可以成为我们日后学习工作的好榜样。"书山有路勤为径,学海无涯苦作舟",要知道这个舟不是富僧可以花钱买的舟,舟在心中,乃是用勤苦铸成的,不内求于己而外求于人或物,总不能成就学业。反观当今，我们的教育理念和方法却不能贯彻这个浅显的道理，很多家长一味强调客观条件的重要性，想方设法、竭尽所能地为孩子创造良好的学习环境，但就是忽视了培养孩子的主观品格和意志素质，结果劳力丧财不说，效果也差强人意。

全篇义气活泼通俗，叙事朴实生动，语言平易流畅，作者通过对比论证，把事理阐发得非常透彻，有较强的哲理性，全文闪耀着辩证思维的智慧之光。

【原文】

天下事有难易乎？为之，则难者亦易矣；不为，则易者亦难矣。人之为学有难易乎？学之，则难者亦易矣；不学，则易者亦难矣。吾资之昏不逮①人也，吾材之庸不逮人也，旦旦②而学之，久而不怠焉，迄乎成而亦不知其昏与庸也。吾资之聪倍人也，吾材之敏倍人也；屏弃③而不用，其与昏与庸无以异也，圣人之道，卒于鲁也传之。然则昏庸聪敏之用，岂有常哉？

蜀之鄙④有二僧：其一贫，其一富。贫者语于富者曰："吾欲之南海，如何？"富者曰："子何恃而往？"曰："吾一瓶一钵足矣。"富者曰："吾数年来欲买舟而下，犹未能也；子何恃而往？"越明年，贫者自南海还，以告富者。富有惭色。西蜀之去南海，不知几千里也，僧之富者不能至，而贫者至之。人之立志，顾不如蜀鄙之僧哉！

是故聪与敏，可恃而不可恃也；自恃其聪与敏而不学者，自败也。昏与庸，可限而不可限也；不自限其昏与庸而力学不倦者，自力者也。

【注释】

①不逮：不及，比不上。②旦旦：天天。③屏弃：放弃。④鄙：边境，偏僻的地方。

【译文】

天底下的事情有困难和容易的区别吗？只要做，那么困难的事情也就变得容易了；如果不做，那么容易的事情也就变得困难了。人们做学问有困难和容易的区别吗？只要学习，那么困难的也就变得容易了；不学习，容易的也就会变得困难了。我天资愚钝，不及别人；我才能平庸，不及别人。只要每天认真学习，长期坚持，毫不懈怠,等到成功了,也就不知道我是愚钝又平庸了。我天资聪明,超过别人;我才思敏捷,超过别人。如果摒弃而不用,那么就与跟愚钝和平庸没有什么区别了。孔子的思想言论最终是靠天资迟钝的曾参传下来的。以此而论,那么愚钝平庸与聪明敏捷的功用,难道是固定不变的吗?

在四川的边境上有两个和尚:其中一个贫穷,另一个富有。穷和尚告诉富和尚说:"我打算前往南海,你觉得怎么样?"富和尚说:"你靠什么前往呢?"穷和尚说:"我只要一个水瓶和一个饭钵就足够了。"富和尚说:"我几年来想雇船往南海走,还是没有去成。你靠什么前往呢?"过了一年,穷和尚从南海回来,把前往的事情告诉了富和尚。富和尚露出了惭愧的神色。位于西边的四川距离南海,不知道有几千里远。有钱的和尚不能到,没有钱的和尚却可以到达。人们在树立志向上,难道还比不上四川偏远地方的和尚吗?

因此,聪明和敏捷,既可以依靠又不可以依靠;自己仗着聪明与敏捷而不努力学习的人,就是自毁前程的人。愚钝和平庸,可以限制人又不可以限制人;不被自己的愚钝平庸所局限而努力学习孜孜不倦的人,那就是能成就自己的人了。

潍县署中寄舍弟墨

[清]郑板桥

说明

郑板桥(1693~1765),又名郑燮,字克柔,号理庵,又号板桥,人称板桥先生,江苏兴化人,祖籍苏州。清朝书画家、文学家,是中国历史上杰出的艺术名人。"扬州八怪"的主要代表,以三绝"诗、书、画"而闻名于世。诗词不屑作熟语;画擅花卉木石,尤长兰竹;书亦有别致,隶、楷参半,自称"六分半书"。为人疏放不羁,一生可以分为"读书、教书"、卖画扬州、"中举人、进士"及宦游、作吏山东和再次卖画扬州五个阶段。康熙年间秀才,雍正十年举人,乾隆元年进士。官山东范县、潍县县令,有政声"以岁饥为民请赈,忤大吏,遂乞病归。"做官前后,均居扬州,以书画营生。

后因得罪权贵而罢官。著有《板桥全集》

《潍县署中寄舍弟墨》是郑板桥写给弟弟的家书。因为郑板桥当时在山东潍县当县令，不能带家属，妻儿则在江苏兴化老家，故不能当面教子，于是将管束儿子的责任托付给他的"舍弟"，因此经常写家书与弟弟谈论教育孩子的问题。这里选编的是第三封。文中作者由子弟学习说起，并且谈到聘请塾师的问题，到最后教给儿子的诗歌无不体现着他的仁人精神。告诉儿子贫家子弟最易成才，对待贫家子弟要加体恤。同时强调"敬师为要"，"予弟复持藐忽心而不力于学，此最是病处"等等。作者把培养儿子的仁爱之心和成为仁人作为教子的根本。在这封充满仁爱的家书中，提出要为孩子提供充满仁爱的家庭气氛，针对幼儿特点教给儿子有利于培养仁爱之心和成为仁人的诗歌、行为规范等。这种教子行为和思想，在今天仍然是值得提倡的。文末几首小诗充分体现了郑板桥关心民生疾苦的崇高品质，同时他也要通过家书把这种品质传递给年幼的儿子，从小培养他的爱心。

郑板桥

【原文】

富贵人家延师傅教子弟，至勤至切，而立学有成者，多出于附从贫贱之家，而己之子弟不与焉。不数年间，变富贵为贫贱；有寄人门下者，有饿莩①乞丐者；或仅守厥家②，不失温饱，而目不识丁。或百中之一亦有发达者，其为文章，必不能沉着痛快，刻骨镂心，为世所传诵。岂非富贵足以愚人，而贫贱足以立志而浚③慧乎！我虽微官，吾儿便是富贵子弟，其成其败，吾已置之不论；但得附从佳子弟有成，亦吾所大愿也。至于延师傅，待同学，不可不慎。吾儿六岁，年最小，其同学长者当称为某先生，次亦称为某兄，不得直呼其名。纸笔墨砚，吾家所有，宜不时散给诸众同

国学经典文库

中华姓氏文化

·名门家训·

图文珍藏版

学。每见贫家之子，寡妇之儿，求十数钱，买川连纸钉仿字簿，而十日不得者，当察其故而无意中与之。至阴雨不能即归，辄留饭；薄暮，以旧鞋与穿而去。彼父母之爱子，虽无佳好衣服，必制新鞋袜来上学堂，一遭泥泞，复制为难矣。夫择师为难，敬师为要。择师不得不审，既择定矣，便当尊之敬之，何得复寻其短？吾人一涉宦途，即不能自课其子弟，其所延师，不过一方之秀，未必海内名流。或暗笑其非，或明指其误，为师者既不自安，而教法不能尽心；子弟复持藐忽心而不力于学，此最是病处。不如就师所长，且训吾子弟之不逮。如必不可从，少待来年，更请他师；而年内礼节尊崇，必不可废。

又有五言绝句四首，小儿顺口好读，令吾儿且读且唱，月下坐门槛上，唱与二太太、两母亲、叔叔、婶娘听，便好骗果子吃也。

二月卖新丝，五月粜新谷；医得眼前疮，剜却心头肉。

耘苗日正午，汗滴禾下土；谁知盘中餐，粒粒皆辛苦。

昨日入城市，归来泪满巾；遍身罗绮者，不是养蚕人。

九九八十一，穷汉受罪毕；不得放脚眠，蚊虫獝蚤④出。

【注释】

①饿莩：饿死的人。②厥：同"其"，他的。③浚：挖掘，加深。④獝蚤：跳蚤。

【译文】

富贵人家请塾师教育子弟，其情意十分殷切，然而真正学有所成的，却大多出于那些依附富家子弟就读的贫寒人家，自己的子弟反而不在学有所成之列。不过数年，富贵的往往变为贫穷的；有寄人篱下的人，有沦为乞丐甚至饿死的人；有的好歹守住了自家的祖业，能够温饱，但是一字不识。当然，一百个富豪子弟中或许也有一两个发达的人，但这种人写出的文章，一定不能够淋漓酣畅，刻骨铭心，被世人所传诵。这难道不是富贵足以使人愚昧，贫寒足以促人立志而开启智慧么！我虽然是个小官，我的儿子也就是富家子弟，他能否有所成就，我已经搁置不谈了；但他只要能够跟着几个好子弟一起学有所成，也就是我的最大心愿。至于聘请老师，对待同学，不能够不谨慎。我的儿子六岁，年龄最小，对年长的同学应该称为某先生，对其他同学也应该称为某兄，不得直接叫他们的名字。笔墨纸砚，我们家里有的，应该时常分给各位同学。每当看见贫寒人家的孩子或是寡妇的儿子，为了挣十几个钱买川连纸钉写字本，却十几天还不能得到时，应当在察看原因后，无意中给他一些。碰到下雨天不能及时回家，就要留他们吃饭；天黑了，给他双旧鞋，让他穿着回家。他的父母同样爱孩子，虽然没有特别好的衣服，但一定会添置新鞋袜让他们来上学，一旦被泥水污损，再做新的就困难了。选择老师困难，尊敬老师十分重要。选择老师不能够不审慎，既然已经决定择取，就应当尊敬他，为何又来找寻人家的短处呢？我一进入仕途，就不能够教育孩子，所请的塾师，只是一处的优秀人才，不一定是天下的知名人士。有的暗中嘲笑他的不是，有的明确指出他的错误，身为塾师心就不安定，所以他就不能尽心尽力的教学；孩子还会持有藐视的心理而不全心致力于学业，这是最大的害处。不如就发挥塾师的长处，训诫我们孩子不如的地方。如果一定还不行，等到来年，另请其他的塾师；而这一年内对老师的尊重礼节，不能偏废。

又有五言绝句四首，小孩子顺口好读，让我儿子边读边唱，月夜坐在门槛上，唱给二太太、两母亲、叔叔、婶娘听，也好讨赏得果子吃。

二月卖新丝，五月粜新谷；医得眼前疮，剜却心头肉。

耘苗日正午，汗滴禾下土；谁知盘中餐，粒粒皆辛苦。

昨日入城市，归来泪满巾；遍身罗绮者，不是养蚕人。

九九八十一，穷汉受罪毕；不得放脚眠，蚊虫獦蚤出。

给四侄钟杰书

[清] 陈宏谋

说明

陈宏谋(1696~1771)，字汝咨，号榕门，临桂(今广西桂林)人。雍正进士，历官布政使、巡抚、总督，至东阁大学士兼工部尚书。乾隆三十六年卒。谥文恭。治学以薛瑄、高攀龙为宗。有《培远堂全集》。

《给四侄钟杰书》是作者陈宏谋给侄子的书信。内容主要是教导侄儿：一、不要沾染浮华奢靡的坏习气，做个真诚质朴的人；平时读书会客要检点。二、不管什么时候，有了空闲就应当读书学习；会客说话不能套语太多，要待人真诚。文字真诚朴实，观点鲜明务实，劝导有张有弛，字字肺腑之言，读来容易让人接受。

【原文】

其一

京中浮华①，须立定主意，不为所染。盖天下帷诚朴为可久耳！吾家世守寒素②，岂可忘本？读书见客，事事检点，即学问也。

其二

来京途中，有一刻闲，便当看书，古人游处皆学，不过为收放心③耳。骄傲奢侈，一点不能沾染。即会客说话，固须周旋，然不可套语太多，多则涉于油滑而不真矣。

【注释】

①浮华：浮靡奢华。②寒素：家世清贫，也指家庭清贫的人。③收放心：把放纵散漫的心思收起来。

【译文】

其一

京城之中，浮靡奢华。你必须要志气坚定，不要被这些坏习气所浸染。在世间只有诚恳简朴才能够长久。我们家世代以清贫为本，怎么能够忘了家规。读书会客，凡事都要检点，这就是学问。

其二

你来京城途中，有片刻的空闲就应当读书。古人无论出外游览还是在家都坚持学习，目的就是为了把放纵散漫的心思收起来。骄傲自大奢侈豪华的坏习气，是一点都不能够沾染的。虽然会客说话,固然需要懂得交际应酬,但是不可套话太多,太多了就流于油滑而缺乏真诚了。

示启铨

[清]尹会一

说明

尹会一(1691~1748),字元孚,号健余,直隶博野(今属河北)人。清雍正间进士。历任吏部主事、扬州知府、河南巡抚、江苏学政等职。终身钦慕颜、李之学,但言义理仍宗程朱。平生尚实行而薄空言,重身心而轻文字。反对守书本、奉语录,自溺于记诵之末,高谈性命,不获受益于身心。著有《小学纂注》《诗文集》等。《示启铨》是尹会一的一封家书。作者从商量如何来来南方到怎样掌管家事说起,主要内容是谈到几种待人的态度:对待眷属要严明赏罚,对待亲族要敬老济贫,对待下人要宽和仁厚,对待多事小人要以忍让为主(当然这里的忍让也是要有原则的)。

书信简洁,却论理周全。不仅清楚的讲明了当下家事的处理问题,还突出陈述了对儿子为人处世的具体要求。对待不同的人要施以不同的方式,但中心意思还是要仁和宽厚、礼让真诚,敬老济贫为主,这也是作者待人处事的态度。字里行间透漏出一个父亲对儿子性格及人格的教育和培养。真情实感,溢于言表。

【原文】

家事已悉。惟眷属来南,大费①商量。吾意欲分为两班,轮流来往,每番都要交代清楚,方许起身。明定赏罚,才肯用心。此时便轮管家事,以试其才,将来才能执掌,此大局之宜先定者。家中诸凡俱只照常。待亲族,须以敬老济贫为主,待下人,须以宽为主;待多事小人,须以让为主。庆吊②周礼,令美铨等代行为妥。湖纯新进学,不可效乡风轻出,忝然③居于成人之列,亲友虽弗悦,亦不可徇外为人也。

【注释】

①大费:大的费用。这里指好好的。②庆吊:庆贺与吊慰。亦指喜事与丧事。③忝然:惭愧的样子。

【译文】

家里的事情大都已经知道了。唯有家属要来南方,还要好好的商量。我认为可以分为两拨,轮流来往。每次都要交代清楚,才允许启程。在家庭里也要明定赏罚,这样才肯用心。现在就轮流掌管家世,用来试试你们的才能,将来才会管理,这掌管大局必须先确定下来。家中其他的日常事情仍然照旧。对待亲戚邻里,必须尊敬老人,接济贫寒的人家;对待下人,应该以宽和为主;对待多事的小人,要以忍让为主。对于那些庆贺吊唁的事情,让美铨等来代替行事较为稳妥。湖纯刚刚进学,不能仿效家乡的习俗出头露面,刚刚成人,亲戚朋友即使不高兴,也不能够让外人看到。

给弟香亭书

[清]袁枚

说明

袁枚(1716~1797),字子才,号简斋,晚年自号仓山居士、随园主人、随园老人,钱塘(今浙江杭州)人。清代诗人、散文家。乾隆四年进士,历任溧水、江宁等县知县,有政绩,四十岁即告归。在江宁小仓山下筑筑随园,吟咏其中。广收诗弟子,女弟子尤众。一生所著诗文颇多。其诗主张直抒胸臆,辞贵自然,强调独创,对儒家的"诗教"表示不满。首创性灵说,在当时影响很大。他还擅长作文,所写书信颇具特色,有《小仓山房集》《随园诗话》《子不语》传世。乾嘉时期代表性诗人,与赵翼、蒋士铨合称"乾隆三大家"。《给弟香亭书》是袁枚针对侄子在何处考试给其兄的一篇回信。这里是节选的一段。文中充分表明了作者读书治学的态度：做人要有真才实学，考不考上科名不重要。他不赞同在考试场中假冒籍贯取巧作伪的行为，即使对于亲人也不例外。文中提出"夫才不才者本也，考不考者末也"，这一观点是十分有力度的，充分抨击了封建社会的科举制度。从这里我们可以知道袁氏家教的特点。文章说理透彻，举例恰到好处。

细细品味这封家信，对我们今天如何教育子女仍有一定的现实意义。我们不能只是一门心思的"望子成龙，望女成凤"，要从孩子的实际出发，因材施教，同时退却一些名利思想的束缚，还给孩子一片童真的蓝天。

【原文】

夫才不才者本也，考不考者末也。儿果才，则试金陵可，试武林可，即不试亦可。儿果不才，则试金陵不可，试武林不可，必不试废业而后可。为父兄者，不教以读书学文，而徒与他人争闲气，何不揣其本而齐其末哉！"知子莫若父"，阿通文理粗浮①，与"秀才"二字相离尚远。若以为此地文风，不如杭州，容易入学，此之谓"不与齐楚争强，而甘与江黄竞霸"，何其薄待儿孙，诒谋②之可鄙哉！子路曰："君子之仕也，行其义也。"非贪爵禄荣耀也。李鹤峰中丞之女叶夫人《慰儿落弟诗》云："当年蓬矢桑弧意③，岂为科名始读书？"大哉言乎！闺阁中有此见解，今之士大夫都应羞死。要知此理不明，虽得科名作高官，必至误国、误民，并误其身面后已。无基而厚墉④，虽高必颠⑤，非所以爱之，实所以害之也。

【注释】

①粗浮：粗疏、浅薄。②诒谋：留下来的计策。③蓬矢桑弧：古时男子出生，以桑木作弓，蓬草为矢，射天地四方，象征男儿应有志于四方。后用作勉励人应有大志之辞。④墉：墙，高墙。⑤颠：倾倒，倒塌。

【译文】

一个人有没有才能是最根本的，参加不参加科举考试是次要的。儿子果然有才能，那么到金陵考也可以，到杭州考也可以，即使不考也是可以的。如果儿子没有才能,那么到金陵考不行,到杭州考也不行,只有不考废业才算完事。作为父亲兄长的,不教孩子好好读书做学问,而仅仅与其他人争闲气,为何不揣度事情的根本而计较事情的末端呢?俗话说,"知子莫若父",阿通儿文理粗疏,和"秀才"两个字相差的还远着呢。如果认为这里的风气不及杭州之盛,容易考上,这真所谓是"不去与齐楚二雄争强大,而心甘情愿地跟弱小的江国、黄国比较高低",这种想法是何等的对不起子孙,出的主意是何等的让人鄙视啊!子路说"君子做官,执行那些正义的事情。"并不是贪慕高官厚禄荣耀。中丞李鹤峰的女儿叶夫人在《慰儿落弟诗》说:"当初为了胸中远大的志向,岂是为了科举成名才读书?"说得好啊!闺阁中的女子都能有这样的见解,现在的士大夫都应该因此羞愧而死。要是这个道理都不明白,即使科举得名做上高官,也一定会误国误民,并贻误自己罢了。没有牢牢的地基却砌成厚厚的围墙,即使高也一定会倒塌。这并不是爱他,而是害了他啊!

寄内子

[清]纪昀

说明

纪昀(1724~1805),字晓岚,一字春帆,晚号石云,道号观弈道人,河间府献县(今属河北沧县)人,历雍正、乾隆、嘉庆三朝,享年八十二岁。因其"敏而好学可为文,授之以政无不达"(嘉庆帝御赐碑文),故卒后谥号文达,乡里世称文达公。清代著名学者、文学家。曾任《四库全书》总纂官。因常年官居在外,无法负起教育子女的责任,又深知"妇女心性,偏爱者多"的规律,所以写信给夫人说明应如何教育子女。《寄内子》中他列举了四戒四宜,告诉妻子不要因为溺爱孩子而纵容他们,如果这样反而害了他们,应该从严教育。

"四戒""四宜"的教子原则,就他的内容来说,都是家庭教育的基本问题,如勤奋、俭朴、谦虚、礼貌、合群、卫生等方面,但是这些正是读书做人和成就事业的基础;就他的意义来说,是中华民族数千年的优良传统,所以身为华夏儿女应让这些民族精华传承下去。总之,这八则教子原则是十分的现实而有意义,即使现代化的今天也是不能够忽视的。教子不仅是父亲的责任,也是母亲的责任,希望今天的父母把中华民族这几千年的精华传承下去,担负起教育好祖国未来的重任。

【原文】

父母同负教育子女责任,今我寄旅京华,义方^①之教,责在尔躬^②。而妇女心性,偏爱者多,殊不知爱之不以其道,反足以害之焉。其道维何,约言之有四戒四宜:一戒晏起^③,二戒懒惰,三戒奢华,四戒骄傲。既守四戒,又须规以四宜:一宜勤读,二宜敬师,三宜爱众,四宜慎食。以上八则,为教子之金科玉律,尔宜铭诸肺腑,时时以之教诲三子。虽仅十六字,浑括^④无穷,尔宜细细领会,后辈之成功立业,尽在其中焉。

【注释】

①义方:行事应该遵守的规范和道理。古人称教子为义方之教。②尔躬:你自己。③晏起:迟起。④浑括:全部包括。浑:全,满

【译文】

父母应当共同担负着教育子女的义务,但如今我住在京师,家庭教育的责任就落在了你一个人的身上。然而妇女的心性,偏爱子女的占多数,她们哪里知道不讲原则的爱,反而害了子女。教育子女的原则是什么呢?简单地说有四戒四宜:一不准晚起;二不准懒惰;三不准奢华;四不准骄傲。既要遵守四戒,又须规劝四宜:一应该勤学;二应该敬师;三宜爱众;四宜谨慎饮食。以上八条,是教育子女不可改变的条规,你要牢牢记在心上,时时刻刻用它来教育三个孩子。虽然仅仅是十六个字,但是已全部包括无遗了,你应该细细领会,子女们能否成功立业,都在其中了。

再示知让

[清] 蒋士铨

说明

蒋士铨（1725～1784），字心馀、苕生，号藏园，又号清容居士，晚号定甫，铅山（今属江西）人。清代诗人、戏曲家。平时，他对儿子的要求是十分殷切严格的。《再示知让》就是蒋士铨对第三个儿子知让的训诫。在这首五言古诗中，他就学问、交友、见识和操守四个问题，从正反两个方面，来对孩子进行教育，强调了这些在人的一生中的重要作用。通过反复对比和多种比喻的方法，要"小子谨记之，勿为世所狃"。作者将这四个方面联系起来一起论述，而且指出四者对于优化人生是必不可少、不可偏废的。四种论述并重，没有侧重，这种建设性的思路和完备的人生观，给人以无限的启迪，有助于父母搞好启蒙教育。

【原文】

莫贫于无学，莫孤于无友，莫苦于无识，莫贱①于无守。无学如病瘵②，枯竭岂能久？无友如堕井，陷溺③孰援手？无识如盲人，举趾辄有咎。无守如市倡④，舆皂⑤皆可诱。学以腴其身，友以益其寿。识以坦其心，守以慎其耦。时命不可知，四者我宜有。……小子谨记之，勿为世所狃⑥。

【注释】

①贱：卑贱，下贱。②病瘵：病，多指痨病。③陷溺：比喻陷落于深渊，沉溺于池水。④倡：同"娼"，指旧时的娼妓。⑤舆皂：舆，此指轿夫。皂，指旧时之皂隶。舆、皂皆引申为贱役者。⑥狃：因袭，拘泥。

【译文】

贫穷莫过于没有学问，孤独莫过于没有朋友，痛苦莫过于没有见识，卑贱莫过于没有操守。没有学问就像得了疾病，精瘦枯干怎么能够活得长久？没有朋友就像堕入井底，被淹有谁能够伸手援救？没有见识就像瞎子，举手投足总会犯错误。没有操守就像娼妓，任何人都可以来引诱。学问可以丰富自身，朋友可以使自己增加寿命，见识广博可以使自己心胸坦荡，有操守可以使自己慎重结交朋友。人的机遇和命运是不可以事先预知的，而这四者属于人为，我都应该拥有。……你要牢牢地记住它，不要被世俗风气所束缚。

家书

[清]章学诚

说明

章学诚(1738~1801)，字实斋，号小岩，会稽(今浙江绍兴)人。清代史学家、文学家。自幼爱好史学，博览群书，乾隆四十三年进士，官国子监典籍。曾主讲定州定武、保定莲池书院，并为南北方志馆主修地方志。章学诚倡"六经皆史"之论，治经治史，皆有特色。著有《文史通义》《文集》等。其中《文史通义》是清中叶著名的学术理论著作。对于儿童研究很有见解，他认为要注意孩子的记忆力胜于理解力的特点以及孩子的学习兴趣，倡导读经书、不可专一经，使其生厌。在《家书》中，作者正是秉着这种观点，开篇一句"夫学贵专门，识须坚定，皆是卓然自立，不可稍有游移者也"就点明了学习的主旨，就是要对自己的学习目的要坚定不移，不要轻易更改；随后谈到"至功力所施，须与精神意趣相为浃洽"，就是达到目的的方法和途径可以由自己的兴趣而定，也可以多种多样的。就像"荷担以趋远程"的人一样，只有途中多次休息，不断更换肩膀，才有气力达到目的地；也像"行远路"的人样，出门之前方向已定，不能轻易更改，但是走法可以由着自己情况而定。攻读与静思结合，就是"数休其力"；制数、文辞、义理循环学习，就是"屡易其肩"。

事物虽然变化莫测，但是很多时候是相通的，要从变化中寻求结果，这是很重要的。会学习的人，常把变换学习内容作为休息，在现在看来，这是很可取的学习方法。

【原文】

夫学贵专门,识须坚定,皆是卓然自立,不可稍有游移者也。至功力所施,须与精神意趣相为浃洽①,所谓乐则能生,不乐则不生也。昨年过镇江访刘端临教谕,自言颇用力于制数,而未能有得,吾劝之以易意以求。夫用功不同,同期于道。学以致道,犹荷担以趋远程也,数休其力而屡易其肩,然后力有余而程可致也。攻习之余,必静思以求其天倪②,数休其力之谓也;求于制数,更端而究于文辞,反覆而穷于义理,循环不已,终期有得,屡易其肩之谓也。夫一尺之捶③,日取其半,则终身用之不穷。专意一节,无所变计,趣固易穷,而力亦易见绌也。但功力屡变无方,而学识须坚定不易,亦犹行远路者,施折惟其所便,而所至之方,则未出门而先定者矣。

【注释】

①浃洽:符合。②天倪:细微差别。③捶:这里指棍棒。

【译文】

为学贵在专一,识见必须坚定,这都是卓然自立的重要条件,绝不可有丝毫的犹豫不定。至于功夫气力用在什么地方,必须与自己的精神兴趣相符合。所以说高兴去做就能够成功,不高兴去做就不能成功。去年我到镇江去拜访刘端临教谕,他自己说对术数很用功,然而却没有收获,我劝他换一下自己意向。用力的方面不同,目的都是为了获得道理。求学获得道理,就像挑担子走远路一样,需要多次休息和更换肩膀,然后才能够有更多的力量到达目的地。攻习之余,一定要静静地坐下来,仔细思考一下事物的细微差别,这就如同挑担子多次坐下来休息一样。研究术数,不如更换一下去研究文辞,然后再翻过去研究义理。如此循环不止,最终期于有所收获,这就等于挑担子不断更换肩膀。一尺长的短棍,每天截取他的一半,终身都用不完。专心致志于一个方面,没有变化,兴趣固然就容易穷尽,气力也容易感到不足。用功的方法可以不断地变化,而学识必须坚定,不要轻易更改,也就像走远路的人,走法可随自己决定,但是方向则是在出门之前就已经事先确定好了的。

弟子规

[清] 李毓秀

说明

李毓秀(1647～1729),字子潜,号采三,山西新绛人。清初著名学者、教育家。从师党冰壑游历近二十年。平生只考中秀才,主要活动是教书。精研大学中庸,创办敦复斋讲学。根据传统对童蒙的要求,也结合他自己的教书实践,写成了《训蒙文》,后来经过贾存仁修订,改名《弟子规》。全书以《论语·学而》中的"弟子入则孝,出则弟,谨而信,泛爱众,而亲仁。行有余力,则以学文"开篇,以三字韵语的文字形式,对儿童言语行动提出要求,教以应该怎样待人处世,通常的核心思想是孝弟仁爱。《弟子规》共分5个部分在开篇"总叙"之外,又分成4大部分,即:一"入则孝出则弟(悌)",讲孝敬父母兄长的基本要求。尊敬家庭成员,即使在今天也是理所当然的,但文中一些形式上的繁琐规则现在已失去其基本意义,仅可帮助我们了解旧时家庭礼制而已。二、"谨而信",教导人们为人谨严而忠信,并从作息、服装、饮食、言语等方面的具体要求来讲一个人的修养,其要求现已过时,但其解决问题的方法,在今天对我们却极有启发作用。三、"泛爱众而亲仁",教导学生以爱心、诚心待人,其中有些内容诸如"己所不欲,勿施于人""以理服人"等,今天仍值得我们借鉴。四、"行有余力则以学文",倡导学习,并具体指导,教育学生勿慕浮华、勿自暴自弃、勿自坏心志。

《弟子规》文章浅显易懂,押韵顺口,内容又符合封建伦理,是以极有影响,清代后期成为广为流传的儿童读本和童蒙读物,几乎与《三字经》《百家姓》《千字文》有同等影响。文风朴实,说理透彻,可谓谆谆教诲,循循善诱,在我国清代教育史上有一定的影响。一篇《弟子规》,可以帮助人了解旧时教育的基本思想及对学生道德、修养方面的要求,这也正是它今日的价值所在同时其中对侍奉父母、尊重师长、为人处世、衣食住行各个方面,如"财物轻,怨何生","凡出言,信为先","见人善,即思齐"等,在今天仍有其教育意义。所以我们对其中的思想和内容要取其精华去其糟粕,使之为我所用,培养自己的道德和情操。

总叙

【原文】

《弟子规》,圣人训①:首孝悌②,次谨信。泛爱众,而亲仁。有余力,则学文。

【注释】

①训:教导。②悌:敬爱、顺从兄长。

【译文】

《弟子规》所阐述的,是圣人对学生的训导:首先要孝敬父母,尊敬兄长,然后要谨慎约束自己,对人诚实可信。博爱民众,并亲近有德行的人。做好了这些若是还有余力,就可以去学习文化知识。

入则孝出则弟

【原文】

父母呼,应勿缓;父母命,行勿懒;父母教,须敬听;父母责,须顺承①。冬则温,夏则清,晨则省,昏则定。出必告,反②必面,居有常,业无变。事虽小,勿擅为,苟擅为,子道亏。物虽小,勿私藏,苟私藏,亲心伤。亲所好,力为具;亲所恶,谨为去。身有伤,贻③亲忧;德有伤,贻亲羞。亲爱我,孝何难?亲憎我,孝方贤。亲有过,谏使更,怡吾色,柔吾声。谏不入,悦复谏,号泣随,挞④无怨。亲有疾,药先尝,昼夜侍,不离床。丧三年,常悲咽,居处变,酒色绝。丧尽礼,祭尽诚,事死者,如事生。兄道友,弟道恭。

兄弟睦,孝在中。财物轻,怨何生?言语忍,忿自泯⑤。或饮食,或坐走,长者先,幼者后。长呼人,即代叫,人不在,己即到。称尊长,勿呼名;对尊长,勿见能。路遇长,疾趋揖,长无言,退恭立。骑下马,乘下车,过犹待,百步余。长者立,幼勿坐;长者坐,命乃坐。尊长前,声要低,低不闻,却非宜。进必趋,退必迟,问起对,视勿移。事诸父,如事父;事诸兄,如事兄。

【注释】

①承:接受。②反:通"返",回来。③贻:让。④挞:鞭打。⑤泯:消失。

【译文】

当父母呼唤你的时候,应该马上回应,不可以迟缓;在完成父母交代的事情的时候,应该马上行动,不可以拖延偷懒;父母教育子女时,子女应当恭恭敬敬地听,听后还要严格遵守;犯了错误,对于父母对自己的询问应当如实回答,对于父母对自己的批评应当接受,对于父母对自己的惩罚应当顺从。在寒冷的冬天,必须照顾好父母,让他们感到温暖;而在炎热的夏天,则要让父母享受清爽凉快。早晨要向父母请安,晚上要做到侍候父母睡下。要外出办事时,一定告知父母,回来后也必须要面告父母,以免父母牵挂。要在固定的地方居住,职业要稳定,不可以经常变化。事情即使小也不要擅自去做,倘若自作主张地去做,就不符合做儿子的礼仪;即使是一些微不足道的东西,也不能私自把它藏起来,如果你把它私自藏起来,一旦被父母发现,他们一定会很伤心。父母所喜欢的东西,必须努力为他们准备齐全;父母所厌恶的东西,要小心谨慎地处理掉。如果身体有了伤病,就会给父母带来忧愁;如果品德上有什么缺陷,就会使父母蒙受羞耻。父母疼爱我,我孝敬父母又有什么困难呢?父母嫌弃我,我还能刻尽孝道,这样的孝才算是真正的孝。假使父母存在过错,子女应当规劝使他们改正过来,规劝时态度要愉悦,说话时声音要轻柔。倘若父母不听子女规劝,子女要等父母情绪好的时候再来规劝,假若还是不听,还要哭泣恳求,父母因此生气打了子女,子女也应情愿接受毫无怨言。在父母生病的时候,煎好汤药,子女要先尝一尝,温度是否合适,再给父母吃;服侍生病的父母,必须日夜守在床前,不离开半步。在父母去世后要守丧三年,不时伤心痛哭。在守丧期间,要夫妻分居,还一定要不吃肉不饮酒。操办父母丧事要严格遵照礼仪,举行祭礼必须要表现出极大的诚意。对待已经去世的父母,要像父母在世时那样遵守孝道。兄长要友爱弟弟,弟弟必须尊敬兄长。兄弟和睦,这也是对父母的一种孝顺。彼此都把财物看得很轻,兄弟之间的怨恨又从哪里而来呢。说话时要相互忍让,愤恨就自然而然会消失。吃饭时,必须让年长者先吃;落座时,应该让年长者先坐下;走路时,让年长者走在前面,年幼的跟随其后。长者叫人时,要立即代为呼叫,如果所叫的人不在,自己要先代为听命。称呼长者时,不能直接呼叫他的名字;在长辈面前,要谦虚恭敬,不要过于表现自己的才能。走在路上,如果遇见了长辈,必须快步迎上去行礼问候;假如长辈不说话,就要退在一旁恭恭敬敬地站立。在骑马行路时,遇见长辈要立即下马,坐车行路时遇到长辈要立即下车。长辈走后,自己还要在原地稍候,等长辈走到百步以外,自己才能上马或上车。倘若长辈站着,年幼的人就不能坐下;长辈坐下之后,命令你坐,这时你才能坐下。在长辈面前说话,声音要低些,不过声音过低,而使长辈听不清楚,那也是很不适宜的。有事要到长辈面前,走路必须要快些;见过尊长告退时,动作则要缓慢一点;长辈问话时一定要站起来回答,两眼对着长辈,不能左顾右盼。服侍叔伯等父辈,就如同服侍自己的父亲那样恭敬。对待同族的兄长,就好比对待自己的胞兄那样友爱恭敬。

谨而信

【原文】

朝起早,夜眠迟,老易至,惜此时。晨必盥,兼漱口,便溺回,辄①净手。冠必正,纽必结,袜与履,俱紧切。置冠服,有定位,勿乱顿,致污秽。衣贵洁,不贵华,上循分,下称家。对饮食,勿拣择,食适可,勿过则。年方少,勿饮酒,饮酒醉,最为丑。步从容,立端正,揖深圆。拜恭敬。勿践阈②,勿跛倚,勿箕踞,勿摇髀③。缓揭帘,勿有声;宽转弯,勿触棱。执虚器,如执盈;入虚室,如有人。事勿忙,忙多错;勿畏难,勿轻略。斗闹场,绝勿近;邪僻事,绝勿问。将入门,问谁存;将上堂,声必扬。

人问谁？对以名，吾与我，不分明。用人物，须明求，倘不问，即为偷。借人物，及时还；人借物，有勿悭。凡出言，信为先，诈与妄，奚可焉？话说多，不如少，惟其是，勿佞巧④。刻薄语，秽污词，市井气，切戒之。见未真，勿轻言；知未的，勿轻传。事非宜，勿轻诺，苟轻诺，进退错。凡道字，重且舒，勿急疾，勿模糊。彼说长，此说短，不关己，莫闲管。见人善，即思齐，纵去远，以渐跻⑤。见人恶，即内省，有则改，无加警。惟德学，惟才艺，不如人，当自励。若衣服，若饮食，不如人，勿生戚。闻过怒，闻誉乐，损友来，益友却。闻誉恐，闻过欣，直谅士，渐相亲。无心非，名为错；有心非，名为恶。过能改，归于无；倘掩饰，增一辜。

【注释】

①辄：立即。②阃：门槛。③髀：大腿。④佞巧：投人所好。⑤跻：上升。

【译文】

清晨一定要早起，晚上一定要迟睡。因为一个人很容易就从少年到了老年，所以要珍惜当下的宝贵时光。早晨起床后必须洗脸洗手，并且还要刷牙漱口。每次大小便之后，都要把手洗干净。戴帽子要戴端正，穿衣服时要把纽扣扣好，袜子和鞋子都必须穿戴整齐，鞋带要系紧。脱下来的帽子和衣服，应放置在一个固定的地方，不可以随便乱扔，免得把衣帽弄脏。衣服贵在整洁干净，而不在于华丽漂亮。在见长辈时穿的衣服必须要符合自己的身份，平时在家时穿的衣服也要符合自己的家境状况。对于饮食不能挑挑拣拣，吃饭要适可而止，不要超过平时的饭量。正年轻时，千万不要喝酒，如果喝醉，就会因为丑态百出而丢脸。走路时必须从容大方，站立时要做到端庄直立，作揖行礼时要把身子躬下来，叩头时要表现得恭恭敬敬。在家站立时不能把脚踩在门坎上，不要身子歪曲斜倚着；坐着时不要把两腿叉开，不要摇晃大腿。在进门时要缓慢地揭开门帘，不要弄出声响；在走路拐弯时角度要大些，不要碰到棱角。手里拿着没有盛东西的器具，要像拿着装满了东西的器具一样小心；走进没人的房间，就如同走进有人的房间一样小心。做事不能过于匆忙，匆忙就容易发生差错；做事时不可以畏惧困难，也别轻率地对待看似简单的事情。一切打架闹事的场合，绝对不可以走近；那些邪恶下流、荒诞不经的事情，绝对不可以过问。在将要进入别人的家门时，先要问问谁在；将要进入客厅前，声音要更高一些。在别人问是谁时，就要将自己的姓名告知对方，假如只回答"是我""是吾"，对方就弄不清楚究竟是谁。在使用别人的东西时，一定要明确地提出请求，征得人家同意。倘若不问一声就拿去用，这就是偷窃的行为。借别人的东西，必须在约定的时间及时归还；如果别人向你借东西，自己有的话就应该答应不可以吝啬不借。一切承诺，首先要讲究信用。欺骗蒙混，胡言乱语，这怎么可以呢？说话多，不如少说，因为言多必失，说的话只要做到恰当无误就可以了，千万不要花言巧语。尖酸刻薄的言辞和下流污秽的话语，千万不要说。粗俗的市侩习气，必须彻底戒掉。对于自己没有完全看清楚的事情，不可以随便乱说；对于自己没有明确了解的事情，不要轻易散布出去。对于不妥当的事情，不可以随便就答应别人；如果你轻易许诺，你就会陷入进退两难的境地，做也是错，不做也是错。在说话的时候，声音清晰而且流畅。说话时不要语速太快，也不要说得含糊不清。那个说东家长，这个说西家短，假如说的事情与自己无关，就别多管闲事。看见别人的优点和善行，就必须向他学习，就算和他相差得很远，自己只要努力去做，也会渐渐赶上他。发觉别人做了坏事，就要自我检讨；假如发现自己有错误就必须加以改正，假如自己没有也要自我警惕。如果品德、学问、才能、技艺不如别人，立刻自我勉励勤奋努力，赶上他人。若是自己的穿着没有别人漂亮，若是自己的饮食不如别人的丰盛，也不必难过悲哀。在听到别人说自己的缺点时就生气，听到别人恭维自己时就高兴。假如这样，不好的朋友就会来与你交往，有益的朋友就会同你断交。在听见别人称赞自己时就感到惶恐不安，在听到别人指出自己的过错时就欣然接受，若是这样，那些正直诚实的人，就会逐渐与你亲近起来。如果无意之中做了坏事，这就叫"错"；若是故意为非作歹，这就叫"恶"。犯了错误而能够及时改正错误，就相当于没有做过错事一样。若犯了错误反而加以掩饰，那就是错上加错了。

泛爱众而亲仁

【原文】

凡是人,皆须爱,天同覆,地同载。行高者,名自高,人所重,非貌高。才大者,望自大,人所服,非言大。己有能,勿自私;人有能,勿轻訾[1]。勿谄富,勿骄贫,勿厌故,勿喜新。人不闲,勿事搅;人不安,勿话扰。人有短,切莫揭;人有私,切莫说。道人善,即是善,人知之,愈[2]思勉。扬人恶,即是恶,疾之甚,祸且作。善相劝,德皆建;过不规,道两亏。凡取与,贵分晓,与宜多,取宜少。将加人,先问己,己不欲,即速已。恩欲报,怨欲忘,报怨短,报恩长。待婢仆,身贵端,虽贵端[3],慈而宽。势服人,心不然;理服人,方无言。同是人,类不齐,流俗众,仁者稀。果仁者,人多畏,言不讳,色不媚。能亲仁,无限好,德日进,过日少。不亲仁,无限害,小人进,百事坏。

【注释】

①訾:诋毁。②愈:更加。③端:端庄。

【译文】

无论什么人都需要互相关心和爱护,因为我们同生活在一片天空下,一个地球上。一个人如果行为高尚,他的名望自然就会提高,人们所重视的并不是外貌的美丽。一个人若是有才学,他的声望自然就会增大,人们所佩服的是有真才实学的人,而不是自我吹嘘的人。自己有才能,不可以自私自利;别人有才能,不要心生嫉妒,说别人坏话。不要对有钱人谄媚奉迎,不要对穷人骄横无礼,不要厌弃故人老友,不要只喜欢新交的朋友。在别人忙碌的时候,不要用事情去打搅;在别人心情烦躁的时候,不要找他说话而打扰他。发觉了别人的短处,千万别揭发出来;发现了别人的隐私,也绝对不要去说破。称赞别人的善行,就是做了一件善事。因为别人知道你在宣扬他的善行,就会更加勉励自己,努力向善。宣扬别人行为上的短处就等于是一种罪恶,宣扬别人的短处,别人就会憎恨你,你就会招致祸患。发现了

图文珍藏版

别人的长处要给予鼓励,这对双方的品德都有益处;发现别人的过失却不加以规劝,这对双方来说,在道义上都是一种亏损。无论是从别人手里得到东西,还是把东西给别人,都要分得清清楚楚。给予别人的东西应该多些,获取别人的东西应该尽量少些。打算要求别人去做的事,首先要问问自己愿不愿意去做;若是连自己都不愿意做的事,立刻停止。受人恩惠,要时时想着报答,对别人的怨恨要尽快忘记。对别人怨恨的时间越短越好,对别人报恩的时间越长越好。对待家里的仆人,最关键的是自身要做到品行端正。尽管品行端正很重要,但也要有仁慈宽厚的胸怀。用势力去压服别人,别人就会口服心不服,用道理去说服别人,别人才可能心悦诚服。同样是人,但类别不同,普通的俗人很多,但品德高尚的人却十分稀少。真正的仁者,人们对待他都是心怀敬畏,说话时也就直言不讳,脸色也不谄媚。如果能与品行高尚的仁者亲近,就会得到很多的益处,个人的品德就会一天天地进步,而过失就会逐步减少。不去亲近品德高尚的仁者,会有很多的害处,这样一来小人就会乘机接近他,什么坏事都做了。

行有余力则以学文

【原文】

不力行,但学文,长浮华,成何人。但力行,不学文,任己见,昧理真。读书法,有三到,心眼口,信皆要。方读此,勿慕①彼,此未终,彼勿起。宽为限,紧用功,工夫到,滞塞②通。心有疑,随札记,就人问,求确义。房室清,墙壁净,几案洁,笔砚正。墨磨偏,心不端;字不敬,心先病。列典籍,有定处,读看毕,还原处。虽有急,卷束齐,有缺坏,就补之。非圣书,绝勿视,蔽③聪明,坏心志。勿自暴,勿自弃,圣与贤,可驯④致。

【注释】

①慕:想。②滞塞:迷惑困顿的地方。③蔽:蒙蔽。④驯:渐进。

【译文】

倘若不努力实践仁义,而只是学习经典文献,就会滋长浮华的作风,将来怎会成为一个有用的人？反之，如果只是一味地做，而不努力学习经典文献，就容易只凭自己的见识去为人处世，就会不明真理。读书有三种方法，就是心到、眼到、口到。心要记，眼要看，口要读，这三者确实都极其重要。正在读这本书的时候，就不要想着那本书，这本书还没有读完，就不要去读下一本书。可以把学习的限期放宽一些，但在学习期间要抓紧时间用功，学习只要细心探究，不懂的地方就会自然疏通。假如心有疑问，就要随时做好记录，虚心向别人请教，以求得准确的意义。书房里一定要收拾得清爽，墙壁必须保持干净。书桌要做到整洁，笔砚要摆的端正。若是把墨磨偏了，说明学习时心不在焉；若是字写得很潦草不整齐，说明思想不够集中。摆放典籍要有固定的地方，读完一本书后必须把书放回原来的地方。即使临时有急事不看书了，也必须把书整理好；假如书本有缺损，就应该及时修补完整。不是圣贤经书，就不要看。不好的书会蒙蔽人的思想，破坏人的心志。人一定不要自甘堕落，更不可以自暴自弃。圣人和贤人的境界，都是可以通过自身努力而逐渐达到的。

赴戍登程口占示家人

[清] 林则徐

说明

林则徐（1785—1850），字元抚，又字少穆、石麟，晚号俟村老人、瓶泉居士、栎社散人等，福建侯官（今福建省福州）人。清朝后期政治家、思想家和诗人，中华民族抵御外辱过程中伟大的民族英雄。嘉靖进士。提倡经世致用。能诗文，有《林文忠公政书》等。官至一品，曾任江苏巡抚、两广总督、湖广总督、陕甘总督和云贵总督，两次受命为钦差大臣；因其主张严禁鸦片、抵抗西方的侵略、坚持维护中国主权和民族利益深受全国人敬仰。在任期间，数次英勇拒敌，但却被谤。1842 年 8 月 11 日，林则徐被革职充军到新疆伊犁，在西安登程与家人告别时，随口吟出《赴戍登程口占示家人》这首小诗，用来教育子女。充军期间，他从不以个人利益角度考虑问题,而是以国家民族利益为重,处逆境而不馁,知祸害而不避,表现了中华民族正直之士的高风亮节。即使充军到伊犁后,他还兴修水利,垦荒植树。

这首爱国诗的前两句虽是谈及自己的身体和精力已经透支,无法胜任重大的责任,实际上是对当时处境的无奈和对被清王朝革职后的自嘲。后两句表明心志,申述自己不会因为个人的祸福而置国家的前途和民族的利益于不顾;而是早已把生死置之度外,随时为了国家献出自己的生命,体现了他为国家的利益鞠躬尽瘁死而后已的决心和博大的胸怀。

【原文】

力微任重久知疲,再竭衰庸定不支。

苟利国家生死以①,岂因祸福避趋之。

【注释】

①以:用,拿。

【译文】

能力薄弱而责任重大,早就感到精神疲惫了;如果再竭力干下去,我这衰老的身体和平庸的才能一定不能胜任了。

如果是有利于国家的事情,我可以把生命交付出来;岂能为了个人的利益,而躲避祸患,追求享乐。

读书吟示儿耆

[清]魏源

说明

魏源(1794~1857),原名远达,字默深,一字墨生,又字汉士,湖南邵阳县隆回人。晚清思想家、史学家。晚年弃官学佛,法名承贯。道光二十四年进士,官至江苏邮州知州。主张改革内政,抵制外国侵略。主张"经世致用"的今文学派。咸丰七年病故。其诗风格雄浑,颇多反映鸦片战争前后的社会现实,有经学、史学、文学、佛学著作多种存世,著作有《圣武记》《海国图志》《古微堂集》《元史新编》等书。其中《海国图志》率先介绍西方各国历史地理状况,主张学习西方的先进科学技术,提出"师夷长技以制夷",是中国近代向西方寻求救国真理的先行者之一。1976 年,中华书局集魏源诗义杂著合为《魏源集》刊行。

《读书吟示儿耆》是魏源写给儿子的诫诗。第一首诗以猩猩、飞蛾之顽性等比喻,告诉孩子:成败常因微小事情,要知错就改,从善如流;知错如不能改正,就如同玩火自焚。并且不能因循且过,虚度光阴,浪费生命。一再教育儿子在生活中要严于律己,知错就改,不要因意迷而乱,不要玩物丧志,时时刻刻鞭策自己,不能因难而后退,因不得意而失志。第二首诗以花木的荣枯盛衰比喻,要孩子懂得:一个人要想取得成功,必须长期艰苦地磨炼自己,积累学识和经验,打下扎实的基础。成长需要脚踏实地,一步一个脚印地走下去,不能只看到一时的光耀,而忽略了平时的积累。花虽然娇艳美丽,但弱不禁风,实却刚健有力,挺立于世,做人不可华而不实,不可做春花,要做松柏。读此示训,感叹魏源为父的良苦用心。文章不仅比喻手法运用得恰到好处,而且典故成语频用,有一言胜千言的佳境。而且训子以诗歌的形式,更是让人存诵念中深深体会其中的味道。

【原文】

一

君不见,猩猩嗜酒知害身,且骂且尝不能忍。

飞蛾爱灯非恶灯,奋翼扑明甘自损。

不为形役①为名役②,臧谷亡羊复何益!

月攘一鸡待来年,年复一年头雪白。

得掷且掷即今日。人生百岁驹过隙。

二

君不见,华时少,实时多,

花时时少叶时多,由来草木重干柯。秋花不及春花艳,春花不及秋花健。

何况再实之木花不繁,唐开之花③春必倦。

人言松柏黛参天,谁知铁根霜于蟠九泉。

【注释】

①形役:为形骸所拘束。②名役,为功名所拘束。③唐开之花:温室里娇养的花。唐,即堂。

【译文】

一

你看看,猩猩明知道喝酒有害身体却嗜酒如命,一边骂着喝酒有害,一边品尝着酒香而无法忍耐。

飞蛾喜爱光明不是憎恶灯火,鼓起羽翼甘愿牺牲生命也要扑向灯光。

不是为形骸所拘束而是为名誉所拘束,不能做的事情却偏偏要做,就像臧和谷二人都丢失了羊,这又有什么好处呢?

总是像那个每个月要偷一只鸡的人一样,说坏习惯要等到来年再改正,这样年复一年头发都要白了。

该摒弃、该改正的就应该在今日就摒弃、改正,人生百年好像白驹过隙一样一眨眼就过去了。

二

你看看,开花的时间少,结果的时间多

开花结果的时间少,而长叶的时间多,自古以来,草木最重要的是树枝。

秋天的花不如春天的花鲜艳,春天的花不如秋天的花健壮。

何况结果实之后的树木开花就不那样繁茂了,温室里娇养的花让人感到春天的疲倦。

人们都说松柏青青高耸入云,谁知道它傲霜斗寒的树枝原来有铁一样的树根深深地盘绕在地下。

谕纪鸿

[清]曾国藩

说明

曾国藩(1811~1872),初名子城,字伯涵,号涤生,湖南省长沙府湘乡市人。晚清重臣,湘军的创立者和统帅者。清朝军事家、理学家、政治家、书法家,文学家,晚清散文"湘乡派"创立人。官至两江总督、直隶总督、武英殿大学士,封一等毅勇侯。他是一位叱咤风云的人物,一位毁誉参半的领袖。家书一部,修身、齐家、治国,用心良苦,有《曾文正公全集》。

《谕纪鸿》是曾国藩带兵在外写给儿子纪鸿的家书。文中他首先对儿子的表现给予了肯定,而后对儿子提出了"为读书明理之君子"的期望,鼓励之后的劝勉想必能起到事半功倍的效果。作者以切身的体验告诫儿子在学习和生活方面要做到勤苦、俭约、居敬慎言,努力使自己成为一个读书明理的君子。其中一句"余不愿为大官,但愿为读书明理之君子"透彻地说出了父亲的心声,教导儿子要勤俭自持,不可贪爱奢华,要能够吃苦耐劳,做一个读书明理的君子。这封家书没有高深难测的空洞说教,没有居高临下的严词峻语,是在日常生活的琐事中,在人生志向的探讨中,鼓励其上进,教他们做人和治学的道理。内容丰富,情意真挚,用语浅直,倾注了曾氏疼子爱子的一片慈父之心。家书不仅讲明了道理,而且提出了具体的措施。以极具操作性的简易行为去实现崇高远大的目标,曾氏这种独特的教育方法在此信里得到充分的体现。

【原文】

家中人来营者,多称尔举止大方,余为少慰。凡人多望子孙为大官,余不愿为大官,但愿为读书明理之君子。勤俭自持,习劳习苦,可以处乐,可以处约①。此君子也。余服官②二十年,不敢稍染官宦气习,饮食起居,尚守寒素家风,极俭也可,

·名门家训·

图文珍藏版

略丰也可,太丰则吾不敢也。凡仕宦之家,由俭入奢易,由奢返俭难。尔年尚幼,切不可贪爱奢华。不可惯习懒惰。无论大家小家、士农工商,勤苦俭约,未有不兴。骄奢倦怠,未有不败。尔读书写字不可间断,早晨要早起,莫坠高曾祖考以来相传之家风。吾父吾叔,皆黎明即起,尔之所知也。

凡富贵功名,皆有命定,半由人力,半由天事。惟学做圣贤,全由自己做主,不与天命相干涉。吾有志学为圣贤,少时欠居敬③工夫,至今犹不免偶有戏言戏动。尔宜举止端庄,言不妄发,则入德之基也。

【注释】

①处约:处于穷困之境。②服官:做官。③居敬:持身谨慎恭敬。

【译文】

从家里来军营的人,大多称赞你言行举止大方得体,我稍感欣慰。一般人们大多希望子孙能够当大官,我却不希望你去做大官,只期望你能做一个知书明理的君子。勤勉节俭,刻苦耐劳,能够生活在安乐之中,也可以耐住贫困的境地,这才是君子。我做官二十年,不敢染上一丝官宦奢华的习气,平日生活也保持节俭朴素的家风。生活极其俭朴可以,稍微丰裕些也可以,太过丰裕我就不敢了。大凡做官的人家,从节俭转为奢华容易,由奢华归回节俭就困难了。你年纪还小,千万不能够贪恋奢华,不能习惯懒惰。因为不论士族大家还是贫贱小家以及士农工商各业,能够勤勉节俭的,没有不兴盛的;而那些骄傲奢侈倦懒怠慢的,没有不衰败的。你读书写字必须有恒心,每日要早起,不要使我们高祖、曾祖、祖父、父亲几代以来形成的良好家风衰落。我父亲我叔叔,都是天一亮就起床,你是知道的。

一切富贵功名,都是命中注定的,一半在于人为的努力,另一半却有上天做主。唯有立志效法圣贤,是全由自己做主的,与天命没有关系。我有志向效法圣贤,但因为年少时持身谨慎恭敬做得不够好,所以到现在还难免偶有开玩笑的言语举动。你则应该力求举止端正庄重,说话小心谨慎,因为这才是修养品德的基本。

与陶少云书

[清]左宗棠

说明

左宗棠(1812～1885),字季高,一字朴存,号湘上农人,湖南湘阴人。晚清重臣,军事家、政治家、著名湘军将领,洋务派首领。左宗棠少时屡试不第,转而留意农事,遍读群书,钻研舆地、兵法。后竟因此成为清朝后期著名大臣,官至东阁大学士、军机大臣,封二等恪靖侯。一生经历了湘军镇压太平天国运动,洋务运动,镇压陕甘回变和收复新疆等重要历史事件。

《与陶少云书》是左宗棠写给其女婿陶少云的。他针对女婿对事"无所用心"的特点,指出人在日常生活中要时时刻刻的思考,因为"学业才识,不日进,则日退"。着重分析了"即事穷理,何处非学"的道理。文末"果能日日留心,则一日有一日之长进;事事留心,则一事有一事之长进",着重指明了日积月累的重要性。言语简短,内涵深刻,作者的这种观点对今天培养教育青年人是有借鉴意义的。

【原文】

学业才识,不日进,则日退。须随时随事,留心著力为要。事无大小,均有一当然之理,即事穷理①,何处非学?昔人云"此心如水,不流即腐"。张乖崖亦云"人当随事用智"。此为无所用心一辈人说法。果能日日留心。则一日有一日之长进:事事留心,则一事有一事之长进。由此累积,何患学业才识不能及人邪!

【注释】

①即事穷理:指根据事实深究它的道理。

【译文】

学业才识,一天不长进就等于一天退步。必须随时随事认真思考,处处狠下功夫,这是至关重要的。事无大小,都有一定的必然之理,即物穷理,何处不是学问?古人说"心如流水,不流动就会腐臭"。张乖崖也说"人应当随事处处用心思"。这都是对那些无所用心的人说的。如果真能日日留心,那么就一日有一日的长进;事事留心,那么就一事有一事的长进。像这样日积月累,怎么还害怕学业才识赶不上人家!

谕儿书

[清]吴汝纶

说明

吴汝纶,字挚甫,一字挚父,清代安徽桐城人。晚清文学家、教育家,也是桐城派后期作家。同治四年进士,曾先后任曾国藩、李鸿章幕僚及深州、冀州知州,长期主讲莲池书院,晚年被任命为京师大学堂总教习,并创办了名校桐城中学。到日本考察学制,有论及时政的著作,颇注意洋务。著有《桐城吴先生全书》。

身为当时著名的教育家,吴汝纶十分重视对其子的教育。《谕儿书》就是作者给儿子的一封信,谈的是为人忍让的处世之道。"忍让为居家美德",开篇挈领文章,告诉儿子忍让的重要性。寥寥数字,处处透漏出作者的旨意。忍让,在对别人宽容的同时,对自己却要虚心反省,不能"以相争为胜",这不仅有利于养成宽厚谨慎而又严于律己的品性,还能避免无谓的争端,从而更能超然洒脱地生活。

【原文】

忍让为居家美德。不闻孟子之言三自反乎?若必以相争为胜,乃是大愚①不灵,自寻烦恼。人生在世,安得与我同心者相与共处乎?凡遇不易处之境,皆能掌②学问识见。孟子"生于忧患","存乎疢疾③",皆至言也。

【注释】

①大愚:极端无知。亦指极端无知的人。②掌:同"长"。③疢疾:指疾病,比

喻忧患。

【译文】

忍让是治家的美德。难道没有听说孟子有"三自反"的言语吗？倘若一定要以相争为胜，那才是一种最愚蠢的想法，结果只会自寻烦恼。人生在世，哪里会有完全与我同心的人才相与共处的事呢？凡是遇到不易处的环境，都能增长人的学问见识。孟子说"忧患使人勤奋，因为得生"，又说"人有德行上的灵慧和才术上的巧智，大概都是从患难中经历过来的"，都是至理名言。

与次女绣孙

[清]俞樾

说明

俞樾(1821~1907)，字阴甫，自号曲园居士，浙江德清人。清末著名学者、文学家、经学家、古文字学家、书法家。他是现代诗人俞平伯的曾祖父，章太炎、吴昌硕、日本的井上陈政皆出其门下。清道光十年进士，曾任翰林院编修。治学以经学为主，旁及诸子学、史学、训诂学，乃至戏曲、诗词、小说、书法等，可谓博大精深。海内及日本、朝鲜等国向他求学者甚众，尊之为朴学大师。著有《群经评仪》《诸子平议》《古书疑义举例》及笔记，总称《春在堂全书》。

《与次女绣孙》是俞樾写给女儿的一封家信。信件的前半部分主要讲述他从杭州启程，到老家看望家人，又从老家返回杭州的经过，并告诉女儿家里祖母和伯父的身体状况。同时还借他女儿想要南下，但又一时不能来南方定居的想法，告诉女儿不要太悲伤。信的后半部分，主要讲他对人生总的看法和所要追求的目标。这也是俞樾写这封信的主要思想。他认为人生分为三个阶段，其目的是用以教导女儿。言语朴实宁静，像是和女儿在闲话家常；道理深刻透彻，又像是在和女儿探讨人生。文章最后作者把人生分为三截：少年、中年和晚年，认为三截中有两截好就算很不错了;同时开导女儿,"汝少年总算顺境,但愿以中年之小不好,博晚年之大好,仍不失为福慧楼中人"。可见一位父亲的爱女之心。

【原文】

得正月二十七日书,知汝无恙①,为慰。

吾于正月二十八日。在钱塘江首途,由严州、金华、处州、温州而至福宁。祖母今年八十有七,惟步履艰难,及重听②较甚耳,饮食起居,与前年无异,期颐③中望也。伯父之病,仍未脱体,幸公事清闲,颇足养病。吾在彼小住二十七日,仍由原路而还,水陆兼程,行殊不易。然泉声山色,颇足娱情,已于三月之末至西湖精舍,笔墨丛杂,宾客纷繁,远不如福宁太守之清闲自在矣。汝南旋之计,闻又不果。在都固无佳况,还南亦乏良图,触藩④之叹,诚有如汝所言者。眼前既不成行,宜随时排遣,勿郁结成病。汝之有生以来,尚无大拂逆⑤之境,此日稍尝辛苦,亦文章顿挫之法。昨得彭雪琴侍郎书,有诗云:"欲除烦恼须无我,历尽艰难好作人。"此言有味,故为汝诵之。

吾尝言人生须分三截:少年一截,中年一截,晚年一截,此三截中无一毫拂逆,乃是大福全福,未易得也。三截中有两截好,已算福分矣。但此两截好,须在中晚方佳;若晚年不好,便乏味也。必不得已,中一截不好,犹之可耳。汝少年总算顺境,但愿以中年之小不好,博晚年之大好,仍不失为福慧楼中人。善自保重,深思吾言。

【注释】

①无恙:恙,忧。没有疾病灾祸等可忧之事。②重听:指听觉失灵。③期颐:古人以百年为人生年数之其极,故曰期;百岁老人的生活起居需要人养护,故曰颐。④触藩:本意为以角抵撞篱垣。后用来比喻到处碰壁,进退两难。⑤拂逆:违背,违反。这里指逆境,挫折。

【译文】

收到了一月二十七日的信,知道你很好,心中感到十分安慰。

我于一月二十八日从钱塘江开始出发,经严州、金华、处州、温州到了福宁。祖母今年八十七岁,只是走路有些困难,耳朵失聪也比较严重,但是饮食等日常生活作息和前年一样,活一百岁也是有希望的。伯父的病仍然没有全好,幸亏公事较少,完全有时间能够养病。我在那里住了二十七天,后还是由原路返回,水路陆路夜以继日赶路,途中比较辛苦。然而途中所经过的山上的美景和泉水的叮咚声,完全能够陶冶性情。我于三月底到了西湖学舍,这里诗文及写作较多较杂,来客也多,远远不如在福宁任知府时清闲自在啊!你来南方的计划,听说又没有结果。在京都固然没有什么好的境况,但回南方也不是什么好的途径,正像你所说的(使你到处碰壁而进退两难)。目前你既然不能来南方,应该随时消除寂寞和烦闷,不要忧郁成病。你自从生下来开始,还没有遇过大的挫折,此时稍微体尝一下辛苦,就像是写文章的顿挫方法。昨天我收到彭雪琴侍郎的来信,其中有一句诗写道:"欲除烦恼须无我,历尽艰难好做人。"这话说得很有意味,因此抄来让你读一读。

我曾经说过,人生都分为三个阶段:少年为一段,中年为一段,晚年为一段。在这三个阶段中,没有遇到一点逆境的人,是最有福气的人,一般人不容易得到。但这三个阶段中有两个好的阶段,已经算得上有福分了。但是这两个阶段中,必须出现在中年和晚年才比较好:假如晚年不好,就没有意思了。如果迫不得已的话,中年这段不好,还算可以。你少年这段总算处在顺意的环境中,只希望你中年这段有一点小的不好,用以换来晚年的大好,这仍然不失为有福气的人。你要自己多加保重,深刻思考一下我所说的话。

与子书

[清] 张之洞

说明

张之洞(1837~1909),字孝达,号香涛、香岩,晚年自号抱冰,清直隶南皮(今河北南皮)人。同治进士,洋务派代表人物之一。在洋务运动中他提出的"中学为

张之洞

体,西学为用",是对洋务派和早期改良派基本纲领的一个总结和概括;毛泽东对其在推动中国民族工业发展方面所做的贡献评价甚高,曾说过"提起中国民族工业,重工业不能忘记张之洞"。张之洞与曾国藩、李鸿章、左宗棠并称晚清"四大名臣"。

《与子书》是这位晚清的封疆大吏写给儿子的家书。清朝末年,我国外患频仍,内乱迭起,国家处在风雨飘摇的局面。俗话说,"知子莫如父",儿子没有文才,张之洞力排众议送他去学武术,希望将来成为保家卫国的有用之才。文中对儿子的谆谆告诫,情真意切,具体地提出了三点愿望:第一,在学习方面,希望儿子努力进取,把真本领学到手。第二,在做人方面,要儿子不要沿袭贵族子弟的不良习惯,要他时刻磨炼自己的意志。第三,在生活方面,不要染上嫖娼赌博的恶习,以免荒废学业。文中既有对儿子的委婉责备,但更多的是耐心的教导、殷切的期待和深切的思念,写得语重心长。通篇贯穿着"用功学习,力求向上"的精神。同时也表露出张之洞向西方学习,积极倡办洋务,立志变法图强,以化解落后挨打亡国亡种的决心。文章中心突出,结构紧凑,无冗言絮语;语言平实,多用典故、成语,无缀词滥语;内容真情实感,无陈腐说教。全文以"思"字入笔,以"严"字结尾,全文贯穿着对儿子的浓浓爱意。

【原文】

　　吾儿知悉:汝出门去国,已半月余矣。为父未尝一日忘汝。父母爱子,无微不至,其言恨不能一日不离汝,然必令汝出门者,盖欲汝用功上进,为后日国家干城①之器,有用之才耳。方今国事扰攘,外寇纷来,边境累失,腹地亦危。振兴之道,第一即在治国。治国之道不一,而练兵实为首端。汝自幼即好弄,在书房中,一

中华姓氏文化

·名门家训·

图文珍藏版

1512

遇先生外出，即跳掷嬉笑，无所不为。今幸科举早废，否则汝亦终以一秀才老其身；决不能折桂探杏②，为金马玉堂③中人物也，故学校肇开，即送汝入校。当时诸前辈犹多不以为然，然余固深知汝之性情，知绝非科甲中人，故排万难以送汝入校，果也除体操外，绝无寸进。余少年登科，自负清流，而汝若此，真令余愤愧欲死。然世事多艰，习武亦佳，因送汝东渡，入日本士官学校肄业，不与汝之性情相违。汝今既入此，应努力上进，尽得其奥。勿惮劳，勿恃贵，勇猛刚毅，务必养成一军人资格。汝之前途，正亦未有限量，国家正在用武之秋，汝只患不能自立，勿患人之不已知。志之，志之。勿忘，勿忘。抑余又有诚汝者：汝随余在两湖，固总督大人之贵介④子也，无人不恭待汝。今则去国万里矣，汝平日所挟以傲人者，将不复可挟，万一不幸肇祸，反足贻堂上以忧。汝此后当自视为贫民，为贱卒，

　　苦身勃力，以从事于所学，不特得学问上之益，而可借是磨炼身心，即后日得余之庇，毕业而后，得一官一职，亦可深知在下者之苦，而不致予智自雄。余五旬外之人也，服官一品，名满天下，然犹兢兢也，常自恐惧，不敢放恣。汝随余久，当必亲炙⑤之。勿自以为贵介子弟，而漫不经心，此则非余之所望于尔也，汝其慎之。寒暖更宜自己留意，尤戒有狭邪⑥赌博等行为，即幸不被人知悉，亦耗费精神，抛荒学业。万一被人发觉，甚或为日本官吏拘捕，则余之面目，将何所在？汝固不足惜，而余则何如？更宜力除，至嘱，至嘱！余身体甚佳，家中大小，亦均平安，不必系念。汝尽心求学，勿妄外骛，汝苟竿头日上，余亦心广体胖矣。父涛示。五月十九日。

【注释】

①干城：盾牌和城墙。比喻捍卫者。②折桂探杏：科举是时代称"及第"为折桂。唐时进士在杏园举行"探花宴"，所以中进士称"探杏"。③金马玉堂：金马，汉代的金马门，是学士待诏的地方；玉堂，玉堂殿，供侍诏学士议事的地方。旧指翰林院或翰林学士。④贵介：尊贵。⑤亲炙：指亲身受到传授、教导。⑥狭邪：指小街曲巷，娼妓居住的地方。这里指宿妓嫖娼。

　　吾儿知悉：你离开家到国外已经半个多月了。我没有一天不想念你。父母亲疼爱自己的孩子，无微不至，他嘴上说恨不得有一天离开你，一定让你离家到外面去，其实是希望你能够用功上进，以后成为国家的栋梁之才有用之才罢了。当今国家内忧外患，外国侵略者纷纷来临，边境多次失守，就连京城也面临着危机。振兴国家的方法，第一就在于治国有方。治国的各种方法无法统一，可是练兵却是应该放在第一位。你从小就喜欢舞枪弄棒，在书房念书时，一遇到先生不在屋里，你就立刻嬉笑打闹，无所不干。现在幸好科举制度早早地废除了，否则你也只能当一个秀才终老其身罢了；根本没有机会通过科举考试取得功名，从而成为朝廷中的一员。因此，学校刚刚设立，我就送你入校学习。当时许多长辈们还大都不怎么赞同，可是我深知你的性情，知道你绝对不是靠科举成名的人，所以排除一切干扰送你去学校。果然你也是除了武术之外，其他的没有一点儿长进。我少年时代就中举了，加入了文人的行列，而你却这样，真是让我羞愧愤慨，失望至极。然而世事多艰，学习武功倒也很好，因此送你东渡到日本，进入那里的士官学校学习，不强迫你学习那些和你性情相违背的东西。你现在既然已经到了那里，应该努力上进，尽快掌握其中的精髓。不要害怕劳苦，也不要依仗权贵，要勇猛刚毅，一定成为一个合格的军人。你的前途也就不可限量了。国家正处在需要用武的时候，你只要担忧你不能自立，不要担心别人不了解你。切记，切记。不要忘记，不要忘记。我还有些话要告诫你：你随我在两湖时，因为你是总督的儿子，所以没人不敢不恭敬你。现在你离开国家几万里，你平时身上带有的那些骄傲习气可不能再有了。万一不幸惹出祸患，反而更会让我们担心。你今后应当把自己看作是平民，是普通士兵，刻苦锻炼，使你所学到的东西得以实践，这样不仅在你的学问上有好处，而且还可以借此磨炼你的身心。即使以后由于我的庇佑，在你毕业后得到一官一职，也可以深刻地明白身处底层的辛苦，从而不至于妄自尊大，自以为是。我已是五十多岁的人了，官居一品，名声很大，然而我还谨慎小心，常常自己畏惧，不敢随意行事。你跟随我很长时间，自己应该明白这些，不要自以为是贵族公子就漫不经心，这些可不是我对你的期望啊！你一定要多加慎重。寒暖更应该自己多加注意。尤其要戒除那些嫖娼赌博的坏毛病，如果你沾染这些坏毛病，就算有幸不被别人知道，也会耗费精神，荒废学业。万一被别人觉察，或者被日本官员拘捕起来，那么我的面子将在哪里呢？你固然不值得可惜，可我怎么办呢？这些方面你更应该努力免除，至诚的嘱托，至诚的嘱托啊！我身体很好，家里的大人孩子也都平安，你不用挂念。你应该一心一意求学，不要妄想其他的杂事。如果你能在学业上百尺竿头，更进一步，我也就会心情舒畅，身体健康了。

父涛示。五月十九日。

与四子严璇书

[近现代]严复

说明

严复(1854~1921)，原名宗光，字又陵，后改名复，字几道，福建侯官(今闽侯)人。清末很有影响的资产阶级启蒙思想家，翻译家和教育家，是中国近代史上向西方国家寻找真理的"先进的中国人"之一。中日甲午战争后，鉴于民族危机的严重，他发表了《救亡决论》《论世变之亟》等论文，主张向西方学习，提倡新学。翻译了《天演论》《原富》等书，唤起国人救亡图存、学习西方，对当时思想界影响很大。他的著作编为《侯官严氏丛刻》《严译名著丛刊》。当时他的第四子正在外求学，在生活方面十分惦念，但是对于学业和为人方面更是关心。于是作《与四子严璇书》，督促儿子在做功课之暇，"仍当料理旧学，勿任抛荒。闲看《通鉴》，自属甚佳；但《左传》尚未卒业，仍应排日点诵"。同时告诫儿子对待老师同学要尊敬谦和，人前少发议论，评论别人更要谨慎小心，不能妄加褒贬。

严复学贯中西，文理兼备，对儿女从不以武断和强加的态度表达自己的意见；对待子女向来是和风细雨，娓娓道来，言语中刻画了一个舐犊情深的父亲。文章虽谈及生活、学业、为人、改名等几件事，但思路清晰，文从字顺，主次分明，这封家书不仅是一个父亲写给儿子的教诲,同时也是一个严格教育、慈爱有加的父亲的典范。

【原文】

渝璇儿知悉:

前得吾儿禀,又三哥于昨夕回京,悉儿在唐安稳,极慰。吾儿初次出门就学,远离亲爱,难免离索①之苦,吾与汝母亲皆极关怀;但以男儿生世,弧矢②四方,早晚总须离家入世,故令儿就学唐山耳。尚幸有銎哥一家在彼,而伯曜、季炽兄弟又系世交熟人,当不至如何索寞③。现开学伊始,功课宜不甚殷,暇时仍当料理旧学,勿任抛荒。闻看《通鉴》,自属甚佳;但《左传》尚未卒业,仍应排日点诵,即不能背,祇令遍数读足亦可。文字有不解处,可就近请教伯曜或信问先生,庶无半途废业之叹。校中师友,均应和敬接待,人前以多见闻默识而少发议论为佳;至臧否人物④,尤宜谨慎也。改名一节,若校长执意不肯,可暂置之,但告銎哥于得便时仍须做到也。校长若问理由,则告以因犯亲族尊长先讳之故。名字原以表德,定名、改名,各从微尚⑤,无取特别充足理由也。秋风戒寒,早晚起居,格外谨慎,脱有小极,可告銎哥早些想法,勿俟已成大病,方求治疗也。儿来信书字颇佳,此后可以书帖;日作数纸。可代体操。家中兄弟各平安,二姊尚在津耳。

九月十一日父泐

【注释】

①离索:离群索居,单独居住。②弧矢:古代国君世子生,以桑弧蓬矢射天地四方,期其有志于远大。后因以“弧矢”喻生男孩。亦指男子当从小立大志。③索寞:寂寞萧索。④臧否:褒贬,评记。⑤微尚:微小的志趣、意愿。

【译文】

渝璇儿知悉:

前天得到我儿的回复,你三哥昨天回到京城,知道你在唐山生活安定平稳,极为欣慰。我儿第一次离家在外求学,远离亲人,难免会感到孤身在外的种种辛苦，我和你母亲都十分关心你。但是，男儿活在世上，要立志到四方去建立功业，早晚都要离开家里步入社会的。因此，我们让你到唐山学习。何况，幸运的是，唐山还有鋆哥一家在那里，而伯曜、季炽兄弟又都是老熟人，我想你在那边应当不会十分寂寞的。现在，刚开学，功课应该不会太多，闲暇之余，你还是应当复习一下以前所学的东西，不能随意放弃、荒疏了。听说你在看《通鉴》，我认为你做得极好；但是你的《左传》还没有学完，还是应该每天诵读。即使不能够背诵，也要读够规定的遍数才可以。如果文字有不理解的地方，可以就近去请教伯曜兄，或者写信问老师，这样可能就不会有半途而废的感叹了！对于学校里的老师同学，你都要和睦相处、尊敬他们。与人交往时，要多听多看心中记住，而少发议论为好。至于评论人物等，尤其要慎重！对于改名一事，倘若校长坚决不同意，可以暂时放一放，但要告诉鋆哥，请他在方便的时候帮忙仍要做好这件事。校长如果问到原因，你就告诉他，是因为你的名字触犯了亲族、尊长先人的名讳。其实，名字不过表示祈福、感谢之意，定名、改名都是遵从每个人的意愿，并没有特别充分的理由。秋风已起，天气寒冷，小心着凉。早晚起床睡觉，都要格外小心。倘若得了小病，可以告诉鋆哥，请他尽早帮忙求医治病，不要拖成大病才去求医治疗。你来信中字写得很好，以后可以临帖；每天写几张，可以代替做体操。家中的各个兄弟都平安，二姐还在天津。

九月十一日父渤

遗嘱

[近现代]孙中山

说明

孙中山(1866～1925)，乳名帝象，学名文，字德明，号日新，后改逸仙，广东香山县(今中山市)翠亨村人。近代伟大的民主革命家，中国国民党创始人，三民主义的倡导者。首举彻底反封建的旗帜，"起共和而终帝制"。1905年成立中国同盟会。1911 年辛亥革命后被推举为中华民国临时大总统。1940 年,国民政府通令全国,尊称其为"中华民国国父"。1925 年 3 月 12 日在北京逝世,逝世前一日在遗嘱上签字,其遗著编为《中山全书》或《总理全集》等多种。1929 年 6 月 1 日,根据其生前遗愿,将陵墓永久迁葬于南京紫金山中山陵。

孙中山先生将毕生的精力都投入到国民革命的事业当中,身后留给夫人的只有一些书籍、衣物和一所小住宅。对儿女今后的生活则是认为"已长成,能自立",给他们留下的只有"望各自爱,以继余志"的殷切期望。从这字数可数的遗书中,可以看出孙中山先生一生殚精竭虑,鞠躬尽瘁的高贵品质。他奔走于国家的事业当中,没有为自己和家人谋得一丝甘甜和一份财产。留给妻子的是书籍和衣服,也只是当作纪念而已;留给儿女不是家财万贯,也不是豪言壮语,而是谆谆告诫、殷殷期望,还有光辉的榜样形象。遗书虽然简短,但内容朴实,读来颇为感动。

【原文】

余因尽瘁①国事,不治家产,其所遗之书籍、衣物、住宅等,一切均付吾妻宋庆龄,以为纪念。余之儿女已长成,能自立,望各自爱,以继余志,此嘱。

民国十四(1925)年三月十一日

【注释】

①尽瘁:尽心尽力,全身心投入。

【译文】

我因为全身心投入到拯救国家的事业上了,没有治下家产。我所留下的书籍、衣物、住宅等一切,都给我的妻子宋庆龄,以此作为纪念。我的儿女们都已经长大成人了,能够自己独立,希望各自自爱,来继承我的志向。特此嘱咐。

民国十四年(1925)三月十一日

答案诮

[近现代] 鲁迅

说明

　　鲁迅(1881~1936)，原名周树人，字豫山、豫亭，后改名为豫才，浙江绍兴人。早年留学日本学习西医。后弃医从文，新文化运动中，发表第一篇现代白话小说《狂人日记》，后结成小说集《呐喊》《彷徨》《故事新编》；散文诗集《野草》；散文集《朝花夕拾》；杂文集《坟》《华盖集》《花边文学》等十六余种。毛主席评价他是伟大的无产阶级文学家、思想家、革命家，是中国文化革命的主将。也被人民称为"民族魂"。1936 年病逝于上海。

　　《答客诮》是鲁迅的即兴抒怀，自我写照。大概在生活中是有人责备鲁迅对孩子的喜爱和关心，此诗正是对这种责难的回答。这是一首体现鲁迅爱子之情的诗，甚至可以说是他的爱子宣言。通过这首诗，我们可以看到"俯首甘为孺子牛"的怜子柔情。这首诗不仅是鲁迅回答别人对他爱孩子的讥讽，同时也表现了他对孩子的深厚感情，而且更应该看作是鲁迅对革命后代的殷切期望。"知否兴风狂啸者，回眸时看小於菟"，正是希望革命后代也能如自己那样勇猛，像一只"兴风狂啸"的小老虎。诗歌直抒胸臆，表达了鲁迅誓与反动派浴血奋战的磅礴气势和伟岸豪情，又以"回眸时看"四字表达了他对革命后代，革命青少年的热情关注和殷切希望，希望他们赶快成长起来，能够"兴风狂啸"，投入战斗。

【原文】

无情未必真豪杰，怜子如何不丈夫。
知否兴风狂啸者，回眸①时看小於菟。

【注释】

①眸：眼中瞳仁。②於菟：老虎的别名。

【译文】

对孩子没有感情,未必就是真正的英雄豪杰。喜欢孩子,为什么就不是大丈夫。

是否知道连那兴风狂啸的老虎,还时常回过头来,眷顾他的小老虎。

给儿子黄大能的座右铭

[近现代]黄炎培

说明

黄炎培(1878~1965),字任之,号楚南,笔名抱一,江苏川沙县(今属上海市)人。清朝末年举人。1905 在日本加入同盟会。1917 年在上海创办中华职业教育社,次年创办中华职业学校。曾任中央人民政府委员、全国人民代表大会常务委员副委员长、政协全国委员会副主席、中国民主建国会主任委员。黄炎培文章峭拔清健、傲岸不群。笔歌墨舞、酣畅淋漓。诗初学温、李,继复寝馈李、杜。思力沉厚,趣味隽永,章调铿锵。兴到落笔,虽语

黄炎培

必工,富于著述。著作有《黄炎培考察教育日记》《新大陆之教育》《抗战以来》《延安归来》等家乡故居建有纪念馆。

1939 年,黄炎培之子黄大能考中官费留学,准备到英国。临行前,黄炎培把自己平生坚守的座右铭:"理必求真,事必求是,言必守信,行必踏实。"重新添加了几句话,手书送给黄大能,这就是著名的 36 字箴言。在这一座右铭中,黄炎培先生对做人、做事都提出了要求:求真理,做正事,守信用,讲认真,戒私欲,炼刚强,做个诚

实正直的人。教育孩子就是要使之明理,用各种道理指导他们的行动。黄老的这十二句话,深刻地阐述了做人应有的修养,极富教育和告诫作用。

【原文】

理必求真,事必求是,言必守信,行必踏实。

事闲勿荒[①],事繁勿慌,有言必信,无欲则刚。

和若春风,肃[②]若秋霜,取象于钱,外圆内方。

【注释】

①荒:荒疏,废弃。②肃:严正,认真。

【译文】

做人一定要追求真理,不被纷杂的邪说所诱惑,以至误入歧途。凡事都要探求其内在的客观规律,按客观实际去做。讲话应当守信用,说到做到。行动应该踏踏实实,不轻浮,不急躁。

在事少清闲的时候,最易养成慵懒的恶习,要时常警策自己,抓住时间,勤奋用功,切莫荒疏了学习。在事忙繁杂的时候,容易生出焦虑的情绪,要保持冷静沉着,分清主次,从容应对,不要慌忙。说话算话,信守承诺,别人就会相信自己。没有私欲,别无他求,自身就会变得刚正,没有顾虑。

对待同志要和蔼可亲,像春风一样暖人;对待坏人要像秋霜一样凌厉。在原则是非上,应该爱憎分明,不可模棱两可。为人处世要外表随和,内里严正,养成谦虚谨慎的作风,不要锋芒毕露,盛气凌人。

论家庭教育

[近现代]陶行知

说明

陶行知,原名文浚,又名知行,徽州歙县人。中国人民教育家、思想家,伟大的民主主义和共产主义战士,爱国者。主要著作有《中国教育改造》《古庙敲钟录》《斋夫自由谈》《行知书信》《行知诗歌集》等。

在对子女的教育中,陶行知认为做父母的教育子女应当持有一致的态度。父亲对子女过严,母亲对子女过宽,都不利于对子女的教育。过严则易失子女的爱心,过宽则易失子女的敬意。对于孩子的教育问题,人们一直都在探讨。历史沿袭下来的都是严父慈母的观点,似乎这就是正确的教育孩子的方法。其实不然。因为孩子的思想和身体是一样的,正处在成长发育的阶段,对于事物道理的认知,只有对和错,没有所谓的"灰色地带",他也理解不了。所以,父母要有统一的方法和口径,否则就会让孩子模棱两可,无所适从。在《论家庭教育》中,伟大的教育家陶行知先生给出了明确的教育孩子的方法,推翻了几千年的传统观念。为了教育好下一代,我们做家长的应该认真思考作者的教育观点,摒弃"严父慈母"的陈旧看法。文章开宗明义、论点鲜明;解释到位、简明扼要;道理深刻、发人深省。

【原文】

做父母的对于子女的教育应有一致的措施。中国家庭教育素以主刚柔并济。父亲往往失之过严,母亲往往失之过宽。父母所用的方法是不一致的。虽然有时相成①,但流弊②未免太大。因为父母所施方法宽严不同,子女竟至无所适从③,不能了解事理之当然。并且方法过严,易失子女之爱心。过宽则易失子女之敬意。这都是父母主张不一致的弊病。

【注释】

①相成:互相补充,互相成全。②流弊:指某事引起的坏作用,也指相沿下来的弊端。③无所适从:不知依从谁才好。也指不知道怎么办才好。

第五章　孩儿起名

第一节　起名知识

名字是我们每个人都有并且天天都在使用的个人标志符号,也是生活中不可或缺的一个重要部分,很难想象这个60多亿人的世界如果没有名字将会乱成什么样子。特别是在我们这样一个拥有13亿多人的大国里,平均每4秒就有一个婴儿出生,每天出生的婴儿超过2万,每年出生的人口更多达1100万。对于这些数以万计的新生儿来说,父母和家人要为他们准备的除生活必需品外,当然也包括一个合适的名字。特别是这个名字,根据我国《户口登记条例》和《民法通则》等现行法律法规规定,必须在为孩子办理出生证和报户口前起好,以后也不得随意更改。因此,为新生的孩子起个好名字,应是每个即将做父母或已经做父母的人的当务之急。那么,究竟什么是名字? 人的名字是怎样来的? 它有什么属性和特点? 古人和现在的人都喜欢叫什么名字? 名字与性别、姓氏等有什么关系? 怎样避免与别人同名? 今后的名字会是怎样? 等等,上述这些问题,也都是在起名前需要解决的问题。故而,要为孩子起个好名字,我们还要从了解起名知识开始。

一、人与名字

在当今世界上,人人都有名字,而且无论是在社会交往中还是在生活中,每时每刻都要使用自己的名字。如填履历表时,要首先写上自己的名字,在名片上要印上自己的名字,在与陌生人交往时要"自报家门",在与朋友打电话时也要说出自己的名字。由此可见,名字对我们来说是多么重要。

名字除作为人际间彼此区别的符号外,还有丰富的内容和多种多样的功能。

当父母为孩子起名字时,名字就已经开始被赋予了对后辈的期望和无限亲情。现代年轻的父母喜欢为孩子起名"豆豆""咪咪""莎莎""妞妞",其中就包含了许多对孩子的珍爱心态;过去的父母喜欢为孩子起名"石头""拴住""结实""狗剩",同样表现了父母的一片爱心。如果自己为自己起名、改名,所起的新名字也同样饱含丰富的文化内容,寄托自己的志向和对自己的勉励、鞭策。不仅现代人如此,古人也不例外。唐代女皇武则天曾给自己起名为"曌",意思是日月当空,普照大地;明末农民领袖李自成原名李鸿基,在成为农民领袖前改名李自成,意思是要自成自立、干出一番事业。同样,太平天国领袖洪秀全原名洪仁坤,后来改名秀全,在名字中暗藏了"禾乃人王"4字,其中"禾"是"我"字的谐音和变体,"禾乃人王"亦即"我乃人王",意思是"我要做天下百姓的领袖"。这一名字反映了他的追求和抱负,其所包含的文化内容同样很丰富。

在人的名字中,有时还有明显的时代性和纪念意义。如新中国成立以来,人们起名就有明显的时代特征。1949年出生的人起名"建国","大跃进"年代的人起名"跃进",20世纪60年代初期的人起名"反帝""反修","文革"中间的人起名"卫彪""向东",十一届亚运会期间的人起名"盼盼"(亚运会吉祥物大熊猫的名字),北京奥运会前后起名"贝贝""京京""欢欢""迎迎""妮妮",等等,这些也都具有鲜明的时代烙印。一见这些名字,我们就很容易知道他们出生的时代。此外,如"团团""圆圆""春生""京生"等名字,则是为了纪念出生的时间(节日期间,春天)或地点(京,北京简称),其纪念意义同样显而易见。

我们中国人的名字,有时还是家族或兄弟姊妹中排行的代表字。如人们熟知的《红楼梦》中贾宝玉一家,在宝玉一辈人中有贾珍、贾琏、贾环、贾珠等,他们不是同胞兄弟但属于同一家族,因此名字中共享"玉"旁,并以此作为他们排行的代表字。同样,贾宝玉父辈贾敬、贾政等共享"文"旁,子辈贾蔷、贾蓉等共享"草"头,"文""草"也都是排行的标志。又如我国古代兄弟排行时,习惯用伯、仲、叔、季加以区别,意思与今天的数字一、二、三、四差不多。另外,我国在宋元以来民间修家谱风气盛行,家谱中还习惯把一家人的前后几代人用"字辈"的形式联系起来,形成字辈谱或字辈诗,起名时按顺序各选一个字,放在姓氏后和自己的名字前,形成"姓氏+字辈+名字"或"姓氏+名字+字辈"的固定格式,这类的名字叫作谱名。如毛泽东的名字就是按传统的字辈起的。他名中的"毛"是姓,"泽"是字辈,"东"是他自己的名字。此外,他的祖父叫毛恩普,父亲叫毛贻昌,侄子叫毛远新,四辈人的字辈相连,即"恩""贻""泽""远",分别属于湖南韶山毛氏的第12代至第15代。包含这4代的字辈谱在他的家谱中也有记载,即:"立显荣朝士,文方运济祥,祖恩贻泽远,世代永承昌。孝友传家本,忠良振国光。起元敦圣学,风雅列明章。"另外,蒋介石所在的浙江奉化蒋氏家族字辈谱是:"祁斯开周国,奕世庆吉昌,崇德长受福,贻谋维有常。荣光永炳焕,和乐致嘉祥。坤载自久远,干行在健强。匡济望仁智,安宁思俊良。垂范为邦则,承远颂时康。昭谟百代盛,绳武守纪纲。"山东曲阜孔子后裔仍在使用的字辈谱是:"希言公彦承,宏闻贞尚衍。兴毓传继广,昭宪庆繁祥。令德惟垂佑,钦绍念显扬。"当上述这些字辈谱中的字用在人名中时,也是人名的一部分,同样具有名字的意义。

人与名字的关系除上述几点外,值得一提的还是民族心态的反映。如在我国实行计划生育政策以前,许多地方都有重男轻女的陋习,这一风俗反映在名字上,有些生了女儿的父母把生儿子的希望寄托在下一胎上,并通过女儿的名字反映出来。关于这点,有人讲了一则笑话。大意是说,一对夫妻接连生了5个女儿,仍想生个儿子,于是便为女儿分别起名招娣(弟)、引娣、盼娣、想娣、邀娣,等生了第六胎仍是个女儿,只好打消再生孩子的念头,起名绝招。这则笑话讲的当然是多年以前的情况,但我们从中不难看出,名字所反映的民族心态同样是清楚、直接!

总之,人名与人关系密切,人的名字作用广泛。弄清了人与名字的关系和意义,将有助于我们认识自己的名字,并认真为孩子起个好名字。

二、人名的起源

远古时代,我们的祖先过着群居生活,生活的主要内容是通过自卫来保护自己,或者采集狩猎以维持生命。他们的生活十分原始,还不需要名字来区分彼此。所以老子在《道德经》中说:"无名万物之始,有名万物之母。"意思是说,万事万物本来没有名字,后来因为需要才有了名字。特别是对人类社会而言,随着社会的进步和人口的增加,人际间的交往日渐频繁,为了把某一群人与另一群人区分开来,便出现了某一群人共有的标志,亦即我们所说的"姓";在一群人中间,为了把彼此区分开来,也出现了只属于个人的标志,这种标志也就是我们所说的"名"。在社会交往中,无论哪一群人,在自己内部只用"名"便可以区分彼此,若与另一群人交往,仅仅称"名"便不足以表明自己的身份,只有把自己所在人群的标志"姓"与自己的标志"名"结合在一起,才能充分表达自己。这种一群人的标志和自己标志的结合,便是人类最早的姓名。

关于人类名字的起源,从汉字"名"字本身也可以推知其最初含义。这一汉字由"夕"和"口"两部分组成,对此,《说文解字》解释说:"名,自命也,从口、夕。夕者,冥也,冥不相见,故以口自名。"意思是说,在早期的社会交往中,人们在白天相遇时可以通过形体、面貌、声音相互识别,但在晚上却因为相互看不清楚,无法识别外部特征,只能通过自报名字来进行区分。因此,"自报家门"便成了每个人不得不做的事情。这种"自报家门",也就是《说文解字》所说的"以口自名",人类最早的名字便是这样产生的。

可见,人名的产生是社会交往的需要,最本质的作用就是在社会交往中便于彼此区别。不过,人类早期的名字还不如后来那样固定,人们"以口自名"时可以用自己身上某些特征作为名字,让别人容易识别;或者在一些人识别某一个人时,把这个人的某些特征作为他的名字或代号。这种做法,与我们后来习惯把某位身材特别高的人称为"大个子"、把某位走路时喜欢摇摆腰肢的女子称为"水蛇腰""风摆柳"十分相似。不过,随着生活环境的变化,人们的特征也会发生变化。原来在一些人中是"大个子"的人也许在另一些人中只是中等身材,原来走路"水蛇腰""风摆柳"的人在另一些人眼中也许觉得身板太硬。对新的环境中新的一群人来说,"大个子""水蛇腰""风摆柳"原来不曾引起注意的一些特征或许会被重新发现,如"大个子"可能会是个头发焦黄稀疏的人,因此他的名字或代号可能被这些人称为"黄毛""稀拉"或"黄毛稀拉";"水蛇腰""风摆柳"也有可能会因为眼睛大且有神而被称为"电眼"。这样,他们便会在新的环境中拥有新的名字。在这种情况下,拥有一个固定的名字便成为生活的必需,人名从而也从不固定而走向固定,人名于是便得以产生。

据研究,我国最早拥有固定名字的人可能是那些传说中氏族社会的首领,或在部族战争中出现的英雄,如伏羲、女娲、尧、舜、契、弃等。这种说法,大抵符合社会发展规律。当然,上述所说大约还是文字出现以前的事情,当文字出现以后,原由口头表达的人名也进化到文字阶段。在目前已经发现的一些原始社会的陶器中,上面都刻画着一两个符号,据专家考证,这些符号多与早期的人名有关。如果这种解释可信的话,那么,这些人名也是我国最早的文字。到了商代,我国的文字大量出现并趋于定型,在总数上已经达5000多个,其中的很大一部分也是人名。如在商代的甲骨卜辞中,不仅有"名"这个汉字,而且还有示壬、中丁、外丙、小乙等人名。这些,也都是我国早期见于文字记载的名字中的一些。

总之,人名是产生于人类社会早期的一种文化现象,它的起源和发展经历了一个历史的过程。最早,它是人们随意用来区分彼此的称号,以后又演变为固定身份的标志,在文字出现以后更被用文字记载下来。从它产生的那天起,就已显示了无可替代的作用。此后,随着名字本身的不断发展和完善,名字也越来越成为人类社会中不可或缺的个人代号。

三、人名的基本属性

我们中华民族一向重视个人对家庭、宗族、社会的责任,在起名时也多有寄托,使人名表现出许多西方社会不曾有的特色或属性。这些特色或属性归纳起来,大致包括以下5个方面的内容。

人名的特色或属性,首先是人名的专指性。人名是人际间彼此区别的标志,一个人名只能代表一个人,否则就失去了它的专指意义,其实际作用也要大为减弱。如提起"花木兰"这个名字,大家都知道是指古代一位替父从军、为国杀敌的女英雄。提到"雷锋",就会联想到他是助人为乐的好青年、大家学习的好榜样,而不会想到另外的人。这里的"花木兰""雷锋"都有明显的专指意义。一旦遇到与这种专指意义相悖的情况,则必须对有关人名加以调整,以适应这种人名属性。如在前些年召开全国人民代表大会之前,进行代表资格审定期间,就发现有同姓名现象,即浙江代表名单中有两位"张玉兰",河南代表中有两位"赵福林"。这种姓名相同的情况是有悖于人名的专指性的,同时也不利于当事人之间的区分。因此,有关人员为了防止可能出现的误会,就在这4位代表名字前分别加上各自所在的地名,成为"湖州张玉兰""瑞安张玉兰"和"安阳赵福林""焦作赵福林"。这种做法,实际上也是对这些有悖于人名专指性的名字所做的调整。当然,有些本是专指的名字有时因为时代和环境的变化而失去专指作用,但有时也会在失去一种专指作用时而转化为另一种专指。这类的例子也是很多的。如明清时期,"梅香"这个名字原指某一大户人家的丫鬟,后来,因为把丫鬟叫作"梅香"的人特别多,于是"梅香"也就成了丫鬟的代名词。随着这种由一个"梅香"而向众多丫鬟的代名词的转换,"梅香"一名也完成了由一种专指向另一种专指的过渡,其转化前后仍没有离开人名的这一专指属性。同样,人们熟知的历史人物如诸葛亮、关羽、阿斗等名字原本是指特定的人物,但由于过于家喻户晓,他们的名字有时也像"梅香"的名字一样成了某一类人的代名词。其中如"诸葛亮"本是指三国时期那位足智多谋的政治家,但由于过于为人熟知,从而也被当作智慧的化身,俗语"三个臭皮匠,顶个诸葛亮""诸葛亮会"等都成了某一类人的代名词。又如"关羽"虽又被称为"关公""关云长",但所指都是三国时的那位名将,由于相传他"面如重枣",后人便把爱红脸的人称为"红脸关公";又因为他身材魁伟,后人也把威武的人与他相比,《水浒传》便说美髯公朱仝"似关云长模样";又由于他善于使用大刀,后人便常用"关公面前舞大刀"一语来讽刺在行家面前卖弄本领的人,或作为自己技不如人的谦词;又由于他曾经千里走单骑、过关斩将,后人常用"关公过五关斩六将"比喻克服困难、闯过难关;又因为他曾因骄傲轻敌而痛失荆州,后人常用"关云长大意失荆州"讽刺骄傲和疏忽必败;又由于他在荆州失守后败走麦城,后人常用"关公走麦城"比喻能人难免有失。上述这些名字的含义虽然,被延伸很多,但每种所指都有专门的含义,与人名的专指性特点并不矛盾。再如"阿斗"本是刘禅的幼名,后来人们联系到他的人生经历,又为之赋予了懦弱无能、碌碌无为、自甘沉沦、徒具虚名、屈膝投降、沉湎声色等含义,进而出现了"扶不起的阿斗""乐不思蜀"等常用词语。当这时,"阿斗"同样具有专指性。

我国的人名,一个字,两个字,简简单单,既便于记忆,又便于传播,完全不同于西方社会那样一长串的字。这种用字的简单性,也叫人名的简明性,是我国人名的另一个特征。当然,无论是我国还是西方,从人名的这一特点上看还有较为复杂的原因,除历史、民俗、社会等方面以外,仅从语言学的角度看还与语言传播习惯有关。因为在文明社会里,名字的取命和传播都要以语言文字为载体,我国人名字的载体是汉语和汉字。由于汉语和汉字有音节简单这一特点,就使我国人的名字也以单字名或双字名为主。这种人名用字的极少和音节的简单,十分有利于人名的记忆和传播。如果把一个两字的我国人名和一个10多字的外国人名放在一起,让你去辨认和记忆,那么,你首先记住和说出的一定是我国人的名字。这种简单易记的我国人名的优越性,是西方国家无法相比的。

我国人名的属性除上述两点外,还有它的审美性、稳定性和地域性。其中,审美性是指人名对那些含有贬义、发音含混不清、容易引起误解的汉字具有排斥力,在所起名字的字义上要求庄重、典雅,在字音上要求响亮、动听,在字形上要求繁简适中、搭配得当;稳定性是指人名一旦成为某一个人的标志,将伴随他终身。因此,在起名时要从长远考虑,不可草率从事。对一些时效性很强的名字,尽管一时可能被认为时髦,或者读来颇为亲切,但很难经得起时间的检验,时间长了就会显得别扭。试想,诸如小小、丹丹之类的名字放在孩子身上会让人有亲切感,但过了六七十年后,已经是老头、老太太的他们还叫这些名字,给人的感觉当然是滑稽不伦的。

至于我国人名的地域性,是指由于我们的国土幅员辽阔,不同地区的人名往往带有不同地区的特点。如果带着明显地域色彩的人名离开了原来所在的地区,也可能引起意想不到的后果。如我国不少地方的人都喜欢用地名做名字,是河南人就叫豫生,山东人就叫鲁生,北京人就叫京生,或把分别是山东、河南人的父母籍贯合在一起起名鲁豫,等等,这类的名字虽然因为是信手拈来而让人感觉亲切简单,但由于现在的人口流动过于频繁,许多人都在原来的出生地以外工作或生活,当原来的名字在新的地区使用时,有时会显得不那么协调。另外,还有一些地方特色相当突出的字,用在名字中也不是很妥当。如在广东、福建沿海,人们信奉妈祖,起名时往往带上"妈"字,以期得到她的保佑;但由于"妈"字是母亲的代称,其他地方忌讳在称呼母亲以外使用这个字,因此,除了广东、福建沿海以外,其他地方几乎没有带"妈"字的名字。故而,尽管人名的地域性是一种客观存在,在起名时还是应该尽量避免使用这类过于特别的文字。

总而言之,人名是一种社会文化现象,无时无刻不在与社会发生联系。因此,在起名时要把它与社会联系起来,充分考虑它的基本属性,从而使它发挥应有的社会作用。

四、人名的主要构成

我们今天的中国人,大多只有一个名字。但在过去,人们的名字远没有这么简单。在通常情况下,除了名字和姓氏以外,还有字、号等。其中"字"是古人长大后起的,与"名"相连而通称名字。我们今天常说某某人叫什么名字,按古人的标准看就包括"姓""名""字"三个部分,三者各自独立而又相互依存,各有各的性能和作用。

1.古人的名

谈到古人的"名",总是与"字"联系在一起。关于名和字及其作用,清朝人王应奎曾有过一个概括,说"古者名以正体,字以表德"。意思是说,名是用来区分彼此的,字则是表示个人品德或追求的,二者性质不同。不仅如此,古人"名"和"字"的用途也不大一样。其中"名"一般是阶段性的称呼,小时候称小名,大了叫大名。等有了"字","名"就应该避讳,相称时也只能称"字"而不称"名"。

此外,在古人的"名"中,还有一类是小名。所谓小名,顾名思义,是人在少儿时所用的名字,又称乳名、奶名、幼名或小字。我国起小名的习惯起源很早。在上古时期,人们都是在出生后不久起名,其目的只求能与别人区分开来,而不大讲究名字是否典雅。如周公之子名禽,孔子之子名鲤,春秋时魏公子名虮虱,汉代司马相如名犬子，从这些名字可以看出，古人起小名时带有很大的随意性。由于小名一般只在家庭内部使用，所以，不仅古人不重视，而且现代人也仍然很随意。如"小毛""小狗""小花""小囡"等一些似乎登不得大雅之堂的名字，在全国各地都能见到。

事实上，在起正式名字前起个小名，古今都有这一习惯。在古代，上至帝王将相，下至黎民百姓，人人都有小名。如魏武帝曹操小名阿瞒，南朝宋武帝刘裕小名寄奴，北朝魏太武帝拓跋焘小名狒狸伐，北周文帝宇文泰小名黑獭，宋孝宗赵慎小名小羊，明太祖朱元璋小名重八，上述这些无不都是称孤道寡的帝王。至于一些达官贵人、圣贤名流，也都有小名。如大思想家孔子小名丘，书法家王献之小名官奴，文学家陶渊明小名溪狗，诗人谢灵运小名客儿，宰相王安石小名獾郎。不仅男性如此，女性也不例外。汉武帝皇后小名阿娇，唐寿昌公主小名虫娘，明代女画家马月娇小名元儿，她们的小名同样很随意。至于那些生活时代离我们不远的人，起小名的情况更加普遍。其中如蔡元培小名阿培，阎锡山小名万喜子，周恩来小名大鸾，彭德怀小名真伢子，夏丏尊小名钊，郭沫若小名文豹，等等，都是典型事例。尤其是郭沫若，在自己所写的《少年时代》一书中还说过小名的来源，说："我母亲说我受胎的时候，梦见一个小豹子突然咬着她左手的虎口，便一觉醒了。所以，我的乳名叫文豹。"这种因为做梦而起的小名，无疑是小名来源的一个生动事例。

尽管小名对人的作用和影响不及正式的名和字，但由于从古至今人人都有，因此，也是一个不容忽视的起名现象。特别是在隋唐以来，随着人们对文化越来越重视，社会上还出现了一些专门研究小名的人，并相继有一批研究小名的著作问世。如在唐代，陆龟蒙就曾把秦汉至隋唐800年间的小名收集在一起，编成《小名录》3卷。宋代，陈思在此基础上编成《小字录》。明代，沈弘正又为《小字录》作《补录》1卷。此外，宋代人张邦几专门研究男仆女婢的小名，编写了《侍儿小名录拾遗》一书。此后，不少人又步他的后尘，研究男仆女婢的小名，或对他的书进行增补，其中已知的就有宋朝王铚的《补侍儿小名录》、温豫的《续补侍儿小名录》、清朝李调元的《乐府侍儿小名》等。

2.古人的字

古时候,"名"与"字"在多数情况下共同构成一个人的代号,尽管用途不尽相同,二者之间还是有联系的。古人大多因名起字,名与字内容毫不相干的情况几乎见不到。如三国时的名将张飞字翼德,在这一名字中,"飞"是名,"翼德"则是对"飞"的解释,因为"飞"就是"翼之德"(翅膀扇动而造就的功德)。又如唐代大诗人白居易,字乐天,名与字之间也有联系,即"居易"是因,"乐天"是果,只有居处安宁,才能知命而乐天。

古人的名多种多样,字也有不同用途。起初,人们起字非常简单,往往只起一字,与"子""伯""仲""甫"等表示年龄阶段的字相连。如孔子弟子颜回字子渊,冉耕字伯牛,冉雍字仲弓,这些名字中的"渊""牛""弓"就是他们的字。当然,有些人起字时干脆只用一字,不加别的字辞,如陈胜字涉,项羽字籍即是。东汉以后,人名起字才越来越讲究,情况也越来越复杂。人们在有了名以后,往往把起字看得很重要。有些人在起字时注重效法古人,起字"士则""思贤""师亮"等;有些人则寄托对当事人的厚望,起字"温叟"(长寿不夭)、"永全"等。这些都含有深刻的意义。

3.古人的号

古人除有名、字外,又多起号以代替名字。号是一种固定的别名,又称别号。早在周朝时,人们就已经开始起号。对此,《周礼》解释说,号是"尊其名更为美称焉"。意思是说,号是人在名、字之外的尊称或美称。特别是在早期,有号的人多是那些圣贤雅士。如老子别号广成子,范蠡别号鸱夷子皮,等等,都是如此。不过,就一般情况看,先秦时有名字又有号的人并不太多。秦汉魏晋南北朝时,起号的人仍不很多,见于记载的仅有陶潜别名五柳先生、葛洪别号抱朴子等数人。但是,到了隋唐时期,伴随着国家的强盛和文化的高度发达,在名、字之外另起别号的人也逐渐多了起来。如李白号青莲居士,杜甫号少陵野老,白居易号香山居士,等等,都是这种情况。到了宋代,起号之风又有进一步发展。人们熟知的《水浒传》108将个个都有号,正是代表着当时的社会风气。明清人更把起号视为一种时髦,上至皇帝,下至一般黎民百姓,几乎人人有号。甚至如清朝人凌杨藻在《蠡勺编》一书中记载，明朝"闾市村垄，乩人琐夫，不识丁者莫不有号，兼之庸鄙狂怪，松兰泉石，一坐百犯；又兄'山'弟则必'水'，伯'松'则仲必'竹'，不尤大可笑也哉。近闻妇人亦有之，向见人称'冰壶老拙'，乃嫠媪也"。该书还记载一个让人忍俊不禁的例子，说一位县官在审理一桩盗窃案时，诘问犯人为什么故意狡辩，犯人回答是"守愚不敢"，县官不解其意，一问左右才知道是犯人在自称号。像这样落草为寇的盗贼都有号，当时起号之多之滥可想而知了。

在古人起号时，用字与起名、字不同，大多不受字数限制。从已知的历代别号看，有2字号，也有3字、4字号，甚至还有10多字、20多字的号。清代画家郑板桥的号就有12字，即"康熙秀才雍正举人乾隆进士"。当时还有一个叫释成果的和尚，号用字竟达28个之多，即"万里行脚僧小佛山长统理天下名山风月事兼理仙鹤粮饷不醒乡侯"。一个人的别号竟然用了近30个字，真可谓一大奇观。

因为古人起号有较大的随意性，并且不必加以避讳，因此，在一定程度上促使了明清时期文人起号之风的盛行。当时的大多数人都起号，有些人的号还不止一个。如清初画家石涛法名弘济，别号清湘道人、苦瓜和尚、大涤子、瞎尊者，达4个之多。至于前述清代画家郑板桥，本名燮，字克柔，板桥本来就是他的号。他此外还自称郑大、郑大郎、板桥居士、板桥道人、板桥老人，这些自称也大多具有号的性质。

另外，如果我们对古人的号进行深入研究，还可以发现其性质相当复杂，不仅有上述这些性质的号，不同身份、不同行业的人也有专门的号。如历代皇帝都有庙号、谥号，和尚都有法号，道士有道号，演艺界有艺名，文化界有笔名，这些也有号的性质。其中艺名起源很早，是演艺界的人由于某种原因而起的专门名字，用来表达自己的意向、专长、师承或纪念某件对自己影响重大的事情。早在汉代时，有一位姓赵的女子擅长舞蹈，身轻如燕，人送艺名"赵飞燕"。由于她这一艺名影响很大，以至她的真名反而无人知晓了。又如在五代十国时，后唐庄宗李存勖不仅喜欢演戏，还为自己起了个"李天下"的艺名。据说有次他与一位艺名叫镜新磨的人同台演出，在戏台上也忘不了自呼两声"李天下"的艺名。另据顾炎武《日知录》记载，古代有"黄幡绰""云朝霞""镜新磨""罗衣轻"等人,也都是以艺名传世的。最为大家熟知的小说《红楼梦》中,贾宝玉贴身丫鬟袭人的丈夫蒋玉菡原是唱戏出身,艺名是"琪官"。另外,该书还有几位唱戏的女孩子,名字分别是龄官、文官、宝官、玉官、芳官、蕊官、藕官、葵官、艾官、茄官、菂官,其实,这些也都不是她们的原名,而是艺名。至于艺名的来源,有些是自己起的,有些是请人起的,有些是因师承排行而来的,有些则是观众送的,情况不一。清末一位知县叫德克金,平时不拘形迹,被一位姓汪的人讥笑,说他不是做官的料,只配演戏。后来他果然丢了官,改行学戏。为了不忘当年姓汪的人的讥笑,激励自己,他便起了个"汪笑侬"的艺名,并用这一艺名编戏演戏,终于自成一派,誉满上海一带。另外,在当代舞台上,山西梆子演员祁彩芬艺名"水上飘",山东五音戏演员邓洪山艺名"鲜樱桃",广东粤剧演员邝健廉艺名"红线女",湖北汉剧演员陈伯华艺名"小牡丹花",河南越剧演员申风梅艺名"活诸葛",豫剧演员马金凤艺名"洛阳牡丹",北京京剧演员叶盛兰艺名"活周瑜",陕西秦腔演员王秉中艺名"活赵云",等等,这些艺名都是观众送的。当然,现在的电影、电视、音乐、绘画、书法等艺术界也有人使用艺名,如书画家李英艺名"李苦禅",话剧演员杨淑贞艺名"杨枝露",相声演员常宝堃艺名"小蘑菇",杂技演员赵凤歧艺名"麻子红",电影演员杨濛艺名"夏梦",电视节目主持人黄益腾艺名"阿原"。不过,这些艺名已经具有笔名或化名的性质,是要另当别论的。

其实,笔名也是一种号,多指作家、著作家等文化人在发表作品时不愿使用本名而另外所起的名字,又称著作名或假名。笔名的来源一般认为兴起于明清时期,是话本小说流行以后才出现的一种起名现象。当时作者所写的东西多属乡里民间流传的故事、村言,被一般文人士大夫认为登不得大雅之堂,为了避嫌,便起一个新名字来发表自己的作品。此后,由于这种起名形式的确有较大的实用性,便广为文化人所采用。其中,早期以笔名刊署于著作之上并产生广泛影响的是《金瓶梅》的作者。由于他在书上署名"兰陵笑笑生",至今我们还不知他的真实姓名。相传他的父亲被当地的一位恶霸所杀,他有意报仇,但多次都未得手。后来他得知这个恶霸喜欢读书,在读书时又习惯用食指蘸取唾液翻动书页,便写了《金瓶梅》一书,并在书页上涂上剧毒,想法让人送给恶霸。恶霸一见果然爱不释手,最后终于中毒身亡。这则故事虽然有些离奇,但也可知作者没有在书上署自己的真实姓名,的确有他的苦衷。到了近现代,由于出版业兴起,特别是在"五四"运动以后提倡"一人一名",立表字、起别号的传统习惯被禁止,文人起笔名之风也异军突起。其中如郭沫若用过30多个笔名,茅盾起过90多个笔名,鲁迅的笔名更达140多个。由于笔名常见于报刊书籍之上,人们经常接触的是书报而不是作者本人,因此就使作者的笔名产生广泛影响,不少人真正的名字反而鲜为人知。诸如此类的例子还可以举出许多,如提起巴金、茅盾、曹禺、鲁迅、老舍、郭沫若、冰心等名字几乎无人不知,但要提起李尧棠、沈德鸿、万家宝、周树人、舒庆春、郭开贞、谢婉莹等名字,也许知道的人并不多。其实,后面这些名字正是前面那些人的原名,他们都是以笔名闻名于世的。

在古人的号中,还有一种特殊的号,即诨号。诨号又称浑名、绰号、混名、花名、野名、外号、徽号、雅号,一般是由别人根据当事人的外貌、性格、特长、嗜好、生理特征、特殊经历等特点而起的,大多带有戏谑、幽默、讽刺等色彩。如我国夏朝最后一位国王夏桀因为力大无穷,能移动牺牛(作祭品用的牲畜),因此被人送诨号"移大牺"。东汉末年农民起义时,有一批出色的农民英雄与队友们亲密无间,彼此都以诨号相称。其中说话声音大的被称为雷公,走路轻捷的被称为飞燕,眼睛大的被称为大目,爱骑白马的人被称为白骑,满脸胡须的人被称为氏根。由于他们的诨号影响很大,以至连名字也没有留下。在以后的发展中,由于诨号越来越多,还有人根据其性质和所指的对象不同而分为20大类,即状貌、德性、威望、声价、运命、财产、业务、技能、学识、艺术、武勇、行为、举止、臭味、谈吐、著作、服御、身份、嗜癖、谐噱。其中的一些诨号是一个群体的标志,如西汉末年的农民军因把眉毛染红而被称为"赤眉军",明清时入侵台湾的荷兰殖民者因红头发而被称为"红毛番";有些诨号指某一行业,如把士兵称为"丘八"(兵字上下分开),把茶楼伙计称为茶博士,把替青年男女牵线搭桥的人称为媒婆、红娘;有些诨号指某些人的行为或性格,如称圆滑的人是琉璃球,称懒惰或蛮横的人为"三不管"(懒惰的人,衣、食、住不管;蛮横的人,天、地、人不管),等等,都很典型。另外在《三国演义》中,诸葛亮因早年隐居不仕而被称为"卧龙先生",刘备也因为两只耳朵出奇得大而被曹操称为"大耳儿"。又如《水浒传》中,蒋忠因身高力大而被起诨号为"蒋门神",鲁智深因出家后不戒烟酒而被称为"花和尚",时迁的偷窃技术高超而称"鼓上蚤",孙二娘因蛮悍凶狠而称"母夜叉"。水浒寨上108员大将,以及与水浒英雄有关的各种人物,几乎个个都有诨号。即使现在,我们身边也常可以听到有人被叫诨号现象,如"大个子""四眼""麻婆"(麻脸女士)、"柴油桶"(矮胖的姑娘)等,可见起诨号的风气是多么持久。

总之,我国古人的称谓远比现在人复杂,他们有姓名又有字、号。这种姓、名、字、号的并存,既适应了当事人不同年龄阶段和不同情况下的需要,也为我国的起名文化增添了许多厚重的内容。

五、人名的时代特点

人名本来是人类社会发展到一定阶段的产物,大都带有鲜明的时代烙印。通过把我国几千年来的人名放在一起考察,可知早期的人名还很随意,"心有何思,便起何名",后来由于在起名时考虑其他因素,给人名带上附加成分,因此,所起的名字也复杂多样。故而,在这种情况下的人名不再只是人们之间相互区别的符号,而是成了观察时代变迁的一个窗口。

1.古代人名特点

我们中华民族有数千年的文明史。几千年来,人名从产生到发展,基本格局大体不变。具体到每个朝代,名字则表现得有所不同。一般说来,古人的名字较为复杂,人们不仅拥有像今天一样的幼名、学名,而且还有今天已经被淘汰的字、号等。其中"字"是古时人名的重要组成部分,其作用与"名"同样重要。今天我们常说的"名字",实际是古人"名"和"字"的合称。当然,这只是就一般情况而言的,在我国历史上的不同时期,起名特点并非完全一样。

我国人名最早有规律可循的是夏代。当时人崇拜太阳,通行的历法是干支纪年,因此,当时夏代的君主和贵族都喜欢用天干起名。据《史记·夏本纪》记载,夏代的君主名字有太康、仲康、少康等人，据陈梦家在《殷墟卜辞综述》一书中的考证，这些名字中的"康"字即"庚"字，是传说中的十个太阳（天干）之一。此外，夏代君主的名字还有孔甲、胤甲、履癸等，名中的"甲""癸"也都是天干。至于商代君主，起名时也都继承了夏代君主的这一习惯，无论是开国之君商汤（又名太乙）还是亡国之主帝辛（即殷纣王），其间29位君主，无不以天干命名。当时的贵族也效法这种做法，在名字中使用天干，如祖己、父癸、虎父丁、弓父庚等，都是如此。

到了周代，随着社会的发展和人口的繁衍，起名的方法也日臻完善。正如《通志·氏族略》所说的那样，当时的君主"生有名，死有谥；生以义名。死以义谥。生曰昌，曰发，死曰文，曰武。微子启，微仲衍，箕子，比干，皆周人也。故去其甲乙丙丁之类，始尚文焉"。这里"尚文"的意思即不再像夏商人那样只知道用天干起名，无论怎样变化也只有那十个表示天干的字，显得过于质朴；而是开始注重文采，所起的名字如昌、发、启、仲衍、箕子、比干等既富于变化又含义丰富，其文化色彩丰富了许多。正是由于周代人起名出现了上述这些变化，其结果不仅导致大量庄重、新颖名字出现，而且还促使我国最早的起名原则诞生。这种起名原则是专门针对王公贵族起名而制定的，又被称为"五则六避"。据《左传·桓公六年》记载，周代人起名的原则"有五：有信，有义，有相，有假，有类。以名生为信，以德命为义，以类命为相，取于物为假，取于父为类。不以国，不以官，不以山川，不以隐疾，不以畜牲，不以器币。周人以讳事神，名，终将讳之。故以国则废名，以官则废职，以山川则废主，以畜牲则废祀，以器币则废礼。晋以僖侯废司徒，宋以武公废司空，先君献、武废二山，是以大物不可以命。"《论衡·诘术篇》也记载，周代人"立名也，以信、以义、以相、以假、以类。以生名为信，若鲁公子友生，文在其手曰'友'也。以德名为义，若文王为昌、武王为发也。以类名为象，若孔子名丘也。取于物为假，若宋公名杵臼也。取于父为类，有似类于父也"。上述是说，周代人起名原则中的"五则"是指名字的五个方面的来源，即"信""义""相""假""类"。"信"指孩子身体上的某些特征，如眼睛大、皮肤白、身体胖等，根据这些特征可以使起名找到灵感；"义"是指孩子表现出的某些天赋，如机灵、好动、文弱等，也可以作为起名的参考；"相"是指孩子的相貌,有美、丑之别,也可以据此考虑起名;"假"是假借,可以假借其他事物进行起名;"类"是相似,是说可以用与孩子特征相近似的办法起名。至于"六避",则是说由于王公贵族都是有身份的人,在他们出生时便注定要做王公贵族,他们的名字是一般人不得随意叫的,必须加以避讳。为了便于将来避讳,在起名时便要考虑六个因素,避免用国名、山川名、官名、疾患名、祭品(畜牲)名、祭器名起名。因为国名、山川名、官名都很常用,疾患名显得不雅,祭品名、祭器名太过于庄重,都不便于避讳,所以都在"六避"之列。上述"五则""六避"在今天看来确实显得有些烦琐,但正所谓"无规矩不成方圆",在当时讲究宗法和礼治的社会背景下,用以指导或规范起名的确有其现实意义。而在上述原则约束下所起出的名字,如姬发(周武王)、孔丘(孔子)、庄周(庄子)、李耳(老子)、屈平(屈原)、宋玉等或各具特色,或优美动听,与夏商时期单调的名字相比的确前进了一大步。

周代的起名特点一直持续到春秋战国及秦朝以后,直到汉代才有所改变,进而把这种变化延续到汉代以后。汉代人起名除袭用旧法外,又增加了一些诸如尊老、排行、美艳等方法,一些较有影响的人在使用名的同时又有了字。当时人喜欢使用"德""卿""君""敬""礼"等尊老字,"幼""伯""叔""仲""次""少"等排行字,"巨""康""玄""成""高""通"等美艳字。当时人们起名最常用的字,主要有君、公、翁、元、长、吉、卿、宾、郎、寿、敞、章、昌、震、赐、孙、房、士、民、彦、景、大、伟、巨、威、灵、茂、世、永、初、玄、宝、道、德、义、惠、孝、恭、慈、敬、文、正、宣、修、秉、奋、熊、忠、亮、牧、宝、让、奉、里等。另外,由于当时是经历了长期战乱分裂以后的国力上升和繁荣时期,人们普遍具有渴望建功立业以报效国家的社会责任感,在名字上也体现了这种时代精神。有些人注重对国家的贡献,起名孔安国、赵充国、于定国等;有些人景仰过去的英雄人物,起名陈汤、赵尧、张禹;有些人尚武,起名苏武、班彪、夏侯胜;有些人气概豪迈,起名孔奋、魏霸、法雄;有些人德操卓荦,起名曹操、董卓、庞德;等等。这些,无不具有鲜明的时代特征。

两汉之际,当政的王莽推行双名改单名政策,强行把那些双名的人改为单名。在王莽看来,"秦以前复名盖寡",于是便下令禁止使用双名,把单字以上的名字通通视为"恶名"。在此影响下,以后很长一段时间的人们起名全都采用单名,只是在起字时才用双字。当时的匈奴单于原名囊知牙斯,听说内地取消双名后,主动要求把名字简化为单字"知"。另有王莽的长孙王会宗,本来随例改名王宗,后因企图谋反,不仅事败自杀,而且名字也被恢复了双名,以示惩罚。像这样对起名用字的一减一增,表现了强烈的褒贬意向,人们从此有了"起双名是低贱的"这一观念,很少再有人用双名。这种风气一直持续了300多年,到南北朝时期才略有改观,隋唐五代时进一步改变,从宋代开始才有更多的人使用双名。因此,起单名便成了东汉至宋代以前近千年间人们起名的最大特点。尽管其间的某些人偶尔有使用双名的情况,但几乎都有各自的特殊原因,属于基本特点以外的特殊情况。

魏晋南北朝时期,人们起名的特点基本延续了此前的习惯,所起名字的含义多为报效祖国、光宗耀祖、绍兴家业、安国宁邦之类,在形式上基本都是单名。当然,由于这一时期基本处于战乱之中,人们的思想习惯不再像周朝或两汉那样被严加束缚起来,加上又有道教的形成和佛教的传人,在起名上也出现了相对自由或多样化的特点,起的名字也大多打上了时代烙印。如当时新出现的起名特点之一便是喜欢重复用字,另一个特点是喜欢在小名前加"阿"字,甚至连魏武帝曹操这样的人也有一个叫"阿瞒"的小名,其时代特征十分明显。此外,这一时期还有人喜欢在名字中加上"之"字,或加上表明自己宗教信仰的字,也成为一种新现象。其中,用"之"字起名的突出例子是著名书法家王羲之及其子孙。王羲之的名字是羲之,7个儿子的名字分别是玄之、凝之、涣之、肃之、徽之、操之、献之,两位孙子的名字是桢之、靖之,两位曾孙的名字是翼之、悦之。如此祖孙4代相继,被认为是当时的典型事例。至于在名字中加上表明自己宗教信仰的字,其原因在于南北朝人大多笃信佛教或道教,佛教中的"僧""惠""昙"等字和道教中的"道""玄""灵"等字都是各自宗教的代表字,被用在名字中当然是宗教信仰的标志。诸如此类的名字有王僧达、陆惠晓、王昙首、萧道成、王玄谟、谢灵运等。据日本《东洋史研究》的有关文章统计,当时的人名仅带"僧"字的就有122人,带"昙"字的39人,可知当时用名字反映信仰的风气之盛。

历史发展到隋唐五代时期，人们起名又出现一些新的特点。根据马来西亚学者萧遥天在《中国人名的研究》一书中的研究，当时人喜欢在起字时只用一字，称呼上标榜排行，名字中喜用"彦"字。属于第一种情况的人名有房玄龄字乔、张巡字巡、徐坚字伦、谢逸字海等；属于第二种情况的人名，从当时人韩愈所写一首诗的名字中就可看出。这首诗名字即《赴江陵途中寄赠王二十补阙、李十一拾遗、李二十六员外、翰林三学士》，其中的人名分别

王羲之

代表王涯、李建、李程等，诗中称呼的都是他们的排行；第三种情况则主要集中在唐末五代。由于"彦"字指才华出众的杰出人物，加上当时世风日下、朝中乏人、社会动荡，所以许多人都以"彦"字起名，仅唐末至宋初几十年间，以"彦"起名的大小人物就有 145 人见于史册，其中的知名人士有唐末宰相徐彦章、后梁都指挥使杨彦洪、南汉大将伍彦寿等。甚至有些人想起带"彦"字的名字而找不到适合的字与之搭配，只好借用别人已经叫响的名字。如当时仅名"彦章""彦威""彦卿"的人就各有 7 个，"彦超"有 11 个，"彦进"有 4 个，"彦温""彦韬"各有 3 个。整个官场政界，几乎成了"彦"字人名的天下。

入宋以后，由于自王莽以来忌起双名的习惯从南北朝开始逐渐破坏，特别是伴随民间修家谱风气的盛行，"字辈+本名"的起名方法被广泛采用，双名的使用率越来越高，人们起名的形式也基本固定下来，有了字辈起名、排行起名、音序起名、用典起名、阴阳五行起名，以及双名、单名和名、字、号等多种形式。这些形式大多历辽、金、元、明、清保留到近现代，有些还一直延续到今天。其中仅就双名而言，根据有关方面的统计，我国在宋代以前的双名使用率还不到人口总数的一半，但在宋代以后，无论是贵为一国之尊的帝王还是普通百姓大都采用双字起名。至明清时，双

名已占人名总数的 60%~70%。另外,由于文化高度发达,加上佛、道等宗教的衰落和科举制度的盛行,人们在起名时喜欢用一些与文化有关的字,一些饱学之士更喜欢在帮人起名时引经据典,以至所起名字的文化含量大为增加,文、德、儒、雅、士等也成为人们起名时经常使用的字。其中如北宋词人周邦彦的名字,就出自《诗经》"彼其之子,邦之彦兮"。另据宋人俞成《萤雪丛说》记载,当时崇拜颜回的人起名"晞颜"或"望回",敬慕韩愈的人起名"次韩"或"齐愈"。宋代以后,这种起名方法也不断得到发扬光大。

以上是我国历代起名的一般情况。当然,历史上的名字问题远非这么简单。如在通常的名和字以外,一些特殊行业的人还有"号",而"号"又可进一步分为别号、雅号、绰号、尊号、谥号、道号等;同样,仅仅是"名"一项,又可分为别名、幼名、冠名、假名、戒名、训名、艺名、笔名等,另外在男名和女名的起法上又有许多不同的特点。不过,我们仍然可以归纳为一点,即由于历史上各个时代的背景不同,不同时期的名字大都带有当时的烙印。了解这些不同的特点和知识,不仅有助于我们正确认识名字的作用,也会开阔起名的思路和视野。

2.当代人名特点

人类的历史在进入当代以后,人名时代性的特征也同样突出。仅就一般情况而言,生活在我国各地的人逐渐摈弃了起谱名和起字的习惯,在起名时一度热衷单名,造成大量重名,在用字上有明显的时代性和地区性,且名字与性别有密切关系。其中如从起名用字上看,就具有相对集中和时代性强等特点。根据一些学者对近年的人口普查资料统计,发现人们起名时所用的字中有些使用频度较高,且有一定的稳定性。这些字主要有华、明、志、永、平、新、庆、光、利、端、学、俊、龙、秋、菊、彩、家、少、天、胜、继、坤等。但有些字的使用则有强烈的时代性。如在 1949 年以前,起名最常用的字是英、秀、玉、珍、华、兰、桂、淑、文、明、芳、德、金、荣、清、素、云、凤、宝、林等,其中许多还是女性的起名用字,说明女性用字较男性更为集中,同时时代性还不明显。但到 1949—1966 年间,起名常用字则变为华、英、玉、明、秀、国、丽、建、芳、文、平、荣、珍、凤、春、金、桂、志、兰、德等,其中的华、国、建等字都有与中华人民共和国建立有关的政治意义；在 1966—1976 年间，起名常用字又变为红、华、军、文、英、明、丽、建、玉、春、小、国、艳、梅、平、芳、志、伟、海、秀等，其中文、红、梅、军、东、立、斌、卫、兵等字使用频度高于其他字，也正是因为受"文化大革命"的影响；在 1976—1982 年间，起名常用字再变为华、丽、春、小、燕、红、军、伟、晓、艳、明、建、志、海、亚、平、文、英、梅、芳等，我们从中可知政治意义尽管有所淡化，但依然没能摆脱当时刚刚开始的改革开放和对越南自卫反击战等重大政治事件的影响。只是到了 1982 年以后，人们才慢慢疏远那些政治色彩较浓的字，同时减少了传统起名用字的使用率，而追求新颖、脱俗，表现出了新的时代特色。

当然，由于我国幅员辽阔，各地风俗习惯和文化背景又不尽相同，在起名用字上也存在着一定的差别。如据一些学者对前些年人口普查的抽样调查资料研究，发现在北京、上海、辽宁、陕西、四川、广东、福建等 7 个省市中，起名使用率最高的 20 个字是英、华、玉、秀、明、珍、文、芳、兰、国、丽、桂、荣、树、德、春、金、建、志、凤，但具体到各个省市，使用的情况又不尽相同。如北京人起名时使用率最高的 20 个字是淑、秀、英、玉、华、兰、文、荣、珍、春、凤、宝、桂、德、明、国、志、建、红、永，上海则是英、华、芳、明、珍、妹、金、宝、林、秀、国、根、建、文、娟、玉、凤、娣、美、惠，辽宁是玉、桂、英、华、素、兰、凤、秀、春、淑、德、文、丽、珍、荣、艳、国、云、芒、军，陕西是英、芳、秀、玉、兰、文、华、建、明、军、平、林、国、春、红、志、霞、梅、永、小，四川是华、秀、英、明、玉、清、琼、珍、德、成、芳、国、光、云、文、素、小、兴、贵、建，广东是亚、英、华、明、玉、丽、珍、芳、文、秀、伟、荣、少、兰、惠、桂、妹、国、金、志，福建是丽、秀、治、美、玉、华、水、英、金、明、文、花、国、清、志、珍、惠、淑、建、庆。其他各省市也在基本相同之中存在着差别，说明起名用字的确带有一定的地区性。另外，无论是北京还是其他省市，英、华、玉、秀、明、珍 6 字都是使用频率最高的字，其覆盖率在全部人名用字的 10% 以上；加上其余 14 个字，总覆盖率在 25% 以上。说明在这些省市中，至少有 1/4 以上的人名用字在这 20 个字之中。

由于起名用字较为集中，加上当代人多以起单名为时尚，因此就使重名现象的出现成为可能。重名不仅为当事人带来诸多不便，而且还能引发一些社会问题。

所以,在生活中为了减少不必要的麻烦,在起名时应尽量避免与别人同名。

在当代人起名时,还存在一定的城乡差别。生活在城市里的人起名较为随意,基本上是随心所欲,无所顾忌;而农村的人则要考虑诸如是否冒犯亲近人名讳、是否与命运相合、是否符合家族习惯等诸多问题。尤其是在南方各省和较为偏远的北方农村,目前还保留着起谱名、查八字、用阴阳五行法起名等传统方法,还没有从传统民间起名方法中摆脱出来,时代感和个人特色并不那么明显,充分反映了起名问题的复杂性和多样性。

六、人名的发展趋势

随着人口的增加和社会的发展,我国传统的起名风俗在新形势下也在不断发生着变化。总的趋势是人们不再像过去那样重视名字的血缘意义,而是只把它作为彼此区别的符号。在这一总的趋势下,有些人起名时只考虑自己的爱好,而不再有让名字符合家族字辈、五行八卦、是否犯讳等的顾虑;有些人在随意制造新的名字;还有些人把欧美的起名习俗纳入自己所起的名字之中;更有的人采用了双重姓氏加名字的起名手法;也有人习惯把网名当人名。从上述这些现象中,我们不难看出我国人名的一些发展趋势。

现在人起名字,曾一度以起单名或重叠名为时尚,如"李强""王刚""刘勇""张伟""郭圆圆""赵莎莎"等名字随处可见。其实,这两种起名方法都不可取。就前者而言,我国的人口总数已经突破了13亿大关,一些常见姓氏的人口越来越多,加上使用单名的人越来越多,重名问题也显得十分突出。同样,目前社会上流行的起重叠名的做法也是不妥的。孩子年幼时起一个重叠字的名字可能会让人觉得亲切可爱,但随着年龄的增长,孩子会变成少年、青年、壮年甚至老年,到时候仍旧使用一个只适合儿时使用的重叠字名字,只会让人感到别扭和滑稽。

我国人使用4字及4字以上名字的现象近年来也有所见,其基本方法是在原来的名字前加上别的姓氏,或者在通常的名字后缀以辅助词。如原国民党政府主席蒋介石夫人宋美龄,婚后又名蒋宋美龄;全国政协原常委刘王立明和赵元任之妻赵杨步伟、香港政治名人范徐丽泰,使用的也都是4字名。她们的名字都是由自己的姓名加夫姓而组成的。另外,随着我国计划生育政策的推行,有些父母为了让独生子女的名字更有意义,采用了父母两个姓氏相连、另加孩子名字的起名方法,起出了诸如王李一明、赵钱玉山这类的4字名字。又据有关方面报道,原国家女排老将曹慧英在与丈夫殷勤生下女儿后,为女儿起名"殷乐笑子",则是另外一种性质的4字名。上述三种情况,前者由于婚前、婚后实际使用两个名字,造成了姓名的复杂化,远不如后两者来得简单自然。所以,有些研究者认为,如果想起4字名,最好在孩子生下来后就起,婚后改名对减少重名的意义并不大。

我国目前正处在高速发展时期,一些新情况和新问题在不断出现,与之相应的起名问题也越来越复杂。据某些资料介绍,我国的台湾地区由于受日本文化的影响,青少年中一度流行起日本名,其中女性多在原来的名字后面加上"子"字,男性则加上"郎"字,成为像日本名字一样的4字名。在大陆,某些地方也出现了如沈芳娟子、高吉太郎、纪因斯坦等具有外国人名性质的名字。这类名字虽然突出了个性,但并不符合民族习惯,所以也未必算是好的名字。至于起网名,或者逐渐把网名当作本名,或者以网名为人所知,等等,情况更为复杂。限于篇幅,就不再赘言了。

第二节　起名原则

关于名字及其重要性,我们中国人有不少习惯说法,如"人过留名,雁过留声","行不更名,坐不改姓","名不正则言不顺,言不顺则事不成","赐子千金,不如赐子一名",等等。这些都是说,名字作为人与人之间相互区别的符号,在我们的日常生活中具有不可或缺的作用,一旦有了名字就应该尊重它的客观性和延续性。毕竟,除非特殊原因,人的名字将与自己相伴终生。加上在现代社会中,越来越多的父母还都关注名字的寓意性,想通过起名来表达对孩子的期望,"望子成龙,望女成凤"是普遍心理。正是在上述诸多因素影响下,为孩子起名越来越受到重视,许多父母及其亲友不仅从一怀上孩子就开始琢磨孩子的名字,甚至动用一切能够利用的关系帮助孩子起名,或者不惜花钱找专业人士起名。上述这些都说明了对名字的重视,但在事实上,无论通过什么方式起名,起名都有它的基本规则。正如各行各业都有一定的成规一样,起名也是"无规矩不成方圆"。毕竟起名是人生的一件大事,我国自古就有一定的规矩或原则。在我们为孩子起名以前系统了解这些规矩或原则,会有助你为孩子起个满意的名字。

一、确定合适人选

对年轻的父母来说,孩子一生下来,首先遇到的问题之一就是怎样为孩子起个名字,这不仅因为他(她)出世后就成了这个世界上的一员,需要有个名字作为标记,而且还要到派出所登记户口。根据我国目前的有关规定,无论是城市里的孩子还是农村的孩子,在出生后的一个月内都要去报户口,报户口时所用的名字都要是正规的名字。加上我国还规定不准随意更改名字,所以,孩子报户口时的名字往往要使用一辈子。因此,不能不一开始就给孩子起个好名字。

有些年轻人在刚结婚的时候,或者在怀上孩子以后,就已经为孩子构思名字了。等到孩子呱呱落地,就有现成的名字去用。像这样的情况当然好,但据笔者所知,上述情况毕竟不多见。绝大多数情况是,许多将要做父母的人虽然也想过事先为孩子准备个名字,但直到孩子出生时还没想好,或者是原来准备好的名字对孩子根本不合适。可以说,绝大多数人都面临为孩子起名的问题。那么,谁最适合为孩子起名呢?

在我国古代,贵族家的孩子生下来,都要先到祖庙里去烧香告祭祖先,称为"告庙",然后由保姆和孩子的母亲一起,抱着孩子去见孩子的父亲。父亲详细询问了有关情况后,就拉着孩子的右手,为孩子起名。孩子的母亲把名字记下,回去后把孩子交给老师,并让老师把孩子的名字告知女客人和家里的妇女。而孩子的父亲则把孩子的名字报告给族长,然后由族长告诉同族的人,并连同出生年月日一起告知当地主管部门。主管部门则填写两份有关表格,并把其中一份交更高一级的政府存查,另一份自己保存。这样,孩子便有了名字和户口,正式成为这个世界上的合法一员。

当然,古代给孩子起名时,一般平民之家并没有那么复杂,而且起名的人也不止孩子的父亲一个。大多数情况是:"告庙"以后,除由孩子父亲起名外,有时也由孩子的祖父起名,或者由族长或族内的饱学之士根据孩子所在的支派和字辈起名。

现在给孩子起名字,最有资格和最合适的应算是孩子的父母。因为自己生的孩子由自己起名,意义较大。如果父母确实不能胜任,才可以考虑由孩子的祖父母、外祖父母及其他的亲戚起名,这样起出的名字也有一种血缘上的亲切感。假如上述这些人都无法给孩子起出一个理想的名字,才可以考虑由其他人起名。这些人主要包括邻里朋友、社会贤达、党政干部、学校教师、医生、警察、各界文化人、大学生或专业起名人士等,起出的名字也都会有不同的意义。

值得一提的是,随着我国文化事业的发展,为孩子起名也越来越社会化,各地都出现了不少专门的起名公司,从事为人和企业起名改名的经营活动。无可否认,各地的起名公司的确为不少孩子起了很多新颖雅致的好名字,解决了许多父母的燃眉之急,但也无可讳言,起名公司毕竟是一种商业经营行为,为了维护自己业务的日常运转,常常采取一些特殊的经营手段,比如引导前来起名的人去关注孩子的生辰八字、八卦六爻、五格剖象、笔画数术等充满神秘色彩的所谓"文化",故意把名字与孩子的命运联系在一起,使本来很单纯的名字变得复杂化,在起名者似懂非懂之中大赚其钱。甚至有些无良公司仅仅只有几个备选的名字,还把这些名字说的如何如何神秘,如何如何对孩子的命运有利,结果无论是张姓的孩子还是李姓的孩子,起出来的都是那几个名字,造成新的重名现象。从目前被曝光的事例上看,各地起名公司普遍存在故意拔高从业人员身份的现象,声称其为人起名者是什么大师、会长或国内外某著名机构的负责人、顾问、理事等,或称其是教授、博士,甚至不惜编造一些莫须有的机构、组织,自任负责人,目的都不过是为其敛财寻找依据。结果,各地为人起名的收费也越来越高,从原来的几十元上涨到数百元,甚至有高达上千元乃至近万元的天价。还有人盗用他人的起名成果,署上自己的名字,找人印制后堂而皇之地在社会上散发,误导起名者。也有人故弄玄虚,信口雌黄,为了赚钱几乎无所不用其极。关于上述这些,我们不妨看一看以下三个事例。

事例之一是说，在吉林省长春市街头，曾经在几乎一夜之间出现了许多起名公司，据说生意还都不错。但其真相是否像他们自己标榜的那样神奇有效，曾引起过不少人的怀疑。对此，一位有心人曾以替自己新生的儿子起名为借口跑了三家公司，结果让人大跌眼镜。他所到的第一家是一个在门外挂着"起名、改名"招牌的小店，推门进去却是一个水果店，店主声称起名人另有工作，在某某局上班，而自己拿出一张表，表上开列的项目有"父亲名""母亲名""孩子的出生年月日""性别"等，要他填表交押金，约好第二天上午 9 点来取。等他第二天上午按约定准时前来时，该店主交来一张纸，上面写了十多个名字，并转达起名者的意见说："你的儿子是'火命'，不缺'金'，需要补'火'与'木'。火能炼金，越炼越好。所以建议你的儿子使用第二个名字，即王炳程，这个名字的第二个字里有'火'，第三个字里有'木'，很吉利。"由于他曾提出希望儿子能在科技教育界发展，店主还特意说"王炳程"这个名字在医学界属于"大吉"，斩钉截铁地指出"将来你的儿子会是一个很有名的医生"。带着这样的结果又到第二家，起名者是一位戴着老花镜的老先生。这位有心人说明来意："我的儿子这些天晚上总是一宿一宿地哭闹，有人告诉我，可能是我儿子的名字有问题。我儿子叫王炳程。"老先生把这几个字写在纸上，眯着眼看了半天说："你算来对了，这名字还真是有问题。"他把身边厚厚一摞书翻来翻去，过了半天才说："你儿子是'金命'，而且是'白蜡金'"，并说这个"王"姓从祖上传下来时不缺"土"，从孩子的生辰八字上看命里缺水，应该补"水"。老先生很重视笔画，算来算去用了很长的时间，最后在自己女儿的帮助下起出了新名字"王渤天"，还认真从"总象""天象""人象""地象"等方面解析一条条从书上抄下来的吉利话，最后十分满意地说"这个名字好啊！大气，有气魄，将来你儿子肯定是个将相之才"。最后，这位有心人带着结果又到了第三家，受到一位自称是省周易学会的"李老师"接待。当这位有心人重复了在第二家说的来意并出示了"王渤天"的名字后，"李老师"一副不屑的样子说，"现在这个名字根本不行"，看完这位有心人"儿子"的生辰八字后便从桌上拿起一个本子说："你的儿子是'火命'，命不好，终身劳碌，体绝形亡。名字就是运，所以一定要从'运'上去补，补上'水'与'土'。"他像前面那个老先生一样查了半天书,最终改名为"王一瀚",还得意地说,"这个'瀚'字好,比天还大,更有气魄"。当这位有心人提出异议说"一瀚"与"遗憾"谐音时,他尴尬地挠头说重起一个,最后把名字敲定为"王一达",解释说"'王'字底下加一横,四平八稳。'达'就是能够达到,很吉利"。见这位有心人一副虔诚的样子,他又画了一道符,要这位有心人在晚上给"儿子"烧一遍,孩子保证立刻不哭。

有了上述三次经历以后,这位有心人很感慨,认为这些起名公司有一些共同的特点:他们起名时通常先否定掉你拿来的那个名字,用以显示他自己的高明,然后再引经据典以自圆其说;他们从各种各样的典籍里引用的东西,有一些是共同的,只要具备一定的常识,都可以推出来;收费价格随意性很强,察言观色,根据顾客的经济实力来随口要价。

事例之二是说,一位石家庄的记者暗访起名公司,走进店里后首先发现在引人注目的位置摆放着一本《周易取名》。当"坐堂"的店主得知记者是来咨询起名的,马上大谈自己的技术如何高超,生意如何了得。还一再提起名字对于一个人的重要性,并且说起一个"有运"的名字很讲究,需要顾客提供姓名、出生日期、性别、出生地点等资料,然后要对字面进行分析,根据这人母亲、父亲、五行等方面来起,对偏旁部首、字义笔画等都有讲究。并说起名讲究心诚则灵,有固定的标价,不做讨价还价的生意,并且先交钱,后起名。当记者拿出一个名字要他看看吉凶时,他振振有词地说,"这个名字和生辰八字相冲,如不改名,一生将十分坎坷,而且在几年后有大劫难",并表示只要记者愿意,将马上重新起一个"大吉"之名,保证会使"运势"好转,从此好运就会"慕名而来"。

事例之三是说,大连一位姓冯的市民经过筹备开了一家饭店,尽管租房子、搞装修、招聘员工花费了不少财力精力,但没想到的是,最令他头疼的竟是为店铺起名字。他先后在一家起名公司花了上千元钱,对方给的几十个名字全是些极为常见的,他始终感觉不满意,最后仍是用了自己想出来的名字,生意也没有像起名先生预测的那样"亏损"。冯先生回头一想,觉得起名公司实在是故弄玄虚,目的无非为了骗人钱财,最后把自己的经历告诉了当记者的朋友,约好两人一起再到这家起名公司，以替孩子改名为由试探究竟。结果，当该公司的起名先生一见冯先生，还以为他是要来为公司改名字的，立刻说："怎么样？你不听我的话，是不是饭店经营得不好？现在改名还来得及。"得知冯先生的饭店经营得还不错，起名先生又断言："咱走着瞧。"接下来，起名先生开始大讲名字的重要性，称名字能决定人的前途和命运，改名可以让店铺扭亏为盈。他举出三毛、翁美玲、洛桑、刘丹的例子，称他们就是因为名字没起好，水火不容，结果年纪轻轻就自杀，或遭车祸送命。他又说麦当劳、肯德基之所以生意做得那么好，正是因为名字起得好。当记者要求起名先生看看自己的名字如何时，起名先生先将三个字按繁体笔画数了一遍，然后掐着手指念念有词，一番"测算"后，摇了摇头说"你这个名字不吉利，必须得改名。"记者表示不信，起名先生就开始讲天格、地格、人格一类玄妙词汇，又说了五行相生相克的道理，最后说："你这名字里五行相克，40岁的时候肯定有一大劫，不是天灾就是人祸，能不能闯过都难说。"在把记者说得毛骨悚然后，起名先生一转言："你想想，你的前半生是不是过得不顺利？周围有没有小人？告诉你，赶快改名，准能转运。"记者装作半信半疑，他便搬出《周易》，大讲一番道理，让记者确信名字跟命运有关。话已至此，名字似乎是非改不可，记者问起名多少钱，起名先生说："看你想起什么样的了，光想要个好听时髦的，按普通的价格就行。'命里缺什么补什么'，得翻翻。如果要拆八字，根据《周易》起个好名，以求飞黄腾达、万事顺利、前途无量，就得再翻一翻。"按照起名先生的解释，所谓"命里缺什么补什么"，就是指看求名者命里缺金、木、水、火、土哪一行，名字里就加个相关的字。比如缺金就加个"鑫"字，缺水就加个"清"字。至于"拆八字"，就是根据求名者的生辰八字，按照相生相克的原理起个笔画"好"的名字。

　　上述三个事例，都是记者在近年的暗访中亲身经历，我们或许可以因为它们过于典型而否定它的普遍意义，但从中了解起名公司经营的一般情况还是足够的。从大多数起名公司的经营方式看，其"业务"总的来说分起名和改名两种，但无论哪种"业务"，无非都是在想方设法做成生意，以至引经据典、故弄玄虚、信口雌黄等成为经常手段。难怪有人说，只要胸中有一点墨水和一个三寸不烂之舌，这样的起名公司人人都开得起来,其基本素质要求与装神弄鬼、为人算卦抽签的人一样,说服人的方式也与走街串巷的算卦人如出一辙。正因如此,有人说许多路边摆摊的算命先生对这些起名公司很不服气,说"大家都是算命,唯一的区别就是他们有执照,在屋里算,我们没执照,在街上算"。起名公司因其缺乏行业自律而在世人眼里竟沦落到靠算命敛财的地步,其所起出的名字真正价值当然越来越多地被人怀疑了。

其实,名字只是一个人的代号,通过起一个好听好记的名字来寄托起名者良好的愿望本无可厚非,但如果神化名字的作用,硬是说它与人的命运有关,"名字决定命运",改了名字就可以改变命运,就显得武断和唯心了。因为在事实上,决定一个人一生成败的因素很多,先天素质、性格因素、家庭环境、社会环境、受教育程度等,都对一个人的命运和前途有着影响,而人的名字与人的命运几乎没有关系,至少在目前还没有科学证据能够证明它对命运起决定作用。从上述事例中可见,有些起名者喜欢根据人的生辰八字来测算名字,但在事实上,我国平均每个时辰(两小时)都会有2000多人出生,按照起名公司的人的说法,这2000多人都属于同年、同月、同日、同时出生的人,无论男孩还是女孩,生辰八字完全一样,如果起了相同的名字,他们的命运也会完全一样的。而我们每个人都知道一个基本常识,在这个世界上绝对不会有命运完全相同的两个人。再者,几乎所有起名的人都会把名人的名字作为好名字的实例,把坏人或那些不得善终的人的名字作为坏名字的实例,但按照生辰八字的学说,那些生辰八字相同的同名人无论好坏都是一样的命运,事实上这种说法同样得不到证实。有人曾举例说自己有位亲戚与某开国元帅同名又同年,但他不仅没有成为国家领导人,反而连一般人的命运都不如:是一位终生与黑土地打交道的人,整天面朝黑土背朝天,终了还是长眠在黑土地中,与那位开国元帅的命运有天壤之别。又如有些起名公司喜欢用生肖起名,其做法同样经不起推敲。因为我国每年出生的人都有1100多万,这些人都是同样的生肖,其中难免有人起一样的名字,这种同生肖的同名人也不可能有一样的命运。还有,某些起名公司为人起名喜欢用计算笔画的办法,认为不同的笔画有不同的命运。其实,这种所说的笔画只有81种情况,也就是说他们认为人类只有81种命运,笔画相同的人命运也一样。实际上,这种说法的荒谬性更不值得一驳。此外,上述所举起名公司几乎无一例外地都否定顾客提供名字的价值,都会说出一大堆不好的理由,经过一番煞有介事地推演、批算后,起出一个自称是"举世无双"的名字来。但当你拿着这个刚改好、据说最完美的名字到下一个起名的公司,答案仍然是这个名字有问题,必须更改,不然既压运气,又会有灾祸,让你不改就闹心。其实,对于后面这种情况,有人曾支过一招,那就是只要动动脑子就很容易发现这些人的骗术。因为如果起名人真有通过改名让人改变命运的本领,何不把自己的名字改一下,从而飞黄腾达、一夜暴富,省得整天苟苟且且地骗些小钱。透过这些说法再联系到上述事实,我们不难发现其中确有道理。

总之,为孩子起名毕竟是一个家庭的大事,为了让起出的名字更有意义,确定合适的起名人选是不应忽视的一大原则。

二、遵守国家规定

根据我国的《民法通则》和《户口登记条例》,孩子出生后要办理相关的出生证明和登记户口。根据这些规定,从1996年1月1日起,凡在我国境内出生的人口,统一使用依法制发的、按照栏目要求填写并加盖"出生医学证明专用章"的《出生医学证明》。新生儿父母或监护人凭《出生医学证明》和相关的计划生育证明,到新生儿常住户口登记机关申报出生登记。1998年7月22日以后,根据随父随母自愿的原则,新生儿可以在其父亲或母亲常住户口所在地的户口登记机关申报常住户口。其申报登记常住户口的性质,都依据其随父或随母的户口性质而确定。另外,对于那些登记了户口而又要求改名的孩子,有关方面也有相应的规定。具体说来,这些规定大致包括以下几类。

1.办理新生儿户口登记的一般规定

(1)婴儿出生一个月以内,婴儿父母或监护人凭计划生育服务部门签发的《生育服务证》、婴儿出生医院签发的《出生医学证明》,持《居民户口簿》到新生儿常住地户口登记机关申报出生登记;

（2）超计划生育出生的婴儿，由当地计划生育部门对其父母按有关规定进行处罚后，可在其母常住户口所在地申报户口；

（3）非婚生婴儿，可以在其母常住户口所在地申报户口；

（4）父母户口不在婴儿出生地的婴儿，可回到常住户口所在地申报户口，或按相关规定进行申报。

2.办理新生儿户口登记的特殊规定

（1）民政部门抚养的弃婴、孤儿，由该单位向户口登记机关申报出生登记；

（2）婴儿出生后，在申报出生登记前死亡的，应当同时申报出生、死亡两项登记。如果生下来即已死亡，不申报出生、死亡登记。

3.关于更改姓名的规定

根据我国《户口登记条例》第十八条和公安部三局《关于执行户口登记条例的初步意见》第九条的规定，公民申请更改姓名按如下规定办理：

（1）凡因户口登记部门工作失误造成公民姓名差错的，由造成差错的派出所出具证明，经现户口登记地派出所所长批准后，给予更正；

（2）未满十八周岁的公民，要求变更姓名的，由本人或监护人写出书面申请，在校学生由学校出具证明，经派出所所长批准后，给予变更。被收养或被认领的人，年龄较大的需征得本人同意；

（3）年满十八周岁的公民申请更改姓名，需填写《居民变更身份申请表》，经本人所在单位人事部门审核签署意见后，持户口本等到各县、市公安局户证处审批办理。无单位的公民申请更改姓名的，由父母一方所在单位签署意见后审批办理，父母无工作单位的，由所在居委会签署意见后审批办理；

（4）原冠夫姓的妇女申请去掉夫姓，或称氏改为姓名的，以及僧、道、尼由法名改为俗名的，经派出所所长批准后，给予变更。

4.正在制定中的相关规定

笔者从有关方面获悉，我国的公安部门正在加紧制定《姓名登记条例》，以便更好地保护每个公民的姓名权，同时也使起名有法可依。该条例所说的姓名登记是公民户口登记的重要内容,也是我国关于姓名的专门条例。尽管在过去,我国的《户口登记条例》《婚姻法》《民法通则》等法律法规对姓名的有关问题曾做出规定,对规范公民设定和变更姓名等行为、保护公民的合法权益起到了积极作用,但近年来随着经济社会的快速发展,人们的思想观念发生了很大变化,在姓名登记方面出现了诸如公民随意设定姓氏、起名用字不规范、频繁变更姓名、恶意变更姓名以规避法律惩罚等新情况、新问题,有必要制定专门的条例加以解决。同时,该条例的制定和颁布对确认公民身份,方便公民正确行使宪法、法律赋予的各项权利和承担相应义务,促进社会管理和公共服务,保障社会正常秩序,也会具有重要的法律意义。

正在制定中的《姓名登记条例》,其基本思路是在立法原则上坚持尊重和保护民族风俗的原则,坚持个人权利与社会秩序相协调的原则。在内容结构上,明确规定姓名设定、姓名变更、登记程序、法律责任等基本制度。在立法形式上,建议制定姓名登记单行法规,由国务院公布施行。在这种思路下,有关部门在充分调查研究和广泛征求意见的基础上,初步完成了条例草案。该草案共包括总则、姓名设定、姓名变更、登记程序、法律责任和附则等 6 章、42 条,其中与起名有关的内容主要围绕起名用字问题,旨在解决用字的随意性和不规范性,减少其为个人生活、工作带来的不便,更好地保护其自身权益,为姓名登记工作的规范化和信息化提供客观保障。其相关规定有:

(1)为了维护国家、社会公共利益,尊重和保护民族习惯,抵制封建文化和殖民文化的侵蚀和影响,起名不得含有下列内容:损害国家或者民族尊严;违背民族风俗;容易引起公众不良反应或者误解;

(2)姓名登记应当使用规范的汉字和少数民族文字,起名用字国家标准由国务院语言文字工作部门或国务院标准化行政主管部门制定;

(3)起名不得使用或者含有下列文字、字母、数字、符号:已简化的繁体字;已淘汰的异体字;自造字;外国文字;汉语拼音字母;阿拉伯数字;★、△、φ、Θ、※、⊙、〤、δ 等符号;其他超出规范的汉字和少数民族文字范围以外的字样;

(4)除依照规定使用少数民族文字或者书写、译写汉字以外,起名用字应当在1个汉字以上,6个汉字以下。

由于姓名条例是与姓名登记有关的综合性法规条文,所涉及的内容当然不只包括起名一项,还有不少其他方面的规定。其中如对改名的规定就十分具体,规定为了保障公民权利、义务关系的持续、稳定,维护社会秩序,公民无正当理由不得变更姓名,确需变更时必须首先提出申请,经户口登记机关审核批准。其中申请变更名字的,应该符合以下条件:同时在同一单位工作或者在同一学校学习姓名相同;与社会知名人士姓名相同;与声名狼藉人员姓名相同;与被通缉的犯罪嫌疑人姓名相同;名字粗俗、怪异;名字难认、难写;名字可能造成性别混淆或误解;公民出家或者出家人还俗,变更为法名、道名或者原姓名;其他特殊原因。不予办理姓名变更的情形有:因故意犯罪或违法行为曾经被处以有期徒刑以上刑事处罚或劳动教养;正在服刑或被执行劳动教养;正在接受刑事案件或治安案件调查;民事案件尚未审结或者尚未执行完毕的;行政案件尚未审结或行政处罚尚未执行完结;个人信用有严重不良记录;公民担任法定代表人时因故意行为造成单位信用有严重不良记录;户口登记机关认定不宜变更的其他情形。此外,为了防止滥用姓名权,频繁变更名字,《条例》还规定年满18周岁的公民申请办理名字变更登记以一次为限,其一般程序是:已满18周岁的公民和以自己的劳动收入为主要生活来源的16周岁以上不满18周岁的公民申请办理姓名变更登记,应当出具本人的居民户口簿、居民身份证、本人签字的《姓名变更登记申请表》、户口登记机关要求提交的其他证明材料等证件和证明材料;未满18周岁的公民申请办理姓名变更登记,应当由父母或者其他监护人代为办理,并应出具本人的居民户口簿、居民身份证、父母或其他监护人的身份证件或者证明材料、父母或其他监护人协商同意变更子女姓名的证明等;父母一方亡故另一方再婚后要求变更未成年子女姓名的,应当区别不同情形,准予当事人及其监护人凭要求出具的证件和证明材料办理姓名变更手续。已满18周岁的公民申请办理姓名变更登记被核准的,应当自接到批准通知后的7日内,在指定的报刊上发布姓名变更公告。自公告发布后的30日内,申请人应当持公告到户口登记机关办理姓名变更登记手续。逾期不发布公告或者发布公告后逾期未办理姓名变更登记手续的,视为自动放弃姓名变更登记权利。由于姓名变更后,户籍档案资料需做相应变更,增加了管理成本,公民办理姓名变更登记还应交纳手续费,收费标准由国务院价格主管部门会同国务院财政部门规定。此外,为了遏制、减少不按规定办理姓名登记、骗取姓名登记和变更登记等行为,姓名登记机关对那些不按规定申请姓名登记或者姓名变更登记的有权不予受理,对于出具虚假证明材料申请办理姓名登记或者姓名变更登记的可以给予警告并处以罚款,对于骗取姓名登记或者姓名变更登记的有权撤销姓名登记或者姓名变更登记。

三、符合起名规范

一个人起了名字,并不仅仅是为了在口头上使用,大多数情况下是让书写和读的。由于名字具备了书写和读两个基本功能,就要求起名者在为孩子起名时一要考虑使所起的名字便于书写,二要考虑所起的名字便于别人去读。但无论是书写还是读都与汉字有关,因此,让起出的名字符合汉字的使用规范,也是起名时必须遵守的一个基本原则。

所谓的汉字使用规范,就目前的情况而言,最简单地说,就是起名用字要规范,不使用不规范的字起名。只有实现了起名用字的规范化,人名信息的传递才能方便、准确、迅速,才能有利于社会生产和社会生活。那么,究竟什么是规范汉字呢?概括而言,规范汉字是符合国家规范的标准字,包括经过整理简化的字和未整理简化的字两部分。其中经过整理简化的字是指经国务院或国家主管部门批准,以字表等形式正式颁布的现代规范汉字,其字表主要包括国家语言文字改革委员会发布的《简化汉字总表》(1986 年)、《第一批异体字整理表》(1955 年)、《现代汉语常用字表》(1988 年)、《现代汉语通用字表》(1988 年)等。未整理简化的字是指历史上沿用至今但未经整理简化或不需要整理简化的传承字,如人、山、川、日、水、火等字。与此相反,那些已被简化的繁体字、已经被废除的异体字、已经被废弃的《第二批汉字简化方案》(1977 年,俗称"二简字")和乱造的不规范的简体字、错别字等都是不规范字。规范字不仅是汉字的主体,也是负载中华文化的主体。对此,我国从 2001 年 1 月 1 日开始实施的《中华人民共和国国家通用语言文字法》曾明确规定"国家通用语言文字是普通话和规范汉字","国家推广普通话,推行规范汉字",指出每个公民都"有学习和使用国家通用语言文字的权利",要遵循社会用字规范。使用规范字还有利于维护国家主权和民族尊严,有利于国家统一和民族团结。只有使用规范字,国家的通用语言文字才能实现规范化、标准化和健康发展,在社会生活中才能更好地发挥作用,各民族、各地区经济文化交流才能借以得到促进。

其实,为汉字的应用确定标准,实现汉字使用的规范化,是文字发展的规律和社会交际的需要。把那些符合文字发展规律的新成分、新用法固定下来,加以推广;对不符合文字发展规律和没有必要存在的歧义成分及用法妥善加以处理,使汉字更好地为社会交际和现代化建设服务,不仅是社会发展为我们提出的要求,也是我国历朝历代的传统做法。在过去,有些朝代通过整理汉字来进行汉字规范化工作,进而订出标准字体,推出规范教本,并用此进行识字教学。如秦始皇统一全国后,首先对秦国文字进行了一番整理,订出了标准字体,保存至今的《仓颉篇》《爰历篇》《博学篇》3 本规范字书就是当时的产物。再者,有些朝代通过刊刻石经、刊正经书字体来进行字体规范,其中东汉灵帝熹平四年(公元 175 年)所刻的《诗经》《尚书》《仪礼》《易经》《春秋》《公羊传》《论语》7 种经书,不仅是我国最早的石经,而且由于还有便于传写、校正经书文字的功能,也起到了规范字形的作用。此外,还有一些朝代通过编写字书、整理异体、辨别俗伪、订正经典中的文字等方式进行汉字的规范化,其中如明朝梅膺祚的《字汇》就是一本规范字形的书。通过上

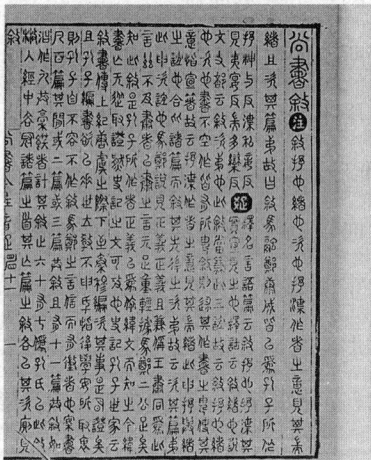

《尚书》书影

述不同的方式,汉字的标准化不断得以完善。当然,过去这种汉字的标准化与今天相比还有所不同,今天的汉字标准化是指在对汉字进行全面、系统、科学整理的基

础上,做到现行汉字的定量、定形、定音和定序。其中定量就是确定现代汉语常用、通用汉字的数量,即对现代汉语用字做一个全面、精确的统计,确定数量,并使之合法化;定形就是规定汉字使用的统一字形,即对每一个汉字定形,做到一字一形,不能一字多形;定音就是规定每一个现行汉字规范化的标准读音;定序就是确定现行汉字的排列顺序,规定标准的检字法。正是本着上述"四定"原则,我国的相关部门在新中国成立以来做了许多汉字规范化的工作,并相继取得了一系列的成果,成为《国家通用语言文字法》颁布的基础。早在1955年,国家文字改革委员会发布了《第一批异体字整理表》,实际淘汰了1027个异体字。1977年,国家文字改革委员会和标准计量局联合发布了《关于部分计量单位名称统一用字的通知》,淘汰了旧译名中的20个复音字、生僻字。1986年,经国务院批准的《简化字总表》重新发布,共收简化字2235个。1988年,国家语言文字工作委员会和新闻出版署(今国家新闻出版广电总局)联合发布了《现代汉语通用字表》,共收字7000个,成为汉字字形规范化的依据。

我们说起名要使用符合国家规定的规范字,其原因当然是有人在起名时用字不规范,其表现主要有:使用不规范的简化字,使用被废止的"二简字",使用已淘汰的异体字,滥用繁体字,等等。对此,国务院曾专门发出通知,指出"当前社会上滥用繁体字,乱造简化字,随便写错别字,这种用字混乱现象,应引起高度重视"。在这一通知精神指导下,国家语言文字工作委员会不仅重新发布了《简化字总表》,还研究了汉字使用中经常遇到的不规范情况,发现其中有些是在写的过程中因形近而讹,如"水"和"木""远"和"运""睛"和"晴""方"和"才""光"和"先""立"和"之""如"和"为"等都是如此。还有些是把一个字写成了两个字,如把"政"写成"正""文",把"峒"写成"山""同",把"项"写成"工""页",等等,都属于这种情况。还有一些经常使用电脑的人慢慢"陌生"了原本熟悉的汉字,要手写的时候总是出错,写字的功能逐渐退化,写错或读错别人名字的次数大大增多。上述这些起名用字的不规范,实际上人为地给名字增加了麻烦。正因如此,一些有识之士对上述现象表示担忧和关心,有些地方还专门进行了针对中学生的调查,从收回的问卷上发现95%的人都把"把汉字写好、普通话说好"与"关心国家大事"并列，放在重要位置。可见，热爱我们的汉字语言文化，自觉遵守汉字使用规范，不忘自己优秀的民族文化传统，应是我们每个人的责任。毕竟，在我们这个星球上，汉字的铁画金钩、龙章凤篆都曾给人带来艺术享受，颜筋柳骨、二王真迹也为世人所拥戴，其中蕴涵着丰富的文化，我们有义务让它一代一代传承下去。

为了让人们起名的用字符合规范，有章可循，减少可能带来的麻烦，我国教育部、国家语言文字工作委员会、公安部等部门近年一直在进行起名规范化的研究，计划在条件成熟时推出人名条例和人名用字表，以及少数民族姓名汉字音译转写规范、少数民族罗马字母音译转写规范、中国姓名排序规范、外国人名汉字音译转写规范、中国人名汉语拼音拼写规范等。其中人名条例是关于起名的行政规范，人名用字表则是起名的用字规范。尤其是人名用字表，将对起名用字的规范化起到重要作用。

我国汉字的数量很大，但实际通用的并不很多，常用的只不过3500个，覆盖率达到99.48%。不常用但又让人见到的大多是人名和地名。由于我国过去受社会发展条件的制约，起名用字的规范意识淡薄，少数有文化、有地位的人一心求雅，起名字爱用生僻字，有时还刻意使用新造字。如清代著名画家八大山人朱耷，谱名叫统鑋。民国国学大师章太炎给女儿起名字，叫章㠭、章㠭、章㠭。这鑋、㠭、㠭、㠭4个字，没有多少人知道该怎么读，一般字典也查不到。同样的情况，在前些年国家有关部门进行的起名用字抽样调查中也有发现，还有人使用不规范的简化字或异体字、繁体字等。其中，使用不规范简化字的事例如把"萧"写成"肖"，把"橘"写成"桔"，把"建"写成"廴"；使用繁体字的如"幹（干）""硃（朱）""華（华）""軍（军）"；使用异体字的如"撝（挥）""峯（峰）""寔（实）""濬（浚）""韻（韵）""崐（昆）""堃（坤）"。由于长期以来无法可依，起名用字没有节制，致使字量无限扩大，尤其是使用生僻字、启用不规范字，甚至自造汉字的现象愈演愈烈，带来至少三个方面的弊病：一是影响人名功能的发挥，给别人和自己增加烦恼。人名的本质是一个人的代号，它是在人类社会中为了区分不同的个人和相互交际的需要而产生的。人名的功能要得以发挥，不仅要能够写在书面上，更重要的是能够被别人读出来。使用别人不认识的不规范字，读不出来也就无法称呼，人名的作用就要打折扣；二是因为起名用字不规范，在使用时让人查找困难，会耽误很多宝贵时间，影响工作效率；三是给户籍管理、人事、银行、保险、交通等行业的工作和计算机终端处理带来很多不必要的麻烦。因此，在广泛考察已有人名用字状况的基础上，使人名用字规范化，确定合适的人名用字数量，实现人名用字定形、定音、定量、定序，确有必要。当然，人名用字规范涉及语言文字学、社会学、民俗学等多个学科，需要公安、民政、信息处理等部门的大力配合，更要考虑到广大老百姓的实际情况，工作难度很大，它的实现需要全社会的理解和支持。

谈到起名用字规范，还有一个方面的问题是，规范的起名用字究竟是哪些？有多少？对此，有关专家曾对我国魏晋至清代的各种文字进行统计，共得出 5744000 多字，其中有 12760 个字的使用频率在两次以上。据此，根据大多数专家的观点，用 12000 多个字起名字，应该是比较合适的数量。更何况，我国汉字的数量虽然很大，但实际通用的并不很多。古代童蒙识字课本《三字经》《百家姓》《千字文》，不重复的字是 1462 个。宋代通行的四书《大学》《中庸》《论语》《孟子》，总字数 56764 个，不重复的字也只有 2320 个。宋诗 18000 多首，用字 4520 个。字数较多的《十三经》，单字也超不过 6000 个。1988 年国家公布的《现代汉语常用字表》收字 3500 个，《现代汉语通用字表》收字 7000 个，这些字包括了现在用字的绝大多数。当然，这些字中的有些字并不适合起名，有些适合起名的字又不包括在这些字中，因此，从这些通用字中选出可以用作起名的字，另外再补充那些可以用作起名的非常用字，合在一起的数量就是 12000 多个。这 12000 多个字中不包括现行规范字所对应的繁体、异体、旧字形，数量超出 GB 2312—80《信息交换用汉字编码字符集·基本集》6763 个的收字范围，也超过 1998 年修订版《新华字典》10000 个的收字量，仅低于国家标准《信息处理用 GB13000.1 字符集汉字部件规范》的 20902 字和《GB18030—2000 信息交换用汉字编码字符集》的 27484 字的收字量。这是由于上述两个标准的收字主要是根据古代字辞书，其中包括大量的繁体字、异体字，以及俗字、讹字、隶定字等。而计划制定的《人名用字表》的收字是建立在实用的基础上，经过科学研究，排除不规范字，从而形成形、音、序、量明确的字集。

当然，国家有关部门制定起名用字规范，并不是说不许那些已经用了不规范汉字的人再使用原来的名字，必须改名，而是说从规范发布之日起，新生儿都要用规范的汉字起名。原来的名字已经是一个社会现实，受法律保护，当然仍然要保留，强迫别人改名是侵犯姓名权的行为。政策法规有一个实行的时限，制定的人名用字规范不是针对在此以前的姓名。

孟子

四、考虑使用方便

汉字是记录汉语的文字，也是世界上使用人口最多、使用时间最长的文字之一，至今已有6000多年的历史，在不同的历史时期形成各种不同的表现形态，并存于今天的现实生活中，为人们所使用。作为文化和信息的载体，它记录了我国悠久的历史和灿烂的文化，至今仍在我们的国家建设和日常生活中发挥着重要作用。汉字还有形体优美、表义性强等优点，但也有数量多、笔画繁复、难认、难写、难记的不足。据统计，汉字的平均笔画是12画，以7到18画的字最多，占到了总字数的80%左右。有些字的繁体笔画更多，甚至多达20多画、30多画，确实给学习和使用带来很大不便。如"龙"字的繁体字"龍"就有17画，"和"的异体字"龢"22画，"郁"字的繁体字"鬱"更是多达29画。因此，如何在汉字本身的局限之下起出使用相对方便的名字，也是我们在起名时必须考虑到的一个方面。

我们今天使用的汉字，主要是由商代的甲骨文发展而来的。从目前公布的考古资料看，我们目前已知的甲骨文字有4600多个，其中能被辨识的大约占总数的商代以后，我国的文字数量在不断增加，其数量也见于不同时期的有关记载中。但汉字作为语素文字，初期的汉字字数不足，很多事物以通假字表示，使文字的表述存在较大歧义。为完善表述的明确性，汉字经历了逐步复杂、字数大量增加的过程。但其总数究竟有多少，到目前还没人能说出十分准确的数字。不过，根据历代字书和词书的记载，我们还能看出其大致发展线索。如秦代的《仓颉》《博学》《爱历》三篇文章，共有汉字3300个。西汉扬雄作《训纂篇》，有5340字。东汉许慎编《说文解字》，收录单字9353个。汉代以后，文字也不断增多。据唐代封演《闻见记·文字篇》所记，晋吕忱作《字林》，有12824字；后魏杨承庆作《字统》，有13734字；梁顾野王作《玉篇》，有16917字；唐代孙强在顾野王《玉篇》基础上编《大广益会玉篇》，有22726字。唐代以后，汉字的数量仍在增加，其中在北宋人陈彭年《广韵》中，收单字26194个。在辽代人僧行均的《龙龛手鉴》中，收单字26430个。另一位北宋人司马光等人的《类篇》中，收单字31319个。另一部宋朝官修的《集韵》，收字53525个，曾经是收字最多的一部书。明朝人梅膺祚的《字汇》中，收单字33179个。另一位明朝人张自烈的《正字通》中，收单字33440个。清朝人张玉书等人的《康熙字典》中，收单字47035个。民国欧阳博存等人编的《中华大字典》中，收单字48000多个。当代，日本诸桥辙次在1959年出版的《大汉和辞典》中，收字49964个。张其昀在1971年主编的《中文大辞典》中，收字49905个。徐中舒在1990年主编的《汉语大字典》中，收单字54678个。冷玉龙等在1994年主编的《中华字海》中，收字87019个。我国台湾教育部门在2001年编的《异体字字典》中，收单字106002个。日本开发于2002年的软件《今昔文字镜》中，收汉字116303个。这些汉字绝大多数都是不常用的古字、废弃字和生僻字，较常用的汉字其实还不到1万个。正因为我们经常使用的汉字数量不是很多，我们目前常见的工具书所收汉字也都在1万字上下，其中如1983年版的《辞源》收单字12890个，1999年版的《辞海》收单字19485个，2004年版的《新华字典》收单字11100多个，2005年版的《现代汉语词典》收单字12000多个。但无论是哪一种标准或工具书、字典，只有其中的六七千个汉字才是我们的日常用字。

国学经典文库

中华姓氏文化

·孩儿起名·

图文珍藏版

在我国目前常用的六七千个汉字中,并非个个都适合用作起名。早在 1982 年,有人曾对 175000 人的起名用字情况进行抽样调查,结果发现起名用字十分集中,只有 3356 个,其中频率最高的 6 个字覆盖了人名用字的 10%,而前 409 个字的覆盖率达 90%。当时还把男名用字和女名用字进行了区分,其中男名用字最频繁的前 30 个字是明、国、文、华、德、建、志、永、林、成、军、平、福、荣、生、海、金、忠、伟、玉、兴、祥、强、清、春、庆、宝、新、东、光,女名用字的前 30 个是英、秀、玉、华、珍、兰、芳、丽、淑、桂、凤、素、梅、美、玲、红、春、云、琴、惠、霞、金、萍、荣、清、燕、小、艳、文、娟。1989 年,有关专家又对 570822 人进行抽样调查,发现双名用字 3986 个,最常用的有 628;个单名用字 2069 个,最常用的有 843 个。上述两种说法尽管都是抽样调查的资料,所发现的起名用字也并非所有用字的全部,但由于其所得出的结果都在三四千之间,我们完全可以据此确信能够作为起名用的汉字并不多。即使退一步说,等以后具备了全面了解我国起名用字的条件,所得出的用字数量也不会与上述结果相距太远,三四千个应是基本准确的说法。换句话说,虽然我国目前有六七千个常用汉字,但其中只有三四千个被用来起名。

在近年关于起名用字的抽样调查中,还有一种结论值得我们注意,也就是单名用字要远远少于双名用字,其数量几乎是成倍地减少。由于起名用字过于集中,其结果就是造成大量重名。尤其是单名,重名的比例更为惊人。为了解决重名问题,国家有关部门计划对起名用字进行规范,制定《人名用字表》。对此,有人认为起名是个人自由,规范和限制起名是对个人自由的侵犯,不符合我国的宪法和《民法通则》。其实,这种说法看似有一定道理,实际上是过于强调了个人的起名自由,而忽视了名字的社会作用。因为从人名的性质上看,具有个人和社会的两重性,特别是它的社会性,才是它最本质的属性。当人名作为个人代号时具有个人性,但它毕竟与人一样都是社会的一员,要在社会上使用,供别人使用,否则其名字就没有多少意义。正因有这种社会性,个人起名实际上不再是一个人的私事,而是要与社会联系在一起,服从社会习惯、民族习惯,既要考虑个人使用的方便,更要考虑社会使用的方便。就这个意义来说,一个人叫什么名字、用哪个字,只有相对的自由,没有绝对的自由。为了社会使用的方便,起名必须符合社会规范。

五、构思新颖别致

我们在前面曾不止一次地说过,名字是人际间相互区别的符号,应该以有突出的个性为鲜明特征。如果大家都来叫张三、李四、王五、赵六,人名也就失去了它的基本特征,变成可有可无了。因此,起名时构思新颖典型,也是一个重要原则。

如上所述,我国可用于起名的汉字不过三四千个,但我国的人口在清朝前期就已经达到了4亿,如今的人口也已突破13亿大关。要在这么多的人口中使用这些有限的汉字起名,并让名字与姓氏搭配起来时又不与别人重名,还要新颖典型,的确不是一件容易的事情。

在我国古代,也有不少为避免重名和庸俗而起的新颖名字,但有时由于起名者过于注重这一特性,不免从一个极端走向另一个极端。如唐朝女皇武则天,登基后为自己改名"曌",所用的字便是她的一大发明。后来,五代时南汉国君名刘龑,明朝穆宗名朱载垕,清代文宗名奕詝,所起的也都是十分古怪的名字。上述这些名字当然为天下黎民百姓的避讳提供了不少方便,然而另一方面,则走进了生僻怪诞的死胡同。

我们所说的起名应新颖典型,当然不是要大家起一些像上述帝王那样奇怪的名字,而是希望避免雷同,突出个性。关于名字雷同太多而造成的严重后果和带来的社会问题,我们已经在以前各节中谈了许多,这里无须赘言。要补充说明的是,造成名字不新颖典型的原因可能是多方面的。如有些人在为孩子起名时不肯动心思,想起什么便起什么样的名字。于是,诸如王伟、李刚、张丽、刘波之类的名字便充斥社会。更有甚者,据说我国刚刚实行计划生育时,有对夫妇因避孕工具被蟑螂咬破而造成计划外怀孕,生下孩子后干脆起名叫蟑螂。一个人用这样的字眼作名字,虽然不乏纪念意义,但其粗俗得让人生厌,当然也算不得好名字。

与上述情况相反,有些人在为孩子起名时的确费了不少心思,但由于所动心思只是跟在别人后面转,缺乏创见,以至所起的名字毫无新意,只不过是为同名的人中增加了新的一员而已。如人们都希望子女成龙成凤、健康俊美,名中带有龙、凤、

图文珍藏版

健、康、美、俊、英、勇等字的人特别多。加上有些父母带有强烈的追求时尚的心理，在什么时代就起什么样的名字，把名字的典型性这一特点完全抛在了脑后。于是，在解放时就冒出一大批解放、建国，"文革"中出现数不清的文革、卫东、红卫。更有甚者，在1990年召开亚运会前后，全国出生的婴儿中起名"盼盼"（亚运吉祥物大熊猫名）、"亚运"的人占了相当一部分。2008年，由于第二十九届奥运会在我国举办，与奥运会有关的名字又成为人们起名的人热点，奥运会吉祥物福娃及其5个名字贝贝、京京、欢欢、迎迎、妮妮等同样被很多人起名时选用。当然，由于生活在同一个时代，属于同一个民族，有着共同的欣赏习惯和民族心态，在起名时向一个目标考虑也在所避免，但重要的是怎样从同中求异，在相同之中起出新颖典型的名字来。

那么，怎样才能使名字新颖别致呢？要做到这点其实并不难。比如，我们可以从自己熟悉的汉字或习惯用语中去发掘，或者进行反向思考，同样可以起出新颖典型的名字。如我国一向忌讳含有贬义和不吉利的字作名字，但事实上，如果把贬义词拿来变通一下作为名字，起出的名字也别具一格。在我国古今人名中，就有霍去病、辛弃疾、李苦禅、张恨水等，其中虽然使用了让人忌讳的"病""疾""苦""恨"等字，但处理手法新颖独到，不仅一扫这些字本身所带的晦气，而且还收到了较好的艺术效果。再如我国习惯上不把数目字和大小多少等词入名，因为这些字过于平凡和粗俗。但如果把数量词与名字的关系处理好了，也会收到独特的效果。如张三、李四、孙小二等名字显然粗俗不堪，但如果起名钱如一、任二北、巫宝三、赵四海、陈五常、李六如、冯斗七、杨八闽、王九思、高红十、牛百岁、程千帆、徐万年、张大用、苏小曼、刘保多、孙少卿，等等，则不仅都把一、二、三、四、五、六、七、八、九、十、百、千、万等数目字和大、小、多、少等形容词人名，而且还避免了单调俗气，给人以雅致的感觉。此外，在一些习惯用语中也有不少可以人名的素材，如果把这些素材巧妙地加以利用，也会起出一些令人赏心悦目的名字。如利用这些素材所起的何其芳、牛得草、石成金、常香玉、梅兰芳、江南春、白如雪、冷如冰、关山月、易水寒、凌云志、金石声、何许人、莫非仙、何逊男、黄河清、万山红、秦汉唐、宋元明等名字，无不意味深长、妙趣天成。

总之,起新颖典雅的名字,素材处处有,就看你怎样去发掘了。

六、用字简明易懂

我们起名要使用汉字,使用汉字就要考虑如何便于书写。这里所说的名字便于书写,主要包括两个方面的含义,即便于孩子书写和便于别人书写。通常情况下,在孩子开始认字的时候,首先要认识和学写的往往是自己的名字。在这时候,一个笔画简单而又容易记住的名字显然会对他产生较强的吸引力,他也许学习三两遍便可掌握。相反,如果他的名字笔画较多且不易记住,也就无形中给他增加了困难。他也许会在多次练写自己的名字而无法掌握之后对学习和自己失去信心,认为不会写名字是一种无能。殊不知,这正是父母或其他起名字的人给他造成的麻烦。同样,当孩子长大后走向社会的时候,他的名字要经常在社会上使用和书写,一个写来简单、读来方便的名字也许会为他在社会上的立足带来许多好机会。相反,书写麻烦而又难读的名字则可能使他失去某些机会。因此,我们说名字仅仅是一个代号,一个笔画简单易记的名字有助于这一代号的使用。

如前所述,我国古今已经使用过 10 多万个汉字,但经常使用的只不过六七千个。在这些常用汉字中,并非个个都适合起名。因此,有些人在起名时为了显示自己学识渊博,往往选用一些笔画较多且不易让人认识的字作名字。如近代南方有位较有名气的文人,姓爨,给自己起名爨鱻羴,号龗龗龕,名号 6 字共有 176 个笔画,可谓是我国历代人名笔画之最。其实,这一名字说穿了也很简单,用常用的简化字去写,不过是爨鲜粗、凿凿龛,其中除“爨”(cuān 音窜)是一个较为复杂的罕见姓氏外,“鱻羴”就是早已被废弃的“鲜粗”二字的异体字,纯属是玩弄文字游戏。前述近代较有影响的文化名人章太炎,在学界、政界、思想界的地位已为世人所公认,但他为三个女儿起名用的都是生僻字,同样有故弄玄虚之嫌,因此也获讥于世。当然,上述这些例子都属于特例,但如果起名如此,让人既不易写又无法读,其名字的社会功能实际上也就失去了。

在现实生活中,也有一些起名者出发点较好,但所起名字效果并不很好。如我国有位著名京剧演员关肃霜,原来的名字是关鹔鹴,是由师傅起的,意思是希望她像鹔鹴鸟那样出人头地。由于她的名字笔画太多,许多人不认识,只好误读为"关鸟鸟"。后来,经周恩来提议,她才改名为关肃霜,较原名方便很多。另如我国电视连续剧《西游记》中猪八戒的扮演者马德华,原名马芮,因为许多人不认识"芮"字,常常误读为"马苗""马内""马丙",甚至有人读作"马肉",等他演出《西游记》时,怕再被读错,于是改名马德华。

由上可见,人名作为人际间交往的符号,应该是让人一看就明白、一写就会的。一个好的名字既与己方便,也与别人方便。为了让与人与己都方便,起名时应尽量避免使用笔画较多、常人不识的字。特别是使用常人不识的字,让人见了不认识,该读时不读不行,读了又出差错,无形中是在让别人难堪。

七、字形赏心悦目

汉字作为记录汉语的文字系统,是我们中国人的杰作,也是审美与实用的结合体,每个字几乎都是美的造型。对此,鲁迅曾说:"我国文字有三美,意美以感心,音美以感耳,形美以感目。"又说,我国的汉字是"东方的明珠瑰宝。它不是诗,却有诗的韵味;它不是画,却有画的美感;它不是舞,却有舞的节奏;它不是歌,却有歌的旋律"。的确,作为我国的一项宝贵财富,汉字确实是形、音、意三者完美的结合体,在起名时当然也要考虑汉字的这三大特征,让起出的名字具有形、音、意三者完美结合的特点。毕竟,"爱美之心,人皆有之",名字写出来是让人看的,一个看上去让人赏心悦目的名字会给人一种良好的视觉美感,而笔画繁简不一、多寡相差很大的名字则有可能使人在审美上造成倾斜,破坏人名所应有的整体协调性。那么,怎样在起名时实现三者的完美结合呢?为了达到这种结合,我们究竟要遵循什么原则呢?由于要谈的话题较多,我们先从字形说起。

就一般情况而言,汉字作为汉语书写的最基本单元,历史上曾经历了甲骨文、大篆、小篆、隶书、楷书、草书、行书等多种书体的变化,今天的汉字从字形上看都是方块字,而且数量繁多,结构复杂。仅就其结构看,除了独体字和合体字两种基本字体外,仅合体字就还可以进一步分为左右结构、左中右结构、上下结构、上中下结构、上合下分结构、上分下合结构、全包围结构、半包围结构、品字形结构等多种情况。其中的独体字是不能再继续分割的文字，如"文""中"等，其数量占全部汉字的10%左右，其余都是合体字。合体字由基础部件组合构成，常见组合方式中的上下结构如"笑""尖"，左右结构如"词""科"，半包围结构如"同""趋"，全包围结构如"团""回"，复合结构如"赢""斑"，等等。在起名选字时，尽管字形在汉字的形、音、意三要素中的作用不如读音和字意那么重要，但作为组成名字的基本元素之一，如果在起名时不注意字形，特别是不注意所选用的几个汉字之间的搭配，也会使名字缺乏美感，不能算是一个完美的名字。

在起名选字时，过去的人们有两个倾向，即喜欢选用笔画较多的字或怪异的生僻字，以此来显示身份和学问，殊不知这两点都是不可取的。选用笔画较多的字除仅能在写出来后看着比较饱满以外，给人的印象只会是烦琐。使用怪异的字则大大降低了名字的社会功能。我们较为赞成的一种做法是，起名时应根据具体情况，以起出的名字在字形搭配上完美和谐为前提，该简则简，该繁则繁，以期收到完美的视觉效果。

为了使起出的名字好看，在字形上就要注意所选字的结构，不仅要尽量不用笔画太多的字，也要注意字体的肥瘦长短、强弱虚实，特别是几个字搭配在一起时尽量避免部首、偏旁的雷同，让其富于变化，充满动感。如果选用的字笔画太多，就有可能在与其他字搭配时显得过于笨重，同时还会为名字的书写增加麻烦。如果一位小学生从一开始上学便要写几十画的名字，实在是一种负担。成年人在社会交往中也要常常写名字，如果笔画太多，同样让人让己感到头痛，甚至有以别字代替的可能，无形中就被改了名字。至于在字形搭配中体现肥瘦长短、强弱虚实之分，如施、圆、丰、赐、态、备等字看上去过"肥"而显得笨重，七、小、干、卜、子、于、卡、千等字则因为"瘦"小而微弱。同样，早、芥、申、奇、年、平、芽、被、辛、竹等字显得过"长"，四、丑、土、正、也、企、山、丘、生、女等字显得过"短"，奋、成、泰、戚、兴、飞、武、猛等字显得过"强"，穿、亢、己、门、口、空等字显得过"弱"，国、福、昌、室、宜、风、凰、尊等字显得过"实"，也都是在起名时要慎重选用的。此外，有些字单独看起来不存在任何问题,但当与姓氏或名字中的其他字搭配在一起时,会让人感到单调、重复。如王玉璋、何伯偃、汪汝淮、冯河清、江波澜、何信侠等名字中的每一个字都是字形、含义很好的字,但合在一起后我们会发现其部首、偏旁相同,缺乏变化,给人以单调呆板的感觉,就属这种问题。因此,我们起名时除要注意字形笔画多少的搭配外,还要留意字与字之间偏旁部首的搭配,使名字在整体上显得多样,充满变化。

在起名用字的搭配中,还有一点要注意的是名字用字与姓氏之间的搭配。像汉字的基本结构一样,姓氏用字的结构也可以进一步区分为独体字和合体字两种类型,合体字也同样包括左右结构、左中右结构、上下结构、上中下结构、全包围结构、半包围结构、品字形结构等几种情况。其中,独体字有万、方、王、马等姓氏,左右结构有刘、杨、何、林等姓氏,左中右结构有谢、树、濮等姓氏,上下结构有李、吴、罗、金等姓氏,上中下结构有莫、冀、黄等姓氏,全包围结构有国、园等姓氏,半包围结构有包、巨等姓氏,品字形结构有聂、晶等姓氏。另外,姓氏也同样有笔画繁简、肥瘦、虚实之分。故而,我们在起名时也要考虑到姓氏的这些特点,注意与姓氏用字形体上的和谐、平稳,做到合理搭配。

具体说来,在为姓氏笔画较少的人起名时,应尽量选取一些笔画较少的字。如姓丁的起名丁玉川、丁日昌,要比起名丁鹤年、丁德裕在视觉上让人舒服一些。姓于的人起名于仲文、于成龙,看上去要比于荫霖、于嗣祖更美观。姓王的人起名王一凡、王元正,也比王嘉福、王熙震的视觉效果好。至于姓氏笔画较多的人,尤其更要注意姓氏与名字笔画的搭配。假如名字的笔画较少,会使人感到头重脚轻。如姓戴的人起名戴立、戴川,姓魏的人起名魏仁、魏乐,远不如起名戴麟、戴飙或魏斌、魏源效果好。

无论是笔画较多的姓氏还是笔画较少的姓氏,在我国长达几千年的起名实践中,基本形成了一套较为固定的规律,即在起单名时,笔画较少的姓氏一般不用笔画较多的字作人名,以免视觉上形成反差,造成尾大不掉的视觉效果。同样,笔画较多的姓氏也尽量避免用笔画较少的字作人名,以防因头重脚轻而显得不美观。

为了减少因姓氏笔画不同而为起名造成的麻烦，人们逐渐发现起双名可以减少视觉上的偏差。因为在双名中，无论是最后一个字的笔画多么复杂，但只要在它之前加上一个笔画较少的字，一切问题都可以解决。如起名丰恺、龚飞、王德、蒋龙等虽然名字的含义不错，但从字形的搭配上看总有些美中不足。如果把它们分别改为双名，变成丰子恺、龚一飞、王玉德、蒋子龙，在视觉上的反差就不那么突出，同时也使名字显得更美观、协调、匀称。

最后，要提及的是在为姓氏笔画较多的人起名时，并不一定要选用笔画较多的字与之搭配。因为笔画多了，就会让名字使用者本人和别人感到麻烦。解决这一问题的最有效方法仍是起双名，并在双名中尽量使用笔画较少的字。如姓钱的人起名钱一，写出来并不美观，但若在姓名之间加上"如"字，变成钱如一，就显得雅致多了。

丰子恺

八、读音铿锵洪亮

一个人起了名字，首先是被称呼的，其次才是被书写记录。正如以前所述，名字的"名"字从"夕"从"口"，意思是晚上两人相见，天黑谁也看不见谁，只有互相通报姓名才能区分彼此。同样，在白天，在距离较远、声音嘈杂、人群熙攘的场合，也需要通过呼喊或通报名字来进行联系。因此，在名字通过声音进行交流时，具有音节响亮、清脆悦耳等特点无疑是重要的。

我国被用作人名的汉字，是多种方言的共同书写体系，每个字代表一个音节，在读音上有声、韵、调三个基本要素。其中"声"即读音，其标准读音是普通话的读音，音节由一个声母、一个韵母及声调确定，总数有 1300 多个。由于汉字数目庞大，因而有明显的同音字现象，同时还有同一字多音的情形，称为多音字。在起名使用时，由于人名多是两个字或三个字的组合，而汉字常常是一个字一个词或一个词根,一个字有一个字的声调和音韵,几个字组合在一起,就会有不同的整体音韵效果,牵涉到音节之间的相互搭配问题。有的人名字好听,有的人名字不好听,其根本原因就在于音韵搭配的合理与否。而一个人的名字起得好不好,首先就在于让人叫起来是否顺口清晰,让人听着是否和谐、响亮。这就要求起名时注意用字的整体音韵效果,遵守相关的起名用字读音原则,学会用汉字的音韵起名。

谈到汉字的音韵及字与字之间的搭配,其实是一门大学问。同样的几个字如果按音韵的节律搭配起来就会很好听,反之就可能不好。人们都爱读唐诗宋词,觉得那是一种美的享受,实际上就是因为在当初作诗填词时注意了声韵和节律,从而使诗词富有音乐性和节奏感。起名也是一样,要学会字与字之间的音节搭配,使起出的名字响亮明朗,富有乐感,让人叫起来朗朗上口,听得抑扬顿挫、清楚明白。否则,名字的交往功能就不能很好地得到体现。试想有这么两个人的名字,一个让人读起来声韵哑仄,另一个声韵响亮,如果在不认识这两人的情况下要你对他们的外表特征、精神状态等做出判断,那么,可以肯定的是一定不一样:那个读来哑仄、听来模糊的名字会使人联想到名字的主人同样消沉、颓唐,无精打采,疲沓困顿,甚至让人联想到他身体瘦弱、个头矮小;相反,那个读来响亮、听来清晰的名字会使人联想到名字的主人目光炯炯有神,举止自信有力,性格刚毅,胸襟开阔,无论魁梧高大还是短小精悍都是浑身充满朝气。如果我们看到"姚天力"和"赵向强"这样的名字,读起来会觉得前一个顺口而后一个拗口,原因在于后者名字的三个字声调都一样,韵母也相同或相近,所以读起来既单调又拗口。可见,要想让所起的名字读起来朗朗上口,不注意音韵是达不到这种效果的。

起名时要想符合汉字的读音原则,首先是要注意声调的搭配,尽量避免使用声调相同的字,以免呆板平直,缺乏动感。相反,在名字中使用不同声调的字,让它们错杂相间,就可以产生抑扬顿挫、悦耳动听的效果。汉字字音本是由声母和韵母拼在一起发出的声音,在汉语音韵学中,我国古汉语的读音讲究平仄声调,现代汉语也有阴平、阳平、上声、去声之别。我们起出的名字字音是否响亮、悦耳,起主要作用的就是声调。旧体诗词之所以显得抑扬顿挫,音韵有致,一个突出的特点就是声调的和谐。根据这一特点，我们在起名时也必须注意声调效果，当把起名所用的几个字组合在一起时，读起来或听起来要有节奏感和音乐性。如果声调缺乏变化，把同声调的字放在一起，当然也就没有音乐性和节奏感可言，起出来的名字也就不响亮、不好听。这种情况有时在单名中表现得还不突出，如李益、王昂，无论怎么叫还不显得特别别扭；但到双名中，如果起名柳景选、胡武青、张书襄、纪仲宪、颜延年、孟子居、荀庆卿，读起来就不那么顺口了。其中"柳景选"三个字全是上声，读起来很拗口，远不如"柳敬光"好听；"胡武青"这个名字就有两个字是阳平，就没有"胡竟堂"好听；"张书襄"都是平声，也不如"张叔向"好听；"纪仲宪"都是去声，不如"纪忠贤"好听。至于其他几个名字，读音上同样也有类似的缺陷。

我国在长期的语言交往中，形成了较为固定的心理定式，语言中相近的两个字可以用同一声调，三个字时就一定要在声调上发生一些变化。只有这样，才符合我国的语言习惯。因此，我们在起名时一定要考虑这种习惯，让起出的名字在声调上富于变化。具体说来，对于单姓人来说，起单名时要使姓名两个字不同音，起双名时至少让最后一个字与前面的字不同音。至于那些复姓的人起名，由于复姓的两个字大多同调，如东方、司徒、司空、淳于、欧阳等，那么，若起单名就要让这个单字不与姓氏同调，若起双名也要让第一个字不与姓氏同调。像东方闻樱、司徒雷、司空图、淳于髡、欧阳山尊等名字，在声调搭配上都比较好。另外，根据有人近年对北京市姓名使用情况的调查，发现绝大多数的人都遵从了声调变化的规律，只有极少数的人起了声调完全相同的名字。这种调查是从北京地区抽取 988 个姓名，根据声调搭配情况分作平调型、相邻两字同调型、一二字同调型和三字异调型等四种情况，其中平调型的名字读起来感觉费力而单调，相邻两字同调型的名字因为前两字或后两字同调，另一个字或两个字的声调有变化，属于部分抑扬型的名字，读起来感觉较好。而一二字同调型和三字异调型都属于抑扬型的名字，名字听起来起伏跌宕，读着也顺口。由此可见，起名时让声调富于变化，应该是我们要遵从的一种起名原则。

在起名时注意用字读音声调的同时，还要注意声母和韵母的搭配。声母是指汉字音节开头的辅音,韵母是指一个汉字除声母外的音节。如果把几个声母发音部位相同的字放在一起,读起来就不响亮,而且让人感觉别扭。如果同时韵母也相同,读起来就更让人感到拗口。我国民间常见的"绕口令",就是根据这个道理编出来的。如果名字的声母、韵母搭配不当,读起来就是"绕口令"的效果。如"李梨"这个名字的声母都是"l","王武"这个名字的声母都是"w",犯了同样的毛病,读起来都不好听,远不如李刚、王勇这样让人叫着舒服。早在我国汉代时,有个谋士叫郦食其(lìyìjī 音丽乙基),又有位将军名金日磾(jīnmìdī 音金密低),两人的名字读起来都很拗口。再如一位叫林英琴的女性,名中的"林""英"二字在读音上十分接近,因此读起来很不顺畅,远不如起名"林月琴"爽快。又如颜一烟这个名字,名中的"颜"与"烟"读音相同,仅是声调不同,尽管两字之间有"一"隔开,读起来仍有些不顺口。像上述这样的名字,还有白宝平、白邦波、邓丹婷、兰丽莲、南乃兰、耿可贺、揭洁清、詹春成、蔡纯宗、于蕴玉、包宝茅、邓腾登、李尼莉、柯克、孙存春、汪文威、詹占山、俞玉竿、殷莹莹等,都因声母相同而让人读起来费力。要改变这种情况,就要求我们在选字时不选同一组声母的字,如果实在不好避免,也尽量要用韵母不同的字。比如兰丽莲就比南乃兰好读些,詹占山就比孙存春好读些。像南乃兰、李尼莉、蔡纯宗、孙存春、俞玉竿、殷莹莹这样的名字,真有点像绕口令了。至于韵母,如果都一样也会读起来不响亮。例如"张广旺"这个名字的韵母都是"ang","于玉秋"的韵母都是"u",让人读起来都有些费力。因为名字的韵母相同,也就是字音相近,读起来便会拗口。同样的名字,还有黄广宽、姚朝涛等。

当然,我们说起名时要注意声母、韵母的配合,并不是说名字中有声母相同或韵母相同的字就不是好名字。如果名字在声、韵问题上处理得好,也并不是起不出好名字的。如黄华、马国光、陈真、王连清等名字,有些是声母相同,有些是韵母相同,但读起来并不让人有拗口之感,说明他们处理好了声与韵之间的关系。一般说来,起这类的名字往往需要有较深的文字素养,掌握高超的文字技巧。如果不具备这些条件,起出的名字并不会收到预期的效果。

在读音上要注意的另一个原则,是要避免名字和姓氏的声母、韵母相同。如果把我国的姓氏用声调区分,也有阴平、阳平、上声、去声四类。其中属于阴平的姓氏有孙、江、安、高等,阳平有刘、王、杨、陈等,上声有董、李、鲁、伍等,去声有谢、贺、邓、赵等。因为姓氏声调不同,起名时也要考虑这种读音特点,注意不同声调的组合,使之具有错落有致的效果,避免死板、僵硬。如"汪"是由"乌"昂所拼写成的,起名时不宜为"汪文威"。因为三个字的声母相同,读起来显得很不顺口。同样,如果起名为"包伯邦",当然也是犯了同样毛病。但如果将两个名字互换一个字,改成"汪伯威"和"包文邦",或"汪文邦"和"包伯威",便动听得多了。由于这样把相邻的两字的声母进行了调整,使它们不再相同,读起来才能上口。同样,名字和姓氏的韵母也要注意这个问题。

起名时,在读音上还要避免名字的读音与不雅的词同音。如从字面上看,倪始、韩渊、史诗、杜子达等名字不仅看不出任何问题,而且字义都很文雅,但如果读起来,就容易与"你死""喊冤""死尸""肚子大"等同音,让人联想到它们同音字所表示的含义,容易引起误解。可见,这类的名字还算不得好名字。

再者,关于名字的读音问题,还有一个原则是,要注意最末一个字的读音。如果想让一个名字响亮动听,那就要在最末一个字上做文章,把读音响亮的字尽量放在末字上。根据汉字的基本规律,决定一个字读音的是韵母,是否响亮的关键也在韵母。从汉字学的角度看,韵母又分为鼻音韵母和非鼻音韵母两种情况,而鼻音韵母根据韵腹(主要元音)和韵尾的不同,又包括前鼻音韵母、后鼻音韵母两类,不同类型的韵母都有一些读音比较响亮的字。如在前鼻音韵母中,这类的字有安、南、山、善、坚、建、健、元、娟、泉、珍、斌、民、信、文、春、云、军等,后鼻音韵母中有邦、方、芳、昌、良、亮、强、光、凤、英、平、明、宁、玲、晶、青、东、龙、中、永、勇、雄等,但如果把上述两类的字进行比较,我们不难发现后鼻音韵母的字读起来更响亮一些。另外,在非鼻音韵母中,韵腹开口度大的响亮程度较高,同时还受声调的影响。一般来说,上声字因为是曲折调,所以响亮程度与非上声字相比要差一些。如"民"与"敏""光"与"广""莹"与"颖"这三对字,前面的字都是非上声字,后面的是上声字,声调都比后面的字响亮一些。同样,又如乃、雅、晓、宝是上声字,发、达、霞、笑、帅、华、滔是非上声字，两者读起来仍是非上声字更为响亮一些。由于韵母的读音有这样的区别，就要求我们在起名的时候多关注最末一个字的读音，尽量选取那些后鼻音韵母中的非上声字。

除上述以外，关于名字的读音还有值得一提的一点是，近年随着文化的发展和改革开放的不断深入，一些人在起名时越来越喜欢起读音相同或用字重叠的名字，诸如陈晨、韩含、高姗姗、李双双、宋婷婷等。这些名字虽然读起来较为亲切顺口，却不一定用在每个人身上都合适。如让青少年使用这些名字，我们会感到亲切可人；但如果是七八十岁的老人叫这些名字，无疑会让人感到滑稽可笑。因此，在起名时其实要多动动脑子，不仅仅要考虑一时一事，还要尽可能地联系到方方面面的问题，尤其是在读音上更不能马虎。

当然，名字的读音也是个复杂的问题，并无教条可言，好听、响亮是总的原则。

九、寓意明朗典雅

所谓人名的寓意性，是指人名本身所包含的意义以及在起名时所被赋予的功能。由于受中国文化固有特点的制约，我国人在起名时向来重视字义和寓意。在习惯上，当人们选定某些字作为名字时，首先考虑的是这些字本身是什么含义，作为名字以后又可以赋予什么含义。如在我国传统社会里，人们较为重视尊祖敬宗、子孙荣昌，因此在起名时多选用"祖""宗""敬""绍""广""嗣""先"等字，取些诸如绍先、敬祖、广宗、延嗣、荫孙等名字。其中用"绍先""敬祖"作名字，有缅怀祖先功业、继承先辈遗志之意，是起名人"承先"期望的反映；用"广宗""延嗣"作名字，有希望子孙发扬光大自己的事业、宗族昌盛之意，是起名人"启后""兴宗"愿望的反映；用"荫孙"作名字，是希望自己的福禄能荫庇子孙，也是起名人"启后"愿望的反映。可见，无论起名用什么字，这些字的含义同样重要。

起名时要考虑人名的寓意性，其原因当然也是受汉字本身特点的影响。因为汉字有比字母文字更高的信息密度，是一种表意性很强的文字，不仅每一个字都具有多种含义和很强的组词能力，而且大多可以独立成词。上述这些特点，都导致汉字具有极高的使用效率和阅读效率。根据有关专家研究，在我国98%以上的书报杂志等书面表达方式中,最常用字只有 2000 个左右。平均起来,同样内容的中文表达比其他任何字母语言的文字都短。同时,汉语中表意的最小单位"语素"相当于英语的"词汇"和"词组",绝大多数汉字可以独立构成语素,两个或两个以上的汉字构成词语。由于汉字使用的高效率,几千个常用字就可以轻松组成数十万词语,其中仅常用词汇就有几万条。我们在日常生活中要掌握这些词汇尽管有不少难度,但了解其基本特点还是有必要的。至于从起名的角度看,让起出的名字充满寓意性,给人一种明朗雅致的亲切感,既是我国的一种传统,也是汉字本身为我们提出的要求。

我们说起名用字的含义要明朗,意思是说要通俗易懂,让人一看便知是什么含义,但不是说起名用字可以粗俗不堪。如我们为孩子起名"志坚",意思是希望他将来的意志要坚强,做一个有主见、有魄力的人。为孩子起名"秀丽",也是希望孩子长得清秀美丽,将来成为一个端庄高雅的人。这些都是较好的名字。如果为孩子起名"发财""富强""秀花""红英",虽然也有一定的意义,但是在目前情况下就不免有些俗气了。

我国古今的一些名人,不仅都不同程度地为国家和社会做过贡献,其名字也大多简单明快、寓意深刻。如李白、杜甫、白居易、岳飞、王安石、文天祥、史可法等,无不如此。又如我国第一位驻外女大使丁雪松,名字就很典雅。起名人用"雪松"来期望她有一个不屈不挠的意志,其效果显然要比"坚强"等雅致得多。

人是有感情的动物,一个好的名字会使人增加愉悦感和好的印象,一个俗气和乏味的名字无疑会在无形中减轻自己的分量。如有人就曾讲过这样一个故事:在美国,有人做过一个试验,即把 30 位年轻姑娘的照片拿去让男大学生们作评语,然后在照片上标上名字,再拿去让这些大学生重新作评语。结果,那些名字动听的姑娘的评语好上加好,原来评价不错的姑娘因名字不好而有所降低。同样,在我国的年轻人介绍对象时,假如有这么两男两女,名字分别叫张华健、王保栓、李薇薇、赵秋菊,并且各方面的条件都基本相同,让他们根据名字挑选对象,那么,其结果肯定是男性首先被选中的是张华健,女性是李薇薇。这其中的原因,当然是他(她)拥有一个较为典雅的名字。

起名时多考虑名字的寓意性,以便起出让人赏心悦目的名字,其实一直都是许多人努力在做的事情。当然也不可否认,生活中确实有人起名过于随意,以致所起的名字寓意不佳,甚至粗俗不堪。上述这种情况,大多出现在双名中。单名由于用字只有一个,与双字名相比本身就缺乏丰富性,加以重名太多,很难看出其个性色彩。千篇一律的名字容易使名字本身成为一个符号,从而丧失它寄寓希望的作用。究其原因,有些可能是由于受文化水平所限,即使想起典雅一些的名字也力不从心,无法把深层的思想或希望用文字准确表达出来,或者是从众心理作怪,或者是为了紧跟形势。于是乎,20世纪50年代冒出了大批的解放、建国、国庆、援朝、跃进等名字,60年代的文革、卫兵、学东等名字随处可见。这些名字起来容易,听来又时髦,殊不知一旦时过境迁,这类的名字就不免显得尴尬,甚至被人取笑。还有人起名为了图省事,喜欢用现成的流行语起名,像前进、胜利、健康、成功、明亮、美丽等都经常被当作名字。另外,据报道,我国山西的一家兄弟姐妹分别被起名计划、路线、方针、政策、完成,这些名字乍看起来不乏纪念意义,但多少显得过于追风,还无法让人与好名字联系在一起。再者,从语言学的角度看,上述这些名字都是双音节词,也有违于我国起名多用单音节词的传统习惯。所谓双音节词,即两个字的词。用双音节词起出的名字大多含义单一,且俚俗小气,起这类的名字不值得提倡。至于单音节词,即一个字就是一个词。如宋代著名词人辛弃疾的名字,"弃"是"抛弃""拒绝"的意思,"疾"是"疾病"的意思,两个词一起组成词组,意思是健健康康,远离疾病,用在名字中是表示父母希望他一生平安之意。这样的名字不仅看上去别致,读起来响亮,而且庄重大方,含义丰富,完全符合起名使用单音节词的传统要求。

起名时讲究名字的含义,其实是古今中外的普遍做法,不仅我国如此,世界上许多国家也是这样,只是当这些名字被翻译成中文时,由于大多按照读音来翻译,也就无法把名字的含义翻译出来。如美国著名作家肖洛姆·拉比诺维奇曾有一个肖洛姆·阿莱汉姆的笔名,其中"阿莱汉姆"的意思是"愿你平安";另一位美国作家马克·吐温的名字含义是"船工号子",阿根廷作家荣凯的名字含义是"硬汉"。但当被翻译时只能是同音转译,使这些本来含义明朗的名字变成乏味的文字堆砌,同时也给人记住这些名字造成不少困难。这些例子也从另外一个方面说明,究竟起什么名字并不是一件简单的事情,我们在起名时除要考虑其他原则外,其含义也同样很重要。

总之,人的名字是要被人叫、被人看的,能做到看着好看、听着好听、含义优美很重要,如果能让人过目不忘、过耳不忘就更理想了。事实上,能够符合上述要求的好名字往往都是那些比较文雅、富有意义的名字。如"刘畅"这个名字,起名用了"流畅"的谐音,所表达的含义清新明快;"唐前燕"这个名字,取"旧时王榭堂前燕"的诗句,用谐音表达相近的意义;"华而实"这个名字,改"华而不实"的成语,表示相反的意义;"李如白"这个名字,借大诗人李白的名字表"如李白"之意。这些名字既含义典雅又容易让人记住,完全符合本节所谈"寓意明朗雅致"的起名原则。

十、姓名搭配和谐

人名作为个人代号的一部分,尽管也可以单独使用,但通常的情况下是与家族的名称"姓"放在一起使用的,并与之组成"姓名"这一固定形式。因此,在我们为孩子起名时,所要考虑的不仅仅只是名字,而且还要关注它与姓氏的关系,以便起出一个与姓氏搭配适当的名字。故而,起名时注意与姓氏的关系,也是我们不容忽视的一个起名原则。

其实,在起名时不注意与姓氏的关系,以致起出的名字与姓氏搭配不和谐,其教训从古到今都有,所造成的后果也是多方面的。在此要特别指出的一点是,我国一直以来都广泛存在的同姓名现象,在一定程度上也是名字与姓氏搭配不当所造成的后果之一。当然,如果追本求源,也会发现我国的同名现象出现很早。在上古时期,汉字还不如现在这么多,特别是可用作人名的汉字较少,也就使在人口不断增加的情况下出现重名现象不可避免。以汉字"衡"为例,它的本义是指马车辕头上的横木,后来引申指秤杆、杆。由于具有衡量、平衡之义,因此也多被用作人名。据研究,我国自汉代以来使用"衡"字作人名的人很多,其中影响较大的名人也不少。如东汉时有科学家张衡和隐士卫衡，三国孙吴有大臣李衡，北魏有大臣崔衡，唐代有诗人杨衡，宋朝有大臣叶衡、元衡和学者黄衡、刘衡，明朝有文学家王衡、书画家夏衡和大臣孙衡、朱衡、学者殷衡、包衡、韩衡、陈衡；清代有诗人顾衡、文学家蒋衡、画家马衡，近现代仅文学一个领域就有王衡（王鲁彦）、杜衡（戴克崇）、林学衡（林庚白）、俞铭衡（俞平伯）等人，其他领域和普通百姓中用"衡"作名字的人更是不计其数。此外，像"衡"一样常被用作名字的汉字还有文、平、明、和、忠、昌、世、义、荣、康、德等。

至于姓名完全相同的情况，古往今来更是史不绝书。仅《古今同姓名大辞典》一书所记，先秦至20世纪30年代以前就有56700人同姓名，其数量之多实在惊人。根据书中的记载，仅王姓就有叫王充的2人，王丹的3人，王元4人，王商5人，王安6人，王成7人，王立8人，王建9人，王质10人，王浩11人，王顺12人，王遇13人，王凤14人，王震15人，王褒16人，王正17人，王臣18人，王通19人，王清20人，王辅21人，王纶22人，王钦23人，王鉴24人，王达25人，王谦26人，王鼎27人，王纲28人，王信29人，王英31人，王俊40人，王佐71人。这些都是见于记载的人名，至于那些名不见经传的人，无疑要比这些多得多。

当然，同姓名现象不仅过去有，现在更为常见。尤其是在人口稠密的大城市，重名困扰着很多人。据南方的一家报纸报道，上海市松江区的一位姓秦的先生曾突然收到法院的传票，是一位姓胡的人起诉他借款两万元未还。秦某觉得莫名其妙，因为他根本不认识胡某这个人。开庭当日，秦某发现法官并没有准时开庭，而是在给原告办理撤诉申请。原来，在起诉前，胡某曾到当地派出所调取债务人的身份资料，因为只说了一个姓名，民警便为他抽取了秦某的资料。而胡某一时疏忽，见村名和姓名没错，就调取了秦某的"常住人口登记表"并提交法院。后来他发现告错了对象，向他借钱的人和秦某同名同姓，又正巧住在同一个村里。秦某当场向法官提出，要求胡某予以赔偿。法官当即和胡某进行协调，最终胡某做出了适当补偿。另外，还有报道说，一个叫李伟的人在离家很远的某市犯了案，然后又逃回原籍。后来，当地公安机关根据群众举报和掌握的线索知道了他的名字和所在的城市,派人到他所在的地方进一步了解线索,并打算在证据确凿时把他捉拿归案。但当负责办案的民警到他所在城市调查时,发现该市有上千个与他的名字一模一样的人,顿时傻了眼,只得把情况向领导汇报,最后费了九牛二虎之力才找到他,但错过了破案的最佳时间。上述两个事例都是意想不到的麻烦,当我们在生活中遇到两个一模一样的名字时可能还不以为然,但如果你是上述事例中的办案民警,面对上千个与逃犯相同的名字时,那感觉一定是触目惊心的。其实,生活中重名的人何止李伟一个?以同名人数最多的名字为例,过去习惯上说人数最多的名字是王涛,近年又流传说是刘波,其实根据我国现有人口的户籍资料统计,人数最多的姓名是王伟,全国有 26 万多人,其次是王芳、王秀英、李秀英、张秀英、刘伟、张敏、李静、王静、张丽等。在这一资料中,叫王涛、刘波的人都不到 10 万,排在人数最多姓名的 30 位以后,在他们之前还有李强、王丽、张静、王勇、李伟、张勇、李军、刘洋、王军、李杰、张伟、张军、王刚、刘勇、李刚、王玉兰、王丹、陈秀英、张英等名字,其中超过 20 万人的名字有王伟、王芳、王秀英、李秀英、张秀英、刘伟、张敏、李静、王静、张丽、李强、王丽、张静等,超过 10 万人的名字还有王勇、李伟、张勇、李军、刘洋、王军、李杰、张伟、张军、王刚、刘勇、李刚、王玉兰、王丹、陈秀英、张英等。

此外,随着网络技术的发展,我国的网民已有四亿多,其中相当一部分使用网络中的虚拟名字。从此前公布的统计结果看,网络中虚拟名字人数最多的是刘波、李刚、李海、张勇、王军、王勇、张伟、刘伟、王伟、李伟等。如果把这些名字与生活中实际使用的名字进行比较,至少有两点值得注意:首先,性别单一,仅从名字上看几乎都属于男性;其次,排名不同,除刘伟、王伟两个名字进入户籍中的十大姓名外其余都不是,并且排名也很不一致。在这种排名中,除排名第一的刘波被挤出户籍中名字前 30 位以外,排名第八的刘伟上升到第六位,第九的王伟上升到第一位,其余 7 个名字都不同程度地下滑。具体情况是全国有刘波 99356 人,李刚 137266 人,李海 33858 人,张勇 187494 人,王军 179790 人,王勇 188380 人,张伟 164169 人,刘伟 220207 人,王伟 262379 人,李伟 188380 人。根据户籍人数多寡,这十个名字的排名应该是王伟、刘伟、王勇、李伟、张勇、王军、张伟、李刚、刘波、李海,也证明了这些

国学经典文库

中华姓氏文化

·孩儿起名·

图文珍藏版

网名具有虚拟性的特点。目前有人说这十个名字是"中国十大最俗名字",由上可见并非尽然。

面对我国目前存在的同姓名现象,曾有人发出"同名成灾"的呼吁。对于这种呼吁,我们不管它是不是有些言过其实,但同姓名的人较多毕竟是事实,我国也是一个重名率很高的国家。至于形成这种现象的原因,因为是同名同姓,也就是说原因至少来自名字和姓氏两个方面,其中与名字有关者无疑是由人们的起名不当所引起,而与姓氏有关的原因则要相对复杂一些,主要是因为大姓人口太多的缘故。特别是近年来,我国的人口已超过 13 亿,随着人口数量的不断膨胀,各姓人口的悬殊变得越来越明显,特别像张、王、李、赵等大姓人口又过于集中,甚至还有逐步加大的趋势。据研究,我国今天使用的姓氏只有 4000 多个,其中将近 85% 的人只使用 100 多个姓氏。在北京,全市 1000 多万人中超过 1/3 的人只使用王、李、张、刘 4 个姓氏。

由于大姓人口太多,各个姓氏实际上也构成了一个个规模不等的同姓群体。在各个群体中,人们不仅使用共同的姓氏,而且也用相同的习惯在有限的汉字中选取名字,从而造成同姓名现象。

当然,我国现在之所以重名太多,也有起名不当所造成的原因。我们仅从以上所举的重名例子中便可以发现,我国各地目前重名率最高的名字几乎都是那些只有一个字的单名,为了加以改变,一些姓名学家和社会学家建议人们起名时至少要起一个双名,或者起两字以上的名字,而不要像现在的许多人那样喜欢起单名,这样就可以大大减少重名的机会。一些主要城市的户籍管理部门,事实上已经在有意识地引导人们这样做。其实,这也是减少重名最为有效的办法。为此,我们不妨算一笔账。如根据国家语言文字工作委员会、教育部、新闻出版署(今国家新闻出版广电总局)联合发布的《现代汉语通用字表》,我国目前使用的文字只不过 7000个,且不说这些文字并非都适合用于起名,假定都能作为起名用字,同一个姓氏中一人用一个,也只能保证 7000 人使用。实际上,一些大姓的人口已接近一亿,我国的总人口也是 7000 的近 20 万倍。因此,如果人们仍旧保持起单名的习惯,只会使重名的人越来越多。而如果改起双名或者字数更多的名字,则可以大大减少重名的机会。如仍以可用起名的汉字 7000 个计算,7000 个字两两搭配,至少可以组成 4900 万个词组,是 7000 字的 7000 倍。如果这 4900 万个词组都用于人名,对减少同名人的作用显而易见。目前我国一些户籍管理部门之所以要限制人们起单名,要求为新生儿报户口时至少要起双名,与姓氏一起构成三个字或者以上的姓名,目的也正在于此。

第三节　起名禁忌

名字是父母送给孩子最重要的礼物,"名不正则言不顺",但要起一个好名字其实并不容易,也不是什么都可以拿来起名。早在周朝时,就规定了贵族起名的"六不准",即不以国名为名、不以官职为名、不以山川为名、不以牲畜为名、不以器帛为名、不以隐疾为名。作这些规定的目的是为了便于天下人避讳。至于黎民百姓,在什么时代可以用什么起名,不可以用什么起名,历史上也有一些成文或不成文的规定。如在习惯上,人们都不与亲人或尊贵的人同名,也不以贬义词、污物、疾病、害虫、败类等充满晦气的字眼入名,这些也都属于起名禁忌。此外,起名时避免粗俗雷同,不以生僻繁难的字入名等,也都是起名时所应注意的问题。上述这些虽是我国传统的起名禁忌,但其中的一些至今仍有现实意义。加上由于时代的发展和中外交流的频繁,近年在起名中又陆续出现一些新的问题,这些问题与上述禁忌合在一起,大致是我们现在起名时所应努力避免的几个方面。

一、热衷单名

如上编所述,我国近年流传着一种"同名成灾"的说法,意思是说同名的人太多,简直成了一种灾难。我们暂且不论这种说法是否有点危言耸听,言过其实,但同名的人多也是事实。至于同名的原因,当然是多方面的,比如由于我国的姓氏使用过于集中,将近 85% 的人只使用 100 个大姓,而能够被起名用的字又十分有限,造成同名不可避免。此外,从起名的角度看,有些原因是与起名方法不当有关的。这种起名方法不当,最主要的又是盲目跟风,一味起单名。故而,为了减少同名及其带来的社会问题,起单名也是一条重要的禁忌。

单名也叫单字名,与单姓合称两字名,并以此区别于起双名(双字名)的三字名。如果我们回顾我国的起名历史便可发现,我国起单名的习惯由来已久,并且曾是汉唐时期起名的最大特点。当时许多著名的历史人物,如汉高祖刘邦、汉丞相萧何、魏武帝曹操、隋文帝杨坚、大诗人李白等都是单名。三国名人诸葛亮、晋武帝司马炎等人的名字虽是三个字,但因为是复姓,论名字仍然是一个字,属于单名。究其原因,一方面是那时人起名还崇尚古朴,起单名要比起双名简单容易;再就是因为王莽在两汉之际推行双名改单名制

杨坚

度有关,其详情已见本书此前有关部分所述。这里需要补充的是我国那时人口还不多,尽管也有不少人因为起单名而同名,但总体上的数量不多,而古人也没有发出类似于今天的"同名成灾"的呼吁。

今天因为起单名而同名,与汉唐年间的情况相比当然不可同日而语,出现的原因也更为复杂。我国在宋代以来一直流行起"谱名"或"字辈名",起出的名字虽然像起单名一样只有一个字属于自己,其他两个字分别属于家族和同辈人,但由于与姓氏合在一起成了三字名,而各家、各代人之间的姓氏和字辈派语的差别又一般较大,因而尽管宋代以后的人口与汉唐相比有大量增加,甚至清代全盛时期的人口多达4亿,但由于起单名的人不多,同名现象并不突出。只是在开始于20世纪20年代前后的新文化运动以来,特别是在新中国成立以后,社会上要求人们与旧传统决裂,要"打倒孔家店",在废除于名字之外起"字"的习惯的同时逐渐出现起名简单化倾向,并美其名曰简洁明快,其结果是起"谱名"或"字辈名"的人越来越少,在姓

名中剩下的也只有家族的名字"姓"和一个字的个人名了，单名风气于是大开，同名之风也愈演愈烈。根据有关方面对 1900 年以来北京、上海、广州三个城市起名特点的研究，发现北京同名最多的前 20 个名字在 20 世纪 50 年代以前都是双名，60 年代后才有单名进入前 20 名排行，而 70、80、90 年代前 20 名全部是单名，2000 年后的名字中又有双名增加的趋势。同样，上海人名字的变化规律与北京大体相仿，只是从 50 年代起就出现单名进入排行榜前 20 位，而双名在 2000 年后已经超过排行榜半数。从统计数字来看，在从双名进入单名和单名进入双名的过程中，上海的变化趋势要比北京更快一些。此外，广州各年代的名字变化规律与北京、上海又有不同，其基本特点是新中国成立前出生的人的名字单名居多，尤其是 30 年代前单名占多数，50、60 年代排行榜前 20 名全部为双名，70、80 年代后单名逐渐增多，而 90 年代前 20 名全部是双名，2000 年后单名又重新出现在前 20 名排行中。至于三市目前同名最多的人，北京的前 10 名依次是张伟、王伟、李伟、刘伟、李静、王静、张静、王芳、刘洋、张勇，上海是陈洁、张敏、张伟、张燕、王秀英、张秀英、张磊、王伟、陈燕、张杰，广州是陈志强、黄志强、李志强、陈伟强、陈俊杰、陈妹、梁妹、黄俊杰、陈志明、陈丽华。三市之外，目前已知的城市同名统计结果还有天津前 10 名依次是张伟、刘伟、王磊、王伟、王静、李娜、李静、张磊、李伟、刘洋，重庆是张勇、陈勇、刘勇、王勇、李勇、杨勇、陈伟、张伟、刘洋、李伟，杭州是王芳、陈燕、王伟、王燕、陈洁、陈伟、陈杰、陈敏、李萍、陈超，南京是王秀英、张秀英、陈秀英、王芳、王伟、李秀英、张伟、张敏、王军、王萍，沈阳是刘洋、王丹、张伟、王伟、李丹、李伟、刘伟、王丽、张丽、王静，合肥是王芳、王伟、张伟、王勇、王军、王磊、张勇、王俊、张敏、王敏，等等。若把全国 31 个直辖市和省会城市的同名最多的名字放在一起统计，其前 10 名则是张伟、王伟、李伟、刘伟、李静、王静、张静、王芳、刘洋、张勇。由上可见，我国目前同名最多的人几乎都是单名，起单名的习惯大约是从"文革"开始的，一直持续了几十年，如今虽有好转，但仍有不少人热衷起单名。

关于我国流行的起单名习惯及单名的具体使用情况，还有一些抽样调查结果可供我们参考。早在 1984 年，国家语言文字工作委员会汉字处曾对 174900 人的

中华姓氏文化

·孩儿起名·

图文珍藏版

名字进行抽样抽查,发现单名有 21400 个,占总人数的 12.2%。1989 年,他们又对 570822 人的名字进行抽样抽查,发现单名有 49405 个,占总人数的 8.7%。同时,他们还发现单名的重名率大大高于双名的重名率。如在 1984 年的抽查中,双名的重名率为 22.9%,而单字名的重名率为 54.2%;1989 年的抽查中,双名的重名率为 32.4%,而单名的重名率则为 67.7%。以上还是对几十万人的抽样调查,如果是全国十几亿人进行统计,单名的重名率之高是不难想见的,相关研究者估计会达到 90% 以上。由于单名的重名率太高,为当事人和社会带来的问题也更为突出。据一个户籍统计资料显示,天津叫张颖的人在 1955 年还只有 54 个,到 1977 年则增加到 197 个,1990 年更达到 213 个。其中一个 9 岁的女孩张颖因患急性肠炎由母亲带着到某医院就诊,在药房取药时,与另外两个叫张颖的孩子不期而遇,药房的大夫喊张颖拿药,患肠炎的张颖的母亲手便伸了过去。当药房的大夫再喊第二个张颖时,发现第一个张颖把第二个张颖的药取走了。那是治风湿性心脏病的药,误吃的后果不堪设想。而偏偏取药单和病历卡均没留下孩子的住址,大夫心急如焚,急忙给附近的几个派出所打电话查询,结果一下查到 40 多个叫张颖的女孩。幸亏这个患肠炎的张颖的母亲明智,给孩子吃药时看了看药名,发现有误,回过头去找大夫,才避免了一场意外的医疗事故。

关于起单名给人带来的不便,事例几乎俯拾即是。仍以天津市为例,天津单名伟字的多达 95351 个,其中有 5683 个王伟,4646 人叫张伟,此外还有 4483 个刘洋,4112 个李莉,3976 个刘静,1958 个王刚,1927 个李军,1761 个张强,1256 个王芳。其中的一个王伟是篮球教练,有次带队到外地参加比赛,没想到对方球队的教练也叫王伟。结果比赛现场笑料百出,解说员分不清谁是谁的教练。裁判在叫暂停、让换人时也昏了头,弄不清是哪个队的王伟在喊暂停,哪支球队的王伟在叫换人。不仅"王伟"难,有个张伟有次要从网上搜索自己的信息,当输入"张伟"这个名字后竟然出现了 751000 个网页,才发现要查到自己的数据比大海捞针还难。还有一位祖籍天津、在四川工作的李小姐,有次利用到北京出差的机会到天津寻找旧日的一个好朋友王芳,发现她过去住的地方已经拆迁,没人知道搬到了哪里,无奈之下求助民警,没想到在电脑上查到 1256 个与朋友同名同姓的人,其中符合性别、年龄等条件的就有上百个,民警联系了 20 多人都不是那个王芳。由于行期已到,李小姐只好带着遗憾踏上归途。

因为起名时起了单名,造成与别人重名,为人所带来的烦恼当然还有很多。北京曾有一位年过六旬的杨老太太在一家银行存了 2 万元的定期存款,存款到期后取钱时,银行称存款已被外地一家法院划走。杨老太太莫名其妙,后经仔细查询,才知道法院把自己当成了另外一位同名同姓的人。因为此人涉及一起偿还贷款案,法院审理时此人又未到庭,被缺席判决还款。这家法院还曾到北京寻找此人,通过派出所证实此地确有此人。他们猜测此人如有存款应在住处附近银行开户,于是到此人住地附近两家银行查询,两家银行均查到了用此名的存款,存款额均为 2 万元。法院于是出具手续,在两家银行协助下冻结了两笔存款,案件判决后将存款全部划走。得知原委后,杨老太太要求银行支付存款本金及利息,但银行坚持认为自己没有错。因为当时银行存款尚未实行实名制,仅填写姓名,不需存款人填写身份证号码、地址等,无法核对同名同姓不同年龄的人,而且用此名的存款就一个,银行完全是按照法律规定,在法院手续齐备的情况下协助法院工作,不应该赔偿。由于不甘心存款不翼而飞,杨老太太一气之下将这家银行告上法庭,要求还钱。受理此案的法官也感到为难,毕竟是第一次遇到这种案件。另据一家报纸报道,天津市某县一位 21 岁女青年本来与同村的男青年小杨相恋数年,小杨外出打工,两人常通过书信表达思念之情。后来,该村又娶来了一位与她同名同姓的新媳妇,而粗心的投递员自以为信件是寄给这位新媳妇的,从此都把信件投到了新媳妇那里。新媳妇见信不是写给自己的,也不知村里还有一位同名同姓的姑娘,就把信丢弃了。正在热恋中的女青年见男友久不来信,以为他在外面另有新欢,一怒之下便嫁了人。小杨因一直收不到女青年的回信,以为她变了心,后又听说嫁了人,也与另外一女青年结婚。后来真相大白,二人无法接受这一现实,就一起向新媳妇和邮递员讨说法。又如在河南周口市的一个中学里,一个班上曾有三个李静。老师们起初并未意识到问题的严重性,后来期中考试公布成绩时,三个李静的成绩混在一起，不知道究竟属于哪个。无奈之下，老师只好把卷子拿出来，让三人辨认。后来还把三人编了号，按年龄分为大李静、二李静和三李静。而家在河南安阳的赵磊于大学毕业后到北京工作，有次参加公司组织的新马泰旅游团，当在香港办理飞往泰国的签证时，工作人员发现有个"赵磊"正在被"通缉"，以为是他，就把他扣了下来。即使他拿出身份证解释，所有同事都出面作证，确认此"赵磊"非彼"赵磊"，但工作人员仍不放行。无奈之下，他只好扫兴而归。还有一位在郑州一家企业工作的韩萍，很长时间不知道本单位还有一个同名同姓的人，在企业通过存折给职工发补助时，发现上面的金额比应该得到的多，到财务部门询问后才知道是把她当成了另一个人。后来，企业还经常把二人混在一起，该这个人的费用往往算在另一人头上，二人都为此多花了很多时间和精力。

由上可见，起单名带来的问题的确很多，不仅给当事人在人际交往中造成了不必要的误会，让别人张冠李戴，而且还有违于人名的专指性原则，给银行储蓄、电脑识别等带来麻烦，为社会管理带来一定程度的混乱。目前我国的户籍管理工作就面临着这个难题，尽管采取了很多办法，但避免更多的人起单名不失为一个可行的解决办法。正因如此，有些地方的户籍管理部门对用单名报户口的人进行限制，甚至不给上户口，不能不说有其道理。因此，为了减少自己和社会的麻烦，我们在起名时一定要避免再起单名。

在起名时起单名，不仅会带来大量重名的直接后果，而且从名字本身的角度看，其表现力远比双名低，任何一个单名的含义几乎都无法与双名相比。再从审美的效果看，单名的选择余地大多不如双名，在字形搭配、字音谐调、字意锤炼等方面也都带有明显的局限性，选择起单名实在不是明智之举。

当然，对于我们这样一个有十几亿人口的大国来说，由于有悠久的历史文化传统，继承和保持文化的多元化也是我们每个人的责任，完全禁止起单名也不可取。尤其是对那些人口较少的姓氏的人来说，适当允许起单名便是可行的。因为从目前发现的问题看，凡重名的单名几乎都是大姓，小姓即使重名也没有多大影响。比如柴、米、油、盐等姓，平时遇到一个都很难得，起单名还是双名并无大碍，完全不会在一个单位里出现上述所说的三个李静、两个韩萍那种情况。再者,至于对那些大姓而言,与其让人以"大李静""二李静""三李静"或"男张伟""女张伟""胖刘伟""瘦刘伟"相区分,让别人随意加字,何不在起名时再增加一个字起双名呢?

二、盲目跟风

由于名字要伴随人的一生,起名的确不是一件很简单的事情,"起名难"也是许多过来人共同有过的感慨。其实,不仅一般人有这种感慨,即使是世所公认的大学问家、北京大学首任校长严复,当年也曾为起名所困,说过那句著名的"一名之立,旬月踯躅"的话。十天半月想不好一个名字本属正常,许多年轻父母在怀孩子前就开始为孩子起名字,到孩子生出来后还没想好究竟叫什么名字,其所受的困扰一点也不比严复当年少。于是乎,有些父母随手从流行的词语或常用的字中选出一个作为孩子的名字,以致起名随意,盲目跟风,从而落入了起名俗气的窠臼。

起名之所以要避免俗气,其中一个重要的原因是俗气的名字让人觉得缺乏内涵,没有学问。如当我们看到张老三、李老四、王老五这些名字,几乎都会想到他们大约是住在偏远地区的乡下人,即使他们实际上都学富五车,但其名字留给我们的印象并非轻易能够改变。同样,如果起名彭友、高兴、钟国人、边防、申奥、李华夏、张严肃、谢天地、彭商人、孙黄山、邓罗汉、黄金贵、宋行长、毛铁桥、林森火等,同样让人觉得过于简单、直白,缺少些让人回味的文化色彩。为此,有人曾把中外的名字进行过比较,发现那些最不雅的名字往往与起名者的知识水平有关,得出的结论也是所谓的起名难实际上难在起名人的知识够不够广博,不只要对汉字有研究,对方言、外文也要有所涉猎,否则就难免落入俗套。这种说法与上述名字联系起来,可见是有一定道理的。

当然,在不少被认为俗气的名字中,有些是各方面都不错的名字,只是叫同样名字的人实在太多,从而也被认为俗气。诸如此类的名字在我国各地都不少见,世界上其他国家也是如此。甚至在我们的台湾地区,还把这类的名字戏称为"菜市场名"。意思是说,如果你到菜市场去叫这个名字,很多人都会回头答应。网络上一度流传"各国十大最俗名字",其中一篇"中国十大最俗名字"的博客一周点击率达到 45 万次,被评为最热博文第一名,文中提到的最俗名字依序是刘波、李刚、李海、张勇、王军、王勇、张伟、刘伟、王伟、李伟。文中还说第一名刘波在全国有 130 万个,几乎相当于一个小国的人口。而在台湾地区,也有人统计出十大最俗的名字,依序是陈怡君、林怡君、陈怡如、张雅婷、陈怡婷、张家豪、陈冠宇、陈怡伶、林佳蓉、陈建宏。如果仅就名字看,雅婷、怡君、怡婷、家豪、雅雯、宗翰、佩珊、佳蓉、欣怡、婉婷与内地的十大俗名比起来音义都不算差,可以算是好名字。但因为同名的人太多,名字失去专指性,好名字也就变俗了。

本来很高雅的名字却变成了"菜市场名",除有在共同的文化背景之下一样的审美标准和价值取向的原因之外,有时还存在某些人为的因素。以台湾的上述名字为例,据分析,主要是由于采用了日本人熊琦发明的笔画起名法以后所带来的后果。这种起名法认为人的名字与命运有关,名字的笔画不同命运也不同,有些字的笔画是吉,有些则是凶。为了趋吉避凶,起名就要选用那些笔画吉利的字。这种说法实际上是一种文字游戏,根本经不起推敲。因为像上述这些名字,每个名字的使用者都有成千上万甚至上百万,他们不可能有同样的命运。但由于大家都相信其说法,起名被笔画的吉凶所限制,要找算命师帮助起名;而算命师起名的方式都一样,从而才使同名同姓的人越来越多,以致"菜市场名"充斥社会。像上述这样的后果,可能是使用这些名字的人当初没有料到的。而我们今天既然已经发现其弊端,完全有能力加以避免。

关于被认为俗气的名字,不仅我国有,世界上不少国家也很常见。如在与我国文化背景同源的日本和韩国,也都有所谓的"菜市场名"。其中,日本目前最流行的"菜市场名"男女不同,女孩名字大多叫"阳菜",男孩名字则含"翔"字,如"大翔""翔太",用这些字起的名字都排在俗气名字的前十名。韩国人最俗气的名字是"志勋"或"智勋",一些偶像级人物的名字都是如此。如 Rain 的本名就叫郑智勋,另外还有三个明星分别叫李志勋、朱志勋和金志勋。至于在欧美各国,同样有各自的"菜市场名",并且名字的排名随时代不同而改变。如在 1965 年,男孩名前三名是 Michael、John、David,女孩是 Lisa、Mary、Karen,但目前人数最多的男孩名是

Jacob、Michael、Joshua，女孩名则是 Emily、Emma、Madison。上述事实也从一个侧面告诉我们，起名时思前想后、多动些脑子，让起出的名字不落俗套，是每个父母必须承担的责任和义务。

三、标新立异

在我国目前的起名中，还有一种现象值得注意，就是有人因为担心起出的名字与别人同名，也为了显得与众不同，所起的名字越来越特别，简直是五花八门。特别是最近几十年来，越来越多的人追求个性化的名字，名字起得更加出乎意料，"斯坦""丽丝"等类似西方人的名字也多起来。更有甚者，北京市一个市民找到公安机关，非要把自己的名字改成@，并说一定要把自己的名字起得有个性，让别人一听就忘不了，自己听着也舒坦。另据报道，有家幼儿园有个男孩姓乔，叫乔治·布什。在他刚出生时，全家为给他起名字，折腾近一个月都没结果，列出的备选名字将近 100 个，还是决定不下来。最后，还是孩子的爷爷从电视里看到一则有关美国总统乔治·布什的新闻，忽然灵感大发，便起了这个名字。另外还有人说，他在生活中遇到过易朗光、马陆雅子等名字，其中易朗光是易家人的后代，看了让人想到"易拉罐"；马陆雅子的父姓马、母姓陆，名字很难不让人想到路边的"马路牙子"。由于起的名字越来越怪，以致有人担心，若是照此发展下去，重名问题固然可以解决，但名字中的文化品位越来越低，叫起来也越来越难听。这种担心不是没有道理的。而从起名学的角度看，上述这些名字实际上是从一个极端走向了另一个极端，也犯了故意标新立异的起名禁忌。

在近年发现的有些标新立异的名字中，有一类属于故意夸耀的名字。其实，名字好听与否不在于用词多么华美，只要恰到好处即可。但有人在起名时并不理会这些，给男孩子起名总喜欢选那些过于生猛的字，如豪、强、炎、猛、闯、刚等，虽然看上去斩钉截铁，读起来刚强有力，有男子汉气派，但也容易使人联想到浑噩猛愣、放荡无检、使气任性、不拘礼法，误认为是一个起起武夫。所以在过去，贵族士大夫之家都尽量避免用这些字起名。因为在他们看来，世所景仰的刚烈坚强之士并非喜怒形于词色、遇事拔刀而起的血勇之人，而是那些内蕴浩然之气、遇事不惊不怒、谈笑风生的伟丈夫,大可不必用名字标榜。同样,有人给女孩子起名时总在春兰、秋菊、珍珍、艳艳之类的词里绕圈子,或使用花、萍、艳、桃、柳等字眼,觉得只有这样才有女孩子的阴柔之美,殊不知如果把这些名字放到特定的文化氛围下,就会使人产生飘浮的感觉。如花虽然俏丽明艳一时,独占秀色,出尽风头,但一场风雨过后,就会零落成泥,碾作尘埃。同样,萍也是飘零和离别的象征物,柳也属于柔软脆弱之物,成语中的残花败柳等都是对它象征意味的情感评价。所以,起名时避开这些表面上明丽的字眼,不追求字面上的与众不同,应是我们需要遵循的一个原则。

其实,过去人起名时是有许多禁忌的,大多遵循一定的规矩,并非什么名字都可以起。其中有些规矩是社会约定俗成的,有些是从属于自身的社会观念和审美意识,有些是因字义的限制而形成的名字"禁区"。比如,在起名用字上,某些表示秽物和不洁的字、表示疾病和不祥的字、表示辈分的称谓字、人体部位和器官名、某些令人生厌的动物名、文艺作品典型人物的名字等一般都不入名,其禁忌实际上包罗万象、博大精深,涉及政治、文化、民俗、心理等许多方面。由于有这些起名禁忌,以致形成相对固定的民族心态。如果与此相悖,就有些标新立异,难以被人接受。如在前些年的一个夏天,北京有位姓万的先生接近中年才得子,心中狂喜之余,想为孩子起名"万岁",但却在全家引起一场大辩论。家里老人和觉悟很强的朋友认为,这样给孩子起名太不严肃,冒天下之大不韪,气焰太嚣张,对孩子的一生太不负责。还有好心人提醒说,这个名字会给孩子的上级造成心理障碍,一辈子别想得到提升。但也有朋友认为,孩子是"新新生代","万岁"应该仅仅是一个普通字眼,挨不上意识形态之类,起这样"发疯"的名字也不错。在七嘴八舌之中,孩子的父亲也冷静下来,觉得如果起了这个名字,孩子可能是全世界最孤独的人,因为没有人肯心甘情愿地称呼他,而名字不被人提及的唯一好处仅仅是免了被老师当堂提问。孩子的母亲也想,如果孩子在百年之后去世,讣告上的第一句话写的应该是"万岁,男,终年100岁",岁数与期望值相差很远,岂不是搬起石头砸自己的脚?由于架不住劝告的人太多,孩子的父母也免不了想起一些公认的忌讳,骨子里开始担心孩子生命是否扛得住这个名字。最后到必须申报户口时,这个名字已在亲友中闹得沸沸扬扬,但孩子的父母却突然发现他们自己从未用"万岁"来称呼孩子.叫"万岁"太沉重,这是一个证据。于是三下五除二,"万岁"改成了"万少一":一万少一个就不再犯众怒,何况还剩下九千九百九十九,也足够了。事后,孩子的父母觉得尽管做"万岁"父母的梦想破灭了,但聊以自慰的是好歹做了将近一个月的"万岁"父母。后来在与亲朋聊天时也有人惋惜,觉得在汉语中,毕竟"万"和"岁"是天生的绝配。

时代虽然在飞速进步,社会虽然也变得越来越宽容,但在我们这样一个历史悠久的文化大国里,如果什么事都要改变传统,随心所欲,其实也是行不通的。仅就起名而言,现在有很多人起名不考虑传统禁忌,一味地要彰显个性,结果所起的名字完全没有章法。2005 年,广州一对双胞胎分别用"中共中央"四个字的谐音起名,叫作"钟共""钟央",名字连起来读就是"中共""中央",与共产党中央的发音完全一致,孩子的父亲还被同事戏称为"钟共钟央他爸",但这名字却成功报了户口。事情传出以后,一度引起社会讨论,有人认为颇有创意,但也有人觉得不够严肃,一时众说纷纭。其中一位做生意的老板对此赞赏有加,说广州人有句土话叫"不怕生错命,就怕起错名",起个好名字对孩子一生都有好处,"钟共""钟央"两个名字叫得响亮,即使与"中共中央"这个特定名词同音也没什么。过去老百姓因为崇拜红军,便给孩子起名叫"红军";想预祝国家昌盛,就起名"盛中华";也有的结合当时的社会局势,起名叫"王文革""赵跃进",等等,也没人提出异议。一位姓周的先生也认为起名是公民的权利,所起的名字既不能申请专利也不存在注册等问题,这样起名无可非议。对于这两人的观点,更多的人则不以为然。有位幼儿园的老师便认为这样起名不妥,如果两个孩子在班上,会出现一些尴尬又滑稽的情况。比如,如果两个孩子调皮,老师就会喊"钟共、钟央不要再调皮"了;如果有小朋友投诉他们,老师也会对小朋友说"老师会批评钟共、钟央";在肯定孩子成绩时,老师也会说"今天钟共、钟央值得表扬",等等。当老师说以上这些时,很难不让人做别的联想。这还只是在幼儿园里,一旦将来上了学或走向社会,相关的联想会不断冒出来,两个孩子无疑要在这种联想中生活一辈子。还有一位当地的官员说,能不能这样起名尽管政府没有规定,但如果名字与党政机关或名人重名、谐音,户籍部门有义务劝导民众更改。虽然这不是真正意义上的"中共中央",但还是有点不严肃。将一些严肃的事情当作儿戏,也会对孩子以后造成不良影响。所以,对于给孩子起名,还是要平民化、大众化一些,这样对孩子的成长会有好处,太张扬的名字会为孩子的成长带来不必要的麻烦和争议。

起名时为了标新立异而不顾其他,其实还有很多事例可供我们引以为戒。同样是在广州,前些年还发生过一件因起名"周蒽莱"而被拒绝上户口的事情。据广州市某信访部门的一位工作人员介绍,他们曾经接到过一位周先生的投诉,声称自己给女儿起名叫周蒽莱,可户籍部门不给上户口,原因是她与前国家领导人周恩来的名字谐音,他不得不在最后起个其他名字报户口。他还认为女儿的名字只是谐音相同,字完全不同,况且国家也没有任何规定要求公民名字不能与名人、国家领导人的名字谐音,只有在等级制度森严的封建王朝才有这样的规定,所以他认为户籍部门有侵权行为。对此,信访部门的工作人员答复他说,虽然国家相关部门没有这样的规定,但如果公民所起的名字与国家的权力机关及名人名字重名或谐音,户籍部门有义务劝导公民更改,这主要也是为公民着想。如果公民一旦起了这样的名字,会对他们以后的生活、学习、工作等带来诸多限制和不便。比如在你做错事的时候,别人会诘问"你也配叫这个名字"?如果你的工作非常出色,又做了领导,或频频上报,这时的压力就会更大,甚至让你被迫改名。也有可能因为名字的原因,令你难以升职。与其要经历这么多不便,不如起名时就慎重一些。

对于上述两个特殊事例,一个报户口成功,一个被拒绝,相关管理部门也有自己的看法。那位为"钟共""钟央"办理入户手续的民警说,按照我国关于姓名命名的有关规定,除了中国公民起名要求全部用汉字、不允许用汉字加英文字母或拼音字母以外,目前还没有对公民的姓名权建立审查机制,所以每个人都有自主处理姓名的权利。而"钟共""钟央"名字不错,说一遍后大家绝不会忘记。国家法律既然允许公民有权用所有汉字起名,每个人都有自主决定名字的权利,即使有人要求用那些与公认的国家机构或历史名人的名字或谐音起名,我们只能劝说他不要用此名入户口。如果当事人硬要起这个名的话,我们也没有权力拒绝,当然应该按章办事,准许入户。对此,一位政协委员则表示,根据我国的国情及民族感情来说,一些对历史有影响的名人或伟人,或国家的高层管理机构等,最好不要用作孩子的名字,一来会引起人们的反感,大家会认为你在亵渎伟人,对国家领导机构不尊重、不严肃,对孩子的一生也会有不利的影响。从这个方面来说,相关部门应该对起名有所限制和规定,这也是对公民个人的一种保护。一些人大代表也对此有同样的看法,认为多数市民不会选择给孩子起个和伟人或名人同音的名字,个别起这些名字的家长也仅是有些猎奇或想让孩子沾沾伟人名人的光,有个好兆头。但一旦这些人成为不法分子,执法部门对其进行制裁时,对外发公告就有些尴尬,如:对某某某施行枪决等,这可能会伤害到其他公民的民族感情。因此,对公民的起名有所限制也是有必要的,但这需要多方论证后才能制定。但也有一些人士认为,起名无须限制,改革开放已有很多年了,人们的思想也不断地开放、自主,追求个性、多元化姓名的人会越来越多。对伟人等由于崇拜,起个相同的名字也没什么不好,反而会增加他们的自律行为,对自己要求更严格,做事更谨慎。国外不少国家的人就是由于对名人的崇拜,起名人名字的现象很多,不应大惊小怪。以上这些观点虽然见仁见智,但还是反对的居多而支持的人少,也说明起名标新立异不是值得提倡的做法。

四、生僻难认

在我国目前人名所存在的问题中,由于起名不当而造成大量重名的问题最引人瞩目。为了不与别人重名,或者为了彰显个性,有些人在起名时喜欢使用一般人不认识的生僻字,从而走向另一个极端。这种用生僻字起名的做法同样是一种不良的起名习惯,应该加以避免。

所谓生僻字,也叫疑难字,是指文字效率极低的字,从学术上划分包括两部分:一部分是使用频率很低的字,另一部分是已经不再使用的字。在汉字学上,又把四类文字称为生僻字:其中之一是音义不全的字,字典上面有形,但有音无义或有义无音,其形成的原因多半是字典收字时横向合并、历史传承时整理不彻底、转抄错讹造成的。有的字可能在哪个碑石或手抄书上偶然出现了一次,或者可能从来没用过,形同"死字";之二是指已经被现代楷书取代了的古文字隶定字形或者过渡字形。隶定字形是为了在称说古文字原形时对它进行描写的,过渡字形是一些字书为了讲解其他的字而设的,也几乎都没有进入过流通领域,除专家之外几乎没人知道它们的音和义;之三是不通行的异构字和异写字。异构字是指与规范字音义全同而结构不同的字,异写字是指与规范字音义全同但写法不同的字,它们都有一个既通行又与它音义全同的字被认可;之四是只适应某一种地方语言的方言字,一旦离开当地就很难被认识。上述四类生僻字都是随着时代发展被流通领域淘汰的字,合在一起的数量非常大,但其覆盖率还不到总覆盖率的 0.001%,也就是十万分之一。这些字绝大多数人不认识,用来起名固然可以解决部分重名问题,但也随之带来一些新的问题,难读、难认、难记、难写都是这类名字带有共性的问题。

　　早在 1989 年,有关专家曾对全国的起名用字情况进行过一次抽样调查,并把这些字与国家在 1988 年公布的《汉语常用字表》相对照,结果发现不在表内的生僻字在单名用字中占 17.9%,双名用字中占 6.2%,比例都相当高。另外,在我国进行第三次全国人口普查时,有关专家就在姓名资料中发现不少生僻字,如与美好的"美"同音的"眊"、与魁梧的"梧"同音的"俉"、形容"牛伴"的"牪"(yàn 音言),后两字在 27000 字的大字库中都没有收录,可见其生僻至极。又如在广东方言中形容"矮小"的"奀"、福建方言中形容"宝石"的"矿"、表示"引导"之义的"炁"、湖南方言中形容"瘦小"的"躯"等也是在那次人口普查时发现的起名用字,仅仅在某一地区使用,换了地方没人认识。此外,还有些甚至在收录 56000 个汉字的《汉语大字典》里都找不到、音义不明的字,如矽、坽、愹、烁、烌、姻、姻等,也都用于人名,其起名者的用意大约是不想让任何人认识。

　　起名时追求新、奇、特,从而使用生僻字,其事例古今都不少见。特别是在最近10 年,越来越多的人为了追求个性化,把名字起得更加五花八门,结果使生僻字频频出现。如成都市泡桐树小学曾在秋季入学的 400 多名新生中,发现带生僻字的名字多达 1/10,有四五十个之多。如陈×遄、杜×炰、王×芷、林珩×、林×氍、周×暹等名字,以及黟、薏等字,让不少人看到后都无法认识。学校为了在电脑上打出这些名字,不得不请来电脑专家帮忙,而好些班主任怕点名时读错名字,不得不提前几天查字典熟悉这些生僻名字。一位班主任说,不少学生的名字查《辞海》《辞源》,甚至还得请出《康熙字典》才能找到。一位记者最后从中抄写了20个生僻字,写在一张纸上,向两位大学中文系的专业老师和一位中文系毕业的高中语文老师请教,在不许查字典的情况下,他们中的汉语言文学教授只读正确了其中11个,古代汉语副教授辨认出17个,中学教师只认出9个,居然没有一位能全部认正确。另有一位中学语文老师说,每次新生入学时,他都会在班上发现五六个使用生僻字的名字,自己不知道该怎么叫,一般字典查不到,输入电脑时打不出来,逼得他有时希望这些同学改了名字再来上学。其中一位女同学的姓名里有个"颽"字,自己说这个字是她的父亲抱着《康熙字典》辛辛苦苦查来的。从小学到初中,第一次见到她的同学或老师总是把这个字念作"凯",为她带来不少烦恼。不得已,她打算把这个字改成同音的"怡"。对于上述这些学生名字中的生僻字,有些老师在点名时为了避免难堪,通常是故意不点那个名字,最后才问"哪位同学的名字没点到",让学生自己站起来自己说出名字,顺水推舟地躲过尴尬。遇上心胸狭窄的老师,可能会因此而一路有意无意地刁难该学生,而学生还不知道自己做错了什么。当然,这不是学生的错,错就错在家长把老师都当成研究古文字的老学究。这种无意中让孩子输在了起跑线上,家长起名难辞其咎。

由于起名用生僻字而带来麻烦,其影响可能是随时随地、防不胜防的。沈阳有姓马的兄弟俩,哥哥叫马骉骉,弟弟叫马骉骉骉,兄弟俩的名字加一起共有12匹马。对此,弟弟马骉骉骉说,哥俩的名字是由父亲起的,"骉"字是在《康熙字典》里查到的。由于字库里找不到,弟弟身份证上的"骉"字竟是手写的。这种在身份证手写名字或许不是太大问题,但如果是要出国办护照,再用手写的证件就可能遇到麻烦。因为按照国际惯例,所有的护照都应该是机器打印的。手写的护照即使真实性完全没有问题,但在被有关部门验证过程中,极有可能会被认为是假证,从而耽误自己的事情。还有一对夫妇喜得贵子,两口子用近一个月翻字典给孩子起名,最后选中"俷"字,还卖弄地告诉别人"福"的意思。但上户口时民警说计算机打不出这个字，建议他们改名，弄得两人很是扫兴。另有一个叫汪彧的人，名字中的"彧"字音义都与"郁"字相通，《广雅疏证》说有文采之义，《论语》中的"郁郁乎文哉"也说文采有个性。但由于属于生僻字，很多人不认识，为他的生活和社交都带来了诸多不便。因为不堪一再向人解释读音、字义，最后每当在使用名字时都主动自我介绍说自己"叫汪彧，很好记的，就是或者的或啦"，一副无可奈何的样子。还有一个中年白领的父母都是文化人，本想为他选用晨曦的"曦"字做名字，但又觉得这个字笔画太多不便书写，于是改成了相对简单的"晞"字。这个字的含义虽然与"曦"字差不多，都有"早晨的阳光"之义，但由于更加少见，属于生僻字之列，从而为他带来了无尽的烦恼。据他自己说，这个名字他参加工作后为他带来的麻烦接连不断；先是在报纸上发文章，说没这个"晞"字，要他起个笔名。后来电脑普及了，可以造字，但造的字是拆两个字拼的，常常比例不当，拼得好看的不多。某次出差，机场安检截住他，说机票上的名字与身份证不符，仔细一看，机票上的名字是"口"字边，费尽周折才上了飞机。几年前出国，边境检查把同行的人都放过去了，而把他截了下来。一问才知道，原来电脑上没"晞"字，要造一个才能录入出入境资料，至少要等 10 分钟。到银行存钱时，他的存折先是随便用个名字，后来实行实名制，存折上的名字成了一颗"＊"。到邮局取汇款从没顺利过，"晞"字不是没写偏旁，就是打成了"口"字边或"目"字边。地址和单位都对，就是名字差一点，而且责任也在邮局，可营业员按规定办事，拒绝把钱给他，害得他几乎每次都要让汇款人重寄汇款。重寄的汇款单在"希"字左边加一个括弧，括住一个"日"字。由于不胜其烦，他曾打算改名字，可一打听麻烦更大。有类似烦恼的朋友告诉他，要改早该十几年前改，那时只有几个证件，现在一个人不光有户口本、身份证，还有护照、驾照、病历、存折、银行卡、入门卡、毕业证、学位证、工作证、结婚证、房产证、保险合同、贷款合同，甚至孩子的出生证、独生子女证……朋友说，现在成年人改名字去派出所还不行，必须有正当理由，得去公安分局办理。再加上别的衙门，半年也跑不下来，要是日后有纠纷，多半还有地方不认账，说你冒名顶替。他最后十分感慨地提醒给孩子起名的人说，无论你有多大学问，哪怕是像他父亲那样一辈子从事科教工作，但给孩子起名字时一定不要使用生僻字。因为那样所遇到的麻烦，会在孩子一生中都接连不断。

名字是供交际使用的，否则就失去了存在的价值。如果起名时使用生僻字，一般人不认识，必然影响人与人之间的交际，白白增加别人工作的难度、麻烦。有人曾举例说，当你去某个部门申请工作时，主管领导看了你的履历表后，如果认不出你的名字，那么对你的印象肯定也是很模糊的。如果他在叫你时，把你的名字读错又经你纠正，这场面可能会使领导尴尬，让他觉得失了面子而窘迫甚至恼怒，你也可能会因为领导连你的名字都不认识而生轻视之心。日后在上下级相处过程中，就可能发生一些龃龉或不协调不融洽的现象。使用生僻字影响了形象，妨碍了交际，可谓得不偿失。

起名时使用生僻字，所带来的麻烦当然还有很多。由于许多字超出了人们日常用字的范围，结果是电脑无法显示，人们无法识别，造成了名字交际功能的障碍，也失去了通过名字介绍自我、塑造形象的意义。上述这些，也许是当初起名时没有料到的。以致在起名时有人要抱着字典起名字，或者故意选用异体字，或故意在同义词里选用生僻字，不仅给孩子从小认识自己的名字增加了难度，也给他长大后融入社会带来困难，同时给社会信息管理等制造了麻烦。为此，我们常常会听到身边的人因为名字用字生僻而无法及时拿到证件、耽误了工作等事情，在我国近年的第二代身份证办理过程中全国有数以几十万计的人遇到了麻烦，其就是因为他们的名字中有生僻字。还有人在办理出国护照时遇到了同样情况。有关部门在制作护照时如果遇到计算机无法识别的字，过去可以把持有者的名字手写在护照上。但这种护照在持有者使用时，有可能被边检部门当作假证。因为按照国际惯例，所有的护照都应该是机器打印的。

为了摸清我国公民的名字中究竟使用了多少生僻字，公安部曾在办理第二代身份证时，用大约三年的时间组织全国公安机关收集涉及姓名、住址方面的生僻字，结果发现有 3 万多个，后来经过北大方正字库查询比对，确认字库里没有的生僻字有 4600 个。这些生僻字在办理第一代身份证时问题还不很突出，因为那时的身份证还不全是通过计算机系统制作,遇到姓名中的生僻字可以打印或手写上去。而现在实行了计算机网络制证,所有个人姓名信息都要采用网络传输。一旦遇到字库里没有的字,身份证制作就会出现问题,公民就领不到身份证。为了不太多影响身份证更换工作,公安部不得不组织人力,对这些生僻字进行编码、造字,制作专门软件,安装到各地制证中心、所的计算机上,使那些原来由于生僻字问题没有领到身份证的人领到第二代身份证。

从上述事例中我们也不难看出,起名用生僻字的确是一件很麻烦的事情,于人于己都不方便。它所带来的当然也不仅是身份证制发一个方面的问题,更为重要的是到这时已经不再是个人的问题,而是成了一种社会问题:它给管理部门增加了管理成本,也耽误了自己相关证件的及时领取。如果当初在起名时不使用生僻字,这种麻烦显然可以避免。更何况,公安部管理部门目前已经解决的是那些到了该办身份证年龄的人,对这一年龄以下的少年儿童的名字中的生僻字并没有涉及。随着这些少年儿童年龄的逐渐增大,随时都有人达到国家规定办理身份证的年龄。也就是说,公安部管理部门随时都会遇到名字中的生僻字问题,随时都要研究应对方案。也正因如此,为了变被动为主动,公安部管理部门开始组织人力研究解决起名问题的对策,并借鉴我国港台地区或世界其他国家的经验,制定我国的姓名条例,对公民起名进行规范、限制。一旦这种条例出台了,就意味着生僻字将被限制使用。

当然,如果过多强调使用生僻字起名增加了社会管理成本,从而加以限制,也是有点偏颇的。这不仅是因为如上述所说的那样,电脑处理生僻字问题已经解决,而且如果把我们现在所用的姓名登记方法稍做改动,在技术上几乎不再有问题。何况,在我们的香港,其实早已经放开了姓名的规定,起名随意,改名自由。其具体做法是不管初次起名还是要求改名,哪怕是一天要求改一个名字,哪怕是所起的名字有几十个字,只要你愿意都不需要任何理由,也不会被拒绝。唯一的规定是在身份证明上的新名字只被登记前 12 个字,同时交纳 600 元港币的手续费。而我们现在的规定则要烦琐得多,不仅限定起名的字数不超过 6 个,还不许不规范的汉字或汉字以外的文字、字母入名;改名还要通过严格的审查,要符合《中华人民共和国户口登记条例》第17、18条的规定,即18周岁以下的人由本人或者父母、收养人向户口登记机关申请变更登记,18周岁以上的人由本人向户口登记机关申请变更登记。在登记前要先向户口所在地派出所提出申请,在其中充分说明改名的理由。在派出所认为有必要的时候,还会向申请人索取有关变更或者更正的证明。当一切符合规定后才可以改名,这种改名在一生中也只允许一次。当然,无论是起名还是改名,所收取的费用都要远远低于香港。从上述两种不同的做法上我们不难发现,香港的做法或许更为灵活,它既满足了改名者的要求,又通过收取较高改名费用限制了随意改名。特别是对较高改名费的收取,实际上是让改名者分担了因此而增加的社会管理成本,而管理者又不承担改名者因此而带来的责任,是各负其责。只是如果我们再换一个角度思考,仍可发现香港至少不鼓励改名,因为尽管管理部门不限制改名,但因改名带来的责任也与政府无关,无论是生僻字还是怪名字都是个人行为,要个人承担责任,并没有减少任何因生僻字起名而造成的麻烦。相反,如果在不受限制的情况下不断进行改名,为个人带来的只会是更多的麻烦。

有些人起名喜欢使用生僻字,还有一个冠冕堂皇的理由是怕与别人重名,认为重名太多会带来很多问题。这种说法虽有一定道理,但其实并不全面。诚然,我国常用汉字只不过三四千个,其中如"死""杀""奸""病"等字又不适合起名,从而使起名用字的数量变得很少。但尽管如此,我们也不能以此作为用生僻字起名的理由。因为用生僻字起名一则只是极少数人,二则实际上从一个极端走向了另一个极端,所带来的同样是增加麻烦的后果。

总之,名字作为每个人终生使用的识别符号,我们中国人一向很重视。正像宋代大文豪苏东坡所说的那样,"世间唯名实不可欺"。既然名字这么重要,拥有一个好名字当然也是每个人的愿望。目前有很多人为"名"所累,受"名"所困,不是因为他们很有名,而是由于名字没有起好,用了很多人不认识、不知道怎么念、不知道怎么写、电脑输不进去又打不出来的生僻字。因为名字里有生僻字,身份证领不到,出国遇麻烦,存款存不了,汇款取不出,各种手续很难办,这些麻烦其实都可以避免,那就是不用生僻字起名,通过起生僻字的名字以减少重名、突出个性不是好的理由。同样,用生僻字起名与保护汉字、保护传统文化基本上没什么关系,限制用生僻字起名也不是限制起名自由,剥夺起一个想起的名字的权利。这完全是为了方便自己和方便别人。

五、洋味十足

人名作为人类的代号之一,生活在世界上的每一个人都要使用。由于人类的种族和文化不同,在起名习惯上也不一样。例如,我国人有我国人的起名特点,外国人有外国人的起名特点。如果在起名时不考虑这种文化背景,我国人起个外国人的名字,或者外国人起个我国人的名字,从习惯上说都是有些不妥的。

我国人要起我国人的名字,是每一个中国人的责任和义务,只有如此,中国的民族特征才能得到更好的体现。据一位欧洲汉学家对世界人名所做的研究,发现我国人名的字义要比西方人名丰富得多,字音要优美得多,形式要简单得多,字形也美观得多,并且更加灵活多变。还有人在比较我国人名和西方人名之后说,我国人名更加具有专指性,体现了礼仪之邦的特征。如在名字中一般要避开祖先的名号,讲究辈分,显得长幼尊卑有别,也让人更容易区分各自的身份,而西方人的名字正好相反。如法国人的姓名通常为三段,即本名加母姓加父姓,让人分不出哪是爷爷哪是儿子,远不如我国人的名字那样直接。但是,目前有不少人看不到自己国家人名的这些优势,一味追求洋化,为孩子起些诸如乔治、珍妮、安娜、约翰、汤姆、玛丽等洋味十足的名字,既不符合我国的人名习惯,又失去了我国名字的含义深刻雅致的特色,实在有些不伦不类。

当名字作为社会存在的一部分在社会上使用时,当事人的目的无非有两个,即叫得响和让人记得住。假若起一个洋化的名字,由于不符合我国人的起名习惯,既叫不响,也难以让人记得住,其社会功能无疑大大降低。特别是洋化的名字大多是由字音而来的汉字组合,在字与字之间缺乏必然的内部联系,因此就显得索然无味,不容易像我国人的名字那样容易让人根据字义而在大脑中留下印象。如果一个人的名字在社会上使用时无法让人记住,那么名字也就失去了它应有的社会功能。

　　根据一些生理学家的研究，人们在记忆东西时往往会产生一些联想，习惯把这些东西与别的事情联系起来，从而达到记忆的目的。如 5185988 和 1545941 是两组随意组合在一起的数字，我们如果把它们仅仅当作两组数字记下来肯定有一定难度，特别是要把它们永久记下来相当不容易。但如果把第一组数字与汉字"我要发我就发发"联系起来，把第二组数字与"要我死我就死哟"联系起来，不仅使记下这些数字不成问题，而且还会留下很深的印象。近年流行一首歌曲叫《1314》，其流行的原因不仅是它的旋律欢快、词曲优美，还有一个原因是"1314"与汉字"一生一世"同音，因而才容易被人记住。同样，前些年台湾流行一首叫的《数字恋爱》歌曲，歌中用了大量的数字，如"3155530、520000、7788250、570、744"等，但并没有影响它的广泛流传，其原因也是巧妙做到了把这些数字与汉字的读音结合，让人不再把它们当成数字，而是赋予了汉字的意义，表达与这些数字同音的汉字意义。其中"520"的意思是"我爱你"，"530"是我想你，"570"是我气你。在这首歌曲的影响下，又有人用数字"88"表示"再见"，"596"表示"我走了"，"748"表示"去死吧"。这样把数字与汉字联系起来的做法显然要比单独记数字直观生动得多，因此，像数字"88""530""520"等几乎成了大家约定俗成的数字，表示的意义几乎人所共知。由此再联系到我国的名字，其实绝大部分都是因为有深刻含义而让人记住的，而外国名字在由读音译成中文以后，几乎无一例外的不具备这一功能。

　　因此，中国人起一个像外国人一样的名字，除了徒然增加人们记忆上的负担以外，只会让人们产生一种像见了假洋鬼子一样的联想，所以不应该提倡。试想，假如在你的社交中总遇到叫亨利、约翰、玛丽等名字的同胞，所产生的感觉一定是不舒服的。但现实生活中有人不考虑这种民族习惯，一味地去赶时髦，起一些过于洋化的名字。殊不知也许在若干年后，这种洋化的名字可能会被人从心理上轻视，付出常人没有的代价。这样的教训在现实生活中不是没有过。如据上海一家媒体报道，在 2003 年 3 月 20 日，一对姓邓的上海夫妻生了个儿子。由于当天正是伊拉克战争开战的一天，抱回家后又赶上非典闹得厉害，就给孩子起了个萨达姆·邓·非典名字,还自认为这样有纪念意义。在为儿子办"满月酒"那天,又在酒店门口的贺匾上写上了这个名字。结果前来贺喜的亲朋好友无不满脸狐疑,如坠云雾。最后孩子的父亲见下不了台,不得不解释这只是乳名,图个热闹,不会一直叫到大,孩子还是姓邓。另外,从1989年以来,北京石景山区一位姓王的先生自称一直对历史名人充满崇敬之情,为了缅怀古人,决定将自己的名字改成"奥古辜耶"。这其中,"奥"意思是深奥,"古"是古代,"辜"则意味着不辜负,"耶"是一个语气词。为此,他在1989年首次向户口所在地——河北涿州的双塔派出所提出了变更姓名申请,但被拒绝。1994年,已经回京的他第二次向户口所在地——崇文区天坛派出所提出改名,又被答复"不能改"。1998年,他离婚了,独自迁到石景山区,户口也随之转移到该区某派出所,第三次要求改名,得到的答复还是不行。2000年、2001年,已经退休的他又屡次到派出所申请改名,后来又到石景山分局要求改名,仍被工作人员婉言谢绝。于是,2002年11月11日,他以北京市公安局石景山分局行政登记不依据法律为由,向石景山区法院提出行政诉讼,要求受诉法院依法裁定被告行政行为违法,并要求被告重新做出具体行政行为——为其办理姓名变更登记手续,石景山法院受理了此案。最后,户口登记机关在多方权衡、难以胜诉的情况下,做出了同意其变更姓名的决定,并正式通知他在12月3日下午到某派出所办理姓名变更登记手续,他也在随后向石景山法院撤诉。事情至此本该告一段落,但到2005年,他又申请将"奥古辜耶"改为原姓名,则没有得到批准。究其要求改为原姓名的原因,当然是"奥古辜耶"不符合中国人名字习惯的缘故。

2004年底,上海还发生了一场市民王徐英要求改日本名而被判决败诉的风波。原来,王徐英嫁了一个有日本继父的丈夫,丈夫还被起了个日本名字柴岗龙清。柴岗龙清的母亲在20世纪30年代做导游,结识了在上海的日本人柴岗文雄,并带他改嫁给这位日本人。后来,柴岗文雄回国,娶日本妻子柴岗芳子,但一直没有生育。中日邦交正常化后,柴岗文雄于1974年到上海探亲,回日本5年后病逝,仍健在的柴岗芳子承认这位继子和媳妇的合法性,并在他们到日本探亲时称王徐英的丈夫为柴岗龙清,称王徐英为柴岗英子。在日本期间,二人还结识了一些日本朋友,这些朋友都叫他们的日本名字。回国后,在与柴岗芳子和日本朋友的书信往来中,大多数来信都在信封上写着柴岗龙清、柴岗英子收。但由于日本来信的收信人名字与身份证、户口本名字不符,二人与送信的邮递员总是大费周章。最后,王徐英的丈夫到派出所要求在自己的户口本上添加柴岗龙清为"曾用名",但接待的户籍警先是惊讶地打量他,随后要求他回家准备一份申请和相关证明材料。两个月后,派出所做出了"不予更改"的答复。对此,王徐英经过一天的思考,告诉丈夫不仅要加曾用名,而且她自己还要改名柴岗英子。于是,在当年11月10日,她把该派出所告到浦东新区人民法院法庭,理由是派出所行政不作为,干涉和侵犯了她的姓名权。12月17日,浦东法院做出判决,驳回了她要求改名的上诉。事情传出后,不少人对此发表评论,认为不管其中有多么复杂的原因,一个中国公民无故把使用了几十年的名字抛弃,另起一个不符合所在民族习惯的名字,毕竟是一种"缺乏文化认同感和民族归属感"的表现,法院驳回其上诉不只是对稳定社会秩序负责,也是在维护民族的利益。对于这种观点,如果我们放在起名的角度看,显然也是有一定道理的。

当然,有人在起名时起过于洋化的名字,有种心态可能是为了赶时髦。其实,这种赶时髦的心态由来已久。在历史的任何阶段,总会涌现出一些极为时髦的字眼儿。如果起名时追逐这样的字,就让人感觉是为了跟风,或者是起名人的文化素质差,俗不可耐,而且这样的名字也容易重复。20世纪50年代的"建国",70年代的"卫东",可以说遍及大江南北,"李建国""马建国""陈建国""王卫东""刘卫东""赵卫东"……几乎是千人一面。但这些名字都曾经是最时髦的名字,而在现在看来,则都成了政治狂热情绪蔓延的代表,是把政治色彩溶入姓名中的极端表现。而在近些年,由于国家实行改革开放政策,经济文化建设成就日新月异,几乎每天都有大事发生,有不少人在起名时也追赶这种潮流,起一些如上述奥古辜耶、萨达姆·邓·非典、柴岗英子之类的名字;还有人热衷于起4个字的名字,觉得这样的名字时髦,所起的名字有胡陶佳子、阎冬飞雪、园丁四郎等。其实,从名字的角度说,这些名字除了是4个字外几乎让人找不到更多的文化内涵:起名"胡陶佳子"无非是模仿西方名剧《胡桃甲子》，"阎冬飞雪"无非是用了"严冬飞雪"的谐音，而"园丁四郎"怎么看怎么像日本人的名字，与上述"柴岗英子"几乎没有区别。尽管也有报道说起名"园丁四郎"完全与日本名字无关，是因为孩子的父母分别姓李和丁，都是老师，孩子深得外公的喜欢，但由于孩子的母亲只有姐妹三个，没有兄弟，于是便想让儿子跟自己姓，而孩子的父亲怎么也不同意。由于僵持不下，两人最后决定谁的姓都不跟，而以父母二人的职业为姓，用这一职业的别称"园丁"为姓；又因为孩子是孙子辈的第四个男孩子，于是起名叫"园丁四郎"。但不管原因如何，也不管有多么充足的理由，孩子在使用这个名字的时候不可能向每个人都解释这样起名的原因，别人看到后的第一印象仍然是像日本人的名字，他的名字是洋化名字的事实一点也不能改变。

诚然，名字的确需要色彩去点缀，但名字的色彩需要五颜六色。如果人人都去追逐时髦的字眼儿，也未免太单调乏味。由此不能不让人深思，虽然我国有几千年历史传统，讲究忠孝仁义、礼智道德，但古人起名使用这些字的频率实际上不高，说明古人起名也不喜欢赶时髦。孔子讲了一辈子"礼"和"仁"，但为儿子起的名字却是"鲤"。追逐时髦字眼只是幼稚和肤浅的表现，也不懂事过境迁的道理，但给使用者带来了鲜明的时代痕迹，是我们在起名时应设法回避的。

为了限制起名过于洋化，追赶时髦，国家的人口管理部门也做了不少工作。除在即将出台的《姓名条例》中规定不能使用英文名字登记户口或起英文名字须用汉语代替外，在日常管理中也拒绝为那些过于洋化的名字办理入户手续。如在2005年10月，河南登封市一位姓胡的先生本想为新生的儿子起名"胡 D"，但在为儿子办理婴儿出生证明时首先被医院拒绝，派出所也接着表示不能用这个名字给孩子办理入户手续。当他在了解了国家的相关政策后，最终用"胡镝"这一名字为孩子上了户口。

六、不辨性别

我们日常生活中常听到这么一句话，叫作"男女有别"。意思是说，由于男女性别不同，在很多事情的做法上或社会所提出的要求都不一样。其原因不仅是由于在我国传统社会里一直流行重男轻女的习惯,要求女性做到"三从四德",更为重要的是由于在社会上扮演的角色不同,所作所为也要有所区别。具体到起名也是如此。起名作为与我们生活密切相关的一个组成部分,同样也有对男性和女性不同的要求。如就一般情况而言,为男孩子起名要求充满阳刚之气,女孩子的名字则要充满阴柔之美。如果做不到这些,便是犯了起名的禁忌。

谈到起名时应该注意性别的区别,尽管不少年轻父母在思想上都有所知,但到具体实践的时候,并非人人都能做到。记得有人曾说过这样一个笑话:一位女作家有一个男性十足的名字,字又写得遒劲有力,有次应一个编辑部的邀请到外地参加文学笔会,编辑部还安排人员为她接站,可是怎么也没有接到她。原来接站的人只把她当成一个男的,无论如何也没有想到她是个女性。后来她费了很大的劲才找到开会的宾馆,当打开为她事先安排好的房间时,发现又被与一个男性作家安排在一起,不得不找来主办人员调换房间。这类的例子还有很多。相传前些年有一个小伙子叫杨红,父母为他起这个名字本想让他成为一个能够振兴家业的走红之人。没想到他长大以后,这个名字却常常为他带来麻烦。有次单位举行青年联谊活动,对他不熟悉的青年干部竟把他分到女青年一组。后来有人为他介绍对象,女方条件很不错,可一听他的名字叫"杨红",心里就开始纳闷:"一个大小伙子怎么起个女孩名字?真别扭。有女孩的名字,说不定还是一个婆婆妈妈的假男人。跟这样的人谈朋友,还不让人羞死?"于是,姑娘坚决回绝了这门婚事,跟他连面也不愿见。这种因起名不辨性别而找不到女朋友,显然是因为起名不当造成的后果。

女孩子起男名或男孩子起女名,近年来有越来越普遍的趋势,以致让人根据名字判断性别成为越来越困难的事情。尤其是女孩子起男孩子的名字,情况相当多。从 20 世纪六七十年代以来,不仅有不少女孩子直接起名力平、铁军、木森等男性化的名字,甚至还有人围绕一个"男"字做文章,用"男"字或它的同音字起名,从而也显得男性味十足。对此,有人曾拿名中带"男"字的女孩子打趣说:女孩子名带"男"字,是女性要超过男性的标志。殊不见早些年,女性刚想出来与男性一争高低的时候,只小心地起名"亚男""次男""弱男",只是想让男性让出一块地方,让自己立足，哪怕是比男性差些也很满足。等有了一席之地后，又起名"亦男""犹男""比男"，公然向男性发出挑战，要与男性比高低。当像男性一样的时候，又起名"胜男""荣男""冠男"，试图把男性踩在脚下。上述所说的当然是笑话，但它也说明女孩子起名用"男"字的情况确实不少。

男用女名或女用男名，的确会给当事人带来一些麻烦。有位在学校工作的人曾讲起过他的亲身经历，说有次他上课点名，当点到一个叫"王静"的名字时本以为是个女孩，但却站起来一个男生，让他大为惊奇。后来与孩子的家长聊起此事，家长说，这样起名是希望孩子一生风平浪静、无灾无难，并没有考虑"静"是女孩子起名习惯用的字。还有位记者的朋友生了个女孩，给孩子起名"念军"，以便纪念自己在军校度过的岁月，殊不知这个名字也很男性化。

当然，起名时不考虑孩子的性别，以致起出的名字出现性别错位，有时还有较为复杂的原因，甚至是有人故意为之。在我国没有计划生育政策以前，全国各地都流行重男轻女观念，生孩子一定要生个男孩，哪怕生再多女孩也不肯罢休，直到生出来男孩为止。这种心态有时反映在起名上，有些父母也为女孩子起男性化的名字，叫招娣、来娣、梦娣、盼娣等，名字从字面上看虽然很女性，但其中的"娣"实际上是"弟"的谐音，很明显反映了父母生男孩的愿望。我国在 20 世纪 70 年代末曾有个很受欢迎的电影《甜蜜的事业》，其中说的就是蕉农唐二叔一家一连生了六个女儿，可还一心想生个儿子，便给女儿分别起名招弟、来弟、盼弟、梦弟、唤弟、捞弟，最后还是因为政策不再允许才不得不罢休。还有人说他有位女同学的名字叫"妹锁"，意思显然是父母要通过她把女孩都锁住，从此只生男孩。可她这把锁不太管用，下面又有两个妹妹，却没有弟弟。毛泽东主席的夫人江青，"文革"中曾用"李进"这一名字发表作品，名字看上去很像男性，这样做的目的当然是便于隐藏身份。而之所以用这个男性化的名字，原因在于她本来的名字叫"李进孩"，更加男性化。对此，她年轻时的一位好友回忆说，在她与这位好友在陶行知先生创办的"晨更工学团"工作时，她向好友讲了自己的身世，说自己的父亲李德文在山东诸城城关开木匠铺，生意不错。娶了两房妻子，自己是庶出，原名叫"李进孩"，上小学时校董薛焕觉得这个名字不雅,看自己长得又高又瘦、双腿细长,就替自己取了"云鹤"这个名字。当她把这段身世说给好友听后,好友还哈哈大笑不止。像她这样的原名,本来应该算是小名,其中不乏父母希望在她之后生个男孩,男性化也不难理解了。

不过,目前许多父母起名不再重视性别,或者故意给男孩起个女孩的名字,或给女孩起个男孩的名字,让男孩女孩名字反着用,有人认为这种做法是"新新人类"起名所出的一种怪招,是其父母赶时髦的结果,显然也是不无道理的。这种现象也说明,人们起名时的性别因素在逐渐降低,传统起名禁忌正在悄悄发生变化。当然,如果只是一味追求怪异,其结果或许适得其反。毕竟在我们这样一个具有悠久文化传统的大国里,人们的审美取向和价值标准基本固定,不同人际环境对相同事物的接受能力存在着约定俗成的差别。据说曾有男孩因为父母给他起了女性化的名字,上学后因忍受不了同学的嘲笑而选择自杀。这种事例虽然极端,但也是我们不得不汲取的一个教训。

总之,名字作为人类的标志,其性别特征也要表现出来。由于男女性别不同,人们对男性和女性所扮演角色的理解也不一样。同样,在历代的起名实践中,男性的起名重视刚劲、响亮,女性起名充满柔婉、甜美。这些习惯作为历史的积淀,反映了人们对审美观的追求。在这种习惯下,男性的名字与其将要扮演的角色是和谐的,女性的名字与其性别特征也是和谐的。只有如此,才能反映出名与实的统一。因此,究竟起个什么样的名字,在起名时最好多考虑男孩和女孩性别角色的不同,符合我国的传统习惯。

七、充满稚气

孩子作为父母爱情的结晶来到世上,那小手、小腿、小身子、小脸蛋,以及哭笑

陶行知

睡闹、吃喝拉撒,无不引起父母强烈的爱意和责任感。在这样的情况下,父母为他(她)起一个充满亲昵情感的名字,无论是古人还是今人、城里人还是乡下人都无一例外。古代,像魏武帝曹操、唐玄宗李隆基等人虽然贵为一国之君,小时候仍被人以"阿瞒""阿鸦"相称。文学家司马相如和陶渊明尽管才高八斗,孩童时代也都使用过"犬子""溪狗"等难登大雅之堂的名字。当代,许多城里的孩子起名小囡、小宝、小毛、小狗、小熊、小花、咪咪、阿猫、阿三,乡下孩子起名石头、结实、小驴,等等,都大有人在。上述这些名字,尽管是父爱和母爱的自然流露,但当孩子长大以后,原来活泼可爱的儿童变成了充满朝气的成年人,再继续使用亲昵幼稚的名字,就会让人感到别扭。特别是有些年轻的父母不从孩子的长远考虑,只注重孩子的儿童阶段,起一些诸如"李小勇""刘小宝""郭圆圆""赵媚媚"之类较适合孩子的儿童阶段使用的名字,等孩子长大后,这些名字就显得有些不妥了。其原因不仅会给人一种永远的未成年感,而且在新的环境和社交场合中让人觉得不成熟、不庄重。试设想,在一些不分年龄而举行的公共活动中,有赵媚媚和刘小宝等人参加,当组织者以为他俩是同龄人并要求一起给大家表演节目时,结果走出来的赵媚媚是一个戴红领巾的小姑娘,而刘小宝却是一个两眼昏花的老先生,不仅会让组织者和在场的人大跌眼镜,尤其是后者的名字,更不免显得滑稽可笑。由此可见,起名时多考虑一些年龄因素,尽量不使用那些过分亲昵的字眼,将使孩子终身受益。

当然,我国一向有起小名和大名的传统习惯,在孩子年幼时或家里使用小名,上学和走向社会以后改用大名,曾是传统社会里常用的做法。这种大、小名之分在一定程度上减少了成年人名字中带稚气的机会,不过随着我国的人口和户籍管理制度越来越规范,孩子必须在出生后有正式的大名,以便填写出生证和报户口;加上对孩子的服务越来越社会化,不少孩子在一岁前后就被送到幼儿园,开始走向社会,也要使用正式的名字,从而也压缩了使用小名的空间和时间。这也要求父母尽早起出适合孩子使用一辈子的恰当名字,哪怕是在家里称呼孩子多么亲昵,但起的正式名字最好不要带有稚气。关于这点,仍是要提醒年轻父母们特别留意的。

八、读音不雅

名字作为每个人都有的一种代号，在大多数情况下都是被用来称呼的，"读"也是它的一个最基本的功能。同时，我们为孩子起名字的目的，主要是为了满足他在社会交往中的需要，也就是说，名字具有社会性。而要做到这点，在很多时候都是要被用来读的。一个读音响亮、悦耳动听、富有声韵美的名字无疑会更加有利于人际间的交往，增加在社会交往中的分量，缩短与别人之间的距离。相反，则会增加难度和发生障碍。而就我国汉字的特点看，又具有同音字过多的缺陷，当我们读一个名字时，头脑中想到的不仅是这几个字的意义，而且还有它们的同音字的意义，有时后者还是主要的。例如"吴迪""彭友"这两个名字，我们看到后想到的不仅是两人分别姓吴和彭、单名迪和友，还很容易想到"无敌""朋友"这两个日常用语。尤其是这两个日常用语，还是他们各自的父母当初为他们起名以及社会上能够记住他们最主要的原因。像这种情况，如果我们起名时都能做到利用字词之间在读音上相同或相近这一特点互相假借，自然会起出高雅别致的名字，但如果使用字词不当，则会让人做不好的联想，从而影响社会交往的质量。关于后者，也就是我们所说的读音不雅。因此，就要求我们在选定某些字作为名字时，要考虑它是否有不雅的同音字，或者当与姓氏和其他字联在一起时，会不会引起其他不雅的读法。上述这些都是在起名时应该注意的。

由于我国汉字文化博大精深，一字多音或一字多义的情况十分普遍，而名字又有被写被读的双重功能，无形之中也要受这种文字特征的影响，甚至有时还要被读音所累。如果我们在起名时不注意它的多音多义，就容易闹笑话。有些人的名字表面上看非常高雅，不存在任何问题，但由于读起来会与另外一些不雅的词句声音相同或相似，便很容易引起误会，甚至被当作人们开玩笑的谈资。如女孩名字叫珍吟、贞莹、议莹，男孩名字叫建人、建民，等等，看上去都很不错，但它们还都有"真淫""意淫""贱人""贱民"等谐音，用读音衡量就成了不雅的名字。又如汝峰、蔡道、卢辉、何商、汤虹、宫岸菊、陶华韵、李宗同、张树吉、包敏华、白研良、胡礼经、沈晶柄、应道元等名字，从字面上看都没有问题，但一读出来几乎都会让人产生误会。

因为,汝峰与"乳峰"谐音,蔡道与"菜刀"谐音,卢辉与"炉灰"谐音,何商与"和尚"谐音,汤虬与"糖球"谐音,宫岸菊与"公安局"谐音,陶华韵与"桃花运"谐音,李宗同与"李总统"谐音,张树吉与"张书记"谐音,包敏华与"爆米花"谐音,白研良与"白眼狼"谐音,胡礼经与"狐狸精"谐音,沈晶柄与"神经病"谐音,应道元与"阴道炎"谐音。由于这些名字的同音字有些是生活中某些熟语,有些是容易被人误解的贬义词,谐音都显得有些不够严肃,不够庄重,在大庭广众之下容易授人以笑柄,甚至谐音变成绰号,很容易造成心理负担,让人后悔莫及。为此,据一家报纸报道,前些年南方某地曾发生一件一个叫汝峰的人到公安局要求改名又被拒绝的事,就是因为他的名字容易让人联想到"乳峰",不堪其烦。但公安局负责办理改名的人说他这种情况不符合可以改名的规定,既不是与人重名,又不是在名字中含有生僻字、繁体字,也不是在名字中使用了粗俗不雅的字。他得知这些规定以后尽管心有不服,但也无可奈何,只埋怨当初没有把名字起好。还有位叫张盛舒的先生有个现身说法,说他自己的名字谐音很多但都不是很好,懂事以来不断有人给他起绰号,日积月累居然很多,以致埋怨爸爸起的名字,甚至由此还形成了对名字敏感的习惯。他说小时候被人讥笑"先胜后输"是最正常的,同学还把他的名字写成歌谣来唱:"张盛舒,凤梨酥,输剩张,大胖猪。"等他长大以后写文章时,又发现自己的名字还可以读成"长肾虚""獐胜鼠",连他自己都庆幸年轻时没人这么叫,否则就会痛不欲生。

当然,有些人的名字读音不雅,有时不是名字本身的问题,而是在与姓氏搭配在一起后所出现的新问题,上述事例中的不少都属于这种情况。此外又如伟、佳、忠、信等字,在汉语中的含义都很好,也是许多人起名时喜欢使用的字,用这些字起出的名字如张伟、刘伟、田伟、李佳、徐佳、李忠、韩信等也都不错。但如果是杨、王、宋、吴等姓的人起名,特别是起单名为杨伟、王佳、宋忠、吴信,就很容易让人与它们的谐音"阳痿""亡家""送终""无信"等联系在一起,都算不上是好名字。此外,又如在常见姓氏中的吴、伍、莫、冒等姓,由于姓氏本身就有"无""没""冇(方言'没有')"等不雅的谐音,因此在与名字联系在一起的时候,往往会使它改变性质。如

"福""禄""寿"等本来都是很吉利的字眼,但与上述三个姓氏搭配后,虽然写出来是"吴福""伍德""莫禄""冒寿",但当读出来时却成了"无福""无德""没禄""寿",听起来就让人不舒服。又如有人叫伍世苟,一连读便有"我是狗"的意思。吴材与"无才"音近,也不雅观。特别是吴姓,起名时更须注意,历史上还曾有过不少教训。据《金史》记载,金朝曾有两个叫吴德的人,其中一个是提督,另一个是江宁县的达鲁花赤(县长),后来两个人都被别人杀害。又如在明代,分别有两人叫吴礼、一人叫吴信。叫吴礼的人中一个是金华知县,吴信则在洪武年间任新乐知县。作为一方的父母官既"无(吴)理"又"无(吴)信",可见名字是多么不妥了。至于其他姓氏,当然也有同样的情况。如据《明史》记载,明朝洪武年间有位锦衣卫指挥使名叫宋忠,曾想娶韩国公李善长之女。当谈婚论嫁时李善长正卧病在床,问他的姓名,答"宋忠",结果李善长大怒,把他逐出府门。其实也难怪李善长发怒,毕竟患病之人最怕有个三长两短,在正怕时却有人用名字的谐音来"送终",不由他不怒。没过三年,宋忠与燕兵大战,死于阵前,显然是因姓名谐音不当而鳏居终身了。从以上这些事例可见,谐音得当可以使名字生辉,谐音不当则轻者有损尊严,重者有碍前程,的确需要我们在起名时注意姓名之间的搭配,花心思去推敲姓名的读音,尽量减少因读音不当而闹出误会,避免重演这些曾经有过的教训。

关于名字读音不当的教训,其实是举不胜举的。在过去,蒋介石曾被谐音为"蒋该死",廖逸夫与"尿一壶"谐音,郝玉仁与"好女人"谐音,朱石与"猪屎"谐音,丁会思与"定会死"谐音,纪丹、沙珠、梅前、吴大用、李韬奋等分别与"鸡蛋""杀猪""没钱""无大用""李掏粪"等谐音。上述这些名字本来都有很好的字义,由于与姓氏在一起使用时容易引起误会,甚至成为人们取笑的对象,因此也不算是好名字。再如某医学院有位名叫樊志林的学生,每当老师点他的名字时总要引起哄堂大笑,原因是他的姓氏与名字连在一起时正好与一种外用药"凡士林(Vaseline)"同音。还有一位运动员叫黄崇,尽管有超群的技艺,但别人喊他的名字时,总以为他是"蝗虫"。又如"杨伟"或"杨卫""杨蔚"等都是十分常见的名字,但如果想到它与男性生理疾病"阳萎"同音,也会发现它们都不能算是好的名字。更有甚者,有人曾说在某地的文化界有两位作者,一个叫宋一平,另一位叫毕云高,经常联名发表作品。两人的名字从字面上看都不错,但如果连在一起读出来,便会被不解实情的人误以为是"送一瓶避孕膏"了。至于笔者本人,也亲耳听说有一位名叫刘晓静的女士,原来的名字是刘静,因为在上小学时总是被一位发音不准的同学读作"溜腚",觉得不雅,才让家长改成现在的名字。

因起名的读音不当而闹出误会的例子,几乎每个人都碰到过。当然,这些误会不一定全是麻烦,也可能在无意之中给人带来惊喜。特别是当与姓氏连在一起时,这样的误会可能增加很多。无论起名时考虑多周全,都难免会有意想不到的情况,有时候会让人喜,有时候则让人很尴尬。曾有这么一个相声说,解放初年有一个名叫王克章的洋车夫常被人当作新上任的干部"王科长",甚至还有人向他借钱。这样一来,洋车夫变成了大权在握的科长,因读音相同让他无意中捡了便宜。另外,也有人因姓氏的读音较好而沾光的。比如姓郝的就可能被认为人也好,听着舒服。又比如姓郑的也会让人与正直、正派等好字眼联系在一起,这些都是显而易见的事。前些年,一家报纸上还登了一篇小品文,说在一个单位里,有姓傅和姓郑的两位领导,分别担任正、副书记。其中姓傅的是正书记,由于姓氏与"副"同音,常被一些不了解情况的人误以为是"副书记";而担任副职的郑书记尽管常被当作"正书记",但由于无损于他,所以也乐得误会下去。但时间长了,这种因姓氏读音与所任职务相反而出现的误会让傅书记很不高兴,最后便专门召开会议,声明自己从此改姓郑。为此,有人还作了一首打油诗,说:"有位书记本姓傅,被人当'副'气呼呼,召集群众来宣布:从此姓郑不姓傅。"这虽然是一个笑话,也确实反映出起名时如果不注意字的读音,极有可能引起误会。

因名字的读音不雅而让人们引起的误会,有些属于迷信范畴。如古时有位叫王国钧的人,名字读起来就是"亡国君",在统治者看来是极不吉利的。而当代人如果在生意场上遇到一位名叫毕培光的先生,那么也许所有的人都不愿意与他做生意,因为他的名字谐音是"必赔光"。前些年,新加坡有位叫吴瑰岸的电视明星,曾成功地扮演了《人在旅途》中杜嘉南的形象,但由于他的名字与"无归岸"谐音,被人认为不吉利，后来不得不改名吴岱融。另外，在台湾，也有一位以"柏杨"笔名知名的作家郭衣桐，前些年曾因故被台湾当局判处死刑，后来被赦出狱后，有位算命先生说他的一生中早已注定有这一劫。因为起名郭衣桐，实际上就是"锅一洞"：既然锅烂了一个洞，那么无疑就要被判死刑了。

上述这些例子有些是确有其事，有些则属子虚乌有，但在谐音上有不雅的弊病则是相同的。而在我们的日常生活中，其实也会发生与名字读音相关的事情。笔者就曾听一位朋友说，他有一位同事姓赖，每次别人问她姓什么，她总说，姓"赖"，"信赖"的"赖"。虽然她给"赖"挑了个比较好的词，但别人叫她小赖或者赖小姐的时候，她还是觉得不太舒服。另外，据一家报纸报道，一个姓裴的女大学生在长春找工作，先后十几次都被人家拒之门外，到最后她问招聘的人为何会这样，招聘的人说：我们老板说了，你的各方面都很出色，他也很满意。只是他不满意你姓"裴"，与"赔钱"的"赔"同音。做生意不能发财反而要赔钱，整天这样赔来赔去，谁也不会高兴，所以你没有被录用。女孩听了，觉得很无辜，但也没办法，只好作罢。另外，还有一家报纸报道，有人认识一位姓"不(盾)"的先生，有次到邮局取汇款，就遇到了一件尴尬事。当他按规定办完有关手续后，邮递员叫"不(卜)某某，你的汇款"。这位不先生见被人读错了姓，便纠正说"我姓dǔn，不姓bù"。邮递员莫名其妙，以为他要冒领汇款，不同意把钱给他。最后经他好说歹说，才让他取走了汇款。另据一家报纸报道，南方某地有一位刁先生，因为自己姓氏的读音比较特殊，总是容易让人与意思不好的字眼联系在一起，小时候就没少受同伴笑话。为了不让孩子重蹈自己的覆辙，他情愿孩子不姓自己的姓。最后，夫妇俩和亲友们反复商量，决定让孩子跟外婆姓李。还有一位毕先生的夫人怀了孩子，一帮好友前来道喜，当得知还没给孩子起名时都纷纷献计献策。一个说，这个孩子姗姗来迟，叫毕姗姗最好。另一个提出反对，说孩子是男是女还不知道，如果是女孩叫姗姗，男孩叫姗姗就不大好。孩子的爸爸有大学问，要是生个男孩，就叫个古代名人的名字——毕昇。毕家人一听，觉得又不用让孩子去造纸，这个名字不好。另一个朋友说，不如起个外国人的名字——毕加索。毕家人觉得孩子不造纸也不必改画画，仍不满意。

还有一个说,叫名人的名字不好,现在外面正在下雨,不如叫毕雷针—安全。再一个说,孩子的爸爸是电视工作者,不如叫毕电视。大家七嘴八舌,几乎把所有的名字都想到了,又因为是朋友,打趣说笑的名字都有。有人说孩子爸长得比较寒碜,生的孩子不能像他,应该叫毕月;有人说为了孩子爸避免犯错误,应该叫毕免;有人说孩子爸弱不禁风,应该叫毕风;有人说孩子们都比较喜欢百兽之王老虎,应该叫毕虎;有人说孩子爸非常谦虚,逢人就说自己是鄙人,应该叫毕人;有人说孩子爸出去采访,有时被误以为是假冒记者,不让进门,孩子应该叫毕门羹;有人说孩子爸当过侦察兵,武艺高强,应该叫毕强;有人说如果生了双胞胎,应该叫毕恭、毕敬;有人说有个成语叫惩前毖后,应该叫毕后;有人说孩子爸的工作就是要吸引观众的眼球,扩大收视率,应该叫毕球;有人说孩子妈响应晚育政策,多年不孕,应该叫毕运;有人说孩子妈一直采取避孕措施,应该叫毕运栓,把好运栓住;有人说孩子生在北京,应该叫毕京。这样说来说去,最后有人想起孩子妈是做医生的,说叫毕超最好。这话逗乐了孩子妈,打了朋友一下,说,你还是闭嘴吧。结果,一句话提醒了大家,孩子最后的名字是"毕嘴"。

关于名字的读音,特别是因为名字的谐音而在现实生活中所发生的事情,除上述之外还有很多。有时某些名字放在特定的环境里,其谐音带来的后果出乎预料。比如在学校,如果音乐老师叫管风琴,健美教师叫陈亚,锅炉热处理专业教师叫吴嬿梅,听起来都会让人与他们的工作联系在一起。但如果学校医务室的校医叫段珍,学生也许会因为她的名字与"断针"谐音而害怕去她那里打针。某医学院一位同学名叫"费彦",谐音"肺炎",开学点名时笑翻了一片。后改名为费红忠,原来没笑翻的这回却笑翻了,因为他的名字与"肺红肿"谐音;他有位同学叫"子腾",本来挺文雅的一个名字,偏偏跟老爸姓了"杜",于是,在众多同学的讥笑下,愣是将"肚子疼"的名字改了;有一同学叫"朱逸群",大家说,她这辈子恐怕就只能在猪圈了;某人名"厚根",父姓"矫",于是,他就成了"脚后根";一对农村夫妇,好不容易生了个儿子,本想祝他一生平安,长命百岁,起名"寿生",可孩子的父亲姓秦,于是弄巧成拙,叫"禽兽生";还有两位初中生,是亲兄弟,哥哥叫"陈剑桥",弟弟叫"陈复旦",但是两人连高中都没有考上。有个女大学同学叫史乐,找了个叫苟和斌的男朋友,但家住香港的女生父母知道后怎么也不同意。原因是一旦结婚,女孩的名字会改成"苟史乐",与"狗屎乐"谐音。还有人说他在毕业后到一家公司上班,上司是姓卞的兄弟俩,与同事一起把他们称作大卞经理、小卞经理,私下里则称大卞、小卞。一天,有个陌生男子到公司办事,站在门口有些犹豫,引起前台小姐的注意。小姐上前问他有什么事需要帮忙,男子说找卞经理。小姐说公司有两个卞经理,其中小卞经理刚出去,大卞经理可能在三楼,反问他要找的经理年龄。他回答大约四十岁,小姐这才知道他要找"大卞",让他到三楼去问一下。男人到三楼后见办公室里有几个人,其中一个人问他找谁,大的还是小的,然后告诉他"大卞"在六楼董事长办公室开会,一时半会下不来,有事可以交代给他秘书,说着就伸头向另一间办公室喊"卞秘,大卞秘",结果一个小伙子应声走过来。他又向男子介绍说"这就是我们大卞经理的秘书,叫他卞秘就行"。男子把来意一说,卞秘说经理已经交代过,要他直接去找会计科。还说会计科管事的人是大卞经理的爱人,要他到会计科问问谁是卞太就行。

名字放在特定的环境里,与读音有关的后果当然不止以上这些。甚至在国外,也存在谐音不雅的问题。如美国总统布什的英文姓名是 Bush,这个字是小树丛的意思,但把音拉长了念,就成了 Bullshit,意思是"牛屎",相当于我们骂人说的"狗屁"。所以美国有些反布什的人写标语"Bush is Bullshit",一语双关,让他难堪。当然,也有些人的英文名字很不雅,但翻成中文后却大不一样。如丘吉尔,他的英文名字是 Churchill,字面上的意义是"教堂病了",很难听。美国前总统尼克松的国务卿基辛格,中文名字也很好听,但他的英文名字是 Kissinger,其意义是"吻个不停",让人觉得很搞笑。

另外,还有一种读音不雅的情况是,名字所用的几个字使用相同或相近的声母、韵母,形成双声叠韵或叠音姓名,让人读着拗口费劲。当然,有些姓氏起一个叠音的名字显得亲切,如丁丁、方芳、辛欣等,但这种情况毕竟是少数。在大多数情况下,叠音的名和姓由于重叠,或者在姓名读音之间没有拉开距离,读起来不顺口,或让人读错、听错,甚至成了"绕口令"。有人曾说在自己上初中时,有个女同学的名字叫倪杨,每次班主任点名叫她,都是倪杨——倪杨——,最后就干脆喊成了"娘"。她偏偏又身体不好,总是生病缺课,老师点名也成了"娘没来吗? 娘又生病了吗",总被学生打趣。至于其他用词不当的名字,如沈既济、夏亚一、周啸潮、耿精忠、姜嘉锵、张昌商、胡楚父、陈云林、傅筑夫等都是一些名人的名字,有的连用两个同声母字,如亚一、姜嘉等;有的连用两个同韵字,如既济、夏亚、啸潮、楚父等;有的三个字同韵,如张昌商、胡楚父、陈云林、傅筑夫等。由于声母或韵母相同,连读起来发音费力。要想解决这一问题,就应该在起名时让名和姓的声母不同组,韵母不同类。如彭涛、冯企、娄韵、齐飞、余声、万鸿等名字,名和姓的声韵异组异类,声音有了变化,读起来就顺口悦耳。如果名和姓同组,甚至完全相同,只要处理好韵母的关系,效果也很好;反之,名和姓同类,甚至完全相同,那就要在声母上下一番工夫。如起名为彭宾、冯凡、娄林、张晨、余宽、方川等,也较好解决了上面提到的问题。

总之,名字是要被人读的,其读音也是至关重要的。如果所起名字的读音不当,就可能引起一些意想不到的后果。因此,我们在起名时留意它的读音,不仅要注意名字本身的读音,也要留心与它搭配的姓氏的读音,才有可能避免尴尬或误会。

九、不知避讳

避讳是我国特有的一种社会风气,说穿了就是不能直接称呼别人的名字。这种风气大约起源于周代,直到今天还能见其端倪。所应避讳的内容根据传统的划分,一般包括为皇帝避讳、为圣贤避讳、为官长避讳、为父母避讳、为坏人避讳等几种情况。我们今天虽然不必再像古人那样讲究礼节,但在起名时不使用亲朋好友、三亲六故、伟人名人等名字相同的字,也是一种起码的礼貌。而为了起出更有礼貌的名字,我们有必要了解一下我国的避讳风气。

据研究,我国的避讳风气是从周代开始的。当时人起名都要避开国君或其继承人的名字,但其制度还不严格,一般人起名还不必避开与国君名称同音的字,两个字的名字也不必都讳,书写时也没有特别的规定。但到了秦代,避讳的方法开始变得严格起来,秦始皇及其父亲等人的名字都在避讳之列。秦代以后,这种风气又有所发展,经两汉魏晋南北朝隋唐各朝的不断强化,到宋代形成一个避讳的高峰。宋代以后,金元各朝有所宽松,至明清时期再度严厉起来。直到民国时期,有关避讳的规定才被明令废止。

在过去的避讳中,最为重要的一种是为皇帝避讳,这也就是所谓的国讳。早在秦朝时,秦始皇名政,正月就被改为端月。他的父亲名子楚,地名"楚"也被改为"荆"。西楚霸王项羽本名项籍,姓籍的人为了避讳,只好改姓与"籍"读音相近的"席"。汉武帝名叫刘彻,姓彻的人只好改姓通;汉宣帝名叫刘询,姓荀的人只好改姓孙。同样的情况,还有汉哀帝名叫刘欣,姓欣的人改姓喜;汉明帝名叫刘庄,姓庄的人改姓严。甚至汉安帝的父亲因为名叫刘庆,姓庆的人只好改姓贺。又如在唐代,唐高祖李渊的祖父名虎,凡遇到"虎"字时都改为"武"或"马"。唐太宗本人的名字叫李世民,凡遇到"民"字的时候都改成"人"。宋太祖的名字叫赵匡胤,他的弟弟本名赵匡义,为了给他避讳,只好改名赵光义,哪怕是自己在宋太祖之后做皇帝也不得不如此。有时在避讳时,不仅要为当朝的皇帝避讳,甚至还要为皇帝的七代以来祖先避讳。在《南史·侯景传》里,就记载一个因避讳而让人忍俊不禁的事。这件事是说他本来出身贫贱,根本不知道自己父亲以上的祖先名字叫什么。但在他自称皇帝后,要按传统为七代以来的祖先建庙。当礼官问他祖先的名字时,他说:"我只记得父亲名叫侯标。而且,他的游魂远在朔州,怎么会大老远来江南这里享受供奉?"礼官见他不懂规矩,只好到军中打听他的祖先名字,但只打听到他的祖父名叫乙羽周(鲜卑名),最后又为他编了祖父以上的四世"皇祖考"名讳,供在神庙里,又诏告天下为这些伪造出来的祖先避讳。至于他本人的名字,更在避讳之列。若是犯讳,轻则处罚,重则杀头。结果原来叫"景"或姓"敬"的人只好改名改姓。其中最倒霉的是姓"敬"的人,据记载就是在那时被改成了"苟",以至到今天还改不回来。在现在的河南登封、辽宁沈阳等地,仍有不少人因此而姓"苟"。

像上述这样为皇帝及其祖先避讳,是过去的避讳最严厉在一种,也被称为"避

·孩儿起名·

图文珍藏版

国讳"。如果不知避讳,则要付出沉重代价。尤其是明清时,因不小心犯讳而被满门抄斩的人屡见不鲜。由于相沿成习,以致为百姓带来很多麻烦,因此而改名改姓的事例出现很多,甚至包括已死的古人都不能幸免。比如,我国先秦时期曾有两个杰出的思想家荀子和庄子,但到汉代时,由于汉宣帝(刘询)和汉明帝(刘庄)名字的读音与他们的姓氏相同,他们从此只好称孙子或严子。更有甚者,如上述提到的"敬"姓,本来是我国固有的一个姓氏,但从南朝侯景以来因为避讳而被反复改来改去,甚至被认为是一个最倒霉的姓氏。侯景时姓敬的人因为姓氏与他的名字同音,不得已被改姓恭。侯景的政权灭亡

庄子

后,他们虽然得以恢复原来的姓氏,但到五代十国时,又因为姓氏犯了后晋高祖石敬瑭的名讳,不得不把姓氏拆开, 分为二,成为"苟""文"两个姓氏。后晋灭亡后,后汉建立,他们恢复敬姓,但不久以后后汉归宋,他们又遇到宋太祖赵匡胤祖父赵敬的名字,又得避讳,于是又改姓文。此外,又如玄姓,在东晋权臣桓玄称帝时就犯讳,后来又先后触宋神宗赵顼、清朝康熙皇帝玄烨等人的名讳,每次犯讳时也不得不改成其他姓氏。由于这样被改来改去,到今天我们已经很少再能见到这个姓了。

除为皇帝及其祖先避讳外,过去还有为圣贤和尊长避讳的风俗,一般被称为"为贤者讳"或"为官者讳",也就是不得直呼或直写诸如三皇五帝、周公、孔孟等圣贤的名字,以及在长官面前避开其名字。如果随便打开一本民国以前的古书,就可以见到把孔子的名字"丘"写作"邱"或在"丘"的右边缺一竖的情况,其原因也是在为他避讳。至于为官长避讳,也有不少著名的例子,其中"只许州官放火,不许百姓点灯"便属此类。这是说明代有位州官叫田登,忌讳别人说自己的名字,下令凡是

遇到"登"字都要避开,甚至连与"登"读音相同的字也不许说,结果闹出了不少笑话。在他到任后的第一个元宵节,百姓要按传统点灯笼过节三天。由于"灯"与"登"同音,百姓不敢说,衙门办事的人不敢写,只好用"火"代替"灯"字。结果,衙门里出布告,"灯"字全部变成"火"字,出现了"本州依例放火三日"等句子,意即可以按惯例点灯三天。布告一出,百姓们议论纷纷,都说"只许州官放火,不许百姓点灯",以至传颂至今。另外,相传在北宋时,一位名叫徐申的人任常州知府,对自己的名字忌讳很深,不许别人冒犯。有次一个县令在汇报工作时不知忌讳,冒犯了他,说:"我这件事情已经申报三次,至今还没有结果。"徐申听他说出"申"字,心里极不乐意,以为是在故意冒犯自己,便大声训斥。县令也不示弱,说:"这件事情如果不被办理,我还要申诉到路(比州高一级的行政机构),申诉到户部,申来申去,直到身死才罢休。"说完便扬长而去,徐申虽然恼怒也拿他没办法。当然,像这样在长官面前不知避讳的人毕竟是少数,官讳的风气也一直在我国流传。

在过去为圣贤或尊长的避讳中,既有上述为长官的避讳,也有为老师甚至自己本人的避讳。像上述田登的事例,既是他自己的一种避讳(自讳),也是由此发展而成的下级对上级的避讳。又如相传在五代时,有位名叫冯道的人在朝中任宰相,有次在家中考试门生《道德经》。《道德经》开头是这样两句话:"道可道,非常道",每句都触他的名讳。门生不敢照念,但一时又想不出好的主意,只得硬着头皮念道"不敢说,可不敢说,非常不敢说。"冯道听后,一时也哭笑不得。当然,过去也有下级冒犯官讳的情况,但那属于特例,或者是故意如此,情况比较少见。

为父母或祖宗等亲人的避讳,又称"为亲者讳",也就是所谓的家讳,一般是家庭内部的事,但与之打交道的人也得出于礼貌回避,否则就要闹笑话或得罪人,被认为无礼。汉代司马迁因为父亲名谈,写《史记》时就处处设法避开,以致直到今天我们看这本书,有一个叫张孟同人的实际上叫张孟谈,是他为了避家讳而给人改名的。南朝人范晔著《后汉书》,把东汉一位名人郑泰的名字写成郑公业,原因便是他父亲的名字叫范泰,是自己在避家讳,而只好对郑泰称字不称名。唐代大诗人李贺的父亲名晋肃,由于自认为"晋"字与科举中进士的"进"同音,结果一辈子不

·孩儿起名·

图文珍藏版

参加科举。像上述这样的避讳情况，一般被称为"自讳"，对社会的影响还不是很大，但如果不懂得避讳，被人轻视或丢官也在所难免。如据史书记载，在我国南朝时很重视避讳，凡是遇到尊贵或亲人的名字都要避开。据说有个大贵族名叫谢超宗，是谢灵运之孙、谢凤之子，有次侍奉皇帝，因文章写得好大受称赞，说"超宗殊有凤毛，灵运复出"。皇帝是至尊之主，冒犯别人的家讳别人没办法，可巧的是当时还有一个武将出身的人刘道隆在旁边，不学无术也不知忌讳，在罢朝后即随谢超宗回家，对他说："刚才听皇上说你家有宝物，不知能不能拿出来看看。"谢超宗不知他指的是什么，一再客气地说家徒四壁，哪有什么宝物放在家里。刘道隆说："皇上不是说你家有凤毛吗？怎么不算宝物？"谢超宗一听他说出了父亲的名字，知道他发生了误会，也就不再理他，急忙回家避开。只是刘道隆到这时还不醒悟，以为谢超宗真的替他找凤毛去了。苦苦等了半天不见人出来，只好悻悻而去，一路上直埋怨谢超宗小气，有宝物也不让人看一看。更有甚者，《官场现形记》中描写一位知州身备厚礼到知府家贺喜，因为在名帖中无意触犯了知府的家讳，结果连门也不许进，可见避讳到了何等严格的程度。

像上述这样为父母或祖宗避讳，在我国古代其实还有很多。如相传古时有个书生的父亲名叫良臣，为了避讳，凡他读书时遇到"良臣"二字，都改读成"爸爸"。有一次读《孟子》，有"今之所谓良臣，古之所谓民贼也"一句，经他一读，就成了"今之所谓爸爸，古之所谓民贼也"，实在是滑稽至极。又相传从前有位监生姓齐，家里很有钱，却识不了几个字，有次因故得罪了上司，被关在斋戒库中等候处理。他见门口写着"斋戒"二字，便把"斋"字误作"齊（齐的繁体字）"字，把"戒"字误作"成"字，正好是他父亲的名字。这时他父亲早已去世，他误以为有人在此设了父亲的灵位，便号啕大哭起来。别人问他为何如此伤心，他答道："先父的灵位不知被何人设在此处，睹物伤情，我哪能不哭呢！"避讳到了如此的程度，虽然反映了古人孝顺有礼，但也似乎有点矫枉过正了。

在我国讲究避讳的时代，还有一种特殊的避讳，叫作为坏人避讳，又称"避恶讳"，主要是耻于提及坏人的名字，而以别的名字代替。显然，这种情况与以上几种避讳都不同。如唐肃宗因憎恶安禄山叛乱,凡遇到有"安"字的地名全部更改。于是,安化郡被改为顺化郡,宝安县也改名东莞市。另外,明世宗时蒙古、瓦剌人多次侵犯边境,使他寝食不安,他不仅因此而厌恶有关名称,即使形容北方民族的"夷狄"二字也不愿见到。每当下诏要使用这两个字时,都要写得小而又小。无疑,这也属于避恶讳之列。当然,这类的避讳还有一种情况,就是历史上有那么一些名声不太好的人,后人不愿提起他们的名字,即使他们的子孙也想回避,这就有了避恶讳和避家讳的双重性质。最典型的例子是清代有个姓秦的人做了杭州知府,见岳飞庙前有秦桧夫妇的塑像跪在那里,觉得这位同姓的先人使自己很没面子,就命人偷偷把塑像沉入西湖,也免得继续被人指手画脚。谁知第二天便有百姓上告说西湖水变臭了,秦桧夫妇的塑像也仍旧跪在那里。知府看到这种情况,知道民心难违,只得听之任之。事后为了排解心中烦闷,作诗一首,其中两句是,"自君之后无名桧,愧我而今尚姓秦"。意思是说,自从秦桧以后,人们都不再用桧字起名,自己也为仍然姓秦而感到惭愧。上述这些,都是典型的"避恶讳"。

由于避讳在历史上长期存在,加以应该避讳的时候较多,为避讳而采用的对策也不断被想出来。其中较常见的除在说话时有意避开、在写字时故意缺笔或空缺外,还有一种改字法,亦即用别的字代替应避讳的字。上述言语中的避讳在言谈过后便即消失,但留在书面上的影响却是难以抹去的,甚至为后人平添了许多混乱和麻烦。为此,一些有心人便专门研究避讳,借以消除书籍中这些人为的混乱,并写出了诸如《避讳录》《历代讳字谱》《经史避名汇考》《帝王庙谥年讳谱》《廿二史讳略》《史讳举例》等专著。在这些著作中,尤以《史讳举例》最为完备。

由上可见,避讳是我国的一种传统风俗,也是我们作为礼仪之邦的一种表现形式,在今天虽然不再需要那些繁文缛节,但起名时适当为自己的亲朋好友进行避讳、不让孩子的名字与他们相同,也是我们应该做到的一种礼节。试想,如果让孩子与他的三亲六故或伟人、名人同名,并且常常呼来唤去,不了解情况的人还当是在叫这些人,就会显得不庄重。前举广州有人想起名"周蕙莱"而被拒绝上户口,便是因为容易引起误会。不久前一家报纸还报道,某地有两家邻居闹矛盾,一家在给孩子起名时起了邻居的名字,并整天呼来唤去,结果邻居不堪忍受,把他告到了法庭,为此惹来了一场官司。这件事情虽然是一个极端的事例,但也给我们带来了启示,那就是在我们的和谐社会建设中,社会的和谐需要从多方面努力,而起名适当遵守传统也有利于我们继承和发扬传统,更好地建设我们的国家。

第四节　一般起名方法

孩子作为家庭的一员,在没出生前就由父母准备礼物了,其中一个最重要的礼物就是送他一个好听、好看、好记并且不与别人重复的名字。但怎样才能做到这"三好一不",正如我们在以前各编所说的那样,其实并不容易。许多人为了给孩子起个好名字而绞尽脑汁,翻字典,查古书,问亲朋好友,几乎想尽一切办法,最后起的名字仍不理想,与"三好一不"原则相差很远。尽管也有人说,名字只是一种相互区别的符号,只要便于交流或能反映一定的文化追求就行,但起名字是一门学问,名字不仅仅是一个人的称谓,这种观点也是所有有起名经历的人认可的。毕竟,名字不只是几个字的简单组合,起名时不仅需要起名的人了解起名的一般知识,掌握起名原则和起名禁忌,甚至还要精通我国的传统文化,具有古典文学、古代历史和古代哲学等方面的素养,或者有汉语言文字音韵学、美学、心理学、民俗学、社会学等多方面的背景,只有如此,起出的名字才会让人感到动听、响亮,充满智慧。况且,还有人认为名字可以在一定程度上代表一个人的层次和品味:好的名字最容易让人记住,那些动听、响亮的名字能使人终生感到骄傲、充满自信,而一个不理想的名字则会使人产生心理障碍、压抑、自卑、情绪沮丧。由此可见,起一个好的名字对每个人来说,其重要性都是毋庸讳言的,也难怪每个孩子的父母都重视送给孩子的这份重要礼物了。

要起一个好名字,其实牵涉到许多技巧和方法,起名也是一种富有创造性的智力活动。在起名者的手下,一个个独立的汉字变成充满魅力的神奇词汇,人名赖之以生,赖之以成。至于起名时所采取的方法,通常有根据孩子出生时的特征或出生的时间、地点起名,或者从世界万物、古诗文中汲取营养,或者围绕姓氏、谐音起名等。一些相信迷信的人,则喜欢找那些专门起名的人,用诸如阴阳五行、生肖属相、生辰八字、八卦六爻、天人五格、吉凶数理等特殊方法起名。但无论采取什么方法,其最终的目的仍是一致的。本编限于篇幅,只介绍最一般的起名方法,其他方法将陆续在以后各编分别介绍。

一、心有何思,便起何名

心有何思,便起何名,是指起名具有较大的随意性,只要掌握了起名原则,避开起名禁忌,并且自己认为合适,想怎么起就怎么起。

譬如说,大部分人在为孩子起名时,是想把自己对孩子的期望和要求通过孩子的名字反映出来。这种期望和要求,包括希望孩子长大后有所作为、人格高尚、心地善良、一生顺利、生活幸福、姿容秀美、身体健康等。在起名时,通过名字反映这种期望和寄托,其实也是起名随意性的一种表现。如有的父母期望孩子有所作为,或报效国家,造福人民;或事业有成,成名成家;或发奋进取,自强不息,这些都是美好的愿望。因此,表现在名字上,便有建国、振邦、跃华、为民、人杰、良材、体秀、克坚、自立、毅夫、思远等名字;有些父母希望孩子能有高尚的道德情操,便以立言、树德、克己、静淑、守信、孝和、思谦、克让、树俭、嘉诚、思齐、学孔、师孟等作为名字;有些父母希望孩子人生顺利,便为孩子起名永吉或安顺、项发、路平、天佑;有些父母期望孩子生活幸福,便以常福、永贵、仁昌、广利、小盈、金辉等作为名字;有些父母希望孩子健康平安,于是为孩子起名永年、长龄、健强、尔康;有些父母期望孩子长得英俊美丽,便为孩子起名人俊、秀林、玉容、丽媛。可见,父母的愿望是多种多样的,起名的方法也是不拘一格的,无论选取哪一种,都可以起出称心如意的名字。

起名具有随意性,信手拈来孩子的名字,而这样的名字又清新可人,在近年的不少报刊杂志上经常可以看到其实例,也可以作为我们起名的参考。如《家长报》报道,一位张姓的年轻人为孩子起名"张梦蕾",意思是"张开梦中的花蕾",同时有期望孩子勇敢地面对人生之意。又如《新民晚报》报道,一对年轻夫妇为女儿起幼名"走走",学名"臻颖",前者的意思是希望孩子在人生道路上奋勇前进,后者则是希望孩子将来聪颖活泼。另有一对夫妇为女儿起学名"展眉",幼名"书书",前者的意思是希望孩子人生快乐,后者则是希望孩子像父母那样热爱读书,有所作为。再如《洛阳日报》报道,一对陈姓夫妇为孩子起名"弘毅",意思是期望孩子树立信念勇敢地生活。还有一对夫妇为孩子起名"百川",意即希望孩子在人生道路上不断进取并有所收获。另据《每日新报》报道,有位名叫张伟的博士说他的父母在当初为他起名时,希望他成为伟人,起名所用的"伟"字也有伟大、宏伟、伟人、伟岸的意思,凡是与"伟"字沾边的词汇也都是非常优秀的,因此,以此命名的人也自然非常优秀。还有一对农民夫妇进城打工,生下儿子后为他起名"昱辰"。对此,孩子的父亲解释说,"昱"是光明的意思,"辰"是儿子出生那年的属相"龙",两字合在一起的意思是一条前途光明的龙。上述这些都是现实生活中的实例,可见他们在起名时都带有较大的随意性,同时也表达了对孩子的期望和寄托。

凭着自己的感觉和想法来起名,起出的名字因为不受条条框框的限制,所以多能新颖别致、出奇制胜。如上述所举"张梦蕾"的名字,其来源首先是家中养的花开了,接着是她的家人做了一个吉祥的梦,两件事情加在一起,便有了她的名字。同样,"展眉"的名字是因她母亲正在写《徐志摩与陆小曼》的故事,而徐志摩对陆小曼的爱称也是"眉"。上述这两个名字都能做到有感而发,不拘一格,因此,都能让人有清新之感。

通过名字反映父母对孩子的期望、抱负、期许、感想,无论古今还是各地几乎都是如此,同时在许多情况下也有一定的随意性。有位女大学生结婚后生了个女儿,希望孩子长大后能够洁身自好,就给孩子起名为"秋雪"。她解释说,这名字出自诗圣杜甫的《绝句》"窗含西岭千秋雪,门泊东吴万里船",其中"千秋雪"是指积聚很久的雪花,用于人名时表示像雪一样洁白无瑕。另据一家报纸报道,一位在新中国成立前跟随国民党政府去台湾的老兵深感海峡两岸长期隔阻,思乡心切,当孙子出生时为他起名"首丘",解释说这个名字的意思是思念故乡,"首丘"是头向山丘的意思,出自屈原《楚辞·哀郢》中"鸟飞返故乡兮,孤死必首丘"。屈原在诗里表达了誓死也要回郢都(今湖北荆州市纪南城)的情感,自己用"首丘"是来表达要叶落归根的夙愿。孙中山先生的两个孙子的名字分别是孙治平、孙志强,名字都是他亲自起的。其中孙治平生于 1913 年,当时正是中华民国初建阶段,孙中山先生殷切希望国治民安,就为他起了这个名字。孙志强生于 1915 年,当时袁世凯正酝酿复辟帝制,孙中山先生深感革命成果有可能被窃取,觉得治国之道应先是革命队伍强大,然后才是国家的强盛,所以为他起了这个名字。两人的名字都表现了孙中山先生对他们寄予的厚望,是寓自己的期望于孙子的名字之中。又如周恩来总理的小名叫"大鸾",名字中的"鸾"意思是指一种与凤凰一样的神鸟,父母给他起这个名字也是望子成龙,期望他长大后能有神鸟那样的本领,展翅高飞,鹏程万里。近代有一位著名电影演员王人美,是毛泽东同志的老师王正枢的女儿,原来的名字是王庶熙,出自《尚书·尧典》里的"庶绩咸熙",意思是许多事情都振兴起来。王人美后来回忆名字的来源时说:"我理解父亲的心情,他希望孩子能够认认真真地读好书,扎扎实实地学些本领,将来为改变国家的贫穷落后面貌而出力。"还有一则故事,说一个姓阳的人生了个儿子,出生前亲朋好友分别为他起名阳闯、阳朗、阳笑语,寓意分别是希望属虎的他将来能够敢拼敢闯、虎虎有生气,或如同早晨的空气洁净清爽、健康俊朗,或一生快快乐乐、充满欢声笑语。但在出生的那天早晨下着小雨,于是把名字改成了阳笑雨。

在名字中反映父母对孩子的期望,相关的事例几乎是举不胜举的。现代作家郁达夫有三个儿子,分别被起名郁飞、郁云、郁亮,名字的来源分别受了历史名人岳飞、张飞、岳云、赵云、诸葛亮等人名字的启发,也是希望他们能够出人头地。原解放军名将徐海东的小孙女出世时,全家人翻书、查字典忙得不亦乐乎,最后还是他为孙女起名"兰锋",并解释说"兰"是刘胡兰的"兰"字,"锋"是雷锋的"锋"字,希望她长大后要像刘胡兰、雷锋一样。又如我国著名经济学家马寅初先生,先后为孙子、孙女们起名思一、思忠、思润、思泽、思东,这些名字连起来就是"一心忠于毛泽东",其中的"润"也是由毛主席的字"润之"而来的,明确地表达了他对毛主席的崇敬和热爱。

当然,有些父母在为孩子起名时苦苦不得要领,但会在突然之间灵感大发,结果就有了一个很理想的名字。像这种情况,其实也充满了一定的随意性。一位为女儿起名"子衿"的妈妈就曾在回忆为孩子起名的经历时说,她与老公当初也像许多爸爸妈妈一样,为给女儿起个好名字而几乎踏破铁鞋、绞尽脑汁,从孩子没出生时就翻古诗、查字典,还向教了一辈子中文的外公外婆求助,跟周围的亲朋好友讨教,积攒了一大堆有着各种深远含义的名字备用,但还是觉得缺点什么。直到女儿快满月了必须报户口时,她与老公仍在为女儿的名字发愁。一天晚上,躺在床上的她突然从嘴边滑出"子衿"这个名字,她和老公几乎在一瞬间决定用这个名字。随后一查字典,发现"子衿"原出自《诗经》,后因被三国英雄曹操的《短歌行》引用而广泛流传,也就是"青春子衿,悠悠我心"中的"子衿"。这句诗表达的是对有才能的人的渴望,而"子衿"两个字看上去很美,再与女儿的姓连在一起更加妙趣天成,巧妙表达了父母希望女儿前程美好的愿望。

在我国历史上,也有不少起名随意的实例。如唐朝大诗人王维字摩诘,名与字相联为维摩诘,是个菩萨的名字,便是因为他的父母笃信佛教,直接用了菩萨的名字。宋代词人陆游的母亲怀孕的时候梦见过秦观,而秦观的字是"少游",母亲希望他是秦观的再生,能够像秦观一样有一番义章事业,便为他起名"游"。宋代著名词人辛弃疾为儿子起名铁柱,并专门为儿子写了一首词,表达对儿子富贵长寿、无灾无难、聪明过人的愿望。词中写道:"灵皇醮罢,福禄都来也。试引鹤雏花树下,断了惊惊怕怕。从今日日聪明,更宜潭妹嵩兄。看取辛家铁柱,无灾无难公卿。"词中洋溢着一片舐犊之情,所表达的其实也是天下所有父母的心愿。何况这种心愿也并非只有古人才有,即使在今天仍然如此。据有关专家统计,我国现在人名中有超过一半的人是采用这种寄托希望的办法起名的。这种说法是否准确我们暂且不论,只要我们环顾四周熟悉的人名,就不难发现这种说法确实有几分道理,其实例在生活中也比比皆是的。

不过,如果采用这种"灵机一动,计上心来"的随意性方法为孩子起名,应特别提醒的一点是切忌过于随意,我们所说的随意也不是说随意到漫无边际,更何况通过名字寄托希望也未必都能梦想成真。曾有一个笑话说,明朝时陕西有一个姓卜的石匠,觉得自己这样辛苦仍摆脱不了贫穷的命运,于是寄希望于自己的儿子,给孩子起名卜得元,意思是要多得元宝,发大财,不再受穷。但儿子后来仍然是石匠,一点也没有因为名字改变命运。还有一位姓吴的小商人整天希望自己发大财,有了儿子后为他起名"发",意思是吴家从此转运,发家发财。可是到后来,儿子继承了他的家业,生意做得连他都不如。由此看来,父母的期望终归是期望,并不一定都能心想事成。另外还有人说,"望子成龙""望女成凤"是人类的普遍心态,不仅我国过去有、现在有,即使外国人也是如此。如在巴西,就流传着一个做小公务员的父亲给儿子起名"部长"的笑话,该笑话是说这个小公务员一直渴望当官却怎么也升不上去,便想在儿子一代实现他的愿望,为儿子起名"部长",一则期望孩子将来能够实现自己的愿望,再则想借儿子补偿自己的官场失意。孰料,儿子长大后不仅没有沾上这个名字的光,反而到处找不到工作,大好的前程也被耽误了。最后,在小公务员临死的时候安慰孩子说:"你没有什么可抱怨的。有那么多重要人物为当上部长争得你死我活,而你一生下来就是部长了,并且永远可以是部长,这是你的权力!"这则故事读来虽然让人心酸,但也说明一个道理,那就是名字不仅仅是一个符号,并不是叫什么都行。符号就是标志,这个标志要伴随孩子的一生。如果起得不好,或者表达父母的期望不太恰当,名不副实或名实分离,不仅不能带来好的运气,还有可能为名字所累,起不到应有的作用。

最后,我们还要强调的一点是,采用这种随意性起名的方法起名,并非什么名字都能起,特别是对那些知名度太高的名人名字,切忌信手拿来使用,因为这样尽管有父母借以表达希望孩子像名人那样成功的期望,但毕竟因为名人名字使用率太高,起同样的名字不免引起误会,会给孩子带来不必要的麻烦。如在前些年,新疆伊犁一家报刊的记者曾做过一个调查,发现当地 1 至 8 岁的幼儿中有不少人与名人同名,其中郑少秋、林心如、翁美玲、黄蓉之类的港台明星或电视剧中的人物名字尤其常见。该报刊还形象记录了一位贺先生与他还在上幼儿园的儿子的一段对话,说儿子在幼儿园受了小朋友欺负,回家后向爸爸诉苦,告状说"我们班的郑少秋打我",并说打他的理由是"因为我喜欢我们班的林心如"。儿子说的"郑少秋""林心如"本来都是港台明星的名字,到他们班里却成了小朋友的名字,小朋友的名字这样叫的原因也是因为在他们出生时正赶上郑少秋、林心如主演的电视剧热播,于是其家长信手拿来现成的名字起名,真是让人哭笑不得。该记者还在伊宁市红旗幼儿园了解到一位家住解放路 5 巷的翁先生给女儿起名叫"翁美玲",自称这样起名的原因是自己"小时候很喜欢看电视连续剧《射雕英雄传》,也特别喜欢饰演黄蓉的翁美玲,因此女儿一出世就自然而然地起名叫'翁美玲'"。这位父亲的说法具有一定的代表性,也说明他起名时只考虑了自己的爱好而忽略了其他,只顾一点而不计其余,结果就随手使用了别人叫响的名字。这种心态尽管也是父母希望子女长大后能像名人一样出人头地,但却忽视了这些已经叫响的名字的社会性,为孩子所带来的不利影响或许要远远大于这种期望的正面意义。

二、从婴儿特征获得灵感

孩子刚生下来的时候,使企盼已久的父母和亲人获得了添丁进口之喜,使他们从此有了作为爸爸、妈妈、奶奶、爷爷、外公、外婆等的义务和责任。有些年轻父母由于事先没有给孩子准备好合适的名字,事到临头却突然变得手足无措,不知道该怎样去给这小生命起名。其实,如果说在孩子出生以前作为父母的因毫无头绪而无法给孩子起名的话,那么在孩子出生以后,见到了实实在在的孩子,起名的灵感应该最容易调动起来。其中,利用孩子的特征起名便是一种好方法。

事实上,在我国古代,民间一直就有利用婴儿特征起名的习惯。如在商周之际,周武王的儿子唐叔虞生下来的时候,手中的纹理有点像是"虞"字,后来便被起名为"虞"。春秋时期,鲁国有位名"友"的公子,名字的来源也是因为刚生下时手心的纹理像"友"字。此外,春秋时有位生下来肩膀上长有一块黑色胎记的人,后来便被起名为"黑肩"。另外,在卫国,有位公子生来黑背;在楚国,有位公子生来黑腿,二人后来都分别以"黑背""黑肱(肱即大腿)"为名。更有甚者,春秋五霸之一晋文公的儿子晋成公,出生的时候因屁股上长了颗黑痣,就干脆被以"黑臀"起名。

上述这些名字,有的源于婴儿的手纹,有的源于婴儿的胎记,可见在古人眼里,婴儿出生时的特征是完全可以入名的。又如,我国著名的思想家孔子,名丘,这一名字也是根据他生下来时的头形而起的。据《史记·孔子世家》记载,在孔子出生以前,他的母亲颜氏曾专程到曲阜郊外的尼丘山去祈求上苍赐给她一个男孩,十月怀胎后果然生下了他。他刚生下来的时候,头形不像别的婴儿那样圆圆的,而是尖尖的像个小山包。由于有这一突出特征,加上他母亲曾在尼丘山祷告过,于是便为他起名"丘"。

古代像孔子一样名字来源于头形,是古人以婴儿特征起名的又一种情况。此外,古代还有一些根据皮肤颜色起名的例子。如孔子弟子曾点,生来皮肤白嫩但有斑点,父母在为他起名时,不仅因为他有斑点而为他起名"点",而且还根据他皮肤白嫩的特征为他取字"皙"。南朝初年,一位姓刘的官员生下来就皮肤黝黑,并且深眼窝、高鼻梁,模样像匈奴(胡)人,于是便被起名为"黝胡"(意思是黝黑的胡人)。这一名字,同样反映了他生下来时的突出特征。

用出生时的特征为孩子起名,不仅过去有,今天也不少见。如在浙江南部一带,曾流传着一种根据孩子重量起名的风俗。这种风俗是当孩子生下来以后,父母要把孩子用秤称一称,然后再根据孩子的重量起名字。如果孩子6斤重,便起名"六斤",8斤重便起名"八斤",是7斤3两、9斤2两,便起名"七三""九二"。这种起名方法,实际上也是婴儿特征起名法之一。又如在北方的一些农村,也十分喜欢用婴儿出生时的特征起名。如果孩子生来健壮,就起名"结实";生来萎靡不振,就起名"拴住"(怕不能成活);生来皱纹较多,便起名"多"(皱纹多)。当然,在城市,也有这种起名习惯。如孩子生来会笑,便起名"笑"或"晓"(笑的谐音);生来较胖,便起名"胖胖"或"嘟嘟"。这些也都是由婴儿特征而来的名字,当然,这样的名字听起来虽然亲切可人,但未必都能登大雅之堂,因此,不少这样的名字仅是孩子的乳名,只在家里或亲朋圈内流传,在正规场合还有一个正式的名字。

由于孩子出生时的特征比较具体,用这些特征起名又比较受限制,因此是不太利于想象力的充分发挥的,起出的名字也多粗俗欠雅。加上一个时代有一个时代的特点和起名习惯,我们现在也不可能为孩子起黑臀、黝胡之类的名字。但我们可以由这种起名方法得到某些启示,或者利用这种方法为孩子起出有纪念意义的乳名。

三、向出生时间索取素材

为孩子起个好名字其实并不难,因为起名的方法和手段实在是多种多样。譬如说,仅从孩子出生时的时间上,就有许多用之不竭的素材。

利用孩子出生的时间起名,细分起来,又包括利用年、月、日、时、季节、节日、时代起名等。其中,利用节日、时代等起名的方法主要是利用当时发生的事情或当时的时代特征起名,在性质上已经接近于利用孩子出生时发生事情起名的方法,因此,我们放在本编以后部分一起讨论。

利用孩子出生的年份起名,主要是指利用我国的干支纪年法起名。所谓干支纪年法,也就是指我国传统社会中利用干支纪年的方法。所谓干支,就是天干、地支的简称。天干即甲、乙、丙、丁、戊、己、庚、辛、壬、癸,共有 10 个;地支即子、丑、寅、卯、辰、巳、午、未、申、酉、戌、亥,共有 12 个。把这些天干和地支按次序一一相配,可构成 60 个组合,成为甲子、乙丑、丙寅等形式,周而复始,分别用来记录年份次序,便是干支纪年。这种纪年每 60 年重复一次,又从"甲子"年开始,所以又称"六十甲子"。这"六十甲子"是:

甲子	乙丑	丙寅	丁卯	戊辰	己巳	庚午	辛未	壬申	癸酉
甲戌	乙亥	丙子	丁丑	戊寅	己卯	庚辰	辛巳	壬午	癸未
甲申	乙酉	丙戌	丁亥	戊子	己丑	庚寅	辛卯	壬辰	癸巳
甲午	乙未	丙申	丁酉	戊戌	己亥	庚子	辛丑	壬寅	癸卯
甲辰	乙巳	丙午	丁未	戊申	己酉	庚戌	辛亥	壬子	癸丑
甲寅	乙卯	丙辰	丁巳	戊午	己未	庚申	辛酉	壬戌	癸亥

在我国传统社会里,"六十甲子"是表示时间的最基本单位,不仅纪年时使用,而且也在纪月、日、时时使用。当用于纪年时,一般把当年称为某某年,如公元 2007 年是丁亥年,2008 年是戊子年,2009 年是己丑年,等等,都是如此。这里的丁亥、戊子、己丑等都是年的别称,这种别称是按干支纪年法推算出来的。如第一年为"甲

子年",第二年为"乙丑年",第三年为"丙寅年",以此类推,直至第六十年为"癸亥年"。周而复始,新的一轮六十甲子纪年的第一年又叫"甲子年",无限循环,无限纪年。另外,由于我国还习惯把 12 个地支分别与 12 生肖联系起来,认为子即鼠、丑即牛、寅即虎、卯即兔、辰即龙、巳即蛇、午即马、未即羊、申即猴、酉即鸡、戌即狗、亥即猪,因此,凡天干与地支组合有"子"的称"鼠年",有"丑"的称"牛年",有"寅"的称"虎年",有"卯"的称"兔年",有"辰"的称"龙年",有"巳"的称"蛇年",有"午"的称"马年",有"未"的称"羊年",有"申"的称"猴年",有"酉"的称"鸡年",有"戌"的称"狗年",有"亥"的称"猪年"。而在每一轮六十甲子中,十二地支和对应组合的十二生肖都各出现五次。如"子"的有"甲子""丙子""戊子""庚子""壬子",如"亥"的有"乙亥""丁亥""巳亥""辛亥""癸亥",所以每 60 年中都有一种生肖的五次别称年。在利用这种纪年法为孩子起名时,要想知道某年所在的甲子纪年情况,只要一查万年历便可知道。接着,就可以利用孩子出生年份的干支为孩子起名,或者利用干支中的一部分为孩子起名。如在 2007 年、2008 年和 2009 年,为孩子起的名字就可以是丁亥、戊子、己丑,或选取丁、亥、戊、子、己、丑 6 个字中的一个,与其他字搭配在一起起名。至于利用 12 个地支所对应的 12 生肖起名,如1904、1916、1928、1940、1952、1964、1976、1988、2000 等年份出生的人都属龙,2012、2024 等年份出生的人也将属龙,这些年出生的人很多都起带"龙"或"辰"字的名字,如小龙、大龙、玉龙、美辰等,就是因为他们把出生年份的地支与生肖联系了起来。此外,还有人起名赵庚午、李辛、张乙、王玉辰、孙寅虎等,也都是采用了出生年份起名的方法。

像利用出生时的年份起名一样,利用出生时的月份起名也是许多人采取的方法。这种方法中的一种是利用当月所在的干支起名,具体干支查万年历便可知道。在我国,利用干支纪月的习惯出现很早,在汉代人司马迁所著的《史记·历书》中已见应用,后来便通行开来。另外,在习惯上,我国对月份还有一些别的称呼,各按时令特点和花果草木名称命名,起名时也可以利用月份的别称。如农历正月别称端月、建寅、孟春、孟陬,二月别称仲阳、大壮、花月、杏月,三月又称建辰、莺时、梅月、桃月,四月又称朱明、正阳、孟夏、桐月、槐月、除,五月又称建午、天中、蒲月、榴月,六月又称林钟、秀月、荔月、荷月,七月又称肇秋、建申、瓜月、巧月,八月又称建酉、正秋、桂月,九月又称霜序、建戌、菊月、玄,十月又称孟冬、应钟、阳月、阳,十一月又称建子、畅月、葭月,十二月又称腊月、嘉平、临月。上述这些月份别称,都是起名的较好素材。如有人起名为罗建寅、刘孟春、杜正阳、王建午、胡秀月、孙正秋、孟二冬、赵嘉平,等等,都是利用了月份的别称。

司马迁

利用孩子出生当天的日期起名,也是指利用当天的别称起名,这种别称同样来自旧时的干支纪日法。从来源上看,我国的干支纪日法出现很早,在甲骨文里已经有商代用干支纪日的记载。后人通过对春秋时期日食的研究,进一步证明从鲁隐公三年二月己巳日(前720年2月10日)起,我国的干支纪日一直连续不断,而且成为通例。至于利用干支纪日法起名,也就是当孩子出生以后,做父母的可以去查万年历,看这天是旧历纪日的哪一天,接着就可以利用当天的干支来起名。另外,我国古代还根据月亮的圆缺情况对"日"有不同的别称,如农历每月第一天别称初一、朔日,第十五日别称望日,第十六日别称既望,每月的最后一天(二十九或三十)别称晦日,这些别称同样可以用来起名。如汉代有位著名人物叫东方朔,清朝有位画家叫汤若望,名字中的"朔""望"都与他们出生当天的日期有关。

至于根据孩子出生的"时"起名,也包括利用孩子出生时的干支纪时法起名,其方法与干支纪年、月、日法相同。由于干支纪年、月、日、时合起来是8个字,过去也叫"八字",而根据"八字"起名也是过去民间和现在的一些起名公司常用的方法之一。此外,我国过去还有多种纪时方法,如把一天分为5个时辰,把不同的时辰分别称为晨明、䏱明、旦明、蚤(早)食、宴(晚)食、隅中、正中、少还、铺时、大还、高春、下春、县(悬)东、黄昏、定昏；或者把一天分为 10 个时辰，让昼夜平分 5 个时辰，其中白天的 5 个时辰是朝、禺、中、晡、夕，夜里的 5 个时辰是甲、乙、丙、丁、戊(后用五更来表示)；或者把一天分为 12 时，并以 12 个地支命名，即子时(约相当于 23—1 点)、丑时(1—3 点)、寅时(3—5 点)、卯时(5—7 点)、辰时(7—9 点)、巳时(9—11 点)、午时(11—13 点)、未时(13—15 点)、申时(15—17 点)、酉时(17 — 19 点)、戌时(19—21 点)、亥时(21—23 点)；或者以 12 时为基础把一天分为 24 个时辰，即把 12 时中的每个时辰平分为初、正两部分，成为子初、子正、丑初、丑正、寅初、寅正等，与现在一天 24 小时时间一致；或者以 12 时为基础把一夜分为五更，即戌时为一更，亥时为二更，子时为三更，丑时为四更，寅时为五更；或者进一步把五更中的每更分为五点，即每更的 2 小时被 5 个点的 24 分钟平分，从而有"三更四点""五更三点"的说法。不过，在上述这些纪时方法中，最有影响的仍是 12 时纪时法。由于其被广泛采用，以致不同的时辰还有不同的别称，有些时辰的别称甚至多达 9 个。其中子时的别称有夜半、午夜、子夜、中夜、夜分、宵分、未旦、未央、丙夜，丑时的别称有鸡鸣、荒鸡，寅时的别称有平旦、平明、平骑旦、清旦、大晨、早晨、黎明、日旦，卯时的别称有日出、日始、旭日、破晓、点卯，辰时的别称有食时、蚤(早)食、朝食，巳时的别称有隅中、日禺、东中，午时的别称有日中、日正、正午、平午、亭午、平昼、正南、中午，未时的别称有日侧、日昳、西中、日昃、日央，申时的别称有晡时、日晡、下铺、下市、夕食，酉时的别称有日入、春时、日落、日沉、傍晚，戌时的别称有黄昏、晏晡、牛羊入、日夕、日暮、日晚，亥时的别称有人定、定昏、寅夜、合夜。当然，我国古代不一定具备严格的时间意义，而常见常用的名称又较为复杂，一般是根据太阳所在的位置或吃饭的时间确定时辰。如把太阳出来的时候叫作旦、早、朝、晨，把将近正午的时候叫作隅中，太阳正中的时候叫作日中、正午、亭午，把太阳偏西的时候叫作日昃、日昳，把太阳下山的时候叫作夕、暮、晚，把太阳下山后叫作黄昏，黄昏后是人定，人定后是夜半(或叫夜分)，夜半后是鸡鸣，鸡鸣后是昧旦、平明，平明也就是又到了天亮的时间。此外，古人一天两餐，早餐的时间在日出后隅中前(7—9 点)，这段时间就叫食时或早食；晚餐在日昃后日入前，这段时间叫晡时

（15—17点）。上述这些不同的计时方法及其名称虽然看上去很乱、很庞杂，但为我们的起名则提供了丰富的素材。毕竟我国的人口太多，起名需要多样性，起名面临的问题是素材太少而不是太多。如果知道了孩子出生的准确时间，便可以利用当地时间的别称为孩子起名。事实上，不少名人在起名时就采用了这种方法，甚至其名字本身就带有出生时辰的名称。如北京市原副市长邓拓的乳名叫旭初，父亲为他起这个名字是因为他出生在天将放亮之时。著名相声演员侯宝林乳名叫"小酉"，是因为他出生在下午的5—7点，这一时间也叫酉时。著名经济学家马寅初据说出生在寅时，即凌晨3点，他的父母便为他起名寅初。

利用季节的名称或季节的别称起名，也是人们常用的方法之一。论季节，一年有春、夏、秋、冬四季，每个季节又有不同的别称。其中春季又称青阳、阳春，夏季又称朱明、炎亭、长赢，秋季又称素商、金天、商节，冬季又称元序、安宁、青冬。此外，每季又各有三个月，每个月别称孟、仲、季。如春季第一个月别称"孟春"，春季第二个月别称"仲春"，春季第三个月别称"季春"；夏季第一个月别称"孟夏"，第二个月别称"仲夏"，第三个月别称"季夏"；秋冬两季各个月的别称以此类推。再者，每个季节又各有6个节气，其中春季有立春、雨水、惊蛰、春分、清明、谷雨，夏季有立夏、小满、芒种、夏至、小暑、大暑，秋季有立秋、处暑、白露、秋分、寒露、霜降，冬季有立冬、小雪、大雪、冬至、小寒、大寒，合称24节气。这些名称，也都是可以考虑入名的。如有人起名叫孟庆春、黄秋生、刘青阳、宋安宁、赵雪儿，名字中都用了表示季节的词。

四、在出生地点寻找目标

我国是一个幅员辽阔的泱泱大国，除不多的几个荒无人烟之地外到处都生活着56个民族的兄弟姐妹，当然各地每天也都有新的人口降生。由于孩子的降生之地各有名称：从小的来说有产房、医院、家庭、社区、街道、村落，大的来说有省、市、县、乡、山、林、川、泽、江、河、湖、海，乃至民族、国家、洲际、世界、星球、宇宙，这些众多的名称或其别称、变通形式也都可以用来起名。并且，如果我们使用得当，起出的还会是别致而又充满纪念意义的名字。

以孩子的出生地点起名,其实是一种十分古老的方法。如被尊为"至圣先师"的孔子本名孔丘,字仲尼,名和字都来源于家乡曲阜东南的尼丘山。像这种以出生地附近的山名起名的情况,是以出生地点起名方法中较为常见的一种。另外,在古代,我国还有一种用出生地称呼别人的习惯,在这种习惯影响下,有些人原来的名字反而少为人知,这种称呼几乎成了一种名字,其实也属于以出生地点起名的一种特殊现象。其中如中华人文始祖之一的炎帝又被称为烈山氏或历山氏,意思是说他是烈山或历山一带的首领,这里的烈山或历山就是他家乡的地名,而当人们提到烈山氏或历山氏时,至今都知道所指的是他,是他的一个另外的名字,人们在无意之中为他用家乡的地名起了名字。同样,相传黄帝居住在轩辕之丘,也称轩辕氏。唐代诗人张九龄生于韶州曲江(今广东韶关),历史上又被称为张曲江;唐代文学家柳宗元是河东(今山西永济)人,人称柳河东;北宋政治家王安石家于临川(今属江西),人称王临川;明代政治家张居正祖籍江陵(今湖北江陵县),人称张江陵;明代戏曲家汤显祖是王安石同乡,也被称为汤临川;近代改良家康有为家于广东南海(今中山市),人称康南海。以上这些称呼都与他们的出生地有关,实际上也都可以被当作是一种由出生地而来的名字,只不过是起名的时间不是在他们出生时罢了。至于古代还有人被用当官或侨居、流放之地的名称相称,这些地方虽不是他们的出生地,但也是由地名而来的名字,属于一种用出生地起名的近似情况。这类的例子如汉代文学家孔融因曾任北海相,人称孔北海;东晋大诗人陶渊明曾任彭泽令,人称陶彭泽;南朝诗人谢朓曾任宣城太守,人称谢宣城;唐代诗人韦应物曾在苏州任职,人称韦苏州;唐代边塞诗人岑参曾任职于嘉州,人称岑嘉州;等等,都是如此。

　　利用孩子的出生地点起名,以及由此而来的名字,在今天的人名中其实占有相当高的比例,即使不少名人的名字也是如此。如郭沫若、刘太行、魏京生、陈鲁豫、秦晋、黄河、潘长江、景岗山等名字,几乎个个都与出生地点或地名有关。其中郭沫若的名字来自他家乡附近的两条河流沫水和若水,刘太行的名字因为他出生在太行山,魏京生的名字表明他是一个生在北京的人,陈鲁豫的名字来源于父母祖籍山东和河南的简称,秦晋的名字是因为父母分别是陕西(简称秦)和山西(简称晋)人,黄河和潘长江的名字来源于我国的黄河和长江这两条河流的名字,景岗山的名字显然是受了革命圣地井冈山的影响。诸如此类的名字其实还可以举出很多,我们也从中可见,出生地点的名称其实也是多种多样。由于情况比较复杂,加上出生地有时又被称为籍贯,因此,这种以出生地起名法又可以进一步区分为以出生地起名、以籍贯起名和以出生地与籍贯结合起名三种情况。其中,这种意义上的以出生地起名实际上仅仅指出生地点,前述郭沫若、刘太行等人名字的来源都属于这种情况。又如著名民族英雄郑成功幼名福松,据说是因为出生在苍松之下才有的名字。"左联"作家柔石原名赵平福,因为家乡浙江海宁县城西有座"金水柔石"桥,便取桥名为笔名,并以笔名传世。著名画家黄宾虹本名质,名字来源于家乡安徽歙县潭渡村南的"滨虹亭"。现代作家老舍的大女儿出生在济南,老舍给她起名舍济。著名歌唱演员关牧村生于古代著名的牧野之战的地方,今河南省新乡市牧野村(俗称牧村),父母为了让她不忘生养她的地方,便为她起名牧村。著名词作家田汉为儿子起名田海男,是因为他的出生地在上海。上述这些名字都明白简洁,兼有纪念意义,其实都是不错的名字。另外,如有人因为生在洛阳而起名洛生,生在上海而起名申生(申是上海别称),生在武汉而起名汉生,生在云南而起名云生,生在同仁医院而起名同仁,等等,也都属于这种情况。

由于孩子的出生地名称可以是很多,选取的范围也相当广泛,家庭、医院、村庄、社区、乡、县、市、省、国家等的名字都可以考虑,甚至出生地的建筑物、家乡附近的名胜古迹、地方标志等的名称都可以入名。如有一对夫妻家在湘江之滨的衡山脚下,当有了孩子后为他起名"祝融"。这一名字从表面看来与地名的关系不大,实际上仍与地名有关,是从衡山的主峰名称祝融峰而来的。衡山是我国五岳中的南岳,又称南山,民间为人祝寿时常说的"寿比南山"所指的就是这座山。该山据说有72峰,其主峰祝融峰的名称来自一个古老的传说。相传祝融是上古炎帝的后裔,官为火正,职司南方,以火施化,死后为火神。这对夫妻用他的名字为孩子起名,既有希望孩子勇敢善良的愿望,又有祈福孩子长寿之意,更有纪念孩子的出生地点的想法，真可谓一举三得。

利用孩子的籍贯起名，也是一种常见的方法。籍贯又称祖籍，性质与出生地相近，但又不完全等同于出生地，因为不一定每个人都生在家乡。现在许多人为了事业等常常四海为家，以致远离家乡，甚至一辈子都没有回过祖籍地，但月是故乡明，对故乡的深情一直不断，通过为孩子起名这种方式来表达对故乡的思念也是不少人的做法。如在许多大城市或我国的沿边各省区，都可以看到如李粤、黄辽、思湘、念蓉、杭军、忆南之类的名字，其中粤、辽、湘是广东、辽宁、湖南的简称，而有这些名字的人并不生活在这些省，名字的来源都是为了纪念家乡。至于念蓉、杭军、忆南等名字，也各与籍贯成都、杭州、南宁等有关。又如当代有位著名的作家和评论家巴人，他原名王任叔，是四川人。四川古称巴蜀，为了纪念家乡，他便以"巴人"作为笔名，这一笔名还被很多人当成他的名字，而他的原名反而很少有人知道。另一位著名作家巴金原名李尧棠，祖籍也在四川，巴金也是笔名。由于他长期生活在上海，这一笔名中的"巴"也被认为有怀念家乡之意。

把孩子的出生地与籍贯结合起来起名，同样可以起出很别致的名字。在我国不少地方，尤其是在城市，都可以看到用了两个地名的名字，如前述的鲁豫、秦晋，尽管不一定都属于把出生地与籍贯结合起来的名字，但至少有一些是这样的。仅以把两个地名连在一起的名字而言，目前发现的其实有很多，如把北京和广州两个城市的名字连在一起起名"京穗"，用上海和南京的简称起名"沪宁"，以及起名秦豫(陕西—河南)、豫川(河南—四川)、吉贵(吉林—贵州)、甘津(甘肃—天津)、渝蓉(重庆—成都)、京宁(北京—宁夏)、申杭(上海—杭州)、皖青(安徽—青海)、闽苏(福建—江苏)、川越(四川—浙江)、秦湘(陕西—湖南)、鲁湘(山东—湖南)等，都属于这种情况。另外，在20世纪60年代，有不少大城市的青年响应党和国家的号召到边疆地区进行开发建设，其中如北京青年到黑龙江和内蒙古、上海青年到新疆和云南等地的人都很多，有些人还在当地生根，生儿育女。为了纪念这种经历，便把家乡的名字与扎根地的名字连起来为孩子起名，起出的名字有京龙、蒙京、沪新、申疆、海新、新浦、新海等，既表达了对故乡的思念之情，又充满了对扎根之地的热爱,同时还带有对子女的期望,让人透过这些名字就能感觉到热血的流动。

由上可见,出生地等的名字都可以被用来为孩子起名,一个名字往往可以引出一个动人的故事,铭记着人生履历的开端。加上这种起名方法与其他方法相比可供选择的余地更大、更自由,从而使这类的名字极富个性和纪念意义,所以也成为一种常见的起名方法。如果我们再进一步研究,还可以发现这类名字的来源还较为复杂,其中有些人的名字可能是国家的名称,有些则是省区名或市县名、乡村街道名、工作单位名、山川湖海名等,多种多样,不一而足。其中,用国家名称或别称所起的名字有盛中国、李中华、周华生、方华夏等,名字中的"华"既是国家名又是花朵的"花"字的本字,在人名中的使用率相当高,常见的名字还有华强、新华、爱华、文华、子华等。当然,还有人在起这类的名字时使用其他国家或地区的名称,如李朝鲜、赵印尼、钱南洋、孙美加、刘亚洲、张中东等,都是如此;用省区名称或别称所起的名字主要是采用其简称,如豫生、鲁生、辽生、陕生、赣生、鄂生、冀生、川生、粤生、晋生、贵生、滇生、闽生、浙生、湘生、桂生等,从名字上一眼便可以看出出生地。当然,也有人起名用省区的全称,或者用全称的一部分起名,起出的名字有刘长春、孙青海、王吉林、谢福建、王新疆等。对于那些在省区的名字中有东、西、南、北等方位字的人,不少人也喜欢用这些方位字起名。如生在山东、广东的人喜欢以"东"字起名,生在江西、山西、广西的喜欢人以"西"字起名,生在河南、湖南、海南的人喜欢以"南"字起名,生在河北、湖北的人喜欢以"北"字起名,都属于这种情况。由于省区的名称有限,起名时为了避免重名,还可以搭配别的字进行变通,如生在河南就不一定要起名豫生,可以叫豫光、豫强、兴豫,或用"豫"的同音字玉、宇、雨、育、羽等起名为玉华、天宇、雨艳、育容、金羽,以及用河南的别称起名为中州、中原、豫州等。

用出生地为孩子起名,还有用市县名、乡村街道名、工作单位名、山川湖海名等多种起名方法。其中,由于我国市县的数量非常多,采撷人名不易重复,加上市县名称与省区名称相比更为具体,纪念意义更强,而有些名称本身又是很好的名字,因此,用这些名称或别称起名的人更多,起出的名字也更加有意义。根据我国现有的行政区划,目前各省区可用于起名的市县名称如北京的昌平、延庆、大兴,天津的宁河、武清、静海,河北的新乐、安平、武强,山西的左云、右玉、文喜,内蒙古的巴林、兴河、宝昌,辽宁的新民、长海、朝阳,吉林的长春、永吉、和龙,黑龙江的集贤、大庆、尚志,上海的奉贤、崇明、金山,江苏的武进、兴化、连云(港),浙江的文成、龙泉、仙居,安徽的怀远、望江、天长,福建的福清、平和、永安,江西的进贤、万年、兴国,山东的招远、泰安、栖霞,河南的修武、获嘉、灵宝,湖北的云梦、竹溪、鹤峰,湖南的桃源、嘉禾、凤凰,广东的惠来、高明、新兴,广西的金秀、永福、乐业,海南的文昌、定安、东方,重庆的荣昌、长寿、永川,四川的洪雅、广安、武胜,贵州的修文、兴义、余庆,云南的罗平、双江、瑞丽,西藏的安多、亚东、米林,陕西的长安、凤翔、安康,甘肃的静远、华亭、山丹,青海的乐都、共和、玉树,宁夏的永宁、同心、灵武,新疆的和静、裕民、福海,以及香港的九龙、葵青、元朗,澳门的望德、风顺、嘉模,台湾的云林、宜兰、新竹,等等,都含义较好,风格典雅,直接拿来就是很好的名字。即使不愿照搬这些名字,也可以从中受到启发,改造成一个比较满意的名字。至于市县名称的别称,其数量同样很多,其中当然也不乏可供选取的素材。如常见人名中的京生、津生、沪生、渝生、穗生、杭生、宁生、汉生、蓉生、琴生、洛生等都是用了出生城市的别称,分别表示他们的出生地是北京、天津、上海、重庆、广州、杭州、南京、武汉、成都、青岛、洛阳。至于用住处附近的乡村街道、工作单位的名称或别称起名,所起的名字有胡鞍钢、王北航、姚军营等。此外,还有人喜欢用山川风光的名称或别称为孩子起名,认为山川湖海钟灵毓秀,是大自然的造化,用它们的名字起名除有纪念意义外,还能给人以美的享受。于是,如果孩子生在河南就起名嵩山,生在新疆就起名天山,生在四川就起名峨眉,生在山东就起名沂蒙;或者生在桂林起名漓水,生在南京起名秦淮,生在大连起名海滨,生在湖南起名洞庭,等等。甚至,我们还可以见到袁伊洛、乔珠江、赵平原、史东山、钟北海、陆嘉陵、张龙江、文运河、王五岭、李九华、黄山谷、万洪湖、焦祁连、陈瑞丽等颇具诗意的名字,其名字也几乎都与山川湖海有渊源关系。

　　以孩子的出生地点起名,除以上所说的几种情况外还有不少。如我们在看报纸或听新闻时,不时可以听到某孕妇在旅途中分娩的报道,为了表示纪念,孩子的父母常给孩子起名路生、车生、舟生、船生等,这样的名字实际上也是以出生地点起名。有些人起名时还喜欢把出生地和出生时间联系在一起,为孩子起名为春燕(春天生在北京或河北)、夏青(夏天生在青海)、秋榕(秋天生在福州)、冬宁(冬天生在南京)等。再者,还有一种情况是有些名字虽然也来源于孩子的出生地点,但情况比较特殊,更多强调的还是名字的纪念性。如革命烈士糜文浩在上海从事秘密工作时被捕,当时妻子正怀着孕。他自感无法再见到妻子和未出世的孩子,便在临刑前请难友转告妻子,若生男孩就以刑场所在的枫林桥名称中的"枫林"为名,要他牢记血海深仇,继承自己的遗志。可见,这也是一种用出生地点的名称起名的方法,不过更为特殊罢了。

当然,利用孩子出生地起名的方法固然很好,也不是说没有局限性。尽管可供起名的出生地名称很多,但我国毕竟是一个人口众多的泱泱大国,再多的地名也远远少于人口的数量,如果起名都采用这一方法,仍难免造成大量重名,从而使这种用出生地起名的方法显得取材范围狭窄,所起的名字也不免让人感到乏味。同时,由于孩子的出生地点各有不同,在用这种方法起名时也要考虑到孩子出生地点的民风民俗并不一致,要适当照顾不同地区之间的实际差异,以免在孩子长大以后迁到新的地方时,因为名字与迁入地区的风俗不同而显得不适应。这种差异有些是发生在城乡之间的,有些受不同地区之间经济文化发展水平的制约。如就城乡之间的差异看,城市作为人类改造最为彻底的人文系统,经济因素活跃,人的生活观念、社会心理相对开放、自由,文化亲和力强,从而在起名时较注重名字的文化内涵和时代品位,喜欢用意境深邃的文字如羽、聪、楚、文、思等起名,借以体现出活跃、多样的城市气息。而农村由于受气候、土壤等自然因素影响较大,经济状况与城市存在一定差距,人的思想意识相对稳定、保守,起名时多重视与乡土亲和力强的传统文字,如喜、生、好、荣、财等,借以表达富贵平安、光宗耀祖的个人期望,从中还体现出一种质朴、平和、归属的乡村文化气息。有些地方还普遍存在起阿憨、阿狗、阿赖之类贱名的习惯,祈求孩子易于养育,而城市则不存在这种习俗。又如从经济发展水平看，我国实际上存在着经济发达区和欠发达区，两区域的名字虽不能说截然不同，但其中的差异也是显而易见的。以广东为例，改革开放后经济首先腾飞，起名也最早出现了都市化和港式化的明显特征。根据有人对相关人名资料的分析显示，当地在20世纪80年代出生的独生子女名字中有不少人使用了生僻字、雅意字，而那时即使是北京、上海这样城市的人起名还没摆脱政治化的羁绊，其原因显然与因为经济发展而追求个性化、实现自我价值的因素有关。并且，其名字喜欢用韵、箐、帅、龙、嘏、苌、漫、桢、筱、歆等字，用字华丽，追求意境和现代感，明显是受了港台文化的影响，也有开风气之先的作用。相反，同时的欠发达区起名更多保留了传统习惯，使用丽、秀、梅、桃、素、秋、巧等字或表示时令、节日等内容的字眼，受经济的影响不明显。再如从文化发展水平看，由于我国疆域跨度大，各区域的气候、食物、土壤、地形差异明显，表现在文化上也各具特色，其中吴越文化清丽灵秀，关东文化直爽豪放，草原文化雄阔粗犷，青藏文化神秘封闭，岭南文化开放自由，等等，都有明显可见的差异。据此，也有人关注过这种文化差异对起名的影响，如发现浙江东部的人起名喜欢用"根"字，山西农村的人起名喜欢用贬义字，广东人过去起名喜欢用"帝"字，等等，并说这是因为浙江东部的人用"根"字起名是由于当地普遍存留大树崇拜的传统，山西农村的人因为生存环境恶劣而故意用贬义字祈求孩子平安，过去的广东人那样起名是因为当地有信奉上帝（如洪秀全曾创拜上帝会）、崇拜"关帝"（关羽）的习惯，这些解释当然都有一定的道理。不仅如此，又如生活在广漠高原上的蒙古族人豪放、勇猛、旷达，起名为迷阿秃儿、成吉思汗，意思分别是勇士、大海，也反映了这个民族特点；雪域高原上的藏族人笃信佛教，起名为呼毕勒罕、托音呼图克图、赫祖德赞，意思分别是化身、活佛、天神，含有神秘、圣洁之意，很容易让人与当地茫茫雪域、法音缭绕联系在一起，同样带有地区性特点，也是与出生地点有关的另一种性质的名字。

五、以发生事情作为借鉴

利用孩子出生时所发生的事情起名，也是我国古今常用的一种起名方法。早在春秋末年孔子生活的时代，孔子为自己的独子孔鲤起名，所采用的就是这种方法。据史书记载,孔子在鲁昭公手下做官,儿子孔鲤出生后,鲁昭公派人送来鲤鱼进行祝贺,孔子觉得很荣耀,加上鲁国民间又认为鲤鱼是吉祥物,于是,孔子便为儿子起名孔鲤。不仅孔子如此,即使后来的官宦人家或普通百姓也都喜欢用这种方法起名。其中如近代民族英雄林则徐的名字,也是由出生那天所发生的事情而来的。当时有福建巡抚徐嗣曾从他家门口经过,他父亲由此认为这件事是个好兆头,他将来能像徐巡抚这样风光也很不错,于是就给他起名为则徐,意思是像徐巡抚一样高官任做、骏马得骑。又如著名

洪秀全

数学家华罗庚的名字,据说在出生时,他的父亲正好背着一个箩筐回到家里,接生婆向他道喜,他就用箩筐的同音字为他起名华罗庚。由上可见,由于孩子出生时所发生的事情往往可以直接影响起名的思路,进而能为起名带来灵感,加上这样来的名字又大多具有纪念意义,因此也逐渐成为民间起名最常用的方法之一。

利用孩子出生时所发生的事情起名,有时还从孩子出生时的天文现象、母亲生孩子时的状态、家中发生的事情、孩子出生时的节日、时代特点等获得灵感,进而起出颇有意义的名字。其中如现在不少人喜欢用孩子出生时自己看到的天文现象为孩子起名,起出的有代表性的名字有黎明、晓明、曙光、晨阳、晓霞、金星、明月、星光、红星等,看到这些名字都很容易让我们与他们出生时天文现象联系起来。另外,春秋时郑庄公的名字叫寤生,是因为他的母亲生他时难产。近代有位女作家名叫黄庐隐,出生那天恰巧外婆去世,被家里人认为是一个灾星,家中虽然富有,但仍把她送到乡下,让她在奶妈家的农舍里长大,还给她起名庐隐,意思就是暗示她是在简陋的茅屋里悄悄长大的。还有位作家黎烈文,原名黎六曾,名字的来源是他出

生那天他的曾祖父刚好过 60 岁生日,家里为了纪念,便给他起名六曾。还有叫齐欣、齐荣的姐妹俩,其实是由姐姐的原名齐昕发展而来的,也与她出生时所发生的事情有关。据说她是在早晨出生的,而我国形容早晨的汉字中有一个"昕"字,于是便为她起名齐昕。等妹妹出生后,妈妈想让姐妹俩的名字联系在一起,正好又受成语"欣欣向荣"的启发,便又把她的名字改为齐欣,又为妹妹起名齐荣,终于让这对小姐妹的名字珠联璧合。

在我们身边,用孩子出生时所发生事情起名的事例其实是不胜枚举的。又如著名电影导演张艺谋女儿张末的名字,其来源也与她出生时所发生的事情有关。原来,张末出生时正赶上张艺谋在外地拍电影,接到电报后向几个同事说了女儿出生的事,要大家帮助给孩子起名字,一个同事说,孩子生在一个月的最末一天,而孩子父亲的事业也刚好处在辞旧迎新门槛上,不如为孩子起名张末,这对孩子和父亲都有纪念意义。大家听了都觉得有理,张艺谋于是也决定为孩子起这个名字。说来也巧,由于孩子的名字与父亲的事业联系在了一起,张艺谋从此在事业上也开始步步上升,连连获得成功,以致最终有今天的成就。

在利用孩子出生时所发生的事情起名时,还有一种方法经常被人使用,也就是如果孩子出生时正逢上过节,便利用节日的名称起名,这样起出的名字同样有意义。在起名时,所利用的节日名称不仅可以是我国传统节日的名称,也可以是现在纪念性节日的名称,甚至还可以是外国节日的名称。再加上这些节日的别称,使这类可供选取的素材相当多。如就我国的节日看,传统性的节日有春节(农历正月初一)、元宵节(农历正月十五)、清明节(一般是农历三月初三)、端午节(农历五月初五)、乞巧节(农历七月初七)、中秋节(农历八月十五)、重阳节(农历九月初九)以及春龙节、寒食节、天贶节、翻经节、姑姑节、盂兰盆节、中元节、鬼节、地藏节、祭祖节、冬节、阖时节、开斋节等,现在纪念性的节日有元旦(1 月 1 日)、植树节(3 月 12日)、妇女节(3 月 8 日)、劳动节(5 月 1 日)、青年节(5 月 4 日)、儿童节(6 月 1日)、建党节(7 月 1 日)、建军节(8 月 1 日)、教师节(9 月 10 日)、国庆节(10 月 1日)等。另外,在西方,还有香水节(1 月 12 日)、宠物节(2 月 1 日)、情人节(2 月

14 日)、愚人节(4 月 1 日)、读者节(4 月 25 日)、秘书节(4 月 26 日)、五朔节(5 月 1 日)、护士节(5 月 12 日)、母亲节(5 月第二个星期日)、健身节(5 月 25 日)、父亲节(6 月第三个星期日)、友谊节(8 月 2 日)、老板节(10 月 16 日)、心肝宝贝节(10 月 16 日)、万圣节(11 月 1 日)、感恩节(11 月最后一个星期四)、光明节(12 月 22 日)、圣诞节(12 月 25 日)、复活节(春分月圆后第一个星期日)等。这些节日有些还有别称,有些节日的名称还可以通过变化来起名。如我国国庆节的名称"国庆"曾被数不清的人用来起名,但起名"建国"仍然与国庆节有关。同样,七一建党节出生的人可以起名为"党生",八一建军节出生的人可以起名为"建军"或"军生";而五一国际劳动节又可以被谐音为"武义",六一儿童节又可以被谐音为"陆夷",同样可以做名字用。

另外,在利用孩子出生时所发生的事情起名时,还有一种与利用节日的名称起名相近的方法,也就是利用重大事件起名法。由于重大事件发生在某一天或某一个时期,具有纪念意义,因此也多用这些事件的名称或稍加变通起名。我国目前重名率很高的一些名字,如"抗美""四清""跃进""文革""亚运""奥运",以及"卫国""卫东""盼盼""京京"等,都是因为在起这些名字时发生了"抗美援朝""四清运动""大跃进运动""文化大革命""1990 年北京亚运会""2008 年北京奥运会"等重大事件。这些名字中的前者是直接用了事件的名称,后者则是事件的变通。其中"卫国"是"抗美援朝"期间使用最多的名字,因为那时的"抗美援朝"本身就是要"保家卫国",用"卫国"起名正说明了它的纪念意义。同样,"卫东"是"文化大革命"期间最为流行的名字,意思是要保卫毛主席,捍卫毛泽东思想,做毛主席的红卫兵;"盼盼"是 1990 年北京亚运会期间最为流行的名字,原因是当时的吉祥物大熊猫的名字叫"盼盼";"京京"则是 2008 年北京奥运会 5 个吉祥物之一的名字,加上又是奥运会会标图案中的那个字,还代表奥运会的举办城市北京,因此也成了近年来许多人起名使用的最热门名字。

最后,在利用孩子出生时所发生的事情起名时,值得一提的还有一种利用时代起名法。这是由于尽管我国的文化传承和风俗习惯具有较大的稳定性,但也不可否认，由于所处的时代不同，人们的思想行为和意识形态也会在身边所发生事情的直接影响下发生些许改变，从而使所起的名字带有鲜明的时代烙印。这种时代影响，或者说是时代特点，其实也是由来已久的。从夏商的"十干起名法"，到周代的"五则六避"，都是那些时代的起名特点。此后，汉魏尚骈体，六朝崇佛道，唐代爱经典，宋代好族谱，明清多俗字，新中国成立后重国运、讲政治，如今尚名利、喜另类，等等，无不折射出时代特点。具体说来，如以近年一项对北京、上海、广州三大城市自 1900 年以来起名用字的研究成果为例，也可知起名的时代性特点相当明显。这种成果以 10 年为一个年代，分别统计出前 20 个使用人数最多的名字，结果发现，三个城市的名字都带有这一特点。如北京现在人数最多的名字是张伟、王伟、刘洋、王磊、李伟、张磊、王静、李静、王秀英、王淑兰，其中王秀英、王淑兰是 20 世纪 50 年代以前最流行的名字，张伟、王伟等是 60 年代以来最流行的名字，刘洋则是改革开放以后出现的名字。如果再以时代划分，北京在 20 世纪初最为流行的名字是王淑珍、李秀英、王玉珍、张淑兰等，20 世纪 20 年代到 40 年代没有发生明显变化，但 50 年代则变为王秀英、李建国、张淑华、刘淑敏等，60 年代是王军、李伟、王建华、张杰、王立新、王建国、李强等，70 年代是张颖、张伟、李静、王涛、王辉、李军、王磊、张勇、王芳等，80 年代是刘洋、王磊、王超、李娜、刘佳、张伟、张楠、王鹏、杨帆等，90 年代是刘畅、刘洋、王硕、李想、王帅、王鑫、张宇、张旭、王晨、李响、李鑫、张萌、王雪、张鑫等，本世纪初是刘畅、李想、王硕、王宇轩、王子豪、王子涵、张浩然、王淼、王宇、李鑫等。从这些名字上，我们可见北京各个年代的姓名都具有较明显的时代特征：新中国成立前的人名多是淑兰、淑英、秀英、秀珍等，反映了女性起名用字的集中和传统社会对女性美德的要求；20 世纪五六十年代的人名多使用军、伟、华、红、建国、建华等字，表现了对国家建立和报效祖国的期待以及对军人和英雄人物（伟人）的崇拜；70 年代的人名使用静、颖、磊、涛、勇、辉等字，表现了人名用字开始多元化；80 年代的人名中出现洋、娜等字，说明当时的改革开放和向西方学习的政策开始影响人们的起名，而"楠"字则是刚刚实行计划生育政策之后人们重男轻女思想有所回升的反映；90 年代以后的人名用字多元化、时尚化，其中的"鑫"字明显反映了在我国经济改革政策影响下的人们求富心理对起名的冲击。

利用时代特点来起名,可供我们借鉴的还有上海和广州的实例。在上海,起名的时代性与北京大体相仿,20世纪50年代前以小妹、秀英、秀珍、桂英等名字最多,而50年代后则建国、建华、建平等名字比例上升,进入本世纪以后则出现许多类似于我国港台地区的名字。具体说来,上海目前人数最多的十大名字是陈洁、张敏、张伟、张燕、王秀英、张秀英、张磊、王伟、陈燕、张杰,而在20世纪初则是王小妹、张小妹、陈小妹、王秀英、张秀英、陈秀英、徐小妹、朱小妹、沈小妹、杨小妹,20世纪20年代是王秀英、张秀英、陈秀英、王小妹、张小妹、李秀英、陈小妹、张桂英、朱秀英、王桂英,30年代是王秀英、张秀英、陈秀英、张小妹、李秀英、王小妹、王秀珍、徐秀英、王桂英、朱秀英,40年代是张小妹、王秀英、王小妹、张秀英、陈秀英、王秀珍、陈小妹、张根娣、张美英、张美芳,50年代是张建国、张建华、王建国、王建华、陈建华、陈建国、张建平、李萍、王建平、张小妹,60年代是李萍、张敏、张萍、张伟、王伟、陈伟、王萍、张建华、王建华、李明,70年代是王芳、陈洁、张燕、张伟、张华、张军、张敏、陈燕、王伟、王燕,80年代是张磊、陈洁、张燕、陈晨、王磊、陈燕、张杰、张洁、陈杰、张伟,90年代是陈晨、张磊、杨帆、杨阳、张杰、张婷、王磊、陈洁、陈超、王超,本世纪初则是陈诺、王佳怡、陈晨、刘畅、张佳怡、李想、张欣怡、陈佳怡、杨阳、张俊杰。不过,广州的情况与上海相比则有所不同。如在目前,当地人数最多的十大名字是陈志强、黄志强、李志强、陈伟强、陈俊杰、陈妹、梁妹、黄俊杰、陈志明、陈丽华,而20世纪初则是陈妹、梁妹、黄妹、梁好、陈好、陈娣、何妹、陈金、何金、陈英,20年代是梁妹、陈妹、黄妹、何妹、李妹、陈女、梁金、陈苏、梁苏、陈金,30年代是陈妹、梁妹、陈女、梁女、何妹、陈秀英、李妹、黄妹、郭妹、梁好,40年代是梁妹、陈妹、梁女、陈女、黄妹、郭妹、陈细妹、陈金好、陈惠珍、黄桂英,50年代是陈志强、陈丽珍、李志强、陈玉珍、陈国强、黄志强、黄玉珍、李国强、陈桂英、陈惠珍,60年代是陈志强、陈伟雄、陈伟强、黄志强、李志强、梁志强、陈伟明、陈志明、梁伟雄、陈志雄,70年代是陈志强、陈伟强、陈敏、李志强、陈志勇、黄海燕、黄志强、陈雪梅、李莉、陈丽华,80年代是陈敏仪、陈俊杰、陈静、陈丽华、李俊杰、李静、梁敏仪、黄敏仪、陈颖、李莉,90

年代是陈俊杰、黄俊杰、陈嘉欣、李俊杰、梁俊杰、黄嘉欣、梁嘉欣、李嘉欣、陈嘉俊、李嘉俊，本世纪初则是黄俊杰、陈俊杰、李俊杰、陈曦、刘俊杰、陈晓彤、何俊杰、陈嘉俊、陈颖欣、梁俊杰。从这些不同时期的名字中，我们可见新中国成立前的广州名字以女性名字居多，其中的女、妹等字近于对女性的泛称，说明那时的女性名字还比较粗疏。而新中国成立后的名字多是志强、国强、伟强、丽珍、玉珍、秀英，与上海、北京等地到处是建国、建华等名字不同，反映了名字的地区性特征。20世纪八九十年代后，嘉欣、敏仪、俊杰等名字大量出现，并且无论什么姓氏都喜欢用这些字起名，说明当地人起名更具有从众心理。上述这些特点，一方面说明了起名的时代性，同时也启示我们，在用孩子出生时所发生的事情这种办法起名时，为了不与别人重名，一定要避免追赶时髦，留意名字的个性最为重要。

六、由世界万物得到启发

我们这个世界是个充满物质的世界，各种物质都有其特定的名称。特别是在我们中国，由于汉字具有十分丰富的表现力，使物质中的生物、动物、植物等都有一个优美动听的名字；加上我国历代风俗中还有将物比人的习惯，因此在人的起名中，也有许多用物名作为人名的例子。事实上，用物名作人名，确实具有较强的表现力。

在用世界万物作人名时，用得最多的莫过于花草。因为花是美的象征，草中有很多也绚丽多姿，因此，许多父母都希望孩子像鲜花艳草一样美，从而，也都希望孩子有个花草般的名字。特别是对那些生了女孩子的人而言，用花草起名更十分常见。另外，古时"花"与"华"相通，许多人在起名时使用"华"字，其中有些也有"花"的意思。如在我国历史上，十六国时有女诗人苏蕙，南朝有文学家韩兰英，唐代有女诗人宋若莘，五代有诗人花蕊，宋朝有诗人蒲芝，元代有文学家薛蕙英，明朝有诗人胡莲，清代有诗人和作家方若蘅、王采蘩、王荪、朱菊龄，《聊斋志异》中有一女子名春桃，当代有作家或社会活动家、演员白薇、聂华苓、陈香梅、谢芳、向梅等，她们无一不是用花草作名字的。由于世界上的花草多种多样，在起名时也可以各取所需。假如姓氏适当，就可以把姓氏与花名直接联起来作为名字，取一些诸如秋海棠、万山红、夏水仙、康乃馨、鹤望兰之类的名字。如果觉得直接用花草起名太露，也可以用一些花草的别称或引申义来起名。如有些花草具有象征意义，有些花草名称被用来作为月份的别称，有些被当作市花、镇花。因此，就可以根据不同情况，起一些自己认为合适的名字。我们日常生活中常见的一些名字，如杜娟、蒋樱、李紫鹃、郑娟红、武若兰、花菊仙、米高梅、朱红金、冯云锦等，既有男孩名字也有女孩名字，可见选用这类的字起名还是较为普遍的现象。

除花草外，有人还由花草联想到它的色彩气味，从而用表示色彩气味的字起名。何况爱美之心人皆有之，谁都希望自己生活的环境美丽多彩，抬头可见蓝天、白云、青草、绿树，睁眼满目是红、黄、紫、粉各色的花，嗅到的也是清新芳香的空气。而科学研究成果也早已向我们表明，和谐的色彩能够让人心情愉悦、欢快、舒畅，人如果面对单调的色彩久了，就会产生压抑烦躁的情绪。这种实际生活的需要和人对美好事物的向往，对色彩的喜爱，也是许多人为孩子起名时思考的源泉，常常用在名字中。许多表示色彩的字，如赤、橙、黄、绿、青、蓝、紫、白、黑、乌、苍、朱、红、灰、绛、素、粉、翠、金、黛、银、丹、彩、秀、艳、美、倩、丽；以及表示气味的字，如芬、芳、香，等等，都常是起名时选取的字。古今不少著名的人物，无论男女都喜欢使用上述这些字起名，有代表性的名字也有杨朱、李白、梁红玉、赵青、萧红、于蓝、叶紫、周贻白、刘大白、陈白尘、曾虚白、吴丹、郭苍、孙黑、田蓝、周艳、谢素素、夏绛珠、紫娟、燕青、红娘、陈芳、丁香、余金香、秦时芬等。尤其是色彩类的人名，不仅能使人产生感观上的愉悦和大脑的联想，而且在我国从古到今还都被赋予了特别的象征意义，其中黄色代表尊贵、黑色代表贫穷等都是约定俗成的审美习惯。近代以后，人们又用红色表示热烈、兴奋、欢庆，反映庄重、警觉；用黄色表示华贵，或反映柔和、快乐，常象征阳光、黄金、矿藏、资源和财富；用绿色代表生命，使人有凉爽之感，给人以生气，被认为是美好吉祥的象征；用蓝色表示宁静，使人感到明快而清新，常用来象征海洋、河流、湖泊、港口和天空；白色表示雅素、洁净，一般象征和平、纯洁、公正，又能反映多种事物的外在特征。正是由于有上述这些象征意义，人们用这些字起名又有对孩子更多的期望。此外，这类的字还有青、翠、素、紫、彩、艳、秀、美、丽、倩、月、云、霓、雯、露、雪、霞、冰、霜等，常见的名字还有黄龙、蓝天、黄叶、玉青、彩云、丽霞、冰心、彩纨、曼丽、艳芳、春霞等。

在花草及其色彩气味之外，又有人喜欢用植物的名称起名。在植物的名称中，用得最多的又是树木名和作物名。在树木名中，松、柏、杨、柳、椿、桐、梓、楠、桃、杉、竹、梨等都常被用作名字。其中用"松"字起名的人很多，这样起名还因为它所代表的松树有耐寒而又常青的自然特性，可以不受环境变化的影响，能够"岁寒然后知松柏之后凋也"，有坚强不屈的精神，以它起名具有精神和品质的双重象征意义，常见的名字如松、青松、松青、松玉、松鹤等都是如此。又如"杨""柳"等字，也常用于起名。由于"杨""柳"所代表的杨柳树都对环境有较强的适应能力，春天又早于其他树木发芽、长叶，被认为是春的使者；加之垂柳等婀娜多姿、风流可爱，深受人们喜欢，《诗经·采薇》中的"昔我往矣，杨柳依依"等句早就表达了这种喜好，而惜别折柳、清明插柳也是影响广泛的民间风俗。因此，用"杨""柳"等字起名，也被认为所起的名字富有生命力、活泼可爱，常见名字如白杨、杨柳、柳斌、柳青、春柳等都有这类的含义。至于从古到今用其他树木名所起的名字，著名的例子还有清朝道教首领刘松、清初名儒李柏、东汉水利家许杨、南宋画家林椿、清末大臣徐桐、香港企业家曾宪梓、清朝医学家章楠、宋代文学家碧桃、现代作家黄谷柳、电影剧作家林杉、教授陈瘦竹、美籍华人于梨华等。另外，用作物中的麦、粟、谷、禾、稼、瓜、藕、芹、棱、葵等作名字的也不乏其人。如当代有作家杨麦、教授金粟，清代有学者六谷、诗人曹禾、学者藕鱼、名士稼翁，明朝有画家瓜畴、诗人陈芹，隋朝有将领陈棱，南宋有画家赵葵。由此可见，起名时只要选取得好，植物中有不少名称都是可以入名的。

在我国，无论古今也都有用动物中鸟、兽、虫、鱼等吉祥的飞禽走兽的名字起名的习惯。其中用飞禽的名字起出的名字，著名的有西周时鲁国建立者伯禽、西汉皇后吕雉、唐朝画家边鸾、明朝学士朱鹭、清代文学家高鹗、当代词人乔羽、作家茹志鹃等。此外还有人说，以飞禽作名字往往反映出性格中向往自由、不受拘束的一面。如凤、凰、鸾、燕、鹰、鸥、鸽、蝉、鹭、莺、鹏、鸹、鸠、鸳、雀、鹤、鹏、鸯、鹊、鹂、鹤、鹑、蝶、鹳、鹈、睢、鸷、鸬、鹏、鹉、鹇、鸺、鸥、鸽、鸿鹄(天鹅)、百灵、杜鹃、画眉等飞禽的名字,用在人名中的含义大多很好。其中凤、凰等还是我们中华民族的吉祥物,被看作是美丽、仁道和天下安宁的象征,以凤凰作人名也有相关的含义。正因如此,不少名人的名字中都带有"凤"字,仅近代以来就有太平天国将领林凤祥、评剧演员新凤霞、电影演员王丹凤等,其他常见带"凤"字的人名还有彩凤、玉凤、金凤、银凤、丹凤、小凤、凤仪、凤祥、凤鸣等。此外又如"雉"字,现在人起名不再用它,因为它有"野鸡"的意思,但在古代,人们认为鸡是吉祥物,《韩诗外传》上还说鸡有文、武、勇、仁、信五德,认为"鸡乎,首戴冠者,文也;足缚距者,武也;敌在前敢斗者,勇也;得食权告,仁也;守夜不失时,信也。鸡有此五德"。故而,我们可见汉朝吕后的原名是吕雉。后来大约是因为鸡久为案上之物,人们起名才慢慢疏远它。又如"蝉"字,古今男女都有人用来起名,这也是因为人们认为它也有文、清、谦、俭、信五德,陆云《寒蝉赋序》即说它"冠首以绣,文也;含气饮露,清也;黍稷不享,廉也;处不巢居,俭也;应候守常,信也"。至于其他的飞禽名字,如"燕"冬去春来,与人们的关系十分密切,因此古有赵飞燕,今有邢燕子,都是有代表性的"燕"字名人;"鸥"即海鸥,多为白色,主要生活在海边,以鸥为名所起的名字如张海鸥、秦白鸥、杨逸鸥等大都很好听;"鸽"多象征和平,名字刘云鸽、张祥鸽、郑百鸽等也都很典雅;"莺"很清丽,名字范晓莺、李莺鸣、徐莺秋同样给人相同的感受。诸如此类的名字,所见较好的还有飞鸿、鸣凤、玉鸾、春莺、紫鹃、莺莺等。

用吉祥的走兽或虫鱼的名字作为名字,用以表达对某些动物特殊灵性的钦佩,也是我国古今常见的一种起名习惯。常见的这类名字主要有龙、麒麟、虎、豹、牛、羊、马、骆驼、鳌、鹿、蛟、鲸、獍、麋、鳎、罴、貔、骐、蚺、兕、鳖、蜩、菟、獬、豺、骛等。其中著名的名字,在走兽类名字的人名中有春秋学士仲牛、战国名将乐羊、汉朝大臣王骏、晋代思想家郭象、后赵国君石虎、宋代词人韩驹、明朝词曲家吴骐、清代画家任熊等,虫鱼类名字的人名中有春秋政治家范蠡、叔鱼、西汉大臣田蚡、唐代名臣王龟、五代诗人孙鲂、宋朝诗人黄鳌、明代画家曾鲸、清朝画家李鳟等。这些名字中最常见的"龙"字,本是我们中华民族的一种吉祥物,它源于我国早期人类的"图腾"

崇拜,在传统文化中是一种变化莫测的神物,历代帝王都自称是"真龙天子",把自己当作它的化身;平民百姓也把它当作神灵,进行虔诚崇拜,或自称是"龙的传人"。在这样的背景下,用"龙"字起名并借其特殊的象征意义,表示有力量、威风、尊严,更是古今不少人喜欢做的事情。于是,在三国有名将赵子龙,明朝有著名文学家冯梦龙,香港有电影明星成龙,现实生活中常见的有金龙、小龙、大龙、庆龙、文龙、龙生、龙翔等,都是一些有代表性的事例。除龙之外,又如麒麟也是人们心目中的一种吉祥动物,有鹿的善良与平和,特别是汉宣帝在麒麟阁立功臣像后,两千余年来都用麒麟比喻杰出人物,聪明的孩子也被称为"麒麟儿"。用麒麟作人名,既有期望孩子出人头地之意,也借以表示祥瑞,从而成为人们起名时喜欢借用的动物名称。其中,清末烈士徐锡麟、抗战名将李兆麟、国民党将军鹿钟麟等都是有代表性的名字,而玉麒、兆麟等名字在我们身边也有所见。至于这类名字中的其他动物名字,如虎、豹、狮是勇敢、威武、刚强的象征,用"虎"字或虎的别称"彪""虎"字的避讳字"武"等字起名的人也很多,知名的有明代画家唐伯虎(寅)、近代义士黄飞虎、现代名将杨虎城、林彪、杨成武等。此外,有些动物与人类的生活有密切关系,不仅常被用来作人名,有些还被赋予了特殊的象征意义,如把鸳鸯作为爱情的化身、把喜鹊作为吉祥的象征等都是如此。用这些动物的名字作为孩子的名字,是对孩子的期望和爱心的表现。

除上述以外,世界万物中的其他一些与人类密切相关的物品,如珠玉珍宝、衣饰用品、屋宇居室、亭台楼榭、自然景观等的名称也可以用作人名。如杨玉环、贾宝玉、赛珍珠、宋玉玺、马珮珮等名字都与珠玉珍宝有关,姚紫娟、卫玠、田珉、尚钺等都与衣饰用品有关,韩宇亭、朱家民、李承栋、安东楼等都与居住处所有关,李晓风、张露荷、杨霭如、高雪峰、张冰姿等都与自然景观有关,在起名时都是可以参考的。尤其是在这类的人名中,以珠玉珍宝的名称起名的人最为常见,用以表示珍贵器重,借以寄托发财富贵、子孙多福、吉利时尚等愿望。如其中的玉是温润而有光泽的美石,本来就是一种珍宝,加上它外形美观、色泽宜人,因此极受人们重视,常用之比喻洁白美好,或用作敬美之辞,《诗·秦风·小戎》中也说"温其如玉"。因此,古今用它作人名的很多,其中有代表性的有战国时期的诗人宋玉、东汉末年农民领袖李玉、宋朝女英雄梁红玉、明朝开国大将蓝玉、明末抗清大将左良玉、清军机大臣张适玉等。今天人们又多取其"洁白无瑕"之意而作为人名,或使用带"玉"字偏旁的字,如宝、珍、环、瑛、珊、琚、瑶、琼、璋、琮、璧、璜、玺、珂等,起出的名字有雷洁琼、梁玉音、侯佩珠、孙如珂、杨莹莹、何玉翠、朱明瑛、马晓琼、黄丽珠、琼瑶、谢瑶环等。至于人们又喜欢用铜、铁、钢、石头等字表示坚强有力,经得起磨难,起名为铁柱、铁梅、铁林、成钢、石柱;用剑、弓、戈等字象征锋锐贵重,期望有豪情锐气与进取心,起名为长弓、剑锋、剑平、戈辉,等等,还可以举出很多,足见世界万物的确是我们起名的宝贵源泉。

七、借日常用语打开思路

起名是一件通过语言文字来完成的事情,其素材实际上多种多样,有些就在我们身边。比如在我们的日常生活中,要用你、我、他称呼自己或别人,用高、矮、胖、瘦、美、丑、善、恶、喜、乐、哭、闹、走、跳、跑、打来形容别人,用官、民、工、商、师、生来识别身份,用之、乎、者、也、的、地、得、可、以、若、斯、哉、然来作为语言助词,等等,这些用语都与我们的日常生活密切相关,其实也是生活中的一部分。而我们的名字既然是要在日常生活中使用,同样是生活中的一部分,因此在起名时也可以从日常用语中去寻找,进而发现合适的名字。

其实,我们的日常用语还是起名的一个重要源泉。在这些用语中,有些是表示称谓的,或者叫作人称代词,分作第一人称、第二人称和第三人称3类,其中第一人称的常用字有我、吾、予、己等,第二人称有汝、尔等,第三人称有他、它、她、伊等。这些字有些还有别的含义,但并不影响它被选做人名。事实上,用这些人称代词直接起名字,还是一种颇有意趣的构思方法。加上起出的名字让人感到语义亲切,或者便于强调自我,起出的名字往往充满光彩,惹人喜爱。其中如用"我"字起名,当代就有一个著名书画家费新我,另外,还可以起名为宁完我、宋我成、安泰我、严我斯等,或者王姓人用"忘我"的谐音起名王我,赵姓人用成语"我行我素"起名赵我素,张姓人用自己姓氏的谐音字意起名张我德,等等,都是比较不错的方法。此外,我国过去又常用己、予、吾等称呼自己，古时官吏又对皇帝自称"臣"，这些字也都与"我"字同义，同样可以用来起名。其中用"己"起的名字有李正己、宋无己、殷克己、殷成己、吕胜己等，用"予"起的名字有舒舍予、孙起予、郑愁予、钱圣予、王用予、龚圣予等，用"吾"起的名字有于省吾、毛健吾、朱镜吾等，用"臣"起的名字有范钦臣、田德臣、史良臣等，都可以作为起名时的参考。至于第二人称和第三人称的字，汝、伊等也有人用来起名，如李汝珍、曹汝霖、冯汝言、王成汝、高汝利等名字中都有"汝"字，于伊飞、水伊人、刘伊美等名字中都有"伊"字，都是这类名字中有代表性的名字。此外，还有一些与这类人称代词相近的用语，如在过去，相当于第二人称的还有卿、君、公、郎等，相当于第三人称的还有友、侯、宾、伯、仲、叔、季等，这些用语也都被用来起名。其中用"卿"起名的有任少卿、司马长卿、盖巨卿等，用"君"起名的有谭君山、朱君理、段君谋等，用"公"起名的有周公瑾、赵公明、黄公略等，用"郎"起名的有王文郎、刘君郎等，用"友"起名的有邓友梅、杨友松、孙友竹等，用"侯"起名的有杜伯侯、张君侯、郭明侯等，用"伯"起名的有汤恩伯、林伯渠、张伯义等，用"仲"起名的有张仲景、范仲淹等，用"叔"起名的有王叔文、陈叔同等，用"季"起名的有李季、范季玉等，用"宾"起名的有李延宾、张庆宾、辛世宾等，不一而足。

在我们的日常用语中，还有一类是关于人的形容词，如用孔、景、大（太）、伟、初、元、威、茂、曼、永等来评价别人，用道、德、仁、义、孝、恭、敬、惠、文、武、方、正、允、思、宣、逸等来形容人的品德，用奉、承、继、成等形容人的行为，这些形容词也都可以用来起名。其中在评价别人的用语中，如孔、景、大（太）、伟等都有"大"的意思，初、元的意思都是"开始"，相关的名字有周孔和、廖孔璋、司马孔、刘景升、徐景山、郭景纯、温太真、韩经太、李伟南、杨本初、陆智初、李元霸、姚文元、田连元、陈魁元等。此外，威字表示有尊严、有气概，茂、曼的意思都是盛、美，永则表示长久，相关的名字有杨威方、董茂安、郭茂曾、赵一曼、苏曼殊、董永、崔永元、黄永胜、陈永贵等。至于形容人品德的用语，道、德、仁、义、孝、恭、敬、惠都代表人的某一方面的美德，常见的名字有郦道元、李德林、朱德、李德伦、马俊仁、刘义隆、史正义、蒋孝勇、

中华姓氏文化

·孩儿起名·

图文珍藏版

高孝然、史文恭、郭守敬、孙敬修、邱钟惠、李惠群等;文、武、方、正、允、思、宣、逸等用语表示人的才干、修养、气度,相关的名字有舒绣文、钟敬文、周宣武、陈元方、范文正、蒋中正、王允、张思德、程思远、张学思、邢成思、谢宣明、张云逸等。另外,关于形容人的行为的用语,如"奉"的意思是献给,"承"的意思是承接、承继,"继"的意思是承继、继续,"成"的意思是成为、成功,这类的人名有吕奉先、袁奉高、殷承宗、潘承明、戚继光、孙继先、郑成功、王成名、李成学等,因事例很多,就不一一列举了。

关于我们的日常用语,有些是与人的身份有关的用语。如过去我国习惯把人分为士、农、工、商,或者分成三六九等,现在也分为干部、工人、农民、学生、老师、医生、警察、士兵等,这些不同的分类及其名称中有些也可以用来起名。过去把士、农、工、商称为"四民",其中的"士"是指文化人,又可作为对人的美称,用这个字起的名字有庞士元、陆士龙、邓士载、高士柏、邓士载等。与"士"相近的字还有子、彦、倩等,都是对士人的美称。"子"同样是指有学问的男子,特别是有大学问的人,如孔子、孟子、荀子、老子、列子、管子等所指都是特定的人物,而郭子仪、华子良、杨子荣、杜子渊、任子美等则是有代表性的名字。同样,"彦"也是对士人的美称,所谓"美士为彦",用这个字所起的名字有贺邦彦、孔彦方、黄文彦等。至于"倩"字,除作为士人的美称外还有美丽的意思,后来又大多当作以女性起名的用字,常见的名字如高玉倩、王倩茹、李倩云等都是女性,也反映了这种习惯用语含义的差别。此外,又如"四民"中的"民"字,本是老百姓的泛称,有时也作为谦逊的自称。所起的名字如周渝民、徐逸民、袁伟民、邓爱民等,都有各自相关的意义。

在我们的日常用语中,还有一些是为了更好地表达意思服务的助词,如之、乎、者、也、的、地、得、可、以、若、斯、哉、然等,本身虽无实际意义,但却可以起到调节作用,因而也同样可以用来起名。甚至当这类的词用在人名中以后,由于有了调节作用,使名字拥有了变化之美,读起来可以抑扬顿挫,因此而更具有表现力。如用其中的"之"字起名,东晋大书法家王羲之及其子孙后代都十分热衷,接连几代人的名字都带这个字。除他们以外,用"之"字起名的人还有寇谦之、王之涣、张之洞、于是之等。至于用其他助词所起的名字，还有用"也"起的名字王也平、孙久也、许也纳，用"可"起的名字吴文可、常适可、林明可，用"以"起的名字黎以常、周以言、邵以先，以及用"如"起的名字王如海、萧如翰、姜如农，用"若"起的名字汤若望、王若飞、方若宏、董若雨，用"斯"起的名字李斯、杨再斯、王百斯，用"哉"起的名字孟伟哉、刘承哉、谢觉哉，用"然"起的名字李默然、焦孝然、赵伯然，等等。

除上述几类日常用语以外，我们生活中其实还有不少与我们密切相关的名称可以用来起名，其中的一些也已见于以上几节所述。除此之外，我国古今常见的一些名字，如李鼎铭、宋国轩、马本斋、李仁堂、张居正、郭义峰、张松溪、李秋池、胡文虎、沈雁冰、娜仁花、李剑农、董加耕、李云鹤、谢雨田等，也都使用了与我们的生活密切相关的字，说明生活用语的确是可以被我们深入挖掘的宝库。与上述这些名字相关的用语，又如村、庄、亭、处、谷、岩、山、海、鹤、松、竹、燕、风、雪等，也是起名时经常被选用的日常用语。

八、靠诗文典故汲取营养

我国历史悠久，文化发达，历代先贤不仅为我们留下了大量的物质财富，而且还留下了宝贵的精神财富。特别是在精神财富中，难以数计的历史文献、诗词文献、成语典故、习惯用语等充分展示着古人的聪明才智，同时也是我们在起名时可以利用的宝贵素材。

中华民族有着悠久的历史和灿烂的文化，流传下来大量的文化典籍和优美诗篇，其中言简意赅、含义深邃的名言绝句、诗词歌赋等比比皆是，也是起名时取之不尽、用之不竭的源泉。用诗文典故起名既可以体现民族传统文化精神，也显得新颖脱俗，含蓄隽美，意味深长。而在事实上，我国历来就有利用名言绝句、典故成语起名的习惯，起出的名字也大多含蓄典雅，富有表现力。如唐朝著名诗人孟浩然的名字，出自《孟子》"我善养吾浩然之气"。浩然之气指纯正博大而又刚强的气质，文天祥也有诗说浩然之气"乃天地之正气也"，"是气所磅礴，凛然万古存，当其贯日月，生死定足论"。又如清代画家郑板桥本名郑燮，后来以"板桥"的名字名扬天下，这个名字据说出自唐代刘禹锡的《杨柳枝》："春江一曲柳千条，二十年前旧板桥。曾与美人桥上别,恨无消息到今朝。"这里借"板桥"二字来讽刺世态炎凉,名字与其画风一致,耐人寻味。至于在近当代,这类的名字更多。其中如诗人戴望舒的名字,出自《离骚》"前望舒使先驱兮,后飞廉使奔属",原指神话中驱月驾车的神,后来成为月的代称;作家张恨水的名字出自李后主《乌夜啼》"胭脂泪,相留醉,几时重,自是人生长恨水长东",感慨光阴像流水一样白白逝去,激励自己严格律己、珍惜光阴;烈士方志敏的名字出自《尚书》"惟学逊志,务时敏,厥修仍来",意为勉励自己谦逊好学;政治家王若飞的名字出自北朝民歌《木兰辞》"万里赴戎机,关山度若飞",表达的是不畏艰难、奋勇直前的豪气和救国救民的心情;诗人朱自清的名字出自《楚辞》中的"宁廉洁正直以自清乎",表明要以廉洁正直自律,做一个清白自尊的人;政治家陶铸的名字出自《庄子》"是其法后秕糠,将犹陶铸尧舜也",即造就培养之意,唐皮日休《房杜二相国》注即说"遂使后世民,至今受陶铸";学者王朝闻的名字出自《论语》"朝闻道夕死可矣",意思是说如果早晨闻知真理,以拼死的精神来求得真理,到晚上死了也值得;政治家楚图南的名字出自《庄子》大鹏"绝云气,负青天然后图南,且适南冥也",表示既定远大目标;文学家谢冰心、沈冰壶的名字都出自唐代诗人王昌龄的《芙蓉楼送辛渐》"洛阳亲友如相问,一片冰心在玉壶",其中"冰心"指晶莹洁白如冰之水,"冰壶"指高洁透明如玉壶,比喻人内外皎洁,品德高尚;政治家胡乔木的名字出自《诗经》"出自幽谷,迁于乔木",本指树干高大的树木,象征顽强的意志和高尚的人格;作家刘白羽的名字出自唐代卢纶《寒下曲》"平明寻白羽,没在石棱中",本指杆上带有白色羽毛的箭,借以表现有强劲的力量。这些名字都体现了取名人的价值取向和人生观、世界观、处世态度等,含蓄深远,都不失为好名字。

在我国,像上述这些引经据典而来的名字,其实历代还有很多。如唐朝,茶圣陆羽字鸿渐,名字出自《易经》"鸿渐于陆,其羽可用为仪,吉";宋代,大臣韩缜字玉汝,其字出自《诗经》"王欲玉女"(意即大王想要提拔重用你,女即汝)。词人周邦彦字美成,名出自《诗经》"彼其之子,邦之彦兮",字出自《论语》"君子成人之美"。明朝,王恕字宗贯,名和字都出自《论语》"吾道一以贯之"和"夫子之道,忠恕而已矣"。现当代,也有不少人的名字是由经典中的著名词语而来的。如作家周树人(鲁迅)的名字出自《管子》"一年之计,莫如树谷;十年之计,莫如树人",文学家郑振铎的名字源于《周礼》"大司马振铎,车徒皆作",艺术家梅兰芳的名字出自《楚辞》"兰芷变而不芳兮",作家张天翼的名字出自《庄子》"伟哉横海鳞,壮矣垂天翼",作家琼瑶的名字出自《诗经》"投我以木桃,报之以琼瑶",相声艺术家马三立的名字出自《左传》"大上有立德,其次有立功,其次有立言,虽久不衰,此之谓不朽",数学家陈省身的名字出自《论语》"吾日三省吾身",学者王利器的名字出自《论语》"工欲善其事,必先利其器",画家程十发的名字出自《说文》"十发为程",国民党"总统"蒋经国的名字出自《左传》"盖文章者,经国之大业,不朽之盛事"。特别是毛泽东及其两个女儿的名字,都是引经据典来的。如他名泽东字润之,名和字都出自《孟子》"若夫润泽之,则在君与子矣"。他的两个女儿分别名叫"敏""讷",出自《论语》"君子讷于言而敏于行"。当然,像上述这些引经据典而来的名字,如果没有丰富的知识和深厚的古文字功底是起不出来的,若勉强为之则可能适得其反。如清朝有人姓楼名更一字上层,系出自唐诗"更上一层楼",因为过于平直呆板,反而让人觉得有些弄巧成拙。今天打算用古诗文作名字的人,不可不引以为戒。

除上述以外,我国还有不少现成词语,经过加工简化也可以入名。由于成语具有言简意赅、含蓄隽永、容量较大、传播面广等特点,利用它们起名也会收到典雅深沉、意趣盎然的艺术效果。对此,我国过去许多古人都已经注意到,并且还起出不少有代表性的名字。其中如当代作家马识途、周而复,名字分别由成语"老马识途""周而复始"简化而成,读起来让人感觉颇有情趣。此外,如成语"金石为开"可以演变为人名金石开,"方兴未艾"可以变为方未艾、方艾,"任重道远"可以变为任道远、任远,"推陈出新"可以变为陈出新或陈新,"金碧辉煌"可以变为金碧辉、金辉、碧辉,"甘之如饴"可以变作甘之饴、甘如饴、如饴、甘饴,"华而不实"可以变作华而实、华实等。上述这些既可以演变为完整的"姓氏+人名"的典型名字,也可以只简化为名字,另外再与姓氏连接起来。特别是像"华而不实"之类的成语,演变为姓名以后就成了华而实或华实,与原来成语的意义完全相反,因此可以认为是更加别出心裁。至于仅仅用来作为名字而不作姓氏的成语,其数量比上述所举者更多,内容也更加广泛,形式也更加多样。例如成语"炉火纯青"可以变成人名"火青"或"纯青","沧海一粟"可以变为人名"海粟","大智若愚"可以变作"若愚"等。上述这些成语用作人名的实例,还有王碧玉的名字源于成语"小家碧玉",胡慧中源于"秀外慧中",王任重源于"任重道远",于立群源于"鹤立鸡群",吴质彬源于"文质彬彬",王化吉源于"逢凶化吉",叶知秋源于"一叶知秋",吉天相源于"吉人天相",马行空源于"天马行空",平步青源于"平步青云",万斯年源于"亿万斯年",郑鹏程和郑万里源于"鹏程万里",任唯才源于"唯才是举",宋世雄源于"一世之雄",刘德重源于"德高望重",周义山源于"义重如山",易了然源于"一目了然",任卓群源于"卓然超群",方可畏源于"后生可畏",方未然源于"防患于未然",成于思源于"行成于思",于得水源于"如鱼得水",程思源源于"饮水思源",张百发源于"百发百中",谢璧瑕源于"白璧无瑕",江不凡源于"不同凡响",梁冲霄源于"直冲云霄",冯正君源于"正人君子",钱未闻源于"前所未闻",石惊天源于"石破天惊",卢致用源于"学以致用",钟志诚源于"众志成城",高建瓴源于"高屋建瓴",黄腾达源于"飞黄腾达",沈力行源于"身体力行",茅为开源于"茅塞顿开",冯甘霖源于"久旱逢甘霖",韦三绝源于"韦编三绝",郑清源源于"正本清源",金玉良源于"金玉良言",邢成思源于"行成于思",时凤麟源于"凤毛鳞角",何海清源于"海晏河清",郑光明源于"正大光明",翟从善源于"择善而从",王若愚源于"大智若愚",黄居安源于"居安思危",盛以恒源于"持之以恒",翟方正源于"贤良方正",钱未闻源于"前所未闻",陈鹤鸣源于"鹤鸣九皋",何通海源于"百川通海",辛花放源于"心花怒放",等等。不过,在利用成语起名的时候,一定要突出一个"巧"字,不仅要注意选取含有褒义的成语人名,还要在截取成语的文字时注意适当,更要使成语的表述准确醒目,让人一目了然,不能产生歧义或误解,否则所起的名字也不会有出色的效果。假如一个姓黄的人用成语"黄粱一梦"起名为黄粱梦,一定会给别人留下笑柄。

在我国民间，还有一些流传较广且有一定警世意义的习惯用语，如果对这些习惯用语加以提炼，也是能用来作名字的。如俗语"无规矩不成方圆"的意思是说什么东西都有一定的成规，而近年就有人起名"成方圆"，通过名字表示要取得一定成就之意，其方法让人觉得相当新颖巧妙。同样的情况，如在汉代有人起名郑当时，明代有人起名饶风翔，也分别会让人联想到"正当时""绕风翔"，同样清新别致。至于日常生活中经常使用的一些词语，如文化、青春、长江、海洋、英雄、毅力、中国、红星、前进、幸福、英勇、正义、平凡、成功、宝贵、长城、智慧等，无论过去还是现在都有人用来起名，起出的还都是一些较好的名字。这类名字在汉代有汉高祖第四子刘如意、太仆陈万年，北魏有汝南人常珍奇，元代有鲍同仁，明代有民族英雄郑成功、孝肃太后弟周吉祥、江淮总兵刘永昌、知州陈文学、邹县人秦自然、海盐人钱千秋、山阴人陈性善，清代有进士俞长城、河南总督马光辉、诗人陈学海，现当代更有徐向前、黄忠诚、曾光明、王启明、魏传统、赖春风、花阳春、崔建国、张国强、王英才、陈胜利、吴光辉、向红梅等名字，多得几乎不胜枚举。由于这些名字与我们的日常生活过于密切，以致很多人会因为这些是俗语而不去留意，但若真的留意起来，把它们取为名字，也是能收到奇妙效果的。例如，当代我国有小提琴家盛中国、电影导演陈凯歌、心算学家史丰收、电影演员陈述、舒适、夏天、秦汉、诗人田间、歌手文章、京剧演员关怀、人大代表甘苦、豪杰、程序等，他们的名字无一不是因为来源于日常用语之中而出奇制胜的。

最后，我们说利用古诗文起名，还有一层意思是说可以利用古诗文中的人名、地名起名。在利用古诗文中的人名起名时，有些人喜欢在古代同姓先贤的名字中选取名字加以模仿，借以表达仰慕之意。如张希良、孔宗尼、颜慕渊、萧仰何、李慕白等名字，来源都与各自的同姓先贤张良、孔子(字仲尼)、颜渊(回)、萧何、李白有关。当然，也有人敬仰的不只是自己的同姓先贤，而是任意一个古人，这种情况也有很多。如在唐代，有个著名诗人叫张仲谋，名字与三国吴王孙权(字仲谋)相同，便有仰慕孙权并激励自己奋发向上、学习孙权之意。孙权的聪明智慧本来早为人知，也深得同时的曹操称道，曹操曾对人说"生子当如孙仲谋，刘景升儿子若豚犬耳"。宋朝人辛弃疾后来写《南乡子·登京口北固亭有怀》,其中的一句也是"生子当如孙仲谋"。再如在清代有一个叫丁思孔的人,是顺治进士,名字的意思是表示自己要潜心学习儒学,追求圣人之道,做孔子那样的文化名人。又如在近代有一个著名诗人陈去病,原名庆林,字佩忍,少年时读霍去病名句"匈奴未灭,何以家为"时激动万分,毅然改名为"去病",意思是要学习霍去病,忠于国家,为国捐躯。当然,由于古人都是有名又有字,甚至还有号,这些名、字、号又分别在不同的年龄阶段出现和使用,其中名出生时起,字和号在长大后起,特别是长大后所起的字和号往往是自己所起,已经可以借以表达自己的追求和志向,或者以哪一位古人为楷模,因此,在所起的字或号中利用古人名字的情况更多。如宋代人刘子舆字希孟,字的意思是仰慕孟子。元朝人罗蒙正字希吕,字的意思是希望能成为吕蒙正(宋代宰相)那样的人。明代人林大春字井丹,名和字都出自家乡的汉代先贤井丹(字大春),只是以井丹的名为字,以字为名。明代还有一位叫王逢年的人,号小王右军,号来源于东晋大书法家王羲之的别称"王右军",显然也有仰慕之意。又如清代人陆绍裘号小放翁,这个号出自宋代诗人陆游的号(放翁),这样起号是为了表明自己想成为第二个陆游的愿望。

至于用古诗文中的地名起名,有些是表示自己出生于此,或者是为了纪念自己与此地有关的事情。如当代有位著名诗人流沙河,名字便是从《西游记》中的"流沙河"而来的。又如有人起名为张易水,名字的来源也与古代那条著名河流"易水"和荆轲刺秦王的故事有关。易水地处今河北省境内,战国时有燕国壮士荆轲生活在水边,奉命到秦国刺杀要灭亡燕国的秦王。临出发前,他自知此行凶多吉少,便在易水边与送行的好友高渐离作歌诀别:"风萧萧兮易水寒,壮士一去兮不复还。"歌中表现了他为国家舍生赴义、视死如归的豪迈气概,用"易水"起名也是为了表示对英雄的敬慕和对国家的忠诚。

由于用古诗文起名被认为是最高雅的一种起名方法,而所起出的名字也大多收到了预期的效果,因此,许多人也把用这种方法当作为孩子起名的唯一方法。为了提供更多的起名借鉴,本书以后几编各有"起名参考"一节,其中所选的名字基本都属于此类。

九、围绕姓氏做好文章

姓氏是我们每个人都有的家族标记,通常与名字一起组成我们完整的个人称谓符号"姓名"。由于它与我们的名字一样都要用汉字表示,因此,除作为姓氏以外还具备汉字的其他特点,而这些特点也同样可以被当作起名的一种素材。从目前常见的情况看,围绕姓氏所起的名字通常又可以分为以姓为名、增减姓氏笔画起名、利用姓氏偏旁起名、分解姓氏起名、借用姓氏读音起名、利用姓氏字义起名、组合姓氏起名等多种方法。

以姓为名法,就是把姓氏重叠当作名字的一种方法,如苗苗、丁丁、方方、乔乔、苏苏、田田、龙龙、毛毛等,实际上也是姓什么就叫什么。用这种方法起出的名字犹如重叠名,叫起来亲切可人,容易让人记住,但由于可供这样起名的姓氏实际上很有限,而每个人也不可能都起这样的名字,因此,这种方法并不普及。倒是在我们的日常生活中,常常在见面时不说名字而称姓,或者把姓氏当作某个特定人物的代称,这种情况下的姓氏实际上也具备了以姓为名的功能。如我们前些年常说的"王张江姚",表面上看只是 4 个普通的姓氏,但连在一起时谁都知道这是指"四人帮"那 4 个特定的人物,这种称呼也几乎成了他们的名字。同样,如果在一个单位中有领导姓温,还有 3 位年龄大小不一的李姓人,大家提到"温"时一定都会想到这位领导,或者分别用大李、小李和老李称呼三位李姓人。上述这些情况,从某种意义上说都是以姓为名,或者说是以姓代名,只是没有直接写出来而已。

增减姓氏笔画起名法,也就是充分利用姓氏所用汉字的特点,巧妙改变姓氏的字形,在笔画上加以变化,从而起出饶有趣味的名字。关于这种起名方法,最具代表性的例子是《镜花缘》第86回中记载的王家 8 兄弟起名的故事。故事是说一个叫王玉儿的人与紫艺等人一起喝酒,酒到酣处以讲笑话的方式助兴,如果讲的笑话不可笑或重复别人的老笑话就要受罚。当轮到她时,她便讲了这个故事。她说,有一家姓王,兄弟 8 个,求人帮忙起名字,并求替起绰号,所起名字还要形象不离本姓。一天,有人替他们起道:老大叫王主,绰号是硬出头的王大(王字加一点成主字,像中间的一竖写出了头);老二叫王玉,绰号是偷酒壶的王二(王字旁加一点成玉字,那一点像是酒壶);老三叫王三,绰号是没良心的王三(王字中间抽去一竖成三字,像是没了心);老四叫王丰,绰号是扛铁枪的王四(王字中间一竖,上下出头成丰字,像是扛长枪);老五叫王五,绰号是硬拐弯的王五(王字旁加拐成五字,所以叫硬拐弯);老六叫王壬,绰号是歪脑袋的王六(王字上改一撇成壬字,像是歪了脑袋);老七叫王毛,绰号是弯尾巴的王七(王字加一弯钩成毛字,像是个弯尾巴);老八叫王全,绰号是不成人的王八(王字上面加一八字似人非人,所以叫不成人)。上述故事虽是一个笑话,但其构思奇巧也让人叫绝。8兄弟的名字分别叫王主、王玉、王三、王丰、王五、王壬、王毛、王全,名字都是由姓氏笔画略加改变而来,字形变化奇诡,这也就是增减姓氏笔画起名法。

  姓氏偏旁起名法,是以姓氏的字形为基础,把姓氏中的某一部分拆出来独立使用的起名方法。在采用这一方法时,有些人直接取姓氏的某个偏旁部首作为名字,起出诸如商朝宰相伊尹、宋代太学生领袖陈东、清代经学家阮元、鲁迅小说人物孔乙己、当代音乐家聂耳、作家盛成、张弓、艾芜、诗人流沙河、小说家沙汀、儿童文学作家洪汛涛、歌手胡月、演员汪洋等有代表性的名字,此外,还有人起名为申中、赵

伊尹

肖、钱金、郑关、韩韦、杨木、秦禾、贾西、吴天、李木、雷雨、沈沉、杨树林、王玉环、金小钰、沈浮、汪海、宁宏宇、张弦、王琦、江浪涛、何信仁、常海棠、蓝芳芸、洪海涛、汪泽、蒋萍、肖光、孟孝孔等。与这种情况相反的是,有些人把姓氏添加笔画起名,起出的名字有汉代人王匡、明代蒲坼人汪清、民国国民党政府主席林森、教育家于吁(于右任笔名)、著名诗人李季、电影演员牛犇(原名张学景,生在牛年)、作家魏巍、诗人卞卡,以及佘余、尤龙、金鑫、石磊、水淼、吕品、吉喆、林彬、武斌、高嵩、辛莘、梁粱等;还有人把姓氏略加变化而起名,起出了诸如电影导演崔嵬、演员周洁,以及田

园、万方、张驰、聂卉、崔岩、陈阵、杜社等名字。上述这些名字都巧妙利用了汉字的字形，审美效果颇佳，容易给人留下深刻印象，可惜我们的姓氏能如此利用的微乎其微。而且即使是上述这些姓氏，也不可能人人都使用这种方法。尤其是如果姓名3个字的部首偏旁完全相同，就难免不让人产生单调、呆板、拘谨之感，缺乏变化多姿的美学效果。我们既然是用汉字起名，就不仅要考虑意义上高雅脱俗的抽象美，而且要注意书写时的字形美。

分解姓氏起名法，是一种把姓氏所用的汉字分解开来成为名字的方法。我国的汉字包括独体字和合体字两大类，其中合体字又占汉字总数的绝大部分。因此，许多字都是能被分解开来而成为两个或多个字的。具体到姓氏而言，如王、丁、于、马、山等属于独体字，赵、江、章、徐、何等属于合体字。独体字一般由于笔画较为简单，不可以再分开成为别的字；而合体字因包括两个或两个以上的部分，大都可以一分再分。如"吴"字可分成"口""天"两部分，起名可作"吴口天"；"许"字可分为"言""午"，起名可作"许午言"；张字可分为"弓""长"，起名可作"张长弓"；"董"字可分为"草""千""里"，起名可作"董千里"；"胡"字可分为"古""月"，起名可作"胡古月"。像上述这类的名字，还有王一士、王一川、何可人、李子木、李木子、张弓长、章立早、章早立、麻广林、麻林广、庞广龙、庞龙广、贺加贝、贺贝加、夏百友、夏友百、岳丘山、岳山丘、黄田共、黄共田、佟人冬、佟冬人、栾亦木、信言人、雷田雨、江水工、晏日安、巫从工、岑今山、明日月、计十言、翦前羽、常巾尚、闻耳门、伊尹人、吕口双等。正因为我国的合体姓氏有这样的奇妙功能，所以自古至今，历代都有不少人把自己的姓氏拆开来当作名字。如当代作家老舍，原名舒舍予，名字就是由姓氏分解来的。又如电影编剧董千里、漫画家雷雨田、作家张长弓、报人许午言、学者霍雨佳等，名字也都是由姓氏分解而来的。此外，过去还有人把所起的名字进一步分解为字或号，现在也有人把姓氏分解为姓名，或者把姓氏与别的字合在一起组成名字。其中如宋代诗人谢翱字皋羽，明代文学家章溢字三益，画家徐渭号水田月道人，徐舫字方舟，宋玫字文玉，清代尤侗字同人，林佶字吉人，毛奇龄字大可，胡珽号古月老人，他们的字或号都是由名字分解而来的。已故著名特型演员古月，原名胡诗学,名字也是分解姓氏而来的。至于白水泉、王京琼、田力男等名字,我们可以发现起得也相当巧妙。由于他们的姓氏和名字中的第一个字合在一起正好是名字中的第二个字,其名字也因此而妙趣天成,让人难忘。

借用姓氏字义起名法,是说起名时可以把姓氏所用汉字当成一个普通汉字,然后利用它的字义起名,进而达到借姓立意的效果。从字面上看,我国许多姓氏所用的汉字都有鲜明的形象和具体的含义,其中如龙、马、牛、羊、熊、鱼、燕等姓所用汉字又分别代表同名的动物,李、杨、柳、林、竹、叶、花、梅等姓又是果树花草的名字,黄、朱、白、蓝、黑等姓又表示颜色,江、山、水、海、汪、洪、湖等姓又代表山川湖泊。即使是人们常常提到的"赵钱孙李"四个姓氏,"钱""孙""李"的含义十分明显,"赵"也有同音字"照"等。因此,它们的字义有时也与所要起的名字联系在一起,构成词组、成语或典故,不少名字还因此显得生动有趣、含义丰富、寓意深刻。如国民党名将沈醉,著名画家关山月,豫剧名丑牛得草,表演艺术家梅兰芳、常香玉、白杨,作家碧野、徐迟、马识途、梁上泉,京剧琴师梅雨田,苏州弹词艺人马如飞等人的名字,都是借用了姓氏的字义,姓氏与名字浑然一体。其中牛得草的名字本来叫牛俊国,显得普普通通,后来经人指点改了这个名字,表示要像牛一样辛勤耕作、负重劲行,不断为事业打拼,而他本人后来也果然事业有成。除他以外,这类的名字还有田间、牛群、杨柳、方圆、许可、何方、唐人、钱财、田地、马力、雷达、柳青、高原、江梅、杨帆、舒畅、舒展、张帆、张扬、路遥、远征、郑重、夏冬、陈述、徐迟、蓝青、盛利、蒋礼、郑策、殷乐、于跃、白雪、范文、高峰、花雷、华章、海波、江河、康乐、南方、年华、宁静、申明、陶冶、吴越、阳光、周正、卓越、白玉霜、花自芳、白如冰、黄河清、曾为友、燕南飞、石成金、苗得雨、温知新、马成功、左逢源、白无瑕、任人贤、明秋毫、金科玉、安如山、龙风鸣、成立业、陈相因、金玉质、朱玉润、高景行、雷万钧、夏春秋、杨柳松、江海洋等。这些名字大都能让人读来新鲜,听来有趣,想来有味,过目难忘,都不失为有代表性的名字。

利用姓氏字义起名,其实还是一种古老的起名方法,据说早在先秦时就已经出现,汉代以后更为盛行,其中如战国名人段干木、西汉尚书令孔光、晋代少数民族将领齐万年、南朝大将军沈重、五代名将杨光远、宋代诗人杨万里、奸臣高兴、大画家马远、元代戏曲家高明、明代大将军蓝玉、兵部尚书齐秦、礼部尚书温体仁、清代平南王尚可喜、云贵总督杨名时、翰林院修编戴名世等都常被人提起，而文不识、郑当时、江万里、李无言、安如山、王佑才、王者辅、罗衣轻、靖边庭、云从龙、匡国政、包长寿、富好礼、王者宾、席上珍、江天一、万象春、游于诗、莫如忠、龙从云、史可法、古道行、田生金、屈可伸、孙念祖、王锡爵、石成金、张四维、马如龙、林其茂、白云生、何许人、蓝天蔚、王者师、石补天、柳雨村、史直书、常三省、叶成林、安若素、白云飞、花正芳、万年青、竹友梅、杨柳青等也是常见的名字，甚至相传还有人因此而获得富贵功名。据说在明朝永乐年间，有位福建举子进京赶考，途中恰遇永乐皇帝微服出巡，皇帝询问他的名字，他说"江中立"，皇帝笑着问："既是江中立，何日得身干？"举子回答说："赤日当头照，身干有何难。"永乐皇帝一听他把自己比作"赤日"，龙颜大喜，事后还点了举子的状元。此外，利用姓氏字义甚至可以起出倒读的名字，人们常常提到的电影演员王人美、著名学者闻一多以及许如清、张自帆、池华琼、宁而舒等人的名字，倒读就是美人王、多一闻、清如许、帆自张、琼华池、舒而宁，同样搭配巧妙，连贯通畅，纵横反复皆有其意，充分反映了我国文字的艺术特色。当然，这类起名方法也有意义狭窄的缺陷，如果过分追求容易造成雷同，使用时是要认真权衡的。

利用姓氏读音起名法，是说在起名时考虑姓氏的读音，并把这种读音与姓氏的同音字联系起来，进而起出由姓氏读音转化而来的名字。如我们常见的吴、于、郝、孟、薛、郑等姓，不仅分别与无、鱼、好、梦、雪、正等字同音，而且也与毋、伍、吾、余、娱、学、争等字同音，起名时就可以考虑用这些姓氏的同音字起名。同样，又如刘姓人的"刘"字与汉字留、流，宋字与送、颂，赵字与照、兆，梁字与粱、良、凉，冯字与逢，贾字与甲、价、假，潘字与盼、攀，姚字与遥、摇，谭字与谈、弹，秦字与勤、擒，韩字与寒、含，龚字与共、公，等等，也都是同音字的关系。把这些姓氏向同音字的字义转化，有时也会起出灵活多变、丰富多彩的名字。如起名为梁家民，显然是取"梁"的同音字"良"的意思，表示要做遵纪守法的"良家百姓"。而起名为吴忘我，则是以吴为"毋",意为"毋忘我",是一种吉祥的花草名称。同样,如果起名为董民生、彭益友,也会让人想到是把姓氏当作同音字"懂""朋"使用了,所表示的是要懂得民生、体察民情、广交朋友、做别人的良师益友等含义。而如果起名为刘青山、宋太平、郑艾农、姚远途、何思海、朱满庭、谭天地、薛中青等,也会让人想到留青山、颂太平、真爱农、遥远途、河思海、珠满庭、谈天地、雪中晴等常用词语。当然,由于用这种方法起名带有明显的倾向性,要求表意明确,对那些容易引起歧义、时效性太强的字最好不用,以免给孩子带来不必要的麻烦。不久前流传一个姓殷的人为孩子起名的笑话,说这家人有意给还没出生的孩子起个乳名"事儿",孩子妈埋怨孩子的姓不好,不如姓董,因为那样可以被人当作董事,说不定将来还能当董事长,最起码他也懂(董)事儿。还埋怨不如姓丁,因为他还能顶(丁)事儿。后来她又苦思冥想,想给孩子起小名叫晨晨或森森、天宇,觉得都不错,但孩子爸坚决反对,说这样就是阴(殷)沉沉或阴(殷)森森、阴(殷)天雨(宇)了。正好殷家一个姓成的朋友也怀了孩子,孩子妈觉得两家关系不错,不如都给孩子起名"梁",以表示两家不同一般的交情,结果孩子爸仍然反对。因为,如果都叫"梁"的话,自己无疑吃了大亏,毕竟自己的阴凉(殷梁)被别人乘凉(成梁)了。他们的朋友听说他们为孩子的名字发愁,主动帮助起了两个名字,说这样男孩女孩都有了。孩子爸看了女儿的名字满脸欢喜,看了儿子的名字则愁上心来:这两个名字分别是殷雨晴、殷特网。还有个笑话说一个姓吴的人为儿子起名字,思前想后觉得"哲"不错:字典上解释说是智慧卓越或有卓越智慧的人,最后就这样报了户口,可后来慢慢琢磨,发现越来越不妥,原来是因为儿子的名字与"无辙"同音,而"无辙"也就是没辙、没办法。后来每当遇到烦心事都想到这两个同音字,感觉自己处处"无辙"了。以上两个虽然是笑话,但所反映的问题依然可以作为我们起名时的借鉴。

组合姓氏起名法,是指把那些可以组合在一起的父亲姓氏和母亲姓氏合在一起的起名方法。孩子是父母爱情的结晶,把父姓和母姓糅合在一起为孩子起名,较别的起名法更有意义。如父亲姓常,母亲姓乐,便可为孩子起名"常乐";父亲姓安,母亲姓康,便可起名"安康";父亲姓马,母亲姓林,便可起名"马林";父亲姓文,母亲姓章,便可起名"文章";父亲姓司马,母亲姓余,便可起名"司马余"等。当然,像上述这些正好可以搭配的姓氏并不很多,更多的是不太容易搭配的姓氏。如果要用这种方法起名,不妨把两人的姓氏稍稍变通一下。如改变传统的孩子起名随父姓的方式,将母姓调整在前进行搭配,或者只用排在后面姓氏的读音、选取同音字起名,或者在两个姓氏中间或两个姓氏以后添加别的字起名。经过上述变通以后,这种方法无疑会变得更加灵活,起出的名字也会更加富于表现力。例如有这么几对夫妇,姓氏相连分别是张文、孙陈、王胡、张任、杨周,他们如果直接用姓氏为孩子起名也未尝不可,但所起的名字显然不如变通以后的名字文章(张的同音字)、孙沉(陈的同音字)、王弘(胡的近音字)、张任远、杨一舟等更富有诗意。另外,如果父亲姓程,母亲姓翁,如果为孩子起名程翁当然也说得过去,但如果把"翁"字拆开为"公羽"给孩子起名程公羽,其效果显然要出色得多。因此,当利用这种方法起名时,是需要认真推敲的。

十、巧妙利用汉字谐音

我们在上编"起名禁忌"里,曾指出起名选字时要留意会不会有不雅的谐音,这里所说的谐音则是另外一个意思,即利用雅致的谐音起名。两者一是指因起名不当引起不雅谐音,另一是指让谐音带来较雅致的名字。

利用雅致的谐音起名,就是利用字词之间在语音上相同或相近这一特点,使之互相假借,让人很自然地联想到所用字词的意义或形象。当我们读一个名字时,头脑中想到的不仅是这几个字的意义,而且还有它们的同音字的意义,有时后者还是主要的。比如,如果我们为孩子起名为高健、程刚、潘峰、武岳、江不凡等,不仅是因为他们有这样的姓氏、需要名字,最重要的是这样的名字容易让人与高见、成钢、攀峰、五岳、将不凡等同音词语联系起来,并通过名字表示这些同音词语的意义,希望他们能够出人头地,拥有远见,在人生道路上百炼成钢、勇攀高峰,成为名声可比三山五岳、不同凡响之人。可见,这些名字都巧妙利用了汉字的谐音,显得含而不露、不落俗套,都是成功利用了谐音起名方法所起的名字。

利用谐音起名作为一种巧妙的起名方法,其实还是一种由来已久的起名方法。

早在我国宋朝时，就有一个叫文彦博的著名政治家，他的名字就被认为使用了谐音起名法，用"彦博"谐"渊博"，表示学问很大、学识渊博之义，他后来果然成为学富五车的人。另外在我国明清时期，利用谐音起名的人变得更多起来，不仅起名还用来起字，或者进而用以改名字。其中如张彪字越千，后来因谐音改字"月阡"；赵翼字云松，又因谐音改字"耘松"；魏源字默深，也因谐音改字"墨生"；缪荃孙字筱珊，又因谐音改字"小山"；李叔同法号弘一，又因谐音改号"弘裔"。特别是著名文学家曹雪芹，更是利用谐音起名的高手。他在《红楼梦》一书里，把这方面的才能发挥得淋漓尽致。如他认为生活本来是"原应叹息"的，于是便起出了元春、迎春、探春、惜春4个人名，4人名中的第一个字连起来就是"原应叹息"4字的谐音。此外，他塑造的英莲是位命运坎坷的姑娘，是十分"应怜"的，便用谐音为她起名英莲；宝玉的朋友秦钟是位多情公子，其名字也是"情种"的谐音。诸如此类的例子在《红楼梦》一书里，又有"逢冤"而死的冯渊、专门在贾府"沾光"的清客詹光、"善骗人"的单聘仁、"不顾羞"的卜固修、因管粮米而"沾惠"的詹会，以及缺德"不是人"的贾芸之舅卜世仁等。明清以后特别是近、当代，利用谐音起名的人更多，不少名人的名字也是这样来的。如鲁迅幼名樟寿，是"长寿"的谐音，又名豫山，因与"雨伞"谐音，遭小伙伴讥笑，改名豫才，其中"才"仍与"山"音近。又如当代政治家董必武，名字是由他原来号"璧伍"的谐音而来的；艺术家钱君匋，名字取自幼名"锦堂"的谐音；作家高士其，名字出自原名"仕䥷"的谐音；电影演员项堃，名字是原名"象坤"的谐音。上述这些例子，尽管大多是用谐音改名的，但这样来的名字大多比原名更有意义，因此也不乏借鉴作用。

利用谐音为孩子起名，在现实生活中相当普遍，起出的名字几乎俯拾皆是，其中也不乏清新别致之作，有些还很有纪念意义。如有个孩子出生在1960年，正是国困家贫之际，父母为了让他牢记在心，便给他起名为陆零，巧妙地把他出生的年代用谐音的方式变成名字，既有纪念意义又不落俗套。又如有人出生在1966年"文化大革命"爆发之际，为了加以纪念，便用"革命"的谐音字"戈明"起名，既解决了直接用"革命"起名的直白，又让起出的名字从字面上看显得很文雅，读起来仍与"革命"相同,也不失为一个构思奇巧的名字。另外,过去民间有先起小名(乳名)再起大名(学名)的习惯,由于小名基本是在家里使用,可以起得很随意;而大名要在社会上使用,就要显得比较正式、文雅。为了使小名的随意和大名的文雅之间的矛盾显得不太突出,或者让二者之间充满关联性,有人也采用把小名谐音的办法起大名。如著名作家贾平凹的名字,就是从小名"平娃"演变而来的。再如有人乳名小丫,但学名却是"晓娅",其实二者同样是用了谐音。这种把不太文雅的小名用同音字一换,就成了一个美丽、深刻的名字,同样显得巧妙隽永。

利用谐音起名,有时是有意的,有时是无意的。在通常情况下,每个人起名都想让名字的谐音雅致,但有时也未必如此。特别是在文学作品、影视舞台上,我们可以看到某些特定人物有一个带有贬义谐音的名字,其原因便是作者或编剧故意如此,目的无非是要借以表现自己价值标准的倾向性,通过名字对其进行讽刺、抨击。如曾经常演不衰的"样板戏"《白毛女》中,就有两个叫黄世仁和穆仁智的坏人,名字表面上看含义都很不错,但读出来分别与"枉是人""没人治"同音,我们从中不难看出剧作者为他们起名时所带的感情色彩。另外,在电视剧《新星》里,有位村干部叫"潘苟世",是个脱离群众、仗势欺人的村霸,编剧为他起这样的名字既有说他"苟活于世"的意思,也用了"狗势"的谐音,暗含"狗仗人势"之意,其批判意义也很明显。

当然,在大多数情况下,许多人由于起名时考虑不周,想用谐音但又没用好,无意中起出了谐音不雅的名字。这种情况也有很多,其中的一些我们还在本书的上一编的"读音不雅"中有所涉及。除那些以外,所应提及的是有些人在起名时只注意了名字本身的意思,却忽略了名字同音字的意思。如于刚、侯岩、范婉等名字从字面上看都不错,但读起来因为与鱼缸、喉炎、饭碗等常用词语同音,很容易让人做那样的联想,甚至会被人用这些同音词语作绰号或笑柄,所以还都不能算做好名字。同样的情况,如果姓商的生意人为孩子起名为商海,用以表明商业发达、繁荣如海之意,从字面上看也很不错,但叫起来容易被误听为"伤害";如果姓姚,为孩子起名为培谦,表示要培养孩子谦虚好学的美德之意,其构思也不错,但细听起来就会发现，"培"字与"赔"字同音，而"谦"字又与"钱"字读法一样，与姓连起来更像"要赔钱"，当然也算不得好名字了。为了避免这样的不良效果，就要求在起名时尽量考虑周全，反复推敲，严格把关，杜绝出现消极和令人不快的负面效果。

在利用谐音起名字的时候，最好利用谐音以姓生名，这样可以使谐音的作用更加突出。如姓彭的人可以为孩子起名"友"，姓名合起来就是"朋友"的谐音；姓盛的人可以起名"利"，姓名相合就是"胜利"的谐音；姓苏的人可以起名"籍"，姓名相合就是"书籍"的谐音；姓魏的人可以为孩子起名"笑"或"晓"，姓名相合就是"微笑"的谐音；姓吴的人可以为孩子起名"迪"，姓名相合就是"无敌"的谐音，等等。此外，假若想起双名，可以在姓名谐音中或姓名谐音后加入别的字，使之成为双名。如原名"彭友"的人可以在姓名之间加入"良""善""常""益"等字，成为彭良友、彭善友、彭常友、彭益友等新名字，不仅保留了原来由谐音而来的"朋友"原意，而且还为"朋友"增加了新的内容，同时又可以避免因单名过于简单而容易造成的重名，收到一举多得的效果。此外，由谐音"鱼水""江舟""河川"而来的于水、江洲、何川等单名，也可以变化为于得水、江中舟、何中川等双名，其变化的方法已见于上述，这里就不再赘言了。

在利用谐音起名时，还有一种比较特殊的起名方法，就是由于姓氏的读音与所用汉字的一般读音完全不同，在起名时也可以根据这种特殊读音而进行变化，从而起出同样别致的名字。如"解放""曾经""朴素"等常见词语中的"解""曾""朴"3个字，在这些词语中的读音依次是，jiě，céng，pǔ但在姓氏中的读音都不相同，分别成为。xié、zēng、piáo由于有了这样的读音变化，起名时便可以利用这些特殊读音，起出与姓氏读音一致的谐音名字，给人耳目一新的感觉。其中，姓解的人起名为解芳或解放、姓曾的人起名为曾经或曾敬、姓朴的人起名为朴树或朴素，在称呼时一般不认为是谐音，但写出来都会让人想到谐音，都是巧妙运用了谐音起名法。当然，由于可以这样用来起名的谐音词语不多，加以这种方法的难度也相对较高，只有在充分掌握语音、文字学知识的基础上，才能使用和理解。

最后，顺便提一下与谐音起名相近的一种起名方法，叫作译音起名法。这种方法古已有之,近年有越来越多的趋势。在我国过去的名字或姓氏中,有不少是从声音翻译而来的,如拓跋、鲜于、宇文、独孤、呼延等都是少数民族姓氏的译音。近代以来随着中外交流的逐渐增多,不少国际友人到我国工作或学习,为了入乡随俗,也把自己原来的名字与我国的姓名习惯相结合,起了专门的中西合璧名字,如白求恩、柯棣华、马海德、艾黎等国际友人的名字都是如此。另外,在20世纪50年代中苏友好时期,不少孩子起名带有苏联名字特征,如徐安娜、刘斯基、方丽亚、韩维奇、乔莎等,同样是亦中亦西。近年,我们身边还可以见到周多吉、呼尔特、杨舒曼、刘乔治、马丽莎、韩尼斯等名字,其原因有些是用了外国名字的译音起名,或者带有少数民族译音的色彩。至于起名动机,有些是为了追求时尚或有趣,有些是表示一种志向与愿望,还有些则是受了周围环境的影响。特别是港台地区,如王布朗、谢埃伦、林切尔、陈安妮、吴丽娜、李海伦、万福特、柯莉亚、丁保罗、胡杰民、郭菲莉等名字,使用译音起名的色彩更为突出。也有人因为仰慕外国某些明星,在起名时使用明星的名字,起出了王贝利(仰慕球王贝利)、李武兹(崇拜高尔夫明星武兹)等名字。当然,也有人因为在国外出生,或在出生时有家人正在国外,用所在地方的人名或地名译音起名,起名为塞纳(巴黎塞纳河)、哈佛(美国哈佛大学)、弗吉(美国弗吉尼亚大学)等。上述这些名字应该说都很有意义,但在起名时也要针对具体情况进行具体分析,万万不可一味洋化和模仿。因为中外文化风俗毕竟不同,外国的名字与我国的名字也不一样,在以译音起名时一定要弄清楚原文的意思,否则就会闹笑话。如在英、美等国家中,人们常用的名字如艾丽斯(Alice)的含义是真理,安妮(Anne)的含义是优雅、仁慈、祈祷,凯瑟琳(Catherine)的含义是纯洁,海伦(Hele)的含义是阳光,读音和含义都不错;但也有人叫厄修拉(Ursula)、布尔、卡菲因、斯考得日尔,原意分别是母熊、公牛、棺材、恶棍,在我国这样的文化环境中至少算不得好的名字。因此,我们在起名时如果模仿安妮、海伦的名字,起名为张安妮、刘海伦倒也不错,但如果模仿厄修拉、布尔,起名为高修拉、赵布尔等,显然是有些不妥的。

总之,利用谐音起名作为起名的一种方法,起出的名字大多会让人产生联想,扩大名字的语意范围,增强了姓名趣味性和含蓄性、耐读性,名字的内容也因此变得更加丰富,无疑也是一种不错的起名方法,因而深受喜爱。但由于受我国汉字特点的影响,许多字的谐音转化意义往往不止一个,为了避免起出谐音不雅的名字,起名时一定要掌握这种起名方法的规律,进行周密考虑,使起出的名字远离消极、不雅的字义。

第五节　特殊起名方法

在我国,特别是在我国的传统社会里,由于把人的名字看得很重,觉得"赐子千金不如赐子一名",从而对起名往往特别重视,甚至想尽一切办法为孩子起名。而社会上的一些人也为了满足这种起名的心理需要,想出了许多起名方法为之服务。于是,为孩子起名的方法不仅有上编所介绍的利用婴儿特征起名、利用出生时间的别称起名、利用诞生地点的名称起名、由世界万物的名称起名、借日常用语起名、靠诗文典故起名、围绕姓氏起名、利用谐音起名等一般起名方法,而且还有本编的阴阳五行起名法、生肖属相起名法、生辰八字起名法、八卦六爻起名法、天地五格起名法、吉凶数理起名法、姓名笔画起名法等特殊起名方法。只是与上编的几种起名方法比起来,本编的几种起名方法中有些纯粹属于民间风俗的范畴,有些则是在玩弄文字游戏,或者故弄玄虚,或者带有明显的迷信色彩。故而,本编编写的目的只是在于让起名者了解我国过去曾有过这些起名方法,而并非在提倡用这些方法起名。至于目前社会上许多起名公司几乎无一例外的只用这些方法起名,或者无限夸大某些起名方法的神奇作用,其实都不过是吸引顾客的做生意手段。加上又往往翻来覆去只有那么几个备选名字,无论姓张还是姓李的来起名只换换姓氏即可,从而造成新的重名现象(其后果在我国台湾已经显现)。因此还需要认真辨别,切勿盲从其得出的结论。

一、生肖属相起名法

生肖属相起名法,是在我国流行很久、流传很广的起名方法,也是一种把属相与人联系在一起的起名方法。

所谓生肖属相，原指我国传统社会里"12地支"所对应的12种动物，当用干支纪年时又各代表一年，并循环往复，这种纪年方法也称为生肖纪年。其中，"12地支"即子、丑、寅、卯、辰、巳、午、未、申、酉、戌、亥，所对应的12个生肖依次是鼠、牛、虎、兔、龙、蛇、马、羊、猴、鸡、狗、猪，两两搭配则是子鼠、丑牛、寅虎、卯兔、辰龙、巳蛇、午马、未羊、申猴、酉鸡、戌狗、亥猪，12年轮回一次。也就是说，生肖属相是指一个人在出生那年的干支所属，其中甲子年生人属鼠，乙丑年属牛，丙寅年属虎，丁卯年属兔，戊辰年属龙，己巳年属蛇，庚午年属马，辛未年属羊，壬申年属猴，癸酉年属鸡，甲戌年属狗，乙亥年属猪。由于这些属相与人的生活密切相关，而我国传统习惯中又很讲究属相，为了纪念出生的年份，不少人也喜欢用属相为孩子起名，特别是起小名的人相当多。如龙年出生的人起名小龙、金龙、辰龙，狗年出生的人起名狗子、二狗，牛年出生的人起名大牛、牛娃，虎年出生的人起名虎子、虎妞，等等，都很常见。中共早期领导人瞿秋白出生在1898年，属狗，后来便起了一个"犬耕"的笔名，实际上也属于这种情况。因为这样起名的人多，这种起名方法也成为众多起名方法中的一种。而在事实上，按照孩子的属相，因时制宜地起名字，也不失为一种有特色的起名好方法。

不过，我们这里所说的根据孩子生肖属相起名的方法，并非像上述所说的那么简单，在使用的过程中也被注入了许多神秘的色彩，从而使之变得复杂起来。其中如一些迷信的人喜欢把生肖属相与人的命运联系起来，不仅武断认为那年出生的人的命运一定与当年的属相相同，而且还觉得用生肖属相所起的名字也影响人的命运。他们还认为，在12生肖中，鼠和马、牛和羊、虎和猴、兔和鸡、龙和狗、蛇和猪都是相冲的关系，鼠和羊、牛和马、虎和蛇、兔和龙、猴和猪、鸡和狗都是相害的关系，为了避免相冲相害，能够一生平安，起名时就要设法选用那些适合所在属相的字，避开那些与属相有"冲""害"关系的字。至于怎样趋吉化凶，还有人根据不同的属相总结出了许多具体的起名办法。如就姓氏和属相而言，他们认为孙、孔、李、季、孟、郭、游等姓中都含有"子"字，属鼠，起名时应选适合鼠类生活的"米""豆"

国学经典文库

中华姓氏文化

·孩儿起名·

图文珍藏版

"禾""鱼""肉"(作偏旁时为"月"),以及含有"人""宀""冖""艹""田""木"等偏旁的字。其他各姓氏和属相的起名可以依此类推。一句话,其总体原则就是把人的名字与生肖属相联系起来,把人当作他出生那年的属相看待。如鼠、牛、兔、马、羊、猴、鸡、狗、猪都以粮食为食物,所以这些属相的人起名时应起带有"米""豆"等字的名字,这样才能保证生活安定,吃喝无虞;同样,以羊、马、牛、兔为属相的人,因为属相是食草动物,所以起名也应以带"艹"字为佳。此外,虎食肉,龙喜水,起名时也应符合这些特点。同样,从这一角度出发,他们还认为鼠年、牛年生人应避开"午""马""未""羊"等字,虎年生人避"申""猴""巳""蛇"等字,兔年生人避"酉""鸡""辰""龙"等字,龙年生人避"戌""狗""卯""兔"等字,蛇年、猴年生人避"亥""猪""寅""虎"等字,马年、羊年生人避"子""鼠""丑""牛"等字,鸡年生人避"卯""兔""辰""龙"等字,等等。至于各种属相更具体的起名方法,我们可以分别来看。

1.属鼠的人起名

鼠是一种机智、灵活、聪明的小动物,尽管在人们心目中印象并不是非常好,但有这一属相的人仍被认为会有与鼠一样的聪明机智。加以鼠又以自己的方式与人类为伴,常出没在人类居住的房子中,喜欢在夜色下活动,以人类所食的米、豆、禾、鱼等食物为食,因此,按照民间迷信的说法,属鼠的人也最好用含有人、宀、月、米、豆、禾、谷、鱼、草、木、田等字或带有这些偏旁的字起名,起一些诸如人美、宝光、月华、秀珊、贵鲜、玉林等之类的名字。甚至还有人进一步说,属鼠的人如果起名用米、豆、禾、谷、鱼等字或偏旁,就意味着食禄不愁,有福有寿,多子多孙;起名用含有亻、宀等的字,意味着是栋梁之材,或能得到贵人相助,会有锦绣之贵,生活安闲自在,无饥寒之虞,享不尽天赐的福禄,一生环境良好,名利双收,清雅荣贵;起名用含有艹、木、金、玉等偏旁的字,会是一个精明能干、操守廉洁的人,一生虽然没有安闲之福,但也能克己节俭,最终享尽富贵荣华;起名用田字,也会快乐待人,一生清闲。但如果用含有氵、火、车、石、皮、马、酉等偏旁的字,则不吉多灾;用含有山的字起名,也会孤独,六亲无缘;用含有刀、力、弓等字起名,都对家庭不利,但晚婚迟得子大吉;用含有土字的偏旁起名,对健康不利,或忧心劳神;用带有忄偏旁的字起名,虽作风果断但多不顺心,这些都是要避忌的。此外,还有人认为属鼠的人在牛年、龙年、猴年都会一帆风顺、成功隆昌,但应在马年、鸡年、羊年多小心,这样才会平平安安。

2.属牛的人起名

在传统的农业社会里,牛是与人们生产和生活关系最为密切的动物之一,如今仍在很大程度上影响着人们的生活。加以牛又被认为是一种诚实、朴素、自尊、积极、任劳任怨的好动物,因此也常被人们用来起名。另外,按照民间迷信的说法,由于牛离不开水、草,又是人类的伙伴,住在人类为它准备的牛棚里,所以起名最好要用带有氵、艹、豆、禾、亻、木等偏旁的字,或者直接用这些字起名,起一些诸如得草、嘉和、润青之类的名字。之所以如此,他们认为,用带有艹、禾、豆、禾等偏旁的字起名意味着有食禄,用氵旁的字起名意味着清爽享福、富有安闲,用带有亻、宀等偏旁的字起名意味着有住处、无劳苦、义利分明,能成为一个对社会有益的人,用带有亻、木等偏旁的字起名意味着义利分明、操守廉正。但如果用带有月、肉等偏旁的字起名,则意味着贫困潦倒,孤劳不顺;用带有火等偏旁的字起名,意味着身体欠佳,或忌车怕水;用带有田、土、车、马等偏旁的字起名,意味着一生劳顿,享不得清福;用带有石、山等偏旁的字起名,意味着孤独,对家庭不利,只有晚婚或晚育才能稍稍改变命运;用带有血、纟、刀、力、几等偏旁的字起名,意味着一生多不顺,忌车怕水。此外,还有人认为这一属相的人在羊年、龙年、马年要小心注意,而在鼠年、蛇年则会一帆风顺,成功隆昌。

3.属虎的人起名

虎是山中猛兽,在人们心目中有强壮、勇猛、独立、狂傲等形象。按照民间迷信的说法,属虎的人起名应选带有山字做偏旁的字,因为这意味着能成大器,出人头地,雄霸山林,智勇双全,福寿兴家;或者用带有月、肉等偏旁的字起名,意味着有食禄,福寿,多子孙;或者用带有犭、马、牛、羊、鹿等偏旁的字起名,意味着义利分明,操守廉正,克己助人;或者用带有玉字偏旁的字起名,意味着人才英俊,多才巧智;或者用带有金、木、衣、氵等偏旁的字起名,意味着温和贤淑,名利双收,环境良好。

不过,如果起名用了日、火等偏旁的字,虽然性格刚毅果断,但会幼年不顺,或忧心劳神。同样,如果用了艹、竹等字头的字,就可能意味着贫而无食;用人、宀等字头的字,意味着困于室中,壮志难酬;用了石、弓、刀、纟等偏旁的字,意味着多灾有刑厄;用田、口、儿等偏旁的字,意味着家庭不利,但晚婚晚育吉利;用力、血、父、足等偏旁的字,意味着一生不顺,忌车怕水,或不利健康。此外,属虎的人还要在猴年、猪年、蛇年小心注意,只有在马年、狗年才会一切顺利。

4.属兔的人起名

兔也是一种与人类生活很密切的动物,在人们心中是乖巧、温顺、善良、聪明、活泼的形象,用与兔有关的好字眼为属兔的孩子起名也是许多人做过的事情。如育英、育华、鹏飞、朝辉、明辉、欣明、月清、胜彩等名字,在我们的身边都可以见到,其共同的特点都含有"月"字,这个"月"字也被认为是属兔的孩子起名最理想的用字或偏旁。此外,按照民间迷信的说法,名字中有"月"字会是一个清秀多才的人,温和廉正,安富尊荣。同样,用带有艹、木字头的字或有禾、田、山、豆等偏旁的字起名,意味着精诚公正,一生富足;用带有人、宀等字头的字起名,意味着重义守信,环境良好;用带有亻、穴等偏旁的字起名,意味着生活安闲,有贵人相助;用带有金、白、玉等偏旁的字起名,意味着勤俭励业,成功隆昌,富贵尊荣。但如果用带有犭偏旁的字起名,则意味着有厄运,如果能多积德行善,子孙会很兴旺;而如果名中有马、酉等字,也会多不顺,不利健康;有石、力、刀等字则不利家庭,但晚婚晚育吉利;有皮、氵、川等字大凶,因为兔怕水,应忌车怕水。再者,属兔的人还要在鸡年、马年、龙年多加小心,而在羊年、猪年、狗年则会事事顺利。

5.属龙的人起名

龙是我们中华民族的保护神,也是传统社会里最尊贵、最有能量的一种吉祥物,还代表财富和权威,因此许多人也都喜欢用龙字为孩子起名。另外,按照民间迷信的说法,属龙的人也有像龙一样的命运,因此起名也要尽量选用适合龙的字。其中,由于龙是水中动物,起名用有水字和雨字旁的字,如深、澜、江、池、潮、萍、沛、潜、鸿、汉、雨、雪、雷、震、電(电的繁体)等,可以有冲天之势,能够富贵大吉,成功发家,一生享受福禄;用带有金、玉、白、赤等偏旁的字起名,意味着精明公正,学识渊博,福寿兴家;用带有月字的字起名,意味着温和贤淑,克己助人,良善积德,子孙昌盛;用带有鱼、酉、亻等偏旁的字起名,意味着勤俭建业,家声克振,贵人明现。但尽管如此,起名也要避开一些字。如用带有山字等偏旁的字起名,就可能有不好的命运。同样,如果名字中有土、田、禾、衣等偏旁的字,也意味着一生多坎坷,对家庭不利,只有晚婚晚育才会大吉;用带有土、忄、日等偏旁的字起名,意味着性格虽然刚毅果断,但也不免忧心劳神;用带有石、艹等偏旁的字起名,虽也清雅平凡,贵人明现,但也容易因情误事。此外,用带有力、刀等偏旁的字起名也会不利家庭,用带有纟、犭等偏旁的字起名会奔波劳苦,用带有火字的字起名会对健康不利,也都是要设法避忌的。再者,属龙的人还要在狗年、牛年、兔年多小心注意,因为龙的吉祥年份是鼠年、猴年和鸡年。

6.属蛇的人起名

蛇在民间又称小龙,是一种生活在草丛里的小动物,因此,按照民间迷信的说法,属蛇的人在起名时首先要选取那些带有艹、竹等字头或带有木、禾、山、土、田等偏旁的字,因为这意味着孩子将来能有享不尽的富贵福禄,并且自在安闲,重义守信,学识渊博,名利成功。此外,起名还可以选用带有虫、鱼等偏旁的字,意味着智勇双全,精诚温和;用带有金、玉等偏旁的字起名,意味着多才巧智,克己助人,良善积德;用带有月、土等偏旁的字起名,意味着操守廉正,一门鼎盛。不过,起名也要避开一些字,如果用带有忄等偏旁的字起名,就意味着虽然性格直爽但也会忧心劳神;如果用带有石、刀、血、弓等偏旁的字起名,也意味着忌车怕水,不利家庭,只有晚婚晚育才能一生平安;用带有火、亻、纟等偏旁的字起名,则有可能对健康不利,有灾厄;用带有虎、鸟等偏旁的字起名,也意味着好斗多灾。此外,由于牛年、鸡年是属蛇的人的吉祥年,所以,在遇到猪年、猴年、虎年时要加倍小心。

7.属马的人起名

像牛一样,马也是与人类生产和生活关系最为密切的动物之一,人们也把马当做一种心胸开阔、友好相处、勇于拼搏、前途远大的动物。按照民间迷信的说法,属

图文珍藏版

马的人起名应首先选取那些与马喜欢吃的食物有关的字,如艹、禾、谷、米、豆、虫,以及英、艺、芸、穗、颖、秋、茂、荣、穆等,因为只有这样,孩子才会一生食禄不愁,福寿多子,名利常在;或用带有皮、革、亻、纟、月等偏旁的字起名,意味着人才英俊,智勇双全,能为良臣俊吏,助人克己,清雅荣贵;用带有金字偏旁的字起名,意味着学识渊博,平安尊荣,享福终世;用带有玉、木等偏旁的字起名,意味着贵人明现,多才巧智,成功隆昌。但如果起名用带有土、田、车、火、氵等偏旁的字,虽也意味着义利分明,温和贤淑,克己助人,重义守信,但也免不了性格急躁、一生劳苦,很少有安闲的时候;而用带有宀、木等偏旁的字,也意味着会困于栏厩,壮志难酬;用犭、虎等偏旁的字,也有凶厄的命运;用石、力、酉、马等偏旁的字,也意味着对家庭不利,或不利健康,只有晚婚得子才会转运。此外,属马的人还要在鼠年、兔年、牛年多加小心,在虎年、狗年、羊年则一帆风顺。

8.属羊的人起名

羊是人类最早驯化的动物之一,与人们的生活密切相关,并且还以温顺、平和、耐心、善良等形象为世人称道。因此,按照民间迷信的说法,属羊的人起名也要符合羊的这些特点。在起名时,首先要选用带有艹、禾、木、田、土、山等偏旁的字起名,因为这意味着孩子将来会是个有福之人,钱财充足;还可以用带有月、豆、米等偏旁的字起名,意味着勤俭建业,名利双收,安享清福;也可以用带有马、羊、牛等偏旁的字起名,意味着好义多友;或用带有禾、木、亻、鱼等偏旁的字起名,意味着是个英俊人才,多才巧智,温和贤淑,还能够克己助人;用带有人、宀等字头的字起名,意味着福寿安闲,得贵人扶持;用带有金、白、玉等偏旁的字起名,意味着学识渊博,操守廉正,重义守信,富贵增荣。当然,属羊的人起名也忌讳一些字,如用月字旁的字起名会饥而无食,用犬、虎等字旁的字起名会有灾厄运,用忄、犭、纟字旁的字起名会忧心劳神或不利家庭,用车、氵、山、日、火等字旁的字起名会不利家庭或不利健康,忌车怕水。此外,属羊的人还要注意在牛年、狗年、鼠年可能遇到不顺利,但马年、兔年、猪年则会平安顺心。

9.属猴的人起名

猴是活泼好动的动物，属猴的人常被戏称为小猴子，在起名时也往往把人和猴子联系起来。另外，按照民间迷信的说法，属猴的人起名要尽量选用带有木字旁的字，起名如望涛、振荣、福林、海棠等，因为只有这样才意味着清贵享福，成功发达；或者用带有禾、豆、米、艹、金、玉等偏旁的字起名，意味着是位英俊佳人，多才贤淑，能够钱财自丰，福禄双收；用带有山、田、月等字偏旁的字起名，意味着精明机巧，操守廉正，一生逍遥自在，名利双收，一门鼎贵，安富尊荣，福寿兴家；用带有氵、亻等偏旁的字起名，意味着风流乐天，上下敦睦，智勇双全。不过，如果用带有人、宀等字头的字起名，虽也意味着才智过人，有福气，一生会得到贵人扶助，但也会忌车怕水，或对家庭不利；如果起名用火、石等偏旁的字，虽也意味着性刚果断，但可能对家庭不利；如果用带有纟、刀、力、血、皮、犭等偏旁的字起名，意味着坎坷较多，对健康不利。再者，属猴的人还要特别留意虎年、蛇年和猪年，这些可能是最不利的年份，但过了这些年就会时来运转。尤其是在鼠年和龙年，一切都会顺顺当当。

10.属鸡的人起名

像其他生肖一样，鸡也是一种与人类关系最为密切的小动物，加上它名字的谐音与汉字"吉"相同，在民间一直被认为是一个很好的属相。在起名时，按照民间迷信的说法，属鸡的人应该多用带有米、豆、禾、草、虫等偏旁的字，因为这意味着孩子将来可以福寿兴家，富贵清闲，子孙众多；或者用带有木、禾、玉、田等偏旁的字起名，也意味着福禄双收，名利常在；或者用带有月、人、宀、口等偏旁的字起名，意味着多才巧智，环境良好；或用带有山、艹、金等偏旁的字起名，意味着智勇双全，清雅荣贵；或者用带有田、土等偏旁的字起名，意味着才智过人，可以振兴家业。但也忌讳用石、犭、纟、刀、力、日、酉、血、弓、车、马等偏旁的字起名，因为这意味着幼年不顺，或性格过于耿直，会对健康不利，也忌车怕水。此外，属鸡的人会在蛇年、牛年、龙年比较顺利。但在兔年、鼠年、狗年可能遇到烦心事，要小心避开。

11.属狗的人起名

狗是人类忠实的朋友，属狗的人起名首选带人字或亻旁的字，如华、仁、伦、俊、仿、伟、伯、任、仕、健等，因为这才可以智勇双全，操守廉正，义利分明，有功名福禄。

当然,这是就民间迷信的说法而言。民间还认为属狗的人起名要选用带有宀、马等偏旁的字,这也意味着孩子会一生安详快乐,温和昌盛;或者用带有月、肉、鱼、豆、米等偏旁的字起名,意味着一生福禄美满,安闲享福,名利常在;用带有牛、羊等偏旁的字起名,意味着能够克己助人,朋友众多;用带有金、玉、艹、田、木、禾等偏旁的字起名,意味着精明公正,智勇双全;用带有彳、火等偏旁的字起名,意味着性格果断,会有贵人相助。但如果用石、纟、山、日等偏旁的字起名,则意味着对家庭不利,或不利健康,只有晚婚晚育才能有所好转。同样,如果起名用酉、车、刀、父、言等偏旁的字起名,意味着一生坎坷,健康欠佳,或忌车怕水;用带有彳、虎等偏旁的字起名,也意味着多灾厄运。此外,属狗的人还要在龙年、羊年和鸡年多加小心,但在虎年、马年、兔年则会一帆风顺。

12.属猪的人起名

猪也是人类最早驯化的动物之一,加以又被认为有温顺、踏实、真诚、执着等优点,显得特别可爱。因此,民间迷信认为,属猪的人起名应该首先选用那些带有草、米、豆、谷、鱼等偏旁的字,因为这样才可以福禄双收,名利常在,富贵常有;或用带有人、宀等字头的字起名,意味着可以安闲享福;或用带有山、田、木等偏旁的字起名,意味着智勇双全,可以通过勤劳而致富;或用带有彳、金、玉等偏旁的字起名,意味着精明公正,克己助人,温和贤淑;或用带有亻、土、艹等偏旁的字起名,意味着是一个英俊人才,重义守信。但是,起名时也要避开月、肉、鱼、禾等偏旁的字,因为这些字尽管意味着子孙兴旺,环境良好,但也会落入贫而无食的困境;还要避开犭、刀、纟、血等偏旁的字,因为这些也刑厄多灾;也要避开石、刀、力、血、弓、儿、皮、父等偏旁的字,这些字也同样不利健康,不利家庭,或忌车怕水。此外,属猪的人还要在蛇年、虎年和猴年小心注意,但在兔年和羊年会平安开心。

以上是12个生肖属相的人具体的起名方法,由于其说法主要来自民间,带有突出的迷信色彩,牵强附会的成分很大,其实并没有什么科学根据。因此,我们在为孩子起名时只当有这样的一些说法便可,完全不必把其中的建议或避忌放在心上。

二、阴阳数理起名法

阴阳本是我国传统文化中的一对哲学范畴，以现代科学的眼光看，它与人的名字毫无关系。但是，在命理学家眼中，阴阳不仅与人的名字关系密切，而且还制约着人一生的命运。

所谓阴阳，最初的含义是表示阳光的向背，其中对着阳光的地方称为阳，背着阳光的地方称为阴。后来，阴阳又被引申指气候的冷暖，以及方位的上下、左右、内外，或者运动状态的躁动和宁静等。在此基础上，阴阳学家又发现世界上的万事万物都存在着相互对立而又相互作用的关系，进而用阴阳这一概念来解释、区分，因此也称阴阳。可见，阴阳这一概念到这时已经无所不包，成了天地万物的根本。对此，《素问·阴阳应象大论》说"阴阳者，天地之道也，万物之纲纪，变化之父母，生杀之本始"，正是形象地说出了这一概念无所不包的性质。

根据上述阴阳学说，我们可知阴阳这种概念既可以表示相互对立的事物，又可以用来分析一个事物内部所存在着的相互对立的两个方面。根据阴阳学说，凡是剧烈运动着的、外向的、上升的、温热的、明亮的都属于阳，相对静止着的、内守的、下降的、寒冷的、晦暗的都属于阴；以天地而言，天气轻清为阳，地气重浊为阴；以水火而言，水性寒而润下属阴，火性热而炎上属阳。同样，自然界中的山和水、明和暗、寒和热、湿和燥、上和下、前和后、表和里等都是对立的，所以也就是阴和阳的关系，其中山、明、热、燥、上、前、表等都属于阳，而水、暗、寒、湿、下、后、里等都属于阴；在人类社会中，男和女也是对立的，关系也是阴和阳，其中男性属阳，女性属阴；在数字中，单数和双数也是对立的，其中单数属阳，双数属阴。当然，事物的阴阳属性并非绝对，而是具有相对性，二者在一定的条件下也可以相互转化，即阴可以转化为阳，阳也可以转化为阴，这也就是所谓的物极必反。比如白天阳盛，夜间阴盛，这就是阴阳转化。又如从子夜到中午阳气渐盛，即阴消阳长；而从中午到子夜阳气渐衰，这就是阳消阴长。可以说，阴阳消长是一个量变的过程，而阴阳转化则是质变的过程。阴阳消长是阴阳转化的前提，而阴阳转化则是阴阳消长发展的结果。此外，阴阳学家还认为阴阳双方是互相依存的，任何一方都不能脱离另一方而单独存在。如上为阳,下为阴,而没有上也就无所谓下;热为阳,冷为阴,而没有冷同样就无所谓热。换句话说,阳依存于阴,阴依存于阳,每一方都以其相对的另一方的存在为自己存在的条件。

由上可见,既然阴阳学说是一种无所不包的理论,那么,被人用来分析人的名字进而用于起名也不足为奇了。比如,人的名字都有笔画多少的区别,同时所用汉字的含义又各有不同,因此,就有人认为这些也是阴和阳的关系,其中名字的笔画称为"数",所用汉字的含义称为"理",合在一起称为数理或阴阳数理。具体说来,姓名所用汉字的笔画无论多少,都会出现单数或双数两种情况,这种单数或双数就是阴阳:笔画是单数的属阳,是双数的属阴;名字所用汉字的含义尽管复杂,但如上述山、明、热、燥、上、前、表等字的含义总显得阳刚、强壮,因此也被认为是在"理"上属阳的字;而水、暗、寒、湿、下、后、里等字显得阴柔、和婉,在"理"上都是属阴的字。正是由于名字有这种阴阳数理之别,一些人便认为名字中的这些阴、阳、数、理必须像万事万物一样有一个合理的搭配和平衡,如果缺乏这种搭配和平衡,就会影响人的命运,因此必须通过起名加以调整,以适应阴阳相辅相成的基本规律。

在名字确定阴阳数理的时候,"阴""阳""理"都是根据对所用汉字实际含义的分析,究竟如何划分并没有统一的标准,而"数"的确定则有特殊的规定。由于"数"的基础是姓氏和名字所用汉字的笔画数,目前通行的做法是以《康熙字典》所收汉字的笔画数及其分类方法作为计算的依据,同时对偏旁部首和数字笔画数的计算方法、特殊汉字笔画的计算方法等做出了特别规定。其中,偏旁部首都是以它的本字计算笔画数,如提手旁"扌"以"手"字计算,是4画;竖心旁"忄"以"心"字计算,是4画;三点水旁"氵"以"水"字计算,是4画;犬字旁"犭"以"犬"字计算,是4画;示字旁"礻"以"示"字计算,是5画;斜玉旁"王"以"玉"字计算,是5画;草字头"艹"以"艸"字计算,是6画;衣字旁"衤"以"衣"字计算,是6画;肉字旁"月"以"肉"字计算,是6画;走之旁"辶"以"走"字计算,是7画;右耳旁"阝"以"邑"字计算,是7画;左耳旁"阝"以"阜"字计算,是8画,其他偏旁的计算方法不变。至于数字笔画的计算方法,由于姓氏和名字中的数字笔画都是由汉字表示,规定从1到

10 的数字笔画与它的数字一致,是"一"就是 1 画,是"五"就是 5 画,是"十"就是 10 画,依此类推。但这样仅限于 10 以下的数字,超过 10 的"百""千""万""亿"等又以它们的实际笔画数为准,分别是 6 画、3 画、15 画("万"字的繁体"萬"是"艸"字头)和 3 画,不再当做数字对待,仅仅看作是普通汉字。此外,还有一个特别原则是,计算笔画时是以该字的实际归类为准,如"酒"字在"酉"部而不是"水"部,"巡"字在"巛"部而不是"走"部,因此,这时的"氵"旁和"辶"旁都按偏旁的实际笔画数计算:"酒"是 10 画而不是 11 画,"巡"是 6 画而不是 10 画。

明确了名字的阴阳数理,以及姓名笔画"数"的特殊计算原则,我们就可以据此来看怎样区分阴阳了。如一个叫"王莉"的人,从姓氏的笔画上看是 4 画,在"数"上属阴;但从字义上分析,"王"一般指男性,在"理"上属阳,因此,"王"字是理阳数阴;"莉"字本指茉莉,属于彩艳字,在"理"上属阴,但因笔画是 13 画,在"数"上又属阳,因此,"莉"字是理阴数阳。总体来看,"王莉"这个名字以理阳数阴的姓氏"王"配理阴数阳的名字"莉",两字互为平衡,是命理学家眼中最理想的名字。

另外,关于名字的阴阳数理,尤其是其中的"数",由于是根据姓名笔画数区分阴阳,日本过去有一个姓熊琦的人还进一步把它与人的命运联系起来,认为名字也可以在这一角度区分为吉凶。后来,其说法在传到我国后得到一些人的附会和改造,逐渐流传开来。其具体做法是把人的姓氏和名字第一个字的笔画数分别计算,只取 10 以下的数字,超过 10 画减去 10;然后来看姓氏和名字笔画数的多少,以姓氏笔画超过名字笔画为佳。如李运超和欧阳国华这两个名字,李是 7 画,运是 16 画,欧是 13 画,国是 11 画;减去 4 个字中超过 10 的笔画,可知李运超的姓氏与名字笔画之比是 7 和 6,欧阳国华的姓氏与名字笔画之比是 3 和 1,用上述观点看都是好的名字。此外,这种观点还把姓氏称为"天",名字称为"地",像上述名字都是天大于地,或者叫作阳多于阴,都是好的名字,反之,如果地被天覆盖,那就是天地失衡,不是好的名字,必须重起名字。

把人名字的"数"分为吉凶,也是只计算 10 以下数字。但与上述不同的是,这是把姓氏和名字的所有用字都单独计算,然后根据全部姓名用字的单双数变化规律来判断姓名的阴阳,从而确定是吉还是凶。具体说来,目前一种流行的划分方法是首先确定每个字"数"的阴(双数)和阳(单数),并用"—"表示阴(双数,偶数,即2、4、6、8、10),用"+"表示阳(单数,奇数,即1、3、5、7、9)。如上述所举李运超的名字,笔画依次是7、16、12,用符号表示就是+、-、-;欧阳国华的名字笔画依次是13、17、11、13,用符号表示就是+、+、+、+。根据阴阳学家的解释,这两个名字所反映出的信息是李运超的名字阴阳的交错适当,是一个较好的名字;欧阳国华的名字阴阳不交错,是一个不很好的名字。由于每个人的名字阴阳搭配情况不同,有人还把名字搭配可能出现的类型进行了研究,发现不外乎27种情况。这27种情况如果以吉凶为标准进一步区分,又可以分为以下5大类型:

第一,阴阳适当型,包括+-、-+、--+、+--、-++、+-++、++-+、-+--、--+-、+-+-、-+-+11种情况。这些类型的名字阴阳交错适当,变化得宜。根据阴阳学家的观点,有这些名字的人也会身体强健、富贵幸福、长寿。当然,名字的好坏还要看其他条件所反映的信息,如果各种情况下反映出的信息不好,这类的名字也不一定就是好名字;

第二,美中不足型,包括++--和--++两种类型。由于这两种名字阴阳不交错,阴阳学家认为无论多么健康,或者也许可以建立一时的功名,但一生中仍会有美中不足之处,晚年也会变得很衰弱,还可能有命运不济的事发生;

第三,坎坷孤独型,包括-+++、+---、+++-、---+4种情况。这4种类型的名字都有些阴阳失衡,阴阳学家认为是孤独型的配列,有这些名字的人会疾病缠身,经常遭遇意外灾难;即使一时成功了,也会很快陷入困境,招致天灾、人祸,深受不幸折磨。只是当其他条件不错时,其灾厄才可能减轻一些;

第四,凶险废疾型,包括+-+、-+-、+--+、-++-4种情况。阴阳学家认为,这4种类型的名字都是凶险的配列,难免短命、残废、体弱多病,严重的话还会有突然暴死、触犯刑法等不幸。即使其他条件不错,最多只可以使不幸有所减轻,并不能从根本上避免这些灾厄;

第五,极度凶险型,包括++、--、+++、---、++++、----6 种情况。由于这 6 类名字都是全阴全阳,阴阳既没有交错也没有变化,有失万物生成之道,所以,阴阳学家认为是极凶的类型,一生免不了灾祸,还有短命、贫困、穷厄、刑罚、残废、死于非命等不幸,因此也是最不好的姓名。

由上可见,阴阳学家眼中的人名吉凶,是以人名用字的"数"为基础而得出的结论,说穿了就是人名笔画的多少关乎人的命运。对于这种说法,稍有科学常识的人都知道这显然是在牵强附会、故弄玄虚。因为人的命运要受许多因素的制约,阴阳或几个数字无法影响人的一生,而即使阴阳或数字类型相同的人也未必同命。

事实上,如果把人的名字都分出阴阳来,看其"数"或"理"搭配是否平衡,几乎是不可能的事情,而人们在起名时也不可能完全顾及这种搭配。但阴阳学家却不这么认为。他们说,如果一个人的名字阴阳数理并不完全平衡,就要设法让它平衡,或者在已知姓氏阴阳数理的情况下尽量起一个与之对应的名字,以适应阴阳平衡这一基本要求。简言之,就是阳盛起阴名,阴盛起阳名,相互补充。如一位姓刘的男孩生下来活泼好动,一位姓李的男孩胆怯气弱,命理学家就会认为他们是阳气太盛或阴气太盛的缘故,起名时就要为姓刘的男孩起一个在数理上都是阴性的名字(如文、静、水、里等),为姓李的男孩起一个阳姓的名字(如山、清、龙、明等)。女孩起名也是采用同样的方法。

三、五行生克起名法

五行也是我国传统文化中的一种哲学概念,其学说产生于先秦时期,以后又影响到其他许多方面,用这一学说的有关原理进行起名便是其中之一。

所谓五行,原指自然界的金、木、水、火、土 5 种基本物质。在古人看来,天地万物都是由这 5 种物质生成的,《国语·郑语》也说"以土与金、木、水、火杂,以成万物","民并用之,废一不可"。也就是说,5 种物质的盛衰带来天地万物的变化,对人类来说不可或缺。同时,古人还通过长期的接触和观察,发现五行还有不同的性能,其中"水曰润下,火曰炎上,木曰曲直,金曰从革,土爰稼穑。润下作咸,炎上作苦,曲直作酸,从革作辛,稼穑作甘"。意思是说,木具有生长、升发的特性,火具有发热、向上的特性,土具有种植庄稼、生化万物的特性,金具有肃杀、变革的特性,水具有滋润、向下的特性。可见,这种五行学说是建立在对天地万物的基本认识基础上的,因此,由其基本原理出发,古人还把天地万物的方方面面都用五行原理进行解释,或者直接划分为五行。其标准基本是依据事物的性质,认为只要事物与木的特性相类似,就把它归属于木;与火的特性相类似,则归属于火,等等。如人的五脏有肺、肝、肾、心、脾,五行学家认为肺主降,肝主升,肾主水,心主温煦,脾主运化,因此依次被与金、木、水、火、土五行相配。又如方位有西、东、北、南、中,五行学家认为西方是太阳落山的地方,与金的肃降特性类似,因此把西方归属于金;同样,东方是日出的地方,与木的升发特性类似,因此把东方归属于木;北方寒冷,与水的特性类似,因此把北方归属于水;南方炎热,与火的特性类似,因此把南方归属于火;而中间介于四者之间,与土的特性类似,因此把中间归属于土。同样的道理,颜色中有白、青、黑、赤、黄五色,季节中有秋、春、冬、夏、长夏五时,空气中有燥、风、寒、热、湿五气,味道中有辛、酸、咸、苦、甘五味,人的感情中有怒、喜、哀、乐、怨五情,修养中有义、仁、智、礼、信五德,五官中有鼻、目、耳、舌、口五窍,精神中有魄、魂、志、神、意五志,本能中有嗅、色、声、味、食五养,愿望中有欲嗅、欲色、欲声、欲味、欲食五欲,音乐中有商、角、羽、徵、宫五音,声音中有哭、呼、呻、笑、歌五声,音韵中有齿、牙、唇、舌、喉五音,人体中有涕、泪、唾、汗、涎五液,人性中有元情、元性、元精、元神、元信五元,灵魂中有鬼魄、游魂、浊精、识神、妄意五物,动物中有犬、鸡、猪、羊、牛五牲,宇宙中有太白、岁星、辰星、荧惑、镇星五星,等等,这些具体的事物,也都分别被与五行联系起来,依次分做金、木、水、火、土。由上可见,五行学说所涵盖的范围是多么广泛。

在五行学说中,还有五行之间相互关系的论述,其最基本的观点是五行通过相生、相克的原理维持天地万物间的协调平衡,并通过"生""克"的方式相互影响。其中,相生是指一种事物对另一种事物所具有的促进、助长和滋生的作用,含有互相滋生、促进助长的意思;相克是指一种事物对另一种事物的生长和功能所具有的抑制和制约作用,含有互相制约、克制和抑制的意思。具体说来,金可以生水,水可以生木，木可以生火，火可以生土，土可以生金，这就是五行相生。同样，金又可以克木，木可以克土，土可以克水，水可以克火，火可以克金，这就是五行相克。上述这种五行生克理论用今天的话说，也就是说事物与事物之间都存在着联系，这种联系又促进着事物的发展变化。同时，任何事物都不是孤立静止的，而是互有关联、互为因果，并通过相互间的运动获得发展。而相生和相克像阴阳一样，既是事物不可分割的两个方面，也是自然界的正常现象，没有生就没有事物的发生和成长，没有克就不能维持事物的发展和变化中的平衡与协调。只有依次相生，依次相克，才能生生不息，并维持着事物之间的动态平衡。没有相生就没有相克，没有相克就没有相生，这种生中有克、克中有生、相反相成、互相为用的关系，推动和维持着事物的正常生长、发展和变化。事物之间正因为存在着相生和相克的关系，才能使自然界保持平衡。

由上可见，五行学说中的五行及其生克理论实际上是一种关于自然界和人类社会的基础理论，其中涉及了天地万物的来源及其相互关系，也是古人认识世界的出发点，关于人名的五行生克说也是在此基础上建立起来的。其基本说法是人的姓名可以由五行划分，如钟、钱等姓属金，杨、李等姓属木，江、黎等姓属水，耿、炎等姓属火，垣、墨等姓属土；同样，名字中的刚、利等字属金，艺、营等字属木，鲜、云等字属水，明、昌等字属火，山、珍等字属土。如果命运中的五行有偏缺，就要设法通过起名来进行补充、调整、改变。其方法一般是在名字中直接加上表示五行的字，或者加上含有五行字义的字，或者通过计算姓名用字的"数"（笔画）来与五行相配。上述 3 种方法的前两种较易理解，比如一个姓刘的人姓氏属金，如果命里缺土，就要在起名时选一个带"土"或能与"土"联系起来的字；至于第三种情况，五行学家认为数字也可以用五行区分，其在从 1 到 10 的 10 个数字中，4、9 属金，3、8 属木，1、6 属水，2、7 属火，5、10 属土，超过 10 的只计算小于 10 的余数。当无法从字面或字义上确定姓名的五行时，就可以用计算姓名笔画数字的办法来确定五行，并由此进行补充、调整。

在五行学家把人的名字与五行生克学说联系在一起时，为了便于确定名字是否存在五行偏缺问题，还用相面、诊断、推算等辅助办法帮助判断。其中，相面法即通过观察体形、举止、气色、声音等来确定五行所属。他们认为，人的气色和体形是有差别的，脸白而方正的人属金形，脸色发青、身材瘦长的人属于木形，黑而肥圆属水形，赤而尖露属火形，黄而敦厚属土形。此外，就性格而言，严肃讲义气的人是金性人，清高有仁义之风的人是木性人，圆通有理智的人是水性人，急躁但不失礼的人是火性人，敦厚守信的人是土性人。另外，通过诊断来判定人的五行的方法，即用望、闻、问、切等方法确定五脏之气的盛衰，认为肝阴不达则缺木，心火过盛则缺水，等等。至于用推算法来看人的五行命运，主要手段是算"八字"。关于这点，我们将在下一部分中专门讨论。

此外，在某些五行学家眼里，人名的读音也与五行有关，并且不同的读音还有不同的命运。其实，这种说法是根据汉字的读音特点编造出来的。他们认为，既然汉字在被读出来时有齿、牙、唇、舌、喉5个不同发音部位的区别，分作齿音、牙音、唇音、舌音和喉音5种类型，那么，这5种类型也可以用金、木、水、火、土五行来表示，其中齿音属金性，牙音属木性，唇音属水性，舌音属火性，喉音属土性。当我们在读这些名字时，由于名字所用的每个汉字都可以根据读音区分为五行，亦即可以用五行的名称进行表示，因此，尽管人的名字可以有千差万别，但在用五行的名称表示其读音时，可以划分的类型并不多，总计才有25种，即金金、金木、金水、金火、金土、木金、木木、木水、木火、木土、水金、水水、水火、水土、火金、火木、火水、火火、火土、土金、土木、土水、土火、土土。此外，他们还认为这25种类型的读音还与人的命运有关，具体说来，即：

金金：奋斗心旺盛，也有财运，但家庭运不佳；

金木：能为他人尽力，声名显赫；

金水：有文采，善辩；

金火：短视近利，思虑不周，容易招致失败；

金土：重视承诺，但有容易散财之运；

木金：有为了义理而不顾利害关系的性格，能名扬四海；

木木:有野心,凭努力寻求发展;

木水:踏实而不急躁,是大器晚成的人;

木火:品格高洁,但时常劳神费心;

木土:富独创力,烦恼也多,但晚年成功、幸福;

火金:执着、稳重,能够成就大事;

火木:一生劳神坎坷,死后扬名天下;

火水:人生多波折,但属好事多磨,终能功成名就;

火火:性急、刚直,人际关系较差;

火土:温和敦厚,但往往优柔寡断,缺乏决断力;

水金:早年坎坷,但通过努力能逐渐成功,晚年幸福;

水木:有特殊技能,一生享用不尽,可因此成功;

水水:运势稍带阴气,但可有所作为;

水火:劳多功少,一生困苦重重;

水土:早年困苦,中年以后逐渐成功,晚年幸福;

土金:性格质朴、沉稳,精力充沛,能成大事;

土木:勤奋努力,能成就大业;

土水:勤奋刻苦,思虑周密,终能成功;

土火:性格正直,常有遭人误解之忧;

土土:温厚寡断,往往不近情理。

总之,通过上述可以看出,五行学家把人的名字与阴阳五行联系起来,牵强附会的成分仍然居多,科学的根据同样缺乏,所以我们在为孩子起名时,或者在请别人为孩子起名而听到同样说法时,对待其态度不妨姑妄听之,大可不必过于在意。

四、生辰八字起名法

生辰八字,又称八字或四柱,原本与前述阴阳、五行一样,是我国传统文化中的哲学概念,后来被与人的命运和名字联系在一起,成了起名的一种特殊手段。

所谓生辰八字,实际上是关于人出生时间的一种表示方法。其中生辰即生日,八字是分别代表出生时年、月、日、时的 8 个字,8 个字分别由天干和地支组成。在本书的上一编"向出生时间索取素材"一节里,我们曾提到古人的纪时与我们今天不同,用的是干支纪时法,分别由 10 个天干和 12 个地支依次组成"六十甲子",用来表示时间,无论是年、月、日、时都用这种办法。由于与一个人的生日有关的时间无非是年、月、日、时,过去用干支表示时就是年、月、日、时各 1 对干支,合在一起就是 4 对干支,共 8 个字,这便是"八字"。又由于是 4 对干支,过去也把这样的干支称为"柱",分别是年柱、月柱、日柱和时柱,简称"四柱"。如一个人生在 2007 年 6 月 8 日 0 时,那么他的八字就是丁亥、丙午、癸酉、壬子。同样,如果一个人生在 1963 年 5 月 14 日上午 10 时,则他的八字是癸卯、戊午、丁巳、乙巳;如果出生在 1968 年农历正月初八日,则他的八字是戊申、甲寅、丙午、丙申。这些表示年、月、日、时的 4 对干支,也就是"四柱"。

用生辰八字进行起名,其最基本的前提是要先知道一个人的生辰八字。所以,旧时孩子一生下来,做父母的总要去请算命先生排一排八字,看孩子的命运是好是坏,然后再根据八字来起名字。遇到这种情况,算命先生一般是先查历书,然后稍加推算,便会知道孩子的生辰八字。其实,要知道孩子的生辰八字并不难,我们只要掌握相关的基本方法,每个人都能推算出来。具体说来,当我们知道孩子出生的年、月、日、时后,便可以通过以下 4 步进行推算:

第一步,推算出生当年的干支。孩子出生当年的干支即年干支,推算方法最为容易,或者查查当年的日历、万年历便可知道,如 2007 年是丁亥年,2008 年戊子年,2009 年是己丑年,依次可以按天干地支的顺序向前或向后推。所应注意的一点是,由于我国现在实行的是公历和农历两种纪年方式,二者在年初和年底都有交叉,在推算年干支时一定要以孩子出生当天的农历为准。同时,农历两年之间的分界线是以立春当天的交节时刻划分的,而不是以正月初一划分。如有人生在公历 2006 年 2 月 4 日 6 点 10 分,当天的农历是丙戌年正月初七。但由于当年的立春是这天的 7 点 25 分,在这一时间以前出生的人仍应算是前一年的人。因此,他的年干支并不是 2006 年的丙戌,而应是 2005 年的乙酉。

第二步,推算出生当月的干支。孩子出生当月的干支即月干支,推算方法与推算年干支相比略为复杂。在我国传统习惯上,农历的一年由正月开始,每月的名称分别由 12 个地支表示,其中一月是寅月,二月是卯月,三月是辰月,四月是巳月,五月是午月,六月是未月,七月是申月,八月是酉月,九月是戌月,十月是亥月,十一月是子月,十二月是丑月。由于各月份的地支已定,则其天干也可以根据规律推算出来。这一规律是:凡天干逢甲、己的年份,正月的天干是丙;乙、庚年正月的天干是戊;丙、辛年正月天干是庚;丁、壬年正月天干为壬;戊、癸年正月天干是甲。由于根据这一规律可以知道正月天干,那么其他月份的天干便可依次类推了。此外,还有一种被称为"五虎遁年起月表"的图表,在知道当年的年干和月支的情况下很容易地查到出生月的月干,其图表即:

月支	一月	二月	三月	四月	五月	六月	七月	八月	九月	十月	十一月	十二月
年干	寅	卯	辰	巳	午	未	申	酉	戌	亥	子	丑
甲己	丙寅	丁卯	戊辰	己巳	庚午	辛未	壬申	癸酉	甲戌	乙亥	丙子	丁丑
乙庚	戊寅	己卯	庚辰	辛巳	壬午	癸未	甲申	乙酉	丙戌	丁亥	戊子	己丑
丙辛	庚寅	辛卯	壬辰	癸巳	甲午	乙未	丙申	丁酉	戊戌	己亥	庚子	辛丑
丁壬	壬寅	癸卯	甲辰	乙巳	丙午	丁未	戊申	己酉	庚戌	辛亥	壬子	癸丑
戊癸	甲寅	乙卯	丙辰	丁巳	戊午	己未	庚申	辛酉	壬戌	癸亥	甲子	乙丑

根据上述图表,如果我们想知道一个出生在 2007 年 6 月 8 日的孩子的月干支,根据上述方法可以先知道 2007 年是农历丁亥年,当月是农历五月,而五月的地支是午,那么,我们就可以通过上述"五虎遁年起月表",查得当月的天干是丙,干支合在一起的月干支就是丙午。当然,在我们推算月干支时,一定要注意月与月的月干支分界线不是农历初一,而是以节令为准的。交节前为上个月的节令,交节后为下个月的节令。具体说来,一月的节令一般是从立春到惊蛰,二月是从惊蛰到清明,三月是从清明到立夏,四月是从立夏到芒种,五月是从芒种到小暑,六月是从小暑到立秋,七月是从立秋到白露,八月是从白露到寒露,九月是从寒露到立冬,十月是从立冬到大雪,十一月从大雪到小寒,十二月是从小寒到立春。由于这种推算月

干支的方法相对复杂,为了避免推算错误,最好在有条件时去查找万年历。

第三步,推算出生当天的干支。孩子出生当天的干支即日干支,推算方法较为复杂。据记载,我国的干支纪日法是从鲁隐公三年(公元前722年)二月己巳日开始的,至今从未中断过,是世界上唯一的最古老的纪日法。但由于这种纪日法每60天一循环,加上又有大小月及平闰年的缘故,几乎没有规律可循,因此,日干支通常是查万年历解决。万年历中一般都标有每月初一、十一、二十一的干支所属,其他日子的干支便可依顺序推知。另外,应注意的是日与日的分界点是以亥时和子时的分界点来划分的,是午夜23点,而不是午夜0点。根据这一分法,23点前是上一天的亥时,过了23点就是第二天的子时。

第四步,推算出生时辰的干支。孩子出生时辰的干支即时干支,推算方法最为复杂,可以借助万年历帮助解决。当要自己推算时,比较容易确定的是当时的地支。这是因为我国表示时间的地支是固定的,12个地支分别代表一天一夜的12个时辰。这12个时辰如果换算成现在通行的24时纪时方法,每个时辰大约相当于2个小时,其中23—1时为子时,1—3时为丑时,3—5时为寅时,5—7时为卯时,7—9时为辰时,9—11时为巳时,11—13时为午时,13—15时为未时,15—17时为申时,17—19时为酉时,19—21时为戌时,21—23时为亥时。至于推算出生时的天干,则以出生当天的天干为依据,如果当天的天干是甲、己,则这天的子时天干是甲;如果当天的天干是乙、庚,则当天子时的天干是丙;如果当天的天干是丙、辛,则当天子时的天干是戊;如果当天的天干是丁、壬,则当天子时的天干是庚;如果当天的天干是戊、癸,则当天子时的天干是壬。此外,像推算月天干一样,旧时还流行一种被称为"五鼠遁日起时表"的图表,在知道当天的天干和时辰地支的情况下很容易地查到时辰的天干,其图表即:

日干	23—1时	1—3时	3—5时	5—7时	7—9时	9—11时	11—13时	13—15时	15—17时	17—18时	19—21时	21—23时
	子时	丑	寅	卯	辰	巳	午	未	由	酉	戌	亥
甲己	甲子	乙丑	丙寅	丁卯	戊辰	己巳	庚午	辛未	壬申	癸酉	甲戌	乙亥

乙庚	丙子	丁丑	戊寅	己卯	庚辰	辛巳	壬午	癸未	甲申	乙酉	丙戌	丁亥
丙辛	戊子	己丑	庚寅	辛卯	壬辰	癸巳	甲午	乙未	丙申	丁酉	戊戌	己亥
丁壬	庚子	辛丑	壬寅	癸卯	甲辰	乙巳	丙午	丁未	戊申	己酉	庚戌	辛亥
戊癸	壬子	癸丑	甲寅	乙卯	丙辰	丁巳	戊午	己未	庚申	辛酉	壬戌	癸亥

对于上述图表，如果我们仍以一个出生在 2007 年 6 月 8 日的孩子为例，假如他出生的时间是当天的 0 时，又通过上述几步知道他的年干支是丁亥，月干支是丙午，并从万年历查到他的日干支是癸酉，也知道他出生时辰的地支是子，那么，我们就可以通过上述"五鼠遁日起时表"，查得他出生时辰的天干是壬，干支合在一起的就是壬子。至此，他的八字就完全推出来了，即丁亥、丙午、癸酉、壬子。用同样的方法，如果我们再随意推算几个人的八字，如一个生在 1994 年 2 月 11 日上午 6 点的人的八字，就会知道是甲戌、丙寅、戊辰、乙卯；再如一个生在 1984 年 8 月 27 日上午 8 点 40 分的人的八字，用上述方法也可以知道是甲子、癸酉、癸巳、戊辰；又如一个生在 1963 年 5 月 14 日上午 10 时的人的八字，用上述方法也可以知道是癸卯、戊午、丁巳、乙巳；又如一个人生在 1928 年农历六月十三日（公历 7 月 29 日），用上述方法也可以知道他的八字是戊辰、己未、庚午、丁亥。同样，如果我们知道一个人的年龄和八字，也可以反过来推出他的具体的出生时间。如有人在 2007 年是 63 岁，八字是乙酉、甲申、己未、癸酉，想知道自己的具体出生时间，我们用上述方法可以逆推出他生在 1945 年 8 月 18 日下午 17—19 时之间；又如一个在 2007 年 40 岁的人，八字是戊申、甲寅、丙午、丙申，我们也可以逆推出他生在 1968 年农历正月初八日 15—17 时之间。

通过上述 4 个步骤，我们既然已经知道了一个人的生辰八字，那么，就可以准备用八字进行起名了。在正式起名以前，过去迷信的做法还要把生辰八字与阴阳五行联系在一起，看看八字所代表的命运如何，然后再据此来起名。其具体做法是先用生辰八字推知阴阳五行，然后再分析阴阳五行所显示的命运好坏，进而再决定是否要用生辰八字起名法起名。因为按照过去迷信的说法，一个人的命运是在出生时就注定了的，由于出生的时间不同，所以命运也不尽相同。那么，一个人的命运怎样与八字或四柱联系起来的呢？这主要是用阴阳五行学说进行解释的。因为迷信认为，从八字或四柱的字面上看不到与命运的直接关系，但若把八字或四柱区分为阴阳五行，就可以用阴阳平衡和五行生克的原理解释人的命运。其区分的方法是首先把八字区分为阴阳，接着把八字区分为五行，最后把区分的结果用阴阳五行学说进行解释，从而判断一个人一生的命运，并以此为根据确定究竟起什么样的名字。

具体说来，把一个人的八字区分为阴阳的方法相对简单，也就是只要知道其所用的八字究竟是属阴还是属阳便可。通常的做法是按照 10 个天干（甲、乙、丙、丁、戊、己、庚、辛、壬、癸）和 12 个地支（子、丑、寅、卯、辰、巳、午、未、申、酉、戌、亥）的自然排列顺序，天干由"甲"开始，地支由"子"开始，按顺序把位于单数位置的算作阳，把位于双数位置的算作阴。如上述那个在 2007 年 6 月 8 日 0 时出生的人的八字，丁亥、丙午、癸酉、壬子，分为阴阳便是阴阴、阳阳、阴阴、阳阳；在 1963 年 5 月 14 日上午 10 时出生的人的八字，癸卯、戊午、丁巳、乙巳，分为阴阳是阴阴、阳阳、阴阴、阴阴；在 1968 年农历正月初八日下午 4 点出生的人的八字，戊申、甲寅、丙午、丙申，分为阴阳则是阳阳、阳阳、阳阳、阳阳。

至于把一个人的八字区分为五行，具体方法是把干支中的戊、己、申、酉、戌当做金，甲、乙、寅、卯、辰当作木，庚、辛、亥、子、丑当作水，丙、丁、巳、午、未当作火，壬、癸当作土，而辰、戌、丑、未也当作土。仍以上述三人为例，在 2007 年 6 月 8 日 0 时出生的人的八字，丁亥、丙午、癸酉、壬子，分为五行便是金水、火火、土金、土水；在 1963 年 5 月 14 日上午 10 时出生的人的八字，癸卯、戊午、丁巳、乙巳，分为五行是土木、金火、火火、木火；在 1968 年农历正月初八日下午 4 点出生的人的八字，戊申、甲寅、丙午、丙申，分为五行则是金金、木木、火火、火金。

通过上述两种把人的生辰八字与阴阳五行联系起来的方法，人的生辰八字变成了阴阳五行，下一步就是在此基础上分析人的命运了。如仍以上述 3 个人为例，我们已经知道那个出生在 2007 年 6 月 8 日 0 时的人的八字是丁亥、丙午、癸酉、壬子，阴阳是阴阴、阳阳、阴阴、阳阳，五行是金水、火火、土金、土水，按照过去迷信的说法，他的命运有点八字偏缺，阴阳失衡，五行缺木，运势一般。要想加以改变，就要起一个阴阳搭配合理、五行属木的名字。同样,那个生在 1963 年 5 月 14 日上午 10 时的人五行缺水,命火太盛;那个生在 1968 年农历正月初八日下午 4 点的人八字太硬,阴阳完全失衡,加上五行又缺水、土,都必须在起名时想办法改变命运。再如前述那个生在 1945 年 8 月 18 日下午 6 时的人,生辰八字是乙酉、甲申、己未、癸酉,五行是木金、木金、土火、水金,总计 3 金 2 木和土、水、火各 1,按迷信的说法也会觉得他命中金偏盛,在起名时需要设法抑制。正是因为有上述这些把生辰八字与阴阳五行联系起来的做法,才有了用生辰八字起名的相关方法。

把人的生辰八字与阴阳五行联系起来,进而起一个被认为能够有益于命运的名字,在过去还有许多更为复杂的做法。如就八字与五行的关系论,过去迷信的说法认为八字代表一个人一生的命运,他的命运在他出生时就已经注定了。特别是当这种命运用五行的学说进行解释时,命运或者性格特征表现得相当清楚。他们还根据八字和五行反映出来的特征把人区分为 5 种 15 类,按金、木、水、火、土划分,划分的依据是通过八字和五行反映出来的主要命运,如果具有“金”的特征就是“金”命人,具有“木”的特征就是“木”命人,等等;每种命运又各分为适中、太盛、偏缺三类情况,共计 5 种 15 类。具体说来,他们认为:

金命的人有“金”的性格,因为古人称“金曰从革”,具有刚烈、清洁、肃降、收敛等特性。因此,如果金命适中,长大后就会成为一个面方而白、骨骼清秀、体健神清、为人义气、刚毅果断、不畏强暴、仗义疏财、疾恶如仇、有自知之明的人。但如果“金”太盛,则会是一个做事鲁莽、有勇无谋、好斗贪婪的人。如果命里缺金,则会成为不仁不义、贪淫好杀、苛刻狠毒的人。

木命的人有“木”的性格,因为古人称“木曰曲直”,具有生长、升发、柔和、仁慈、广纳水土、条达舒畅、能屈能伸的特性。如果木命适中,长大后会很仁慈、温和、博爱、有恻隐之心,乐于助人,慷慨,身材修长、举止潇洒、头发浓密光亮、活泼、积极、上进心强。但如果太盛,则会有固执、偏激的弱点。而如果八字缺木,则会是一个懦弱、骄妒、忘恩负义、冷酷的人。

水命的人有“水”的性格,因为古人称“水曰润下”,具有滋润和向下的特性。“水”在命中适中的人会长成一个聪明和善的人,面里有神,头脑灵活,足智多谋,才识过人,应变力强,语言伶俐。但如果"水"太盛,也可能是一个言语激进、易惹是非、诡计多端、贪婪淫欲的人。如果缺水,则会身材矮小、面色黑暗,为人反复无常,胆小无谋,心胸狭窄。

火命的人有"火"的性格,因为古人称"火曰炎上",具有温热、上升的特性。属于这类命运的人性格一般都很性急,但也谦恭有礼。"火"适中的人精力旺盛,积极上进,注重仪表,热情豪迈,坦诚友好。如果太盛,则性情急躁,容易冲动,逞强好胜,易惹是非。如果缺"水",则面黄肌瘦,妄言是非,奸诈嫉妒,有始无终。

土命的人有"土"的性格,因为古人称"土爱稼穑""土载四行","为万物之母",具有生化、承载、受纳、贡献厚重的特性。土命适中的人眉清目秀,圆腰润鼻,为人忠孝至诚,性格温和,胆量宽厚,言必行,行必果,兼收并蓄,乐于奉献。但如果太盛,则会性格内向,生性固执,愚顽不化,不明事理。如果命里缺土,更会面偏鼻低,神色忧滞,言而无信,狠毒吝啬,自私自利,不通情理。

由上可见,我国过去的迷信中把人的生辰八字与阴阳五行联系起来,对人命运的推算确实有一套系统的说法。由于在其说法中一直主张"人命天定",生来如此,因此,要想改变命运,从起名的角度看就是要设法抑制命运中太盛的五行,或者补充命运中偏缺的五行,使它能够处于适中的状态。其在起名时通常所做的抑制太盛或补充偏缺的事情是,选取五行中相应的字,用五行相克的办法去抑制命运中太盛的那种五行,或者用五行相生的办法去补充命运中偏缺的那种五行。由于其具体办法已见于上节所述,此处不赘。

五、八卦六爻起名法

八卦六爻本是我国民间流传的一种推算人的命运的方法,在流传的过程中又有人将它与人的名字联系起来,设计了一种八卦六爻起名法。于是,在我国众多的起名方法中,便有了这样一种特殊的起名方法。

所谓八卦六爻起名法,其基本方法是以八卦六爻的理论为基础的。八卦六爻本是我国流传很久的一种神秘文化,据说最早是由伏羲创立的,后来又经过周文王和卫元嵩等人的发展,成为一种系统的八卦六爻理论。根据其说法,八卦是由伏羲观物取象所作,他首先发现了产生天地万物的元气,然后又由这种元气区分为阴阳,再由阴阳产生天地万物。为了便于区分,他用一个长画"——"代表阳,称为阳卦,是单数,也代表天;又用两个短画"--"代表阴,称为阴卦,是双数,又代表地。这一长"——"、一短"--"的两种符号也被称为爻。后来,这种"——""--"又各一分为二,并双方叠加在一起,形成所谓的"四象",分别被称为少阳、老阳、少阴、老阴。再后来,四象上又各叠加"——"或"--",形成各有 3 组长短划组成的 8 种不同的组合,这 8 种不同的组合就是八卦。其中,3 个长画的叫作乾卦,3 对短画的叫作坤卦,先 2 对短画再一个长画的叫作震卦,先一个长划再 2 对短画的叫作艮卦,上下各一个长画而中间一对短画的叫作离卦,上下各一对短画而中间一个长画的叫作坎卦,上面一对短画而下面 2 个长画的叫作兑卦,上面 2 个长画而下面一对短

震卦

画的叫作巽卦。根据其不同的组合特点,后人还编了一首歌诀来帮助记忆,即"乾三连,坤六断,震仰盂,艮覆碗,离中虚,坎中满,兑上缺,巽下断"。还有人认为,伏羲还让八卦分别象征 8 种不同的自然现象,其中乾象征天,坤象征地,震象征雷,巽象征风,坎象征水,离象征火,艮象征山,兑象征泽。但八卦中乾、坤两卦最为重要,是自然界和人类社会一切现象的最初根源。

　　以上由伏羲所创立的八卦,一般又称为先天八卦,在流传的过程中还被赋予了其他内容。比如,有人把它与数字和方位结合起来,认为它们各有所属,其中乾一、兑二、离三、震四、巽五、坎六、艮七、坤八,而方位是乾居南方,坤居北方,震居东北,巽居西南,离居东方,坎居西方,艮居西北,兑居东南。后来,据说八卦又得到了周文王的发展,被称为后天八卦,其在代表的数字、象征方位等方面都与先天八卦有所不同。如在后天八卦中,八卦代表的数字分别是离九、坎一、震三、兑七、乾六、巽四、坤二、艮八,并且离居南方,坎居北方,震居东方,兑居西方,乾居西北,巽居东南,坤居西南,艮居东北。此外,还有人把这种后天八卦与五行学说结合在一起,认为乾、兑属金,震、巽属木,坤、艮属土,离属火,坎属水。在此基础上,他们还进一步认为八卦同样具有相生或相克的关系,其中,由于乾、兑属金,可以生属水的坎;坎

属水,可以生属木的震、巽;震、巽属木,可以生属火的离;离属火,可以生属土的坤、艮;坤、艮属土,可以生属金的乾、兑。同样,由于乾、兑属金,可以克属木的震、巽;震、巽属木,可以克属土的坤、艮;坤、艮属土,可以克属水的坎;坎属水,可以克属火的离;离属火,可以克属金的乾、兑。至于出自卫元嵩的中天八卦,又对前两种八卦进行了部分调整。对于上述三种八卦,尤其是对前两种八卦,一般认为先天八卦的卦数准确,后天八卦的卦理准确,二者可以互为表里,交相为用;或者以先天八卦的"数"为体,以后天八卦的"体"为用,二者相互补充,缺一不可。上述八卦的卦名、卦象、代表数字、五行所属等可以参见下表:

卦名	卦象	数目代表	五行属性
乾	☰	1	金
兑	☱	2	金
离	☲	3	火
震	☳	4	木
巽	☴	5	木
坎	☵	6	水
艮	☶	7	土
坤	☷	8	土

至于六爻,所指原是组成八卦的最基本符号,由于八卦再两两组合后会出现64种不同的组合,这64种不同的组合中每种都有6组排列不同的符号,这6组排列不同的符号也就是六爻。并且,为了使用的方便,根据六爻中各爻所处的位置不同,自下而上又被称为初爻、二爻、三爻、四爻、五爻、上爻。其中初爻和二、三爻组成内卦,四、五爻和上爻组成外卦。

古人之所以热衷于区分或研究八卦六爻,除最初的动机可能与农业或畜牧业生产有关外,在许多情况下都是用来推算人或事情的吉凶祸福的,其中最多的又是与人的命运联系在一起,用八卦六爻的理论为人"算卦",而用来起名也是其中的一种方法。在用这种方法判断一个名字的好坏时,通常的做法是把八卦和六爻分别以数代替,然后用名字笔画数除8得卦,除6得爻,最后根据所得卦、爻查找专门的卦书,得出命运吉凶的解释。具体说来,一般是把名字的第一字笔画之数为外卦,第二字笔画数为内卦。遇到单名或两字以上名等情况,则单名的笔画数同做内外卦使用,两字以上名如是双数,则平分一半为外卦,一半为内卦;若无法平分,则以少的一字为外卦,多的一字为内卦。上述各种情况的名字笔画都要以 8 为限,超过 8 画则要在除 8 以后使用余数。如一个人的名字叫赵命理,对照笔画所代表的八卦,可知"命"是 8 画,即八卦中的坤卦;"理"是 11 画,减 8 是 3 画,即八卦中的离卦。那么,他的名字就是外卦为坤,内卦为离。此外,"命理" 2 字的笔画合计是 19 画,除 6 余 1,所得就是爻数,即初爻。

通过上述方法所得的八卦及其爻数,通常被看成是本卦,代表一个人一生的命运。其中所得的爻数只有一个,是帮助判断一个人的基本命运时使用的。有时为了便于对一个人的命运判断更为准确,还有人在本卦的基础上设计了一种变卦的办法。其变卦的方法就是把上述名字相加所得的爻数进行改变,原为阳"——"的变为阴"--",或者原为阴"--"的变为阳"——",称为变卦,进而得出变卦及变卦的名称。接下去,便是用这一变卦查找有关卦书,得出某一名字的参考命运。

在利用八卦六爻理论判断人名的好坏时,无论是内卦或外卦,在得出名字笔画数以后都要定出内卦或外卦的名称,其标准与八卦的排列顺序相同,即 1 画为乾,2 画为兑,3 画为离,4 画为震,5 画为巽,6 画为坎,7 画为艮,8 画为坤。由于内外卦所得笔画各有名称,又有人根据不同的情况为它们重新命名。如在相传为宋邵雍所编的《梅花易数一撮金》(俗称"梅花易"或"一撮金")里,就把外卦"离"、内卦"坤"的称为"火地晋",把内外同为坤卦称为"坤为地",把外卦乾、内卦震的称为"天雷无妄",等等。"梅花易"还根据八卦中的每一卦与其他各卦不同的搭配结

《梅花易数》书影

果,把人的命运分为 64 种情况,而每种命运又根据名字相加所得的爻数或变化以后的爻数不同,各涉及了 3 种典型的命运,用"上上""上中"或"上下""中上"等表示,被认为是通过名字推算人的命运的代表性著作,至今还在广泛流行。

起名使用"梅花易"时,我们一开始可能有点不得要领,这里不妨以一个实际人名为例加以说明。如"司马德宗"这一名字,"德"是15画,除8余7,7为艮,这是外卦;"宗"是8画,8为坤,这是内卦。外艮内坤,名为"山地剥"卦;又"德宗"两字笔画总数为23,除6得5。查本卦五爻原为阴爻,变爻为阳,则五爻所在的艮卦又变为巽卦,外巽内坤,变卦名为"风地观"卦。至此,已知司马德宗本卦是"山地剥",变卦是"风地观",则查"梅花易"可知,他的主运(本卦运)和辅运(变卦运)都比较一般。如果我们再用近年在港台流行的卦书看对他名字的解释,就会发现其中对"山地剥"卦的解释说:

山地剥,颠落,凶。破灭之时。运势衰微,诸事辛劳,要留意被诈欺之损失或不虑之灾。守吉,攻凶。

对"风地观"卦的解释是:

风地观,高风,吉。身上多变动之时。喜中突生障害难仪。若能发见承蒙上长照应之方法者,百事如意达成。

综合分析上述两组解释,可知司马德宗的名字起得很一般,命运也较差。历史事实是,司马德宗是东晋安帝,生来白痴,一辈子受制于人,最终被臣下杀害。而这仅仅是一种巧合,不足为信。

六、五格剖象起名法

五格剖象起名法,就是利用《周易》的"象""数"理论,把人的姓氏和名字的笔画按不同的方式进行计算,分作天格、地格、人格、外格和总格,进而用剖象法来解释,判断名字的好坏及与命运的关系。可见,这也是一种带有神秘色彩的特殊起名方法。

利用五格剖象法进行起名,首先要知道姓氏和名字的五格。五格中的天格即姓氏格,是所在家族的标记。古人认为,姓氏来于祖先,有"先天"的意思,只能接受,不能变更,所以姓氏格也称天格。地格即名字格,是人的姓名中不包括姓氏的那一部分。如王勇、赵有亮、诸葛计、东方闻缨这些名字,王、赵、诸葛、东方是姓,属于天格;而勇、有亮、计、闻缨则是名字,属于地格。至于人格,一般是由姓氏和名字中的第一个字组成的,外格是由姓氏和名字中最后一字组成的,总格则是由姓名的全部的字组成的。由于我国的姓氏有单姓、双姓甚至双姓以上姓等区别，而名字也有单名、双名甚至双字以上名的区分，因此在确定人的姓名五格时也有取姓名首字、取中字、取末字等的区分，显得颇为复杂。如果不得要领，就会让人感觉像进了迷宫一般。其实，如果掌握了要领，要想知道姓名的五格还是不难的。因为，姓名五格的基础都是计算姓名所用每个字的笔画，计算笔画的标准与我们在本编以前部分所说的标准相同，即全部以《康熙字典》中的繁体字计算，遇到特殊偏旁和

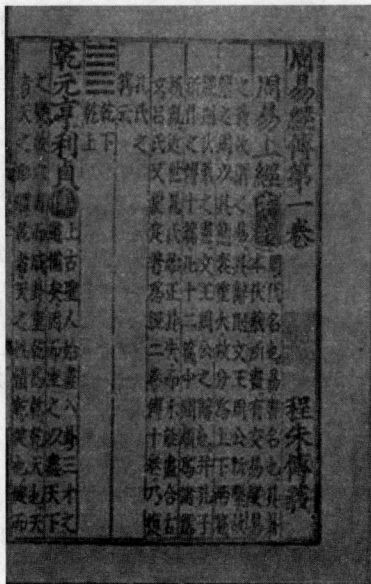

《周易》书影

数字时采用姓名学特殊的计算方法。具体情况可以参见下表：

格别	特点	取法	举例
天格	取姓氏笔画	单姓笔画数加1，双姓取两字之和	王 4+1=5，诸葛 16+15=31
地格	起名字笔画	单名笔画数加1，双名取两字之和	周瑜 14+1=15，王亮天 9+4=13
人格	姓名双取	单姓单名：姓名笔画相加 单姓双名：姓与名第一字笔画相加 双姓单名：姓第二字与名相加 双姓双名：姓第二字与名第一字相加	王莽 4+14=18 白居易 5+8=13 诸葛亮 15+9=24 司马德宗 10+15=25
外格	姓名双取	单姓单名：姓名笔画相加 单姓双名：姓与名第二字相加 双姓单名：姓第一字与名相加 双姓双名：姓第一字与名第二字相加	王莽 4+14=18 白居易 5+8=13 诸葛亮 16+9=25 司马德宗 5+8=13
总格	姓名全取	姓名全部笔画相加	诸葛亮 16+15+9=40

利用上述图表的计算办法,我们就可以知道每个人的五格。如上述所举几个例子的五格,王莽的天格是 5,地格是 15,人格、外格、总格都是 18;周瑜的天格是 9,地格是 15,人格、外格、总格都是 22;王亮天的天格是 5,地格是 13,人格是 13,外格是 8,总格是 17;白居易的天格是 6,地格是 16,人格是 13,外格是 13,总格是 21;诸葛亮的天格是 31,地格是 10,人格是 24,外格是 25,总格是 40;司马德宗的天格是 15,地格是 23,人格是 25,外格是 13,总格是 38。至此,既然已经知道了一个人的五格数字,那么,下一步就可以进行所谓的"剖象"了。

所谓剖象,也就是分析五格中所反映出的姓名信息,推断名字起得是否合适,究竟是吉祥的名字还是凶险的名字,以及相关姓名使用者的命运好坏等。按照过去迷信的说法,五格各自代表一个人的不同命运,其中天格是"根",代表父母的命运,一般来说对个人命运影响不大;人格是"苗",代表一个人的主运。命运好坏主要看人格;地格是"花",代表一个人的 38 岁以前的命运,又称前远;外格是"叶",代表一个人的副运,也是看一个人与外界的关系是否和谐的主要参考;总格是"果",代表一个人 38 岁以后的命运。一个人要想拥有一个好的名字,必须符合"根深,苗壮,花盛,叶茂,果实"的基本原则。此外,在五格之间,他们认为也都是互相联系、互相影响的关系,其中如人格和地格都属于基础运,据此可以看出一个人的基础稳妥与否;天格和人格都属于成功运,据此可以得知一个人的事业成功率高低。再者,他们还认为从人格和外格的关系可以看出人的性格、家庭亲缘厚薄及社交状况的优劣、一生的情况,从天格、人格、地格的关系可以推断一个人的人生历程及其子女、部下、朋友和同事的关系、健康状况和生活顺利与否。总之一句话,有了五格所在的数字,究竟怎样剖象都不成问题了。

那么,怎样才能知道五格与命运的关系呢?有人通过研究,发现五格计算后大约会出现 81 种结果,便据此认为不同的得数意味着不同的命运。为此,有人还把这 81 个得数分别与人的命运联系起来,并进一步分为吉、凶和半吉半凶三种情况,声称只要知道了五格中任何一格的数字,无论是想知道自己的主运、副运还是 38 岁以前或以后的命运,以及父母的命运等,都可以从相关的资料中查找出来答案。至于对那些五格的得数可能超过 81 的人,他们还认为这些人的命运与 81 类的人并没有什么不同,只要用相关得数减去 80,计算余数便可。其所认为的 81 种得数及所对应的命运、命运的代称、所应避忌的问题等一般都可以从相关图书里查到,这里就不多介绍了。

总而言之,所谓的五格剖象就是把以特殊方式计算得出的姓名笔画数作为判断人的命运基础,把二者联系在一起,从而判断名字的好坏。有些命理学家还认为,既然所得出的数字有吉、凶和半吉半凶三种情况,因此除了天格的得数无法改变外,其他四格都可以人为控制,起名时设法避开那些得数不好的字便可。

另外,对于前述 81 个得数,还有人进一步从吉、凶和半吉半凶三个角度进行了归纳,认为其中吉祥的得数是 1、3、5、8、11、13、15、16、21、23、24、25、29、31、32、33、35、37、39、41、45、47、48、52、57、63、65、67、68、81,代表健康、幸福、名誉等;凶险的得数是 2、4、9、10、12、14、19、20、22、26、28、34、36、42、43、44、46、49、50、53、54、56、58、59、60、62、64、66、69、70、71、72、73、74、76、77、78、79、80,代表逆境、沉浮、薄弱、病难、困难、多灾等;半吉半凶的得数是 6、7、17、18、27、30、40、51、55、61、75,代表命运或多或少有些障碍,但最终能够获得成功。此外,还有人把属于吉祥的得数进一步按智力、情感、意志等情况分类,认为 3、13、21、23、24、25、29、31、33、35、37、39、41、45、48、52、63、67、68 是理智发达的吉数,1、3、5、8、11、15、16、21、23、32、33 是情感浓厚的吉数,7、8、11、17、18、21、25、31、37、41、47 是意志坚强的吉数。再者,又有人把上述这些得数进行了进一步的区分,认为得数是 5、6、11、15、16、24、31、32、35的人是温和运,意味着他性情平和,容易获得别人的信任和尊敬;得数是 7、17、18、25、27、28、37、47 的人是刚情运,意味着他性刚固执,喜欢意气用事;得数是 3、13、16、21、23、29、31、37、39、41、45、47 的人有领导运,这类人智慧、仁勇全备,会是一个不错的领导;得数是 15、16、24、29、32、33、41、52 的人有发财运,一生富足,或者可以白手起家;得数是 13、14、18、26、29、33、35、38、48 的人是艺能运,意味着他有艺术天才,在审美、艺术、演艺、体育等方面都有过人之处;得数是 4、10、12、14、22、28、34 的人是孤独运,意味着夫妻关系不和,有夫克妻或妻凌夫的命运;得数是 5、6、15、16、32、39、41 的人是双妻运,意味着他的第一次婚姻不成功,只有第二个妻子才会与他白头到老。至于对女性姓名的五格,也有人说得数是 5、6、11、13、15、16、24、

32、35 的人有女德运，意味着她有妇德，会是一个品德温良、助夫爱子的贤妻良母型女性。但如果得数是 21、23、26、28、29、33、39 的女性，则是孤寡运，意味着难觅夫君，家庭不和，夫妻相斗，离婚，严重者夫妻一方早亡。除上述以外，还有更多关于五格与命运的说法，由于大都更加玄妙莫测，这里就不再一一提及了。

最后，关于姓名五格与命运的关系，还有值得提及的一点是，有人认为五格中天、地、人三格对人命运的影响最大，这三格又被称为"三才"，"三才"如何将影响一个人事业成功率的高低。他们认为，凡人格是 3、5、6、11、13、15、16、21、23、24、25、31、32、35、37、41 等数，并与天、地两格关系好的可以很幸福，事业顺利，婚姻美满，是富贵双全的命。但如果人格是 4、9、10、14、19、20、22、34、44 等数，则是很凶险的数，暗示着人生要遭逢苦难、挫折，是孤寒、疾病乃至非命的凶兆。此外，凡人格是 7、8、17、18 等数的人一般意志坚强，能在逆境中成功，只是个性较强，人际关系一般；凡人格是 27、28 等数的人，为人欠谦虚，易染病，遭诽谤，事业上也难有建树。还有人认为，"三才"都与人的健康有关，一生的疾病寿夭都可以从中显示出来。

总之，五格剖象起名法作为在我国民间流传的一种特殊起名方法，我们从其有关方法和内容上不难看出带有更多的迷信色彩，或者更像是一种文字游戏，其"剖象"也更难以经得起科学的检验。因此，我们对其态度依然是此前说过的那些话，那就是仅仅知道或了解这种方法便可，大可不必受其左右。

第六节　男孩起名方法

在我国民间一直有个说法，叫作"男女有别"。也就是说，由于男女性别不同，社会对各自的要求也不一样，男外女内、男刚女柔是社会对男女角色的最基本定位。特别是在我国，从"三皇五帝"传说以来就是一个以男性为主宰的社会，不仅国家政权由男性掌握，天下大事由男性完成，在思想上也形成了根深蒂固的男尊女卑观念，并且这一观念还受到社会的普遍接受。当然，随着人类的进步和时代的发展，妇女解放程度逐渐提高，传统的男尊女卑观念也受到冲击，但尽管如此，社会上对男女的角色要求并没有根本改变,大多数人仍然认为男女应该有所区别。在这种观念影响下的起名,事实上也同样反映了"男女有别"原则,并且无论古今都是如此。仅就为男孩起名而言,起一个充满阳刚之气的响亮名字便是绝大多数人的想法和做法。当然,由于我国历史悠久,加上各地又有不同的风俗,为男孩起男名的方法也是多种多样的。本编以下所述的内容,也只是其中最为常见的一些。

一、男孩传统起名方法

在我国历史上,一直流传着许多专门为男孩起名的方法。如人们习惯用表示排行的字"伯、仲、叔、季、孟"等起名,取一些诸如太伯、仲雍、蔡叔、季历、孟庄之类的名字;有时采用金、银等矿物的名称起名,起些诸如金锁、银童、铁柱之类的名字,如明朝靖江王朱守谦的小名就是铁柱;有时又用天上星象的名字起名,起名为星河、小熊、天龙、金牛、玉夫之类的名字,如战国时魏国文侯的大将名叫乐羊、元朝有位蒙古族将领名叫石抹狗狗、有位钱塘人名叫丁野鹤,清朝有位知县名叫张鹭;有时选用充满阳刚之气的字起名,起出的名字如唐朝名将罗成的儿子罗霄、水浒好汉林冲,一听就可以想到是硬汉子;有时喜欢采用梦中所得到的灵感起名,取些诸如梦熊、梦周、梦蛟之类的名字。如相传岳飞的母亲在怀他的时候,梦见有只大鹏鸟飞来,落在自家的屋脊上,等生下他以后,便起名为"飞",字"鹏举"。又如宋代文学家陆游还在娘胎的时候,因母亲梦见过古代名人秦少游,后来便为他起名为"游"。特别是现代著名音乐家冼星海的名字,来历更有意思。据说他母亲在怀他的时候做过一个梦,梦中的她抱着孩子坐在船头,仰望天空,忽见一颗流星从头顶飞过,落入海中。她让人把船划到流星入海的地方,把星星捞了上来。梦醒以后,她把梦中的情景告诉丈夫,丈夫觉得挺有意思,便受星星入海的启发,为他起名星海。

为男孩起名的传统方法其实还有很多,如采用迷信手法起名、利用婴儿特征起名、用谐音起名、用姓氏起名、用时间地点起名、用世界万物起名,以及起乳名、起学名、起别名、起字号、起别号等都有所见,其中的一些方法已见于本书的前几编所述,有些方法因为目前已不采用故没提及。此外,还有一些起名方法值得一提。如当孩子生下来满周岁的时候,一些地方习惯上准备些纸笔玩具让孩子去抓,抓到什么就起什么名字。这种起名方法，古时候称为"试儿"，起名学上则多称为抓阄起名法。早在南北朝时期，江南地区就有试儿起名的风俗。据《颜氏家训》记载，当时的孩子在生下来满周岁的时候，要全身上下洗得干干净净，穿上新衣接受测试。测试的用品主要是弓箭、纸、笔等男性用品，以及一些吃的东西和金银珠宝、儿童玩具等。当时人相信，孩子从小喜欢什么，长大以后就会干什么。所以，试儿的目的不仅是为孩子定下一个名字，而且还

冼星海

有"以验贪廉愚智"的目的。后来，这种试儿风俗便相沿成习。在《红楼梦》里，贾宝玉就是在周岁生日时接受测试的，因为抓了脂粉钗环而使父亲贾政很不高兴，认为他"将来酒色之徒耳"。又如当代著名作家钱钟书的名字，来源也是因为他在周岁试儿时抓了一本书，被父母认为他对书籍情有独钟，于是起名为钟书。他后来果真与书籍打了一辈子交道，直到去世时都是如此。

男孩大都被父母寄予厚望，在起名时多被父母投入了较同胞姊妹更多的感情。有些民间还把孩子的出生时间与命运联系起来，并据此起出相应的名字。如有些地方有"初一的娘娘十五的官"说法，意思是说，初一出生的女孩子是娘娘命，将来要得贵婿；十五出生的男孩子是贵命，将来要做高官。但这些人的命硬，如果父母命薄，便要遭克。《红楼梦》中的元春生在初一，便被认为命好；但"巧姐"生在"七夕节"，被认为最不吉利，一生命薄如织女，故此王熙凤才托刘姥姥给女儿起名"巧姐"。像上述这些民间风俗也影响孩子起名的用字，其中女孩的名字一般出自花草闺物等较小的范围之中，而男孩的名字则大多与国家联系起来，实际上也就是"将降大任于斯人也"。于是，在名字中反映光宗耀祖观念，希望孩子长得英武博大、充满阳刚之气者特别多。此外，又常用刚、正、坚、强、伟、文、武、杰等字表示对孩子的期望和要求，表现了相同的民族审美心态。

二、男孩的女名与丑名

在我国民间,有些人在给男孩起名时,喜欢起一个非常女性化的名字,甚至为他穿上女孩的衣服,做女孩打扮。这种做法有些是反映了父母对孩子的特别钟爱和宠幸,有些则与轻视妇女的传统观念有关,认为女孩子命贱,好养活,而这样待男孩子则有助于让他长大成人。仔细分析起来,这种起名方法其实由来已久。春秋战国时期的知名人物姬息姑、石曼姑、冯妇、徐夫人等都是男性的名字。汉代,又有一个男子的名字叫丁夫人。南朝时,名将鲁爽幼名马仙陴,原名仙婢。唐及五代时,李君羡幼名五娘,李存儒原名杨婆儿,五代十国之一的吴越国开国君主钱缪幼名婆留。宋朝,少数民族中也有一位名叫罗妹的男姓首领。到了近当代,一些男性作家为了掩盖身份或其他一些特殊原因,也用"春燕"(马春)、芳茵(方殷)、露明(赵景深)、舞心(张若兴)、萍云(周作人)、许霞(鲁迅)、碧珊(巴人)、安娜(郭沫若)、冬芬(茅盾)等十分女性化的名字作为笔名。还有人为了从事秘密工作的需要,出于便于掩护身份的考虑,也起一个女性化的名字。如我国早期革命家萧楚女,原名萧树烈,学名汝,字秋,萧楚女是他后来改的名字,改名的原因便是为了隐藏真实身份。他的名字的出处其实还很有讲究,来自《楚辞》中"忽反顾以流涕兮,哀高丘之无女"。此外,在我国目前一些较为落后的农村,为男孩起女孩名字的现象仍时有所见,其原因还有希望孩子能够便于养活的心理因素。不过,如果太多的人故意如此,特别是在人际交往十分密切的城市里如此,有时也会给孩子增加额外的心理负担,毕竟不同人际环境对相同事物的接受能力有差别。根据有人对北京、天津、上海、广州4大城市的调查显示,近年在这些城市的男孩起女孩名字的现象有增加的趋势,如男孩起名"王静"、女孩起名"念军"的人都有所见,甚至被一些人认为是时髦。殊不知这样起名也给孩子带来了性别角色的错位,甚至在某些特定的场合中给孩子造成了难以忍受的压力。前些年就有一家报纸报道,曾有个男孩因为父母给起了个女性化名字,因忍受不了同学的嘲笑而选择自杀。这种以生命为代价而留下的教训,是值得我们深刻反思的。

我国民间过去家族观念特别重,普遍流行让男孩传宗接代的思想,对男孩寄予的希望特别大,生怕孩子长不大,无法传承香火。受这种思想的影响,许多地方流行为孩子"起贱名"的习惯,也就是生怕孩子活不长,特意为孩子起一个很难听的名字,如狗、羊、牛、虎甚至毛蛋、骚驴、狗剩、栓住等"贱"到不可思议的名字,觉得这样就便于养活,能够像那些狗、牛、羊、驴等动物一样不管吃什么,多苦多累都能贱生贱长、平安度日。或者是借其低贱遮掩富贵,觉得即使阎王听了这么丑陋的名字也懒得收走,会觉得孩子一定很不成器,所以也就是一种祝福,保佑子女不夭折。这种心态如果联系到历史上,如汉代名将霍去病、宋朝词人辛弃疾、吏部侍郎彭龟年、清朝进士苏去疾等人的名字都很特别,其实也属于这类的名字。

三、男孩起小名风俗

在我国民间,还一直有根据男孩不同阶段起名字的习俗,其中在婴儿或儿童时起小名,上学了起学名(大名),长大后再起字号。一些少数民族地区的人甚至要给孩子起很多名字,以便于在不同场合使用,或者随时更换,其目的仍然是希望孩子借此平安长大成人。如在云南省红河一带的哈尼族支系叶东人中,无论男女都有几个小名,少则两三个,多则七八个,而且随时可以更换。特别是在孩子七八岁前,更换名字的频率非常高,七八岁后才把名字固定下来,直到老死不再更换。至于换名的原因,据说是婴儿不健康、好哭,或在家里父母、兄姐"闯"了对头,使其得病,所以必须更换新名。可见,这种换名的原因仍然是为了便于孩子长大成人。

由于我国过去的户籍制度不像现在这样严格,不必在孩子出生后就填报出生证明、报户口,因此,许多父母往往在孩子落地后先为孩子起一个小名(乳名),等到上学时再反复斟酌一个学名。这时的小名由于只在家庭内部使用,信手拈来的因素居多,但也并非没有规律可循。其中如很多人喜欢按排行或数字起名,如果老大叫"柱子",就依次叫"二柱子、三柱子、四柱子",或者叫"二子"或"小二"。明朝开国皇帝朱元璋的小名是"重八",他父亲原名朱五四,祖父叫朱初一,曾祖父叫朱四九,高祖父叫朱百六,都与数字有关。另外如果我们读鲁迅的小说,也会发现在《社戏》里有个"六一公公",《风波》里有个"八一嫂"。诸如此类的名字在起名学上叫做数字名,其中有些数字名的来源是家族排行,有些则是父母排行的再组合,或者根据孩子生下来时的重量,是多重就用多少起名。上述朱元璋的原名就来自家族排行,因为在他出生以前,他父亲朱五四的哥哥朱五一已有四个儿子:重一、重

二、重三、重五;他父亲也有三个儿子:重四、重六、重七,所以到他时只能起名重八。这种按排行的起名方法其实也由来已久,我们在唐朝诗歌作品中便可以找到很多例子,宋朝人洪迈所著《夷坚志》也记载当时"如云兴国军民熊二,又云刘十二鄱阳城民也。又云南南城田夫周三,又云鄱阳小民隗六,又云符离人从四,又云楚州山阳县渔者尹二,诸如此类,不可胜举",到朱元璋生活的元朝末年再度流行则被认为有民族矛盾的因素。如据俞樾《春在堂随笔》卷五记载:"徐诚庵见德清《蔡氏家谱》有前辈书小字一行云:元制庶人无职者不许起名,止以行第及父母年龄合计为名。此于《元史》无征。然证以明高皇所称其兄之名,正是如此,其为元时令甲无疑矣。"俞樾还考证了明朝勋臣的祖辈名字,"开平王常遇春曾祖四三,祖重五,父六六。东瓯王汤和曾祖五一,祖六一,父七一,亦以数目字为名。"由此可见,按排行起名的原因还颇为复杂,但这种方法由来已久也是事实。

我国传统的一些起名习惯,直到现在的某些边远地区仍有所见。如相传在今青海东部一带的汉族人祖先是在明朝初年从南京珠玑巷迁去的,当地人至今还保留着用数目字起名的习惯,只是把朱元璋那样的按排行起名改为按年龄起名:如果孩子的祖母或曾祖母在孩子出生时还健在,就以她的年龄来为孩子起名,像六三、八四、三辈、四辈等名字都是这样来的,我们从中不难看出某些历史因素。至于鲁迅小说中的人名,有些是根据孩子父母的排行起的,其老家浙江绍兴一带自宋元以来就流行这一风俗。对此,俞樾在《春在堂随笔》曾记载,"在绍兴乡间颇有以数目字为名者,如夫年二十四,妇年二十二,合为四十六,生子即名四六。夫年二十三,妇年二十二,合为四十五。生子或为五九,五九四十五也。"鲁迅作品里有些人的名字,则是根据出生时的重量起的,也反映了民间的一种特殊起名习惯。

当然,有些人为男孩起名字,事先并没有这样或那样的考虑,只是一时兴起,随手拈来。诸如此类的名字,在历代男性名字中也不在少数。如鲁迅小说《故乡》里的主人公名叫闰土,名字源于他生在闰月、据说命里缺土,所以他的父亲叫他闰土。又如著名军事家刘伯承元帅,幼名孝生,名字的来源是因为他是在家人为祖父守孝时生的。又如著名数学家华罗庚,得名于刚生下来时被父亲放在箩筐中的事。从上述两个例子可以看出,这类的起名具有较大的随意性。

四、男孩起名的用字

名字是通过文字表达的人类称谓符号,与文字之间的关系已见于我们以前各编所述。仅就男孩起名用字看,其实也有自己的规律可循。尽管由于我国有十分悠久的传统文化,一个时代有一个时代的起名用字特点,但是,如果把历代起名用字归纳在一起进行研究,仍可以发现各个时代的起名用字基本上都是大同小异的。

事实上,仅就目前的情况看,有关专家曾对我国的起名用字情况进行过专门研究,发现无论是男孩还是女孩,起名用字的总数不过三四千个,其中常用的字不到1000 个,最常用的字只有几十个甚至几个,用字过于集中且有一定稳定性等是最为突出的特点。在这些字中,英、华、玉、秀、明、珍 6 字都是使用频率很高的字,其覆盖率在 10% 以上;加上文、芳、兰、国、丽、桂、荣、树、德、春、金、建、志、风 14 个字,总覆盖率在 25% 以上。也就是说,我国每 10 个人中就有一个人用上述 6 个字中的一个起名,每 4 个人中就有一个人用这 20 个字中的一个起名,可见用字的集中到了多么惊人的程度。另据笔者对从公安部获得的全国户籍人口数据和网络统计资料的研究,发现我国目前人数最多的户籍名字有王伟、王芳、王秀英、李秀英、张秀英、刘伟、张敏、李静、王静、张丽、李强、王丽、张静、王勇、李伟、张勇、李军、刘洋、王军、李杰、张伟、张军、王刚、刘勇、李刚、王玉兰、王丹、陈秀英、张英等,每个名字的人数都超过 10 万,其中王伟、王芳、王秀英、李秀英、张秀英、刘伟、张敏、李静、王静、张丽、李强、王丽、张静等名字的人数还超过 20 万,而王伟的名字更多达 26 万多人,被认为是叫得最多的名字,与王芳、王秀英、李秀英、张秀英、刘伟、张敏、李静、王静、张丽 9 个名字并称全国 10 大户籍名字,与刘波、李刚、李海、张勇、王军、王勇、张伟、刘伟、王伟、李伟 10 大网络名字一起构成我国最常见的同名群体,甚至被称为"最俗名字"或"菜市场名"。另外,从上述 31 个名字的用字上看,31 个名字共使用了 23 个字,剔除 5 个姓氏用字(王、李、张、刘、陈),人名用字只有 18 个(伟、芳、秀、英、敏、静、丽、强、勇、军、洋、杰、刚、玉、兰、丹、波、海);如果再剔除芳、秀、英、敏、静、丽、玉、兰、丹 9 个基本是女孩起名的专用字,属于男孩的用字可见又少之又少了,起名用字集中的特点相当突出。

具体到男孩的起名用字,其基本特点当然还是用字集中且有超常的稳定性。

如果进一步进行考察,我们也发现在长达几千年的历史上,尽管起名用字呈现有阶段性变化的规律,但个别的波动和基本的稳定仍是其主要特点。尤其是在近一个多世纪以来,社会的动荡在一定程度上影响了起名用字的使用频率,但这种影响基本上只对那些最常用字发生作用。因此,笔者发现我国几千年来的男孩起名常用字不过是几十个,80%以上的人使用大约100个左右的汉字,近半数的人只使用几十个汉字,这些字大体是刚、正、坚、强、松、海、石、猛、伟、雄、亮、明、文、章、诗、武、山、杰、军、毅、兵、俊、峰、力、保、平、涛、辉、和、忠、永、昌、世、成、子、建、广、志、义、荣、兴、康、良、天、光、波、仁、宁、安、福、生、龙、健、元、全等。而在1949年以来,有关部门统计出的男孩起名最常用的前30个字是明、国、文、华、德、建、志、永、林、成、军、平、福、荣、生、海、金、忠、伟、玉、兴、祥、强、清、春、庆、宝、新、东、光。如果我们把上述两种统计的用字结果进行比较,不难发现大同小异,稳定性的特点依然突出。至于为什么喜欢使用这些字,特别是新中国成立以来为什么大多数人都喜欢使用这30个字,除有外在的政治影响因素外,最主要的当然还是来自这些汉字的本身。换句话说,是这些字的形、音、义等综合特点优越于其他字,从而才使它们成为男孩起名的常用字。

第七节　女孩起名方法

我国是一个讲究男女差别的国家,对男性和女性的要求在许多方面都是不同的。具体到起名上,男性名字讲究阳刚之气,女性名字则要求有阴柔之美,这种阳刚之气和阴柔之美。便是男女名字的最大区别。而就女性的名字来看,由于我国一向有女名不出家门的不成文规矩,女性的名字只限于在出嫁以前使用。出嫁以后,因为变成了某男子的夫人,其名字也变成了由"夫姓+己姓+氏"的固定格式,原来名字的使命也随着她的出嫁而完成了。因此,只要翻一下二十四史,特别是宋代以后的历史书籍,就可知道这些史书除对未出嫁的女子称名外,其他大都是以姓相称的。

一、女孩传统起名方法

从名字的起源上说,女性名字出现的时间要比男性更早。在人类的蒙昧时代,人们过着群婚群居的原始生活,生下的孩子知母不知父,因此也多从母方加以区分。如我国传说时代的几位著名女性,无论是团土造人的女娲还是商周始祖简狄和姜嫄都是女性,她们名字的影响力和受尊敬程度一点也不比她们的配偶或后代伏羲、契、弃等人低。在三皇五帝时代以后,女性地位慢慢低于男性,名字也大多不再像男性名字那样受关注,或者渐渐成为男性名字的附庸。特别是从周代开始,由于宗法制度和封建礼教的不断加强,女性在社会上的地位逐渐丧失,其名字也越来越变为"藏在深闺人未识"了。

另外,从我国古代对女性名字的总体称呼上,也能看出它由社会化而向家庭性的变化。如我国古代习惯称女性名字为"闺名"或"阃名",意思是只能在闺阁中(家里)使用的名字。出了闺阁之门,女名的使用就要大受限制,除非是吃了官司或者沦为奴婢,在女性至亲之外的人很难知道她的真正名字。即使在女性订婚时,男方家里也要在通报了订婚意向、获得女方家里同意、男方家里再奉上聘礼以后才能问女方的名字,女方家也是直到这时才会把芳名相告。告诉了名字即等于彻底谈定了婚事,接下去便是订下吉日正式迎娶了。可见,女性的名字到了这时,其神秘性简直是无以复加了。

我国传统社会中的女性名字,其神秘性还不仅如上所述。由于我国古代还有一个不成文的习惯,即女性的名字基本上只属于女性母家一方,在其订婚和出嫁后,名字也就等于留在了母家,所能带走和公开的只有人皆有之的姓了。如果在不得已的情况下必须使用自称时,也只能把原来的姓氏当名字使用,称姚氏、李氏、张氏等;或者与夫家的姓氏联起来,把自己的姓氏放在丈夫姓后,称黄姚氏、牛李氏、王张氏等。这种称呼习惯一直在我国沿袭了数百年,其影响甚至一直到今天。如婚后的女性总喜欢在人前自称是某某的夫人,某某的太太;街坊邻居多称她们为某太太,某老太太;亲戚之间也称伯母、婶娘、阿姨、大嫂、小姑等。在这些情况下,女性的名字总是显露的机会少,隐藏的时间多。

我国历史上的女性名字尽管大多不出家门,但也不是说女性没有名字,其在起名时也同样有自己的方法和特点。如在起名时,有时也用一些男性化的字,起一些男性化的名字。如"男""弟""君""卿""子""文"等字,都是专指男性的字,但有时也出现在女性的名字中。其中使用"男"字作女名的例子,如亚男、亦男等;用"弟"字的有招弟、盼弟等。尽管使用上述两字的女性名字所表示的多是相反的意义,但二字确实出现于女性名中。至于使用其他男性字眼的女名例子,如卓文君、秦可卿、方青子、赖亚文等,也都是人们熟知的女性名字。至于在历史上,女性起男性化的名字者也不乏其例。如在两汉三国时,就有赵子儿、卫子夫、卫君孺、卫少儿、窦政君、窦君力、窦君弟、桓少君、孙鲁班、孙小虎等著名女性,她们所用的几乎全是男性化的名字。另外,在现代女性中,使用像男性一样名字者也屡见不鲜,有代表性的还有物理学家吴健雄、邮票设计家卢天骄、外交家丁雪松、象棋国手谢思明、田径运动员徐永久、电力博士倪以信、电影编剧濮舜卿、机械师梁军、雕塑家王静远、作家铁凝等。

二、女孩起名的随意与乖巧

谈到女孩起名,我们还要提到其他一些起名方法。如有些人由于受重男轻女思想的影响,在为女孩起名时显得较为随意,即使是有子女多人,也一般不把女孩像男孩那样排行,更不把名字写入家谱。这种习俗,一直在我国历史上沿袭了多年。至于像《红楼梦》里林黛玉母亲贾敏的名字那样,与三位兄长一样都用"文"字作偏旁,在历史上并不多见。还有人因为家中生了女孩显得无可奈何,希望通过孩子的名字带来某些暗示,使之预示下一个生个男孩。对此,有人曾经这样举例说,过去有个人家里第一胎生了个女儿,为孩子起名玲玲。怀第二个孩子时很希望是个男孩,谁知生下来还是女孩,便给孩子起名"止玲",意思是希望以后千万不要再生女孩。后来觉得她名字中的"止"字过于特别,加上汉字里又有一个在"止"字上加个"艹"字头的"芷"字,即开着小白花、散发着芳香的白芷,于是又给孩子改名"芷玲"。这件事情乍听起来觉得好笑,但从另一方面看,却反映了为女孩起名的随意以及重男轻女思想的影响,同时还有对为女孩起名所用汉字的选择,是有一定代表性的。

在为女孩起名的传统方法中,还有一种源于历史又在近年特别流行的起名方法,即名字重叠法,也就是把单字名所用的字重叠后变为双字名。这种起名方法究竟起源于何时尚有待进一步考证,但至少在唐代已经很普遍。当时人多以重叠字为那些出身较低并有一定歌舞才能的女子起名。如当时有歌妓好好、端端、灼灼、惜惜以及大历才人张红红、薛琼琼,钱塘女子杨爱爱、武赛赛、范燕燕等。至北宋,有京师名妓李师师。明清,有使吴三桂"冲天一怒"的红颜知己陈圆圆。用这种方法起出的女性名字的确让人有一种亲昵、乖巧的感觉,但也因过于乖巧而带有一定的局限性,其理由已见以前有关部分所述,这里就不多赘言了。

最后,历史上传统的一些为男孩起名的方法,有些也被用来为女孩起名。如采用迷信的方法为孩子起名字,无论对男孩还是对女孩都适用。再如周岁"试儿"起名法,也是对女孩适用的。只是在试儿时,把弓矢纸笔等男性用品换成刀尺针缕等女性用品便可以了。

三、女孩起名的用字规律

尽管我国历史上女性的名字大多藏而不露,女性的生活环境和社会角色与男性相比也有较大的不同,但从已知的一些名字和近现代以来众多的名字中分析考察,女性的名字仍然具有较多的与男性不同的特点。如从起名用字上看,有些女性喜欢用与自己性别有关的字,有些用与女性有关物品的字;有些用美丽多彩的自然物入名,有些以表示季节、形容品德的字等入名,有些以美丽小巧的动物入名,有些则起像男性一样的名字,情况都相当复杂。不过,女孩起名较多地使用女性字、花鸟字、闺物字、彩艳字、珍宝字、阴柔字、女德字等极具女性特征的文字,这一特点是男孩起名所不曾有的,也是与男孩名字的一大差别。

在上述这些类型的字中,许多女孩起名喜欢用带"女"旁的字,并且这种习惯被认为由来已久。因为我国早在传说时代就有个"女娲补天"的故事,女娲的名字也被认为是最早使用女性字的例子。此后,随着文字的出现和汉字数量的越来越多,一些带有"女"旁或女性特征的字常常被用来起名,其中如娘、女、姑、姨、姐、妹、奴、姬、妃、嫱、媛、娥、婵、娟、姣、好、娉、婷、姿、妙、娴等字的使用频率相当高,所起的名字也有林默娘(妈祖)、冯媛、杜十娘、红线女、何仙姑、赵凤姨、杨八姐、十三妹、金玉奴、王嫱、曹娥、貂蝉、李娜、吴静娴等广为人知。

此外，还有不少女孩起名喜欢用花鸟字，常用的字有花、梅、兰、菊、英、莲、卉、桃、桂、荔、莉、莎、莺、燕、鹃、凤等，起出的名字有娜仁花、马兰、殷秀梅、奚秀兰、戴爱莲、郭兰英、张茜、方卉、王馥荔、蒋碧薇、徐小凤、新凤霞、茹志鹃等。喜欢用这些字起名的原因当然最主要的是社会给女性的定位本来如此，人们常用花来比喻女性的美貌，都希望"姑娘好像花儿一样"，或像鸟儿那样快乐。加以自然界百花齐放，万紫千红，百鸟争鸣，以花鸟给女孩起名更显得女孩娇美、艳丽、活泼。如果女孩长得漂亮好看，人们喜用"羞花闭月"来夸张形容；如果女孩活泼可爱、爱说爱笑，人们喜欢把她比作一只快乐的百灵鸟。因此，父母把女儿比作花鸟，也在一定程度上表达了父母的爱和期望。当然，对于这些花鸟类的字，在女孩起名时也有选择，如我国传统习惯中最重牡丹、梅花，古人又称梅兰竹菊为"四君子"，称松竹梅为"岁寒三友"，认为牡丹有国色天香，素称花中之王，以牡丹为名有雍容华贵、艳美富丽之意；梅花花姿秀雅、风韵迷人、品格高尚、节操凝重，以梅花为名有冬梅耐寒、梅报春早、清香宜人之义，而冬梅、雪梅、春梅、香梅、梅芳、评梅、寒梅、玉梅、笑梅、爱梅、梦梅、艳梅、梅玉、梅芬、梅竹、梅姿、梅影等名字也时常可见；兰花是我国传统名花，纤美精致，婀娜多姿，奇异潇洒，清新高雅，幽丽素净，以兰花为名除取花色之外，多寄托幽雅之情、高洁之志；菊花与兰花同为花中君子，它傲霜挺立，凌寒盛开，花姿绰约，高雅秀逸，古人对它称赞有加，说"不是花中偏爱菊，此花开尽更无花"，以菊为名也有希望孩子像菊花一样美丽之义。

至于女孩起名使用其他的字，如用钗、钿、环、钏、纨、缦、文、秀、黛等闺物字，珍、珠、珮、珊、琼、瑶、莹、琳等珍宝字，彩、丹、翠、碧、艳、秀、美、丽、倩等彩艳字，云、虹、霞、雯、雪、春、爱、宠等阴柔字，贞、淑、端、庄、娴、静、慧、巧等女德字等，也同样都很普遍。用这些字起出的女性名字，如果我们稍加留意，就可举出一些来。如潘玉儿、白素贞、李清照、貂蝉、婉容、李琬芬、何香凝、汪明荃、田华、谢芳、秋瑾、杨玉环、舒秀文、琼瑶、王玉珍、李玲玉、范琳琳、叶丽仪、苏红、王丹凤、林青霞、韩月乔、龚雪、潘虹、冯婉贞、郭淑珍等，名字都极具女性色彩。

再者，由于女孩起名有以上的用字规律，因此，也与男孩一样，在起名用字上也有十分集中的特点，其集中度甚至远远超过男孩。如从所见统计资料看，我国在

1949 年以前起名的最常用字是英、秀、玉、珍、华、兰、桂、淑、文、明、芳、德、金、荣、清、素、云、凤、宝、林等,1949—1966 年间的起名常用字是华、英、玉、明、秀、国、丽、建、芳、文、平、荣、珍、凤、春、金、桂、志、兰、德等,1966—1976 年间的起名常用字是红、华、军、文、英、明、丽、建、玉、春、小、国、艳、梅、平、芳、志、伟、海、秀等,1976—1982 年间的起名常用字是华、丽、春、小、燕、红、军、伟、晓、艳、明、建、志、海、亚、平、文、英、梅、芳等。我们从中不难看出,这些常用字里有许多都是女名用字。

关于女孩起名的用字,有些学者还从地域性的角度进行研究,发现同样有用字集中的特点。这种研究是在对前些年人口普查抽样调查资料研究的基础上进行的,发现在北京、上海、辽宁、陕西、四川、广东、福建 7 个省市中,起名使用率最高的 20 个字是英、华、玉、秀、明、珍、文、芳、兰、国、丽、桂、荣、树、德、春、金、建、志、凤,这些字的总覆盖率在 25% 以上,而英、华、玉、秀、明、珍 6 字的覆盖率在 10% 以上。这些字中的大多数都是女孩起名的专用字,而前 6 个字几乎全是女名用字,可见女名用字多么集中。即使具体到各个省市,如北京人起名时使用率最高的 20 个字是淑、秀、英、玉、华、兰、文、荣、珍、春、凤、宝、桂、德、明、国、志、建、红、永,上海是英、华、芳、明、珍、妹、金、宝、林、秀、国、根、建、文、娟、玉、凤、娣、美、惠,辽宁是玉、桂、英、华、素、兰、凤、秀、春、淑、德、文、丽、珍、荣、艳、国、云、芒、军,陕西是英、芳、秀、玉、兰、文、华、建、明、军、平、林、国、春、红、志、霞、梅、永、小,四川是华、秀、英、明、玉、清、琼、珍、德、成、芳、国、光、云、文、素、小、兴、贵、建,广东是亚、英、华、明、玉、丽、珍、芳、文、秀、伟、荣、少、兰、惠、桂、妹、国、金、志,福建是丽、秀、治、美、玉、华、水、英、金、明、文、花、国、清、志、珍、惠、淑、建、庆,我们仍然不难从中看出女名用字较为集中的特点。

由于女孩起名用字更为集中,加上许多人仍喜欢起单名,因此也就造就了更多的女孩重名现象,不仅为当事人带来诸多不便,而且还能引发相应的社会问题。此外,与男孩起名一样,女孩起名也有自己的最常用字,在前些年有人统计出其中最常用的前 30 个字是英、秀、玉、华、珍、兰、芳、丽、淑、桂、凤、素、梅、美、玲、红、春、云、琴、惠、霞、金、萍、荣、清、燕、小、艳、文、娟,近年随着人名统计和调查手段的越来越先进,其统计或研究的结果尽管与上述有些出入,但基本上大同小异,其用字的稳定性也与男孩一样。根据目前所见的资料结合笔者本人多年的研究成果，剔除与男孩用字的相同部分，我国目前女孩起名最常用的 50 个字是英、秀、玉、华、珍、兰、芳、丽、淑、静、春、娟、花、巧、美、惠、珠、翠、敏、雅、芝、萍、红、玲、芬、彩、菊、凤、洁、梅、云、莲、环、雪、荣、霞、月、艳、黛、姣、婉、颖、丹、琴、菲、馨、卉、蕙、梦、婕。

四、女孩名字的相同现象

由于我国为女性赋予了特别角色，加之可供女性起名使用的字十分集中，女性同名现象较男性更为普遍，现实生活中几乎人人都可以举出几个同名的例子。根据我国公安部门掌握的各地人口户籍资料统计，发现各地人数最多的同姓名的人很多都是女性。如我们在上编"男孩起名的用字"中涉及的目前最常见的 31 个名字，即王伟、王芳、王秀英、李秀英、张秀英、刘伟、张敏、李静、王静、张丽、李强、王丽、张静、王勇、李伟、张勇、李军、刘洋、王军、李杰、张伟、张军、王刚、刘勇、李刚、王玉兰、王丹、陈秀英、张英、刘波、李海，属于女孩名字的至少有 14 个（王芳、王秀英、李秀英、张秀英、李静、王静、张丽、王丽、张静、王玉兰、王丹、陈秀英、张英），其余名字中的张敏、刘洋、刘波、李海等基本是男女兼用，而芳、秀、英、敏、静、丽、玉、兰、丹等字也基本是女孩起名的专用字，说明女孩用字的集中度并不亚于男孩。而在 20 年前，全国的 10 大姓名依次是李秀英、王秀英、张秀英、王玉兰、王军、张军、刘桂英、王秀珍、李军、李秀珍，现在则是王伟、王芳、王秀英、李秀英、张秀英、刘伟、张敏、李静、王静、张丽，我们从这些名字中不难看出女性同姓名的人要远远高于男性。

从全国各地的情况看，女孩同名的人也多于男性。其中如北京人数最多的 10 个人名是张伟、王伟、李伟、刘伟、李静、王静、张静、王芳、刘洋、张勇，上海是陈洁、张敏、张伟、张燕、王秀英、张秀英、张磊、王伟、陈燕、张杰，天津是张伟、刘伟、王磊、王伟、王静、李娜、李静、张磊、李伟、刘洋，重庆是张勇、陈勇、刘勇、王勇、李勇、杨勇、陈伟、张伟、刘洋、李伟，广州是陈志强、黄志强、李志强、陈伟强、陈俊杰、陈妹、梁妹、黄俊杰、陈志明、陈丽华，杭州是王芳、陈燕、王伟、王燕、陈洁、陈伟、陈杰、陈敏、李萍、陈超，沈阳是刘洋、王丹、张伟、王伟、李丹、李伟、刘伟、王丽、张丽、王静，合肥是王芳、王伟、张伟、王勇、王军、王磊、张勇、王俊、张敏、王敏，南京是王秀英、张秀英、陈秀英、王芳、王伟、李秀英、张伟、张敏、王军、王萍。在这些名字中,我们同样可以发现女性名字很多。

在目前所知的对全国各地同名现象的研究中,值得一提的是南京的10大同姓名。这些同姓名是根据全国公民身份信息系统统计出来的,根据人数的多少依次是王秀英、张秀英、陈秀英、王芳、王伟、李秀英、张伟、张敏、王军、王萍,其中人数最多的前3位都是女性,并且都叫"秀英"。另外,这10个名字在字面上看明显具有女性姓名特征的一共有7个,分别是王秀英、张秀英、陈秀英、王芳、李秀英、张敏、王萍,占同名同姓排行前10名总人口数的73%。这7个女性名字中又有4个叫"秀英",其中王秀英3073人,张秀英2661人,陈秀英2290人,李秀英2038人。而把南京所有的"秀英"加在一起,总人数竟然达到10062人,几乎占前10名总人口数的一半。至于当地为何多"秀英",有关专家认为与时代性和地域性有关。就其时代性而言,它主要流行于20世纪初叶至20世纪50年代之间的一段时期内,当时家长们似乎特别钟爱给女孩子起这个名字。至于它的地域性,这一名字在江浙等南方地区明显高于北方,在北方的太原、石家庄、济南三个城市中只有济南市的"王秀英"勉强排在第10位,而太原和石家庄的"秀英"都在10位以外。究其原因,大约与南方人的性格、爱好都有关系,看到这个名字会让人联想到江南女性温婉、贤淑的性格。

第八节　多胞胎起名方法

近年来,随着计划生育政策的推行,国家提倡一对夫妇只生一个孩子,在一定程度上控制了我国人口猛增的势头。不过,有个有趣的现象,出生的孩子数量是越来越少了,但一胎生两个孩子或两个以上孩子的人却越来越多起来。多胞胎的出生无疑给孩子的父母带来了单胞胎所没有的乐趣,但由于孩子几乎同时来到人间,当然也让父母增加多倍的忙乱,同时也需要为他们起更多的名字。新生儿父母如果这时能在忙乱和欢乐的同时再给孩子起上一个有意义的名字,则应是锦上添花之举。

一、多胞胎应起特殊的名字

随着现代医学科技的发达和试管婴儿、药物促孕等技术的逐渐成熟，一胎多育现象变得越来越普遍。生双胞胎早已不是什么新闻，重庆巴南、湖北恩施、江苏昆山、福建泉州、浙江杭州等地都有3胞胎孩子出生的报道，江苏苏州、安徽合肥、广西梧州、陕西渭南、浙江宁海、湖南祁阳、湖南邵阳、安徽淮北、江苏徐州、河南商水、山东济宁、上海浦东、台湾台北、台湾嘉义等地也有4胞胎的孩子，安徽安庆、河北沧州、山东潍坊、广东潮阳、台湾高雄等地有5胞胎的孩子，黑龙江有一个孕妇怀了8胞胎的记录。甚至在国外，英国有3胞胎，美国有4胞胎，马来西亚、美国有5胞胎，葡萄牙、墨西哥有6胞胎，利比亚、阿尔及利亚有7胞胎，意大利有8胞胎。这种多胞胎的大量增加，还被认为是"世界性流行病"。

在通常情况下，女性一次妊娠只能生一个婴儿，自然受孕的双胞胎发生率为$1/89$，三胞胎的自然发生率为$1/89^2$，四胞胎的自然发生率为$1/89^4$。如果以1000对夫妇为例，通过人工授精、试管婴儿等辅助生殖技术成功受孕，正常的多胞胎发生率约为20%，即200对夫妇可能孕育双胞胎或多胞胎。然而，实际上，多胞胎的增长率远远超过了自然发生率和正常辅助生殖技术带来的多胎率。究其原因，主要是通过非正常手段，使用促排卵药物和其他辅助生殖技术而导致多胞胎数量的增加。一些医疗机构在经济利益的驱动下，抓住人们想多生个孩子的心理，滥用人类辅助生殖技术，直接导致多胞胎率提高。据不久前的一项统计显示，全世界已有30多万名"试管婴儿"出生，我国占3000多例，其中多胞胎比例很高。由于"试管婴儿"技术是把卵子与精子取出后在试管内进行受精，然后在试管内发育成早期胚胎，再移植到母亲子宫内发育生长，而胚胎的成活率又不高，每次需要多植入几个胚胎，因此就有可能出现多个胚胎都成活的情况。按规定，经国家卫生部批准的正规辅助生殖机构每次植入胚胎不得超过3个。但有些医疗机构根本不顾这些规定，多的一次就植入5~6个，如果植入子宫内的这些胚胎全部成活，就会受孕多胎。另外，现在医院接待的多胞胎孕产妇越来越多，其中大部分是由于服用促排卵药造成的。据湖南省有关方面的统计，该省的儿童医院在2005年和2006年两年共收治双胞胎和多胞胎283对，该院的重症监护室在2007年4月初同一时间涌入

12 例多胞胎。该省的妇幼保健院 2006 年的双胞胎发生率高达 10%~11%,三胞胎以上为 0.25%。而在近 10 年前,该院分娩的多胞胎仅占总分娩量的 2% 左右。湖南湘雅医院的产科,近年来多胞胎分娩数每年都在 50 例以上,也是数年前的好几倍,而且现在依然呈增长趋势。湘雅二医院的多胞胎发生率也在逐年上升。

上述这种一胎多育现象固然帮助父母实现了多子多福的心愿,但从起名的角度看,也需要为他们起更多的名字。特别是如果让名字起得更有意义,还必须掌握一些特殊的起名方法。

二、双胞胎起名法

在一胎多育的情况下,数量最多的是双胞胎。由于双胞胎大多来自同一个受精卵,在生理和性情上都有许多相似的地方。加上双胞胎大多是同一个性别,且出生时间相距较短,相貌往往十分酷似。因此,为双胞胎起名也应有与单胞胎不同的地方。当然,如果要为双胞胎起一个像一般人那样的名字,也未尝不可,但这样无法突出双胞胎的特点,显然不如起一个更能突出这一特点的名字。在这时,双胞胎父母通常的做法是为孩子起一个能相互联系的名字,以便彰显这种联系性。如 20 世纪 60 年代在我国的足球运动场上,曾活跃着一对双胞胎兄弟,他们的名字分别是李维妙、李维肖。如果把两人的姓氏去掉,名字合在一起就是成语"惟妙惟肖"。仔细分析起来,这对兄弟的名字起得相当绝妙、贴切。因为两人是孪生兄弟,长得酷似,本来就可以用"惟妙惟肖"来形容;进而把形容两人相貌的词语分解成两人的名字,依次各用两字,并且"维妙"为大,"维肖"为小,既照顾了两兄弟的排行,又不打乱原来成语的次序,可见是有较高艺术性的。而这种利用成语起名并把它们连在一起的做法,在起名学上叫作成语连贯法,可用这样起名的成语还有很多。如:山清水秀、鹏程万里、山高水长、温文尔雅、文质彬彬、天经地义、水木清华、龙舞风姿、白璧无瑕、毕恭毕敬、阳春白雪、任重道远、金榜题名、阳关大道、安然无恙、金玉满堂、治邦安家、欣欣向荣、碧雪(血)丹心、万象更新、锦绣河山等,每个成语都可以分成两个人的名字。

此外,如果双胞胎孩子的父母喜欢为孩子起两字词语的名字,或者把两字分别拆开来与某个固定的字搭配在一起,或者使用某些词语的谐音字,其实也可以起出很别致的名字的。近年风靡海内外的一对台湾双胞胎小姐妹,姐姐叫周玎希(Sandy),妹妹叫周玎函(Mandy),姐妹二人名字的最后一个字就是用了常用词语"稀罕"二字的谐音。近年上映的港台电影《双子神偷》,剧情本来就是双胞胎的故事,为了便于宣传,在拍摄之前就在两岸四地选拔双胞胎,结果片中云集了多对双胞胎,成为该片上演以后的一大卖点。片中饰演 Mona 和 Lisa 的是一对双胞胎姐妹梦娜和丽莎,姐妹的名字连在一起就是达·芬奇的名画《蒙娜丽莎》的名字;饰演云豹和云龙的是双胞胎兄弟梁自强和梁自立,他们的名字自强、自立也是常被连在一起使用的词语;饰演铁头和铜头的是双胞胎兄弟梁冠尧和梁冠舜,兄弟名字中的尧舜是历史上常常并称的两位传说中的圣贤。至于其他双胞胎起名的事例,如孩子分别姓王、姓李,又各喜欢团结、美丽两个词语,就可以为孩子起名王光团、王光结,或李小美、李小丽。又如,如果一对双胞胎姓康,也可以为他们起名康佳康、康艾康,或康志希、康志奇、康乃馨、康温馨、康佳盈、康洁盈、康定美、康定丽、康亭亭、康玉立。像上述这样可以用来起名的词语还有:和平、进步、力量、国家、民族、改革、开放、文化、鲜花、芙蓉、百灵、花卉、北京、上海、郑州,等等。

康乃馨

在我国民间或某些农村,还有一些比较随意的双胞胎起名法。如先为两个孩子选定一个字,然后以大、小进行区别,起一些诸如大双小双、大林小林、大孙小孙、大丽小丽之类的名字;有些人用相同的两个字为双胞胎孩子起名,只是把两字的排列次序颠倒一下,表示两个孩子有所区别。如有户人家在一个明月当空的夜晚生下两个孩子,便为先生下来的孩子起名明月,另一个孩子起名月明。这种起名方法,其实也是独具匠心的。

在为双胞胎孩子起名时,还有一些变通方法。如起名时从孩子是父母感情的结晶方面考虑,让孩子的名字从父母的姓名中产生;或者打破传统的让孩子随父姓的方法,让两个孩子一随父姓,一随母姓。如一对双胞胎的父母分别姓孙、杨,并为孩子起名为"明月",那么两个孩子的名字就可以叫作孙明月、杨明月,这样的名字也是很有意义的。再如,如果父母的姓氏不同,且两个姓氏连在一起又比较文雅,生下双胞胎以后,也可以用改变姓氏排列顺序的方法为孩子起名。比如夫妇两个一个姓张,一个姓文,生下双胞胎后,就可以为其中的一个起名为"张文",另一个起名"文章(张的谐音)"。

三、多胞胎起名法

除为双胞胎孩子起名外,为多胞胎孩子起名的方法也大抵如上所述。特别是由于生双胞胎以上的情况比较少见,在为这些不寻常的孩子起名时更应该发挥孩子父母及亲朋好友的聪明才智,为孩子起出更加不同寻常的名字。事实上,许多父母其实早就这样做了,所起出的名字也大多很有意义。如湖南邵阳一位母亲生了全男4胞胎,专家称全世界每352.5万人才可能出现这样一例"稀世珍宝",加上湖南人习惯把婴儿昵称为"毛毛",于是便把他们依次称为大毛、二毛、三毛、四毛,显得即随意自然又亲切可人。家住江苏新沂的一位母亲把自己的龙凤4胞胎孩子生在上海,受到上海各界多方面的关怀和照顾,东方明珠移动电视和上海市慈善基金会等还设立专项基金,关心和帮助他们。为了表示感谢,这对夫妇特地给孩子分别取名东东、方方、明明、珠珠,名字合在一起就是"东方明珠",寓意深刻。又如台北市的一户许姓人家在1995年生了1龙3凤4胞胎,分别按孩子的性别和大小排行,为他们起名为许圣懋、许惇雅、许惇景、许惇祺,体现了男女有别和浓浓的书卷味。同样在台湾,嘉义也有姓庄的1龙3凤4胞胎,分别被起名为庄芷涵、庄芷晴、庄邵宇、庄芷珊,从名字上我们可以看到老三是男孩。又如在安徽太湖县,一位母亲于2006年12月生下了3女2男5胞胎,依次为孩子起名为陈鑫雅、陈圣奥、陈杰欧、陈渔美和陈灿菲,其中老二和老三是男孩。5个孩子名字中含有金木水火土、五大洲,寓意是姐弟5人心连心迎接奥运会(五环)在我国举办。

由于多胞胎并不多见,有些在出生前就引起社会的关注,出生后更受到各方面的照顾,不少人还主动为孩子起名字,或者公开向社会征集名字。如在广东潮州市潮阳区,一个姓林的家庭在2002年4月26日生了3男2女5胞胎,一时引起轰动,孩子的父亲为了给孩子起些有意义的名字,特意找到一家报社,希望通过报纸向各界人士征集名字。结果,很快征集到许多不错的名字。其中有人建议用东、西、南、北、中5个字依次作为孩子名字的第一个字,用"华"字作为5个孩子名字的共用字,分别起名为林东华、林西华、林南华、林北华、林中华,并说这个"华"字在古汉语里与"花"谐音同义,寓意5个孩子是受到来自东西南北中各界热心人士关爱的"众人之花",也象征着"文明之花"在祖国大地处处绽放;还有人建议用林思翰、林思熹、林思道、林恩慧、林恩萱为孩子起名,寓意5胞胎向往文化、回报社会和从小得到社会好心人恩惠,快乐成长;又有人建议用孩子出生的时间和时代起名,共用表示旭日东升的"旭"字,然后再从"创建文明花"5字中各选一个字,起名为林旭创、林旭建、林旭文、林旭明、林旭花,而其中的林旭文和林旭花两个名字正好又为两个女孩使用,符合女孩的起名规律。由于一组组靓名接连而至,从中又体现了对孩子的一份份关爱,报社最后还专门召开了为5胞胎起名的座谈会,孩子的父母及其亲友在认真听取座谈专家意见后,一致决定为孩子起名为林东华、林西华、林南华、林北华和林中华。再如有人从互联网上为一家何姓人所生的5胞胎征询名字,同样受到不少人回应,所起出的名字有暗含金、木、水、火、土"五行"的名字何鑫、何森、何淼、何焱、何垚,以及把"请团结起来"5个字及其谐音分别用在孩子名中的学名何青、何团、何洁、何绮、何莱,昵称青青、团团、洁洁、绮绮、莱莱;把"金银珠宝珍"用在名中的何金雅、何银筱、何珠梦、何宝虞、何珍淑;或者起名为何清乐、何雅乐、何燕乐、何语乐、何韵乐,等等,都是些相当不错的构思。

当然,为多胞胎孩子起名不只是我们中国人的事情,对国外的那些多胞胎父母而言也面临同样的问题。据前些年的一家报纸报道,伊拉克一对新生双胞胎婴儿出生在美、英联军入侵伊拉克、总统萨达姆被推翻之际,孩子的父母作为萨达姆的不同政见者,为了表示对两国军队的感激之情,便分别以两国领导人的名字乔治·布什和托尼·布莱尔给孩子起名。而孩子的父母一个叫阿卜杜拉·卡迪,另一个叫娜迪娅·穆罕默德,都与这两个孩子的名字毫无关系。对此,孩子的父亲还对采访的记者解释说:"所有的伊拉克人都非常痛恨前总统萨达姆,是美国总统布什解放了我们。没有布什总统，这种事情是不可能发生的。如果没有布什总统的举动，萨达姆的儿子可能会继续统治我们长达数年。布什总统从萨达姆的手中将我们拯救了出来，这就是我们为什么要将自己的儿子命名为布什的原因。"从孩子父亲的这段话中我们不难看出，即使在国外，多胞胎孩子的父母依然希望孩子的名字能够起得有意义，对孩子的舐犊之情是天下父母所共有的。

第九节　起名参考

起名实际上是人生中的一件大事。在为孩子起名时，起名者也许由于这样或那样的原因，对所起的名字没有太周全的考虑，但若想到自己所起的名字将伴随孩子的一生，甚至还会对孩子在某些方面发生影响，也就不能不慎之再慎了。正是由于这种原因，早在几千年前的孔老夫子就曾说过，"必也正名乎，名不正则言不顺"，一语道破了名字的重要性。因此，为了帮助你给孩子起个好名字，这里选取一些含义或词义搭配较好的名字，根据名字首字的汉语拼音顺序进行分类，供你在起名时进行参考。不过，在这里必须要提醒的是，如果直接从中选名字则应当慎重，因为这些都是使用率较高的名字。

一、男孩起名参考

如前所述，在我国传统习惯上，男孩起名多讲究"阳刚之气"，起出的名字大多带有阳光伟岸，积极向上、兴家立业、胸怀祖国、诗书传家、风流倜傥等色彩。以下选取的一些便是如此。

A

岸冰　结冰的江岸。宋·吴文英词："冰岸飞梅。"

岸飞　鸟从岸边飞过。宋·欧阳修《采桑子》："无风水面琉璃滑，不觉船移，微动涟漪，惊起沙禽掠岸飞。"

岸柳　岸边杨柳。宋·张元幹词："凉生岸柳催残暑。"

安仁　安心于仁义道德。《论语·里仁》："仁者安仁，知者利仁。"

白冰　心灵纯洁如冰。南朝·宋·鲍照《代白头吟》："直如朱丝绳,清如白壶冰。"

白驹　白色的骏马。《庄子·知北游》："人生天地之间,若白驹之过溪,忽然而已。"

白雨　白色的雨点。宋·苏轼诗："黑云翻墨未遮山,白雨跳珠乱入船。"

百川　江河。《淮南子·泰族训》："百川并流,不汇海者不为川首。"

邦彦　国家的贤才。《诗·国风·郑风》："波其之子,邦之彦兮。"

秉德　保持美好的品德。战国·楚·屈原《楚辞·九章》："秉德无私,参天地兮。"

博文　博学有文才。《论语·子罕》："夫子循循善诱人,博我以文,约我以礼,欲罢不能"。

尘远　心气平和,犹如尘世远离。清·张康衢词："坐觉尘嚣远,晴天卷片霞。"

成德　成就优良品德。《易·乾》："君子以成德为行,日可见之行动。"

诚明　真诚而聪明。《中庸》："自诚明,谓之性;自明读,谓之敎。"

澄辉　清莹澄澈的光辉。宋·晁元礼《绿头鸭》："烂银盘,来从海底,皓色千里澄辉。"

崇德　崇尚贤德,克己做人。《荀子·不苟》："崇人之德,扬人之美,非谄谀也。"

崇光　光芒。宋·苏轼《海棠》："东风袅袅泛崇光,香雾空蒙月转廊。"

春波　春水泛起碧波。宋·晏殊词："红蓼花香夹岸稠,绿波春水向东流。"

春晖　春天的阳光。唐·孟郊《游子吟》："谁言寸草心,报得三春晖。"

春鸣　飞鸟为春天鸣唱。南朝·宋·谢灵运诗："池塘生春草,园柳变鸣禽。"

达人　博通达观之人。《菜根谭》："达人观物外之物,思身后之身。"

道朋　与有共同理想的人为朋友。宋·欧阳修《朋党论》："君子与君子以同道为朋,小人与小人以同利为朋。"

得昌　因得到贤才而昌盛。《韩诗外传》："得贤则昌,失贤则亡。"

德光　道德高尚的人光芒四射。《谷梁传·僖公十五年》："德厚者流光,德薄者流卑。"

得强　得到人才便能强大。汉·东方朔语:"得士者强,失士者亡。"

得兴　得到合适的人才就会兴旺。《史记·商君列传》："得人者兴,失人者崩。"

德合　道德与万物溶合在一起。《易·坤》："坤厚载物,德合无疆。"

德立　树立高尚的品德。《管子·君臣》："惭求于己者多,故德行立。"

德邻　有道德的人能赢得尊敬。《论语·里仁》："德不孤,必有邻。"

德明　道德圣明,如日月普照。《易·乾》："夫大人者,与天地合其德,与日月合其明。"

德业　德行、事业。《菜根谭》："宠利毋居人前,德业毋落人后。"

德音　美德在天下传扬。《诗·大雅·皇矣》："貊其德音,其德克明。"

F

芳原　芬芳的原野。唐·韦应物《东郊》："微雨蔼芳原。"

飞鸿　飞翔的鸿雁。宋·苏轼《和子渑池怀旧》："人生到处知何似,恰似飞鸿踏雪泥。"

飞雪　雪白的羽禽在空中飞翔。宋·董颖诗:"万顷沧江万顷秋,镜天飞雪一双鸥。"

飞雨　大雨飘落而下。宋·周邦彦词:"对宿烟收,春禽静,飞雨时鸣高屋。"

风鸣　风吹树叶,沙沙作响。唐·孟浩然诗:"风鸣两岸时,月照一孤舟。"

G

高博　站得高看得远。荀子《劝学》:"不如登高之博见也。"

顾言　说到做到,注意自己的言行。《礼记·中庸》:"言,顾行;行,顾言。"

广川　辽阔的山川。唐·上官仪《入朝洛堤步月》："脉脉广川流,驱马历长洲。"

光曜　光芒闪闪夺目。唐·李白《古风》"明月出海底,一朝开光曜。"

贵祥　遇事以考虑周详为可贵。明·张居正《陈六事疏》："天下之事,虑之贵祥,行之贵力,谋在于正,断之在独。"

国栋　国家的栋梁之材。宋·王安石《王文公文集·材论》："材之用,国之栋梁也,得之则安以荣,失之则亡以辱。"

国器　国家的宝器、人才。汉·刘向《新序》："智士者国之器。"

国祥　国家的福气、祥瑞。《中庸》"国家将兴,必有福祥"。

H

海立　海水在风中立起巨浪。宋·苏轼诗："天外黑风吹海立。"

海江　海风江月。唐·李白诗："海风吹不断,江月照还空。"

寒冰　严寒使水结冰,磨炼使人成才。《荀子·劝学》："青,取之于蓝,而青于蓝;冰,水为之,而寒于水。"

涵清　池塘水清而浅。宋·谢逸诗："烟雨幂横塘,绀色涵清浅。"

浩然　浩迈坦荡。《孟子·公孙丑上》："吾善养吾浩然之气。"

荷举　荷叶飘扬。宋·周邦彦词："叶上初阳乾宿雨,水面清圆,一一风荷举。"

弘道　把美德发扬光大。《论语·卫灵公》："人能弘道,非道弘人。"

弘毅　目光远大,坚强而有毅力。《论语·泰伯》："士不可以不弘毅,任重而道远。"

鸿飞　大雁展翅飞翔。苏轼《十算子》："鸿飞何复计东西。"

厚德　宽厚的品德。《菜根谭》："德随量进,量由识长。故欲厚其德,不可不弘其量。"

华野　花朵开遍原野。魏·王粲《登楼赋》："华实蔽野。"

怀玉　胸怀美玉一样的品质。《老子》："是以圣人被褐怀玉。"

怀德　胸怀仁义道德。《论语·里仁》："君子怀德,小人怀土。"

国学经典文库

中华姓氏文化

·孩儿起名·

图文珍藏版

霁光　雨后的阳光。宋·苏轼诗："一夕轻雷落万丝,霁光浮瓦碧参差。"

霁华　明丽的月光。宋·刘克庄词："繁灯奇霁华,戏鼓侵明发。"

江春　江边的树林充满春色。唐·杜审言《和晋陵陆丞早春游望》："云霞出海曙,梅柳渡江春。"

江雨　秋雨在江波中飘落。宋·史达祖词："秋江带雨,寒沙萦水,人瞰画阁愁独。"

江天　江水辽阔直达天际。宋·柳永《八声甘州》："对潇潇暮雨洒江天,一番洗清秋。"

金波　金色的光芒。宋·辛弃疾《太常引》："一轮秋影转金波,飞境又重磨。"

锦章　漂亮的文采。唐·杨炯诗："绝壁横天险,莓苔烂锦章。"

谨德　谨言慎行是良好的品德。《菜根谭》："谨德须谨于至微之事,施恩务施于不报之人。"

进德　品德不断增进、提高。晋·陶渊明语："进德修业,将以及时。"

晋明　像朝霞一样冉冉上升。《易·晋》："晋,进也,明出地上。"

景风　夏天的风。《史记·律书》："景风居南方,景都言阳气道竟,故曰景风。"

景殊　景色优美,与他处不同。明·刘基诗："大江之南风景殊,杭州西湖天下无。"

敬德　崇尚道义,树立品德。《周易·坤》："君子敬义直内,义以方外,敬义立而德不孤。"

静江　江水静静,无声无息。宋·汪藻《点绛唇》："夜寒江静山衔斗。"

静溪　清静美丽的小溪。明·刘泰诗："云溪一带静无河,门对青山是我家。"

觉远　心平气静,似觉远离尘世。清·张康衢诗："坐觉尘嚣远,晴天卷片霞。"

君诚　君子贵在诚实。《礼记·中庸》："君子诚之为贵。"

君儒　像儒雅君子一样有道德。《论语·雍也》："女为君子儒,无为小人儒。"

俊驰　彩色飞舞。唐·王勃《滕王阁序》："俊彩呈驰。"

俊哲　深远的智慧。《尚书·舜典》:"俊哲文明,温恭允塞。"

K

克己　约束和克制自身的言行、私欲,以合乎礼仪规范。《汉书·王嘉传》:"重百金之费,克己不作。"

克家　管理家族事务,振兴家业。《易·蒙》:"子克家。"唐·杜甫诗:"食德见从事,克家何妙年。"

克俭　勤劳而节俭。《书·大禹谟》:"克勤于邦,克俭于家。"

克明　能够明察一切。《尚书·伊训》:"居上克明,为下克忠。"

克仁　克制和约束自己,具有高尚品德。《陈确集·别集》:"求仁之方,无过克己。"《论语·颜渊》:"克己复礼为仁。"

可贞　保持美好品德。《易·坤》:"含章可贞。"

L

乐成　为成功欢乐。汉·徐干《中论·治学》:"大乐之成,非取乎一音。"

乐道　以通晓所追求的道理为快乐。《礼记·乐记》:"君子乐得其道,小人乐得其欲。"

乐善　以做善事为快乐。汉·黄石公《素书》:"乐莫乎大于好善。"

乐天　乐观向上。《孟子·梁惠王下》:"乐以天下,忧以天下。"

立德　树立高尚品德。《左传·襄公二十四年》:"大上有立德,其次有立功,其次有立言,虽久不废,此之谓不朽。"

立行　树立行为准则。《老子》:"企者不立,跨者不行。"

立业　创立事业。明·王永彬《围炉夜话》:"立业无论大小,总要此身做得来。"

丽泽　水泽相连,滋润万物。《易·兑》:"丽泽,兑;君子以朋友讲习。"

林岫　群山、丛林。《菜根谭》:"诗思在灞陵桥上,微吟就,林岫便已浩然。"

林耀　出类拔萃,耀于林中。晋·陶渊明诗:"芳菊开林耀,青松冠岩列。"

灵耀　灵光闪耀。《古尊宿语录》:"灵光独耀,迥脱根尘。"

凌风　展翅飞翔,凌驾于风云之上。晋·阮籍诗:"鸿鹄相随飞,飞飞适荒裔。双翮凌长风,须臾万里逝。"

M

蒙正　自幼培养纯正的品质。《易·蒙》:"蒙以养正,圣功也。"

梦远　梦境悠远。五代·李后主《望江梅》:"闲梦远,南国正清秋。"

敏行　行动敏捷、勤劳。《论语·里仁》:"君子欲讷于言而敏于行。"

敏学　才思敏捷而又好学。《论语·公冶长》:"敏而好学,不耻下问。"

明哲　通晓事理。《尚书·说命上》:"知之曰明哲。"《诗经·大雅》:"既明且哲,以保其身。"

N

年华　岁月。五代·冯延巳词:"雪云乍变春云簇,渐觉年华堪纵目。"

念慈　心念慈祥。《菜根谭》:"一念慈祥,可以酝酿两间之气;寸心洁白,可以昭重百代清芬。"

P

平康　平安康乐。隋·王通《文中子·魏相篇》:"平康正直,夫如是故全。"

平林　平原上的树木。《诗·小雅·车辖》:"依波平林,有集维鹪。"

平野　广阔的平原旷野。唐·李白诗:"山随平野尽,江入大荒流。"

Q

齐光　像阳光一样放出光辉。战国·楚·屈原《离骚》:"与天地兮同寿,与日月兮齐光。"

启明　开启光明。《逊志斋集·牖》:"启之启之,勿蔽汝天明。"

启林　开创新的事业。《左传·宣公十二年》:"筚路蓝缕,以启山林。"

谦益　谦逊的品德对自己有益。《尚书·大禹谟》:"满招损,谦受益。"

青雨　云霭青青端,烟雨飘飘。唐·李白诗:"云青青兮欲雨,水澹澹兮生烟。"

清辉　皎洁的月光。唐·王昌龄诗："清辉淡水木,演漾在窗户。"

清泉　泉水清澈。唐·杜甫《佳人》："在山泉水清,出山泉水浊。"

清扬　清朗开爽。唐·刘商诗："清扬似玉须勤学。"

清源　源头清澈,水流不竭。宋·朱熹语："问渠那得清如许,为有源头活水来。"

晴光　明媚的阳光。唐·杜审言诗："淑气催黄鸟,晴光转绿苹。"

庆长　福禄绵长。《菜根谭》："仁人心地宽舒,便福厚而庆长。"

秋江　秋风在江面上吹拂。唐·刘禹锡诗："芦苇秋风起,秋江鳞甲生。"

泉泓　山泉泓浑清滢。宋·刘子寰诗："去壑泉泓,小者如杯,大者如罂。"

R

仁静　有仁德的人恬静康乐。《论语·雍也》："知者乐水,仁者乐山。知者动,仁者静。知者乐,仁者寿。"

任重　责任重大。《论语·泰伯》："任重而道远。"

如鸿　心胸开阔,淡然面对人间的事情,当作鸿毛一样微不足道。唐·李欣诗："心轻万事如鸿毛。"

如璋　像圭璋美玉一样。《诗·大雅·巷阿》："颙颙卬卬,如圭如璋,令闻四方。"

润身　以美德滋润自身。《礼记·大学》："德润身,心广体胖,故君子必诚其意。"

若冰　像冰一样。宋·陆游诗："养心虽若冰将释。"

若愚　谦虚而不随意卖弄才华。宋·苏轼《贺欧阳少师致仕启》："大勇若怯,大智如愚。"

S

山雨　山上飘落的细雨。唐·王维诗："山中一夜雨,树林百重泉。"

山月　山中的月亮。唐·李白诗："暮从碧山下,山月随人归。"

善能　积德行善而有所作为。老子《道德经》："居善能,心善渊,与善仁,言善

善昌　积德行善才能发达昌盛。《诸葛亮集》:"善积者昌,恶积者丧。"

善志　好的志向。《淮南子·主术训》:"人无善志,虽勇必伤。"

韶光　美好的时光。宋·柳永词:"此际海燕偏饶,都把韶光与。"

韶华　大好时光。宋·秦观词:"韶华不为少年留,恨悠悠,几时休。"

诗华　学问渊博的人气度不凡。宋·苏轼诗:"粗缯大布裹生涯,腹有诗书气自华。"

时敏　时刻勤奋努力。《尚书·说命下》:"惟学逊志,务时敏,厥修乃来。"

时雨　及时飘落的细雨。晋·陶渊明诗:"神萍写时雨,晨色奏景风。"

士勤　勤奋做人。《弟子》:"上士闻道,勤而行之。"

守正　保持纯朴和浩然正气。《菜根谭》:"宁守浑噩而黜聪明,留此正气还天地。"

舒波　碧波荡漾。唐·韩愈《八月十五夜赠张功曹》:"清风吹空月舒波。"

思诚　追求诚实正派的做人法则。《孟子·离娄上》:"是故诚者,天之道也;思诚者,人之道也。"

树茂　树木浓密繁茂。三国·魏武帝《步出夏门行》:"树木丛生,百草丰茂。"

松风　松间吹过的微风。唐·李白诗:"长歌吟松风,曲尽河星稀。"

松茂　严寒中茂盛的松柏。晋·葛洪《抱朴子·论仙》:"谓冬必凋,而松柏茂。"

松明　苍松中透出光明。宋·舒岳祥诗:"溪上人家应夜绩,松明一点出疏篱。"

松雪　苍松上的积雪。宋·周密词:"松雪飘寒,岭云吹冻,红破数椒春浅。"

松雨　松树上的雨滴飘落。宋·姜夔词:"双桨莼波,一蓑松雨,暮愁渐满空阔。"

T

特立　特然独立,意志坚定。明·朱舜水《朱舜水集·毅》:"毅然特立,有为之士也。"

天汉　天上的银河。《诗·小雅·大东》："维天有汉,鉴亦有光。"
天朗　天色晴朗。晋·王羲之《兰亭序》："天朗气清,惠风和畅。"
天佑　上天的庇佑和帮助《易·系辞上》："佑者,助也。天之所助者,顺也。"
天宇　宇宙天空。宋·朱敦儒诗:"天宇著垂象,日月共回旋。"
天远　蓝天高远。宋·黄庭坚诗:"落木千山天远大,澄江一道月分明。"

W

万法　万事万物。《五灯会元》："万法齐观,归复自然。"
万沙　黄沙万里。唐·刘禹锡诗:"九曲黄河万里沙。"
望海　东望苍海,茫茫无际。唐·白居易诗:"海天东望夕茫茫,山势川形阔复长。"
微之　以小见大。《战国策·秦策》："识乎微之为著者强。"
惟明　目光明亮。《尚书·太甲中》："视远惟明,听德惟聪。"
文祥　吉祥的礼节。《诗·大雅·大明》："文定厥祥,亲迎于渭。"
闻乐　闻善而乐。晋·陶渊明诗:"闻多素心人,乐与数晨夕。"
问裕　勤学好问,知识充裕。《尚书·仲之诰》："好问则裕,自用则小。"

X

喜晨　明朗的晨曦令人欣喜。晋·陶渊明诗:"悲风爱静夜,林鸟喜晨开。"
向风　正面吹来的风。《史记·司马相如列传》："向风而听,随流而化。"
霄宇　天空中飘浮的云。晋·陶渊明《时运》："山涤余霭,宇暖微霄。"
晓光　破晓的曙光。宋·黄大受诗:"星光欲没晓光连,霞晕红浮一角天。"
晓声　飞鸟破晓的叫声。唐·熊孺登诗:"浑树黄鹂晓一声,林西江上月犹明。"
晓天　天空破晓。唐·陈子昂诗:"明月隐高树,长河没晓天。"
晓涛　晨风吹起波涛。宋·吴潜词:"长江万里东注,晓吹卷惊涛。"
心澄　心情清朗明澈。《菜根谭》："当雪夜月天,心境便尔澄澈。"
欣德　愉悦于高尚的德行、操守。晋·陶渊明诗:"伊余怀人,欣德孜孜。"

新欣　心情欢欣清新。晋·陶渊明诗："情欣新知欢，言咏遂赋诗。"

新雨　新落的春雨。唐·邱为诗："草色新雨中，松声晚窗里。"

信昌　有信义的人能够兴盛。《孙子兵法·威王问》："素信者昌。"

信芳　心地纯洁。《楚辞·离骚》："不吾知其亦已兮，苟余情其信芳。"

星汉　天上的银河。三国·魏武帝《步出夏门行》："星汉灿烂，若出其里。"

修远　人生路漫长，追求无止境。《楚辞·离骚》："路漫漫其修远兮，吾将上下而求索。"

玄通　通达事物的原理。晋·阮籍诗："招彼玄通士，去来归羡游。"

学君　君子以学习最为重要。宋·晁说之《晁氏客语》："君子莫大于学，莫害于昼，莫病于自足，莫罪于自弃。"

学理　探究事物的本源。《荀子·大略》："善学者尽其理，善行者究其难。"

学智　好学可以使人聪明。《礼记·中庸》："好学近乎智。"

Y

言明　善于接受别人的建议，能使自己变得聪明。清·魏源《默觚·治篇》："君子受言以达聪明。"

业勤　事业的成功在于勤奋。唐·韩愈《进学解》："业精于勤，荒于嬉；行成于思，荒毁于随。"

叶帆　舟船挂起风帆。宋·柳永《迷神引》："一叶扁舟轻帆卷。"

叶声　风吹树叶飒飒作响。宋·张耒诗："梧桐真不甘衰谢，数叶迎风尚有声。"

叶阳　夕阳映照树叶。宋·周邦彦词："叶下斜阳照水，卷轻浪，沉沉千里。"

叶舟　一叶小舟在水面上轻轻飘浮。宋·谢逸词："蓼花汀上西风起，一叶子舟烟雾里。"

一飞　高飞。晋·阮籍诗："云间有玄鹤，抗志扬哀声。一飞冲青天，旷世不再鸣。"

忆南　南方的岁月令人回忆。唐·白居易《忆江南》："日出江花红似火，春来江水绿如蓝，能不忆江南。"

亦友　也是朋友。元·翁森诗："好鸟枝头亦朋友，落花水面皆文章。"

益青　珍惜旺盛的志向。唐玄宗《赐新罗王》诗："益重青青志，风霜恒不渝。"

逸群　个人才能出类拔萃。《三国志·关羽传》："孟起兼资文武，犹未及髯之绝伦逸群也。"

逸真　安闲以守纯真。《菜根谭》："能者劳而耐怨，何如拙者逸而全真。"

懿行　美好的行为。《菜根谭》："让，懿行也。"

有恒　坚持不懈，持之以恒。汉·崔瑗《座右铭》："行之苟有恒，久久自芬芳。"

有朋　拥有朋友，享受人生的快乐。《论语·学而》："有朋自远方来，不亦乐乎?"

于飞　展翅飞翔。《诗·国风·葛覃》："黄鸟于飞，集于灌木，其鸣喈喈。"

于海　归于大海，达到目的。汉·扬雄《法言》："百川学海而至于海。"

余庆　很多的德泽。明·王永彬《围炉夜话》："积善之家，必有余庆。"

雨帆　茫茫雨雾中帆影闪烁。宋·张元幹词："绿卷芳洲生杜若，数帆带雨烟中落。"

雨来　时雨徐徐飘来。宋·李清照《摊破浣溪河》："枕上诗篇用处好，门前风景雨来佳。"

雨青　细雨濛濛，草色青青。宋·张先词："惜春更选残红折，雨轻风色暴，梅子青时节。"

雨润　细雨润滋万物。唐·韩愈《早春呈水部张十八员外》："天街小雨润如酥。"

雨新　雨后的清新气象。《菜根谭》："雨后观山色，景象便觉新妍。"

玉润　细像玉石一样细腻光滑。唐·张文琮《咏水诗》："方流涵玉润，圆折动珠光。"

郁青　郁郁葱葱的青山绿水。宋·朱熹《水口行舟》："郁郁层峦夹岸青，青山绿水去无声。"

育德　培育美德。《易·蒙》："君子以果行育德。"

国学经典文库

中华姓氏文化

·孩儿起名·

图文珍藏版

月帆 月光下的小舟张帆远行。清·李思曾诗："半夜多啼霜正满，一帆斜月过枫桥。"

月轩 月上廊轩。南朝·宋·江淹《别赋》："日下壁而沉彩，月上轩而飞光。"

云度 白云轻轻飘浮。宋·张元幹诗："雾柳暗时云度月，露荷翻处水流萤。"

云帆 大海风帆，乘风破浪。唐·李白诗："长风破浪会有时，直挂云帆济沧海。"

云舒 白云随风舒卷。《文始真经》："云之卷舒，鸟之飞翔，皆在虚空中，所以变化不穷。"

云涛 云海似波涛。宋·李清照《渔家傲》："天接云涛连晓雾。"

Z

泽风 大泽上吹拂着和风。《易·中孚》"泽上有风，中孚。"

昭明 耀眼的光明。《荀子·劝学》："是故而冥冥之志者，无昭昭之明。"

朝闻 早些懂得做人的道理，注重真理。《论语·里仁》："朝闻道，夕死可矣。"

知明 知人知己，智慧聪明。《老子》："知人者智，自知者明。"

知学 知道学习而获得动力。汉·王充《论衡·效力》："人有知学，则有力矣。"

知彰 从隐微处看到事物的结局。《易·系辞下》："君子知微知彰，知柔知刚，万夫之望。"

至诚 最为善良、坦诚。《中庸》："唯天下至诚，为能尽其性。"汉·黄石公《素书》："神莫神于至诚。"

志清 心志清远。唐·李善《昭明文选》注："登高使人意遐，临深使人志清。"

志圣 追求不懈，志在圣贤。清·黄宗羲《宋元学案》："善学者志在乎圣人，而行无忽乎卑近。"

志远 志向远大。三国·蜀·诸葛亮《诸葛亮集》"夫志当存高远。"

致远 安静沉着，追求远大目标。《淮南子·主术训》："是故非淡薄无以明德，非宁静无以致远。"

智成 以智慧获得成功。《文子·积德》："合智之所为，则无不成也。"

钟晓　晨钟报晓。宋·陆睿词：“千金买光景，但疏钟催晓，乱鸦啼暝。”

竹清　清脆的声音从竹上滴水中发出。唐·王昌龄诗：“荷风送香气，竹露滴清响。”

自正　处在自然环境，做正直无邪的人。唐·孟郊诗：“心中人自正，路险心亦平。”

自明　能够看清自己的人最聪明。老子《道德经》：“知人者智，自知者明。”

二、女孩起名参考

像男孩一样，女孩起名也大多喜欢引经据典，但名字的来源更加丰富多彩。由于我国民间对女孩有基本近似的要求，希望她们温柔、美丽、贤淑，拥有仪态美、风度美、气质美，为女孩起名也多是以美为内涵的名字，富有新意，往往让人有丰富的联想。现从传统诗文典故中选取一些音、义都较好的名字，供为女孩起名时参考。

A

霭芳　细雨滋润芳草。唐·韦应物诗：“微雨霭芳原，春鸠鸣何去。”

B

白雪　洁白如雪。宋·王禹偁诗：“棠梨叶落胭脂色，荞麦花开白雪香。”

冰晴　冰池映照晴空。宋·严仁词：“冰池晴绿照还空，香径落红吹已断。”

冰姿　洁白无瑕的姿容。宋·杨无咎词：“为爱冰姿，画看不足，吟看不足。”

C

常静　保持宁静。《菜根谭》：“水流任急境常静，花落虽频意自闲。”

晨月　晨曦中的一轮弯月。毛泽东词：“西风烈，长空雁叫霜晨月。”

晨云　晨曦照耀，彩云飞舞。元·黄清老诗：“晨光海上来，云山生万壑。”

春芳　春天里花草芬芳。唐·孟郊诗：“春芳役双眼，春色柔四支。”

春絮　春天飘舞的柳絮。清·徐灿词：“芳草才芽，梨花未雨，春魄已作天涯絮。”

春妍　妍丽的春天。宋·苏轼词:"今年春浅腊侵年,冰雪破春妍。"

春阳　明媚的春天。《射阳先生存稿·杂言赠冯南淮此部谪茂名》:"男儿通塞宁有常,层冰之后生春阳。"

翠玉　翠绿的树叶犹如美玉一般。宋·姜夔《念奴娇》:"翠叶吹凉,玉容消酒。"

D

黛云　青绿的彩云。宋·刘辰翁《永遇乐》:"璧月初晴,黛云远淡。"

淡春　春色淡淡。宋·张先《醉垂鞭》:"朱粉不深匀,闲花淡淡春。"

丹青　红色和青色颜料,也指像颜料一样赤胆红心。文天祥《过零丁洋》:"人生自古谁无死,留取丹心照汗青。"

点梅　梅花点点。宋·朱熹诗:"读书之乐何处寻,数点梅花天地心。"

东菊　东边迷人的菊花。晋·陶渊明《饮酒》:"采菊东篱下,悠然见南山。"

F

方怡　心情怡然自乐。宋·黄公度诗:"方寸怡怡无一事。"

芳菲　芳草芬芳,争奇斗妍。唐·韩愈诗:"草树知春不久归,百般红紫斗芳菲。"宋·陈亮《水龙吟》:"恨芳菲世界,游人未赏,都付与莺和燕。"

飞琼　天上飞舞的奇花仙葩。宋·周密词:"朱钿宝玦,天上飞琼,比人间春别。"

飞霞　霞光四溢。唐·李白《望庐山瀑布》:"飞珠散轻霞,流沫沸穹石。"

飞雪　像飞舞的雪花一样。宋·董颖诗:"万顷沧江万顷秋,镜天飞雪一双鸥。"

风荷　风吹荷叶摇曳。宋·周邦彦词:"叶上初阳乾宿雨,水面清圆,一一风荷举。"

风燕　燕子在微风中飞舞。唐·杜甫诗:"细雨鱼儿出,微风燕子斜。"

风莺　和风中的黄莺。宋·周邦彦《满庭芳·夏日溧水无想山作》:"风老莺雏,雨肥梅子,午阴嘉树清圆。"

H

含容　隐含容纳。明·冯梦龙《醒世恒言·一文钱小隙造奇冤》："含容终有益,任意是生灾。"

荷风　风送荷香。唐·孟浩然《夏日南亭怀辛大》："荷风送香气。"

荷露　荷叶雨露。唐·白居易诗："草萤有耀终非火,荷露虽圆岂是珠。"

红芳　红花吐芳。宋·欧阳修词："翠苑红芳晴满目。"

画秋　秋色如画。宋·柳永《倾杯》："鹜落霜洲,雁横烟渚,分明画出秋色。"

惠风　和风。晋·王羲之《兰亭集序》："天朗气清,惠风和畅。"

蕙心　兰蕙花香芳姿。宋·孙光宪诗："蕙心无处与人同。"

蕙雪　蕙花飘香,皎月雪白。宋·蒋捷词："蕙花香也,雪晴池馆如画。"

J

江红　晚霞映红江面。唐·白居易诗："一道残阳铺水中,半江瑟瑟半江红。"

江静　江面寂静。唐·宋之问诗："江静潮初落,林昏瘴不开。"

江秋　一江的秋意。清·王士禛诗："一曲高歌一樽酒,一人独钓一江秋。"

江雪　江上寒雪。唐·柳宗元《江雪》："孤舟蓑笠翁,独钓寒江雪。"

际云　云际。明·沈绰诗："月出松际云,清光满篱舍。"

霁华　明亮的月光。宋·刘克庄诗："繁灯夺霁华,戏鼓侵明发。"

娇莺　黄莺啼鸣娇美清婉。唐·杜甫《江畔独步寻花七绝句》："留连戏蝶时时舞,自在娇莺恰恰啼。"

晶盈　明媚亮丽。唐·欧阳詹《秋月赋》："皎皎摇摇,晶晶盈盈。"

静帆　行船落帆夜泊。宋·柳永《满江红》："暮雨初收,长川静,征帆夜落。"

静芳　花开芬芳恬静。宋·范成大诗："春晚山花各静芳,从教红紫送韶光。"

静姝　姑娘美丽文静。《诗·邶风》："静女其姝。"

静月　静静的月光。晋·陶渊明赋："静月澄高,温风始逝。"

君秀　秀美可人。唐·李商隐诗："怜君孤秀植庭中,细叶轻阴满座风。"

K

昆玉　昆仑山出产的美玉。李斯《逐客书》："今陛下致昆山之玉。"

L

兰洁　兰花的芬芳皎洁。唐·张九龄《感遇十二首》："兰叶春葳蕤,桂花秋皎洁。"

阑静　夜阑风静。宋·苏轼词："夜阑风静縠纹平,小舟从此逝,江海寄余生。"

乐琴　喜欢听到悦耳的琴声。晋·陶渊明赋："悦亲戚之情话,乐琴书以消忧。"

莲如　貌美如莲花。清·朱彝尊《越江词》："一自西施采莲后,越中生女尽如花。"

令姿　姣美姿容令人赞叹。晋·陶渊明赋："夫何环逸之令姿,独旷世以秀群。"

柳娇　微风中飘拂的娇美垂柳。宋·陈克《菩萨蛮》："赤阑桥尽香街直,笼街细柳娇无力。"

柳媚　细柳妩媚。宋·苏轼《浣溪沙》："细雨斜风作晓寒,淡烟疏柳媚晴淮。"

露凝　雨露凝聚。晋·陶渊明《和郭主簿》："露凝无游氛,天高肃景澈。"

M

媚妍　娇媚柔和。晋·陶渊明语："神仪妩媚,举止详妍。"

美芳　芳草美丽。晋·陶渊明《桃花源记》："芳草鲜美,落英缤纷。"

梦梅　梦从梅花下醒来。清·魏际瑞诗："山鸟月中寒,梦醒梅花下。"

明虹　明丽的彩虹。宋·陈著词："明虹收雨。"

明洁　光亮洁白无瑕疵。唐·孟郊《投所知》："铄金索坚贞,洗玉求明洁。"

N

内美　内在的良好素质。《楚辞·离骚》："纷吾既有此内美兮,又重亡以修能。"

凝香 芳香浓艳。唐·李白诗:"一枝红艳露凝香。"

P

飘红 花瓣在水中漂浮。宋·吴文英词:"水圆沁碧,骤夜雨飘红。"

娉婷 美丽异常。宋·苏轼词:"何处飞来双白鹭,如有意,慕娉婷。"

Q

纤云 薄云飘舞。宋·周邦彦《解语花·元宵》:"桂华流瓦,纤云散,耿耿素娥欲下。"

巧沁 雨雪巧妙地融入生命之中。宋·史达祖《东风第一枝·咏春雪》:"巧沁兰心,偷粘草甲,东风欲障新暖。"

清芳 清新芬芳。唐·李白《赠孟浩然》:"高山安可仰,徒此揖清芳。"

清秋 秋色清清。唐·孟浩然诗:"愁因薄暮起,兴是清秋发。"五代·李煜《望江梅》:"闲梦远,南国正清秋。"

清婉 明媚动人。《诗·郑风·野有蔓草》:"有美一人,清扬婉兮。"

晴柔 晴空里和风轻柔。宋·杨万里诗:"泉眼无声惜细流,树阴照水爱晴柔。"

琼华 美玉。《诗·齐风·著》:"尚之以琼华乎而。"

琼羽 琼花飞羽,美妙迷人。李白《春夜宴诸从弟桃园序》:"开琼莲以坐花,飞羽觞而醉月。"

秋韵 秋天的神韵。宋·欧阳修《玉楼春》:"夜深风竹敲秋韵。"

R

如虹 貌美如彩虹。清·龚自珍诗:"美人如玉剑如虹。"

如眉 细柳如眉。五代·冯延巳词:"青梅如豆柳如眉,日长蝴蝶飞。"

如梦 像梦一样美。苏轼《出郊寻春》:"人似秋鸿来有信,事如春梦了无痕。"

如雪 梅花如雪飞舞,落英满地。五代·李煜《清平乐》:"砌下落梅如雪乱,拂了一身还满。"

如茵　绿草如茵。陈毅诗："花香时伴鸟语来,草地如茵沁心腹。"

蕊珠　仙女闺阁。宋徽宗《燕山亭》："新样靓妆,艳溢香融,羞煞蕊珠宫女。"

瑞雪　冬雪。唐·宗楚客《奉和圣制喜雪应制诗》："飘飘瑞雪下山川。"

若虹　美艳如虹。唐·李白《望庐山瀑布》："欲如飞电来,隐若白虹起。"

若皎　明亮洁白。晋·阮籍诗："西方有佳人,皎若白日光。"

若秋　像秋天一样秋高气爽,秋风拂面。《菜根谭》："不若秋日云白风清。"

若雪　像飞雪一样。三国·魏·曹植赋："仿佛兮若轻云之蔽月,飘摇兮若流风之回雪。"

S

韶华　美好年华。宋·秦观词："韶华不为少年留,恨悠悠,几时休。"

诗秀　秀美的诗篇。宋·史达祖《八归》："烟蓑散响惊诗思,还被乱鸥飞去,秀句难续。"

守静　保持宁静心态。《菜根谭》："守静而后知好动之过劳。"

霜晴　霜天放晴。宋·陆游词："丹风吹尽鸦声乐,又得霜后一日晴。"

爽月　皎洁的月光。唐·卢照邻诗："高情临爽月,急响送秋风。"

水静　水面平静。唐·薛逢诗："水静鱼吹浪,枝闲鸟下空。"唐·王勃《咏风》："日落山水静,为君起松声。"

舜华　貌美如花。《诗·郑风·有女同车》："有女同行,颜如舜华。"

松琴　风入松林,声如弹琴。唐·王维诗："松风吹解带。山月照弹琴。"

松雪　松树上飘落的残雪。宋·周密词："松雪飘寒,岭云吹冻,红破数椒春浅。"

松云　松林云霭。唐·李白《赠孟浩然》："红艳弃轩冕,自首卧松云。"

T

探梅　探寻梅花。明·于谦诗："探梅诗客多清趣,骑瘦塞冲溪上去。"

天霞　满天云霞。清·张康衢诗："坐觉尘嚣远,晴天卷片霞。"

天香　香飘天外。唐·宋之问诗："桂子月中落,天香云外飘。"

W

婉若　婉柔婀娜。三国·魏·曹植赋:"翩若惊鸿,婉若游龙。"

婉如　眉清目秀,婉然美丽。《诗·郑风·野有蔓草》:"有美一人,婉如清扬。"

微月　微微的月光。唐·常建诗:"松际露微月,清光犹为君。"

惟贞　以贞固为美。《尚书·旅獒》:"不役耳目,百度惟贞。"

惟静　心胸怡静。唐·姚崇《口箴》:"惟静惟默,澄神之极。"

闻乐　喜闻乐见。晋·陶渊明诗:"闻多素心人,乐与数晨夕。"

卢照邻

X

惜芳　珍惜美好时光。宋·欧阳修词:"爱惜芳时,莫待无花空折枝。"

溪云　秀溪、彩云。唐·杨巨源诗:"已将心事随身隐,认得溪云第几重。"

夏莺　夏天鸣唱的黄莺。唐·杜牧诗:"菱透浮萍绿锦池,夏莺千转弄蔷薇。"

香如　花香依旧。宋·陆游《咏梅》:"零落成泥碾作尘,只有香如故。"

晓霞　朝霞。宋·黄大受诗:"星光欲没晓光连,霞晕红浮一角天。"

晓风　微风习习。柳永《雨霖铃》:"杨柳岸,晓风残月。"

心莹　心灵纯洁自然。《菜根谭》:"不知心体莹然本来不失,即无寸功只字,亦自有堂堂正正做人处。"

玄冰　冻结在一起的厚冰。晋·葛洪《抱朴子·广譬》:"玄冰未结,白雪不积,则青松之茂不显。"

学静　静心向学。清·张睿《张季子九录》:"学须静,静可以一心志,凝

国学经典文库

中华姓氏文化

·孩儿起名·

图文珍藏版

雪晴　雪后放晴，分外皎洁。唐·戴叙伦诗："山南山北雪晴，千里万里月明。"

雪霏　雪花纷飞。《诗·邶风·北风》："北风其喈，雨雪其霏。"

Y

雁秋　秋高气爽，鸿雁齐飞。五代·冯延巳诗："坐对高楼千万山，雁飞秋色满阑干。"

瑶华　洁白如玉的花。唐·张九龄《立春日晨起对积雪》："忽对亭林雪，瑶华处处开。"

叶帆　一叶扁舟扬帆而去。宋·柳永《迷神引》："一叶扁舟轻帆卷。"

宜静　保持清静的心态。《菜根谭》："君子宜静拭冷眼，慎勿轻动刚肠。"

莺语　黄莺欢歌。宋·钱惟演《木兰花》："城上风光莺语乱，城下烟波春拍岸。"

莹静　晶莹无尘，月光静静。宋·晁元礼《绿头鸭·咏月》："莹无尘，素娥淡伫，静可数，丹桂参差。"

映红　花红辉映。唐·杜牧诗："千里莺啼绿映红，水村山郭酒旗风。"

幽芳　清幽芬芳。明·王永彬《围炉夜话》："对绿竹得其虚心，对芝兰得其幽芳。"

余霞　晚霞。南朝·齐·谢朓诗："余霞散成绮，澄江静如练。"

雨佳　时雨使景色更加优美。宋·李清照《摊破浣溪沙》："枕上诗书闲处好，门前风景雨来佳。"

雨濛　春雨慢慢飘落。晋·陶渊明诗："停云霭霭，时雨濛濛。"

雨燕　燕子在细雨中飞翔。唐·翁宏诗："落花人独立，微雨燕双飞。"

玉冰　像冰和玉一样高洁。《元史·黄溍传》："冰壶玉尺，纤尘弗污。"

玉容　姣美的容貌。唐·白居易《长恨歌》："玉容寂寞泪阑干。"

玉盈　亭亭玉立。清·严复诗："欲采盈盈太孤绝，胸中长此玉峥嵘。"

语燕　燕子软语呢喃。宋·陈克《菩萨蛮》："玉钩双语燕，宝甃杨花转。"

月荷　明月照荷花，送来阵阵香。宋·谢逸诗："梦觉疏钟鸣远寺，一池明月发荷香。"

月华　月亮的光华。宋·柳永词:"月华收,云淡霜天曙。"

月媚　月光妩媚。晋·陶渊明赋:"日负影以偕没,月媚景于云端。"

月晴　月亮在初晴的夜空升起。宋·刘辰翁词:"璧玉月初晴,黛云远淡。"

云舒　白云在空中飘浮舒卷。《文始真经》:"云之卷舒,鸟之飞翔,皆在虚空中,所以变化不穷。"

云雁　鸿雁乘云而去。宋·晏几道词:"天边金掌露成霜,云随雁字长。"

韫玉　美玉。晋·陆机诗:"石韫玉而山晖,水怀珠而川媚。"

Z

真淑　真正的美好、善良。《射阳先生存稿·题沈青门寄域海棠用东坡定惠院韵》:"紫锦米粉谩夸妆,要见妖娆有真淑。"

众芳群贤。《楚辞·离骚》:"昔三后之纯粹兮,固众芳之所在。"

紫薇　紫薇花开。宋·周必大词:"月钩初上紫薇花。"

自芬　自然清香芬芳。《菜根谭》:"人心有个真境,非丝非竹而自恬愉,不烟不茗而自清芬。"

醉红　醉人的容颜。宋·元膺《洞仙歌》:"早占取,韶光共追游,但莫管春寒,醉红自暖。"

三、多胞胎起名参考

关于单胞胎以上的多胞胎起名方法已见前述,我们从中可见,其方法是多种多样的,可供起名的思路也可以放得很宽。为了便于多胞胎孩子起心满意足的名字,以下再从常见的起名词语中选取一些进行单独分析,按字数多少编排,供起名时参考。

1.2 及 3 字词语

安静　安稳,平静,没有吵闹和喧哗。《诗·邶风·柏舟》:"宵静女德,以伏蛊匿。"

百姓　泛指群众,俗称老百姓。《论语·宪问》:"子曰:修己以安百姓。"

标兵　本指阅兵场上用来标志界线的士兵,泛指群众集会中用来标志某种界线的人。比喻可以作为榜样的人或单位,如树立标兵、服务标兵等。

报喜　报告喜庆的消息。宋·秦观《庆张君俞都尉留后得子》:"内家报喜车凌晓,太史占祥斗挂秋。"

长久　时间很长,长远。《乐府诗集·上邪》:"我欲与君相知,长命无绝衰。"

成功　成就的功业,既成之功,如成功人士、成功企业家等。《论语·泰伯》:"子曰:巍巍乎其有成功。"

道德　指理想的人格或社会图景。《论语·述而》:"志于道,据于德。"又《论语·为政》:"子曰:道之以德。"

方针　指导事业向前发展的纲领,通常与党和国家联系起来,如大政方针、方针路线等,是一个使用率非常高的词汇。

芙蓉　一种花形大而美丽的花。宋·范成大诗:"袅袅芙蓉风,池光弄花影。"

改革　把事物中旧的不合理的部分改成新的、能适应客观情况的事物,如技术改革、改革经济体制、政治改革等,是一个生活中经常使用的词语。

国家　政权,是一个成长于社会之中而又凌驾于社会之上的、以暴力或合法性为基础的、带有相当抽象性的权力机构。《论语·季氏》:"丘(孔子)也闻,有国有家者。"

国庆　是庆祝国家独立的一种特殊的、全民性的节日形式,借以反映国家、民族的凝聚力。我国把每年 10 月 1 日定为国庆节,届时都要举行不同形式的庆典活动。

海洋　广阔的水域,蔚蓝碧绿,美丽壮观。海在洋的边缘,水深较浅,是洋的附属部分。洋是海洋的中心部分,是海洋的主体。全世界有太平洋、印度洋、大西洋、北冰洋 4 个大洋。

和平　和顺。安稳平静。《诗·商颂》:"既和且平。"

欢乐　快乐。唐·白居易《琵琶行并序》:"自叙少小时欢乐事。"

欢喜　欢悦,即接于顺情之境而感身心喜悦。《玉台新咏·古诗为焦仲卿妻作》:"府君得闻之,心中大欢喜。"

欢迎　很高兴地迎接,很乐意接受。清·彭端淑《为学一首示子侄》:"僮仆欢迎。"

计划　工作或行动以前预先拟定的具体内容和步骤,是未来行动的方案。如工作计划、五年计划等,是一个使用广泛的词语。

江河　长江、黄河,泛指山川河流。唐·杜甫《戏为六绝句》之二:"尔曹身与名俱灭,不废江河万古流。"

江山　国土,国家。宋·张升《离亭燕》:"一带江山如画,风物向秋潇洒。"

锦绣　本指色彩鲜艳、质地精美的丝织品,比喻事物的美好。唐·杜甫《清明》:"秦城楼阁烟花里,汉主山河锦绣中。"

开放　本指花开,也指解除封锁、禁令、限制等,如改革开放,是生活里最常用的词汇之一。

礼貌　礼仪教养。有礼貌可以让自己身心愉悦,也可以使别人喜悦。《孟子·告子下》:"孟子曰:礼貌未衰。"

路线　本指从一地到另一地所经过的道路,引申指思想上、政治上所遵循的根本方针、准则,是一个最常见的日常词汇。

茂盛　植物生长得好,枝叶繁茂。汉·曹操《观沧海》:"树木丛生,百草丰茂。"《汉书·礼乐志》注:"茂豫美盛而光悦也。"

美丽　表示对一种事物抱有好感,得到感官享受。《庄子·齐物论》"毛嫱、丽姬,人之所美也。"

朋友　同学,志同道合、交谊深厚的人。《论语·子路》:"子曰:朋友切切。"

乾坤　天地,也指男女。古人认为乾是达于上者,凡上达者莫若气,天为积气,故乾为天,代表男性。坤象征地,也是女性代称。

群众　人民大众或居民的大多数。《论语·学而》:"子曰:可以群,泛爱众。"

人民　大众。《论语·先进》:"子路曰:有民人焉。"宋·朱熹《四书集注·论语·雍也》:"民,亦人也。"

仁义　仁爱与正义,我国传统道德的最高原则。宋·朱熹《四书集注》"仁者,心之德,爱之理。义者,心之制,事之宜也。"

荣誉　一定社会或集团对人们履行社会义务的道德行为的肯定和褒奖。《孟子》："仁则荣,不仁则辱。"

山岭　连绵不断的高山。"山"指地面形成的高耸部分,"岭"指高大的山脉。南朝·谢灵运《登上戍石鼓山》："日末涧增波,云生岭逾叠。"

胜利　本指在战争或竞赛中打败对方,也指事业、工作达到预定目的,获得成功。《孟子·公孙丑下》："故君子有不战,战必胜矣。"

事业　人们所从事的,具有一定目标、规模和系统的对社会发展有影响的经常活动。宋·朱熹《四书集注·论语·泰伯》："成功,事业也。"

思想　想法,心里的打算,指客观存在反映在人的意识中经过思维活动而产生的结果。明·冯梦龙《警世通言》："伯牙离楚一十二年,思想故国江山之胜。"

同志　志同道合,为共同的理想、事业而奋斗的人。清·林觉民《与妻书》"自有国同志者在。"

团结　把分散物聚拢成团,引申指联合、和睦友好。是时常用语中最常见的词汇之一。

伟大　非常雄伟宏大,超出寻常,令人钦佩敬仰。是日常用语中最常见的词汇之一。

文明　一般是指有人居住,有一定的经济文化的地区,也指先进的社会和文化发展状态,以及达到这一状态的过程,涉及民族意识、技术水准、礼仪规范、宗教思想、风俗习惯以及科学知识的发展等多个领域。

文章　文辞,篇幅不很长而独立成篇的文字,著作。《论语·泰伯》："子曰:焕乎其有文章。"

希望　心愿,理想,心里想着实现某种情况。《周髀算经》卷下："立八尺表,以绳系表颠,希望北极中大星。"

喜欢　非常愉快、高兴。三国·魏·应璩《与从弟君苗君胄书》："闲者北游,喜欢无量。"

先锋　行军或作战时的先遣将领或先头部队。《三国演义》第四十五回："遂令甘宁为先锋。"

跃进　跳着向前行,比喻极快地前进。我国在 1958 年曾发起过"大跃进"运动,从而也使这个词成为日常词汇之一。

政策　指国家或政党为了实现一定时期的路线和任务而制定的奋斗目标或行动准则。是日常用语中最常见的词汇之一。

忠诚　真心诚意,没有二心。《荀子·尧问》:"忠诚盛于内,贲于外,形于四海。"

德功言　又称三立,指立德、立功、立言,是儒家提出的为人处世的三个标准。《左传·襄公二十四年》:"大上有立德,其次有立功,其次有立言。"

风雅颂　又称三体,是我国最早一部诗歌总集《诗经》的三个部分。《诗·豳风·七月》唐·孔颖达疏:"诸诗未有一篇之内备有风、雅、颂,而此篇独有三体。"

日月星　古时称三光,又称三辰、三明,指与人类密切相关的三种天体,古人认为它们都与民间的吉凶祸福密切相关。《白虎通·封公侯》:"天有三光日月星。"《淮南子汜论》注:"三光,日月星也,乱其光明则万民无心矣。"

松竹梅　俗称岁寒三友。清朱奉《题三友图》诗序"三友,岁寒梅、竹、松也。"

天地人　是古人常说的"三才",又称"三元""三极",指三者各自需要遵循的基本原则。《易·说卦》:"是以立天之道曰阴与阳,立地之道曰柔与刚,立人之道曰仁与义,兼三才而两之,故《易》六画而成卦。"

夏商周　我国最早的三个朝代,又称三代,是古人心目中最理想的社会。《论语·卫灵公》;"斯民也,三代之所以直道而行也。"

2.4 字成语

安然无恙　原指人平安没有疾病,现泛指事物平安未遭损害。《战国策·齐策》:"岁亦无恙耶?民亦无恙耶?王亦无恙耶?"

白璧无瑕　洁白的美玉上面没有一点小斑,比喻人或事物完美无缺。宋·释道原《景德传灯录》卷十三:"白玉无瑕,卞和刖足。"

碧雪丹心　原称碧血丹心,指满腔正义的热血,一颗赤诚的红心,形容十分忠诚坚定。《庄子·外物》:"苌弘死于蜀,藏其血,三年而化为碧。"

毕恭毕敬　形容态度十分恭敬。《诗经·小雅·小弁》:"维桑与梓,必恭

凤毛麟角　凤凰的羽毛,麒麟的角,比喻珍贵而稀少的人或物。南朝·刘义庆《世说新语·容止》:"大奴固自有凤毛。"《北史·文苑传序》:"学者如牛毛,成者如麟角。"

海晏河清　大海平静得无风浪,黄河水变得清澈,比喻天下太平。唐·薛逢《九日曲池游眺》:"正当海晏河清日,便是修文偃武时。"

鹤鸣九皋　鹤鸣于湖泽深处,声音很远都能听见,比喻贤士身隐名著。《诗经·小雅·鹤鸣》:"鹤鸣于九皋,声闻于野。"

金榜题名　名字写在科举考试的皇榜上,指科举得中。唐·何扶诗"金榜题名墨上新,今年依旧去年春。"

金玉满堂　金玉财宝装满厅堂,形容财富极多或学识丰富。《老子》第九章:"金玉满堂,莫之能守。"

锦绣河山　指壮丽华美的祖国山河。唐·杜甫《清明二首》:"秦城楼阁烟花里,汉主山河锦绣中。"

玲玲盈耳　又作冷冷盈耳,指洪亮而优美的声音充满双耳,形容讲话、读书的声音动听。晋·陆机《文赋》:"文徽徽以溢目,音冷冷而盈耳。"

鹏程万里　像大鹏鸟那样高飞万里路程,比喻前程远大。《庄子·逍遥游》:"鹏之徙于南冥也,水击三千里,抟扶摇而上者九万里。"

平步青云　平稳地走到很高的地位上去。《史记·范雎蔡泽列传》:"须贾顿首言死罪,曰:贾不意君能自致于青云之上。"

任重道远　负担很重,路途很远,比喻责任重大,要经历长期的奋斗。《论语·泰伯》:"士不可以不弘毅,任重而道远。"

山高水长　像山一样高耸,如水一般长流。原比喻人的风范或声誉像高山流水一样长久,后比喻恩德深厚。唐·刘禹锡《望赋》:"龙门不见兮,云雾苍苍。乔木何许兮,山高水长。"

山青水秀　形容风景优美。宋·黄庭坚《蓦山溪·赠衡阳陈湘》:"眉黛敛秋波,尽湖南,山明水秀。"

诗情画意　像诗画里描绘的那样给人以美感。宋·周密《清平乐·横玉亭秋倚》："诗情画意,只在阑杆外,雨露天低生爽气,一片吴山越水。"

水木清华　指园林景色清朗秀丽,像池水和花木那样华美清幽。晋·谢混《游西池》："景晨鸣禽集,水木湛清华。"

天经地义　指天地间历久不变的道理或理所当然的事。《左传·昭公二十五年》："夫礼,天之经也,地之义也,民之行也。"

万象更新　也称万物更新,指天地间的事物或景象改变了原来的样子,出现新气象。清·曹雪芹《红楼梦》第七十回："如今正是初春时节,万物更新,正该鼓舞另立起来才好。"

惟妙惟肖　描写或模仿的非常逼真。宋·岳珂《英光堂帖赞》："永之法,妍以婉,(米)芾之体,峭以健。马牛其风,神合志通;彼妍我峭,惟妙惟肖。"

温文尔雅　举止文雅,温和有礼貌。清·蒲松龄《聊斋志异·陈锡九》："此名士之子,温文尔雅,焉能做贼?"

文质彬彬　文雅又朴实、礼貌。《论语·雍也》："质胜文则野,文胜质则史,文质彬彬,然后君子。"

贤良方正　才华出众、品德正派的德才兼备人才。《史记·平准书》："当是之时,招尊方正贤良文学之士,或至公卿大夫。"

欣欣向荣　原形容草木生长茂盛,也比喻事业蓬勃发展,兴旺昌盛。晋·陶渊明《归去来辞》："木欣欣以向荣,泉涓涓而始流。"

行成于思　做事情要多思考,多分析,才能成功。唐·韩愈《进学解》："行成于思,毁于随。"

阳春白雪　原指战国时楚国的一种高雅音乐,后也比喻高深的文学艺术。战国·楚·宋玉《对楚王问》："其为《阳阿》《薤露》,国中属而和者数百人。其为《阳春》《白雪》,国中属而和者不过数十人而已。"

阳关大道　原指古代经过阳关(在今甘肃敦煌西南 70 公里处的南湖乡"古董滩"一带)通向西域的大道,后泛指宽阔的道路,也比喻光明的前途。唐·王维《送刘司直赴安西》诗："绝域阳关道,胡沙与塞尘。"

亿万斯年　长远的年代,旧时多用于祝国运绵长。《诗经·大雅·下武》:"于万斯年,受天之祜。"

正本清源　从源头上清理,从根本上整顿。《晋书·武帝纪》:"思与天下式明王度,正本清源。"

正大光明　心胸坦荡,言行正派。宋·朱熹《答吕伯恭书》:"大抵圣贤之心,正大光明,洞然四达。"

3.5 字及以上词语

党政军民学　本指党员、行政人员、军人、农民、学生等行业的人,泛指社会上各行各业的人。1974 年 7 月 1 日《人民日报》社论:"东西南北中,党政军民学,党是领导一切的。"

东西南北中　即五方,也称五德,指五个方位。《礼记·王制》"五方之民,言语不通,嗜欲不同。"

公侯伯子男　即五侯,旧时指最有身份的五等爵位,也泛指天下诸侯。《孟子·万章》:"天子一位,公一位,侯一位,伯一位,子男同一位,凡五等也。天子之制,地方千里。公侯皆百里,伯七十里,子男五十里,凡四等。"

宫商角徵羽　即五音,也称五风、五范,旧时指五声音阶中的五个音级,相当于简谱中的 1、2、3、5、6。《孟子·离娄上》:"不以六律,不能正五音。"赵岐注:"五音,宫、商、角、徵、羽。"

皇昊旻上苍　即五天,旧时指天的五种别称,即皇天、昊天、旻天、上天和苍天。明·方孝孺《观乐生传》:"五天朗洁时,纤滓不敢留。"

璜璧璋硅琮　即五玉,也称五瑞,旧时指皇帝所用的五种玉器。汉·班固《白虎通义·文质》:"何谓五瑞?谓硅、壁、琮、璜、璋也。五玉者各何施?盖以璜为征召,璧以聘问,璋以发兵,珪以信质,琮以起土功之事也。"

甲丙戊庚壬　即五子,是古代计时方法中与地支"子"相配的五个天干,依次是甲子、丙子、戊子、庚子、壬子。《国语·周语下》韦昭注:"天有六甲,地有五子,十一而天地毕矣。"

江湖岭海云　即五南,旧时是江南、湖南、岭南、海南、云南的合称,也泛指南方。元·关汉卿《包待制智斩鲁斋郎》:"奉圣人的令,差老夫五南采访。"

金木水火土　即五行,也称五德、五星、五部、五纬。《孔子家语·五帝》:"天有五行,金木水火土,分时化育,以成万物。"

金银铜铁锡即五金,指常见的五种金属材料,也泛指金属。五代·齐己《谢人惠药》:"五金元造化,九炼更精新。"

貌言视听思　即五事,旧时指统治者修身的五件事。《尚书·洪范》:"五事:一曰貌,二曰言,三曰视,四曰听,五曰思。貌曰恭,言曰从,视曰明,听曰聪,思曰睿。"

柔刚仁信勇　即五行,旧时指军人所应具备的五种品德。汉刘长《淮南子·兵略训》:"所谓五行者,柔而不可卷也,刚而不可折也,仁而不可犯也,信而不可欺也,勇而不可凌也。"

仁信贵敬静　即五本,旧时指修身处世的五种准则。汉·刘向《说苑·敬慎》"凡司其身,必慎五本:一曰柔以仁,二曰诚以信,三曰富而贵,毋敢以骄人,四曰恭以敬,五曰宽以静。"

仁义礼智信　即五常,也称五秀、五品,旧时指人的五种品德。唐·柳宗元《时令论下》:"圣人之为教,立中道以示于后。曰仁、曰义、曰礼、曰智、曰信,谓之五常,言可以常行者也。"

岁月日星辰　即五位,也称五纪,旧时指五种时间或方位。《国语·周语下》韦昭注:"五位,岁、月、日、星、辰也。"

温良恭俭让　即五德,旧时指修身处世的五种品德。《论语·学而》:"夫子温良恭俭让以得之。"

亚欧非澳美　即亚洲、欧洲、非洲、澳洲和美洲五个大洲,地球上的五个大陆。毛泽东《满江红·和郭沫若同志》:"四海翻腾云水怒,五洲震荡风雷激。"

义慈友恭孝　即五典,也称五常、五义,旧时指人的五种伦理道德。《书·泰誓下》"今商王受狎侮五常"孔颖达疏:"五常即五典,谓父义、母慈、兄友、弟恭、子孝,五者人之常行。"

勇智仁信忠　即五材,旧时指人的五种品德。《六韬·龙韬》:"所谓五材者,

·孩儿起名·

图文珍藏版

勇、智、仁、信、忠也。勇则不可犯,智则不可乱,仁则爱人,信则不欺,忠则无二心。"

忠孝仁义贤 即五荣,旧时指人的五种美德。汉·刘向《列女传·盖将之妻》"陈设五荣"端无非注:"大父曰:忠、孝、仁、义、贤,五者荣名也。"

庄忠敬笃勇 即五孝,也称五行,旧时指五种孝的表现。《吕氏春秋·孝行》:"居处不庄非孝也,事君不忠非孝也,莅官不敬非孝也,朋友不笃非孝也,战阵无勇非孝也。五行不遂,灾及乎亲,敢不敬乎。"

震巽坎离艮兑 即六子,旧时指八卦中的六卦,由乾卦中的阳爻和坤卦中的阴爻组成,分别代表长子、长女、中子、中女、少子、少女。《汉书·郊祀志》:"《易》有八卦,乾坤六子。"

仁智信直勇刚 即六言,旧时指人的六种美德。《论语·阳货》:"六言六蔽:好仁不好学,其蔽也愚;好知不好学,其蔽也荡;好信不好学,其蔽也贼;好直不好学,其蔽也绞;好勇不好学,其蔽也乱;好刚不好学,其蔽也狂。"

天地春夏秋冬 即六度,旧时认为各有其运行规律,也泛指万事万物的制度。见《淮南子·时则训》。

有志者事竟成 常见的励志成语,意思是说无论人生多么艰难,只要不懈努力,有雄心壮志就能成功。语出《后汉书·耿弇传》,说耿弇收复齐地,立下大功,光武帝刘秀赞扬他说:"将军前在南阳,建此大策,常以为落落难合,有志者事竟成也。"

智仁圣义忠和 即六德,是周代要求百姓做到的六种品德修养。《周礼·地官·大司徒》:"以乡为三物,教万民而宾兴之。一曰六德:知、仁、圣、义、忠、和。"

日月金木水火土 即七曜,也称七正、七纬,是旧时的天文学术语,金、木、水、火、土即五星。《尚书·尧典》"在璇玑玉衡,以齐七政"宋蔡沈传:"七政,日月五星也。七者,运行于天,有迟有速,犹人之有政事也。"

天地人春夏秋冬 即七政,旧时指天地万物和四时季节,见《尚书大传》卷一。

积善之家必有余庆 常见的劝人积德行善用语,意思是积累善德的人和他的家族一定会有好报,后代有享不尽的福禄荣华。语出《周易·坤》。

附 录

2022 年百家姓排名表

01 李	02 王	03 张	04 刘	05 陈	06 杨	07 赵	08 黄
09 周	10 吴	11 徐	12 孙	13 胡	14 朱	15 高	16 林
17 何	18 郭	19 马	20 罗	21 梁	22 宋	23 郑	24 谢
25 韩	26 唐	27 冯	28 于	29 董	30 萧	31 程	32 曹
33 袁	34 邓	35 许	36 傅	37 沈	38 曾	39 彭	40 吕
41 苏	42 卢	43 蒋	44 蔡	45 贾	46 丁	47 魏	48 薛
49 叶	50 阎	51 余	52 潘	53 杜	54 戴	55 夏	56 钟
57 汪	58 田	59 任	60 姜	61 范	62 方	63 石	64 姚
65 谭	66 廖	67 邹	68 熊	69 金	70 陆	71 郝	72 孔
73 白	74 崔	75 康	76 毛	77 邱	78 秦	79 江	80 史
81 顾	82 侯	83 邵	84 孟	85 龙	86 万	87 段	88 漕
89 钱	90 汤	91 尹	92 黎	93 易	94 常	95 武	96 乔
97 贺	98 赖	99 龚	100 文	101 庞	102 樊	103 兰	104 殷
105 施	106 陶	107 洪	108 翟	109 安	110 颜	111 倪	112 严
113 牛	114 温	115 芦	116 季	117 俞	118 章	119 鲁	120 葛
121 伍	122 韦	123 申	124 尤	125 毕	126 聂	127 丛	128 焦
129 向	130 柳	131 邢	132 路	133 岳	134 齐	135 沿	136 梅
137 莫	138 庄	139 辛	140 管	141 祝	142 左	143 涂	144 谷
145 祁	146 时	147 舒	148 耿	149 牟	150 卜	151 路	152 詹
153 关	154 苗	155 凌	156 费	157 纪	158 靳	159 盛	160 童
161 欧	162 甄	163 项	164 曲	165 成	166 游	167 阳	168 裴
169 席	170 卫	171 查	172 屈	173 鲍	174 位	175 覃	176 霍
177 翁	178 隋	179 植	180 甘	181 景	182 薄	183 单	184 包

185 司	186 柏	187 宁	188 柯	189 阮	190 桂	191 闵	192 欧阳
193 解	194 强	195 柴	196 华	197 车	198 冉	199 房	200 边
201 辜	202 吉	203 饶	204 刁	205 瞿	206 戚	207 丘	208 古
209 米	210 池	211 滕	212 晋	213 苑	214 邬	215 臧	216 畅
217 宫	218 来	219 嵺	220 苟	221 全	222 褚	223 廉	224 简
225 娄	226 盖	227 符	228 奚	229 木	230 穆	231 党	232 燕
233 郎	234 邸	235 冀	236 谈	237 姬	238 屠	239 连	240 郜
241 晏	242 栾	243 郁	244 商	245 蒙	246 计	247 喻	248 揭
249 窦	250 迟	251 宇	252 敖	253 糜	254 鄢	255 冷	256 卓
257 花	258 仇	259 艾	260 蓝	261 都	262 巩	263 稽	264 井
265 练	266 仲	267 乐	268 虞	269 卞	270 封	271 竺	272 冼
273 原	274 官	275 衣	276 楚	277 佟	278 栗	279 匡	280 宗
281 应	282 台	283 巫	284 鞠	285 僧	286 桑	287 荆	288 谌
289 银	290 扬	291 明	292 沙	293 薄	294 伏	295 岑	296 习
297 胥	298 保	299 和	300 蔺				

特别提示：

　　本书在编写过程中,参阅和使用了一些报刊、著述和图片。由于联系上的困难,和部分作品的作者(或译者)未能取得联系,对此谨致深深的歉意。敬请原作者(或译者)见到本书后,及时与本书编者联系,以便我们按照国家有关规定支付稿酬并赠送样书。

　　联系电话:010-80776121　　联系人:马老师